中国石油天然气集团有限公司
CHINA NATIONAL PETROLEUM CORPORATION
年　鉴
YEARBOOK

2023

中国石油天然气集团有限公司 编

石油工業出版社

图书在版编目（CIP）数据

中国石油天然气集团有限公司年鉴 . 2023 / 中国石油天然气集团有限公司编 . —北京：石油工业出版社，2023.10

ISBN 978-7-5183-6318-6

Ⅰ. ①中… Ⅱ. ①中… Ⅲ. ①中国石油天然气集团有限公司 -2023- 年鉴 Ⅳ. ① F426.22-54

中国国家版本馆 CIP 数据核字（2023）第 169190 号

中国石油天然气集团有限公司年鉴 2023
ZHONGGUO SHIYOU TIANRANQI JITUAN YOUXIAN GONGSI NIANJIAN 2023

出版发行：石油工业出版社
（北京安定门外安华里 2 区 1 号 100011）
网　　址：www.petropub.com
图书营销中心：(010) 64523731
编 辑 部：(010) 64523591 64523586
电子邮箱：nianjian@cnpc.com.cn
经　　销：全国新华书店
印　　刷：北京中石油彩色印刷有限责任公司

2023 年 10 月第 1 版 2023 年 10 月第 1 次印刷
787×1092 毫米 开本：1/16 印张：52 插页：49
字数：1860 千字

定价：258.00 元
（如出现印装质量问题，请与图书营销中心联系）

《中国石油天然气集团有限公司年鉴》
编　辑　部

编 辑 说 明

一、《中国石油天然气集团有限公司年鉴》（以下简称《年鉴》）是中国石油天然气集团有限公司组织编纂的资料性工具书。《年鉴》编纂工作坚持以马克思列宁主义、毛泽东思想、邓小平理论、“三个代表”重要思想、科学发展观和习近平新时代中国特色社会主义思想为指导，遵循实事求是原则，力求全面、系统、客观地记述中国石油天然气集团有限公司的发展情况，并力求做到思想性、资料性、准确性和科学性的统一。

二、本卷《年鉴》记述中国石油天然气集团有限公司2022年党的建设、生产经营、企业管理及改革创新等方面的基本情况和重要事项，向广大读者展示中国石油为建设基业长青世界一流综合性国际能源公司所做出的努力和取得的成就。

三、《年鉴》采用分类编纂方法，点面结合，综合记述与条目记述结合，力求资料全面系统。全书分为类目、分目、条目三个层次，以文字叙述为主，辅以图表。本卷共设17个类目：总述，油气勘探开发生产，炼油与化工，销售，天然气销售，工程技术与工程建设，国际业务，新能源与新材料，科技与信息，安全环保与质量节能，企业管理与监督，党建、思想政治工作与企业文化建设，机构与人物，所属单位概览，大事记，统计数据，附录。为便于读者查阅和检索，文前设要目、目录和英文目录，文后附索引。

四、本卷《年鉴》主体内容中各种数据和资料均截至2022年底，个别内容略有延伸。除注明外，一般指中国石油天然气集团有限公司统计数据。

五、本卷《年鉴》稿件、资料主要由中国石油天然气集团有限公司和中国石油天然气股份有限公司总部各部门，纪检监察组，各专业公司以及各所属单位提供。

六、为行文简洁，《年鉴》中机构名称一般在首次出现时用全称，随后出现时用简称。“中国石油天然气集团有限公司”简称“集团公司”，“中国石油天然气股份有限公司”简称“股份公司”，两者统称“中国石油”。

七、遵照年鉴编纂规范要求，《年鉴》编辑部对各供稿单位提供的稿件进行必要的编辑加工。主要是依据编写大纲与撰稿要求，统一全书体例，规范专业名词术语，删除明显重复，补充部分资料，修改语言文字，力求做到资料翔实、叙述简洁、数据准确。

序

2022年，中国石油坚持以习近平新时代中国特色社会主义思想为指导，全面学习全面把握全面落实党的二十大精神，认真落实党中央、国务院决策部署，贯彻“疫情要防住、经济要稳住、发展要安全”的总要求，坚持稳中求进、顶压前行，全力以赴稳经营、强管理、防风险、增效益，经受住了世纪疫情、油价巨幅震荡、洪涝灾害等重大考验，战胜了国际风云变幻诸多风高浪急的挑战，油气两大产业链平稳高效运行，营业收入、利润总额、净利润和归母净利润等多项指标均创历史新高，取得了令人瞩目的发展成就，为保障国家能源安全、宏观经济大盘稳定作出了重要贡献。其中，增储上产保供增效业绩斐然，国内油气勘探新获一批重大突破和重要发现，原油产量实现四连增、支撑了全国产量重上2亿吨；海外油气权益产量当量保持1亿吨以上有效稳产；天然气销售较快增长，高质量完成保供任务，市场份额“逆势”重回60%以上；新能源战略布局取得新突破，规模化发展全面提速；炼化战略布局和转型升级取得重大成果，一次性投资建设规模最大的炼化一体化项目—广东石化全面建成，化工新材料产量增长56%；成品油拓市营销成效明显，市场份额巩固提升。一批关键核心技术攻关取得实质进展，两个原创技术策源地建设加快推进，四家新型研究院稳步起航。公司治理体系和治理能力现代化持续推进，总部国际化建设取得重要进展，海外业务管理体制改革调整到位，国企改革三年行动圆满收官。依法合规治企和强化管理迈上新台阶，全级次子企业亏损户数、亏损面、亏损额降至十年最低，质量健康安全环保各项控制指标均处于历史最好水平。全面从严治党纵深推进，大力弘扬石油精神和大庆精神铁人精神，国有企业政治文化优势充分发挥。在《财富》世界500强中排名第4位，在世界50大石油公司中排名第3位。

2023年，中国石油将坚持以习近平新时代中国特色社会主义思想为指导，全面贯彻党的二十大和中央经济工作会议精神，紧紧围绕扎实推进中国式现代化，坚持稳中求进工作总基调，完整、准确、全面贯彻新发展理念，服务和融入新发展格局，遵循“四个坚持”兴企方略和“四化”治企准则，大力实施“五大发展战略”和“四大战略举措”，高质量提升能源高效供给能力，高站位布局发展战略性新兴产业和未来产业，高水平推进科技自立自强，高起点深化改革强化管理，以高质量党建引领高质量发展，加快提高核心竞争力、增强核心功能，加快建设基业长青的世界一流综合性国际能源公司，为全面建设社会主义现代化国家、全面推进中华民族伟大复兴作出新的更大贡献。

2023 年 9 月

2022 年 1 月 13 日，中国石油天然气集团有限公司 2022 年工作会议以视频形式在北京召开

（金添　常正乐　摄）

2022 年 7 月 27 日，中国石油天然气集团有限公司 2022 年领导干部会议在北京召开（金添　常正乐　摄）

2022 年 11 月 1 日，中国石油天然气集团有限公司在北京召开学习党的二十大精神宣讲报告会，对学习宣传贯彻党的二十大精神进行动员部署（常正乐　摄）

2022 年 1 月 10 日，中国石油天然气集团有限公司党史学习教育总结会议（视频）在北京召开

（常正乐　摄）

2022 年 1 月 26 日，中国石油天然气集团有限公司 2022 年党风廉政建设和反腐败工作会议（视频）在北京召开（常正乐　摄）

2022 年 4 月 12 日，中国共产党中国石油天然气集团有限公司直属第十二次代表大会在北京召开

（金添　常正乐　摄）

2022 年 4 月 27 日，中国石油天然气集团有限公司贯彻落实全国巡视工作会议精神暨 2022 年巡视工作动员部署会议在北京召开（金添　常正乐　摄）

2022 年 9 月 22 日，中国石油天然气集团有限公司贯彻落实习近平总书记致大庆油田发现 60 周年贺信重要指示精神三周年座谈会在北京召开（常正乐　摄）

2022 年 4 月 21 日，中国石油天然气集团有限公司碳达峰碳中和工作领导小组会议、新能源新材料事业发展领导小组会议在北京召开（金添　常正乐　摄）

2022 年 8 月 17 日，中国石油科学技术协会成立大会暨第一次代表大会在北京召开。中国石油天然气集团有限公司董事长、党组书记戴厚良，中国科学技术协会党组成员、书记处书记张桂华出席并讲话，共同为“中国石油科学技术协会”揭牌（金添　常正乐　摄）

2022 年 4 月 26 日，中国石油天然气集团有限公司与国家电网有限公司在北京签署战略合作框架协议
（常正乐　摄）

2022 年 4 月 29 日，中国石油天然气集团有限公司与农业农村部在北京签署合作框架协议（常正乐　摄）

2022 年 2 月 16 日，中国石油天然气集团有限公司董事长、党组书记戴厚良在北京会见新疆维吾尔自治区党委副书记、自治区主席艾尔肯·吐尼亚孜（常正乐　摄）

2022 年 3 月 12 日，中国石油天然气集团有限公司董事长、党组书记戴厚良，总经理、党组副书记侯启军在北京会见黑龙江省委书记、省人大常委会主任许勤，省委副书记、省长胡昌升（邵国良　摄）

2022 年 1 月 12 日，中国石油天然气集团有限公司董事长戴厚良与 bp 集团首席执行官陆博纳出席并共同主持双方战略合作指导委员会第五次会议（常正乐　摄）

2022 年 6 月 8 日，中国石油天然气集团有限公司董事长戴厚良出席金砖国家工商理事会 2022 年度会议（视频）（常正乐　摄）

2022 年 8 月 19 日，“绿色低碳 · 能源变革”国际高端论坛在北京召开，中国工程院院士、中国石油天然气集团有限公司董事长戴厚良主持主论坛开幕式并作总结发言（常正乐　张旭　摄）

2022 年 11 月 4—5 日，中国石油天然气集团有限公司董事长、党组书记戴厚良在上海参加第五届中国国际进口博览会暨虹桥国际经济论坛开幕式、RCEP 与更高水平开放高层论坛，出席中国石油国际合作论坛并作主旨演讲（金添　摄）

2022年9月21日，中国石油天然气集团有限公司董事长、党组书记戴厚良到重点在建项目广东石化公司现场调研，了解工程建设进展和生产准备等情况，研究部署下一步重点工作，看望慰问参建干部员工（陈玉强　摄）

2022年11月6日，党的二十大代表，中国石油天然气集团有限公司党组书记、董事长戴厚良到中国石油山东销售公司济南分公司城中党支部宣讲党的二十大精神，开展党建带团建活动，并到驻鲁石油企业调研，看望慰问一线干部员工，了解企业学习宣传贯彻党的二十大精神和生产经营、改革发展等情况（常正乐　摄）

2022 年 7 月 6 日，中国石油天然气集团有限公司总经理、党组副书记侯启军到昆仑数智公司调研，了解企业生产经营情况，看望慰问科研一线干部员工（王璐瑶　摄）

2022 年 8 月 23 日，中国石油天然气集团有限公司总经理、党组副书记侯启军到辽河油田公司调研，了解企业抗洪防汛和生产经营情况，代表集团公司党组看望慰问抗洪防汛一线干部员工（陈允长　摄）

2022 年 10 月 9—26 日，中国石油辽河油田公司渤海湾盆地辽河滩海葵花岛构造带风险探井葵探 1 井在古近系东营组三段、沙河街组及中生界试气分别获 14.86 万立方米、15.45 万立方米、19.94 万立方米高产工业气流，初步落实百亿立方米规模天然气增储区带，获中国石油天然气集团有限公司勘探重大发现奖一等奖

（辽河油田公司　提供）

2022 年 12 月 27 日，中国石油长庆油田公司天然气年产量突破 500 亿立方米，约占全国同期天然气产量的 1/4，标志着中国石油在长庆全面建成国内首个年产 500 亿立方米战略大气区（长庆油田公司　提供）

2022 年 6 月 15 日，中国石油新疆油田公司天湾 1 井获重大战略突破，在准噶尔盆地南缘东湾构造带白垩系清水河组获日产油气当量 885.4 立方米，地层压力、试气最高井口流压刷新纪录，获中国石油天然气集团有限公司勘探重大成果奖特等奖（新疆油田公司　提供）

2022 年 12 月 26 日，中国石油西南油气田公司当年生产天然气 376 亿立方米、原油 6.8 万吨，年油气产量当量突破 3000 万吨（郑海涛　摄）

2022 年 5 月 26 日，中国石油天然气集团有限公司自营区第一座海上采修一体化平台——大港油田埕海一号平台正式投产，日产原油 420 吨，标志着大港油田滩海自营区迈入“海油海采”新发展阶段

（大港油田公司　提供）

2022 年 6 月 25 日，中国石油华北油田公司山西沁水煤层气田井口日产量和日外输商品气量双双突破 550 万立方米，年地面抽采能力超过 20 亿立方米，建成全国最大的煤层气田（华北油田公司　提供）

2022 年 2 月 8 日，中国石油吉林石化公司转型升级项目全面启动仪式以视频方式在吉林石化公司丙烯腈装置项目用地现场、北京中国石油大厦举行（吉林石化公司　提供）

2022 年 5 月 20 日，中国石油转型升级重要项目——兰州石化公司新建年产 3.5 万吨特种丁腈橡胶装置建设项目投产（杨国柱　摄）

2022 年 5 月 20 日，中国石油广东石化公司炼化一体化项目年产 50 万吨聚丙烯装置建成中交，是全球单线挤压机能力最大的聚丙烯装置（广东石化公司　提供）

中国石油天然气集团有限公司积极布局加氢站等服务新场景，助力销售业务转型升级，推进“国际知名、国内一流油气氢电非综合服务商”建设。2022 年建成加氢站（综合能源服务站）23 座。图为中国石油四川销售公司四川南充顺庆滨江综合能源站（销售分公司　提供）

2022 年 5 月 16 日，中国石油集团西部钻探工程有限公司联合中国石油新疆油田公司、中国石油集团测井有限公司在新疆油田玛湖风南 FNHW4063 四井平台实施“双压裂”施工作业，历时 11 天，完成 110 段压裂施工，单日最高施工 14 段，日均施工 10 段，单日最大泵注液量 1.53 万立方米，刷新国内单机组桥射联作压裂工艺日均施工段数和单日泵注液量最高两项纪录，是国内首例实施的“双压裂”施工作业，填补国内“双压裂”技术空白

（西部钻探公司　提供）

2022 年 6 月 23 日，中国石油集团川庆钻探工程有限公司承钻的西南油气田公司双鱼 001-H6 井安全钻至 9010 米完钻，创中国陆上最深天然气水平井纪录（陈真　摄）

2022 年 7 月 15 日，中国石油全球首艘大型 DP 浅水特种作业船“BGP Innovator”(东方物探创新者号) 在大连交付，实现最浅 5 米水深作业，填补全球同类海域勘探装备空白，标志着中国海洋油气勘探装备研发制造实现历史性跨越（东方物探公司　提供）

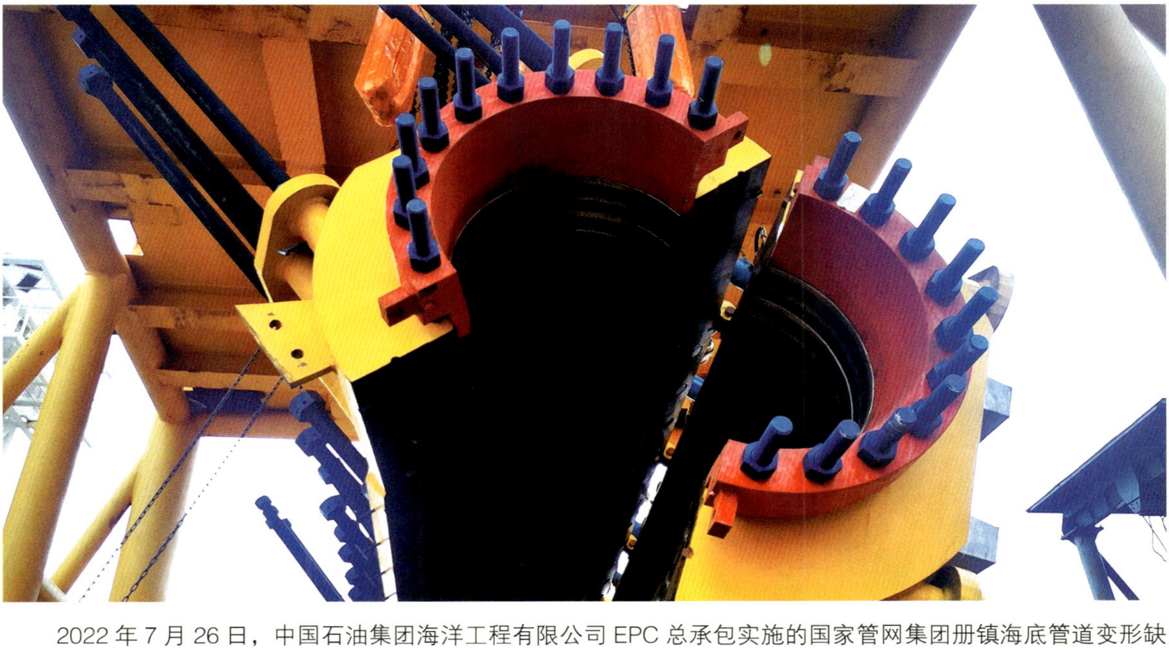

2022 年 7 月 26 日，中国石油集团海洋工程有限公司 EPC 总承包实施的国家管网集团册镇海底管道变形缺陷永久修复项目海底管卡安装成功，是世界当前使用的最大异形管卡，创 6 项国内第一、两项世界首创

（海洋工程公司　提供）

2022 年 6 月 11 日，中国石油管道局工程有限公司发布消息，我国自主研发的多功能模块化海床挖沟机，完成孟加拉国首条海洋管道工程 100 多千米的管道铺设，创造“海陆定向钻穿越”和“航道后深挖沟”两项世界纪录（徐义泽　摄）

2022 年 11 月 7 日，宝鸡石油机械有限责任公司研发制造的全球首台钻井混合储能系统顺利完成厂内联调试验，各项性能均达到设计标准，发往油田现场进行工业性试验，标志着公司在用户侧储能产品上实现新突破，产品向绿色低碳转型的步伐加快（李晓斌　摄）

2022 年 2 月 3 日，中国石油天然气集团有限公司与俄罗斯天然气工业股份公司签署中俄远东天然气购销协议，这是继 2019 年 12 月中俄东线天然气管道投产供气后，双方在管道天然气贸易方面取得的又一重要合作成果。2 月 4 日，中国石油天然气集团有限公司与俄罗斯石油股份公司签署保障中国西部炼厂供油的原油购销合同补充协议。上述合作文件的签署，将进一步夯实中国东北和西北能源通道，为深化中俄油气领域长期合作筑牢根基

（杨碧泓　常正乐　摄）

2022 年 4 月，中国石油工程建设有限公司中东地区公司承建的伊拉克哈法亚油田地面建设 EPCC 工程（三期）、上海寰球工程有限公司与中工国际联合体执行的乌兹别克斯坦纳沃伊 PVC、烧碱、甲醇生产综合体项目获“2020—2021 年度中国建筑工程鲁班奖（境外工程）”。图为建成投产后的 CPF3 装置伊拉克哈法亚三期 CPF3 油处理区全貌（安亮　摄）

2022 年 4 月 30 日，由巴西国家石油公司主导，中国石油巴西公司参与的里贝拉项目梅罗油田第一生产单元 Guanabara 号 FPSO（海上浮式生产储油船）投产，标志着该油田进入快速上产新阶段，成为中国石油巴西深海油气合作区建设重要里程碑（巴西公司　提供）

2022 年 6 月 18 日，中国石油阿姆河天然气勘探开发（北京）有限公司巴格德雷合同区 B 区西部气田投产仪式在土库曼斯坦列巴普州加迪恩集气总站举行（张鑫　提供）

2022 年 10 月 25 日，中国石油国际事业公司 LNG 运输项目首制船命名及交付仪式在上海举行。国际事业公司与上海中远海运 LNG 和中远海运石油签署期租合同下的船舶交接议定书，标志着中国石油首批 3 艘自有 LNG 船队首制船“少林”号正式交付使用（国际事业公司　提供）

2022 年 11 月 13 日（莫桑比克首都马普托当地时间），中国石油参与的莫桑比克 4 区项目首批开发的科洛尔浮式液化天然气 (LNG) 项目实现首船 LNG 发运，标志着这个世界级超深海浮式 LNG 项目实现全产业链运营。这是非洲东部海上外销的首船 LNG，莫桑比克由此正式进入 LNG 出口国行列（中油国际公司　提供）

2022 年 6 月 2 日，中国石油塔里木油田公司沙漠公路零碳示范工程在塔克拉玛干沙漠建成投运，成为中国首条零碳沙漠公路（陈士兵　摄）

2022 年 9 月 8 日，中国石油玉门油田公司 300 兆瓦光伏并网发电项目正式启动，项目安装容量 360 兆瓦，建成后年均发电量 6.058 亿千瓦·时，是中国石油建设的最大光伏发电项目（玉门油田公司　提供）

2022 年 12 月 26 日，中国石油吉林油田公司北湖风电场 C2 风机启动，标志着中国石油风电项目第一台风机正式并网发电，实现中国石油陆上大规模集中式风力发电领域零的突破（王珊珊　摄）

2022 年 12 月 30 日，中国石油西南油气田公司龙王庙组气田水提锂中试装置建成投运，日处理规模 500 立方米，年产碳酸锂 50 吨，是国内首次利用天然气开采伴生气田水成功制得工业级碳酸锂产品（熊正禄　提供）

2022 年 8 月 30 日，中国石油工程作业智能支持中心 (EISC) 揭牌仪式在北京举行（常正乐　摄）

2022 年 9 月 30 日，中国石油日本新材料研究院揭牌仪式在北京和日本东京两地以视频形式举行（常正乐　摄）

2022 年 1 月 25 日，在北京 2022 年冬奥会倒计时 10 天之际，冬奥会火种巡回展示活动在中国石油收官

（张旭　常正乐　摄）

2022 年 4 月 12 日，中国石油天然气集团有限公司领导戴厚良、侯启军、段良伟、焦方正、蔡安辉、黄永章、钱朝阳、任立新等到位于北京市昌平区的中国石油科技园 A15 地块绿化规划区，与总部部门、纪检监察组、专业公司的干部员工一起参加义务植树活动（金添　吕殿杰　摄）

2022 年 4 月 26 日，中国石油北京冬奥会、冬残奥会服务保障工作总结表彰会议在北京召开（常正乐　摄）

2022 年 6 月 28 日，中国石油重庆销售公司开放日活动现场，一群小朋友在家长的带领下走进海峡路加油站。在学习加油站安全知识、油品标号知识的同时，这群“小讲解员”通过网络直播的形式，带领线上观众参观加油现场和便利店、职工小家等区域，让大家零距离感受中国石油的人性化服务（重庆销售公司　提供）

2022 年 9 月 22 日，中国石油展览厅建成投用，中国石油天然气集团有限公司董事长、党组书记戴厚良和总经理、党组副书记侯启军共同为中国石油展览厅开展（常正乐　摄）

2022 年 11 月 4 日，以“助力碳中和　让地球更绿色”为主题的碳中和消费服务活动在北京地区试点上线，标志着中国石油成为行业内首家为车主用户提供化石能源个人消费领域碳中和服务的成品油零售企业（杨磊　摄）

2022 年，中国石油依托内部资源加大产销对接，多措并举拓宽销售渠道，消费帮扶金额达 12 亿元，推动脱贫地区产品和服务融入全国大市场，助力脱贫地区农民持续增收。图为中石油新疆销售有限公司升级打造的乡村振兴商品专柜（史智峰　摄）

2022 年，中国石油天然气集团有限公司投入乡村振兴和社会公益资金 6.66 亿元，实施帮扶项目 1080 个。图为中国石油在江西横峰县援建的“港边石油中心小学”项目建成并投入使用（横峰县　提供）

要　目

MAIN CONTENTS

目　录

总　述

综　述

特　辑

特　载

专　文

油气勘探开发生产

综　述

油气勘探

勘探工程技术

油田开发

天然气开发

矿权管理

储量管理

油藏评价

采油工程

地面工程

海洋工程

储气库

油气勘探开发科技信息

炼油与化工

综　述

炼化生产及主要产品

化工产品及炼油特色产品销售

炼化工程建设

专业化管理

商储油业务

销　售

综　述

成品油业务

车用加气业务

非油业务

互联网业务

投资管理与网络建设

专业管理

天然气销售

综　述

天然气批发销售业务

天然气终端销售业务

液化石油气销售业务

LNG接收站业务

增值业务

天然气销售专业管理

工程技术与工程建设

工程技术

工程建设

国际业务

海外油气业务

国内油气勘探开发国际合作

国际贸易

国际合作与外事工作

新能源与新材料

综　述

新能源

新材料

科技与信息

科技发展

标准化工作

数字信息化工作

安全环保与质量节能

新冠肺炎疫情防控

安全生产与应急管理

环境保护

低碳管理

HSE体系管理

节能节水

职业健康

质量管理与监督

计量工作

企业管理与监督

集团公司法人治理

股份公司法人治理

国家高端智库建设

发展计划

财务资产管理

资金管理

组织人事管理

生产经营

资本运营

档案管理

党建、思想政治工作与企业文化建设

党建工作

思想理论工作

新闻舆论工作

企业文化与品牌管理

群工工作

共青团和青年工作

统战工作

乡村振兴和公益捐赠

光荣榜

机构与人物

中国石油天然气集团有限公司

中国石油天然气股份有限公司

所属单位概览

油气新能源板块

炼化新材料板块

支持服务板块

资本金融板块

大事记

中国石油天然气集团有限公司2022年大事记

统计数据

附　录

重要文件

附表和附图

附表

附图

CONTENTS

Overview

Oil and Gas Exploration, Development and Production

Oil Refining and Chemicals

Marketing

Natural Gas Marking

Engineering Technology and Engineering Construction

International Business

Technology and Information

Safety, Environmental Protection, Quality and Energy Saving

Corporate Management and Supervision

Development of the Communist Party, Political Work and Corporate Culture

Organizations and People

Overview of Affiliated Companies

Main Events

Statistical Data

Appendixes

总　　述

综 述

中国石油天然气集团有限公司基本情况

中国石油天然气集团有限公司（英文缩写CNPC）是国有重要骨干企业和全球主要的油气生产商和供应商之一，是集油气和新能源、炼化销售和新材料、支持和服务、资本和金融等业务于一体的综合性国际能源公司。经过几十年来的发展建设和几代石油人的不懈奋斗，集团公司经营规模不断壮大，综合实力和国际竞争力持续提升，2022年在《财富》全球500强排名中位居第四。

一、历史沿革

燃料工业部（1949年10月—1955年7月）

1949年10月1日，中央人民政府第一次会议决定成立中央人民政府燃料工业部，专管全国煤炭、石油和电力工业的恢复及建设工作。10月19日，中央人民政府任命陈郁为燃料工业部部长；11月，中共中央批准燃料工业部成立党组，陈郁任书记。1949年底，全国石油职工人数1.1万人（不包括台湾省）。

1950年4月13日，燃料工业部决定，成立石油管理总局，使石油工业由分散管理逐步过渡到部、总局、厂矿三级管理，形成集中统一管理的体制格局。5月31日，任命徐今强为代理局长。到1954年12月，石油管理总局所属企事业单位32个，职工人数6.6万人，为中华人民共和国成立初期的6倍；工业总产值3.17亿元，原油生产能力102万吨，原油加工能力175万吨。

石油工业部（1955年7月—1970年6月）

1955年7月30日，第一届全国人大二次会议决定，以燃料工业部所属石油管理总局为基础，成立石油工业部，统揽全国石油企业和石油生产建设工作，并任命李聚奎为部长。经中共中央批准，李聚奎兼任党组书记。1967年6月，根据中共中央决定，中国人民解放军对石油工业部实行军事管制。

到1969年底，石油工业部职工人数40.3万人。

石油工业部加强西部勘探开发，建成玉门、新疆、青海、四川4个油气生产基地。1958年，勘探战略东移，用3年多时间建成年产600万吨原油生产能力的大庆油田，做到石油基本自给。1961—1970年，组织华北、四川、江汉、辽河、吉林等石油会战。到1969年底，原油生产能力达到2410万吨，石油工业成为国民经济的重要支柱。

1966—1970年，石油工业部上缴财政181.2亿元，占国家财政收入的7.2%。1970年，总产值106亿元，占全国工业总产值的4.4%。

燃料化学工业部（1970年6月—1975年1月）

1970年6月，中共中央将石油工业部、煤炭工业部、化学工业部合并，组建燃料化学工业部，并成立燃料化学工业部党的核心小组和革命委员会。主要负责包括煤炭、石油在内的燃料和化学工业的发展建设，业务上归口国家计划委员会管理。中共中央任命伊文为燃料化学工业部党的核心小组组长、革委会主任。1971年9月伊文调出，由康世恩代理燃料化学工业部党的核心小组组长和革委会主任职务。

燃料化学工业部成立后，石油工业管理部门高速度高效率组织江汉、辽河、陕甘宁、吉林石油会战，加强对大庆、胜利等油田的开发调整。到1975年，有大庆、胜利、大港、辽河、扶余、克拉玛依、江汉、长庆、川中、玉门、冷湖、延长12个油田。同时，原油加工能力大幅提升，管道建设和石油机械制造业快速发展，石油化工工业迅猛崛起，石油工业成为当时发展最快的行业。中华人民共和国成立以来，累计向国家上缴580亿元，石油产品换汇在全国出口总收入中的比重，也由“三五”时期的0.6%增加到7.1%。

到 1975 年 1 月，职工总数 81.4 万人。

石油化学工业部（1975 年 1 月—1978 年 3 月）

1975 年 1 月 17 日，第四届全国人大一次会议决定，撤销燃料化学工业部，分别成立煤炭工业部和石油化学工业部，并任命康世恩为石油化学工业部部长、党的核心小组组长。

1978 年底，全国累计探明石油地质储量 68.13 亿吨、天然气地质储量 1578.13 亿立方米，原油产量年均递增 18.6%，原油产量上 1 亿吨台阶，成为世界第八大产油国。

到 1978 年 3 月，由石油化学工业部直属管理或以石油化学工业部为主双重管理的企事业单位达到 28 个，以地方为主双重管理或地方管理的企事业单位有 57 个，职工总数 95.8 万人。

石油工业部（1978 年 3 月—1988 年 9 月）

1978 年 3 月 5 日，第五届全国人大一次会议决定，撤销石油化学工业部，分别成立石油工业部和化学工业部。宋振明任石油工业部部长、党组书记。1978 年 3 月，石油工业部企事业单位有 93 个，职工总数 120 万人。

1982 年 1 月 30 日，石油工业部决定成立中国海洋石油总公司，2 月 15 日挂牌。

1978—1988 年，10 年间全国探明石油地质储量相当于过去 30 年的总和，1985 年中国成为世界第六大产油国。

到 1985 年底，全国在 21 个省（自治区、直辖市）发现油田 253 个、气田 78 个，建成陆上油气生产勘探开发基地 17 个、海上油气生产基地 4 个。大庆油田第一个连续 10 年稳产 5000 万吨，胜利油田年产原油超过 3000 万吨，辽河油田建成我国第三个年产原油 1000 万吨的油气区，华北油田连续 10 年稳产 1000 万吨以上，东部地区成为中国的主要产油区。

中国石油天然气总公司（1988 年 9 月—1998 年 7 月）

1988 年 3 月，国家决定设立能源部，将石油工业部的政府职能移交能源部，隶属石油工业部的中国海洋石油总公司分立，以石油工业部为基础组建中国石油天然气总公司。4 月 9 日，第七届全国人大一次会议决定撤销石油工业部，组建中国石油天然气总公司。5 月，中国海洋石油总公司正式成立。9 月 17 日，召开中国石油天然气总公司成立大会。王涛任中国石油天然气总公司总经理、党组书记。

中国石油天然气总公司成立初期职工总数 135.8 万人，1997 年底，职工总数 149.6 万人。

中国石油天然气总公司是具有法人资格的正部级全民所有制国家公司，负责规划、组织、管理和经营陆上石油天然气资源勘探、开发、生产建设以及与油气共生或钻遇的其他矿藏的开采利用工作。

1988—1998 年，中国石油天然气总公司组织实施“稳定东部、发展西部”战略方针，1997 年 1 月提出“稳定东部、发展西部、油气并举、立足国内、开拓国际”发展方针。

10 年间，西部开发了塔里木油田和吐哈油田；东部大庆油田连续 10 年保持原油稳产 5500 万吨以上；陕京一线建成投产。1997 年，中国石油天然气总公司新增探明石油地质储量 7.3 亿吨、天然气地质储量 1170 亿立方米。生产原油 1.43 亿吨、天然气 171.7 亿立方米，在国外获份额油 97 万吨。

中国石油天然气集团公司（1998 年 7 月—2017 年 12 月）

1998 年 3 月 10 日，第九届全国人大一次会议审议通过《国务院机构改革方案》，决定将中国石油天然气总公司和中国石油化工总公司组建为两个特大型石油石化企业集团公司。

7 月 27 日，两大集团公司召开成立大会；7 月 28 日，两大集团公司正式挂牌。马富才任中国石油天然气集团公司总经理、党组书记。职工总数 158.2 万人。主营业务从主要从事油气勘探开发扩展到上下游、内外贸、产运销一体化经营。

1999 年 2 月，按照国务院领导指示，中国石油天然气集团公司成立筹备组，启动重组与上市工作。重组直接涉及 53 个企事业单位、5000 多亿元资产、154 万名职工。1999 年 10 月 28 日，中国石油天然气集团公司召开大会，独家发起创立中国石油天然气股份有限公司（英文缩写 PetroChina）。11 月 5 日，股份公司完成工商注册登记。股份公司是中国石油天然气集团公司最大的控股子公司，主要经营石油天然气勘探开发、炼油化工、油气管道运输、油气产品和化工产品销售等业务。

中国石油天然气集团有限公司（2017 年 12 月—　）

2017 年 11 月，国务院国资委同意中国石油天然气集团公司由全民所有制企业改制为国有独资公司，更名为中国石油天然气集团有限公司。12 月 15 日，取得改制后营业执照。

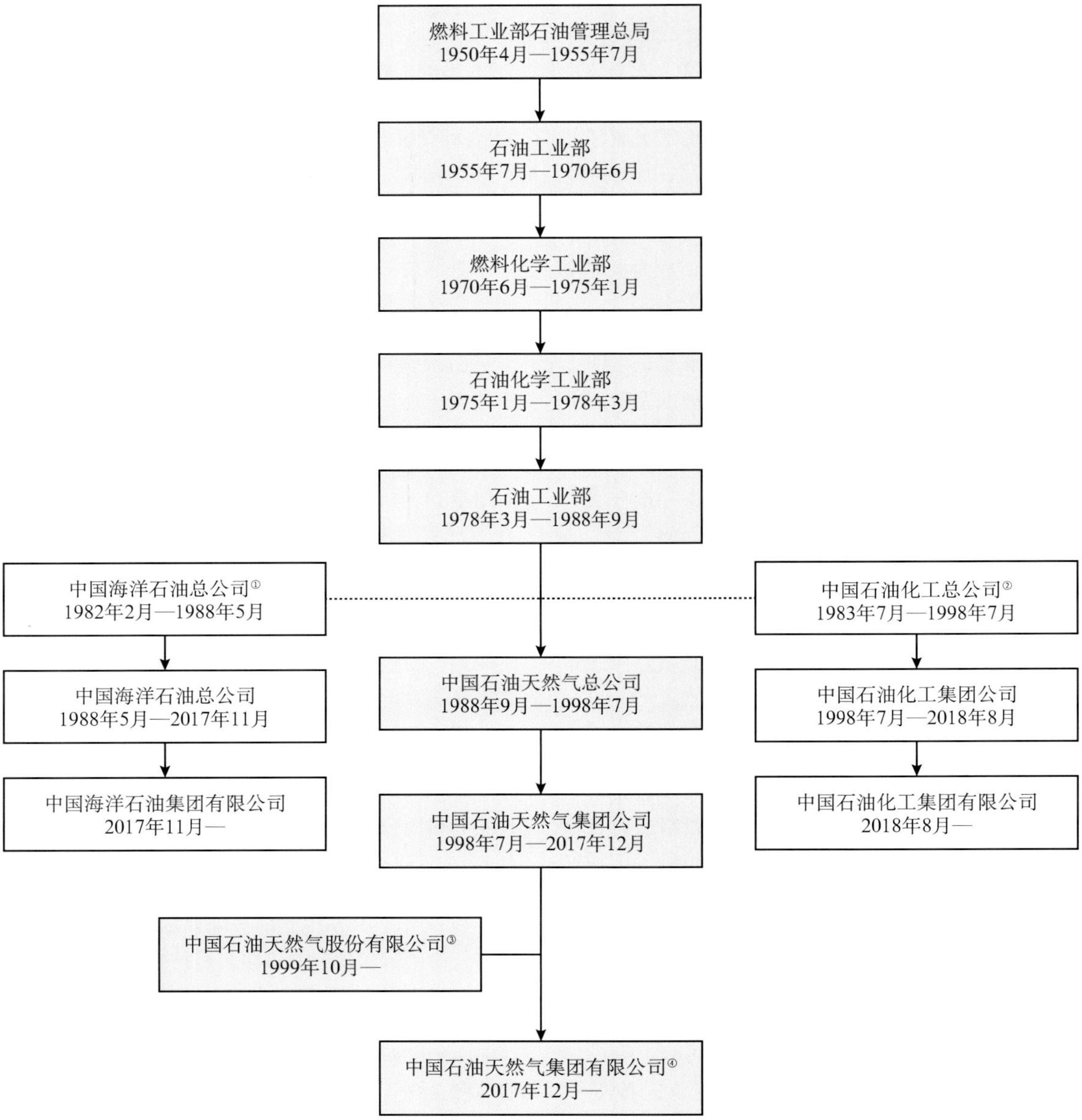

中国石油天然气集团有限公司历史沿革

注：① 1982 年 2 月，中国海洋石油总公司成立，归口石油工业部管理。1988 年 5 月，原隶属石油工业部的中国海洋石油总公司正式分立。

② 1983 年 2 月，中共中央、国务院发出通知，决定组建中国石油化工总公司，对分属石油工业部等部门和地方管理的炼油化工等企业组成一个行业性总公司；7 月，中国石油化工总公司正式成立。

③ 1999 年 10 月，中国石油天然气集团公司独家发起创立中国石油天然气股份有限公司；11 月，中国石油天然气股份有限公司完成工商注册登记。

④ 2019 年 12 月，国家石油天然气管网集团有限公司成立，中国石油天然气集团有限公司国内有关管道业务划归国家石油天然气管网集团有限公司。

2019 年 12 月，国家石油天然气管网集团有限公司（简称国家管网集团）成立，中国石油天然气集团有限公司国内有关管道业务划归国家管网集团。

截至 2022 年底，中国石油天然气集团有限公司在中国境内有大庆油田、长庆油田、新疆油田等 17 家油气田企业，大连石化、独山子石化、兰州石化等 33 家炼化企业，分布于全国各省（自治区、直辖市）的一批成品油销售和天然气销售企业，以及一批技术服务、科技研发、金融支持等单位。在海外有一批从事油气田勘探开发、管道运输和国际贸易的企业。在“一带一路”沿线 19 个国家运作着 51 个油气合作项目。职工总数 102 余万人。

二、发展现状

中国石油天然气集团有限公司总体实行总部—业务板块—企业三级管理。油气新能源板块主要从事国内外油气勘探开发、天然气销售、油田技术服务以及新能源等业务。炼化新材料板块主要从事炼油化工、成品油和化工产品销售、国际贸易等业务。支持服务板块主要从事油田地面、炼油化工、管道工程勘察设计和施工建设，石油化工装备制造，科研、新闻出版、咨询、运输、共享运营、后勤服务等业务。资本金融板块主要从事财务公司、银行、信托、保险、租赁等金融支持业务，以及战略性新型产业投资业务。

油气新能源板块。勘探开发业务拥有大庆、长庆、新疆、辽河、塔里木、四川等多个大型油气生产区，2022 年国内原油产量 10500 万吨、天然气产量 1455 亿立方米。海外油气业务建成中亚—俄罗斯、中东、非洲、拉美、亚太 5 大油气合作区，中亚、中哈、中俄、中缅等跨国油气管道和欧洲、美洲、亚太三大运营中心，海外油气权益产量当量实现 1 亿吨规模稳产，并保持较强的盈利能力。天然气销售业务全面完成天然气“稳效保供”业务，全面推进营销体系转型升级，2022 年国内销售天然气 2178 亿立方米。油田技术服务业务有物探、钻井、测井、井下作业等门类齐全的油气田工程技术服务队伍，集团公司所属中国石油集团东方地球物理勘探有限责任公司（BGP）、中国石油集团长城钻探有限公司（GWDC）等企业是全球重要的石油工程技术服务商，不仅有力支撑保障集团公司油气业务的发展，还服务于全球 70 多个国家和地区油气市场。新能源业务规模化发展步伐加快，“清洁替代、战略接替、绿色转型”三步走总体部署有序推进，新能源开发利用能力达 800 万吨标准煤 / 年，绿色产业布局初步形成。

炼化新材料板块。炼油化工及新材料业务在国内有 8 个大型炼化一体化企业，14 个千万吨规模炼厂，2022 年原油加工量 2.03 亿吨。医用聚烯烃、溶聚丁苯橡胶（SSBR）、负极焦等多个产品形成工业产能，成立中石油（上海）新材料研究院和中国石油日本新材料研究院。成品油销售业务形成覆盖全国的营销网络，运营加油站近 2.3 万座，2022 年成品油销量 1.73 亿吨。

支持服务板块。工程建设业务主要从事油田地面、炼油化工、管道工程勘察设计和施工建设，有油气田地面工程、管道、炼化等建设队伍，集团公司所属中国石油管道局工程有限公司（CPP）、中国石油工程建设有限公司（CPECC）、中国寰球工程有限公司（HQCEC）等企业在全球范围内为用户提供专业高效的工程建设服务。装备制造业务生产的勘探、钻采、炼化、动力等石油装备产品，出口到 80 多个国家和地区。科研、新闻出版、咨询、运输、共享运营、后勤服务等业务支持服务保障能力和市场竞争力不断提升。

资本金融板块。主要从事财务公司、银行、信托、租赁、保险、证券、基金等金融支持业务，以及战略性新型产业投资业务，有较为齐全的金融牌照，实现由传统的资金管理向现代金融、产融结合、投融协同的转变，相关业务保持特色稳健发展。

2023 年是贯彻党的二十大精神的开局之年，集团公司将以习近平新时代中国特色社会主义思想为指导，深入贯彻落实党的二十大和中央经济工作会议精神，落实中央企业负责人会议部署要求，紧紧围绕扎实推进中国式现代化，完整、准确、全面贯彻新发展理念，服务和融入新发展格局，坚持稳中求进工作总基调，遵循“坚持高质量发展、坚持深化改革开放、坚持依法合规治企、坚持全面从严治党”兴企方略和“专业化发展、市场化运作、精益化管理、一体化统筹”治企准则，大力实施“创新、资源、市场、国际化、绿色低碳”五大发展战略和“人才强企、提质增效、低成本发展、文化引领”四大战略举措，更好统筹发展和安全，着力发展主业，着力改革创新，着力从严治企，着力防控风险，着力铸根塑魂，奋进高质量发展，加快建设基业长青的世界一流综合性国际能源公司，为全面建设社会主义现代化国家开好局起好步作出更大贡献。

（范旭强　靳　烨）

中国石油天然气集团有限公司 2022 年工作情况

2022 年，面对复杂严峻的形势、艰巨繁重的能源安全保障和改革发展稳定任务，集团公司坚决贯彻习近平总书记重要指示批示精神和党中央、国务院决策部署，贯彻“疫情要防住、经济要稳住、发展要安全”的总要求，坚持稳中求进、顶压前行，经受住新冠肺炎疫情、油价巨幅震荡等重大考验，战胜国际风云变幻诸多风高浪急的挑战，取得了令人瞩目的发展成就。全年国内外油气产量当量 32323 万吨、同比增长 2.8%；加工原油 20346 万吨，销售成品油 17271 万吨，国内销售天然气 2178 亿立方米，营业收入 3.4 万亿元，利润总额 2669 亿元、净利润 1804 亿元，多项指标创造历史纪录，利润总额、净利润居央企首位。

油气和新能源业务发展势头良好，增储上产保供增效业绩斐然。国内油气勘探开发取得新进展，围绕新区新领域强化风险勘探和重大预探领域甩开勘探，发现和落实 9 个亿吨级、9 个千亿立方米规模储量区，2022 年新增探明石油技术可采储量 1.39 亿吨、天然气技术可采储量 3354 亿立方米。国内生产原油 10500 万吨、天然气 1455 亿立方米，油气产量当量创历史新高。海外油气业务高质量发展取得新成效，全年油气权益产量当量 10233 万吨，连续第四年稳产在 1 亿吨以上。天然气销售保供稳效成果突出，国内销量 2178 亿立方米。新能源业务发展全面提速，累计建成风光发电装机规模超 140 万千瓦，地热供暖总面积达 2500 万平方米。油田技术服务业务坚持以技术为本，服务水平和市场竞争力持续提升。

炼化销售和新材料业务布局结构持续优化，销售市场份额巩固提升。炼油化工转型升级取得重大突破，广东石化炼化一体化、吉林石化揭阳 ABS 项目全面建成，吉林石化、广西石化两个大乙烯项目开工建设。推进减油增化、减油增特，2022 年国内加工原油 16490.2 万吨，生产成品油 10574.4 万吨，生产乙烯 741.9 万吨、同比增长 10.5%，生产新材料 85.5 万吨、同比增长 56.3%，开发化工新产品 119 个牌号，化工产品销售量 3735 万吨。坚持批零一体、油非互促，国内销售成品油 10423 万吨，市场份额稳中有升，综合能源服务站数量较快增长。持续优化进口原油资源，协调推动进口管道气增供，优化现货 LNG 采购，国际贸易保障能力稳步提升。

支持和服务业务服务质量与市场竞争力不断提高，战略支持作用有效发挥。工程业务积极推进重点工程项目建设，有力保障油气稳产上产、炼化转型升级和绿色低碳发展，获国家优质工程金奖 3 项。装备制造业务推进设备改造和技术进步，高效产品和特色服务供给能力持续提升。海外大区公司按照新体制新机制，综合协调作用有效发挥。各研究咨询及服务机构围绕集团公司主业发展和提质增效，着力发挥支撑作用，取得新的工作成效。

资本和金融业务保持特色稳健发展，着力打造产融结合升级版。中油资本发挥牌照齐全优势，积极推动产融结合向纵深发展，绿色金融租赁、新能源特色保单等一批新业务落地。昆仑资本基本建立市场化的治理结构和运行制度，紧密围绕新能源、新材料、新技术领域，首个成果转化项目顺利启动，多支基金稳步推进，实现良好开局。

强化过程管控和责任落实，质量健康安全环保形势总体平稳。组织开展安全生产大检查，推动国家关于安全生产 15 项硬措施落实到位，完成安全生产专项整治三年行动。开展建设项目环境管理和排污许可专项整治以及 VOCs 管控能力提升百日专项行动，持续加强生态环境隐患排查治理和风险防控。推进节能节水、温室气体控排和碳资产管控，全年节能 74 万吨标准煤、节水 923 万立方米，集团公司连续 11 年获评“低碳榜样”企业。国Ⅵ B 标准汽油质量升级按期完成。印发实施加强员工健康管理工作指导意见，抓细抓实新冠肺炎疫情防控各项措施，有效保障员工身心健康。

深化改革管理创新和提质增效，高质量发展动力活力不断增强。认真执行国企改革三年行动方案，改革任务全面完成。持续深化体制机制改革，设立装备制造事业部，海外业务体制机制优化调整落实到位。部署开展提质增效价值创造行动，全年增效 201 亿元。一体推进“以案促改、严肃财经纪律、合规管理强化年”工作，依法合规治企迈上新台阶。优化科研组织体系，整合海洋油气研发力量，组建南海研究中心。部署油气“九大工程”、炼化“八大方向”，两个原创技术策源地建设加快推进。制定重大基础研究十年行动计划，关键核心技术攻关取得一批重要成果。"数智中国石油"建设稳步推进，昆仑ERP实现单轨平稳运行。

党的建设持续深化，全面从严治党向纵深推进。以习近平新时代中国特色社会主义思想为指导，扎实开展迎接党的二十大胜利召开和贯彻落实党的二十大精神系列活动。严格落实"第一议题"制度，贯彻落实习近平总书记对中国石油和中国石油相关工作的系列重要指示批示精神，推动党史学习教育常态化长效化，"两个维护"更加自觉。推进基层党建"三基本"建设和"三基"工作有机融合，基层党组织战斗力执行力进一步提升。开展人才强企工程推进年活动，干部和人才队伍结构持续优化。加强党风廉政建设和反腐败工作，强化"关键少数"监督，持续纠"四风"树新风，完成新一轮巡视巡察全覆盖，企业政治生态持续向好。

（范旭强　靳　烨）

特　辑

2022年集团公司党组贯彻中央精神推动重点工作落实情况

2022年，中国石油认真学习贯彻习近平总书记重要指示批示精神，全面贯彻"疫情要防住、经济要稳住、发展要安全"的总要求和国家稳经济一揽子政策措施，坚持稳中求进、顶压前行，经受住了世纪疫情、油价大幅震荡、洪涝灾害等重大考验，生产经营、改革发展取得开创性、历史性成就，主要生产经营指标创造历史纪录，利润总额、净利润、归母净利润位居央企首位，圆满完成了党中央赋予的职责使命，为国民经济和社会发展作出了重要贡献。

一、深入学习全面贯彻党的二十大精神，切实推动党中央的重大决策部署在中国石油落实落地

把为党的二十大胜利召开创造平稳健康的经济环境、国泰民安的社会环境、风清气正的政治环境作为贯穿全年工作的主线，制定实施喜迎党的二十大的26项重点措施和防范重大风险的33项工作措施，部署开展"建功新时代、喜迎二十大"主题活动，严密做好集团公司参加党的二十大代表选举推荐和服务保障工作，制定实施学习宣传贯彻党的二十大工作方案。大会召开当天组织百万石油员工收听收看开幕盛况，大会闭幕后集团公司党组多次召开党组会议专题学习研讨，党组领导带头深入基层进行宣讲，在《人民日报》《求是》等主流媒体发表理论文章，在内部媒体开设专栏专题宣传报道，在全公司迅速掀起学习宣传贯彻党的二十大热潮，同时以党的二十大精神为指引，认真研讨谋划当前及今后一个时期的重点工作。

二、全面加强党的领导党的建设，国有企业"根"和"魂"进一步垒实筑牢

把政治建设放在首位，严格落实"第一议题"制度，全年召开党组会、党组会（扩大）学习"第一议题"51次、93项，召开18次党组理论学习中心组集体学习，第一时间跟进学习贯彻习近平总书记最新重要讲话和指示批示精神，深入学习贯彻习近平总书记对中国石油和中国石油相关工作重要指示批示，完善闭环管理长效机制，召开学习贯彻习近平总书记致大庆油田贺信重要指示精神三周年座谈会暨第五届石油精神论坛，党员干部深刻领悟"两个确立"的决定性意义，增强"四个意识"、坚定"四个自信"、做到"两个维护"。推进基层党建"三基本"建设和"三基"工作有机融合，探索建立党建工作协作区机制，在全集团开展"转观念、勇担当、强管理、创一流"主题教育，基层党组织战斗力执行力进一步提升。开展人才强企工程推进年活动，实施青年精神素养提升工程，加强年轻干部选拔培养，干部和人才队伍结构持续优化。加强党风廉政建设和反腐败工作，强化"关键少数"监督，深入开展"反围猎"专项行动、违规吃喝专项治理，持续纠"四风"树新风，坚定稳妥推进中央审计反馈问题整改和以案促改，完成新一轮巡视巡察全覆盖，企业政治生态持续向好。大力弘扬伟大建党精神，继承弘扬石油精神和大庆精神铁人精神，建成投运中国石油展览厅，干部员工干事创业凝聚力进一步增强。

三、深入贯彻“四个革命、一个合作”能源安全新战略，主营业务高质量发展取得新突破新进展

深入学习贯彻习近平总书记关于大力提升勘探开发力度、加强天然气产供储销体系建设等重要指示批示精神，全面落实新一轮找矿战略突破行动，立足国内保障国家能源安全的资源基础进一步夯实；油气产量当量创历史新高，原油产量实现四连增，支撑了全国产量重上 2 亿吨；海外油气勘探两个亿吨级、一个万亿立方米级规模储量区进一步落实，国内外油气产量当量“三个 1 亿吨”格局进一步巩固发展。炼化战略布局和转型升级取得重大突破，广东石化全面建成，吉林石化和广西石化乙烯项目开工建设，辽阳石化 CHDM（1,4– 环己烷二甲醇）、兰州石化特种丁腈橡胶两个国家核心技术攻关项目投产，乙烯产量同比增长 10.5%。新能源新材料发展步入快车道，制定实施碳达峰行动方案和新能源业务发展专项规划，一批重点项目建成投运，新能源开发利用能力达 800 万吨标准煤 / 年，新材料产量增长 56.3%，规模实力和竞争力稳步提升。

四、切实履行国有企业“三大责任”，全面彰显负责任的央企形象

牢牢把握稳中求进总基调，认真落实国务院稳经济一揽子措施，实施 22 项具体措施，稳步推进生产经营各项工作，经济效益稳中有增，多项指标创历史新高，全年实现营业收入 3.4 万亿元，利润总额 2669 亿元、净利润 1804 亿元，缴纳税费 5305 亿元，有效发挥了国民经济增长的“稳定器”作用。坚定落实能源保供政治责任，在全国天然气表观消费量同比下降、国际市场东北亚现货 LNG 价格大幅上涨情况下，挺膺担当，千方百计筹措资源，严格履行合同，全力保重点、保民生，圆满完成上年供暖季、迎峰度夏以及北京 2022 年冬奥会冬残奥会等重点时段保供任务。积极服务乡村振兴战略，制定并落实《中国石油助力乡村振兴工作“十四五”发展规划》，聚焦乡村产业、人才、文化、生态和组织振兴，统筹安排帮扶资金和未来项目，当年投入捐赠和帮扶资金 9 亿元。全面实施基础管理提升、“幸福乡村”建设、特色产业提升、“兴农”讲堂打造、消费帮扶赋能、“一老一小”关爱六大行动，打造乡村振兴示范样板，有力践行了央企社会责任。

五、坚持创新驱动发展，高水平科技自立自强获得重要成果

全面贯彻落实国家关于推进国有企业打造原创技术策源地的意见以及科技体制改革三年行动，按照快速突破和久久为功两个层面，部署实施一批重大科技项目，强化科研资源组织，关键核心技术攻关取得实质进展，“1025 专项”一期任务圆满完成，两个原创技术策源地建设加快推进。优化科研组织体系，成立科技工作领导小组，完善集团公司科学技术委员会设置，深圳、上海、迪拜、日本四家新型研究院稳步起航，组建南海研究中心，提高油气采收率实验室入选首批 20 家国家重点实验室。积极投身网络强国、数字中国建设，稳步推进“数智中国石油”建设，实施信息化补强工程，昆仑 ERP 实现单轨平稳运行，数字化转型、智能化发展步伐加快。

六、大力推动国企改革三年行动，企业活力动力有效激发

深入贯彻落实习近平总书记关于全面深化改革和国有企业改革发展的重要论述，扎实推进公司治理体系和治理能力现代化，集团公司总部国际化建设取得重要进展，海外业务管理体制改革调整到位，油气新能源、炼化新材料、支持服务、资本金融四大业务板块高效协同、资源共享、一体化统筹作用和整体效益逐步显现，新能源、新材料及装备制造三个事业部相继组建，公司治理的结构、组织、运行、制度、监督和党建“六大体系”持续优化完善。三项制度改革稳步推进，经理层成员任期制和契约化管理全面落地，管理人员竞争上岗和不胜任退出机制有序运行，薪酬结构优化平稳实施。厂办大集体改革、“两非”剥离任务、宾馆酒店和培训疗养机构改革等全面完成，宝石花医疗整体并入中国通用技术（集团）控股有限责任公司，在国资央企中发挥了改革示范作用。

七、突出重大风险防范化解，发展大局保持稳定

高质量完成对标世界一流管理提升行动，召开领导干部会议专题部署依法合规治企和强化管理，一体推进“以案促改、严肃财经纪律、合规管理强化年”专项工作，建立管理提升长效机制，管理的科学化、规范化、法制化水平不断提升。大力推进提质增效价值创造专项行动，全级次子企业亏损户数、亏损面、亏损额降至历史最低，治亏工作在央企排名大幅改善，经营风险有效防范。牢固树立安全环保红线意识，严格落实国家关于安全生产 15 项硬措施，严密组织安全生产大检查，危险化学品安全风险集中治理有效开展，安全生产专项整治三年行动、秋冬季大气污染攻坚行动重点任务全面完成，绿色企业和健康企业建设深入推进，质量管理持续加强，实现了“五个杜绝，三个继续减少”工作目标，健康、安全、环保各项控制指标均处于历史最好水平。因时因势优化完善新冠肺炎疫情防控措施，完成海外超期员工轮换，保持生产经营正常秩序，全力支持地方政府抗击疫情，做好油气和抗疫物资保障，为打赢疫情防控的人民战争贡献了力量。

特　载

集团公司召开2022年工作会议，强调要坚持以习近平新时代中国特色社会主义思想为指导，弘扬伟大建党精神，完整准确全面贯彻新发展理念，坚持稳字当头稳中求进

苦干实干勇毅前行　开创高质量发展新局面
以优异业绩迎接党的二十大胜利召开

1月13日，集团公司2022年工作会议以视频形式在北京召开。会议的主要任务是，以习近平新时代中国特色社会主义思想为指导，全面贯彻党的十九大、十九届历次全会和中央经济工作会议精神，认真落实中央企业负责人会议和全国能源工作会等会议部署，总结2021年工作，分析面临的形势，部署2022年重点任务，动员全体干部员工弘扬伟大建党精神，坚持稳中求进工作总基调，完整准确全面贯彻新发展理念，苦干实干、勇毅前行，全力开创高质量发展新局面，全力保障国家能源安全，推进建设基业长青的世界一流企业，以优异业绩迎接党的二十大胜利召开。

上午，集团公司董事长、党组书记戴厚良作《苦干实干勇毅前行，开创高质量发展新局面，以优异业绩迎接党的二十大胜利召开》主题报告，总经理、党组副书记侯启军作生产经营报告，党组副书记段良伟主持会议。集团公司党组领导刘跃珍、焦方正、黄永章、钱朝阳、任立新、谢军，外部董事李建红、石岩、杨亚、高云虎等出席会议。下午，与会代表围绕会议主题进行充分讨论，并针对集团公司“十四五”发展及2022年重点工作提出意见和建议。

戴厚良在回顾集团公司2021年主要工作成果时指出，面对世纪疫情和百年变局，集团公司上下深入贯彻习近平总书记重要指示批示精神，认真落实党中央、国务院决策部署，着力稳增长、调结构、提质量、增效益、防风险，在全面推进各项工作的同时，扎实组织开展党史学习教育，组织开展庆祝建党百年系列活动，精心谋划“十四五”及中长期战略发展，积极布局新能源新材料新事业发展，推动公司治理体系和治理能力现代化，取得了一批历史性突破、标志性成果。一是经营业绩创造新的里程碑，净利润创近七年最好水平。二是原油产业链突出增储、稳产、扩销、提效，天然气产业链突出上产、保供、提质、创效，油气两大产业链安全平稳运行。三是绿色低碳转型迈出坚实步伐，围绕风、光、热、电、氢部署实施一批新能源项目，天然气在油气产量结构中占比稳步提高。四是国企改革三年行动目标任务超额完成。五是高水平科技自立自强取得一批标志性成果，迪拜、深圳、上海三家新设立的研究院正式挂牌，关键核心技术攻关取得新突破。六是落实“四精”理念，打造提质增效“升级版”成效明显。七是安全环保和疫情防控扎实推进，企业大局总体平稳有序。八是履行责任使命更加坚定有力，全力以赴保障天然气和柴油供应，多

措并举服务保障北京冬奥会。九是坚持“第一议题”制度，落实“中央企业党建创新拓展年”部署，加强党风廉政建设和反腐败工作，党的领导党的建设全面加强。

戴厚良指出，集团公司2021年在推进高质量发展的实践中取得了不凡业绩，获得了一些启示：必须从政治高度看待经济问题，必须坚持战略引领，必须强化改革创新，必须坚持人才优先发展，必须依法合规治企，必须牢记中国石油是党的中国石油、国家的中国石油、人民的中国石油。

在分析当前及今后一个时期面临的形势时，戴厚良指出，在世纪疫情冲击下，百年变局加速演进，国内外宏观环境出现了许多新的变化，集团公司在推进高质量发展、建设基业长青世界一流企业的征程中面临不少新机遇，也面临诸多风险挑战。要客观看待取得的成绩，清醒认识到“两个更加突出、三个十分紧迫”的问题依然存在，既要坚定信心决心，也要正视短板弱项，攻坚克难、担当作为，持续推动集团公司高质量发展。

戴厚良强调，2022年集团公司工作的总体思路是：以习近平新时代中国特色社会主义思想为指导，深入贯彻落实党的十九大、十九届历次全会和中央经济工作会议精神，落实中央企业负责人会议部署要求，完整、准确、全面贯彻新发展理念，服务和融入新发展格局，牢牢把握稳中求进工作总基调，遵循“四个坚持”兴企方略和“四化”治企准则，坚持问题导向、目标导向、结果导向，以强化战略战术执行为抓手，全面加强党的领导党的建设，着力发展主营业务，强化企业管理、改革创新、提质增效、绿色转型、数字化转型和风险防范，全力开创公司高质量发展新局面，为保障国家能源安全、稳定宏观经济大盘、保持社会大局稳定做出积极贡献，以优异业绩迎接党的二十大胜利召开。

戴厚良指出，面对复杂严峻形势和艰巨任务，要保持战略定力和战略自信，坚持战略研判、战略谋划、战略执行系统把握、一体推进，贯彻好“四个坚持”兴企方略和“四化”治企准则，在落实创新、资源、市场、国际化、绿色低碳五大发展战略的同时，重点实施人才强企、提质增效、低成本发展、文化引领“四大战略举措”，持续完善公司战略体系，把握战略主动权和发展主动权。人才强企的本质是坚持人才第一资源，把人力资源开发放在最优先位置，全面提升人才价值，不断增强企业核心竞争力和综合实力。提质增效的本质是坚持经营上精打细算、生产上精耕细作、管理上精益求精、技术上精雕细刻，把精益管理、止于至善作为提升管理的永恒追求，注重质量效益，创造价值。低成本发展的本质是坚持突出成本领先，对标先进、持续改进，逐步实现均一化产品成本和差异化产品附加值行业领先。文化引领的本质是坚持守正创新，推动石油文化创造性转化、创新性发展，增强全员文化自觉、坚定文化自信。

针对下一步重点工作，戴厚良指出，要紧紧围绕“发展、调整、改革、管理、创新、党建”总体工作布局，把高质量发展主题和稳中求进工作总基调贯穿始终，统筹兼顾、把握关键，着力补短板、锻长板、固底板，优化布局结构，夯实管理基础，转换发展动能，防范化解风险，推动各项工作不断取得新成效。

一是突出从严从实，加强党的领导党的建设。贯彻全面从严治党战略方针，坚决落实党对国有企业领导的根本原则，全面加强党的政治建设，着力提升基层组织战斗力执行力，培育新时代治企兴企的行家里手，推进全面从严治党向纵深发展，持续深化宣传思想文化工作，切实发挥党组织“把方向、管大局、促落实”的领导作用。

二是突出专业化发展，提升主营业务市场竞争力和价值创造能力。油气和新能源板块要统筹两个市场两种资源，促进国内国际业务深度融合，强化天然气产销衔接，加快新能源业务发展，有效发挥中油技服“一体两面”作用，着力增强能源供应保障能力。炼化销售和新材料板块要优化布局结构，加快推进从“燃料型”向“化工产品和有机材料型”转化，向产业链和价值链中高端迈进；突出市场导向、客户至上，强化一体统筹、竞合共赢，与时俱进完善营销策略，建立健全现代市场营销体系，产销一体打好市场攻坚战，努力实现量效齐增。支持和服务板块要坚持管理与技术双轮驱动，着力提升战略战术支持能力。资本和金融板块要坚持稳中求进，坚守产业金融定位，聚焦服务主责主业和实体经济发展，在推进公司高质量发展上发挥资本和金融的基础支持作用、创新引领作用，为做强做优做大国有资本贡献力量。

三是突出战略导向，加快绿色低碳转型。落实中央“双碳”工作的指导意见，继续按照“清洁替代、战略接替、绿色转型”总体部署，以“六大基地”和“五大工程”为核心，处理好发展和减排、整体和局部、短期和中长期的关系，坚持节约优先，全面推进清洁生产，着力奉献清洁能源，全力践行绿色低碳，加快构建清洁低碳、安全高效的现代能源体系。

四是突出创新驱动，着力高水平科技自立自强。坚持“四个面向”，集中优势力量，久久为功，强化高质量科技供给。明晰三级科技管理体系的界面和责任，明确直属研究机构研发为主的发展定位等，完善科技创新体系。推行“揭榜挂帅”“赛马制”等科研组织模式，探索实施科研经费“包干制”，推进科技政策机制落实落地。加快推进数字化转型，培育形成竞争新优势。

五是突出深化改革，持续推进公司治理体系和治理能力现代化。深入落实集团公司党组关于推进公司治理体系和治理能力现代化的指导意见，加快重点难点改革攻坚，强化指导推动、督导考核，系统推进公司治理的结构、组织、运行、制度、监督和党建“六大体系”建设，持续完善公司治理体系，全面完成国企改革三年行动任务，优化完善市场化经营机制，不断提升公司治理效能。

六是突出强化管理，打牢高质量发展根基。各单位要根据自身所处的方位和阶段，坚持问题导向，采取相适应的管理模式，结合对标世界一流管理提升行动、创建示范行动，查找差距和不足，建立管理提升长效机制，着力抓好问题整改，防范经营风险，强化合规管理，做好安全环保和安保防恐工作，提升管理的科学化、规范化、法治化水平。

七是突出以人为本，全心全意依靠员工办企业。贯彻以人民为中心的发展思想，常态化开展“我为员工群众办实事”实践活动，努力建设健康企业、平安企业，切实增强员工群众幸福感、获得感、安全感。尊重员工主体地位，促进员工与企业共同成长进步。切实履行企业社会责任，贯彻国家区域重大战略和区域协调发展战略，落实战略合作协议，推动巩固脱贫攻坚成果与乡村振兴有效衔接，支持社会公益事业，在企地协调发展中保障能源供应和促进民生改善，把企业改革发展成果更广泛地惠及人民群众。扩大与“一带一路”沿线国家的油气合作，加强与国际大公司、国内外智库战略合作，推动构建能源合作利益共同体。高度重视 esg 工作，促进企业与各利益相关者互利共赢。

侯启军在生产经营报告中指出，2021 年集团公司坚决贯彻落实习近平总书记重要指示批示精神和党中央、国务院决策部署，按照集团公司党组和董事会确定的工作思路，统筹推进业务发展、改革创新、提质增效、安全环保、疫情防控等各项工作，油气和新能源板块取得一系列新突破，炼化销售和新材料板块质量效益稳步提升，支持和服务板块保障作用更加凸显，资本和金融板块实现新的发展，企业改革和科技创新不断强化，提质增效和企业管理持续加强，质量健康安全环保工作稳中向好，油气两大产业链平稳运行，实现了“十四五”良好开局。

对于 2022 年生产经营重点工作，侯启军强调，要着力强化责任落实和从严从实，毫不松懈抓好安全环保和疫情防控。着力强化增储上产和效益提升，全力推动油气和新能源实现新发展。着力强化炼化转型升级和综合统筹，切实增强供产销整体创效水平。着力强化服务保障和专业化发展，不断提升支持服务企业服务质量和市场竞争力。着力强化产融结合和融融协同，助力主营业务高质量发展。着力强化创新驱动和数字化转型，持续推动高水平科技自立自强。着力强化内部改革和提质增效，切实提升效率效益。着力强化依法合规治企和管理提升，进一步打牢高质量发展根基。着力强化党的建设和文化引领，为生产经营提供坚强保障。

总经理助理、管理层成员，总部部门、纪检监察组、专业公司主要负责人，各单位领导班子成员等在主分会场参会。

（摘自《中国石油报》2022 年 1 月 14 日，记者陈玉强　黄祺茗）

集团公司 2022 年工作会议闭幕，戴厚良作会议总结，强调要以习近平新时代中国特色社会主义思想为指导，牢牢把握稳中求进工作总基调

统一思想行动　突出战略引领　全面强化管理乘势而上全力开创高质量发展新局面

1 月 14 日下午，集团公司 2022 年工作会议闭幕。集团公司董事长、党组书记戴厚良强调，要以习近平新时代中国特色社会主义思想为指导，坚持稳字当头、稳中求进，突出战略引领，全面强化管理，持续深化改革，全力以赴做好各项工作，为建设能源强国、实现第二个百年奋斗目标作出新贡献。

戴厚良作总结讲话，并为集团公司 2021 年度杰出成就奖获得者——工程技术研究院周英操颁奖，总经理、党组副书记侯启军主持。会上，签订了党风廉政建设责任书、安全环保责任书和业绩合同。党组副书记段良伟宣读了《关于表彰 2021 年度集团公司先进集体和先进工作者的决定》《关于公布首批“中国石油绿色企业”认定结果的通知》《关于公布中国石油第二批创新型企业认定结果的通知》。集团公司党组领导刘跃珍、焦方正、黄永章、钱朝阳、任立新、谢军出席会议。

戴厚良指出，集团公司 2022 年工作会议，是在集团公司实施“十四五”规划、推进基业长青的世界一流企业建设关键时刻召开的一次重要会议。集团公司上下要从五个方面贯彻落实好会议精神。

一要把握精神实质，统一思想行动。稳中求进是全局之要，要把稳增长、防风险摆在更加突出位置，坚持“稳”的前提，保持“进”的态势，以稳促进、以进固稳，为国家做好“六稳”“六保”工作、稳定宏观经济大盘作贡献。高质量发展是根本要求，要完整、准确、全面贯彻新发展理念，服务和融入新发展格局，准确把握经济高质量发展的阶段特征，突出价值导向，优化业务布局结构，推动质量变革、效率变革、动力变革，加强效益和新项目管理，努力实现质的稳步提升和量的合理增长。统筹兼顾是基本方法，要统筹履行“三大责任”，统筹稳增长、调结构、提质量、增效益、防风险，统筹传统油气业务与新能源新材料新事业发展，统筹产业链供产销各环节协调联动，统筹企业硬实力与软实力建设，统筹发展和安全，整体谋划、综合平衡、分类施策，谋定而后动。

二要突出战略引领，抓好落地执行。坚持战略研判、战略谋划、战略执行系统把握、一体推进，建立全面覆盖、全程跟踪的推进实施机制，强化监测评估和考核监督，实现战略闭环管理，保障集团公司公司战略目标的实现。完善和落实创新战略，把第一战略真正转化为第一动力，坚持“四个面向”，加快攻克关键核心技术，培育壮大发展新动能。完善和落实资源战略，进一步稳固生存之本、发展之基、效益之源，完整准确理解“端牢能源饭碗”的深刻内涵，统筹促进油气能源和新能源发展，加快建设“油气热电氢”在内的名副其实的综合性国际能源公司。完善和落实市场战略，在补短板、强能力、提质量上力求突破，不断改善营销质量，实现资源价值。完善和落实国际化战略，推动形成更高水平的开放合作新格局，坚持高质量“走出去”，完善海外主要油气产区布局，提升国际商务运作和全球配置资源的能力。完善和落实绿色低碳战略，坚定转型发展方向，各单位要加强对新能源工作的组织领导，扎实推进“六大基地”和“五大工程”建设，持续强化能源资源节约利用和效率提升，加快构建多能互补格局。

三要全面强化管理，建设法治企业。把精益管理作为永恒追求，不断提升管理的科学化、规范化、法治化水平，为高质量发展增添动力、保驾护航。瞄准世界一流深化对标管理，建立管理提升的长效机制，强化与优秀企业对标，推动“两利四率”指标全面改善、全面提升。持之以恒深化提质增效，坚决落实“四精”要求，坚持严谨投资、精准投资、效益投资，形成目标引领、行动带领、绩效评价、持续改善的工作闭环。突出强化依法治企合规管理，深入学习贯彻习近平法治思想，提升领导干部法治思维和法治能力，健全完善内控体系、法律合规监督体系和问责机制，推进建设世界一流法治企业。

四要扭住重点关键，持续深化改革。要以集团

公司党组关于推进公司治理体系和治理能力现代化的指导意见为总纲，结合改革三年行动，紧盯存在的重点难点问题，稳准施策、全力攻坚，将改革向纵深推进。系统推进公司治理“六大体系”建设，加快提升治理能力，继续健全内部协调机制，以高效能治理促进集团公司高质量发展。加大三项制度改革力度，树立鲜明的政策导向，鼓励支持试点单位加快改革步伐，激发活力动力。积极稳妥推进未上市托管业务改革。统筹处理好改革、发展、稳定的关系，确保企业大局稳定。

五要锤炼干部队伍，提升能力水平。深入贯彻新时代党的组织路线，遵循习近平总书记对国有企业领导人员的“二十字标准”，培育高素质专业化的“三强”干部队伍，为集团公司高质量发展提供坚强组织保证。要在“政治过硬”上狠下功夫，坚定政治信仰、站稳政治立场，做捍卫“两个确立”、践行“两个维护”的表率。要在“更新观念”上狠下功夫，志存高远、胸怀天下、与时俱进，做解放思想、勇立潮头的表率。要在“提升能力”上狠下功夫，加强思想淬炼、政治历练、实践锻炼、专业训练，做治企有方、兴企有为的表率。

戴厚良特别强调，要抓好岁末年初工作，实现“开门红”“开局稳”。各部门、各单位要对重点工作早部署、早发力、早落地、早见效，把全年工作的主动权牢牢掌握在手里。准确研判发展趋势，及时优化生产经营策略，增强工作措施的针对性。充分认识疫情防控工作的复杂性和长期性，压实“四方”责任、落实“四早”要求，筑牢疫情防线。加强节日期间值班值守，制定应急预案，保障油气市场平稳供应。严格落实中央八项规定精神及集团公司党组实施细则，勤俭过节、廉洁过节。关心关爱员工群众生活，维护企业和矿区稳定，不断提升员工群众幸福感、获得感、安全感。

大庆油田、长庆油田、辽阳石化、独山子石化、江苏销售、东方物探、工程技术研究院、昆仑银行、天然气销售江苏分公司9家单位作大会发言，塔里木油田等10家单位作书面交流。

总经理助理、管理层成员，总部部门、纪检监察组、专业公司主要负责同志，各单位领导班子成员等在主分会场参会。

（摘自《中国石油报》2022年1月17日，记者杨碧泓）

集团公司召开2022年领导干部会议

坚持依法合规治企和强化管理　为建设基业长青的世界一流企业提供坚强保障

7月27日，集团公司2022年领导干部会议在北京召开。会议的主要任务是，以习近平新时代中国特色社会主义思想为指导，认真落实党中央、国务院关于加快建设世界一流企业、深化法治企业建设、管理提升等部署要求，进一步总结经验，分析形势，对当前及今后一个时期集团公司坚持依法合规治企和强化管理作出安排部署，为推动高质量发展、建设基业长青的世界一流企业提供坚强保障。

上午，集团公司董事长、党组书记戴厚良作题为《坚持依法合规治企和强化管理，为建设基业长青的世界一流企业提供坚强保障》的讲话，总经理、党组副书记侯启军通报生产经营和提质增效情况，副总经理、党组成员焦方正主持。集团公司领导蔡安辉、黄永章、钱朝阳、任立新、谢军，外部董事李建红、石岩等，以及审计署企业审计二局有关负责同志出席会议。下午，会议进行分组讨论。

戴厚良指出，集团公司党组把坚持依法合规治企列为公司“四大兴企方略”之一，强调管理是企业永恒的主题、是止于至善的事情，专题部署并持续推进公司治理体系和治理能力现代化。回顾新中国成立以来中国石油走过的历程，可以得出一条规律性认识：企业什么时候循法度、守规矩、强管理，改革发展就能平稳健康顺利；反之就要走弯路，甚至摔跟头。2020年以来，集团公司党组立足长远抓当前、善谋全局抓重点，加强总体谋划，完善公司治理结构和组织体系，加大制度“立改废”和制度执行力度，强化依法合规管理，明确精益管理导向，注重文化引领，把依法合规治企和强化管理摆在更加突出位置加以推进。

戴厚良强调，要提高认识、转变观念。当前，集团公司推动高质量发展、建设基业长青的世界一流企业进入关键时期。面对复杂严峻形势和艰巨任务，进一步发扬优良传统、汲取经验教训，提升公司依法合规治企能力和企业管理水平，是贯彻落实习近平经济思想、习近平法治思想和党中央决策部署的实际行动，是适应形势发展新变化、防范化解风险和履行责任使命的迫切需要，是集团公司推动高质量发展、打造基业长青世界一流企业的重要保障。尽管近年来公司在依法合规治企和强化管理上取得了明显进步，但与目标要求相比还存在不少问题，突出表现为“五个任重道远”，即转变思想观念任重道远，完善公司治理任重道远，依法合规治企任重道远，实现精益管理任重道远，提升管理能力任重道远。要把解放思想、转变观念作为坚持依法合规治企和强化管理的首要任务，进一步强化法治观念、合规理念、契约精神、精益意识，以更大的决心、更坚定的态度、更强烈的紧迫感，把企业的一切行为纳入法治轨道，崇尚完美、追求卓越，生产更优质的产品，提供更完善的服务，塑造诚信稳健负责任的品牌形象。

戴厚良指出，要正确把握工作方向和目标原则。坚持依法合规治企和强化管理，是重大战略任务，也是一项系统工程，在总体谋划和工作推进中要做到“五个必须”、坚持“五个原则”：必须锚定实现高质量发展、建设基业长青的世界一流企业这个总目标，必须贯穿推进公司治理体系和治理能力现代化这条主线，必须抓住“三基”工作和制度建设这个“牛鼻子”，必须紧扣防范化解风险这个重要任务，必须突出领导干部这个“关键少数”；坚持党的领导，坚持问题导向，坚持加强统筹，坚持守正创新，坚持以人为本。

戴厚良强调，当前和今后一个时期，集团公司坚持依法合规治企和强化管理的总体思路是：以习近平新时代中国特色社会主义思想为指导，立足新发展阶段，完整、准确、全面贯彻新发展理念，服务和融入新发展格局，认真落实党中央关于全面依法治国重大决策以及加快建设世界一流企业的部署要求，牢牢把握稳中求进工作总基调，贯彻“四个坚持”兴企方略和“四化”治企准则，着力加强党对依法合规治企和强化管理的领导，着力建设法治企业，着力强化企业管理，着力防范化解风险，全面提升依法合规治企能力和管理的科学化、规范化、法治化水平，为实现高质量发展、建设基业长青的世界一流企业提供坚强保障。

总体目标是：到 2025 年，集团公司法治企业建设取得明显进步，“八个体系”逐步完善、“八种能力”明显提升，依法合规理念牢固树立，法治责任全面落实，法治保障作用有效发挥，率先打造一批世界一流水平的法治建设示范企业；集团公司管理阶段总体由从严管理向精细管理跨越，并向精益管理迈进，公司实现从“生产型”向“经营型”转变，“四精”理念深入人心，“三基”工作全面加强；公司制度体系基本成熟定型，治理体系和治理能力现代化取得显著成效，为基本实现高质量发展提供坚强保障。到 2030 年，集团公司法治企业建设取得更大成效，多数企业达到世界一流法治企业水平；管理阶段基本实现由精细管理向精益管理跨越；公司治理体系和治理能力现代化水平持续提升，为全面实现高质量发展提供坚强保障。到 2035 年，集团公司建成世界一流法治企业，精益管理水平迈上新台阶，各方面制度更加健全完善，基本实现治理体系和治理能力现代化，为基本建成世界一流企业提供坚强保障。

戴厚良指出，建设世界一流法治企业，是实现高质量发展、建设基业长青世界一流企业的重要手段，从阶段性来看也是目标任务。要深入贯彻落实相关部署要求，持续优化“八个体系”、提升“八种能力”，在依法治理、制度建设、法律保障和合规管理等方面加大工作力度，加快打造治理现代、经营合规、管理规范、诚信守法的法治企业。突出依法治理，持续完善公司治理结构，持续完善上市公司和控（参）股企业依法治理机制，持续完善依法决策机制。突出制度建设，健全制度体系，提高制度质量，强化制度执行。突出法律保障，进一步强化重大事项法律参与深度、合同全过程管理、案件全链条管理、依法主动维权。突出合规管理，优化合规管理体系，加强合规风险防控，强化海外业务合规管理，提升企业合规管理水平。

戴厚良强调，要强化管理，清醒定位自身所处方位和管理阶段，坚持问题导向，建立管理提升长效机制，推动管理阶段稳步跨越。强化以打造世界一流为愿景目标的战略管理，立足“两个大局”，紧紧围绕实现高质量发展和加快建设产品卓越、品牌卓著、创新领先、治理现代的世界一流企业，加强形势分析研判，优化调整布局结构，抓好战略执行管理，不断提升公司战略管理水平。强化以价值创造为核心的财务管理，聚焦价值创造，构建全面价值管理体系，强化资金管理，深化资产资本股权管理，强化预算和成本管理，深化价税统筹管理，强化会计信息和稽核管理，努力促进公司整体价值提升。强化以效能提升为目的的运营管理，着力加强市场营销管理，着力加强供应链管理，着力优化生产运行管理，着力加强库存经营和管理，健全完善产供储销体系，不断提升产业链运营的整体效能。强化以“三基”工作为核心的基层基础管理，牢固树立大抓基层鲜明导向，制定关于进一步加强“三基”工作的指导意见，加强以党支部建设为核心的基层建设，以岗位责任制为中心的基础工作，以岗位练兵为主要内容的基本功训练，推动实现基层组织坚强有力、基础工作持续加强、基本功训练扎实有效。强化以“互联网+”为核心的数字化智能化转型赋能管理，牢牢把握数字化转型是向数据要生产力这一本质，实施“信息化”补强工程，积极推动数字技术为管理赋能，着力建设“数字中国石油”“智慧中国石油”。

戴厚良指出，企业管理是一项系统工程、是一门实践科学，涉及企业活动的各个方面、多个维度。要树立系统观念，在抓好五个方面管理的同时，完善管理职能，强化管理实务，强化以发展为核心的投资管理，以分配为核心的人事劳动薪酬管理，以责任、关怀为核心的HSSE管理，以质量为核心的品牌管理，以创新为核心的科技研发管理，以促进规范运营为核心的监督管理，实现企业管理全方位、全链条、全覆盖。

戴厚良强调，要加强党对依法合规治企和强化管理的领导。深入贯彻坚持全面从严治党兴企方略，深刻领会“两个确立”决定性意义，坚决做到“两个维护”，弘扬伟大建党精神，坚持党管干部、党管人才原则，提高党组织领导管理企业的能力，为依法合规治企和强化管理提供坚强的政治保证和组织保障。健全党领导依法合规治企和强化管理的工作机制，发挥党组（党委）把方向、管大局、促落实的领导作用，把依法合规治企、强化管理与企业改革、发展、创新、党建各项工作统筹起来，整体部署、一体推进。加强领导干部法治能力和管理能力建设，强化学习培训、实践锻炼、调查研究、督导检查，各单位“一把手”带头增强政治判断力、政治领悟力、政治执行力，带头遵法学法守法用法，依法依规办事，强化内部管理，真正成为循法度、精业务、善管理的示范者、引领者。建设高素质专业化的法律合规人才队伍和管理人才队伍。营造依法合规、精益管理的文化氛围。

侯启军在生产经营和提质增效情况通报中指出，2022年以来，集团公司上下坚决贯彻党中央关于“疫情要防住、经济要稳住、发展要安全”的总要求和国务院稳经济一揽子政策措施，强化组织、扎实推进，油气两大产业链平稳高效运行，圆满完成去冬今春、北京冬奥会等重点时段天然气供应保障任务，国企改革三年行动任务总体完成，重点工程建设取得明显进展，提质增效和亏损企业治理取得显著成效，科技创新和数字化转型步伐加快，安全环保和疫情防控形势平稳，为保障国家产业链供应链安全稳定、促进国民经济稳增长做出了重要贡献。

就做好下半年生产经营工作，侯启军强调，要坚持防控风险，为党的二十大胜利召开营造良好环境。坚持高效运营，保持油气与新能源发展良好势头。坚持一体协同，提高炼化销售和新材料业务整体创效水平。坚持精准发力，提升支持服务企业服务质量和市场竞争力。坚持特色发展，增强资本和金融业务助力集团公司高质量发展的能力。坚持统筹推进，深入抓好提质增效价值创造专项行动。坚持改革创新，着力激发内生动力。

总经理助理、管理层成员，总部各部门、纪检监察组、专业公司主要负责人，各单位领导班子成员等在主分会场参会。

（摘自《中国石油报》2022年7月28日，
记者黄祺茗　陈玉强）

集团公司2022年领导干部会议闭幕

观大势谋全局　干实事抓落实
以优异业绩迎接党的二十大胜利召开

7月28日，集团公司2022年领导干部会议顺利闭幕。集团公司董事长、党组书记戴厚良强调，要以习近平新时代中国特色社会主义思想为指导，深入贯彻落实习近平经济思想、习近平法治思想和党中央决策部署，再接再厉、锐意进取，圆满完成全年各项目标任务，推动法治企业建设和企业管理水平迈上新台阶，为保障国家能源安全、促进国民经济稳增长贡献力量，以优异业绩迎接党的二十大胜利召开。

集团公司总经理、党组副书记侯启军主持，集团公司领导焦方正、蔡安辉、黄永章、钱朝阳、任立新、谢军，以及审计署企业审计二局有关负责同志出席会议。

戴厚良强调，要牢记“两个务必”，巩固发展生产经营良好态势。要继续贯彻党中央关于“疫情要防住、经济要稳住、发展要安全”的总要求，树立底线思维，坚持问题导向，超前研判形势，制定实施针对性举措，全力保持生产经营平稳运行，不断巩固扩大工作成果，以经营业绩的提升为国民经济稳增长多作贡献。油气和新能源板块要切实做好增储上产保供增效各项工作，国内勘探开发要推进重点地区规模增储，着力改善储采比，加大重点产能建设力度，努力实现储量、产量、成本平衡匹配；海外勘探开发要释放体制机制优化调整改革红利，保持重点项目平稳运行、油气作业产量当量稳中有增；天然气销售要努力保障重点时段市场供应，优化营销策略、优化资源配置，实现保供和增效相统一。炼化销售和新材料板块要加快推进转型升级，着力打造化工“产品巨人”，加大市场拓展力度，巩固扩大市场份额，向产业链和价值链中高端迈进。国际事业要切实履行好保供责任、降本责任、增效责任，为完善公司供应体系、保障油气产业链供应链安全稳定作出新贡献。支持和服务板块要坚定专业化发展方向，坚持管理与技术双轮驱动，着力做强做优品牌、质量和服务，持续提升战略战术支持能力。资本和金融板块要加强专业化管理、市场化运作、特色化服务、协同化发展，不断提升服务主责主业和实体经济发展能力、价值创造能力、风险管控能力。要加快推进新能源新材料重大项目落地见效，大力推动地热、风光气电协同发展，促进氢能产运储用全产业链发展，加强 CCS/CCUS 产业布局，加快向“油气热电氢”综合能源公司转型。要持之以恒推动提质增效取得新进展，坚持以价值创造为核心，坚持低成本发展不动摇，以“质、效”双增为标准，狠抓“五提质、五增效”具体措施落实落地，采取革命性举措推进亏损企业治理。

戴厚良要求，要贯彻“两个文件”，着力走在前、作表率。深入领会中央《关于加快建设世界一流企业的指导意见》《关于推进国有企业打造原创技术策源地的指导意见》两个重要文件精神实质，以走在前、作表率的责任担当抓好贯彻落实。要突出问题导向，坚持守正创新，统筹“四个行动”，深刻领会“产品卓越、品牌卓著、创新领先、治理现代”内涵要义，全面查摆短板弱项，以针对性、革命性举措加快有效解决，主动开展技术创新、管理创新、商业模式创新，在建设世界一流企业的进程中作示范、站排头。要进一步深化认识、强化责任、细化措施，继续加大基础研究和应用基础研究力度，强化一体统筹攻关，着力集聚创新要素，持续优化创新生态，不断增强支撑创新发展的源头供给能力，加快推进集团公司内部创新资源优化整合，当好打造原创技术策源地的先行军、国家队。

戴厚良强调，要突出“两个重点”，推动内部改革取得新成效。要持续完善公司治理体系，坚持目标导向和问题导向相结合，加快推进结构、组织、运行、制度、监督和党建六大体系建设，进一步健全完善内部协调机制，强化价值管理及相关考核职能，推动构建全球化运营管理模式，形成更高水平的国际化经营新格局。要推进重点专项改革走深走实，深化“双百企业”“科改示范企业”综合改革，加快推进“两非”剥离，全面完成厂办大集体改革，加快制定实施专项改革方案，持续深化三项制度改革，正确处理好改革、发展、稳定的关系，把握好改革的时机、力度和节奏，确保企业和队伍大局稳定。

戴厚良要求，要守住“两条底线”，防范化解各类风险。以强烈的责任担当，牢牢守住不发生系统性经营风险的底线，牢牢守住不发生较大及以上安全环保稳定事故事件的底线。要在加大问题排查整改力度、建立长效机制、严格监督问效上下功夫，严格落实整改责任人和进度要求，通过完善制度流程实现源头治理，充分发挥审计、巡视巡察、纪检监察等监督作用，坚决整治合规风险问题。要牢固树立“一切事故都是可以避免的”和“防范胜于救灾”的理念，提升本质安全水平和安全管理综合能力，打好污染防治攻坚战，从严从紧抓好疫情常态化防控，确保员工生命安全和身心健康，坚决筑牢安全环保和疫情防控屏障。各级党组织要坚持党管宣传、党管意识形态，发挥公司各级各类媒体平台综合效能，巩固壮大主流思想舆论，加强网络传播能力建设，坚决守好意识形态主阵地。

戴厚良强调，要狠抓“两个建设”，为完成目标任务提供组织保障。要狠抓能力建设，着力提升政治能力，深刻领会“两个确立”的决定性意义，坚决做到“两个维护”；着力提升发现问题、解决问题的能力，努力成为治企兴企的行家里手；着力提升抓工作落实的能力，保持战略定力抓落实，坚持一张蓝图绘到底，形成一级抓一级、层层抓落实的工作局面。要狠抓作风建设，大力弘扬石油精神，持之以恒锤炼作风、砥砺品格，坚持“干”字当头、“实”字托底、事不避难、力戒浮华，切实增强担当作为的责任感、使命感，成为敢想、敢做、敢担当的“关键少数”；持之以恒贯彻中央八项规定精神及党组实施细则，坚决反对形式主义、官僚主义，全面落实党风廉政建设责任制，带头遵规守纪、廉洁自律，营造风清气正的良好政治生态。

会上，长庆油田、辽河油田、中油国际等8家单位作会议交流发言，大庆油田、西南油气田等8家单位作书面交流。

总经理助理、管理层成员，总部各部门、纪检监察组、专业公司主要负责人，各单位领导班子成员等在主分会场参会。

（摘自《中国石油报》2022年7月29日，记者李妍楠）

专 文

中国石油天然气股份有限公司2021年度业绩发布会在北京举行

2022年3月31日，股份公司在北京以电话会议和网络直播形式举行2021年度业绩发布会，股份公司董事长戴厚良出席会议并致辞。股份公司执行董事、高级副总裁任立新介绍股份公司2021年经营业绩概要，财务总监、董事会秘书柴守平主持发布会并作2021年财务业绩回顾与分析报告，副总裁田景惠，副总裁、总工程师杨继钢，安全总监张明禄出席发布会。集团公司总经理助理李越强、张华林，董事会秘书徐新福，总部有关部门负责人等列席会议。

2021年，股份公司归属于母公司股东净利润921.7亿元，同比增加731.6亿元。国内原油储量接替率2.21，创股份公司上市以来新高。经营利润1611.5亿元，同比增加852.2亿元，全年主要成本费用增幅远低于收入增幅，油气单位操作成本、炼油单位现金加工成本等主要成本指标得到有效控制。

戴厚良表示，中国石油将继续秉承“绿色发展、奉献能源，为客户成长增动力、为人民幸福赋新能”价值追求，努力创造更加优异业绩，回馈广大投资者和股东，实现企业与环境、社会及所有利益相关方共同可持续发展。

戴厚良在致辞中感谢各位投资者、分析师和媒体记者长期以来对中国石油的关注与关心。他说，过去一年，面对世纪疫情和百年变局，中国石油上下勇毅前行，实施一系列开创性举措，取得一批历史性突破、标志性成果，多项经营业绩指标创历史新高，油气两大产业链平稳高效运行，绿色低碳转型实现快速起步，科技创新成果丰硕，提质增效升级版成效明显，安全环保和新冠肺炎疫情防控扎实推进，社会责任全面履行，公司治理体系和治理能力现代化水平持续提升。

戴厚良表示，当前新冠肺炎疫情仍在蔓延，百年变局加速演进，世界经济复苏不确定性因素增多，全球能源格局面临深度调整，国际油价高位震荡，能源清洁替代、降低碳排放、应对气候变化成为大势所趋，数字化智能化推动行业重塑。这些对股份公司继续做好工作、提升价值带来新挑战，提出更高要求。同时也要看到，中国经济长期向好基本面没有改变、具有强大韧性和活力，国家持续深化改革开放、坚定扩大内需、积极改善营商环境、大力支持实体经济发展，为企业发展创造良好外部环境；股份公司长期以来在油气资源、管理、技术、人才等方面积累坚实基础和比较优势。这些都为股份公司发展创造良好条件。

戴厚良表示，2022年中国石油将坚持创新、资源、市场、国际化、绿色低碳“五大战略”，持续推动油气勘探开发实现新发展，持续提升炼化业务整体创效水平，更加注重供产销联动协调，持续加强天然气市场营销，持续推进绿色低碳转型，持续强化科技创新，持续提质增效和价值创造，持续做好风险防范化解工作，持续促进企业与社会共同发展，努力创造优异的经营业绩，开创高质量发展新局面。

集团公司第五届石油精神论坛在北京举行

2022年6月10日，集团公司第五届石油精神论坛在北京举行，深入学习贯彻习近平新时代中国特色社会主义思想，深化落实习近平总书记对中国石油和中国石油相关工作重要指示批示精神，深刻体悟总书记对石油战线和石油员工的关心关爱，汲取思想伟力、赓续精神血脉，进一步凝聚新时代新征程团结奋斗的磅礴力量。集团公司党组书记、董事长戴厚良作题为《牢记嘱托跟党走、传承精神勇担当，为加快建设能源强国谱写石油新篇章》讲话。集团公司党组领导侯启军、蔡安辉、钱朝阳、任立新出席，党组副书记段良伟主持。

戴厚良指出，精神既是国家强盛之魂，民族存续之根，也是企业立足之本。中国石油把习近平新时代中国特色社会主义思想和总书记重要指示批示精神作为思想航标精神旗帜，认真贯彻落实习近平总书记关于加强党对国有企业的全面领导、能源的饭碗必须端在自己手里、高水平科技自立自强、推进绿色低碳和碳达峰碳中和、建设世界一流企业等重要指示批示精神，坚决做党和国家最可信赖的骨干力量、依靠力量，建设国家战略科技力量和能源与化工创新高地取得积极进展，绿色发展和低碳转型迈出坚实步伐，公司治理效能和规模实力持续提升，不断推动中国石油高质量发展迈上新台阶。

戴厚良强调，要把弘扬伟大精神作为神圣使命政治责任，不断丰富发展石油精神的时代内涵和实践价值。石油精神是全体石油人共同的精神家园，饱含着习近平总书记对石油战线的殷殷嘱托，必须站在“两个维护”的高度，深刻领会并丰富发展石油精神和大庆精神铁人精神的内涵要义，创新传承路径，赓续精神血脉，让石油精神放射出新的时代光芒。石油精神是石油战线红色基因和优良传统的凝练升华，是中国共产党人精神和中华民族伟大精神的生动体现，必须将石油精神深深融入广大员工的血脉，使其代代相传，成为社会主义核心价值观的丰富滋养，成为鼓舞激励我们拼搏进取、从胜利走向胜利的强大精神动力。石油精神是以大庆精神铁人精神为典型代表的时代精神，彰显了广大石油人矢志奋斗的精神品质。弘扬石油精神和大庆精神铁人精神，必须坚持“干”字当头、“实”字托底、“严”字为要，始终保持狭路相逢勇者胜、越是艰险越向前的进取精神，心无旁骛干事业、聚精会神抓发展。

戴厚良强调，要把凝聚干事创业精神力量作为时代命题重要任务，不断引领百万石油员工在能源强国建设中奋勇争先再创佳绩。要坚定不移厚植爱党爱国情怀，始终同以习近平同志为核心的党中央保持高度一致，深刻领会“两个确立”的决定性意义，牢记中国石油是党的中国石油、国家的中国石油、人民的中国石油，把“石油工人心向党、坚定听党话跟党走”的忠诚融入血液。要坚定不移砥砺初心使命，持续加大国内勘探开发力度，加快绿色低碳转型，全面推进“油气热电氢”综合性国际能源公司建设，推动高水平科技自立自强，加快打造“数字中国石油”，切实担负起保障国家能源安全的时代重任。要坚定不移弘扬优良传统，锻造永葆本色永远向前的新时代石油铁军，善于从中华文明中汲取营养，加快推进新时代石油先进文化建设，持之以恒强作风。深入实施人才强企工程，全面实施青年精神素养提升工程，确保石油事业薪火相传、后继有人。要坚定不移践行责任担当，坚决贯彻落实党中央“疫情要防住、经济要稳住、发展要安全”的部署要求，高效统筹新冠肺炎疫情防控、生产经营和改革发展，毫不松懈抓好安全生产，确保安全环保形势稳定、企业和队伍大局稳定，以主动作为和优异业绩迎接党的二十大胜利召开。

论坛上，西安石油大学铁人精神研究中心首席专家、主任郭岗彦，中国政法大学思想政治研究所副教授郭继承，中国社会科学院工业经济研究所所长史丹，中国企业文化研究会理事长孟凡驰 4 位专家教授，先后从精神价值层面、传统文化范畴、能源战略视野、企业文化角度等，阐述石油工业发展的形势与方向、举好精神旗帜的作用与意义。长庆油田党委结合高质量建成 6000 万吨级特大型油气田、东方物探党委围绕勇当国际物探行业技术“领跑者”作了发言。来自科研和生产一线的张晶、伏喜胜、周英操作先进事迹报告。大庆油田 1205 钻井队队长张晶表示要以实际行动回答好新时代“铁人三问”；“从参加工作至今只干一件事，就是把中国润滑油的事做好”，润滑油公司首席科学家伏喜胜坚守匠人匠心，不断追求卓越；“把论文写在钻台上，写在井场上，写在油气勘探开发主战场上”，油气钻完井技术国家工程研究中心副主任周英操表示，要志存高远，勇攀科技高峰。

国务院国资委宣传工作局副局长、一级巡视员侯洁，西安石油大学党委副书记张木、党委宣传部部长赵承胜、马克思主义学院院长张海涛参加论坛。集团公司总经理助理、股份公司管理层成员，总部部门、纪检监察组、专业公司负责人和各单位党委负责人在主分会场参加。论坛在中国石油“铁人先锋”“中油阅读”App 以及中国石油网站和新媒体等同步进行现场直播，近 130 万人次观看直播。

中国石油土库曼斯坦新气田投产

2022 年 6 月 18 日，中国石油阿姆河公司巴格德雷合同区 B 区西部气田投产仪式在土库曼斯坦列巴普州加迪恩集气总站举行。土库曼斯坦总统谢尔达尔·别尔德穆哈梅多夫出席仪式并发表讲话，中国驻土库曼斯坦大使钱乃成和中国石油天然气集团有限公司总经理侯启军分别致辞。谢尔达尔·别尔德穆哈梅多夫听取中国石油阿姆河公司汇报中土油气合作情况，参观加迪恩集气总站中控室，表示土中天然气合作进展顺利，富有成效，希望双方继往开来，推动双方合作项目取得新进展。

6 月 20 日上午，谢尔达尔·别尔德穆哈梅多夫在阿什哈巴德总统府接见侯启军，强调土库曼斯坦高度重视发展土中双边关系，油气领域是双方合作的重要方向，多年来中国石油在土库曼斯坦开展的天然气合作富有成效，为土中两国经济和能源发展做出重要贡献，土中天然气合作具有战略性、长期性，双方合作前景光明。土库曼斯坦油气副总理阿卜杜拉赫曼诺夫与侯启军一行举行会谈。侯启军汇报中国石油在土库曼斯坦业务开展情况，以及中国天然气市场现状及未来发展趋势，表示中国石油将与土库曼斯坦合作伙伴共同深化天然气领域互利合作，落实中土两国元首达成的重要共识。阿卜杜拉赫曼诺夫指出，土库曼斯坦天然气资源丰富，是中国长期稳定的天然气供应国，希望双方公司在现有合作基础上共同努力，扩大合作成果。

第一届金砖国家能源合作论坛在北京举行

2022 年 6 月 21 日，第一届金砖国家能源合作论坛在北京举行。论坛由金砖国家工商理事会中方理事单位中国石油天然气集团有限公司与中国工程院能源与矿业工程学部联合主办，中国石油勘探开发研究院承办。

论坛以“深化金砖能源合作，助力绿色转型发展”为主题，秉承“立足工商、聚焦合作、服务金砖、面向全球”的理念，邀请来自金砖五国的嘉宾、专家，共同把脉世界能源发展形势，共商金砖国家能源合作大事。金砖国家工商理事会中方理事、中国石油天然气集团有限公司董事长戴厚良，金砖国家工商理事会中方主席、中国工商银行董事长陈四清和中国工程院能源与矿业工程学部主任周守为在开幕式致辞。

戴厚良在致辞时表示，应对气候变化与推动能源清洁低碳转型已成为全球共识，各国纷纷采取积极行动和有效措施，加速绿色低碳转型。金砖国家作为新兴市场国家和发展中国家的代表，成员国中既有能源生产大国，又有能源消费大国，在参与全球能源治理和稳定全球能源市场方面被给予诸多关注和期盼，具有举足轻重的作用和地位。近年来，金砖国家能源双边贸易规模不断扩大，能源合作不断深入，深化务实合作已具备坚实基础。金砖国家在能源资源、供需、产业和技术方面具有明显的互补优势。深度挖掘互补优势，加强国家之间务实合作，构建金砖国家新时代能源发展伙伴关系，不仅有助于各国经济社会发展，也能够更好地发挥金砖国家及发展中国家力量，共同维护全球能源市场安全发展，提升金砖国家参与全球能源治理的话语权和影响力。

为打造“能源金砖”，扛起能源与绿色经济工作组中方单位责任担当，戴厚良表示，将加强与金砖各国在能源领域和企业的全面合作，实现以合作促发展、以发展促共赢。一是推动金砖国家能源合作已有成果落地见效，开展相关政策体系、基础设施配套和基础理论研究，促进科技成果转化与应用。二是推动金砖国家能源信息平台共建共享，加强能源政策、信息、案例、合作项目交流共享，深度挖掘能源合作机会。三是推动金砖国家能源多边合作开放，深化全方位、多层次合作，共同参与全球能源治理，形成发展融合、利益共享的多方合作局面。四是推动金砖国家能源合作论坛定期召开，通过碰撞思想、交融观念，把握机遇、直面挑战，共同把合作机制做实，把市场蛋糕做大，把发展动能做强。

金砖国家工商理事会中方副秘书长、中国石油天然气集团有限公司总经理助理李越强主持论坛。开幕式上，能源与绿色经济工作组巴西、俄罗斯、印度和南非各方组长分别视频致辞。能源与绿色经济工作组中方组长、中国石油勘探开发研究院常务副院长窦立荣代表工作组，发布中、英、俄、葡四种语言的《后疫情时代为金砖国家可持续发展贡献能源力量》联合倡议书。该倡议书从“维护能源市场稳定、解决能源贫困、可再生能源产业链合作和自主减排”4个方面提出10条倡议，呼吁各能源企业把握合作机遇，齐心协力，助力金砖国家在后疫情时代实现高质量发展。中国石油天然气集团有限公司国家高端智库常务副主任、中国石油经济技术研究院院长余国应邀作题为《金砖国家能源合作现状与前景展望》的主旨报告。

来自外交部、中国工程院、金砖国家工商理事会中方理事单位和能源与绿色经济工作组中方成员单位及五国能源企业代表、驻华使节、国际组织和院校等的嘉宾现场参加论坛活动。论坛期间举行主题为“把脉能源大势，共享绿色未来”和“擘画合作蓝图，携手共赢发展”对话，13位嘉宾围绕国际能源形势和市场、金砖国家能源合作前景、务实能源合作等研讨交流。

本届金砖国家能源合作论坛是金砖国家工商理事会能源领域首次创办的论坛，是疫情以来金砖国家工商界举办的层次最高、范围最广的交流活动，在能源企业间搭建沟通和交流的平台，为助力能源领域务实合作，丰富金砖主席国年度成果，推动新时代能源发展伙伴关系建设做出重要贡献。

中国石油科学技术协会成立大会在北京召开

2022年8月17日，中国石油科学技术协会成立大会暨第一次代表大会在北京召开。集团公司董事长、党组书记戴厚良，中国科学技术协会党组成员、书记处书记张桂华出席会议并讲话，共同为“中国石油科学技术协会”揭牌。

戴厚良指出，中国石油科学技术协会的成立，是集团公司党组深入学习贯彻习近平总书记重要讲话和指示批示精神的重要举措，标志着集团公司科技治理迈出新步伐，对于推动中国石油科技事业高质量发展、加快建设国家战略科技力量和能源与化工创新高地具有重要意义。集团公司正处于推进高质量发展、建设世界一流企业的关键时期，必须将科技创新作为实现高质量发展最核心、最可持续的驱动力，在推进能源科技高水平自立自强中勇挑重担、敢打头阵，为建设世界科技强国和能源强国贡献石油力量。中国石油科学技术协会要切实增强创新发展的使命感、责任感和紧迫感，坚持以习近平新时代中国特色社会主义思想为指导，带头学深悟透习近平总书记关于科技创新重要论述，加强对科技工作者政治引领，充分发挥凝聚科技人才、促进自主创新、激发创造活力等方面作用。

戴厚良强调，中国石油科学技术协会要按照“服务好科技工作者、服务好创新驱动发展、服务好全员科学素质提高、服务好公司科学决策”定位，履职尽责、扎根基层，大力推动开放型、枢纽型、平台型科协组织建设，切实加强政治引领、开展学术交流、搭建创新平台、深化科普活动，团结引领广大石油科技工作者积极投身新时代科技创新主战场，为集团公司建设科技强企、人才强企，成为国家战略科技力量做出应有贡献。

戴厚良要求，广大科技工作者要做坚定理想信念的表率，始终把政治建设摆在首位，持续强化理论武装，深刻领悟“两个确立”决定性意义，自觉做习近平新时代中国特色社会主义思想的坚定信仰者、忠实实践者；要做勇攀科技高峰的表率，敢为天下先、敢啃硬骨头，聚焦重大科技项目、重大科学问题和关键核心技术问题，埋头钻研、聚力攻坚；要做践行科学家精神的表率，坚持立德、立学、立言、立行相统一，把践行科学家精神、弘扬石油精神和大庆精神铁人精神深度融合，切实肩负起时代赋予的科技创新重任。

集团公司党组副书记段良伟主持会议，集团公司党组成员、副总经理焦方正出席会议。北京市科学技术协会党组成员、副主席孟凡兴宣读成立中国石油科学技术协会的批复文件，中国工程院院士、中国石油科学技术协会筹备组组长孙龙德作筹备工作报告。中国科学技术协会、北京市科学技术协会有关部门负责人，集团公司总经理助理、管理层成员，院士代表，总部部门、纪检监察组、专业公司和各单位相关负责人及大会代表在主分会场参会。

中国石油科学技术协会成立大会后，集团公司召开科学技术协会第一次代表大会、一届一次全体委员会议，通过中国石油科学技术协会章程，选举产生中国石油科学技术协会第一届委员会委员和主席、副主席、常务委员会委员。

第四届中俄能源商务论坛举行

2022 年 11 月 29 日，第四届中俄能源商务论坛以线下与线上相结合方式在北京和莫斯科两地举行。国家主席习近平同俄罗斯总统普京分别向中俄能源商务论坛致贺信。

习近平贺信中指出，中俄能源合作是两国务实合作的重要基石，也是维护全球能源安全的积极力量。面对外部风险挑战，中俄双方加强沟通协作，推进重大合作项目，显示出中俄能源合作的强劲韧性，诠释了中俄新时代全面战略协作伙伴关系的广阔前景。中方愿同俄方一道，打造更加紧密的能源合作伙伴关系，促进能源清洁绿色发展，共同维护国际能源安全与产业链供应链稳定，为国际能源市场长期健康可持续发展作出新的贡献。

国务院副总理韩正出席论坛开幕式，宣读习近平主席贺信并致辞。韩正表示，能源安全是各国实现经济发展、社会稳定的重要基础。在两国元首战略引领下，中俄能源合作稳步推进，取得了一系列新成果。当前，全球能源体系正发生深刻变革，产业链供应链安全稳定面临诸多风险挑战。中国将继续加强资源统筹和政策支持，扎实做好能源安全保供，确保人民群众温暖过冬。中俄双方要落实好两国元首的重要共识，打造更加紧密的能源合作伙伴关系，为增进两国人民福祉、促进全球能源安全与可持续发展作出更大贡献。

韩正就深化中俄能源合作提出三点建议。一是着力优化营商环境，确保能源贸易持续稳定发展，按计划有序推进重大项目合作。二是支持能源生产国、过境国、消费国加强协作，畅通国际能源产业链供应链，维护全球能源市场安全稳定。三是构建绿色低碳的全球能源治理格局，积极推动建立全球清洁能源合作伙伴关系，共同应对气候变化挑战。

俄罗斯联邦政府副总理诺瓦克，俄罗斯总统能源发展战略和生态安全委员会秘书长、俄罗斯石油股份公司总裁谢钦出席开幕式。谢钦宣读俄罗斯总统普京贺信并致辞，诺瓦克作致辞。中国国家能源局局长章建华和俄罗斯科学院院士、俄罗斯科学院世界经济和国际关系研究所主席登金主持开幕式。中国石油天然气集团有限公司董事长戴厚良出席开幕式并致辞。

诺瓦克表示，中国是俄罗斯最大的贸易伙伴。俄罗斯也是中国的主要贸易伙伴之一。这为双方合作提供了强大的动能。能源在俄中务实合作发展中具有关键性意义。俄方愿意进一步开展合作，推动俄中能源合作行稳致远。

谢钦表示，在全球能源危机背景下，两国的合作有着独特的机遇，俄中经贸关系是增长极。中国提出的碳达峰碳中和目标对俄罗斯非常重要。俄方也考虑在油气开采、管道运输和油轮输送等领域使用最先进的清洁环保技术。

戴厚良表示，中俄能源合作将迎来更加广阔的前景。我们要抓住机遇、直面挑战，进一步拓展两国能源合作的广度、深度。建议双方共同保障油气资源供给安全，认真执行好能源合作的战略大项目，继续发挥好能源合作在双方经贸交往中的引领支撑作用，确保石油、天然气等传统能源供给安全。全面提升油气全产业链合作水平，共同应对能源转型面临的能源结构性短缺和成本上涨等问题，实现更高水平的融合发展。积极挖掘绿色低碳合作潜力，携手共建绿色低碳能源生态圈。共同参与全球能源治理，推动完善更加公平公正、均衡普惠、开放共享的全球能源治理体系，努力为维护全球能源安全和中俄油气合作健康发展贡献智慧和力量。

本届论坛主题为“深化中俄能源合作，共促能源安全与绿色可持续发展”。与会代表就中俄在石油、天然气、煤炭、电力、核能及新能源等领域合作展开讨论，就绿色氢能商业化等话题进行交流。论坛期间发布《中俄能源合作投资指南（中国部分）》。

本届论坛由中国石油天然气集团有限公司和俄罗斯石油股份公司联合主办，中国国家能源局、俄罗斯总统能源发展战略和生态安全委员会为协调单位。来自中俄双方的有关部门和能源企业、金融机构、研究机构、行业协会的 300 多名代表参加论坛开幕式。

（任洁江　刘倩倩）

油气勘探开发生产

综　述

【概述】 中国石油国内油气勘探与生产业务、新能源业务、储气库业务及国内勘探开发对外合作项目运营组织管理由中国石油天然气股份有限公司油气和新能源分公司（简称油气新能源公司）统筹负责。截至2022年底，油气新能源公司归口管理单位17个，分别是大庆油田有限责任公司、辽河油田分公司、长庆油田分公司、塔里木油田分公司、新疆油田分公司、西南油气田分公司、吉林油田分公司、大港油田分公司、青海油田分公司、华北油田分公司、吐哈油田分公司、冀东油田分公司、玉门油田分公司、浙江油田分公司、中石油煤层气有限责任公司、南方石油勘探开发有限责任公司、储气库分公司。

2022年，国内油气勘探取得4项重大战略突破、15项重要发现，落实9个亿吨级和9个千亿立方米规模储量区。新增探明石油地质储量86216万吨（含凝析油1038万吨），新增探明天然气地质储量6845亿立方米（含页岩气671亿立方米），新增探明石油地质储量连续17年超过6亿吨，新增探明天然气地质储量连续16年超过4000亿立方米。全年生产原油10500万吨、天然气1455亿立方米，油气产量当量再创历史新高。

（张　磊）

【生产经营指标】

1. 勘探开发工作量

2022年，油气勘探二维地震8618千米、三维地震20236平方千米，钻井1316口，进尺442.1万米；原油开发钻井9750口，进尺1948.1万米；天然气开发三维地震1590平方千米，钻井3327口，进尺1468.2万米；完钻水平井2512口（表1）。

2. 油气储量

2022年，新增探明石油地质储量8.6亿吨、天然气地质储量6845亿立方米，SEC口径油气储量接替率1.12。

表1　2022年勘探开发工作量

项目			2022年	2021年	同比增减
勘探	二维地震（千米）		8618	5832	2786
	三维地震（平方千米）		21826	16986	4840
	钻井（口）		1316	1464	−148
	进尺（万米）		442.1	468.2	−26.1
开发	原油	钻井（口）	9750	8775	975
		进尺（万米）	1948.1	1654.4	293.7
	天然气	钻井（口）	3327	2393	934
		进尺（万米）	1468.2	723.8	744.4
	完钻水平井（口）		2512	2568	−56

注：勘探地震中含天然气前期评价工作量1590平方千米。

3. 油气产量

2022年，生产原油10500万吨、天然气1455亿立方米，分别同比增加189万吨、77亿立方米；油气产量当量22090万吨、同比增产799万吨，再创历史新高。

4. 经济效益指标

2022年，上市业务销售收入6558亿元，税前利润1377亿元，净现金流1489亿元。

5. 安全环保

2022年，安全环保形势总体稳定，控减排“六项指标”及节能节水均完成年初任务指标。

【勘探开发主要成果】

1. 油气勘探取得一批新的重要成果

2022年，突出整体研究和顶层设计持续强化地质综合研究和工程技术攻关，突出新区新领域目标准备和战略发现持续强化风险勘探和重大预探领域甩开勘探，突出12大增储领域和12大战略接替领域，持续强化富油气区带集中勘探、整体勘探、立体勘探、精细勘探，突出地震先行，持续强化地震勘探追加投资22亿元，持续推进矿权三年保卫战、采矿权倍增和SEC增储专项行动，取得4项重大战略性突破和15项重要发现，发现和落实9个亿吨级和9个千亿立方米级规模储量区。塔里木盆地塔北富满富东1井试获日产气40.5万立方米、油21.4立方米高产油气流，鹰山组二段断控高能滩复合油气藏勘探取得重大突破，发现碳酸盐岩超深层超高压油气勘探新领域；准噶尔盆地南缘天湾1井白垩系试获日产气76万立方米、油127立方米高产油气流，南缘深层隐伏背斜型构造勘探取得重大突破，发现8000米超深层碎屑岩超高压油气藏；四川盆地川东地区大页1H井试获日产气32万立方米，吴家坪组海相页岩气新层系新领域勘探首获重大突破，开辟四川盆地页岩气规模增储新阵地；渤海湾盆地保定凹陷保清1X井、高77X井、高67X井东营组—馆陶组分别试获日产油106立方米、41立方米和43立方米高产油流，取得老区新凹陷石油勘探的重大突破，发现亿吨级高效规模储量区，对深化老区精细勘探意义重大。新增石油、天然气探明地质储量分别为8.6万吨、6845亿立方米。

2. 油气产量当量再创历史新高

2022年，紧盯“七年行动方案”目标，瞄准全年任务，克服新冠肺炎疫情、洪涝灾害和地震等影响，强化产运销储联动，5次调整全年运行计划，生产原油10500万吨，同比增长189万吨，实现四连升，创“十三五”以来最大增幅。天然气产量持续保持较快增长，产量1455亿立方米，再创新高，同比增长77亿立方米。油气产量当量22090万吨、同比增产799万吨，再创历史新高。西南油气田油气产量当量同比增加233万吨、达到3062万吨，成为第四个超3000万吨的油气田；松辽、鄂尔多斯、四川、渤海湾、新疆、柴达木等六大油气生产基地地位持续夯实，产量当量及其同比增量分别为21667万吨、735万吨，分别占相应总量的98%、92%。

3. 油气老区稳产基础不断夯实

2022年，突出“控递减”和“提高采收率”两条主线，强基固本，夯实老区稳产基础。实施“压舱石工程”，基于对油田开发形势的准确研判和前期准备，召开工程启动会并开展专题培训，精心制定10个示范项目上产稳产1000万吨部署方案并推进实施。狠抓精细油藏描述，完成年度部署审查项目86个，覆盖地质储量14.18亿吨，成果应用提供井位5720口，增加可采地质储量2064万吨；强化注水专项治理，实施注水工作量40.9万井次，推广完善17项配套工艺，分注率提高0.5个百分点，分注合格率提高1.7个百分点，井口水质达标率提高0.3个百分点；开展长停井治理，恢复长停井7633口（其中采油井5380口、注入井2253口），开井率76.2%，连续6年稳步提升，同比提高0.9个百分点。推进CCUS（碳捕集、利用与封存）业务，继续加大碳源组织与注入力度，二氧化碳注入111万吨（内部碳源占51.6%）、产油24.8万吨，其中吉林油田注入43万吨、大庆油田注入30万吨；持续推进重大开发试验，突出10大试验项目，持续推进化学驱油、热采工业化推广力度，加大转变注水开发方式、气驱技术攻关与应用，产油2313万吨，占总产量的22%；开展老气田综合治理，苏里格、克拉2、龙王庙、涩北等10个（含安岳气田震旦系）重点气田的开发调整和克深8、台南、苏里格等3个提高采收率项目现场开发试验，预计可提高采收率5—13个百分点、增加经济可采储量3337亿立方米。全年油田自然递减率9.34%、综合递减率4.20%，均创股份公司上市以来最好水平。

4. 油气产能建设效果持续好转

2022年，坚持“技术进步提单产”和“强化管理提效益”两条主线，强化方案设计优化和效益倒逼，开展项目效益排队和优选，推进油气产建项目达标达产达效，确保新建产能对产量、效益、成本控降的正向拉动。推进开发方式转变，推广大井丛平台式集约化建产新模式，油、气平台化钻井分别占总钻井数的74%、71%以上，其中6口井以上油、气平台井数分别占53%、46%，地面工程建设推进标准化设计、工厂化预制、模块化建设、标准化施工，节约土地4839亩（1亩≈666.67平方米）和投资15.9亿元；加大水平井规模应用力度，完钻水平井2512口，水平井体积压裂1427口，油、气水平井分别以16.9%和33.7%的投产井数贡献41%和58%的新井产能；配套完善验收考核制度，为实现油气科学配产，核定实际生产能力，规范产能建设项目管理，实现产能与产量联动，编制印发油气产能标定、验收与配产管理实施细则。全年完钻井12440口，新建油、气产能1172万吨、278.3亿立方米，产能完成率分别为97.7%和101.5%。

5. 天然气冬季保供能力不断提升

国内油气和新能源业务一直将天然气冬季保供作为战略性民生工程常抓不懈。2022年初以来，按照“四个坚持、五个最、六个到位”要求，提前谋划，统筹气田生产、产能建设和储气库注采、建设，提升保供能力，冬季保供量继续保持5%以上增幅。气田生产态势良好，加强生产动态分析，精心维护老井能力，加快新井投产节奏，优化气井配产，加快地面工程配套，10—12月生产天然气385.7亿立方米，12月生产天然气136.6亿立方米，同比增加3040万立方米，冬季气田生产能力保持良好。储气库生产态势良好，13座在役库、12座先导试验库共25座库投入注气，年注气156.4亿立方米，同比增加34.6亿立方米，超国家能源局下达任务9.8亿立方米；按期完成注采转换相关工作，保供期采气137.3亿立方米，高月冲锋能力1.85亿米^3/日，同比增加2500万米^3/日。装置检维修工作进展顺利，全年完成天然气处理厂105座、装置176套检修，完成储气库13座、装置24套检修。

6. 创新动力活力不断增强

2022年，科技创新机制持续完善，强化科研与生产深度融合。落实科技项目全成本预算，协调推动直属研究院所科技项目全成本管理，勘探院实现收支平衡、略有盈余。

勘探地质理论取得创新性成果，生烃机理认识取得突破性进展，发现富藻烃源岩早熟早排机制，渤海湾盆地为沙河街组一段下亚段生油门限变浅700米，创新泥灰岩成烃新模式，四川盆地发现雷口坡组三段烃源岩新类型；有效储层发育机理不断创新，勘探下限不断拓展；海相碳酸盐岩、前陆冲断带、岩性及页岩油气等领域成藏富集规律认识不断深化，推动这些领域在多盆地取得重大发现或突破。

开发地质技术取得阶段性重要成果，页岩油形成以“可动油储量丰度”为核心的地质工程“甜点”评价体系，水平井靶层由“厚油层”转向厚度小于5米的“黄金靶层”；碳酸盐岩缝洞体雕刻形成断储结构空间精细表征技术，新井成功率95%以上，高效井占比69%；第四代智能分注形成油管内非接触对接缆控分注技术，实现2段到4段提级分注，7个示范区应用1194口井，含水上升率下降1.39个百分点、自然递减率下降3.07个百分点，水驱动用程度显著提高。

工程技术创新持续推进，地震强化“两宽两高一单点”采集和叠前深度偏移处理攻关，同类区块资料品质大幅提高；钻井6000米以上超深井平均井深同比增加132米，钻井周期缩短7.6%，平均机械钻速提高9.4%；测井攻关建立页岩油可动油含量测井表征方法，“甜点”分类精度提高10%以上；压裂改造针对“三超”储层，研发形成超深“铣—刮—捞—刷”四合一井筒准备技术、完井试油一体化技术和加重压裂液体系，配套超深层大通径分层压裂技术，实现8000米左右超深层精准改造，平均作业效率提升40%以上。

数字化转型智能化发展持续推进，基本形成国内上游业务数字化转型统一标准场景模板建设方案；以数据中台、业务中台和专业软件共享环境建设为重点，持续提升勘探开发梦想云数据湖和平台技术能力；强化开展数据共享和数据治理，完成数据资源目录建设，持续推进数据入湖，促进数据资产化。

7. 安全环保形势保持稳定

2022年，全面贯彻习近平生态文明思想和关于安全生产的重要论述，认真落实“四全”和“三个管住”的工作要求。

QHSE体系建设更加完善，以全要素量化审核、专项审核和联合审核相结合的方式，发现问题16594项，对其中265项严重问题进行问责，全员安全环保理念显著增强，QHSE制度标准体系日臻完善。

重大风险得到有效控制，统筹推进危险化学品、油气长输管道、城镇燃气、房屋建筑物安全等安全风险专项治理工作，安全生产专项整治三年行动圆满收官，投资隐患治理项目438项，强化特殊敏感时期风险升级管控。

绿色发展建设成效突出，新增7个矿权通过地方绿色矿山验收，全面推广钻井不落地技术，无污染清洁作业技术覆盖率100%，VOCs治理全面达标，主要污染物COD、氨氮、二氧化硫、氮氧化物、二氧化碳、甲烷较全年控制目标分别减排9%、35%、21%、10%、5%、1%。

质量管理水平稳定提升，原油新标准全项检测能力建设全面建成，督促各企业组织产品质量监督抽查9198批次，合格率99.32%，其中原油、天然气合格率100%；抽查入井流体体系1154批次，不合格87批次，合格率92.46%，阻止不合格产品进入生产现场。

健康管理水平全面提升，指导18家企业及海外项目科学有序应对新冠肺炎疫情变化，督促落实国家卫健委职业病危害专项治理工作要求，全年非生产亡人702人，同比下降10.32%；继续保持安全生产责任事故“零”死亡，全面杜绝较大及以上质量安全环保事件，自产油气产品质量“零”不合格，健康管理稳中向好。

8. 经营业绩创近八年最好水平

2022 年，推进提质增效价值创造专项行动，实施十个方面 38 项具体措施，同比提质增效 130 亿元，取得显著成效。投资管控建立“1+N”投资闭环管理体系，强化效益倒逼和项目排队优选，通过工程成本管控节约建设投资 70 亿元以上；深化改革全面完成国企改革三年行动 1171 项任务和对标管理提升行动 987 项任务，“油公司”模式和三项制度改革完成专业化重组整合 20 项业务、萎缩退出及移交 6 项业务，新型采油气作业区 444 个全部完成转型、总体建设到位率 100%，压减二级、三级机构 756 个、减员 2.76 万人，完成压减法人 7 户任务目标；亏损治理亏损面和亏损户数均为近 12 年最低，亏损额为近 10 年最低，4 家重点治理亏损油田全部实现扭亏为盈；大力实施油气完全成本降压行动，一企一策制定、审查、完善完全成本压降工作方案，强化源头控制，挖掘各环节降本潜力，实现完全成本逐年下降，剔除跨周期调节影响，2022 年完全成本控制在预算目标以内；深化成本对标，召开对标管理工作推进视频会，总结共享先进经验和做法，以各项生产经营指标的改善评价工作成效，开展成本对标改善行动。“两利四率”实现“两增一控三提高”，上市业务账面税前利润 1377.3 亿元、净利润 1140.4 亿元，为近 8 年同期最好水平。未上市业务账面税前利润亏损 54.3 亿元、净利润亏损 60.4 亿元。

（范文科　向书政）

油气勘探

【概述】 2022 年，股份公司分层次设置油气预探项目（石油预探项目 30 个、天然气勘探项目 22 个、内部流转勘探项目 10 个）和风险勘探项目，其中重点勘探项目 20 个。国内油气勘探坚决贯彻落实习近平总书记关于大力提升勘探开发力度的重要指示批示精神，全面落实集团公司党组决策部署和要求，超前谋划，精心组织，扎实推进，克服新冠肺炎疫情影响，取得 4 项重大战略突破、15 项重要发现，落实 9 个亿吨级和 9 个千亿立方米级规模储量区，为国内原油产量稳中有升，天然气产量快速增长奠定扎实的资源基础。

油气勘探突出“六油三气”重点勘探，加快高效规模资源落实，突出风险勘探与甩开预探，加强重点地区和重点领域集中勘探，加大地震勘探部署和实施力度，强化各盆地各探区综合地质研究工作，加大工程技术攻关力度，形成鄂尔多斯盆地中浅层、长 7_{1+2} 段页岩油、长 7_3 段页岩油、上里塬地区环 84 区块、准噶尔盆地玛湖风城组、吉南凹陷井井子沟组、塔里木盆地富满地区、河套盆地兴隆构造带、渤海湾盆地保定凹陷等 9 个亿吨级规模储量区以及鄂尔多斯盆地太原组灰岩、本溪组天然气、苏里格陕 28 区块、四川盆地蓬莱—中江灯影组二段、川中古隆起北斜坡灯影组—龙王庙组、陆相致密气、川南页岩气、大庆合川流转区茅口组、塔里木盆地库车坳陷博孜—大北地区等 9 个千亿立方米级规模储量区。

【勘探任务完成情况】 2022 年，二维地震 8618 千米，三维地震 21826 平方千米，钻井 1316 口、进尺 442.1 万米，试油交井 616 口，新获工业油气流井 408 口，综合探井成功率 57%。新增探明石油地质储量 86216 万吨（含凝析油 1038 万吨）、技术可采储量 13922 万吨（含凝析油 279 万吨），新增探明天然气地质储量 6845 亿立方米（含页岩气 671 亿立方米）、技术可采储量 3354 亿立方米（含页岩气 154 亿立方米）。

【渤海湾盆地主要勘探成果】 保定凹陷石油勘探取得重大突破。加强太行山前地质结构和成藏条件研究，构建保定凹陷油气早生早排和浅层富集成藏模式，优选清苑构造带部署实施探井 5 口，在 1450—1700 米东营组和馆陶组均钻遇 50 米以上厚油层，保清 1X 井试油获日产油 106 立方米，高 77X 井、高 67X 井均获日产油 41 立方米以上高产，保定凹陷石油勘探取得重大突破。落实含油面积 33.4 平方千米，在老区新凹陷发现亿吨级高效规模储量区，对深化渤海湾盆地老区精细勘探具重大意义。

辽河滩海葵花岛构造带葵探 1 井油气勘探取得重要发现。立足滩海深层，加强断裂演化、保存条件和油气成藏研究，部署实施的葵探 1 井在中生界 5658—5835 米井段 8 毫米油嘴测试获日产气 19.94 万立方米，在沙河街组三段4776—4546米井段7毫米油嘴测试获日产气15.45万立方米，在东营组三段下部3616—3767井段12毫米油嘴测试获日产气9.8万立方米，首次在滩海中生界、沙河街组三段发现高产气藏，初步落实有利含气面积400平方千米，开辟辽河坳陷深层天然气勘探新领域。

饶阳凹陷杨武寨沙河街组三段下部深层石油勘探取得重要发现。加强冀中坳陷深层油气成藏条件研究，在深层沙河街组三段下部烃源岩、沉积储层和成藏研究基础上，优选杨武寨构造带部署钻探4口井，钻遇49—116米厚油层，完试2口井均获工业油流，强104X井在沙河街组三段下部4365—4375米井段8毫米油嘴测试，获日产油88.6立方米。初步控制有利含油面积24平方千米，冀中坳陷深层勘探取得重要发现，拓展东部老区勘探新领域。

歧口凹陷滨海斜坡区碎屑岩潜山勘探取得新进展。加强歧口凹陷南部断阶带二叠系碎屑岩潜山成藏研究，实施的埕海45井在二叠系上石盒子组钻遇68米厚油层，1844—1908米井段测试获日产油63.6立方米，新类型潜山勘探取得新成果。

【松辽盆地主要勘探成果】 三肇凹陷肇页1H井页岩油勘探取得重要发现。2022年，加强三肇凹陷页岩油地质评价研究，优选稀油带部署的肇页1H风险探井在青山口组2211—3843米井段压裂，3毫米油嘴测试，获日产油16.8立方米高产，试采42天稳定日产油15—17立方米，累计产油744立方米，三肇凹陷页岩油新区勘探取得重要发现，有望推动松辽盆地北部近万平方千米页岩油稀油带的整体突破。

古龙凹陷精细勘探取得新进展。近年来，持续深化中浅层精细勘探，加强远源、近源、源上三种成藏类型评价研究，古龙凹陷、巴彦查干、江桥等地区68口探评井在葡萄花油层、萨零组等层系获工业油流，21口井获日产油大于10吨。落实含油面积238.6平方千米，新增探明石油地质储量4692万吨、经济可采储量771万吨，为大庆油田原油稳产奠定资源基础。

长岭凹陷乾安地区石油精细勘探取得新进展。近年来，强化老资料重新认识，滚动精细挖潜，勘探评价一体化，乾安地区黑203等8口井在青山口组和姚家组获日产3.5—71.8立方米工业油流。落实含油面积239平方千米，新增探明石油地质储量1144万吨、经济可采储量161万吨，发现效益增储新层系，落实含油面积51平方千米，为吉林油田原油稳产奠定资源基础。

【鄂尔多斯盆地主要勘探成果】 鄂尔多斯盆地长7_3段纹泥型页岩油勘探取得重要发现。加强延长组长7_3段页岩油地质评价和“甜点”刻画，部署实施岭页1H和池页1H风险探井在长7_3段压裂测试，分别获日产油116吨、36.6吨高产，岭页1H井试采234天，获日产油21.8吨稳产，累计产油4719吨，长7_3段纹层型页岩油勘探取得重要发现，落实含油面积795平方千米。

乌拉力克组海相页岩油气勘探取得重要发现。加强鄂尔多斯盆地西缘乌拉力克组页岩源储特征研究、“甜点”段（区）刻画和评价，部署实施的4口直井均获工业油气流，其中李86井在4522—4535米压裂测试获日产气15.22万立方米，试采稳定日产气1.5万立方米；银探3井在4238—4272米压裂测试获日产油6.6立方米、气1013立方米，实现中国古生界海相页岩油的首次发现，初步落实乌拉力克组页岩油气有利勘探面积1万平方千米，展现该区海相页岩油气较大的勘探潜力。

中浅层石油勘探取得重要进展。近年来，加强古地貌河道砂体油藏群成藏研究和中生界浅层勘探目标落实评价，部署实施的白293等178口井在长3段以上中浅层获日产4.34—105.6吨工业油流，井均日产油13.2吨。落实含油面积327平方千米，新增探明石油地质储量1.02亿吨、经济可采储量1739万吨，建产75.3万吨，对长庆油田原油稳产上产具有重要意义。

本溪组天然气勘探取得新进展。近年来，加强三角洲—潮汐砂坝砂体分布预测研究和有效砂体刻画，7口探井在本溪组获工业气流，37口开发井单井日产气超10万立方米，其中2口井超百万立方米。落实含气面积4928平方千米，形成千亿立方米高效规模储量区，对长庆油田天然气稳产上产具有重要意义。

盆地东缘山西组页岩气勘探获新进展。坚持多层系立体勘探，强化山西组页岩“甜点”评价和成藏研究，大吉3-4井在山西组山2^3亚段压裂后获日产气1.78万立方米，试采6个月，稳定日产气1万立方米，累计产气151万立方米；吉平1H井试采一年半，稳定日产气3.3万立方米，累计产气1800万立方米，初步落实有利区面积800平方千米，展现山西组2^3亚段页岩气具有工业产气能力，对煤层气公司天然气增储上产发挥重要作用。

冀东探区佳县地区新层系天然气勘探取得新进展。近两年来，开展石千峰组千5段、下石盒子组盒6段、本溪组等新层系评价研究，新井钻探以及老井复查上试，13口井新获工业气流，井均日产气2.13万立方米，最高日产7.5万立方米（米26井），落实含气面积592平方千米，对冀东油田天然气勘探开发一体化上产具有重要意义。

【四川盆地主要勘探成果】 四川盆地大页1H井吴家坪组页岩气新层系勘探首获重大突破。加强开江—梁平海槽吴家坪组深水陆棚岩相古地理研究，强化水平井提产工艺攻关，探索吴家坪组新层系页岩气勘探潜力，部署钻探的大页1H井在4530—5990米井段压裂测试，获日产气32万立方米高产，压力系数2.02。初步估算5000米以浅有利面积2885平方千米，开辟四川盆地页岩气规模增储新阵地，对推动中国页岩气勘探开发具有重要战略意义。

川中古隆起北斜坡东坝1井天然气勘探取得重要发现。近两年，加强川中古隆起北斜坡整体研究，认为具备多层系立体勘探潜力，部署风险探井东坝1井在灯影组四段、龙王庙组测试均获日产气20万立方米以上高产，北斜坡灯影组四段取得首次突破，落实灯影组四段有利含气面积807平方千米，在蓬莱气区又发现龙王庙组新产层。

充探1井雷口坡组泥灰岩油气勘探取得重要发现。立足川中雷口坡组海相领域，强化源储一体非常规油气成藏研究，部署的风险探井充探1井首次在雷口坡组三段3489—3604米测试，获日产气10.9万立方米、凝析油47立方米工业油气流，发现雷口坡组三段泥灰岩新的油气藏类型，初步落实有利含油气面积4600平方千米，开辟四川盆地海相非常规油气勘探新领域。

威远、渝西地区深层页岩气勘探取得重要进展。持续推进五峰组—龙马溪组深层页岩气评价勘探，威远自201井区62口井试气获井均日产气19.4万立方米，落实含气面积130.6平方千米，新增探明天然气地质储量847亿立方米、经济可采储量164亿立方米；渝西地区足203井区、威远自205井区3口井试气，获井均日产气19.5万立方米，落实含气面积178.3平方千米。浙江大安区块大安1H井、大安2H井分别获日产气27万立方米、26万立方米，展现渝西地区深层页岩气规模增储潜力。

吉林油田自贡探区二叠系天然气勘探取得重要发现。深化综合地质研究，加强多层系立体勘探，部署钻探的自贡1井在茅口组3064—3075米井段13毫米油嘴测试，获日产气25.7万立方米；吉富1井在栖霞组—茅口组3051—3089米井段测试，获日产气8.5万立方米，初步落实有利含气面积678平方千米，展现自贡地区栖霞组—茅口组良好的勘探潜力，对吉林油田增储上产具有重要意义。

天府气区致密气勘探取得新进展。加强致密气“甜点”精细评价及提产技术攻关，勘探开发一体化实施，天府气田沙溪庙组99口井获工业气流，日产气0.53万—98.7万立方米，井均日产气29万立方米；立体勘探须家河组致密气，天府101井、永浅1井分别获日产气28万立方米、31万立方米高产，展示天府气区致密气巨大的勘探潜力。

茅口组一段泥灰岩致密气勘探取得新发现。加强二叠系茅口组一段烃源岩、沉积储层及成藏研究，探索其泥灰岩勘探潜力，部署钻探的新探1井和大坝1井，在茅口组一段分别获日产4.5万立方米、4.2万立方米工业气流，且试采稳定，初步落实有利含气面积1260平方千米，证实茅口组一段泥灰岩致密气具有较大的勘探潜力和稳产能力，开辟海相泥灰岩非常规勘探新领域。

【准噶尔盆地主要勘探成果】 准噶尔盆地南缘东湾构造带天湾1井天然气勘探取得重大突破。加强“双复杂”区地震采集处理解释技术攻关，强化圈闭评价和落实，部署钻探的风险探井天湾1井在清水河组8066—8092米井段8.1毫米油嘴测试，获日产气75.82万立方米、油127.2立方米，油压123.4兆帕，压力系数2.15，准噶尔盆地南缘深层隐伏背斜型构造勘探取得重大突破。初步落实清水河组和头屯河组有利含油气面积597平方千米，展现8000米以深碎屑岩领域巨大的勘探潜力，进一步坚定准噶尔盆地南缘中段寻找大油气田的信心。

玛北风城组致密油、页岩油勘探取得重要进展。近年来，加强玛北风城组页岩油和致密油“甜点”评价和油气成藏研究，风险探井玛页1H井在风城组三段页岩油段压裂后获日产油108立方米，试采170天，稳定日产油40立方米，累计产油5931立方米；针对风城组二段致密油钻探的大斜度井玛51X井在风城组二段压裂后获日产油107立方米，落实含油面积145平方千米，展示玛湖风城组致密油、页岩油巨大的勘探潜力和良好的开发前景。

玛湖凹陷夏云1井夏子街组石油勘探取得新发现。强化夏子街组白云质碎屑岩储层和成藏研究，部署实施的夏云1风险探井在夏子街组4869—4988米井段，3.5毫米油嘴试油获日产油58立方米，在风城组三段5107—5218米试油获日产油30.4立方米。初步落实夏子街组有利含油面积1572平方千米，开辟夏子街组云质岩石油勘探新领域。

吐哈准东区块吉木萨尔凹陷井井子沟组石油勘探取得新进展。加强井井子沟组整体研究和重新认识，吉木萨尔凹陷吉新4井试油获日产油27立方米，吉新 2-2H 井试采稳定日产油 51 立方米，累计产油 4978 立方米，初步落实有利含油面积 183 平方千米，证实吉木萨尔凹陷西部井井子沟组具有良好成藏条件，展现其常规砂岩油藏勘探较大的勘探潜力。

【塔里木盆地主要勘探成果】 塔里木盆地富东 1 井奥陶系断控高能滩勘探获重大突破。加强富满地区奥陶系鹰山组岩相古地理研究，强化高能滩体刻画，部署钻探的预探井富东 1 井在鹰山组二段 7925—8359 米井段 7 毫米油嘴测试，获日产气 40.5 万立方米、油 21.4 立方米高产，压力系数 2.1，鹰山组二段断控高能滩复合油气藏新类型勘探取得重大突破，落实含油气面积 397.1 平方千米，发现一个超深层超高压油气勘探新领域。

玉科—富源地区奥陶系深层新发现三条油气富集带。加大富满东部新的主断裂和次级断裂甩开力度，部署实施的满深 8 井、富源 6 井、玉科 7 井在一间房组—鹰山组分别获日产油 423 立方米、554 立方米、83 立方米，日产气 94 万立方米、53 万立方米、18 万立方米高产，新发现 F_I20、F_I18 和 F_{II}53 三个断裂油气富集带，证实不仅主断裂带可高产富集，次级断裂带同样可高产富集，含油气范围进一步东扩，落实含油气面积 158 平方千米，展现富满东部地区超深层仍具有巨大勘探潜力。

库车坳陷博孜 1 和大北 12 气藏外围勘探取得重要进展。加强断裂系统和天然气成藏重新认识研究，强化三维地震精细处理解释和圈闭落实，博孜 1 号构造博孜 2401、博孜 2402 等井在巴什基奇克组—巴西改组获日产气 24 万立方米以上，新落实含气面积 47.6 平方千米、探明天然气地质储量 534 亿立方米、经济可采储量 232 亿立方米；大北 12 号构造大北 13 井在巴什基奇克组获日产气 11.5 万立方米，新落实含气面积 30 平方千米。博孜 1 和大北 12 气藏含气范围大幅扩展，储量规模均达近千亿立方米增储区。

【柴达木盆地主要勘探成果】 牛中—牛东地区油气勘探取得重要发现。加强烃源岩和成藏条件再认识，强化圈闭目标落实评价，部署钻探的牛 17 井在 5190—5200 米井段压裂后，5 毫米油嘴测试，获日产气 12.67 万立方米，实现阿尔金山前基岩勘探由隆起区向斜坡区扩展；牛 16 井在侏罗系小煤沟组 1645—1785 米压裂测试，获日产油 25.5 立方米、气 2400 立方米，试采稳定日产油 8.5 立方米、气 2400 立方米，首次实现侏罗系低压油气藏工业稳产，整体展现较好的规模增储潜力。

柴西北红沟子地区上干柴沟组（N_1）碳酸盐岩油藏勘探取得新进展。加强上干柴沟组（N_1）碳酸盐岩岩相古地理和岩性油气藏成藏研究，甩开部署的沟 11 井在 3860—3868 米井段试油获日产油 36 立方米、气 7466 立方米，落实含油面积 44 平方千米，柴西北地区碳酸盐岩新层系勘探取得新进展。

【河套盆地主要勘探成果】 河套盆地临河坳陷中部扎格构造带扎格 1 井石油勘探取得新发现。加大地震勘探部署力度，强化圈闭目标落实，甩开部署的扎格 1 井在临河组一段 5083—5090 米试油，获日产油 367 立方米，临河组二段 5480—5488 米试油，获日产油 174 立方米高产，初步落实有利含油面积 197 平方千米，临河坳陷中部扎格构造带有望形成河套盆地增储新区带。

【其他中小盆地主要勘探成果】 吐哈盆地丘东洼陷致密砂岩气勘探取得重要发现。加强洼槽区三角洲沉积体系刻画和大面积致密砂岩成藏研究，部署吉 7H 井在三工河组 5330—5400 米井段压裂测试，获日产气 5.3 万立方米、凝析油 40.7 立方米，试采 370 天，稳定日产气 2.8 万立方米、凝析油 30.4 立方米，累计产气 635 万立方米、油 7409 立方米。甩开部署的吉 702H 井获日产气 5.24 万立方米、凝析油 55.7 立方米，侏罗系深层致密气下洼进源勘探获重要发现。落实含气面积 39 平方千米，对吐哈油田增储上产具有重要意义。

【风险勘探工作及成果】 立足战略性、全局性、前瞻性重大领域和目标，加强盆地基础研究、整体研究，创新油气地质认识，精细组织管理，加快目标落实和实施推进，2022 年部署风险探井 46 口，完钻 44 口井，完试 31 口井，27 口井获工业油气流，取得 2 项重大战略性突破和 10 项重要发现。其中，准噶尔盆地南缘中段天湾 1 井、四川盆地大页 1H 井吴家坪组页岩气获重大战略性突破，川西北龙门山推覆带红星 1 井二叠系栖霞组、鄂尔多斯盆地长岭页 1H 井、池页 1H 井延长组长 7_3 亚段页岩油、四川盆地川中古隆起北斜坡东坝 1 井灯影组四段、充探 1 井雷口坡组三段泥灰岩、准噶尔盆地玛湖西斜坡夏云 1 井夏子街组、盆 1 井西凹陷盆中 1 井白碱滩组、玛湖玛页 1H 井风城组页岩油、松辽盆地北部三肇凹陷肇页 1H 井页岩油等获重要发现。全面完成年度目标，为 2023 年油气勘探开辟新领域。

【中国石油 2022 年度油气勘探年会】 2022 年 12 月 14—15 日，中国石油天然气集团有限公司 2022 年度油气勘探年会以视频形式召开。此次会议是在开启第二个百年奋斗目标新征程的重大历史节点、党的二十大之后召开的一次重要会议，也是在“十四五”

关键之年，持续深入贯彻落实习近平总书记关于大力提升油气勘探开发力度系列重要指示批示精神和集团公司党组对油气勘探决策部署总体要求的一次重要会议。会议全面总结2022年高效勘探重大成果和勘探管理好经验好做法，深入分析油气勘探工作面临的新形势新任务，进一步明确2023年油气勘探重点工作和部署安排。会议传达集团公司董事长、党组书记戴厚良和总经理、党组副书记侯启军对油气勘探年会的贺信批示。集团公司党组成员、副总经理焦方正，股份公司副总裁兼油气新能源公司执行董事、党委书记张道伟，股份公司副总裁朱国文，集团公司石油工程首席专家秦永和以及来自集团公司和股份公司总部有关部门、油气新能源公司、工程技术分公司、16家油气田公司、中国石油勘探开发研究院、东方地球物理勘探有限责任公司及其他工程技术服务企业等单位勘探系统的500多名代表以视频形式参加会议。

（孙瑞娜　范土芝）

勘探工程技术

【概述】 2022年，集团公司加大三维地震勘探部署，年度部署地震工作量创历史新高。物探业务科学统筹生产组织，严格现场质量控制，强化重点难点地区物探技术攻关，持续打造物探技术利剑，促进物探技术水平与管理水平双提升，支撑国内上游业务持续高质量发展。钻井和测井工程面对“低深难”的勘探形势和“两高一低”的开发现状，突出创新驱动和精益管理，提升钻井和测井业务在油气勘探发现、原油产量稳定和天然气业务快速发展中的支撑保障和提质增效作用。全年钻井13735口、进尺3253.4万米，完成水平井2512口；探井测井1229口井、开发井测井14609口井、生产井测井51320井次，解释符合率探井85.7%、开发井96.7%，保持较高水平。

【物探资料采集】 2022年，二维地震计划采集8475千米，完成8618千米；三维地震计划采集23503平方千米，完成20236平方千米；三维重磁资料面积28439平方千米，二维时频电磁剖面长度2857千米，微生物化探550平方千米；井中地震99口，其中零井源距VSP 76口、非零井源距VSP 14口、Walkaway VSP 4口、Walkaround VSP 1口、三维VSP 4口。

坚持整体部署、多层系立体勘探的理念，强化技术经济一体化方案论证，推广应用高灵敏度单点检波器，突出多波多分量、井地联采等新技术攻关以及检波器打孔埋置等新工具应用，物探成果质量大幅提升。鄂尔多斯盆地平凉—演武三维地震加大超高灵敏度检波器接收等新技术应用，资料主频拓宽10赫兹，断裂和古地貌特征更加清晰，利用三维地震成果部署井位钻探成功率相比以往提高40个百分点；四川盆地梓潼—绵阳三维地震创新开展多波多分量采集，识别侏罗系沙溪庙组一段河道62条，较纵波刻画河道面积增加近300平方千米；准噶尔盆地石西101井三维地震创新物理点预布设流程，推广震源滑扫T-D优化技术，采集最高日效6730炮，创造大沙漠区采集日效新纪录，新资料频带拓宽1个倍频程以上，石炭系顶及内幕成像更加清楚；塔里木盆地迪北2—康村三维地震推广“风险智能划分＋现场踏勘”“高精度卫片＋坡度图”优化选点和“直升飞机＋节点仪”施工工艺，平均采集日效较邻区提高73.54%，创塔里木盆地山地三维地震采集日效新纪录。

【物探资料处理解释】 2022年，深化精细地震资料处理解释，助力高效勘探和效益开发取得新进展。处理二维地震8.09万千米、三维地震11.11万平方千米；解释二维地震18.77万千米、三维地震31.69万平方千米，发现落实圈闭7513个，面积7.47万平方千米，提交井位7667口，采纳4021口，支撑部署风险井位46口，油气重大突破与发现参与率100%，为油气高效勘探和低成本开发提供有力支撑。

华北油田针对临河三维地震通过宽频一致性处理和逆时偏移等关键技术，精细刻画构造展布，有效改善中浅层波组特征和断裂成像质量，中深目的层钻井深度平均相对误差0.9%；基于新处理解释成果，2022年临河三维地震区发现落实圈闭25个，支撑12口井部署和兴华11、华兴12区块亿吨探明储量提交。塔里木油田应用多次波压制、Q叠前深度偏移等关键技术，大幅提高富满地区深层地震成像精度，准确刻画奥陶系—寒武系地层结构，发现落实圈闭24个，支撑120口井位部署和富满油田超6亿吨三级储量提交，有效支撑"富满之下找富满"高效勘探；立足大北区块构造稳定区，加强地震精细目标处理，成像质量明显提高，断裂特征更加清晰，新发现大北13圈闭，新增控制储量天然气432亿立方米、凝析油75万吨。西南油气田攻关形成以层序约束相控反演、地震波形驱动为核心的岩性储集体定量表征技术，解决隐蔽岩性油气藏地震响应特征不明显难题，准确刻画川中古隆起灯影组丘滩体储层展布，支撑千亿立方米天然气探明储量提交；创新礁滩复杂地质体刻画技术，支撑川东YA012-X11-C1井钻遇二叠系、三叠系礁滩储层1160米，获日产超200万立方米高产工业气流，刷新四川盆地生物礁"储层段最长、储层钻遇率最高、测试产量最高"等多项纪录。

【物探技术攻关】 2022年，针对前陆冲断带、碳酸盐岩、构造岩性和页岩油气四大领域，设立16个物探技术攻关课题，处理解释二维地震218.7千米、三维地震3824平方千米。其中，前陆冲断带领域重点攻关准噶尔盆地南缘、塔里木盆地塔西南和柴达木盆地英雄岭等"双复杂"探区地震成像技术，落实勘探目标；碳酸盐岩领域重点攻关塔西南寒武系盐下、鄂尔多斯石炭系太原组、川中和塔东等碳酸盐岩储层描述技术，落实钻探圈闭；构造岩性领域聚焦松辽、渤海湾、吐哈、福山、海拉尔等地区岩性目标精细成像，拓展勘探战场；页岩油领域重点攻关川中侏罗系、南堡凹陷古近系页岩油"甜点"刻画技术，指导水平井轨迹设计。

立足重点区带、重点领域，持续深化物探技术攻关，取得良好应用效果。攻关表层结构反演和全深度速度建模技术，探索应用时延全波形反演，提升川西北枫顺场及准噶尔盆地南缘、东部深层潜山等复杂构造中深层成像精度，夯实井位目标落实基础；完善复杂储层精细描述，攻关多波联合反演预测技术，大幅提升川中致密砂岩含气预测符合率，支撑侏罗系沙溪庙规模储量提交；深入开展"双高"地震资料处理解释技术攻关，消除并补偿近地表吸收衰减导致的波形畸变，增强低频弱信号能量，综合提高河套、川东等地区地震分辨率，满足储层保真识别需求；攻关应用宽方位各向异性成像及方位裂缝预测等技术，刻画鄂尔多斯盆地乌审旗古隆起断裂及台内滩有利发育区，支撑勘探部署。利用物探技术攻关成果，2022年发现落实圈闭112个、面积2571平方千米，建议井位137口，持续跟踪并支撑红星1井钻探成功，助推佳探1等6口风险井位部署。

【物探科研与应用】 2022年，聚焦勘探开发生产面临的共性问题，突出关键、核心、引领性技术研发，围绕人工智能、"双复杂"目标、裂缝型致密储层和陆相碎屑岩等领域设立7个课题，在多个方面取得重要技术进展与突破。在人工智能方面，创新基于复杂岩相智能识别的速度建模技术，提高特殊地质体速度建模精度，改善盐下目的层成像效果；研发F-X域智能去噪技术，提高噪声压制效率和精度，效率比常规技术提升约3.5倍。在"双复杂"领域，创新多约束初至走时层析技术和复杂地表静校正技术，更好地解决巨厚黄土区和疏松近地表山地的长波长静校正问题，在准噶尔盆地南缘、鄂尔多斯盆地庆城、柴达木盆地英中等地区应用取得良好效果，资料信噪比、保幅性、成像精度明显提升，井震相关系数0.85。在裂缝型致密储层领域，创新研发相控双孔隙结构因子渗透性预测技术，提高致密砂岩储层孔隙度和含气饱和度预测精度，四川盆地秋林地区侏罗系沙溪庙组致密砂岩渗透率预测误差小于半个数量级。在陆相碎屑岩领域，探索多波多分量地震资料处理解释技术，首次利用横波资料发现纵波无响应的隐蔽河道砂储层，横波资料刻画河道砂储层总面积较纵波增长38%，支撑四川盆地秋林地区侏罗系沙溪庙组致密气储量提交。

【国产物探软件推广应用】 2016—2021年，推动GeoEast等国产物探软件应用，完成"188"推广应用目标，显著增强物探技术自主创新能力。根据油气勘探开发实际需求，2022—2025年突出GeoEast处理解释软件由油气勘探领域向开发领域应用拓展，制定"2919"（即2025年勘探开发地质研究人员熟练掌握率达到20%，地震处理解释项目应用率分别达到90%和100%，井位目标或研究项目贡献率达到90%）工作目标。2022年，GeoEast软件在股份公司16家油气田企业和3家科研院所持续深入推广应用，勘探开发地质研究人员熟练掌握率11.07%，处理项目应用率87.2%，解释项目应用率92.1%，井位目标或研究项目贡献率100%，"2919"工作目标稳步推进，国产物探软件支撑集团公司持续增储上产、助力油气勘探开发高质量发展作用进一步凸显。

【地球物理数据与软件共享中心建设】 2022年，集团公司批复同意在中国石油勘探开发研究院成立中国石油地球物理数据与软件共享中心，负责国内勘探开发业务地球物理数据异地备份管理、地球物理软件云化管理和共享服务等工作。数据是未来的核心资产，地球物理数据与软件共享中心的成立对于确保地球物理数据安全，深化挖掘地球物理数据资产潜力，提高数据资产价值，支撑集团公司勘探开发业务持续高质量发展具有深远而重大的意义。

（曾　忠　刘依谋）

【水平井钻井技术】 2022 年，完成水平井 2595 口，占钻井总井数的 18.9%，其中长庆、新疆、西南、大庆等是水平井主要应用油田。通过优化井身结构、优选提速工具及钻头、强化钻井参数、推广油基钻井液、完善提速模板等措施实现提速提效。

水平井技术进步高效推动非常规油气藏资源开发，长庆、新疆、大庆、西南等地区效益持续提升。庆城页岩油投产水平井 98 口，平均单井日产油 12 吨，日产大于 10 吨井比例从 54.5% 提升至 72.5%，单井 EUR 达 2.7 万吨，开发建设实现整体达产达效和快速上产；新疆吉木萨尔页岩油利用随钻 GR 成像测井 + 碳酸盐分析技术，较 2021 年平均水平段 1863.44 米增加 122.34 米，平均油层钻遇率 92.6%，全年产油 50.9 万吨，单井 EUR、钻井速度得到有效提升，单井投资从 7527 万元控降至 4500 万元；大庆古龙页岩油 2022 年产油 8.51 万吨、天然气 2986.4 万立方米，2000 米水平段单井 EUR 预测可达 2.0 万—3.1 万吨，具备效益开发条件；川渝页岩气 2022 年完钻水平井 308 口，平均钻井周期 94.44 天，同比缩短 1.53%，平均机械钻速提高 13.18%，平均水平段长增长 2.17%，储层钻遇率提高 0.53%。在目的层应用欠平衡钻井工艺，形成“地面降温 + 全程旋导 + 控压钻井”的提速组合，水平段密度同比降低 0.15—0.2 克 / 厘米^3，平均机械钻速 8.61 米 / 时，同比提高 28%，平均水平段钻进时间由 2021 年 30 天缩短至 22 天，支撑日产气超 4000 万立方米，年产能力 130 亿立方米，建成千万吨页岩气大气田。

水平井重点区块提速提效效果明显。2022 年大庆古龙页岩油水平井平均井深 5157.4 米，水平段长 2492 米，钻井周期 24.7 天，机械钻速 29.46 米 / 时，同比井深增加 258 米，水平段长增加 210 米，钻井周期缩短 3.1 天；玛湖致密油水平井平均井深 4915 米，水平段长 1320 米，钻井周期 73.9 天，同比缩短 5.1 天，周期同比缩短 6.5%；吉木萨尔页岩油水平井平均井深 5803 米，水平段长 2027 米，机械钻速 15.8 米 / 时，钻井周期 40.4 天、水平段一趟钻成功率提升至 54.5%，水平段长同比增加 117 米，钻井周期缩短 8.2%，一趟钻比率提高 14 个百分点。

强化组织管理和技术攻关，水平段钻井指标稳步提高。2022 年川南页岩气 8 口井实现 215.9 毫米井眼一趟钻。其中：中深层页岩气井 4 口，宁 209H47-9 井刷新单趟进尺最多（2440 米）、水平段最快钻井周期（6.33 天）两项纪录；深层页岩气井 4 口，阳 101H11-4 井刷新单趟进尺最多（2830 米）、最快钻井周期（58.61 天）两项纪录。川中致密气攻关“强攻击性 PDC 钻头 + 高造斜率旋转导向 + 旋导专用直螺杆 + 强化参数”为主体的二开一趟钻提速技术，6 口井实现二开“一趟钻”，平均机械钻速 24.42 米 / 时、钻井周期 9.13 天，二开平均钻井周期同比缩短 43%。永浅 201 井钻井周期 7.77 天创致密气最快钻井周期纪录，4 口储量井钻井周期均控制在 9 天内。

侧钻井等水平井配套技术不断突破。长庆油田侧钻井累计投产 801 口，恢复产能 36.7 万吨。日产油水平 800 吨 / 日，具备年产油 30 万吨的生产能力，有力支撑老油田稳产。侧钻定向井单井总投资由 170 万元降低至 150 万元，侧钻水平井由 360 万元降低至 300 万元。在苏南 88-114CH 井完成首口基于 7 英寸老套管 152 毫米钻头开窗侧钻、114.3 毫米套管固井完井的侧钻水平井成功实施，实钻水平段长 1214 米，创造长庆气田侧钻井最长水平段纪录；玛湖地区强化大功率螺杆推广应用，与 2021 年相比，旋导进尺占比由 32.8% 下降至 6.9%，平均钻井周期由 76.6 天缩短至 74.4 天。在陆 9、石南 21 井区采用侧钻水平井精细设计及综合录井地质导向技术实现高效挖潜，实施 7 口侧钻井，累计增油 3519 吨，对比新钻水平井节约钻井投资 2800 万元；西南油气田攻关应用“国产旋转导向 + 油基钻井液 + 钻井参数强化 + 漂浮下套管”技术，解决浅埋深长水平段井钻井摩阻大、常规下套管难的问题。金浅 501-8-H2 井水平段长 2060 米，应用 140 毫米全通径漂浮接箍下套管技术获得成功，为长水平段、轨迹复杂水平井安全高效下套管提供更优的方案。在足 203H5-2 井开展 PZG65-$\phi299 \times 13$ 毫米膨胀管裸眼封堵现场试验，下入井段 1183.88—1850 米（段长 666.12 米），成功封堵恶性漏失层，同时实现不改变原井身结构完井，刷新中国膨胀管现场应用最大尺寸纪录。

【精细控压钻井与欠平衡技术】 2022 年，推广应用精细控压钻井固井、欠平衡钻井 282 井次，主要应用在西南油气田和新疆油田，在窄密度窗口钻井、固井和易漏地层钻井提速等方面取得显著成效。

推广应用精细控压钻井技术，保障窄密度口地层的安全钻井。西南油气田蓬莱区块在 241.3 毫米井眼应用 16 井次，进尺 22772.34 米，较邻井减少漏失量 373.48 立方米，减少复杂损失时间 15.85 天。在高石

009 区块 241.3 毫米及 165.1 毫米井眼应用 2 井次，进尺 5887 米，较邻井减少漏失量 820 立方米，减少复杂损失时间 21 天；新疆油田玛湖 401 井区三开配备精细控压实施水平井 12 口，溢漏同层问题改善明显，平均复杂时率降低 7.6%。达 13 井区三开井段应用精细控压技术，实现零复杂，水平段长由 2021 年的 1326 米增加至 1641 米，钻完井工期由 137 天缩短至 129 天；青海油田柴探 1 井、阿探 2 井通过动态承压，以平均 48 米 / 次的承压频率准确刻画压力窗口，实时跟踪钻进 ECD、起下钻抽汲、激动 ECD，保障 2040 米“零复杂”完钻。通探 1 井以压稳水层为原则，刻画压力窗口，创油田单井控压最长井段纪录，发生井漏 5 次，漏失钻井液 95 立方米，相比邻井冷科 1 井（井涌 4 次、井漏 61 次、漏失量 360 立方米）复杂大幅降低。

开展精细控压固井，提升超深井固井质量。西南油气田在蓬莱区块 241.3 毫米井眼应用川庆钻采院的精细控压固井 12 井次，固井质量合格率 51.8%、优质率 24.2%，较邻井分别提高 2.87%、3.56%。在高石 009 区块 241.3 毫米井眼应用 3 井次，固井质量合格率 76.09%、优质率 38.62%，较邻井分别提高 4.62%、14.61%；大港油田潜山内幕地层漏失风险大，超高温水泥石强度衰减，钻井液高碱、高盐导致腐蚀性强。通过采用精细控压固井，千米桥潜山油藏风险探井固井质量优质率 100%。

应用欠平衡钻井技术，机械钻速不断提升。川南页岩气针对纵向上层系多的特点，通过精细控压技术释放地层压力、恒定井底压力控制方式，推广欠平衡配套提速技术，水平段钻井效果持续改善。在长宁区块 215.9 毫米井眼应用欠平衡钻井 52 井次，进尺 172339 米，钻井液密度降低 0.15—0.35 克 / 厘米^3，平均机械钻速 14.21 米 / 时，较 2021 年区块指标提高 22.92%。在泸州深层页岩气区块 215.9 毫米井眼应用欠平衡钻井 42 井次，进尺 55400 米，钻井液密度降低 0.18 克 / 厘米^3，平均机械钻速 9.12 米 / 时，较邻井提高 24.1%。在渝西深层页岩气区块 215.9 毫米井眼应用欠平衡钻井 61 井次，进尺 191023 米，钻井液密度降低 0.15—0.20 克 / 厘米^3，平均机械钻速 7.62 米 / 时，较邻井提高 45.42%。

气体钻井大幅度减少漏失，节约钻井周期。青海油田针对表层恶性漏失严重的问题，开展空气钻井工艺。柴探 1 井采用充气泡沫钻进，钻至 649 米一开完钻。柴 909 井一开采用空气钻井，进尺 811 米，平均机械钻速 12.68 米 / 时，创青海油田 444.5 毫米井眼空气钻井井深最深 856 米、干井筒固井最深 856 米以及单只空气锤进尺最长 811 米三项纪录。柴 909 井潜水面 600 米，采用空气钻井后相比柴探 1 井漏失近 5900 立方米无漏失，节约周期至少 30 天。

【随钻扩眼与垂直钻井技术】 2022 年，为解决环空间隙小、井底 ECD 大、套管难以下入、固井质量差等难题，推广应用随钻扩眼技术 37 井次。为解决部分构造地层倾角大，采用常规钻具组合钻进易斜、吊打机械钻速慢的难题，推广应用垂直钻井系统 114 口井。

新疆油田优化扩眼器布齿方式，由平面齿改进为非平面 + 尖锥混合齿，提升刀翼抗冲击性和吃入能力。平均单井节约工期 3.5 天、节约费用 70 万元。

西南油气田射洪—盐亭区块使用垂钻工具充分释放参数，钻压从 8—12 吨提高至 18—20 吨，机械钻速提升 62%—164%，井斜控制在 1 度以内。鹰探 1 井 444.5 毫米井眼须家河组—嘉陵江组二段应用垂直钻井系统，井斜角控制在 0.5 度内，机械钻速 4.90 米 / 时，比鹰 1 井提高 53%；新疆油田在准噶尔盆地南缘呼 101 井、呼 102 井二开主动应用垂钻 + 螺杆防斜打快技术，井眼尺寸较呼探 1 井大一级的条件下，平均钻速分别提高 78%、64%。三开应用垂钻 + 螺杆 + 高效 PDC 钻头实现安集海河组地层“一趟钻”，平均机械钻速分别比呼探 1 井提高 36% 和 59%，四开平均钻速分别提高 158%、192%。

国产大尺寸垂直钻井系统性能不断提高。2022 年垂直钻井 27 井次，总入井时间 17489.24 小时，总进尺 42112.87 米。东秋 7 井二开使用 VDT 系列工具第一趟钻进尺 1383 米，日进尺 293 米，分别创区块一趟钻进尺最高纪录和单日进尺最高纪录。卧深 1 井三开单只钻头进尺 1461 米，一趟钻穿越嘉陵江组采空区，创川渝地区 431.8 毫米钻头单只进尺纪录。

【大井丛工厂化钻井技术】 在川渝页岩气、长庆致密油致密气、新疆玛湖吉木萨尔等重点产建区块继续推进大井丛工厂化作业，2022 年完成 3 口井以上平台 1776 个、井数 7996 口，占比 57.6%，同比提高 1.4 个百分点。

长庆油田攻关形成大井丛水平井钻井技术、九大钻井液体系、九大堵漏技术等 11 项低渗透油气田开发钻完井系列技术，其中大井丛水平井钻井技术能力达到国际领先水平。2022 年，大井丛工厂化节约永久征地 6689 亩，节约钻井工期 2536 天，节约费用 4.7 亿元。新疆油田玛湖地区主要采用“大小钻机组合”模式，有效提高大钻机利用率。针对油基钻井液多次重复利用后劣质固相增加导致性能恶化的问题，研究形成劣质固相絮凝清除技术，钻井液劣质固相含量下降 27%，重复利用率提升至 50%，循环利用井数从4口井提高至8口井，平均单井节约14万元；川南页岩气井持续加强大井丛工作推进，在黄202井区、自201井区、长宁等区块试点10口井及以上的大平台，进一步扩大工厂化作业优势。自201H54平台10口井用时21.48天完成一开批钻作业，同比节约周期28.23天，同比节约钻井液用量65%；大港油田大井丛工厂化作业节约建设费用2628万元，其中节约临时和永久征地1040亩，节约井场道路和管线37千米，减少废弃钻井液排放1306立方米，网电钻井减少碳排放986吨，提质增效效果显著；大庆油田大井丛工厂化作业平台450个，与非平台井比，缩短搬安时间和钻井工期，节约搬迁费用，增加钻井液重复利用率，减少材料费用，降低钻井液处理费用，加上节约征地、减少路电管道长度和地貌恢复等费用，共节约费用37167.1万元；辽河油田完成3口井及以上平台263个，对比单井新建平台，节省征地1399亩、井场道路建设165千米、井场管线建设38千米，节省费用1.38亿元，为辽河油田整体提质增效发挥重要作用；华北油田持续规模化推行大井丛布井方式，完成3口井及以上大井丛平台46个。兴华1区块部署16个平台，通过平台井批钻施工、配套提速钻具组合、优选钻头、优化钻井液性能、强化钻井参数等，实现钻井提速，保障巴彦油田百万吨产能建设速度；吉林油田将平台井技术作为一项关键技术在油气开发中全面推广，完成平台53个、404口井，节省成本8751万元；青海油田在英东、花土沟、干柴沟和风西油田完成平台29个，总井数124口，累计节约钻井工期117天，节约钻井成本368.2万元。

（叶新群）

【高精度成像测井和扫描测井的技术应用成效】 2022年，中国石油555口探井应用成像测井（不含阵列感应和阵列侧向），探井覆盖率45.2%，其中阵列声波、电成像、核磁共振、地层测试MDT/XPT、元素俘获/岩性扫描和旋转式井壁取心分别为332井次、414井次、307井次、26井次、178井次和46井次，分别占探井总数的27%、33.7%、25%、2.1%、14.5%和3.7%。

成像测井主要应用。在松辽古龙、鄂尔多斯长7_3油层、准噶尔玛湖风城组和柴达木下干柴沟组等页岩油“甜点”评价中，集中应用岩性扫描、电成像、二维核磁共振和阵列声波等测井新技术，准确计算矿物组分、有效孔隙度和可动油饱和度等关键参数，精确优选页岩油甜点段；在准噶尔盆地南缘、塔里木博孜—大北和河套盆地深层等复杂碎屑岩评价中，重点应用核磁共振、电成像、阵列声波和MDT，精细评价储层孔隙结构、岩性岩相特征和裂缝有效性，建立压力剖面预测模型，准确识别储层流体性质，支撑天湾1、扎格1等重点探井获突破；在四川蓬莱—龙女寺和合川—潼南区块深层茅口组—栖霞组、塔里木富满奥陶系等缝洞碳酸盐岩评价中，应用电成像、岩性扫描和远探测声波测井，精细刻画缝洞特征、定量计算矿物组分、准确评价有效储层和识别流体性质，助力潼深11和潼深7等井获高产气流。

【风险探井测井采集与解释评价】 2022年，针对油气藏特征、储层特点和井筒条件，优化57口风险探井测井采集设计，完井测井资料录取率95.5%、优等品率99%，为准确认识和评价油气藏提供资料基础。加强风险探井测井资料深化处理，精细评价岩性岩相、孔隙结构、可动孔隙度和可动油含量、地应力大小、脆性指数等，组织风险探井测井解释专家会审，反复讨论试油层段并提出试油建议，准确确定出天湾1、宜探1、新探1、风云1等井的试油层段，支持风险勘探发现突破。

【MDT技术的提质增效作用】 2022年，推广应用MDT测井技术，主要在大庆、新疆、塔里木、西南和华北等油气田应用77井次，平均测压成功率70.1%。大庆油田应用60井次，解释符合率97.7%，产能预测符合率91%，减少试油层24个，节省直接成本约840万元；四川长宁页岩气应用XPT快速测压平台10井次，准确获取页岩储层的孔隙压力，完善“甜点”段和“甜点”区测井评价标准，支撑钻井液密度优化设计；华北油田在河套盆地兴华构造探评井中通过钻具传输作业MDT 7井次，在井况极其复杂情况下高效完成MDT井下取样作业及流体识别，快速落实流体性质，节约完井周期40天，节省试油费用600余万元，有力支撑1.24亿吨探井储量提交。

【二维核磁共振技术的页岩油气“甜点”评价】 2022年，在青海、西南、塔里木、新疆、大庆和吉林等油气田应用56井次，全直径岩心二维核磁共振现场扫描实验在长庆、华北和南方等油田应用9井次（扫描岩心长度343.03米、二维核磁扫描877个点），准确评价储层物性和孔隙结构，准确计算可动油饱和度，在页岩油“甜点”段测井优选及复杂岩性致密油气藏流体识别中发挥关键作用。

【高性能过钻杆测井技术的取全取准资料】 2022年，高性能过钻杆测井技术在川渝页岩气、长庆致密油气和页岩油、玛湖和吉木萨尔水平井以及大庆页岩油等领域应用1289井次，快速安全获取高质量常规、偶极声波与电成像等资料。相比于钻具输送测量方式，提高测井时效近50%，且资料精度与电缆测井基本一致，满足水平井储层品质与工程品质评价。长庆油田页岩油开发区环H11-2水平井应用ThruBit测井技术，测量水平井段1900米，安全快速采集高质量的常规、电成像和偶极声波测井资料，相比钻具传输测量方式节约测井时间195小时，效率提高4倍，为储层品质和完井品质综合评价及储层改造优化方案提供良好的资料基础。

【高性能套后饱和度测井的剩余油深化评价】 2022年，推进自主研发的脉冲中子全谱测井（PNST）以及针对性引进的脉冲中子—中子（PNN+）和四中子等先进套后饱和度测井新技术应用，成效显著。脉冲中子全谱测井（PNST）测井应用159井次，特高含水期剩余油解释符合率86.8%，剩余油挖潜效果明显，增油1.82万吨、增气53.09万立方米；青海油田应用PNN+测井71井次，优选潜力层38口井/83小层进行措施补孔，措施层成功率77.3%，平均单井日增油2.28吨，累计增油12500吨，为老油区增产提供有力技术支持；华北油田应用四中子、PNN+等先进适用套后饱和度测井49井次，巴彦探区利用四中子测井助力兴华10井和兴华11-1X井低阻油层测试获百吨高产油流，饶阳凹陷路27-19井根据套后饱和度测井资料补孔试采，日产油3.93吨，半年增油149.61吨。

（袁　超）

油田开发

【概述】 截至2022年底，股份公司累计动用地质储量219.83亿吨，可采储量63.46亿吨，标定采收率28.87%；日产油水平27.93万吨，年产油10500万吨，累计产油49.42亿吨；地质储量采出程度22.43%，可采储量采出程度77.70%，地质储量采油速度0.47%，剩余可采储量采油速度6.82%，储采比14.70；老井自然递减率9.12%，综合递减率4.05%；年产液量9.50亿吨，油田综合含水率89.82%；日注水312.8万立方米，年注水11.23亿立方米，月注采比1.06，累计注采比1.04；采油井总井数260014口，开井198187口，平均单井日产油1.41吨；注水井总井数102824口，开井76629口，平均单井日注水40.8立方米（表2）。

表2　2022年采油、注水情况

项　目	2022年	2021年	同比增减
采油井总井数（口）	260014	257626	2388
采油井开井数（口）	198187	193722	4465
平均单井日产油（吨）	1.41	1.41	0
注水井总井数（口）	102824	101017	1807
注水井开井数（口）	76629	76063	566
平均单井日注水（立方米）	40.8	40.7	0.1

【原油生产】 2022年，生产原油10500万吨（含液化气），其中自营区产油9956万吨、合作区产油544万吨（表3）。

表3　2022年原油产量、商品量情况

万吨

项　目	2022年	2021年	同比增减
原油产量	10500	10311	189
其中，自营区（含风险作业）原油产量	9956	9669	287
合作区原油产量	544	642	-98
原油商品量	10397	10204	193

大庆油田强化水驱和聚合物驱挖潜、扩大复合驱规模、加快外围有效动用，年产原油2971万吨，累计生产原油24.9亿吨，继续发挥中国石油原油产量“压舱石”的作用。长庆油田加快长7页岩油开发建设，加大低产低效区块治理力度，年产原油2570万吨。塔里木油田推进评价建产一体化，碳酸盐岩油藏实现高效开发，年产原油736万吨。新疆油田加快推进玛湖500万吨原油上产工程，强化老区挖潜，年产原油1441万吨。辽河油田克服特大洪水影响，年产原油933万吨。青海、吉林、华北、大港、吐哈、冀东、浙江、玉门、南方等油田通过艰苦努力，克服汛期、冰雪极端天气和新冠肺炎疫情等困难，为股份公司产量的持续较快增长贡献力量（表4）。

表 4　2022 年各油田原油产量

万吨

油气田	2022 年	2021 年	同比增减	油气田	2022 年	2021 年	同比增减
股份公司总计	10500	10311	189	大港油田	400	394	6
大庆油田	2971	2945	26	青海油田	235	234	1
长庆油田	2570	2536	34	吐哈油田	139	135	4
新疆油田	1441	1370	71	冀东油田	105	121	−16
辽河油田	933	1008	−75	玉门油田	69	59	10
塔里木油田	736	638	98	南方公司	32	31	1
华北油田	442	424	18	西南油气田	7	6	1
吉林油田	417	407	10	浙江油田	2	2	0

【原油产能建设】 2022 年，自营区钻井 9560 口，进尺 1935.2 万米，新建产能 1130.2 万吨。

各油田坚持“先算后干，算赢再干”，控制生产节奏，确保质量和效益。大庆油田、辽河油田完成率超过 100%。完成率较低的有吉林油田、玉门油田、青海油田和大港油田，主要因为大井丛平台井比例增大、批钻批压周期较长以及安全评价、环境影响评价等。

自营区老区产能完成 464.8 万吨，新区产能完成 665.3 万吨。新井日产油 3.50 吨，其中老区新井单井日产油 2.80 吨、新区新井日产油 5.02 吨。

【精细油藏描述】 2022 年，精细油藏描述 86 个区块单元，覆盖地质储量 15.71 亿吨，地质建模 12.12 亿吨，支撑编制各类方案 267 个，提供老区产能井位 5720 个。精细油藏描述覆盖石油储量 199.2 亿吨、建模储量 187.2 亿吨，分别占总量的 90.8% 和 85.4%，为老油田稳产发挥重要作用。

精细油藏描述技术取得系列创新成果：（1）创新“断层控砂”理论，打造高效增储建产区。大港油田以“断砂耦合”为指导，利用古地形恢复技术，重新认识沈家铺开发区沙三段孔西断层控制下的砂体沉积规律，建立该区“断层控砂模式”。（2）岩石物理驱动叠前反演薄储层预测技术，形成叠前地震反演薄储层预测技术及流程，1 米以上砂体识别精度由 70.2% 提高到 81.5%，指导水驱、聚合物驱措施调整及化学驱加密井方案编制。（3）基于低渗透油藏裂缝建模数值模拟剩余油表征技术，指导加密调整。长庆盘古梁长 6 油藏通过裂缝建模数值模拟分析，裂缝两侧剩余油呈条带状分布，预测水线侧向强水洗宽度为 70—100 米，裂缝两侧剩余油富集；纵向上高水淹仅占 10.5%，井网下水驱难以有效波及。（4）大庆油田持续优化完善自主研发的化学驱模拟技术。在黏弹性、色谱分离、碱溶蚀和润湿性改变等特色模拟功能基础上，实现自适应及微乳液体系模拟，驱油机理描述更加精准，达到国际先进水平。推广应用 40 个区块，覆盖油水井 4551 口。

【注水工作】 贯彻集团公司老油气田稳产工作会精神，抓住“控制递减率”和“提高采收率”两条主线，精确把握油藏地质情况，精准实施分类治理，巩固和发挥注水开发的主导地位，持续推进精细注水工作常态化，深化研究水流优势通道分布模式，加大低效无效注水治理力度，油田稳产基础得到进一步加强。

2022 年，完成注水专项主干工作量 3.9 万井次，辅助工作量 39.1 万井次。夯实注水工作基础，完成套损更新 259 口井、检管重配 3376 口井、注水井大修 3376 口井，新投注水井 2628 口井；提高精细测调水平，完成产吸剖面测试 30959 井次、压力监测 30713 井次、测试调配 138043 井次、井口水质检测 72304 井次。

分注水平稳步提高，分注率 66.3%，同比提高 0.5 个百分点；分注合格率 84.4%，提高 0.3 个百分点；井口水质达标率 93.56%，提高 1.41 个百分点。注水开发效果得到持续改善，含水上升率下降 0.03 个百分点至 0.51%，水驱储量控制程度、动用程度同比分别提高 0.35 个百分点和 0.37 个百分点，至 84.22% 和 75.43%。

【重大开发试验】 2022年，重大开发试验积极攻关，探索和储备高效、低成本、绿色的战略性接替技术，在CCUS/CCS、超低渗透油藏转变注水开发方式、SAGD/VHSD开发、天然气重力混相驱与战略储气库协同开发、无碱二元驱、空气热混相/火驱、减氧空气驱等方面取得7项成果。2022年产量达到2000万吨规模，累计产油1.9亿吨，支撑集团公司原油稳产上产和高质量发展。

2022年重点开展10项重点试验，包括化学驱提高采收率试验，减氧空气/泡沫驱开发试验，二氧化碳驱提高采收率试验，天然气+战略储气库协同开发，空气火驱试验，烟道气驱（火驱）试验，稠油老区复合驱试验，超稠油SAGD开发试验，聚合物驱后提高采收率试验，超低渗/致密油转方式试验。试验区覆盖地质储量26956万吨，预计提高采收率16.4个百分点，增加可采储量4421万吨。试验区年产油172.2万吨，平均单井日产油2.0吨，试验区和工业化推广区块年产油1946.4万吨，试验成果对增储上产的推动作用进一步显现。

以重大开发试验为抓手，以大幅度提高采收率为目标，规模推广化学驱、天然气混相驱、二氧化碳混相驱、稠油SAGD和稠油火驱5项技术的工业化应用，三次采油规模不断扩大。

化学驱持续稳产，2022年产量超1200万吨。实现由大庆油田整装油藏向新疆油田砾岩、大港油田断块、辽河油田特高渗、长庆油田中低渗等复杂类型油藏拓展，由强/弱碱复合驱向“高效、低成本、绿色”的二元复合驱转变。覆盖地质储量7.54亿吨，提高采收率15.7个百分点，增加可采储量11838万吨。2022年化学驱产量1238万吨，其中聚合物驱产量658万吨（不含聚合物驱后9.5万吨）、三元复合驱459产量万吨、二元复合驱产量111万吨。

稠油转方式（包含SAGD、蒸汽驱、火驱）不断扩大，产量达到400万吨规模。近几年，稠油在几乎没有新增探明储量的情况下，持续保持1000万吨稳产。主要是SAGD、蒸汽驱和火驱等蒸汽吞吐后大幅提高采收率技术攻关和矿场应用，有效弥补蒸汽吞吐产量的递减。转方式产量351.9万吨，其中SAGD产量162.7万吨、蒸汽驱产量156.6万吨、火驱产量32.6万吨。

推进注气应用规模，产量78万吨。践行绿色低碳战略，CCUS/CCS技术试验全面展开。2022年注入二氧化碳111万吨，年产油31万吨；累计注入二氧化碳562万吨，累计产油190万吨，换油率2.96。

【老油田“压舱石工程”】 为扎实推进老油田稳产专项行动，建立良好的油田开发秩序，实现高质量可持续发展，2022年集团公司决定启动老油田“压舱石工程”。“压舱石工程”是一项战略性、前瞻性的系统工程，是对开发体系全方位深层次的升级改造和创新，是对现有开发技术的集成应用与创新发展；是集团公司油田开发的统领性工程，是集团公司原油业务1亿吨以上长期高质量发展的基石。实施老油田压舱石工程，就是要解决集团公司生存和发展的根基问题，统筹当前与长远，超前谋划，建立良好的油田开发秩序。

2022年启动10个重点项目，发挥示范引领作用，编制上产稳产1000万吨的“压舱石工程”规划部署方案。召开“压舱石工程”启动会、组织专家现场调研、举办技术培训班和规划方案审查会等系列工作，进一步统一思想认识，明确“压舱石工程”“3533”总体要求，示范项目技术路径更加清晰、规划方案更具可操作性，“压舱石工程”各项工作扎实稳步推进。

【长停井治理】 长停井治理始终坚持与精细注水、开发方式转变、工程技术进步紧密结合，突出油藏整体治理，突出效益观念，不断提高治理效果。2022年，治理恢复长停油水井5192口，其中采油井4049口，年增油105.9万吨，恢复年注水999万立方米，油井、水井开井率分别同比提高0.8个百分点和0.2个百分点，油水井利用率进一步提升。大庆油田结合成因分析，优化治理措施，优先治理产量高、投入少、效益好的井，治理长停井1455口，其中油井906口，年产油16.3万吨。长庆油田持续开展万口油井评价挖潜工程，在综合复查、油藏研究、技术试验的基础上，复产长停井606口，年增油10.1万吨。

【原油开发对标】 为了全面推进采油厂级生产单位的高质量发展和管理体系现代化，2022年首次组织开展采油厂级生产单位对标工作。深入开展常态化对标，特别是采油厂级生产责任主体对标，是加快推进“油公司”改革的关键一环，不仅可构建高质量发展指标体系，也是推动“四个转变”的管理提升工程，其过程和理念对于提质增效、可持续发展意义重大。

常态化开展油藏对标。2022年，股份公司五大类油藏有油藏单元513个，年产量10205万吨。其中：标杆21个，年产量1304万吨，占比12.8%；Ⅰ类单元42个，年产量4774.2万吨，占比46.8%。两类共占比59.6%，整体保持较好水平。通过持续推进开发水平分级与油藏对标工作相结合，以及实施相关配套措施，47个油藏单元实现开发水平升级，产量1434万吨。31个油藏单元开发水平降级，产量601万吨，这些是下步参照指标界限，对比同类标杆，找差距、补短板、促提升的重点。

【油藏动态监测】 2022年，完成各类动态监测工作量87141井（组）次，同比增加1458井（组）次。各分项完成情况如下：地层压力34740井次，其中采油井22413井次、注入井12327井次；油气水界面监测162井次；生产测井51559井次，其中产出剖面7604井次、注入剖面25060井次、工程测井17949井次、饱和度测井完成946井次；井间监测680个井组，其中干扰试井49个井组、脉冲试井1个、井间示踪534个、其他96个井组。

油藏动态监测工作持续深入提质增效，结合油田开发生产，重点做好油水井定点测压、产吸剖面测井、剩余油饱和度测井等工作，加强跟踪管理，持续推广新工艺、新技术，解决生产现场测试难题，不断提升动态监测质量，为油田开发提供资料支撑。中高渗油藏逐步形成多维立体渗流变化监测体系，开展基于机器学习的饱和度解释新方法和多域渗流地球物理试井技术研究。低渗透油藏初步形成缝网全生命评价监测体系，基本建立压裂效果评价监测技术体系。页岩油开展相关基础工作，优化井下仪器及工具，制定技术标准及规范。

【中国石油2022年度油气田开发年会】 2022年12月22—24日，集团公司以线下和视频的形式在北京召开2022年度油气田开发年会，深入学习贯彻习近平总书记重要指示批示精神，全面总结油气开发成果经验做法，分析面临的新形势新任务，安排部署下一步重点工作。会议传达集团公司董事长、党组书记戴厚良，总经理、党组副书记侯启军的批示。会议强调，要深入落实集团公司党组对油气田开发工作的总体要求，坚定不移实施稳油增气降本提效，推进上游业务高质量发展加快发展，发挥保障油气安全主力军作用。

股份公司副总裁、油气新能源公司执行董事、党委书记张道伟出席会议并讲话，对2022年油气开发工作取得的成果给予充分肯定。对于下一步工作，强调要大力推动勘探效益评价，努力实现经济可采储量平衡目标；大力推动原油效益开发，实现原油产量持续上升；大力推动天然气加快上产，为绿色低碳高质量发展作贡献；大力推动科技进步，努力实现高水平科技自立自强；大力推动改革创新，不断激发动力活力；大力推动绿色安全发展，常态化抓好疫情防控；大力加强党的建设，打造高素质的油气开发队伍。

股份公司中副总裁朱国文出席会议。总部相关部门、纪检监察组、相关专业公司、各油气田企业、工程技术服务企业和相关科研机构等有关负责人参加会议。油气新能源公司作工作报告，16家油气田公司作大会报告，10家单位作专题报告。

（郑　达）

天然气开发

【概述】 2022年，天然气开发以集团公司天然气发展战略和“十四五”规划为指导，全面落实集团公司党组决策部署，以“提新井产量，控老井递减，提产量规模，控投资成本”为工作思路，抓好评价增储和效益建产，抓实稳产和提高采收率，持续推动国内天然气业务高质量发展。

【天然气产能建设】 2022年，钻井3503口，新建产能275.77亿立方米。其中：苏里格气田钻井1193口，新建产能69.1亿立方米；靖边气田钻井322口，新建产能20.3亿立方米；神木气田钻井327口，新建产能13.3亿立方米；庆阳气田钻井51口，新建产能3.6亿立方米；长宁页岩气田投产井60口，新建产能18.4亿立方米；威远页岩气田投产井65口，新建产能21.1亿立方米；泸州页岩气田投产井66口，新建产能13.2亿立方米；安岳气田投产井15口，新建产能7.2亿立方米；博孜—大北气田投产井7口，新建产能7.8亿立方米；克深气田投产井5口，新建产能6.6亿立方米（表5）。

表 5　2022 年天然气产能建设

油气区	钻井（口）			进尺（万米）			新建产能（亿立方米）		
	2022 年	2021 年	同比增减	2022 年	2021 年	同比增减	2022 年	2021 年	同比增减
总　计	3503	3163	340	1203	981	222	275.77	245.88	29.9
长庆气区	2226	2128	98	804	771	33	126.2	111.3	14.9
塔里木气区	31	47	–16	8	3.2	4.8	26.8	32.4	–5.6
西南气区	582	161	421	237	51.8	185.2	93.1	79.1	14.0
青海气区	151	219	–68	17	21	–4	5.6	6.1	–0.5
大庆油区	8	6	2	3	2.8	0.2	2.3	2.9	–0.6
新疆油区	18	4	14	8	2	6	3.1	1.1	2.0
煤层气公司	103	148	–45	27	44.7	–17.7	5.4	3.7	1.7
华北油区	182	388	–206	38	64	–26	6.0	1.9	4.1
浙江油区	51	27	24	15	7	8	3.6	5.1	–1.5
吉林油区	15	8	7	7	3.3	3.7	0.7	0.9	–0.2
其他油气区	136	27	109	39	10.2	28	3.0	1.4	1.6

致密气。2022 年钻井 2294 口，新建产能 136.6 亿立方米。长庆气区致密气钻井 2044 口，新建产能 113.1 亿立方米。西南气区致密气钻井 69 口，新建产能 17.5 亿立方米。煤层气公司致密气钻井 52 口，新建产能 3.67 亿立方米。大庆气区致密气钻井 2 口，新建产能 0.1 亿立方米。辽河气区致密气钻井 21 口，新建产能 0.39 亿立方米。吐哈气区致密气钻井 5 口，新建产能 0.38 亿立方米。冀东气区致密气钻井 85 口，新建产能 1.5 亿立方米。

页岩气。2022 年投产 263 口井，新建产能 62.2 亿立方米。西南气区新投产 216 口井，新建产能 58.6 亿立方米；浙江气区新投产 47 口井，新建产能 3.62 亿立方米。截至 2022 年底，累计投产井 1212 口（含评价井），日均产气规模 4450 万立方米，折合年产能 146.8 亿立方米。

煤层气。2022 年钻井 227 口，投产 299 口，新建产能 7.7 亿立方米。沁水煤层气田樊庄郑庄区块进行稳产综合调整钻井 18 口，投产 127 口，新建产能 2.6 亿立方米；马必合作区块产能建设钻井 158 口，投产 133 口，新建产能 3.4 亿立方米。鄂东保德煤层气区块钻井 23 口，投产 23 口，新建产能 0.44 亿立方米。

【长庆气区天然气生产】 2022 年，长庆气区天然气工业产气量 493.4 亿立方米（其中气层气 491.5 亿立方米、溶解气 1.9 亿立方米），同比增加 28.0 亿立方米；天然气商品量 462.2 亿立方米，同比增加 29.0 亿立方米。钻井 2226 口，进尺 804 万米，新建产能 126.2 亿立方米。

气层气井口年产量 506.3 亿立方米、累计产量 5657.6 亿立方米，已开发气层气剩余可采储量采气速度 3.7%、储采比 27.0。

【西南气区天然气生产】 2022 年，西南气区天然气工业产量 383.4 亿立方米（其中气层气 383.2 亿立方米、溶解气 0.2 亿立方米），同比增加 29.2 亿立方米；天然气商品量 366.6 亿立方米，同比增加 28.3 亿立方米。钻井 582 口，进尺 237 万米，新建产能 93.1 亿立方米。

气层气井口年产量 391.0 亿立方米、累计产量 5836.0 亿立方米，已开发气层气剩余可采储量采气速度 4.3%、储采比 23.3。

【塔里木气区天然气生产】 2022年，塔里木气区天然气工业产量323.0亿立方米（其中气层气319.2亿立方米、溶解气3.9亿立方米），同比增加3.7亿立方米；天然气商品量305.3亿立方米，同比增加4.1亿立方米。钻井31口，进尺8万米，新建产能26.8亿立方米。

气层气井口年产量327.0亿立方米、累计产量4151.8亿立方米，已开发气层气剩余可采储量采气速度5.5%、储采比18.2。

【气藏评价】 常规气及致密气。2022年，三维地震采集处理解释1120平方千米，二维地震采集处理解释402千米，评价井23口，现场试验和试采等211口井，专题研究和方案62项。以深化气藏地质认识、优选产能建设区块、落实开发可动用储量和主体开发技术为重点，部署26个开发评价项目。评价优选目标区块40个，以苏里格致密气、博孜—大北等为重点，落实评价可动用地质储量6900亿立方米，可新建产能103亿立方米。主要成果：（1）立足三大气区，长庆气区完善庆阳气田深薄层、青石峁气田局部多层叠合的储层精细描述和富集区筛选技术，钻井周期缩短25%以上，Ⅰ+Ⅱ类井比例提高15%以上；塔里木气区通过关键资料录取、储层精细评价以及现场实验，支撑博孜—大北、克深、克拉—迪那三个100亿立方米方案；西南气区围绕川中古隆起、川中致密气和老区，落实可动用储量，可支撑新建产能42亿米^3/年，已建产能29亿米^3/年。（2）加强先导试验，优化开发主体技术，夯实新区效益开发基础；长庆庆阳气田深化气水分布，储层钻遇率由81.8%提升至88.8%；塔里木自主研发140兆帕高压井口除砂器和重复改造技术，应用10口井平均日产气量实现翻倍。

页岩气。为支撑拓展评价与区块接替，按照地震先行的思路，部署三维地震1699平方千米，完成采集929平方千米。围绕集中评价川南泸州中区泸201–202井区、长宁天宫堂构造宜202井区等上产区块，支撑储量提交与新建产能；加快评价威远、渝西矿权配置区，推进深层页岩气开发先导试验，支撑方案编制；拓展评价长宁楼东构造、威远荣昌北、渝西大足、江津等地区，优选“甜点”区，夯实接替资源基础，按照勘探开发、地质工程一体化模式，部署评价井26口，2022年完钻2口，跨年正钻24口。威远区块自201井区新增探明地质储量671.33亿立方米、含气面积104.11平方千米；威远区块自205井区新增预测地质储量4524.73亿立方米、含气面积483.16平方千米，渝西区块足203井区新增预测地质储量696.31亿立方米、含气面积153.73平方千米，合计新增预测地质储量5892.37亿立方米。川南威远、渝西评价取得重大进展，2022年4口评价井测试产量23万—38万米^3/日，EUR1.27亿—1.60亿立方米。推进评价井提速专项行动，从井场测绘设计到水平井段压裂施工完成平均工期380天，较往年缩短200天，同比提速36%。

【天然气提高采收率现场开发试验】 2022年已批复实施的天然气提高采收率现场开发试验项目3个。

克拉苏气田克深8区块提高采收率现场开发试验项目。截至2022年底，完成方案设计工作量的54%，12月平均日排水715立方米，累计排水39.6万立方米，气藏无新增见水井，年产量保持稳定，产水快速上升的势头得到遏制。

台南气田提高采收率现场开发试验项目。已完成方案设计工作量的85%，日排水量接近1000立方米；Ⅱ–1层组综合递减率由2019年的25.9%下降为17.1%，Ⅵ–1层组综合递减率由2019年20.5%下降为13.2%；综合评价Ⅱ–1层组、VI–1层组采收率可分别由31.1%提高到33.2%、45.6%提高到49.6%。

苏里格致密砂岩气藏提高采收率现场开发试验项目。包括低含水致密气藏提高采收率先导试验及中高含水致密气藏效益开发先导试验。低含水致密气藏提高采收率先导试验，设置14项主要试验内容，预期提高采收率11.2%；已完钻8口井（水平井7口、直井1口），完成设计的40%；完试7口井，平均单井无阻流量61.1万米^3/日；完成12口井测压，连续油管柱塞试验2口井，水平井柱塞试验4口井，平均单井增产0.37万米^3/日。中高含水致密气藏效益开发先导试验，设置10项试验内容，预期提高采收率10%；已完钻10口井（水平井4口、直井6口），完成设计的48%；完成探液面测试12井次，地层压力测试4口井6井次。

【天然气保供】 2021年11月至2022年3月冬季保供期，天然气产量630.2亿立方米，同比增加24.7亿立方米，天然气商品量572.8亿立方米，同比增加26.8亿立方米；冬季高峰月（2022年1月）日均产量43282万立方米，同比增加1626万立方米。2022年12月日均产量43552万立方米，同比增加2534万立方米。

（孙广伯）

矿权管理

【概述】 2022年，落实集团公司对矿权管理总体要求，面对国家全面推进矿权竞争性出让、探矿权到期延续硬退减、油气监管更加严格的改革形势，围绕集团公司高质量发展的需要和实施“矿权保护工程”的战略部署，矿权管理抓重点、强基础，组织院士专家、全国“两会”代表向中央和有关部委提出政策建议，在推进转采保根基、竞争新区拓空间、依法合规护形象、建章立制强管理等重点工作中，精心组织、明确节点、责任到人，完成全年各项工作任务。

【矿权登记状况】 2022年底，集团公司有油气（含煤层气、页岩气）探矿权319个、登记面积82.15万平方千米，采矿权576个、登记面积15.25万平方千米，总计矿权895个、登记面积97.4万平方千米。

【矿权年检缴费】 加强诚信自律管理，客观实际公示年度勘查开采信息。按照自然资源部开展矿业权勘查开采信息公示工作的有关规定，2022年度认真贯彻落实“谁填报、谁负责，如实填报、杜绝弄虚作假，出现问题要追责”的信息公示工作总体要求，通过修规范、优流程、勤沟通、强审查，精心组织，按时完成259个探矿权、560个采矿权区块的勘查开采信息填报与公示。

加强矿权缴费管理，为及时取得矿权许可证提供支持。按照自然资源主管部门及国家税务总局要求，2022年度探矿权、采矿权使用费按照年度分批（年度矿权发生变化领取许可证前缴纳）和集中（年度矿权无变化）两种缴纳方式，共缴纳4.79亿元。其中，分批缴纳2.58亿元，集中缴纳2.21亿元。

【矿权改革】 矿储部署联动，持续推进扩大采矿权。通过矿权储量部署联动，加快探矿权内提交探明地质储量的工作节奏，组织召开多次整改矿权转采推进会，督促油气田企业加快办理采矿权登记，定期通报进展，如期完成全部转采项目申报；充分利用政策空间，对接自然资源部，协调采矿权办理，并定期按要求提供所需信息；督办整改成效显著，得到自然资源部充分肯定。2022年，集团公司新增采矿权面积3800平方千米。

积极竞争获取矿权，拓展有利勘探领域。2022年参与自然资源部在新疆、黑龙江、甘肃、青海等6轮油气探矿权挂牌竞争出让。为获取有价值的勘探区块，通过组织勘探院及塔里木、大庆、华北、青海、玉门等油田公司开展区块综合地质评价论证与价值评估，竞得塔里木盆地莎车探矿权区块，面积1111.38平方千米，柴达木盆地德令哈、都兰—乌兰和大柴旦—都兰3个探矿权区块，面积1564.55平方千米，合计面积2675.93平方千米。

多层面发声，争取有利矿权政策。2022年，油气矿权管理在“存量探矿权未来面临清零、增量探矿权获取困难”的形势下，结合集团公司勘探生产实际和长远发展规划，突出矿权政策研判，牵头组织多轮次、多角度、多层面的积极发声，关于延续次数、退减比例、建设能源基地等主要建议已经引起国家主管部门重视，尤其是《油气探矿权大幅退减危及国家安全》院士建议，上报中共中央办公厅、国务院办公厅后获得高层领导重视，有助于政府下一步出台利好政策。

【合规管理】 实现股份公司“严重失信名单零出现”总体管控目标。2022年6月21日，自然资源部下发《关于做好2022年油气矿业权人勘查开采信息公示抽查检查工作的通知》，集团公司60个涉检项目中有19个探矿权和41个采矿权，涉及13家油田公司（浙江油田、南方公司和煤层气公司除外）。迎检工作总体按照“主动作为、超前准备，积极迎检、协同联动”原则，克服抽查项目多、新冠肺炎疫情影响大、核查样式多、耗时周期长等困难，60个涉检项目全部通过检查。

继续大力推进地质资料汇交管理，保持行业领先水平。地质资料汇交是矿政管理的重要内容，是矿业权人必须履行的法定义务。2022年在国家地质资料汇交要求进一步规范的背景下，通过超前统筹、及时沟通、合规管控，完成汇交矿权193个，3万余口井55万余件资料，占国内四大石油公司资料汇交总量的94.2%，获得自然资源部书面表扬。

强化探矿权退减预案优化调整，最大限度保护优质矿权。立足2021年探矿权退减预案，2022年结合勘探生产动态和矿权登记政策，强化2022年到期延续探矿权应退减方案优化调整，通过充分使用抵扣政策实际减少退减面积 4 万平方千米，使用同盆地置换政策优化退减 6 万平方千米，实现退减区域总体地质条件较差、风险可控的工作目标。

（王玉山　刘军平）

储量管理

【概述】 2022 年，储量管理贯彻落实集团公司关于“积极转变增储理念，实施储量管理改革”的指示要求，持续转变储量管理理念，加强以经济可采储量为核心的储量管理与评价体系建设，全面实施规范管理、精细管理、动态管理。严把新增储量入口关，突出新增储量的经济性、可升级动用性；推进“SEC 增储工程”，提升接替率，为集团公司增储上产、提质增效夯实储量基础，超额完成储量业绩指标和工作目标。集团公司储量管理主要包括国内新增三级储量、探明储量复（核）算、已开发可采储量标定、探明未开发及控制预测储量评价分类、SEC 证实储量评估以及储量数据信息管理、标准体系制定。

【新增探明储量及特点】 2022 年，新增探明石油地质储量 85177.59 万吨，技术可采储量 13643.77 万吨。其中：已开发地质储量 20078.96 万吨，技术可采储量 3742.31 万吨，未开发地储量 65098.63 万吨，技术可采储量 9901.46 万吨；新增探明溶解气地质储量 1231.37 亿立方米，技术可采储量 187.39 亿立方米。新增探明地质储量大于 1 亿吨的油田 3 个，为塔里木盆地的富满油田、河套盆地的巴彦油田和鄂尔多斯盆地的庆城油田。截至 2022 年底，累计探明石油地质储量 274.99 亿吨，技术可采储量 72.05 亿吨。其中，已开发地质储量 213.03 亿吨，技术可采储量 61.95 亿吨，未开发地质储量 61.96 亿吨，技术可采储量 10.10 亿吨。

新增探明天然气地质储量 6844.80 亿立方米，技术可采储量 3354.37 亿立方米。其中，已开发地质储量 1570.13 亿立方米，技术可采储量 645.55 亿立方米，未开发地储量 5274.67 亿立方米，技术可采储量 2708.82 亿立方米；新增探明凝析油地质储量 1038.06 万吨，技术可采储量 278.64 万吨。新增探明储量规模为大型的气田有 4 个，为鄂尔多斯盆地的青石峁气田、苏里格气田和四川盆地的天府气田、蓬莱气田。截至 2022 年底，累计探明天然气地质储量 13.69 万亿立方米，技术可采储量 7.04 万亿立方米。其中：已开发地质储量 9.19 万亿立方米，技术可采储量 4.91 万亿立方米；未开发地质储量 4.50 万亿立方米，技术可采储量 2.13 万亿立方米。

新增探明气层气地质储量 6173.47 亿立方米，技术可采储量 3199.96 亿立方米，凝析油地质储量 1038.06 万吨，技术可采储量 278.64 万吨。截至 2022 年底，累计探明气层气地质储量 11.39 万亿立方米，技术可采储量 6.36 万亿立方米。其中：已开发地质储量 7.94 万亿立方米，技术可采储量 4.56 万亿立方米；未开发地质储量 3.45 万亿立方米，技术可采储量 1.80 万亿立方米。

新增探明页岩气地质储量 671.33 亿立方米，技术可采储量 154.41 亿立方米。截至 2022 年底，累计探明页岩气地质储量 17636.73 亿立方米，技术可采储量 4132.23 亿立方米。其中，已开发地质储量 10443.93 亿立方米，技术可采储量 2489.62 亿立方米，未开发地质储量 7192.80 亿立方米，技术可采储量 1642.61 亿立方米。

2022 年无新增探明煤层气储量。截至 2022 年底，累计探明煤层气地质储量 5396.10 亿立方米，技术可采储量 2658.78 亿立方米。其中：已开发地质储量 2124.91 亿立方米，技术可采储量 1035.57 亿立方米；未开发地质储量 3271.19 亿立方米，技术可采储量 1623.21 亿立方米。

新增探明储量特点。新增探明石油地质储量连续 17 年超过 6 亿吨；新增探明天然气地质储量连续 16 年超过 4000 亿立方米，气层气储量超 6000 亿立方米为上市以来新高。新增油气大型规模探明储量占比高。大型规模油田 3 个，新增探明地质储量 4.47 亿吨，技术可采 0.68 亿吨，分别占总新增储量的 52% 和 50%；大型规模气田 4 个，新增探明地质储量 5262.35 亿立方米，技术可采储量 2719.82 亿立方米，分别占总新增储量的 77% 和 81%。非常规页岩气储量规模有序增长，新增探明页岩气地质储量 671.33 亿立方米，占天然气探明地质储量的 10%。中西部油区新增油气储量占绝对主体，是集团公司未来增储上产的主力战场。中西部新增探明石油地质储量7.99亿吨，技术可采储量1.30亿吨，均占新增石油探明储量的93%；新增探明气层气地质储量6169.94亿立方米，技术可采储量3197.85亿立方米，均占新增气层气探明储量99.9%。原油探明储量整体储层物性差、特低渗透及致密储层储量（小于5毫达西）占比74.3%，平均采收率16%；天然气探明储量特低及致密储层储量（小于1毫达西）占比67.7%，平均采收率49%。储量管理与矿权管理密切结合，在探矿权内提交探明石油地质储量47421.29万吨，技术可采储量7181.4万吨，分别占新增探明储量的55.7%和52.6%；天然气地质储量4101.04亿立方米，技术可采储量1893.91亿立方米，分别占新增探明储量的59.9%和56.5%。矿权优化配置区块积极作为，增储效果全面显现。华北油田、辽河油田、玉门油田在流转矿权内新增探明石油地质储量14924.67万吨，技术可采储量2807.31万吨；大庆油田、辽河油田在流转矿权内新增探明天然气地质储量306.13亿立方米，技术可采储量211.49亿立方米。

【可采储量标定结果】 2022年，新区动用原油地质储量60475.4万吨，技术可采储量10278.66万吨；老区增加技术可采储量2318.43万吨。

截至2022年底，已开发油田327个，比2021年底增加新投入开发油田5个，实际标定原油已开发地质储量2193003.92万吨，技术可采储量631151.20万吨，平均采收率28.8%。

新区动用气层气地质储量1662.61亿立方米，技术可采储量886.00亿立方米；老区增加技术可采储量4.24亿立方米。

截至2022年底，已开发气田185个，实际标定气层气已开发地质储量82165.08亿立方米，技术可采储量47060.39亿立方米，平均采收率57.3%。

新区动用页岩气地质储量2682.94亿立方米，技术可采储量617.79亿立方米。

截至2022年底，已开发页岩气田4个，比2021年底增加新投入开发页岩气田1个，实际标定页岩气已开发地质储量10443.93亿立方米，技术可采储量2489.62亿立方米，平均采收率23.8%。

新区动用煤层气地质储量224.64亿立方米，技术可采储量112.09亿立方米。

截至2022年底，已开发煤层气田4个，实际标定煤层气已开发地质储量2124.91亿立方米，技术可采储量1035.57亿立方米，平均采收率48.7%。

【SEC证实储量】 2022年12月31日为储量评估基准日。2022年，国内上游业务总证实石油储量76053万吨，其中证实已开发储量66965万吨、证实未开发储量9089万吨。SEC证实石油储量变化因素：扩边与新发现新增证实储量7849万吨，老区提高采收率新增证实储量1690万吨，受油价上升等影响修正新增证实储量6302万吨。国内上游业务石油储量接替率1.52，储采比7.31。

2022年，国内上游业务总证实天然气储量20435亿立方米，其中证实已开发储量11454亿立方米、证实未开发储量8981亿立方米。SEC证实天然气储量变化因素：扩边与新发现新增证实储量1765亿立方米，老区提高采收率新增证实储量37亿立方米，存量证实储量受转轻烃等影响修正核减证实储量903亿立方米。国内上游业务天然气储量接替率0.71，储采比16.14。

【储量管理改革】 2022年，储量管理工作以经济可采储量为核心，统筹考虑储量、产量、效益关系，持续完善储量科学管理与评估技术体系。进一步优化储量管理流程和制度，实现以储量管理为纽带勘探开发业务紧密结合的一体化业务环境。

国内储量管理突出经济性、可动用和可升级，严把新增储量入口关，努力实现规模增储、效益增储。具体措施：新增探明储量优先上报经济效益储量、已开发储量和探矿权内储量，三年内无开发动用计划的储量不上报；强化单井商业油流和区块经济性评价，加强储量开发方案编制、动用计划安排、产能评价和经济参数论证。新增控制储量、预测储量原则上不在采矿权内提交预测储量；未达到商业油气流标准、无勘探评价部署方案和近三年升级安排的不上报控制储量、预测储量；新增预测储量增加计算经济可采储量。新增页岩气和页岩油储量继续采取单独审查方式。

推进SEC增储工程，坚持“合规增储”的原则，强化扩边新发现资料论证，严格PD储量技术增量论证，确保评估结果合理合规。具体措施：立足源头增储和精细评估，加强组织协调，细化工作措施，做好半年及年度SEC储量评估工作。突出高效评价、新区效益建产、提高采收率和降本提效，结合勘探开发生产，加强油价、操作成本、开发投资及生产情况等对证实储量影响分析。完善储量评估方法，努力实现技术增储，加强非常规、特殊类型油气藏的储量评估方法和储量参数研究。分解增储目标，加强对油气田企业考核力度，全力完成年度业绩考核指标。

【储量管理及评价体系】 2022年，制定发布《中国石油天然气股份有限公司石油天然气储量管理办法》，完善以经济可采储量为核心、地质储量和技术可采储量为基础的石油天然气储量管理体系，满足新形势下不同层面储量管理需要，促进勘探开发一体化，推动储量资产化管理。组织编制《油气和新能源分公司石油天然气经济可采储量管理规定》，补充完善经济可采储量管理体系，细化经济可采储量管理和评价要求、规定估算方法。

完善 SEC 精细评价体系，常规油气固化精准评估技术，实现由精细到精准评估转变；非常规油气建立特色评估技术，实现由单井向区块评估转变。

深化储量动态管理，组织修订储量分类评价方法，加强分类结果审查，为高效评价、有效建产和未动用储量效益开发提供依据；统筹做好储量复算和可采储量标定工作，夯实探明储量基础，解决储采矛盾，促进合规生产。

推进一体化储量图形和协同研究平台建设，促进储量管理标准化、信息化，实现储量数图联动、矿储联动，更好地服务勘探开发生产。优化股份公司探明储量备案系统，提升申报备案速度和质量。

【新增探明石油地质储量大于 1 亿吨的油田】 2022 年，新增探明石油地质储量 41 个油田，其中新命名的油田 1 个（石树沟油田）、新增探明石油地质储量大于 1 亿吨的油田 3 个（富满油田、巴彦油田和庆城油田）。

富满油田。2022 年 12 月 26—27 日，自然资源部油气储量评审办公室评审通过富满油田满深 5 井区、果勒 3 井区、富源 3 井区奥陶系一间房组—鹰山组、富源 303H 井区奥陶系一间房组新增探明含油面积 325.72 平方千米，探明石油地质储量 22011.86 万吨，技术可采储量 3301.79 万吨。该油藏构造上处于塔里木盆地北部坳陷阿满过渡带，构造整体呈西北高、东南低的斜坡。奥陶系一间房组和鹰山组，发育碳酸盐岩开阔台地相和台地边缘相沉积；储层岩性以颗粒灰岩为主，储集空间类型为洞穴型、裂缝—孔洞型和裂缝型；有效储层孔隙度中值 2.6%，渗透率中值 0.24 毫达西，属缝洞型储层。油藏埋深 6942—8288 米，为弹性驱及水驱的缝洞型油藏。

巴彦油田。2022 年 9 月 27—28 日，自然资源部油气储量评审办公室评审通过巴彦油田兴华 11 区块、兴华 12 区块古近系临河组一段、临河组二段新增探明含油面积 51.27 平方千米，探明石油地质储量 12438.04 万吨，技术可采储量 2517.19 万吨。该油藏构造上处于河套盆地临河坳陷巴彦淖尔凹陷北部兴隆构造带。古近系临河组一段和二段，主要发育辫状河三角洲和湖泊沉积；储层岩性主要为长石石英砂岩，储集空间类型以原生粒间孔为主；有效储层孔隙度中值 16.6%，渗透率中值 96.95 毫达西，属于中孔、中渗储层。油藏埋深 4850—6400 米，为天然能量驱动的构造油藏。

庆城油田。2022 年 11 月 22—23 日，自然资源部油气储量评审办公室评审通过庆城油田乐 27 区块三叠系延长组长 7 油藏新增探明含油面积 361.20 平方千米，探明石油地质储量 10208.56 万吨，技术可采储量 1000.43 万吨。该油藏构造上处于鄂尔多斯盆地伊陕斜坡西南部，为一西倾的平缓单斜。长 7_1 油层主要为湖泊重力流沉积；储层岩性为细粒岩屑长石砂岩和长石岩屑砂岩，储集空间类型以长石溶孔为主；有效储层孔隙度中值 8.7%，渗透率中值 0.07 毫达西，属于特低孔、致密储层。油藏埋深 1277—1830 米，为弹性溶解气驱的岩性油藏。

【新增探明天然气储量规模为大型的气田】 2022 年，新增天然气（含页岩气和煤层气）探明储量 14 个气田，其中新命名的气田 3 个（青石峁气田、蓬莱气田、天府气田）、新增探明天然气储量规模为大型的气田有 4 个（青石峁气田、天府气田、苏里格气田、蓬莱气田）。

青石峁气田。2022 年 7 月 5—6 日，自然资源部油气储量评审办公室评审通过青石峁气田李 3- 李 57 区块二叠系下石盒子组盒 8、山西组山 1 气藏新增探明含气面积 2151.40 平方千米，探明天然气地质储量 1458.94 亿立方米，技术可采储量 720.00 亿立方米。该气藏构造上处于鄂尔多斯盆地天环坳陷中段偏东，构造形态整体为一宽缓的西倾斜坡。二叠系下石盒子组盒 8、山 1 期发育三角洲前缘分流河道沉积；储层岩性为中—粗粒岩屑石英砂岩、石英砂岩和岩屑砂岩，储集空间类型以原生粒间孔、次生溶孔和高岭石晶间孔为主，有效储层孔隙度中值 7.5%—7.9%，渗透率中值 0.342—0.363 毫达西，属于特低孔、特低渗储层。气藏埋藏深度在 3805.9—4107.9 米，为弹性驱动岩性气藏。

天府气田。2022 年 12 月 28—29 日，自然资源部油气储量评审办公室评审通过天府气田三台区块、盐亭区块侏罗系沙溪庙组二段、简阳区块侏罗系沙溪庙组一段气藏新增探明含气面积 633.89 平方千米，探明天然气地质储量 1349.02 亿立方米，技术可采储量 728.46 亿立方米，探明凝析油地质储量 278.92 万吨，技术可采储量 66.94 万吨。该气藏区域构造位置属于川中古隆中斜平缓带与川北古中坳陷低缓带。沙溪庙组一段主要为三角洲—湖泊沉积，发育三期三角洲前缘分流河道砂体，河道间发育间湾泥质沉积，沙溪庙组二段1亚段早期局部发育浅水沉积，中晚期以河流相沉积为主；沙溪庙组储层岩性主要为长石岩屑砂岩、岩屑长石砂岩，次为长石砂岩，储集空间类型以孔隙为主，发育少量微裂缝。有效储层孔隙度中值11.7%，渗透率中值0.340毫达西，属于低孔、特低渗储层。气藏埋深1783.6—2455.3米，气藏受优质河道砂体分布控制，测试不产地层水，为弹性气驱的岩性气藏。

苏里格气田。2022年7月5—6日，自然资源部油气储量评审办公室评审通过苏里格气田东一区召13区块二叠系下石盒子组盒8、山西组山1气藏新增探明含气面积1100.50平方千米，探明天然气地质储量1233.21亿立方米，技术可采储量660.77亿立方米。该气藏构造上处于鄂尔多斯盆地伊陕斜坡北部，为一平缓的西倾单斜构造。二叠系下石盒子组盒8、山1期发育三角洲平原分流河道沉积；储层岩性主要为中—粗粒、粗粒岩屑石英砂岩、石英砂岩和岩屑砂岩，储集空间类型以岩屑溶孔、晶间孔为主，有效储层孔隙度中值8.3%—8.8%，渗透率中值0.301—0.458毫达西，属于特低孔、特低渗储层。气藏埋深2976—3037米，为弹性驱动的岩性气藏。

蓬莱气田。2022年12月15—16日，自然资源部油气储量评审办公室评审通过蓬莱气田蓬探1井区、中深103井区震旦系灯影组二段气藏新增探明含气面积224.83平方千米，探明天然气地质储量1221.18亿立方米，技术可采储量610.59亿立方米。该气藏构造上处于四川盆地川中古隆起平缓构造区的北部单斜构造带。主要发育碳酸盐岩台地相沉积，储层主要发育藻丘、颗粒滩优势沉积亚相；储层岩性主要为凝块石白云岩、砂屑白云岩，储集空间类型以粒间溶孔、残余格架溶孔、粒内溶孔为主。有效储层孔隙度中值3.77%，渗透率中值0.138毫达西，属于低孔、特低渗储层。气藏埋深5782—5912米，为水驱的构造—岩性（地层）气藏。

（付　玲）

油藏评价

【概述】 2022年，油藏评价工作立足增加经济可采储量，提供效益建产目标，突出规模储量集中评价、中浅层优质储量效益评价、非常规资源进攻性评价和开发先导试验，提高资源创效能力。新区原油产能建设立足效益建产，强化方案设计，强化大井丛水平井等新技术应用，强化实施过程管控，强化达标达产分析，提升产能建设管理水平，为集团公司原油稳产上产发挥重要作用。

【新增探明石油地质储量】 2022年，新增探明石油地质储量85178万吨，经济可采储量11734万吨，其中已开发地质储量20079万吨、经济可采储量2924万吨，分别占年度新增探明地质储量的23.6%和24.9%。新增探明地质储量中渗透率小于5毫达西的低—特低渗透地质储量63279万吨，经济可采储量7732万吨，分别占新增探明地质储量的74.3%和65.9%，比例较2021年显著下降。

【油藏评价主要成果】 塔里木不断发展完善走滑断裂控储成藏地质理论，勘探开发一体化推动富满油田高效增储建产，探明地质储量2.25亿吨，经济可采储量3014万吨，近三年累计新增探明储量4.0亿吨，2022年原油产量260万吨。河套盆地兴隆构造带立足“近源强势输导、大型鼻隆汇聚、临洼富集”成藏特点，整体实施评价井12口，均获工业油流，其中7口井获超百立方米高产油流，新增探明石油地质储量1.24亿吨，经济可采储量2393万吨，连续两年新增探明储量超亿吨，实现新区优质储量规模高效发现。鄂尔多斯盆地强化长3以上中浅层高效储量落实评价，获工业油流井185口，新增探明石油地质储量1.02亿吨，经济可采1739万吨，支撑油田开发建产80.5万吨，实现资源—储量—产量的快速转化。鄂尔多斯盆地聚焦长6、长8低渗透油藏规模储量，深化油藏地质认识，强化工艺技术攻关，落实规模效益储量，新增探明石油地质储量1.35亿吨，经济可采储量1565万吨，夯实上产稳产资源基础。庆城页岩油围绕储量升级，深化烃源岩品质、储层物性、含油性等研究，在乐27区新增探明地质储量1.02亿吨，经济可采储量784万吨，庆城油田累计探明石油地质储量11.53亿吨，页岩油产量164万吨。准噶尔盆地深入开展西北缘老区再认识、再评价，在克拉玛依八区风城组、车排子车455井区石炭系探明石油地质储量2649万吨，经济可采储量473万吨，培植准备落实地质储量2100万吨，有力支撑老区稳产上产。松辽盆地北部立足老区精细评价，深化小油藏群富集规律认识，勘探开发一体化围绕高产井优快增储建产，新增探明石油地质储量2473万吨，经济可采储量217万吨。松辽盆地南部突出河道砂体预测技术，多属性融合刻画3—5米薄层，乾195-37直井再获17.1立方米高产油流，乾安油田实现滚动外扩，新增探明石油地质储量1099万吨，经济可采储量155万吨。辽河宜庆流转区块创新认识、多层兼顾、立体评价，乐83块长6水平井产能获突破，投产水平井4口，日产油9.0—17.2吨，初产是直井的10倍左右，新增探明石油地质储量1793万吨，经济可采储量208万吨。

【油藏评价管理】 强化顶层设计，围绕增加经济可采储量开展提质增效专项行动。2022年评价部署方案着重增加常规油评价项目、设置六大重点增储项目、加大矿权流转区评价投入、加大老井复查工作量投入，储量计划完成率132%、新增储量经济采收率同比提高2.3个百分点、流转区实现快速增加经济可采储量2679万吨。

突出优质高效储量评价，针对2022年初确定的塔里木富满、华北巴彦及鄂尔多斯中浅层三个亿吨级效益储量评价目标，建立周报跟踪制度，加快推进现场生产组织，支撑储量提交方案制定，促成提交3个亿吨级探明地质储量的工作目标。

推进成熟探区精细评价增储专项行动，开展富油区整体再评价和老区周边滚动评价。推动准噶尔盆地西北缘八区、车455井区、夏77井区，柴达木南翼山，渤海湾盆地杨武寨等重点地区整体再评价；渤海湾盆地、松辽盆地及准噶尔盆地已开发油田周边精细滚动评价，部署15个重点项目，新增探明地质储量9173万吨，支撑滚动建产145万吨。

突出近期长远兼顾，有序推动探明储量提交和潜力区落实。坚持按照"探明、培植、准备"序列项目设置，突出对重点目标、重点区块和重点井位跟踪分析，基本建立有序增储序列，探明层次11个重点目标新增探明地质储量超6亿吨，培植层次落实储量5亿吨，准备层次落实储量3亿吨。

【新区原油产能建设】 2022年，动用石油地质储量42768万吨，技术可采储量6760万吨，完钻开发井4697口，投产油井3719口，投转注水井1098口，平均单井日产油6.1吨，建成产能665.4万吨。完钻水平井1360口，平均水平段881米，投产油井913口，平均单井日产油9.7吨。

【重点项目实施效果】 塔里木富满油田产能建设实现提质增效。2022年，完钻井59口，投产油井66口，平均单井日产油49.0吨，其中试油日产百吨以上井52口，钻井成功率98.2%，高效井比例69.0%，新建产能99.5万吨，新井产量69.9万吨，生产原油260万吨。

长庆油田持续攻关页岩油规模效益开发技术体系，建成国内首个百万吨级整装页岩油开发基地。庆城油田长7页岩油完钻开发井173口，投产采油井147口，平均单井日产油9.2吨。其中，稳定生产的91口水平井，平均单井日产能力13.5吨、同比增加2.1吨，新建产能60万吨，全年产油164万吨。

新疆玛湖转变建产思路，开展管理和技术提速提效，I+II类油层钻遇率同比提高3%，水平井钻井工期75天同比提速2.8天，体积压裂保持4.2段/日，推动玛湖规模高效开发，完钻井104口，建产能77.0万吨，新井年产油34.8万吨，全区年产油319.6万吨。

新疆吉木萨尔页岩油定型关键技术，提升缝网改造效果，单井产量进一步提高。新钻水平井40口，油层钻遇率提高至87.9%，全部投产，平均单井日产油30.2吨，单井EUR提高至4万吨，新建产能19.8万吨，全年产油50.9万吨。

华北巴彦油田实现高效规模建产。完钻开发井105口，投产采油井72口，平均单井日产油11.4吨。其中，稳定生产井38口，平均单井日产能力18.63吨，新建产能29.4万吨。全年产油65.1万吨，初步建成百万吨级原油生产基地。

大庆油田古龙页岩油展示较好开发潜力与前景。5个开发先导试验井组完钻水平井58口，1号试验井组开井12口，平均单井日产油7.1立方米，4号试验井组开井10口，平均单井日产油7.4立方米，2号试验井组全部开井放喷，13口已见油，单井日产油7.9立方米。

大港油田沧东孔二段页岩油效益开发先导试验取得显著成效。5号试验平台实施5口井，与前期老井对比，"甜点"识别更精准、水平段更长、含油性指标更好，平均钻井周期由66天减少至51天，5口井2毫米油嘴投产，初期单井日产油44吨，单井EUR 3.1万吨，预计内部收益率6.16%。

冀东油田精细落实致密油藏资源潜力，推进致密油开发先导试验。高5断块沙河街组三段V油组致密油第一批完成6口井，平均水平段长932米，

Ⅰ+Ⅱ类储层占比94%，投产3口井初见成效，平均单井日产油12.8吨。

吐哈吉康油田萨探区块先导试验取得较好效果。井井子沟组完钻井20口，投产18口，平均单井日产油118.1吨，其中储层裂缝发育的井12口、达产井11口，符合率91.7%。

玉门油田环庆区块环庆96井区长8油层实现规模高效建产，完钻169口井，投产油井97口，日产油400吨，单井平均日产油4.1吨，快速建成14万吨生产能力，产建效果创区块流转以来新高。

【新区原油产能建设管理】 着力抓好源头控制，严把方案设计关，切实提高方案编制质量。强化项目评估优选，加强开发技术经济指标合理性研判，实现产量、投资、成本"三靠实"，重新进行经济评价；提高方案编制水平，坚持地质工程一体化多专业融合设计开发方案，全过程优化，以经济效益确定最优方案；加强项目方案管理，严格履行审批、备案程序，分批次下达计划；组织重点方案审查，包括巴彦兴华1、吉木萨尔页岩油、干柴沟页岩油、风西致密油、满深4—满深501、庆城页岩油。

注重产建过程管理，做好达标达产分析。以方案设计指标为依据，分季度安排达标达产情况分析，单井获稳定产量且日产量差异±10%之内为达标，投产井比例80%以上且平均单井日产量达标的区块判定为达标。投产产能1019万吨，稳定产能达标率91%，投产油井7838口，投产井达标率84%。对未达标区深入剖析原因和存在问题，制定下一步调整及提产措施，总结经验在今后产建部署中充分借鉴。

突出五个重点产能建设项目管理，玛湖、吉木萨尔、庆城、富满、巴彦新建产能337.7万吨，年产油858万吨，其中新井产量151.8万吨。页岩油年产量首次突破300万吨，2016年以来累计钻井1739口、进尺758万米，新建产能1206万吨，支撑原油产量节节攀升。

推进大井丛和水平井规模应用，助力产能建设提质增效。在产能部署方案审查中，着重突出地质工程一体化设计，指导油田公司加大力度推进市场化运作，完钻平台井6518口、占总井数的74%，其中6口井以上大平台井数4039口，占丛式井总数的61.9%。投产水平井1419口，占总井数的17.1%，钻完井周期缩短7%—24%。

加强规范化管理和专业化培训，提升产能建设管理水平。围绕"提质提产提效"目标，开展油气生产能力提升专项行动，制定并印发《原油新建生产能力标定管理实施细则》，组织新油田开发培训班，抓牢全过程质量管控，原油产能建设专业化管理见到明显效果。

（邢厚松）

采油工程

【概述】 2022年，采油采气工程系统聚焦高质量发展，推进采油采气技术进步，促进管理创新，抓好安全作业和清洁生产，为油气勘探发现、原油产量稳定和天然气业务快速发展提供有力的保障和支撑。

【井下作业】 2022年，井下作业总工作量247947井次，其中维护作业154156井次、增产增注措施73405井次、大修6233口，其他14092井次（表6）。在油水井总数逐年增长的情况下，井下作业总工作量、维护性作业工作量得到有效控制，为股份公司降本增效做出积极贡献。

表6 2022年井下作业主要指标

时间	总工作量（井次）	单井作业次数（井次/口）	维护工作量（井次）	维护次数（井次/口）	油水井措施（井次）	大修（口）	其他（井次）
2022年	247947	0.66	154156	0.41	73405	6233	14092
2021年	230349	0.675	143845	0.422	68741	5138	12625
同比增减	17598	–0.015	10311	–0.012	4664	1095	1467

持续推进带压作业规模应用，促进井下作业技术升级换代。2022年实施油气水井带压作业6140口井，减少注入水排放138.54万立方米，提前恢复注水185.22万立方米，增产原油12.55万吨，增产天然气1.2亿立方米，创经济效益5.85亿元。推进连续油管作业，提高施工效率，降低成本。2022年实施各类连续油管作业4396井次，节约成本1.6亿元。推进井下作业视频监控平台建设，依托平台推广井下作业电子监督和承包商管理系统，实现远程监督和承包商的自动量化考核。截至2022年底，各油田公司实现井下作业视频监控全覆盖。

【机械采油】 推动大平台高效无杆举升技术应用，促进效益建产。2022年，在新建产能区块应用电潜螺杆泵、超长冲程抽油机等新型高效举升技术365口井，其中长庆华庆、新疆吉木萨尔等5个示范区应用159口，平均系统效率29.0%，平均泵效62.6%，较常规抽油机举升工艺分别提高2.7个百分点和16.5个百分点。

推进老井机械采油系统改造提效，实现提质增效。在大庆油田、长庆油田、新疆油田等老油田机械采油改造提效示范区实施老旧抽油机更新改造、短周期井综合治理、数字化改造等各类措施共3277口井，机械采油系统效率提高2.5个百分点，预计延长检泵周期100天以上。规模实施低产液井间抽提效6.2万口井，同比增加1.1万口。其中，推广应用智能间抽6000口井以上，系统效率平均提高3个百分点，年节电3.8亿千瓦·时。

【分层注水】 应用先进分层注水技术，不断提高水驱油田分注水平。以推广第四代分层注水技术为抓手，提升油田分注水平。2022年实施缆控式和波码通信第四代分注技术1607口井、4625个层段，新增示范区5个，在大庆油田、长庆油田等10个油田累计试验和应用井数超过3300口井，分层注水合格率均保持在90%以上，年节约人工测调费用2亿元以上。

攻关完善第四代分层注水技术，提升技术应用水平。大庆油田加强自主研发，创新升级智能配水器，长度缩短40%，井下数据传输速度提升1倍，细分能力及数据采集效率双提升。2022年在6个示范区实施缆控分层注水500口井，实施井吸水厚度最高增长14.5%，含水率上升速度同比减缓0.18个百分点，年递减减缓7.57个百分点。长庆油田持续完善配套波码通信分注技术，单向通信效率提高40%，细分能力进一步提升。2022年新增波码通信分层注水645口井，实现阶段少递减原油2.64万吨，月度递减率由1.39%下降至0.90%。

【储层改造】 水平井改造工作量提升，有力支撑非常规油气增储上产。2022年，压裂酸化坚持“高效提产、环保低碳”工作方针，持续提升工艺技术水平，探索绿色低碳发展，支撑高效勘探、效益开发和老油田稳产。全年压裂酸化总工作量13904口井，其中水平井改造2218口，同比增加213口井，有力支撑页岩油新增探明地质储量11055万吨、年产油量312万吨，致密/页岩气及煤层气新增探明地质储量超5000亿立方米、年产气量581亿立方米，老井重复改造增产原油402.2万吨、天然气3.11亿立方米。

持续完善体积压裂2.0，进一步扩大提产提效降本效果。推进体积压裂2.0工艺规模应用，创建高效改造模式，实现提高单井产量、提高作业效率、降低压裂成本的综合目标。渝西页岩气井均EUR 1.53亿立方米，同比提升27%；长庆油田致密气平均无阻流量同比提高10%；新疆吉木萨尔页岩油压裂成本下降30%，单井平均日产油超设计4.1吨；煤层气公司鄂东深层煤层气先导评价与试验取得重大突破，投产10口水平井，平均单井日产量超过10万立方米。泸203井区深层页岩气建立“双控双优”压裂新模式，压裂套变率得到良好控制，下降35.2%，实现零丢段。通过创新发展光纤、鹰眼、广域电磁等监测技术，进一步提升对压裂工艺的认识，有效指导压裂工艺优化。

多措并举降成本，探索压裂绿色低碳发展。推进石英砂替代、电驱压裂作业，多措并举降低工程成本，实现提质增效。扩大石英砂替代陶粒，推进砂源本地化，石英砂年用量713.96万吨，同比增加260万吨，节省成本超10亿元；电驱压裂装备总功率130万水马力，2022年施工8474段，总用电量1.6亿千瓦·时，节省柴油3.9万吨，减少碳排放3.2万吨，推动压裂绿色低碳发展。

【试油】 2022年，围绕塔里木、四川、准噶尔、鄂尔多斯等盆地重点探区，开展“三高”、超深、复杂岩性等试油技术攻关，完成探评井试油1347井/2420层，获工业油气流919井/1503层，试油一次成功率98.2%，有力支撑三级储量任务完成。

强化试油管理，推进试油提质增效。开展重点地区试油周期和试油成本对标分析，挖掘试油增效潜力，采取强化排液求产周期管理、升级风险探井试油管理等措施，2022年试油周期同比下降3%以上，除华北油田、大港油田外试油周期均有不同程度减少，超深井试油周期缩短11%。制定超深井试油测试指导意见，进一步规范超深井试油施工，减少事故复杂。

加强井完整性管理，保障“三高”井和储气库井安全生产。强化“三高”井和储气库井油管柱下入质量、评价应用新扣型等管理，提高“三高”井、储气库井建井质量，井完整性水平不断提升。利用自主开发的井完整性管理系统对在役“三高”井实时监测与在线评价，确保在役井安全生产；持续开展10座储气库273口注采井和324口封堵井风险评价与削减，筛选风险较高井进行治理、中风险井监控生产，2022年完成3口红色井治理，重点监控生产24口井，确保储气库井安全平稳生产。

【采油工程管理工作】 标准规范制修订。2022年，完成采油工程管理规定、采气工程管理规定修订和超深井试油工程指导意见编制；组织制修订采油采气行业标准10项，企业标准3项。

组织报废井处置整改。整改审计发现问题，组织制定分类处置整改方案，并协助完成问题销项资料。

组织编写关停井安全风险防控指南。组织编写油气关停井安全风险防控指南，为应急管理部2023年专项工作提供支持。

强化重点井方案管理。组织重点井、高风险井试油方案、疑难井封井方案和储气库老井处置方案审查等工作。

组织开展技术交流。组织召开试油技术交流会，对“十三五”以来试油工艺技术进步进行全面总结和交流。

（王延峰）

地面工程

【概述】 2022年，实施项目3212项，已完工1651项，建成各类站场248座、管道6400千米、油气水井14200口。截至2022年底，各油气田累计建成各类站场、管线等数量见表7。

表7　截至2022年底集团公司各油气田累计建成站场、管线数量

时　间	油　田				
	计量站（座）	转油站（座）	注水站（座）	采出水处理（站）	集中处理站（原油联合站）（座）
截至2022年底	7592	3047	1126	522	244
截至2021年底	8700	1884	1216	512	253
增　减	–1108	1163	–90	10	–9

时　间	油　田	气　田			
	各类管线（千米）	集（输）气站（座）	清管站（座）	增压站（座）	污水处理站（座）
截至2022年底	277925	799	27	32	186
截至2021年底	269228	745	87	25	22
增减	8697	54	–60	7	164

时　间	气　田	
	天然气净化厂（处理厂）（座）	各类管线（千米）
截至2022年底	73	109379
截至2021年底	84	103823
增　减	–11	5556

【地面建设管理】 2022年，油气田地面建设工程质量稳步提高，建设投资得到有效控制，基础工作进一步加强，全年整体工作顺利推进，工程质量合格率100%，焊接一次合格率96.2%。

3月，组织召开油气田地面工程建设与标准化设计工作推进视频会，总结交流2021年工作，安排部署2022年重点工作。5月，组织学习《油气田地面建设标准化承包商HSE检查技术手册》。6月，组织编制发布《油气田地面工程重点项目（预）可行性研究报告平行编制管理办法（试行）》《初步设计文件编制规定》等6项规定和定型图。9—10月，组织16家油气田地面工程建设前期、基建管理、标准化设计及工程实体质量的年度自检自查。11月，组织“油气田地面工艺技术与标准化设计、智能化建设高级培训班”和“油气田地面建设与管理高级培训班”2个培训。12月，组织编制发布《油田地面工程管理规定》《油气田地面建设工程项目初步设计审批管理办法》等9项规定和定型图。

【地面建设重点工程】 2022年，确立油田产能、气田产能、油气管道、提质增效及老油气田改造、储气库、新能源等6大类56项重点工程。重点工程建成投产为实现油气产量目标、天然气冬季保供和提质增效打下坚实基础。

油田产能建设重点项目6项：塔里木富满油田跃满区块产能建设、富满油田产能骨架工程、长庆庆城页岩油田产能骨架工程、新疆玛湖—吉木萨尔致密油田产能骨架工程、辽河曙光油田稠油稳产、华北巴彦油田产能建设。

天然气产能建设项目10项：长庆苏里格气田300亿立方米产能骨架调整完善工程，冀东神木气田、长庆米脂气田、塔里木博孜—大北气田、冀东神木气田佳县区块、西南安岳气田、川中致密气田、泸州页岩气产能骨架工程，西南威远—泸州页岩气集输干线工程，大庆合川气田先导试验。

油气管道工程6项：长庆页岩油外输系统调整工程，塔里木油田博孜天然气外输管道工程，塔里木油田博孜凝析油外输管道工程，新疆油田克独输油管道增输改造工程，西南油气田威远、泸州区块页岩气集输干线工程，福山油田东部集输管线工程。

提质增效与老油气田改造工程8项：塔里木和田河气田、阿克莫木气田，青海尖北—东坪区块，西南油气田万州、引进、大竹分厂及磨溪净化厂硫黄回收装置尾气治理改造工程，长庆油田原油稳定及轻烃回收工程（三期）。

储气库工程15项：长庆油田苏东39–61、榆37，西南油气田铜锣峡、黄草峡，塔里木油田牙哈、柯克亚，辽河油田双台子，吐哈油田温吉桑，冀东油田南堡1–29，华北油田文23、叶县、苏桥库群，大港油田驴驹河、板南，大庆油田升平等储气库建设。

新能源工程11项：吉林油田15万千瓦自消纳风光发电项目，长庆姬塬油田风光发电项目，辽河油田沈茨锦风光发电项目，辽河油田欢喜岭采油厂、特种油开发公司CCUS地面工程，大庆油田龙一联地区清洁能源综合利用工程，大庆油田葡二联地区小型分布式电源集群应用示范工程，冀东油田自发自用光伏发电站建设项目，吐哈鲁克沁油田清洁能源替代先导示范工程，吐哈三塘湖油田清洁能源替代先导示范工程，华北油田任丘市万锦新城与石油新城（二期）地热供暖项目，玉门油田可再生能源制氢示范项目。

【项目前期管理】 2022年，以“项目全生命周期效益最大化”为目标，强化地上地下协同优化，地面总体布局、工艺流程、配套系统、设备选择优化，开展技术创新，推广设备材料国产化。全年审批地面工程项目474项（其中可行性研究268项、初步设计206项），审查率100%，报审投资598.09亿元、审减52.84亿元，审减比例8.835%。其中：一二三类16项，报审投资399.71亿元，审减39.67亿元，审减比例10.1%；四类项目458项，报审投资198.38亿元，审减13.17亿元，审减比例6.64%。

审查批复河套盆地开发建设骨架工程方案、塔里木博孜—大北气田、富满油田400万吨、新疆玛湖原油500万吨、西南泸州页岩气200亿立方米等6项骨架工程可行性研究报告；审查长庆苏里格气田300亿立方米、庆城页岩油300万吨等2项骨架工程可行性研究报告，地面站场减少21%、管道减少18%、投资下降15%。优化地面总体布局，为提前实施骨架管网、快速释放新区产能及确保油气上产后路畅通创造条件，支持勘探开发一体化。

通过引进竞争机制择优选定设计单位完成泸州页岩气200亿米^3/年骨架、吉林石化—吉林油田二氧化碳输送管道等3项骨架工程平行编制及评审，地面站场减少32%、管道减少17.8%，投资下降15.3%，进一步提高设计质量。

【标准化设计】 2022年，标准化设计工作继续向更深层次、更高水平发展，基础工作进一步完善，模块化建设取得新突破。

2022年，油气田大、中、小型站场标准化设计覆盖率分别为94%、98.9%、99.8%；一体化装置覆盖率 60%，推广一体化集成装置 1540 套，替代中小型站场 644 座，大型站场预制化率 60%。平均缩短建设工期 38.6%，节约投资 15.85 亿元，节省用地 4839 亩，减少用工 4966 人。

【数智化建设】 2022 年，开展低成本物联网产品研发和技术优选，修订企业标准，并升级为行业标准。

2022 年，完成 2.1 万口井、3200 座站场数字化建设，减少一线用工 4317 人。累计建成数字化井 21.45 万口、站场 2.28 万座，井、站数字化覆盖率分别为 75%、87%。累计 4417 座中型站场、1.97 万座小型站场完成无人值守改造，中、小型站场无人值守率分别为 65%、93%；758 座大型站场实现少人集中监控，累计减少用工 5.2 万人，为上游业务数字化转型、智能化发展奠定坚实基础。

组织西南、长庆、浙江等 12 家油气田地面工程数字化交付，完成威远—泸州区块页岩气集输干线等 22 项工程数字化交付，线上工程记录资料 41.76 万项，可视化资料 48.8 万项。发布集团公司企业标准《油气田地面工程数字化交付技术规范》（Q/SY 01015—2022）。

【企业标准发布】 2022 年，发布《油田地面工程管理规定》等 5 项管理规定，《含汞天然气脱汞技术与运行管理规定》等 6 项技术规定，页岩油 / 致密油、化学驱、稠油 SAGD、碳酸盐岩油田、储气库等 5 类标准化设计定型图，标准化设计规定由 2021 年的 17 项增加至 28 项，定型图由 18 类增加至 23 类。

【地面工程科技攻关】 2022 年，针对制约油气田地面高质量发展的重大问题，加大先进成熟技术推广力度，开展非常规油气田开发绿色高效地面工程技术攻关，组织装置大型化国产化攻关与应用，并取得显著成果。

攻关研发页岩气地面系列技术，确立工程设计标准化、场站建设模块化、钻采地面一体化、生产管理智能化的页岩气地面模式；与常规技术相比，建设周期缩短 40%、设备搬迁复用率 30%、钻前道路利用率 100%、钻机供电率 100%、钻井基础利用率 100%、返排液回用率 90%，并控减建设投资 20%、降低运行成本 15%。

研发“两段脱水”和“序批式沉降 + 两级过滤”采出液处理工艺及“集中配制、分散注入”的二三元驱高效绿色地面工程技术，推动高含水及特高含水油田二三元驱高效开发。

研发建立覆盖塔里木、新疆、吉林、大庆、青海 5 家油田的一整套汞检测、装置建设、运行维护等技术标准、规定、体系，形成一批专利技术，确保含汞气田安全健康地开发建设与运行外输，2022 年处理含汞天然气 250 亿立方米，减少汞排放 30 吨。

推动设备国产化和装置大型化科研攻关，储气库集注站采气装置单列规模由 750 万米 ^{3}/ 日增加到 1800 万米 ^{3}/ 日，单列装置节省投资 1500 万元。

深化“不加热集油、油井软件量油、气井井下节流、稳流配水和非金属管道”五项成熟技术推广应用，2022 年节省投资 17.4 亿元、节省成本 7.19 亿元。

【地面建设竣工验收管理】 2022 年，完成 302 个项目竣工验收，其中二类 16 个、三类 25 个、四类 261 个，重点做好西南高磨应急净化厂、长庆第二采气厂 2018 年 27 亿米 ^{3}/ 年产能建设、新疆玛河气田增压及深冷提效、冀东德州市武城县城区清洁能源集中供暖项目等 16 个二类项目竣工验收，竣工验收完成率 100%。其间，消除不合规事项，完成 577 个环保、安全、水土保持、土地利用、消防等专项验收，消除违规、违法事项，减少企业外部纠纷和干扰，使企业轻装上阵转入正常生产经营，维护了中国石油的社会声誉。

（班兴安　苗新康）

海洋工程

【概述】 2022 年，辽河、大港、冀东三个海上油田生产石油 198.02 万吨、天然气 4.29 亿立方米。其中，海上自营油田生产石油 97.60 万吨、天然气 4.21 亿立方米（表 8），海上对外合作区块油田生产石油 100.42 万吨、天然气 809 万立方米（表 9）。

截至 2022 年底，中国石油环渤海滩浅海矿区内建人工岛（井场）22 座、固定钢平台 12 座、海底管道 125.6 千米、海底电（光）缆 134.83 千米。

表 8　2022 年海上自营油田石油、天然气产量

时　间	辽河海上		大港海上		冀东海上		合　计	
	石油（万吨）	天然气（亿立方米）	石油（万吨）	天然气（亿立方米）	石油（万吨）	天然气（亿立方米）	石油（万吨）	天然气（亿立方米）
2022 年	7.3	0.23	29.40	2.27	60.9	1.72	97.60	4.21
2021 年	9.55	0.16	29.45	2.21	67.1	1.46	106.1	3.83
同比增减	2.25	0.07	-0.05	0.06	-6.2	0.26	-8.5	0.38

表 9　2022 年海上对外合作区块油田石油、天然气产量

时　间	月　东	赵　东		合　计	
	石油（万吨）	石油（万吨）	天然气（万立方米）	石油（万吨）	天然气（万立方米）
2022 年	49.72	50.7	809	100.42	809
2021 年	49	34.82	685	83.82	685
同比增减	0.72	15.88	124	16.6	124

【海上油气上产】　2022 年，按照国家大力提升油气勘探开发力度的要求，中国石油继续加大海上油田勘探开发的工作力度。

1. 大港油田

自营区建成并投运中国石油自营首座自主研究、自主设计、自主建造、自主投运的万吨级钢结构直桩式采修一体化平台——埕海一号平台，累计安全工时 142 万小时，实现质量报验一次合格率 97% 以上。埕海二号平台前期工作全面开展，完成开发方案的编制、评审和批复，启动工程初步设计。张海 5、埕海 3-4 及埕海 3-1 外围区块产能建设地面系统配套工程提前完成井口槽主体浇筑。开展埕海油田精细油藏描述研究工作，编制埕海油田“十四五”稳产方案。2022 年完钻新井 10 口，总进尺 3.425 万米，水平井油层钻遇率 100%，新建产能 7.25 万吨，新增井日产油 240 吨。利用数值模拟方法优化分层配注方案，实施油井转注、补层分注、调剖、动态调控 104 井次，实现日增注 460 立方米，累计增油 4200 吨。

2022 年，赵东对外合作项目完钻新井 19 口，总进尺 5.20 万米，新建产能 12.8 万吨。持续集成应用成熟适用的钻完井技术实现安全高效建井，新井平均建井周期 22.63 天，C/D 平台和 C4 平台钻井机械钻速同比分别提高 27% 和 22%。2022 年实现 383.9 万人工时无可记录伤害事件和 1522 天无损失工时事件的双安全里程碑。开展埕海 45 井勘探评价，是探索二叠系内幕含油气性及实现规模增储的重要工作。

2. 冀东油田

（1）南堡油田清洁能源替代先导示范项目。

该示范项目分为 NP1-1D 余热利用、NP2-3LP 余热利用、综合能源管理系统建设三部分，年清洁能源替代量折合 1.95 万吨标准煤，年减排二氧化碳 4.28 万吨。NP1-1D 余热利用：设计热负荷 2471 千瓦，利用 NP1-1D 改造 3 口闲置的余热资源井，供 NP1-1D 生产和采暖用热。NP2-3LP 余热利用：设计热负荷 398 千瓦，利用 NP2-3LP 的 48℃注水余热作为热源，用于平台采暖供热。

（2）NP1-1D 及其辖区节能低碳示范区建设。

该示范区通过开展优化简化、清洁能源替代等项目，对示范区内 NP1-3 导管架、NP4-1D/NP4-2D 两座船舶拉油平台进行密闭集输改造，实现管输上岸处理，市电替代天然气发电，减少平台耗能和油气放空损耗，降低能耗和碳排放。主要包括南堡 1-3 区 Nm-Ed1 滚动开发项目、NP4-1D/NP4-2D 密闭集输改造、NP3-2LP 气举及轻烃处理站改造三部分。

项目建成后每年可减少能耗折合标准煤 2.3 万吨、减少二氧化碳排放 5.45 万吨，每年可节约拉油用船舶费用 2279 万元、卸油费用 309 万元及平台租赁费用 2000 万元。实现密闭集输和引入市电后，能够有效提高人工岛生产系统抗风险能力，为稳定原油生产打下坚实基础。

（3）南堡 1–29 储气库先导试验。

该项目主要功能为季节调峰，建成后有效库容量 18.9 亿立方米，有效工作气量 8.4 亿立方米，先导试注规模为 130 万米 ^{3}/ 日。NP1–2D 利用 3 口老井作为试注试采井，同时新建 1 口水平井。配套新建注采阀组 4 套、单井计量橇 1 座以及井口电加热器。新建过滤分离器 2 台、利旧双坨子闲置压缩机组 1 台、租赁压缩机 4 台、租赁增压机 2 台。配套新建 1 具闭式排放罐、新建 1 具放空筒、利旧 1 具仪表风储罐。利旧南堡联合站新建外输计量汇管至 NP1–1D 平台 D711 天然气管道联络管道和 NP1–1D 平台至 NP1–2D 平台 D355 供水管道联络管道。

（4）其他工程。

人工岛安全隐患治理工程。NP4–2D 火炬区塌陷区隐患治理，NP4–2D 至 NP4–1D 连岛路隐患治理，NP1–1D 人工岛进海路隐患治理，NP1–2D、NP1–3D 管道基础治理，NP3–2 转油站管线治理。

2022 年冀东油田无泄漏技术研究及示范工程。针对 NP1–2D、NP1–3D、NP4–1D 及 NP4–2D 站内压力容器、工艺管线及常压储罐开展 RBI 风险评价；对 NP1–2D、NP1–3D、NP4–1D 及 NP4–2D 站内泵、压缩机等动设备开展 RCM 风险评价。对各平台管道和储罐阴极保护系统存在的风险隐患进行治理。

NP1–1D 油气系统改造工程。NP1–2D 段塞流捕集器与 NP1–3D 段塞流捕集器进口连通；NP1–1D 火炬放空系统增设分液罐；进行段塞流捕集器、脱水器和气液分离器清淤。

南堡作业区安全智能监控系统建设。建设一套安眼工程智能化平台以及相关硬件配套设施，实现统一视频服务管理、视频智能分析、业务智能化管理等功能。

3. 辽河油田

自营区风险探井葵探 1 井首次发现中生界、沙河街组高产气流，沙河街组三段折算日产气 15.45 万立方河街米，中生界折日产气 19.94 万立方米，获集团公司油气勘探重大发现奖一等奖。

月东对外合作项目实施 D 岛钻井组织和提高 B 岛投产新井的产能升级，推进海南 20 井区勘探评价。D 岛新钻井 30 口，完钻各类井 11 口，投产油井 8 口，日产油 83 吨，年产油 5723 吨。

4. 北部湾盆地 23/29 合作区

完成中国海油特普承担的“2021 年度福山凹陷 23/29 区块 OBN 三维地震资料处理项目”验收；完成福海 1x 井钻完井作业，并进行钻后地质评价和工程总结，编制完成试油方案；完成“福海 1x 井单井地质评价”项目验收，完成 23/29 合作区福海 1x 井钻井地质分析及潜力评价；完成福海 1x 井 614—615 号层试油测试，未见油气显示。

23/29 合作区勘探期第一阶段合作已到期，经综合研究和评价认为该区块烃源岩、储层、成藏条件较差，地质情况复杂，勘探风险较大，不具备进一步勘探的价值，已正式行文中国海油湛江分公司协商终止合作事宜。

【海上生产设施分级管理】 组织辽河、大港、冀东三个海上油田推进涉海业务自评估，开展专业公司深度评估、协同配合集团公司和应急管理部专项督查。截至 2022 年底，自评估、深度评估发现问题 708 项，全部整改完毕，完成“一台（岛）一策”方案编制，海上油气生产设施（人工岛、钢平台、海管、海缆）总体运行在役状态安全、稳定、可控。

对《滩海人工岛构筑物管理规范》（Q/SY 18003—2017）进行修订，并对人工岛和进海路开展分级管理，路岛设施基本为一、二级状态。辽河、冀东、大港三个海上油田组织以人工岛、进海路等油气生产设施在位稳定状态进行检测和监测，包括沉降位移变形监测等方面。整体趋于稳定，局部存在沉降位移，总体可控，需持续监测。

开展冬季、春季海洋石油安全生产督查，采取远程视频连线方式对企业自查情况进行督导，及时掌握企业海洋石油冬季安全生产工作开展情况。

【海洋石油安全风险监测预警系统建设】 2022 年，组织大港油田（4 座有人值守平台、3 座人工岛）、冀东油田（5 座人工岛）完成海洋石油安全风险监测预警系统的建设实施，接入 103 个关键工艺参数、165 个火气探测点位数据，237 路工业视频信号和气象灾害预警信息，1422 台套专业设备检测信息，形成关键工艺异常波动、油气泄漏、问题隐患整改、高风险作业、人员出海、气象灾害、专业设备检验检测和人员作业违章等八方面风险动态感知，实现集团公司、油田公司、作业区和一线平台系统应用“四级贯通”。

【海底管道完整性管理】 2022 年，大港油田对埕海油田新建平台的数智化建设、完整性管理、数字化交付进行初步策划，计划通过推进对标分析、体系完善、方法梳理、技术优选、系统搭建等工作，形成“1 个平台（完整性与数字化交付综合平台）+2 套体系（完整性和数字化交付体系）+4 类专业依托（设计完整性辨识、专家巡检、关键设备监造、基线监测）+18 种方法及配套技术（HAZOP、HAZID、SIL、RAM、RCM、RBI、QRA 等）”的工程完整性系统化管理，实现设备设施的本质安全化，为设备设施经济可靠运行打下坚实的基础。

2022 年，冀东油田组织完成南堡作业区 NP1-2D 海底混输管道、NP1-3D 海底混输管道、NP3-2LP 外输油管道内检测，对发现有较严重缺陷管道处，组织开挖验证。大港油田完成埕海一号平台至埕海 1-1 人工岛混输海底管道内检测，作为该管道试运行一年内的首次检测，为管道完整性管理奠定基础。

【海洋工程标准体系建设】 完善海洋工程标准体系，进行相关标准的制修订与管理。2022 年，完成《滩浅海海底管道半定量风险评价技术规范》《滩海人工岛构筑物管理规范》2 项集团公司企业标准的制修订；完成《海底钢质管道内检测操作规程》《海底管道工程勘察技术规范》《滩海海底管道保温技术规范》《海上油气生产设施弃置预备方案编制规范》4 项企业标准的复审。

参与行业标准《海上固定平台总体规范》《石油天然气工业海洋结构的通用要求》《海底管道干预与维修技术规范》和《海底管道外检测技术规范》的审查讨论。

【专题技术研究】 2022 年，规划总院联合冀东油田、大港油田开展海洋平台及人工岛完整性评价与检测技术研究，完成冀东油田、大港油田人工岛（含陆域平台）渗流破坏隐患和荷载调查与分析，研究创建 NP1-3D 三维原型和数值计算模型；针对赵东 ODA/OPA 平台 2 座老龄海洋平台，从静力分析、地震分析、疲劳分析和极限强度分析等四个方面开展主结构的安全风险评估，明确延寿服役五年的评估结论。推进《海洋石油生产设施（人工岛和滩海陆岸）安全风险评估指南》的研究与编制，完成胜利海检、胜利设计院等外部单位意见征集，为滩海油田人工岛构筑物实现完整性管理提供技术支撑。

冀东油田组织开展滩海吹填地基运行期稳定性评价与对策研究，包括 NP2-3 平台井场地基承载力特性研究、NP2-3 平台井场地基液化安全分析、NP2-3 平台井场地基渗透特性研究和滩海吹填地基长期服役稳定性评价及控制措施，对滩海吹填地基长期服役稳定性进行综合评价，针对影响场地运行的潜在因素及影响后果，提出系统的治理措施。

【中国石油参加中国海洋经济博览会展示】 2022 年 11 月 24—26 日，油气新能源公司组织中油国际公司、辽河油田、大港油田、冀东油田、东方物探、宝鸡石油机械、海上应急救援中心等多家涉海单位参加在深圳召开的中国海洋经济博览会，本次展览会中国石油以“创新引领，助力海洋强国建设”为主题，展台通过沙盘、微缩模型、三维技术动画、LED 屏、沉浸式体验等多元化方式突出主题，展示近年来中国石油在海洋油气和新能源领域创新技术、核心装备和高质量发展成果，以及中国石油助力海洋强国建设的实力和决心，自然资源部、广东省、深圳市等各级领导对中国石油展台独特的设计呈现和令人身临其境的观看体验给予充分肯定。

（麦　巍）

储　气　库

【概述】 2022 年，集团公司储气库业务持续深入贯彻落实国家关于加快天然气产供储销体系建设的一系列工作要求，按照储气库“达容一批、新建一批、评价一批”总体规划部署思路，重点围绕储气库生产与运行、建设与评价、技术攻关、标准体系建设及业务合资合作等五方面工作，完成年度既定工作任务，实现储气库整体工作气量 159 亿立方米目标（全口径，且含先导试验库），同比新增工作气量 20 亿立方米，增速 14%，高月高日最大采气能力达 18500 万立方米，同比新增采气量 2500 万立方米。

【储气库建设】 2022 年，实施储气库建设项目 26 个（在役库扩容达产项目 8 个、新库续建设项目 7 个、先导试验项目 11 个），新库启动建设项目 11 个，前期评价项目 6 个。投产注采井 58 口，新投产集注站 4 座，开展扩容达产、新建及先导项目 30 个，钻井 75 口，投产 52 口；投产集注站 4 座，全面完成新增 2500 万米^3/日冲峰能力建设任务。

大庆四站、吉林双坨子、苏东 39-61、板南（白 15 库）建成投运，冬季调峰新增 750 万米^3/日冲锋能力；驴驹河冬季采气调峰新增 100 万米^3/日冲锋能力；苏桥、京 58、呼图壁、双 6 等新井全部按计划完成，冬季调峰新增 1650 万米^3/日冲锋能力。

【储气库注采运行】 2022 年（自然年），15 座在役储气库群注气 136.6 亿立方米，采气 117.7 亿立方米（表 10）。

表 10　2022 年（自然年）中国石油在役储气库注气量与采气量

亿立方米

储气库	注气量	采气量	储气库	注气量	采气量
大港大张坨	16.9	15.8	辽河雷 61	1.3	1.4
华北京 58	4.1	4.4	大庆四站	1.6	0.8
辽河双 6	30.8	22.4	吉林双坨子	3.1	0.2
华北苏桥	12.6	13	大港驴驹河	0.8	0
大港板南	2.9	3.5	华北文 23	1.5	0
新疆呼图壁	29.2	29.1	吐哈温西一	2.2	0
西南相国寺	21.5	22.9	长庆苏东 39–61	5	0.7
长庆陕 224	3.1	3.5	合　计	136.6	117.7

（王连刚）

油气勘探开发科技信息

【概述】 2022 年，深入贯彻党的十九大、十九届历次全会、二十大精神和习近平总书记关于科技创新的重要论述，贯彻落实集团公司科技与信息化创新大会精神，坚持创新战略，坚持业务主导，推进科技改革，构建研究—试验—推广应用大科技体系，初步建立“1+N”科技管理体系，将“两张皮”变为“一张皮”，将“多本账”变为“一本账”，推动从靠投资拉动向更加依靠创新驱动转变。推进物联网建设；优化顶层设计，细化总体框架方案；夯实数据湖和云平台，加强数据治理和信息孤岛治理；逐步优化并建成油气和新能源数字化转型统一场景模板，推进数字化转型有机一体，加强共建共享。推动标准化机构改革，加强国际标准的培育和企业标准体系的构建。

【科技管理】 加强顶层设计，编制 2022 年科技计划。宣贯集团公司科技与信息化创新大会精神，落实集团公司科技体制改革要求，制定科技改革主要措施。组织 2022 年科技立项工作，年初组织召开 2022 年科技立项工作会，制定立项工作指南，明确科技项目整合具体做法。坚持业务主导，加强项目顶层设计，构建“研究—试验—推广应用”大科技体系，加强科研与生产深度融合，将“两张皮”变为“一张皮”。强化整合项目、突出创新，整合原科技项目、生产研究项目和前期决策支撑项目，将“多本账”变为“一本账”，从靠投资拉动向更加依靠创新驱动转变。组织召开 3 次科技与信息化委员会会议，审议通过 2022 年科技项目计划和经费预算，建立 9 个 B 级项目、26 个 C 级项目为主体的项目群。

统筹组织实施 2022 年科技项目。统筹组织开题论证，明确重点科技项目开题论证工作流程及有关要求，系统性组织开题论证会议 13 次。组织签订计划任务书，规范计划任务书编制的要求和做法，完成 160 个课题在线签订。按要求每月报告各级课题重要研究成果，集团公司采纳 8 项。统筹组织开展科技项目年度进展检查，加强科技项目实施过程管理。

推进科技改革，初步构建“1+N”科技管理体系。编制印发《油气勘探开发与新能源研发投入管理工作指南（试行）》，统一标准，统一口径，指导全成本预算和核算。编制印发《勘探开发研究院承担勘探与生产分公司科技项目经费预算编制补充指导意见（2022 年暂行）》，为适应勘探院科技体制改革，简化经费预算，规范人员费、外协费和间接费的预算。初步建立“1+N”科技管理办法体系，强化“立项—运行—考核”闭环管理，修订科技管理办法，编制科技创新两级管理机构及科技项目立项、实施、考核、经费管理等5个细则（征求意见稿）。

适应形势变化，推进集团公司科技专项立项。落实集团公司对科技专项的最新要求，围绕打造油气资源勘探开发（陆上）原创技术策源地九大工程“十大科技工程”“压舱石工程”，聚焦重点领域，组织申报集团公司科技专项，经油气田企业申报、组织专家讨论、征求业务分管领导意见、主要领导审定，向科技管理部提出科技专项立项建议，经集团公司油气和新能源专业技术委员会审核、科技工作领导小组审定，确立由油气新能源公司组织实施的10个集团公司攻关性应用性科技专项。

统筹科研布局，编制2023年框架计划及预算。明确立项定位，2023年科技立项以问题导向、需求导向为主，聚焦增储上产、降本增效、绿色发展，不搞大水漫灌式立项，支撑“压舱石”工程和集团公司打造油气资源勘探开发（陆上）原创技术策源地。编制2023年框架计划，结合业务需求，提出拟新设课题立项建议和专业公司科技专项立项建议，进一步落实2023年科技框架计划。

【标准化管理】 强化油气和新能源业务相关集团公司专标委工作，组织油气田企业开展标准化工作。2022年，组织集团公司勘探与生产专标委、非常规油气专标委、油化剂工作组、海洋石油工程工作组等4个集团公司标准化技术机构工作，组织开展34项集团公司企业标准制修订、73项集团公司企业标准复审、7项标准研究项目，20项集团公司企业标准发布。参与、跟踪国家和行业标准制修订，发布国家标准5项、行业标准26项。组织开展40项国际标准培育项目，发布国际标准1项，2项启动实质流程，8项进入立项前期阶段，协助成立ISO/TC 67/SC10提高采收率分标委。

加强标准宣贯，获得多项标准奖。开展重点标准实施项目6项，1000余人次参加宣贯或培训会议。获得2022年中国标准创新贡献奖三等奖1项（油气领域唯一），全国天然气标委会优秀标准奖特等奖1项、一等奖2项，能源行业页岩气标委会优秀标准特等奖1项，一等奖2项，集团公司优秀标准一等奖2项。

推进标准化体制机制改革。按照2022年集团公司标委会第十四次会议要求“完成勘探业务所属专标委的整合优化”精神，组织形成油气新能源公司专标委设置方案（讨论稿），并组织相关专家进行多次研讨，为改革奠定基础。组织召开新能源标准体系讨论会，就新能源标准体系、CCUS标准体系、地热能标准体系以及专标委、分标委和工作组的设置、工作机制等进行讨论，为新能源标准化工作做好谋划和布局。

【信息化管理】 2022年，认真落实网络安全与信息化工作会议精神和集团公司党组印发的《关于数字化转型、智能化发展的指导意见》的工作要求，遵循“价值导向、战略引领、创新驱动、平台支撑”总体原则，推进数字化转型、智能化发展，加强顶层设计和总体框架方案细化优化；数字化转型标准规范制定；推进油气和新能源业务数字化转型信息基础、网络安全、业务应用等场景建设；落实集团公司统建及配套项目建设等，促进油气和新能源业务转型升级、提质增效。

根据油气田公司的数字化、信息化建设的现状和基础，形成数字化转型顶层设计及实施方案。将油气田划分为四种类型，并针对每个阶段油气田基础和特点，从6个方面制定未来3年的工作部署，为下一步各油气田制定数字化转型实施方案做好计划安排。

加强信息基础建设，持续夯实数据湖、云平台基础。（1）初步建立连环数据湖体系。主湖和各区域湖采用统一技术架构和数据标准建设，主湖基本搭建完成，区域湖在塔里木落地，10家单位开展区域湖建设；初步构建两级数据治理体系。以数据资源与数据资源目录为核心，支持数据源头采集、分级治理，推动数据资产化服务与全局共享。（2）持续提升梦想云平台技术能力与安全性。升级容器平台与服务，发布新版统一门户与移动接入框架，支持上云App 652个；部署9款安全产品，增强平台、数据及应用三个层面安全防护能力，通过等保三级测评及保密测评。加强服务中台共享能力建设。建立上游共享能力管理流程与服务体系，研发井筒中心、油藏中心等17项共享能力，支持上云应用400多个，搭建可复制、可推广能力基础底座。（3）专业软件共享商务谈判及配套管理制度取得阶段性进展。首批13个专业软件，经过跨领域跨部门的“业财融合”、专业公司与油气田公司的“上下结合”，组织20多家单位，100多名领导和专家，历经41轮的谈判，完成商务谈判。完成配套管理制度“专业软件共享管理办法”和“专业软件共享合作备忘录”初稿。（4）建立上游数据湖，实现A1、A2、A5、A8、A11等统建系统全量入湖，打通数据共享通道，为集团公司统建、油气田公司自建百余个上云应用模块提供数据服务。云平台实现通用底台、服务中台升级，完成统一门户，支持八大领域统建应用上云模块 177 个。实现协同研究 2.0 框架升级，完成井位部署论证应用升级，新增压裂工程、精细油气藏描述协同研究主题应用，支撑勘探开发在线协同研究。

推进物联网建设，夯实数字化转型基础，开展大庆、辽河、新疆、华北 4 家老油田物联网建设，全面开展 16 家油气田中小站无人值守、大型站场集中监控建设。2022 年完成 2.1 万口井、3200 座站场数字化建设，减少一线用工 4317 人。截至 2022 年底，累计建成数字化井 21.45 万口、站场 2.28 万座，井、站数字化覆盖率分别为 75%、87%。4417 座中型站场、1.97 万座小型站场无人值守改造，中型和小型站场无人值守率分别为 65%、95%；758 座大型站场实现少人集中监控。除大庆、辽河、新疆、华北 4 家老油田外，长庆、塔里木、西南、吉林、大港、青海、吐哈、冀东、玉门、浙江、煤层气、南方 12 家油气田实现数字化全覆盖，支撑新型采油采气管理区建设和用工方式转变，为新型“油公司”模式建立，实现精益生产和提质增效提供支撑。

推进安眼工程（智慧工地）试点推广工作。完成冀东等 10 家油气田公司智慧工地试点工程建设方案的审查及批复，指导各油气田公司开展安眼工程建设工作；在大庆油田南 I–1 联合站扩改建等 30 项工程开展安眼工程示范推广，实现管理者对施工现场的全面管控，有效提升施工监管水平；召开安眼工程推进协调会，及时解决推进过程中出现的各类问题。

数字化转型试点稳步推进，进一步扩大试点规模，初步建立统一业务场景模版。2022 年上半年，长庆油田、新疆油田启动试点方案编制工作。塔里木油田、西南油气田实施初见成效，大港油田、大庆油田优化建设实施方案，长庆油田、新疆油田编制建设实施方案。4 月 1 日启动油气和新能源业务数字化转型统一场景设计。遵照油气和新能源业务顶层设计，按照业务主导、信息统筹原则，油气新能源公司通过多次书面征求 6 家试点油气田意见、组织研讨会，建立专班等方式推进，基本建立包含上游油气勘探、油气开发、工程技术、协同研究、油气运销、生产运行、QHSE、新能源八大业务领域的统一场景模板，为通过数字化转型实现业务横向到边、纵向到底建立业务框架；为打破传统信息化存在的专业壁垒、实现数据共享、系统共建共享奠定基础。

加强业务应用建设，支撑业务提质增效。采油与地面工程运行管理系统（A5）2.0 完成采油采气工程和地面工程 18 个模块的升级建设，实现采油采气和地面工程业务完整覆盖，支撑业务全生命周期、精细化管理。A2 系统持续安全稳定运行，及时解决系统运行中出现的问题和需求，应急演练 2 次，应用培训近 500 人次，提高开井率和油气藏开发水平，有效支撑油气产量按计划完成。原油产销过渡系统运行平稳，支持原油结算工作。原油产销新建系统完成全部功能模块开发测试工作，完成与国家管网集团生产运行管理系统、勘探 ERP 等接口对接，实现定时数据采集以及系统应用。勘探开发项目投资管理系统整合现有勘探开发业务信息系统数据，将数据价值要素贯穿勘探开发项目全过程，提升投资效益评估能力和投资项目的管控能力。完成单井数据采集和产能项目经济效益评价功能开发，数据采集上线运行，产能项目经济效益评价具备上线条件。矿权储量模块构建统一的信息与应用共享平台，全面实现矿权登记、矿权年检、地质资料汇交、未动用储量分类评价、储量区块池、储量经济评价、SEC 储量管理七大业务应用，为集团公司的矿权储量业务发展提供高效的协同运行环境。地面工程模块（2021 年度）包含地面生产状况分析、地面对标管理和地面前期智能应用，实现报表数据联动、自动化配置提高报表配置效率 80% 以上。实现辅助决策分析支持各项指标数据视图化、穿透与追溯，支持“钻取式查询”进行逐层细化，辅助管理层决策。构建地面专家知识库及知识图谱库。加强历史项目方案有效再利用，智能辅助审查及设计，提高效率 75% 以上。网络资产测绘平台项目以“摸清家底、明确归属、集中管理、协同防护、快速处置”为目标，通过多级联动的管控模式，为油气和新能源业务网络安全体系建设提供坚实基础。统一采集模块完成数据录入与接口子系统、数据质量监督子系统、生产运行监视子系统、视频监视子系统等四大子系统建设，建立精准月度计划的下达机制，为业务人员提供实时、精准的生产动态数据，为生产运行调度决策提供支撑，助力产运储销全面协同。

2022 年，完成信息系统、网络安全等专项工作，在全年网络安全工作中油气田企业未发生重大安全事件，网络安全总体工作得到集团公司相关部门好评。举办第五期“油气田信息化技术与管理培训班”，各油气田企业、勘探院等 18 家单位信息管理与技术员共 88 人参加培训。完成 A1、A2、A5、A6 等信息系统运维工作。

（方　辉　丁建宇）

炼油与化工

综　述

【概述】 中国石油是国内第二大成品油生产商和石油化工产品供应商。炼油化工与新材料业务是中国石油产业链承上启下、增值创效的重要环节，为上游生产后路畅通和下游产品市场供给提供保障，是提高中国石油竞争力的重要领域。中国石油的炼油、化工生产、化工产品销售和新材料业务由中国石油天然气股份有限公司炼油化工和新材料分公司（简称炼化新材料公司）负责管理。2022 年 6 月底，海外炼化业务实现专业归口管理，新发展规划、新项目评价、计划预算、生产运行、装备材料、数字科技、技术管理、质量、职业健康、安全、环保等业务由炼化新材料公司进行专业化管理，管辖哈萨克斯坦奇姆肯特炼厂、乍得恩贾梅纳炼厂、尼日尔津德尔炼厂、法国拉瓦莱炼厂、新加坡 SRC 炼厂、苏格兰炼厂、日本千叶炼厂、苏丹化工厂等 8 家海外炼化企业。8 月 30 日，股份公司根据新材料事业发展和专业公司业务变化情况，将“炼油与化工分公司”正式更名为“炼油化工和新材料分公司”。截至 2022 年底，炼化新材料公司归口管理 34 家单位，包括 25 家炼化企业、6 家化工销售公司、燃料油公司、润滑油公司及石油化工研究院，业务指导 4 家油田炼化企业及 8 家海外炼化企业。

2007 年以前，炼油与化工业务分立运行，其间，完成兰州、大庆地区炼油业务的整合，庆阳石化、宁夏石化划归中国石油；2007 年，炼化和销售业务重组整合，形成炼化一体化发展格局；2008 年，10 家炼化上市企业、未上市企业重组整合，上市和未上市业务实现统一管理；2009 年，收购未上市炼化企业与主业关联度高的资产，突出主营业务，减少重复建设，降低管理成本。同年，大庆油田化工有限公司等油田所属炼化业务纳入炼化新材料公司业务管理，炼化业务实现在同一管理模式下的集中发展和专业化管理。2020 年 6 月，为优化生产经营管理，适应业务转型升级，促进炼油小产品和润滑油产销业务高质量发展，股份公司决定将中石油燃料油有限责任公司（简称燃料油公司）和润滑油公司由销售分公司调整到炼油与化工分公司，业务上由炼油与化工分公司归口管理。塔里木石化和独山子石化业务重组。

2007 年以来，统筹国内外两种资源，建立与国内资源和四大战略通道相匹配的炼油化工体系，北方重点是调整结构、优化升级、消除隐患，南方是加快布局、规模发展，相继关停 9 座小炼油厂，关停炼油能力 1105 万吨 / 年，建成大连石化、云南石化、抚顺石化、兰州石化、独山子石化、四川石化、广西石化、大连西太平洋石化、华北石化、吉林石化、大庆石化、广东石化 12 家千万吨级炼油基地，独山子石化、大庆石化、抚顺石化、吉林石化、四川石化、兰州石化、辽阳石化和广东石化 8 家乙烯生产基地，乌鲁木齐石化、辽阳石化、四川石化和广东石化 4 家芳烃生产基地等一批特色炼化企业。

“十三五”期间，按照集团公司《落实油气体制改革意见开展相关专题研究工作方案》部署，研究形成《中国石油炼化业务转型升级规划》；适应新时代中国经济发展由高速增长阶段转向高质量发展阶段要求，学习贯彻习近平总书记在辽阳石化视察时的重要指示精神，研究形成《中国石油炼化业务高质量发展规划》；准确把握新发展阶段、新发展理念、新发展格局要求，编制《炼化业务“十四五”发展规划》《炼化公司市场营销工作指导意见》和《落实集团公司营销工作会议精神三年行动实施方案》，确定建成国际知名国内一流化工产品和有机材料贸易商的战略目标。

2022 年底，炼化新材料公司资产总额 4587.51 亿元，同比增长 6.7%。用工总量 16.5 万人，同比减少 0.85 万人。

2022 年，中国石油国内炼油能力 2.24 亿吨 / 年，占国内炼油总能力的 24%，位居国内第二、世界第三；乙烯产能 861 万吨 / 年，占国内总产能的 18%，位居国内第二、世界第六。

【经营业绩】 2022 年，炼化新材料公司加工原油 1.65 亿吨，同比减少 184 万吨，生产成品油 1.06 亿吨，同比减少 318 万吨。生产乙烯 742 万吨，同比增加 71 万吨，创历史新高。海外炼化企业加工原油 3856 万吨、生产成品油 2867 万吨。

经营业绩稳中有升。全年盈利350亿元，保持历史较高水平，其中炼油盈利372亿元、化工亏损22亿元。33家实现盈利，大连石化账面利润90亿元；锦州石化、辽阳石化、锦西石化、克拉玛依石化、长庆石化、宁夏石化、辽河石化、大港石化等8家企业盈利超过20亿元。成本控制效果显著。炼油完全加工费273.2元/吨，低于兄弟企业18元/吨，可比口径下降9元/吨，连续六年实现硬下降。化工完全加工费1656元/吨，可比口径下降21元/吨。亏损治理进展明显。国务院国资委考核的98户全级次企业中，净亏损5户，同比减少7户；亏损面同比下降6个百分点，同比减亏13.7亿元。

安全环保总体受控。三年专项整治计划整改率99.98%；危险化学品集中治理7个治理专项完成4个；应急管理部、国务院国资委现场督导检查问题整改率92%，作业总量同比下降8%；外排口在线数据小时均值累计超标次数同比下降54%；绿色企业由5家增至6家；新冠肺炎疫情防控取得初步胜利，健康企业由2家增至7家，全年非生产性亡人236人，同比下降22%。

平稳运行持续向好。全年装置运行平稳率99.73%，同比提升0.02个百分点；非计划停工21次，同比下降36%，损工时数同比下降17.6%；辽河石化、克拉玛依石化、庆阳石化、华北石化、玉门油田公司炼油化工总厂、呼和浩特石化6家企业完成检修任务。

结构优化不断深入。优化原油采购，降本7亿元。减产汽油749万吨、增产柴油965万吨。生产炼油特色产品1540万吨，同比增长8%，低硫船用燃料油、石蜡、石油焦产量同比分别增长33%、5.4%和6.4%。互供乙烯原料120万吨，互供催化油浆32.8万吨，同比增长15%，互供船用燃料油调和组分15.1万吨，同比增长214%。化工商品总量3260万吨，同比增长2.6%。合成树脂、尿素分别生产1162万吨、254.9万吨，同比分别增长6.2%、5.2%。两套乙烷制乙烯装置产量134万吨。增加汽油出口130万吨、柴油出口230万吨，增效40亿元以上，出口成品油1145万吨。

营销能力显著提升。销售化工产品3735万吨，统销2580万吨，扩销85万吨，出口67万吨，直销率70.2%，超出KPI考核指标1.7个百分点；高端高效牌号化工产品销售55万吨，同比增长10.7万吨，增效5.6亿元。中油e化电商平台正式上线，实现统销化工产品全部在线交易。销售低硫船用燃料油635万吨，同比增加228万吨；销售石油焦363万吨，同比增加21万吨；销售润滑油171万吨，其中特种油同比增加5.3万吨。

转型发展步伐加快。广东石化开工有序推进，吉化揭阳ABS项目进展顺利，吉林石化炼油化工转型升级项目全面开工建设，广西石化炼化一体化项目完成总体设计审查。塔里木二期乙烯可行性研究上报国家发改委，大连西中岛炼化一体化、长庆二期乙烯、兰州石化转型升级、辽阳石化转型升级等项目完成预可行性研究初审评估，南通新材料项目按计划推进。

新事业取得新突破。生产新材料85万吨，同比增长56%；生产化工新产品119个牌号84万吨，产量同比增长126%。加快实施碳达峰行动方案，开展12个专项研究，形成“1+10+N”系列方案。“工业互联网+安全生产”完成试点开发，昆仑ERP系统在大庆石化单轨运行。

管理提升成效突出。炼油综合商品率93.83%，较目标值高0.23个百分点；乙烯收率36.73%，同比提高2.58个百分点；设备设施整体达标率60%以上；同比提质增效量化成效52亿元。改革三年行动目标全面完成，压减二级、三级组织机构490个，减幅11.4%，用工总量16.5万人，比年初减少8484人，完成法人压减12户。

【广东石化炼化一体化项目试车投产】 广东石化炼化一体化项目是集团公司贯彻国家能源安全战略，利用“两种资源”，面向“两个市场”，建立上中下游一体化国际合作模式，建设基业长青世界一流综合性国际能源公司的重要举措，对确保国家能源安全、实现炼化产业转型升级、构建广东省“一带一路”对外开放新格局、推动粤东地区经济发展产生重要影响。该项目2012年4月动工，总体进度计划历经数次调整，2013年起项目处于缓建状态。2017年，集团公司对项目建设规模、生产工艺方案进行重新论证，确定由原规划的2000万吨/年炼油改为“2000万吨/年炼油+260万吨/年芳烃+120万吨/年乙烯”炼化一体化项目，确定国内加工高硫、含酸、重质原油的绿色、智能、效益型世界级炼化一体化基地定位。2018年12月，项目建设工作重新启动，经过3年多工程建设，2022年8月项目189个主项单元全部中交，8月21日完成首批内贸俄罗斯原油收储，10月26日常减压Ⅱ套首次引原油备料试车，12月18日全面进入开工投产阶段。

（王翔洲）

炼化生产及主要产品

【炼油生产】 2022年，中国石油国内炼厂（含广东石化）加工能力2.24亿吨，炼化企业主要分布在东北、西北、西南地区，主要加工原油为自产大庆原油、长庆原油、新疆原油，以及进口俄罗斯原油、哈萨克斯坦原油和海上进口原油等。

炼油生产装置主要包括常减压蒸馏、催化裂化、加氢裂化、延迟焦化、催化重整、芳烃分离、加氢精制等。其中：常减压装置41套，2022年总加工量16250万吨；催化裂化装置39套，总加工量5622万吨；加氢裂化装置17套，总加工量2303万吨；延迟焦化装置16套，总加工量1583万吨。

炼油产品主要包括液化气、汽油、煤油、柴油、低硫船用燃料油、炼油芳烃、润滑油、石蜡、沥青、石油焦等。

2022年，炼化新材料公司认真落实集团公司党组部署，持续深入开展各种专项工作，积极应对油价波动、疫情反弹、销售不及预期等市场变化，紧紧围绕市场和效益，全方位优化生产经营组织，不断夯实长周期平稳运行基础，以市场为导向、以集团产业链平稳顺畅运行和效益最大化为目标，全力接收上游刚性资源，坚持以销定产、以产定供、以产促销，加强产销联动，紧盯国内成品油消费变化趋势，持续加大产品结构优化力度，把握阶段性市场机会，继续深入开展减油增化工作。原油加工量1.65亿吨，同比减少184万吨；成品油产量1.06亿吨，同比减少317.3万吨；汽油产量4351.4万吨，同比减少587.4万吨；柴油产量5364.9万吨，同比增加540.4万吨；航空煤油产量858.1万吨，同比减少270万吨。做好内部生产优化，利用中国石油独有原油资源优势，适应市场需求，主动调整生产，增产低硫船用燃料油、低硫石油焦、石蜡、润滑油等特色产品。2022年船用燃料油业务整体迈上新台阶，生产低硫船用燃料油640万吨，同比增加158.8万吨；生产石油焦363万吨，同比增加22万吨；生产石蜡142万吨，同比增加7.3万吨；生产润滑油167.9万吨，同比减少21万吨（表1）。

2022年，炼化新材料公司主动强化市场研判和产销衔接，推动资源向市场迁移，进一步压减汽油产量、加大生产柴汽比优化调整力度与灵活度，优化内部乙烯原料互供，为生产优化提供空间。生产炼油芳烃395万吨，同比增加27.8万吨；柴汽比1.01—1.42之间灵活调整；内部乙烯原料互供120万吨，同比减少8.3万吨，其中石脑油互供89.7万吨，占比74.8%，增长3.9个百分点。

表1　2022年国内原油加工量、炼油产品产量

万吨

项　目	2022年	2021年	同比增减
原油加工	16490	16674	-184
汽油、煤油、柴油	10574.4	10891.7	-317.3
其中，汽油	4351.4	4938.8	-587.4
煤油	858.1	1128.3	-270
柴油	5364.9	4824.5	540.4
润滑油	167.9	188.9	-21
石蜡	142	134.7	7.3
沥青	252	352.7	-100.7
石油焦	363	341.0	22
低硫船用燃料油	640	481.2	158.8

【化工生产及主要产品】 化工产品主要包括有机原料、合成树脂、合纤原料及聚合物、合成纤维、合成橡胶和化肥等。

2022年，7家炼化一体化企业（不含广东石化）共有乙烯裂解装置13套，乙烷制乙烯装置2套，聚乙烯（PE）装置22套，聚丙烯（PP）装置29套，丁醇/辛醇生产装置3套，可生产顺丁橡胶、丁苯橡胶、丁腈橡胶、乙丙橡胶和氯磺化聚乙烯五大类橡胶产品的合成橡胶装置11套，化肥生产包括合成氨、尿素、复合肥及丙烯腈装置副产的硫铵，其中尿素装置4套。抓市场机遇，优化计划安排，稳定生产运行，增产高效、高附加值化工产品。乙烯产量创新高，持续保持ABS、丁辛醇、高压聚乙烯、乙丙橡胶、丙烯腈、烷基苯、环氧乙烷等装置高负荷生产。

2022年主要化工产品产量2532.97万吨（表2）。

表 2　2022 年主要化工产品产量

万吨

项　目	2022 年	2021 年	同比增减	项　目	2022 年	2021 年	同比增减
乙烯	741.9	671.3	70.6	尿素	254.9	242.2	12.7
合成树脂	1162	1090.3	71.7	对二甲苯	196.27	203.99	−7.72
合成橡胶	104.4	104.4	0	丁醇	41.4	41.88	−0.48
合成纤维	3.3	2.2	1.1	辛醇	29.6	24.89	4.71

（焦丽菲）

化工产品及炼油特色产品销售

【概述】 2022 年，炼化新材料公司持续落实集团公司市场营销工作会议精神和三年行动方案，围绕“市场导向、客户至上、以销定产、以产促销、一体协同、竞合共赢”的工作方针和“六个坚持”的基本遵循，按照“高标准、严要求、上台阶、创一流”的要求，主动适应新时期炼化新材料业务高质量发展的新形势、新部署，加大转型升级和新市场培育，进一步巩固专业能力，实施创新战略、品牌战略、高端化战略、国际化战略，全方位打造竞争优势。强化创新驱动，以推进“六统筹”和实现“两个转变”为工作着力点，提升营销能力和队伍能力，优化完善体制机制，增强活力和动力，推进国际知名、国内一流化工产品和有机材料贸易商建设，为客户成长增动力，为人民幸福赋新能。

全年统销化工产品 2580.7 万吨，同比增加 107.9 万吨（其中：合成树脂销量 1136.4 万吨，同比增加 72.6 万吨；合成橡胶销量 98.1 万吨，同比减少 1.1 万吨；有机产品销量 982.8 万吨，同比增加 15.6 万吨）；高端产品销量 55.2 万吨，同比增长 19%；扩销 84.7 万吨，同比减少 85 万吨；直销率 70.2%，同比提高 0.8 个百分点；出口 67 万吨，其中石蜡 51.6 万吨。全面实现“中油 e 化”线上交易，全年完成线上交易量 2780 万吨。

【统销管理】 统筹市场研究。组织制定《推进市场研究工作方案》，确定短期、中期、长期 12 个研究专题，开展 93 项课题研究，发布 14 期《化工市场研究内参》，53 期《化工市场研报》，实现市场研究成果共享平台上线运行，提高市场营销引领能力。

统筹客户服务体系建设。对标中国石化、埃克森美孚、巴斯夫等三家同行先进企业，通过第三方机构诊断客户服务短板，成立领导工作小组和工作专班，确定客户服务体系总体思路、研究分析方法、客户分级分类、客户服务要素、功能架构设计、支持保障架构设计等内容，完成化工产品客户服务体系建设框架设计方案起草编制。

统筹优化资源配置，实施“M+3”产销计划滚动优化管理。各化工销售企业根据市场动态每月提报后三个月的需求，炼化新材料公司实施“两上两下”优化机制，配套优化效果事后评价机制，产销协同提质增效。

统筹新产品开发，布局高端新材料。组建 52 人专家团队，推行新产品开发项目经理制，及时协调解决生产、销售及质量问题，与龙头客户强化战略合作联盟，共同开展产品研发、测试、推广工作。聚焦工程塑料、功能性合成树脂、高性能合成橡胶、特种纤维、高端碳材料、生物可降解材料、专用化学品 7 类 26 种新材料研发，2022 年新材料产量 85.2 万吨。

统筹营销策略，日会商、周分析、月总结，及时掌握市场变化，灵活应对市场。每周召开两次会商会，跟踪市场动态和销售情况，研判短期价格走势，确定阶段性销量目标，把控销售节奏，实现当期效益最大化。每周召开两次营销分析会，跟踪各化工销售公司销售价格，通过行业对标、内部对标，促进推价到位；收集市场信息，掌握当期需求旺、效益好的产品，动态优化生产。每月召开产销计划优化会，根据市场需求，坚持以销定产，优化资源流向，议定“M+3”产销方案，改进营销策略，应对市场变化。每月召开经济活动分析会，通报销量、利润、进销率、直销率、比价缩差、量价配合等重点指标完成情况，跟进新材料、高端高效产品的产销进度，分析差距，提出应对措施，保障全年目标实现。

统筹加快数字化转型，“中油 e 化”电商平台按期投用，所有统销化工产品、所有客户均上线运行、上线交易，竞拍、拼单、闪购、撮合等多种线上交易模式及在线支付、客户服务、物流跟踪等功能，推进数字营销模式的实现。

推进炼化新材料公司由生产型向经营型转变。增强全员市场意识，改变重生产、轻市场的观念，推进管理模式、营销模式、盈利模式转变。做好价本利分析，坚持“事前算赢”，按市场需求变化促生产，按市场经济规律谋发展。

推动化工销售公司由供应商向贸易商转变。印发《炼油与化工分公司扩销贸易管理规定》，规范扩销模式和行为，完善配套管理制度和考核机制。探索期现结合业务，华东化工销售公司、东北化工销售公司试点顺利。加快拓展国际市场，2022 年出口化工产品 67 万吨。

（范学民）

【炼油特色产品销售】 2022 年，统筹做好润滑油、石蜡、沥青、石油焦等炼油特色产品销售工作，销售燃料油 1460 万吨（表 3），销售润滑油及相关产品 171.3 万吨（表 4）。

表 3　燃料油销量

万吨

项　目	2022 年	2021 年	同比增减
销量	1460	2028.6	−568.6
其中，沥青	561	864.7	−303.7
保税船用燃料油	645	144.9	500.1

表 4　润滑油销量

万吨

项　目	2022 年	2021 年	同比增减
销量	171.3	178	−6.7
其中，车用油	17	21.4	−4.4
工业油	28.8	31.6	−2.8
特种油	62.1	56.8	5.3

（焦丽菲）

【化工物流】 2022 年，化工营销系统发运统调产品 952.8 万吨，同比增加 40.7 万吨，调运计划完成率 99.3%，刚性确保生产企业后路畅通。打造提质增效升级版，6 家化工销售公司通过持续推进公路运费招标、优化运输结构、强化仓储管理、加强自备车管理、治理铁路运输亏吨、争取铁路运费优惠政策等 44 条措施，通过日跟进周讲评月调度跟进和督办，全年降费 13631 万元，超额完成 1563 万元。

【化工品电子销售建设项目】 2021 年 9 月化工品电子销售项目试点运行，2022 年 5 月正式上线运行，实现统销化工产品的现货销售、竞拍交易、拼单交易、闪购交易、撮合交易、在线支付、客户服务、物流跟踪等在线交易功能，统销化工产品所有客户均实现在线交易。2022 年 6 家化工销售公司及其下属分公司共完成 43.62 万笔在线交易，3994 家客户访问系统，下单量 2780.84 万吨，成交金额 1976.11 亿元。创新开展自动结算功能并上线运行，依托“中油 e 化”开发价格流程、客户奖励流程、配送流程，将 11 类不同的订单结算场景，从线下人工结算迁移到线上自动结算，于 2022 年 9 月在华北化工销售公司投入试用，效率提高约 50%，工作量下降约 50%，推送正确率接近 100%，结算精准率 100%，各功能运行良好，具备在其他五家化工销售公司推广应用条件。

【化工品物流管理系统】 2022 年，化工品物流管理系统扩展实施，增加合作方仓库对外揽储、贸易商多次过户、铁路自备车异地调剂使用、广西石化“产销物流一卡通”、电子质检单集成、市场库物流配送竞价等拓展功能。以华南化工销售公司和广东石化为试点，开发产品出厂信息协同功能，以化工品物流管理系统为枢纽，有机衔接化工销售 ERP、电子销售和广东石化储运物流系统，实现“订单—物流交货计划—物流交货单—车辆预约进厂—装车出库数据采集”业务全流程的线上高效执行，在大幅减少销售企业制单工作量的同时，消除化工销售业务企业库出库环节的数据孤岛现象，实现物流单据电子化流转。按照股份公司年度审计计划，完成项目竣工决算审计及项目档案验收。

（单松辉）

【原油市场分析】 2022 年，国际油价在 2021 年大幅反弹逾 50% 之后，2022 年延续涨势，全年布伦特原油期货均价 99.04 美元 / 桶，较 2021 年上涨 40%；WTI 原油期货均价 94.33 美元 / 桶，较 2021 年上涨 67%。

全年来看，国际油价走势整体呈倒“V”形，上半年基本上处于上升模式，尤其是俄乌战争爆发后，围绕全球供应紧张的担忧情绪驱动国际基准布伦特油价在 3 月 8 日创下年内最高结算价约 128 美元 / 桶，但自 6 月中旬以后，随着市场焦点从供应紧张问题上转向经济放缓导致石油需求疲软的前景上，国际油价处于震荡下跌的趋势，且布伦特油价在 12 月上旬一度跌至 76 美元 / 桶的年内最低结算价水平。

上半年，国际油价保持震荡上升的趋势。年初在全球石油需求从新冠肺炎疫情中逐渐复苏之际，全球石油库存处于多年来的低位，石油输出国组织（OPEC）及其盟友（OPEC+）产油国缺乏增产能力。在这种背景下，一系列的地缘政治及突发事件加剧供应吃紧的担忧情绪，促使布伦特油价从年初约 79 美元 / 桶持续稳定攀升至 96 美元 / 桶上方。2 月 24 日俄乌战争爆发后，西方国家针对俄罗斯实施一系列金融和能源行业制裁，由此产生的全球供应紧张的担忧情绪驱动布伦特油价在 3 月 8 日创下约 128 美元 / 桶的年内高点。随后，中国部分地区采取防疫管控措施，美联储加息举措，以及国际能源署（IEA）的成员国们宣布释放创纪录规模的战略石油储备库存等诸多因素导致国际油价有所回落，但利比亚的抗议活动导致其原油产量下降，欧盟达成对俄罗斯石油实施禁运的制裁协议，美国进入夏季驾驶高峰季节以及随着中国疫情形势好转，防疫管控措施放松，这些利好因素使国际油价在上半年大部分时间内都徘徊在 100 美元 / 桶以上的水平。

下半年，国际油价一直处于震荡下跌的走势，布伦特油价从 122 美元 / 桶震荡下滑至 12 月上旬触及的年内低点 76 美元 / 桶，因为全球经济放缓将拖曳石油需求的担忧情绪在供应趋紧与需求疲软的两个对立因素影响下占据主导地位。从需求面来看，在通胀飙升、俄乌战争引发能源危机以及新冠肺炎疫情影响下，全球经济衰退风险上升，进而导致石油需求疲软。此外，多国央行为了抗击通胀相继加息，此举导致美元升值，反过来则打压了油价。从供应面来看，在 OPEC+ 产油国闲置产能有限的背景下，挪威石油工人罢工；俄罗斯对北溪管道维修并减少对欧洲的天然气供应，由此引发气转油需求；伊朗核谈判陷入僵局，伊朗受制裁的原油难以重返市场；飓风“伊恩”导致美国墨西哥湾的石油产量下降；OPEC+ 产油田从 11 月起减产 200 万桶 / 日，这些令全球石油现货供应收紧，但德鲁日巴石油管道运输业务的迅速重启缓解供应侧的压力，欧盟对俄罗斯石油实施制裁的影响程度弱于先前的预期，因此最初预计欧盟禁令将导致供应趋紧的担忧有所缓解。在这些因素的影响下，布伦特油价震荡下滑，到 12 月 9 日已回吐年内全部涨幅。不过，随着中国放松防疫限制措施，市场对 2023 年石油需求复苏抱有希望，连接美国和加拿大的 Keystone 输油管道因石油泄漏而关闭的时间较预期长，美国回购原油补充战略石油储备库存，俄罗斯发出减产信号，且禁止向其实施价格上限的国家销售石油等，这些利好因素推动布伦特油价在年底时反弹至约 86 美元 / 桶，但布伦特和美国 WTI 原油期货价格较 3 月 8 日创下的年内高点分别下跌 32.80% 和 35.10%（表 5、图 1）。

表 5　2022 年基准油种价格变化

美元 / 桶

基准油种	年平均价格	最高价格	最低价格	价格变化
WTI	94.33	123.70	71.02	52.68
布伦特	99.04	127.98	76.10	51.88
阿曼	96.33	125.77	71.85	53.92

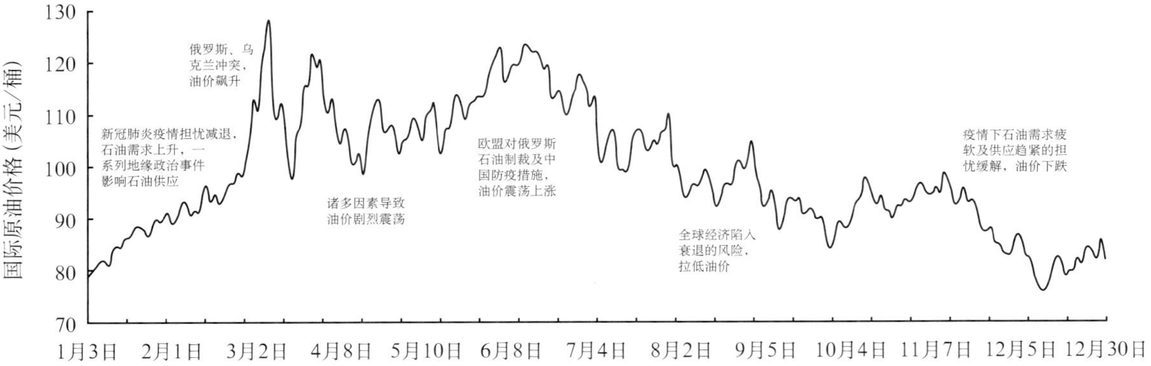

图 1　2022 年国际原油价格走势

（李　伟）

【化工市场分析】 2022年，国内化工市场走势基本脱离市场基本面，在俄乌冲突、国内新冠肺炎疫情集中暴发、欧美大幅加息等非基本面因素影响下，价格宽幅波动，总体走势前高后底。石化行业高成本向下游制品传递不畅，整体开工率同比下降近10个百分点，市场总体呈现供需两淡局面。

一季度受俄乌冲突影响，国际原油价格高位巨幅震荡，国内化工市场多数品种价格跟随原油价格大幅波动，在成本刚性上涨的支持下，化工产品价格重心上移为主。

二季度国内疫情加重，美联储开始大幅加息，内外需求大幅萎缩，除原油外，大宗商品价格大幅下跌，国内化工市场震荡走低至年初水平。

三季度美联储连续大幅加息，欧美经济衰退基本确定，原油价格回吐俄乌冲突带来的涨幅。国内疫情散发形势依旧严峻，叠加南方高温限电，国内化工市场淡季需求表现尤为突出，加之缺乏成本支撑，石化企业纷纷降价促销，多数品种价格跌至近2年来新低后有所企稳。

四季度是国内石化市场传统的需求旺季，但因市场缺乏热点，市场各方均持谨慎观望态度。10月国内疫情散发和局部区域暴发的态势越发严峻，欧美经济衰退的压力也在不断增加，国际原油价格跌至年初水平，4季度国内化工市场总体低位窄幅整理为主（表6）。

2022年原油以及原料价格上涨带来的成本推动、宏观环境变化带来的外部环境改善和终端需求改善预期影响国内合成树脂市场出现三轮上涨。1月至3月中上旬受能源短缺及地缘政治等因素影响，国际原油价格大幅上涨，带动大宗商品价格大幅上涨，部分油制生产企业降负荷或停车，供应收紧对合成树脂产品价格上涨形成有力支撑。5月下旬至6月中旬宏观环境改善，大宗商品市场情绪得到提振，期货市场高位运行，现货市场交投气氛改善，市场价格走高。8月中下旬至10月中旬原油价格重回90—100美元/桶区间，给予市场成本及信心支撑，国内石化行业集中检修，供应压力缓解，“金九银十”传统旺季虽然不及预期，但下游刚性需求配合推动价格上涨。10月下旬至年底，国际原油价格下跌至年初水平，挫伤市场心态，下游行业开工率同比下滑，工厂新增订单有限，终端拿货谨慎，对行情支撑较为有限，市场弱势运行（图2）。

表6 2022年主要化工产品价格变化

元/吨（含税）

产品	平均价格	最高价格	最低价格	价格变化
LDPE	11313	13931	9309	4622
HDPE（拉丝）	8860	10009	7945	2064
HDPE（注塑）	8262	9765	7329	2436
LLDPE	8515	10085	7626	2459
LDPE	10640	12403	8961	3441
HDPE（拉丝）	8725	9532	8183	1350
HDPE（注塑）	8302	8947	7681	1266
LLDPE	8514	9639	7751	1888
PP（拉丝）	8287	9517	7743	1774
ABS	12602	14874	11235	3638
腈纶短纤（1.67dtex）	17111	18025	15025	3000
顺丁橡胶	12685	12685	9858	2827
丁苯橡胶	11702	12838	10400	2438
精己二酸	11252	14442	8892	5550
甲苯	7360	9043	5621	3422
溶剂级二甲苯	7634	8815	5909	2906
PX	8863	10900	6700	4200
丙烯腈	10869	13725	8663	5062
醋酸	4013	6056	2900	3156
苯酚	10112	11428	7697	3731
乙二醇	4589	5480	3888	1592
辛醇	10518	14340	8025	6315
丁醇	8720	11940	6640	5300

2022年合成橡胶价格整体呈现震荡下行走势，高低端价格同比均有所下滑。一季度合成橡胶市场价格区间震荡。由于丁二烯价格低位及供应预期增长、下游全钢轮胎需求平淡等因素影响，价格陆续下滑。随着国际

油价上涨、沪胶期货上涨的带动，合成橡胶市场价格反弹，但基本面无明显变化，部分区域物流运输受阻及部分轮胎工厂减停产，导致下游接货意愿不强，部分获利货源顺势倒挂低出，市场价格转而下行。二季度合成橡胶市场价格整体呈现“И”形区间反复震荡。虽多套装置停工减产支撑市场价格陆续推高，但下游需求寡淡、物流运输不畅，均对市场行情形成拖累，市场价格先涨后跌。三季度市场重心明显下移。伴随新产能释放及检修装置陆续恢复，市场供应增加，加之市场正值传统淡季，需求端缺乏有效支撑，丁二烯在供应增加背景下价格探底，对合成橡胶支撑有限，市场价格震荡下行。四季度合成橡胶供应增量对市场心态形成拖累，下游主要轮胎企业开工率同比下降，市场供过于求态势雏形显现，价格重心不断刷新历史低点（图3）。

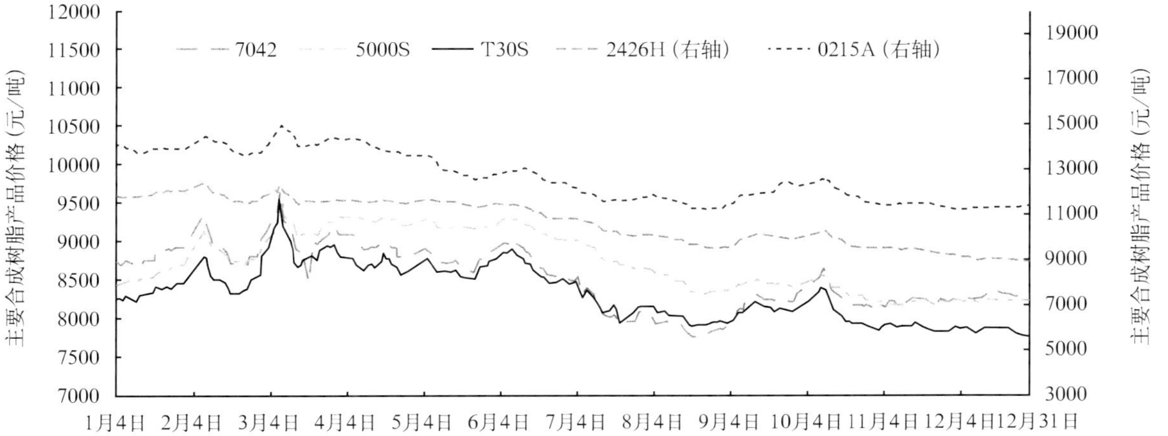

图2　2022年主要合成树脂产品价格走势

牌号说明：7042（线性聚乙烯薄膜料）、5000S（低压聚乙烯拉丝料）、T30S（聚丙烯拉丝料）、2426H（高压聚乙烯薄膜料）、0215A（ABS通用料）

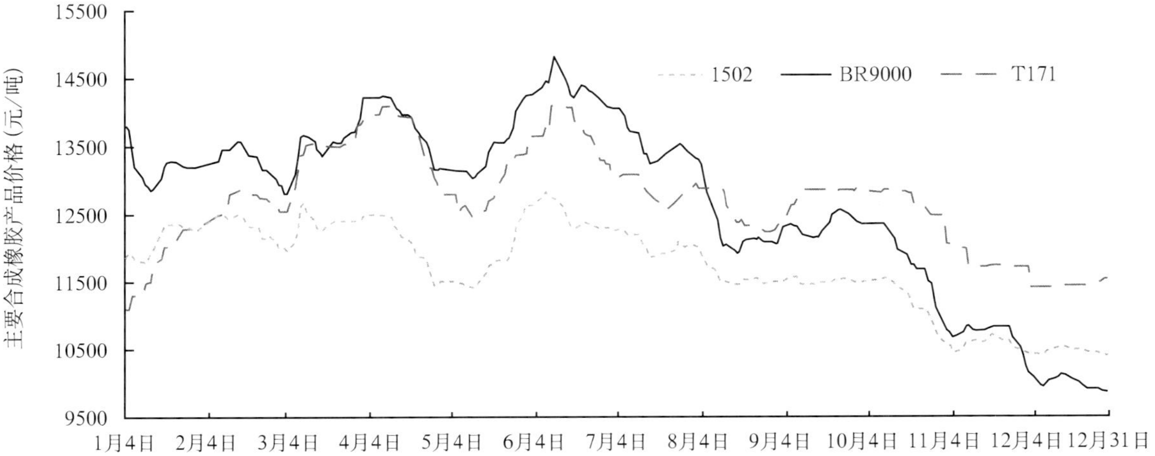

图3　2022年主要合成橡胶产品价格走势

牌号说明：1502（丁苯橡胶）、BR9000（顺丁橡胶）、T171（热塑性弹性体）

2022年国内有机化工产品价格跟随原油价格大起大落，品种间走势有所分化，芳烃类产品强于醇类产品，价格高点出现在二季度，低点在三季度，四季度低位震荡整理为主。石油苯价格先涨后跌。上半年受国际原油价格上涨、产能利用率下降、进口减量、下游需求增加等因素影响，价格一路攀升至年内高点。三季度受国际原油价格回落、进口增量、下游经济性降负荷影响，市场弱势下行。对二甲苯生产价格驱动在成本逻辑和供需逻辑之间不断转换，上半年受成品油高利润带动，对二甲苯生产企业生产积极性不佳，尤其美国企业降量明显，4月起亚洲大量对二甲苯流入美国，亚洲对二甲苯紧张气氛愈演愈烈，价格也攀升至年内高点，6月CFR中国为1514.33美元/吨，现货价格处于近五年的高位。但需求端表现不尽人意，下半年价格呈现震荡形式，在CFR中国950—1200美元/吨区间运行。乙二醇价格快速上涨后慢速下跌。受国际油价大幅走强，叠加春节后需求恢复，国内乙二醇现货价格快速拉涨，3月乙二醇走高至年内最高的5500元/吨。但2022年是乙二醇投产大年，国内供应量持续增加。受新冠肺炎疫情影响，需求端受到沉重打击，供需矛盾持续恶化，华东港口库存持续累库，最高124.7万吨。各国通胀压力高涨，美联储持续加息，经济衰退悲观情绪蔓延，市场重心持续下滑，8月中旬价格降至年内最低3872元/吨。之后虽阶段性供需格局改善，然而聚酯需求端表现不佳，传统旺季表现不温不火，港口整体库存维持偏高水平，加之外围不确定因素较多，市场维持弱势盘整为主（图4）。

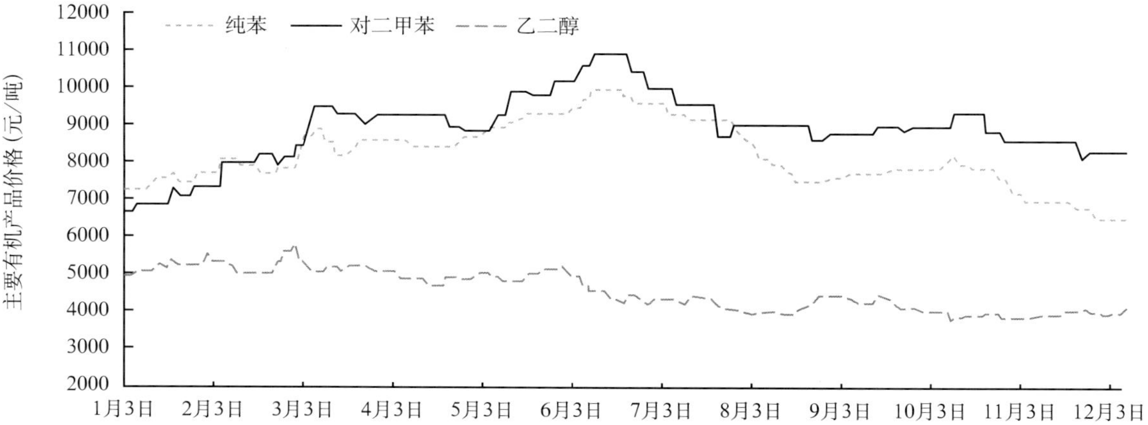

图4 2022年主要有机产品价格走势

（单松辉）

炼化工程建设

【概述】 2022年，炼化新材料公司按照集团公司党组统一部署，锚定建设世界一流炼化业务，遵循“五有”“五化”“五调整”原则，深入落实炼化业务“十四五”规划，紧扣炼化一体化主题，大力推动减油增化、减油增特及“三新”“双碳”项目落地实施，持续深化供给侧结构性改革，优化投资结构，保障重点项目投资需求，加快推动炼化业务转型升级和产业迈向中高端，从“燃料型”向“化工产品和有机材料型”转型。

【炼化业务发展规划】 落实集团公司炼化业务转型升级会议要求，开展专题研究完善炼化业务转型升级方案。完成催化裂解布局方案研究，明确中型燃料型企业转型升级路径；完成炼油企业向环保产业转型发展方向研究，初步探索炼化环保产业发展方向和重点；完成碳纤维、新型聚酯等化工新材料布局方案，推进重点新材料加快发展；完成石蜡、石油焦、沥青和润滑油业务发展专项规划初稿，提出未来5年炼油特色产品发展目标和主要举措；启动大庆地区炼化转型升级方案、陕甘青宁地区炼化企业转型升级方案、锦州石化和锦西石化转型升级方案，扎实推进区域一体化发展。

2022年，加快推进重大乙烯项目布局，炼化转型升级步伐升档提速。（1）开工建设2项。吉林石化炼油化工转型升级项目新建120万吨/年乙烯，1月获得政府核准，2月11日可行性研究报告获得股份公司批复，10月完成总体设计及两个批次基础设计批复，11月12日乙烯装置开工建设；广西石化炼化一体化项目新建120万吨/年乙烯及配套工程，6月21日获得政府核准，7月15日可行性研究报告获得股份公司批复，12月完成总体设计审查，年底具备实质性动工条件。（2）进入可行性研究阶段1项。独山子石化塔里木二期120万吨/年乙烯项目，经过集团公司4次专题会议研讨，11月18日预可行性研究报告获得股份公司批复，12月21日可行性研究报告通过集团公司党组会审议。（3）完成预可行性研究报告初审评估4项。大连西太平洋石化中岛炼化一体化项目新建1000万吨/年炼油+120万吨/年乙烯，预可行性研究报告完成最新修改，经过与大连市多次对接，达成一致意见，于11月20日集团公司与辽宁省签署在辽重点企业转型发展合作框架协议，与大连市签署相关合作框架协议。长庆乙烷制乙烯二期项目11月完成预可行性研究报告初审评估，兰州石化转型升级项目预可行性研究报告12月经炼化新材料公司党委“三重一大”审议通过上报股份公司，辽阳石化转型升级乙烯改造项目12月完成预可行性研究报告初审评估。

持续加快新材料提速工程，推进化工新材料全产业链发展。加快重点新材料项目布局，2022年批复聚丙烯催化剂、医用料及高端电子保护膜料、超纯净超高压电缆基础料、针状焦、电子级异丙醇、百吨碳纤维改造、茂金属聚丙烯、千吨级POE等8个项目可行性研究报告，启动建设；推进电子级DMC、尼龙66、万吨碳纤维项目，完成初审评估。推进新材料合资合作，集团公司和中海石油化学股份有限公司签订合资合作框架协议，启动呼和浩特石化与中国海洋石油天野化工股份有限公司（简称天野化工）聚甲醛项目合资工作，推动实现天野化工聚甲醛AC线复工复产，组织呼和浩特石化完成对天野化工股权收购可行性研究报告的编制和审查，12月20日获得股份公司批复。华北石化参股河南盛源化工科技有限责任公司聚碳酸酯合作项目完成合资公司工商登记，推动13万吨/年聚碳酸酯装置投料开工，1万吨/年改性塑料生产线建设开工。

深入落实集团公司绿色低碳战略，加快推进新能源新事业发展。推进炼化CCUS项目建设，批复大庆石化和吉林石化中高浓度二氧化碳回收项目可行性研究报告，完成庆阳石化、独山子石化、大庆石化和辽河石化低浓度二氧化碳回收项目可行性研究报告审查。有序推动氢能，华北石化完成2022年北京冬奥会供氢任务，四川石化氢提纯7月建成投用，长庆石化氢提纯年底建成，启动克拉玛依石化绿电电解水制氢示范工程可行性研究。开展生物航空煤油项目示范，选择成都作为生物航空煤油生产示范基地，组织四川石化开展可行性研究报告编制，采用石化院自主开发工艺包。科学推进数字化转型，实施兰州石化数字化转型智能化发展试点项目，形成炼化数字化转型可复制可推广的阶段性成果和标准模板，启动独山子石化、广西石化、四川石化、云南石化、长庆石化5家企业数字化转型智能化发展试点建设。

2022年完成框架投资计划92%，确保广东石化炼化一体化、吉化（揭阳）ABS、锦州石化和锦西石化资源替代转型升级等重点项目的投资需求，加快推进在建项目建设。同时，加大项目审查力度，加强投资项目效益效果分析。全年审查批复37个限下项目，平均压减投资9%。落实国家相关部门对健康安全环保要求，重点保障安全环保隐患、老旧装置治理等投资需求，全年完成专项投资计划123%。

（缪　超）

【炼化工程重点建设项目】 2022年，集团公司5项炼化重点工程有序高效推进，4项特色产品项目建成投产。

广东石化炼化一体化项目。项目总投资654.2亿元，建设规模2000万吨/年炼油、120万吨/年乙烯、260万吨/年芳烃，并配套建设原油码头和产品码头、公用工程及辅助设施等。项目于2019年6月开工建设，2022年6月26日两套1000万吨/年常减压装置中交、6月30日120万吨/年乙烯装置中交。截至2022年底，项目41套主体装置，已中交40套（20万吨/年聚丙烯装置2023年中交），主体装置实体工程施工已全部结束，全面进入投料试车阶段。10月26日1000万吨/年常减压装置II成功引入原油，12月24日300万吨/年延迟焦化装置I顺利产出第一塔焦炭，330万吨/年柴油加氢Ⅰ、120万吨/年航空煤油加氢、80万吨/年焦化石脑油加氢等三套装置一次开车成功，产出合格产品。

吉化（揭阳）分公司60万吨/年ABS及其配套工程。项目总投资64.9亿元，项目建设内容包括60万吨/年ABS、12万吨/年丙烯腈、0.4万吨/年乙腈、5万吨/年甲基丙烯酸甲酯、15万吨/年废酸再生装置，及部分公用工程和辅助设施。项目于2020年10月开工建设，2022年7月22日建成中交。截至2022年底，各生产装置、公用工程及辅助生产设施已全部完成中间交接、工程交接，全面进入联动试车、实物料试车，准备投料试车。

广东揭阳520万立方米原油商业储备库建设工程。由广东石化建设，项目总投资69.81亿元，主要建设内容包括520万立方米商业储备库、配套30万吨级码头泊位、储库与码头泊位管道。项目于2021年3月开工建设，2022年6月30日200万立方米库区建成中交，11月30日320万立方米库区建成中交。截至2022年底，120万立方米储罐已投用，400万立方米部分开展开工投用前的PSSR验收及相关开工手续的办理工作。

吉林石化炼油化工转型升级项目。项目总投资339.45亿元，建设规模120万吨/年乙烯及配套装置、辅助生产设施、公用工程设施、储运设施。项目可行性研究报告于2022年2月11日批复，总体计划安排2022年全面启动、2023年形成建设高潮、2024年末项目中交、2025年新乙烯开车。项目于9月23日开工建设，截至2022年底完成两批基础设计批复，西部区域丙烯腈装置、东部区域乙烯装置桩基施工。

广西石化炼化一体化转型升级项目。项目总投资304.59亿元，主要建设内容为120万吨/乙烯裂解装置和下游化工产品装置，配套新建和改造部分炼油装置单元，以及相应的公用工程、储运和辅助生产设施。项目可行性研究报告于2022年7月15日批复，总体计划安排为2023年全面启动、2024年形成建设高潮、2025年上半年项目中交推进。截至2022年底，完成总体设计审查，基本完成工艺包选商，开展工艺包设计，岩土勘察、试夯、试夯检测、东油沥青改造等“四通一平”相关工程现场施工已启动。

建成投产一批特色产品项目。独山子石化6万吨/年溶聚丁苯橡胶生产线、兰州石化3.5万吨/年特种丁腈橡胶项目、克拉玛依石化15万吨/年白油加氢装置、辽阳石化五号工程等项目建成投产，投料试车一次成功。

【炼化工程基础设计审批管理】 2022年，炼化新材料公司完成20个项目、21个批次基础设计审查批复，共批复概算投资145亿元，较上报概算核减3.5亿元，审减率2.3%。吉林石化转型升级项目完成2个批次基础设计审批，批复工程费115.8亿元，占全部工程费的41%。完成吉林石化转型升级项目总体设计审查，批复概算投资339.2亿元，较上报概算核减17.1亿元，审减率5%（表7）。

表7 2022年项目基础设计审查批复情况

序号	地区公司	项目名称	可行性研究批复日期	基础设计批复日期	基础设计概算总投资（万元）		
					上报	批复	增减额
	已批复基础设计项目合计（20项、21批次）				1485018	1450204	-34814
1	吉林石化	炼油化工转型升级项目（第一批）	2022.02.11	2022.09.22	304661	294243	-10418
		炼油化工转型升级项目（第二批）		2022.10.18	874741	864327	-10414
2	抚顺石化	发挥资源优势增产油蜡特色产品改造工程	2022.01.26	2022.10.29	86661	83156	-3505
3	大庆石化	乙烯装置脱瓶颈及下游配套项目	2021.08.03	2022.06.13	44337	41747	-2590
4	独山子石化	聚丙烯装置235线改造项目	2021.08.30	2022.12.06	25444	23652	-1792
5	大庆石化	40万吨/年二氧化碳回收项目	2022.06.13	2022.08.11	9903	9859	-44
6	四川石化	新建燃料电池氢气装置	2022.03.10	2022.04.08	3573	3157	-416
7	乌鲁木齐石化	渣场土壤修复治理项目	2022.06.27	2022.09.01	18263	16720	-1543
8	石化院	1000吨/年溶液法高端弹性体中试装置	2022.02.23	2022.04.08	17022	17027	5
9	兰州石化	炼油区中央控制室项目	2022.04.28	2022.06.13	13762	13748	-14
10	兰州石化	化工区非抗爆控制室隐患治理项目	2022.05.06	2022.06.14	10907	10396	-511
11	兰州石化	300万吨/年重油催化裂化装置MIP改造（II期）	2022.08.09	2022.09.06	4165	4155	-10

续表

序号	地区公司	项目名称	可行性研究批复日期	基础设计批复日期	基础设计概算总投资（万元）		
					上报	批复	增减额
12	华北石化	150 万吨 / 年原油火车卸车设施	2022.05.23	2022.06.22	4962	4864	−98
13	华北石化	油品运行部燃料油罐区流程改造项目	2022.05.23	2022.07.26	5079	5074	−5
14	长庆石化	氢气提纯项目	2022.05.23	2022.07.21	3080	2981	−99
15	哈尔滨石化	80 万吨 / 年航煤产能建设项目	2022.06.13	2022.11.04	10441	10157	−284
16	哈尔滨石化	国Ⅵ B 汽油生产消瓶颈技术改造项目	2022.06.13	2022.11.04	14095	13252	−843
17	长庆石化	催化裂化装置降烯烃 MIP 及配套改造项目	2022.09.01	2022.11.11	18084	16846	−1238
18	大庆石化	炼油污水场废气及异味治理项目	2022.10.12	2022.11.17	5351	4960	−391
19	广东石化	成品油首站	2022.09.16	2022.11.18	6060	5642	−418
20	四川石化	220kV 总降变隐患治理项目	2022.07.20	2022.11.23	4427	4241	−186
		已批复总体设计项目					
1	吉林石化	炼油化工转型升级项目（总体设计）	2022.02.11	2022.08.11	3564242	3392567	−171675

【炼化工程建设项目 QHSE 管理】 2022 年 3 月 8 日至 4 月 1 日，炼化新材料公司联合工程和物装管理部组织对广东石化炼化一体化项目、吉化（揭阳）分公司 ABS 项目开展 QHSE 审核工作。广东石化炼化一体化项目审核发现问题 436 项，其中质量问题 268 项、HSE 问题 100 项、文档管理问题 68 项。吉化（揭阳）分公司 ABS 项目审核发现问题 183 项，其中质量问题 94 项、HSE 问题 49 项、文档管理问题 40 项。

质量问题主要表现在工程质量验收不严格，部分工艺纪律执行不到位，文明施工、成品保护存在薄弱环节，抗台风设计统一规定执行不到位，工程文档管理不规范，土建、设备、管道、焊接、电气仪表、无损检测等工程实体质量不同程度存在“低老坏”和违反标准规范、设计等问题。HSE 问题主要是施工现场临时用电、脚手架作业、作业许可、应急管理、监督检查等共性问题较为突出，工作前安全分析、安全技术交底、作业许可、应急处置、安全生产费、监理策划等管理工作仍不够扎实。广东石化炼化一体化项目及吉化（揭阳）ABS 分公司项目审核问题全部整改完成。

【竣工验收】 2022 年，完成竣工验收项目 388 个，其中二类项目 4 个、三类项目 48 个、四类项目 336 个。一类项目华北石化炼油质量升级与安全环保改造工程未完成竣工决算审计，竣工验收推迟。

（罗汉华）

专业化管理

【安全环保】 2022 年，新冠肺炎疫情风险和安全风险叠加，安全生产形势严峻，炼化新材料公司落实集团公司部署，落实“管业务管安全”的安全生产责任，实施安全环保硬性措施，强化专业管理和过程管控，狠抓风险研判和隐患治理，首次开展全系统安全环保会诊评估，加强风险作业预约及周末节假日敏感时段作业管控，不断提高审核有效性，组织事故事件分享排查，突出环保问题限期治理，安全环保形势总体稳定。

全面完成主要污染物排放总量控制目标（表 8）。

表 8 炼化企业主要污染物减排情况

吨

项 目	2022 年	2021 年	同比增减
COD	4354	4781.2	–427.2
氮氧化物	23540	24981	–1441.0
挥发性有机物	68210	70646.9	–2436.9

注：氮氧化物排放不含异常火炬排放。

全面落实安全生产责任。印发主要领导安全生产责任正面清单 15 条、员工岗位安全行为禁止类清单 77 条、专业公司、企业、分厂联合车间、生产装置四级安全生产业绩指标 20 条。建立主要领导视频巡检机制，炼化新材料板块执行董事、党委书记对 14 家企业开展视频巡检。在特殊敏感时期每月召开会议专题研究安全生产工作机制，2022 年召开 10 次安全生产委员会研究部署安全生产工作。对 16 家主要领导变更的企业下发一对一风险提示。首次在专业公司层面启动三年一轮的安全环保风险会诊评估。对海外炼厂安全环保责任进行梳理界定。

按期完成专项治理任务。炼化新材料公司成立领导工作小组，按照“专业主导、统筹督办、清单化管理”原则，印发督办通知，定期组织企业对接进度。企业层面主要领导亲自组织，快速推进，全面完成国家层面 3 个专项工作任务，限期整改国检发现问题。三年专项整治计划发现隐患 40076 项，整改完成率 99.98%。危险化学品集中治理 7 个专项治理完成 4 个，大型油气储存基地专项治理 1632 个问题，完成率 99%；苯乙烯、丁二烯专项治理 87 个问题，完成率 61%；老旧装置专项治理 1433 个问题，完成率 78%。落实 15 项安全生产硬措施，组织安全生产大检查，查出问题 25041 项。应急管理部、国务院国资委现场督导检查 12 家企业，发现问题 307 项，整改完成率 92%。所有未完成问题都已立项，纳入年度治理计划，明确时间节点和责任部门，已向政府部门报备。2022 年，各企业上报炼化新材料板块备案督办的重大隐患 35 项（年底完成整改 5 项），其中涉及紧急切断 3 项、淘汰设备工艺 9 项、气体检测报警装置 4 项、安全仪表系统 1 项、控制室 5 项、其他 8 项。

全力抓好两次体系审核。上半年，统筹新冠肺炎疫情防控、体系审核、监督检查、安全生产大检查等系列专项行动，按照“一体化、精准化、差异化”原则，开展内审。在落实集团公司审核要求基础上，7 个专业梳理出 38 项审核重点，专业公司明确 23 位包点联系人，对 39 家企业实施全覆盖内审指导；制定《炼化企业内审方案评审表》，组织专家对内审方案的符合性、适用性进行评审。6 月 21 日，召开上半年 QHSE 体系审核总结视频会议，生产、技术、设备、电气、仪表、安全、环保、工程建设、化工销售、商储油等 10 个专业做审核通报。上半年内审问题 43271 项，严重问题 1089 项，已完成整改销项。下半年体系审核明确 12 个专业 57 项审核重点。计划炼化新材料板块审核企业 10 家，互审企业 9 家，内审企业 19 家。经专业公司和各审核组充分研判疫情形势，及时调整审核方式，36 家企业开展内审。发现问题 46308 项，严重问题 1313 项。集团公司总部现场审核石化院、广东石化、大连西太平洋石化等 3 家企业。针对企业内审，专业公司采取包点联系人制度，互审企业采取专业公司领导督导制度，确保企业内审质量。12 月 15 日召开审核总结视频会议。下半年审核问题 48703 项，严重问题 1559 项。两次审核间隔期，组织对 10 家企业进行“四不两直”检查，对 6 家大检修企业进行现场监督检查。

加强作业管控和现场监督。作业前风险研判和准备落实是作业预约的两个前置条件，为此炼化新材料板块对重点关注作业及敏感时段作业开展逐项研判、风险分析、措施确认及安全提示，加强危险作业预约管理，及时叫停不受控的罐区作业，进一步强化每日作业预约分级管控。2022 年各企业作业预约总数 39.1 万项，与 2021 年 42.4 万项相比下降 7.8%；报集团公司总部重点关注备案作业 2330 项，与 2021 年 2571 相比下降 9.4%；周末节假日作业 11995 项，与 2021 年同期 20327 项相比下降 41.0%。

开展安全环保风险会诊评估。各企业开展一轮安全环保风险会诊评估。6 月 13 日，专业公司安全生产委员会审议通过《炼化企业安全环保会诊评估工作方案》。7 月 19 日，举办视频培训会议，对企业会诊评估工作提出要求。年底，辽阳石化、哈尔滨石化现场评估工作完成；大庆石化、辽阳石化、大庆炼化、哈尔滨石化、长庆石化、宁夏石化、大庆石化、辽阳石化、兰州石化、大庆炼化、哈尔滨石化、大连西太平洋石化、长庆石化、宁夏石化、四川石化等企业已经开展环保会诊评估工作，年内未完成。第二批、第三批 20 家企业中，独山子石化、云南石化、大港石化、格尔木炼厂 4 家企业均已确定安全、环保会诊评估选商。

严格落实国家要求，加强环境保护工作。按照中央环保督察要求，完成治理任务。2022 年，7 家企业迎接第二轮第六批中央生态环境保护督察。第二轮第五至第六批督察向各省市反馈问题，共有 3 家企业接反馈问题或典型问题 4 项，完成整改 3 项，余 1 项已制定整改计划，有序推进。落实《关于加快解决当前挥发性有机物治理突出问题的通知》要求，2022 年排查达标问题 220 项，完成整改 206 项，剩余 14 个问题中 2 个问题是火炬无流量计，由于火炬系统是装置的安全设施，在装置开工状态下不具备开孔安装条件，需在 2023 年大检修停工期间实施整改，6 个问题通过制定临时管控措施，加强监控，优化运行控制污染物排放，6 个问题通过停用相关生产设施确保合法依规；VOCs 深度治理问题 1158 个，完成治理 220 个，剩余 938 个问题中计划 2023 年完成 295 个、2024 年完成 73 个、2025 年完成 570 个。根据《中国石油天然气集团有限公司绿色企业创建行动指导意见》要求，大港石化、华北石化、云南石化、广西石化、大连石化、哈尔滨石化等 6 家获评绿色企业。落实生态环境部重点监管单位土壤地下水防治要求，根据重点行业企业用的调查数据，选取兰州石化、大庆石化、抚顺石化、辽阳石化、吉林石化、长庆石化、克拉玛依石化等 7 家炼化企业分两批次上报生态环境部 13 项土壤源头管控项目，完成 1 项，其余按要求有序推进。

（绪　军）

【生产运行】 2022 年，炼化新材料公司强化信息化应用，提升管理水平，持续深化 MES 系统应用，进一步提升生产运行管控能力，进一步优化预警监控规则，提高监控准确性、灵敏度，优化预警逻辑规则，监控关键装置负荷变化趋势，判断装置运行工况，极大提高装置监控的及时性、准确性；推进可视化调度平台建设，进一步完善生产应急体系，提高平台应用的全面性、稳定性能力；强化生产管控，提升平稳运行水平，加强非计划停工管理，深入分析非计划停工原因，落实整改措施，持续做好非计划停工事件分享工作；加强隐患装置管控，引导企业做好预知停工检修，完善监护运行措施、制定生产应急预案、落实隐患处理计划，持续做好隐患跟踪；持续做好极端天气预警与应对工作，强化应急信息获取能力，针对雷电、暴雨、台风、暴雪、高温、极寒、地震等极端天气与自然灾害，向相关企业及时预警，下发提示，要求做好检查、落实，加强领导干部值班值守，做好应急准备，落实应急防范措施；完成 2022 年两次体系审核，针对生产运行对各企业非计划停工及生产波动管控、核心装置运行管控、生产应急响应、装置开停工管理、生产运行过程管控五项内容进行重点审核，针对审核发现的主要问题，提出加快“一分钟”应急处置能力建设、加强开停工过程界面交接及能量隔离、杜绝非计划停工、强化一体化管控的下一步提升措施；加强催化、乙烯、聚烯烃装置运行管控，从装置运行、工艺、机电仪设备、催化剂等各方面进行认真梳理，实现对 15 套乙烯、28 套聚乙烯、29 套聚丙烯、39 套催化共 111 套装置运行状况密切监控跟踪；加强新建项目生产准备，统筹推进项目开工，完成广东石化炼化一体化项目生产准备工作并投入试生产。全面协调、统筹新建等其他项目的生产准备工作。2022 年发生非计划停工 21 次，同比减少 12 次，下降 36.4%，损工时数下降 19.0%。

【生产优化】 科学统筹生产计划安排。2022 年，炼化新材料公司以保障集团公司产业链平稳顺畅运行为前提，以效益为中心，多方面沟通协调，提升资源与市场需求数据的准确度，为生产计划编制打好基础。充分挖掘 APS 总部模型优化测算功能，按照“两上两下”工作流程，对月度计划多方案比选，确保“事前算赢”。对计划周期内各炼化企业整体加工边际贡献情况、单油种加工边际贡献情况对比排名，把“加工负荷向效益好的企业倾斜”的原则落实到生产计划安排中。

优化产品结构，压减汽油产量，灵活应对新冠肺炎疫情和市场变化，紧跟需求变化，加大生产调节力度，确保产销顺畅。成品油收率 64.1%，同比降低 1.2 个百分点。全年生产柴汽比在 1.01 至 1.42 之间宽幅调整，特别是 9 月以来柴油需求增加，通过不断深挖装置运行与原料优化潜力，持续提高生产柴汽比，11 月、12 月达到 1.42 的历史较高水平。同时通过降低烷基化和 MTBE 装置负荷，收储液化气；优化增加芳烃、石脑油、乙烯原料等互供，增产 PX、苯等化工产品；优化催化装置运行，停止柴油回炼，优化催化和焦化装置之间负荷；优化渣油加氢、蜡油加氢、催化裂化等汽油加工路线中间物料库存等措施，减少汽油产量。

优化海上进口原油采购工作流程。完善企业“原油篮子”，为原油优选降本提供支持。组建原油业务行动组，构建海上进口原油采储预知优化管理和金融衍生工具应用“一体两翼”协同优化的管理体系。负责原油市场研判、海上进口原油采购优化、套期保值及24小时盯市、原油库存管理和计划配置优化。加强海上进口原油测算对标，实现采购降本。推动海上进口油企业通过"原油篮子"优化比选、把握采购节奏、上海期货交易所原油交割、抢抓机会油种、借助商储库容优化运作和计价管理（点价、锁价、转计价月、换计价油种等）等方式降低采购成本，完成海上进口原油年度考核目标。

（焦丽菲）

【工艺技术】 2022年，炼化新材料公司继续围绕核心装置组织开展生产技术攻关，推进核心装置长周期运行管理。主要装置负荷同比下降，但催化丙烯收率、重整辛烷值桶、乙烯能耗及加热炉效率等10项关键指标好于2021年同期；组织装置技术交流，开展催化裂化、连续重整、乙烯装置优化和攻关，效果显著。大港石化-140、辽阳石化-220等6套装置通过使用丙烯助剂，提高反应温度以及调整冷再滑阀开度控制高剂油比等措施来增产丙烯，实现丙烯收率同比提高；辽河石化-60实施再生注氯点技术改造，提高再生催化剂的性能；四川石化完成3台重质裂解炉SLE的清理工作，吉林石化完成9号裂解炉辐射段炉管更换、8号和9号裂解炉对流段化学清洗工作，裂解炉排烟温度明显降低。

组织完成上半年、下半年2次QHSE体系审核中工艺和质量专业审核，查出工艺技术管理、工艺防腐、化验分析等方面问题14583项。对于工艺变更管理、一分钟应急操作卡编制、工艺过程能量隔离等重点环节提出规范要求；对催化分馏塔顶结盐、乙烯裂解气压缩机段间压差高、工艺防腐自动控制等提出解决措施和工作要求；对所有审核问题进行分类研究，针对其中的重点、共性问题下达整改要求，向排名靠后的企业提出专业整改意见，督促落实。

加强工艺基础管理工作。按计划组织实施装置标定，2022年完成主要装置标定96套，为装置技术分析和技术改造提供依据；深入开展工艺风险分析和排查，制定下发《轻质油储罐工艺操作管理规定（试行）》，组织开展专项排查；组织编制《炼化装置危险与可操作性分析（HAZOP）指导手册》，常态化开展HAZOP分析工作；落实工艺防腐自动化控制，实现26家企业在线防腐监测数据实时监测，完成云南石化14套装置塔顶水露点和加热炉烟气硫露点防腐监测数据MES系统展示，实现广西石化4套加氢装置结盐温度和KP值实时监测功能；呼和浩特石化、辽阳石化常顶"pH在线+自动加剂"系统完成可行性研究。组织重点装置关键工艺技术攻关，保证装置长周期、满负荷生产。逐家企业研究乙烯装置满负荷优化方案，加强长周期运行管理，召开乙烯装置优化视频研讨会7次，解决碳二加氢反应器选择性低、分离系统易结垢等多个难题。

深度介入广东石化生产技术准备工作。组织广东石化按照《炼油化工建设项目生产准备和试车工作管理规范（试行）》要求完成总体试车方案修改和审查；分别安排炼油、乙烯、芳烃三条开工主线专家驻场工作，协助开展生产准备工作；对装置"三查四定"和隐蔽工程检查，对芳烃抽余液塔EMCD塔盘安装质量等生产准备工作提出具体要求；组织装置试车方案审查，装置专家和设计院提出178项修改建议，均在方案中加以落实。

推进流程模拟技术深化应用。独山子石化、云南石化和广西石化等12家企业开展流程模拟常态化应用，每周进行单装置操作条件优化或全流程优化应用。通过流程模拟技术常态化应用提出典型应用案例384个，实施优化方案234个，预测经济效益44490万元/年，实现经济效益8000万元/年。

（杨　砾）

【设备管理】 2022年，炼化设备系统，以全力保障生产装置安稳长运行为中心任务，通过开展"设备基础管理提升主题月"活动、推进精益化检修、加快设备完整性管理体系建设三方面重点工作，取得明显成效，设备专业管理水平和保障能力进一步提高，为保证炼化业务安全稳定生产和全年业绩目标的实现，做出应有的贡献。

全力保证装置安全稳定运行。（1）全方位加强关键时期设备运行维护保障工作。针对炼化装置生产调整变化大、炼油低负荷、化工满负荷，以及新冠肺炎疫情影响、2022年北京冬奥会、党的二十大等特殊敏感时期多的特点，全力加强设备维护保养、检查监护和隐患排查，开展重点装置、设备运行瓶颈问题攻关，有效保证装置安全稳定生产。全年组织2022年北京冬奥会期间装置隐患排查、炼油低负荷运行风险排查、春季抗晃电措施、迎接党的二十大带病设备隐患排查等多项排查工作，开展五套化肥长周期运行周期目标及瓶颈问题梳理攻关、长庆和塔里木两个乙烷制乙烯长周期运行设备问题分析等工作。在各个敏感时段多次进行设备专业工作提示提醒，加强预警和信息沟通，紧急情况快速处置，实现特殊敏感时段设备零事故。（2）坚持问题导向，针对已发生事故开展重点排查整改。针对云南石化"12·13"渣油加氢闪爆着火事故，组织设计、生产单位反复研讨，编制

《炼油与化工临氢装置防互串风险排查导则》、单向阀日常检查维护及检修要求，对临氢装置单向阀、紧急切断阀等隐患问题进行系统排查，发现问题 792 项，其中近 500 项已明确整改措施及方案。针对大连西太平洋石化“4·20”渣油加氢加热炉着火事故，组织各企业对 20 年以上炉管进行紧急排查，对 13 家企业 228 台加热炉、反应炉和锅炉进行重点检查，对大庆炼化、玉门炼化等企业少数炉管进行重点监护，编制印发《炼化企业管式加热炉炉管检测实施指导意见》。针对大连西太平洋石化、宁夏石化连续发生的储罐检修亡人事故，对各企业内浮顶储罐浮盘使用情况进行全面调查，组织编制《内浮顶储罐浮盘密封型式选用和检维修管理导则》。针对中国石化齐鲁石化往复压缩机带液事故，组织各企业进行排查，并及时通报茂名石化、上海石化事故情况，对球罐区等进行排查。（3）坚持典型设备事故事件不放过，深入分析原因吸取教训。针对大庆炼化循氢机汽轮机结焦、广西石化加氢空冷结盐等典型事故进行分析，并以工作简报分享至各企业。针对哈尔滨石化“5·22”、华北石化“6·24”、吉化石化“8·3”三起晃电事件，组织电气人员进行反复讨论，形成深度分析报告，并采取召开视频分析会、专家点评的方式，切实起到“一家出事故、多家受教育”的作用。针对长庆乙烷制乙烯离心机轴承故障、裂解气压缩机汽轮机漏汽等重点问题，会同兰州石化组织内外部专家、制造厂家深入分析原因，较好地解决制约问题。（4）按期完成老旧装置深度评估等重点专项工作。根据应急管理部及集团公司总体部署，组织 21 家企业完成 225 套老旧装置的深度评估工作，组织 406 人参加评估培训，分 5 个小组进行视频和现场调查，并组织专家反复讨论认定，确认隐患问题 1002 项，其中重大隐患 46 项。组织各企业开展建构筑物专项排查，28 家企业共排查建构筑物 16971 栋（座、间），发现问题 1131 项，其中重大隐患 78 项。（5）持续加强设备防腐及监测。进行机泵在线监测部署，在 6 家企业实施 6 个新增项目，新增在线监测机泵 2100 台，炼化设备系统在线监测数量由年初的 8746 台增加到 10846 台。进行腐蚀在线监测系统部署，在 10 家企业新建腐蚀在线监测系统 14 个，新增腐蚀监测探针 121 个、pH 探针 7 个、在线测厚 400 个，在线监测点总数 2101 个。全面部署开展脉冲涡流扫查工作，组织兰州防腐中心及东西北检测中心编制《中国石油炼化装置脉冲涡流扫查实施指导意见》，成立工作小组，推介 4 家企业的经验，要求各企业围绕检修安排全面推进，见到明显成效。有序推进电气设备绝缘监测系统，经电气工作组近三年的跟踪分析，2022 年对各企业进行全面调查，组织专家组进行培训，并对企业上报工作量严格审查把关，审减率近 40%，形成实施方案，已启动项目前期工作。（6）非计划停工大幅下降。全年因机电仪原因引起的装置非计划停工 14 次，与 2021 年相比，减少 7 次，下降 33.3%，完成“全年非计划停工次数控制在 25 次以内”的目标。

推进精益化检修工作。（1）完成 2022 年大检修工作。面对新冠肺炎疫情的严重影响，辽河石化等 6 家检修企业克服检修人员及物资到厂困难、对接交底困难、施工人员变化大、防疫压力大等诸多困难，均实现安全、准点、一次开车成功，塔里木化肥等检修顺利完成。（2）深化研究 2030 年前炼化企业大检修统筹安排。根据集团公司和炼化新材料公司要求，组织各企业对分系列检修可行性进行专题研究，形成研究报告。在此基础上，对 2030 年前各炼化企业检修周期进行优化，从 2024 年起，每年检修企业数量控制在 7 家以下，乙烯生产企业检修数量控制在 3 家以下，相邻地区的企业逐步错开检修。到 2030 年，27 家炼化企业中，五年一修企业 8 家，四年一修企业 18 家，三年一修企业 1 家。（3）完善大检修全生命周期管理，推行《炼化企业大检修管理指导意见》。组织编制《炼化企业大检修管理指导意见》，对检修过程管控、检修指标评价体系、费用管理、检修后装置标定及总结评价、窗口检修及临时停工管理、承包商管理等进行细化明确，成为指导各企业大检修工作的基本纲领性文件。（4）开展精益化检修专项研究。在大检修全生命周期管理的经验基础上，推行精益化检修，研究制定《炼化企业精益化检修工作方案》，细化分解为 17 项具体任务并有序推进。

深入开展“设备基础管理提升”主题月活动。围绕设备基础工作，在 2021 年主题月活动的基础上进一步深化拓展。（1）大机组和关键机泵基础管理提升。各企业进行“最差 10 台泵”“最佳和最差 3 台机组、3 个机泵房”“最佳维修班组”的评比，进一步提高机组、机泵维护和现场管理水平。其中“最差 10 台泵”评选成为长效工作；状态监测、预防预知维修、“一机一策”检维修策略等工作得到强化；15 家企业开展机组能效分析，上报 51 项节能项目，经炼化新材料板块筛选 20 项高效项目列入实施计划；12 家企业开展机泵能效分析攻关，评价机泵上万台，设备能效工作得到极大重视和加强。（2）抗晃电和电气仪表主动维护工作提升。各企业进行“最佳和最差3个变配电所、仪表机柜间”评选；加强春季电气检查维护和与地方供电单位联系，对两项电气制度和抗晃电措施再排查再落实，推进隐患治理力度，电气运行管理等工作得到加强；开展单点联锁冗余容错措施、现场急停按钮及隐蔽工程、自控率真实性、调节阀偏离工况等专项隐患排查治理；电气仪表检维修策略得到细化完善，19家企业仪表管理系统应用情况得到提升；仪表分级管理、现场管理、电气仪表专业间联动等基础工作得到强化。（3）设备防泄漏管理提升。开展“无泄漏装置”活动评比，召开视频交流会，总结推广6家企业的经验做法；开展装置基础情况、设防值等调查，对小接管检测、保温层下腐蚀检测等难点问题进行专项攻关研究；对炼化装置易泄漏法兰标准进行统一规范；开展设备管线保温节能效果分析，收集一批好的技术和管理做法。（4）精益化检修管理提升。开展装置设备长周期运行能力对标，完成催化等14套主要装置的炼化新材料板块层面的对标报告；召开2022年炼化企业大检修工作总结视频会，对2022年各企业大修经验和存在问题进行总结分享；细化完善检维修策略和定时事务管理；开展检修“回头看”；研究制定《炼化企业精益化检修工作方案》，细化分解为17项具体工作，15项工作已基本完成；开展设备“四新”技术征集交流，收集“四新技术”283项，其中中国石油内部企业创新、发明的184项，拥有专利知识产权的16项，已分类建档，研究后进行推广。

推进设备完整性管理体系建设。（1）长庆石化设备完整性管理试点。在集团公司工程和物装部的组织下，推动长庆石化设备完整性管理试点工作，于2022年5月26日召开视频推进会，介绍长庆石化阶段性成果和炼化新材料板块的基本思路。长庆石化积极推进完整性试点进度，在完成728台设备层级分解工作的基础上，从各部门选取典型设备进行RCM及FMEA分析，完成16类设备的RCM及FMEA分析样例及69台设备的RCM和FMEA分析；修订完善《长庆石化完整性管理手册》；梳理设备KPI指标，结合智能设备平台建设故障库；围绕装备完整性管理开展管理流程优化，探索适宜长庆石化设备管理特点的管理理念，取得阶段性成果；持续开展人员能力建设培训，涵盖完整性基础知识、技术分析方法，平台基本操作的培训。（2）构建炼化企业设备完整性管理体系构架。组织安环院炼化设备中心、长庆石化、独山子石化等企业，对炼化设备完整性管理体系构架进行反复研究，研究借鉴设备完整性理论及中国石化、中国海油等同行企业实践经验，确定完整性体系的一二三级要素构成，编制《中国石油炼化企业设备完整性管理建设指南》。（3）建立炼化设备管理绩效指标体系。为适应设备完整性管理建设要求，从2021年下半年开始组织兰州石化研究院设备平台中心对设备对标指标体系开展研究，2022年上半年又广泛征求各炼化企业的意见，对指标的选取、统计口径和计算方式做出明确规定，于8月10日正式下发《炼化设备管理绩效指标体系建设实施方案》。该方案综合考虑同行业、同企业之间开展对标及机电仪专业管理目标的实现，将炼化设备绩效指标体系分为三个层次：一级指标6项，主要用于对外行业间对标。二级指标7类、39项，用于内部企业对标。三级指标6类、25项，用于企业自主对标。（4）编制设备定时事务管理清单。在完善预防性维护策略的基础上，梳理明确定时事务管理清单，组织部分企业牵头制定专业清单，并推广到各企业应用。（5）加强设备制度标准建设。全年制定电气检维修策略、加热炉炉管检测、内浮顶储罐浮盘选型及检维修安装等3项管理办法；与中国石化、中国海油联合，组织炼化企业共同参与23项设备技术和管理团体标准的编制工作，其中中国石油牵头5项。（6）支持设备信息化建设。会同兰州石化自动化院、昆仑数智MES和物联网2个团队对炼化设备信息化体系架构进行多次研究，提出合作分工的思路，推进兰州石化试点工作，支持安环院炼化设备中心C11项目进行多次改进，通过验收。

全面加强专业研究、专业培训和专家团队建设。（1）加强设备专业研究。2022年是炼化设备系统开展专业研究最多、最密集的一年，除了完成集团公司和炼化新材料公司安排的重点研究任务外，组织各企业集中开展专业标准修订（23项）和精益化检修方案（17项）的研究，充分调动研究机构和企业的积极性。主要研究课题包括炼化装备国产化、设备失效数据库方案、小接管检测和保温层下腐蚀检测、炼化在役和停用装置状况排查、炼化企业装置设防值排查。（2）加强设备专业培训。在系统内网络视频培训方面，结合“设备基础管理提升主题月”活动，相继组织转动设备状态监测专题讲座、脉冲涡流扫查管理和技术经验交流、检维修工程师专题培训、机泵密封方案配置培训、配电网绝缘在线监测技术培训、仪表专业政策解读及罐区和装卸车等设置合理性专题培训、仪表事故事件分享、长庆石化设备完整性试点经验介绍、“无泄漏装置”经验交流、过程工业报警管理国家新标准等10次大型视频培训会，参加培训超过1万人次，取得较好效果。在集团公司人力资源部安排的专业培训班方面，上半年受疫情影响未组织，7月疫情好转后组织继电保护、仪表工程师和状态监测4期培训班，其中前两个为现场培训，11月举办防腐培训班。（3）加强设备专家团队建设。设备专业有大机组、状态监测、检维修、防腐、电气、仪表6个专家组，按照炼化新材料板块要求划分核心层、紧密层和松散层三个层次。另外还有修理费管理、备品备件、储罐、检验检测等专项研究小组。兰州石化防腐中心、信息平台中心、安环院炼化设备中心承担板块安排的多项课题研究和专项工作，对炼化新材料板块设备工作发挥重要作用。首次尝试通过安环院派驻大检修专家组，为呼和浩特石化大检修顺利完成发挥重要作用。（4）加强设备专业经验教训的交流共享。通过设备工作简报促进信息共享，提升基础管理。印发32期设备工作简报，其中设备管理13期、静设备8期、动设备5期、电气4期、仪表2期。督促企业相互对标找差距，举一反三做好排查。（5）加强装置设备小组建设。2021年以来，陆续组织成立15个装置设备小组，由各装置设备主任和设备员参加，各小组建立即时通工作群，入群总人数超过2000人，由组长单位牵头制定工作计划，定期开展相关工作。2022年重点完成“装置长周期运行瓶颈问题统计”“装置中交及大修检查内容及标准”“易泄漏法兰对标及设置建议”等工作成果。此外，催化、加氢、常减压、聚乙烯、化肥、储运小组还按照自身装置特点，形成各自的成果文件，总体运行效果良好。

（高志杰）

【装置达标】 2022年，炼化工艺技术达标工作深入落实集团公司“四精”工作要求，坚持问题导向、技术引领，持续深化达标对标管理，取得较好效果。炼化达标工作重点开展提升综合商品率、全流程节能降碳、增产炼油特色产品、改善经济技术指标、装置长周期运行等专项攻关活动，核心装置运行不断优化，关键指标持续改善。其中：常减压装置脱盐后含盐小于2毫克/升指标的合格率平均79%，同比提高10个百分点；催化裂化装置丙烯收率6.25%，同比提高0.01个百分点；连续重整装置辛烷值桶91.65，同比持平，纯氢产率3.76%，同比提高0.03个百分点；乙烯收率36.73%，同比提高约2.6个百分点，燃动能耗607.65千克标准油/吨，同比下降43.6千克标准油/吨。

（杨　砾）

【质量与标准】 推进化工产品质量提升攻关活动，2022年主要化工产品产量合格率同比提高0.16个百分点。开展国Ⅵ B标准汽油质量升级工作，27家炼厂（含广东石化）全部完成升级工作，2023年1月1日前全部供应符合国Ⅵ B标准的车用汽油。大庆石化顺丁橡胶、抚顺石化丁苯橡胶、独山子石化聚丙烯管材料、宁夏石化尿素质量攻关取得明显成效，产量合格率、优级品率有较大提升。加强化工品牌建设，77个“22+N”品牌产品中，50个产品关键质量指标达到目标产品的水平，40个产品过程能力指数大于等于1.67；涉及的10家考核企业中，大连石化、独山子石化、四川石化、大庆炼化、吉林石化、辽阳石化和抚顺石化等7家企业质量管控水平较2021年提升0.2—0.8σ，独山子石化、吉林石化等7家企业质量管控水平达到4.0σ以上。完成广东石化、云南石化、大庆炼化和四川石化等4家企业42项石化产品昆仑商标申请的技术审查。完成炼化新材料公司质量强企规划编制。

主导制修订国际标准15项，国家、行业和团体标准28余项。制修订《环保阻尼沥青》《柴油发动机氮氧化物还原剂专用尿素》《薄壁注塑类聚丙烯树脂》《PCL通用润滑油基础油》《裂解汽油加氢催化剂》和《润滑油、润滑脂产品包装规范》6项产品标准。组织石油化工研究院等单位对集团公司《车用汽油内控指标》《车用柴油内控指标》进行修订，在国Ⅵ B标准车用汽油、国Ⅵ标准车用柴油基础上，增加符合北京市地方标准要求的京Ⅵ B标准车用汽油、京Ⅵ B标准车用柴油。结合炼化企业生产经营实际，在国家标准、北京市地方标准基础上，合理收窄关键技术指标，适当增加检测项目，制定更严格、准确的内控指标。《渣油四组分的测定 中压液相色谱法》在ISO/TC28（天然或合成来源的石油及相关产品、燃料和润滑剂技术委员会）提交新项目工作提案；开展新能源、新材料等新兴领域标准布局，新增氢能国际标准培育项目1项。组织召集人、注册专家、项目负责人参加ISO TC61网络年会，对7项在研标准进行汇报。组织完成10期国际标准化系列培训，组织技术人员学习国际标准基础知识，交流先进企业成功经验，提高国际标准化工作能力。协助本领域技术专家更好地参与国际标准化活动，新增ISO/TC61注册专家4人，ISO注册专家总人数达到44人次。开展炼化专标委及两个分标委委员调整工作，申请调整炼化专标委委员18名，化工产品分标委委员9名，炼油产品分标委委员11名，调整SAC/TC280、SAC/TC15部分委员，进一步提高委员履职能力。

（姜　凯）

【节能节水】 2022年，集团公司炼化企业节能总量33.1万吨标准煤，节水总量467万立方米，分别占集团公司完成总量的44.5%、50.6%（表9）。

表9 2022年集团公司炼化企业节能节水情况

指 标	2022年	2021年	同比增减
节能总量（万吨标准煤）	33.1	34.4	−1.3
节水总量（万立方米）	467	545	−78

按照国家标准统计口径，炼油单因耗能7.88千克标准油/（吨·因数），同比降低0.01个单位，乙烯燃动能耗604千克标准油/吨，同比降低47个单位。加工吨原油新水量0.47吨/吨，同比降低0.01个单位（表10）。

表10 2022年集团公司炼化企业能耗情况

项 目	2022年	2021年	同比增减
炼油单因耗能[千克标准油/（吨·因数）]	7.88	7.89	−0.01
乙烯燃动能耗（千克标准油/吨）	604	651	−47
加工吨原油新水量（吨/吨）	0.47	0.48	−0.01

2022年，炼化新材料公司落实提质增效工作要求，通过开展能源结构调整、专项节能科技攻关及实施节能专项投资项目、加强对标和生产精细化管理等工作，节能工作取得显著效果，能效水平持续提高。

加强对节能工作的组织领导，建立完善的节能管理、组织机构，落实责任，建立健全节能工作长效考核激励机制，形成炼化节能节水季度分析机制。

融合流程模拟、信息化技术，推进能源管控系统建设，提升能源精细化管控水平。长庆石化、独山子石化、锦州石化建设能源优化管控信息平台；广东石化智能化能源管理与优化系统、兰州石化优化级能源管控系统建设实施；利用信息化手段进行企业用能监测，充分利用MES系统实现重点耗能设备和重要参数的在线监测，建设燃料气、蒸汽、循环水等系统能效分析及对标功能。

实施能量系统优化。通过热进料热联合、换热网络集成优化、蒸汽动力系统优化，提升系统能效水平，降低工艺总用能。辽河石化通过优化西蒸馏、减黏装置换热网络，提高入炉前温度，降低加热炉负荷，年节约燃料2364吨。广西石化持续开展蒸汽动力系统优化攻关，自2020年停锅炉以来，全厂蒸汽管网持续优化不断突破。

开展设备提效工作。通过开展加热炉专项攻关，实时关注加热炉运行状况，实施采用空气预热器、炉管强化传热等改造措施提高加热炉、裂解炉热效率。庆阳石化大检修期间实施完成“常压、重整装置95+高效加热炉改造”项目，提高加热炉热效率至95%以上，降低排烟温度至80—85℃，通过标定年节约燃料4600吨左右。吉林石化实施乙烯厂乙烯装置9号裂解炉辐射段炉管新技术应用项目，节能3465吨标准煤。

开展余热余压的高效利用。加强高温管线保温，实施蒸汽系统平衡优化和有功减压。建立和完善全厂或区域低温热回收系统，实现热水伴热与维温，削减罐区蒸汽维温。辽阳石化开展芳烃厂和炼油厂低温热综合利用改造，实现节能1323吨标准煤；锦西石化采用新型保温材料和结构对厂区中低压蒸汽管线保温进行更新，节约蒸汽6吨/时。

开展节能管理和技术交流。参加集团公司2022年节能技术交流会，组织编制《炼化节能节水技术案例汇编》《炼化节能节水管理经验汇编》并内部分享；参加全国首届石化行业节能低碳技术交流会论文征集工作，组织炼化企业编制节能低碳技术论文160余篇并向大会进行择优推荐。

（杨树林 杨 砾）

【科技创新】 以习近平新时代中国特色社会主义思想为指导，贯彻集团公司党组工作部署，落实科技与信息化创新大会和市场营销工作会议精神，实施“十四五”科技规划，深化减油增化、减油增特、重点化工技术、化工新材料、绿色低碳和用能优化技术、分子管理及其数字化等重点攻关，加快新材料提速工程，建设合成树脂、合成橡胶原创技术策源地，加强高端新产品开发，落实“双碳”行动方案，推进氢能产业布局，构建炼化技术进步新格局。

完善国家1025项目关键核心技术，产品批量生产实现销售。开发化工产品新牌号119个，产量84万吨，同比增长128%。培训新材料新产品技术专家100名。分解落实并完成新材料产量、科技投入强度和加计扣除率等KPI考核指标，新材料产量85万吨，同比增长56%。开发石蜡、沥青、油田化学品、高档润滑油、针状焦炭材料以及特种用油等特色产品；持续跟踪研究新材料、新能源等新业务，调整科技研发新方向，逐步走向科技创新自立自强。

制定新产品开发计划，下达炼化科技项目计划。组织召开由地区分公司、化工销售分公司、石油化工研究院以及规划总院参加的化工新产品开发对接会，确定开发95个化工产品新牌号，包括扩量扩销A类17个、技术攻关B类45个、首次试生产C类33个，制定并下发2022年炼化新材料公司化工产品新牌号开发计划。在梳理历年科研项目基础上，结合化工产品新牌号开发计划和石化院新产品KPI考核指标制定并下发炼化新材料公司2022年新产品科技计划，研发新产品30个，19项中试研发项目。依据炼化业务发展规划以及历年来决策支持类软课题开发进展情况，制订下达炼化新材料公司2022年第二批、第三批科技计划，全面完成23.50亿元年度预算。

扩大研发投入统计口径，确保研发投入指标按时完成。完成上海新材料研究院科技计划调整批复，追加炼化新材料公司科技预算6515万元，2022年科技预算增加到24.15亿元。开发加计扣除研发投入报表系统，将新材料、新产品、工业化试验、首台套应用、数字化转型五项费用（含投资）归集统计，取得良好成效。2022年1—12月科技预算完成情况。按照科技管理部要求，炼化新材料公司32家地区公司和直属院2022年1—12月科技预算累计完成24.15亿元。完成研发（R&D）投入32.92亿元，超全年23.5亿元研发投入指标，完成率140%。财务统计口径完成研发投入30.9亿元，完成率131%。

完成2023年科技预算的安排方案。为配合完成科技管理部《关于编制集团公司2023年科技项目计划与科技（研发）经费预算的通知》《关于炼化新材料公司2023年暨2023—2025年预算编制工作分公司安排的请示》，组织编制2023年炼化新材料公司科技预算初步方案。按照集团公司持续加大科技投入要求，落实科技管理部94号工单，在2021年基础上增长10%。涵盖范围广，达到34家地区分公司和直属院。在2021年基础上，新增加上海新材料研究院、日本新材料研究院。34家地区分公司和直属院预算总额27.32亿元，其中地区分公司27家，科技预算18.17亿元，由地区分公司负责；7家总部直属院科技预算91535万元，由炼化新材料公司负责。上报科技管理部2023年研发投入25.15亿元，同比预算口径增长7%，符合科技管理部要求；炼化新材料公司占集团公司科技投入比例接近10%。

编制2023年科技计划项目清单。为配合完成科技管理部《关于编制集团公司2023年科技项目计划与科技（研发）经费预算的通知》，落实炼化“十四五”科技规划，部署减油增化、减油增特、重点化工技术、化工新材料、绿色低碳和用能优化、分子管理及其数字化、化工新产品、信息化等8个领域科技研发工作，汇总编制2023年度科技项目清单，为科技管理部2023年科技及项目计划提供建议。汇总34家地区分公司和直属院2023年科技计划项目清单，制定炼化新材料公司2023年科技计划，合计681项，按照“十四五”科技规划，最终确定专业公司级24项。

加强科技项目管理，持续落实“十四五”科技规划。加强新材料技术攻关，按照科研院所定位和技术创新能力实际情况，确立新材料6项技术攻关项目，包括辽阳石化10万吨/年尼龙66工业试验、兰州石化110千伏和220千伏高压交联绝缘料工业化开发、大庆石化3万吨/年连续法聚丁烯-1生产技术开发及工业试验、广西石化12万吨/年官能化溶聚丁苯橡胶产业化示范、吉林石化高强型48K大丝束碳纤维原丝技术研发及产业化应用以及独山子石化20万吨/年高效催化裂解工艺（ECC）技术工业示范。支持原创技术策源地建设，按照国务院国资委文件要求，围绕“合成树脂”和“合成橡胶”两个技术策源地规划要求，布局高端产品及工艺技术研发；配合集团公司二氧化碳捕集利用（CCUS）产业链建设重大战略部署，布局低浓度二氧化碳捕集及化工利用相关技术研发，促进产业链健康发展，确保策源地技术优势，确保产业链市场优势。支持信息化建设，结合炼化新材料公司数字化转型示范企业，加大大庆石化、吉林石化等18家地区公司和石化院数字化转型科技预算，约3.08亿元。

开发化工产品新牌号，优化炼化产品结构。各生产企业成立由主管领导牵头的工作小组，制定工作计划，明确各部门的职责和目标。各销售企业做好销售计划和试用方案，及时反馈市场信息。科研单位落实服务计划和人员组织，提前安排中试装置进行配套研究，落实新产品开发“十大要素”，实现“产销研用管”一体化管理。本着“进口替代、用途高端、技术一流”的原则，做好高端新产品开发，加强化工催化剂、工艺技术研发等。涉及新产品开发30个，其中进口替代新产品12个、用途高端新产品8个、技术一流新产品10个。开发进口替代产品12项，包括茂金属聚乙烯软包装膜专用料mPE2018、超高分子量聚乙烯锂电池隔膜专用料VH50S、超高分子量聚乙烯锂电池隔膜专用料UH100P、茂金属无规透明聚丙烯MPR15I、高固含量羧基丁腈胶乳XNBRL260、官能化溶聚丁苯橡胶SSBR2564SF、双峰高强膜专用料ZS9565F以及特种丁腈橡胶NBR2805G等。

完善炼化科技创新体系，建立创新成果管理新机制。完善三级科技创新体系，本批计划包括集团公司科技管理部委托炼化新材料公司管理的重点项目、直属科研院所以及炼化企业承担的炼化新材料公司科技项目，由此构成集团公司、炼化新材料公司、炼化企业三级科技项目，形成突出特色、优势互补、分工协作的技术创新新格局。支持新建科研院所，新建上海新材料研究院和深圳新能源研究院，为集团公司党组做出的重大战略部署。上海新材料研究院已经开展5个新材料研发，同时也布局氢能业务相关生产技术研发项目。对集团公司考核的研发投入指标进行分解落实，制定并印发《炼油化工和新材料分公司研发（R&D）投入管理指导意见》，明确新材料、新产品、工业化试验、首台套应用、数字化转型等五项费用归集研发投入的实施细则，确保考核指标完成。开展新产品增效奖励工作，印发《关于申报推荐2022年化工新产品开发推广奖励的通知》，在前几年推优评选基础上，持续开展2022年底，度新产品开发推广的奖励工作，极大激发新产品开发积极性和创新性。截至2022年底，申报炼化技术专利848件（发明831件、实用新型14件），授权267件（发明232件，实用新型34件）。获得国家专利优秀奖1项，获得集团公司专利优秀奖4项。

（王桂轮）

【信息化管理】 2022年，重点开展数字化转型试点实施工作，完成第一批、第二批数字化转型试点项目可行性研究报告评审，推进长庆乙烷制乙烯、塔里木乙烷制乙烯、广东石化等新建企业智能炼厂建设工作，深化信息系统应用，推动“三流合一”及信息孤岛治理工作。

6月30日，长庆乙烷制乙烯智能工厂建设项目通过验收。打造具有全厂优化、实时跟踪功能的管控一体化体系。智能化工厂以MES系统为核心，全面感知生产状态，实现装置安全受控、操作最优、计划调度协同、生产管控闭环管理，确保生产经营方案能自上而下得到有效执行和反馈。

塔里木乙烷制乙烯智能工厂建设项目规划建设32个子系统，涵盖生产经营、供应链、生产管控、安全环保、基础设施等业务，2022年6月完成竣工验收。在流程模拟及优化系统中，完成40多个应用分析，消除生产瓶颈、提升目标产率；在三维数字化工厂中，录入400万余个三维模型节点，700余张智能PID图纸，2.5万余份文档，建立关联关系15万条，构建起覆盖生产运营各重要环节的数字化管理能力。

广东石化全厂智能化项目包含34个信息系统，30个系统进入试运行阶段。项目建设严格按照“三同时”要求推进，随着装置试车投料生产，生产运行类系统同步打通全厂计划调度一体化、生产管控一体化业务流程，建立以MES为核心的全厂生产运行平台，初步建立“班跟踪、日平衡”“自上而下的生产协同优化一体化管控”模式；搭建以ERP为核心的经营管理平台。

开展信息系统深化应用，形成33项深化应用工作，完成30项，信息系统应用不断深入，为炼化业务改革创新、高质量发展的支撑作用日益显著。

2022年4月21日，炼化新材料公司召开数字化转型试点方案讨论会，会议讨论独山子石化、广西石化、四川石化、云南石化及长庆石化数字化转型方案，推进数字化转型工作。

2022年5月26日，“中油e化”平台正式上线运行，统销化工品均实现线上销售，华北化工销售完成自动结算功能试点应用，助力化工销售公司数字化转型。

2022年6月，按照《关于开展集团公司信息系统安全稳定运行情况检查工作的通知》要求，开展炼化信息系统安全稳定运行情况检查，确保信息系统数据安全、网络安全和应用安全。

2022年8月4日，组织召开炼化“工业互联网+安全生产”平台建设工作视频会议，研究建设炼化新材料公司和地区公司两级安全生产风险智能化管控平台，形成安全环保专业工作平台，集成内容包括基础安全信息、双重预防、重大危险源管控、作业许可、人员定位、智能巡检等6项功能。在华北石化进行先行试点。

2022年8月30日，组织独山子石化等6家试点单位召开炼化业务数字化转型试点实施工作推进会（视频）。兰州石化数字化转型项目组汇报数字化转型试点企业工作进展、炼化业务数字化转型技术导则情况和兰州石化数字化转型试点建设成果推广计划。数字和信息化管理部和炼化新材料公司结合讨论内容及进展情况提出加快高质量推进数字化转型的工作要求。

2022年10月26—28日，在完成第二批数字化转型试点项目可行性研究报告预审后，委托咨询中心组织召开独山子石化等5家炼化企业数字化转型智能化发展试点建设项目可行性研究报告评估会，完成独山子石化、广西石化、四川石化、云南石化及长庆石化数字化转型智能化发展试点建设项目可行性研究报告评审。

2022年10月，按照集团公司安排，炼化新材料公司坚决守住不发生重大网络安全事件的底线，全面构筑安全运行体系，为党的二十大胜利召开做好网络安全保障工作。开展系统自查、专项检查、风险排查和专项加固等，加强系统安全巡检和监测，执行每日“零报告”制度和7×24小时值班制度，完成网络安全保障工作任务。

2022年3月开始，推进信息孤岛治理工作，34家企业中，需要集成数据的自建系统141个，完成56个、开展集成38个、停用11个，其他由于等保不符合条件、准备在数字化转型中统一集成等系统36个。

效益测算试点全面上线运行。效益测算系统在独山子石化、大庆石化、吉林石化完成试点应用，测算利润较实际利润差异率在1%以下，为企业应对复杂多变的市场环境，实现企业利润最大化提供有力工具。

实现炼化企业与化工销售公司产销协同。推进内部购销结算流程一体化、自动化流转，实现上下游“三流合一”，自动生成ERP发票预制单，打通优化产销衔接。

（李志良）

【专业技术培训】 调研各炼化公司业务需求，开展专业技术培训。2022年，举办培训项目9个，培训人数1727人。根据专业需求和工作重点，有效规避新冠肺炎疫情，利用6月到12月的可用时间，举办工程建设管理高级培训班（106人）、炼化企业设备人员状态监测培训班（215人）、碳达峰碳中和培训班（93人）、炼化企业继电保护和运行技术培训班（45人）、设备腐蚀和防护技术培训班（105人）、机电保护技术高级研讨班（52人）、仪表工程师专业技术培训班（78人）、转动设备长周期运行管理技术培训班（83人）、化工业务培训班（983人）等9个培训班。工程建设管理高级培训班和化工业务培训班是根据炼化业务发展人才需要增加的项目，培训内容直击要点，剖析管理痛点，对炼化业务高质量发展起到良好的推动作用。

做好培训专业体系审核工作。按照集团公司和炼化新材料板块《关于开展2022年下半年炼化企业QHSE体系审核的通知》要求，2022年8—11月，培训专业组落实“一体化、差异化、精准化”审核原则，结合专业管理重点和年度培训工作要点，确定培训计划执行情况、事故事件整改情况、安全生产培训“走过场”专项整治、全员取证培训工作、企业全员履职能力评估情况、培训效果评估和制度建设等五项审核重点内容和对应的审核标准。28家生产企业根据审核标准和审核重点开展QHSE体系内核。12月，专业审核组对企业的内审情况进行书面审核，对典型问题进行分析，督促企业做好整改，促进培训工作的提升。

督导地区公司抓好新建项目人员培训工作。按照炼化新材料公司统一安排，对广东石化炼化一体化项目人员培训和取证情况进行督导确认，要求企业根据新建装置特点和开工时间节点，组织制定、完善员工培训计划并组织实施，督促取证工作的落实。

技能竞赛工作有序推进。落实集团公司2022年初下发的竞赛计划，配合人力资源部做好2022年催化裂化工（中国石油主办的国家级大赛）、催化重整操作工（集团公司一类）、裂解汽油加氢装置操作工（中国石化主办）、硫回收操作工（中国石化主办）竞赛的专业技术工作。在裂解汽油加氢装置操作工竞赛中，中国石油取得2金、2银、2铜的成绩，其中独山子石化金牌选手袁江龙被授予“全国技术能手”称号；在硫回收操作工竞赛中，中国石油取得3金、5银、3铜的成绩，其中独山子石化金牌选手雷雨被授予“全国技术能手”称号。

（于晶华）

商储油业务

【概述】 商储油储存、购销、借还和商储设施租赁，以及国家商业储备任务由中国石油天然气集团有限公司商业储备油分公司（简称商储油分公司）承担。2022年，商储油分公司深入贯彻落实习近平总书记“能源的饭碗必须端在自己手里”“确保粮食、能源资源、重要产业链供应链安全”等重要指示精神，坚持以依法合规管理为基础，紧紧围绕集团公司的专业化发展、市场化运作、精益化管理、一体化统筹的治企准则，牢固树立精益管理思想，实施低成本发展不动摇，立足经营管理出效益，切实把集团公司关于经营上精打细算、管理上精雕细刻的要求落到实处，为集团公司的整体创效和相关炼化企业的平稳运行做出积极的贡献并取得较好的经营业绩。

【经营管理】 2022年，商储油分公司盈利2.06亿元，同比增加2亿元。全年购销总量391万吨，其中经营性采购原油41.5万吨、销售原油141.1万吨，效益17.1亿元。

抢抓时机，采购原油补库。9月初油价跌破90美元/桶，采购原油13万吨；12月初油价再次下跌，采购原油 27 万吨，到岸价格低于 80 美元 / 桶，分别低于全年均价 9 美元 / 桶和 19 美元 / 桶。

提高站位，发挥保障服务作用。强化与炼化企业配合，为降低炼化企业库存和将份额油留在炼化新材料板块内，代炼化企业采购原油 199.3 万吨，其中配合广东石化开工，代采原油 110.9 万吨；落实集团公司要求，配合平衡西部资源，在高油价情况下，独山子商储库收储 7.6 万吨，同时为增加下游炼厂加工资源保障能力，在四川商储库收储 30 万吨；借出原油 41 万吨，为炼化企业加工资源提供有力保障。

借助政策利好，解决留抵难题。商储油分公司深入研究增值税期末留抵退税政策，与税务局对接，争取到政策支持，2022 年 7 月 12 日完成留抵退税工作，退税金额 46.13 亿元；为落实集团公司降本增效要求，商储油分公司通过与昆仑信托公司沟通谈判，将贷款年利率由 3.915% 降至 3.33%，降幅 15%。两项工作共计节约财务费用 2.6 亿元。

严抓合规经营，推进取证工作。全力按照既定时间节点，组织受托企业办理商储库工商注册和单独办理危险化学品经营许可证，其中内部托管 9 家商储库全部完成工商注册，取得危险化学品经营许可证。委托国家管网集团管理的 4 个商储库，全部完成工商注册，林源库已取得危险化学品经营许可证，有序推进剩余 3 个商储库取证工作。

履行 GC 管理职责，发挥专业优势。为落实集团公司对受托管理的 GC 业务“提水平、上台阶”的要求，2021 年 11 月商储油分公司代表集团公司对 GC 业务统一管理后，短时间内理顺工作流程，厘清各方职责，克服密级高风险大、人员配备不足、政策重大变化等诸多问题，快速进入角色，履行职责。按财政部新下发文件要求，与国家石油储备中心联系沟通，申请 GC 财政补贴资金 20 亿元。配合国家石油储备中心和集团公司质量健康安全环保部完成 GC 基地库存原油的盘点工作；参与研究广东惠来国储库交钥匙时间节点及提出大连和广西 420 代储库原油移库预备方案；参与研究新设五大储备基地的选择、可行性研究；参与研讨新增国储项目及扩建方案的研究。

（刘如杰）

【设备与安全管理】 2022 年，商储油分公司深入学习贯彻落实习近平总书记关于安全生产工作重要指示精神和集团公司党组决策部署，以“时时放心不下”的责任感，严格落实国务院安全生产“十五条硬措施”和“六个必须”要求，严格执行新冠肺炎疫情防控规定，牢牢守住“两条底线”，强化风险管控，全力维护中国石油储备业务安全平稳大局，切实履行自身肩负的职责使命。

抓基础管理，突出上级部门要求落实。紧跟国家要求，强化安全环保政策宣贯，国务院、应急管理部关于石油库、危险化学品、重大危险源的相关要求，第一时间组织学习、落实；履行安全环保监管职责，迎接国家专项督导检查；与受托企业签订《安全管理协议》，明确双方职责与义务；结合新冠肺炎疫情防控新形势，采取商储油分公司带队审核、储备库交叉互审、受托企业内审等形式完成上下半年体系审核；完成雷电预警、可燃气体、视频监控、紧急切断“四个系统”升级改造，整改销项安全风险评估问题 593 项；建设安全风险智能化管控平台，完成第一阶段任务，储备库感知、监测、评估、预警、处置安全风险的能力得到有效提升；结合国家、集团公司环保管理要求，编制《油气储存基地环保对标排查指南》，对标排查形成“一库一清单”。

人员培训突出业务骨干全员参与。落实政府监管要求，每季度参加 1 次北京市应急管理局的安全培训考试；围绕储备库管理特征，每季度召开安全环保专题会议，分享管理经验，部署重点工作；开发在线培训系统，考试抽查覆盖储备库全部管理技术人员及班组长；构建事故场景，拍摄储罐密封初期火灾登罐灭火演练视频，从信息报告、岗位响应、现场处置、应急支援、响应终止等方面模拟事故处置过程，指导库区日常演练。

储罐大修突出检修质量安全管控。在 RBI 检验基础上，将检修资源优先用于高风险储罐，2022 年检修储罐 20 具；强化检修过程风险管控，重点突出“生产运行交检修”与“检修交生产运行”两个界面、物料介质处置和能量隔离、承包商与施工作业管控三个方面；充分考虑产品国产化、经济性、稳定性和安全性等方面要求，对中央排水管、储罐密封进行集中采购，管控关键物资质量，保障后续运行；开发防腐蚀、耐盐雾、耐候、抗冲击环保型高性能防腐材料，解决沿海储罐腐蚀问题，在大连、锦州商储库应用效果较好。

专项工作突出重点安全风险管控。梳理防雷防静电检查标准，完成商储库、国储库防雷防静电专项检查，提出整改建议 416 项，编制防雷防静电标准图集，推进整改标准化；开展电气设备安全专项检查，制定解决方案，弥补电气专业管理短板；抓国储管理，突出专业指导业务协调，将国储业务纳入一并管理，协调大连国储、冀东商储、大港商储技术骨干参与国储可行性研究、建设、投产方案审查，完成已建、在建国储库上下半年专项体系审核和专业培训。

（王金龙）

销　　售

综　述

【概述】 中国石油成品油、天然气、非油、车用润滑油及其他炼油小产品的销售业务，以及加油（气）站、光伏电站、加氢站、充换电站、油气氢电非综合服务站等的建设与运维，由中国石油天然气股份有限公司销售分公司（简称销售分公司）负责组织管理。销售分公司中国石油专业分公司之一，业务归属炼化销售与新材料子集团，归口管理31家省级销售企业，东北销售、西北销售两家资源配置型大区公司和昆仑好客1家专业公司。

2022年是成品油销售业务“十四五”规划全面推开之年，也是全力打造“国际知名、国内一流”油气氢电非综合服务商的重要一年。销售分公司持续深入贯彻集团公司党组对销售业务的战略定位以及市场营销工作会议精神，聚焦“市场、成本、管理、变革”四个维度，落实落细“筑底板、拓空间、增活力、夯基础、强保障、扬优势”六方面重点任务，全力以赴保运行、提销量、增效益，整体工作平稳有序运行。

【经营业绩】 2022年，销售分公司销售成品油10515万吨（含供集团公司内部企业销量），其中自营纯枪销量6108万吨，非油店销收入277.6亿元、毛利总额50.1亿元，加油卡累计发行量2.38亿张，沉淀资金338.3亿元，费用总额440.2亿元，税前利润15.4亿元，净利润2.8亿元，实现持续扭亏，较好完成集团公司党组下达的提质增效目标任务（表1）。

表1　2022年销售分公司主要经营业绩

指　标	2022年	2021年	同比增减
国内成品油销量（万吨）	10515	11172	–657
其中，纯枪	6108	6410	–302
批发	4407	4762	–355
税前利润（亿元）	15.4	32.6	–17.2
净利润（亿元）	2.8	22.8	–20
营业收入（亿元）	9173	7814	1359
其中，非油店销收入	277.6	248.7	28.9
资产总额（亿元）	2855	2882	–27

成品油业务

【概述】 2022年，面对俄乌冲突冲击能源市场、新冠肺炎疫情反复影响资源产销、竞争加剧挤压增销创效空间等不利因素，销售企业认真贯彻落实集团公司各项部署要求，在炼化销售和新材料子集团的统筹协调下，践行“二十四字”营销工作方针，以市场为导向、效益为目标，强化批零一体、油非互促，分环节、分品号、分地区组织差异化营销，油气氢电非综合服务商建设迈出新步伐，质量健康安全环保、依法合规治企、三项制度改革等工作取得新进展，整体工作平稳有序。

【市场特点】 2022 年，国内成品油价格调整 23 次（13 涨 10 跌），其中汽油上调 550 元 / 吨（2021 年上调 1485 元 / 吨）、柴油上调 530 元 / 吨（2021 年上调 1430 元 / 吨）（图 1）。

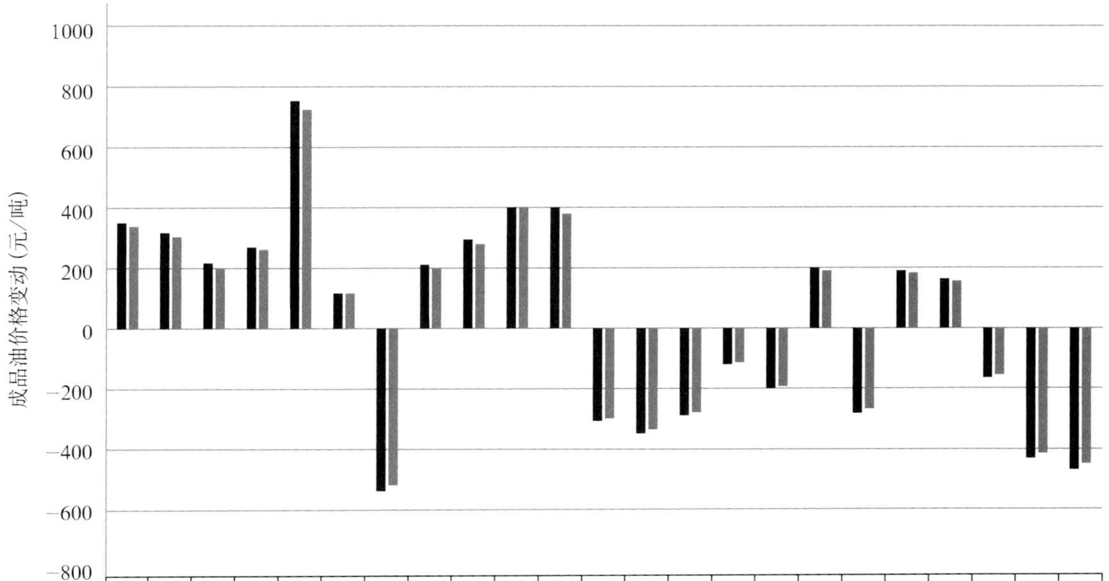

	1月17日	1月29日	2月17日	3月3日	3月17日	3月31日	4月15日	4月28日	5月16日	5月30日	6月14日	6月28日	7月12日	7月26日	8月9日	8月23日	9月6日	9月21日	10月24日	11月7日	11月21日	12月5日	12月19日
■汽油	345	310	210	260	750	110	−545	205	285	400	390	−320	−360	−300	−130	−205	190	−290	185	155	−175	−440	−480
■柴油	330	300	200	255	720	110	−530	200	270	390	375	−310	−345	−290	−125	−200	185	−280	175	150	−165	−425	−460

图 1　2022 年国内成品油调价情况

2022 年，国内多次大规模暴发本土新冠肺炎疫情，部分地区实行静态管理，成品油消费遭遇重创。全年成品油消费量 3.24 亿吨，同比下降 7.6%，是近 30 年来第二次负增长，且降幅远大于首次的 2020 年（下降 4.1%）。其中：汽油消费量 1.40 亿吨，同比下降 10.6%；柴油消费量 1.66 亿吨，同比下降 0.9%；航空煤油消费量 1865 万吨，同比下降 31%。一季度末暴发疫情，拖累当季成品油消费，同比下降 7.0%；二季度国内疫情大规模蔓延，宏观经济受到严重冲击，成品油消费降至冰点，同比下降 12.9%；三季度疫情形势缓解，各行业均出现回暖，成品油消费回升至年内高点，且同比降幅收窄；四季度疫情反复，成品油消费再度受挫，同比降幅扩大。

2022 年，中国替代能源保持快速发展态势。天然气方面，因气价高企经济性转差，天然气汽车发展放缓，估计全年天然气汽车保有量 600 万辆，交通用气量 327 亿立方米，替代成品油 2665 万吨。乙醇 / 甲醇方面，受新冠肺炎疫情影响汽油消费量大幅下滑，乙醇 / 甲醇作为汽油组分的一部分，消费量出现一定降量。生物柴油 / 航空煤油方面，镇海炼化 10 万吨 / 年生物航空煤油生产装置进行试生产，所产生物航空煤油在东方航空、中国国航及国际货运等国内外航线上投用，从规模化生产走向规模化应用。新能源汽车方面，呈现持续爆发式增长态势，进入全面市场化拓展期。据中国汽车工业协会数据，2022 年新能源汽车持续爆发式增长，产销分别完成 705.8 万辆和 688.7 万辆，同比分别增长 96.9% 和 93.4%，渗透率 25.6%，保有量 1310 万辆，占汽车总量的 4.1%，替代成品油 1070 万吨。

【市场营销】 批发量效持续改善。持续加强市场研判，精细营销策略，组合零售和批发价格，把握市场节奏营销，实现销量份额持续改善。2022年成品油自营批发、直销3526万吨，同比减少251万吨，价格到位率同比提高4个百分点。

加快变革营销模式。年内初步完成市场趋势预判逻辑下的批发零售一体化量化营销模型，在销量效益阶段性目标的指引下，量化产量、销量、库存、毛利、成本等的量效函数关系，通过阶段性运营，获得最大效益，驱动销售企业营销人员配置由经验功能型向数字智能型转变。差异化区域营销策略，优化调拨价结算政策，四川销售、辽宁销售等8家单位试点汽油柴油批零一体化价格，定期跟进试点单位增量策略实施情况及效果，及时兑现考核激励。

推进线上营销业务。以“全在线”为目标，持续推动销售企业提升线上开单率，推动深化系统功能应用，打造差异化竞争利器。2022年，中油直批App认证客户11.2万个，同比增长98%，线上订单率95.8%，超额完成全年90%的工作目标。

加强客户经理队伍建设。优化《加油站经理积分制管理指导意见（试行）》积分考核和管理方式，将积分与加油站经理的待遇、个人发展等挂钩，畅通与管理岗位转换通道，激发站经理队伍活力和战斗力。

【零售运营】 坚守份额底线。落实“三三三”工作思路，2022年抓好“营销、管理和功能”三大提升16项工作措施的推进，采取积极的营销策略应对市场竞争，自营纯枪销量6108万吨，柴油销量逆势增加220万吨、增长9%，纯枪价格直降占比减少15.5个百分点，纯枪销量跑赢大势，服务质量稳步提升。

推进零售提量创效。加大汽油高频客户、集团客户开发，采用电子卡、电子券、加油站管理系统等精准营销工具，高频客户实现销量156万吨。实施“一客一策”定制化服务，加大全国性集团客户开发和服务，组织送油下乡1.5万车次，供应农机用油165.1万吨，9.5万退役军人在中油好客e站App申办优抚卡。跟进市场变化和新冠肺炎疫情动态，开展暑期汽油专题促销活动，带动汽油日均增量2911吨，开展柴油份额保卫战，柴油纯枪销量59万吨，持续优化汽油、柴油价格策略，价格到位率稳定在98%以上。

管理精细化水平不断提升。加强制度建设，编制《加氢站操作手册》《中国石油销售公司特许加油站管理办法》《客户开发服务手册》《产品服务手册》，修订《加油站细节管理手册》《管理手册——加油（气）业务分册》《管理手册——加油卡业务分册》，促进规范化管理。发布QHSE风险分析及典型案例汇编，提升专业安全履职能力。开展服务专题竞赛，期间客服成绩环比增加0.65分、神秘访客成绩环比增加1.08分、有效投诉环比下降53%。持续深化加油站阿米巴经营推广，10449座加油站开展阿米巴经营模式，单站单日非油销售额增加100元，平均单站日毛利同比增加866元，零售创效能力不断提升。

【资源调运】 2022年，坚持产业链效益最大，克服新冠肺炎疫情反复、产销波动、运力受限等影响，购进直炼资源9410万吨（不含直炼乙醇），交接货计划执行率99.7%，直炼资源占比97.7%，超预算2.2个百分点，同比增加1.5个百分点。

积极应对疫情管控、销量断崖式下跌、交通运输严重受阻等保障压力，在炼化销售和新材料子集团的统一部署下，持续发挥一体化协同优势，切实打赢产销运行保卫战，直炼交货计划兑现率99.2%，有力保障集团公司产业链平稳运行。针对下半年西部汽油严重过剩、东北铁路进关严重受阻、出口和内贸下海集中作业等情况，强化组织协调，打破常规推动“西油东扩”，西部管网管输量创历史新高。

特殊时期运行保障任务。超前谋划、精准施策，制定重点时段一次运输、二次配送保障方案，以及重点区域加油站供应方案，全力做好党的二十大、2022年北京冬奥会、疫情防控、灾害应对、春耕三夏、国ⅥB升级置换等特殊时段、重大事件、关键节点资源稳定供应，履行企业责任，展示石油形象。

严格管控运输杂费。聚焦物流专业线质量效益改善和“四精”管理提升，千方百计优化降费。建立仓储物流费用一体化指标体系，规范运费使用，调整部分考核指标，对费用变动较大单位定期通报。优化资源布局，促进地产地销，减少远距离调出。科学做好区域优化，统筹优化使用中转下海港口，利用沿江资产库实现仓储资源共享优化。关停退租17座、共45.7万立方米油库，节约用工324人，节约费用1.14亿元。

推动专业化管理提升。落实三年提升行动方案，推动油库管理上台阶，报建42座标杆示范油库全部完成。建立季报制度，从5个维度、28个指标开展量化评价，总结标杆油库创建进展、费用管控等工作亮点。强化风险辨识和隐患排查，加强现场安全管理，确保生产过程受控、付油服务一流。

车用加气业务

【概述】 2022年，贯彻落实集团公司党组关于车用加气终端一体化运营整合工作“积极稳妥推进，务期必成”的要求，推进整合工作。按照既定计划，有序开展现场踏勘、安全评估、资产评估、合同示范文本编制、人员安置、证照资质对接、资源保障对接等工作，各专项工作均稳步推进，初步完成首批19家单位132座加气站点业务整合。

【天然气营销】 加快推进LNG业务，抢抓市场窗口期，创新方式方法推进与昆仑能源的合作，并根据市场变化动态调整投资规模、节奏和布局。2022年运营加气站517座，其中LNG站265座、CNG站218座、L-CNG站34座。销售车用燃气112.6万吨，同比增长11.8%。

【加气站开发建设】 2022年，加快发展加气业务，完成首批19家单位132座加气站业务整合；通过存量加油站增设方式，新投运加气站87座，新增加气能力26.13万吨/年。

非油业务

【概述】 锚定高质量发展目标不动摇，全力克服国内新冠肺炎疫情多点散发、民生产品原材料价格上涨、经济下行压力持续增大等因素影响，各项工作取得新成绩。2022年非油店销收入277.6亿元、非油毛利50.1亿元，同比分别增长11.5%和10%。昆仑好客本部利润8018万元、同比增长70%（表2）。

表2　2022年非油业务主要经营指标

项　目	2022年	2021年	同比增减
非油收入（亿元）	280.5	272.5	8
其中，店销收入	277.6	248.7	28.9
毛利（亿元）	50.1	45.8	4.3
毛利率（%）	17.9	16.8	1.1个百分点
非油利润（亿元）	0.8	20.6	-19.8

【便利店运营】 2022年，建立一体营销助力增收创效，优化单品单站运营，组合“商品+服务+油品”礼包，开展全国性主题营销，非油店销收入、毛利总额同比分别增长11.5%和10%，油非转换率19.8%、同比增长1.8个百分点，吨油非油收入454.6元、同比增长17%。

【自有商品开发】 2022年，统筹推进自有商品开发运营和物流优化，强化资源保障，优化效益结构，为发展蓄势增力。提升集采执行力，集采商品开码率提升20%，有效遏制平台外采购，集采28亿元、同比增长33%。提升商品运营力，加强商品汰换迭代，集采谈判引入600余款新品，联合头部品牌推出8个系列95款新品，增收近9000万元，批准18个省36个系列新品开发计划，108款特色商品纳入集中运营，有效改善低水平重复开发问题。

【运营管理提升】 2022年，健全行业、石化、内部多维度全覆盖的对标体系，优化13项关键指标，进一步增强规范化、标准化、科学化管理能力。提升物流保障能力，探索东北、华北供应链区域协同，在2500个门店上线到家业务，试点搭建电商物流仓，新冠肺炎疫情期间组织各单位快速调整供应链模式，拉紧订货节奏、拉足备货计划，做好物资保供，促进营销上量。规范油非互动，加强稽查监督，优化库存管理，首次建立集团公司级商品质量标准。

【业务拓展】 2022 年，推动多业务综合增收创效，线上业务收入 6.8 亿元，同比增长 167%；洗车网点新增 850 座、总量超 5000 座，收入 6.7 亿元、同比增长 11%；化肥农资业务收入 35 亿元、同比增长 25%；肯德基餐厅、中式快餐、进出口贸易等业务有序推进。加强集采和供应链管理，与五粮液集团成立合资公司，与中粮集团成立联合实验室。

【非油品牌建设】 坚持在履职尽责中强品牌、树形象，昆仑好客获“2022 我喜爱的中国品牌”，品牌价值超过 158 亿元、名列行业前茅。打造 411 座冬奥形象站、591 组冬奥商品货架及专柜，在核心区域便利店增设现磨咖啡、即时简餐、雪具租售等 20 多项暖心服务，1240 家门店张贴冬奥活动海报，开展四档主题营销，为宣传奥运精神、传播奥运文化、展示企业风貌做出重要贡献。坚持人民至上、生命至上，广泛开展“抗疫有备、生活无忧”社区营销，全国便利店不断供、不涨价、不打烊，开辟家庭食品、蔬果生鲜直配通道，力促“菜篮子”“米袋子”量足价稳。与企业帮扶任务深入结合，新开发帮扶产品近百款，培育“造血”功能、拉动产业升级。深度参与集团公司消费帮扶赋能行动，试点建设乡村综合服务中心，销售帮扶产品 8.2 亿元。深化企媒合作，成立新媒体工作室，搭建以“两微一抖”为核心的宣传矩阵，发表非油新闻报道 200 多篇，得到人民网、新华网以及《工人日报》等国家级媒体广泛关注。

互联网业务

【概述】 持续发挥互联网业务桥梁纽带作用，推进会员体系建设，推广加油卡移动支付应用，互联网营销实现新突破。截至 2022 年底，零售线上注册用户 1.29 亿户、同比增长 41%，电子卡开卡 3137 万张；中油直批 App 认证客户 11.2 万个、同比增长 98%，线上订单率 95.8%，“油易贷”试点取得预期效果。

【加油卡发行管理】 发挥加油卡营销促销媒介作用，加大记名卡发行力度，截至 2022 年底，累计发卡 23805 万张。2022 年，实名活跃客户 4205 万户，卡销比 52.96%，同比增长 4.7 个百分点。强化加油卡风险防控。制定《加油卡微腐败问题治理行动细化方案》，加强“人防”措施，关停或合并低效发卡充值网点 6000 余座，整改 191 个使用虚拟身份绑定的 UKey，组织全员签订廉洁承诺书 13.5 万份，建立常态化稽查和责任追溯机制，保持加油卡微腐败问题治理高压态势。提升“技防”能力，加大电子加油卡推广发行力度，与支付机构开展联合风控，落实开卡数量限制、补卡业务审核等技防功能，优化风控规则，实时阻断风险交易。2022 年追回金额 6.7 万元，罚款 13.2 万元，查处违规事件 153 起，解除劳动合同违规人员 236 名，月度事件总数从年初的 10 起降到年底的 1 起，加油卡微腐败行为明显减少，实现阶段性治理目标。

【线上渠道建设】 2022 年，成立销售互联网业务应用领导小组，发布《互联网业务应用运营、建设与运维管理办法》，建立基于昆仑数智的互联网专业运营团队，牵头策划并开展“破亿”活动、世界杯期间专题营销、一体化营销活动等，常态化发布互联网业务运营周报、月报，销售互联网应用业务实现提速发展。加强移动支付能力输出，拓展移动支付方式，与支付宝、平安银行、银联以及民生银行、光大银行等开展联合营销，引入 1.7 亿元促销资源。支持销售企业开展电子券、支付等方面的联合营销，引入外部促销资源 16.7 亿元，带动汽油销售 93 万吨，非油销售 2.8 亿元。

【营销传播】 通过互联网渠道做好线上营销传播。2022 年，“中油好客 e 站”微信公众号围绕服务保障、农忙保供、营销活动、社会责任等多方面发布图文推送，全国各地发布推文 4126 篇，累计浏览

4201.3 万次；“中油好客 e 站”App 推送营销活动、油价信息等消息，及时触达客户；试点开展统建企业微信社群营销，搭建与客户沟通桥梁；制作节日节气海报，通过线上渠道传递客户关怀，增加品牌曝光，提升影响力。

【会员体系建设】 整合油卡非润气、线上线下等多维度客户，建立零售客户、直销与批发客户全口径会员洞察及维系体系；推进数字化会员管理，统一入口，统一后台管理数据库，完善会员等级评定，动态维护会员级别，完善和优化会员积分规则；研究会员权益设计方案，构建会员服务新生态，制定线上线下全渠道的会员服务标准，提升客户忠诚度。截至 2022 年底，零售线上注册用户 1.29 亿户、同比增长 41%，电子卡开卡 3137 万张。2022 年，汽油移动支付比例 22%，同比提高 13 个百分点；“中油好客 e 站”App 日活用户峰值 174.9 万人，同比提升 77.4%。

投资管理与网络建设

【概述】 贯彻落实集团公司高质量发展方针，紧扣建设国际知名、国内一流油气氢电非综合服务商的战略目标，以提升存量网络创效能力、谋求未来转型发展机遇为核心，保重点与控投资统筹兼顾，围绕投资优化、终端网络布局优化、存量网络挖潜、新能源拓展和管理提升，进一步优化投资结构和网络开发。2022 年新开发加油站 140 座、投运 187 座，新建加氢站（综合能源服务站）23 座、充换电站 280 座、光伏站（库）542 座。

【投资管理】 全力保障重点，优化投资策略。适应国内能源消费变化趋势，坚持优化存量、抢占增量，调整投资方向、转变开发方式，自主新建为主，鼓励合资合作，投资重点向新能源、LNG 业务和数字化转型升级倾斜，新站开发侧重城区站、汽油站，严控柴油站，以资源优势发展参股站、绿岛站。2022 年新开发项目中，新建和股权项目占比 88%，同比提升 5.7 个百分点；收购项目占比 2%，下降 4 个百分点；单站投资 1791.3 万元、下降 17.4%，吨油投资 156 万元、基本持平。

【网络开发】 从严调整网络开发政策。遵循集团公司的整体投资政策，贯彻落实集团公司和销售分公司年度会议精神，下调销售企业新建项目投资权限，并取消收购、新增租赁和股权投资项目权限，原则上不再通过收购资产或股权方式开发加油（气）站。进一步放缓网络开发节奏，基于加油站网络开发处于投资高点的总体判断，结合新能源行业快速发展的态势，落实控制常规加油（气）站特别是区外高价站开发的总体要求，引导各企业进一步放缓网络开发节奏，重点关注网络结构的优化提升。2022 年新开发加油站 140 座、投运 187 座，新建成加氢站（综合能源服务站）23 座、充换电站 280 座、光伏站（库）542 座。

【库站工程建设】 2022 年，按期有序推进重大项目，725 油库扩建项目克服新冠肺炎疫情、高原作业等困难，完成工程主体，项目总进度 95%。开展浮盘及密封改造项目，下达计划 63 项，完工 11 项，在建 18 项，项目质量平稳、安全有序。全年其他库站新建、改造项目开工 2039 项，完工 1615 项，工程投资 41.1 亿元。捷能智电合资项目首批换电站建设有序推进，合资公司与相关销售企业现场踏勘场地 101 座。

物资采购规范有序，全面强化加油机集中采购管理。对库内 6 家供应商进行年度量化考评，适当增加供应商数量，强化竞争，库内供应商由 6 家扩充到 9 家。修订技术规格书。结合加油站管理 3.0、销售物联网等项目需求，系统修订发布加油机技术规格书，持续提升物资采购标准化水平，推动设备标准化制造。开展 2022—2024 年加油机集采招标，完成集采招标策略、招标文件编制，并完成集采招标。

专业管理

【HSE建设与管理】 克服新冠肺炎疫情、汛情和市场等诸多不利因素影响，坚持QHSE体系工作主线，保持常态监管节奏、压力不变。通过简化流程、优化方案、固化方法，多措并举，持续发力，充分利用窗口期，多种形式介入所属企业库站现场管理，完成既定工作任务。2022年生产亡人事故起数为0，VOCs排放4.1万吨，温室气体排放95万吨，低于年度指标，国家级成品油质量监督抽查合格率100%。

开展重点领域专项治理系列行动，按照“一库一策”整改提升方案，全面完成2021年度油库安全风险对标自评、深度评估、督导核查发现问题隐患整改，并继续组织56座油库深度评估工作，发现问题683项，截至2022年底整改率67.64%。加快建设智能管控平台，开放配置1.4万用户，分模块完成上线培训工作，协同落地新版《作业许可》移动端应用。建立长输管道日常联防联控、定期会商研判和协同应急处置工作机制，完成26家销售企业，77座油库，276条管线企业库外管道排查工作。全面排查3624处加气站、办公楼和库站食堂、租赁场所、员工外租宿舍、气瓶充装销售等燃气相关场所，发现问题3084项，整改2761项，开展应急演练2002次，促进专项风险防控能力提升。

抓好环保工作。打好污染防治攻坚战，开展外部LDAR（泄漏检测与修复）1590次、内部LDAR 2750次。构建油库排放核算模型，启动重点源排放量单元核算，量化分析严控排放指标。提升油气回收在线监测比例，581座加油站、29座油库新增在线监测，33家销售企业完成VOCs检测中心建设，8家销售企业建立集中监控平台，推进526座加油站安装三次油气回收设备。

妥善处置突发事件。加强极端天气、自然灾害防范，提前预警，完善预案，有效应对，连续四年未发生生产亡人事故。制定《成品油销售企业汛期灾害防范应对工作指南》，从包保责任落实、协防响应机制确认等10个方面，强化汛期各项工作组织。落实属地政府和集团公司防疫要求，部署重点地区疫情防控工作，统筹做好突发事件应急处置、舆情引导、生产运营等工作。

【计量管理】 2022年，制定《“油品质量及加油机计量管理”专项整治方案》，聚焦“四类问题”，系统推进，全力整治。通过整治，核准确认在用加油枪计量误差全部在±0.3%以内，未发生油品混装造成质量不合格，未发生外采油品质量不合格事件，客户投诉数量同比下降15%。6月30日上线损耗一体化平台，通过信息化手段提升计量管理水平、提高计量交接效率、降低损耗、减少计量争议，实现一张大网管损溢，损溢管理无死角。2022年，各销售企业未发生重大及以上质量计量责任事故，国家级成品油质量监督抽查合格率100%。

【质量与标准化管理】 2022年，制定质量提升百日专项行动方案，明确重点工作和推进计划，销售企业71790人次参加销售企业质量管理提升大讨论，100552人次参加销售企业质量知识培训，排查出质量问题隐患16529项，整改164458项，整改率99.57%。聚焦油品混装质量风险、外采油质量、加油机计量作弊、客服电话预警不到位“四类问题”，开展油品质量及加油机计量管理专项整治，全年在用加油枪计量误差全部在±0.3%以内，未发生油品混装造成质量不合格，未发生外采油品质量不合格事件，客户投诉数量同比下降15%。制定《成品油公路运输质量计量检查管理规定》，开展月度检查，全年检查171家地市公司、88座油库、386台流量计、2211台运输车辆、1506个罐仓、639座加油站、1520具地罐、接卸1055仓，发现问题1656项，整改1349项，整改率81.5%。

标准化方面，完成车用乙醇汽油中的甲醇快速测定（比色法），辛烷值和十六烷值的快速测定（电磁振荡法），柴油氧化安定性测定（快速氧化法），车用柴油中凝点、冷滤点、十六烷值、闪点、密度的快速检测（近红外光谱法），变性燃料乙醇内控指标等5项集团公司级标准制订，集团公司级标准CN98车用汽油（Q/SY 04008—2018）复核。

【油库管理】 2022年，加快储运公司建设，完成29

家单位储运分公司机构组建。推进油库管理提升，落实三年提升行动方案，推动油库管理上台阶，开展线上培训，建立季报制度，从5个维度、28个指标开展量化评价，总结标杆油库创建进展、费用管控等工作亮点，报建42座标杆示范油库全部完成。压减油库数量，关停退租低负效油库20座、48.7万立方米，年节约费用1.21亿元。

【财务管理】 推进业财融合，狠抓预算全过程管控。2022年，健全“事前算赢”的预算管控机制，把年度、季度、月度生产计划安排与效益测算结合起来，着眼效益最大化优化生产经营计划安排。加强预算过程管控，发挥价格政策导向作用，调动企业推价上量，加大对营销环节量、价的监控力度，及时纠正经营运行中的偏差行为，动态监控销售企业各项指标完成情况，确保主要指标完成。牢固树立“一切成本皆可降”理念，推广上线费用预算控制模块，压实各专业费用管控责任，全年商流费总额440.3亿元、吨油营销成本383.9元，同比分别减少38.9亿元和12.3元，实现“双下降”。

坚持问题导向、效益优先，持续优化完善经营活动分析体系。持续优化分析模板，围绕购进、销售、库存、费用、投资收益五个维度，从销量、收入、费用、非油、库存、资产负债率等关键指标出发，通过环比、同比、预算比，查找在经营过程中存在的问题。创新经营分析的方法。构建吨油收入评价体系，通过比较实现价格与最高限价的价差、价格到位率，客观评价企业对营销运行把控能力。强化对标分析，多维度找差距，传导成本压力，引导企业盯市场、盯政策，推动经营提效。

立足精益管理，做好提质增效工作。组织召开集团公司2022年销售业务精益管理研讨会，深化企业对标管理，加快推进销售业务向精益管理迈进。推进销售业务提质增效工作，实施“五提质、五增效”十大类、45项举措，2022年开源增效32亿元，节流增效48.4亿元。加强价格政策研究，加大内部沟通协调力度，优化柴油额外量定价机制问题。加强炼销一体协同，通过调整汽油、柴油额外量交货比例及定价，引导炼化企业根据市场需求调整生产结构，实现产业链效益最大化。协调对东北销售短期负息资金暂停计息，一定程度缓解经营困境，助力企业扭亏解困。

开展亏损企业专项治理工作，压实全级次亏损治理工作责任，设立销售分公司、销售企业、地市分公司三级工作专班，将亏损企业治理作为“一把手”工程，切实增强责任感紧迫感。精准分类编排治理方案，逐家对接、逐户研究，完成专业分公司层面方案编报与预审工作。“一企一策”确定治理目标，全面排查31家销售企业、358家地市分公司、1144家控参股企业，建立台账、完善数据，确定纳入亏损治理范围的全级次企业234户。将亏损企业治理情况纳入各层级经营活动分析，与8家亏损企业专题沟通对接、督办推进。2022年9月，组织召开亏损治理及法人压减专题视频会，巩固阶段性治理效果，全力冲刺全年目标任务。2022年亏损地市分公司134家，同比减少52家，同比减亏7.6亿元；亏损控参股公司195户，同比减少36家，同比减亏0.9亿元。

【信息化管理】 2022年，坚持“业务主导、信息支持”，打造“数字化、平台化、智能化、生态化”核心能力，按照“价值驱动、管理创新、业务创新”理念，加油站管理系统3.0项目完成项目现状与需求分析、详细方案设计评审，招标选择相应软件和服务商，开展基础平台搭建、DevOps开发体系建设、互联网优化及重构及配套改造等工作。销售物联网系统项目按照“油气氢电非”综合服务商业务发展目标，构建“设备物联标准化、现场感知实时化、平台架构一体化、云边协同智能化、生产运行可视化、经营管理高效化、业务创新敏捷化、决策支持智慧化”的销售企业“工业互联网+智慧销售”技术应用平台，为销售业务数字化转型智能化发展提供技术保障。昆仑好客商城应用项目旨在构建便利店商品全生命周期管理体系，推进数字化供应链协同，实现线上线下服务融合，年内启动项目可行性研究，8月5日通过集团公司咨询中心组织的专家评估，9月30日项目获得批复。坚定推进河北销售数字化转型智能化发展试点应用，完成24个子场景项目建设及试点上线，总体上线进度86%。推进销售领域信息“孤岛”治理工作，深化摸排自建系统74个，关停29项、集成129项。

【合规管理】 全面加强依法合规治企，扎实开展“四查四提升”强管理专项行动，党组巡视反馈具体问题整改完成率94.85%，2017年以来集团公司审计反馈问题整改完成率82.15%。针对客存油、投资管理、股权管理、违规决策、资金、法律、廉洁风险控制等比较集中、具有代表性的问题，制定27个专项治理方案，对34家销售企业整治效果和进度强制实施“271”排序。2022年新建规章制度629项，事后合同数占比优于控制目标1.93个百分点，企业管理基础进一步夯实。

【培训管理】 2022年，制定《销售企业大学生和新进员工分类培训培养指导意见》，强化大学生职业发展规划指导和跟踪考核，将大学生培养使用情况纳入人才强企工作考核范围。开展以优秀大学生为主的青年业务骨干培训班，建立销售企业青年人才培养数据库，实施战略性人才储备。创新干部培养，实施“三年三百人”挂职交流，落实大学生3年培养计划，首批25家单位52名干部大跨度挂职交流，干部人才队伍建设更加务实高效。

【考核激励】 优化考核激励机制。2022年，建立典型经验推广机制，加大考核激励，充分调动积极性、主动性，努力营造开源节流降本增效的良好氛围。以量效为核心优化考核激励机制，通过工资总额决定机制、地市公司发展能力评价挂钩分类分级机制、升油含量工资机制，激发加油站员工的经营主动性和工作积极性。通过竞赛持续深化管理对标、业务对标，比指标、比工作、比措施、比效果，并不断完善劳动竞赛方案，营造“比学赶超”的改革氛围。

【技能鉴定】 2022年，紧扣集团公司新要求，结合销售业务发展新形势，高质量推进技能鉴定工作，进一步优化鉴定中心的管理职能，抓住制度、流程、资源等鉴定质量管控的关键环节，加强督导，做好鉴定工作，为高技能人才发挥作用搭建平台、创造条件。加强专家人才队伍建设，25人获聘集团公司、销售企业技能专家，新聘特级技师50人，首批65人被聘为销售企业市场营销专家，零售专家团队建设取得实质进展。

（李文哲）

天然气销售

综 述

【概述】 中国石油天然气股份有限公司天然气销售分公司（简称天然气销售公司）是中国石油旗下的专业化天然气销售公司，与昆仑能源有限公司实行一套班子、两块牌子，内部称谓为天然气销售公司（昆仑能源有限公司），按直属企业管理，作为中国石油的天然气销售业务一体化运营管理平台和投融资平台、天然气销售业务的管理主体和经营主体，是天然气销售业务的利润中心、经营管理中心和资本运营中心。批发分销和终端零售业务实行“分别经营、分账核算”，批发分销业务在天然气销售公司项下运营，终端零售业务在昆仑能源有限公司项下运营。主要从事天然气批发、城镇燃气、天然气支线管道、LNG/CNG终端加注、天然气发电和分布式能源、LNG加工与储运、LPG销售等七大类业务，市场范围覆盖全国31个省（自治区、直辖市）和香港特别行政区。天然气销售公司设机关职能部门22个、附属机构8个，直属单位5个，昆仑能源有限公司香港本部董事会秘书处1个；下设二级单位41个，其中天然气省公司30个、液化石油气公司5个、液化天然气单位2个、其他类型单位4个。天然气销售公司内部实行“总部机关—省（区）公司—项目公司”的三级管理模式。截至2022年底，直接用工2.74万人，其中员工2.57万人、劳务及非全日制用工0.17万人，另有业务外包1.34万人，整体用工规模4.08万人。同时，对天然气销售川渝分公司实施业务管理和考核。

昆仑能源有限公司由中国石油控股，境外注册，在香港联合交易所主板上市，是中国石油天然气业务融资平台、投资主体。2022年，获得《机构投资者》能源行业“最受尊崇企业”综合排名第一、最佳投资者关系企业综合排名第二；ESG评级由BB级调升到BBB级，实现“两连升”；获“金港股”ESG奖项和《机构投资者》能源行业最佳ESG综合排名第二。

（唐高嵩　曹旭刚　赵　艺）

【经营业绩】 2022年，股份公司天然气销售2178.1亿立方米，同比增长6.0%。

（赵　艺）

【油气体制改革】 2022年6月，集团公司印发《中国石油天然气集团有限公司天然气销售管理办法》，按照整合油气田周边销售和煤层气销售，规范零散气销售和终端销售，推进天然气业务健康发展，提升天然气资源保障能力的要求，天然气销售公司作为集团公司国内天然气销售业务归口管理主体和经营主体，归口管理煤层气销售业务，推进车用加气终端一体化运营整合。9月30日，完成62家合同用户三方划转协议的签订工作，涉及合同量134.3亿立方米，天然气产业链向全面统购统销迈出坚实一步。12月30日，完成第一批132座车用加气终端一体化运营整合协议签订，推动油气销售优势互补、协调运行。

按照国务院国资委和集团公司改革工作要求，将深化国企改革三年行动与“双百行动”改革有机结合，42项任务全面完成，昆仑能源有限公司入选国务院国资委国有企业公司治理示范企业名单，在国务院国资委“双百企业”专项考核中获“优秀”评级。

（单新煜　赵　艺）

天然气批发销售业务

【概述】 2022年，受国际地缘政治冲突、新冠肺炎疫情扰动、国际油气价格高企等超预期因素影响，国内天然气需求增速降至历史低点，资源呈现“西多东少”局面，管网管输瓶颈突显。天然气销售公司坚决落实集团公司党组决策部署，统筹保供与稳效，坚持高质量发展和产业链协同，围绕优化资源组合、优化市场布局、优化销售流向“三个优化”，助力天然气销量和市场份额稳步提升。

（闵俊豪）

【资源池结构及优化】 2022年，天然气销售公司多方筹措资源，实现长贸增供、择机安排转售。优化LNG资源采购节奏，1月长贸LNG资源增供3亿立方米，与当期现货价格相比节约成本18亿元；抢抓阶段性宽松时机，在国际市场转售7船长贸LNG，减亏24亿元；现货实际采购较年度计划61船减少9船，节约现货采购成本61亿元。会同国际事业公司采购Crudex公司和吉扎克石油公司天然气，供气价格为乌克兰天然气结算价格的95%，实现乌克兰天然气增量降价。试水进口天然气套期保值业务取得成效，最终锁定采购成本较不保值降低125万美元（873万元人民币）。

（李　然）

【天然气批发销售流向及结构】 2022年，天然气销至全国31个省（自治区、直辖市）及香港特别行政区，覆盖中国七成以上地级市主城区，保持较高市场份额。天然气销售结构中，城市燃气占比68.1%，发电占比8.3%，工业燃料占比4.4%，化肥占比3.6%，化工占比2.8%，LNG工厂占比3.1%，CNG占比1.6%，LNG装车占比1.0%，其他占比7.1%。

（周　澜）

【天然气批发市场开发】 2022年，天然气批发端市场开发继续巩固主导市场，抢占竞争性市场，突破空白市场，提升市场份额，保持市场开发稳定增长。全年投产196个新项目，新增气量32.4亿立方米。持续优化管输路径，提前锁定国家管网集团管容，缓解管输瓶颈，降低管输成本，开发周边市场用气。与国家管网集团签订管输执行协议61项，打通国家管网集团等LNG接收站及延伸管道、“川气东送、新气管道”，实现“南气北上”和“北气南下”等战略通道，扩大覆盖周边用气市场。推进新能源市场开发，开发锂电光伏、特种材料、生物科技、新能源电厂等战略新兴企业。珠三角地区郴州、潮州、揭阳、梅州等地级市首次接入中国石油管道气。充分利用市场开发资源推进长三角、珠三角、环渤海燃气电厂用气，储备市场用气规模，进一步提升调峰和保畅能力。

（张丁南）

【天然气保供】 坚决贯彻集团公司党组决策部署和冬季保供领导小组要求，按照“一体保供、合同保供、民生保供、稳效保供、底线保供、合规保供、纪律保供”总体原则，克服国际政治经济和新冠肺炎疫情政策频繁变化、中亚资源大幅短停供、气温剧烈波动等影响，有效应对四轮寒潮天气，保障春节、全国“两会”等时段以及重点采暖地区供气，实现党的二十大后首个采暖季市场供应稳定有序，产业链运行安全平稳，高质量地完成天然气保供工作。2021—2022年供暖季供应增量在全国占比超85%，夏季顶峰期间向直供电厂增供幅度超12%。

（赵　艺）

天然气终端销售业务

【概述】 2022年，认真贯彻落实集团公司市场营销工作会议部署要求，以“二十四字”营销工作方针和“六个坚持”为基本遵循，发挥批零一体化优势推动终端销量快速增长。抓住资源供需紧张有利时机全力顺价，购销价差显著提升。借鉴先进企业经验搭建客服质量管理体系，弥补管理短板。加强市场开发商机管理，重点新开发项目顺利推进。理顺开口申请管理流程，优化终端天然气供应链。组织特种气体市场开发，开辟新业务领域。克服新冠肺炎疫情多发及经济疲软不利影响，完成年度各项任务。

【天然气终端销售量】 2022年，天然气终端销售与管输气量590.0亿立方米，同比增长10.3%。销售量474.7亿立方米，同比增长6.7%；零售量311.0亿立方米，同比增长13.9%。

【天然气终端销售流向及结构】 2022年，天然气销至全国31个省（自治区、直辖市）及香港特别行政区。天然气销售结构中，管道气占比64.8%，CNG占比5.2%，LNG占比10.5%，管输气占比19.6%。

（马　军）

【天然气终端销售策略】 2022年，天然气终端销售积极应对新冠肺炎疫情和市场供需矛盾，紧密跟踪市场形势变化，充分发挥量价调节作用，采取积极营销策略，扩大销售规模，疏通资源后路，保障销售平稳增长。优化销售和资源结构，夯实营销业务基础，强化市场竞争能力。主动削减低效无效分销贸易气量，保障真正零售客户资源供应。组织各终端城市燃气企业采暖期天然气供应保障方案编制和演练，督导各单位落实冬季供气主体责任，提前做好资源组织，强化安全隐患整改，合理提高储气设施罐存，切实做好冬季供气保障工作。

（庄益顺）

【天然气终端市场开发】 2022 年，加强与中国船舶燃料有限责任公司、奥德集团有限公司等大型燃气集团的总体合作，研究开展“一城一企”市场整合，紧盯西安市长安天然气有限公司、国能潼关新能源有限公司等独立民营企业合作机会，推进相关股权合作工作。全年签订合作框架协议项目 62 个，并表投产项目 20 个，新增终端销售量 6.7 亿立方米。建设综合能源业务能力，推动终端业务发展转型，联合新奥集团有限公司等企业，研究新应用场景的综合能源业务开发，选择试点开展零碳建筑、零碳工厂、零碳园区项目示范。

（马　军　韩　杰）

液化石油气销售业务

【概述】 2022 年，液化石油气销售业务继续以集团公司“二十四”字营销工作方针和“六个坚持”为根本遵循，全力以赴战疫情、争效益、保安全、强管理、抓党建，取得经营业绩稳中提质、安全生产固本强基、营销精益化管理稳定提升的良好业绩。全年销售液化石油气 561.55 万吨，利润 3.6 亿元。

【液化石油气销售流向及结构】 2022 年，天然气销售公司液化石油气销售量在东北区域占 37.9%、华北区域占 15.9%、西北区域占 15.6%、西南区域占 18.1%、其他区域占 12.5%。液化石油气批发销售占 67.8%，终端销售占 32.2%。

【液化石油气销售策略】 2022 年，优化资源配置和经营策略，维持区域市场供需平衡、价格稳定。强化终端项目关键指标对标管理，提高终端营销水平，全年民用终端销售二次创效 342 元 / 吨，增利 1.91 亿元。扩大“互联网 +”信息平台及钢瓶溯源系统应用，推进终端直营销售，直营占比同比提高 5.2%。改进客户管理，提高服务质量，综合服务满意度 98% 以上。抓住市场价格上行机遇快速反应、及时调整价格，把控销售节奏，销售价格同比提高 1289 元 / 吨，销售收入增加 92 亿元。全年实现价差 246 元 / 吨，同比增加 9 元 / 吨。精细价格对标管理，根据市场供需和流量流向，适时优化对标点、对标标准，实现全产品对标管理，销售价格到位率 101.42%，超目标值 3.42 个百分点。

（李艳平）

【液化石油气资源拓展及市场开发】 2022 年，协调炼化企业根据市场需求适时优化生产安排，抢抓生产装置波动和互供量减少的时机，加大液化石油气购销力度，增加资源量。推进油田资源统销，陆续接收辽河油田丙烷、塔里木油田液化石油气的外销业务，增加购销量 3.2 万吨 / 月。拓展国内其他资源渠道，加大工业直供用户的回购力度，回购资源实现应采尽采。创新进口气整批采购、逐船分销模式，开展三批次 3.2 万吨资源进口。

2022 年，进口库建设有序开展，青岛董家口进口库码头安全运营，库区项目完成 PC 招标开展施工；江苏盐城进口库和依托福建福清 LNG 项目共建液化石油气库项目完成内部可行性研究评估。多措并举推动终端网络建设，利用各地政府落实城镇燃气安全排查整治的有利时机，高质量稳步推进终端市场开发，充分利用品牌和物联网技术优势，创新开发思路拓宽合作方式，全年开展终端项目 23 个，新增终端网络能力 3.07 万吨。

（毛小军　赵宏图）

LNG 接收站业务

【概述】 天然气销售公司建成运行江苏、唐山、海南3座LNG接收站（储备库），总能力1330万吨/年；有LNG储罐14座，总罐容208万立方米，折合天然气储备能力13亿立方米。

【接卸外输量】 2022年，天然气销售公司3座自有LNG接收站（储备库）接卸LNG1126.4万吨，同比下降10.8%；总外输量160.7亿立方米，同比下降3.9%。随着国家管网集团LNG接收站对外开放业务日趋成熟，天然气销售公司进口LNG资源配置更加灵活，为平衡区域市场需求，2022年增加对粤东、深圳迭福等租用接收站的LNG资源投放，致使自有接收站负荷率有所下降。

（刘筠竹）

【新建LNG接收站布局及项目前期工作】 2022年，为进一步扩大提升接收进口LNG资源和储气调峰能力，集团公司推进福建LNG接收站、江苏LNG接收站三期配套码头工程，江苏LNG接收站储罐扩建工程，揭阳LNG接收站、粤西LNG接收站、上海宝山LNG储运站等新建或扩建LNG接收站项目前期工作，福建LNG接收站2022年8月取得国家发改委核准批复。

（刘　峰）

增值业务

【概述】 2022年，增值业务围绕“十四五”发展目标定位，以“依托主业、促进主业、服务主业”为根本遵循，克服新冠肺炎疫情不利影响，深挖市场潜力，坚持规模效益发展，努力探索发展新路径，经营规模和盈利水平持续提升，同口径业绩指标达到历史最好水平，为天然气销售公司实现年度提质增效目标、推动产业链多元化转型发展贡献力量。

【销售业绩】 2022年，增值业务围绕年度经营目标，重点围绕六大业务布局，做大做强自主品牌。开发新项目、拓展新业务，持续拓展高效业务，挖掘业务潜力，盈利水平进一步提升。“昆仑慧享+”线上线下一体化电商服务平台全面上线运营。燃气保单销售125万件，保费规模1.3亿元；昆仑品牌的工装规模稳步增长，燃气具销售2.89万台，同比增长68%。增值业务营业收入40.5亿元，同比增加7.1亿元，增长21%。毛利润10亿元，同比增长29%。

【非气业务发展方向】 坚持以“服务和安全”为核心，大力实施同心多元化战略，着力挖掘客户需求，着眼存量业务、增量业务、新兴业务，完善管理体系、考核体系两大支撑，聚焦产业链一体化发展价值、智慧生活综合服务价值、新能源新材料衍生价值、自主品牌核心竞争力提升价值、合作企业市场化运营价值，培育新零售业态，围绕“有特色、有温度、有价值”的服务理念，拓展服务客户渠道，优化升级“昆仑慧享+”平台燃气缴费、报装安检、劳保福利、优选商城、积分兑换5大服务功能，将“昆仑慧享+”作为昆仑能源统一线上线下服务品牌和窗口、智慧燃气与美好生活一站式综合服务平台，打造竞争新优势，推动打造具有昆仑能源特色的生态链，构建低碳转型发展新的增长极。

（翟羽达）

天然气销售专业管理

【概述】 2022年，天然气销售公司（昆仑能源有限公司）以习近平新时代中国特色社会主义思想为指引，认真落实集团公司党组决策部署，牢牢把握保供稳效工作主线，夯实稳的基础，保持进的姿态，坚定不移转观念、促转型、强体系、提能力，天然气销量和市场份额实现“双增”，同口径业绩指标创历史最佳，“两利四率”实现“两增一控三提高”。昆仑能源股价表现优于同业可比公司，ESG评级由BB级调升到BBB级，在香港资本市场获评“最佳上市公司”。全年未发生一般A类及以上安全生产责任事故。

（赵 艺）

【规划管理】 2022年，全面贯彻落实集团公司规划部署，结合发展形势“七大判断”，聚焦天然气与新能源两条业务主线，深入开展“十四五”规划滚动研究工作，完成“两级三类”规划81项，开展碳达峰、碳中和实施方案等配套专题5项，进一步优化规划目标和工作部署，推动天然气销售公司业务绿色低碳转型和高质量发展。突出批零协同，细化销售部署，基于用气现状、基础设施、需求预测等三个方面指标，深入开展天然气县级市场普查，进一步厘清发展基础、明确竞争态势、研判发展潜力，梳理形成涵盖全国各县区不同供气主体的批发用户库和终端项目库，构建包含发展基础、发展潜力2个维度、14个指标的评价体系，明晰各县区天然气市场发展定位和发展方向，分解明确县级市场发展目标，差异化制定营销策略，推动规划目标靠实落地。

（赵 俊）

【投资管理】 2022年，坚持以天然气销售公司“十四五”规划为指导，打造天然气与新能源互促发展路线。按照天然气销售公司整体工作部署，加强形势研判，把控投资方向，投资向效益好的城市燃气等终端项目和环渤海、东南、长三角等高端高效区域市场倾斜，发挥投资对高质量发展的拉动引领作用。强化项目前期论证，严格全过程投资管控，通过审计、后评价、年终决算和专项检查等全方位监管，强化投资监管和考核，不断提高投资管理水平。

（隋海波）

【预算管理】 2022年，面对国际油价飙升及新冠肺炎疫情频发等不利因素影响，天然气销售公司不等不靠，主动作为，始终坚持“稳效保供”工作主线，以市场为导向、以效益为中心、以“三个优化”为重要抓手，深入推进提质增效价值创造专项工作，持续加大亏损企业治理力度，稳步提升生产经营管理质效，在有力保障国家能源安全供应的基础上，完成集团公司年初下达的指标，批发业务连续两年盈利，批零整体连续三年盈利。

集团公司重点关注亏损企业7户，亏损面19.4%，账面净亏损7.7亿元，剔除汇兑损失和大额资产减值后，亏损户数和亏损额均控制在目标范围内。全级次亏损企业185户，同比减少35户；亏损面26.7%，同比下降5.1个百分点；亏损额27.4亿元，同比减亏16.6亿元，减亏比例37.7%。经营性亏损企业122户，同比减少34户；亏损面17.6%，同比下降5.0个百分点；账面净亏损10.2亿元，同比减亏1.8亿元。LNG产业链协同效应聚集释放，工厂业务取得历史性突破，盈利工厂新增4座达到13座，实现整体扭亏。

聚焦全面预算管理，持续深化“三个三”预算管理机制，坚持“事前算赢”，统筹财务预算、投资计划与生产经营“三大计划”，优化调整“资源标签化”模型，提高预算条件分解落实预算目标。聚焦低成本发展战略，多措并举管控成本费用支出，控降非生产性支出，单位销管费控制在预算指标范围内。聚焦预算执行分析，持续强化经营效益分析深度广度，深挖数据内在价值，优化多维度经营分析模型，及时发现经营管理及制约利润提升的问题和矛盾点，研究提出合理化建议。

（王 婧）

【财务管理】 2022年，财务管理工作秉承集团公司“从严管理出效益、精细管理出大效益、精益管理出更大效益”的理念，围绕天然气销售公司“稳效保供”工作主线，坚持管理提升、制度先行，制定印发系列核算办法及通知要求，进一步提升核算管理的规范化与统一化；持续优化结算平台，多措并举抓好采购成本控制，夯实各项结算业务基础；深化与集团公司共享的战略合作，加速昆仑共享服务推广，在双共享平台助力下实现天然气销售公司“核算、报表、商旅、非气”业务全覆盖，充分利用平台资源与信息化手段，构建共享标准化体系、加强账务规范监督、助力业财系统融合，稳步提升基层单位财务信息质量；严格贯彻国务院国资委和集团公司工作部署，细化制定"六个专项治理"专项行动实施方案，高效推动各财务业务线专项治理，强化合规执行管控；严控源头、盯紧市场，联动助推企业增效，动态跟踪国际和国内油气市场供需走势，精益分析进口气成本影响分析测算管理，审慎开展商品类套期保值业务，多措并举助力天然气销售公司资源池结构与成本的优化。

（邱子睿）

【资产管理】 2022年，审核办理资产评估报告108个，涉及账面净值（净资产）24.11亿元。其中，完成备案审核项目42个，涉及账面金额4.93亿元，评估审核节约创效价值1022万元。研究资产处置途径和方法，通过合作经营、业务转型等方式推动长期闲置站点恢复运营；通过对外处置、资产调剂、资产出租等方式盘活加气站资产及车辆资产；通过推动长期无动态工程项目重新开工建设、长期停工在建项目清理处置以及长期挂账在建工程转资等方式清理长期无动态工程项目。2022年超额完成集团公司下达的低效无效资产清理处置任务。

（刘　妍）

【资本运营】 2022年，坚持规模效益并重，推动并购落地。全年完成新增法人项目注册（变更）落地23个，完成存量法人增资扩股项目2个。推进法人压减工作，促进业务结构调整，取得股权处置批复14家，完成法人压减处置61家。

（李　喆　孙憬明）

【股权管理】 2022年，做好股权项目预决算管理，组织股权企业开展股权投资收益预算编报，超额完成集团公司下达的考核指标；夯实管理基础，落实股利分配政策，实现精细化信息化股权管理。根据国务院国资委及集团公司的有关要求，开展"控股不控权"整治工作，全面覆盖境内外以及托管公司，推动参股企业整改工作持续深入开展。

（王佳怡　周雯雯）

【生产运行】 截至2022年底，在役城镇燃气管网总里程8.5万千米，在役支线管道4896千米，各类场站1519座，生产设备2930万余台，设备完好率保持99%以上，A类设备运行监控覆盖率100%，天然气支线管道及城镇燃气管道完整性管理覆盖率100%。完成改造城镇燃气老旧失效管道817千米、立管1161千米、场站32座、密闭空间改造5154处、地灾治理193处。发布管道、设备、工艺、电气仪表《专业提升指导意见》，确保十五条硬措施按期落地。6月底全面建成管道数字地图，所属12万千米管道（包含立管）全部实现昆仑能源生产管理系统入库。开展安全监控系统升级改造，实现业务全覆盖与逐级上传；打通工控网与物联网数据传输通道，实现SCADA监测数据接入昆仑能源生产管理系统，系统自动比对现场实际运行参数，大幅提升监测准确率。参与人力资源与社会保障部、集团公司联办的全国燃气行业2022年燃气管网运行工技术技能竞赛，展现技术技能新风貌。

（王　凡）

【工程管理】 2022年，建成支线、城市燃气、加气站等建设项目65个。其中，潮州市天然气高压管道项目、揭东区天然气利用等39个项目建成投产，徐州市天然气综合利用（首站）项目等44个项目建成待投产，全年建设管道里程81.8千米。城市中压管道完成951.57千米，居民用户安装完成59.01万户，公福用户完成3243户，工业用户完成469户。严格三检制和现场监督检查，全线焊口无损检测一次合格率99.33%，工程质量合格率100%。批复土桥—永兴天然气支线管道工程等31个项目初步设计审批，完成21个项目竣工验收任务。瓦房店—长兴岛天然气支线管道工程项目管理实践、广东分公司区块链式项目群管理新模式、始兴天然气利用项目建设管理实践——项目标准化管理"十个百分百"获2021年度中国石油工程建设协会优秀项目管理成果奖二等奖。"能源企业推进建设项目高质量发展管理体系的创新与实践"获中国石油企业协会2022年度石油石化企业管理现代化创新优秀成果奖一等奖；"昆仑能源工程建设项目高质量发展对标研究"获中国石油工程建设协会2022年石油工程建设优秀咨询奖三等奖。

（张效铭）

【物资管理】 2022年，修订《公司物资管理目录（2022版）》，对重点物资采购实施分级分类管理。加强物资采购过程审核监管，印发《关于规范公司第三方电商采购管理的通知》，编制天然气销售公司《第三方电商采购商品目录》，规范非生产性物资电商采购。做优物资集中采购，2022年增效1.25亿元。推进物资仓储管理信息系统建设，为系统全面上线、优化固化业务流程、规范基础资料、提高工作效率、全面加强仓储业务管理打下坚实基础。加强供应商管理，实现入库生产商考察全覆盖。

（赵　晶）

【安全环保】 2022年，天然气销售公司深入学习贯彻习近平总书记安全发展理念和生态文明思想，深刻践行"疫情要防住、经济要稳住、发展要安全"的总方针，坚决落实集团公司"四全四查"和"持续从严监管"总要求，深化QHSE责任落实。未发生一般B级及以上生产安全亡人事故、火灾爆炸事故、环保事件，未发生一般及以上质量事故，未发生三级及以上职业健康事件。安全生产专项整治三年行动计划落实落地，危险化学品安全风险集中治理、城镇燃气安全排查整治、“十五条硬措施”、“百日行动”扎实开展，三项专项整治工作任务完成率 99.9%。治理安全环保隐患 1170 项，投入 17.46 亿元。改造老旧管道 228.95 千米，治理占压失效管道 538.35 千米，改造密闭空间 1027 处，治理设备设施隐患 6785 台（套）。制定并发布实施《天然气销售分公司党委深入打好污染防治攻坚战工作方案》《昆仑能源有限公司碳达峰碳中和行动方案》《天然气销售分公司绿色企业创建工作方案》，强化绿企创建行动。开展 LPG 专用取样技术和 LNG 低温取样技术研究，强化质量监管。完成 20 家单位健康企业创建指导，强化健康管理。天然气销售公司获集团公司“质量安全环保节能先进企业”“绿色企业”称号。昆仑能源有限公司 ESG MSCI 评级由 BB 级提升至 BBB 级，CDP 气候变化问卷评级由 C 级上升为 B 级，国务院国资委央企 ESG• 先锋 50 指数排名上升至第 17 名。

（于海娟）

【计量调运】 2022 年，严把计量红线，坚守诚信计量，未发生重特大计量事故，未出现严重影响生产运行、交接结算的计量争议和纠纷事件。全年各类强检计量设备送检率 100%。A13 系统和昆仑能源生产管理系统计量模块全面应用。建立国家管网集团、批发用户和托运商计量数据变更审批三方确认机制，规范管道下载点数据变更计量交接行为。

（赵晨阳）

【科技管理】 2022 年，围绕批发和终端业务高质量发展要求，坚持问题导向，强化创新驱动，为安全生产、精准营销等业务工作提供有力的技术支持。以“强化顶层设计，坚持问题导向”为原则，组织完成科技发展规划滚动完善，技术体系进一步优化；承担和参与城镇燃气管道完整性、天然气客户特性分析与市场仿真等 6 项集团公司课题立项实施工作；启动资源池优化技术、天然气市场化交易体系、燃气管道隐患分级治理与风险评价等 9 项技术攻关研究；在管道完整性管理、天然气客户特性与市场仿真、天然气销售计划优化、管输流向优化等技术研究方面取得阶段性成果并开展试点应用和推广，对天然气销售公司安全生产管控、把握市场动态、调整营销策略和销售价格预测、优化资源采购等提供重要支撑和决策依据。加强技术总结提炼和知识产权保护，取得《一种防泄漏天然气关闭装置及其使用方法》等 3 项发明专利授权。“城镇燃气管网安全风险控制与应急技术”成果获中国职业安全健康协会科学技术奖二等奖。

（冯立德）

【信息化管理】 2022 年，天然气销售公司数字化转型工作进一步提速。通过电子销售系统（C2）和天然气销售运行管理系统（A13）的深化应用，新增销量预测、用气结构核查、冬季减限方案、现货代采、LNG 工厂用气线上交易、用气结构比例结算等功能，打通从合同到结算线上全流程，确保每一立方米气均有迹可循，为销售管控和经营决策提供精准的数据支撑。天然气零售系统服务 1306 万终端客户，接入 553 万台物联网燃气表，实现与集团公司统一客服电话系统（956100）对接，优化客户服务等流程 42 项。昆仑能源生产管理系统实现生产动态、运行监视、管道完整性、安全管理、设备管理、应急管理 6 大类 396 项功能，建立 16 项应用标准，梳理 76 项业务流程，形成 111 套可复制可推广的功能模板以及 73 套数据采集模板，支持各单位完成 57 万台（套）设备、6.6 万条应急资源、11 万余千米在役管道数字化工作。天然气大数据分析平台上线试运行，构建天然气销售数据底座，形成多层级管理驾驶舱和专题分析页面，建立日经营测算模型和客户画像分析模型，为经营分析提供有效工具。启动山东分公司数字化转型试点项目和天然气市场信息管理系统建设，完成京唐 LNG 公司数字化转型方案设计，开展昆仑 ERP 在昆仑能源有限公司所属单位全面实施的可行性研究。

（江　鹰）

【培训工作】 2022 年，面对新冠肺炎疫情多点散发频发，在确保培训效果的前提下，灵活采取面授、在线、网络直播和线上线下融合式培训等多种方式组织开展培训，做到实施不乱、效果不降，确保培训工作平稳运行。全年实施天然气销售公司培训项目 25 期 2730 人次，选派参训集团公司培训项目 57 个 829 人次，组织员工通过中油 e 学平台自主参加网络培训项目 6 个 25718 人次。落实基层一线全员培训计划，各单位以基层班组长、技术骨干人员和操作技能人员为重点，以点带面，因地制宜，培训 55960 人次。

（陈　莉）

【资本市场管理】 2022 年，组织安排 20 余场路演会议，与 112 名投资者进行沟通交流；组织参加投资峰会（电话）27 场次，参与会议的投资者 230 人次；参加一对一投资者 / 分析师电话会议 68 场，日常与投资者 / 分析常沟通 299 人次。收集梳理投资者关注点及希望解决的问题，通过双周 / 月度例会报告重点问题 50 余个，部分关于天然气销售公司发展的建议得到采纳。28 家证券机构对昆仑能源有限公司撰写 59 篇研究分析报告，评级正面。

（唐高嵩）

工程技术与工程建设

工程技术

【概述】 集团公司2017年12月组建成立中国石油集团油田技术服务有限公司（简称中油技服），管理中国石油集团西部钻探工程有限公司、中国石油集团长城钻探工程有限公司、中国石油集团渤海钻探工程有限公司、中国石油集团川庆钻探工程有限公司、中国石油集团东方地球物理勘探有限责任公司、中国石油集团测井有限公司、中国石油集团海洋工程有限公司7家子公司，同时负责集团公司所属其他工程技术服务企业以及科研机构的业务管理、指导与协调。中油技服作为重组后的油田服务业务管理主体，主要承担决策、协调、监督、党建和服务五类职能，是利润中心和经营管理中心，对7家成员企业以“战略管控+部分运营管控”模式进行分级授权管理。

截至2022年底，主要专业施工队伍6771支。按专业分：物探队273支，钻井队1161支，测井队845支，井下作业队700支，录井、固井等技术服务队伍3792支。按市场分：国内5587支、国外1184支。员工总量10.84万人，其中合同化员工8.21万人、市场化员工2.63万人。资产总额1700亿元，资产负债率42.2%。

2022年，三维地震采集7.97万平方千米、钻井进尺2468万米、压裂3.84万层段、测井9.72万井次，同比分别增长10%、18.2%和10.9%。天然气商品量107.1亿立方米，同比增长3.1%，实现连续四年增长。收入同比增长8.5%，7家企业全部盈利。中油技服和各成员企业均超额完成集团公司下达的考核指标。渤海钻探、川庆钻探、东方物探、中油测井被评为集团公司先进集体。

（宿永鹏）

【深化改革】 2022年，中油技服严格落实上级各项决策部署，坚决贯彻两个“一以贯之”，锚定目标压茬推进，聚焦重点精准发力，中油技服本部部署的改革三年行动42项任务和7家企业部署的385项任务均全部完成。

持续推进业务结构调整，提升各类资源配置效率。全面贯彻新发展理念和构建新发展格局要求，持续组织实施业务归核化、差异化、高端化发展，配套编制《工程技术业务中长期高质量协同发展规划》《成员企业二三级机构、中层和基层领导职数压减方案》《中油技服钻井和井下业务差异化发展实施方案》等方案，西部钻探合并2家录井公司，渤海钻探合并2家钻井公司。进一步明确新能源、新业务发展方向和目标，编制《中油技服碳达峰实施方案》，拓展地热服务、二氧化碳埋存、海上风能安装、天然气水合物等新能源服务市场。探索租赁合作新模式，加快推动电驱压裂等装备租赁。制定落实“三步走”任务清单和实施方案。全级次企业亏损额、亏损户数实现双降，亏损面下降6个百分点；压减法人7户，提前完成集团公司下达的任务目标。从2018年的177户降至2022年的143户，压减34户，压降近20%，超额完成集团公司下达目标。

加快推动治理体系和治理能力现代化，提高核心竞争力。以“合规管理强化年”为契机，结合本部机构改革实际，重构制度体系，编制授权管理清单和权限手册，将160项规章制度精简为68项。开展“七个专项治理”，整改问题105项，促进合规管理体系更加科学规范。印发《中国石油集团油田技术服务有限公司本部全员业绩考核实施办法》，充分体现“业绩是干出来的，薪酬也是干出来的”价值导向，激发全体干部员工创新创效的积极性、主动性。压减长庆、塔里木等区域项目管理机构46个，更好地实现重点区域“五统一、六共享”。持续推进成员企业国际业务“六统一”管理，印发并组织实施6个国家统一品牌和资源共享方案，土库曼斯坦、乌兹别克斯坦等市场基本实现资源共享。完善境外员工培训体系，构建结构合理、精干高效、作风过硬的国际员工队伍。加强顶层设计，建成总部工程作业智能支持中心，推进实现数据流、信息流和业务流“三流合一”，实现流程再造。坚持低成本发展，成立中油技服工程造价中心，推动构建规范有序的工程技术服务价格体系。坚持以上率下，率先完成本部“三定”工作，部门压减28%、人员编制和中层领导职数压减10%。

聚力科技创新动能，引领创建世界一流示范技服公司。坚持问题导向和目标引领相结合，成立工程技术专业委员会和四个分专业技术委员会，编制《中油技服工程技术差异化发展方案》《中油技服科技奖励办法》《中油技服科技管理办法》等制度办法。东方物探联合10余家科研机构开展跨界研发，给经费、给政策、建“特区”，加快实现卡点突破，完成1000米水深海洋节点地震仪样机制造，实现从“0”到“1”的突破；渤海钻探完善关键核心技术攻关项目管理机制。2021—2022年5个公司级重大项目组织实施项目长揭榜挂帅、竞聘上岗，揭榜挂帅的项目长享受副处级待遇，充分激发企业创新活力。专利工作得到集团公司党组领导肯定。

（余本善）

【市场开发】 国内市场开发。2022年，中油技服深入贯彻集团公司市场营销工作会议精神，落实市场营销“二十四字”方针，坚持市场导向、客户至上，将市场作为生存之本，关联交易和非关联交易市场齐头并进。修订宣贯市场管理办法，落实“内内外”原则，保持现有市场格局，编制印发《2022年国内市场管理工作要点》，明确年度工作目标和5类19项重点工作。在全面保障内部市场的同时，主动开发国内外部市场，开拓亚美大陆、贵州页岩气、中国石化大牛地钻井等项目，实现收入109亿元、同比增长18%。长城钻探集团公司外部市场新签合同61.85亿元，同比增长442%，为历年最高；海洋公司新签海油工程三项设计合同，在中国海油市场收入占比45.7%，创历史新高。设置油田技术服务企业市场开发奖，对油气田企业设置一体化协作奖，激励各企业市场开发积极性和集团公司一体化优势发挥。集团公司国内服务保障率84%，同比提升3个百分点。

（秦晓亮）

国际市场开发。2022年，国际业务锚定高质量发展目标，优化调整海外市场布局，加强市场研判，坚持竞合共赢。海外新签合同额45.1亿美元，市场开发成效显著。打造规模效益市场，成功中标厄瓜多尔钻完井项目、印度OBN采集项目、科威特3钻4修等一批大额合同，进一步巩固厄瓜多尔、阿联酋、伊拉克等10个规模效益市场。突破新市场新业务，开发印度尼西亚国家石油公司钻井，埃及壳牌钻井，阿尔及利亚国家石油公司测试、测井等多个新国家新业务市场，长城钻探重返墨西哥和利比亚市场。推进多元合作，出台《关于促进国际市场合作的指导意见》，强化与相关方的国际合作。西部钻探在哈萨克斯坦与当地公司合作，以联合体方式中标MMG公司5年期修井合同。长城钻探在墨西哥推行资产轻量化，以“自有+外部租赁”模式，与墨西哥国家石油公司签订4部钻机服务合同。渤海钻探推进与伊拉克IDC合作，实施150口井修井增产项目。川庆钻探在土库曼斯坦继3口续钻井项目后，再次促成修井、定向井和固井等三个技术服务项目落地。东方物探推进阿塞拜疆“物探联合体”建设。中油测井在印度尼西亚联合APS公司中标EMP公司5口总包项目，实现合作从集团公司单位到集团公司外部单位的延伸。市场结构持续优化，中东、非洲、中亚、美洲和亚太新签合同额占比分别为43%、18%、15%、12%和12%，中东的龙头地位更加突出，美洲、亚太市场迅速成长，非洲市场进一步向优质项目集中。

（沈婷婷）

【经营管控】 2022年，中油技服围绕落实“四大战略举措”，深化提质增效，经营管控能力不断提升。完善全面预算管理体系，强化业务和财务联动，三大计划衔接更加紧密，以超额完成集团公司任务目标为导向，强化责任传导，充分发挥预算引领作用，引导企业高质量发展。加强预算动态管控，按照“账面为正、完成预算、同比向好、均衡受控”的总原则，督导企业及时发现预算偏差，确保完成全年目标。持续强化资金紧平衡管理，发挥资金预算的引领、约束和管控作用，严格落实“以收定支、量入为出、存量管控”的原则，完善资金预警，建立月周滚动计划上报机制，坚决防范资金流断裂风险，资金运营能力显著增强。

提质增效效果显著，以“质”“效”双增、价值创造为主线，实施“八项增效工程”，梳理降低百元收入营业成本“三方面二十条”措施，重点推进一体化统筹、改革创新、对标管理提升、“四提”工程等工作，强化过程监督，确保措施落地、有效执行、成效明显，全年增效33亿元，百元收入营业成本92.8元，创历史最好水平。“两利四率”指标持续改善，低成本竞争实力持续增强。继续坚持将亏损治理和法人压减同安排、同部署，保持高压态势，落实精准治理要求，坚决退出扭亏无望法人，抓好动态管控。实现全级次子企业亏损户数和亏损额硬下降，亏损额同比减亏1.1亿元，亏损户数同比减少4户。优化股权布局，制定专项奖励政策，激发企业压减积极性，全年压减法人7户，超额完成集团公司下达指标。

关联交易结算创历史最好水平。在集团公司党组关心推动，以及总部相关部门和油气新能源公司的支持协调下，自由现金流 10.3 亿元，中油技服成立以来首次由负转正，实现“三个清零”：达到结算条件的 2021 年底合同资产“清零”、2022 年开票挂账应收账款“清零”、达到结算条件的装备制造企业欠款“清零”。

（王玮瑜）

【生产组织运行】 精益生产管理举措。2022 年，中油技服加强同油气新能源公司沟通对接，协调落实工作量、队伍资质等相关事宜，发挥在川渝、塔里木、长庆等重点区域协调领导小组作用，统筹调配资源、优化作业工序、压缩非生产时效、实施挂图作战等措施，助力重点区域增储上产。川渝地区对标国际油服作业水平开展 100 小时内故障专项治理，旋转导向完成进尺 21.8 万米，同比提高 124.4%，单串进尺、服务保障率分别同比提高 11.5%、48%；100 小时内故障率下降 31%。编制完成维保修共享实施方案，聚焦钻机、压裂机组、连续管作业机、旋转导向、井控装备等 11 类主力装备，统筹管理和维护保养力量，实现装备全生命周期质量最优、成本最低的目标。形成全产业、全共享、全保障、全提升的“四全”服务保障模式，开展区域等停专项治理工作，钻机、压裂装备动用率分别为 90.3%、88.4%，同比提高 12.1 个百分点、3.6 个百分点；钻井、压裂等停时间分别同比减少 2736 天、968 天。塔里木地区针对钻井工期不合理、定额缺项、定额不足等问题，确定“资源共享、工序优化、应包尽包、提速增效、周期优化、合理定价”6 方面思路，开展钻井总包试点工程，确定总包井 19 口，签订合同 11 口，增收 3833 万元，平均单井合同费用增加 348 万元。推广应用渤海钻探 BH-VDT 垂直钻井工具，进尺 3.78 万米，同比增长 101%；服务保障率 25%，同比提升 40.5%。长庆地区推进盐下钻试总包工程，编制盐下高含硫井钻井、试气管理指南，施工 6 口井，完井 3 口。

优化队伍结构布局。聚焦长庆、塔里木和川渝等重点地区，配置区块专打队伍，每个区域部署 1—2 家钻探企业实行专打，区域专打局面基本形成，有效提高作业效率。发挥各项目部基地支持保障作用，川渝等重点区域形成 2 小时生产保障圈，塔里木区域形成 2 小时应急保障圈，测井、射孔单井平均作业时间分别同比下降 30.2%、25.8%。

开展劳动竞赛。在川渝、塔里木等重点地区开展井筒工程效率提升劳动竞赛，实行月通报、季考核、年兑现，持续激发全员提速提效的积极性和创造性。长庆、川渝、塔里木地区单队作业效率同比分别提高 14.34%、22.9%、15.3%。组织开展长庆气井带压作业“保安全、提质量、促进度、争先锋”专项劳动竞赛，确保安全平稳高效完成保障任务。

（秦晓亮）

【“四化”建设】 2022 年，中油技服落实重点区域“五统一、六共享”要求，推进“四化”建设工作，钻机、压裂车组等重点关键装备电动化、自动化水平持续提升，清洁能源替代有效推进，一线作业环境得到显著改善，装备服务保障、市场竞争和创效盈利能力持续增强，助力中油技服装备技术和管理能力高质量发展。

主力装备电动化加速推进。加大电代油钻机配置和推广力度，年初设立“四化”建设项目鼓励督导开展电代油改造，多措并举协调电网资源，因地制宜开展电动钻机、机械钻机、MCC 等各类电代油模式，川渝、塔里木、新疆、长庆等重点区域的应用量均保持高位。全年有 465 部电代油钻机规模应用，同比增加 105 部，占国内钻机总量的 40%，钻井用网电 15.6 万千瓦·时，替代柴油 38.8 万吨，完成 4351 工作台月。电驱压裂装备初具规模，动用电驱压裂 202 台、约 100 万水马力，电驱混砂、仪表、供液、混配、输砂等广泛投入应用，全井场成套电驱装备日益成熟且深受基层欢迎，压裂用网电 1.5 万千瓦·时，替代柴油 3.6 万吨，完成压裂 8278 段。2022 年清洁能源替代成效显著，使用网电 17 亿千瓦·时，同比增长 45.3%，替代柴油 42 万吨，同比增长 30.8%，节约成本 12 亿元，同比增长 94%，为集团公司双碳目标的实现贡献技服力量。

钻井、压裂自动化日臻成熟。自动化钻机成为勘探开发核心主力装备，一线现场操作日趋熟练，强化参数能力、设备可靠性、作业效率均大幅度提升，打出亚洲最深井、最长水平井等系列重要指标。人员配置更加精干，自动化井队减人 4—6 人。2022 年增加新购和改造的自动化钻机 11 部，自动化钻机总量 300 部，实现规模推广应用，其中国内 290 部，占国内钻机总量的 25%。一键式人机交互自动化钻机现场试用，为自动化钻机再添“利器”；电动猫道、电动吊卡等新型装备进入现场试用，二层台机械手、钻台面机械手、铁钻工等自动化装备性能更加先进可靠；电驱压裂泵自动监测、远程控制等系统研发并投入应用，混砂、仪表、供液、输砂、供水系统实现集成且操作少人化，压裂装备自动化水平大幅提升；自动化带压作业修井机完成样机试制，作业方式更加安全。自动化装备的快速发展、广泛应用和普遍接受，将为中油技服装备高质量发展夯实坚实的资源基础。

（赵　琳）

【地球物理勘探】 人员、队伍状况。2022 年，物探专业用工 2.4 万人，各类队伍 197 支，其中地震作业队 164 支、非地震作业队 22 支、VSP 队 11 支（表 1）。

表 1　2022 年集团公司物探队伍及动用情况

项　目	2022 年	2021 年	同比增减
在册队伍（支）	197	197	0
其中，地震作业队	164	164	0
非地震作业队	22	22	0
VSP 队	11	11	0
动用各类作业队伍（队次）	235	235	0
国内，地震队	116	123	–7
非地震队	24	23	1
VSP 队	9	9	0
国外，地震队	55	46	9
非地震队	17	17	0
VSP 队	2	0	2

装备状况。2022 年，有地震遥测仪器 172 台（套），主机控制单元 172 个，总道数 172.13 万道。其中：国内地震遥测仪器 94 台（套），总道数 80.76 万道；国外地震遥测仪器 78 台，总道数 91.37 万道。重力仪 13 台，磁力仪 20 台，电法仪 523 台。数据处理计算主机 5466 台，CPU11865 个（包括单核、双核、四核、八核 CPU，共 127966 核），GPU520 个（共 1721600 核）。资料解释计算机主机 1010 台，CPU1957 个（包括单核、双核、四核、八核 CPU，共 17968 核），GPU24 个（共 18432 核）。磁带机 73 台，绘图仪 61 台。可控震源主要有 8 种型号 694 台，同比增加 12 台。车装钻机有 43 种型号 965 台，人抬钻机有 11 种型号 1373 台（套），推土机有 12 种型号 214 台。各类物探测量仪器共计 2927 台（套），其中卫星定位仪 2206 台、卫星导航仪 379 台、全站仪 342 台（表 2）。

表 2　2022 年集团公司地球物理勘探装备情况

项　目	2022 年	2021 年	同比增减
地震仪器（台 / 套）	172	174	–2
主机控制单元（个）	172	174	–2
总道数（万道）	172.13	167.1	5.03
平均每台仪器（道）	10000	9605	395
采集站（万个）	105	108	–3
非地震仪器（台）	556	556	0
其中，重力仪	13	13	0
磁力仪	20	5	15
电法仪	523	536	–13
磁化率仪	0	2	–2
资料处理计算机	1.18 万个 CPU（12.8 万核）	1.39 万个 CPU（12.77 万核）	减少 0.21 个 CPU（增加 0.03 万核）
资料解释计算机	1957 个 CPU（17968 核）	1971 个 CPU（17546 核）	减少 14 个 CPU（增加 422 核）
可控震源（台）	694	682	12
车装钻机（台）	965	1058	–93
人抬钻机（台）	1373	1433	–60
推土机（台）	214	218	–4
物探测量仪器（台）	2927	2998	–71
其中，卫星定位仪	2206	2262	–56
卫星导航仪	379	389	–10
全站仪	342	347	–5

地震采集工程。2022 年，二维地震采集 3.78 万千米，三维地震采集 8.04 万平方千米（表 3、表 4）。

表 3　2022 年集团公司二维地震、三维地震采集情况

项　目	2022 年	2021 年	同比增减
二维地震采集（万千米）	3.78	3.45	0.33
其中，国内	0.91	0.91	0
三维地震采集（万平方千米）	8.04	8.65	–0.51
其中，国内	2.32	2.15	0.17

表 4　2022 年集团公司国内外物探野外采集工作量

	项　目	2022 年	2021 年	同比增减
国内勘探	二维地震施工（队次）	39	38	1
	生产记录（万张）	45.96	41.51	4.45
	地震剖面（万千米）	0.905	0.91	-0.005
	三维地震施工（队次）	77	85	-8
	生产记录（万张）	345.5	402.10	-56.6
	采集工作量（万平方千米）	2.32	2.15	0.17
	VSP 工作（队）	9	9	0
	VSP 测井（口）	272	336	-64
国外勘探	二维地震施工（队次）	13	13	0
	生产记录（万张）	199.31	159.33	39.98
	地震剖面（万千米）	2.88	2.54	0.34
	三维地震施工（队次）	42	49	-7
	生产记录（万张）	4716.65	4980.44	-263.79
	采集工作量（万平方千米）	5.72	6.50	-0.78

地震资料处理。2022 年，处理二维地震剖面 78595.78 千米，同比减少 43721.72 千米，下降 35.7%；处理三维地震资料 178579.7 平方千米，同比增加 820.19 平方千米，增长 0.46%。

资料解释及综合研究。2022 年，解释二维地震剖面 13419 条、697690.07 千米，同比减少 57207.45 千米，下降 7.6%；解释三维地震区块 799 个、455520.57 平方千米，同比减少 31508.06 平方千米，下降 6.5 %；绘制深度构造图 3338 张，发现圈闭 7691 个，面积 78303.49 平方千米；复查圈闭 9306 个，面积 67228.41 平方千米；提供井位 11399 口，采纳井位 6149 口。

核心软件。（1）GeoEast 2022 的 4.1 版本发布，新增模块及功能 112 项，完善升级 52 项，在平台功能开发、OBN 数据处理、DAS-VSP 处理、双域 FWI 技术、智能化处理解释等关键技术研发方面取得重要进展；iEco 平台功能持续增强，形成人工智能高效开发环境，开发 Windows 平台版本，实现 GeoEast 社区上线运行，为下一步地球物理勘探智能化、Web 化和生态化发展奠定基础；OBN 数据处理方面形成较为完备的深水和浅水纵波 OBN 处理技术系列，并在北部湾、旅大和平湖等多个国内 OBN 处理项目中应用，取得良好的处理效果；研发陆地初至波 FWI、双域 FWI 等 10 项技术，特别是双域 FWI 技术获得壳牌公司的高度认可，并在 Leopard 海外高端处理项目得到应用。（2）DAS-VSP 处理研发方面形成 VSP 初至层析反演、振铃噪声压制等 12 项新技术，实现井中地震处理技术由 CDP 叠加向叠前偏移成像、二维向三维的两大技术跨越，助力井中业务交付能力取得本质提升；打造 AI 初至拾取、速度谱解释、断层预测、层位解释等前沿人工智能处理解释技术，初步形成 Smarter 人工智能处理解释软件，具备规模化应用条件。（3）KLSeis Ⅱ 地震采集工程软件系统 V4.0 持续完善，为阿联酋 ADNOC、阿曼 PDO、鄂尔多斯王窑、四川南充、平昌南、柴达木英雄岭等三维地震采集项目的高效运作和提质增效提供技术支撑。KLSeis Ⅲ 地震采集人工智能云平台研发稳步推进，初步搭建 AI 开发框架，完成采集作业推演软件主体功能的开发；研发 AI 高精度地震初至拾取软件（Timer），解决低信噪比地区初至拾取效率低、误差大、质量差等难题，应用超过 1200 万炮，拾取精度超过 95%，为初至高精度快速拾取提供新工具。（4）研发海洋地震勘探生产信息管理系统 MegaShare，在土库曼斯坦龙油三维 OBN 项目中应用，实现生产日报的一键生成；新研发表层建模软件 YansMCT，解决复杂区地表建模与静校正难题，在山地、沙漠、黄土山地、戈壁等地区的应用中取得良好效果。

装备研发。（1）eSeis 节点仪器升级版研究取得新进展，研制新一代分体式节点采集站 eSeis Neo，创新采用双电源电路设计，重构固件系统，优化软硬件配置，整体稳定性大幅提升，功耗下降 30%；完成 GISeis-NodeQC 功能开发，实现 300 米高空无人机质控。初步实现地震数据共检波点连续道集生成和震源连续施工模式下的地震数据互相关生成等特有功能。海洋节点仪器关键技术研发取得新突破，研制 2000 米压电检波器样机，芯片级原子钟的原子气室、真空封装、悬梁臂等关键核心部件取得突破，功耗 180 兆瓦，接近国际先进水平；3000 米深海节点地震仪完成样机试制，攻克高精度数据记录、姿态校准等核心技术难题，具备批量生产技术及条件，指标参数达到国际先进水平。（2）智能化地震队系统研发应用取得新成效，系统架构由原来的整体式向微服务转变，推出统一的 API 接口平台，实现与其他应用系统间的数据共享，成功打造智能化地震队系统生态圈；优化通信技术，推出LoRaMESH技术，拓宽通信距离及通信节点，实现工区内自组网全覆盖，有效降低组网成本。创新研发GISeis-Map模块，系统全面兼容北斗三代卫星平台，实现生产任务智能规划、自动分发、生产资源合理调配。气爆横波矢量震源开展首次试验，初步完成横波激发模型建立。（3）创新研制全球首艘DP浅水OBN特种勘探船，具备节点收放、震源激发一体化作业能力，填补行业同类勘探装备的空白；海洋节点收放系统突破机器人辅助自动挂接和分离、挂点视觉判别及定位等关键技术瓶颈，挂接与分离准确率90%以上，OBN作业效率进一步提升。

物探技术集成配套。（1）开展陆上大道数节点高效采集技术攻关，形成5万道级大道数节点高效激发、作业管理系统、野外及室内质量控制方法和软件，在阿曼PDO项目应用173.8万炮，平均采集日效2.4万炮，最高日效2.8万炮；G3i仪器高效混采配套功能不断完善，在沙特阿拉伯项目应用中对比SN508仪器的采集效率稍高，超出预期10%—20%。（2）聚焦五大盆地高效勘探要求，打造“三标工程”，推进勘探项目高质量运行。在四川盆地，强化“碳酸盐岩、致密油气、页岩油气”领域技术攻关。梓潼、自贡东等三维地震项目推行智能化、信息化技术；研发基于高精度遥感信息的物理点AI自动布设技术，助力地表障碍物智能拾取精度达到90%以上。在鄂尔多斯盆地，聚焦“奥陶系深层盐下、致密油气立体勘探、致密油高效开发、盆地基础研究”四大领域开展技术攻关。地震采集项目全面应用VPM+SSC智能激发系统、智能化地震队、AI人工智能拾取等新装备及技术；攻关形成黄土山地激发点位均匀布设、万亿字节（TB）级海量数据高效现场处理等标志性技术，有效提升原始资料品质；针对油藏开发研发uDAS-VSP井地联采设计、处理以及偏移成像等16项创新成果，获得高质量3D-VSP道集资料，为后续成像处理及薄储层预测、油藏精细描述等工作奠定坚实基础；开展“双高”处理解释一体化配套技术攻关，获得高保真高分辨率数据体，频宽拓宽8赫兹，有效支撑天环凹陷区带长8地质储量提交，推动2023年西缘复杂构造带银洞子等三维地震部署。在塔里木盆地，重点围绕“巨厚黄土、断融体、致密油气”勘探领域进行技术攻关。创新塔西南巨厚黄土区浅表层激发井深优化设计，改变激发深度越深越好的传统观念，支撑甫沙三维钻井总进尺减少29万米；创新台盆区基于目的层反射能量和背景噪声关系的邻炮干扰评价方式，大幅缩小放炮间隔，有效采集时间提升20%以上；优化形成基于MVSP的沙漠区近地表Q值调查标准工艺和流程，实现钻井工作量和检波器使用量的“双降”，为玉满三维双井控Q补偿处理提供精准数据。在准噶尔盆地，重点开展“南缘复杂构造、腹部深层石炭系”两大领域技术攻关。石西101井区打造三维“两宽一高”升级版，覆盖密度806.4万炮道/千米^2；采用基于T-D曲线优化的动态滑动高效采集技术，最高日效6819炮，创造准噶尔盆地腹部大沙漠区采集日效双纪录；三维地震新资料低频信息丰富，信噪比显著提高，石炭系成像质量大幅提升，地层结构清晰，指导沿石西和莫北凸起的岩体目标和断块目标实现，完钻的石西19井、石西21井，油气显示活跃。在柴达木盆地，强化“页岩油、天然气”领域物探技术攻关。创建高原智慧化平台，集成及研发激光LiDar技术、T-D规则井炮激发系统、复杂山地全节点采集、PPK+可控震源等多项新技术、新方法，英雄岭复杂山地覆盖次数均匀性提升至93%，实现生产项目的高效高质量运作；采用长排列、小面元、宽方位、高密度和高保真采集，有效保证浅中深层资料的信噪比和频宽；强化“真”地表TTI叠前深度偏移处理解释一体化攻关，牛东基岩圈闭和干柴沟、红沟子斜坡区低幅度构造得到准确落实，助力阿尔金山前部署的牛171井获高产气流。

（吴志伟）

【钻井】 2022年，中油技服认真贯彻落实集团公司工作会议精神，坚持地质工程一体化，重点推进深层超深层和非常规油气钻井提速，技术服务水平持续增强，服务保障能力不断加强，钻井技术工作实现新跨越。

队伍与装备。动用钻井队伍1361支。其中，国内1141支，包括集团公司内1128支，集团公司外13支；国外220支，包括集团公司内87支，集团公司外133支（表5）。钻井顶驱622台，单闸板、双闸板、环形等防喷器5217台，控制系统1921套，节流压井管汇2271套，地质导向仪器155套/307串，固井水泥车709台（表6）。

表 5　2022 年中油油服钻井队数量

项　目	2022 年	2021 年	同比增减
钻井队数量（支）	1361	1213	148
国内钻井队数量（支）	1141	975	166
其中，集团公司内	1128	954	174
集团公司外	13	21	-8
国外钻井队数量（支）	220	238	-18
其中，集团公司内	87	83	4
集团公司外	133	155	-22

表 6　2022 年中油油服主要装备统计

装备名称	2022 年	2021 年	同比增减
顶驱（台）	622	613	9
防喷器（台）	5217	5296	-79
控制系统（套）	1921	1964	-43
节流压井管汇（套）	2271	2937	-666
地质导向仪器（套 / 串）	155/307	159/309	-4/-2
固井水泥车（台）	709	688	21

钻井市场分布。国内市场主要包括大庆、吉林、辽河、华北、大港、西南、长庆、新疆、塔里木、青海、冀东、玉门、吐哈、浙江等地区。国际市场主要包括中亚、中东、非洲、美洲等地区，主要集中在伊拉克、哈萨克斯坦、阿尔及利亚、乍得、巴基斯坦等国家。

完成工作量。2022 年，中油技服钻井队伍在国内外市场开钻 9855 口，完井 9803 口，钻井进尺 2444.58 万米。其中，国内集团公司内开钻 8579 口，完井 8546 口，钻井进尺 2150.50 万米；国内集团公司外开钻 249 口，完井 238 口，钻井进尺 75.78 万米；国外集团公司内开钻 325 口，完井 316 口，钻井进尺 74.57 万米；国内集团公司外开钻 702 口，完井 703 口，钻井进尺 143.74 万米（表 7）。

主要技术指标。完成井平均井深 2479 米，同比增加 123 米；平均建井周期 31.14 天；平均钻井周期 21.8 天，同比基本持平；平均机械钻速 14.45 米 / 时、钻机月速 2837 米 /（台・月），同比分别提高 6.5%、4.6%。

表 7　2022 年中油技服钻井队伍工作量完成情况

项　目	2022 年	2021 年	同比增减
开钻（口）	9855	9740	115
其中，国内集团公司内	8579	8796	-217
国内集团公司外	249	212	37
国外集团公司内	325	225	100
国外集团公司外	702	507	195
完井（口）	9803	9602	201
其中，国内集团公司内	8546	8678	-132
国内集团公司外	238	203	35
国外集团公司内	316	225	91
国外集团公司外	703	496	207
进尺（万米）	2444.58	2311.18	133.4
其中，国内集团公司内	2150.50	2084.25	66.25
国内集团公司外	75.78	64.53	11.25
国外集团公司内	74.57	49.34	25.23
国外集团公司外	143.74	113.06	30.68

工程质量。井身质量合格率 99.92%；固井质量合格率 99.74%；取心进尺 15793 米，收获率 96.34%。

优质工程。阜 53 井完钻井深 5810 米，钻完井周期 54 天，较设计工期节约 26.4%，刷新阜康凹陷最短钻完井周期纪录；莫 28H 井克服高压、高温等困难，以 5123 米创新疆油田垂深最深水平井纪录，同时创造区块三开水平段平均机械钻速最快、工期最短、首次采用高密度油基钻井液、控压固井新技术等多项施工纪录；葡探 1 井完钻井深 7150 米，创吐哈油田最深井纪录；陵探 1 井采用直径 660 毫米和 444.5 毫钻头分别钻至 605 米、3115 米，创吐哈油田大井眼最深、吐哈油田 339.7 毫米技术套管下深最深、内插固井工艺施工最深井三项纪录；富源 6 井完钻井深 7736 米，钻井周期 108.8 天，较设计周期提前 65.3 天，创富满区块水平井施工最短周期纪录；满深 72 井完井井深 8088.67 米，钻完井周期 163.21 天，较设计周期提前 30.79 天，创满深区块最短钻完井周期纪录。足 203H8-2 井井深 7020 米创长城钻探钻井最深纪录；集团公司风险探井纳林 1H 井以井深 5062 米刷新国内煤层气水平井井深最深纪录；兴华 1-131X 井井深 5095 米，钻完井周期 27.79 天，创造巴彦淖尔区块钻完井周期最短纪录；兴华 1-15X 井完钻井深 5092 米，钻井周期 18.17 天，钻完井周期 24.25

天，再次刷新区块钻井、钻完井周期最短纪录。满深8井完钻井深8726.8米、垂深8331.9米，创集团公司水平井垂深最深纪录；满深10井完钻垂深8641米，刷新集团公司定向井垂深最深纪录；兴华601井完钻井深5075米，钻井周期15.08天，刷新集团公司5000米以深井钻井周期最短纪录；兴华11-5X井完钻井深5880米，钻井周期23.96天，刷新集团公司5500米以深井钻井周期最短纪录；兴华11-4井完钻井深6192米，钻井周期36.54天，刷新集团公司6000米以深井钻井周期最短纪录。双鱼001-H6井安全钻至井深9010米完钻，创造中国陆上最深气井纪录；德探1井完钻井深7660米，完钻周期316.72天，创蓬莱气区六开井最快完钻纪录；富源3-H3井完钻井深8136米，完钻周期116.02天，完井周期118.27天，创井深大于8000米井最快钻完井周期纪录；蓬深6井钻至灯影组二段井深8358米完钻，创集团公司四川盆地直井最深纪录。火探1井，三开单只钻头进尺631米，平均钻速11.31米/时，创该区块火石岭地层单只钻头进尺新纪录；徐深3-平3井二开进尺2834米、日进尺突破1000米，平均钻速16.7米/时，比设计提高67%，创松辽徐深气田二开日进尺、单只钻头完钻等多项高指标；徐深6-平6井，创营城组水平段日进尺101米最高纪录。

水平井施工再创佳绩。MHHW14010井水平钻进单日进尺182米，趟钻进尺595米，刷新玛湖401区块三开水平井段最高日进尺及趟钻进尺纪录；AHHW2061井、AHHW2062井连续刷新艾湖2区块完钻工期纪录；JHW58-44井钻机月速度7519.48米/（台·月）等佳绩，创造区块完钻、完井最好指标；JHW72-11井完钻井深6030米，水平段长2235米，分别以19.96天、24.5天、9063米/（台·月）、2820米和23.3米/时创区块钻井周期、完井周期、钻井月速度、趟钻进尺和机械钻速等五项纪录，72号平台刷新钻完井周期等10余项纪录；吉703H导眼井钻井周期63.15天，造斜、水平段实钻周期50.26天，创吉7区块导眼井、深层水平井周期最短纪录；西南油田气田黄202H6-5井钻井周期95.40天，实现中油技服钻井周期105天的奋斗目标，刷新黄202区块最短钻井周期纪录；风西致密油开发先导试验平台井风西Ⅱ4-7井完钻井深4769米、钻井周期25.8天，风西Ⅱ4-3井完钻井深4697米、钻井周期25.8天，连续刷新区块最短钻井周期纪录；风险探井佳南1井完钻井深4787米，水平段长2211米，水平位移3065.60米，直径139.7毫米完井套管下深4778.81米，创造国内深部煤层钻井水平段最长、位移最大和完井套管下入最深纪录；召51-27-34H6井完钻井深3954米，刷新苏里格区域二开水平井最短钻井周期、最短水平段用时和最快机械钻速纪录。古巴CMN-100RE井，完钻井深7580米，水平位移6794米，水垂比4.17，难度系数DDI为7.4，使用螺杆动力钻具在7280米成功定向，刷新一体化服务承钻陆上最深、水平位移最大、水垂比最大、DDI难度系数最高、螺杆常规动力工具定向施工最深5项纪录；威204H21-5实现水平段旋导一趟钻，进尺2264米；威202H35-5井完钻井深5850米，水平段长2120米，钻完井周期45.33天，刷新2000米以上水平段钻完井周期最短纪录；自215H1-2井井深6320米，水平段长1980米，钻井周期67.12天，创区块钻井、钻完井、日进尺最高、“一趟钻”等11项纪录；阳101H65-6井实现“造斜+水平段”一趟钻，单趟进尺2821米，水平段长2320米，刷新区块最长水平段、四开单趟钻最高进尺两项纪录。官页5-3-6H井完钻井深6118米，创大港油田水平井井深最深纪录；官页5-1-4H井完钻井深6126米，钻完井周期56.08天，水平段长2091米，创大港油田三开水平井钻完井周期最短纪录和水平段最长纪录；官页5-1-5H完钻井深5956米，水平段长1853米，钻井周期38.96天，钻完井周期46.38天，刷新大港页岩油5500米以深水平井钻井周期、钻完井周期最短纪录；宁209H47-12井水平段长1700米，机械钻速40.85米/时，创长宁区块水平段最高机械钻速纪录；郑试76平-15-5L井创华北油田煤层气L形水平井单支水平段最长（1276米）、纯煤进尺最多（1261米）、水平位移最大（1710.34米）三项纪录。阳101H75-4井钻进至井深5690米完钻，旋导钻进“造斜段+水平段”两趟钻完钻，平均机速8.17米/时，铂金靶体钻遇率76.1%，215.9毫米井段钻井周期24天，全井钻井周期57.94天，刷新泸州区块深层页岩气全井钻井周期纪录，比同区块最优钻井周期指标缩短9.86天；秋林221-8-H2井取得单趟钻进尺3570米最高新纪录；富源3-H3井完钻井深8136米，完钻周期116.02天，完井周期118.27天，创中国陆上井深大于8000米井最快钻完井周期纪录。完成古龙页岩油水平井34口，平均井深5155米，进尺17.5万米，平均钻速28.51米/时，平均钻完井周期32.5天，同比钻速提升5%，钻完井周期缩短3.73天。其中，1205

队 GY3-Q1-H3 井创出完钻井深 5399 米、三开一趟钻单趟进尺 3334 米的新纪录。

钻井液技术快速发展。XZ 高性能水基钻井液在吉木萨尔推广应用 29 井次，助力吉 3801-1H 井、吉 3801-4H 井、吉新 2-2H 井和吉阜 101H 井等顺利完井。XZ 高钙基钻井液技术进一步完善，研制出核心处理剂抗钙降滤失剂（直链聚合物降滤失剂 XZ-KG1、支链状聚合物降滤失剂 XZ-KG2），对配套的护胶剂、包被剂进行优选，对配套的封堵防塌性能、颗粒封堵剂性能进行评价，形成一套不同密度在钙离子浓度 5000 毫克 / 升条件下的高钙钻井液体系配方。油基钻完井液服务保障能力进一步提升，通过强化封堵材料级配、合理调整封堵粒径分布、强化携岩及高温稳定性，保障阜康凹陷阜 52 井、阜 53 井、阜 54 井机械钻速分别提速 44.9%、26.4%、33.98%。GWHP-FLEX® 高性能水基钻井液技术在辽河油区高效完成集团公司 CCUS 重点项目双 229 区块首轮 14 口井施工，其中双 229-37-61 井完钻井深 4045 米，钻井周期 12.63 天，较设计周期提前 8.37 天，二开井段平均机械钻速 29.48 米 / 时，全井平均提速 39.85%，创双 229 区块钻井周期最短、机械钻速最高纪录；在尼日尔 Agadem 区块，保障 Dibeilla-NH-6、Dibeilla-NH-8 等 6 口水平井顺利施工；在印度尼西亚 Jabung 区块完成 GEMAH-69、PANEN D12 等 4 口井，平均钻井周期环比下降 10%，创造区块最快平均机械钻速和最短钻井周期纪录，赢得甲方的高度认可。GW-AMO 油基钻井液技术保障威远自营区块、泸州区块、自贡区块（吉林流转）、重庆大足区块、贵州正安区块、洛克项目（绵阳）、吉康油田萨探 1 块、古巴项目等水平井的安全、顺利施工。BH-WEI、BH-KSM 和 BH-OBM 等特色钻井液体系应用 267 口井、进尺 95.96 万米，完成华北油田泗探 1X、青海油田祁探 1、英雄岭先导试验平台井、狮新 56 向、柴平 4、牛 171、千探 1、千探 2、沧东页岩油官页 5 平台井、福山油田福海 1X 等井施工。以复合抑制技术为核心，提高钻井液防塌能力，降低钻井液密度，实现蓬莱气区上部井段、苏里格水平井等重点区域钻井提速；以塑性粒子 + 纤维封堵构成钻井液多元封堵技术核心，结合优质流变性和大排量洗井，有效降低故障复杂发生。依托“井漏预防与堵漏新技术研究与试验”专项，针对不同的漏失特征，推广刚性颗粒 + 桥浆复合堵漏技术、固结堵漏技术、凝胶 + 纤维水泥等多种组合式治漏技术方案，在川渝地区堵漏 410 次，一次堵漏成功 261 次，一次堵漏成功率 63.66%，同比提高 6.43%，川渝地区完成万米漏失量同比下降 27.32%，井漏复杂时率同比下降 28.59%。开展古龙页岩浸泡强度劣化、场发射扫描电镜、水相活度和驱替实验研究，明确伊利石表面水化产生的强水合斥力为古龙页岩井壁失稳的主要诱因，利用多场耦合三轴试验仪开展岩石抗压强度测试，创建钻井液耦合作用下页岩破坏演化理论模型，实现井壁稳定定量分析，优选出与油基钻井液配伍性良好，粒径 0.5—10 微米的凝胶微球，可提高页岩承压能力 8—15 兆帕以上，实现井筒强化。针对松辽盆地深部复杂地层高温易恶化钻井液难题，开展水基钻井液抗高温机理分析、配浆材料优选评价、钻井液体系配方研究等工作，明确高温对配浆材料的影响规律及其内在关联，形成弱温敏性黏土造浆—多重分子量聚合物护胶—高温稳定剂增效的钻井液技术对策，构建抗 220℃高温复合盐钻井液基础体系，实现松辽盆地深井 / 超深井高温地层钻井液性能稳定。

固井技术助力井筒质量提升。针对窄密度窗口、多压力系统、压力敏感性地层固井，在精细控压钻井技术的基础上研究出水平井“通天”套管精细控压固井技术，应用 16 口井，下套管漏失率由 33.3% 下降为 0，固井合格率由 33% 提高至 93.7%。MHHW14010 井开展水平井“精细控压 + 泡沫水泥浆”固井试验；DaHW1506 井通过配合精细控压设备及软件监控，创新采用固定过渡环技术，解决控压下常规“通天”套管难题，实现全程安全固井，创集团公司水平井精细控压下常规“通天”套管 5881 米最深固井纪录。基于润湿反转理论科研攻关形成高效驱油前置液体系，清洗效率 90% 以上，在吉木萨尔页岩油现场应用 50 井次，实现 3000 米以上水平段固井质量优质。针对川渝、塔里木等深层超深层油气井封固段长、上下温差大，原有高密度水泥浆候凝时间长、顶部强度发展缓慢易导致喇叭口产生气窜的技术难题，通过技术攻关研发高温缓凝、低温早强的大温差水泥浆体系，顶部水泥石强度高，提升深井、超深井固井长期密封完整性。致力于旋转套管固井工艺的攻关研究，完成水泥头整体结构设计、加工装配、室内试验、旋转测试，并在页岩气威 204H20-2 井完成首口旋转套管固井现场试验，各项参数完全符合现场安全施工要求，打破国外同类产品的技术壁垒。设计水泥车数据采集管理平台数据库表结构模型，建设固井工程作业智能支持中心，推进固井专业向数字化、信息化、智能化转型。针对辽河稠油热采井井筒长期完整性开展技术攻关，形成热响应水泥浆体系，在辽河油田杜813-42-78等3口井中成功应用。应用BH-PVA、BH-PAM、BH-HTC等公司特色固井水泥浆体系435井次。在吉林油田、大庆油田及巴彦油田进行韧性水泥浆体系现场试验20余口井，固井质量同比提高1.87个百分点。天湾1井139.7毫米+168.3毫米尾管下深8166米，创新疆油田该尺寸套管固井最深纪录；满深10井196.85毫米尾管下深8333米，刷新塔里木油田该尺寸尾管固井井深最深纪录；林探1井139.7毫米套管固井刷新冀东油田温差最大（135℃）和一次上返封固段最长（5961米）纪录；南堡2-90井114.3毫米小间隙超高温尾管固井，刷新冀东油田固井井温最高（井温203.5℃）、114.3毫米尾管封固段最长（1260.95米）纪录，填补冀东油田潜山地层尾管固井施工空白。足203H2-1井完钻井深7318米，139.7毫米套管下深7314.98米，采用常规固井工艺，水泥浆一次性返出地面，创集团公司一次封固段最长纪录。研发出系列防侵扰水泥浆体系，体系静胶凝过渡时间短、早期强度高、抗侵蚀能力强，现场应用37口井，水层段封固质量合格率96.8%，有效提升地层水活跃区块固井质量。开展水泥浆降摩阻机理研究，研发出1.25—1.35克/厘米^{3}耐压低摩阻水泥浆体系，体系耐压稳定性好、动摩阻低、早期强度高，现场应用16口井，封固段固井质量优质率不小于96%，同比降低施工压力3—5兆帕。完成增强材料作用机理、无机有机材料优选以及各组分配比定性定量研究，研发出低密度复合增强材料，复配形成两种低密度体系，水泥浆强度增长率提高30%—115%。现场应用10口井，封固段质量合格率100%。采取区块统筹钻关、整体钻建的施工模式，依托“大完井”理念，从精细化钻关、强化井眼准备、优化钻完井液体系等方面入手，优化界面增强剂、低温防窜水泥浆、高密度冲洗隔离液等技术措施的使用边界条件，制定区块固井施工模板。南一区（1795口井）固井优质率86.29%，同近三年提高30.79个百分点；南中西区块（444口井）固井优质率84.83%，比近三年临近区块提高45.99个百分点。开展国内、国外市场固井技术攻关，针对祖拜尔技套多压力层系固井保障，陕晋煤层气固井易漏、易憋堵，川渝海相地层窄密度窗口、长封固段质量保障困难等开展固井技术攻关，潼南—合川区块完成3口井，封固质量均为优质，单井封固段优质率最低80%以上，合格率97.67%以上，创本区块同类井固井质量最好纪录；祖拜尔区块井9⅝英寸技套固井质量明显高于哈里伯顿固井质量平均水平；陕晋煤层气井吉深13-6平03井全井优质率96.3%，吉深13-6平02井水平段优质率99.4%，连续刷新深8煤水平井固井质量最优纪录。

（杨建永）

【测井】 人员、队伍状况。2022年，测井专业用工总量14530人，同比减少419人。队伍总量956支，同比减少16支。其中：国内市场851支，同比减少1支；国外105支，同比减少15支，分布在17个国家和地区。

设备状况。有主要专业设备1135套，同比减少14套。其中：裸眼测井设备540套，同比减少41套；生产测井设备291套，同比增加6套；射孔取心设备254套，同比减少10套；LWD设备50套，同比增加11套。

工作量。2022年，测井采集工作量159064井次。其中：国内151181井次，同比增加13237井次；国外7883井次，同比增加1598井次。因井况、路况等原因造成测井未成功7956井次，占总工作量的4.76%，同比下降0.45%（表8）。完成探井测井解释处理工作量15万层、开发井测井解释处理工作量68万层；解释油层8.2万层、气层1.5万层；老井复查6825井次，复查发现油气层3078层。探井解释符合率88.52%，开发井解释符合率97.13%。

表8　2022年集团公司测井工作量

项　目	2022年	2021年	同比增减
工作总量（井次）	159064	144229	14835
其中，裸眼测井	24170	20579	3591
生产测井	54211	50264	3947
工程测井	42419	36239	6180
射孔	38264	37147	1117
LWD	594	240	354
国内工作量（井次）	151181	137944	13237
国外工作量（井次）	7883	6285	1598
因故测井未成功（%）	4.76	5.21	-0.45个百分点

1. 测井技术

自主创新技术进展。（1）裸眼测井方面。CPLog装备实现优化升级。攻克水平井非对称地层模型反演，创新三维感应水平井处理技术；打造并行模式的射频电路技术，成功研制宽频介电一体化探测器；完成八臂推靠器设计制造，形成油基电成像仪器快速处理算法；破解可控源地层元素阳极脉冲电路技术难题，形成高精度处理技术；改进方位阵列侧向关键电路，建立环境校正及成像处理模块。研制200℃高/中/低速采集及处理测井芯片，并应用于岩性密度、阵列感应、数字声波、双侧向4种仪器，现场测井温度192℃。研制形成175℃@200小时直径40毫米高产额中子管，为绿色测井提供关键核心技术支撑；偏心核磁探头研制成功，实现二维谱数据采集。试验定型230℃/170兆帕直径70毫米超高温高压小直径测井系列仪器，创造多项施工应用纪录，KS1901井测深8011米，QT1井测井温度213℃。FITS过钻具阵列感应测井仪、过钻具偶极子阵列声波、自然伽马能谱仪器、阵列侧向仪器、过钻具微电阻率成像仪器研制成功，实现过钻具中子源舱一体化3D打印。175℃高灵敏度声波测井换能器实现产品定型和替代进口，205℃高灵敏度声波测井换能器完成标准井测井试验。（2）随钻测井方面。自主研制具备30米探边能力的随钻远探测样机，并配套研发刻度测试装置。创新远探边和前探等4项方法技术，以地质信号的测量精度为依据，首次提出地层界面分辨率定义，样机通过水面探边30米和前探10米测试验证，能够实现近到远多尺度地层电阻率及界面探测。随钻仪器复杂环境下的弱信号检测与解码等4项核心关键技术实现突破，满足现场作业需求。自主旋导装备完成产品定型，自主掌握产品设计与生产工艺，推出CNPC-IDS智能导向系统，集团公司成果鉴定认定为国际先进。创新设计近钻头电阻率成像测井方法及电极系，突破在1米钻铤上伽马、电阻率成像狭小空间高度集成等3项难题，实现近钻头双探边装备制造。融合工程技术全专业系列，建成地质工程一体化评价服务能力，开展钻前预判和设计、钻中联动调整、钻后模型迭代优化及压裂设计与监测等一体化评价工作，确保工程服务更好地支撑地质目的实现。（3）生产测井及测试方面。完成CPLog生产测井装备系列研制，形成包括注产动态、井筒完整性评价、剩余油评价、光纤测井四大系列42种测井仪器的完整套后装备系列。研发超小尺寸通用采集、井场多源数据永久监测等平台化技术，支撑小尺寸及智慧油田装备开发。实现DTS、DAS、PLT等中高端装备自主研发，全面掌握核心关键技术，并在超弱光栅、光纤声波接收阵列等方面进一步探索。在流动成像、CEST、连续式过套管、210℃压力计等领域实现多项关键技术突破，支撑装备工程化进程。研发形成新一代多层管柱电磁探伤技术，新增过油管检测套管变形及错断功能，纵向裂缝识别精度提高60%。攻关试验CCUS测试技术，研制第三代单皮碗集流装置，解决超临界条件下点测流量录取技术难题。建设中国石油首家智能分注质量检验中心，持续改进检定设备、优化检定流程，年检定能力提升至500套。

新技术新工艺应用。远程测井规模应用，实现在基地完成现场测井装备操控和测井数据采集。远程测井与现场测井采集可同时进行，现场工程师和远程工程师均可采集记录测井数据，现场工程师具有控制优先权，2022年远程测井作业800井次，具有远程测井功能iWAS地面系统换装11套。车载快速岩石物理实验室应用以全直径岩心核磁共振为核心的车载岩心快速实验装备，可在井场快速获取全直径岩心20余项关键参数，在低渗透储层8口重点井录取303米全直径岩心高分辨率二维核磁实验资料，为快速准确评价储层及含油气性提供新手段。CPLog成像测井技术现场推广多点突破。3DIT三维感应商业化应用59井次，为复杂储层和流体性质识别提供新手段。iMRT偏心核磁完成15井次现场作业，在准确识别非常规油气方面效果突出。FITS过钻具系列成为重点井和复杂井首选利器，作业497井次，以租代售哈里伯顿公司。完成光纤测井65井次，同时开展光纤传感实验室建设，完成自主地面系统研发应用，开发低碳无人值守光纤测井模块，实现“研发+服务”双突破，为油田增储上产、稳油控水提供技术支撑。完成连油+测井作业101井次，进一步满足油田需求。自主旋转导向系统作业能力持续提升。依托广汉、西安、大庆、新疆（建设中）区域维保中心逐步扩展应用范围。通过对地面系统、传输供电短节、主控测量电路进行技术升级，综合运用地质、工程数据，稳步提高下井仪器工作时长及作业进尺，为自有装备现场作业提供平台支撑。在应用中分析及优选井下钻具组合，仪器工作时长从146小时提升到249小时，仪器单趟作业进尺从190米提升到674米，形成区域应用模板。自主智能导向工具与长城GW随钻测井平台完成首口井现场作业，平均机械钻速 11.74 米 / 时，机械转速比使用螺杆定向时提高 2.5 倍；伽马电磁波仪器在青海油田、新疆油田小规模应用；方位电磁波仪器在榆林红柳林煤矿示范性作业，实现跨界应用；持续提升地质工程化一体化能力，在各钻探企业重点支持保障 26 个平台作业。设计压裂、压力监测一体化组合工具，完成致密油、转变开发方式试验区压裂监测评价 5 口井、303 个层段，识别出压窜异常层段 62 个。

2. 射孔技术

（1）“先锋”127 型超深穿透射孔器穿孔深度突破 2.2 米。2022 年 11 月 26 日，经美国石油学会 API 现场见证，“先锋”127 型超深穿透射孔器 API 标准混凝土靶穿孔深度为 2258 毫米，刷新全球同类型射孔器最高穿深纪录。（2）桥射联作技术 2.0 规模应用并入选集团十大科技进展。以“地面模块化装配、井口快速换装、全井筒高效输送、等孔径多簇射孔”为特点的桥射联作技术 2.0 入选 2022 年度集团公司十大科技进展，在非常规油气主力区块推广应用超 2000 口井。该工艺使射孔能力由单段 20 簇提升至 50 簇，同时降低水平井压裂破裂压力 5% 以上、提升加砂强度 10% 以上，有力支撑非常油气的高效勘探与效益开发。（3）超高温超高压射孔技术取得重大进展。研究并定型 89 型 245 兆帕 /210℃ /170 小时超高压射孔器、175 兆帕 /210℃ /170 小时水平井射孔器和 175 兆帕 /230℃ /72 小时超高温射孔器及全套射孔技术，满足 8000 米以深油气藏、超高温油气藏及超深小井眼水平井的射孔需求，进一步补全超高温超高压射孔技术序列，为下一步超 10000 米深井射孔技术攻关及作业奠定基础。245 兆帕射孔技术在 BZ1301、BZ1302 两口井成功开展先导性试验应用，成功率 100%；230℃超高温射孔技术在 QT1、QT2 等两口井得到成功应用，创造国内油传射孔施工温度最高 220℃纪录；175 兆帕超深小井眼水平井射孔技术推广至集团公司内部及中国石化等多个单位，解决勘探开发中遇到的水平井射孔难题；国内首次自主研发的 86 型定方位射孔器，解决长井段射孔定向与精确定方位的难题，在 PT1 井创造钻具传输定方位射孔国内最深 7430 米、温度最高 172℃纪录；在 LX1 井、PT103 井、PS3 井推广应用精确分段延时主动减震射孔技术 3 井次，解决高冲击载荷下射孔难题。（4）射孔弹制造自动化水平持续升级。实现射孔弹上料、印码、贴签、开封箱、码垛等全流程包装工序自动化，在减员增效同时提高生产线本质安全水平。实现药型罩厌氧胶的自动化喷涂，解决喷涂过程中的安全环保等问题，进一步提升射孔弹制造自动化配套水平。（5）研制高温高压工程复杂处理器材。形成最高耐压 160 兆帕、耐温 200℃的火工穿孔、切割及爆炸松扣技术，满足 8000 米以深井复杂处理需求。（6）去火工射孔高能电子激发起爆技术取得新突破。研制定型高能电子编码激发器，实现射孔非火工品点火的从无到有，最高耐温 150℃ /4 小时，在 F14-12、F14-14、X268-19 等井完成 3 井次现场试验，点火成功率 100%。（7）去火工模块化电动坐封技术取得新突破。研制定型模块化电动坐封工具，推广应用 46 井次，成功率 100%。（8）打造射孔井下穿深检测技术。攻克孔道精准对位、深度准确测量两项关键技术，研制液力支撑器、孔深检测仪等 8 套装置，初步形成井下孔眼穿深检测技术。技术指标为检测精度 ±5%，最大测深 1500 毫米。现场成功试验 9 井次。

3. 测井解释评价技术

（1）创新实验方法，夯实解释基础。针对中国陆相页岩油、超深层碳酸盐岩等重点勘探领域，创新实验分析技术，在页岩源储特征规律、页岩油含油性和可动性实验方案、页岩储层可压性评价以及数字钻力学参数测量等方面形成新认识、新成果。（2）加大新技术应用和解释技术攻关力度。创新发展深层复杂碎屑岩评价技术、深化完善缝洞型储层评价技术、持续攻关页岩油气评价技术、丰富提升低阻油层识别技术，保障 74 口重点井勘探发现，乍得外围盆地增储超 2000 万吨。获集团公司油气勘探重大发现奖 1 项。（3）老井精细再评价助力老区挖潜。全力配合国内外 20 多个油气田，聚焦富油气区带，围绕主力层中薄差层、浅层非主力层、周缘过渡带，开展规模化老井再评价，助力老区增储上产，新增油气当量 63.53 万吨。（4）综合地质研究支撑海外勘探发现。开展测井—地震跨专业融合的综合地质研究，针对滨里海盆地东部缓坡带低幅度构造—岩性复合圈闭，研究论证 5 个目标均被采纳实施。（5）建立光纤、流动成像和微地震监测等套管井处理解释流程与标准。生产效率较过去提升 50% 以上，完成重点解释 113 口，新技术资料处理 1195 井次。（6）完善数据平台，挖掘数据价值。持续打造中国石油统一测井数据库，实现所有测井数据的全生命周期数据管理，促进多学科数据共享集成，2022 年完成历史测井数据入库 48 万口，整体测井数据入库率 94%；上线风险（重点）井专家支持系统，整合重点井解释评价业务流、数据流，开发协同支持平台，支持线上专家会诊，保障高效决策，管理500余口重点井相关资料；开发老油田评价挖潜一体化应用系统，助力老井再评价工作数字化升级，完成基本框架搭建和部分系统功能模块开发。

（邹 辉）

【录井】 人员状况。2022年，集团公司录井专业员工总数7145人，同比增加22人。

装备状况。主要录井技术装备3494台，同比减少626台，下降15.2%，总新度系数0.31。综合录井仪1367台，新度系数0.28，国内1223台，分布在16个油区；国外144台（集团公司内98台、集团公司外46台），服务于亚太、中亚、非洲、中东、美洲等地区的18个国家。其中：国产综合录井仪1334台，同比增加176台，增长15.2%，新度系数0.29；进口综合录井仪33台，新度系数0.08。

工作量。2022年，集团公司录井企业录井施工10867口井，同比增加716口井，增长6.6%。录井仪器（综合录井和气测录井）施工总天数417014天，同比增加79311天，增长19.0%。

录井技术进展与应用。2022年，各录井企业持续加大科技研发资金投入力度，开展各级科技项目170项，其中国家级项目2项、集团公司级项目11项、局级项目71项、处级项目86项。获奖成果100项，获得国家专利673项，发表论文95篇。特色录井技术方面。各录井企业应用常规录井技术的同时，加大三维定量荧光、地化录井、元素录井、伽马录井、岩心岩屑成像等特色录井技术应用，将特色技术采集的数据加入油气水解释评价中，依据各区域地质特点，开发出针对性解释评价技术和模板，极大提高岩性和层位识别、油气显示发现、地层水分析和储层评价能力，为勘探开发做出重要贡献。2022年，在651口探井上发现并评价油气显示127354.57米/19497层，符合率84.87%；在4281口开发井上发现并评价油气层830478.29米/139129层，符合率93.71%。工程录井技术方面。各录井企业充分发挥地质工程一体化作用，在实时监测钻井参数、及时报告工程异常的基础上，从地质角度深入分析可能存在的风险并采取相应防范措施，提前预告复杂层位和井控风险，降低钻井风险，节约钻井作业成本，确保钻井施工安全优快提速。全年集团公司所属录井企业共监测到工程异常45875次，其中钻具刺201次、泵刺119次、钻具断84次、井漏2643次、溢流263次、硫化氢异常100次，异常预报符合率99.99%，实现“早发现、早报告、早处理”的目标，助力高效勘探和效益开发快速推进。

（席云龙）

【井下作业】 人员、队伍状况。2022年，井下作业系统用工总量5.4万人，队伍1835支。按专业性质分类：压裂酸化队177支、试油队231支、大修队288支、侧钻队19支、小修队698支、测试队257支、带压作业队170支；按资质登记分类：甲级队428支、乙级队1226支、丙级队181支，甲乙级队伍占总数的90.14%。

装备状况。2022年，井下作业系统有修（通、钻）井机2237台，同比减少129台，下降5.45%。其中：车载修井机1547台，占总量的69.16%，同比下降5.67%；通井机650台，占总量的29.06%，同比下降6.47%；车载钻机40台，占总量的1.79%，同比增长29.03%。1000型以上压裂泵车1159台，共计253.3万水马力；2000型及以上压裂泵车1023台，占压裂泵车总量的88.27%。连续油管车141台，制氮车40台，液氮泵车58台，带压作业设备167套。

2022年，井下作业工作量8.13万井次，试油10505层。其中：国内井下作业工作量7.93万井次，试油6977层；国外井下作业工作量1996井次，试油3528层（表9）。

表9 2022年集团公司井下作业工作量

项 目	2022年	2021年	同比增减
井下作业工作量（万井次）	8.13	8.37	–0.24
其中，国内井下作业（万井次）	7.93	8.21	–0.28
国外井下作业（井次）	1996	1614	382
压裂（井次）	17369	16759	610
酸化（井次）	1610	1120	490
小修（井次）	55583	60393	–4810
大修（井次）	5452	5154	298
侧钻（井次）	295	288	7
试油（层）	10505	9783	722
其中，国内试油（层）	6977	6280	697
国外试油（层）	3528	3503	25

试油测试技术。川庆钻探持续推进超深井测试提速，推广通刮一体化工具、试油完井一体化工艺和

桥塞封闭转层工艺，推广应用91井次，节约周期超200天；持续优化射孔测试联作管柱结构，推动故障复杂安全快速处理，应用94井次；持续开展试油重点技术攻关，研发6⅝英寸—105兆帕测试封隔器、悬挂完井一体封隔器，现场应用4井次。西部钻探持续升级深井高温高压试油测试技术系列，通过改进井下测试工具性能、优化管柱组合与配置，不断升级多阀一封测试工艺，基本实现测试工具国产化；在天湾1井成功应用国产直径99毫米RD循环阀，创造国内测试最高地层压力171.78兆帕、最高井口流动压力123.36兆帕施工纪录。长城钻探针对海外苏丹、乍得等项目单井多层测试技术需求，研制适用于7英寸套管的电控分层测试工具，并形成一趟管柱分层测试工艺技术方案，提高地层测试作业效率、降低作业成本；针对高产气井燃烧时高辐射、高噪声带来的设备、人员安全隐患，研制适用于百万立方米产量的天然气燃烧器，以及适应燃烧温度1000℃以上、距离100米以上的远程自动点火系统，打造高产气井放喷配套设备体系。渤海钻探加快研发STV阀、程控式测试阀，形成深井STV测试射孔+射流泵一体化技术，现场应用50余井层，试井资料录取成功率97%；研发“负压四阀一封”技术，实现超深井常压储层负压射孔测试，在兴华5井成功应用3层。

压裂酸化技术。川庆钻探持续革新以“多缝换缝网+粉砂换陶粒+暂堵换排量”为核心的压裂工艺2.0技术，形成以最佳EUR为目标的压裂参数优化设计技术，川南页岩气单井千米测试产量增长7.2%，EUR增长4.3%，整体套变率下降28.7%，压裂成本下降12.6%；持续完善致密气连续管底封精细分割体积压裂技术，在蛟179-222X井、蛟180-221X井完成试验，压裂后不放喷带压拖动转层10次，有效解决常规油管压裂放喷转层效率低的问题；推进二氧化碳压裂技术规模化应用，应用53井次299层，二氧化碳用量4.19万吨，超集团公司近5年总和；在华H100-19井创新完成国内首次连续油管底封拖动+前置二氧化碳工艺试验，实现改造后平均增产9.8%，整体气井排液周期缩短18%；开展压裂系列新工艺、新产品试验，在威远、苏里格、长庆、川中致密气等区域开展纤维携砂工艺、纳米修复剂、彩色示踪支撑剂、气悬浮压裂、穿层压裂、纤维+缝端暂堵剂防压窜、双压裂、恒定砂浓度加砂压裂、水平井可开关滑套与套管外光纤监测等应用试验，试验效果显著；推进燃气发电电驱压裂配套设备现场试验，在长庆油田靖77-27井组开展燃气发电现场试验，4台5.8兆瓦级燃气涡轮压裂设备并网发电，创造国内最大规模燃气涡轮发电全电驱压裂纪录。西部钻探推广柔性高压管汇、工厂化集成砂箱、高低压全井大通径管汇等自动化、信息化装备，“雪豹”一键压裂系统实现国内首次远程集中控制，稳定运行200层，为国内压裂施工走向自动化、智能化提供首个参考模板；探索压裂驱动能源多样化应用，在AHHW2035井首次实施国内燃气涡轮压裂橇先导性试验，为在新疆、塔里木等油田推广燃气压裂奠定良好基础；长城钻探在威204H85平台首次开展全电驱压裂施工，压裂效率提升33.6%，平台日产气量过百万立方米；在威202H84平台首次采用管网气开展“燃气轮机发电”试验，压裂63段，节约燃油成本87万元，为电驱压裂开辟新路径；二氧化碳干法压裂提黏剂初见雏形、渗吸驱油压裂液增油效果显著、变黏滑溜水和生物复合乳液抗盐性能得到较大提升、可溶桥塞系列新增3种尺寸（66毫米、80毫米、90毫米），全年推广应用变黏滑溜水228万立方米、可溶桥塞722支，实现自研产品升级换代与规模化应用。渤海钻探研发智能远程压力监测系统，实时监测生产动态数据，在兴华111X井创造巴彦地区压力监测最深4500米、压力最高44.83兆帕、温度最高137℃三项纪录；采用“低排量纵向布缝+大排量延伸扩缝+复合应力转向”压裂工艺，在河北M1井和M2井实现首次干热岩压裂加砂、首个干热岩井组连通、首次干热岩实验性发电。大庆油田持续提升连续油管精控压裂系列技术，形成针对新井的连续油管精细分层、直井缝网和水平井体积压裂技术，创造一趟管柱水平井改造94段、直井改造39层的行业新纪录，时效提升50%以上；形成针对老井的连续油管重复压裂技术，初期日增油4.5吨，较常规压裂提高36.4%，阶段增油1.81万吨；针对剩余油富集的高含水层，构建控含水技术新体系，攻关形成水平缝控方位、钻孔压裂定方位、垂直缝转方位改造技术，单井日增油平均提升45%，含水下降9.1%，控水挖潜能力得到整体提升。长庆油田针对靖边下古气井生产中后期井筒及近井地带堵塞问题，采用压缩机气举+解堵剂复合解堵工艺技术，重新打通储层渗流通道，实现气井复产，全年应用42井次，成功助力投产41井次，井均日增气1.5万立方米。

连续油管作业技术。川庆钻探针对原有连续油管作业设备受限于国内道路运输条件和连续油管自身挠性影响，连续油管滚筒容量仅能满足井深6500米、水平段3000米以内水平井作业的工艺难题，自主研制国内最大的连续管滚筒，可缠绕2英寸连续油管11000米、2⅜英寸连续油管8000米；自主研发全国首盘2英寸6400米CT110大管径高钢级穿光纤连续油管，形成适用于深层页岩气的连续油管智能光纤作业技术；持续推进可换向水眼磨鞋、限扭矩防卡保护器、多次开关循环阀等防卡工具应用，形成连续油管防卡技术，现场应用43趟次；开发连续油管疲劳预警系统，全过程记录连续油管作业使用情况，实时跟踪管柱疲劳寿命，现场应用115井次，占比95.5%，异常点精准描述96%以上、计算速度提高9倍，油管失效率下降60%，连续油管使用率同比提升8%，施工异常复杂下降22%。长城钻探创新应用连续油管带压钻塞、控压冲砂、控压测井、套管补贴等技术，在威204H19-1井应用自主研制的球形磨鞋，完成套管补贴井钻磨桥塞施工，投产后日产气33万立方米；在曙页1井应用连续油管穿芯打捞技术，打捞深度3996米，刷新集团公司连续油管穿芯打捞最深纪录。渤海钻探首次成功应用有缆连续油管测试技术，利用穿电缆连续油管底带测试仪器完成官页10-2-2井测产出剖面施工，摸清沧东凹陷孔西斜坡枣1605井东断块产液情况；推广应用连续油管试油工艺技术，在大港油田进行连续油管射孔2井次，工艺成功率100%，应用连续油管打桥塞封层9井次（其中打暂闭塞6井次），工艺成功率100%。西部钻探攻关形成高压、超高压井连续油管井筒处理工艺，实现施工泵压75兆帕，井口压力45兆帕的连续油管作业，在天安1井由井深1616.12米冲至井深6878.69米，创集团公司超高压直井连续油管最长冲砂段施工纪录；推广应用连续油管控压封堵工艺技术，优选高强度、高韧性封堵剂对油层炮眼井段进行封堵施工。吉林油田推广应用连续油管吐泥岩井封固治理技术，采用连续冲洗过错断点的方式与油层建立沟通，完成对油层的封固，成功完井24口，成功率75%。辽河油田规模化推广应用连续油管与修井作业配合施工模式，形成"连续油管+大修"辅助切割钻塞提效，"连续油管+小修"助力快速投产等多样化协作模式，实现雷72大平台井高质量快速投产，保障油田高效开发；连续油管挤注灰、管内射孔、管内钻磨、定点切割等工艺技术成功应用于新井投产、储气库气井作业、城区封井等领域，应用10余井次，效果明显。

修井技术。川庆钻探强化老井修井风险防控技术，进一步规范老井接井前对井口装置、井口段套管、应急处置条件等4类16项的风险评估内容，明确风险控制措施和升级管控要求；强化高含硫井安全修井作业技术，明确井控、硫化氢中毒风险防范要求及具体内容，针对压力系数低等4类难点问题制定15项处置措施，在川东北完成修井作业4井次。长城钻探开展水平井井筒再造关键工具及工艺研究与试验，形成3个系列二次完井工具，升级5½英寸×4英寸可回接悬挂器及配套工具，完成川平53-11井国内首口5½英寸×4½英寸井筒再造施工，并成功实施15段40簇压裂。大庆油田攻关形成高效侧向开窗和引领磨铣打通道技术，应用92井次，非封固段打通道成功率由55.3%提高到77.2%；攻关形成高效提速钻头和收鱼拨勾，应用25井次，成功率92%；持续优化全自动液压取套修井机，成功研发翘头式液压顶驱及以液压猫道、铁钻工为主体的钻具自动输送及旋扣系统，实现液压顶驱自动钻进及钻具长度丈量、螺纹油涂抹、电磁抓管等自动化操作，为全自动一体化智能控制取套打下基础。

带压作业技术。川庆钻探升级改造带压作业数字化现场系统，开发气井带压作业设计软件SnubDesign 1.0，单机版软件投入现场试验应用，填补国内带压作业设计软件空白；升级带压作业视频监控系统，加装前场、后场、移动卡瓦等3组视频监控，实现节箍在环形防喷器以上时的实时视频监控；升级带压作业现场数据采集系统，实现带压作业信息实时传送至EISC开展远程集中监控。西部钻探攻关形成气井带压作业安全评价方法，研制与配套内堵系列工具，开发带压打捞、钻磨、下复合管柱等多项技术，初步形成一套带压作业（机）完井、修井技术，完成带压作业352井次，同比提高109.5%，作业能力达到5300米、井口压力17.5兆帕。吉林油田持续迭代升级带压作业自动化装置，实现第三代带压作业自动化装置在起下油管、转运、测量及上卸扣等操作中的应用，在自动化程度、作业速度、减员增效、施工安全等方面均实现较大升级，全年完成8井次自动化设备现场试验，最高施工压力14兆帕、井深1480米，初步具备现场推广应用条件。

（吴志伟）

【风险作业】 2022年，西部钻探、长城钻探、渤海钻探、川庆钻探等四家企业分别在苏里格致密气气区、威远页岩气气区开展风险开发作业服务业务。两大气区共有20个风险作业区块，工区面积合计16906平方千米，探明天然气地质储量13133.4亿立方米。其中：苏里格致密气气区有16个风险作业区，面积15545平方千米，探明天然气地质储量8651.5亿立方米；威远页岩气气区有4个风险作业区，面积1361平方千米，探明天然气地质储量4481.9亿立方米。四家企业下设6个风险作业服务项目部，16个作业区，建成53座集气站，投产各类气井6058口，生产天然气1186.5亿立方米。东方物探在柴达木盆地台南、涩北两个矿权区块开展风险勘探作业，区块面积9200平方千米，下设油气风险合作项目部。中油技服风险作业服务业务在职人员1504人。

计划完成情况。2022年，投资61.9亿元，同比下降7.34%；完钻气井413口，压裂350口、投产375口，分别完成计划的99.8%、86.6%、91.9%，同比分别下降18.4%、28.1%、19.5%。其中：威远页岩气完钻67口、压裂67口、投产64口，分别完成计划的113.6%、117.5%、114.3%；苏里格致密气完钻346口、压裂283口、投产311口，分别完成计划的97.5%、81.6%、88.4%。全年生产天然气113.81亿立方米、商品量107.08亿立方米，完成年计划的101%，同比增长2.9%，创历史产量新高。其中：威远页岩气生产气量41.21亿立方米、商品量39.25亿立方米，完成年计划的97.2%，同比增长2.5%；苏里格致密气生产气量72.60亿立方米，商品量67.84亿立方米，完成年计划的103.3%，同比增长3.1%（表10）。另外，苏里格气区生产凝析油7.42万吨。

表10　2022年风险作业产量完成情况

气　区	单　位	投　产			产　量				
		井数（口）	进度（%）	同比增长（%）	井口量（亿立方米）	进度（%）	同比增长（%）	商品量（亿立方米）	凝析油（吨）
苏里格	西部钻探	22	100.0	−31.3	9.76	104.1	8.4	9.16	18141
	长城钻探	124	106.0	−16.2	27.95	102.4	1.2	25.95	25529
	渤海钻探	109	73.2	−1.8	15.76	105.6	4.8	14.79	17805
	川庆钻探	56	87.5	−44.0	19.12	102.3	1.8	17.94	12725
	小　计	311	88.4	−20.5	72.59	103.3	3.1	67.84	74200
威远	长城钻探	33	97.1	37.5	15.21	88.4	2.1	14.30	0
	川庆钻探	31	140.9	−39.2	26.00	103.2	2.8	24.95	0
	小　计	64	114.3	−14.7	41.21	97.2	2.5	39.25	0
合　计		375	91.9	−19.5	113.80	101.0	2.9	107.08	74200

主要指标。2022年，风险作业区完钻井385口（水平井155口），压裂投产361口（水平井150口），建产能39.6亿立方米，产能完成率100%。苏里格致密气区，完钻井323口，压裂投产298口（水平井87口），建产能20.5亿立方米，产能完成率93.1%。其中：直斜井完钻井227口，平均井深3584.4米、垂深3499.9米、钻井周期12.9天、机械转速25.3米/时，平均累计气层厚度9.8米，平均首年配产1.1万米³/日；水平井完钻（包括侧钻水平井30口）93口，平均井深4586.4米、垂深3295.9米、水平段长度1004.2米、钻井周期42.9天、事故复杂率3.7%、机械转速8.8米/时，平均砂体钻遇率91.6%，同比提升2.7个百分点，平均首年配产3.8万米³/日（侧钻水平井2.8万米³/日）。威远页岩气区，完钻井62

口、压裂投产 63 口，均为水平井。其中：钻井方面，建产能 19.1 亿立方米，产能完成率 109.3%，完钻平均井深 5404.6 米、垂深 3172.7 米、水平段长度 1872.9 米，钻井周期 60.1 天，事故复杂率 5.7%、机械转速 9.4 米 / 时；压裂方面，单井平均压裂周期 13.2 天，加砂强度 2.5 吨 / 米，压裂时效 1.5 段 / 日，平均套变率 19.7%，同比降低 5 个百分点，丢段率 0.2%，龙一$_1^1$储层钻遇率、铂金靶体钻遇率分别为 97.5%、96.6%，首年配产 9.8 万米^3/ 日，预测 EUR1.0 亿立方米，实现新井高产高效。

（吴志伟）

工程建设

【概述】 中国石油集团工程股份有限公司（简称中油工程）是中国石油天然气集团有限公司控股的大型油气工程综合服务商，于 2016 年 12 月完成重大资产重组并上市。主要面向国内外能源化工工程行业提供全产业链“一站式”综合服务，业务范围覆盖油气田地面、油气储运、炼油化工、聚酯化纤、煤化工、LNG 等油气领域，以及海洋工程、环境工程、风光电工程、地热工程、生物质能、氢产业链、CCUS、油气伴生资源开发等领域，服务能力涵盖项目咨询、FEED、PMC、设计、采购、施工、开车、试运、生产服务、培训、投融资等全价值链。具备年均 2000 万吨原油产能、300 亿立方米天然气产能、8000 千米长输管道、150 米水深内海底管道、2600 万立方米原油储罐、1600 万立方米成品油储罐、2 个千万吨级炼油和百万吨级乙烯的 EPC 总承包建设能力。在 2022 年度国际承包商 250 强和全球承包商 250 强榜单中，分别位列第 30 位和 31 位，在十大国际油气工程承包商中位列第三。

中油工程拥有中国石油管道局工程有限公司、中国石油工程建设有限公司、中国寰球工程有限公司、中国昆仑工程有限公司、中国石油集团工程有限公司北京项目管理分公司等 5 家成员企业，办公室（党委办公室）、计划发展部、财务部、人力资源部（党委组织部）、市场和工程管理部、质量健康安全环保部、科技信息和新业务发展部、企管法规部（董事会办公室）、纪委办公室（审计部）、党群工作部（企业文化部）等 10 个本部部门，中东分公司、非洲分公司、华东分公司、华南分公司等 4 家国内外分支机构。在册员工 50242 人，其中大专及以上学历 39116 人。

2022 年，面对复杂严峻的外部环境和艰巨繁重的发展任务，中油工程坚决贯彻党中央关于“疫情要防住、经济要稳住、发展要安全”的总体要求，生产经营稳中有进、进中提质，营业收入 918.7 亿元、同比增长 4.7%；净利润 10.6 亿元（表 11）。

表 11　2022 年中油工程主要经营指标

亿元

指　标	2022 年	2021 年	同比增减
新签合同额	1023.8	1011	12.8
收入	918.7	877.8	40.9
净利润	10.6	3.6	7.0
税费	18.58	15.39	3.19

【提质增效】 2022 年，中油工程开展提质增效价值创造行动，落实“四提质六增效”10 个方面 38 项行动举措，以项目为中心促开源、降成本、堵漏洞。经济增加值 0.67 亿元，创重组上市以来最好水平；综合毛利率 7.4%，同比提高 2.2 个百分点。“一企一策”推进亏损治理，中油工程领导“一对一”挂牌督导，“点对点”跟踪对接，完成亏损企业治理任务。开展法人压减专项行动，压减法人 4 户，法人户数连续 6 年下降。盘活人民币资金池，降低有息债务规模，节省融资成本 0.7 亿元。加强汇率走势研判和风险管控，降低美元、卢布等币种敞口规模，保证汇兑净收益为正。推动独立授信，获得 372 亿元授信额度，为市场开发和项目执行提供有力资金

支持。

【重点工程建设项目管理】 2022年，中油工程坚持“一切工作到项目”，建立重点项目三级领导挂牌督导机制，加强工程项目建设安全、质量、环保、进度、合同、廉洁“六大控制”，深化标准化设计、规模化采购、工厂化预制、模块化建设、信息化管理、数字化交付“六化”应用，科学组织筹划、靠实资源保障，各类项目平稳有序推进，全年执行工程10367项、完工4104项。推动广东石化项目建设，高水平完成建设目标，打造中国石油工程建设史上的标杆示范。建成中俄东线南段（安平—泰安和泰安—泰兴段）、双台子储气库等国家石油天然气基础设施及泰国东北部成品油管道、伊拉克哈法亚油田注水增压、俄罗斯AGPP二期等一批境外重点工程，承建的锦州石化、盛虹炼化一体化等转型升级项目及天利高新EVA、兰州石化丁腈橡胶等新材料项目投产。伊拉克哈法亚三期项目获评国家优质工程金奖，塔里木沙漠公路“零碳”示范项目入选央企十大超级工程，阿联酋巴布项目获“一带一路”国际大奖。

【市场开发】 2022年，中油工程树立市场开发第一要务理念，践行客户至上理念，坚持效益优先、量效兼顾原则，突出竞合共赢，靠前开发市场，克服国内新冠肺炎疫情多点散发、海外营商环境恶化、重大项目机会减少等不利因素，推动一批重点项目落实落地，全年实现新签合同额1023.8亿元，同比增长1.3%。科学谋划市场开发顶层设计，编发“两优化”实施方案，推进市场结构优化和业务结构优化，集团公司外部市场新签合同占比扩大至74.9%，海外市场新签合同企稳回升。加大高端高效市场开发力度，中标埃克森美孚伊拉克西古尔纳、道达尔乌干达东非原油管道、泰国石油天然气管道等项目，签约巴斯夫广东乙烯和聚乙烯项目，高端市场和高附加值业务新签合同额同比分别增长130.1%和20.0%。滚动开发“十大”重点跟踪项目，累计新签10亿元以上项目14个、1亿元以上项目153个，中国石油工程建设有限公司和中国石油集团工程有限公司项目管理公司首次进入乌干达EPC和PMC市场，中国石油管道局工程有限公司和中国昆仑有限工程公司持续巩固国家管网集团和外部聚酯市场。参加阿布扎比国际石油展会，展示中油工程技术能力和典型业绩。

【科技创新】 2022年，中油工程投入科研经费18.7亿元，研发投入强度2.0%；科技成果直接创效5.7亿元，同比增长160%，通过技术转让撬动合同额152.5亿元；新增授权专利165件，获中国专利银奖1项，完成科研课题159项，取得重大重要科研成果55项，30项实现工业化应用，获国家科学技术进步奖1项、省部级奖131项。推动重大科技专项和核心关键技术攻关，在炼化和新材料、油田地面及LNG领域、新能源和绿色低碳领域取得一批重大突破性成果，开发百万吨级连续重整、固定床渣油加氢、150万吨/年乙烯、30万吨/年聚丙烯、20万吨/年液相法聚乙烯等32个成套技术工艺包，突破单线规模800万吨/年天然气液化、单列3000万米^3/日天然气处理模块化、单列单台500万吨/年短流程原油处理等一批关键技术。完成集团公司编码融合统一工作，在长庆乙烷制乙烯项目试点应用；推进数字化转型试点，中国寰球工程有限公司北京分公司五大业务转型场景全面启动，中国石油工程建设有限公司西南分公司形成试点方案；统筹推进ERP大集中、信息“孤岛”治理、数据治理和本部信息化提升，梳理分析21个外围信息系统，关停8个自建系统，推动工程项目管理等3个系统优化升级。尼贝管道获2022年国际工程数字化最佳技术创新实践案例。

【改革治理】 2022年，中油工程完成改革三年行动373项任务、对标管理提升327项任务，完成国务院国资委改革三年行动目标任务。推进组织体系优化提升及三项制度改革，“三定”工作、“大部制”改革走深走实，岗位退出机制不断完善，收入凭贡献的导向更加清晰。落实集团公司依法合规治企要求，开展“七个专项治理”、合规管理强化年、依法合规专项治理等工作，处理完结纠纷案件133项。制定提高上市公司质量工作方案，推动董事会六大职权落地实施；完善董事会向经理层授权管理制度，修订授权管理办法，“三会一层”运作更加规范。加强信息披露和投资者关系管理，发布年报季报以及对外担保、合同中标等各类公告46项，获中国上市公司协会“年报业绩说明会最佳实践奖”。

【质量健康安全环保】 2022年，中油工程以“防风险、保安全、迎二十大”为主线，严格落实安全生产15条硬措施，强化安全生产责任制落实，开展体系审核、安全生产大检查、安全生产专项整治，升级重要敏感时段管控措施，加大监督检查和隐患整改力度，全年实现468.6个安全百万工时，现场违规违章和重复问题数量同比下降 11% 和 19%，QHSE 业绩创重组上市以来最好水平。抓实抓细新冠肺炎疫情防控，动态优化疫情常态化防控措施，推进疫苗接种和海外员工倒班轮岗，多方筹备防疫医疗用品，帮助员工安全平稳度过感染高峰期，做到防疫生产“两不误”。突出加强海外社会安全管理，积极应对中东恐袭、非洲局势动荡和乌克兰危机溢出风险，“一项目一策”制定安保方案，强化营地安防，完善应急预案，常态化开展视频巡检，确保境外项目和员工安全。积极履行社会责任，刚性支付民企账款和农民工工资，为项目执行创造和谐稳定环境。

（邢海峰　吴林林）

国际业务

海外油气业务

【概述】 1984年8月，石油工业部成立中国石油天然气勘探开发公司，是具有对外合作经营权的经营实体企业。1993年，中国石油天然气总公司执行中共中央、国务院“利用两种资源、两个市场”战略方针，坚持走出国门实施国际化经营，重新启用中国石油天然气勘探开发公司名称。2017年6月，集团公司海外油气业务体制机制改革，名称改为中国石油国际勘探开发有限公司（简称中油国际公司）作为集团公司（股份公司）所属专业公司，由集团公司实施全面管理，授权负责海外油气项目的业务归口管理工作。2022年3月，根据集团公司党组关于海外业务体制机制优化调整相关文件，中油国际公司主要承担业务管理和商务管理工作，负责海外油气勘探开发、炼化管道运营、项目经营管理、新项目开发、新能源、资产优化等业务管理工作，负责发展计划、预算、并购处置相关财务业务、法律合同、股东事务等商务管理工作。截至2022年底，中油国际公司设本部部门17个、国内直属单位3个（专家中心、后勤保障中心、HSSE技术支持中心）技术研究中心、中油锐思技术开发有限责任公司，以及中油国投伊拉克公司（简称FZE公司）、中油国际（哈萨克斯坦）有限公司（简称CIK公司）、中油国际（尼罗）有限责任公司（简称CINL公司）、中国石油拉美有限公司（简称CNPCA公司）4个股东行权法律实体。中油国际公司中方主体员工662人。

2022年，面对哈萨克斯坦“一月事件”、乌克兰危机、中美博弈等地缘政治影响，伊拉克、乍得、秘鲁等主要资源国局势动荡，以及新冠肺炎疫情持续蔓延、OPEC+限产等严峻挑战，中油国际公司贯彻落实集团公司决策部署、油气和新能源子集团工作要求，开展提质增效、亏损企业治理、企业改革三年行动和人才强企“四大工程”，实现油气业务量效齐增、资产优化再获突破、重大风险有效应对，海外业务体制机制优化调整顺利过渡，QHSE业绩保持良好，各项任务目标全面完成。全年完成油气权益产量当量10233万吨，其中原油权益产量7705万吨、天然气权益产量317.4亿立方米。油气权益产量当量连续四年保持1亿吨以上稳产。经营净利润、自由现金流实现经济增加值五年来首次转正，经营效益创历史最好水平。

【海外油气勘探】 2022年，海外油气勘探坚持资源战略不动摇，聚焦重点勘探区块，加强地质研究，强化勘探方案部署，深水、新层油气勘探均获重大进展。巴西阿拉姆深水勘探区块首口探井试油日产1011吨，10亿吨级大油田雏形展现；俄罗斯亚马尔侏罗系新层试采井获超百万立方米高产油气流，万亿立方米大气田资源规模不断夯实；乍得多赛欧坳陷探井单层测试均获日产油100立方米以上，尼日尔毕尔玛区块完成勘探期评价，落实两个亿吨级油气富集区；阿克纠宾、PK、苏丹6区等滚动勘探取得多项新进展。全年勘探新增探明油气地质储量亿吨。

【海外油气开发生产】 2022年，海外油气开发加大增储上产力度，推动落实“一项目一策”，新井和措施井产量贡献显著提高，新井权益产量520万吨，措施井权益产量1371万吨，年自然递减率同比下降1.1个百分点，亿吨权益效益产量超额完成。克服全球新冠肺炎疫情、美国制裁、OPEC+限产、洪水等多重不利因素影响，充分利用油价高位有利契机，投资向矿税制和产品分成制项目倾斜，权益产量增加215万吨。加强开发方案全周期管理，突出全过程专业审查和质量控制，完成22个油气田开发和调整方案编制审查。加强常态化生产动态分析和增储上产专项工作，全年油气权益产量当量10233万吨，其中原油7705万吨、天然气317.4亿立方米（含LNG 424万吨）。

【海外重点工程建设】 2022年，海外的重点工程建设加强前期工程方案优化，注重质量，科学推进，多项重点工程建设成功投产。巴西里贝拉梅罗1单元5月1日按期投产，新建产能900万吨；澳大利亚箭牌项目戴维首气工程3月29日正式投产，新增处理能力8亿立方米；阿姆河B区西部气田地面工程6月26日提前投产，新建产能18.2亿立方米；莫桑比克科洛尔项目新建LNG产能330万吨，11月13日实现首船外销；尼日尔二期一体化项目统筹推进，上游和管道工程进度均超65%，海底管道铺设全部完成；北极LNG2项目克服乌克兰危机影响，调整工程建设节奏，一期总进度超95%；加拿大LNG项目一期工程平稳推进，总进度77.7%；哈萨克斯坦南线天然气管道150亿立方米扩容项目提前实现投产目标；乍得二期管道去瓶颈工程如期建成投用。

【海外管道运营及炼油化工】 2022年，海外管道运营及炼化项目优化调整稳步推进，油气输送和天然气保供力度持续增强。深入开展管道安全隐患排查整治、专项应急演练，保障油气管道安全平稳运行，全年向国内输送原油2128万吨、天然气510亿立方米。天然气方面，保持气源稳定，做好跨境天然气管道运行管理，阿姆河项目外输商品气136.2亿立方米，中亚天然气管道向国内供应商品气432.3亿立方米，中缅天然气管道输气41亿立方米。有效规避俄罗斯资源在欧洲销售的巨大市场风险，牵头组织亚马尔项目份额LNG回国保供，实现11船上亿立方米油气资源回国，提升现货LNG回国比例。原油方面，建立伊拉克巴士拉、乍得多巴份额油长效工作机制，组织份额油资源回国。

炼化业务经营状况良好。根据集团公司工作部署，配合炼化新材料公司，落实海外炼化业务专业化管理优化调整，确保平稳有序完成工作任务。尼日尔炼厂比计划提前7天高质量完成大检修工作，清欠难题取得阶段性进展；乍得炼厂推动中方股东获得分红；奇姆肯特炼厂推进治理机构调整。

【海外项目开发、转让及新能源业务】 2022年，海外项目开发抓优化、谋长远，提升资产集中度归核化，新项目开发取得重大进展。哈萨克斯坦阿克纠宾76号合同签署三年延期协议，阿曼5区完成西区小油田服务合同签署，PK公司签署240号合同权益收购协议、曼格什套公司完成三个卫星油田六年延期合同签署。幸福之路项目取得实质性进展，风险服务合同关键条款基本达成一致。伊拉克火星项目与巴士拉石油公司、埃克森美孚就作业权移交方案基本达成一致。卡塔尔LNG扩容项目关键性谈判进展顺利。安第斯项目合同延期等有序推进。

资产重组与处置工作取得多项重要成果。资产重组方面，完成伊拉克鲁迈拉项目交割，增加对项目的控制力及话语权。完成麦凯Ⅲ油砂项目内部重组。资产转让方面，苏丹石化贸易公司全部股权和中加公司乎利区块资产成功转让，完成秘鲁服务公司土地转让，规避因土地资产长期闲置存在的权属风险。项目退出方面，巴西佩罗巴区块通过政府审批完成退出。法人压减方面，完成亚马逊分公司清算、中俄合作项目部清算、秘鲁服务公司吸收合并等7家法人压减和分公司关闭，提前完成集团公司（股份公司）法人压减和“两非”剥离任务。

新能源业务取得新进展。落实集团公司碳达峰碳中和、新能源新材料重点工作部署，结合海外业务具体情况，强化战略规划顶层设计，编制完成碳达峰实施方案和海外新能源业务战略规划框架。按照“节能降碳、清洁替代、因地制宜、审慎投资”的工作原则，推进试点项目，尼日尔上游二期地面工程光伏发电项目完成设备招标，尼贝管道光伏储能项目进展顺利。

【海外经营管理】 2022年，提质增效和亏损企业治理工程纵深推进，经营效益大幅增长。围绕集团公司“五提升、五增效”十大举措，聚焦“稳增长、提效率、促创新、优资产、强基础、控风险”六个方面，制定32项措施，在扩销推价、稳产增油、生产优化、税务筹划等15个方面，实施提质增效措施360项。加强战略规划和投资管控，以“创新驱动、资源统筹、成本领先、优化调整、绿色低碳”战略为引领，以经济效益为中心，坚持“严谨投资、精准投资、效益投资”，采取“有保有压、有急有缓”的措施，有效保障规模优质增储项目、增产创效开发项目、重点工程建设项目投资需求。聚焦重点环节和问题短板，强化“四个一批”（管理提升一批、重组整合一批、转让移交一批、关停退出一批）分类治理和“六个精准”（精准识别亏损成因，找准治理方向；精准制定治理方案，以问题为导向，逐项落实；精准开展分类治理，针对“五种类型”，因企制宜、因户施策；精准完善配套政策，落实保障措施；精准统筹过程督导，推动各项任务措施落地见效；精准考核，强化精准激励）施策，“一企一策”研究制定亏损企业治理专项工作方案。2022年底，全级次子企业净亏损16户，剔除减值、汇兑、内部重组等因素，亏损13户，整体完成在2020年基础上减亏目标任务。其中，加拿大公司实现经营性扭亏，澳大利亚公司经营亏损同比下降，中加公司、缅甸凯尔公司等单位亏损治理工作成效显著。

【企业改革】 2022年，中油国际公司贯彻落实集团公司关于海外业务体制机制优化调整工作部署，按照“一个目标、两个节点、三项任务”总体安排，制定《中油国际公司海外油气业务体制机制优化调整实施方案》，全面推进优化调整各项工作。完成海外单位党建群团管理、海外大区公司和海外人事共享以及财务共享职能划转与机构人员转隶工作，实现职能划转与机构人员转隶平稳有序落实。开展中油国际公司“三定”方案制定及实施工作，内设机构压减20%、人员编制压减10%、中层领导职数压减10%。完善技术支持、商务支持、风险防控“三个体系”，服务和支持海外项目稳健发展。优化运行机制，配套制修订公司制度流程，完成关键管理制度修订67项、业务流程再造237项，发布《中油国际公司2022年有限授权方案》，明晰管理界面、理顺管理链条，实现优化调整工作平稳过渡。

股东行权体系优化调整落实到位。根据集团公司海外业务体制机制优化调整方案，制定《海外业务股东行权职能优化调整建议方案》并通过集团公司审定，实现中油国际公司承接原海外地区公司的股东行权职能。本着“合规、集约、专业”的原则，发挥平台公司靠前和区域股东行权职责，完成《四个平台公司法人治理建设和人员选派方案》，调整四个平台公司董事监事，搭建平台公司法人治理结构。完成海外项目153个决策类治理机构338个中方行权代表岗位调整工作。制定并印发中油国际公司《中方股东行权代表选聘和管理办法》，确保股东行权代表队伍合规化和专业化。

企业改革和人才强企工程不断深化。改革三年行动工作高质量完成。围绕中油国际公司改革三年行动实施方案部署的7个方面69项重点任务，形成129项具体成果。制定实施《中油国际公司2022年全面深化改革工作要点》，推进中油国际公司领导班子、各级单位经理层任期制和契约化管理。开展市场化员工招聘试点，完善市场化人员薪酬体系。分层级制定干部队伍接替计划，中油国际公司中层干部队伍中年轻干部占比达到集团公司要求。

【科技与数字信息化】 2022年，中油国际公司有序推进集团公司海外相关基础性前瞻性项目、中油国际公司技术支持和研究支撑项目，取得5项重大标志性成果，其中“被动陆缘盆地超深水盐下勘探目标评价技术与古拉绍重大发现”入选2022年中国石油十大科技进展。海外“山川”科技工程深入推进，以系统工程思维推进科技创新，系统谋划部署集团重大专项、前瞻性技术支撑研究、先导试验、软科学“四位一体”的海外“山川”科技工程，成为海外孕育孵化高质量创新成果平台，得到集团公司立项支持。知识产权创造得到提升，全年申请发明专利11件，共同申请发明专利23件。组织申报省部级科技奖励，获集团公司、中国石油和化学工业联合会科技进步奖一等奖2项，二等奖、三等奖3项，专利金奖1项。

海外数字和信息化“4+1”工程全面铺开。打造形成数字化转型试点样板2.0，尼日尔上游建设完成数字孪生平台和7个应用场景，尼贝管道数字化交付与施工建设同步，上下游实现“产运储销”一体化的应用场景实施；阿姆河、乍得上游完成首批23个场景设计及7套原型开发。持续深化海外勘探开发生产数据库等15个信息系统的推广应用，实现ERP标准模板在鲁迈拉合资公司和迪拜研究院的应用与过程创效；完成海外业务体制机制优化调整过程中信息系统的优化提升；海外网络安全风险防护及态势感知成效显著，党的二十大等重要保障任务圆满完成。

海外技术支持体系建设持续推进。海外研究中心推进勘探开发科技创新，编制开发（调整）方案、获取可行性研究报告等49份，完成25个研发项目“三新”（新技术、新业务、新方法）鉴定，组建鲁迈拉项目中方技术支持架构，细化西古尔纳项目技术支持接管实施方案。迪拜研究院平稳起步运行，国内“大本营”与海外“桥头堡”相互依托、辐射全球的海外技术支持新格局正在形成。专家中心加大重点难点项目商务支持力度，专人专项股东行权扩大至7个海外项目，搭建8个商务支持专家组；举办“海外商务支持”国际论坛和15场专家论坛专题讲座，编撰《海外油气项目管理实务》丛书，智库参谋作用有效发挥。后勤保障中心完成海外行政办公系统与集团公司档案管理系统的归档集成，《海外项目营地建设规范》《健康食堂标准化手册》在海外推广实施，后勤保障信息系统在7个项目试点应用。中油锐思技术开发有限责任公司立足技术支持、研发推广、专家派员等多元化创效渠道，创效净利同比增长9%。

【QHSE管理】 2022年，中油国际公司坚持把员工生命安全与身心健康放在首位，优化新冠肺炎疫情防控常态化和健康管理动态化工作，疫苗应接尽接率100%，海外超期工作员工全部清零，实现国际业务“两不”工作目标。中油国际公司获北京市首批“健康企业”称号。开展健康咨询700余人次，督促健康改进300余人次，非生产亡人数同比下降30%；推动海外单位医疗保障体系建设，推进国际医疗保险配置和紧急救援机构合作，提升海外单位健康应急处置能力。

2022年，中油国际公司推进质量健康安全环保各项工作，建立健全覆盖1781个岗位中方全员安全生产责任清单；做好特殊敏感时段QHSE风险管控，实现2022年北京冬奥会和残奥会、党的二十大等时段生产平稳有序；推进“安全生产专项整治三年行动计划”巩固提升，开展安全生产大检查、重点领域安全生产集中整治和房屋建筑物安全专项整治，整改各类隐患6567项。完善QHSE管理体系，完成年度QHSE体系审核工作，20个项目累计完成整改585项。加强溢流风险管控，开展井控分级、井喷压井和应急救援技术培训。强化环保合规管理和风险管控，完成尼日尔炼厂等海外项目环保合规性评价，推动哈法亚项目历史燃烧坑等重点环保隐患治理；深化绿色低碳管理，完成海外在产项目碳排放数据核算。加强海外重点工程项目质量监督管理，开展“群众性质量管理”活动，获集团公司质量信得过班组9个、QC成果奖三等奖2项。组织海外项目全面落实“四防”措施，积极应对缅甸、哈萨克斯坦等国政局动荡以及伊拉克、苏丹等国项目发生的阻工堵路等安全事件，实现海外社会安全“三保”工作目标。

【依法合规治企工作】 2022年，中油国际公司高标准全方位构建合规管理体系，开展ISO 37301合规管理体系标准化认证，参与集团公司法治建设示范企业创建，建立和运行合规管理体系；充实完善《海外投资业务合规指引》体系，推进合规要求嵌入业务流程，推广海外业务合规示范单位创建，实现管控实践靠实落地。加强合规新媒体文化宣贯，打造“互联网＋合规文化”宣传阵地；开展“合规管理强化年”暨“八五”普法主题宣传月系列活动，提升全员法治意识和风险防范水平。

【企业文化建设】 2022年，中油国际公司学习宣贯党的二十大和十九届六中全会精神，严格执行党委“第一议题”制度，认真落实习近平总书记关于中国石油的重要指示批示精神。以“七个深度融合”、二十条具体举措推动党史学习教育常态化长效化。以“学习宣传”“深刻领会”“着力思考”“知行合一”为系统方法，以“联学联建”为有力抓手，全面推动党的二十大精神学习宣传贯彻落实落地。落实提升中油国际公司基层党建工作质量6项措施，创新搭建支部书记“四带头、五过硬”主题活动、党员创建“岗区队”主题实践、支部系列主题党日等活动载体。开展“我为员工群众办实事”实践活动，推进疟疾防控等10件实事大事，做好新冠肺炎疫情防控常态化下员工关心关爱工作，加强“党委信箱”运行管理，实现员工提出问题条条有反馈、事事有回音、件件有着落。

海外文化宣传活动丰富多样。新华社、中央电视台、人民网等中央媒体对海外发展成果进行集中报道，掀起宣传热潮。完成中油国际公司内网改造升级。推进伊拉克、尼日尔、乍得跨文化传播项目，开展“美美与共”主题宣传，讲好海外石油故事。《回“家”》第二季10集微纪录片累计浏览量超2500万人次。《以书为媒，架起海外油气合作文化桥梁》获部委2022年度“中央企业国际形象建设十大优秀案例”。中油国际公司史志编纂工作高效推进，完成《中国石油国际勘探开发有限公司志》系列图书23卷初稿。

（魏　巍）

国内油气勘探开发国际合作

【概述】 2022年，持续围绕低渗透油气藏、稠油、滩海、高含硫气藏、高温高压气藏、煤层气、致密气等领域，与壳牌公司、道达尔公司、雪佛龙公司等合作伙伴在国内合作开展油气勘探开发业务，对外合作稳步推进。

2022年，集团公司国内对外合作项目油气产量当量持续增长，再创历史新高，达到1265万吨，其中原油产量289万吨、天然气产量122亿立方米。完成新钻井795口，投产效果良好。截至2022年底，集团公司在执行的国内对外合作勘探开发合同29个，合作区面积1.43万平方千米，全部是产品分成合同。

【原油项目运作】 2022年底，有原油项目14个，其中赵东、孔南、冷家堡、海南—月东、州13（1–2）、州13（3–6）、肇413、大安、莫里青、庙3、民114和两井等12个项目处于生产期，九$_1$—九$_5$、扶余1

号项目处于开发期。

1. 大港赵东项目

2022 年，赵东项目生产原油 31.7 万吨，超产 6.37 万吨。赵东项目平台实现 370.1 万人工时无可记录伤害事件和 1492 天无损失工时事件的双安全里程碑。坚持低成本精细流场调控策略，突出不同油藏分类治理，治理地质储量 3192 万吨，实施油水井工作量 92 井次，自然递减同比下降 2.7 个百分点。

2. 大港孔南项目

2022 年，孔南项目生产原油 8.02 万吨，同比增长 20.4%。对 2022 年实现弃置费的提取达成一致意见，弃置费问题实现突破性进展。截至 2022 年底，孔南项目合作满 25 周年，项目累计完钻新井 94 口，修复利用老井 20 口，把一个难采低渗透“边际”区块建成有 93 口油井、15 口注水井，年产油 8 万吨有质量有效益可持续发展的油田区块。

3. 辽河冷家堡项目

2022 年，冷家堡项目克服冬季低温、新冠肺炎疫情、洪水等诸多困难和不利因素影响，保持原油产量稳中有升。全年生产原油 48.6 万吨，商品量 45.72 万吨，超产 6000 吨。鉴于冷家堡项目石油合同将于 2023 年 2 月底到期，冷家堡项目按照中外双方确定的终止工作计划，有序推进 15 项重点工作，确保合同终止工作如期完成。

4. 辽河海南—月东项目

2022 年，海南—月东项目高效实施调整和勘探评价，实现储量接替和提升产量规模。完成新井 15 口，产量 49.8 万吨，产量三年连续增长，原油产量再创新高。

5. 大庆州 13 项目〔包括州 13（1-2）区块、州 13（3-6）区块和肇 413 区块〕

2022 年，州 13 项目强化提质增效管理，通过加大开发管理力度、挖掘油井潜力、优化生产措施等系列工作，推动生产经营各项工作的落实落地，保证良好的发展势头，全年生产原油 13.5 万吨，完成《州 13 合作项目弃置预备方案》初稿。

6. 吉林大安项目

2022 年，大安项目保持规模效益开发，降本增效措施效果显著，利润大幅提升。全年生产原油 54.82 万吨，产能建设稳步推进。投产新井 114 口，新井初期日产油 3.5 吨，达到设计产能；老井稳产效果明显，老井递减得到控制；措施产量超年计划 3710 吨；工程管理水平稳步提升：免修期实现稳步增长，机械采油系统效率逐步提高，节能降耗效果显著。

7. 吉林莫里青项目

2022 年，莫里青项目新井和措施效果取得重大突破，产量大幅提升，生产原油 16.89 万吨，上产 6.00 万吨，同比增长 51%。通过老井稳产、措施增产、新井上产，尤其是新井年末可达 400 吨 / 日生产能力，使年末项目生产能力达 780 吨 / 日，较年初增长 1 倍。

8. 吉林庙 3 项目

2022 年，庙 3 项目原油销售量 2.5 万吨、产量 2.66 万吨，其中老井基础产量 2.32 万吨、老井措施产量 0.09 万吨、新井产量 0.25。综合研究设备参数的合理化，提高单井产量。1—4 季度调参 53 次，增油 424 吨。继续开展“缝内转向压裂”技术，老井缝网压裂成为主要的增油手段，2022 年增油 904 吨，累计增油 6992 吨。

9. 吉林民 114 项目

2022 年，民 114 项目生产原油 15275 吨，商品量 15275 吨。因未钻新井和实施大规模增油措施，原油产量均为老井基础产量。

10. 吉林两井项目

2022 年，由于两井项目经营权不明确，自 2021 年 1 月中旬开始进入停产状态。

11. 吉林扶余 1 号项目

2022 年，扶余 1 号项目无商品量。以提高产量为工作重点，寻求低成本开采的稠油新技术、新工艺开展低成本稠油开采技术，完成《JF206 井区稀油油层分布及油藏特点的研究》，确定该区块的油藏特点及其下一步开发的思路。

12. 新疆九$_1$—九$_5$项目

2022 年，九$_1$—九$_5$项目生产原油 54.22 万吨。完成总体开发方案编制，并于 2022 年 11 月 29 日上报集团公司审批。根据总体开发方案，可新建产能 39.45 万吨，15 年累计产油 647 万吨，5 年内稳产在 51 万吨以上，内部收益率 12.26%。完成 2023 年产能建设方案，为 2023 年及早开展产能建设提供基础。

2022 年 10 月 12 日，中国石油与联合石油在北京签署《中华人民共和国渤海湾盆地高升区块提高石油采收率合同终止协议》，高升项目正式终止。

【天然气项目运作】 2022 年底，有天然气项目 7 个，分别为长北、苏里格南、川东北、川中、迪那 1、吐孜、喀什北，全部项目处于生产期。2022 年生产天然气 115.24 亿立方米，生产凝析油 8.6 万吨。

1. 长庆长北项目

长北项目推动二期产能建设，气藏精细描述取得新认识，2022年新钻井28口，生产天然气33.02亿立方米，持续15年产量超30亿立方米。冬季保供期间，按“基础产量953万米^3/日、调峰产量1030万米^3/日、极限产量1050万米^3/日”三个目标进行保供，保供期5个月（2022年11月至2023年3月），完成产量任务14.41亿立方米。

2. 长庆苏里格南项目

苏里格南项目深入开展技术攻关，产量创历史新高。2022年，生产天然气36.01亿立方米，连续3年超30亿立方米。集气站集输能力1600万米^3/日，井口产能1360万米^3/日；井、站、网最佳匹配能力1290万米^3/日，同比提升100万米^3/日，冬季保供应急产量1300万米^3/日持续安全运行20天。全年质量、安全、环保、健康9项结果性指标全部完成，未发生C级及以上质量安全环保事故。2022年9月23日40亿立方米总体开发方案获国家能源局备案。

3. 西南川东北项目

川东北项目连续4年稳产20亿立方米以上，经营效益全面向好，罗家24井新井高产，加速构建和谐企地关系。2022年，生产原料气29.73亿立方米，营业收入同比增长7%，单位操作成本同比下降23%，完全成本同比下降10%，净利润完成年初预算指标的156%。

4. 西南川中项目

2022年，川中项目生产天然气3.97亿立方米，完成年度计划目标的132%；生产凝析油0.62万吨。项目持续加强精细化生产管理，将产量递减率控制在10%以内。组织实施的角71-1H井获得良好成果，是川中项目历史上见气最快，初期产量最高的井，日产天然气48万立方米，2022年单井产量1.39亿立方米，累计产量超2亿立方米。

5. 塔里木迪那1项目

2022年，迪那1项目开井4口，产气7.31亿立方米，产油2.99万吨。完成迪那1-4井地面集输工程建设并投产，日产气55万立方米。完成迪那1-3井酸化解堵，解堵后日产气能力50.22万立方米，日产增产20万立方米，冬季保供期间，气田日产气220万立方米。通过动态资料录取和动静态资料分析，取得迪那1气藏构造面积和构造幅度增大、储量规模增加、纵横向连通性好、开发效果好、有进一步建产潜力等认识。

6. 塔里木吐孜项目

2022年，吐孜项目生产天然气6.67亿立方米、凝析油0.15万吨。2022年9月，组织完成吐孜增压站压缩机降压运行方案并实施，日外输能力增加10万立方米。通过动态资料录取和动静态资料的分析，认识到吐孜气藏压力下降快、横向连通性好、纵向动用程度差异大、开发指标较方案设计差等情况。

7. 塔里木喀什北项目

2022年，喀什北项目生产天然气4.68亿立方米，因气田提前见水，为确保气田因采出水储存问题影响气田正常生产，多举措协调采出水处置，通过拉运储存和康什1井回注等方式，保证气田冬季保供期间的正常生产。2022年实施正钻井康苏6井，见到油气显示。

【煤层气项目运作】 2022年底，有煤层气项目8个。其中，韩城、保田青山、石楼南、紫金山4个项目处于勘探期，马必、成庄、三交、三交北处于生产期。2022年生产煤层气7.05亿立方米。

1. 华北马必项目

马必项目秉承合作共赢理念，加大联合技术攻关，产建高效推进，新井产量快速提升，首次实现日产量突破100万立方米，煤层气商品量2.68亿立方米，超产0.94亿立方米，新建产能3.4亿立方米。强化预算管控，实施市场化运作，操作成本进一步降低，提质增效效果显著。

2. 华北成庄项目

成庄项目通过优化“井筒+地面”技术方案、制定低效井区治理方案等举措，盘活老区资源，老井递减率下降4%，日产气量总体稳定，2022年煤层气商品量0.56亿立方米。

3. 煤层气三交项目

三交项目通过与重叠区煤矿方签署战略协议的方式，解决煤层气矿权与煤炭矿权重叠的矛盾，盘活重叠区资源，实现中方、合作方、煤矿方的三方共赢；2022年投产水平井10口，综合治理老井8口，日产量突破50万立方米，产销量均创历史新高。全年生产天然气1.68亿立方米。

4. 煤层气三交北项目

三交北项目水平井产量获突破，盒6段10水平井砂岩钻遇率100%，2022年6月21日投产，年产气1552万立方米，创多项纪录。2022年综合治理排水采气措施实施井116口，增产3285万立方米，生产致密气2.17亿立方米。

5. 煤层气韩城项目

2022 年 4 月 19 日，韩城项目鄂东煤层气韩城北区块总体开发方案获国家发改委备案，正式进入开发期。

6. 煤层气保田青山项目

保田青山项目勘探期已到期，中外双方虽经数轮谈判尚未就勘探期延期协议达成一致。现场无实物工作量，与贵州省油气勘查开发工程研究院签署《贵州六盘水保田青山区块煤层气勘探评价服务合同》。

7. 煤层气石楼南项目

2022 年，石楼南项目煤层气探矿权已过期，现场无实物工作量。

8. 煤层气紫金山项目

2022 年，紫金山项目钻井 3 口，进尺 0.84 万米。

【人员培训】 2022 年，因受新冠肺炎疫情影响未组织国外培训，利用对外合作项目提供的培训费和培训资源，组织开展国内线上、线下培训近 102 批次，参加人数 3400 人次，使用培训费 125.14 万美元。

国际贸易

【概述】 中国石油油气国际贸易业务及贸易运作平台的投资建设和经营管理以及境内外期货业务由中国石油国际事业有限公司 / 中国联合石油有限责任公司（简称国际事业公司）负责归口管理。国际事业公司锚定“建设世界一流全球能源贸易商”的战略目标，切实履行保供、降本、增效“三项职责”，围绕亚洲、欧洲、美洲三大油气贸易运营中心完善全球营销网络，持续提升“贸易、加工、仓储、运输”四位一体综合实力，发挥联通国内外两种资源，融通国内外两个市场，贯通油气上中下游产业链的重要作用，为中国石油履行政治、社会和经济责任，保障国家能源安全做出重要贡献。截至 2022 年底，国际事业公司在全球 120 多个国家和地区开展业务，参与全球上百个品种的场内场外交易，与 5000 余家交易对手建立合作关系，业务结算涉及外币 20 余种，资源优化配置能力和市场影响力持续提升，从油气贸易的参与者成长为位居行业前列的重要力量。

2022 年是国际贸易业务发展历程中极为重要、极不平凡的一年，面对世界百年未有之大变局激荡演进，全球油气贸易格局加速重构的新形势，国际事业公司将贸易保供提升到前所未有的高度，主动作为促发展，依法合规防风险，经营业绩再创历史新高。

【原油业务】 2022 年，原油业务靠前服务海外上游，“宜回则回”供应集团公司系统内炼厂，全年销售份额原油 2212 万吨，同比增长 11%，占上游可贸易资源比例上升至 77%。签署西部过境俄罗斯原油补充协议，总计增加 1 亿吨俄罗斯原油资源，并与厄瓜多尔国家石油公司新签长约锁定增量资源约 420 万吨。组建“跨大西洋低硫组”，实现 WTI 跨市欧洲量利齐增。将上游亚马尔项目副产品 SGC 凝析油首次销往国内，实现凝析油自营业务重大突破。

【天然气业务】 2022 年，天然气业务落实冬季保供主体责任，提前锁定“去冬今春”进口天然气资源，签署中俄东线价格参数替换补充协议，调整乌兹别克斯坦天然气合同价格公式条款，并通过船期调配、转售换货优化等多种手段助力集团公司降本增效。签署中俄远东天然气购销协议，增加 2400 亿立方米俄罗斯天然气资源，并以具有竞争力的价格获取亚马尔项目近期 50 万吨 / 年及切尼尔项目远期 180 万吨 / 年的 LNG 增量资源。全面启动代理天然气销售分公司进口长约套期保值工作。

【成品油业务】 2022 年，成品油业务及时准确反馈国际市场变化，优先安排高裂解价差油品出口，统筹优化出口结构和节奏。助力低硫船用燃料油产销贸一体化运作，完成出口 637.6 万吨，同比增长 58.2%。统筹开拓地炼直馏燃料油市场，成为远东最大直馏油资源供应商。首次将美湾柴油销售至法国炼厂，开拓中东到南美的跨大西洋高硫柴油贸易路线。

【化工品业务】 2022 年，化工品业务继续保持世界最大石蜡出口商地位，成为中国最大甲苯出口商。首次打通独山子石化高密度聚乙烯双口岸陆运出口流程。轻烃业务整合后实现跨越式发展，全年贸易量突破 600 万吨。

【海运业务】 2022 年，海运业务前移香港，公司制运营迈出坚实一步。“少林”下水、“武当”入列，国际事业公司掌控油轮及 LNG 船队 40 艘、357 万载重吨，启动新一轮 LNG 运力建设工作，运力保障能力进一步加强。

【全球油气运营中心建设】 2022 年，亚洲、欧洲、美洲三大油气运营中心和中亚—俄罗斯、中东核心贸易区不断增强资源优化和市场开拓能力，合力拓展全球贸易版图。亚洲运营中心发挥资源调节保供功能，供应泰国市场 LNG 现货 80 万吨，同比增长 60%。成为首家中标日本国家储备原油的跨国企业。连续 11 年保持香港机场最大供油商地位。首次在 5 座新加坡 SPC 加油站部署电动车充电桩。欧洲运营中心首次在欧洲开展船加油业务。美洲运营中心拉美市场固蜡直销量超 6000 吨，同比增长超 2 倍。中亚—俄罗斯贸易区落实重点资源，保障中哈管道原油资源和中亚进口管道天然气资源稳定供应。中东贸易区首次销售原油和柴油至巴基斯坦。

【风控体系建设】 2022 年，国际事业公司完善风险地图，实施风险分类分级管理，建立全方位、立体化的风控责任体系。建立风控人员派驻机制，推进风险管理集约化转型。

【信息支撑体系建设】 2022 年，国际事业公司全球 LNG 业务管理系统、新一代油品贸易系统加速升级换代，区块链合资公司数字提单产品上线运行，成为国内首个可用于大宗商品交易的数字化交易凭证。

【财务管理体系建设】 2022 年，国际事业公司开通涉俄罗斯油气人民币结算通道，人民币国际化在油气贸易领域取得里程碑意义的突破。一体推进“七个专项治理”（财务会计信息质量问题、债务风险问题、依法纳税问题、国有产权管理问题、投资管理问题、经营业务合规管理问题、金融业务风险问题专项治理）任务基本落实到位，稳健实施套保会计。多措并举降低融资成本，主动管理汇率风险。全级次亏损企业同比减少 7 户。

【法律支持体系建设】 2022 年，国际事业公司落实集团公司领导干部会议精神和“合规管理强化年”工作部署，建成涉欧、涉美法律纠纷与合规事务共享中心。办结案件 10 件，挽回损失近 1.5 亿元。

【国际化人才队伍建设】 2022 年，国际事业公司进一步拓宽选人用人渠道，调整干部 85 人次。加快优秀年轻干部培养选拔，“80 后”占提拔干部总数的 71%。举办首期领导人员和青年骨干人才培训班。

【HSE 管理】 2022 年，国际事业公司开展 QHSE 体系审核，安全生产专项整治三年行动完成，全面实现“零事故、零伤害、零污染”目标。新冠肺炎疫情防控上下齐心，坚持把守护员工及家属身体健康与生命安全放在首位，境外万里驰援，境内风雨同舟，通过发放“爱心药品防疫包”，为外派员工国内家属寄送防疫用品，筑起暖心“防护屏障”，共谱抗疫“同心曲”。

【船队建设取得历史性突破】 2022 年 10 月 25 日，中远海运中国石油国际事业公司 LNG 运输项目首制船“少林”号命名及交付仪式在上海沪东中华船厂长兴岛码头举行。12 月 15 日，17.4 万立方米大型液化天然气运输船“武当”号命名暨交船签字仪式在上海沪东中华船厂长兴岛码头举行。“少林”“武当”号的交付对扩大中国石油自控 LNG 船队规模、保障集团公司海外 LNG 离岸资源海上运力、提升天然气产业链整体竞争力、服务国家能源安全战略具有重要意义。

（彭川涵）

国际合作与外事工作

【概述】 2022 年，面对国际地缘政治动荡、世界经济低迷、重点项目所在国形势变局等多重挑战，在党中央、国务院的正确领导下，集团公司以高质量发展为落脚点，以境外业务总体安全为底线，统筹推进国际合作与外事工作。在国际油价企稳向好的情况下，境外产能建设平稳推进、经营效益总体良好、社会安全及新冠肺炎疫情防范整体受控、员工身心健康良好。

截至2022年底，集团公司在全球32个国家管理运作着88个油气合作项目，构建起涵盖中亚—俄罗斯、中东、非洲、美洲和亚太五大油气合作区的投资与生产网络，2022年油气权益产量当量1.02亿吨，超过80%的产量来自“一带一路”沿线国家（19个国家51个项目）。保障横跨中国西北、东北、西南和东部海上四大油气战略通道的能源供应，依托覆盖“一带一路”核心区域的中亚天然气管道、中哈原油管道、中俄油气管道、中缅油气管道和东部海上通道等跨国运输管网，成为“一带一路”基础设施互联互通建设的旗舰工程。国际贸易业务遍布全球120多个国家和地区，2022年亚洲、欧洲和美洲三大油气运营中心累计实现贸易量4.3亿吨，运营能力持续提升，全球油气贸易体系架构渐显。工程技术、建设和装备出口业务开拓新市场新业务，培育稳定高效的规模市场，促进全产业链协同发展和全价值链协同创效，2022年新签合同额逾100亿美元，完成合同额逾80亿美元。

截至2022年底，境外共有中外方员工近8万人，当地和国际化雇员近7万人，平均本土化率78.8%，其中投资业务本土化率90%。

【“一带一路”油气合作】 2022年，集团公司深入贯彻习近平总书记在第三次“一带一路”建设座谈会精神以及党的二十大相关部署，扎实推进高质量共建“一带一路”，打造优质标志性重点工程，持续构建完善多元化油气供给和贸易体系，不断深化互利共赢和可持续发展，推动“一带一路”油气合作取得系列积极成果。

生产经营稳健增长。集团公司以油气合作为载体，以高端合作机制为平台，实现与俄罗斯、伊拉克、哈萨克斯坦、印度尼西亚等10多个节点国家合作伙伴一批重要协议、重点项目和重大标志性工程的签署和投运；与沿线重点国家油气技术、标准和规范的兼容、互认和对接；在“一带一路”沿线形成集勘探开发、管道运营、炼油化工、工程服务等业务于一体的完整产业链。截至2022年底，集团公司在“一带一路”沿线19个国家参与运作管理着51个油气合作项目，全年油气权益产量当量占海外油气权益总产量当量的83%。依托全球运营网络，与沿线50多个国家开展油气贸易合作，全年贸易量占国际贸易总量的55%。充分发挥油气产业链上下游一体化优势，工程服务和装备出口业务强化市场开发和精益管理，不断拓展国际市场空间，在沿线30多个国家新签和完成合同额接近境外工程服务和装备出口合同总额的78%。

履行社会责任。集团公司积极响应联合国《2030年可持续发展议程》目标倡议，将公司发展融入当地社会，通过负责任的运营为当地有效创造就业、依法透明税收，满足当地能源供给，促进当地社会发展和经济繁荣。通过设立专项资金资助教育、医疗、环保等公益事业，改善民生福祉，增强当地社区民众获得感、对共建“一带一路”倡议的认同感，多个境外项目获得国际组织、当地政府和媒体的好评。

绿色低碳发展。集团公司聚焦全球环境治理，与油气行业气候倡议组织（OGCI）伙伴联名发布2030年《力争实现甲烷零排放倡议》。完善境外碳达峰实施方案，推动风光气电融合发展和地热、氢能以及CCUS等负碳技术规模应用，全面构建绿色产业结构和低碳能源供应体系。

截至2022年底，集团公司在“一带一路”地区共有中外方员工逾6万人，当地和国际化雇员逾5万人，平均本土化率为85%，其中投资业务本土化率超过92%。

【配合国家能源外交活动】 2022年，集团公司配合国家主场外交，办好能源外交品牌活动。充分利用国际舞台和场合，参与气候变化与能源转型等行业热点讨论，分享能源转型叠加能源短缺形势下石油公司的发展战略、绿色低碳与能源安全相互协同的新路径，为集团公司国际业务营造更为有利的发展环境。

集团公司与俄罗斯石油股份公司联合主办第四届中俄能源商务论坛，论坛以线下与线上相结合的方式在北京和莫斯科两地举行。习近平主席和普京总统为论坛致贺信。中俄两国有关部门和能源企业、金融机构、研究机构、行业协会的300多名代表应邀出席论坛，围绕“深化中俄能源合作，共促能源安全与绿色可持续发展”主题，就中俄在石油、天然气、煤炭、电力、核能及新能源等领域合作展开讨论，就绿色氢能商业化等话题进行交流。论坛期间发布《中俄能源合作投资指南（中国部分）》。

2022年金砖国家工商论坛开幕前夕，集团公司与中国工程院能源与矿业工程学部联合主办第一届金砖国家能源合作论坛，这是新冠肺炎疫情以来金砖国家工商界举办的层次最高、范围最广的交流活动。来自外交部、中国工程院、金砖国家工商理事会中方理事单位和能源与绿色经济工作组中方成员单位及金砖国家能源企业代表、驻华使节、国际组织和院校等的代表在北京现场参加论坛，围绕“深化金砖能源合作，助力绿色转型发展”为主题开展交流，能源与绿色经济工作组发布中、英、俄、葡四种语言的《后疫情时代为金砖国家可持续发展贡献能源力量》联合倡议书。在2022年金砖国家工商论坛期间，集团公司董事长戴厚良应邀出席“加快绿色转型，推动全球可持续发展”专题研讨会并作主旨发言，分享中国石油在绿色低碳方面的积极实践。

第五届中国国际进口博览会期间，集团公司主办第五届中国石油国际合作论坛暨签约仪式，围绕“大变局下的能源安全与低碳转型”主题开展深入交流。来自25家集团公司主要业务领域合作伙伴与供应商代表参加，集团公司与30家合作伙伴签署30份采购协议，合同总金额167.9亿美元。

【外事外联与对外合作交流】 2022年，集团公司坚定不移推进开放合作，始终秉承“共商、共建、共享”的国际合作理念，与合作伙伴开展线上线下多种形式的交流与合作，就新冠肺炎疫情背景下的油气合作、绿色低碳、能源转型等交换意见，在国际能源新秩序、新格局的构建中贡献中国石油智慧和中国方案。

集团公司举行高频率“云外事”，2022年高层领导外事活动74场，其中线上活动65场、线下活动9场。出席国家领导人外事活动2场。2022年北京冬奥会期间，集团公司与国际重要合作伙伴高层开展交流、签署合作协议。集团公司与哈萨克斯坦、塔吉克斯坦、伊拉克、尼日尔等项目所在国政府高层，以及荷兰皇家壳牌石油公司（Shell）、俄罗斯石油公司（Rosneft）、俄罗斯天然气工业股份公司（Gazprom）等合作伙伴进行线上视频会议，与道达尔能源（Total Energies）、英国石油公司（bp）召开战略合作指导委员会定期会议，深化国际合作及伙伴关系，打造更为紧密的油气合作利益共同体。在2022年金砖国家工商论坛开幕前夕主办第一届金砖国家能源合作论坛，在第五届中国国际进口博览会期间主办第五届中国石油国际合作论坛，与俄罗斯石油股份公司联合主办第四届中俄能源商务论坛。

以线上线下相结合的方式，参与世界石油理事会（WPC）、金砖国家工商理事会（BBC）、国际天然气联盟（IGU）、石油和天然气气候倡议组织（OGCI）等国际组织举办的活动，参加博鳌亚洲论坛（BFA）、阿联酋阿布扎比首席执行官圆桌会议暨国际石油展览会议（ADIPEC）、俄罗斯圣彼得堡国际经济论坛、剑桥能源周（CERAWEEK）等国际能源组织与行业学会举办的对话与交流活动，借助国际高端平台加强双边、多边对话，在国际能源新秩序、新格局的构建中主动发声，增进理解互信，不断提升集团公司的国际形象、影响力和话语权。

【国际业务管理】 2022年，集团公司强化责任担当，认真贯彻落实中央及国家相关部委文件规定，优化完善国际业务体制机制，形成“总部直管+专业化管理+区域性监管”三位一体的管理架构，制定《中国石油天然气集团有限公司海外大区公共事务管理办法》，指导协调海外大区公共事务工作。

强化国际业务合规管理力度。落实国家相关部委监管要求，依法合规开展境外项目备案管理，提升项目本土化率，维护良好市场秩序和境外项目良性运作。全面排查重点国家项目的合规风险，建立完善定期督办销项机制，以及有效的风险识别、评估、预警、防范、处置机制。同时，突出合规管理和价值导向，进一步提升工程服务企业的国际化运作能力、本地化水平，推动迈向产业链更高端，实现高质量、可持续、安全发展。

提升国际化经营能力。组织开展海外业务单位国际化经营能力评价工作，引导海外业务单位建立健全标准化管理体系，全面提升集团公司国际业务可持续发展能力、资源创效能力、关键技术研发能力、高端市场开发和风险防控能力。

推进国际业务发展战略策略问题研究。紧跟加速演变的国际地缘政治经济形势，围绕重点国家投资环境变化和地区热点问题，开展国际业务发展相关研究，多份高质量研究报告被国家相关部委采用。

【国际业务社会安全管理】 2022年，集团公司牢固树立“员工生命安全高于一切”的理念，持续保持全年国际业务社会安全“零伤亡”。

完善国际业务社会安全管理体系。修订印发《中国石油天然气集团有限公司国际业务社会安全管理规定》《集团公司涉外社会安全突发事件应急预案》以及国际业务社会安全管理体系文件（2.0版），为有效预防、控制和处置境外项目社会安全风险、确保境外员工和财产安全提供制度保障。对36家海外业务企业开展国际业务社会安全管理考核，年度考核成绩达优秀的企业数量从2021年的12家增至18家，国际业务社会安全管理整体绩效显著提升。

重点国别项目社会安全管理。加强项目现场管控，组织尼日尔二期一体化项目等重点项目落实安保方案措施，开展安保管理专项督查，对袭击绑架风险较高项目的社会安全管理脆弱性进行评审。结合个别国家安全形势急剧恶化、涉中方人员安全事件高发频发态势，有针对性地升级境外项目安保措施，有序压减中方员工数量，应对可能风险。加强中缅、中亚等跨境油气管道项目安全保障，中缅油气管道项目获“2022年度海外安防优秀实践奖”。

应对突发事件。针对部分国家安全形势急剧恶化、涉中方人员安全事件高发频发的态势，密切跟踪形势发展，督导境外项目细划完善应急预案、升级驻地安保、落实应急资源、开展应急演练，确保人员和设施安全。加强社会安全风险信息收集和分析预警，相关境外项目成功应对游行、堵路等多起社会政治和安全事件。

开展境外员工安全教育培训。2022年，组织防恐安全培训班156期，培训人数12824人次。

【境外员工健康管理】 2022年，集团公司始终坚持“人民至上、生命至上”理念，持续做好境外员工健康管理。

境外员工身心健康管理。修订印发《集团公司涉外公共卫生突发事件专项应急预案》，进一步优化涉外公共卫生突发事件分级标准和应急处置流程。对标《中央企业境外机构（项目）医务室和急救站建设指导意见（试行）》，推进海外项目医务室和急救站标准化建设。组织出国体检评估1.6万人次，推进海外项目医务室和急救站标准化建设，通过跨国医疗转运、远程会诊，成功救治海外9名重症患病员工。组织“欢聚云端，健康你我”在线系列活动10场次，超18万人在线点击参与活动，集团公司董事长戴厚良致境外员工和家属的慰问信累计2.7万人阅读。组织开展海外员工家庭建设系列讲座4期，约1300人参加。深入实施员工帮助计划（EAP），全年心理咨询专家团队为境外员工提供心理健康服务热线逾1600小时，试点开展境外员工心理准备度评估和测试近1600人次，咨询个案995例，EAP咨询服务已经成为境外员工和家属接受并信赖、寻求心理帮助的有效手段。

新冠肺炎疫情防控工作。对全球疫情发展进行实时监测，根据变化情况及时更新发布《中国石油国际业务新冠肺炎疫情常态化防控工作指导意见》第五版和第六版，印发《中国石油临时出国团组疫情防控指导意见》，制作《办公、隔离、外出篇》《生活场所篇》《个人防护篇》《施工现场篇》《网格化管理篇》五部境外疫情防控宣传片，宣传贯彻国家和集团公司疫情防控要求，为境外疫情防控工作提供有力保障，集团公司连续三年未发生染疫亡人情况，境外在岗中方员工疫苗接种率100%。将推动境外超期工作员工轮换作为“我为员工群众办实事”重点工作之一，组织有关单位制定“一国一策、一项目一策、一人一策”的倒班轮换方案，通过商业航班、包机相结合的方式，从全球65个国家接返海外员工近6300人，解决境外员工超期工作，以及部分国家项目员工疫情以来长期无法回国的难题，2022年底基本实现境外员工倒班轮换正常化。

【出国（境）管理与服务】 2022年，集团公司优化因公出国（境）管理，持续提高因公出国（境）项目审批效率和服务水平，严控非必要、非紧急团组派出。全年受理因公出国（境）项目申请4630个，办理证照4316本，签证2079人次，出境证明7947份。审核取消例行任务出访团组88个，对135个团组的在外时间、派出人数进行压缩调整。发布更新驻华使领馆领事服务信息40期、航班动态信息67期，做好国际机票票务服务，为境外项目员工有序轮换提供支持。全年出国（境）费用支出较2021年同比下降15%。

【外事队伍建设】 2022年，集团公司畅通外事管理人员发展通道，持续推进翻译人员职业发展培训晋级体系建设和实施，加强翻译人员梯队建设，为加快人力资源向人力资本转化提供制度保障。

【第一届金砖国家能源合作论坛】 2022年6月21日，在2022年金砖国家工商论坛开幕前夕，第一届金砖国家能源合作论坛在北京举行。本届论坛是金砖国家工商理事会能源领域首次创办的论坛，以“深化金砖能源合作，助力绿色转型发展”为主题，由金砖国家工商理事会中方理事单位中国石油天然气集团有限公司与中国工程院能源与矿业工程学部联合主办，来自外交部、中国工程院、金砖国家工商理事会中方理事单位和能源与绿色经济工作组中方成员单位及金砖国家能源企业代表、驻华使节、国际组织和院校等的代表现场参加。

金砖国家工商理事会中方理事、集团公司董事长戴厚良出席论坛并在开幕式致辞。他表示，金砖国家作为新兴市场国家和发展中国家的代表，深度挖掘能源资源、供需、产业和技术方面的互补优势，加强务实合作，构建新时代能源发展伙伴关系，有助于共同维护全球能源市场安全发展，提升金砖国家参与全球能源治理的话语权和影响力。为打造“能源金砖”，扛起能源与绿色经济工作组中方单位责任担当，他表示，将加强与金砖各国在能源领域和企业的全面合作，实现以合作促发展、以发展促共赢。

论坛开幕式上，能源与绿色经济工作组巴西、俄罗斯、印度和南非各方组长分别视频致辞，发布中、英、俄、葡四种语言的《后疫情时代为金砖国家可持续发展贡献能源力量》联合倡议书。论坛期间举行主题为“把脉能源大势，共享绿色未来”和“擘画合作蓝图，携手共赢发展”的对话。

【第五届中国石油国际合作论坛暨签约仪式】 2022年11月5日，在上海第五届中国国际进口博览会期间，第五届中国石油国际合作论坛暨签约仪式举行。本届论坛以“大变局下的能源安全与低碳转型”为主题，由中国石油天然气集团有限公司主办，25家集团公司主要业务领域合作伙伴与供应商代表参加。

集团公司董事长戴厚良出席论坛并作题为《扩大开放合作，携手应对挑战，共同守护绿色低碳转型中的能源供应安全》的主旨演讲。他表示，中国石油始终秉持“绿色发展、奉献能源，为客户成长增动力，为人民幸福赋新能”的价值追求，在全球广泛开展油气和新能源、炼油化工和新材料、国际贸易、石油石化工程服务等全产业链合作。中国石油将大力提升勘探开发力度，坚持绿色低碳发展，加快核心技术攻关突破，加快向“油气热电氢”综合性国际能源公司稳步转型，并就如何面对油气行业面临的新形势新挑战发出倡议。

主旨演讲结束后，举行“加强能源合作，赋能可持续未来”高层对话和签约仪式。在高层对话中，6位国际知名企业高管和专家围绕能源转型的解决之道、大变局下国际能源合作的机遇与挑战、能源转型下创新的商业模式和伙伴关系等议题展开深入研讨。在签约仪式上，集团公司分别与联益集团、哈里伯顿（中国）能源服务有限公司、斯伦贝谢等30家合作伙伴签署30份采购协议，合同总金额167.9亿美元。

【第四届中俄能源商务论坛】 2022年11月29日，第四届中俄能源商务论坛以线下与线上相结合的方式在北京和莫斯科两地举行。习近平主席和普京总统为论坛致贺信。

本届论坛以“深化中俄能源合作，共促能源安全与绿色可持续发展”为主题，由中国石油天然气集团有限公司和俄罗斯石油股份公司联合主办。国务院副总理韩正，俄罗斯联邦政府副总理诺瓦克，俄罗斯总统能源发展战略和生态安全委员会秘书长、俄罗斯石油股份公司总裁谢钦出席论坛开幕式并致辞，国家能源局局长章建华和俄罗斯科学院院士、俄罗斯科学院世界经济和国际关系研究所主席登金主持开幕式。中俄两国有关部门和能源企业、金融机构、研究机构、行业协会的300多名代表参加。

集团公司董事长戴厚良出席开幕式并致辞。他建议，中俄双方共同保障油气资源供给安全，认真执行好能源合作的战略大项目，全面提升油气全产业链合作水平，继续发挥能源合作在双方经贸交往中的引领支撑作用，确保石油、天然气等传统能源供给安全；积极挖掘绿色低碳合作潜力，携手共建绿色低碳能源生态圈；共同参与全球能源治理，推动完善更加公平公正、均衡普惠、开放共享的全球能源治理体系，努力为维护全球能源安全和中俄油气合作健康发展贡献智慧和力量。

论坛与会代表就中俄在石油、天然气、煤炭、电力、核能及新能源等领域合作展开讨论，就绿色氢能商业化等话题进行交流。论坛期间发布《中俄能源合作投资指南（中国部分）》。

（蒙　萌）

新能源与新材料

综　述

【概述】 2022 年，中国石油认真贯彻落实习近平总书记重要指示批示精神和党中央国务院决策部署，锚定碳达峰碳中和战略目标，推进绿色低碳转型，构建绿色产业结构和低碳能源供应体系，坚持油气与新能源融合发展，推进新材料提速工程，加快形成绿色低碳的生产方式，努力成为能源强国的“压舱石”、科技创新的“新高地”、绿色发展的“先行军”。截至 2022 年底，累计建成风光发电装机超 140 万千瓦，全口径清洁电力装机突破 1000 万千瓦，累计建成地热供暖项目近 2500 万平方米，年注入二氧化碳超 110 万吨，稳步推动氢能“产运储用”全产业链发展，新能源开发利用能力 800 万吨标准煤/年，新材料年产量 85 万吨，新能源新材料实现提速发展。

【新能源与新材料顶层设计】 2022 年，成立以集团公司董事长为组长的“双碳三新”领导小组并召开会议 8 次，将新能源和新材料纳入集团公司主营业务发展，持续完善新能源新材料业务组织体系和制度体系，科学系统编制完成碳达峰行动方案，将“双碳”目标全面融入集团公司发展战略部署。

【新能源与新材料业务布局】 2022 年，以“六大基地”和“五大工程”为核心的绿色产业布局初步形成，持续从资源端、市场端和政策端发力，千方百计获取新能源资源、开拓市场，争取国家第三批“沙戈荒”新能源大基地项目；加快推动以炼油为主的炼化基础产业向“基础 + 高端”的能源化工材料现代产业转变，化工新材料产量实现大幅增长。

（冯敬轩）

【新能源新产业发展】 树立新能源与油气融合发展理念，强化顶层设计和规划编制，以打造“六大基地、四大工程”为抓手，加大清洁能源替代和控碳减碳力度，各项工作取得阶段性成果。

深化企地合作，清洁电力指标和地热市场开拓取得新高度。2022 年获取清洁电力并网指标 1020 万千瓦、开拓地热供暖市场 2200 万平方米。

发挥产业优势，重点项目取得新进展。新能源方面，2022 年新增地热供暖面积 1006 万平方米供暖能力，新增光伏发电、风电装机 115.7 万千瓦，新增清洁利用量 76.16 万吨标准煤，新增减排二氧化碳 198 万吨。玉门油田通过土地使用税减免、绿电交易、无人值守等措施，20 万千瓦光伏电站盈利 2850 万元。大庆油田建成中国石油首个自主设计建设水面光伏发电工程，吐哈油田建成中国石油首个 12 万千瓦“源网荷储”一体化示范项目，塔里木油田建成中国首条零碳沙漠公路，冀东油田建成武城和曹妃甸二期等地热供暖项目。新产业方面，大庆油田、吉林油田、长庆油田、新疆油田开展四大 CCUS 示范工程建设，2022 年二氧化碳年注入量 108 万吨，规模保持国内领先，申报 CCUS 产业链链长。

强化示范引领，业务发展开拓新模式。谋篇布局，推动六大基地建设，其中京津冀地热供暖示范基地和玉门清洁转型示范基地推进效果显著；推进“四大工程”，促进集团公司向油气热电氢综合性能源公司转型发展。

开展专项研究，业务管理开创新局面。优化调整碳达峰实施方案和路径，力争 2029 年前后实现碳达峰；研究提高天然气商品率，通过降低自用和减损耗，实现“双控”；开展对标分析，科学构建对标指标体系，提升新能源建设管理水平；开展生产用能再电气化研究和推进；开展零碳井场试验研究，建立与光伏风电耦合的生产制度，打造零碳及近零井场示范工程。

推进节能管理，节能提效开创新局面。秉持“节能就是第一能源”理念，提高节能管理向能源管控转变的意识，找准能耗关键点，挖掘节能潜力，开展节能新技术推广、能源管控、清洁替代、能源合作等方面工作，提升能源管控能力。全年节能 38 万吨标准煤、节水486万立方米。截至2022年底，累计可再生能源发电装机156.2万千瓦，同比增长440%；累计地热供暖面积2473万平方米，同比增长68.5%；新能源发电6.22亿千瓦·时（外供清洁电力3.56亿千瓦·时），实现新能源利用量62万吨标准油，同比增长113%。

新能源新产业关键技术取得新突破，华北油田开展分布式智能微电网建设，实现区域内微网的多能源互补优化；浙江油田开展光热产品自主研发，利用太阳能光热及多能互补替代系统与综合能源指挥管控系统，实现多能互补、智能控制；西南油气田开展余压发电关键技术及产业化发展研究、天然气裂解制氢及管道掺氢技术研究等工作。

（范文科　向书政）

新　能　源

【概述】 2022年，新能源业务贯彻落实党的二十大精神和集团公司总体工作部署，树立油气与新能源融合发展理念，加大清洁能源替代和控排减碳力度，统筹推进风光发电并网指标获取、地热供暖市场开拓、油气田低碳建设、科研技术攻关、人才队伍培养等重点工作，推进新能源新产业系统化发展进程。

2022年，中国石油将新能源业务与油气业务并列为集团公司主营业务，标志着中国石油新能源元年的开启，全年建成新能源项目80个，新增地热供暖面积1006万平方米，新增清洁电力投运并网118.3万千瓦，其中对内清洁替代风光装机79.7万千瓦，新能源产能当量新增89.8万吨标准煤；截至2022年底，累计建成供暖面积2470.6万平方米，累计建成光伏风电装机规模144万千瓦，累计新能源产能当量155.8万吨标准煤；全年节能38.7万吨标准煤，节水446万立方米，商品量单耗同比下降5.4%，超额完成节能节水指标。

2022年，炼化新材料公司认真贯彻落实集团公司“双碳三新”工作总体部署，成立炼化新材料公司、地区公司两级双碳领导小组、事业部和工作组以及多个工作专班，深化炼油乙烯能效提升、二氧化碳捕集与利用、燃煤清洁替代、氢能、提高电气化率等10个专项研究，编制形成炼化新材料公司碳达峰行动方案，明确2029年实现碳达峰、峰值控制在1.3亿吨的目标。推进碳达峰行动方案落地实施，进一步向炼化企业细化分解指标、传导减碳压力，组织炼化企业制定“一企一策”的碳达峰行动方案，推进炼化能效提标、电能替代、燃煤清洁替代、氢能和生物能等减碳举措并初见成效，全面完成集团公司下达的2022年度减碳任务，全面实现碳达峰行动方案2022年努力目标。

深入贯彻集团公司新能源业务“三步走”战略，落实集团公司“双新”“双碳”领导小组工作安排，抓住资源紧平衡契机，推动天然气与新能源融合发展项目和综合能源项目落地实施，推动从传统的天然气销售向天然气+营销模式的转型升级。开展相关规划研究工作，滚动更新天然气销售公司新能源业务发展规划，完成天然气销售公司碳达峰实施方案，提出碳达峰行动路径，并开展天然气发电业务发展规划、综合能源业务研究等工作。

【碳达峰方案编制】 2022年，组织制定油气和新能源业务碳达峰实施方案，在全面梳理测算企业能耗、碳排放现状的基础上，结合未来业务规划，从产业结构优化、节能提效、清洁替代、负碳技术等四个方面实施碳减排措施，确定碳达峰的时间表和路线图，保障油气和新能源业务实现碳达峰目标，助力集团公司绿色低碳转型和高质量发展。按照集团公司规划部署，油气和新能源业务将于2029年实现碳达峰，二氧化碳排放峰值7657万吨。

【地热供暖】 2022年，新增地热供暖面积1006万平方米，建成总供暖面积2470.6万平方米，在运行地热供暖项目20个，储备项目超过2000万平方米，建成多个典型供暖项目，在行业中赢得良好口碑。

地热供暖重点项目进展顺利。曹妃甸新城地热供暖项目是全国单体规模最大的中深层地热供暖项目，供暖总面积598万平方米，年节约标准煤13.8万吨，减排二氧化碳35.8万吨，被河北省评为供热行业“先进单位”，是集团公司第一个规模化、智能化、商业化的地热供暖项目。山东武城地热供暖项目是山东省最大的单体地热供暖项目，供暖面积310万平方米，年节约标准煤7.1万吨，减排二氧化碳18.5万吨，该项目是集团公司首个矿权区外项目，回灌率和回灌量创鲁北地区馆陶组砂岩纪录。

供暖指标获取创新高。冀东、华北、大港等油田与多个地方政府、供暖企业达成合作协议，奠定地热业务规模发展的基础。冀东油田与河南、山东的多个县市达成600多万平方米的供暖合作意向，华北油田与河间、晋州等地政府达成1400多万平方米的供暖意向。

截至2022年底，京津冀示范基地取得新进展，建成2470.6万平方米供暖面积，在建供暖面积207万平方米，待建供暖面积361万平方米，储备项目404万平方米。北京城市副中心0701街区保障房35.3万平方米地热供暖项目开钻，是集团公司在北京首个地热项目，取得5年期探矿权，实现探矿权“零”的突破，也是北京市首例获得政府50%投资补贴的地热开发项目。

【风光发电】 2022年，获取清洁电力并网指标1020万千瓦，新增建成风光发电装机118.3万千瓦。

国家电网系统外首个新能源计量中心落户玉门油田，并获得中国石油首张绿色电力证书。玉门油田建设30万千瓦光伏并网发电项目再现“光速度”，奋战4个多月完成所有地面工程建设。建成后年均发电量约6亿千瓦·时。建成投运20万千瓦光伏电站配套40兆瓦/80兆瓦时电化学储能系统，在储能建设上实现“零”的突破。

2022年11月，中国石油第一座风电机组在吉林油田开始吊装。15万千瓦风光发电项目全面启动，吉林油田成为中国石油首家开展风力发电建设的“先行军”。该项目中7.8万千瓦为风电项目，装机18台；7.1万千瓦为光伏项目，设置场点396处，预计年发电量3.6亿千瓦·时。推进前郭县昂格55万千瓦风电项目，奋力打造吉林绿色协调发展基地。

西部“沙戈荒”新能源基地建设稳步推进。塔里木油田推进新能源发电业务，完工尉犁和且末两个10万千瓦光伏发电项目主体工程，稳抓伽师60万千瓦和叶城50万千瓦光伏发电并网项目；新疆油田建成12万千瓦光伏示范工程，推进克拉玛依石化10万千瓦绿电供应项目，获取5万千瓦保障性外供绿电指标。

【清洁能源替代】 坚持油气与新能源融合、节能瘦身与清洁替代融合发展理念，因地制宜发展油区风能、光能、地热、余热等可再生能源替代生产用能。2022年，对内清洁替代风光发电新增装机79.7万千瓦，余热利用新增装机11.2万千瓦。截至2022年底，累计建成清洁替代项目138个，总装机规模121.6万千瓦，其中光伏风电装机88.3万千瓦、余热装机28.8万千瓦、光热装机3.5万千瓦，清洁能源替代能力65.1万吨标准煤/年。

2022年6月，塔里木油田建成中国首条零碳沙漠公路，436千米公路沿线防护林带98口灌溉井由柴油机改为光伏供电，装机规模0.35万千瓦，年减碳0.33万吨，3800公顷（1公顷=1000平方米）防护林年捕集碳1.4万吨，可中和近9万台次/年车辆碳排放。塔里木油田和田河光伏电站、玛东3井单井光伏、LN39-2井光电加热炉等建成投产。

2022年6月，大庆油田建成中国石油首个自主设计建设水面光伏发电工程，装机规模1.87万千瓦，年发绿电2751万千瓦·时。12月吐哈油田建成集团公司首个“源网荷储”一体化示范项目，装机规模12万千瓦。

【新能源管理体系建设】 2022年，组织编制完成《合同能源管理细则（暂行）》《石油天然气勘探开发建设项目碳排放评价技术指南（试行）》《地热开发管理规定》《油气田企业新能源利用模拟市场交易考核管理办法（试行）》《上游业务碳资产管理办法》等7项管理制度，有效提升管理水平，保证新能源工作的合规开展。

规范年度新能源先进评选。制定印发《新能源先进单位及优秀项目评比标准》，评选出华北油田等6家新能源市场开拓先进单位、玉门油田等5家新能源生产经营先进单位、玉门油田东镇200兆瓦光伏等4个新能源优秀项目。

推行能效领跑者活动。在能效对标的基础上管理升级，启动能效领跑者活动，季度评选油气生产能源利用效率较高、完成节能目标贡献较大的油气田企业。

组织科技攻关。围绕实际生产中的突出问题，设立科技项目“新能源综合开发利用关键技术研究”，包括地热、伴生资源、油气田清洁能源利用、清洁电力开发、碳资产开发的关键技术研究和现场试验。

推行新能源模拟碳交易。正式施行油气田企业新能源利用内部模拟交易，冀东、吉林和华北 3 家油田增加 KPI 考核利润指标，8 家企业扣减 KPI 考核利润指标。

碳资产开发实现历史性突破。2022 年 1 月，成立“上游业务碳资产开发技术支持中心”，交易完成大庆油田萨南深冷回收甲烷项目，出售减排量 18 万吨，获得收益 1130 万美元；签约“吉林油田 15 万千瓦自消纳风光发电”等 2 个碳减排量协议，减排量 26 万吨，预计收益 1500 万美元。

【碳达峰行动方案形成】 2022 年，在 2021 年开展的“炼化业务碳达峰碳中和技术路径”研究的基础上，进一步深化炼油乙烯能效提升、二氧化碳捕集与利用、燃煤清洁替代、氢能、提高电气化率等 10 个专项研究，结合各企业行动方案，形成炼化新材料公司碳达峰行动方案。组织多轮方案交流审查，规划总院、石化院、经研院、安全环保研究院等科研院所，寰球工程、昆仑工程等工程设计单位主动参与方案研究，广泛吸取各方面意见，炼化新材料公司党委明确 2029 年实现碳达峰、峰值控制在 1.3 亿吨的目标。

方案明确提出碳减排“1+4”指标（二氧化碳排放量、万元产值能耗、万元产值排放量、终端电气化率、非化石能源消耗比重）逐年工作目标和努力目标，部署“炼化节能提效、电能替代强化、二氧化碳资源化利用”3 项重点工程，“锅炉燃煤清洁替代、绿氢替代天然气制氢”2 项强化工程，“减油增化增特、氨能和生物质能、提高商品率、科技示范、低碳示范区建设、智能管控、基础强化”7 项关键举措以及 340 余项减碳项目群。

按照炼化新材料公司碳达峰行动方案总体目标，细化分解各企业“1+4”指标目标，组织各企业编制形成企业碳达峰行动方案和 10 个专项方案，组织专家对 14 家重点企业行动方案进行集中审查和对接，落实 2023 年减碳项目清单。召开“双碳”工作推进会，推动各企业行动方案实施进程。

【二氧化碳捕集、利用】 2022 年，按照源汇匹配对接会提出的油田需求，安排周边炼化企业研究实施二氧化碳捕集项目，并优先保障试点油田的二氧化碳供应。大庆石化 100 万吨 / 年热电厂烟气二氧化碳捕集项目完成基础设计，百万吨级低浓度二氧化碳低成本捕集技术集成与工程示范稳步推进，完成 1.0 版工艺包的编制；40 万吨 / 年合成氨装置高浓度二氧化碳捕集项目开工建设；11—12 月，采用 LNG 装置提前对大庆石化高浓度二氧化碳进行液化，通过车运向大庆油田供应二氧化碳 1.2 万吨。吉林石化 35 万吨 / 年合成氨装置中高浓度二氧化碳捕集项目获批复；庆阳石化 40 万吨 / 年捕集项目已审查可行性研究。

开展低浓度碳源低成本高效捕集系列技术攻关，在格尔木炼厂进行 PC-1 溶剂万吨级真实低浓度烟气体系工业试验，克服传统胺在含氧烟气下氧化降解与腐蚀失控导致成本上升的难题，产品纯度稳定在 99.7% 以上，溶剂负载能力 0.5 摩尔 / 摩尔以上，无明显发泡携带损失，剂耗损失与曾应用过的四种溶剂相比下降 50%。二氧化碳化工利用示范项目有序推进，辽阳石化 10 万吨 / 年碳酸酯二氧化碳资源化利用示范项目已完成工艺包和可行性研究报告初版编制。

【电能替代】 2022 年，组织成立以寰球公司为主的提高电气化率专班，编制提高炼化终端电气化率技术指南；形成吉林石化乙烯、广西石化乙烯等重点转型升级项目以及大庆炼化、四川石化等全厂提高电气化率改造方案。吉林石化乙烯、广西石化乙烯项目电能替代措施进入基础设计阶段。抚顺石化催化剂厂采购 2 台电蒸汽锅炉，已经投用。通过节能和电能替代双向发力，全年炼化新材料公司终端电气化率同比提升 0.3 个百分点。

【氢能】 2022 年，氢气提纯项目有序推进，华北石化建成 2000 米^3/ 时副产氢提纯装置，完成 2022 年北京冬奥会期间供应任务；四川石化 2000 米^3/ 时副产氢提纯装置 7 月建成投用，长庆石化开展建设施工。独山子石化基于绿色电力的电解水制氢技术应用示范项目，与深圳新能源研究院合作，将具有中国石油自主知识产权的电解水制氢技术实现工业化示范，以利后续推广应用，已申报 2023 年集团公司科技开发项目。开展乙烷制乙烯副产氢利用方案研究，11 月 25 日，向集团公司董事长戴厚良呈报《关于乙烷制乙烯副产氢气利用的报告》。

【生物航空煤油项目】 2022年，石油化工研究院和寰球公司北京分公司开展生物航空煤油工艺包编制，力争2023年4月底前完成四川石化10万吨/年生物航空煤油生产装置可行性研究报告的编制。

（杨树林　杨　砾）

【新能源业务发展方向】 2022年，立足天然气资源、终端网络和股份公司平台优势，放眼全国市场，围绕四大重点业务，全力加快新能源业务布局和项目落地。充分利用城市门站、LNG工厂等场站中的屋顶、空地等，建设分布式光伏、严查发电等清洁替代项目，提升清洁电力自供应能力，降低碳排放水平，打造“零碳示范场站”。利用终端项目遍及全国的优势，推动与新能源业务融合发展，为用户提供综合能源集成解决方案，开展多能供应及相关能源增值服务，主要服务综合性园区、公共建筑、工业企业和居民用户等四类场景。聚焦战略合作，发挥整体优势，通过合作开发、资本运作等多种方式，克服新能源投标竞配准入门槛等问题，快速进入新能源领域。以天然气资源为抓手，以气电调峰为突破口，开发气电与新能源融合项目；按照集团公司整体工作部署，配合集团内部单位争取新能源指标。

【新能源试点项目前期工作】 2022年，新能源业务取得突破性进展，利用天然气资源优势和所属城市燃气企业与地方良好的合作关系，开发新能源项目，在新疆、河北、江苏等地取得积极进展。与合盛硅业签署合作框架协议，拟控股建设乌鲁木齐米东区200万千瓦光伏项目，取得集团公司发展计划部同意开展可行性研究编制的批复。利用自有场站资源，加快场站光伏项目和综合能源项目前期和建设工作，上海白鹤母站光伏项目和上海新发创运光伏项目建成投产，实现6个场站分布式光伏项目投产运行，全年推动研究布局30多个各类新能源项目，初步形成建设一批、开发一批、储备一批的项目梯队。气电业务方面，实现国家电投揭东热电联产等2个项目投产，累计投产参股气电项目12个，总装机规模为846.7万千瓦。

在综合能源领域继续探索并加快发展步伐，挖掘工业园区和工业用户的蒸汽使用需求，在山东和安徽开展供热业务；针对部分工业用户和自身场站的冷热电使用需要，在山东、贵州、海南建设运营分布式能源项目。与国内先进企业合作开发各自供气区域内的综合能源项目，充分利用天然气和当地可再生能源，满足用户的多种用能需求，帮助用户实现节能减排。

（黄晓光）

【新能源新材料新事业发展】 2022年，中油工程落实集团公司“双碳”“三新”部署要求，加速推进新能源新材料新事业发展，组织开展终端能源在电气化、CCUS、氢能及新材料等领域技术攻关，成立中国石油XAI气技术研发中心，成功开发天然气提XAI成套技术工艺包，掌握溶聚丁苯橡胶、特种丁腈橡胶、PC、PA66等35项新材料特色技术。以“市场先行、技术引领、资金支撑”为思路，引导支持成员企业加大“双碳”“三新”项目开发力度，新签合同额125.5亿元，占比12.3%。集团公司内部对接“六大基地”“五大工程”项目，签约玉门油田绿氢实证基地输氢管道、新疆油田270兆瓦光伏示范工程、塔西南与和田河气田天然气综合利用、大庆POE工业试验、吉林油田150兆瓦风光伏发电、玉门油田光伏二期300兆瓦、吐哈油田120兆瓦光伏、大庆石化40万吨/年高浓度CCUS等一批新能源和战略资源项目。集团公司外部中标EVA、POE、特色聚酯等新材料项目；获得壳牌绿氢制取加注预可行性研究合同，实现国际高端客户新能源市场零的突破。

（邢海峰　吴林林）

【国际贸易新能源业务】 2022年，新能源业务发挥专业优势服务集团公司碳资产管理，形成364万吨全国碳配额储备规模，并以折扣价签署全国核证自愿减排量远期合约75万吨。实现首批生物航空煤油销售至香港机场和欧洲市场。开发纯碱、EVA等新材料产业链相关产品，取得良好开端。

（彭川涵）

新 材 料

【概述】 2022年，炼化新材料业务加强顶层设计，部署安排优化区域发展布局和业务发展规划，加大新材料研发力度，提高新材料产量，推进新材料重点工作。构建炼化新材料公司和地区分公司两级“领导小组＋事业部＋项目组”一体化工作格局，按照完善规划、项目建设、合资合作、工业试验、研发攻关、新产品开发等环节，落实新材料业务提速工程。构建三级科技创新体系，加快科研攻关，加快科技成果产业化，日本新材料研究院挂牌成立，上海新材料研究院启动研发项目。医用聚烯烃、SSBR、PETG、负极焦等多个产品形成工业产能，新材料业务提速工程取得显著成果。

【规划编制】 2021年集团公司研究制定《“十四五”新材料业务发展规划》，在7个主要方向开发26种新材料，主要包括工程塑料、功能性合成树脂、高性能合成橡胶、特种纤维、高端碳材料、生物可降解材料、专用化学品。2022年进一步研究滚动规划，坚持“有资源、有市场、有技术、有人才、有竞争力”原则，整体推进化工产业向高端化、规模化发展，推进产业链向新能源材料延伸，有序布局生物基及可降解材料产业链向绿色低碳转型，滚动新增电子级碳酸酯、超级电容炭等12种高端材料开发。按照集团公司的要求，围绕“延链、强链、补链”要求，指定产业优势比较明显的地区公司承担牵头任务，提供技术和运营方面的支持服务，努力打造ABS、丁腈橡胶、溶聚丁苯橡胶、乙丙橡胶、PETG等一批“产品巨人”。

【项目建设】 2022年，辽阳石化采用自主技术建设的2万吨/年1,4-环己烷二甲醇（CHDM）工业试验装置一次开车成功，利用自产CHDM单体原料实现PETG共聚酯9个系列牌号产品的连续稳定生产，成为全球第三家、国内第一家生产企业。兰州石化采用自主技术建设3.5万吨/年特种丁腈橡胶装置一次开车成功，成为国内最大、全球前三的丁腈橡胶生产企业。吉林石化碳纤维装置改造完成，转入正常生产，开发出高品质新产品。开展独山子石化官能化溶聚丁苯橡胶、兰州石化医用料及高端电子保护膜料改造、超纯净超高压电缆基础料生产装置改造等多套建设项目。完成辽阳石化10万吨/年碳酸乙烯酯及5万吨/年碳酸二甲酯工艺包及可行性研究初稿编制和内部审查。POE中试装置完成详细设计审查、厂房桩基施工检测和长周期设备制造。河南盛源聚碳酸酯合作项目实现装置开车。天野化工聚甲醛项目实现复工复产。

【研发攻关】 2022年，按产品线梳理自主技术的成熟程度，进行技术水平分析，明确需要继续攻关的内容。医用聚烯烃、溶聚丁苯橡胶、负极焦等多个产品已形成工业产能；下步重点提升ABS、茂金属聚烯烃、POE等生产能力。按照“高端提升一批，加快开发一批，重点储备一批，超前探索一批”的原则，结合“十四五”新材料产业部署，配套数十项科技攻关项目，为加快规划实施提供技术支撑。其中，多项重点培养项目取得进展，茂金属聚乙烯完成2次工业试验，磷酸缓冲盐溶液（PBS）完成千吨级中试。

【新材料生产】 2022年，生产新材料85万吨，其中功能性合成树脂47万吨、高性能合成橡胶24万吨、高端炭材料13万吨、特种纤维和专用化学品1万吨。具体生产企业及产量为：独山子石化28万吨，兰州石化23万吨，锦州石化14万吨，吉林石化10万吨，辽阳石化9万吨，大庆石化1万吨。茂金属聚烯烃、医用聚烯烃产品持续增产上量，高端炭材料、电子级化学品实现突破。

【新产品开发】 打造以顶层设计为基础的新产品开发“产研销用”一体化机制，做好问题分类和工作分工。2022年，研究单位重点解决工艺、催化剂、高端产品等根本问题，一般问题由生产企业攻关解决。新产品开发进度加快，牌号数量有较大提升，开发化工新产品119个牌号84万吨，其中聚乙烯39个牌号54万吨、聚丙烯42个牌号19万吨、橡胶20个牌号1万吨、ABS及其他产品18个牌号10万吨。首次试产60个新牌号，产品结构持续改善，部分高端产品进入市场，其中锂电池隔膜聚乙烯专用料工业化应用取得成功，在合作单位工业生产线进行隔膜试制，制品发往下游电池厂家进行下一步测试。

（朱光宇　刘晓舟）

科技与信息

科技发展

【概述】 2022年，集团公司科技工作着力实现高水平科技自立自强，以原创技术策源地建设为统领，强化关键核心技术攻关，加快建设能源与化工创新高地，勇当国家战略科技力量。

【国家级科技项目】 2022年，2个原创技术策源地建设全面启动，围绕国家重大战略需求，依托千万吨级页岩油发展等九大工程、α-烯烃等“八大方向”进行部署，全方位梳理绘制技术谱系，明确攻关任务清单、项目部署、平台支撑和组织保障。强化关键核心技术攻关，形成一键式人机交互7000米自动化钻机、CG STEER旋转地质导向钻井系统、PETG共聚酯原料及全系列产品制备技术等一批标志性成果。推进“稳油增气”国家科技重大项目接续，成立工作专班，联合中国石化、中国海油、中科院和教育部等优势力量组织开展研究，围绕“两深一非一老”四大领域重点开展8个方向任务布局。

【集团公司重大科技项目】 2022年，坚持“四个面向”，聚焦国家和集团公司战略需求，加强统筹谋划和顶层设计，紧紧围绕集团公司党组确定的十大科技攻关方向，科学部署重大科技任务，组织实施集团公司科技专项、关键核心技术攻关、前瞻性基础性技术攻关、重大技术现场试验、重大推广专项等各类项目，集中优势力量全力攻坚，加快突破关键核心技术，在支撑主营业务高质量发展的同时，抢占未来发展制高点。

油气勘探开发和工程技术领域，研发高精度地震成像、超深井优快钻完井等关键技术，引领中国深层/超深层油气战略接替；突破陆相页岩油和深层煤岩气勘探开发理论技术，推动非常规油气资源战略突破及规模开发；创新天然气驱油与地下储气库协同建设理论技术，开拓建库新领域；发展被动陆缘盆地油气地质理论，助推海外深水勘探世界级发现；非连续相驱油机理、油气热混相机理和高黏原油地下原位催化改质等理论技术取得重要进展，助力老油田和超稠油开发取得新突破。基本实现关键核心技术自主可控，工程技术服务保障能力和核心竞争力大幅提升。

炼油化工和新材料领域，开发应用大炼油、大乙烯、系列α-烯烃、高端合成橡胶等成套技术，开发生产炼油系列催化剂、高档润滑油、高附加值合成材料等炼化特色新产品，技术进步显著，为集团公司炼化布局调整、产品结构优化、技术经济指标提升提供自主技术支撑。催化新材料及分离材料、高端聚烯烃材料、乙烯极性共聚物等研发取得重要成果，引领集团公司炼油业务转型和新材料业务发展。

绿色低碳和新能源领域，按照集团公司“清洁替代、战略接替、绿色转型”三步走总体部署，围绕氢能、储能、地热、伴生资源、CCUS/CCS、安全环保节能等新能源与绿色低碳领域，加快推进科技攻关和示范应用，取得新突破。

【科技成果推广转化】 2022年，集团公司启动重大科技成果规模转化示范工程，首批入选的3项技术进展顺利。其中：“光纤智能油藏地球物理技术”不断完善技术系列，光纤压裂检测等新业务快速增长，全年收入突破2亿元；“非金属复合管”重点推广10种规格新产品，全年收入1.5亿元以上；“气举采油”向排水采气、储气库完井等新领域拓展，全年产值超过1亿元。进一步强化科技成果转化创效工作的组织，全年转化创效科技成果253项。

【科技改革】 2022年，成立中国石油科技工作领导小组，完善科学技术委员会设置。加强研发投入考核，明确专业公司责任，统筹重大领域科技项目设计与管理。日本新材料研究院挂牌。遴选并组织制定7家“科改示范企业”2022—2025年综合改革方案和工作台账。建立完善知识产权管理及支持服务机构，成立知识产权管理办公室，成立3个知识产权支持中心。探索更加符合科研规律的经费管理机制，选择中国石油科技创新基金项目等，项目试行经费“包干制”管理。

【基础条件平台】 2022年集团公司2家全国重点实验室通过科学技术部重组评审。油气钻完井技术国家工程研究中心正式揭牌成立。集团公司双创示范基地被国家发改委评估为优秀双创示范基地。集团公司有国家级科研平台23个，集团公司内部建设37个重点实验室、19个试验基地和23个技术研发中心，形成完善的科研平台体系。

【科技交流与合作】 推进落实集团公司战略合作协议（国内）。2022年，推动中国石油与国家部委、政府机构、国内企业、高校和科研机构的战略合作协议科技创新工作落地。与北京大学、中国石油大学（北京）等高校战略合作科技项目，与西南石油大学、常州大学创新联合体设立的科技攻关项目等有序推进，在重大地质勘探理论、油气与新能源、化工新技术与新材料、数智科技和高端智库等领域取得一批重要进展和阶段成果。

强化国际科技交流与合作。2022年，以集团公司战略合作伙伴关系建设为指导，道达尔能源公司、俄罗斯天然气工业股份公司、俄罗斯石油公司、艾奎诺等战略合作伙伴框架下设立的科技合作工作组为抓手，推动双边科技交流与合作。持续深化与道达尔能源、埃克森美孚等国际石油公司的研发课题合作，在基础应用领域，开展低排放、抗铁污染FCC等合作研究。探索与俄罗斯天然气工业股份公司、俄罗斯石油公司和马来西亚国家石油公司等国家油气公司在煤层气开采、聚合物驱提高石油采收率等领域的潜在商务合作。与俄罗斯石油公司签署年度科技合作计划，推动萨莫托洛尔油田聚合物驱提高石油采收率可行性研究以及潜在区块商业合作；启动RN-GRID（压裂设计软件）和支撑剂运移功能模块的合作研究。

【知识产权管理】 2022年，申请国内外专利6862件；中国专利申请6725件，其中发明专利申请6481件，发明专利申请占比96.4%；PCT专利申请137件，超过前五年申请数量总和。授权国内外专利2625件。中国专利授权2541件，其中发明专利授权2263件，发明专利授权占比89.1%；国外授权专利84件。获第二十三届中国专利奖银奖3项，优秀奖5项。

【科技奖励】 2022年，评选出集团公司科技奖99项，其中突出贡献奖6项（表1）、技能人才奖2项（表2）、创新团队奖2项（表3）、基础研究奖12项（表4）、技术发明奖15项（表5）、科学技术进步奖62项（表6）。

表1 2022年度中国石油天然气集团有限公司突出贡献奖名单

序 号	姓 名	工作单位
1	廖广志	油气和新能源分公司
2	谢荣华	大庆油田有限责任公司
3	雷德文	新疆油田分公司
4	胡 勇	西南油气田分公司
5	陆书来	吉林石化分公司
6	刘宏海	石油化工研究院

表2 2022年度中国石油天然气集团有限公司技能人才奖名单

序 号	姓 名	工作单位
1	赵奇峰	辽河油田分公司
2	谭文波	中国石油集团西部钻探工程有限公司

表3 2022年度中国石油天然气集团有限公司创新团队奖名单

序 号	团队名称	推荐单位
1	大庆油田化学驱提高采收率技术创新团队	大庆油田有限责任公司
2	精细化智能分层注采井筒控制关键技术与装备攻关团队	勘探开发研究院

表 4　2022 年度中国石油天然气集团有限公司基础研究奖名单

序　号	项目名称	奖励等级	主要完成单位	主要完成人
1	井下控制工程学理论与技术应用	一等	中国石油集团工程技术研究院有限公司、油气钻完井技术国家工程研究中心	苏义脑　高文凯　窦修荣　王家进　彭烈新　张　磊　滕鑫淼　唐雪平　王　磊　王　鹏
2	非常规油气“甜点区 / 段”富集机理与评价标准	一等	勘探开发研究院	朱如凯　杨　智　董大忠　郭秋麟　吴松涛　毛治国　崔景伟　邱　振　潘松圻　卢明辉
3	高强度管线钢管应用基础研究	一等	中国石油集团工程材料研究院有限公司	霍春勇　池　强　吉玲康　张伟卫　李炎华　王　鹏　李　鹤　齐丽华　胡美娟　杨　坤
4	复杂油气钻井溢流漏失早期自动识别与闭环安全控制方法研究	二等	中国石油集团工程技术研究院有限公司、中国石油大学（北京）、油气钻完井技术国家工程研究中心	刘　伟　付加胜　宋先知　郭庆丰　徐宝昌　王　瑛　翟小强
5	多旋回强挤压背景下海相页岩气“甜点”评价及富集高产模式研究	二等	西南油气田分公司、勘探开发研究院	赵圣贤　施振生　张成林　张　鉴　王书彦　郭　伟　刘文平　张小涛
6	陆相富烃凹陷全序列沉积岩非常规储层形成机理和评价方法	二等	新疆油田分公司、勘探开发研究院	常秋生　郑孟林　王　然　许　琳　徐　洋　杨　帆　万　敏　孙　靖
7	石油分子分离与识别技术研究	二等	石油化工研究院	史得军　陈　菲　曹　青　马晨菲　王春燕　薛慧峰　修　远　张若霖
8	深水钻井工程设计与风险管控	三等	中国石油集团工程技术研究院有限公司、北京科技大学	蒋宏伟　连志龙　廖茂林　李　牧　赵　庆
9	石油市场预测模拟理论与方法创新研究	三等	中国石油集团经济技术研究院	戴家权　李　然　王利宁　王　婧　霍丽君　张获萩
10	天然气价格市场化改革理论深化研究	三等	西南油气田分公司	何春蕾　段言志　王良锦　高千惠　何润民　谭　琦
11	中国石油上游业务对标与科技水平评价方法	三等	中国石油集团经济技术研究院	张焕芝　刘　嘉　焦　姣　李晓光　杨金华　邱茂鑫
12	加油站量化诊断与精细营销方法体系研究	三等	规划总院	丁少恒　仇　玄　汤湘华

表 5　2022 年度中国石油天然气集团有限公司技术发明奖名单

序号	项目名称	奖励等级	推荐单位	主要完成人
1	隐蔽型复杂岩性地层气藏高精度地震储层成像关键技术	一等	西南油气田分公司	冉　崎　陈　康　董世泰 梁　瀚　张光荣　张宇生 熊　艳　张　旋　韩　嵩 何青林
2	陆相超稠油难采储量高效开发关键技术与应用	二等	新疆油田分公司	孙新革　李秀峦　罗池辉 张胜飞　赵长虹　吴永彬 孟祥兵　杜　宣
3	基于不同储层特征的超低损害钻完井液技术与规模化应用	二等	中国石油集团工程技术研究院有限公司	张　洁　张瀚奭　王双威 赵志良　张现斌　张洪伟 姚如钢　贾东民
4	大尺度三维裂缝扩展模拟与形态刻画评估技术	二等	勘探开发研究院	付海峰　翁定为　严玉忠 修乃岭　梁天成　才　博 徐　刚　李　帅
5	页岩气井压裂关键分段工具研发与推广应用	二等	西南油气田分公司	王学强　喻成刚　付玉坤 杨云山　帅春岗　喻　冰 刘　辉　张芳芳
6	超高分子量聚乙烯生产技术开发及工业应用	二等	辽阳石化分公司	王　健　黄安平　王永年 崔　月　高　琳　郭洪元 李艳芹　王大明
7	油气管道保护层分析（LOPA）研究	二等	中国石油管道局工程有限公司	聂中文　于永志　王永吉 黄　晶　刘芳芳　丁媛媛 王大伟　胡协兰
8	复杂油气藏高效联作试油及配套技术	二等	大港油田分公司	任世举　李东平　郭　群 付大其　刘攀峰　王军恒 杨继军　李晓祥
9	磨料水射流增产提效技术	二等	辽河油田分公司	孙守国　安九泉　胡胜勇 孔凡楠　王文涛　于广刚 姜　雷　张涵淇
10	恶性漏失复合胶固堵漏技术及关键装备	三等	中国石油集团川庆钻探工程有限公司	朱明明　王伟良　李德波 吴付频　石崇东　屈艳平
11	多信息深度域近地表建模技术及应用	三等	中国石油集团东方地球物理勘探有限责任公司	马青坡　祖云飞　许银坡 杨海申　肖永新　赵薇薇
12	油水井套管阴极保护智能化新技术	三等	中国石油集团川庆钻探工程有限公司	高宝元　李昭辉　张新发 郭　亮　徐　军　吴保玉
13	深层酸化改造核心添加剂的研制	三等	中国石油集团渤海钻探工程有限公司	刘　音　张　朔　李　欣 黄　其　王志民　李　伦
14	复杂井优快高效钻完井技术研发与应用	三等	大港油田分公司	刘言理　杨延征　王立辉 秦飞翔　王晓梅　袁照永
15	多源细粒混积岩成分识别关键技术及在页岩油的应用	三等	新疆油田分公司	梁成钢　石　彦　刘卫东 李培俊　李文波　刘娟丽

表 6　2022 年度中国石油天然气集团有限公司科学技术进步奖名单

序号	项目名称	奖励等级	主要完成单位	主要完成人
1	克拉通盆地深层超深层碳酸盐岩原生油气成藏理论与应用	一等	勘探开发研究院、西南油气田分公司、塔里木油田分公司	
2	陆相咸化湖盆页岩油富集理论技术创新与战略发现	一等	新疆油田分公司、勘探开发研究院	唐　勇　侯连华　何文军　王　伟　贾希玉　秦志军　李雪彬　罗　霞　王振林　吴俊军　牛志杰　王霞田　苏　静　黄立良　陈超峰　钱永新　罗兴平　赵忠英　王　维　王江涛
3	一类油层聚驱后聚表剂高效驱油关键技术与现场应用	一等	大庆油田有限责任公司、中国石油天然气股份有限公司三次采油先导试验基地	王洪卫　刘笑莹　孙　刚　金贤镐　何金钢　闫　伟　张彦刚　宣英龙　袁　琳　张海龙　吴　昊　陈思安　张国军　刘海波　刘宏生　杨　威　陈玉琳　李丽娟　刘红娟　刘蕊娜
4	低渗透大井丛效益建产关键工程技术开发与工业化应用	一等	吉林油田分公司、勘探开发研究院	许建国　裴晓含　姜鹏飞　黎政权　张海龙　马占恒　李兴科　边晨旭　段永伟　牟维海　杨清海　史经民　孙　超　滕奇刚　陈洪亮　孟思炜　赵建忠　汪忠宝　朱兆鹏　吴海瑞
5	徐深气田火山岩气藏有效建产技术及规模应用	一等	大庆油田有限责任公司	曹宝军　纪学雁　马文海　邱红枫　李俊亮　徐　岩　高　涛　王　鹏　李　伟　许永权　钟安宁　门清萍　李　楠　姚金剑　宫磊磊　陈可洋　胡宗敏　李龙涛　李　博　王　军
6	塔里木盆地深层复杂油气藏高精度地震成像技术及应用	一等	塔里木油田分公司、中国石油集团东方地球物理勘探有限责任公司	李亚林　冯许魁　彭更新　罗文山　雷刚林　周　翼　肖又军　陈　猛　段文胜　王兴军　赵锐锐　倪宇东　刘依谋　江　民　公　亭　徐凯驰　方　勇　顾小弟　孙海军　吴艳辉
7	可控震源高效混叠地震采集处理新技术及应用	一等	中国石油集团东方地球物理勘探有限责任公司	张慕刚　李培明　何永清　宋家文　董烈乾　李　硕　赵　杰　翟金浩　孙　哲　杜清波　王文闯　祝　杨　靳恒杰　陈双廷　王宝彬　任艳永　尚永生　孙鹏远　齐永飞　王建锋
8	川南页岩气新一代压裂技术及应用	一等	西南油气田分公司、勘探开发研究院、中国石油集团川庆钻探工程有限公司、浙江油田分公司、中国石油集团测井有限公司、中国石油集团长城钻探工程有限公司	郑新权　郑有成　李德旗　王　欣　唐建荣　付永强　沈建国　唐　凯　曾　波　何　凯　易新斌　李彦超　卢海兵　邹清腾　沈　骋　王　萌　吴天鹏　黄浩勇　李　明　曾　冀

续表

序号	项目名称	奖励等级	主要完成单位	主要完成人
9	胺基钻井液技术及工业化应用	一等	中国石油集团工程技术研究院有限公司、中国石油国际勘探开发有限公司、新疆油田分公司、中国石油集团西部钻探工程有限公司、中国石油集团长城钻探工程有限公司、油气钻完井技术国家工程研究中心	屈沅治 程荣超 黄宏军 聂志泉 黎小刚 戎克生 赵 利 罗淮东 王 韧 石建刚 刘敬平 高世峰 张金波 闫丽丽 刘可成 张志磊 郑 斌 彭云涛 王茂功 杨泽星
10	CG STEER 旋转导向钻井系统	一等	中国石油集团川庆钻探工程有限公司、西南油气田分公司	陆灯云 白 璟 孙海芳 韩烈祥 张继川 谢 意 陈力力 张德军 肖占朋 李 雷 刘 伟 贾利春 付 强 王明华 罗 鑫 范 宇 张 庆 于建华 张 斌 简 利
11	炼油与化工领域硫黄回收新技术研发与工业化应用	一等	西南油气田分公司、中国石油工程建设有限公司	常宏岗 温崇荣 郭成华 胡 勇 傅敬强 张素娟 熊 钢 何金龙 王 军 陈昌介 朱荣海 范 锐 刘宗社 岑 嶺 程 林 彭子成 胡 超 倪 伟 唐忠怀 许 娟
12	油气田管道完整性管理关键技术与规模应用	一等	规划总院、中国石油集团工程材料研究院有限公司、西南油气田分公司、大庆油田有限责任公司、中国石油集团海洋工程有限公司、长庆油田分公司、冀东油田分公司	陈宏健 罗金恒 高 健 张彦军 朱丽霞 刘 芳 唐德志 付 勇 王 珂 杨锋平 谷 坛 李 冰 李宏斌 范永昭 王荣敏 李凯双 张红磊 马卫锋 张 华 张 昆
13	川中古隆起震旦系台内勘探理论技术创新与应用	二等	西南油气田分公司、中国石油集团东方地球物理勘探有限责任公司、勘探开发研究院	彭瀚霖 田兴旺 马 奎 张本健 周 刚 谢 冰 梁 虹 王文之 常少英 杨岱林 王云龙 李 勇 田 瀚 赵春妮 彭 达
14	前陆冲断带深层富油气构造带地质理论、关键技术与勘探实践	二等	勘探开发研究院、塔里木油田分公司、新疆油田分公司	赵孟军 陈竹新 卓勤功 鲁雪松 高志勇 李学义 吴少军 首 皓 王丽宁 冯佳睿 陈建平 吴 海 公言杰 桂丽黎 杨 庚
15	石炭系火山岩成藏模式与关键技术创新及红车断裂带亿吨级油田发现	二等	新疆油田分公司、勘探开发研究院	齐洪岩 龚德瑜 李 亮 戴晓峰 陈 刚 刘文锋 卫延召 张吉辉 徐怀宝 周路钧 秦 军 陈晓轩 骆飞飞 毛登周 周伯玉
16	深层“三高”油藏注天然气驱大幅度提高采收率技术	二等	塔里木油田分公司、勘探开发研究院、中国石油集团济柴动力有限公司	周代余 吕伟峰 秦飞虎 陈利新 伍藏原 周 炜 范 坤 邵光强 林清金 王 平 廉黎明 罗 敏 陈德飞 张 亮 旷曦域

续表

序号	项目名称	奖励等级	主要完成单位	主要完成人
17	百亿立方米级复杂大型储气库达容达产关键技术与应用	二等	新疆油田分公司、勘探开发研究院、储气库分公司、中国石油集团工程材料研究院有限公司、中国石油集团工程技术研究院有限公司	廖　伟　刘国良　丁国生　唐立根　胥洪成　郭　凯　李丽锋　李国韬　王　彬　王　玉　王　云　张士杰　赵志卫　张赟新　宋丽娜
18	大庆窄薄砂体油田应用弱交联驱油体系大幅度提高采收率关键技术	二等	大庆油田有限责任公司	李党员　赵明礼　邵金祥　孟玉娟　曹鼎洪　孟宝锋　闫丽萍　王志贤　曹文艳　郭晓娟　王崇文　张洪强　赵洪瑞　葛伟亮
19	超深致密砂岩复合分层改造技术研究与工业化应用	二等	塔里木油田分公司	黄龙藏　周　旋　刘　举　范文同　彭建新　周　进　何思龙　王胜雷　任登峰　高文祥　彭　芬　杨双宝　程青松　邹国庆　冯觉勇
20	艾哈代布油田大规模水平井精细化注采优化技术研究及应用	二等	中国石油国际勘探开发有限公司、勘探开发研究院	赵丽敏　胡丹丹　田中元　王文训　叶玉峰　张文旗　赵玉宏　李茜瑶　彭笑威　陈一航　王　舒　邓　亚　郝思莹　侯园蕾　宁超众
21	超低渗油藏改善开发效果关键技术	二等	长庆油田分公司、低渗透油气田勘探开发国家工程实验室	谢启超　王永宏　宋　鹏　何右安　樊建明　陈小东　徐静刚　王　进　王　楠　王继伟　孙　栋　谭习群　陈　霖　王　晶　纪耸峰
22	页岩气压裂增效降本关键技术及规模化应用	二等	中国石油集团川庆钻探工程有限公司、宝鸡石油机械有限责任公司、浙江油田分公司	刘　伟　管　彬　朱炬辉　张俊成　石孝志　任　勇　李　磊　陈明忠　杨亚东　鲍　晋　李　然　郑云川　龚　蔚　邓　才　周文高
23	四川盆地老区气田提高采收率关键技术及规模化应用	二等	西南油气田分公司、勘探开发研究院	梅青燕　张连进　胡　勇　杨　山　郑　伟　徐　轩　朱　斌　徐昌海　赵　益　钟克修　严予晗　兰雪梅　张禄权　张　楷　李旭成
24	致密气水平井固井完井桥塞压裂技术研究与应用	二等	长庆油田分公司、低渗透油气田勘探开发国家工程实验室	李宪文　赵振峰　陈宝春　周长静　马占国　肖元相　何明舫　欧阳勇　李　喆　胡相君　何　平　高　伟　苏煜彬　黄占盈
25	松辽盆地北部薄层致密油有效开发关键技术与示范	二等	大庆油田有限责任公司	史晓东　战剑飞　王现华　王永卓　母长河　樊晓东　任　磊　臧　伟　李　操　刘　强　李斌会　韩　雪　刘春杨　陆慧敏　张居和

续表

序号	项目名称	奖励等级	主要完成单位	主要完成人
26	油气井增效射孔技术研究、检测与应用	二等	大庆油田有限责任公司	蔡　山　张伟民　苗久厂　王海东 杨　坤　王树申　于秋来　于　江 李东传　俞　海　汤占军　黄　金 高旭升　莫祥伟
27	油田动态监测资料大数据分析决策平台研究及规模应用	二等	大庆油田有限责任公司	裴建亚　胡　珽　朱晓萌　王　倩 张　东　张　剑　梁　旭　黄　伟 马亮亮　徐粤州　王　佳　张先华 李春宇　杨云杰　吕秀梅
28	高精度黏滞参数建模与高分辨率地震成像技术及应用成效	二等	中国石油集团东方地球物理勘探有限责任公司、油气勘探计算机软件国家工程研究中心	张建磊　王成祥　钱忠平　王　磊 武　威　张巍毅　吴晓丰　耿伟峰 王狮虎　张　龙　王　宏　郭振波 姜绍辉　臧胜涛　赵玲芝
29	准噶尔盆地南缘下组合超深井安全钻井技术	二等	中国石油集团西部钻探工程有限公司、新疆油田分公司、中国石油集团工程技术研究院有限公司、中国石油集团渤海钻探工程有限公司	伊　明　路宗羽　王伟忠　徐新纽 乔东宇　戴　勇　李冰青　吴继伟 林建增　张胜鹏　赵继斌　黄　凯 马　疆　王建华
30	可溶材料研发与可溶桥塞研制	二等	中国石油集团工程技术研究院有限公司、西南油气田分公司、大庆油田有限责任公司、油气钻完井技术国家工程研究中心	刘　宇　杨雄文　程　鹏　张志成 Matthew Patsy　张国田　岳建鹏 张自成　郭兴午　刘怀亮　王方明 Jianhui Xu　张　勇　汤　科 岳文翰
31	环渤海地区 PDC 钻头及提速配套工具研究与规模化推广	二等	中国石油集团长城钻探工程有限公司、中国石油集团工程技术研究院有限公司、中国石油集团渤海钻探工程有限公司	阎卫军　朱忠伟　Chris Cheng 钟　伟　雷中清　霍　新　彭　齐 魏秀艳　张文敏　杨国涛　蒋茂盛 高　鹏　朱高磊　柯晓华　余　凯
32	川渝页岩气“钻井科技示范工程”技术研究及规模化应用	二等	中国石油集团长城钻探工程有限公司、中国石油集团工程技术研究院有限公司	孙立伟　夏泊泙　贺永奎　郑孝文 郭修成　周　超　张司艺　王　磊 贾海燕　高清春　孙晓日　黄志强 王　元　刘慧婷　闻　丽
33	极硬火山岩砾岩地层优快钻完井技术	二等	大庆油田有限责任公司	齐　悦　吴广兴　杨秀天　万发明 于长华　和传建　白秋颖　于兴东 毕春林　郑瑞强　田玉栋　盖兆贺 李秋杰　宋　涛　刘　鑫
34	舰用长寿命抗磨汽轮机油的研制	二等	润滑油分公司	孙大新　刘中国　官婷婷　郑延波 王　辉　苏　江　王　栋
35	原油罐区检测与安全防护技术研究与应用	二等	中国石油集团安全环保技术研究院有限公司	赵永涛　娄仁杰　关国伟　张昱涵 刘文才　罗方伟　张诗博

续表

序号	项目名称	奖励等级	主要完成单位	主要完成人
36	高腈 SAN 及板材 ABS 树脂成套技术开发与工业化应用	二等	大庆石化分公司、中国寰球工程有限公司、华东化工销售分公司、华南化工销售分公司	巩　波　刘树青　孟照海　王辉宇　赵永兵　辛治溢　王钦茹　关海延　黄法武　张海荣　董德峰　李剑平　邸志国　段兆磊　杨红华
37	石油储备地下水封洞库勘察设计关键技术攻关	二等	中国石油管道局工程有限公司、油气管道输送安全国家工程研究中心	郭书太　许　杰　梁久正　陈雪见　张文伟　代云清　耿晓梅　窦宏强　毕光辉　宋再春　高目全　李海坤　李　印　冯　亮　崔少东
38	长距离输水管道高性能防护涂料技术研究与应用	二等	中国石油集团海洋工程有限公司、中国石油集团渤海石油装备制造有限公司、中国石油管道局工程有限公司	郭晓军　丁　超　韩秀林　朱　琳　韩忠智　李汝江　崔灿灿　付春丽　王　洁　康绍炜　李建忠　赵　然　任　磊　商宁宁　崔明亮
39	油气站场管道及储罐腐蚀控制关键技术研究及应用	二等	中国石油集团工程材料研究院有限公司、中国石油集团海洋工程有限公司、长庆油田分公司	吕乃欣　周　冰　庞永莉　蔡　锐　王志涛　朱国承　张晓博　王宏伟　李玲杰　霍富永　李爱贵　王　远　赵玉飞　李文升　李轩鹏
40	天然气管道本质安全保障关键技术	二等	西南油气田分公司	张文艳　熊　娟　李　勇　李晓霜　陈敬东　刘良果　安建川　罗　敏　钟　雪　侯　胜　程　华　钱　浩　王　峰　黄　海　杨　红
41	四川页岩气高效开发关键地质技术及应用	三等	中国石油集团川庆钻探工程有限公司	李香华　伍翊嘉　赵　磊　何　嘉　吴宗蔚　王　滢　黎　菁　唐　谢　杨　李　李　波
42	辽河西部凹陷走滑断裂体系勘探理论技术创新及岩性油气藏规模发现	三等	辽河油田分公司	刘宝鸿　周晓龙　田　志　陈　昌　高荣锦　李金鹏　雷文文　钱丽欣　康志勇　杜　磊
43	高含盐油田水连续混配胍胶压裂液技术及规模化应用	三等	中国石油集团西部钻探工程有限公司、新疆油田分公司、中国石油集团川庆钻探工程有限公司	李帅帅　翟怀建　高　燕　王肃凯　陈效领　张凤娟　王改红　邵秀丽　张卫净　罗　磊
44	松辽盆地南部致密气藏开发一体化关键技术研究及应用	三等	吉林油田分公司、勘探开发研究院	张永清　位云生　张国一　郭建林　郭世超　宋　鹏　宋　朔　王海龙　周俊廷　张英魁
45	BH-CDW 低温 - 超低温瓜胶压裂液体系研究及规模应用	三等	中国石油集团渤海钻探工程有限公司、青海油田分公司	牛增前　李风光　林　海　蔡景超　王文凯　熊廷松　常　青　王红科　李　伟　陈得裕
46	互层状稠油油藏分注分采关键技术	三等	辽河油田分公司	郭洪军　罗恩勇　王　岩　郎宝山　郭斌建　田玉秋　郭小天　王书慧　王玉龙　向　峥

续表

序号	项目名称	奖励等级	主要完成单位	主要完成人
47	哈拉哈塘缝洞型碳酸盐岩油田稳产关键技术与应用	三等	塔里木油田分公司、中国石油集团东方地球物理勘探有限责任公司	关宝珠 姜许健 刘 博 张 键 肖 云 杨美纯 周成刚 黄腊梅 王 宏 杨新影
48	轮南地区深薄油藏滚动开发关键技术研究与应用	三等	塔里木油田分公司、中国石油集团测井有限公司	王开宇 赵海涛 陈 强 成 锁 柴 雄 丁志文 张文静 王 伟 周碧辉 刘国权
49	超稠油开发中后期低成本配套工艺	三等	辽河油田分公司	张 勇 郭金鹏 王 鸽 吕树新 李玉君 石小枫 路 朋 孟 鑫 商永刚 赵红杰
50	聚表复合驱聚合物再利用技术	三等	辽河油田分公司	王德伟 贾财华 高玉军 肖家宏 韩 松 段效威 徐纪彬 张英伟 苏 野
51	山地三维采集作业方案推演技术及应用	三等	中国石油集团东方地球物理勘探有限责任公司	胡 峰 陈燕雄 陈江力 耿 春 蔡 力 胡善政 李自龙 黄晓兵
52	复杂断块油藏开发地震配套技术研究	三等	冀东油田分公司	赵宝银 高文中 杨国涛 吴开龙 付兴深 吴 鑫 霍丽丽 张敬艺 张 明 徐文会
53	多维度纳米基固井材料体系研究与工程应用	三等	中国石油集团海洋工程有限公司、中国石油集团渤海钻探工程有限公司	卢海川 高继超 李小林 汤少兵 邹 双 刘 勇 王海平 凌 勇 杨昆鹏 李宗要
54	老油田连续管钻径向井低成本增产技术与工具	三等	中国石油集团工程技术研究院有限公司、油气钻完井技术国家工程研究中心	张友军 朱 峰 张 炎 陈 智 贾 夏 张 正 周士杰 郑 翔 黄志刚 李 帅
55	BH-NAT 环境友好型水基钻井液技术研究与规模化应用	三等	中国石油集团渤海钻探工程有限公司、长庆油田分公司、大港油田分公司	张 坤 雷 宇 张 健 李显涛 许 根 于文涛 刘 旭 闫晓婷 田 惠 苏 君
56	油区地热资源综合开发利用及经济性评价	三等	勘探开发研究院、辽河油田分公司、大庆油田有限责任公司	王社教 方朝合 曹 倩 范显利 孙凤鸣 郑德温 冯学坤 胡俊文 姚艳华 张新成
57	油气井仿真优化系统开发与应用	三等	辽河油田分公司、冀东油田分公司	贾俊敏 郝瑞辉 杨 昕 吴 超 卢 玉 高文明 李方涛 罗鹏飞 孙翠容
58	柔性复合管连接关键技术研究与应用	三等	中国石油集团工程材料研究院有限公司	蔡雪华 丁 晗 孔鲁诗 齐国权 朱文峰 张 立 王联国
59	香港支线海底管道探测与路由区风险评估技术研究及应用	三等	中国石油集团海洋工程有限公司、大港油田分公司	姚志广 徐 爽 王世澎 靳 嵩 杨肖迪 淳明浩 罗小桥 李 春 许 浩 邓海峰

续表

序号	项目名称	奖励等级	主要完成单位	主要完成人
60	油气管道泄漏应急处置技术装备研究	三等	中国石油管道局工程有限公司、油气管道输送安全国家工程研究中心	陶伟莉 张蕾 袁会赞 姜修才 张曼曼 夏国发 陈娟 王建伟 赵东辉 赵明
61	海上生产设施隐患治理及防腐关键技术与应用	三等	中国石油集团海洋工程有限公司	施昌威 王顺 杨耀辉 蓝天 苏碧煌 李欢 曹秋媛 魏颂珂 韩冰 刘本华
62	稠油、超稠油污水旋流预处理技术	三等	辽河油田分公司	李泽勤 孙雁伯 林琳 刘振宁 高鹏 宁佳 吴非 周立峰 梁凌熏 郑猛

【2022 年中国石油十大科技进展入选项目】 2022 年，集团公司取得十大科技进展。

（1）被动陆缘盆地超深水盐下勘探目标评价技术与古拉绍重大发现。创建桑托斯盆地构造单元划分新格局，首次识别阿—乌隆起为富油气区带，指导中标阿拉姆区块，研发相控多参数叠前反演、频谱分解融合属性反演及湖相碳酸盐岩复杂岩性与流体智能化识别评价等关键技术，定量预测区块中部构造圈闭与充满度，判明地下成藏以油为主，支撑勘探部署并获重大发现，试油获日产千吨以上高产油流，为近年全球十大油田发现之一。

（2）超深层地质力学技术支撑塔里木油气勘探开发向深地挺进。揭示多期次构造应力—应变耦合机理和裂缝性储层应力敏感机理，创新超深复杂构造三维地质力学建模方法，研发“力—缝”耦合的“甜点”预测、超深储层可压裂性评价、油气藏断裂应力动态模拟等关键技术，解决塔里木克拉苏气田和富满油田井位精准部署、井轨迹和超深层储层改造定量优化设计等难题，推动塔里木油气勘探开发向万米超深层挺近。

（3）低渗油藏离子匹配纳米分散体系提高采收率技术取得重要突破。揭示离子交换放热促使岩石表面自发剥离油膜的热力学机制，攻克高盐条件下离子匹配及调整关键技术；发展非连续相驱油理论，形成低渗透油藏离子匹配和微纳米气水分散体系协同低成本驱油设计方法和注入工艺。在长庆、吉林等油田成功应用，效果显著，成本低廉，预测提高采收率 15 个百分点以上。

（4）智能化分层注水技术促进水驱开发形成精细化高效开发新模式。发明井下永置式流量检测技术，研发优势水流智能诊断、注水实时优化与预测等多项原创技术，形成以“分层注水动态实时监控、效果实时评价、层段实时测调、水驱波及实时调控”为特色的一体化开发模式。两年建设 7 个示范区，应用 2198 口井，节省测调费用 1.95 亿元。

（5）恶性井漏防治关键技术助力钻完井工程安全、提质增效。创新裂缝性地层漏失动力学理论，开发国内首套防漏堵漏专家系统，研制纳微米孔缝自适应封堵、温压响应型堵漏等新材料，攻克复杂薄弱地层及天然缝洞地层承压低、易复漏的瓶颈难题，建立重点地区防漏堵漏技术规范，现场应用 3000 余井次，防漏成功率从 40% 提至 92%、一次堵漏成功率从不足 30% 提高至 78%，推动井漏防治由“经验治漏”向“科学治漏”跨越式发展。

（6）OBN 地震勘探技术与装备创新引领海洋业务实现跨越式发展。研发国内首套 1000 米水深的海洋节点采集系统、质量控制系统和综合导航定位系统、OBN 地震数据纵波处理软件系统、模块化自动收放系统及全球首艘浅水 DP 特种勘探船，实现 OBN 地震勘探核心技术与装备突破，大幅提升作业效率及质量。OBN 业务市场份额连续四年居全球首位，改变中国海洋地震勘探核心技术与装备长期落后并依赖引进的被动局面。

（7）新一代桥射联作技术取得突破并规模应用。创新“锥形双曲线变壁厚”药型罩结构配方，形成系列等孔径、超深穿透射孔弹，孔径偏差由 31% 降至 6% 以内，最大穿深由 1986 毫米突破至 2258 毫米的“世界穿深”；研发国际最高承压 245 兆帕射孔器、

175 兆帕模块化射孔器、140 兆帕插拔式射孔井口装置和全球首套一体化桥射联作软件，定型新一代桥射联作技术。射孔产品销售至美国、荷兰等五大洲 37 个国家。

（8）单点系泊与海洋管道施工关键技术实现重大突破。自主研发制造高压力、大流量、非接触式“神龙号”系列海管后挖沟机，创造水下挖沟深度 11.9 米的世界纪录，研发出陆对海水平定向钻成套技术，创海底管道定向钻最大穿越口径 1016 毫米、穿越长度 2300 米的世界纪录，标志着中国企业在大规模海管铺设、海陆定向钻穿越、单点系泊系统安装等成套业务领域的关键核心技术和安装能力达到世界先进水平。

（9）1,4- 环己烷二甲醇国产化技术攻关取得重大进展。1,4- 环己烷二甲醇（CHDM）成套技术创新及产业化项目，实现从百吨级中试到 2 万吨的工程放大，形成中压两步加氢和催化剂制备技术、重大装备、工程化、系统集成及装置安全稳定清洁运行等自主创新成果，CHDM 产品纯度 99.5% 以上，总体达到国际先进水平，攻克中国 CHDM“卡脖子”难题，补齐中国高端 PETG 共聚酯产业链短板。

（10）茂金属聚乙烯生产技术助力高端聚烯烃产业发展。开发集“催化剂、聚合工艺、茂金属聚乙烯系列产品”于一体的茂金属聚乙烯成套技术，自主设计改造 6 万吨 / 年聚乙烯生产装置，实现 2 个系列 6 个茂金属牌号产品的长周期稳定生产，产品性能达到同类进口产品水平，并在 30 万吨 / 年气相法聚乙烯装置推广应用，提升中国石油茂金属聚乙烯产品市场竞争力，引领国内聚乙烯产业高质量发展。

（史洺宇）

标准化工作

【概述】 2022 年，集团公司认真贯彻落实党中央国务院关于标准化工作的系列决策部署，系统组织推进标准化工作。成立集团公司标准化工作领导小组，作为集团公司标准化工作的领导和决策机构；调整设立集团公司标准化技术委员会，作为集团公司标准化工作的决策支持机构。全年牵头制修订国际标准 8 项，制修订国家、行业标准 87 项；新承担 ISO/TC67/SC10 秘书处，协助尼日尔政府建立国家石油管道标准体系，为集团公司建设基业长青的世界一流企业提供有力支撑。

【标准制修订】 2022 年，牵头完成国家标准 21 项、行业标准 66 项；下达集团公司企业标准制修订计划 153 项，增补计划 8 项。《车用汽油内控指标》《车用柴油内控指标》等一批重点企业标准的制定，为加强主导产品质量控制、提升产品市场竞争力奠定基础。发布企业标准 125 项，公布企业标准复审结论 210 项，现行有效的集团公司企业标准共 1741 项。根据新能源新业务发展需要，加强相关领域标准制修订工作。

【标准实施监督】 2022 年，按照集团公司标准实施监督检查管理办法，印发《关于做好 2022 年重点标准实施工作的通知》，确定勘探与生产、炼油与化工等 6 个专业共 20 项重点标准实施任务。举办集团公司标准化管理培训班，有关专业公司、地区公司和研究机构 50 家单位的近 120 名代表参加培训。组织推荐 2022 年中国标准创新贡献奖，西南油气田分公司牵头编制的《进入天然气长输管道的气体质量要求》（GB/T 37124—2018）入选标准项目奖三等奖建议名单，这也是油气行业唯一入围项目。加强标准信息化建设，进一步便利标准资源的获取和使用。

【标准化研究工作】 2022 年，聚焦集团公司生产经营中面临的重大需求和技术瓶颈，有针对性地开展标准化研究工作，进一步提升标准化创新能力。组织工程材料研究院承担国家重点研发计划（NQI）“油气能源产业链关键国际标准研制”项目，通过国际标准制定参与全球标准治理，提升中国在油气能源领域的话语权和影响力。“石油标准资源数字化建设与应用研究”“集团公司新能源新业务标准体系及重点标准规划研究”等 12 个课题纳入集团公司科研项目。持续开展国家能源局《石油领域标准质量提升专项研究》工作，推动石油领域新型标准体系构建。加强团体标准体系研究，按照“整体构建、分步实施、急用先行”的原则，初步建立 6 大领域、26 个一级门类的石油团标委标准体系框架。

【国际标准化工作】 2022年，召开集团公司国际标准化工作座谈会，进一步理清工作思路，明确目标任务。牵头制定并发布《煤层气资源评价规范》(ISO 4657：2022)、《石油天然气工业 管道输送系统用耐蚀合金内覆复合弯管和管件 第1部分：复合弯管》(ISO 24139:2022)等国际标准6项，牵头修订《合成橡胶胶乳 机械稳定性的测定 第1部分：高速法》(ISO 2006—1：2022)等国际标准2项。制订年度国际标准培育计划，新列入培育项目18项。加强国际标准化机构建设，新承担ISO/TC67/SC10(提高采收率)秘书处，实现集团公司在勘探开发核心业务领域主导国际标准化技术组织的新突破。向国家标准化管理委员会提出承担ISO/TC340(天然气加气站)国内对口单位的申请。深化国际标准化交流与合作，推动石油工业标准化技术委员会与美国石油学会(API)签订谅解备忘录，推动中国石油学会标准化工作委员会与API和IHS Global Inc分别签署谅解备忘录。围绕尼贝石油管道建设，借助集团公司在管道建设运营管理等方面的成功经验，协助尼日尔政府建立国家石油管道标准体系。协助国家标准化管理委员会与尼日尔政府标准化管理部门开展标准化合作协议签署前期工作。推进与俄罗斯天然气工业股份公司的标准与合格评定结果互认工作，召开年度工作组会议，制定2023年工作计划。组织专家参加ISO/TC67、TC193年会等国际标准化会议，及时跟踪国际标准化最新进展。

（汪　威）

数字信息化工作

【概述】 2022年，集团公司网络安全与信息化战线全体干部员工深入学习贯彻习近平总书记关于网络强国的重要思想，认真落实集团公司党组关于加快推进“数智中国石油”建设的工作部署，坚持“价值导向、战略引领、创新驱动、平台支撑”总体原则，遵循“六统一”(统一规划、统一标准、统一设计、统一投资、统一建设、统一管理)要求，大力推动数字信息化建设，研究制定“数智中国石油”框架方案，加快实施信息化补强工程，扎实推进数字化转型、智能化发展，“数智中国石油”建设取得一系列重要成果，信息化对集团公司高质量发展的支撑作用日益增强。

【“数智中国石油”框架设计】 注重强化顶层设计，精心谋划“数智中国石油”发展蓝图。2022年，围绕集团公司高质量发展战略目标，着力提升数智化能力，加快打造数智化业态。明确每5年一个台阶，到2035年，接续完成基本建成数字化企业、实现智能化管控、构建智能化生态三个阶段目标的建设任务。深入分析经营管理、生产运行、基础设施三大平台建设应用现状，对标国内外领先的能源企业，坚持问题导向，固根基、补短板、强弱项，研究形成三大平台提升方案，确定信息化补强项目清单。

【数字信息化建设和应用】 2022年，启动以ERP为核心的经营管理平台建设，总结分析ERP应用现状，聚焦项目建设目标，技术升级与管理目标并重。以技术升级促进管理目标的实现，有力支持运营管理决策，提升集团公司战略管控水平；昆仑ERP持续完善系统功能、提升系统性能，历经5个月单轨平稳运行，完成年结。全球共享服务体系基本建成，财务共享完成会计核算、报表编制、资金结算3类业务国内企业全承接，海外项目(公司)实现中方账、中方表全移交；人力资源共享完成3类6项业务全覆盖，推广实施报表定制、企业定期分析2项数据服务，社会保险服务涵盖所有企业本部；开发机器人7类492个，处理业务量超过50%，自动化水平不断提升，智能化应用持续拓展。平台经济新模式探索推进，开展平台支付、合规风控、隐私计算、区块链、系统整合等专题方案设计，完善平台运营方案，研究元宇宙、碳中和等创新业务场景应用。统一客服电话信息系统试运效果良好，启用智能导航、智能助手、智能派单等智能化功能，以电话、线上(语音+视频)、移动等多种方式优先为天然气、炼化领域客户提供更加友好便捷的服务。投资项目全生命周期管理有效加强，建成覆盖战略规划、项目前期、工程造价、投资计划和后评价的全流程管理平台，规范决策管理流程，推进投资项目合规管理。

注重强化业务主导，支撑推动主营业务发展成效显著。在油气和新能源子集团，“勘探开发梦想云”入选工信部大数据产业发展试点示范项目、国家发改委大中小企业融通创新专项行动、国家工信安全中心工业互联网产品白名单，油气田企业持续推进深化应用，在中国石化胜利油田推广实施；建立总部工程作业智能支持中心，构建三级协同联动、各专业深度融合、专家知识共享的生产管理模式；建成海外工程作业智能支持中心，建立实时地质导向协同工作环境，推进前后方、国内外、多学科之间协同研究；灵活支持新保供形势下天然气“保供”和“保畅”运行方案优化，启动天然气市场信息管理系统建设，建立市场情报信息收集网络。

在炼化销售和新材料子集团，完善炼化 MES 等专业应用系统功能，提升生产运行监控分析及重点设备预知性维护能力，根据市场需求变化及时优化装置负荷，先进控制系统高效运行，数据自动采集率提高到 91.8%；完成加油站管理系统 3.0 详细方案设计，推进零售会员体系试点应用，销售物联网的设备管控、损耗管控两个应用上线运行，启动昆仑好客商城应用建设；推广全球新一代能源贸易系统，进一步提升风险管理能力。

在支持和服务子集团，开展工程设计云推广应用，实现 10 余款设计软件资源共享；完善市场管理信息系统，提升市场开发和管理水平；装备制造企业持续开展信息系统建设和应用，不断提高生产过程数字化、协同化能力。

在资本和金融子集团，各金融单位持续提升线上线下协同能力，强化风险管控，通过数字赋能提供差异化的金融产品供给。

【网络安全和新型基础设施建设】 在网络安全方面，落实网络安全主体责任，持续完善和实施网络安全总体解决方案，健全应急响应与处置机制，不断提升云安全防护和移动安全防护能力。2022 年，完成党的二十大、2022 年北京冬奥会等重大活动网络安全保障任务，集团公司获“优秀冬奥网络安全卫士”称号。加快提升网络安全对抗实战能力，开展网络安全实战演练，定期举办网络安全宣传周、网络安全攻防大赛，深入排查安全隐患，提升网络安全防护技能和防范意识。

在新型基础设施方面，持续优化骨干网络结构，4 个集团公司级数据中心稳定运行。扩展计算、存储等 IaaS 服务，新增容器、微服务等 PaaS 服务，为信息系统提供稳定可靠的标准化服务。在大庆油田、长庆油田等 5 家油气田持续推进 IPv6 规模化部署，完成《石油石化 IPv6 部署要求》标准草案编制。扩容即时通信系统，推进企业门户网站升级，启动海外电子邮件系统建设。

【数字化转型智能化发展】 2022 年，试点单位持续完善转型方案，围绕现场操控、计划调度、生产运行、经营管理、安全环保、客户服务等重点业务场景，加快推进智能油气田、智能炼化、智慧销售等试点示范企业建设，一批综合性强、带动面广、价值效益高的业务场景逐步形成。

在油气和新能源子集团，油气新能源公司统一制定油气勘探、新能源等 9 个领域业务场景标准模板。试点单位推进数字化交付，开展以“井”为核心的数据治理，形成生产指标预测等 25 种算法模型，建立“生产指挥中心 + 场站无人值守”的油气开发直管模式，推进生产现场、作业现场等重点领域的一体化管控；构建天然气智能巡检体系；建成首支数字化压裂示范队。

在炼化销售和新材料子集团，炼化新材料公司组织编制《炼化业务数字化转型智能化发展技术导则》，涵盖计划调度、工艺技术等 22 个分册。“智能炼化”方面，多个场景进入开发阶段，长庆乙烷制乙烯项目初步建成一套完整的三维数字化设计、移交、数字孪生一体化工厂；“智慧销售”方面，构建以客户为中心的全会员体系，广泛开展数字化全域融合营销。升级完善世界一流风控体系，及时预警各类市场、客户风险。

在支持和服务子集团，“智能工程建设”完成多个工程项目数字化集成设计和数字化交付，采购一体化平台在 40 余个工程项目实现采购物资从设计采购到现场接收的全流程跟踪管理；“智能装备制造”推进计划、加工、装配、质量等生产全过程数字化管理，液缸自动化装配线降低劳动强度 60%。

在资本和金融子集团，整合线下新柜面和线上移动应用全渠道服务能力，统一 App 上线试运行，油易贷、化销贷等多款金融产品推广应用取得良好成效。

油气和新能源等 8 个领域 34 个课题技术研究取得初步成果；开展数字化智能化技术研究攻关，完成自主可控的智能加油机器人等 105 款软硬件产品研发，在塔里木油田等 9 家试点单位应用。

【数据管理】 数据统一管理体系初步建立。2022 年，构建集团公司数据资源目录，完成数据湖平台基础功能搭建，开展人力资源、财务、物资等领域数据“入湖”验证。完善大数据分析模型，提升关联分析和趋势预测能力，开展审计应用建模大赛，激发业务人员创新活力和潜力。发布数据管理规定，规范数据采集、存储、使用、加工、传输、提供、公开等全生命周期管理，推进数据共建共治共享，挖掘数据价值。

开展数据治理专项行动。编制形成涵盖 28 个业务主题域的数据资源目录，在理清数据权属关系、规范数据采集标准、提升数据源头质量和建立数据认责机制等方面取得初步成果。

【信息化管理】 建立健全管理工作机制。2022 年，完善信息化管理办法和实施细则，研究制定信息化领域招投标管理制度，形成统一综合办公管理平台方案，逐步构建信息化有偿使用机制和统一运维机制。持续完善信息技术标准体系，完成国家标准编制 3 项，制修订行业标准 7 项、企业标准 14 项，复审企业标准 43 项。完善数据管理标准体系，推进数据标准统一。提升信息系统运行维护能力，开展年度信息系统安全稳定运行情况检查，进一步厘清各方责任，完善运维保障机制，规避风险隐患。定期组织开展信息系统应急演练，持续完善应急预案，提升应急处置能力，确保信息系统平稳运行。

（王梓宇）

安全环保与质量节能

新冠肺炎疫情防控

【概述】 2022年，自从新冠肺炎疫情发生以后，集团公司党组学习贯彻习近平总书记重要讲话和指示批示精神，坚决落实党中央、国务院决策部署，始终坚持把员工生命安全和身体健康放在第一位，始终坚持“国内和国际业务并重、中方员工和外籍雇员并重、员工和家属并重”，带领百万石油人，外防输入、内防反弹，采取切实有效措施，做到新冠肺炎疫情防控和生产经营两不误，保证员工健康安全和生产经营平稳有序。

【组织保障】 2022年，集团公司组织召开新冠肺炎疫情防控工作领导小组例会96次，统一指挥、统一部署、统一协调新冠肺炎疫情防控工作。总部部门、专业公司和所属企业快速响应党组要求，聚焦员工生命安全和身体健康、生产经营和油气保供，严格落实新冠肺炎疫情防控工作部署。各单位主要领导坚守岗位、关口前移、靠前指挥，展现石油人守土有责、守土担责、守土尽责的精神品格。

【运行保障】 2022年，集团公司结合重点地区新冠肺炎疫情防控形势变化，先后组织对陕西、上海、吉林、内蒙古、新疆等重点地区重点企业开展视频巡检，协调督导企业落实落细落地新冠肺炎疫情防控措施。根据风险地区和政策变化，不断更新完善“疫情防控数据管理系统”，提高各类信息报送的及时性、准确性，增强信息共享、强化数据应用、减轻基层负担，为推进常态化新冠肺炎疫情防控和应急处置有机结合提供信息保障。

【制度保障】 2022年，集团公司根据新冠肺炎疫情发展和防控新要求，不断健全完善疫情防控机制和措施，更新印发第三版疫情防控常态化工作方案、第九版新冠肺炎疫情防控工作指导手册和第六版国际业务新冠肺炎疫情常态化防控工作指导意见，为各业务系统细化措施、明晰责任、科学防控提供指导和遵循。响应国家号召，按照“应接尽接、应快尽快”的原则加快推进全员疫苗接种，员工全程免疫率97.7%，加强免疫率96.8%。

【资源保障】 2022年，集团公司认真履行社会责任，全力以赴支援地方抗击新冠肺炎疫情，践行“油品不断供、商品不涨价、服务不打烊”的企业承诺，聚丙烯医用料保持全年稳产，25条口罩生产线累计生产口罩1.57亿只，展现国资央企“大国重器”的责任担当。

（黄力维）

安全生产与应急管理

【概述】 2022年，集团公司认真贯彻落实习近平总书记安全生产重要论述，深入落实“疫情要防住、经济要稳住、发展要安全”总要求，统筹发展和安全，聚焦“防风险、保安全、迎二十大”主线，落实“四全”（全员、全过程、全天候、全方位）管理和“四查”（查思想、查管理、查技术、查纪律）要求，狠抓各个专项整治任务实施，着力防范化解重大安全风险，全面保障集团公司生产经营安全平稳。

【安全生产责任制】 2022年，集团公司党组把学习贯彻落实习近平总书记关于安全生产工作的重要指示批示精神作为第一议题，全年专题学习习近平总书记关于安全环保工作的重要指示批示7次，参加并传达国家有关安全生产会议精神12次，专题研究部署安全环保隐患治理投入，不断提升集团公司统筹发展与安全能力。董事长首次与各业务分管领导签订安全环保责任书，集团公司总部指导企业安委会主任与副主任签订责任书。持续健全完善集团公司党组领导、总部部门和专业公司的全员安全生产责任清单。组织对14名新任职企业主要负责人开展安全生产述职，将述职结果纳入组织部对企业领导人员考核评议的重要内容。

【安全生产大检查】 2022年，集团公司全面落实国务院安委会部署，统筹开展安全大检查，强化《安全生产十五条措施》落实。制定印发集团公司《安全生产大检查工作方案》《总部开展安全生产大检查工作指导手册》，将十五条措施分解成57条具体要求。董事长、总经理带队深入企业开展安全检查，集团公司党组领导和总部部门、专业公司结合分管业务开展督导检查，并指导督促企业全面深入开展大检查。集团公司总部通过诊断评估、专项督导、“四不两直”等方式组织开展现场安全督导检查29次，涉及企业73家，督导整改问题1093项，对62家在京单位开展消防安全检查2轮。建立检查落实督办平台，各企业全年累计开展各级安全生产大检查13.1万余次，累计查改问题隐患37.7万余项，对突出重点问题挂牌督办。

【安全监管】 2022年，集团公司加强风险预警和监督，每周在新冠肺炎疫情防控例会同步部署安全生产工作，针对季节变化、极端气候、重要节假日等重点时段，以及广东石化等重点工程建设投产，及时发出风险提示函。在2022年北京冬奥会、党的二十大等时段制定10条强制升级管控措施，分专业建立升级管控清单，确保特殊敏感时段万无一失。安全生产专项整治三年行动圆满收官，集团公司总部164项重点任务全面完成并持续巩固，强化油气井井控、储气库、城镇燃气等重点领域安全集中整治，跟踪督办治理一批重点问题和风险隐患，形成一批安全生产长效机制。突出开展危险化学品安全风险集中治理，专业公司结合实际制定32个专项方案，从大型油气储存基地、苯乙烯丁二烯高危细分领域、老旧装置、陆上高风险油气井、海洋石油、油气长输管道、双重预防机制数字化建设等7个方面全面推进，重点治理任务全面完成，顺利通过应急管理部检查。

【事故管理】 2022年，集团公司发生一般A级工业生产安全亡人事故4起，死亡4人，同比事故起数和亡人数均下降33.3%；年度亿工时事故死亡率0.1，同比下降28.6%。强化事故教训汲取，召开生产安全事故分析会4次，督促事故企业开展三个月安全专项整顿。每季度坚持召开全系统事故案例教育警示视频会，事故企业主要负责人在集团公司会议上做检查，召开“12·23”警示日事故警示教育视频会。严格执行事故单位负责人“先免后查”制度，责令“先免后查”企业二级单位负责人4人，责令对事故相关的55名责任人严肃追责。

【道路交通安全】 2022年，集团公司深入开展道路交通安全专项整治，严格执行新修订的《集团公司道路交通安全管理办法》，将所属运行车辆100%接入集团公司车辆管理系统、100%上线运行，建立起集团公司总部、企业、基层车队分级监控体系。推进“两客一危”车辆安装智能视频监控报警装置，实现对驾驶员不安全驾驶行为的自动识别和实时报警。强化基层车队专业化建设和驾驶员内部准驾资质管理，狠抓驾驶员、车队管理人员教育培训和技能提升，整治内部交通场所、车辆设备安全隐患和违法违章驾驶行为。

【海洋石油安全监管】 2022年，集团公司全面完成海洋石油安全风险专项治理“两评估一建设”〔海洋石油有人值守平台（设施）安全风险评估、老龄化海上固定式生产设施主结构安全评估、建设海洋石油安全风险监测预警系统〕工作任务，完成25座设施安全评估，建成海洋石油安全风险监测预警系统并顺利试运行。组织审查36家涉海单位的海上安全生产许可证取换证申请材料，对7项新改扩建项目、39座设施和15艘船舶进行备案审查登记。组织开展海洋石油安全风险专项治理督导检查和季节性安全生产专项检查，开展各类应急演练700余次，实施“避台要做到船进港人上岸，海上有人值守平台（设施）避台要坚决做到关好井撤完人”等硬措施。强化专业培训，274名海洋石油企业主要负责人和安全管理人员通过安全生产知识和管理能力考核培训，6400人次涉海作业人员通过海上安全生产培训。

【生产安全应急管理】 2022年，集团公司持续完善应急预案体系，推进1个突发事件总体应急预案和21个专项应急预案签批备案。强化井控应急能力保障，推进3个井控应急救援中心建设取得实质成效，组织开展川渝地区井控应急能力评估和应急演练，持续完善应急救援资源库建设。突出消防队伍能力建设，指导组建广东石化专职消防队，组织开展首届消防战斗员技术技能大赛，120名队员参赛并取得好成绩，国家媒体全程报道。开展企业消防设施专项检查，推进101台老旧消防车辆更新换代。开展专职消防队专业化建设考核评估，推进专职消防深度参与企业日常消防管理、特殊作业现场监督监护和综合应急救援。制定专职消防队制式服装标准，推进统一列装，提升队伍荣誉感。

【2022 年度集团公司质量健康安全环保节能先进企业】 2022 年度集团公司质量健康安全环保节能先进企业见表 1。

表 1　2022 年度集团公司质量健康安全环保节能先进企业名单

企业类别		企业名称
油气和新能源子集团	油气和新能源分公司（13 家）	南方石油勘探开发有限责任公司、浙江油田分公司、华北油田分公司、辽河油田分公司、吉林油田分公司、中石油煤层气有限责任公司、长庆油田分公司、冀东油田分公司、西南油气田分公司、塔里木油田分公司、青海油田分公司、大港油田分公司、大庆油田有限责任公司
	天然气销售分公司（1 家）	昆仑能源有限公司
	中国石油国际勘探开发有限公司（5 家）	中国石油乍得公司、中国石油尼日尔公司、中国石油（伊拉克）哈法亚公司、中国石油加拿大公司、中油国际管道公司
	中国石油集团油田技术服务有限公司（5 家）	中国石油集团海洋工程有限公司、中国石油集团东方地球物理勘探有限责任公司、中国石油集团测井有限公司、中国石油集团渤海钻探工程有限公司、中国石油川庆钻探工程有限公司
炼化销售和新材料子集团	炼油化工和新材料分公司（14 家）	大港石化分公司、东北化工销售公司、锦西石化分公司、华北石化分公司、广西石化分公司、锦州石化分公司、中国石油四川石化有限责任公司、大连石化分公司、庆阳石化分公司、大庆石化分公司、辽阳石化分公司、哈尔滨石化公司、大庆炼化分公司、吉林石化分公司
	销售分公司（11 家）	甘肃销售分公司、东北销售分公司、北京销售分公司、安徽销售分公司、江西销售分公司、上海销售分公司、重庆销售分公司、四川销售分公司、河北销售分公司、江苏销售分公司、山东销售分公司
	中国石油国际事业有限公司（1 家）	中国石油国际事业有限公司
支持和服务子集团	中国石油集团工程股份有限公司（3 家）	中国寰球工程有限公司、中国石油管道局工程有限公司、中国石油工程建设有限公司
	其他企业（5 家）	中国华油集团有限公司、中国石油集团安全环保技术研究院有限公司、中国石油运输有限公司、中国石油集团济柴动力有限公司、宝鸡石油钢管有限责任公司
资本和金融子集团	中国石油集团资本股份有限公司（1 家）	中石油专属财产保险股份有限公司

注：资料来源于集团公司文件。

（靳　鹏　宋昌雨）

环境保护

【概述】 2022 年，集团公司高度重视生态环境保护工作，深入贯彻落实习近平生态文明思想，落实集团公司党组专题议事会议部署，以深入打好污染防治攻坚战为主线，全面压紧压实环保主体责任，突出抓好生态环境依法合规，着力化解防范重大环保风险隐患，落实“四全”（全员、全过程、全天候、全方位）管理和“四查”（查思想、查管理、查技术、查纪律）要求，推动生态环保各项工作全面发展。

【污染防治】 2022 年，集团公司党组印发《关于深入打好污染防治攻坚战的实施意见》，坚持精准治污、科学治污、依法治污，部署蓝天、碧水、净土保卫战攻坚 8 个方面 31 项任务措施。各单位分解攻坚目标、制订细化措施、落实治理项目，强化责任落实、强化调度协调、强化监督监测，推进污染防治专项工程。

落实国务院办公厅《关于加强入河入海排污口监督管理工作的实施意见》，全面开展废水排污口排查，提出废水排污口规范化建设和管理要求。开展废水污染物排放较大的企业减排潜力分析，形成重点炼化企业“十四五”废水减排工程项目清单，跟踪项目进展，确保完成废水污染防治目标。

全面开展企业危险废物排查，进一步加强危险废物管控台账、转移联单等过程资料和处理处置设备运行维护管理。组织开展历史遗留含油污泥清零行动“回头看”，对重点企业含油污泥处理、利用、处置情况进行现场核实，做好新产生含油污泥“动态清零”。

开展土壤和地下水风险管控，加强落实土壤重点监管单位隐患排查和自行监测义务。推进国家生态环境部督办的 16 个土壤污染源头管控项目，逐项落实治理资金，研究确定 5 个“边生产边管控”试点企业，加快实施 14 个关闭搬迁地块土壤污染治理。

强化集团公司固体废物全过程管控，对固体废物产生、贮存、处置、利用情况分析研判，现场督导强化固体废物合规管理。

持续加强大气污染升级管控，圆满完成北京冬奥会、冬残奥会空气治理保障工作，得到国家生态环境部和北京冬奥会组织委员会的致函感谢。部署 VOCs（挥发性有机物）治理能力提升百日专项行动，印发《关于做好挥发性有机物管控工作的意见》，全面提升 VOCs 管控要求，推动 VOCs 治理管控能力上新台阶。对照国家臭氧污染防治攻坚战和陆上油气田、销售储油库等标准升级要求，排查大气污染治理重点任务，制定《中国石油天然气集团有限公司臭氧污染防治行动方案（2022—2025 年）》，强化推进实施。2022 年，集团公司氮氧化物排放量同比下降 7.1%，炼化挥发性有机物排放量同比下降 3.5%。

【生态环境隐患排查治理】 2022 年，集团公司持续开展年度生态环境隐患排查治理，首次将海外作业者项目纳入排查范围，进一步明确隐患整改责任人及整改期限，对重大隐患整改优先给予资金支持，将排查出的重大生态环境隐患纳入 HSE 信息系统调度督办。

【重点流域污染防治】 2022 年，集团公司根据国家黄河生态保护、长江保护修复攻坚战行动方案，完善强化黄河流域、长江经济带生态环境保护工作措施，加强重点项目实施调度，严防重点流域环境风险，完成黄河流域、长江经济带污染防治项目 107 项。

【排污许可管理】 2022 年，《集团公司实施排污许可管理办法》印发，规范企业实施排污许可管理程序，按月对企业申领、变更、注销、延续情况进行跟踪调度及预警提示。开展排污许可专项检查，督促企业严格落实执行报告制度，强化证后管理，企业已取排污许可证实现重点排污单位全覆盖。

【建设项目环境管理】 2022 年，《集团公司建设项目生态环境保护管理办法》修订印发，建立以项目投资权限和环保责任主体为主要内容的环境保护“三同时”监管机制，完善设计、开工、竣工、投产、变更等关键环节审核制度，开展建设项目环境保护管理专项整治，严格落实环保法规、技术标准、环评报告要求。

【环境风险管制】 2022 年，集团公司持续开展环境风险分级评估和分类分级管控，完善突发环境事件应急预案，加强汛期极端天气下生产设施防护和管道泄漏防控、保障水污染三级防控应急设施完好。建立环境监测预警机制，各环境应急监测机构开展突发环境事件应急监测演练，不断提高企业环境风险防控能力。

【环境监测】 2022 年，集团公司印发《2022 年重点污染源排放口在线监测设备安装联网计划》，集团公司污染源在线监测联网总数 815 个，国家要求的重点污染源全面实现监测联网。严格监控企业污染物达标排放情况，对超标和异常排放实施动态分析预警。开展企业污染源自动监控设施现场核查，完成所有联网企业现场自查和远程视频核查。

【环境保护宣传与培训】 2022 年，集团公司开展“6・5”世界环境日环保宣传，发布《集团公司 2021 年环境保护公报》，以《中国石油印发深入打好污染防治攻坚战指导意见》为题在内部和外部媒体进行深度报道。集团公司相关企业结合“6・5”世界环境日“共建清洁美丽世界”主题开展公众开放日等宣传活动。举办环保管理培训班，414 人次参加培训，环保管理人员的守法意识和专业能力得到提升。

（李煜婷　梁兵兵）

低碳管理

【概述】 2022 年，集团公司围绕“碳达峰、碳中和”目标和“清洁替代、战略接替、绿色转型”三步走总体部署，编制发布《集团公司绿色低碳发展行动计划》，提出发展“碳循环经济”的能源企业碳中和路径，部署“绿色企业创建引领者、清洁低碳能源贡献者、碳循环经济先行者”三大行动、十大工程。全面加强碳履约管理和温室气体监测、报告、核查（MRV）体系建设，制定《集团公司绿色低碳基础能力建设方案》，启动碳资产集中管控平台建设，深化开展绿色企业创建，创新推动绿化工作，参与国家甲烷管控研究和监测试点，加强油气行业气候倡议组织（OGCI）、中国油气企业甲烷控排联盟交流合作，响应国务院国资委绿色倡议，发挥中国智慧、展现央企担当。集团公司万元产值温室气体排放强度同比下降 2.6%，甲烷排放强度同比下降 9.76%，完成控制目标，连续第十一年获评《中国新闻周刊》“低碳榜样”企业。

【甲烷管控】 2022 年，集团公司参与国家甲烷控排研究，完成《2030 年前我国油气领域甲烷排放管控目标及路径研究报告》，参与国家《甲烷排放控制行动方案》编制和国家生态环境部甲烷监测试点研究，初步建立“空—天—地”一体化甲烷监测能力；加大甲烷控排措施力度，按照《甲烷排放管控行动方案》部署，持续推进放空气和伴生气回收，加大火炬熄灭力度，甲烷排放强度同比下降 9.76%。作为理事长单位，持续推动中国油气企业甲烷控排联盟应对气候变化合作，联盟企业由 7 家增加至 10 家，覆盖超过 90% 的油气生产、全部国内油气管网和超过 60% 城镇燃气供应，影响力持续提升。

【绿色企业创建】 2022 年，集团公司深化绿色企业建设，进一步完善评价指标体系，新制定天然气销售、工程技术服务 2 项业务的绿色企业认定标准体系，实现油气田、炼化、油品销售、天然气销售、工程技术服务 5 大主营业务的全覆盖，激励企业进一步加快绿色低碳转型，新认定绿色企业 20 家。

【绿化】 2022 年，《集团公司“十四五”绿化发展规划》《中国石油活动碳中和指导手册》《中国石油碳汇林建设指导手册》等文件编制印发，推动碳汇林、碳中和林布局。发起“我为碳中和种棵树”公益活动，吸引中国石油员工和公众广泛参与。2022 年近 55.9 万人次参与，累计捐款额 1788.9 万余元，首批林地在大庆油田、长庆油田、新疆油田、玉门油田等 4 家单位启动种植。截至 2022 年底，绿地总面积 3.14 亿平方米，绿地率 23.49%，当年新增绿地面积 1370 万平方米。大庆油田生态环境管护公司、长庆油田第二采油厂获评“全国绿化先进集体”，2 人获评“全国绿化劳动模范”。

（梁兵兵）

HSE 体系管理

【概述】 2022 年，集团公司持续深化推进 HSE 管理体系建设，以强化 HSE 风险管控为核心，以落实岗位 HSE 责任为关键，着力推动 HSE 管理各项措施和制度要求在基层落地落实。

【HSE 制度标准制修订】 2022 年，集团公司持续强化 HSE 制度标准基础建设。为进一步提升制度、标准的实用性，整合多个高风险作业许可标准、制度，印发集团公司《作业许可安全管理办法》；整合安全检查表系列标准，压减安全检查表数量。完成多项HSE企业标准和HSE制度的制修订工作，固本强基迈上新台阶。

【HSE宣传培训】 2022年，根据国家和集团公司新冠肺炎疫情防控工作要求，组织开展线上培训，在前两年线上培训基础上，召开确保线上培训质量专题研讨会，出台在线监控、当堂测试等多项措施，确保线上培训质量。根据国家应急管理部要求，开展“安全培训走过场”专项督察、检查活动，查找安全培训工作中存在问题，总结好的做法，并予以推广。组织开展安全处级干部、审核员、安全监管人员、应急消防等各类培训近23期，培训学员2000余名。继续开展外部工程技术服务队伍及工程建设一、二类承包商关键岗位人员HSE培训。

【HSE体系审核】 2022年，集团公司落实“一体化、差异化、精准化”审核要求，修订印发集团公司QHSE管理体系审核管理制度，为克服新冠肺炎疫情影响，采取线上督导加线下验证、企业交叉互审、内审指导等多种方式，组织完成对120余家主要生产经营企业和海外作业者项目的全覆盖体系审核工作，严肃问题情况通报和闭环整改，督办企业实施严重问题考核问责，持续确保审核质量效果。

【HSE标准化建设与员工履职能力评估】 2022年，集团公司持续深化推进基层站队HSE标准化建设，制定印发集团公司基层站队HSE标准化建设及示范站队评选管理制度，进一步明确建设标准，加大宣传指导，强化示范引领，组织评选出集团公司级示范站队21个和企业级示范站队200多个，着力推动HSE管理先进理念和措施要求在基层落地落实。

2022年，大力推动岗位人员安全环保履职能力评估工作，紧密结合员工绩效考核和企业干部人事管理流程，将安全环保履职能力评估作为前置程序，督促企业凡涉及安全环保关键岗位干部提拔调整，或者新上岗、调岗员工，必须100%开展安全环保履职能力评估，不合格者不予调整、上岗，大力促进提升领导干部安全领导力和员工安全执行力，确保能岗匹配。

【HSE信息管理】 2022年，集团公司完善顶层设计，编制印发《关于推进集团公司“工业互联网＋安全生产”建设工作的指导意见》。推进双重预防机制数字化系统建设，实现4项关键信息管理、开发2类接口、建设1个模型，支持75家企业与属地政府集成共享；海洋石油安全监测预警构建1张预警图、8项功能、接入8类风险数据、实现4级贯通。围绕绿色低碳发展战略，实现碳资产集中数字化管控。聚焦排放核算、甲烷监测、履约交易等五大业务领域，构建3层架构，设计7个一级功能模块和26个二级功能模块，完成6家企业排放源等基础数据准备，确保第一批管控功能按时上线试运行。

（黄力维）

节能节水

【概述】 2022年，集团公司贯彻落实国家节能节水法律法规政策，加强目标责任落实，强化源头管控，实施技术改造，克服新冠肺炎疫情等带来的不利影响，用能效率效益持续提升，单位油气当量商品量生产综合能耗、炼油单位能量因数能耗、单位乙烯能耗同比分别下降8.13%、0.08%、7.22%，实现节能量74万吨标准煤、节水量923万立方米。

【节能节水型企业建设】 2022年，集团公司进一步夯实节能节水目标责任，优化节能节水指标考核体系，将单位产值和产品能耗纳入企业领导人员业绩合同，并逐级分解落实。集团公司派出审计组，对所属134家企业2019—2021年能耗管理情况进行专项审计，排查在能源利用方面存在的问题和薄弱环节，挖掘节能潜力，提升能源利用效率，提高企业经济效益。修订印发《固定资产投资项目节能审查管理办法》，进一步规范和加强新（改、扩）建固定资产投资项目节能评估审查工作，确保建设项目管理依法合规，项目能效水平先进。独山子石化公司110万吨/年乙烯装置（石脑油为原料）获中国石油和化学工业联合会2021年度能效和水效“领跑者”标杆企业称号，乌鲁木齐石化公司合成氨装置获能效“领跑者”标杆企业称号。

【能源管控】 2022年，按照集团公司质量健康安全环保部印发的《“十四五”能源管控工作计划》，16

家油气田企业、23家炼化企业、4家钻探企业推进实施能源管控工作。依托集团公司节能节水管理系统（E7），对各企业能源管控实施进展及效果进行持续评价。开展《能源管控》系列标准适用性评价。

【节能节水技术改造】 2022年，集团公司对标国家发改委发布的高耗能行业重点领域能效标杆水平和基准水平，开展炼油、乙烯能效达标提标活动。集团公司安排7.6亿元，重点实施油气生产系统提效、天然气回收与余能利用、炼化能量系统优化、耗能设备节能改造等节能节水技术改造项目，对节能节水技术进行筛选评价，并召开节能节水技术交流会。

【节能节水统计监测】 2022年，集团公司依据国家节能节水法律法规和标准规范，以及集团公司节能节水统计管理制度和标准规范要求，实施集中统一、自下而上的定期统计报告制度，对能源利用状况和节能节水情况逐月进行统计分析。全年对1.7万多台套在役重点耗能设备、3.5万米蒸汽保温管线进行测试评价。

【节能节水标准制修订】 2022年，集团公司发布《气田固定资产投资项目节能报告编写规范》（Q/SY 09002—2022）、《天然气凝液回收装置能源消耗指标计算方法》（Q/SY 09065—2022）、《炼化能量系统优化技术导则》（Q/SY 09468—2022）3项节能节水标准，自2022年9月1日起实施。编制完成《节能节水统计指标及计算方法》《石油钻井设备节能技术措施效果测试与计算方法》《煤层气生产系统节能监测规范》《油气管道固定资产投资项目初步设计节能篇（章）编写规范》《炼油装置热联合技术导则》《石油炼制企业汽提净化水循环利用指南》《炼油化工企业能源审计规范》7项集团公司企业标准。

（李武斌）

职业健康

【概述】 2022年，集团公司学习贯彻习近平总书记关于人民健康的重要讲话精神，推动党的二十大精神落实，坚持把员工健康放在优先发展的战略地位，坚持预防为主、防治结合，实现员工职业健康和身心健康的相互促进、同步提高，努力把员工健康管理水平推上新台阶，塑造良好的规范化企业形象。

【职业健康管理】 2022年，集团公司以“一切为了劳动者健康”为主题，以“五个一”活动为载体，采取线上线下结合的方式开展《中华人民共和国职业病防治法》宣传周活动，宣传受众超过94万人。组织优秀职业健康传播作品征集活动，普及职业健康知识，10家企业的12个作品入围全国第二届职业健康传播作品评选并被国家卫健委宣传推广。

【健康企业建设】 2022年，集团公司按照既定任务目标和工作方案，加快健康企业建设进度，促进健康中国行动在石油行业落地生根。组织开展全员健康知识答题活动，促进全员树立个人是自己健康第一责任人的理念，106万人参与活动。修订印发《健康企业验收标准（2022年版）》，组织开展内部达标验收，27家单位通过验收并获“健康企业达标单位”称号。13家企业获所在省级行政区卫生健康主管部门组织的健康企业认证，10家企业的13个健康企业建设典型案例被国家卫健委宣传推广。

（黄力维）

质量管理与监督

【概述】 2022年，集团公司坚持“诚实守信，精益求精”的质量方针，追求“零事故、零缺陷、国内领先、国际一流”的质量方针，以“产品卓著、品牌卓越”为目标，贯彻落实《质量强国建设纲要》总体部署，全面启动《中国石油天然气集团有限公司质量强企规划》编制工作，加强质量管理和品牌建设的顶层设计，完善质量管理体系建设，加强全员、全要素、全过程、全数据质量管理，狠抓产品质量、工程质量、服务质量提升，为集团公司高质量发展、加快建设基业长青世界一流企业提供质量支持。

【质量管理体系建设】 2022年，集团公司按照问题导向的原则，以QHSE体系一体化量化审核、专项审核和“质量月”活动为抓手，组织开展针对采购物资质量、井筒质量、油品质量升级、运输环节数质量“回头看”专项行动，督促企业累计开展“回头看”检查4193次，发现各类质量问题22069个，制定落实整改措施21374项，促进体系运行有效性不断提升。

【油品质量控制】 2022年，集团公司严把成品油质量管控3个重要关口，即出厂前100%检测、进入中转油库前100%检测、配送至加油站100%检测，油品质量全面受控。稳步推进国Ⅵ B标准油品质量升级，组织国Ⅵ B标准油品置换专项监督抽查3167批次，覆盖所有加油站，抽检油品全部合格，按期完成国Ⅵ B标准油品升级置换工作，确保2023年开始向全社会提供合格油品。

【品牌培育】 2022年，集团公司坚持以质量为核心的品牌管理，努力打造卓越产品和卓著品牌，加大品牌宣传和保护力度，深入开展质量提升行动，持续推进关键指标收窄，化工产品提档创优迈上新台阶，产量合格率99%以上，19种重点牌号产品品质进一步提升，培育出一批具有高质量、高效益和高市场占有率的产品。统筹品牌授权管理，扎实做好“昆仑”品牌和“中国石油装备”品牌的专业技术审核和背书工作，全年集团公司782项石化产品和5项装备产品通过审核，以质量为基础的品牌影响力稳步增长。

【产品质量认可】 2022年，集团公司严把石油石化用化学剂产品质量认可审核关，全年受理366家油化剂生产企业2964项产品申报，按照“五个不通过”（证书三年到期申请复查无业绩的不通过；生产企业标准中缺乏产品性能指标，无法体现产品的真实属性及功效的不通过；生产企业标准中有技术指标但低于相应国家标准、行业标准和中国石油一级企标的不通过；生产企业产品标准检验方法、实验操作步骤存在严重问题，导致产品检验无法操作的不通过；生产企业现场审核生产设备或检验设备不满足生产需要的产品不通过）标准，通过产品标准盲样处理、现场“四不两直”视频连线核实、专家背靠背盲样标准审核、盲样集中会审、异议复核等方式，审核过程公平公正，291家企业1703项产品通过认可，淘汰率超过40%。

【产品驻厂监造】 2022年，集团公司组织完成1家企业首次备案审核，严格按照驻厂监造管理办法要求，对企业人员能力、资质、业绩等进行全面评审，完成1743人监造人员资质和任职条件审核，286人不满足岗位任职要求不予以备案。

【产品质量监督抽查】 2022年，集团公司围绕重点工程建设和炼化检维修工作进展，把握关键时间点组织对新建炼化、炼化检维修等项目开展采购物资质量专项抽查，抽查关键物资266批次，发现不合格21批次，问题发现率7.89%，发布采购物资质量监督抽查通报6期，物资采购部门根据通报要求对相应供应商采取停止采购、暂停交易权限等措施。

【井筒工程质量管理】 2022年，集团公司油气水井三年集中整治专项行动不断推进，套损井“减存量、控增量”目标超计划实现，存量套损套变井由1.95万口减少到1.54万口，修复套损井4914口，累计增油42.65万吨，增气4475万立方米，增注652.8万立方米，提质增效业绩显著。井身质量、固井质量不合格判定标准不断细化，井身质量、固井质量合格率分别提高到98.4%和94%，页岩油气/致密油压裂丢段比例0.18%，全面完成井筒质量年度考核目标。全年16家监督站累计巡查监督油气水井1.1万口，发现质量问题2.2万项，整改完成比例95.70%，警告处理质量监督履职不力人员49人，责令停工整改施工队伍10支，扣款464万元。

【质量管理培训】 2022年，集团公司围绕质量管理体系、质量管理工具和方法、群众性质量活动及产品、工程、服务质量管理和监督要点等培训内容，组织初级、中级、高级3期质量管理岗位标准化培训班，来自油气田、炼化、销售、工程技术、工程建设等业务领域的327名质量管理部门领导及业务骨干参加培训。强化质量培训师资培养，充分调动企业内部优秀质量培训师资源，建立质量培训师资库。

【群众性质量活动】 2022年集团公司登记注册QC小组1.25万个，取得QC成果9890项，创造直接经济效益17.5亿元，开展质量信得过班组2512个，参与班组活动员工5.6万人次，10个QC小组和8个班组获中国质量协会颁发的全国优秀QC小组和全国质量信得过班组称号，3项活动成果获中国质量协会举办的央企QC小组成果发表赛二等奖。9月集团公司组织开展以“推动质量变革创新、促进质量强国建设”为主题的“质量月”活动，累计专题宣传活动2688次，质量开放日活动270次，客户体验日活动324次。召开优秀QC小组成果发布会，网上发布获2022

年集团公司一等奖的 QC 小组活动成果。组织 146 家企业参加中央企业全面质量管理知识竞赛答题活动，累计 52.4 万名员工参与，全员质量意识进一步提高。

（张茜茜）

计量工作

【概述】 2022 年，集团公司持续加强计量基础管理，规范油气交接计量过程，推进计量检定能力建设，促进计量交流与合作，完善计量标准体系，计量支撑保障能力进一步提升。

【计量基础管理】 2022 年，中油国家石油天然气管材工程技术研究中心有限公司和大庆石油管理局钻井用材料产品质量监督检验站 2 家检验检测机构通过国家资质认定首次评审。吉林石化分公司计量检测中心等 17 家机构通过资质认定复查换证评审，长庆油田分公司技术监测中心等 19 家机构通过国家资质认定扩项评审。集团公司计量管理部门组织对集团公司东北油田节能监测中心等 21 家机构进行抽查审核，提升机构依法依规开展检验检测工作的意识，有效规范获证机构的检验检测行为。

【交接计量管理】 2022 年，集团公司修订印发《油气交接计量管理办法》，明确交接计量主体及各方责任，进一步规范油气交接计量。开展中俄天然气计量检验标准比对，明确中俄天然气计量技术、气质指标的变化和差别。加强成品油小额配送车计量管理，部分销售企业开展为期 3 个月的问题查找和整改。

【油气计量检定能力建设】 2022 年，开展集团公司天然气计量检定需求调查，研究提出提升西南油气田高压天然气检定能力、扩大大庆油田天然气检定能力，以及完善天然气检定站布局的建议。召开国家石油天然气大流量计量站工作会议，研究解决集团公司天然气计量检定能力建设相关问题，集团公司副总经理、国家石油天然气大流量计量站站长黄永章出席会议并讲话。

【计量技术交流】 2022 年，参加中俄总理定期会晤机制下标准计量认证和检验监管常设工作组能源计量分组第十一次会议，集团公司代表中方作《天然气质量和计量标准体系》等 3 个技术报告，促进中俄油气计量交流与合作。集团公司与中国石化、中国海油等单位举办“2022 年中国石油石化计量论坛”，集团公司推荐的 45 篇论文获奖，其中一等奖 1 篇、二等奖 4 篇、三等奖 5 篇、优秀奖 35 篇。

【油气计量标准制修订】 2022 年，集团公司发布实施《储罐自动测量装置计量技术规范》（Q/SY 14017—2022）、《天然气能量计量实施规范》（Q/SY 14018—2022）、《油气交接计量设施功能确认规范》（Q/SY 14538—2022）、《成品油交接计量规范》（Q/SY 14866—2022）4 项企业标准。负责起草《石油天然气工业术语　第 4 部分：油气计量与分析》（GB/T 8423.4—2022）、《用气体涡轮流量计测量天然气流量》（GB/T 21391—2022）、《原油蜡含量的测定》（GB/T 26982—2022）3 项国家标准。

（焦学锋）

企业管理与监督

集团公司法人治理

【概述】 集团公司由国家单独出资，不设股东会。国务院国资委依照《中华人民共和国公司法》《中华人民共和国企业国有资产法》《企业国有资产监督管理条例》等法律和行政法规，以及国务院国资委有关规范性文件规定，代表国务院履行出资人职责。董事会是集团公司经营决策机构，对国务院国资委负责，下设战略发展委员会、提名委员会、薪酬与考核委员会、审计与风险管理委员会（监督委员会）等4个专门委员会。

2022年，集团公司董事会坚持以习近平新时代中国特色社会主义思想为指导，深入学习贯彻党的二十大精神，认真落实党中央、国务院决策部署，牢牢把握定战略、做决策、防风险功能定位，统筹推动生产经营、提质增效、改革创新、安全环保和疫情防控等各项工作，集团公司利润总额、净利润、经济利润、全员劳动生产率创造历史纪录，自由现金流、净资产收益率等大幅提升，利润总额、净利润、归母净利润居央企首位，为保障国家能源安全、稳定宏观经济大盘做出突出贡献。

【集团公司董事会运作】 董事会建设情况。2022年，集团公司持续推动董事会建设走深走实。落实国务院国资委工作要求，设立董事会监督委员会，同审计与风险管理委员会一体化运行，有效推动董事会监督职能落地。持续完善董事会制度机制。修订公司章程并获国务院国资委批复，完成董事会职权及授权清单修订，董事会运行制度体系更加系统、治理主体定位更加清晰、决策程序更为规范，公司制度体系建设基础更加巩固。

董事会和专门委员会会议情况。2022年召开董事会会议12次，审议通过议案35项；召开董事会专门委员会会议11次，其中战略发展委员会会议4次、薪酬与考核委员会会议1次、审计与风险管理委员会会议6次。

董事履职尽责情况。2022年，所有董事全部出席历次董事会和专门委员会会议，会前深入研究议案材料，会中独立、审慎、科学表决，董事会科学规范决策水平进一步提高。董事注重增强自身履职能力，参加国务院国资委相关培训，贯彻落实上级精神和各项制度要求，有针对性地围绕履职企业特点提升自身能力素养。

董事会与经理层之间、董事之间沟通情况。以国务院国资委相关会议、董事会定期会议、公司重大会议等为平台，利用调研、研讨、听取汇报等形式，强化董事之间、董事和经理层之间沟通交流，促进外部董事对集团公司的深入了解，有效凝聚思想共识，形成集团公司治理合力。针对重大投资项目，召开议案沟通会，介绍项目情况、解答董事问询，安排现场调研，为董事科学决策创造良好条件。

外部董事履职保障情况。落实外部董事履职信息支撑机制，做好相关阅文服务，邀请外部董事参加集团公司工作会、领导干部会等重要会议，及时通报集团公司经营管理重要情况。组织外部董事到有关专业公司、油气田企业调研，深入了解油气和新能源、炼化和新材料、天然气销售和工程建设，以及能源保供、科技创新等重点领域工作。结合外部董事意见形成调研情况报告，并按董事长要求推动经理层和有关单位研究落实。强化外部董事关注事项落实，围绕集团公司发展战略，组织外部董事进行专题研讨，将外部董事意见建议作为管理提升重要内容。

【集团公司董事会会议】 集团公司第三届董事会第十九次会议（书面方式）于2022年1月25—29日召开，审议通过关于聘任集团公司2022—2024年度财务决算审计会计师事务所的议案。

集团公司第三届董事会第二十次会议（书面方式）于2022年2月10—14日召开，审议通过关于聘任谢军为集团公司副总经理的议案。

集团公司第三届董事会第二十一次会议（书面方式）于2022年3月2—6日召开，审议通过集团公司2022年度重大风险评估报告。

集团公司第三届董事会第二十二次会议于2022年4月25日召开，审议通过关于聘任、解聘集团公司总会计师的议案，集团公司董事会2021年度工作报告，集团公司2021年度财务报告、审计工作报告、内控体系工作报告、合规管理工作情况报告，关于核准集团公司专业公司及所属企业金融衍生业务资质的议案，关于有关项目可行性研究报告的议案，以及有关赞助事项的议案。

集团公司第三届董事会第二十三次会议（书面方式）于2022年6月6—10日召开，审议通过集团公司投资管理规定。

集团公司第三届董事会第二十四次会议（书面方式）于2022年6月22—26日召开，审议通过关于与中国石化集团等价置换所持上市公司股份相关事宜的议案。

集团公司第三届董事会第二十五次会议于2022年7月29日召开，审议通过集团公司2022年中期审计工作报告、集团公司员工违规行为处理规定、担保管理规定，以及关于集团公司注册申报及发行公司债券的议案。

集团公司第三届董事会第二十六次、第二十七次、第二十八次会议（均为书面方式）分别于2022年8月5—9日、8月22—26日、9月7日召开，审议通过有关事项的议案。

集团公司第三届董事会第二十九次会议于2022年10月27日召开，审议通过关于聘任、解聘集团公司审计部总经理的议案，以及集团公司章程修订稿。

集团公司第三届董事会第三十次会议于2022年12月29日召开，审议通过2023年业务发展和投资计划、生产经营计划、财务预算报告，关于2023年度发行债券一般性授权的议案，关于设立董事会监督委员会的议案，关于修订董事会授权决策事项的议案，关于申请调整2022年工资总额预算的议案，有关事项方案，以及有关项目可行性研究报告的议案。

（王　郗）

股份公司法人治理

【概述】 2022年，股份公司严格遵守《中华人民共和国公司法》（简称《公司法》）、《公司章程》及上市地相关法律、法规和监管规则、证券监管规则并结合股份公司实际情况，制定、完善和有效执行各项工作制度和相关工作流程。股份公司治理的实际情况符合各上市地监管机构及证券交易所发布的有关上市公司治理的规范性文件要求。股份公司通过股东大会、董事会及相应的专门委员会、监事会以及总裁负责的管理层协调运转，有效制衡，实施有效的内部控制管理体系，股份公司内部管理进一步规范，管理水平不断提升。股份公司及时、真实、准确、完整地进行各项信息披露，确保所有股东享有平等的机会获取股份公司相关信息，持续提升股份公司治理透明度。

【股东大会运作】

1. 股份公司股东大会职责

股东大会是股份公司最高权力机构，行使下列职权：

（1）决定股份公司的经营方针和投资计划；

（2）选举和更换董事，决定有关董事的报酬事项；

（3）选举和更换由股东代表出任的监事，决定有关监事的报酬事项；

（4）审议批准董事会的报告；

（5）审议批准监事会的报告；

（6）审议批准股份公司的年度财务预算方案、决算方案；

（7）审议批准股份公司的年度利润分配方案和弥补亏损方案；

（8）对股份公司增加或者减少注册资本做出决议；

（9）对股份公司合并、分立、解散、清算或者变更股份公司形式等事项做出决议；

（10）对股份公司发行债券做出决议；

（11）对股份公司聘用、解聘或者不再续聘会计师事务所做出决议；

（12）修改股份公司章程；

（13）审议代表股份公司有表决权的股份3%以上（含3%）的股东的提案；

（14）审议批准法律、法规和本章程规定需要股东大会审批的担保事项；

（15）审议股份公司在一年内购买、出售重大资产超过股份公司最近一期经审计总资产30%的事项；

（16）审议批准变更募集资金用途事项；

（17）审议股权激励计划；

（18）法律、行政法规及股份公司章程规定应当由股东大会做出决议的其他事项。

股东大会可以授权或委托董事会办理其授权或委托办理的事项。股东大会对董事会的授权，如所授权的事项属于普通决议事项，应由出席股东大会的股东（包括股东授权代理人）所持表决权的二分之一以上通过；如属于特别决议事项，应由出席股东大会的股东（包括股东授权代理人）所持表决权的三分之二以上通过。

2. 股份公司股东大会会议召开情况

2022 年，股份公司召开年度股东大会 1 次，形成决议 11 项。

2022 年 6 月 9 日，股份公司 2022 年年度股东大会以视频会议方式召开。会议以投票方式表决，以二分之一以上赞成批准《2022 年度董事会报告》《2022 年度监事会报告》《2022 年度财务报告》《公司 2022 年度利润分配方案》《关于授权董事会决定公司 2022 年中期利润分配方案的议案》《关于公司聘用 2022 年度境内外会计师事务所的议案》《关于公司 2022 年相关担保事项的议案》《关于选举公司董事的议案》《关于选举公司监事的议案》等 9 项普通议案，以三分之二以上赞成通过《关于给予董事会发行债务融资工具一般性授权事宜的议案》和《关于修订公司章程的议案》2 项特别议案。

【董事会运作】

1. 股份公司董事会职责

根据《公司章程》，股份公司设董事会，董事会由 11 至 15 名董事组成，设董事长 1 人，副董事长 1 至 2 人，独立（非执行）董事至少占三分之一。董事由股东大会选举产生，任期 3 年。董事任职期满，可以连选连任，但独立董事连任时间不得超过 6 年。董事任期自股东大会决议通过之日起计算。董事长、副董事长由全体董事会成员的过半数选举和罢免。

根据《公司章程》或股东大会授权，股份公司董事会行使下列职权：

（1）负责召集股东大会，并向股东大会报告工作；

（2）执行股东大会的决议；

（3）决定股份公司经营计划和投资方案；

（4）制订股份公司的年度财务预算方案、决算方案；

（5）制订股份公司的利润分配方案和弥补亏损方案；

（6）制订股份公司增加或者减少注册资本的方案以及发行股份公司债券或其他证券及上市的方案；

（7）拟订股份公司收购本公司股票或者合并、分立、解散及变更公司形式的方案；

（8）决定股份公司内部管理机构的设置；

（9）聘任或者解聘股份公司总裁，根据总裁的提名，聘任或者解聘股份公司高级副总裁、副总裁、财务总监及其他高级管理人员，决定其报酬事项；

（10）制定股份公司的基本管理制度；

（11）制订股份公司章程修改方案；

（12）管理股份公司信息披露事项；

（13）股东大会授予的其他职权。

2. 股份公司董事会组成情况

根据《香港联交所上市规则》对董事会构成的相关规定，股份公司董事会中至少三分之一董事会成员为独立非执行董事，其中至少一名独立非执行董事必须具备适当的专业资格，或具备适当的会计或财务管理专长。截至 2022 年底，股份公司董事会由 11 名成员组成（表 1）。

表 1　股份公司董事会成员

姓　名	性　别	职　位
戴厚良	男	董事长
侯启军	男	副董事长
段良伟	男	非执行董事
焦方正	男	执行董事、总地质师
黄永章	男	执行董事、总裁
任立新	男	执行董事、高级副总裁
谢　军	男	非执行董事
梁爱诗	女	独立非执行董事
德地立人	男	独立非执行董事
蔡金勇	男	独立非执行董事
蒋小明	男	独立非执行董事

3. 股份公司董事会专门委员会

股份公司董事会下设 5 个专门委员会：提名委员会、审计委员会、投资与发展委员会、考核与薪酬委员会和健康、可持续发展委员会，专门委员会的主要职责是为董事会决策提供支持。参加专门委员会的董事按分工侧重研究某一方面的问题，为股份公司管理水平的提升提出建议。

截至 2022 年底，股份公司董事会各专门委员会成员见表 2。

表 2 股份公司董事会专门委员会成员

董事会专门委员会	主任委员	委 员
提名委员会	戴厚良	蔡金勇、蒋小明
审计委员会	蔡金勇	谢军、蒋小明
考核与薪酬委员会	梁爱诗	段良伟、德地立人
投资与发展委员会	侯启军	段良伟、黄永章
可持续发展委员会	黄永章	焦方正、任立新

4. 股份公司独立董事履职情况

2022 年，股份公司独立董事严格按照境内外有关法律、法规及《公司章程》规定，认真、勤勉地履行职责，认真审阅股份公司提交的各项议案及相关文件，参加股东大会、董事会会议及专业委员会会议，独立及客观地发表意见，维护全体股东，特别是广大中小股东的合法权益。独立董事能够认真审阅股份公司定期报告，在年度审计师进场审计前后、董事会召开前与审计师进行沟通，督促股份公司按照相关法律、法规和股份公司信息披露管理制度的有关规定进行信息披露，保证股份公司信息披露的真实、准确、完整。全年独立董事未对股份公司董事会议案及其他事项提出异议。独立董事学习相关法律法规和各项监管规定，通过参阅股份公司编发的专题情况报告了解公司重大项目进展情况。

2022 年，受新冠肺炎疫情管控影响，股份公司独立董事无法开展实地调研，但都克服疫情、时差等各种困难，通过参加会议、高层交流、信函往来，主动了解股份公司经营现状、财务表现和重大项目情况，为股份公司董事会运作和业务发展出谋划策，切实践行勤勉义务。

5. 股份公司董事会会议及形成的决议

按照《公司章程》及《董事会议事规则》的规定，股份公司 2022 年召开 7 次董事会会议，其中 2 次为现场会议及视频连线方式、5 次为书面方式，共形成董事会决议 36 项。

2022 年 3 月 30 日，股份公司第八届董事会第十四次会议在北京中国石油大厦以现场会议及视频连线方式召开，审议通过《关于公司 2021 年度总裁工作报告》《关于董事会授权收购项目管理小组行权情况的报告》《公司 2021 年度财务报告》《公司 2021 年度利润分配预案》《公司 2021 年度报告及业绩公告》《关于公司总裁 2021 年度经营业绩考核及 2022 年度业绩合同制订情况的报告》《公司 2021 年度内部控制工作报告》《公司 2021 年度环境、社会和治理报告》《关于提请股东大会授权董事会决定公司 2022 年中期利润分配方案的议案》《关于提请股东大会给予董事会发行债务融资工具一般性授权事宜的议案》《关于公司 2022 年度相关担保事项的议案》《关于公司 2022 年度金融衍生业务计划的议案》《关于中油财务有限责任公司风险持续评估报告的议案》《关于公司与中油财务有限责任公司 2022 年度金融业务预计的议案》《关于可持续发展委员会议事规则的议案》《关于召开 2021 年年度股东大会的议案》16 项议案并形成有效决议。

2022 年 4 月 29 日，股份公司第八届董事会第十五次会议以书面审议方式召开，审议《关于公司 2022 年度第一季度报告的议案》《关于公司 2021 年度 20-F 年报的议案》《关于修订公司章程的议案》《关于选举公司董事的议案》《关于调整公司董事会考核与薪酬委员会成员的议案》《关于聘任公司高级管理人员的议案》6 项议案并形成有效决议。

2022 年 6 月 17 日，股份公司第八届董事会第十六次会议以书面审议方式召开，审议《关于调整部分董事会专门委员会成员的议案》《关于聘任公司高级管理人员的议案》《关于辽河油田（盘锦）储气库有限公司股权交易的议案》3 项议案并形成有效决议。

2022 年 8 月 12 日，股份公司第八届董事会临时会议以书面审议方式召开，审议《关于公司拟将美国存托股从纽约证券交易所退市及相关事项的议案》《关于聘任公司秘书的议案》2 项议案并形成有效决议。

2022 年 8 月 25 日，股份公司第八届董事会第十七次会议在北京中国石油大厦以现场会议及视频连线方式召开，审议《公司 2022 年中期财务报告》《公司 2022 年中期利润分配方案》《公司 2022 年半年度报告及中期业绩公告》《关于中油财务有限责任公司风险持续评估报告的议案》《关于公司为国际事业有限公司出具担保的议案》《关于勘探与生产分公司等专业公司更名的议案》6 项议案并形成有效决议。

2022 年 10 月 27 日，股份公司第八届董事会第十八次会议以书面审议方式召开。审议《关于公司 2022 年第三季度报告的议案》《关于公司 2022 年业务发展和投资计划优化调整方案的议案》2 项议案并形成有效决议。

2022 年 12 月 21 日，股份公司第八届董事会第十九次会议以书面审议方式召开。审议《关于公司

2023 年度业务发展与投资计划的议案》《关于公司 2023 年度预算报告的议案》2 项议案并形成有效决议。

（梅 媛）

【监事会运作】

1. 股份公司监事会职责

根据《公司章程》，股份公司设监事会。监事会由股东推荐的代表和股份公司职工代表组成，其中职工代表担任的监事不少于三分之一。股东代表监事由股东大会选举和罢免，职工代表监事由股份公司职工民主选举和罢免。监事任期 3 年，可连选连任，监事任期自就任之日起计算。监事会主席的任免，应当经三分之二以上监事会成员表决通过。监事会主席任期 3 年，可连选连任。

根据《公司监事会组织和议事规则》，股份公司监事会向股东大会负责，并依法行使下列职权：

（1）对董事会编制的股份公司定期报告进行审核并提出书面审核意见；

（2）检查股份公司的财务；

（3）对公司股份董事、总裁、高级副总裁、副总裁、财务总监及其他高级管理人员执行公司职务的行为进行监督，对违反法律、行政法规、《公司章程》或者股东大会决议的前述人员提出罢免的建议；

（4）当股份公司董事、总裁、高级副总裁、副总裁、财务总监及其他高级管理人员的行为损害公司的利益时，要求前述人员予以纠正；

（5）核对董事会拟提交股东大会的财务报告、营业报告和利润分配方案等财务资料，发现疑问的，可以股份公司名义委托注册会计师、执业审计师帮助复审；

（6）提议召开临时股东大会，在董事会不履行《中华人民共和国公司法》规定的召集和主持股东大会职责时召集和主持股东大会；

（7）向股东大会提出提案；

（8）代表股份公司与董事交涉或者依照《公司法》第一百五十二条的规定，对董事、总裁、高级副总裁、副总裁、财务总监及其他高级管理人员提起诉讼；

（9）发现公司经营情况异常，可以进行调查；

（10）会同董事会审计委员会对外部审计师执业表现进行年度审核，向股东大会提出聘用、续聘、解聘外部审计师及其审计服务费用的建议；

（11）对关联交易的合规性进行监督；

（12）《公司章程》规定的其他职权。

2. 股份公司监事会组成情况

根据《公司章程》，监事会由股东推荐的代表和股份公司职工代表组成，其中职工代表担任的监事不少于三分之一。截至 2022 年底，股份公司监事会由 8 名成员组成（表 3）。

表 3 股份公司监事会成员

姓 名	性 别	年 龄	职 位
蔡安辉	男	53	监事会主席
谢海兵	男	52	监事
赵 颖	女	55	监事
蔡 勇	男	48	监事
兰建彬	男	55	职工代表监事
何江川	男	57	职工代表监事
金彦江	男	56	职工代表监事
付 斌	男	57	职工代表监事

注：兰建彬、何江川、金彦江 2022 年 5 月 19 日当选股份公司职工代表监事；蔡安辉、谢海兵、赵颖、蔡勇 2022 年 6 月 9 日当选股份公司监事；付斌 2022 年 9 月 29 日当选股份公司职工代表监事。

3. 股份公司监事会会议召开情况

2022 年，股份公司召开 5 次监事会会议，其中现场会议 3 次、以书面传签方式召开 2 次，共形成决议 15 项。

2022 年 3 月 29 日，监事会以现场会议和视频连线方式召开第八届监事会第十次会议。会议由姜力孚主持。审议通过《监事会关于公司 2021 年度财务报告审查意见书》《监事会关于公司 2021 年度利润分配预案审查意见书》《监事会关于公司总裁 2021 年度经营业绩考核意见书》《监事会关于聘用公司 2022 年度境内外会计师事务所的议案》《公司 2021 年度监事会报告》《监事会 2021 年度工作总结和 2022 年工作计划》《2021 年度环境、社会和治理报告》和《公司 2021 年度报告及业绩公告》8 个议案并形成会议决议。

2022 年 4 月 29 日，监事会以书面传签方式召开第八届监事会第十一次会议，审阅通过《关于选举公司监事的议案》和《公司 2022 年第一季度报告》2 个议案并形成会议决议。

2022 年 6 月 9 日，监事会以现场会议和视频连线方式召开第八届监事会第十二次会议。会议由蔡安辉主持，审议通过《关于选举公司监事会主席的议案》并形成会议决议。

2022 年 8 月 23 日，监事会以现场会议和视频连线方式召开第八届监事会第十三次会议。会议由蔡安辉主持，审议通过《监事会关于公司 2022 年中期财务报告审查意见书》《监事会关于公司 2022 年中期利润分配方案审查意见书》和《公司 2022 年半年度报告及中期业绩公告》3 个议案并形成会议决议。

2022 年 10 月 27 日，监事会以书面传签方式召开第八届监事会第十四次会议，审阅通过《公司 2022 年第三季度报告》并形成会议决议。

4. 股份公司监事会参加其他会议及其他工作开展情况

参加股份公司股东大会 1 次。2022 年 6 月 9 日参加股份公司 2021 年年度股东大会，向大会提交《公司 2021 年度监事会报告》和《关于公司聘用 2022 年度境内外会计师事务所的议案》，均获股东大会审议通过。

列席董事会会议 2 次，听取董事会审议股份公司 2021 年度总裁工作报告、股份公司 2021 年度和 2022 年中期的报告及业绩公告、利润分配等有关议案。监事会在会上发表关于审查股份公司财务报告、利润分配方案（预案）、总裁经营业绩考核等意见书 5 份，提出推进股份公司主营业务、深化提质增效和加强股份公司经营风险评估、加快推进股份公司绿色低碳转型发展、持之以恒做好股份公司提质增效和亏损企业治理工作、加强风险预判进一步提升风险应对能力水平和加强依法治企进一步提升股份公司合规管理水平等建议。

召开听证会 2 次，听取股份公司财务部、人力资源部、改革与企业管理部、审计部、纪检监察组、普华永道中天会计师事务所等有关报告 21 个，对股份公司财务、利润分配、关联交易、总裁经营业绩考核等情况进行审查并发表相关意见。

股份公司监事会还开展以下工作：

（1）推进监事尽职调查工作。按照境内外上市监管规定，股份公司每年向中国境内、美国及香港特别行政区有关证券监管机构报备法定年度报告并向投资者发布年度、半年度报告。根据法律尽职调查问题和文件清单，从披露内容及时、完整、准确、无误导性等方面，对股份公司 2021 年年报和 2022 年中期报告进行审核确认并及时反馈。按照信息披露要求，做好监事对股份公司中报、年报签字确认工作，保证股份公司相关定期报告披露工作正常进行。

（2）跟进修订监事会相关制度。2017 年 8 月 23 日审议修订《公司监事会组织和议事规则》；2015 年 3 月 24 日审议通过《公司监事履职管理办法》。由于外部监管形势和监管要求的变化，相关规定需进一步改进、完善。2022 年，在多次座谈研讨的基础上，对两项制度进行修改、完善，待条件成熟后择机提交会议审议。完成《公司法》修订等征求意见回复并提出完善股份公司治理等相关建议。

（3）完成监事改选工作。2022 年，股份公司有 7 名监事由于年龄或工作变动原因，面临改选。考虑到 7 名监事同时辞任可能会引起资本市场不必要的解读。经过与有关部门多次沟通协调，利用职工代表监事与股东代表监事选举产生方式不同，提出 3 名职工代表监事先于股东代表监事完成改选等工作建议，完成 14 位新老监事改选手续办理和监事会主席选举工作，按时完成相关信息披露配合和上市地监管报备工作，保证本次监事会成员集中改选工作的平稳运行。

（4）参加监管部门专题培训。为推动上市公司规范运作和高质量发展水平，北京证监局和上市公司协会定期举办辖区内董监高专题培训班。按照规定，监事每两年至少参加其组织的监管类和服务类培训各 1 次。2022 年 8 位监事分别参加 2021 年年报监管工作会暨 2021 年度第十一期董监事培训和 2022 年度第八期董事监事专题培训班。

（5）按期完成董监事专报编制报送。为便于监事、董事了解履职相关信息，监事会办公室和董事会办公室联合牵头公司相关部门单位，编制《中国石油天然气股份有限公司董监事专报》，内容包含宏观形势、资本市场、生产经营数据、股份公司重大事项和重要提示 5 个方面。自 2022 年 10 月起，每月 15 日向董监事提供，完成专报编报 3 期。专报编报有利于监事及时掌握国内外经济形势、行业动态，对落实监事会职能，有效发挥监督作用，具有积极意义。

（6）支撑保障工作。完善岗位职责，结合处室整合、人员变动的实际，对处室职责及人员岗位职责梳理，优化流程、强化合力；推进监事会会议文件印发电子化，协调开通线上流程，明确文件发文字号和正文内容，设计文件审批、流转程序，进一步提升工作标准化、规范化水平；完成 2021 年度文件汇编；完成 2021 年度公司年鉴、组织史有关监事会运作和大事记的梳理、编写工作。

（佟魁杰　徐　楠）

【业绩路演】

1. 股份公司 2021 年度业绩发布及路演

2022 年 3 月 31 日，股份公司通过网络直播及电话会议发布 2021 年年度业绩。股份公司董事长戴厚良、执行董事兼高级副总裁任立新、副总裁田景惠等领导出席会议。境内外近 400 名基金经理、分析师、个人投资者与媒体记者通过电话或网络直播端参会。4 月 1 日，管理层与境内外主要股东和机构投资者进行路演电话会交流。

2. 股份公司 2022 年 1 季度业绩发布及路演

2022 年 5 月 6 日，股份公司通过网络直播及电话会议发布 2022 年第一季度业绩。股份公司执行董事兼总裁黄永章、执行董事兼高级副总裁任立新、财务总监兼董事会秘书柴守平等领导出席会议。境内外近 500 名基金经理、分析师、个人投资者与媒体记者通过电话或网络直播端参会，电话会议参会超 100 人，网络端参会近 7000 人次。

3. 股份公司 2022 年度中期业绩发布及路演

2022 年 8 月 25 日，股份公司发布 2022 年上半年业绩报告。股份公司董事长戴厚良、执行董事兼总裁黄永章、执行董事兼高级副总裁任立新等领导出席会议。境内外基金经理、分析师、个人投资者与媒体记者通过电话或网络直播端参会，电话拨入 108 人次，网络浏览量 20 多万次。8 月 26 日，管理层分别率队与重要境内外机构股东进行线上沟通交流，举办 4 个投资者小组会议。

4. 股份公司 2022 年 3 季度业绩发布及路演

2022 年 10 月 27 日，股份公司发布三季度业绩公告，28 日以网络直播 + 电话会议形式召开了业绩发布会。股份公司执行董事兼总裁黄永章、财务总监兼董事会秘书王华及相关部门领导出席会议。境内外 93 位分析师和基金经理电话参会，网络端 4262 人参会。

5. 反向路演工作

由于新冠肺炎疫情原因，本年度未安排反向路演相关工作。

（朱彤楠）

【中国石油 A 股股价月度表现】

2022 年 1 月，股份公司股价震荡上涨。A 股市场呈普跌态势，各大股指都出现不同程度的下跌。1 月 4 日，两市在 2022 年首个交易日高开后一路下跌，其中创业板指受宁德时代及医药类权重板块下跌影响，日跌幅 2.18%，下跌趋势贯穿整周。第二周，大盘小幅反弹后继续下跌，仅创业板微弱收涨。第三周，大盘冲高回落，上证指数周一、周二连续 2 天上涨，补齐上周的缺口，但周三开始继续下跌，周微弱收涨；其他股指仍延续下跌趋势。最后一周，俄乌危机和美股波动加大等因素继续打压市场风险偏好，加之春节临近，进一步影响投资者避险情绪，市场于 25 日大幅回调，21—26 日连续 4 个交易日两市成交额不足万亿元，出现明显缩量。1 月，股份公司 A 股收于 5.02 元，月涨幅为 2.24%。全月最高价为 1 月 13 日的 5.58 元，最低为 1 月 4 日的 4.90 元，相差 0.68 元。本月日均股价为 5.27 元，日均成交量为 2.24 亿股（图 1）。

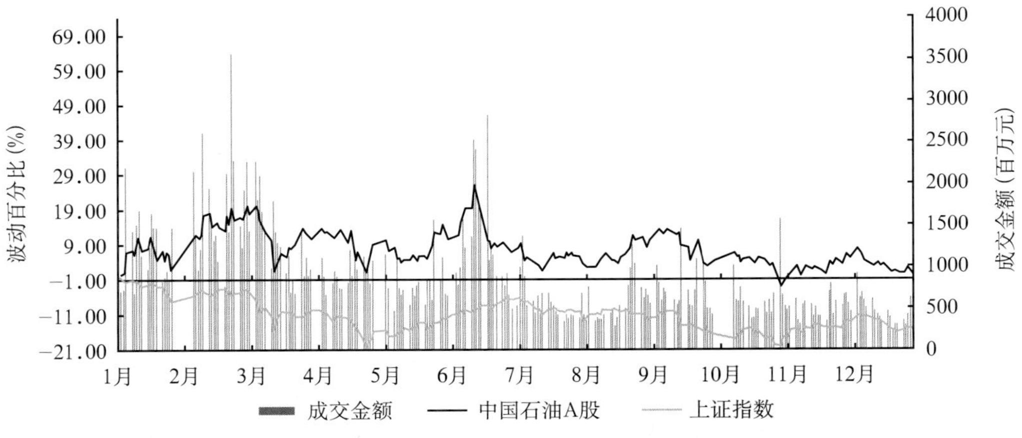

图 1　2022 年中国石油 A 股与上证指数走势图

2 月，股份公司股价大幅上扬，涨幅近 15%。A 股市场普遍上涨。第一周，各指数分化严重，上证指数大涨百点，深市两大指数收出阴线，创业板指数受权重股宁德时代的大跌高开后一路下跌，市场仍以结构性行情为主。第二周，A股实现全面反弹，主要指数周K线均以阳线收，创业板大幅反弹，新能源和医药板块都出现反弹。第三周，受地缘政治影响，外围市场出现大幅波动，对A股造成短暂的冲击，24日市场出现大幅下跌，但25日A股全线反弹，周内跌幅相对较小。28日，两市低开高走，三大指数午后集体翻红，全日成交近9500亿元，略有萎缩，北向资金尾盘加速流入。2月，股份公司A股收于5.77元，月涨幅为14.94%。全月最高价为2月24日的6.08元，最低为1月7日的5.18元，相差0.90元。本月日均股价为5.67元，日均成交量为2.99亿股。

3月，股份公司股价小幅回调。A股市场普遍下跌。首周，所有指数均呈现下挫趋势；从成交量上来看，市场活跃度较前期上升，但受到俄乌战争等地缘政治因素的影响，市场情绪不高，外资情绪较前期稍有上升。第二周，在国际形势引发的全球金融市场大震荡的背景下，主要股指仍全线下跌；央行公布的2月数据显示，2月信贷投放不及预期。第三周，主要指数呈集体反弹趋势，此前官方发言在一定程度上缓和恐慌情绪，对于稳定市场信心起到有效作用；月底，除上证指数小幅回弹外，主要股指呈现下跌态势。3月，股份公司A股收于5.52元，月跌幅为4.33%。全月最高为3月7日的6.03元，最低为3月16日的4.86元，相差1.17元。本月日均股价为5.55元，平均日成交量为2.46亿股。

4月，股份公司股价震荡下行。A股市场普遍下跌。首周，市场主要指数均呈下跌趋势，三个交易日北向资金累计净卖出逾65亿元。第二周，地缘冲突延续反复，国内新冠肺炎疫情未得到有效控制，短期不确定性仍然存在，市场仍较为谨慎，主要股指继续全线下跌。第三周，主要指数延续下跌趋势，沪指经历二次探底，深指则再创年内新低，市场恐慌情绪蔓延，两市交易额缩量维持低位。月末，受外围大跌及国内疫情持续扩散等因素影响，周一A股三大指数集体低开，沪指失守3000点，三大指数盘中跌幅均超过5%，跌停个股超700只；下半周主要指数开始回暖，部分赛道股（半导体、消费电子、光伏、锂电池等）公布一季报后企稳回升，走势强于大盘，市场整体小幅回调。4月，股份公司A股收于5.38元，月跌幅为2.54%。全月最高为4月15日的5.70元，最低为4月26日的4.95元，相差0.75元。本月日均股价为5.37元，日均成交量为1.75亿股。

5月，股份公司股价震荡上行。A股市场触底反弹，呈震荡上行趋势。月初，五一节后两个交易日，A股市场主要指数呈震荡下跌走势，美元指数走强，中美利差缩小，资金外流压力增加，国内股市承压下行。月中，市场触底反弹，指数震荡上涨。随着“稳增长”政策持续不断推出，全国以及上海地区的新增新冠肺炎病例数总体趋势持续回落，各地加快有序复产复工的进程。市场对外围利空钝化，资金情绪也相对稳定，A股独立于外围市场呈现较强的走势，三大指数迎来震荡上涨。月末，A股指数整体先跌后涨。全国财政支持稳住经济大盘工作视频会议在北京召开，国家发改委、财政部、能源局纷纷发布重大政策，释放积极政策信号；美元步入中期调整，对于全球资本市场的风险偏好提升有着积极的意义，多方面因素均对A股走强形成正面刺激，市场延续上涨势头，月K线均呈现出企稳反弹走势。5月，股份公司A股收于5.66元，月涨幅为5.20%。全月最高为5月31日的5.67元，最低为5月19日的5.05元，相差0.62元。本月日均股价为5.30元，日均成交量为1.53亿股。

6月，股份公司股价呈震荡下跌走势。A股市场普遍上涨。本月首两个交易日，市场主要指数小幅震荡，端午节前行情偏弱。节后首周，市场主要指数先涨后跌，周五集体翻红，随着政策的持续发力，一波修复性反弹行情随之启动。第二周，A股韧性仍然比较强势，三大指数震荡上涨，北向资金整体呈净流入态势。第三周，随着国家稳增长、稳预期等各方面政策的推出，市场流动性改善较为明显，A股持续反弹。最后一周，市场在外围环境持续扰动下表现出较强韧性，三大股指走势分化。6月，股份公司A股收于5.30元，月跌幅为6.36%。全月最高为6月15日的6.32元，最低为6月23日的5.25元，相差1.07元。本月日均股价为5.67元，日均成交量为2.25亿股。

7月，股份公司股价横盘震荡，小幅收跌。A股市场整体呈震荡下跌走势。国内经济形势虽然占据优势，但近期受中报业绩扰动、新冠肺炎零星疫情、大宗商品价格波动等因素影响，市场风险有所提升。月初，A股主要指数整体下跌后窄幅震荡，主要指数涨跌不一，行业板块涨少跌多，市场估值提升较快、下跌能量持续积聚。月中，三大指数整体低位区间震荡整理，行业板块涨少跌多，主要指数在地产、银行的行业利空消息影响下，上攻压力较大，A股资金面由全球流动性收缩预期转为国内货币宽松和财政发力预期。月末，大盘仍处于回调后的低位平台进行盘整，受大宗商品价格等因素影响，煤炭、新能源等相关板块表现不佳，资金整体呈净流出状态。7月，股份公司A股收于5.20元，月跌幅为1.89%。全月最高为7月5日的5.44元，最低为7月15日的5.00元，相差0.44元。本月日均股价为5.19元，日均成交量为1.11亿股。

8月，股份公司股价震荡上涨。A股市场宽幅震荡，北上资金高抛低吸，主力资金大开大合、高低切换，本月北向资金累计加仓127.13亿元，7月则净流出210.69亿元。8月初受地缘政治风险事件冲击，投资者对于中美关系担忧上升，投资者情绪指数明显回落，4日降至13.3的阶段低点。随后，投资者情绪逐步回升，反映出市场对于当前利空因素基本消化。8月下旬以来，由于A股增量资金不足，叠加美国联邦储备银行（美联储）鹰派表态，市场变得尤为脆弱。8月，股份公司A股收于5.34元，月涨幅为2.69%。全月最高为8月30日的5.57元，最低为8月5日的5.00元，相差0.57元。本月日均股价为5.25元，日均成交量为1.10亿股。

9月，股份公司股价震荡下跌。A股市场呈震荡下跌走势，受到宏观因素导致的短期情绪偏移，A股三大指数震荡下跌。一方面，国内经济数据弱复苏，市场对经济修复预期下滑。另一方面，美国通胀数据超预期，市场对美联储鹰派加息预期升温；俄乌冲突、美股大跌、人民币汇率“破7”均对A股风险偏好产生扰动。9月，股份公司A股收于5.13元，月跌幅为3.93%。全月最高为9月13日的5.65元，最低为9月27日的5.03元，相差0.62元。本月日均股价为5.37元，日均成交量为1.33亿股。

10月，股份公司股价大幅下跌。A股市场呈震荡下跌走势。国内受新冠肺炎疫情持续影响，经济复苏斜率较弱，同时国内货币政策整体稳健偏宽松，未来海外流动性收紧影响趋缓，修复态势仍在延续；美国通胀高企不下的背景下，加息压力依旧较大，全球主要经济体采购经理指数（PMI）连续下滑，海外风险仍存。10月，股份公司A股收于4.79元，月跌幅为6.63%。全月最高为10月10日的5.37元，最低为10月31日的4.76元，相差0.61元。本月日均股价为5.12元，日均成交量为1.22亿股。

11月，股份公司股价大幅反弹。A股市场呈震荡上涨走势。股份公司A股收于5.24元，月涨幅为9.39%。全月最高为11月30日的5.24元，最低为11月1日的4.77元，相差0.47元。本月日均股价为5.04元，日均成交量为1.03亿股。

12月，股份公司股价震荡下跌。A股整体走势以冲高回落为主。12月以后国内新冠肺炎防疫政策调整，全国新冠肺炎疫情传播速度较快，经济环境呈弱复苏态势；多数机构认为，投资者情绪低落对市场的影响仅是短期，当新冠肺炎疫情逐渐从峰值回落、居民生活进一步正常化、政策持续落地，A股市场有望迎来修复。股份公司A股收于4.97元，月跌幅为5.15%。全月最高为12月5日的5.35元，最低为12月30日的4.95元，相差0.40元。本月日均股价为5.12元，日均成交量为0.91亿股。

【中国石油H股股价月度表现】 2022年1月，股份公司股价大幅上涨。中国下调贷款利率以提振经济，南向资金连续加仓，科技股利好频出等因素推动港股上涨，股份公司H股股价随大市上涨，加上月末俄乌冲突升级，市场预期供应受影响，国际油价大幅上涨，带动股份公司H股走势跑赢大市，升幅低于中国海油，与中国石化升幅接近。股份公司H股1月收报3.87港元，月涨幅为11.53%，全月最高为1月19日的4.04港元，最低为1月4日的3.43港元（图2）。

2月，股份公司股价震荡上涨。2月，俄乌局势升级，市场避险情绪升温；市场预期美欧对俄罗斯的制裁将引发大宗商品价格上涨，使通胀可能会在短期内高于预期；香港新冠肺炎疫情失控，防疫政策随之收紧，影响经济表现，打击投资信心，因此港股持续下跌。由于地缘局势的趋紧加剧市场对原油供给端的担忧，国际油价大幅上涨。月末，俄乌冲突升级，引发市场对短期原油供给的担忧，布油价格时隔8年再次站上100美元/桶大关，创2015年以来新高。股份公司H股股价逆市上升，整体表现不及中国海油，但优于中国石化和大市。股份公司H股收报4.17港元，月涨幅为7.75%，全月最高为2月24日的4.29港元，最低为2月4日的3.95港元。

3月，股份公司股价走势震荡，小幅收跌。港股震荡下跌。俄乌局势继续牵动全球市场情绪，西方对俄罗斯的制裁手段，引发跨国投资的恐慌，打击投资信心；美国证监会《外国公司问责法》公布首批退市风险名单后引起中国概念股（简称中概股）退市恐慌，市场担忧中美关系恶化，中概股连续多日大幅下跌。港股外资流出加剧，港股市场疲弱；香港特别行政区和内地多地新冠肺炎疫情反弹，防疫政策收紧，经济增长承压，市场悲观情绪发酵。国际油价于高位震荡，3月小幅上涨，主要是受俄乌局势影响，原油供应趋紧。股份公司H股股价整体表现弱于中国海油，优于中国石化和大市。股份公司H股收报4.06港元，月跌幅为2.64%，一季度累计上涨17.00%。全月最高为3月7日的4.49港元，最低为3月15日的3.46港元。

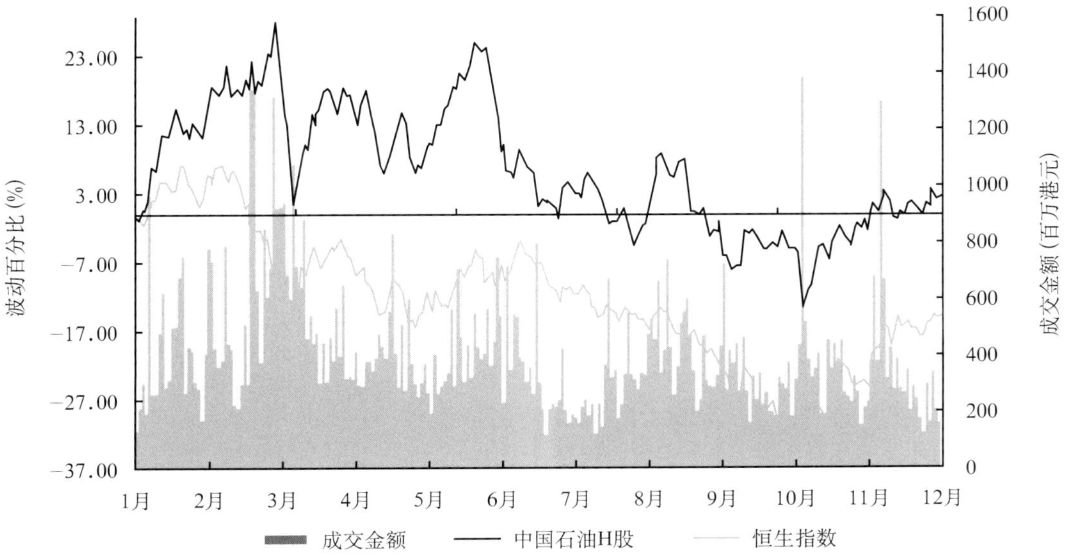

图2　2022年中国石油H股与恒生指数走势图

4月，股份公司股价呈震荡趋势，小幅下跌。港股震荡下跌。俄乌局势延续，牵动全球市场情绪；国内上海等多地新冠肺炎疫情紧张，制造业和供应链受到严重影响，给经济增长和消费复苏带来压力和较大不确定性；美国证监会《外国公司问责法》公布第四、第五批退市风险名单，中概股退市恐慌延续；中国央行降准，而美联储即将加息，导致中美利差收窄，市场担忧外资流出加剧。股份公司H股股价整体表现弱于中国石化、中国海油和大市。4月，股份公司H股收报3.80港元，月跌幅为6.40%。全月最高为4月6日的4.21港元，最低为4月26日的3.63港元。

5月，股份公司股价大幅上扬。港股轻微上涨。俄乌局势延续；美国证监会《外国公司问责法》公布第六批退市风险名单，总数128家，中概股退市恐慌延续；美国公布4月通胀涨幅高于预期，令市场对加息的忧虑升温，月末传出利好消息，带动港股反弹：国内上海等多地新冠肺炎疫情缓和，复产复工有序推进，经济逐步恢复；美国国务卿布林肯发表对华政策讲话时表示，美国不寻求与中国发生冲突或者“新冷战”，中美关系有缓和迹象。月底，国务院发布《关于印发扎实稳住经济一揽子政策措施的通知》，经济稳定预期增强。股份公司H股股价整体表现优于中国石化、中国海油和大市。5月，股份公司H股收报4.21港元，月涨幅为10.79%。全月最高为5月31日的4.21港元，最低为5月12日和16日的3.68港元。

6月，股份公司股价回调，大幅收跌。港股持续震荡上涨。随着国内新冠肺炎疫情进入平稳阶段，防控措施放宽，经济逐步恢复，消费、科技、教育、汽车等板块领涨。月中受美联储加息的影响导致恒生指数下跌，但随着一系列稳增长措施的落地、入境隔离政策的缩短，港股随后反弹；另外受香港特别行政区回归25周年庆祝气氛的影响，投资者信心上升。国际油价高位回落，大幅下跌。股份公司H股股价整体表现强于中国海油，弱于中国石化和大市。6月，股份公司H股收报3.74港元，月跌幅为11.16%。全月最高为6月9日的4.43港元，最低为6月24日的3.60港元。

7月，股份公司股价小幅下跌。港股震荡下跌。有关中美监管合作谈判可能面临不确定性的报道以及美国证券交易委员会将阿里巴巴列入依据《外国公司问责法》标识的暂定名单继续引发市场对美国上市中概股潜在退市风险的忧虑；相比一季度中央政治局会议中更多超预期的政策信号，此次年中政治局会议的整体政策基调相对更为温和；外部环境如美联储加息、美国经济衰退忧虑升温等。国际油价持续震荡下跌。股份公司H股股价整体表现强于中国海油及大市，弱于中国石化。7月，股份公司H股收报3.65港元，月跌幅为2.41%。全月最高为7月5日的3.78港元，最低为7月15日的3.41港元。

8月，股份公司股价小幅回升。港股小幅下跌。主要原因：美国众议院议长佩洛西访问台湾地区，引起台海局势紧张气氛，潜在诸多经济隐忧再触发市场恐慌，拖累亚太区股市下跌；内地7月主要经济数据令市场失望；中美关系持续紧张，5家国企宣布准备申请由美国除牌。国际油价走势震荡，大幅收跌。股份公司H股向上，好于大市及中国石化，稍弱于中国海油。股份公司H股报3.71港元，月涨幅为1.64%。全月最高为8月30日的3.85港元，最低为8月17日的3.30港元。

9月，股份公司股价大幅下跌。港股大幅下跌，创2011年9月以来最大单月跌幅。主要原因：内地9月经济数据好坏参半，受新冠肺炎疫情反复影响，消费和商业信心疲弱，经济放缓忧虑加重；市场对增量政策面的预期不足；人民币兑美元汇率持续下跌，削弱中国资产对外资的吸引力；美联储、欧央行、英央行等海外央行加息，引发流动性收紧，导致港股交投活动降温；大国博弈加剧，市场避险情绪增加。国际油价震荡下跌。股份公司H股受大市及油价影响下跌，好于大市，稍弱于中国石化及中国海油。股份公司股价H股收报3.22港元，月跌幅为13.21%。全月最高为9月6日的3.82港元，最低为9月29日的3.17港元。

10月，股份公司股价继续探底。港股延续弱势，大幅下跌。主要原因：港股走势与美联储政策高度相关，对加息政策反应激烈；中美博弈背景下，美国限制中国科技、医药等企业发展，压制港股市场情绪；三季度以来，外资流出已经超过1000亿港元；市场关注中国经济放缓、企业监管及内地房地产债务等问题。虽然国际油价上涨，但股份公司H股股价仍然下跌，整体表现强于中国石化及大市，弱于中国海油。股份公司股价收报3.00港元，月跌幅为6.83%。全月最高为10月10日的3.45港元，最低为10月31日的2.95港元。

11月，股份公司股价大幅反弹。港股回升，大幅上涨。主要原因：美国通胀预期回落，美债收益率上行空间有限；国内基本面开始回暖，随着房地产政策再次托底，稳经济预期上升，防控措施逐渐优化，国内线下经济复苏趋势明显；市场情绪得到改善，港股已经回落到40年的第5次低点，前期悲观的市场情绪得以释放；上市企业回购数量创历史新高，对股价形成有力支撑。国际油价大幅下跌，受大市和油价影响，股份公司H股股价强于中国海油，弱于大市和中国石化。股份公司H股收报3.54港元，月涨幅为18.00%。全月最高为11月30日的3.56港元，最低为11月1日的2.98港元。

12月，股份公司股价震荡收涨。港股持续复苏。原因：政策面的调整，内地新冠肺炎疫情防控措施在逐步放松以及内地和香港特别行政区逐步有序全面通关，有利于消费需求的逐步释放；地产融资政策带动经济复苏；对于互联网平台经济的政策支持带动市场信心的回升。国际油价则震荡下跌。股份公司H股表现好于中国海油，弱于大市和中国石化。股份公司H股收报3.57港元，月涨幅为0.85%。全月最高为12月28日的3.67港元，最低为12月12日的3.42港元。

（朱彤楠）

【信息披露】 股份公司一贯重视信息披露工作，严格遵守上市地各项证券监管规定，建立信息披露管理制度，及时合规披露信息，明确内幕消息披露工作的负责部门，禁止利用内幕消息进行交易或建议他人交易。报告期内，股份公司及时、真实、准确、完整地披露各项信息，确保所有股东享有平等的机会获取股份公司相关信息，持续提升股份公司治理的透明度。

2022年，股份公司信息披露工作按照境内外监管规定，严格落实《中国石油天然气股份有限公司信息披露管理规定》等制度，未发现内幕信息知情人违规买卖股份公司股票的情况。编制发布股份公司年度报告、20–F报告、环境社会和治理报告、一季度报告、中期报告、三季度报告；根据上市地监管规定和股份公司业务情况，全年在境内外披露临时报告共计150份。

（周云鹏）

【中国石油在资本市场获奖情况】 2022年，中国石油在资本市场获奖情况见表4。

表 4　2022 年中国石油在资本市场获奖情况

奖　项	评选机构	备注
2021 年中国上市公司品牌 500 强	Asia Brand 亚洲品牌集团	第 9 位
2022 福布斯全球企业 2000 强	《福布斯》	第 63 名
第 12 届“亚洲卓越成就奖”亚洲最佳 CEO	《亚洲企业管治》	黄永章
第 12 届“亚洲卓越成就奖”最佳投资者关系企业		
第 12 届“亚洲卓越成就奖”最佳环境责任企业		
第 12 届“亚洲卓越成就奖”最佳投资者关系负责人		魏　方
2022 亚洲油气行业最受尊崇公司	《机构投资者》	第 1 名
2022 亚洲油气行业最佳 CFO		第 1 名（柴守平）
2022 亚洲油气行业最佳投资者关系专业人员		第 1 名（魏　方、邢　冲）
2022 亚洲油气行业最佳投资者关系团队		第 1 名
2022 亚洲油气行业最佳投资者关系企业		第 1 名
2022 亚洲油气行业最佳环境、社会及治理（ESG）		第 1 名
第 12 届“中国证券金紫荆奖”最佳上市公司	香港大公文汇传媒集团	
第 12 届“中国证券金紫荆奖”2022 年度卓越企业家		戴厚良
第 12 届“中国证券金紫荆奖”最佳上市 CEO		黄永章
第 6 届“中国卓越 IR 评选”最佳资本市场沟通奖	路演中、卓越 IR	
2022 年全球品牌价值 500 强	Brand Finance	第 55 位
2022 年全球品牌价值 500 强石油和天然气		第 3 位
2022 年中国上市公司百强排行榜	华顿经济研究院	第 5 位
第 24 届“金牛最具投资价值”奖	《中国证券报》	
最佳 ESG 实践案例	中国上市公司协会	
“央企 ESG 先锋 50”指数	中国社会责任百人论坛	第 23 位

（邢　冲　周云鹏）

国家高端智库建设

【概述】 2015年底，中国石油集团经济技术研究院（简称经研院）被中央确定为首批国家高端智库建设试点单位。为进一步发挥集团公司整体优势，充分调动内外部智力资源，2020年3月，中国石油天然气集团有限公司党组（简称集团公司党组）把高质量高水平建设国家高端智库作为一项重要政治任务摆上议事日程，决定成立集团公司国家高端智库建设工作领导小组及研究中心，设立智库学术委员会，形成“三位一体”的治理体系。领导小组下设办公室，办公室设在集团公司政策研究室。智库研究中心建设主要依托经研院，作为集团公司智库建设和运行平台，实行“一个机构、两块牌子”，实施开放式管理。近年来，集团公司国家高端智库全力落实国家高端智库理事会秘书处和集团公司国家高端智库建设领导小组各项部署，以建设中国特色世界一流新型企业智库为目标，着力突出优势特色，着力突出服务中央，着力突出深化合作，着力突出创新创效，实施以成果为导向的完全项目制管理，构建以质量和贡献为核心的激励机制，形成科学规范高效的运行管理体系，为党中央和国家发展大局贡献具有中国石油特色的智力支持。建设模式入选2021年《中国智库AMI综合评价研究报告》“内部治理创新”特色案例。

【智库课题】 2022年，持续推进国家和集团公司层面的战略性、前瞻性和储备性研究，认领国家高端智库理事会交办研究课题21项、重大活动1项，同比增长22%；自主设立集团公司内部智库研究课题48项，同比增长10%。研究成果多次获中央领导批示，直接支撑多项国家政策文件编制，一批政策建议获得采纳应用。深化智库科研放管服改革，制修订集团公司国家高端智库层面项目管理办法和成果管理办法，强化制度管理、流程管理和合规管理，以管理创新和提升促进智库业务高质量发展。全过程推行智库课题精细管理，标准化设定智库课题选题、申报、开题、中期、验收和报送等管理环节，清单式推进各批次智库课题过程管理和成果管理，推动所有智库课题按照任务和进度要求完成验收结题和成果上报。分类别规范课题质量管控，明确认领课题研究以满足需求部委交办任务为第一要务，加强研究过程中的供需交流。要求自立课题根据设立目的最大化发挥作用，建立自立课题研究质量评价机制，在结题评审中引入“评分+盲审”制，加大成果研究质量和决策支撑的评价权重，强化评审专家、需求部门和管理机构的综合把关。

【智库活动】 2022年，立足智库重大活动和对外合作交流塑品牌、扩影响。品牌活动上台阶。连续第14年发布《国内外油气行业发展报告》，连续两年举办石油精神论坛，与标普全球联合举办第9届国际能源发展高峰论坛、直播观看近260万人次。连续第7年发布世界和中国能源展望报告，首次发布全球能源安全报告。与国际能源署（IEA）举办视频交流会，承办“绿色低碳·能源变革”国际高端论坛等重大活动。公共外交有序推进。参加2022年金砖国家工商论坛，参与举办第一届金砖国家能源合作论坛。举办中非智库能源合作论坛，承办第五届中国国际进口博览会—中国石油国际合作论坛。联合举办第七届国家发展论坛，支持举办《联合国气候变化框架公约》第27次缔约方（COP27）会议“中国角”边会，协办APEC能源智库论坛（2022），配合筹办中俄能源商务论坛。合作交流广泛深入。与中国国际发展知识中心、沙特国王研究院签订战略合作协议，机制性推进与北京大学国发院、中国人民大学国发院、新华社中国经济信息社、外交学院等单位的联合研究，以及与国际能源署（IEA）等海外组织机构交流合作。与国务院发展研究中心、中国国际经济交流中心等10余家智库机构交流经验。传播效能有效提升。初步搭建“中央媒体—行业媒体—自有媒体”多层级、立体式对外话语体系构架。智库专家在中央级媒体接受访谈或发表文章49人次，在国际高端平台发言发声10余人次。

【智库成果】 2022年，有序推进智库成果报送工作，组织上报智库报告34篇，获刊发5篇，年度报送量及刊发量均创历史新高。围绕国内外智库观点、重点议题和重要会议活动等组织上报智库动态100篇，获刊发9篇。就能源、外交领域重点热点问题，向国家部委、集团公司报送其他报告类成果20余份，多篇获中央领导批示。制定完善智库成果编审及管理办法。充分借鉴国内外智库建设经验，编制智库报告编审管理制度，明确智库报告的选题、写作、编审及上报流程。修订成果管理和成果奖励制度，对智库成果实行分级分类管理，切实发挥制度对成果质量保障作用。拓展智库成果报送渠道。与国家部委、其他兄弟智库、高校等开展座谈交流，就联合上报高端智库成果、渠道合作交换意见，进一步拓宽智库成果合作"朋友圈"。以课题研究为纽带，与国家部委开展联合研究，服务中央及国务院领导决策。多措并举提升智库成果质量。充分发挥专家定向把关作用，邀请多位院士和各领域知名专家参与智库报告选题、编写和修改研讨，为成果质量提升提供保障。

【智库内部治理】 2022年，持续优化智库内部治理，发挥集团公司办智库体制优势。集团公司董事长、党组书记、智库建设工作领导小组组长戴厚良主持重点课题启动会，集团公司党组副书记、智库建设工作领导常务副组长段良伟组织召开智库研究选题会，集团公司及总部部门部分领导领衔重点课题研究，领导小组办公室及各成员单位加强对智库建设的支持，做好与中央决策部门的对口联络，有关直属科研院所选优配强研究资源，发挥骨干作用，集团公司办智库的体制优势进一步彰显。筑牢"三位一体"治理体系。建立智库联络员联席沟通机制，推进智库学术委员会成员名单补充和完善，优化智库研究中心班子领导分工，印发权责清单。修订完成经费管理、成果奖励、项目管理、运行管理等管理制度，梳理学科、学术、话语、成果四大体系，完成以高端智库建设为导向的组织体系优化调整。探索企业智库模式规律。开展相关课题研究，总结"十四五"以来智库建设典型做法、主要成果、认识体会和经验启示，研究成果在《智库理论与实践》等期刊杂志上发表。强化智库人才团队建设。编制集团公司国家高端智库人才团队建设方案。推动科研—管理双序列改革落地实施，畅通科研人员发展通道。探索智库人才团队培养模式，获批设立博士后工作站。依托集团公司政策优势，引进高层次科研人才3名。

（张　安　朱颖超　范旭强）

发展计划

【概述】 2022年，集团公司发展计划工作始终坚决贯彻落实习近平总书记重要指示批示精神和党中央方针政策，完整准确全面贯彻新发展理念，认真落实集团公司党组决策部署，系统谋划战略规划，科学优化业务布局，全面强化投资管理，有效发挥参谋助手作用，为推动集团公司高质量发展做出贡献。

（张博轩）

【规划管理】 2022年，集团公司修订完成《集团公司战略和规划管理规定》，以制度形式固化集团公司党组确立的重大战略思路，强化战略、规划和计划系统衔接，加强闭环管理，确保战略和规划目标的实现。制定加快建设世界一流企业规划，明确"两个阶段、各三步走"战略目标和实施路径，统筹部署6个方面重点举措，为加快建设世界一流企业提供战略引领。印发集团公司"十四五"规划文本、简明读本，编制下发《集团公司"十四五"发展规划重点任务和主要目标分解方案》，对以高质量发展指标体系为核心的主要规划指标进行细化分解，确保集团公司总体规划部署落地。围绕重点业务领域开展专题规划研究，科学编制天然气产业链中长期发展规划，强化"产供储销"一体化统筹。深入落实国家发展战略、区域重大战略、区域协调发展战略、主体功能区战略，组织编制重点地区和重要业务发展规划，理清发展思路，细化工作部署，推动高质量发展。

（刘　芳）

【投资管理】 2022年，集团公司坚持以发展为核心强化投资管理，严格遵循严谨投资、精准投资、效益投资原则，开展投资管理提升工作，投资管理效能有效提升，促进核心业务保持稳定发展的良好态势。强化投资总量受控、结构优化，组织制定《集团公司贯彻落实稳经济一揽子政策意见》的22条举措，进一步聚焦主责主业，扩大有效投资，全年安排投资控制在董事会审定的年度规模以内。突出合规管理、效益导向，进一步扩大集体决策范围，强化各类投资风险防控，完善重大项目专项评估论证关键环节，全过程增加效益把关和评价环节，细化项目前期工作要求和审批前置条件；制定审批管理权限表，推行企业审批权限动态评价调整机制，明确项目前期工作各环节办理时限，提高工作效率；完善投资增效评价考核体系，强化投资行为监督考核，有效保障计划落地实施。加强制度完善、信息化建设，严格制度刚性约束，修订印发《集团公司投资管理规定》，组织集团公司宣贯落实；制修订境外投资等配套制度，投资管理制度体系更加健全完善。完成投资项目一体化管理系统（IPM2.0）扩展提升并正式上线运行，实现投资项目前期工作由线下向线上转变，进一步规范程序、明晰权责、强化监督，投资管理效率和决策水平有效提升。

（邓海成）

【项目管理】 2022 年，集团公司聚焦贯彻落实习近平总书记系列重要指示批示精神，落实规划分年部署，紧盯重点、统筹推动项目前期工作计划实施，项目管理更加科学规范，前期工作质量进一步提升。

国内勘探开发。2022 年，集团公司牢记保障国家能源安全使命，持续强化勘探开发投资，提升油气勘探开发力度，突出高效勘探，坚持效益开发，助力集团公司油气增储上产；强化项目前期管理，批复巴彦油田兴华区块开发方案、泸州区块阳 101 井区页岩气开发方案等重点项目；开展 16 家油气田重大产能建设项目备案，为项目建设创造前提条件；组织召开集团公司页岩油气开发技术研讨会，印发相关指导意见，推动页岩油气勘探开发建设不断取得新成效。

（王玉柱）

工程技术与装备。2022 年，集团公司强化技术服务保障能力提升，批复新购国内外深井钻机、电驱压裂设备、国外海底节点采集仪器等关键装备，保障国内油气增储上产和国际高端市场拓展需求。支持技术创新和科技成果转化，在页岩油气增储上产区域推广应用一键式人机交互 7000 米自动化钻机 2 台、首台（套）5000 型电驱压裂橇 2 套（18 台），及时将科技最新成果转化为经济效益。优化装备制造产业结构，组织论证批复螺旋焊管生产线技术改造升级暨新能源管材制造项目、荔参 1 井测井试验基地建设项目，提升新能源管材和高端测井等产品技术研发能力和市场核心竞争力。

（曾　博）

炼化与销售。2022 年，集团公司坚持减油增化、减油增特、减碳增绿，广东炼化一体化等重点项目建成投产，吉林石化、广西石化乙烯项目列入国家石化产业布局规划并完成可行性研究批复；塔里木和长庆乙烯二期、大连石化西中岛炼化一体化等项目前期工作加快推进；建成吉林石化揭阳 60 万吨 / 年 ABS、独山子石化 6 万吨 / 年溶聚丁苯橡胶、兰州石化 3.5 万吨 / 年丁腈橡胶等一批高附加值新材料项目，批复抚顺石化增产油蜡、锦州石化针状焦、四川石化氢提纯等特色产品项目，新材料年产量 85 万吨。成品油销售业务投资方向由规模扩张向结构优化转变，优化调整新站开发策略，积极谋划加油站转型发展，加快“油气氢电非”综合能源服务站布局；批复重庆销售等加氢站项目，全年建成加氢站 4 座、综合能源服务站 23 座，累计建成加氢站 12 座、综合能源服务站 35 座。

（张桐郡）

新能源。2022 年，集团公司持续推动油气与新能源融合发展，点燃冬奥历史上首支“绿氢”火炬，玉门油田光伏并网发电实现对外清洁电力供应零的突破，建成甘肃省首条中长距离纯氢输送管道，集团公司首个陆上风力发电项目——吉林油田 15 万千瓦风光发电项目陆续投产发电，吐哈油田 120 兆瓦“源网荷储一体化”项目建成投产，与国家电力投资集团公司联合成功竞配广西海上风电项目，北京城市副中心保障房地热供暖项目开钻，松辽盆地 300 万吨全产业链绿色 CCUS（碳捕集、利用与封存）商业示范基地建设加快实施，与上海汽车集团股份有限公司、宁德时代新能源科技股份有限公司共同布局电池银行业务，加入新型电力系统创新联盟，新能源业务实现全面提速发展。

（冯敬轩）

天然气与储运。2022 年，集团公司坚持事前算赢，推进集团公司天然气“产供储销”体系建设，完成 5 个项目可行性研究批复、13 个项目可行性研究评估。完善储气库业务建设运行管理机制，加快推动储气库、LNG 接收站建设，按国家要求完成阶段性储气能力建设目标。深化四大战略通道策略研究，加强境外天然气资源引进，确保国内市场需求。协调国家部委、地方政府及国家管网保障骨干管道按期建设，确保油气田上产、资源引进和储气库外输后路畅通。

（李建卫）

海外油气。2022 年，集团公司坚持“危地不往、乱地不去”，加强境外投资项目上下游一体化统筹协调，审慎推进新项目获取，稳妥开展现有项目合资合作，强化前期工作计划管理，抓实项目风险评估与防范，全年开展11个项目前期工作，其中1个项目获国家备案并完成批复实现交割、5个项目可行性研究报告评估审查工作稳步推进、5个新项目正进一步深化前期论证。专题组织研究海外油气资源接替问题，明确重点区域、重点业务的发展方向，夯实海外1亿吨权益产量长期稳产基础。

（刘瑞杰）

金融与股权投资。2022年，集团公司加强金融与股权业务整章建制，编制金融业务投资管理办法，明确管辖范围，规范工作要求及流程，将金融投资纳入投资一本账管理；修订股权投资管理办法，加强参股公司源头管理和新增法人个数控制，通过年度授权、动态调整方式支持新能源业务发展。落实监管规定，抓住金融业务管理重点，全面摸排集团公司参与私募股权基金情况。按照把握投资方向、推动以融促产、注重投资收益、严控投资风险的原则，决策参与中国海油A股IPO（首次公开募股）等项目；按照战略引领、价值导向、防范风险、依法合规的原则，决策参与电池银行、旋转导向钻井系统研发合资公司项目，推动新能源业务落地、先进技术转化。

（向　婧）

【业务管理】 对外合作。2022年，集团公司坚持共商共建共享，深化企地、企企、企校战略合作，修订战略合作协议签署工作管理细则，累计签署战略合作协议14份，为集团公司创新驱动发展、优化资源配置、提升市场竞争力、绿色低碳转型等发挥作用。深化国际战略合作伙伴关系，加快推进与BP公司合作建设海南绿色油田碳排放净零示范区，构建能源合作利益共同体。营造央地合作良好氛围，制定振兴东北央地百对企业协作行动实施方案（简称“百企行动”），建立联系沟通机制，搭建交流平台，深化与地方协作企业在产业链补强、科技研发、技术共享、管理提升等方面合作，推进“百企行动”走深走实，在落实振兴东北战略中发挥表率作用。

（王　琪）

造价业务。2022年，集团公司科学管控工程建设投资，推进重点项目前期投资控制，审查（复核）一类、二类项目估（概）算73项。强化工程造价管理制度建设，印发《集团公司工程造价管理办法》，制定《石油地面工程造价人员管理细则（试行）》，推进工程造价管理工作制度化、规范化。建立健全工程计价依据体系，印发4部工程造价基础计价依据，组织两期线上技术交底、培训4017人次。服务新能源业务发展，开展光伏发电项目全过程投资执行情况研究，基本形成具有石油特色的新能源工程造价管理方法体系。开展物探钻井市场化计价规则修订。深化服务基层，共建共享价格信息资源，加强大宗材料市场价格跟踪，做好价格分析预测与科学研判，发布综合参考价格信息2590条。组织开展石油地面工程造价优秀成果和优秀论文评选，进一步提升工程造价人员的业务能力和理论水平。

（张建斌）

后评价业务。2022年，集团公司在组织开展项目自评价全覆盖基础上，按照“典型项目引领、专项研究提升”的工作思路，围绕重点项目开展18个典型项目详细后评价，完成页岩油勘探开发、矿权内部流转、烷基化、成品油销售企业低销低效等13个专项后评价和29个炼化项目投资增效测评工作，针对性提出后评价意见58条和工作提升建议80条。

（邵　阳）

统计工作。2022年，集团公司及时准确发布统计月报、年报、摘要等材料，完成各类调查报告、信息披露等近200份。制定发布《集团公司原油和成品油盘库核算管理办法》，满足“产运储销贸”运行管理和资本市场监管需要。建立原油、天然气产能建设经济评价模型，完成2019—2021年各油气田评价，开展页岩油气、重点区块专项分析，为新建油气产能产量符合率考核以及投资计划编制提供支持。高质量完成国家部委16大类近160份统计调查任务，准备股份公司路演数据、背景材料和热点问题答复建议以及各类资本市场信息披露报告25份；编制与各省（市、自治区）协调事项双向清单，组织编写40余份会谈备参；深化综合统计管理系统2.0应用，有序推进勘探开发项目投资管理信息系统建设，初步完成与ERP、IPM等系统数据集成通道开发，实现数据“入湖”与抽取。

（杨　冬）

财务资产管理

【概述】 2022年，集团公司财务工作坚持稳中求进、顶压前行，全面贯彻新发展理念，落实集团公司关于强化“企业管理以财务管理为中心”和“以价值创造为核心的财务管理”两大任务，坚持战略引领、价值导向，坚持端口前移、赋能服务，坚持继承创新、统筹协调，依法合规治企成效显著，提质增效换档升级，亏损企业治理和法人压减再创佳绩，加强风险应对卓有成效，制度建设稳步推进，稳经济一揽子措施见到成效，推动集团公司高质量发展迈上新台阶。集团公司实现收入3.4万亿元，首次突破3万亿元大关，利润总额2668.7亿元、净利润1803.6亿元、归母净利润1418亿元、经济增加值971.5亿元、自由现金流2214亿元、国内实现税费4271.3亿元，均创历史最好水平。2022年利润总额、净利润、归母净利润继续保持国内三大石油公司首位。

2022年，股份公司财务工作聚焦服务主业，强化价值管理，大力实施提质增效工程，坚持低成本发展战略，经营效益同比大幅增长，高质量完成“两利四率”（净利润、利润总额、营业收入利润率、资产负债率、研发投入强度、全员劳动生产率）指标，多项生产经营指标创造新的里程碑。实现营业收入32391.7亿元、利润总额2132.7亿元、净利润1639.8亿元，创历史最好水平；自由现金流、经济增加值（EVA）再次突破千亿元；平均投资资本回报率、净资产收益率重回两位数增长，为2013年以来最好水平。

【提质增效专项行动】 2022年，面对复杂多变的外部环境和艰巨的转型发展任务，集团公司党组把提质增效和低成本发展正式确立为集团公司“四大战略举措”的重要内容，落实国务院国资委“两利四率”指标要求，以“四精”（经营上精打细算，生产上精耕细作，管理上精雕细刻，技术上精益求精）管理为工作遵循，以价值创造为工作核心，以“质”“效”双增为评价标准，从财务绩效、市场供给、管理运营、创新成长等维度持续发力。部署实施提质增效价值创造行动，围绕“五提质、五增效”（资源提质、资产提质、运营提质、营销提质、服务提质，创新增效、降本增效、管理增效、治亏增效、风控增效）制定实施10大类40项行动措施。全年累计增效201亿元。

2022年，股份公司坚持把提质增效战略性举措向纵深推进。坚持“四精”管理，注重质量提升和价值创造，制定股份公司提质增效任务目标及具体措施，强化目标引领、行动带领、绩效评价、持续改善全过程闭环管理，引导专业公司及所属企业深挖增效潜能，巩固扩大提质增效成果，全年累计增效162.2亿元。坚持低成本发展，实施成本对标改善，制定8项主要成本管控目标和7个方面管控措施，完善低成本长效驱动机制，实现主要成本指标对标结果持续改善。

【亏损企业治理】 2022年，集团公司坚持“养人不养亏损企业”原则，牢固树立“企业不消灭亏损，亏损终将消灭企业”理念，将亏损企业治理作为提质增效工作的重中之重，在对历年亏损子企业进行深入分析的基础上，按照亏损年限和亏损额两个维度，确定亏损企业治理重点。制定实施亏损企业治理专项工作方案。锚定“亏损治理取得更大成效”工作目标，盯紧亏损额、亏损户两项核心指标，打好治亏“三大战役”（大额、长期亏损企业治理“攻坚战”，小额亏损企业“歼灭战”，一般性亏损企业“阻击战”），覆盖4个治理范围（持续亏损企业、新增亏损企业、接续治理企业、动态亏损企业），突出五类典型亏损企业，落实“六个精准”工作要求（精准识别亏损成因、精准制定治理方案、精准开展分类治理、精准完善配套政策、精准统筹过程督导、精准做好考核评价）。全年全级次亏损子企业户数同比减少26户，亏损额同比减亏18.1%，亏损面同比下降2.7个百分点，亏损企业治理3项指标再创新低。

2022年，股份公司亏损企业治理精准推进，治理取得新成效，全级次亏损子企业亏损额、亏损户数持续下降。强化精准理念，全面梳理企业经营情况，构建全级次数据架构，实施动态监控，统筹推进“全级次、全口径、全覆盖”治亏。深化“一企一策”治理，夯实治理措施路径，制定股份公司亏损治理三年攻坚目标，将企业扭亏解困任务书、时间表、路线图落实到位。坚持重点企业挂牌督导，精准施策。建立激励约束机制，确保实现治亏攻坚行动目标。

【预算管理】 2022年，集团公司持续健全完善预算管理体系，有效发挥价值引领作用。深入推进全面、零基、精益预算管理，强化事前算赢机制，统筹衔接“三大计划”，突出年度预算目标和提质增效奋斗目标“双轮”驱动机制，为推动“两利四率”、持续改善和管理全面提升做出重要贡献。目标引领更加突出积极进取。各单位按经济增加值大于零，效益指标不低于同油价“十四五”规划和近三年平均值较高者确定预算目标底线，提档升级制定年度奋斗目标，推动发展质量持续改善。管理方法更加突出业财一体。强化财务预算、投资计划、生产经营计划统筹衔接。全面实施零基预算，促进实物量、工程量与价值量有机结合，量化生产经营各环节各因素的驱动作用，精细预算颗粒度。直属科研单位推行全成本预算、全成本核算，按科研项目细化编制分解预算目标。执行监督更加突出精准精细。强化滚动预算管理，健全“三个三”（三个月、三个季、三年）滚动预算机制，动态调整预算目标。坚持开展旬预测，按月开展预算执行分析和指标排名通报，确保各项指标平稳受控运行。考核评价更加突出价值创造。完善以“两利四率”为引领的高质量发展指标体系，强化正向激励、一体化联动考核，突出油气保障、创新驱动、成本管控等价值创造基础性关键指标考核，健全研发投入加回、天然气保供激励机制，强化亏损企业工效挂钩考核和人工成本峰值管理。

2022年，股份公司深化全面预算管理，强化“三大计划”（财务预算、生产经营计划、投资计划）有机协同，坚持“三个三”滚动运行机制，完成40期旬、月、季滚动预算报告，持续完善三年滚动预算编制，动态优化、前瞻应对，确保股份公司高质量发展目标高标准完成，经营效益指标同比大幅增长；坚持零基预算，健全“事前算赢”机制，制定2022年调整预算和2023年预算方案，发挥价值引领作用，促进股份公司业绩持续提升；坚持精益预算导向，深化系统思维和质量管理方法PDCA理念，强化预算对比分析和全环节动态管理，促进股份公司价值创造能力稳步提升，在保障战略、支持决策、服务业务、防控风险等方面取得新的进展和成效。

【会计报表及核算管理】 2022年，集团公司聚焦守正创新，深化管理转型，加快完善财务管理体系，持续强化财务管控能力，财务支撑作用得到进一步提升。持续优化月报审阅流程，按月及时上报国务院国资委、财政部全级次900余家企业快报，多次获上级单位通报表扬；持续推进业财融合，深入挖掘财务数据内涵，按月编制财务会计报告和经济活动分析材料，发布企业经济运行动态，推动企业优化生产经营和资源配置；持续靠实全年盈利预期，跟踪资产减值报废，油价、汇率、利率和股价波动等特殊事项，有序推进集团公司全年盈利预测工作；落实落细决算工作要求，统筹全级次921户子企业、3万余张决算报表和5000余份附报文档的审阅，完成70余户二级单位决算报表合并，高质量完成国务院国资委和财政部决算上报工作；持续拓展财务决算成果应用，坚持问题导向，科学评价经营成果，明确降本增效的业务和方向，推进亏损企业治理。

2022年，股份公司科学组织所属全级次企业按时开展报表合并报送工作，高效完成各期财务报告编制。高质量完成2022年度董事会、监事会、审计委员会及股东大会财务报告，连续22年获标准无保留意见。深入开展业财融合，规范会计核算管理，开展境外单位记账本位币调整、所属企业整体搬迁、特许经营权摊销、炼厂处置、自用天然气核算等专项研究，促进会计信息质量提升。修订《股份公司会计档案管理办法》，进一步夯实会计基础管理。完善月度财务报告通报制度，有效提升财务报表的及时性和准确性。优化统一平台财务报告报送流程，月报编制时间较2021年缩短0.5个工作日。

【会计准则体系建设】 2022年，集团公司深度参与会计准则研究，进一步完善集团公司会计政策。推动“分类核算”系统模块开发工作，推进“分类核算”体系建设；继续参加财政部会计准则技术联络小组会议，就财政部提出的以现金结算的股份支付在等待期修改的会计处理、可回收性不确定情形下租赁收入的确定、丧失控制权时应收原子公司款项的会计处理、对赌协议等42项议题进行研究并提出合理建议；持续推进海外会计手册的编制工作，考虑海外业务特点，完善集团公司国际化经营下会计核算制度体系，拟建立专门的会计核算分册，以业务场景描述、具体案例分析及会计处理示例的形式，对会计实务中准则未明确、存在差异化处理的个性化事项进行全面性、系统性规范，夯实合规管理基础，进一步提高海外业务财务信息质量。

2022年，股份公司持续推进会计核算报告标准化建设，确保合规精准。修订发布《股份公司会计手册（2022年）》，保持会计科目、会计政策、会计估计、核算标准、报告流程统一。研究制定《套期会计核算方案（试行）》，明确新能源、碳资产等业务的会计核算办法，支持股份公司绿色低碳转型和新业务发展。

【会计工作转型升级】 2022年，持续推动会计工作由传统向数字化、智能化转型。集团公司参与财政部电子凭证试点工作，完成银行回单、银行对账单、增值税电子普通发票、增值税电子专用发票、铁路客票电子报销凭证、航空运输客票电子行程单、非税收入一般缴款书等7类电子凭证的接收、解析及入账功能改造，财政部认为中国石油电子凭证试点工作成效显著、亮点突出；完善报表审阅平台系统，优化报表审阅跟踪及查询，提升交互与数据展示功能，定义数据自动检查规则，实现数据异常变动可视化展示，推动报表系统高质高效运行；优化月报和决算审阅流程，改进财务报表体系，梳理数百条报表审核要点，进一步明确月报上报和审核节点，发布决算工作操作手册，固化财务制度要求，强化报表审核力度，提高全级次报表报送的准确性和及时性。

2022年，股份公司深化多维度会计指标应用，完善财务会计报告和经济活动分析框架体系，财务分析敏捷性和实用性显著提升。对“两利四率”指标开展分解研究，完成宏观环境研究、亏损企业治理、单位成本管控、进口天然气效益、“两金”压降及控降资产负债率等10余个专题分析。强化油价、利率、汇率走势研判和风险应对，精细化开展财务测算，实现事先算赢。

【会计数智化】 2022年10月28日，集团公司网络安全和信息化领导小组会议同意启动集团公司大集中ERP项目建设。集团公司财务部会同数字和信息化管理部推动大集中ERP建设方案设计和可行性研究立项等工作，结合前期开展的财务与人力资源整合方案研究，提出大集中ERP建设的总体方案；与内外部单位建立定期沟通机制，学习借鉴国内ERP实施的成功经验，多次到国家能源集团、中国石化等企业交流讨论，邀请有关专家围绕大集中ERP建设中的难点问题展开讨论；细化完善大集中ERP总体方案，提出主数据管理方案，基于外围系统清理规则细化大集中ERP集成方案，设计软硬件采购和部署方案，确定实施策略和项目计划等。同年12月，集团公司党组编办下发《关于成立大集中ERP工作组织有关事项的通知》，成立集团公司大集中ERP项目指导委员会，由集团公司总会计师蔡安辉担任主任，总部10个相关部门和10个专业公司负责人担任成员，下设项目管理办公室和项目经理部，并督促所属单位参照集团公司成立相应工作组织并报项目管理办公室。

2022年，股份公司财务数字化智能化转型深入推进。协同相关部门开展大集中ERP建设，推进业财流程与系统有序衔接。推进财务信息模块与人力资源模块集成应用，贯通业务端到财务端信息数据。组织研发租赁业务管理系统，完成84家单位推广使用，实现租赁业务全流程、全生命周期规范管理。组织开展电子凭证会计数据标准试点工作，完成相关电子凭证全流程测试。

【资本市场信息披露】 2022年，股份公司及时高效组织完成法定信息披露工作。妥善应对处理资本市场披露重大事件，完成2021年度报告及业绩公告、2022年季度报告、半年度报告及业绩公告编报和披露发布。编制完成年度、半年度路演及季度发布会资料，参加2021年度、2022年半年度业绩路演及季度业绩发布电话会。完成股份公司2021年末期股息和2022年中期股息宣派，切实维护广大股东利益。开展可比公司跟踪研究，及时提交5家主要国际可比公司和中国石化、中国海油两家国内石油公司分析报告。组织回复美国证监会（SEC）就股份公司2020年及2021年20-F提出的质询。配合中美审计监管合作谈判，应对美国公众公司会计监督委员会（PCAOB）检查。参与股份公司美国存托股从纽交所退市相关工作。

【关联交易管理】 2022年，股份公司全面梳理关联方清单，持续性关联交易运行规范平稳，各项关联交易金额控制在上限总额范围内。组织做好2021年度及2022年中期关联交易披露工作，关联交易各项审批及披露程序符合会计准则、各上市地监管规则要求，取得外部审计师、律师确认。

【财政税收政策】 2022年，集团公司争取对CCUS、地热等新能源新业务以及管道划转补偿等财税支持政策，国家明确延续从事污染防治的第三方企业所得税减按15%税率征收、全年一次性奖金个人所得税单独计税等优惠政策至2023年底。用好用足国家优惠政策，组织企业依法落实，享受国家实施大规模制造业、批发零售业等13大行业以及小微企业的增量存量留抵退税、设备器具加速折旧、研发费用加计扣除等新的组合式税费支持政策，为集团公司效益提升、现金流改善提供重要支撑。

2022年，股份公司争取落实财税优惠政策，争取到推动国家出台国际油价触及调控上限（130美元/桶）后实施阶段性政策支持。落实进口天然气增值税返还政策，保障国内天然气稳定供应。落实非常规天然气支持政策，推动非常规天然气增储上产。承担国家天然气保供任务，取得冬季天然气保供预拨奖补资金。落实稠油、高凝油、三次采油及页岩气资源税减征政策，增加股份公司效益和现金流。按国家统一部署执行退税减税降费一揽子组合式支持政策。向国家税务总局上报2022年度石脑油定点直供及调整计划，落实石脑油连续加工乙烯、芳烃免征消费税政策。

【税收管理】 2022年，集团公司加强税收区域协调工作，落实海外业务体制机制优化调整，增加海外大区公司税收区域协调工作职责，修订发布《税收区域协调管理办法》，调整明确境内32个省（市）、境外57个国家（地区）税收区域协调组牵头单位。密切跟踪经济合作与发展组织（OECD）"双支柱"改革进展和重点国家税法调整，跟踪国家税收立法进程，加强税法宣贯，学习贯彻新生效的《中华人民共和国印花税法》及配套规范性文件。进一步强化重点财税业务管控，完善综合所得税率、研发加计扣除管理，加强激励约束，持续提升管理水平。强化依法合规纳税，在机构设立、合资合作等重大业务重组中发挥税收价值，维护集团公司利益。开展集团公司税务信息系统建设研究，加强系统需求顶层设计与统筹，推动税务管理工作流程化、计税自动化，协调推动项目可行性研究立项。全面开展依法纳税自查自纠，强化全球税收风险管控，协调推动哈萨克斯坦、伊拉克等国家和地区的重大税收争议有效解决。

2022年，股份公司实施税收筹划创效，持续推进控降综合所得税率、研发费加计扣除等工作，节约税费支出，进一步提高股份公司利润水平。加强国际税收风险管控，跟进经济合作与发展组织（OECD）支柱二的实施及立法工作，进一步评估实施后对跨国集团带来的影响；跟踪重点国家税收管理情况，持续协调推动税收争议问题有效解决。配合国家成品油市场专项整治行动，确保严格按照税收法律法规，完整、准确、规范缴纳成品油消费税。修订股份公司《纳税基础规范》《纳税筹划指引》《纳税风险管理指引》，规范和指导所属企业财税工作。

【价格政策与管理】 发挥价格市场导向作用，充分发挥储气库在天然气产业链中市场调峰、应急保障等功能和作用，健全储气库"容量费+使用费"的"两部制"定价，逐步完善储气库储转费价格机制，研究合资储气库储转费定价机制，多方推动国家进一步深化天然气市场化价格机制改革。开展内部价格核定，完成中缅管道新周期管输费、大港等新投运储气库价格核定；完善内部协商定价规则，优化供电等业务价格机制，研究完善内部市场化交易规则和定价机制，促进油气产业链健康发展。

2022年，股份公司从石油产业链、天然气产业链两个方面，分别对国家油气价格政策、股份公司内部价格机制现状以及存在的问题进行全面梳理总结。本着"依法合规、整体最优、风险共担、利益共享"原则，按照兼顾资源配置"一体化"和内部价格"市场化"、重在"建机制"思路，进一步研究完善公司内部油气价格机制，发挥内部价格市场导向作用，提高公司油气产业链一体化优势，促进公司内部产业链各环节协调健康可持续发展。完善股份公司内部油气产品价格管理办法，明确油气产品内部价格管理职责分工、定价原则及程序、价格执行与监督等。制定碳交易代理费标准，明确国际事业公司开展碳交易业务的代理费标准。研究制定股份公司内部新能源价格政策和支持措施，聚焦"双碳"（碳达峰与碳中和）战略目标，激发"绿色"发展活力。

2022年，国家发改委下发《关于完善进口液化天然气接收站气化服务定价机制的指导意见》，主要内容包括：明确气化服务价格定义及内涵、健全气化服务定价方式、完善价格制定方法、合理设定价格校核周期、细化其他服务价格管理以及强化信息公开等。

【资产管理】 2022年，集团公司推动资产分类评价管理创效工作，制定集团公司资产分类评价标准，编制集团公司资产分类评价报告。制定资产处置优化提升方案，组织开展内外部调研，包括内部120家所属企业、4家产权交易所、2家第三方服务平台，并与国家能源集团交流。加强资产评估项目备案，发挥资产评估价值门槛作用，全年集团公司（含股份公司）完成资产评估审查备案552项，落实服务业小微企业和个体工商户房租减免专项工作，贯彻落实党中央、国务院决策部署和国务院国资委工作要求，坚持依法合规、应免尽免、应免快免、能免尽免原则，第一时间制定出台房租减免工作实施方案，确保相关政策执行到位。全年集团公司（含股份公司）累计减免租金5.27亿元，惠及商户逾1.4万户，履行经济责任、社会责任、政治责任，助力企业协同发展。

2022年，股份公司统筹推进资产分类管理，在全公司范围内首次开展资产分类评价工作，梳理形成多维度分析建议报告，实现所属企业全覆盖、评价过程全跟踪；完善《股份公司资产分类评价标准》，制定股份公司年度资产分类评价工作方案。持续推进资产结构优化和管理创效，编制并下达2022年度低效无效及闲置资产盘活清理处置计划，全年盘活清理处置资产原值超600亿元，超额完成2022年度目标任务。持续推进资产评估工作制度化、标准化、规范化，全年审核资产评估报告550份，完成资产评估项目备案374项，实现审核效益3.8亿元；组织开展资产评估项目专家评审会28次，涉及重大合资合作、重大重组收购、重大资产处置等经济行为事项。完善新能源业务资产管理政策，制定下发国内首个《碳资产财务管理办法》，规范碳资产会计核算，加强风险控制；在资产目录中增加地热井，折旧年限延长至20年，残值率为零；制定新能源业务利用报废油气水井政策，打通已报废油气水井在新能源业务领域的再利用，有效降低新能源业务投资。落实国家稳增长措施，组织做好阶段性房租减免工作，股份公司全年减免房屋租金13289万元，惠及小微企业1016户、个体工商户3667户、其他中小企业16户。组织研究确定大连石化基地搬迁补偿方案和谈判策略；全面参与油气合资合作项目清理工作。

【土地政策与管理】 2022年，集团公司落实公司制改制涉及土地权利人名称变更等政策，抓住国务院国资委加快推进国有企业存量土地盘活利用的时机，汇报反映企业在办理土地权属变更过程中遇到的问题、困难及政策诉求。落实完成自然资源部委托的《石油天然气工程项目用地控制指标》行标制修订工作，对标国内先进水平，综合考虑油气行业业务发展、工艺进步、安全环保等需求，优化用地标准，有效贯彻国家节约集约用地要求，同时保障企业用地需求。严格土地处置管理，建立重大资产处置专题会审议机制，四川石油管理局处置原南充炼厂土地等16项土地处置事项通过专题会审议，全年集团公司（含股份公司）实现土地处置收入6.7亿元。参与大连石化搬迁补偿专项工作。

2022年，股份公司组织编制2022年单独选址项目用地计划，督导油气田企业依法合规及时取得钻井及配套设施临时用地和建设用地，保障勘探开发用地需求。协调国家有关部委，解决大庆油田、长庆油田产能建设以及广东揭阳520万立方米原油商储库等重大项目的用地报批问题。编制股份公司2022年土地盘活处置计划，全年取得盘活处置收入约4亿元。督导地区公司抓好节约集约用地，履行土地复垦义务，全年节约新增建设用地约1280万平方米，复垦临时用地约9213万平方米。争取到自然资源部允许“探采合一”和“探转采”油气类钻井及配套设施建设用地不办预审的支持政策，优化用地、用海、矿山地质环境治理与土地复垦的办理程序。修订并下发土地管理办法，完成土地清查，形成以2021年12月31日为基准日的股份公司土地数据库。

【财产保险管理】 2022年，中国石油统筹做好商业财产保险管理，规划保险行为，提升保险管理水平。为适应《中华人民共和国安全生产法》，安全生产责任保险相关法律法规和强制性标准规定，将安全生产责任保险作为责任保险的底层保单独立出单、付费和承担保险责任。围绕集团公司产融结合方针进一步提升保险集中度，将专属保险、中意财险承保雇主、综合和安全生产责任险的份额由40%、10%分别提高至41%、11%。将数字化建设作为提质增效工作抓手，组织昆仑经纪推动信息系统开发建设，通过保险管理流程再造，强化关键节点控制，提升保险信息采集标准化与准确性。

2022年，股份公司开展2023年油气田企业资产财产险和机损险集中统保，实现上游企业公司关键资产应保尽保。加快保险管理数字化转型，开发建设中国石油保险管理信息系统并成功上线。落实股份公司“合规管理强化年”工作部署，开展部分企业保险专项审计。完成所属22家企业104个非统一承保项目审批工作，协调出具安全生产责任保险等险种证明559份，涉及30个省，协助完成92个油库、加油站等属地事故预防服务工作。

【财务合规管理】 2022年，为全面落实国务院国资委综合治理专项行动工作部署，集团公司组织实施专项行动，进一步强化合规管理，加强诚信建设，坚守“不做假账、不出假数”的铁律和财务工作底线，全面统筹推进专项行动，深入剖析问题根源，全面整章建制，修订完善制度80余项。利用大数据财会监督平台筛查线索，查实情况，夯实合规基础。推进数字化建设，推进财会监督从“人防”向“技防”转变。整合财务管理系统等18个内部核心业务数据，打通财务数据和业务数据的连接通道。革新稽查技术，对海量业务数据分析并发现规律，开展跨系统、跨业务域数据比对和异常识别。优化稽查模型，建立13类业务77个稽查模型。全年平台配置所属单位应用权限115家，用户2100余人，利用平台发现2000余个问题线索。在对其中32个重点问题专门组织核查后，24个属实，查实率75%。通过大数据赋能，显著提升财会监督效率。

按照国务院国资委违反财经纪律和财务会计信息

虚假问题有关考核要求，根据《中央企业财务监管问题考核扣分实施细则》《集团公司财经纪律禁则》等规定，制定下发《集团公司财务监管问题考核扣分实施标准》，通过业绩考核促进预算、核算、资金、资产、税价、股权等方面重点问题有效管控。

2022年，股份公司深入贯彻落实依法合规治企和强化管理工作要求，全力推进财务合规管理。按照上市公司治理要求，系统梳理并补全财务管理制度，全年制定施行21项制度，初步构建形成科学规范、运行有效的财务管理制度体系；按照“计划—执行—检查—提升”的质量管理方法闭环，将制度执行和文件落实作为财务专项检查重要内容，强化制度全生命周期动态管理，形成以制度促规范、以排查强防范的良性循环。持续完善财务内控管理，修订股份公司财务管理《流程文档》和《权限手册》，优化末级流程目录131项、流程图113个、风险控制文档94个以及业务风险点191个，建立与股份公司运行机制相适应的财务管理流程。组织开展内控管理层测试、外部审计测试和年度财务报告控制测试等工作，做好内控监督发现问题整改督导。

2022年，股份公司持续健全完善财会监督体系，印发实施《股份公司财会监督管理办法》《财务重大事项报告管理办法》等，构建以一套制度、三位一体、五大核心、N个领域为总体架构，统筹协调、全面覆盖、全程管控、常态长效的财会监督体系。强化财会监督检查，利用“线上＋线下”结合方式，针对重点企业开展会计信息质量等重点问题检查。编制《股份公司财务稽核检查工作手册》，制作并统一《财会监督通知书》《会谈记录》《工作底稿》等15类文档模板，以工具书形式指导提升全岗位财务人员“管理＋监督”一岗双责实践水平。牵头负责债务风险和依法纳税专项治理，组织股份公司会计信息质量、虚假贸易业务和国有产权管理专项整治工作，强化风险隐患排查，深化问题综合整改，出台股份公司层面制度19项，督导企业层面健全完善制度122项，推动形成各部门、全领域、全级次监管合力。

【财务人才队伍建设】 2022年，集团公司组织开展2021年度所属单位总会计师现场述职评议，持续做好所属单位总会计师和财务机构负责人管理。规范财务机构负责人双重管理审批流程，组织完成17家所属单位财务机构负责人任前审批，严格执行年度考核结果备案制，提升财务机构负责人素质和履职能力。沟通协调做好中国总会计师协会及石油分会的日常工作，推荐成果在中国总会计师协会2021年度立项研究课题中获一等奖2项、二等奖2项、三等奖4项。举办会计、资金、税价、资产、金融衍生、股权等业务培训10次，培训相关业务骨干近7000人。组织部门员工完成2022年中央会计人员继续教育。开展集团公司财务人才队伍建设研究，持续提高财务人员业务管理水平。

2022年，股份公司组织开展2021年度所属企事业单位总会计师述职评议工作，持续加强企事业单位总会计师管理。完善财务机构负责人双重管理审批流程，组织完成所属企业新调整财务机构负责人审批，实施年度考核结果备案制，确保企事业单位财务机构负责人整体素质和规范履职。统筹协调做好部门各项业务培训班举办，组织部门员工参加各类培训，不断促进员工素养提升。组织完成集团公司“十三五”财务工作先进集体和先进个人评比表彰。组织部门员工完成2022年中央国家机关会计人员继续教育。

（夏 冰 李 海）

资金管理

【概述】 2022年，集团公司资金管理工作树立底线思维，应对地缘政治和国际形势变化，深化资金管理价值创造和价值保护，持续实施资金紧平衡管理，持续推行市场化资金配置政策，强化资金投资回报“双闭环”管控，深入推进资金集中、债务集中和票据集中运营创效，推动人民币国际化取得里程碑式进展；持续加强资金风险管控体系化，推动线上资金监控平台建设，金融衍生业务管理体系不断健全，海外资金管控进一步加强，汇率风险管控平稳有效，资金风险全面防控能力显著提升。全年集团公司自由现金流创历史新高，资金安全平稳受控运行，财务状况总体稳健。

2022年，股份公司资金管理工作紧紧围绕公司发展战略和经营目标，按照财务管理总要求开展资金和债务管理工作，全力保障股份公司生产经营顺利运行，不断提升资金运行效率和效益，超额完成各项指标任务。

【资金计划管理】 2022年，全球地缘政治格局复杂多变，国内新冠肺炎疫情形势严峻复杂，集团公司资金管理坚持居安思危、严防风险理念，树立自由现金流为正底线思维，深入贯彻“量入为出、以收定支”用款方针，持续实施资金紧平衡管控。修订《中国石油天然气集团有限公司资金计划管理办法》，全面强化“年预算、季预测、月计划、周控制、日安排”资金计划管控机制，以中油国际为着手点，研究加强海外资金计划管理方案；新印发《中国石油天然气集团有限公司现金流管理办法》，深入强化现金流规范、受控运行，逐级分解下达现金流指标，有效实施分级、分类管控。深入加强财务分析，定期研判地区公司现金流运行状况，加强监控及督导，有效保障资金受控、高效、稳健运行。深入推进投资及股权的投入产出“双闭环”管理，按规定比例及时上收经营投资产生的利润，督导股权投资项目按时足额分红。全年集团公司累计实现经营活动现金流净额5344亿元，同比增加1320亿元、增长32.8%；实现自由现金流2214亿元，同比增加1198亿元、增长117.9%，经营净现金流和自由现金流均创历史新高。

2022年，股份公司加强现金流管理，强化资金计划管控。坚持资金紧平衡管理，加强计划管控与执行，杜绝无计划、超计划资金支出。及时组织利润折旧上收与清算，全年累计上收1783亿元；要求参控股企业分红应分尽分，全年累计收到分红资金129亿元。全年实现自由现金流1504.2亿元，创历史新高。

【货币资金管理】 2022年，集团公司加强总部资金头寸精细化管理，协同资金计划和投融资安排，紧密结合生产经营需求和资金收支季节性波峰波谷的特点，逐步减少集团公司总部外部银行资金备付，提高内部金融企业存款占比，保障集团公司资金流动性。修订印发《集团公司司库管理办法》，加强司库体系建设，持续强化资金集中管理，加大资金集中力度，督促企业对可集中资金应归尽归，集团资金集中度继续保持90%以上。全面加强银行账户管理，严格执行银行账户一级审批管理；持续落实账户压减工作，督导各单位全面梳理本外币账户，清理冗余账户，完成全年压减5%工作目标；加强账户冻结事项监管，落实72小时内上报机制，建立账户冻结事项台账，定期逐笔进行跟踪落实，分析账户冻结原因，强化账户风险管理。加强特殊资金监督，按照特殊资金“依法合规、安全高效、规范运作”的管理原则，修订印发《特殊资金监督管理办法》，进一步明确责任、健全机制、防范风险。截至2022底，集团公司银行存款余额5101亿元，比年初增加1039亿元、增长26%。其中：集团公司总部及非金融实体企业978亿元，比年初增加12亿元、增长1%；股份公司1803亿元，增加459亿元、增长34%。

2022年，股份公司在满足内部金融机构关联交易存款上限前提下，对存量资金通过七天通知、定期、大额存单等资金理财方式提高资金收益，全年累计取得收益8.8亿元。

【内部结算管理】 2022年，集团公司推动“当月挂账、当月清零”机制落地和年末内部往来挂账清理，及时统计分析关联交易结算数据，召开重点企业专项协调会议，协同重点单位编制关联交易结算建议报告。按照集团公司稳经济一揽子政策方案要求，重点加大装备制造企业内部结算力度，就形成欠款原因进行逐一分析，制定内部欠款清理方案，推动解决争议问题，进行限时清收。下发《关于清理油气田企业与技服企业2021年底未结算投资及做好2022年结算工作的通知》《关于年末加强内部结算的紧急通知》等，及时传达董事长专题办公会议决定，确立年末时点清收内部挂账跟踪协调机制，点对点召开线上结算对接会，全力加强内部业务结算清理。全年完成关联交易结算2998亿元，达历史新高。

2022年，股份公司加大关联交易结算力度，规范股份公司结算。自9月以来，每月下发加快关联交易结算通知，要求符合结算条件的应结尽结，全年关联交易结算支付6082亿元，其中12月净支出783亿元。

【“两金”压降】 2022年是中央企业“两金”管控三年工作方案的收官之年，面对新冠肺炎疫情和俄乌冲突对油气市场供应端和需求端造成的双重压力，集团公司进一步提高思想认识，在确保国家能源安全，保障集团公司生产经营平稳受控运行的前提下，把加强“两金”管控作为有效应对新冠肺炎疫情冲击的重要举措，减少资金占用，降低运营成本和风险，提质增效稳增长。集团公司主要领导亲自布置、推动“两金”管控工作。上半年，针对国家相关部委关于全力保障市场需求的要求，科学制定增产、增库、涨库的阶段性目标，冻结部分成品油出口配额，优先保障国内市场供应；下半年，抓住成品油市场传统消费旺季的好时机，全力降库，找到保供与降库平衡点。横向建立部门间“两金”共管工作机制，及时沟通、快速反应；纵向落实板块和地区公司主体责任，夯实“两金”压控具体工作。制定并推进全层级“两金”压控专班、专人、专项“三专”管控机制，实行精细化管理，根据风险等级分级分类精准管控。将非正常类“两金”占用作为重点清收对象，组织专人专班清收。全年集团公司“两金”余额3662亿元，比年初增加540亿元，增长17.3%，低于营业收入增幅3.8个百分点，完成国务院国资委下达的“中央企业‘两金’管控三年工作方案”制定的目标。

2022年，股份公司狠抓“两金”管控，提升资金使用效率，减少资金占用，“两金”周转效率稳步提升。年末“两金”净额2397.8亿元，比年初增长19.6%，比收入增幅低4.3个百分点，超额完成国务院国资委“两金”增幅不超过收入增幅的管控目标。“两金”周转率14.7次/年，为上市以来最高；应收账款周转率50.3次/年，为近14年以来最高；存货周转率20.8次/年，为股份公司成立以来最高。

【境外资金管理】 2022年，集团公司继续加强境外资金集中管理，以收支两条线账户集中、财务公司账户直接归集、限额账户管理等多种手段实现外汇资金集中，基本实现可集中资金的全面归集，外汇资金池累计实现综合收益5.9亿美元。面对日趋复杂国际形势，持续开展在海南自贸港、上海自贸区设立境外资金池的可行性研究，以多渠道保障成员企业外汇资金安全和境内外结算通道顺畅。全年人民币国际使用工作成效显著，国际油气贸易中实现人民币结算的历史性突破；工程技术服务、工程建设和物资装备出口合同采用人民币计价、结算；海外企业分红款通过跨境人民币形式实现回流；海外企业实现以跨境人民币缴纳境内税款。在海外项目份额气人民币结算、利用跨境资金池实现资金调剂等方面成果不断巩固扩大。

2022年，股份公司加强境内外资金统筹管理，盘活所属企业闲置资金。将中国石油香港闲置资金146亿元，利用跨境资金池以委贷方式调入境内归还股份公司总部借款，节约利息支出4.9亿元。

【汇率风险管理】 2022年，按照“统一管理、分级负责、专业操作”的管理模式，密切关注地缘政治及国际形势变化，加强汇率变动影响分析及走势研判，组织企业多措并举有效管控集团公司汇率风险。有序推动人民币国际使用，有效规避汇率交易风险。合规开展金融衍生业务，有效对冲汇率波动对企业经营效益的影响。压降二类货币汇率风险敞口，年末二类货币汇率风险敞口大幅下降。精准研判汇率走势，通过日跟踪、周回顾、月分析、季预测、年展望，全方位、多维度开展汇率风险研判，准确预判各阶段人民币、卢布等货币贬值趋势，提前发布预警提示，引导企业增加汇率风险管理敏感性和主动性，减少汇兑损失。建立季度汇率风险管理推进工作会议机制，加强与国内外知名金融机构、内部专业机构学习交流，总结分析各季度汇率风险管理情况，指导企业加强汇率风险管理工作。全年集团公司汇兑净收益110.6亿元，股份公司汇兑净损失18.2亿元。

2022年，股份公司密切跟踪汇率、利率市场动态，建立跟踪分析常态化工作机制，按日编制市场早报，每两周编写市场动态及应对工作简报，按月分析汇报宏观形势，开展汇率利率走势分析及研判工作，组织企业研究制定降低汇率风险敞口应对措施。提前研究判断2023年市场趋势，分析利率汇率变化对股份公司效益影响，提出应对策略。

【票据管理】 2022年，按照市场化运作、专业化管理、一体化运行的模式，保持票据池业务的规范、科学、高效运行，充分挖掘票据管理价值。持续鼓励收票单位主动入池、付款单位用票出池，推进销售企业油品互供票据结算，组织地区公司办理票据再贴现、转贴现，抓住资本市场有利窗口集中开展票据贴现，提高内部金融企业存量票据运营效益效率，研究尝试开展“企票通”业务，全年实现票据集中运营创效14.2亿元。为进一步加强和规范企业票据管理，集团公司财务部举办票据管理业务培训班，帮助地区公司财务管理人员进一步认识票据管理的概念和作用，了解法律法规，掌握业务操作流程，提高票据管理的风险防控能力。

2022年，股份公司修订《商业汇票管理办法》，优化票据集中管理与票据池运作，规范票据顺转与背书转让及贴现业务，全年开立票据434亿元、顺转票据520亿元、集中贴现71亿元，累计创效3.5亿元。定期跟踪票交所公布的逾期名单信息，对出现逾期承兑的企业责令整改，与昆仑银行等企业建立管控机制。持续跟踪市场信息，定期向企业发布银行承兑汇票白名单更新信息。

【货币类金融衍生业务管理】 2022年，集团公司在搭建金融衍生业务决策层、管理层、操作层分层管理架构的基础上，建立日、周、月、季和年度定期报告机制，动态监控业务风险。提升管理效能，建立工作例会机制，加强对大宗商品与外汇市场跟踪研判，及时研究解决金融衍生业务存在的问题和难点，提供管理支持。建设完成金融衍生业务风险监控信息系统，实现对集团范围内所有业务的每日监测和预警。建立常规和专项业务检查机制，每季度抽取部分企业或业务进行检查；集团公司对开展金融衍生业务的操作主体进行全覆盖内部审计。合规开展业务资质核准、年度计划审批、单笔交易授权，经所属企业报送并经集团公司董事会审批、核准2家企业商品类金融衍生业务资质、13家企业商品类金融衍生业务委托资质、10家企业货币类金融衍生业务资质、1家企业货币类金融衍生业务委托资质，交易场所包括境内外、场内外，交易品种包括原油、成品油、化工品、天然气、电力、外汇、利率等，交易工具包括期货、期权、远期、掉期等。

2022年，股份公司强化金融衍生业务监管，严控汇率利率以及价格波动风险。建立并完善“日监控、月分析、季上报、年专项”信息监督及交易报告制度。对风险控制指标、年度计划执行情况、资金占用规模等进行动态监管。完成金融衍生业务资质与年度计划复核、上会审核及相关信息披露工作。组织国际事业等公司合理开展货币类金融衍生业务，全年盈利2.83亿元。

【资金合规管理】 2022年，股份公司按照“合规管理深化年”统一部署，狠抓“三基”工作，合规管理意识进一步提升。修制订《资金配置管理办法》《债券融资管理办法》等16项制度办法，实现资金业务全覆盖；做好审计监督配合，参与制定《财务稽查工作手册》《财务风险防控手册》2项手册。严格执行相关管理规定，完成年度担保计划等事项披露义务。持续优化存款机构、贷款机构、债券主承销商选聘制度及准入标准，确保所选金融机构质高价优。

【清理拖欠民营企业账款专项工作】 2022年，落实《中国石油天然气集团有限公司关于贯彻落实稳经济一揽子政策措施的意见》，持续、深入推进民营企业欠款清理，全面排查，逐笔对接，做到应付尽付。组织召开集团公司清理中、小企业和民营企业应付账款和保障农民工工资及时足额支付工作专题视频会，进行专项工作部署；印发有关通知，组织开展集团公司农民工工资支付保障自查工作，完成保障农民工工资支付长效机制建设情况报告；组织相关部门及专业公司召开专题会议，落实国务院国资委工作任务要求，形成集团公司助力中小企业纾困解难运行方案，按月牵头督导推进；在外网公布中、小企业及农民工工资投诉受理电话，及时处理各类来函来电，有效防范各类舆情事件发生。全年集团公司实现逾期无分歧逾期民企应付账款和拖欠农民工工资零新增。

2022年，股份公司年末无拖欠农民工工资情况，无分歧民企逾期账款余额持续保持为零，完成国务院国资委要求。

【资金集中】 2022年，股份公司持续推进昆仑能源等参控股企业资金集中，累计集中控股子公司415家，集中资金212.7亿元，股份公司可集中资金集中度96%以上。

【融资管理】 2022年，集团公司贯彻落实最新监管要求，健全融资、授信、担保制度体系，组织制修订相关管理办法。开辟集团公司交易所市场债券融资渠道，经集团公司董事会审议和国务院国资委批复后，获得证监会批复，金额500亿元，有效期2年。精准把握境内市场低利率窗口，择机发行7笔债券金额590亿元，票面利率1.79%—2.35%，屡创同期市场可比最低，上述债券与同期1年期贷款市场报价利率（LPR）下浮10%相比，节约利息支出7.49亿元。利用利率下行时机，集团公司及时完成“19中石油MTN002”行权，节约利息支出6.54亿元。穆迪、标普、惠誉分别给予集团公司评级A1、A+、A+，展望均为“稳定”，连续12年保持中国主权级评级和中资企业最高信用评级。集团公司加大信贷支持实体企业发展力度，完成首个财务公司绿色贷款项目，助力集团公司绿色低碳转型发展。利用美元加息及美元对欧元汇率波动，研究制定资金运作增值方案，获得收益1.89亿欧元。

2022年，股份公司构建多元绿色融资模式，助力股份公司转型发展。利用绿色债券、绿色贷款和特惠利率负息资金等方式，为11家地区公司的27个绿色新能源项目筹集低成本资金58亿元，与同期限LPR相比，存续期可节约财务费用4.36亿元。

密切跟踪项目进展，保障境外资金需求。安排境外融资11.5亿美元，涉及哈萨克斯坦等多个“一带一路”国家的上、中游项目。研究多币种、多渠道、跨期限融资方案，为降低融资成本打好基础。

【债务管理】 2022年，集团公司境内择机发行短期低利率债券，置换到期高息债券，净归还高息债券590亿元，债券品种和期限结构持续优化，有息债务加权平均利率2.82%，创近年来新低。落实国务院国资委部署，完成债务风险专项治理行动，10月底完成债务风险处置工作，完成或有债务等风险问题整改，处置金额48亿元，整改完成率99%。推进信息系统建设，提升管理标准化，以集团公司司库3.0建设为契机，建立包括借款、债券、项目融资、担保、授信等在内完整的债务管控体系，实现系统化、标准化、信息化、智能化，确保有息负债规模和资产负债率科学、稳健、可控。

2022年，股份公司加强月末、季末、年末有息负债指标跟踪。完善资金成本传导机制，通过滚动计划和定点对接，确定重点管控单位债务规模，及时跟踪变动情况。持续优化完善债务结构，归还到期债务190.2亿元。年末有息债务3231.2亿元，比年初减少173.3亿元。

【授信与担保】 2022年，集团公司有效推行所属企业独立授信，加强与授信银行对接，完成工商银行、建设银行、农业银行、招商银行等授信协议签署，金额共计1300亿元，增加安慰函作为增信措施，减少集团公司担保责任。推动中油工程等上市公司和长城钻探、昆仑数智、工程建设等所属企业独立获取授信，金额共计373亿元人民币和1.6亿美元，大幅降低集团公司担保风险。完成巴西里贝拉项目、寰球工程公司巴斯夫（广东）一体化基地乙烯裂解EPCC（设计、采购、施工总承包、试运行）项目、管道局乌干达原油外输管道项目、海洋工程公司惠州乙烯原料管道项目等重大担保事项。完成中油工程、中油技服和中油资本以及48家集团公司所属单位的担保和授信业务考核评价，根据考核结果进行授权。

2022年，股份公司与昆仑银行签订49亿元人民币综合授信协议，与中国银行签订300亿元人民币授信额度协议补充协议，与工商银行签订500亿元人民币综合授信协议，与民生银行签订300亿元人民币综合授信协议，与农业银行签订400亿元人民币综合授信协议。截至2022年底，股份公司获得授信额度4530亿元，期末占用额度856.4亿元。全年累计办理授信业务3460笔、金额9829.5亿元，平均减少保证金占用521亿元，节约利息支出17.1亿元。

股份公司对外担保计划通过董事会及股东大会审议，批准股份公司2022年度对外担保计划1882亿元人民币。截至2022年底，股份公司对外担保余额2134.41亿元，其中授信担保245.92亿元、融资担保90.53亿元、履约担保1797.96亿元。

【降杠杆减负债】 2022年，集团公司坚持资金紧平衡管理，结合油价和自由现金流情况，通过滚动预测、超前筹划，优化存量资金，严控新增融资，实时监控存量有息债务规模、期限和币种结构，年末逐日监控重点企业有息债务，精准确定重点管控企业债务规模。截至2022年底，集团公司有息债务规模4645亿元，创近12年最低水平；资产负债率42.9%，较2021年下降1.5个百分点，完成国务院国资委44.1%管控目标。推进内部结算，有力推动到期中小企业账款、民营企业账款及农民工工资等及时足额支付，实现应付尽付。对重点企业和专业公司进行一对一督导，下发警示函，强化监督和考核，全级次高负债子企业户数同比下降11.6%。

2022年，股份公司进一步加强高负债子企业资产负债率管控，落实企业主体责任，推动全级次子企业负债率回归合理水平。持续加强对占比较大的无息债务要素分析，提升资产负债率全方位管理水平。截至2022年底，股份公司资产负债率42.5%，比年初下降1.2个百分点，为四年来最低；资本负债率17.4%，比年初下降2.1个百分点，为近14年最低。

【信用评价】 2022年，集团公司有效发挥内部信用评价功能，实现差异化融资管控。发布2022年集团公司所属企业内部信用评价结果，根据评价结果确定管控方式和审批权限，引导信贷资金向优质企业和高效、重点、优先领域倾斜，有效防范债务风险，提高资金使用效率和效益，为高质量发展奠定基础。

2022年，股份公司强化价值创造和政策引导，制定印发《中国石油天然气股份有限公司内部信用评价管理办法》。从两个方面、6个维度设计15项评价指标，结合业务发展定位，对所属企业进行信用评级。评级结果分成ABCD四级，分别适用特惠、优惠、一般和基础利率。建立内部债务利率差异化管理机制，引导资金向高效业务配置，防范债务风险。预计每年为所属企业节约财务费用合计约8.5亿元。

（夏　冰　李　海）

组织人事管理

【概述】 2022年，集团公司组织人事工作贯彻集团公司党组决策部署，紧密围绕治理体系优化、改革转型发展、提质增效升级、依法合规治企等中心任务，以国企改革三年行动为契机，纵深推进实施人才强企战略举措，强管理、抓执行、提质量、求实效，强力推进“三强”干部队伍建设、重点专项人才工程、组织体系和人力资源优化、深化“三项制度”改革等工作取得积极进展，服务集团公司高质量发展迈上新台阶。人力资源部获集团公司先进集体称号。

【领导班子建设】 2022年，集团公司树立正确选人用人导向，突出把好政治关、能力关、廉洁关，大力选拔使用“三强”干部进班子，调整党组管理干部400余人。深入推进《大力发现培养选拔优秀年轻干部实施方案》目标举措落地，及时充实更新年轻干部人才库，举办第28期中青班。常态化梯次配备优秀年轻干部，全年新提拔50岁以下党组管理干部占比69.4%，其中45岁及以下占比31.8%。大力推进领导班子结构优化功能提升，制定印发《关于优化调整所属企业科研单位领导体制的意见》，在勘探院、石化院推行党委领导下的院长负责制。贯彻“两个一以贯之”（坚持党对国有企业的领导必须一以贯之，建立现代企业制度必须一以贯之），对7家子公司和建立模拟法人治理结构的分公司领导体制进行优化调整。结合优化调整情况，考察选拔一批班子副职到主要领导岗位任职。加大竞争性选拔和专业力量配备力度，公开遴选5名具有专业能力和专业素养的总工程师到油气田企业任职。提升干部实干本领，组织举办第2期市场营销班、第3期领导本领提升班、第76期党校班，统筹配置性、培养性交流安排140余名领导人员跨单位交流任职。完善挂职锻炼模式，完成集团公司总部与大庆油田首批优秀年轻干部双向挂职，启动首批集团公司总部与企业干部挂职交流工作。

【人才队伍建设】 2022年，集团公司突出人才引领发展的战略地位，编制集团公司贯彻落实国家“十四五”期间人才发展规划的实施意见，聚焦打造战略科技力量实施重点人才项目，持续健全完善人才发展机制。绘制人才强企工程2021—2025年“施工图”、2022年运行表，制定考核细则，强化督导落实。深入开展“人才强企工程推进年”活动，召开启动会并强化组织运行，建立季度工作例会制度，编撰《中国石油人才强企工程百问》辅导书，组织专题辅导和业务研讨，推进各项政策举措落地实施。

印发《关于进一步完善专业技术岗位序列制度的实施意见》，形成专业技术岗位序列改革“2+3”制度体系（《关于进一步完善专业技术岗位序列制度的实施意见》《高层级专家管理办法》《关于进一步规范企业首席专家管理工作的意见》《高层级专家选聘工作运行规程》《高层级专家考核实施细则》），85家单位开展专业技术岗位序列改革，覆盖8万余名科技人才，2022年选聘公司高层级专家47人。制定《贯彻落实〈关于加强新时代高技能人才队伍建设的意见〉的实施意见》，深入实施“石油名匠”培育计划，选聘集团公司技能大师4名、集团公司技能专家350名。开展院士战略咨询和学术交流、高层级专家现场和线上咨询会诊等活动，协调推动引才引智示范基地和博士后工作站组织申报工作。建立完善四级一线生产协同创新平台，优选创新基金项目，开展集团公司级一线生产难题揭榜攻关，推广应用创新成果220余项。

制定《集团公司科技领军人才队伍建设工作方案》，实施“青年科技人才培养计划”，选送20人到中国石油大学（北京）学习进修。持续完善人才差异化考核评价机制，探索建立“与人均劳效挂钩、分级分类测算”的职称指标动态调控机制，试行“基于单工种精度和突出全流程广度”的“双维度”评价模式和职业技能等级认定在线学考一体化新模式，完成1204名特级技师及322名首席技师认定。承办国家级技术技能竞赛，2人获中华技能大奖、7人获评全国技术能手、1人获评国家技能人才培育突出贡献个人，6人获评中央企业技术能手，首次实现奖项全覆盖，获奖数量居央企之首。

2022年分类分级实施培训项目2.5万余项、3.3万余期次，431万人次参加培训。制定实施集团公司学习贯彻党的二十大精神教育培训方案，开设党的二十大精神网络培训专栏，举办党的十九届六中全会精神专题研讨班、网络专题班和习近平总书记重要指示批示精神辅导班，推动党的创新理论武装全覆盖。开办“依法合规”网络专题培训班、市场营销能力提升培训班及金融衍生相关业务培训班，参训人员超过1.8万人次。与清华大学、浙江大学等高校开展工程硕士博士联合培养试点，启动国家卓越工程师学院筹建工作。围绕“双碳”“双新”等主题举办集团公司专业技术大讲堂10期，深入实施新入职员工三年基础培养计划和集中培训项目，优选20%新员工进行重点培养。组织对所属121家一级企业和28家培训机构进行全覆盖考核评估，中油e学智慧云平台全年运行培训项目2.5万项。

【组织机构管理】 2022年，集团公司持续调整优化管理体制。调整集团公司和股份公司双跨部门机构序列，规范总部部门机构中英文名称，优化总部部门内部违规处理、知识产权管理、内控监督评价等职责分工和管理界面。优化海外业务管理体制，构建海外油气业务“总部直管＋专业化管理＋区域性监督”三位一体管理架构。调整理顺机关服务中心、成品油销售业务物流等管理体制，设立装备制造事业部。按照“三新三化”（新思想、新技术、新方法、简易化、标准化、国产化）要求，健全完善4个研究院的治理体系、组织体系和岗位职级体系。在相关专业公司成立新能源、新材料事业部，各油气田成立新能源事业部。

深入实施组织体系优化提升专项工程，制定《关于企业组织体系优化的指导意见》，精简优化二三级机构设置和中基层领导人员职数配置。持续推进生产组织模式创新，油气田企业新型采油气管理区作业区建设到位率80%以上，炼化企业新建联合运行部20个，成品油销售企业“大部制”改革持续深化，油田技术服务企业同质化项目管理机构减幅44%。

【劳动用工管理】 2022年，集团公司推进人力资源控减优化，严把入口、优化新增结构，高质量完成扩招稳就业保就业工作，招聘录用高校毕业生近8万人，西部地区毕业生占比42.1%；敞开出口、推动市场化退出，市场化退出率同比增长54%。建立健全员工总量控制长效机制，实施与效益效率挂钩的差异化管控，2022年底员工总量102.3万人，全员劳动生产率大幅度提升。优化盘活人力资源，协调相关炼化企业向广西石化调剂骨干，指导各企业通过内部转岗、跨企业输出、开拓外部市场等渠道盘活3.6万人。稳妥推进宝石花医疗集团深化改革、厂办大集体改革等人员安置工作。

【薪酬绩效管理】 2022年，集团公司发挥考核分配激励导向作用，修订《集团公司工资总额管理办法》，落实分级分类管理，构建工资效益效率联动、效能对标调节和工资水平调控共同组成、协调运转的工资总额决定机制，建立工资总额特殊事项清单管理制度。印发《关于落实人工成本峰值管理的意见》，建立健全分级分类的人工成本管理体系。研究提出专项奖励规范管理意见，组织企业开展专项奖励自查，督导所属企业建立健全专项奖励管理办法。组织开展优化调整薪酬结构工作，突出精准激励和市场化方向，差异化调整各类人员基本工资标准，持续加大基层一线、关键艰苦岗位、科研技术人员的调整力度，全员薪酬有较大幅度增长。开展集团公司负责人、企业领导人员2021年度业绩考核，集团公司2021年度和2019—2021年任期经营业绩考核结果为A级，获国务院国资委任期“业绩优秀企业”和“科技创新突出贡献企业”称号。

【人事制度改革】 2022年，集团公司强化三项制度改革考核督导推动，编制年度重点任务计划安排，坚持月调度、季通报、专项督办，着力在“下、减、出”方面推动企业真抓实干深改。从严从实强化精准考核，分4个档级按比例强制分布，考核结果刚性兑现并分专业领域公开通报。各项改革指标同比均有明显提升，已建立董事会的子企业全面实现外部董事占多数，各级子企业经理层成员任期制和契约化管理实现企业和人员两个全覆盖，管理人员竞争上岗和不胜任退出比例显著提高，中长期激励取得进展，科技型企业分红同比新增12家。

【组织人事监督】 2022年，集团公司落实依法合规治企要求，组织制定集团公司《员工违规行为处理规定》及实施细则，理顺违规处理流程，构建职责明晰、协同贯通的违规处理机制。强化制度宣贯，明确操作指引，推动内部违规处理工作有序起步，对7名集团公司党组管理干部严肃追责问责。做实个人有关事项查核，集团公司党组管理干部个人有关事项查核一致率同比提高4.2个百分点。印发《领导人员配偶、子女及其配偶经商办企业管理办法》。选人用人专项检查基本实现5年全覆盖。干部人事档案专项审核工作全面完成，对存在档案造假行为的干部进行组织处理或处分。

【组织人事基础管理】 2022年，集团公司人力资源部聚焦上级和集团公司党组的新部署、新要求，着眼组织人事工作面临的新形势新挑战，深入开展课题研究，高质量完成中组部重点课题、国家高端智库课题和集团公司软科学课题研究任务，在集团公司2022年度软科学研究优秀成果评选中获一等奖1项、三等奖3项。推动研究成果应用和制度转化，出台《集团公司总部部门专家管理实施细则》《内部招聘和社会招聘管理办法》等制度文件10余项。

全面梳理各级各类管理岗位业务流程、关键任务和工作质量标准，围绕胜任岗位应具备的核心专业知识、政策制度和业务技能等，精准设计培训方案和考核标准，开发完成30类、140子类业务标准化课件269个，建立配套认证考试题库，构建起基于岗位任职资格和胜任能力的管理岗位培训标准化体系，基本实现职能管理岗位培训标准化建设全覆盖。起草《管理岗位培训标准化认证管理办法》，完成人力资源管理岗位任职资格标准 77 个、培训认证课程方案编审 33 个，开发人力资源管理主干模块培训课件 12 个及配套学习用书，累计认证培训 3200 余人。

结合企业需求持续探索新业务，拓展服务内容，助力企业人力资源管理职能转型。开展薪酬及员工服务优化工作，规范业务流程，统一服务标准，持续增强共享服务体验。加快人力资源共享服务体系建设，继 2021 年薪酬及员工服务实现全覆盖后，2022 年数据分析服务实现全覆盖，社保服务覆盖到所有企业本部及所有省份，共享服务价值不断提升。

（于维海）

生产经营

【概述】 2022 年，面对复杂多变的外部环境，在集团公司党组的领导下，以迎接党的二十大为强大动力，集团公司坚决贯彻落实“疫情要防住、经济要稳住、发展要安全”总体要求，聚焦防风险、保运行、提质量、增效益，以“强化管理”的确定性应对各种不确定性，经受住新冠肺炎疫情反复冲击、国际油气价格宽幅震荡、国内洪涝灾害等重大考验，保障油气产业链顺畅高效运行，集团公司生产经营业绩创历史最好水平。

【生产经营计划】 2022 年，集团公司按照“事前算赢”原则，发挥油气产业链优化模型作用，在滚动编制实施 3 个月、3 个季度生产经营计划的基础上，进一步统筹油气主营与支持服务、金融业务计划管理，推动油气两大产业链向全口径生产经营计划管理全面转变。抓住油价高位有利时机增产原油，原油产量增幅创近 9 年来新高。持续优化资源配置，实现自产原油全产全销，为集团公司创历史最好经营业绩做出突出贡献，为保障国家能源安全发挥“压舱石”作用。克服国内新冠肺炎疫情反复影响，遵循市场导向，按需优化产品结构，2022 年加工原油同比下降 1.1%，产成品油同比下降 2.9%，均小于全行业平均降幅。全年原油加工分月计划执行率 100.0%，成品油生产计划执行率 100.1%，成品油产调率 99.8%，出口计划执行率 100.9%。有序推进天然气重点产能及配套工程建设，统筹优化运行和检维修，保持气田高负荷生产，2022 年天然气产量同比增长 5.6%，占国内总产量超 65%。优化调整支持服务和金融企业生产经营计划指标，引导企业趋向专业化、差异化、高端化发展，有效增强企业技术、产品、服务、市场竞争力。

【资源优化配置】 2022 年，集团公司坚持以市场为导向，以效益为中心，统筹原油加工和外销节奏。以自产原油顶替高油价期间的进口原油，优先供应直属炼厂，有效降低炼厂加工成本；持续加强互供合作，开辟长庆原油外供中国石化荆门石化、沧州石化新通道，确保油田增产上产后路畅通；多渠道拓展原油调运，持续加大“西油东调”力度，打通二连原油供应华北石化、锦州石化通道，有效缓解西部原油资源富余情况；优化轻烃液化气资源互供，加强长庆油田、塔里木油田天然气处理装置生产协调，保障乙烷制乙烯装置原料供应，2022 年油田化工原料互供同比增长 51%；优化产品结构，低硫船用燃料油产量、出口量均创历史新高。紧盯天然气国际市场价格变化，持续优化进口结构和节奏，调增管道气资源，将进口长贸 LNG 资源向冬季倾斜，2022 年天然气进口量占全国总进口量 57%，同比增长 7%；充分发挥集团公司资源池优势，按照效益优先原则优化市场结构和销售流向，抢占高端高效市场，2022 年天然气销量占全国总销量 62%，同比增长 6%。

【生产运行协调】 2022 年，集团公司坚持问题导向，多措并举化解生产运行重点难点问题。为应对西部地区新冠肺炎疫情反复导致汽油销量骤降问题，发挥两个市场调节作用，四季度加大成品油出口安排，确保西部原油产业链安全受控运行。严格落实集团公司冬季天然气保供领导小组安排部署，通过灵活举措调整冬季运行方案，采取增加 LNG 气化量、提高储气库采气量、动用国家管网应急气、加强需求侧管控、实现俄罗斯天然气（简称俄气）提前增供等措施弥补中亚气资源缺口，有效化解冬季天然气产业链运行矛盾。制定《中国石油 2022 年冬奥会和冬残奥会保障服务运行工作方案》，组织 7.98 万人次春节期间 24 小时坚守岗位，确保各项工作日清日结、有序衔接、落实有力；赛事期间向三大赛区全力供应 95 号汽油、低凝柴油、氢燃料、车用LNG、天然气，圆满完成冬奥会和冬残奥会能源保障工作。

【市场营销】 2022年，集团公司在强化市场意识、完善研判机制、开拓市场、加强客户管理等方面持续发力，市场营销工作取得新成效。加强市场研判，努力提高预测的科学性、准确性和及时性，完善年、季、月、周度定期分析制度，开展分品种、分区域、分行业市场研判，拓展分析品种、提高分析频次和细化分析颗粒度；紧密跟踪油价和市场形势，针对重大突发事件、油价大幅波动、行业政策变化等市场动向，先后5次启动油价变化快速响应机制，为集团公司第一时间优化调整生产经营策略提供决策支撑。坚持市场导向，持续优化炼化生产，根据市场需求逐步提高炼厂加工负荷，其中三季度较年内低点提高5.6个百分点；按需优化产品结构，提高生产柴汽比0.37个单位，全力保障市场柴油稳定供应。开展精准营销，成品油销售实现提质发展，在国内成品油表观消费量下降的背景下，市场份额逆势提高0.8个百分点，连续两年保持增长；加强批零一体和纯枪激励等政策引导，优化调整销售节奏，灵活应对市场变化，综合价格到位率创历史新高，同比提高1.35个百分点。细化分区域、分品牌化工市场研判，突出高端高效市场，强化产销研用衔接，密切化工产品客户服务与“中油e化”电商平台融合，加大直销力度，化工产品统销量同比增长4.4%。持续优化营销策略，天然气销售实现量效齐增，坚持效益原则优化市场结构和销售流向，加大终端市场开拓力度，终端销量同比增长7%，国内市场份额重回60%以上；开展线上交易，推动资源顺价销售，减少进口气亏损，天然气销售业务连续第二年实现盈利。加快推进客服电话整合，建成956100统一客服电话系统，成立“中国石油956100客户服务中心”，印发《中国石油956100客户服务管理规范》，有序推进天然气销售、润滑油等客服电话业务试点。

【天然气产、供、储、销体系建设】 2022年，集团公司在国产天然气增储上产、进口天然气稳定供应、储气调峰能力建设、强化市场供应保障等方面精心部署、周密安排，天然气产、供、储、销体系建设得到有效加强。加快推进国产气增储上产，国内天然气产量超过既定目标，同比增长5.6%；巩固多元稳定的进口天然气供应格局，优化中亚天然气进口节奏、实现土库曼斯坦天然气淡季增供，新增亚马尔合同量，推动长贸LNG资源向冬季倾斜。加快推进在役库扩容达产工程、新库建设与现场试验工作，实现4座储气库投产运行；利用唐山、江苏2座自有LNG接收站及国家管网公司等LNG接收站窗口期，发挥LNG资源灵活高效应急调峰作用。统筹优化资源配置，全力做好重点时段国内市场保供。编制印发迎峰度夏保供方案，摸排合同外发电用气需求，梳理高耗能行业用户压减清单，迎峰度夏期间直供电厂用气同比增长12.2%，有效保障顶峰发电用气稳定供应。提前部署、超前谋划，按照“冬季保供重在夏季”总体思路，综合天然气产能建设、资源筹措、储气能力建设和民生需求等因素，编制印发新一轮保供年工作方案；结合资源供应和调峰能力，优化编制冬季保供方案，制定分级应急保供预案，梳理非居民可中断调峰用户清单；冬季保供期间，通过国产气增产增供、协调俄气提前增供和及时优化储气库采气节奏等措施，全力应对中亚资源国气源短供断供情况，确保民生用气稳定供应。

【商品类金融衍生业务管理】 2022年，集团公司建立商品类金融衍生工作小组周、月度例会机制，将月度油气价格和市场分析会与月度商品类金融衍生业务工作小组会两会联动。组织工作小组专题研讨会13次，根据市场变化形成方向性套保策略建议，研究解决开展衍生品业务中存在的问题和难点，为资质企业开展商品类金融衍生业务提供决策支撑。完善日、周、月报制度，每日跟踪监测商品类金融衍生业务持仓和实纸货盈亏情况，确保全年开展相关业务的企业年度累计套期保值规模和时点最大净持仓规模均控制在年度计划批复限额内。

【运行管理机制】 2022年，按照“价值导向、战略引领、创新驱动、平台支撑”总体原则，全面建设“决策及时、运转灵活、协调便捷、服务全局”的运行协调指挥体系，通过“日调度、周研判、月会商、季对接、年总结”生产运行协调议事机制，实现“以日促周、以周推月、以月保年”目标。全年召开生产运行日碰头会288次、天然气冬季保供日例会50次、生产经营周例会49次，督促各单位落实具体工作16类、210项、600余条，实现油气两大产业链安全平稳受控运行。深入贯彻落实年中领导干部会议关于坚持依法合规治企和强化管理相关要求，编制印发《集团公司进口原油业务管理办法》《集团公司国家原油储备业务管理办法（试行）》《集团公司天然气销售管理办法》和《集团公司天然气商品率提升管理办法》，确保油气运行与销售依法合规。

【对外沟通协调】 2022年，集团公司利用相关部委能源保供专题会议议事机制，及时反映困难和诉求，争取理解和支持。全年参加国家发改委油气保供日例会20次，推动解决问题近40项，对保障国内成品油和天然气稳定供应提供有力支撑。持续强化与中国国家铁路集团有限公司（简称国铁集团）沟通协调，克服新冠肺炎疫情管控和炼厂检修等不利局面，加大请车力度，确保按时足量调运。争取出口配额，为四季度增出口、保运行提供有力支撑。推动国家开展成品油行业专项整治，为集团公司增销量、提份额创造良好外部环境。持续加强与国家管网公司的沟通衔接，通过密切关注管网进出平衡、提前对接维检修事宜、及时通报应急进展情况、协调解决国家管网管输瓶颈、建立合资合作储气库生产运营机制、开展原油联合盘库等方式，保障双方生产经营安全平稳。针对川庆钻探公司土库曼斯坦复兴气田3口续钻井项目600余吨急用物资长期滞留阿拉山口和连云港的情况，紧急致函国家发改委运行局，一周内协调落实国铁集团铁路发运计划，为项目按计划推进、物资顺利结算提供重要保障，对国内冬季天然气保供起到积极作用。

【信息系统建设】 2022年，集团公司推动智能运营系统优化升级。智能运营系统通过验收，集成信息系统24个，梳理完成数据指标484项，开发完成业务报表476张，支持生产经营日报等材料自动生成，达到预期建设目标。推动以MES为核心的生产运行平台建设。对16家内外部企业MES系统现状开展调研，编制完成生产运行平台框架方案。参与大集中ERP项目工作。成立专项工作小组，开展大集中ERP项目生产和销售模块可研编制工作。构建智能调度体系，原油产业链预测预警与天然气日指定计划动态优化模型如期上线，其中：原油产业链预测预警模型具备重点指标月度计划偏离预警、成品油库存监测预警、仿真推演预测预警功能；天然气日指定计划动态优化模型具备日指定计划动态优化、月度计划超欠预测预警，以及多方案对比分析等功能。推进实时数据集成工作。根据业务需求集成中油好客App监控、工程技术门户、炼化MES门户、销售业务综合管理平台、油气优化调度模型等系统，新增物料平衡表、用煤用电等业务报表85张，接入长庆油田、中油国际管道公司、江苏LNG接收站等13家单位天然气实时数据。推动数字化建设和对外展示有机融合。完成油气产业链总览、冬季天然气保供、冬奥会和冬残奥会保供等8个大屏展示专题，展示集团公司生产经营成果和企业良好形象。

【应急协调管理】 2022年，接报各类突发事件61起，其中Ⅱ级及以上事件37起，办理事件信息909期，传达落实有关批示指示要求117条次。上下协同开展自然灾害应急演练。集团公司总部组织开展《自然灾害突发事件专项应急预案》桌面演练，起到检验预案、磨合机制、锻炼队伍、提升能力的预期效果；在企业集中督导所属单位制定自然灾害应急演练计划，开展不同层面、多种形式的演练活动250余场次。辽河油田特大洪水灾害发生后，密切跟踪灾情变化，及时反映一线需要，协调集团公司总部部门和专业公司迅速落实有关指示，全力支持灾区抢险和复工复产，整个汛期未因灾害发生人员伤亡和安全环保事件，保障油气产业链平稳有序运行。全年完成主责应急预案呈签工作2项，印发管理办法2件、配套文件4份。对将突发事件电话报告、书面报告、现场影像、地图地形、抢险方案等进行统筹管理，形成多维度应急信息报送管理格局；规范所属企业报送突发事件信息的内容结构和形式要求，从源头上消除信息格式不统一的现象，解决信息报送“时、效、度”与“准、实、精”的矛盾问题。

（陈东升　孟天姣　李　江　高　杉　徐佳楠）

资本运营

【概述】 2022年，集团公司资本运营工作围绕建设基业长青的世界一流综合性国际能源公司战略目标，持续优化控股上市公司股权结构，不断提高上市公司市值管理水平，深入开展控参股企业股权管理，优化完善股权管理工作体系，开展外部董事履职评价，持续提升外部董事履职水平。

2022年，股份公司资本运营管理工作坚持稳中求进，突出战略引领、价值导向和效益优先，完成法人压减、参股公司自查整改、金融业务优化调整等国务院国资委专项任务和股份公司重点工作，做好股权管理基础工作，加强投资收益管理，落实分红资金到位等措施，发挥资本运营在财务管理体系中的重要作用。

【市值管理】 2022年，集团公司为贯彻落实国务院国资委《关于提高央企控股上市公司质量工作方案》相关要求，根据集团公司资本运营“十四五”规划部署，深入开展上市公司市值管理相关工作，持续增进上市公司市场认同和价值实现，树立科学市场价值观，合力打造价值实现新局面。全年集团公司完成与中国石化集团股权置换工作，集团公司置出18.3021亿股股份公司A股股份至中国石化集团，占股份公司总股本的1%；中国石化置出21.3706亿股中国石化A股股份至集团公司，占中国石化总股本的1.77%。为鼓励集团公司所属上市公司关注资本市场表现，提升品牌价值，集团公司持续开展市值奖励指标考核。

【股权管理】 2022年，按照国务院国资委《关于开展中央企业国有产权管理问题专项治理工作的通知》要求，集团公司全面开展国有产权管理问题专项治理工作。印发《关于开展国有产权管理问题专项治理的通知》，对国有产权管理中归属不清、权责不明、流转不畅、保护不严等问题进行整治，加强混合所有制改革全过程监督，坚决防止国有资产流失，提高国有产权管理质量，建立起产权清晰、运行规范、投资有回报、管理有质量的国有产权管理体系，确定自查自纠、检查指导、强化整改、总结和“回头看”4个阶段的工作任务和时间节点。集团公司将国有产权管理问题专项治理与国务院国资委2022年部署开展的法人压减工作“回头看”、参股经营投资自查整改、利益输送问题专项治理“回头看”、民企挂靠国资综合治理“回头看”等工作相结合，形成合力，共同推进，取得成效。

加强股权管理基础工作。1—12月，累计完成产权登记1205家，（其中占有登记297家、变动登记779家、注销登记129家），同比增加686项，同比增长132%。将国务院国资委产权系统、压减系统、集团公司股权管理信息平台和财务FMIS系统的全层级法人数据和信息相互比对，以“全面摸底、数据统一”为唯一标准，建立系统间的信息数据联动机制。完善产权管理制度建设，下发股权管理规定及股权处置、股利分配、产权登记3个配套管理细则。加强参股管理，组织开展集团公司参股经营投资自查整改工作，成立由集团公司分管领导担任组长的参股管理工作专班，推进参股自查问题整改。

加强分红管理。1—12月，集团序列项下全层级企业累计分红359家，到账金额843.16亿元。按控制力划分，独资公司分红106.46亿元，控股公司分红604.42亿元，参股公司分红132.28亿元。集团公司总部累计收到36家企业分红，到账金额531.73亿元，其中股份公司向集团总部分红443.04亿元。

2022年，股份公司进一步完善股权管理制度体系，修订《股权管理规定》《股利分配管理细则》《产权登记管理细则》等配套制度。加强各级股权企业年度股权投资收益、分红预算和分红管理，全年收到各级股权企业分红424亿元，可比口径比上年增加192亿元，同比增长83%。推进国有产权管理问题专项治理，全面开展产权登记核查整改，全年完成产权登记业务办理907项，解决历史遗留问题百余项。

【法人压减】 2022年，集团公司贯彻落实国务院国资委压减工作“回头看”专项行动要求，周密部署，自我加压，继续完善法人压减长效机制，压减工作与聚焦主责主业、业务结构调整、建设世界一流企业、清理退出“两非”（非主业、非优势）“两资”（低效资产、无效资产）等协同推进，形成工作合力，统筹协调推进。全年集团公司累计完成法人压减80家，超额完成目标。国务院国资委改革局《国企改革动态》刊登集团公司法人压减经验交流材料。根据国务院国资委2021年度改革三年行动任务考核结果，集团公司压减工作获得满分，排序第一，获评A级。

2022年，集团公司将新增法人个数控制相关要求作为公司股权投资管理办法的重要组成部分，并将其纳入年度业务发展和投资框架计划一并审批，深化新增户数控制及考核机制研究。2022年新增法人户数较2020年、2021年分别下降37%、40%，取得积极进展。

2022年，股份公司落实法人压减“回头看”国务院国资委专项行动，建立长效机制，持续推进法人压减。编制股份公司2022—2025年法人清理处置方案，建立“双周报”制度，实施动态管理，将法人压减和亏损治理、“两非”剥离、提质增效等多个专项工作有效衔接，多措并举，推进压减。全年完成法人压减45户，完成率132%，超额完成年度任务，当年累计回收现金1.86亿元，实现减亏0.45亿元，有效清理退出一批低效无效股权，解决部分历史遗留问题，降低经营风险，促进股份公司整体价值提升。

【参股公司自查整改】 2022年，股份公司持续加强参股公司管理，对参股经营投资问题进行自查整改。通过自查，发现10类72个问题，涉及参股公司58家。以问题为导向，分类制定补办产权登记、提起法律诉讼、清理处置等多项整改措施。截至2022年底，72个自查问题全部整改完成，整改完成率100%，减少企业经营风险。

【外部董事履职评价】 2022年，为落实国企改革三年行动部署，加快完善中国特色现代企业制度，规范外部董事行权履职，提高董事会运行的有效性，集团公司制定《中国石油天然气集团有限公司所属企业外部董事履职评价管理办法》，从政治素养、忠实勤勉等9个方面对32名外部董事进行履职评价。

（夏　冰　李　海）

石油金融

【概述】 中国石油集团资本股份有限公司（简称中油资本）作为集团公司产融结合的专业化管理平台，发挥融通资金、整合资源、价值增值重要作用。持有中油财务有限责任公司、昆仑银行股份有限公司、昆仑金融租赁有限责任公司、昆仑信托有限责任公司、中意人寿保险有限公司、中意财产保险有限公司、中石油专属财产保险股份有限公司、昆仑保险经纪股份有限公司、中银国际证券有限责任公司、中债信用增进投资股份有限公司等公司股权，业务范围涵盖财务公司、银行、金融租赁、信托、保险、保险经纪、证券等多项金融业务。

2022年，中油资本落实集团公司党组工作要求，在经营发展、市场营销、改革创新、风险防控、品牌塑造等方面取得成效。资产总额超过1万亿元，累计实现全口径收入2179亿元，累计实现利润总额968亿元，累计分红266亿元。在全国16个省、市、自治区设立分支机构200多家，海外分支机构3家，拥有机构客户7万、个人客户1297万。

【公司治理】 中油资本严格按照《中华人民共和国公司法》《中华人民共和国证券法》《上市公司治理准则》等法律法规和中国证监会、深圳证券交易所有关要求，建立完善的公司治理结构和内部控制制度，形成以党委会、股东大会、董事会、监事会、管理层为架构的经营决策和管理体系，建立有效的职责分工和制衡机制，股东大会、董事会、监事会分别按其职责行使决策权、执行权和监督权。公司董事会下设战略与ESG委员会、审计委员会、提名与薪酬委员会、风险管理委员会。2022年召开年度股东大会1次、临时股东大会2次，审议议案9项。召开董事会会议10次，审议议案30项。召开监事会会议4次，审议议案9项。

2022年，中油资本通过股东大会、业绩说明会、公告、电话咨询、互动易平台、电子邮件等多种方式与投资者沟通交流，协助投资者了解公司经营情况、投资决策、发展前景等。公司指定《证券时报》《中国证券报》和巨潮资讯网为信息披露的报刊和网站，全年披露定期报告、临时公告和各类信息文件90份，保障广大投资者公平享有知情权。

【市场营销】 2022年，中油资本及各金融企业以高质量发展为主题，全面贯彻新发展理念和构建新发展格局要求，加强产融结合，为集团公司成员企业、成品油、天然气产业链及石油员工提供优质服务，市场营销卓有成效。中油财务有限责任公司推行客户经理制和多层级营销服务，全年新增首贷客户26家。昆仑银行助力油气产业链生态圈建设，全年助力建设加油（气）站30余座。昆仑信托对接主业单位，全年新增产融项目19个。昆仑金融租赁成功落地操作产融结合项目9个，创新研发“金融租赁+”产品，聚焦集团公司绿色低碳发展战略，为钻探企业提供60台行业领先的电动钻井压裂设备及配套90台辅助设备租赁服务。专属保险发挥平台工具作用，力保集团公司在俄罗斯项目度过俄乌冲突引发的保险安排危机，分散240亿元资产的保险风险，持续完善集团成员企业保险保障。昆仑保险经纪协助集团公司完成17个集团公司总部统保险种的协议签署工作，实现7个险种降费；新增产业链客户103家，新增外部市场客户236家，市场化业务开拓取得新突破。中意财险成立产业链业务专班助力发展，战略布局绿色新能源领域，有效支持集团公司“双碳”战略。中意人寿石油团体业务提前半年达成全年任务目标，石油员工自选福利项目覆盖156家石油企业及产业链客户，满足石油员工保险需求。

【金融风险管控】 2022年，中油资本及各金融企业坚决贯彻落实中央防范化解金融风险决策部署，严格遵循监管部门和国务院国资委各项要求，坚持低风险偏好发展，严守合规经营底线，风险管理能力进一步增强，未发生重大风险和违规事件。各金融企业全面落实风险管控主体责任，持续完善风险管理体系，信用风险、市场风险、流动性风险、操作风险、合规风险、保险风险、声誉风险等主要风险管控措施到位，资产质量总体较好，资本、拨备计提充足，主要风险指标优于监管要求、好于行业平均，具备较强的抵御风险能力。

持续完善风险治理。督促金融企业全面落实公司章程和制度规定的各项风险治理、管理和监督职责，强化议案审核，严控风险，2022年审核风险、合规、内审、内控等50份议案；开展全面风险联合监督工作，促进金融企业风险治理和管理能力提升。加强风险管理体系建设，落实低风险偏好策略，优化风险监测报告沟通机制。组织召开年度风险合规案防工作会议，定期召开风险合规工作例会，完善风险合规信息共享机制，持续跟踪监测重大项目运行，金融业务风险管控平台作用进一步增强。推进挂牌督办涉险项目化解，持续督导压实责任，强化激励约束，建立月跟踪、季报告机制，督办金融企业涉险项目化解工作，全年化解项目15个、涉及金额21.1亿元。持续强化合规管理，开展合规管理强化年、“严肃财经纪律、依法合规经营”综合治理专项行动。加强对金融企业监管情况分析，全力抓好各项审计、检查及巡视巡查发现问题整改。开展金融业务风险问题专项治理行动。坚守产业金融定位，全面排查并整改金融业务风险问题，持续完善全面风险管理体系。夯实风险合规管理基础。全面推进公司流程重组工作，梳理提出部门职责调整和优化建议，修订完善金融企业授权清单，举办金融业务风险合规培训。

【金融业务数字化】 2022年，中油资本对接集团公司总部部门，推动金融产品与服务纳入集团公司平台经济发展规划，进一步理顺信息化投资项目管理权限，有序推进金融科技项目建设，赋能金融业务发展，数字化转型开始提速。财务公司外币直联建设收官，昌平科技园应急场地投入使用。昆仑银行数字化转型智能化发展试点进展顺利，助力业务发展效果明显。昆仑租赁征信2.0系统一次性验收通过，核心业务系统建设及数据质量得到提升。中意人寿“掌上中意”App凭借最新的技术与服务体验，获2022保险数字化领航年会“年度保险类App最佳创新体验奖”。昆仑保险经纪完成中国石油商业财产保险管理信息系统上线，大幅提升保险管理效率。

【金融企业对标】 2022年，通过选取资产规模、营业总收入、风险指标等进行同业综合排名，中油资本所属8家金融企业中，中油财务有限责任公司、中石油专属财产保险有限公司、昆仑保险经纪股份有限公司处于行业领先水平（同业综合排名5%以内）；昆仑金融租赁有限责任公司、中意人寿保险有限公司、昆仑银行股份有限公司处于行业中上水平（同业综合排名20%—40%）；昆仑信托有限责任公司、中意财产保险有限责任公司处于行业中等水平（同业综合排名40%—60%）。

2021年金融行业受新冠肺炎疫情反复、监管趋严等影响，除银行和自保公司外，各细分金融行业净资产收益率（ROE）均有所下降。昆仑金融租赁有限责任公司和中石油专属财产保险有限公司ROE同比上升、中油财务有限责任公司和昆仑保险经纪股份有限公司ROE同比下降但高于行业平均、中意人寿保险有限公司和中意财产保险有限责任公司受马太效应影响ROE低于行业平均但降幅较小。

【石油金融品牌影响力】 2022年，中油资本发布首期ESG报告即入选《证券时报》上市公司ESG百强，“中油资本”“昆仑”金融品牌影响力显著增强。公司所属金融企业昆仑银行获《当代金融家》“铁马—最佳创新型中小银行”、上海票据交易所“优秀商票信息披露服务机构”奖（唯一获此奖项的城市商业银行）；中油财务获中央国债登记结算有限责任公司“自营结算100强”奖项（评选中唯一上榜的财务公司）；昆仑金融租赁获由上海社会科学院、德国艾伯特基金会共同主办的第八届绿色发展论坛“2022年绿色发展优秀金融企业品牌”、全球租赁业竞争力论坛“服务实体经济领军企业奖”；昆仑信托被《中国经营报》评为“碳中和年度行动企业”，昆仑信托彩虹计划教育慈善信托获《上海证券报》第十五届“诚信托—最佳慈善信托产品奖”，专属保险理赔案例入围《中国银行保险报》“中国保险业年度影响力赔案”榜单；中意人寿获《上海证券报》“年度臻善企业奖”、再度获《中国证券报》“中国保险业投资金牛奖”；中意财险获第十届中国保险产业国际峰会“年度保险产品创新奖”；昆仑保险经纪获第五届博鳌企业论坛“2021年度保险中介国际影响力企业”、《中国银行保险报》“年度影响力赔案”等多项荣誉。

（陈若莲）

产业投资

【概述】中国石油集团昆仑资本有限公司（简称昆仑资本）成立于2021年6月，系中国石油集团直属企业、十家专业公司之一，由集团公司、股份公司、中油资本分别出资51%、29%、20%，注册资本金100亿元。昆仑资本注册在海南省海口市江东区，在北京办公并设立分（子）公司。昆仑资本按现代法人治理结构运营，设立股东会、董事会、监事会和经营管理层。设立党委，另设投资决策委员会和专家咨询委员会。作为中国石油集团产业投资平台，昆仑资本将“促进集团公司绿色低碳转型和高质量发展”作为公司使命，以服务集团公司战略转型为核心，通过财务投资发现战略投资机会，采取“基金＋直投”模式，重点布局新能源、新材料、节能环保、智能制造等战略性新兴产业，以及碳捕集、利用和封存等新技术，致力于发展成为“能源创新领域值得信赖的世界一流产业投资者”。

【经营业绩】2022年底，昆仑资本总资产60.5亿元，其中投资形成的金融资产3亿元、银行存款57.2亿元、其他资产0.3亿元（主要为应收利息）；净资产60.4亿元，其中实收资本60亿元、累计留存收益0.4亿元。全年昆仑资本总收入7480万元，管理费用4451万元，利润总额2949万元，净利润2151万元。昆仑资本全年股东出资筹资30亿元，对外投资3亿元，银行存款口径经营活动现金流为净流入1566万元，合计银行存款净增加27.2亿元，期末银行存款从2022年初30亿元增加到年末57.2亿元。昆仑资本出资1000万元设立全资子公司中油昆仑（北京）私募基金管理有限公司。

【风险管控】2022年，昆仑资本建立全面风险管理体系，制定《风险管理规定》《项目投资风险管理实施细则》《基金投资风险管理细则》《合规管理实施细则》等系列风险管理制度，明确风险管理的具体流程和要求，并初步形成投资团队、中台部门和审计的风险三道防线机制。完成风险控制文档、业务流程图、内控管理手册等文件的编制，完善昆仑资本定期风险评估机制，建立规范的内部控制体系。设立合规委员会、法治建设领导小组、风险管理委员会，健全风险防控领导机制。风险管理委员会下设投资业务风控工作委员会，对投决材料进行预评审，确保前中台就相关问题和风险进行沟通，防范风险。按集团公司要求组织合规风险排查，建立合规义务清单和风险数据库，开展“合规管理强化月”等活动，多措并举增强全体员工法治观念和合规意识。编制反舞弊反围猎工作方案，组织识别反舞弊反围猎风险点，将反舞弊条款纳入合同范本，形成典型案例汇编并进行宣贯，提升员工廉洁从业意识。在股权直投项目和基金业务推动中，前台团队和中台部门分别独立开展风险评估并形成分析报告，共同参与尽职调查与合同谈判，降低投资风险。

【重点投资项目】2022年，昆仑资本加强顶层设计，围绕新能源、新材料产业投资，在锂电材料、生物可降解材料、异质结光伏电池领域重点布局。4月，昆仑资本联合比亚迪、宁德时代对上海杉杉锂电进行投资，是昆仑资本成立以来的首个直投项目，成为昆仑资本促进主业绿色低碳转型、发挥产投协同优势、寻找新的业务增长极的有益实践。截至2022年底，昆仑资本实现项目入库136个、项目立项22个、项目通过投决7个，杉杉锂电、中材锂膜、微构工场、华晟新能源4个项目完成交割。杉杉锂电属于锂电负极材料行业，全国排名前三、人造石墨负极材料产量全国第一，是中国石油锦州石化的重要客户。中材锂膜属于锂电隔膜材料行业，总规模位居行业前三，后续探索高分子聚乙烯、碳纤维和氢能领域的合作机会。微构工场属于生物可降解材料行业，进行聚羟基烷酸酯（PHA）、四氢嘧啶、戊二胺等多种高附加值产品研发和生产。华晟新能源属于新能源异质结电池行业，是全球最大异质结生产商，探索提升光伏电池及组件效率的有效方法。

【发展规划】2022年，昆仑资本根据集团公司战略转型规划部署，制定“三步走”战略实施路径，通过“建机制、育能力”“创品牌、上规模”和“争头部、创一流”3个发展阶段，成为全球能源创新领域值得信赖的产业投资者。在此基础上，昆仑资本明确“十四五”发展规划，以“建机制、育能力”为阶段发展目标，聚焦新能源、新材料、节能环保、高端装备制造和碳捕集、利用与封存技术（CCS/CCUS）等战略性新兴产业和新业态，持续做优直投业务、做大基金业务、做特投行业务，力争在“十四五”末跻身国内央国企投资机构第一梯队，实现累计投资和基金管理规模100亿元。直投业务是赋能集团公司主责主业，切实承担产业资本投资职能，培育新业态新经济增长点的关键抓手，重点围绕新能源、新材料、节能环保、高端装备制造、CCS/CCUS等战略性新兴产业和新技术开展投资。基金业务是撬动社会资本、扩大投资覆盖面、发现战略机会的重要方式，重点围绕集团公司战略发展方向，采取灵活多样的投资形式，覆盖潜在投资机会。投行业务是围绕集团公司资本运作需求，为集团公司推介外部投资机会，助力内部科技成果转化的“桥梁”，旨在为集团公司转型发展提供助力。

【企业党建】 2022年，昆仑资本坚持党对国有企业的领导重大政治原则不动摇，推动党建和业务深度融合，探索带有“油味”的特色党建。严格落实“第一议题”制度，昆仑资本党委理论学习中心组组织11次集中学习，第一时间传达学习贯彻习近平总书记重要讲话、重要指示批示和重要文章，深刻领会党中央关于绿色低碳、金融资本发展、科技自立自强等方面的部署要求，学习集团公司党组会议精神和决策部署，围绕“双碳”“双新”有关内容组织学习研讨，确保昆仑资本始终沿着正确方向前进。深入开展党建活动，组织开展“建功新时代，喜迎二十大”主题活动、“转观念、勇担当、强管理、创一流”主题教育活动，统一思想认识，凝聚发展共识。发现培养入党积极分子，2名员工提交入党申请书。针对青年员工多的特点，推进青年精神素养提升工程，组织党委书记讲党课、与团员青年座谈交流，开展“我眼中的中国石油”主题分享以及月度读书会、员工生日会等活动，激发员工热情，汇聚奋进力量。持续探索有“油味”的市场化特色党建，以石油文化为基础，萃取金融投资行业市场化公司特点，打造一套适用且实用的党建和企业文化建设体系，引导广大员工弘扬石油精神，将“苦干实干”“三老四严”和创业奉献等优良传统融入公司基因，厚植公司底蕴，丰富“守正创新、行稳致远”的内涵和外延。

（卢长锋）

法律工作

【概述】 2022年，集团公司深入贯彻习近平法治思想，大力实施“坚持依法合规治企”兴企方略，持续加大法律工作力度，注重发挥法治在强基础、防风险、保权益、促发展中的作用，各项工作取得显著成效，为集团公司完成年度任务贡献法治力量。

【法治建设】 2022年，集团公司以“坚持依法合规治企和强化管理”为主题，组织召开2022年领导干部会议，对法治建设等工作进行全面总结和系统部署；将会议部署的11个方面112项任务逐一分解到集团公司总部各部门，推动督促各项部署落实落细。深入开展法治示范企业创建，制订工作方案，明确全面建立法治工作体系、全面树牢依法合规理念、全面发挥法治保障作用、全面提升法治专业队伍素质“四个全面”创建目标，确定“有进有出、动态调整”工作原则。在企业申报基础上，择优遴选38家单位参加示范创建，通过建立季报、适时跟进等方式强化工作督导。组织完成2021年度企业法治建设检查评分评级和“依法合规经营”绩效考核，进一步强化价值导向和政策激励；优化2022年度检查考核指标设置和考评办法，引导督促单位抓重点、补短板、强基础，达到以查促改、激励提升的效果。部署安排加强企业专业化总法律顾问队伍建设，明确提出到2024年重要单位专业化总法律顾问全部配备到位的目标要求，推动总法律顾问制度建设从“配齐配全”到“配专配强”的新阶段迈进。编印《领导干部法治知识简明读本》，配发35000册，供领导干部学习。举办法治专题网络培训班，开设习近平法治思想、反垄断法、以案说法等课程，5万余名干部员工参加培训。组织领导干部法律知识线上考试，2万余名领导干部完成考试，达到以考促学效果。开展“法治在我心中”主题演讲比赛，参赛人员14307人，通过身边人讲身边事的方式，讲述石油法治故事。各单位多渠道、多载体开展丰富多彩的法治宣传教育活动，营造尊法学法守法用法浓厚氛围。

【合规管理】 2022年，集团公司深入开展“合规管理强化年”专项工作。集团公司和各单位均成立主要领导牵头的专项工作领导小组，组织召开全系统工作部署会和推进会3次，各层面制定印发实施方案、工作通知、督导函等1447件，通过建立工作台账、月报机制等措施，做到专项工作有计划、有安排、有措施、有检查、有考核。组织修订《中国石油天然气集团有限公司合规管理规定》，从制度层面进一步推进合规管理体系化、合规职责制度化、合规审查刚性化、风险评估预警常态化。组织编制集团公司总部部门17个、岗位合规职责清单644个，压实合规责任。组织所属单位40702个重点岗位建立合规职责清单，梳理合规职责12万余项。以业务为单元，按场景组织编制合规风险防控工具书，形成覆盖成品油、化工产品和天然气销售等全类别的销售业务合规指引，覆盖投资、贸易、工程建设和技术服务等国际业务全领域的合规指引，以及原油销售、反垄断、商业伙伴管理合规指引，建立起较为完备的合规操作制度规范。集中组织排查经营合规风险问题，妥善处置一批安全环保、土地、经营资质、危险化学品许可等风险事项，在解决遗留问题、防范新发风险、强化合规理念、完善长效机制等方面取得显著成效。

【制度建设】 2022年，集团公司修订《中国石油天然气集团有限公司规章制度管理规定》，对严格制度管理要求、优化审议审批权限、强化全流程管理提出明确要求，进一步强化依规立规、科学立规、民主立规，为提高制度管理水平提供重要遵循。组织开展集团公司总部制度、海外业务制度、暂行及试行制度3次清理评价，制订制度制、修订年度计划并推动落实。集团公司总部层面完成制度制、修订158项，同比增加30%；集中废止制度35项。通过严格法律审查、组织集体审议等方式，提升制度科学性规范性。尤其是修订完成集团公司投资管理、合同管理、股权管理、违规责任追究等制度，新制订数据管理、生产运行指挥、天然气销售等制度，进一步弥补制度空白，提升制度质量，为实现用制度管权、管事、管人打下坚实基础。

【重大事项法律参与】 2022年，集团公司制定《中国石油天然气集团有限公司合规审查管理办法》，配套建立合资、资产、股权、担保、工程5类重点项目法律合规论证模板，进一步规范职责、优化流程、明确责任、细化标准。建立法律论证专家库，首批入库专家27名，通过专家会诊、“传帮带”等方式，不断提高法律论证水平。集团公司总部法律人员参与重大项目和涉法事项191项，在尽职调查、交易架构设计、商务谈判、项目交割等环节提供全方位法律专业支持服务，出具法律意见223份，法律论证审查覆盖面和规范化水平持续提升。动态跟踪立法及政策变化，每周编制形成《法规要情简报》，对重点事项形成专报，增强风险预警效果。深入分析能源法、公司法、民事诉讼法等立法草案，反映立法建议40余条，多数得到采纳或受到重视，为集团公司经营发展争取良好的法律环境。

【合同管理】 2022年，集团公司完成《中国石油天然气集团有限公司合同管理办法》修订，进一步强化合同全过程精细化闭环管理，设置禁止性条款36项、授权性规范9项，画出制度红线，提高制度刚性。持续深化事后合同专项治理，全年事后合同率达到年度控制目标。制定印发《关于进一步规范总部合同订立履行有关事项的通知》《关于进一步规范油田工程技术服务合同订立履行工作的通知》等，有针对性提出规范合同管理的具体措施。细化完善合同示范文本体系建设思路和措施，加快集团公司统一合同示范文本制修订进程，全年制修订合同示范文本57个，文本覆盖面和适用性实现新提升。加强集团公司合同管理系统运行管理，组织优化提升系统功能85项，组织举办合同管理系统培训8期3105人次参加，不断提升系统用户应用能力。

【案件管理】 2022年，集团公司强化法律纠纷案件源头治理，就案件反映出的风险隐患发布提示函，督促所属单位采取有效措施预防法律风险。针对重点风险领域，编制融资贸易、建设工程、股权管理、知识产权4个法律风险防范及案件应对手册，为识别风险、消除隐患、避免案件提供重要指引。组织3期法律系列专题研讨交流，覆盖各级次企业财务、法律和业务分管领导及工作人员6000余人，对提高全体干部员工法律意识、风险意识、合规意识以及应对和处理复杂疑难问题能力发挥积极作用。完成第4批典型案例编制和《中国石油天然气集团有限公司经济案例评析（二）》印发；制作以案说法培训课件，持续深入开展“一案一分析”活动。强力推动推进未结经济纠纷案件处理，完成年度新发被诉案件、存量案件控制目标，案件压降成果持续巩固。按照“分类包干、挂牌督办”思路，组织开展重点领域案件治理。适应集团公司业务板块调整和海外业务体制机制优化调整需要，进一步调整、规范各层级案件管理职责界面，梳理细化工作流程，完善纠纷案件监测、报告、处理、转办、改进的全链条管理。稳步推进纠纷案件信息化系统升级，强化外部涉诉信息和数据资源共享应用，提高案件信息智能化分析效率，完成系统可行性研究、架构设计工作。完成《中国石油天然气集团有限公司外聘律师管理办法》修订，组织开展新一轮集团公司一级律师库招标入库工作，不断提高外聘律师管理水平。

（黄珍涛）

改革与企业管理

【概述】 2022年，集团公司改革与企业管理工作围绕发展大局，突出改革增动力、管理提效能等重点任务，把握强基础、重创新、解难题的工作主线，推动各项工作取得显著成效，为奋进高质量发展、加快建设世界一流企业做出应有贡献。

【深化改革】 2022年，集团公司持续落实国务院国资委改革三年行动部署，安排的8个方面68项改革任务全部按计划推进完成；集团公司改革三年行动部署的集团公司总部层面6个方面86项任务、企业层面7666项任务全面完成。通过改革三年行动，在集团公司治理顶层设计、领导体制健全完善、集团总部组织体系优化调整、四大业务板块组建、各层级组织机构调整等方面，取得诸多具有里程碑意义的标志性成果。为做好国务院国资委改革考核迎检，成立工作专班，先后召开3次专班会议，组织对前期工作再回顾、对考核失分再分析、对整改措施再靠实，着力“补短板、强弱项、促整改”，推动改革措施持续深化、考核指标不断向好。深入调研分析托管企业情况，摸清底数和存在问题，组织各托管企业编制改革方案，汇总形成总体方案并组织完善，改革整体思路已逐步成型。采取“一对一”专项研究、视频对接、现场督办、每周报告等措施，完成重点难点企业厂办大集体改革收尾，全面实现“无集体职工、无集体企业、无集体产权”。组织推动车用加气终端一体化运营整合，确立“全资站先行先试、控股站逐次推进、参股站分类处置”的工作思路和整合模式，首批整合工作全面完成。

【内控体系建设】 2022年，集团公司组织完成业务流程优化调整514个，持续完善流程文档和权限手册。按照三年全覆盖要求，组织对65家所属单位开展内控测试，召开内控测试启动会对增强测试实效性提出明确要求，先后3次以“四不两直”方式深入被测试单位督促检查，全力提高测试精准性。强化招投标、资金、资产管理等12个重要业务领域测试检查，以信息化载体加大测试方法创新力度，建立问题清单，深挖问题根源，组织开展测试问题整改“回头看”，在提升规范管理水平方面取得明显成效。稳步开展内控信息化建设，加大信息系统管控力度，推动实现内控体系数智化管理。

【风险管理】 2022年，集团公司组织完成季度和年度风险分析报告4份，有效发挥风险预警、决策支持作用。强化风险监测指标预警和重大经营风险事件管理机制运行，提高风险动态分析时效性、实用性和精准性，推动风险管理由“抢险型”向“预警型”转变。强化风险系统分析功能设计与实施，推动实现风险监测预警可视化展示，运用信息化手段提升风险管理主动性和前瞻性。加强金融衍生业务盈亏风险指标监控，督促相关单位做好业务风险管理指引贯彻实施，确保管控要求落地见效。

【剥离企业办社会职能】 2022年，集团公司参与处理宝石花医疗改革相关问题，全程参加谈判、签约、移交进程，跟踪交易协议履行，按计划实现管理权交割。集团公司剥离企业办社会职能工作全面完成，累计处置固定资产净值数亿元，安置从业人员数万人，减少组织机构数千个，与剥离移交前相比大幅度降低补贴费用。深入总结集团公司剥离企业办社会职能工作，持续指导相关单位强化工作沟通协调机制，帮助职工群众和接收单位畅通意见表达渠道、化解矛盾问题，保证移交业务平稳运行。

【帮助职工解决住房困难】 2022年，集团公司针对干部员工关注的住房问题，组织调查分析员工需求，制定《北京地区员工保租房管理办法》，建立保租房管理信息平台，为规范管理提供遵循和载体。多次与相关政府部门沟通协调，在用足用好综合贡献奖有关政策、人才公寓配租等方面争取支持。全面梳理并摸清在北京存量住房资源，针对纳入保租房的房源分批组织腾退并启动装修，按计划推进部分改造项目，完成首批配租各项准备工作。跟进掌握相关单位落实保障性租赁住房政策情况，总结推广企业通过市场化方式帮助职工解决住房问题的经验做法。加强员工住房公积金缴存管理，规范缴存政策，提高员工购房能力。严格落实异地交流干部周转住房、住房补贴政策，规范标准期限，堵塞管理漏洞，防范隐患风险。

【企业发展能力评价】 2022 年，完成集团公司发展能力评价总报告和 112 家企业分户报告，完成集团公司、9 家专业公司和 17 家管理标杆企业年度对标分析报告。注重强化集团公司与世界一流同业公司对标，油气新能源业务、炼化销售和石油工程业务等分别选取对标企业。持续优化完善评价指标体系，多维度开展管理诊断并进行测算排名。指导和推动各单位开展发展能力自我诊断分析和常态化对标，以对标评价为抓手，推进企业管理水平持续提升。

【管理提升与管理创新】 2022 年，集团公司组织完成集团公司对标世界一流管理提升行动任务 36 项，形成工作成果 104 项，所属各单位行动推进率 100%。制定印发《中国石油天然气集团有限公司关于进一步加强“三基”工作的指导意见》，为新形势下不断提升“三基”工作水平提供重要遵循。组织开展年度管理创新实践项目立项与实施，加强项目全过程管理，持续优化评审规则和程序，进一步完善工作运行和协同机制，推动形成一批可推广应用的高质量管理创新项目和成果。

（黄珍涛）

工程和物装管理

【概述】 2022 年，集团公司坚持问题导向、目标导向、结果导向，统筹谋划工作思路和重点举措，做强工程项目管理，做优物资采购管理，做专招标业务管理，做精装备统筹管理，做实基础管理，在升级服务保障、深化提质增效、推进精益管理、促进改革创新等方面取得明显成效，有力支撑集团公司产业链供应链平稳顺畅运行。

【工程项目管理】 2022 年，集团公司印发《境外工程建设项目管理办法》《数字化交付管理办法》《工程建设项目分包管理办法》。发挥集团公司工程管理领导小组引领统筹作用，建立完善重点工程关键环节管控机制、在建工程月报机制、质量监督检查机制，形成重点工程协调保障机制，工程物装业务协同联动，重点工程项目推进能力显著提升。全面加强项目建设过程管控，强化项目设计阶段方案审查，开工建设程序、手续严格，依法合规，协调项目执行重大问题，加大现场监督检查力度，保障重点工程按计划建成投产，做好完工项目竣工验收。全年集团公司重点工程项目建设进展顺利，广东石化炼化一体化项目、威远泸州区块页岩气集输干线等项目建成试运，塔里木油田博孜—大北区块地面骨架工程快速推进。

【工程质量监督】 2022 年，集团公司持续完善工程质量监督模式，理顺完善监督机制，提高监督的独立性、权威性，围绕重点项目建设持续开展 QHSE、承包商等关键领域联合督查。制定《工程建设项目质量检查细则》和《工程建设项目量化检查评价方案》，对检查组织形式、方案编制、主要内容、专业配备、讲评材料、检查报告等进行统一规定。探索工程质量远程监督，统筹资源推进异地监督，形成监督合力，保证工程建设项目的监督全覆盖和重点工程的监督力量充足，促进工程质量管理提升。

【物资采购管理】 2022 年，集团公司完善物资供应制度框架，制定《境外机构采办管理规定》《进口物资采购管理办法》；推进物资供应链绿色化转型，制定《绿色采购管理办法》。完善一级物资管理目录，优化资源配置，调整 50% 授权管理小组，紧跟“双碳双新”（碳达峰、碳中和，新能源、新材料）业务发展，将光伏、风力发电项目主要物资纳入一级物资管理，一级物资采购额占比 60%。发布 454 项技术规格书，实现主要物资基础采购标准全覆盖。通过战略采购、内部优势产品采购、框架采购、协同采购等多种方式强化资源配置。对石油专用管、石英砂、陶粒等重点物资实施带量采购，促进充分竞争，降本增效成果显著。在川南页岩气和炼化一体化等重点工程推行“集中采购、集中仓储、集中物流、集中质控”和“共享服务”。

【招标管理】 2022年，集团公司推进“招标公开化、实施专业化”，倡导“应招必招、规范招标”，集团公司总招标率87%、公开招标率98%、专业化招标率98%、电子招标率100%。大力加强队伍建设，从“管、办、评”三个维度，对招标管理人员、专业机构、招标评审专家3支专业队伍开展培训。推进电子招标深入应用，建成工程、物资、服务项目招标一体化、全流程的中国石油电子招标投标平台，完成从传统招标向电子招标方式转变。开展招标业务突出问题专项整治，发布《招标业务“六项禁令”》，设置招标管理“高压线”，有效遏制招标投标活动中违法违规行为，进一步防范化解风险、预防惩治腐败、优化营商环境、完善治理体系。

【装备管理】 2022年，集团公司组织修订装备管理办法，制定装备完整性管理指导意见，在勘探、炼化、销售和技服等4个业务领域开展装备完整性管理试点。落实集团公司重大技术装备推广应用实施意见，促进自主创新、自主可控，解决关键领域核心关键问题，建立企业创新链、用户产业链高度融合的重大技术装备创新生态系统，装备全生命周期管理逐步深化。大力推动“制造＋服务”“绿色＋高端”，装备制造业务转型升级成效明显。

【供应商管理】 2022年，集团公司推进物资供应商管理“五统一”，（统一管理制度、统一管理标准、统一业务流程、统一供应商库、统一业务平台），抓好公开准入、精细考评、动态管理，促进采购向优秀供应商集中。组织开展年度供应商新增准入，完成10个授权管理小组9个方案31个品种的新增准入招标，持续补充优质供应资源。完善供应商考核评价体系，强化一级供应商年度考核评价，共享考评结果，处置考评不合格供应商，促进供应商绩效提升。加强物资供应资源动态管理，梳理暂停库内无效供应商数量，持续优化物资供应资源，强化采购风险管控。

【承包商管理】 2022年，集团公司按照“市场开放、公开资审、库内选商、动态考核”原则，通过公开招标方式，组织完成108项资质2轮次、3535家承包商准入工作，规范承包商信息收集与审核，重构集团公司工程建设承包商资源库，实现承包商数据在集团公司工程项目建设各业务环节“可见、可懂、可用、可运营”，强化承包商全过程管控。推进《工程建设承包商资源库管理和考核评价实施细则》试点应用，对大庆油田、兰州石化等8家试点单位工程建设项目中的承包商全过程行为进行考核评价，探索建立各层级责权配置合理、制度流程优化、约束机制完善的承包商管理体系，逐步形成“准入按标准、过程强监管、失责有惩戒”的承包商管理模式。

【物资仓储管理】 2022年，集团公司按照“控增、减存、优结构”的原则，严格库存指标考核，物资期末库存同比下降8%。强化“零库存”管理，加快企业实施仓储管理扁平化，推进仓储物流区域共享，提升库存精细化管理水平。有序开展区域和专业物资集中储备，制定年度拓展集中储备工作实施方案，有效推进库存物资资源共享，促进企业采购成本降低。深入开展物资库存数据分析与应用，利用大数据分析技术，探索构建集团公司库存管理画像体系，有效满足不同层级仓储管理需要，精准储备控降库存，提升整体物资库存管理水平。

【工程和物装管理信息化】 2022年，集团公司持续推进电子采购2.0系统、招标平台、数据仓库平台深化应用，优化提升一级物资集中采购方案审批、采购业务请示等功能，有效支持新冠肺炎疫情期间电子招标采购工作。推进采购大数据数字化应用，推动业务信息化建设、数字化转型，为提升管理提供辅助支撑。启动工程建设项目管理平台建设，强化工程建设程序和质量行为管控，实现工程各参建主体的数字化沟通和协同，推动业务流、工作流和数据流的有机融合。

【装备制造事业部成立】 2022年12月，集团公司为深入贯彻国家推动装备制造业转型升级的决策部署，做强做优集团公司装备制造业务，增强自主创新能力，提升装备制造领域竞争优势，成立中国石油天然气集团有限公司装备制造事业部。对集团公司装备制造业务实施专业化管理和一体化统筹，负责装备制造业务的规划计划、投资预算、生产经营、技术研发、安全环保、绩效考核等工作的组织管理，推进装备制造业务转型升级和技术进步，促进经营管理水平提升。

（左　莹）

纪检监察与巡视巡察

【概述】 2022年，在中央纪委国家监委和集团公司党组坚强领导下，纪检监察组和各级纪检机构坚持用党的创新理论提升政治本领，深刻领悟“两个确立”的决定性意义，增强“四个意识”、坚定“四个自信”、坚定不移担负“两个维护”重大政治责任，在正风肃纪反腐中担当作为，以深化改革对接融合监督体系和治理体系，有效发挥监督保障执行、促进完善发展作用，为集团公司保障国家能源安全、建设世界一流企业提供坚强保障。

【政治监督】 2022年，聚焦习近平总书记对中国石油和中国石油相关工作的重要指示批示精神，建立督办、监督“双台账”，协同开展贯彻落实情况“回头看”，实地调研督导30家单位，推动从督学、督用到督效的拓展深化。以迎接党的二十大召开和学习贯彻落实党的二十大精神为主线，因时因势调整监督重点，统筹开展天然气保供、冬奥会保障、绿色低碳转型、科技自立自强等专项监督，确保政令畅通、落实落细。严明政治纪律和政治规矩，狠抓燃料油公司违规倒卖进口原油、新疆油田违建别墅、恒毅大厦违规租赁、同益公司违规转让股权等审计署反馈问题整改和以案促改，严查政治问题和经济问题交织、违规问题背后的腐败行为，严肃追责问责，消除政治隐患，净化政治生态。强化对各级“一把手”和领导班子的监督，健全与集团公司党组专题会商、定期汇报、重要情况通报等工作机制，及时提醒纠正苗头性倾向性问题，谈话函询管党治党不严、“四风”问题多发单位的主要领导，动态更新廉政档案，定期做出廉洁情况评价，推动党的领导和监督层层压实、一贯到底。

【纪检监察体制改革】 2022年，贯彻落实垂直管理单位纪检监察体制改革要求和《纪检监察机关派驻机构工作规则》，梳理职权、理顺机制、优化流程，建立组务会议事决策机制，制修订26项业务制度，完善综合管理、政治监督和日常监督、执纪审查调查、干部管理监督4个“1+N”制度框架体系，推进改革任务落地见效。深化“室组内地”联合办案，印发企业纪检机构与地方纪委监委协作配合指导意见，健全纪检监察组、所属企业纪委与地方纪委监委“三级”协作配合工作机制。探索监察监督向下延伸有效路径，协调指导推动企业纪委与地方监委建立线索移送、联合办案、联席会议等制度机制。成立销售分公司、海外业务等领域一级企业纪委9家，专职化监督力量得到加强。厘清内部违规处理职责界面，推动制定员工违规行为处理规定。

【日常监督】 2022年，协助集团公司党组制定印发关于健全完善监督体系推动各类监督贯通协同的实施意见，修订党风廉政建设和反腐败工作协调小组工作规则，组织召开专题会议6次，对接明确责任部门重点任务、协调事项，构建业务、职能、专职监督“三道防线”，建立日常沟通、协作配合、成果共享、责任追究和考核评价“五项机制”。修订日常监督工作规程、专项监督工作规范，完善监督表单、台账、模板28个，综合运用监督方式9种，统筹全系统开展各类监督189项，推动监督常在、形成常态。制定纪检监察信息化建设五年计划，建设大数据资源中心，升级完善联合监督信息系统、监督执纪问责系统、电子数据调查室，多维度开展数据库建设，初步搭建数字化监督平台。落实“合规管理强化年”要求，组织开展化公为私问题专项整治“回头看”，跟进监督依法合规经营综合治理专项行动，促进从严管党治企。注重纪法情理贯通融合，落实“三个区分开来”，实事求是运用监督执纪“四种形态”，实现政治效果、纪法效果、社会效果有机统一。

【纠治“四风”】 2022年，贯彻中央纪委国家监委指示要求，开展违规吃喝专项治理，组织召开纪检系统、总部部门、基层单位3个层面座谈会，深入剖析典型特征及危害，运用“5W2H”（为什么吃、和谁吃、什么时间吃、在哪吃、谁买单、吃多少、价格）分析法梳理查摆风险点，制定落实有效预防措施，编发《违规吃喝问题执纪执法指导性案例》，制作《老石说纪》系列漫画，引导党员干部自觉抵制“舌尖上的歪风”。健全“四风”问题线索会商、快查快办、风腐同查机制，严肃查处公车私用、“不吃公款吃老板”、违规收送礼品礼金等违反中央八项规定精神问题，通报曝光典型案例，不断强化“越往后越严”的鲜明导向。制定整治形式主义、官僚主义工作指引，坚决纠治“一刀切”、层层加码、搞形式走过场等行为。编印整治享乐主义、奢靡之风10个负面清单，制定8个业务领域正面清单，推动修订业务招待、履职待遇、公务用车等管理制度，持续完善作风建设制度体系。

【一体推进不敢腐、不能腐、不想腐】 2022年，坚持以零容忍态度惩贪治腐，聚焦勘探开发、油品销售、炼油化工、数字信息等重点领域，严肃查处严重违纪违法案件，有力惩治一批利益输送、设租寻租、靠企吃企等腐败问题。全系统受理信访举报、处置问题线索、立案数量、处分人数均呈下降趋势，反腐败斗争压倒性胜利全面巩固。部署开展“反围猎”专项行动，全面排查权力运行廉洁风险，制定监督制约防范措施，推动规范细化“三商”约束性、惩戒性合同条款，制定“黑名单”管理办法，依规依法严肃惩戒各类行贿行为。坚持“全周期管理”理念深化以案促改，协助集团公司党组制定印发推进以案促改制度化常态化工作办法，探索实施以案促改“四同步”（以案促改工作与查办案件同步部署、同步启动、同步研究、同步完成）、“四见效”（在落实“两个责任”、净化政治生态上见到成效，在规范权力运行、从严管权治史上形成长效，在完善制度机制、强化合规管理上提升质效，在加强警示教育、构建廉洁文化上取得实效）模式，形成办案、治理、监督、教育的完整闭环，发挥查办案件治本功能。印发《中国石油天然气集团有限公司党组关于加强新时代廉洁文化建设的实施意见》，以查处的典型案例为素材摄制警示片《利剑啸歌》第五集，在集团公司党风廉政建设和反腐败工作会议上组织集中观看，分类编印违纪违法案例警示录，教育引导党员干部提高党性觉悟、增强拒腐防变免疫力。

【巡视巡察全覆盖】 2022年，集团公司党组克服新冠肺炎疫情影响，精心组织开展一轮巡视，完成对15家在京单位的常规巡视、2家单位的巡视“回头看”。全面推广油气田、炼化和成品油销售、工程技术、工程建设、装备制造和金融等7个业务领域《政治巡察工作操作指引（试行）》，指导各单位党委依规依纪依法开展巡察工作。党的十九大以来，构建巡视巡察与其他监督贯通融合、上下联动工作格局，组织巡视9轮，常规巡视单位145家，“回头看”单位10家；推动119家所属企业党委开展巡察，巡察各级党组织3万余个，实现巡视巡察全覆盖。

2022年，集团公司党组持续把中央巡视反馈问题整改情况作为内部巡视巡察监督重点，推动整改走深走实。推进巡视整改和成果运用体制机制建设，加强系统谋划和顶层设计。持续深化“三位一体”巡视成果运用机制，将全年巡视发现的系统性、全局性问题，移交集团公司总部相关部门，强化业务部门监管责任落实和整改督导。持续深化“一责任三把关”巡视整改责任落实机制，加强过程指导督导和审核把关，推动被巡视单位强化整改主体责任落实，上下贯通一体整改。完善巡视巡察人员选用机制，加强制度建设，持续加强巡视巡察工作规范化和队伍建设。

【队伍建设】 2022年，坚持用习近平新时代中国特色社会主义思想凝心铸魂，带头加强领导班子和干部队伍政治建设，深入学习宣传贯彻党的二十大精神，跟进学习习近平总书记重要讲话、指示批示精神等“第一议题”，在监督执纪执法中牢牢把握石油行业的政治属性和全面从严治党的政治方向，以实际行动坚定拥护“两个确立”、坚决做到“两个维护”。印发《中国石油天然气集团有限公司纪检监察队伍建设五年规划（2022—2026）》，建立干部岗位胜任力模型，健全选育管用、优进优出工作机制，持续优化调整纪检监察组机关、企业纪委队伍年龄、学历和经历结构。建立岗位标准化培训体系，实行四级联动培训模式，举办企业纪委书记、副书记、中青年骨干线上培训班，推动分级分类培训全覆盖，选派业务骨干参加中央纪委国家监委专案或专项工作，促进队伍素质能力整体提升，1名纪检监察干部获全国纪检监察系统表彰嘉奖。加大严管严治严教力度，完善纪委书记履职专项考核评价体系，印发《关于加强新时代纪检监察干部监督工作的实施意见》，修订打听干预报备及责任追究、“十不准”行为规范等配套制度，自觉接受各方面全方位监督。深刻汲取纪检监察组原副组长李大勇、李明宇案件教育，深入开展队伍思想整饬、作风整肃，全覆盖逐级谈心谈话，向纪检监察组干部家属寄送廉洁家书，定期组织廉洁家访，把监督延伸到“八小时以外”。发扬彻底的自我革命精神，严查纪检监察干部执纪违纪、执法违法问题，确保队伍忠诚纯洁可靠。

（庞　亮　付淑芳）

内部审计

【概述】 2022年，集团公司审计工作聚焦主责主业，提升审计工作质量，加强审计资源管控，狠抓队伍作风建设，稳步推进审计全覆盖，做到应审尽审、凡审必严、严肃问责，在完善公司治理、推进依法合规、防范经营风险、增加企业价值、促进廉政建设等方面发挥积极作用。

2022年底，集团公司设置审计机构220个，其中一级审计机构7个、二级审计机构148个、三级审计机构65个；从业人员1874人，其中一级机构197人、二级机构1504人、三级机构173人。审计队伍中大学及以上学历1712人，占总人数93.54%；中高级技术职称1574人，占总人数83.99%；具有注册会计师、国际注册内部审计师、注册造价师等职业资格829人，占总人数44.24%。

【审计项目管理】 2022年，集团公司各级审计部门组织开展审计项目1679项，发现和揭示各类问题13104个，为集团公司增收节支、挽回损失等24.10亿元，促进修订及完善规章制度734项。

经济责任审计。持续推进“离任必审，强化任中”，对671名领导干部开展经济责任审计，任中审计98项，其中集团公司党组管理干部59名，任中审计8项。修订完善《经济责任审计管理办法》《经济责任审计工作方案》，加强对全系统业务指导。重点关注会计信息失真、招投标、资金管理、加油站网络开发等重点领域和关键环节问题，加强对领导干部尤其是“一把手”廉洁自律的监督，规范权力运行，提升依法合规治企能力。

投资与基建审计。组织开展工程项目结算、竣工决算和跟踪审计612项，纠正管理类问题3985个，审减工程结算费用7.7亿元。集团公司总部对8个重大建设项目实施跟踪审计，重点揭示工程质量、安全环保、投资管理、工程建设管理等方面问题，助推建设项目合规管理，提高投资效果。创新开展工程建设项目管理审计，深入排查乙方单位项目管理、工程分包、合规管理、财务核算等方面问题，助推项目风险防范和管控水平提升。

境外投资项目审计。集团公司总部实施境外审计项目17项，对集团公司境外1亿美元以上重点经营投资项目审计全覆盖。重点关注境外业务在生产经营管理方面存在的突出问题，以及投资回收、安全环保等方面重大风险。组织开展国内对外合作审计项目11项，揭示问题76个，重点关注合作方未按照国家法规要求计缴弃置费用、未按石油合同规定履行筹款义务、长期拖欠工程服务款等问题，切实维护国家利益和集团公司合法权益。

专项审计。组织开展专项审计396项，助力企业提质增效，推动防范化解重大风险。集团公司总部开展金融衍生业务审计，重点关注套保操作、风险管控、信息系统建设等方面问题，促推企业提升合规管理水平和防范化解金融风险能力；开展能耗管理审计，重点关注能耗未达国家有关要求、节能项目管控不到位、能源损失浪费等方面问题，促进集团公司节能减排、提质增效，助力实现碳达峰碳中和战略目标。

【审计管理】 2022年，集团公司审计管理体制、审计资源统筹、审计信息化建设等不断创新，审计质量管控和审计整改不断加强。

审计资源统筹。统筹调配审计资源，发挥区域中心优势，配齐、配强区域中心审计力量，承担一级审计项目比例从2019年成立初的29.9%增长至2022年的44.1%；协调调动26家单位86名审计业务骨干参与一级审计项目，选拔抽调26名审计人员参加审计署、国务院国资委专项工作和集团公司总部部门组织的专项任务，完成各项工作，审计质量不断提升；选派2名审计人员参加联合国审计，审计署专门发来感谢信对工作成果表示肯定。

审计数字化转型。印发《审计数字化转型工作（2023—2025）指导意见》，做好顶层设计，明确审计数字化转型总体目标、重点任务、工作计划、具体措施；举办集团公司首届审计数据仓库建模大赛，组建90人的集团公司数字化审计专家团队，打造新型内部审计专家队伍；建立审计模型库，推动创新经验和成果共享，提升风险预判能力和审计效率。

审计质量管控。严把审前准备关、现场关、审理关、报告关和整改关等五关；健全审前审查会、月度例会和审理会三会制度，筑牢审计质量生命线；坚持推进集中审理制度，提高审计工作的透明度和公正性，做到事实清楚、问题精准，确保审计项目质量；深入开展质量检查和考核评价，持续推动自检自查，将质量强审理念贯穿始终。

审计整改与追责。坚持审计发现问题及审计整改情况定期通报制度，连续两年在集团公司通报审计发现问题，2次在销售系统通报审计发现问题；完善违规经营投资责任追究工作机制，组织开展对37个违规经营投资事项进行追责，向全系统通报违规经营投资责任追究典型问题，发挥责任追究震慑和警示作用。

【优秀审计项目和论文】 2022年，集团公司开展优秀审计项目评审，组织29家单位39名专家评委网上评审，评选出集团公司2021年优秀审计项目94个，其中物资采购价格大数据审计、昆仑能源有限公司原董事长离任经济责任审计、宁夏石化16万吨/年烷基化项目竣工决算审计等16个项目获一等奖，31个项目获二等奖，47个项目获三等奖。

以研助审，发挥理论研究指导审计实践作用。集团公司审计部组织评选优秀审计论文98篇，向内部审计协会推荐4篇论文和4个研究型审计案例，其中海外审计中心《深化新形势下风险认识，落实风险防范责任，全面发挥内部审计工作在应对央企海外风险中的作用——基于中国石油内部审计工作的研究》获优秀论文一等奖，辽河油田《研究型审计在内部审计中的应用探析》被评为优秀案例。审计部承担的“新时期集团公司审计工作创新与发展研究”课题被评为集团公司软科学研究优秀课题。

【审计队伍建设】 2022年，集团公司审计队伍建设呈现新风貌，队伍作风得到进一步改进。广大审计干部员工通过远程审计等方式，克服新冠肺炎疫情对审计项目的影响，确保审计计划顺利完成。持续改进作风，严格执行审计“十不准”工作纪律，认真履行全面从严治党主体责任和监督责任，推动党建与审计业务融合发展。

建立健全审计职业教育培训体系。2022年举办各类审计培训班57个，培训6201人次。按照集团公司全面推进实施管理岗位标准化培训体系建设工作要求，组织全系统31名专家，完成培训课件的编撰工作；加大对地区公司的业务指导力度，组织集团公司审计部领导专家为地区公司专题授课9人次；编辑出版《中国石油天然气集团有限公司2022年度优秀审计论文集》《2022年审计理论研究课题成果》和《中国石油审计》杂志4期，有效促进审计成果、审计经验共享、交流、学习；邀请中国审计学会会长孙宝厚为全体审计人员作《全面学习落实新修改审计法》视频讲座，提升全系统审计工作质量和水平。

（白雪莲　洪　鑫）

维稳信访与综合治理

【概述】 2022年，集团公司维稳信访与综合治理工作坚持以习近平新时代中国特色社会主义思想为指导，围绕中心、服务大局，牢固树立“防范胜于救灾”思想，把确保党的二十大和谐稳定作为全年工作的重中之重，严格按照集团公司党组部署，适应新形势新任务新要求，着力攻坚克难，着力深化信访制度改革，着力推进安保防恐标准化、体系化建设，维稳信访与综合治理形势持续向好，工作整体效能进一步提高，为集团公司建设基业长青的世界一流综合性国际能源公司营造安全稳定环境。

2022年，集团公司党组领导受邀作为国家反恐办联合督导组组长，代表国家对吉林省安保反恐工作进行督导检查，彰显中央企业政治担当。全年新发打孔盗油案件1起、开井盗油案件37起，配合公安机关打掉涉油犯罪团伙17个，配合抓获犯罪嫌疑人447人，查扣盗运车辆1275台，累计收缴被盗原油5608吨，新发案件连续保持低位。

（乔旭烁　冯治中）

【维稳信访】 2022年，集团公司维稳信访干部队伍牢牢把握集团公司党组“稳定工作是基础的基础，要更加可靠，更不能出问题”要求，多措并举、综合施策，各项工作取得成效。

坚持为员工群众办实事解难事，在新冠肺炎疫情防控重点时期，各企业把涉及群众利益的问题摆在突出位置，坚持多元畅通信访渠道，引导信访人通过网上信访、书信、来电等非接触方式安全便捷地反映诉求，让员工群众足不出户就能得到回应和解决，保证各类信访问题的及时就地解决。

集中开展治理重复信访、化解信访积案专项工作，32 家企业全面建立“四个一”机制：一件重复信访事项或信访积案明确一位包案领导、一个机构牵头组织、一个具体单位负责、一套化解稳控方案，一级抓一级，层层抓落实。将工作纳入对企业领导人员的业绩考核，跟踪督办、精准督查，对积案化解一月一调度、逐案研究方案，化解进展定期通报企业包案领导和责任部门。提前半年完成国务院国资委下达的“2022 年底实现清仓见底”的工作目标，工作成效受到国务院国资委通报表扬。

坚持关口前移重心下沉，全面强化与有关方面的无缝对接、密切联动，保障各项改革措施的顺利实施。各企业在推进改革中开展扎实的稳定风险评估工作，全年全系统没有出现一起在稳定风险评估后发生的群体上访事件。围绕各类改革事项，强化做好舆情风险监测，提前消除改革引发的不稳定风险。

推进制度创新，以《信访工作条例》为依据，结合集团公司实际，完善集团公司信访工作制度体系工作，整体管理效能进一步提升。完成集团公司《信访工作管理规定》及相关配套办法的编制工作。深入贯彻党中央平安建设部署，持续推进平安企业建设，首度开展集团公司平安企业认定工作，取得良好示范效应。各企业开展各具特色的平安企业创建工作，创建基层矛盾纠纷“调解点”，实现问题矛盾“一窗受理、多元化解”。

通过企业上下大量艰苦细致的工作，杜绝 100 人以上进京群体访和企业当地 300 人以上群体访，实现各重点敏感阶段万无一失。集团公司信访总量和进京访总量实现下降，同时实现年度六连降。

（冯治中）

【综合治理与保卫】

1. 国家重大活动安保

2022 年，集团公司以党的二十大、全国“两会”、北京冬奥会等国家重大活动安保为主线，全面升级安保管理，召开 20 家环京“护城河”企业专题会议，向重点企业党政负责人下达责任令，实施每日“零报告”，确保万无一失。6 月中旬至 9 月中旬，组织开展迎接党的二十大安保风险隐患“大排查、大督查、大整改”专项行动，累计排查安保隐患及管理问题 13461 项，督促企业落实整改“包保”责任，全程跟踪督办，实现“清零”目标，为党的二十大胜利召开营造良好环境。

2. 国家行业标准达标建设

2022 年，集团公司紧盯时间节点，突出问题导向，规划达标建设全年“2 个阶段、7 个节点”目标任务，实施周督促、月通报机制，持续跟踪督办，对新建、改扩建重点目标落实安全防范系统“三同步”要求，确保按期优质完成达标建设任务。2022 年底，集团公司国家标准第 1 至第 5 部分 21456 个重点目标达标 21455 个，达标率 99.99%；新增国家标准第 6 部分 555 个管道重点目标达标 339 个；新增企业标准 1280 个新增重点目标达标 969 个，超前完成达标建设目标任务。

3. 驻疆企业反恐维稳

2022 年，集团公司贯彻落实第三次中央新疆工作座谈会精神和新时代党的治疆方略，做好反恐防恐工作，坚定维护新疆政治安全、社会安定、人民安宁。参加新疆维吾尔自治区召开的油气田和输油气管道安全保护工作领导小组会议，召开专题部署会，部署 11 家驻疆在疆企业维稳安保工作，推动驻疆企业安保防恐与地方政府便民警务站、社区综治中心、维稳指挥中心、一体化联合作战平台等工作紧密协同，共防风险、共筑平安。

4. 重点涉恐要素管控

散装汽油实名销售管控。成品油销售企业严格规范和加强散装汽油管控，因地制宜、科学布点销售，推进定点销售散装汽油加油站的实名登记信息系统安装应用，并纳入省级公安信息平台。截至 2022 年底，集团公司在营加油站中 14921 座定点销售散装汽油，按属地公安机关要求，安装实名登记信息系统 13537 座，与公安机关联网 12200 座。

成品油流通市场“三黑”（黑加油点、黑加油站、黑加油车）问题治理。在省、市、县三级联席会议机制框架下，各成品油销售企业配合地方政府部门、公安机关，针对成品油市场油品违法经营、走私偷运、偷税漏税、非法劣质油品等重点问题，开展联合执法整顿，形成“从企业被动协调到政府主动牵头、从公安机关单打独斗到商务部门牵头多部门联合执法”的转变。全年累计摸排非法经营线索 4215 条，配合打击取缔“三黑”窝点 2310 个、查获非法油品 38540 吨、查封运销油品车辆 3697 台、查扣拆除非法设备设施 2145 台、查处犯罪嫌疑人 1298 人。

新疆历史遗留勘探爆炸物清理。按照公安部和新疆维吾尔自治区公安厅工作部署，指导东方物探深入推进新疆历史遗留石油勘探爆炸物品常态化清理，配合地方政府和公安机关开展巴州、和田、阿勒泰、吐鲁番地区7个区块的历史遗留爆炸物品清理和应急处置工作。累计清理历史测线1.68万千米，配合地方处置遗留爆炸物品17次，清理遗留震源弹3146千克、雷管75发、炮井237口，为维护新疆社会大局持续稳定贡献石油力量。

5. 内盗问题长效治理

开展反内盗“百日攻坚”专项行动，组织94家重点企业聚焦里勾外连、监守自盗违法违规行为，抓管理、抓责任、抓落实，强化内部治安防范和管理提升，将治理工作进一步延伸到基层一线，持续堵漏洞、补短板、固根基。开展“反内盗”长效机制建设，建立“责任落实、部门联治、企警协作、警示教育、奖励惩处、重点帮教、黑名单、防范创新”八项机制，推动内盗问题治理由治标走向治本。开展“反内盗”集团公司软科学课题研究，提出治理对策建议，推动内盗问题治理常态化长效化，被评为集团公司2022年度软科学研究优秀课题。全年新发内盗案件3起，累计查获企业和承包商人员5人，分别给予党纪政纪、解聘、列入黑名单等处分。

6. 油气安保顶层设计

安防标准化建设。2022年，集团公司在推进国家标准第1至第5部分达标建设基础上，牵头编制完成国家标准第6部分，修订完善企业标准，形成国家标准为主、企业标准补充、治安反恐防范一体、覆盖全产业链的标准体系。

安保管理体系运行。规划编制《安保管理体系三年推进计划》，印发《安保管理体系框架设计指引（国内业务）》，指导企业做好体系建设工作方案编制；推进体系建设试点，指导7家试点单位结合专业领域特点和安保实际，编制三级体系文件，建立审核工作流程和审核标准，并启动试点单位体系内部审核。

保卫业务数智化发展。起草企业标准《保卫业务基础数据规范》，推动建立统一数据标准，深入挖掘数据价值。立项开展“保卫业务信息化平台”建设，推动保卫业务统一纳入平台运行、各类信息统一纳入平台共享、基础工作统一纳入平台管理，促进信息规模应用，深挖数据资源价值，支持服务决策。

7. 安保基础建设

2022年，集团公司健全机制制度。推进“黑吉辽”“津冀鲁”“陕甘宁蒙”“川渝滇藏”4个区域安保防恐工作联席会议常态化运行，督促建立完善陕西、甘肃、宁夏、内蒙古、四川、云南、西藏等省级联席会议机制；制定《安保防恐指标考核细则》，并纳入集团公司对企业领导人员年度绩效考核体系，严考核、硬兑现；将安保违规行为处理纳入集团公司《员工违规行为处理规定》，统一处理标准，加强刚性约束；编制《加油（气、氢）站安保管理要求》《油库安保管理要求》并实行，增强末端预防、控制和处置风险能力。提升队伍能力。组织开展安保管理体系审核员培训，188名参训人员通过培训考试、获得审核员资格；对集团公司安保专家库进行中期调整，初步建立审核员和专家“两支队伍”，为全面推进体系建设奠定人才基础；组织开展安保管理岗位标准化培训课件集中开发，研究推进开发手册、培训方案、工作分析表、标准课件等系列工具编制；协调人力资源部推动保卫管理员职业等级资格认证。

（乔旭烁）

保密密码工作

【概述】 2022年，集团公司保密密码工作坚持以习近平新时代中国特色社会主义思想为指导，坚决贯彻党中央关于保密密码工作的决策部署和习近平总书记重要指示批示精神，落实上级保密密码管理部门和集团公司党组工作要求，修订印发集团公司保密委员会和密码工作领导小组工作规则，抓实党的二十大相关保密工作，深化保密“三大管理”（定密管理、网络保密管理、涉密人员管理），严格保密密码工作检查，加强保密宣传教育，完成全年任务，未发生重大失泄密事件。

【保密委员会（密码工作领导小组）会议】 2022年2月16日，集团公司党组成员、总会计师、保密委员会主任、密码工作领导小组组长刘跃珍主持召开集团公司保密委员会（密码工作领导小组）全体会议，传达学习中央保密委员会会议、全国保密工作会议和中央密码工作领导小组会议精神，贯彻落实集团公司2022

年工作会议精神，回顾总结2021年集团公司保密密码工作，研究部署2022年重点工作任务。会议宣布保密委员会委员、密码工作领导小组成员等任职调整。

7月13日，集团公司党组成员、总会计师、保密委员会主任、密码工作领导小组组长蔡安辉主持召开集团公司保密委员会（密码工作领导小组）2022年第二次全体会议暨第三季度保密密码工作例会。传达学习上级保密密码管理部门的会议、文件精神，通报有关泄密案件查处情况，审议通过《集团公司保密委员会工作规则》和《集团公司密码工作领导小组工作规则》。会上宣布保密委员会委员、密码工作领导小组成员等任职调整。

10月20日，蔡安辉主持召开集团公司第四季度保密密码工作例会，会上宣布保密委员会委员、密码工作领导小组成员等任职调整。

【保密检查】 2022年，集团公司持续开展敏感信息违规外发和存储实时监控检查，全年违规存储数量同比下降55%。落实“3年3个全覆盖”（集团公司对所属企业进行全覆盖，保密密码工作协作组对成员单位进行全覆盖，所属企业对本单位下属单位进行全覆盖）现场检查目标任务，检查21家单位所属58个部门、部位，依据《保密工作检查评价规范》，对组织机构、责任制落实、制度建设等内容进行全面检查，指导受检单位对查出问题进行全面整改。组织开展集团公司重点领域信息管控专项检查。对3个集团公司保密要害部位和2个保密重点单位开展技术检查。组织开展全系统保密管理自查自评，各协作组、各单位开展区域内互查、自查工作。

【定密监督】 2022年，首次组织开展定密事项清查。围绕越权定密、定密不准、定密程序不规范、标志不规范、不及时变更和解除秘密等定密不当行为及定密责任人制度落实情况，各单位全面清查2021年公文类定密事项。清查涉及国家秘密的定密事项1122项、涉及集团公司商业秘密的事项1249项，对发现的问题进行整改。

【保密技术】 2022年，集团公司稳步推进办公系统自主创新替代工作，涉密网络设备的安全可靠性不断提升。建成投用电子公文跨境传输系统，满足集团公司总部与海外企业之间普通文件安全传输需求。推进涉商密信息系统定级测评，完成7个普通商密信息系统测评。持续强化风险隐患监测，针对集团公司总部计算机进行违规存储及安全检测、查杀病毒和木马，治理高危漏洞。

【宣传教育】 2022年，集团公司组织开展保密委员会主任讲保密专题课活动，蔡安辉为集团公司总部部门和在京单位保密委员会主任讲授保密专题课，各级保密委员会主任讲授保密专题课400多场次，参加人员近4万人。组织参加国家保密局“保密故事大家讲”活动，征集微视频1000多个，西南油气田、辽河油田、塔里木油田等7家单位报送作品被国家保密局选中，并在“中国保密在线”和“保密观”平台展播；西南油气田郑元媛获“保密故事优秀讲述人”称号。举办集团公司第三届保密宣传周活动，围绕“网络保密”主题开展“五个一”活动（组织一次网上答题、一次展览展示、一次专题讲座、一次专项检查和一次志愿服务），超百万员工参与。举办保密干部线上培训班，开展密码系统“喜迎二十大”知识竞赛，编印《保密工作论文集》《保密工作故事集》等保密文化作品4项，完成13个保密标准化培训课件编写。

【标准化工作】 2022年，《商业秘密定密工作指南》（Q/SY 26003—2022）和《商业秘密信息系统建设、运维及测评规范》（Q/SY 26001—2022 替代 Q/SY 10008—20017 和 Q/SY 10008—20019）发布实施。

【重大活动保密工作】 2022年，集团公司组织起草印发专门通知，就重大活动保密管理进行系统安排部署。组织对集团公司保密要害部位和在北京重点单位保密责任制落实、涉密载体管理、密码设备管理等重点内容进行全面检查。

【商业秘密保护管理体系】 2022年，依据《集团公司商业秘密保护管理体系管理手册（2021年版）》和《集团公司商业秘密保护管理体系实施方案》，在支持文件、程序文件和涉密岗位保密职责及流程编写方面取得阶段性成果。启动商业秘密管理提升项目，以推进实施商业秘密保护管理体系为抓手，部署3年行动计划。

【集团公司保密密码工作会议召开】 2022年4月20日，集团公司2022年保密密码工作会议在北京召开。会议传达集团公司党组书记、董事长戴厚良的批示：“希望你们再接再厉，守正创新，综合防范，精准施策，化解重大泄密风险，堵塞重大泄密漏洞，推动新时代保密工作高质量发展，以优异成绩迎接党的二十大胜利召开。”会议贯彻落实上级部门工作部署和集团公司2022年工作会议精神，总结2021年保密密码工作，安排部署2022年重点工作任务，强调要紧紧围绕集团公司高质量发展的目标任务，进一步统一思想、提高认识，为集团公司建设世界一流综合性国际能源公司提供保证。蔡安辉出席会议并讲话。来自集团公司总部部门和在北京单位的保密委员会主任、保密办公室主任等100人参加会议。

（黄照富）

档案管理

【概述】 2022年，集团公司档案工作紧紧围绕迎接服务和学习贯彻党的二十大主题主线，深入贯彻落实习近平总书记关于档案工作重要指示批示精神和集团公司总体部署，全面推进档案治理、资源、利用和安全"四个体系"建设，不断推动档案工作高质量发展。

2022年集团公司有专兼职档案人员10076人，其中专职档案人员2590人、兼职档案人员7486人；馆藏全部纸质档案近2600万卷、5000多万件，总排架长度115多万米；档案管理系统保管电子档案4.7亿多件，数据存储总量350多TB；全年利用档案16万多人次，利用档案近160万卷次；编研公开出版物33种、1200多万字，内部发行533种、3800多万字。

【全面加强党对档案工作的全面领导】 2022年，集团公司所属各单位党委认真学习习近平总书记对档案工作重要批示，落实集团公司党组要求，坚持把全面加强党的领导贯穿档案工作始终。大庆油田公司党委构建"档案馆+档案专业中心"管理体制，运行更加高效。长庆油田、塔里木油田、渤海装备等单位组织召开公司档案（史志）工作会议；辽河油田、南方勘探、广西石化、长城钻探等单位制定档案工作"十四五"规划；新疆油田、吉林油田、华东化工销售等单位通过党委会议专题研究推进档案重点工作。浙江油田、川庆钻探、吉林销售、辽宁销售、河北销售等单位调整或成立党委领导挂帅的档案工作领导小组。工程建设公司将档案管理纳入经营绩效考核，完善考核机制。抚顺石化建成投用档案馆4743平方米，大庆石化完成档案库房扩容改造600平方米，档案安全保管条件持续改善。

【持续完善档案管理制度体系】 2022年，印发集团公司档案工作"十四五"发展计划、2022年度档案工作要点，制修订完善集团公司档案工作规定、科技项目和信息化项目档案管理办法、档案工作评价办法等制度，提升档案工作规范化水平。各单位不断加强档案制度建设，突出制度执行，持续提升档案规范化工作和管理水平。云南石化、长庆石化、四川销售等单位做好档案工作规定、指南、标准及配套业务流程的立改废工作；华北油田、吐哈油田、乌鲁木齐石化、锦州石化、大港石化、新疆销售等单位制定《工程建设项目档案管理办法》，规范建设项目档案管理；大港油田、西部钻探、东方物探、测井公司、东北销售、宁夏销售等单位完善《档案工作评价细则》，健全档案工作评价考核机制；中油国际编制境外档案管理手册，加强文件形成前端控制和文档全生命周期管理。

【持续深化重点业务领域档案管理】 2022年，中国石油档案馆会同集团公司科技管理部研究制定《科技项目档案管理办法》，建立科技项目档案过程指导和验收（审查）机制；会同工程和物装管理部，将档案管理要求融入工程管理的各项制度，发挥项目档案管理对于项目管理、质量控制、风险防控以及责任追溯等工作的促进和保障作用，加强工程建设项目档案管理。各单位围绕主营业务发展和提质增效，持续加强勘探开发、建设项目、重大活动及海外业务等重点领域档案管理。油气和新能源分公司加强地质资料管理，组织油气田企业汇交矿权193个，汇交成果资料55万余件，为油气矿权区块变更与申请提供有效支持。集团公司勘探开发资料中心、大庆、长庆、塔里木、新疆、西南、吉林、吐哈、南方勘探等9家油气田企业，以及刘军平、张颖、周春蕾等62名"地质资料管理工作表现突出个人"获国家自然资源部办公厅通报表扬。广东石化竣工资料全数字化移交及在线归档试点通过验收；中油国际海外项目档案靠前支持与服务覆盖率100%。

集团公司总部部门和专业公司加强文件材料归档工作；党组宣传部高质量完成冬奥全过程文件材料收集归档；党组巡视办公室重视机要文件归档管理；发展计划部、质量安全环保部、集团公司财务部、股份公司财务部规范档案整理并及时归档；审计部强化审计项目资料归档；纪检监察组做好案件档案整理归档；炼油化工和新材料分公司强化用印审批材料归档；中油技服加强重要会议文件材料归档，为做好集团公司总部年度归档工作提供支持。

中国石油档案馆全年接收集团公司总部归档 20582 卷件，整理著录 23864 条；线上线下利用 17299 人次，复制 25153 页；接收 8 家在京单位档案 5.5 万卷件。

【持续深化档案编研和年鉴史志工作】 2022 年，中国石油档案史志工作围绕集团公司发展大局，持续推进档案利用体系建设，提升档案利用服务能力。中国石油档案馆持续推进《中国石油大事记（1949—2021）》编修，协同石油工业出版社年鉴编辑部按时完成集团年鉴编纂出版任务；组织“喜迎二十大、档案颂辉煌”微视频征集展播活动，通过档案讲述在中国共产党领导下中国石油工业发展壮大的光辉历程。活动征集微视频 116 部，党的二十大期间展播 48 部，观看 4102 人次，西南油气田、吉林油田、抚顺石化、乌鲁木齐石化等 4 家单位获一等奖。长庆油田深入挖掘红色档案资源，录制的《庆阳石油有希望》等 4 部档案微视频在央视频等主流媒体展播，受到广泛关注。

各单位围绕重要纪念日、重要历史事件等节点，努力推进年鉴史志编纂工作，有效发挥记录石油历史、传承石油文化、弘扬石油精神的积极作用。石油工业出版社 2022 年 9 月底出版《中国石油天然气集团有限公司年鉴 2022 卷》；中油测井组织编纂出版中国石油工业第一部测井行业简史《中国石油测井简史》及《中国石油测井公司志（2002—2021）》；西南油气田《川油史记》7 册丛书编纂出版，获评 2022 年度四川省地方志工作先进单位；西北销售利用档案馆藏资源，编纂出版《中国石油西北销售公司志》。各单位挖掘档案资源，配合完成集团公司新时代新展览厅建设。

【持续推进档案信息化建设】 2022 年，集团公司推进档案管理系统深化应用，通过商业秘密安全保护测评和等保三级测评，实现安全平稳运行，生产数据总量逾 351TB。加强合同管理系统 2.0 归档集成及推广应用，109 家企业单位实现集成上线。长庆油田、川庆钻探持续探索钻井工程数据一体化归档，寰球工程公司开展图纸全流程控制和三维设计模型归档试点应用，昆仑银行、昆仑金融租赁推进核心业务系统数据集成归档试点，煤层气公司搭建档案知识图谱，构建智能档案利用平台。

各单位积极推动档案“存量数字化、增量电子化”及数据资源综合治理工作，档案数字化率和数据质量稳步提升。新疆油田实现增量档案电子化率 100% 的目标；华北油田完成档案管理系统 12 大类 473.6 万条档案数据治理任务；兰州石化完成 4 万余条著录不规范档案数据治理任务。

【持续打造高素质档案人才队伍】 2022 年，集团公司通过加大培训、遴选专家骨干、开展课题研究等多种方式，提升档案队伍素质。中国石油档案馆线上组织举办 2 期集团公司档案史志业务骨干培训班，报名 256 人、在线参加培训 1800 余人；组织举办石油档案讲坛 5 期，在线参加 4000 余人；组织参加国家档案局档案“三支人才队伍”遴选活动，集团公司入选 7 人，其中中国石油档案馆王强入选“国家级档案专家领军人才”“国家级档案专家”，中国石油档案馆高朝阳、大庆油田王鑫、勘探开发研究院杜艳玲入选“全国档案工匠型人才”，中国石油档案馆任洁江、大庆油田张文征、昆仑数智高强入选“全国青年档案业务骨干”。组织评选集团公司档案专家 20 名、骨干人才 46 名，对档案人才队伍建设起到很好的示范引领作用。组织开展 2021—2022 年度档案工作研究和试点项目中期检查及结题验收，“大型企业档案管理体制机制创新研究”等 6 个项目获评优秀，“勘探开发业务系统数据与档案归档一体化研究”等 7 个项目获评良好；研究确定 2022 年度档案工作研究和试点项目 10 项。大庆油田、长庆油田、勘探开发研究院、兰州石化、长庆石化、寰球工程公司等单位参与集团公司软科学研究项目“企业档案与数据资产协同管理”研究，通过专家评审。组织参加中国档案学会征文活动，11 篇征文获奖。

（任洁江）

党建、思想政治工作与企业文化建设

党建工作

【概述】 2022年，集团公司党组坚持以习近平新时代中国特色社会主义思想为指导，围绕迎接党的二十大和学习宣传贯彻党的二十大精神主线，大力弘扬伟大建党精神，深化党史学习教育成果和全国国有企业党的建设工作会议精神落实成果，坚决扛起全面从严治党主体责任，持续推动党建工作与生产经营深度融合，充分彰显党建工作在企业价值链中的重要作用，各项工作取得新进展新成效。

截至2022年底，集团公司共有基层党组织31582个，其中基层党委2435个、党总支1803个、党支部27344个；有党员489507人，其中在岗职工党员475354人，退休党员8795人，女党员119299人；全年发展党员8575人。

【迎接学习宣传贯彻党的二十大】 2022年，集团公司制定并落实防范化解重大风险为党的二十大营造良好环境的33项工作措施和喜迎党的二十大的26项重点措施，精心做好中央企业系统（在京）和中国石油在各省（自治区、直辖市）党的二十大代表候选人推荐和审核把关工作，高标准高质量承办国务院国资委中央企业系统（在京）党代表会议，11人当选党的二十大代表。组织百万石油员工第一时间收听收看党的二十大开幕盛况，集团公司党组6次集体学习党的二十大精神，制定学习宣传贯彻通知，明确9个方面34项重点任务，集团公司党组书记带头向全系统党员干部宣讲，党组成员在分管领域宣讲，各级党组织层层抓好学习培训、宣传宣讲，各级党员领导干部、党的二十大代表、优秀党员等宣讲3800余场次，直接受众超过64万人次，网络专题培训110万人次，全面掀起学习宣贯热潮。集团公司党组深入贯彻党的二十大关于深化国资央企改革、高水平科技自立自强、调整优化能源结构、保障能源资源安全、全面从严治党等部署要求，精心谋划今后一个时期的重点思路和工作部署，全力推动党的二十大战略部署在中国石油落实落地。

【基层党建工作】 2022年，集团公司聚焦推动基层党建"蓄势再提升"，以系统化思维强专业、强基础、强基层，经过广泛调研，总结提炼基层创新实践成果，集中各方面智慧，研究制定所属单位党委委员履行党建工作"一岗双责"指导意见、规范党支部书记培训指导意见、党员发挥先锋模范作用指导意见等制度文件，形成提升基层党建工作质量系列举措。探索建立党建工作协作区机制，按照"区域协同、优势互补、点面结合、整体提升"的思路和"地域相近、便于统筹"的原则，将所属127家单位党委划分为6个党建工作协作区，推动企业之间互学互鉴、互帮互助、互促互动，促进集团公司党建工作整体提升。

【编撰出版党建培训教材】 2022年，按照集团公司党组工作部署和党组书记"简明实用"批示要求，组织编撰《中国石油基层党支部书记培训简明教程》，历时半年，数易其稿，于2022年7月底由中共中央党校出版社和石油工业出版社正式联合出版发行。这是首次从集团公司层面针对基层党支部书记和党务工作者编写的培训教程，可作为集团公司基层党支部书记示范培训班应用教材。

【压紧压实党建工作责任】 2022年，集团公司党组首次组织有关职能部门以视频形式合并召开集团公司2022年度党建工作部署会，按季度召开集团公司党建工作例会。组织对122家所属单位党委开展2021年度党建工作责任制考评，做到考准考实，考核结果"一对一"反馈，强化考核结果运用。组织开展2021年度所属单位党委书记抓基层党建述职评议工作，选取22名党委书记、8名党委专职副书记分3组采取视频形式召开现场述职评议会议，集团公司党组参加首场述职会，现场述职结果按10%权重纳入党建工作责任制考核，实现所属单位现场述职评议考核第二轮（2019—2021年度）全覆盖。按照中共中央组织部和国务院国资委党委安排，深入开展清查整治突出问题规范党务工作，通过现场检查、视频督导等形式进行抽查指导，推动各级党组织更好地履行党建工作责任。

【党建工作研究】 2022年，聚焦推动集团公司党组年度重点工作部署落实落地，制定下发40项研究参考选题，指导各单位立项开展500多项党建课题研究。承担国务院国资委党委委托的"国有企业党建工作与生产经营深度融合研究”智库课题，高质量完成课题研究任务。组织开展“中国石油构建科学完整的党建工作体系研究”，探索构建科学完整党建工作体系的具体实现路径。评选表彰年度优秀党建研究成果，出版《2021年度优秀党建研究成果专刊》。面向全系统选聘100名党建工作特邀研究员，组织特邀研究员牵头承担或指导党建研究课题139项，促进各单位党建研究能力提升。

（卢长威）

【党建信息化平台】 2022年，贯彻落实集团公司党组重大决策部署，持续深化应用和优化提升党建信息化平台，实现党工团业务全面覆盖，百万石油员工全面链接，平均日活跃用户45万人，最高日活跃用户突破60万人，党建信息化平台连续5年成为我国最大、最活跃的企业党建云平台，助力集团公司党建工作推动党建工作理念、方法和模式的转变，为党建工作注入新的动力和活力，产生良好的品牌效应和示范效应。秉承业务平台属性，持续提升党工团数智能力，完成国务院国资委中央企业党建信息采集报表上报；支撑集团公司和各单位党建工作责任制考评、作风建设民主测评及集团公司总部部门作风建设“流动红旗”评选等工作；首次将海外组织工作责任制考评在党建信息化平台实施，仅用14天完成海外45个组织责任制考评工作；协助基层党支部高效开展组织生活；组织策划集团公司直属党代会、图解《中华人民共和国工会法》等专题，开展董事长讲党课、党的二十大精神学习等36场直播活动，累计参与近6000万人次。

【党组信箱】 2022年，集团公司“党组信箱”收到留言14217条，其中建议类11838条、咨询类912条、申诉类660条、其他留言807条。员工在“党组信箱”留言能“条条有回复、件件有回音、事事有着落”，主要得益于集团公司党组领导的高度重视，压实留言办理主体责任，层层抓落实，不断健全完善留言办理工作机制。集团公司总部部门收到留言后，两次为员工调整工资结构，想办法解决保障性公租房，配发劳保，加强自行车棚管理，建设新能源汽车充电桩，做好常态化新冠肺炎疫情防控。各企业员工的合理化诉求基本都得到满意结果，在防暑降温、工服改进、政策宣讲、员工学习提升、工作优化等方面采取具体举措，为员工群众办实事办到实处。

（王冬梅）

【集团公司直属第十二次党代会】 2022年，集团公司严格落实党章关于党组织按期换届选举的有关要求，在国务院国资委党委的全程指导和集团公司党组的领导下，2022年4月11—12日召开集团公司直属第十二次党代会，全面总结集团公司直属第十一次党代会以来党委、纪委工作，提出加强和改进直属党的建设的指导思想、功能定位、主要任务、工作部署，审议并通过集团公司直属第十一届党委、纪委工作报告，选举产生集团公司直属第十二届党委、纪委及出席中央企业系统（在京）党代表会议的代表。把贯彻落实党代会精神作为一项重要任务，将党委工作报告按照时间节点细化为31项长期工作和15项阶段性工作，结合实际谋划党建工作思路举措。组织编印《集团公司直属十二届党委委员工作参考》和《直属单位党委换届选举工作指导手册》。

【总部部门作风建设】 2022年，集团公司做好2022年度总部部门作风建设工作，持续推动总部部门工作效率和服务基层水平的全面提升。制定下发总部部门作风建设“转作风、强管理、抓执行”工作方案，形成任务清单，2022年评选流动红旗单位20个、党员先锋岗525名，召开作风建设工作例会，年底进行作风建设考评，形成部署工作、动态跟进、总结经验、改进提高的良性循环和工作闭环，促进作风建设融入日常工作、融入经营管理各环节。召开总部部门贯彻落实中央八项规定精神座谈会，深化开展违规吃喝专项治理工作，举办廉洁警示教育展，为集团公司总部部门党员配发《党的六项纪律知与行》学习丛书，深化习近平总书记关于力戒形式主义官僚主义重要论述和党中央关于整治形式主义为基层减负决策部署贯彻落实情况“回头看”工作，将全面从严治党向纵深推进。开展以集团公司领导测评、总部部门与专业公司互评、基层单位测评、领导小组考评为主要内容的作风建设考评工作，综合评定总部部门年度作风建设开展情况，考评结果直接与总部部门、单位主要负责人业绩合同指标挂钩，压实作风建设责任，充分发挥考核作用。

【直属党建工作】 2022年，集团公司牢固树立大抓基层鲜明导向，推动直属党建质量持续提升。制定完善直属党委季度例会制度，全年召开直属党委全委会6次，进一步落实全面从严治党要求，提高党委会决策及工作的科学化、民主化、规范化水平。严格规范基层党组织按期换届工作，下发通知进行督促提醒，全年批复党代会（党员大会）换届选举37次，及时批复届中增补委员等事项24次。对集团公司总部部门2021年民主生活会进行全覆盖、全过程督导。制定下发《关于加强党支部建设分类指导的意见》，从6个方面对党支部进行细化分类，明确不同类型党支部分类指导的重点任务和考核评价要求，增强党支部建设的科学性、精准性和实效性。贯彻国务院国资委党委2022年度发展党员工作安排，全年发展党员970名，把更多具有先进性、代表性的优秀分子吸纳到党内。加强对集团公司冬奥服务团队临时党组织各项工作的指导服务，下拨专项党费15万元，激励党员发挥先锋模范作用。修订完善《关于规范直属党组织党费收缴、使用和管理工作的实施意见》，进一步加强党费工作合规管理。开展发展党员及党费工作专项自查自改，推动发展党员和党费工作基本制度贯彻落实到位。组织直属各级党组织在2022年元旦、春节期间走访慰问生活困难党员、新中国成立前入党老党员等1361人次，发放慰问金336.23万元，及时把党组关怀温暖传递给广大党员群众。

（孟　暄）

思想理论工作

【概述】 2022年，集团公司思想理论工作坚持将学习宣传贯彻党的二十大精神作为当前和今后一个时期首要政治任务，坚持不懈用习近平新时代中国特色社会主义思想凝心铸魂，强化理论武装，深化思想教育，各单位党委理论学习中心组平均学习16次、专题研讨8次，开展党的二十大精神宣讲4900余场，组织“转观念、勇担当、强管理、创一流”主题教育专题学习1.36万次，教育引导广大干部员工在理论上更加清醒、政治上更加坚定、思想上更加统一、行动上更加自觉，为集团公司全力奋进高质量发展、加快建设基业长青世界一流企业奠定坚实的理论和思想基础。

【学习宣传贯彻党的二十大精神】 2022年，集团公司党组抓早抓紧谋划部署，第一时间召开党组（扩大）会，全面传达学习党的二十大会议精神，认真谋划和安排部署集团公司学习宣传贯彻的重点举措；及时以集团公司党组文件制定印发学习贯彻专题通知，明确制定9个方面34项重点任务，系统安排集团公司学习宣传贯彻工作。抓实抓好学习培训，集团公司党组先后召开党组（扩大）会、中心组专题学习会等学习研讨17次，两级党委理论学习中心组累计学习3100余次，百万石油员工通过各种方式收听收看党的二十大大会盛况，多层次全覆盖学习党的二十大精神；利用集团公司党校班、中青年干部培训班等开展专题培训，举办2期集团公司党组管理干部集中轮训班组织深入学习研讨，推动党的二十大精神入脑入心。广泛开展集中宣讲，集团公司党组书记、董事长戴厚良带头作首场宣讲，邀请中央宣讲团成员、中央党史和文献研究院院长曲青山作专题辅导报告，集团公司党组成员深入分管领域、单位宣讲，党的二十大代表、各类先进典型开展分众化互动化宣讲4900余场，推动党的二十大精神贴近员工、走进群众。推动理论研究，2022年集团公司党组在《人民日报》《求是》等刊发研究成果10篇，各单位党委在国家、省市媒体刊发理论文章56篇，持续增强学习宣传贯彻党的二十大精神的理论深度和情感热度。精心组织媒体宣传，“报台网端微”全线发力，开设各类专题专栏438个、刊发报道近万篇，配合中央主流媒体开展“总书记足迹”“喜迎二十大”“强国复兴有我”等系列主题宣传，联合新华社制作《中国深度》专题片，配合国务院国资委新闻中心制作“坐标中国”融媒作品《钻进深井》《雪域之家》，联合凤凰卫视制播《中国福气》5集专题片，浏览播放量超3亿人次，营造迎接学习宣传党的二十大浓厚氛围。

【理论武装】 2022年，集团公司印发党组理论学习中心组年度集体学习计划，明确各单位党委理论学习中心组专题学习重点内容，发挥理论学习中心组示范引领作用，全面学习贯彻习近平新时代中国特色社会主义思想，认真学习贯彻习近平总书记在党的二十大的重要讲话精神和党的二十大精神，跟进学习习近平总书记在省部级主要领导干部专题研讨班、党的十九届七中全会、二十届一中全会等重要讲话精神，深入学习《习近平谈治国理政第四卷》等重要著作和论述，以及习近平总书记关于中国石油和中国石油相关工作的重要指示批示精神，坚持读原著、学原文、悟原理，采取集中研讨、专家辅导、上下联学等方式，进一步提高领导干部理论素养和运用党的创新理论指导实践、推动工作的能力。2022年集团公司党组理论学习中心组学习18次，各单位党委理论学习中心组平均学习16次、专题研讨8次，集团公司党组向中宣部、国务院国资委党委书面报告学习情况，在集团公司内部通报所属党委学习情况。

【“转观念、勇担当、强管理、创一流”主题教育】 2022年，落实集团公司工作会议精神，以“转观念、勇担当、强管理、创一流”为主题，开展第20次“形势、目标、任务、责任”主题教育活动，与提质增效价值创造行动、管理提升行动、依法合规治企相融互促，部署深入学习、宣讲讨论、对标查改、问题整改、岗位实践5项重点任务，编发活动简报32期，各单位开展专题学习1.36万次、宣讲2.85万次，组织“强管理”大讨论1.63万场次，查摆短板弱项3.76万条，制定落实整改措施2.92万条。

【意识形态责任制】 2022年3月9日和7月1日，集团公司党组先后两次召开专题会议研究和部署意识形态工作。通过新闻通气例会、下发通知文件等，对抓好意识形态工作做出严格要求。修订实施《党组（党委）意识形态工作责任制实施办法》，明确提出阵地管理的“八个严禁”，强化刚性要求，进一步夯实意识形态管理制度基础。下发《关于进一步落实意识形态工作责任的提示函》，教育引导干部员工旗帜鲜明反对错误思想言论，切实管住心、管住嘴、管住手。坚决守住守好意识形态阵地，系统梳理集团公司各级各类媒体，组织开展舆论阵地集中清查整改、网站和新媒体有害敏感信息清查、新媒体内容运营违规外包清理、打击新闻敲诈和假新闻等一系列专项工作。

【推动党史学习教育常态化长效化】 2022年，集团公司党组印发《关于推动党史学习教育常态化长效化的实施意见》，部署深化党史学习、强化理论学习、锤炼政治能力、增强宗旨意识、弘扬伟大精神、推进自我革命等6项工作任务，持续推动党史学习教育走深走实。充分发挥各级党校和培训机构主阵地作用，积极利用爱国主义教育基地、石油工业文化遗产、延安精神示范教育基地、石油精神教育基地等红色资源，强化“四史”（党史、新中国史、改革开放史、社会主义发展史）和新中国石油工业史教育，加强党的光荣传统和优良作风教育。

【加强和改进思想政治工作】 2022年，集团公司党组认真贯彻落实党中央及国务院国资委党委安排部署，落实中央企业思想政治工作会议精神，制定发布集团公司党组《关于新时代加强和改进思想政治工作的实施意见》，进一步强化“一人一事”思想政治工作，“开展全员‘云讲述’，弘扬严实‘硬作风’”和“‘五解’工作法：企业思想政治工作新方法”创新案例入选中国政研会2022年基层思想政治工作优秀案例。

【思想政治工作研究】 2022年，加强政研课题管理，印发年度政工研究课题立项安排，在中国企业文化研究会立项7个相关课题，拟定集团公司年度研究课题参考选题27个，组织指导会员单位优选立项课题177个并开展深入研究，1项成果被中国石油党建思想政治工作研究会（简称石油政研会）评为基层思想政治工作优秀案例，2项成果入选中央企业思想政治工作创新案例。建立学习资料管理和共享平台，在集团公司网站、“铁人先锋”平台开辟“中央精神”“党组声音”等学习阵地，编发《理论学习资料汇编》11辑，推动理论学习大众化。完成石油政研会换届，选举产生第九届理事会理事180人，集团公司党组副书记段良伟担任新一任会长，修订和审议通过石油政研会章程（修正案）和财务、档案、人员聘用等6项基础管理制度，石油政研会服务基层能力和管理水平进一步提升。

新闻舆论工作

【概述】 2022年，集团公司新闻舆论工作围绕集团公司中心工作，聚焦迎接宣传贯彻党的二十大工作主线，策划开展高质量发展、勘探开发、科技创新、绿色低碳、重点工程、改革三年行动、党的建设、伟大精神等主题宣传，《中国石油报》刊发稿件7000余篇，集团公司官方新媒体发布信息1.4万条，石油内部网络矩阵日均发布信息2.3万篇；外部全网关于中国石油信息量77.8万条、客观正面报道占比95.4%，连续3年保持增长。其中：中央主流媒体报道986篇、同比增长25.8%；重点新闻网站信息3.7万篇、同比增长400%。

【党的二十大宣传报道】 2022年，集团公司聚焦贯彻落实习近平总书记重要指示批示精神，配合中央主流媒体开展“总书记足迹”“喜迎二十大”“强国复兴有我”等系列主题宣传。聚焦集团公司改革发展成就，协调《人民日报》《国资报告》《中国改革报》《中国能源报》等刊发三年改革成就深度报道，组织内部媒体开展“非凡十年”“新时代新石油”等主题宣传。聚焦“中国石油喜迎党的二十大”，协调《人民日报》、新华社、中央电视台、《光明日报》等持续刊播中国石油党的二十大代表风采、保障能源供应等情况；联合新华社制作“5G@二十大特别节目”《中国深度》专题片，在党的二十大新闻中心现场播出，全网各平台置顶播放，浏览量突破2亿人次；配合国务院国资委新闻中心制作“坐标中国”融媒作品《钻进深井》《雪域之家》，全网播放量超1亿人次；联合凤凰卫视制播《中国福气》5集专题片，社会各界对中国石油天然气发展成就积极点赞。宣传突出展示中国石油的使命责任和重要贡献、百万石油人的精神面貌，为喜迎党的二十大增添亮丽色彩。

【新闻宣传】 2022年，集团公司坚持适应传播发展规律，着力聚焦中央主流媒体、拓展新兴媒体资源，策划开展系列专题宣传，“中国石油全力以赴保冬供”被《人民日报》纳入“我为群众办实事”典型案例报道，“气蕴华夏”作为《大国基石》系列宣传片之一独立成集、在中国中央电视台推出，广东石化、吉林乙烯、广西乙烯、塔里木乙烷制乙烯、兰州乙烷制乙烯“新五朵金花”展现集团公司炼化转型成就，铁人王进喜、大庆1205队队长张晶、“大国工匠”刘丽等先进典型被中央主流媒体广泛报道。创新开展塔里木博孜34井“入地八千米——油宝寻宝记”、沙漠公路光伏项目“零碳挺进沙漠”慢直播，在线观看量突破1000万次。推出《宝石花温暖万千家》《回家Ⅱ》《石油人·冰雪梦》、“主题教育随手拍”“旗帜引领·能源强国看石油”等系列短视频150多集，浏览量超6000万次。石油原创歌曲《大家小家》被广为传唱，在全国总工会、国务院国资委开展的原创音乐征集评选中脱颖而出、名列30部获奖作品。组织100多家单位开展“中国石油开放日”活动，吸引近万名社会各界人士现场参观、云端感知中国石油。举办第七届新媒体内容创作大赛，创作作品3000多部。开展“美好中国年”“一起向未来”“对话Z世代”“改革跃迁，时代发展”等系列主题宣传活动。

【舆情管理】 2022年，集团公司开展网络舆情管理提升专项行动，每日编发舆情快报、每周更新监测关键词、每月通报舆情风险点、每年编制舆情风险日历，形成舆情管理基础支撑体系。下发《关于加强重点时段舆情升级管理的通知》，全面开展“党的二十大”“3·15”时段、业绩发布、冬季保供、涉外涉疫等舆情专项防控。快速处置网络不实信息，打赢舆情防控阻击战。

【国际传播】 2022年，集团公司结合国家对外宣传大局和海外业务发展实际，围绕展望时代美好愿景、彰显企业品牌形象、谱写丝路共赢华章等议题开展国际传播工作，实现每月有主题、每周有要点、每日有发布。中央对外宣传主流媒体和海外媒体刊发中国石油相关报道5000余篇，集团公司海外社交媒体账号矩阵刊浏览量突破4亿次，粉丝总量超280万人。启动“中国书架”三期建设，获国务院国资委央企国际传播优秀案例和中国外文局“2022中国企业国际形象建设十大优秀案例”。中国石油被新华社评为“中国品牌出海十大优秀案例”和“中国海外网络传播能力建设——企业优秀案例”。

【宣传系统建设】 2022年，集团公司坚持放大宣传系统功能，统筹各类资源力量，加强工作协同协调，强化信息互通共享，深化与宣传网信主管部门、主流媒体沟通联络，实现上下联动、横向联通、内外协调、整体发力。持续深化新闻宣传“六件套”，“企业风”发布内部媒体报道2.3万条，“媒体眼”转发外部媒体报道4000多条，“知晴雨”预警舆情信息528条，“出海口”利用中央主流媒体官方账号发布信息2000多条、浏览量超2500万次，“发球机”向重点媒体推送稿件、媒体引用转发率85%以上，“同心圆”引导下载使用“铁人先锋”外部用户数量再增千余人。坚持新闻通气例会、重大舆情会商会议、内部媒体双周例会、新闻报道选题碰头会等制度，制定、修订宣传思想文化工作制度规范，进一步推动工作制度化规范化长效化。举办新闻发言人、宣传部长等培训班，加强新闻从业人员监督管理，培养主播直播、短视频制作等专兼职人才，持续改进宣传系统工作作风，着力打造政治过硬、本领高强、求实创新、能打胜仗的宣传队伍。

（张　超）

企业文化与品牌管理

【概述】 2022年，集团公司企业文化与品牌管理工作以习近平新时代中国特色社会主义思想为指导，推动新时代石油先进文化建设进程，促进品牌建设与经营管理各环节深度融合，为集团公司建设基业长青世界一流综合性国际能源公司提供文化品牌支撑。2022年，中国石油品牌在美国《财富》世界500强排名第4，“全球品牌价值500强”排名第55，品牌价值297亿元；全球油气行业品牌价值排名第三名，“中国品牌价值500强”排名第15名、行业第一，品牌联盟“2022中国品牌500强”排名第一。

【推进文化引领专项工作】 2022年，集团公司全面落实文化引领战略举措，研究制定文化引领专项工作方案，丰富完善企业文化理念，充分发挥企业文化的管理属性，推动与生产经营、改革发展有机融合，进一步促进企业高质量发展。落实《企业文化手册》宣贯三年计划，开发专题课件、开设专门课程、制作宣传视频，坚持集中与分散结合、线上与线下结合，开展宣讲20余场，推动学习宣贯全覆盖。加强企业视觉形象规范指导，开展设计制作中国石油企业徽章工作。下发精神文明建设工作要点，加强职工思想道德建设。举办“石油工人心向党”系列职工文艺活动，推荐《天边加油站》等4部优秀作品参加第16届精神文明建设“五个一工程”评选。

【加强文化资源建设】 2022年，建成投用集团公司层面首个综合性展厅。展厅以成就线、文化线、历史线贯穿展览始终，展出图片1000余张、实物400余件，容纳史料内容100多万字，全面呈现石油历史、展现石油文化、展示时代成就，成为践行习近平新时代中国特色社会主义思想的宣传阵地，弘扬石油精神和大庆精神铁人精神、传播石油文化的重要平台，开展干部员工宣传教育、提升职业素养的重要基地，展示中国石油新成就新业绩的形象窗口。梳理上报爱国主义教育基地28个，大庆油田“三超”文化展厅被中国科学技术协会等7部委评为“科学家精神教育基地”，大庆油田历史陈列馆、玉门油田红色旅游景区入选国家工业旅游示范基地名单。

【传承弘扬伟大精神】 2022年，集团公司丰富和创新弘扬精神的方式方法，借助有形载体，传播无形力量。举办第五届石油精神论坛，首次邀请外部专家从不同维度阐释石油精神时代内涵，直播收视130万人次、创收视新高，进一步增强石油精神和大庆精神铁人精神的社会影响力。举办贯彻落实习近平总书记致大庆油田发现60周年贺信重要指示精神三周年座谈会，成为首次“中国石油纪念日”活动主题，教育引导广大干部员工汲取奋进力量、努力干事创业。承办中央组织部贯彻落实中央企业党的建设工作座谈会精神专题推进会和“赓续央企精神血脉”主题宣讲报告会，中国石油作大会交流发言并宣讲，118万人次在线观看。承办中国化工学会成立100周年纪念大会，组织编写《化工百年》纪念册，大会受到社会各界广泛关注。

【持续提升企业品牌价值】 2022年，集团公司落实“产品卓越、品牌卓著、创新领先、治理现代”要求，深刻认识品牌对企业发展的重要作用，深入研究提升品牌管理和价值方法途径，持续推进品牌建设工作。高质量完成北京冬奥会服务保障工作，充分发挥赞助商服务商优势，开展系列宣传活动，提升中国石油品牌国际影响力。研究梳理13个国内外知名品牌榜单，主动向品牌排名机构推介企业品牌，编制年度品牌工作日历，按计划开展品牌宣传活动。2022年，中国石油品牌在国内排名大幅提升、国际排名持续稳定，位列《财富》世界500强第四、品牌财经（Brand Finance）全球油气行业品牌价值第三。下发《集团公司总部参加国内展览展示管理办法》，规范展览展示流程标准，在中国西部国际投资贸易洽谈会、中国国际服务贸易会、中国国际进口博览会等展览活动中创新形式、提升效能，集中展示中国石油科技创新、绿色转型等最新发展成果。

【提高企业社会责任形象】 2022年，集团公司征集优秀社会责任实践案例并编写案例集。印发《海外社区沟通指导手册》，增进利益相关方的理解支持，展示中国石油关心社区发展的负责任国际石油公司形象。开展中央企业社会责任管理之道课题研究，编写《中国石油价值引领型社会责任管理》丛书，在国务院国资委《中央企业社会责任管理之道（第三辑）》丛书发布研讨会上发布，有力推广中国石油社会责任管理经验。组织参加第五届中央企业优秀故事评选，获一等奖1个、二等奖1个、三等奖3个，集团公司获评优秀组织单位。

（张　超）

群工工作

【概述】 2022年，集团公司群工工作坚持以习近平新时代中国特色社会主义思想为指导，认真学习贯彻党的二十大精神，按照上级部门和集团公司党组部署要求，坚持党建带群建，以党建“六大工程”为统领，大力实施群团聚力工程，持续深化集团公司工会、科学技术协会、体育协会工作，充分发挥桥梁纽带作用，竭诚服务职工群众，各项工作取得显著成效。

【思想政治工作】 2022年，集团公司深入学习贯彻党的二十大精神和习近平总书记关于工人阶级和工会工作的重要论述，组织学习习近平总书记在首届大国工匠创新交流大会开幕式上的贺信精神，专题学习习近平总书记给山东省地矿局第六地质大队全体地质工作者回信精神，及时传达中国能源化学地质工会第五届全国委员会第一次全体会议精神，依托“铁人先锋”平台对新修订的《中华人民共和国工会法》做线上内容解读。集团公司1个单位获全国五一劳动奖状，8人获全国五一劳动奖章，12个集体被评为全国工人先锋号，大庆油田采气工刘丽获选2021年大国工匠年度人物，3个家庭获2022年第十三届全国最美家庭、1人获家庭工作先进工作者，3家单位获评全国和谐劳动关系创建示范企业。组织评选表彰2021年度集团公司先进集体40个和先进工作者500人。开展第二届“感动石油·巾帼风采”故事分享活动暨巾帼建功先进集体和个人表彰会，评选巾帼建功先进集体50个、先进个人200人。制定《集团公司科技创新巾帼行动指导意见》，为集团公司女科技工作者科技创新工作提供保障。

【推进产业工人队伍建设改革】 2022年，集团公司进一步落实《新时期产业工人队伍建设改革方案》，学习贯彻中华全国总工会、国务院国资委党建局联合发布的《关于充分发挥国有企业在推进产业工人队伍建设改革中带动作用的意见》。7月28日，以专报的形式向中华全国总工会上报《关于中国石油推进产业工人队伍建设改革工作情况的报告》，全国人大常委会副委员长、中华全国总工会主席王东明等中华全国总工会及中国能源化学地质工会领导对报告作出批示，就研究进一步推进产改工作举措、总结宣传经验做法等方面作了要求。11月，在全国能源化学地质系统产业工人队伍建设改革推进会上集团公司作交流发言。承担的课题“中国石油产业工人队伍建设改革载体和路径研究”得到上级工会组织和评审专家的一致肯定。

【职工岗位建功平台建设】 2022年，集团公司印发《集团公司关于组织开展劳动竞赛的指导意见》，对劳动竞赛内容、评比方式等进一步明确，重点推进长庆油田、新疆地区和西南地区3个全国引领性劳动和技能竞赛，组织长庆油田“岗位建功‘十四五’、油气跨越6800”全国引领性劳动竞赛启动仪式和西南地区油气勘探开发“建设气大庆、建功‘十四五’、奋进新征程”劳动竞赛推进会。在首届大国工匠创新交流大会上以“匠心强国·创新有我”主题展台展示优秀工匠代表和创新成果及中国石油发展历程。大庆油田刘丽在“中国工人蓝沙发系列访谈”中作交流发言。组织集团公司“十三五”群众性经济技术创新线上成果展。认定首批集团公司劳动模范和工匠人才创新工作室66个。

【企业民主管理】 2022年，集团公司尊重员工民主权利和合法权益，注重发挥员工民主管理、民主参与、民主监督作用，普遍建立并不断完善工会组织和以职工代表大会为基本形式的民主管理制度和厂务公开制度，保障员工的知情权、参与权、表达权和监督权。通过明确职代会各项职权、组织制度和工作制度，进一步规范厂务公开的内容、程序和形式。建立多种与员工沟通联系的渠道，坚持履行民主程序，通过员工代表座谈会和网络互动等形式，开展多层次沟通和交流，鼓励员工参与企业生产经营管理。

【职工服务】 2022年，集团公司坚持以人为本，大力推进健康企业建设，制定新冠肺炎疫情防控常态化下员工关心关爱工作7条措施，做好特殊时期的员工服务工作。组建"守望'油'我"心理志愿服务队，为职工及家属提供跨区域、跨单位的心理咨询服务。开展帮扶工作专项调研，并形成《集团公司帮扶工作专项报告》。坚持把困难帮扶作为维护稳定、促进和谐的大事来抓，推动落实《集团公司困难帮扶管理办法》，指导督促各单位持续完善制度建设，推动精准帮扶。

（袁　明）

【直属工会工作】 2022年，以"石油工人心向党，建功奋进新征程"为主题举办集团公司总部部门和直属单位职工喜迎党的二十大演讲比赛，营造喜迎党的二十大的浓厚氛围；在集团公司总部部门和直属单位开展评优选先活动和职工心理健康关爱优秀工作案例征集评选工作，提升凝聚力；组织举办"四海同心——向奋战在海外的石油人拜年"网络直播活动，关心关爱海外员工及家属；开展集团公司总部职工工作服装配发、日常劳动防护用品发放、2022年度体检、节日慰问和困难帮扶等工作，将"我为员工群众办实事"真正落到实处；组织"强管理""和谐家庭建设""提升员工健康"3个主题"8堂课"系列讲座，开展创意花艺比赛、普法宣传和读书等丰富多彩的"三八"国际妇女节活动，增强员工向心力和归属感；持续推进工会经费收缴、上报工作，完成直属工会2020年、2021年经费审计、整改工作，按照全国总工会要求完成工会经费审计前期的准备工作。

【科学技术协会工作】 2022年，按照集团公司党组领导关于成立中国石油科学技术协会（简称科协）的批示要求，筹备并推进科协成立相关工作，组织召开中国石油科协成立大会、第一次代表大会和一届一次全体委员会议。组织开展"全国科普日"活动，在"铁人先锋"平台开展每日科普答题活动，180万人次参加；与石油学会联合举办"油气简史，科普领读"线上读书活动，受到石油科技工作者好评；举办两期"中国石油科普大讲堂"，借助"首都科学讲堂"平台扩大石油科普面，累计130万人次在线收看，打造中国石油科普活动品牌。组织动员集团公司所属单位参加中国科协2022年创新方法大赛，有25个所属单位、235个项目报名参加，其中5个项目获全国总决赛一等奖、11个项目获二等奖、11个项目获三等奖、19个项目获优胜奖；参与中国科协"科创中国"系列榜单评选活动，兰州石化公司项目团队进入先导技术榜；配合人力资源部推动实施集团公司"青年科技人才培养计划"，组织32名中国石油科协委员分5个主干领域开展专家评审工作。推动集团公司与中国科协签订战略合作协议相关工作，落实战略合作协议工作任务联系人。组织召开主席办公会，安排部署重点工作，开展调研交流活动，拜访中国科协和北京市科协领导和相关部门，参加中国科协2023年年会活动，科协主席孙龙德受邀在高峰对话环节进行发言。加强科协组织建设，按照科协章程，组织下发团体会员发展工作的通知，指导集团公司总部部门和所属企业做好团体会员入会工作。

（张　桐）

【体协工作】 2022年，中国石油体育协会创新线上赛事，满足员工健身需求。以"喜迎党的二十大"为主题，采取视频报送方式开展第二届广播体操网络公开赛，40家单位报送混合团体及混合创编视频66个，参赛选手2071人。通过铁人先锋党建平台、集团公司微信公众号、石油影视中心等媒体展播，近30万职工参与投票，极大调动员工参与全民健身活动的热情，推动企业工间操活动的开展。组织"喜迎党的二十大"全国石油职工第六届健步走网络公开赛，134家单位的362780名职工注册参加比赛，是参与单位最广、人数最多、时间最长、影响力最大的石油行业群众体育品牌赛事。制定印发《关于加强集团公司员工健身工作的指导意见》，是集团公司落实党中央、国务院部署，首次出台加快构建更高水平的员工健身服务体系，促进员工运动健身意识、素养和体质健康水平提高，推动全民健身活动的指导性文件，为石油企业开展员工健身工作提供政策指引。

（徐志辉）

共青团和青年工作

【概述】 2022年，集团公司各级团组织深入学习贯彻习近平总书记关于青年工作的重要思想，按照集团公司党组和团中央、央企团工委各项工作部署，以迎接党的二十大胜利召开和学习宣传贯彻党的二十大精神为主线，结合庆祝建团百年，深入推进青年精神素养提升工程和青年马克思主义者培养工程，在巩固党建带团建成果、加强思想政治引领、搭建创新创效平台、服务青年成长成才、夯实团青工作基础等方面取得新的进展和成效。

【党建带团建】 2022年，集团公司团委牢牢把握共青团作为党的忠实助手和可靠后备军的职责定位，深刻领会集团公司党组对于青年工作的高度重视和战略安排，抓住机遇乘势而上、主动作为。定期向集团公司党组汇报团青工作，统筹谋划全系统团青重点工作和重大活动，主动争取、邀请集团公司党组领导出席会议活动、作出重要指示批示。压实各企业党委抓青年工作的主体责任，把党建带团建纳入企业全年党建重点任务，明确党委书记作为第一责任人，分管团青工作的党委班子成员作为直接责任人，团委书记作为具体落实人，层层分解任务，强化工作考核。多措并举理顺共青团的体制机制，规范共青团的组织建设，推动加强共青团干部队伍建设。大庆油田、长庆油田、西南油气田、新疆油田等团青人数较多单位二级正专职团委书记配备到位。创新工作载体，强化宣传导向，推动党建带团建在基层落地生根。组织开展“知、懂、爱——党委书记谈培养青年”活动，深入挖掘宣传各单位党委加强党建带团建的经验做法，112家单位党委书记撰写署名文章，《中国石油报》连发10期专版进行宣传，引起热烈反响。

【思想政治工作】 2022年，集团公司各级团组织牢牢把握共青团作为引领青年思想进步政治学校的定位，不断创新载体、提升实效，筑牢石油青年理想信念。围绕迎接党的二十大胜利召开和学习宣传贯彻党的二十大精神加强政治引领。开展“喜迎二十大、永远跟党走、奋进新征程”主题教育实践活动，统筹安排集团公司庆祝建团100周年系列活动，召开纪念建团100周年青年座谈会，开展“百年团史青年说”系列宣讲活动，评选表彰一批“两红两优”（五四红旗团委、五四红旗团干部、优秀共青团员、优秀共青团干部）。开展“礼赞建团百年、筑梦青春韶华”青年文化作品创作大赛，评选出文学、摄影、漫画、微视频“四个一百”优秀文化作品，获奖作品《你的青春最优解》代表央企参加团中央“五四”直播活动，向全国推广宣传。组建集团公司两级青年讲师团，2400余名讲师深入基层一线、走到青年身边，围绕学习贯彻党的二十大精神、传承弘扬石油精神和大庆精神铁人精神开展宣讲。扎实推进青年精神素养提升工程，加强顶层设计，紧扣主题制定工作方案，细化工作安排，把握关键节点，层层传导压力，及时督促总结。强化全过程指导，成立工作专班，针对各单位工作推进中的问题及时下发指导意见，确保全集团步调一致、同频共振。注重调研跟进，9月组织开展11场推进会，对130家所属单位做到全覆盖，逐一听取各单位汇报进度、成效、经验和意见建议，进行“一对一”点评指导。各企业邀请前辈英雄模范座谈授课740场次，开展青年对标讨论5400余次，举办“佛系”“躺平”思辨会2400多场。实施两级“青马工程”，克服新冠肺炎疫情影响，高标准启动集团公司“青马示范班”，探索形成集中授课、线上自学、小组分享、个人领读、积分激励相结合的“互促共进”理论学习模式；线上分享红色故事、线下寻访红色足迹、对标先辈查找差距不足、研讨交流激发思想共鸣相结合的“情感触动”红色教育模式；集团公司党组组织部和团委统筹、各企业组织部门和团委共同推动、基层单位带岗指导、复杂艰苦环境历练相结合的“压实担子”实践锻炼模式；理论联系实际、聚焦中心工作、解决突出问题相结合的“学习转化”课题研究模式。指导推动129家企业全面启动“青马工程”，培养学员3400余人，率先在央企中实现所属单位全覆盖。

【岗位建功工作】 2022年，集团公司各级团组织围绕“十四五”战略目标，找准组织青年开展岗位建功活动的切入点、结合点、着力点，持续提升工作大局贡献度。

加强青年突击队工作力度。聚焦重点工程指导开展青年突击队活动，创新工作思路，打破甲乙方界限，推动广东石化项目业主和参建单位联合组建95支青年突击队，围绕关键装置全流程打通的重要节点开展合力攻坚。各级团组织围绕“急难险重新”任务组建青年突击队3263支、动员青年6.5万人，青年突击队在集团公司重点工程、重大项目、应急抢险、新冠肺炎疫情防控和提质增效、科研攻关一线发挥重要作用。

规范开展青年安全生产示范岗创建活动。研究制定《集团公司青年安全生产示范岗创建活动管理办法》，指导1355个基层集体开展争创活动，评选认定99个集团公司青年安全示范岗，一线青年安全责任意识和安全生产能力不断提升。

推进青年创新创效工作。举办青年科技创意比赛，统筹纳入集团公司第二届创新大赛，为青年科技人才搭建展示舞台。勘探开发、炼油化工、工程技术、绿色低碳安全环保4个专业赛道吸引84个单位417个项目参赛。组织75支队伍参加团中央首届“创青春”中国青年碳中和创新创业大赛，石油青年在全国3400支队伍中展现出较高创新水平，1个项目获全国总决赛特等奖，4个项目获全国总决赛金奖，11个项目获地区金奖。在团中央第十七届“振兴杯”全国决赛中，集团公司6家单位、7个青年团队获奖。各企业成立青年创新工作室465个，募集青年创新基金1.12亿元，282项创新成果获得奖励。

【服务青年工作】 2022年，集团公司各级团组织工作坚持以青年为本，深深植根青年、充分依靠青年、一切为了青年，充分关注青年多元化需求，不断增强团组织的吸引力凝聚力。精准务实为青年办实事，在全系统开展青年思想状况问卷调查，覆盖129家单位5.65万名团员青年，摸清青年思想状况，分类施策开展工作。聚焦青年婚恋难题，开展调查研究，在线上问卷调研的同时，深入访谈基层一线单身青年，了解真实婚恋想法和择偶需求，与工会组织共同研究“红娘”服务方案。用心用情推动解决青年“急难愁盼”问题，2022年各企业团组织为青年办实事4761件，服务青年9.5万人，建设“青年之家”452个。持续推进志愿服务活动，全系统成立“宝石花”青年志愿服务队8613支，招募青年志愿者10.5万人，开展活动2.3万队次，获第六届中国青年志愿服务项目大赛银奖、铜奖各2项，志愿服务成为青春时尚。

【团青组织建设】 2022年，集团公司团委按照“政治上要严，团的干部队伍建设要严，团员队伍建设也要严”的要求，纵深推进全面从严治团。建立完善“第一议题”制度，坚持每月召开集团公司团委委员集体学习会，跟进学习习近平总书记重要讲话精神和集团公司党组部署要求，总结讲评月度工作，安排推进重点任务。健全团内基础制度，做好与团中央和中央企业团工委制度办法的配套衔接，制修订青年文明号、青年岗位能手、青年安全生产岗、青年突击队等6个管理办法，集团公司共青团和青年制度体系进一步得到完善。编发《团组织标准化规范化手册》，下发到8000多个基层团组织，夯实基础团务工作。强化团干部队伍建设，推动各企业落实集团公司党组编办的《关于企业团委工作人员配备有关问题的意见》，结合企业实际配齐配强团干部。加强对企业团委换届工作的指导，10家单位完成换届，8家单位完成届中调整。加强团干部培训，发挥线上培训优势，扩大覆盖面，将优质培训资源送到基层，2022年培训专兼职团干部8000余名。建立共青团和青年工作考核机制，组织开展团委书记现场述职评议会，及时向各单位党委反馈团委书记述职评议结果，在评先选优工作中强化成果应用，增强工作实绩刚性约束。完善共青团工作协作区运行机制，强化区域联动，压实京外8个共青团工作协作区、京内3个共青团工作协作组组长单位责任，举办协作区共青团工作交流会、座谈会，联合组织“青马培训班”，推动工作互融、资源共享、协同创新，在区域联动、动态协作中促进基层团组织工作水平整体提升。

（宗　囡）

统战工作

【概述】 2022年，集团公司统战工作以习近平总书记关于做好新时代党的统一战线工作的重要思想为指导，贯彻落实中央统战工作会议精神，按照国务院国资委党委关于统战工作要求和集团公司党组部署，毫不动摇坚持党对统战工作的集中统一领导，牢牢把握大团结大联合本质要求，引导广大统一战线成员为高质量推进世界一流综合性国际能源公司建设贡献力量。

【统战成员学习培训】 2022年，集团公司坚持把学习宣传贯彻党的二十大精神作为首要政治任务，组织各单位召开党外代表人士座谈会、夜校班、讲座辅导、专题研讨等，推动统战成员学习贯彻党的二十大精神，深刻领悟“两个确定”的决定性意义，增强“四个意识”、坚定“四个自信”、做到“两个维护”。针对少数民族员工进行有针对性的学习和指导，根据学习理解程度安排专人辅助学习。围绕学习贯彻党的二十大精神，在统一战线成员中持续开展“爱企业、献良策、作贡献”主题活动，引导广大统一战线成员为集团公司发展贡献力量。

【民族工作】 2022年，集团公司贯彻落实习近平总书记在中央民族工作会议上重要讲话精神，牢牢把握铸牢中华民族共同体意识这一工作主线，组织驻疆单位常态化开展“民族团结一家亲”和民族团结联谊活动，通过国家通用语言培训班、演讲比赛、知识竞赛、文艺晚会等形式多样、寓教于乐、内涵丰富的文化活动，搭建促进各民族员工沟通的文化桥梁。各单位尊重少数民族风俗习惯，在食堂设置回民灶，改善信仰伊斯兰教少数民族员工的就餐条件，支持少数民族员工参与开斋节活动，使少数民族员工感受到组织的温暖。一些单位针对部分少数民族员工因语言障碍造成工作沟通不畅、业务学习困难、社交圈单一等一系列问题，开展“党员一帮二”“干部一对一”活动，在工作时间随时随地帮助少数民族员工学习业务、掌握技术。在新疆定点帮扶尼勒克县、托里县、巴里坤县、吉木乃县、青河县、察布查尔县6个县和西藏双湖县、青海茫崖市投入资金、建设项目，助力当地巩固拓展脱贫攻坚成果，助力民族地区乡村振兴。

【与党外代表人士联谊交友】 2022年，集团公司党组领导在每年与党外代表人士联谊交友谈心谈话基础上，利用日常调研、会议等，与党外代表人士就企业改革发展、重点任务落实、重大项目推进、统战成员生产生活等方面进行经常性沟通交流，使其感受到真正被关心、被重视、被需要，为企业发展献计献策。集团公司总部部门党总支、党支部书记、各单位党委委员通过灵活有效方式，与党外代表人士进行沟通交流。党外代表人士对集团公司改革发展成果成效给予高度评价，为改革发展提出建议700余条。

【统战成员建言献策】 2022年，集团公司深入开展党外代表人士建言献策工作室建设。吉林石化“同心之家”建言献策工作室2020—2022年提出合理化建议90余条、解决生产技术难题12项，涉及项目核算、技改技措等资金2000余万元；塔里木油田卞万江建言献策工作室形成创新技术6项，获省部级科技奖励5项，软件著作权20余项，开展订单式培训123人次。组织统战成员深入开展调查研究，形成报告63份，寻找解决企业改革发展瓶颈问题的思路对策，评选表彰优秀调研报告一等奖5篇、二等奖10篇、三等奖20篇，评选表彰优秀组织单位24个。大港油田公司对外合作项目部总地质师、天津市政协委员、民建会员李涛《关于推动大港油田公司新能源业务顺利加快发展的调研报告》入选中央企业统战成员优秀调研成果汇编。支持人大代表、政协委员参政议政，做好地方“两会”提案调研提报工作，为优化集团公司发展环境代言发声。全国政协常委、中油财务有限责任公司副董事长、民革中央常务委员兰云升在全国政协十三届三次会议上提交的个人提案《打造先进制造业集群助推高质量发展》获十三届全国政协优秀提案奖。

（王德伟）

乡村振兴和公益捐赠

【概述】 2022年，集团公司响应联合国《2030年可持续发展议程》目标倡议及国家“全面推进乡村振兴”要求，发挥集团公司业务优势，结合受援地资源禀赋，开展“幸福乡村”建设行动、特色产业提升行动、“兴农”讲堂打造行动、消费帮扶赋能行动、健康护航保障行动、基层党建提质行动，提升当地经济自我发展能力，推进脱贫攻坚成果同乡村振兴有效衔接。

【助力乡村振兴】 2022年，集团公司乡村振兴和对口支援工作层层压紧压实责任，紧紧围绕民生、产业、就业、消费、健康等重点任务，扎实有序推进各项工作落实。全年累计投入乡村振兴和社会公益资金6.66亿元（其中捐赠资金6.46亿元），覆盖28个省240个村，开展各类项目860个，派出挂职干部、驻村第一书记及工作队694人；海外涉及15个国家，援助项目220个。集团公司在定点帮扶10个县投入帮扶资金2.12亿元，实施项目93个，培训各类人员7.8万人，购销帮扶产品12亿元。

【公益捐赠】 2022年，集团公司根据社会主流公益事业发展趋势，结合集团公司公益项目管理经验，编制印发《集团公司公益指导手册》，作为“图表化、清单化、模板化、流程化”工具指南，宣传典型案例、推进合规管理、提升项目成效。面对新冠肺炎疫情和自然灾害，第一时间履行决策程序，先后向北京、新疆、四川、内蒙古捐赠1.12亿元现金和防疫物资，助力各地防疫和赈灾工作。在中国石油大学（北京）、中国石油大学（华东）、西南石油大学等17

所高校设置“中国石油奖学金”，惠及在校学子 685 人；持续开展“旭航”助学项目，设立“旭航”班 59 个，资助 2894 名家庭困难学生。

（周　行）

光 荣 榜①

【第 26 届中国青年五四奖章】 1 人：

张　亮　辽河油田建设有限公司电焊工

【第 21 届全国青年岗位能手】 11 人：

周洋洋　大港油田第六采油厂第二采油作业区采注一组副组长

王忠伟　河北邢台销售分公司第二十三加油站经理

朱治国　华北油田公司第三采油厂工程技术研究所所长、党支部副书记

刘高菲　中油管道检测技术有限责任公司电气设计主任工程师

林妍妍　辽阳石化公司研究院聚酯研究室副主任

赵亚东　锦州石化公司仪电车间电气维修三班组长

王　建　抚顺石化公司钳工技能专家

刘　鑫　大庆油田有限责任公司勘探开发研究院非常规勘探研究室副主任

安　浩　宝石机械有限责任公司海洋石油装备分公司生产运行部副经理

刘馨思雅　青海油田公司采气一厂采气工

蒠永龙　独山子石化公司炼油二部副经理、党委副书记

【2022 年全国向上向善好青年】 1 人：

丛子博　大庆油田有限责任公司第一采油厂第一作业区北一采油班班长

【2021 年度全国五四红旗团支部】 1 个：

辽河油田储气库公司直属团支部

【2021 年度全国优秀共青团员】 1 人：

刘亦菲　青海油田公司采油三厂工艺室科员

【2021 年大国工匠年度人物】 1 人：

刘　丽　大庆油田有限责任公司第二采油厂第六作业区采油 48 队采油工班长

【全国五一劳动奖状】 1 个：

辽河油田（盘锦）储气库有限公司

【全国五一劳动奖章】 8 人：

刘　静　华北油田公司勘探开发研究院河套及外围地质研究所所长、副高级工程师

倪大龙　抚顺石化公司石油二厂加氢联合车间工艺三班班长

赵景林　吉林石化公司化肥厂合成氨车间化工一班值班长、高级技师

姜绍军　大庆炼化公司化工生产一部工艺工程师、助理工程师、高级工

袁婷婷　上海销售公司嘉定第四加油站经理、高级工

熊　波　西南油气田公司川中油气矿轻烃厂维修电工、高级技师

魏　诚　长庆油田公司第四采油厂采油工艺研究所采油工、高级技师

孟令晨　中油管道机械制造有限责任公司特种设备一车间电焊工、高级技师

【全国工人先锋号】 12 个：

中国华油集团公司华油阳光冬奥服务团队

中国石油大港油田公司第一采油厂输注作业区原油外输班

中国石油集团东方地球物理公司海洋物探处东方勘探二号船队

中国石油天然气管道第二工程有限公司 CPP217 机组

中国石油吉林油田公司新木采油厂创新维修工作站

大庆油田信息技术公司软件分公司

中国石油湖北武汉销售分公司盘龙大道加油站

中国石油四川销售公司金牛坝加油站

中国石油甘肃临夏销售分公司城北加油站

中国石油长庆油田公司第二采油厂南梁采油作业区梁三转中心站

中国石油青海油田公司采油一厂尕斯第三采油作业区

中国石油乌鲁木齐石化公司炼油厂芳烃车间

【全国家庭工作先进个人】 1 人：

付丽莉　华北油田公司工会副主席、团委书记，工会女职工

委员会主任、侨联主席、群团工作部副主任

【全国最美家庭】 1 个：

泽仁娜姆家庭　四川销售公司

①光荣榜引用单位名称均依据获奖文件。

【全国和谐劳动关系创建示范企业】 3 个：

中国石油集团渤海钻探工程有限公司

宁夏石化公司

西南油气田公司重庆气矿

【中国能源化学地质系统大国工匠（第八季）】 7 人：

肉孜麦麦提·巴克　新疆油田公司重油开发公司肉孜麦麦提·巴克班班组长、集团技能专家、劳模工作室领衔人

王川洪　西南油气田公司重庆气矿采气技能专家工作室领衔专家、高级技师、集团公司技能专家

闻　伟　华北油田公司第二采油厂文西采油作业区苏一气站维修班长、高级技师、集团公司采油技能专家、河北省劳模创新工作室领衔人

苏　飞　长城钻探公司国际钻井公司 GW80 钻井队队长、党支部书记，集团公司国际钻井量化管理专家

任文静　东方物探公司西安物探装备分公司高级技术专家、任文静劳模创新工作室领衔人

王东华　大庆炼化公司炼油生产二部催化作业区催化裂化装置操作工、高级技师、黑龙江省首席技师、集团公司技能专家

米才高　四川销售公司油品储运调合工、油库设施设备检维修带头人、高级技师、集团公司技能专家、四川省劳模和工匠人才创新工作室、市油品储运技能专家工作室领衔人

【2020—2021 年度集团公司五四红旗团委】 59 个：

大庆油田有限责任公司团委

大庆油田有限责任公司第二采油厂团委

大庆油田有限责任公司第七采油厂团委

大庆油田有限责任公司井下作业分公司团委

大庆油田有限责任公司勘探开发研究院团委

辽河油田公司团委

辽河油田公司曙光采油厂团委

辽河油田公司沈阳采油厂团委

长庆油田公司第三采油厂团委

长庆油田公司第六采油厂团委

长庆油田公司第二采气厂团委

长庆油田公司第三采气厂团委

塔里木油田公司哈得油气开发部团委

塔里木油田公司监督中心团委

西南油气田公司团委

西南油气田公司川中油气矿团委

西南油气田公司输气管理处团委

吉林油田公司勘探开发研究院团委

吉林油田公司长春采油厂团委

大港油田公司第一采油厂团委

大港油田公司第三采油厂团委

大港油田公司井下作业公司团委

青海油田公司团委

青海油田公司采油五厂团委

华北油田公司第一采油厂团委

华北油田公司二连分公司团委

华北油田公司勘探开发研究院团委

吐哈油田公司团委

吐哈油田公司勘探开发研究院团委

玉门油田公司炼油化工总厂团委

天然气销售公司团委

天然气销售公司湖北分公司团委

天然气销售公司新疆分公司团委

渤海钻探工程有限责任公司团委

渤海钻探工程有限责任公司井下技术服务分公司团委

东方地球物理公司装备服务处团委

中油测井公司长庆分公司团委

中油测井公司新疆分公司团委

中油测井公司华北分公司团委

勘探开发研究院西北分院团委

工程技术研究院江汉机械研究所有限公司团委

吉林石化公司丙烯腈厂团委

吉林石化公司合成树脂厂团委

抚顺石化公司团委

辽阳石化公司团委

兰州石化公司化肥厂团委

兰州石化公司质检部团委

独山子石化公司团委

大连石化公司团委

云南销售公司昆明销售分公司团委

辽宁销售公司大连销售分公司团委

甘肃销售公司兰州销售分公司团委

四川销售公司广元销售分公司团委

寰球工程有限公司团委

昆仑工程有限公司大连分公司团委

规划总院团委

华油集团有限公司团委

昆仑银行大庆分行团委

昆仑银行乌鲁木齐分行团委

【2020—2021 年度集团公司五四红旗团支部】 41 个：

大庆油田有限责任公司钻探工程公司钻井四公司钻井工程技术服务中心团支部

辽河油田公司辽河工程技术分公司带压作业大队团支部

长庆油田公司勘探开发研究院直属团支部

玉门油田公司老君庙作业区团支部

玉门油田公司生产服务保障中心数字化工程部团支部
煤层气公司勘探开发建设分公司团总支
中国石油拉美公司团总支
中国石油国际勘探开发公司直属团支部
西部钻探工程公司克拉玛依钻井公司第二联合团支部
西部钻探工程公司吐哈井下作业公司修井试油分公司团支部
渤海钻探工程公司第一固井分公司冀中项目部团支部
东方物探公司物探技术研究中心团总支
东方物探公司研究院乌鲁木齐分院团支部
吉林石化公司有机合成厂乙烯动力联合车间团支部
抚顺石化公司石油三厂加氢团支部
辽阳石化公司烯烃厂聚丙烯车间团支部
兰州石化公司石油化工厂乙烯联合车间团支部
兰州石化公司乙烯厂高压聚乙烯车间团支部
独山子石化公司塔里木石化分公司高密度聚乙烯团支部
独山子石化公司天利高新包装制品联合厂团支部
大庆炼化公司炼油生产一部团支部
广西石化公司生产二部第一团支部
四川石化公司生产三部团支部
长庆石化公司运行一部团支部
西北销售公司玉门分公司团支部
上海销售公司浦东分公司团总支
湖北销售公司襄阳销售分公司第二联合团支部
云南销售公司储运分公司曲靖松林油库团支部
云南销售公司红河销售分公司学府联合团支部
辽宁销售公司抚顺销售分公司西部片区团支部
甘肃销售公司酒泉销售分公司玉门片区团支部
重庆销售公司储运分公司伏牛溪油库团支部
四川销售公司遂宁销售分公司船山片区团支部
四川销售公司广安销售分公司机关团支部
国际事业有限公司团总支
寰球工程公司北京分公司电控室团支部
寰球工程公司吉林化建电仪公司团支部
安全环保技术研究院环保技术研究所团支部
中国石油报社团总支
华油集团北京酒店管理分公司石油科技交流中心项目部团支部
中油财务有限责任公司第一团支部

【2020—2021 年度集团公司优秀共青团员】 148 人：

大庆有限责任油田公司

王　博　第一采油厂第二作业区实验站集输班副班长
伊　然　第六采油厂第六作业区采油 114 队采油工
吴文生　呼伦贝尔分公司地质工艺研究所动态室助理工程师
徐茹琦　天然气分公司油气加工三大队综合管理室干事、联合团支部书记
王清铎　采油工程研究院采气工艺研究室四级工程师

辽河油田公司

张庆瑶　锦州采油厂采油作业三区 303 中心站实习技术员
李　发　茨榆坨采油厂采油作业一区牛二转油站实习技术员

长庆油田公司

思广磊　第四采油厂采油工艺研究所技术员
王　军　第六采油厂武峁子采油作业区技术员
赵毕达　第七采油厂环江作业区生产调控中心安全环保管理岗
刘　洋　油气工艺研究院工具研究室助理工程师

塔里木油田公司

张　宇　塔西南勘探开发公司博大油气开发部采油气工程部井下作业工程师
杨　晨　迪那油气开发部迪那采气作业区采气工程师

新疆油田公司

阮思雅　采油二厂第九采油作业区技术员
解远刚　采气一厂地质研究所滚动勘探室主任
刘佳幸　实验检测研究院采收率研究所工程师

西南油气田公司

陈姝霖　蜀南气矿泸州作业区采气操作工
李　俊　川东北气矿自控信息中心助理工程师
王一帆　天然气净化总厂引进分厂净化操作工

吉林油田公司

贾　晨　消防支队新木中队战斗一班消防战斗员
范楚航　新木采油厂第三采油作业区工程技术员

大港油田公司

李津云　第四采油厂（滩海开发公司）团委干事
王　阳　第六采油厂工艺研究所科员

青海油田公司

毛小倩　钻采工艺研究院采油工艺研究所室内实验岗、第一团支部宣传委员
马文慧　测试公司党群工作科思想文化宣传岗

华北油田公司

杨松毅　第三采油厂工程技术研究所注水站管理岗

吐哈油田公司

朱英男　开发事业部钻井管理部副主任

冀东油田公司

柏宗宪　南堡油田作业区工艺研究中心科员

玉门油田公司

王琪譞　工程技术研究院储层改造室助理工程师

储气库公司
王 玮 盐穴储气库技术研究中心科员
天然气销售公司
王 婷 河北分公司邢台中石油昆仑燃气有限公司非气业务管理岗
刘长冬 山东分公司菏泽昆仑能源有限公司金山路加气站经理
张 雪 京唐LNG公司生产运营中心操作岗、团委委员
中油国际公司
孙唯童 中国石油（伊拉克）西古尔纳公司工程师
西部钻探工程公司
沈 忱 吐哈钻井公司50548队助理工程师
姚 富 巴州分公司90029钻井队钻井工程师
长城钻探工程公司
陶 源 钻井一公司辽河项目管理部70131队电气师
渤海钻探工程公司
王帅之 第三钻井公司BH50539队技术员
鞠永瑞 塔里木钻井分公司井控监督中心科员
川庆钻探公司
熊 钊 川东钻探公司70175队技术负责人、副队长
齐泽宇 川西钻探公司50617队队长
东方物探公司
周仁达 国际勘探事业部沙特项目部地球物理师
郭鹏程 海洋物探处阿联酋ADNOC项目254队安全监督
测井公司
宋 宝 大庆分公司测井第二项目部C4048作业队长
尹先锋 长庆分公司环江项目部C4573作业队长
海洋工程公司
吴 悠 天津中油渤星工程科技有限公司物资管理岗
勘探开发研究院
彭 博 杭州地质研究院实验研究所准噶尔项目部助理工程师
大庆石化公司
宋奥涵 化工一厂乙烯车间裂解外操作员工
吉林石化公司
刘彦林 乙烯厂高密度聚乙烯车间工艺工程师
王 硕 化肥厂合成氨车间工艺工程师
抚顺石化公司
张 彧 石油二厂重油催化车间操作工
李 想 烯烃厂丁烯车间操作工
辽阳石化公司
张 帅 建修公司维修二车间钳工
兰州石化公司
王利鹏 炼油运行二部催化区域300万吨/年重油催化裂化装置反应外操作
满积华 合成橡胶厂苯乙烯车间工艺工程师
独山子石化公司
李天宇 塔里木石化分公司尿素生产部熔融尿素内操
朱晓晟 热电厂锅炉车间运行值班员
郑 涛 聚烯烃一部设备工程师
乌鲁木齐石化公司
孟 潇 炼油厂二车间重催装置班组运行工程师
宁夏石化公司
吴昊阳 电仪部仪表一班操作工
大连石化公司
刘智慧 第一联合车间一重整装置设备员
大连西太石化公司
刘 宁 运行二部催化外操
锦州石化公司
杨 森 炼油一联合车间运行工程师
锦西石化公司
刘名飞 炼油联合五部工艺员
大庆炼化公司
李 帅 电仪运行中心仪表化工作业区运行副值班员
哈尔滨石化公司
潘 莹 质检计量部油品组倒班班长、团支部书记
四川石化公司
陈 晨 生产三部对二甲苯装置操作工
广东石化公司
林 炯 化工生产一部苯乙烯装置操作工
陈保丞 储运生产部化工中间岗位操作员
云南石化公司
张艳楠 生产一部常减压装置技能操作员
大港石化公司
王世泽 第三联合车间催化外操
华北石化公司
刘 畅 三联合运行部加氢岗位操作工
呼和浩特石化公司
李泽伟 第一联合车间催化装置外操
辽河石化公司
安梓宁 第三联合运行部操作工
长庆石化公司
拓斐斐 运行四部运行一班操作工
克拉玛依石化公司
包斌洋 炼油第一联合车间催化装置班组运行工程师

庆阳石化公司
许玉东　运行三部聚丙烯装置副班长
燃料油公司
信翔宇　党群工作部党建管理干事
润滑油公司
李卓洋　成都分公司订单管理岗
华东化工销售公司
刘新昕　财务处出纳岗主办、公司团委委员
华北化工销售公司
范　尧　财务处税务管理
华南化工销售公司
刘育宁　业务五部业务经理
东北销售公司
朱　弋　南京公司三江口油库计量化验岗
西北销售公司
廖纯荣　广西分公司计划运输岗
北京销售公司
张圆培　第三分公司团队经理助理、分公司团委组织委员
上海销售公司
杨昊淞　松青分公司业务运作部助理主办、团总支副书记
湖北销售公司
杨　罡　武汉分公司综合办公室薪酬管理岗
广东销售公司
张　斌　储运分公司东莞中油建兴仓储有限公司 HSE 管理岗
云南销售公司
郎　旭　昭通分公司龙辰加油站副经理
赵　刚　玉溪分公司东风（环山路）加油站营业员
辽宁销售公司
张　玉　沈阳分公司世纪加油站副经理
朱若楠　大连长海分公司星海湾卡业务中心储值员
黑龙江销售公司
兰新玉　牡丹江分公司双燃料加油站营业员
天津销售公司
张寿千　市区分公司高峰路加油站副经理
河北销售公司
刘忻悦　唐山分公司丰力加油站副经理
山西销售公司
魏泽辉　晋中分公司汇通路东加油站前庭主管
内蒙古销售公司
李　颖　锡林郭勒分公司综合管理部科员
陕西销售公司
郭调玲　宝鸡分公司岐山蔡家坡站经理
甘肃销售公司
柏　辉　天水分公司麦积片区综合岗、天水分公司团委副书记
青海销售公司
罗莹娜　西宁分公司北出口加油站前庭主管
宁夏销售公司
顾亚婷　固原分公司综合办公室文秘
臧诗皓　石嘴山分公司综合办公室职员
新疆销售公司
阿合勒泰·赛尔汗　克拉玛依分公司奎屯油库计量员
重庆销售公司
王红霓　万州分公司党群工作部主办、团支部书记
四川销售公司
曾子昊　德阳分公司安全质量工程部数质量管理岗、机关团支部书记
陶瑞琪　内江分公司业务运作部副主任
贵州销售公司
曹　林　遵义分公司遵风加油站经理
西藏销售公司
普布顿珠（藏族）　拉萨分公司中和加油站综合管理员
江苏销售公司
钱　过　常州分公司新鸿加油站经理
浙江销售公司
费荷鑫　杭州分公司文二西路加油站负责人
安徽销售公司
丁纪元　安庆分公司大王加油站营业员
福建销售公司
游心宇　三明分公司永发加油站经理
江西销售公司
华梓凌　鹰潭分公司文书、团总支委员
山东销售公司
季宗浩　济宁分公司汶上九华山路加油站经理
王嘉慧　威海分公司综合办公室（党群工作部）综合管理岗
河南销售公司
貊素勤　驻马店分公司确山第六加油站主管
湖南销售公司
刘　荧　长沙分公司含浦加油站综合管理岗
广西销售公司
曾瑶林　桂林分公司桂阳下行加油站便利店主管
海南销售公司
吴育秀　儋州分公司儋州东成加油站经理
国际事业公司（中联油）

康海昊　国际事业（俄罗斯）公司原油部业务副经理
石油化工研究院
康文倩　兰州化工研究中心聚烯烃树脂（中试）研究所工程师
管道局工程公司
周子钰　新闻中心视频部记者
工程建设公司
庄岳昕　北京分公司工艺室设计岗
康兴龙　第一建设公司第三安装分公司314工程队电焊工
寰球工程公司
刘非凡　华东设计院有限公司助理工程师
孙嘉铭　吉林化工工程有限公司设计/费控工程师
昆仑工程公司
邓欣然　机械设备设计部助理工程师
北京项目管理公司
刘晓曼　寰球项目公司办公室主办、团委副书记
宝石机械公司
夏　霖　成都装备制造分公司金钻事业部技术员
宝石钢管公司
邓昌虎　上海宝世威公司钢管制造部/超声波手动探伤岗
济柴动力公司
孙坤聪　成都压缩机分公司压修工
渤海装备公司
刘　洋　石油专用管公司制管一厂车工
规划总院
王梦媛　规划总院人力资源部主办
经济技术研究院
安雨康　智库研究和成果信息部三级工程师
工程材料研究院
陈心怡　标准信息与战略研究所科研岗
昆仑数智
温　君　党建业务部数据组组长
石油工业出版社
常健文　北京中油展览有限公司项目主管
审计服务中心
刘高翔　海外审计中心主办
物资采购中心
张金晶　非金属材料采购处主办
共享运营公司
毛瑜鸿　西安中心采购应付一分部主办
运输公司
田昊坤　塔运司成品油运输大队安全员
赵　杰　河北分公司北海LNG项目组计量化验中心科员
华油集团
李路朋　北京酒店管理分公司天坛饭店项目部人事主管、团支部书记
张香蕾　北京物业北京分公司项目部餐饮文员
财务公司
梁　潇　金融与会计研究所主办、财务公司第三团支部书记
昆仑银行
贾小棒　西安分行高新技术产业开发区支行客户经理
中意财险
宗潇潇　北京分公司销售经理、团支部书记
昆仑保险经纪公司
王一婕　统保业务部执行业务经理

【2020—2021年度集团公司优秀共青团干部】 100人：

大庆油田有限责任公司
王　璐　采油厂团委书记、群团工作部主任
于　浩　采气分公司团委副书记、群团工作部副主任
张文彪　试油试采分公司团委副书记、群团工作部副主任
冯　雷　物资公司团委副书记、群团工作部副主任
左　龙　昆仑集团联合团支部书记、党群工作部副主任
辽河油田公司
李鑫妍　兴隆台采油厂团委书记
张利阳　物资分公司（物资管理部）青年工作部部长、直属团支部书记
张　蔓　新闻中心青年工作部部长、直属团支部书记
长庆油田公司
张　镭　第一采油厂团委副书记、党委宣传部副部长
李志敏　第五采油厂团委书记、党委宣传部副部长
方　圆　物资供应处（物资管理部）青工办主任
艾庆阳　团委办公室主任
塔里木油田公司
谢　凯　思想政治工作处团委办公室干事
衡宣亦　油气田产能建设事业部塔北项目经理部团支部书记、固井工程岗
西南油气田公司
程　姣　团委办公室副主任、青年工作委员会办公室干事、机关团支部副书记
阮明龙　勘探开发研究院团委副书记、青年工作办

公室副主任

吉林油田公司

郭浩宇　团委综合办公室副主任

宋　健　工程技术服务公司青年工作站站长、办公室主任

大港油田公司

吕峻藤　天然气公司团委副书记

曹　涛　团委办公室副主任、机关第五青年工作组组长

青海油田公司

康力军　井下作业公司团委书记、综合办公室主任

华北油田公司

贺　妍　团委办公室主任

朱元泽　山西煤层气分公司机关团支部书记、办公室（党群工作部）副主任

吐哈油田公司

闫晓柯　团委副书记、工会女工主任

玉门油田公司

张　涛　油田作业公司团委负责人

浙江油田公司

吴丹萌　团委副书记

煤层气公司

李泽泽　临汾采气管理区团委副书记、综合办公室副主任

南方石油勘探开发公司

刘　磊　青年工作委员会委员、人事处（党委组织部）高级主管

天然气销售公司

侯明明　北京分公司团委书记

陈娅丽　甘肃分公司金昌公司团支部书记、总经理助理、综合办公室主任，金昌市青年联合会常委

中油国际公司

杨　倩　团委副书记、人力资源部高级主管

中油国际管道公司

廖　晶　团委宣传委员、党群工作部干事

西部钻探工程公司

冯荣鲜　试油公司团委副书记

长城钻探工程公司

马清峰　录井公司团委副书记

渤海钻探工程公司

黄　琳　工程技术研究院团委书记、人事劳资科副科长

川庆钻探公司

刘智行　地质勘探开发研究院团委副书记

韩　硕　长庆井下技术作业公司工具中心青工部副主任

东方物探公司

潘　源　新疆物探处团委书记、党群工作科副科长

测井公司

赵　超　西南分公司团委书记、党群工作科科长、工会副主席

勘探开发研究院

杜　宣　热力采油研究所青年站站长、油藏工程师岗 / 三级工程师

工程技术研究院

张　蝶　钻井液研究所青年工作站站长、综合管理办公室科员

大庆石化公司

师晓东　塑料厂团委书记

吉林石化公司

刘正欣　炼油厂团委副书记、联合芳烃车间党总支书记

抚顺石化公司

刘国刚　团委书记

辽阳石化公司

袁伟东　团委干事

兰州石化公司

王作恺　团委副书记

李兴发　建设公司青工组组长、办公室（党委办公室）副主任

独山子石化公司

吕　顺　团委团青发展组主管

组景瀚　设备检修公司青年工作站负责人、综合管理主办

大连石化公司

葛艳茹　团委组织委员，动力一车间团支部书记、车间操作员

大庆炼化公司

朱柯楠　团委干事

哈尔滨石化公司

张嗣博　团委组织委员，维修车间团支部书记、机泵维修钳工

广西石化公司

王天启　动力部团支部书记

四川石化公司

郑红宝　生产四部团支部书记、乙烯装置内操

大港石化公司

张俊博　第二联合车间团支部书记、三级工艺工程师

长庆石化公司

殷锋辉　油品运行部团支部书记、综合管理组干事

庆阳石化公司

辛江飞　团委生产委员，运行一部团支部书记、工艺技术员

东北化工销售公司

娄俊龙　团委书记

西北化工销售公司

王　楠　团委宣传委员、办公室（党委办公室、党委宣传部）宣传干事

华南化工销售公司

周　博　团委委员、机关第一团支部书记、综合管理部主办

西南化工销售公司

何雨洁　团委文体委员、纪委办公室（审计处）审计管理岗

西北销售公司

高　越　团委委员、办公室（党委办公室）主管

昆仑好客公司

关志强　青工委主任、综合部（党委办公室、人事处）高级主管

上海销售公司

高　明　团委副书记、党群工作部高级主管

湖北销售公司

窦　娟　武汉分公司团委书记、综合办公室副主任

云南销售公司

桂红健　迪庆分公司团委副书记

杨　跃　曲靖分公司团委委员、麒麟团支部组织委员、党群工作部党群管理岗

辽宁销售公司

邵美玲　机关团总支委员、党群工作部（企业文化部、党委宣传部）主办

吉林销售公司

姜　超　团委书记

黑龙江销售公司

于婷婷　团委组织委员、人力资源部高级主管

天津销售公司

王欣月　机关团支部委员、党委宣传部宣传干事

河北销售公司

韩　文　团委委员、党群工作部高级主管

内蒙古销售公司

王　超　团委组织委员、党群工作部主管

甘肃销售公司

潘玉琴　金昌分公司团委副书记、综合管理部副主任

青海销售公司

刘金玉　玉树分公司团委书记

新疆销售公司

王　川　巴州分公司团委书记、综合办公室（党群工作部）主任

重庆销售公司

魏　娜　团委书记、工会副主席、党群工作部部长

四川销售公司

赵小丹　宜宾分公司团委副书记、综合管理办公室副主任

夏成筱广元分公司团委副书记、机关团支部书记

贵州销售公司

景燕清　团委干事

西藏销售公司

刘雅琴　阿里分公司团委书记

江苏销售公司

夏　龙　团委书记

国际事业公司（中联油）

苏涤非　国际事业公司团总支副书记、天然气二部LNG现货交易员

石油化工研究院

师晓玉　团委组织委员，战略与信息研究室团支部书记、工程师

寰球工程公司

彭炜伦　团委委员，广东寰球广业工程公司团委书记、信息化青年工作站站长、信息中心副主任

郑锐斌　团委委员、上海寰球工程公司党群工作部副主任

昆仑工程公司

张　号　团委副书记

技术开发公司

杨　阳　团委宣传委员、文体委员，规划计划处高级主管

宝石钢管公司

陈小鹏　克拉玛依公司团委书记、综合管理部副部长

规划总院

王　敏　优化中心团支部书记

安全环保技术研究院

齐　乐　团委临时负责人、人力资源部（党委组织部）高级主管

工程材料研究院

杨　坤　石油管材及装备材料服役行为与结构安全国家重点实验室团支部书记、输送管与管线研究所二级工程师

北京石油管理干部学院
王榆淞　团委副书记、党群工作部（党委宣传部）高级主管
运输公司
陈　洁　塔运司团委副书记、党群工作科副科长
华油集团
雷　蕾　阳光酒店管理集团有限公司团委副书记、党群工作部主管
李梦佳　中油阳光物业管理有限公司阳光物业团支部负责人、党群工作部（党委宣传部）主任
财务公司
苏欣悦　团委副书记、资金运营项目组主管
昆仑银行
雷　敏　运营服务中心团委书记、人力资源部（党委组织部）主任
昆仑信托公司
崔翔宇　团委书记、股权投资部业务总监
昆仑金融租赁公司
卢泽霖　团总支书记、风险管理部业务经理

（宗　囡）

【2022 年度集团公司先进集体名单】 40 个：
油气与新能源子集团（16 个）
大庆油田有限责任公司
辽河油田公司
塔里木油田公司
西南油气田公司
吉林油田公司
大港油田公司
青海油田公司
华北油田公司
中石油煤层气有限责任公司
中油国际管道公司
中国石油（伊拉克）哈法亚公司
中国石油乍得公司
中国石油集团渤海钻探工程有限公司
中国石油集团川庆钻探工程有限公司
中国石油集团东方地球物理勘探有限责任公司
中国石油集团测井有限公司
炼化销售和新材料子集团（13 个）
吉林石化公司
辽阳石化公司
大连石化公司
锦州石化公司
锦西石化公司
哈尔滨石化公司
广西石化公司
四川石化有限责任公司
上海销售公司
甘肃销售公司
重庆销售公司
四川销售公司
江苏销售分公司
支持和服务子集团（5 个）
中国石油工程建设有限公司
中国寰球工程有限公司
宝鸡石油钢管有限责任公司
中国石油集团安全环保技术研究院有限公司
中国华油集团有限公司
资本和金融子集团（1 个）
中石油专属财产保险股份有限公司
总部部门、专业公司（5 个）
发展计划部
人力资源部
油气和新能源分公司
天然气销售分公司（昆仑能源有限公司）
中国石油国际事业有限公司（中国联合石油有限责任公司）

【2022 年度集团公司先进工作者名单】 501 人：
大庆油田有限责任公司
冯秀鲁　钻探工程公司钻井三公司钻井三分公司 30117 钻井队队长
王一伦　第一采油厂第三作业区中四采油队班长
高庆东　第二采油厂生产运行部副主任
曲　晗　第三采油厂第六作业区经理
庄建斌　第四采油厂数字化运维中心挂职副主任
杨学勇　第五采油厂第三作业区副经理
曾志林　第七采油厂致密油项目经理部副经理
张树旭　第十采油厂第七作业区常务副经理
孙思勉　庆新油田公司地质工艺研究中心动态综合组组长
王超博　采气分公司（储气库分公司）第一作业区采气 101 班采气工
张晓龙　天然气分公司智能化工作组技术负责人
孙　权　工程建设有限公司国际工程事业部经理助理
佟文全　井下作业分公司市场开发管理中心蒙古项目部负责人
陈　吉　试油试采分公司副经理
王显东　勘探开发研究院西部勘探研究室主任
郭　斌　采油工程研究院院长助理兼人事部主任、

党委组织部部长
张晓辉　中国石油集团电能有限公司党委委员、纪委书记
白　晶　装备制造集团力神泵业有限公司非洲分公司经理
高兴原　中东分公司党总支书记、工会主席、副经理
么忠文　页岩油勘探开发指挥部副组长
朱　江　党委办公室（总经理办公室、机关党委）机关党委办公室主任
张军辉　规划计划部投资计划科科长
田洪来　企管法规部改革科科长
白雪峰　勘探事业部书记、副经理
马亮亮　开发事业部开发动态管理科科长

辽河油田公司

徐梓艺　曙光采油厂采油作业六区生产协调管理
穆泰吉　兴隆台采油厂采油作业三区兴 60 站副站长
王晓达　特种油开发公司党委书记、副经理
杨晓强　欢喜岭采油厂总地质师
洪希志　沈阳采油厂工艺研究所副所长
娄维宁　庆阳勘探开发分公司副经理、安全总监
周立国　辽兴油气开发公司执行董事、党委书记
冯东旭　辽河油田（盘锦）储气库有限公司雷 61 储气库作业区区长、党支部书记
石利华　开发事业部注水管理科科长
户昶昊　勘探开发研究院院长、党委副书记
程云龙　钻采工艺研究院二级工程师
金子議　辽河工程技术分公司兴隆台作业一大队 105 队队长
王　珏　电力分公司送电工区第一党支部书记
张　超　外部市场项目管理部吐哈项目部鲁克沁区块项目长
韩金旭　辽河油田建设有限公司管道工程第三项目部项目经理
哈　宁　石油化工技术服务公司党委组织部（人事科）部长
张国军　基建工程部主任

长庆油田公司

李永军　第三采油厂党委书记、副厂长
侯　强　规划计划部主任
权　衡　宁榆工业服务处处长、党委副书记
齐　银　油气工艺研究院副院长
陈存良　气田开发事业部经理（处长）助理
李　超　第六采油厂地质研究所所长
唐秉祥　第七采油厂生产运行部主任
周　洁　第一采气厂第五净化厂天然气净化操作工
余永进　第二采油厂樊家川采油作业区经理
李　军　第十一采油厂厂长助理兼党委组织部（人事部）部长
胡　剑　勘探开发研究院安全副总工程师兼综合管理部（党委办公室）主任
史福军　长北作业分公司质量健康安全环保办公室主任
贺　毅　第六采气厂安塞采气作业区经理
白润天　第十采油厂元城采油作业区安全岗
李　爱　长庆油田（榆林）油气有限公司生产调度员
汪泳吉　第四采气厂地质工艺研究所所长
仲庭祥　数字和智能化事业部方案与技术管理部副主任
任晓明　第九采油厂采油工艺研究所所长、党支部副书记
李　敏　第二输油处生产保障大队数字化维修岗
贾　博　行政事务管理处综合办公室（党委办公室、机关党总支）主任、工会副主席

塔里木油田公司

杨泰岩　塔西南勘探开发公司地面工程部副主任（喀什建管项目组成员）
姚　超　勘探开发研究院油气藏评价所塔河南室副主任
张　权　油气工程研究院钻井所钻井工艺室主任
董　仁　勘探事业部井筒技术部主任兼支部副书记
杨　磊　油气田产能建设事业部开发方案一级工程师
崔　巍　新能源事业部项目管理室主任
张宏强　克拉采油气管理区采油气工程部主任
王子宇　哈得采油气管理区生产指挥中心主任
唐福俊　监督中心监督工作站站长
刘双伟　应急中心副主任兼安全总监
钟　勇　公用事业部副经理
丁　晗　油气生产技术部安全生产管理部副主任

新疆油田公司

李　琛　准东采油厂勘探开发研究所专题室主任
李红伟　生产运行处处长
韩　凌　采气一厂克拉美丽采气作业区企业技能专家
周　丹　百口泉采油厂生产技术科科长
黄后传　重油开发公司油田地质研究所所长
赵　波　陆梁油田作业区生产运行办公室（新能源办公室）党支部书记、主任
陆　兴　风城油田作业区副总工程师兼信息管理站站长、党支部副书记
米吉提·赛提　红山公司质量安全环保办公室党支部书记、副主任

吴宝成　吉庆油田作业区执行董事、经理、党委副书记
陈　军　新港公司稀油作业区班长
王先朝　储气库有限公司集注站党支部书记、站长
张　景　勘探开发研究院非常规研究所所长
石建刚　工程技术研究院（监理公司）钻井工程研究所所长、党支部副书记
申玉壮　应急抢险救援中心（工程技术公司、消防支队）研究所所长
阿不力米提·吾甫尔　明园物业服务中心物业服务公司绿化保洁监督员
孟　鑫　开发公司地质科科长
戴　勇　开发处处长

西南油气田公司

李　勇　川中油气矿南广采油气作业区生产运行中心安全环保管理岗
曹　喜　重庆气矿永川采输气作业区副经理
黄　蓝　蜀南气矿长宁页岩气作业区技术信息室主任
朱　伟　川西北气矿邛崃采气作业区平落集气中心站站长
张　力　川东北气矿达州应急抢险维修中心主任、党支部副书记
赵　兵　输气管理处机动设备管理站机动设备维护
廖　铁　天然气净化总厂万州分厂副厂长
张俊良　川东北作业分公司钻井工程一级工程师
陈　智　四川长宁天然气开发有限责任公司前线开发建设项目部二级工程师
王小娟　勘探开发研究院致密油气技术支持中心党支部书记、副主任
彭　欢　工程技术研究院油气井增产技术实验室增产工艺评价组负责人
张德良　页岩气研究院开发研究所副所长
李雪彬　四川华油集团有限责任公司龙泉驿华油兴能天然气有限公司油气管道保护工
王文强　医院眼耳鼻喉科主任
王　柯　通信与信息技术中心规划计划科副科长
魏俊吉　致密油气勘探开发项目部勘探开发科开发生产管理岗
未　勇　办公室（党委办公室）调研科科长

吉林油田公司

张玉海　英台采油厂科技与信息科科长
庄文丰　新立采油厂厂长助理兼作业区经理
高指强　长春采油厂长春采油作业区外围井组班长
邢济麟　勘探开发研究院勘探研究所副所长
李文校　工程技术服务公司带压作业一队班长
曹亚祥　储运销售公司保障维修中心主任
于洪超　消防支队大队长
杨嘉琦　信息技术公司技术研发部部长
王艳梅　石油化学技术服务公司研究所副书记兼副所长（主持工作）

大港油田公司

唐世忠　采油工艺研究院钻井工艺所一级工程师
刘　阳　第三采油厂地质研究所二级工程师
金海锋　第四采油厂（滩海开发公司）海上生产部副经理
孔红芳　第五采油厂第一采油作业区综合管理组采油工
高志勇　对外合作项目部（赵东作业分公司）经理、党委副书记
邵志强　原油运销公司废弃泥浆处理作业区经理、党支部书记
王立志　天然气公司海南花场处理站站长、党支部副书记
魏建民　井下作业公司第一修井分公司106队队长

青海油田公司

李兆军　采油四厂生产指挥中心主任
龚瑞程　采气二厂技术中心主任
徐宝成　格尔木炼油厂生产运行一车间运行大班班长
王福国　勘探事业部石油勘探项目部工程师
李慧山　井下作业公司连续油管作业大队大队长
郑利江　测试公司测试大队大队长、党支部副书记
李玲玲　油田综合服务中心（离退休管理处）餐饮公司综合班班长
李　惠　财务处税价科科长

华北油田公司

姜新红　第二采油厂巴彦油田项目部临河采油作业区联合站副站长
刘龙河　第三采油厂企管法规科科长
王爱法　二连分公司教育培训中心培训师
刘春春　山西煤层气勘探开发分公司地质研究所一级工程师
李晓燕　勘探开发研究院冀中中部地质研究所所长、公司二级技术专家
张　磊　质量安全环保监督中心监督管理与技术科副科长
张占伟　华港燃气集团有限公司河北蓝金清洁能源开发有限公司经理
李天友　生产运行部生产协调科科长

罗玉财　勘探部钻井工程科科长
亢清波　新能源事业部技术方案科科长

吐哈油田公司

陈　旋　吐哈盆地油气勘探部署企业技术专家
赵绪辰　勘探事业部吐哈油气勘探项目部经理
胡前泽　开发事业部副总地质师、第二党支部书记
李春辉　储气库项目经理部基建设备部主任
方志刚　工程技术研究院气举采油一级工程师
高　翔　财务处预算管理科科长

冀东油田公司

李洪达　新能源事业部河南开封地热项目部经理、党支部书记
李　涛　西部勘探开发项目部地面工程中心党支部书记

玉门油田公司

康建红　老君庙采油厂执行董事、党委书记、工会主席
张振杰　环庆采油厂采油研究所副所长
杨　军　勘探开发研究院环江勘探开发研究室主任、党支部书记
李小东　炼油化工总厂安全副总监
胡　龙　新能源事业部项目管理科副科长

浙江油田公司

张　磊　重庆天然气事业部经理
黄小青　勘探开发一体化中心二级工程师

中石油煤层气有限责任公司

李志扬　韩城采气管理区党委书记、经理
闫明明　忻州采气管理区运行维护中心主任

南方石油勘探开发有限责任公司

冯业庆　福山油田项目部经理

储气库分公司

王校东　人事处（组织部）处长（部长）、盐穴储气库技术研究中心主任

中油国际管道公司

董永卿　中乌管道公司中乌气项目 WKC3 站压缩机工程师

中石油阿姆河天然气勘探开发（北京）有限公司

于正涛　后勤保障中心经理

中国石油俄罗斯公司

荆　璐　北极 LNG2 联合公司财务副总监

中国石油（伊拉克）鲁迈拉公司

孙国宏　公司副总经理、总会计师

中国石油（伊拉克）哈法亚公司

何艳辉　公司副总经理兼安全总监

中国石油（哈萨克斯坦）阿克纠宾公司

张宝瑞　公司副总经理

中国石油乍得公司

王　林　勘探部经理

中国石油尼日尔公司

陈自强　上游项目地面工程部副经理

中国石油加拿大公司

范　劼　公司副总经理、总会计师

中国石油集团西部钻探工程有限公司

祁永龙　克拉玛依钻井公司 90013 钻井队党支部书记
王晓青　青海钻井公司 30554 钻井队平台经理
罗粒洪　巴州分公司第二项目经理部党支部书记
吴天师　玉门钻井公司经理助理兼苏里格项目经理部经理
韩耀罡　井下作业公司压裂 YS66014 队队长
韩演涛　吐哈井下作业公司陕蒙工程技术分公司经理、党支部副书记
邓国辉　苏里格气田分公司工艺所（产能建设中心）所长

中国石油集团长城钻探工程有限公司

于开斌　苏里格气田分公司经理
杜明翰　古巴项目部经理、党工委书记
杨　贺　钻井一公司辽河项目管理部 50009 队队长
赵向达　钻井二公司吉林项目部经理
王　望　古巴项目部后保部副经理
李　进　固井公司技术管理中心主任、党支部书记
李庆军　苏里格气田分公司采气作业二区区长兼党总支书记
姚　远　科威特项目部 HSE 部经理

中国石油集团渤海钻探工程有限公司

寇双悦　井下作业分公司执行董事、党委书记
朱劲松　定向井技术服务分公司党委书记、经理
苏正涛　塔里木钻井分公司 90021 队平台经理
陈　冰　第一钻井工程分公司 70589 钻井队队长
王　彪　第二钻井工程分公司 BHDC-55 钻井队平台经理
窦华进　第三钻井工程分公司 90022 钻井队队长
黄　智　第四钻井工程分公司冀东项目部副经理兼 BHZ80002 钻井队长
窦国全　井下技术服务分公司压裂酸化作业部副经理
张向明　泥浆技术服务分公司新青玉项目经理部工程师
马　哲　工程技术研究院副总工程师兼垂直钻井技术中心主任

中国石油集团川庆钻探工程有限公司

刘　磊　长庆井下技术作业公司 S00504 队队长

李枝林　钻采工程技术研究院科技研发中心主任
种奋刚　长庆钻井总公司 40632 钻井队队长、党支部副书记
龙宽平　国际工程公司土库曼斯坦分公司平台经理
刘兴凯　川东钻探公司 70237 钻井队司钻
贺秋云　川庆钻探工程公司企业高级技术专家
何　劲　钻井液技术服务公司高级工程师
胡凯伦　井下作业公司 YS68146 队一线工人
王　欣　地质勘探开发研究院油气藏评价研究中心工程师
马　龙　新疆分公司 90203 队平台经理
罗　鑫　川西钻探公司总经理、党委副书记
许期聪　钻采技术研究院院长、党委副书记
袁　卓　长庆固井公司总经理、党委副书记

中国石油集团东方地球物理勘探有限责任公司

黄建超　国际勘探事业部阿曼项目部 8622 队经理
邓小江　研究院西南物探研究院致密气研究中心主任
王　磊　物探技术研究中心北京分中心副主任
赵　亮　物探技术研究中心党委副书记、纪委书记、工会主席
王铎翰　西南物探分公司物探 212–255 联队经理
梁洪来　海洋物探处 ADNOC ZAKUM 油田 OBN 项目队经理
张　毅　海洋物探处人事科科长兼党委组织部部长
李树伟　塔里木物探处安全环保科科长
段国东　青海物探处党群工作科科长兼团委书记
王　敏　长庆物探处 280 队爆炸班班长
高　磊　新兴物探开发处市场开发科副科长
黄　磊　装备服务处仪器服务中心副主任
齐拴来　物资供应中心采购招标中心副主任

中国石油集团测井有限公司

李奔驰　西南分公司射孔技术中心三级工程师
翟国忠　天津分公司生产保障中心党支部书记、副主任
李家绪　国际公司印尼作业区经理
马雪青　测井技术研究院电路设计研究所二级工程师

中国石油集团海洋工程有限公司

王　健　钻井事业部中油海 17 平台经理、党支部书记
杨红强　海工事业部海工建造安装分公司经理
夏元博　渤星公司钻井技术研发中心党支部书记、副经理

勘探开发研究院

武宏亮　测井技术研究所副所长
朱大伟　工程技术研究所室主任
王　琦　油田开发研究所室主任
倪长宽　西北分院油气战略规划研究所一级工程师
邹志文　杭州地质研究院实验研究所项目部副经理

中国石油集团工程技术研究院有限公司

袁光杰　非常规油气工程研究所所长、党支部书记
郭慧娟　钻井机械研究所石油工程数值仿真研究室主任
黄鑫洲　江汉机械研究所有限公司连续管工程技术服务部连续管作业技术示范队队长

大庆石化公司

王伟国　生产运行处处长
郭　斌　炼油厂催化重整车间副主任
孙　剑　化肥运行部合成氨车间班长
王树民　化工一厂裂解车间主任
步同心　化工三厂聚丙烯车间技术负责人
袁定伟　机械厂容器制造车间党支部书记
尚贵公　机动设备处检维修管理高级主管
于家涛　科技与规划发展处规划管理高级主管
郑万军　乙烯扩能改造指挥部 ABS 项目经理

吉林石化公司

乔楠森　炼油厂厂长、党委书记
张鹏飞　项目管理部（设计管理部）副部长
王学明　乙烯厂乙烯联合车间副主任、安全总监（主持工作）
胡占东　合成树脂厂机动科副科长
唐仲赟　吉化（揭阳）分公司合成树脂联合生产部装置长
荆　琪　吉林燃料乙醇公司乙醇厂设备员
夏　飞　有机合成厂乙烯动力联合车间化工四班值班长
赫斯伟　化肥厂苯乙烯车间值班长
王　磊　丙烯腈厂第一丙烯腈车间值班长
侯　军　研究院合成橡胶研发中心三级工程师

抚顺石化公司

沙诣程　石油一厂酮苯三车间副主任
高　飞　石油二厂副厂长、安全总监
秦远中　石油二厂汽油加氢间主任
孙建辉　石油三厂分子筛脱蜡车间二套工艺一班班长
赵　旭　烯烃厂聚丙烯车间三剂工
徐　凯　开发公司出口部部长
李　峰　工程建设有限公司土建四队队长兼党支部书记
游庆辉　北天集团烯烃服务公司仓储包装队队长

辽阳石化公司

侯庆东　炼油运行部生产组副组长

何海滨　油化运行部班长
王　钧　芳烃运行部班长
刘　东　烯烃运行部班长
程火生　动力运行部党委书记、主任
于　灏　建修公司维修三车间维修一班班长
陈宝玺　生产技术处能源管理单元负责人
李慧君　调度中心主任

兰州石化公司

高向前　生产技术部生产运行组组长
王　浩　炼油运行一部副主任
刘　晋　炼油运行三部常减压区域主任
程远轮　公用工程二部动力锅炉区域工艺工程师
李保江　乙烯运行一部副主任、安全总监
颜鲁昀　橡胶运行部丁腈二区域聚合班长
杨得恒　催化剂事业部生产技术部主任
何启伟　乙烯运行二部乙烯区域区域长
刘海港　机电仪运维中心机修三部主任
陶志宝　建设公司安装公司副经理

独山子石化公司

刘全义　塔里木石化乙烯裂解生产部副经理、安全总监
张　乐　乙烯一部副经理
冯晓强　炼油二部催化装置班长
王静丽　公用工程部副总工程师
周长生　热电厂燃料化学部副主任
冯　仲　设备检修公司副总工程师兼生产技术部主任
张军先　天利高新 EVA 项目部党支部书记、副经理

乌鲁木齐石化公司

邓成硕　炼油厂机动设备科科长
徐胜利　检维修中心维修二车间钳工
刘　涛　化肥生产部生产技术科工艺及质量管理
刘玉君　炼油厂轻烃车间主任
殷宏鹏　炼油厂芳烃车间主任

宁夏石化公司

刘增庆　炼油二部设备负责人
刘红兵　化肥一部横四班值班长

大连石化公司

刘剑峰　机动设备处副处长
吴　昊　生产运行处生产管理单元负责人
张　成　第二联合车间四催化装置主任、第三党支部书记
刘沭薛　第一联合车间设备组长
姜　宇　仪电运维中心运行区维修班长

大连西太平洋石油化工有限公司

齐恒山　运行二部主任
段佳辉　规划计划信息部科技规划主任主管

锦州石化公司

王佳琦　储运联合车间主任、党总支书记
赵德龙　炼油二联合车间生产技术组组长
孙　哲　质量安全环保处高级主管

锦西石化公司

李高峰　炼油二部主任
唐贵川　机动设备处工艺设备科副科长
张立群　炼油五部班长

大庆炼化公司

李建国　炼油生产一部主任兼党委副书记
闫政军　化工生产三部生产技术组资深高级主管
李厚勇　办公室（党委办公室）高级主管
赵再龙　储运部地付一班调和班班长

哈尔滨石化公司

刘洪峰　第三联合车间装置长
肖鸿飞　仪电车间 DCS 系统维护班长

广西石化公司

王　澍　人事处（党委组织部）处长（部长）
路春玲　质检计量部高级技师

中国石油四川石化有限责任公司

李　腾　机动设备处检修管理岗
伍茂林　公用工程部副总工程师
许德荣　生产四部汽油加氢内操

广东石化公司

李天伟　炼油生产一部经理、党委书记
李海林　炼油生产三部经理、党委书记
李慧涛　化工生产一部设备副经理

中石油云南石化有限公司

刘力才　生产一部催化裂化装置班长
肖建韩　生产三部连续重整装置工艺工程师

大港石化公司

舒　兵　第一联合车间班长
赵　旭　第四联合车间二级工程师
王云鹏　储运车间二级工程师

华北石化公司

王万彪　一联合运行部班长
贾海彪　机动设备处主管

呼和浩特石化公司

王玉禄　生产运行处高级主管
陈智勇　第二联合车间运行三班班长

辽河石化公司

王　磊　第四联合运行部主任
林　辉　仪电运行部副班长

长庆石化公司

尉　勇　公司总经理助理，生产运行处处长、党支部书记
高勇强　运行二部运行三班班长
中石油克拉玛依石化有限责任公司
张　磊　炼油第一联合车间蒸馏装置工程师
曹卫波　炼油第二联合车间常务副主任
周玉涛　第五联合车间班长
庆阳石化公司
聂普选　运行一部主任、党支部副书记
李天明　运行二部工艺技术员
中石油燃料油有限责任公司
徐子明　沥青部总经理
润滑油公司
刘中国　大连研发中心副总工程师
王林春　上海润滑油产品设计分公司副总工程师
崔鹏飞　济南润滑油销售分公司高级团队经理
王巧玲　上海润滑油分公司生产运行部主任
东北化工销售公司
谢宇枭　计划营销处处长
西北化工销售公司
张益源　独山子分公司经理、党委副书记
华东化工销售公司
张　勇　技术服务部经理
华北化工销售公司
韩鹏程　业务二处处长
华南化工销售公司
姜言庆　业务四部经理
西南化工销售公司
孟　瑶　重庆分公司经理
东北销售公司
刘金亮　广州分公司南沙油库调度管理岗
西北销售公司
任贵民　业务营运部经理
中石油昆仑好客有限公司
易继荣　运营部高级主管
北京销售公司
张松波　第三分公司延庆团队团队经理、第六党支部书记
王　慧　第一分公司海淀北团队非油经理、石大第一加油站经理
上海销售公司
王永利　松青分公司方皇加油站党支部书记、站经理
薛克鑫　中油港汇能源科技发展有限公司副经理
湖北销售公司
吴　婷　武汉分公司武昌片区经理兼徐东路加油站经理
刘应兵　黄冈分公司黄梅武穴片区经理
广东销售公司
陈　刚　广州分公司党委书记、经理
覃　娜　韶关分公司超远加油站经理
云南销售公司
陈学艳　大理分公司凤仪团队经理兼凤北加油站经理
毛光燕　昆明分公司石锁加油站经理
辽宁销售公司
徐　静　沈阳分公司昆山加油站经理
杨玲文　储运分公司（仓储调运部）高级主管
张　斌　市场营销部部长
吉林销售公司
谢　磊　长春分公司长春东片区东岭加油站经理
赵海纯　白城分公司洮南片区镇南加油站经理
黑龙江销售公司
许建勋　公司副总会计师兼市场营销部经理
林德彬　大兴安岭分公司北极村加油站经理
李志华　哈尔滨分公司香坊油库主任
天津销售公司
刘洪洋　市区分公司津津洋加油站经理
吴　超　武清分公司高王路加油站经理
河北销售公司
张　静　廊坊分公司第 97 加油站经理
山西销售公司
连斌杰　质量健康安全环保部经理
内蒙古销售公司
昝志勇　通辽分公司开鲁管理团队经理
张世光　赤峰分公司松山团队燕山街加油站特级站经理
李宇飞　呼和浩特分公司综合管理部（党群工作部）主任
朱　艳　巴彦淖尔分公司业务运作部主任
陕西销售公司
杜配吉　西安分公司草滩路加油站经理
孙世华　铜川分公司川口加油站经理
吴洋洋　咸阳分公司渭城北塬加油站经理
甘肃销售公司
张　迪　兰州分公司莫高综合能源站经理、党支部书记
张继太　白银分公司泰运加油站经理
李　刚　平凉分公司泾川城东加油站经理
田正宇　储运分公司白银油库主任、党支部书记
青海销售公司

朱旭亮　海东分公司曹家堡服务区加油（气）站经理
刘明明　海西分公司投资质量安全部主任
宁夏销售公司
王金梅　非油品经营分公司经理、党支部副书记
中石油新疆销售有限公司
万　玲　党群工作部（企业文化部、党委宣传部、扶贫工作办公室）副经理（主持工作）、公司团委书记
李嘉祺　乌鲁木齐分公司银川路加油站副站经理（主持工作）
金蓉蓉　伊犁分公司西环路加油站经理
重庆销售分公司
刘兵兵　非油分公司经理、党总支书记
王亚芬　江南分公司南坪加油站前庭主管
张　羽　江北分公司公司五里店加油站经理兼江北分公司二级营销专员
四川销售分公司
庞西明　绵阳分公司执行董事、党委书记
张　浩　广元分公司广场加油站经理
郭　春　油料分公司油田服务中心副经理
李文婷　岷江分公司都江堰片区客户经理
贵州销售公司
周勇军　非油公司商品部临时负责人
西藏销售分公司
金　珠　总经理助理、油库项目部负责人
朱志强　质量健康安全环保部主管
刘　利　拉萨分公司柳梧二号加油站经理
江苏销售公司
张浩源　教练团队（大客户中心）高级主管
周林华　苏州分公司经理助理兼投资质量安全部经理
浙江销售公司
虞　挺　杭州分公司时代大道、兴议路加油站团队负责人
安徽销售公司
李　斐　党群工作部高级主管
福建销售公司
岂　忠　泉州分公司总经理、副书记、党委委员
江西销售公司
黄桢婷　南昌分公司黄佩加油站经理
山东销售公司
吴　群　公司总经理助理、青岛销售分公司执行董事、党委书记
河南销售公司
刘行辉　质量安全环保部经理
湖南销售公司
肖　博　衡阳分公司经理、党委副书记
广西销售公司
王凡新　储运分公司百色油库主任
中石油海南销售有限公司
赵　博　市场营销部副总经理
石油化工研究院
修　远　分析检测研究室高级工程师
赵志超　兰州中心合成橡胶所所长
张永军　大庆中心化工研究所所长、副书记
中国石油管道局工程有限公司
田永富　国际公司阿曼拉斯玛卡兹原油储罐项目经理
尹　铁　中国石油天然气管道科学研究院有限公司施工装备与非开挖技术中心主任
胡孝江　第三工程分公司执行董事、党委书记
甄宏昌　天津大港油田集团工程建设有限责任公司国际公司副经理
林春杰　西藏青藏石油管道有限公司总经理助理、工会副主席
中国石油工程建设有限公司
蒲远洋　西南分公司新能源事业部副经理兼项目管理部副经理
彭新凯　第一建设公司第六工程分公司总工程师、广东石化项目工程指挥部副指挥长
高克辉　中东地区公司安全总监
代宝昌　土库曼斯坦分公司副总经理
中国寰球工程有限公司
魏彦昌　公司总经理助理、广东石化总项目部总经理
张驰群　北京分公司总经理助理兼特级项目经理
赵秀文　中石油华东设计院有限公司高级工程师，公司二级技术专家
曹　黎　中国石油天然气第六建设有限公司西北分公司经理、党委副书记
朱铁军　中油吉林化建工程有限公司广东石化分公司 POX 项目部项目总监
中国昆仑工程有限公司
吕越峰　广东石化项目部常务副总经理
中国石油集团工程有限公司北京项目管理分公司
戴　滨　天津设计院总承包部部长
中国石油技术开发有限公司
王宝东　公司总经理助理兼事业部总经理
宝鸡石油机械有限责任公司
贺环庆　副总工程师兼成都分公司总经理、党委副书记

夏　辉　国家研究中心智能控制研究所设计员
千航超　热工分公司锻造车间大件工段班长

宝鸡石油钢管有限责任公司

张万鹏　国家管研中心（钢管研究院）新能源技术研究所一级工程师
李　辉　宝世顺公司防腐工厂党支部书记、厂长
郜　飞　连续油管公司总经理助理兼营销中心党支部书记、经理

中国石油集团济柴动力有限公司

孟肖丽　海外技术营销服务公司主管
向　超　成都压缩机分公司总装分厂党支部书记、厂长

中国石油集团渤海石油装备制造有限公司

吕成秀　公司总经理助理、江苏钢管公司经理
刘晓东　公司一级工程师、石化装备公司技术专家
李　帅　钻井装备公司潜油电泵制造厂尼日尔项目技术服务负责人规划总院
董丰莲　产业链优化研究中心原油及成品油优化研究室主任
何少林　节能中心技术专家

中国石油集团经济技术研究院

朱颖超　智库综合协调处处长兼支部书记
霍丽君　石油市场研究所一级工程师

中国石油集团安全环保技术研究院有限公司

彭其勇　HSE 认证中心主任、党支部书记
张泽之　总经理办公室高级主管

中国石油集团工程材料研究院有限公司

蒋　龙　国家重点实验室新能源材料研究中心二级工程师
徐　婷　标准信息与战略研究所副总工程师

昆仑数智科技有限责任公司

纪晨曦　经营管理事业部副总经理兼大数据业务部部长
樊少明　数智化规划咨询资深专家

中国石油中东公司

吴大伟　商务法律部主任

中国石油中亚俄罗斯公司

刘　刚　商务法律部主任

中国石油尼罗河公司

梁敬东　中国石油（南苏丹）1/2/4 区项目公司采油厂厂长

中国石油拉美公司

赵俊峰　中国石油（巴西）公司勘探开发部经理

中国石油西非公司

佡北南　中国石油莫桑比克公司副总经理

中国石油亚太（香港）公司

田　超　中国石油亚太（香港）公司公共关系业务负责人

离退休职工管理中心

王冀新　办公室（党总支办公室）主任

咨询中心

郑　雷　党总支副书记、综合技术部副主任

北京石油管理干部学院

刘孝成　石油教育与人才研究所所长

石油工业出版社有限公司

李银涛　办公室（党委办公室）主任

中国石油报社

徐远震　采访中心记者

中国石油审计服务中心

芦絮飞　勘探与生产审计处高级主管

中国石油物资采购中心

刘海平　金属材料采购处处长

中国石油集团共享运营有限公司

唐　薇　财务部总经理

中国石油运输有限公司

魏　莲　公司副总经济师、财务资产部经理
吴　强　塔运司特车运输大队大队长、党支部副书记
郑有录　青海分公司 LNG 配送中心驾驶员

中国华油集团有限公司

贾忠军　西非分公司执行董事、总经理
严　莉　北京物业分公司朝阳分公司项目部党支部书记、副经理、工会主席

中油财务有限责任公司

王锐杰　综合管理部（党委办公室）、党群工作部主任

昆仑银行股份有限公司

李照亮　大庆分行党委书记、行长
昆仑信托有限责任公司（中油资产管理有限公司）
康剑桥　稽核审计部经理

昆仑金融租赁有限责任公司

李　涤　发展规划部总经理、党委办公室主任（兼）

中石油专属财产保险股份有限公司

李子诚　综合管理部（发展企划部、党委办公室）总经理助理

天然气销售分公司（昆仑能源有限公司）

刘伟亮　北京华油联合燃气开发有限公司门头沟分公司潭柘寺门站班组长
孟垂瑞　太原东山中石油昆仑燃气有限公司董事长、党支部书记、总经理
关顺伟　青海分公司昆仑能源西藏有限公司总经理

田路江　中石油京唐液化天然气有限公司生产运营中心运行五组运行监督
王兴春　办公室（党委办公室、公共关系部）机要文电岗高级经理

中国石油国际勘探开发有限公司（海外勘探开发分公司）

陈伟山　财税部预算分部经理
杨　超　销售采办部副主任

中国石油国际事业有限公司（中国联合石油有限责任公司）

孟清庆　公司交易总监，国际事业伦敦公司原油部交易组组长
周　星　天然气二部资深交易经理

中国石油集团油田技术服务有限公司（工程技术分公司）

柳　明　油田技术部高级主管

中国石油集团工程股份有限公司（工程建设分公司）

李　宁　华南分公司高级主管

中国石油集团资本股份有限公司

郑　伟　昆仑保险经纪技术研发部总经理

昆仑资本有限公司

贲晓枫　风控和法律合规部总经理

总部部门、纪检监察组、专业公司

白　勇　综合管理部部门高级专家
杨兆明　政策研究室调研二处处长
房树旺　股份财务部副总会计师
黄珍涛　法律和企改部综合处处长
毕　明　国际部中亚俄罗斯处副处长
沈　娅　党群工作部综合（统战）处处长
韦　健　销售分公司营销处高级主管

【2021年度集团公司巾帼建功先进集体】 50个：

大庆油田有限责任公司第二采油厂第六作业区南二一联合站
辽河油田公司锦州采油厂采油作业一区第四党支部女子采油站
长庆油田公司第十一采油厂桐川采油作业镇一联合站
塔里木油田公司勘探开发研究院规划信息所经济评价室
新疆油田公司采油二厂油田地质研究所滚动勘探室
西南油气田公司川西北气矿邛崃采气作业区邛崃配气站
吉林油田公司英台采油厂员工食堂
大港油田公司测试公司解释研究所
青海油田公司工会女职工委员会
华北油田公司二连分公司阿南采油作业区阿一联合站化验岗
吐哈油田公司鄯善采油管理区鄯善采油中心联合站运行维护班
天然气销售分公司（昆仑能源有限公司）武汉中石油昆仑管道燃气有限公司客户服务中心
中国石油国际勘探开发有限公司党群工作部
中国石油集团长城钻探工程有限公司钻井技术服务公司女子定向井队
中国石油集团渤海钻探工程有限公司《钻井液与完井液》编辑部
中国石油集团川庆钻探工程有限公司地质勘探开发研究院吴家杰巾帼创新工作室
中国石油集团东方地球物理勘探有限责任公司研究院西南物探研究院四川盆地泸州深层页岩气万亿方大气区地震资料处理解释项目组
中国石油集团测井有限公司西南分公司四川石油射孔器材有限责任公司射孔弹厂压罩班
勘探开发研究院人工智能研究中心智能软件攻关团队
大庆石化公司质量检验中心炼油化验车间
吉林石化公司研究院合成橡胶研发中心乙丙橡胶研发测试岗
抚顺石化公司工程建设有限公司仪表一车间DCS班
辽阳石化公司研究院科研管理科
兰州石化公司乙烯厂46万吨/年乙烯装置裂解内操岗位
独山子石化公司质量检验中心（环境监测与管理中心）
乌鲁木齐石化公司炼油厂化验室
大庆炼化公司检验监测中心环境监测站
湖北销售公司恩施分公司红庙开发区加油站
广东销售公司清远英德下太加油站
云南销售公司昆明分公司张本荷加油站
辽宁销售公司沈阳分公司业务经营部VIP客户服务中心
黑龙江销售公司佳木斯分公司抚远东极加油站
河北销售公司秦皇岛分公司梁各庄加油站
内蒙古销售公司赤峰分公司克什克腾旗经营部碧柳河加油站
陕西销售公司西安分公司高新加油站
甘肃销售公司嘉峪关分公司钢城加油站
四川销售公司成都分公司芙蓉加油站
江苏销售公司无锡运河西路加油站
浙江销售公司绍兴分公司城北加油站
安徽销售公司合肥分公司锦天加油站
山东销售公司烟台分公司金沙江路加油站
河南销售公司郑州第十加油站
中国石油国际事业有限公司财务资产部
中国石油管道局工程有限公司检测公司数据分析中心

中国石油工程建设有限公司采购中心（招标中心）
中国寰球工程有限公司华东公司造价室
中国石油集团渤海石油装备制造有限公司辽河钻采装备分公司科技质量中心传动结构室
中国石油运输有限公司塔运司服装厂
中国华油集团有限公司西北分公司敦煌阳光沙州大酒店项目部青海油田花土沟物业项目组
昆仑银行股份有限公司克拉玛依分行幸福路支行

【2021 年度集团公司巾帼建功先进个人】 200 人：

勘探与生产分公司

苏春梅　新能源处处长

大庆油田有限责任公司

邵红梅　勘探开发研究院企业技术专家
王建艳　钻探工程公司钻井工程技术研究院钻井设计与规划信息中心一级工程师
刘丽萍　第一采油厂第五作业区南 1-1 联合站集输班党支部书记
王　欢　第四采油厂群团工作部副主任
吴　燕　第八采油厂第七作业区技术副经理
刘　利　呼伦贝尔分公司地质工艺研究所地质室副主任
张海燕　工程建设有限公司国内工程事业部第四工程部副经理
付艺媛　井下作业分公司信息中心数据管理室主任
张　艳　昆仑集团利达实业有限公司井下作业三分公司作业五队队长

辽河油田公司

梁　飞　勘探开发研究院一级工程师
盖志敏　振兴服务分公司公建服务二公司项目三班班长
易良英　中油辽河工程有限公司档案信息中心高级工程师
刘洪波　电力分公司兴隆台供电工区供电班班长兼兴四变所长
廖　丹　曙光采油厂采油作业六区第四党支部书记兼 609 采油站站长
骆建宁　辽河油田建设有限公司金属结构分公司电焊工
郭　健　公司质量安全环保部科长

长庆油田公司

白王畹力　第五采气厂党委组织部（人事部）培训管理岗
王丽萍　第五采油厂麻黄山北采油作业区生产技术室技术员
王思懿　第二采油厂西峰采油二区西二联合站站长
韩　婧　第九采油厂刘峁塬采油作业区采油工
张俊芳　党委组织部（人事部）人事监督科（机关人事科）副科长
周　洁　第一采气厂第五净化厂天然气净化操作工
周　姗　第一采油厂长庆艺术团党支部书记

塔里木油田公司

何元元　塔西南勘探开发公司博大油气开发部油气藏地质研究所动态分析二级工程师

新疆油田公司

唐红娇　实验检测研究院开发实验中心原油物性项目组项目长
胡婷婷　勘探开发研究院地球物理研究所副所长
兰明菊　风城油田作业区信息管理站（自动化中控站）副站长
李江玲　百口泉采油厂玛湖第三采油作业区工程组资料员

西南油气田公司

谢利平　重庆气矿梁平采输气作业区采气技能专家
代　娟　川中油气矿科技科科长
肖燕吟　四川宝石花医院呼吸内科主治医师

吉林油田公司

赵　慧　勘探开发研究院储量研究所所长
姚　健　松原采气厂数据监控指挥中心主任
王巍英　储运销售公司输气一队队长
殷广清　新木采油厂创新维修工作站党支部书记

大港油田公司

王晓燕　企业技术专家
刘　刚　天然气公司天然气处理站站长
于春玲　第四采油厂（滩海开发公司）企业技能专家

青海油田公司

黄　群　采油一厂尕斯第一采油作业区采油工
冯艳澧　气田开发处规划评价科高级主管
杨　茜　公司工会计划生育办公室主任兼女工副主任

华北油田公司

刘　静　勘探开发研究院河套及外围地质所所长
刘春春　山西煤层气勘探开发分公司地质研究所开发动态室主任
姜新红　第二采油厂苏北采油项目部副站长

吐哈油田公司

贾雪丽　勘探开发研究院吐哈盆地研究中心吐哈岩性油气藏勘探项目课题经理

冀东油田公司

施建慧　油气集输公司曹妃甸油库经理、党支部副书记

玉门油田公司
陈彦冰　乍得有限公司恩贾梅纳炼油厂质检中心油品分析工
浙江油田公司
蒋一欣　西南采气厂技术管理部主管工程师
中石油煤层气有限责任公司
李　涛　韩城采气管理区生产维护中心综合管理岗
南方石油勘探开发有限责任公司
康　艺　综合办公室高级主管
储气库公司
张　玲　人事处（党委组织部）高级主管
天然气销售公司（昆仑能源有限公司）
范金梅　淄博金捷天然气管道运输服务有限责任公司维抢修队长
彭　超　中石油京唐液化天然气有限公司生产运营中心副主任
徐丽丽　中石油昆仑燃气有限公司东北分公司总经理助理、市场开发项目部经理
中国石油国际勘探开发有限公司
李　申　中油国际（伊拉克）哈法亚公司法律部副经理
赵海燕　中油国际（哈萨克斯坦）卡沙甘项目生产技术部经理
朱　磊　中油国际（秘鲁）10/57/58 区项目总会计师
王　妍　中油国际（尼日尔）上游项目公司行政部经理
黄绪春　中油国际（俄罗斯）投资公司副总经理
王欣昀　党群工作部副主任
中油国际管道公司
辛丽娟　中乌天然气管道项目经营管理大部副主任
中国石油集团油田技术服务有限公司（工程技术分公司）
接桂馨　财务资产部高级主管
中国石油集团西部钻探工程有限公司
许文君　克拉玛依钻井公司女工妇联主任
中国石油集团长城钻探工程有限公司
贾海燕　地质研究院院长
中国石油集团渤海钻探工程有限公司
马　红　泥浆技术服务分公司
中国石油集团川庆钻探工程有限公司
高　燕　长庆井下技术作业公司副主任
中国石油集团东方地球物理勘探有限责任公司
熊晶璇　物探技术研究中心成都分中心熊晶璇创新工作室带头人
贾森森　海洋物探处法律事务科科长
赵　军　大庆物探一公司党群工作科（工会、团委）科长、工会副主席
中国石油集团测井有限公司
李　思　华北分公司解释评价中心主任、党支部副书记
中国石油集团海洋工程有限公司
孙　丽　钻井事业部项目管理部副经理兼市场开发项目部副主任
勘探开发研究院
吴淑红　人工智能研究中心党支部书记、副主任
中国石油集团工程技术研究院有限公司
郭慧娟　钻井机械研究所石油工程数值仿真研究室副主任
炼油与化工分公司
于　宁　财务处副处长
大庆石化公司
马丽涛　炼油厂常减压联合车间设备副主任
高　静　化工一厂乙烯车间裂解内操
熊小凤　客运服务中心石化宾馆党支部书记兼经理
吉林石化公司
张澜澜　质量检验中心检验工程师
刘筱涵　炼油厂联合芳烃车间工艺工程师
抚顺石化公司
李晓春　石油二厂计量站专责工程师
张海燕　烯烃厂乙烯装置技能专家
辽阳石化公司
葛　红　生产监测部第一化验室值班长
兰州石化公司
吴艳萍　炼油运行二部催化区域设备工程师
管东红　合成橡胶厂丁苯橡胶车间备员
独山子石化公司
王静丽　公用工程部副总工程师
阿依努尔·买买提　塔里木石化分公司乙烯裂解生产部裂解内操
乌鲁木齐石化公司
高江丽　设备检验检测院状态监测
宁夏石化公司
何秀艳　质检中心中控组三级工程师
大连石化公司
宋亚敏　第一联合车间高级工程师
大连西太平洋石油化工有限公司
魏　巍　质检中心分析化验员
锦州石化公司
石红岩　炼油三联合车间加氢裂化装置内操

锦西石化公司
蒋　玲　人事处（党委组织部）培训管理科科长
大庆炼化公司
高军荣　炼油生产三部异构脱蜡装置内操
哈尔滨石化公司
黄　敬　质量安全环保处副处长
广西石化公司
黄　瑞　人事处（党委组织部）高级主管
中国石油四川石化有限责任公司
任　曼　纪委办公室（审计处、党委巡察办公室）经济审计兼党风监督岗主管
广东石化公司
谢俊榕　企管法规部合同管理岗
中石油云南石化有限公司
黄　宁　机电仪中心高级主管
大港石化公司
刘丽华　第一联合车间副主任
华北石化公司
高　玲　二联合运行部内操
呼和浩特石化公司
程　静　动力车间技术员
辽河石化公司
王　静　检验计量中心副主任
长庆石化公司
王燕舞　质量检验部主任、党支部副书记
中石油克拉玛依石化有限责任公司
张俊晓　炼油第四联合车间延迟焦化装置操作工
庆阳石化公司
刘　珊　党群工作处主办
中石油燃料油有限责任公司
刘瑾潼　研究院科研管理部科员
润滑油公司
李　琪　上海润滑油产品设计分公司企业技术专家
东北化工销售公司
段凌莉　电子商务处处长
西北化工销售公司
王君玲　陕西分公司财务科负责人
华东化工销售公司
张娜娜　安徽分公司副经理
华北化工销售公司
张　萍　结算处处长
华南化工销售公司
刘　莉　人事处（党委组织部）副处长
西南化工销售公司
李　凡　财务处处长
销售公司
顾惠明　质量健康安全环保处高级主管
东北销售公司
刘明欣　大连分公司新港油库副主任
西北销售公司
尤　娅　陕西分公司经理助理兼支部书记
中石油昆仑好客有限公司
陈　莹　销售部副经理
北京销售分公司
白秀元　昌平北团队经理、石大二站加油站经理、第八党支部书记
上海销售公司
袁婷婷　宝嘉分公司嘉定南区党支部书记、嘉定第四加油站经理
湖北销售公司
官兰军　孝感销售分公司经理、党委副书记
徐　静　十堰销售分公司中江加油站经理
广东销售公司
李　红　劳模和工匠人才创新工作室主任
云南销售公司
宋凤英　玉溪销售分公司客户经理
辽宁销售公司
王　静　盘锦销售分公司业务经营部副部长
时　金　锦州销售分公司桥西加油站经理
吉林销售公司
陈月霞　白山销售分公司江北加油站经理
黑龙江销售公司
张　艳　齐齐哈尔销售分公司泰来片区第一加油站经理
天津销售公司
张丽丽　仓储分公司化验室副主任
河北销售公司
王亚乐　石家庄分公司大地（136）加油站经理
山西销售公司
李变平　忻州销售分公司七一北路东加油站经理
内蒙古销售公司
秀　荣　阿拉善销售分公司中港加油站经理
任凤媛　锡林郭勒销售分公司锡市团队四中北加油站经理
陕西销售公司
任奕洁　宝鸡分公司开发区加油站经理
甘肃销售公司
金炳言　兰州分公司盐场路加油站经理
青海销售公司
杨红霞　西宁分公司五四加油站经理

宁夏销售公司

杨　慧　非油品经营分公司商品管理部经理

中石油新疆销售有限公司

万　玲　党群工作部（企业文化部、党委宣传部、扶贫工作办公室）副经理（主持工作）、公司团委书记

重庆销售公司

张　薇　黄花园加油站经理

四川销售公司

刘　柳　岷江销售分公司总经理助理兼都江堰片区经理、党支部副书记

何文静　仓储分公司安全质量监督总站检验员

贵州销售公司

王　悦　贵阳分公司黑石二号加油站经理

西藏销售公司

杨玲玲　拉萨分公司功德林加油站经理

江苏销售公司

张可珍　南京分公司经理助理兼党支部书记

浙江销售公司

陈见香　杭州分公司临平第一加油站经理

安徽销售公司

陈春华　合肥分公司繁华西路加油站经理

福建销售公司

朱迎迎　福州分公司福源加油站经理

江西销售公司

罗得芬　九江开发区加油站经理

山东销售公司

周冬梅　济南销售分公司山大路加油站经理

曹美丽　淄博销售分公司张店中润大道加油站经理

河南销售公司

彭　硕　郑州第二加油站经理

湖南销售公司

贺　妍　长沙销售分公司长沙市含浦加油站经理

广西销售公司

张灵芝　河池销售分公司吉祥加油站、龙洲加油站经理

中石油海南销售有限公司

韩晶鑫　海口分公司主管

中国石油国际事业有限公司

莫傲璇　香港公司航空油料部经理

石油化工研究院

车春霞　兰州化工研究中心中国石油关键核心技术项目经理

中国石油集团工程股份有限公司（工程建设分公司）

周诗怡　计划发展部高级主管

中国石油管道局工程有限公司

黄　丽　研究院院长、党委副书记

陶伟莉　抢险中心维抢修技术研究所党支部书记

于学艳　国际饭店餐饮部经理

中国石油工程建设有限公司

马　宇　中东地区公司市场开发部经理

中国寰球工程有限公司

徐墅阳　北京分公司采购部（招标中心）副主任

中国昆仑工程有限公司

吕陈秋　总部合成材料事业部高级工程师

中国石油集团工程有限公司北京项目管理分公司

齐德珍　天津设计院工艺室副主任

中国石油技术开发有限公司

蔡静波　资深高级主管

宝鸡石油机械有限责任公司

贾冠琼　销售公司设备部经理

宝鸡石油钢管有限责任公司

陈　翔　资阳钢管公司保障中心党支部书记、主任

中国石油集团济柴动力有限公司

刘　静　成都压缩机分公司研究所副所长

中国石油集团渤海石油装备制造有限公司

郭　莉　巨龙钢管有限公司防腐厂厂长、党支部书记

规划总院

岳小文　院级技术专家

中国石油集团经济技术研究院

段兆芳　天然气市场研究所主任工程师

中国石油集团安全环保技术研究院有限公司

王淑梅　政策法规与标准研究所低碳政策研究与决策支持团队负责人

中国石油集团工程材料研究院有限公司

齐丽华　企业技术专家

昆仑数智科技有限责任公司

刘鸿飞　“中油易连”项目经理

离退休职工管理中心

张　辉　保健处（老干部服务处）处长

咨询中心（中国石油集团工程咨询有限责任公司）

李　丰　勘探部高级主管

北京石油管理干部学院

李　聪　人事处（党委组织部）高级主管

石油工业出版社有限公司

王金凤　出版专家

中国石油报社

黄祺茗　新闻中心记者

中国石油审计服务中心
孙桂芳　高级主管
中国石油物资采购中心（中国石油物资有限公司）
马　倩　招标一处副处长
中国石油集团共享运营有限公司
陈红梅　财务流程标准部总经理
中国石油运输有限公司
任　丽　浙江分公司杭绍配送中心副书记
蒲　蓉　沙运司天然气回收处理公司 TZ117 注气站天然气净化工
中国华油集团有限公司
杨　红　华东分公司无锡酒店项目部经理、宜兴度假村项目部经理、常州酒店项目部副经理
中国石油学会
齐　娜　办公室高级主管
中油财务有限责任公司
鲁　玫　票据部总经理
昆仑银行股份有限公司
唐　英　上海国际业务结算中心党总支委员、副总经理
昆仑信托有限责任公司（中油资产管理有限公司）
马　莉　金融理财中心总经理
昆仑金融租赁有限责任公司
吴　凡　风险管理部副总经理
中石油专属财产保险股份有限公司
邓彩凤　财务部（精算部、信息技术部）副总经理
中意财产保险有限公司
鹿艳锦　总精算师兼精算部总经理
中意人寿保险有限公司
许　青　企业发展部副总经理
昆仑保险经纪股份有限公司
白荣霞　统保业务部专业总监
综合管理部
郑轶丹　总值班室高级主管
发展计划部
向　婧　金融与股权管理处高级主管
集团公司财务部
杨晓红　财务分析处处长
股份公司财务部
张　倩　资本运营处副处长
法律和企改部
宋　婕　改革处高级主管
国际部
毕　明　中亚俄罗斯处副处长

【集团公司劳模和工匠人才创新工作室】 66 个：

大庆油田有限责任公司
刘丽创新工作室（全国示范性劳模和工匠人才创新工作室）
杨海波劳模创新工作室（全国示范性劳模和工匠人才创新工作室）
程延庆劳模和工匠人才创新工作室
辽河油田公司
赵奇峰创新工作室（全国示范性劳模和工匠人才创新工作室）
韩柏东劳模创新工作室
长庆油田公司
杨义兴创新工作室（全国示范性劳模和工匠人才创新工作室）
张华劳模（工匠）创新工作室
塔里木油田公司
刘洪涛创新工作室（全国示范性劳模和工匠人才创新工作室）
张辉自治区劳模和工匠人才创新工作室
新疆油田公司
肖刚创新工作室
西南油气田分公司
庞宇来劳模创新工作室（全国示范性劳模和工匠人才创新工作室）
刘辉劳模和工匠人才创新工作室
吉林油田公司
鞠岳军劳模和工匠人才创新工作室
大港油田公司
宫艳红创新工作室（全国示范性劳模和工匠人才创新工作室）
冯萌萌劳模创新工作室
青海油田公司
王锡军劳模创新工作室（全国示范性劳模和工匠人才创新工作室）
史昆职工创新工作室
华北油田公司
靳占忠石油井下作业创新工作室
吐哈油田公司
徐志民劳模创新工作室
冀东油田公司
高尚堡创新工作室
玉门油田公司
史玉平劳模创新工作室
中国石油集团西部钻探工程有限公司
谭文波创新工作室（全国示范性劳模和工匠人才创

新工作室）
张耀先创新工作室
中国石油集团长城钻探工程有限公司
王振军劳模能手创新工作室
中国石油集团渤海钻探工程有限公司
赵增权劳模（工匠）创新工作室
中国石油集团川庆钻探工程有限公司
冉鹏创新工作室（全国示范性劳模和工匠人才创新工作室）
潘勇四川省劳模和工匠人才创新工作室
中国石油集团测井有限公司
刘春斌创新工作室
勘探开发研究院
深层油气成因成藏研究创新工作室
大庆石化公司
于文忠劳模创新工作室
吉林石化公司
高彦峰劳模创新工作室（全国示范性劳模和工匠人才创新工作室）
抚顺石化公司
赵林源劳模创新工作室（全国示范性劳模和工匠人才创新工作室）
李俊技能专家工作室
辽阳石化公司
岳景春劳模创新工作室
兰州石化公司
卢朝鹏创新工作室（全国示范性劳模和工匠人才创新工作室）
汪艳侠劳模创新工作室
独山子石化公司
谷刚劳模创新工作室（全国示范性劳模和工匠人才创新工作室）
薛魁劳模和工匠人才创新工作室
乌鲁木齐石化公司
马岩军劳模和工匠人才创新工作室
宁夏石化公司
杨学智劳模创新工作室
大连石化公司
刘丛堂仪表维修技能专家工作室
锦州石化公司
高颖明创新工作室（全国示范性劳模和工匠人才创新工作室）
王艳慧劳模创新工作室
锦西石化公司
王尚典劳模创新工作室
大庆炼化公司
张世凯劳模创新工作室
哈尔滨石化公司
林树国高技能人才示范性劳模创新工作室
广西石化公司
张磊劳模创新工作室
中国石油四川石化有限责任公司
马振宇劳模和工匠人才创新工作室
大港石化公司
王峰催化裂化技能专家工作室
润滑油公司
李琪工作室
上海销售公司
刘国超劳模创新工作室
云南销售公司
张本荷劳模创新工作室
甘肃销售公司
潘玉琴劳模创新工作室
中石油新疆销售有限公司
红山路劳模和工匠人才创新工作室
四川销售公司
米才高劳模和工匠人才创新工作室
浙江销售公司
石红燕劳模工作室
中国石油管道局工程有限公司
邵洪波创新工作室
中国石油工程建设有限公司
裴先峰劳模创新工作室
中国寰球工程有限公司
寰球公司乙烯创新工作室
宝鸡石油机械有限责任公司
商杰创新工作室
宝鸡石油钢管有限责任公司
彭建军创新工作室（全国示范性劳模和工匠人才创新工作室）
曹文军创新工作室
中国石油集团济柴动力有限公司
张传勇工匠工作室
中国石油集团渤海石油装备制造有限公司
牟新华劳模创新联盟工作室
中国石油集团经济技术研究院
油气财税政策研究创新工作室
中国石油集团工程材料研究院有限公司
刘迎来劳模创新工作室

（袁　明）

机构与人物

中国石油天然气集团有限公司①

集团公司组织机构

单　　位		地　址	备　注
一、总部部门（16个）			
1	综合管理部/党组办公室（董事会办公室、维稳信访工作办公室、保卫部）	北京市	
2	政策研究室	北京市	
3	发展计划部（对外合作办公室、新能源新材料发展办公室）	北京市	
4	财务部	北京市	
5	人力资源部/党组组织部（党组编制办）	北京市	
6	生产经营管理部（智能运营中心）	北京市	
7	法律和企改部	北京市	
8	质量健康安全环保部	北京市	
9	科技管理部（知识产权管理办公室）	北京市	
10	数字和信息化管理部	北京市	
11	工程和物装管理部	北京市	
12	国际部（外事部）	北京市	
13	党组巡视工作领导小组办公室	北京市	
14	审计部	北京市	
15	党群工作部/直属党委	北京市	
16	党组宣传部/企业文化部（新闻办公室）	北京市	
二、纪检监察组		北京市	
三、专业公司（5个）			
1	中国石油国际勘探开发有限公司	北京市	

①本篇资料截至2022年12月31日。

续表

单位		地址	备注
2	中国石油集团油田技术服务有限公司 （中国石油天然气集团有限公司工程技术分公司）	北京市	
3	中国石油集团工程股份有限公司 （中国石油天然气集团有限公司工程建设分公司）	新疆维吾尔自治区克拉玛依市	
4	中国石油集团资本股份有限公司	新疆维吾尔自治区克拉玛依市	
5	中国石油集团昆仑资本有限公司	海南省海口市	
四、油气和新能源子集团（油气新能源板块）（21 个企业）			
1	大庆石油管理局有限公司	黑龙江省大庆市	
2	辽河石油勘探局有限公司	辽宁省盘锦市	
3	长庆石油勘探局有限公司	陕西省西安市	
4	新疆石油管理局有限公司	新疆维吾尔自治区克拉玛依市	
5	四川石油管理局有限公司	四川省成都市	
6	吉林石油集团有限责任公司	吉林省松原市	
7	大港油田集团有限责任公司	天津市	
8	华北石油管理局有限公司	河北省任丘市	
9	新疆吐哈石油勘探开发有限公司	新疆维吾尔自治区哈密市	
10	中油国际管道公司	北京市	
11	中国石油俄罗斯公司	俄罗斯莫斯科	
12	中国石油乍得公司	乍得恩贾梅纳	
13	中国石油尼日尔公司	尼日尔尼亚美	
14	中国石油集团西部钻探工程有限公司	新疆维吾尔自治区乌鲁木齐市	成员企业
15	中国石油集团长城钻探工程有限公司	北京市	成员企业
16	中国石油集团渤海钻探工程有限公司	天津市	成员企业
17	中国石油集团川庆钻探工程有限公司	四川省成都市	成员企业
18	中国石油集团东方地球物理勘探有限责任公司	河北省涿州市	成员企业
19	中国石油集团测井有限公司	陕西省西安市	成员企业
20	中国石油集团海洋工程有限公司	北京市	成员企业
21	中国石油集团工程技术研究院有限公司	北京市	

续表

单位		地址	备注
五、炼化销售和新材料子集团（炼化新材料板块）（11 个企业）			
1	中国石油大庆石油化工有限公司	黑龙江省大庆市	
2	吉化集团有限公司	吉林省吉林市	
3	中国石油抚顺石油化工有限公司	辽宁省抚顺市	
4	中国石油辽阳石油化纤有限公司	辽宁省辽阳市	
5	中国石油兰州石油化工有限公司	甘肃省兰州市	
6	新疆独山子石油化工有限公司	新疆维吾尔自治区克拉玛依市	
7	中国石油乌鲁木齐石油化工有限公司	新疆维吾尔自治区乌鲁木齐市	
8	中国石油大连石油化工有限公司	辽宁省大连市	
9	中国石油锦州石油化工有限公司	辽宁省锦州市	
10	中国石油锦西石油化工有限公司	辽宁省葫芦岛市	
11	中国联合石油有限责任公司	北京市	
六、支持和服务子集团（支持服务板块）（32 个企业）			
1	中国石油管道局工程有限公司	河北省廊坊市	成员企业
2	中国石油工程建设有限公司	北京市	成员企业
3	中国寰球工程有限公司	北京市	成员企业
4	中国昆仑工程有限公司	北京市	成员企业
5	中国石油集团工程有限公司北京项目管理分公司	北京市	成员企业
6	中国石油技术开发有限公司	北京市	
7	宝鸡石油机械有限责任公司	陕西省宝鸡市	
8	宝鸡石油钢管有限责任公司	陕西省宝鸡市	
9	中国石油集团济柴动力有限公司	山东省济南市	
10	中国石油集团渤海石油装备制造有限公司	天津市	
11	中国石油集团经济技术研究院	北京市	
12	中国石油集团安全环保技术研究院有限公司	北京市	
13	中国石油集团石油管工程技术研究院	陕西省西安市	

续表

单位		地址	备注
14	昆仑数智科技有限责任公司	北京市	
15	中国石油中东公司	阿联酋迪拜	
16	中国石油中亚俄罗斯公司	哈萨克斯坦阿拉木图	
17	中国石油尼罗河公司	苏丹喀土穆	
18	中国石油拉美公司	委内瑞拉加拉加斯	
19	中国石油西非公司	乍得恩贾梅纳	
20	中国石油亚太（香港）公司	香港特别行政区	
21	离退休职工管理中心（老干部局）	北京市	
22	中国石油天然气集团有限公司咨询中心	北京市	
23	北京石油管理干部学院	北京市	
24	石油工业出版社有限公司	北京市	
25	中国石油报社	河北省涿州市	
26	中国石油审计服务中心	河北省廊坊市	
27	中国石油物资采购中心（中国石油物资有限公司）	北京市	
28	中国石油集团共享运营有限公司	北京市	
29	中国石油运输有限公司	新疆维吾尔自治区乌鲁木齐市	
30	中国华油集团有限公司 / 中国石油天然气集团有限公司机关服务中心	北京市	
31	中国石油学会	北京市	
32	中国石油企业协会	北京市	
七、资本和金融子集团（资本金融板块）（5 个企业）			
1	中油财务有限责任公司	北京市	成员企业
2	昆仑银行股份有限公司	新疆维吾尔自治区克拉玛依市	成员企业
3	昆仑信托有限责任公司	浙江省宁波市	成员企业
4	昆仑金融租赁有限责任公司	重庆市	成员企业
5	中石油专属财产保险股份有限公司	新疆维吾尔自治区克拉玛依市	成员企业
八、中国石油天然气股份有限公司		北京市	

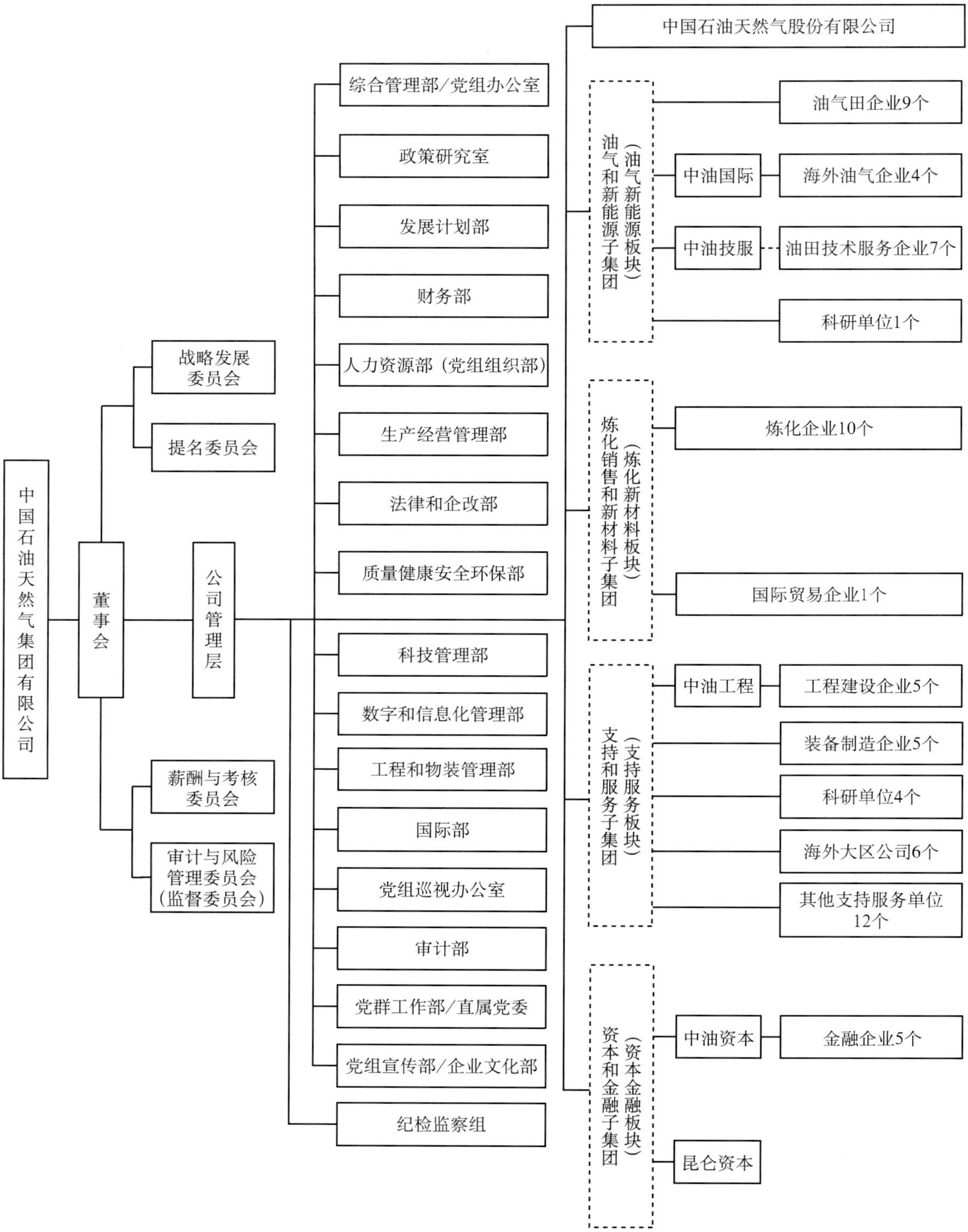

中国石油天然气集团有限公司组织结构图

集团公司董事会成员

序 号	姓 名	职 务
1	戴厚良	中国石油天然气集团有限公司董事长
2	侯启军	中国石油天然气集团有限公司董事
3	段良伟	中国石油天然气集团有限公司董事
4	李建红	中国石油天然气集团有限公司外部董事
5	王用生[①]	中国石油天然气集团有限公司外部董事
6	石 岩	中国石油天然气集团有限公司外部董事
7	杨 亚	中国石油天然气集团有限公司外部董事
8	高云虎	中国石油天然气集团有限公司外部董事
9	杨 华	中国石油天然气集团有限公司职工董事

集团公司董事会秘书

姓 名	职 务
徐新福	中国石油天然气集团有限公司董事会秘书

集团公司领导

序 号	姓 名	职 务
1	戴厚良	中国石油天然气集团有限公司董事长、党组书记
2	侯启军	中国石油天然气集团有限公司董事、总经理、党组副书记
3	段良伟	中国石油天然气集团有限公司董事、党组副书记
4	焦方正	中国石油天然气集团有限公司党组成员、副总经理
5	蔡安辉	中国石油天然气集团有限公司党组成员、总会计师
6	黄永章	中国石油天然气集团有限公司党组成员、副总经理、安全总监
7	钱朝阳	中国石油天然气集团有限公司党组成员、纪检监察组组长
8	任立新	中国石油天然气集团有限公司党组成员、副总经理
9	谢 军	中国石油天然气集团有限公司党组成员、副总经理

注：① 2023 年 7 月，王用生因涉嫌严重违纪违法，接受中央纪委国家监委纪律审查和监察调查。

集团公司总经理助理

序　号	姓　名	职　务
1	杨　华	中国石油天然气集团有限公司总经理助理
2	张华林	中国石油天然气集团有限公司总经理助理
3	谢海兵	中国石油天然气集团有限公司总经理助理
4	姜力孚	中国石油天然气集团有限公司总经理助理
5	赵　颖	中国石油天然气集团有限公司总法律顾问兼首席合规官
6	贾　勇	中国石油天然气集团有限公司总经理助理

集团公司总部部门、纪检监察组主要领导

序　号	单　位	总经理（主任、部长、组长）
1	综合管理部／党组办公室（董事会办公室、维稳信访工作办公室、保卫部）	徐新福（兼）
2	政策研究室	张华林（兼）
3	发展计划部（对外合作办公室、新能源新材料发展办公室）	万　军（兼）
4	财务部	蔡　勇
5	人力资源部／党组组织部（党组编制办）	杨　华（兼）
6	生产经营管理部（智能运营中心）	隋　昊
7	法律和企改部	修景涛
8	质量健康安全环保部	张明禄（兼）
9	科技管理部（知识产权管理办公室）	江同文
10	数字和信息化管理部	胡炳军
11	工程和物装管理部	孙树祯
12	国际部（外事部）	贾　勇（兼）
13	党组巡视工作领导小组办公室	张晓东
14	审计部	蒋尚军
15	党群工作部／直属党委	李家民
16	党组宣传部／企业文化部（新闻办公室）	李懂章
	纪检监察组	钱朝阳（兼）

集团公司专业公司主要领导

序　号	单　位	执行董事（董事长）	党委书记	总经理
1	中国石油国际勘探开发有限公司	陈金涛	陈金涛	何文渊
2	中国石油集团油田技术服务有限公司（中国石油天然气集团有限公司工程技术分公司）	张宝增	张宝增	胡欣峰
3	中国石油集团工程股份有限公司（中国石油天然气集团有限公司工程建设分公司）	白雪峰	白雪峰	王新革
4	中国石油集团资本股份有限公司	谢海兵（兼）	卢耀忠	卢耀忠
5	中国石油集团昆仑资本有限公司	谢海兵（兼）	汤　林	汤　林

集团公司所属企业主要领导

序　号	单位名称	董事长（执行董事）	党（工）委书记	总经理（总裁、主任、院长、社长、会长）
1	中国石油天然气股份有限公司	戴厚良（兼）	未设置	黄永章（兼）
一、油气和新能源子集团（油气新能源板块）				
1	大庆石油管理局有限公司	朱国文（兼）	未设置	张　赫
2	辽河石油勘探局有限公司	李忠兴	未设置	李忠兴
3	长庆石油勘探局有限公司	何江川	未设置	何江川
4	新疆石油管理局有限公司	杨立强	未设置	杨立强
5	四川石油管理局有限公司	姜鹏飞	未设置	姜鹏飞
6	吉林石油集团有限责任公司	王　峰	未设置	王　峰
7	大港油田集团有限责任公司	周立宏	未设置	周立宏
8	华北石油管理局有限公司	方　庆	未设置	方　庆
9	新疆吐哈石油勘探开发有限公司	支东明	未设置	支东明
10	中油国际管道公司	孟向东	孟向东	钟　凡
11	中国石油俄罗斯公司	未设置	（涉密）	张成武
12	中国石油乍得公司	未设置	（涉密）	刘合年
13	中国石油尼日尔公司	未设置	（涉密）	周作坤
14	中国石油集团西部钻探工程有限公司	张忠志	张忠志	潘　登

续表

序　号	单位名称	董事长（执行董事）	党（工）委书记	总经理（总裁、主任、院长、社长、会长）
15	中国石油集团长城钻探工程有限公司	刘光木	刘光木	周　丰
16	中国石油集团渤海钻探工程有限公司	汪国庆	汪国庆	（暂空）
17	中国石油集团川庆钻探工程有限公司	王治平	王治平	李雪岗
18	中国石油集团东方地球物理勘探有限责任公司	张少华	张少华	曹　宏
19	中国石油集团测井有限公司	金明权	金明权	胡启月
20	中国石油集团海洋工程有限公司	彭　飞	彭　飞	沈双平
21	中国石油集团工程技术研究院有限公司	冯艳成	冯艳成	刘岩生
二、炼化销售和新材料子集团（炼化新材料板块）				
1	中国石油大庆石油化工有限公司	于　强	（未设置）	于　强
2	吉化集团有限公司	金彦江	（未设置）	金彦江
3	中国石油抚顺石油化工有限公司	何晨光	（未设置）	何晨光
4	中国石油辽阳石油化纤有限公司	李贵合	（未设置）	李贵合
5	中国石油兰州石油化工有限公司	吴　凯	（未设置）	吴　凯
6	新疆独山子石油化工有限公司	任军革	（未设置）	任军革
7	中国石油乌鲁木齐石油化工有限公司	秦本记	（未设置）	秦本记
8	中国石油大连石油化工有限公司	王一民	（未设置）	王一民
9	中国石油锦州石油化工有限公司	郝相民	（未设置）	郝相民
10	中国石油锦西石油化工有限公司	王红晨	（未设置）	王红晨
11	中国联合石油有限责任公司	武军利	（未设置）	戴琴荣
三、支持和服务子集团（支持服务板块）				
1	中国石油管道局工程有限公司	薛　枫	薛　枫	王卓岩
2	中国石油工程建设有限公司	李小宁	李小宁	武　军
3	中国寰球工程有限公司	宋少光	宋少光	（暂空）
4	中国昆仑工程有限公司	王德义	王德义	李利军
5	中国石油集团工程有限公司北京项目管理分公司	许贤文	许贤文	刘　晖
6	中国石油技术开发有限公司	白玉光	白玉光	王洪涛
7	宝鸡石油机械有限责任公司	忽宝民	忽宝民	张　福

续表

序 号	单位名称	董事长（执行董事）	党（工）委书记	总经理（总裁、主任、院长、社长、会长）
8	宝鸡石油钢管有限责任公司	舒高新	舒高新	冯文升
9	中国石油集团济柴动力有限公司	周　杰	周　杰	苗　勇
10	中国石油集团渤海石油装备制造有限公司	周荣学	周荣学	赵红超
11	中国石油集团经济技术研究院	余　国	余　国	陆如泉
12	中国石油集团安全环保技术研究院有限公司	兰建彬	兰建彬	朱圣珍
13	中国石油集团石油管工程技术研究院	刘亚旭	刘亚旭	赵新伟
14	昆仑数智科技有限责任公司	陈朝晖	杨剑锋	杨剑锋
15	中国石油中东公司	（未设置）	（涉密）	王贵海
16	中国石油中亚俄罗斯公司	（未设置）	（涉密）	卞德智
17	中国石油尼罗河公司	（未设置）	（涉密）	卢江波
18	中国石油拉美公司	（未设置）	（涉密）	黄　革
19	中国石油西非公司	（未设置）	（涉密）	杨　涛
20	中国石油亚太（香港）公司	（未设置）	（涉密）	蒋　奇
21	离退休职工管理中心（老干部局）	（未设置）	（未设置）	赵　波
22	中国石油天然气集团有限公司咨询中心	（未设置）	（未设置）	谢军（兼）
23	北京石油管理干部学院	（未设置）	钱兴坤	赵玉建
24	石油工业出版社有限公司	雷　平	雷　平	李俊军
25	中国石油报社	霍恚明	霍恚明	（暂空）
26	中国石油审计服务中心	蒋尚军（兼）	蒋尚军（兼）	饶瑞久
27	中国石油物资采购中心（中国石油物资有限公司）	张晗亮	张晗亮	钟显明
28	中国石油集团共享运营有限公司	王长根	王长根	宫立新
29	中国石油运输有限公司	魏国庆	魏国庆	郭建设
30	中国华油集团有限公司 / 中国石油天然气集团有限公司机关服务中心	石清俊	石清俊	林鹏 / 刘生瑶
31	中国石油学会	（未设置）	（未设置）	焦方正
32	中国石油企业协会	（未设置）	（未设置）	王志刚

续表

序　号	单位名称	董事长（执行董事）	党（工）委书记	总经理（总裁、主任、院长、社长、会长）
四、资本和金融子集团（资本金融板块）				
1	中油财务有限责任公司	刘　德	刘　德	闫　宏
2	昆仑银行股份有限公司	王忠来	王忠来	何　放
3	昆仑信托有限责任公司	王峥嵘	王峥嵘	江昱洁
4	昆仑金融租赁有限责任公司	桂王来	桂王来	刘兴东
5	中石油专属财产保险股份有限公司	魏国良	魏国良	陈　鹏

中国石油天然气股份有限公司

股份公司组织机构

单　位		地　址
一、股份公司总部		
（一）董事会、监事会机构（2个）		
1	董事会办公室	北京市
2	监事会办公室	北京市
（二）总部部门（14个）		
1	综合管理部	北京市
2	发展计划部（对外合作办公室、新能源新材料发展办公室）	北京市
3	财务部	北京市
4	人力资源部	北京市
5	生产经营管理部（智能运营中心）	北京市
6	法律和企改部	北京市
7	质量健康安全环保部	北京市
8	科技管理部	北京市
9	数字和信息化管理部	北京市

续表

单　位		地　址
10	工程和物装管理部	北京市
11	国际部	北京市
12	审计部	北京市
13	党群工作部	北京市
14	企业文化部	北京市
二、专业公司（6个）		
1	中国石油天然气股份有限公司油气和新能源分公司	北京市
2	中国石油天然气股份有限公司炼油化工和新材料分公司	北京市
3	中国石油天然气股份有限公司销售分公司	北京市
4	中国石油天然气股份有限公司天然气销售分公司	北京市
5	中国石油天然气股份有限公司海外勘探开发分公司	北京市
6	中国石油国际事业有限公司（中国石油天然气股份有限公司国际贸易分公司）	北京市
三、油气田企业（17个）		
1	大庆油田有限责任公司	黑龙江省大庆市
2	中国石油天然气股份有限公司辽河油田分公司	辽宁省盘锦市
3	中国石油天然气股份有限公司长庆油田分公司	陕西省西安市
4	中国石油天然气股份有限公司塔里木油田分公司	新疆维吾尔自治区库尔勒市
5	中国石油天然气股份有限公司新疆油田分公司	新疆维吾尔自治区克拉玛依市
6	中国石油天然气股份有限公司西南油气田分公司	四川省成都市
7	中国石油天然气股份有限公司吉林油田分公司	吉林省松原市
8	中国石油天然气股份有限公司大港油田分公司	天津市
9	中国石油天然气股份有限公司青海油田分公司	青海省海西州
10	中国石油天然气股份有限公司华北油田分公司	河北省任丘市
11	中国石油天然气股份有限公司吐哈油田分公司	新疆维吾尔自治区哈密市
12	中国石油天然气股份有限公司冀东油田分公司	河北省唐山市
13	中国石油天然气股份有限公司玉门油田分公司	甘肃省酒泉市
14	中国石油天然气股份有限公司浙江油田分公司	浙江省杭州市

续表

单　位		地　址
15	中石油煤层气有限责任公司	北京市
16	南方石油勘探开发有限责任公司	广东省广州市
17	中国石油天然气股份有限公司储气库分公司	北京市
四、炼化企业（33 个）		
1	中国石油天然气股份有限公司大庆石化分公司	黑龙江省大庆市
2	中国石油天然气股份有限公司吉林石化分公司	吉林省吉林市
3	中国石油天然气股份有限公司抚顺石化分公司	辽宁省抚顺市
4	中国石油天然气股份有限公司辽阳石化分公司	辽宁省辽阳市
5	中国石油天然气股份有限公司兰州石化分公司	甘肃省兰州市
6	中国石油天然气股份有限公司独山子石化分公司	新疆维吾尔自治区克拉玛依市
7	中国石油天然气股份有限公司乌鲁木齐石化分公司	新疆维吾尔自治区乌鲁木齐市
8	中国石油天然气股份有限公司宁夏石化分公司	宁夏回族自治区银川市
9	中国石油天然气股份有限公司大连石化分公司	辽宁省大连市
10	大连西太平洋石油化工有限公司	辽宁省大连市
11	中国石油天然气股份有限公司锦州石化分公司	辽宁省锦州市
12	中国石油天然气股份有限公司锦西石化分公司	辽宁省葫芦岛市
13	中国石油天然气股份有限公司大庆炼化分公司	黑龙江省大庆市
14	中国石油天然气股份有限公司哈尔滨石化分公司	黑龙江省哈尔滨市
15	中国石油天然气股份有限公司广西石化分公司	广西壮族自治区钦州市
16	中国石油四川石化有限责任公司	四川省成都市
17	中国石油天然气股份有限公司广东石化分公司	广东省揭阳市
18	中石油云南石化有限公司	云南省昆明市
19	中国石油天然气股份有限公司大港石化分公司	天津市
20	中国石油天然气股份有限公司华北石化分公司	河北省任丘市
21	中国石油天然气股份有限公司呼和浩特石化分公司	内蒙古自治区呼和浩特市
22	中国石油天然气股份有限公司辽河石化分公司	辽宁省盘锦市
23	中国石油天然气股份有限公司长庆石化分公司	陕西省咸阳市
24	中石油克拉玛依石化有限责任公司	新疆维吾尔自治区克拉玛依市

续表

单 位		地 址
25	中国石油天然气股份有限公司庆阳石化分公司	甘肃省庆阳市
26	中石油燃料油有限责任公司	广东省珠海市
27	中国石油天然气股份有限公司润滑油分公司	北京市
28	中国石油天然气股份有限公司东北化工销售分公司	辽宁省沈阳市
29	中国石油天然气股份有限公司西北化工销售分公司	甘肃省兰州市
30	中国石油天然气股份有限公司华东化工销售分公司	上海市
31	中国石油天然气股份有限公司华北化工销售分公司	北京市
32	中国石油天然气股份有限公司华南化工销售分公司	广东省广州市
33	中国石油天然气股份有限公司西南化工销售分公司	四川省成都市
五、成品油销售企业（34 个）		
1	中国石油天然气股份有限公司东北销售分公司	辽宁省沈阳市
2	中国石油天然气股份有限公司西北销售分公司	甘肃省兰州市
3	中石油昆仑好客有限公司	北京市
4	中国石油天然气股份有限公司北京销售分公司	北京市
5	中国石油天然气股份有限公司上海销售分公司	上海市
6	中国石油天然气股份有限公司湖北销售分公司	湖北省武汉市
7	中国石油天然气股份有限公司广东销售分公司	广东省广州市
8	中国石油天然气股份有限公司云南销售分公司	云南省昆明市
9	中国石油天然气股份有限公司辽宁销售分公司	辽宁省沈阳市
10	中国石油天然气股份有限公司吉林销售分公司	吉林省长春市
11	中国石油天然气股份有限公司黑龙江销售分公司	黑龙江省哈尔滨市
12	中国石油天然气股份有限公司天津销售分公司	天津市
13	中国石油天然气股份有限公司河北销售分公司	河北省石家庄市
14	中国石油天然气股份有限公司山西销售分公司	山西省太原市
15	中国石油天然气股份有限公司内蒙古销售分公司	内蒙古自治区呼和浩特市
16	中国石油天然气股份有限公司陕西销售分公司	陕西省西安市
17	中国石油天然气股份有限公司甘肃销售分公司	甘肃省兰州市
18	中国石油天然气股份有限公司青海销售分公司	青海省西宁市

续表

单位		地址
19	中国石油天然气股份有限公司宁夏销售分公司	宁夏回族自治区银川市
20	中石油新疆销售有限公司	新疆维吾尔自治区乌鲁木齐市
21	中国石油天然气股份有限公司重庆销售分公司	重庆市
22	中国石油天然气股份有限公司四川销售分公司	四川省成都市
23	中国石油天然气股份有限公司贵州销售分公司	贵州省贵阳市
24	中国石油天然气股份有限公司西藏销售分公司	西藏自治区拉萨市
25	中国石油天然气股份有限公司江苏销售分公司	江苏省南京市
26	中国石油天然气股份有限公司浙江销售分公司	浙江省杭州市
27	中国石油天然气股份有限公司安徽销售分公司	安徽省合肥市
28	中国石油天然气股份有限公司福建销售分公司	福建省福州市
29	中国石油天然气股份有限公司江西销售分公司	江西省南昌市
30	中国石油天然气股份有限公司山东销售分公司	山东省青岛市
31	中国石油天然气股份有限公司河南销售分公司	河南省郑州市
32	中国石油天然气股份有限公司湖南销售分公司	湖南省长沙市
33	中国石油天然气股份有限公司广西销售分公司	广西壮族自治区南宁市
34	中石油海南销售有限公司	海南省海口市
六、海外企业（6个）		
1	中石油国际投资有限公司	北京市
2	中石油阿姆河天然气勘探开发（北京）有限公司	北京市
3	中国石油（伊拉克）鲁迈拉公司	伊拉克巴士拉省
4	中国石油（伊拉克）哈法亚公司	伊拉克米桑省
5	中国石油（哈萨克斯坦）阿克纠宾公司	哈萨克斯坦阿克纠宾市
6	中国石油加拿大公司	加拿大阿尔伯塔省
七、科研及其他单位（4个）		
1	中国石油天然气股份有限公司勘探开发研究院	北京市
2	中国石油天然气股份有限公司规划总院	北京市
3	中国石油天然气股份有限公司石油化工研究院	北京市
4	中石油香港有限公司	香港特别行政区

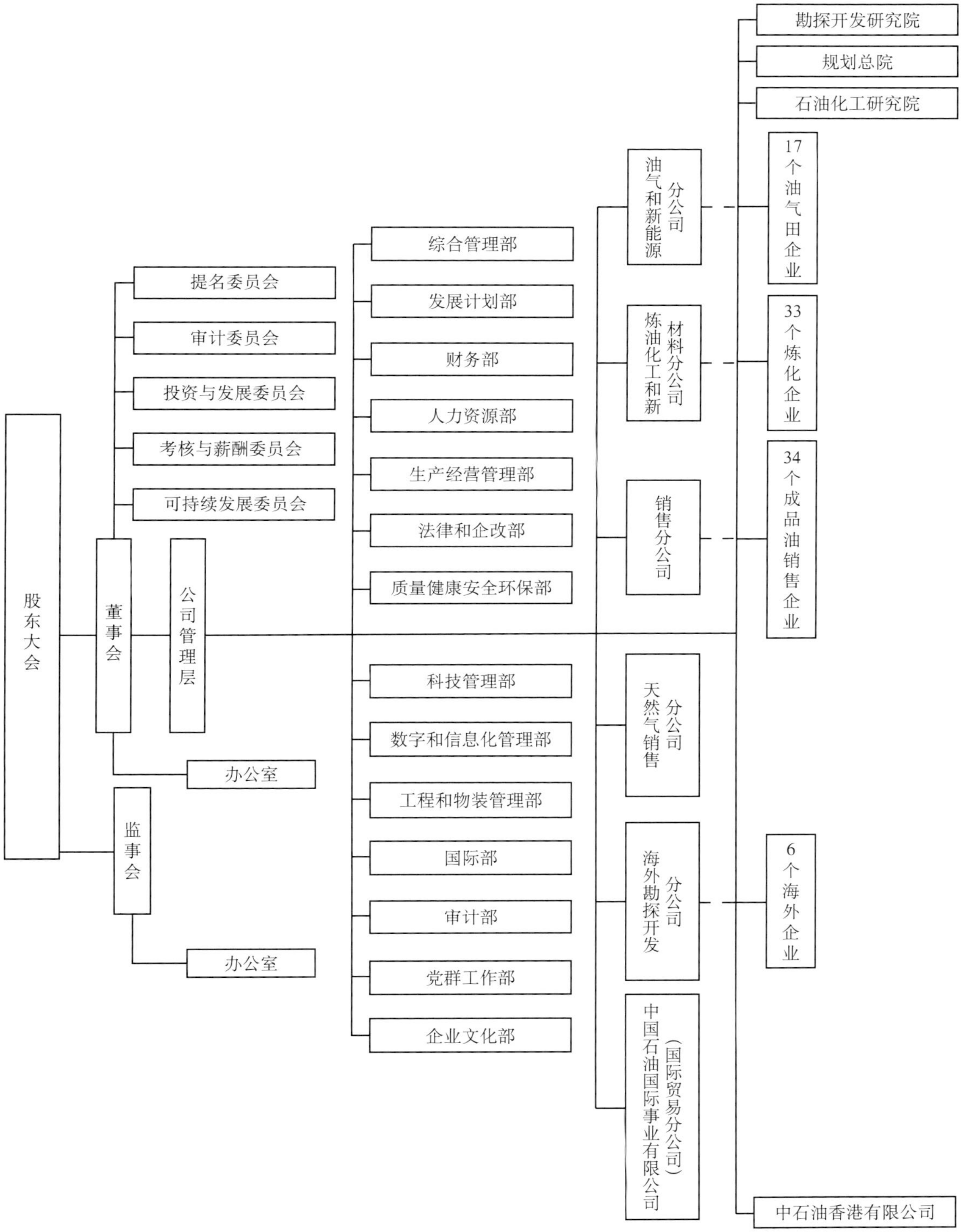

中国石油天然气股份有限公司组织结构图

股份公司董事会成员

序　号	姓　名	职　务
1	戴厚良	中国石油天然气股份有限公司董事长
2	侯启军	中国石油天然气股份有限公司副董事长
3	段良伟	中国石油天然气股份有限公司董事
4	焦方正	中国石油天然气股份有限公司董事
5	黄永章	中国石油天然气股份有限公司董事
6	任立新	中国石油天然气股份有限公司董事
7	谢　军	中国石油天然气股份有限公司董事
8	梁爱诗	中国石油天然气股份有限公司独立非执行董事
9	德地立人	中国石油天然气股份有限公司独立非执行董事
10	蔡金勇	中国石油天然气股份有限公司独立非执行董事
11	蒋小明	中国石油天然气股份有限公司独立非执行董事

股份公司董事会秘书

姓　名	职　务
王　华	中国石油天然气股份有限公司董事会秘书

股份公司监事会成员

序　号	姓　名	职　务
1	蔡安辉	中国石油天然气股份有限公司监事会主席
2	谢海兵	中国石油天然气股份有限公司监事
3	赵　颖	中国石油天然气股份有限公司监事
4	蔡　勇	中国石油天然气股份有限公司监事
5	兰建彬	中国石油天然气股份有限公司监事
6	何江川	中国石油天然气股份有限公司监事
7	金彦江	中国石油天然气股份有限公司监事
8	付　斌	中国石油天然气股份有限公司监事

股份公司总裁班子成员

序号	姓名	职务
1	黄永章	中国石油天然气股份有限公司总裁
2	焦方正	中国石油天然气股份有限公司总地质师
3	任立新	中国石油天然气股份有限公司高级副总裁
4	杨继钢	中国石油天然气股份有限公司副总裁、总工程师
5	张明禄	中国石油天然气股份有限公司安全总监
6	朱国文	中国石油天然气股份有限公司副总裁
7	张道伟	中国石油天然气股份有限公司副总裁
8	万　军	中国石油天然气股份有限公司副总裁
9	王　华	中国石油天然气股份有限公司财务总监、董事会秘书

股份公司总部部门主要领导

序号	单位	总经理（主任）
1	董事会办公室	李国欣
2	监事会办公室	李国欣
1	综合管理部	徐新福（兼）
2	发展计划部（对外合作办公室、新能源新材料发展办公室）	万　军（兼）
3	财务部	穆秀平
4	人力资源部	杨　华（兼）
5	生产经营管理部（智能运营中心）	隋　昊
6	法律和企改部	修景涛
7	质量健康安全环保部	张明禄（兼）
8	科技管理部	江同文
9	数字和信息化管理部	胡炳军
10	工程和物装管理部	孙树祯
11	国际部	贾　勇（兼）
12	审计部	蒋尚军
13	党群工作部	李家民
14	企业文化部	李懂章

股份公司专业公司主要领导

序　号	单　　位	执行董事（董事长）	党委书记	总经理
1	中国石油天然气股份有限公司油气和新能源分公司	张道伟（兼）	张道伟（兼）	（暂空）
2	中国石油天然气股份有限公司炼油化工和新材料分公司	李汝新	李汝新	刘国海
3	中国石油天然气股份有限公司销售分公司	廖国勤	廖国勤	李长安
4	中国石油天然气股份有限公司天然气销售分公司	付　斌	付　斌	钱治家
5	中国石油天然气股份有限公司海外勘探开发分公司	（未设置）	（未设置）	陈金涛
6	中国石油国际事业有限公司（中国石油天然气股份有限公司国际贸易分公司）	武军利	武军利	戴琴荣

股份公司所属企业主要领导

序　号	单位名称	董事长（执行董事）	党（工）委书记	总经理（主任、院长）
一、油气田企业（17 个）				
1	大庆油田有限责任公司	朱国文（兼）	朱国文（兼）	张　赫
2	中国石油天然气股份有限公司辽河油田分公司	李忠兴	李忠兴	任文军
3	中国石油天然气股份有限公司长庆油田分公司	何江川	何江川	李战明
4	中国石油天然气股份有限公司塔里木油田分公司	沈复孝	沈复孝	王清华
5	中国石油天然气股份有限公司新疆油田分公司	杨立强	杨立强	王林生
6	中国石油天然气股份有限公司西南油气田分公司	姜鹏飞	姜鹏飞	何　骁
7	中国石油天然气股份有限公司吉林油田分公司	王　峰	王　峰	沈　华
8	中国石油天然气股份有限公司大港油田分公司	周立宏	周立宏	刘凤和
9	中国石油天然气股份有限公司青海油田分公司	石道涵	石道涵	王国锋
10	中国石油天然气股份有限公司华北油田分公司	方　庆	方　庆	武　玺
11	中国石油天然气股份有限公司吐哈油田分公司	支东明	支东明	梁世君
12	中国石油天然气股份有限公司冀东油田分公司	陈明卓	陈明卓	何东博
13	中国石油天然气股份有限公司玉门油田分公司	刘战君	刘战君	来进和

续表

序　号	单位名称	董事长（执行董事）	党（工）委书记	总经理（主任、院长）
14	中国石油天然气股份有限公司浙江油田分公司	王希友	王希友	何　君
15	中石油煤层气有限责任公司	齐振林	齐振林	王海生
16	南方石油勘探开发有限责任公司	麦　欣	麦　欣	闫天禹
17	中国石油天然气股份有限公司储气库分公司	熊建嘉	熊建嘉	肖　华
二、炼化企业（33个）				
1	中国石油天然气股份有限公司大庆石化分公司	于　强	于　强	刘文智
2	中国石油天然气股份有限公司吉林石化分公司	金彦江	金彦江	刘振宏
3	中国石油天然气股份有限公司抚顺石化分公司	何晨光	何晨光	宋大勇
4	中国石油天然气股份有限公司辽阳石化分公司	李贵合	李贵合	廉金龙
5	中国石油天然气股份有限公司兰州石化分公司	吴　凯	吴　凯	徐文学
6	中国石油天然气股份有限公司独山子石化分公司	任军革	任军革	徐文清
7	中国石油天然气股份有限公司乌鲁木齐石化分公司	秦本记	秦本记	解文健
8	中国石油天然气股份有限公司宁夏石化分公司	王晓路	王晓路	韦　勇
9	中国石油天然气股份有限公司大连石化分公司	王一民	王一民	李　铁
10	大连西太平洋石油化工有限公司	陈　志	陈　志	朱文军
11	中国石油天然气股份有限公司锦州石化分公司	郝相民	郝相民	袁庆斌
12	中国石油天然气股份有限公司锦西石化分公司	王红晨	王红晨	刘元圣
13	中国石油天然气股份有限公司大庆炼化分公司	姜国骅	姜国骅	刘喜民
14	中国石油天然气股份有限公司哈尔滨石化分公司	李秀伟	李秀伟	祁兴国
15	中国石油天然气股份有限公司广西石化分公司	李善春	李善春	宗义山
16	中国石油四川石化有限责任公司	王　强	王　强	安宏利
17	中国石油天然气股份有限公司广东石化分公司	康志军	康志军	周　健
18	中石油云南石化有限公司	鲍永忠	鲍永忠	张建新
19	中国石油天然气股份有限公司大港石化分公司	默新社	默新社	季德伟
20	中国石油天然气股份有限公司华北石化分公司	周世岩	周世岩	何　勇
21	中国石油天然气股份有限公司呼和浩特石化分公司	刘至祥	刘至祥	胡晓荣
22	中国石油天然气股份有限公司辽河石化分公司	相养冬	相养冬	姜昌泉

续表

序　号	单位名称	董事长（执行董事）	党（工）委书记	总经理（主任、院长）
23	中国石油天然气股份有限公司长庆石化分公司	李力斌	李力斌	于希水
24	中石油克拉玛依石化有限责任公司	何　军	何　军	从　飙
25	中国石油天然气股份有限公司庆阳石化分公司	未设置	桑运超	桑运超
26	中石油燃料油有限责任公司	赵　勇	赵　勇	吕文军
27	中国石油天然气股份有限公司润滑油分公司	马宗立	马宗立	孙树好
28	中国石油天然气股份有限公司东北化工销售分公司	石振东	石振东	王　博
29	中国石油天然气股份有限公司西北化工销售分公司	陈　坚	陈　坚	黄庆东
30	中国石油天然气股份有限公司华东化工销售分公司	崔柳凡	崔柳凡	高铁岩
31	中国石油天然气股份有限公司华北化工销售分公司	杨天奎	杨天奎	陈　磊
32	中国石油天然气股份有限公司华南化工销售分公司	邢默飞	邢默飞	暂空
33	中国石油天然气股份有限公司西南化工销售分公司	戴　永	戴　永	金建江
三、成品油销售企业（34 个）				
1	中国石油天然气股份有限公司东北销售分公司	丛新兴	丛新兴	刘承波
2	中国石油天然气股份有限公司西北销售分公司	赵振学	赵振学	吕建池
3	中石油昆仑好客有限公司	刘　刚	刘　刚	朱　磊
4	中国石油天然气股份有限公司北京销售分公司	王广生	王广生	张国宏
5	中国石油天然气股份有限公司上海销售分公司	赵明奎	赵明奎	汤成刚
6	中国石油天然气股份有限公司湖北销售分公司	张用军	张用军	姜　涛
7	中国石油天然气股份有限公司广东销售分公司	赵剑春	赵剑春	王明富
8	中国石油天然气股份有限公司云南销售分公司	刘启然	刘启然	杨声武
9	中国石油天然气股份有限公司辽宁销售分公司	王智利	王智利	袁　全
10	中国石油天然气股份有限公司吉林销售分公司	罗中华	罗中华	付红斌
11	中国石油天然气股份有限公司黑龙江销售分公司	梁生光	梁生光	吕成才
12	中国石油天然气股份有限公司天津销售分公司	李向宇	李向宇	李　涛
13	中国石油天然气股份有限公司河北销售分公司	吴恩海	吴恩海	郝　京
14	中国石油天然气股份有限公司山西销售分公司	梁国斌	梁国斌	林喜东
15	中国石油天然气股份有限公司内蒙古销售分公司	杨　杰	杨　杰	钟　量

续表

序　号	单位名称	董事长（执行董事）	党（工）委书记	总经理（主任、院长）
16	中国石油天然气股份有限公司陕西销售分公司	曹景军	曹景军	刘　苏
17	中国石油天然气股份有限公司甘肃销售分公司	贾鸿武	贾鸿武	于开敏
18	中国石油天然气股份有限公司青海销售分公司	宋健强	宋健强	郑国玉
19	中国石油天然气股份有限公司宁夏销售分公司	韩　非	韩　非	于东阳
20	中石油新疆销售有限公司	刘宪华	刘宪华	王斌全
21	中国石油天然气股份有限公司重庆销售分公司	蔡向阳	蔡向阳	刘沣东
22	中国石油天然气股份有限公司四川销售分公司	赵厚川	赵厚川	陈　清
23	中国石油天然气股份有限公司贵州销售分公司	鲁凤浩	鲁凤浩	魏秋冬
24	中国石油天然气股份有限公司西藏销售分公司	郭广海	郭广海	冯术坤
25	中国石油天然气股份有限公司江苏销售分公司	张　永	张　永	李天峰
26	中国石油天然气股份有限公司浙江销售分公司	王　强	王　强	严志军
27	中国石油天然气股份有限公司安徽销售分公司	徐金良	徐金良	周慧泽
28	中国石油天然气股份有限公司福建销售分公司	陈正惠	陈正惠	高贤才
29	中国石油天然气股份有限公司江西销售分公司	马铁钢	马铁钢	缪　勇
30	中国石油天然气股份有限公司山东销售分公司	张海云	张海云	周　强
31	中国石油天然气股份有限公司河南销售分公司	董　海	董　海	宋广喜
32	中国石油天然气股份有限公司湖南销售分公司	曲　豫	曲　豫	苏红卫
33	中国石油天然气股份有限公司广西销售分公司	郭向东	郭向东	袁　铨
34	中石油海南销售有限公司	韩　钊	韩　钊	赵　亮
四、天然气销售企业（1个）				
1	中国石油天然气股份有限公司天然气销售分公司（昆仑能源有限公司）	付　斌	付　斌	钱治家
五、海外企业（6个）				
1	中石油国际投资有限公司	陈金涛	未设置	陈金涛
2	中石油阿姆河天然气勘探开发（北京）有限公司	陈怀龙	（涉密）	陈怀龙
3	中国石油（伊拉克）鲁迈拉公司	（未设置）	（涉密）	张建立
4	中国石油（伊拉克）哈法亚公司	（未设置）	（涉密）	方甲中

续表

序　号	单位名称	董事长（执行董事）	党（工）委书记	总经理（主任、院长）
5	中国石油（哈萨克斯坦）阿克纠宾公司	（未设置）	（涉密）	李树峰
6	中国石油加拿大公司	（未设置）	（涉密）	刘志勇
六、科研及其他单位（4 个）				
1	中国石油天然气股份有限公司勘探开发研究院	窦立荣	朱庆忠	窦立荣
2	中国石油天然气股份有限公司规划总院	韩景宽	韩景宽	徐英俊
3	中国石油天然气股份有限公司石油化工研究院	杨卫胜	李汝新（兼）	杨卫胜
4	中石油香港有限公司	黄永章（1 人董事）	（未设置）	（未设置）

（于维海）

绿色发展　奉献能源

为客户成长增动力　为人民幸福赋新能

中国石油

大庆油田有限责任公司

大庆油田有限责任公司是中国石油天然气集团有限公司下属的全资子公司，是世界上为数不多的特大型砂岩油田。大庆油田开发建设 60 多年来，累计生产原油 24.93 亿吨、天然气 1517.63 亿立方米，上缴税费及各种资金 3 万多亿元，连续 27 年实现年产原油 5000 万吨以上高产稳产，创造世界同类油田开发史上的奇迹，近些年国内外油气产量当量始终保持在 4000 万吨以上。创新形成领先世界的陆相油田开发技术，主力油田采收率 55% 以上，先后获国家自然科学奖一等奖 1 次和国家科学技术进步奖特等奖 3 次，大庆油田的发现与开发和“两弹一星”等共同载入我国科技发展史册。孕育了享誉中外的大庆精神铁人精神，成为中华民族伟大精神的重要组成部分，第一批纳入中国共产党人精神谱系。打造了过硬的铁人式职工队伍，涌现出以“三代铁人”为代表的一大批先进模范人物，锤炼了一支“三老四严”、永创一流的英雄队伍。

2022 年 2 月 26 日，中国共产党大庆油田第八次党员代表大会在大庆市委党校会议中心召开

2022 年 3 月 2 日，大庆油田第二采油厂第六作业区采油 48 队采油工班长刘丽当选由中华全国总工会、中央广播电视总台联合评选的 2021 年“大国工匠年度人物”

2022 年 5 月 16 日，集团公司“人才强企工程”推进年暨大庆油田新时代职业技能竞赛正式启动

2022 年 6 月 27 日，大庆油田举行“强国复兴有我、石油工人心向党、严实作风树形象、喜迎党的二十大”千名新党员代表入党宣誓活动

2022 年 7 月 1 日，大庆油田自主设计建设的中国石油首个水面光伏项目——星火水面光伏示范工程并网发电

2022 年 7 月 21 日，大庆油田院士工作站正式揭牌成立

2022 年 12 月 9 日，大庆油田技师协会授牌成立

大庆油田三次采油技术始终领跑国际前沿，三次采油年产量连续 21 年保持在 1000 万吨以上

进入新时代、踏上新征程，大庆油田将高举习近平新时代中国特色社会主义思想伟大旗帜，深入贯彻落实党的二十大精神，牢记践行习近平总书记贺信等重要指示批示精神，完整、准确、全面贯彻新发展理念，紧扣高质量发展主题，加强战略性谋划，围绕“当好标杆旗帜、建设百年油田”，深入实施以抓好“三件大事”为统领的战略布局，努力实现“一稳三增两提升”奋斗目标，全面建设世界一流现代化百年油田，奋力谱写新时代大庆油田发展新篇章，为中国石油建设基业长青的世界一流综合性国际能源公司，为实现第二个百年奋斗目标、实现中华民族伟大复兴的中国梦做出新的更大贡献！

地址：黑龙江省大庆市让胡路区　　邮编：163002
电话：0459-5999255　　传真：0459-5973125

中国石油辽河油田公司

中国石油辽河油田公司是全国大型稠油、高凝油生产基地，总部位于辽宁省盘锦市，矿权区主要分布在辽宁省、内蒙古自治区、陕西省、甘肃省、山西省等地区，勘探开发领域包括辽河坳陷探区、辽河外围开鲁探区、辽河外围宜庆探区。其中辽河坳陷探区是勘探开发主战场，年产量占全油田 90% 以上，油田油藏类型多样、油品性质各异，形成 9 种主要开发方式及配套技术，涵盖陆上石油的全部开发方式，蒸汽驱、SAGD（蒸汽辅助重力泄油技术）、火驱等特色技术保持行业领先水平，全面建成“国家能源稠（重）油开采研发中心”。拥有东北地区大型的储气中心——辽河储气库群，具有国家战略储备、季节调峰、应急调峰三大功能，被纳入国家“十四五”发展纲要和石油天然气基础设施重点工程。油田开发建设 50 多年来，累计生产原油 5 亿多吨、天然气 910 多亿立方米，贡献财税近 3000 亿元。

2022 年，辽河油田将迎接党的二十大、学习宣传贯彻党的二十大精神贯穿全年，有效应对新冠肺炎疫情等诸多现实挑战，成功战胜史所罕见的洪涝灾害，胜利召开第三次党员代表大会，圆满完成年度各项业绩指标，连续 37 年保持油气千万吨规模稳产。储气库群日注气能力提升至 3000 万立方米，跃居全国前列。上市和未上市业务保持“双盈利”局面，再次进入集团公司“先进集体”行列。

2022 年 9 月 19—20 日，中国共产党辽河油田分公司第三次代表大会在兴隆台采油厂文体中心召开

2022 年 10 月 28 日，辽河油田公司以视频会形式组织召开传达学习党的二十大精神大会。党的二十大代表、辽河油田公司党委书记、执行董事李忠兴作主题宣讲

2022 年 5 月 19 日，国产首套电驱高压离心式储气库压缩机组在辽河油田双台子储气库正式投运，辽河储气库群日注气能力从 1400 万立方米提升到 3000 万立方米，日注气能力位居国内前列

2022 年 10 月至 11 月，辽河油田渤海湾盆地辽河滩海葵花岛构造带风险探井葵探 1 井获高产工业气流，初步落实百亿立方米规模天然气增储区带，获集团公司勘探重大发现一等奖

地址：辽宁省盘锦市兴隆台区石油大街98号　　邮编：124010
电话：0427-7298001　　传真：0427-7822545

2022 年 6 月至 8 月，受 9 次强降雨影响，辽河油田主力生产区域连续遭受三轮洪水冲击，造成勘探开发建设以来较为严重的一次自然灾害损失，数千口油井被迫关停。6800 余名员工持续奋战在抗洪复产一线，辽河油田第一时间启动上产劳动竞赛，历时 4 个月，恢复原油千万吨生产能力

对标“十四五”发展规划任务，辽河油田将坚定做好千万吨油田稳产、百亿立方米气库建设、外围区效益上产“三篇文章”，并将辽河本部作为“基本盘”，将储气库作为“增长极”，将内蒙古开鲁、鄂尔多斯宜庆区块作为“重点上产区”，力争 2025 年油气当量 1040 万吨以上、储气库库容量 125 亿立方米以上、工作气量 52 亿立方米以上，外围区块油气当量突破 200 万吨，在集团公司建设基业长青的世界一流综合性国际能源公司和辽宁振兴发展的大局中，展现更大担当和作为。

2022 年 12 月，辽河油田沈茨锦光伏项目一期工程全面投产发电

2022 年初，辽河油田公司高升采油厂等 4 家单位与长城钻探工程有限公司钻井三公司等 5 家单位结成“党建联盟”，助力辽河油田公司重点项目雷 72 块大平台建设提质提速提产提效

中国石油长庆油田公司

中国石油长庆油田公司主营鄂尔多斯盆地油气及伴生资源的勘探、开发、生产、储运和销售等业务，总部位于陕西西安，工作区域横跨陕、甘、宁、内蒙古 4 省（自治区）。

20 世纪 70 年代，以庆 1 井发现为标志，长庆油田拉开陕甘宁石油大会战序幕。经过几代石油人的攻坚啃硬、拼搏进取，2022 年 12 月 31 日长庆油田年产油气当量首次突破 6500 万吨，刷新国内油气当量新纪录，创造非常规油气藏开发的中国奇迹。

2022 年 12 月 27 日，中国第一大气区长庆油田年产天然气突破 500 亿立方米

截至 2022 年底，长庆油田累计探明 4 个十亿吨级和 3 个万亿立方米规模油气区，发现第 10 个千亿立方米储量规模气田，先后建成国内首个百万吨级页岩油示范区、国内大型致密气生产基地。页岩油产量位居全国第一，致密气占全国致密气总产量的 71%。开发建设 52 年来，长庆油田已成功开发 35 个油田、13 个气田，累计为国家贡献油气超 8.9 亿吨。长庆油田以油气当量排名全球第 13 位、累计探明油气储量约占全国 1/3 的成绩，成为 21 世纪以来为国家贡献油气当量大、增长快的能源新坐标。

2022年8月18—20日，集团公司总经理、党组副书记侯启军到长庆油田调研

庆阳革命老区千万吨油气生产基地专题报告会

在油气产量稳步提升的同时，长庆油田加快推进新能源业务发展，开展姬塬油田、苏里格气田两个绿色低碳先导示范区建设，建成中国石油、陕西省首口长停油井地热能开发利用示范工程，全力打造CCUS/CCS示范基地，稳步实施风光互补、光伏发电等新能源项目，构建多能互补、清洁低碳的能源供给体系。

姬塬油田黄3区二氧化碳驱（CCUS）综合试验站

长庆油田页岩油规模效益开发

长庆油田生产的天然气输往祖国各地

地址：陕西省西安市未央路151号　　邮编：710018
电话：029－86596666　　传真：029－86599999

中国石油西南油气田公司

中国石油西南油气田公司由原四川石油管理局（1958 年成立）在 1999 年重组改制成立，是中国西南地区大型的天然气生产和供应企业。所属二级单位 44 个，员工总数约 2.4 万人，资产总额超千亿元，年经营收入超 600 亿元，主要负责四川盆地的油气勘探开发、天然气输配、储气库以及川渝地区的天然气销售和终端业务。

西南油气田公司深耕四川盆地 60 余年，建立了中国第一个完整的天然气工业体系，是集团公司唯一的天然气全产业链地区公司。西南油气田公司在四川盆地拥有矿权面积 10.33 万平方千米，累计探明天然气地质储量超 4 万亿立方米，探明率约 16%。历年累计生产天然气约 5700 亿立方米，具备年产能力 400 亿立方米以上。拥有集输和燃气管道近 7 万千米，年综合输配能力 450 亿立方米，建有 1 座日最大调峰能力 3100 万立方米的相国寺储气库，区域管网通过中贵线和忠武线与全国管网互联互通，是我国能源战略通道的

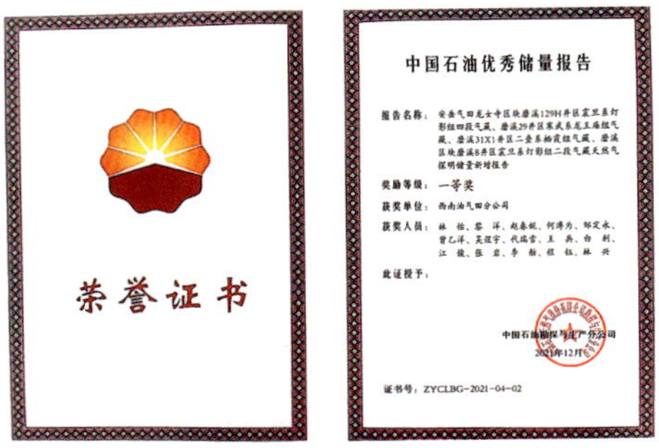

2022 年 2 月 7 日，西南油气田公司《安岳气田龙女寺区块磨溪 129H 井区震旦系灯影组四段、磨溪 29 井区寒武系龙王庙组、磨溪 31X1 井区二叠系栖霞组气藏、磨溪区块磨溪 8 井区震旦系灯影组二段气藏天然气探明储量新增报告》被股份公司评为“中国石油优秀储量报告一等奖”

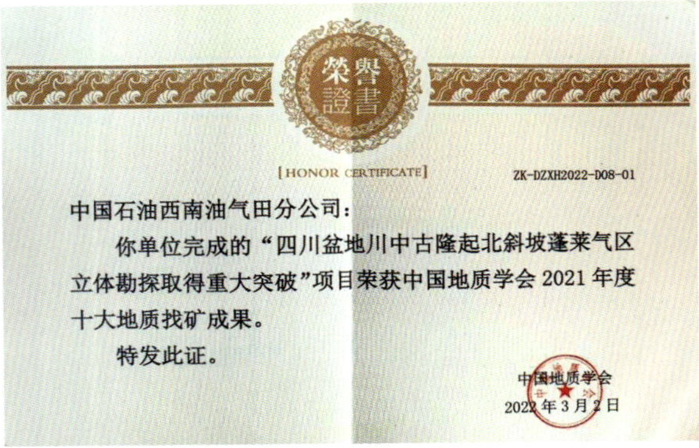

榮譽證書

[HONOR CERTIFICATE]　ZK-DZXH2022-D08-01

中国石油西南油气田分公司：

你单位完成的“四川盆地川中古隆起北斜坡蓬莱气区立体勘探取得重大突破”项目荣获中国地质学会 2021 年度十大地质找矿成果。

特发此证。

中国地质学会

2022 年 3 月 2 日

2022 年 3 月 2 日，西南油气田公司“四川盆地川中古隆起北斜坡蓬莱气区立体勘探取得重大突破”项目获中国地质学会 2021 年度十大地质找矿成果

2022 年 3 月 22 日，西南油气田公司在资阳市安岳县的高石 137 井灯影组四段测试获日产天然气 106.36 万立方米，标志盆地灯四新类型勘探获重要新发现，开辟规模勘探开发新领域

2022 年 12 月 26 日，西南油气田公司油气产量当量达到 3000 万吨

2022 年 6 月 23 日，西南油气田公司双鱼 001-H6 井钻至井深 9010 米栖霞组层位完钻，成为中国石油第一口超 9000 米的水平井，创中国陆上天然气井钻井井深纪录

地址：四川省成都市府青路一段三号　　邮编：610051
电话：028—86011689　　传真：028—86011777

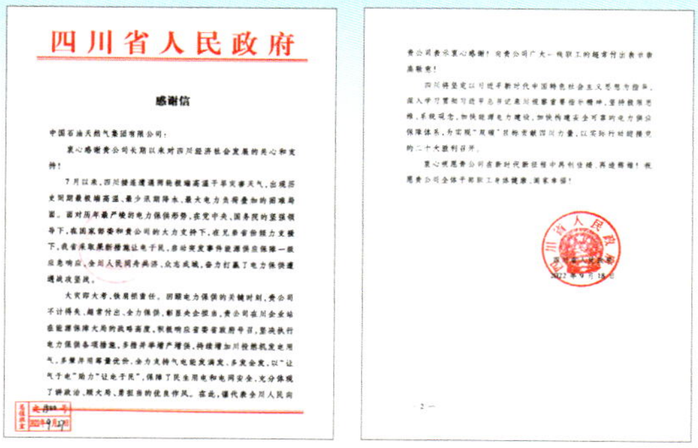
四川省人民政府

感谢信

中国石油天然气集团有限公司：

衷心感谢贵公司长期以来对四川经济社会发展的关心和支持！

7月以来，四川接连遭遇两轮极端高温干旱灾害天气，出现历史同期最极端高温、最少来水降水、最大电力负荷叠加的困难局面。面对历年最严峻的电力保供形势，在党中央、国务院的坚强领导下，在国家部委和贵公司的大力支持下，在兄弟省份鼎力支援下，我省采取果断措施让电于民，启动突发事件能源供应保障一级应急响应，全川人民同舟共济、众志成城，奋力打赢了电力保供遭遇战攻坚战。

大灾即大考，铁肩担重任。在电力保供的关键时刻，贵公司不计得失、超常付出、全力保供，彰显央企担当，贵公司在川企业站在能源保障大局的战略高度，积极响应省委省政府号召，坚决执行电力保供各项措施，多措并举增产增供，持续增加川投燃机发电用气，多渠道筹集气量，全力支持气电能发满发、多发尽发，以“让气于电”助力“让电于民”，保障了民生用电和电网安全，充分体现了讲政治、顾大局、勇担当的优良作风。在此，谨代表全川人民向贵公司表示衷心感谢！向贵公司广大一线职工的超常付出表示崇高敬意！

四川将坚定以习近平新时代中国特色社会主义思想为指导，深入学习贯彻习近平总书记来川视察重要指示精神，坚持极限思维、系统观念，加快能源电力建设，加快构建安全可靠的电力供应保障体系，为实现“双碳”目标贡献四川力量，以实际行动迎接党的二十大胜利召开。

衷心祝愿贵公司在新时代新征程中再创佳绩、再造辉煌！祝愿贵公司全体干部职工身体健康、阖家幸福！

四川省人民政府

2022年9月18日

— 2 —

2022 年 9 月 18 日，四川省人民政府向集团公司就西南油气田公司“让气于电”助力“让电于民”发来感谢信

2022 年 11 月 30 日，西南油气田公司大页 1H 井测试获日产页岩气 32.06 万立方米，是中国首次在二叠系吴家坪组页岩气勘探取得的重大突破

西南枢纽。天然气用户遍及川渝地区，拥有千余家大中型工业用户、1 万余家公用事业用户以及 2500 余万家居民用户，在川渝地区市场占有率保持在 75% 以上。

近年来，西南油气田公司致力于寻找大场面、建设大气田，勘探上统筹“海陆并举、常非并重、油气兼顾”，形成蓬莱气区、深层页岩气、陆相致密气、盆地二三叠系四个万亿级增储新阵地；开发上坚持“新区上产、老区稳产”并重，形成川中古隆起、川南页岩气、盆地致密气、老区气田四大上产工程。2022 年，新增天然气探明储量 2747 亿立方米，居集团公司之首；天然气产量 383.4 亿立方米，增量占集团公司增量的 38%，油气产量当量 3061.8 万吨，成为集团公司第四个跨入 3000 万吨油气产量当量行列的大油气田。

2022 年，大页 1H 井吴家坪组钻遇优质页岩气储层 13 米，测试获日产气 32.06 万立方米，发现具备工业开采价值的页岩气新层系，开辟了页岩气勘探新领域，获集团公司油气勘探重大发现成果特等奖。

2022 年，西南油气田公司率先实施中国石油首个规模化天然气余压发电示范工程；利用龙王庙组气藏磨溪 X210 井采出水伴生地热资源，建成投运国内首个气田水地热有机朗肯循环发电装置；在磨 152 井成功投运国内首套气田水提锂中试装置。

2022 年，西南油气田公司获“中国石油绿色企业”称号，为集团公司首批 8 家“中国石油绿色企业”之一，连续 4 年获集团公司 QHSE 先进企业称号。在四川省企业 100 强中排名第 16 位，在成都市企业 100 强中排名第 9 位。

2023 年，西南油气田公司将以习近平新时代中国特色社会主义思想为指导，全面贯彻党的二十大精神和集团公司各项决策部署，坚持以高质量党建引领保障高质量发展，统筹“天然气上产、新能源发展”两大业务，瞄准“产量跨越 400 亿立方米”，推动“规模实力、经营效益、科技创新、安全环保、管理能力、党的建设”迈上新台阶，为实现西南油气田公司高质量发展而团结奋斗，为保障国家能源安全和集团公司建设基业长青世界一流综合性国际能源公司做出新的更大贡献。

2022 年 11 月 30 日，天研院自主研发、所属能特公司自主生产的中国石油 CT 系列硫黄回收催化剂在俄罗斯炼油厂硫黄回收装置应用成功

2022 年 5 月 30 日，西南油气田公司首个自营超深高含硫气藏试采地面工程——苍溪天然气净化二厂投料试运行一次成功

中国石油吐哈油田公司

吐哈油田地处“一带一路”能源通道交汇点，主要的探区和油气生产区分布在新疆东部的吐哈盆地、三塘湖盆地、准噶尔盆地东部，地域特色鲜明，人文内涵深厚。

西北首座储气库群——温吉桑储气库群温西一库成功投运注气

吐哈盆地油气勘探开发发端于 1954 年，经历了“三上吐哈”艰难探索。在中国 20 世纪最后一场石油大会战中秉持“两新两高”方针，担当起“稳定东部、发展西部”国家石油发展战略接替的重任，先后发现油气田 26 个，探索形成具有吐哈特色的煤成烃等 3 项理论和 22 项特色技术系列，建成中国石油唯一气举技术研发基地，累计获国家科技进步奖 3 项、省部级科技进步奖 200 项，国家授权专利 460 项，为保障国家能源安全、促进新疆经济社会发展做出积极贡献。

风险探井萨探一井获工业油流，实现新凹陷新层系风险勘探的重大突破

吉 7H 井获高产轻质油气流，绽放“吐哈之下再找吐哈”深层勘探的“报春花”

进入“十四五”以来，吐哈油田加大风险勘探力度，油气勘探取得“十三五”以来较好成果

吐哈油田 120 兆瓦源网荷储光伏项目航拍

步入“十四五”，吐哈油田坚持以习近平新时代中国特色社会主义思想为指导，坚决贯彻落实集团公司党组各项工作部署，完整准确全面贯彻新发展理念，紧紧围绕绿色低碳转型、高质量发展目标，坚定“资源为王、效益至上”的发展理念，统筹油气业务和新能源新业务两个布局，大力实施资源、创新、人本三大战略，资源基础不断夯实，油气产量实现止跌回升，油气勘探取得“十三五”以来好成效；持续深化“油公司”模式改革，推进“双百行动”综合改革，国企改革三年行动任务全面完成；温西一储气库如期建成投运，规划布局千万千瓦级新能源大基地，集团公司首个、新疆首例源网荷储光伏项目并网发电，CCUS（碳捕获、利用与封存）现场实验和UCG/UCP（煤炭地下气化/煤炭地下干馏）矿场试验稳步实施；上市、未上市业务实现“双扭亏”，生产经营创近八年来好水平。

奋进新征程，吐哈油田将强力推动绿色低碳转型，奋进高质量综合性能源公司，坚定成为保障国家能源安全、集团公司建设基业长青的世界一流综合性国际能源公司的重要力量。

突出抓好经营管理，提质增效价值创造行动，上市、未上市业务实现“双扭亏”，创八年来好水平

吐哈油田多级气举阀连续油管气举技术在克拉 2-8 井试验成功

吐哈采油可投捞式气举工具

中国石油定点帮扶的巴里坤县哈萨克民族风情园

地址：新疆维吾尔自治区哈密市伊州区石油基地
邮编：839000
电话：0902-2772998
传真：0902-2772998

中国石油兰州石化公司

中国石油兰州石化公司（简称兰州石化）是国家“一五”期间 156 项重点工程项目，是新中国第一个现代化炼油化工生产基地，被誉为新中国石油化学工业的“摇篮”，素有“共和国长子”之称。兰州石化集炼油、化工、装备制造、工程建设、检维修为一体，原油一次加工能力 1050 万吨 / 年，乙烯产能 150 万吨 / 年、合成树脂产能 198 万吨 / 年、合成橡胶产能 22 万吨 / 年、炼油催化剂产能 11 万吨 / 年，总资产 247 亿元，年营业收入 700 亿元左右。

2022 年，兰州石化认真贯彻集团公司各项决策部署和高质量发展要求，紧扣整体效益最大化主线，圆满完成各项重点目标任务，实现经营改革良好发展。加工原油 947 万吨，生产乙烯 144.6 万吨，实现营业收入 773 亿元，炼化盈利 18.06 亿元、未上市业务一举扭转多年亏损局面，连续 14 年成为甘肃省纳税超百亿元企业，被授予“甘肃省先进企业突出贡献奖”，第三次荣膺“甘肃省用户满意标杆企业”。兰州石化主动融入中国石油“陕甘宁青蒙”区域规划部署，炼化转型升级乙烯改造项目预可研进入集团公司初评阶段，西固化工园区认定得到甘肃省政府批准，新建丙烯腈、聚丙烯催化剂等 6 项重点项目进入前期论证，乙烷制乙烯二期项目完成预可研初评。利用自主技术高质量建成投产 3.5 万吨 / 年特种丁腈橡胶装置，单线生产能力居国内前列，建立兰州、长汀一体化产销机制，炼油催化剂产能跻身世界前列。300 万吨 / 年重催装置 MIP 二期改造顺利实施，炼油、化工集中控制室全面建成，榆林乙烯智能化工厂通过集团公司验收。成立公司科协和甘肃省化工新材料创新联合体，开发医药用聚烯烃树脂、“三高两低”车用聚丙烯等 5 个成套技术，锂电池隔膜料、多产丙烯催化剂、氯化聚乙烯基料 L5200 等 20 个新产品实现工业化生产，茂金属聚乙烯生产技术获评“中国石油十大科技进展”，“医用药包材聚烯烃树脂技术开发与应用”获甘肃省科技进步一等奖。100LL 航空汽油实现首次出厂，己烯 -1 产品远销欧洲，成品油及液体小产品火车装车实现自动化计量贸易交接，兰州石化获评“甘肃省质量 AAA

集团公司董事长、党组书记戴厚良到兰州石化调研指导工作

集团公司总经理、党组副书记侯启军到兰州石化调研指导工作

集团公司董事、党组副书记段良伟到兰州石化调研指导工作

集团公司党组成员、总会计师蔡安辉到兰州石化调研指导工作

地址：甘肃省兰州市西固区玉门街10号　　邮编：730060

电话：0931-7933707　　传真：0931-7561499

集团公司党组成员、副总经理任立新到兰州石化调研指导工作

加快转型升级高质量发展的兰州石化

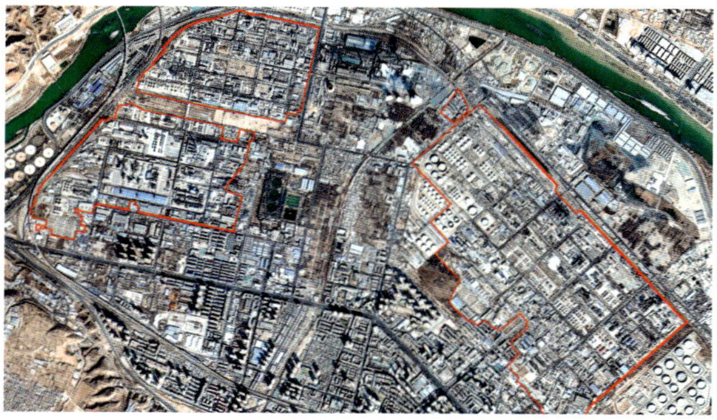

西固化工园区通过甘肃省政府认定

3.5 万吨 / 年特种丁腈橡胶装置

级企业”。发挥中国石油炼化企业“两个工作中心”平台支撑作用，全面升级工业腐蚀与防护、设备综合保障服务。充分发挥无锡昆仑仪表国家高新技术企业和科技型中小企业优势，智能变送器产品成功进入核电高端应用市场。国企改革三年行动圆满收官，提前完成机关大部制及炼油化工区域扁平化改革，机电仪、催化剂、公用工程、原油储运、质检计量等业务实现一体化运行和专业化管理。以党的二十大精神凝心铸魂，弘扬“高严细实”优良传统，构建“一体两面”岗检体系、启动新时期岗检，狠抓现场管理大整治，基层党建“三基本”建设与“三基”工作实现有机融合。

阔步“十四五”，兰州石化坚持以习近平新时代中国特色社会主义思想为指导，全面贯彻党的二十大精神，锚定中国石油新时代新征程全面建成基业长青的世界一流综合性国际能源公司的战略目标，完整、准确、全面贯彻新发展理念，服务和融入新发展格局，落实集团公司人才强企、提质增效、低成本发展、文化引领“四大战略举措”，深化“经营上精细精益、管理上稳健高效、作风上高严细实”工作基调，树牢“创新、全局、市场、开放、进取、合规”工作意识，紧扣整体效益最大化主线，奋进高质量发展，坚定不移深化安全环保、转型升级、提质增效、改革创新、合规管理、党的建设，推动兰州石化从“生产型”向“经营型”转变，加快建设黄河流域高质量发展示范企业。

电容膜聚丙烯装置

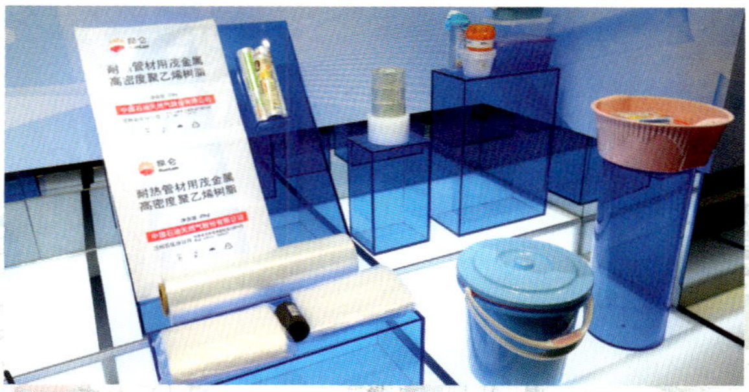

茂金属聚乙烯新产品

中石油煤层气有限责任公司

中石油煤层气有限责任公司（简称煤层气公司）是中国石油天然气股份有限公司独资设立的从事煤层气业务的专业化子公司，成立于 2008 年 9 月，总部位于北京市，主要从事煤层气、致密气、页岩气资源的勘探、开发以及技术服务、技术咨询、信息咨询等业务。工作区域横跨山西、陕西、内蒙古、宁夏、新疆、湖南、贵州、黑龙江等八省（自治区），规模生产区域主要位于晋陕两地的鄂尔多斯盆地东缘。

煤层气公司成立以来，面对成熟技术匮乏、资源条件有限、标准规范空白、生产建设环境复杂等困难，不等不靠、白手起家，始终发扬“苦干实干”“三老四严”的石油精神和大庆精神铁人精神，坚定立足鄂尔多斯盆地东缘，艰苦创业谋发展、笃定前行创未来，经过十五年的不懈努力奋斗，建成鄂尔多斯盆地东缘国家煤层气产业示范基地，构建了煤层气、致密气两大勘探开发技术体系，形成具有世界先进水平的中低阶煤煤层气地质理论及工程技术系列，建成煤层气开发利用国家工程研究中心等创新平台，发布两项煤层气国际标准，连续 9 年荣膺集团业绩考核“A”级单位，特别是成为集团公司首次考核的 2020—2022 年任期业绩优秀的 20 家单位之一。

2023 年，煤层气公司深入推进学习贯彻习近平新时代中国特色社会主义思想主题教育，坚决贯彻落实集团公司各项决策部署，将加快非常规能源开发，当好能源保供“顶梁柱”作为深入贯彻落实习近平总书记关于中国石油和中国石油相关工作重要指示批示精神的深入实践。紧紧围绕学习贯彻习近平新时代中国特色社会主义思想主题教育的总要求，坚持“学思想”、自觉“强党性”、突出“重实践”、奋力“建新功”，并把“突破深层煤层气的世界级禁区，占领技术的制高点、成为技术的策源地，以技术革命引领产业革命”“治排放、拓新能，践行‘双碳’战略”“保民用、强冬供、稳市场、扶贫困，带动地方经济发展”“‘十四五末’与‘十三五’比，实现产量翻番，达 400 万吨油气当量以上，‘十五五’谱写新的‘接力数码’，‘十六五’末努力实现油气当量达 1000 万吨的奋斗目标”“以担当作为的勇气和信念，积极践行好央企的‘三大责任’”等作为建新功的具体表现。2023 年煤层气公司计划完成产量 33 亿立方米以上，年底日产气量力争达到 1100 万立方米。

煤层气公司召开三届五次职工（会员）代表大会暨 2023 年工作会议

2022 年 7 月，吉深 14-5 井台压裂启动会

深化企地和谐发展，助力资源地产品入选集团消费帮扶目录

深层煤层气突破井吉深 6-7 平 01 井

2022 年 8 月吉深 15-6 井台顺利完井，是本年度首个 35 天内完工的井台

大宁一吉县区块致密气首座集气场站——永宁 1 集气站

地址：北京市朝阳区太阳宫南街中油丰和大厦　　**邮编：100028**
电话：010-63591288　　**传真：010-63591188**

中国石油宁夏石化公司

中国石油宁夏石化公司（简称宁夏石化）始建于1985年，是中国石油西部地区重要的炼化基地，也是宁夏回族自治区骨干企业。拥有500万吨/年常压蒸馏、260万吨/年重油催化、60万吨/年连续重整、200万吨/年柴油加氢、10万吨/年聚丙烯等16套炼油生产装置和3套大型化肥生产装置。

2022年，宁夏石化坚持以习近平新时代中国特色社会主义思想为指导，深入学习党的二十大精神，坚决贯彻党中央“疫情要防住、经济要稳住、发展要安全”的政治要求，认真落实集团公司党组及炼化新材料公司部署安排，坚持稳字当头、稳中求进，积极应对重大挑战、科学抵御重大风险，统筹推进生产经营、改革发展、党的建设各项工作，绿色安全高质量发展取得新进展，企业核心竞争力和盈利能力日益增强。全年共加工原油424.80万吨，生产汽油184.05万吨、柴油157.18万吨、合成氨53.49万吨、尿素87.65万吨、聚丙烯10.73万吨。实现销售收入325.15亿元，上缴税费106.85亿元，纳税总额稳居宁夏规模以上企业首位，被授予全国劳动关系和谐企业、自治区工业稳增长突出贡献企业、自治区第一批健康企业示范点荣誉。

2023年是深入学习贯彻党的二十大精神的开局之年，是全面贯彻“十四五”规划承上启下的关键一年。宁夏石化将紧紧围绕“创建具有核心竞争力、和谐幸福和绿色安全的一流石化企业”目标，全面贯彻党的二十大和中央经济工作会议精神，认真开展学习贯彻习近平新时代中国特色社会主义思想主题教育，更好统筹发展和安全、当前和长远，筑牢安全环保底线，严守合规风险防线，加速转型升级，着力科学治企，提速改革创新，抓强党建引领，以新气象新作为推动高质量发展取得新成效，为集团公司全面建成世界一流综合性国际能源公司做出新贡献。

全面学习、全面把握、全面落实党的二十大精神

全年工业总产值325.15亿元，上缴税费106.85亿元，利润21.15亿元，经济总量实现建厂44年来高水平

2022年12月22日，宁夏石化航空煤油产品铁路跨省外运顺利首发

2022年9月23日，成功产出新型含海藻酸尿素，化肥产品再添“新成员”

化肥装置A类长周期运行263天，实现利润近7.11亿元，产量、能耗和盈利创历史高水平

技能比武、青工安全技能大赛等各类活动促进员工综合素质全面提升

地址：宁夏回族自治区银川市西夏区文昌南路
邮编：750021
电话：0951-2972361
传真：0951-2021379

中国石油锦州石化公司

中国石油锦州石化公司（简称锦州石化）隶属于股份公司，前身始建于 1938 年，是一家以炼油为主、化工为辅的燃料化工型企业，是我国重要的润滑油添加剂科研生产基地和辽西地区大型的原油、成品油储备基地，也是国内率先生产国Ⅳ标准汽油、京Ⅴ标准汽油的企业。新中国第一滴人造石油、第一块合成顺丁橡胶都在这里诞生。锦州石化拥有 54 套炼油化工生产装置，全流程配套加工能力 650 万吨 / 年，固定资产总额 151 亿元，可生产汽柴油、航空煤油、船用燃料、针状焦、苯乙烯、异丙醇、顺丁橡胶、添加剂等 11 个品类、66 个牌号的石油化工产品。锦州石化有员工 5896 人，设 11 个处室、5 个直属单位、22 个基层单位。

2022 年，锦州石化乘势而上，以“特色鲜明、竞争力突出能源公司”为目标，按照集团公司“集中整体资源，发挥个体优势”的指导意见，积极推进 3 套针状焦装置建设，强化针状焦产品优势地位，持续加强技术攻关，不断提高产品品质，向打造世界针状焦生产基地阔步前行。成功产出电子级异丙醇，产品出口韩国。稀土顺丁橡胶顺利完成工业化生产，添加剂 T-205 新产品开发实现预期目标。全年完成 548.6 万吨原油加工任务，实现营业收入 399 亿元，利润 26.3 亿元。上缴税费 85.82 亿元。锦州石化效益排名位居炼化新材料板块第二名，综合业绩晋升集团 A 级。

3+3 万吨 / 年硫磺回收装置建设工程中交仪式

100 万吨 / 年连续重整装置建设工程中交仪式

与锦州供电公司签订全面合作伙伴协议

液硫装车启动仪式

党委中心组成员到辽沈战役纪念馆学习

“永远跟党走、健康向未来”职工篮球赛

“喜迎二十大、放歌新时代”职工歌咏比赛

微博

微信

地址：辽宁省锦州市古塔区重庆路一段二号　邮编：121001
电话：0416-4152240　传真：0416-4567532

中国石油呼和浩特石化公司

中国石油呼和浩特石化公司（简称呼和浩特石化）位于内蒙古自治区首府呼和浩特市，占地200万平方米，从1988年开始筹建，1990年7月29日破土动工，1992年9月29日一次投产成功。呼和浩特石化炼油加工规模500万吨/年，固定资产原值83.15亿元，拥有14套炼油装置、1套化工装置及配套系统；配套建设有长庆—呼和浩特原油管道和呼和浩特—包头—鄂尔多斯成品油管道。主要生产汽油、柴油、航空煤油、燃料油、液化石油气、聚丙烯树脂、石油苯、工业硫黄等6大类13种产品，主要满足内蒙古中西部、山西及河北周边地区市场需求，并出口蒙古国。截至2022年底，在册员工1589人，大专以上学历1073人；设有11个机关处室、5个直属单位、10个二级单位。2022年，呼和浩特石化加工原油340万吨，销售收入234.36亿元、税费56.37亿元，盈利7.17亿元，圆满完成考核口径业绩指标，取得新冠肺炎疫情阻击战和生产保卫战“双胜利”。

2022年是呼和浩特石化发展历程中极具挑战、备受考验的一年；也是广大干部员工攻关夺隘、艰难玉成的一年。在集团公司党组的坚强领导下，呼和浩特石化紧紧围绕“三阶段”任务目标，稳运行、精检修、战疫情、保生产，直面挑战，攻坚克难，谱写了高质量发展的壮丽篇章。这一年，呼和浩特石化面对多重困难叠加形成的生产经营压力，加强党的领导，强化党建引领，实现里程碑目标；面对前所未有的新冠肺炎疫情冲击，积极应对，沉着应变，保障安全平稳生产；面对极度疲软的汽油市场需求，强化统筹协调，拓宽出口渠道，畅通产品后路；面对繁重的装置大检修任务，精心组织，严格把控，开启了夺取新目标的新征程。

2023年是呼和浩特石化迈进“五年一修”周期的第一年，是收购天野化工后实行一体化管理的开局年，是集团公司批准由呼和浩特石化参与120万吨/年乙烷制乙烯项目筹备建设的起步之年，也是装置自投运以来加工量首次突破450万吨的关键之年。站在新的历史起点，需要呼和浩特石化深入研判形势任务，积极顺应转型升级大势，主动服务首府大局，找准目标定位，切实承担起发展的重任，向着全力推进炼化一体化企业新高地建设目标奋力前行。

2022 年 7 月 22 日，呼和浩特石化召开装置长周期运行总结表彰暨 2022 年装置大检修动员会

2022 年 9 月 28 日，呼和浩特石化员工诗朗诵节目《锦绣》代表能源化学地质工会系统参演“中国梦·劳动美——喜迎二十大　建功新时代”全区职工文艺汇演

2022 年 5 月 30 日，呼和浩特石化开展“美食节”活动

2022 年 9 月 10 日，第一联合车间催化裂化装置反应器成功喷原料油。呼和浩特石化 2022 年大检修是在党的二十大即将召开、新冠疫情防控形势异常严峻、装置首次运行四年大修的背景下进行的，通过全体参战人员 58 天的拼搏努力，实现“安全、绿色、优质、受控”的检修目标

2022 年，呼和浩特石化对锡林郭勒盟正镶白旗乌兰察布苏木恩格尔宝拉格嘎查开展包联帮扶工作。呼和浩特石化提出供水保障工程和养牛架子两个帮扶项目方案，为帮扶嘎查投资近 70 万元新建供水保障，为嘎查 54 个养牛牧户新建 1100 个养牛架

地址：内蒙古自治区呼和浩特市金桥开发区呼和浩特石化公司　　邮编：010070
电话：0471-3351041　　传真：0471-3310881

中国石油长庆石化公司

中国石油长庆石化分公司（简称长庆石化）的前身始建于 1990 年，位于陕西省咸阳市，毗邻西咸新区，原油加工能力 500 万吨 / 年，固定资产原值 64.56 亿元，主要生产装置 17 套，辅助设施 12 套。在册员工 1072 人，平均年龄 40.2 岁，大专以上文化程度占 82.6%。产品以国 VIB 标准车用汽柴油、航空煤油、液化石油气为主，有少量的丙烯、工业硫磺、石油苯、F80 防水沥青等化工产品，其中航空煤油全部直供西安咸阳国际机场，占比 90% 以上。

2022 年，长庆石化在集团公司党组的坚强领导下，坚持以习近平新时代中国特色社会主义思想为指导，深入贯彻党的二十大会议精神，围绕公司精细管理提升年工作主线，践行新发展理念，防风险、稳运行、强管理、提效益，各项业绩指标全面完成，全年加工原油 484.33 万吨，实现营业收入 347.27 亿元、税费 89.55 亿元、利润 21.63 亿元，交出了一份高质量答卷。

在奋进中国式现代化新征程上，长庆石化按照集团公司世界一流企业建设工作部署，谋划制定固本强基阶段（2021—2025 年）、转型升级阶段（2026—2030 年）、卓越发展阶段（2031—2035 年）“三步走”思路和新战略布局，加快打造“清洁油品炼销一体化基地，中国石油西部地区航空煤油保供基地，氢能源生产基地，科技创新、新技术应用和人才培养基地”四个基地；创建“城市型炼厂安全绿色发展的示范，炼化流程加工数字化转型智能化发展的示范，清洁生产、企地共建节能减碳循环经济的示范，践行石油精神和大庆精神铁人精神的示范”四个示范；实现“党建引领一流、经营业绩一流、企业管理一流、科技创新一流、人才队伍一流、示范品牌一流”六个一流，以更好的业绩为集团公司建设基业长青世界一流企业做出更大贡献。

厂区地标铁塔

南厂区厂貌

航空煤油加氢装置

中控室

地址：陕西省咸阳市金旭路　　邮编：712000
电话：029-86509125　　传真：029-86509123

中国石油庆阳石化公司

中国石油庆阳石化公司（简称庆阳石化）位于甘肃省庆阳市西峰区董志镇工业园区，前身为庆阳石油化工厂，成立于 1971 年 9 月，1984 年 5 月划归甘肃省石化厅行业管理，2001 年 8 月整体划转中国石油天然气集团公司，2004 年 12 月划转中国石油天然气股份有限公司。

庆阳石化为燃料型炼厂，加工能力 370 万吨 / 年，有主辅装置 20 套，主要产品有汽油、柴油、航空煤油、聚丙烯等 3 大类 10 种 28 个牌号。设机关管理部门 10 个、直属部门 4 个、二级单位 10 个。截至 2022 年底，在岗员工 1068 人，资产总额 70.36 亿元，资产负债率 15.52%。

2022 年加工原油 305.04 万吨，生产汽油 131.62 万吨、柴油 128.63 万吨、航空煤油 1.60 万吨、聚丙烯 9.28 万吨，实现营业收入 221.52 亿元，实现账面利润 14.67 亿元，吨油利润 476.88 元 / 吨，实现税费 63.05 亿元，特别是全厂装置顺利实现“四年一修”并一次开车成功。庆阳石化获“全国五一劳动奖状”“全国文明单位”和甘肃省“先进企业”等荣誉，连续三年获集团公司质量健康安全环保节能先进企业。

2023 年是庆阳石化加快高质量发展的关键之年。新的一年，庆阳石化将坚持以习近平新时代中国特色社会主义思想为指导，完整、准确、全面贯彻新发展理念，加快构建新发展格局，认真落实集团公司党组和炼化新材料分公司各项决策部署，积极应对市场变化，优化产品结构，推进转型升级高质量发展，奋力完成生产经营目标任务，全力建设效益突出的城市型精品炼化企业。

2022 年 8 月 19 日，集团公司总经理、党组副书记侯启军到庆阳石化调研指导工作

2022 年 5 月，庆阳石化团委开展“石油青年心向党、砥砺奋进新征程”主题实践活动

地址：甘肃省庆阳市西峰区董志镇　　邮编：745002
电话：0934-8368106　　传真：0934-8368582

中国石油甘肃销售公司

中国石油甘肃销售公司（简称甘肃销售）设职能部门 9 个，下辖分公司 16 家、直属公司 2 家、控参股公司 8 家，资产总额 81.25 亿元，在册员工 5528 人，离退休人员 4897 人。运营油库 13 座，总库容 45.25 万立方米；运营加油（气）站 858 座（其中纯气站 13 座、油气混合站 48 座）。加油（气）站网络份额 64.2%、成品油市场份额 92%，是甘肃省成品油供应服务的主渠道商。

中国共产党中国石油甘肃销售公司第三次代表大会胜利召开

2022 年，面对新冠肺炎疫情反复冲击、新能源快速发展、低价资源持续渗透、社会经营主体规模扩张等严峻挑战，甘肃销售党委坚持以习近平新时代中国特色社会主义思想为指导，全面落实集团公司党组决策部署，团结带领广大干部员工全力以赴战疫情、稳运营，促改革、求创新，防风险、保稳定，各项工作取得好于预期的优异业绩。全年实现成品油销量 454.33 万吨，同比增长 1.2%；天然气销量 30.96 万吨，同比增长 6.3%；非油店销售收入 11.94 亿元、毛利 1.67 亿元，同比分别增长 13.4% 和 14.3%；经济增加值 6.89 亿元，净利润 9.35 亿元，排名销售系统前茅。

2022 年，着力加强党的建设，把迎接党的二十大、学习宣传贯彻党的二十大精神作为贯穿全年的首要政治任务，高效规范运行“第一议题”制度、中心组学习制度和学习贯彻习近平总书记重要指示批示精神落实机制，党员干部落实“两个维护”、捍卫“两个确立”更加坚决，党风廉政建设和反腐败工作协调机制成熟运行。

甘肃销售首座综合能源——莫高站

2022 年，着力抗击新冠肺炎疫情保障资源配送，自主研发“储运分公司疫情监测与统计分析平台”，提高油库疫情常态化管理与跟踪监测，疫情期间成品油配送日均超 1.4 万吨，单日配送创 2.2 万吨突破历史峰值；疏散炼厂库存油品 13.25 万吨，保障完成宁夏、青海、陕西、内蒙古 4 家销售公司跨区域配送任务。

2022 年，着力强化市场整顿，配合公安机关侦办各类涉油案件 161 起，移送审查起诉犯罪嫌疑人 186 人，稽查危险化学品车辆 9.3 万辆，查获非法假劣油品 3700 余吨，涉案金额 7500 余万元。配合执法部门稽查危险化学品车辆 9.3 万辆，涉油刑事立案 102 起，受理行政案件 35 起；公安部门将涉油案件打击纳入业绩考核，兰州首例柴油案件宣判。

2022 年，着力深化改革创新，建立发展能力评价体系，成为销售企业评价体系的雏形。完成创新平台建设，创新立项 35 个、取得成果 22 项，甘肃销售被评为甘肃省“科技创新企业”。设备管控一体化智能平台上线运行，获集团公司网络攻防大赛“人才先锋奖”和“最佳风貌奖”。

2022 年，着力保障安全生产，甘肃销售年度 QHSE 综合测评得分 89.9 分，排名系统第一，体系内审发现问题 3158 项、整改率 98%。注重环境协同发展，完成第二批次挥发性有机物检测中心建设，33 座黄河流域站点水质检测井完成建设。严格把控数质量关口，自营站油枪误差控制在 ±1.5‰之内，合资合作站油气损溢率同比上升 1.73‰，内外部油品质量抽检合格率保持 100%。

2022 年，甘肃销售坚持以党的政治建设为统领，聚焦资源配置、活力激发、人才发展三大主题，大力推进人才强企工程。制定《人才成长通道建设框架方案》《市场营销专家队伍管理暂行办法》等文件，选聘 9 名市场营销专家。制定下发《设置优秀年轻人才专项培养职数的方案》，设置四大类 12 个专项培养岗位，为青年人才成长铺设“绿色通道”。

2023 年，甘肃销售将坚持以习近平新时代中国特色社会主义思想为指导，深入贯彻党的二十大精神，全面落实集团公司、销售公司工作会议部署，以党的建设为引领，以“深化改革、创新发展”为主题，以“高质量稳健发展”为目标，持续推动落实五个“创一流”各项部署，为集团公司加快建设世界一流企业做出新贡献。

甘肃省公安厅、中国石油甘肃销售公司联合召开甘肃省打击涉成品油违法犯罪工作视频会议

甘肃销售举办技能大赛

地址：甘肃省兰州市城关区甘南路702号
邮编：730030
电话：0931-8448055
传真：0931-8448002

中国石油内蒙古销售公司

中国石油内蒙古销售公司（简称内蒙古销售）的前身成立于 1951 年，1998 年上划中国石油天然气集团公司，主要负责内蒙古地区成品油销售、天然气销售、非油品销售、新能源综合补给等业务，是内蒙古自治区主要的成品油供应商，服务范围覆盖自治区全境。截至 2022 年底，内蒙古销售下设 9 个职能部门、2 个直属机构、1 个附属机构，下辖 12 个盟市分公司、3 个控股公司、2 个参股公司，运营加油站 1331 座、便利店 1304 座，运营油库 15 座，库容 92.5 万立方米，资产总额 92.61 亿元。

2022年，内蒙古销售深入贯彻新发展理念，坚决落实集团公司、销售公司各项部署要求，顾大局保整体，保安全提销量，增效益促发展，全年实现销售总量530.45万吨，创造近六年来较好销售水平；非油店销售收入14.03亿元，非油毛利2.02亿元，再创历史新高；考核利润1.5亿元，完成提质增效奋斗目标；未发生生产安全事故和环境事件。

回顾2022年，内蒙古销售党委积极发挥“把方向、管大局、保落实”领导作用，在完善企业治理中加强党的领导。强化产运销协同，有效化解新冠肺炎疫情、属地炼厂检修、柴油持续紧张等特殊时期运行难题，资源实现平稳运作。加强一体化营销策划，油品量效额均超越同期。深入推进油非一体化，持续开展产业帮扶、消费帮扶、乡村振兴，非油业务实现提档升级。绿色转型初见成效，引入社会资本建设和运营，布局加氢站、光伏电站、充换电站以及综合能源补给站。投资向高效市场、油气氢电非综合能源站和盘活存量加油站倾斜，运营质量有效提升。内蒙古销售治理纵深推进，深入实施组织变革和人才强企，提前完成改革三年行动任务。把党中央关于“疫情要防住、经济要稳住、发展要安全”的总要求落到实处，统筹发展和安全，牢牢守住安全生产底线，发展环境更加和谐。

2023年，新一届领导班子带领全体干部员工，以党的二十大精神为指引，锚定“建设一流示范销售企业”目标，提出把内蒙古销售打造成为有价值、有担当、有温度、可持续、受尊重的一流示范销售企业的目标，启动实施党业同频的新发展路径，着力六个“走向前、做示范”，按照“一季度开门红、二季度硬过半、三季度强攻坚、四季度保全年”的思路，以日保月、以月保季、以季保年，确保全年目标任务圆满完成。

公司大楼全景

内蒙古销售湿地公园加油加气站

加油站党员先锋示范岗现场服务顾客

员工为自有商品昆享牛肉干代言

地址：内蒙古自治区呼和浩特市新城区成吉思汗大街东段　　邮编：010015
电话：0471-6905319　　传真：0471-6587921

中国石油西藏销售公司

中国石油西藏销售公司（简称西藏销售）总部设在西藏自治区拉萨市，西藏销售公司成立于1962年1月27日，1998年重组上划。主要从事西藏地区成品油及石油液化气、润滑油的批发、零售、运输、储存等业务。截至2022年底，中国石油西藏销售公司下辖9个部室、11个二级公司。设有公司党委1个、直属机关和地市公司党委11个、党支部33个，党员607名，基层党组织和党员全覆盖生产经营各领域。所属油库8座、液化气库1座，总库容17.39万立方米。加油站183座，营运加油站176座（万吨级加油站1座），在册人员总数1229人，其中藏族及其他少数民族员工占比67%。

2022年以来，受新冠肺炎疫情反复及国际油价等复杂因素影响，西藏销售克服重重困难，牢牢把握党中央"疫情要防住、经济要稳住、发展要安全"的决策部署，面对疫情影响纯枪大幅下降的情况下，仍取得好于预期的经营效益，在实现高质量发展的进程中迈出坚实有力的步伐。全年销售总量97.93万吨，其中成品油销售93.37万吨；纯枪销售63.71万吨、直批销售29.66万吨；非油收入2.5亿元、同比增长13.7%；非油毛利0.68亿元；格桑泉销售6544万元。新开发加油加气站7座，新投运加油加气站4座。总共下达5批次投资计划1.82亿元，完成1.76亿元，投资总体完成率96.8%，725油库专项改造工程刷新西藏工程建设"新速度"。

西藏销售秉承"奉献能源，创造和谐"企业宗旨，传承"爱国、创业、求实、奉献"企业精神，大力弘扬苦干实干、三老四严"石油精神"和老西藏精神，充分发挥企业文化引领作用，以企业文化凝聚战斗力、强化执行力、增强战斗力。公司以"四精"工作要求为抓手，突出"五高五到位"备检态度，按照"双报告一必须"要求，高质量地完成了国务院安委会消防安全检查、第二轮第六批中央生态环境保护督察、国务院安委会综合检查组考核巡查。西藏自治区党委副书记、政府主席严金海莅临公司铁路接卸库调研，给予"中国石油西藏销售公司安全管理规范，连续9年获得自治区安全生产先进单位，继续充分发挥在藏央企示范标杆作用"的高度评价。双湖加油站登中央电视台"中国高度"专题栏目《坐标中国｜雪域高原的幸福'家'油站》，西藏石油故事熠熠生辉，传遍祖国大地。

2022年5月16日，中国石油驻藏央企联合党委召开党委会议，6家成员单位相关负责人参加会议

领导与新分大学生座谈

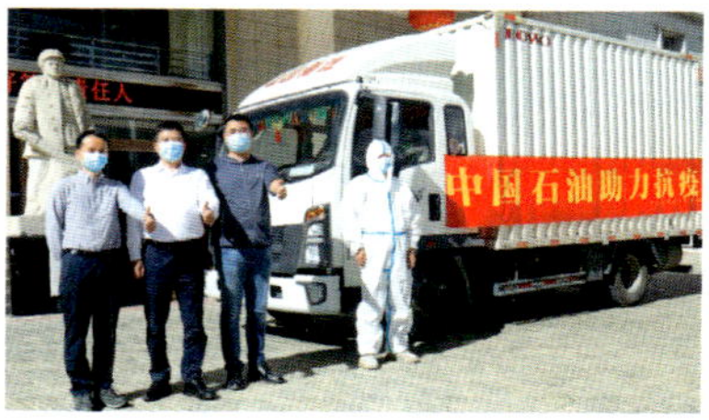

向抗疫一线捐赠物资

那曲双湖加油站登中央电视台"中国高度"专题栏目

投资2.1亿元的725油库扩容改造项目主体完工

开辟农机加油绿色通道，全区农机用户凭农机一卡通到站加油享每升优惠0.3元

地址：西藏自治区拉萨市北京中路71号　邮编：850000
电话：0891—6955442　传真：0891—6955561

中国石油江苏销售公司

中国石油江苏销售公司（简称江苏销售）成立于2003年9月，主要负责江苏地区成品油销售、非油品销售、资源仓储与调运、油气氢电网点开发与建设等工作。截至2022年底，公司设职能部门9个、直属机构2个、所属地市分公司13个、股权企业53家，员工总数3823人，拥有加油站765座，在用油库14座，库容55.31万立方米。

2022年，面对复杂严峻的市场环境和延宕反复的疫情形势，江苏销售全体干部员工始终咬定稳增长目标不动摇，大力推进提质增效，积极营造和谐稳定的发展局面。全年销售成品油383.24万吨，相对市场份额提升1.7%；实现非油收入9.5亿元，非油毛利1.6亿元；创造净利润2601万元，同比增长438万元；建成并网光伏电站21座，建成运营充电站10座，投运加油站10座。2022年度，公司业绩考核获评A级单位，获集团公司生产经营先进单位、质量健康安全环保节能先进企业等称号。

2022年，江苏销售凝心聚力稳增长，纯枪、直批、非油销售创造新突破。加强客户全生命周期管理，提炼纯枪增长公式，实现纯枪销量266.61万吨、保持同比不降，成功克服新冠肺炎疫情反复下需求萎缩影响。迭代油价数据模型，深化“站代库”批零协同，加强“邮乐购”网点对接，实现直批销量84.57万吨、同比增长4.84万吨。加强非油营销策划、门店优化，持续拓展汽服、餐饮、线上营销新业态，非油收入同比增长4.4%，非油毛利同比提升3.6%。

迈上新征程，江苏销售将牢记初心使命，全面贯彻集团党组、销售公司决策部署，坚定落实高质量发展和创一流要求，为集团公司建设基业长青的世界一流综合性国际能源公司贡献江苏销售力量！

2022年6月22日，江苏销售召开青年精神素养提升工程动员会暨“青马工程”首期示范培训班开班仪式

2022年10月20日，江苏销售总经理李天峰到镇江分公司丹徒光明加油站调研

2022年9月22日，江苏销售与中国铁塔江苏公司签署战略合作协议

2022年7月22日，江苏销售在常州举办以“喜迎二十大、奋进新征程”为主题的开放日活动（消防演练）

地址：江苏省南京市鼓楼区集慧路18号联创大厦A座　　邮编：210036
电话：025-83628068　　传真：025-83628095

中国石油集团济柴动力有限公司

中国石油集团济柴动力有限公司（简称济柴）的前身始建于1920年，是国内唯一同时具备发动机、压缩机技术的动力装备企业，现有山东济南、四川成都、新疆库尔勒、河北青县、内蒙古乌审旗、湖北武汉6个生产服务基地，在岗员工2025人。济柴拥有55项国家及行业标准，是国家企业技术中心、高新技术企业，集团公司动力装备试验基地、科技先进单位，山东省高端装备领军企业、瞪羚企业，全国燃气发电设备标准化标委会、钻采设备标准化委员会、燃气发动机标准化标委会工作组单位。

2022年，济柴坚持以习近平新时代中国特色社会主义思想为指导，深入学习贯彻党的二十大精神，全面贯彻集团公司党组决策部署，着力提质量、增效益、促改革、防风险，完成集团公司下达考核指标，连续5年获评集团公司质量安全环保先进单位，连续4年获集团公司党建工作责任制考核A级。济柴发动机、压缩机“两机”业务收入同比增长6.1%、30.8%，以电化学储能为代表的新能源业务实现收入零突破，超临界二氧化碳注气压缩机组等4款产品通过集团公司自主创新重要产品认定，16V26/32气体发电机组等4款产品入选集团公司首台（套）重大技术装备目录，企业入选国家工信部新一代信息技术与制造业融合发展试点示范名单。

微信公众号

2022年11月，集团公司董事长戴厚良到济柴调研指导，对济柴提出具体工作要求

2022年，济柴大力开展智控产品业务，自主研发的加油机器人功能性和智能性均处于国内领先水平

2022年，国产大功率4兆瓦级济柴16V260燃气发电机组成功应用于尼日尔Dibeilla电站项目，标志着国内大功率燃气发电机组首次走出国门

2022年，由济柴自主研发、设计、制造的大功率、大排量、高压注气压缩机组成功应用于多处国家重点工程储气库，用以保障天然气季节的调峰供需

2022年，济柴大力开展新能源业务，并在济南基地成立新能源产业孵化培育及制造基地，由济柴自主研发制造的电化学储能设备成功应用于全国各地

地址：山东省济南市长清区经十西路11966号　　邮编：250306
电话：0531-87423201　　传真：0531-87423366

昆仑金融租赁有限责任公司

昆仑金融租赁有限责任公司（简称昆仑金租）开业 12 年来，为 500 余家客户提供金融租赁服务近 2000 亿元，资产规模跃上 600 亿元台阶。2020—2022 年全年净利润贡献排名集团公司前 30 位，为集团公司高质量发展贡献昆仑金租力量。公司先后获“全国总工会模范职工之家”“重庆市人民政府成绩突出金融先进企业”“重庆市优秀企业家”等荣誉。

直接租赁

承租企业选择需要购买的设备（租赁物），在出租人（昆仑金租）认可后双方签订融资租赁合同，并与供货商签订采购合同。出租人按照采购合同约定支付货款，承租企业按照租赁合同约定履行支付租金、维修、保养等义务。租期结束后，出租人以名义价格将设备所有权转让给承租企业。

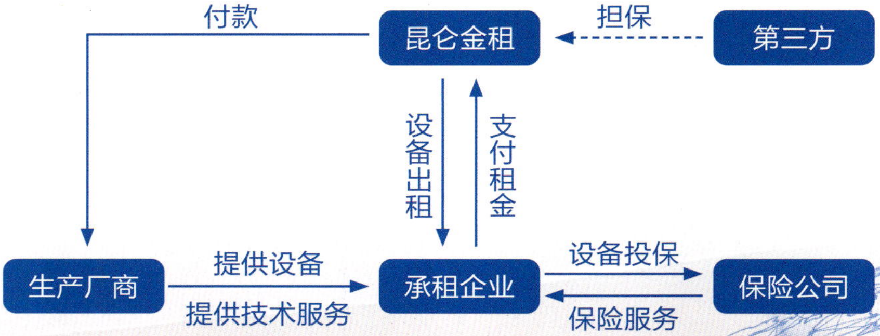

产品优势：

- 有利于拓宽承租企业融资渠道，节约银行授信资源；
- 减少承租企业购置大型设备的资金压力；
- 租金可纳入承租企业增值税抵扣范围，降低承租企业融资成本；
- 获取全额的长期融资，期限和租金偿还方式灵活，有利于承租企业现金流管理。

售后回租

承租企业将自有设备等固定资产（租赁物）以公允价值出售给出租人（昆仑金租），再以融资租赁方式租回使用。承租企业在租赁期末全额清偿租金及其他应付款项后获得租赁物所有权。

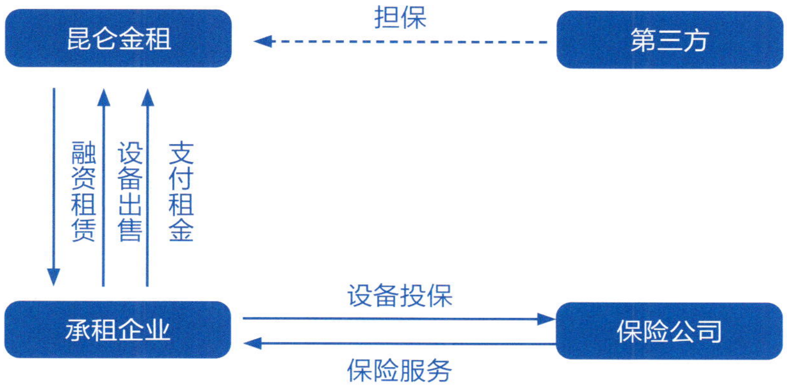

产品优势：

- 承租企业可以通过盘活存量资产获得长期资金；
- 融资期限较长，偿付方式灵活，手续相对简便；
- 承租企业在租赁期内不丧失经营管理主导权。

中石油五粮供应链管理有限责任公司

中石油五粮供应链管理有限责任公司是在中国石油天然气集团有限公司与四川省宜宾五粮液集团有限公司签署的《战略合作框架协议》背景下，中石油昆仑好客有限公司、中国石油四川销售公司、宜宾五粮液基金管理有限公司签订《投资合作意向协议》，三方约定共同组建合资公司。该公司于 2022 年 12 月 13 日在成都市温江区注册成立，中国石油天然气股份有限公司（持股 31%）、中石油昆仑好客有限公司（持股 20%）与宜宾五昆供应链股权投资合伙企业（五粮液集团子公司为主要出资者，持股 49%）共同组建，注册资本 1.5 亿元，其中宜宾五昆供应链股权投资合伙企业（有限合伙）由宜宾五粮液基金管理有限公司、成都五商供应链管理有限责任公司、宜宾川红茶业集团有限公司、宜宾纸业股份有限公司、四川安吉物流集团有限公司共同出资设立。

公司是一家以酒类供应链销售为主、非酒类商品业务拓展为辅的专业化供应链管理公司，是五粮液集团第三家全国性的一级经销商。主营产品为五粮好客、五粮液、五粮液系列酒等酒类产品，同时依靠五粮液多元化产业链，与五粮液旗下川红茶叶集团、宜宾纸业公司、四川圣山白玉兰实业有限公司等，实现了纸品、茶品和服装的产品供应链合作。

公司酒类主营业务已覆盖全国昆仑好客销售渠道，核心单品“五粮好客”由五粮液授权全国独家运营，是一款中国石油与五粮液联合打造的白酒次高端战略品牌，为宜宾五粮液股份公司出品，已纳入昆仑好客自营商品序列，致力于成为次高端领域下一个 10 亿大单品。“五粮好客”在第十八届中国国际酒业博览会上，酒体品质在 700 余款酒类新品中脱颖而出，获中国酒业协会“2022 年度‘青酌奖’酒类新品”（白酒类）称号。

未来，公司将坚持以“起点要高、贡献要大、运行要好、管理要严、发展要优”的二十字工作方针，持续发挥资源优势、商业价值，为各经营单位提供高质量供应链服务，发展成为中国石油昆仑好客一流的供应服务商和五粮液集团一流专业经销商。

发展历程

2023 年 4 月
“五粮好客”获中国酒业协会“2022 年度‘青酌奖’酒类新品”（白酒类）称号

2022 年 12 月
成功注册中石油五粮供应链管理有限责任公司

2022 年 11 月
举办揭牌仪式，同月取得中国石油销售公司新设合资公司批复文件

2022 年 8 月
确定“五粮好客”产品设计方案

2022 年 3 月
昆仑好客、四川销售、五粮液基金公司签订《投资合作意向协议》，拟共同组建合资公司

2021 年 3 月
中国石油天然气集团有限公司与四川省宜宾五粮液集团有限公司签署《战略合作框架协议》

主营产品矩阵

五粮好客　　第八代五粮液　　五粮液 1618　　经典五粮液　　五粮液九龙坛（黄坛）

宜宾纸业定制竹浆纸产品

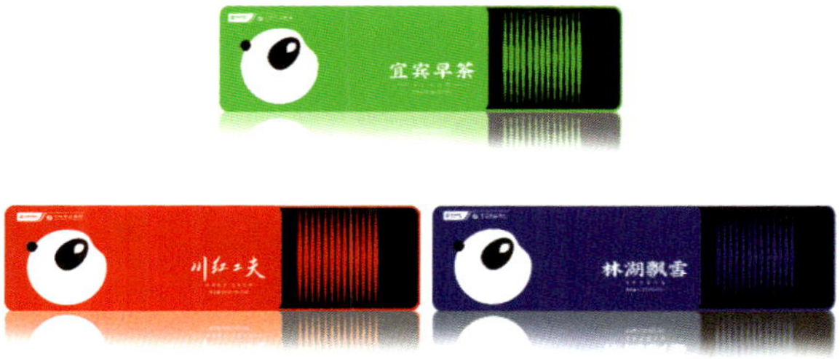

川红茶叶定制产品

产品供应伙伴

五粮液 WULIANGYE

五粮液集团 WULIANGYE GROUP　川红茶业集团 CHUANHONG TEA INDUSTRY

五粮液集团 WULIANGYE GROUP　宜宾纸业 YIBIN PAPER CO.LTD

五粮浓香

Sacred 四川圣山白玉兰实业有限公司 SICHUAN SHENGSHAN MAGNOLIA INDUSTRY CO., LTD

联系人：李杰　　联系电话：13550013883
联系地址：四川省成都市武侯区交子大道33号中国华商金融中心T2座五粮液成都营销创新中心17层1号

一类油层聚驱后聚表剂高效驱油关键技术与现场应用

一类油层聚驱后聚表剂高效驱油关键技术与现场应用项目，针对聚驱后油层找油难、驱油难、调控难的主要矛盾，按照“储备一代，研发一代，应用一代”的可持续发展战略，“十一五”期间大庆油田启动科技攻关，向聚驱后四次采油技术世界性难题发起挑战，通过创新方法、研发体系、建立模式的思路，形成了聚驱后单剂多功能驱油技术体系。

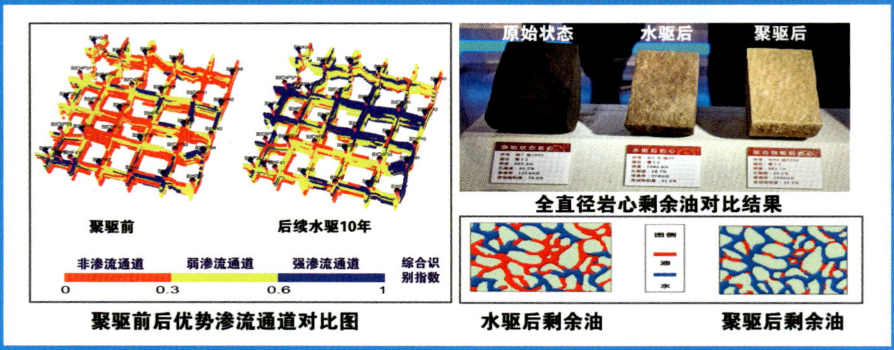

破解聚驱后找油难的问题

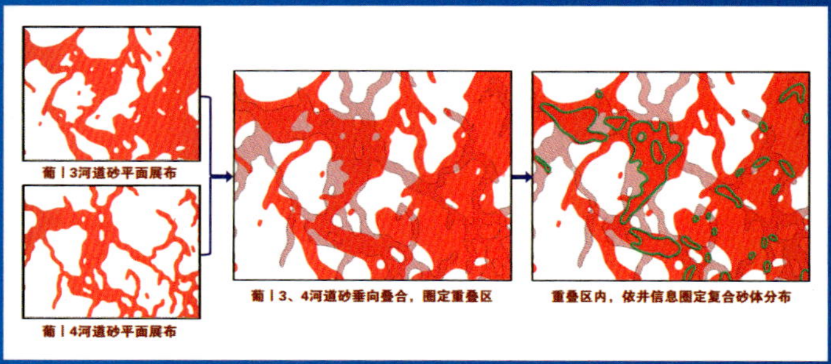

多单元成因推演复合砂体切叠

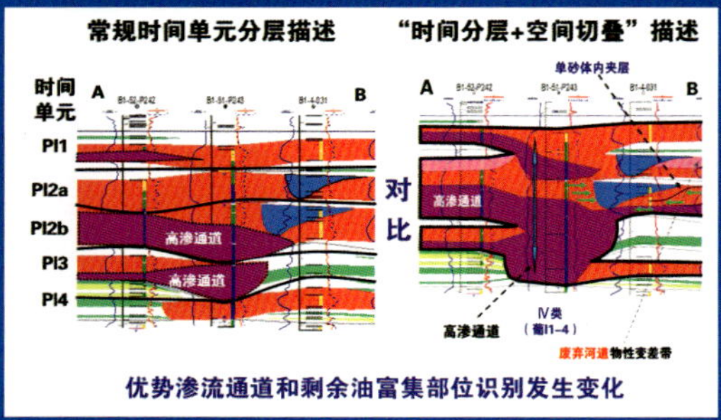

井间建筑结构精准刻画

项目创新复合砂体整体精细描述技术和建模、数模一体化剩余油表征技术，发明聚驱后优势渗流通道识别方法。深化聚驱后剩余油分布特征认识，提出聚驱后“调、堵、驱”进一步提高采收率开发方式，首次研发出结构、性能可控的聚表剂，并建立聚表剂性能评价方法，定型调堵型和调驱型系列聚表剂。创新形成聚驱后聚表剂驱全过程“调、堵、驱”和局部压裂组合开发模式，揭示堵塞优势通道、扩大波及体积、乳化携油的动态变化规律。

该项目2008年开展先导试验，2012年进行矿场试验，2021年扩大应用规模。通过室内研究与现场试验相结合，依靠自主创新，采取多学科、多专业一体化联合攻关模式，创新形成一类油层聚驱后聚表剂高效驱油关键技术，采收率提高10—12个百分点，吨聚增油24吨以上，解决一类油层聚驱后进一步提高采收率的世界性难题。

项目开展过程中共获得授权发明专利10项、标准1项，发表论文22篇，总体达到国际领先水平，2022年获集团公司科技进步奖一等奖。

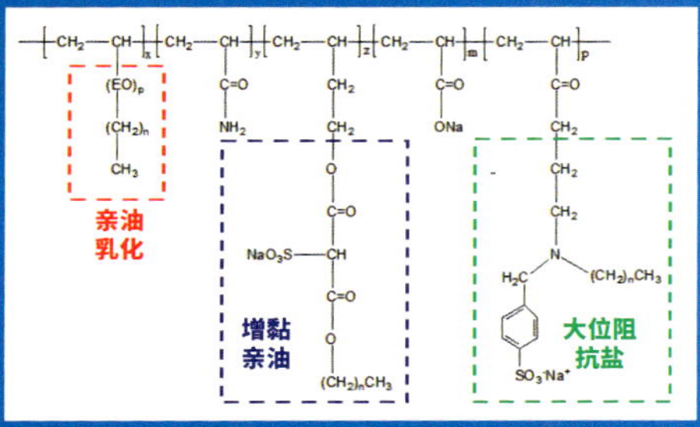

聚表剂分子设计示意图

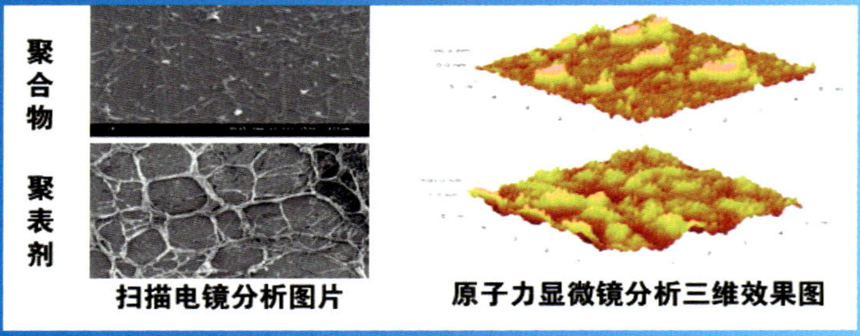

聚表剂与聚合物微观形态对比分析

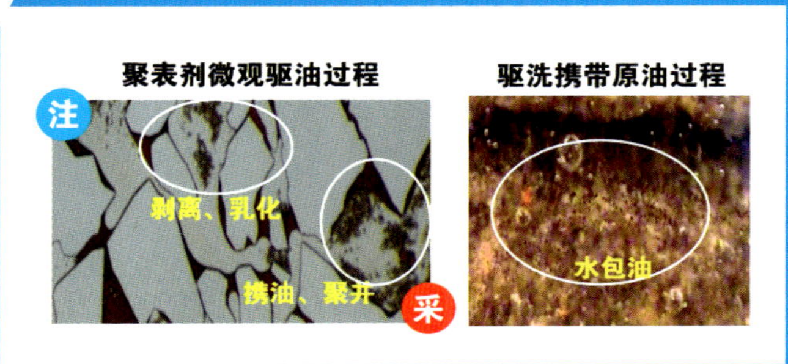

玻璃刻蚀驱油实验

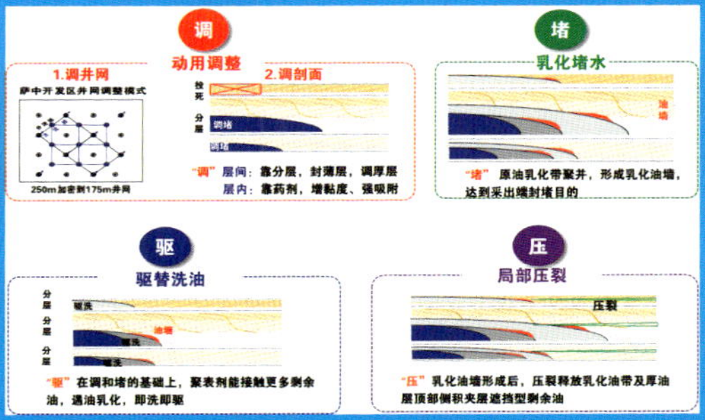

调堵驱和局部压裂技术方法

科技进步奖专栏

川南页岩气新一代压裂技术

——压裂工艺 2.0 技术体系

压裂工艺 2.0 技术体系 2017 年开展攻关，由中国石油西南油气田公司、浙江油田公司、川庆钻探、长城钻探联合北京石油勘探开发研究院一体化攻关，2019 年至 2021 年在川南开展 600 余井次全面应用。项目组针对页岩气储层改造不充分、高强度加砂困难、成本高、效率低等难题，创新形成“复杂裂缝均匀起裂、多簇裂缝全域扩展、裂缝网络高效支撑”的页岩密切割高强度压裂理论及实验方法；研发多簇射孔工具、超低浓度滑溜水体系、石英砂替代陶粒支撑为一体的段内多簇高强度加砂关键技术；构建融合多簇射孔工艺技术、压裂参数协同优化技术、压裂高效实施技术的“缩小簇间距 + 高强度加砂 + 暂堵转向 + 石英砂替代陶粒”工艺。技术体系在提产提速提效、降成本降复杂方面效果显著，支撑页岩气快速有效建产，为非常规油气降本增效开发提供思路和借鉴。集团公司科技成果鉴定委员会评价：技术体系解决“复杂裂缝如何均匀起裂、多簇裂缝如何全域扩展、裂缝网络如何高效支撑”三大核心机理难题，推动页岩气压裂技术全面升级换代，与北美页岩气压裂技术相比，实现由“跟跑”到“并跑”甚至“领跑”的跨越，对我国页岩气规模效益开发具有重大的示范引领作用。

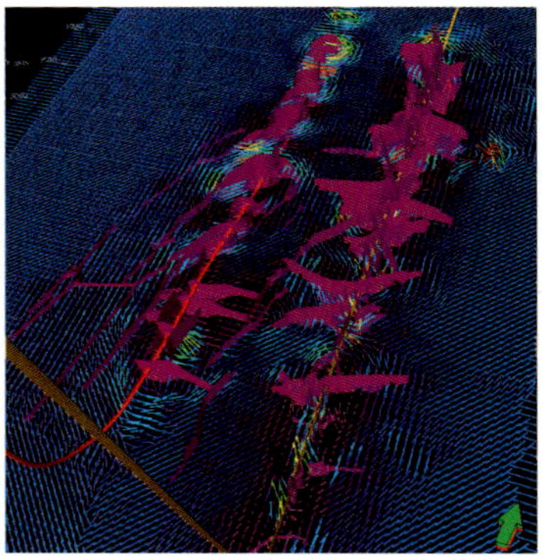

压裂裂缝全域扩展模拟

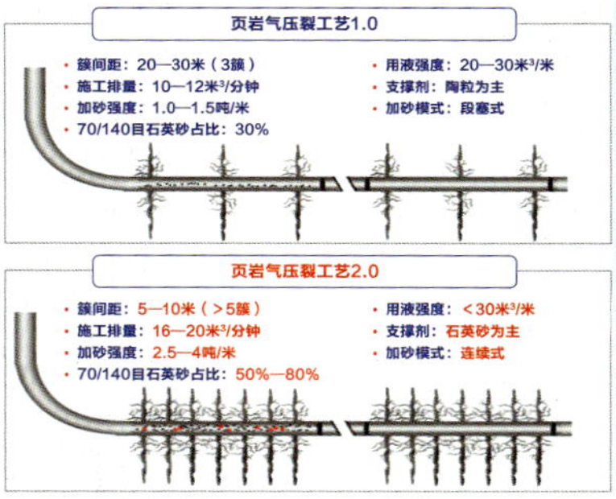

压裂工艺 1.0 与 2.0 技术内涵对比

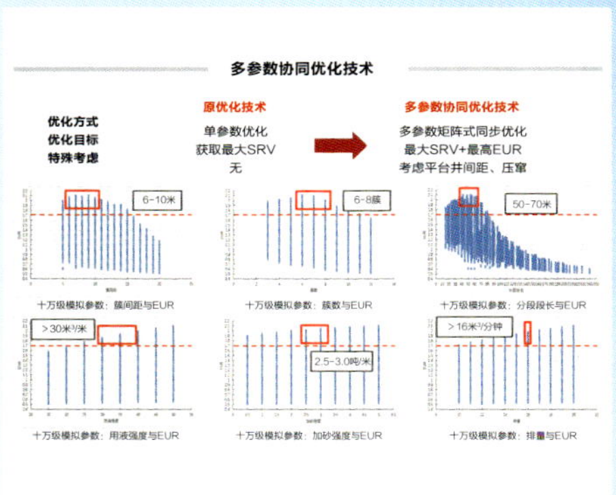

多参数协同优化压裂设计技术

中国工程院院士胡文瑞、西南石油大学党委书记张烈辉现场指导

地质工程一体化压裂团队

压裂技术团队周跟踪交流制度

压裂工艺 2.0 技术体系推动页岩气压裂技术整体升级换代，井均测试产量和预测可采累计产量分别提升 27.9% 和 15.8%，累计产气 150.94 亿立方米，新增产值 27 亿元，新增利润 5.08 亿元，节约成本 11.96 亿元，助推深层区块持续取得突破，支撑天然气冬季保供，保障清洁能源规模供应，替代标准煤、二氧化碳达到千万吨级，并在技术先进、能源安全、绿色环保等方面发挥示范表率作用，辐射至国内非常规油气开发领域，强力支撑其有效动用。

项目开展过程中获授权发明专利 11 项、标准 1 项，发表论文 21 篇，总体达到国际先进水平，2022 年获集团公司科技进步奖一等奖。

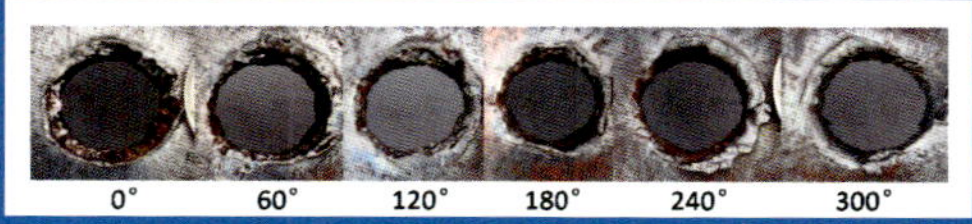

常规射孔与等孔径射孔工艺技术效果对比

西南油气田公司党委书记何骁、总经理雍锐调研页岩气现场

西南油气田公司副总地质师杨洪志赴现场调研压裂作业现场

井口换装工艺技术对比

高强度连续输砂装置

大排量 + 高强度加砂压裂作业现场俯瞰

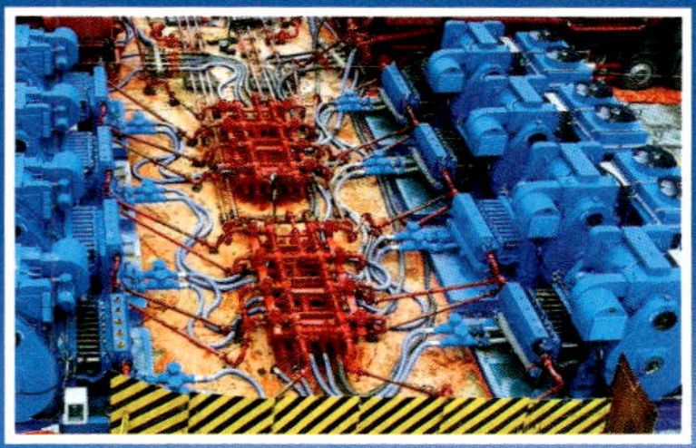
电动压裂橇工厂化压裂试验现场

页岩气大排量压裂车现场

CG STEER 旋转地质导向钻井系统作业场景——华 H100 平台

旋转地质导向钻井系统

——石油钻井技术皇冠上的明珠

旋转地质导向钻井系统是集机、电、液、控等为一体的井下智能控制系统，技术含量高、攻关难度大，国内长期处于“依赖进口、受制于人”的被动局面，是制约我国页岩气等非常规油气产业高质量发展与国家能源安全战略的关键技术。

中国石油川庆钻探公司迎难而上、领衔攻关、砥砺奋进，依托“十三五”国家重大专项，联合航天科工和中国石油大学（华东），突破六大核心技术瓶颈，自主研发成功了CG STEER旋转地质导向钻井系统。

戴厚良董事长参观 CG STEER 旋转地质导向钻井系统

CG STEER 旋转地质导向钻井系统工业化应用首战告捷

研发团队

CG STEER 旋转地质导向钻井系统作业场景——长宁 H24 平台

该成果独创平衡趋势造斜率精确预测模型，深刻认识影响造斜率的关键因素，造斜能力突破15度/30米，满足页岩气勘探开发需求；系统耐温150℃、耐压140兆帕，能够适应高密度钻井液环境，具备近钻头井斜、方位和伽马测量功能，能够实现储层的精确追踪，已钻井优质储层钻遇率98%以上，综合性能达到国际先进水平。

主要技术进展：（1）突破导向模块设计与制造、非接触电能/信息传输等六大关键核心技术瓶颈。（2）独创平衡趋势造斜率预测模型，造斜能力突破15.3度/30米。（3）突破狭小空间电路优化和抗震结构设计，保障优质储层钻遇率。（4）优化磁干扰补偿模型，开发零度井斜造斜功能，实现“直—增—平”全井段作业，作业时效高。（5）创新压力反馈控制算法，设计复合滑动轴承，突破高转速精确测控难题，适应转速达到200转/分钟。（6）产品模块化设计，满足多样化需求。

该系统率先实现国产旋转地质导向钻井系统在页岩气水平井的全井段应用，作业区域遍布川渝、长庆、辽河、新疆吉木萨尔等国内油气区与白俄罗斯、俄罗斯等国外油气区，完成200口井全井段导向作业，单趟钻进尺达3570米、循环时间达390小时，最高日进尺达1070米，作业温度达146.8℃，完钻井深达5910米。该系统关键核心技术全部自主可控，填补国内空白，一举改变我国非常规油气开发长期无自主可控的旋转地质导向钻井系统可用的被动局面，实现历史跨越。

项目开展过程中获发明专利授权38件，发表论文26篇（SCL/EI12篇），成果总体达到国际先进水平、部分指标国际领先，2022年获集团公司科技进步奖一等奖。

中国石油集团川庆钻探工程有限公司与航天科工三院联合成都市合资成立四川天石和创科技有限公司，全力推动成果产业化。

CG STEER 旋转地质导向钻井系统在白俄罗斯作业

CG STEER 旋转地质导向钻井系统川渝地区现场应用

松辽盆地北部薄层致密油有效开发关键技术与示范

讨论方案

现场跟踪

总结成果

查看岩心

大庆油田松辽盆地北部致密油资源量 15.5 亿吨，探明未开发储量 3.74 亿吨，是大庆油田增储建产现实的接替领域。整体呈现储层致密、砂体厚度薄、分布零散、河道规模小、常规技术难以有效动用等问题，因此大庆油田勘探开发研究院致密油项目组开展致密油甜点评价、一体化开发优化设计、能量补充等技术攻关。

在精细地质研究的基础上，重点开展室内实验剖析致密储层压裂吞吐渗析采油机理，创新致密储层分类评价优选技术，发展储层精细预测技术，提高薄窄河道砂体预测精度，创新一体化开发设计配套技术，落实开发技术政策界限，创新致密油二氧化碳全生命周期增能提产开发技术，形成致密油动用最大化和效益最优化的开发模式，建立适合大庆特色的非连续型薄层致密油开发关键技术体系，探索出一条致密储层增储建产的成功之路，取得理论和技术集成创新成果，支撑大庆油田持续稳产。

应用该技术在大庆外围油田工业化推广 50 个区块，动用地质储量 1.5 亿吨，累计产油 223.74 万吨，提交探明储量 1.83 亿吨，该技术在大庆外围致密储层广泛应用。

“松辽盆地北部薄层致密油有效开发关键技术与示范”项目核心技术已获得授权发明专利 5 件，发表论文 16 篇，总体达到国际同类技术先进水平，2022 年获集团公司科技进步奖二等奖。

四川页岩气高效开发关键地质技术及应用

四川页岩气高效开发关键地质技术是川庆钻探工程有限公司历时 8 年研发和应用的页岩气建井全周期的高效开发关键地质技术。该技术成果系统攻克复杂山地井位部署难、钻井工程复杂多、铂金靶体钻遇率低、体积压裂效果差等诸多难题，创新性研发“基于井震联合高分辨率处理的薄储层预测及裂缝精细刻画”“基于‘元素相’的钻前地质评价”“薄箱体长水平随钻导向”和“压裂优化及开发动态跟踪”等关键地质技术。

该技术成果研发和实施以来，显著推动四川页岩气效益开发关键地质技术实质进步，成功突破地质基础认识瓶颈确保“选好区”，提升地震预测精度和井位部署决策水平“布好井”，实施精准地质导向和随钻评价助力“打好井”，开展压裂和开发增产地质全流程介入“压好井、管好井”；薄层分辨率由 30 米提升至 5 米，页岩储层预测符合率由 55% 升至 67%，裂缝预测总体符合率由 60% 升至 75%，优化水平井轨迹排布部署流程提速 10%；落实地质导向跟踪 520 井，目标箱体钻遇率由 2014 年的 43.6% 提升至 95.6%，平均单井预测可采累计产量由 0.55 亿立方米升至 1.06 亿立方米，支撑川南页岩气建成 100 亿立方米产能，经济效益和社会效益突出。

本成果获授权发明专利 9 项，登记软件著作权 4 项，编制企业标准 1 项，发表高级别学术论文 13 篇，总体达到国际先进水平；2021 年获川庆钻探工程有限公司科技进步奖二等奖，2022 年获集团公司科技进步奖三等奖。

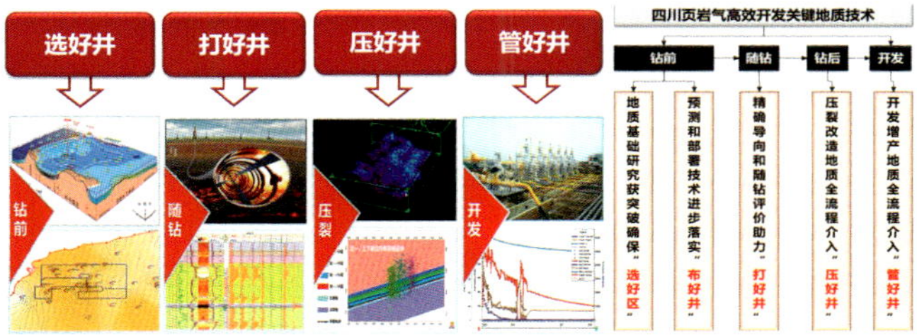

页岩气井全建井周期技术系列

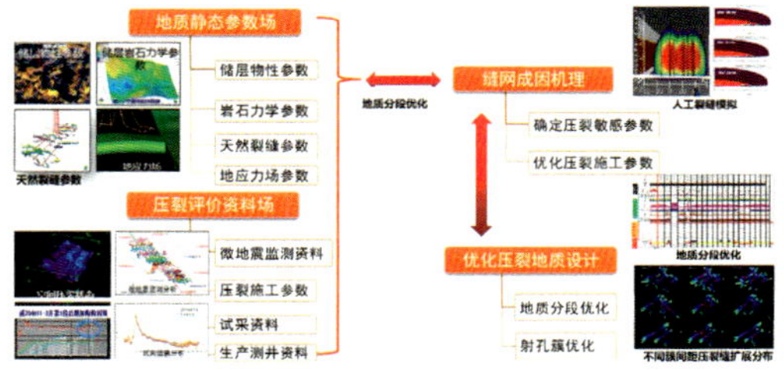

页岩气水平井地质工程一体化压裂增产技术

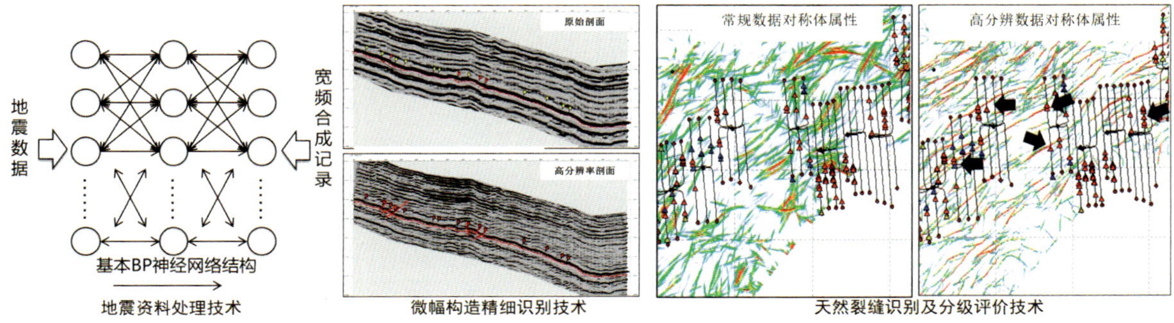

基于高分辨处理的天然裂缝精细识别技术

连续管径向钻孔技术

技术团队青海油田现场作业

连续管径向钻孔技术是一种“零半径水平井”钻进技术，在套管内完成转向、出套管后垂直于井筒沿径向钻进。针对薄层多井低产经济效益差的难题，采用“直井 + 多个径向井分支”新的井型结构，以较低的成本提高单井产量，是提高难采储量经济动用的一种有效手段。

连续管径向钻孔技术是一项采用钻井方式对薄储层实施增产改造的前沿技术，“十一五”和“十二五”期间，得到国家重大专项研究和中国石油集团新技术攻关等多个课题的支持。经过 10 多年持续攻关，项目团队在薄层钻孔增产工艺方法与成套工具、水射流钻地层钻进速度控制、套管钻孔开窗的钻压与防卡防落鱼控制、多个径向井分支相对方位定向等关键技术上取得重大突破和创新，成功发明与常规连续管配套使用的、适应薄层经济开发的水射流径向钻孔技术。

连续管径向钻孔技术已完成 15 口井 72 个径向孔分支的钻进，措施成功率超过 90%，最大钻深 35.8 米，已有的统计数据累计增油 6400 吨，增注 4580 吨，新增效益 2880 万元。油气井增产超过 50%，水井增注超过 200%。为老油田低成本储层改造提供新工艺，成为难动用储层经济开发的新方法，在大庆、新疆、吐哈、长庆等油田和煤层气田推广应用。

连续管径向钻孔技术成果获授权发明专利 11 项、实用新型 8 项，发表论文 14 篇，总体达到国际先进水平，2017 年获得中国石油集团钻井工程技术院有限公司技术发明一等奖。2022 年获集团公司科技进步奖三等奖。

径向水平钻孔技术新疆现场施工

径向水平钻孔技术新疆现场

径向水平钻孔技术核心点

所属单位概览

油气新能源板块

大庆油田有限责任公司
（大庆石油管理局有限公司）

【概况】 大庆油田有限责任公司（大庆石油管理局有限公司）简称大庆油田，是中国石油天然气集团有限公司重要骨干企业。大庆油田1959年发现，1960年投入开发，是迄今国内陆上最大的原油生产基地，也是世界上为数不多的特大型砂岩油田之一。大庆油田位于黑龙江省中西部，松嫩平原北部，由萨尔图、杏树岗、喇嘛甸、朝阳沟、海拉尔等油气田组成。国内勘探范围包括黑龙江松辽盆地北部、依舒等外围盆地，内蒙古海拉尔盆地，新疆塔东区块，川渝矿权流转区块等领域；海外业务进入中东、中亚、亚太、非洲和美洲等区域。业务有上市、未上市两大部分，上市业务包括勘探开发、新能源等；未上市业务包括工程技术、工程建设、装备制造、油田化工、生产保障、多种经营、职业教育培训等。

截至2022年底，累计生产原油24.93亿吨、天然气1517.63亿立方米，上缴税费及各种资金3万亿元，为维护国家石油供给安全、支持国民经济发展作出突出贡献。创新形成领先世界的陆相油田开发技术，主力油田采收率55%以上，先后获国家自然科学奖一等奖1项，国家科学技术进步奖特等奖3项，大庆油田的发现与开发和“两弹一星”等共同载入我国科技发展史册。孕育享誉中外的大庆精神铁人精神，成为中华民族伟大精神的重要组成部分，2021年9月29日第一批纳入中国共产党人精神谱系。打造了过硬的铁人式职工队伍，涌现出以“三代铁人”为代表的一大批先进模范人物，锤炼了一支“三老四严”、永创一流的英雄队伍。

2022年，大庆油田页岩油勘探实现重大战略突破，开启资源接续历史新篇。聚焦“双碳”目标，规划建设千万千瓦级“风光气储氢”一体化基地，建成一批具有示范意义的新能源项目，实现从“零起步”到“快增长”，初步构建“油+气+新能源”业务布局，推动从“一油独大”向“多能互补”的重大转变。统筹上市与未上市整体协调发展，深化改革创新，现代“油公司”模式全面建立，内部市场化机制逐步完善，企业办社会职能剥离移交任务基本完成，“四位一体”综合管理体系建成运行，重大关键核心技术不断创新，油田数字化转型智能化发展取得重大进展，企业焕发出新的生机与活力。

大庆油田主要生产经营指标

指　标	2022年	2021年
原油产量（万吨）	3003	3000.01
天然气产量（亿立方米）	55.40	50.18
新增原油产能（万吨）	262.5	190.04
新增天然气产能（亿立方米）	5.37	2.93
三维地震（平方千米）	2172	762
探井（口）	167	239
开发井（口）	3450	3387
钻井进尺（万米）	545.04	540.13
勘探投资（亿元）	42.15	35.06
开发投资（亿元）	186.22	178.78

【资源勘探】 2022年，大庆油田坚持抓勘探、增资源、保稳产，勇于开拓进取，发展接续力量，储量任务全面超额完成，油气勘探喜获新成果。老探区精细勘探焕发新活力，常规油多区多井持续高产，致密油多口水平井获得好效果，夯实原油稳产基础，进一步

坚定松辽全盆地、全层系含油信心。页岩油勘探呈现多点突破新局面，古龙页岩油国家级示范区建设扎实推进，肇页1H井、营浅2井等多口井获工业油流，标志着三肇稀油带、川渝页岩油再次获重大突破，拓展页岩油勘探领域，展现资源接替广阔前景。天然气勘探迎来储量增长新高峰，大庆深层火山岩气藏获得新发现，川渝探区探明首个千亿立方米整装大气田，展现规模增储大场面，成为快速上产“新阵地”。

【油气生产】 2022年，大庆油田确立稳油增气目标，克服新冠肺炎疫情封控、塔木察格限运等不利影响，实现了原油高质量稳产、天然气快速上产。

生产组织高效。各系统各单位发挥综合一体化优势，计划、生产、钻井、基建等工作高效协同，3次调整补产计划，优化运行曲线和措施工作量，建立“三会一协调”等长效机制，坚持“日跟踪、旬对比、月总结”，全面开展“抢产夺油”劳动竞赛，把握产量主动权。

开发水平提升。深化水驱精准调整，攻关“双特高”阶段有效开发方式方法，创新推广定层定向挖潜和精准注采调整技术，水驱自然递减，创近年来最好水平；推进三次采油提质提效，完善二类油层化学驱开发模式，规模推广应用高效驱油体系，实施全过程跟踪调控、全要素对标评价、全生命周期精准管理，三次采油年产量同比增长，提前实现年产目标。

效益建产提质。天然气上产步伐进一步加快，创十年来最大增幅。储气库群建设高效推进，实现产供储销协同发展。稳油增气的良好态势，进一步筑牢油田发展“基本盘”。

【提质增效】 2022年，大庆油田牢固树立“过紧日子”思想和“一切成本皆可降”理念，推进提质增效价值创造行动，转观念、勇担当、强管理、创一流，取得良好的经营业绩。强化严谨投资、精准投资、效益投资，优化投资结构，内部收益率同比提升，实现新建产能对效益的正向拉动。发挥预算引领作用，严格成本费用管控，保障稳油增气需求。推进存量资产轻量化，加大“两金”清理力度，用好国家减税降费优惠政策，促进发展质量效益提升。推进亏损企业治理，成立工作专班，建立帮扶机制，采取革命性举措，全级次子企业亏损户数、亏损额大幅下降。坚定不移开拓外部市场，加大“走出去”力度，外部市场收入创出历史最好成绩。

【未上市业务】 2022年，大庆油田坚持市场化方向，推进优化升级，未上市业务同比增长。技术服务方面，钻探工程公司围绕高效勘探、效益开发，钻出一批高产井、发现井，钻井整体提速，完井作业提效，创出多项高指标、新纪录，井身质量、固井质量保持集团公司前列；工程建设公司立足“六化”管理，打造“标准化设计+工厂化预制+模块化建站”模式，大中型站场现场作业周期缩短。业务发展方面，装备制造集团聚焦数字制造、绿色制造、高端制造，以精益管理推动技术和产品升级；水务公司推动水务环保协同发展，开辟内涝治理、废液处理、环境监测等新业务领域。服务保障方面，化工有限公司推进新型表活剂、调剖剂、二氧化碳捕集等新产品新项目，发挥油田化学品科研成果转化基地的作用；物资公司拓展“互联网+采购保供”服务模式，建立包保服务机制，发展仓储经济；昆仑集团突出“专精特新”，持续优化业务结构，推行“产品+服务”模式，为油气生产提供优质高效保障；昆仑投资运营公司开展油水井作业服务，高效保证口罩生产供应，运维保障能力持续提升。产业升级方面，中油电能公司全面实施电厂节能降碳改造和电网智能化升级，售电市场持续扩大，新能源项目高效落地，全产业链清洁低碳发展加速推进；信息技术公司持续拓展网络安全、软件开发、云数据、智能安防等业务，自主研发智慧工地平台，数字产业化进程不断加快；矿区服务单位探索发展路径，强化市场拓展，服务品质持续提升；铁人学院、文化集团、工程项目管理公司等单位，做专特色业务，推进产业协同，发展潜力进一步释放。

【低碳发展】 2022年，大庆油田聚焦“双碳”目标，紧跟发展大势，以“像抓油气业务一样抓新能源”的坚定决心，加速布局新能源业务，绿色低碳发展步入“快车道”。组建成立新能源事业部，规划建设千万千瓦级“风光气储氢”一体化示范基地，编制实施“建设规划”“行动方案”，加速推进重点项目实施。新能源项目在建在研，建成中国石油首个水面光伏示范项目和首个风光储一体化开发项目。示范区建设升级，推进喇嘛甸油田低碳示范区和采油八厂零碳示范区建设，打造油田绿色低碳生产示范样板，开创绿色转型发展新路径。加强负荷调控、燃气调峰、智能微电网、储能等关键技术研究，抓好燃气调峰机组改造和绿电制氢两个重点项目论证与实施，进一步提升电网消纳能力。启动百万吨级CCUS（二氧化碳捕集、利用与封存技术）全产业链示范工程，加快产业化发展步伐。拓展广西风电市场，自主运营与合资合作项目齐头并进，构筑外部新能源业务前沿阵地。

【市场拓展】 2022年，大庆油田抓住市场复苏的有利时机，加大“走出去”力度，国内外市场收入创历史最好水平。

国内市场。在华南市场，承揽热电供气管道、商储库运维等一系列项目，拓宽建设运维一体化服务领域；在华北市场，钻井服务、大修压裂、装备产品在煤层气市场取得领域和规模“双突破”；在西南市场，实现川渝页岩气市场的规模化拓展；在西北市场，钻井总包、装备产品、电力运维等市场份额进一步扩大。

国外市场。海外油气开发面对前所未有的困难挑战，推动蒙古国塔木察格项目复产复运，加强生产组织运行，创新原油全封闭运输模式，加大超期值守人员回国轮换力度，高效运营伊拉克哈法亚项目。海外油服业务，相继中标乌干达翠鸟油田管道、东非原油管道等一批重点建设项目，战略性进入撒哈拉以南非洲高端市场；在巩固伊拉克鲁迈拉、哈法亚等传统市场的基础上，陆续签约伊拉克 B9 区块修井、锡巴气田采气管线、米桑油田潜油电泵服务等一系列标志性项目，中东地区非中国石油市场规模持续扩大；二氧化碳吞吐、提高采收率技术，进入印度尼西亚等新市场新领域。

【科技创新】 2022 年，大庆油田坚持事业发展科技先行，加大重点领域攻关，创新发展陆相页岩油原位成藏、老油田提高采收率等重大理论与配套技术，获省部级以上科技奖励 27 项、国家发明专利授权 134 件。大庆油田申请成立国际标准化组织提高采收率分委会，正式获 ISO 和国家市场监督管理总局批准，实现中国首次在勘探开发核心领域承担国际标准化技术组织工作，提升国际话语权和影响力。完善科技管理体系，实施“揭榜挂帅”等攻关组织新模式，2022 年 7 月 21 日成立院士工作站，申建陆相页岩油全国重点实验室，推动创新资源集聚、科技攻关提速。高效推进数字化智能化建设，成为集团公司首批数智化转型试点示范单位，井场和站场数字化覆盖，改造力度和速度均创历史新高。

【企业改革】 2022 年，大庆油田围绕打造现代“油公司”模式，一体推进业务重组、体制重塑、机制重建，改革三年行动计划 72 项任务提前完成，取得一系列重大突破。坚持调结构、抓归核，推进相关业务专业化重组，推动业务结构由“小而全”向“专而精”转变，构建更加高效的油气产业链、服务保障链。坚持控规模、提效率，横向减机构、纵向压层级，提升管理效率和运行质量。坚持重市场、增活力，完善内部市场化运行管理办法，加大简政放权力度，深化三项制度改革，完善工资总额决定机制，推行领导人员任期制和契约化管理，释放内生活力。推进厂办大集体改革，通过移交改制、关闭注销等方式，有效解决一批历史遗留问题。

【基础管理】 2022 年，大庆油田突出保安全、强管理、防风险，全面加强基础管理工作。安全环保可控。强化“四全”管理和“四查”问责，严格落实“安全生产十五条硬措施”，集中开展 5 个专项整治行动，创新数字化监督新模式，全年亿工时死亡率为零，生产安全事故起数同比下降，强化环境综合整治和风险管控，污染物达标排放率 100%。管理体系升级。推进体系融合向基层延伸，全面执行新版岗位责任制，“两册”建设覆盖率 100%。聚焦“战略执行 + 精益管理”，开展第 108 次新时代岗检，构建“1+4+8+N”岗检体系，创新优化经营管理领域岗检要素，推广生产操作领域“项目制”等新方法，治理体系和治理能力现代化水平迈上新台阶。依法合规治企。编制实施《大庆油田“十四五”法治工作规划》，将法律工作有效融入生产经营全过程，修订完善规章制度，对现行制度进行专项审计，开展全级次全领域全方位风险排查整治，连续 4 年新发被诉案件数量和标的金额实现“双下降”。新冠肺炎疫情防控有力。坚持科学精准防控，应对突发疫情，党员领导干部冲锋在前，基层一线员工无私奉献，7 万多名干部员工在岗长期坚守、奋战在现场，1.5 万名“石油红”化身“志愿白”投身社区志愿服务，确保关键时期工作场所零感染、生产运行平稳有序。

【民生建设】 2022 年，大庆油田常态化开展“我为员工群众办实事”活动，改善一线生产生活条件，强化重大疾病医疗保障，升级女职工劳动保护，提高员工体检费用标准，切实加强职业病防治，广泛开展线上线下全民健身和群众性文体活动，增进员工福祉。帮扶、慰问 2.7 万人次，惠及特殊群体 1.1 万人次。加大投入完善东部交通路网，有序推进庆虹桥新建工程，马鞍山、老虎山碳中和生态观光园建成开园，矿区绿化覆盖率 49%，油田生态环境持续改善。全面加强信访维稳工作，妥善处理不同群体利益诉求，巩固安定团结的发展大局。大庆地区石油石化企业战略合作更加紧密，各级地方党委政府和公安机关为油田开发建设提供强有力支持，推动地区经济社会和谐稳定发展。

【企业党建工作】 2022 年，大庆油田树牢“石油工人心向党”的坚定信念，开展喜迎党的二十大系列活动，制定实施 75 项重点举措，坚持以党的二十大精神为指引研究谋划战略部署，推动党中央重大决策在油田落实落地。严格落实“第一议题”制度，常态化开展党史学习教育，深刻领悟“两个确立”的决定性意义，不断增强“四个意识”、坚定“四个自信”、做到“两个维护”。完善党委会前置决策程序，建立领导工作例会、党群工作例会制度，实行重大项目（工作）专班推进，加强党对意识形态工作的领导，党委把方向、管大局、保落实的领导作用充分发挥。严把选人用人关，调整中层领导人员10批次435人次，推动领导班子和干部队伍结构进一步优化。召开中国共产党大庆油田第八次党员代表大会和政治工作会议，牵头成立中国石油党建工作东北协作区，创新推广党建协作区模式，深化党建“三基本”建设和“三基”工作有机融合，组织千名新党员集体入党宣誓，加强党建带团建，党建工作在集团公司考核中位居前列。

（李　冬　姜艳波　邢　诚）

中国石油天然气股份有限公司辽河油田分公司（辽河石油勘探局有限公司）

【概况】 中国石油天然气股份有限公司辽河油田分公司（辽河石油勘探局有限公司）简称辽河油田，是全国大型稠油、高凝油生产基地，前身为1967年3月成立的大庆六七三厂，1970年4月组建辽河石油勘探指挥部，同年9月更名为三二二油田，1973年5月更名为辽河石油勘探局。经过1999年重组改制、分开分立和2008年上市业务和未上市业务重组整合，至2022年底，逐步形成油气主营业务突出，未上市辅助生产业务和多元经济协调发展的格局。业务范围涵盖油气开采、储气库业务、工程技术、工程建设、燃气利用等领域。总部设在辽宁省盘锦市兴隆台区。

辽河油田在1955年开展前期地质普查的基础上，于1970年投入大规模勘探开发建设，1980年原油产量跨越500万吨，1986年突破1000万吨，1995年达到1552万吨历史最高峰，到2022年底连续37年保持千万吨规模稳产。辽河油田矿权区包括辽宁省、内蒙古自治区、陕西省、甘肃省、山西省等地区，勘探开发领域包括辽河坳陷探区、辽河外围开鲁探区、辽河外围宜庆探区，总探矿权面积2.82万平方千米，共有油气田41个。其中，辽河坳陷探区是勘探开发主战场，勘探开发建设50多年以来，先后发现兴隆台、曙光、欢喜岭等油气田41个，投入开发38个，年产量占总产量的90%以上，形成9种主要开发方式及配套技术，涵盖陆上石油的全部开发方式，全面建成国家能源稠（重）油开采研发中心，蒸汽驱、SAGD、火驱等特色技术保持行业领先水平。截至2022年底，设机关职能部门15个、直属机构5个、附属机构2个，所属二级单位50个。在册员工6.27万人。资产总额614.16亿元，净资产198.77亿元。累计探明石油地质储量25.7亿吨，天然气地质储量1140亿立方米。

辽河油田主要生产经营指标

指　标	2022年	2021年
原油产量（万吨）	933.2	1008.01
天然气产量（亿立方米）	8.41	7.9
新增探明石油地质储量（万吨）	2702	4131
新增探明天然气地质储量（亿立方米）①	20.44	—
二维地震（千米）	—	500
三维地震（平方千米）	270	470
探评井（口）	83	72
油气开发井（口）	836	691
钻井进尺（万米）	186.3	135.67
勘探投资（亿元）②	14.51	13.49
开发投资（亿元）	65.28	45.61
资产总额（亿元）③	614.16	544.36
收入（亿元）	549.51	441.56
净利润（亿元）	33.37	10.08
税费（亿元）	100.22	46.67

注：①2021年，股份公司未下达探明天然气任务指标。

②本卷年鉴勘探投资额包括申报三级储量的预探和评价投资总和。上卷年鉴2021年勘探投资额专指石油预探投资。

③本卷年鉴2022年“资产总额”“收入”两项指标采用国际财务报告准则披露；2021年该两项指标按照中国企业会计准则披露。

累计生产原油5.05亿吨、天然气903.89亿立方米。有东北地区最大的储气中心——辽河储气库群，被纳入国家“十四五”发展规划工程，担负着中俄、秦沈、大沈三条国家级天然气管线调峰任务，具有国家战略储备、季节调峰、应急调峰三大功能，调峰保供区域为东北及京津冀地区。

2022年，辽河油田新增探明石油储量2702万吨、控制储量3257万吨、预测储量4074万吨；SEC新增证实储量682万吨；新增探明天然气储量20.44亿立方米，SEC新增证实储量6.33亿立方米，勘探综合发现成本6.73美元/桶。生产油气产量当量1000.18万吨，原油商品量921.42万吨、天然气商品量1.94亿立方米。整体实现收入549.51亿元，考核利润54.77亿元（还原消化历史潜亏、补提弃置费用等事项影响），对比集团公司总部考核指标超交3.27亿元，上市业务和未上市业务继续保持“双盈利”，创近8年最好水平，经营业绩在集团公司16家油气田企业中稳居第六位。上缴税费100.22亿元，同比增加53.55亿元，位居全省纳税企业前列。经济增加值（EVA）30.76亿元，同比增加21.09亿元，全员劳动生产率44.52万元/人，同比提高13.16万元/人，“两利四率”均超额完成集团公司下达指标。储气库群日注气能力提升至3000万立方米，跃居全国第一，采气能力再创新高，调峰能力近两年翻一番。

【油气勘探】 2022年，辽河油田突出高效勘探，全面推进本部与外围、常规与非常规、滩海与陆上油气勘探工作，发现正宁长7页岩油1个亿吨级、大民屯西部陡坡带等7个千万吨级石油增储区带，形成滩海东部构造带、宜庆古生界等2个百亿立方米级天然气增储区带，油气资源基础得到持续巩固。以发现经济可采储量为目标，实施各类探评井83口，获工业油气流井56口，进尺22.78万米，探评井成功率72%，超额完成三级储量任务。重点领域风险勘探成果突出。围绕深层潜山、深层天然气等领域实施风险探井2口，葵探1井在东三段、沙河街组及中生界试气分别获14.86万立方米、15.45万立方米、19.94万立方米高产工业气流，时隔6年再获集团公司油气勘探重大发现一等奖。富油气坳陷精细勘探再获发现。强化大民屯潜山内幕及陡坡带平面扩边、纵向拓深，部署探评井8口、获工业油流井4口，其中沈288-2CH井中途测试日产油193吨、沈281-H101井导试油3层均获工业油流；西部凹陷曙110区新增预测储量2229万吨。外围地区规模勘探取得重大进展，宜庆地区中生界长2井、长6井、长7井等4口评价井均获10吨以上高产，宜庆11井、宜庆13井等7口井获工业油气流，新增探明石油地质储量1793万吨、探明天然气地质储量13.97亿立方米；开鲁地区8口井获工业油气流，陆东凹陷新增控制石油地质储量3257万吨，奈曼凹陷新增预测石油地质储量1775万吨、探明石油地质储量585万吨。评价勘探取得积极成效，在乐83、杜124等6个区块新增探明石油地质储量2702万吨，全部为稀油、高凝油等优质储量。

【开发生产】 2022年，辽河油田锚定加油增气工作目标，统筹实施新井高效建产、老井持续稳产、长停井治理提产、稀油高凝油上产，原油产量上半年连上7个百吨台阶，灾后复产实现万吨跨越，全年保持逆势上扬态势，原油产量超额完成集团公司调整指标，天然气产量创近14年新高，油气产量保持千万吨规模硬稳。加强“储量池、项目池、井位池”建设，全面优运行、提效率，调结构、稳规模，油气开发生产指标整体改善，新区产能同比提升16.5万吨、创近10年新高。新井建产更加高效。推行产建一体化承包，以台长制组织雷72、河21等12个大平台建设，实施新井809口，年产油46.2万吨，产能贡献率42.2%。深挖天然气上产潜力，宜庆地区日产气能力突破20万立方米，油田整体年产气8.41亿立方米。老井稳产更加巩固。优化实施方式转换，曙一区超稠油规模推广，锦16聚表二元驱成效显著，全年新转井组35个，总体规模达679个，年产油207.6万吨。强化精细多元调控，完成注水工作量4236井次，注水3092万立方米，注水油田年产油连续6年稳定增加，剔除洪灾影响，自然递减率降至12.1%，注水油田自然递减率同比下降0.3%；实施“压舱石”工程，静安堡、海外河油田被集团公司评为高效开发油田。坚持“多介质、多井型、多方式”复合吞吐，完成优化注汽工作量1738井次，推广实施超临界注汽，释放千万吨级深层低渗透油藏动用潜力，稠油吞吐油汽比稳定在0.30以上。措施增产更加有力。通过风险合作、费用包干等方式，专项治理套损井437口，恢复产能24.8万吨，增油11.5万吨；优选两批492口低效井复产，日产油增加368吨，油井开井率同比提升0.6%，15项钻采工程重点指标持续向好。推进采油作业效益联包，整体维护性作业工作量同比下降5.6%。

【抗洪复产】 2022年6—8月，流经辽河油区的5条河流汛情齐发，辽河油田主力生产区域连续遭受三轮洪水冲击，特别是绕阳河、辽河分别出现1951年和1995年以来最大洪峰，3400余口油井、170余台注汽锅炉、5座大型联合站（输油站）关停，最高影响日产油10527吨，造成辽河油田开发建设以来最为严重的一次自然灾害损失，部分油田矿区员工家属生命财产安全面临严峻威胁。

抗洪抢险。灾情发生后，习近平总书记考察辽宁时高度关注辽宁省及辽河油田受灾情况，作出重要指示要求。辽宁省委省政府主要领导连夜赶赴现场，指挥油田和地方政府联合抗洪。集团公司党组书记、董事长戴厚良第一时间作出批示，总经理侯启军、副总经理焦方正代表集团公司党组到一线查看水情灾情。辽河油田及时启动Ⅱ级应急响应，设立防汛前线指挥部，成立11个现场保障支持小组，9次召开防汛抗洪工作会议，落实总书记指示要求及省委省政府和集团公司工作要求，按阶段推进抢险处置。辽河油田公司领导坚持两河作战、靠前指挥，干部员工闻令而动、向险而行，油地双方携手同行、共克时艰，兄弟单位火速驰援、并肩作战，调动人员上万人次，调集物料数十万吨、应急物资26万件、抢险车辆上万台次，组织50多支党员突击队、抢险队和2000多名党员冲锋在第一线，守围堤、护国堤、筑临堤，组织关键抢险12次，紧急处置管涌险情100余处、抢修堤防60余千米，全力阻击洪水侵袭。特别是顶住安全风险昼夜奋战，将3.5千米回形堤抬高40厘米，按照5.2米高程加高2千米国堤，筑起曙13支4.2千米第三道防线，守住了曙光矿区和群众生命财产安全，为灾后快速复产创造有利条件。中国安能建设集团有限公司受国家防汛抗旱总指挥部办公室和应急管理部调派，紧急调集254名指战员、64台套大型装备、2架直升机，千里支援盘锦绕阳河溃口封堵和后续抽排水工作。

组织复产。23支队伍持续奋战20余天，超预期完成排涝任务，累计排水近1.3亿立方米，相当于抽干3座红旗水库。在抗洪抢险之际，辽河油田咬定全年生产油气当量1000万吨目标不动摇，同步研究制订复产方案，按照地下与地面、防汛与复产、注汽与采油、复产与措施“四同步”原则，分区域、分时段、分方式、分阶段组织好复产上产工作。辽河油田6800余名员工、承包商2800余人持续奋战在曙光油区，领导常驻前线、统筹协调，两级机关部门停止休假、全力保障。采取超常规举措快速推进“一站三线”核心工程恢复，千方百计解决水电路、采注输、井站线各路复产作业等一系列“卡脖子”现场难题，15天完成7座变电站全部抢修任务，5天内恢复4座联合站和1座首站主体功能，11天完成8条跨坝管线改造，用40天的持续奋战提前5天完成全部井站复产。

灾后上产。第一时间启动“凝心聚力再奋战、安全日增一万吨”上产劳动竞赛，掀起夺油上产热潮。受灾区域单位昼夜奋战，尽全力抢修设备设施、恢复地面工艺流程、第一时间开启井站，争分夺秒抢复产；非受灾单位主动加压，增加实施新井300口、措施822井次、低效井恢复500口，千方百计快上产。勘探开发研究院、钻采工艺研究院、辽河油田设计院等技术力量驻扎前线，研究制定复产上产对策，倒排工作运行、按日跟踪分析、每周通报部署、专项督导落实。9月15日，曙光和特油地区受灾关停井站全部实现复产，油气井全部恢复开井，比集团公司要求时间提前5天。9月24日，曙光和特油地区132台注汽锅炉复产任务提前一天完成，为辽河油田稠油复产上产奠定基础。12月8日，辽河油田原油日产量从最低17528吨增加到27514吨，恢复原油千万吨生产能力，标志辽河油田全面走出洪灾影响，迈上稳产上产新台阶。历经4个月的拼搏奋战，日产油连上10个“千吨台阶”，守住了千万吨稳产生命线。

【生产组织协调】 2022年，辽河油田紧盯年度生产目标，加强生产运行协调衔接，着力解决制约生产建设的重点问题，形成大运行、大联动格局。围绕提质提速提产提效“四提”工作，落实勘探开发、生产经营投资成本、地质工程、科研生产“五个一体化”，践行钻前不等征地、钻机不等钻前、压裂不等钻井、地面不等压裂、销售不等地面的“五不等”建产机制，统筹队伍调派、主辅配合，加强油地协调、钻机等设备协调、外购气协调、炼化单位协调，优化产运储供销平衡，保障生产平稳有序。两次组织劳动竞赛，成立专班开展“督导+技术服务”，推动产量任务完成。超前组织冬防保温、防洪防汛、电网检修等工作，强化物资采购、工程技术、工程建设、车辆等服务支持，形成上产整体合力，重点工作运行到位率、符合率分别提高100%、94%，产能新井单井生产时率提升至233.6天。成立新冠肺炎疫情应对专班，全天候双岗值守、对接协调，解决原油拉运、钻机运行等受阻事件，最大限度保证生产平稳。抓好应急处置，组织沈阳采油厂与电力分公司合力抗击13级强风袭击，用36小时连续奋战完成451口油井复产、13条线路抢修。第一时间组织排涝复产，抢修水毁道路 105 千米，仅用 15 天完成所有变电站修护、19 天恢复 5 座联合站主体功能、11 天完成跨坝管线改造，提前 5 天完成 158 座采油站、3461 口油井复产。

【储气库建设运营】 2022 年，辽河油田统筹推进储气库建设和运营管理，坚持科学注采、优化运行、超前检修，完成北京冬奥会、冬残奥会、全国“两会”等天然气调峰保供任务，调峰能力实现新提升。组建国产压缩机组投运专班，储气库国产首套电驱高压离心式压缩机组投产，库群日注气能力从 1400 万立方米提升至 3000 万立方米。新建库双 51 区块、双 31 区块投产，双 6-H2316 井等 3 口大尺寸井相继投产，第九轮注气 32 亿立方米、同比增加 12.3 亿立方米，注气量占中国石油储气库 1/5，刷新库存气量历史最高、高强度注气天数最多、注气量全国最大等纪录。马 19 储气库先导试验工程于 5 月开工建设，龙气 5 储气库地质与气藏工程可行性研究方案通过审查。组建冬季天然气保供专班，开启第七轮采气，阶段采气 11 亿立方米，有效彰显在东北及京津冀地区调峰保供作用。

【绿色低碳发展】 2022 年，辽河油田聚力新能源发展与节能减排，加快绿色转型发展步伐。聚焦“双碳”目标，牵头中国石油驻辽企业制订碳达峰行动方案，优化完善“绿色低碳 613 工程”，编制辽河油田碳达峰行动方案和低碳生产建设方案，加快推进绿色低碳示范基地建设，形成新能源新业务协同发展新格局。加强重点项目建设及运行管理，高升采油厂、金海采油厂等 4 家单位 21 兆瓦光伏发电工程投产，建成 5.19 兆瓦新井产能光伏和沈茨锦 18.19 兆瓦光伏发电项目，推进盘锦、沈阳、锦州地区 76.8 兆瓦光伏发电工程建设，自发绿电 3266 万千瓦·时。组建辽宁省、盘锦市两级指标获取工作专班，加强与省市人民政府沟通对接，辽阳 20 万千瓦、凌海 35 万千瓦风电项目完成开发合作协议签订及备案；欢三联地热利用示范项目运行平稳，签订对外地热供暖协议 130 万平方米。降耗减碳成果显著，坚持把节能作为第一能源，开展举升能耗对标管理，实施热注锅炉提效、密闭集油改造、油气冷输等 6 方面 20 个项目，节约降耗天然气 2221 万立方米、节电 3259 万千瓦·时；油田能耗总量同比下降 29.14 万吨标准煤、降幅 11.6%；碳排放总量 568 万吨、同比减少 31 万吨，碳排放强度 0.57。CCUS（二氧化碳捕集、利用和封存）工程纳入集团公司“四大六小”示范区创建，开展欢喜岭采油厂、特种油开发公司 2 座捕集站建设。股份公司 CCUS 示范工程双 229 块先导试验第一批 14 口井完钻，在齐 131、沈 257 等 11 个油藏 26 个井组开展二氧化碳注入试验，注碳 5.6 万吨，产油 2 万吨。发挥碳源优势，与驻辽炼化企业研究建立上下游协同全产业链模式。

【经营管理】 2022 年，辽河油田聚焦全面盈利刚性目标，深化提质增效，经营质量与经济效益同步提升，经营业绩创近 8 年来最好水平。落实集团公司“四精”工作要求和低成本战略，持续控投资、降成本、提效益、治亏损，推进 10 个方面 49 项提质增效工程，固化形成投资优化管理、油气营销创效、设备调剂挖潜等一批有效措施，挖潜增效 23.34 亿元、优化投资 7.63 亿元；“两金”压降综合完成率 120%；注销法人 5 家。坚持过“紧日子”思想，强化预算刚性执行和成本倒逼机制，桶油基本运行费、操作成本、完全成本同汇率对比集团公司总部指标分别下降 0.02 美元、0.6 美元、1.25 美元。

投资质量持续改善。修订投资管理办法，实施“六大提升工程”，严格项目效益评价和排队优选，优化压缩投资 7.63 亿元，勘探开发、新能源、储气库等主营业务投资占比稳定在 95% 以上；百万吨产能投资控制在 46 亿元以内，投资完成率 95% 以上。项目化管理抓投资管控，成立 5 个油田公司级、6 个厂处级项目组，年度评选 5 个重点项目进行专项奖励，持续提升投资管理效能。

成本管控不断优化。落实集团公司成本管控措施，优化调整投资成本支持抗洪复产；电费、燃料费、运输费等主要成本指标分别下降 7.18%、4.83%、7.46%。剔除洪灾影响，桶油基本运行费 18.22 美元、操作成本 30.37 美元、完全成本 55.71 美元。

挖潜增效成果显著。落实集团公司市场营销工作部署要求，深化原油分质分销、市场化销售，增效 9029 万元。突出天然气提产扩销，回收零散气 0.58 亿立方米，创效 2418 万元。实施资产轻量化、设备再制造、税收筹划优化，挖潜 2.54 亿元。压降“两金”（应收款项和存贷）规模，综合完成率 112.5%。开展亏损企业治理，深化“四维”帮扶体系，纳入集团公司总部治理范围 33 户全级次子企业有 31 户实现盈利，同比减亏 1.01 亿元。

市场化进程加速推进。修订工程及服务内部市场管理办法、承包（服务）商管理办法，构建“3+1”内部市场交易平台，市场机制更加公平有序。利用人才、技术、品牌优势开拓外部市场，激励 4500 多名员工走出辽河、创造价值。中标西气东输四线、长庆气井增产服务等项目833个，签订合同额110.9亿元，实现收入60亿元，利润3.1亿元、同比增利3000万元。城市燃气市场不断拓展，输销天然气23.05亿立方米、创效0.74亿元。

【企业改革】 2022年，辽河油田持续深化企业改革，推进治理体系和治理能力现代化，国企改革三年行动收官，生产管理、经营管理等4大类量化指标全面改善，全员劳动生产率同比提升13.2万元/人，投资资本回报率、市场化率等关键指标同比分别提升0.9%、23%。深化三项制度改革和“油公司”模式改革，进一步推进业务归核化发展，对原油外输、技术服务等6项业务实施专业化重组，整合大连分公司与销售公司，设立荣兴油气开发公司，优化安全环保巡查管理体制，调整外围区业务及机构设置，有序退出市话通信、机械加工等长期亏损业务。加快新型采油气管理区作业区建设，建成辽兴、庆阳、荣兴3个新型采油气管理区，在曙光采油厂、兴隆台采油厂等10家二级单位建成43个新型采油气作业区。深化矿区服务业务改革，推进“事务部—区域分中心”机构改革。推进外围采油厂工业采暖、供水等后勤服务业务专业化管理，实现文体场馆、食堂餐饮资源共享，完成1916名民用物业劳务人员划转及剩余5家未上市后勤服务业务整合。优化辽河油田公司机关职能配置，分板块、差异化完成二级单位“三定”工作，压减二级机2个、三级机构111个、基层领导人员职数534人，机构编制、领导人员职数等超额完成集团公司“四个10%”压减目标。全面推进岗位管理，辽河油田“三支队伍”实现首次由身份管理向岗位管理转变的历史性突破。加大员工分流措施力度，组建人力资源调剂中心，搭建人力资源调剂实体平台，盘活调剂2033人，措施减员370人，新增分流2154人。出台工效挂钩办法及配套制度，规范专项奖励管理，分层级深化全员绩效考核，调动全员创效积极性。

【依法合规治企】 2022年，辽河油田被集团公司确定为第一批法制建设示范企业，贯彻落实国务院国资委和集团公司“合规管理强化年”部署要求，落实加快建设世界一流法治企业实施意见，全面开展法治建设示范企业创建工作，新发案件数量同比下降25%，避免和挽回经济损失4080万元。建立授权管理体系，配套制度加强市场、招标、合同、承包商“四位一体”管理，法律风险防控体系完善，实施管理提升年行动，开展对标管理专项工作，制定“建设一流法治企业”“强化合规、提升管理”“综合治理专项行动”3项工作方案，组织各专业部门编制17项具体专项任务方案、47家二级单位编制本单位提升方案，分层督导制定细化措施，油田公司层面17个专项68项任务、二级单位1129项任务完成。开展依法纳税、债务风险、虚假贸易等专项治理，提升重大风险管控能力，在集团公司领导干部会议上交流法治建设经验. 内控管理在集团公司层面年度排名位列第一。

【科技创新】 2022年，辽河油田深化科技体制改革，强化创新驱动引领，全力攻关破解各类瓶颈矛盾，形成深层天然气成藏、平台井体积压裂等10项标志性成果。在集团公司率先出台《着力高水平科技自立自强、强化科技创新实施意见》，精准解决创新整体效能低、研发体系职责定位不明确、激励政策不够精准到位等实际问题。出台支持创新攻关、成果转化等一系列制度，研发支出10.53亿元，在集团公司油气田企业排名第四，首次实施突出贡献奖、青年科技奖和技能人才奖等评选，全方位激发创新活力。13个重大专项、8个“揭榜挂帅”项目取得有效进展，深层天然气成藏认识拓深辽河坳陷天然气成藏下限至5700米；宜庆非常规“甜点”评价技术指导发现古生界百亿立方米级天然气增储区；储气库大尺寸水平井及国产大排量压缩机支撑注采气能力达到全国最大；水平井低成本体积压裂技术实现单段费用下降28.3%，簇间距、加砂强度等指标达到集团公司先进水平；电缆传输快速修井技术现场试验18井次，作业周期平均效率提高40%、单井平均成本下降30%。获省部级以上科技成果8项，授权国家发明专利103件。数字化建设加快推进，完成高升采油厂、辽兴油气开发公司、金海采油厂、茨榆坨采油厂、欢喜岭采油厂等单位4639口井、319座站物联网建设，井、站数字化覆盖率分别提升至53%、57%，分别同比提高18个百分点、20个百分点。建成勘探开发一体化协同研究环境（RDMS），部署六大功能模块125个具体功能，在锦16、杜84、宜庆3个示范区落地应用；生产指挥、智慧安眼等8个数字化平台加快建设，生产运营指挥中心加快升级，为抗洪复产远程决策提供重要技术支持。

【质量安全环保】 2022年，辽河油田贯彻国家安全生产“十五条硬措施”，落实集团公司“四全四查”“四坚持四提升”工作要求，细化“五个用心抓”举措，优化QHSE体系建设，开展安全生产大检查，全员安全责任进一步压实，质量健康安全环保形势趋稳向好。实行重大项目公司领导包保，投入3.47亿元治理安全环保隐患，一般C级事故下降75%，未发生环境污染事件。抗洪复产建立点对点、区域化、清单制、网格化升级监管措施，取得“五个一”成效。建立新冠肺炎疫情防控与安全生产“双升级”制度，因时因势优化防控措施，保障员工身体健康和生产经营秩序平稳。

安全管理进一步加强。有序推进安全生产大检查，组织开展“大反思、大讨论、大排查、大整治”活动，检查覆盖全系统、辐射全领域，累计发现问题隐患 1 万余项。完成安全生产专项整治三年行动收官任务，精准开展井控、储气库、危化品等领域风险防控，治理高风险站场、油气管道等重点隐患 29 处。QHSE 体系运行连续 5 年保持良好 B1 级，获集团公司 QHSE 先进企业。

环保管理进一步深入。实施绿色发展行动计划，规范固废管理，含油污泥实现源头减量 1.26 万吨。深化开展挥发性有机污染物治理攻坚三年行动，完成 174 台注汽锅炉改造和 11 座油管厂治理，氮氧化物排放量同比下降 5%。实施压裂液、钻井液重复利用，绿色作业、无害化处理等环保技术推广率 100%。被集团公司评为绿色企业。

质量管理进一步从严。落实质量管理“三个一批”行动，开展油气水井质量、地面建设工程项目质量三年整治，清除承包商 13 家、供应商 27 家；井身质量、固井质量合格率分别达到 99.38% 和 95.07%，工程项目质量三检制执行率 100%，查处不合格产品 67 批次、追责 426 人次。

健康管理进一步精准。深化健康辽河 2030 行动，投入资金改善一线食堂、用水等生产生活条件。完善员工健康档案、推行“按需”体检，实施中、高风险人群健康干预，2 家单位作为国家健康企业建设优秀案例进行推广。落实“两保”“四清”“四早”要求，与地方政府、油区成员单位联防联控，科学有效应对茨榆坨采油厂矿区等周边突发疫情 13 轮次；组织疫苗接种 6.8 万余人次，接种率 97.94%。

【企业党建工作】 2022 年，辽河油田公司党委坚持全面从严治党，锚定一流抓发展，突出融合促提升，传承精神聚合力，着力发挥党委“把方向、管大局、保落实”的作用。

加强党的政治建设。出台喜迎党的二十大 25 项措施，辽河油田领导带头宣讲党的二十大精神，深化落实党的二十大精神，组建宣讲团分片宣讲 80 余场次，形成学习宣传贯彻的有效抓手和浓厚氛围。开展主题活动、组织专题培训、建立落实机制，全面推进习近平总书记重要指示批示精神再学习再落实再提升。严格执行“第一议题”制度，辽河油田党委学习研讨 36 次，悟思想、找方法、解难题、促发展取得明显成效。完成辽河油田党委和纪委换届，修订落实主体责任、“三重一大”决策、请示报告等制度，党委发挥领导作用的体制机制日益完善。

加强思想教育工作。推进党史学习教育常态化长效化，组织开展“转观念、勇担当、强管理、创一流”主题教育活动。加强文化引领工作，开展石油精神和大庆精神铁人精神再学习再教育再实践再传播，形成新时期辽河精神。多维展示新时代十年辽河油田发展成果，宣传天然气保供、抗洪复产等工作，影响力和美誉度持续提升。全面压实国家安全人民防线建设、意识形态领域管理、统战工作责任，有力提升发展正能量。

加强党建业务融合。以“党建联盟”“党建+”等载体为牵动，构建形成具有辽河特色的“五个融合”新机制，基层党建“三基本”建设与“三基”工作有机融合展现新成效。开展“喜迎二十大、奋进新征程”岗位实践活动，实施共产党员工程 1600 余项，解决问题 2800 余个。深化“党建带群建”，党员先锋队、创新工作室、青年突击队成为抗洪抢险、岗位创效等工作的重要力量。

加强人才队伍建设。推进人才强企工程，推行任期制和契约化管理，优化调整部分二级单位领导体制，开展总会计师岗位公开竞聘，注重在急难险重任务中考察识别干部，提拔、交流中层领导人员 194 人。扩大“双序列”改革，选聘企业首席技术专家 6 人、企业技术专家 11 人、一级工程师 11 人，建立“项目+人才”的技术攻关和人才培养体系，实施轮岗交流、挂职锻炼、导师带徒等举措。出台高技能人才管理等办法，选聘技师以上高技能人才 315 人，获省部级以上技能大赛团体奖项 7 个、个人奖牌 24 枚。

加强党风廉政建设。强化对二级机构“一把手”和领导班子监督，以清单化管理规范“关键少数”履职行权。“纪审联动”加强重大工程合规监督，深化提质增效、天然气保供等工作跟踪监督，大监督格局持续完善。高质量完成第二次巡察全覆盖任务，同步开展整改提升专项巡察，揭示整改突出问题 783 个。保持高压态势一体推进“三不腐”，受理信访举报 95 件，纪律处分 115 人。修订贯彻落实中央八项规定精神实施细则，坚决纠“四风”、转作风、树新风，两级机关服务基层效能明显提升。

【和谐企业建设】 2022 年，辽河油田践行以人民为中心的发展思想，保障员工利益，履行社会责任，维护和谐稳定局面，企业发展与员工成长相得益彰。坚持发展成果共享，打造“四心”民生工程升级版，两级党委立项实施重点民生改善工程507项，通过全面完成业绩指标，员工人均收入同步增长。深化实践“我为员工群众办实事”，推动职工代表提案落实，推进职工食堂、文体场馆等资源共享，提升员工群众生活品质。打破单位隶属关系，组建兴隆台地区5个、外围矿区6个区域分中心，面向辖区提供社保、离退休等一站式服务，开辟老人子女“少跑路”“办成事”绿色通道。全面落实五项帮扶和四季恒温送温暖服务机制，实施各类帮扶4324人次。针对抗洪复产、外闯市场等群体出台系列服务保障举措，投入4000余万元解决员工“急难愁盼”问题。坚持健康企业共建，把健康作为幸福生活重要指标，强化健康环境管控，挂牌治理职业病危害因素超标场所，员工职业健康权益得到保障。加强全员健康意识培育和知识普及，强化健康干预，完善风险人群分级管理机制，员工健康素养持续提升，中高风险人群比例、非生产亡人数量分别同比下降25.6%、11.9%。促进和谐环境共创，组织石油开放日活动，举办石油石化企业座谈会，深化同中国石油驻辽企业、战略合作单位沟通协作。加强与地方党委政府高水平合作，与盘锦市合力创建全国油地“和谐典范”，企业发展外部环境持续向好。支持选派的18名驻村干部工作，投入720余万元助力乡村振兴，展现负责任的国企担当。持续巩固企业发展稳定局面，宣传贯彻《信访工作条例》，建立信访联席会议机制，开展“万件化访”信访案件清零攻坚，信访总量同比下降33%、创近10年最低。升级管控重点时段稳定工作，完成党的二十大等系列安保维稳任务，获评集团公司“平安企业”称号。开展打击盗窃天然气、清理非法占压等专项行动，依托普法教育预防违法犯罪，员工犯罪率同比下降25%，油区生产办公秩序稳定向好。

【葵探1井勘探成果获集团公司一等奖】 2022年，辽河油田渤海湾盆地辽河滩海葵花岛构造带葵探1井油气勘探获得集团公司勘探重大发现一等奖。是辽河油田自“大洼—海外河断裂带精细勘探技术与成效”项目以来，时隔6年再获一等奖。风险探井葵探1井从2020年起步研究到2021年通过股份公司审批，再到2022年钻探成功，在中生界、沙三中下段、东三下段地层测试均获高产工业气流。作为辽河油田截至2022年底最深的天然气井，该井中生界含气层系的发现使辽河坳陷碎屑岩出油气底界深度下移近800米，突破辽河坳陷油气层勘探的下限，打破对辽河坳陷中生界、对滩海勘探的固有认知，为辽河油田滩海深层天然气勘探带来“曙光”。同时该地区储量主要以稀油和天然气为主，具有良好经济效益，对辽河油田后续产能结构调整具有重大意义。

（石　坚）

中国石油天然气股份有限公司长庆油田分公司（长庆石油勘探局有限公司）

【概况】 中国石油天然气股份有限公司长庆油田分公司（长庆石油勘探局有限公司）简称长庆油田，1970年成立，是我国产量规模最大的油气田企业，主要在中国第二大含油气盆地——鄂尔多斯盆地开展油气勘探开发及新能源等业务。长庆油田总部位于陕西省西安市，工作区域横跨陕、甘、宁、内蒙古4省（自治区）。50余年来，长庆油田先后发现并成功开发34个油田、13个气田，累计生产原油4.4亿吨、天然气5648亿立方米，实现油气产量当量8.9亿吨，为保障国家能源安全和优化能源消费结构作出突出贡献。近年来，长庆油田持续加大油气勘探开发力度，每年新增油气探明地质储量占全国新增探明储量的三分之一以上，油、气年产量分别占全国八分之一和四分之一，油气当量年均增长近300万吨。2020年跨越6000万吨，创造了我国油气田产量当量最高纪录，2022年实现油气产量当量6501.7万吨，创造了低渗透油气田高效开发的世界奇迹。

2022年底，有采油单位14个、采气单位10个、输油单位3个及其他科研、生产辅助单位，用工总量6.5万人。长庆油田营业收入1959.24亿元、利润总额549.31亿元、上缴税费448.77亿元，经营指标创近年来同口径最好水平，保持集团公司上游企业首位。

2022年，长庆油田获国家科学技术进步奖一等奖2项，获全国“母亲河奖”绿色贡献奖，获集团公司质量健康安全环保节能先进企业和"绿色企业"称号，被评为"全国爱国主义教育示范基地"和"延安精神示范教育基地"。以高质量党建引领高质量发展，长庆油田公司党委被评为"全国先进基层党组织"，有84人次获全国劳动模范、全国五一劳动奖章，47个集体获"全国工人先锋号"称号。

长庆油田主要生产经营指标

指　标	2022年	2021年
原油产量（万吨）	2570.08	2536.01
天然气产量（亿立方米）	493.42	465.43
新增原油产能（万吨）	219.6	225.53
新增天然气产能（亿立方米）	91.6	111.33
三维地震（平方千米）	4030	3092
探井（口）	267	337
评价井（口）	265	265
开发井（口）	4987	4087
钻井进尺（万米）	1562.83	1343.44
勘探投资（亿元）	47.09	49.23
评价投资（亿元）	18.97	19.41
开发投资（亿元）	433.18	405.65
资产总额（亿元）	3895.67	3735.50
收入（亿元）	1959.24	1404.50
利润（亿元）	549.31	281.91
税费（亿元）	448.77	225.84

【油气勘探】 2022年，长庆油田以勘探为龙头，优化"风险、规模、效益"勘探布局，加快资源转化节奏，实现油气勘探"多点开花"。新增油气探明地质储量保持国内占比最高。油气效益勘探实现高效储量，当年分别建产79万吨、30亿立方米。发现长庆第10个千亿立方米储量规模的横山气田，超额完成油气三级储量任务，获集团公司重大发现奖4项。乌拉力克组海相页岩油气、深层煤系致密气取得发现，形成两个万亿立方米勘探新领域。

【油田开发】 2022年，长庆油田生产原油2570万吨，同比增长34万吨。抓实方案优化和质量管控，新井单井日产同比增加0.2吨。推进页岩油技术政策固化和管理模式革新，页岩油年产量221万吨，稳居国内第一。加强油水井大调查、精细注水等基础工作，第4代数字式分注应用规模提升12个百分点，万口油井、老井侧钻等5个专项恢复产量39.6万吨，自然递减率、含水上升率分别控制在11.5%和1.3%。提采试验区覆盖产量规模首次超百万吨，建成姬塬长4+5微球调驱零递减示范区，元284转方式增产5倍以上。

2022年，长庆油田页岩油规模效益开发（杨婕　提供）

【气田开发】 2022年，长庆油田公司生产天然气506.8亿立方米，同比增加35.8亿立方米，建成国内首个500亿立方米战略大气区，入选2022年全国油气勘探开发十大标志性成果，创造中国天然气工业新纪录。系统优化规划方案，强化老区井网完善和新区试采评价，苏里格气田年产天然气突破300亿立方米，庆阳、青石峁气田建成3.4亿立方米试采区。突出排水采气转型升级和千口气井综合治理，增气30亿立方米，综合递减率控制在20%。超前部署、专班推进冬季保供，内蒙古首座储气库投运，苏中处理站等重点工程按期投产，新增日应急调峰能力1000万立方米。

【新能源业务】 2022年，长庆油田新能源业务全面提速，全面建成姬塬、苏里格先导示范区，年减排二氧化碳16.3万吨。分布式光伏建设与油气开发协同推进，开工项目18.91万千瓦，年发电量2520万千瓦·时，节约电费900余万元。编制千万吨级CCUS（二氧化碳捕集、封存与利用）中长期发展规划，姬塬黄3等区块年注入二氧化碳14.1万吨。配套完成4省（自治区）发展规划，宁夏盐池8.5万千瓦和陕西绥德1.5万千瓦集中式光伏项目获批，甘肃庆阳50万千瓦风光一体化项目纳入国家规划，内蒙古300万千瓦风光气储氢一体化示范项目上报，油田首个中深层公用地热项目开工建设。

2022年，长庆油田新能源业务为低碳发展注入“绿色动能”，平台分布式光伏年发电量2520万千瓦·时，节约电费900余万元（长庆油田提供）

【科技创新】 2022年，长庆油田加快科技攻关、改革攻坚，完善总体布局，推进“揭榜挂帅”“赛马制”，参与制定9项国家标准，实施92项成果转化。加强深水细粒沉积研究，突破长73烃源岩认识瓶颈，页岩油新类型成为重要增储领域。建立致密灰岩气成藏理论，助力千亿立方米规模储量提交。古地貌成藏理论推动浅层评价“上山下河”，连续3年落实高效储量1亿吨以上。深化致密气体积开发理论认识，构建多井型整体开发模式，储量动用程度提高5%。完善黄土塬三维地震、低饱和度测录评价技术，重点领域解释符合率提升至83%。优化页岩油压裂、采油等关键参数，庆城油田日产突破5000吨。自主研发提XAI新工艺2项，一体化集成装置缩短设计建设周期60%以上。上线“安眼工程”、页岩油物联网云平台，全面推广功图3.0系统，智能气井规模应用7000余口，生产时效显著提高。

【安全环保】 2022年，长庆油田狠抓全员责任归位和升级管理，全年重大风险平稳受控，未发生一般B级及以上事故事件，创近年来最好水平，获集团公司质量健康安全环保节能先进企业。首次发布《长庆油田安全文化手册》，安全生产专项整治三年行动收官。开展黄河流域生态环境保护，钻井液、压裂返排液循环利用率70%，通过中央、陕西省环保督察。油泥源头减量5.8万吨，首次实现油泥尾渣资源化利用，污染土壤历史存量全面清零。严守井筒质量“七条红线”，井身、固井质量合格率同比提高4%和6%。“一库一中心”平台应用5.9万人次，建成健康食堂823座，配备AED装置349台，非生产亡人数量同比下降12%，健康企业创建达标。

【经营管理】 2022年，长庆油田围绕“两增一控三提高”目标，坚持高油价下提质增效不动摇，增效187亿元。突出项目方案论证和效益排队，规范闭环管理流程，控降投资18.8亿元。开展月度成本对标和季度效益分析，强化全要素成本差异化管理，降控成本9.5亿元。强化产销衔接，全年超产增利6.7亿元。主动适应天然气销售政策变化，试点直销40亿立方米，增利73亿元。加大原油及液烃市场化销售力度，竞价销售166万吨，增利9.4亿元。加强税收筹划，依法减免、增补68.4亿元。突出资产轻量化运营和分级管理，资产报废54亿元、盘活49亿元，应收账款余额和存货余额分别同比压减9%和4%。开展亏损企业、降杠杆减负债专项治理，资产负债率保持平稳，全级次企业净利润保持为正。

【企业改革】 2022年，长庆油田聚焦重点问题，靶向发力、稳准推进，完成国企改革三年行动。坚持归核化、专业化发展，组建成立新能源事业部、数字和智能化事业部，成立3个储气库作业区，撤销宁夏石油公安局，重组整合西安、庆阳工业服务处。同欣科技公司挂牌开业，成为集团上游企业首个以增资扩股形式完成厂办大集体改革的成功案例。深化机关“大部制”改革，整合信访维稳、治安保卫机构，调整经济评价组织体系，规范工程设计管理职能。优化公司级项目组7个，苏里格、页岩油两个区域产建项目组实现实体化运营。页岩油、长北、苏南3家单位取消作业区管理层级，试点建设“四办四中心”新型采油气管理区。123个新型采油气作业区完成调整，采油六厂、采气二厂开展场站运行等7类业务用工转型，劳动效率进一步提升。

【企业党建工作】 2022年，长庆油田把党的领导融入公司治理各环节，运用系统思维谋党建、强党建，完善大党建格局，党建工作连获集团公司“A+”。严格落实“第一议题”制度，发挥党委把方向、管大局、保落实领导作用，召开40次党委会研究改革、发展、民生等重大事项193项。参与民主政治建设，产生9名省级及以上“两代表一委员”，其中党的二十大代表1人、全国人大代表1人，甘肃省、宁夏回族自治区党代表各2人，甘肃省、陕西省人大代表各1人、省政协委员各1人。开展基层党建“对标夯基年”活动，牵头创建华中华东党建工作协作区，深化党支部达标晋级管理，晋级示范党支部11个、红旗党支部42个、标准化党支部106个，选树先进党委10个、党支部34个。坚持党建带群建，选树国家级荣誉2项、省部级先进42项，获“国赛省赛”奖项 31 个，4 人入选集团公司“石油名匠”培养对象。

【队伍建设】 2022 年，长庆油田干部队伍建设坚强有力。选优配强各级班子，梯次配备各年龄段干部，公开遴选所属单位总会计师、同欣科技公司二级副职，新提任中层干部八成以上来自基层及科研单位，“80 后”占比近 1/3。首次开展三级管理人员挂职锻炼 124 人，平均年龄 29 岁，实施“青马工程”，储备一批岗位骨干和后备力量。全面落实“人才强企推进年”工作部署，系统推进人才强企十大工程，建立专家联系帮扶机制，探索技能专家、科研院所融合发展，首次在中国石油系统内公开招聘专业技术人员 14 名，引进高校毕业生 428 人，硕士研究生以上学历 71.8%，人才队伍素质持续提升。搭建员工成长平台，新增魏诚、张华两个集团公司级技能专家工作室，杨义兴等 4 人被确定为“石油名匠”重点培养对象，段明霞获评“三秦工匠”。参加国家、集团公司和省区多项高级别赛事，获 8 金 8 银 10 铜，成绩历年最好。

【党风廉政建设】 2022 年，长庆油田从严治党向纵深推进，专题召开“以案促改”民主生活会和警示教育大会，完善“一把手”和领导班子监督实施办法，出台“八个一律从严”“十不准”，深化“三个专项治理”“四个专项检查”和“反围猎”行动，严肃查处一批“靠企吃企”典型案件和涉及人员，通报 5 期 85 个典型案例，精准有效运用“四种形态”批评教育和处理 478 人次，其中第一种、第二种形态占 86.2%。创新组织方式，有序推进常规巡察，有针对性地开展专项巡察和“回头看”，完成党委巡察 5 年全覆盖。

【惠民工程】 2022 年，长庆油田持续改善生产生活条件，新增民生工程 53 项 1.2 亿元，公租房交付使用 430 套，西峰三期主体封顶、湖滨三期立项批复，老旧多层电梯加装 102 部，兴隆园职工食堂启动扩建。依托宝石花平台协助员工子女就业，争取政策为特定工亡职工遗属发放生活补助，协调无学籍员工子女高考报名，全面推行中心站及以下站点免费就餐，大幅提高内部出差伙食补助标准，首次发放女职工卫生费。完善一户一策精准帮扶机制，全年入户帮扶 2200 次，发放帮扶金 1500 万元。出台社保便民十条，协助员工激活电子医保卡、办理社会保障卡，推行住房公积金高频事项跨省通办，足额发放利率优惠的公积金贷款，竭诚提供更加便捷贴心的服务。

【庆阳革命老区建成千万吨油气生产基地】 2022 年 3 月 2 日下午，甘肃省委宣传部、庆阳市委市政府和中国石油长庆油田公司在甘肃兰州联合举行庆阳革命老区建成千万吨油气生产基地新闻发布会，向全国发布庆阳革命老区建成千万吨油气生产基地以及企地共建共享创和谐典范的经验做法和成果意义。长庆油田执行董事、党委书记何江川，长庆油田总经理、党委副书记石道涵，庆阳市委副书记、市长周继军等企地双方领导参加发布会。发布会由甘肃省政府新闻办公室新闻发布处处长刘晓文主持。截至 2021 年底，中国石油长庆油田在甘肃开发区域年产油气当量 1009 万吨，标志着庆阳革命老区千万吨油气生产基地全面建成，对保障国家能源安全、优化区域能源结构、促进地方经济快速发展具有重要意义。

【长庆油田建成首个 500 亿方战略大气区】 多年来，长庆油田持续加快天然气业务发展，落实苏里格、鄂尔多斯盆地东部、下古生界碳酸盐岩等 3 个万亿立方米级大气区，连续 14 年保持国内第一大产气区。2022 年，长庆油田推进新层系、新领域勘探，新增天然气探明储量 2600 亿立方米，加快致密气开发，抓好老油田稳产压舱石，努力打造低渗透及非常规气勘探开发原创技术策源地和科技创新高地，天然气增储上产基础进一步稳固。苏里格气田作为全国陆上最大整装气田，2022 年产量突破 300 亿立方米，助力长庆油田天然气产量达 507 亿立方米，占全国天然气产量的近 1/4，全面建成国内首个年产 500 亿立方米战略大气区，入选 2022 年全国油气勘探开发十大标志性成果。

（卢晓东）

中国石油天然气股份有限公司塔里木油田分公司

【概况】 中国石油天然气股份有限公司塔里木油田分公司（简称塔里木油田）前身是 1989 年 4 月成立的塔里木石油勘探开发指挥部，主营业务包括油气勘探、开发、集输、销售等。总部位于新疆维吾尔自治区巴音郭楞蒙古自治州库尔勒市，作业区域遍及塔里木盆地周边 20 多个县市，探矿权面积 11.52 万平方千米、采矿权面积 1.6 万平方千米。截至 2022 年底，累计探明油气地质储量当量 35.1 万吨，累计生产石油 1.55 亿吨、天然气 3976 亿立方米。

2022 年底，塔里木油田设置机关职能处室 15 个，直属机构 4 个，附属机构 2 个，二级单位 27 个，员工总数 9638 人。

2022 年，塔里木油田紧扣高效能组织、高水平运行、高标准管理、高质量发展的工作主题，一手抓油气增储上产，一手抓新能源快发展，超额完成各项生产经营任务。全年生产石油 736 万吨、天然气 323 亿立方米，油气产量当量 3310 万吨，同比增加 128 万吨；收入 631.58 亿元，上缴税费 124.28 亿元。2020 年 12 月 21 日，塔里木油田油气产量当量 3003.12 万吨，全面建成 3000 万吨大油气田和 300 亿立方米大气区。

塔里木油田主要生产经营指标

指　标	2022 年	2021 年
原油产量（万吨）	736	638
天然气产量（亿立方米）	323	319
新增原油产能（万吨）	119	92
新增天然气产能（亿立方米）	27	32
二维地震（千米）	1056	1195
三维地震（平方千米）	2562	3194
作业探井（口）	41	39
开发井（口）	110	121
钻井进尺（万米）	93	93
资产总额（亿元）	1225	1122
工业总产值（亿元）	603	478
收入（亿元）	631.58	511
税费（亿元）	124.28	75

【油气勘探】 2022 年，塔里木油田新一轮找矿突破战略行动旗开得胜。获得 3 个重大突破、6 个预探发现，超额完成三级储量任务。新地区、新领域、新层系、新类型“四新”领域勘探全面突破，部署 8 口风险探井、创历史新高。新领域富东 1 井跳出主干断裂，探索奥陶系高能滩获得成功，开辟一个万亿立方米规模增储区。新层系克探 1 井近源勘探白垩系亚格列木组获高产，证实克拉苏立体成藏，实现“克拉之下找克拉”的梦想。新类型迪北 5 井在侏罗系致密气藏采用常规钻井首次获得稳产，提振实现北部构造带战略接替的信心。新地区昆探 1 井、恰探 1 井见到良好油气显示，有望打开塔西南勘探新局面。富油气区勘探成果丰硕。集中勘探富满油田，新发现 4 条富油气断裂。精细勘探博孜—大北，博孜 1、大北 12 气藏规模扩大，形成两个千亿立方米气藏。实施矿权保卫专项行动，开展分级分类评价，严格审查到期退减方案，积极参与招拍挂。塔里木盆地富东 1 井奥陶系断控高能滩勘探取得重大突破获集团公司重大发现特等奖，塔里木盆地玉科富满地区奥陶系深层新发现 3 条油气富集带、塔里木盆地库车坳陷博孜 1、大北 12 气藏外围勘探取得重要进展分获一等奖和二等奖。

【油气开发】 2022 年，塔里木油田开发生产坚持抢先抓早，提升油气生产能力，5 月完成当年新井上钻，8 月完成常规措施作业，10 月完成装置检修，天然气负荷因子降至 1.0。8 月，成立降低新冠肺炎疫情影响工作专班，构建大外协工作格局，想方设法克服封控熔断、千方百计保障生产运行，排除万难组织冬季保供，协调 3 万余车次、90 万吨重点物资通行，实现重点工程踩点踏步、油气产销超线运行，生产石油液体 736 万吨、天然气 323 亿立方米，油气产量当量跨上 3300 万吨新台阶。实施油气生产能力提升、重点项目（工程）建设年行动，油气日生产能力分别达到 2.16 万吨、1 亿立方米，油气产量继续保持百万吨以上增长。新区产能建设突出富满油田、博孜—大北集中规模建产，超前准备开发方案，严格井位三级审查，高效组织钻完试投，新建产能原油 118.6 万吨、天然气 26.8 亿立方米。启动老油气田稳产“压舱石工程”，深化二次综合治理，实施措施作业 240 井次，增产原油 26.3 万吨、天然气 11.6 亿立方米。建成投产克深气田 100 亿立方米稳产工程，实施排水采气，加快配套地面系统，控水排水效果明显，优质产能得到有效保护。围绕增储量、建产能、拿产量统筹推进重点工程，创新实行工序目标节点控制法，7 大类 455 个工程项目有序有效推进，当年计划完成率 94.6%。坚持地面地下一体化，库车山前地面管线和装置实现互联互通。生产组织有序有效。靠实从紧制定新井实施、装置检修、产量运行等计划，严格过程节点管控，全年始终保持产销平衡、生产主动。

【绿色低碳转型】 2022 年，塔里木油田一手抓内部绿色低碳转型、一手抓沙戈荒新能源基地建设，制定专项规划、健全管理体系，推动新能源新业务快速发展。内部绿色低碳转型成效显著。实施全过程清洁低碳行动，一体推进节能降耗、分布式光伏、再电气化、低碳建产、CCUS-EOR（二氧化碳捕集、利用与封存—提高原油采收率）、碳汇林业等工作，能耗、碳排放强度均下降5%，全国首条零碳沙漠公路入选“央企十大超级工程”。推进地面系统“关停并转优”，开展机采、集输、处理、注水4大系统节能降耗，因地制宜建设6类示范项目和标杆工程，能耗总量控制在259万吨标准煤、强度控制在81千克标准煤/吨。沙戈荒新能源基地建设快速布局。构建指标专班争取、设计联合攻关、油电战略联盟、企地战略合作等机制，多方联动争指标、抢市场，多措并举找合作、建项目，统筹风光资源、电网架构、传输余量、市场消纳，跑马圈地争取绿电指标，快马加鞭推进项目落地，竞获130万千瓦绿电指标，与巴州、阿克苏、喀什等政府签订战略合作框架协议，巴州20万千瓦项目具备并网条件，喀什110万千瓦项目有序推进，形成新能源良性发展格局。伴生资源开发初见成效，如期建成塔西南天然气综合利用工程。

【科技与信息化】 2022年，塔里木油田成立中国石油超深层复杂油气藏勘探开发技术研发中心，推行“揭榜挂帅”“赛马制”，面向全球张榜7个项目，牵头承担集团公司科技项目3个，专业分公司项目15个；联合承担集团战略合作专项1个；参与承担国家项目3个、集团公司项目24个、专业分公司科技项目16个；实施油田公司科技项目47个。获省部级以上科技奖8项、专利授权66件，发布国家及行业标准5项，油田创新创业成果参展“全国双创周”。高精度地震成像技术、超深层钻井提速技术分别获集团公司、新疆维吾尔自治区科学技术进步奖一等奖。推进技术标准化、成果有形化，发布《超深层工程技术手册和井控管理体系手册》。制定基础研究十年规划，搭建“十横十纵”盆地格架线，编制基础成果图件156幅，明确18个风险勘探重点领域。成立10个勘探专班和5个开发专班，分领域深化地质认识，突出抓好圈闭井位落实，探井成功率60.9%，开发井成功率98.1%、高效井比例68.8%。推进成熟物探技术集成总装，富满油田碳酸盐岩储层钻遇率97%，库车山前资料一二级品率由75%提升到84%。围绕打快打好打省，持续攻关超深层钻完井技术，钻井提速实行挂图作战、倒排工期，整体提速5.6%；储层改造强化精细评估、设计优化，平均提产5.2倍；井筒提质加强靶向攻关、过程管控，井身质量、固井质量合格率分别为96.6%、91.5%。245兆帕超高压射孔技术现场试验成功，钻井整体提速5.6%，改造平均提产5.2倍，打成34口8000米超深井。高质量完成智能化建设顶层设计，提升计算存储、通信网络、数据生态等基础支撑能力，迪那、东河数智化新型采油气管理区初见成效，智能运营、DROC（钻完井远程管控中心）安眼工程、水电调控、储运调控五大平台建成投运，协同研究、业财融合有效应用，全探区生产运行实现可视、可监、可控，科研生产、经营管理、办公生活更加高效便捷。特别是新冠肺炎疫情期间，电子巡检、远程操控、线上办公等组织模式发挥作用，有力保障生产经营各项业务高效运转。

【企业改革】 2022年，塔里木油田油改革稳准推进。聚焦治理体系和治理能力现代化，深化企业改革，强化管理提升，细化合规管理。油公司体制持续完善，推行大部制改革和扁平化管理，压减管理层级，管理层级由三级精简为两级，核减三级机构88个、三级职数56人。探索引入内部市场化机制，对13家单位实行模拟法人治理，试点推进新型采油气管理区建设，激发基层动力活力，独立作战能力明显增强。后勤辅助单位持续开展同质同类业务整合，专业化管理、一体化统筹，实行新能源、数字化、运销业务管办一体，重组成立公用事业部。平稳完成南疆天然气销售业务移交。国企改革三年行动收官。落实“合规管理强化年”和“严肃财经纪律、依法合规经营”综合治理专项行动部署，建立6大类500余项合规清单，对标对表开展重点业务领域专项检查，发现整改问题70项，建立健全制度流程49个。专题研究基层基础管理提升工作，发布服务型甲方、诚信型乙方和培育高质量战略合作伙伴指导意见，制定合规管理清单，形成依法合规治企和管理提升长效机制。全面推广对标管理，塔里木油田被评为集团公司对标提升标杆企业。提质增效实施6个专项行动，被列为特类企业。基层涌现出一批典型做法：勘探开发和工程技术领域深入推进地质工程一体化，控减投资2亿元；设备物资领域建立集中采购物资仓储物流制度流程、库区规划、信息平台、财务核算、作业标准“五统一”机制，节约采购资金5亿元；油气营销领域探索LNG工业原料气线上交易，增加销售收入1亿元。

【安全环保】 2022年，塔里木油田安全生产形势稳定向好。深化体系改进提升和有效运行，建立重点领域风险分级管控清单，推行视频监督、安眼工程，各类风险稳定受控。落实“四全”“四查”要求，深化隐患排查整改“四全”管理子体系建设和运行，建立健全“鼓励发现问题、奖励整改隐患、从严处理事故”工作机制，排查整改隐患33.6万项，全年未发生一般及以上生产安全事故。从严承包商资质资格核查，常态化开展对标核查、考核排序、优胜劣汰，停工整顿 11 家、末位淘汰 37 家，未发生承包商事故。健全井控管理体系，开展全员警示教育，改进井控培训，从严现场管理，井控本质安全水平稳步提升。深化绿色企业创建，建立全过程定额管控机制，磺化、油基固体废弃物产生强度分别同比下降 28.7%、36.9%，有序推进磺化固废整改，含油污泥治理任务全部完成，通过第二轮中央环保督察和绿色企业复审。实施火炬熄灭工程，放空气回收率 93.7%，实现环境保护和效益提升。开展基层站队 QHSE 标准化建设，哈一联被评为集团公司标准化示范站队，评选出 7 个油田级示范站队、13 个油田级优秀站队。质量健康管理基础不断夯实。召开质量提升推进会，发现突出问题 235 项，处理质量问题单位 107 家次，处理人员 78 人，自产产品合格率保持 100%，工程质量、服务质量稳步提升。推进身体健康、心理健康、团队健康、文化健康，组织全民健身、健康诊疗、公共场所禁烟等活动，全面开展差异化体检，对高风险人群一对一指导，健康管理体系持续完善。全覆盖建设健康小屋，完善健康保障体系，成功创建健康企业。科学精准开展新冠肺炎疫情防控，重要生产施工现场守住零疫情底线，塔里木油田社区提前实现低风险目标，最大限度保护员工群众生命安全和身体健康。

【队伍建设】 2022 年，塔里木油田坚持老中青结合，加大不同年龄段干部选拔使用力度，加快优秀年轻干部培养，注重在抗击疫情、重点工程、急难险重任务中识别考察干部，提拔中层干部 46 人次、进一步使用 37 人次。优化专业技术序列管理，强化人才能力素质提升，李亚林、刘洪涛分别获孙越崎能源科学技术奖、中国青年科技奖，塔里木油田在第四届全国石油石化专业职业技能竞赛暨集团公司首届技术技能大赛油藏动态分析竞赛中，获 2 枚个人金牌、2 枚个人银牌以及 4 枚个人铜牌；两个代表队分别获团队金奖、银奖；油田公司获团体一等奖、优秀组织奖，1 人获优秀裁判员，2 人获竞赛优秀组织个人。

【企业党建工作】 2022 年，塔里木油田专题推进习近平总书记重要指示批示精神再学习再落实，举办思想学习成果交流会、庆祝建团 100 周年等系列活动，组织全员收看党的二十大开幕会，利用电视、网络、讲座等多种形式开展学习研讨、集中宣讲，推进大会精神进一线、进班组、进岗位。成立塔里木油田党校，全覆盖开展党员干部轮训，开展“转观念、勇担当、强管理、创一流”主题教育，推进基层党建“三基本”与“三基”工作有机融合，涌现出“四微一示范”“五好管家”等一批典型案例。开展“我为油田献一策”“建新疆大庆、扬石油精神”等活动。开展“五种干部”“二十种人”排查整改，营造真抓实干的浓厚氛围。构建大监督格局，加强重点领域审计监督，完成党工委巡察全覆盖，开展违规吃喝、反围猎专项整治，聚焦新冠肺炎疫情防控、冬季保供等强化监督执纪问责。

【企业文化建设】 2022 年，塔里木油田创建新时代文明实践基地，制订文化引领专项工作方案，加大精神激励、总结表彰力度，寻找好员工、讲述好故事，设置专属彩铃和荣誉墙，激发全员爱企兴企的热情。征集评选 48 条塔里木特色石油名言名句，编写 34 个塔里木品牌故事，剪辑 34 首油田歌曲 MV，填词创作 10 首经典歌曲。推进民生工程，如期建成研发中心和新小区，建立“我为基层办实事”常态化机制，办理大小民生事项 9465 件。疫情期间全面摸排 6 类特殊人群，用心用情用力协调解决员工家属物资供应、紧急就医、子女返校等问题，做到电话、问候、生活物资保障、特殊药品供应“四个不断”。做好尼勒克县、定点帮扶村乡村振兴和“访惠聚”驻村工作，向南疆五地州供气 56.3 亿立方米、捐赠 150 余万件防疫物资。

【富满油田连获重大发现】 2022 年 3 月 17 日，塔里木油田部署在塔里木盆地北部坳陷阿满过渡带富满油田 FⅠ19 断裂带上的满深 72 井在奥陶系一间房组—鹰山组井段 7683—8088.67 米裸眼常规测试，日产油 252 立方米、天然气 5.97 万立方米，无硫化氢；5 月 30 日，塔里木油田部署在塔里木盆地北部坳陷阿满过渡带果勒东Ⅰ区的满深 71 井对奥陶系一间房组—鹰山组 7722—8492.2 米井段裸眼常规测试，日产油 725 立方米、天然气 63.25 万立方米，两口井获高产，证实 FⅠ19 断裂带整体富含油气。4 月 26 日，塔里木油田部署在塔里木盆地北部坳陷阿满过渡带富满油田 FⅠ20 断裂带上的满深 8 井在奥陶系一间房组—鹰山组井段 8117.5—8726.8 米裸眼常规测试，折日产油 45.36 立方米、天然气 19.79 万立方米，证实 FⅠ20 断裂带整体富含油气。4 月 26 日，塔里木油田部署在塔里木盆地北部坳陷阿满过渡带富满油田 FⅠ17 断裂带上的满深 5 井对奥陶系一间房组—鹰山组 7575.8—8330 米酸压 + 注水扩容测试，日产油 41.6 立方米，日产气 2.0 万立方米。

【富东 1 井探索新领域获重大突破】 2022 年 9 月 20 日，塔里木油田部署在北部坳陷富满油田东部的预探井富东 1 井在奥陶系一间房组—鹰山组 7925—

8359.05 米裸眼常规测试，折日产油 21.4 立方米、天然气 40.5 万立方米，测试结论为凝析气层。富东 1 井在富满油田主力产层之下的新类型、新层系获战略性突破，为富满油田发现新的接替领域迈出第一步。

【克探 1 井探索新层系获成功】 2022 年 12 月 4 日，塔里木油田部署在库车坳陷克拉苏构造带的风险探井克探 1 井在白垩系亚格列木组 5096—5109 米、5151—5220 米井段加砂压裂测试，折日产天然气 30.04 万立方米。克探 1 井跳出白垩系主力目的层，探索深层获得油气勘探突破，证实克拉苏构造带立体成藏模式，实现“克拉之下找克拉”的构想，有望形成新的天然气战略接替领域。

【迪北 5 井获工业油气流】 2022 年 5 月 20 日，塔里木油田部署在库车坳陷北部构造带迪北斜坡带的预探井迪北 5 井对侏罗系阿合组 5883.5—5925.5 米井段进行加砂压裂测试，折日产油 5.69 立方米、天然气 11.3 万立方米。该井是迪北地区常规钻井、压裂改造稳产的第一口井，也是迪北斜坡带在“致密砂岩气先致密后成藏”认识指导下获得的重大突破，证实迪北斜坡带侏罗系阿合组致密砂岩气大面积连片分布，明确侏罗系阿合组致密砂岩气成藏模式与主控因素。

【玉科 7 井在奥陶系一间房组裸眼常规测试获高产油气流】 2022 年 1 月 17 日，塔里木油田部署在北部坳陷阿满过渡带的预探井——玉科 7 井在奥陶系一间房组 7654—7974 米井段放喷求产，日产油 83.2 立方米、天然气 18.09 万立方米。玉科 7 井为富满油田最东部出油井，进一步证实富满油田东部勘探区潜力巨大。

【塔里木油田建成沙漠公路零碳示范工程】 2022 年 6 月 2 日，塔里木油田建成沙漠公路零碳示范工程。工程 1 月 9 日开工建设，总投资 6035.9 万元，采用光伏阵列发电、蓄电池储电方式，新建光伏发电站及配套设施 86 座，满足“光伏发电 + 储能 7 小时”技术要求，为塔克拉玛干沙漠公路沿线 86 座水源井提供电源。工程总装机规模 3540 千瓦，年发电量 362 万千瓦·时，年节省柴油 1030 吨、减少二氧化碳排放 3330 吨，38 平方千米防护林年捕集碳 1.4 万吨，可中和近 9 万台次 / 年沙漠公路过往车辆的二氧化碳排放，实现沙漠公路沿线水源井灌溉零碳排放、过往车辆尾气排放“碳中和”。

【中国石油超深层复杂油气藏勘探开发技术研发中心启动运行】 2021 年 12 月，集团公司批准成立超深层复杂油气藏勘探开发技术研发中心，依托塔里木油田，联合中国石油勘探开发研究院、中国石油工程技术研究院和中国石油大学（华东）共同建设。塔里木油田高度重视技术研发中心建设工作，联合相关共建单位，针对技术研发中心组织运行管理，多次组织召开高层次研讨会，推动技术研发中心运行机制落实落地。借助集团公司超深层复杂油气藏勘探开发技术研发中心，塔里木油田推动建立完全开放的科技创新管理体制，组建中心领导机构，成立 10 个由首席技术专家等领衔的专家委员会。2022 年 12 月 18 日，中国石油超深层复杂油气藏勘探开发技术研发中心第一届技术委员会召开第一次会议，听取中心成立以来组织运行管理、科技攻关规划计划以及取得的阶段进展情况汇报，研究分析面临形势和问题，讨论制订下一步工作计划。中国工程院院士、技术委员会主任孙龙德主持会议并讲话；集团公司科技管理部总经理、技术委员会副主任江同文宣读中国石油超深层复杂油气藏勘探开发技术研发中心技术委员会批复文件。塔里木油田总经理、党工委副书记，技术委员会副主任王清华作工作报告。中国科学院院士贾承造、郝芳，中国工程院院士孙金声、李宁、张来斌等技术委员会委员，塔里木油田领导杨海军参加会议。

【塔西南天然气综合利用工程建成投产】 2022 年 12 月 30 日，塔里木油田塔西南天然气综合利用工程核心工艺装置在喀什地区疏附县建成投产，生产出合格产品。该工程是新疆维吾尔自治区和集团公司 2022 年重大建设项目，也是我国天然气高价值综合利用战略工程。工程采用“天然气副产品 + 液化天然气”联产建设方案，新建 1 座天然气处理厂，日处理天然气 120 万立方米，配套建设 1 座 1 万立方米的液化天然气储罐。工程 2022 年 5 月开工。第一阶段天然气综合利用工程核心工艺装置建成投产后，通过提取阿克莫木、和田河气田天然气中高价值产品，实现天然气资源的深度加工和综合利用，提高天然气附加值 2 倍以上。该工程是国内已建流程最长、工艺最复杂、温度最低的天然气综合利用工程。工程关键核心设备全部为自主设计、自主制造、自主建设，具有完全独立自主知识产权，技术工艺指标达到国际先进水平，打破国外技术封锁和垄断，有力促进我国天然气综合利用业务快速发展及相关技术进步。

【塔里木油田大北 201 集气站至大北处理站集输管线工程建成投产】 2022 年 6 月 21 日，塔里木油田冬季天然气保供重点项目大北 201 集气站至大北处理站集输管线工程建成投产。工程 5 月 10 日开工建设，6 月 17 日完工并通过交工验收，6 月 21 日一次投产成功。该工程主要新建 1 条直径 250 毫米长 5 千米的集输管线，配套建设 1 套乙二醇注入橇及大北 201 集气站、克深5阀室改造。大北201区块两口单井日产30万立方米的天然气通过集输管线输送至克深处理站处理后外输，实现大北201区块与克深处理厂互连互通，释放博孜—大北区块天然气产能30万米^3/日。

【塔里木油田哈一联气系统扩建工程建成投产】 2022年5月29日，塔里木油田哈一联气系统扩建工程建成投产。该工程是塔里木油田2022年重点工程项目，2021年8月26日项目主体开工建设，新建100万米^3/日天然气处理装置1套、天然气压缩机厂房1座、脱硫泵房1座。工程提高天然气处理能力100万米^3/日、碳酸盐岩原油处理能力105万吨/年，实现对富满油田玉科、满深、富源等区块天然气集中处理。

【塔里木油田累计向西气东输供气突破3000亿立方米】 截至2022年3月14日，塔里木油田通过西气东输工程累计向我国中东部地区供气突破3000亿立方米，相当于全国2021年天然气总产量的1.5倍。特别是在冬供期间，塔里木油田天然气日产量保持在1亿立方米高位运行，为沿线群众践行“暖冬”承诺。2004年10月1日，西气东输工程全线建成投产，推动我国全面进入“天然气时代”。西气东输工程投产以来，塔里木油田始终把保障国家能源安全和平稳供气作为首要政治任务，将天然气作为成长性、战略性工程谋划推进，挑战超深、超高温、超高压等世界级勘探开发难题，全力提升天然气保供能力，在地下8000米超深层找到丰富的油气资源，落实克拉—克深、博孜—大北两个万亿立方米大气区，成功开发我国陆上最深的克深9气田、中国陆上压力最高的克深13气田等19座大中型气田，成为我国三大主力气区之一。塔里木油田生产输送的3000亿立方米天然气，相当于替代标准煤4亿吨，减排二氧化碳4.26亿吨，惠及北京、上海等15个省（自治区、直辖市）、120多个大中型城市的约4亿居民，促进我国东部特别是长三角地区能源和产业结构优化调整，创造巨大的社会、经济和生态环保效益。

【集团公司首台井口光电一体化加热炉在塔里木油田成功投运】 2022年7月29日，集团公司首台井口光电一体化加热炉在塔里木油田轮南39-2井一次试运成功。井口光电一体化加热炉将直流母排微电网技术与油气加热结合，利用塔里木盆地优质光照资源，光电贡献率100%，年均可减少碳排放113吨，相当于在沙漠地带种植6200棵树。借助沙漠戈壁充足的日照条件，塔里木油田加快推进光电利用等新能源项目，发挥其作为集团公司加热技术研发中心成员单位的优势，积极与厂家对接，共同设计制造出光电一体化加热炉。该设备解决传统燃气加热炉巡检点位多、检测工作量大、维护修理工作量大的问题，大幅降低污染物排放，同时减少燃料气系统，消灭井场明火，规避燃气泄漏着火的风险。

【塔里木油田公司开展集团公司首次慢直播活动】 2022年4月29日9时至5月3日15时，塔里木油田公司在博孜34井开展连续5天不间断的“入地八千米——油宝寻宝记”石油人劳动节慢直播活动。活动由集团公司党组宣传部组织、由塔里木油田党工委具体实施、渤海钻探支持配合，以塔里木油田博孜34井钻井作业为重点，面向全国开展。直播同步穿插“石油梦想专题片”“石油科普视频”“塔里木油田宣传片”“塔里木深地科技创新宣传片”，宣传展示中国石油铸就深地科技“国之重器”找油找气的新担当，讲述新时代塔里木石油人的感人故事，让更多网友认知中国石油、感知塔里木。直播在新华网、国资小新视频号和中国石油微信视频号、中国石油抖音号、宝石花直播平台同步推出，浏览量突破千万人次。

【塔里木油田超深层勘探开发媒体聚焦】 2022年，塔里木油田在中央主流媒体推出超深层宣传主题11个、报道225条，塔里木超深层与载人航天、探月探火等一起作为国家重大战略引发主流媒体关注。10月9日，我国最大超深油田富满油田累计产量突破千万吨在央视单日滚动播放24条（次）。9月29日，轮探1井作为深地油气唯一报道入选国务院国资委“坐标中国”报道，被全网报道。10月15日，党的二十大召开前一周，中央主流媒体集中报道塔里木超深油气勘探情况，新华社党的二十大特别报道专题聚焦塔里木油田超深层勘探开发，并在党的二十大召开期间在人民大会堂滚动播放，累计观看量突破2亿人次。

【塔里木油田定点帮扶村通过国家巩固脱贫攻坚成果同乡村振兴有效衔接实地考核评估】 2022年1月4日，塔里木油田定点帮扶村喀什地区叶城县柯克亚乡果萨斯村通过国家2021年度巩固脱贫攻坚成果同乡村振兴有效衔接实地考核评估。考核评估组通过入户核查、查阅档案和当面访谈方式进行三大类30余个方面实地核查，对塔里木油田巩固脱贫攻坚成果同乡村振兴工作表示充分肯定，并表示油田驻村帮扶工作扎实稳固，各项内容达到标准要求。塔里木油田认真履行央企政治、经济和社会责任，突出资源惠民和油地共建，常态化开展项目帮扶、消费帮扶、技能帮扶、就业帮扶。制定发布油田公司助力乡村振兴实施意见，明确帮扶工作规划，成立帮扶领导小组，强化组织领导、沟通协调、队伍建设，巩固拓展南疆四地州 12 个帮扶村脱贫攻坚成果，坚决守住不发生规模性返贫底线，推动实现乡村振兴。截至 2021 年底，塔里木油田累计选派 33 名政治觉悟高、工作作风实、综合能力强、身体素质好的中青年干部专职支撑帮扶工作，助力各帮扶村执政能力和“两委”干部政治素质、管理水平、带富能力、群众威信提升。2021 年新建油地共用公路 40 千米，油地共用公路总里程 2618 千米，极大改善当地通行条件。建成总长度 4701 千米的南疆天然气利民管网，向南疆五地州供应天然气 51.83 亿立方米，全力保障南疆民生用气。实施消费帮扶，2021 年定向采购尼勒克县、拜城县、12 个定点帮扶村和原“三区三州”深度贫困区价值 2100 余万元的蔬菜、牛羊肉、瓜果等农副产品，促进帮扶地产业持续发展。2021 年投入帮扶资金 570 万元，实施帮扶项目 14 个，带动帮扶地产业持续优化；投入专项培训资金 80 万元，开展各类培训 150 余次、培训 3500 余人次，实现转移就业 465 人，带动帮扶地富余劳动力特别是妇女劳动力就地就近稳定就业。

【塔里木油田深入推进健康企业建设】 2022 年，塔里木油田贯彻落实集团公司“健康中国 2030”规划方案，践行“一切为了大发展、一切为了老百姓”理念，规范改进体检项目，强化健康风险评估和超前干预，塑造阳光心态、推动全民健身、倡导健康生活。发布推进健康企业建设十项措施，部署安排健康筛查与主动干预、提升健康保障能力、开展全民健身活动等 23 项重点工作；覆盖全员开展“1 小时健步走”、工间操、“健康作息”等健身活动，在生活基地和生产一线建成 36 座运动场馆及活动室、21.5 千米健身步道、配置健身器材 1811 套，建成 38 个健康小屋、配备 59 台除颤仪；在两级机关开展“无烟单位”创建评比，对 55 家创建单位进行授牌公示；增加完善癌症筛查、颈椎 CT、腰椎 CT 等体检项目，并建立健康数据分析筛查模型，开展健康筛查和风险分级评估；常态化邀请国内心理学专家对一线员工开展心理辅导，帮助员工更好实现情绪自我管理，搭建覆盖一线和后勤、工作和生活区域的健康监测网络，切实保障员工身心健康。

【塔里木油田刘洪涛获中国青年科技奖特别奖】 2022 年 11 月 12 日，塔里木油田油气工程研究院院长刘洪涛获由中共中央组织部、人力资源和社会保障部、中国科协共同设立并组织评选的“中国青年科技奖特别奖”，成为新疆维吾尔自治区、塔里木油田首个获此奖项的科研人员。刘洪涛牵头组建塔里木油田首个“跨学科、跨专业”国家示范性创新工作室，代领团队创新完善深地油气工程技术体系。创新提出全井筒系统提速理念，攻关形成超深复杂井安全快速钻井技术，助力库车山前超深井平均钻井周期缩短 300 天。创新提出全生命周期井完整性理念，攻关形成高温高压井完整性技术体系，牵头编制我国首套高温高压井完整性技术规范，使塔里木高温高压井井完好率由 65% 提高至 87%，保障西气东输安全平稳供气。创新提出地质工程一体化提产理念，揭示高应力差下仍然可以形成复杂缝网的机理，形成超深裂缝性致密储层缝网改造技术，单井产量提高 4 倍以上。

（滑晓燕）

中国石油天然气股份有限公司新疆油田分公司（新疆石油管理局有限公司）

【概况】 中国石油天然气股份有限公司新疆油田分公司（新疆石油管理局有限公司）简称新疆油田，前身是 1950 年成立的中苏石油股份公司，总部位于新疆维吾尔自治区克拉玛依市，主要业务包括科学技术研究、油气预探与油藏评价、油气开发与生产、油气储运与销售、新能源 5 类核心业务和 13 项辅助业务。截至 2022 年底，开发建设油气田 33 个（其中油田 29 个、气田 4 个），累计生产原油 4.3 亿吨、天然气 834.7 亿立方米。建成输油管道 51 条，总长 2445 千米，年输送能力 3100 万吨；建成输气管道 60 条，总长 2067 千米，年输送能力 180 亿立方米。有员工 30993 人，其中管理和专业技术人员 13128 人（其中高级职称人数 2779 人）、技师及以上高技能人才 1755 人（其中高级技师 466 人）。资产规模 1331.7 亿元。

2022 年，新疆油田以迎接宣传贯彻党的二十大为主线，实施“五大战略”（资源掌控战略、绿色低碳战略、创新驱动战略、低成本发展战略、市场化运营战略），系统推进“五项工程”（党的建设工程、人才强企工程、管理提升工程、QHSE工程、和谐稳定工程），超额完成全年各项生产经营任务，创造近十年最好业绩。全年生产原油1441.3万吨、天然气38.5亿立方米，产量当量1748万吨，首次突破1700万吨，创历史新高；实现清洁替代27.24万吨标准煤，碳排放强度同比下降6%；实现总收入805.69亿元，利润128.93亿元，缴纳税费183.97亿元。

新疆油田主要生产经营指标

指　标	2022年	2021年
原油产量（万吨）	1441.3	1370.0
天然气产量（亿立方米）	38.5	34.9
新增原油产能（万吨）	210.9	317.0
新增天然气产能（亿立方米）	3.10	1.15
二维地震（千米）	1388	899
三维地震（平方千米）	799	2403
探井（口）	121	153
开发井（口）	498	695
钻井进尺（万米）	212.1	280.1
勘探投资（亿元）	37.67	50.04
开发投资（亿元）	153.06	130.46
资产总额（亿元）	1331.7	1386.1
收入（亿元）	805.69	552.51
利润（亿元）	128.93	36.54
税费（亿元）	183.97	65.38

【油气勘探】 2022年，新疆油田全面落实新一轮战略找矿行动，按照“风险、甩开、集中、精细”四个层次，推进高效勘探工程，取得5项重大突破和发现，其中3项成果获中国石油天然气集团有限公司油气勘探重大发现奖。准噶尔盆地南缘东湾构造带天湾1井在白垩系清水河组获重大战略突破，地层压力、试气最高井口流压刷新纪录，获集团公司勘探重大成果特等奖；呼图壁背斜带呼101井、呼102井钻遇清水河组、喀拉扎组厚砂层，显示良好，高效储量进一步落实。富烃凹陷玛页1H井持续稳产，玛51X井获得高产，玛54X井等钻遇厚油层，玛北风城组整体形成亿吨级大场面，获集团公司勘探重大成果一等奖。风险探井夏云1井在二叠系夏子街组获高产突破，开辟夏子街组热液云质岩新领域，获集团公司勘探重大成果三等奖。中浅层效益增储成果丰硕，探明夏77、艾湖12、车455等一批效益储量区。SEC接替率保持大于1。加强矿权管理，新增采矿权8个、面积251平方千米，采矿权总面积突破8000万平方千米。

【油气开发】 2022年，新疆油田公司推进新区效益建产，新建油气产能分别为210.9万吨、3.10亿立方米。组建玛湖勘探开发项目部，强化吉木萨尔页岩油项目经理部运营管理，全面推广“一全六化”产建模式，玛湖、吉木萨尔页岩油油气产量当量448.9万吨。实施老区长效稳产，高质量组织春季百日劳动竞赛和冬季稳产劳动竞赛，推广油藏“片区长”、措施“项目池”，开展油水井、计量等基础大调查，抓实注水提质、油汽比提升、老区压舱石等系统工程，全油田老区综合递减率下降至8.5%，含水率上升率控制在1.4%，稠油油汽比稳定在0.105，原油日产首次踏上年产1500万吨运行水平，突破性消除冬季产量“凹兜”，全年生产原油1441.3万吨、天然气38.5亿立方米，连续8年实现油气双超。加快推进呼图壁储气库调整工程，全年注采气量58.3亿立方米，最大日调峰能力3600万立方米。加强地面工程建设和运行管理，建成投产金龙2转油站外输管线等重点工程11个，全油田集输密闭率、原油稳定率分别提高24个百分点、23个百分点。

【新能源发展】 2022年，新疆油田坚决贯彻碳达峰碳中和重大战略，成立“双碳双新”领导小组，构建新能源“事业部+项目部+研究所”三位一体组织体系，制定完善“1+5”业务发展规划、碳达峰实施方案等顶层设计，与地方政府、头部企业、炼化单位等签订战略合作协议12项，为业务发展提供有力支撑。发挥产业链“链长”企业作用，牵头编制进新疆绿色能源产业化发展示范基地方案，组织32个重点项目推进，落实并网指标97万千瓦，开工建设27万千瓦，推动新能源业务在起步之年迈出实质性步伐。开展能耗大调查，加大“电代油”实施力度，燃煤流化床锅炉生物质掺烧、边探井“智能间抽+离网式光伏发电”等现场试验取得成功，实现清洁替代27.24万吨标准煤，碳排放强度同比下降6%。规划建设准噶尔盆地二氧化碳环网，加速推进8个先导试验区，注碳12.55万吨，CCUS（二氧化碳捕集、利用和封存）产业规模化发展按下“快进键”。

【经营管理】 2022年，新疆油田坚持效益中心、市场导向，将“四精”理念贯穿经营管理全过程，强化全面预算和投资成本“一本账”管理，健全以价值创造为导向的业绩考核体系，一体推进低成本发展、提质增效战略举措，“两利四率”明显改善（“两利”即净利润、利润总额，“四率”即营业收入利润率、资产负债率、研发投入强度、全员劳动生产率），控投降本35.4亿元。组建管理局发展事业部，编制未上市业务发展规划、深化改革方案，推进亏损企业治理、未上市解困扭亏，全级次子企业全部盈利。建立内部模拟市场，试点以三级单位为基本核算单元的“阿米巴”经营模式，开放有序、运行顺畅的内部模拟市场化格局逐步建立。加大油气市场营销开源创效，增收创效2.58亿元。巩固拓展国内外市场，塔里木、中亚、非洲等合作项目实现量效双增。

【改革创新】 2022年，新疆油田坚持以改革、创新“双轮驱动”高质量发展，加快推进公司治理体系和治理能力建设，健全完善党建、结构、业务、组织、制度、运营、考核和监督八大体系，按时按质完成国企改革三年行动任务；构建“1+N”对标体系，组建12个对标专业委员会，开展公司、业务领域、基层单位三个层级全覆盖对标分析，营造全员对标追标良好氛围，推动“一利五率”（利润总额，资产负债率、净资产收益率、研发经费投入强度、全员劳动生产率、营业现金比率）等关键指标持续改善，如期完成对标一流管理提升行动任务。推进集团公司法治示范企业创建，落实“八五”普法规划，开展“合规管理强化年”，深化靠企吃企等25项专项整治，加强风险管理，开展2022年度重大风险识别评估和季度跟踪监测，针对排名第一的内控与风险管理风险，印发加强新疆油田内控与风险管理工作的指导意见，调整完善新疆油田内控与风险管理委员会并设立12个专业委员会，启动流程大调查、内控大测试，梳理优化流程框架27份，通过加强内控与风险管理，推动“强内控、防风险、促合规”的管控目标实现，合规管理根基更加稳固，连续4年获评集团公司法治建设A类企业。健全科技创新体系，分领域建立专业技术委员会，优化“三级”科技条件平台布局，牵头举办油气田勘探与开发国际会议，积极参建怀柔国家实验室新疆基地、陆相页岩油全国重点实验室，强化深层勘探、非常规油藏开发等关键核心技术攻关，着力打造石油行业技术“策源地”。推行“揭榜挂帅”等新模式，部署实施四级科技项目140个，发布行业标准3项，获省部级奖21项、专利228件，其中“吸附油和游离油含量连续表征的页岩油分析方法及装置”获第二十三届中国专利奖银奖。完成物联网后评价，建成工业企业网络安全综合防护平台，数据中心入选国家绿色数据中心名录。加强科研人才队伍建设，1人获集团公司首届科技突出贡献奖，6人入选天山英才。

【安全环保】 2022年，新疆油田严格落实“安全生产十五条硬措施”，成立两级QHSE专业委员会，压实“三管三必须”，推进“三化”审核，集团公司QHSE体系审核定档B1级；推进9个重点领域集中整治，加大监督检查曝光力度，推行安全生产“挣奖金”机制，查找隐患同比增长205%，完成安全生产专项整治三年行动。推进绿色企业建设，开展零散气回收、污水回用、油泥减量，强化污染物和温室气体协同管控；对3309亩人工林开展更新补植，取得新疆油田首个碳中和林认证；推进白碱滩光伏示范工程等绿色低碳项目实施，终端用能电气化率同比提高5.2%，实现减污降碳增产增效。推进健康企业建设，落实医疗、饮食、心理、理念、运动、环境“六位一体”工作机制，健全员工健康档案，“一对一”关爱重点人员，设置15个健康小屋、配置167台AED急救设备，及时救治突发疾病人员55名，12家单位健康企业创建达标。

【社会责任】 2022年，新疆油田支持地方经济社会高质量发展，全面落实集团公司与新疆维吾尔自治区战略合作协议，深化油地联席会商、干部双向挂职等长效机制，完成投资202.9亿元，缴纳税费183.97亿元，助力地方稳增长、调结构、惠民生。投入1.48亿元，巩固提升“访惠聚”驻村、定点帮扶、对外援助、示范村建设成果，惠及群众超10万人；建立中小微企业和个体工商户支付绿色通道，减免672家小微企业和个体工商户房租4247万元。参加克拉玛依市妇联“春蕾计划”、慈善总会“中华慈善日”、红十字会“线上众筹”等公益活动，捐款近60万元。

【驻疆企业协调】 2022年，新疆油田发挥驻疆企业协调组组长单位作用，健全企地兵、甲乙方协同新冠肺炎疫情防控联动机制，精准实施三级网格化管理，召开驻新企业疫情防控和维稳安保经验交流会，协调新疆维吾尔自治区推动解决驻疆企业52个重点项目复工复产问题，向地方政府和高校捐助防疫生活物资5000余万元，携手并肩打赢抗疫保产稳链“人民战争”。全面升级立体防控、去极端化等措施，健全完善企地企警企企协作机制，开展油区“反内盗”、信访“百日攻坚”等专项行动，常态化推进“结对认亲”活动，以平安稳定实绩护航党的二十大胜利召开，取得稳定与发展双胜利。

【油气副产品市场化竞拍销售实现突破】 2022年，新疆油田推进油气副产品市场化营销，1月13日、2月11日、3月24日，先后3次在大连石油交易所完成2.4万吨的轻烃竞拍销售，分别提价643元/吨、1102元/吨、1707元/吨，累计增收创效2428万元，标志着油气副产品优质优价营销改革成功迈出第一步。

【中国石油数据中心（克拉玛依）入选国家绿色数据中心名单】 2022年3月，中国石油数据中心（克拉玛依）入选国家工信部、发改委、商务部、能源局等六部委联合公布的2021年度国家绿色数据中心名单，为能源领域唯一入选的绿色数据中心。

【东湾构造带天湾1井获高产工业油气流】 2022年6月，新疆油田风险探井天湾1井在白垩系清水河组未压裂射孔后试获高产工业油气流，求产期间井口油压、射孔关井折算地层压力、试气最高井口流动压力均为当时国内最高压力。

【燃煤注汽锅炉掺烧生物质试验在集团公司首获成功】 2022年5月，新疆油田超稠油生产燃煤循环流化床注汽锅炉生物质掺烧试验首获成功，历时25天，消耗生物质燃料2020吨、减排二氧化碳2686吨。

【玛湖油田累计生产原油突破1000万吨】 2022年5月，准噶尔盆地玛湖油田累计生产原油1003.5万吨，突破1000万吨，成为玛湖砾岩致密油勘探开发建设新的里程碑。

【国内首例平台井“双压裂”试验顺取得成功】 2022年5月，新疆油田在玛湖油区风南4井区FNHW4063四井平台完成国内首例“双压裂”施工试验，填补了国内平台井“双压裂”技术空白。

【吉7井区光伏电站项目建成投运】 2022年5月，新疆油田首个光伏发电项目——吉7井区光伏电站项目建成投运，装机容量3.5兆瓦，预计年可供应电力600万千瓦·时，节约标准煤约1500吨，减排二氧化碳4000余吨。

【红浅火驱工业化试验累计产油突破50万吨】 2022年8月，新疆油田红浅火驱工业化试验区累计产油突破50万吨，区块采出程度从32.5%提高至42%，标志着新疆陆相浅层砂砾岩稠油油藏注蒸汽开采后期转火驱提高采收率技术取得阶段性成果。

【玛湖凹陷夏云1井再获突破】 2022年8月，新疆油田风险探井夏云1井在二叠系风城组三段页岩油试获工业油流，打开了凹陷区深层高压轻质页岩油新领域，进一步拓展玛北风城组储量。

【新疆维吾尔自治区人民政府领导专题研究解决驻疆企业重点项目突出问题】 2022年10月17日，新疆维吾尔自治区党委常委、副主席玉苏甫江·麦麦提在乌鲁木齐主持召开专题视频会议，听取驻疆企业协调组组长杨立强关于中国石油在疆业务受新冠肺炎疫情影响的情况汇报，并就各地（州、市）、各部门做好下一步工作提出具体工作要求。

【开发片区长责任制实施成效显著】 2022年，新疆油田聚焦加强老油田开发精细化管理，突出“让专业的人干专业的事”，建立开发片区长责任制。11位片区长累计审批射孔、措施等设计、方案734项1836井，以管理创新推动效益开发，推动老区开发指标实现“三升两降三稳”，全方位提升油气藏开发效能。

【吉木萨尔页岩油年产量突破50万吨】 2022年，新疆油田提速吉木萨尔页岩油效益开发进程，全年新建产能38.5万吨，年产油50.9万吨、创历史新高。

【玛湖地区年累计产油突破300万吨】 2022年，新疆油田以效益建产、精益生产“双管齐下”推动玛湖地区效益开发水平稳步提升，全年新建产能92.55万吨，全区日产油水平8757吨、同比增加1501吨，年累计产油319.6万吨，首次突破300万吨。

【呼图壁储气库调峰保供能力达3600万立方米】 2022年，新疆油田呼图壁储气库最大日调峰能力达3600万立方米，同比增加600万立方米、提高20%。

（徐　鹏）

中国石油天然气股份有限公司西南油气田分公司（四川石油管理局有限公司）

【概况】 中国石油天然气股份有限公司西南油气田分公司（四川石油管理局有限公司）简称西南油气田，

为中国石油所属地区公司。1999 年由原四川石油管理局（1958 年成立）改制重组后成立。西南油气田位于四川盆地，横跨四川省、重庆市，主要负责四川盆地的油气勘探开发、天然气输配和终端销售，以及中国石油阿姆河项目天然气采输及净化生产作业，具有天然气上中下游一体化完整业务链的鲜明特色，为西南地区最大的天然气生产供应企业，也是中国重要的天然气工业基地。西南油气田在勘探上统筹“海陆并举、常非并重、油气兼顾”，形成蓬莱气区、深层页岩气、陆相致密气及盆地二叠系—三叠系 4 个万亿级增储新阵地；开发上坚持“新区上产、老区稳产”并重，形成川中古隆起、川南页岩气、盆地致密气、老区气田四大上产工程。累计探明天然气地质储量 43324 亿立方米（含页岩气）。有川中、重庆、蜀南、川西北、川东北 5 个油气主力产区，投入开发的油气田 119 个，有生产井 3492 口，全年开井 2353 口。截至 2022 年底，累计生产天然气 5752 亿立方米、石油 695 万吨。有油气田内部集气、输气和燃气管道近 7 万千米，年综合输配能力 440 亿立方米以上。建有西南首座应急日采气能力 3100 万立方米的储气库，区域管网通过中（卫）贵（阳）线和忠（县）武（汉）线与中亚、中缅、西气东输等骨干管道连接，是中国能源战略通道的西南枢纽。天然气用户遍及川渝地区，有千余家大中型工业用户、1 万余家公用事业用户及 2500 余万家居民用户，在川渝地区市场占有率 77%。

2022 年底，西南油气田设置机关职能处室 16 个、机关附属机构 2 个、直属机构 11 个、二级单位 44 个；资产总额 1458.15 亿元（上市和未上市）。2022 年，实现营业收入 663.38 亿元，上缴税费 69.93 亿元，其中上市业务实现营业收入 649.38 亿元，上缴税费 55.73 亿元。在四川盆地及周缘有 10.33 万平方米的勘探开采矿权（不含流转区块）。

2022 年，天然气工业产量 383.35 亿立方米，石油液体产量 6.96 万吨，油气产量当量 3061.8 万吨，成为集团公司第四个跨入 3000 万吨油气产量当量行列的大油气田。在川渝地区天然气销售量 305.9 亿立方米，市场占有率始终保持在 75% 以上。6 项成果获集团公司油气勘探重大发现成果奖，其中“四川盆地大页 1H 井吴家坪组页岩气勘探取得重大突破”获集团公司油气勘探特等奖、“四川盆地川中古隆起北斜坡东坝 1 井天然气勘探取得重要发现”获集团公司油气勘探一等奖。

西南油气田主要生产指标

指　标	2022 年	2021 年
原油产量（万吨）	6.96	6.22
天然气产量（亿立方米）	383.35	354.18
新增天然气产能（亿立方米）	104.70	66.72
新增探明天然气地质储量（亿立方米）	2725.00	1883.45
二维地震（千米）	1356.00	1679.00
三维地地震（平方千米）	7137.00	3505.00
探井（口）	56.00	53.00
开发井（口）	143.00	201.00
钻井进尺（万米）	142.96	74.97
勘探投资（亿元）	71.68	60.54
开发投资（亿元）	221.30	148.62
资产总额（亿元）	1458.15	1109.88
营业收入（亿元）	663.38	580.50
利润总额（亿元）	134.73	119.47
税费（亿元）	69.93	45.42

注：表中“营业收入、利润总额、税费”2021 年度不含未上市业务；“新增探明天然气地质储量”含页岩气储量。

【油气勘探】 2022 年，西南油气田油气勘探打开新局面，在页岩气、蓬莱气区、致密气、盆地二叠系等领域取得系列新成果。“四川盆地大页 1-H 井吴家坪组页岩气勘探取得重大发现”“四川盆地川中古隆起北斜坡东坝 1 井天然气勘探取得重要发现”等 6 项成果获集团公司油气勘探重大发现成果奖。新增天然气三级储量 1.2 万亿立方米、探明天然气地质储量 2725 亿立方米、SEC 储量 763 亿立方米，均居集团公司之首。页岩气领域取得重大突破。大页 1H 井吴家坪组钻遇优质页岩气储层 13 米，测试获日产气 32.1 万立方米，估算有利区资源量超万亿立方米，开辟页岩气勘探新领域，获集团公司油气勘探重大发现成果特等奖；推进深层页岩气集中评价，自 201 井区新增探明天然气地质储量 671 亿立方米，获集团公司油气勘探重大发现成果二等奖。蓬莱气区立体勘探取得重要成果。蓬探 1 井区灯二段实现规模效益增储，新增探明天然气地质储量1284亿立方米；东坝1井区灯四段、龙王庙组首获工业气流，新增天然气控制储量2386亿立方米，获集团公司油气勘探重大发现成果一等奖；蓬莱气区震旦系—下古生界已获探明天然气地质储量7964亿立方米，万亿立方米储量基础进一步夯实。致密气勘探开发一体化取得成效。天府气区沙溪庙组实现规模增储，新增探明天然气地质储量770亿立方米，用两年时间高效探明千亿立方米大气田；须家河组获重要新发现，永浅1井测试获日产气31.3万立方米。天府气区致密气勘探获集团公司油气勘探重大发现成果三等奖。盆地二叠系勘探取得重要进展。川中茅口组新获工业气井3口，多口井钻遇气层，落实龙女寺—南充、角探1井区两大千亿立方米级规模增储区；宜探1井钻遇礁滩白云岩气层188米，有望取得新发现。川中雷口坡组勘探取得重要发现。充探1井雷口坡组泥灰岩测试获日产气10.9万立方米、凝析油47立方米，揭示海相非常规勘探新领域，获集团公司油气勘探重大发现成果二等奖。

【天然气开发】 2022年，西南油气田在川中古隆起、川南页岩气、致密气和老区气田的开发生产取得新进展，产量规模实现新突破，新建天然气年产能104.7亿立方米，年产量383.35亿立方米，增量占集团公司增量的38%，连续8年产量保持年均超30亿立方米高速增长，油气产量当量3061.8万吨，成为集团公司第四个跨入3000万吨油气产量当量行列的大油气田。川中古隆起评价上产。组织磨溪龙王庙组气藏整体治水，精细灯四气藏台缘带生产管理，年产能力连续2年保持在150亿立方米以上。多层系未开发区评价取得多点突破，4套层系获高产工业气井8口，磨溪145井获无阻流量281.8万米^3/日。蓬莱气田实施勘探开发一体化，蓬探1井区灯二气藏3口试采井以日产量69.5万立方米稳定生产，开发早期评价取得良好效果。川南页岩气上产。抓中深层页岩气老井产能维护和外围拓展，综合递减率控制在20%以内，长宁、威远区块外围区井均最终可采储量（EUR）同比提高15%。加强深层页岩气技术攻关，渝西区块薄储层、正应力态区域井均最终可采储量同比提高10%以上，泸州区块套变、压窜防治技术攻关成效显现，产能建设有序推进，获批方案年产规模85.5亿立方米，建成第二个百亿立方米页岩气田的信心坚定。天府气田致密气一体化评价加速推进。配套完善四大开发主体技术序列，在金秋区块培育39口无阻流量超百万立方米气井，用17亿立方米开发工作量建成23亿立方米年产能力，实现年产量翻两番。简阳区块须家河组、梓潼区块沙一段多口井获高产工业气流，增储上产前景广阔。老区气田精细开发。加强老气田措施挖潜和滚动扩边，全面实施40亿立方米稳产工程，综合递减率控制在7.2%。全面推进川东北高含硫稳产上产，罗家寨气田补充井罗家24井测试日产量206.7万立方米，铁山坡气田和渡口河—七里北开发建设稳步推进。川西二叠系—三叠系试采效果良好，全面建成20亿立方米年产能。

【天然气销售】 2022年，西南油气田把握产运储销一体化优势，动态优化资源组织，科学平衡资源配置，实现产业链、供应链平稳高效运行。在川渝地区天然气销量305.9亿立方米，最高日销量1.04亿立方米，市场占有率始终保持在75%以上，持续巩固西南地区最大天然气生产和供应企业领跑地位。面对高温、限电、新冠肺炎疫情、地震等不利影响，实时调整生产节奏，通过降管存、增销量、控代输、提上载等措施，实现产量超计划完成，日产量最高1.18亿立方米。按期投运威远—泸县、威远—乐山等重点气田采输管道和地面工程，新增川南页岩气集输能力100亿米^3/年，保障产能高效发挥。研判供需形势，实施压非保民、价价联动等营销策略，最大程度发挥可中断客户“削峰填谷”作用，保障需求侧稳定可靠。配合地方人民政府招商引资，在四川泸县、都江堰、古蔺等新区整合终端燃气市场，新增市场规模50亿米^3/年，持续扩大市场后路。高效组织资源，发挥相国寺储气库调峰保供作用，精细优化注采运行，实现能注尽注、应采尽采，全年注气27.4亿立方米，采气23.8亿立方米，均创历史新高。按照“确保上载、兼顾西南”原则，向国家管网上载天然气94.6亿立方米，同比增加30.7亿立方米，在保障川渝民生用气基础上，支持集团公司天然气供应链平稳运行。在川渝地区电力最紧缺的时期，以“让气于电”助力“让电于民”，向川投、两江燃气电厂供气1.7亿立方米，同比增长240%，获川渝地区政府特别表彰。

【新能源业务】 2022年，西南油气田加快绿色产业布局，统筹谋划绿色转型顶层设计，明确“天然气+五大业务链”绿色发展西南模式，推进新能源指标获取和项目落地。风光指标获取。加强与地方人民政府和企业的沟通、联系，到“三州一市”（四川省阿坝州、甘孜州、凉山州、攀枝花市）及重庆、云南、宁夏等地获取风光指标，在攀枝花锁定10万千瓦光伏指标。与中国东方电气股份有限公司、中国电建集团成都勘测设计研究院有限公司等12家企业签订战略协议，组建资源竞争联合体，为项目落地奠定基础。

新能源项目落地见效。加快推进天然气余压发电、分布式光伏等7个清洁电力项目落地，率先实施中国石油首个规模化天然气余压发电示范工程，开工装置14台套，建成4套，装机规模0.8万千瓦；利用龙王庙组气藏磨溪X210井采出水伴生地热资源，开展中低温地热发电先导试验，建成投运国内首个气田水地热有机朗肯循环（ORC）发电装置，装机规模80千瓦。气田水有价元素提取，继龙王庙气田水产出首批成品碳酸锂之后，在磨152井成功投运国内首套气田水提锂中试装置，年产碳酸锂规模50吨。

【安全环保管控】 2022年，西南油气田严格落实安全生产十五条硬措施，突出隐患集中整治，抓实环保污染防治，持续巩固安全环保稳定态势，连续4年获集团公司QHSE先进企业称号。安全管控能力增强。狠抓基层安全环保执行力建设，实施4类36项行动措施，对标新安全生产法厘清各方责任，突出岗位执行落实与考核问责，将“三管三必须”（管行业必须管安全、管业务必须管安全 、管生产经营必须管安全）要求压实到各管理层级。深化安全监管数字化转型，深度集成视频监督和智能分析功能，率先建成“安眼工程”，违章上报和处置跃升至分钟级。突出重点领域安全风险集中整治，统筹推进安全生产大检查、城镇燃气等9个国家专项行动及油气井井控、集输管道等5个集团公司整治任务，投入资金5.4亿元，实施隐患治理项目123个，本质安全水平持续提升。强化应急处置保障能力建设，启动区域应急抢维修队伍整合，健全消防救援体系，夯实两小时保供圈井控应急资源，应急处置能力全面升级。污染防治力度持续加大。按“一站一策”分级分类整治废水风险，完成111个钻井液池、39口固化填埋池治理。实施工业废气达标升级改造，完成宣汉、忠县等7个净化厂尾气达标整改，提前实现净化厂尾气排放全面达标，二氧化硫年减排1150吨。整治噪声超标，完成牧马山配气站降噪工艺调整，中央环保督察问题按期整改销项，有序推进84座超标站场排查问题整改。推动绿色矿山建设，46个矿权具备绿色矿山创建条件，完成24个矿权，12个矿权进入国家绿色矿山名录，占川渝地区国家绿色矿山30%，12个矿权进入四川省绿色矿山名录，占四川省级绿色矿山46%。

【科技创新与信息化建设】 2022年，西南油气田坚持把科技创新与信息化建设作为强企支撑，开展攻关研究、成果培育、数字化转型，着力科技自立自强，科技创新成果丰硕。加快构建天然气全产业链技术谱系，攻关深层页岩气有效开采关键技术等重大科技项目，实施协同创新，全年组织科研项目880余项，新开项目“三新”占比82.8%，投入研发费用8.67亿元，全面完成集团公司1.67%的研发投入强度指标。加大科技成果培育力度，申请国家专利378件，授权129件；申请国外专利6件，授权5件。

制（修）定国际标准1项、国家标准5项、行业标准7项、集团公司企业标准1项，获中国标准创新贡献奖提名；获省部级科技奖励25项，其中一等奖7项、二等奖10项，获奖数量创历史新高，被认定为集团公司创新型企业。参加集团公司第二届创新大赛，获一等奖6项、二等奖6项、三等奖2项，其中勘探开发专业获奖数量居集团公司榜首，展现强大的创新实力。

数字化转型协同推进。聚焦数据共享和应用集成，统筹线上一体化协同建设，构建“勘探开发、生产过程、产运储销”三个一体化顶层设计，制定“管理＋技术＋操作”全业务链数字化实施路径，系统推进企业数字化转型。试点二级单位为主体的“两化融合”管理体系贯标评定，推动34个数字化转型试点项目建设，开展13类数据专项治理，建成西南算力中心，打造数据从采集、传输、存储到分析应用的管理架构和治理体系，实现数据统一集中化管理。以组织机构精简、生产管理变革为核心，重点推进站场物联网无人值守改造、新型采气管理区作业区数字化转型等工程，持续提升生产现场安全联锁控制水平，逐步实现大型站场少人值守、中小站场无人值守。

【经营管理】 2022年，西南油气田改革三年行动收官，风险管控力度加大，治理能力水平提高，经营管理取得新成效，实现营业收入663.38亿元，利润总额、经济附加值和全员劳动生产率等经营指标创历年最好水平。强化管理提升，开展“转观念、勇担当、强管理、创一流”主题教育活动，改革任务走深走实，企业治理能力和水平提升。全面重构投资控制体系，优化投资结构，试行页岩气钻井“日费制”，抓实钻井地面造价管理，加大集约化招标和集中采购力度，实现控制投资15.8亿元，投资回报率保持在12%以上。持续完善成本管控体系，加大可控成本费用压减力度，推进生产组织精细管理，关停高能耗、低负荷净化厂，外包业务有保有压，“五项费用”降幅超三成，油气操作成本下降1.7%。开展销售推价和客户用气结构核查，加强需求侧精细管理，促进资源向高端、高效市场流动，川渝市场销售均价较门站价提高29%，实现增收137.3亿元。深化改革取得实质进展，统筹推进“油公司”模式、三项制度改革和对标世界一流管理提升等重点工作，完成改革三年行动任务74项，形成对标世界一流管理提升行动成果43项。深化西南油气田机关机构改革，优化调整组织人事劳资、矿区管理、离退休管理、资本运营等职能；开展二级单位“三定”工作，整合生产单位地质勘探、开发、井工程、管道管理、科技信息、维稳信访、矿区服务、离退休等管理机构；精简优化三级单位，持续整合业务相近、体量偏小、边际效益差的生产经营单位，以及生产保障、生产辅助与后勤服务业务管理机构，专业化管理造价、抢险维修、信息化运维、QHSE监督、人力资源服务等业务，实行区域共建共享运行模式，超额完成集团公司提出的机构数量、领导职数、两级机关编制定员各压减10%的指标任务。强化法人企业治理结构规范运行，开展国有产权管理问题专项治理，推进合规管理体系建设，在5个单位试点配备总法律顾问，抓实重大法律论证及纠纷案件受控处理，有效防范经营与法律风险。

【西南油气田油气产量当量突破3000万吨】 2022年，西南油气田克服高温、限电、新冠肺炎疫情、地震等多重困难，加快勘探开发节奏和进度，常规气、页岩气、致密气“三驾马车”齐发力，当年开钻井和投产井均在300口以上，新建年产能超过100亿立方米。截至12月26日，西南油气田生产天然气376亿立方米，生产原油6.8万吨，按热量值1255立方米天然气相当于1吨原油计算，油气产量当量突破3000万吨，创历史新高，成为集团公司第四个跨入3000万吨油气产量当量行列的大油气田。截至12月31日，生产天然气383.35亿立方米，同比增长8.2%；石油液体6.96万吨，完成率116%。油气产量当量3061.8万吨，建成国内第五大油气田。

【中国陆上最深天然气水平井】 2022年6月23日13时10分，双鱼001-H6井钻至井深9010米完钻，完钻层位栖霞组，成为中国石油第一口超9000米的水平井，创中国陆上钻探最深天然气井纪录。双鱼001-H6井位于广元市剑阁县，是西南油气田部署在双鱼石区块田坝里构造的超井深、超高温、超高压的开发水平井，由川庆钻探工程公司90011队承钻。西南油气田履行甲方职责，发挥生产指挥中心的技术支撑和联合项目部靠前指挥的优势，实施地质工程一体化，优化井身结构，优选提速工具，落实钻井参数及措施，攻克超深、超高温、超高压、纵向多压力系统、安全密度窗口窄、地层非均质性极强等难题，创区块机械钻速最快、直径184.15毫米悬挂套管段最长、直径241.3毫米井眼裸眼段及直径149.2毫米小井眼水平段最长等多项纪录，为中国石油超深井优快钻井积累了技术和经验，也为四川盆地深层油气勘探开发奠定基础。据钻井日志记载，双鱼001-H6井井温超过180℃，地层压力超过130兆帕，硫化氢含量每立方米6克。该井历时471.88天，实际钻井周期294.22天，生产时效94.7%、纯钻时间2667.18小时、机械钻速3.61米/时。2022年12月1日，双鱼001-H6井栖霞组测试获日产气106.66万立方米、日无阻流量209.17万立方米。

【重点风险探井红星1井】 2022年6月4日，红星1井钻至井深7779米完钻，国内首口“八开八完”井完成下114.3毫米尾管固井施工，标志中国首口“八开八完”井身结构井正式完钻。红星1井位于四川省江油市二郎庙镇，是股份公司部署在四川盆地川西北部龙门山山前带红星潜伏构造的第一口重点风险探井，主探二叠系下统栖霞组、兼探泥盆系观雾山组，设计钻探垂深7740米。红星1井由川庆钻探工程公司90005钻井队承钻，2019年7月24日开钻。2019年8月10日，红星1井609毫米套管采用内插管法完成固井施工作业，是中国石油川渝地区首次使用609毫米套管固井，创中国石油川渝地区固井套管最大尺寸新纪录。该井钻进期间创多项钻完井纪录：川渝地区762毫米、558.8毫米、431.8毫米钻头钻深纪录，609毫米、473.08毫米套管下深纪录，国内139.7毫米井眼定向井取心深度纪录。

【榕山输气站天然气余压发电】 榕山输气站天然气余压发电项目是西南油气田首个外供清洁能源项目，安装1台220千瓦、2台250千瓦双转子膨胀机发电机机组，利用输气处合江输气作业区榕山输气站供气余压发电，总装机容量720千瓦，满负荷条件下年发电量576万千瓦·时。为保障该项目早日并网运行，2021年10月28日西南油气田成立新能源项目专项小组，统筹前期方案审查、项目实施、运行维护等阶段工作，全过程对立项备案、设备安装、系统调试、并网验收、签订并网供电合同等项目关键环节把关，与天华公司、国家电网泸州公司及地方人民政府对接协调，保障项目落地。同年11月9日，土建项目施工；2022年1月相继完成管道安装、电气仪表安装调试、土建恢复、完工验收等工作。在机组运行期间，西南油气田结合管网运行情况，合理调配管网资源，克服天然气压力波动大、高温天气等影响，确保项目发电机平稳运行。同时，归纳总结项目建设和运维过程中的技术难点、手续办理流程，分析价款组成和相关制度政策，编制《天然气余压发电新能源项目实施操作手册》，实现“做法成标准、示范变规范”，为后续同类项目实施提供支撑。该项目发电产生的冷能，每年可提供123万吨冷却水供天华公司和天华富邦公司循环冷却水降温使用，节约标准煤1660吨，减排二氧化碳4600吨。2022年9月13日，榕山输气站天然气余压发电项目正式并入国家电网系统运行。

【吴家坪组页岩气勘探取得重大突破】 为寻找页岩气战略接替新层系、新领域，西南油气田在川东地区大天池构造带龙门潜伏构造部署大页1H井，探索开江—梁平海槽内吴家坪组海相页岩储层质量及含气性。2022年7月6日，大页1H井钻达井深6037米完钻，水平段长1500米；10月27日，开井见气；11月30日，获测试日产气32.06万立方米。实钻证实，大页1H井获高产的层系页岩储层横向连续稳定分布、质量优、含气性好。截至2022年11月底，初步落实二叠系吴家坪组海相页岩5000米以浅勘探开发有利区面积2885平方千米。12月7日，该井投入生产，5毫米油嘴日产气7万立方米，套压40.3兆帕。大页1H井获高产工业气流，在川东地区吴家坪组实现新突破，发现具备工业开采价值的页岩气新层系，进一步拓展四川盆地海相页岩气勘探领域。

【气田水提锂中试装置投运】 2022年6月底7月初，西南油气田公司联合西南石油大学，采取“气田水预处理＋高效锂离子筛吸附剂提锂”技术路线，从气田水中成功提取40升高浓度氯化锂溶液，并制得氢氧化锂100克、碳酸锂400克。此举为国内油气田行业首次从气田水提取锂元素，实现气田提锂技术“零突破”。同年9月，西南油气田采用“气田水各类杂质深度脱除＋低浓度锂高选择性吸附剂＋组合膜分离浓缩＋锂沉淀”技术路线，独立在龙王庙组气藏气田水中提制出工业级纯度的碳酸锂。12月30日，西南油气田公司联合中国石油工程建设西南分公司、华东理工大学，在龙王庙组气藏的磨152井成功投运国内首套500米^3/日气田水提锂中试装置，年产碳酸锂规模50吨，气田水提锂工艺由预处理系统、锂吸附脱附系统、富锂液净化浓缩、碳酸锂结晶系统、深度处理系统5部分组成。

【国内首个气田伴生资源地热发电项目建成投产】 磨溪龙王庙组气藏中部平均温度141℃，属深层、中温地热资源。磨溪X210井是西南油气田部署在龙王庙组气藏主要水侵通道上的增压气举主动排水井，该井产水最多、温度最高、热能最丰富，日均产气田水600立方米，井底温度140℃，井口温度103℃。西南油气田公司与成都理工大学、东方电气集团联合组成气田水伴生地热资源利用研究团队，根据气藏水体特征，结合遂宁市人民政府打造低碳农业示范区的规划目标，制定地热发电、稻谷烘干、温室种植、水产养殖的地热梯级利用方案，实施磨溪X210井采出水地热利用先导试验工程。该工程2022年7月4日启动，采用地热有机朗肯循环（ORC）发电工艺技术，装机规模80千瓦，年发电量46万千瓦·时。12月20日，完成工程现场施工及设备调试。12月30日，国内首个气田水伴生地热有机朗肯循环（ORC）发电装置投运并网发电，西南油气田新能源业务发展取得新突破。磨溪X210井采出水地热利用先导试验工程作为川渝首个中低温地热发电综合利用示范项目，是四川省地热产业发展专题会议中明确提出的“2+X”示范项目（先行先试重点工程和典型的“天然气＋”项目），也是西南油气田“天然气＋伴生资源”的绿色能源西南模式的重要探索，投运后全年可减少外购电40万千瓦·时，年节约标准煤122吨，减少二氧化碳排放343吨。

（孔令兴　闵　军）

中国石油天然气股份有限公司吉林油田分公司（吉林石油集团有限责任公司）

【概况】 中国石油天然气股份有限公司吉林油田分公司（吉林石油集团有限责任公司）简称吉林油田，为中国石油下属的地区公司，总部位于吉林省松原市。1959年9月29日吉林油田发现，1961年1月17日建矿并正式投入开发建设。截至2022年底，有机关职能处室13个、直属机构7个，所属二级单位40个。用工总量31557人，其中合同化员工25717人。2022年，吉林油田在转观念、谋转型、提质量、增效益上精准用力，生产经营业绩创8年来最好水平，油气产量当量503万吨，其中同比增加8.1万吨；风光发电量突破2600万千瓦·时。获“集团公司QHSE先进企业”称号。

吉林油田主要生产经营指标

指　标	2022年	2021年
原油产量（万吨）	417	407
天然气产量（亿立方米）	11	11
二维地震（千米）	259	209
三维地震（平方千米）	300	706
探井完成井（口）	51	48
开发井完成井（口）	608	570
钻井进尺（万米）	138.3415	103.4486
勘探投资（亿元）	10.1686	10.3758
开发投资（亿元）	47.4434	43.5337
油田公司资产总额（亿元）	347	342
石油集团资产总额（亿元）	47.9	40.72
油田公司收入（亿元）	191	132
石油集团收入（亿元）	52.59	46.73
油田公司利润（亿元）	8	-21
石油集团利润（亿元）	0.04	-1.78
油田公司应交税费（亿元）	47	17
石油集团应交税费（亿元）	1.44	1.15

【油气勘探】 2022年，完钻探井51口（其中勘探23口、评价28口），完成三维地震300平方千米，提交石油预测地质储量3089万吨，提交石油控制储量3106万吨，提交天然气预测地质储量2855.3亿立方米，提交探明石油地质储量2101.37万吨。

乾安地区为落实老区外围潜力，乾203井区完钻4口评价井，均见较好油气显示，乾195-37井试油获14.8立方米高产油流，落实含油面积36.6平方千米，提交探明储量1144.51万吨，经济可采储量160.97万吨。庙西—新北地区，落实含油面积18.63平方千米，提交探明储量956.86万吨，经济可采储量84.63万吨。加快页岩油一体化，积极推进效益动用，2022年提交控制储量3106万吨。

坚持常非并重，川南立体勘探取得重要突破，以二叠—三叠系为主要目的层，探索不同构造含气性，6口井钻遇良好显示，试气2口井在向斜及背斜均获得突破，揭示栖霞组、茅口组内幕、茅口组风化壳3套气藏。加快评价页岩气取得良好进展，实施5口评价井测试日产气均超20万立方米，联合西南油气田，在自205井区落实含气面积304.89平方千米，提交预测储量2855.3亿立方米，整体部署井位209口，规模20亿立方米，在自215井区准备预测储量3250亿立方米。

【油田开发生产】 截至2022年底，吉林油区探明油田24个，探明石油面积3141.47平方千米，探明石油地质储量16.98亿吨，技术可采储量3.50亿吨，已探明油田中的长春油田和莫里青油田位于伊舒地堑，套保油田位于松辽盆地西部斜坡区，四五家子油田位于松辽盆地东南隆起区，其余油田均位于松辽盆地中央凹陷区。开发油田23个（永平油田未投入开发），动用石油地质储量11.89亿吨，探明储量动用率70.0%，动用石油可采储量2.54亿吨，标定采收率21.36%。

截至2022年底，累计生产原油18685万吨，累计产液量101187万吨，累计注水量149344万立方米，累计注采比1.23。地质储量采出程度15.72%，综合含水率89.64%。储采比16.1。有采油井27401口，采油井开井18375口，注水井9091口，注水井开井6628口，生产原油417万吨，地质储量年产油速度0.36%，全油田年产液量4113万吨，注水量5896万立方米，年注采比1.22，年平均单井日产油0.6吨。

2022年，吉林油田新建产能42.9万吨，新井当年产油21.9万吨。其中自营区新建产能30万吨，新井产量14.14万吨；合资合作区新建产能12.9万吨，新井产量6.3万吨。8年来首次实现扭亏为盈。自然递减率下降到10.8%，综合递减率下降到5.0%，老井含水上升率控降到0.5%。

【天然气开发生产】 截至2022年底，吉林油田投入开发气田7个，全油区投产气井402口，开井223口，2021年底配套能力10.55亿立方米，2022年老井年产气10.39亿立方米，负荷因子0.99。气层气井口年产气11.192亿立方米，井口累计产气222.95亿立方米，已开发气层气可采储量510.43亿立方米，采出程度43.67%，已开发气层气剩余可采储量287.48亿立方米，采气速度3.89%，储采比25.68。

2022年，股份公司下达吉林油田公司年度天然气产量计划11.0亿立方米，商品量8.0亿立方米，由于新冠肺炎疫情影响实际完成天然气产量10.8亿立方米，完成商品量8.33亿立方米。股份公司下达年度产能建设计划钻井11口，进尺5.95万米，建产能2.1亿立方米，投资5.6461亿元。根据股份公司加快川南页岩气评价建产要求，产能建设工作量及投资全部安排在川南页岩气，全年完钻井4口、正钻井4口，完成进尺3.8万米。为缓解松南本部天然气保供压力，结合井位落实程度和效益评价情况，开展松南天然气产能建设和气藏评价工作，完成开发井6口、评价井1口，进尺2.88万米，建产能0.74亿立方米。

【新能源建设】 2022年，集团公司首个陆上风力发电项目——吉林油田15万千瓦自发自用风光发电项目建投取得重大进展。2022年12月26日，中国石油第一台、北湖风电场C2风机正式并网发电，实现中国石油从传统油气开发新能源领域的实质跨越突破。55万千瓦市场化风电项目和130万千瓦风光电项目稳步推进。2022年，获取风光发电指标130万千瓦，新能源替代能力26.1万吨标准煤，节能量1.34万吨标准煤，节水量10.23万立方米，全部完成考核指标。获油气新能源公司“2022年新能源市场开拓先进单位”和“2022年新能源生产经营先进单位”称号。

【改革创新】 2022年，吉林油田从加快转型发展层面优化体制机制，成立川南和新能源两个事业部，高标准建成1个采油管理区和26个作业区，压减二三级机构83个，提前完成国企改革三年行动80项任务。从业务主导层面加大作业区改革与“两化”转型一体化整合力度，精益管理基础持续夯实。着力推进创新驱动，松南低成本采油采气、特色增产措施、CCUS（二氧化碳捕集、封存和利用）技术产业化、地面工程橇装智能化等技术在发展中迭代升级，川南页岩气铂金钯体钻遇率提高，水平井钻井周期最短降至100天以内，刷新区块多项纪录，优化体积压裂2.0工艺提产效果明显；新能源与油气业务提质增效融合发展的“转型技术组合”基本成型，松南“两化”转型和川南智能化发展稳步推进。从提升公司治理效能层面加强合规治企和对标管理，全面推行油气单位管理能力对标提标，推进“合规管理强化年”方案落地，招标节资率、采购节约率、设备管理创效、概预算和审计审减率等指标超额完成，管理水平稳步提升。

【生产经营】 2022年，吉林油田以产能建设方案优化为核心，抓住新增资产价值创造主线，建立多专业、多层次、多维度整体优化部署的投资管控机制，推动由零散建产向气驱、二次挖潜、大平台集约化开发“三个转变”，压减1/3，平均单井日产油高于设计31%，初步扭转产能建设不达标形象，增强投资信心。以提质增效为导向，建立健全业财融合体制机制，锚定基本运行费大项，抓住存量资产提质提效根本，实施峰值电量压减、动管柱作业压减、自用油气压减、外委外雇压减、群众创新创效、外部市场开拓等6项工程，全年提质增效17亿元，油气完全成本同比下降7%，其中耗电量6年来首次实现负增长。主营业务聚精会神谋创效、辅助业务凝心聚力抓创收氛围逐步形成，生动诠释“毛巾远没有拧干”的持续提质增效空间。

【安全环保】 2022年，吉林油田未发生质量事故（事件），未发生生产安全责任事故，未发生火灾爆炸事故，未发生井喷失控事故，未发生一般A级及以上环保事件，未发生新增职业病。质量健康安全环保管控指标控制在集团公司要求范围内，推进安全生产专项整治三年行动，深化QHSE管理体系和基层标准化建设，推行“负面问题清单”根治问题111类，实施高风险作业旁站监督95项，加大川南驻守监督力度，实现油泥油土动态清零，14个矿权进入省级绿色矿山名录。获集团公司“2022年度质量安全环保节能先进企业”称号。同时获集团公司和吉林省“健康企业”称号。

【企业党建工作】 2022年，吉林油田公司把学习迎接贯彻党的二十大精神作为首要政治任务，在学懂弄通做实上下功夫。严格落实“第一议题”制度，抓实理论学习中心组学习研讨，学习贯彻习近平总书记重要讲话和重要指示批示精神，牢牢守住意识形态阵地，“两个维护”更加坚定自觉。全面落实“两个一以贯之”，党委讨论决定“三重一大”事项107个，新提拔中层领导人员40岁以下占比翻一番，实现党委书记抓党建述职评议2轮全覆盖，出台作业区党总支工作规则和党员发挥先锋模范作用10条措施，推进基层党建“三基本”建设与“三基”工作有机融合，党建工作保持集团公司A档水平。聚焦党委决策落实深化政治监督，开展7个党委常规巡察和7个领域专项巡察，推进“以案促改”制度化常态，政治生态得到进一步净化。开展“转观念、勇担当、强管理、创一流”主题教育活动，宣传作品两次登陆央视新闻，展现吉林油田绿色低碳转型发展新作为。

【和谐企业建设】 2022年，吉林油田面对新冠肺炎疫情区域性频发形势，统筹疫情防控、生产经营和安全环保，高效组织、科学管控，外输劳务人员和油区8000余名干部员工长时间连续驻岗奋战，展现出吉林石油人顾全大局、能打硬仗、甘于奉献的良好精神风貌。坚持“上访变下访”，多次得到集团公司党组通报嘉勉。严厉打击涉油盗公，挽回直接经济损失 698 万元。坚持关心关爱员工，帮扶慰问困难家庭 7670 户次，为外输劳务人员提供异地就医便利，高标准修缮大学生公寓，增加心脑肺等体检项目，建成健康小屋 10 个，推进公积金贷款结清和缩期节约利息 4084 万元。注重发展成果惠及员工，“双扭亏”绩效有力支撑，人均收入历史性增长。

（李冬梅）

中国石油天然气股份有限公司大港油田分公司（大港油田集团有限责任公司）

【概况】 中国石油天然气股份有限公司大港油田分公司（大港油田集团有限责任公司）简称大港油田，始建于 1964 年，是集团公司所属的以油气勘探开发、新能源开发利用、储气库为主营业务，集管道运营、井下作业、物资供销、生产电力等业务为一体的地区公司，总部位于天津市滨海新区。截至 2022 年底，大港油田累计探明石油地质储量 131394.49 万吨、天然气地质储量 766.91 亿立方米，累计生产原油 2.12 亿吨，天然气 275 亿立方米。有矿权面积 1.48 万平方千米，地跨天津、河北、山东 3 省（直辖市）的 25 个区、市、县。员工总数 19267 人，设机关部门 16 个、直属单位 5 个、所属单位 34 个，资产总额 551.46 亿元。

大港油田主要生产经营指标

指　标	2022 年	2021 年
原油产量（万吨）	400.02	394.02
天然气产量（亿立方米）	6.36	6.4
新增原油产能（万吨）	65.04	63.04
新增天然气产能（亿立方米）	0.5	0.53
新增探明石油地质储量（万吨）	1087.09	2739.29
钻井（口）	273	322
钻井进尺（万米）	72.29	79.43
勘探投资（亿元）	13.46	12.58
开发投资（亿元）	39.68	41.73
资产总额（亿元）	551.46	567.38
收入（亿元）	802.41	246.52
利润（亿元）	6.75	1.28
税费（亿元）	92.83	18.59

2022 年，大港油田面对新冠肺炎疫情严重冲击和产量大幅波动等不利因素影响，推进“稳油、增气、提效”三项工程，完成上级下达的各项业绩指标，2022 年生产原油 400.02 万吨，生产天然气 6.36 亿立方米、超产 1.16 亿立方米；被评为 2022 年度集团公司先进集体。

【油气勘探】 2022 年，大港油田聚焦寻找整装规模储量，强化重点领域高效勘探。庄海潜山甩开预探实现新突破，埕海 45 井首次在二叠系上石盒子组发现 67.6 米厚油层，日产油 63.6 立方米，形成海上千万吨级效益增储区。歧口页岩油勘探取得新进展，歧页 11-1-1 井高产稳产。滨海斜坡集中勘探获新成效，在唐东地区钻获多口高产高效井，唐东 9X5 井初期日产油 105 立方米、气 2.8 万立方米。千米桥潜山风险勘探再现新苗头，钻获日产百吨以上高产高效井——板深 16-21 井，整体形成一个百亿立方米天然气规模储量区。全年新增原油三级储量 5337 万吨、SEC 储量 286 万吨，新增储量区当年贡献原油产量 28.1 万吨。

【油气生产】 2022 年，大港油田推进“为油而战、夺油上产”专项行动。建成中国石油自营区首座海上采修一体化埕海一号平台并当年产油 9.5 万吨，打造形成唐东 9X2、港东东营等 6 个日产百吨高效区块，赵东油田钻获 D24-67H 井等 4 口日产百吨高产井，整体新建原油产能 65 万吨、内部收益率 8.1%。老区综合治理见到明显成效，实施老井侧钻、储层改造、二氧化碳吞吐等措施作业 770 井次、增油 24.8 万吨，油田自然递减降至 15% 以内、创近 10 年最低。

页岩油效益开发取得实质性进展，沧东 5 口先导试验井创大港油田页岩油单井水平段最长（2091 米）、含油指标最优（11.6 毫克 / 克）、压裂段数最多（39 段）等多项纪录，官页 5-1-3H 井、5-3-6H 井 2 毫米油嘴自喷日产均在 30 吨以上，进一步坚定页岩油规模效益开发的信心。驴驹河储气库建成投产，储气库整体工作气量26.1亿立方米，天然气保供两度登上中央电视台《新闻联播》。全面启动油田48兆瓦光伏发电项目，建成埕隆1601井区光热利用示范项目，争取清洁电力指标34.8万千瓦，开拓地热供暖市场354万平方米，节能2.1万吨标准煤，能耗总量同比下降5.9%，清洁能源利用率9.36%、超上级考核指标2.86个百分点。

【提质增效】 2022年，大港油田落实集团公司“四精”工作要求，坚持从严管理出效益、精细管理出大效益、精益管理出更大效益，着力深挖全业务链提质增效潜力。通过优化投资配置与管控、狠抓项目可行性研究和设计优化、精益完全成本对标压降、加强集约用地等，节约投资成本7.6亿元；通过规范两级物资采购、抓实设备对标管理、争取税收优惠政策、推进内部项目自建等，减少费用支出6.9亿元；通过深化原油市场化与适价销售、强化天然气增产增销、盘活闲置土地房屋资源等，增收创效5.5亿元。深耕拓展南方石油勘探开发有限责任公司、中石油煤层气有限责任公司，以及尼日尔、乍得等国内国际市场，创收4.78亿元、边际效益2.1亿元。2022年账面利润5.6亿元、同比增利4.3亿元；整体经营效益创“十三五”以来最好水平，被评为集团公司生产经营先进单位。

【改革创新】 2022年，大港油田突出重点领域、聚焦发展难点，全面深化改革创新，提升发展含金量、含新量、含智量。国企改革三年行动收官，“油公司”模式改革、三项制度改革稳步推进，新能源、矿区服务、学前教育、离退休等业务优化调整平稳实施，建成新型采油管理区、作业区22个，精简二级、三级机构41个，压减中基层领导人员职数44个，控减员工总量1185人，控员因素促进全员劳动生产率提升5.4%。股份公司三期重大科技专项各课题通过验收并获评“优秀”，大港油田首批7个“揭榜挂帅”项目取得18项标志性成果，天津市级“三次采油与油田化学”企业重点实验室挂牌成立，引进推广新技术、新工艺8项。数智云平台、安眼工程等配套工程建设加速推进，1.0版数智油田建成，为老油田高质量发展注入动力。

【安全环保】 2022年，大港油田建立健全安全环保月度例会、安全总监季度述职机制，推进全员安全生产记分管理，加强基层安全文化建设，各级领导干部带头讲授安全课105场次、“四不两直”开展安全检查2184次，全员安全环保责任进一步压实。投入7700余万元，实施隐患治理项目175个；筹措2300余万元，整治城镇燃气隐患285个；弃置封井重大风险长停井237口，管道失效率同比下降35%；根治173户危陋自建房历史难题，清理海景大道南延工程两侧违建3.4万平方米。抓好大气污染防治、固体废物管理、环境优化美化等工作，更新改造储罐、锅炉、压力容器等99具（台），清理各类垃圾1.1万余吨、种植绿植6万余株，通过全国绿色矿山企业“回头看”复核验收，并获评“中国石油绿色企业”。创建健康企业，做好职业病危害防治和职工健康查体，启动职工心血管疾病风险专项筛查，加大重点场所除颤仪（AED）、血压仪等医疗设备配备力度，建成“心灵驿站”129个，新增职业病为零，非生产亡人事件同比下降32.4%，在新冠肺炎疫情全面管控期间守住不发生聚集性疫情底线。全年未发生一般B级以上生产安全事故，连续两年被评为“集团公司QHSE先进企业”，并被确立为上游业务唯一一家绿色企业ESG治理（环境、社会和公司治理）提升试点单位。

【合规治企】 2022年，大港油田落实中央企业“合规管理强化年”总体部署要求，制定出台一流法治企业建设实施方案，研究确立建设行业法治示范企业的总体目标，并在年中领导干部会上专题部署。推进“严肃财经纪律、依法合规经营”综合治理等专项行动，全面开展“国有产权管理、会计信息质量”等重点领域排查整治，及时查改各类问题26个，事后合同比例0.4%、远低于集团公司4%的考核标准，项目招标实现应招尽招，清理不合格供方124家，依法合规经营水平提升。创新法务管理新模式，依法主动处理各类案件35起、挽回经济损失824万元，维护合法权益。发挥审计监督“经济体检”作用，开展经济责任、工程项目等各类审计29项，取得直接经济成果3425万元，防范合规风险、避免效益流失。

【和谐稳定】 2022年，大港油田践行“发展为了职工、发展依靠职工、发展成果由职工共享”理念，组织开展“喜迎二十大、建功新时代”大型文体活动17项，帮助基层解决实际问题557个，慰问帮扶困难职工6500余人次，安排资金1000万元维修居民住宅3708户，办理完成港西新城13个住宅小区1.27万户不动产权证，津石高速天津东段、津歧公路大港油田段、创新路东段竣工通车，海景大道南延工程正式启动，港西新城中学建设项目落实，碱蓬草观景长廊二期工程建成投用，12个老旧小区改造成效显著，通过全国厂务公开民主管理示范单位复查。坚持稳定压倒一切，抓好维稳信访和安保防恐工作，及时协调处置工程项目规划手续办理、农民工薪酬拖欠、危陋自建房治理安置等突出信访问题17项，集团公司挂牌督办的重点信访事项和人员全面清零，联合地方公安部门抓获涉油气违法犯罪分子10名，党的二十大等特别重点阶段“政治护城河”工作受到集团公司通电嘉勉，并获集团公司“平安企业”称号。

【大港油田埕海一号平台投产】 2022年5月26日，中国石油自营区第一座海上采修一体化平台——大港油田埕海一号平台正式投产，日产原油420吨，标志着大港油田滩海自营区迈入“海油海采”新发展阶段。5月27日，大港油田收到油气新能源公司贺信。

该平台是中国石油首座自主研究、自主设计、自主建造、自主投运的万吨级采修一体化平台。创新集成多项新技术，填补滩浅海地质—海工一体化评价建产、全单筒双井设计、万吨级吊装、孤立大直径钢桩群精准定位安装4项国内技术空白，并创中国最长滩涂海缆拖拉施工纪录。采用三层甲板布置结构，总面积约7800平方米，可满足日产液3500立方米、日注水量3200立方米的开发需求和55人的生活需要。在国内首次采用全单筒双井设计，甲板面积节约30%，钻井数量增加1倍。采用分散控制、集中管理的智能化仪控系统，实现从地下到地上、从井筒到海管的全流程管控和数据全面感知，并具备四级预警关断及周界报警功能，确保油气生产安全高效。践行“护蓝色海洋、建绿色油田”理念，新建两条海底电缆和两条海底管道，电力能源供给、产液外输和地下水回注实现全程密闭输送，含油污水、生活污水“双零”排放。

【驴驹河储气库建成投产】 2022年9月23日，国家重点能源项目——驴驹河储气库注气108万立方米，标志着该储气库正式建成投用。截至2022年12月31日，注气8148万立方米，为京津冀冬季天然气保供作出新贡献，两度登上央视《新闻联播》。

驴驹河储气库投资10亿元，设计库容5.7亿立方米、工作气量3亿立方米，历时564天建成集注站1座，以及中控区、采气装置区、注气装置区、井场区、35千伏变电站、放空区6大功能区域，创造大港油田取换套纪录最深、顶管一次性穿越距离最长、作业带管道施工宽度最窄、35千伏双回路电路建设速度最快及储气库国产化率、橇装化率最高的历史纪录，成为国内首座“井站一体”式储气库、中国石油首批全数智化建设运营的气藏型储气库。

【尤立红当选中国共产党第二十次全国代表大会代表】 2022年9月25日，大港油田第五采油厂第一采油作业区采注运维三组组长尤立红当选中国共产党第二十次全国代表大会代表。尤立红是此次天津市石油石化企业当选的唯一代表，也是继党的十八大、十九大会议后，第三次当选中国共产党全国代表大会代表。党的二十大会议闭幕后，尤立红作为主讲人，在中国石油党建工作华北协作区党建会议上宣讲党的二十大精神。作为石油一线的先锋模范，尤立红先后被评为“全国技术能手”“全国劳动模范”“全国‘三八’红旗手标兵”，并获国家专利40余项，解决生产难题230余件，创效1000万余元。

【大港油田获评“国家技能人才培育突出贡献单位”】 2022年12月28日，国家人力资源和社会保障部授予大港油田公司“国家技能人才培育突出贡献单位”称号。大港油田为中国石油唯一一家获评单位。“十三五”以来，大港油田深入实施人才强企工程，培养全国技术能手8名，天津市、中央企业、集团公司技术能手15名，建成国家级技能专家工作室2个；获省部级以上技能荣誉79项，省部级、国家级职业技能竞赛金牌13枚。破解生产难题2047项，技术革新370项，修旧利废1120项，形成先进操作法72个，年均创效1000余万元。

【大港油田首个光热替代示范区成功投运】 2022年12月，大港油田首个光热替代示范区——第二采油厂第三作业区投用运行。该区块属于稠油—特稠油油藏，原油具有“三高两低”（高密度、高黏度、高胶质沥青质，低蜡、低凝固点）特点，抽油机井筒伴热采用传统电、气伴热工艺，耗电量475.95万千瓦·时、耗气量29.80万立方米，能耗高、碳排放量高、运维费用高。大港油田在该区创新采用“光热+储热+空气源热泵+电辅热”新工艺，替代传统的电加热和燃气加热，实现井场生产化石能源零消耗。项目投运后，节省电能消耗170.17万千瓦·时/年、燃气消耗29.8万米^3/年，降低碳排放2149吨/年，助力大港油田清洁低碳、降本增效。

【大港油区首个科研党建协作组成立】 2022年8月8日，由大港油田勘探开发研究院、采油工艺研究院、石油工程研究院、经济技术研究院和东方地球物理勘探公司大港物探研究院5家科研单位党委共同组建的大港油区科研产业链条党建工作协作组正式成立。该协作组涵盖党支部50个、党员800余名，是大港油区首个大型科研党建工作协作组。协作组秉持“资源共享、专业协同、优势互补、整体提升”工作思路，聚焦行业发展难题，通过党员示范岗、示范项目、党员志愿服务等形式，开展物探地质、工程工艺、经济评价互联、技术交流、提质增效等交流活动，延伸企业基层党组织工作触角，推动各单位之间党建工作交流互助活动常态化，构建形成科研单位党建和中心工作融合发展的新局面。

（刘朝晖）

中国石油天然气股份有限公司青海油田分公司

【概况】 中国石油天然气股份有限公司青海油田分公司（简称青海油田）1999年6月成立。勘探开发领域主要在柴达木盆地，地理面积25万平方千米，盆地面积12万平方千米，沉积面积约9.6万平方千米，平均海拔3000米，空气含氧量是平原的70%，是世界海拔最高的油气田。

1954年第一批石油勘探队伍挺进柴达木，1955年6月1日青海石油勘探局在西宁成立。1955年11月，柴达木盆地第一口探井泉1井出油。1958年9月，冷湖地中4井日喷原油800吨。1959年冷湖油田原油产量30万吨，约占当年全国原油产量的12%，成为国内四大油田之一。1964年涩北发现国内最大的第四系生物气田，1977年发现亿吨级尕斯库勒油田，1998年油气产量突破200万吨。国土资源部组织开展的第四次资源评价表明，柴达木盆地常规石油资源量29.6亿吨、天然气资源量3.2万亿立方米，估算页岩油、页岩气等非常规资源量分别为44.5亿吨、1.15万亿立方米，盆地油气总资源量118亿吨。石油探明率27.2%、天然气探明率13.7%，仍处于勘探早期，具有巨大的发展潜力。矿权区域内太阳能总辐射量6600—7200兆焦/米^2，估算BSK1资源量在9000吨以上，伴生卤水液体钾、锂、硼资源总量在2000万吨以上，新能源新资源发展前景广阔。

截至2022年底，柴达木盆地发现油田24个、气田10个，具备700万吨油气当量生产能力和150万吨原油加工能力。建成7条输油气管线，年输油能力300万吨、输气能力100亿立方米，天然气远输西藏、西宁、兰州、银川、北京等地。累计探明石油地质储量8.07亿吨，天然气地质储量4407.11亿立方米；累计生产油气当量1.54亿吨，其中原油6883万吨、天然气1063亿立方米，加工原油3549万吨，累计实现收入4570亿元、上缴利税1484亿元。青海油田有花土沟原油生产、格尔木天然气和炼油化工、敦煌科研教育生活3个基地。2022年底，青海油田设职能部门16个、直附属单位6个、二级单位33个，员工总数15065人，平均年龄41.3岁；在职党员7265人，占员工总数的48%。

2022年，青海油田完成油气三级地质储量当量1.49亿吨，探明石油地质储量2228.34万吨；完成油气当量713万吨，其中生产原油235万吨、天然气60亿立方米；加工原油150万吨；获取新能源指标240.1万千瓦；营业收入200.52亿元、同比增加36.22亿元，利润20.58亿元、同比增加13.28亿元。获集团公司“‘三重一大’决策和运行监管系统应用优秀单位”“‘十四五’规划工作先进集体”“统计工作先进单位”“井控工作先进企业”“新能源市场开拓先进单位”等称号。

青海油田主要生产经营指标

指　标	2022年	2021年
原油产量（万吨）	235	234
天然气产量（亿立方米）	60	62
新建原油产能（万吨）	27.88	33.56
新建天然气产能（亿立方米）	5.6	5.8
新增探明石油地质储量（万吨）	2097.46	4653.39
二维地震（千米）	600	1800
三维地震（平方千米）	1136.6	600
探井（口）	42	49
开发井（口）	508	598
钻井进尺（万米）	93.23	96.01
收入（亿元）	200.52	164.3
利润（亿元）	20.58	7.3

【油气勘探】 2022年，青海油田英雄岭页岩油效益勘探取得新进展，首个10万吨页岩油生产示范区即将建成，阿尔金山前多层系勘探获得新突破，牛东鼻隆侏罗系勘探见到良好苗头。直井控规模，完成的13口直井均获工业油流，纵向落实上中下3个“甜点”段，平面控制含油面积80平方千米，展现出超5亿

吨效益储量的潜力；水平井提产，投产的4口水平井均获高产稳产，其中柴平1井年累计产油超万吨，单井最终可采储量（EUR）3.5万吨，控制两个效益建产层系储量超亿吨，为30万吨建产规划奠定资源基础。

突出“三个重新”研究，强化地震资料精细解释，重上阿尔金山前带牛中斜坡，钻探牛17井、牛171井，压后日产分别达7.12万立方米、4.8万立方米；甩开预探小梁山凹陷源内碳酸盐岩，沟11井最高日产油36立方米，沟12井获工业油流，新增控制石油地质储量3138万吨。风险勘探山前冲积扇碎屑岩近源油藏，阿探1井、阿探2井证实山前斜坡区碎屑岩岩性圈闭可有效成藏，具备亿吨级增储潜力。

“柴达木盆地牛中—牛东地区油气勘探取得重要发现”获集团公司油气勘探重大发现成果二等奖。“柴达木盆地柴西北红沟子地区上干柴沟组（N_1）碳酸盐岩油藏勘探”获集团公司油气勘探重大发现成果三等奖。

【油田开发】 2022年，青海油田产能建设工作围绕“效益建产”目标，践行“1335”工作要求。完成《大风山油田风3区块N_2^1油藏开发先导试验方案》《英雄岭油田干柴沟区块柴902井区页岩油开发先导试验方案》等14个区块产能建设项目开发方案的审查和备案。

老区产能按照“细分加密、剩余油挖潜、滚动外扩”3个层次，在尕斯中浅层、油砂山、跃进二号东高点、乌南、花土沟、南翼山、英东等9个主力建产区块部署调整产能26.47万吨；增加南翼山、乌南、尕斯中浅层等效益较好区块产能5.8万吨，调减干柴沟等低效区产能5.8万吨。围绕英东、乌南等区块部署细分、加密及井网重组产能10.85万吨，建成产能9.81万吨，可采储量采油速度分别提高0.65个百分点、0.17个百分点。精细砂体剩余油挖潜技术研究与应用，部署剩余油挖潜钻井63口，建成产能6.56万吨，产能符合率87.3%，累计产油3.6万吨。结合构造及沉积储层研究，围绕花土沟北部、油砂山Ⅰ断块北部、南翼山Ⅲ油组东部开展滚动评价，部署扩边产能10.11万吨，建成产能9.37万吨，花土沟北部、南翼山东部Ⅲ油组新增探明地质储量752万吨，油砂山Ⅰ断块北部预估探明地质储量400万吨。

组建英雄岭页岩油、风西致密油全生命周期项目部，完钻15口平台井，页岩油、风西单井建井投资相对下降17%、38%。通过3个平台16口井钻探，英雄岭和风西平台水平井“甜点”钻遇率92.7%、96%；形成“旋转导向＋精准轨迹控制＋一趟钻”等关键配套技术，英雄岭和风西平均钻井周期缩短至68.25天、26.52天，分别下降49.5%、65%；以“密切割多簇多段＋限流射孔＋大排量＋变黏滑溜水高强度连续携砂”为主的水平井体积压裂2.0技术，簇间距由23米缩短至6米，单段最大簇数由6簇增加至10簇，单井平均液量分别为4.46万立方米、2.99万立方米，刷新青海油田多项水平井压裂纪录。

【气田开发】 2022年，青海油田加强生产组织，搭建“地下—井筒—地面”立体管理体系，涩北3号、6号站全面增压，日产提升15万立方米；释放65万立方米增压气量；投产涩北一号低压干线、二号低压支线，实现日增气25万立方米。紧盯“预防—监管—复产”关键环节，加密维护430井次，实施开关井动态调整2200井次。制定《青海油田公司自用气考核实施细则》，溶解气日均商品量同比增加17万立方米。

减少封堵、大修37井次，增加调层、酸化298井次，措施有效率82.2%；日维护315井次，年稳气量6.4亿立方米；对摸排的223口长停井专题论证，编制治理方案，优选148口实施作业，恢复95口，日增产97万立方米。调减涩北一号、台南水侵风险井8口，补充新井17口，动态调整涩北二号井位6口，调减南八仙5口；严格技术创新，涩北建立水侵区“2221”标准，建成产能0.2亿立方米，昆2区块探索基岩气藏高温超深井效益开发模式，建成产能0.83亿立方米。成立产建项目组，细化环节管控，钻井时效98.2%，同比提升2%；投产作业对标对表，完井、投产周期分别缩短4.5天、2.3天；细化技术保障，分段设计钻井液比重，漏失率同比下降8.4%。

优化充填砂量、封口半径等参数，单口费用下降18万元；开展冲砂液体系配伍性、流变性等实验，施工398井次，日增气72.6万立方米，年均单井漏失量同比下降1.5立方米；搭建集中气举智能诊断分析平台，实时优化注气量，累计增气0.49亿立方米；推进酸化解堵向增渗拓展，实施484井次，累增气3.08亿立方米。

挖潜涩北水侵区、泥岩层，实施6井次，新增动用储量10.2亿立方米；冷湖构造南部部署冷2101井，优选Ⅳ、Ⅴ层组10个气层试采，日产气0.18万立方米；制定尕斯联合站、乌南—扎哈泉等4个潜力区块7项挖潜对策，日增气7万立方米。

【新能源业务】 2022年，青海油田推进风电、气电、光电、地热、伴生矿和碳资产开发等新能源产业发展和业务市场开拓工作。新能源建设指标240.1万千瓦，完成年度目标的100%。开工建设指标完成0.08万千瓦，完成年度目标的0.14%。清洁能源替代量8.03万吨标准煤，完成年度目标的100.2%。实施花土沟基地办公楼屋面光伏、东坪区块天然气综合利用工程、卤水综合利用中试试验项目等10项新能源项目。

通过采取“关、停、并、转、减”及加热炉电气化改造等措施，能耗总量120.55万吨标准煤，同比下降2.01万吨，商品量单耗135.15千克标准煤/吨，同比下降5.3千克标准煤/吨。花土沟基地办公楼屋面光伏项目总装机容量794千瓦峰，11月1日开工，11月30日完工并网运行，截至12月31日，累计发电量6.3万千瓦·时，日均发电量2032.26千瓦·时。提XAI工程提前30天建成投产，产品纯度99.999%，实现天然气常温提XAI技术的突破，截至2022年12月31日，累计产XAI 425.96标准立方米。BSK1资源勘探，柴西地区部署11口钻孔、完成进尺4246米，发现5个工业孔，4个矿化孔，2个异常孔，见矿率100%，见工业矿率45%。与国家电力投资集团黄河上游水电开发有限责任公司合作建成英东油田源网荷储一体化项目，总装机容量6930千瓦峰，累计发电量58.13万千瓦·时，成为青海省氢能2022—2035年发展牵头单位。

开展PC-1溶剂工业化实验，12天实现低浓度烟气中二氧化碳的回收（二氧化碳浓度6%—7%），实验期间每小时回收浓度99.7%的二氧化碳2000立方米，回收率70%。利用废弃油气藏开展压缩空气储能先导性实验，累计注气320万标准立方米，验证地层作为储能空间具备可行性。依托柴西北丰富的油气资源，利用区域风、光和深层卤水资源，建设以风光发电为主，天然气发电为辅的智慧微电网，实现绿电采油，推进绿电生产新模式。

【炼油化工】 2022年，青海油田加工原油150万吨，生产汽油52.44万吨，柴油68.78万吨，甲醇7.8万吨，聚丙烯3.24万吨；综合能耗68.03千克·标准油/吨，综合商品率92.99%，加工损失率0.55%，均完成预算目标，轻质油收率77.43%，比计划指标低2.57%；炼油完全加工费354.02元/吨，与预算持平，炼化业务盈利228.17万元；聚丙烯产量提前74天完成年生产任务。

推进“绿色企业”污水减量攻关，格尔木炼油厂实施动力污水回用线改造、回收利用聚合水环真空泵水环水等措施，外排污水总量由178.03米^3/时降至138.30米^3/时；硫黄烟气达标攻关，建成投用净化干气深度脱硫项目，干气总硫由30毫克/厘米^{3}降至2毫克/厘米^{3}以内。

开展7项揭榜挂帅解难题和6项攻关项目，丙烯收率由27.82%提升至35.34%，超产聚丙烯7400吨。异构化汽油辛烷值由80提升至82，醚化轻汽油辛烷值由93.1提升至95.5，烷基化油辛烷值由93.2提升至95，生产95号标准汽油1500吨。

【工程技术】 2022年，青海油田动用钻机63部，其中青海钻井公司47部，渤海钻探公司16部。截至12月31日，开钻518口，完井511口，进尺93.32万米。其中开发井开钻482口，完井477口，进尺78.94万米；探井评价井开钻36口，完井34口，进尺14.38万米。平均机械钻速12.23米/时，平均钻井周期17.02天，平均完井周期22.98天。井身质量合格率99.01%；固井质量合格率92.49%；取心收获率96.31%。其中开发井井身质量合格率98.94%；固井质量合格率92.58%；取心收获率92.58%。探井井身质量合格率100%；固井质量合格率91.18%；取心收获率96.12%。开发钻井事故复杂时效2.02%。其中油田开发事故复杂时效2.34%，气田开发事故复杂时效0.51%。

井下作业动用作业机137台套，其中井下作业公司44台套，中国石油26台套，民营67台套。使用6台套带压设备完成带压作业50井次。完成投产维护作业4708井次，同比增加367井次；大修204井次，同比增加37井次；连续管作业431井次，同比增加45井次；带压作业50井次，同比增加45井次。压裂完成340井次1028层段，同比增加18井次195层段，酸化完成686井次，同比增加304井次。油水井投产维护周期4.71日/（井·次），同比增加0.5日/（井·次）。气井投产维护周期7.59日/（井·次），同比增加0.54日/（井·次）。弃置井处置206井次。页岩油、致密油压裂19口井，段长23573米，丢段率为0。

印发《2022年套损井治理实施方案》，治理套损井363口，报废处置44口，新增105口，存量890口，超额完成套损井治理年度工作指标。

【提质增效】 2022年，青海油田落实“四精”管理要求，编制《提质增效价值创造行动实施方案》，实施党群宣传、油气勘探、油气开发、生产运行、资产创效、管理提升、改革创新、风险防控等8个方面53条措施；围绕“三增、四降、五提、六升级”工作目标，实现提质增效22.48亿元。

【科技管理】 2022年，青海油田开展各类科研攻关项目313项，包括省部级及以上项目（课题）40项，完成研发经费投入强度2.76%，科研项目计划完成率97.48%，科技创新及成果转化应用率95%，数字化油田建设推进计划完成率96%。

联合申报集团公司页岩油重大科技专项1项，争取到集团连续油管三期重大推广专项及重点软件推广应用专项下设课题2项，配套研究油气新能源公司“老油区开发压舱石”等课题14项，青海省科技项目2项，新开设公司级7大专业领域科研项目145项。编制下发《科技项目经费预算编制指南》《青海油田公司政府财政科技项目绩效支出管理办法》，集团公司勘探开发研究院成立“柴达木研究中心”，获批青海省重点实验室和青海省工程技术研究中心，填补青海省石油天然气行业重点实验室和研究中心的空白。12台套大型实验设备纳入青海省大仪平台。

开展“2022油气田勘探与开发国际会议（IFECD）”“第十五届国际石油技术会议（IPTC）”等19个学术会议的论文征集及参会工作，征集论文91篇，报告19篇，优秀论文3篇，展板交流8篇，收录论文集42篇。推荐4篇论文参加第一届中国科技青年论坛，1人获三等奖。出版《青海石油》4期，《青年学术论坛优秀报告专刊》1期，发表论文89篇。举办“昆仑高端学术讲坛”4期，“青年学术论坛”1次，“科技论文写作基础培训”1期。开展“全国科技工作者日”系列活动，入选青海省科学技术协会2022年“党建+N”项目1个和“学术特色学会”建设项目1个。

知识产权专题讲座2期，完成申报发明专利48项。获省部级科学技术进步奖11项，验收项目151项，对31项优秀科技成果和12项授权专利进行表彰奖励，完成新技术推广项目8项。

【安全生产】 2022年，青海油田按照“疫情要防住、经济要稳住、发展要安全”总体要求，围绕“1248”QHSE工作路径，统筹推进135项重点任务和安全生产大检查等专项整治行动。亿工时工业生产安全事故死亡率为0，道路交通安全万台车事故死亡率为0。

修订《青海油田公司安全环保事故隐患管理实施办法》等18项QHSE制度。签订《安全环保责任书》《安全生产责任清单》。追责严重事故隐患及违章360起，清退承包商3家，问责426人、安全生产记分517人次、处罚271万元。组织安全管理人员和特种作业资格取证、承包商HSE培训和关键岗位能力提升培训23期3402人次；4万余人次参与安全生产月、安全知识竞赛主题活动答题，发放安全生产月宣教视频资料103套、书籍2040册、主题挂图360套、手册3076本。

辨识油气生产、工程建设等9大领域310个风险单元，识别4546项安全风险，分级制定防控措施1.1万余条。采取“人工+智能”“专项督导+日常监督”安全监管模式，发现事故隐患1.2万余项。投入安全专项资金1.34亿元，实施安全隐患治理项目123项，完成安眼工程智能分析平台建设，解决43千米老旧管道失效、312台锅炉（加热炉）安全联锁不能正常运行等隐患问题。强化油气场站、人员密集场所等消防重点部位监管，日常监督检查789次，检查单位458家，部位789个，查出问题407项，日常监督检查频次同比增长162%。安全生产专项整治三年行动，统筹推进安全生产大检查、危化品治理等9个专项领域整治，投入安全专项资金1.34亿元，治理老旧装置、油气管网等安全隐患123项。消防宣传培训37期670人次，培训合格率100%。

健全职业卫生档案，实施“员工心理帮扶计划”建设，定期开展592处职业危害场所、6个水源地水质检测。投入资金300余万元，采油五厂等3家单位建成健康小屋，采气二厂等5家单位与当地医院合作开展现场医疗服务，为涩北、英东等一线偏远生产生活基地配备自动体外除颤仪（AED）等医疗器材。开展应急知识技能实操、EAP心理健康培训，守护员工身心健康。

【数字化油田】 2022年，青海油田实现数字化油气水井7453口，生产井数字化率91.82%，数字化场站121座，场站数字化率87.05%，无人值守率69.11%。开展《油气水井物联网动态台账》建设，形成“一井一码”台账动态管理机制。完成油田主门户和各二级门户55家网站2.0升级搭建、上线、推广工作。开展A1系统与青海CPL测井大数据平台数据库接口对接及A2系统与业财融合一体化系统数据库接口开发工作，实现跨系统数据的一致性、完整性。落实网络安全责任，完成冬奥会、冬残奥会、党的二十大等关键时间节点网络安全保障任务。常态化开展网络安全风险排查，处置弱口令问题1597项，弱口令事件环比下降70%。参加数字与信息化建设培训25人。组织参与集团公司第二届网络安全攻防大赛，获团队优胜奖和最佳风貌奖。

【企业党建工作】 2022年，青海油田坚定不移抓牢党的政治建设，确保“两个维护”落实落地。固化

“第一议题”制度，开展学习研讨39次。修订《深入学习贯彻习近平总书记重要指示批示精神实施意见》，明确20项具体措施；下发学习宣传贯彻党的二十大精神的通知，安排部署4方面28项具体举措，将党的二十大精神作为各类教育培训“第一课”。制定印发年度党委工作要点，明确6方面23项具体部署。严格落实民主集中制和党委议事规则，修订完善“三重一大”决策制度，决策“三重一大”事项129个。召开执行董事办公会、总经理办公会15次。落实民主生活会和“三会一课”制度，提出批评与自我批评意见建议51条、制定整改措施70余项，公司领导班子成员参加所在支部各项活动35次。完成党建攻关项目213个，创效600余万元。

建成54个党建室和285个党支部活动园地，党组织健全率100%。落实两个1%要求合理设置、优选配强党务岗位，新提拔配备党委书记11人，组织党支部书记和工作者培训班7期500余人次。制定《党建责任制考核评价办法和党支部考核评价办法》《党支部纪检委员发挥作用实施办法》。逐级签订党风廉政建设责任书7084份、廉洁从业承诺书8648份，运用“四种形态”，整体提高监督执纪质量，批评教育和处理33人次。

【纪检监督】 2022年，青海油田执行服务保障“三个环境”要求，研究确定22项政治监督内容。制定“一把手”和领导班子监督实施细则，明确68条具体措施，两级纪检机构约谈“一把手”44人、班子成员79人。开展新冠肺炎疫情防控监督检查128场次，督促整改问题152个，追责问责42人次。探索“纪检＋安全”模式，组织安全生产大检查、体系审核问题整改、燃气安全“百日行动”等监督检查，发现并纠正问题85个。

优化完善“一台账四清单”“五责任五监督”清单化管理。运用“四种形态”，批评教育和处理33人，其中第一种、第二种形态29人，占比87.88%。开展违规经商办企业专项整治，梳理筛查核实765条疑似信息。回复党风廉政意见211个集体、819人次。指导3家油田单位党委试点开展立项监督。针对性开展立项、联合监督134项，下发监督检查建议书105份、提醒函95份，督促整改问题1201个，移交问题线索1件。受理信访举报12件，处置问题线索17件，立案审查10件，处分11人，收缴违纪款47.1万元，挽回经济损失856.1万元。

组织二级副以上领导198人观看《利剑啸歌》《贪欲之殇》《以案为鉴》，印发2000册油田典型案例警示录。对55名新提任、调任领导人员开展“六个一”任前廉洁教育。运用“5+N”廉洁教育载体，组织开展警示教育156场，讲授廉洁党课37场，“远离网络赌博、摒弃赌博陋习”主题警示教育26场次，组织2625人参观油田“两厅”、1.03万人次参加党风廉政建设知识微信答题。

汇编巡察相关制度235项。梳理2015年以来巡察工作资料，按照“6+N”模式编制巡察资料归档装订操作手册，完成79家单位394册资料装订。派出6个巡察组，专项巡察4次、“回头看”2家单位，发现114个343项问题，移交问题线索7个。建立“双反馈双通报”机制，向15个相关部门下达督导整改建议书。第一轮巡察整改完成率99.26%，完善制度61项，挽回损失3.04万元。

【企业文化建设】 2022年，青海油田企业文化建设工作以习近平新时代中国特色社会主义思想和党的二十大精神为指导。编发“学习二十大、奋进新征程”主题简报5期。修订《青海油田党委理论学习中心组学习规则》，油田党委中心组集中学习13次，开展6个方面专题研讨5次，66人次参加。政研成果评选，收集论文、成果150余篇。将“转观念、勇担当、强管理、创一流”主题教育与油田高质量发展有机融合，按照5个方面25项具体任务整体推进，媒体开辟专题专栏，开展巡回宣讲29场次，编发简报14期。

印发《青海油田公司党委意识形态工作责任制实施细则》《青海油田网络评论引导工作考核办法》等制度。306名网评员，下发网评任务76条，组织转载转发评论3万余次，开展“石油工人心向党”新媒体创作大赛，16件作品入围。首次开办新闻写作技能大赛，157人参赛。在央视广播端、新媒体端分别播出“气化西藏”系列报道11篇（条），《青藏高原首次规模开发页岩油》等相关报道被国内多家媒体转载转发。外媒刊发宣传报道400多篇（条）。组织第23届青海结构调整暨投资贸易洽谈会和“第二届国际生态博览会”参展工作，对外网全媒体各类信息数据进行采集，梳理信息4364条，编发舆情动态月报12期。开展敏感信息清查工作，清理各类书刊、报纸、画册1262份，删除网络及“三微一端”敏感信息2100余条。《孤勇者》高原铁军版MV，视频点赞量突破15万＋，转发突破6000人。

【工会工作】 2022年，青海油田突出职工创新工作室引领作用，10个创新工作室480余人，解决一线生产难题76项，取得创新成果122项，获国家专利16项，征集优秀合理化建议96条，评审表彰23项。

开展员工健康体检18274人次2821万元，疗养10413人次5142万元，发放螺旋藻系列产品32万瓶1532万元，针对员工健康体检结果中心脑血管疾病占比较高现状，增发血糖宁、血脂灵6.4万瓶328万元。野外巡回医疗2次，走访基层单位及野外队站21个，体检1713次诊疗429人次，讲座40场次参与960人，发放药品43种4182份。

开展生日慰问、员工生病、生育慰问，慰问一线岗位员工3000余人次，重点节日慰问困难户2380户，“五一”慰问劳动模范187名，“六一”慰问残疾子女、孤儿16名。职工医疗互助基金收缴2968人，救助78人。救助大病特困家庭101人，救助死亡人员家庭347人，金秋助学17名学生，发放低保金32户37.5万元。为30户49人计划生育特殊家庭办理家庭医生签约服务。

【矿区服务】 2022年，青海油田推进油气生产单位和工程技术单位后勤业务改革，45个野外食堂生活物资供应实现统一采供。修订下发矿区后勤业务管理制度19项，评价现行制度35项；建立与宝石花的工作联席月度例会沟通协调机制，月检查、季考核和服务满意度测评相结合，实施“管理、考核、测评”一体化管理模式；启动民生工程项目，实施9号、10号公寓楼集中隔离储备点改造、基地玉兰灯维修、主干道路标线划线等9个重点项目；组织“我为碳中和种棵树”活动8239人参加，捐资27.8万余元；优化浇灌运行方式，分时段分区域进行浇灌，首次实现管网浇灌全覆盖，新增绿化面积5.7万平方米；后勤服务业务安全检查44次、督办整改问题156个，三大基地城镇燃气安全隐患大排查、完成18项重点隐患整治；基地危房排查整治、督办完成5个老旧场院危房拆除；污水处理项目实现全部视频监控，实现一级A标准连续长期达标运行；创建智慧食堂、健康食堂、“轻食”餐厅，实现4个基地食堂“刷脸”“一卡通”就餐新模式。

【疫情防控】 2022年，青海油田应用油田“助力抗疫”系统、依托属地政府人员信息管理平台数据，排查从外地返回油田三地人员7.7万人次，隔离管控中高风险地区及其他重点人员3577人次；科学布设“15分钟步行核酸采样圈”，落实核酸采样二级单位“包保制”，完成核酸采样检测173万余人次；花土沟基地按新冠肺炎疫情防控标准改造公寓70间，列入茫崖市定点方舱储备基地；敦煌基地改造9号、10号公寓楼作为集中隔离储备点，设置石油宾馆为闭环管理点、石油大厦A座、B座及基地外6个宾馆酒店作为临时留观点，留观服务1.4万人次；组织油田基地疫苗接种39607人、接种率95.4%，油田员工非禁忌接种率100%。

（幸　利）

中国石油天然气股份有限公司华北油田分公司（华北石油管理局有限公司）

【概况】 中国石油天然气股份有限公司华北油田分公司（华北石油管理局有限公司）简称华北油田，是中国石油所属的以常规油气勘探开发为主，同时有新能源、煤层气、储气库、燃气及工程技术和综合服务等业务的地区分公司，油气勘探开发区域主要集中在渤海湾盆地冀中坳陷、内蒙古二连盆地、巴彦河套盆地和山西沁水盆地四大探区。前身为1976年1月成立的华北石油会战指挥部，总部位于河北省任丘市。1981年6月，华北石油会战指挥部更名为华北石油管理局。1999年7月，重组分立为中国石油天然气股份有限公司华北油田分公司和华北石油管理局。2008年2月，油田上市与未上市业务进一步重组整合为现在的华北油田（华北石油管理局）。截至2022年底，华北油田设机关职能部门12个，直属单位8个，直管单位3个，二级单位36个，员工总数2.43万人。

2022年，华北油田全面统筹战略规划和工程支撑、油气上产和新能源开发、发展质量和经营效益，取得一系列实效性进展和标志性成果，特别是三级储量提交规模创近45年之最，SEC储量替换率连续两年大于1，油气当量跨越600万吨台阶，全年生产原油442万吨、天然气3.47亿立方米、煤层气18.90亿立方米，实现收入311.27亿元、上缴税费59.17亿元。

华北油田主要生产经营指标

指　标	2022 年	2021 年
原油产量（万吨）	442	424
天然气产量（亿立方米）	3.47	3.28
煤层气产量（亿立方米）	18.90	13.55
新增原油产能（万吨）	59.0	72
新增天然气产能（亿立方米）	0	0.3
新增煤层气产能（亿立方米）	6.0	1.56
二维地震（千米）	942	576
三维地震（平方千米）	1099	350
探井（口）	79	85
开发井（口）	506	636
钻井进尺（万米）	184.07	150.67
勘探投资（亿元）	20.85	15.96
开发投资（亿元）	64.17	44.87
资产总额（亿元）	594.29	571.29
收入（亿元）	311.27	223.83
税费（亿元）	59.17	26.07

【油气勘探】 2022 年，华北油田资源勘探成果喜人，三级储量实现高峰增长。优化形成“规模探明巴彦、探索“四新”领域、精细勘探老区、突破流转区块”整体部署，强化资源掌控，全年新增探明、控制、预测石油地质储量分别完成年度任务的 311%、103% 和 121%。巴彦河套新区勘探取得重要突破。兴华 11 井、扎格 1 井等 15 口井试油日产超 100 立方米，兴华区块发现内蒙古地区最大的单体整装油藏。冀中二连老区勘探取得重要发现。保清 1 井、强 104 井等多口井获高产，冀中保定凹陷发现优质资源接替区，饶阳凹陷实现勘探新突破，分别获集团公司油气勘探重大发现特等奖、二等奖，冀中北部天然气勘探展现良好前景，二连盆地发现多个效益储量区，老区稳产基础有效巩固。矿权流转区块勘探取得重要进展。雅华 3 井试油获日产 30 立方米工业油流，钻探永华 1 井有望发现新的含油构造带。

【油田开发】 2022 年，华北油田精细开发成效显著，原油产量保持箭头向上。统筹抓好巴彦新区上产和冀中二连老区稳产，为集团公司上游业务完成产量调整任务作出重要贡献。持续抓好效益建产。立足“调结构、控递减、提产能、保效益”，全年建成产能 85 万吨，新井单井日产油由 5.4 吨上升至 5.8 吨、创近年来新高。持续推进老油田稳产。推进老油藏精细精准挖潜、分级分类治理，实施动态调水 3035 井次，治理长停井 450 口，完成油水井措施 1350 井次、累计增油 25 万吨，自然递减和综合递减持续下降；立足转变方式提高采收率，统筹抓好潜山注气重力驱和“二三结合”化学驱，推进蒙古林火驱和八里西潜山二氧化碳捕集、封存和利用等股份公司重大开发试验。持续优化生产组织。强化生产经营指标监控和重点工程项目推进，统筹做好钻机调配、工农协调、运行保障，全力抓实巴彦原油产运储销。

【天然气保供】 2022 年，华北油田增气战略深入实施，天然气业务量效齐增。煤层气业务实现跨越式发展。郑庄、马必合作等区块 6.5 亿立方米产能建设收尾，在沁水盆地建成国内最大的煤层气田。储气库调峰能力再创历史新高。华北储气库群单日最高应急调峰能力同比增长 20%。常规天然气产量保持稳中有升。统筹抓好潜山气和致密气加快上产，杨税务潜山产能建设工程稳步实施，苏里格“三低”富水气藏开发取得阶段成效。履行冬季天然气保供职责坚决有力。坚持产供储销全面出击、协同发力，持续挖掘天然气生产潜力和储气库采气能力，精准实施燃气“压非保民”，健全完善与属地政府和上下游企业的应急联动机制，天然气产业链平稳受控，京津冀地区居民用户温暖过冬。

【新能源业务】 2022 年，华北油田绿色转型加快推进，新能源业务取得阶段进展。克服指标翻番压力，统筹抓好指标获取、项目落地、效益优化等工作，着力推动油田绿色低碳转型驶入“快车道”。地热业务市场开拓成效显著。瞄准首都、雄安及周边两大区域，全力加快北京城市副中心、任丘老城区等项目建设进度，积极拓展河间、晋州等供暖市场，超额完成年度考核指标，被评为中国石油 2022 年度新能源市场开拓先进单位。风光发电市场保持稳定增长。聚焦冀中、内蒙古等地区，坚持主动出击、发挥优势，积极对接属地政府，强化与国内风光发电头部企业战略合作，集中力量推进分散式和保障性上网指标获取，累计获取风光发电指标 1382 兆瓦。BSK1 勘探发现规模储量。坚持以脑木更凹陷为突破点，产研结合推进攻关部署，发现7口工业井、4口矿化井，达到中型矿床规模。

【经营管理】 2022年，华北油田提质增效走深走实，经营业绩实现大幅增长。推进提质增效价值创造行动10方面51项措施，经营业绩创近年来最好水平。突出控投提效。抓好效益排队优选、项目优化调整，开展投资“三不达”（不达产、不达销、不达效）专项治理。全面督导跨年在建项目清理，投资管控水平进一步提升。突出降本增效。完善差异化预算政策，常态化开展经济活动分析，开展“十四五”完全成本压降工作，重点实施“1+3”成本结构优化工程，推进资产轻量化。突出挖潜创效。全面提升注采输电四大系统运行效率，统筹抓好中蓝股权转让、积压物资和闲置设备调剂利用、综合服务单位公有房屋和场地出租等挖潜措施，推进闲置土地侵占、应收账款清欠、重大疑难案件解决。

【改革创新】 2022年，华北油田改革创新持续深化，企业动力活力不断增强。重点改革任务完成。按期完成厂办大集体改制，85项改革任务进度达标，改革三年行动收官；立足“四个一批”（上市收购一批、专业重组一批、管理提升一批、萎缩退出一批），编制未上市托管业务改革方案，进一步明确18家未上市单位改革方向和业务布局；开展新型作业区建设，完成二三级机构、职数压减10%工作目标。科技创新成果丰硕。创新科研体制机制和“项目+团队+人才”培养模式，优选15个重点课题实施“揭榜挂帅”，组建“三跨”科技团队协同攻关，破解“卡脖子”难题；推进数字化转型，生产运行指挥调度、物联网运维等平台上线运行，油气生产物联网数字化率90.37%。基层基础巩固夯实。实施两级机关减负攻关项目216项，重点打造12个基层站队标杆，推进基层管理标准化、信息化、精益化。

【安全管控】 2022年，华北油田坚持强管控、防风险、重合规，营造和谐稳定的生产生活环境。狠抓安全环保。开展两个阶段安全生产大检查，按月召开安全环保形势分析会，自上而下组织两级领导班子安全生产大反思、大查摆、大整治学习研讨活动38次，在重点领域安全环保隐患治理方面加大投资，安全生产形势总体稳定；完成北京冬奥会、党的二十大期间空气质量保障任务，全面开展挥发性有机物、固体废物全程管控，绿色发展根基巩固夯实；油气水井质量三年整治行动成效显著，全面完成集团公司井筒质量考核指标，被评为河北省质量管理40年功勋企业；常态化抓好新冠肺炎疫情联防联控，精细组织风险人员排查管控。狠抓依法合规。制定下发《依法合规治企和强化管理指导意见》，修订完善会议决策事项清单和领导权限指引，企业合规管理水平持续提升。狠抓和谐稳定。创新实施警企协作“三三”长效机制，集中开展信访积案化解攻坚战、“三盗”问题歼灭战、重点目标保卫战，完成北京冬奥会、全国“两会”、党的二十大等重点敏感时期维稳信访安保防恐任务，3次获集团公司电报嘉勉。

【和谐稳定】 2022年，华北油田内外环境持续优化，和谐发展氛围更加浓厚。惠民工程取得实效。抓好“十件惠民实事”，推进石油海蓝城、万达春溪渡项目建设，创业家园F区1100余套改善房完成交房，油田社区内涝治理工程完工投运，廊坊、二连等社区集资房、回迁房、房改房不动产登记政策实现突破；深化关爱帮扶，建立新冠肺炎疫情防控期间关心关爱职工常态化运行机制，走访慰问生活困难家庭5100余户；职工门诊医疗、大病医疗待遇分别提高9%和5%，公积金贷款线上办理和“华北油田大健康”网络平台正式运行。企业合作持续深化。深化与渤海钻探等兄弟单位的工作对接和战略协作，探索建立“共生、共促、共荣”的甲乙方合作机制；与内蒙古煤炭地质勘查（集团）有限责任公司、长江大学等签订合作协议，持续推动产业链创新链融合拓展、优势互补。企地融合开创新局。积极融入京津冀协同发展大局，主动走访油田生产区域属地党委政府，在新能源指标获取、地热业务发展、油气生产退出等方面赢得理解支持。

【企业党建工作】 2022年，华北油田管党治党全面从严，党的建设质量持续提升。党的政治建设不断加强。扎实做好迎接和学习宣传贯彻党的二十大各项工作，制发压实全面从严治党主体责任十大任务和25条措施，出台机关部门监管责任清单。干部人才队伍建设稳步推进。坚持做好中层领导干部提拔任用工作，40岁左右中层干部占比由15.5%提升至19%；新增聘公司级技术专家11人，新建专家工作室6个，5人成长为集团公司青年科技人才；在国家、集团公司技术技能大赛中获4金6银9铜，创历史最佳成绩。基层党建和群团工作扎实开展。组织开展“战疫保产”等系列活动，推进基层党建“三基本”建设与“三基”工作有机融合，打造出第三采油厂“六心六好”、勘探开发研究院“科研党建+”等一批基层党建示范标杆；弘扬劳模精神、劳动精神、工匠精神，刘静、王新亚、闻伟分别获评全国五一劳动奖章、“河北工匠”、全国能源化学地质系统“大国工匠”；召开庆祝建团100周年五四表彰大会，启动实施“青马工程”、青年精神素养提升工程。党风廉政建设取得实效。健全完善“大监督”体系，实行重大项目与重点工程包联制和派出监督机制，开展“专项+常规”巡察，实现党的十九大以来巡察全覆盖；以零容忍态度惩治腐败，党风政风总体持续向好。宣传思想工作形成声势。扎实推进“转观念、勇担当、强管理、创一流”主题教育，启动实施文化引领三年行动，开展新时期新华北主题宣传，选树新时代华北榜样，展示良好形象，凝聚奋进合力。

（杨　英　贺国强）

中国石油天然气股份有限公司吐哈油田分公司（新疆吐哈石油勘探开发有限公司）

【概况】 中国石油天然气股份有限公司吐哈油田分公司（新疆吐哈石油勘探开发有限公司）简称吐哈油田，是集油气勘探与生产、石油工程技术服务等多种业务于一体，跨国、跨地区经营的大型石油企业，前身为1991年2月成立的吐哈石油勘探开发会战指挥部，总部位于新疆鄯善县火车站镇。主要从事油气勘探开发、科研服务、油田建设、水电讯保障、机械制造、物资采购等业务。吐哈油田勘探领域包括吐哈、三塘湖、准噶尔、银额、总口子5个中小盆地，分布在新疆、内蒙古、甘肃三省（自治区），登记15个探矿权区块，探矿权面积3.34万平方千米。勘探开发30余年，累计生产原油6401.28万吨、天然气259.58亿立方米。

2022年底，有机关职能部门12个、直属机构4个、二级单位19个，用工总量8426人，其中合同化员工6680人、市场化用工1746人。上市业务资产总计115.35亿元，未上市业务资产34.99亿元。

2022年，吐哈油田实施资源、创新、人本三大战略，凝心聚力战疫情，坚定信心增资源，加快节奏促上产，改革创新提效益，实现上市、未上市业务“双扭亏”，国企改革三年行动任务全面完成，新能源新产业发展加快推进，获集团公司油气勘探重大发现成果二等奖、三等奖各1项。生产原油139万吨、天然气3亿立方米。上市业务实现收入69.06亿元、税前利润3524万元，同比增利30.7亿元；未上市业务实现收入21.21亿元，税前利润554万元，同比增利1.9亿元。

【油气勘探】 2022年，吐哈油田非地震完成时频电磁366.6千米，重磁5900平方千米，完成VSP勘探1口（葡探1井）。石油及天然气预探井完成18口，完成钻井进尺8.63万米；石油及天然气预探试油交井10口22层，新获工业油气井数7口，预探

吐哈油田主要生产经营指标

指　标		2022年	2021年
原油产量（万吨）		139	135.25
天然气产量（亿立方米）		3	2.90
新增原油生产能力（万吨）		18.02	19.53
新增天然气生产能力（亿立方米）		0.30	0.3
二维地震（千米）		0	592
三维地震（平方千米）		0	514
完成钻井（口）		94	131
钻井进尺（万米）		39.04	42.18
勘探投资（亿元）		11.54	10.16
开发投资（亿元）		17.36	15.44
资产总额	上市（亿元）	115.35	104.34
	未上市（亿元）	34.99	31.95
营业收入	上市（亿元）	69.06	48.32
	未上市（亿元）	21.21	20.05
利润总额	上市（亿元）	0.35	−30.38
	未上市（亿元）	0.06	−1.90
税费	上市（亿元）	12.74	4.79
	未上市（亿元）	0.98	2.06

井成功率46.7%。完成风险探井2口，完成进尺1.61万米，试油交井0口2层。油藏评价完成钻井12口，完成进尺4.9万米；完成试油交井6口，新获工业油气井数5口，年度综合评价井成功率62.5%。

加大新区风险勘探和区域勘探力度，强化重点领域集中勘探，2个亿吨级、1个千亿立方米级油气富集区带储量规模不断落实。丘东洼陷致密砂岩油气藏、吉木萨尔凹陷砂岩油藏两项勘探成果分别获集团公司2022年度油气勘探重大发现二等奖和三等奖。统筹推进吉南凹陷、吉木萨尔凹陷砂岩油藏预探和评价工作，吉南凹陷新钻11口探评井均发现油层，试油完成9口井获6—62立方米工业油流，二叠系井井子沟组油藏在吉南凹陷东部呈现整体含油态势；吉木萨尔凹陷刻画西北物源扇体有利勘探面积183平方千米。二叠系井井子沟组砂岩油藏成为准东区域规模增储上产的主攻领域。推进台北凹陷源内致密砂岩油气藏规模增储，吉7块新钻7口探评井均钻遇油层，吉702H井获日产气5.24万立方米、油55.7立方米。台北凹陷源内致密砂岩油气藏成为吐哈老区最现实的重点接替领域。攻关扩展准东页岩油储量规模，吉页5H井、吉页6H井、石树5H井、石树7H井等均获稳定工业油流，拓展出页岩油规模储量新区块。准东页岩油日产530吨，成为吉木萨尔国家级页岩油示范区重要组成部分。

【油气开发】 2022年，吐哈油田生产原油139万吨、天然气3亿立方米。突出抓好效益开发，新区全力组织油藏评价和效益建产技术攻关，老区推进以控制递减率和提高采收率为核心的“压舱石”工程，牛圈湖油田获集团公司2022年度高效油田开发奖。加强重点区块评价建产一体化，高效建成准东30万吨产能新型采油管理区，加快萨探1、吉新2、吉28、马56等重点区块评价建产节奏，准东勘探开发项目经理部产油20.3万吨，同比增加12.3万吨。持续优化产能建设方案设计，建立“一井一策”优化模板，新井效果不断改善，投产新井65口，新建产能原油20.1万吨、天然气0.4亿立方米，产能符合率91.5%，同比提高3%。加大控递减工作力度，实施油藏分类评价、分类治理，提升剖面动用程度和平面波及范围，自然递减率18.6%，同比下降2.3个百分点。强化提高采收率技术攻关，动态开展SEC储量评估，老油田资产创效能力逐步增强。推进鲁克沁稠油天然气吞吐和减氧空气泡沫驱、葡北天然气重力驱等重大开发试验，试验区产量保持平稳，全年产油14.3万吨。优先实施注气吞吐、二氧化碳前置压裂等效益好的工作量，增油11.9万吨，超方案3.4万吨。油田综合递减率控制到10.4%，同比下降4.4个百分点；除鄯善采油管理区外，其他油气生产单位全部实现盈利，油藏经营效果持续好转。

【新能源业务】 2022年，吐哈油田锚定绿色低碳转型、高质量发展目标，优化产业发展顶层设计，加快项目运行，围绕新能源与油气业务协同发展总体部署，制定新能源发展规划以及碳达峰实施方案，初步形成油气产业与风光发电、煤炭清洁利用、二氧化碳驱存产业一体化发展的工作思路。与吐鲁番市签订新能源战略合作框架协议，建立与大唐新疆发电有限公司、特变电工股份有限公司等企业战略合作关系，弥补指标获取、项目建设、后期运营等方面的短板。强化新能源项目与产能建设、终端电气化改造配套建设，新区胜北产能配套600千瓦光伏项目5月建成，日均发电量3800千瓦·时，全年发电72.9万千瓦·时；老区清洁替代吐鲁番区域120兆瓦源网荷储一体化项目12月并网运行，每年可发电2.2亿千瓦·时，同步完成22台燃气导热炉“气改电”，油田终端电气化率45%。三塘湖原油外输管道四号站光热清洁替代项目完成可行性研究报告。温西一储气库注气系统8月底按期投运，累计注入垫底气2.2亿立方米，储气库调峰采气具备规模化运营条件。

【科技攻关】 2022年，吐哈油田完善以科技创新为核心的产业链、价值链和科技创新策源地的顶层设计，强化关键瓶颈技术攻关和成熟技术配套应用，取得多项重要进展。强化油气勘探基础研究和整体研究，立足“四新”领域，开展盆地成藏规律、资源潜力、勘探领域和区带综合评价优选，系统组织工业化图件编制，加速地质认识深化和创新，有力支撑风险勘探和预探部署，3口风险探井被集团公司采纳。开展煤层气、煤气化及富油煤等新领域前瞻性研究，落实煤系资源“甜点”区，实施集团公司第一口富油煤参数井钻探。强化效益开发技术攻关，建立萨探1块二叠系井井子沟组“上生下储、微断裂通源、甜点控富集”成藏模式，有效推动评价建产工作。开展提高采收率机理研究，稠油天然气吞吐、稀油天然气重力驱技术更加配套完善，老区稳产基础不断夯实。强化重点区块钻井提速瓶颈技术攻关，萨探1块钻井周期由122.7天缩短至49.7天；开展“细分切割+高强度”体积压裂参数优化和前置二氧化碳新技术应用，吉木萨尔页岩油单井产量提升16.4%，改造成本下降10.8%。强化业务工作与信息化深度融合，加大A1、

A2、业财融合等系统推广应用力度，促进科研和管理效率提升；推进物联网建设，单井、场站数字化覆盖率分别为100%和89%，中、小场站无人值守率分别为68%和80%。

【改革创新】 2022年，吐哈油田贯彻新发展理念，推进深化改革，突出提质增效，提升发展质量效益。扎实推进改革任务走深走实，将深化“双百行动”和改革三年行动同步部署、同步推进、同步落实，“双百行动”39项改革任务和改革三年行动49项改革任务全部完成；每月动态更新完善改革三年行动工作台账，对各项任务验证材料进行评审验收，有效杜绝“纸面改革”“数字改革”，确保各项改革工作经得住审计和巡视检查、经得起历史和实践检验。实施未上市业务归核化发展，对8家未上市二级单位和5家法人公司的20项业务进行梳理，按照“四个一批”原则，编制上报《吐哈油田公司深化改革总体方案》，推动未上市企业瘦身健体和转型升级。组织供水供电公司、物资保障中心等4家工程技术单位全面梳理业务现状，对近三年10项亏损业务和2项盈利能力较弱、存在潜亏风险的业务，通过深入调研分析，研究制定业务优化和改革措施。强化企业管理工作，推进对标管理提升行动，部署战略、组织、运营、财务等8个方面的24项工作任务、48项成果全部完成；将管理提升措施融入制度规范和流程标准，累计制修订制度办法10项；加强管理创新成果总结和应用，及时推广各单位管理创新优秀做法和成功案例，各单位开展管理创新工作的积极性和主动性显著提升。有序实施“人才强企”工程，制定实施11个专项工程，启动“青马工程”，参加集团公司“青年科技人才培养计划”和自治区“天山英才”“天池英才”高层次人才选拔，打通管理、技术、技能三支人才队伍岗位序列转换通道，完善专家补贴及绩效考核兑现激励办法，逐步形成老中青三结合的合理梯次配备，队伍活力有效激发。完善工效挂钩考核机制，规范专项奖励管理，制定工资总额管理办法，形成以工效挂钩考核为主，专项奖励、单列支持、特别奖惩为重要补充的工资总额决定机制。加大中层领导人员业绩考核力度，修订中层领导人员业绩考核管理办法，差异化设置考核指标及权重，明确年度考核主要指标及完成底线，综合业绩考核“不合格”或任一主要指标未达到完成底线的，扣减全部业绩奖金。落实人工成本峰值管理，建立“月跟踪、季分析、年评价”工作机制，将人工成本评价分析、人工成本利润率、人事费用率等相关指标纳入单位考核。

【依法合规治企】 2022年，吐哈油田强化依法合规治企，法治企业建设全面推进。制定法治企业建设实施方案，明确总体目标和主要任务。完善法律论证审查机制并有效执行，完成25项重大事项法律参与，重点开展储气库、新能源等项目的全过程法律支持。突出规章制度合法合规性审查，在落实规章制度前置法律审查基础上，增设制度发文法律部门会签流程，提升制度严肃性和权威性。强化采购体系运行监督，开展重大采购项目“一站式”集中审查，从源头规范采购行为，开展合同管理突出问题专项治理，提升签约履约能力，交易领域风险持续受控。高效组织“合规管理强化年”和经营业务合规管理问题专项治理，建立常态化合规管理检查机制，全方位开展经营业务合规风险和违法违规问题排查，提升依法合规治企水平。突出纠纷隐患处理与化解，开展案件多发领域风险排查，有效降低诉讼风险，被诉案件发生数量持续下降。开展“打击假冒国企专项行动”，排查发现商标侵权行为1起并依法处理，有效维护公司合法权益。开展“八五”普法宣贯和全员合规培训，突出领导干部和重点业务人员培训，提升全员法律意识与合规理念。

【提质增效】 2022年，吐哈油田发挥6个工作专班作用，实现提质增效6.02亿元，6户全级次企业全部盈利。强化投资管控，树立全过程价值管理理念，落实优化设计抓源头、造价审查控投入、设备利旧省投资等措施，定期开展投资效果评价，及时优化调整投资项目，阶梯油价下萨探1块砂岩油藏、吉28块页岩油下“甜点”、三塘湖马56块条湖组页岩油建产项目实现效益正向拉动。强化全面预算管理，差异化、精准化核定预算指标，根据油价、产量和效益变化联动调整，预算执行取得良好效果。围绕SEC储量评估、折旧折耗控制、运行成本压降、地面系统优化、水电能耗管理、闲置土地处置等工作系统发力，预算口径油气单位完全成本控制到71.57美元/桶，同比降低4.53美元/桶；油气单位操作成本22.83美元/桶，同比降低1.63美元/桶。坚持高价多销、低价多储，发挥鄯善区域原油品质优势，综合实施鲁克沁、准东等区域原油混掺和价差增效措施，为上市业务盈利做出贡献。加大外部市场开拓力度，做好气举、监检测等业务市场推介，国内外部市场利润1597万元，同比增长18.3%；海外业务利润1567万元。

【安全环保】 2022年，吐哈油田将安全生产作为重要议事内容，专题研究QHSE工作，全年未发生任何安全生产、生态环境保护事故事件，未发生地市级及以上媒体曝光和地方政府通报事件，连续19年实现安全生产。加强QHSE管理体系建设，完善审核工作机制，组织审核问题整改“回头看”，各项隐患问题全面完成整改销项。抓实重点环节安全监管，全面推进安全生产专项整治三年行动，统筹实施危险化学品安全风险集中整治、房屋建筑隐患排查等专项工作，查改问题7909项。强化特殊敏感时段升级管控，落实22项重点项目升级管控责任，细化76项风险管控措施，保障特殊敏感时段安全生产。开展承包商资质、人员能力和设备完整性评估，严格承包商考核，有效降低现场作业风险。落实生态环境风险管控措施，推进绿色企业创建，开展挥发性有机物重大环保隐患治理，完成中央环保督察迎检任务。推进工程质量提升专项活动，井身质量合格率97.6%，固井质量合格率92.8%，同比分别提升1.7%和5.3%。组织援疆专家巡回义诊，建立精准化体检模式，筛查心脑血管疾病中、高风险人员882人，制定10个方面健康干预措施，营造良好健康氛围。强化油区维稳安保工作，全国“两会”和党的二十大安保工作受到集团公司通电嘉勉。压实各油区疫情防控指挥部和各级党组织工作责任，及时响应地方疫情防控部署，实现疫情防住、安全生产和经营业绩完成的工作目标。

【企业党建工作】 2022年，吐哈油田党委深入开展“建功新时代，喜迎二十大”习近平总书记重要指示批示精神再学习再落实再提升主题活动和“转观念、勇担当、强管理、创一流”主题教育活动，落实“两个一以贯之”，压紧压实全面从严治党主体责任，连续5年获集团公司党建工作责任制考核A级。两级党委严格落实“第一议题”制度和学习贯彻习近平总书记重要指示批示精神落实机制。加强“三重一大”决策制度体系建设，建立党委前置研究讨论重大经营管理事项清单。严格落实意识形态工作责任制，发展壮大主流舆论，部署启动文化引领专项行动。依托“学习强国”“铁人先锋”“中油e学”平台，组织各类知识竞赛，全员参与率100%。推进基层党建“三基本”建设与“三基”工作有机融合，创新“党建协作区、党建互联共建、区域化党建”协同工作模式，深化党员先锋队、党建项目化管理、“点区岗”创建等载体实践。推进政治监督具体化、精准化、常态化，优化完善派驻监督、职能监督，制定落实加强对“一把手”和领导班子监督的实施细则，完成党的十九大以来巡察全覆盖任务。修订贯彻落实中央八项规定精神的实施细则，开展违规吃喝问题专项治理和“反围猎”专项行动，推进廉洁文化建设，风清气正的政治生态持续巩固。

坚持以职工代表大会为基本形式，深化以团（组）长扩大会、厂务公开、员工座谈会等有机结合的民主管理保障体系。常态化推进“我为员工群众办实事”，争取个人养老金试点，开展“春夏秋冬+会员普惠”慰问帮扶工作，修订下发《扶贫帮困基金管理暂行办法》《金秋助学活动实施办法》等制度办法，帮扶助学52人。做好驻村工作，推进定点帮扶，统筹做好捐赠援助，开展“民族团结一家亲”活动。组织开展形式多样的文体活动，油田和谐稳定局面持续巩固。

（朱晓龙　李艳蓉）

中国石油天然气股份有限公司冀东油田分公司

【概况】 中国石油天然气股份有限公司冀东油田分公司（简称冀东油田）1988年4月成立，位于河北省唐山市。探区包括河北省唐山市、秦皇岛市部分地区（冀东探区）和陕西省榆林市及内蒙古部分地区（西部探区）。截至2022年底，累计探明石油储量67700.64万吨，2022年新增石油探明储量508万吨、新增天然气探明储量468亿立方米，生产原油105.08万吨、天然气2.7亿立方米，油气当量126.62万吨。2022年12月，冀东油田有油气矿业权11个，总面积10570.14平方千米，其中探矿权3个、面积9801.55平方千米，采矿权8个、面积768.59平方千米。冀东探区有油气矿业权9个，其中探矿权1个、面积4903.178平方千米；已投入开发的高尚堡、柳赞、老爷庙、唐海、南堡、蛤坨6个油田有8个采矿权，面积768.59平方千米。西部探区有矿业权2个，位于陕西省榆林市神木县探矿权1个，面积3232.475平方千米；位于陕西省榆林市佳县探矿权1个，面积1665.897平方千米。冀东油田主营业务包括石油、天然气、地热的勘探、开发、生产、销售、科研，以及油田工程技术、机械制造、电力通信、油田化学、海上应急救援等业务。设10个机关处室、2个直属部门、二级单位（分公司）23个，员工5740人（合同化员工3992人，市场化员工1748人）。

2022年，冀东油田面对复杂宏观环境、多轮疫情冲击、发展任务艰巨等多重考验，统筹推进业务发展、提质增效、改革创新、安全环保、疫情防控等各项工作，油气生产平稳运行，主要经营指标稳健向好。

冀东油田获集团公司“新能源市场开拓先进单位”称号，冀东油田新能源事业部获集团公司“新能源生产经营先进单位”称号，冀东油田山东省德州市武城县地热供暖项目获集团公司“新能源优秀项目”称号。

冀东油田主要生产经营指标

指　标	2022年	2021年
原油产量（万吨）	105.08	120.55
天然气产量（亿立方米）	2.7	2.05
新增原油生产能力（万吨）	10.5	19.68
新增天然气生产能力（亿立方米）	1.5	—
新增探明石油地质储量（万吨）	508.21	774.59
新增探明天然气地质储量（亿立方米）	468.23	—
三维地震（平方千米）	578	512
钻井（口）	298	112
钻井进尺（万米）	87.95	28.2
勘探投资（亿元）	4.3	5.3
开发投资（亿元）	28.12	15.5
资产总额（亿元）	140.24	133.32
收入（亿元）	60.2	48.5
利润（亿元）	5.2	0.2
税费（亿元）	12.37	6.43

【增储上产】 2022年，冀东油田资源勘探有突破。推进高效勘探专项行动，新增三级石油地质储量1647万吨、天然气地质储量979亿立方米。西部探区致密砂岩气高效勘探取得重要成效，新增天然气控制储量、预测储量510亿立方米。南堡凹陷火山碎屑岩精细勘探取得重要成果，南堡27-12井、南堡2-71井等多口井试油获工业油气流。南堡洼陷区浅层效益勘探见到重要苗头，2号构造东一段首获工业油流。开发水平有提升。推进压舱石工程，突出效益导向，高质量开展达标达产管理、老油田稳产、提高采收率、控递减工程等重点工作。新增SEC证实石油储量38.5万吨、天然气储量9.4亿立方米。加强地质研究、油藏描述、精细注水、综合治理等工作，自然递减率、综合递减率“两个递减”，以及水驱储量控制程度、动用程度“两个程度”等关键开发指标进一步好转。强化多专业协同、一体化攻坚，高5致密油效益开发迈出坚实步伐。加强高效产建目标研究，优化产能建设方案，百万吨产能建设投资同比下降9.6%。西部建设有大发展。应对企地关系协调、自然灾害、疫情防控、人员紧缺、交叉作业等困难挑战，高效推进神木气田第三天然气处理厂及阳湾集气站、白家铺集气站、张家沟集气站、印斗集气站、李家坬集气站“一厂五站”工程建设，获油气新能源公司高度肯定。生产组织紧凑高效，产能建设效果显著，生产天然气6536万立方米。

【提质增效】 2022年，冀东油田量化效益的驱动要素，建立业财融合的提质增效计划表，分解落实目标责任7大类专题、38个一级专题，406个具体工作量化目标。

向管理要效益。加强项目前期管理，严格设计估概预算审查和实施过程投资管控，控减投资5880万元。推进钻井提速提效，钻完井周期降低11.23%，控减投资1.25亿元。推行地面工程“六化”（标准化设计、规模化采购、工厂化预制、模块化建设、信息化管理、数字化交付）管理，优化工程方案，强化过程监管，节约投资1.2亿元，轻烃、天然气增产增收4085万元。强化资产分类评价，积极治理低效、无效资产，盘活再利用资产5714万元。用好用足财税与惠企政策，创效3343万元。

向政策要效益。推行“商信通”“票据池”业务，控减财务费用。持续压控“两金”（应收账款等债权和存货余额）规模，合理安排付现支出，缓解现金流压力。申请西部探区致密气国家财政专项补贴2200万元；所得税清算优惠1925万元；资源税累计综合税率同比下降0.37%，原油、天然气优惠产品比例分别提高 17% 和 12%。

向市场要效益。科学把握产运储销配置，加大高销低储力度，推进市场化价格形成机制，实施分质分销，增效 5909 万元。首拓原油销售套期保值业务，期货单边收益 178.85 万元。

向质量要效益。持续加强油气井日常管护，强化方案设计把关，优化油水井措施工作量，成本费用大幅下降。原油单位完全成本 61.41 美元 / 桶，比预算降低 2.93 美元 / 桶；天然气单位完全成本每千立方米 1350 元，每千立方米比预算降低 151 元。

【转型发展】 2022 年，冀东油田储气库建设全面推进。快速实施扩大先导试验、输气管网建设、注气采气、调峰保供等工作，刷新多项项目建设纪录。当年注气 1.52 亿立方米，两座储气库累计注气 2.42 亿立方米，形成工作气量 1.5 亿立方米，调峰能力 50 万米 ^{3}/ 日，高质量保障冬季保供任务。

新能源发展持续推进。加快推进新能源项目市场开发与建设实施，建成地热项目 3 个，供暖面积 958 万平方米，节约标准煤 24.3 万吨。完善中深层砂岩地热开发"6+18"项核心技术。打造中国石油最大水面光伏项目，建设（在建）光伏项目 11 个、总规模 68.5 兆瓦。建成清洁替代项目 6 个，替代加热炉 41 台，节约天然气 1352 万立方米。利用 CCUS（二氧化碳捕集、封存和利用）先导试验获得新突破，实施效果显著超出设计预期。新能源利用规模实现节能 29.24 万吨标准煤，折合标准石油 20.46 万吨。积极开发碳资产，确认并优先开发武城清洁能源供暖项目，获中国能源研究会"百县千项"清洁能源示范项目。唐山冀东地热能开发有限公司被评为河北省供热行业先进单位、河北省科技型中小企业。

【科技创新】 2022 年，冀东油田科技创新体制"破""立"并举。科技创新管理体系进一步完善，修订油田科学技术奖励、信息化管理、软件成果转化与推广等制度，规范新知识、新产品、新工艺、新技术项目管理，推行"揭榜挂帅""赛马"科研任务攻关，释放科研创新潜能，激发科研创新活力。技术成果转化"量""质"同增。严格项目立项、中期检查、验收评审过程管理，加大成果转化与应用力度。承担集团公司、冀东油田重大重点科技项目 35 项，投入科研、试验经费 1.6 亿元，获省部级科学技术进步奖 3 项、授权发明专利 10 件。组织新技术新产品成果推广 60 项，实现产值 1.9 亿元。"高效相变低氮加热炉技术"入选国家矿产资源节约和综合利用先进适用技术目录，中国石油地面工程试验基地燃烧设备分基地通过集团公司验收。信息化建设"速""效"齐升。启动重点建设项目 21 个，加速推进生产指挥中心、数字化交付、区域数据湖等项目建设，推动管理模式变革。

【依法治企】 2022 年，冀东油田健全合规管理组织架构，建立业务管理、合规审查、专职监督"三道防线"，形成统一领导、分级管理、各负其责、协同联动的工作格局。重点调整计划、预算、招投标、合资合作和法人企业相关管理程序，解决管理缺位问题，提高决策科学性和管理效率。年度预算编制程序基本成型，投资的计划性和管控力明显增强。建立重大项目招标方案评审机制，招标策略审查程序和模板付诸实施，项目招标质量不断提升。年度合同总量下降 37%，合同金额下降 38%。推进重大事项法律参与深度，为合规决策提供法治支持。完善农民工工资保障合同条款，维护生产秩序和企业形象。依法打击盗油盗气盗电、阻碍生产运行等不法行为，维护油田合法权益。

【风险管控】 2022 年，冀东油田全面实施安全环保升级管理，连续 5 年未发生上报工业生产安全、环境、质量事故。

狠抓重点领域、关键环节的全过程监管，突出关键领域"四条红线"（可能导致火灾、爆炸、中毒、窒息、能量意外释放的高危和风险作业；可能导致着火爆炸的生产经营领域的油气泄漏；节假日和重要敏感时段的施工作业；油气井井控等关键作业），开展全方位安全生产大检查，一体推进危险化学品安全风险集中整治和重点领域安全生产专项治理。经受住新冠肺炎疫情考验。想方设法抓协调、千方百计保运行、集中精力稳生产，推行"两点一线""AB 班"等工作模式，精准管控人员流动、生产办公场所、生活小区，推进健康企业建设，密切跟踪"五高"（患高血糖、高血压、高血脂、高体重、高尿酸血症）人群，开发技术公司、南堡油田作业区、油气集输公司和供电公司 4 家试点单位达到《中国石油天然气集团有限公司健康企业验收标准（试行）》。

着力防范化解不稳定因素。开展维稳安保防恐风险隐患"大排查、大督查、大整改"，实现"三个绝不允许"（绝不允许发生大规模进京聚集，绝不允许发生涉访个人的极端行为，绝不允许发生信访问题引发的负面炒作）"三个坚决防止"（坚决防止发生涉油气的暴力恐怖事件，坚决防止发生重特大涉油气的刑事案件，坚决防止发生个人极端恶性的刑事案件），受到集团公司电令嘉奖3次。坚决维护农民工合法权益，协调承包商单位清欠农民工工资380万元。开展治安秩序专项整治和“反内盗”综合整治，油区涉油涉气违法犯罪案件数量降至历史新低。

【企业改革】 2022年，冀东油田“油公司”模式进一步顺畅。优化油气销售体制机制，新能源、储气库技术支撑组织体系更加完善。组织机构扁平化调整有序推进，“十四五”以来压减三级机构35个、下降10%。全面开展机关部门与二级单位责权“剖面”梳理，整合业务链条，明确责权归属，管理效能大幅提升。薪酬分配体系进一步完善。深化绩效与薪酬3.0版升级改革，重构“基础＋浮动”绩效奖金考核体系，推进工效挂钩正向激励、对高端骨干人才和贡献突出人员的精准激励。市场化经营机制进一步健全。完善以市场为导向，以效益为中心的市场化经营机制，搭建内部市场化价格体系，市场化交易规则、运行模式基本建立。辅助生产单位保障主业能力不断增强，节约对外委托支出3977万元，内部市场占有率比2021年提高6.86%。

【队伍建设】 2022年，冀东油田推进“十大人才专项工程”，“生聚理用”（生才要有道、聚才要有力、理才要有方、用才要有效）人才发展长效机制持续完善。突出领导干部竞争性选拔和考核监督，推行任期制和契约化管理，40岁左右中层干部比例同比提高14.8个百分点，优化干部队伍结构和梯次配备。出台《专业技术岗位序列人员管理实施办法》，有序推进一线生产单位“双序列”（专业技术岗位序列和行政管理岗位序列）改革。强化人才引进与培养，新入职员工培养方案制定率、“双导师制”（业务导师和职业发展导师）培养协议签订率100%。科学分析评价员工队伍质量，强化富余人员分流安置，向新业务精准补充骨干力量120人。青年科技人才培养、博士后工作站、创新工作室等平台育人才、助发展的作用不断彰显。2022年，完成1名博士后出站答辩、4名博士后开题答辩和1名博士后中期考核。利用属地人才政策，支撑博士后工作站建设，2022年申请河北省人才项目一般资助一次、唐山市人才项目资助一次；2名博士后人员获唐山市凤凰英才3.0政策10万元引才资助。依托技能专家工作室，利用资源整合和配置优势，搭建冀东油田技能领军人才共享平台。开展技术技能难题巡诊、生产难题对接研讨等活动，对生产难题解决情况跟踪处理，持续性为基层单位提供难题“复诊”服务。集合两级技能专家技能优势，对76项一线生产难题开展联合攻关，推送优秀项目参选集团公司生产创新项目基金，申领研发资金20余万元，专项用于科技研发。搭建技能人才锻炼成长平台，获第四届全国石油石化职业技能竞赛暨中国石油天然气集团有限公司首届技术技能大赛个人竞赛1银2铜和团队竞赛铜奖；获第十七届“振兴杯”全国青年职业技能大赛（职工组）创新创效竞赛银奖和优胜奖。

【和谐企业建设】 2022年，冀东油田聚焦民生福祉办实事。开展节日帮扶和金秋助学，精准帮扶235户次、金额81.3万元。组织重大疾病专项援助活动，46人获助15.95万元。聚焦员工家属解难事。协调处理房产历史遗留问题，1964户取得产权证，房产历史遗留问题全部解决。畅通患病员工就医绿色通道，聘请知名专家来油区坐诊52人次、诊疗805人次，赴京就诊297人次。聚焦回馈社会做好事。落实新冠肺炎疫情期间经营用房减租政策，减免租金115.7万元；向唐山红十字会、曹妃甸临港商务区管委会捐赠价值34.3万元防疫急需物资。应急中心紧急驰援辽河油田抗汛情、保安全、护产量，连续奋战61天，完成抗洪防汛抢险任务。积极构建和谐企地关系，精准推进驻村帮扶，通过消费帮扶、捐资建设基础设施和产业发展等方式累计贡献55.93万元，巩固拓展脱贫攻坚成果。

【企业党建工作】 2022年，冀东油田严格落实“第一议题”制度，以习近平新时代中国特色社会主义思想武装头脑、指导实践、推动工作。思想建设更加深入，党建融合更加紧密，组织南27发现井教育基地参观学习，举办中国石油纪念日暨喜迎国庆升旗仪式，激发员工爱党、爱国、爱企热情。完善基层党建工作常态化排查整改机制，开展党组织书记抓基层党建述职评议考核，择优建立党建骨干人才库，1人获河北省“千名好支书”。开展党建课题研究和“四创”党建活动，8项成果受到集团公司和河北省国资委表彰。监督执纪更加主动，开展违规吃喝专项治理、“反围猎”专项行动、违规经商办企专项排查和依法合规经营综合治理。深化内部巡察，强化问题整改督查，实现二级党组织巡察全覆盖。

（韩　晶）

中国石油天然气股份有限公司玉门油田分公司

【概况】 中国石油天然气股份有限公司玉门油田分公司（简称玉门油田）最早开发于1939年，为抗日战争胜利、新中国成立初期的国民经济建设及石油石化工业的奠基和发展都作出巨大的历史贡献，是新中国第一个天然石油基地，肩负着“三大四出”的历史重任，被誉为“中国石油工业的摇篮”。玉门是铁人王进喜的故乡，是铁人精神的发祥地，也是石油精神的重要源头。玉门油田位于甘肃省玉门市境内，南依祁连山，北靠戈壁滩，东邻万里长城“边陲锁钥”嘉峪关，西通“东方艺术明珠”敦煌莫高窟。业务范围主要包括勘探开发、炼油化工、井下作业、水电供应、机械加工、生产保障、综合服务、物资供应、消防应急、清洁能源、海外生产等。在83年的发展历程中，先后获全国思想政治工作优秀企业、“中华老字号”、全国五一劳动奖章、全国首批“重合同、守信用”单位、全国企业文化建设优秀单位及国家级文明单位、甘肃省先进企业突出贡献奖等称号。截至2022年底，投入开发老君庙、石油沟、鸭儿峡、白杨河、单北、青西、酒东、合道、郭庄子共9个油田；有5个探矿权，有持证探矿权3个，其中酒泉盆地2个（酒西、酒东），面积共6793.48平方千米；鄂尔多斯盆地1个（环县），面积1709.59平方千米，均于2022年完成变更延续，有效期5年。宁庆区块（吉尔、胡尖山A10）探矿权勘查持证单位为长庆油田，面积1585.65平方千米。探明含油面积272.65平方千米，探明石油地质储量23075万吨，技术可采储量5703万吨，动用面积163.92平方千米，动用石油地质储量20026万吨。

2022年底，玉门油田设机关职能部门11个，直属机构4个，二级单位16个。在册员工9282人，在岗员工6894人。其中：经营管理人员1501人，占在岗员工总数的21.8%；专业技术人员1439人，占在岗员工总数的20.9%；技能操作人员3954人，占员工总数的57.3%。截至2022年12月，玉门油田在册设备共11383台套，设备原值60.4亿元，净值21.41亿元，新度系数0.35。资产总额93.7亿元，固定资产及油气资产净值113.81亿元，净额59.43亿元。2022年收入172亿元，经营利润6.41亿元，账面利润总额为0.05亿元，同比减亏10.6亿元，实现2014年以来首次整体扭亏为盈。

2022年底，玉门油田在册采油井1504口，正常开井1335口，在册注水井469口，开井347口。完钻投产新井179口，新建产能20.88万吨，新井产油7.99万吨。年生产原油69.02万吨（含液化气0.35万吨）。综合含水率60.98%，综合递减率5.0%，自然递减率11.96%。2022年，宁庆区块天然气开发试验，气井开井22口，日产气量30万立方米。

2022年，玉门油田分公司获甘肃省先进企业突出贡献奖；党委书记、执行董事刘战君获甘肃省“优秀企业家”称号；工业文化研学实践教育试点示范基地于2022年7月被工业和信息化部工业文化发展中心确立为全国首家合作共建的试点示范基地；玉门油田红色旅游景区入选文化和旅游部发布的2022年国家工业旅游示范基地；“变配电运行值班员（新能源方向）团队项目”“油藏动态分析团队项目”“变配电运行值班员（新能源方向）”分获集团公司第四届全国油气开发专业职业技能竞赛暨中国石油首届技术技能大赛金奖、铜奖、优秀组织奖；炼油化工总厂联合运行一部获集团公司“2022年度质量先进基层单位”称号；环庆采油厂环庆作业区获集团公司“2022年度绿色先进基层单位”称号；老君庙采油厂老君庙作业区、监督中心HSE监督站分获集团公司“2022年度HSE标准化先进基层单位”称号；水电厂锅炉车间获集团公司“2022年度节能计量先进基层单位”称号。“玉门油田三次采油技术研究与应用”项目获甘肃省科学技术进步奖二等奖；“油管举升装置”获国家专利局授权的实用新型专利；“一种井下往复式注水装置”获国家专利局授权的发明专利。

2022年7月26日，国家工业和信息化部工业文化发展中心与玉门油田在酒泉联合举行工业文化研学实践教育试点示范基地授牌暨共建启动仪式（何畅 摄）

玉门油田主要生产经营指标

指　标	2022 年	2021 年
原油产量（万吨）	69.02	59.02
天然气产量（万立方米）	4057	771
新增原油生产能力（万吨）	20.88	20.059
新增探明石油地质储量（万吨）	735.61	1055.61
三维地震（平方千米）	158	400
石油钻井（口）	303	380
钻井进尺（万米）	85.68	98.23
原油加工量（万吨）	200.5	200.21
收入（亿元）	172	137.86
利润（亿元）	0.05	-10.56
税费（亿元）	45.04	40.49

【油气勘探】 2022 年，玉门油田油气勘探按照“油气并举、效益优先”原则，优化勘探部署，主要工作量集中在环庆、宁庆区块。在环庆、宁庆区块和酒泉盆地部署风险探井 2 口；集中勘探环庆西部长 8，实现规模增储；宁庆天然气立体勘探落实中东部富集区；酒泉盆地强化基础研究取得新进展。油气勘探时隔 8 年获批风险探井 2 口。立体勘探多层系，完钻探评井 10 口，完试 11 口（5 口跨年井），7 口获工业气流，在太原组和盒 8 段落实可动用储量 330 亿立方米，取得 3 项成果。

2022 年，鄂尔多斯盆地环庆地区完成三维地震采集 158 平方千米。完成三维地震资料处理 1558 平方千米。完成三维地震解释 2959 平方千米，二维地震 715 千米，落实圈闭 93 个，面积 860.8 平方千米，建议井位 56 口，采纳井位 38 口。其中：酒泉盆地解释三维地震 749 平方千米，落实圈闭 5 个，面积 22.7 平方千米；环庆区块解释三维地震 1280 平方千米，落实圈闭 42 个，面积 507.5 平方千米，建议井位 35 口，采纳 25 口；宁庆区块解释三维地震 930 平方千米，二维地震 715 千米，落实圈闭 46 个，面积 330.6 平方千米，建议井位 21 口，采纳 13 口。

2022 年，玉门油田完成测井 271 口/826 井次测井施工作业，共 156.10 万测量米，其中裸眼测井 318 井次、工程测井 370 井次、生产测井 138 口，曲线合格率 100%，优等率 98%，作业一次成功率提升至 98.8%。完成录井作业 263 口，录井进尺 30.8 万米，录井工作日 3476 天。石油预探获工业油流井 8 口，天然气预探获工业气流井 7 口，油气勘探综合探井成功率 48%。

【油田开发】 2022 年，玉门油田按照“油气并举，多能驱动”工作思路，老区推进油田稳产工程，探索低成本开发技术，加快三次采油工业化应用进程，实现 40 万吨稳产；生产原油 69.02 万吨（含液化气 3500 吨），超产 1 万吨，同比增加 10 万吨，“十三五”以来连续 7 年原油产量持续增长。新老区年产气量 4057 万立方米，日产气量从年初 3 万立方米上升到 30 万立方米，2022 年底具备年产亿立方米的生产能力。全年投产油井 179 口，新建产能 20.88 万吨，新井产油 8.0 万吨，超计划 1.1 万吨。探明含油面积 272.65 平方千米，探明石油地质储量 23075 万吨，技术可采储量 5703 万吨，动用面积 163.92 平方千米，动用石油地质储量 20026 万吨。

2022 年，环庆区块西部长 8 通过攻关形成低渗透构造岩性油藏高效建产关键技术系列，实现虎洞长 8 油藏高效建产，生产能力达到 14 万吨，环庆区块快速建成 40 万吨油田。其中环庆 96 区块建设成高效建产示范区，通过加强构造精细解释和砂体展布研究，开发井成功率 100%，投产油井 95 口，日产量快速攻上 392 吨，单井平均日产 4.1 吨，超过方案设计（3.0 吨/日）；环庆 75 井区实现效益开发，采用“混合井网+超前注水”开发模式，开井 17 口，单井稳定日产油 5.7 吨，自然递减率控制在 6.5%；加速建成环庆地面集输骨架管网，原油外输能力 60 万吨/年。

玉门老区产能建设在窿 119 探井 $K_1g_2^1$、鸭儿峡白垩系、濒临报废的鸭四井区、老君庙走滑断块弓形山等地区精细部署，获良好显示。

2022 年 10 月 13 日，玉门油田第一个天然气脱水集气站（宁庆集气站）建成，一次投运成功，处理规模 50 万米^3/日，后期预留扩容至 100 万米^3/日，实现宁庆天然气生产计量、集中处理和增压外销。

2022 年，玉门油田注水专项治理工程实施主干工作量 335 井次，同比提升 177%，注水井开井数上升 68 口，日注水量上升 1388 立方米，自然递减率降至 11.96%；环庆开水井由 147 口升至 224 口，日注水由 1650 立方米升至 3240 立方米，自然递减率由 15.95% 降至 12%，水驱控制程度由 68.1% 升至 77%，油田分注合格率达 80% 以上，自然递减率得到有效控制。

【炼油化工】 2022 年，加工原油 200.5 万吨，完成利润 5.03 亿元，销售各类产品 177.66 万吨，实现销售收入 130.88 亿元。其中：配置产品销售 163.14 万吨，销售收入 122.72 亿元；非配置产品 14.52 万吨，销售收入 8.15 亿元。综合商品收率 91.21%，原油综合损失率 0.36%，炼油综合能耗 66.97 千克标准油 / 吨。主要产品产量：汽油 58.54 万吨、航空煤油 7.59 万吨、柴油 88.35 万吨、液化气 7.68 万吨、聚丙烯 3.24 万吨、石油焦 8.13 万吨。炼化总厂全年开炼生产装置 23 套，其中燃料油装置及公用工程 18 套，化工装置 1 套，特油装置 2 套，环保装置 2 套。全年完成 9 项工程项目的施工建设和投运，包括循环水系统流程优化节能改造项目、加热炉燃气连锁隐患治理项目、往复式压缩机在线监测与故障诊断系统项目、腐蚀在线监测系统完善技术改造项目、富氢瓦斯氢气膜回收系统节能改造项目、聚丙烯车间气柜改造项目、新型节能涂料在加热炉上的应用项目、航空煤油及军柴储运系统完善改造项目及氢气充装系统改造项目。落实提质增效措施 111 条，实现提质增效 3578.06 万元。

2022 年，炼化总厂建立 16 项企业最高计量标准，12 项计量标准 2022 年 12 月通过计量行政部门考核复证。检定炼化总厂计量器具 9732 具，折合费用 224.94 万元。检定油田单位内部计量器具 1852 具，对外创收 86.78 万元。

2022 年，开展“无异味装置”建设、环保管理流程规范化活动、水处理装置专项审核、危险废物资源化利用等管理措施，全年完成检测密封点 14.68 万个，泄漏率为 0.19%，减排 5.72 吨。建立生态环境隐患排查常态化机制，实施环保隐患治理项目 2 项；年度二氧化硫排放 54.64 吨，同比减排 13%；氮氧化物排放 159 吨，同比减排 20%。

2022 年，炼化总厂历时 41 天完成检修项目 2157 项，投资及小型技改 64 项，实现焊接一次合格率 99%，静设备、大机组检修一次合格率 100%，装置开工气密合格率 100%，联锁投用率 100%，23 套装置一次开车成功，炼化大检修迈入“四年一修”新时代。

【新能源业务】 截至 2022 年底，玉门油田绿电业务建成清洁电力装机 50.59 万千瓦。石油沟 887 千瓦光伏电站，发电量 147.05 万千瓦·时，实现清洁能源替代 1012 吨标准煤。200 兆瓦光伏并网发电站，结算上网电量 35622 万千瓦·时，实现收入 7285 万元、利润 3015 万元。2022 年 6 月 29 日，国家能源局可再生能源发电项目信息管理平台向油田核发“玉门油田玉门东镇 200 兆瓦光伏并网发电项目”1 月、2 月绿证 37940 个，这是油田历史上第一次获国家绿色电力证书。全年获取绿证 35 万余张。2022 年底 300 兆瓦光伏发电项目主体工程完工，标志着中国石油规模最大的光伏发电项目，也是油田有史以来一次性投资最多（不含税 13.54 亿元）的项目实现当年开工、当年建成，再现“石油摇篮光速度”。2022 年 9 月 6 日，玉门东 200 兆瓦光伏并网发电站配套储能系统项目开工建设，12 月 9 日合闸、并网，标志着玉门油田在新能源储能项目建设上实现“零”的突破。

2022 年，玉门油田获批国家电网系统外第一家新能源计量分中心；新能源实践培训中心初步建成投用；同年 8 月 30 日新能源装备制造中心开始建设，引进 600 兆瓦 / 年光伏支架智能生产线快速建成投入运行，为 300 兆瓦项目提供 84 兆瓦光伏支架。制定低碳油田建设思路及措施，完成《低碳生产建设方案》，通过机采、注水系统节能提效，集输流程密闭改造、分布式光伏（风电）、低温光热技术、空气源热泵、电磁加热等综合能源利用措施，提高天然气商品率和终端电气化率。确定油田碳达峰碳中和目标路径，完成《碳达峰实施方案》，确定“27 · 45”总体目标，即 2027 年通过落实节能提效、清洁替代、负碳技术等减排措施，油田二氧化碳排放总量达到峰值，2045 年实现碳中和。论证争取 600 万千瓦“沙戈荒”大基地项目纳入甘肃省实施方案，由玉门油田分别建设巴丹吉林沙漠 310 万千瓦和腾格里沙漠 290 万千瓦“风光气储”一体化项目，所发电力用于提升兰州石化绿电消纳配比、支撑新建项目绿色发展，得到甘肃省政府支持。

2022 年 4 月 22 日，甘肃省首条中长距离输氢管道玉门油田可再生能源制氢示范项目——制氢管道工程开工建设，6 月 28 日主线路全线贯通，7 月 25 日完成管道试压试验，历时 94 天完成，具备投运条件，成为甘肃省氢气输送管道建设的范例。玉门油田牵头组建酒泉市氢能产业发展联盟，酒泉市人民政府办公室批复同意成立，玉门油田公司为理事长单位。联合航天科技长城上海公司和酒钢集团积极申报甘肃省“氢能源装备制造及储氢技术创新联合体”和“绿氢 / 二氧化碳”绿色应用创新联合体，设立“氢气掺入天然气输送和应用的研究”揭榜挂帅研究课题，获酒泉市财政支持 100 万元。

2022 年 4 月 22 日，甘肃省首条中长距离纯氢管道玉门油田可再生能源制氢示范项目——输氢管道工程开工（朱俊霖　摄）

【海外市场开拓】 2022年，玉门油田开拓海外市场，乍得上游人员技术服务项目、乍得炼厂对口支持项目、乍得清蜡测试项目、土库曼斯坦和尼日尔炼厂对口支持项目成功续签协议。两个勘探开发研究项目“南乍得盆地Doseo-Salamat坳陷地质与地球物理研究”和“Ronier、Mimosa、Prosopis油田开发调整方案实施跟踪”通过甲方最终验收；中亚市场取得突破，2022年为土库曼斯坦阿姆河天然气项目输送16名技术骨干。签订支出合同15份，收入合同5份。梳理社会安全体系建设、社会安全管理、应急管理、员工健康管理和新冠肺炎疫情防控工作，迎接年度社会安全审核和集团公司五维绩效考核工作，年度五维绩效考核获优秀级。

【工程技术】 2022年，玉门油田井下作业完成钻修工作量2296井次，其中浅层钻井26口，总进尺20882米，井身质量合格率100%，固井作业53井次，固井合格率100%；井下作业2270次。压裂车组作业119井次，射孔作业141井次，特车服务3923台班，收入46606万元，同比增加2980万元，增长6.8%；玉门本部完成大修作业22井次，其中浅井18井次，成功17井次，成功率94.44%；外部市场大修作业21井次（陇东9井次、新疆2井次、青海10井次）。完成特种作业766井次（带压作业29井次、连续油管作业166井次、电缆作业465井次）。

2022年，玉门油田完成发电量8.39亿千瓦·时（其中火力发电4.2亿千瓦·时，水力发电6224万千·瓦时，光伏发电3.57亿千瓦·时）。供汽101万吨，供水801万吨。完成虎洞井区1条12千米10千伏供电专线、热泵站2条10千米10千伏供电专线、井区内45千米10千伏供电线路和12台套变压器的架设安装。甘肃省氢气输送管道7月25日完成管道试压试验，历时94天完成，具备投运条件。实施引进炼厂氨气替代尿素作为锅炉脱销还原剂改造项目，9月22日投运，投产后年可节约费用212万元左右。玉门东镇200兆瓦光伏并网发电示范项目配套40兆瓦/80兆瓦时储能系统项目历时93天完成建设，为项目并网投运奠定基础。玉门油田300兆瓦光伏并网发电项目12月29日主体工程施工完成，进入收尾和后续调试阶段。其中玉门油田玉门东镇200兆瓦光伏并网发电示范项目获评集团公司优秀模块化建设项目。

2022年，玉门油田生产服务保障工作处理原油34.07万立方米，外输伴生气至青西联合站61.13万牛·米^3。采出水处理综合水质达标率98.52%。完成钻前井11口、大修井扩垫施工25口、土方施工8口、新投井24口；完成各类管线安装5000余米，40立方米储罐制作9具；完成鸭儿峡接转站伴生气回收项目的施工任务，日均输气9000牛·米^{3}左右；鸭儿峡新总站油水分离项目油水泥分离处理23366.9立方米，上交原油2185立方米；鸭儿峡33口井9650米集输管网的建成及8-1、8-2两条集输干线的沟通提高所属区块的运行能力。配合老君庙采油厂完成维护项目302项，数字化维保处理数据采集故障1665次，视频故障1148次，上线率均95%以上；特车服务570余台次，完成外部车辆及通井机等各类设备维修186台次。累计安装注气管线7800米，新建注气站1座；安装注水管线1950米。完成炼厂19具罐的隐患治理及切断阀的安装调试、10具罐配套设施改造；安装、试压、防腐保温管线1380米，拆除旧泵及旧基础6台套。完成各类抢险46次，高效完成青西至炼油厂输油管线泄露抢险工作。

2022年，玉门油田机械制造建成600兆瓦/年光伏支架生产线，提前完成6000组光伏支架生产、22个区光伏支架安装任务，实现当年立项，当年投产，当年见效。生产抽油杆136.73万米，抽油泵1836台，抽油机330台，生产铺设柔性复合管71.1千米，井下工具及配件10767件；完成炼化总厂大检修任务，校验修复2057只安全阀。通过提升工程管理水平，疏通影响生产经营和安全隐患关键节点，优化工程验收，提升工程施工质量。

2022年，物资采购发生费用4251.8万元，相比考核指标4319万元节约67.2万元；外部创收2164万元，完成考核指标（800万元）的270%，完成提质增效奋斗目标（1600万元）的135%；签订合同1371份，金额16.70亿元，招议标率94.96%，物资采购资金节约率10%，节约采购资金1.26亿元。

【科技创新】 2022年，玉门油田承担三级科技项目56项。负责或参与集团公司总部科技项目“氢气掺入天然气输送和应用研究”“百万级规模碱性电解水制绿氢工艺技术中试放大实验研究”等科技项目9项；专业公司课题5项；玉门油田公司科技项目32项。其中，勘探开发、工程技术类项目21项，炼油化工类项目4项，新能源及绿色低碳发展类项目4项，数智油田建设类项目2项，其他综合类项目1项。

贯彻落实《央企知识产权高质量发展指导意见》

及《集团公司知识产权工作高质量发展实施方案》，控制专利申请总量，提升发明专利占比，2022年申请专利15件，全部为发明专利。获专利授权2件，其中发明专利1件。对2021年玉门油田公司评选出的30项科学技术进步奖成果，进行成果归档；甘肃省推荐的“三次采油技术研究与应用”项目获2021年度甘肃省科学技术进步奖二等奖；依据《玉门油田分公司科技奖励办法》，推荐30项成果上报公司科委会审定，评选出27项科学技术进步奖成果，其中一等奖4项、二等奖10项、三等奖13项。

【标准化工作】 2022年，按照集团公司标准化工作要求，结合玉门油田公司实际情况，编制印发《关于做好2022年重点标准实施工作的通知》，订购下发相关标准文本2159本，组织召开企业标准审查会，完成2022年制修订的43项企业标准的备案工作；对105项企业标准复审意见进行审查，其中继续有效45项、修订25项、废止35项；对拟定的2023年企业标准制修订项目计划和复审项目计划进行审定，下发2023年企业标准制修订及复审计划，计划修订企业标准12项，复审企业标准57项。

【信息化建设】 2022年，玉门油田重点推进集团公司统建项目、油田公司重大信息化项目建设，加快推进已建应用系统深化应用，推进信息基础设施建设、网络安全体系建设、信息化保障能力建设。油气生产物联网（A11）项目建设力度持续加大。截至2022年底，玉门油田数字化覆盖井数1982口（油井1582口，水井400口），单井数字化率100%；实现数字化场站38座，覆盖率100%，其中中小型站场34座、大型站场4座，中小型站场无人值守率76.7%；建成1套公司级生产管理子系统、4套数据采集与监控系统平台；油田本部实现无线传输全覆盖、光缆到场站、酒东实现无线网桥宽带传输全覆盖，新区实现光缆到已建数字化井场、场站全覆盖；通过试点形成“智能一键巡井、报警优化、功图诊断、采措分析”等特色功能，并在全油田范围推广应用。

2022年，玉门油田门户网站2.0正式单轨运行，玉门油田作为集团公司首批试点单位，搜集整理门户系统2.0各单位铺底数据187条，完成门户1.0主站新闻频道、文档库等相关数据梳理，清理敏感信息。完成身份认证系统和门户2.0系统铺底数据导入及平台用户权限开通和用户信息审核。完成玉门油田公司门户2.0主站、党建门户2.0和33个基层单位门户2.0网站建设，完成所有网站的用户授权和数据迁移工作。

安眼工程井下作业视频推广实施，重点开展针对人员违章行为的智能识别与主动预警。按照集团公司“安眼”工程井下作业视频推广项目工作部署，如期建成上线，与集团公司总部平台实现视频级联对接，完成补充方案建设内容。

2022年，油田数智指挥中心投用，监控大屏显示视频主要分为重大危险源、井下作业和智慧工地等91路视频监控。重大危险源44路，其中环庆32路、玉门10路、酒东联合站2路，井下作业视频监控在线20路、智慧工地视频监控27路。

2022年，新做数字证书134个，办理邮件及AD开户184个、进行邮箱密码复位、信息变更110余次，邮件用户总数3651个，AD账号2158个。VPN账号延期申请46个，新增账号52个，系统内在用账号98个。完成清理ERP账号32个、邮箱及AD账号65个。

加强各类网络安全检查和重大活动期间网络保障，组织开展“HW2022”网络攻防演习、“网络安全为人民，网络安全靠人民”为主题的网络安全宣传周活动、北京冬奥会、北京冬残奥会、中共二十大、第五届进博会等重大活动期间的网络安全保障工作。

【安全环保】 2022年，玉门油田学习贯彻习近平生态文明思想和习近平总书记关于安全生产重要论述，严格落实集团公司安全环保工作部署，落实安全生产十五条硬措施，较好地完成QHSE各项目标指标，安全环保形势持续稳定受控。

2022年，未发生较大及以上质量事故和重大顾客投诉事件。井身质量合格率98.8%、固井质量合格率99.22%，优于集团考核指标（97.7%、93.7%）。自产产品出厂合格率、产品质量抽检合格率、计量器具定检率3项指标全部实现100%。开展入井材料及化学助剂质量提升专项行动，治理套损井19口，开展钻井液材料检查270井次，查改问题74项，井筒质量巡查监督履职进一步增强。开展群众性QC活动，优选QC成果获集团公司三等奖3项，质量信得过班组1个；获甘肃省特等奖1项、一等奖1项、二等奖6项、三等奖2项，创造经济效益2483万元。

2022年，玉门油田职业健康体检率和职业危害场所检测率100%。建立员工健康体检档案、推广个人体检信息实时查询，优化增加体检项目，配发个人应急药品，实施员工健康科学干预。加强海外员工健康管理，严把外派员工健康筛查关，出国健康体检率和评估合格率100%。组织开展特殊作业岗位健康负面清单排查，消除健康隐患。

2022 年，玉门油田严格落实常态化新冠肺炎疫情防控措施。精准施策抓实抓细人员流动、场所管控、活动组织、疫苗接种、核酸检测、物资储备发放管理，筑牢疫情防控防线。专人专班有序组织核酸检测，开展核酸采样 41 轮 32 万余人次，坚决阻断疫情传播。严格落实国际业务新冠肺炎疫情常态化防控工作指导意见，加强海外旅途防护管理；严密监控回国员工健康状况，保障海外项目的稳定运行。

2022 年，玉门油田落实新《安全生产法》“三管三必须”和健全完善全员安全生产责任体系的要求，结合油田改革、岗位调整的实际情况，组织修订完善并发布 2022 版安全生产责任清单，包含领导和 14 个职能部门、16 个二级单位领导岗位安全生产责任清单 110 个，管理岗位安全生产责任清单 1350 个。整改问题隐患 13000 余个，发布实施制度措施 137 项。组织各级检查 1191 次，查改问题 2686 项，查改各类隐患问题 261 项。查处车辆问题和驾驶员违章行为 168 起，收取 QHSE 教育费 4.23 万元，安全记分 42 分。开展消防安全督查，检查重点要害部位 117 处，下发消防安全检查告知书 24 份，发现各类隐患 85 处，全部完成整改。完成 9 个单位 336 学时 2500 人次培训，组织各层级开展多种形式、内容丰富的系列活动 720 多场，宣传受众两万余人。

2022 年，玉门油田未发生环境污染（生态破坏）事件，废气、废水排放达标率 100%；固废处置利用率 100%。二氧化硫较 2021 年同比减排 21.3%，氮氧化物减排 18.57%。组织对各二级单位在用的锅炉 29 台、压力容器 1241 具、电梯 91 部、起重机械 94 台、厂（场）内专用机动车辆 38 辆、压力管道 3854 条、安全阀 1855 个、汽车式起重机 40 台进行定期检验，办理青西联合站 61 条压力管道、油田作业公司完成 11 台高温熔蜡车、蒸汽清蜡车台装锅炉、酒东联合站 29 条工业管道的登记手续，开展违法行为专项督查，消除违法风险。

【经营管理】 2022 年，玉门油田突出提质量、增效益，亏损治理成果丰硕。亏损治理实现 18 年来首次经营利润为正的历史跨越。落实“四精”管理和亏损企业治理“六个精准”，突出全生命周期成本最优，控投降本降费工作成效显著。提升油气勘探开发力度，油气储量连续 4 年保持千万吨增长势头，油气产量当量连续两年实现 10 万吨级跨越式增长，天然气日产突破 30 万立方米，玉门油田进入“油气并举”新时代。油气产量当量从 45 万吨跃升到 71.77 万吨。

加强设备管理，从基础工作、制度规程、人员素质、设备状况 4 个方面，对 11 个基层单位设备管理部门、61 个车间队站、156 个作业现场，330 台主要生产设备进行现场检查，对 49 名设备管理人员的技术能力和业务素质进行考核，发现 426 个问题，整改完成 418 个问题，整改率 98.12%。2022 年调剂利用设备 46 台套，节约资金 2367.8 万元，设备修旧利废节约资金 753.8 万元，改造节省资金 8 万元，租赁节约资金 493.5 万元，处置节约资金 384.4 万元，管理创效 184.1 万元，节约 4191.6 万元。

加大外部市场开拓，全年实现外部收入 5.18 亿元。其中，油田作业公司外部市场创收 7771 万元，同比增加 2088 万元，增长 36.9%；水电厂外部市场创收 1.21 亿元、同比增加 987.69 万元，增长 8.87%；生产服务保障中心外部市场创收 4422 万元，同比增加 2257 万元，增长 104%；综合服务处外部市场创收 7050 万元，同比增加 978 万元，增长 13.87%。机械厂外部市场创收 7661.96 万元，初步形成“产品 + 服务”一体化机械加工模式。

【企业管理】 2022 年，玉门油田组织各职能部门参加集团公司、专业分公司改革相关会议 11 次。搭建剥离企业办社会职能后续工作机制，完成剥离企业办社会职能后评价报告。制定发布实施《玉门油田分公司 2022—2023 年度授权管理清单》和《玉门油田分公司强化管理实施方案》。按月填报集团公司改革在线督办管理系统，改革三年行动 83 项改革任务全面完成。收集总结各单位、各部门改革典型经验材料 19 篇，上报集团公司改革督办系统 8 篇。总结上报油田公司改革经验交流材料 3 篇，完成改革三年行动工作台账和资料清单的编制。完成 2021 年度对标管理工作总结，编制 2021 年对标管理提升行动工作成果清单，梳理以系统性方案、制度性文件等为主要形式的对标成果 60 余项。开展 2021 年度对标指标数据收集，完成 2021 年度对标分析报告，对所属 16 家二级单位主管领导和主要业务人员进行对标管理基础内容培训。修订发布《玉门油田分公司内部市场管理办法》，梳理形成立项—选商—合同—内部市场综合管理流程，推进内部市场管理信息化建设，2022 年 4 月，投入使用市场管理信息系统，截至 2022 年底，各业主单位在系统提报 535 家承包商（服务商）开展的 651 条合同项目信息。

编制 2022 年度规章制度制定、修订申报计划和拟废止规章制度计划，新制定规章制度计划15项，修订制度计划55项。截至2022年底，发布制度35项，修订制度36项，年度制修订计划完成率超过90%。修订完善《玉门油田分公司规章制度管理实施细则》，推进“合规管理强化年”，成立“合规管理强化年”领导小组。组织开展专题合规培训11次，累计参培员工约1.2万人次。组织合规文化宣贯活动17次，参与人数累计1300人次。

修订完善玉门油田《内部控制与风险管理业绩考核实施细则（试行）》，下发《关于加强公司重大经营风险事件管理工作的通知》，计划组织开展内控测试，编制完成《玉门油田分公司内部控制有效性自我评价报告》。

制定《玉门油田分公司深化依法合规治企，创建“法治建设示范企业”实施方案》，开展普法宣传，组建成立公司律师事务部，2022年办理公司（局）授权委托书及负责人证明文件35份，办理诉讼案件16件，出具法律意见书10份，法律风险提示函1份。提供商事法律服务，明晰油田所属法人企业管控职责，强化合同管理。修订完善物资供应管理考核指标，新增物资年度需求计划上报项数准确率等7个指标，加强物资供应管理考核。将8家在招标投标中存在失信行为的投标人列入不诚信企业名单，并在中国石油电子招标投标网对其失信行为公示。组织完成各单位2022年物资供应商考评，对发生交易的一级物资供应商156家、二级物资供应商348家，涉及3247个物资品种的到货业务供应商的产品质量、技术水平、服务能力、合同履约等内容量化打分，将打分不合格的16家供应商分别做出暂停品类交易权限和暂停交易权限处理。

【队伍建设】 2022年，玉门油田规范选人用人机制。加强对基层单位选人用人工作指导，落实报批报备制度，审核各单位选拔任用工作方案，加强过程跟踪指导和结果审核把关，提升选人用人质量。调整交流和选拔任用二级正、副职领导人员41人，其中调整交流10人，新提拔二级正、副职25人（提拔二级副职20人，二级正职5人）、公司副总师2人，进一步使用4人。推荐1名二级副职干部到大庆油田挂职锻炼；2名二级副职干部到酒泉市发改委和能源局挂职锻炼；1名三级正职和1名三级副职干部到金塔工业集中区管理委员会、甘肃酒泉核产业园管理委员会挂职锻炼。选派优秀年轻干部到环县等对口扶贫点进行蹲村挂职磨炼，在扶贫攻坚实践中锻造优秀年轻干部。按照集团公司统一要求，首次承办玉门油田56名招聘大学生的A类入职培训任务，指导并审定见习计划56份。

编制完成《玉门油田自主认定题库》，投入使用28个职业（工种）、38个专业（方向）理论知识试题24000道，组织完成53个职业67个工种1120人次的职业技能等级认定工作。采用“积分制”，完成3名集团公司技能专家、15名公司技能专家、15名特级技师、27名高级技师及229名技师选聘工作。

【企业党建工作】 截至2022年12月31日，中国共产党玉门油田分公司委员会有基层党组织210个，其中党委18个，党总支7个，党支部174个，党员4630名。其中女党员1014名，占党员总数的21.9%；少数民族党员83名，占党员总数的1.79%；35岁及以下的党员570名，占党员总数的12.31%；大专以上学历的党员3662名，占党员总数的79.09%。发展党员60人。

2022年，玉门油田公司召开第三次党代会，严格执行《中国共产党基层组织选举工作条例》，选举产生中共玉门油田分公司第三届委员会和纪律检查委员会。严格按照选举程序，9个基层党委召开党员代表大会，9个基层党委召开全体党员大会，全部完成换届选举；2个基层党支部按期完成换届工作，基层党组织建立健全率保持100%。制订印发《玉门油田分公司基层单位党委书记抓基层党建工作述职评议考核实施细则》《玉门油田分公司党委关于推进基层党建“三基本”建设与“三基”工作有机融合的实施意见》《玉门油田分公司基层党支部工作考核评价实施细则（试行）》《玉门油田分公司党建信息化平台考核评价实施细则（试行）》，推动全面从严治党向基层延伸。公司党委所属174个党支部全部组织召开组织生活会并开展民主评议党员工作。6个单位的党委书记进行现场述职，接受测评，开启第三轮党委书记抓基层党建工作现场述职评议考核评议。将党的二十大精神学习作为基层党委、党支部当前首要政治任务和学习培训“第一课”，为公司18个基层党委、7个党总支、174个党支部统一配发党的二十大精神学习用书。严格落实《玉门油田公司2019—2023年党员教育培训规划》，优选3人参加集团公司党支部书记示范培训班；依托“四个课堂”培训模式，完成党组织书记及党务干部年度集中轮训全覆盖。在公司范围内优选40名年轻党务工作者，举办党务骨干人才及青年马克思主义者培训班。党员线下集中学习与“铁人先锋”等在线学习同步开展，保证党员每年参加集中培训学习时间不少于

32学时。常态化做好党建信息化平台2.0推广应用工作，党建信息化水平持续提升，综合排名始终保持在集团公司前列。

开展“立足岗位建新功，喜迎党的二十大”系列活动，评选9篇党组织书记优秀党课、5个党支部优秀案例。坚持开展春节、“七一”、国庆期间慰问党员工作，“进家门到班组”慰问老党员、优秀共产党员231人。在纪念建党101周年会议上，2个党委、3个党支部作专题交流。推进党建协作区、党建互联共建，4个党委签订党建协作区协议，4个党委签订党建共建协议。常态化制度化推进党支部达标晋级动态管理，严格考核标准，创建示范党支部16个，优秀党支部15个。

2022年6月29日，玉门油田党委召开“贯彻落实党代会精神、纪念建党101周年、喜迎党的二十大”庆“七一”活动现场（朱俊霖　摄）

（王振军　徐玉洁）

中国石油天然气股份有限公司浙江油田分公司

【概况】 中国石油天然气股份有限公司浙江油田分公司（简称浙江油田）于2005年7月由浙江勘探分公司与浙江石油勘探处重组成立。总部位于浙江省杭州市。主要从事常规和非常规石油天然气勘探、开发、生产、储运和销售及新能源开发等业务。工作区域主要分布在浙江、江苏、福建、山东、安徽、湖南、湖北、四川、重庆、云南、贵州11省（直辖市）。截至2022年底，累计生产原油51.06万吨、天然气94.01亿立方米。2022年底，设职能部门10个、二级单位10个，用工总量496人。

2022年，浙江油田实施“五五战略”（打造发展“双引擎”，建设传统能源油气当量500万吨生产能力，新能源业务油气当量500万吨供应能力两个500万吨浙江油田；塑造发展‘新格局’，做优页岩气、新能源、常规油气、煤层气、市场营销五大业务增长极；构筑发展“硬支撑”，坚定创新、人才、数智化、文化引领、绿色低碳五大战略方向，提升发展“软实力”；落实党建工作政治统领行动，思想聚力行动，组织赋能行动，作风提升行动，纪律保障行动五大举措；夯实发展“硬基础”，提升文化引领力、红色战斗力、改革创新力、资产创效力、公司治理力五大核心竞争力），开展“转观念、勇担当、强管理、创一流”主题教育、提质增效专项行动、百日上产攻坚等工作，有效克服新冠肺炎疫情反复、高温限电、外协阻工等因素影响，完成各项生产经营任务。

浙江油田主要生产经营指标

指　标	2022年	2021年
原油产量（万吨）	2.28	2.15
天然气产量（亿立方米）	18.31	18.12
新增天然气产能（亿立方米）	3.49	5.61
新增探明天然气地质储量（亿立方米）	0.00	1216.85
三维地震（平方千米）	300.00	782.00
探井（口）	7	13
开发井（口）	48	47
钻井进尺（万米）	22.55	20.31
勘探投资（亿元）	2.63	9.01
开发投资（亿元）	25.59	16.77
资产总额（亿元）	109.68	97.78
收入（亿元）	30.52	23.84
利润（亿元）	2.83	-12.82
税费（亿元）	1.32	1

【油气勘探】 2022年，浙江油田完成探井钻井7口，实施三维地震勘探300平方千米，新增SEC储量19.30亿立方米。大安1井、大安2井均获20万米^3/日以上的测试产量（最大油嘴7—8毫米，井口压力40—51兆帕），稳定试采产量10万米^3/日以上。临江、板桥和璧山等宽缓向斜区是大安区块页岩气勘探的主体区，目的层主体埋深3500—4500米，构造较为平缓，Ⅰ类储层连续厚度7—13米，储层品质好，压力系数高（2.0），综合评价Ⅰ类有利区面积923平方千米。大坝1井，在茅一段发现2套富有机质的纯碳酸盐岩非常规气层，累计厚度43.4米，对断上盘茅一段裂缝—孔隙型灰质源岩气储层进行酸压试气，6毫米油嘴下获稳定测试产量4.2万米^3/日，成功开辟大安探区茅一段缓坡相沉积、区域连片展布的纯灰质源岩气规模资源勘探新领域。

【油气田开发】 2022年，浙江油田生产原油2.28万吨；生产天然气18.31亿立方米（页岩气17.08亿立方米、煤层气1.2亿立方米、常规气0.03亿立方米）。依托数字化建设，强化单井生产数据实时提取跟踪，形成人工预判调整机制，一井一策，灵活采用以泡排为主、多种气举和负压抽吸等为辅的“泡排+”排水采气工艺，适应低压低产阶段的生产特征，释放气井产能；优化定型多元化气举模式（平台压缩机特色化气举、高低压互助气举、一机多举远程控制等），定型压窜井和积液井平台增压/负压抽吸复产措施；多元化组合工艺治理井筒异常，浅层33口异常井恢复率82.6%；开展措施310井次，增产2.0亿立方米，页岩气年综合递减率控制至26.5%，同比下降7%。煤层气实施增产作业13井次，增气11万立方米，检泵周期提升至1800天以上；开展地面集输分流优化，降输压提产量，年增销量210万立方米。

【产能建设】 2022年，浙江油田页岩气产能建设计划开发井完钻48口（紫金坝区块3口、太阳区块1口、海坝44口），实际完钻48口（紫金坝3口、太阳区块1口、海坝44口）。开发井计划压裂74口（黄金坝4口、紫金坝1口、太阳20口、海坝49口），实际完成58口（黄金坝4口、紫金坝3口、太阳19口、海坝32口），完成率78.38%；计划投产64口（黄金坝4口、太阳27口、海坝33口），实际完成45口（黄金坝4口、太阳26口、海坝15口），完成率70.3%。新建产能3.49亿立方米。

【新能源开发】 2022年2月8日，浙江油田成立新能源事业部，撤销南方新能源开发公司（筹备）、地热建设项目组，调整南方新能源开发公司（筹备）职能、人员和地热建设项目组职能、人员到新能源事业部。2022年12月26日，成立新能源研究中心，在新能源事业部加挂牌子，新能源事业部更名为新能源事业部（新能源研究中心）。2022年，浙江油田与地方政府及相关企业签订30份新能源业务合作协议。在江苏海安建立苏北光热替代试验及海一联合站综合技术节能改造工程。苏北光热替代试验累计节电21万千瓦·时，实现清洁能源替代量64吨；海一联合站建设光热+空气源热泵+水源热泵机组替代燃气锅炉，累计节约天然气41039立方米，清洁能源替代量54.58吨标准煤；2022年风光并网任务目标100万千瓦，完成风光并网指标38.59万千瓦，指标完成率38.59%；2022年地热供暖任务目标50万平方米，签订供暖开发协议64.86万平方米，指标完成率129.72%。

【技术攻关】 2022年，浙江油田完成科技立项24个，其中集团公司（股份公司）B级项目4个、油气新能源公司C级项目2个、浙江油田公司级科技项目18个；开展14个上级项目（课题）和45个浙江油田公司级项目攻关，中期检查14项，验收评审26项。开展13项浙江油田公司级科研项目和1项带有研发性质的生产性项目——“三新”鉴定及材料修撰工作，研发经费加计扣除实现节税3095万元。19项已验收项目成果和在研项目阶段成果转化应用，完成3项新技术新产品推广。页岩气精细三维地质力学模型、岩屑监测装置在大安深层页岩气应用，实现钻井漏失与卡钻风险由定性到定量的突破，故障复杂率由20%降至5%以内。测试与采气一体化关键装备在阳102H27平台试验成功，作业时间由原来的32—40天缩短至15天。探索科技项目孵化新模式，利用长三角地区科技企业集聚优势，加强科技精准合作，推出超声井筒成像测试等6个科技孵化项目。完成13项专利申报，其中发明专利11项，发表技术论文49篇，申报2项省部级科技进步奖。修订发布《浙江油田公司科技项目管理办法（试行）》及补充管理规定。起草编制《浙江油田公司完全项目制试点项目实施细则》。

【质量健康管理】 2022年，浙江油田开展井筒质量管理体系评价，明确和监督落实78项井筒质量提升工作具体措施；推进油气水井质量三年集中整治行动，落实4个专项36项工作；开展为期三个月的井筒质量专项整治行动，重点是对工程设计跟踪与回访、“双井长制”落实、“一井一工程”管理、压裂施工复盘分析等5方面17项工作的整治和提升；

开展为期两个月的入井材料和工具质量专项整治行动，形成《浙江油田入井材料和工具质量管控十条措施》；修订《浙江油田公司井筒质量管理规定》；开展产品质量监督抽检，甲供必检物资和乙供产品抽检率100%，对抽检发现的7项不合格产品进行通报和处理；发布质量通报9期，对186项油气井工程、地面建设项目典型质量问题进行分析，落实质量要求，对6家单位进行考核；实施QC项目18项，创历史新高。井身质量合格率98.5%（指标≥95%），固井质量合格率98.5%（指标≥92%），压裂丢段比例0.21%（指标≤1%）；地面建设工程质量合格率100%，自产产品质量合格率100%，采购物资质量合格率99.15%（指标≥98%），必检物资入库抽检率100%；计量器具周期检定率100%。开展健康企业建设，按期完成建设并通过验收，被认定为集团公司2022年健康企业建设达标企业；推进健康知识进单位、进基层、进班组，提高全员健康意识；实施个性化员工健康体检，设置“必检项+可选项”点餐式体检项目，让体检更贴合员工实际情况；开展健康风险评估，完善健康档案；职业健康体检率100%，职业病危害因素检测率100%；开展患心脑血管等高风险疾病员工健康干预，全年未出现职业健康病例和非生产亡人事件；及时跟踪新冠肺炎疫情发展态势，按照集团公司防控工作要求，结合属地政府防疫政策，开展疫情突发应急演练，落实各项疫情防控措施；修订《新冠肺炎疫情防控工作指导手册（第九版）》，印发执行；疫情防控平稳，勘探开发、生产运行顺畅。

【安全环保】 2022年，浙江油田安全生产专项整治三年行动收官，完成5大专题、193项工作任务，发现整改问题隐患12710项，形成制度措施清单146项；开展危险化学品安全风险集中治理和重点领域安全风险集中整治，查改各类问题465个；将15条安全生产硬措施细化为84项具体工作，逐项落实；各层级开展安全生产大检查110次，发现整改各类问题隐患913项；开展安全生产专项整治自查自改，发现整改问题423项；排查燃气使用现场18个，发现整改问题31项，制定落实风险防控措施34项；对36幢房屋进行安全专项排查，发现整改问题14项；开展“三长制”管理责任落实专项检查，抽查生产建设现场20个、基层单位4个，发现整改问题63项；开展安全生产培训“走过场”专项整治，自查自改问题86项，QHSE委员会办公室抽查验证，发现并督促整改问题35项；修订作业许可管理制度，制定发布质量、安全、环保“十大禁令”；推进安全文化建设，落实19项具体工作；开展2次QHSE体系审核，量化打分分别为85.83分、86.76分，审核累计发现问题261项，整改率99.6%，体系运行绩效持续提升；未发生生产安全事故和溢流险情。通过第二轮第六批中央环保督察组和四川省环保督察组的相关检查，未接到督察通报；绿色企业创建自评得分953分，完成申报并通过验收，被认定为2022年“中国石油绿色企业”；排查发现生态环境风险一般隐患10项，全部整改完成；达标回用回注采出水64.2万立方米，水基岩屑资源化利用8.6万吨，油基岩屑无害化处置0.33万吨；未发生环境事件，主要污染物排放量完成考核指标，氮氧化物排放量1吨（指标≤2吨）、二氧化硫排放量0.2吨（指标≤0.3吨）、二氧化碳排放量58000吨（指标≤60000吨）、甲烷排放量1650吨（指标≤1735吨）。

【提质增效】 2022年，浙江油田聚焦价值创造，强化全生命周期、全员、全过程、全要素经营管控，落实“提质增效价值创造行动”，制定33项提质增效措施，建立系统化、全链条价值创造体系，全方位挖掘油气供应链价值，全年增收6.18亿元，降费0.52亿元，控投2.69亿元，盘活积压物资1.39亿元，土地复垦208亩；点滴创收，分角降本，积少成多、集腋成裘，直接增效6.7亿元，完成年度提质增效奋斗目标5亿元的134%。

【深化改革】 2022年，浙江油田确定25项具体改革任务，编制运行大表，成立专班，推进事业部授权赋责机制、价值评估与绩效考核体系、“油公司”高效管理模式构架、技术序列项目化、任期制和契约化管理等5项改革重点任务，集中力量攻坚，确保改革重点任务高效协同推进。国企改革三年行动成效显著，优化“油公司”模式顶层设计，2019—2022年，精简机构超50%、缩编岗位超20%，配套健全授权管理清单，管理体系融合推进有力有效；在重庆天然气事业部开展授权赋责经营机制改革试点，做实项目全生命周期管理；制定实施“价价联动”机制，首次实现天然气售价与市场接轨；中层领导人员实行任期制、契约化管理，推行管理人员竞争上岗、末等调整和不胜任退出，纵深推进技术序列项目化改革。向集团公司和勘探与生产分公司报送改革典型经验案例总结交流材料6篇，其中1篇入选集团公司第一批典型案例。

【依法治企】 2022年，浙江油田实施《关于深化依法合规治企，进一步加强法治建设实施方案》，细化

85项工作任务。实施《2022年规章制度制修订工作计划》，深化制度立改废工作，制定制度22项、修订35项、废止34项，健全完备制度体系；加强制度执行情况监督，严格追究违反、变通、规避制度的行为，维护制度的严肃性和权威性。强化风险管控措施落实，动态销项管理，重点领域合规风险全面受控，规范性文件、合同、重大涉法事项等合法合规审查率均100%；对重大事项的合法性、可行性、需履行的法律程序、潜在的法律风险、设定的权利义务及法律后果等进行全面审查，落实规避、防范、化解法律风险的措施，最大限度维护合法权益。修订合同管理办法，合同全过程管理流程进一步优化规范；强化合同审查质量，坚持严格把关与提高效率并重，论证合同重要条款，合同签订质量和效率进一步提升，事后合同严控在考核目标以内。推进未结案件妥善处理，有效控减纠纷高发领域案件，纠纷案件管控力度显著提升。针对不同普法对象的特点和需求，构建分层次、差异化、有实效的普法格局，实现精准普法和有效普法。

【员工培训】 2022年，浙江油田开展送外培训101项279人次；计划浙江油田公司级培训39项，实施32项1709人次，完成率82%；开展厂处级培训321项，3016人次；培养高级技师1人，实现高级技师零的突破；培养技师3人、高级工1人。开展承包商关键岗位人员培训22期，合计培训635人次；入场培训班22期，合计培训597人次；开展全员履职能力评估，岗位履职能力评估覆盖率100%。选拔18名选手参加省部级、集团级技术技能竞赛3项；其中选拔3名选手参加集团公司首届技术技能大赛油藏动态分析竞赛，杨小冬获个人铜牌，张卓被聘为集团公司级竞赛裁判；选拔4名选手参加浙江省地质调查员（矿产地质方向）职业技能竞赛；选拔7个项目、11名选手参加集团公司第二届创新大赛生产创新竞赛、青年科技创意竞赛。选派1名青年技术骨干参加集团公司两级技术专家培训班，到中国石油大学（北京）进行为期4个月的学习，并针对实际生产难题进行立项研究，取得成果。开展9个一线生产难题攻关，其中“页岩气地面管线与井筒腐蚀评价及防腐技术优化”项目入选基金项目，获集团公司10万元资金支持并完成攻关。建设培训课件307个、视频课程76门、各类试题库234个。根据集团公司“一省一中心”区域人才评价中心的安排，完成建立“中国石油浙江地区认定中心”相关工作，获浙江省人社厅人才评价指导中心的批复文件。

【企业党建工作】 2022年，浙江油田以党委会和党委理论中心组（扩大）学习为主要载体，两级党委开展“第一议题”学习126次，中心组成员撰写理论成果文章16篇，提交心得体会21篇。党支部开展主题党日活动47次，支部书记讲授专题党课43次。推送各类学习文章1005篇，组织线上答题12次，累计答题50012人次；深化党的理论成果创新，开展党建、政研课题研究，分别获集团公司二等奖、三个奖各2个。开展思想教育引导80人次，各级组织开展红色革命教育64场次。两级党委开展主题教育相关学习76次，组织宣讲44次，举办大讨论51场次，对标查摆48次，查摆问题432项，制定整改措施621项。两级党委研究意识形态工作9次，开展专项督导3次，听取专题汇报9次，发现并整改问题43项。开展专项隐患大排查3次，制订特殊时段预案4套，报送月报11期，召开维稳工作推进会1次。召开统一战线工作推进会1次；强化党外人士政治引导和培养教育，下发自学材料6期，组织集中学习党的创新理论3次；严格落实党外人士联谊交友制度，更新联谊交友点，并召开党外人士座谈会，听取关于改革发展大局和浙江油田中心工作意见建议32项。有效处置舆情事件3起，未发生重大负面舆情事件。

【民生工程】 2022年，浙江油田深化“我为员工群众办实事”实践活动，做好节日慰问、员工生日福利发放、员工身心健康讲座、线上读书及单身青年联谊、家庭困难帮助等工作，通过“夏送清凉、冬送温暖”，发放慰问品18.63万元；吊唁去世退休员工19人，金秋助学27人，开展困难员工扶贫救助407人次；推进484人参加浙江省第8期职工大病保障医疗互助活动，帮助13名员工申领理赔保障金。维护员工健康权益，开展争做“职业健康达人”活动和配合举办集团公司健步走网络公开赛，第三次获石油体协团队一等奖。关心员工身心健康，组织全员收看《强管理8堂课》等系列直播讲座17讲。

【智慧油田建设】 2022年，浙江油田对投入时间长、设备性能不足的硬件设备进行升级替换，新采购部署服务器、存储等硬件设备11台套，为新建应用系统的安装部署提供基础设施，也为大数据管理平台、测井数据库、勘探开发一体化协同研究平台等系统的迁移提供硬件条件；开展视频会议设备、UPS电源电池等其他设备的升级更新，提升应用效果。完成叙永海坝倒班公寓、泸州倒班点、一体化中心科创楼等新办公场所的网络建设，确保办公网络覆盖率100%；升级改造网络设备，对投入使用超过10年的网络设备和非国产网络设备进行更换，实现千兆到桌面，提升网络系统的稳定性和安全性；在服务器集群前部署防火墙、单向隔离网闸，启用访问控制，对网络审计、日志审计等网络安全设备进行系统升级，提升综合防护能力。开展自建应用迁移到华东区域中心DMZ区集中部署工作，完成10个系统迁移并上线运行。修订《浙江油田公司数据管理办法》，汇编《信息化管理规章制度及标准规范清单表》，收集制度40项。确立A1系统作为勘探开发静态数据的主采录定位，打通A1系统与区域湖接口，钻录测地质油藏数据入湖，实现勘探开发数据入湖存储、共享应用；重建A1系统基本实体（组织机构、地质单元、生产单元、井/井筒），规范浙江油田区域湖基本实体架构；开展地震、钻测录压试采入湖数据梳理，建立数据入湖规则，推进数据归集；完成大数据管理平台、测井全量库系统的本地化部署；上线地质工程一体化决策平台的压裂、试气采集模块，弥补压裂—试气方面的数据缺项；完善地质工程一体化远程决策系统，支撑一体化协同研究平台工程应用研究；开发A1系统页岩气、煤层气分析化验数据采集模块，弥补分析化验数据库缺项，保障地质工程研究所需。协同办公平台、云枢平台、勘探开发一体化协同研究平台、智能智联生产运行平台、地质工程一体化远程决策平台、大数据管理平台、井下作业视频监控、门户网站持续优化升级。明确以“区域湖+大数据管理平台+PHD数据库”组成的数据中台为核心的数据流管理理念，各系统数据向数据中台集中的数据管理基础，为集中数据库建设、集中数据存储、深化智能应用的数智化转型发展明确数据治理基础。

【首次牵头编制2项行业标准】 浙江油田牵头编制的2项行业标准《页岩气地震地质工程一体化技术规程》（NB/T 10839—2021）、《海相页岩地质力学评价规范》（SY/T 7617—2021）由国家能源局发布公告，2022年2月16日起实施。2项标准的发布实施，填补页岩气开发地震地质工程全过程一体化技术流程及海相页岩采样制备、地质力学测试及地应力场、钻井液安全密度窗口、压裂可压性地质力学评价的标准空白，对我国页岩气高效开发提供有力的技术支撑。

【复杂山地浅层页岩气科技成果通过鉴定】 2022年6月8日，中国石油和化学工业联合会在杭州召开科技成果视频鉴定会。鉴定委员会主任杨树锋、副主任杜金虎及石林、谢刚平、余刘应、鲜成钢、王红岩等专家，浙江油田副总经理、总地质师梁兴参加会议，项目组领导、成员和浙江油田科技管理部相关人员参加会议。鉴定委员会听取浙江油田“复杂山地浅层页岩气成藏理论突破与关键技术规模应用”的科技成果汇报，一致认为“复杂山地浅层页岩气成藏理论突破与关键技术规模应用”科技成果总体处于国际领先水平，同意通过鉴定。该成果应用于太阳—大寨和海坝气田的高效勘探开发，提交探明储量2576.35亿立方米，建成14亿米^3/年生产规模，带动地方经济发展，经济社会效益显著。

【机器人破解长输管道检测难题】 2022年，国产化电磁涡流管道内检测机器人首次在浙江油田西南采气厂输气管道中成功应用。这款机器人可以对管道内腐蚀情况开展定量检测，发现输油管道制造及使用过程中产生的腐蚀、壁厚减薄、裂纹等问题，可测定管道腐蚀的程度，且可确定腐蚀的位置。这款机器人由国内研发，在机械结构、高通过性、信号采集及稳定性方面具有良好的性能，可完全支持发球阀管道作业。同时，可以采集到信噪比高、清晰度高的检测数据。2022年6月12日开始检测工作，2022年7月25日结束，历时44天，发送清管检测器15次，检测里程85.22千米，管径219.1毫米、168.3毫米、323.8毫米3种。分析检测数据85.22千米，发现缺陷17897处、凹陷34处、焊缝异常1处。2022年8月11日—10月27日，开挖管道41处，发现存在缺陷与检测结果一致，完成钢制环氧套筒+黏弹体+聚丙烯补强2处，玻璃纤维补强+黏弹体+聚丙烯补强5处，其余采用黏弹体+聚丙烯补强。

【压裂新工艺技术开中国石油先河】 四川盆地渝西大安区块油气资源富集，是浙江油田增储上产的主力区块。预探井大坝1井在钻探过程中茅一段见良好的气测显示，岩心测试表明茅一段发育一套眼球眼皮状泥晶生屑灰岩，属源储一体型的灰质源岩储层，TOC含量高，含气性好，是四川盆地风险勘探缓坡型沉积相带新领域。浙江油田开展新一代压裂工艺研发，经过与川庆钻探井下作业公司等单位多轮次的专家会审论证，决定对大坝1井断下盘茅一段以基质孔隙型储层为主的富有机质灰岩，按照非常规分段分簇压裂思路，创新采用“高温胶凝酸+变黏滑溜水携砂+大排量注入”多级交替转向缝网体积压裂加砂改造增产工艺，以期实现储层充分体积改造，进一步落实茅一段储层产能。2022年6月，大坝1井完成断下盘茅一段的压裂改造工程。灰岩储层多级交替转向缝网体积压裂加砂改造增产工艺的成功尝试，开创基质孔隙型碳酸盐岩储层成功压裂的先河，填补中国石油在茅一段压裂改造工艺空白，在中国石油、四川盆地均属首次。压后采取“焖井”+小油嘴开井，并按照油嘴逐级增大的原则控制返排测试，气产量0.3万—1.0万米^3/天，气举助排最高日产1.8万立方米。2022年8月19日，针对断上盘的茅一段裂缝孔隙型灰质源岩储层，采用“自生酸+高温胶凝酸”三级交替注入工艺进行储层改造。2022年9月12日—12月31日，大坝1井生产天然气264.11万立方米。

【2项油气勘探成果获集团公司2022年度勘探重大发现成果奖】 2022年，浙江油田在大安区块黄204H、大安1H井、大安2H井深层页岩气勘探获重大突破，证实渝西大安深层页岩气勘探潜力，落实优质储量目标区，获中国石油天然气集团有限公司2022年度油气勘探重大发现成果二等奖。2022年，浙江油田对大安区块东山高陡背斜带茅口组探井大坝1井断上盘茅一段裂缝—孔隙型灰质源岩气储层进行酸压试气，实现茅一段灰质源岩非常规气工业性突破，成功开辟大安探区茅一段缓坡相沉积、区域连片展布的灰质源岩气规模资源勘探新领域，优选勘探有利区面积1000平方千米，获中国石油天然气集团有限公司2022年度油气勘探重大发现成果三等奖。

（罗新明　唐　立）

中石油煤层气有限责任公司

【概况】 中石油煤层气有限责任公司（简称煤层气公司）是中国石油天然气股份有限公司独资设立的从事煤层气业务的专业化子公司，2008年9月成立，总部位于北京市，主要从事煤层气、致密气、页岩气资源的勘探、开发，以及技术服务、技术咨询、信息咨询等业务。工作区域横跨山西、陕西、内蒙古、宁夏、新疆、湖南、贵州、黑龙江等8省（自治区），规模生产区域主要位于晋陕两地的鄂尔多斯盆地东缘。

截至2022年底，机关设11个部门、2个直属机构，以及勘探开发研究院、勘探开发建设分公司、韩城采气管理区、临汾采气管理区、忻州采气管理区、工程技术研究院、外围勘探开发分公司、物资分公司、新能源事业部、中石油渭南煤层气管输有限责任公司、监督中心11个所属单位。按照股份公司授权，负责管理中联煤层气国家工程研究中心有限责任公司。用工总量1097人。

2022年，煤层气公司上下坚持以习近平新时代中国特色社会主义思想为指导，认真学习贯彻党的十九大、党的二十大精神，完整、准确、全面贯彻新发展理念，全面落实集团公司党组决策部署，统筹新冠肺炎疫情防控和生产经营，强化战略和战术执行，踔厉奋发深耕“党的建设、安全环保、硬增储、高效建产、长效稳产、提质增效、创新驱动、市场营销、合规管理、深化改革”十一篇文章，完成各项工作任务，勇毅前行实现迈向高质量发展新跨越，连续两年获集团公司先进集体称号。

煤层气公司主要生产经营指标

指　标	2022年	2021年
天然气产量（亿立方米）	27.49	25.63
新增天然气产能（亿立方米）	5.38	3.74
新增探明天然气地质储量（亿立方米）	—	762.08
三维地震（平方千米）	522	300
探井（口）	10	6
开发井（口）	81	120
钻井进尺（万米）	29.92	34.63
勘探投资（亿元）	2.80	0.91
开发投资（亿元）	21.00	14.89
税费（亿元）	5.15	2.27

【勘探增储】 2022年，煤层气公司实施三维地震522平方千米，新增SEC储量完成年度考核指标的122%，获集团公司2022年度油气勘探重大发现三等奖。持续深化全域性系统资源评价，完成煤层气公司中长期

勘探发展和储量规划。深层煤层气集中勘探取得重大突破，大吉区块压裂试气 26 口直丛井，平均单井日产超 7000 立方米；石楼西 1 口井创国内煤层气直丛井产量最高纪录，增强合作方加快深层煤层气业务战略转型的信心。页岩气评价、中浅层煤层气评价试采取得重要进展，新层系勘探见到好苗头。

【高效开发】 2022 年，煤层气公司新建产能 5.38 亿立方米，实现产量 27.49 亿立方米、同比增长 7.3%，保德煤层气田获集团公司“高效开发气田”表彰。建立 EUR（单井评估的最终可采储量）建设与保护的理念，通过“优育、孕育、生育、哺育、养育”5 个环节，进行“五育”全生命周期管理，强化精准挖潜、技术增储及资产归算，新增 PD（已开发）储量实现 5 年连续增长、平均增长率 49%。突出“未动用储量池、项目池、井位池”建设，完成优质产能项目和井位储备，“源头”价值赋能更加充盈。产能建设高产井不断涌现，开发指标屡破纪录，全年产能到位率 89.8%、新井产能当年贡献率 42.1%、水平井平均储层钻遇率 95.4%，同比分别提高 6.4 个百分点、9.1 个百分点、8.7 个百分点；深层煤层气开发井成功率、方案与井位部署及时率均 100%。建立全要素建管模式，统筹井场、井间、区域布局，建立供水、供电、物资供应三大保障系统，平均钻井周期缩短 30%，工厂化压裂作业时效同比提升 300%，平台交付投产时间缩短 40%。大胆突破理念、理论、技术、实践禁区，加快深层煤层气评价上产，新投产水平井单井最高日产 15.5 万立方米、平均稳定日产 8.2 万立方米，是方案设计配产的 2—3 倍、中浅层煤层气水平井的 10—20 倍，预测平均单井 EUR 超 6000 万立方米，标志着煤层气公司率先在世界范围内 2000 米以深煤层气领域获得具有里程碑意义的重大突破。

【气田管理】 2022 年，煤层气公司气田开发态势持续向好，气田综合递减率 19%，同比下降 7 个百分点；探索排水采气新工艺，致密气生产时率同比提高 7 个百分点，煤层气井检泵周期延长至 832 天。产量结构实现战略转型，煤层气年产量首次突破 10 亿立方米大关，同比增长 20%；日产量占比 49.5%，基本实现煤层气与致密气“半壁江山”的格局。精细气藏地质研究，实现老气田一次精描全覆盖；聚焦气田“供给侧”“采出侧”要素和平面、层间、层内三大矛盾，开展地质、工程、地面“三个大调查”，高效完成年度气田综合调整方案编制。深化综合治理，措施有效率 85%，年增气 9900 万立方米，当年产出投入比 2.6；实施老井压裂增产工程，55 口井措施有效率 98%，年增气 5466 万立方米，产出投入比 3。启动千口老井复查评价立体挖潜项目，层内挖潜、层间接替，支撑 300 口潜力井入挖潜池。

【提质增效】 2022 年，煤层气公司提质增效工作进一步升级，全年全口径收入同比增长 38%；单位操作成本同比下降 7%；实现提质增效约 12 亿元。突出主营业务优化投资结构，勘探、评价投入分别同比增长 62.7%、29.5%，非生产类投资同比下降 4 个百分点；压低投资控制“天花板”，亿立方米产能投资同比降低 5.5%，亿元投资新增 EUR 同比增长 19.7%。持续优化项目方案设计，深层煤层气先导试验及扩大项目收益率高出方案设计 3.7 个百分点。强化招投标、造价及审计过程管控，全年控减费用 7600 万元。强化精细挖潜，通过优化控减承包商总量，加大修旧利废力度，发挥规模采购优势，降本增效过亿元。开展气井分类效益评价，建立高利井、中利井、低利井、毛利井、边利井、无利井、负利井“七利井”台账，动态评价近 8000 井次，通过有序治理升级增效 1.8 亿元。优化资产结构，加强在建工程清理，实现在建工程规模下降 36%。市场营销价值实现能力逐步增强，通过强化市场研判、风险应对、制约要素突破、市场布局和开发、价值导向、营销专业化队伍建设等“六个强化”，有效应对市场竞争日趋激烈、市场价格波动、市场需求波动“三大挑战”，外输渠道、管网互联互通、局部区域销售权、局部产销不平衡等“四个制约”因素相应缓解。合作共创共赢共享局面逐步向好，扎实做好强化矿权危机意识、强化思想引领、强化规划统领、强化管理带领、强化技术提领、强化合作区块综合治理、强化深层煤层气业务、强化勘探项目转入开发阶段的工作力度、强化法律风险防控等“九个强化”工作，要素管控逐步深入，首次以第三方为主体梳理合作项目投资回收情况，实现“项项有记账、账账皆循章”，有效压减非生产性支出 4670 万元。

【科技创新】 2022 年，煤层气公司聚焦创新工作“十大要素”，围绕深层煤层气等关键领域实施各级项目 95 项，打造创新团队 51 个，研发投入强度达 4.1%，发布各类标准 7 项，发表核心、EI 等期刊论文 59 篇，2 项管理成果获国家级二等奖、三等奖。创新体制机制进一步优化，推行“揭榜挂帅”科技项目组织模式，形成首席技术专家主导、技术骨干主责、两院一中心主攻、管理区及分公司主推的协同创新合力。“三个一代”（研发一代、应用一代、储备一代）创新格局进一步完善，围绕创新工作 7 个方向、13 个布局，突出重点领域关键技术攻关和战略技术储备，设立科技创新工程16项，进一步加大基础实验和攻关力度；实施“应用一代”项目23个，完成技术有形化90项，进一步完善勘探开发成熟技术体系。科技成果转化力度进一步加大，规模推广煤层气水平井负压捞砂、连续油管射孔等14项技术，创造效益1500余万元、产出投入比大于2。专利知识产权成果大幅提升，全年申报专利23件，其中发明22件，获授权发明专利7件，为历年之最。国际、国家、行业标准实施取得重大突破，特别是新发布的两项国际标准，标志着我国煤层气领域标准化工作水平继续保持国际领先，国际话语权进一步提升。首次开展数字化大调查，明确未来三年数智气田建设指导意见。新能源新业务发展空间进一步拓宽，推动2个光伏项目并网运行，3个光伏替代项目获股份公司批复。牵头成立集团公司煤炭地下气化研发中心，成功研制国内首套块煤热重仪等煤炭地下气化关键技术实验装置。

【质量健康安全环保】 2022年，煤层气公司未发生一般B级及以上生产安全事故和环境事件，安全生产形势平稳受控，连续第7年获集团公司QHSE先进企业。风险隐患治理能力不断增强，构建信息收集、信息梳理、风险研判、预警发布、跟踪确认、预警关闭的“六步法”风险管控模式，发布风险预警1.9万项；聚焦6个重点领域，治理重点隐患12个，累计整改问题2462项，本质安全水平进一步提升；动态评估承包商队伍160支，其中列入灰名单2支、警告5支、清退4支，推动承包商由被动监管向自主管理转变。绿色发展理念不断深化，取得山西省首个油气开发采出水回注许可，实现钻井液循环利用率95.2%，压裂返排液综合处理率94.5%，促进减污降碳协同增效。质量管理体系不断完善，优化工艺、技术设计审查要点，强化重点施工过程监管，严把工程物资质量，井身质量、固井质量、入井材料合格率分别达97%、99%、100%。开展“健康企业”创建，推行“1+X”体检方案，员工“五高”同比下降11%；建设“健康驿站”6个，“一人一档”健康档案基本完善；因时因势优化新冠肺炎疫情防控措施，疫防药品、物资及时足量配送到家，坚守疫情防控与员工健康的防线。

【人才强企】 2022年，煤层气公司深化“重人才”基本战略，实施“人才强企工程”，进一步推进人力资源向人力资本转化。构建形成“63155”队伍格局，即600人左右的地质、工程、地面三支人才队伍，300人左右的经营管理和党建人才队伍，100人左右的市场管理及监督人才队伍，50人左右的高素质营销队伍，50人左右的数字化人才队伍。开展人才专项盘点，制订专业化人才培养实施方案，打通各业务板块全链条培养通道。建立技术技能复合型人才成长机制，一线科技骨干5人入选集团公司“青年科技人才培养计划”；职业技术技能大赛再获新突破，取得国赛1银、集团公司2铜的历史最佳成绩。打通“工程师＋技师”职业发展双向通道，20名专业技术人员取得采气工技师职业技能等级资格，5名优秀技术技能骨干通过“绿色通道”获聘三级工程师。增强培训赋能效应，建立涵盖74项业务单元、195项课程体系的岗位培训管理矩阵，编制两级培训计划393项，累计培训7400余人次。聚焦理论技术问题，形成涵盖3个主干领域、9个分支专业的课题41个，公司专家、两院领导带头授课，进一步营造师带徒、传帮带的良好氛围。

【合规管理】 2022年，煤层气公司“合规管理强化年”取得积极成效，合规问题数量同比下降30%。构建《岗位合规培训管理矩阵》，组织“八五”普法、合规培训1556人次，全员依法合规思想意识进一步强化。成立依法合规治企领导小组，设立煤层气公司首席合规官，进一步健全合规管理组织体系；按照“管业务必须管合规”的原则，建立“三道防线”工作格局；完善《岗位合规风险防控指引》，建立“四个合规清单”，合规风险管控水平进一步提高。开展合规风险排查及重点领域合规风险防范治理工作，整改违法违规问题37项，突出问题专项治理成效进一步增强。违规问题责任追究从严，对行为违规“多纠偏”、主观违规“零容忍”，违规处罚的警示和震慑作用进一步发挥。

【深化改革】 2022年，煤层气公司“改革三年行动”收官，超前完成6方面22个重点领域67项具体任务；通过开展改革任务“回头看”，确保短板弱项“清零”。组织体系更加优化，全年压减编制15人、压减率12.5%，连续两年硬下降。双序列改革更加深入，坚持“管理序列”做减法、“技术序列”做加法，首次将经营、安全、监督管理等人才纳入技术序列，有序推进所属单位专业技术岗位序列改革，管理序列与专业技术序列岗位比例由6∶4优化至5∶5。业绩考核更加全面，构建以“单位分级分类、岗位价值、业绩贡献”三维一体的挂钩联动考核体系，有效破除“洗碗效应”。薪酬激励更加精准，以价值贡献为主导、单位类别及效率为调节、专项激励为补充的薪酬分配机制初步建立。国家工程中心入选国务院国资委“科改示范企业”，获批博士后科研工作站，组建6支特色技术创新团队，提升自主创新能力、培养行业高端人才的基础进一步夯实。

【企业党建工作】 2022年，煤层气公司坚守“党建统领”战略定力，推进引领工程、聚力工程、铸魂工程、强基工程、融合工程“五大工程”，努力开创“政治站位高、组织系统优、队伍能力强、基础工作实、党建成效好”的高质量党建新局面。实施引领工程，学习贯彻习近平新时代中国特色社会主义思想，深入学习贯彻党的二十大精神，深刻领悟“两个确立”的决定性意义，推动两级党委全面落实“第一议题”制度。常态化开展“我为员工群众办实事”42件，员工“三感”更加充实、更有保障、更可持续；深化企地融合发展，全年贡献财税同比增长167%，民生用气同比增长5%，冬保供气同比增长2.5%，在新冠肺炎疫情联防联控、保生产保供应等方面获地方表彰嘉奖。坚定不移全面从严治党，加强对“一把手”和领导班子的监督，构建综合监督、职能监督、专职监督“三道防线”、建立日常沟通、协作配合、成果共享、责任追究、考核评价“五项机制”，监督体系进一步完善；驰而不息纠治“四风”，五项费用支出同比下降21.5%。做实巡视巡察“后半篇文章”，巡视反馈问题整改率100%；深化党委巡察“回头看”，强化共性问题自查自纠，以巡促改、促建、促治的良好态势逐步形成。实施聚力工程，聚焦政治坚强、本领高强、意志顽强“三强”干部队伍建设，完善选人用人实施细则，加大竞争性选拔力度，出台管理人员考核退出制度；坚持培养年轻干部，选派13名管理技术骨干到重点工程、重大项目挂职锻炼。实施铸魂工程，以喜迎党的二十大、宣贯党的二十大为主线，学习贯彻习近平总书记重要讲话和指示批示精神，两级班子带头学习党的创新理论，结合实际深入交流研讨，形成迈向高质量发展的一系列新思路、新举措；弘扬伟大建党精神，深挖石油精神和大庆精神铁人精神时代内涵，进一步丰富形成以“忠于党、为人民、责任心、真功夫、强管理、重创新、好习惯、好形象”为价值追求的新时期煤层气企业文化核心理念。实施强基工程，党组织书记抓基层党建述职评议实现第二轮全覆盖，推进基层党建“三基本”建设与“三基”工作有机融合，43个基层党支部全部达标，党组织健全率和党员班组覆盖率均100%。煤层气公司党委连续4年获评集团公司党建工作责任制考核“A档”。实施融合工程，完善两级党委“三重一大”决策制度，进一步规范党委前置研究范围和程序，科学决策、民主决策机制更加成熟；制修订党委规范性文件21项，党建制度体系更加健全。在绩效考核中新增“党建类”指标，权重分布达到15%—40%。推进党建载体创建与中心工作紧密结合，两项课题获集团公司优秀党建研究成果一等奖、二等奖。

（纪　烨）

南方石油勘探开发有限责任公司

【概况】 南方石油勘探开发有限责任公司（简称南方公司）前身为1984年在北京注册成立的中国石油天然气勘探开发公司，1991年迁至广州；1995年以“南方石油勘探开发有限责任公司”名称在广州注册；2008年9月，调整为中国石油天然气集团公司直属单位，业务上归原勘探与生产分公司管理；2011年10月，中国石油天然气股份有限公司正式完成对南方公司的股权收购。

南方公司勘探区域覆盖海南、广东、云南、广西四省（自治区）及有关海域。有探矿权29个，其中海南省2个、广东省1个、广西壮族自治区1个、云南省1个、有关海域24个。勘查面积17.374万平方千米。有采矿权5个，其中海南省4个、广东省1个，开采面积372.306平方千米。截至2022年底，南方公司累计产油480万吨、气32亿立方米。

2022年底，南方公司设机关部门10个、二级单位7个。在职员工165人，平均年龄42岁，其中党员占64%，本科及以上学历占81%，中级及以上职称占70%，高级职称占42%，教授级高工3人。

2022年，南方公司生产液态石油产销量32.01万吨；生产天然气1.01亿立方米，销售9055万立方米；营业收入17.46亿元、同比增长40.2%，为历史之最；利润总额4.92亿元、净利润4.15亿元，分别同比增长79.9%和77.8%，分别创近8年和12年来最好水平，经济增加值同比增加2.27亿元，净资产收益率、营业收入利润率大幅提升，自由现金流稳步增长，完成上级下达的考核指标。全员劳动生产率创历史新高。连续23年无安全生产亡人事故，连续5年获评集团公司质量健康安全环保节能先进企业。

南方公司主要生产经营指标

指　标	2022 年	2021 年
液态石油（万吨）	32.01	31.02
天然气产量（亿立方米）	1.01	1.03
新增原油产能（万吨）	5.4	5.4
新增天然气产能（亿立方米）	0.06	0.09
探井（口）	8	11
评价井（口）	5	5
开发井（口）	33	23
钻井进尺（万米）	17.41	12.12
勘探投资（亿元）	2.35	2.20
开发投资（亿元）	8.60	2.97
资产总额（亿元）	62.93	54.35
收入（亿元）	17.46	12.45
利润（亿元）	4.92	2.74
税费（亿元）	4.59	1.66

【油气勘探】 2022 年，南方公司立足福山凹陷精耕细作，强化物探攻关，深化基础研究，探井成功率 55.6%，评价井成功率 100%，落实探明石油地质储量 770 万吨、预测石油地质储量 1368 万吨；SEC 储量原油修正 40.29 万吨、天然气修正 0.6 亿立方米。拓展勘探永安浊积扇，古近系流沙港组二段岩性油藏展现大场面；精细勘探朝阳断阶带，涠洲组、流一段、流二段多层系立体勘探获新成果；探索花场永安洼槽区，部署花 28x 井获得成功，展现满洼含油潜力。集中立体勘探评价永安油田，培育千万吨储量接替区取得关键性进展。推动与中国海油合作项目，完成第一阶段主体工作量。

【油气开发】 2022 年，南方公司推进新区效益建产和老区稳产，生产液态石油产品 32.01 万吨、连续 7 年刷新产量纪录，天然气保持 1 亿立方米以上稳产。勘探开发建设全面提速，新钻产能井 20 口，新建原油产能 5.4 万吨；投产新井 17 口，产油 1 万吨。深化非稳态注水研究和动态调配，强化措施增产，开展长停井、低产井治理，注水油藏含水率从 48.1% 下降到 45.2%，原油自然递减率 9.9%、综合递减率 5.5%，均创近年新低。创新和推广应用气藏 CCUS（二氧化碳捕集、利用与封存技术）、柱塞气举、小泵深抽等新技术适用技术，天然气自然递减率 4.6%、综合递减率 0.6%，保持在历史最低区间。

【新能源业务】 2022 年，南方公司按照“三步走”总体部署，取得一批标志性成果。将开拓海上风电业务作为主攻方向，率先获取海南 60 万千瓦海上风电指标，谋划在粤东建设百万千瓦海上风电基地。完成福山凹陷地热资源普查，建成海南首个地热能综合利用示范项目，新增地热制冷面积 3400 平方米，年减排二氧化碳 1600 吨、节约费用 117 万元。启动油田分布式光伏建设，规划总装机容量 7 兆瓦。

【工程技术】 2022 年，南方公司关键核心技术攻关取得突破，高温高压、大位移、超深井施工技术初步成型，以“薄互层限流射孔 + 绳结暂堵”为主的层间转向压裂工艺技术在花 107–100 大平台应用，取得显著成效；推广“内衬油管 + 塔式抽油机”技术，检泵周期达到 747 天，为历史最好水平。制定实施数字化转型、智能化发展规划，油气生产物联网全面深化应用，数字化赋能油气生产提质增效取得实质性进展。

【科研创新】 2022 年，南方公司承担上级下达科技项目 12 项，自立 8 项，投入经费 4495 万元，“海南福山凹陷复杂火山岩物探技术创新与规模效益储量发现”获海南省科学技术进步奖一等奖，“油气生产物联网建设及创新应用”获二等奖。国内外首例凝析气藏 CCUS（二氧化碳捕集利用和封存技术）先导试验取得成功，国内首个千万吨级油田全生命周期 CCUS 先导试验见到初步成效。创新形成完整的二氧化碳分离、利用与埋存业务链条，建成“高效率、高采收率、高埋存率、强气源适配性、强扩展推广性”CCUS 福山油田模式，取得突出的经济和社会效益，全年埋存二氧化碳 5.03 万吨，累计埋存二氧化碳 17.8 万吨。南方公司 CCUS 工作得到央视聚焦报道及地方各级领导的高度关注；海南省委书记、省长亲临实地调研，给予高度肯定。

【安全环保】 2022 年，南方公司贯彻新《安全生产法》和国务院安全生产工作“十五条”硬措施要求，统筹推进安全生产专项整治三年行动、安全生产大检查和 QHSE 体系审核，狠抓城镇燃气、井控等重点领域安全风险集中治理，升级关键时段安全管理，安全生产形势总体稳定。制订实施深入打好污染防治攻坚战、持续推进绿色企业创建工作方案，甲烷和挥发性有机物协同管控初见成效，未发生环境污染事件。开展员工健康风险评估和干预，巩固健康企业建设成果。因时因势调整优化新冠肺炎疫情防控措施，强化应急响应程序动态管理和物资储备，关心关爱“三个群体”身心健康，将疫情对生产经营和员工群众工作生活的影响降到最低。连续5年获评集团公司质量健康安全环保节能先进企业。

【经营管理】 2022年，修订《南方石油勘探开发有限责任公司投资管理细则》，严格科学论证把关和效益排队优选，优先保障主营业务和重大项目建设，完成上级下达投资任务，投资效率效益持续提高。提升统计质量水平，获评“海南省工业生产者价格统计调查工作先进单位”。部署推进提质增效价值创造专项行动，实施“五提质、五增效”措施，实现增效1.31亿元。原油完全成本59.43美元/桶，同汇率同比增加14.1美元/桶，其中油价上涨导致的税费增加成本7.36美元/桶，消化历史遗留问题增加成本6.03美元/桶，为2023年“轻装上阵”做足准备；天然气完全成本每千立方米1465元，同比基本持平。全面实施零基预算管理，深化资金紧平衡管控，加强税收筹划和税率优化，“两金”占用得到有效控制，资产负债率创近10年新低。

【企业党建工作】 2022年，南方公司修订“三重一大”决策制度，决策事项52项，党委领导作用充分发挥。把政治建设放在首位，坚持“第一议题”制度，健全学习贯彻习近平总书记重要指示批示精神落实机制，开展“建功新时代，喜迎二十大”主题活动，深刻领悟“两个确立”，坚决做到“两个维护”。制订专项工作方案，精心组织党建活动，全面掀起学习宣传贯彻党的二十大精神热潮。开展“转观念、勇担当、强管理、创一流”主题教育，加强和改进思想政治工作，巩固和发展爱国统一战线，未发生意识形态领域问题。深化拓展党史学习教育成果和全国国企党建会精神落实成果，召开党建工作部署会，规范党费和党组织工作经费管理，制定实施党委班子成员巡回指导基层党组织专项计划，基层党建“三基本”建设与“三基”工作有机融合，党建工作质量和水平进一步提升。坚持党管干部、党管人才，加大各层级优秀干部培养使用力度。强化党风廉政建设和反腐败工作，修订贯彻落实中央八项规定精神实施细则，开展纪律教育学习月活动，党风企风持续向好，政治生态持续净化。聚焦“两个维护”和“国之大者”强化政治监督，组织冬季天然气保供等14项专项监督，推进“反围猎”专项行动和以案促改专项工作，完成党委巡察“回头看”；坚决彻底、举一反三整改巡视巡察、审计反馈、内控测试发现问题，构建长效机制，堵塞管理漏洞。

【企业文化建设】 2022年，南方公司持续深化“我为员工群众办实事”实践活动，落实全员疗养政策，优化调整基本工资制度，员工收入普遍提升。用心做好新冠肺炎疫情期间后勤服务保障，海口基地获评海南省首批“无疫小区”。以工程思维组织实施人才强企专项工作，培训1500余人次，建立健全专项奖励和综合考评机制，高质量完成人事档案专审，选拔中层管理人员4人、二级单位助理副总师3人、高级主管2人，推荐评审正高级职称2人、副高级职称6人。创新青年工作组织体系，一体推进“青马工程”和青年精神素养提升工程，开展建团百年系列活动，激扬青年员工不负韶华、拼搏奋斗的青春力量。关爱退休老同志，开展节日慰问。整体环境和谐稳定，员工干事创业劲头十足，有5个单位、集体和27人次获省部级以上表彰奖励。

（杨　琳）

中国石油天然气股份有限公司储气库分公司

【概况】 中国石油天然气股份有限公司储气库分公司（简称储气库公司）前身是2016年11月组建的中国石油天然气销售储备气分公司；2018年5月更名为中国石油天然气股份有限公司储气库分公司，隶属油气新能源公司；2019年2月21日成立中国石油集团储气库有限公司（简称储气库有限公司），与储气库公司合署办公。

储气库公司作为油气新能源公司附属单位，主要承担储气库规划计划、建设与运营管理、技术开发应用、标准规范制修订、考核评价、合资合作及业务发展政策研究等工作；受托负责油气田区域之外建设的其他储气库资产管理，是盐穴储气库的投资主体、运营主体和责任主体，承担实体职能，统筹开展盐穴储气库合资建设及运营工作，加快推进盐穴储气库项目落地实施。

2022年，储气库业务注采气量再创新高，注气

156.7 亿立方米，注气同比增加 36.6 亿立方米，增长 30.47%；新增工作气量 18 亿立方米，工作气量达到 157 亿立方米。单日最高注气量 1.07 亿立方米，首次突破 1 亿立方米，同比增长 27.7%。切实履行安全温暖过冬的责任，截至 2022 年 12 月 31 日，本轮累计采气 50.6 亿立方米。

2022 年，完成《储气库公司未上市业务中长期高质量协同发展规划》编制，进一步明晰未上市业务发展方向和路径，形成“三群九库一中心”发展格局。

强化企业化经营，集团公司批复的 3 个盐穴储气库项目平稳有序推进，张兴项目合资公司运行顺畅，年底具备注气条件，菏泽项目完成三维地震勘探，三水项目积极开展专项研究，协调地方政府支持开展三维地震等工作。

合资公司顺利运转。2022 年 1 月，江苏国能石油天然气有限公司完成注册，合资项目实现零的突破。组建董事会、监事会和经营管理团队，储气库公司通过股东会和董事会行权，确保依法合规维护公司权益，召开股东会和董事会各 3 次，分别审议议案 14 项和 21 项。有效发挥股东优势，实现优势互补，协调气源和市场等关键问题，盐化企业解决卤水处理等难题，合资优势转化为发展动力。

【企业管理】 2022 年，储气库公司菏泽盐穴储气库先导工程取得批复，投资 2.89 亿元；部署 32 平方千米三维地震项目，是储气库公司首个开展的物探项目。项目合作双方相向而行，企地紧密配合，克服高温酷暑、疫情防控、农作物抢收抢种等困难，在一个月内高效完成现场采集，完成资料处理解释。广东三水项目完成储气库资产收购，有序开展 4 项专题研究，为项目可行性研究开展、科学决策提供重要支撑。

应用前期评价成果，开拓市场抢占先机，山东泰安和云南昆明、江苏丰县等项目洽谈顺利，完成合作意向书或框架协议签订，锁定合资合作权益，进一步夯实发展基础。

利用编制江苏省、山东泰安市盐穴利用规划机遇，掌握岩盐资源、评价优质资源。参与集团公司储氦产业链建设，承担盐穴库址资源前期评价、精氦存储盐穴库选址评价等课题研究，加快拓展盐穴库多元化、多方向的综合创新应用。

完成“盐穴储气库注采动态热力学模拟技术研究”课题验收，为盐穴库动态分析夯实理论基础。对进口声呐测腔设备进行消化、吸收，完成多个测腔作业项目，利用特色技术开展项目可行性研究、技术论证等工作。2022 年专利成果丰硕，申报专利 9 项，是 2021 年的 2 倍多，其中发明专利 8 项，取得授权专利 4 项。紧密结合现场急需，抓好专标委和评估中心工作，完成《储气库注采能力计算规范》等 5 个项目标准制修订审查，培育国际标准 1 项，组织 200 余人参加标准宣贯，发挥行业引领作用；发挥 4 个评估分中心参谋支持作用，在库容标定、风险井治理、安全审核、经济评价等方面取得新进展。持续推进智能储气库生产运行平台建设，完成大屏演示环境的建设和系统软件部署上线运行，开发 39 张报表的数据模型，为储气库数字化转型、智能化发展迈出第一步。

【质量安全环保】 2022 年，储气库公司组织完成辽河双 6、新疆呼图壁等 6 家油气田 9 座在役储气库第三轮注气期安全环保专项审核，审核发现问题 397 项，提出技术建议 66 项，促进井筒等重点部位的安全管理。首次组织开展 8 家油气田 12 座储气库采气期安全环保监督检查，发现问题 219 项。首次开展储气库安全环保深度审核，以大港油田储气库为试点，审核现场 11 个，发现问题 88 项，提出技术建议 11 项，有效提升储气库安全环保管理基础。

党委中心组专题学习贯彻习近平安全生产思想，落实安全生产月和质量月活动要求，组织办公场所安全检查和消防检查。督导张兴项目加强钻井、溶腔及地面工程质量安全环保管理，合资公司及时完成钻井纠偏、钻井液不落地措施等整改工作。组织菏泽项目开工前安全环保培训，严控火工药品管理，领导带队开展安全环保专项检查。完成储气库公司首次 QHSE 体系内审工作，发现问题 36 项，各部门逐项分析整改，编修体系文件 41 项，完成储气库公司《QHSE 管理手册》修订。发布第四版疫情防控工作手册，及时调整疫情防控措施。有序组织员工健康体检，通过对近年体检数据比对分析，优化体检项目，组织专业医生对员工进行一对一解读，最大限度满足员工健康体检的个性化需求。

【张兴盐穴储气库建设】 张兴盐穴储气库位于江苏省淮安市淮安区，由中国石油集团储气库有限公司与江苏盐业井神股份公司合资兴建，双方股比为 49∶51。该储气库利用张兴盐矿采卤后形成的地下老腔改建，设计总库容 31.26 亿立方米，设计工作气量 18.5 亿立方米，计划总投资 65 亿元，新建 1 座集注站、3 座集配气站、19 座注采井场，设计总注气能力 1200 万米^3/ 日、总采气能力 1800 万米^3/ 日。整个项目分三期建设。2025 年一期工程建成并投产，建成 7 组井，形成库容 10.35 亿立方米、工作气 6.31 亿立方米。其中先导工程共封堵老井 4 口、新钻井 5 口，预计可形成有效体积 62.3 万立方米，形成库容 1.57 亿立方米，工作气量 0.84 亿立方米。2027 年二期工程建成 4 组井，形成库容 6.93 亿立方米、工作气 4.2 亿立方米；2029 年三期工程建成 9 组井，形成库容 15.5 亿立方米、工作气 7.99 亿立方米。

2021 年 12 月 28 日，张兴储气库先导试验地下工程开工。截至 2022 年底，完成 5 口更新井的钻井施工，总进尺 9903 米，生产套管固井质量合格率 99.86%，盖层优质率 100%。2022 年 2 月 26 日地面工程开工建设，12 月综合用房完工，地面机电安装工程单位进场，开始工艺区施工。2022 年完成投资 1.26 亿元。

【菏泽盐穴储气库建设】 菏泽盐穴储气库位于山东省菏泽市单县黄岗镇，2022 年 3 月取得先导试验工程方案批复，设计库容 1.85 亿立方米，工作气量 1.11 亿立方米，工作量 4 井 3 腔。先导性试验工程由储气库公司组织实施。

2022 年，完成三维地震现场采集，三维地震设计满覆盖区域 30.6 平方千米，炮点面积 50.1 平方千米，资料面积 70.51 平方千米，接收点面积 93.54 平方千米。测量资料合格率 100%。同时，完成地面采卤站工程设计。完成投资 2027 万元。

【企业党建工作】 2022 年，储气库公司党委坚持用习近平新时代中国特色社会主义思想武装头脑，第一时间学习贯彻党的二十大精神和习近平总书记重要讲话及指示批示精神，组织中心组学习 23 次，学习材料 162 篇，筑牢企业发展的根和魂。落实集团公司纪检监察组《关于对林长海、宓龙彪案开展以案促改工作的建议》，开展以案促改工作，针对案件暴露出的问题和纪检监察组提出的 3 项整改建议，细化整改措施 17 项，强化整改落实，制定《推进以案促改制度化常态化工作细则》。开展“合规管理强化年”活动，组织“严肃财经纪律、依法合规经营”综合治理专项行动，2 次法治集中学习，开展专题对照检查，制定高风险岗位清单，梳理风险点 18 个。落实落细意识形态工作责任，制定宣传报道审核流程，强化网络安全管理，守住意识形态阵地。

2022 年，储气库公司在岗职工 69 人，共产党员 61 人、其中预备党员 2 人，党员占比为 88.4%。

（刘鑫林）

中油国际管道公司

【概况】 2017 年 7 月，中亚管道有限公司与中国石油集团东南亚管道有限公司实施整合，设立中油国际管道公司。业务覆盖乌兹别克斯坦、哈萨克斯坦、塔吉克斯坦、吉尔吉斯斯坦、缅甸、中国，管理运营 6 条天然气和 3 条原油管道，建有一座 30 万吨级原油码头，形成“六气、三油、一港”（中哈天然气管道、中乌天然气管道、哈萨克斯坦南线天然气管道、中塔天然气管道、中吉天然气管道、中缅天然气管道，中哈原油管道、西北原油管道、中缅原油管道、马德岛港）超级管道网络，总投资 266 亿美元，总里程超 1.1 万千米，年油气输送能力 1.05 万吨油当量，管输规模占全国现有陆上进口能力的 75%。作为集团公司海外油气管道专业化公司，投资运营管理 13 个境内外独资与合资公司。

2022 年，面对复杂多变的严峻形势和艰巨繁重的生产经营和改革发展任务，中油国际管道公司弘扬石油精神和“智慧 + 实干”的企业精神，克服全球新冠肺炎疫情反复、所在国政局动荡、乌克兰危机影响外溢等不利因素，确保油气战略通道的安全可靠高效运行和公司改革发展平稳有序。全年向国内输送天然气 473.1 亿立方米，占进口天然气比重同比提升 2.3 个百分点，向国内输送原油 2128.2 万吨，同比增长 1.9%，为保障党的二十大、冬奥会等重大活动作出突出贡献，获集团公司“冬季保供先进单位”。实现考核口径净利润 7.53 亿美元，同比提高 6.8%，创历史最好水平。

【海外体制机制】 2022 年 5 月 20 日，集团公司人力资源部批复中油国际管道公司“三定”工作实施方案，要求 6 月 30 日前完成改革落地。有序推进“三定”工作，实现组织架构、管控模式、干部体系的重构优化。新老班子有序交替，完善模拟法人治理和执行董事负责体制，健全“选育管用”干部管理体系，任期制与契约化管理全面覆盖中层及以上干部。实施跨项目、跨国家、跨通道大范围选贤任能，全年调整任用中层干部 121 人，调整幅度达四分之三，营造五湖四海、干事创业的良好氛围。高效统筹推进，集团公司海外业务体制机制优化调整全面落地。

【合规治企】 2022 年，中油国际管道公司建立三级制度管理体系，着力提升管理制度化水平，召开年中工作会、依法合规治企暨法治建设工作会进行专题部署，一体推进“以案促改、严肃财经纪律、合规管理强化年”专项行动，完成52项制度修订升级。推行全级次、全领域、全方位合规风险和违法违规问题排查，对229项涉法事项开展合规审查并落实管控措施。开展“转观念、勇担当、强管理、创一流”主题教育活动，实施八大特色活动16项具体举措，举办9期“强管理、创一流”论坛，执行董事开讲首课，人人懂管理、人人会管理、齐心创一流的氛围正在加速形成。

【管道运行】 2022年，在LNG价格高企，管道气应输尽输的形势下，中油国际管道公司有效应对新冠肺炎疫情反复、土库曼斯坦气突发停供、乌兹别克斯坦和哈萨克斯坦短供断供等不利因素影响，安全高效利用管存调峰，确保国内天然气平稳供应。跨国调控体系持续优化。优化中亚四国会和中缅协调会机制，高效制定供输气和维检修计划，成立应急协调小组，发挥区域协调机制优势，做到上下游统一步调，内外部信息畅通。创建运行案例库，通过仿真测算优化运行方案，气单耗、亿立方米气机组运行时间等指标逐年向好。加快推进“站控转中控”，21座中亚站场（占比95.5%）完成中控功能测试。设备维护和完整性管理持续加强。完善设备全生命周期管理，平稳完成储罐大修、机组大中修、管线内外检测等作业20次，关键设备平均无故障时间提升8%。推动哈萨克斯坦运行维护模式优化，推动签订压缩机长服合同，进一步确保机组的可靠性并切实降低运维成本。深化完整性管理系统应用，建立完整性管理标准。坚持“一区一案”，加强伊江（伊洛瓦底江）穿越、海底管道、水工保护等高后果、高风险区管控。推动土库曼斯坦、乌兹别克斯坦、哈萨克斯坦、中国流量计“统一量值溯源”，实现全过程“远程见证”标定。强化上、下载点计量数据监管，中亚气全线输差优于集团控制指标。应急管理水平持续提升。升级应急抢修预案5项，开展应急演练20次，参与国家能源局“海外油气管道泄漏及爆炸应急抢险桌面推演”，应急响应体系及应对能力得到检验。

【提质增效】 2022年，中油国际管道公司推进开源节流降本增效，实现考核口径净利润同比提高6.8%，创历史最好水平。实施六大举措21项措施，降本增效5686万美元。分步搭建涵盖全生命周期、全项目公司的一体化管输费管控平台，管输费统筹管理和经济决策支持能力进一步增强。中乌天然气管道合资公司（AGP）提前还款，为在2023年6月提前5年全面清偿贷款奠定基础；中乌天然气管道合资公司（ATG）大力协调，实现增值税现金退税；哈萨克斯坦南线天然气管道合资公司（BSGP）建立管输费清收机制，应收账款余额同比下降1亿美元。哈萨克斯坦西北原油管道合资公司（MT）和中哈天然气管道合资公司（KCP）抓住哈油东输有利时机，实现西北管道和K-K管道输油分别同比增长31.2%和26.3%，均创历史最高纪录。东南亚天然气管道有限公司（SEAGP）和东南亚原油管道有限公司（SEAOP）有效应对制裁风险，利润及现金贡献持续稳定。完善项目公司盈余现金分配机制并推动应分尽分。中塔天然气管道有限公司（TTGP）和中吉天然气管道有限公司（TKGP）优化境外人员安排、精准管控管理费用，中亚香港实现同口径同比减亏，新疆公司增收681万元，实现自负盈亏，中油国际管道公司继续实现合并盈利。

【重点工程建设】 2022年，中油国际管道公司积极推进重点工程建设，提前建成哈萨克斯坦南线150亿米^3/年输气能力。组织召开7次由中外方股东、合资公司和承包商等相关单位共同参加的项目协调推进会，强化节点控制，优化运输线路，应用“云审批”系统加快详细设计及审批速度，积极稳妥应对商务风险，高质量完成概算批复、补充协议签订、施工许可办理。克服众多困难，12月15日首台压缩机组点火成功，提前2周实现进气目标。

【新项目前期】 2022年，中油国际管道公司推进中亚天然气管道新项目建设，组建新项目建设指挥部，统筹谋划协调全局，高质量完成“幸福之路”一体化可行性研究管道分报告，关键路径和刚性工期论证成果获集团公司认可并予以明确。组织各方力量，围绕智能管道、绿色低碳、五新应用、装备国产化、创优统筹、建管模式，系统研究跨国管道技术与管理提升方案，夯实新项目高标准建设的基础。各专业稳步推进新项目准备，协议修订、投资优化等工作有序开展。

【QHSSE建设】 2022年，中油国际管道公司QHSSE指标持续优良，实现“三个零”和“五个杜绝”的安全生产目标，获集团公司质量健康安全环保节能先进企业，中缅项目社会安全管理获公安部、国务院国资委主办的全球公共安全合作论坛“海外安防优秀实践奖”，中缅项目马德岛首站生产运维班组获集团公司“质量先进基层单位”，中乌天然气管道WKC3压气站获集团公司“HSE标准化先进基层单位”。在中油国际管道公司“三定”方案确定后，及时修订HSE

管理体系并通过年度认证复审。加强隐患源头治理，全覆盖辨识并有效管控38项中高风险，对中亚和缅甸43处现场开展“四不两直”云端安全生产大检查，7大类731项问题全部整改完成。全面启动“健康企业”建设，制订“一对一”健康干预及监测方案，员工年度体检合格率提升5.2个百分点；加强海外健康风险管控，完善“驻点医生+远程会诊”双重咨询诊疗模式。面对哈萨克斯坦“1·5”事件、缅甸莱比塘铜矿事件等社会安全风险，工作专班高效决策、稳健应对。哈萨克斯坦地区进一步完善社会安全突发事件专项应急预案，中缅项目升级社会安全管理，为全部59个阀室安装安全防护罩，增聘国际安全官。在集团公司社会安全管理五维绩效考核中，获评最高等级“卓越级”。成立双碳工作领导小组，系统规划绿色低碳发展阶段性目标、主要技术路线、低碳管理体系以及低碳人才培养。开展环境合规性评价，完善环境管理方案，应用仿真模拟优化全线压缩机开机方案，减少二氧化碳排放1.97万吨。

【人才强企】 2022年，中油国际管道公司推进创新和人才双轮驱动，实现改革三年行动全面收官，高质量完成5个方面94项改革任务，组织改革成效“回头看”，确保改革举措落地见效。落实人才强企全生命周期管理，制订人才强企工程行动实施方案，系统推进人才强企6个专项工程在海外落地，相关工作成果在集团公司人才强企推进年启动会上交流分享。以“三个一批”为重点，深化预备队和战略预备队建设，开展第三批次优秀年轻干部专项选拔，10名“80后”“90后”走上领导岗位，10名青年人才动态充实储备一批、培养一批。挂牌成立亚洲首个国际能源工程师评价认证中心，首批24名学员通过认证并获国际能源工程师资质。挂牌成立云南培训基地，建成本部智慧教室，深度开发3E人力资源价值评价、SPI（中油国际管道公司）BEST领导力模型测评工具。成立高级职称评审委员会，完成45名副高级职称评定。推荐2名青年员工获聘集团公司技能专家、3名青年员工入选“青年科技人才培养计划”、1个创新项目获得技能人才创新基金支持。组织青年员工参加集团公司创新大赛，获专业组一等奖、二等奖各一项。

【科技创新】 2022年，中油国际管道公司推进关键核心技术攻关，完善技术支持体系，开展25项科技项目开题论证，推动3项企业技术标准转化为国家标准，参编标准《进入天然气长输管道的气体质量要求》获中国标准创新贡献二等奖，作为唯一海外单位在集团公司国际标准化工作推进会上交流中国标准“走出去”实践经验。获中油国际公司科学技术进步奖3项、技术创新优秀成果1项，申请专利6项、软件著作权5项。完成网络安全运营平台一期建设，全年监测网络风险301万次，取得“零失分”“零通报”优异成绩。完成6项业务系统“等保2.0”复测与认证，完成信息技术服务管理ISO20000体系和信息安全管理ISO27001体系的认证及复审。完成数字化转型顶层设计，规划三大转型场景23个子场景。运销商务综合管理系统、应急管理系统上线，不断升版SPI系统，完成81项业务流程E化。BSGP巴站扩建数字化交付平台成功上线，开启工程建设项目数字化实践先例。

【经营管理】 2022年，中油国际管道公司夯实股东行权基础，优化并固化4项工作机制，在业务层面优化常态化联络和内部协同机制，在决策层面优化信息研判和分层级会晤机制，以结果为导向提高行权效率。正式启用集团公司电子采购系统2.0，实施“框架协议+电商订单”采购方式。坚持应招必招，单一来源采购金额总占比同比下降17.7个百分点。ATG成功争取乌兹别克斯坦采办新政临时豁免，及时签署重大紧急合同，保证生产经营正常开展。跟踪研究管道沿线国家政治经济形势及国际热点事件，编制重点问题专题研究报告，为中油国际管道公司发展提供决策支持。获石油石化企业管理创新优秀成果3项、优秀论文8项，其中一等奖3项、二等奖6项。抓实抓细保密工作，印发9项保密制度，有效加强保密管理，在集团公司保密检查中获评“优秀”。

【企业文化建设】 2022年，中油国际管道公司抓好宣传和企业文化建设，提升对内对外影响力。以“同心圆”为文化引领跨文化融合，完善企业文化体系，缅甸跨文化融合工程三年实施成果得到上级认可，成为国务院国资委认定的首批3家央企跨文化融合示范项目之一，研究成果《企业本土化传播策略研究（缅甸篇）》成为国务院国资委官方策略参考。立足海外社交媒体平台，举办“CNPC青年短视频挑战赛”，开展“缅甸创新创业训练营”线上研讨班，推出《逆流而上》等4部中缅双语作品。建成曼德勒丝路书屋，塔什干、布哈拉及阿拉木图3个“中国书架”，出版《管通未来》中俄双语版。开展建团100周年系列活动，举办中国石油“一带一路”国际合作青年故事会。注重品牌形象建设，聚焦党的二十大、主题教育、冬季保供等生产经营重点，精心策划发布内网专题10个、微信专题127期，在主流媒体刊发稿件72篇。《一条管道的冰雪梦》获集团公司优秀作品奖，《新形势下中国石油在“云端”开展国际传播的探索与实践》入选国务院国资委品牌建设典型案例。树立先进典型发挥榜样力量，完善先进典型选树培育机制，评选冬季保供及年度先进集体和先进个人，联合《中华儿女》杂志开展“一带一路”青年英才系列报道，用先进事迹凝聚人心、鼓舞士气。发挥职代会和群团组织作用，常态化开展“我为员工办实事”活动，持续改善国内外员工办公环境和生活后勤条件，广大干部员工的幸福感不断增强。组织线下＋线上植树活动，获中国绿化基金会“我为碳中和种棵树”公益活动先进集体。

【党建工作】 2022年，中油国际管道公司把学习宣传贯彻党的二十大精神作为首要政治任务，落实“第一议题”制度，第一时间学习传达大会精神。党委先后组织11次学习和专题研讨，各级党组织多层次全覆盖开展学习研讨159次，宣讲58次，宣传报道60篇，形成全面学习宣传贯彻党的二十大精神的浓厚氛围。克服新冠肺炎疫情影响，举办第一次党代会，完成两委换届选举，明确未来五年重点任务。推动党的领导深度融入企业模拟法人治理，切实将党中央精神和集团公司党组部署落实到公司重大事项决策中。完善党委会议事规则和决策程序，印发新版“三重一大”决策制度和“党委前置研究讨论重大经营管理事项清单”，上线集团公司“三重一大”决策和运行监管系统。强化党建“三基本”建设，出台党组织委员履行党建工作“一岗双责”指导意见，完善党建工作责任制考核评价体系。完成三年创建、三年创优的“六个一”党支部建设工程，树立示范党支部13个。推动全面从严治党向纵深发展、向基层和海外延伸，健全监督体系，加强各级“一把手”监督，做深做实政治监督、日常监督、专责监督，有效提升监督成效。切实把巡视巡察问题整改作为强化政治担当、经受组织考验、深化思想洗礼、提升作风形象、推动改革发展的宝贵机会，努力做到立行立改、坚决纠正。深化党风廉政建设，召开党风廉政建设和反腐败工作会议，层层签订党风廉政建设责任书，履行党风廉政建设“一岗双责”，开展“反围猎”专项行动，召开警示教育大会，推进以案促改，实现廉政教育常态化和制度化。印发《海外项目廉洁风险防控指导意见》，在哈萨克斯坦4个合资公司建立反腐败机制，完善反腐败制度，廉洁风险防控向海外延伸取得积极进展。

【科学防疫】 2022年，中油国际管道公司坚持员工生命至上的原则，因时因势优化调整防控措施，统筹部署新冠肺炎疫情防控和员工关爱工作，稳健应对国内外多轮疫情冲击。在缅甸方向开辟“绿色通道”和陆路回国通道，在中亚方向打通22条回国线路，实现超期在岗一年以上员工动态清零。全年未发生一起聚集性疫情，国内外员工生命安全和身心健康得到有效保障，生产经营大局稳定。

（杨　帆）

中石油阿姆河天然气勘探开发（北京）有限公司

【概况】 中石油阿姆河天然气勘探开发（北京）有限公司（简称阿姆河天然气公司）是中国石油天然气集团有限公司的下属一级企业，2007年9月成立，主要负责土库曼斯坦阿姆河右岸天然气勘探开发项目的组织与实施。阿姆河右岸天然气勘探开发项目是中土两国在能源领域合作的一个重大项目，也是中国石油迄今为止境外陆上最大规模的拥有100%权益的天然气勘探开发合作项目，也是中亚天然气管道的主供气源地。

2007年7月17日，中国和土库曼斯坦签署《产品分成合同》和《天然气购销协议》，两国天然气合作正式开启。15年来，阿姆河天然气项目集合众人智慧，攻克一项项世界级技术难题，在卡拉库姆沙漠腹地建成现代化天然气勘探开发系统。同时，中土天然气合作促进了当地经济社会进步，直接为土库曼斯坦创造数万个就业机会。阿姆河项目被土库曼斯坦时任总统库尔班古力·别尔德穆哈梅多夫誉为“中土能源合作的典范”。

2017年7月，集团公司组建中油国际中亚地区公司，将阿姆河天然气公司纳入中亚地区公司管理。2021年4月，集团公司组建油气新能源板块（油气子集团），阿姆河天然气公司划归油气新能源板块管理。

2022年底，阿姆河天然气公司按照集团公司海外业务体制机制调整意见及“三定”规定，率先启动并完成职能、机构、人员调整，本部设置职能部门10个、直属机构7个、二级单位6个，中方人员均控制在编制职数内。

2022年，阿姆河天然气公司认真学习贯彻习近平新时代中国特色社会主义思想和党的二十大精神，深入践行习近平主席“加强能源合作，造福中土人民”重要题词精神，坚决落实中央、党组决策部署，围绕建设世界一流天然气合作项目，全面做好生产经营、安全环保、疫情防控、队伍建设工作，成功组织15周年大会，回顾发展成果、总结发展经验、凝练“四为精神”，发展基础更加坚实，业绩效益再创新高。

【油气勘探】 2022年，通过新增、复算，阿姆河天然气公司新增地质储量422.67亿立方米，新增EV储量253.52亿立方米，超额完成年度SEC份额储量接替率。高质高效完成测录井作业、储量升级管理、井位论证、钻井许可申请及课题研究等各项工作，为完成阿姆河天然气公司“6·30”“9·30”双节点工作打下坚实基础。特别是针对西部层状气田整体有效储层钻遇率低的问题，落实“转观念、勇担当、强管理、创一流”主题教育活动精神，成立地质、开发、工程一体化随钻跟踪小组，发挥部门管理职能和前后方联动机制，加强随钻对比工作，提前预判现场层位变化，及时提出合理化建议、加迪恩（Gad）、北加迪恩（NGad）气田有效储层钻遇率由最初的32%提高到77%，NGad-102D井ⅩⅤm层有效储层钻遇率95%，为该气田的高效开发提供产能基础。

【油气开发】 2022年，阿姆河天然气公司以新区上产、老区稳产、措施增产为重点工作，推进气田开发方案编制和审批工作，通过资源国天然气康采恩审批的气田开发（调整）方案7个，4个气田开发（调整）方案完成多轮次问题答复，具备审查答辩条件。新井投产15口，其中新投产区块的B区西部气田新增产能470万米^3/日。加强动态分析工作，按照“一藏一策”“一井一策”要求，制订气井月度合理配产方案，优化气井冬季配产，控制气田产能递减率，减缓产量递减，A区主力气田萨曼杰佩气田产能年递减率约19%，B区主力气田别列克特利、扬古伊、恰什古伊气田地层压力年递减率6%—8%。注重措施增产工作，多轮次措施井筛选及论证，现场实施补孔、酸化措施作业3口，合计增产698万立方米。详细制订气井动态检测和流体分析计划，完成产能+压力恢复+静温压监测21井次、静温压监测77井次、产气剖面监测16井次、油套管腐蚀检测4井次，完成1852井次流体化验分析。

【天然气生产与保供】 2022年，阿姆河天然气公司天然气产量创历史新高，冬季保供超4000万米^3/日极限供气量天数33天，超过上个保供周期15天。年初制订全年和冬季保供生产的三十条行动方案，采取加快B区西部气田投产、加强气井酸化增产作业、加大稳油增产力度等措施，提高全年产能。进行生产检维修系统一体化改革，破解人员不足、人员专业局限、审批程序复杂等问题，提高生产运行工作效率和质量。为提高产量，处理厂采取轮替单列检修方式替代全停检修，实际增加全年生产时长7天。实施6条管道内检测及1条管道外检测，通过操作优化将每条管道内检测作业周期从23天降至4天。进行冬季保供机制创新，土库曼斯坦首都和现场双外联机制确保阿姆河右岸、康采恩双气源冬季保供供气稳定。甲乙方一体化冬季保供周会制度、甲乙方一体化应急响应制度为及时解决保供问题提供保障。2022年冬供中遭遇土库曼斯坦40年不遇低温，组织因低温造成设备故障的抢修工作，并支援土库曼斯坦天然气康采恩解决康采恩复兴气田冻堵停运故障，保持冬季保供期间稳定供气。

【发展战略与规划计划】 2022年，阿姆河天然气公司提出建设世界一流天然气合作项目目标，制定“13456+N”（1是坚定建设世界一流天然气合作项目目标，一往无前不动摇；3是“三步走”总体规划；4是实施创新、资源、数字化和绿色低碳“四大战略”；5是做好党建优势、一体化优势、安全生产优势、低成本优势、国际化优势“五个巩固”；6是做好外联有效性、管理水平、市场能力、人才队伍建设、风险防控能力、品牌影响力“六个提升”；N是实施51项重点工作）总体建设思路、“三步走”战略规划：2025年，初步建成世界一流天然气合作项目，立足项目高质量发展迈出第一步；2035年，全面建成世界一流天然气合作项目，拓展新项目、新业务、新领域巩固第二步；2042年，形成稳定的业务链和效益增长点，深度介入、深入融合、共赢发展推进第三步。

2022年，阿姆河天然气公司加强工作计划与预算的管理，压减无效和低效投资，优化投资结构，强化投资执行的管理和控制，完成投资2.51亿美元。加强项目前期管理，根据阿姆河右岸B区东部区域地质研究取得的进展，组织编制《塔加拉和东库瓦塔格气田开发可行性研究报告》，经内部决策通过后报中油国际公司审批。根据中油国际公司的安排，对土库曼斯坦新能源政策环境、资源状况、发展情况进行调研，完成《阿姆河天然气公司海外“十四五”及中长期新能源专业规划报告》。

【地面工程建设】 2022年，阿姆河天然气公司重点工程建设有序推进。B区西部气田项目施工期间面临疫情形势严峻、人员动迁困难、铁路运输限装、边境口岸拥堵、清关困难、施工区域广等诸多不利因素，发挥集团公司在土库曼斯坦甲乙方一体化优势，实现各环节提速增效，B 区西部气田项目主工艺流程及第一批 10 口单井比原计划提前 95 天完成建成投产，第二批 4 口单井按计划建成投产。6 月 26 日，土库曼斯坦总统带领内阁成员亲临现场，高度赞扬中国石油建设高速度与高质量，为两国开展更深入合作奠定坚实基础。5 月 30 日，皮尔古依集气站水处理二期工程全面建成投产，增加气田污水处理能力 900 米 ^{3}/ 日，解决 B 区中部气田产水量大、水处理能力不足瓶颈问题。B 区中部气田 Bush-102H 单井工程 11 月 7 日建成投产，增加天然气产能 8 万米 ^{3}/ 日。

【钻井与完井工程】 2022 年，阿姆河天然气公司把安全生产、科技创新、强基合规、绿色增效作为井筒专业实现一流突破的关键推动力，开展组织保障科技提速活动，提前完成阿姆河天然气公司“6 · 30”“9 · 30”双节点工程的各项指标，以建井周期为主要考核指标的生产效率大幅提高。

钻井工程方面，动用钻机 6 部，新开钻 9 口井，完钻 7 口井，完成钻井进尺 25200.33 米，钻井成功率 100%，井身质量合格率 100%，固井质量合格率 100%。平均机械钻速 5.14 米 / 时，钻机月速 1205.6 米 / 月。钻完井周期 65.76 天，同比减少 13.91 天，提速 17.5%。

完井工程方面，动用钻机 6 部（原钻机试气）、修井机 2 部，完成新井测试完井和生产措施作业共 16 口（其中新井 12 口、生产井措施作业 4 口），累计获测试日产天然气 32.06 万立方米。完成酸化施工作业 14 井次，注入酸液总量 1867.6 立方米，累计日增产天然气 83.9 万立方米。

井下作业测试资料全准率 100%，安全隐患治理成功率 100%，措施有效率 100%。

【新项目开发】 2022 年，为贯彻和落实中土两国元首关于扩大能源领域战略合作达成的重要共识，推动中土天然气合作取得新突破，按照中土天然气合作政企联合工作组商定的工作安排，2021 年 7 月，集团公司成立中土天然气合作企业间工作组（天然气贸易组、复兴气田二期组、D 线建设组），先后与土方举行 20 余次会谈，其中线下会谈 4 次。会谈期间阿姆河天然气公司成立中土天然气合作支持保障工作小组，工作组由外联部、法律事务部、综合办公室等部门代表组成，工作小组统筹协调在土库曼斯坦相关工作，保障谈判顺利进行，取得阶段性成果，助力中土天然气合作扩大规模和体量。

【经营管理】 2022 年，阿姆河天然气公司持续开展“量、价、本、利、区、季”动态经营策略研究，针对 B 区天然气价格略高及成本池尚未完全回收的情况，通过加大 B 区输气量来增加收入加快回收，确保全年经营指标完成。提前谋划，多次组织相关会议讨论研究，完成《B 区西部气田建设投资及运行费用分配报告》，按照产品分成合同及合规管理要求，对 B 区西部气田发生的开发费、操作费按比例分配，避免产生回收风险。制定《工作量确认单 AKT 管理办法》，明确业务部门工作管理责任，规范工作量确认业务，降低税务审计风险。编制 2022 年提质增效价值创造行动方案，聚焦“稳增长”，确保产量稳中有升；聚焦“提效率”，提升生产运行效率；聚焦“强基础”，筑牢高质量发展基础；聚焦“控风险”，守住不发生重大风险底线，提出并落实 21 项提质增效具体措施和 4 项保障措施。通过开展提质增效工作，全年增加中方收入 7000 余万美元，控减成本 4000 余万美元，控减投资 2000 余万美元，整体现金流增效超过 1.4 亿美元。压实责任，狠抓落实，全面超额完成上级单位下达的年度经营指标，收入、利润、现金流等各项指标均创历史新高，稳居集团公司海外业务前列。

【新冠肺炎疫情防控】 2022 年，阿姆河天然气公司建立基层、中方骨干团队支部、中方骨干团队“三级关心关爱员工”机制，落实集团公司“双稳”和员工动迁双向“零输入”要求，持续开展新冠肺炎疫情防控“网格化”管理，补充采办足够的疫情防控资源，制定“一地一策”的疫情防控策略，所有公共场所定时消杀，关注重点人员和人员密集生产场所疫情防控措施的落实，密切监督、督促员工持续加强疫情防控意识。联系中国驻土库曼斯坦大使馆，实现中方人员疫苗接种全覆盖。与各方协调，通过包机或转机，动迁人员 987 人次，极大缓解因疫情防控使中方人员不能正常休假的巨大压力。全年未发生岗位集聚性疫情传染，保障天然气生产平稳运行。

【QHSSE 管理】 2022 年，阿姆河天然气公司坚持“以人为本、安全第一、环保优先、质量至上”的 QHSE 管理理念，实现“零事故、零伤害、零污染”“零缺陷”和 6 个“杜绝”的年度管理目标。创建阿姆河天然气公司质量管理体系，落实集团公司质量和计量管理规定，严格选择专业承包商和监理公司，严密监督建设过程，实现基建工程一次验收合格率 100%。实现天然气、凝析油、硫黄生产质量合格率100%。开展生产系统隐患识别和风险治理等各种QHSE专项活动，投入资源落实基层站队标准化建设；各级领导进行安全环保大检查1348次，属地单位整改典型安全隐患2336项。查处交通违章22起，举行各种应急处置演练156次，培训人员17193人次。生产生活废弃物由所在国政府授权的承包商处理，所有新增作业获取政府环评许可。培育安全环保文化氛围，保障安全生产平稳进行。

阿姆河天然气公司成立专班委员会指导职工及家属关心关爱活动，开展健康企业建设，设立8个卫生所，4名国际SOS大夫、15名土方医护人员，保障员工的身心健康。

按照集团公司社会安全“四防”标准建设阿姆河天然气公司场站。聘请171名当地国防军对核心资产进行保卫，聘请120名专业保安负责其他场站警戒，确保人员和财产安全。

【合规管理及风险防控】 2022年，阿姆河天然气公司开展“合规管理强化年”暨法治建设示范项目创建活动，以“决策前置、管理前延、把关前移”为重点，逐步完善“业务部门—专业工作委员会—公司决策会议”三级决策管理体系，充实调整27个专业工作委员会，提高决策质量和效率。完善“三重一大”决策制度和权责清单，编制法律风险手册、产品分成协议责任义务清单，梳理26大类法律风险200余项，公司层面197项和业务层面798项风险事项，编制2023年度重大风险评估暨风险管理报告，防范重大经营风险。组建内控和审计部，整合强化内控、审计等监督力量，开展历年内控审计问题“回头看”，对经营管理核心团队进行集体警示教育，树牢拒腐防变的思想防线、法纪防线，确保发展安全。

【人才强企】 2022年，阿姆河天然气公司按照集团公司“人才强企工程推进年”安排部署，围绕建设世界一流天然气合作项目战略目标，突出抓好“三强”干部队伍锻造、落实人才发展机制等关键任务，推动“人才强企”工程取得新成效。注重突出政治标准，选拔使用担当作为、苦干实干，基层历练扎实、实践经验丰富，专业技能高强、工作业绩突出的干部，提拔使用2名副总师、10名二级正和17名二级副领导干部。注重完善“生聚理用”人才发展机制，重视青年干部培养，举办为期3个月的首届年轻干部培训班，为提升年轻干部管理水平打下坚实基础；发挥集团公司一体化优势，加强人才轮换和人才引进，轮换回国员工39名，新上项目员工28名，进一步改善人员结构，推动人才队伍可持续发展。

【数字化建设】 2022年，阿姆河天然气公司贯彻落实集团公司、中油国际公司数字化转型、智能化发展各项决策部署，锚定高质量发展、创一流目标，将数字赋能工程作为创建世界一流天然气合作项目的四大战略举措之一，聚焦数据资产化能力提升、生产运营管控能力提升和网络基础设施能力提升，坚持统筹协调、顶层设计，定位高远、实现突破，解决问题、见到实效，创造价值、赋能品牌4个方向定位，落实数字化转型、智能化发展试点任务，按照《集团公司数字化转型、智能化发展指导意见》优化完善《阿姆河天然气公司数字化转型、智能化发展实施方案》，组织推进实施数字赋能工程。依托B区西部地面工程建设项目，基于地面工程数字化交付为数据底座，开展智能自控集成物联网平台、设备设施全生命周期管理平台和智能集成应用平台建设，构建生产运行总况、设备设施总览、报表智能计算统计、故障预警、智能巡检、仿真操作培训、设备设施预防性维护等应用场景，初步建成基于“一网一云一平台”（一网指统一一张通信网络，涵盖生产网、办公网、互联网；一云指一朵公司统一的基础设施云，包括计算资源、存储资源和网络资源；一平台指数字化工作平台）的数字孪生工厂，实现生产运行可视化、数字化、一体化运行管控，生产运营管控能力得到进一步提升，数字化赋能工程取得显著阶段成效。

【扩大在资源国的交流】 2022年3月、10月土库曼斯坦举行国际油气大会，阿姆河天然气公司作为赞助商之一支持土库曼斯坦国际油气大会的举办，集团公司总经理侯启军、副总经理黄永章，阿姆河天然气公司总经理陈怀龙应邀参加会议，并在大会作主旨发言，获主办方和与会国际油公司的高度认可，体现中国石油对合作伙伴组织主场大型国际活动的支持，提升伙伴间的友谊，同时增进阿姆河天然气公司在资源国的知名度和美誉度。2022年，阿姆河天然气公司总经理陈怀龙参加土库曼斯坦独立日、中立日、宪法日、新年等新闻采访活动，对阿姆河天然气公司进行宣传，体现对资源国国情的尊重，为阿姆河天然气公司在土库曼斯坦健康持续发展奠定基础。多次组织土库曼斯坦官方网站和纸媒体对阿姆河天然气公司进行宣传介绍，扩大中国石油品牌的影响力。

【在土企业协同发展】 2022年，阿姆河天然气公司同中国石油其他驻土库曼斯坦企业共举一面大旗，发挥一体化优势，按照“1+6”（“1”为大党建引领，“6”为大安全、大健康、大环保、大外联、大后勤、大人力）总体工作原则，坚持发展共谋、项目共建、责任共担、成果共享、合作共赢的“五共方针”，持续推进集团公司在土库曼斯坦全产业链、国内外、甲乙方、中土方“四个一体化统筹”，有力促进生产、管道运输、贸易、金融、工程服务“五位一体”综合性格局的形成。在土库曼斯坦企业集中各方面优势资源，为巴格德雷合同区块、土库曼斯坦复兴气田、里海项目提供上下游、全链条技术支持和服务，协同发展，在安全、健康、环保、外联、后勤和人力资源等各个领域均取得了较好的业绩，确保了集团公司整体利益最大化，持续为中土合作大局作出贡献。

（陈　龙　刘铭初）

中国石油俄罗斯公司

【概况】 2007年9月，集团公司成立中俄合作项目部。2014年4月，集团公司批准中俄合作项目部加挂中国石油天然气集团公司俄罗斯公司牌子。11月，集团公司撤销中俄合作项目部，俄罗斯公司单独列入集团公司直属企事业单位序列，行政由集团公司直接管理，业务归口海外勘探开发分公司管理。2017年7月海外油气业务体制机制改革，中国石油天然气集团公司俄罗斯公司更名为中国石油国际勘探开发有限公司俄罗斯公司（简称中油国际俄罗斯公司），归中国石油国际勘探开发有限公司管理。2018年9月，中油国际俄罗斯公司整体前移俄罗斯莫斯科办公。中油国际俄罗斯公司作为中油国际公司的派出机构，在中油国际公司授权范围内，承担俄罗斯地区业务协调、管理、监督、服务等职能，重点负责授权范围内项目运营的协调和支持、公共关系、HSSE监督、股东事务等工作，并作为集团公司俄罗斯地区企业协调组组长单位，负责指导和监督集团公司各驻俄企业生产经营和健康安全环保工作。

2022年6月，根据中国石油海外业务体制机制优化调整意见和集团公司批复的“三定”方案，中油国际俄罗斯公司更名为中国石油俄罗斯公司（简称俄罗斯公司），定位为海外国别公司，列一级企业管理，业务由中油国际公司归口管理。截至2022年底，有员工48名，含8名外籍员工，设综合管理部（人力资源部）、法律和股东事务部、企业文化部、勘探和生产部、计划财务部、销售采办和海运部、工程建设和LNG设施运营部7个部门，实行一体化运营模式，设立一套中方机构，管理亚马尔LNG项目、北极LNG2项目和中油国际（俄罗斯）投资公司，管理总资产89.92亿美元。

2022年，俄罗斯公司积极应对外部经营环境变化，坚持依法合规治企和强化管理，开展“转观念、勇担当、强管理、创一流”主题教育活动，组织新冠肺炎疫情和社会安全防控，推进实施提质增效举措，做好生产经营和股东行权管理，各项工作取得显著成果。亚马尔LNG项目实现中方账面权益净利润超过20亿美元，排名集团公司海外项目首位，比计划提前一年完成回收目标，成为集团公司海外首个投产、首个实现回收的液化天然气一体化项目。北极LNG2项目2022年初实现国际银团融资关闭，工程建设整体进度完成75%。

俄罗斯公司亚马尔LNG项目主要生产经营指标

指　标	2022年	2021年
天然气作业产量（亿立方米）	321.20	300.17
天然气权益产量（亿立方米）	64.29	60.08
凝析油作业产量（万吨）	81.8	88.87
凝析油权益产量（万吨）	16.36	17.78
LNG作业产量（万吨）	2102.9	1951.00
开发井（口）	200	180

【勘探开发】 2022年，亚马尔LNG项目加大勘探力度，利用夏季窗口期高质量完成东南水域145平方千米三维地震采集，为落实白垩系扩边储量和摸清侏罗系地质储量打好基础。优化侏罗系探井井位和地质设计，178探井钻遇有效储层厚度42.8米，进一步证实南部穹隆潜力。中穹隆侏罗系8口试采井完钻5口，钻遇有效储层厚度59—81米。侏罗系勘探和试采新增天然气地质储量2380亿立方米、凝析油地质储量6217万吨。2022年侏罗系试采井生产天然气4.41亿立方米、凝析油9.53万吨。亚马尔LNG项目全年完成油气作业产量当量2636.6万吨，油气权益产量当量527.7万吨，首次突破500万吨，超产41.2万吨；天

然气作业产量321.2亿立方米，超产26.2亿立方米；凝析油作业产量81.8万吨；LNG生产线未发生故障停车，装置运行时率100%，产量2102.9万吨，首次超过2000万吨。全年动用钻机7部，开钻25口、完钻25口、完井25口（含5口侧钻井），年进尺114850米，累计钻机59.85台·月，单井平均钻机2.39台·月，平均1919米/（台·月），投产新井16口。

北极LNG2项目编制完成第二版地质模型和水动力模型，完钻开发井77口，新井水平段平均长度1500米以上。按照试气结果，平均单井日产气63万立方米、凝析油67吨，产量指标超出设计水平。2022年动用5部钻机，完钻开发井21口，完成进尺87590米。

【工程建设】 2022年，亚马尔LNG项目完成增压站燃气轮机替代方案研究，并签订燃气轮机采购和施工合同；启动2号甲醇装置建设，截至2022年12月底，总体建设进度完成65%。

北极LNG2项目工程建设稳步推进。一期模块全部安装至混凝土重力式平台，一期LNG生产线整体调试完成45%；二期模块基本建设完成。截至2022年12月底，北极LNG2项目总体建设完成75%，其中一期完成95%，二期完成80%，三期完成40%。

为应对西方对俄罗斯技术封锁，俄罗斯公司协调推动引入中方资源，推动集团公司内部企业参与亚马尔LNG项目和北极LNG2项目备品备件采购及北极LNG2项目替代方案设计研究，协助北极LNG2项目签署燃气轮机等关键设备采购合同，保障北极LNG2项目核心设备及时到位；协调中国船运公司，推动落实中国模块厂二期模块运输工作；续签亚马尔LNG项目运营期保险合同、修订北极LNG2项目建设期保险合同。

【销售海运】 2022年，有15艘ARC7冰级LNG运输船、11艘常规LNG运输船、2艘凝析油运输船参与俄罗斯公司亚马尔LNG项目运营，销售210船长贸LNG1470万吨，71船现货LNG499万吨，19船凝析油78.18万吨。有68船LNG运抵中国大陆。受美西方对俄罗斯制裁的影响，俄气销售贸易（新加坡）公司290万吨长贸协议执行受阻，俄罗斯公司推动中国石油国际事业公司签署50万吨/年LNG增供协议，当年有3船增量LNG运抵中国。2022年，集团公司承接亚马尔LNG项目59船LNG，其中向中国供应55船约54亿立方米天然气，有效缓解国内天然气保供压力和控制购气成本；2022年，亚马尔LNG项目继续在泽布吕赫（Zeebrugge）港进行船—罐—船或船—码头—船的转运作业，完成41次船对船转运。签署亚马尔LNG项目2023年度LNG现货购销确认函，明确集团公司承接项目LNG现货比例从20%提高至25%，俄罗斯诺瓦泰克公司承接项目LNG现货比例从60%提高至75%。

2022年，北极LNG2项目为应对制裁风险及供货违约风险，签署LNG购销协议第一号补充协议和ARC7冰级LNG运输船船运协议修订协议。LNG运输船建造整体有序推进，俄罗斯星星船厂和韩国大宇船厂分别有6艘和5艘LNG运输船开始船体建造。签署ARC7冰级凝析油运输船长期租赁协议，广船国际有限公司和中国远洋海运集团有限公司分别担任船厂和船东。完成转运站浮式储罐船东重组，推进浮式储罐建设。

【项目融资】 2022年，俄罗斯公司完成北极LNG2项目国际银团融资关闭。经过长达2年时间谈判，北极LNG2项目分别于2021年4月和2022年1月实现俄资银团和国际银团融资关闭，累计提款68.88%，集团公司提前回收股东贷款本息1.61亿欧元。为适应因美国、西方制裁导致的俄罗斯内外部金融环境变化，调整股东出资计划，搭建全新资金结算路径和变更支付币种，全年完成股东出资6次，保障项目建设资金需求。

【股东事务】 2022年，俄罗斯公司在项目建设、生产运行、运输销售、股东出资、股东担保、投入回收等各环节积极履行股东行权管理，提升行权效率，有效维护中方股东利益。亚马尔LNG项目召开股东大会4次，审议议题8项，召开董事会会议49次，审议议题178项，召开顾问委员会会议15次。北极LNG2项目召开股东大会8次，审议议题11项，召开顾问委员会会议13次。俄罗斯投资公司举行股东大会4次，审议议题8项。俄罗斯公司研讨和审议各项议题，严细履行中方行权管理职责，组织与项目股东俄罗斯诺瓦泰克股份公司、法国道达尔能源公司、中国海洋石油集团有限公司、日本财团沟通协商重大问题，推进股东决策事项的审核批准；根据中油国际公司委托授权，完成亚马尔LNG项目股东财务审计。

【企业管理】 2022年2月24日乌克兰危机爆发，2月25日俄罗斯公司启动风险防控应急响应机制，成立工作专班，加强组织保障和信息跟踪，及时分析研判制裁动向，开展制裁形势下多层次多维度合规管理工作，组织开展应对制裁专项讨论数十次，累计报送35个专题报告、88期专班日报、42期专班周报，有力支持上级决策。对内与集团公司和中油国际公司密切沟通，对外通过各层级会议与合作伙伴密切配合，发挥中方股东力量，梳理受制裁影响设备和服务清单，寻求中国替代；协助解决北极 LNG2 项目中国境内设备供应商预付款保函、货款入账等问题，确保设备及时发货，稳步推进北极 LNG2 项目建设；研究亚马尔 LNG 项目还贷资金路径，完成银行账户开立、信息登记备案、法律风险审查等工作，保障分红资金顺利回收；澄清各项合规问题，防范化解项目重大风险。

2022 年，俄罗斯公司强化全面合规管理，组织完成会计核算、资金管理、招标管理、会议管理等 11 项制度文件制修订及宣贯培训；制定俄罗斯投资公司内部劳动规定，完成组织机构、部门设置、岗位职责优化调整，明确当地员工录用、调整、解雇程序；组织实施财务会计信息、产权登记信息、税制预警和税务纠纷、佣金管理、腐败治理、合规风险和违法违规问题等自查自纠，组织开展企业内控体系有效性自查工作，完成发现问题整改；完成俄罗斯投资公司长期债务清理，从根本上解决投资公司因汇率波动造成的亏损问题，规避长期财税和法律风险。完成中俄合作项目部与中油国际公司往来款清理、中俄合作项目部税务和工商注销。

【管理创新】 2022 年，俄罗斯公司管理创新工作成效显著，《构建风险管理矩阵，创建海外投资合规示范，商务可行创新创效，破解在俄项目合规困境——以俄罗斯公司合规管理示范创建工作为例》和《基于 MM 和 WACC 理论的俄罗斯亚马尔项目“1335”优快投资回收支持体系的构建和实施》分别获 2021 年度中油国际公司管理创新成果一等奖和三等奖，与中国石油天然气股份有限公司勘探开发研究院联合完成的《深化“一带一路”倡议下北极特大型清洁能源项目合作运营与管理创新》获 2022 年度石油石化企业管理现代化创新优秀成果一等奖。

【新能源规划编制】 2022 年，俄罗斯公司落实集团公司新能源发展理念，提出清洁替代、扩大清洁替代和推动战略接替、实现战略接替和推动绿色发展三个阶段的新能源规划目标并编制规划方案。按照三个发展阶段部署“十四五”“十五五”和“十六五”重点开拓方向和重点推进项目，提出新能源业务人才培养建议。

【提质增效】 2022 年，俄罗斯公司按照“稳字当头、稳中有进、稳中有新、稳中有精”十六字方针部署提质增效专项行动方案，定期召开专题会议，针对保亿吨权益产量、新项目开发、风险防控、财务运营等重点工作，动态完善工作措施，按月上报落实督办表、措施统计表、工作月报。有效防范化解各类风险，确保亚马尔 LNG 项目保持高效运行，北极 LNG2 项目建设稳步推进。

【QHSSE 与疫情防控】 2022 年，俄罗斯公司科学实施新冠肺炎疫情防控。面对俄罗斯疫情持续高企局面，按照“外防输入、内防反弹”总体工作要求，升级固化“一人一策”“一事一策”“外事防疫评估”和“分区办公”等疫情防控措施，动态更新疫情期间人员动迁指导手册，提前储备防疫物资，开展员工健康监测、核酸抗体检测等，疫情防控工作整体可控，全年未发生疫情回流。

2022 年，乌克兰危机爆发后俄罗斯社会安全风险急剧上升，11 月 1 日集团公司将俄罗斯地区社会安全风险等级由高风险Ⅲ级升级到高风险Ⅱ级。俄罗斯公司制订并动态调整应急转移和撤离方案，印发公司社会安全管理制度、社会安全专项应急预案，签署社会安全责任书。严格落实风险分级防控和隐患排查治理双重预防机制，加强信息收集研判，及时进行安全预警提示，严格外出审批报备制度，全年未发生社会安全事故。

【企业文化建设】 2022 年，俄罗斯公司突出学习贯彻习近平新时代中国特色社会主义思想，突出学习宣传贯彻党的二十大工作主线，贯彻落实集团公司决策部署，提升组织凝聚力、干部执行力、队伍向心力、业务成长力，赋能高质量发展，助力“一带一路”油气核心合作区和集团公司世界一流企业建设。

俄罗斯公司作为中俄经贸合作的“压舱石”，坚持用习近平新时代中国特色社会主义思想凝心聚魂，加强思想引领，推进党建“三基本”建设与“三基”工作有机融合，以加强党支部建设为核心，以强化基础管理为重点，以强调持续学习为促进，以提高员工基本素质为根本，开展“转观念、勇担当、强管理、创一流”主题教育活动，弘扬石油精神和大庆精神铁人精神，为员工搭建学习平台、创新平台、成长平台，提升人文关怀，增强队伍凝聚力、执行力、竞争力和成长力。

因地制宜开展重点工作宣传，2022 年发表新闻报道 30 余篇、50000 余字、图片 50 余幅，视频《中石油俄罗斯公司员工向祖国人民拜年·为冬奥加油》在央视播出，俄罗斯公司影像在集团公司展厅和中油国际公司展厅展现。员工黄绪春被评为集团公司第二届“感动石油·巾帼风采”人物。2022 年俄罗斯公司获 29 项先进荣誉，其中 6 项集体荣誉，23 项个人荣誉。

（李宝鑫）

中国石油（伊拉克）鲁迈拉公司

【概况】 2009年9月，集团公司与英国石油公司（BP）通过联合中标并签署技术服务合同，成立由BP主导、中国石油和伊拉克南方石油公司（South Oil Company，简称“SOC”，后更名为巴士拉石油公司，Basra Oil Company，简称“BOC”）参与的鲁迈拉联合作业机构（Rumaila Operating Organization，简称“ROO”），总部办公地点设在伊拉克巴士拉市，伦敦设立鲁迈拉支持组。ROO为项目作业者，2010年7月1日正式从BOC接管油田作业，合同期20年，日均高峰产量285万桶。2018年10月，伊拉克鲁迈拉项目部更名为中油国际（伊拉克）鲁迈拉公司。2021年，更名为中国石油（伊拉克）鲁迈拉公司（简称鲁迈拉公司）。2022年中国石油与BP组建巴士拉能源有限公司（BECL，分别占股51%和49%），6月1日完成鲁迈拉公司资产交割重组。鲁迈拉油田是一个特大型陆上油田，居伊拉克已发现油田之首，位于伊拉克东南部巴士拉市西65千米，处于阿拉伯地台的美索不达米亚前渊盆地。油田实现年产原油7000多万吨，是伊拉克年产量最大的油田。鲁迈拉项目是中国石油在伊拉克战后第一轮国际招标中中标的项目，项目合同模式为技术服务合同（TSC）。项目在接管当年便实现增产10%初始产量目标，比合同规定提前2年开始成本回收。2011年5月中方实现第一船提油，2016年10月实现静态回收。

2022年，鲁迈拉公司坚决贯彻党的二十大精神，落实集团公司部署，积极应对新冠肺炎疫情、安全局势、物资清关等诸多现实挑战，全年实现日均产量142万桶，年原油产量重回疫情前7000万吨以上水平，作业产量首次突破5000万吨，权益产量2484万吨；以BECL为平台重新搭建的资金、融资、财税及回收体系运行良好，成本回收进展顺利，全年对母公司现金贡献1.95亿美元，年度实现净利润5.23亿美元，同比增长117%。

【油田开发】 2022年，鲁迈拉公司强化油藏管理，优化开发部署，推进注水工程，落实稳产上产措施，保持生产主动。实现年均日产原油142.0万桶，生产原油7300.2万吨，中方作业产量5252.6万吨，完成板块年度作业产量目标5008.4万吨的105.2%。

鲁迈拉公司深入地质油藏研究，与BP和技术支持团队深度交流，完成油田开发调整方案（ERP）方案的编制和上报。2022年，中方完成ERP方案的专家初审和储量复算审查，方案草稿报伊拉克政府并开展技术交流和探讨。根据各油藏不同开发特征，开展Main Pay油藏剩余油挖潜研究、Mishirif油藏井网完善及加密试验区研究，以及Mishirif油藏产出水回注先导性试验研究。优化新井部署和措施安排，加强油水井动态监测和生产管理。2022年投产新井32口，日均增油2.7万桶，累计增油992.0万桶，新井产量占油田总产量1.9%。实施各类增产措施259口，日增油18.6万桶，累计增油6786.7万桶，措施产量占油田总产量13.1%。实施油井参数优化调整122井次，累计增加产量205万桶。在N-Main Pay、N-Mishirif注水保持良好势头的基础下，积极推进S-Mishirif油藏注水工作。以油藏为单元制定精细的注水计划、优化注水管理、提高注水效率。注水井开井142口，年平均日注水134万桶，超计划（130万桶/日）运行。

优化调整脱气站维修计划，推动关键设备投产与改造，夯实稳定基础。2022年完成10站次关站（处理列）大修和38座分离器罐体升级维护，设备稳定性得到有效提升。优化原油处理流程和产出水回灌系统，进一步解除设备处理能力瓶颈、释放受限产能。全面推进污水排放、火炬黑烟和火炬带液治理。DS4实现污水回灌系统全负荷运行，蒸发池污水零排放。开创鲁迈拉油田绿色生产的里程碑，日减少排油300桶。通过增加三相分离器、暂关高含硫高气油比高含水井、推动巴士拉天然气公司设施改造等措施，火炬带液和黑烟排放得到有效控制。

采取有效的提质增效措施，加强修井作业第三方服务的精细管理，切实控制和降低成本，优化修井和无钻机作业流程，提高修井机的使用效率。通过优化修井工艺、提高作业效率、强化环保意识，推动修井作业绿色零排放。修井效率经过持续加强技术和管理水平的提升，平均单井作业时间缩减至17.3天左右。加强井控审核，促进提高钻、修井承包商基层队伍的井控管理水平，确保钻、修井作业安全生产。Mishirif井和Mai Pay井的钻井效率持续维持高水平。2022年完井 79 口，完钻率 136％，完成有效进尺 167000 米，完成年度进尺计划的 123％。

依据联合公司标准、服务合同，以及美国石油学会（API）、国际电工委员会（IEC）等国际标准，对各承包商进行审计。通过审计，确保各承包商设备、井控、HSE、电力安装等方面管理保持高水平，实现联合公司对各承包商现场运营的合规管理，为现场安全作业保驾护航。

【工程建设】 2022 年，鲁迈拉公司以安全高质和稳产增效为目标，调整工程实施策略、主动识别生产瓶颈、倾力重点产能项目、持续优化工程节奏，各项目均稳步推进。基础产能工程全年完成各类管线建设共 465 千米，再创历史新高；新电泵井投产 69 口，平均投产时间为 12 天，较 2019 年（疫情前）缩短 26 天，在保证稳产目标的同时，创造良好的经济效益。

在重点工程建设方面，电潜泵供电环网一期工程于 2022 年 1 月 31 日实现供电目标，降低运行维护成本，减少碳排放；三号处理站三相分离器新建项目在 2022 年 12 月 5 日竣工投产，有效提升该站湿油处理能力和消除产能瓶颈；Mishirif 处理站处理列新建工程实现合同授标，为 ERP 上产稳产目标的实现奠定基础；采出水处理回注一期工程现场施工全面启动和开展，该项目投产后，将实现鲁迈拉油田采出水回注的开发策略，促进油藏压力回升，减少采出水外排，降低环保风险；加速推进南鲁迈拉七号注水站改扩建工程，尽早开始 Upper Shale 油藏注水，推进长停井尽快复产，为油田持续稳产提供保障。

【交割重组】 2022 年 6 月 1 日完成合同权益交割，BCL 正式投入运营，取代 BP 成为项目主导合同者。项目经营方式发生重大的变化，从原来中国石油和 BP 投入资金，各自提油回收升级为合资经营。BECL 作为独立法人，自我融资，统一提油，自负盈亏，利用利余利润进行分红。资金管现方面启动新的联合作业银行账户，取代英国石油伊拉克 NV 公司账户，并按新的筹款及融资方式提供作业资金。提油方面，按新的原油承销协议，理顺并执行新的提油及销售程序。采办方面，按新的股东协议采办程序，执行合同审批，作业服务合同改由 BECL 签署。组建中方 BECL 财务团队，并按新的交割协议及会计原则开展资金、税务、会计处理及报表管理。按计划推动技术支持中方团队的组建工作，以为项目后期的良性开发和高效运营提供策略建议。BECL 作为新的领导合同者，按 TSC 规定、股东协议程序和授权分工，开展各项日常工作，监管油田日常作业生产。

【经营管理】 2022 年，鲁迈拉公司抓住 BECL 接管的重大契机，发掘项目规模和效益的潜能，深化国际合作，统筹系统布局，经营管理扎实推进。推进各项筹备工作，从法律、商务、后勤全方位出发，按计划完成 BECL 上线运行的各项政策、程序、融资和商务框架等准备工作。6 月 1 日完成交割，由中国石油控股（占股 51%）的巴士拉能源有限公司正式接替 BP 成为鲁迈拉油田的领导合同者，并初步形成“两个层面”（BECL 和 ROO）、“三位一体”（公司治理、油田作业管理和商务技术支持）的立体化管控体系。合资公司顺利接管，股东协议逐一落实，（BECL）层面董事会、MT 不同层级的管控体系运行平稳有效，中方行权充分得以保障，重大采办事项、年度工作计划预算、调整开发方案 ERP 及提油销售等工作推动有力有序，公司管理体系不断完善；委托授权全面落实，ROO 层面的项目管理行之有效，生产作业有序推进，稳产增产重点工程取得进展，油田生产平稳运行，产量全面超计划；中方商务技术支持体系基本设立并逐步完善，完成组建中方 BECL 财务团队，并推动技术支持中方团队的组建。

【提质增效】 2022 年，鲁迈拉公司开展提质增效专项行动，研究制定《鲁迈拉公司 2022 年提质增效价值创造行动方案》，以提升资产价值为主线，“提质”与“增效”并重，并围绕年度生产经营任务，从优化开发、控制投资、降本增效、商务攻关、风险管控、组织领导 6 个方面出发，制订 14 条行动措施方案。立足实际，科学组合井下措施工具，开展新型堵剂的先导试验，全面提升作业效率；利用现有设备，推进污油回收，开展环保治理的同时实现增油增效，突破瓶颈，兼顾绿色发展，开辟提质增效的新途径；通过优化井口管线设计，改进井口管线施工工序，统筹协调保障井口施工资源，进一步缩短单井投产时间；通过刺激市场竞争，改进合同模式，加强合同复议，优化物资采购，提升物流效率等措施，显著提升采办管理成效。全年完成下达权益投资的 99.4%，桶油操作成本也低于下达指标。着眼长远，全力推动油田开发调整方案的论证和编制；进一步夯实可持续发展基础。坚持“以收定支、量入为出”动态预算管理模式，全方位、多层次发掘降本增效潜力，成效显著。单桶操作费 1.31 美元，对母公司现金贡献 1.95 亿美元，净利润 4.95 亿美元。积极带动集团公司乙方单位，协同效益显著。中方中标合同总额 8.56 亿美元，比 2021 年翻一番，占合同总额的23.72%。

【QHSSE管理】 2022年，鲁迈拉公司贯彻落实集团公司QHSE总体工作部署和新冠肺炎疫情防控要求，加强QHSE风险识别与评估，关注疫情和社会安全形势，推进各项QHSE工作，实现"不发生项目聚集性疫情，不发生因疫情导致员工死亡病例""零伤害、零事故、零污染"和"六个杜绝"的工作目标。

在疫情防控方面，落实国家和集团公司的疫情防控部署和要求，4次及时更新疫情防控方案，制订内部8条疫情防控措施并督促执行。经过反复协商沟通，确定从巴士拉至迪拜、阿曼马斯喀特两条应急医疗转运路线，守住不发生因新冠肺炎死亡的底线；对现场储备的应急防疫药品实行动态管理，定期检查保质日期、消耗数量，提前预判需求、提前采购，始终确保90天的储备量，守住防疫物资供应充足的底线；通过中国石油包机和商务航班两条渠道，及时安排员工倒班，并注意加强旅途防护、出发前隔离、核酸检测等重点环节的管理，保障员工合规回国、有序倒班，避免超期滞留，守住疫情期间员工正常工作生活的底线。推动所属员工完成健康体检和新冠疫苗加强针接种工作，协助11名中方员工完成京外体检，中方员工体检完成率和新冠疫苗加强针接种率均100%。开展身体健康监测和心理咨询工作，在HQ主营地组织中方员工开展6次健康监测活动，全年组织中方员工参加各类健康培训和咨询讲座31次，确保员工身心舒畅、队伍稳定。

在社会安全方面，以社会安全专业咨询机构和所在国信息资源为依托，多层面收集并及时分享社会安全突发事件舆情和预警信息；积极有效开展项目社会安全风险评估，更新并完善社会安全风险清单并及时上报备案，夯实社会安全管理基础；组织员工参加集团公司、中油国际公司和联合公司举办的各种培训，提升全员社会安全意识，100%的完成年度社会安全培训任务；在伊拉克"8·29"事件中，本着"员工生命为第一要务"的理念，以专业的职业素质持续对安全形势进行评估与研判，采用"包机为主，商业航班为辅"的形式，发挥极强的动员能力快速撤离外籍员工。在2022年12月集团公司开展的社会安全五维考核中获"卓越等级"单位和在中油国际公司2022年度管理评价中C类项目中总分排名第一。

在安全管理方面，随着2022年全面复工，鲁迈拉公司总可记录伤害事故率（TRIF）比2021年底略有上升，从0.13上升至0.16；一级工艺过程安全（PSER T1）事故率同比减少约77%，从0.70降至0.16，现场设施管线跑冒滴漏现象得以明显改善。完善QHSE管理体系建设，全年新增QHSE体系文件2项，更新QHSE体系文件21项，应急预案35项，承包商QHSE管理相关文件2项；普及HSE培训提升全员安全素养，完成HSE培训工时20608小时，同比增长12%；推行安全领导力原则，公司领导全年到现场HSE检查629次，填写安全检查卡812张，发现不安全状态或违章行为408个；强化对作业许可、施工现场的安全管控，开展施工现场安全自我验证（Self-Verification）16425次，纠正违章作业3559次，现场叫停677次，开具作业安全许可证82742张，作业许可证开具数量同比增长65%；夯实交通安全基础管理，油田甲乙方安装监控系统（IVMS）的车辆行驶总里程达到5494万千米，总里程同比增长39%，每百万千米的违规次数也由2021年的6.4次降至5.9次。

在环保管理方面，继续按照低碳减排计划稳步推进相关工作，2022年减少5000万英尺^3/日的火炬天然气燃放，相当于减排300万吨二氧化碳；全面清理整治DS5东边16.2万平方米、DS3南边3.5万平方米的油泥堆场；在北鲁、南鲁分别建造两个带有高密度聚乙烯（HDPE）衬里的蒸发池，合规达标排放原油产出水。

【队伍建设】 2022年，鲁迈拉公司贯彻落实集团公司"人才强企"战略，高度重视并持续做好人才的培养、引进和使用工作，加强员工队伍建设，为高质量发展提供有力的人才保障。在政治方向方面，坚持思想引领，以党的二十大精神和习近平中国特色社会主义思想为指导，增强"四个意识"、坚定"四个自信"、做到"两个维护"，引导和教育管理、技术和经营等各类人才心怀国之大者，砥砺报国之志，弘扬大庆精神铁人精神，坚定不移听党话、跟党走，主动担负起鲁迈拉公司发展步入新时代赋予的使命责任。在队伍规模上，中方人数由年初的45人增加到60人（含在办手续人员），稳步加强接管建设期的人才保障。在队伍质量方面，中方人员联合作业公司部门副经理岗位以上员工由11人增加到19人，平均年龄由46岁下降到45岁，专业结构和年龄结构更加趋于合理。在素质提升方面，加强员工培养和提升业务素质，每周分别召开生产和经营例会，讨论解决生产技术和商务运营方面遇到的困难，开展业务知识分享，拓展员工的管理思路和提升业务能力，打造高素质、复合型和专业化的员工队伍。

【企业文化】 2022年，鲁迈拉公司实施党建提升工程，通过政治学习引领，落实“第一议题”“三会一课”“双重组织生活会”制度，采取集体学习和个人自学相结合的方式，深入学习贯彻习近平新时代中国特色社会主义思想和党的二十大精神。通过形势教育引领，开展“转观念、勇担当、强管理、创一流”活动和“如何适应BECL发展”大讨论，增强员工的责任感、使命感和危机意识，实现作风和状态“双转变”、效率和效能“双提升”。通过内外宣传引领，将中国石油内部宣传和大使馆等外部宣传结合起来，向中油国际公司、中东公司网站及“中东油田合作”等平台投送稿件和新闻素材59篇，采用率93.7%。通过在联合公司和中方层面开展中国特色文化宣传等活动，深入开展跨文化沟通工作，依托联合公司社交媒体账号年度发文19篇，在伊拉克主流媒体发文3篇，与伊拉克高校合作组织9名巴格达大学生到鲁迈拉公司实习。

鲁迈拉公司党委本着以“分散”促“集中”、党建和业务相促进的原则，重新组建由不同专业党员组成的4个支部，推动跨业务融合和跨专业协作，带动党建向更深更实开展。加强中方配套制度建设，完善和落实“三重一大”等制度，先后组织召开14次“三重一大”会议，对各类重要决策事项进行研究和集体决策，保证决策质量；营造和谐的合作外部环境，强化与各利益相关方面的伙伴关系建设，搭建中英伊三方“共商、共建、共享”的团队工作氛围。

【社会责任】 2022年，鲁迈拉公司年度投入社会公益费用总额143多万美元。通过鲁迈拉社会福利基金项目开展社区共建，为属地社区提供包括医疗服务、教育技能培训、公共基础设施和医疗设备等多方面的社会公益，树立鲁迈拉公司高效、负责、关爱的社会形象，保障公司油气业务平稳高效运行。

在医疗服务方面，开展QA水厂医疗诊所项目、北鲁迈拉伯客村（BOC）和春恩村（Train）两个村镇车载移动医疗诊所项目是跨年度社会公益项目，2022年度分别投入金额19.7万美元和10.3万美元，主要为社区居民提供医疗服务，尤其是新冠炎疫情下医疗应急服务，有近50名女性志愿者开展家访健康宣传和社区学校健康大讲堂，6名专业医护人员每月平均接待300多名患者，解决当地群众多年以来看病难的问题，服务惠及辖区内近万名居民。

在教育技能培训方面，开展阿尔阔若（Al Khora）社区女性职业技能培训和阿尔阔若（Al Khora）社区失业人员职业培训。前者主要针对女性居民，开展缝纫、美发、手工艺等技能培训。2022年度分别投入金额16.34万美元和62.26万美元，用以增加弱势群体家庭收入，降低失业率，培训覆盖区域1.3平方千米、超1680人次、惠及3300人。

在公共基础设施方面，启动跨年度北鲁迈拉油社区电网升级项目，建设并安装新的11千伏输电线路，更换已有30年历史的旧变电器，建设50个新电塔和7千米长电力电缆，投入金额25.8万美元，有效解决上万居民因断电无法使用空调的困境。

在其他社会公益方面，为油田周边学校桌椅修缮项目投入金额3.26万美元，改善上千名当地学生的学习条件。应巴士拉政府邀请，为祖拜尔医院购买并安装调试腹腔镜设备，投入金额5.8万美元，弥补当地医疗设备不足造成就医确诊难的短板，提升属地社区和政府对公司的满意度。

（王天娇）

中国石油（伊拉克）哈法亚公司

【概况】 中国石油（伊拉克）哈法亚公司（简称哈法亚公司）是中国石油（PetroChina）与合作伙伴法国道达尔公司（Total）、马来西亚国家石油公司（Petronas）同伊拉克南方石油公司组成联合体运作的国际石油公司，也是中国石油第一次以作业者身份，在大型项目上与西方大石油公司进行合作的项目。2009年12月11日，联合体中标哈法亚油田；2010年1月27日，《哈法亚油田开发与生产技术服务合同》签署，2010年3月1日生效；根据2014年9月1日签署的一号修改协议，合同期延至2040年2月29日，共30年。自2014年10月1日起，股份调整为伊方10.0%干股，中国石油（PetroChina）占45.0%，法国道达尔公司与马来西亚石油公司各占22.5%。

哈法亚油田位于伊拉克米桑省阿玛拉市东南35千米处，合同区面积288平方千米，地质储量约46.0亿桶。哈法亚公司建设运营13年来，克服资源国社会环境持续动荡、安保形势严峻、当地农民阻工、营商环境差等不利因素，坚持稳步多期次分散投资，坚持油田滚动开发与产能建设同步推进，坚持技术突破与商务协作有机结合，坚持强化国际化运营管理与人才队伍建设相互融合，坚持中国石油（CNPC）集团一体化与提升经营效益优势互补，坚持搞好当地社区公益事业与树立良好社会形象共谋发展。哈法亚公司实现一期 10 万桶 / 日、二期 20 万桶 / 日和三期 40 万桶 / 日产能规模三次跨越，建成国际标准的 2000 万吨级油田，2022 年处于高峰产量稳产阶段。

【经营运作】 2022 年，哈法亚公司超额完成全年各项生产经营指标。原油作业产量 1845.0 万吨，中方权益作业产量 830.1 万吨，完成年计划的 101.4%，中方提油回收 450 万桶。百万工时损工伤害率为 0，总可记录事件率 0.04，均低于国际油气生产商协会（IOGP）HSE 指标标准。2022 年，哈法亚公司获集团公司年度“先进集体”称号。

哈法亚公司坚持以经济效益为中心，推动提油回收及限产补偿确认，优化招标策略，确保实现年度经营目标。多频次拜访伊石油部、米桑石油公司（MOC）、驻伊拉克大使馆等，多层面合力推动及时提油。2022 年，较好完成净现金流和净利润“双正”考核指标。争取限产补偿，联合其他在伊拉克国际石油公司（IOC）与伊拉克石油部谈判，寻求解决方案。加强招标过程的策略优化与商务谈判，对重大采办项目从源头进行成本审核控制。2022 年，完成工程、服务及物资采购合同签署、价格协议、订单签署。针对天然气处理厂（GPP）项目产品外输瓶颈问题，开展管线建设策略研究与风险、效益评估，并与伊石油部、米桑石油公司（MOC）和投资伙伴加强沟通，推进项目持续开展。通过调整投资计划、严控成本支出、开展合同复议和改进招标策略等措施，推进降本增效战略实施。

【油田开发】 2022 年，哈法亚公司积极复工复产，加强油藏研究和评价，推进注水工程，优化钻井及措施管理，超额完成原油生产任务。2022 年 1 月 9 日，以政府宣布全面解除限产，哈法亚公司在阻工问题频发、安保力量薄弱、政府签证审批延迟、新冠肺炎疫情下人员动迁困难等严峻形势下，8 月底实现 13 部钻机、6 部修井机全部就位启动；推进小油藏评价，落实接替产能。开展 Mishirif C2、Hartha 油藏评价，Yamama 高温高压油藏试采，以及超低渗透 Sadi 油藏水平井多段压裂试验，取得良好效果。协同推进注水井、水源井和增压注水工程，完成 19 台高压注水泵安装调试，投产 12 口水源井、10 口注水井，年底日注水水平达到 14.8 万桶。优化钻井工艺设计、采取针对性防漏卡措施、改善钻井液性能、推广旋转导向钻井技术。全年开钻 57 口，完钻 52 口，完成钻井进尺 19.4 万米。加强措施作业，全年修井 87 井次，酸化 47 井次，酸压 4 井次，水平井分段压裂 6 井次，年产量贡献约 45 万吨。

【地面建设】 2022 年，哈法亚公司有序推进重点项目建设，完善油田地面工程配套。天然气处理厂项目主体大型设备均运抵现场，安装、焊接工作持续进行，总体进度完成 70%；一期油气处理站（CPF1）油系统升级改造工程完成总进度 22%；一期油气处理站（CPF1）气系统升级改造工程、电站扩建二期工程分别进入商务评标和技术评标阶段；油田集输配套工程完成 35 口油井管线施工与井场设施安装，投产 30 口；有序推进井场供电工程项目，实现 70 个井场供电；加大油田重点管线腐蚀安全排查和风险治理，完成 61 条油管线、7 条气管线腐蚀检测，发现潜在风险点 132 个并全部完成维护维修工作。

【精细管理】 2022 年，哈法亚公司对照伊拉克法律法规、石油合同，以及集团公司和中油国际公司内部规章制度，逐项对照检查落实，提升精细管理水平。在油田开发上，严格落实合同条款和中方内部开发管理规定，做到合规管理；研究合同规定的 P 因子在稳产期内不适用的情况，着重分析政府限产、限输及外部因素产量损失原因，在后期商务谈判中争取主动地位；事前同伊方精细讨论议定三叠系深探井钻井方案、完井方案、报酬费等内容，避免后续分歧；依据合同（DPSC）、投资伙伴联合作业协议（FPJOA）、中方境外投资管理办法，强化投资全过程精细管控；做好联合公司审批程序和中方年度计划预算编审报批相衔接匹配，保证年度投资完成率；适应海外业务体制机制管理的调整，统筹推进人才强企工程实施，为公司中长期发展人员需求提供保障；加强公共关系管理，密切与当地部落、社区、地方政府、石油部及中央政府和国会议员联系，保持稳定油田作业环境。

【安保防疫】 2022 年，哈法亚公司严格遵照集团公司、中油国际公司各项要求，压实防控责任，定期对全体员工及承包商进行核酸检测，有效阻断疫情，总计筛查 18476 人次；确保中方员工完成疫苗接种全覆盖，当地员工疫苗接种率 98.53%。在安保方面，哈法亚公司多次拜访伊方安保部队，要求增加安保力量，强化安保信息分享，预防恶性安保事件。2022年，开展高空作业、防硫化氢、受限空间作业、溢油等应急演练55次，完成安保演习95次，安保检查160次，保障油田员工健康与安全。

【2022年度哈法亚重大事件】 6月23日，哈法亚公司按照中油国际公司部署，在HF115-Y115V2井开展井喷突发应急四级联合演练。中油国际公司本部机关、工程院专家支持中心、川庆井控应急救援中心和渤海钻探等单位参加演练。

7月24日，由渤海钻探渤海04钻井队负责施工的HF115-Y115V2井完钻，该井为雅玛玛油藏深层开发井，五开$5^{7}/_{8}$英寸井眼完钻井深4512米，钻井周期85.75天，比HF12井五开4500米用时126.47天，缩短40.72天，创亚玛玛油藏深井钻井周期最短纪录，投产后日产原油约4300桶。

7月31日，中国驻伊拉克大使崔巍到哈法亚公司调研考察，参加哈法亚甲乙方工作座谈会，指导安保、公共关系工作。

9月9日，中国石油（伊拉克）哈法亚公司作业部钻井班组被授予2022年度中国石油天然气集团公司“质量信得过班组”称号。

12月20日，哈法亚公司HF0802-S0802H1井开始萨迪水平井分段压裂施工，累计实施萨迪水平井分段压裂10口井，统计措施后平均单井日产1400桶，经1—2年稳定生产仍能保持在日产1000桶以上水平。

（金光军）

中国石油（哈萨克斯坦）阿克纠宾公司

【概况】 中国石油（哈萨克斯坦）阿克纠宾公司（简称阿克纠宾公司）是中国石油在哈萨克斯坦的第一个油气合作项目，位于哈萨克斯坦西北部阿克纠宾州，公司机关设在阿克纠宾市，所属油气田区块构造上位于滨里海盆地东缘。是集油气田勘探开发、工程服务、产品销售、科研和后勤服务于一体的综合性石油公司，是哈萨克斯坦第六大石油公司和阿克纠宾州最大的油气企业，占该地区原油产量的60%和天然气产量的75%。

阿克纠宾公司前身是成立于1981年的阿克纠宾石油生产联合体，隶属于苏联石油工业部。1997年6月4日中国石油与哈萨克斯坦签署购股协议，购买阿克纠宾公司60.33%股份，同年9月26日签署76号石油合同。合同模式为矿费税收制。2022年，中国石油通过中油勘探开发有限公司、中油国际（里海）公司和中油国际（哈萨克斯坦）有限公司共持有阿克纠宾公司89.64%的股权，有97.02%的投票权。

2022年底，包括控股KMK石油股份公司在内，阿克纠宾公司有5个开发合同、3个勘探合同。7个开发油气田，分别为让纳若尔油气田（含A南和G北两个已开发气顶）、北特鲁瓦油田、肯基亚克盐上油田、肯基亚克盐下油田、科克日杰油田、库姆萨伊油田和莫尔图克油田，开发区面积1242.48平方千米；3个勘探区块分别为滨里海中区块、德莱斯肯Ⅰ和德莱斯肯Ⅱ区块，面积7298平方千米。20个机关部门、10个二级单位，中哈方正式员工6200余人，其中中方员工102人，占员工总量的1.6%。另有4家与中国石油旗下钻井服务、机械加工、成品油贸易和运输业务的合资企业。

阿克纠宾公司主要生产经营指标

指　标	2022年	2021年
原油产量（万吨）	376.93	400.12
天然气商品量（亿立方米）	35.42	36.02
新增探明石油地质储量（万吨）	255.67	173
三维地震（平方千米）	735.6	0
探井（口）	5	5
开发井（口）	146	130
钻井进尺（万米）	13.10	11.32
勘探投资（亿美元）	0.42	0.22
开发投资（亿美元）	2.06	2.22
资产总额（亿美元）	19.33	22.41
收入（亿美元）	11.97	11.83
利润总额（亿美元）	1.86	2.96
税费（亿美元）	3.80	3.48

1997—2022年，阿克纠宾公司累计生产原油1.26亿吨，全部作业产量2.09亿吨油气当量。2010年实现油气当量千万吨并连续稳产10年，2022年仍保持在800万吨水平。中国石油累计权益分红为购股投资的15.65倍。2022年5月，阿克纠宾公司等级类别调整为A级一类海外项目，列中国石油集团公司一级企业管理。

【油气勘探】 2022年，阿克纠宾公司在德莱斯肯Ⅱ区块完成735.6平方千米三维地震资料采集；在3个勘探区块共完钻探井5口，其中，滨里海中区块3口，德莱斯肯Ⅰ区块和Ⅱ区块各1口。完成19层/8口井试油，其中油气层5层/4口，低产油层2层/2口，油水同层3层/3口，含水油层1层/1口，含油水层1层1/口，干层7层/4口。在滨里海中区块东部成藏带已明确油气成藏特征的中部鼻隆区AK-7井KT－Ⅱ层12毫米油嘴日产油128.1立方米、气17.3万立方米；AK-11井KT－Ⅱ层9毫米油嘴自喷日产油47.9立方米、气9.2万立方米。对北部缓坡区的AK-1井P1as阶油层进行重新评价及油藏解剖后重新测试，获日产55立方米油气流。在前期作业者9口探井均未获油气发现的德莱斯肯Ⅰ区块，首口探井AK-9井KT-Ⅱ层测试自喷日产油45立方米；在随后滚动部署的AK-8井KT-Ⅱ层两个不同井段中途测试均获工业油气流。在无早期钻井的德莱斯肯Ⅱ区块新部署BAK-2井、BAK-3井和BAK-4井，全部获油气发现。

2022年4月，滨里海中区块塔克尔含油气构造试采方案获哈萨克斯坦国家开发委员会批复。批复C1+C2级石油地质储量2110.8万吨，可采储量371.2万吨，其中C1级石油地质储量634.6万吨，可采储量109.3万吨。规划试采井6口，试采期3年，最高年产量3万吨，试采期累计产量7万吨。4月开始，T-H101井、T-5井和T-3井陆续投入试采。

2022年1月，完成阿克若尔含油气构造储量计算和试采方案编制。哈萨克斯坦储量委员会批复石油地质储量748.8万吨，可采储量149.8万吨；C2级地质储量838.6万吨，可采储量167.7万吨。规划试采井8口，试采期4年，最高年产油3万吨，试采期累计产量10.6万吨。8月获试采排放许可，AK-7井、AK-3井和AK-1井投入试采。

为实现塔克尔—阿克若尔构造一起转至开发准备期，合并复算塔克尔—阿克若尔构造开发储量，11月3日在哈萨克斯坦主管机构答辩获得通过，批复储量为（塔克尔—阿克若尔转开发准备期矿界内）原油C1级地质储量1198.2万吨，可采储量238.0万吨；C2级地质储量2460.7万吨，可采储量488.5万吨。气顶气C1级地质储量1.4亿立方米，可采储量1.36亿立方米。凝析油C1级地质储量3.2万吨，可采储量1.8万吨。溶解气C1级地质储量26.19亿立方米，可采储量5.51亿立方米；C2级地质储量52.33亿立方米，可采储量10.87亿立方米。

实际新增石油地质储量C1级320.1万吨，可采储量71.7万吨；C2级地质储量402.1万吨，可采储量90.8万吨；C3级地质储量1624.6万吨，可采储量370.3万吨。折新增地质储量（EV）1129.74万吨，可采储量（EV值）255.67万吨，创“十三五”以来新高。

【油气田开发】 让纳若尔油田。2022年12月，采油井开井674口，采气井开井42口，日产油水平2901吨/日；注水井开井283口，日注水平19643米^3/日。综合含水率44.8%，采油速度0.26%，油田年自然递减率10.7%，综合递减率9.1%。累计产油8923万吨，采出程度21.5%，剩余可采储量3061万吨，累计注采比0.83。2022年投产新井12口，平均单井日产油14.2吨，当年合计产油2.10万吨；油气井措施作业102井次，措施有效率65.7%，措施增油2.29万吨；注入井措施作业57井次，措施有效率89.5%，累计增注量17.11万立方米。

肯基亚克盐上油田。2022年12月，采油井开井674口，日产油水平1312吨/日；注水井开井43口，日注水平4670米^3/日。综合含水率82.0%，采油速度0.47%，年自然递减率22.4%，综合递减率6.9%。累计产油2064万吨，采出程度20.4%，可采储量采出程度75.5%，剩余可采储量670万吨。主力开发层系J2（Ⅱ＋Ⅲ）占总储量份额的74.76%，采出程度23%，可采储量采出程度82.7%。2022年注汽投产巴列姆组新井39口，平均单井日产油2.53吨；实施油井措施作业273井次，措施有效率100%，年累计增油7.84万吨。

肯基亚克盐下油田。2022年12月，油井开井109口，日产油水平1819吨/日；注水井开井12口，日注水平1091米^3/日。综合含水率7%，采油速度0.64%，年自然递减率8.12%，综合递减率5.59%。累计产油2309万吨，采出程度22.7%，剩余可采储量1274万吨，累计注采比0.13。2022年没有新井投产；油井措施作业3井次，措施有效率100%，措施增油0.23万吨。

北特鲁瓦油田。2022年12月，采油井开井187口，日产油水平1156吨/日；注水井开井175口，日注水平9205米^3/日。综合含水率41.6%，采油速度 0.25%，年自然递减率 11.0%，综合递减率 7.8%。累计产油 1521 万吨，采出程度 8.9%，剩余可采储量 1274 万吨，累计注采比 0.38。2022 年投产新井 5 口，平均单井日产油 17.4 吨，当年合计产油 0.69 万吨；油井措施作业 30 井次，措施有效率 73.3%，措施增油 1.10 万吨；注水井措施作业 36 井次，措施有效率 97.2%，累计增注 7.77 万立方米。12 月 8 日，《北特鲁瓦油田开发调整方案》获哈萨克斯坦国家开发委批复。

KMK 项目。2022 年底，采油井开井 482 口，日产油水平 1113 吨 / 日；注水井开井 42 口，日注水平 4006 米^3/ 日。当年生产原油 39.47 万吨，累计产油 506 万吨，采出程度 7.5%，剩余可采储量 1274 万吨，累计注采比 0.80。科克日杰油田自然递减率 10.6%，综合递减率 4.7%，综合含水率 82.2%；库姆萨伊油田自然递减率 30.9%，综合递减率 11.5%，综合含水率 87.0%；莫尔图克油田自然递减率 30.9%，综合递减率 11.5%，综合含水率 84.2%。科克日杰油田没有新井投产；库姆萨伊油田投产新井 15 口，平均日产油 5.0 吨，合计产油 0.78 万吨；莫尔图克油田投产新井 35 口，平均日产油 3.5 吨，合计产油 1.35 万吨。油井措施作业 264 井次，措施有效率 92.8%，措施增油 7.26 万吨。

【北特鲁瓦油田综合治理先导性试验取得初步成效】 北特鲁瓦油田 2012 年 6 月投入开发，2013 年 4 月实施注水。为明确裂缝发育对注水突进的影响，评价油田调堵技术的适应性，探索适应于油田综合治理的有效方法，2019 年在 KT- Ⅰ 油藏优选 545 井区进行调堵先导性试验。2019 年 6 月—2022 年 12 月，试验区内 6 口调剖井均已完成调剖剂注入，完成各段塞调剖剂的注入。调驱过程中，各井注入压力逐渐上升，视吸水指数下降；各井霍尔曲线呈阶段式变化，呈现调驱特征；井区生产井日产油量逐渐上升，含水、气油比下降，初步见到调剖效果。2019 年 9 月在 KT- Ⅱ 油藏优选 5555 注采井组开展轮注轮采试验。试验区内两口井于 2022 年 7 月 21 日切换至 Г4 层正常生产，4 口轮注井在 Г5 层正常注水，3 口在 Г4 层注水，试验效果有待进一步观察。

【石油合同延期】 在前期谈判成果多数被推翻和哈萨克斯坦政府不断提出新诉求的不利情况下，经过多轮艰苦谈判，2022 年 6 月 23 日，阿克纠宾公司与哈萨克斯坦能源部签署 76 号石油合同三年临时延期协议，延期至 2025 年 6 月 23 日，为长期延期协议谈判和项目可持续发展奠定基础。12 月 30 日，签署让纳若尔油田南部外围区、塔克尔—阿克若尔构造和北特鲁瓦油田外围区 3 个区域开发准备期石油合同，为加快 3 个区域的储量评价和下步转开发奠定基础。

【中哈油气合作暨阿克纠宾公司成立 25 周年】 2022 年阿克纠宾公司成立 25 周年，举办系列庆祝活动。10 月 9 日，中哈油气合作 25 周年纪念碑在阿克纠宾市友谊公园隆重揭幕。阿克纠宾公司总经理李树峰、联合公司第一副总经理叶辛古洛夫及上百名中哈员工代表和当地社会人士参加纪念碑揭幕仪式。纪念碑为花岗岩材质，上面刻有 25 周年纪念标志，标志主题鲜明，并融合宝石花和天鹅等饱含寓意的设计元素，昭示着 25 年来，中国石油在哈萨克斯坦与各合作伙伴精诚合作，不断在互利共赢、共同发展的道路探索和前进。当天晚上，阿克纠宾公司与阿克纠宾州政府联合在阿克纠宾市举办露天音乐会，吸引了 3 万多名市民现场观看，阿克纠宾州州长图戈扎诺夫 · 叶拉勒和多名政府人员全程观看音乐会。10 月 11 日，阿克纠宾公司召开中哈油气合作 25 周年暨公司成立 25 周年庆祝大会，阿克纠宾州州长图戈扎诺夫 · 叶拉勒、中国石油中亚俄罗斯公司总经理卞德智、阿克纠宾公司总经理李树峰分别在大会上致辞，并为中哈油气合作 25 年发展作出卓越贡献的优秀员工颁发奖章。卞德智宣读中国石油天然气集团有限公司董事长戴厚良的贺信，转达哈萨克斯坦总统托卡耶夫致中哈油气合作 25 周年的贺信内容。大会组织阿克纠宾公司成立 25 周年雕塑剪彩揭幕仪式。60 名受邀代表和 300 名员工代表全程参加庆祝活动。系列活动在阿克纠宾公司中哈员工中反响热烈，当地主流电视台、报纸、网站分别以不同形式对阿克纠宾公司 25 周年庆祝活动进行报道，对提升企业形象、改善外部经营环境起到积极和正面的作用。

2022 年 10 月 11 日，参加中哈油气合作暨阿克纠宾公司成立 25 周年庆祝大会的主要嘉宾与参加文艺演出的员工代表合影（冯伟平　提供）

【阿克纠宾州乒乓球运动中心投用】 2022年11月4日，阿克纠宾公司赞助建设的阿克纠宾州乒乓球运动中心建成投用，阿克纠宾公司总经理与阿克纠宾州州长、阿克纠宾市市长、哈萨克斯坦乒乓球协会主席共同参加剪彩仪式并致辞。阿克纠宾州乒乓球运动中心是在阿克纠宾公司与州政府、州工会签署的三方合作备忘录框架内，由阿克纠宾公司赞助200万美元建成。

2022年11月4日，阿克纠宾公司赞助建设的阿克纠宾州乒乓球运动中心投用（崔思栋　提供）

（邓鹏飞）

中国石油乍得公司

【概况】 2022年5月23日，根据集团公司《中国石油乍得公司职能配置、内设机构和人员编制规定》，中国石油乍得公司（简称乍得公司）成立，管理乍得上游项目和乍得炼油项目两部分业务。

2003年12月18日，中国石油和中信能源集团公司合作，分别购买克里夫顿公司拥有的乍得H区块12.5%的股份。2006年2月20日，克里夫顿公司转让H区块25%的权益给中国石油，2006年6月14日又转让H区块12.5%的权益给中国石油，12月8日，中国石油就购买加拿大恩卡纳公司H区块50%股份与该公司达成协议，并于2007年1月12日完成交接。自此，中国石油持有乍得H区块100%权益，中油国际（乍得）有限责任公司（CNPCIC）成为H区块的独立作业者。2018年，根据中油国际《关于规范海外中方管理机构名称的通知》，中油国际（乍得）有限责任公司中方名称变更为中油国际（乍得）上游项目公司。中油国际（乍得）上游项目公司下辖矿税制项目、产品分成项目各1个，以及两条总长508千米的管道。

2006年8月6日，时任中国外交部长李肇星与乍得外交和非洲一体化部长艾哈迈德·阿拉米分别代表各自政府，在北京签署复交公报，中国与乍得正式恢复外交关系。中国政府承诺为乍得共和国建设一座百万吨级现代化石油炼制企业。2007年9月20日，在中国国家主席胡锦涛和乍得共和国总统代比的见证下，中油国际公司与乍得石油部在北京人民大会堂正式签署《中油国际与乍得政府炼厂合资协议》。2008年7月23日，恩贾梅纳炼油有限公司（NRC）在乍得正式注册成立，中方名称为中油国际（乍得）炼油有限公司。2009年6月，乍得炼厂开工建设。2011年6月29日，炼厂正式投产运营。乍得炼厂项目是中乍两国恢复外交关系后签署的第一个炼化合作项目，中方持股60%，乍方持股40%，双方合作期限99年。乍得炼厂初期设计（中国标准）的总体规划为250万—300万吨/年。2018年10月23日，根据中油国际《关于规范海外中方管理机构名称的通知》，中油国际（乍得）炼油有限公司更名为中油国际（乍得）炼油公司。

截至2022年底，乍得公司有员工1590人，中方员工586人（主体员工107人），其中党员309名，占中方员工总数52.7%，国际化员工23人，本地员工687人，本土化率86.5%。

2022年，乍得公司深入开展主题教育活动和提质增效专项行动，有序推进海外业务体制机制优化调整落地执行，全力推动依法合规治企和强化管理提升，统筹抓好生产经营、安全稳定和新冠肺炎疫情防控。推动增储上产和效益发展，自主勘探获得重要发现，2022年新增原油可采储量982万吨，完成全年储量任务的123%，成为海外自主勘探最大亮点；积极推动稳产上产，完成原油作业产量535万吨的奋斗目标；炼厂方面积极进行成品油生产，同时努力保障乍得民众生活用电，自2009年开厂至2022年底，向乍得供电5.3亿度千瓦·时，解决20万人的生活用电问题。

【油气勘探】 2022年，乍得公司优化勘探部署、精心组织实施，多赛欧（Doseo）坳陷和邦戈尔（Bongor）盆地风险勘探和滚动评价取得系列新突破。多赛欧坳陷揭开1个亿吨级和2个5000万吨级富油气区带，进一步落实开发方案申报的资源基础。中央低凸起在下白垩统深—中—浅多套层系获全面突破，亿吨级储量规模落实。南部斜坡带低部位4口探井获厚油气层，向斜坡中部甩开钻探卡普克南1井（Kapok S1）和卡普克南7井（Kapok S7）获突破，揭示新区带5000万吨级地质储量潜力。北部陡坡带向凹甩开钻探西梅尼亚南1井（Ximenia S1）获成功，打开勘探新局面，揭示5000万吨级储量规模。邦戈尔盆地奥拉克斯西南1井（Olax SW1）试油成功，奠定维特克斯（Vitex）开发可行性研究区申请的资源基础。

【开发生产】 2022年，乍得公司强化油田精细管理与生产组织，狠抓新井建产、注水稳产和措施增产。加大滚动扩边力度，动态优化井位部署，完钻开发井43口，投产新井36口。加强油藏动态监测和剩余油潜力研究，优化措施方案，实施油井措施31井次。坚持管理与治理并重，持续加大扶躺控躺力度，扶躺55井次，进一步巩固老区稳产基础；稳步推进主力区块注水实施，加大精细分层注水规模，夯实油田稳产基础；加大自适应控水技术应用力度；实施潜山注氮气先导试验1井次。

【重点工程】 2022年，乍得公司加强统筹协调，克服疫情、洪水、资源国政局不稳等不利因素，重点工程建设稳步推进。上游项目方面，产品分成合同（PSA）下米莫萨南（Mimosa S）区块投产和罗尼尔南（Ronier S）区块投注，标志着米莫萨南和罗尼尔南两个油田开发进入新阶段。2022年1月，丹尼拉（Daniela）电站完成3号发电机组发电机的返厂置换大修工作，保证了油田供电的可靠性，为油田生产目标实现提供保障。罗尼尔电站扩建项目总体进度达到85%。“数字化转型、智能化发展”项目前期工程设计有序推进，完成首批高优先级场景前期设计、合同招标，首批场景建设启动。2月，罗尼尔机场取得运行许可；3月，机场正式通航；5月，举办机场投产庆典。9月，安东临时移动电站正式具备发供电条件，为2023年度电站扩建停厂连头期间临时给B-FPF供电提供电力保障。11月首站剔瓶颈工程进油投产。

炼油项目方面，完成新建围栏及原有壕沟围栏修复项目，新建围栏10400米，修复壕沟10400米，项目建成进一步确保乍得炼厂员工生命及财产安全。对视频监控系统进行升级改造。因乍得炼厂原有监控设备运行多年，部分设备已经损坏，故障频繁，近年来发生多起不法分子翻越围栏入侵炼厂事件，给乍得炼厂安全平稳运行带来巨大风险。2022年乍得炼厂将各个监控场所模拟信号视频监控系统全部升级为最新的IP数字高清网络视频监控系统。稳步推进乍得国家石油公司油库至炼厂成品油管道连接项目。该项目在炼厂围墙以外管墩建设等土建工作已基本完成，3条管道的焊接工作推进到炼厂最内侧围栏处。推动赛迪戈（Sedigui）原油管道连接项目，赛迪戈原油管道末站至炼厂段于2021年2月建成，经过2022年的后续工作推进，该管道目前正准备投用。

【管道运营及炼油化工】 2022年，乍得公司强化组织调配，管道运行安全高效。加强上下游协调，综合制订最优输油方案，超额完成全年输油任务指标。深化与乍喀管道交流协作，推动乍喀管道同意按照原管理委员会（TC）第三次修订形式签署新H区块七小油田管输协议，巩固双方常态化协调机制，实现乍喀管道原油的稳定外输。通过开展以内检测为基础的管道完整性管理，持续完善管道完整性管理（PIM）体系文件、完成34处管道腐蚀点动火修复作业；进行设备预防性维修维护管理，完成关键设备9台输油泵机组和5台加热炉大修、加强维抢修力量建设和强化站场标准化建设，多措并举保障管道本质安全。

2022年，炼油项目安全运行365天，加工原油77.82万吨，完成全年加工计划71万吨的109.60%；加工损失0.69%，同比下降0.07%；综合商品收率91.06%，比业绩指标高1.06%，可比轻收72.18%，比业绩指标高1.42%，综合能耗101.43千克标准油/吨，比业绩指标低11.07千克标准油/吨。主要技术经济指标实现“两增一降三达标”。在优化操作方面，炼油项目组织“增柴减汽”攻关，编制《不同加工负荷下燃料油销售测算》《炼厂汽柴油生产销售方案》，及时调整加工负荷和产品结构，常压装置按照柴油生产方案，将部分航空煤油组分切割至常二线柴油馏分中增加柴油产量；催化装置加注抗重金属污染能力强的高柴汽比LVR-60R新配方催化剂，柴油收率提高至32%左右，较优化前增加2个百分点。在相同加工负荷下，柴油产量逐步提高至870吨/日，较优化前提高25吨/日，最大限度缓解乍得国内汽柴油紧缺的困难。在长周期运行方面，炼油项目针对原油、重金属含量、酸值、残炭升高问题，组织各部门、各装置梳理长周期运行的瓶颈和短板，推进常压装置材质升级改造等5个技改项目的设计工作。2022年，炼油项目未发生非计划停工，累计连续运行1371天，实现建成投产以来历史最长运行周期。在技术创新方面，炼油项目与兰州石化公司催化剂厂共享生产数据，共同改进和完善适应炼厂原料性质的催化剂配方，柴油收率上升明显；完成电站 2 号锅炉燃烧器改造安装，达到预期效果。炼油项目 2022 年完成“开源节流、降本增效”措施 15 项，为安全生产和长周期运行提供保障，累计提质增效 1231 万美元。

【提质增效】 2022 年，乍得公司落实集团公司、中油国际公司提质增效价值创造行动方案部署要求，围绕“传统举措稳效、优化协同增效、创新发展提效”3 个层次，实施 8 个方面 26 项举措，推动提质增效价值创造行动走深走实。通过优化原油销售策略，推动系统内炼厂保供，加大招标和合同复议等举措，持续发挥传统举措稳效作用。加强全产业链各环节优化，突出勘探评价与开发方案全周期管理，坚持勘探开发一体化、地质工程一体化、技术商务一体化，推动上下游一体化协同发展。深入开展技术和管理创新，推广应用智能分注和自适应控水等 6 项新技术，创新不同合同区块共享管理模式，实现“一体双模”下集约发展。

【企业经营管理】 2022 年，乍得公司优化中方和联合公司组织机构、有限授权方案和法人治理体系，推进落实海外业务体制机制优化调整；上游和炼厂当地员工集体劳资协议、炼厂中方员工派遣协议顺利签署；签署五方清欠协议（MOU）补充协议及企业所得税预缴及抵扣协议，确认管道公司未成立不属于任何一方违约行为，明确托管账户资金归属，确定清欠协议生效期间的管输费收费标准和释放机制，成功释放托管账户历史管输费；成功应对中非央行采掘业外汇新规，最终于 2022 年 11 月 1 日正式执行；深度参与采掘业弃置基金汇回条款谈判，依据中方合同条款据理力争；协助中国石油乙方承包商采掘业企业资质认定，开立在岸美元账户；协助各乙方单位优化资金结算，减少资金沉淀于中部非洲经济货币共同体（CEMAC）区域，提高资金使用效率。

【HSSE 管理】 2022 年，乍得公司安全管理保持良好业绩，失时伤害事故率和可记录事故率均为零；应急管理水平持续提高，修订乍得公司 1 项总体应急预案和 12 项专项应急预案，并通过中油国际公司备案评审，4 项预案被评为优秀预案；组织各类应急预案演练 613 次；全面开展危险因素辨识和风险防控工作；持续加强环境管理，落实环境监测、废弃物处理、绿色发展到位，获乍得环境部颁发的环境管理卓越成就奖；开展 QC 小组活动及质量信得过班组建设工作，管道首站 QC 小组成果获集团公司 QC 小组活动三等奖，采油厂罗尼尔（Ronier）维护班组和炼厂质检中心一班获集团公司“质量信得过班组”称号；强化安全监督检查，做好全员 HSE 培训和健康管理工作，提高员工 HSE 能力和确保身心健康；社会安全管理水平不断提升，根据作业计划科学调配武装安保力量，有效保护油田区域及外围作业区域的安全；制定《油田现场紧急状态下停工停产方案和资产保全方案细则》；高效运转应急指挥体系和组织体系，拓展多种渠道进行信息收集，夯实应急资源和完善资产保全准备工作，10 月 20 日乍得发生大规模示威抗议事件后，由于提前的社会安全工作到位，乍得公司及承包商人员仅短暂停止境内外的人员动迁，在判明形势后及时恢复，人员安全和生产均得到有效保证，真正做到了“跑得了，守得住，散得开，聚得起”。

【履行社会责任】 2022 年，乍得公司继续资助 21 名乍得当地优秀毕业生在中国石油大学留学；响应乍得环境部植树造林的倡议，提出“一个中石油人、种下一棵树”的口号，号召中乍员工一同参加乍得首都恩贾梅纳的植树活动，赞助环境部植树造林项目，整个项目共植树 30 万棵，乍得环境部长向乍得上游项目颁发环境管理卓越成就证书；向位于油区的布索（Bousso）医院捐赠蚊帐及疟疾防治药品，改善当地卫生状况；与乍得莱恩多斯（Reindos）公益组织合作，向乍得当地学校捐助教科书、文学作品 700 余册；与乍得高等教育部合作，赞助乍得优秀高考毕业生颁奖仪式，促进乍得教育事业发展；心系当地水灾灾民，相继与乍得妇女部和乍得石油部合作，向乍得首都恩贾梅纳及公司油区附近水灾灾民提供大米、糖、毛毯等生活必需品等援助，积极履行社会责任；向油区古达瓦（Koudalwa）小学捐赠书本、文具、网球等教育用品和物资，持续改善油区教育条件；在油区为当地居民钻水井 10 口，修建贸易市场 1 个，建设居所 6 处，维护当地乡镇道路 100 千米，修复涵洞 4 个，为当地居民生活及出行提供支持；油田现场继续开展“甜水工程”项目，为油田社区完成 11 口新钻水井及水井维护工作；关注社区居民健康为油田现场社区捐赠马来热预防和治疗药品、蚊帐 500 顶；解决当地人“看病难”的问题，援建布索妇婴医院并投入运营；发扬人道主义精神，为受水灾影响的油田现场及周边地区提供人道主义援助，捐献大米、糖总计 7.825 吨，毛毯 1200 条；为方便社区居民出行，完成米图至丹尼拉（Mitou-Daniela）道路 27 千米，古达瓦镇中心主路 5 千米的道路修建及维修。向乌布图语言培训机构捐赠电脑和桌椅；向恩贾梅纳妇幼医院捐赠 1000 万中非法郎物资，并向恩贾梅纳妇女协会捐赠 3500 万中非法郎的生活用品。为中国石油在乍得树立良好形象。

【疫情防控】 2022 年，乍得公司继续强化责任落实，根据新冠肺炎疫情变化适时优化《疫情防控常态化工作方案》《油田现场员工返岗程序》等规章制度，在保障员工健康前提下减少管控措施对生产、生活的影响；组织已接种疫苗 6 个月以上中方人员进行辉瑞或国药的加强针接种，确保免疫屏障持续有效；对工作和生活场所进行日常消杀；动态储备防疫物资、治疗药品及制氧机等医疗设备，为各营地配备核酸检测仪，确保筛查、诊疗、隔离及解除隔离等措施科学合理有效。加强不同变异株传播特点相关的知识培训，强化员工个人防护意识与能力。进一步健全甲乙方联防联控机制，根据疫情变化及国内外政策适时调整“封闭管理、网格化管控、个人防护、环境消杀、定期检测”五道防线的实施内容。

【党建与思想政治建设】 2022 年，乍得公司党委始终坚持以习近平新时代中国特色社会主义思想为指导，深刻领悟“两个确立”的决定性意义，把坚决做到“两个维护”作为最大的政治。持续推进全面从严治党向纵深发展，不断强化党建与业务深度融合，为公司事业高质量发展提供强大动力。学习宣贯党的二十大精神。班子成员带头宣讲党的二十大精神，党员干部在学思践悟中锤炼了忠诚核心、维护核心、紧跟核心的政治品格。积极探索海外党建新思路。坚持“五不公开”原则，与中国驻乍得大使馆党委紧密联动，共同开展乍得国别党建“一国一策”课题研究。开展学习型党组织建设。推进学习教育常态化制度化，全年召开理论中心组学习 10 次，开展公司“大讲堂”4 期，推动党员队伍素质的提升。深入开展“转观念、勇担当、高质量、创一流”主题教育活动，形成创效攻关成果 4 项，精心开展“我为员工群众办实事”活动，在推动发展中彰显党组织的作用和优势。从严治党纵深推进，开展“反围猎”专项行动，与系统内外 16 家中方承包商签订《甲乙方廉洁从业协议》，明确 8 个大类 48 个工作环节的廉洁风险，营造风清气正的发展环境。

（王文君）

中国石油尼日尔公司

【概况】 中国石油尼日尔公司（简称尼日尔公司）前身是 2004 年 5 月成立的中油国际（尼日尔）有限责任公司。2008 年 6 月，集团公司与尼日尔政府签订阿加德姆上下游一体化合作项目，成立了 CNPC Niger Petroleum S.A.（简称 CNPCNP）。2009 年 2 月，中油国际（尼日尔）有限责任公司调整后，下辖上游项目部、管道项目部和中油国际（尼日尔）炼油有限责任公司。2012 年 11 月，中油国际（尼日尔）有限责任公司机构规格调整为副局级。2017 年 11 月，中油国际（尼日尔）有限责任公司划归中油国际西非公司，中油国际（尼日尔）有限责任公司机构设置和人员编制仍延续了先前的情况。2018 年 10 月，中油国际（尼日尔）有限责任公司更名为中油国际（尼日尔）公司，下辖中油国际（尼日尔）上游项目公司、中油国际（尼日尔）炼油公司、中油国际尼贝管道公司 3 个项目公司。中油国际（尼日尔）公司不设中方专职人员，由上游项目公司人员兼任。2022 年 5 月，按照集团公司“三定”规定，中油国际（尼日尔）公司更名为中国石油尼日尔公司，列集团公司一级企业管理，等级类别初次确定为 A 级二类。中国石油尼日尔公司管理在尼上游项目、炼厂项目、尼贝管道项目。按照“共享管理”思路，尼日尔公司与上游项目公司设置一套中方机构，履行国别公司、上游项目公司双重职责。中国石油尼日尔公司是中国石油在尼日尔、贝宁地区投资业务管理机构，业务涵盖油气勘探开发、管输和炼化的上中下游一体化产业链，在尼日尔和贝宁油气行业占主导地位，涉及矿税制、产品分成制和公司制三类合同模式，中方权益占比从 60% 至 100% 不等，所属项目资产总额 58 亿美元。

2022 年，尼日尔公司在确保一期生产经营安全平稳的基础上，聚焦二期上下游一体化建设，全面推进各项重点工作有序落实，主要生产经营指标较好完成。毕尔玛（Bilma）区块新增探明原油 EV 可采储量完成年度计划 122%；阿加德姆（Agadem）区块油气作业产量完成年度计划 110%；炼厂原油加工量完成年度计划 106%；二期油田开发地面工程及外输管道建设累计进度分别达到 65.5% 和 66.5%，超出年度计划 5% 以上；一体化项目净利润考核指标超额完成。阿加德姆（Agadem）区块一期完成油气作业产量当量 92.65 万吨，完成年度计划的 110%。毕尔玛

（Bilma）区块勘探许可于2022年4月7日到期，项目公司已向尼日尔石油部提交勘探转开发许可申请，毕尔玛（Bilma）区块新增原油EV可采储量完成年度计划122%。

【油气勘探】 2022年，尼日尔公司加强统筹谋划和组织协调，勘探开发作业有序实施。毕尔玛区块勘探作业结束，按时提交开发许可申请，积极与政府沟通谈判，推动转开发工作。毕尔玛区块完成探井钻井2口，总进尺3327.00米，平均井深1663.50米，平均机械钻速同比提高5.13%；平均完井周期14.59天，同比缩短1.92%；平均米成本（含搬家）同比下降3.32%。该区块完成试油作业4层。阿加德姆区块完成钻井55口井，总进尺109339.00米，平均井深1987.98米，平均钻井周期10.50天，同比缩短4.79%；平均完井周期15.79天，同比缩短4.33%；平均米成本（含搬家）同比下降0.12%。该区块完成完井作业53口和修井作业7井次。2022年全年无井控安全事故，井身质量合格率100%，固井质量合格率100%，油层段固井质量优质率96%，实现"零事故、零伤害、零缺陷、零污染、零疫情"目标。

2022年4月7日，毕尔玛区块勘探许可到期，为在有限的勘探期内落实并继续扩大储量规模，为二期产能建设提供储量保障，同时不留遗憾退地。在毕尔玛区块部署2口勘探评价井，2022年1月1日开钻，1月16日完钻，进尺3327米，均获油气发现，钻井成功率100%，2月16日完成2口井4层测试，至此毕尔玛区块勘探工作量全部完成，落实崔科斯（Trakes）斜坡亿吨级规模储量区。依托毕尔玛（Bilma）区块已发现油井，共划分开发保留区17块，面积628.2平方千米。2022年4月5日提交尼政府"毕尔玛（Bilma）区块勘探退地报告"。

【油气开发生产】 2022年，尼日尔公司科学安排各项开发工作，有序运行。一期产量运行掌握主动权，各项开发指标优异。在二期产能建设团队的高效组织下，二期产能建设有效平稳运行，边实施、边优化、边调整。滚动评价工作取得新突破，为长远发展提供助力。2022年尼日尔项目公司计划生产原油82万吨，完成年产原油89.6万吨，超计划指标7.6万吨，完成计划指标的109.2%。原油生产为项目公司其他各项生产经营指标的完成奠定坚实的基础。老井产量贡献80%，保障全年产量任务的完成。二期在3个油田群23个断块完钻开发井155口。二期产能建设中，通过采取早期评价、超前研究、快速调整的实施对策，23个已实施断块总井数、总产能高于开发方案；产能井采用黄金轨迹，已完钻的150口开发井单井平均钻遇油层厚度30.7米，较老井增长15.0%，11个完钻断块2P储量较方案增加138.52百万桶，2022年生产完井实施48口。

【炼厂项目生产经营】 尼日尔炼厂项目是中国石油国际勘探与开发有限公司"十一五"期间开发的尼日尔上、下游一体化项目的重要组成部分，也是2011年海外十大重点工程项目之一。炼厂项目于2009年1月15日注册成立，2011年11月28日建成投产，前后历经3年6个月，从2012年1月1日正式由工程建设期转入生产运营期。炼厂项目由四大系统72个单元组成，主要生产装置包括常压蒸馏、重油催化裂化、催化重整、柴油加氢精制、PSA氢气提纯等，设计加工原油能力100万吨/年，主要产品为汽油、柴油、液化气。2022年，面临复杂的市场环境和紧张的疫情防控形势，尼日尔炼厂项目聚焦提质增效，统筹推进生产经营、安全环保、新冠肺炎疫情防控和大检修等各项工作，完善规范化建设，实现健康、稳定的发展，较好地完成全年各项工作。2022年加工原油84.6万吨，生产产品74.4万吨。累计销售汽油、柴油、液化气73.02万吨；实现销售收入4.88亿美元。

【尼贝管道项目工程建设】 尼贝原油外输管道是为尼日尔阿加德姆油田二期原油外输而修建的跨国外输管道工程，跨越尼日尔、贝宁两个国家，起于尼日尔库勒勒（Koulele）首站，终于贝宁塞美港，陆上部分管道全长1950千米（其中尼日尔境内1275千米，贝宁境内675千米），项目主要工程包括尼日尔6座站场35座阀室、贝宁3座站场24座阀室，管道管径直径508毫米，设计压力9兆帕；海工部分包括单点系泊SPM系统、海工码头工程及两条平行铺设的海底管道，每条长度约为14.4千米，管径直径711毫米，设计压力5兆帕。管道工程穿越500千米的茫茫荒漠和3处大型河流穿越，是迄今为止中国石油海外最长的输油管线，且是中国石油首次实施海底管道+单点系泊系统的海洋工程项目。项目建成后将推动尼日尔和贝宁两个国家的经济发展，实现尼日尔原油出口外销，提高尼日尔上中下游一体化项目的总体经济效益，保障中国石油权益投资顺利回收。截至2022年底，尼贝管道项目整体完成进度68.05%，整体工程进度超前2.84%，其中详细设计进度完成97.64%，甲供设备采购进度完成88.4%，工程建设进度完成58.86%。

【一期管道生产运行】 2022年，尼日尔公司一期原油管道项目输送原油86.60万吨，消耗燃料油303.13立方米，消耗降凝剂117.05立方米，实现管道安全、稳定、高效运行。

【提质增效】 2022年，尼日尔公司坚决推进低成本发展战略，坚持勘探开发一体化、地质工程一体化、技术商务一体化、上中下游一体化，按照一体化协同发展提升项目全生命周期价值。从稳产增油、成本控制、管理创效、修旧利废、合同复议、降库减占、技术创新和优化等7个方面入手，将提质增效具体措施落实到位，实现稳产增油723万美元，节约投资565万美元，控减费用682万美元，累计创效1970万美元。

【QHSSE管理】 2022年，尼日尔公司落实“生命至上、安全第一、环保优先”理念，实现“六个杜绝”和“四零”工作目标，完成上级公司部署的重点工作。体系建设方面，完成本部质量管理体系+“三基本”专项审核。持续完善HSE管理体系和推进质量管理体系建设，完成尼日尔公司14个应急预案总部备案，完成HSE体系BSI认证；持续推进基层站队HSE标准化建设和领导安全承包点工作，完成年基层站队60%达标的建设任务。关心员工心理健康，加强空中医疗转运应急走廊的建设，完成“5·21”医疗紧急转运和“1026”回国专班。环保管理方面，取得尼日尔恩固提（Ngourti）政府2022—2023年度钻井液排放许可，同时做好阿加德姆、毕尔玛和管道沿线环境隐患治理工作；开展一期管道和毕尔玛开发区块环境影响评估工作，为开展相关工作提供政策支持。

【社会安全与风险防控】 2022年，尼日尔公司实现“杜绝因社会安全管理原因造成中方员工被绑架或致死事件”指标，员工防恐安全培训持证率100%，社会安全风险评估率100%，社会安全管理体系或安保计划备案评审率100%。根据工程建设需要，适时增加商业安保人员123人，填补了核心石油设施的安保力量缺位问题。组织召开驻尼日尔中央企业安保工作交流会6次，横向了解驻尼央企的安保管理工作情况，分享安保工作管理经验。持续推动与军方和石油部的有关增加武装人员部署的谈判协调，批准二期建设增派500名士兵的申请。

【人才强企】 按照集团公司人力资源部“三定”工作实施方案，拟定尼日尔公司“三定”编制方案，组织3次专题会议向公司领导班子汇报相关方案，同时与乍得、阿克纠宾、PK等多家海外项目公司持续沟通交流，优化调整方案，完成尼日尔公司“三定”方案报批工作。积极与集团公司人力资源部劳动用工处和中油国际本部企业文化部沟通协调相关事宜，汇报人力资源管理面临的迫切问题，上报正式人员调配申请2次，完成8人次调配工作。按照集团公司海外业务体制机制优化调整总体规划和部署，完成国别公司领导班子酝酿、报批、班子分工、编制职数分配、领导干部提前退岗、分析研判中层领导人选、上报第一批次中层领导干部配备建议等工作。为确保在2023年全面完成改革任务，打造一只“政治素养高、专业素质强、年龄结构合理”的干部队伍，使用年轻干部，承担关键岗位任务，积极推动适龄领导干部退岗工作。截至2022年底，确定轮换人选7人，完成退出领导岗位1人，确定提前退岗人选3人。

为积极回应尼日尔政府本地化诉求和打造公司低成本高质量发展模式需要，编制上报3个项目本地化工作实施方案，2022年尼日尔公司3个项目平均人员本土化率由65%提升至73.79%，本地化比例进一步大幅度提升。

【合规管理及风险防控】 2022年，按照集团公司党组依法合规治企工作部署和“合规管理强化年”工作要求，尼日尔公司落实中油国际公司的各项工作安排，开展合规管理建设工作。法律工作坚持以业务为中心，在促成业务顺利开展的同时，避免各类敞口法律风险，保护公司利益。2022年，法律部配合销售采办部及相关业务部门完成采办入网资格预审117项，投标邀请函（Invitation to Bid，英文缩写ITB）审核100余项，合同审核319项。持续把关对外发函内容，审核各类对外信函421项，确保信函内容准确、合规。2022年10月，在西非公司协调下，尼日尔公司牵头编译的《非洲商法协调组织（OHADA）法律大全》通过法律出版社出版，该书以非洲商法协调组织通过的4个条约条例和10部商事法律为研究对象，对其进行全文翻译和整理，内容涵盖条约、统一法、规则与条例等。2022年，尼日尔公司当地诉讼纠纷4项，均为普通劳动争议案件，其中1项已结案。

2022年，继续组织开展内控手册修订，构建具有公司特色的流程体系框架，涵盖24个业务领域，包括286个基本业务流程，覆盖406个风险点，详细描述406个控制点及流程图，其中298个为关键控制点。完成合同及订单后续管理检查、财务会计信息质量巩固提升、内控测试、“三重一大”决策制度建设和执行情况自查等内部检查；协助完成2020—2021年石油成本审计、刘合年总离任经济责任审计的迎审。

【股东事务管理】 2022 年，为完善内部重大生产和经营事项的决策机制，形成标准化的工作制度，2022 年尼日尔公司完善了法律及股东事务管理办法。规范内部工作机制，细化工作流程，做到工作流程标准化。尼日尔公司以产品分成合同（PSA）及联合作业协议（JOA）关于联合作业委员会（AC）及管理委员会（MC）的相关规定为依据，召开 3 次联合作业委员会会议及管理委员会会议。同时，根据公司内部管理程序，组织召开内部管理委员会会议 33 次。关于炼厂和台湾中油的补偿事宜，2022 年 7 月 4 日，尼方同意“台湾中油补偿炼厂解决方案”，7 月 8 日，完成补偿协议签署。2022 年，尼日尔公司深入落实公司治理和行权管理要求，在毕尔玛转开发、管输协议谈判、成本回收审计、境外账号开户、二期计量、电站供油等事项的处理过程中，坚持中方立场，识别和防范各类法律风险，促进公司提升合规管理，维护股东合法权益。

【数字化气田建设和科技创新】 2022 年，尼日尔公司勘探领域不断深化油气富集成藏规律研究，地质新认识引领“两次重大勘探方向转移”，在毕尔玛区块崔科斯斜坡进行整体油气勘探部署方案，终获重大突破，落实亿吨级优质规模储量。“复杂裂谷盆地走滑构造控藏理论技术与中西非勘探重大突破”获中油国际公司科学技术进步奖特等奖；上报中油国际公司 2022 年度新技术新产品推广应用实施计划，包括水平井分段防砂控水完井技术，近钻头地质导向钻井技术，并组织实施应用，全年实现经济效益 6157 万元。阿加德姆区块积极推广应用氨基钻井液和导管预埋等新技术。高性能氨基钻井液应用效果显著，技术逐渐成熟，共应用 52 口井。

2022 年，尼日尔公司根据数字化整体蓝图，设计 11 个一级应用场景，41 个二级应用场景，5 类配套建设内容。按照“突出重点、急用先建、分步实施”的原则逐步推进。基于集团公司技术支撑，有效搭建勘探开发、生产运行、经营决策“三位一体”的运管平台，提升数据资产化能力，协同创新研究能力、生产运营管控能力、经营组织管理能力，完成智能化生产、共享化研究、一体化运营 3 种管理模式的变革，实现智能海外勘探开发赋能公司高质量发展。2022 年度完成光传输系统、微波传输系统、太阳能供电系统的建设，库勒勒、迪贝拉完成 3G 移动信号的覆盖，油田互联网出口带宽自 4 月由 20 兆字节提升至 60 兆字节。油田通信网已基本形成，为二期油田的开发生产工作提供有力保障。

【地面建设管理】 2022 年 2 月 15 日，Gololo W-1 区域先期试采 12 口井正式投产；2022 年 3 月 16 日，固漠瑞联合站（Goumeri CPF）土建开工；5 月 13 日 W10-W2 单杆单回路架空线路正式投电；5 月 31 日，关键设备订货完成，完成内燃发电机出厂检验；6 月 22 日，3 万立方米储罐主体开始安装；8 月 31 日，详细设计主体关闭；9 月 15 日，透平发电机运抵沙漠现场；10 月 31，日内燃发电机组及电站附属设施到场；12 月 27 日，福吉地、迪贝拉、库勒勒三大油田群站间干线施工完成。

【党建和思想政治建设工作】 2022 年，尼日尔公司深入贯彻落实学习党的二十大精神。党的二十大召开之际，牵头组织所属单位和油田现场、管道、炼厂项目全体干部员工通过电视和互联网等方式收听收看党的二十大盛况。第一时间组织召开领导班子学习研讨会，认真学习习近平总书记代表第十九届中央委员会向党的二十大所作的报告，组织全体干部员工观看中央电视台“焦点访谈”节目对党的二十大报告的解读。邀请中国驻尼日尔大使蒋烽到尼日尔公司主持召开学习宣贯党的二十大精神座谈会，作为在尼日尔中央企业代表参加驻尼使馆举办的“学习贯彻二十大精神动员部署会议”，跟踪落实后续各项工作，开展各种形式学习活动。

全面开展“转观念、勇担当、强管理、创一流”主题教育活动，举办“高管大讲堂”系列活动，700 多人次在线上线下参加活动。为提升干部队伍涉外工作能力水平，尼日尔公司与中油国际公司本部质量安全环保部结对联学联建，开展尼日尔公司涉外培训专班，从“外交与国际视野”“跨文化交流”“国家安全”“国际传播”四大领域进行课程专业设计，从不同专业角度深度解读党的二十大精神。提高党支部战斗力，各所属党支部严把党员“入口关”，发展党员 9 名，转正预备党员 7 名，做好入党前学习工作，确保党员发展质量。完成“三基本”与“三基”工作在 QHSE 领域有机融合试点工作，融合试点工作清单中的 10 项内容都得到落地实施，切实做到事事有安排，件件有着落；融合试点专项“岗区队”创建活动完成 4 个示范岗、2 个责任区、3 个突击队的创建验收工作。

【企业文化建设】 2022 年，尼日尔公司坚持意识形态阵地管控，依据尼日尔当地条件，因地制宜通过网络下载相关学习培训课件，进行常规意识形态学习教育，对集团门户网站、微信公众平台、OA 系统等各类意识形态阵地进行学习全覆盖。着力在尼日尔二期一体化项目建设期间，打造符合当地发展特点的企业宣传文化工作制度建设，年初出台《尼日尔二期一体化宣传工作管理办法》。落实国务院国资委在尼日尔开展跨文化融合工作，进一步提升一流中资企业国际形象工作要求，结合尼日尔国情及业务实际开展情况，尼日尔公司按照前期制订的计划，着力打造“十个一”（一部社会公益回馈纪录片《清润撒哈拉》、一系列贯穿上下游产业链公众开放日活动、一部社会责任报告、一个国制公司网站、一部跨文化传播手册、一次中尼能源合作可持续发展论坛、一部内部刊物《撒哈拉之光》、一部形象宣传片、一轮尼日尔石油工业发展史图片巡展）内外宣系列产品，取得显著成果，在尼日尔社会媒体中全方位、真实立体展现中国石油品牌形象，生动讲述中国石油回馈资源国社会公益事业发展故事，传播出中国石油在尼日尔精诚合作、互利共赢、绿色环保和可持续发展理念，整个项目打造云开放视频《中国石油在尼日尔》、宣传片3部、持续打造完善社会公益回访纪录片《清润撒哈拉》。

【社会责任】 强化攻关、积极尽职履责，为二期项目建设提供和谐有利的石油社区环境。继续做好恩固提地区公益活动。完成恩固提地区7口水井新建，为恩固提市政府清沙，为当地牧民捐赠房屋建材，为管道沿线牧民供水2.3万吨。公益事业花费96.01万美元。截至2022年底，累计为油田作业区百姓打水井113口，建教室94间，建诊所5间，管道沿线取水点14个。二期一体化建设对外宣工作需求，聚焦重要事件、合作共赢、中尼友谊、可持续发展和当地用工培训等方面，在当地各大主流媒体正面宣传52篇次，电台报道3次，与当地主流媒体萨赫勒、《历史车轮报》、尼日尔国家电视台签订合作协议，树立了中国石油良好的品牌形象。

（苏子开）

中国石油加拿大公司

【概况】 2009年9月，中油国投（加拿大）公司经中油国际批准成立，2018年10月更名为中油国际（加拿大）公司。2022年5月，集团公司海外业务体制机制优化调整，原中油国际（加拿大）公司撤销，成立中国石油加拿大公司（简称加拿大公司）。加拿大公司管理着麦凯河项目、多佛油砂项目、白桦地天然气项目、都沃内天然气项目、LNG项目激流管道项目和中加公司项目，业务涵盖油砂、重油、页岩气、致密气、LNG以及常规油等领域。

2022年，加拿大公司积极践行“转观念、勇担当、强管理、创一流”主题教育活动，贯彻集团公司“五提质、五增效”十大举措，坚定不移按照“严控投资、退油增气、有效发展”的经营策略，围绕“油”和“气”两个资产组，转变观念，拓展思路，突出价值创造，落实低成本发展和全生命周期成本管控，着力解决资产项目治亏的难点和瓶颈问题，形成亏损治理的长效机制。2022年，加拿大公司完成油气权益产当量173.32万吨，实际完成投资5.97亿加元（4.82亿美元）。都沃内、白桦地和激流管道3个项目持续保持“双正”，麦凯河、都沃内、白桦地和激流管道4个在产项目整体实现“双正”。

【机构改革】 2022年5月23日，集团公司海外业务体制机制优化调整，原中油国际（加拿大）公司撤销，成立中国石油加拿大公司，为海外国别公司，列一级企业管理。

【HSE管理】 2022年，按照集团公司和中油国际公司对QHSE工作的总体要求，加拿大公司围绕都沃内项目钻完井和压裂作业、油砂项目稳上产和加密井钻井作业准备、新冠肺炎疫情防控等重点工作，持续完善QHSE管理体系和工艺安全管理体系，以97%的高符合率通过年度体系审核；落实安全生产责任，加强QHSE和工艺安全风险防控，推进环保合规管控、碳减排、质量计量管理，严格做好职业健康危害管理、应急管理、新冠肺炎疫情防控和健康促进，保持良好的QHSE业绩，完成中油国际公司下达的QHSE目标和指标，为加拿大公司实现生产经营目标提供坚实保障；在加拿大疫情继续处于高风险的背景下，持续跟踪研判疫情形势，分析防控措施的有效性，动态调整疫情防控规定，足量储备防疫物资，确保防控措施合法、合规、合理、有效，实现“杜绝传染病亡人事故、疫情聚集性感染”的目标。

【麦凯河油砂项目】 2022年，加拿大公司麦凯河油砂项目落实中油国际本部制定的“一项目一策”及“减亏扭亏”工作方案，加强与国内技术支持团队的合作，优化现有井动态调控，实施生产井提液 129 井次、注汽井蒸汽量分配优化 105 井次、优化注气压力 98 井次、侧钻井生产参数优化 47 井次、实现措施增油 1267 桶 / 日，项目生产汽油比从 5.9 下降至 5.6；对高压差井组进行生产井井筒蒸汽吹扫 29 井次、酸化 3 井次和酸洗 4 井次试验，有效降低了井组压差，提高井组产能。

【激流管道项目】 2022 年，加拿大公司激流管道项目实现管道安全平稳输送。采用 SCADA 系统和在线泄漏检测系统在卡尔加里中心全天候进行监控和操作，及时开展在线管道缺陷检测并进行必要的开挖维修；对站场和阀室设备的定期维护和维修来保障管线平稳运行；定期检查沿线阴极保护，确保正常运行，保护管道不发生外部腐蚀；定期维护管道通行路及站场周围环境，确保满足事故抢修顺利进行的必要条件，同时降低森林火灾危急站场设施的风险。2022 年输送原油 268 万吨，超出年度计划 8 万吨，同比增长 0.4%。

【都沃内项目】 2022 年，加拿大公司都沃内项目比计划提前 23 天完成 6 口新井的钻井任务，投资节约 10%，钻井施工效率同比提高 40%，成功完钻都沃内项目最长的井（井深 7730 米，水平段长 4217 米）；安全平稳完成压裂完井作业，较预算节约 11%，最长压裂水平段长度 4334 米，单日最高压裂 13 段，两项均创项目最高纪录；6 口新井于 8 月 23 日全部实现投产，日产平均油气当量 239 吨，超过计划预测水平；加快推动开发调整方案审批，已通过中油国际审查，集团公司正在审批中，争取早日获批，为后期上产奠定基础。

【白桦地项目】 2022 年，加拿大公司白桦地项目采用双压裂等新技术，完成 6 口井 383 个井段的压裂作业，平均压裂效率 32.7 段 / 日，远好于 12 段 / 日的压裂计划，井段压裂成功率 100%，实现 9-14 井组比计划提前一个月开始返排试产工作；加快天然气厂检修进程，优化间歇式开井周期，努力增加老井生产时效，保持生产，2022 年老井递减 12%，好于预期的全年递减 15% 的目标。

【LNG 项目】 2022 年，加拿大公司 LNG 项目全面加强项目管控力度，积极应对项目执行风险，全力推进项目一期建设，一期 LNG 工厂全年实际完成进度达 78%，CGL 管道工程部分预计全年总体进度实现超过 80%，完成年初下达的 75% 及 70% 的进度指标；成功签署 CGL 管道建设修订协议，避免管道建设系统性风险，力促 CGL 管道先于 LNG 工厂建设完成。

【中加公司项目剥离】 2022 年 1 月初，中加公司完成乎利项目剥离和 7 个租约退出；麦凯Ⅲ资产于 11 月初收到股份公司评估备案批复，年内完成内部转让至加拿大公司；继续寻找及推进孤石资产剥离的机会。

【资源优化】 2022 年，加拿大公司组织抓紧推动横山管道管输量整体永久转让，就 2.3 万桶转让与霍利福兰特（Holly Frontier）公司达成意向，最终转让成功后有望降低照付不议成本约 5600 万加元 / 年。都沃内项目通过重新投标将阿莱恩斯（Alliance）管道美国段管输费降低 0.14 美元，每年节约成本约 230 万美元；与卡瑞亚（Keyera）管道公司签订 6 个月的转让彭比纳管道（Pembina）分馏处理服务协议，转让彭比纳管道下多余分馏处理能力，合同期内可节约 46 万—92 万加元。白桦地项目积极转让或终止冗余天然气管输量，减少管输负担 240 万加元。麦凯河项目与森科公司（Suncor）就道路协议复议，将初始成本回报率从 11% 降低至 9%，每年节省道路成本 15 万加元。

（瞿华平）

中国石油集团西部钻探工程有限公司

【概况】 中国石油集团西部钻探工程有限公司（简称西部钻探）2007 年 12 月底成立，是中国石油按照集约化、专业化、一体化整体协调发展思路，整合原新疆石油管理局、吐哈石油勘探开发指挥部工程技术队伍成立的首家专业化钻探企业。截至 2022 年底，有各类大型工程技术装备 1.6 万台套，工程技术服务队伍 1000 余支，资产总额近 300 亿元。主要开展钻井、固井、录井、压裂、试油等工程技术服务，兼营油气合作开发、技术研发与产品研制等业务，年钻井能力 700 万米、压裂 1.3 万层（段）、录井 3400 口、固井 6000 井次、试油 600 层、定向服务 1500 口以上，合作开发年外输天然气 9 亿立方米以上。有“两院四中心”科技创新平台，先后打造 21 项工程技术利器、23 项优势特色技术、11 项综合配套技术，自主研发的SAGD磁定位系统、精细控压钻井系统、自动垂直钻井系统、雪狼3.0综合录井仪、XZ系列堵漏剂、井下实时安全监控系统等38项科技利器总体达到国际先进水平，获省部级以上成果奖93项，其中“水平井钻完井多段压裂增产关键技术及规模化工业应用”获国家科学技术进步奖一等奖、“基于深井钻柱动力学的高速牙轮钻头与振动筛研究及应用”“万米级特深井陆用钻机设计制造与工业化应用”“化学固壁与保护油气储层的钻井液技术及工业化应用”3项成果获二等奖，有效专利727件，保持“国家级高新技术企业”称号。国内服务于新疆、青海、吐哈、塔里木、玉门、长庆、西南、煤层气等10余个油气田，海外业务分布在中亚哈萨克斯坦、乌兹别克斯坦，中东伊拉克、阿联酋和非洲埃及等8个国家。西部钻探具有光荣历史传承，10余年来，打出以高探1井、康探1井、博孜13井、柴9井、切探2井、石钱1井、富东1、玛页1H井、满深72井为代表的一批重大发现井，完成亚洲第一深井轮探1井、乌兹别克斯坦明15井、新疆油田水平段最长井JHW00422井、准噶尔盆地最深井呼探1井、柴达木盆地最深井昆1-1井、吐哈油田最深井葡探1井、中国石油海外最深井吉达4井、海拔最高井祁参1井等重大工程，以及助力呼图壁国家级储气库建设、玛湖和吉木萨尔一体化服务、青海南翼山、风西和涩北等重大项目，加快西部各油气田勘探开发进程。

2022年底，西部钻探下设机关部门12个、二级单位19个，员工1.46万人。其中，本科及以上学历占比37.4%、少数民族占比16.4%，享受国务院津贴5人，新疆维吾尔自治区天山英才4人，集团公司青年科技人才2人，中油技服井筒技术专家9人，各类专家、技师近千人，涌现出一批以大国工匠、中华技能大奖获得者谭文波和全国五一劳动奖章获得者高维明为代表的先进模范，为油气事业发展作出突出贡献。

2022年，西部钻探贯彻落实集团公司、中油技服各项决策部署，全力以赴“夯实基础、厚植优势”，积极应对突发新冠肺炎疫情、市场变局等不确定因素交织叠加风险，统筹推进服务保障、市场营销、提速提效、单井工程、安全井控、党的建设等工作，取得较好成效，全年完成进尺539万米、实现收入240亿元。呈现出基础夯实、优势集聚的良好态势。改善经营质量，全力稳价保量、扩链增效，推动价格回归合理区间，关联交易区服务保障率90%；塔里木、长庆、西南战略市场规模增长13%、再创新高；海外市场持续提量推价，连续4年盈利、实现质效双增；苏里格油气风险合作开发天然气产量突破9亿立方米，天然气回收业务产值突破1亿元。突出业财融合，将“四精”理念贯穿生产经营全过程，优化资源配置，打造提质增效“升级版”，百元收入营业成本降至94.6元、创5年最低。将单井安全提速创效工程作为撬动管理变革、效率变革的“支点”，全面下放经营自主权，实现各专业全覆盖，钻井米成本再降11%；全员劳动生产率提升5%，人均营业收入161.2万元/人。

西部钻探主要生产经营指标

指　标	2022年	2021年
钻井（口）	2039	2324
钻井进尺（万米）	539	594
完井（口）	1983	2260
录井（口）	1716	1909
固井（口）	1473	1482
井下作业（层段）	11334	12566
试油（层）	1142	778
定向井（井次）	404	761
收入（亿元）	240	232
利润总额（亿元）	2.28	-6.98
税费（亿元）	2.41	1.63

【工程技术服务】 2022年，西部钻探坚守“一体两面”定位，将服务保障油气规模增储、效益上产作为核心价值追求，与油田携手共建一体化运行机制，创新全方位一体化协同保障机制，健全实施“公司统领、区域共享、单位协同”保障模式，实施区域资源联动保障，全年跨区域调整钻机31部，满足新疆、青海、吐哈及西南等区域上产需求。精细刻画地质油藏建模，打造“地质工程一体化、水平井钻井、储层改造”三把利剑，实施定、录、导一体化，增强服务保障和竞争实力，助力盆中1井、吉新4井、牛17井、大北4井等12口重点探井获地质发现，打出夏云1、富东1井、玛页1H井、佳南1H井等60余口发现井、高产井，彰显钻探价值。

【市场开发】 2022年，西部钻探坚持事前算赢，推进“一区一策”精准营销，夯实生存发展根基。在新疆油田，创新实施“EUR+效益总包”差异化合作模式，联合开展车471等井区风险总包，推动玛湖提速15.88%、吉木萨尔完井周期缩短12.74%，内部收益率同比提升6.6个百分点。在吐哈油田，发挥一体化联动保障优势，精准打出吉新4井等多口发现井、高产井，服务保障率100%。在青海油田，积极推价稳价，开发井价格恢复到2019年水平，达成探井“一井一签”。在塔里木油田，瞄准“深井第一军”定位，建立常态化沟通机制，按需优化钻机结构，实施克拉、富满区块专打，钻机100%动用，压裂、试油、录井等高端业务占比稳居第一。在长庆、玉门、西南等油气田，建立“自营+合作”联动保障模式，强化全产业链一体协同，川渝市场钻机规模由14部增至19部，长庆沿线市场自营钻机扩充至22部，进尺和收入贡献进一步扩大。在苏里格油气合作区，深入拓展油气风险合作业务链条，完成商品气量9.16亿立方米，销售轻烃1.8万吨，利润规模不断扩大。

【科技创新】 2022年，西部钻探聚力科技创新，召开科技与信息化创新大会，明确今后三年创新方向，加快推进“两院四中心”建设，统筹战略性、前瞻性与基础性创新布局，加大科研投入和政策支持力度，牵头实施9项国家、集团公司和中油技服重大科技项目，5项成果达到国际先进水平。坚持以需求带动创新，聚焦制约提速提效的关键核心技术、装备“卡脖子”问题，优选主攻方向，深化技术、装备合作研发，15000米钻机特深井智能钻机项目启动，攻关形成“XZ-TIG型扭力冲击钻井提速工具”等26项特色技术和产品进入中油技服科技成果推广与共享平台，自主研发垂钻产品比肩Power-V、实现产业化，MSE优快钻完井、同步压裂、超高压试井等优特技术，助力钻井提速8%、压裂提效17%。加快科技成果转化，推广新技术新产品20项，自研垂钻现场试验35井次完成定型，MSE优快钻井技术、XZ油基钻井液实现规模应用，“RMS-Ⅰ磁定位系统”“扭力冲击钻井提速工具”“高耐盐速溶胍胶压裂液”“连续油管水平井带压直读精细分段测试系统”等4产品通过集团公司自主创新重要产品认定，助力当好油气产业链“链长”。加速数智化转型，建成“1+15”两级工程作业智能支持中心（EISC），“井场一张网”重点井覆盖率92%，着力打造数字井下、数字试油、数字钻井等专业特色模式，数字化钻井队实现数据自动采集，“雪豹”一键压裂远程操控实现作业安全与施工效率双提升，为提效降本提供强力支撑。

【安全井控】 2022年，西部钻探突出严抓狠管，持续强基固本，确保安全井控总体受控。从严升级安全管理，深化QHSE体系运行，深化“两个到位”认识，明确“三个不能干”要求，组建工程作业智能支持中心安全生产专项工作组，实施定点靠前与视频巡检，加大“四不两直”“夜查”和“驻点督导”检查力度，开展安全生产大检查和重点领域集中整治，创新“互联网+安全生产”管控模式，加强承包商安全监管，推进全员安全生产记分和HSE监督安全生产记分，现场安全表现显著提升。突出基层能力提升，实施“培训年”七项提素工程，培训500余期5.5万人次，覆盖面、系统性大幅提升，本质安全水平不断增强。狠抓井控管理，践行积极井控理念，实施风险分级评估和全过程监督，开展井控无溢流里程碑活动，坚持重奖重罚，严格“三评估三分级”，固化双重监管机制，配备使用井筒液面监测系统110套，风险预警90余次，溢流起数同比减少43%，实现溢流发现及时率、正确关井成功率“两个100%”，经受住富东1井极限压力重大考验。加快井控应急救援中心建设，建立7个区域井控应急处置专家团队，全面建成新疆、青海等区域“2小时应急保障圈”，有力提升救援抢险能力和水平。

【绿色环保】 2022年，西部钻探深入推进绿色发展，开展环保风险评估和专项督查，编制环境敏感性评估细则，指导各单位全面对作业现场开展环境风险评估工作，制定环境风险防控应急措施42项，投入371万元推进环境保护专项治理，应用钻井液不落地技术858口井，处理岩屑54万立方米，减少废液排放4.5万立方米。加快主力装备升级，实施合同能源管理钻机“油改电”及辅助接网电386井次，“油改气”63井次，电动钻机占比52%，电驱压裂水马力增长4.6倍，填补二氧化碳干法压裂和全电驱压裂空白，全年减碳30万吨、减排47万立方米。

【企业党建工作】 2022年，西部钻探发挥党组织“把方向、管大局、保落实”作用，强化政治引领，深入开展习近平总书记重要指示批示精神再学习再落实再提升主题活动，制定落实党史学习教育常态化长效化25项举措，进一步坚定捍卫“两个确立”。坚持党管干部党管人才，突出政治标准，全年从生产、技术、井控、安全、设备等岗位提拔22名二级副职、占比73.3%，主体专业占比近90%，充分体现讲政治、重实干、重实绩、重基层及学专业、干专业的导向。围绕“生聚理用”，打通成才通道，选聘企业首席专家3人、企业高级专家12人、一级工程师36人，二级、三级工程师237人，动态建立540人的“领军、骨干、青年”人才库，选树优秀技术人才，2人被评选为集团公司青年科技英才，5人入选自治区“天山英才”“天池英才”，谭文波获“中华技能大奖”。

【和谐企业】 2022年，西部钻探坚持聚民心、暖人心、筑同心，统筹精准帮扶和普惠服务，加大海外长期在岗员工与家属的关心关爱，扎实做好新冠肺炎疫情防控、“三送”等工作，慰问3600余人次；加快健康企业创建，干预诊疗、转岗分流、设施配备等工作稳步实施。坚定履行社会责任，以高度的政治责任感，扎实做好维稳安保、乡村振兴、民族团结等工作，获新疆维吾尔自治区“‘访惠聚’优秀组织单位”称号，积极参与伊宁阿希金矿应急处置，彰显政治担当。

（贾博博）

中国石油集团长城钻探工程有限公司

【概况】 中国石油集团长城钻探工程有限公司（简称长城钻探，英文缩写GWDC）2008年成立，由原辽河石油勘探局钻探系统与中油长城钻井公司重组而成，总部位于北京，是集团公司的直属专业化石油工程技术服务公司。主营业务包括工程技术服务和油气风险作业两大业务板块，业务领域涵盖地质勘探、钻修井、井下作业、录井、固井、钻井液、油田化学业务等石油工程技术服务，并向油气田前期地质研究、勘探开发方案设计、天然气（煤层气、页岩气）开发、地热开发、油田生产管理等领域延伸。公司有较高的市场化国际化水平，国内市场范围涉及近20个省（自治区、直辖市），主要服务于辽河、长庆、中油煤层气等油区，以及川南页岩气等中国石油重点增储上产区域和中国石化等外部市场；海外业务遍及非洲、美洲、中东、中亚等区域28个国家和地区，累计服务全球130多个客户，打造GWDC品牌，在国际油服市场具有较高知名度。围绕业务发展实际和市场格局，建立总部机关统一管控，国内东部、西部、西南3个生产指挥中心靠前支持，国际事业部统筹负责国际业务的新型矩阵式管理架构，在国内设有21家二级单位，在海外设有22个项目部。

2022年底，长城钻探用工总量18000余人，包含外籍员工3000余人，有各类工程技术服务队伍1500余支，主要工程技术装备7000余台套，资产总额362亿元，集成完整的石油工程技术装备能力，先后引进和研发全液压钻机、系列自动化钻机、旋转导向、LWD、连续油管、电驱压裂机组、高功率水泥车、综合录井仪、自动化固井设备、带压作业装置等高端设备，提高各业务板块装备技术水平，能够适应全球范围内各种复杂条件下进行油气勘探开发需要。

2022年，长城钻探党委团结带领全体干部员工，坚持以习近平新时代中国特色社会主义思想为指导，深入学习贯彻党的十九大、二十大精神，落实集团公司和中油技服工作部署，坚持稳中求进工作总基调，以提升规模效益为主线，投身到高质量发展实践中，各项工作取得新成效。全年完成钻井进尺553.98万米、压裂4092层段，生产天然气43.2亿立方米，收入189.8亿元，超额完成集团公司下达的经营指标。

长城钻探主要生产经营指标

指　标	2022年	2021年
录井（口）	3331	2507
钻井（口）	2048	2230
钻井进尺（万米）	531.98	463.32
完井（口）	1991	2152
固井（口）	1794	1535
井下作业（井次）	6320	2490
试油（层）	6261	4706
国际市场签订及中标待签合同额（亿美元）	18	14.2
收入（亿元）	189.80	169.82

2022年，长城钻探党委团结带领全体干部员工，坚持稳中求进工作总基调，以提升规模效益为主线，凝聚全员力量投身到高质量发展的火热实践，各项工作取得新成效。图为3月30日，长城钻探所属苏里格气田分公司累计天然气产量400亿立方米留影纪念(尉晓文　提供)

【工程技术】 2022年，长城钻探坚持技术立企，推动工程提速取得突破成效。工程提速效果突出。以“示范工程”为抓手，发挥区域专班的技术引领作用，5000米以上深井钻井提速18.6%。新创立技术指标132项，特别是雷72平台刷新辽河油田11项施工纪录；古巴CMN-100RE井刷新陆上钻井等5项纪录，获“创古巴国家纪录”证书。事故复杂持续下降。发挥工程作业智能支持中心（EISC）平台数字信息集成功能，依托专家远程技术支持，事故复杂损失同比减少435天，其中集团公司“五类重点井”事故复杂率同比下降13%。服务质量稳步提升。落实井筒主体责任，强化施工过程监管，井身质量合格率98.2%、固井质量合格率94.9%、压裂丢段率0.17%，均优于集团公司下达的考核指标。倾力保障国内勘探开发，高效施工各类探井155口。特别是在辽河深化“四个一”（一家人、一条心、一股劲、一起干）理念，与辽河油田公司建立良好的对接机制，打造储气库、双229CCUS先导试验区等一批精品工程，助力汛后上产攻坚战取得全面胜利；在海外精准保障集团公司投资项目，助力甲方在尼日尔毕尔玛、乍得多赛欧坳陷落实两个亿吨级规模储量区带，收到集团公司内外部表扬信253封，创历史新高。

2022年，长城钻探全面践行技术立企，工程提速效果突出，以“示范工程”为抓手，发挥区域专班的技术引领作用，5000米以上深井钻井提速18.6%。新创立技术指标132项，特别是雷72平台刷新辽河油田11项施工纪录。图为雷72平台现场（漫肃宁　提供）

【市场开发】 2022年，长城钻探在国际市场上深化业务改革，统筹强化市场营销和项目运营，推进“二次创业”实现新突破，新签合同额18亿美元，同比增长26%。乍得、尼日尔、伊拉克、古巴“四大支柱市场”保持硬稳定；高端市场成功中标墨西哥4部3000马力钻机、泰国66口井钻井总包等一批具有突破性意义的新项目，斩获4个超过1亿美元的大合同；新签阿曼和苏丹稠油热采、哈法亚酸化等多个合同，业务转型见到实效。

国内工程技术服务市场，完成钻井进尺476万米，同比增长20.6%。辽河关联交易市场首次实现钻井和压裂市场同时100%占有，大修业务份额提升11.8%。吉林流转、冀东流转、中油煤、华北巴彦市场增项扩容成效突出；成功培育吉林流转、中油煤两个长线规模市场，增加钻机20部。集团外部新增利雅得、郑州地热、洛克石油等5个市场，合同额增长超过4倍。

2022年10月21日，长城钻探科威特项目部中标科威特国家石油公司26亿元超级大单，标志着长城钻探工程公司在科威特高端市场取得重大突破，同时创下近10年来海外市场合同额最高纪录。图为项目部全体中外员工在科威特南部油区GW302井场合影（陈潇　摄）

【科技创新】 2022年，长城钻探承担国家、集团公司重大项目20项，获省部级以上科技奖励11项，首次获孙越崎青年科技奖。科技创新成果丰硕。制修订行业标准6项，保压取心、油基钻井液2项标准入选集团公司国际标准培育计划。有机质页岩评价方法等两件专利首次获评集团公司专利金奖与银奖。昆山公司获评江苏省“专精特新”中小高新技术企业。集团公司录井技术研发中心成功落户长城钻探，参与中国石油“地热能技术研发中心”联合建设，构建以“两院为核心、四个技术研发中心为支撑”（“两院”即工程技术研究院、地质研究院；“四个技术研发中心”即集团公司录井技术研发中心、中油技服大修侧钻中心、中油技服压裂液分中心、非常规油气藏工程技术中心）的科研条件平台。项目攻关与成果推广见到实效。加大科研投入力度，落实科研经费同比增长2.5倍。成功研制国内首台ZJ30车载超级单根自动化钻机，打造80兆帕保压取心等8种新工具、页岩气高承压膨胀管井筒修复技术等3项利器，抗高温耐酸解瓜尔胶压裂液体系填补国内空白。高性能钻井液等特色技术成果规模化应用创收7.9亿元。数智化建设扎实推进。制订实施数字化转型发展方案，深化信息化平台建设，信息“孤岛”治理集成关闭系统2个。协同推进国内外EISC平台建设，国内远程支持和监控重点井896井次，国外完成数字化采集107口井，促进生产优化和管理模式变革。高端智能装备加速发展，首套全电驱6万水马力压裂机组投入使用，改造深井钻机等高端装备25台套，应用二层台机械手等自动化装备42台套。

2022年9月7日，由长城钻探所属录井公司牵头组建的“中国石油天然气集团有限公司录井技术研发中心”正式揭牌成立。图为揭牌仪式现场（张明昭　提供）

【安全环保井控】 2022年，长城钻探严格落实国家安全生产“十五条”硬措施，升级特殊敏感时期安全管理，未发生较大及以上安全生产事故。将安全环保作为不可逾越的底线。压实各级安全生产主体责任，创新一体化监管模式，狠抓安全生产大检查等工作，处罚问责495人次，提升现场安全水平。开展体系审核和诊断评估，完善安全管理制度19个、操作规程80项。加大环保节能力度，通过第二轮第六批中央环保督查。将井控管理作为安全生产的核心。严格执行集团公司“三评估三分级”，评估各类队伍390支，实现队伍能力与施工风险精准匹配。建立“2小时应急圈”共享平台，新配井控应急集装箱22套，井控应急体系更加完善。实施井控专家、EISC系统、坐岗软件的多元监管，成功处置井控复杂22次，井控险情处置时间同比缩短78.5%。将新冠肺炎疫情防控作为贯穿全年的重点。严格落实科学防控要求，狠抓重点时期、重点地区的人员流动管理，发放防疫物资30余万件，完成海外超期倒班人员清零目标。在员工基数大、流动性高的情况下，实现疫情防控与生产经营“两手抓、两不误”。

【企业管理】 2022年，长城钻探稳准实施改革调整，改革三年行动收官，通过集团公司督导检查，改革经验案例获集团公司通报表扬。组织体系持续优化，压减三级机构52个、基层领导人员职数246人。推进区域一体化统筹，国内精简长庆、川渝地区基层管理机构40%以上，海外牵头和配合中油技服组建秘鲁等7个联合项目部。中层级经理层成员任期制和契约化管理全面实施，新型经营责任制基本建立。治理体系更加完善。落实“合规管理强化年”部署，党委前置研究讨论决策制度更加健全，纳入应建范围的两户子企业均设立董事会。“两化一升”（管理流程简化、优化、提升）成果靠实落地，新版内控管理手册正式发布实施，制修订配套制度75项，实现与各业务系统全面承接。精益管理持续深化。打造提质增效升级版，实施增效工程31项措施，增效2.85亿元，经济增加值同比改善3亿元。物资管理更加精细，第三方电商采购全面推广，工业品电商平台试点运行效果显著，海外物资系统2.0正式上线，境外物资库存下降39.7%。抓实人力资源管理，用工总量压减625人，调剂盘活2045人，新聘高级专家和技术专家8人，引进1名海外高层次人才并入选国家级人才计划，11人入选集团公司“青年科技人才培养计划”。

【企业党建工作】 2022年，长城钻探坚持“第一议题”制度，深入学习贯彻习近平总书记最新重要讲话和指示批示精神，捍卫“两个确立”、践行“两个维护”更加坚定。紧扣迎接和学习宣传贯彻党的二十大精神主线，开展专题宣讲、党课讲授等系列活动，凝聚团结奋进的磅礴力量。完善党建工作制度9个，552名党组织书记完成述职评议，评选三星示范党支部63个。加强干部队伍建设，健全意识形态工作责任制，开展“转观念、勇担当、强管理、创一流”主题教育宣讲1220场次。牵头启动中国石油在京单位党建工作协作区建设，获集团公司肯定。党风廉政建设深入推进，做细日常监督，境外项目、基层“微腐败”、合规经营等专项监督有序推进，完成集团公司纪检监察组交办的3个课题研究。群团作用充分发挥，“惠民安心工程”项目高效推进，精准帮扶慰问14000余人次。广泛开展主题劳动竞赛，涌现各类指标纪录253项。启动“青马工程”，举办长城钻探首届青年科技论坛。“可燃冰试采录井数据采集技术”获中国能源化学地质工会创新成果一等奖；涌现出中华全国总工会“大国工匠”GW80队平台经理苏飞等一批先进典型。

2022年12月20日，中国能源化学地质工会全国委员会公布“大国工匠—能源化学地质篇”（第八季）名单，长城钻探泰国项目GW80队平台经理、党支部书记苏飞光荣上榜，成为获得该项荣誉的中国石油海外员工“第一人”。图为苏飞正在作业现场检查井控设备、节流管汇各压力表以及各闸门的开关状态（黄占超　摄）

【长城钻探中标中油煤层气50口套管修复井项目】 2022年5月31日，长城钻探中标煤层气公司2022—2024年井下套管修复技术服务项目，预计50口井，100段左右的膨胀管补贴工作量。

油井漏失、套损治理一直是制约钻修井安全、质量和效率的油田生产难题。长城钻探成立研究团队，围绕膨胀管技术进行专项攻关，经过多年研究，相继攻克膨胀管补贴修套技术等诸多瓶颈技术难题。2022年3月，完成煤层气公司第一口补贴井郝7井膨胀管补贴施工，并持续跟踪该井后续压裂投产措施，主动加强技术推介，利用特色技术优势，参与甲方后续老井改造措施方案制订，对不同井况补贴施工难度和工艺措施按照单井单策原则，全方位服务，多次协助甲方完成区块老井改造技术规划方案，坚定了甲方使用膨胀管技术的决心和信心。

【“强封堵恒流变油基钻井液及其性能自动化监测技术”成果达国际先进水平】 2022年6月15日，长城钻探牵头完成的“强封堵恒流变油基钻井液及其性能自动化监测技术”通过中国石油和化学工业联合会科技成果鉴定。由中国工程院院士孙金声等9名知名专家组成的鉴定委员会认为：该成果总体达到国际先进水平，油基交联封堵剂和油基低温流变性改进剂性能指标处于国际领先水平。

长城钻探潜心研究新型抗高温油基钻井液核心处理剂等多项技术，努力提升深井超深井钻井液技术水平。2022年，形成四大技术创新点，即通过对带正电荷Al-Fe-Mg纳米材料表面改性修饰，发明油基交联封堵剂；发明油基低温流变性改进剂，改善有机土的分散及与其他处理剂的相互作用；研发高温高密度强封堵恒流变油基钻井液体系，推动国产化替代；研制油基钻井液性能自动化监测系统，实现钻井液性能的实时监测与优化调整。此项成果在塔里木和辽河等油田现场应用96口井。塔里木博孜8井完钻井深8235米，创国内油基钻井液完钻井深纪录；在气温达零下25℃的辽河油田沈页1井成功应用，经济和社会效益显著，推广应用前景广阔。

【长城钻探连续轻烃录井仪跻身国际先进】 2022年6月22日，由长城钻探自主研发的GW-OLS连续轻烃录井仪成功应用60余井次。标志着中国石油掌握随钻地层流体实时检测的一项关键技术，打破国外公司技术垄断，提高参与国际高端录井市场的竞争力。

长城钻探历时5年，全面研究改进气体采集和分析单元，创新钻井液恒温定量脱气等多项技术，全球首次实现60秒周期在线检测C_1—C_8烷烃、环烷烃、芳香烃15种组分，采用轻烃谱图数字化分析技术，建立组分特征—形态因子等一系列解释方法，研制成功GW-OLS连续轻烃录井仪。该录井仪具有定量程度高、脱气效率高等特点，可满足陆地和海洋录井作业需求，将探井解释评价符合率从75%提升至85%以上，总体指标达到国际先进水平，其中色谱快速检测技术达到国际领先水平。

【长城钻探封堵国内首口无轨迹双“落鱼”井】 2022年10月17日，由长城钻探施工的辽河油区马215老井封堵任务完成。这是国内首口无轨迹双“落鱼”井实现成功封堵。

马215井于1979年完钻。老井钻穿马19储气库盖层，钻井过程中多次卡钻造成井下两个井眼内各有一条“落鱼”，同时井眼轨迹数据缺失，邻井井况不明。作为国内储气库较为复杂的封堵井，其封堵效果直接影响辽河油田百亿立方米储气库整体建设。针对马215井无轨迹多“落鱼”的技术难题，长城钻探精细控制井眼轨迹，克服伴行过程中小井斜方位变化大、近距离MWD仪器磁干扰严重等难题，实现救援井与老井的长井段、近距离伴行钻进。施工过程中，首次应用磨料射流水力喷砂技术，实现“落鱼”钻具开孔，通过挤注水泥工艺，对“落鱼”内水眼进行有效封堵；首次应用钻杆传输定向射孔技术，实现与老井眼环空的有效连通，完成“落鱼”井眼环空在盖层上部、中部、下部的有效封堵。

【长城钻探研发集团公司重大专项现场应用成功】 2022年10月24日，长城钻探依托集团公司重大专项“油田井筒工作关键化学材料的开发与应用”自主研发的低成本高效封堵油基钻井液体系，在辽河油区沈273平台3口井三开应用，取得满意效果。科研人员通过调整油水比及核心处理剂的加量配比，并补充自主研发油基交联封堵剂，密度2.60克/厘米^3，抗温可达240℃，其单方成本较常规可下降10%。解决了常规油基钻井液封堵性能不足、低温流变性差和成本高等问题。

沈273平台共部署6口井，均设计为三维井眼，三开井段较长，造斜段、水平段共600—1800米，完井水平位移2500米以上。前期已完钻的3口井三开使用氯化钾聚合物钻井液体系，施工过程中塌、漏问题突出，施工周期过长，严重影响沈采产能建设进度。经反复论证，决定沈273-H205井、沈273-H202井和沈273-H206井三开施工均使用工程院自主研发的低成本高效封堵油基钻井液体系，一次应用成功。该钻井液体系对比前期在同等条件下施工的水基钻井液井，平均机械钻速提高41.5%，钻井周期降低41.8天，完井周期节约66天，单井平均节约512万元，综合成本下降39.6%，为辽河油田致密砂岩油藏规模建产提供技术借鉴。

【长城钻探自主研发热响应水泥浆体系在辽河油田热采井首次成功应用】 2022年12月4日，长城钻探自主研发的热响应水泥浆体系在辽河油田稠油热采井现场首次应用，施工顺利完成。根据固井质量评定标准，热响应水泥封固段声幅均在10%以下，质量达到优质水平。该技术的成功应用，标志着热响应水泥浆技术获得重要突破，打破国外公司对该项技术的垄断。

以往使用的耐高温水泥浆体系，只能保证水泥石高温下强度缓慢衰减，但难以解决水泥环在高温高压循环载荷下长期完整性的问题，导致水泥石无法持续封固井筒以及对套管的保护作用，最终造成井筒密封完整性失效，造成整口井报废。

为解决此技术难题，长城钻探以国内外稠油热采井的市场技术需求为导向，历时6年进行国内外行业调研10余次，行业技术交流20余次，查阅行业相关国内外学术文献1000余篇，通过上千次的室内实验，结合水泥石力学和热学性能，自主开发形成具有自主知识产权的长期力学热学水泥环完整性特性的热响应水泥浆体系。该热响应水泥浆技术可以耐350℃高温，在该温度条件下，水泥石强度不衰减，高温后渗透率仍保持较低水平、抗拉抗折抗冲击强度良好，且具有良好的保温特性；在多轮次350℃温度和高压载荷后仍具有良好的水泥环完整性特征。该技术已获2项发明专利授权，形成5项配套的固井外加剂产品。热响应水泥浆体系的自主研发成功，可为辽河油区稠油热采井蒸汽吞吐、蒸汽驱等作业提供一种更高质量的固井新方法，为辽河油田稠油热采井的长期稳定开采增添一项利器，具有广阔的应用前景。

2022年12月4日，长城钻探自主研发的热响应水泥浆体系在辽河油田稠油热采井现场首次成功应用，施工完成。根据固井质量评定标准，热响应水泥封固段声幅均在10%以下，质量达到优质水平。该技术的成功应用，标志着热响应水泥浆技术获重要突破，打破国外公司对该项技术的垄断。图为热响应水泥浆体系在辽河油田稠油热采井应用现场（魏继军　摄）

【长城钻探自主研发压裂液体系在华北油田首次成功应用】 2022年12月15日，由长城钻探自主研制的GW-CF低残渣压裂液体系在华北油田苏75、苏43区块首次成功应用，以优异的产品性能和施工表现，获甲方书面表扬。

GW-CF低残渣压裂液体系于2012年设计完成，具有残渣低、摩阻低、使用浓度低、耐温剪切性能好、携砂能力强等优点，为国内首创，2012年12月获集团公司科学技术进步奖二等奖，产品性能经鉴定达到国际先进水平，被评为国家高新技术产品。2022年，该产品成功应用于苏75区块、苏43区块41口井的施工中，过程压力曲线平稳，按设计完成加砂，压后产气量超过预期，实现储层改造的效果，以专业高效的技术服务树立优质的品牌形象。

【长城钻探膨胀管补贴修套技术创密封承压世界纪录】 2022年12月23日，中油技服发来贺信，对长城钻探自主研发的高承压膨胀管补贴修套技术在川渝页岩气、大港页岩油和中油煤层气等多个油田成功应用，创造威204H19-1井套管补贴密封承压97.8兆帕的国内外最高纪录表示祝贺。此前，国外密封承压最高66.9兆帕，威204H19-1井密封承压比该纪录提升46%。

面对川渝深层页岩气套损井补贴修复后密封承压高、通径大和耐高温等技术难点，长城钻探开展技术升级改造，重点突破高性能膨胀管材、金属复合密封、高强度液压膨胀工具、无台阶抗冲蚀端口处理和底堵免钻胀捞一体化等关键技术，达到密封承压大于90兆帕、耐温超过150℃、内通径大于90毫米和锚定力大于80T的补贴加固能力，满足页岩气大规模体积压裂井筒完整性要求。

长城钻探在威204H19-1井成功完成2处套损补贴修复，创造密封承压97.8兆帕国内外最高纪录，为后续顺利实施16段桥射联作体积压裂提供井筒保障。

【长城钻探中标科威特国家石油公司26亿元超级大单】 2022年10月18日，长城钻探公司收到科威特国家石油公司（KOC）的3钻4修授标函，合同期为5+1年，合同额约26亿元。标志着长城钻探在科威特高端市场取得重大突破，同时创下近10年来海外市场合同额最高纪录。该项目的中标，对于扩大长城钻探市场份额，培育新增市场创造有利条件，为进一步拓展海外市场业务奠定坚实基础。

（杨晓峰）

中国石油集团渤海钻探工程有限公司

【概况】 中国石油集团渤海钻探工程有限公司（简称渤海钻探）是中国石油天然气集团公司的全资子公司，是集石油工具、仪器、设备研发、制造及技术服务为一体的专业化、国际化石油工程技术服务公司。2022年底，资产总额307.5亿元；各类施工队伍1300余支；用工总量19242人，其中，大学本科以上学历人员占比40.4%。

2022年，渤海钻探坚持走"管理技术型"发展道路，提升"五种能力"，打好"六大战役"，实现营业收入210.45亿元、同比增长11%，完成钻井进尺600.18万米，压裂6801段，生产天然气15.76亿立方米，全面完成集团公司下达的各项任务。被评为集团公司生产经营先进企业、质量健康安全环保节能先进企业。

渤海钻探主要生产经营指标

指　标	2022年	2021年
录井（口）	3013	2353
钻井（口）	1802	1714
钻井进尺（万米）	600.18	506.75
完井（口）	1813	1642
固井（口）	2073	1846
井下作业（井次）	3780	3836
试油（层）	1763	1520
收入（亿元）	210.45	185.21

【市场开发】 2022年，渤海钻探国内坚持以效益为中心，持续优化市场布局，跨区域调整钻机28部，创收187.94亿元，增长10.4%，其中大港、华北属地市场增长0.1%、集团公司内部其他市场增长13.1%、国内社会市场增长8%。国际坚持"稳老拓新"，创收22.51亿元，增长16.9%，其中伊拉克和印度尼西亚市场分别增长27.3%和82.5%。剔除委内瑞拉和伊朗市场影响，设备动用率73%，提高38个百分点。技术服务业务收入155.2亿元，增长11.9%，占比达到52.7%。其中，压裂、钻井液、固井、录井收入分别增长10.1%、26.6%、14%、13.9%。服务范围持续拓展，从单井向区块、单项业务向全产业链一体化延伸，创收152.6亿元，增长7.8%。服务模式持续创

新，在塔河南岸6口开发井推行非目的层风险总包、目的层联合管理，在吉林流转区块实施钻试一体化总包。

【服务保障】 2022年，渤海钻探打出满深8等3口千吨井，张海21-22井、临华5X1井等42口百吨井。其中，天湾1井单层测试日产气75.82万立方米、油127.2立方米，助力南缘深层构造勘探取得重大突破，获集团公司2022年度油气勘探重大发现特等奖；保障塔里木盆地库车坳陷博孜1和大北12气藏外围勘探取得重要进展，获集团公司2022年度油气勘探重大发现二等奖；在保清1X井、高77X井等取得重大突破，助力老区新凹陷发现规模储量区。开展"单队单机提效年"活动，国内自营钻井进尺468.4万米，同比增长16.9%；钻井平均单队进尺19849米，增加3023米；压裂平均单队施工377段，增加41段。创工程技术指标206项，其中，满深71井创集团公司8000米以上井周期最短纪录，兴华11-4井刷新集团公司6000米以上井周期最短纪录，青海英雄岭页岩油先导试验平台刷新干柴沟区块24项纪录。事故复杂防控方面，推广两级井长制，落实工程技术与工程作业智能支持中心（EISC）合署办公，优化技术措施，钻井事故复杂时率3.21%，降低0.65个百分点；探评井试油事故复杂时率0.27%，降低0.3个百分点。项目管理方面，在青海英雄岭页岩油、冀东高5区块致密油、大港官页页岩油推行项目管理，务实匹配责权利，项目技术协作和生产运行效率大幅提升。油气合作开发方面，推行工程地质一体化，加快产能建设，19口井获高产，全年产气15.76亿立方米，创收14.1亿元。精细地质研究，优选有利目标区10个，落实地质储量55.6亿立方米。强化低效井治理，增产天然气2.08亿立方米。

【安全环保井控】 2022年，渤海钻探井控管理落实"两个100%"要求，正确处置溢流32井次。严格过程管理，高风险地区、关键井段实施监督包片包井段管理，落实现场管控责任，守住井控安全底线。完善两级QHSE职责，健全全员岗位安全生产责任清单，开展履职督查，安全职责进一步压实。开展基层队HSE标准化建设，强化现场风险分级管控和隐患治理，提升现场安全水平。监督审核方面，落实安全生产15条措施，开展综合审核定级、重点单位诊断评估、外部项目"驻点"审核、专项审核，查处单位违章34起，特别严重违章37起，重复性问题223个。升级特殊敏感时段、外部项目启动阶段和"六新"风险防控，开展危险化学品、燃气安全、吊装作业等专项风险整治。狠抓承包商专项整治，停工整顿14支，清退6支。科学精准开展新冠肺炎疫情防控，开展差异化健康查体，对患慢性病员工进行重点监护，落实四级干预措施，员工健康管理水平稳步提升，渤海钻探通过集团公司健康企业验收。

【创新驱动】 2022年，渤海钻探通过省部级成果鉴定12项，新认定集团公司级自主创新重要产品1项。制修订行业标准7项、集团公司企业标准9项，获专利授权101件，获省部级科技奖励14项。"BH-VDT垂直钻井技术"通过集团公司10项重大科技成果规模化转化示范项目和2022年度十大科技进展初审。研发形成BH-VDT3000垂直钻井工具、BH-RSS2.0系统、电控精细控压系统等10种工具仪器装备，升级BH-WEI等5类井筒工作液体系。其中，BH-RSS2.0系统现场试验23口井，最大井斜101.12度，最大造斜率9.3度/30米。培育成果转化项目40余项，实现创收5.11亿元。4项成果申报集团公司科技成果转化创效奖，"BH-MSP可溶桥塞"被认定为集团公司自主创新重要产品。承接油气田横向科研攻关课题23项，创收1700余万元。制定"数智渤钻"建设实施方案，打造首批数字化转型场景，完成动力设备油耗监测、现场数据应用等信息化项目建设。承担中油技服EISC系统试点任务，推动数字化与业务融合。征集淘金成果407项，筛选形成公司级成果119项，实现创效4583万元。

【资源配置】 2022年，渤海钻探多渠道组织钻机、带压作业、电驱压裂等生产急需设备100余台套，内部调剂钻机、压裂装备10台套。推进装备电驱化、自动化、清洁化，钻机电代油和电驱压裂用电量突破4.3亿千瓦·时，增长72%；升级改造钻机5部，投用环保型钻井动力设备150台。完成60个项目集中采购，严格物资入库和现场质量管理，强化单井物资消耗管控，节支2.3亿元。组织实施"六定"工作，盘活内部人力资源，单位间调剂1073人，对外输出290人，压减社会化用工1168人，劳动生产率提高15.54个百分点，节约用工成本6500万元。

【人才强企】 2022年，渤海钻探加大高层次人才引育力度，引进长江学者1人、博士7人。深化专业技术序列改革，新增企业首席专家1人、高级专家15人、技术专家和工程师549人。1人获评全国技术能手，3人被确定为集团公司"石油名匠"重点培育对象。

【精益管理】 2022年，渤海钻探提前完成改革三年行动59项任务，获评集团公司三项制度改革考核一级，三年压减三级机构94个、基层干部职数137个。整合原第四钻井公司、第五钻井公司，撤销总包公司，组织机构进一步优化。在川渝页岩气和巴彦市场，实行“项目实体化＋服务专业化＋资源集中化”管控模式，管理效能进一步提升。以“质效双增、价值创造”为主线，实施“七项工程”，实现增效5.3亿元。其中运输管理节支1100万元，资金营运创效3200万元，争取财政税收等政策优惠1.4亿元，审计、巡察、专项检查增效749万元。坚持“三个优先”投资策略，保障重点项目需求，投资22.2亿元。对重点项目开展后评价，实现投资项目全生命周期管控。打好陈欠款清收“攻坚战”，收回以前年度欠款12.4亿元。开展“合规管理强化年”活动，推进依法合规治企“1593”工程。学习宣贯《集团公司员工违规行为处理规定》，抓好典型经济纠纷案例警示教育，制定113个岗位合规职责清单，引导员工自觉遵规守纪。开展招标、经营、投资、税务、贸易等业务专项治理，整改问题204项。

【企业党建工作】 2022年，渤海钻探严格落实“第一议题”、党委理论学习中心组学习制度和党委学习贯彻习近平总书记重要指示批示精神机制，推进党史学习教育常态化。以迎接学习宣传贯彻党的二十大精神为主线，深刻领悟“两个确立”的决定性意义，增强“四个意识”，坚定“四个自信”，做到“两个维护”。深化“四强化、四提升”主题实践活动，强化党建责任制考核，创新开展党建互联共建，抓实党建课题研究运用，基层党建“三基本”建设与“三基”工作融合不断深入。深化“四好”班子创建，推进干部年轻化，提拔使用10名“80后”中层副职领导，班子结构持续优化。聚焦全面从严治党、政治生态建设、依法合规经营等重点工作，开展专项检查监督，推进政治监督具体化常态化。对8家单位开展巡察，实现巡察五年全覆盖。严格落实中央八项规定精神，聚焦“四风”问题开展专项检查，紧盯重点领域、关键环节深化专项监督，开展“反围猎”专项行动，正风肃纪高压态势不断加强。坚持党管宣传、党管意识形态，压紧压实两级党委意识形态工作责任，防范和化解意识形态领域风险。开展“转观念、勇担当、强管理、创一流”主题教育活动和文化引领专项工作，弘扬争先文化和“四特”精神，讲好渤钻故事，凝聚干事创业正能量。开展职工代表巡视、劳动竞赛等工作，深化“三送”、金秋助学和帮扶救助慰问等活动，发放帮扶、慰问金1039万元。启动“青年马克思主义者培养工程”，组织青春建功创效系列活动，引领青年立足岗位建功立业。

（吴立新　马　强）

中国石油集团川庆钻探工程有限公司

【概况】 中国石油集团川庆钻探工程有限公司（简称川庆钻探）2008年2月25日由原四川石油管理局、长庆石油勘探局及塔里木油田的工程技术等相关业务单位组建成立，是集团公司所属工程技术服务企业，享有独立对外经济贸易和经济技术合作业务权。主营钻井工程、录井、固井、储层改造、试油修井及油气合作开发等业务，国内市场主要服务于西南油气田、长庆油田、塔里木油田，作业区域分布于四川、重庆、陕西、甘肃、宁夏、内蒙古、新疆7个省（自治区、直辖市）；海外市场主要集中在土库曼斯坦、巴基斯坦、厄瓜多尔等国家，同时服务于壳牌、道达尔等国内反承包项目及地方企业。截至2022年，川庆钻探坚持服务油气与效益发展相统一，高质量服务四川盆地安岳龙王庙气田、长宁—威远国家级页岩气示范区、鄂尔多斯盆地陇东致密油气、塔里木盆地富满气田、土库曼斯坦阿姆河及复兴气田产能建设等一批重大工程、重点项目建设，先后打成中国第一口页岩气井（威201井）、国内陆上最深天然气井（双鱼001-H6，最深9010米）、亚洲陆上最深直井（蓬深6井，最深9026米）、亚洲陆上最大水平井丛式井平台（华H100平台，共31口井），累计完成钻井进尺10530万米，生产天然气389亿立方米。先后获省部级以上科技奖193项，其中国家科技发明二等奖1项、国家科学技术进步奖一等奖2项；获授权专利2005件，其中发明专利875件。有享受国家级特殊津贴人才10人，1人入选国家“百千万人才工程”；建立博士后科研工作站，国家级科研基础条件平台5个，集团公司（省部级）科研基础条件平台2个。连续4次通过国家级高新技术企业认定，是集团公司首批创新型企业。获四川省“五一劳动奖状”。2022年底，川庆钻探有二级单位25家，机关处室17个，机关附属机构8个，机关直属机构5个。

2022年，完成钻井进尺759.23万米、同比增长14.8%，创近3年新高；压裂酸化1.55万层次、增长25%，生产天然气45.12亿立方米、增长2.3%，均创历史新高。实现营业收入376.18亿元、增长12%，创近10年新高（同口径）；完成净利润3.08亿元、增长30%，创近7年新高。

川庆钻探主要生产经营指标

指　标	2022年	2021年
录井（口）	1159	937
钻井（口）	2193	2058
钻井进尺（万米）	759.23	661.58
完井（口）	2176	1974
固井（口）	3895	3420
井下作业（井次）	3812	3042
试油（层）	2560	2139
生产天然气（亿立方米）	45.12	44.1
新签合同金额（亿元）	374.8	358
收入（亿元）	376.18	335.28
利润总额（亿元）	3.85	3.15①
税费（亿元）	2.9	2.63

注：①利润总额2021年与中油技服汇编同口径，考核剔除当年减值损失等因素。

【工程技术服务】 2022年，川庆钻探坚持协调、共享、均衡、高效组织生产，持续推进“四提”（提质、提速、提产、提效）工程，钻完井整体提速8%，创指标纪录55项，打成无阻流量超百万立方米高产气井82口，支撑西南油气田跨越3000万吨、长庆油田突破6500万吨、塔里木油田达到3300万吨。深化甲乙方一体协同提效，结合新冠肺炎疫情形势实施生产闭环管理，优化钻机套搬、分段钻井作业模式，国内钻机利用率94%。推进人员、物资、设施、基地全面共享，多措并举盘活用工。钻完井突出整体提速、复杂治理，平均单队进尺提升12%，5000米以上深井、页岩气井、致密油气井分别提速6.6%、10%、8.6%；推进单井创效，平均单井周期、可控成本达标率分别为72%、62%。压裂酸化优化“大平台+工厂化+长水平段”模式，压裂效率2.06段/日、提速15.1%。试油修井建立预警纠偏运行机制，新开井钻机试油平均单层周期减少12.8%。跨单位组建工程地质一体化治理团队，钻井、压裂、试油故障时率分别下降8.5%、9.5%、6.3%。海外业务抢抓市场回暖机遇，完成钻井进尺21.1万米、增长17%，实现收入增长34%；安全高效完成土库曼斯坦3口续钻井项目，3口井测试产量近千万立方米；P油田项目产量稳居厄瓜多尔同期运行的老油田增产项目首位。

【油气风险合作开发】 2022年，川庆钻探积极应对资源品位下降、限电控产、外输不畅等困难，深化“三个一体化”（地质工程一体化、勘探开发一体化、技术经济一体化），威远页岩气区块年产量连续8年硬增长，苏里格致密气区块年产量在连续11年稳产18亿立方米的基础上再上19亿立方米。威远区块，平均水平段长首次突破1900米，4米箱体钻遇率97.3%，完钻井平均周期59.6天，均创历年最优；加砂强度、液体效率创历年新高，28口测试井平均单井产量25.6万米^3/日、提高15.4%，建成3个百万立方米平台，创川渝地区页岩气最大丛式井平台（12口）纪录；措施增产4.5亿立方米，生产页岩气26亿立方米、增长2.8%。苏里格区块，总结形成“高产井”捕获模式，动态Ⅰ+Ⅱ类井比例提高8.3%，试获无阻流量超百万立方米气井9口，“西进”战略取得重大成果；措施增产4亿立方米，递减率控制在18.6%，生产天然气19.1亿立方米、增长1.7%，凝析油1.27万吨、增长15%。推进老区挖潜，川渝地区优选5个区块53口井，加强先导性试验评价，累计增产气561万立方米、油82吨。

【提质增效】 2022年，川庆钻探运用矩阵式管理，分层级分解落实106项指标，推动提质增效走深走实。国内总包深层页岩气、大安区块、盐下高含硫、塔里木迪北等一批项目，新进入延长油田市场，海外签订厄瓜多尔伊什平戈（ISHPINGO）钻井总包合同，创该国单体项目签约金额纪录（3.56亿美元）；创新增供气贸易款支付工程款模式，促成土库曼斯坦3个技术服务项目落地。建立“总部对总部、年底抵扣清算”预付款模式，开展“陈欠清收攻坚年”专项行动，压减存量合同资产，收回以前年度欠款，抓好汇兑管理、资产盘活、纳税筹划等综合创效，自由现金流大幅改善。制定26条措施精细成本管控，在大宗物资价格大幅上涨的情况下，多措并举有效节约采购资金；电代油用电 5.7 亿千瓦·时、增长 66%，百元收入营业成本改善 0.27 元。完成改革三年行动任务 69 项、形成成果 188 项，“十四五”前两年机构及领导职数压减 10%，二级、三级单位领导班子任期制全面实施。专题部署推进依法合规治企和强化管理 6 个方面举措，开展“合规管理强化年”活动，重点领域突出问题得到有效整治。

【技术创新】 2022 年，川庆钻探召开科技与信息化创新大会，制定公司科技自立自强“双十条”（公司党委关于着力高水平科技自立自强、强化科技创新十条措施，公司知识产权工作高质量发展十条措施）措施，确立“八二”（80% 的资源用于解决现场生产难题、20% 的资源用于前沿技术攻关）原则优化顶层设计，重奖一批突出贡献个人和集体，创新氛围更加浓厚。围绕生产需求，完善复杂深井系列技术，打成 8000 米以上超深井 7 口，安全完成川东北、长庆盐下及土库曼斯坦高含硫高风险井钻探任务，以 9010 米创国内陆上最深天然气水平井纪录；持续升级非常规钻井系列技术，川中致密气提速 36.5%，平均单井无阻流量 103 万米^3/ 日。瞄准国际前沿，实施关键核心技术攻关任务“揭榜挂帅”，自研 150℃旋转导向系统规模推广 74 口井，175℃系统完成样机总装联调；陆上井控应急救援关键装备，研究形成溢流早期实时监测预警系统和抢险破拆机器人。健全两级 EISC，开发 14 项核心软件完善辅助决策功能，研发司钻领航仪、电子液面坐岗仪等 16 项产品，措施实时推达现场 6507 条，数字化钻井、压裂队等 9 项应用场景赋能落地，“数字川庆”从数据治理向数据利用、从后台支撑向一线应用的全面建设阶段迈进。

【风险防控】 2022 年，川庆钻探深入宣贯新《安全生产法》，全员安全环保职责和“3+N”（“3”即企业安全生产主体责任清单、重大风险管控清单、岗位安全责任清单，“N”即 N 种日常工作清单）安全生产责任清单进一步完善，“三标一规范”升级推进。严格落实“十五条”硬措施（国务院安全生产工作“十五条”硬措施），强化敏感时段升级管理，完成安全生产专项整治三年行动，建立健全制度措施清单 571 项，发现整改问题隐患 9018 项，重点领域风险全面受控，川庆钻探获集团公司“QHSE 先进企业”称号。完善井控管理体系，优化工艺流程，升级装备配套，有效处置Ⅲ级井控突发事件 12 井次、溢流 60 井次。打好污染防治攻坚战，配合中央生态环保督察，整改隐患 757 项；抓好清洁生产和节能减排，节能 4742 吨标准煤、节水 0.9 万立方米；制定碳达峰碳中和路径，二氧化碳压裂用量 4.2 万吨，太阳能年供电能力 520 万千瓦·时，被集团公司认定为绿色企业。加快健康企业建设，干预调岗 146 人，动态调整新冠肺炎疫情防控措施，守住不发生聚集性疫情底线。

【企业党建工作】 2022 年，川庆钻探制定喜迎党的二十大举措 22 项，推动党的二十大精神宣贯走深走实，捍卫“两个确立”、践行“两个维护”的政治自觉更加坚定。“第一议题”学习 112 篇，推进习近平总书记重要指示批示精神再学习再落实再提升，推动党史学习教育常态化、长效化。坚决肃清流毒影响。意识形态工作责任制有效落实。完善基层党建“三基本”建设与“三基”工作有机融合机制，推进区域党建联盟和党支部标准化规范化建设，深化“四创四当”（比创先，当标杆旗帜先锋；比创新，当攻坚克难先锋；比创造，当价值贡献先锋；比创效，当精益管理先锋）主题实践，“两个作用”（党支部战斗堡垒作用、党员先锋模范作用）充分发挥。“六型”机关创建扎实推进，服务基层满意度保持在 95% 以上。严格落实“两个责任”，推动政治监督细化实化具体化，一体推进“三不”，深入纠治“四风”，采取“专项 + 提级”模式分别巡察 2 个二级单位和 6 个三级单位，实现对所属各级党组织巡察全覆盖；全年受理信访举报、处置问题线索分别下降 33%、25%，信访量为 10 年最低；立案数和处分人数分别上升 10%、28%，释放越往后执纪越严的信号。开展“人才强企工程推进年”活动，调整配备二级正、副干部 156 人次，引进海外高层次人才 3 人。精心组织“转观念、勇担当、强管理、创一流”主题教育，积极培育攻坚文化和家文化，选树宣传“川庆榜样”4 名，3 个集体获省级“工人先锋号”称号，2 人获省级五一劳动奖章。统战联谊交友制度有效落实。以庆祝建团 100 周年为契机，创新开展团青工作。落实职代会制度，征集处理提案 14 件、满意度 100%，建立“职工信箱”运行制度。落实政策调增工资，推动全员收入稳定增长；多方筹集防疫物资、协调海外轮休，保障疫情期间员工生命安全和身心健康；健全“我为员工群众办实事”长效机制，投入专项资金 1069.6 万元，推动实施 122 项办实事项目，帮扶慰问职工 613.5 万元，员工幸福感、获得感、归属感更有质量。组织劳动竞赛，兑现奖励 2722 万元。开展合理化建议和“五新五小”活动，首次获四川省“五小”活动先进单位。抓好维稳信访安保工作，获评集团公司 2022

年度平安企业。积极履行社会责任，缴纳税费6.5亿元，投入430万元助力石渠振兴，消费帮扶351.7万元。

（汪亚军）

中国石油集团东方地球物理勘探有限责任公司

【概况】 中国石油集团东方地球物理勘探有限责任公司（简称东方物探公司，英文缩写BGP）2022年12月成立，前身是1973年7月成立的燃料化学工业部石油地球物理勘探局。是集团公司的全资物探专业化子公司，是以地球物理方法勘探油气资源为核心业务，集油气陆上与海上勘探、资料处理解释、综合物化探、物探装备制造及软件研发等业务于一体的综合性国际化技术服务公司。

东方物探公司是国家级企业技术中心、油气勘探计算机软件国家工程研究中心，国务院国资委深化人才体制机制改革示范企业和国家引才引智示范基地，国际地球物理承包商协会核心会员，欧洲地球物理学家与工程师协会、勘探地球物理学家协会主要会员。成立以来，始终以为国找油找气为己任，围绕建设世界一流地球物理技术服务公司目标，实施“两先两化”（创新优先、成本领先，综合一体化、全面国际化）战略，做大做强油气勘探主业，加快发展资料处理解释、综合物化探、信息技术服务、深海勘探和软件、装备研发制造等业务，实现向物探全领域技术服务的转变。陆上勘探技术实力居国际领先地位，处理解释业务建立亚洲最大的地震勘探资料处理解释中心，综合物化探业务建立全球最大重磁电及地球化学勘探与综合地质研究服务中心，深海勘探打造形成全球领先OBN勘探作业能力，软件、装备研发制造能力居国际先进水平。为全球客户在石油勘探、油气田开发、固体矿产勘查、非常规能源勘查、水资源勘查、工程地质勘查等领域提供优质服务。

2022年底，东方物探公司有中国工程院院士1人，享受国务院政府津贴专家10人，百千万人才工程国家级人选1人。在册员工24643人，其中合同化员工20130人、市场化用工4513人。按岗位性质划分，管理人员6219人、专业技术人员6324人、技能操作人员11172人、内部退养等不在岗人员928人；按队伍结构划分，油气主营业务544人、工程技术服务16307人、工程建设44人、装备制造287人、生产服务1074人、矿区服务1994人、社会服务417人、科研与设计549人、国际业务1309人、两级机关及附（直）属2118人。具有中专及以上学历人员18306人，占员工总数的74.3%；管理、专业技术人员中，具有中级及以上职称人员9204人，占管理、专业技术人员总数的76%；员工平均年龄46岁。

设备资产原值238.8亿元（含国内、国际子公司设备资产，不含无形和摊销资产），净值77.21亿元，新度系数0.32，其中国际设备原值125.36亿元，占比52.49%，国内设备原值113.44亿元，占47.51%；国际设备净值47.48亿元，占61.5%，国内设备净值29.73亿元，占38.5%。

2022年，东方物探公司统筹生产经营和新冠肺炎疫情防控，统筹国内国际两个市场，加强党的领导、党的建设，着力高水平科技自立自强，实施高效勘探，推进提质增效价值创造行动，推进公司治理体系和治理能力现代化，完成集团公司下达经营指标。营业收入189.73亿元、同口径增长2.64%，连续8年稳居全球行业首位；净利润5.06亿元、同口径增长4.23%。获2022年度集团公司先进集体，与塔里木油田共同获集团公司2022年度油气勘探重大发现特等奖和一等奖，集团公司重大油气发现成果参与率保持100%。

2022年，东方物探公司推进管理提升，强化技术服务保障能力，被河北省科技厅认定为“2022年度河北省科技领军企业”、河北省2020—2021年度地理信息产业甲级测绘资质“十佳单位”及河北省“健康企业”称号；改革案例《完善市场化经营机制，推进全面国际化发展，东方物探以改革赋能世界一流企业建设》在国资委《国企改革三年行动简报》2022第176期专刊发布；应邀参加北京服务贸易交易会及2022年中国海洋经济博览会；自主研发的EV-56高精度可控震源在“奋进新时代”主题成就展室外展出。积极开拓海外市场，提升国际竞争力，中标阿联酋阿布扎比国家石油公司10000平方千米过渡带超大复杂三维OBN处理项目。强化项目管理，突出技术引领，承担的阿联酋阿布扎比国家石油公司陆上项目采集完成，该项目是全球物探史上最大陆海勘探项目；东方物探公司创新者号（BGP INNOVATOR）DP

浅水特种作业船在阿联酋阿布扎比国家石油公司海上项目首次作业；“超大型国产油气勘探地震资料解释软件系统研制及重大应用成效”项目获2022年度河北省科学技术奖科技进步二等奖，“2021年度鄂尔多斯盆地伊陕斜坡合水地区三维地震采集工程”“2020年度柴达木盆地咸东地区三维地震采集工程测量项目”均获2022年河北省地理信息产业优秀应用工程金奖；中油奥博分布式光纤传感系统综合研究成果“uDAS光纤井中地震采集系统研制及应用”获中国地球物理学会2022年中国地球物理科学技术进步奖一等奖，中油奥博主导研发的uDAS分布式光纤传感地震仪获2022年首届“金燧奖”金奖；创新成果“BV330型低频可控震源的研制”获集团公司第二届创新大赛生产创新工程技术专业比赛一等奖，“解决相邻工区井炮激发相互干扰的难题”获集团公司第二届创新大赛一等奖。

东方物探公司主要生产经营指标

指　标	2022年	2021年
落实市场金额（亿元）	271.07	304.83
新签合同金额（亿元）	186.39	237.47
二维地震采集（万千米）	3.78	3.46
三维地震采集（万平方千米）	8.04	8.65
收入（亿元）	189.73	184.74
其中，国内勘探	111.09	69.32
利润（亿元）	5.01	6.96
税费（亿元）	4.18	3.02

【地球物理勘探】 2022年，东方物探公司投入地震队113支，投产230队次，运作地震勘探项目185个。其中：二维地震勘探项目56个，完成二维地震采集工作量37833千米，生产炮245.3万炮；三维地震勘探项目129个，完成三维地震采集工作量80388平方千米，生产炮5062.1万炮。投入井中地震队伍9支，完成井中业务项目233个。

投入综合物化探队伍21支，投产54队次，实施51个采集项目。其中：重磁队投产15队次，实施13个重磁勘探项目；化探队投产1队次，实施1个微生物检测项目；电法队投产17队次，实施16个电法勘探项目；工程勘探投产21队次，实施21个项目。完成海洋重力27011千米；海洋磁力30818千米，陆上常规重力30014千米、物理点128743个；陆上常规磁力29911千米、物理点123780个；二维电法剖面3081千米、物理点20467个；工程勘察21056千米、工程勘探点372347个。

完成地震资料处理项目242个，其中国内项目199个，国外项目43个。完成二维地震资料处理项目54个，测线1586条，剖面长度60260千米，同比减少24.0%，野外记录1414738炮，同比减少31.4%。三维地震资料处理项目182个，一次覆盖面积186981平方千米，满覆盖面积111013平方千米，同比增长22.8%。野外记录11814901炮，同比减少44.8%。产品交付合格率100%，项目验收一次通过率100%。收到甲方84封感谢信，获9封优质（精品）工程证书，5封嘉奖令，顾客满意度97.82分。

完成地震资料解释及综合研究项目316个，其中国内项目271个，国外项目45个。完成二维地震解释698765千米，同比减少7.4%；完成三维地震解释447696平方千米，同比减少8.1%；完成各种成果图件3358张。完成的项目均通过验收，成果交付合格率100%，项目验收一次通过率100%，客户满意度平均97.82分。

新发现圈闭7693个，总面积78576平方千米；复查落实圈闭9308个，总面积67281平方千米；建议各类井位11400口，采纳6150口。在集团公司国内、海外油气重大发现成果参与率均100%。国内在风险勘探和甩开预探获得突破，配合油气田取得塔里木盆地富东断控高能滩、准噶尔盆地南缘深层天然气、四川盆地海相页岩气新层系、渤海湾保定凹陷清苑构造带等4项重大突破和成果；重点地区和重点领域集中勘探取得新进展，配合油气田发现和落实9个亿吨级和9个千亿立方米级规模储量区。海外配合集团公司在乍得、尼日尔、滨里海盆地、阿姆河右岸、巴西阿拉姆等区块持续实现勘探突破，为集团公司海外资源战略实施提供技术支撑。

向油气新能源公司建议二维地震采集12144千米，被采纳7642千米，由东方物探公司施工7642千米；向油气新能源公司建议三维地震采集39375平方千米，被采纳25873平方千米，由东方物探公司施工25873平方千米。

【市场开发】 2022年，东方物探公司坚持外拓市场保规模、内抓项目提效益、优化结构稳增长。国内树立“为油田创造价值，物探才有价值”的理念，海外坚持“线上＋线下”营销相结合，组建国际化市场营销团队，主动营销。落实市场价值工作量271.1亿元，新签市场价值工作量186.4亿元，完成年度市场指标。

推进高层访问，推动落实主要领导带队拜访油气田企业，完成西南油气田、塔里木油田、大庆油田、新疆油田、长庆油田、浙江油田、CNODC及中国地质调查局、上海申能集团、新疆互盈企业管理公司、核工业航测遥感中心等13家客户高层访问交流，与西南油气田、新疆油田、新疆互盈企业管理公司等6家新老客户签订战略合作协议。国际业务营销团队对中东、欧洲、东南亚、拉美区域40余家重点油公司开展交流访问，直面客户高层开展技术推介100余场。面向94家国内外勘探业务客户开展客户满意度调查，调查覆盖率100%，综合评定客户满意度96.8分。

开展技术服务营销，组织编写高层访问交流报告23篇，组织与大庆油田、青海油田、辽河油田等8家油田公司“一对一”技术交流。组织市场营销活动，承办新区新领域及风险勘探研究项目中期检查会、股份公司2022年物探技术攻关开题论证等专业会议。参加油气和新能源分公司组织的勘探年会、半年工作会、勘探部署总体设计审查会、重点物探项目工程设计审查会等会议50余次，落实框架投资工作量二维3971千米、三维15679平方千米；落实加大勘探部署二维4443千米、三维8153平方千米，价值工作量35亿元；推动提前实施工作量三维4923平方千米。国内市场落实139.3亿元，其中新签合同114.5亿元。组织参加应用地球科学和能源国际会议（IMAGE）等国际展会和苏里南油气峰会、挪威物探峰会等行业活动，举办阿曼、沙特、阿联酋、埃及、科威特系列技术研讨会，扩大公司行业影响力。在阿联酋获阿布扎比国家石油公司框架协议延期、中标ENI项目，在阿曼打开OQ公司市场、PDO项目延期3年，在伊拉克获DNO项目等。国际市场落实131.7亿元，其中新签合同71.9亿元，项目中标率71%。

调整新能源专班组织机构，组织召开3次专题工作推进会，成立首席专家牵头新能源技术攻关组，加大技术攻关力度。参与国家及集团公司新能源重大科研课题4项，自立科研课题开题2项。组织国内外单位对接落实各探区新能源业务发展方向和重点工作，加大新能源市场开发力度，快速推进华能正宁CCS、阿曼CCS地震＋非地震项目、西集—凤河营地热勘探项目、青海共和干热岩项目、四川及内蒙古加油站光伏项目，组织青海风、光、储游离电站攻关试验，开展研究院计算中心增设光伏、储能可行性研究，取得阶段性成效。推进储气库服务新业务，依托大港储气库服务项目加快完善盐穴型、废弃油气藏型储气库配套技术系列。

【科技创新】 2022年，东方物探公司投入科研经费7.86亿元，强度为4.15%。获授权专利61件，其中国内发明专利45件、PCT专利6件，1项获第23届中国专利优秀奖；海洋OBN勘探技术入选集团公司年度十大科技进展，uDAS仪器获中国光学工程学会技术发明一等奖和首届“金燧奖”金奖。释放GeoEast2022最新版本，股份公司“2919”工程落地实施；KLSeis性能持续改进，形成“应用一代、储备一代”的格局。研制升级版节点eSeis Neo，海洋节点oSeis研发获新突破。“两宽一高”技术应用领域扩大，横波源矢量勘探技术在大庆、四川等地区开展先导性试验，陆上3D-VSP成像技术在王窑井地联采项目获高品质资料。编制数字化转型试点方案并通过评审。打造智能决策生产指挥体系，支撑项目高效生产。发布智能化地震队4.0版本，累计在200多个项目中运用，作业效率整体提高8%以上。开展“处理解释技术攻坚年”活动，推动OBN处理、高精度建模成像等关键技术加快突破并实现成果转化。创新科研组织模式，推进“三共”（共建、共享、共赢）研发机制，开展科研攻关项目“揭榜挂帅”。

【企业改革】 2022年，东方物探公司落实集团公司改革三年行动、提质增效专项行动和组织体系优化提升工程的工作要求，对2个二级单位进行资源整合，将河北东方石油建设工程有限公司整建制划转新兴物探开发处。开展经营机制转换，将二级单位采集技术中心由费用单位调整为内部经营单位，按照市场化模式运作，内部实行有偿服务。对公司机关机构编制进行优化提升，撤销公司机关职能部门及附属单位，直属机构内设科室，实行岗位管理，设置机关职能部门14个，编制225人；机关附属单位2个，编制53人；直属机构2个，编制54人。对所属各单位组织体系进行优化提升，开展“五定”（定机构、定编制、定岗位、定职责、定岗位工作说明书）工作，重新核定机构设置、人员编制和领导职数。推进中油奥博（成都）科技有限公司（简称中油奥博）“科改示范行动”国企改革专项工程。实施领导干部任期制契约化管理，两级组织体系优化改革率先完成。开展亏损治理和法人压减专项行动，超额完成中油技服下达指标。

【经营管理】 2022年，东方物探公司提质增效成效显著，实现效益提升6.55亿元。强化全过程降本增效，百元收入营业成本下降0.35个百分点；健全经营压力传导机制，对钻井、放线、车辆租赁、货物运输等外包业务实行区域招标，压缩成本7500多万元。加大清欠力度，回收中高风险欠款3.5亿元，其中计提坏账欠款1.19亿元。

开展“合规管理强化年”活动，创建法治建设示范企业，落实经营合规专项工作。加强人力资源管理，通过公司内部、集团公司企事业单位间和对外创收市场等渠道盘活人员约4000人；推动中油e学智慧学习平台建设，2.3余万人上线学习、总时长82万小时。投资管理为国内外重大勘探项目实施提供支撑。强化核心装备集中管理，加大调剂力度，仪器利用率78%，海外盘活7.8亿装备资产、节约投资7800余万元。大宗关键物资采购节约资金1.1亿元。标准化、计量、档案、外事等工作取得新进展，督查督办在推动决策落实中发挥重要作用。发挥审计、内控、合规等联合监督作用，加强数字化审计，促进完善制度29项。

【健康安全环保】 2022年，东方物探公司强化全员责任落实，狠抓现场风险管控，推进健康企业建设，加强生态环境保护，保持良好的HSE业绩。安全生产133个百万工时，百万工时可记录事件率0.08，获河北省“安全生产先进企业和健康企业”称号、2022年度集团公司质量健康安全环保节能先进企业和健康企业建设达标企业，保持集团公司社会安全管理体系五维绩效考核“卓越级”成绩。

优化HSE体系文件，开展体系内审和第三方监督审核，修订3个标准、5项管理制度。开展基层站队HSE标准化建设，召开第六届HSE标准化现场交流会，总结推广25项优秀成果，评选出5支公司级标准化示范站队。推进安全文化建设，参加全国安全知识竞赛，获集团公司团体第一名。开展“安全生产里程碑”活动，32支地震队实现百万工时无LTI（损失工时工伤事故），3支地震队获2022年度中油技服“安全里程碑竞赛优秀队伍”称号。开展专项整治行动，落实全国安全生产大检查要求，投入1.9亿元隐患治理资金，识别治理隐患13万余条。抓好民爆物品管理，推广“五化+两控”（流程信息化、过程视频化、操作标准化、监控智能化、目标本质化，控制下药数量、控制下药范围）管控模式，开展项目专项评审。

加强海外HSSE管理，应对肯尼亚大选骚乱等社会安全事件，强化国际项目风险管理，阿联酋项目获阿布扎比国家石油公司卓越级承包商评价，5支作业队实现千万人工时无LTI。强化海上作业安全管理，研发应用全球首艘大型DP浅水特种勘探船。将船舶管理体系与BMS综合管理体系相融合，首次实现双体系ISO同步认证，构建海上作业“大风险”防控体系。

开展健康企业建设，发布物探队健康企业建设标准，细化70项标准建设内容。强化体检结果评估应用，开展健康监测和干预，增加工作场所和野外一线医疗器械与急救药品的配备，配备健康小屋19套、移动医疗健康服务包10个、自动体外除颤仪（AED）170个。召开48次新冠肺炎疫情防控领导小组会议，完善常态化疫情防控机制。国内突出抓好员工流动管控，推行探区一体化防控模式和缓冲管控机制；国际业务强化网格化管理，加强跨境旅途督导，推进海外项目人员正常倒班轮换，落实回国人员隔离观察，防范海外疫情风险。

2022年5月4日，东方物探公司海洋物探处先锋号船队历经32天远洋航行靠泊天津港。受新冠肺炎疫情影响在海外长期工作的48名员工终于回国（东方物探公司新闻中心　提供）

推进绿色企业建设，建立生态保护措施确认机制，加强管理野外作业项目环境影响评价、排污许可等重点业务，开展重点单位与场所生态环境保护专项督查，确保勘探作业生态环境保护依法合规。践行企业社会责任，推进海上绿色勘探，“物探队员守护海洋精灵”绿色作业案例入选国务院国资委《蓝色星球绿色守护》专题视频。

【企业党建工作】 2022年，东方物探公司及下属单位党委38个，党总支57个，党支部613个。发展党员132名，党员总数13290名。其中，在岗党员12530名，离退休党员228名、其他党员532名。在岗党员中，管理人员3788名，占30.3%；专业技术人员5216名，占41.6%；操作服务人员3526名，占28.1%。男性10173名，占81.2%；女性2357名，占18.8%。

2022年，举办党支部书记和党务干部培训班，实现750名党支部书记和党务干部培训全覆盖。开展基层党建工作调研指导服务，坚持补短板、强弱项、促提升。抓实标准化党支部达标晋级考核，594个党支部达标，优秀率35%。压紧压实党建工作责任，19家二级单位党委书记、585名基层党组织书记接受评议。牵头编撰集团公司基层党支部书记培训简明教程之一《新时代中国石油党建创新与实践》。推进基层党建“三基本”建设与石油传统“三基”工作有机融合，召开东方物探公司有机融合交流会，制定基层党组织功能与管理组织职能“双向融合”指导意见，编纂出版《融合密码：国企基层党建创新实践案例集》，工作经验在国务院国资委办公厅简报专刊发布。制定实施《东方物探公司“三亮四比”创先争优活动实施办法》，开展党员“三亮四比”（亮身份、亮职责、亮承诺，比政治素质、比业务技能、比作风形象、比工作业绩）创先争优活动，打造党建品牌。深化“铁人先锋”党建信息化平台应用，综合成绩位列集团公司所属企业前列。评选表彰200个优秀党员先锋岗和责任区，在科研生产、项目运作、经营管理、新冠肺炎疫情防控等领域选树先进模范标兵，引导干部职工恪守初心担使命，立足岗位当先锋创一流。在集团公司2021年度党建责任制考核中获“A+”。

【和谐企业建设】 2022年，东方物探公司强化宣传思想文化建设，开展“转观念、勇担当、强管理、创一流”主题教育活动，岗位实践2万多人次，形成强管理举措2800多条。加强正面宣传，在《人民日报》、新华网、中央电视台等媒体刊发新闻报道46篇，海洋绿色作业案例获国务院国资委第四届“一带一路”百国印记“人气短片奖”。开展“奋进十四五、建功在东方”主题劳动竞赛，承办集团公司第二届创新大赛生产创新工程技术专业比赛，1人入选中国能源化学地质工会“大国工匠”，2个基层创新项目获中国创新方法大赛全国总决赛优胜奖。强化职工思想政治引领，举办物探职工首届“文艺党课”，代表河北省总工会获全国职工学习党的二十大精神知识竞赛团体赛二等奖。开展送温暖和困难帮扶活动，举办青年马克思主义者培养工程培训班，推进青年精神素养提升工程。加强保密管理、维稳信访和安保防恐工作，持续巩固脱贫攻坚成果，树立负责任企业形象。

【国家重点专项子课题通过验收】 2022年3月21日，东方物探公司物探技术研究中心联合国家超级计算天津中心共同承担的课题“新一代海上高精度地震海量数据处理基础支撑平台与关键技术”通过专家组验收。该课题是国家“深海关键技术与装备”重点专项项目“新一代海上高精度地震海量数据处理软件平台研发”的子课题。历时2年，课题组研发形成新一代海上地震数据高性能处理软件平台GeoMarine，取得5项创新成果，实现海上地震数据高性能处理软硬件平台自主可控，为中国深海资源开发利用和海洋强国建设提供科技支撑。

【中油奥博入选国务院国资委“科改示范企业”】 2022年3月22日，东方物探公司中油奥博（成都）科技有限公司入选国务院国资委“科改示范企业”。中油奥博是以分布式光纤传感技术为核心的高新技术企业。2019年成立以来，持续推进科技创新和管理创新，加快智能光纤油藏技术创新研发和产业化发展，打造以uDAS为核心的系列装备和下井工艺，发展光纤智能油藏地球物理技术系列，服务于国内13家油气田企业，有力支撑东方物探公司从勘探向开发领域延伸。

【全球物探史上最大陆海勘探项目阿联酋ADNOC陆上项目完工】 2022年3月24日，东方物探公司国际勘探事业部阿联酋项目部承担的阿联酋ADNOC项目陆上采集区块完工。该项目陆海施工面积5.5万平方千米，采集设备20万道。历时两年半，国际勘探事业部8615队和8615B队完成15个区块陆上生产任务，勘探面积超4.6万平方千米，取得2100万安全人工时的成绩，为甲方提供快速、优质、超值服务。

2022年3月24日，东方物探公司国际勘探事业部阿酋项目部承担的阿联酋ADNOC项目陆上采集区块完工（东方物探公司新闻中心　提供）

【东方物探公司古龙页岩油水平井光纤布设任务完成】 2022年5月8日，东方物探新兴物探开发处2501—2508联队和中油奥博在大庆油田古龙页岩油试验区完成国内最长水平段套管外光纤布设任务，光纤下井深度4888.99米，水平段2176米，总水平位移2597米。新兴物探开发处和中油奥博与大庆油田进行 11 轮方案讨论，优化钻井轨迹，改进下井工艺及工具，研发新型光缆，确保项目运行。

【东方物探公司中标全 OBN 节点采集三维超大过渡带处理项目】 2022 年 5 月 26 日，东方物探公司研究院海外业务部收到阿联酋阿布扎比国家石油公司授标函，中标 10000 平方千米过渡带超大复杂三维 OBN 处理项目。该项目由东方物探公司海洋物探处采集施工，是当前全球最大采用全 OBN 节点采集的三维过渡带项目。本次中标项目地震资料处理全流程使用具有自主知识产权的 GeoEast 软件运作，将面临中东海湾地区浅水多次波压制、超大复杂过渡带施工区一致性处理、低幅构造区高精度速度建模、海量数据最小二乘偏移成像处理等技术挑战。

【东方物探公司测绘业务获河北省地理信息产业双项荣誉】 2022 年 8 月 5 日，在河北省 2020—2021 年度地理信息产业甲级测绘资质评选中，东方物探公司获“十佳单位”称号。在 2022 年河北省地理信息产业优秀应用工程评选中，东方物探公司“2021 年度鄂尔多斯盆地伊陕斜坡合水地区三维地震采集工程”“2020 年度柴达木盆地咸东地区三维地震采集工程测量项目”双获金奖。东方物探公司装备服务处打造智能化地震队、VTS 系统、PPK+ 技术、新一代震源导航、Dolphin 综合导航系统等测绘和信息化技术成果，有效增强服务保障能力。

【东方物探公司 BPS500 声学定位系统通过 Verif-i 公司认证】 2022 年 8 月 18 日，东方物探公司自主研发的 BPS（Benthal Positioning System）500 声学定位系统通过 Verif-i 公司资格认证。该系统是东方物探公司西安物探装备分公司针对过渡带地区海底地震勘探及海洋工程勘察工作研发的水下声学定位设备，基于声波的传播特性，能够精准确定水下目标的空间位置。

【中油奥博获 2022 年中国地球物理科学技术进步奖一等奖】 2022 年 8 月 19 日，中油奥博分布式光纤传感系统综合研究成果“uDAS 光纤井中地震采集系统研制及应用”，获中国地球物理学会 2022 年中国地球物理科学技术进步奖一等奖。该研究成果打造以 uDAS 为核心的系列装备和下井工艺，创新 3 项光缆安置工具与工艺，突破 4 项关键技术，完成 uDAS® 系列地面采集主机研制，解决井下光缆布设难题。自主研发 1 套光纤现场解调处理软件系统，保证现场高效采集。项目成果已在长庆、大庆、新疆、西南、浙江、华北、大港、冀东等 13 个油田分公司成功应用。

【东方物探公司应邀参加北京服务贸易交易会】 2022 年 8 月 31 日，应河北省商务厅邀请，东方物探公司参加 2022 年中国国际服务贸易交易会京津冀数字服务国际合作协调推动机制启动仪式，并在京津冀协同发展联合展区参展。东方物探公司设置综合展示区，系统介绍东方物探公司的技术实力和企业发展成果，采用虚拟现实方式展示大型国产物探工业软件 GeoEast 在国内重点盆地油气勘探开发中取得的成效。应邀参加京津冀服务贸易和服务外包协同发展论坛、保定市主题日等活动，作为签约方参加河北省服务贸易重点项目签约仪式。

【《国企改革三年行动简报》刊发东方物探公司改革案例】 2022 年 9 月 11 日，东方物探《完善市场化经营机制、推进全面国际化发展，东方物探公司以改革赋能世界一流企业建设》改革案例在国务院国资委《国企改革三年行动简报》2022 第 176 期专刊发布。东方物探公司改革案例从“科研市场化机制、市场化选人用人、聚焦市场配置资源”三方面，整体展示东方物探公司“全面国际化”的主要做法与实践成果，总结东方物探公司深化国资委管理提升、集团公司对标提升“双标杆”企业建设的经验，为国资国企改革提供“东方样本”。

【东方物探公司获河北省“健康企业”称号】 2022 年 10 月 20 日，东方物探公司获河北省“健康企业”称号。2021 年以来，东方物探公司持续推进健康企业建设工作，重点做好组织、制度、技术、经费、培训、责任等“六保障”，形成现状调查、健康体检、健康评估、健康干预、文化建设、应急能力建设“六模式”健康管理模型，有效落实健康企业建设责任目标，被作为企业优秀案例进行推介。

【运投型载重无人机在物探项目中获应用】 2022 年 10 月，在塔西南乌依塔格三维项目，东方物探公司塔里木物探处运用运投型载重无人机运投采集设备物资，支持物探队野外班组作业。该项目试飞机型为联合航空公司研制的 TD300F 载重 50 千克运投型无人机，试飞团队完成 12 架次、总飞行时间 7 小时 43 分钟的任务，协助物探队投放设备物资 758.4 千克，完成采集外设转运。

【EV-56 高精度可控震源参展“奋进新时代”主题成就展】 2022 年 10 月，东方物探公司自主研发的 EV-56 高精度可控震源在“奋进新时代”主题成就展室外展区展出。EV-56 高精度可控震源，包括高精度可控震源技术和高精度可控震源结构 2 大系列 5 项关键核心技术，激发信号从 3—100 赫兹拓展到 1.5—160 赫兹。应用于国内外百余个勘探项目，为高精度、高效率、安全环保油气勘探开发提供核心装备支撑，推动中国石油深层油气勘探取得系列突破。

【长庆物探处课题在“一带一路”合作国际学术会议上作学术交流】 2022年11月12日，在教育部批准举办的“数据社会与数字经济暨‘一带一路’合作国际学术会议”上，东方物探公司长庆物探处课题“鄂尔多斯盆地三维地震高效勘探数据特征分析”作在线直播报告。报告分7方面汇报鄂尔多斯盆地三维地震高效勘探产生的时代背景、地质需求、部署理念、“两宽一高”地震技术及配套技术装备发展历程、技术数据特征，发现页岩油大油田、页岩气大气田，推动盆地油气勘探开发高质量发展等。大会对报告涉及的油气行业技术进步的专业性给予高度肯定，对数字科技发展给艰苦行业工作人员带来的改变表示赞许。

【东方物探公司在集团公司第二届青年科技创意大赛中获奖】 2022年11月16日，在集团公司第二届创新大赛青年科技创意比赛中，东方物探公司选送的青年科技创新大赛报告获工程技术专业赛道二等奖2个、三等奖1个。东方物探公司新疆物探处张录录团队《高清地下地质影响的地震采集密度设计》报告，通过建立地震采集密度与地下地质影响分辨地质体尺度能力的量化关系，实现经济技术一体化的地震采集密度参数设计。研究院朱俊诚团队《基于等效介质理论的压力预测方法研究与软件实现》报告，形成地震压力预测的方法和流程及软件，满足科研生产在压力预测方面的需求。采集技术中心张洪涛《地震波波前人工智能定位方法研究》报告，通过人工智能改进初至数据处理流程，提高拾取精度，减少人工工作量。

【东方物探公司DP浅水作业船在中东首次作业】 2022年11月25日，东方物探公司创新者号（BGP INNOVATOR）DP浅水特种作业船在阿联酋阿布扎比国家石油公司海上项目首次作业。该船是东方物探公司已有船舶国产化率最高的一艘大型特种作业船舶，具备全电力推进、综合导航、震源激发、节点收放、数据采集、质量控制等一体化船载作业能力，安装有KLseis采集系统、Dolphin综合导航等具有自主知识产权软件。自主研发的节点自动摘挂功能，收放效率比手动摘挂提高50%以上。自主设计和研发的节点收放系统和气枪收放系统，使船舶同时具备节点收放和气枪震源（双源）2种功能。该船最浅吃水2.5米，为浅水过渡带业务提供高标准解决方案。

2022年11月25日，庆祝东方物探公司创新者号（BGP INNOVAOR）加入ADNOC项目的典礼在阿布扎比港口内举行（东方物探公司新闻中心　提供）

【东方物探公司“海洋重器”参展2022年中国海洋经济博览会】 2022年11月24—26日，东方物探公司代表团应邀参加在深圳福田会展中心举办的2022年中国海洋经济博览会。中国石油展区位于1号展馆，东方物探公司展示自主设计建造的全球首艘DP浅水特种作业船BGP创新者号、oSeis深水海洋节点、海底电磁采集站等“装备重器”，以及自主研发的海洋地震采集设计与现场实时质控软件KLSeis Ⅱ蓝鲸系列和地震数据处理解释软件GeoEast等“技术利器”。

【国内首次水平井避光纤多相位定向分簇射孔作业完成】 2022年11月30日，由东方物探公司中油奥博、新兴物探开发处2508队承担的浙江油田页岩气光纤压裂监测项目完成。中油奥博利用自主研制的光纤DAS/DTS/DSS仪器，完成现场数据采集及处理解释。通过光纤传感监测技术全方位智能监测整个压裂过程，动态播报各射孔簇射孔情况，现场实时评价各压裂簇加砂进液效果、桥塞封堵情况及暂堵转向情况，辅助现场施工作业制度实时调整，保障压裂施工质量。将光纤监测与微地震监测相结合，实时评价井下套管完整性，动态分析各压裂段套变风险，有效避免该平台套变发生。

【东方物探公司获第九届全国科普讲解大赛二等奖】 2022年12月21日，东方物探公司《石油地球物理勘探给地球做“CT”》获科学技术部主办的第九届全国科普讲解大赛总决赛二等奖。东方物探公司研究院张芊介绍地震勘探原理、方法、流程、作用及贡献等内容，展现东方物探公司自主创新产品G3iHD有线地震仪器、eSeis无线节点仪、EV56高精度可控震源、GeoEast地震数据处理解释一体化系统等。

【东方物探公司获集团公司第二届创新大赛生产创新工程技术专业一等奖】 2022年12月23日，东方物探公司装备服务处赵帅创新工作室成果“BV330型低频可控震源的研制”获集团公司第二届创新大赛生产创新工程技术专业比赛一等奖。集团公司技能专家赵帅领衔的团队采用“问题拆分+TRIZ为主+CAI及其他辅助+云数据支撑”技术，创新形成驱动马达与传动轴并排布设、振动器活塞杆内置油道、振动泵低频段高压流量补充装置和空腔栏栅结构设计等4大技术，优化升级29项技术方案。在激发能量不变、信号稳定的前提下，为黄土塬地区量身研制BV330低频可控震源，该震源体积比常规震源缩小1/3，实现小轮廓震源激发大能量，解决黄土塬地区可控震源施工受限技术难题。

【“分时协同”创新成果获集团公司第二届创新大赛一等奖】 2022年12月25日，东方物探公司西南物探分公司装备制造与服务中心研制的“解决相邻工区井炮激发相互干扰的难题”创新成果获集团公司第二届创新大赛一等奖。装备制造与服务中心研制的协同激发系统，通过控制各工区地震仪与遥爆系统的激发指令、按同一动作规则、统一调度传输的方式解决相扰难题。

【东方物探公司南充三维项目野外采集竣工】 2022年12月26日，东方物探公司承担的2022年集团公司重点勘探项目——四川盆地大川中南充地区三维地震勘探项目野外采集竣工。该项目工区被列为东方物探公司“头号工程”，井炮及震源激发点超20万个，接收点超40万个，分西区和东区2块，由西南物探分公司物探212—255联队及203—231联队采集作业。项目实施打造“三标”（标准化操作、标杆性管理、标志性技术）工程，完成生产炮20.0177万炮，实现最高日效2308炮、有线井炮2172炮。

【中油奥博uDAS地震仪获首届“金燧奖”金奖】 2022年12月27日，由东方物探公司中油奥博主导研发的uDAS分布式光纤传感地震仪获2022年首届“金燧奖”金奖。历时3年，uDAS研发团队持续攻关，形成宽频式、高空间分辨率式、高信噪比式、双通道式等仪器系列。与国外同类产品相比，在最高应变分辨率、最高空间分辨率、最大动态范围、最长传感距离等核心指标方面全面领先。该仪器在中国石油全部油田，以及中国石化、中国海油部分区块获规模化应用。

【东方物探公司GeoEast获2022年度河北省科学技术进步奖二等奖】 2022年12月27日，东方物探公司“超大型国产油气勘探地震资料解释软件系统研制及重大应用成效”项目获2022年度河北省科学技术奖科学技术进步奖二等奖。该项目创新研发盆地级高效构造解释、小尺度断裂识别、高精度储层预测与油气检测及井震联合地震地质综合分析等技术系列，形成具有完全自主知识产权的超大型国产油气勘探地震资料解释软件系统GeoEast。该软件已推广至国内3大油公司，并扩展到国内地质矿产、煤田、水文等企业和研究院所，为中国资源勘探业务提供技术支撑，被央视等主流媒体誉为油气行业的“物探中国芯”。

【东方物探公司通过河北省科技领军企业认定】 2022年12月31日，东方物探公司被河北省科技厅认定为“2022年度河北省科技领军企业”。东方物探公司创新形成“两宽一高”地震勘探技术系列，打造以GeoEast、KLSeis为代表的13大系列软件和以G3i、EV56、eSeis、uDAS为代表的12大系列装备，实现物探关键核心技术、软件、装备自主可控，提升复杂地质目标勘探成功率，集团公司重大油气发现率始终保持100%。

【初至波二次定位技术获国际专利保护】 2022年12月，东方物探公司自主研发的“初至波二次定位技术”在美国专利商标局取得授权保护。该技术是一种矢量叠加定位方法，形成包括高精度初至拾取、矢量叠加定位计算、定位精度量化评价等1套完整的定位技术。应用初至波二次定位技术，可实现海上勘探中检波点定位精度从10米以内提高到3米以内。该技术应用于印度尼西亚、尼日利亚、阿联酋、土库曼斯坦等国家OBN项目。

（要奕轩　王培霞）

中国石油集团测井有限公司

【概况】 中国石油集团测井有限公司（简称中油测井，英文缩写“CNLC”）2002年12月6日成立，是中国石油天然气集团有限公司独资的测井专业化技术公司，注册地在陕西省西安市高新技术产业开发区，党组织关系隶属于中共陕西省委。主营业务以测井技术研发、装备制造、技术服务、资料应用研究为主体，形成“基础理论—技术研发—产品标准化”测井科技创新平台，建立CPLog测井装备、CIFLog测井软件两大技术支撑体系，有裸眼井、套管井、随钻、射孔、录井等完整系列装备，为钻井、压裂、采油等业务提供相关技术支持，具备年10万井次以上施工作业能力。建成4条测井装备、射孔器材自动化加工生产线，实现智能制造快速升级。有机械制造设备183台，具备47.4万工时/年机械加工、70套/年测井成套装备、射孔弹180万发/年、射孔枪50万米/年的制造能力。是集团公司测井技术试验基地、集团公司测井重点实验室、石油工业测井计量站依托单位。

中油测井主要生产经营指标

指　标		2022年	2021年
总作业井次		97239	87597
裸眼井	探井（口）	1310	1557
	开发井（口）	14796	13003
	随钻（口）	541	222
生产测井（井次）		15062	13563
工程测井（井次）		27628	24395
射孔（井次）		29963	28573
录井（口）		418	487
快速与成像测井仪（支）		601	285
随钻测井及旋转导向测井仪（支）		0	13
生产测井仪（支）		49	106
射孔仪（台）		0	5
其他仪器仪表（支）		1354	185
射孔枪（万米）		49.68	50.63
射孔弹（万发）		158.73	180
工艺工具类（支）		4	7
总产值（亿元）		121.74	105.20
收入（亿元）		105.03	92.20
利润（亿元）		2.53	2.21
税费		2.18	2.02

2022年底，本部部门13个，二级单位18个。二级单位包含工程技术服务单位12个，技术创新单位3个，支持保障单位3个。在册员工11083人，其中合同化员工9097人、市场化用工1986人；高级职称以上2165人、中级职称4219人；硕士博士981人、本科5688人；从事技术服务7765人（不含国际公司）、研发制造1174人。部署各类作业队伍843支，其中测井368支、射孔216支、生产测井146支、录井61支、随钻测井51支、连续油管1支。成套测井装备1079套，其中完井测井装备606套、生产测井装备167套、射孔装备222套、随钻装备35套、录井装备49套，有井下仪器20628支，工程技术服务车辆及拖橇2613台，含一体化测井车932辆、工程车752辆、拖橇49台，装备新度系数0.19。

2022年，中油测井学习贯彻习近平新时代中国特色社会主义思想和党的二十大精神，认真落实集团公司“五大战略”和“四大战略举措”，锚定世界一流目标，开展“基础管理年”活动，以“三基”工作为抓手，推动战略实施，聚焦市场、技术、管理、人才重点工作，着力强基固本，实现高质量协同发展，经营业绩再创历史最好水平，世界一流测井公司建设取得重要进展。获集团公司“先进集体”“生产经营先进单位”“科技工作先进单位”“质量健康安全环保节能先进企业”等称号，入选陕西省工业品牌培育示范企业，公司重组整合以来业绩考核首次跃入集团公司A级，连续4年党建工作责任制考核获评中国石油A级，通过国家高新技术企业认证，连续7年保持“全国文明单位”称号，为全面完成“十四五”规划目标奠定坚实基础。

【生产经营】 2022年，中油测井完成各类作业97239井次，同比增长11.01%。其中裸眼测井24168井次，同比增长17.44%；生产测井15062井次，同比增长11.05%；工程测井27628井次，同比增长13.25%；射孔29963井次，同比增长4.86%；录井418口，同比减少14.17%。随钻测井541口，同比增长143.69%；桥射联作2940口/24058段，同比增长42.24%和15.24%。制造仪器650台（套/支）、射孔弹158.73万发、射孔枪49.68万米。完成总产值121.74亿元，增长15.72%，实现收入105.03亿元，考核净利润2.53亿元，上缴税费2.18亿元，超额完成集团公司下达的各项业绩考核指标。

【市场开发】 2022年，中油测井聚焦“一切为了多打粮食”理念，实施市场增量考核，实现市场开发量效齐增。分类分级管理客户，试行大客户经理制，明确客户经理123名，编制定制式服务保障方案，健全网格化责任体系，建立“一对一”客户关系。开展高层交流，深化战略合作，为油田提供高端化、差异化、一体化服务。聚焦业务链短板成立工作专班，推介高端测井项目，随钻测导市场占比大幅提升，组建9支光纤专测队，“连续油管＋测井”一体化服务实现快速见效，集团内综合市场占有率提升至90.39%。新开发市场38个，首次进入中国石化川渝页岩气总包和经纬公司随钻市场，突破贵州页岩气油气资源市场，中国海油市场海上作业171井次。开拓地热井、干热岩、天然碱、矿藏资源勘查、瓦斯治理、CCUS（二氧化碳捕集、利用和封存）等新能源新领域，开发新兴业务市场28个。

【国际业务】 2022年，中油测井建立“公司本部统筹管理＋国际公司全面管理＋海外作业区组织实施”管理模式，设置14个海外作业区、32个海外项目。中标阿尔及利亚、土库曼斯坦市场2个近亿元项目，海外亿元级项目从5个增加到7个。在中东与安东油田服务集团、中国石油渤海石油装备制造有限公司、斯伦贝谢公司等签署战略合作协议。在尼日尔推广CPLog测井成套装备，实现独立商业化作业。中油国际作业者市场占有率63%，所有海外作业区全部实现盈利。海外业务新签合同额同比增长10%，海外市场收入同比增长32.37%。境外社会安全受控，以乌兹别克斯坦作业区为试点，首批接入集团公司海外应急指挥平台。参加国际石油展，提升品牌影响力，CPLog测井成套装备在印度尼西亚第46届石油展获最佳设计奖。

【生产组织】 2022年，中油测井围绕国内重点领域和海外五大合作区，强化区域共享。在国内部署11个服务公司69个项目部，在海外19个国家设置14个作业区，统筹部署843支队伍1079套装备，形成就近高效稳固的服务保障体系。灵活组队305支、作业1.1万井次。组建项目专测、井型专测、一队多机等队伍190支，作业4780井次，队伍综合利用率提升16.34%，队伍平均工作量增长12.46%。协调装备421批次3218支，装备利用率同比提升17.43%，及时率、完好率、满意度分别达到96.7%、96.3%和98.1%。建立三级维保体系和共享机制，装备检修15.72万次，其中旋转地质导向系统维保270串，同比增长62.5%。修订测井工艺技术标准11项，优化改进测井工艺，规模应用自主过钻具装备，水平井、复杂井下井一次成功率98%、时效提高53%。桥射联作段均作业时间下降至2.39小时、提速5.16%。桥射联作2.0在长庆陇东等5个国家级页岩油气示范区规模应用超2000口井。取得多项新作业纪录，在长庆油田靖51-29H1井创造桥射联作亚洲陆上最长水平段5256米的新纪录，在大港油田千探1井创国内油管传输射孔最高温度220℃纪录，在西南油气田龙兴1井创国内射孔作业井底最高压力204.6兆帕纪录，有效保障集团公司重点井实施。

【科技创新】 2022年，中油测井建立4大共享研发平台，发布CPLog测井装备、CIFLog测井软件技术标准体系，配套7个业务机构、10个实验室，加速平台核心技术迭代积累。科创中心、荔参1井平台建设稳步推进。科技管理系统全面上线。统筹实施十大科技创新项目，“揭榜挂帅”选聘10名项目经理，推动“平台＋项目”管理。实施科技岗位分红，科研投入强度达到5%。成立射孔技术研究实验室。完善院士工作站运行机制。建立博士后科研工作站。205℃声波换能器形成试验样机，高性能中子管打靶超500小时。CNPC-IDS智能测导、175℃/20h一串测、CIFLog-LEAD被认定国际先进。230℃/170兆帕高温高压小直径系列形成深井作业能力，FITS过钻具成像测井填补国内空白。“先锋”射孔弹打靶穿深2258毫米，通过API标准认定，再创世界新纪录，射孔器材承压指标提升至245兆帕。自主研发的智能测导通过专家鉴定，进尺突破20万米。建成车载快速岩石物理实验室。设立面向社会的测井创新基金。受理授权专利242件，登记软件著作权23件。获省部级科学技术进步奖11项、自主创新产品8项，新一代桥射联作技术获集团公司2022年十大科技进展。

【装备制造】 2022年，中油测井深化3D打印技术在测井传感器制作中的应用，极板、岩密探头外壳实现小批量生产，形成过钻具中子源舱一体化3D打印技术，FITS57中子源舱一体化打印和磨损钻铤原位修复等2项技术实现新突破。随钻导向仪器通过产品鉴定，达到国际先进水平，随钻LWD、MWD电路实现自主化。3型He-3管实现国产化，技术指标与国外产品一致，供货周期及单套成本大幅降低。iWAS智能采集地面系统进入生产制造阶段，完成11套系统换装。国内首条测井装备智能化加工生产线投产，初步建成测井智能工厂，形成数字化仿真、信息化管理、自动化加工、自动化检测的装备制造能力，支撑年产100套测井装备产业化制造。建成投产4条自动化加工线，实现仪器零件生产效率提高2.5倍、射孔枪加工效率提高2倍、射孔弹生产效率提高30%。测井装备全生命周期管理系统全面上线，实现全过程数字化线上流转及可视化集约管理。CPLog测井成套装备进入尼日尔、乍得等市场，射孔器材销往美国、土库曼斯坦、泰国等37个国家。CPLog测井成套装备外销收入连续2年超2.4亿元。

【解释评价】 2022年，中油测井聚焦国内重点领域和海外五大合作区，成功解释天湾1井、大页1H井、岭页1H井等一批高产井、发现井，获集团公司油气勘探重大发现奖1项。开展油气田老区测井评价挖潜，复查老井3.38万井次，发现潜力层7286个，支撑油气田新增油气当量63.53万吨。打造“一体两面”工作典范，与新疆油田共建测井联合研究中心，成立区域综合评价、长庆页岩油、新疆水平井、乍得解释评价等公司和分公司两级专班，支撑保障油田重点难点攻关。深化“靠前＋集中”生产组织模式，成立重点井新技术处理解释中心，实施“双井长负责制”，2022年完成重点井解释103口，新技术资料处理661井次。建成以全直径岩心核磁共振为核心的车载实验平台，在长庆、华北完成8口井303米岩心井场近原位测量，快速提供页岩油含油饱和度等关键参数；针对陆相页岩油、超深层碳酸盐岩等重点勘探领域，开展岩心实验分析31类1.4万块次；光纤测井处理解释技术从无到有，达到国内领先水平。统一测井成果图件标准，建成中国石油统一测井数据库，完成48.3万口井老井数据入库。统一CIFLog-LEAD 4.0软件，集成特色方法模块，行业鉴定达到国际先进。累计裸眼井解释15778井次，套管井解释31456井次；探井解释符合率为87.96%，开发井解释符合率为97.14%。

【数字化转型】 2022年，中油测井发布《数字化转型总体实施方案》《人工智能发展规划》，成立信息“孤岛”和数据治理工作组，配合完成集团公司数据治理专项行动工作。实现与中油技服EISC互联互通，建立市场动静态分析模型和以井为中心统筹生产经营全要素的组织模式，建立工程复杂快速响应机制；工程复杂率同比下降17.05%，接入隆昌源库放射源管理系统，实现10余万井次作业信息自动流转。测井装备全生命周期管理系统建设实现各子系统与ERP、DNC、车载数据中心、AP/TP系统的应用集成，产品研发、生产制造、仓储管理、装备维保及管理数据互联互通，项目被评为西安市2022年工业互联网试点示范项目。采集、解释软件及web等9个应用系统实现架构统一。建立中国石油统一测井数据库，测井大数据平台与测井EISC、勘探开发梦想云及油田A1、A2等第三方系统互联互通，接入青海、吐哈油田钻井、试油、生产等数据并治理共2.3万井次。创建风险（重点）井专家支持系统、油田测录井集成应用等系统，形成跨区域、跨部门、跨时间的一体化工作协同环境。开展智慧测井蓝图系统建设。统一身份认证服务，实现用户测井大数据、EISC、协同办公等系统身份统一。推进网络安全智能监控平台、局域网等项目配套建设，改进测井广域网3.0；推进WIFI6、5G、北斗导航系统建设；扩容测井云平台存储，加固外网云平台，云平台资源运行云主机百余台。

【质量健康安全环保】 2022年，中油测井发布国内外一体化中英文版QHSE管理体系手册。QHSE体系通过挪威船级社认证监督审核。油气水井质量三年集中整治任务完成33项。4项行业最高标准装置通过国家市场监管总局复审。筹建全国石油专用计量测试技术委员会石油测井分技术委员会。规范21类测井仪器、9种刻度装置、53种通用计量器具管理标准。构建全员、全覆盖的立体安全责任网络，隐患治理投入资金2.03亿元。聚焦放射源、民爆物品等13项容易发生伤亡、形成较大影响的风险，深化15条硬措施落实，统筹开展常态化监督检查，安全大检查发现并整改问题2623项，实施隐患治理项目235项。提前完成安全生产三年专项整治150项任务，完成海外7个作业区、9个国家第一轮远程监督。以健康企业创建为抓手，全面加强员工健康管理，推进四级医疗服务体系和“四位一体”境外医疗保障体系建设，41个健康小屋发挥监测作用。加强社会安全管理培训，以乌兹别克斯坦作业区为试点，中油测井成为首批接入集团公司海外应急指挥平台的企业。境外人员疫苗接种全覆盖，“一人一策”实现59名境外在岗超1年以上员工清零。治理生态环境隐患19项，制订碳达峰实施方案和绿色企业创建方案，胶囊同位素等特色技术工艺推广4285次，开展边远、高原、海外艰苦地区民生工程项目183个。

【深化改革】 2022年，中油测井“国企改革三年行动”收官，完成培训后勤业务整合，设立5个区域人力资源共享中心，试点西安区域纪检业务集中管理，撤并国际合作处，深化二线项目制改革，优化调整海外业务体制机制，完成11个境外机构调整及管理权交接。推进经营型项目部改革试点，开展混合所有制改革研究，为公司发展赋能增力。全面开展“三定”工作，突出两级本部管理职能优化和区域同质化业务整合，完成“十四五”前两年二三级机构、中层和基层领导职数压减指标，员工总量同比减少3%。全面完成所属单位领导班子、助理副总师队伍建设，干部队伍结构持续优化。开展干部人才双向挂职锻炼，建立优秀年轻干部储备体系。深化双序列改革，组建院士、首席专家领衔的11个科技创新团队，引进“高精尖缺”人才41名。聘任两级技能专家，共享全能型操作工程师，按需储备、精准培养国际化人才。建立 17 级培训晋级体系与专业技术岗位任职体系转换通道，系统构筑技能人才纵向晋升、横向转换的新八级成长通道。

【企业管理】 2022 年，中油测井实施精益管理战略，编制中长期高质量协同发展规划和新能源新业务、人工智能发展专项规划，推进企业管理工程，开展“基础建设年”活动，持续深化人才强企工程，全员劳动生产率同比增长 6.23%。强化依法合规，一体推进“合规管理强化年”及综合治理专项行动，全面完成“七个强化”重点任务、“7+3 专项治理”和“五个任重道远”专题对照检查。发布定额造价体系 1.0，完成境外依法合规经营风险专项排查整改。发挥规模采购优势，实现两级集中采购度 99.95%，资金节约率 10.07%。召开“三基”工作现场推进会，从统一制度、标准、规范、流程、台账着手，推动“三基”工作和“四化”管理从体、面、线、点全面加强。突出市场增量、效益增量与工效挂钩，以新技术、新工艺为抓手升级业务链，实现开源增收、节支降耗。开展经济责任等审计项目 7 类 44 项，审计单位覆盖率 100%。11 户全级次法人企业账面全部实现盈利。

【支持保障】 2022 年，中油测井统筹安排改善民生各项任务，组织开展民生工程大调查，形成医疗健康、文体设施、住宿就餐和后勤保障等 222 项民生需求和实施方案。投入 1.1 亿元实施 186 个基建维修项目，国内外 43 个一线基地保障能力进一步加强，员工住宿就餐、文体活动、健康卫生等条件明显提升，边远、高原、海外艰苦地区生产生活条件不断改善。完成后村综合办公楼、公司数字展厅、产业化基地公寓楼维修等重点项目建设。石油射孔器材及配套件生产线建设项目完成主体结构施工。荔参 1 井建设项目完成初步设计。轮台基地食堂改扩建项目完成可行性研究及初设评审。协调吉林、新疆、西南等分公司土地房屋权属变更事宜。整改规范自有房屋出租及实物管理，督促加强承包商管理和农民工工资支付风险管控。协调实施本部“三基”建设配套项目，统筹开展基地清洁美化，提效节能，生产生活基地安全平稳运行。

【企业党建工作】 2022 年，中油测井严格落实“第一议题”制度，第一时间学习贯彻党的二十大精神和习近平总书记重要指示批示精神，把学习成效转化为改革创新实践。全面推进从严治党向纵深开展，整改完成集团公司党组巡视反馈 24 项问题，实现党的十九大以来公司党委巡察全覆盖；严格落实意识形态责任制，构建舆情联动监测体系；严格落实党建工作责任制，全面推进基层党建“三基本”建设与“三基”工作有机融合落地，强化基层党支部工作“六位一体”考核；深化“五型”本部创建，狠抓作风、能力建设，引领示范作用有效发挥；全覆盖开展“转观念、勇担当、强管理、创一流”主题教育，举办党的十九届六中全会精神学习教育培训班，全体领导班子成员亲自编写课件，首次为中层领导人员授课；专题研究部署企业文化建设，提炼形成新时代测井文化体系；开展公司成立二十周年系列庆祝活动，发布新版《企业文化手册》《员工行为手册》《视觉形象手册》，建成测井文化展厅，出版《中国石油测井简史》《中国石油集团测井有限公司志 2002—2021》，制作宣传片、纪念画册，开展主题征文，举办书画摄影展，召开老领导座谈会和庆祝大会，举办职工文艺汇演。从严从实抓好党的二十大期间等特殊敏感时段安保维稳、保密工作，守住稳定防线；党建工作深度融入生产经营，为全面完成年度目标任务提供坚强保障。

【群团工作】 2022 年，中油测井各级工会以迎接宣传贯彻党的二十大为主线，履行维护职工合法权益、竭诚服务职工群众的基本职责。组织劳模座谈、巾帼讲述等具有“工”字特色主题教育；举办庆祝公司成立 20 周年文艺汇演、“光影墨香、魅力测井”书画摄影展，举办第二届“创新测井杯”职工排球赛、首届“云上”运动会。开展员工思想大调研，代表职工协商签订《公司集体合同》《女职工专项集体合同》《工资集体协议》。召开职工创新工作推进会，首次以现场 + 直播的形式举办职工创新成果展。文体阵地投入 623.6 万元，投入 5043 万元解决基层员工生产生活困难、改善员工办公生活条件。加强团青工作建设，召开第四次团员代表大会，举办庆祝建团 100 周年系列活动。中油测井获中国石油首届技术技能大赛测井工竞赛团体一等奖、第十届全国品牌故事大赛一等奖。

【乡村振兴】 2022 年，中油测井制定定点帮扶村——紫阳县东木镇燎原村“十四五”乡村振兴发展规划，加大驻村帮扶、消费帮扶力度。全年向燎原村捐赠 260 万元资金、60 吨废旧钢管、电子屏和桌椅等物品，向东木镇定向捐赠防疫物资 11 万元，帮扶乡村发展。帮带燎原村走“集体合作社 + 专业合作社 + 农户”发展之路，开展区域联建，共同发展集体经济。全年累计购买扶贫产品 524 万元，超额完成集团公司下达任务。

【测井装备联盟大会召开】 2022 年 8 月 10 日，中油测井在西安召开新一代 CPLog 成像测井装备联盟大会，全国从事测井技术研发、装备制造的 92 家国有企业、军工企业、民营企业、外资企业的 150 名代表参会交流。

2022 年 8 月 10 日，中油测井在西安召开新一代 CPLog 成像测井装备联盟大会（叶志云　摄）

会议通报新一代 CPLog 成像测井装备联盟建设构想，分析测井技术装备现状，展示新产品新技术，同心构筑装备联盟框架，发布《CPLog 测井系统接入规范》。30 多家企业进行新技术交流、新装备展示，达成合作共识。中油测井与所有参会企业单位签订联盟协议，积极构建测井创新生态圈，打造测井千亿级产业链。

【承办测井科技高端论坛】 2022 年 9 月 15—16 日，由中国石油学会、陕西省科学技术协会、陕西省石油学会联合举办，中油测井承办的测井科技高端论坛在西安和北京同时召开。

2022 年 9 月 15—16 日，测井科技高端论坛在西安和北京召开（叶志云　摄）

中国工程院院士李宁，以及 150 名来自高校院所、石油石化企业、互联网企业等 45 家单位的领导、专家、教授参加会议，33 位专家教授交流电法、声波、核与核磁、光纤、生产与工程测井及射孔、软件与人工智能、解释评价、远程传输、工业品设计、传感器等各自研究领域的研究进展和发展趋势。高端论坛为打造统一研发平台、申报测井创新基金、构建协同发展模式、建立长效合作机制、引进高层次人才等，提供强有力的智力支持，有效地促进中国测井科技共进共赢。

【编纂出版《中国石油测井简史》】 2022 年 11 月 24 日，中油测井以现场 + 视频方式在西安、北京、青岛等地举行《中国石油测井简史》发行仪式。

2022 年 11 月 24 日，中油测井以现场 + 视频方式在西安、北京、青岛等地举行《中国石油测井简史》《中国石油集团测井有限公司志 2002—2021》发行仪式暨座谈会（叶志云　摄）

2022 年，中油测井倡议，邀请中国工程院李宁院士指导，联合中国石油、中国石化、中国海油、延长油田等公司的测井单位和科研院所，中国石油大学（北京）、中国石油大学（华东）、东北石油大学、西南石油大学、长江大学和西安石油大学等院校，历时 11 个月编纂出版中国石油测井行业第一部发展史，记述中国石油测井行业 83 年奋斗史，其出版发行是中国测井界的一个标志性大事件，成为共同打造中国测井生态圈的生动案例。

【新一代桥射联作技术获集团公司 2022 年十大科技进展】 中油测井新一代桥射联作技术获集团公司 2022 年十大科技进展，在室内试验突破性的将多簇射孔能力由 10 簇提升至 100 簇，带动现场作业由 3 簇提升至 23 簇，管串连接效率提升 50% 以上，并在国际上首次实现射孔管串泵送远程可视化。5 月 20 日“先锋”桥射联作技术在中国石油和化学工业联合会科技成果鉴定会上鉴定为达到国际水平。11 月 26 日“先锋”127 型超深穿透射孔弹穿深数据经美国石油学会（API）见证员现场确认，平均穿孔深度 2258 毫米，孔径 11.4 毫米，创造穿孔深度世界新纪录，并在美国石油学会网站公布。

【CIFLog-LEAD 取得 CNAS 认证】 2022 年 2 月 16 日，中油测井自主研发的测井处理解释软件 CIFLog-

LEAD 通过中国石油和化学工业联合会组织的成果鉴定。CIFLog-LEAD 软件是中油测井牵头联合多家单位，历时 20 年研发的新一代基于数据库的测井处理解释软件，主要包括系统平台、集成数据平台、通用可视化平台、数据应用平台等 4 大核心底层及常规测井、成像测井、随钻测井、生产测井、岩石物理分析、储层综合评价等 6 个处理应用系统，取得中国合格评定国家认可委员会 CNAS 认证。

【测井装备智能化加工生产线竣工】 2022 年 5 月 23 日，中油测井在西安产业化基地举行测井装备智能化加工生产线竣工仪式，该生产线能实现仪器零件排产、储运、加工、检测的全流程自动化制造，能够采用 1 套软件系统“一体”调度，“两条产线”少人值守自动化加工，展现全过程数字化、全工序自动化、主排产智能化特点，生产效率提高 2.5 倍，具备 39 种仪器、289 种零件自动化加工能力。

2022 年 5 月 23 日，中油测井装备智能化加工生产线在西安产业化基地投产（胡彦峰　摄）

【2 项科研成果达到国际先进水平】 2022 年 11 月 11 日，中油测井“CNPC-IDS 智能导向系统 V1.0”和“175℃ /20h 一串测测井系统研制与应用”通过集团公司科技管理部召开的成果鉴定会，认定为“成果达到国际先进水平”。“CNPC-IDS 智能导向系统 V1.0”实现“高温、高造斜、高可靠”装备定型，能够满足非常规油气勘探开发领域水平井、大位移井作业需求。研制出我国首套具有完全自主知识产权的 175℃ /20h 一串测测井系统，仪器长度短、组合能力强，能够在高温环境下长时间连续稳定工作，可在高矿化度环境中准确测量地质信息，能够满足超深井、超深水平井的快速测井实际应用。

【重庆仪器厂取得 API 认证证书】 2022 年 11 月 24 日，中油测井制造公司重庆仪器厂通过美国石油学会认证，取得 API 认证证书，自主生产的钻井仪表、井场视频监控系统、插拔式井口快速连接装置、车载数据中心等 4 类产品获国际石油设备市场准入资格。

【射孔器材及配套件生产线项目开工】 2022 年 10 月 8 日，中油测井新建射孔器材及配套件生产线项目正式开工，该项目位于四川隆昌经济开发区，规划总用地 127 亩，计划建设射孔枪及配件生产线 4 条，生产线采用全智能化设计，实现射孔器材生产及转运全流程自动化，建成投产后，将成为国内最先进的射孔器材智能制造工厂。

（张　沫）

中国石油集团海洋工程有限公司

【概况】 中国石油集团海洋工程有限公司（简称海洋工程公司，英文缩写 CPOE）是根据集团公司加快海洋油气资源勘探开发步伐，推进专业化重组的战略部署，整合大港油田、辽河油田滩海作业队伍，于 2004 年 11 月组建的海上石油工程技术服务公司，注册地设在北京。2007 年 12 月，与原中国石油天然气第七建设公司和原中国石油集团工程技术研究院重组整合。2009 年 11 月再次重组，将原中国石油天然气第七建设公司划转中国石油集团工程建设公司。2011 年 4 月，海洋工程公司机关办公地点迁至北京市朝阳区太阳宫南街 23 号丰和大厦。

海洋工程公司业务涵盖海洋钻完井、海洋工程、技术服务等 3 大领域。在海洋石油工程领域取得一批国内外领先的技术成果，形成深水油气与可燃冰试采、浅滩海钻完井工程、复杂井固井、井下作业与试油测试、海洋工程、地面工程十大技术系列，打造深水天然气水合物试采浅软地层水平井钻完井、防窜增韧水泥浆固井、LNG 模块建造焊接等技术利器，具备 120 米水深海洋油气勘探开发一体化综合服务保障能力，1500 米超深水钻井服务能力。建成青岛海工建造和唐山生产支持两大基地。有海洋工程、海域天然气水合物工程、固井技术、涂层材料与保温结构等 4 个集团公司重点实验室和研究室，其中固井技术研究室为油气钻井技术国家工程实验室的分支机构，是油气钻完井技术国家工程研究中心分中心；海域天然气水合物工程重点实验室为天然气水合物勘查开发国家工程研究中心分中心。中油技服固井材料与外加剂质量控制中心，设在中国石油天然气集团工程技术研究有限公司。

2022年底，海洋工程公司在册员工2451人。其中，大专及以上学历2101人，副高级及以上职称429人，中级职称962人。享受国务院政府特殊津贴人员10人，企业首席专家1人，企业高级专家3人，高级技师3人，技师7人。有7家所属单位，1家直属单位，9个职能处室。有钻井平台16座，作业采油平台5座，各类船舶22艘。

2022年，天津中油渤星工程科技有限公司被国务院国有企业改革领导小组办公室评选为“科改示范企业”，是中国石油集团入选的七家企业之一。海洋工程公司6项成果获集团公司科技奖，其中获集团公司科学技术进步奖一等奖1项、二等奖2项、三等奖3项。获授权专利23件，其中发明专利21件；累计有效专利231件。申请专利39件，其中发明专利38件，实用新型1件，发明专利占比97.43%。

海洋工程公司主要生产经营指标

指　标	2022年	2021年
钻井（口）	121	96
钻井进尺（万米）	30.88	21.6
海上固井（井次）	25	12
酸化（层/井次）	1/1	2/2
压裂（层/井次）	6/5	5/4
大修（井次）	9	5
连续油管（井次）	11	10
试油（层）	5	5
收入（亿元）	31.3	27.80

【市场开发】 2022年，海洋工程公司发挥一体化服务保障和特色产品技术优势，深化与业主沟通、交流，持续开拓行业市场，稳步推进新能源市场。新签、续签合同308份，同比增长179%，营业收入31.2亿元。

全力保障集团内部市场。动用4座钻井平台、3座试采作业平台、20艘船舶为大港、冀东和辽河油田服务。成功获埕海45井、葵探1井、辽探1井探井项目，签订埕海一号平台年度钻完井总包和修井、采油服务合同，中标赵东CP3平台建造、安装项目，签订埕海二号平台初步设计合同。为西部油气田提供固井、防腐及储层改造技术服务，与中油技服签订油井水泥用降失水剂框架采购服务协议，西部油气田市场实现收入同比增长48.4%。巩固拓展外部行业市场。以优质高效服务站稳、扩大中国海油市场，11座平台、11艘大马力船舶为中国海油提供日费服务；中标中国海油服3年防砂压裂服务项目，新签海油工程设计合同3项。开拓中国石化市场，与胜利油田签订中油海62平台修井作业日费合同及两艘2000HP工作船服务合同。进军海上管道建设和隐患治理市场，中标册镇海管变形修复、嵊泗海管、美孚惠州乙烯管道等7个项目。推动防腐专业化、一体化发展模式，首次进入LNG防腐市场，中标江苏LNG彩虹桥钢结构防腐项目。稳步开拓新能源市场。落实集团公司新能源业务发展部署，成立服务保障领导小组，全力协助南方勘探开展儋州、揭阳、汕尾等海上风电项目前期工作，为浙江油田海上风电、光伏发电等项目提供技术支持。相继中标华能广东汕头、浙江苍南和国电投山东半岛海上升压站建造项目。与煤层气公司签订战略合作协议，推进忻州、临汾陆上光伏项目。密切跟踪国际市场。为集团公司13个海外项目提供技术支持，与中油国际续签技术支持合同6项，开拓LNG和炼化模块建造市场，提交资质预审12份，参与投标28项。

【重点项目】 2022年，海洋工程公司安全优质高效组织项目实施，打造精品工程。

埕海一号平台EPC总包项目，完成埕海一号平台的设计、建造、安装和调试任务，该平台是集团公司首座采修一体化平台，创造集团公司海上模块安装最大规模纪录，多项工艺填补国内空白。

集团内部海上钻采项目，葵探1井创造集团公司海上177.8毫米尾管下深最深及尾管段最长纪录，在渤海湾盆地辽河坳陷滩海葵花岛构造获重大勘探发现，该项目获集团公司油气勘探重大发现一等奖。

中国海油服务项目，精心做好钻井、船舶日费服务，日费收获率连续4年保持在99%以上。中油海17平台实施的蓬莱19-3A井组钻完井及修井项目，工程质量合格率100%。中油海19平台在垦利6-1油田“新优快”擂台赛中，获中国海油天津分公司“新优快先锋队”称号。优质完成香港LNG接收站海管铺设项目，获海油工程“优秀承包商”称号。

西部油气田服务保障项目，大北303JS井五开尾管固井项目，井底静止温度180℃，压力184兆帕，创塔里木油田盐层固井最高温度纪录。优质完成克深1901井尾管固井项目，井深8110米，创塔里木油田克深区块目的层固井最深纪录。完成满深10井（9186米）固井水泥浆技术服务，创塔里木油田同尺寸尾管固井最长封固段纪录。川渝高压天然气井应用自愈合水泥技术，固井质量合格率高于同区块平均水平，其中，蓬探106井282.58毫米尾管固井优质率100%，创川渝地区固井纪录。在长庆油田推广水不分散水泥浆体系33井次，水层固井质量合格率100%，优质率95%，首次在塔里木油田哈得、博大、泽普3个采油气管理区开展一体化防腐技术服务。

国家管网册镇海管变形修复项目，创新提出以重型、异形结构管卡永久性修复变形管道的解决方案，2项技术为世界首创，4项技术为国内首创，自主研发海管变形修复辅助工装2套。管卡重29.15吨，被誉为“世界第一卡”，安装精度达到毫米级，管道空间角度偏转测量精度 ±0.5度，安全优质高效按期完成项目实施，树立中油海工品牌。

陆丰12-3导管架建造项目，该项目为亚洲第三大导管架，高253米，主结构顺利封顶，该导管架的裙桩套筒安装是海洋工程公司首次实施的陆地超大型吊装作业，最大吊装高度105米，最大单件重量约800吨，海洋工程公司超大型导管架建造能力大幅提升。

【质量安全环保】 2022年，海洋工程公司树立“安全生产、环境保护是公司的生命线”和“质量是公司高质量发展根基”理念，深入宣贯“两个理念、一个信念”，健全制度体系，严抓过程管控，全年施工作业8.33百万工时，总可记录事件率0.77，损失工时为零，再次获集团公司质量健康安全环保节能先进企业，并通过集团公司先进企业健康企业达标验收。

发布实施E版QHSEEn管理体系文件，规范开展体系审核，查改问题654项。推动基层站队HSE标准化建设，培育HSE标准化示范队5个。12艘船舶被国家海事局评为安全诚信船舶，19名船长被评为安全诚信船长。全面推进群众性质量活动，获集团公司QC小组成果三等奖1项、质量信得过班组1个。

制定《井控主要责任清单》，开展井控检查和自检自查，查改问题634项。强化井控装备管理，检验检修防喷器、升高短节64批329件，检验井控设备控制系统15套。完成16支作业队伍的“三评估三分级”工作，加强基层“井控明白人”队伍建设，开展井控培训42次370人次。落实“司钻是现场关井第一责任人”管理要求，实现溢流发现及时率和关井及时率“两个100%”，全年井控零事故。

质量安全井控专项整治三年行动收官，建立问题隐患整改清单495个，制定制度措施46项。统筹开展安全生产大检查、安全生产专项整治，累计查改问题、隐患27677项。严格环保管理，完成9座平台污水处理装置升级改造，开展大气、水体污染物排放监测296次，查改各类环保问题246项，污染物排放达标率100%。实施特殊敏感时期与节假日升级管控1285项，审批实施作业许可13520项，对6个重点项目开展HSE风险评估，19座移动式平台和1部钻机模块通过安全评估。强化全过程质量监督检查，全年查改质量问题992项。

严格落实属地政府和集团公司新冠肺炎疫情防控措施，修订《新冠肺炎疫情防控工作指导手册》，印发防疫文件15份。疫苗接种3162人，实现应接尽接。落实防控措施，开展监督检查，实行疫情防控信息“日报告、零报告”，员工健康得到有效保护。

精心组织员工健康体检和职业健康体检，开展高危人群分级分类健康指导。建成6个健康小屋，增配17台自动体外除颤仪，开展自动体外除颤仪使用培训1238人次。19座海上平台和20艘船舶按要求配齐医疗资源和救护设施。

【科技创新】 2022年，海洋工程公司“四提”工程成效显著。推广新技术新工艺25项，总包井井身质量、固井质量合格率100%，井下作业施工一次合格率100%。海工项目验收合格率100%。

开展科研课题82项，其中，国家级课题5项，集团公司、股份公司课题24项。申报发明专利34件，授权专利19件，其中发明专利14件。获集团公司科技奖励6项，地方政府、行业协会奖励2项。8项成果获集团公司科技成果转化创效奖，油井水泥用纳米基减轻增强材料等2类6个型号产品通过集团公司重要自主创新产品认定。树脂水泥、钛合金管材高温酸化缓蚀剂、大厚壁钢管焊接质量控制技术、粉体抗分散水泥浆体系等多项原始创新技术取得突破。开展新能源、节能降耗等关键技术研发，深水浅软地层多分支水平井钻井设计、近海海上风电场电网架构方案、移动平台储能装置等形成初步设计，在新技术领域迈出关键一步。

围绕重点项目，派专家团队驻井指导，发挥工程作业智能支持中心（EISC）远程支持作用，强化重点难点技术把关，保障项目实施。加强技术方案源头把控，组织“重大新”项目施工设计审批13井次、重大技术方案评审10次。推进以项目经理负责制为核心的完全项目制管理，签订三年目标责任书和年度任期合同，试行科研项目全成本预算、全成本核算，科技创新活力有效激发。编制《海洋工程公司数字化转型智能化发展规划》，船舶安全隐患远程排查、生产项目数字化管理和固井水泥浆体系设计专家系统建成投用，数智化建设落地见效。加强标准化管理，制修订各类标准27项，发布国标行标3项。

【企业管理】 2022年，海洋工程公司落实依法合规要求，深化改革创新，推进精益管理，优化公司治理体系，治理能力和治理成效显著提升。

聚焦“五个任重道远”，完成“合规管理强化年”等专项行动。编制强制性、禁止性制度规定指引685条，制定合规性审查事项110项。针对物资采购、依法纳税、安全环保等重点领域，查改问题16项，整改集团公司内控测试反馈问题62项，全年未发生达到上报等级的违法违规事件。加强合同与法律纠纷管理，审查合同2285份，标准合同文本使用率84.75%，支出类事后合同为零。推进法治建设，完成公司出资人变更、新能源业务增项和高级管理人员备案，修订公司章程，完成钻井分公司注册。开展法律审查论证，出具论证报告31份，办理授权委托书23份。强化员工遵法守规管理，健全内部违规处理工作机制，开展普法宣传29次。坚持依法审计，建立、健全审计、纪检等机关部门审计问题通报制度、协调联动工作机制，开展各类审计4项，推动问题整改18项，实现2021年以来对所属单位经济责任审计全覆盖。

对照改革清单，按期完成六方面60项改革任务。推进对标管理专项行动，修订《工程建设项目管理办法》等制度4项。深化三项制度改革，制定“组织体系优化提升方案”，压减二级、三级干部职数37个，三级机构13个；落实中层领导人员任期制和契约化管理，推进用工模式转型和薪酬分配改革，强化科技创新等6类专项奖励管理，构建形成“一适应两挂钩”的工资决定和正常增长机制；健全“业绩考核、履职测评、党建责任制考核、重点考核”为一体的综合考评体系，考核激励作用有效发挥。落实“科改示范企业”创建要求，完成天津中油渤星工程科技有限公司企业章程、法人治理结构、工资总额备案制、岗位分红激励政策等改革任务。

确立人才强企“12345”工作思路，制定海洋工程公司人才强企行动方案和人力资源价值评价办法。着力技能人才培养，编制年度培训鉴定工作计划，推进员工培训“学分制”试点运行，发挥专项奖励“指挥棒”作用，制定发布公司技能人才专项奖励办法，对优秀技能人才和所在基层单位进行专项奖励；抓好青年人才培养，3人入选集团公司“青年科技人才培养计划”，青年骨干队伍建设经验入选《集团公司人才强企工程推进年优秀案例》。

修订海洋工程公司《装备管理办法》，编制《海洋钻井、修井平台冷停与再启动规程》。开展关键装备故障风险评估300台套，更新、升级、改造设备130余台套，查改电气设备设施问题隐患762项。开展设备智能点检系统试点应用，预判处置各类设备隐患50余次。主要装备综合完好率98%以上，重特大设备责任事故为零。严格招标管理，建立招标月度检查机制，严把物资采购质量，采购物资检验率100%，入库物资合格率100%。启动中技开4座钻井平台接收和续建工作，优化公司装备结构，提升装备市场竞争力。

优化规划和投资管理，印发《海洋工程公司“十四五”发展总体规划》，编制《集团公司海洋业务和海洋工程中长期发展专项规划（2022—2030年）》等规划3个；修订海洋工程公司《投资管理规定》，超投资项目和计划外项目为零。开展海上风电装备市场调研，组织新能源业务发展前期研究。强化工程造价管理，成立海洋工程公司工程造价中心，完成《工程技术服务市场化计价规则——海洋油气井工程分册》编制。推动管理创新，2项成果分别获中油技服、中国石油企业协会管理创新二等奖，2篇论文分别获评中国石油企协管理创新优秀论文二等奖、三等奖。

【企业党建工作】 2022年，海洋工程公司贯彻新时代党的建设总要求，压实党建责任，推进党建与生产经营深度融合，在集团公司党建考核中继续保持A档。

执行“第一议题”制度，学习贯彻习近平总书记系列重要讲话精神，系统宣贯党的二十大精神，持续推动习近平新时代中国特色社会主义思想走深走实。统筹组织“建功新时代，喜迎二十大”习近平总书记重要指示批示精神再学习再落实再提升活动，全体党员深刻领悟“两个确立”的决定性意义，增强“四个意识”、坚定“四个自信”、做到“两个维护”。落实加强党的政治建设22条重点措施，严格请示报告制度，向上级党组织请示报告63项。严肃党内政治生活，高质量完成领导班子民主生活会和党支部组织生活会。执行“三重一大”决策制度，明确党委前置研究讨论重大经营管理事项清单，两级党委“把方向、管大局、保落实”的领导作用充分发挥。

完成海洋工程公司党委、7个二级党委和80个党支部换届选举。1人获聘集团公司党建特邀研究员。制定党委委员履行党建工作“一岗双责”管理规定，严格党建工作责任制考评和党组织书记抓党建现场述职评议会。

坚持“三强”标准，新提拔中层领导人员6人、进一步使用4人，推进干部交流任职6人；公开选拔配备二级、三级领导人员35人；加强年轻干部培养使用，干部结构持续优化。实施“赋能提素”工程，组织参加政治理论学习班7期，开展专题能力培训班60余次，选派16人参加集团公司培训，26人到重大工程、重点项目接受实践锻炼，干部本领持续增强。

围绕服务保障“三个环境”深化政治监督，制订项目监督方案11个，建立工作台账和清单17个。聚焦“两个责任”深化监督，层层签订党风廉政建设责任书971份，开展履约谈话1710人次。建立业务监督、职能监督、专职监督“三道防线”，实施联合监督项目化，排查关键岗位廉洁风险2497项，制定和落实防控措施2960项，推进集团公司党组巡视反馈问题深化整改，继续落实措施80项，形成长效机制6项。推进违规吃喝问题专项治理和“反围猎”专项行动，紧盯重要节日节点开展纠“四风”监督检查，持续开展廉洁教育，“三不腐”态势持续巩固。

支持基层单位开展劳动竞赛，组织安全知识答题活动。激励女员工建功立业，评选海洋工程公司巾帼建功先进个人12名，1人获2021年度集团公司“巾帼建功先进个人”称号。解决员工“急难愁盼”问题，2022年开展困难帮扶慰问278人次。组织送清凉、送温暖等慰问活动。

【社会责任】 2022年，海洋工程公司增强员工社会责任意识，锤炼过硬本领，在做好集团公司海上增储上产服务保障工作的基础上，积极参与社会救助。中油海281船在曹妃甸分道通航南侧为浮吊“蓝鲸”执行守护任务时，接到失火渔船“冀乐渔07086”呼救信号，中油海281船启动应急预案，研究制定营救方案。经过全力扑救，火情最终得到控制，船上5名船员全部获救，无人员伤亡。

（魏颂珂　刘　陈）

中国石油天然气股份有限公司勘探开发研究院

【概况】 中国石油天然气股份有限公司勘探开发研究院（简称勘探院，英文缩写RIPED）是面向中国石油全球油气勘探开发业务的综合性研究机构，是中国石油国内外油气业务发展的战略决策参谋部、重大理论与高新技术研发中心、技术支持与服务中心和高层次科技人才培养中心。

勘探院1958年成立，60多年来，勘探院直接参与中国陆上和海外大多数主力油气田的勘探发现与开发建设，有力支撑中国石油国内外上游业务的健康发展；建立并完善以中国陆相为主的石油地质与油气田开发理论技术体系，引领中国油气勘探开发理论技术持续创新发展；培养造就以20名“两院”院士、400余名教授为代表的一批专家队伍，打造一支敬业奉献、开拓创新的老中青科技人才队伍，为中国石油事业持续健康发展提供智力支撑；弘扬石油精神和大庆精神铁人精神，树立新时代科学家精神，为石油优良传统在科技领域薪火相传提供滋养沃土。

勘探院包括北京院（含廊坊园区）、西北分院和杭州地质研究院，业务领域涉及油气勘探、油气田开发、采油采气工程、非常规与新能源、信息与决策支持、研究生教育与技术培训等方面。北京院下设9个职能部门、39个科研单位、7个服务保障单位。总体上形成面向油气及新能源、扎根国内、布局全球的科研组织架构。2022年底，有员工2767人，其中在职“两院”院士4人、集团公司首席专家1人、集团公司高级专家1人、教授级高级工程师179人、高级工程师1595人，硕士以上学历2067人；建有提高油气采收率全国重点实验室、国家能源页岩气研发（实验）中心、国家能源致密油气研发中心等3个国家级重点实验室（研发中心），以及21个公司级重点实验室（研发中心），有大中型实验设备600余套，科研条件优越；作为中国石油总部级数据信息中心和勘探开发资料中心，负责公司30多个业务和管理信息系统的运行维护，是中国石油信息化建设的主力军；与国内外知名油公司、研究机构和高等院校建立广泛的交流与合作关系，出版《石油勘探与开发》等一批优秀刊物，在国内外油气行业和科技界具有良好影响力。

【理论技术研发】 2022年，勘探院坚决贯彻研发为主新定位，加大油气勘探开发和新能源理论技术创新力度，抓好国家和集团公司重大科技项目攻关，取得一批标志性科技成果。

落实高效勘探要求，勘探业务取得新突破。深耕重点盆地重点领域基础地质研究，破解复杂油气来源判识、成藏全过程示踪和地质综合评价等难题；创新深层海相碳酸盐岩成藏认识，助推塔里木、四川、鄂尔多斯三大克拉通盆地油气重大发现；全球首创低丰度丙烷定位同位素在线分析技术，可测量浓度下限降低至原来的1/40；深入羌塘盆地开展基础地质研究，在表层侏罗系见油气显示，点火可燃，前景可期；研发移动式全直径多维核磁共振测量系统，解决复杂地质目标体储层精细刻画和“甜点”精准识别难题；攻克复杂构造成像和复杂储层预测两大世界级难题，iPreSeis地球物理软件和CIFLog测井软件全新升级，在国内外15个油气田规模应用。

聚焦效益开发需求，开发业务取得新进展。深化提高采收率机理研究，首次提出水介质功能化理念，创新非连续相界面协同作用理论，揭示离子匹配及调控热力学机制；创新陆相页岩油藏多注入介质补能机理，建立水平井体积压裂注水和注气吞吐补能解析评价模型，应用于松辽盆地古龙和准噶尔盆地南部页岩油开发方案编制；建立海相页岩气“极限动用”开发理论，支撑泸州深层页岩气提产提效；推进注空气热混相驱、多井SAGD等稠油热采技术攻关和推广应用，支撑稠油油田持续稳产；创新气藏控水治水开发技术，建立裂缝性储层基质—裂缝组合模式与动态响应模式，探索补能置换新方法，推动控排水一体化协同开发技术日臻成熟。

强化特色利器打造，工程业务见到新成效。自主研发的体积压裂优化设计软件FrSmart1.0版本发布并投用，在国内三大石油公司和高校安装830余套；推进储层改造技术升级，形成以密切割改造为核心的缝控压裂技术体系，支撑长庆、新疆和西南等多区块产量提高10%—30%；创新研发机械堵水管柱和化学控水技术，推动水平井由被动式堵水向主动式找水控水的重大转变，在长庆、冀东、青海等油田推广应用近300井次；形成以“缆控”和“波码控制”为主体的第四代分层注水技术，推动注水方案由“滞后调整”向“实时精细”调控的重大跨越，在大庆、长庆水驱动用程度平均提高5.1个百分点，自然递减率平均下降2.62个百分点。

紧盯转型发展需要，新能源业务做出新亮点。牵头CCUS（二氧化碳捕集、利用与封存），重大专项，攻克二氧化碳埋存模拟和气驱层系优化组合等关键技术，支撑集团公司年注入二氧化碳超百万吨、年产油25万吨；自主研发绿氢制备技术，点燃冬奥历史上首支绿氢火炬；完成第一代钛酸锂储能电池试制，具备油田井场开展试验的基础；创新铀矿智能筛查技术，新增二连盆地、渤海湾盆地等3个有利找矿区；开展室内提锂实验，打通吸附法、膜法、沉淀法耦合全流程工艺路线，获工业级碳酸锂产品。

2022年，勘探院新增技术成果24项，牵头研发的“低渗油藏离子匹配与微纳米气水分散体系低成本提高采收率技术”“智能化分层注水技术”入选2022年中国石油十大科技进展；获省部级科技奖励100余项；获授权发明专利322件，其中国际发明专利24件；登记软件著作权105项；制修订标准30项，其中国家标准4项；发表SCI论文390篇，影响因子最高达32.8。

【技术支撑服务】 2022年，勘探院瞄准集团公司上游业务高质量发展需求，强化靠前技术支持，抓好战略决策研究，支撑集团公司筑牢油气保供“压舱石”。

做强国内外靠前技术支持体系。加强四川、准噶尔、塔里木、鄂尔多斯、柴达木盆地研究中心建设，科研骨干长期驻扎油气生产一线，提供靠前精准支持。加强海外技术支持体系建设，做强做大海外研究中心，成立勘探院中东分院，更好服务油气业务发展。

支撑集团公司油气增储上产。突出油气风险勘探，加大国内外风险目标评价和技术支持力度，支撑巴西阿拉姆大型风险勘探区块取得全球近20年最大发现，西南油气田充探1井雷口坡组获重要发现，大庆油田肇页1井青山口组获重要突破。深耕油气田开发方案编制，注重地质工程一体化设计，建立储量评价体系与分级动用序列，实现新老区块和不同层系协同开发，为气田整体稳产和高效开发下好“先手棋”，主导编制10余项新建油气产能规划方案和开发方案。

当好战略决策参谋助手。做强国家油气战略研究中心，支撑集团公司高端智库建设，报送国家智库报告7篇，向中共中央办公厅、国务院办公厅和国家部委提交高端建议40篇，其中4篇建议获国务院领导批示。分析油气行业现状和未来发展趋势，支撑集团公司《重大基础研究十年行动计划方案》等规划方案编制。打造决策支持特色品牌，连续第6年发布《全球油气勘探开发形势及油公司动态》，向集团公司总部编报高水平《决策参考》38篇，为领导科学决策和重点工作推进提供重要依据。

【人才队伍建设】 2022年，勘探院牢固树立“人才是第一资源”理念，走人才强院之路，推进高素质干部人才队伍建设。推进干部队伍梯次建设，树立鲜明选人用人导向，推动干部队伍年轻化，成功推荐4名中层干部、协助考察2名纪检干部走上党组管理领导岗位，推荐2名70后一级副职担任集团公司所属企业主要领导、1名80后二级正职进入院领导班子。加强院士专家队伍建设，组建院士工作室，实施院士后备人才队伍建设工程，按照“成熟型”“接替型”“储备型”三个层次遴选50名领军人才，规范院首席和企业专家管理，推动院士专家在科技创新、人才培养等方面发挥重要作用。提速青年人才成长成才步伐，建立优秀青年后备人才库，健全“师带徒”培养机制，推行“人才+项目”培养模式，推进双向交流挂职机制，选派14名优秀青年骨干到油气田企业挂职，接收6名油气田企业的年轻干部到勘探院挂职，引导优秀人才在实践中成长。推动创新人才培养基地建设，实施人才素质提升赋能计划，开展国家工程硕博士培养、卓越工程师学院建设，承办集团公司高层次人才培训项目，推进导师队伍建设，提升研究生培养质量，打造勘探院人才培养特色品牌。

2022年，勘探院获批国家杰出青年科学基金项目1人，获批国家优秀青年科学基金项目1人，1人入选“强国青年科学家”，1人获青年地质科技奖“金锤奖”。

【企业综合管理】 2022年，勘探院推进改革管理、平台建设、环境改善等工作，完善有利于创新创效的组织模式和运行机制，抓好研发平台、数字平台、合作平台建设，打造阳光和谐的科研生态，全面推进治理体系和治理能力现代化。

突出改革管理，厚植创新创效新动能。坚决打赢改革三年行动收官战，全面完成5方面61项重点任务；编制世界一流研究院建设方案，在战略、人才、创新、管理、生态、价值等方面提出建设路径，指导和推动相关领域组织管理实践。实施项目制，搭建“五类项目、三级管理”的分级授权管理架构，建立新型项目攻关组织模式，切实赋予项目经理在团队建设、方案制定、经费使用、考核激励等方面更多自主权，推动科研管理从“管制型”向“服务型”转变。系统建立院所两级预算管理体制机制，组织开展全成本全口径预算编制工作，差异化设置财务绩效考核指标，健全与全成本预算管理相适应的会计核算体系。全面加强依法治企和合规管理，加大规章制度“立改废”力度，修订制度20项、制定29项，废止13项；加强合规管理体系建设，推进内控管理与重点业务融合，强化风险动态监测和实时预警，全面提升防控能力。

突出平台建设，赋能创新创效新优势。加强研发平台建设，健全“国家级、公司级、院级”三级研发平台体系，启动实验室升级专项工程，“提高油气采收率全国重点实验室”作为油气行业唯一代表跻身全国前20。强化数字平台建设，加强智能油气开采装备工具研发和多学科交叉融合，推进数字研究所试点，加大人工智能、创新生态等信息平台建设力度，深化勘探开发云平台研发与推广应用，推动信息技术与勘探开发业务深度融合。深化合作平台建设，与道达尔、俄罗斯天然气科学研究院等企业院校签订战略合作协议，定期举办国际前沿能源科技云讲堂，《石油勘探与开发》SCI影响因子在全球石油工程类期刊中排名首位。

突出环境改善，营造创新创效新氛围。加强“大安全”管理，统筹推进安全生产大检查与QHSE体系建设，加强保密管理体系建设，健全网络安全防护系统，推进维稳信访工作，着力防范化解重大风险，筑牢安全发展防线。推进现代化科技园区建设，推进智慧园区建设和廊坊科技园区“三个基地”建设，实施办公场所、职工公寓和餐厅改造等一批基建工程项目，完成“三供一业”分离移交、退休人员社会化管理、社区管理职能移交后评价等工作，进一步提升科研生活条件和基础保障能力。关心关爱员工群众，开展丰富多彩群团活动，加强社区和公共事务协调服务，扎实办好一系列民生实事，让改革发展成果更好惠及职工、更好造福群众，显著提升员工群众的幸福感、获得感、安全感。

【企业党建工作】 2022年，勘探院围绕中心工作，坚持和加强党的领导，推动党的建设与业务工作相融相促，切实把政治优势转化为发展优势。

强化科技兴油政治担当。把深入学习贯彻党的二十大精神和习近平总书记重要指示批示精神作为首要政治任务，以总书记作出“加大国内油气勘探开发力度”重要指示四周年、“能源的饭碗必须端在自己手里”重要指示一周年为契机，组织召开专题座谈会，全面抓好贯彻落实“回头看”，坚定不移推进高水平科技自立自强和世界一流研究院建设。

发挥党的领导政治优势。坚决贯彻两个“一以贯之”，把党的领导贯穿于各项工作全过程，健全完善“三重一大”决策机制，高质量召开30次党委会，高标准审议科研生产、改革发展、服务保障等240余项议题，发挥党委“把方向、管大局、保落实”领导作用。召开勘探院第三次党代会，制定实施“135”党建工程，勾绘未来发展蓝图。

推进党建工作融合发展。创新基层党建“三三融合”方式，深化“党建+”模式，推进党建与业务工作相融互促，以“转观念、勇担当、强管理、创一流”主题教育活动为载体，全方位开展岗位实践、基本功训练等特色活动，推动党的建设与强创新、提质效、固基础相融互促，基层党组织凝聚力战斗力进一步增强。在集团公司党建考核中获评A+。

涵养风清气正科研环境。抓紧抓牢主体责任，深化监督执纪，推进监督体系与治理体系、创新体系有机融合，加强“关键少数”监督和科研生产重点领域风险防控，强化科研诚信和学风作风建设，对53个基层党组织开展常规巡察和巡察“回头看”，持续营造良好政治生态。

营造干事创业浓厚氛围。传承弘扬石油科学家精神和优良传统，成立石油精神（石油科学家精神）研究中心，推进院士“四个一”工程，举办李德生院士学术研讨会，推动敢为人先、勇攀高峰的创新精神在勘探院蔚然成风。集中选树宣传一批先进集体和个人典型，多方位讲好油气科技创新故事，持续涵养鼓励创新、尊重人才的良好氛围，凝聚起昂扬向上、团结奋进的强大力量。

（韩伟业　廖　峻）

中国石油集团工程技术研究院有限公司

【概况】 中国石油集团工程技术研究院有限公司（简称工程技术研究院）2017年2月组建，由原中国石油集团钻井工程技术研究院有限公司和休斯敦技术研究中心强强联合、重组整合形成，同时加挂股份公司、中油技服工程院及中国石油海外钻完井技术中心牌子，保留休斯敦中心牌子，是中国石油天然气集团公司直属科研机构。其发展定位为，中国石油集团公司油气工程技术参谋部，油气工程基础前沿及高新技术研发中心，油气工程高端技术支持与服务中心，油气工程高端科技人才引进培养平台，油气工程高新技术产业化平台。业务范围为，以井筒技术为主，从事油气钻井、完井、测录试、储层改造、井下作业等的发展规划、技术攻关、产品研发、产品制造与推广应用、国内外重点工程技术支持与服务等业务。

2022年，工程技术研究院下设7个机关处室、11个专业研究所、1个休斯敦研究中心、1个国际业务部、3个子公司、1个附属机构和5个临时机构；有国内唯一的油气钻井技术国家工程实验室（2021年12月纳入国家新序列管理，更名为油气钻完井技术国家工程研究中心），设有随钻测量、控压、固井、钻井液等14个专业实验室、3个试验平台和1个检测中心。有员工1271人，其中中国工程院院士2人、新世纪百千万人才工程国家级人选5人、享受国务院特殊津贴14人；教授级高工49人，高工382人；外籍专家52人，工程技术研究院两级企业技术专家31人。

【科技创新】 2022年，工程技术研究院承担国家和集团公司课题163项；获国家及省部级科技奖励44项，其中，中国专利银奖1项，科学技术进步奖特等奖1项、一等奖5项，基础研究一等奖1项，技术发明奖一等奖2项，专利金奖2项，行业标准特等奖1项，创新奖一等奖1项，青年科技创意大赛一等奖2项。申请发明专利399件，其中国外专利51件、国内专利342件；获授权专利79件，其中国外专利14件、国内发明63件；制修订标准97项，其中国际标准4项、国家标准10项、行业标准30项、集团公司企业标15项；组织发表论文213篇，其中：国际论文74篇；出版专著6部；登记软件著作权36项，认定技术秘密34项。

深化转型升级发展，突出关键核心和基础前沿技术攻关，全力锻造国家油气工程技术中坚力量。拓展研发布局，成功申报国资委“1025专项”2项，新开集团公司关键核心技术攻关等重大项目6项、直属院所基金课题24项，获沙特阿美石油公司项目1项，在研项目数量和重量创历史新高；成立新能源研究中心，系统布局CCUS、地热、储能等技术研究，抢占未来发展科技制高点。升级研发平台，高标准推进油气钻完井技术国家工程中心建设，联合承建国家基金委“超深特深层油气钻采流动调控”基础科学中心和教育部

“矿区深部零碳负碳技术”工程研究中心，特种实验室基建可行性研究方案通过集团公司论证，显著提升研发格局和影响。强化科研项目管理，优选16个项目实施完全项目制管理，开展5个重点项目成果后评估，严格落实例会督办和经费检查，9项“卡脖子”任务全部以“优秀”成绩通过年度成效评估，有效抓实重大项目过程管控。深化提质增效价值创造行动，制订年度行动方案，细化15项具体措施和7个关键指标，确保目标可量化、可考核，盈利能力趋于稳健，“两金”压降取得显著成效。取得一批标志性技术进展，抗温240℃井筒工作液、抗175℃高温芯片、PDC钻头超硬材料等基本解卡，恶性井漏综合治理技术获中国石油十大科技进展，无源磁导向等入选集团公司科委会年度重大进展，SmartDrilling软件形成1.0版，膨胀管技术实现国内首次直径311.2毫米井眼长裸眼封堵，连续管作业机创单机年作业500井次世界纪录。

【技术支持】 2022年，工程技术研究院强化产学研深度融合，为重点领域重大工程提供高质量科技供给。强化集团公司总部参谋支持作用发挥，进一步优化智库建设组织运行和优势资源有序协同，牵头编制集团公司重大基础研究十年行动计划工程技术部分，呈报的《油价上涨影响分析及应对建议》获国家领导人批示、《油气勘探开发工程技术》专刊获集团公司领导批示4次；EISC（工程作业智能支持中心）、风险探井支持、资质评价等业务迈上新台阶。强化靠前支持转型升级，支持领域由油气向储能、CCUS（二氧化碳捕集、利用和封存）、地热等多领域拓展，支持对象由重点大油气田向国内外各油气田有序拓展，支持内容由钻完井向钻完井+井下作业综合一体化发展，支持方式由单点前线作战向前后方一体化联动转变，行业技术影响力显著增强。加速科技成果孵化转化，多渠道多元化推进特色优势产品迭代升级和系列化标准化，获集团公司自主创新重要产品6项，入选集团公司2022年首台套重大技术装备目录2项，2项技术产品首次进入北京市新技术新产品认定目录，院产业化基金项目创收近2亿元，获集团公司科技成果转化创效奖励额度再创新高。深化高端成果转化平台建设，北京石油机械有限公司打造集团公司高端井下工具及随钻仪器产业化中心，江汉机械研究所连续管作业装备与工具的“智造”水平和产业化能力显著提升，西安康布尔公司全力搭建高端油化剂产学研一体化平台，信息中心高端钻完井软件向商业化应用迈出关键一步，产业平台创效能力达历史新高。

【人才强企】 2022年，工程技术研究院体系化构建“大人才”发展格局，建设油气工程技术创新人才高地。强化干部队伍建设，建立健全中层领导人员管理办法等9项制度，提拔院长助理1人、二级正副职15人，推进8名中层干部交流任职，有力提升所属单位班子整体功能，年度选人用人好评率100%。持续锻造科技人才队伍，优选科研骨干“揭榜挂帅”重大科技项目，加速高端领军人才自主培养；分级分类建立优秀青年后备人才库，30人入选集团公司“青年科技人才培养计划”；引进各类人才65人，申报“国家引才引智基地”，招募3名海外高端人才；有序推进专业技术序列改革，选拔推荐首席专家3人，选聘企业高级专家34人、一级工程师68人，科技人才队伍整体实力显著提升。健全精准薪酬激励机制，优化分级分类全员绩效考核及超额利润分享机制，完善项目制薪酬分配激励与约束，将合规管理纳入考核评估；完善高端人才引进协议工资制，实施领军人才工资总额单列，规范专项奖励发放，持续推进中长期激励，激发广大科研人员创新创造潜能。

【海外研发】 2022年，工程技术研究院强化海外研发机构能力建设和运营管控，提升价值贡献，确保稳健发展。研发水平和成果再上新台阶，休斯敦中心首次承接“1025专项”，新立集团公司项目8项，项目数量和质量创历史新高，实质突破4个“卡点”，在国内成功转化4项高新技术，海外科技供给能力稳步提升。经营管理能力持续加强，克服中美斗争、新冠肺炎疫情等不利影响，派出主管领导和骨干靠前管理，强化中美一体化联合研发、国际学术交流等窗口作用发挥；统筹纳税管理，实施中美全面预算和项目全成本核算，中心运营更加稳健。迪拜分院高标准起步，制定迪拜分院工作方案和“十四五”发展规划，明确职责定位及主要任务，确立完全项目制式主体运作模式，建立迪拜分院与各所厂、项目部的联动协作机制，启动2项科技攻关与技术支持项目。

【合规管理】 2022年，工程技术研究院切实将合规管理嵌入企业经营各领域各环节全过程，支持保障企业健康发展。全面推进“合规管理强化年”，召开专题推进会督导会，一体推进方案顶层设计、动员部署和深化实施，开展严肃财经纪律、依法合规经营综合治理专项行动，全新设计风险与内控管理体系，通过集团公司专项审计和财务专项检查，有效防范经营风险，建立健全长效机制。统筹推进专项改革，全面完成国企改革三年行动，形成146项标志性成果；推进北京石油机械有限公司“科改示范行动”，高分通过集团公司自评估。推进信息化建设，拓展数字化转型智能化发展路径，抓好智能钻完井技术研发、钻井远程智能技术支持、钻完井数据湖和智慧实验室场景落地，推进数据管理能力成熟度评估及认证，提升网络安全防护能力。全面强化综合管理，抓好新冠肺炎疫情常态化精准防控，有序应对疫情平稳转段，完善QHSE体系建设，开展质量提升专项行动，强化安全生产大检查和实验室、危险化学品等专项整治，全面做好法律、保密、外事、档案、后勤等工作。

【企业党建工作】 2022年，工程技术研究院坚持把方向、管大局、保落实，以高质量党建引领高质量发展。强化领导机制，把迎接学习宣传贯彻党的二十大精神作为首要政治任务，开展总书记重要指示批示再学习再落实再提升主题活动，修订党委前置研究重大事项清单，全年决策“三重一大”事项131项，党的领导作用有效发挥。强化理论武装，党委“第一议题”和中心组学习26次，推进党史学习教育常态化长效化，以习近平新时代中国特色社会主义思想培根铸魂。提质升级基层党建，制定“三融三促”、党支部分类指导等制度5项，开展庆祝建党101周年系列活动，党员挂牌上岗602人，建设党建品牌16项，固井所党支部在集团公司基层党建推进会上作为唯一党支部代表交流经验。深化从严治党，高站位接受集团公司党组巡视，高质量完成集中整改阶段任务；加强对“一把手”和领导班子监督，开展违规吃喝专项治理、“反围猎”专项行动，强化全员警示教育，以严的基调正风肃纪。强化宣传引导，开展“转型升级”形势任务教育，召开企业文化引领推进会，严格落实意识形态责任制，各级各类媒体刊发报道1500余篇，人民网、《科技日报》等主流媒体发布信息创历史新高，首次在集团公司石油精神论坛作事迹报告。发挥群团优势，坚持党建带工建带团建，线上线下开展大型文体活动，启动“青马工程”，开展“青年精神素养提升工程”，落实统战工作“十条措施”，精准帮扶206人次，办好新冠肺炎疫情关键时刻送药上门等64件实事，获集团公司青年科技创意比赛一等奖2项和优秀组织奖，获集团公司维稳信访安保防恐电报嘉奖。

（王盼盼）

中石油深圳新能源研究院有限公司

【概况】 中石油深圳新能源研究院有限公司（简称深圳院）是股份公司独资设立的有限责任公司。依照“支撑当前清洁用能替代、全产业链储备氢电转化技术、超前介入未来综合供能业务”3个层次布局，深圳院聚焦风能、光能、地热能、氢能、储能、智慧能源六大领域，重点攻关前瞻性和颠覆性技术，着力建设能源自主创新高地和国家战略科技力量。经营范围聚焦新兴能源技术研发，技术服务、技术开发、技术咨询、技术交流、技术转让、技术推广等。

深圳院按照建设新能源自主创新中心，培育战略与决策支持平台、成果孵化与转化平台、人才引进与培养平台、国际交流与合作平台，打造新能源科技创新高地的“141”发展定位，秉承新理念、新体制、新机制、国际化、市场化、产业化的“三新三化”原则，加速建成一流的科技研发中心、一流的专业人才队伍、一流的实验研发平台、一流的科创产业园区、一流的科技创新生态等“五个世界一流”新能源实体研究院，着力打造支撑国家及中国石油新能源事业发展的技术策源地和成果转化基地。

2022年，深圳院有综合管理部、科技管理部（知识产权、成果转化）、计划财务部、人力资源部、法务和内控部、条件保障部6个职能部门；设立氢能研发部、储能研发部、智慧能源研发部、地热能研发部、光能研发部、风能研发部，先期启动运行氢能研发部、储能研发部、智慧能源研发部、地热能研发部。

2021年12月28日，集团公司在北京总部举行中石油深圳新能源研究院有限公司揭牌仪式（禹航　摄）

【人才队伍建设】 2022年，深圳院依托中国石油天然气集团有限公司、上海中智人才顾问咨询有限公司、国投人力资源服务有限公司等网站，委托国投人力资源服务有限公司、上海德筑企业管理等猎头公司全球猎聘顶尖人才，实施365天多渠道多层次招聘，逐步壮大高端技术人才梯队，管理与技术双序列形成“一支核心队伍”。成立“人才队伍建设专班”，运用市场化选人、用人机制，快速组建一支百人级的高水平管理与科研核心队伍，为深圳院快速发展奠定坚实的人才基础。氢能、储能、智慧能源、地热能4个项目部形成分管院长领衔、研究员为项目长、核心骨干支撑的技术梯队，截至2022年底，形成高级顾问1人、资深研究员3人、研究员21人、副研究员及以下79人的高层次技术团队。立足精干高效，管理团队拓展引才方式，以业务外包方式遴选管理精英，初步形成6名市场化和6名业务外包共12人管理队伍。

【合作交流】 2022年，深圳院致力于贯彻落实国家“双碳”战略和集团公司提出的“清洁替代、战略接替、绿色转型”三步走总体部署，立足掌握新能源全套技术，聚焦风能、光能、地热能、氢能、储能、智慧能源等领域，开展科研交流活动。为加强合作与创新，深圳院先后与中国科学院深圳先进技术研究院、深圳清华大学研究院、中国人民解放军海军工程大学“中国电磁弹射之父”马伟明院士团队、华中科技大学动力与储能电池实验室黄云辉团队、深圳大学深地科学与绿色能源研究院等多家国内知名高校、新型科研机构开展座谈交流。多次开展实地考察，到武汉市调研国家网络安全基地、东湖实验室等重点工程，以及甘肃、青海等地调研光热发电、光伏基地等项目，并与青海油田交流新能源技术现状和应用场景。

深圳院与昆仑资本有限公司、华北油田分公司、南瑞集团有限公司、华为数字能源技术有限公司、中国科学院深圳先进技术研究院签署战略合作协议，并与深圳清华大学研究院、深圳市力合科创股份有限公司签订成立新能源联合创新中心的合作协议。本着“友好协商、互利互惠、优势互补、协同创新”原则，促进各方资源优势互补，加快新能源技术研究和产业化进程，推动集团公司新能源业务高质量发展，实现优势互补、协同创新的目标。

【基地建设】 2022年，按照集团公司要求，为保障深圳院建设成为技术自主创新中心、战略与决策支持平台、成果孵化与转化平台、人才引进与培养平台、国际交流与合作平台、新能源科技创新高地，深圳院选址深圳市龙华区华油工业园区，建设中国石油深圳新能源研究院研发中心建设项目，总面积3.4万平方米，项目突出“产、学、研、用”功能的顶层设计，秉承“绿色智慧、端庄稳重、生态温馨”理念，采用“围合院落式布局，整体中轴对称”思路，初步确定产业研发用房、实验室用房、培训用房、行政用房、食堂、公寓、配套功能用房等地上地下一体化建设方案，建筑规模约17.1万平方米，可满足2000人科研办公。深圳院、中石油昆仑天然气利用有限公司、中信工程设计建设有限公司、北京兴油工程项目管理有限公司4家单位联合成立“研发基地建设专班”，按照“2024年底竣工进驻”的工期目标，协同推进各项工作。此外，为保障在研发中心建成前深圳院科研、办公正常运行，分别以租赁方式在深圳中油阳光大酒店、深圳清华大学研究院、同方信息港设立临时办公区和科研实验区，基本满足未来2—3年科研办公条件。

【科研创新】 光伏制氢助力冬奥会点燃“一盏绿色火炬”。依托勘探院新能源研究中心，边加快前期基础筹建，边持续开展科技创新，取得以绿氢制取为代表的一批科研成果。2022年成功点燃奥运百年史上首支绿氢火炬，赢得北京奥组委、北京市海淀区政府和集团公司的肯定与嘉奖。

【管理提升】 2022年，深圳院开启制度体系建设元年。深圳院贯彻落实集团公司董事长戴厚良“将四家研究院建成中国石油‘特区’的指示精神”，全面落实董事长办公会、管委会会议要求，将《中石油深圳新能源研究院有限公司章程》制定作为重中之重。联合安永（中国）企业咨询有限公司深圳分公司成立“体制机制建设专班”，深圳院院长邹才能牵头全院各机关部门定期召开研讨会，构建“1+1+N”章程体系，形成《中石油深圳新能源研究院有限公司章程（征求意见稿）》《中石油深圳新能源研究院有限公司章程实施细则（征求意见稿）》及28项《中石油深圳新能源研究院有限公司制度汇编》。

深圳院按照股份公司关于设立新型研发机构的指导意见，遵循“三新三化”原则，注入“特区”内涵，以“改革突围、创新驱动、开放合作、务实高效”为核心要素，建立高度自主、先行先试的“一管控、五授权、一报备”体制机制（“一管控”指由股份公司管控，管理委员会代股东行使部分职权；“五授权”指股份公司在预算、科研、投融、人事、财务等方面，赋予深圳院自主“特殊授权”；“一报备”指管理委员会在职权范围内形成的决策，报股份公司相关部门备案并执行），建设中国石油新型研发机构改革试验“特区”，打造全方面支撑股份公司新能源事业发展的技术策源地和成果转化基地，成为股份公司绿色低碳转型的科技主力军，支撑引领国家碳中和目标实现及基业长青世界一流综合性国际能源公司建设。

从科研管理、成果转化、人力资源、预算决策、投融资管理等方面建设中国石油新型研发机构改革试验“特区”。系统谋划科创激励政策：赋予公司“创新特区立法权”，依据国家、广东省及深圳市地方法律法规，制定公司相关管理规定；建立符合国家和当地政策规定的科技成果转化方式和收益分配规定，赋予科技成果完成人或者团队科技成果所有权或者长期使用权，单位与科技成果完成人或者团队可以约定共同共有或者按份共有；运用股权激励、分红激励及虚拟股权等多种方式，鼓励成果转化，释放人才红利；对完成、转化职务科技成果作出重要贡献的人员给予奖励和报酬的支出，不纳入本单位工资总额；通过自主研发、联合研究、设立产业基金成立子公司等运营方式，开展新能源及相关领域的科学技术研究、科技成果转化和推广应用，以及高科技产品的研究、开发和生产。

（王　影　周　末）

中国石油迪拜研究院

【概况】 2021 年 12 月 28 日，中国石油迪拜研究院（简称迪拜研究院）的揭牌仪式在北京集团公司总部举行。建设中国石油迪拜研究院，是集团公司贯彻落实党中央关于高水平科技自立自强重大战略部署，实施创新战略和国际化战略的重要举措，是加快建设全球新型研发机构、积极融入全球创新网络的重要布局，对于深化“一带一路”能源合作、更好保障国家能源安全、推进集团公司建设基业长青的世界一流企业，具有重要战略意义。

2021 年 12 月 28 日，集团公司在北京总部举行中国石油迪拜研究院等新设研究院揭牌仪式。图为董事长戴厚良发表讲话 （迪拜研究院　提供）

2022 年 1 月 25 日，迪拜研究院在迪拜国际金融中心（DIFC）完成注册并取得营业执照、注册证明等相关文件，注册名称 CNPC R&D（DIFC）Company Limited。按照集团公司相关文件，1 月 27 日勘探院迪拜分院揭牌成立，1 月 30 日工程院迪拜分院揭牌成立。

【领导关怀】 2022 年 3 月 15 日，集团公司董事长戴厚良主持召开董事长办公会，专题审议迪拜研究院等 3 家新设研究院的建设情况。针对迪拜研究院建设工作，会议要求迪拜院应用推广集团优势技术，瞄准勘探开发前沿超前谋划布局。

2022 年 8 月 22 日，戴厚良主持召开董事长办公会，专题审议 4 家新设立研究院的建设情况。迪拜研究院在会上向集团公司党组进行工作汇报。会议要求各家新设研究院加快管理层招聘、章程编制和“十四五”规划制订。

【办工场所落实】 2022 年，迪拜研究院将租赁办工场所作为上半年的一项重点工作，综合考虑便利、成本等因素，在比选 19 处办公场所之后，2022 年 4 月初完成办公场所选址并签订租赁协议。10 月初完成装修及家具配置，11 月 12 日正式入驻位于迪拜国际金融中心中央公园大厦 17 层的新办公室。

【迪拜研究院管理委员会成立】 2022 年，为进一步捋顺迪拜研究院治理体系，构建科学决策的治理结构和运行机制，迪拜研究院主动对接集团公司相关部门，9 月 1 日迪拜院管理委员会成立，集团公司副总经理黄永章担任管委会主任。10 月 10 日召开管委会第一次会议，审议通过“十四五”规划，研究部署下一步重点工作。

迪拜研究院管理委员会人员组成名单

主　任：黄永章

副主任：贾　勇

成　员：江同文、陈金涛、何文渊、马新华、冯艳成、赖泽武

【参加阿布扎比国际石油会展】 2022年10月31日—11月3日，迪拜研究院参加阿布扎比国际石油会展，迪拜研究院院长赖泽武作为本次会展中国石油唯一主题发言者，作题为《云战略和数字化在油田技术发展的应用》的报告，向国际同行展示中国石油云策略赋能数字化转型的理念、做法与经验。

【课题研究】 2022年，在集团公司科技管理部支持下，迪拜研究院组织国内外科研力量，开展基础性前瞻性课题“中东地区异常高压酸性深层碳酸盐岩油藏高效开发关键技术研究”立项申请和开题论证，2022年11月8日课题立项获批。这是迪拜研究院承担的第一个科研课题，标志着迪拜研究院科研工作步入正轨。

（陈晓龙）

炼化新材料板块

中国石油天然气股份有限公司大庆石化分公司（中国石油大庆石油化工有限公司）

【概况】 中国石油天然气股份有限公司大庆石化分公司（中国石油大庆石油化工有限公司）简称大庆石化，是股份公司的地区分公司，前身是1962年成立的黑龙江炼油厂。2022年底，有二级单位25个，员工1.9万余人，生产装置、公用工程及辅助设施171套，可生产64个品种502个牌号的产品。炼油加工能力1000万吨/年，乙烯生产能力120万吨/年，合成氨45万吨/年，尿素80万吨/年，聚乙烯111万吨/年，聚丙烯10万吨/年，丙烯腈8万吨/年，丁辛醇20万吨/年，苯乙烯19万吨/年，ABS 10.5万吨/年，顺丁橡胶16万吨/年，腈纶丝6.5万吨/年。截至2022年，累计加工原油3.01亿吨，生产乙烯2213.59万吨，完成工业总产值9635亿元，累计营业收入10419亿元，累计上缴税费1327亿元。

2022年，大庆石化公司坚决执行集团公司党组各项决策部署，精准抵御新冠肺炎疫情冲击，有效应对“五年一修”带来的风险挑战，统筹推进生产经营、安全环保、改革发展等各方面工作，高质量发展取得新成效。全年加工原油791.95万吨，生产乙烯128万吨，乙烯产量连续7年过百万吨；营业收入654.84亿元、上缴税费99.88亿元；上市业务净利润0.2亿元、利润总额0.27亿元；未上市业务控亏1.33亿元，同比减亏6.4亿元，账面利润减亏下降83%，创历史最佳业绩。

【生产运行】 2022年，大庆石化统筹协调原料资源，加大管输轻烃、石脑油进厂力度，打通锦州石化、锦西石化石脑油互供渠道，原料结构持续优化。坚持“大平稳出大效益”，以强化专业管控为抓手，编制完成《调度手册》，规范操作变动预约管理，统筹开展技术攻关和防泄漏专项行动，高效完成32套装置窗口检修，优化储罐运行，彻底停用储罐208座，深化达标对标管理，推进“冬季九防”落实落地，执行三级以上操作变动2813项，主要生产装置操作平稳率99.81%，常减压（一）等17套装置创造长周期运行新纪录，21项主要物耗能耗指标创历史最好水平。开展长周期运行攻关，完善设备专业KPI体系，推广智慧平台机泵管理模块应用，深化“两治理一监控”，推进无泄漏装置创建，统筹仪表、电气、抗晃电、防腐蚀管理，A+B区运行机泵占比100%，静密封点泄漏率同比下降0.153‰。突出炼化一体优化调整，连续重整等炼油创效装置高负荷运行，“三苯”产量同比增加7万吨；落实柴油保供要求，柴油产量超计划21万吨。优化化工装置运行，动态调整乙烯负荷，阶段性停运乙苯脱氢等低效益装置，保持尿素装置长周期连续生产，实现上下游效益最大化。加强产运销整体协同，打通柴油对蒙古国出口流程，同步做好石油焦、19G 产品推价等工作，保障产业链顺畅运行。

大庆石化主要生产经营指标

指　标	2022 年	2021 年
原油加工量（万吨）	791.95	807.97
汽油产量（万吨）	182.82	195.29
柴油产量（万吨）	162.5	147.1
航空煤油产量（万吨）	21.31	27.53
乙烯（万吨）	128	135.9
丙烯（万吨）	79.19	85.93
ABS 树脂（万吨）	11.37	11.59
丁辛醇（万吨）	20.25	22.58
聚乙烯（万吨）	125.4	132.6
聚丙烯（万吨）	10.65	12.05
顺丁橡胶（万吨）	15.88	17.34
合成氨（万吨）	47.34	45.85
尿素（万吨）	42.28	31.27
资产总额（亿元）	236.02	218.79
营业收入（亿元）	654.84	596.32
利润（亿元）	–1.06	35.38
税费（亿元）	99.88	91.49

【安全环保】 2022 年，大庆石化落实“一岗双责”与安全履责“四项原则”，深化“四查四提升”活动，逐级签订安全环保责任书 1655 份，梳理安全生产责任清单 1.76 万项，安全生产记分 5900 余人，构建“1+1+N”安全能力评估模型，开展履职能力评估 1955 人次，安全责任实现全覆盖。一体化推进 HSE 内审、安全生产大检查、“四不两直”监督检查，发现问题 9500 余项，问题整改率 93.2%，未整改问题全部纳入隐患治理项目。迎接国家、黑龙江省、大庆市安全大检查 8 次，问题整改率 91%，安全生产治理能力不断增强。践行“防大风险、除大隐患，确保不发生大事故”理念，推进双重预防机制建设，辨识安全风险 2.8 万项，投入 3.8 亿元，陆续治理重点领域安全隐患 71 项，制定《风险作业分级管控实施细则》，发布高风险作业标准化模板 21 个，修订安全管理制度 8 项，清退不合格承包商 2 家，本质安全水平持续提升。组织开展 3 轮生态环境风险排查，治理环保隐患 74 项，强化排污许可管理，二氧化硫、氮氧化物排放量分别同比下降 13.73% 和 12.37%，规范处置危险固废 21.4 万吨，污染防治突出问题显著改善。有效应对新冠肺炎疫情冲击，坚持把员工群众生命健康安全放在首位，落实“四早”要求，压实“四方责任”，“内防扩散、外防输入”，坚持“人、物、环境”同防，派出 14 支党员突击队支援龙凤区防疫工作，特别是在 40 多天的封闭运行期内，大庆石化因时因势优化防控措施，最大程度保护员工群众生命安全和身体健康，最大限度减少疫情对生产经营的影响，合力打赢疫情防控“持久战”。

【科技创新】 2022 年，大庆石化坚持事业发展、科技先行，编制完成龙江地区炼化企业转型升级、“双碳”方案、能效提标等专题规划项目 7 个，承担科技开发项目 37 个，乙烯—辛烯共聚工业试验等 4 个集团公司科技专项通过审查，CCUS（二氧化碳捕集、利用与封存）重大科技专项完成 1.0 版二氧化碳捕集工艺包设计，企业创新主体作用充分发挥。以项目建设推动结构转型升级，乙烯装置脱瓶颈及下游配套、20 万吨 / 年 ABS、40 万吨 / 年高浓度二氧化碳回收等结构优化项目建设全面踏上计划进度，热电厂 100 万吨 / 年烟气低浓度二氧化碳捕集项目完成可行性研究初审，为绿色低碳转型发展提供项目支撑。加大科技成果转换力度，完成 QL585P、MPEF1810、UH060P 等 10 项专用树脂开发，放大 2820D、19G 等高效新产品 56.86 万吨，生产地热管材、箱包板材等 7 项新材料 2.2 万吨，有力支撑产业增值创效。推动主营业务数字化转型、智能化发展，昆仑 ERP 系统成功单轨运行，开创国产 ERP 在大型企业应用的先例。

【提质增效】 2022 年，大庆石化严格落实“四精”要求，打造提质增效“升级版”。优化提质增效及亏损企业治理方案，召开专题会议 19 次，推动落实提质增效项目 576 项，动态跟踪公司级投资项目 20 个，累计增效 5.02 亿元。加强原料价格和加工效益测算，协调管输轻烃、天然气原料定价，动态调整丙烷、散烃等高成本原料进厂时机，原料成本下降 7000 余万元，实施 E3 装置乙烷单独裂解、增加高效产品收率等措施，生产优化增效1.58亿元。坚持市场化创效方向，按需调控成品油产量，动态调整PE结构，增产石油焦、芳烃、1-己烯、腈纶等高附加值产品7.06万吨，产品优化创效0.74亿元。坚持低成本发展战略，加大低效无效资产处置力度，收储盘活闲置土地，争取保险、财税等政策红利落地，成本费用同比降低1.13亿元。加强现金流量管理，压降“两金”占用，开展平库利库和代储采购，节约采购资金0.15亿元；降低应收账款规模，累计清欠1.4亿元。加强能源结构优化，节能2.6万吨标准煤、节水46.6万吨。强化工程项目前期造价管理，深化工程建设项目审计，累计审减金额0.58亿元。

【企业改革】 2022年，大庆石化推进国企改革三年行动，提前完成45项改革任务，有效激发活力动力。优化组织体系，统筹推进3个生产单位扁平化试点、8个非生产单位“大部门制”改革，压减三级机构60个、定员编制1800余人，员工总量净减1200余人，组织运行效率进一步提升。深化未上市托管业务改革，编制《未上市托管业务深化改革方案（2023—2028）》，推动信息化业务与昆仑数智专业化重组，助力集团公司炼化业务数字化转型、智能化发展。加大亏损企业治理，建立以“两利四率”为主要内容的业绩指标体系，签订外部战略合作协议5份，设备制造合同单笔达到5800万元，信息技术业务外部市场合同额同比增加近3000万元，机械厂、检测公司通过国家高新技术企业认定，装置检修保运业务拓展至西南、内蒙古等区域，2022年经营性企业累计盈利0.67亿元，同比增加0.22亿元。“四供一业”、市政设施、文体服务、学前教育、离退休管理等国有企业办社会职能剥离改革任务全部落地，签订协议50余份，分流安置3800余人，成立服务保障中心，全面进入生产装置服务序列。强化依法合规治企，开展违法违规和主要风险问题合规排查，合同合规审查率、专业招标率实现“两个100%”。

【企业党建工作】 2022年，大庆石化全面开展党的二十大精神宣贯活动，两级党委理论学习中心组专题学习111次，开展宣讲活动393场次，推动党的二十大精神落地生根。推进党建“三基本”建设和“三基”工作有机融合，高质量完成党建工作责任制考核评价，以及党组织书记抓党建述职评议考核，开展“党员先锋岗”“党员突击队”等主题实践活动，通过“横班设置党小组”加强基层党组织建设，党支部战斗堡垒和党员先锋模范作用充分发挥。坚持正确选人用人导向，制修订《二三级干部选拔任用补充要求》等制度14项，二级干部队伍平均年龄49.3岁，新提职二级干部中“学专业干专业”人员占比83.3%，干部年龄结构、专业结构持续优化。突出人才价值提升，推进专业技术岗位序列改革和职称制度改革，累计完成重点培训152个班次，潘大龙、于文忠工作室分别获“黑龙江省技能大师工作室”和“集团公司劳模创新工作室”称号，有效保障人才接替需要。深入推动全面从严治党，强化主体责任与监督责任贯通协同，深化以案促改。开展巡察“回头看”，发现问题49项，实现“全覆盖”；组织专项监督检查14项，发现各类问题174项。加固中央八项规定堤坝，整治发生在员工群众身边的不正之风，一体推进“三不”。开展“转观念、勇担当、强管理、创一流”主题教育活动，组织形势任务教育宣讲，举办劳模事迹报告会，广泛开展解放思想大讨论，深化岗位实践活动。落实意识形态工作责任制，完善思想政治工作制度体系，推进企业文化和思想政治工作课题研究，组织建厂60周年主题宣传，举办公众开放日活动，对外发表理论文章和重要报道300余篇。举办“青马工程”培训、“青工岗位活流程”大赛等活动，加快青年成长成才步伐。各级党组织聚焦效益“大战”和新冠肺炎疫情“大考”，全力服务企业中心工作，积极构建和谐劳动关系，为每名员工增加门诊报销额度2000元，发放各类帮扶资金2000余万元，全员健康体检费用同比增加1500万元。强化重点时期信访维稳和舆情管控，及时化解不稳定因素，开展平安建设，企业发展大局保持稳定。

（钟国强）

中国石油天然气股份有限公司吉林石化分公司（吉化集团有限公司）

【概况】 中国石油天然气股份有限公司吉林石化分公司（吉化集团有限公司）简称吉林石化，办公地点位于吉林省吉林市。前身是吉林化学工业公司，是国家“一五”期间兴建的以染料、化肥、电石“三大化”为标志的第一个大型化学工业基地。1954年开工建设，1957年建成投产。1998年划归集团公司，1999年重组为中国石油吉林石化公司、吉化集团公司，2000年吉化集团公司与吉林石化公司正式分立运行，2007年吉林石化公司与吉化集团公司整合管理。2010年集团公司授权吉林石化对吉林燃料乙醇有限责任公司实施一体化管理。吉林石化作为新中国化学工业长子，新中国的第一桶染料、第一袋化肥、第一炉电石诞生在这里，创立60多年来，逐步成为千万吨级炼化一体化生产基地，为中国化学工业和国民经济的发展作出突出贡献。2022年底，吉林石化原油加工能力1000万吨/年、乙烯生产能力85万吨/年、燃料乙醇生产能力70万吨/年，有炼化生产及辅助装置130余套，主要分为炼油、乙烯、丙烯、碳四、芳香烃、合成氨、燃料乙醇等产品链，可生产汽油、柴油、航空煤油、聚乙烯、ABS、丙烯腈、乙丙橡胶、丁苯橡胶、甲基丙烯酸甲酯等115种主要石油化工产品。2022年底，设有15个业务部门、6个直附属机构、32个基层单位；在册合同化员工1.76万人；公司总资产289.6亿元，资产负债率34.8%。

吉林石化主要生产经营指标

指　标	2022年	2021年
原油加工量（万吨）	900.53	784.05
乙烯产量（万吨）	80.87	77.30
汽油产量（万吨）	189.36	180.74
柴油产量（万吨）	265.96	195.30
航空煤油产量（万吨）	22.11	27.26
合成树脂产量（万吨）	116.1	107.23
合成橡胶产量（万吨）	15.63	16.18
资产总额（亿元）	289.6	280.6
收入（亿元）	706.1	570.1
利润（亿元）	5	37.5
税费（亿元）	119	107.2

2022年，吉林石化坚决贯彻落实党中央“疫情要防住、经济要稳住、发展要安全”总要求，高效统筹新冠肺炎疫情防控、生产经营和转型升级“三条主线”，推进落实“党的建设深融入、安全环保夯根基、提质增效再攻坚、转型发展高质量、改革创新取实效、基础管理强规范、作风建设新气象”七大任务，有力应对超预期困难考验。全年加工原油900.53万吨、生产乙烯80.87万吨；完成现价工业总产值733.32亿元、同比增长21.94%，主营业务收入706.1亿元，实现税费119亿元，利润5亿元。吉林石化被评为中国石油2022年度“先进集体”“平安企业”“质量安全环保节能先进单位”，被集团公司认定为第三批“创新型企业”。

【生产运行】 2022年，吉林石化突出预知性生产及维修，高效组织生产调整157项、预知性检修消缺67项，运行平稳率99.87%，主要装置运行天数7279天。开展以“炼油装置优化运行、两套乙烯装置高效运行”为核心的炼油乙烯联合优化攻关，最大能力加工俄罗斯原油，掺炼比例最高达到48%、平均达到45%，创历史最高水平；成功调和国ⅥB标准车用汽油、提前7个月投放市场；增产增销石油焦、船用燃料油、焦化蜡油等炼油特色产品62.3万吨，同比增长57%；乙烯裂解原料实现品质提升与自给自足，大乙烯装置实现满负荷运行及分储分裂；乙丙橡胶产量首次突破6.3万吨、同比增长13.4%。

【设备管理】 2022年，吉林石化聚焦聚堵、腐蚀、泄漏、失效等影响装置长周期稳定运行瓶颈，治理联锁、工艺报警、机电仪等短板，机泵平均故障间隔时间同比增加18个月，自控率同比提高1.27个百分点。以技术攻关和专业化管理为抓手，提高驾驭装置能力，实施乙烯裂解炉改造及分储分裂等技改项目，破解大乙烯装置夏季运行瓶颈实现满负荷生产，乙烯收率同比提高0.127个百分点，丙烯纯度由96.5%提高至99.3%以上；9号裂解炉实施“雨滴型炉管”改造后，运行周期由60天延长至90天。针对腐蚀泄漏高风险，分轻重缓急制订治理方案，开展腐蚀隐患治理三年攻坚行动，累计完成9600米管廊钢结构除锈防腐，修复12.5万米管线保温外防护层、厂区破损道路1.4万平方米，拆除废旧管线5万米，现场锈迹斑斑、低老坏问题得到有效改善。

【计划优化】 2022年，吉林石化落实财务—计划—生产—营销“四位一体”生产经营计划管理，实施优化攻关80余项、增效1.5亿元。优化生产组织，围绕“炼化一体化、效益最大化”，搭建“揭榜挂帅”“十大技改攻关”平台，开展炼油乙烯联合攻关，炼油综合商品率提高 0.31 个百分点，加工损失率下降 0.1 个百分点；实施Ⅰ柴、Ⅲ柴、顶循增产石脑油等改造，年减少乙烯裂解原料外采量 20 万吨以上。根据乙烯及丙烯下游产品效益和市场情况，组织小乙烯装置停车治理隐患，环氧乙烷等装置阶段性停产，动态调整丙烯腈系列装置生产负荷和检修停开车时间，优化增效上亿元。

【安全环保】 2022 年，吉林石化牢固树立“安全压倒一切、一切服从安全”安全管理思想，开展全员安全思想大反思大整顿，坚决“不带隐患搞生产”，全年未发生 C 级及以上事故。认识“现场作业是突出风险，操作作业是最高风险”，加大“两零”（作业零风险、管理零缺陷）管理，完善警示约谈、全员记分等考核问责机制，确保 3.3 万项作业安全受控。深刻吸取同行业事故教训，制订安全生产管控方案，整改问题和隐患 2547 项。坚持点源治理、源头攻关、系统治理、项目支撑，将环保装置作为生产装置管理、把排放指标作为产品质量管控，5 项主要污染物均大幅下降，环保排放全部达标。开展挥发性有机物（VOCs）管控能力提升百日专项行动，10 项 VOCs 合规问题全部销号，VOCs 同比减排 26%；45 套装置创成“无异味装置”、创建率 66%。

【节能减排】 2022 年，吉林石化树牢节能是“第一能源”理念，提高全过程成本管控能力，开展“管理、技术、费用、指标”对标，强化物耗能耗全过程管控，172 项重点消耗指标中 137 项同比改善，炼油单因耗能、乙烯综合能耗达到能效基准水平；水、电、蒸汽、氮气消耗总量分别同比下降 5.8%、9.2%、7.05% 和 2.6%，减少煤炭消耗 2.9 万吨，长期停运一套空分装置。聚焦“双碳”（碳达峰与碳中和）目标，动态完善碳达峰实施方案，摸清碳排放底数，准确定位降碳关键环节，通过优化燃料结构等措施，碳排放量同比降低 30 万吨。

【挖潜增效】 2022 年，吉林石化坚持低成本发展，推进落实 23 项成本压降专项管控措施，可控费用同比下降 3%，“五项”费用同比下降 39.7%；推进资金优化，节约财务费用 1.25 亿元，未上市有息债务实现“零余额”。优化库存结构，实施低库存策略，从“管库存”向“管价值”转变，原油及产成品库存降到 20 万吨、不含煤炭总库存控制在 45 万吨，停运储罐 53 台、腾退库容 32 万立方米；库存物资规模压降 5%，网点库数量由 209 座减至 10 座，库房数量，库存物资占用由 1.73 亿元降至 0.69 亿元。紧盯国家抗击新冠肺炎疫情和复工复产系列政策，节约成本费用 1.2 亿元；依法合规组织报废资产拆除拍卖，实现处置增效 5000 多万元。

【维稳安保】 2022 年，吉林石化坚持以人民为中心的发展思想，巩固新时代“枫桥经验”成果，全心全意依靠员工办企业，保障员工主人翁地位，生产生活条件和福利待遇持续改善，赢得员工群众的广泛支持与理解信任，提升维稳信访保障能力。丰富拓展“我为员工群众办实事”实践活动，解决“急难愁盼”问题 3943 个；协同发挥帮扶救助保障机制作用，救助困难人员 1.8 万人次。抓实安防达标建设，6 处重点安保防恐目标通过省市达标认证，创成平安企业。

【转型升级】 2022 年 2 月 8 日，总投资 339 亿元的中国石油吉林石化炼油化工转型升级项目全面启动，项目主要包括新建 120 万吨 / 年乙烯等 21 套装置、改造 7 套装置及其配套工程。2022 年 9 月 25 日，西部区域丙烯腈装置率先开工；11 月 12 日，核心装置 120 万吨 / 年乙烯装置正式开工；12 月 27 日，中部区域乙丙橡胶装置开工。

【科技创新】 2022 年，吉林石化锻造研发硬实力，突出研究院主体地位，将 4 个研发中心划归研究院管理，全面加强科研专业化管理水平；申报承担国家 ABS 原创技术策源地建设，通过国家论证评审。深化“产销研”协同、“产学研”合作，开展聚烯烃等新产品市场开发和技术服务，与知名高校和代表性用户合作开展上下游科研开发，组建创新联合体、联合实验室 5 个。统筹推进“双新”（新能源与新材料），成立新能源新材料业务发展领导小组及专项攻关组，明确新材料研发生产方向，24 个新牌号产品纳入集团公司新材料目录，新材料产量首次突破 10 万吨。动态完善碳达峰行动方案，明确“源头清洁能源替代、生产过程节能提效、末端捕集利用封存”的总体方向，与吉林油田合作开展 CCUS（二氧化碳捕集、利用与封存），明确 2027 年实现“碳达峰”目标及实施路径。

2022 年，吉林石化提升科技创新能力，研发投入 1.96 亿元，研发经费投入强度达到 0.27%；开展科研项目 53 项，6 项科技成果产业化，11 个牌号新产品实现量产 3.46 万吨、创效 2300 万元。被认定为集团公司第三批创新型企业。

【改革发展】 2022 年，吉林石化全面完成国企改革三年行动，推进解决“三供一业”分离移交、吉化总医院改革后续问题，与宝石花医疗健康投控股集团有限公司签署《吉化职工疗养院委托运营管理协议》。推进北方公司内部改革，平稳有序完成机构整合，清理法人 11 户，实现持续盈利。强化未上市业务改革及经营管理，全级次亏损企业治理达到预期。加大“三项制度”改革力度，推进扁平化管理，深化“大部门制”“联合运行部”建设，将业务相近、地域相邻、产业衔接的 12 家单位整合为 6 家，机构总量由年初 445 个降至 395 个，提前三年完成“十四五”机构压降目标。推进行政管理岗位序列和专业技术岗位序列干部岗位管理体系改革，聘任各级别专家和技能专家 46 人，一级、二级、三级工程师 168 人，特级技师、高级技师、技师 693 人，推荐吉林省高端人才 4 人。

【疫情防控】 2022 年，吉林石化贯彻落实“外防输入、内防反弹”总策略和“动态清零”总方针，执行国家和吉林省吉林市新冠肺炎疫情防控指令，2022 年 3 月 8 日—5 月 6 日，实施以工厂属地为单位的封闭式运行、以车间为单位的网格化管理，1 万余名干部员工响应号召驻厂留守，全力保障疫情期间安全稳定生产。制定符合吉化实际的疫情防控策略，在思想上“高度警觉、严肃态度，坚定信心、保持定力”，在行动上“以我为主、不等不靠、争取主动”，在措施上“早封闭、早发现，快追溯、快隔离，严管控、严消杀”，在方法上“科学研判、精准防控，上下联动、内外协调”，守住生产场所不发生聚集性疫情底线。全面履行企业社会责任，全力支援地方抗疫，开足马力生产消毒液、酒精等防疫物资，为 5500 余人次防疫专家和医护人员提供优质食宿保障服务，300 余名党员投身社区志愿服务，与社会各界同心战疫、共克时艰。

（薛鹏越）

中国石油天然气股份有限公司抚顺石化分公司（中国石油抚顺石油化工有限公司）

【概况】 中国石油天然气股份有限公司抚顺石化分公司（中国石油抚顺石油化工有限公司）简称抚顺石化，是集“油、化、塑、洗、蜡、剂”为一体的大型石油化工联合企业，有 95 年发展历史，被誉为中国炼油工业的“摇篮”。石油一厂始建于 1928 年，前身为满铁制油工厂，以炼制页岩油为主要业务，1939 年更名为西制油厂，1948 年收归国有，1952 年更名为石油一厂，1962 年开始加工大庆原油，1982 年以石油一厂、石油二厂、石油三厂为主体，联合化学纤维厂和化工塑料厂，成立抚顺石油化工公司。能够生产成品油、石蜡、聚烯烃、烷基苯等 300 多个牌号产品，产品畅销全国并远销世界 50 多个国家和地区，是世界上独具特色的石蜡、烷基苯、低硫石油焦、贵金属催化剂生产基地，其中，年产石蜡 60 万吨，产量占全国 1/3、世界 1/7 以上，获美国 FDA 免检、欧盟质量认证，获中国“十大卓越品牌”；年产石油焦 46 万吨，是国内最大的高端电极及锂电池负极原料供应商；聚乙烯瓶盖料是中国唯一获市场大规模应用的低气味瓶盖专用料，替代进口；双峰承压瓶盖料填补国内瓶盖料产品领域的空白；年产烷基苯 28 万吨，产品产量亚洲第一，国内市场占有率 40%，油田驱油用烷基苯国内独此一家；催化剂年产能 1.3 万吨，是中国石油唯一的加氢及贵金属催化剂生产及研发企业。新中国成立以来，抚顺石化累计加工原油 4.68 亿吨，实现利税 1598 亿元，上缴税费居辽宁省前列，为国民经济和国防建设作出重大贡献。为全国各地输送 2 万多名优秀的管理和技术人才。

抚顺石化主要生产经营指标

指　标	2022 年	2021 年
原油加工量（万吨）	820	717
汽煤柴产量（万吨）	356	304
化工商品总量（万吨）	352	337
销售收入（亿元）	562	409
资产（亿元）	221	220
利润（亿元）	0.25	6
利税（亿元）	85.3	61

下辖 25 家直属单位，分布在抚顺市 4 个行政区。总占地面积 1180 万平方米，资产 221 亿元，年销售

收入550亿元以上，员工16409人，集体企业在职职工2931人。加工石蜡基大庆原油和沈北原油，原油一次、二次年配套加工能力1100万吨，化工产品年生产能力360万吨。主要生产装置67套，辅助装置及配套系统、单元100余套。

【生产运行】 2022年，抚顺石化套装置实施长周期运行优化，装置平稳率99.86%、同比提高0.12%，炼化新材料公司统计口径装置非计划停车为零、位列所属13家地区公司之一，年度总计停车次数同比下降78.57%，损工时数62天、同比下降25.3%。安排14万吨/年乙烯装置长期停工、8万吨/年聚乙烯装置和9万吨/年聚丙烯装置阶段性停工，170万吨/年重油催化、80万吨/年乙烯等主力创效装置单系列、满负荷运行；优化蒸馏侧线收率确保4套酮苯装置满负荷，主要创效产品产量创历史新高；年度柴汽比峰值达3.78，四季度乙烯装置保持负荷上限运行，长输管线月输油最高23.2万吨，采取旁滤回调等有效手段，长期制约物料平衡的存疑汽油难题得到有效解决。盯紧“率、费、耗”，多维标准开展装置对标，装置达标率81.4%、同比提高21%，炼油可比综合商品率94.51%、高于炼化新材料公司平均水平0.91个百分点，炼油综合能耗69.01千克标准油/吨、同比降低5.58个单位，80万吨/年乙烯能耗533.2千克标准油/吨、同比降低12.35个单位，双烯收率48.78%、同比提高0.3%；天然气用量3.8亿标准立方米，创历史新高；开展节能节水行动，腈纶厂域蒸汽优化攻关实现供需平衡，全年节能5.8万吨标准煤、节水6.9万吨，同比降低4.67万吨、5.46万吨。抚顺石化首次获集团公司生产经营先进单位称号。

【设备管理】 2022年，抚顺石化设备设施管理逐步提升。高效组织加氢裂化、连续重整等装置窗口期隐患消缺工作，狠抓动设备“两治理一监控”，以事件为资源推进腐蚀防护管理；开展抗晃电专项提升、西部发生3次外电故障未造成装置停工；持续提升仪表“三率”，加强“五位一体”巡检和预知性维修，设备完好率99.92%，炼化新材料公司全生命周期考核综合排名第6。

【安全环保】 2022年，抚顺石化修订发布2356份责任制和6560份责任清单，贯彻“四全”“四查”要求，严肃“十五条硬措施”落实，党委班子每月召开一次安全专题会，加大发现和治理隐患奖励力度，启动“安全生产1000天无事故”活动，累计发放安全奖励322万元。两级班子带队组织内审，查出问题2684项、整改2543项，责成内审员对典型问题“四查”溯源。高度重视“作业、操作、变动”风险管控，启动安全喊话、旁站监督，坚持监督问题日统计、分析、考核、提升闭环管理，各类报警降低90%、作业数量降低10%、节假日危险作业降低80%。20349项各类风险被有效识别并分级管控，安全生产专项整治任务、油气储存罐区隐患整改100%完成，丁二烯苯乙烯高危细分领域、老旧装置等隐患按“五定”原则治理并落实防控措施。修订234项应急预案，强化“一分钟应急处置、三分钟安全退守、五分钟消防联动”，组织演练1745次。精准落实疫情防控政策，全员长期坚持“两点一线”，全年核酸检测62.5万人次，加强针接种率97.34%。10月抚顺市首次实施静态管理12天，6000余名干部员工驻厂。

【绿色低碳】 2022年，抚顺石化134个环保检测系统在线运行，厂界“VOCs预警管控平台”初步建成，实施“走航监测”和“网络化管理”，为守护“蓝天、碧水、净土”构筑智能利器。开展挥发性有机物（VOCs）百日提升，异味源消减5%、665项监测受控，污水化学需氧量（COD）总量减排36吨、浓度降低4.8毫克/升，危险废物、一般固废分别较计划减少19501吨、691吨。加大低温余热综合利用，严控蒸汽无功减压，热电厂三炉运行218天、燃煤168万吨同比减少27.5万吨，年度二氧化碳排放总量757.4万吨。

【提质增效】 2022年，抚顺石化争取原油、原料和产品交货计划等各类计划资源，年度炼油计划执行率99.7%、化工计划执行率98.1%、互供计划执行率96.0%，高于下达指标平均两个百分点；按照“事前算赢”原则，财务、计划、所属企业联动，开展烷基苯、环氧乙烷、乙烯外购原料等专项优化测算120次，为经营决策提供充分依据。销售石蜡产品60.08万吨，烷基苯25.78万吨，创历史最高纪录，成品油调运量连续两个月超过40万吨，为近几年以来最高纪录。石油焦、丙烯腈等自销产品调价85批次，竞价销售114批次，创效4203万元；石蜡、烷基苯等统销产品推价39批次，增效1.22亿元。石油焦年平均价格7458元/吨，最高9000元/吨并持续3个月，创历史最高纪录。抓牢物料互供、结构优化、存货压降、资产处置等重点工作，刚性控减各类支出，全面打赢上市、非上市业务扭亏增赢攻坚战，可比年利润位列炼化一体化企业前列、12月利润位列炼化新材料公司第一；启动“18+2+2”22项提质增效攻坚任务，年度原料及产成品库存累计下降12.4万吨，比目标多降库2.4万吨、停运储罐94台25.5万立方米；

降重油催化掺渣比、优化焦化原料增产石油焦，增效0.88亿元；提高柴汽比、争取出口柴油配额23.6万吨，增效0.86亿元；烷基苯出口5.4万吨增效0.54亿元，“一炉一策”提高工艺炉热效率、争取天然气资源实现能源替代、控减液化气燃料自用增效0.3亿元；量价配合优化碳四、碳五等轻油组分轻烃加工路线增效0.25亿元；交易所挂牌竞拍一次性处置历年21.8亿元的报废资产增效1.2亿元；提高招标率、拓展框架物资采购种类、充分竞价比价，物资采购招标率83.58%、同比提高7.78个百分点，框架采购率69%、同比提高4个百分点，制造商直采率86.49%、同比提高14.34个百分点，降低采购成本3.26亿元。提质增效累计创效9.8亿元。

【项目建设】 2022年，抚顺石化落实集团公司董事长批示和调研讲话精神，经党委会审议，“减油增特”“减油增化”“转化增新”“减碳增绿”等成为规划发展的指导意见，遵循“五有五化五调整”滚动完善“十四五”发展规划、完成转型升级方案编制，全面启动石蜡润滑油特色产品产能提升项目、110万吨/年乙烯改扩建等重点项目预可行性研究、可行性研究编制工作，全面梳理现存土地资源和总图平面为发展打牢基础。年度按照集团公司部署，生产特种油改造项目一期工程高效批复并启动建设、完成工程量77.5%，二期项目可行性研究完成编制；油蜡联产项目全面批复、启动建设，现场桩基工程初战告捷；催化剂厂通用加氢催化剂技术升级项目总体形象进度完成77%；烯烃厂丁苯橡胶装置异味综合治理项目、腈纶厂丙烯腈装置废水焚烧炉改造项目等投资8.79亿元的安全环保隐患项目高质量中交、投产，石油三厂动力锅炉安全隐患治理项目、洗化厂氢气优化运行项目等节能优化项目均完成阶段任务；年度完成各类投资8.44亿元，投资计划完成率97.5%，获评集团公司“十四五”规划先进单位。

【科技创新】 2022年，抚顺石化召开科技与信息化创新工作会议，成立抚顺石化技术委员会，建立科技项目课题长负责制，中国科学院城市环境研究院所抚顺工作站正式运营；实施科研项目49项，研发投入强度0.288%，创历史最好水平；生产高洁净大中空FHM8255A、承压瓶盖料FHP5060、混晶蜡等11个新产品20.9万吨；新材料产量实现零的突破并超额完成集团公司考核指标，辛烯共聚超低密度聚乙烯VLF8410成功试产。乳化炸药蜡科研项目中试成功，“环保型乙醇法长链烷烃脱氢催化剂”替代进口。智慧通行系统在全公司应用，生产装置“全流程自动及净屏操作”项目（一期）全面上线，安环一体化系统完成作业前安全分析、气体报警器在线管理等系统软件模块的推广应用，安保防控项目、可视化生产运营管理系统建成试运；MES系统持续优化，完成LIMS系统不合格产品自动统计功能；推进信息“孤岛”治理专项行动，物流、信息流、资金流“三流合一”工程有序推进。

（郭　兴）

中国石油天然气股份有限公司辽阳石化分公司（中国石油辽阳石油化纤有限公司）

【概况】 中国石油天然气股份有限公司辽阳石化分公司（中国石油辽阳石油化纤有限公司）简称辽阳石化，是大型炼化一体化生产企业。位于辽宁省辽阳市宏伟区。前身是辽阳石油化学纤维总厂，1972年经国家批准建设，1974年正式动工，是20世纪70年代国家建设四大化纤基地中最大的一个，织出中国第一块国产“的确良”。经过50年的发展，有炼油、芳香烃、烯烃、聚酯、尼龙等主要生产线，炼化主体生产装置79套，辅助生产装置52套。其中，炼油部分有加工俄罗斯原油的全加氢炼油厂，原油加工能力1000万吨/年，为中国石油第8家千万吨级炼油基地，可年产优质柴油430万吨、汽油260万吨、航空煤油80万吨。芳香烃及衍生物生产能力位居全国前列，可年产100万吨对二甲苯、40万吨苯、14万吨邻二甲苯、30万吨聚酯、14万吨精己二酸和18万吨硝酸。烯烃部分可年产30万吨高性能聚丙烯，依托20万吨/年乙烯裂解装置可年产7万吨聚乙烯、25万吨环氧乙烷/乙二醇。截至2022年底，累计生产成品油524.3万吨，苯、对二甲苯、邻二甲苯产量合计113.1万吨。

2022年底，辽阳石化设14个职能处室、5个机关附属中心、6个直属单位、20个二级单位，员工总数 1.08 万人。2022 年，辽阳石化贯彻“疫情要防住，经济要稳住，发展要安全”的总体要求，统筹安全环保、提质增效、科技创新、深化改革、党的建设等各项工作，团结带领广大干部员工迎难而上、积极进取，取得令人瞩目的发展成就，2 万吨 / 年 1，4 环己烷二甲醇装置一次开车成功，按时完成国家技术攻关任务，获集团公司“先进单位”“平安企业”“QHSE 先进企业”称号。全年加工俄罗斯原油 796 万吨，生产成品油 524.3 万吨，化工商品总量 203.8 万吨。主营业务收入 562.83 亿元、同比增加 93.93 亿元；利润 24.3 亿元、同比增加 22.64 亿元；税费 106.2 亿元，连续 4 年上缴税费超百亿元。

辽阳石化主要生产经营指标

指　标	2022 年	2021 年
原油加工量（万吨）	796	820
汽油产量（万吨）	173.62	214.17
柴油产量（万吨）	337.3	291.26
航空煤油产量（万吨）	13.4	35.45
对二甲苯产量（万吨）	66.5	79.71
环氧乙烷产量（万吨）	20.18	24.68
聚乙烯产量（万吨）	2.88	3.42
聚丙烯产量（万吨）	21.59	7.93
资产总额（亿元）	151.26	156.06
收入（亿元）	562.83	468.9
利润（亿元）	24.3	1.66
税费（亿元）	106.2	110.72

【规划发展】 2022 年，辽阳石化深入落实集团公司董事长戴厚良批示精神和视察讲话要求，锚定“特色产业特色产品巨人”目标，加快转型升级，明确“减油增化”“减油增特”“减油增材”“基础 + 高端”协同发展的总体思路，确立“减油、增烯、转芳、新材料”的产业发展方向。确定“两步走”和两个“百亿工程”的转型升级方案，方案纳入辽宁省政府与中国石油集团公司签订的《在辽重点企业转型发展合作框架协议》，获集团公司和地方党委政府的高度认可。

【第四次创业新征程】 2022 年 8 月 5 日，辽阳石化以建厂 50 周年为契机，召开第四次创业启动大会，大会提出要坚持以习近平新时代中国特色社会主义思想为指导，深入贯彻党的十九大、十九届历次全会精神，全面加强党的领导，完整、准确、全面贯彻新发展理念，推进减油增化、减油增特、减油增材，强化技术立企、人才强企、改革兴企“三大战略”举措，突出抓好安全环保、绿色低碳、精益管理、智能发展、文化引领“五大重点工程”，加快推进治理体系和治理能力现代化，打造特色产业特色产品巨人，当好国有企业“种子队”。

【生产运行】 2022 年，辽阳石化树立“大平稳产生大效益”理念，强化生产受控，狠抓工艺管理，平稳率 99.99%，在集团公司考核 26 家炼化企业中排名第四。抓预防、治未病，探索构建立体监管体系，运用仪表、报警、联锁等手段联合管控，生产、设备管理取得显著成效。严格工艺风险管控，开展高压窜低压管理专项提升，新识别装置互窜风险 1600 余项；组织 375 项工艺变更管理排查，落实风险削减措施，严格管控“变”的风险。工艺技术水平大幅提升，完成 27 套在役装置危险和可操作性（HAZOP）分析，绘制 130 张生产执行系统（MES）实时数据流程图，修订完善 4821 份操作卡，编制 58 项专业导则，开发督办信息管理系统并下发 148 项督办任务，有效保证指令畅通。加强设备精细化管理，对设备实行逆周期整治，推进“夏病冬治”“冬病夏治”，对大机组开展机、电、仪、管、操“五位一体”管理，超过 85% 的机泵振值小于 2.8 毫米 / 秒；以 SIL（安全完整性等级认证）评估推进联锁自控率排查与管理提升，以定点测厚整治易腐蚀部位及小接管隐患，开展“无泄漏工厂”建设。准备 2023 年大检修，完善检修计划和检修方案，促进检修项目和检修费用“双瘦身”。

【安全环保】 2022 年，辽阳石化坚守红线底线，把安全置于“先于一切、高于一切、重于一切”的核心位置，提出“安全从人出发、安全从我出发、安全从心出发”，富有辽化特色的安全文化逐步形成。强化履职尽责，制定《安全生产十五条硬措施》和岗位员工安全行为负面清单，压紧压实安全责任。坚持问题导向，拓展审核深度，QHSE 体系内审排名位居炼化企业前列。推进安全环保隐患治理，政府和集团督办项目全部完成，安全生产专项整治三年行动和危化品集中治理工作完成。推进“五型”班组标准化建设，聘请第三方开展安全环保现状会诊评估，促进管理提升。“一源一策”整治挥发性有机物，实施优化中水回用、污油减量回炼等技术攻关举措，主要污染物大幅下降。

【提质增效】 2022年，辽阳石化聚焦价值创造，推进提质增效专项行动，深化“一企一策”，实施重汽油改造、蒸汽管线跨接等76个优化专题，征集“金点子”1317条，能耗总量、单位原油加工碳排放强度和乙烯产量碳排放强度同比下降7.8%、9.8%、8.7%。加强对标管理，119项生产技术指标同比提升，炼油加工损失率、催化丙烯收率、乙烯收率、聚酯聚烯烃产品单耗、全流程综合能耗、乙烯综合能耗、重整综合能耗、吨油耗水等89项指标创历史最好水平。开展节约实物量专项攻关，优化热电系统运行，同比少运行1台锅炉和1台发电机。通过框架采购、国产化替代等措施，节约采购资金。发挥销售价值主渠道作用，增产扩销汽油、柴油等高效产品。优化“三苯”销售模式，PX首次实现铁路销售，物流费用大幅降低。优化人力资源，组织员工“走出去”拓展外部技术服务市场，承接广东石化仪电维保业务。

【科技创新】 2022年，辽阳石化加速技术进步，坚持走自主创新道路，开展科研项目120项，获8项集团公司（省部）级科学技术奖项。2万吨/年1，4环己烷二甲醇（CHDM）工业试验装置一次开车成功，获集团公司董事长戴厚良亲笔批示；共聚酯（PETG）产品质量达到国际先进水平，产品实现工业化。与国家重点实验室共建联合研究中心，助推原创技术策源地建设。光伏背板膜聚酯等3个新产品被评为集团公司自主创新重要产品，LH064牌号锂电池隔膜料首次实现工业化生产并完成首批销售，开发6个聚丙烯新牌号，覆盖市场多个重点领域。多种自主研发催化剂实现工业化应用。完成制氢装置低浓度二氧化碳捕集侧线试验。深化MES、ERP等系统应用，安全、生产、设备、能源等一体化管控平台有力支撑公司各项决策，智能工厂建设稳步推进。召开科技与信息化创新大会，崇尚科技、崇尚技术的氛围日益浓厚，技术立企、科技创新战略深入人心。

【企业改革】 2022年，辽阳石化按照“行政管理集中化，技术管理专业化，运行管理现场化，基础管理标准化”，完成运行部组建，主体生产厂全部完成扁平化改革，实现由三级管理向两级管理转变；撤销仪表厂建制，仪表检定业务划入生产监测部；三级机构数量大幅压减，完成国企改革三年行动任务。营造崇尚技术氛围，由公司领导挂帅，组织成立安全、环保、生产、优化、设备、仪电6个专业技术管理团队，“技术+管理”模式更加成熟定型。实质性推进“双序列”改革，制定下发《专业技术岗位序列改革工作实施方案》《高级专家和一级工程师管理办法（试行）》，在运行部全面推行专业技术岗位序列改革，拓宽科研和技术人员成长通道，激发全员创新创造积极性。协调地方政府签订企地战略合作协议，促进协同发展。

【人才队伍建设】 2022年，辽阳石化践行人才强企战略，为高质量发展提供坚强的人才支撑。“一人一策”制订系统化操作员培训方案，主体装置系统化操作员占比75%。推进技能人才培养开发专项工程，实施技能晋级计划、创新创效能力提升计划和石油名匠培育计划，在聘高技能人才422人，集团公司级技能专家增加到11人。对新入职大学生实行工程师、技师“双师制”培养，骨干人才的技术应用和技能实践能力持续提升。建立竞赛常态化机制，组织设备员、仪表工程师等15个工种的个人赛和团体赛，评选“状元”19名、“明星”38名、“标兵”57名、“能手”108名、团体优胜单位3个。在集团公司举办的“化工总控工”“消防战斗员”竞赛中，获两个团体第三名。

【企业党建工作】 2022年，辽阳石化深入学习贯彻党的二十大精神，围绕学习贯彻习近平总书记重要讲话和指示批示精神，落实“第一议题”制度，开展纪念总书记视察4周年系列活动。推进基层党建“三基本”建设与“三基”工作有机融合，开展“党建+”“党员带群众”“党建结对子”等特色活动，党建“项目化”深入推进，党支部的战斗堡垒作用和党员的先锋模范作用充分发挥。加强意识形态阵地建设，在辽阳电视台开设专栏，播出辽阳石化要闻；举办首届厂区“开放周”活动。常态化开展党史学习教育，组织“我为员工群众办实事”活动，解决员工“急难愁盼”问题，员工获得感、归属感、幸福感显著增强。开展多层次劳动竞赛，评选优胜单位16个、红旗车间（装置区）184个、优胜班组166个，激发员工的凝聚力和工作热情。加强党建带团建，启动“青马工程”，辽阳石化团委在集团公司专题会上作典型发言。推进全面从严治党向纵深发展，深化运用“四种形态”监督执纪问责，对4家二级党委、16个部门开展两轮巡察“回头看”，精准开展安全环保隐患治理、库存物资管理等专项巡察，实现新一轮巡察全覆盖。党员干部纪律意识、规矩意识不断增强，干部队伍作风持续转变，风清气正的政治生态向上向善，党风企风持续好转。加强合规管理和法治建设，完善《合规职责清单》，形成依法合规良好氛围。

【关注民生】 2022 年，辽阳石化树立以员工为中心的思想，全心全意依靠员工办企业，各级工会组织积极帮扶困难员工，发放救助金，传统节日开展全员慰问。征集办理职工提案 65 份，召开 4 次公司级民主管理座谈会，员工提出的 95 项民主管理建议和 795 项民生问题全部得到落实。推进健康企业建设，加强慢性病防治，开展新一轮“健康服务下基层”活动，委托专家坐诊，发放血压计、健身门票，评选“健康达人”，员工健康意识显著提升，重点关注的高危人群数量大幅下降。

（高大卫）

中国石油天然气股份有限公司兰州石化分公司（中国石油兰州石油化工有限公司）

【概况】 中国石油天然气股份有限公司兰州石化分公司（中国石油兰州石油化工有限公司）简称兰州石化公司，1952 年选址，1958 年建成投产，是集炼油、化工、工程建设、检维修、装备制造及矿区服务为一体的大型综合化炼化企业，是中国西部重要的炼油化工生产基地，能源战略地位非常突出。兰州石化地处甘肃省兰州市西固区，有土地面积 27 平方千米。原油一次加工能力 1050 万吨 / 年，乙烯产能 150 万吨 / 年、合成树脂产能 198 万吨 / 年、合成橡胶产能 21.5 万吨 / 年、炼油催化剂产能 11 万吨 / 年；有各类炼油化工生产装置 67 套，可加工 7 种原油，生产汽油、航空煤油、柴油、润滑油基础油、合成树脂、合成橡胶、炼油催化剂、精细化工、有机助剂等多品种、多牌号、多系列石化产品。有汽油加氢、丁二烯抽提、丁苯橡胶、丁腈橡胶、碳五加氢石油树脂成套技术，炼油化工主要工艺技术和炼油催化裂化催化剂领域达到国内领先水平。2022 年底，总资产 247 亿元。设机关处室 12 个，直属机构 8 个，二级单位 31 个，在册合同化、市场化员工 1.67 万人。下辖二级单位设党委 35 个、党总支 8 个、党支部 307 个，有党员 9293 名。

2022 年，兰州石化加工原油 947 万吨，生产汽油、航空煤油、柴油 650.6 万吨，乙烯 144.6 万吨，合成树脂 187.6 万吨，合成橡胶 19.7 万吨，炼油催化剂 7.5 万吨，分别同比增长 4.5%、44.6%、31%、1%、14.1%。营业收入 773 亿元、上缴税费 143 亿元，分别增长 30.2%、4.6%，上市业务账面利润 18.06 亿元，榆林乙烯盈利近 10 亿元，未上市业务一举扭转多年亏损局面，连续 14 年成为甘肃省纳税超百亿元企业。

兰州石化主要生产经营指标

指　标	2022 年	2021 年
原油加工量（万吨）	947	915
汽油、航空煤油、柴油总量（万吨）	650.6	623
乙烯产量（万吨）	144.6	100.2
合成树脂产量（万吨）	187.6	143.2
合成橡胶产量（万吨）	19.7	19.57
炼油催化剂（万吨）	7.5	6.56
资产总额（亿元）	247	232.69
营业收入（亿元）	773	593.51
利润（亿元）	18.06	25.33
税费（亿元）	143	136.79

2022 年，兰州石化始终把政治建设摆在首位，开展“建功新时代、喜迎二十大”主题活动，跟进学习贯彻习近平总书记最新重要讲话和指示批示精神，集中开展两级党委中心组学习，第一时间学习宣贯党的二十大精神，深刻领悟“两个确立”的决定性意义，不断增强“四个意识”，坚定“四个自信”，做到“两个维护”。制定《兰州石化公司党委前置研究重大经营管理事项清单》，审议“三重一大”事项，领导班子牵头清单式推进党委重点工作，发挥党委把方向、管大局、促落实的领导作用。调整成立二级单位党委、基层党支部，理顺宝石花医院、宝石花物业等市场化改革单位党组织隶属关系，有力推动党的领导

融入公司治理各环节。兰州石化一线骨干管东红当选党的二十大代表。

【规划实施】 2022年，兰州石化抢抓项目落地，紧密对接甘肃省石化产业集群战略，主动融入集团公司“陕甘宁青蒙”区域规划部署，快马加鞭推动炼化业务转型升级。成立工作专班，组建项目筹备组，乙烯改造项目可行性研究编制、土地征迁、评价手续等前期准备工作全面启动，专项研究润滑油、氢能利用、未上市等业务规划。利用自主技术建成投产国内外单线生产能力最大的特种丁腈橡胶装置，完成氯化聚乙烯基料包装改造，西罐区裂解汽油储罐按期投用，电容膜聚丙烯项目主体装置基本建成，炼油、化工集中控制室项目顺利推进，重催装置MIP二期改造、注塑专用料等5项技改项目落地实施，新建丙烯腈、聚丙烯催化剂等6项重点项目进入前期论证。优化总图布置，化工园区设立有序推进。加强工程建设项目集中统一管理，实施项目58项，建成中交24项。

【安全环保】 2022年，兰州石化强化风险防范，压实安全生产责任链条，完善“一岗位一清单”，实施员工安全行为负面清单100条，首次推行二级单位主要负责人安全生产述职，举办安全技术大讲堂186期，创新开展安全环保绩效考核，激励争创“安全环保无事故单位”。深化双重预防机制建设，发动全员全专业排查整治各类隐患，系统治理罐区及栈桥紧急切断阀、燃煤锅炉烟气超低排放等重点隐患，安全报警实现“近零”。纵深推进“1+19”管理提升，全面改进体系运行质量，系统查改QHSE体系审核、安全大检查及欧赛斯安全评估诊断问题，强化作业预约管理和重点、专项、驻点、域外联合监督，安全生产专项整治三年行动及“两个集中整治”收官，完成国家高原高寒地区抗震救灾实战化演习，全年未发生一般B级及以上事故。编制“碳达峰”行动方案，深化美丽工厂建设，一图一表强化挥发性有机物（VOCs）整治攻关，主要污染物排放量持续削减，固废总量再创新低，新增厂区绿地近2万平方米，兰州石化被评为“第六批国家级绿色工厂”。科学统筹常态化疫情防控，创新实施生产生活双重网格化管理、“十大症状”健康监测等举措，实现从“防控”到“防治”平稳过渡，通过集团公司健康企业建设达标验收。

【生产经营】 2022年，兰州石化精细精益优化，深化事前算赢，积极争取高性价比原油资源和榆林上古液化气、轻烃原料，紧跟市场及时“减汽增柴”，100LL航空汽油首次出厂，榆林公司生产的己烯-1产品出口欧洲，氯化聚乙烯基料L5200实现工业化生产，丁腈橡胶产量创历史新高，炼油催化剂产销均创历史峰值，甲乙酮、丙烯酸、正己烷等精细化工产品实现增产增销增效。开展27项产品质量攻关，全面完成成品油及液体小产品火车装车自动化计量贸易交接，获评“甘肃省质量AAA级企业”。紧扣质效双增和价值创造，深化“五提质”“五增效”，强化每月利润排行通报，累计增效超8.68亿元。推进降本压费，通过外转商业汇票、项目贷款降息、用好税收政策等节约各类费用，核减外包业务合同，着力盘活房屋、商铺等资产增加收入。仪表制造、国际事业、工程质量监督等业务利润持续增长，建设公司超额完成利润指标。兰州石化被授予“甘肃省先进企业突出贡献奖”、第三次获“甘肃省用户满意标杆企业”

【运维保障】 2022年，兰州石化深化一体管控，发挥调度指挥全天候、统筹人财物功能，120万吨/年、300万吨/年等2套重催装置并行时间创历史纪录，干气制乙苯—苯乙烯、连续重整—大芳香烃等多套装置实现高效联动运行，打通炼化互供乙烯、碳八碳九直输、丙烯腈卸车等流程，实施延迟焦化装置泡焦工艺改造，引进并开展贝克休斯助剂工业试验。全面推行喷壶巡检法，强化管理人员陪检、专业技术人员日检、岗位人员不间断巡检，狠抓假巡检、假记录、假“三率”整治，及时化解装置泄漏险情。优化氮气、蒸汽等公用工程系统改造，实现“水电汽风氮污”一体化运行。推进节能降耗，节能1.41万吨标准煤、节水30.75万吨，近半数三剂单耗单价同比下降。深化“机电仪管操”五位一体专业化运行，重点开展常减压装置电脱盐降渣、锅炉水质提升等长周期运行攻关，专项整治作业现场低标准、楼梯平台孔洞、疏水器、阀门手轮手柄，系统完成29套装置窗口检修、44套装置脉冲涡流扫查。高质量筹备2023年装置大检修，选派159名骨干支援广东石化建设开工、受到集团公司高度赞扬。

【企业管理】 2022年，兰州石化着力管理赋能，深化法治企业建设，严格重大涉法事项法律论证和审查，推进制度“清优简”，102项业务实现流程信息化。一体两面统筹推进生产经营责任制和党的建设责任制，高标准完成第33次、第34次岗位检查。建立新时期现场管理“四化”大整治工作体系，组织5万余人次参与，机关基层联动，推动现场管理由精细向精益迈进。分级构建以综合、专业、装置指标为主的“金字塔”形对标体系，25项关键技经指标创历史最好。实现招标业务管办分离，推行电商采购，建立“工厂到现场”的物资配送新模式。推进“合规管理强化年”工作，健全5家子企业内控管理机制，加强子企业授权管理，全方位评价、淘汰不合格“三商”。

【改革创新】 2022年，兰州石化推进动力变革，召开科技与信息化创新大会，成立兰州石化科学技术协会和甘肃省化工新材料创新联合体，开发医药用聚烯烃树脂、“三高两低”车用聚丙烯等5个成套技术，研发新产品34个、生产44.6万吨，新材料22个、生产26.5万吨，锂电池隔膜料、多产丙烯催化剂等20个新产品实现工业化生产，“医用药包材聚烯烃树脂技术开发与应用”获甘肃省科学技术进步奖一等奖，茂金属聚乙烯生产技术获“中国石油十大科技进展”。加大“四新”技术推广应用，承担集团公司重大科技专项、重大技术现场试验及原创技术策源地项目，发挥中国石油炼化企业腐蚀与防护、设备综合平台“两个工作中心”支撑作用，攻克一批重大技术难题。加快推动数字化转型智能化发展试点项目应用场景落地，榆林乙烯智能化工厂通过验收，为炼化企业全面推广提供示范样板。挂图推进人才强企工程，实施“双百双千”人才培育计划，加快打通“三支队伍”转换通道，深化全员提质赋能培训，公开选聘首席、高级专家和一二三级工程师，选拔110名青年技术骨干，高技能人才突破1000人，全面完成大部制、扁平化改革。

【企业党建工作】 2022年，兰州石化筑牢政治保障，强化干部“选育管用”，举办首届领导干部中青班、“青马工程”，完成中层领导人员任期制、契约化管理。深化党建共建联盟，开展党支部书记履职资格认证，优化“1+10”党校运行模式、加强党员教育培训，推进基层党建“三基本”建设与“三基”工作有机融合，以责任区、先锋岗、红旗泵为载体发动广大党员创先争优。开展“转观念、勇担当、强管理、创一流”主题教育活动，发布新版企业文化手册，举办首届兰州石化精神论坛，宣传各类先进典型、讲好兰州石化故事，完成石油精神教育基地升级改造。推动全面从严治党“两个责任”贯通融合，深化党建工作责任制督查和党组织书记述职评议考核，持续强化政治监督，做实日常监督、专项监督，严格执行党员干部廉洁从业“十不准”和遵规守纪“十严禁”，举一反三整改集团公司党组巡视反馈问题，完成一届任期内党委巡察全覆盖。加强新时期产业工人队伍建设，深化“星级班组”和主题劳动竞赛，选树6名石化工匠。推进青年精神素养提升工程，开展青年突击活动1000余次，立项“五小”成果243项。加强维稳信访、综合治理工作，开设党委信箱，深化人民防线、信访办理、保密管理和平安石化建设，营造团结和谐稳定发展环境。一大批集体、个人被甘肃省和集团公司授予五一劳动奖章奖状、工人先锋号、五一巾帼奖、青年安全生产示范岗、五四红旗团委及团支部等荣誉。

【惠民实事】 2022年，兰州石化坚持以人为本，持续将发展成果惠及全员，提高员工劳保标准，增加员工福利补贴，高质量完成26家单位、598项基层办公场所修缮项目，建成投用27个自行车棚，新建和改扩建9个停车场、新增车位3278个，修葺换新厂区大门，深度治理厂区道路，员工食堂新增自选区、牛肉面和清真窗口，全年就餐人数超98万人次，工作环境大幅改善，厂容厂貌焕然一新。协同地方政府有序推进全域棚改和住房建设，完成14街区拆除，清水街、文化小区住建项目交付使用，办理9841套住房和4.12万平方米商铺权证。离退休、物业、医疗、幼教等业务靠实精准补位政策，服务保障品质持续提升，通勤客运安全接运员工105万人次、新冠肺炎疫情期间“点对点”接送2.7万余人次。再就业群体保持稳定。统筹推进乡村振兴，开展消费帮扶、阳光助学、捐款捐物，巩固了脱贫攻坚成果。

（王宏亮）

中国石油天然气股份有限公司独山子石化分公司（新疆独山子石油化工有限公司）

【概况】 中国石油天然气股份有限公司独山子石化公司（新疆独山子石油化工有限公司）简称独山子石化，位于新疆维吾尔自治区克拉玛依市独山子区，初创于1936年。历经多年发展，具备1000万吨/年原油加工、200万吨/年乙烯生产、45万千瓦发电、500万立方米原油储备、45万吨/年合成氨、80万吨/年尿素生产能力，可生产燃料油、树脂、橡胶、化肥等16大类500多种石化产品。2021年，资产总额258.9亿元，有员工1.1万人，机关处室14个，机关直属机构4个，二级单位24个。独山子石化是国家环保总局授予的首批“国家环境友好企业”，2次被国务院国资委评为“中国石油炼油乙烯业务最佳实践标杆企业”，4次获中华全国总工会授予的“全国五一劳动奖状”，10次被中国石油和化学工业联合会评为“全国乙烯生产能效领跑者”。

独山子石化主要生产经营指标

指　标	2022年	2021年
原油加工量（万吨）	774.13	729.32
汽油产量（万吨）	120.00	110.30
柴油产量（万吨）	305.62	244.15
航空煤油产量（万吨）	21.80	29.14
乙烯产量（万吨）	197.71	160.10
化肥产量（万吨）	70.80	87.56
聚乙烯产量（万吨）	181.38	144.44
聚丙烯产量（万吨）	66.31	65.22
橡胶产量（万吨）	24.97	22.95
资产总额（亿元）	258.9	279.06
营业收入（亿元）	670.25	496.19
利润（亿元）	0.2	32.35
税费（亿元）	118.78	93.24

【生产经营】 2022年，独山子石化原油加工量774.13万吨、同比增长6.1%，创8年来新高；乙烯产量197.71万吨、同比增长23.5%，创历史新纪录，塔里木石化分公司乙烷制乙烯项目投产一年、全面达产；化肥装置连续运行575天、创行业新水平。实现销售收入670.25亿元，上缴税费118.78亿元，其中对地方财政贡献17.65亿元。引进新疆油田石西、中佳等区块原油，新疆原油最大管输进厂量6700吨/日、同比增加3400吨/日。新疆油田乙烷、1号烃等优质乙烯原料进厂量同比增加7300吨。全年外采原油、乙烯原料分别同比增加45.2万吨、4.7万吨。炼油高效产品产量上升，汽油、柴油分别同比增产9%、25%，成品油收率52.8%、同比提高4.7个百分点。独山子石化本部乙烯、丙烯收率分别达到33.4%、14.8%，同比提高0.08、0.25个百分点，化工综合商品率84.3%、同比提高0.17个百分点。塔石化年产乙烯60.1万吨，实现“运行稳、达产快”。化肥在新冠肺炎疫情期间克服物资运输受阻、员工住厂等困难，实施停工检修项目116个，消除运行难题25项。

【重点项目】 2022年，独山子石化塔里木二期乙烯项目可行性研究获集团公司批准，上报国家发改委申请纳入国家石化产业发展规划布局方案，拟新建120万吨/年乙烯、2×45万吨/年全密度聚乙烯、30万吨/年低密度聚乙烯、45万吨/年聚丙烯等主要生产装置及配套绿色低碳示范工程。苯乙烯脱瓶颈改造高质量完成。新区聚丙烯尾气回收单元投用正常，每年可回收丙烯3360吨、氮气1138万标准立方米。常全压罐区脱砷系统改造投用，石脑油砷含量降低约80毫克/升。220千伏输变电工程建成投用，最大下网电量180兆千瓦·时，满足“十四五”规划用电需要。

【深化改革】 2022年，独山子石化开展“合规管理强化年”活动，细化法治建设五大类36项任务，完善合规管理制度体系，强化法律、审计、内控监督，全力创建集团公司法治示范企业。国企改革三年行动全面完成，公司结构、党建、组织、运行、制度、监督“六大体系”进一步完善。深化内部改革，取消机关一般管理岗位职级，完成科研生产专业技术岗位双序列改革，重新选聘1168个关键岗位，建立技术管理人员横向贯通、纵向发展机制。调整工程质量监督机构设置，热电厂老区实行联合车间管理，减少二级、三级机构9个。实施30类67个提质增效项目，增效8.2亿元。68项参与集团公司炼化销售和新材料子集团达标的重点指标中，炼油综合商品率、乙烯总能耗等23项指标排名前三、12项第一，200万吨/年加氢裂化能耗、22万吨/年乙烯收率等35项指标好于同期。110万吨/年乙烯能效、水效行业领先，化肥被评为原料燃料动力消耗行业标杆单位。

【安全环保】 2022年，独山子石化宣贯“全员、严管、科学”安全理念，落实安全生产责任制、重大危险源包保制、高危作业“区长”挂牌制、全员安全生产记分制。贯穿全年开展安全生产专项整治三年行动、危险化学品安全风险集中治理等专项活动，开展两次QHSE体系审核，问题闭环整改，设备、商储等专业管理提升明显。实施网格化安全监管、常态化派驻监督、“四不两直”突击检查，强化施工检修管理，1819 人被安全记分、扣奖 36 万元，责令停工整顿 30 次，处罚承包商 207 万元。开展污染防治专项攻坚，完成丁苯橡胶装置废气治理、尿素散装库粉尘治理等环保项目 9 项，氮氧化物、化学需氧量、氨氮排放量分别同比下降 42%、29% 和 22%。淘汰更新高耗能机电设备 251 台。节能 2.6 万吨标准煤，节水 32.4 万吨。

【产品营销】 2022 年，独山子石化打造品牌工程、效益工程，推进产品量效齐升，TUB121N3000B、T4401 等产品价格缩差攻关达到预期。高效产品增产扩销，汽油销售 119.1 万吨，同比增长 4.0%；柴油销量 306.3 万吨，同比增长 26.2%，全年柴油销售突破 300 万吨，创历史纪录，汽油、柴油疆内市场占比及成品油总销量跃居疆内首位。TUB121RC、EPP0723 等 26 个产品推广应用，茂金属聚乙烯、溶聚丁苯橡胶、DGDZ3606 销量分别同比增长 225%、38%、21%，均居全国第一。

【科技攻关】 2022 年，独山子石化获授权发明专利 5 项，其中“PE100 管件专用树脂的合成方法”获集团公司专利银奖。搭建完成国内首个炼油全流程分子水平模型，“高性能合成橡胶产业化关键技术”通过国家验收。全球首创茂金属聚乙烯 HPR1018HA 不水解床层转产 EZP2010HA，国内首次应用环管技术批量生产茂金属聚丙烯 mPP35S，业内率先由铬系产品 DGDX6095H 半连续转产钛系产品 DMDA8008H，首次用国产茂金属催化剂产出 mHD3605UA、mLL1018，转产效率、产品质量行业领先。装置长周期运行攻关成效显著，聚乙烯 21 线连续运行 18 个月，达近三年最好。化肥连续运行 575 天，成为行业标杆。牵头起草的《(石油产品)运动黏度测定器检定规程》，填补新疆计量领域空白。生产高端聚烯烃、高性能绿色橡胶等新材料 27.7 万吨，占集团公司总产量的 33%。开发沥青改性用 SBST165E 等新产品 10 个，改进 HP30CF、T98D 等 4 个产品质量，27 个“22+N”品牌工程产品质量评比得分排名集团公司第一。聚乙烯管材专用料 UHXP4808B 通过国际 PE100 等级认证，TUB121RCB 耐慢速裂纹增长性能通过国际权威实验室认证。溶聚丁苯橡胶入选中国石油和化学工业联合会化工新材料创新产品。数字化转型、智能化发展试点建设项目可行性研究获集团公司批准，智慧计量管理平台、碳排放模型、能源管控系统在集团公司率先建成投用。

【设备运维】 2022 年，独山子石化落实全生命周期管理要求，加强设备运维，突破运行瓶颈，设备可靠性明显提高。聚焦仪表运行攻关，制订专项方案，攻克乙烯二部 K601 阀位单联锁、公用工程部空压机控制系统不稳等 10 大难题。仪表故障率降至 0.16%、创历年新低。聚焦供水供电能力增强，开展主要电气设备安稳长运行评估、电气预防性检查、大负荷供水测试等专项行动，处理电机绝缘老化发热等问题 35 项，水、电供应量分别同比增长 1% 和 3%。聚焦设备维护质量升级，安装机泵智能监测系统 1383 套，高危泵无线监测全覆盖。治理高振动高故障机泵 76 台，机泵振动 A 区达 82.8%、同比提高 0.8 个百分点。设备管理量化得分排名炼化新材料公司第一。

【队伍建设】 2022 年，独山子石化树立“人才是第一资源”理念，加强人才战略研究和实施，以“六大人才专项工程”“生聚理用”人才发展机制为核心，制定落实配套政策，完善人才管理和保障制度体系。突出重基层、重实践、重业绩、重担当的用人导向，调整配备二级正副职领导人员 54 人，“80 后”在被提拔干部中占比 70%。选人用人满意度 98.9%，高出集团公司平均值 10.3 个百分点。以业务专、技术精、功底深、视野宽为导向，动态调整培养计划，一批基础扎实、奋发有为的专业骨干脱颖而出，技术专家、骨干中 35 岁左右的占到 49%。做实“名师带徒”、劳模工作室，员工创新意识、操作技能不断提升。在独山子石化第十四届职业技能竞赛中 131 人受到表彰，在集团公司第二届创新大赛中夺得两个一等奖，在全国、自治区和集团公司技能竞赛中夺得 6 枚金牌。

【企业党建工作】 2022 年，独山子石化始终把党的政治建设摆在首位，开展“喜迎党的二十大”系列活动，第一时间开展党的二十大精神“大学习、大宣传、大落实”，坚定拥护“两个确立”，坚决做到“两个维护”。严格落实“第一议题”制度，深入学习贯彻习近平总书记系列重要讲话和重要指示批示精神，坚持用党的创新理论指导公司发展实践。强化政治监督，持续推动总书记对国有企业和能源行业的重要指示批示落地生根。坚持党对国有企业的领导，完成党委换届，制定完善进一步加强党的政治建设、党史学习教育常态化、加强和改进思想政治工作等一系列党委工作制度，党委“把方向、管大局、保落实”作用充分发挥。

【思想文化建设】 2022 年，独山子石化加强“听党话、跟党走，公平公正、健康向上”政治文化建设，开展主题大讲堂、媒体大宣传，推进入脑入心、落地生根，员工心态阳光，队伍正气充盈。覆盖全员、贯穿全年开展“转观念、勇担当、强管理、创一流”主题教育活动，理想信念更加坚定，干事创业更加尽力。巩固“我为员工群众办实事”长效机制，常态化开展解难纾困、健康服务、工作条件改善、员工成长激励。强化文化宣传，展览馆成为国家“大思政课”实践教学基地，新媒体传播矩阵影响力在集团公司排名前列。开展“民族团结一家亲”联谊活动，完善安保维稳体系，助力乡村振兴，大局保持和谐稳定。

【主要荣誉】 2022年，独山子石化被国家工信部评为工业企业网络安全分类分级管理优秀试点企业，蝉联全国乙烯行业能效水效、化肥行业水效领跑者，获开发建设新疆奖状，入选中国石油天然气集团公司创新型企业、健康企业建设达标单位、巾帼建功先进集体。获全国裂解汽油加氢装置操作工竞赛团体一等奖、全国石油石化专业职业技能竞赛暨集团公司首届技术技能大赛消防战斗员竞赛团体二等奖。

（肖明友　郭　楷）

中国石油天然气股份有限公司乌鲁木齐石化分公司（中国石油乌鲁木齐石油化工有限公司）

【概况】 中国石油天然气股份有限公司乌鲁木齐石化分公司（中国石油乌鲁木齐石油化工有限公司）简称乌鲁木齐石化，前身为乌鲁木齐石油化工厂。1975年4月开工建设。是以原油、轻烃、天然气为主要原料，集炼油、化肥、芳香烃等加工于一体的综合性石油化工生产基地，2002年正式通过ISO 9001、ISO 14001、OHSAS 18001三项体系认证。地处新疆维吾尔自治区乌鲁木齐市米东区，占地面积18平方千米。经过40余年建设，乌鲁木齐石化有生产设备142447台，主要生产设备5253台。生产装置、公用工程及辅助设施44套，有西北地区最大规模芳烃装置。原油一次加工能力850万吨/年，对二甲苯生产能力100万吨/年、合成氨75万吨/年、尿素130万吨/年、精对苯二甲酸产能9.6万吨/年、聚丙烯10万吨/年、三聚氰胺3万吨/年，产汽能力1670吨/时，发电能力125兆瓦，工业废水处理能力3258米^3/时。具备工程设备制造安装与维修、科研开发、工程监理、分析测试、计量检定、设备检验、公路运输、铁路运输、物资供应等生产保障业务职能，以及职业教育、员工服务等职能。

乌鲁木齐石化可生产30余种石油化工产品。主要产品有汽油、航空煤油、柴油、石油对二甲苯、石油苯、尿素、精对苯二甲酸、聚丙烯、含海藻酸尿素、车用尿素、石油焦、液化石油气、沥青、戊烷发泡剂、硫黄、硫酸铵、塑料编织袋等。多次获国家、新疆维吾尔自治区、中国石油颁发的新产品开发奖、科学技术进步奖，并申请多项专利。先后获“全国五一劳动奖状”“全国文明单位”“全国民族团结进步模范单位”“全国‘安康杯’竞赛优胜企业”“全国厂务公开民主管理示范单位”“全国环境优美工厂”等称号。

乌鲁木齐石化主要生产经营指标

指　标	2022年	2021年
原油加工量（万吨）	670.01	619.32
汽油产量（万吨）	121.93	130.6
柴油产量（万吨）	287.10	238.91
航空煤油产量（万吨）	15.74	20.7
石油苯产量（万吨）	26.77	25.83
对二甲苯产量（万吨）	63.61	59.12
精对苯二甲酸产量（万吨）	0	2.33
聚丙烯产量（万吨）	7.90	8.96
合成氨产量（万吨）	31.03	33.89
尿素产量（万吨）	53.52	58.39
资产总额（亿元）	89.32	84.25
营业收入（亿元）	455.05	327.85
利润（亿元）	12.37	9.97
税费（亿元）	96.51	80.57

2022 年底，乌鲁木齐石化有员工 7471 人。其中，少数民族员工占 20.96%，女员工占 26.22%。有职能部门 13 个，机关附属机构 8 个，直属部门 7 个，炼油厂、芳烃生产部、化肥生产部、化工生产部、热电生产部等 17 个二级单位。固定资产原值 243.32 亿元。

2022 年，乌鲁木齐石化加工原油 670.01 万吨，生产汽油、柴油、航空煤油 424.77 万吨，对二甲苯 63.61 万吨，石油苯 26.77 万吨，聚丙烯 7.90 万吨，合成氨 31.03 万吨，尿素 53.52 万吨。整体实现营业收入 455.05 亿元，盈利 12.37 亿元，上缴税费 96.51 亿元。

【生产运行】 2022 年，乌鲁木齐石化立足集团公司上下游协同优化，原油加工量创 7 年新高，其中 8 月加工原油突破 63 万吨。成品油增产 34.56 万吨，综合商品收率在板块领先。坚持“平进平出”，动态优化排产，炼化总库存控制在 48.96 万吨，生产计划执行率优于炼化新材料公司下达的指标。精准管控馏出口质量，炼油、芳烃可比综合商品率分别达 96.13% 和 88.04%，增效 2903 万元。开展芳烃达产攻关，提升外购和自产芳烃原料，对二甲苯国比增产 4.49 万吨。100 万吨 / 年连续重整装置芳烃转化率、纯氢产率在炼化新材料公司领先。开展新产品推价增销，创效 3072 万元。通过渣油分炼增产高品质石油焦，创效 1310 万元。全面优化第一套化肥装置供氢后的加工方案，狠抓氢气平衡、污油平衡攻关，重油加工比例增加 6.45 个百分点。通过优化原油结构，降低成本 4.52 亿元。全面加强“三剂”精细化管理，化材费用比预算节约 3368 万元。加强煤炭保供和质量管控，优化锅炉和电力系统运行，节约外购动力成本 3402 万元。主动作为，开展修旧利废、平库利库、减少外委创效等工作，践行“一切成本皆可降”理念。加强节能降耗，替代改造蒸汽伴热 252 条。克服多套装置开工影响，推进短流程，通过精简汽柴油加工流程、优化燃料气系统等举措，实现炼油综合能耗 58.95 千克标准油 / 吨，同比下降 2.3 个单位。合成氨装置被评为行业能效“领跑者”。紧盯三聚氰胺装置复工目标，年内实现开工，转型升级再添新产品。

【设备管理】 2022 年，乌鲁木齐石化积极应对四年一修末期异常工况，高质量完成重催、芳烃等 7 套装置窗口检修，为优化生产创造条件。深化设备技术攻关，加强“一机一策”维保，设备非计划停机为零。强化精品检修、腐蚀管理等攻关，所有机泵 MTBR 由 92 个月提升至 106 月。加大短板设备运行治理，尿素氨泵、化肥一合成气化炉连续运行均创历史最佳。继电保护和安全自动动作率 100%。加强常态化对标达标，清单式推动 151 项目标，达标率 98.67%。狠抓装置“四率”管控，57 套装置平稳率 99.95%，装置联锁投用率保持 100%。高质量筹备装置大检修，系统梳理确定重点项目 34 个，制订检修计划 6890 项，编制 38 项标准化检修指导要求。提升检修预制深度，确定 146 个预制项目，脚手架提前搭设率 70% 以上。推行精益检修，建立 16 个专业化工作小组，细化分解 6 项具体管控目标，压实属地 KPI 指标。

【安全环保】 2022 年，乌鲁木齐石化坚持安全管理和监督两条线，修订全员安全生产责任制和责任清单，开展事故事件整改措施“回头看”，严格安全管理“零容忍”，细化全员安全生产记分标准，加大精准追责和奖励力度，奖罚分明，推进各级责任落实。注重培育习惯，编制反违章手册、负面清单，二级以上领导带头进行安全写实 5372 条，通过“向违章行为说不”活动，查处各类违章 1894 次，违章率同比下降 57%，评选危险作业管控“信得过”车间 10 个。集中安全风险治理，聚焦“工艺过程、物料介质、能量隔离”关键环节，开展油气储罐、老旧装置等 8 个专项治理，危险废物、特种设备、装卸车管理等改进明显。安全生产三年行动收官，108 项治理任务 98% 闭环，7 个专项活动成效显著。强化举一反三，对照行业典型问题，开展安全生产大检查，整改自查问题 3866 项。组织全员安全风险隐患排查，运用安全受控系统，实现全过程闭环管理，企业 5 类重大隐患按计划加快治理，其他各类隐患问题 2.08 万项，整改率 99%。持续改进体系管理，加强基础制度建设，修订制度标准 131 项，增强标准的可操性、流程化。按照“四全”要求改进内审工作，聚焦管理短板，精准开展专项审核，形成专项报告 49 个，提升一分钟应急、交接班、机关值班等专项管理效果。分专业组织集中审核，提高审核效率。推进基层站队验收精准评分、达标分级，通过 2073 项承诺目标，提升自主管理水平，零违章班组占比提升 12%。加速创建绿色企业，以人民群众满意为目标，以中央环保督察为契机，分阶段开展 30 项挥发性有机物（VOCs）深度治理项目，在业内率先开展储罐附件密封泄漏修复，完善落实重污染天气应急响应预案，确保最大化减排，企业化学需氧量、氮氧化物排放等均优于下达指标。建立异味问题排查信息平台，自查整改问题 584 项，特别是精制氨水质量、热电厂氨逃逸等治理效果显著。系统开展电脱盐攻关、点源达标治理、水部一区检修、高浓度搬迁等治理措施，实现污水稳定达标，减量化效果明显，油泥资源化利用2.37万吨。有序实施渣场土壤修复治理项目首期工程。完善内部碳交易运行管理，购入20万吨碳配额，推进生产全过程减碳。各类事故事件发生率同比下降10.3%，安全环保形势持续向好。

【科技创新】 2022年，乌鲁木齐石化围绕做强芳烃产业，合资建设的120万吨/年PTA项目被列入炼化重大转型升级项目，炼油化工和新材料分公司组织完成可行性研究预评估，完成政府备案。以“十四五”规划落地为核心，炼油转型升级高效发展项目预可行性研究报送集团公司发展计划部审批，完成政府备案和环评公示，履行节能评估报告审查程序。推动“三新”事业，加快科研项目和产品研发节奏，下达38项科技开发计划，投入研发费用2.39亿元。注重应用和效益转化，防水材料沥青、胶粉复合改性沥青等科研成果转化成效明显，生产沥青21.15万吨。完成脲铵氮肥企业标准编制，推进化肥产品多样化、特色化。开展生产瓶颈攻关，污油回炼、高化学需氧量废水处理、小接管及脉冲涡流检测等攻关成效显著。推进轻汽油改质富产低碳烯烃、重整生成油脱氯剂工业试验等重点项目，取得积极进展，为后续发展储备技术。推进数字化转型智能化发展，加快推进全流程智能控制系统（IPC）、先进控制系统（APC）重点项目，深化MES2.0、流程模拟应用，装置自控率提升0.36%。北斗系统上线运行，智能巡检迈出实质步伐。操作与作业受控管理、计量检测数字化、综合办公等系统相继上线，有效提升各级管理效率。

【企业治理】 2022年，乌鲁木齐石化稳步推进三项制度改革，整合8家二级机构，启动分析化验业务整合，加快生产辅助业务专业化整合。差异化调整基本工资标准，加大重点指标绩效挂钩力度，发挥精准激励作用。全面实施领导人员任期制和契约化管理，落实三个“1/3”要求，加强干部队伍年龄结构刚性约束。推行管理人员考核退出，推进专业技术岗位序列改革，队伍活力动力进一步增强。举办第一期“青马工程”培训班，强化优秀年轻骨干政治历练。加快优秀青年骨干人才培育培养，4名科研岗位和生产一线技术岗位员工，入围集团公司首批青年科技人才培养计划，7名优秀科研骨干人才成为高校“双师型”教师，成立专业人才团队15个。实施高技能人才精准培养，3名员工被聘为集团公司技能专家，企业新聘任企业技能专家13名、首席技师26名、高级技师41名、技师286名。开展“大主操”和通岗培训，培养后备班长59名、后备主操67名。一批高技能人才脱颖而出，在集团公司创新大赛等竞赛中屡获殊荣，人才强企战略初见成效。推进依法合规治企，以合规管理强化年、严肃财经纪律专项行动等为抓手，推进合规问题整改，建立长效机制。制定员工违规行为处理规定、合规管理负面清单等文件，识别合规风险点1668条。强化依法维权，通过法律诉讼结案5起，避免损失4532万元，主动追究相关方合同违约责任30万元。加强合同精细化管理，合同合规审查率100%。突出强化事前法律论证，出具重大事项法律意见书28份。加强内控风险管理，开展内控体系测试，修订内控手册，确保权责规范运行。有针对性加强“关键少数”“关键岗位”合规教育，培育合规文化，企业合规管理取得新进步。

【疫情防控】 2022年，乌鲁木齐石化始终将员工的生命安全与身体健康放在第一位，积极应对严峻复杂的新冠肺炎疫情形势，先后召开疫情防控部署会40多次，严格落实政府和集团公司疫情防控政策。在118天抗疫攻坚战中，全体员工付出艰苦卓绝、前所未有的努力，战胜新疆历史上传播速度最快、涉及面最广、持续时间最长、防控难度最大的疫情。8月10日凌晨5点，在乌鲁木齐石化党委的号召下，3000余名干部员工，连夜从四面八方返岗。企业调动一切资源实现封闭运行，各级人员超常规开展工作，吃住在岗位。在最紧张阶段，企业产品预警库存只有半天，加强内外协调、上下游配合，集中攻关、卡边操作，在各级部门的帮助下，确保产品链、供应链运行有序。针对人员不足，调整倒班形式，后勤单位想尽一切办法保障在岗员工吃住行，居家员工通过信息化办公等多种方式，心系岗位、履职尽责，发挥重要作用。企业拨出有限资金，全力争取宝贵的药品和资源，构筑网格化防线，将员工健康、生产变动风险降至最低。最终迎来全面解封，全员复工井然有序。

【企业党建工作】 2022年，乌鲁木齐石化党委坚持以高质量党建引领高质量发展，制订落实企业党组织融入企业治理等系列重要文件，从顶层设计上深化党的全面领导。改进“三重一大”管理，规范组织决策议题156个。全面准确学习领会党的二十大精神，高标准高质量统筹安排学习宣传贯彻工作，在企业迅速掀起学习的热潮，深刻领悟“两个确立”的决定性意义，“四个意识”更加牢固、“四个自信”更加坚定、“两个维护”更加自觉。持续深化理论武装，开展两级党委中心组集体学习 14 次，“第一议题”专题学习 33 次，聚焦强管理，深入开展主题教育活动，促进经营业绩提升。推进党建“三基本”与“三基”工作深度融合，推动 81 项措施落地见效。强化文化引领，宣传报道先进典型，弘扬乌石化精神、弘扬正能量。落实新修订的 8 项规定实施细则，以文风会风转变为重点，推进企业上下持续转变作风。健全纪检、巡察、审计、专业监管协同工作机制，保持监督执纪问责的高压态势，企业政治生态持续向好。增强群团组织功能，开展劳动竞赛、技术比武等活动 241 项，受新疆维吾尔自治区总工会表彰的各类创新成果大幅增加。全面加强党建带团建，引导青年员工创新创效、成长成才。推进健康企业创建，实施差异化体检，推广“8+1”健康活动，“五六七”健康干预做法被列为全国先进管理案例推广。全面推进定点帮扶对口支援工作，落实集团公司帮扶资金 1585 万元，高质量完成各项帮扶项目，消费扶贫 653.66 万元，“访惠聚”帮扶工作开展有声有色。围绕员工“急难愁盼”，推进办实事项目 105 个，改善员工工作生活环境、开展送温暖工程、疫情慰问等，将关心关爱员工落实落细。强化重点时段安保维稳信访工作，确保持续稳定和谐。

（董　琦）

中国石油天然气股份有限公司宁夏石化分公司

【概况】 中国石油天然气股份有限公司宁夏石化公司（简称宁夏石化）始建于 1985 年，是集炼油、化工和化肥生产为一体的大型石化企业，具备 500 万吨 / 年原油加工能力，10 万吨 / 年聚丙烯、200 万吨 / 尿素生产能力。主要产品为汽油、柴油、聚丙烯、航空煤油、尿素及合成氨。截至 2022 年 12 月 31 日，资产总额 81.73 亿元。设 13 个机关处室、8 个直属部门、17 个二级单位。在册员工 4095 人，其中，在岗员工 3727 人，大专及以上学历员工 2676 人，具备初级以上职称员工 904 人。

2022 年，宁夏石化加工原油 424.80 万吨，生产汽油 184.05 万吨、柴油 157.18 万吨、航空煤油 10.49 万吨、合成氨 53.49 万吨、尿素 87.65 万吨、聚丙烯 10.73 万吨，实现销售收入 325.15 亿元，利润 21.15 亿元，上缴税费 106.85 亿元。

宁夏石化主要生产经营指标

指　标	2022 年	2021 年
原油加工量（万吨）	424.80	422.89
汽油产量（万吨）	184.05	191.05
柴油产量（万吨）	157.18	142.11
航空煤油产量（万吨）	10.49	17.96
聚丙烯产量（万吨）	10.73	10.49
合成氨产量（万吨）	53.49	39.05
尿素产量（万吨）	87.65	64.32
液化气产量（万吨）	15.94	15.69
资产总额（亿元）	81.73	99.73
营业收入（亿元）	325.15	254.99
利润（亿元）	21.15	17.05
税费（亿元）	106.85	83.47

【生产运行】 2022 年，宁夏石化树立“大平稳出大效益”理念，强化以调度为中心的生产受控管理，组织生产运行瓶颈攻关，紧盯工艺指标偏差和仪表故障，及时处置异常波动，生产装置平稳率 99.85%，同比提高 0.13%。炼油装置保持第四周期连续稳定运行，全年非计划停工为零；化肥装置实现 A 类长周期运行 263 天，刷新装置投产以来最长纪录。坚持精益为本，以系统思维推进精细化管理，强化产运销存一体联动，炼油装置全年生产计划执行率 99.98%，互供计划执行率 100%；主要生产指标可比综合商品率 91.92%，同比提高 0.45 个百分点，加工损失率和综合损失率分别为 0.3% 和 0.36%，分别同比下降 0.1 个百

分点和0.15个百分点。三化肥装置用时321天，较设计值提前9天实现产能达标，天然气单耗1077标准米³/吨，同比下降3.4%；合成氨综合能耗33.2吉焦/吨，同比下降6.8%，实现利润近7.11亿元，创10年以来最好盈利水平。

【设备管理】 2022年，宁夏石化加强设备精细化管理，组织开展装置安全仪表完整性评估、“设备管理提升”主题月活动和标准化创建工作，优化先进报警管理系统，自控率和设备完好率均99%以上，大机组及其辅助系统完好率100%，中高风险及以上机泵、易泄漏法兰、小接管风险管控到位率100%，日平均报警数降至100次以内的历史最低水平。推行预知性检修，严控设备检修质量，动设备预知维修比例达50%以上，控制设备检修一次成功率100%。组织完成催化烟机计划检修和烷基化废酸装置窗口检修，有序推进炼油大检修准备工作，解决影响长周期运行的瓶颈问题。及时发现并处置催化再生滑阀漏点、化肥燃料气管线自力式调节阀泄漏等隐患，有效监控处置22处催化两器热点，确保核心装置安稳运行。

【安全环保】 2022年，宁夏石化将“3·24”事故整改整顿和验收作为强化管理、扭转安全生产被动局面的新起点，开展为期3个月的思想大反思、安全大整治、作风大整顿、现场大整改专项活动，组织大反思大讨论216场次、现场警示教育44场次、安全专题培训343场次，整改现场低标准2027项，61项纠正和预防措施整改计划全部闭环销项。启动QHSE体系重塑工程，形成“四个绝对”“四个必须”现场管理要求，实施现场作业“四级监督”，发布直线领导安全环保责任15项正面清单和员工安全行为77项负面清单，制定安全生产事故事件分级考核细则，推广承包商作业班前安全喊话，建立安全警示教育日，开通网上监督曝光台，开展现场问题管理追溯，追责考核310项典型问题29.4万元。排查各类隐患7233项，隐患治理率94.2%。抓实抓细关键敏感时段升级管控，确保党的二十大期间大局稳定。推进挥发性有机物综合治理，5项挥发性有机物提标问题有序整改。规范处置危险废物7244.8吨，废气、污水排放达标率100%，持续推进健康企业创建，优化员工健康体检，有毒有害岗位员工健康体检率100%，获2022年第一批宁夏回族自治区健康细胞示范点企业。

【提质增效】 2022年，宁夏石化坚持“四精”理念，落实集团公司提质增效价值创造专项行动，实施“五提质、五增效”，配套制定激励措施，设定刚性考核目标，推进对标管理，降本和治亏两手抓两促进，推动10个方面29类169条具体措施落实落地，全年增效5.11亿元。尿素产量同比增加23.5万吨增效1.1亿元；原油加工量同比增加1.9万吨增效1060万元；争取到第三轮优惠期10年的西部大开发税惠政策，2022年减税增利超过2亿元；争取天然气调峰价格，累计减少成本6710万元；自发电5606万千瓦·时，节约电费2253万元。深化亏损业务治理，止住亏损出血点，厚植效益增长点，安检公司主动开拓高端和优势业务外部市场，承接兄弟企业2600万元外部维保项目；宁京公司房产集中纳入集团公司托管；矿区业务加强服务，在新冠肺炎疫情封控店铺歇业状态下，实现房屋租赁收入885万元、宾馆对外创收250万元。航空煤油产品铁路跨省外运顺利首发，为优化产品结构、助力效益增长创造条件。

【科技创新】 2022年，宁夏石化抓住科技创新这个“牛鼻子”，按照集团公司“十四五”期间炼化业务“减油增化、减油增持、新材料提速、化工营销提升、双碳行动”的发展方向，结合宁夏石化“十四五”发展规划部署，起草印发涵盖8个智能化应用场景的数字化转型设计方案、碳达峰方案和绿色行动方案，明确绿色低碳和数字化转型、智能化发展方向。水资源综合利用、挥发性有机物深度治理蓄热式热力焚化炉两个工程建设项目投运，分布式光伏发电清洁替代项目取得阶段性成果，重整氢气资源综合利用、催化装置二氧化碳捕集、炼油加热炉节能研究等一批绿色低碳项目前期工作有序推进，“天净”无动力处理设施和“绿源”安全泄压井盖成功开发，现场异味持续改善。借力信息化手段，资源配置效率、资产创效能力持续提升，固定式反无人机主动防御系统全方位、全天候守护公共安全，汽油、柴油罐车计量跨入数字计量时代，门户2.0系统、工程造价管理3.0系统全面上线运行，集成平台持续深化应用，数智发展基础得到夯实。电脱盐水力旋流除油除沙设施、污水处理节能风机、炼油装置首套先进控制系统、化肥先进控制系统和国产化氢回收膜相继投用，助力提质增效。开展脱硫溶剂选择性攻关和循环水亚音频技术试验，采用电吸附除盐技术提高污水回用率，解决生产技术难题。航空煤油产品铁路跨省外运流程畅通，为产品结构优化调整创造条件。开发生产新型海藻酸尿素，化肥产品再添“新成员”。专班推进

45/80 化肥异地升级改造项目，完成项目可行性研究编制和报审，启动总图整治工程，为安全生产和未来发展提供支撑保证。以创新工作室、技能大师工作室等为载体，基层单位开展一线难题征集攻关 151 项，12 个“劳模创新工作室”完成 86 项创新成果。

【企业管理】 2022 年，宁夏石化落实集团公司“严肃财经纪律、依法合规经营”综合治理专项行动和合规管理强化年各项工作部署，全面梳理合规风险点 64 项，提出防控措施 157 项。立足解决生产经营、管理体制、运行机制、工作流程、制度标准等方面存在的突出问题，开展为期 5 个月的“完善制度、强化管理”专项活动，年内制修订制度 90 项。迎接集团公司内控管理层测试，整改例外事项 17 项，整改完成率 100%，对历年内控测试发现上报的 11 项问题组织开展“回头看”。加强招标采购管理，强化合同突出问题专项治理，示范合同文本使用率高于 99%，事后合同发生率低于 2%。涉法事项法律审查率 100%，“八五普法”专题学习及合规培训实现全覆盖。加强生产运行过程与专业管理协同联动，紧盯财务、计划、生产、营销、招标、采购、合同管理，强化信息共享和快速反应，推动问题有效解决，保障生产经营全链条高效运转。推进国企改革三年行动和对标世界一流管理提升行动，69 项改革任务和 33 项对标任务完成率 100%。推进管理层任期制和契约化管理，为干部竞争上岗和不胜任退出机制运行奠定基础。独立核算单位改革加快推进。召开 5 次专题会议研究独立核算业务发展出路，传递压力传导责任。新测评业务难度系数，优化薪酬结构，将收入进一步向一线单位、关键岗位倾斜。重新修订专业考核细则，建立专项奖管理制度，全年颁发嘉奖令 8 项 4.7 万元，激励员工在生产优化、隐患查找、抢险抢修、科技创新中作出突出贡献。

【企业党建工作】 2022 年，宁夏石化党委落实“第一议题”制度，学习贯彻习近平新时代中国特色社会主义思想和党的二十大精神，跟进学习贯彻习近平总书记最新重要讲话精神，深入推进党史学习教育常态化长效化。坚持党对一切工作的领导，科学指挥疫情防控，全力组织市场保供，统筹谋划提质增效，超前布局依法治企，召开 39 次党委会研究改革、发展和民生等重大事项 67 项，推动中央大政方针和党组决策部署落到实处，引领保障年度重点任务完成。加大年轻干部选拔培养力度，二级正职领导人员平均年龄下降 1.41 岁，45 岁以下二级领导人员占比达到相应层级的 1/4。实施推动“青马工程”建设，为后续发展储备一批岗位骨干和后备力量。制订下发岗位管理“1+6”系列文件，稳步推动《新入职员工五年培养规划》，夯实企业人才基础。制定《基层党建“三基本”建设与“三基”工作有机融合推进方案》，发布《基层党建规范性业务指导手册》，拟定《宁夏石化公司党建 2023—2025 年工作规划》，优化《基层党建工作考核细则》，初步形成《宁夏石化公司加强“三基”工作实施方案》。成立党建工作研究室，深化党支部达标晋级管理，实现党组织书记持证上岗。修订全面从严治党责任清单，完成两轮党内巡察。深化专项治理，完善制度程序，狠抓过程监督，强化执纪问责，加强廉洁文化建设，构建风清气正的政治生态。

【和谐企业建设】 2022 年，宁夏石化践行总书记“以人民为中心”的发展思想，推动手持终端、共享单车老旧损坏等 67 项员工群众关心关注的调研问题整改落实。全年补充医疗保险报销员工医疗费 644 万元，综合团体责任险、重病保障险等赔付大病人员医疗费 590 万元，减轻员工医疗负担；改进倒班作业方式，优化轮班培训模式，通过增加薪酬补偿的方式，顺利过渡到“四班两运转”模式；申请协调宁夏银川市西夏区人民政府投入资金 7000 万元对两个老旧小区实施外墙保温、屋顶防水和弱电入地改造，解决居民冬季房屋温度不达标问题；建成新的光伏发电停车场，利旧改造电仪、安检维保基地和单身公寓，推动 2 号综合楼修缮工程落地，解决员工停车难、人员分散、机关两处办公等困扰基层多年的老大难问题。对外劳务队伍和谐稳定，保密、档案、离退休等工作有序开展。工会组织热心服务基层，暖心扶助困难群体，在炼化业务区 3 次临时静默管控封闭运行期间，组织开展慰问活动和心理疏导，稳妥安置隔离员工，解决员工及家属实际困难。团青组织搭建平台，青字品牌和创新创效、志愿服务活动引领青年建功立业。积极承担宁夏回族自治区防疫、防火、防汛应急任务，热心参与公益事业，推进脱贫攻坚成果同乡村振兴有效衔接，在 3 个振兴点持续开展智志帮扶，超额完成集团公司消费扶贫任务，企业发展成果惠及社会、爱及员工。

（高　升）

中国石油天然气股份有限公司大连石化分公司（中国石油大连石油化工有限公司）

【概况】 中国石油天然气股份有限公司大连石化分公司（中国石油大连石油化工有限公司）简称大连石化，是中国石油所属的大型骨干炼化企业。始建于1933年，新中国成立后先后更名为“大连石油厂”“石油工业部大连石油七厂”等，1983年划归中国石油化工总公司，1998年划归中国石油天然气集团公司。长期以来，大连石化为国家炼油工业培养输送大量的管理和技术人才，被誉为中国炼油工业的“人才摇篮”。新中国成立以来，累计加工原油4.52亿吨，生产各类石油化工产品4亿吨，累计实现税费2776亿元，先后获“全国节约能源先进单位”“全国企业管理全马奖”“中国质量诚信企业”等荣誉。

大连石化主要生产经营指标

指　标	2022年	2021年
原油加工量（万吨）	1564.17	1610.51
汽油产量（万吨）	380.92	481.11
柴油产量（万吨）	580.33	587.09
航空煤油产量（万吨）	131.11	136.82
润滑油基础油产量（万吨）	19.53	26.91
乙苯、丙烯、苯等有机原料产量（万吨）	123.36	95.96
化工产品产量（万吨）	32.37	33.14
资产总额（亿元）	132.30	152.36
收入（亿元）	967.86	764
利润（亿元）	90.20	43.2
税费（亿元）	146.02	155.8

大连石化为燃料—润滑油型炼化企业，有炼油化工主体装置36套，具备2050万吨/年的原油加工能力和27万吨/年的聚丙烯生产能力，主要生产汽油、航空煤油、柴油、润滑油基础油和石蜡、芳香烃、聚丙烯等4大类129种石化产品。占地318万平方米，海岸线长4.3千米，有油品装卸码头5座，5000—10万吨级泊位15个，年吞吐能力超过2300万吨，85%的产品通过船运销往华东、华中、华南等国内市场及国际市场。

2022年底，大连石化设处室13个、5个直属单位、17个二级单位，在册员工5155人（上市公司4506人、未上市公司649人）。2022年加工原油1564.17万吨，销售产品1429.68万吨，营业收入967.86亿元，利润90.20亿元，税费146.02亿元，工业产值1012.04亿元。

【生产运行】 2022年，大连石化严格落实“事不过夜、溯源分析、及时退守”三大原则，严肃执行“工艺、操作、劳动”三大纪律，强化操作变动风险管控，加强“机、电、仪、管、操”五位一体巡检，进一步落实标准化操作和手指口述操作法。组织完成渣油加氢装置Ⅱ系列换剂、二三催化装置烟机转子更换等工作，消除装置运行瓶颈，确保装置安稳长满优运行。完成32项技术攻关，解决二重整分离料斗料位下降、二催化烟气氮氧化物偏高等30项生产异常和波动等问题。加强精益化指标控制，强化6σ标准执行，装置平稳率99.87%，产品出厂合格率100%。70号以上高熔点石蜡产品含油量控制取得国内同行业最好成绩，在集团公司内率先达到全精炼蜡质量要求。

【设备管理】 2022年，大连石化全面推进“设备健康管理”，强化设备预知维修，完成小接管、高危泵、调节阀、高压电机4类设备健康评价工作，将工艺阀门、往复式压缩机、仪表切断阀、电气保护装置纳入设备健康管理体系。强化大机组专业管理，深化机泵“两治理一监控”，高危泵平均检修间隔时间（MTBR）、平均故障间隔时间（MTBF）分别同比提高15个单位、25个单位，状态监测不合格机泵数同比下降37.5%。推进“无泄漏装置”创建，推行“一装置一策”，落实静设备风险分级管控，静密封点泄漏率降至0.03‰，泄漏检测与修复（LDAR）泄漏点数下降33%。引进地下管线泄漏探测技术，排查处理9

起地下水线泄漏问题，工业用水量同比下降4%。

【安全环保】 2022年，大连石化强化安全环保责任落实，逐级签订《质量健康安全环保责任书》，全员手写QHSE承诺。健全完善“优良日”管理机制，全年优良日299天。强化“两重点一重大”日常监管，完成重大危险源辨识评估备案。开展安全隐患排查，完成老旧装置自评、控制室和机柜间等面向有火灾爆炸等危险性设备问题排查。深化全员动态风险辨识，识别、完善风险管控责任清单10413项。开展“双盲”应急演练，落实“135”应急处置原则，强化事故事件管理与经验分享，增强全员风险意识应急能力。开展“无违章作业”竞赛和施工作业“三降”活动，提升全员施工作业风险管控能力。完成烷基化装置扩能改造、高含盐浓水综合治理项目竣工环境保护自验收及VOCs（挥发性有机物），网格化项目验收，通过集团公司绿色企业认定。推进健康企业创建，实施健康预警及健康干预，2022年非生产亡人数同比下降31.2%。获2022年度集团公司“质量健康安全环保节能先进企业”称号。

【挖潜增效】 2022年，大连石化落实“四精”要求和“五提质、五增效”10大举措，强化“两利四率”等关键指标的牵引和约束作用，制定79项195个具体措施，实现增效8.5亿元。科学研判国际原油价格走势，合理安排大庆原油、俄罗斯原油进厂时机，优化进口原油采购，降低运输成本，实现原油优化增效2.5亿元。调整优化烷基化和汽油加氢装置操作，落实提高汽油辛烷值等措施，实现增效1.2亿元。加强产销衔接，紧盯产品价格及市场供需形势，围绕高效产品比例、产品结构和销售流向3个方面开展优化，实现增效3.1亿元。树立“节能就是增产”理念，优化催化机组及动力锅炉运行等一系列措施，单因耗能同比降低0.05个单位。开展“控本降费”专项行动，严格管控各项费用支出，“五项”费用和非生产性支出分别同比降低377万元、1707万元。截至2022年底，自由现金流38.2亿元。

【企业改革】 2022年，大连石化系统推进组织机构改革，取消二级单位部分科室设置，压减33个二级、三级机构。完成二级单位专业技术岗位序列改革，建立起以企业首席专家、高级专家、一二三级工程师、集团公司和公司技能专家、首席技师等为主体的技术、技能人才管理体系。推进制度体系建设“双循环”管理，完成19个管理部门314项制度评估，整改各类问题251项。落实集团公司综合治理专项行动和合规管理强化年各项工作部署，梳理合规风险点523项，提出防控措施769项，制定形成《合规操作指引》。推动存量纠纷案件结案，妥善解决原热电厂改造征地动迁争议、金州二十里堡土地房屋租赁争议等历史遗留问题。69项“三年改革行动”任务全面完成，4项改革经验作为典型案例上报集团公司和辽宁省国资委分享交流，3项管理做法获辽宁省及石油石化行业管理现代化创新成果奖。

【人才培养】 2022年，大连石化创建标准化课程体系，系统梳理专业技术岗位知识技能，收集整理专业课件91个，补充完善万余道试题导入题库。发挥培训平台作用，打造“线上理论+线下实操”培训模式，开展网络考试2976次，培训时长99445学时。搭建注册安全工程师考试培训平台，开展注册安全工程师考前培训。抓实新入职员工培训，制订为期半年的集中培训计划，系统学习专业知识，夯实基本功。发挥“一中心三基地”作用，技能人才评价中心培训840余人次、外来施工人员入厂培训2000余人次；机电仪实训基地、安全实训基地编制完善实训课程23项、合计培训2200人次；仿真培训平台培训3.6万余人次；培训时长2.2万余小时。

【企业党建工作】 2022年，大连石化把学习宣传贯彻党的二十大精神作为首要政治任务，开展“建功新时代、喜迎二十大”主题活动，推动党的二十大精神落地生根。修订完善《“三重一大”决策制度实施细则》，推进党的领导与公司管理有机统一。开展“转观念、勇担当、强管理、创一流”主题教育，推进基层党建“三基本”建设与“三基”工作有机融合。优化基层党组织建设定期督导工作机制，提高基层党建工作标准化水平。启动大连石化青年马克思主义者培养工程。加大优秀年轻干部培养使用力度，确定集团公司级“青年科技人才培养计划人选”4人、公司级“培养人选”58人。开展违规吃喝问题专项治理工作、“反围猎”专项行动和新时代廉洁文化建设专项工作。完成对16个单位巡察“回头看”。开展企业文化建设，编制《企业文化手册》，有效提炼“伸把手文化”“五家文化”等基层特色文化，获“辽宁省2020—2021年度思想政治工作研究优秀单位”称号。落实“我为员工群众办实事”长效机制，制定12项“办实事”重点任务和43个公司级重点民生实事项目，解决职工群众“急难愁盼”问题464项。推进国家重点目标安防达标工作，获辽宁省“防范恐怖袭击一级重点目标达标单位”称号。

（马成祥）

大连西太平洋石油化工有限公司

【概况】 大连西太平洋石油化工有限公司（简称大连西太平洋石化）是由大连市发起、经国务院批准、由中法股东共同投资兴建的中国第一家大型中外合资石化企业，也是中国能源行业对外开放合作的标志性工程。1990年成立，总投资10.13亿美元，占地面积2.5平方千米，1992年动工建设，1996年开工投产，2018年完成股权变更，主要股东为中国石油天然气股份有限公司（84.475%）和大连城市投资控股集团有限公司（15.525%）两家。建有17套主体生产装置及配套的公用工程系统、辅助生产设施，以加工高含硫原油为主，产品全部加氢精制，其中1000万吨/年常减压、300万吨/年催化裂化、220万吨/年重油加氢脱硫、150万吨/年加氢裂化等均为中国单体加工能力较大的生产装置之一。已经形成系列轻质柴油、航空煤油、聚丙烯、硫黄、苯、混合二甲苯、重交通道路沥青等19大类50多个牌号产品的生产能力。各种产品畅销国内市场，远销东南亚等10个国家和地区。其中聚丙烯、硫黄、航空煤油、重交沥青等产品被评为辽宁省、大连市的名牌产品。优越的地理位置、良好的口岸优势及先进的技术和管理手段的综合运用，助推大连西太平洋石化经营业绩的不断提升，销售收入、纳税额等主要经济技术指标持续稳定增长，是辽宁省和大连市的主要纳税和出口创汇大户，承担着一定的政治、经济、社会责任。

大连西太平洋石化主要生产经营指标

指　标	2022年	2021年
原油加工量（万吨）	588.08	848.53
汽油产量（万吨）	147.37	228.14
柴油产量（万吨）	229.01	296.80
煤油产量（万吨）	64.65	108.32
沥青产量（万吨）	23.27	53.51
丙烯产量（万吨）	9.72	12.67
硫黄产量（万吨）	8.04	11.64
苯产量（万吨）	5.06	7.46
混二甲苯产量（万吨）	18.71	25.89
营业收入（亿元）	361.04	374.02
利润总额（亿元）	14.37	23.28
税费（亿元）	77.13	71.67

2022年，大连西太平洋石化加工原油588.08万吨，销售收入361.04亿元，盈利14.37亿元，上缴税金77.13亿元。

【生产运行】 2022年，大连西太平洋石化面对年初市场低迷、近3个月停工的重大挑战，灵活调整，利用时机，提前组织换剂消缺检修，提前部署、扎实推进、精细管理、总结提升，克服重重困难挑战，完成15套主体装置，627个项目的深度检维修工作，全面消除装置运行瓶颈，平稳顺利恢复开工。

大连西太平洋石化经过系统思考、科学研究、精心筹划、优化调整，实施“四班两倒”政策，员工工作时间更加科学，生活作息更加规律，提高安全生产质量和效率；实施内部分配激励制度，班组实现轮岗操作，员工技能潜力得到充分释放，队伍活力进一步激发。

【设备管理】 2022年，大连西太平洋石化重点改造项目有序推进，设备精细化水平持续提升。催化裂化装置产品结构优化改造项目、气分扩能及配套丙烯储运系统改造项目，进入基础设计阶段；低硫船用燃料油配套设施建设项目有序推进。推进“无泄漏装置”建设工作，开展防泄漏专项治理。强化机泵风险管控，开展机泵“两治理一监控”工作，严格执行“超标必修”。加强加热炉检验全过程管理，增强炉管本质安全管理水平。俄罗斯原油管线改造工程全面完成，具备400万吨/年接收能力，资源保障和创效能力显著提升。强化风险管控，推动主要生产装置全面完成机泵诊断系统升级；深入开展机泵“两治理一监控”专项攻关，振动小于2.8毫米/秒的机泵比例达96%以上；开展机泵双封改造，解决一系列设备长周期运行隐患。加强防腐管理，引入脉冲涡流扫查等先进技术，完成1000平方米设备管道外表面、1000余个小接管扫描检查，及时消除腐蚀泄漏隐患。

【计划优化】 2022年，大连西太平洋石化产品结构优化紧紧围绕市场变化和总部政策来开展。按照集团公司要求，修改、完善“十四五”发展规划方案，规划建设催化裂解、气分、聚丙烯、苯乙烯装置，消除重油加工能力不足的短板问题，降低操作风险，大幅度降低成品油比重，增产化工产品，增产低硫船用燃料油，优化产品结构，实现高质量转型升级；着力提升生产管控能力，严肃执行“工艺、操作、劳动”三大纪律，严格落实重污染天气应急响应生产调控、特殊时期风险升级管控等要求，构建系统完备、科学规范的体系；调整机构设置，成立规划计划信息部，业务布局持续优化；规范业务流程，维修中心和总变完成合并，成立机电仪运维中心，实现业务管办分离，管理协同性进一步提高。

【安全环保】 2022年，大连西太平洋石化紧盯安全生产形势，压紧压实安全生产责任，始终把安全作为一切工作的基础，增强全员做好安全环保工作的思想自觉和行动自觉。实现责任全覆盖，严格检查考核，督促责任落实。践行绿色发展理念，实施安全环保隐患治理“周推进会”机制，强力推动项目建设，完成污水处理系统升级技术改造、储罐附件挥发性有机物（VOCs）专项治理等6个项目的建设投用，“11+7+3”挥发性有机物治理及特别排放限值项目收官，全面完成中央环保督察工作任务；安全环保隐患治理、危险和可操作性（HAZOP）分析及各类检查问题有序整改，达到预期目标。

【节能减排】 2022年，大连西太平洋石化为创建绿色企业奠定基础，开展挥发性有机物治理问题排查，确定对13台轻质油内浮顶储罐进行钢制浮盘升级改造，完成7台挥发性有机物治理设施排放口在线监测设施建设。建立挥发性有机物长效监测机制，对有组织排放源，定期做好在线连续监测或离线监测；对动静密封点，完善激光雷达（LDAR），现场检测，降低不可达点数量。在装置换剂消缺期间对全厂178个延迟修复泄漏点组织修复，有效减少现场挥发性有机物泄漏逸散，协同推进减污降碳和节能节水、加大生态保护力度、培养绿色企业文化，全方位创建绿色企业。

【挖潜增效】 2022年，大连西太平洋石化面对复杂的市场形势，坚持“四精”理念，聚焦价值创造主线，制定并实施11个方面、80条提质增效硬措施，累计增效2.5亿元，剔除加工量因素影响，炼油完全加工费226元/吨。优化原油运作，研判原油价格趋势，通过实施转月计价、优化拼装方案、加强商储油运作、利用期货交易等举措，降低原油采购成本4600万元，规避跌价损失5000万元。针对成品油需求大幅下降现状，坚持市场导向、以销定产、动态调整，优化催化裂化、加氢裂化等主要装置运行，柴汽比达到1.25，有效缓解产销矛盾，提升效益；投用催化装置油浆回炼设施，回炼量最高达到10吨/时，累计增效3400万元。利用辽河石化沥青资源，成功调和低硫船用燃料油产品，实现资源共享和优势互补，全年调和销售16万吨，增效500万元，柴油收率降低2.8个百分点，减油增化、减油增特成果显著。坚持“一切成本皆可降”理念，通过减少白土消耗、延长催化剂使用寿命等措施，化工“三剂”消耗显著降低；完成储运气柜检修，减少火炬异常排放，运行状态达到近10年最好水平，瓦斯单耗同比降低0.7万吨。财务方面，采取降低借款及购汇利率、优化借款结构、争取消费税缓税、出口退税、加强汇率风险管控等措施，节省资金成本0.9亿元。

【风险管控】 2022年，大连西太平洋石化开展“合规管理强化年”活动，推进合规风险排查，发现并解决经营业务、投资项目管理等方面8项重难点问题。修订合同管理办法，强化法律审查、实施专项治理，违法分包、业务外包与劳务派遣等问题得到有效解决，从源头控制交易风险。强化内控风险管理，组织问题“回头看”，发现关键业务、重点领域5项问题，及时制定改进措施、堵塞管理漏洞，内控管理水平有效提高。

【人才队伍建设】 2022年，大连西太平洋石化贯彻落实集团公司领导干部会议精神，推进人才强企工程，队伍建设持续优化，员工综合素质稳步提高。搭建“三支队伍”成长体系，配套制定《专业技术人员管理办法》《高技能人才管理办法》系列制度，明确“三支队伍”划分和转换关系，完成选聘相关政策，完善管理运行机制，评聘公司高级专家和一级工程师6人，二级、三级工程师6人。强化岗位人员基本功，开展“双减双强”和操作岗位标准化赋能培训，加强员工“一口清”“活流程”“一分钟应急”等能力培训，结合岗位特点，因地制宜创新培训方法，加强闭环管理，开展专项检查，发现并解决问题100余项，培训工作聚焦生产实际的导向作用得到进一步发挥。顶层谋划年轻干部选拔培养，分类建立后备人才库，完成两次干部调整，领导干部平均年龄44.47岁，下降2.92岁，其中提拔40岁及以下35人，占比57.4%，干部年轻化工作成效显著。开展领导力提升专题培训班，干部专家理论素养和工作能力得到整体提升。

【维稳安保】 2022年，大连西太平洋石化安保防恐、信访、维稳、保密等工作精细化管理水平显著提升，保证党的二十大等特殊敏感时期大局稳定受控，获集团公司通报嘉奖，荣立辽宁省公安厅一等功。加强大健康管理，员工健康体检和职业病体检双重保障，实现全面覆盖。推进健康饮食，改善伙食质量，提高员工满意度。在2021年扩建停车场的基础上，优化和增加班车线路，提高员工通勤便利性。多功能运动场、专业文体活动室等总计600余万元的职工之家改造项目全面启动，员工业余生活进一步丰富。

（吕佳轩）

中国石油天然气股份有限公司锦州石化分公司（中国石油锦州石油化工有限公司）

【概述】 中国石油天然气股份有限公司锦州石化分公司（中国石油锦州石油化工有限公司）简称锦州石化，始建于1938年，是一家以炼油为主、化工为辅的燃料化工型企业。是我国重要的润滑油添加剂科研生产基地和辽西地区最大的原油、成品油储备基地，也是国内首家生产国Ⅳ标准汽油、京Ⅴ标准汽油的企业。新中国第一滴人造石油、第一块合成顺丁橡胶都在这里诞生。有54套炼油化工生产装置，原油一次加工能力750万吨/年，固定资产总额151亿元，可生产44个品种81个牌号的石油化工产品。有长输管线、铁路、陆路、海上“四位一体”输出通道，产品畅销国内外。2022年底，有员工5896人，设11个处室、5个直属单位、22个基层单位。

2022年，锦州石化以“特色鲜明、竞争力突出能源公司”为目标，构建12345发展框架，按照集团公司“集中整体资源，发挥个体优势”的指导意见，推进第三套针状焦装置建设，强化针状焦产品优势地位，加强技术攻关，提高产品品质，向打造“环境优美、创效突出、技术先进、质量高端”的世界级针状焦生产基地阔步前行。针状焦成为集团公司党组关注、“十四五”大力发展的炼化新材料。与国内新能源龙头企业—宁德时代交流互访，达成战略合作意向，促成宁德时代在锦投资建厂，携手打造全国针状焦和负极材料生产基地。锦州市委将“推动锦州石化公司‘减油增化’转型升级和建设世界最大石油针状焦生产基地”写入落实习近平总书记在辽宁考察时重要讲话精神工作方案。辽宁省政府在工作报告中明确加快建设辽西100亿元规模石化新材料产业集群。成功产出G1电子级异丙醇，产品出口韩国。稀土橡胶完成工业化生产，添加剂T-205新产品开发实现预期目标。完成548.6万吨原油加工任务，实现营业收入339.26亿元，利润26.29亿元。实现工业总产值398亿元，上缴税费85.82亿元。效益排名位居炼化新材料公司第二名，综合业绩晋升集团A级。营业收入、利润总额、效益排名同年创造企业历史最好水平。

锦州石化主要生产经营指标

指　标	2022年	2021年
原油加工量（万吨）	548.6	541
汽油产量（万吨）	205.4	249.6
柴油产量（万吨）	154.8	124.7
航空煤油产量（万吨）	21.8	29.6
化工添加剂产量（万吨）	25.9	32
资产总额（亿元）	113.09	106.44
营业收入（亿元）	399.26	301.18
利润（亿元）	26.29	16.57
税费（亿元）	85.82	60.6

【生产运行】 2022年，锦州石化完善中央控制室“三中心”建设，实现生产运行、优化调整、应急处置一体化，重要装置间数据互联互通，有力应对辽河原油停输、外网天然气中断等突发状况。深挖生产数据价值，自主设计中控室大屏数据展示平台，实现公用工程指标数据监控分析。调整生产经营调度会组织模式，计划、生产、财务、销售等部门一体协同、高效联动。开展工艺报警专项整治，实质性报警基本

清零，总报警次数下降89%，联锁投用率达到100%，操作平稳率99.7%，自控率98.6%，装置操作运行水平进入先进行列。利用全流程建模，实时优化物料平衡与生产成本、加工负荷与产品收率间的最佳操作点，综合商品率同比提高2.54%。编制生产运行日报表，实现加工量、原料性质、馏出口指标、长周期关键运行参数的远程实时监控。加强装置全生命周期管理，开发设备健康管理平台，采取主动维护、预知性检修策略，整合动静仪电防腐专业实时数据，精准排查薄弱部位，消除运行隐患。52套装置、4个联合车间达到无泄漏标准。

【安全环保】 2022年，锦州石化学习贯彻习近平生态文明思想和安全发展理念，坚持"四有工作法"，构建全员安全环保责任体系。制定并落实安全环保"八项要求"和"三三五七"管理措施，提升风险管控能力。开展危险化学品安全风险集中治理、安全生产大检查和QHSE体系内审。以国家"十五条硬措施"为基础，制定91项检查内容，推动交叉互审，整改专业问题，识别各类风险。完善应急保障体系，组织各类培训、演练3136次。落实领导干部陪检制，推广作业许可数字化，实现操作、作业风险全过程管控。强化源头治理，氮氧化物排放明显下降。严格异味管控，更换储罐呼吸阀、投用密闭采样器。完成冬奥会和党的二十大期间空气质量保障任务。完成碳排放履约，落实防疫要求，科学精准施策，保障员工身心健康。连续3年获集团公司质量健康安全环保节能先进企业。

【企业管理】 2022年，锦州石化优化顶层设计，以"平台、流程、节点、权利、责任、目标"为核心，建立四级治理架构，形成集权有道、授权有章、立治有体、施治有序的工作格局。夯实合规管理基础，完善制度体系，将依法合规治企融入生产经营全过程，推动"管业务管合规"责任全面落实，修订项目投资、工程建设、招标等领域制度，梳理合规职责，全方位开展合规风险排查。深化管办分开，全部招标方案报党委会审议，总招标率100%，节资率18.7%。锚定合规重点，实现非招标采购规范化，节资率13%。落实合规管理强化年、内控测试问题整改"回头看"、合同和招标突出问题专项治理等工作部署，深挖问题成因，落实整改责任，制定系统性管控措施。国企改革三年行动收官，全部任务通过总部评审。制定锦州石化近中远期人力资源优化盘活方案，向主营业务、重点项目、一线队伍和关键岗位倾斜，确保公司优势高效业务用工需要和一线队伍有序接替。强化效益效率、岗位价值与薪酬分配的联动性，严考核硬兑现，清晰传导指标压力。制订专项奖励管理办法，将月度薪酬合并发放，提高工作效率。

【工程建设】 2022年，锦州石化100万吨/年连续重整装置、3+3万吨/年硫黄回收装置实现中交，资源替代转型升级项目全部建成。投用船用燃料装车设施，完成低压瓦斯气柜在线切除检修和液硫装车系统改造，稳步推进锌盐装置安全环保隐患治理。橡胶生产线增上成品码垛机，大幅提高工作效率。装置区密闭采样器改造、固废处理装置改造工程、10号管廊带安全隐患整改项目、储运罐区挥发性有机物治理、隔油装置隐患整改等项目完工投产。危险废物填埋场完善及环保隐患治理项目完工。120吨/时含硫污水装置与新建硫黄回收装置实现中交。质检计量中心油品站通风设施隐患治理、粉尘污染防治隐患治理、3号、6B号和12号管带隐患治理项目完成年度建设目标。集中整治现场环境，拆除老焦化装置、废旧厂房、废旧管线，更换失效保温，清运废铁。处置积压多年的废油泥、废岩棉、废化学试剂。一大批现场"隐忧""顽疾"得到彻底解决。"花园式工厂"建设全面启动、稳步实施。

【人才强企】 2022年，锦州石化深化管理、专业技术和操作技能"三支队伍"建设。加快培养复合型领导人员，对部分干部进行跨单位、跨专业交流。突出年轻干部专业化配备，领导人员年龄结构更加优化。推进双序列改革，畅通人才发展通道，加快优秀青年成才成长。开展年度技能等级认定，启动高技能人才考评，新增集团公司技能专家2人。召开科技工作会议，选拔1名集团公司层次青年科技人才培养对象和22名锦州石化公司层次培养对象。举办"创新大讲堂""技能大比武"，实现公司层面技术技能交流和典型案例共享。推进技能大师工作站和劳模创新工作室有机融合，打造一线生产智库和创新平台。支持鼓励员工自我超越，在集团公司化工总控工专业技能大赛中取得1金1银2铜和团体第3名。在集团公司第二届创新大赛中，获二等奖1项、三等奖3项。在消防战斗员竞赛中取得团队项目铜牌。将岗位练兵、导师带徒等融入日常，生产序列"多岗通"人员同比上升25.1%。

【企业党建工作】 2022年，锦州石化开展"建功新时代、喜迎二十大"总书记重要指示批示精神再学习再落实再提升活动。开展主题宣讲，深刻领悟党的二十大提出的新思想新论断、做出的新部署新要求。修订"三重一大"决策制度实施细则，建立党委前置研究清单。贯彻落实集团公司提升基层党建工作质量推进会议精神，发布"三个指导意见"，建立4个党建协作区，推动基层党建“三基本”建设与“三基”工作有机融合，建成市级“五星堡垒”2个、“四星堡垒”116个。开展“转观念、勇担当、强管理、创一流”主题教育，组织各级中心组学习197次、宣讲299场次。强化政治监督，制定98项措施，健全“一把手”和领导班子监督机制。开展违规吃喝专项纠治和“反围猎”专项行动，落实防控措施，构建“亲”“清”新型企商关系，严肃查处问责“重复发生、有章不循、突破底线”违纪行为。改善员工工作、生活、学习、文化“四个环境”。优化体检套餐、组织健康讲座，改善倒班员工餐饮品质和休息条件。开展“月评一流”活动，微典型示范作用有效发挥。坚持“让思想走出去”，在《人民日报》客户端、人民网《工人日报》及省市主流媒体刊发稿件430篇，展示企业改革发展丰硕成果和良好社会形象。倡导“以文化人、以体健身”，10个文体协会挂牌成立，组织足球、篮球、乒乓球比赛，开展大合唱、健步走、减重达人、巾帼展风采系列活动，员工活力、团队凝聚力不断增强。

（曹继辉）

中国石油天然气股份有限公司锦西石化分公司（中国石油锦西石油化工有限公司）

【概况】 中国石油天然气股份有限公司锦西石化分公司（中国石油锦西石油化工有限公司）简称锦西石化，始建于1939年，1953年恢复生产。2022年底，有员工6469人（上市4572人、未上市1897人），直属单位43个，炼油化工装置56套，原油加工能力650万吨/年。以加工大庆原油、辽河原油为主，直接管输进厂，另有部分进口原油。主要产品有汽油、柴油、航空煤油、船用燃料油、苯乙烯、聚丙烯等。

锦西石化主要生产经营指标（上市部分）

指　标	2022年	2021年
原油加工量（万吨）	541	540.5
汽油产量（万吨）	211.80	249.64
柴油产量（万吨）	131.02	123.15
航空煤油产量（万吨）	23.81	27.1
资产总额（亿元）	108.34	102.08
收入（亿元）	373.56	281.18
利润（亿元）	24.04	11.93
税费（亿元）	67.22	69.85

2022年，锦西石化统筹推进发展建设、疫情防控、提质增效等各项工作。加工原油541万吨，缴纳税费67.22亿元，效益排名跃升至炼化企业第4名，完成生产经营目标任务，获集团公司“2022年度先进集体”称号。

【生产运行】 2022年，锦西石化加强工艺基础管理，强化过程管控和平稳操作，坚决遏制非计划停工，平稳率99.93%，波动次数同比减少138次，损工时数同比减少20.37天。强化两级达标攻关，建立月例会推进机制，推进公司级10项、车间级259项技术攻关，炼化装置达标率100%，可比综合商品率、节能节水、特色产品收率等7项指标进入炼化新材料板块前十名。

【设备管理】 2022年，锦西石化开展7项检修技术攻关，申报集团公司级难题1项，公司级难题6项。以设备主题月活动为抓手，强化设备全生命周期管理，炼化企业大检修全周期关键技术（KPI）考核评价、烟机同步运行率、抗晃电等6项考核指标排名炼化新材料板块前10。机泵在线监测比例上升8.5%，A区机泵占比55%。按计划精修高危泵91台，设备故障率下降13%，MTBR（机泵平均修理间隔时间）实现121个月。仪表自控率99.03%、继电保护和自动装置正确动作率100%。加强储罐、小接管和易泄漏法兰风险管控，整改排查问题71项。首次应用脉冲涡流扫查技术完成17套生产装置检测，处理减薄部位20处，有效应对腐蚀风险。

【安全环保】 2022年，锦西石化学习贯彻习近平总书记关于安全生产重要论述，严格落实国家安全生产十五条硬措施和集团公司要求，实施顶格安排，召开安全环保专题党委会9次、安全例会36次，形成公司级安全大检查重点任务109项，排查问题225项。安全生产专项整治三年行动收官，重大危险源改造、危化品集中整治全面完成。强化体系思维，推进QHSE体系建设，编制综合性审核计划，制订“一部一策”方案，设立专业底线53个，两次内审发现问题4853项，各专业常态化审核发现问题952项。开展基层站队标准化建设，标准化交接班、标准化巡检在基层班组有效落实。加强双重预防机制建设，开展风险分级管控与隐患排查治理，评价公司级重大风险9个、较大风险324个，事故事件同比下降12.5%。推进常态化监督与专项监督相结合，开展专项监督214次，常态化监督风险作业1.43万项，查处违章1841项，清除承包商人员6人，约谈承包商3家，违章率同比下降1.71%，高风险作业违章得到有效遏制。学习贯彻习近平生态文明思想，制定环保治理措施40项。强化十分钟监管和超标应急管理，外排污染物达标率100%，氮氧化物、化学需氧量、挥发性有机物、二氧化碳同比减排19.9%、22.0%，8.5%、6.9%。完成生态环境隐患治理8项，全年环境事件为零。高标准完成北京冬奥会等重点时段大气污染防治工作。完善新冠肺炎疫情防控措施，保持生产经营正常秩序。

【科技创新】 2022年，锦西石化以市场为导向，开发聚丙烯熔指注塑料新产品1100P，创效280万元，提升低收缩注塑料1100NG性能指标。推动流程模拟先进技术应用，完成模拟成果11个，在集团公司流程模拟软件使用排名第2名，创效600万元。参与集团公司分子管理技术创新应用，参加项目5项。全面推动群众性质量活动，完成QC小组成果62篇，“质量信得过班组”成果5篇，创效1000万元。研究催化裂解增产低碳烯烃等发展课题，推进产业链延伸。围绕数字化转型，建设“安全受控”系统，逐步推进电子化票证。深入挖掘数据价值，炼化物料系统与排产系统、炼油与化工运行系统、企业资源管理系统等系统深化应用，推进互联互通和数据共享。在集团公司首批推行综合办公平台，办公业务功能全方位集中集成。完成“视频会议”系统部署，搭建内外部高效交流平台。升级班组绩效管理平台，新增HSE基层站队、百优班组、提质增效和党建模块，建立班组量化考核机制，推进生产经营管理向智能化迈进。

【挖潜增效】 2022年，锦西石化落实集团“五提质、五增效”十大举措，细化制定82项168条措施，实现提质增效5.5亿元。坚持全流程优化，灵活调整原料和产品结构，多争取庆混原油104万吨、增效3.43亿元。坚持以销定产、减油增特，应用APS系统编制优化模型120个，及时调整产品结构，成品油收率压降6.24%，柴汽比提高0.13。优化船用燃料油生产配方，同比增产51万吨，增效1.35亿元。降低2套催化汽油烯烃含量，提前2个月完成国ⅥB标准汽油质量升级。强化库存管理，原油和成品及半成品分别降库7.2万吨、15.5万吨，减少资金占用10.9亿元。强化市场营销，自销产品售价高于区域内同品质产品市场价格100—400元/吨，增效1.28亿元。创建招标例会，建成远程评标室，实现采购节资6802万元。加强能耗管理，电耗下降724万千瓦·时，燃料气消耗减少4763吨，降本1101万元；代炼油泥2.77万吨，降低环保成本2216万元。优化全厂低温热运行，回收热量5.3万千瓦，替代低压蒸汽70吨/时，节能创效3484万元。加强工艺锅炉和加热炉管理，平均热效率93%以上。提升水综合利用，新水用量减少75吨/时，循环水用量降低7000吨/时。吨油辅材成本降低297万元；加强未上市生产辅助单位自主运维能力，减少业务外包降本922万元。采取多项措施，节约财务费用2513万元。

【企业管理】 2022年，锦西石化开展“严肃财经纪律、依法合规经营”综合治理专项行动，落实国务院国资委“合规管理强化年”部署，全面贯彻集团公司依法合规治企和强化管理要求，全方位分析排查合规风险75项、违规问题5项，明确高风险岗位336个，细化职责清单3662项，依法合规治企显著增强。加强生产运行依法合规，特种设备、管道注册备案和检验2325项，建设项目“三同时”完成6项。制度建设全面提升，细化完善企业管理制度，两级制度体系框架初步构建。强化内控与风险管理，内控考核例外事项27项次，评估确定2023年度重大风险6项，编制《内控管理手册》《权限手册》《内控流程文档手册》。强化招投标与合同管理，招标率92.52%，整改合同履行情况专项检查10个方面17项问题，合同管理更加精细化。加强普法宣贯和合规培训，强化重大事项法律论证，出具法律意见书20份，重大涉法事项法律全部审核。国企改革三年行动60项改革任务、对标世界一流管理提升行动8个管理领域26项子任务全面完成，形成成果128项。压减法人实体3户。完成审计项目28项，发现问题148个，提出审计建议50条，审计监督和服务职能有效发挥。

【队伍建设】 2022年，锦西石化落实集团公司人才强企工程，健全选人用人机制，高质量完成28个二级、三级副职竞争上岗和19个机关岗位公开招聘。优化领导干部队伍结构，中层领导人员平均年龄首次降到50岁以内，40岁以下二级领导同比提升8.68%。制定《领导人员任期制和契约化管理实施办法》，完成355名二级、三级领导人员任期制契约化签订。科学精准考核干部，修订完善领导干部年度业绩合同，将安全环保、提质增效、科技攻关等专项考核纳入干部考核。实施领导人员积分制管理，对工作不在状态、履职尽责不到位的领导干部及时调整。强化年轻干部培养，选派13名青年技术骨干到机关岗位锻炼，通过“青马工程”、青年干部培训班，综合考察114名年轻干部能力素质，后备力量更加充盈。持续关注新员工成长，搭建“一人一策”“双导师”培养模式，员工技术水平整体攀升。新晋技师33人、高级技师9人，在聘高技能人才增长18%。推进集团公司“石油名匠”培育计划，开展星级操作员评价，在聘各类星级操作员工594人，占比33%，同比增加112人，高端技能人才示范效应逐步彰显。在2022年集团公司第二届创新大赛和化工总控工竞赛中获1金4铜、1银3铜。

【企业党建工作】 2022年，锦西石化学习贯彻习近平新时代中国特色社会主义思想和党的二十大精神，党委坚持每会必学，第一时间跟进学习习近平总书记重要文章、重要讲话66篇。印发学习宣贯党的二十大精神实施方案，两级中心组专题学习研讨106次，组织层层宣讲305次。把党的领导融入公司治理各环节，修订完善“三重一大”、党委工作规则等系列制度，召开47次党委会，研究172项“三重一大”事项，党委把方向、管大局、保落实作用有效发挥。全面推进基层党建与中心工作有机融合，构建“3+1”策略，打造39个特色鲜活经验，切实展现锦西石化特色，推动基层党建和基层管理全面提升。开展意识形态工作专项督查，召开党委班子成员与党外代表人士联谊交友座谈会。开展“全员参与、共创未来”大讨论366场，深化“转观念、勇担当、强管理、创一流”主题教育成效。全覆盖开展政治监督，整改共性问题8个，推动监督具体化常态化。注重监督成果运用，下发监督建议书40份，促进制度完善和管理提升。编制廉洁风险防控手册，制定措施2043条，防控体系建设持续加强。开展2轮政治巡察，“利剑”作用充分彰显。

（高　远）

中国石油天然气股份有限公司大庆炼化分公司

【概况】 中国石油天然气股份有限公司大庆炼化分公司（简称大庆炼化）2000年10月由原大庆油田化工总厂和林源石化公司重组成立，2006年2月与林源炼油厂进行二次重组，是以大庆原油为加工原料，集炼油、化工于一体的综合性石油石化生产企业。2022年底，员工总数7853人，主要生产装置48套，固定资产原值198.6亿元、净额41.7亿元，有600万吨/年原油加工能力和60万吨/年聚丙烯、20万吨/年润滑油基础油、15万吨/年聚丙烯酰胺、12万吨/年石油磺酸盐的生产能力，可生产汽柴油、航空煤油、液化气、石蜡、润滑油基础油、聚丙烯酰胺、石油磺酸盐、聚丙烯、白油、重质液蜡等26个品种280个牌号的石油化工产品。自成立以来，获全国“五一劳动奖状”“国家重合同守信用先进企业”“中国诚信企业”等省部级以上荣誉30余项。

大庆炼化主要生产经营指标

指　标	2022年	2021年
原油加工量（万吨）	494	505.01
汽油产量（万吨）	201.08	216.2
柴油产量（万吨）	99.06	94.7
异构脱蜡装置基础油产量（万吨）	7.34	14.25
石蜡产量（万吨）	32.23	30.51
聚丙烯酰胺产量（万吨）	15.85	15.93
聚丙烯产量（万吨）	45.26	52.01
收入（亿元）	372.49	323.96
利润（亿元）	13.6	20.1
税费（亿元）	74.59	82.91

2022年，大庆炼化全面落实集团公司党组决策部署，紧扣“十四五”“12345”工作思路和年初工作会议提出的“七个高质量”重点任务，克服国际油价变化和新冠肺炎疫情反复带来的不利影响，优化产品结构，增加高效产品产量，石蜡对原油收率达到6.52%，石蜡产量突破32万吨，均创历史最好水平。加工原油494万吨，营业收入372.49亿元，税费74.59亿元，特色产品收率、全流程综合能耗等48项指标创历史最好水平。

【生产运行】 2022年，大庆炼化落实集团公司党组部署，贯彻落实“四精”工作要求，牢固树立“从严管理出效益，精细管理出大效益，精益管理出更大效益”理念，以市场为导向，深化提质增效，全面提升生产运行和产品质量管理能力。实现柴油生产方案优化、国Ⅵ B标准汽油质量升级、增加船用燃料油、石蜡和聚丙烯酰胺等高效产品产量的新突破。加大生产协调指挥和技术难题公关力度，完善装置长周期运行管理办法，加大计划执行、技术分析和报警管理力度，解决影响生产运行难题，提升生产操作执行力，监控装置操作平稳率100%，工艺报警次数同比降低730次，生产波动次数同比下降44%，平稳生产态势得到巩固。加强设备基础管理和仪表电气保障，建立防腐蚀管控平台，深化隐患排查、预知维修和机泵治理，无泄漏装置占比73%，大检修全生命周期指标位居前列，机泵平均修复间隔时间（MTBR）指标创历史最好水平，长周期运行得到保障。提前统筹装置大检修准备，计划编制、物资提报和施工队伍对接等工作有序推进，为2023年大检修做好准备。

【安全环保】 2022年，大庆炼化专题学习贯彻习近平生态文明思想及安全生产重要论述、新安全生产法及国家各项新标准新要求，落实集团公司关于安全环保工作的各项部署，严格遵循全员、全方位、全过程、全天候“四全”原则和查思想、查管理、查技术、查纪律“四查”要求，落实管行业必须管安全、管业务必须管安全、管生产经营必须管安全“三管三必须”主体责任，以深化QHSE体系运行为抓手，从严专业管理和全过程管控，狠抓全员安全环保责任落实和风险隐患治理，推进环保精细管理和系统治理，整体上保持安全环保稳定向好的态势，QHSE管理水平取得明显进步，全年未发生C级以上安全环保事故。推进绿色企业、无废企业、无异味工厂创建及开展污染防治攻坚战“三创一战”建设，践行绿色低碳发展理念，持续全覆盖环境监测，推进绿色企业创建，开展无异味工厂创建，强化环保网格管理和专项监督检查，连续第3年获集团公司“质量安全环保节能先进单位”称号。完成雨水系统改造、含磷废水治理、降低挥发性有机物（VOCs）排放、污水处理场设施改造等环保项目36项，环保排放总量全面削减，获大庆市首批“无废企业”称号。

【科技创新】 2022年，大庆炼化坚持把发展的基点牢固建立在创新驱动上，重科研、强攻关、求突破，发挥创新对生产经营支撑作用，创新型企业建设迈出坚实步伐。确定42项攻关项目，实施完成39项技改项目，组织开展科研项目41项，其中新开题项目19项，科技创新初步呈现产研结合、点多面广、成果频出的良好局面。聚丙烯新产品开发取得较大突破，完成11个牌号的工业化试生产，RP300R、HA510M产品质量稳定性和市场认可度提升，年产量均已达到万吨以上。参与油田化学品创新联合体建设，推进催化裂解制低碳烯烃工业化试验，建成调堵剂、压裂液、乳液聚合物等实验平台，完成高性能聚合物DS800、减氧空气泡沫驱油、压驱用石油磺酸盐等工业化试生产。组织完成食品级石蜡工业化试验，完成70号半精炼石蜡、橡胶防护蜡首次工业化试生产，产品质量满足指标要求；完成乳化炸药专用复合蜡、相变蜡和食品级石蜡等特种蜡市场开发及生产技术调研。申报发明专利3项，制定企业标准3项，认定集团公司技术秘密1项，获省部级科技奖励1项。

【节能减排】 2022年，大庆炼化推进“转观念、勇担当、高质量、创一流”主题教育活动，打造提质增效“升级版”。聚焦优化节能降耗举措，树立“一切成本皆可降”理念，加强能源实物量和辅材过程控制，建立能耗“日跟踪、周分析、月总结”机制，节能0.38万吨标准煤、节水0.63万立方米，全流程综合能耗同比下降6.6%。加强项目设计方案优化，雨污分离项目通过详细论证，优化完善地下管网，解决应急罐储存能力不足问题，节约投资630万元。加强资金和资产管理，压降“两金”占用，推进资产轻量化，推进存量土地处置，注销5宗土地、收储6宗土地、移交64宗土地，盘活低效负效资产1000多万元。全年提质增效超额完成年初预定目标，为大庆炼化生产经营指标完成奠定基础。

【队伍建设】 2022年，大庆炼化贯彻落实集团公司关于组织人事和人才强企工程部署要求，立足长远、系统谋划、综合施策，全力建设高素质专业化队伍。

全面推进实施人才强企工程，健全完善“生聚理用”人才发展机制，形成立体化、多维度、全要素人才发展模式。制订人才强企工程方案，细化18项工作目标和60项具体举措，以工程思维逐步推进落实。顶层谋划年轻干部选拔培养，分类建立后备人才库，组织分级分类专业能力培训、机关与基层双向挂职锻炼、关键岗位轮岗交流，加大选拔使用优秀年轻干部力度，选拔任用中层领导人员17人。推进专业技术岗位序列改革，建立层级转换、选聘转聘和考核激励等程序标准，专业技术人才队伍同比增加123人，张世凯劳模创新工作室被命名为“集团公司劳模和工匠人才创新工作室”、徐涛获“龙江工匠”称号、王东华获全国能源化学地质系统第八季“大国工匠”称号。完善“1+N”培训制度体系，实施“三支人才”队伍分类培训，发挥劳模工匠、技能专家等“传帮带”作用，多角度推动员工素质能力提升。

【社会责任履行】 2022年，大庆炼化在保证新冠肺炎疫情防控和生产经营两手抓、两手硬的同时，勇担社会责任，以实际行动诠释国有企业守土有责、守土担责、守土尽责的担当精神，全力支援抗击新冠肺炎疫情行动，确保群众健康安全和社会平稳有序。全年核酸检测30多万人次，疫苗接种率94.2%，全方位保障防疫物资需求，为在岗员工发放各类口罩147万只，消毒液2.9吨，防护服4840套，抗原试剂检测盒近3万个。在通勤运输紧张的情况下，主动义务承担转运大同区56中学400余名师生回家的任务；协助政府开展基层社区防疫工作，号召党员干部600余名累计服务7419天，为抗击疫情贡献力量。在货运专班工作人员紧张、库存油品不足情况下，承担疫情物资保供任务，保障绥化地区疫情期间油品供应工作，为打赢疫情防控阻击战提供有力支持，彰显大型国企的使命与担当。

（贾　楠）

中国石油天然气股份有限公司哈尔滨石化分公司

【概况】 中国石油天然气股份有限公司哈尔滨石化分公司（简称哈尔滨石化）是以石油炼制为主的炼化企业，位于黑龙江省哈尔滨市，是黑龙江省百强企业、哈尔滨市财源骨干企业。前身是哈尔滨炼油厂，1970年筹建，1976年建成投产，1983年划归中国石油化工总公司管理，1998年划归中国石油天然气集团公司管理，1999年重组为中国石油天然气股份有限公司哈尔滨石化分公司和哈尔滨石油化工服务公司（2000年更名为哈尔滨炼油厂），2005年两家公司再次整合重组为中国石油天然气股份有限公司哈尔滨石化分公司。

2022年底，哈尔滨石化设置机关职能部门11个，直属机构3个，二级机构11个，员工总数1688人。有各类生产装置22套，分别是420万吨/年常减压蒸馏装置、120万吨/年重油催化裂化装置、60万吨/年重油催化裂化装置、80万吨/年柴油中压加氢裂化装置、75万吨/年汽油连续重整装置、10万吨/年苯抽提装置、90万吨/年催化汽油加氢精制装置、100万吨/年柴油加氢精制装置、50万吨/年催柴加氢精制—临氢降凝装置、50万吨/年气体分馏装置、5万吨/年甲基—叔丁基醚（MTBE）装置、4万吨/年甲乙酮（MEK）装置、4000吨/年硫黄回收装置（新建）、1万吨/年硫黄回收装置、8万吨/年聚丙烯装置、15万吨/年饱和烃脱硫精制装置、15万吨/年烷基化装置、60吨/时酸性水汽提装置（环保备用）、100吨/时酸性水汽提装置、20万吨/年催化重整装置、1万标准米^3/时氢气膜分离回收装置（PSA）、10万吨/年干气脱硫和35万吨/年液化气脱硫脱硫醇装置。能够生产满足国家标准的汽油、柴油、航空煤油、石脑油、液化石油气、饱和烃、丙烷、丁烯、MTBE、苯、甲乙酮、硫黄及聚丙烯等14类27种产品。

2022年，哈尔滨石化坚决贯彻党中央“疫情要防住、经济要稳住、发展要安全”的要求，全面落实集团公司党组、炼化新材料公司工作部署，按照新一届班子“认真负责、科学经济、简单高效”十二字工作原则，经营业绩实现历史性新突破。哈尔滨石化获集团公司先进集体、质量健康安全环保节能先进企业、中国石油绿色企业以及黑龙江省绿色工厂、黑龙江省高耗能行业企业能效领跑者等多项荣誉。

哈尔滨石化主要生产经营指标

指　标	2022 年	2021 年
原油加工量（万吨）	360	356.01
成品油产量（万吨）	271.1	276.5
特色化工产品产量（甲乙酮）（万吨）	3.75	4.07
有机原料产量（苯）（万吨）	2.52	2.32
合成树脂产量（聚丙烯）（万吨）	4.01	5.58
自由现金流（亿元）	10.08	9.84
资产负债率（%）	18.7	35.26
净资产收益率（%）	34.8	20.67
全员劳动生产率（元 / 人）	523	391
高标号汽油比例（%）	60.7	55.8
加工损失率（%）	0.25	0.26
炼油综合能耗（千克标准油 / 吨）	57.2	62.29
炼油单因耗能 [千克标准油 /（吨 · 因数）]	6.97	7.48
收入（亿元）	255.61	198.72
利润总额（亿元）	19.63	10.71
税费（亿元）	63.59	60.57

【生产运行】 2022 年，哈尔滨石化坚持“大平稳出大效益”，强化操作变动预约、生产异常管理，建成集工艺报警、技术分析、智能巡检为一体的生产技术管理平台，对工艺参数、设备状态、产品质量以及环保指标进行在线监测，异常数据实现自动采集报警提示。设置视频监控系统 894 套，通过岗位不间断巡检与智能监控协同，实现全天候风险管控。连续 3 年实现非计划停工为 0。执行操作变动预约及分级管理，推进 DCS 和 MES 画面提标、装置对标排查、DCS 帮助功能 3 项工作，甲乙酮、Ⅱ催化等 5 套装置开停工安全受控。Ⅰ催化等 12 套装置完成危险和可操作性（HAZOP）自主分析，汽油加氢等 5 套装置自主分析报告一次通过集团公司备案评审。推进“一分钟应急处置”机制建设，定期“桌面推演 + 实战演练”，提高应急处置能力。2022 年，损工时数为 0，生产计划执行率 100%，操作平稳率 99.98%。

【设备管理】 2022 年，哈尔滨石化加强设备预知维修、状态监测和防腐管理，完成 69 台高危介质机泵双封改造，检修一次合格率大于 99%，设备预知预防性维修率 85% 以上。推进无泄漏装置建设，静密封点泄漏率小于 0.13‰，7 套装置实现零泄漏装置达标。针对快切系统启动方式单一问题开展攻关，成功应对“4 · 20”“5 · 22”“9 · 11”3 次外网晃电导致的生产波动，内部电网稳定性和抗晃电能力大幅提升。秉承“四个介入”原则，优化大检修全厂停检开时间统筹，编制停检开总体方案和安全环保、施工专项方案，明确大检修时间表和路线图。强化大检修项目论证，明确实施 2654 项常规检修项目及 80 项技改项目，为高效推进大检修奠定坚实基础。

【安全环保】 2022 年，哈尔滨石化制定实施《有组织自学指导意见》，开展查画流程、检修课堂、师带徒等特色有组织自学活动，以员工技能提升确保安全生产。固化“三管三必须”理念，形成“一岗一清单”，深化“四查四提升”，实施危险作业“四全”管理，审批预约作业 7558 项，监督检查问题 633 个。开展两轮安全生产大检查，安全生产三年行动计划 143 项任务全面完成。组织全员辨识风险 6388 项，绘制风险四色图 7 张，制定量化管理方案及 68 项考核标准，发现的 72 项问题均制定管控措施。高标准完成 HSE 体系审核，发现问题 2742 项，整改率 92%。健全“1+N”新冠肺炎疫情防控管理考核体系，狠抓重点人群、重点场所、重点环节，守住不发生聚集性疫情的底线。编制《健康企业建设工作方案》，形成一人一档健康档案。推进挥发性有机物检测和治理，厂界环境空气达标。化学需氧量、二氧化碳等主要污染物实现达标并减量化排放，获集团公司 2022 年度质量健康安全环保节能先进企业、中国石油绿色企业、黑龙江省绿色工厂称号。

【节能减排】 2022 年哈尔滨石化能源管理体系通过国家认证审核，取得 ISO 50001 : 2018 认证证书。组织开展降低燃动费用攻关，制定并实施 50 项节能降耗措施，节约蒸汽、电、煤、燃料气等 2700 万元。通过停运加氢改质 6 个月，减少燃动费用 720 万元；通过加氢裂化换热网络优化，实现反应进料加热炉停运，节约燃料气 8 吨 / 日；余热暖民项目冬季投运，实现运行平稳，实现年节约标准煤 3.71 万吨、减排二氧化碳 9.63 万吨，炼油单因耗能耗 6.97 千克标准油（吨 · 因数），获“黑龙江省高耗能行业企业能效领跑者”称号。强化在线运维管理，定期开展在线设备校准校验和比对监测，实现废水、废气排放日均值达标率100%。制定挥发性有机物提标治理方案，2022年密封点泄漏率0.21%，优于绿色企业0.3%标准。推行危险废物减量化措施，脱硫废渣含水率由90%降至35%以下，干化后污泥含水率降至45%以下，2022年实现危险废物减量约3500吨。

【提质增效】 2022年，哈尔滨石化制定提质增效价值创造方案，实施“五提质、五增效”61个项目，增效1.2亿元。优化原油原料进厂，加工原料油372万吨，石脑油进厂5.3万吨、醚后碳四进厂3.0万吨，足额完成加工任务。争取俄罗斯原油进厂计划，俄罗斯原油比例达36.8%，较预算提高0.7%。推进产销优化平衡，生产计划执行率、互供计划执行率、交货计划完成率实现3个100%；汽柴油产销率100.4%，实现降库1.6万吨。实现丙烯收率3.8%。95号以上高标号汽油销量首次突破80万吨，占比达60.7%，炼化新材料公司排名第二。组织保供冬奥会-50号柴油，为北京冬奥会贡献哈尔滨石化力量。首次实现天然气按调峰价格采购，节约采购费用47.21万元。优化产品营销策略，2-丁烯、甲乙酮增效892万元。加强税收统筹，节税501万元，所得税汇算清缴退税1027万元。推进资产轻量化，压降“两金”占用，完成修旧利废634万元。推行框架+订单采购，节约采购资金2426万元。

【科技创新】 2022年，哈尔滨石化贯彻党的二十大关于科技、人才、创新的重要部署，组织召开科技与信息化创新大会，明确科技创新和数智化发展任务。完成低碳发展规划、大比例掺炼俄油规划方案研究，《“十四五”发展规划》获集团公司优秀规划三等奖，源网荷储+燃煤锅炉清零一体化示范研究与应用被炼化新材料公司列为示范项目推进。催化装置减油增化消瓶颈技术改造、80万吨/年航空煤油产能建设、国ⅥB标准汽油生产消瓶颈技术改造三大项目立项批复并进入实施阶段，投资管理获集团公司炼油化工和销售专业第3名。低硫船用燃料油、防水沥青完成开发，实现5个新牌号高熔指聚丙烯工业化生产，1142吨产品成功实现应用并投放市场。催化装置降低生焦催化剂研发与工业实验通过集团公司验收，全年获5项发明专利授权。推进“工业互联网+安全生产”，完成数字化转型方案及网络安全智能监控平台、局域网改造等配套项目可行性研究，计划管理平台成功上线运行，通信程控交换机、5G基站升级改造全面完成。

【人才强企】 2022年，哈尔滨石化加快优秀年轻干部培养选拔，形成“近期使用+轮岗锻炼+蹲苗培养”三支人才队伍清单，建立百名优秀年轻干部人才库，80后年轻干部占比16.45%，干部队伍年龄结构进一步优化。创新高技能人才“积分制”选聘机制，分级分类建立“好人好事”正向激励，公平公正客观评价人才。搭建9级技能梯队晋升台阶，形成一支由5名集团公司技能专家、1名企业技能专家、33名高级技师为领军的技能骨干人才队伍，集团公司技能专家林树国被列为石油名匠重点培养对象。制订有组织自学活动方案，创新实施“一案、一表、一单”自学管理架构，创新开展值班授课、班组研讨、培训辅导员等形式，融入哲学、优秀传统文化等基础素质培养项目。建立8个公司级专家（劳模）创新工作室，解决17个集团公司一线生产难题，在集团公司第二届一线生产创新竞赛中获1个一等奖、4个二等奖。在第二届中国石油杯化工总控工技能竞赛中获2银、团体第三名。

【依法治企】 2022年，哈尔滨石化推进国企改革三年行动和对标提升行动，63项改革三年行动任务完成率100%，26项对标提升任务完成率100%。集团公司巡视督办问题彻底解决。制订“十四五”法治建设实施细则，形成“一人一单”的法治自学清单，“八五普法”专题学习及合规培训实现全覆盖。识别适用法律法规417部、标准1500余项，入围集团公司38家法治示范企业。开展合规管理强化年、综合治理专项行动，对照“五个任重道远”查摆问题291项，制定整改措施412项。强化招标管理，建立合同问题四查溯源措施清单，实现线上合同率100%、事后合同率为0。推进管理制度流程化、清单化、信息化，集成党内法规、标准制度、工作流程的一体化基础文件查询平台上线运行。健全党委前置研究重大事项机制，强化“三重一大”事项合法合规审查，46项重大涉法决策实现100%法律审查，推动科学民主决策、依法合规管理。

【党建工作】 2022年，哈尔滨石化深入学习宣传贯彻党的二十大会议精神，通过“第一议题”、理论学习中心组学习及“三会一课”“中油e学”等多种形式，学深悟透党的二十大精神。组织“建功新时代、喜迎二十大”系列活动，召开哈尔滨石化第四次党代会，描绘高质量发展的宏伟蓝图。制订党史学习教育常态化长效化实施意见，开展“转观念、勇担当、强管理、创一流”主题教育活动，构建“积分+”矩阵模式，推动基层党建“三基本”建设与“三基”工作有机融合。清单化推进对“一把手”和领导班子监督，制定《关于健全完善监督体系推动各类监督贯通协同的实施意见》。对历年巡视巡察、审计发现问题进行“四查”溯源，梳理各类问题180项，初步建立整改长效机制。完善意识形态9项负面清单，与新华社开展“云游哈石化”直播，成立“油智汇”国学社，开展中华优秀传统文化有组织自学。健康企业建设有序推进，为员工购买驻厂应急物资和健身器材，开展工间操、健康体检、心理咨询等活动。关心员工生活，帮扶困难员工338人次，提升群众的获得感和幸福感，完成党的二十大特别重点阶段维稳安保工作，确保各项工作稳定受控。

（于　洋）

中国石油天然气股份有限公司广西石化分公司

【概况】 中国石油天然气股份有限公司广西石化分公司（简称广西石化）2010年建成投产，总投资228亿元，设计原油加工能力1000万吨/年（已标定最高可达1200万吨/年），是集团公司优化炼油化工产业布局，在南方地区建设的第一座千万吨级炼厂。建有常减压蒸馏、重油催化裂化、渣油加氢脱硫、连续重整、蜡油加氢裂化、硫黄回收等23套主体装置，有完备的环保、消防、储运、公用工程及辅助设施，产品包括汽油、柴油、航空煤油、芳烃、聚丙烯、硫黄、液化气、沥青等产品。广西石化积极推进炼化一体化项目建设，拟在2025年建成120万吨/年乙烯裂解等14套化工装置和200万吨/年柴油吸附脱芳等2套炼油装置，占地面积约4420亩，项目实施后可通过“减油增化”实现由“燃料型”向“化工产品和有机材料型”转型升级。

广西石化主要生产经营指标

指　标	2022年	2021年
原油加工量（万吨）	927	974
汽油产量（万吨）	244	283
柴油产量（万吨）	280	293
航空煤油产量（万吨）	87	93
聚丙烯产量（万吨）	17.4	18.5
芳烃（万吨）	54.4	55.5
低硫船用燃料油（万吨）	18	10
营业收入（亿元）	598	474
税费（亿元）	96	95

【生产运行】 2022年，广西石化统揽生产经营和项目建设两大任务，操作平稳率99.99%，12项主要指标中10项同比取得进步，炼油完全加工费283.16元/吨，同比下降6.3元/吨；炼油综合能耗51.22千克标准油/吨，同比下降1.16个单位；全厂综合能耗85.64千克标准油/吨，同比下降3.84个单位，首次低于炼化新材料板块平均水平；新鲜水单耗、碳排放量、燃料自用率、蒸汽单耗、氢耗等22项指标同比改善，连续两年被评为“集团公司先进集体”，高质量发展站排头的良好局面持续巩固。2022年营业收入598亿元，实现税费96亿元，劳动生产率1212万元/人，盈利12.2亿元、净利润10.4亿元，累计纳税突破1000亿元，经营业绩在炼化新材料板块名列前茅。

【设备管理】 2022年，广西石化践行设备“管、用、修”一体化理念，强化机组机泵管理，制定“一机一策”，强化规范操作和定期维护，机组本体及附属系统完好率100%。组织全年“最差十台泵”评比，开展机泵密封专项治理，全厂机泵密封消耗量同比下降15%，机泵MTBR（平均修复间隔时间）同比提高15个月，振动C级以上机泵全面消除。严控检维修项目，杜绝低效无效检修，检维修作业数量大幅下降。强化电气仪表管理，积极应用高频局部放电检测等技术，及时消除电缆头绝缘劣化等6类潜在风险。持续巩固“晃电不停装置”成果，继电保护动作正确率维持100%。加强仪表联锁管理，联锁投用率保持100%。深入排查和消除自控回路不合理软限位等情况，自控率提升至99.6%。开展报警对标管理，实时推送报警信息，确保装置及时调整，日均报警数同比下降86%。

【经营优化】 2022年，广西石化深化“市场分析—财务测算—计划优化—生产执行—销售反馈”经营联动机制作用发挥，按照“减油增化、减油增特”策略，优化产品结构，全年加工原油927万吨，生产各类产品874万吨，低硫船用燃料油、碳十粗芳烃和沥青等量价齐增，其中汽煤柴产量610.5万吨、收率同比下降2.88个百分点，特色产品产量144万吨、收率同比提高6.04个百分点。坚持“重质化、劣质化”原则，全年原油API 30.58、硫含量2.4%。建立原油采购和加工协同优化机制，通过实施套期保值、优化原油拼装等举措，降低原油采购成本3亿元。

【安全环保】 2022年，广西石化学习贯彻习近平总书记关于安全生产的重要论述和生态文明思想，深入落实“四全”原则和“四查”要求，获评集团公司质量安全环保与节能先进企业，被认定为2022年中国石油绿色企业，首次取得集团公司和钦州市“健康企业”称号，通过广西壮族自治区安全生产二级标准化评审，在应对本土两次新冠肺炎疫情暴发，实现“一零五不”疫情防控总目标。围绕“一体化、差异化、精准化”开展QHSE体系审核，提出约3100项问题全部完成整改，6项经验做法得到宣传和推广。开展能源管理体系认证审核，建立全过程能源管控长效机制。编制重点产品质量管理手册，完善产品质量量化评价，加强特种油品质量风险管控，建立全面质量管理体系。以《炼油装置工艺防腐运行管理规定》为指南，完善工艺防腐监控指标体系，建立动态量化分析机制，体系运行能力持续增强。通过数字化平台实现工艺报警、现场作业、人员巡检数据互通的动态风险管理，结合安全生产专项整治三年行动收官等内容，推动双重预防机制建设向生产经营全过程延伸。强化“一分钟”应急，建立“专业处室+安全监督”联合应急机制，组织各级演练823次。加强“无泄漏”装置建设，对2.5万个小接管和1400处易泄漏法兰实施分级管理，全年未发生静密封突发性泄漏事件，安全管控水平有效提升。

【节能减排】 2022年，广西石化巩固革命性措施，动力锅炉全年停运223天，蒸汽消耗同比降低21.6万吨。空分单塔运行223天，氮气消耗同比降低206万标准立方米。氢气消耗同比降低8000万标准立方米，吨油氢耗同比降低8.4标准米^3/吨。践行“节能就是第一资源”的理念，全年碳排放283万吨、同比下降10.7%，碳排放强度0.31吨/吨、同比下降6%。强化污水源头管控，污水处理总量同比下降23%，吨油排污水量降至0.18吨、创历史最好成绩。完成罐区密闭脱水改造项目和污水场挥发性有机物改造项目，对95万个密封点常态化开展泄漏检测与修复，减排挥发性有机物36吨。危险废物处置量同比减少16%，综合处置利用率100%，通过广西壮族自治区年度危险废物规范化考评。

【挖潜增效】 2022年，广西石化牢固树立“一切成本皆可降”理念，抓实10个方面59项工作470项任务，实现增效5.1亿元。加快推进从“燃料型”向“化工产品和有机材料型”转化，动态增产增销边际效益相对较高的产品，聚丙烯产品首次出口越南，芳烃收率、综合商品收率等指标同比提高。攻克低负荷下增产船用燃料油与稳定催化装置生产之间的难题，拓宽船用燃料油调和组分，提高船用燃料油生产输转能力，外销船用燃料油19万吨、同比提高144%。推动低效无效资产评估和存货规模控制，处置低效资产存货原值约1500万元。按照“快进快出”的策略，发挥商储库的调节功能，确保自有原油零库存运行。通过加注破乳剂等措施，组织原油储罐清罐油回炼，降低原油库存2万吨。年底原料、中间品和产成品总库存较年初降低19万吨，下降34%。组织开展国ⅥB标准汽油攻关，优化催化汽油加工工艺流程，汽油产品质量全面提升。开展特色产品质量攻关，创新使用油浆调和船燃，异构级二甲苯实现稳定生产，碳十粗芳烃达到一级品标准。推进催化剂国产化攻关，实现聚丙烯拉丝料主剂、给电子体剂、三乙基铝剂和造粒添加剂国产化。

【工程建设】 2022年，广西石化牢记“节奏可以加快，程序不可逾越”，炼化一体化转型升级项目通过国家发改委“储转规”核准，并被列入广西“双百双新”产业项目，举办全面启动仪式。树牢“今天的投资就是明天的成本”理念，以“减油增化”为方向，历时32个月，编制预可行性研究及可行性研究报告18版，对评审提出的278项意见逐一落实和答复，并根据专家意见完善可行性研究内容，确保项目投资更省、技术更好、产品更全、指标更优。印发《IPMT机构职责和编制定员方案》，明确生产管理团队和项目管理人员的具体职责。按照“公开、平等、竞争、择优”的原则从兄弟企业调入209人，引进高校毕业生143人，内部优化调整49人。强化制度建设，制定147个项目管理制度，发布《项目管理手册》《“六化”建设方案》和《“六大控制”实施方案》。落实集团公司“双碳”战略目标，成立新能源新材料事业发展领导小组及新能源指标获取工作专班。“十四五”期间为项目配套600万千瓦新能源指标，已通过竞配参股90万千瓦钦州海上风电示范项目。在钦州独资125万千瓦陆上风电项目，以及104万千瓦区内合资合作风电光伏项目等方面，已具备参加竞配的全部条件。

【科技创新】 2022年，广西石化发挥科技创新支撑引领作用，系统推进公司治理“六大体系”建设，立项20个科研攻关项目，发生科研经费4000余万元，经费投入同比增长12倍。“千万吨大型炼厂成套技术研究开发与工业应用”获集团公司科学技术进步奖一等奖，“动力锅炉停运后如何提高锅炉应急启动能力攻关”获集团公司创新大赛三等奖，“催化催化剂低碳排放高转化率技术开发和工业应用”等课题成果转化取得突破性进展，参与并发布国际标准《ABS中丙烯腈含量的测定》。全面开展数字化转型、智能化发展试点建设，同步推进一体化项目“信息化管理、数字化交付、智能化工厂”，上线投用EPM系统。

【转型升级项目全面启动仪式成功举办】 2022年，广西石化炼化一体化转型升级项目历时3年、经过6轮方案优化论证、8次预可行性研究及10次可行性研究报告编制修改，2022年6月20日经国家发改委、工业和信息化部同意储备转规划，6月21日通过广西壮族自治区核准，7月15日获股份公司可行性研究批复，7月28日在中国（广西）自贸试验区钦州港片区隆重启动。广西壮族自治区党委书记、人大常委会主任刘宁，集团公司董事长、党组书记戴厚良参加启动仪式。广西壮族自治区党委副书记、区主席蓝天立，集团公司总经理、党组副书记侯启军，钦州市委书记、自贸区钦州港片区工委书记林冠分别致辞。广西石化执行董事、党委书记李善春主持启动仪式，总经理、党委副书记宗义山介绍项目情况。

2022年7月28日，广西石化炼化一体化转型升级项目全面启动仪式在公司乙烯装置项目用地现场和中国石油大厦通过视频联线方式举行。（王芳　摄）

（陈　闪）

中国石油四川石化有限责任公司

【概况】 中国石油四川石化有限责任公司（简称四川石化）是由中国石油天然气股份有限公司和成都石油化工有限责任公司共同投资兴建的西南地区第一家特大型石化企业，双方股比结构为90%∶10%，装置设计生产能力为1000万吨/年炼油、80万吨/年乙烯，厂区位于四川省成都彭州市新材料产业园区，工程总占地4平方千米。2007年3月成立，2014年3月实现安全绿色开车一次成功。

四川石化炼化一体化项目突出集约化、大规模、短流程、低风险的一体化结构优势，总计23套主体装置，并承担国家100万立方米原油商储库运营任务。主要包括炼油系统、化工系统、公用工程系统、仓储运输系统等。炼油生产装置采用“环保型全加氢总工艺流程”，乙烯装置选用全球先进的SW公司乙烯裂解技术。主要产品包括汽油、柴油、航空煤油、聚丙烯、高密度聚乙烯、低密度聚乙烯、顺丁橡胶等多种产品。2022年，汽油、柴油生产能力430万吨/年，航空煤油生产能力160万吨/年，化工产品生产能力320万吨/年。

四川石化实行“职能部门—联合装置”两级扁平化管理架构，有职能部门11个、直属单位3个，二级单位12个，有彭州和南充两个厂区，在册员工2529人。南充厂区重点以100万吨/年PTA项目为主要载体，项目由中国化学、中国成达、四川石化等合资建设，四川能投公司租赁运营，四川石化参与生产运行。四川石化在人员配备和队伍建设上走复合型、专家化的道路；推行核心业务集约化运营、非核心业务综合一体化外包、后勤保障社会化服务等一系列保障措施，为企业追求高质量发展提供体制支撑。

2022年，四川石化统筹安全和发展，坚持从严管理、精细管理，高水平完成各项目标任务。加工原油839万吨，生产乙烯82.7万吨；完成工业产值605亿元，实现营业收入581亿元，缴纳税费113亿元，工业产值、营业收入、税费分别同比增加123亿元、96亿元和15亿元，均创历史新高；实现盈利1.25亿元，炼油完全加工费保持板块最低。

四川石化主要生产经营指标

指　标	2022 年	2021 年
原油加工量（万吨）	839	837.5
汽油产量（万吨）	182	202
柴油产量（万吨）	193	146
航空煤油产量（万吨）	109	122
乙烯产量（万吨）	82.7	86.6
有机原料产量（芳烃、丁辛醇、环氧乙烷等）（万吨）	169	168
合成树脂产量（聚丙烯等）（万吨）	98	106
顺丁橡胶（万吨）	10.1	10.6
硫黄（万吨）	6.4	5.5
工业增加值（亿元）	120	160
工业总产值（亿元）	605	482
收入（亿元）	581	485
利润（亿元）	1.25	34
税费（亿元）	113	97.8

2022 年，四川石化获集团公司“先进集体”“生产经营先进单位”称号，获评集团公司质量健康安全环保节能先进企业。

【生产运行】 2022 年，四川石化突出平稳运行管理。全员严格遵守“三项纪律”要求，强化工艺变更、操作变动和关键指标管控，运行质量稳步提升。汇聚力量，建立专项生产问题分析会机制，组织召开长周期运行瓶颈问题分析会、夏季高温生产瓶颈问题分析会、装置高负荷生产问题分析会等工作，着力解决制约装置长周期生产瓶颈问题，实现常减压、催化、重整、乙烯、丁二烯等关键核心装置运行 55 个月的历史纪录。举一反三，建立“讲清楚、回头看”工作机制，组织开展 31 次事件“讲清楚”，制定 184 条防范提升措施，推动解决 28 个具体问题，警示预防管理提升作用充分发挥。紧盯重点，开展能量隔离、防高低压互窜、防冻凝等 10 类 44 次专项排查，整改问题 150 余项。完善应急预案和一分钟应急操作卡，强化“双盲演练”，开展公司级演练 5 次、部门和班组级演练 938 次。健全“五位一体”巡检机制，对 9 名发现重大隐患的员工进行公司嘉奖。聚焦装置运行卡点瓶颈，实施完成公司级生产技术攻关 14 项，全厂装置平稳率 99.97%。

【设备管理】 2022 年，四川石化落实设备全生命周期管理。推行北斗定位巡检系统，加强设备运行状态监测，突出预知性检修，实施台历化维护，强化检维修质量管控，设备运行质量、管理水平稳步提升。机组、机泵状态监测覆盖率提高至 25%，位列炼化新材料板块前列。机泵 A 区运行比例达到 85.4%，同比提高 6 个百分点。组织成立大检修领导小组，定期召开例会，制定《大检修管理手册》等文件，有序推动工作落实，确保各项准备工作高效推进、踏点完成。通过超前策划、科学组织，提前制定检修方案、检修进度计划，同步对催化裂化、常减压、芳烃等 13 套主体装置开展窗口检修，完成渣油加氢催化剂更换、碳四加氢催化剂再生等 307 项检修项目。开展渣油加氢循环氢压缩机异常振动等设备隐患攻关，实施联锁可靠性、高风险双电磁阀改造，组织腐蚀隐患、储罐等专项排查，消除装置瓶颈、隐患，降低长周期运行末期风险。

【计划优化】 2022 年，四川石化统筹加强产销协同。加强与总部相关部门沟通协调，全年进厂原油 879 万吨，同比增加 41 万吨。根据效益情况，争取成品油配置，较年计划增长 0.5%。全年引进互供原料 25.5 万吨，实现混合二甲苯云南、兰州双供应模式，多渠道采购乙烯原料，保证乙烯满负荷、芳烃高负荷生产，生产乙烯 82.7 万吨，双烯收率 48.57%。建立“财务测算，计划统筹，生产调整，销售协调”的周优化例会机制，统筹生产经营策略，保障效益最大化。开辟原油资源保障新模式，收储商储原油 40 万吨；践行“库存经营”理念，原油降库 23 万吨，污油降库 15 万吨，抵御市场风险能力有效提升。持续减油增化、减油增特，开发稀土顺丁橡胶、高密度聚乙烯膜料等 6 个新牌号产品；稳步推进“减柴增煤”战略，四川石化—双流机场—天府机场“一干两支”航空煤油管输网络整体打造成型，助力成都加快建设国际空港枢纽，航空煤油产品首供重庆江北机场，全面覆盖川渝市场，保供能力和市场占有率实现双提升。

【安全环保】 2022 年，四川石化安全环保全面受控。全面压紧压实安全环保责任，修订《安全环保责任制》，完善责任清单，全面落实“三管三必须”等要求，严格做到“照单履职、失职追责”。推进 QHSE 体系建设，建立月度 QHSE 委员会例会机制，坚持一体化、精准化、差异化审核，聚焦安全生产十五条硬措施、挥发性有机物治理、质量提升等重点工作，开展两轮内审，发现并整改问题2507项。通过建立操作变动预约机制、施工作业预约机制、实施“五位一体”全过程监督机制，有效预判安全风险、提升工作效率，实现作业预约率100%，作业数量同比下降11%，百票违章率由2.14%下降至1.55%。持续推进“无异味”工厂创建，制定“一装置一策”管控措施，完成22项异味源整治。化学需氧量、氨氮、氮氧化物、二氧化碳、挥发性有机物等主要污染物排放总量持续下降、同比下降12%，固废、危废全部合规处置。协同推进健康安全环保企业创建，完成“安全生产标准化一级企业”自评，查摆整改问题322项。编制完成重污染天气A级企业挥发性有机物综合治理项目可行性研究报告。关注员工身心健康，建立员工健康档案，优化健康体检项目，完善重点群体健康干预机制。全力做好新冠肺炎疫情防控，将承包商人员纳入一体管理，动态调整响应级别和防控措施，先后实施3轮闭环管理，避免新冠感染集中暴发，实现疫情防控和生产经营“两不误”。

【节能减排】 2022年，四川石化多举措提升节能减排工作。坚持从能耗大户入手，开展精细化管理，通过监控火炬消烟蒸汽阀位、用量，倒查炼化装置火炬排放，确保消烟蒸汽阀位小于5%，降低蒸汽消耗5吨/时；优化乙烯裂解炉烧焦用汽量，将烧焦蒸汽用量由11.5吨/时降至10吨/时，全年减少蒸汽耗量11250吨，降低成本178万元；柴油加氢装置通过提高直馏进料比例，降低罐区柴油进料比例，从而降低加热炉负荷，燃料气用量减少130米^3/时。开展地下水管线漏损检查管控和水系统运行优化工作，全年节约生产水耗量54万吨，节约成本249万元，污水回用率79.43%，创行业先进水平，被四川省经济和信息化厅评选为2022年度省级节水型企业。落实《碳达峰碳中和方案》通过节能降耗、清洁替代研究，以及二氧化碳/碳捕集、利用和封存技术等措施，结合炼化节能提效、电能替代强化和二氧化碳资源化利用三项重点工程，实现二氧化碳排放总量连续3年下降，2022年控制在539.9万吨。

【维稳安保】 2022年，四川石化维稳安保态势平稳。以确保“党的二十大”等特殊时期人员稳定和厂区治安稳定为基础，积极下先手棋、打主动仗，全年接受处理各类信访业务40余起，配合当地公安机关在重要时段开展外围治安联合巡逻39次，处理无人机侵入厂区警情19次。坚持依法治企原则，推进“法治信访”，做好“诉访分离”的解释与引导，依靠法定渠道解决信访矛盾。重视发挥“大调解”作用，将矛盾问题在进入信访程序之前，先行调解，发挥各党委纾困、育人作用。紧盯重要节点，对重点群体和信访老户进行重点关注，采用多重稳控措施，坚决杜绝大规模到省进京聚集和个人极端行为。树立“和谐治安、稳定生产”安保总体目标，制定并实施特殊敏感时段专项安保反恐工作方案，开展治安防恐应急演练12次，应急处置能力得到进一步提升。全年未发生重大不稳定事件和治安防恐事件。

【挖潜增效】 2022年，四川石化挖潜增效成效显著。落实提质增效、低成本发展战略举措，深化“四精”管理，结合“转观念、勇担当、强管理、创一流”主题教育，发动全员从优化生产线路、争取外购原料、加强市场开拓、降低燃动成本等方面出发，实施降本增效等7大类98项具体措施，全年增效3.78亿元。其中，增产增销汽煤柴油增效1.61亿元，增产高附加值产品增效4790万元，严控各类成本费用增效1.29亿元。加速构建多能互补新发展格局，建成投产集团公司新能源重点项目燃料电池氢气装置，新能源业务取得实质突破。提前61天建成投产轻汽油醚化装置，汽油品质、效益全面提升。加强企地联动，与地方政府、石化园区建立协调联动机制，与成都产业投资集团签订战略合作协议，推动区域产业链延伸发展。船用燃料油产品成功出厂，重质燃料油互供大港石化，乙烯焦油直供园区，重油加工平衡难题得以纾解，发展动能加速聚集。

【工程建设】 2022年，四川石化工程建设按点推进。完成乙烯改造项目、DWC（油吸收技术）干气综合利用、乙烯八台裂解炉更换高效炉管项目、重整生成油选择性加氢项目、220千伏总降变隐患治理项目、深度催化裂解工艺项目、200万吨/年柴油加氢裂化装置异地改造增产航空煤油、线性低密度聚乙烯装置淘析改造、重整装置四合一炉热效率提升、二氧化碳制甲醇、乙烯裂解炉低氮燃烧器改造、裂解汽油加氢流程切换改造、化工区新增总变站等35个项目的方案、可行性研究报告和初步设计的审查。完成燃料电池氢气项目、彭州机场发航油、新建轻汽油醚化、常减压装置增设第三级电脱盐系统、434柴油储罐改造、污水处理厂新增污水事故罐、含油污水池异味收集综合治理等12个项目的施工并工程交接，全年支付工程款2.84亿元。高效完成2021年度27项技术改造项目决算审计工作，推进2022年度17个项目结算，77个历史遗留项目全部竣工验收。

【科技创新】 2022年，四川石化稳步推进企业转型升级。落实集团公司科技创新驱动发展战略要求，发挥科技创新支撑当前、引领未来的作用。开展与科研院所的合作交流，与石化院兰州中心联合开展“高钒中间基原料催化裂化多产丙烯催化剂研发及应用”板块重大工业应用试验项目，完成催化剂开发并具备工业化条件。与石化院北京院部联合开展“隔壁精馏（DWC）干气回收利用技术”重大工业应用试验项目，完成技术方案制定和可行性研究报告的初审。推动“十四五”规划项目实施，轻汽油醚化装置、燃料氢电池装置等13个项目如期完成。2022年开展新材料、新产品开发工作，开发新材料1种，稀土顺丁橡胶NdBR，全年生产623吨；新产品牌号5种，生产20736吨。2022年度石油石化企业管理现代化创新成果评选中，公司有1项创新成果、15篇管理论文获奖。2022年度成都市企业管理现代化创新成果评选中，4项成果获三等奖，14篇论文分别获一、二、三等奖。

【催化裂化气油超深度加氢脱硫—烯烃分段调控转化成套技术应用】“催化裂化汽油超深度加氢脱硫—烯烃分段调控转化成套技术”由石油化工研究院、中国石油大学（北京）、福州大学联合四川石化、大庆石化、抚顺石化、宁夏石化共同研究。针对FCC汽油清洁化技术不能兼顾烯烃含量降低和辛烷值保持这一世界性难题，该项目创新提出分段调控烯烃分子转化的理念，首创在加氢脱硫过程中将烯烃分段调控转化为高辛烷值双支链异构烷烃的技术路线，破解了烯烃含量降低和辛烷值保持这一制约FCC汽油清洁化的难题。该成套技术已应用于19套国Ⅴ标准和国Ⅵ标准清洁汽油生产装置，总规模1370万吨/年，FCC汽油加氢脱硫技术国内市场占有率1/3;催化剂制备技术在2家企业应用。四川石化110万吨/年催化汽油精制装置作为首套百万吨级“催化裂化汽油超深度脱硫—烯烃分段调控转化成套技术”工业装置，创造出“设计运行周期三年，实际运行周期六年”一次运行周期最长纪录。2022年，催化汽油精制装置计划开工天数352天，计划检修13天，实际开工天数352天，开工率达96.44%。在未经装置改造和催化剂升级的情况下，6月实现国ⅥB标准汽油产品的质量升级。2022年加工催化汽油原料98.60万吨，生产精制汽油产品97.76万吨，设计加工负荷完成率89.64%，装置液相产品收率99.01%。精制汽油产品硫含量均值6.82微克/克，辛烷值损失均值0.86，产品质量合格率100%。装置设计能耗22.66千克标准油/吨，2022年装置综合能耗17.332千克标准油/吨。该技术获2020年度国家科学技术进步奖二等奖，获授权中国发明专利39件、国际发明专利5件，发表论文27篇。

【高性能承压高密度聚乙烯管材专用料关键技术开发与产业化应用】 聚乙烯管材具有耐腐蚀、耐压性能优异、使用寿命长、卫生性能优异等特点。四川石化通过剖析对比国内外主流PE管材树脂，突破原有工艺技术，以调整聚合融指、聚合单体配比与反应温度为主要手段，发挥Hostalen装置工艺特色优势，在保持原有产品良好加工性的基础上，实现力学性能的提升，开发出适应国内市场需求的HMCRP100N本色料。2022年，四川石化高密度聚乙烯装置计划开工天数357天，计划检修8天，实际开工天数357天，开工率97.8%。2022年，装置乙烯计划加工281057吨，实际加工281504吨，乙烯加工量完成率100.15%。装置生产产品279373吨，合格产品276953吨，产品产量合格率99.13%。其中，HMCRP100N管材料261575吨，HM9453F膜料15187吨，HMCRP100NY合格产品191吨，过渡料2419吨。装置2022年综合能耗160.31千克/吨，物耗1003.66千克/吨。项目所生产的聚乙烯管材专用原料HMCRP100N已取得国家化学建筑材料测试中心颁发的PE100等级认证报告，项目执行期间获得2020年四川省科技进步三等奖，获授权专利1项、国家标准3项、发表论文5篇。截至2022年12月，生产专用料195.78万吨，创效40余亿元，创税8亿多元，因进口原料替代为西南区域民营企业降本超过8000万元以上；由本专用料所生产的管材已在“成都三环/绕城公路及绿道改造地下管网工程”“宜宾南溪水务局水网市政工程”“绵阳安县城市饮水工程”“赣州兴国水利工程”“广西万峰湖大型网箱养殖示范基地”“仁怀市农饮工程”“大理市洱海环湖截污（二期）工程PPP项目排水管”等多个市政和民建工程应用，为经济和社会发展作出重要贡献。

（于言文）

中国石油天然气股份有限公司广东石化分公司

【概况】 中国石油天然气股份有限公司广东石化分公司（简称广东石化）是股份公司下属的地区分公

司，所在地为广东省揭阳市大南海石化工业区。中国与委内瑞拉合资广东石化2000万吨/年重油加工工程（广东石化炼化一体化项目），是中国石油天然气集团有限公司贯彻国家能源安全战略，利用“两种资源”，面向“两个市场”，建立上中下游一体化国际合作模式，建设世界一流综合性国际能源公司的重要举措。项目为国家“十三五”能源规划战略布局项目，得到党和国家领导人及各级政府的高度重视和关注。

广东石化炼化一体化项目2018年12月5日正式启动。2019年6月30日项目炼油装置开工，12月27日化工区开工。2022年6月26日，项目炼油“龙头装置”1000万吨/年常减压装置Ⅰ和1000万吨/年常减压装置Ⅱ建成中交，同年6月30日，项目化工“龙头装置”120万吨/年乙烯装置建成中交。2022年10月26日，项目全面进入投料开工试生产阶段。

广东石化炼化一体化项目是中国石油迄今为止一次性投资建设规模最大的炼化一体化项目，批复可行性研究投资654亿元。项目建设规模为2000万吨/年炼油+260万吨/年对二甲苯+120万吨/年乙烯，包括41套主体装置和192个主项单元，并配套建设30万吨原油码头及最大泊位10万吨的产品码头，占地9.2平方千米。项目加工原料是具有高密度、高含硫、高氮、高残炭、高金属、高酸值“六高”特性的委内瑞拉超重劣质原油和中东混合原油。工艺装置均采用国际先进加工工艺，以实现节能减排、清洁化和环境友好的目标。建成投产后的汽、柴油等产品全部达到国Ⅵ（B）标准，化工产品主要采用专利商标准以满足下游用户和市场需求。

广东省和揭阳市一直以来把项目作为落实贯彻新发展理念、构建新发展格局，推动高质量发展，引领地方经济跨越式发展的“一号工程”，全力保障项目建设。在建设广东石化炼化一体化项目基础上，揭阳市与中国石油密切对接，加大招商引资力度，配套引进吉林石化60万吨/年ABS项目，新增520万立方米原油商业储备库项目。广东石化炼化一体化项目的建成，将为揭阳市加快打造沿海经济带上的产业强市，以及广东省深化落实“1+1+9”工作部署及构建“一核一带一区”区域发展格局注入强大活力。

2022年底，广东石化有二级机构30个，其中职能部门11个、直属机构6个、二级单位13个。落实“人才第一资源”理念，坚持内引外聘补充人才，员工总数达到2110人。

2022年，广东石化公司贯彻落实集团公司党组关于项目建设的各项决策部署，围绕“123456”（即锚定一个目标、统筹两大任务、夯实三个基础、紧盯四个节点、突破五个难点、守住六条底线）总体部署，锚定项目建成投产目标不动摇，统筹推进项目建设、生产准备、安全环保、企业管理、党的建设各项工作，实现项目全面建成、生产投产有序推进目标，推动企业生产经营步入正轨，开创广东石化发展史上的崭新局面。

【生产运行】 有序推进生产准备和联动试车。2022年4月26日，项目动力中心超高压燃气锅炉点火的一次成功，项目正式引入能量。5月21日，项目首套装置300万吨/年石脑油加氢装置中交。6月1日，建筑规模与设备数量皆为中国石油系统内最大的广东石化中心控制室、中心化验室完成中间交接。6月26日，项目炼油“龙头装置”——1000万吨/年常减压装置Ⅰ和1000万吨/年常减压装置Ⅱ建成中交。6月30日，项目化工“龙头装置”——120万吨/年乙烯装置建成中交。8月30日，炼化一体化项目189个主项单元建成中交。10月26日，二套常减压装置按计划完成首开备料任务，9套炼化主体装置实现开工运行，项目全面进入投料开工试生产阶段。

【设备管理】 2022年，广东石化以装置长周期安全平稳运行为目标，落实设备全生命周期管理理念，结合项目建成投产双阶段设备管理的实际，修订17项设备管理办法，制定《设备巡检管理办法》。开展设备信息化建设工作，组织完成设备综合管理系统建设。开展启动前安全检查（Pre-Start-up Safety Review，即PSSR）验收和“三查四定”，检查高风险法兰回装23856对，检测换热器2141台，排查全厂小接管10.2万个，完成全部问题整改。组织开展特种设备安装监检工作，按计划完成取证，满足项目开工要求。紧盯设备开工调试，对关键机组和核心工业泵等关键设备安装质量及开工调试工作进行重点管控，完成电机单试、仪表“三查四定”、阀门试压监管及安全阀校验。

【计划优化】 2022年，广东石化紧盯目标节点优化总体试车方案及网络安排，坚持科学统筹，有序推进生产开工。外围配套水、电、气系统全面具备保供条件，公用工程满足生产需求；开工物料有序引入，采购开工物料31种294万吨，其中原油247万吨。装置联动试车有序推进，完成84688条管线吹扫，165810个仪表单点调试，4177台机泵完成试运，25

套加热炉完成烘炉，60套主要装置（单元）完成开工验收。炼油部分装置打通流程，化工部分生产装置建立系统循环，按计划有序推进开工工作。编写生产装置操作规程60套、工艺卡片53项、试车方案54项、开工技术导则33项，为项目开工提供技术支撑。引入开工专家609人，有效支撑炼化装置安全平稳高效开车。完善细化销售预案，研究论证成品油“粤油粤销”可行性方案，完成4船内贸原油和正常进口原油采购接卸，销售液氧、液氩等产品近2万吨，为打通产销流程创造条件。

【安全环保】 2022年，广东石化推进QHSE体系建设，对生产期QHSE管理体系进行完善，增加管理制度32项；开展全要素量化审核，发现整改问题2389项。落实安全生产15条硬措施，加强日常监督检查，整改完成各类问题8300余项。抓好人员安全教育培训管理，完成主要负责人、安全管理和监护人培训3000余次；对“零容忍”典型问题约谈批评156人次、考核1199项477万元；评选6期30名“安全卫士”，奖励发现各类质量、安全环保事故隐患员工35人次。依法合规推进“三同时”合规手续办理，完成157个主项单元试生产备案、180个主项消防验收。落实环保“三同时”工作，确保环保设施与主体装置同时投入运行，环境风险防控能力不断提升。加强消防应急演练，落实“11335”应急管理要求。突出员工生命健康安全管理，有的放矢抓好疫情管控，确保新冠肺炎疫情管控和项目建设、生产开工统筹推进。

【节能减排】 2022年，广东石化抓好能源管控，梳理节能审查相关情况，确保项目建设依法合规。筹建能源管理与优化系统，策划企业整体用能的集中管理。组织完成全国节能宣传周及全国低碳日活动，开展碳达峰、碳中和及节能减排相关培训。组织用能管控工作，建立管理框架，制订管控方案，宣贯用能管控理念，开展原水系统平衡工作。加强用能管控现场管理工作。

【维稳安保】 2022年，广东石化定期组织召开维稳信访工作会议，组织各相关单位、总包、分包召开公司维稳工作推进会29次。发出3期《维稳情况通报》、9份《关于拖欠农民工工资问题的告知函》，国庆节、党的二十大期间，处理重大群体访1000余人，涉及工人工资2425.12万元，为项目建设创造稳定环境。在党的二十大期间，收到集团公司总部维稳信访工作办公室关于安保防恐特别重点阶段嘉勉电报。

【挖潜增效】 2022年，广东石化细化6方面26项110条具体措施，紧盯项目进度、成本控制，每月督办通报、典型事项分享，助推项目建设提质、控本、增速，项目189个主项单元中交，节资13.6亿元。

【工程建设】 2022年，广东石化坚持目标导向，完成炼化一体化项目工程建设。紧盯炼化主体装置中交投产关键节点，以开工网络倒逼项目工期，加强项目建设顶层设计和施工组织，完成桩基施工13.05万根、道路72万平方米、地坪174万平方米、混凝土411万立方米、钢结构27万吨、工艺设备10418台套、现场组焊设备11万吨、设备内件8077层、机泵单机试运4955台套、工艺配管1351万英寸、变配电设备10971台、电气电缆11962千米、在线仪表设备86049台套、仪表电缆15611千米、设备及管线保温20万立、钢结构及设备基础防火171万平、“三查四定”问题销项52531项，实现项目全面建成中交，任务完成量、材料消耗量之大业内罕见，劳动效率、施工效率之高行业少见，展示中国石油炼化工程建设实力和能力。

【科技创新】 2022年，广东石化全厂智能化项目与工程建设项目同步建设并投用，完成全厂智能化34个信息系统中30个系统的上线试运行，首创完整的集炼化数据共享及治理于一体的企业综合数据库管理平台，首次实现计划—调度—装置模拟等全流程协同优化的生产协同优化系统，建立基于工业互联网平台架构的规模最大模块最多的炼油与化工运行系统（MES）系统，成为首个开展炼化一体化全装置数字化交付及应用的中国石油项目。全厂智能化项目为各业务降本增效发挥显著作用，如炼油与化工运行系统（MES）能够快速高效识别企业物料跑冒滴漏的情况，帮助企业降低物耗0.15%；炼化物料优化与排产系统（APS）搭建炼化一体化模型，模型运算时间在3s以内；储运物流自动化系统实现与销售物流系统的业务数据集成，年节约人工成本约120万元；三维数字化工厂实现对全厂各装置多项信息的快速查看定位，每年可节省人工及办公成本680万元。

【技术成果展示】 2022年，广东石化智能工厂“十大技术特色与领先优势”：（1）采用面向业务建模方法，建立集炼化数据共享与数据治理于一体的企业综合数据库管理平台，统一全厂主数据及共享数据，构建炼化企业智能工厂的数据中台，创新炼化企业消除信息孤岛的新途径。（2）基于工业互联网平台架构进行微服务开发部署的系统，自主研发MES物料移动、物料平衡建模技术，大幅提升调度平衡工作效率和质量。（3）建立以问题导向、事件驱动的企业生产指挥系统，成为全厂运营指挥的中枢。（4）实现“计划—调度—装置模拟—效益预测”全流程协同优化和一体化应用，通过模型、平台、业务流程和人员能力的体系化建设，实现一体化应用，达到全厂优化和高效运营的目标。（5）以数据集成、流程管控为核心的储运物流自动化系统，集成供应链上下游业务系统和流程，实现炼厂与销售公司间数据集成和共享，系统覆盖产品销售、计量及进出厂业务，打破业务和组织壁垒，创新高效协同管理的新里程碑。（6）利用数字孪生、虚拟现实等技术，在业内率先实现炼化一体化项目全装置由工程数字化交付到运营期模型和数据应用的有机融合。围绕工程建设期质量检查和开工准备阶段开展“三查四定”、盲板管理等数字化工厂应用，开拓数字化交付与应用的新场景。（7）在中国石油炼化企业首家建立企业级云平台，构建新一代的私有云IT架构，为全厂智能化提供敏捷的“大脑”。（8）建立同类企业规模最大的公网专网融合、4G和5G兼容的工厂无线网络，通过冗余网络架构设计、用户认证授权、权限绑定等技术，实现无线网络高可靠高安全。（9）中国石油炼化企业融合系统最多的音视频互联互通平台，结合主流的融合通信技术，实现企业各类音视频系统、移动终端、服务系统的深度融合。（10）建成全面立体化的信息安全防控平台，包含态势感知、云平台安全、计算环境安全、外联安全与控制网隔离、主机安全五大安全子系统，实现原生网络安全，通过硬环境和软实力共同推进公司网络安全整体水平的提升。

2022年，广东石化“工程数字孪生工厂建设管理创新与实践”获集团公司2022年度管理创新研究与实践优秀项目；EPM试点项目获集团公司2021—2022年度档案研究优秀项目成果。

（王羽欣）

中石油云南石化有限公司

【概况】 中石油云南石化有限公司（简称云南石化）2011年5月25日成立，位于云南省昆明市安宁工业园区，占地3平方千米，总投资225亿元，与中国四大油气进口通道之一——中缅油气管道共同构成中国西南油气引进和加工的战略格局。云南石化炼油项目设计原油加工能力1300万吨/年，2013年1月开工建设，2016年主体装置建成中交，2017年8月28日正式投产。建有常减压、催化裂化、连续重整、延迟焦化等17套主要工艺装置和完备的公用工程系统。设备国产化率超过90%，可生产符合国Ⅵ标准的汽油、柴油、航空煤油、丙烯、液化气等16类69种产品。投产以来，累计加工原油5504万吨，生产汽油、柴油、航空煤油、液化气等产品5213万吨，实现工业总产值3054亿元，实现税费897.16亿元。获“国家优质工程金奖”“国家工程卓越大奖”“超大规模类卓越项目管理银奖”等殊荣。产品主要服务于云南省，辐射西南地区，出口东南亚国家。

云南石化实施组织机构扁平化、辅助业务市场化的管理模式。2022年底，设10个机关处室，3个机关附属机构，3个直属部门，8个二级单位。在册员工805人，本科及以上学历504人，平均年龄38岁。

云南石化主要生产经营指标

指　标	2022年	2021年
原油加工量（万吨）	1003.25	975.71
汽油产量（万吨）	308.63	314.27
柴油产量（万吨）	377.04	329.17
航空煤油产量（万吨）	62.42	97.67
液化石油气产量（万吨）	36.59	31.63
丙烯、苯、二甲苯、丙烷等有机原料产量（万吨）	69.73	64.09
硫黄、液氨等无机原料产量（万吨）	22.71	21.79
沥青产量（万吨）	53.36	47.69
石油焦产量（万吨）	29.16	26.93
资产总额（亿元）	197.48	188.99
营业收入（亿元）	684.51	521.09
利润（亿元）	−3.81	8.70
税费（亿元）	173.23	156.79

2022年，云南石化强管理、稳生产、促改革、谋发展，加工原油1003.25万吨，生产产品960万吨，营业收入684.5亿元，上缴税费173.23亿元。

【生产运行】 2022年，云南石化坚持以“装置稳定”为核心抓管理。推行“唱票”“手指口述”标准化操作、高压窜低压日常检查、单向阀排查、联锁问题专项整治，加大“五位一体”巡检力度，确保装置安全生产始终处于受控状态。开展“无泄漏工厂”创建，加强小接管及法兰专项排查，加大防腐蚀监测力度，解决影响装置长周期运行突出问题。特别是为克服新冠肺炎疫情影响，中秋、国庆期间两次转入“封闭运行”，干部员工24小时驻厂轮岗保生产，稳住正常安全生产经营秩序。全年90万吨化工产品实现尽产尽销，创造历年化工产品生产和销售最好水平；全员劳动生产率1666万元/人，在炼化新材料公司连续排名第一；单因产品能耗6.97千克标准油/吨，入围国家工信部评选的年度重点用能行业能效“领跑者”企业；炼油完全加工费319.89元/吨，同比下降8.6元/吨，与炼化新材料公司平均水平差距进一步缩小。

【设备管理】 2022年，云南石化加强设备运行管理，组织开展“大机组和关键机泵管理提升”“抗晃电及电气仪表主动维护”“设备防泄漏管理提升”“精益化检修管理提升”4个管理主题月活动，主动提升设备管理水平。深刻吸取“12·13”事故教训，举一反三开展装置止回阀、电气低压柜等专项隐患排查；开展重点腐蚀部位防腐蚀监测，多项技术措施保障设备本质安全。机械设备完好率99.87%、主要设备完好率99.79%，静密封点泄漏率0.025‰，高危泵MTBR（平均修理间隔时间）108.81月，设备平稳运行管理水平稳步提升。

【安全环保】 2022年，云南石化学习贯彻习近平生态文明思想和总书记关于安全生产的重要论述，全面落实“四全”原则、“三管三必须”要求、“安全生产15条硬措施”，以及“特殊敏感时期26项安全管控措施”，常态化开展反违章除隐患活动。建成投用双重预防机制数字化建设系统，推动安全风险管控智能化水平提升。狠抓安全环保管控，投入6585万元整治16项安全环保隐患；高浓度有机废气提升改造（RTO）项目提前4个月投用，挥发性有机物实现“超低近零”排放，区域异味得到根治；焦化、加氢等加热炉增设火焰检测系统，提高加热炉安全运行保障能力；可燃气体有毒气体监测报警系统独立、混苯航空煤油储罐区密闭脱水、轻油罐区增设罐根紧急切断阀等项目按计划推进。强化环保指标管控，与安全管理同步实施“一三五分钟”应急管控措施，实现有组织污染源稳定达标排放；开展危险废物、污染源在线监测等7次专项审核，抓实问题整改，环保管理基础进一步加强；加强挥发性有机物深度治理，挥发性有机物同比减排15%，持续提升环境治理水平。

【科技创新】 2022年，云南石化抓科技创新不减弱，完善科技创新制度体系。实行科研开发和技术攻关项目经理负责制，保障项目高效推进；设立科学技术进步奖和科技论文奖，调动科研人员工作积极性；建立研发经费管理制度，持续规范科技研发投入。推进“劣质重油选购、常温运输时序控制、调合及加工研究”项目立项，实现成立以来研发项目“零突破”。形成“一种包含劣重质原油的连续生产库存优化评估方法”等自主创新技术，国家专利局按发明专利受理审查，为云南石化实现知识产权“零突破”创造有利条件。成立云南石化科学技术协会，打造科技工作者之家，弘扬科学家精神，搭建创新创效、科技交流、素质提升崭新平台。创新成果项目“基于TRIZ理论解决双碳背景下炼厂新型环保材料的研究与开发”在国家科技部和中国科学技术协会联合举办的2022年中国创新方法大赛全国总决赛中获二等奖。

【提质增效】 2022年，云南石化贯彻低成本发展战略举措，推进80项315条提质增效措施落地，通过“计划、分析、考核、优化”4个月度专题会，紧盯目标任务，强力组织推进，实现增效4亿元。深化国际、国内两个市场研究，坚持原油适度重质化方向不动摇，原油平均API29.96，重质原油采购比例提高至18.6%，合理控制原油采购节奏，把握机会油种，统筹原油装期匹配，提高检验报告执行率，强化全过程计量管控，审慎开展套期保值，多措并举降低原油采购成本。结合市场变化，优化调整柴汽比，增产适销对路高附加值特色产品，成品油收率73%、同比降低1.33个百分点。坚持低负荷能量系统优化，确保“一炉一机”、单套制氢安全平稳运行，热供料比例提升至85%以上，综合能耗、炼油综合能耗同比持续下降。

【转型升级】 2022年，云南石化锚定建设世界一流炼化企业目标，立足新发展阶段，推进“减油增化”转型发展。经过全方位市场分析和广泛技术交流，在集团公司领导关怀下，“减油增化”项目预可行性研究编制计划于8月9日下达，云南石化全面开启二次创业新征程。经过大项目团队不懈努力，初步形成蒸汽裂解、催化裂解，以及靶向催化裂解3套方案并持续推进论证工作。项目受到云南省、昆明市政府支持，责成安宁工业园区与云南石化建立周例会机制，同步推进项目相关配套事宜，构建项目建设良好外部环境。加强与浙江油田深度合作，研究配套光伏绿电项目，力争实现新增项目“碳中和”目标，打开绿色转型升级新局面。

2022年8月7日，集团公司董事长、党组书记戴厚良在昆明会见云南省委书记、省人大常委会主任王宁。双方就加强合作、共同发展深入交换意见。云南石化执行董事、党委书记鲍永忠，总经理、党委副书记张建新参加会见

【队伍建设】 2022年，云南石化推进人才强企工程，推进专业化重组、同质化整合，将全面深化改革作为激活企业发展的内生动力。实施机关优化整合，组织机构由原23家优化整合为21家，中层管理人员全部实施任期制和契约化管理。稳步推进新型生产组织模式实施，主要生产部成立专业组，主体装置设置运行工程师，推广大工种全流程系统化区域化操作，优化一线生产岗位设置，完善内部盘活机制，做好人力资本运营，激发企业人才队伍的干事创业活力。

【为员工群众办实事】 2022年，云南石化开展“我为员工群众办实事”活动，发挥党委主导作用，针对员工团购住房历史遗留问题成立工作专班，加大与地方政府、各债权方统筹协调力度，最大限度争取和维护员工最根本权益，为居住在翔云小区的496户员工办理房屋不动产证，彻底解决困扰广大干部员工10余年的最大民生难题。

（邹纪丞）

中国石油天然气股份有限公司大港石化分公司

【概况】 中国石油天然气股份有限公司大港石化分公司（简称大港石化）始建于1965年4月，原名河北勘探指挥部炼油厂，2000年8月划归股份公司直接管理，是炼化地区公司之一，地处天津滨海新区南港工业区。原油加工能力500万吨/年，主要生产装置22套，包括500万吨/年常减压蒸馏装置、120万吨/年延迟焦化装置、100万吨/年加氢裂化装置、75万吨/年催化汽油加氢装置、4万标米^3/年制氢装置、140万吨/年催化裂化装置、30万吨/年气体分馏装置、5万吨/年MTBE装置、60万吨/年连续重整装置、220万吨/年汽柴油加氢装置、10万吨/年苯抽提装置、1万吨/年硫黄回收装置、200吨/时溶剂再生装置、140吨/时酸性水汽提装置、195吨/时动力锅炉装置、1.7万米^3/时氢气平衡装置、55万吨/年干气—液化气脱硫装置、140万吨/年催化烟气脱硫脱硝配套装置、2万标准立方米气柜装置、40万吨/年航空煤油加氢装置、10万吨/年聚丙烯装置、15万吨/年烷基化装置。可生产汽油、柴油、航空煤油、液化气、船燃、石油焦、石脑油、苯、硫黄、液氨、丙烯、聚丙烯、MTBE等13个产品3个牌号的石油化工产品。固定资产原值82.58亿元，净值35亿元，厂区占地面积198.79万平方米。自成立以来，获全国五一劳动奖状、“中国能源绿色企业50佳”等国家级荣誉16项。

大港石化主要生产经营指标

指　标	2022年	2021年
原油加工量（万吨）	494.49	411.07
汽油产量（万吨）	135.00	126.93
柴油产量（万吨）	96.90	63.89
收入（亿元）	324.75	203.22
利润（亿元）	20.39	11.68
税费（亿元）	64.10	63.21

2022年，加工原油494.49万吨，生产汽油135万吨，柴油96.9万吨，低硫船用燃料油117.8万吨、航空煤油33.6万吨，收入324.75亿元，利润20.39亿元，上缴税费64.1亿元。创近4年最好水平。同时，可比综商、综合能耗、营业收入等9项指标创历史最好水

平。在册员工 1920 人，其中管理人员 260 人、专业技术人员 397 人、操作 1263 人。2022 年获集团公司生产经营先进单位、质量健康安全环保节能先进企业。

【生产运行】 2022 年，大港石化装置运行平稳率 99.98%，生产计划执行率 99.63%、出厂产品质量合格率 100%。设备完好率 99.98%，振动低于标准值机泵占比 98%，常减压、催化裂化等 13 套主要装置达到“无泄漏装置”标准，装置泄漏率 0.04‰，未发生非计划停工。组织聚丙烯装置停工消缺检修，聚丙烯装置连续平稳生产 238 天。加强“一分钟”应急能力建设，按照“精练、实战、可操作”原则编制应急操作卡 153 个，开展应急演练 265 次，参与员工 3069 人次，“鼓励退守”理念深入人心，岗位应急处置能力有效提升，成功应对“11・2”晃电等突发事件。建成安全生产智能管控平台，推进工业视频监控系统建设，完成门禁考勤系统升级改造，实现生产信息共享。

【安全环保】 2022 年，大港石化学习贯彻习近平总书记关于安全生产的重要指示批示精神，落实安全生产十五条硬措施，开展安全生产大检查，同步推进全国安全生产专项整治三年行动、危险化学品安全风险集中治理、天津市危险化学品双重预防机制数字化试点建设、安全环保风险会诊评估、QHSE 体系审核等重点工作，整改问题隐患 3641 项，安全生产形势稳定向好，得到国家应急管理部的肯定。落实“三管三必须”要求和“四全”原则，修订 HSE 岗位责任制，组织全员签订安全环保责任书，开展“3・24”警示日、安全环保主题月等活动，加大安全生产有功人员奖励力度，总经理嘉奖 4 次，奖励安全明星、安全生产有功人员 151 人次。宣贯《危化品特殊作业安全规范》《集团公司作业许可安全管理规定》，制修订大港石化《作业许可管理办法》《环保装置运行考核细则》等制度 26 个，强化工艺、劳动和操作纪律监督检查，发挥监督“利剑”作用，查处各种违章违纪行为，警告 4 人、通报批评 2 人、考核安全生产记分 1741 分。查处承包商“三违”问题 5444 项、扣款 3.34 万元，清除出厂 2 人。加强冬奥会、党的二十大等重点时段空气质量保障管理，完成锅炉低氮燃烧器和千米桥油库雨污分流系统改造，实施新一轮挥发性有机物隐患排查治理，通过天津市重污染天气绩效分级 A 级企业、集团公司绿色企业复审。

【科技创新】 2022 年，大港石化实施科技项目 19 个，其中集团公司级科技项目 2 项、地区公司级科技项目 17 项，本年度完成 10 项。协调年度重点科技项目“汽柴油加氢装置增产石脑油及航空煤油试验方案研究”实施。组织 2022 年科技论文征集及竞赛活动，收到论文 37 篇，发布论文 10 篇。完成 BOPP 膜料 DG03F 和纤维料 DG45S 转产工作。完成“PHF-151 柴油加氢精制催化剂工业应用试验”项目，新增石脑油超过 13%，通过对现有产品切割航空煤油组分，以及相关论证分析，提供催化剂装填方案及航空煤油生产的可行性。完成“烷基化安全高效长周期运行研究”项目，活性组分自动加料系统稳定运行，剂耗约为 5 千克 / 吨烷油；叔丁基氯加注稳定连续，剂耗约 1 千克 / 吨烷油。完成“机泵节能技术研究及应用”项目，通过切削摘除叶轮、更换新泵、增加变频或能级调节、工艺设备变更等 4 种方式对 78 台设备进行节能改造，实现节电能力 2610 万千瓦・时 / 年。完成“公司蒸汽管网优化”项目，通过中、低压蒸汽管网压力控制指标调整等措施降低蒸汽用量 13 吨 / 时。完成“全流程自动控制优化在公司应用”，优化自控率 99% 以上，总平稳率 99% 以上，主要控制回路波动范围在原有基础上平均降低 64.61%。

【信息化工作】 2022 年，大港石化成立安全生产智能管控平台领导小组，开展技术交流 32 次、组织相关专业部门到乌鲁木齐石化、宁夏石化现场调研，多次优化系统升级方案，与安全环保技术研究院合作进行项目开发建设。完成门户网首页和 17 个二级门户、4 个专题的建设和党建门户的迁移新建工作。对办公专网、纪委专网设备完成国产替代更换。完成门禁系统人脸识别改造，包含刷脸门禁、考勤系统、车辆识别 3 个部分。完成双重预防系统建设，并与天津市应急局和南港应急局完成数据对接。以第四联合车间高清视频监控系统为对象，开展视频监控系统 AI 智能识别、重点对装置内重大危险源泄露进行监控、着火等应用场景及压缩机智能听诊系统开展科研技术立项攻关。2022 年信息化专项费用 767.15 万元。

【标准化工作】 2022 年，大港石化成立炼油与化工（质量）、工程建设专业等 13 个专业标准化技术委员会，建立“标准查询”信息工作平台；转化《中国石油天然气集团有限公司标准实施监督规范》，修订发布大港石化《标准化管理办法》；更新标准体系表，新增适用标准 127 项、废止 70 项；组织标准复审 79 项，修订发布企业标准 5 项；组织开展“10・14”世界标准日活动，参加线上答题员工 1100 余人次。

【提质增效】 2022 年，大港石化聚焦“四精”要求，量效齐增，落实“五提质、五增效”重点工作，增效 4.68 亿元，在集团公司生产经营工作会上交流典型经验。开展资源增效，应收尽收陆上原油资源，接收海外份额原油，控降进口原油采购成本，采用拼船方式降低运输成本2美元/桶，协商国家管网集团汇鑫油库将仓储费由每罐次114万元降为99.75万元，降本增效2.97亿元。开拓市场增效，与中国石化天津分公司签订《长期战略合作协议》，互供石脑油4.51万吨，深化与中国航空油料集团有限公司的良好合作关系，拓宽航空煤油市场，销售航空煤油34.17万吨，缓解汽柴油产销矛盾。实施优化增效，通过生产优化例会和“小指标”竞赛机制，灵活调整装置负荷及产品结构，压减汽柴油产量，增产扩销石油焦、保税船用燃料油、内河船用燃料油DMA、丙烯等高效特色产品，成功开发聚丙烯膜料、纤维料新产品，及时推升工业液化气、丙烷等小产品价格，增效1.06亿元。推进低成本发展增效，通过催化装置烟机修理及节能改造、机泵叶轮切削、高温设备管线保温升级改造、污水超滤反渗透系统扩能改造等措施，节水节电节汽，增效5218万元。采取精细“三剂”使用、缓缴税金、推进配件国产化、优化投资项目改造内容、控制非生产性支出、修旧利废等方式，降本1244万元。

【合规管理】 2022年，大港石化围绕新《安全生产法》《中央企业合规管理办法》开展专题学习，聚焦戴厚良董事长提出的“五个任重道远”，找差距、挖根源、定措施，高质量召开对照检查专题会。一体推进“严肃财经纪律，依法合规经营”综合治理专项行动和“合规管理强化年”工作，排查经营业务合规风险，开展会计信息、投资、纳税等6个专项治理，制定合规职责清单、合规义务清单和合规风险数据库，把风险管控嵌入流程、嵌入制度。开展制度流程标准梳理完善，修订大港石化《管理手册》，制修订《重大经营风险事件报告管理办法》《物资采购管理规定》等制度57个。加强高风险领域业务监督检查和内控体系监督测试，整改问题27项。严格合同和招标管理，实现招标率100%。推进法治宣传教育，组织“法治在我心中”主题演讲及37次法治培训、知识竞赛。完成改革三年行动45项任务、对标管理提升行动28项工作，评选管理标杆项目5个、标杆车间2个、标杆班组7个。

【企业党建工作】 2022年，大港石化以党的政治建设为统领，把学习宣传贯彻党的二十大精神作为首要政治任务，两级党组织学习研讨100余次，领导干部带头开展专题宣讲43次。落实“第一议题”制度，健全《深入学习贯彻习近平总书记重要指示批示精神实施细则》，开展再学习再落实再提升主题活动，组织学习贯彻50次，以实际行动践行对党忠诚。制定《党委前置研究讨论重大经营管理事项清单》，修订《“三重一大”决策制度实施细则》，党委议定“三重一大”事项131个，“把方向、管大局、保落实”作用充分发挥。编制基层党建工作提升三年工程方案，完成25个党支部换届选举，创新举办基层党建“三基本”建设与“三基”工作有机融合论坛，强化“第一责任人”履职及“三会一课”等基本制度落实情况的监督检查，开展“两优一先”评选表彰和“争当创效先锋”主题实践活动。编制大港石化企业文化引领工程实施方案，统筹推进“转观念、勇担当、强管理、创一流”主题教育和党史学习教育常态化长效化，落实意识形态工作责任制，做优做强主流舆论，加强典型选树宣传。落实全面从严治党新部署新要求，修订党委落实全面从严治党主体责任清单，压紧压实“两个责任”，强化政治监督，一体推进“三不”机制建设，推动各类监督贯通融合，实现巡察5年全覆盖。修订贯彻落实中央八项规定精神实施细则，持续纠“四风”树新风。

【队伍建设】 2022年，大港石化落实集团公司“人才强企工程推进年”部署，完善“生聚理用”人才发展机制，修订技术专家、一般管理及专业技术人员、高技能人才管理办法，畅通人才晋升通道，加大公开选拔力度，选聘高级专家3人、一级工程师6人、一般管理和专业技术人员52人、集团公司技能专家等高技能人才86人。推进人才强企战略举措，持续锻造“三强”干部队伍，调整领导班子20个，选拔任用8人、岗位交流10人、免职1人，40岁左右中层干部占比提高至25.6%。创新岗位实践锻炼，开展青年科技人才培养导师带徒活动，精选4名基层优秀技术骨干到生产处室挂职锻炼，成立高技能人才协会，增强人才创新创效内生动力。推进全员素质提高工程，加快仿真培训系统升级完善，综合运用线上线下培训方式实施各类培训项目547个、组织各类考试考核487场次，深化专业技术人员基础知识大考核、操作人员岗位技能随机抽查等活动，奖优罚劣、以考促学。新入职员工在集团公司首届职前技能竞赛上，获团体一等奖、个人2金2银。优化人力资源配置，压减工程管理部、质检计量部岗位人员24人，补充到生产一线。推行市场化用工机制，在机电仪等重体力岗位及汽车驾驶、环卫绿化等辅助性岗位使用劳务派遣用工，减少直接用工120人。

【疫情防控及职业健康】 2022年，大港石化落实地方政府和集团公司新冠肺炎疫情防控要求，坚持领导带班制度，严格外来人员入厂、员工离津离港审批报备管理，推进疫苗“应接尽接”，员工疫苗接种率98%。投入159万元，供应口罩、抗原、药品、防护服等防疫物资26万余件。针对疫情防控“新十条”政策，完善大港石化疫情防控应对措施，避免封厂运行极端局面出现。贯彻集团公司《〈“健康中国2030”规划纲要〉实施方案》，健全职业卫生体制与健康管理机制，加强职业病危害场所检测，打通员工急诊绿色通道，全员投保团体意外伤害险、重疾保障险，根据不同年龄段推进“订单式”体检，强化心脑血管等疾病健康干预提示，开展4次健康培训和教育活动，以班组为单位发放血压计106个、应急药品106份，提高员工健康保障水平。倡导健康生活方式，开办文体兴趣班10余个，组织羽毛球、足球等系列赛事16项，选树“健康达人”76人，促进员工强化健康意识、养成健康习惯。支出360余万元，持续开展“春夏秋冬”四季帮扶暖心活动，帮扶困难员工187人次。

（肖尚辰）

中国石油天然气股份有限公司华北石化分公司

【概况】 中国石油天然气股份有限公司华北石化分公司（简称华北石化）1985年8月组建，1987年12月建成投产。前身是华北石油管理局化学药剂厂，1997年更名华北石油管理局第一炼油厂，1999年重组为中国石油华北油田公司第一炼油厂，2000年再次重组为中国石油华北石化公司。公司位于河北省任丘市北环东路。自成立以来，华北石化曾获全国模范职工之家、集团公司一类企业、集团公司基层党建“百面红旗”等多项省部级以上荣誉；实现利税破百亿元，为北京输送国Ⅴ标准、京Ⅵ标准等系列产品；近10年来，“聚丙烯高速popp膜专用料HB28F的开发”“降低MTBE硫含量攻关”等多项科技成果获集团公司科技创新项目奖。2022年底，设机关处室10个，直属部门4个，二级单位13个；有员工1999人，平均年龄42.9岁，大专以上学历占77.7%；常减压、催化裂化、渣油加氢、蜡油加氢、连续重整、航空煤油加氢、柴油加氢等主要生产装置35套。主要产品有汽油、柴油、航空煤油、聚丙烯等30余种。

华北石化主要生产经营指标

指　标	2022年	2021年
原油加工量（万吨）	574.00	610.00
汽油产量（万吨）	180.80	233.71
柴油产量（万吨）	157.30	137.30
聚丙烯（万吨）	8.10	8.88
收入（亿元）	375.00	240.00
利润（亿元）	0.63	11.00
税费（亿元）	81.42	95.52

2022年，华北石化落实集团公司党组决策部署，统筹生产经营、安全环保、疫情防控，积极应对油价波动、市场低迷、行业转型、长期低负荷运行，以及地处安全环保严管区域等严峻挑战，优化产业结构，奋力开拓市场，实现连续盈利。2022年，加工原油574万吨，利润0.63亿元，全年增效5.2亿元。

【生产运行】 2022年，华北石化强化“精心监盘、精细巡检、精准操作”，加强装置生产运行系统（MES）平稳率管理，实施分散控制系统（DCS）工艺报警分级管控，建立重点参数短信推送系统，日报警数量下降66%。对64套操作规程、1741个操作卡进行修订。深化工艺变更管理，强化操作变动分级预约，推进关键操作“唱票制”，装置平稳率99.93%。推进“讲清楚、回头看”工作机制，开展109次，制定提升措施303项。实施催化、重整等10套主要生产装置长周期攻关，编制运行导则。汇编《集团公司炼化装置非计划停工案例》，举一反三、深度排查，制定防范措施168项。实施公司级工艺和设备攻关41个。坚持预防性维护和预知性维修相结合，突出大机组、关键设备特保特护，强化关键机泵包机制落实。

【全厂大检修】 2022年，华北石化加强预案编制，制定《大检修手册》，组建大检修指挥部和12个工作专班。克服高温酷暑、新冠肺炎疫情等不利影响，“一人一策”落实疫情防控措施。健全“设计、采购、施工”全过程质量监督体系，引入第三方质量监督，开展劳动竞赛，细化人员培训，制订网络计划，合理安排交叉作业，组织专项对接20次、特种设备检验协调会12次。完成26套生产装置及配套公用工程系统1.5万个常规项目检修，同步实施“2号常减压流程优化”等21个投资项目、“1号常减压电脱盐自控系统改造”等78个技改项目建设，焊接一次合格率、静设备及大机组检修一次合格率均100%，全过程实现“气不上天、油不落地、声不扰民”的绿色检修目标。实现一次开车成功。

【安全环保】 2022年，华北石化党委每月专题研究安全生产工作，逐级签订安全环保责任书，修订全员HSE责任清单，推行全员安全生产记分制，对180名管理人员安全生产记311分，对1346名操作人员安全生产记2577分。对12家单位领导班子扣减业绩分值17分。首次开展业务外包单位体系审核，集团公司两次内审综合排名均进入炼化企业前六。评选出25家零伤害单位、13套零泄漏装置、15个零违章班组，夯实平稳运行基础。组织实施安全生产专项整治三年行动、危化品安全风险集中治理、燃气专项治理、老旧建构筑物专项排查等重大专项整治工作。召开3次专题会议，研究解决39个重大环境保护事项。开展LDAR检测，做好国家重大活动期间空气质量保障工作。中央环保督察实现“零问题”。公司被评为集团公司绿色企业、2022年度QHSE先进企业，被评为生态环境部绿色发展水平先进企业、重污染天气绩效评级A级企业，实现安全环保业绩与企业形象的双提升。

【科技创新】 2022年，华北石化深化科技体制改革，全面推行项目经理负责制，加强技术人才培养。有序推进股份公司“炼厂重整副产氢气等氢资源提纯利用新技术研究开发”等3个科技项目攻关；开展生产优化攻关项目41项，完成27项；评选技术创新奖成果28项；“循环水外排污水的处理装置”“污水处理系统”2项专利获知识产权局授权；研发聚丙烯薄壁注塑专用料HB66G。优化“MES、ERP、炼化物联网”三大系统运行，开展“信息孤岛”治理，推进数据共享、联通、互融。开发大检修信息管理系统，实现设备检修全流程、动态追踪的信息化管理；完成34套化验仪器的分析数据自动采集软件开发，数据准确率100%；开发应用“2#常减压蒸馏装置智能控制系统”，关键控制回路波动均方差较工艺卡片平均降低20%以上。作为全国首批试点企业，在集团公司率先应用“双重预防信息系统”。上线“工业互联网+安全生产”平台，实现15个业务功能集成。开发出聚丙烯、道路沥青新产品。征集科技论文277篇。“循环水排污水处理装置”和“污水处理系统”获国家专利。

【企业治理】 2022年，华北石化推进企业治理能力、治理体系现代化建设，发挥党委领导作用，修订《“三重一大”决策制度实施细则》，落实集团公司关于模拟法人企业治理要求，建立党委会、执行董事办公会、总经理办公会3个决策机制。深化推进“讲清楚、讲问题、讲制度”工作，深刻剖析管理层面存在的漏洞短板，明确整改方向、制定改进措施。全年制修订制度68个，完成华北石化内控手册修订，开展涵盖153个重要流程、388个关键控制点内控自测，配合集团公司开展管理层测试，发现问题129项。开展“严肃财经纪律、依法合规经营”综合治理专项行动，成立7个工作组，对物资采购等重点环节和高风险业务领域进行排查，发现问题16个，针对8方面潜在风险，完善管控措施。形成23项重大涉法合规事项清单。优化变更、农民工专有权益等合同条款，公开招标率100%。完成组织人事、资产管理、土地管理、对标世界一流管理提升等领域全部改革任务，完成三年改革行动任务。推广操作岗位大工种、大岗位设置。撤销全部三级机构和直属部门内设机构，实现扁平化管理；优化整合5个直属部门和4个二级单位13项业务，组建技术保障运行部、后勤保障运行部，管理界面更加明晰，管理效率有效提升。

【“双碳”“双新”】 2022年，华北石化深入推进“十四五”发展规划，成立“转型升级”“新能源新材料”“双碳”3个工作小组，对接科研院所，初步形成以催化裂解为中心的炼化转型升级方案，大幅降低汽柴油产量，增产化工产品。完成加氢裂化装置多产航空煤油改造，收率由18%增至42%。联合华北油田实施二氧化碳捕集利用项目，完成可行性研究报告编制。全力保障清洁新能源供应。华北石化把助力办好北京冬奥会作为崇高政治使命，制定10项服务保障重点措施，提前完成京ⅥB标准汽油、柴油质量升级，服务首都交通。保持航空煤油稳定生产，保供北京大兴国际机场需求，确保张家口机场运输能力。强化副产氢提纯装置生产管控，累计为北京、张家口、延庆3个赛区的4个综合能源服务站供应高纯氢59吨，占到北京赛区的50%。高效推进聚碳酸酯新材料合资项目，组织业务培训，建立例会机制，派出股东代表、董事、监事和高管，协调各方、合规运行，完成合资公司工商登记变更、全部三期增资款支付，以及国有产权登记工作。截至2022年，合资公司生产聚碳酸酯产品4.6万吨，开发出多个新产品，填补中国石油聚碳酸酯产品空白。

【提质增效】 2022年，华北石化围绕集团公司“五提质、五增效”10个方面部署，实施215项具体措施，设立专项奖金，每季度开展综合评比；完善对标机制，从利润、成本费用、自由现金流、资产负债等方面进行深层次对标分析。全年增效5.2亿元。围绕减油增化、减油增特，全方位开展低负荷下优化提升，动态调整产量计划、产品结构和产销节奏。强化原油的“装、运、接、卸”全流程管控，增效1.2亿元；加工乌拉尔、萨哈林等俄罗斯临时原油，掺炼巴士拉重质原油生产沥青，接收内蒙古巴彦原油18.7万吨，探索差异化加工路线；打通秦皇岛港至南方市场汽油下海通道，生产航空煤油30.3万吨、船用燃料油75.8万吨、沥青8.1万吨、二甲苯7.1万吨，特色产品收率同比提高4.8%。加大液化气推价力度，民用气价格高于对标炼油厂61元/吨。炼油综合能耗同比降低3.62千克标准油/吨，严控成本，积极争取减税降费政策，全年增效1.5亿元。

【健康企业建设】 2022年，华北石化党委始终把员工福祉摆在首位，优化新冠肺炎疫情防控政策，多渠道购置防护物资和常用药品，最大限度保护员工身体健康；巩固健康企业建设成果，组织开展高血压防治、心肺复苏急救知识等20期健康培训；开展岗位健康巡诊18次；利用健康小屋组织重点人员开展健康监测4次；组织开展职业病防治法宣传周活动，开展主题宣讲活动16次、健康宣传咨询活动2次，开展职业病危害现状评价工作，对管理制度、危害因素检测管理、告知管理和职业健康档案等方面进行全面系统梳理。给各岗位配置血压仪、血糖仪、体脂称等健康医疗器材，保证员工及时进行自我健康检查。加强员工餐饮健康管理，督促食堂做到“少盐”“少油”“少糖”。2022年制作减脂餐7868份，协助减脂减肥人士进行体重调整，提升健康指标。开展员工关爱活动，提高大病重症慰问标准，组织大检修、疫情防控等专项慰问，发放各类慰问品540万元。

【企业党建工作】 2022年，华北石化制定实施二十六条重点措施，开展“建功新时代、喜迎二十大”主题活动，组织全体干部员工收听收看开幕盛况。党委组织学习研讨4次，两级领导班子成员深入一线开展宣讲59次。组织开展党的二十大知识问答竞赛、主题演讲比赛，员工参与率100%。贯彻落实党的二十大报告对国有企业、绿色低碳发展提出的明确要求，党委理论文章在《中国石油报》刊发，推动党的二十大精神在华北石化落地生根。坚持“第一议题”制度，完善党委理论学习中心组学习机制，学习贯彻习近平总书记重要讲话和指示批示精神137篇，结合实际抓好贯彻落实，确保党中央决策部署在华北石化落地落实。印发党委《向集团公司党组请示报告重大事项实施细则》，明确27个方面事项，坚决做到令行禁止。制定党委委员党建工作“一岗双责”任务清单、基层党组织建设实施细则，组织党支部书记述职评议和支部工作考评，评选优秀党建研究成果36个。组建28支党员突击队，成为大检修攻坚战胜利的坚强保证。开展“反围猎”专项行动，制定防范措施61条。召开警示教育大会，营造风清气正氛围。

【人才队伍建设】 2022年，华北石化推进中层领导人员任期制和契约化管理，加大年轻干部培养选拔，中层干部“80后”占比提升到30%。完善技能人才评价机制，成立2个“技能专家工作室”、4个“劳模工匠创新工作室”和1个“青年创新工作室”。3名技术干部入选集团公司“青年科技人才培养计划”。参加集团公司第二届技能创新大赛，获团队二等奖。

【和谐企业建设】 2022年，华北石化解决石化新村小区个人房产证办理、子女入学、增加夜间通勤车等18项民生问题。聚焦“两个维护”，强化政治监督，紧盯冬奥保供等重点任务，下发监督建议书4份、工作提示函10份。推进乡村振兴和消费帮扶工作，调整选派3名驻村干部，超额20%完成消费帮扶任务。开展领导干部服务基层活动，现场解决基层困难和实际问题21项。

（郑晓云）

中国石油天然气股份有限公司呼和浩特石化分公司

【概况】 中国石油天然气股份有限公司呼和浩特石化分公司（简称呼和浩特石化）位于内蒙古自治区首府呼和浩特市，占地200万平方米。呼和浩特石化原名呼和浩特炼油厂，曾隶属华北石油管理局、华北油田公司，是国家“八五”重点工程之一，与二连油田开发、阿赛输油管线并称内蒙古三项石油工程。呼和浩特石化从1988年开始筹建，1990年7月29日破土动工，1992年9月29日一次投产成功。中国石油重组改制后，2000 年 7 月 1 日划归中国石油天然气股份有限公司直接管理，并正式更名为中国石油天然气股份有限公司呼和浩特石化分公司。

呼和浩特石化炼油加工规模 500 万吨 / 年，固定资产原值 83.15 亿元，14 套炼油装置、1 套化工装置及配套系统；配套建设有长庆—呼和浩特原油管道和呼和浩特—包头—鄂尔多斯成品油管道。主要生产汽油、柴油、航空煤油、燃料油、液化石油气、聚丙烯树脂、石油苯、工业硫黄等 6 大类 13 种产品，主要满足内蒙古中西部、山西及河北周边地区市场需求，并出口蒙古国。自成立以来，呼和浩特石化先后获全国模范职工之家，全国“重合同守信用”企业、全国“安康杯”安全生产劳动竞赛优胜企业、新中国 70 年企业文化建设优秀单位等多项荣誉。

2022 年底，在册员工 1589 人，大专以上学历 1073 人；设有 11 个机关处室、5 个直属单位、10 个二级单位。

2022 年，呼和浩特石化全力打好安全环保、装置大检修、提质增效、疫情防控四大攻坚战。加工原油 340 万吨，实现轻质油收率 77.37%，综合商品率 92.25%，炼油综合能耗 67.43 千克标准油 / 吨原油，新鲜水单耗 0.47 吨 / 吨，综合损失率 0.50%。销售收入 234.36 亿元、税费 56.37 亿元，盈利 7.17 亿元，超额完成集团公司业绩考核指标。

呼和浩特石化主要生产经营指标

指　标	2022 年	2021 年
原油加工量（万吨）	340	392.51
汽油产量（万吨）	139.45	169.17
柴油产量（万吨）	117.12	116.58
航空煤油产量（万吨）	7.83	18.39
苯（万吨）	1.98	2.36
聚丙烯（万吨）	12.19	15.67
资产总额（亿元）	68.11	72.50
销售收入（亿元）	234.36	217.94
利润（亿元）	7.17	14.71
税费（亿元）	56.37	71.41

【生产运行】 2022 年，呼和浩特石化狠抓“12334441”（“1”指巡检；“2”指两个班，即值班和交接班；“3”指三个方案，即变更方案、处理方案、应急方案；“3”指反三违，即违章指挥、违章操作、违反劳动纪律；“4”指四超，即温度、压力、流量、液位；“4”指四无，即无泄漏、无误报警、无不备用设备、无非计划停工；“4”指四降，即降作业量、降不相关作业人数、降现场作业时间、降作业费用；“1”指抓应急演练）生产过程管控，严格有指令、有规程、有确认、有监控和卡片化的“四有卡”制度，生产操作制度控“四超”、注重现场管理控“四无”，推进平稳率收窄、报警治理、生产变更预约，严格“一分钟”应急演练，装置平稳率 99.94%，报警数量大幅减少，催化装置实现平稳运行 48 个月。狠抓生产计划执行，保证各装置加工量、原料性质、操作参数、产品质量稳定，2022 年主要装置未发生非计划停工，完成国Ⅵ B 标准汽油质量升级任务。狠抓工艺防腐管理，严格原料和公用工程介质品质管控，强化设备及管线测厚、过热点监测，进一步夯实装置长周期运行基础。狠抓设备运行风险管控，实现各装置机泵状态监测系统全覆盖；深化机泵振动攻关治理，保障全厂无 D 区运行机泵；借鉴兄弟单位先进经验全面解决联锁投用存在问题，装置联锁投用率 100%；完善大机组特护管理和继电保护整定，保障关键机组、机泵的平稳运行。

【安全环保】 2022 年，呼和浩特石化压实“三管三必须”责任，进一步加强施工作业“预约审核、现场监护、过程督查、通报考核”“四重点”管控，强化雷达图应用，作业四象限预警分析，坚决杜绝“三违”现象。坚持安全环保常态化从严管理，贯彻落实“安全生产十五条硬措施”，开展危险化学品集中治理、城镇燃气和房屋建筑物等领域专项整治，促进风险管控能力提升。加强 QHSE 体系建设，提升内审质量，每月组织召开安全环保形势分析会，深化“10+2”问题整改，推动体系有效运行。构建双重预防机制，数字化系统完成上线运行，运行效果得到政府部门肯定。推进安全生产三年行动，任务完成率 97.2%。强化源头管控，发挥环保专班作用消除环保隐患，创建“无异味”工厂，加强跟踪考核，实现外排污染物有效达标率 100%、固废合规处置率 100%。

【装置大检修】 2022 年，呼和浩特石化装置大检修历时 58 天。检修项目多、时间跨度长、施工难度大、参检人员多，任务艰巨。在炼化新材料公司的专业指导下，装置大检修计划经过3轮立项审核，逐套装置逐个项目进行梳理，全面摸排问题，逐项优化方案，确保立项科学准确。推行大检修作业现场安全网格化管控模式、首次建立运行大检修数字化管理平台、引进定力矩紧固监管专业团队，总体统筹呼和浩特石化大检修主线施工项目，对于隐蔽项目和突发问题，第一时间组织相关部门现场办公，落实解决方案和材料供应，实现“当日事，当日毕”，确保检修进度受控。呼和浩特石化主要领导参加每日大检修例会，突出问题导向，重点对检修计划进展情况、隐蔽项目、典型问题进行通报和讲评，做到“事事有落实，件件有回音”，保证检修工作按计划有序推进。严格按照“谁施工、谁负责”“重心在基层、重点在过程”指导原则，严格落实施工单位、属地车间、施工监理、质量监督部门和业务主管部门“五位一体”的质量管理模式，实行ABC分级监督检查考核，确保检修深度和质量整体受控，实现“安全、绿色、优质、受控”的检修目标。

【提质增效】 2022年，呼和浩特石化落实“四精”要求，全面实施提质增效价值创造行动，提前谋划安排，把关项目措施，推动提质增效再升级；优化奖励机制，鼓励揭榜挂帅，调动提质增效工作积极性和主动性，增效1.17亿元。坚持市场导向，组织好每月一次的经济活动分析和每月两次的生产经营优化策略研究，精准指导生产优化运行，重整辛烷值桶92.31，同比提高0.24个单位，增效563万元。克服新冠肺炎疫情冲击和市场需求不旺影响，与销售单位密切衔接，开拓陕西、四川等区外新市场，并开辟海上出口通道。加大聚丙烯纤维料HT40S生产，销售3.33万吨，实现增产增效。深化财税筹划管理，争取税收优惠政策，增效352万元。

【企业转型升级项目推进】 2022年10月30日，“呼和浩特石化航空煤油接卸与储存设施改造”项目克服新冠肺炎疫情冲击等因素影响，实现项目中交。丙烷脱氢项目建设受疫情影响完成工程投资总额的99.8%，施工总量完成92.3%。中国海洋石油天野化工股份有限公司合资合作项目实现聚甲醛复工复产，完成进场摘牌、收购合同签订工作。在掺炼内蒙古巴彦原油的基础上，稳步推进掺炼巴彦原油过渡改造项目，完成前期准备工作，明确改造内容。落实集团公司合同能源管理项目要求，规范优化余热高效升级利用项目运行方式，规避管理风险。推广智能化炼油厂KBC模拟优化模型应用，挖掘巡检、班组绩效、报警等系统的模块功能潜力，促进工作效率提升。推进信息化建设，根据需求探寻提升管理水平、节能创效方法，深化MES、APS等系统的应用水平。

【企业依法合规治理】 2022年，呼和浩特石化坚持“管业务管合规”原则，开展合规风险违法违规问题排查工作，有效防范化解风险。规范合同管理，定期检查分析合同签订、审批、履行情况，开展合同突出问题治理，杜绝事后合同。常态化开展风险案例征集、编辑，加强案例分析与宣贯，增强干部员工风险防控意识。强化对内控重大风险点的跟踪监测，抓早抓小，将风险消灭在萌芽状态，2022年未发生Ⅲ级以上风险事件。以落实国企改革三年行动为主线，以强化基础管理为重点，全面完成对标改革任务。优化人力资源配置，利用自然减员高峰，严控新增用工计划，市场化退出率0.24%，在炼化企业中排名第八。深化管理创新，在石油石化企业和内蒙古企业协会第29届企业管理现代化创新评审中，《带着改善“微习惯”的思想抓实对标对表工作促进精益管理的探索与实践》《OKR助力企业探寻人才建设破局之道的创新与实践》等创新成果获二等奖3个、三等奖3个。组织开展班组精益管理短视频大赛，推进班组精益管理系统（TOS），精益管理落地，班组自主管理能力和精细化管理水平持续提升。

【人才队伍建设】 2022年，呼和浩特石化开展高技能人才选聘、专业技术人员岗位轮换、专业技术职称评审改革、选拔青年科技人才，通过优化聘任、针对性培训、开展职业技能竞赛等工作推进三支人才队伍建设。通过严格干部考核管理、党组织书记年度述职评议、新提任领导干部履职情况调研、加强干部选用交流等方式，调动中层干部干事创业的积极性。提拔2名二级正职领导人员、4名二级副职领导人员，组织开展4个二级副职岗位的竞争上岗，7名“80后”走上领导岗位，畅通年轻干部成长通道。全面启动“青马工程”，首批21名35岁以下的优秀青年入选“青马工程”培训班。实施专业技术人员岗位轮换，加大培养复合型技术人才力度。

【企业党建工作】 2022年，呼和浩特石化强化理论学习抓融合，认真落实“第一议题制度”和党委理论学习中心组学习制度，及时掌握中央的新精神、国家的新政策、集团公司党组的新要求，学以致用，指导推动公司高质量发展。与大庆铁人学院合作，举办3期党员集中轮训班，增强党员理论素养。强化顶层设计抓融合，坚持党建工作与生产经营统筹谋划、共同推进，与所属各党支部书记签订党建目标责任书，靠实党建主体责任。强化专项活动抓融合，开展“形势、任务、目标、责任”宣讲活动和企业文化“基层建设年”活动，统一思想，凝聚合力。强化党风廉政建设抓融合，贯彻中央八项规定精神，坚决反对形式主义、官僚主义，改进会风、文风，高质量开展巡察“回头看”和专项巡察工作，推动全面从严治党向基层延伸。

【和谐企业建设】 2022 年，呼和浩特石化开展节日帮扶、检修慰问、金秋助学等惠民活动，改善员工就餐环境，创建书香企业，员工人均收入稳中有升。制订并推进健康计划，开展职业健康风险评估和员工心理健康评估，邀请专家进行职业病防治知识讲解，引导员工主动加强自我健康管理。强化源头防范和风险管控，从人防、物防、技防入手，开展反内盗宣传教育，重点时期升级管控，呼和浩特石化治安秩序和谐稳定。加强保密培训教育，组织违规存储涉密信息全覆盖排查，消除泄密风险。开展信访维稳重点群体及风险隐患大排查，强化特殊时期维稳管控，受到集团公司电报嘉勉。加强矿区绿化建设，推动物业服务质量提升，为广大干部员工营造和谐宜居的生活环境。

【企地建设】 2021 年 10 月，按照内蒙古自治区党委及政府统一安排，呼和浩特石化乡村振兴帮扶地调整为锡林郭勒盟正镶白旗乌兰察布苏木恩格尔宝拉格嘎查。呼和浩特石化及时召开专题会议，研究部署驻村和包联帮扶工作。呼和浩特石化党委深入包联帮扶嘎查走村入户，问民计、问民意，了解生产发展和牧民生活情况，与旗、苏木、嘎查三级干部座谈交流，共商包联帮扶嘎查发展大计、可行的帮扶项目及实现路径。呼和浩特石化党委建立联席会议机制，每半年召集工会、人事、财务、企管等职能部门负责人专题研究包联帮扶工作，听取驻村干部工作开展情况和派驻嘎查发展情况，研究讨论包联帮扶项目，安排落实项目资金，为落实包联帮扶工作提供强有力的政策支撑和资金支持。根据包联帮扶嘎查产业发展和牧民生产生活实际，在充分调研和嘎查“两委”研究的基础上，呼和浩特石化党委提出供水保障工程和养牛架子两个帮扶项目方案，投资近 70 万元新建供水保障工程 10 处、新打机井 10 眼（总井深 600 米）及配套设施，为嘎查 54 个养牛牧户新建 1100 个养牛架子。呼和浩特石化落实项目分配方案、落实项目全过程监管及项目验收移交工作，发挥包联帮扶嘎查项目实施主体责任，完善嘎查农业农村基础设施，改善牧民群众生产生活条件，有效带动乡村产业发展，有力地推动包联帮扶嘎查乡村振兴。

（何淑华）

中国石油天然气股份有限公司辽河石化分公司

【概况】 中国石油天然气股份有限公司辽河石化分公司（简称辽河石化）位于辽宁省盘锦市，前身为盘锦炼油厂，始建于 1970 年，1971 年建成投产，历经半个世纪发展，成为原油加工能力 550 万吨 / 年、固定资产原值 72.31 亿元的炼化企业。有常减压蒸馏、催化裂化、连续重整、汽柴油加氢、润滑油高压加氢、延迟焦化、润滑油糠醛白土联合精制、气体分馏、聚丙烯、制氢、硫黄回收、酸性水汽提、干气及液化气脱硫等 30 套主体装置以及完善的公用工程系统和辅助生产设施。2022 年设机关处室 11 个、附属机构 5 个、直属部门 3 个、二级机构 17 个，在册员工 2273 人。主要加工低凝环烷基原油、混合稠油、超稠油、石蜡基原油和进口稠油，主要生产石油沥青、汽油、柴油、燃料油、变压器油、聚丙烯、石油焦、液化石油气、橡胶增塑剂等 10 类 20 余种产品。

2022 年，辽河石化党委团结带领全体干部员工，统一思想、转变作风，坚决落实“疫情要防住、经济要稳住、发展要安全”的重要要求，加强党的全面领导，夯实管理基础，深化改革创新，持续转变作风，凝心聚力、攻坚克难，全年加工原油 422.8 万吨，销售产品 409 万吨，实现营业收入 255 亿元，同比增加 34.49 亿元；利润总额 20.48 亿元，同比增加 5.12 亿元，再创历史新高；上缴税费 32.11 亿元，完成首次全公司规模装置检修，各项工作成效显著。

辽河石化主要生产经营指标

名　称	2022 年	2021 年
原油加工量（万吨）	422.8	502.01
汽油产量（万吨）	59.76	73.17
柴油产量（万吨）	63.52	59.8
燃料油（万吨）	167.42	151.16
石油焦产量（万吨）	22.41	26.57
变压器油产量（万吨）	7.20	5.69
石油沥青产量（万吨）	30.23	62.49
液化石油气产量（万吨）	10.80	12.75
芳烃类产量（万吨）	11.44	17.59
聚丙烯产量（万吨）	0.29	2.01
橡胶增塑剂产量（万吨）	25.66	68.65
资产总额（亿元）	54.8	45.22
营业收入（亿元）	255	220.51
利润（亿元）	20.48	15.36
税费（亿元）	32.11	40.47

【安全环保】 2022 年，辽河石化强化全员安全生产责任落实，狠抓风险作业管控，推进 QHSE 体系运行，完善双重预防机制建设，守牢施工作业和工作场所不发生聚集性新冠肺炎疫情的底线，全年未发生一般 B 级以上安全事故，职业病发病率为零，环境污染事件为零。国家重点部署专项行动全面完成。安全生产专项整治三年行动 78 项工作任务全面完成。围绕隐患排查、安全风险专项治理和双重预防机制建设，开展危险化学品集中治理，消除老旧装置隐患 17 项，长输管道隐患 60 项。排查治理重大危险源整治隐患 128 项。每月专题研究安全环保工作，突出隐患问题治理。开展无事故单位创建，组织典型事故事件全员大反思、大讨论，安全生产理念进一步深入人心。严格风险作业公告管理，周末节假日、特殊敏感时段作业升级管控，加强旁站式监督检查，开展承包商安全管理专项整治行动，全部作业风险有效管控。坚持污染源源头治理，开展挥发性有机物管控能力提升百日专项行动，完成 155 处水气声渣监测点定期监测，合规处置危废物 10995 吨，实现异味零容忍，全年零投诉。QHSE 管理体系运行水平明显提升。坚持全覆盖量化审核和第三方审核相结合，高质量组织两次内部 QHSE 审核，针对审核发现的典型严重问题，实施 8 个 QHSE 专项提升行动。组织基层单位开展自主审核，突出举一反三排查和审核“回头看”。推进基层站队 HSE 标准化建设，完成 19 个装置标准化自评。开展国家成品油整治相关工作，加强生产全流程质量管控，进一步提升产品品质。提前完成国Ⅵ B 标准汽油质量升级转换，全面开展橡胶增塑剂、二甲苯等质量专项攻关提升，达到预期效果。健康管理取得显著成效。坚持把员工生命健康放在首位，科学研判新冠肺炎疫情形势，持续修订完善常态化工作方案、预案，累计开展区域核酸检测 11 万人次，有效应对突发疫情挑战，及时发放抗原检测试剂、药品、口罩等防疫物资，确保正常生产经营秩序。开展职业病防治宣传，完成 190 个职业病危害因素检测点的日常监测，检测合格率 100%。全员健康体检和职业健康检查体检率 100%，职业病发病率为零。

【生产运行】 2022 年，辽河石化精细管理、强化保障，生产平稳优化运行。统筹产运销系统平衡。克服冬奥限产、油区汛情、疫情限运等多重挑战，科学制订装置运行方案，调整外运节奏，保持生产平稳运行。积极沟通协调，多渠道争取原油资源，大检修期间外储超稠油 7.5 万吨，汛情期间争取进口油和冀东油 8.5 万吨。强化上下游衔接，刚性落实产品调运计划，增产增销低硫船用燃料油产品，低硫船用燃料油出口总量连续 3 年保持中国石油首位。狠抓“三大纪律”执行，严格落实精细巡检、精心监盘、精准操作要求，加强工艺参数的偏差分析与统计，加强报警管理，开展加热炉优化和电脱盐攻关，公司级平稳率实现 100%，在炼化新材料板块排名并列第一，同比上升 12 位。严格执行两级巡检制度，强化管理人员巡检，有效解决“巡而不检”问题，巡检发现各类隐患 53 项。组织完成 RCA 报告编制和 39 套工艺卡片修订，完成公司级评审。强化设备运行保障，开展大机组和关键机泵管理提升活动，深化机泵“两治理一监控”，优质高效完成转动设备大检修，彻底消灭 D 区运行机泵，限期攻关整治 C 区机泵，高危泵平均修复间隔时间（MTBR）由 71 个月上升至 84 个月。大型机组特护管理落实“五位一体”管理要求，实现“一机一表”。仪表自控率稳定在 99% 以上，压力容器、压力管道检验完成率 100%。成立辽河石化腐蚀工作领导小组，突出工艺防腐管理，完善腐蚀在线监测体系，腐蚀风险防范化解能力显著提升。

【减油增特】 2022年，辽河石化突出减油增特，优化产品结构。围绕“五提质、五增效”，实施34类62项142条措施，实现提质增效2.85亿元。扩产增销低硫船用燃料油，生产低硫船用燃料油137万吨，在加工量同比减少78.4万吨的情况下，同比增产11.5万吨。积极培育橡胶增塑剂市场，A1426产品快速占领市场份额。优化产品结构，增产变压器油2.5万吨，增效3200万元。拓展高端沥青市场，与葛洲坝集团江苏句容抽水蓄能电站和锡林浩特机场签订合同，扩大品牌影响力。突出装置运行优化，实现增产增效。以每周优化会为平台，适时优化加工结构、产品结构及能源管理，优化创效0.64亿元。提高石油焦产量，增效2200万元。优化二次装置加工运行，重点优化产氢、耗氢装置负荷，合理利用石脑油库存，增效2600万元。优化水氯比，重整辛烷值桶达到93.53，同比提高0.51，排在炼化新材料板块同类装置首位。纯氢产率3.85%，同比提高0.05%，排在炼化新材料板块前列。精调反应温度，催化汽油加氢装置汽油收率提升至98%以上，辛烷值损失降至1.3，达到历史最好水平。强化对标达标管理，对标综合完成率93.32%，同比提升2.69个单位，7个炼油业务达标项目全部达到目标值，催化、焦化、东蒸馏和重整4套装置实现全年达标。突出压成本降能耗，实现降本增效。落实零基预算要求，坚持先算后干、算赢再干。严控油气计量损耗，缩短船用燃料油结算周期，降低船用燃料油集港运费，合理降库减少资金占用，用好税收优惠政策，多措并举，降低费用4000万元。实施节蒸汽项目11个，节电项目5个，节水项目7个，节燃料气项目6个，累计降费2540万元。

【设备管理】 2022年，辽河石化完成大检修任务。提前3年开展检修准备，逐个装置完成3轮细致对接，成立物资保供专班，克服新冠肺炎疫情影响，高效组织检修物资进厂。严格执行界面交接标准，压实责任、逐级确认，加强作业前安全分析和安全交底，狠抓现场作业全过程管控。坚持绿色检修，严格执行排放标准，实现“气不上天、油不落地、声不扰民、现场无异味”。开工过程执行“四有一卡”，步步确认，参检的26套生产装置和4套辅助系统全部实现一次开车成功。公司领导靠前指挥，检修指挥部每日召开检修例会，建立检修督办清单，统筹质量、安全、进度。突出检修质量全程管控，明确各层级监管责任，属地单位严把现场关，质量监督小组加强现场监督检查，严肃质量考核，对施工各环节档案建册，实现源头追溯，坚决守住质量底线。安全、绿色、优质、节约、高效完成首次全公司装置检修，重点实施东蒸馏装置节能优化改造、催化装置MIP改造等项目。检修工作历时60天，完成项目4840项，同步开展投资项目17项，小型技改技措项目149项。全生命周期考核值达到板块要求，解决长期存在的安全环保隐患治理、生产运行瓶颈、稀油加工路线产品结构不合理等问题。设备完好率提升至99.98%，水冷器泄漏率下降到0.37%，继电保护整定率是炼化新材料板块唯一达到100%企业，装置长周期平稳运行能力有效提升。

【深化改革】 2022年，辽河石化深化改革、依法治企、合规经营取得新进步。“三定”工作稳步推进。全面落实人才强企工程，推动业务归核化发展和生产经营组织模式创新，出台2项实施方案，平稳清退劳务用工129人，非全日制用工26人，市场化退出率0.86%，完成12家单位“三定”工作，分流富余人员40人，减少运行班组25个，一线操作人员“多岗通”比例达40%，完成集团公司目标定员任务，全员劳动生产率提升14%。薪酬绩效体系持续优化。聚焦关键技术考核指标，盯紧关键业绩指标，层层分解落实，保持集团公司A级企业评级。规范修订专项奖励办法，系统梳理业绩考核方案。制定基层单位绩效工资二次分配指导意见，确保班组一体化考核投入额度不低于员工奖金20%，实现考核与奖金分配联动，精准激励。员工年收入稳步增长。依法合规治企持续加强。开展合规管理强化年工作，改革三年行动实施方案74项任务全部完成，对标世界一流管理提升活动的47项任务完成率100%。内控与风险管理体系有效运行，修订完善内控手册，梳理合规风险2394项，规范管控流程53项，未发生重大风险经营事件及其他风险事件。开展年度普法教育，促进普法教育进基层进班组，依法推进法律纠纷案件处理，营造依法合规营商环境。

【科技创新】 2022年，辽河石化加快转型、创新赋能，绿色发展动能不断增强。重点项目开发有序推进。“十四五”规划项目溶剂脱沥青、润滑油高压加氢、电力系统增容改造项目可行性研究报告通过初审。2号制氢装置二氧化碳回收利用项目完成可行性研究报告审查。编制《辽河石化碳达峰实施方案》，从产业结构优化调整、节能提效、清洁替代、新能源，以及二氧化碳捕集、利用、封存等方面分解重点任务，确定碳达峰目标。新产品开发取得成效。组织完成年度科技成果及科技论文评选，评选优秀科技成果 19 项。推进集团公司重大科技专项子项目的开发与应用，新产品钻井液基础液实现销量 3000 吨以上，形成集团公司级产品标准。辽河稠油减压馏分生产橡胶增塑剂 A1220 工业试验取得成功。制备出合格的电缆沥青样品，开发出 ZN-20、ZN-30 系列环保阻尼沥青，填补国内产品空白。信息化建设取得进步。完成新版门户 2.0 升级，进一步提升展示效果和使用体验。完善危险化学品安全风险监测预警平台，新增 16 套有毒有害气体报警，1300 点数据上传至省市应急系统。编制网络安全智能监控平台、局域网和边缘计算平台 3 个项目可行性研究并上报。

【队伍建设】 2022 年，辽河石化坚持党管干部原则，补充调整基层班子 14 个，调整中层领导 39 人，聘任基层领导 37 人，其中“80 后”领导 22 人，建立五大类优秀年轻干部人才库。健全干部考核评价机制，中层领导人员考核退出占比 12.9%。全面实施任期制和契约化管理，中层领导人员 100% 签订聘任协议和业绩合同。加快“双序列”改革步伐，选聘企业高级专家 3 人，一级、二级、三级工程师 16 人，3 人入选集团公司青年科技人才培养计划，4 人入选板块专业专家。

廉洁平安环境持续巩固。一体推进“三不”机制建设，建立党委主体责任和纪委监督责任“两个贯通”机制。紧盯“关键少数”，驰而不息纠“四风”树新风，高标准开展反“围猎”专项行动，建立行贿人“黑名单”制度，严防风腐交织。严肃查处违规违纪问题，组织处理 26 人，党政纪处分 3 人次。高质量完成 5 家单位政治巡察，梳理 4 方面 11 项共性问题，指导基层党组织对照自查未巡先改。发挥“免疫系统”功能，开展专项审计 13 个，其中自审 9 个、外委 4 个。深化“接访即办”机制，畅通诉求表达渠道，从源头防控化解矛盾纠纷。

【企业党建工作】 2022 年，辽河石化党建引领、以人为本，和谐发展取得新成效。严格执行“第一议题”制度，全面学习、全面把握、落实党的二十大精神，深刻领悟“两个确立”的决定性意义，切实增强“四个意识”，坚定“四个自信”，做到“两个维护”。党史学习教育成果进一步巩固拓展，党员干部政治能力显著提升，工作作风持续转变，“红色引擎”动力澎湃。坚持大抓基层的鲜明导向，深化“三基本”建设与“三基”工作融合，实施党员积分制管理，共创共建党员责任区和安全生产责任区，146 个生产班组实现“双组融合”。抓好党建带团建，长效化落地“青年精神素养提升工程”和“青马工程”。基层组织力有效提升，党组织带领党员突击队、青年突击队在装置检修、新冠肺炎疫情防控中的先锋模范作用充分发挥。

【企业文化建设】 2022 年，辽河石化以人为本凝心聚力。落实意识形态工作责任制，深化形势任务目标教育，开展主题教育和主题行动，讲好石化故事，传播石化声音。落实民主管理制度，职代会、执行董事民主联系人会议、“党委信箱”等形式多措并举，依法公示职代会提案落实情况，下情上达渠道畅通无阻。深化“暖心工程”，坚持精准扶贫，帮扶困难家庭 125 户，发放慰问金、慰问品 168 万元，工会消费帮扶 156 万元，完成基层单位休息室基础设施配置，“我为员工群众办实事”常态长效。关注女工权益，成立工会女工委员会。召开健康企业建设推进会，建成投用“健康小屋”，配置 AED 除颤仪，设立心理健康辅导室，对高风险人群实施分级分类健康管理和指导，健康企业建设持续深入。

（宁晓韦）

中国石油天然气股份有限公司长庆石化分公司

【概况】 中国石油天然气股份有限公司长庆石化分公司（简称长庆石化）位于陕西省咸阳市渭城区，始建于 1990 年，1992 年投产。有固定资产原值 64.56 亿元，主要生产装置 17 套，辅助设施 12 套，具备年加工 500 万吨原油能力。长庆石化为燃料型炼厂，产品以国Ⅵ B 标准车用汽柴油、航空煤油、液化石油气为主，有少量的丙烯、工业硫黄、石油苯、道路沥青等化工产品。2002 年底，长庆石化下设 10 个机关职能处室、5 个直属机构、9 个二级单位和 3 个机关附属机构。员工 1072 人，平均年龄 40.2 岁，大专以上文化程度占 82.6%。多年来，长庆石化获国家安全生产标准化一级企业、国家绿色工厂、国家智能制造标杆企业、中国石油和化工行业绿色工厂、第十八届全国质量奖鼓励奖、集团公司质量安全环保节能先进单位、改革开放四十年中国企业文化优秀单位等荣誉，成功打造国内首个“5G”智能炼厂。

长庆石化主要生产经营指标

指　标	2022 年	2021 年
原油加工量（万吨）	484.33	490
汽油产量（万吨）	176.34	182.02
柴油产量（万吨）	209.1	173.58
航空煤油产量（万吨）	33.82	66.38
综合能耗（千克标准油/吨）	60.37	60.52
资产总额（亿元）	63.24	70.16
营业收入（亿元）	347.27	266.77
利润（亿元）	21.63	15.32
实现税费（亿元）	89.55	84.97

【计划经营】 2022 年，长庆石化统筹推进新冠肺炎疫情防控、安全环保、长周期运行、提质增效等工作，保持生产经营良好发展态势，主要生产指标稳定增长，经营业绩创历史新高。全年加工原油 484.33 万吨、同比减少 5.67 万吨，工业总产值 354.95 亿元、同比增加 88.61 亿元，税费 89.55 亿元、同比增加 4.58 亿元，利润 21.63 亿元、同比增加 6.31 亿元，营业收入利润率 6.23%、全员劳动生产率 992 万元/人，净利润在炼化新材料公司排名第五。

【生产运行】 2022 年，长庆石化严格以工艺管理为核心的生产受控管理，强化 DCS 报警管理和变更管理，推行平稳率指标、报警值设置与工艺卡片指标递增层级管理，统一规范公用介质质量指标，开展“手指口述”标准化操作；严肃三项纪律，持续修订操作规程、工艺卡片，全年操作平稳率 99.99%，馏出口合格率 99.75%、同比提高 0.3 个百分点；制订夏冬季运行方案，提前实现国Ⅵ B 标准汽油生产，完成年度加工任务。强化长周期运行攻关，梳理影响长周期运行的问题，识别长周期运行风险，举一反三分析原因，定期组织召开长周期动态管控讨论会，有效保障装置运行末期平稳运行，装置运行周期从“三年一修”稳步迈上“四年一修”阶段。强化大机组“五位一体”特护，烟机运行周期再创新纪录。强化工艺设备联合防腐，组织开展保温层下腐蚀专项检查，加密定点测厚监测。实行“无泄漏装置”立体交叉创建管理，组织开展“一装置一策”防泄漏分析，12 套装置达标。开展联锁投用率、联锁票证、现场急停按钮、机组联锁仪表失效等专项排查，联锁投用率连续三年保持 100%。开展抗晃电排查及措施完善工作，重新对全厂高压 110 千伏继电保护定值进行核算，组织“必保设备抗晃电措施落实排查”“继电保护与自动装置配置整定”等专项活动，全年未因电力运行出现生产波动事件。

【安全环保】 2022 年，长庆石化坚持把员工生命健康放在第一位，严格落实新冠肺炎疫情防控责任，加强精准管控，实现疫情防控与生产经营“双胜利”，获评集团公司健康企业。靠实重大危险源安全包保三类负责人责任，印发主要领导安全环保责任正面清单及岗位员工安全行为负面清单。组织系列安全生产专项整治，完成安全生产专项整治三年行动任务。加强基层建设，完善 HSE 标准化班组管理，常态化开展标杆班组季度擂台赛。强化 QHSE 体系运行，发挥差异化精准化内审作用。深化双重体系建设，修订八大特殊作业安全规范，组织作业许可零差错“四不两直”专项监督检查，修订隐患排查奖励办法，鼓励全员查找隐患，现场风险有效受控。设立长庆石化环保警示日，修订完善重污染天气应急响应方案，层层分解年度污染物排放指标，完成年度减排任务。推进罐区、污水系统 VOCs（挥发性有机物）深度治理，完成油气回收提标改造，开展地下水污染防治和噪声污染治理，土壤地下水管控工作入选全国 10 个全流程管控示范清单。推进环保创 A 工作，通过现场技术评审。

【科技创新】 2022 年，长庆石化强化公司科委会作用发挥，多层次论证技术路线，提升技改项目质量，确定催化裂化 MIP 及配套改造、加氢裂化增产航空煤油改造、连续重整装置加热炉隐患治理等重点技改项目技术路线，助力实现“油品总量不增，品质提升，化工品增量增效，结构更优化”的转型发展目标。实施“轻汽油改质副产低碳烯烃催化剂及工艺研究”等科技项目 6 个，“中间相碳微球负极材料生产技术开发”课题实现长庆石化新材料研究零突破，“60 万吨柴油加氢技术分析与应用”成果获陕西省石油学会科学技术进步奖三等奖。智能工厂建设深入推进，与华为公司合作，梳理数字化转型智能化发展顶层设计，提出数字化转型初步方案。制定数据治理专项行动工作计划。建成并投用综合报警集中管控平台，实现全公司生产运行过程中工艺、设备、安环等报警的统一集中管控，“工业互联网 + 危化安全生产”试点方案获评应急管理部“十佳”方案。

【提质增效】 2022年，长庆石化坚持把提质增效作为战略举措，牢固树立“四精”理念，聚焦价值创造，制定分解可操作、可量化、可考核提质增效11方面38项166条措施，多措并举，闭环管理。一体化运营持续发力，强化计划、生产、财务一体化运行，统筹原油原料资源优化，为全年加工任务目标完成奠定坚实的基础。坚持以销定产、以产促销，形成高效信息互通和快速应对机制，守住生产运行安全平稳底线，全年生产计划执行率完成99.5%，高于关键指标0.5个百分点。灵活高效调整产品结构，坚持以市场为导向，及时调整产品结构，保证产品适销对路，机场航空煤油市场占比实现94%。开展催化气分联合操作，催化汽油烯烃由37.8%降低至34%，丙烯收率增至5.07%。优化氢气增产和富氢气体回收运行，优化烷基化装置原料，全面生产F80沥青，全年未外采氢气、异丁烷和沥青调和剂。定制各生产单位综商考核指标，综商提高至94.3%。完善能源管控平台，精细化管控水、电、气、风、氮等公用工程，动态调整锅炉、加热炉负荷，提高加热效率；开展功率因数调整、高耗能电动机更换工作；投用新发电机组，组织催化气压机、重整增压机管线振动消减治理，有效降低蒸汽用量。争取西部大开发企业所得税15%的优惠政策，增厚企业经营效益。

【企业管理】 2022年，长庆石化依法合规持续深化，落实“合规管理强化年”工作要求，重新搭建公司制度体系框架，建立“四单一库一册”合规管理工作落实机制；深化招标、合同标准文本应用，加强合规审查、专业培训力度，合同承办差错率明显减少，审批时长持续压减，质量效率显著提高。招标成功率维持在90%以上，电子化招标率100%；分批次、分领域开展内控自测，合规管理脉络更加清晰。完善重大涉法事项法律论证程序，制定发布长庆石化“十四五”法治建设实施方案，确保2025年实现创建集团公司“法治建设示范企业”目标。规范工程造价管理和预结算审核流程，全面造价管理理念逐步融入项目实施全过程。推进“七个专项治理”，业务运行进一步规范。

【队伍建设】 2022年，长庆石化优化人才队伍，成立“人才强企工程”领导小组，印发实施方案，出台人才培养与发展“十四五”规划，制定人才培养五大体系、三大机制、八大重点工程，以工程思维推进各项措施落地见效。出台优秀年轻干部发现培养选拔实施方案，成立安全环保、仪表电气和战略规划专项工作组，干部队伍结构进一步优化。加快复合型干部培养力度，组织第二批干部挂职锻炼，新提拔干部中80后占比45%，选聘公司高级专家2人、技能专家1人，首席技师6人，一、二、三级工程师20人，高技能人才占比26%；实施青年精神素养提升工程和“青马工程”，出台高技能人才管理实施细则，高质量组织长庆石化技术技能竞赛，培育首位集团公司技能专家，2名专业技术人才入选集团公司“青年科技人才培养计划”。加大培训方式转型，采用“五化法”构建培训矩阵，开展HSE标准化班组季度擂台赛、“岗位大练兵，素质大提升”、千字万字流程熟记、必备技能培训等活动，阶梯式提升员工应知应会和履职能力。

【企业党建工作】 2022年，长庆石化把学习宣传贯彻党的二十大精神作为重大政治任务，常态化举办党委理论学习中心组学习研讨、周末读书班、中国延安干部学院党性修养提升班，两级领导班子带头开展专题宣传、培训、研讨活动。健全深入学习贯彻习近平总书记重要指示批示精神及集团公司党组决策部署落实机制，完善“三重一大”决策机制，将创建“践行石油精神和大庆精神铁人精神示范”和实现“党建引领一流”完善到公司战略布局中，党委把方向、管大局、保落实的领导作用有效发挥。上线运行“党委信箱”，一体推进基层党建“三基本”建设与“三基”工作，组织开展“党建名片”创建、党建互联共建、“两组”融合等活动，党员“1带N”作用充分发挥。高质量完成“五个回头看”，具体化常态化开展服务保障“三个环境”政治监督工作，“三不腐”一体综合效能有效发挥。庆祝建厂30周年，开展“转观念、勇担当、强管理、创一流”主题教育和“我就是长庆石化”岗位实践等活动，用“忠诚、担当、实干、自强”的长庆石化精神激励全体员工接续奋斗，践行“为历史负责、为生存担当、为荣誉而战”的使命责任。

【和谐发展】 2022年，长庆石化基本完成危化企业就地改造内部45个改造项目和外部搬迁一期工作，提速方案获政府认可，就地改造取得关键性标志性重要成果，为下一步高质量发展拓展发展空间。发挥产业龙头作用，成为咸阳市“清洁低碳能化产业链”和“氢能产业链”双链主企业。通过陕西省生态环境厅组织的环境绩效A级企业现场技术评审，完成市政中水补充生产用新鲜水一期工程，推动“零碳”一体化供暖、制冷、发电项目建设，打造企地共建节能减碳循环经济的示范。

（罗　希）

中石油克拉玛依石化有限责任公司

【概况】 中石油克拉玛依石化有限责任公司（简称克拉玛依石化）前身是1959年建立的克拉玛依炼油厂，是中国石油的稠油加工基地和高档润滑油、沥青生产基地。经过60多年的发展，年加工能力达到600万吨。按照集团公司与新疆维吾尔自治区深化合资合作框架协议，2015年7月克拉玛依石化完成合资公司组建，更名为中石油克拉玛依石化有限责任公司。2022年底，克拉玛依石化有员工总量2754人（男员工占比64%、女员工占比36%），其中少数民族员工425人，平均年龄44.7岁。下设12个管理处室、3个直属机构、18个直属单位。主体生产装置36套，辅助装置21套。2022年建成国内最大的高档白油生产基地，获集团公司“生产经营工作先进单位”称号。

2022年，克拉玛依石化加工原油503.4万吨（其中稠油328万吨），超年计划13.4万吨；营业收入313.4亿元，同比增长15%；上缴税费71.87亿元，其中留存地方14.45亿元，经济效益和盈利能力继续保持板块前列。

克拉玛依石化主要生产经营指标

指　标	2022年	2021年
原油加工量（万吨）	503.4	570
汽油产量（万吨）	99	117.9
柴油产量（万吨）	164.4	178.2
航空煤油产量（万吨）	13.8	17.2
润滑油产量（万吨）	74.8	77.9
沥青产量（万吨）	61.5	93.5
资产总额（亿元）	118	121.82
收入（亿元）	313.4	272.23
利润（亿元）	22.13	25.71
税费（亿元）	71.87	88.7

【HSE基础管理】 2022年，克拉玛依石化强化“四全”“四查”和“三管三必须”，79项年度HSE重点工作全面完成。开展安全生产专项整治三年行动计划、危化品安全风险集中治理、自建房隐患排查治理等12项安全专项工作；排查整改隐患1220起，奖励526人次。开展应急演练781次，“三违”查处、“低老坏”整治、承包商HSE管理等取得新进步。实现安全生产无事故，整体管控水平全面提升。

【安全环保】 2022年，克拉玛依石化绿色企业创建全面启动，第一批无异味装置创建按期完成，环境在线监测投用率100%，危险废物全部合规处置，挥发性有机物治理深入推进，减污降碳节能指标全面完成；中央环保督察迎检再次做到“零投诉、零案件、零处罚”。结合集团公司文化引领战略，深化安全文化建设，安全环保理念宣贯、“6·5”环境日、公众开放日等开展，“我要安全”入心入行。

【设备管理】 2022年，克拉玛依石化围绕装置长周期运行、消除设备隐患、抓好设备管理、强化危险作业管理，开展设备管理、技术双提升活动，“设备基础管理主题月”活动排名炼化新材料公司前列；全年完善实施设备管理制度12项，压缩机、重点机泵实现“一设备一检修”；设备计划维修与预知维修比例50%以上，设备完好率99.96%、静密封点泄漏率0.01‰，均优于提质增效目标。

【绿色减排】 2022年，克拉玛依石化分解落实4项污染物排放控制指标，从源头控制污染物的产生和排放。各级党组织召开生态环境保护工作专题会议232次，克拉玛依石化党委两次召开专题会部署环境保护工作，推进集团公司督办项目实施，督办项目在12月30日之前全部完成，化学需氧量、氨氮、氮氧化物、挥发性有机物4项污染物全面完成，环境在线监测投用率100%，危险废物全部合规处置，首次实现开停工加热炉全面达标。

【重点项目建设】 2022年，克拉玛依石化15万吨/年白油加氢装置一次试车成功，国内最大的高档白油生产基地全面建成。聚焦新能源新材料及“双碳”目标，推进高质量发展项目。同时，与新疆油田签订新能源战略合作协议，上下游一体化绿色可持续发展迈出新步伐。

【科技创新】 2022年，克拉玛依石化立项实施科研项目26项，获省部级科技成果2项，授权专利5项，获石油石化行业专利金奖1项。坚持“研产销用”一体化创新机制，深化科技服务生产与创新推动发展，组织实施技术改造47项，开发新产品7项、应用新工艺7项。深化科技创新体制机制改革，稠油加工技术中心建设进一步完善，“大科研”格局全方位巩固。制定实施克拉玛依石化《数字化转型智能化发展方案》，坚持“三横两纵”顶层设计，推进“7+1”场景设定、信息孤岛治理、网络安全智能监控平台等信息化项目，智能炼油厂建设取得新进展。

【市场营销】 2022年，克拉玛依石化销售各类油品486万吨。聚焦服务保障国家重大战略需求和“为客户成长增动力、为人民幸福赋新能”，千方百计克服新冠肺炎疫情影响，有力保障“春运”“冬奥”、党的二十大及农业、民生等领域油品稳定供应；与西北各省区交通建设投资集团企业战略合作深化拓展，做好新产品市场推广，特色产品市场竞争力、创效能力和品牌影响力增强。

【管理提升】 2022年，克拉玛依石化对标世界一流管理提升行动任务完成率100%。开展专项调研，优化精简基层记录29项，基层减负与管理效率提升实现双促进。落实“四个坚持”兴企方略、“四化”治企准则，董事会机构、制度及授权管理体系更加完善，外部董事占多数的法人治理机制有效运行，中国特色、石油特点的现代企业治理迈上新水平。改革三年行动收官，66项改革任务全面完成；三项制度改革持续深化，基层活力动力有效激发，企业价值创造与员工利益维护高效协同发展。实施182项提质增效措施，累计增效4.8亿元。

【大修改造】 2022年，“四年一修”后的首次大检修，克拉玛依石化8000余人，连续奋战52天，完成涉及47套装置和系统的3075项检修项目。检修全程绿色、安全、受控、高效；7月18日全厂恢复正常生产，各装置快速达标达产并保持“安稳长满优”运行。实现停工、检修、开工“三个100分”和“零伤害、零污染、零事故、零疫情”目标，检修组织及安全环保质量创历次大检修最好水平。

【队伍建设】 2022年，克拉玛依石化推进“三强”干部队伍锻造和人才强企工程，突出政治标准，坚持德才兼备，全年任免领导干部65人，其中提拔22人（二级副以上领导干部14人），调整交流14人，一批年轻干部走上领导岗位，各级班子年龄、结构、梯次进一步优化。落实人才强企工程行动方案及“人才强企推进年”部署，8个专项、4大机制、68条举措有序实施，16项重点计划全面完成，年内向集团公司总部推荐2名企业首席专家；2名企业高级专家获聘；5人入选集团公司“青年科技人才培养计划”；2人获“三新”“双碳”人才在职博士培养，2人参加化工安全高级研修班；105人获职称晋升。

【企业党建工作】 2022年，克拉玛依石化组织“第一议题”学习26期、党委中心组学习17期；围绕迎接保障和学习宣贯党的二十大，精心组织“建功新时代、喜迎二十大”系列主题活动，开展习近平总书记重要指示批示精神再学习再落实再提升66场次；全员第一时间收听收看党的二十大盛况；制定5方面23项举措，推动学习贯彻党的二十大精神落地落实。召开党委会40次，党委前置研究审议（含审定）重大事项124项。评定“四好”领导班子12个、“示范党支部”6个、“优秀党支部”10个；按期完成4个基层党委换届；确立党员责任区187个、党员示范岗80个，成立党员突击队44个、党员服务队26个。

【生产运行】 2022年，克拉玛依石化坚持“大平稳出大效益”，落实“四精”要求，深化工艺、设备及生产问题24小时受控管理，推进生产波动“回头看”等专项工作，111项装置运行技术攻关成效显著。全年无非计划停工，装置平稳率99.92%、自控率99.96%，报警量同比大幅降低，出厂产品合格率保持100%。

【企业文化建设】 2022年，克拉玛依石化强化企业文化引领，制订文化引领专项行动方案，深入推进文化建设。围绕“绿色工厂”、健康企业建设，开展专题系列宣传报道；官方微信公众号开设“每周一案”专栏，常态开展廉洁文化宣传。宣传社会主义核心价值观等主流思想，增强员工对社会主义核心价值观的情感认同。加强理想信念教育，开展群众性精神文明创建工作，提升企业文明程度。弘扬石油精神和大庆精神铁人精神，组织参加集团公司石油精神论坛、先进典型事迹报告会等活动；建设企业精神教育基地，建设5个党建文化阵地示范点、党建文化长廊、设置14块大型党建宣传板。完善优化克拉玛依陈列馆讲解词，克拉玛依石化艰苦创业故事更加完整丰富。抓好思想政治工作，深入基层开展员工思想动态调研；强化政研管理，开展第七届政研课题的评审工作，24项课题参与评审；政研成果获集团公司二等奖1项、三等奖1项，中国石油第十一届党建思想政治工作优秀研究成果三等奖1项。

【社会责任】 2022年，克拉玛依石化落实“我为员工群众办实事”“五必三关注”、大病救助、扶贫帮困机制，帮扶 333 人次。28 名干部奋战南疆驻村一线，推动“访惠聚”、定点帮扶和助力示范乡村振兴开创新局面。全方位加强与政府及周边企业、兄弟单位沟通协作，支持带动地方经济发展，获评新疆维吾尔自治区产业工人队伍建设改革最佳实践单位、新疆维吾尔自治区民族团结先进单位；炼油化工研究院获评新疆维吾尔自治区工人先锋号；唐军获“新疆维吾尔自治区开发建设新疆奖章”等，担当尽责、造福地方的驻疆央企形象进一步提升。

【疫情防控】 2022 年，克拉玛依石化召开新冠肺炎疫情防控领导小组会 17 次，制修订各类方案、通知 130 余份；摸排、流调、研判人员旅居史、密接等 2 万余人次；“三商”入厂防疫审批 9981 批次；核酸检测常态化落实；员工疫苗全程接种率 98%。大检修及党的二十大等特殊敏感时段风险全面受控，为各项任务的完成提供坚实保障。

（刘　娟）

中国石油天然气股份有限公司庆阳石化分公司

【概况】 中国石油天然气股份有限公司庆阳石化分公司（简称庆阳石化）位于甘肃省庆阳市西峰区董志镇工业园区，占地面积 1360 亩。前身为庆阳石油化工厂，随着长庆油田开发于 1971 年 9 月成立，2001 年 8 月整体划转中国石油天然气集团公司。2004 年 12 月划转中国石油天然气股份有限公司。2010 年 10 月原 150 万吨老厂关停，300 万吨新厂建成开车，全体职工及家属整体搬迁至庆阳市西峰区。2016 年 5 月 25 日甘肃省和集团公司认定庆阳石化加工能力 370 万吨 / 年。设机关管理部门 10 个，直属部门 4 个，二级单位 10 个，在册员工 1152 人。庆阳石化为燃料型炼油企业，主辅装置 20 套，主要产品汽油、柴油、航空煤油、聚丙烯、苯、硫黄、液化气 4 大类 10 种 26 个牌号。汽油、柴油全部实现国Ⅵ标准，并提前 8 个月实现国Ⅵ B 标准。

2022 年，庆阳石化坚持以习近平新时代中国特色社会主义思想为指导，全面贯彻党的十九大、十九届历次全会和党的二十大精神，坚持疫情要防住、经济要稳住、发展要安全的总要求，落实集团公司党组决策部署，持续树正气、严管理、提素质、增效益，统筹安全和发展两条主线，各项任务全部完成、重点项目持续推进、重要成果不断涌现，各项工作取得明显进步。全年加工原油 305.04 万吨，生产汽油 131.62 万吨、柴油 128.63 万吨、航空煤油 1.60 万吨、聚丙烯 9.28 万吨，实现营业收入 221.52 亿元，实现账面利润 14.67 亿元，吨油利润 476.88 元 / 吨，实现税费 63.05 亿元。有力保障庆阳革命老区财政大口径收入首次突破 200 亿元，为庆阳市 GDP 突破千亿元大关作出贡献，获甘肃省优秀企业“突出贡献奖”。

庆阳石化主要生产经营指标

指　标	2022 年	2021 年
原油加工量（万吨）	305.04	352.52
汽油产量（万吨）	131.62	162.52
柴油产量（万吨）	128.63	139.99
航空煤油产量（万吨）	1.60	6.6
有机原料产量（乙烯、丙烯、苯等）（万吨）	9.23	11.26
聚丙烯产量（万吨）	9.28	11.52
吨油利润（元）	476.88	513.09
资产总额（亿元）	70.36	68.39
营业收入（亿元）	221.52	205.97
利润（亿元）	14.67	18.21
税费（亿元）	63.05	73.08

【安全环保】 2022 年，庆阳石化坚持以习近平生态文明思想和习近平总书记关于安全生产的重要论述为指引，统筹安全与生产、安全与效益、安全与发展三者之间的关系。严格执行法规、严抓现场监督、严肃查处“三违”，现场违章率持续下降。高质量组织实施两次内部 QHSE 体系审核，整改率 99.9%，审核综合排名在炼化新材料公司保持较好水平。隐患排查治理率 100%。强化“质量是企业生命”理念，原辅材料进厂和产品出厂合格率 100%。强化环保精细管理，高质量完成储罐、装卸系统、敞开液面等

废气排放治理，污染物减排指标持续提升，挥发性有机物治理取得显著进展，在甘肃省、庆阳市生态环境监测中心排污许可自行监测考评中取得综合量化97分的“优秀”成绩。制定发布《绿色企业创建实施方案》，完成二氧化碳捕集、利用和封存项目可行性研究报告初步评审。坚持将员工安全放在首位，及时调整新冠肺炎疫情防控方案，按时、按需配足防疫物资、医疗物资，最大限度解决员工就医和核酸检测等工作。全面开展员工差异化体检、健康风险评估和干预，健康企业建设取得初步成效。开展应急演练，成功应对“7·15”特大暴雨和销售后路不畅等问题。连续7年未发生一般B级及以上事故，2022年继续被集团公司评为质量健康安全环保节能先进企业。

【节能减排】 2022年，庆阳石化建立以温室气体减排指标为主的污染物减排指标体系，按装置和排污口下达控制指标，在年度业绩合同、提质增效减排方案中明确氮氧化物、二氧化碳等5项主要污染物减排考核目标，完善考核机制，突出污染减排考核比重，实行日通报、月度考核制，促进减排主体责任落实。制订下发2023年度环境监测计划、泄漏检测与修复计划，全方位开展源头、过程、末端监测工作，加强对重点外排口在线监测数据日均值及小时均值超标考核，建立在线数据日报制度，及时组织分析超标原因，及时处置，按规定启动排放超标等违法违规环保事件的调查追责，逐步向杜绝小时均值超标看齐。利用2022年大检修，实施完成常压、重整装置95+高效加热炉节能改造、污水回用装置扩能改造及富氢气体回收项目，项目实施后将进一步改善全厂能耗水耗结构，降低二氧化碳排放，加快形成节能节水、高效低碳的绿色发展新模式。优化机泵运行，最大限度降低电耗，大检修后主风机平均运行电流在183安，实现大幅下降；实施原油泵降压改造，改造后日耗电量下降约2000度。

【设备管理】 2022年，庆阳石化细化完善检维修策略编制，抓细抓实在线离线监测数据应用，推行预知性维修，预防预知性维修占86.12%以上，处于炼化新材料板块中上水平。强化大检修全流程管理，实现大机组一次开车成功、静设备检修零返工。完善腐蚀与状态监测系统，关键仪表系统远程监控平台与电动机监控中心建成投用。开展特种设备基础信息完善，智能化工厂建设实现新进步。推进“无泄漏装置”创建，大检修后静密封点泄漏率在0.03‰以下，创近年来最好水平。开展机泵“两监控一治理”，做实做细大机组联合检查和特护管理，全厂无运行振动在C/D区机泵。夯实基础管理工作，推进电仪隐患排查治理，抗晃电能力和自控率不断提升，电仪专业保障能力稳步提升。

【工程建设】 2022年，庆阳石化强力推进重点工程建设项目，10个重点项目建设有序推进。强化催化装置隐患治理，气分装置加工达到40万吨/年；MTBE加工能力达到5万吨/年；深入推进95+高效加热炉节能改造项目，排烟温度降低至80℃左右；实施污水回用扩能改造，超滤总处理能力500米^3/时，反渗透总处理能力达到400米^3/时，进一步降低新鲜水单耗。对常压塔顶转油、低温省煤器及余锅吹灰、分馏油气管线等进行更换，重整板换管束改为绕管式结构、催化剂提升线减薄隐患彻底消除，为装置安全长周期运行提供保障。氢气回收改造项目完成工程中交；严格监管老厂污染场地修复工作，已经进入效果评估阶段。

【生产运行】 2022年，庆阳石化加强生产受控管理，狠抓平稳运行。操作变动监控率、工艺变更设计确认率、报警处置率实现100%。影响长周期运行瓶颈问题全部完成治理，实现“大平稳出大效益”。系统优化催化、重整等装置操作，国ⅥB标准汽油产品提前8个月实现全产全销。开展技术攻关，彻底解决柴油馏出口水含量高问题，利用过剩航空煤油调和生产低凝柴油，实现“大优化出更大效益”。强化原油进厂质量、计量及各环节管控，扣除原油含水，坚持以销定产，柴汽比实现0.76—1.07灵活调整，全力增产高效产品，产品结构进一步得到优化。实施常压炉、重整“四合一炉”95+节能改造，加热炉效率提高到95%以上，全年节约燃料4700吨，减少二氧化碳排放1.4万吨。天然气进厂项目投产，实现能源清洁替代，提高全厂综合商品率，实现“大协作出大效益”。

【挖潜增效】 2022年，庆阳石化坚持“低成本发展”战略，从优化运行、降低成本、强化管理3个方面入手，固化经验，激发全员节约意识，推进提质增效再上新台阶。全年提质增效累计创效1.55亿元。狠抓炼油产品结构优化，常压轻质油收率由48.27%提高至49.64%，重整装置轻质油收率由89.88%提高至90.61%，柴油加氢轻质油收率由97.41%提高至97.72%，可比综合商品率完成91.72%。重点关注丙烷、液化气、苯小产品市场价差变化，苯产率同比提高0.11%。进行三剂评价和对标，全年三剂消耗费用小于21元/吨原料。推进公开采购、框架、代储代销和电商采购，提高采购质量和效率，总节资率 8.81%。

【计划优化】 2022 年，庆阳石化面对成品油消费市场低迷，后路不畅等严峻形势，对外加强沟通协调，对内强化产销衔接，基本完成上级下达的生产任务。2022 年争取原油加工计划 305.70 万吨，超年度计划 0.70 万吨；争取成品油生产计划 259.40 万吨，交货计划 268.27 万吨，超年度下达计划 3.27 万吨，为生产经营工作奠定坚实基础，生产计划关键技术指标全面完成。为保证长庆石化对咸阳机场航空煤油供应，航空煤油销售 2.02 万吨，较年度计划少销售 7.98 万吨，有力保障西部地区航空煤油资源整体平衡。优化原油库存，2022 年，检修期间为确保长庆油田生产后路畅通，原油涨库至 5.8 万吨最高库存，较检修前涨库 3.5 万吨，全力保障长庆油田后路畅通。进一步优化装置操作，实施常压深拔，控制常三线 95% 馏程控制和汽油（石脑油）干点，优化催化装置操作，催化柴油收率达到 31.82%，环比升高 4.4%，油浆产率环比下降 0.56%。优化燃料消耗，天然气成功并入燃料气管网，累计使用天然气 225 万立方米，减少丙烷消耗 1500 吨。增产高附加值产品，推进聚丙烯专用料及新开发产品销售推广，销售新产品 QY66G-1、QY80G-1 等 7 个牌号 3.72 万吨，占比 40% 历史新高，其中 QY30S 成功推广，得到市场广泛认可，形成产能。

【维稳安保】 2022 年，庆阳石化深刻认识党的二十大召开的重要意义，深入贯彻各级政府及集团公司相关要求，始终把做好党的二十大维稳安保工作作为贯穿全年的主题主线，召开专题会议，对维稳安保、安全生产等重点工作进行安排部署，制定《党的二十大特别重点阶段维稳信访安保工作工作方案》，开展主题实践活动，严肃值班纪律，严格落实领导带班、24 小时人防、物防措施到位，加强外来人员及车辆的管控，开展维稳信访工作，强化矛盾纠纷排查化解，及时处置、动态清零，完成为党的二十大胜利召开营造安全稳定的社会环境的任务。

【科技创新】 2022 年，庆阳石化贯彻落实集团公司科技与信息化创新大会精神，完善创新机制，培育创新环境。与中国石油石油化工研究院持续开展科技项目“原油制低碳烯烃技术开发”研究，根据原油试验分析数据，优选催化剂体系，双烯收率 50%。持续做好结题科技项目验收工作，加快科技成果评估，完成“满足国Ⅵ汽油标准催化汽油加氢改质技术（M-PHG）及配套技术工业试验”“大型炼油关键技术升级与工业应用”两项科技项目验收评估。加大聚丙烯新产品开发力度，提升市场竞争力和占有率。开发高端聚丙烯新产品抗菌纤维料 QY40S，抗菌率大于 98%，防霉等级均达到最高等级 0 级，丰富聚丙烯新产品技术储备。组织推进涂覆聚丙烯专用树脂 QY30S 的研发生产工作，产品各项指标均优于内控指标，并稳定排产，实现聚丙烯新产品当年立项开发、当年试生产、当年稳定排产。

【技术成果展示】 2022 年，庆阳石化组织开展中国石油自主知识产权的聚烯烃催化剂成果转化工作，完成中国石油自主研发的聚丙烯催化剂 PSP-01A 在庆阳石化聚丙烯装置的工业应用，成功产出聚丙烯产品 2420 吨，在聚丙烯催化剂选择上更加多元化。

（王增权）

中石油燃料油有限责任公司

【概况】 中石油燃料油有限责任公司（简称燃料油公司）前身是 1997 年 1 月成立的中油燃料油股份有限公司，2011 年成为中国石油全资子公司，主要从事重质进口原油自加工及产品销售，集团公司沥青、船用燃料油、油浆等炼油特色产品统购统销，炼化企业二次原料互供，原油、沥青等套期保值工作。2010 年设立研究院，进行特种沥青和重质原料加工研究工作；2019 年新设浙江自贸区公司，专营船用燃料油业务。2022 年底，员工 1812 人，在秦皇岛、佛山、温州有 3 个沥青生产企业，总加工能力 425 万吨 / 年；在江阴、湛江、青岛设 3 个仓储公司，库容总量 282 万立方米；在东北、华北、西北、华东、华中、华南、西南设 7 个区域销售公司，区域销售公司在各省（自治区、直辖市）设经营部。2022 年，在广州、上海两地成立船用燃料油专业化经营公司。

2022 年，燃料油公司总销量 1467 万吨，其中沥青销量 561 万吨、燃料油销量 94 万吨、船用燃料油销量 763 万吨。营业收入 705 亿元、利润 6.55 亿元（剔除减值后 9.47 亿元），超年度预算 4.95 亿元，创成立以来同口径业务最好业绩。

燃料油公司主要生产经营指标

指　标	2022 年	2021 年
在营油库数量（座）	3	3
油库库容（万立方米）	282	282
自加工原油（万吨）	85	233
销售油品（万吨）	1467	2112
统销直属炼油厂小产品（万吨）	1062	607
沥青销量（万吨）	561	865
燃料油销量（万吨）	94	236
船用燃料油销量（万吨）	763	246
吨油费用（元）	93.1	73.49
收入（亿元）	705	713
利润（亿元）	6.55	18.47

【转型发展】 2022 年，燃料油公司贯彻落实集团公司党组重要批示精神，紧抓船用燃料油业务统购统销、领导班子配齐配强等重要机遇，明确加快建设成为“世界一流综合型石油特色产品营销、贸易和服务商”的发展定位和发展成为集团公司党建、合规经营、安全生产、贸易营销、降本提质增效、科技创新方面排头兵企业的发展目标。优化完善业务事业部“矩阵式”管理运行模式，强化生产运行协同和库存经营管理，实现整体效益最大化，营销和贸易优化作用及价值进一步凸显。提升对干部考核的“颗粒度”，实施 360 度全方位考核，维度从 10 个增加到 23 个；完善末位淘汰和不胜任退出机制；全面推行与效益效率挂钩的差异化考核机制和净利润超额提成的工资总额增长机制，薪酬分配更加倾向业绩和价值贡献，干部员工绩效意识显著增强；全面实行二级副职公开竞聘，匡正选人用人风气，让优秀者优先、进取者进步、有为者有位，为转型发展创造公平竞争的干事创业环境。实施“十大人才专项工程”，推进营销、贸易、风控、财务等岗位资格培训和持证上岗，推进双序列、专业技术岗位改革；以学习、培训、考试为手段，全面打造学习型组织，2022 年，燃料油公司被评为集团公司“人才强企工程推进年”先进单位。率先完成国企改革三年 86 项任务并巩固成果。

【合规经营】 2022 年，燃料油公司开展“合规强化年”活动、“严肃财经纪律，依法合规经营”专项行动，建立两级工作任务清单，落实 49 项工作任务，753 项具体工作。加强制度建设，优化规章制度体系，新制定制度 36 项，修订完善制度 68 项，完善制度制修订与转化跟踪机制。坚持推进管销分离、管办分离，加强前、中、后台建设，前台负责市场研判、市场拓展、营销和贸易；中台负责合规管理、客户管理、合同管理、风险管控、法律论证；后台负责合同执行、财务结算等共享服务，并完善支撑、监督、服务职能，实现“管销分离、管办分离”，形成更加完善的业务监督体系。严格执行业务“正面清单”，围绕“做什么、与谁做、怎么做”，明确业务类型及运行模式，动态管理供应商及客户资质、资信、背景审查，严禁“走单”“过账”及融资性贸易行为，并制定严肃考核问责条例。开展合同示范文本集中梳理，加强合同履约情况跟踪和分析，强化合同签订及变更的依法合规审查力度。2022 年，在集团公司内控风险管理评价中被评为“优秀”。

【QHSE 管理】 2022 年，燃料油公司深入宣贯“安全环保是公司最大的事、一切事故都可以避免”“没有安全环保这个 1，有再多的 0 都是 0”的理念。高效利用“一机制两手段”妥善协调解决问题 998 项，第三方监督通报 79 次，通报问题 2367 项，完成典型违章行为分析报告 31 次；成立 9 个专业组开展管理提升，“百万工时”考评体系有效运行。推动生产单位每周半天、非生产单位每月半天集中安全经验分享和学习培训考试机制，员工 QHSE 履职能力平均成绩由 2021 年度 72 分上升至 2022 年的 93.4 分，体系审核成绩从炼化专业排名第 33 名上升到第 15 名，湛江仓储公司在炼化专业审核名列 20 家仓储库第 3 名。督促员工参加地方安全资格认证，激励两级安全管理人员考取注册安全工程师，2022 年底有 70 名干部员工取得注册安全工程师资质。按照《炼化企业岗位员工安全行为负面清单》细化考核内容，月度绩效考核奖励 398 人次，奖励 33 万元；处罚 391 人次，扣罚 21 万元。以生产受控管理为主线，产品出厂合格率 100%。严格落实集团公司新冠肺炎疫情防控要求，生产经营管理正常平稳运行。

【营销业务】 2022 年，燃料油公司围绕船用燃料油、沥青两条核心业务线，推进高质量转型发展，提升经营管理水平，塑造和培育公司核心竞争力。实现船用燃料油销量 763 万吨，终端自有加注量突破 100 万吨，稳居小牌照首位，跃居全国供油企业第三位；广州、上海保税船用燃料油经营牌照相继获批，深圳、大连地方牌照申请加速推进。提高沥青营销和贸易运作水平，沥青产销比达到 1∶2，销量 561 万吨；采用淡储旺销、期货保值手段，提升特色沥青及终端市场占比，利润创历史最好成绩；在集团公司自产资源量少于主要竞合伙伴的不利情况下，在市场高点连续5个月销量反超，重交沥青销价高于主要竞合伙伴，终端销量占比53%，同比提高8个百分点。克服资源市场两头在外的实际困难，实现石油焦产品自营销量30万吨；为满足炼化企业二次原料需求提供优质互供量11万吨；与宁德时代达成长期合作协议，为提升石油焦价值开拓新渠道；主动开拓物流市场，盘活储运资产，实现对外储运量352万吨；期货业务为其他事业部市场研判、库存运作、规避风险发挥重要作用，为集团公司生产经营管理部、法律和企改部、炼化新材料公司提供专业人才支持。

【科技创新】 2022年，燃料油公司把科技创新作为发展的重要战略支撑，按照“快速突破”和“久久为功”两个层面加快科研布局，强化沥青、船用燃料油产品技术攻关，加速推进数字化转型。实现SBR改性乳化沥青、阻燃沥青等5个项目108吨的特种沥青产品推广应用；白炭黑复合橡胶改性沥青和石墨烯改性沥青成功铺筑在津蓟高速；助力独山子石化、四川石化等9家炼化企业减油增特，在西北、西南、东北地区增产防水沥青40万吨；推进西北地区改性沥青基质料开发项目，合理匹配渣油资源，开发符合标准的改性沥青原料，大幅降低长距离跨区调运成本；研究院跻身国家层面认可实验室行列，高性能环保防水沥青技术达到国际先进水平，开发融冰雪改性沥青胶浆等4类特种沥青新产品，形成专有技术；获得集团公司优秀标准一等奖一项，集团公司科学技术进步奖二等奖三等奖各一项；全年申报发明专利7件，授权2件；完成金融衍生业务信息系统建设，创新信息系统数据集成，提前完成炼化新材料公司“数据孤岛”治理工作，智能化支撑作用更加明显。

【协调保障】 2022年，燃料油公司提出“服务围绕着炼厂转”“营销围绕市场转”和“服务创造价值”的理念，打造差异化优势、竞争性优势，提高不可替代性，完善业务事业部、销售分公司、经营部、驻厂服务部上下联动机制，服务炼化企业减油增特和提质增效。全力保障广东石化芳烃原料油、石脑油、裂解调制油、石油焦等开工原料和轻石脑油、渣油产品后路畅通；服务广东石化完成6种原油评价，按照效益最大化和质量最优化提供定制化沥青生产方案；派驻技术服务小组现场服务，优化生产方案，帮助云南石化实现F400高端防水沥青量产，为炼厂增效350元/吨，协助乌鲁木齐石化增产100号沥青新产品，沥青产量20万吨，为炼油厂增效2亿元；协调大连西太及M100调和料等资源，制定标准调和方案，增效明显；组织互供辽阳石化、哈尔滨石化石脑油等，保障炼油厂原料需求。

【提质增效】 2022年，燃料油公司进一步发扬“干毛巾拧出水”“努力到无能为力，拼搏到感动自己”的精神，发挥事业部矩阵式管理优势，统筹实施立体联动配合，通过套期保值、择机锁价、库存运作等方式，有效降低原油成本，准确研判加工时机，提前研究落实产品销售方案，3个沥青厂全面实现扭亏，根本性改变2016—2020年年均亏损3.82亿元的困境。财务价值导向作用得到有效发挥，“事前算赢”机制更加完善。停用成本运行较高的自有沥青库，退租部分租赁库，降低成本3000万元/年；压控自备车检修停摆费用，报废处置部分自备车，降本1800万元；极限压降非直接生产费，制定装置停工期间薪酬变动管理办法，将外委业务改为内部承担，全年成本较预算节约4亿元，效益“出血点”被坚决止住。率先完成国企改革三年任务，高标准开展对标一流管理提升行动。

【企业党建工作】 2022年，燃料油公司党委坚持每周召开党委会、每月开展党委中心组学习，从5个学用维度，推进“第一议题”制度走深走实。深入落实集团公司党组喜迎党的二十大的26项重点措施，转化制订24条具体措施，结合党的二十大精神，开展4个主题全员研讨活动。编写党的十九届六中全会、党的二十大精神“口袋书”，配发至每名党员；以中油e学为载体，组织以党的二十大精神“十九讲”的全员培训，1585名党员群众（其中群众681名）参加并取得证书，占全公司人数88%。党委班子带头参加党的二十大精神学习成果默写，有1094名干部员工参加（其中208名群众主动参加），均达到优秀。制订《文化引领专项方案》，开展集团新版《企业文化手册》学习宣贯，1706名干部员工参加学习测试81场，全部达到优秀。发挥党委把方向、管大局、促落实领导作用，严格落实“三重一大”决策机制，完善党委前置研究讨论重大经营管理事项清单和两级党委请示报告制度。树立大抓基层导向，面向230余名基层党务工作者，开展为期5天16个学时的专题培训，推动基层党建“三基本”建设和“三基”工作融合。推动党史学习教育常态化长效化，开展主题教育活动，各级党组织开展宣讲153次，受众2555人次，参与大讨论1574人、查摆问题短板537项，制定整改提升项260项，落实176项。开展典型选树工作，评选出56类179名工作标兵，营造“比学赶帮超”的浓厚氛围。筑牢廉洁从业防线，梳理816个廉洁风险事项，制定防控措施2548项，以匿名方式开展廉洁风险调查问卷，制订各类专项监督方案，开展“反围猎”专项行动和靠企吃企问题专项整治“回头看”。立足关口前移，搭建行之有效的廉洁风险防控监督检查和考评机制。实现二级单位巡察全覆盖，创新“自选动作”，建立巡察通报会、季度廉洁经验分享机制，开展纪法警示教育，推进警示教育常态化长效化，风清气正的政治生态基本形成。2022 年，燃料油公司在集团公司党建工作责任制考核得分 99.84 分，从 2021 年的“C 级”上升至“A 级”。

（刘珈麟）

中国石油天然气股份有限公司润滑油分公司

【概况】 中国石油天然气股份有限公司润滑油分公司（简称润滑油公司）2000 年 12 月 19 日成立，是油剂脂液产、研、销一体化的专业公司。设兰州、大连 2 大研发中心、1 个产品设计中心，7 个产销一体化公司，9 个销售公司，4 个专业公司，2 个生产厂。2022 年底，员工总数 3605 人，资产总额 80.6 亿元，净资产 49.3 亿元。2022 年，营业收入 127 亿元，利润 0.56 亿万元，销售总量 171 万吨。

润滑油公司主要经营指标

指　标	2022 年	2021 年
销售总量（万吨）	171	178
工业油销售（万吨）	28.8	31.6
车用油销售（万吨）	17	21.4
车辅销售（万吨）	49	49.7
特种油销售（万吨）	62	56.8
船用油销售（万吨）	3.6	3.8
润滑脂销售（万吨）	6.2	4.1
资产总额（亿元）	80.6	80.1
利润（亿元）	0.56	1.26
税费（元）	3.5	4.6
营业收入（亿元）	127	117

【深化改革】 2022 年，润滑油公司深入贯彻国企改革三年行动和国务院国资委“双百行动”方案，71 项改革三年行动任务收官，38 项“双百行动”改革任务稳步推进，在国务院国资委考核中获得“良好”评价，先后 3 次在集团公司改革工作例会上作交流发言。持续深化体制机制改革，推进生产组织模式创新，调整工业行业事业部运行机制，稳妥实施“特种油”“两兰”“两大”组织机构优化和业务流程再造，机构数量、管理人员编制和领导人员职数分别压减 70%、59% 和 56%。推进三项制度改革，所属单位及领导人员任期制和契约化管理全面落地，管理人员竞争上岗和不胜任退出机制有序运行，薪酬结构不断优化，全级次员工收入差距由 2.2 倍提升至 2.8 倍，全员劳动生产率和人工成本利润率持续提升。

【科技创新】 2022 年，润滑油公司着力高水平科技自立自强，按照快速突破和久久为功两个层面，聚焦战略研究、基础研究、应用研究 3 个层次，完善“十四五”科技规划，部署并稳步实施专项攻关，航空用油等国家级重点项目取得积极进展；牵头制定首个自主柴油机油 D1 规格中国标准，制修订行业标准 8 项、集团公司企业标 1 项；申请专利 73 件，获授权专利 26 件；获集团公司科学技术进步奖二等奖 1 项、中国化工学会科学技术进步奖一等奖 1 项、中国内燃机学会科学技术进步奖三等奖 1 项；3 款食品级润滑油正式上市，填补行业空白；无灰分散剂取得原创技术突破；变压器油首次应用于高能物理研究设备；国内首套万吨级 PAO 装置长周期运行取得积极进展。发挥“大科研”优势，突出市场导向，主动融入产研销协同，制定实施 109 个科研攻关项目，科技转化成效显著。开展 CRM、ERP 等信息系统应用评价，线上订单提报率增长 25%，客户履约完整性提升 35%。

【提质增效】 2022 年，润滑油公司树立精益管理理念，落实“四精”要求，开展“转观念、勇担当、强管理、创一流”主题教育活动，坚持“低库存、低成本、保供给”原则，升级提质增效工作方案，采取超常举措，制定实施 10 大类 42 个项目 110 个网格化措施，实现提质增效 3.7 亿元，完成炼化新材料板块提质增效目标 123%，为实现盈利奠定坚实基础。开展扩销增量和提质创效，工业油、车用油、船用油、润滑脂均价同比增加 1081 元 / 吨，特种油增量增效 3248 万元；优化库存管理、生产布局、物流运输，增效 4695 万元；加强成本费用管控、健全修理费管理机制和税收筹划，增效 1.58 亿元；优化产品包装设计、拓展检测评定业务，增效 2593 万元；深化亏损企业治理，明确减亏扭亏的有效治理路径，分类施策、精准发力，25 个亏损项目 19 项实现边际贡献为正，快换站 7 家亏损降至 1 家，治亏成效显著。

【公司治理】 2022 年，润滑油公司落实集团公司关于推进公司治理体系和治理能力现代化的指导意见，持续完善公司治理的“六大体系”建设，健全“三重一大”议事规则、流程机制，制定实施党委前置研究清单，党的领导融入公司治理进一步深化。遵循“四个坚持”兴企方略和“四化”治企准则，一体推进以案促改、严肃财经纪律、合规管理强化年工作，推动合规管理体系建设，规章制度、合同管理、招投标管理规范化，探索建立“三道防线”机制，聚焦 10 大风险和 3 个重点领域，实施防范措施 913 条，整改各类问题 426 个，制修订规章制度 147 项，依法合规治企和强化管理迈上新台阶。统筹推进 QHSE 体系审核和专项整治，推动 15 项硬措施落实到位，一批重大安全环保隐患得到整改清除，扭转安全环保管理的被动局面；重点时期和敏感时段安保防控精准推进，维稳信访安保特别重点时期，受到集团公司电报嘉勉，安全环保形势稳定向好。因时因势优化完善新冠肺炎疫情防控措施，有效保障生产经营稳定运行和员工生命安全。

【企业党建工作】 2022 年，润滑油公司把迎接党的二十大、学习宣传贯彻党的二十大精神作为贯穿全年的重大政治任务，开展“建功新时代、喜迎二十大”系列主题活动，制定实施 17 条重点落实举措，以党的二十大精神为指引，组织召开第二次党代会、市场营销专题会、工作思路研讨会，谋划当前及今后一个时期重点工作，推动党中央和集团公司党组决策部署落实落地。推进基层党建“三基本”建设和“三基”工作有机融合，获 2021 年度集团公司党建考核 A+，扎实开展“争先创优扛红旗”劳动竞赛，选树“昆仑润滑榜样”10 个先进集体和 20 名先进个人；稳步推进人才强企十大工程，干部和人才队伍结构持续优化，1 人入选第七批国家高层次人才特殊支持计划人员。对 5 家基层单位党委开展常规巡察，完成一轮常规巡察全覆盖，企业政治生态持续向好。

（任建伟）

中国石油天然气股份有限公司东北化工销售分公司

【概况】 中国石油天然气股份有限公司东北化工销售分公司（简称东北化工销售）是按照集团公司发展战略部署，在整合中国石油东北地区大庆石化、吉林石化、抚顺石化、辽阳石化、大连石化等 5 家生产企业化工销售业务的基础上，组建的具有集约化优势的区域性销售公司。2006 年 6 月 2 日正式运营，主要负责中国石油东北地区 11 家炼化企业化工产品销售、东北区域外销售产品调运组织和区域产品互供管理等业务，销售产品应用于塑料、纺织、橡胶、石蜡深加工、化工、医药、农业等行业。东北化工销售机关驻地在辽宁省沈阳市。

2022 年底，东北化工销售下设机关职能部门 15 个，基层分公司 7 个。合同化员工总数 377 人，固定资产总额 9.14 亿元。公司自成立以来，坚决贯彻落实党中央及集团公司各项决策部署，着眼企业发展和做大做强销售，深化战略管理和机制创新，实现了跨越式发展。截至 2022 年底，公司累计销售化工产品 8800 万吨，调运化工产品 1.5 亿吨，实现营业收入 4800 亿元，利润 28.6 亿元。经过不懈努力，公司在东北化工市场主导地位愈发稳固，企业发展迈上了新台阶。

东北化工销售主要经营指标

指　标	2022 年	2021 年
化工产品销量（万吨）	854.7	841.6
调运量（万吨）	1376.6	1362.1
进销率（%）	100.55	100.19
直销率（%）	83.8	86.2
价格对标缩差（元 / 吨）	−105	−128
资产总额（亿元）	21.20	27.90
收入（亿元）	542	485
利润总额（亿元）	4.31	3.61
税费（亿元）	1.9	1.55

2022 年，东北化工销售实现产品销量 854.7 万吨；营业收入 542 亿元；考核利润 4.31 亿元；调运

量1376.6万吨；各项关键技术指标全部超额完成，考核利润、产品销量、调运量、营业收入等4项核心指标均创历史新高。

【市场营销】 2022年，东北化工销售围绕提升市场份额发力，狠抓渠道扁平化、价格市场化和服务一体化，营销主业发展规模和发展质量稳步提升。

资源管控更为高效。把握以销定产、以产促销原则，按照“M+3”生产计划滚动优化排产要求，做好各方对接、准确提供市场需求，需求计划波动率稳步下降。重点对橡塑、石蜡、苯乙烯、苯酚等即时定价产品进行均衡管控，并配套设定日、周时段计划指标，强化跟踪考核和讲评，主要产品均衡销售率提高5个百分点，量价配合率提升0.3个百分点。重新制定《扩销贸易业务管理办法》，召开东北化工销售扩销贸易工作专题会议，开展为辽阳石化采购乙二醇、混二甲苯业务，新增大庆亿鑫工业己烷、正庚烷、正戊烷，大唐公司硫酸铵等产品扩销业务，完成扩销量19.8万吨。

市场开发更为有力。围绕固体、液体两条主线，推进市场网格化建设，由近及远梯次饱和推进，新增辽宁恒旭、吉林宇通等工业直供户182家。2022年，大连石化、大连西太混苯实现区内的全产全销；苯乙烯在销售旺季实现东北市场就地消化；烷基苯实现量价齐升，并连续多月排名炼化新材料公司液体化工品盈利能力首位；橡塑产品在新冠肺炎疫情突发的不利形势下，合理调整库存结构，保证市场份额的相对稳定；石蜡产品加强与国内五大蜡烛加工企业联系，抓住时机分批、分类推涨价格16次，确保“一升一降”双目标的稳步实现。截至2022年底，聚烯烃类产品区内市场占有率52%，石油苯等芳烃产品区内占有率85%；烷基苯产品畅销全国，直销率始终维持在100%；石蜡产品逐步确立国内市场主导地位，并正在成为国际市场的风向标。

客户服务更为精细。优化营销渠道建设，开展“一品一策、一户一案、一地一策”差异化、定制化营销，推进甲基叔丁基醚（MTBE）等大宗液体产品线下销售试点模式。拓展行业标志性直销工厂客户，加强直供客户定制化开发，制定客户开发培育标准流程和专项激励机制，全力增加工厂客户占比，保证有限资源向优质市场、优质客户倾斜，2022年实现直销率83.77%。强化资源保供、技术支持和售后服务，高效解决销、用环节各类问题200余次，提升客户的合作信心，用户满意度96.5%。推进高端化、差异化专用料的立项落实，与生产企业合作开发新产品项目24项，开展新材料现场应用试验3起，新材料专题调研4项，新产品推介20余次，实现新产品增量1.5万吨，增效300余万元。

营销策略更为灵活。针对价格管理标准评价不一、量化不准的发展难题，在中国石油化工销售系统首创产品价格到位率、产品价格缩差及效益测算等3个维度分析模型。进一步强化智能分析模型的成果应用，完成量价配合周报告270份，价格到位率月报告12份，缩差专项分析87份。对各类长期执行的销售价格优惠政策进行年度核定，开展实用性和效用性分析，核定、调整销售政策30个。加大营销创新力度，申请获得集团公司工程和物装管理部“10项产品一级物资贸易商资质”，以“贸易商”的身份首次参与大庆炼化桶装乙二醇公开招标项目并实现中标交付，实现能源网贸易的零突破。推进“中油e化”平台上线运行，率先实现新平台全品种的上线销售，自主下单率、客户下单率实现“双达百”，新平台销售数量、客户数量、订单数量等多项指标位列化工销售系统首位。

【调运组织】 2022年，东北化工销售推进现代物流体系建设，突出产销运整体协同运作，以科学、高效的服务为营销工作助力。

物流优化卓有成效。深化与铁路、公路、海运等承运单位的战略合作，优化方式、减少环节，探索和尝试高效低成本的运输方式，2022年向区外调拨统销产品541.8万吨，公路、铁路、海运的运输比例为7 ∶ 54 ∶ 39。针对自备车数量逐年下降的工作实际，进一步加快对生产切换、产能变化、销售流向变化的联动反应，协调沈阳、哈尔滨两局强化车辆周转效率，有效缩短各编组站作业时间，自备车运行效率大幅提高。克服新冠肺炎疫情多发散发影响，密切与生产企业、地方政府和承运单位的沟通协调，及时逐车调整运输方式和流向，疫情期间累计下达调整计划16.2万吨，有效保证生产企业后路畅通和前沿大区资源需求。

销运配合持续加强。加强仓储库房管理，修订完善《仓储库房的评级评价管理细则》，9个市场库房实现吞吐量64.2万吨，有效发挥蓄水池重要作用。深化固体产品库存管理预警机制，根据企业库存、市场库存、销售节奏、生产计划、调拨计划等因素科学组织移库、发运，提升物流科学化水平。推进辽阳石化PX产品运输结构优化，大连逸盛方向由陆海联运调整为公路直达降低运费69元/吨，创效1478万元；恒力石化方向由铁海联运调整为公海联运降低运费50元/吨，创效1012万元。投用营口鲅鱼圈芳烃储罐改储燃料乙醇项目，累计转储乙醇13713吨，创效32.5万元。

运输质量巩固提升。继续在源头治理上下功夫，进一步强化商务纠纷高发、易发环节的现场监管，切实提高运输质量，有效控制商务纠纷。2022年，涉及商务量368.46吨，同比下降30.9%，商务发生率进一步降低至0.07‰。开展铁路棚车运空亏吨攻关整治，制订新的棚车装载方案，辽阳石化聚丙烯60吨棚车装载量提升7.8%，70吨棚车装载量提升8.5%。深化危险化学品运输管理，严格车辆运输资质和现场充装作业审查，动态更新运输单位资质178家，车辆信息动态更新6646台次。

【企业管理】 2022年，东北化工销售坚定“高标准、高效率、高水平”管理理念，改革创新、依法治企双轮驱动、持续发力，有效催生企业发展的新动能新优势。

全面深化改革迈上新台阶。推进改革三年行动，补短板、强弱项、激活力、抓落实，进一步高质量、高标准闭环销项，压紧压实各项工作责任，38项改革任务全面完成，工作取得阶段性、标志性成果。进一步修订完善绩效考核方案及配套细则，重点突出对工作效率、人才强企等指标的考核，强化人才培训，搭建信息平台，深化绩效考核，员工分配差距最高超过5%以上。推进人才强企工程，推行任期制和契约化管理，实施素质提升和实践锻炼计划，畅通人才成长通道，推进建立可操作、可量化的“三能”运行机制。

依法合规治企迈上新台阶。按照“点连成线、体系运行、闭环管理”原则，开展规章制度的集中修订2次，制修订规章制度102项。开展安全生产专项整治三年行动，推进安全生产大检查、危险化学品安全风险集中治理、QHSE体系审核等各项工作，7方面27项重点任务全部完成。推进审计工作转型创新，开展各类审计项目4项，发现问题26个、提出管理建议22条，审计建议意见采纳率100%。连续两年蝉联化工销售企业集团公司信息化工作第一名，并率先列为集团公司38家首批法治建设示范企业创建单位之一。

管理提升工作迈上新台阶。强化对标提升，突出全面覆盖、层层穿透，强化考核和评估结果应用，抓紧补齐短板、弥补差距，34项对标提升指标全部按计划高质量完成。强化合同管理问题源头治理，2022年签订合同1323份，合同三项审查率100%，平均审查用时1.68天、效率提升32.7%，年度事后合同数量持续清零。开展提质增效专项行动，靶向实施6大类26方面46项重点举措，2022年为东北化工销售创效0.18亿元，为生产企业创效1.04亿元，累计创效1.19亿元。

【新冠肺炎】 疫情防控工作迈上新台阶。面对3月以来东北地区多发散发的疫情态势，以“战时状态”统筹疫情防控和企业运营。在重点防控地区采取必须在岗人员单位留守、其他人员居家办公的封闭式防疫政策，并储备充足防疫用品和生活物资，在“全面放开”前实现“零疫情、零感染”。积极应对突发疫情对营销工作的影响，全力增加苯乙烯、环氧乙烷等生产企业本地客户的就地销量，加大橡塑产品的前沿移库量，并积极筹措公路车辆、寻找优质库房。在疫情严重的3—5月，利润总额均完成预算进度，产品库、罐存均较为正常，主要液体配置计划完成率99.6%，有力保障生产经营稳定运行。

【企业党建工作】 2022年，东北化工销售坚持全面从严治党，着力发挥党委作用，提升融合质量，为高质量发展提供坚强保证。

思想政治建设从严从紧。迅速出台喜迎党的二十大24条措施，组织开展“奋进新征程、喜迎二十大”系列活动，各级党支部学习党的二十大精神14次；专题研讨7次，参与96人次；专题宣讲2次；专题辅导报告1次。举办东北化工销售2022年党员轮训班，实现党员轮训全覆盖。及时跟进学习贯彻习近平总书记重要讲话和重要指示批示精神，常态化落实“第一议题”制度18次，做到学深悟透、融会贯通、真信笃行。

人才队伍建设有为有位。坚持德才兼备、以德为先的选人用人导向，加大优秀年轻干部的培养选拔使用力度，制定东北化工销售《发现培养选拔优秀年轻干部实施方案》《干部队伍梯队建设实施计划》，2020年调整、选拔二级正副职13名、三级正副职21名，其中“80后”“90后”干部占比35.3%。实施人才队伍接替专项工程，将懂生产、懂业务、懂技术的优秀人才引入队伍，招聘高学历人才4人，横向交流引进年轻员工11人。

基层党建工作提质提档。突出比学考评、示范引领，广泛开展互联共建活动8次，围绕经营管理重点难点任务设立党建项目33个、党员责任区24个。创新基层党建“三基本”建设与“三基”工作有机融合方式方法，通过“4+N”党建联盟、实践课题研究、党员积分评比、支部项目攻关等形式多样的“融合提升”，树立大抓基层的鲜明导向。修订

《党组织建设》制度流程，制定《关于规范公司基层党总支职能职责的意见》，完成20个基层党组织换届选举工作。

纪律作风建设见行见效。巩固落实中央八项规定及其实施细则精神成果，深入纠治“四风”问题，组织廉洁从业“四不两直”检查，开展“违规吃喝问题”“反围猎”等四风专项治理3项。推进运输费专项监督检查，提出意见建议9条，推动制修订相关制度5项，节约配送、移库、仓储成本145.5万元。组织开展机关党委巡察整改专项督导检查，推进2018年巡视反馈问题深化整改，做好巡视巡察“后半篇”文章。

企业文化宣传入脑入心。推进党史学习教育常态化长效化，组织开展“转观念、勇担当、强管理、创一流”主题教育活动，组织集中学习213次、研讨68次、开展主题宣讲48场。推进融媒体矩阵建设，2022年在凤凰新闻网、今日头条、《中国石油报》等30家网站和行业纸媒刊载新闻稿件52篇，媒体矩阵综合影响力在化工销售企业排名遥遥领先。

工会群团建设尽心尽力。开展“人才强企”合理化建议活动，关心关爱员工身心健康，征集合理化建议31条。推进“暖心”工程建设，开展扶贫帮困送温暖和丧葬、医疗、婚育、退休慰问64人次，投入慰问金9.54万元。组织东北化工销售第九套广播体操团体比赛、“我健康、我快乐”全员健康健身运动等文体活动，增强员工群众获得感、幸福感。开展青年大讲堂活动，讲授主题团课8场次，参观石油精神教育基地5场次，开展专项座谈会6次。

（倪　玉）

中国石油天然气股份有限公司西北化工销售分公司

【概况】 中国石油天然气股份有限公司西北化工销售分公司（简称西北化工销售）2006年6月8日成立，是中国石油6家化工销售企业之一，主要负责中国石油兰州石化、独山子石化、乌鲁木齐石化、宁夏石化、庆阳石化、塔里木石化、长庆石化、克拉玛依石化和玉门油田炼油化工总厂、青海油田格尔木炼油厂10家炼化企业化工产品在陕西、甘肃、新疆、宁夏、内蒙古、青海等省（自治区）的销售业务，以及西北地区炼油化工企业生产的化工产品向中国石油其他5家化工销售公司的运输、配送任务。主要经营合成树脂、合成橡胶、合成纤维、液体化工原料和尿素等大宗化工产品，牌号种类160余个，可用于生产农膜、包装膜、管材、容器等塑料制品，以及轮胎、胶管、胶带、密封件等橡胶制品和涂料、染料、聚酯切片、日用化工产品等，广泛应用于建筑、汽车、家电、医疗、军工、纺织和精细化工领域，承担着重要的工农业生产资料社会供给职责。总部设在甘肃省兰州市，设8个职能处室和6个分公司，其中，销售事业部设11个产品营销团队和1个技术支持团队。2022年底，有合同化员工335人、市场化员工69人。本科及以上学历占83%，中级及以上职称占66%。设党委8个，党支部25个，党员303人。2022年，西北化工销售产品销售量579.11万吨，调运量939.02万吨，创历史最好水平；营业收入313.98亿元，首次突破300亿元大关。利润5.15亿元，创历史最好水平，在6家化工销售单位中排名第一，获集团公司2022年度业绩考核A级单位。发展质量明显提升，综合实力持续增强，获集团公司“生产经营先进单位”称号。

西北化工销售主要经营指标

指　标	2022年	2021年
化工产品销量（万吨）	579.11	556
购销率（%）	100.00	100.19
直销率（%）	68.50	67.24
调运量（万吨）	939.02	831
全员劳动生产率（万元/人）	205	191
营业收入（亿元）	313.98	274.00
利润（亿元）	5.15	4.91
税费（亿元）	1.80	1.71

【市场营销】 2022年，西北化工销售坚持以集团公司营销工作会议精神和“六个坚持”（坚持把市场战略作为行动指引，坚持把市场占有作为关键指标，坚

持把量效齐增作为根本目的，坚持把数字化平台作为重要支撑，坚持把改革开放作为关键一招，坚持把党的领导作为根本保证）“二十四字”（市场导向、客户至上，以销定产、以产促销，一体协同、竞合共赢）营销方针为指引，从营销管理全过程、全方位入手，细致梳理、深入查找差距短板，分析原因、找准切入点、制定整改措施，全面提升营销能力。加强与生产企业沟通协调，准确掌握生产变化，争取超产资源增配，提升初次配置资源保障能力。建立资源需求会商机制，每月两次研究确定M+3需求计划，确保满足西北化工销售整体资源要求。争取榆林和塔里木优质资源，协调排产不同阶段重点产品。全年争取两套乙烷制乙烯项目资源量72.69万吨，在榆林、塔里木乙烷制乙烯产品资源占比分别达到60%、47%，其中榆林乙烯产品较预算资源占比提高21个百分点。落实“陕西新疆两翼齐飞、甘青宁蒙巩固拓展”销售策略，细化销售运作，优化渠道布局，完善价格管理机制，灵活高效应对市场变化。成立青海销售团队，实现兰州石化聚丙烯、独山子管材在青海销售。加大直供客户开发力度，直销率68.5%，比关键技术指标提升2.54个百分点。成立产销研联合推广小组，协调客户开展加工应用评价，及时反馈评价结果和意见，促进产品改进提升，实现新材料销量13.34万吨，完成关键技术考核指标119%；实现新产品销量29.27万吨。按照“全产品、全客户、全面上线”原则，实现统销业务按期上线平稳运行，客户上线率、自主下单率100%。

【产品调运组织】 2022年，西北化工销售克服新冠肺炎疫情多点暴发，化工销售运输工作中货等车、无装车力量等罕见的运输困难和不利因素，沉着冷静、积极应对，确保生产企业后路畅通。加强化工产品运力组织，及时汇报运输存在困难，争取炼化新材料公司、铁路部门和地方政府支持，将独山子石化产品运输作为重点工作，每日组织由炼化新材料公司、生产企业参加的运输协调会，主要领导靠前指挥，业务、计划、运输各方联动，统筹制订落实应对方案，及时跟踪产品出厂情况、解决存在问题，实现平稳降库。综合考虑生产企业排产、疫情防控政策、铁路局运力等因素，优化调整公路铁路协调联动机制、产品调运方案和应急预案，协调地方疫情防控及铁路部门办理通行证，给予运输政策支持，保障运输顺畅。坚持“盯计划”“盯车源”“盯装车”，高效处理铁路停限运导致的流向变更、计划调整，保障资源调度及时、运力不落空。利用成本最优的厂内专线方式发运产品。争取独山子石化SBS产品批量运费优惠政策及兰州铁路局15个到站的铁路运费下浮政策。开展SBS产品发往陕西区域的铁路“门到门”运输，在降低成本同时满足客户“点对点”运输需求。利用承兑汇票支付运费和自备车检修费7.44亿元，在减少资金占用的同时节约财务费用。动态封存富余自备车，优化车辆检修环节，减少返空费和清洗费。

【精益管理】 2022年，西北化工销售贯彻落实集团公司领导干部会议精神，一体推进“合规管理强化年”“党建质量提升年”“纪律教育年”和“提质增效”价值创造专项行动，完成企业改革三年攻坚行动51项任务。加强制度体系建设，制定和修订34项规章制度，编印规章制度汇编，建立制度宣贯学习“月公示”制度，督促各单位加强制度学习落实。3次修订综合管理体系手册，迎接集团公司管理层测试，开展内部控制自我测试，完成问题整改17项。成立风险管控小组，修订风险防控管理办法，梳理风险数据库，编制合规风险清单，完善风险控制措施，加强对业务资金风险管控，推进依法合规治企，优化业务流程42项。建立重大事项法律论证机制，严把贸易风险评估和客户准入的法律合规审查关。加强合同管理，网上审批率100%。坚持“管业务必须要管安全”，落实各级领导干部属地责任、直线管理、有感领导。开展“安全生产月”活动，组织开展安全生产大检查，将危险化学品安全风险、QHSE体系内部审核、房屋建筑物安全专项整治工作统一纳入安全生产大检查工作中，QHSE管理体系实现“两个全覆盖”。开展提质增效价值创造活动，两次制定下发方案，明确10个方面66项举措，全年增效9937万元，降费5115万元。

【队伍建设】 2022年，西北化工销售坚持党管干部、党管人才原则，注重干部人才队伍建设，选优配强中层领导人员，优化领导班子年龄结构，调整交流二级领导人员25人，其中提拔二级领导人员3人，机关部门与分公司双向岗位调整交流16人，退出领导岗位6人，新提拔干部中80后占比33.3%。按照“三个1/3”要求，选拔1名80后优秀年轻干部到二级副职领导岗位、4名80后优秀青年骨干到高级主管岗位，完成4个产品经理岗位80后年轻干部的公开竞聘，持续优化领导班子和干部队伍年龄结构。实现中层领导“任期制”管理全覆盖。选拔15名青年骨干参加“青马工程”政治理论系统培训。发挥考核指挥棒作用，完善西北化工销售“三纵四横”（职能部门、销售事业部、分公司，关键指标、专业考核、专项考核、事件奖惩）全面业绩考核体系，全面推行“大岗位”改革，有效解决设置过细、职责模糊、业务交叉、岗位冗员等突出问题。

【企业党建工作】 2022年，西北化工销售党委认真落实“第一议题”制度，把学习宣传贯彻党的二十大精神、十九届六中、七中全会作为首要政治任务，深刻领悟“两个确立”的决定性意义，学习贯彻习近平总书记重要讲话和对石油战线的重要指示批示精神，制定《学习宣传贯彻党的二十大精神实施方案》《学习贯彻习近平总书记重要指示批示精神落实机制》，组织两级党委理论学习中心组学习26次109个专题，开展专题学习研讨114次。组织集中学习贯彻党的二十大精神、十九届六中全会精神专题培训班6场次，牢固树立“四个意识”，坚定“四个自信”，做到“两个维护”，始终在政治立场、政治方向、政治原则、政治道路上同以习近平同志为核心的党中央保持高度一致。发挥党委的“把方向、管大局、保落实”作用，修订西北化工销售《“三重一大”决策制度实施细则》，把党委研究讨论作为决策重大问题的前置程序。召开西北化工销售党委会33次、集体决策176项，召开总经理办公会17次，集体决策29项，所属分公司召开党委会191次、决策事项309个，经理办公会14次、决策事项15个，确保决策方向正确、依法合规、风险可控。认真落实国有企业党的建设工作会议精神，始终保持“两个永远在路上”的清醒，坚持不懈抓好基层党建和党风廉政建设。制定《2022年党建质量提升年工作方案》《党委委员履行党建工作“一岗双责”清单》，落实各级党建工作责任制。围绕建立健全“八个机制”和24个党建融合项目，制定西北化工销售《推进基层党建“三基本”建设与“三基”工作有机融合工作运行表》，修订《党建工作责任制量化考核评价标准及评分表》，“线上+线下”全覆盖开展党建工作专项检查，检查整改12类87项问题。加强基层建设，规范党组织生活会、民主评议党员、“三会一课”等基本制度执行。完成2个党委、11个党支部换届选举工作，开展党支部达标考评定级，评定优秀党支部4个、示范党支部2个。开展以思想联抓、组织联建、业务联学、效益联创为内容的党建互联共建活动，线上线下开展主题党日、红色教育活动13次。组织69名基层党支部书记和党务干部参加专题培训，提升党务工作能力。组织全体党员开展决战“两个千万吨”岗位实践，广泛开展多要素“党建+”活动，引领党员在市场开拓、提质增效、疫情防控等工作中站排头、作表率、立标杆。表彰7个先进基层党组织、16名优秀共产党员、11名优秀党务工作者，彰显榜样力量。组织签订《党风廉政建设责任书》228份。制定《服务保障“三个环境”重点监督工作实施方案》，明确8个方面22项监督任务。编印《加强“一把手”和领导班子监督工作手册》，清单化推进7个方面34项年度重点工作任务。制定《纪检体制改革推进方案》，跟进落实重点任务69项。完成陕西、宁夏、库尔勒等3个分公司党委常规巡察任务，整改问题41项，实现两年一轮巡察全覆盖。细化《纪律教育年活动方案》，编制《党规党纪解答口袋书》和《试题库》，对17名新提任和交流干部发放廉洁提醒函、廉洁从业承诺书、家属助廉信，组织中层干部党纪党规知识测试，保持不逾底线、不碰红线的警醒。

【思想文化建设】 2022年，西北化工销售落实意识形态责任，把握意识形态工作主动权，突出抓好思想教育和舆论引导，修订《西北化工销售意识形态工作责任制实施细则》，增强各级党组织和广大党员干部维护意识形态安全的自觉性。制定下发《“转观念、勇担当、强管理、创一流”主题教育活动方案》《文化引领战略实施方案》《新时期加强和改进思想政治工作方案》，组织开展“围绕对标提升、深化主题教育”专项行动。全年在西北化工销售内网发布各类稿件678篇，同比增加47篇；在外部媒体发稿111篇，同比增加55篇；在西北化工销售微信公众平台发布微文101篇，同比增加28篇。制定实施《员工健康激励考核方案》，建设健康活动室，组织参加全国石油职工第二届广播体操网络公开赛，西北化工销售代表队获混合团体组三等奖、独山子分公司代表队获混合创编组三等奖。持续开展困难群体生活帮扶、医疗帮扶和一线慰问，元旦春节、中秋国庆扶贫帮困和走访慰问困难员工68人次，帮扶重病员工及员工家属3人，金秋助学13人。开展“情暖夕阳红·关爱老人行”学雷锋志愿服务活动。巩固拓展脱贫攻坚成果，参与帮扶地区疫情防控，完成全年消费帮扶任务54.30万元。

【新冠肺炎疫情防控】 2022年，西北化工销售坚决贯彻落实习近平总书记“疫情要防住、经济要稳住、发展要安全”总要求，始终坚持统筹新冠肺炎疫情防控和经营发展，修订完善《新冠肺炎疫情防控常态化工作方案》《新冠肺炎疫情防控特殊敏感时段升级管理方案》和《办公场所疫情防控应急预案》，全面落实疫情防控责任，组织全体员工核酸检测 11418 人次，疫苗接种率 100%，加强针疫苗接种率 96.3%；及时配发防疫口罩 6.76 万只，配备防疫药品、防护服等应急物资 6.2 万元，保障员工身体健康和生命安全。广大干部员工面对疫情迎难而上，始终以事业大局为重，无私忘我竭诚奉献，乌鲁木齐分公司、独山子分公司、库尔勒分公司连续封闭办公 110 余天，机关部门、兰州分公司、宁夏分公司、陕西分公司连续封闭办公 84 天，打赢疫情防控阻击战和效益实现保卫战。

（马红苍）

中国石油天然气股份有限公司华北化工销售分公司

【概况】 中国石油天然气股份有限公司华北化工销售分公司（简称华北化工销售）2006 年 2 月成立，是在 2000 年成立的化工与销售华北分公司基础上整合升级而来，总部设在北京市，主要负责中国石油所属企业生产的石油化工产品在华北区域的统一销售业务，销售网络全面覆盖北京、天津、河北、河南、山东、山西、湖北、内蒙古 8 省（自治区、直辖市），主要经销合成树脂、合成纤维、合成橡胶、液体有机无机和化工新材料等数十个品种、上百个牌号化工产品及原料，产品销量和销售收入逐年增长。截至 2022 年底，累计销售产品 3900 万吨，实现盈利 19 亿元，曾获“中央企业先进集体”，集团公司“生产经营管理先进单位”“信息化工作先进单位”“抗击新冠肺炎疫情先进集团”，以及“北京市西城区 A 级纳税企业”等多项荣誉。

2022 年底，华北化工销售机关设 15 个处室，下辖湖北、河南、山东、天津、内蒙古和任丘 6 个分公司（调运部）。员工总数 198 人，其中党员 144 人，本科及以上学历占 88%，中级及以上职称占 67%。

华北化工销售主要经营指标

指　标	2022 年	2021 年
化工产品销量（万吨）	357.13	364.15
资产总额（亿元）	15.05	12.60
销售收入（亿元）	276.80	280.00
利润（亿元）	3.00	4.29
税费（亿元）	2.15	2.00

2022 年，华北化工销售克服新冠肺炎疫情和化工市场震荡的不利影响，销售各类化工产品 357.13 万吨，销售收入 276.8 亿元，账面利润 3 亿元；购销率 99.3%，综合直销率 58.1%；经济增加值 1.71 亿元，账面利润 3 亿元，利润完成率 111%、排名大区第二，各项工作均取得较好成绩。

【规划目标】 2022 年，华北化工销售锚定建设国际知名、国内一流化工产品和有机材料贸易商奋斗目标，精心谋划部署，加强顶层设计。制定“十四五”发展目标体系，明确发展数量、发展质量、创新发展等 12 个定量化指标及高质量市场营销管理、客户渠道管理、仓储物流管理、高效治理体系、人力资源管理、党建引领保障等 6 个定性化指标：到 2025 年，销量较目前再翻一番，达到 800 万吨，利润总额达到 4 亿元以上。规划调整业务管理架构，将山东、天津区域核心客户划转总部管理，实行“三个 1/3”机制，增强市场信息收集水平，提高市场反应速度和客户服务质量。优化调整定价机制，统筹市场、产销、库存等因素，规范区域间定价，合理制定指导价格。完善业绩考核架构，调整月度奖金发放基数和固浮比例，加大销售关键指标考核权重，规范专项奖励政策，突出精准激励、重点激励。调整费用管理架构，实行费用项目化管理，明确费用项目责任部门，理清各级审批权限，实施分公司费用专业化审批，按照谁主管谁负责的原则履行事前审批程序，逐步形成专业规范的费用管理体系。

【市场营销】 2022 年，华北化工销售推进落实市场营销三年行动方案，补齐直销率、对标缩差、产品结构和量价配合等短板弱项，提升主营业务发展质量。实行市场开发台账机制和“网格化”区域摸排，加大直供客户开发力度，强化产品经理、客户经理协同，在“三个 1/3”基础上补充“AB 队”设置，组成“技术 + 销售”市场调研小组，开展走访 750 人次，走访客户 2340 多家，实现合成树脂直销量 110.9 万吨、直销率同比提升 2.7 个百分点。查找对标缩差问题根源，形成体现价格、销量和销量占比关系的有效对标推导公式，加大专用料、高附加值产品配置，扩大价格信息获取渠道，对标缩差水平较上半年缩窄11元。结合区域市场特点和中国石油新材料业务发展目标，加强高价值专用料开发推广力度，成立多部门联合工作小组，开展新材料市场调研，实现重点高效产品销量120万吨，新产品销售11.7万吨，新材料销售16.9万吨，完成预算目标129%，为增产上量奠定良好基础。实施均衡销售策略，保持低库存运行，有效应对市场下滑的跌价风险，实现高压产品4月同比增效872万元，苯、邻二甲苯等产品9月、10月、11月增效3669万元。

【创新驱动】 2022年，华北化工销售围绕数字化运营、智能化营销，务实开展创新工作，探索应用新技术、新模式、新方式驱动转型升级。组织自动化结算功能开发立项，2022年9月正式上线试运行，实现销售数据自动逻辑匹配和订单结算价格自动推送，结算工作信息化、智能化水平实现领跑。完成8家生产企业多式联运费用模拟测算，打通兰州石化榆林化工有限公司聚乙烯到山东东宏管业股份有限公司散装运输多式联运流程，实现公路散装运输常态化运行，聚丙烯散装运输量1.13万吨。制定商品类套期保值业务组织架构、交易规定、操作流程和风险防控措施，完成金融衍生品业务资质申请提报准备，套期保值实现零突破。统销橡塑产品及液体产品整体上线销售，实现客户自主下单率100%，电商加价销量17.8万吨，增效1753万元。与昆仑银行高层建立季度互访机制，开展买方付息银行承兑汇票贴现业务500万元；优化“信用证 + 福费廷”产品，上线“化销贷”功能，新增授信5.8亿元，助力产品销售18.1万吨。推动物流仓储管理信息化建设，上线物流平台App，实现在途产品位置实时查询，推广RPA机器人应用，产品出入库效率提高25%—30%。完成会议室视频网络升级、机房消防安全改造等8个信息化项目，推进协同办公平台数据深度共享应用。

【“三基”建设】 2022年，华北化工销售做实基础工作，提升基础管理，深挖价值创造能力，推动管理标准化、规范化、专业化转型。分类梳理岗位工作资料，建设形成涵盖各类工作内容、兼顾业务特色的基础资料库。开展全员基本功训练，建立岗位基本功训练清单，处室统筹抓好共性问题训练，常态化组织营销知识、产品知识培训，开展期现金融等专业培训，全面提升队伍专业知识和操作技能。加强资金管理，2022年资金收支625亿元，保持零差错，合理控制债务规模，实现自由现金流为正。开展资产分类评价工作，推进低效资产盘活和整体结构优化，完成15台车辆报废处置，实现资产负债率30.5%，优于考核指标。推进提质增效价值创造行动，物流仓储优化降费541万元，财务费用较预算降低2417万元，四项费用下降77%，“两利三率”、发展质量成本费用指标均超额完成。落实QHSE体系建设和安全生产专项整治三年行动计划，保障“两奥”“两会”“党的二十大”等重点时段危化品运输安全，全年安全“零事故”；抓好新冠肺炎疫情防控常态化和升级管理，做好突发疫情紧急处置，确保销售、调运有效运转。

【依法合规治企】 2022年，华北化工销售坚持依法合规治企，主动提高认识、转变观念，着力构建具有化工销售特点的风险防控体系。成立7个专项治理工作领导小组，建立运营管理、制度建设、风险防控、财务管理、战略管理等6个工作专班，贯彻落实集团公司领导干部会议精神，推进落实综合治理专项行动。开展规章制度年度评价立项，新建制度9项，修订制度17项，已有制度178项，实现运营环节全覆盖，保障各项业务有制可依、有序可循。完成合同标准文本修订，规范细化约束性、惩罚性合同条款，加强合同系统应用，有效规避合同风险。开展扩销贸易“走单”“空转”问题整改“回头看”，健全扩销业务全过程管控机制，规范投资计划管理与执行问题；排查债务风险问题，梳理合同负债客户791家，多部门协同清理三年无动态客户223家，形成常态化工作机制；开展依法纳税问题专项治理和近三年税收自查自纠，减少涉税风险；发挥内控、审计、财务监督合力，有效堵塞投资管理、税收管理、产权管理、资本金融、会计信息等方面漏洞，及时消除问题隐患。严格执行重大业务合法合规前置审查程序，完成“合规管理强化年”专项治理；制定各部门、各单位和重点岗位合规职责清单，开展普法宣传和全员合规培训，举办“法治在我心中”主题演讲比赛，强化法治建设和合规文化教育。

【企业党建工作】 2022年，华北化工销售坚持以习近平新时代中国特色社会主义思想为指导，把党的政治建设摆在首位，发挥党委“把方向、管大局、保落实”作用。深入学习宣贯党的二十大会议精神，制订落实《学习宣传贯彻党的二十大精神实施方案》，推动党的二十大精神落地生根；严格落实“第一议题”制度，组织“第一议题”学习38次，开展党委理论学习中心组集中学习14次，专题研讨9次。加强党委班子建设，完成班子成员分工调整，集体研究决定重大事项45项。压紧压实“两个责任”，做好“反围猎”专项行动、违规吃喝专项治理及“影子公司”“影子股东”和化公为私问题专项整治；全面开展服务保障“三个环境”17个具体监督项目和巡视巡察反馈问题整改情况专项督查，梳理整合123个廉洁风险点和225条防控措施，开展日常监督检查46次，党员干部日常廉洁谈话358人次。推进支部建设规范化、制度化，完成分公司（调运部）支部换届和6名党员的转正、入党工作；实施党建课题项目化管理，创建特色党支部9个，深化党员责任区18个、党员先锋岗14个。选优配强基层班子，完成3名正职岗位调整，分公司（调运部）3名正职、3名副职通过公开竞聘上岗。编制《企业文化手册》，构建“苦干实干、拼搏发展”的特色企业文化。开展党委书记讲团课、青年对标大讨论、青年大讲堂、主题团日等系列活动，激发青年团员干事创业新活力。积极履行工会职责，落实职代会提案建议，开展兴趣小组、文体比赛等活动，1名女职工获集团公司巾帼建功先进个人。做好扶贫帮困工作，协调解决员工“停车难”、退休人员异地体检等问题，切实增强员工群众的获得感、幸福感、归属感。

（王　颖）

中国石油天然气股份有限公司华东化工销售分公司

【概况】 中国石油天然气股份有限公司华东化工销售分公司（简称华东化工销售）始建于2000年，是中国石油天然气股份有限公司直属地区分公司，业务上由中国石油炼油与化工分公司垂直管理，党组织关系归属上海市经济与信息化工作党委。自成立以来，历经多次重组整合，业务版图由拓荒华东华南八省一市到深耕华东四省一市。深入推进产销研用一体化协作，以产品技术、经营模式和服务保障创新为支撑，开拓高端市场、开发高效产品，开发瓶盖料、水桶料、管材料、低压包装膜料、洗衣机专用料、汽车油箱料、油田输油管专用料等高端专用产品，持续优化产品结构，打造中国石油品牌。先后承担集团公司、炼油与化工分公司科技项目33项，获集团公司科学技术进步奖23项。优化销售渠道，与1300多家终端工厂及经销商开展业务往来，向市场提供优质高效产品服务，体现中国石油产业链终端价值。探索市场营销模式创新，践行“互联网+”行动计划，率先提出并承建中国石油化工产品电子商务平台，推动中国石油炼化销售模式升级。

截至2022年底，销售化工产品4485多万吨，营业收入3907多亿元，上缴税费25亿元；合成树脂产品销量占华东市场10%，合成橡胶产品销量占华东市场25%；电商平台自建成以来，完成上线客户3171家，累计成交491万吨，销售额330亿元。曾获全国企业文化建设优秀单位、上海市文明单位、上海市陆家嘴金融贸易区经济发展突出贡献企业奖等荣誉，基层党组织被国务院国资委授予“中央企业先进基层党组织”，企业文化展厅被集团公司评为首批“石油精神教育基地”，1人次获中央企业劳动模范、3人次获集团公司劳动模范、1人次获上海市劳动模范、1人次获上海市“三八红旗手”。

2022年底，华东化工销售公司设有8个职能处室、7个业务处室、3个直属单位，以及1个作为二级单位管理的上海中油石油交易中心有限公司，分别在上海、江苏、江西、安徽、杭州、宁波等贴近市场一线地区设有6个区域销售分公司，同时在以上6个区域内的主要消费集中地和物流集散地配备余姚、上海2个自有中转仓库和26个社会仓库，总库容22万吨，能够快捷方便地服务客户和满足为上游炼化生产企业保后路的需要。华东化工销售以市场为导向，以客户为中心，凭借中国石油的资源优势、品牌优势、上下游一体化优势，一品一策、一户一案，健全完善营销网络，厚植一站式服务客户，构建同向同行、共享共生的市场利益共同体，与众多知名的行业龙头、上市公司建立战略伙伴关系，产品广泛用于医疗、汽车、家电、建材、食品饮料等国计民生领域。

2022年，华东化工销售产品销售321.8万吨，销售收入272.2亿元，利润2.32亿元，比预算增加0.5亿元；经济增加值（EVA）0.78亿元，比预算增加0.47亿元。

华东化工销售主要经营指标

指　标	2022 年	2021 年
化工产品销量（万吨）	321.8	338.1
购销率（%）	99.0	100.3
直销率（%）	64.3%	64
直发、断卖比例（%）	41.41%	39.8
资产总额（亿元）	26.2	31.0
营业收入（亿元）	272.2	297.4
利润（亿元）	2.32	4.6
税费（亿元）	2.5	1.6

【经营业绩】 2022 年，华东化工销售全面较好完成集团公司下达的各项关键技术考核指标，利润完成率、直销率、价格对标缩差等指标在大区公司中排名靠前。直销率完成 64.3%，比预算提高 4.3 个百分点；购销率 99%；价格对标缩差 -27 元 / 吨，比预算提高 53 元 / 吨；劳动生产率 197 万元 / 人，比预算提高 30 万元 / 人。连续 8 年实现盈利，连续 22 年保持应收账款、法律纠纷、公关危机、安全环保事故“四个为零”，为集团公司经营业绩增长和安全大局稳定作出积极贡献。

【营销工作】 2022 年，华东化工销售以“日均衡、周达标、月平衡”为原则提升营销质量，制订以“稳龙头、树品牌、解难题”为宗旨的综合配套营销方案，从多维度为客户成长增动力，与合作伙伴共成长。做好承接、定型和增量推广，销售兰化榆林、独山子塔里木、辽阳石化等新装置产品。搭建线性高开口系列、高压电缆料产销研用云端交流平台，为中财管道等战略客户培训炼化生产工艺和应用技术。运用“托盘 + 冷套膜”方式运输兰州石化 2240H 等吨包装产品。激活“中油 e 化”竞拍、闪购、拼单等线上交易模块，平稳有序做好新老电商平台的业务切换。协助 26 家优质客户获得昆仑银行授信 8.33 亿元，为海外客户开通提供国际信用收付服务。全年客户综合满意度 97.7%，同比提升 0.8 个百分点。

【改革创新】 2022 年，华东化工销售明确提出华东市场四省一市区域化、特色化转型发展方向，逐步形成安徽白色家电和包装薄膜、浙江电缆改性和管道管件、上海及江苏汽车改性、江西医疗器械和光伏储能等特色经营区域。推进实施“五提质、五增效”等十大举措，制定 35 条具体措施，实现提质增效 1.16 亿元。完成国企改革三年行动 29 项改革任务。加快培养“四懂一会”营销队伍，举办化工产业知识、金融衍生业务基础等专题培训，让“云课堂”成为提能力、聚合力的“加油站”。落实集团公司“合规管理强化年”专项工作部署，成立 9 个工作小组，开展综合治理专项行动。梳理扩销业务流程，提升主营业务风险防范水平。推进落实化工产品金融衍生业务专项计划，完善管理办法和岗位设置，做好期货套期保值业务试点。举办“法治在我心中”主题演讲等系列活动，推动法治精神入脑入心。强化“三个界面”管理，跟进“举一反三”制度建设，压实双重预防责任机制，加强监督指导和安全巡视检查。开展“两个专题”“两个专项”活动，将安全生产专项整治三年行动作为政治任务，落实到生产经营全过程，工作完成率 100%。

【电子商务】 2022 年，华东化工销售注重创新营销模式探索，依托中国石油化工品电商平台为中国石油 6 家化工销售企业开展互联网电子销售业务，截至 2022 年底平台注册客户数 3200 余家，销售产品 80.5 万吨，成交金额 52 亿元，其中竞拍销售实现推价金额 6500 万元，提升客户应用体验，促进提高市场占有率。

【厚植服务】 2022 年，华东化工销售新开发终端客户 95 家，实现销量 4.4 万吨。落实广东石化项目营销方案，为回撤资源储备销售渠道。围绕吉化揭阳项目投产，加快 ABS 产品结构调整和客户开发，高流动、高冲击、箱包板材等专用料销量同比增长 113%。抓好增量仓储选址选商，提前完成 32 个仓储服务项目公开招标。稳步开拓海外市场，出口销售拉丝丙、流延膜、抗冲共聚等 3 大类 8 个牌号产品。推广销售化工新材料产品 9.57 万吨，计划完成率 111%。茂金属聚烯烃、ABS、高压涂覆、高压电缆等专用料推广均突破万吨大关。培育形成滚塑料产品稳定市场需求，在多家生产企业获得排产。打破 PERT 管材、薄壁注塑 HPP1860E、高压医用 LD26D、电子保护膜专用料 2420H-H 等产品市场销售空白。实现熔指 1 线性 9047、聚乙烯管材 TUB121N3000、聚丙烯透明 K4912、FR0525 产品规模化销售。新增 3 个原创技术策源地、1 个关键核心技术、1 个重大技术现场试验等 5 项集团公司科研课题。“高腈 SAN 及板材 ABS 树脂成套技术开发与工业化应用”项目获 2022 年度集团公司科学技术进步奖二等奖，“PPR 管材专用料的开发与生产”项目获中国化工学会科学技术进步奖三等奖。联合上海新材料研究院开展核电用聚乙烯管材专用料开发。调研高端新能源新材料和进口产品替代市场，为大连石化西中岛、塔里木石化二期、辽阳石化聚丙烯等集团战略项目反馈 LDPE/EVA 一体化、SBS 热塑性弹性体、聚碳酸酯、多峰聚乙烯薄膜、系列化线性低密度聚乙烯、特色化聚丙烯等产品方案建议。参与的“中国石油利用平台经济提升发展能力研究”项目获得表彰，为集团公司建设中国特色世界一流新型企业智库作出贡献。

【人才建设】 2022 年，华东化工销售健全完善领导人员任期制和契约化管理，有序开展两级领导班子成员契约文本再修订、再签约，签约完成率 100%。加大年轻干部培养选拔力度，1 名 80 后干部提拔进入公司领导班子，14 名干部得到提拔使用，7 名中层干部交流任职，80 后中层干部占比提升至 40%。

【企业党建工作】 2022 年，华东化工销售把学习贯彻习近平新时代中国特色社会主义思想作为首要政治任务，制定《公司党委深入学习贯彻习近平总书记重要指示批示精神落实机制》，学习“第一议题”54 项。坚持把党建工作同公司中心工作同部署、同推进、同落实，认真贯彻集团公司工作会议和党建工作部署会议精神，结合实际制定实施 18 方面 42 项党委工作要点、6 方面 27 项党建工作要点。统筹开展党建工作责任制考评、基层单位党建工作责任制考评、基层党组织书记抓基层党建述职评议和党支部工作考核。1 个党支部被评为上海市经信系统“党支部建设示范点”。推动常态化上党课、讲党史、过党日，打造党味足、油味浓的“党建墙”，引导全体党员学党史、悟思想、强党性。探索开展党建互联共建，与陕西销售签订共建协议，促进互学互鉴。两个课题获中国石油党建思想政治工作优秀研究成果。在营造良好政治生态上加压发力，完善从严治党的制度机制，制定《华东化工销售落实“四责协同”机制任务清单》，将主体责任落实情况纳入党建工作责任制考核体系，常态化开展季度重点考核及年度全面考评。强化“一把手”和领导班子监督，完善党风廉政建设和反腐败协调小组运行机制，有效保障管党治党责任落实。深化政治巡察，组建全现职巡察队伍，完善一体化政治巡察清单，聚焦“四个落实”，高标准启动换届后新一轮巡察全覆盖。坚持“三不”一体推进，深化“三转”，支持华东化工销售纪委聚焦主责主业，优化主营业务廉洁风险筛查和合规风险防控监督模式，整治奢靡之风享乐主义，扎实开展违规吃喝专项整治和“反围猎”专项行动。

【企业文化】 2022 年，华东化工销售将“家文化”建设内化于心外化于行，在新冠肺炎疫情防控、困难帮扶、办公环境优化等方面获得职工群众认可。织密员工健康的守护网。制定健康企业创建实施细则，树立大健康理念，差异化开展员工非职业健康体检，建立员工慢性疾病管理档案。建立防疫物资动态管理储备，向员工配发口罩 12 万只、N95 口罩 6 万只，采购应急值班行军床、被褥寝具、洗漱包、消毒湿巾、预防性抗病毒药品等值班防疫用品。注重新时代石油先进文化培育，推进实施企业数字化展厅项目施工改造。常态化开展“我为员工群众办实事”实践活动，多渠道进行困难帮扶、心理疏导和思想动态调研。职工健康走、书法绘画摄影展、“三八”节女工、重阳节退休员工座谈等活动参与度显著提升。制定实施青年精神素养提升、“青马培养工程方案”，评选第三届公司十大杰出青年，开展石油精神再教育、对标先辈大讨论大调研，吹响推进青年事业蓬勃发展的新号角。

（李文娟）

中国石油天然气股份有限公司华南化工销售分公司

【概况】 中国石油天然气股份有限公司华南化工销售分公司（简称华南化工销售）2004 年 5 月 18 日正式成立。负责中国石油统销化工产品在广东、福建、广西、海南四省（自治区）的市场营销业务和区内生产企业化工产品的调运任务，主营合成树脂、合成橡胶、有机和无机化工产品。成立以来，被评为广东省 500 强企业、广东省大型骨干企业、广东省直通车服务重点企业和广州市纳税信用 A 级企业，为国家和地方经济社会做出贡献。

2022年底，设有14个部门，下设厦门、汕头、深圳、南宁、海口和钦州6个分公司。化工产品总销量285万吨，收入218亿元，上缴税费1.55亿元。

华南化工销售主要生产经营指标

指　标	2022年	2021年
化工产品销售量（万吨）	285	305.1
资产总额（亿元）	18.09	20.41
购销率（%）	100.9	99.5
直销率（%）	65.58	67.39
推价到位率（%）	101.19	101.11
收入（亿元）	218	232.69
利润（亿元）	1.52	3.15
税费（亿元）	1.55	1.66

【营销工作】 2022年，华南化工销售强化市场运行动态分析和营销工作交流研讨，召开专题研讨会超过10次，加快推进解决工作中遇到的难题。在市场下行期采取偏快销售节奏，年末库存降至全年最低水平，全年销售统销产品278.2万吨，购销率100.9%；销售化工新材料8.61万吨，完成考核指标。坚持拓展销售渠道，开发统销用户162家，其中直供用户135家，占比83.33%；实现直销率65.58%，同比提升0.5个百分点。严格客户管理，施行半年考核评价和动态升降级管理，客户结构进一步优化。始终在合规、风险可控的条件下开展扩销业务，实现扩销销量6.8万吨。与国际事业公司紧密合作，抢抓窗口期开展出口业务，出口化工产品2.1万吨。稳步推进基础调研与专项研究有机结合，完成新能源汽车及动力电池领域涉及的新材料、ABS、茂金属聚烯烃、POE等产品市场调研。加大新产品开发推广力度，与中国石油研究院所、生产企业和客户签订“锂电池隔膜创新联合体”合作开发协议，达成“电池用石油基碳材料创新联合体”开发意向；协助立项科技项目3个。推广销售新产品牌号25个，实现销量6.56万吨，其中独山子石化锂电池隔膜专用料T98D产品在深圳中兴小试合格，正在进行中试试验，在实现锂电池隔膜专用料的国产替代方面取得阶段性成果。加强运输过程管理，动态优化调整产品发运流向，保障生产企业后路畅通。坚持主动服务客户，对客户“不满意内容”和“意见与建议”组织专题研究并落实改进措施；及时处理质量问题反馈，促进产品质量提升。为重点客户发放“促销贷”、合理增加授信额度和减免贴息，探索实施银行承兑汇票贴现率市场化政策，增强客户黏性。

【提质增效】 2022年，华南化工销售坚决落实集团公司提质增效和低成本发展战略举措，强化对标管理，通过实施7方面30项81条具体措施，实现提质增效9642万元，完成全年2079万元提质增效目标的463%。加强价格运行体系相关环节的分析、考核和优化改进，实现对标缩差32元/吨，高于考核指标59元/吨；推价到位率101.19%；与中国石化华南价格对比的19个牌号中，14个牌号领先。调整断卖率考核为入库率指标考核，合理利用集装箱免费堆存期，在提升客户满意度的同时，降低产品入库率至30%。优化运输方式，加大厂内自提和直发配送力度，移库比例同比下降1个百分点。打通云南石化二甲苯铁路发运全流程，与公路直发相比，每吨节约流通费300元。对市场走势精准研判，以均衡销售为抓手，抓好销售进度的控制和考核。低压、聚丙、芳烃、线性和橡胶产品线均实现较好效益。根据市场供需实际、库存消化速度、潜盈潜亏等数据情况，深入分析，做好“M+3”需求计划提报工作，提出优化排产和配置计划调整建议，引导生产企业排产适销对路化工产品。科学调配资源适当向高效市场倾斜，促进效益提升。

【广东石化、吉化揭阳项目准备工作】 2022年，华南化工销售成立广东石化产品调运项目部，入驻现场靠前协调。坚持市场调研和结果应用，联合广东石化深入开展下游市场走访调研。在前期储备客户开发基础上，按客户分牌号、分阶段落实销售计划，全部完成购销协议签订。在与炼化新材料公司和广东石化沟通基础上，根据市场容量及下游行业发展情况，提出排产和结构优化建议；以销售半径最小化、企业效益最大化为原则，确定装置开工初期和稳定期两个阶段营销方案。探索研究广东石化、吉化揭阳产品销售新模式，对广西石化合成树脂产品试点“周均价+全程配送”，打通全部流程，提前积累经验。发挥规模优势，开展运输市场化招标，控本降费，提升产品竞争力和服务水平，为推行全程配送运作方式奠定基础。筹划气体产品出厂各项准备工作，实现液氯、氧、氮等产品顺畅外运和销售盈利。完成互供料和试验料的供应。推进电子销售平台功能完善和新增工作，化工品物流管理系统出厂协同主要功能初步建成，仓储、库发配送模块实现上线运行。根据存量资源和增量资源不同的运作特点，结合新模式、新变化，向集团公司提出广东石化产品价格运行体系的建议，开展同行业流通费比对和压控，为保障广东石化、吉化揭阳产品实现销售和提升市场竞争力奠定坚实基础。

【基础管理】 2022年，华南化工销售三年改革行动收官，64项改革任务全部完成，三年改革行动工作台账被评为集团公司示范成果。三年对标提升推进任务进度和对标成果完成率均100%。推进"合规管理强化年"专项工作，开展经营业务合规风险和违法违规问题排查及回头看，制定完善公司标准合同文本，举办7期合规管理强化年系列讲座。根据集团公司批复，对内部组织机构进行调整，整合组建市场运营部、物流部，初步形成资源配置一体化管理、物流一体化统筹的运营模式；对职能处室和业务处室全部更名，机关部门压减机构一个，重新梳理部门职能和销售范围。推进"产品经理＋客户经理"制，设立聚丙烯、聚乙烯、橡胶和ABS树脂3个专业线产品经理岗。根据机构调整和业务发展实际，全面梳理和制修订配套制度38项。坚持"四全"原则和"四查"要求，学习贯彻习近平总书记关于安全生产重要论述，统筹推进安全大检查、安全生产专项整治三年行动、QHSE体系审核、网络安全保障等专项工作。节假日、冬奥会、党的二十大等重要时点，对安全环保、维稳防恐等工作升级管控。及时实施新冠肺炎疫情防控措施，开展专项应急桌面演练，保障主营业务开展。坚持开展年度健康体检，建立员工健康档案，推进健康企业建设。积极响应广东省政府号召，派出志愿者队伍支援广州抗疫，彰显国有企业担当。

【人才队伍建设】 2022年，华南化工销售坚持党管干部原则，树立鲜明用人导向，完善干部选拔任用和退出机制，推进任期制和契约化管理，把优秀干部选出来、用起来。落实干部定期交流机制，2022年分3批交流调整干部18人。推进人才强企工程，加强队伍建设。稳妥完成公司首次高级主管岗位任期期满竞争上岗评聘。评先选优工作更加注重绩效和贡献，标杆模范作用更加突出。

【企业党建工作】 2022年，华南化工销售落实"第一议题"制度，及时跟进学习贯彻习近平总书记重要讲话和重要指示批示精神，深入学习贯彻党的十九届六中全会和党的二十大精神，不断增强"四个意识"，坚定"四个自信"，做到"两个维护"。制定党委前置研究讨论公司重大经营管理事项清单，严格执行民主集中制，发挥好党委把方向、管大局、保落实作用。落实意识形态工作责任制，坚持宣传阵地多样化，凝聚发展正能量。开展"转观念、勇担当、强管理、创一流"主题教育。落实全面从严治党主体责任并向基层延伸，促进党建工作与经营管理有机融合。推进党风廉政建设和作风建设，开展廉洁提醒、警示教育和"反围猎"专项行动，与派驻纪检组开展联合监督。推进巡视发现问题整改，167项整改措施全部完成，整改率100%。举办"喜迎二十大·奋进新征程"系列活动，坚持实施扶贫帮困送温暖和关爱员工政策，按乡村振兴要求开展驻镇帮镇扶村工作。

（叶婉英）

中国石油天然气股份有限公司西南化工销售分公司

【概况】 中国石油天然气股份有限公司西南化工销售分公司（简称西南化工销售）2001年按照中国石油化工统销战略部署整合成立，原名为中国石油天然气股份有限公司化工与销售西南分公司，2009年4月机构规格由处级调整为副局级。主要负责中国石油在四川、重庆、湖南、云南、贵州、西藏6省（自治区、直辖市）的化工产品统销业务，承担四川石化和云南石化的化工产品调运业务，经营中国石油所属炼化企业生产的合成树脂、合成橡胶、有机化工、无机化工4大类200多个牌号的化工产品。本部在四川省成都市，设有15个职能和业务处室，以及四川、重庆、湖南、云南、贵州5个销售分公司，彭州和安宁2个调运部。2022年底，员工总数226人，其中本科以上学历占88%，中高级职称人员占60%。党员162人，占员工总数72%。

2022年，西南化工销售积极应对新冠肺炎疫情影响、化工市场大幅波动的冲击，推进"十四五"规划落实，经营业绩再创新高，全年销售化工产品531.6

万吨，利润总额4.01亿元；四川分公司、湖南分公司销量分别突破100万吨、20万吨，创历史新高。

西南化工销售主要经营指标

指　标	2022年	2021年
化工产品销量（万吨）	531.6	502
资产总额（亿元）	35.8	32.5
收入（亿元）	362.8	319.8
利润（亿元）	4.01	3.85
税费（亿元）	1.83	1.62

【业务发展】 2022年，西南化工销售围绕“十四五”规划目标，立足市场供需、新材料行业发展态势和区域化工产业发展趋势，制定《未来三年橡塑产品结构调整及客户渠道建设工作方案》《高新专特产品三年销量提升滚动实施方案》等专题方案，明确了到2025年公司橡塑、高新专特等产品线的发展目标、思路方向、实现路径和重点突破领域。

2022年，西南化工销售橡塑产品销量同比增长17%；有机产品销量同比增长5%；橡胶、高压、聚丙烯、硬塑料等产品利润实现较好。积极争取资源配置，橡塑产品稳固四川石化资源，全力争取独山子、兰州石化等资源；东西北资源买断量增长49%，保供能力进一步增强。有机产品克服下游终端大厂装置生产不稳、减产减负荷等不利影响，争取纯苯、混二甲苯等大宗资源，紧盯西部其他炼厂资源，全年买断同比增加12万吨。优化资源流向，推进四川石化资源向川渝回撤，乙烷资源向云贵湘倾斜，着力改善各区域产品结构。推进“减油增化”产品渠道建设，首次实现乙烯焦油销售、全年销量3.69万吨；四川石化、云南石化甲苯销量同比增长43.4%。

落实“基础+高端”业务发展路径，西南化工销售联合四川石化共同推进大宗基础产品品牌建设。在推进新产品开发推广上实行双项目长制，推广新产品49个牌号、新材料32个牌号，新材料实现销量10.1万吨。车用料、医用材料销量创新高，2022年高新专特产品销量同比增长20.5%，占橡塑产品销量比例达65%。

【精益营销】 2022年，西南化工销售践行“二十四字”营销工作方针，把握“六个坚持”基本遵循，深化营销机制改革，推动营销业务线职能转变，逐步形成以“趋势研判、营销策划、过程跟踪、风险防控、效果后评价、调整再优化”为主线的营销管理思路，激发“产品经理+客户经理”营销模式活力，产品线综合统筹、区域精准调控初步实现。

加强市场调研，以渠道建设、终端开发、新产品推广等为重点，开展茂金属、EVA、SBS、PERT管材等产品专题调研，以及新材料国内市场调研。强化行情研判和营销策划，通过日营销例会、周经营例会、月经济活动分析会及经营计划平衡会等，分析研判行情，注重价格和进度预警，制定差异化、精准化营销策略，努力与宏观趋势、市场形势同频共振。推行周计划管理模式，加强产销衔接、购销平衡，制定周需求、销售计划，与客户共同严格执行并及时考核评价，过程动态优化，初步形成日保周、周保月、月保年的运行机制。优化营销效果后评价工作，开展各产品线、各区域盈利能力分析，为业务单元提供问题“标靶”。应用皮尔逊系数、标准差等数学模型，多维度评判营销结果；改进复盘分析方式，透过表象深挖根源，低压管材、线性等产品线的销量、效益明显改善。

【客户服务】 2022年，西南化工销售完善《客户服务管理办法》，建立首问负责、一站式服务机制。坚持开展送技术到基层、送服务到客户“双送双到”活动，走访客户193家（次），通过现场服务与线上服务结合，帮助解决加工应用、原料指标等问题186个，客户满意率98%以上。助力开展产融结合业务，协助客户开展昆仑银行“化销贷”业务，努力缓解客户资金周转难题。完善客户管理办法，规范客户准入程序，努力向橄榄型客户结构推进。克服新冠肺炎疫情影响，坚持多种形式跑市场找客户，全年开发终端直供客户34家；通过开发终端和深挖老客户需求，产品直销率77.6%。

【提质增效】 2022年，西南化工销售以质效双增、价值创造为主线，聚焦打造增量、提质、优化、降本、管理“五个升级”，制定六方面87条提质增效措施，每月收集、核实、汇总实施成效，按月通报完成进度、按季上报实施效果。践行“省一分钱比挣一分钱容易”的理念，加强资金运作、严细成本管控，择优择价开展票据贴现和顺转。全年提质增效行动超额完成目标任务。

【安全环保】 2022年，西南化工销售安全环保、新冠肺炎疫情防控扎实推进，完成71项安全生产专项整治三年行动目标任务，开展“危险化学品集中治理”等多次专项检查、65次“四不两直”监督检查，发现问题全部整改完毕。开展QHSE体系审核，整改问题 89 个。发布新版岗位安全职责和 HSE 岗位责任清单，开展多轮次安全培训，组织 3 次应急演练。新冠肺炎疫情发生三年来，始终把员工生命安全和身体健康放在第一位，建立完善疫情防控体系，实施常态化和应急状态下的防控举措，做到"人、物、环境"同防。全年未发生安全环保事故事件，质量体系外部审核保持"符合性"再认证。

【物流保供】 2022 年，西南化工销售应对运输受限、装置波动、运力不足等困难挑战，采用多种运输方式协同、抢发抢运，多次完成应急运输任务。对固体前沿库、液体中转库、企业库实行动态监管，保障企业生产和前沿中转库库容合理。协调各区域仓储服务商最大限度准备应急库容，保障突发情况下的仓储业务正常运行。重庆仓储中心开展对外招商揽储，商业门面房出租率 100%；完成货物吞吐量 54.88 万吨、同比增长 6.8%。

【企业治理】 2022 年，西南化工销售宣贯《中央企业合规管理办法》，开展"转观念、勇担当、强管理、创一流"主题教育、"合规管理强化年""严肃财经纪律、依法合规经营"综合治理行动等一系列专项工作。分头制订工作方案，有序推进实施，对标查摆并整改一批管理不够精细、制度不够完善、个别风险管控不够严格的问题；专项治理任务全面落实到位。优化推进法制建设、合规管理的工作机制，提高依法合规经营和"强管理"水平。

【改革创新】 2022 年，西南化工销售完成国企改革三年行动和对标世界一流管理提升行动全部 64 项工作任务。推进"四化"制度体系建设，全年制修订融合制度 102 项，建立 12 项标准化合同文本。调整机构设置，将市场信息与价格处更名为营销管理处，将橡塑管理处更名为橡塑产品营销处，有机一处更名为有机产品营销一处，有机二处更名为有机产品营销二处，强化营销处室的营销策划和实施职能。实施人才强企工程，创新实施"1+2+3"优秀人才选拔培养模式，进一步激活人才队伍活力。推行干部任期制和契约化"双期"制管理，激励中层管理人员聚焦主业、担当尽责。

【企业党建工作】 2022 年，西南化工销售党的领导党的建设全面加强。召开党员大会，制定未来五年发展纲要。严格落实"第一议题"制度，学习贯彻习近平总书记重要指示批示精神，党委会"第一议题"学习研讨 11 次、提出贯彻举措 71 条，理论中心组专题学习 18 次。贯彻"两个一以贯之"，全年前置讨论研究"三重一大"事项 108 个。修订《全面从严治党主体责任清单》，压紧全面从严治党责任，推动各项工作有章可循，各责任主体责任落实全覆盖。

深入学习宣传贯彻党的二十大精神，推进"学习培训、专题研讨、层层宣讲、广泛宣传"各项工作，西南化工销售党委开展专题学习研讨 6 次，制定 30 条贯彻举措；党委委员宣讲 6 场次；各党支部组织全体党员干部员工学原文、悟原理，500 余人次聆听 4 场专题宣讲报告，200 余人参加 15 场次支部研讨，持续掀起学习宣贯热潮。

构建"4+N"抓党建工作体系，西南化工销售党委分年度、半年度、季度、日常等四个时段，部署各阶段性、常规性重点工作，强化过程督查；党群各部门与各党支部逐一对照推进落实，定期"回头看"，及时改进补齐短板。

加强基层党支部建设，落实"一办法两标准"（《党支部工作考核评价办法》，考核评价标准、示范党支部工作考核评价标准），实施支部达标晋级考核评价，推进基层党建"三基本"建设和"三基"工作融合。开展支部书记抓基层党建述职评议，合理应用考评结果，压实支部书记抓党建"第一责任人"职责。各基层支部围绕改革发展、提质增效重点难点问题，开展党员承诺践诺、攻坚组等活动，推动重点工作和经营指标完成。

建设高素质专业化干部人才队伍。树立正确选人用人导向，按程序选拔中层干部 5 人。注重培养多岗位锻炼的复合型干部，跨部门、跨专业、跨区域交流中层干部 20 人，形成搭配合理、优势互补、人岗相适的班子结构。开展"员工上讲台"活动，加强营销理论、专业知识等培训，岗位交流 21 人次，员工业务能力得到进一步提升。

加强党风廉政建设。围绕学习宣传贯彻党的二十大精神、营销主业等重点工作，做实政治监督、做细日常监督、做深专项监督。狠抓作风建设，开展问卷调查，征求意见建议 165 条，督促部门抓整改，公示 5 类问题整改和 32 个意见答复情况。开展违规吃喝问题专项治理、"反围猎"专项行动等，锲而不舍纠治"四风"。强化监督执纪，下达监督建议书 5 份；跟进启动巡察共性问题自查整改验收。

【企业文化】 2022 年，西南化工销售集中宣贯集团公司新版《企业文化手册》，弘扬石油精神和大庆精神铁人精神，推进西南化工销售企业文化体系建设。构建"一报一网一微"融媒体格局，围绕"学习宣传贯彻党的二十大、开展主题教育、营销经营"等重点工作，多渠道传递西南化工销售声音，营造出激扬奋进的舆论氛围。

【群团工作】 2022年，西南化工销售组织开展“冲刺创佳绩、奋进新征程”主题劳动竞赛，动员广大干部员工全力完成目标任务。推进“青马工程”“青年精神素养提升工程”，增强青年员工的政治素养、理论水平、实践能力。履行社会责任，加大协调力度，向市场投放医卫原料超万吨，确保抗击新冠肺炎疫情所需化工产品增产保供。助力乡村振兴工作，采购扶贫农产品，为贵州开兴小学捐赠过冬衣物。发展成果惠及全体员工，开展办公楼维修、食堂改造等，员工工作、生活环境持续改善。

（梁　东）

中国石油天然气股份有限公司天然气销售北方分公司

【概况】 中国石油天然气股份有限公司天然气销售北方分公司（简称天然气销售北方公司），于2017年1月在北京正式成立。是按照2016年11月中国石油天然气集团公司天然气销售业务管理体制改革的总体部署，以原股份公司华北天然气销售分公司为基础，划入股份公司管道（销售）分公司东北地区及河北省廊坊市天然气销售业务，接收股份公司西气东输管道（销售）公司山西省天然气销售业务，整合股份公司天然气销售大庆分公司、吉林分公司、辽河分公司组建而成。主要负责中国石油在役天然气长输管道和各油田输气管线进入黑龙江、吉林、辽宁、北京、天津、河北、山西、内蒙古（东部）等8省（自治区、直辖市）的天然气市场开发、营销管理、资源平衡、管道运行协调，终端销售业务协同、合资合作，股份公司天然气销售分公司授权下的管网规划建设等工作。主要气源来自中国石油长庆、塔里木、大港、冀东、华北、大庆、吉林、辽河等油气田的国产天然气，以及中亚长输管道进口天然气，大连、唐山LNG接收站进口LNG和大唐煤制气。区域内供气用户617个。

2018年10月，股份公司对天然气销售管理体制进行调整，按照《关于进一步调整优化天然气销售管理体制的通知》文件要求，天然气销售分公司（昆仑能源有限公司）内部实行“公司机关—省公司”两级管理为主、天然气销售区域公司协调监督为辅的管理模式。天然气销售北方公司定位调整为天然气销售分公司（昆仑能源有限公司）的派出机构，负责区域内的天然气销售业务规划协调、天然气资源组织、区域价格平衡、安全环保监督、审计监察等工作。协调监督范围为黑龙江、吉林、辽宁、内蒙古、山西、河北、北京、天津8省（自治区、直辖市）的15家单位。

2021年2月，股份公司再次决定进一步调整优化天然气销售业务管理体制及天然气销售区域公司功能定位，天然气销售北方公司改设为天然气销售北方事业部，对外沿用“中国石油天然气股份有限公司天然气销售北方分公司”名称，作为天然气销售分公司的下属机构，承担区域天然气销售、液化石油气销售和LNG接收站等单位运营组织管理职能，负有实现区域效益最大化责任，对二级单位经营类指标进行考核。党组织关系隶属天然气销售分公司党委，设立党总支。天然气销售北方公司负责黑龙江、吉林、辽宁、北京、天津、河北、山西7省（直辖市），7家天然气销售省公司、京唐液化天然气公司等10家单位的业务运营组织管理。

2022年，天然气销售北方公司牢牢把握保供稳效工作主线，以抓调研、建机制、强管理、控成本、提能力夯实“稳”的基础，以跑政府、访客户、扩销量、推价格、拓市场保持“进”的作为，有力保障区域市场天然气平稳供应，完成各项任务。全年实现批发销量543.2亿立方米，同比增长6.3%，整体销量、销售增量继续保持第一；实现终端销量130.6亿立方米。

天然气销售北方公司主要经营指标

指　标	2022年	2021年
批发销量（亿立方米）	543.2	511.13
零售销量（亿立方米）	130.6	124.17
LPG销量（万吨）	302	341.11
LNG销量（亿立方米）	6.4	12.95

【协同发展】 2022年，天然气销售北方公司与北京市城管委、北京燃气、燃气电厂经过多轮协商，突破气质限制，推进俄气多点接驳，俄气进京气量增长

25.57 亿立方米，基础保障的底气更足。推进落实集团公司《天然气销售管理办法》，组织召开油气田周边销售业务划转对接会，与相关单位逐家确认划转范围及合同签订情况，黑龙江公司实现汤原气田气统购统销。主动与油田、炼厂对接，优先保障油田稠油热采、炼厂生产等内部用气需求；加强计划衔接，服务辽河油田严重汛情后复工复产。多次拜访国家管网北方管道、北京管道、西气东输等单位，签订天然气管输执行协议 30 余份，协调投产批发业务用户 55 家，实现销量 3.5 亿立方米，超额完成年度任务。组织与国家管网集团相关部门和北方管道多轮谈判，推动大庆油田 2 亿立方米富余气上载中俄东线，保障油田后路畅通，大庆油田来信共赞协同发展。与省公司联动加强内外部衔接和客户需求采集，克服区域性、周期性疫情影响，全年销售计划偏差率控制在 3% 以内。

【冬季保供】 2022 年，天然气销售北方公司将天然气保供作为首要政治责任，为有效应对国际现货紧缺、中亚气短供、阶段性低温等多重因素叠加影响，成立保供领导小组，通过“早期预测、动态监测、评估干预”全面加强需求侧管理，组织各类协调会议 15 次，在冬奥会、冬残奥会 26 天赛程中，与北京、张家口两地赛场区政府和燃气企业保持不间断衔接，双向互访，信息共享。统筹编制“两案一册”，围绕保障民生和重要时段、重点区域的用气安全，坚持“有压有保，压得准、保得稳”，坚决保证“合同约定、用户知情”。抽调各省精兵强将，组成专业调度团队，开展京津冀 24 小时联合值守 453 人次，处理应急函件 88 份、气量变更 1.27 万次，“四套联保联动机制”运转顺畅，有效应对三轮突发寒流影响，完成重要敏感时段的天然气保供任务，确保七省市疫情区域人民安全温暖抗疫，全年区域内未发生重大舆情及供气事件，收到张家口市委市政府等多家单位发来感谢信 10 余封，事业部 2 名同志分别获集团公司北京冬奥服务保障先进个人和冬季保供先进个人称号。

【营销创效】 2022 年，天然气销售北方公司践行业财融合理念，促进营销增效，组织区域内 10 家单位共建北方区域月度、季度经营分析机制，利用本量利分析等手段，全面对标找差，深化利润、销量、价格、毛利、两金压控等关键指标变动剖析和财务纠偏。加强年度合同签订的督导对接，指导省公司解决合同签订中的各类问题，推动批发业务全年综合推价率达 30.7%，同比均创历史最好水平，河北和黑龙江 2 家单位最高价格上浮比例超过 90%，天津、辽宁、山西推价收入增幅超过 100%。围绕合同签订难点问题，先后 18 次参加北京市政府、发改委、城管委、北京燃气谈判，助力北京提前 2 个月完成合同签订，采暖季非居民用气上浮比例再创新高。

【市场开发】 2022 年，天然气销售北方公司强化规划统筹，组织完成 2023—2027 年北方区域天然气滚动规划和新能源专项规划，依据规划数据，编制中俄远东“一干七支”及中俄东线齐齐哈尔支线、嫩江支线、伊春支线等新建管线分输建议方案反馈国家管网。召开 3 次市场开发对接会，与 92 家终端企业逐一摸排项目增销潜能，推进区域全年完成终端新增销量 12.5 亿立方米，全面完成年度目标。与中燃、新奥等燃气集团研究制定商务合作模式，推动黑河中燃、齐齐哈尔港华等股权合作相继落地。跟进各省新终端市场开发进度，开展实地调研 20 余次，组织签订终端项目合作框架协议 19 个，辽宁公司突破并购竞争合围，新落地朝阳、大连 2 个年用气规模上亿的整装地市级终端项目；北京公司在 5000 万立方米规模以上新用户投产上实现突破；黑龙江公司依托哈北、明水、绥北支线项目，同步开发沿线多家用户。组织省公司参与《综合能源业务专项研究》等专题项目，跟踪推进新能源项目 36 个，归类完成 7 类项目的盈利空间及技术边界条件分析，提出北方近中期新能源开发额度及重点合作项目。天津公司主动锁定竞争性市场销量，参股天保临港热电完成项目摘牌。吉林公司向省能源局争取政策互补，与吉电股份初步达成多能融合发展合作意向。河北公司已争取到衡水、邢台共计 40 万千瓦风电项目批复。山西公司通过与华新销售、晋控电力三方合作直供嘉节电厂，每年新增终端销售能力 4 亿立方米。

【综合治理】 2022 年，天然气销售北方公司将“严肃财经纪律、依法合规经营”综合治理专项行动的检查方向拓展到 7 项，抽调省公司 45 名业务骨干，通过“统一组织、集中培训、编制手册”等 6 项措施保障，6 个检查组以“严实精细快”的作风推进专项行动快速落地，检查覆盖 31 家单位，发现问题 395 项，年内整改完成 86%。开展重点亏损企业治理专项检查，围绕亏损企业经营中的实际困难，全力疏堵破难，主动探索治亏新途径，定期下发督办函，推进各项治亏措施有效实施。结合规范投资管理要求，开展 12 项投资项目现场检查，针对 59 项问题跟踪推进整改。落实“三不达”项目专项检查，覆盖区域内 2016—2021 年 1610 个投产项目，检查发现“三不达”项目 136 个，分类型选取 32 个项目作为典型案例深入剖析，提出5个方面宝贵经验和防范措施。

【监督检查】 2022年，天然气销售北方公司克服疫情困难，强化线上线下同步监督服务保障，有效支持监督工作顺利开展。安全监督中心开展常规监督检查128人次，行程2.9万千米，实现受监督单位和基层场站120%全覆盖，发现问题1938项，督促整改1934项。完成专项监督37项、“四不两直”检查96次，督促区域内QHSE体系审核发现问题整改1964项。全面落实“安全生产十五条硬措施”等5个专项督办，对隐患存量大和体系审核排名靠后的单位开展蹲点帮扶和专项帮扶，区域内优秀站整体通过率55.6%。审计中心创新工作方法，不断拓宽远程审计的深度和广度，创新采用远程审计访谈，首次应用自审方式完成大体量项目审计，全年完成3项离任审计、2项工程审计任务，发现审计问题259项，立查立改问题33项，提出合理化建议25条。纪检监督中心树立系统思维，发挥信息和专业优势，科学统筹执纪力量，提高分析研判、监督问责、执纪审查、见微知著等能力水平，全年完成核查件10件，审查件5件，督办件2件，专项调查1件。工程监督中心通过PCM系统掌握各项目工程进展情况，完成各类监督179次，年度计划、中压庭院、四不两直和专项监督等四项任务完成率全部超过100%，累计发现问题533项，整改完成512项，监督效率持续提高。

【基础管理】 2022年，天然气销售北方公司组织全员内控与风险管理专题培训和全员答题活动，开展合同管理专项自查和外部检查，优化招标与合同全流程管理，修订《合规管理办法》等26项内控管理体系文件，建立重大决策、重要事项全过程合规审查机制，形成风险提示40余份，基本建成识别风险、预防风险、控制风险和应对风险的合规管控闭环。配合天然气销售北方公司“三重一大”决策体系专项检查，修订完善事业部《“三重一大”决策制度实施细则》，保证决策依法合规。创新督办形式，将62项年度工作整合形成28项重点任务，推进督办工作向数据化和可视化发展，提高督办实效。开展保密宣传和保密专题培训3次，完成全员《保密责任书》和《保密承诺书》签订，建立保密分级管理规则。完善管理规范，持续推进6S管理。多方调研推进数字化转型专项规划和视频会议系统建设，完成党的二十大网络安全重保方案、护网2022演习任务。修订完善事业部办公场所新冠肺炎疫情防控应急演练方案和应急预案，组织应急演练，加强防疫物资保障，注重员工关心关爱，牢牢守住疫情防控底线。

【企业党建工作】 2022年，天然气销售北方公司把学习贯彻党的二十大精神作为首要政治任务，举办专题辅导2期，利用中油e学等3种新媒体在线学习辅导超过5000课时，教育引导全体党员领会精神实质，把握核心要义。坚持“第一议题”制度，发挥党总支政治理论领学促学作用，学习贯彻习近平总书记关于能源强国、绿色发展、法制建设等方面的重要论述，常态长效开展党史学习教育，结合实际推动落实。制定“转观念、勇担当、强管理、创一流”主题教育25项任务并专项督办，推动取得实效。组织开展岗位实践、岗位讲述等活动20余次，促进基层党建“三基本”与“三基”工作有机融合。以案为鉴，开展集中警示教育2次，加强日常廉洁提醒，弘扬清廉守正、担当实干之风。深化“我为员工群众办实事”实践活动，利用医疗通道政策帮扶，解决员工及家属看病挂号难问题。加强业务培训，提升员工素质，多名优秀干部员工被国家部委、集团公司和抽调协助开展专项工作，收到国家部委感谢信2封、优秀鉴定1份，赢得各单位较好评价和认可，以北方的实干成就了实干的北方。

（陈雨昕）

中国石油天然气股份有限公司天然气销售东部分公司

【概况】 中国石油天然气股份有限公司天然气销售东部分公司（简称天然气销售东部公司）是按照中国石油天然气集团公司天然气销售管理体制改革部署成立的区域天然气销售分公司，以原西气东输一线东段销售机构为基础组建，由原西气东输销售分公司更名而来，在上海自贸区注册，自2017年1月1日正式运营。市场区域覆盖鲁、豫、皖、苏、浙、沪等六省（直辖市），主要负责区域内天然气市场开发与营销管理、资源平衡、产销衔接、输销衔接、终端销售业务合作协同及管网规划运行具体衔接协调等工作。

2018年底，集团公司实施天然气销售管理体制改革，区域公司调整为天然气销售分公司派出机构，重点承担管理协调和监督控制职能。2021年初，集团公司再次调整天然气销售管理体制，区域公司改设为区域事业部，定位为天然气销售分公司的下属机构，作为机关业务管理职能的延伸，负有实现区域效益最大化责任，有对二级单位经营类指标的考核权，设立综合管理部、计划财务部、业务运行部3个业务部门，并承接质量安全环保监督中心、审计中心、纪检监督中心和工程监督中心的人事关系和党组织关系等。2022年底，天然气销售东部公司有员工69人，负责区域内各省公司及江苏液化天然气公司等7家单位的业务运营组织管理。

2022年，天然气销售东部公司全面落实业务运营组织管理职能，深入实施提质增效工程，与各二级单位协调配合、优势互补，批发业务实现销量524.6亿立方米，同比增长4.3%；实现销售收入1331亿元，同比增长27%。零售业务完成销量197.5亿立方米，同比增长11.8%；实现收入519.6亿元，同比增长36%。

【提质增效】 2022年，天然气销售东部公司紧紧围绕效益中心，多措并举推进提质增效，实现经营效益的持续提升和市场占有率的稳步扩大。深刻领会天然气销售合同要求，指导省公司制定切实可行的签订方案。协调天然气江苏公司调整电厂合同价格，较原方案增收约10亿元。经过协调，上海燃气较往年大幅提前，至4月底对合同达成一致意见，价格达到加权二档水平，较预期价格增收11.8亿元。全年东部区域综合销售价格达2.76元/米^3，同比提高0.49元/米^3，增幅21.3%。在开展常规月度交易的基础上，增设专场交易、节假日交易和短期交易，服务用户临时需求和自身产业链疏导，调剂短期市场余缺空间，同时大幅提升销售收益。全年完成市场化交易气量8.35亿立方米，平均成交价格5.69元/米^3，较三档销售价格增收17.2亿元。组织城燃用户全口径用气结构核查，为签订民生合同及冬季保供提供依据，严格把关居民气量超管制气签署情况，修正天然气江苏公司不合理居民分摊方式，规避损失0.9亿元，维护集团公司整体利益。发挥资源主体优势，通过优化平衡、补充市场化资源、资源串换等方式增加供应量，市场份额同比增长4个百分点至55%，市场主导地位更加巩固。

【终端做优】 2022年，天然气销售东部公司把握终端销售增值环节，全面控分销、优结构、提价格，取得较好经济效益。明确分销业务合规“四要素”，督查并清理无实质性分销，全年分销量同比减少8亿立方米，降幅26%，在总销售量中占比下降7个百分点。优化资源流向，高价差、高收益的工业类型销量同比增长13.5亿立方米，增幅20%，占比提高6个百分点。加强顺价工作督导和协调，与各省公司共同制定顺价策略，加强与地方政府沟通汇报，力争同步顺价和等幅顺价。全年销售价差同比提高0.16元/米^3，增幅48%，增量和增幅均居各区域首位。

【运行优化】 2022年，天然气销售东部公司统筹资源供应侧、市场需求侧和应急调节侧，优化供气运行，日指定执行率提升到99%以上，始终保持市场稳定。针对异常天气频发、中亚短供、疫情反复等特殊情况，加强沟通、优化通道、平衡资源，保供保畅灵活切换。充分利用时间差、温度差、空间差，通过天然气销售公司“外补给”和区域“内循环”统筹平衡资源，多措并举、协调内外，保障了“迎峰度夏”期间燃气电厂的用气需求。提前对接上海洋山港接收站冬季窗口期使用、串换管道气等，化解管输瓶颈潜在风险，增强管网保障能力。编制六级客户减限清单，靠实极限压减空间，落实最高应急减限气量2500万米^3/日，极端情况下2700万米^3/日，开展桌面应急演练，有效检验区域整体应急处置能力。

【市场布局】 2022年，天然气销售东部公司克服资源紧缺困难，稳步推进市场开发，增加市场储备。坚持重点开发价格承受力强、可调峰的直供用户以及用气较为均衡的城市燃气用户，完成38家新用户投产，新增批发客户销量15.1亿立方米，其中工业和电厂用户18家，销量11.1亿立方米，占比73.6%。拓展原中国石油管网以外的管道气市场，并不断优化供气路径，降低资源供应成本。全年新增申请托运商管输服务13家用户，获批复10家用户，其中4家用户涉及原中国石油管网之外管输路径。特别是川气东送管道新增下载点，不仅解决部分管道管输瓶颈问题，降低管输成本，也为中国石油进入皖南市场开辟了资源通道。

【疫情防控】 2022年，天然气销售东部公司面对持续、反复的新冠肺炎疫情，严格落实天然气销售公司和地方政府管控要求，引导全体员工积极防疫、科学防疫，保持防疫形势平稳受控。开辟绿色通道，优先保障防疫资金，为员工及家属提前、多次、足额配发口罩、消毒液、抗原、药品等。3—6月，上海全域静态管理持续80余天，生活物资一度采购困难。天然气销售东部公司想方设法采购生活物资，打通配送渠道，先后分3批次将紧缺的肉、蛋、菜和防疫物资送到全体员工家中，切实解决了实际困难，并成为各兄弟单位争相效仿的标杆。

【企业党建工作】 2022年，天然气销售东部公司推进党的建设，做到规定动作不走样、自选动作有特色。把学习贯彻党的二十大会议精神作为首要政治任务，组织集中学习党的二十大报告、习近平总书记在党的二十届一中全会上的重要讲话，邀请上海市委党校宣讲团成员开展专题讲座，引导全体员工原汁原味学习，切实领会实质，做到真学、真懂、真信、真用。举办"用图片讲好东部故事 喜迎二十大胜利召开"主题活动，根据作品质量，总体统筹平衡，评比出各类获奖作品和优秀组织单位，并在官网和微信公众号轮播获奖作品，通过视觉冲击直观反映天然气销售人对祖国的热爱和对党的忠诚，引领区域内各单位贯彻落实天然气销售公司党委决策部署，以优异业绩庆祝党的二十大胜利召开。深化理论研究，总结近年来与下游重点用户开展党建联建的经验和成效，探索扩大联建范围、深化联建成效、固化联建机制，形成研究成果《央企与地方企业深化党建联建的探索和实践》，获中国石油第十一届（2020—2021年度）党建思想政治工作优秀研究成果一等奖。

（蔺军伟）

中国石油天然气股份有限公司天然气销售西部分公司

【概况】 中国石油天然气股份有限公司天然气销售西部分公司（简称天然气销售西部公司）注册在乌鲁木齐，2017年初成立运行，历经3次改革调整，根据授权管理新疆、甘肃、青海、宁夏、内蒙古、陕西、西藏西部7省（自治区）天然气销售业务。2021年2月，集团公司调整优化天然气销售业务管理体制后，作为天然气销售分公司机关业务管理职能延伸，对内改设为天然气销售西部事业部，对外沿用天然气销售西部分公司，负责西部7省（自治区）天然气、液化石油气销售及昆仑系统终端项目开发运营。

2022年12月31日，天然气销售西部公司下设3个部室（综合管理部、计划财务部、业务运行部）和4个中心（第三质量安全环保监督中心、第三审计中心、第三纪检监督中心、第三工程监督中心），编制定员77人、实有员工62人，其中，女员工13人（20.97%）、少数民族4人（6.45%），本科及以上学历59人（95.16%），中级及以上职称55人（91.94%），定员77人、实有62人，其中，女员工14人、少数民族4人，本科及以上学历58人，具有中级及以上职称55人。党总支下设7个支部，中共党员54人（87.10%），平均年龄46.56岁。组织管理10家公司（6家天然气省公司，1家液化气公司，2家控股公司甘肃燃气、新疆博瑞，克拉玛依筹备组），从业员工近万人。

天然气销售西部公司主要经营（运营）指标

指　标	批发分增		终端零售	
	2022年	2021年	2022年	2021年
天然气销量（亿立方米）	433.8	411.7	69.2	63.5
综合价格（元/米^3）	1.865	1.577	—	2.106
收入（亿元）	644.71	509.28	218.83	171.27
利润（亿元）	−14.72	12.83	6.69	7.08

2022年，天然气销售西部公司面对疫下企业长期停摆用气、疫后复工复产恰逢压非保民、冬季上游资源短缺等挑战，全系统坚持眼睛向内、主动应变，用内部运行、地方管控、产业协同、批零供应"四大链条"完善区域治理，创造条件保供保畅创效，油气田周边销售平稳交接，队伍士气、经济效益、经营环境持续向好变化，全年天然气批发分销433.8亿立方米、终端零售69.2亿立方米。市场份额持续巩固在80%以上，高出中国石油全国平均水平近23个百分点。

【管理提升】 2022年，天然气销售西部公司年初组织效益预测分析，明确效益实现途径，批发业务依靠全年合同签订固收、线上推价增收，终端业务通过合作并表重点城燃、提高价差增收。与区内10家二级单位，每月召开区域例会、进行业绩排行，全体员工创效动力得到激发。统一批发合同签批、量价配置原则，纠偏终端无实质性分销，规范管理水平明显提升。

批发销售在综合采购价同比增长24%的情况下，净利润较业绩目标增幅64%。终端销售在还原计提减值等调账后，净利润较业绩目标增幅7%。特别是批发销售连续两年推价顺价后，改变了西部销售结构，单方气价超过1.8元/米^{3}的高端销量突破129.3亿立方米、占比35.3%。提升了单方气价值，扣除管输费后的单方气价实现1.77元/米^3，西部管输费低的优势更加突出。

【提质增效】 2022年，天然气销售西部公司把“非管制气资源中的非居民用气最高上浮80%”作为区域推价目标，依靠合同签订推价增收219亿元。认真研究留抵退税政策，成功办理对天然气销售西部公司历史业务退税1.15亿元；督促指导区内二级单位及时办理退税申请，西部区域累计依靠税收筹划创效11亿元。6月底前收回西安秦华30亿、宁夏喀纳斯3.23亿欠款及利息，依靠清欠止损近34亿元。

【线上交易】 2022年，天然气销售西部公司抢抓宽松时机组织合同外用气、LNG工厂用气线上交易，交易频次由半月一次加密为每周一次，实现增销填谷创效一举多得。全年累计组织线上交易56场次，成交量109.8亿立方米，较业绩目标（90亿立方米）增加19.8亿立方米、增幅22%；其中，LNG工厂与合同外成交21.5亿立方米、均价3.8元/米^3，较门站价上浮2.6元/米^3、增幅208%，实现推价增收55亿元，同比增加19亿元、增幅53%。全年线上交易量价效再创新高，中国石油LNG工厂“定价中心”地位和作用得以巩固和发展。

【监督业务】 2022年，天然气销售西部公司质量安全环保监督开展线上检查15次、现场检查33次，检查基层站队现场242处，三级单位覆盖率73.78%；发现问题4777项，落实整改4361项，问题整改完成率91.29%；落实城镇燃气专项检查、百千示范站预验收等上级安排专项监督任务7次；监督区内单位销项整改QHSE体系审核问题1546项，整改复核率99%。审计监督完成离任经济责任审计1项，管理效益审计1项，提交审计报告2份；撰写《天然气销售批发业务审计思路和核心关注点》等两篇论文，获集团公司优秀审计论文二等、三等奖。纪检监督形成《新冠疫情常态化防控下“远程调查取证”应用研究》，办理初核件7个、复核件1个、督办件1个，立案审查件3个，参与专项调查2个，跟进落实5份处理建议书。工程监督组织上百人次现场检查发现问题863项，整改完成率99%。有效落实城燃专项治理、百日攻坚等4个专项检查，选树5个建设典型，提升了区域工程建设管理水平。

【冬季保供】 2022年，天然气销售西部公司服务的西部地域寒冷、采暖时间长，民生保供任务重，面对中亚气短供、冬季保供今春合同量同比增幅低于全国平均水平等挑战，把保供工作贯穿全年，推广内部运行、地方管控、产业协同、批零供应“四大链条”管理，成立5个专班，制定8方面措施；11月下旬后全国降温、压非保民，讲原则、按顺序压减，有温度、先协商后操作，实现稳妥管控。12月国家管网刘化线抢修期间，紧急协调启用LNG应急气源，实现管线抢修不断供，始终保持民生保供平稳运行。

【畅通后路】 2022年，天然气销售西部公司服务的西部有五大气田，保畅任务重，为服务油田上产增效，与长庆油田按月对接，与塔里木油田按旬对接；为保障上游油田后路畅通，一季度紧急协调化工、化肥等调峰工业用户用气，促成青海盐湖元品化工冬季不停工、云天化首次在1月份开工，1—3月供气7089万立方米，较同期增幅93%，增量价格2.9元/米^3，较门站价推价增收4235万元。协调推进古浪—河口支线建设，畅通青海油田后路。

【弹性销售】 2022年，天然气销售西部公司为推进解决近年西部供需频繁反转、冬夏峰谷持续拉大等问题，聚焦供需平衡实施弹性销售，围绕可中断、可调峰识别存量、开发增量，纳入合同义务；通过紧时能限、松时能销，增强就地消纳能力，维持供需平衡，全年新增终端销量6.68亿立方米、新增批发客户销量3.13亿立方米。

【经营环境】 2022年，天然气销售西部公司结合西部涉气主体众多、油地联系紧密、各方关系复杂等特点，把稳妥处理各方关系贯穿始终，主动拜访政府部门、上下游企业、产业伙伴，征求意见，营造氛围，最大化地争取多方协同。紧急协调解决了吐哈油田因疫情外输受阻问题；通过驻疆企业协调组，就新冠肺炎疫情下为城市燃气安全维护、供气项目建设复产、液化石油气运输通行提供便利向新疆维吾尔自治区作了汇报，成功促成新疆博瑞公司恢复燃气管道巡检、改扩建项目物资拉运。深化西部运销协作机制，促成18个自有终端开口需求获批13个，下游门站及支线管道开工建设17个。

【长庆、塔里木油田周边销售业务接管】 2022年9月19日，集团公司启动长庆、塔里木油田周边天然气销售业务划转任务后，天然气销售西部公司倒排工期、每日一结，对内严明纪律、做细准备，对外主动对接、求同化异。经过多方配合，历时9天，于27日完成用户移交、合同主体变更任务，涉及新疆、陕西、内蒙古、宁夏4个省公司，累计签订合同主体变更协议62份，意向协议主体变更协议28份，与政府的战略合作框架协议主体变更协议2份。划转后，细化完善每日一报、问题协调等工作机制，至今2个油田周边销售总体平稳。

【企业党建工作】 2022年，天然气销售西部公司坚持在每周工作例会上组织"第一议题"学习，在每月区域业务运行例会上传达集团公司党组、天然气销售分公司党委最新会议精神、决策部署，全年组织第一议题学习36次、党总支理论学习11次。组织全体党员第一时间收看党的二十大会议，利用中油e学等常态化党史学习教育，通过通读原文、专题辅导、集体研讨、撰写心得等深化学习、思考和实践，引导系统上下在天然气销售领域端牢能源饭碗。在党支部达标晋级中2个党支部获评优秀、5个党支部认定合格。

主动讲好天然气销售西部公司故事展现业绩形象，在天然气销售分公司、天然气销售西部公司主页分别发布新闻35篇、107篇，全年向上报送信息34条，被采用29条次；信息报送、引用数量创历史新高，走在区域前列，"快稳落实油气田周边业务划转""积极应对西部提前供暖"等信息被集团公司采用，全体员工战疫情、保运营、抓重点、增效益等精神状态和业绩表现受到多方肯定，先后在集团公司冬季保供动员会、油气田周边业务划转工作总结会，以及天然气销售分公司提质增效、亏损治理及法人压减专题会上交流发言，队伍士气备受鼓舞。

（李金超）

中国石油天然气股份有限公司天然气销售南方分公司

【概况】 中国石油天然气销售南方分公司（简称天然气销售南方公司）是按照中国石油天然气集团公司天然气销售管理体制改革部署成立的区域天然气销售分公司，于2016年12月15日完成注册，2017年1月1日正式上线运行，负责广东、湖北、湖南、江西、海南五省及香港特别行政区的天然气销售业务。2018年10月，集团公司对天然气销售管理体制进行调整，天然气销售南方公司定位调整为天然气销售分公司（昆仑能源有限公司）的派出机构，重点承担管理协调和监督控制功能。天然气销售南方公司协调监督范围为湖北、湖南、江西、广东、云南、贵州、广西、海南、四川、福建、重庆市11省（自治区、直辖市）及香港特别行政区；负责协调监督区域15家单位，并代表中国石油对广东省天然气管网有限公司、江西省天然气投资有限公司2家单位进行股权管理（2020年9月30日移交至国家管网集团）。

2021年2月，股份公司再次调整天然气销售管理体制，南方公司改设为南方事业部，定位为天然气销售分公司的下属机构，承担区域天然气销售、液化石油气销售和LNG接收站等单位运营组织管理职能，有对二级单位经营类指标的考核权。党组织关系隶属天然气销售分公司党委，设立党总支。南方事业部负责广东、湖北等9省（自治区）和香港的9家天然气销售省公司、华南液化石油气公司、西南液化石油气公司等单位的业务运营组织管理。

2022年，天然气销售南方公司面对油气价格高位运行和竞争异常激烈的市场局面，全面落实集团公司党组决策部署，按照天然气销售分公司党委工作安排，牢牢把握高油价、高气价下区域市场呈现的量价效特点和趋势，加强市场分析研判，强化精益营销和价值创造，充分发挥市场引领作用，努力保障市场占有率稳中有升，推动市场销售稳中提质，为天然气销售公司打造国际知名、国内一流绿色能源综合供应商贡献力量。南方区域全年实现天然气销量259.71亿立方米，同比增长11.63%；终端销量83.59亿立方米，同比增长5.3%。终端零售业务实现净利润1.47亿元。实现天然气销售业务综合价格2.83元/米^3（含税），同比增长27.87%；天然气销售业务推价增收率47.8%，综合推价199.67亿元。

【销售业务】 2022年，天然气销售南方公司强化市场细分，针对竞争型、占先型、追赶型等不同类型市场，因省施策制定差异化营销策略。统筹资源流向，优化合同方案，统一顶格推价，实现扩销增量、推价增效。优化资源流向高价值市场。坚持“量价挂钩”原则，结合供需形势变化，灵活调整营销策略，合理统筹有限资源流向高端高效市场。推动广东、福建销量同比增长 22% 和 11.4%；销售均价分别为 3.44 元 / 米 ^{3} 和 3.00 元 / 米 ^{3}，同比增长 1.06 元 / 米 ^{3} 和 0.75 元 / 米 ^{3}，同比增幅 44.3% 和 33.3%。推动合同资源销售增量上价。创新推动广东现货增配资源 4.5 亿立方米，首次实现年度合同价格政策与现货价格挂钩，研究提出现货定价建议，实现年度合同量价齐升。紧盯竞争对手价格策略，及时统一思想认识，推动各省年度合同全部执行最高档及以上价格。江西、云南、广西分公司非管制气销售较门站价上浮超 80%，超过推价外增收约 3500 万元；制定福建公司年度合同方案，完善定价依据，较总部方案推价 0.48 元 / 米 ^{3}，增效十分显著。强化新客户投产管理。理顺工作机制流程，推进开发战略性和社会保障性项目，推进开发竞争性市场直供工业客户，抓紧抢占空白市场，新增潮州、揭阳、梅州、郴州供气市场，全年实现新客户投产 84 家，天然气销量 12.6 亿立方米。保供保畅灵活切换。结合不同供需情景，有针对性制定增销及压减方案，组织各省协同作战、错峰运行，销量“增得上来、压得下去”，有效防范化解用户短供风险，确保南方地区迎峰度夏和冬季保供平稳，充分发挥南方区域保障销售后路畅通作用，进一步体现高端高效市场价值，实现销售利润增长。

【线上交易】 2022 年，天然气销售南方公司紧紧抓住资源高价机遇，坚持市场导向，有效运用高端市场价格承受优势，优化线上交易策略，扩大市场交易规模，完善交易分析机制，打造销售量价新高地。创新线上交易模式，丰富线上交易产品。探索打造液态 LNG 线上交易新平台，首次实现黄冈 LNG 产品上线竞价交易，成交价格高于前期线下销售价格，逐步建立形成以黄冈 LNG 为价格基准的市场体系。及时组织年度合同转让交易，实现现货顺价跨月补提，建立电厂专场交易与电力现货交易联动模型，优化交易系统功能，为扩大线上交易规模提供有力支撑。线上交易成交量显著，保持最优市场价格。高效开展月度合同外市场交易，精准摸排市场需求，全年组织交易 24 场次，成交气量 6 亿立方米，均价 4.7 元 / 米 ^{3}，同比增加 1.5 元 / 米 ^{3}，实现增幅 45%，较基准门站价格上浮 2.9 元 / 米 ^{3}；推价增收 17.3 亿元，同比增加 8.5 亿元，实现增幅 97%。非采暖季，分不同时段开展竞价交易，有效缓解市场用气缺口。快速落实保畅部署，第一时间组织专场交易，缓解阶段性滞销压力，有效锁定广东、福建多气源客户增量需求。

【终端业务】 2022 年，天然气销售南方公司发挥一体协同优势，推动夯实终端资产质量，充分利用高油气价格环境下利润空间较大、话语权较主动的有利时机，依法合规推动终端项目发展，加快高效合资合作，始终保持省公司终端项目开发活力，坚定不移打造黄金终端。持续规范终端项目发展。加强终端市场分析研究，建立分省一对一联络机制，指导终端业务发展，及时纠偏经营行为，推进广西、贵州分销业务整改，不断提高终端销售质量。有序推动揭阳和潮州管道项目投产运行，创新实现揭阳和潮州天然气管道工程无人值守场站落地，打造潮州项目一体化管控平台，成为昆仑能源第一个智能工地示范点。强化终端市场理性合作。紧盯项目前期商机管理，强化竞合共赢，建立“一周一沟通、一月一梳理”沟通机制，甄选高质量项目择优开发，推动南方区域签订终端合作框架协议 11 项，动态跟踪推进和商机管理的终端开发项目 79 项。保障重点项目按期投产。全面督导深圳 LNG 加注项目首船加注准备工作，派驻专人开展现场督导，推动各项工作开展，首船加注项目取得突破性进展。确保集团重点项目用气需求，定向配置广东石化合同资源，多措并举督促供气管道建设，实现按期顺利投产。气液联动发挥重要作用。根据市场形势变化，主动平衡资源流向，提高黄冈工厂加工负荷，去冬今春实现工厂连续运行，开工率较往年大幅提升。抓住机遇扩大液态销售规模，全年实现区域液态销售 6.98 亿立方米，平均销售价格 4.57 元 / 米 ^{3}。

【经营管理】 2022 年，天然气销售南方公司区域提质增效全面完成。认真贯彻落实提质增效价值创造专项行动，围绕“六突出六着力”，提出 15 条 47 项具体措施并逐步落实。定期组织召开区域月度工作例会及季度经营分析会，协调解决各单位有关问题，及时总结提质增效价值创造阶段性成效，有序推广应用成功经验。区域亏损企业治理督导全面加强。形成区域“存量 + 动态新增”亏损企业“一企一策”治亏方案，按月跟踪亏损企业治理进展，强化重点亏损企业现场调研和指导督导，逐步降低区域整体亏损额和亏损面。区域规划管理全面提升，夯实区域规划基础工作，组织区域 2022 年碳达峰、碳中和实施方案分析，组织编制天然气及新能源规划报告20份，形成助力销售业务开展的规划成果。区域投资管控全面优化，切实抓好区域投资管理专项整治，有序完成投资项目一体化系统平台搭建及应用，全年区域投资完成率99%以上。高效完成综合治理专项行动现场检查工作，检查汇总各类问题上千项，推动区域合规管理水平提升。合规管理全面推进，及时宣贯合规管理相关制度，开展普法宣传活动，强化内控执行与监督，有序开展事业部自我测试和考核评价，高质量对区域内39家单位开展“严肃财经纪律、依法合规经营”现场检查专项行动，提升依法合规经营水平。注重安全风险识别，每月开展安全典型案例分享，提升安全员安全风险防范意识。业绩考核全面落实，积极建立沟通机制，对接省公司考核指标，开展事业部全员绩效考核取得良好效果，充分激发员工积极性，提高绩效考核管理效率和激励作用。

【监督工作】 2022年，天然气销售南方公司以精益管理为目标，通过“准、快、透、明、实”的五字工作法，逐步推动QHSE监督工作模式向标准化、精细化、专业化突破，构建南方区域安全命运共同体，累计发现问题4382个，已整改4357个，完成各类专项监督任务32项，日常监督检查覆盖率100%。探索采取“中心+省公司纪委”方式开展远程核查调查，先后进行初步核实、立案审查、专项督办任务共11件，有针对性配合开展“以案促改”“以案促治”工作，开展“以案说纪”教育12期，组织区域内8家单位完成《利剑啸歌》专题警示教育。创新审计实践，高效完成审计任务6项，形成复核性底稿119份，问题性底稿188份，报告初稿6份，对管理提升提出9条建设性建议，挽回经济损失70多万元。坚持“四不两直”与日常工程监督工作有机结合，“四不两直”检查105次，发现问题629项；抓好风险源头控制，完成揭东支线、娄底经开区天然气直供项目等20余项开工审核，逐步规范工程项目开工程序；完成“燃气工程专项整治排查”“安全生产百日攻坚”等各类专项检查10余次，发现问题943项，跟踪督促问题整改，累计销项完成920项。

【企业党建工作】 2022年，天然气销售南方公司全面落实党建新要求，强化以“三基”工作为核心的基础管理，充分发挥党建优势，为业务融合发展提供坚强政治保证。全面强化政治理论学习，严格落实“第一议题”制度，认真学习贯彻党的十九届六中全会和党的二十大会议精神，组织开展党总支政治理论学习会12次，落实“第一议题”制度12次。组织全体党员收看党的二十大开幕直播，利用中油e学平台网络学习党的二十大精神，事业党总支主要负责人带头宣讲党的二十大精神，各党支部均按时完成宣讲。组织“转观念、勇担当、强管理、创一流”主题教育活动，与区域内单位、大型燃气集团强化党建联建，不断促进业务融合。全面深化党建融合，开展“建功新时代，喜迎二十大”习近平总书记重要指示批示精神再学习再落实再提升主题活动，把开展主题活动同迎接党的二十大召开、学习宣传贯彻党的二十大精神、巩固拓展党史学习教育成果、强化提质增效价值创造、开展“严肃财经纪律、依法合规经营”综合治理等重点工作有机结合，与落实全面从严治党主体责任、强化党的领导党的建设有机结合，围绕展现新成就、奋进新征程、建功新时代、永远跟党走等内容，多角度开展宣传活动，取得显著成效。全面加强党风廉政建设，不断强化作风建设，专题传达学习天然气销售公司党委《进一步贯彻落实中央八项规定精神实施细则》，如实统计报告个人有关事项，组织签订《党风廉政建设责任书》《“反围猎”合作承诺书》，做到“五个必须”，坚决抵制“七个有之”，自觉接受组织和群众监督。强化纪律约束，做实做细日常廉洁监督，按月开展“以案说纪”活动，始终保持反腐败高压态势。

（赵　辉）

中国石油天然气股份有限公司东北销售分公司

【概述】 中国石油天然气股份有限公司东北销售分公司（简称东北销售）1998年6月组建，是中国石油所属大区销售公司之一，是股份公司销售分公司在东部地区的派出机构。主要负责东北、华北、华南地区14家直属炼化企业和部分地炼企业成品油资源的统一采购、配置、调运和结算；22个地区销售公司和 9 个专项用户资源的全部或部分供应和一次物流组织；东北三省、内蒙古东部二次物流的主动配送；海进江区域二次物流组织；东部地区成品油出口业务的组织协调和实施；物流区域内沿海、沿江、沿成品油管线具有集散和储备功能的所属油库的建设和管理。东北销售本部设在辽宁省沈阳市，设 8 个机关部室、2 个直属机构、15 个二级单位，分布在黑龙江、吉林、辽宁、河北、天津、山东、江苏、浙江、广东 9 个省（直辖市）。员工总数 1716 人。管理资产型油库 14 座，库容 351.21 万立方米。运营成品油铁路罐车 3255 辆，其中产权车 2297 辆、租赁车 958 辆。作为国内最大的成品油物流中心之一，东北销售有效发挥衔接上下游、协调产运销的物流枢纽作用。成品油年销量约占股份公司销售分公司成品油年产量的 50%。

东北销售主要经营指标

指　标	2022 年	2021 年
成品油销量（万吨）	4647.19	4442.95
汽油销量（万吨）	1912.21	2167.06
柴油销量（万吨）	2509.22	1963.79
航空煤油销售（万吨）	214.12	306.56
运费总额（亿元）	75.8	75.16
商流费用（亿元）	22.97	28.60
吨油费用（元）	163.12	169.16
油库数量（座）	14	14
油库库容（万立方米）	351.21	351.21
资产总额（亿元）	237.28	209.12
油品收入（亿元）	3738.86	2855.03
净利润（亿元）	1.54	0.21
税费（亿元）	17.16	2.27

【经营业绩】 2022 年，东北销售全面配置油品 4647.19 万吨，总比增长 4.6%，直炼配置计划完成率 100%；运费总额 75.8 亿元，较预算节约 0.05 亿元；商流费用 22.97 亿元，较预算节约 2.53 亿元；实现净利润 1.54 亿元，超预算考核指标 0.04 亿元，连续两年实现盈利，主要业绩指标创近十年来的最好水平。

【产销服务】 2022 年，东北销售克服新冠肺炎疫情多发、市场需求大幅波动等不利因素影响，实现直炼资源交货计划完成率和省区公司配置计划完成率 2 个 100%，确保东部地区炼销企业整体运行平稳。以市场为导向、订单式生产为载体，协调炼化企业调整生产质量富余大的产品 107 万吨，全部让利省区公司，提高市场竞争力。强化资源供需趋势研究，协助实现出口 897 万吨，促进供需平衡。与中国石化 4 个大区公司开展资源串换 82 万吨，节约运费 1.39 亿元。5—7 月库存最高和市场前沿困难时段，利用炼销企业仓储设施代储 40 余万吨 / 月，化解产运储矛盾。全年累计向炼化企业报送《月度产需形势分析报告》70 余份，覆盖炼厂主要领导 240 人次，与 14 家炼化企业纪委建立“阳光调运”联合监督机制。10 月底提前完成东部地区国Ⅵ B 标准油品实物升级置换。抓住 9—11 月油价高位盘整和国内柴油偏紧的有利时机，全力扩大供应量，账面库存 11 月底降至全年新低，避免 12 月两次大幅跌价。为应对四季度西部地区汽油产调矛盾，落实总部“西油东扩”部署，主动让出 75 万吨流向，确保全国产销大局平稳。大庆分公司、吉林分公司提前开展低凝柴油夏季收储和三季度黑吉地区柴油省内收储，确保东北秋收旺季供应和冬季扩大市场份额，同比大幅缓解区内资源紧张局面。营口分公司日均接卸、泊位使用率、超库容请车等多项工作创运行记录，营口港中转量创新高，节省进港费用 2886 万元。南京分公司与安徽、江西等沿江企业联合优化，推动油库资源共享，提升跨区配送总量，节约运费及仓储费用 3802 万元。大连分公司协助实现西部汽油经大连港出口，创造新港油库单品种中转出口历史新高。冀中分公司协助华北石化四季度紧急打通秦皇岛港下海通道，缓解运行压力。提前谋划广东石化投产保障工作，组建驻厂办，打通业务流程，细化制定各项应急预案。超前谋划 2022 年北京冬奥会、重点城市疫情封控等特殊时期的产品生产和运行组织，有力实现“两个确保”，炼销企业服务满意度达 99.6% 以上。

【提质增效】 2022 年，东北销售深化提质增效价值创造行动、“转观念、勇担当、强管理、创一流”主题教育活动、提质增效监督保障行动、“四查四提升”强管理专项行动，落实“四精”管理要求，实施 12 方面 47 个措施 94 项具体工作，累计实现预算外消化和降本增效 3.58 亿元。强化分销计划优化（DPO）滚动优化，克服区内销量欠预算 115 万吨，消化远距离调往区外运费约 2.5 亿元；消化广东石化零交货改从东北调运增加运费 0.75 亿元，以及多地疫情封控导致公路绕行增加运费0.5亿元等。开展“点对点”班轮运输，大船运输效率提高至36%以上，单航次非作业时间同比减少19%。与路局签订铁路物流框架协议，提高路车使用比例，减租自备车350辆，节约租金1000万元。推进华北石化、锦州石化、锦西石化、辽河石化和大连石化相继减免地付设施使用费和装船费2846万元。广州分公司协助开通南沙油库公路配送直达韶关地区加油站业务，节约物流成本589万元。锦州分公司打通闲置的抚锦线转输锦州港下海通道，下半年转输下海油品15万吨，降费285万元。大港分公司利用“双标油”契机，推进港枣管线增输上量、高效运行。五项费用同比减少343万元，下降36%。大连、宁波、盘锦、南京、山东、冀中等6家单位退租办公楼，合并到所属油库或炼化企业厂区办公，2022年，节约租赁费498万元。公务车辆编制压减37%，租赁车退租率67%，租车费、油料费同比减少210万元，下降48%。大连分公司创新“租赁车+网约车”公务用车管理模式，取得良好成效。机关办公楼更换节能灯，每周对办公电脑非工作时间未关机情况进行点名通报，水电费同比减少190万元，下降14%。获留抵退税37.7亿元；使用商票同比增长3.3亿元；日间资金占用同比下降17%，12月底自由现金流达20亿元，同比增加67亿元，与预算比节约财务费用2亿元。

【改革创新】 2022年，东北销售坚持“瘦身、健体、归核、整合”原则，66项改革任务全部按期完成。梳理完善机关各部门和直属机构的事权职责，开展与中国石化大区公司“三定”对标，对9家单位科学优化定员，精简编制145个，压减比例15%以上。推进以绩效考核为主体，以分级分类、薪酬管控为配套的分配制度改革，推行党建、行政“双百考核”，强化党建与生产经营相融互促；紧密日常考核与年度关键业绩指标的承接关联，切实发挥“以局部保整体，以月度保年度”保障作用；二级单位绩效奖金差异最大超过25%，同岗级员工绩效奖金差异最大超过2倍。完成东北销售《数字化转型、智能化发展规划》，为其转型发展提供战略引领；着力推进油库运行管控智能平台、安全生产预警平台建设，编制完成东北销售《油库智能化建设方案》；加强科技项目攻关，东北销售在集团公司第二届创新大赛中获优秀组织奖，参赛的3个项目获1个一等奖和2个二等奖；油品监督检测中心先后主编并发布集团公司标准8项，获2项国家实用新型专利。

【风险管控】 2022年，东北销售统筹疫情防控、安全环保、生产运行、经营管理等领域工作，全年实现“零事故、零伤害、零污染”目标。落实党中央、集团公司和属地政府疫情防控政策要求，修订常态化疫情防控预案，强化全员疫苗接种，实施精准防控。完成354名特殊作业人员健康风险排查。针对7月份国家应急管理部在大庆龙凤油库检查督查发现问题，举一反三、升级管控，引入外部专家全面开展风险大排查和整改。29人次取得安全管理人员岗位任职资质和地方安全资格证书。大厂分公司处置埋地工艺管道泄露隐患，弥补安全管理漏洞。开展公路付油、反违章和VOCs专项治理，建立机关24小时值班远程视频监督机制，提升QHSE绩效水平，连续两年QHSE体系审核达A2优秀级。东北销售获评2022年度集团公司QHSE先进企业、中国石油绿色企业。承担股份公司销售分公司储罐内浮盘改造试点任务，并制定形成《销售企业油库储罐内浮顶及密封改造工程实施指导手册》等一系列指导性文件。油品监督检测中心、南京分公司完成销售企业环境监测实训基地建设，举办东北销售首届环境监测人员培训班。三江口油库浮盘改造后，VOCs排放量下降62%，获中央大气污染防治资金补助380万元。开展“质量提升百日专项行动”和“油品质量计量专项整治行动”，查找问题107项，全部实现闭环销项管理。稳妥处置抚顺石化存疑油品，维护中国石油品牌形象。实现直炼资源下海综合损耗率0.061%，铁路入库损耗率-0.037%，管道运输损耗率0.06%，公路地付“零偏差”付油，降耗增效1564万元。

【精益管理】 2022年，东北销售开展“四查四提升”强管理专项行动、“合规管理强化年”活动，创立党委和行政制度双序列“六部会审”机制，制修订规章制度158项。加强物资采购和招标管理，物资两级集中采购度保持100%，采购金额1920万元，节约资金278万元；完成招标项目17个，全部使用公开招标方式，标的金额1.1亿元，节约资金498万元。坚持新官理旧账，对40项历史遗留问题，一案一策、包保到人，加快历史遗留问题的解决，累计销项20项，收回资金资产3453万元。全年下达投资计划7677万元、组织实施29个工程项目，三江口油库浮盘改造、南沙油库紧急切断阀隐患治理等重点项目按期完工。自主完成23个工程项目预算审核，审减73万元；完成28个工程项目结算复核，审减234万元，节约咨询费45万元。开展油库租赁收购和设备设施管理专项整治，深化油库智能化建设应用，油库整体运营率100%，周转次数4.62次，运行费用同比下降21%。推行油库设备定额管理，制定82项油库设备预知维护和预防维修工作标准，8座在用资产型油库基础管理提升平均得分95.16分，3座油库达到规范达标库标准。宁波油库推动“五新五小”创新实践，“四角防爆吊钩”等多项小发明、小创造，提升安全管理效能。

【人才强企】 2022年，东北销售推进人才强企工程，全面启动“人才强企工程推进年”活动，突出“控减压降”和“强优转提”工作目标。整合公司内部资源，拓宽选人用人视野，推进全员竞争上岗，促进人力资源合理流动。稳步加强队伍建设，落实3个“1/3”原则，全年提拔使用“75后”干部9人、“80后”干部6人，占提拔使用人数的88.2%，干部队伍的年龄和知识结构得到一定改善。推进任期制契约化管理，加大干部履职考核结果运用，对排名前15%和后15%的二级领导人员，按照105%和95%兑现绩效薪酬，对8名二级领导人员进行提醒谈话、诫勉谈话、岗位调整、降职等组织处理。从严人员“进出两条线”管理，高效完成年度用工总量控制目标，减少各类用工131人，节约人工成本1830万元。多渠道分流富余人员97人，其中顶替物业人员68人，哈尔滨分公司向炼化企业输出劳务服务人员24人，大庆分公司选派5人到烟台油库工作。稳步提升员工素质技能，持续完善培训管理体系建设，科学编制2022年培训计划，全年完成培训项目34项、参培4126人次。健全技能人才培养、使用、评价、激励制度，编制出台《操作技能人员管理办法》，畅通技能人才发展通道。加强典型示范，选树大连分公司新港油库运行二班开展“百优示范站队”创建。开展东北销售高技能人才选聘，建立以“积分制”为核心的考核评价机制，突出“高精尖缺”人才导向，1人通过特级技师评审；在大连、油品监督检测中心创建2个专家工作室，为操作技能人才成长搭建发展平台。

【企业党建工作】 2022年，东北销售严格落实第一议题制度，学习贯彻习近平总书记对中国石油和中国石油相关工作作出的重要指示批示精神，第一时间传达学习贯彻党的二十大精神，组织开展“学习二十大、奋斗六十天、坚决完成全年各项目标任务”主题活动，自加压力重新签订各级责任书。开展“转观念、勇担当、强管理、创一流”主题教育活动，通过21场专题宣讲、240余次支部集体学习。组织各单位党委书记进行抓基层党建述职，抓实党支部书记述职评议。运用党建信息化平台，促进基层党建“三基本”与“三基”工作有机融合，党建信息化平台应用9个月在集团公司考核排名第一。强化政治监督、做实日常监督，推动集团公司党组巡视反馈问题和集团公司审计发现问题深入整改，对巡视移交的典型案件开展“一案双查”，开展“反围猎”专项行动，推进廉洁文化建设，专项治理违规吃喝问题，高质量完成党的十九大以来巡察全覆盖，不敢腐、不能腐、不想腐一体推进，风清气正的政治生态持续巩固发展。开展“强化作风建设专项行动”，突出基层调查研究，改进机关例会形式，每周抽检二级单位工作执行，加强督查督办，强化各项工作闭环管理，落实“两个责任”更加严实有力，依法合规管理更加严格规范，可持续的高质量发展基础日益坚实。

（孟天放）

中国石油天然气股份有限公司西北销售分公司

【概况】 中国石油天然气股份有限公司西北销售分公司（简称西北销售）前身是成立于1946年9月的中国石油有限公司兰州营业所，新中国成立后先后隶属于商业部、甘肃省、中国石化总公司，1998年成建制划转中国石油天然气集团公司，总部设在甘肃省兰州市，是中国石油销售公司在西部地区的派出机构。西北销售主要承担着中西部地区13家直属炼化企业、21个省市区销售公司，铁路、民航、兵团等10家专项用户的成品油产销计划衔接、资源优化配置、物流调运组织、质量计量监督、油品统一结算和地炼资源的集中采购等职责，业务范围覆盖中国陆地国土面积的80%。

截至2022年底，西北销售有8座成品油库，总库容198.5万立方米，有铁路专用线近20千米、自备罐车4045辆。西北销售先后获全国文明单位、全国五一劳动奖状、全国企业文化建设先进单位、甘肃省先进基层党组织、甘肃省先进企业突出贡献奖、甘肃省高质量发展突出贡献奖、甘肃省脱贫攻坚先进集体、集团公司先进集体等多项称号，获“石油销售摇篮”“石油金桥”等赞誉。

2022年，西北销售油品销售4987万吨，调运油品9067万吨，营业收入4007亿元，首次突破4000亿元大关，利润总额13.62亿元，位列中国石油销售企业第一，获评甘肃省先进企业“突出贡献奖”。

西北销售主要经营指标

指　标	2022年	2021年
成品油销量（万吨）	4987	5323
汽油销量（万吨）	1963	2307
柴油销量（万吨）	2692	2496
煤油销量（万吨）	332	520
调运总量（万吨）	9067	8925
油库数量（座）	8	9
油库库容（万立方米）	198.5	216.5
运费总额（亿元）	77.33	78.4
吨油运费（元）	155.06	147.28
资产总额（亿元）	137.68	106.03
收入（亿元）	4007	3323
利润（亿元）	13.62	16.22
税费（亿元）	14.72	10.16

【业务运行】 2022年，西北销售主动应对新冠肺炎疫情反复侵袭、国际油价高位震荡、产销运行矛盾突出、提质增效任务艰巨等多重挑战，坚持产运销储贸一盘棋运行思路，抢抓有利时机，优化资源配置，科学组织运行，做好党的二十大、北京2022年冬奥会等特殊时段以及节庆假期、防灾减灾等应急保供。特别是进入下半年，针对“金九银十”旺季不旺、上游增产增交和终端低迷滞销等异常严峻形势，优运行、扩配置，拓渠道、腾空间，实施“西油东运”计划，西部汽油资源最远辐射福建、浙江等东南沿海地区，资源覆盖范围达25个省区。采取重车滞留、到站压车、到港压船等方式以空间换时间，实现西部地区汽油超高库存承压运行100余天，确保西部原油产业链安全平稳运行。结合中西部地区产销形势，提前部署、倒排时间，完成庆阳石化、玉炼等4家炼厂检修保供和国ⅥB标准汽油升级置换任务，诠释了守土有责、守土尽责。

【经营创效】 2022年，西北销售坚持以市场为导向、以效益为目标，推动实施“五提质五增效”举措，结合市场需求动态，协调产销企业落实“以销定产、以产促销”要求，加大高标号汽油、低凝点柴油、航空煤油等高效产品生产供应，实现创效19.19亿元。落实“四精”管理要求，强化零基预算管理和业财融合，利用效益模型精准开展事前算赢，专题分析流向效益、价格政策，以量化评价方式深化对标管理，助推实现全年效益目标。紧盯关键指标，深化资金紧平衡管控，科学合理摆布自有库存，实现自由现金流由负转正，运费支出同比下降1.4%。实施资产分类评价和差异化管控，完成咸阳油库等资产划转，资产管理效益不断提升。牢固树立“一切成本皆可降”理念，修订两级机关和油库费用定额标准，严控管理性费用支出，商流费同比下降0.6%，“五项费用”同比下降35%，形成低成本发展新优势。

【风险防控】 2022年，西北销售始终把风险综合防控工作摆在重要位置，修订发布体系新版管理手册和体系文件，采用“专项+全要素”方式开展体系审核，不断提升体系运行质量。常态化落实国务院安全生产“十五条硬措施”，按照“三管三必须”要求逐级压实安全生产责任，深化安全生产记分管理，有效提升全员安全履职能力。以“时时放心不下”的责任感强化生产运行和施工作业风险管控，推进安全隐患排查及专项治理，督导西固油库等所属油库完成罐根阀紧急切断等重大隐患治理，安全生产专项整治三年行动收官，截至2022年底，西北销售已实现连续安全生产6135天。实施绿色企业行动计划，建成西北销售VOCs检测中心和西固油库分布式光伏发电项目，被评定为中国石油绿色企业。开展质量百日提升专项行动，完成西部炼厂油品质量普查、集采油品质量抽查和管道库存油品盘点，兰州等3个质检中心通过国家实验室复审，在长沙油库举行公司级综合应急演练，6座油库通过治安反恐防范国家重点目标认定，党的二十大等重点期间维稳信访安保工作获集团公司通报嘉勉，综合应急处置能力不断提升。

【改革创新】 2022年，西北销售紧盯重点难点，持续攻坚发力，加强过程督导，高质量完成改革三年行动和对标世界一流管理提升行动重点任务。按照“瘦身、健体、归核、整合”要求，编制完成公司物流管理体制改革实施方案，明确分步构建“公司—

区域代表处/油库”扁平化管理模式，成立首个区域代表处—庆阳代表处。牵头修订成品油销售企业油库劳动定员标准，完成机关全员竞聘上岗，人员由原来的195人压减为130人，压减率33.3%。规范所属单位一般管理人员岗位序列，实施薪酬结构优化调整、岗位价值评价和“吨油工资制”，三项制度改革持续深化。推进人才强企八大专项工程，提前完成6项主要指标，选聘集团公司技能专家1人、企业技能专家1人、特级技师3人，选树首批“西销工匠”6人，在兰州分公司建成首批“五合一”工作室，2个项目获集团公司第二届创新大赛生产创新油气销售类别一等奖、西北销售获优秀组织奖。深化科技和管理创新，配合完成信息安全技术及工业控制系统类2项国家标准，获油库安全生产类1个软件著作权和1个专利，完成5项集团公司标准修订和7项标准立项及宣贯审查工作。西北销售通过质量体系认证换证评审，获甘肃省质量管理小组活动优秀企业，QC小组4项成果获2022年度甘肃省质量管理小组奖项，兰州质检中心获甘肃省质量信得过班组称号。

【基础管理】 2022年，西北销售坚持严谨投资、精准投资、效益投资，争取项目和资金，完成14具储罐浮盘改造项目。推行油库设备完整性管理，利用安全生产数字化平台，加强对重点部位、重要作业和关键设备远程监控，确保油库运行安全。全面启动油库管理提升三年行动，所属油库均规范达标，西固油库等4座油库达到标杆示范等级，油库运营能力稳居销售企业前列。完成销售公司物联网和安全生产智能化管控平台建设任务，实施公司数字化转型智能化发展规划，实现油库北斗时空数据服务、长输管道模拟、能耗碳耗监控等模块应用。以集团公司世界一流法治示范企业建设为契机，开展“合规管理强化年”“四查四提升”强管理等专项行动，综合治理能力不断提升。拓展审计监督广度深度，开展基层单位主要领导经济责任审计，全过程跟踪实施重大项目审计，有效堵塞合规管理漏洞。

【企业党建工作】 2022年，西北销售坚持把学深悟透笃行习近平新时代中国特色社会主义思想和党的二十大精神作为首要政治任务，健全学习贯彻习近平总书记重要指示批示精神落实机制和党史学习教育常态化长效化机制，深入贯彻落实国家、省市地方政府以及集团公司党组关于稳定经济大盘、喜迎党的二十大等重点部署要求，制定实施了公司落实落细稳经济一揽子政策17条重点措施、“喜迎党的二十大”5个方面27条工作措施，坚定不移做“两个确立”的忠诚拥护者、“两个维护”的示范引领者。优化落实“三重一大”决策、重大事项请示报告等制度，推动党的领导融入公司治理各领域、各环节。健全完善“五位一体”“述评考用”基层党建工作责任制考核机制，加快推进党建“三基本”建设与“三基”工作有机融合，基层党组织政治功能、组织功能不断强化。坚持以严的基调、严的措施正风肃纪，全覆盖开展巡察反馈问题整改落实情况专项巡察，加强“一把手”和领导班子监督管理，风清气正的政治生态更加巩固。落实党委“第一议题”和理论学习中心组学习制度，学习贯彻习近平新时代中国特色社会主义思想，及时跟进学习习近平总书记发表的重要讲话、作出的重要指示、提出的重要论述，全年开展中心组学习18次、“第一议题”学习24次。

【群团建设】 2022年，西北销售坚持正确政治方向、舆论导向、价值取向，发布新版《意识形态管理办法》和《企业文化手册》，通过“线上+线下”方式，举办“喜迎二十大、奋进新征程、建功新时代”十年发展成果展和第四届“公众开放日”活动，加强成就宣传、主题宣传、典型宣传，《中国石油报》《甘肃工人报》等主流媒体发稿量同比增长78%，汇聚形成强大精神推动力。精准抓好特殊困难群体帮扶和“五必访”工作，接续推进乡村振兴，落实帮扶政策，投入乡村振兴、扶贫帮困、金秋助学、驻守慰问等关爱行动专项资金614万元。广泛开展纪念建团100周年系列活动，举办第三届青年论坛，启动“青马工程”，组建青年讲师团，推进青年大学习，凝聚形成始终跟党走、岗位立新功的青春力量。严格落实防范化解重大风险政治责任，统筹兼顾新冠肺炎疫情防控和生产经营，科学精准落实属地政府疫情防控措施要求，向兰州市人民政府捐赠抗疫资金100万元，履行国企社会责任，确保业务正常运行，守住企业和谐稳定，保障员工身心健康。实施员工帮扶计划，分区域举办专项运动会，评选首届“职业健康达人”，建成一批母婴室、洗衣房、阅览室和健康小屋，健康文化和家园文化氛围更加浓厚，获评集团公司健康企业建设达标企业。

（李青桓）

中石油昆仑好客有限公司

【概况】 中石油昆仑好客有限公司（简称昆仑好客）2017年9月在北京市昌平区注册成立，列股份公司直属企业序列，作为股份公司销售分公司非油业务的管理运营平台和合资合作平台，指导各成品油销售企业非油业务专业化运营，主要负责非油业务的管理协调与考核、顶层设计、标准规范制定等工作，承担非油商品统采统配、自有商品开发运营、物流优化、合资合作等经营职能。2022年，设综合部（党委办公室、人事处）、财务部、商品与供应链管理部、运营部、品牌与发展部、数字化与电商部、销售部等7个部门，控股福建武夷山水食品饮料有限公司，参股中石油五粮供应链管理有限责任公司、西藏山南雅拉香布实业有限公司；员工73人，其中公司本部54人、武夷山水公司19人，本科及以上71人，中级及以上职称49人，中共党员56人。2022年，昆仑好客克服国内疫情多点散发、民生产品原材料价格上涨、经济下行压力持续增大等因素影响，各项工作取得新成绩。组织非油业务全年实现非油店销收入277.6亿元、非油毛利50.1亿元，同比分别增长11.5%和10%。昆仑好客本部实现利润8018万元、同比增长70%。

【便利店运营管理】 2022年，昆仑好客聚焦市场抓营销，实现经营发展逆势突围。完善昆仑好客运营体系，分级分类形成管理分册，心法、干法、技法齐头并进。健全行业、石化、内部多维度全覆盖的对标体系，优化13项关键指标，形成了对标提升长效机制。编制非油业务综合评价指标体系，进一步增强规范化、标准化、科学化管理能力。按照52周顾客行事日历，联合上百个一线品牌，筹措近千项促销资源，压茬开展冬奥主题、年货节、饮水节、购物节、爱车节等六档全国性营销活动，大幅拉升了客户参与度和高价值商品销售占比，促进油品纯枪明显增长，营销策划、宣传组织、油非互动、数据分析、督导检查等“五个能力”全面提升。按照“千店百面”原则实施门店分类发展，建立三级联动督导机制，以及IT/DT系统、视频监控系统和人工稽核相结合的督导工具，实现了单品单站的精确指导。鼓励省区公司合理提高非油考核权重，试点推广一线员工非油毛利提成制和高毛利商品营销奖励制，推动奖励到站到人，员工投身非油业务的积极性空前高涨。门店品效、坪效增幅均超过15%，百万元门店总量增长9个百分点，油非融合更加紧密，营销工作质量实现质的提升。

【商品力建设】 2022年，昆仑好客统筹推进自有商品开发运营和物流优化，强化资源保障，优化效益结构，着力为发展蓄势增力。持续提升集采执行力，指导省区公司建立集采制度体系，严格落实竞品排他要求，高起点、高标准推进第四期集采，集采商品开码率提升20%，平台外采购得到有效遏制，实现集采28亿元、同比增长33%。持续提升商品运营力，加强市场调研和数据分析，建立供销两端快速沟通机制，加强商品汰换迭代，组织6轮集采谈判引入新品600余款、下架清理210款，联合头部品牌推出8个系列95款新品、增收近9000万元，批准18省36个系列新品开发计划，108款特色商品纳入集中运营，低水平重复开发问题有效改善。不断提升物流保障力，京津冀供应链区域优化取得阶段性进展，在全国2500多家门店推广到家业务，试点运营电子商务仓，有效缓解了配送“最后一公里”痛点，疫情期间组织各单位快速调整供应链模式，拉紧订货节奏、拉足备货计划，确保了物资保供，促进了营销上量。

【业务拓展】 2022年，昆仑好客凝聚资源力量着力拓展业务、提升服务，不断扩大效益增长点。升级完善线上平台，组织31省全面上线中油好客e站商城，不断优化即时通信、天猫商城功能，试点运营京东POP旗舰店，组建直播团队全年带货400多场、围观188万人次，线上SKU超过2.5万个，服务客户3000万人次，实现销售6.8亿元、同比增长167%，助力非油业务走出“罩棚”之外。加快汽服业务布局，新建洗车网点850座、总量突破5000座，打通整车销售流程，26省完成营业执照增项、16省实现销售零突破，以“爱车节”为契机深化异业合作，推动润滑油、汽车用品和汽车服务三大品类销售扭降为增，全年实现汽服收入6.7亿元、同比增长11%。延伸化肥农资业务链，创新推广“化肥+金融+N”模式，一体推进资源组织、产融合作、精益服务，复合肥市场占有率稳步提升、销售占比提高12个百分点，化肥农资全年收入35亿元，同比增长近25%。发展新业务新业态，大客户销售收入接近亿元大关，帮助省区公司团购增收近千万元，自有品牌水进入京东自营、永辉超市等重要传统渠道和海外市场；考察推动100多个快餐项目，新建肯德基穿梭餐厅10座，试点中式快餐；高效完成进出口贸易经营资质。

【管理提升】 2022年，昆仑好客认真落实“合规管理强化年”“四查四提升”专项行动，不断强化标准化、规范化、专业化管理。深入开展油非互动规范、商品主数据机制完善、库存优化以及套利、窜货违规稽查等专项工作，推动加管3.0和好客商城非油专项高效建设，建立非油业务作为股份公司独立创效单元的分析架构，出台非油商品采购、价格、品牌管理以及线上业务运营等制度规范，健全了严密高效的风险防控和应急管理体系，经受住了新冠肺炎疫情、巡视、审计等严格考验，为合规运营筑牢了坚实屏障。提前收官国企改革三年行动，完善“三重一大”决策体系，优化调整部门职能，建立健全非常设机构，规范控参股企业董监事履职程序，强化任期制和契约化管理，完善经营管理决策事前法律论证机制，6方面55项改革任务优质高效完成。不断加大二方审核和质量抽检力度，“一物一码”溯源范围扩大至3个系列，升级特殊时期生产管理和安全监督，质量安全工作局面稳定向好。有力度有温度做好疫情防控，保时保量配发防疫物资，防控政策调整前做到了“零感染”。进一步夯实工程、投资、商标、保密、档案、网络安全等管理基础，各类风险得到有效防范。

【品牌经营】 2022年，昆仑好客坚持在履职尽责中强品牌、树形象，获“2022我喜爱的中国品牌”，品牌价值超过158亿元、名列行业前茅。倾力打造冬奥形象站411座、冬奥商品货架及专柜591组，在核心区域便利店增设现磨咖啡、即时简餐、雪具租售等20多项暖心服务，在1240家门店张贴冬奥活动海报，开展四档主题营销，为宣传奥运精神、传播奥运文化、展示企业风貌作出重要贡献。坚持人民至上、生命至上，全国便利店不断供、不涨价、不打烊，广泛开展“抗疫有备、生活无忧”社区营销，开辟家庭食品、蔬果生鲜直配通道，力促“菜篮子”“米袋子”量足价稳；在集团公司总部机关和在京石油高校抗疫吃劲阶段，靠前服务、连夜调度，完成保障任务。积极与脱贫地区企业深度合作，新开发帮扶产品近百款，培育“造血”功能、拉动产业升级；深度参与集团公司消费帮扶赋能行动，试点建设乡村综合服务中心，销售帮扶产品8.2亿元。深化企媒合作，成立新媒体工作室，搭建了以“两微一抖”为核心的宣传矩阵，发表非油新闻报道200多篇，受到人民网、新华网、工人日报等国家级媒体广泛关注。

【党建及队伍建设】 2022年，昆仑好客坚持全面从严治党，充分发挥党组织战斗堡垒作用和党员先锋模范作用，以高质量党建引领高质量发展。全面学习贯彻党的二十大精神，坚持用习近平新时代中国特色社会主义思想凝心铸魂，开展“转观念、勇担当、强管理、创一流”主题活动，广大党员在攻坚拔寨中挑大梁、唱主角。认真落实“第一议题”、党委理论学习中心组、“三会一课”等制度，规范党内政治生活，优化党建责任制考核，充分运用“主题党日”等特色载体增强党建活力，推动支部建设全面进步、全面过硬。建立公司党委前置研究讨论重大经营管理事项清单，将党建嵌入管理、融入经营，让党组织成为把关定向、领航掌舵的“定盘星”。全力配合集团公司党组巡视“回头看”，优质高效推进问题整改，制定细化措施102条，全面完成集中整改任务，切实做好巡视“后半篇文章”。全力支持派驻纪检组工作，常态化开展廉洁教育，建立干部廉洁档案，对武夷山水公司进行现场督查，巩固拓展落实中央八项规定精神成果，营造了风清气正、阳光健康的发展氛围。扎实推进人才强企，提拔交流使用干部10人，着力加强青年骨干培养，双向交流挂职青年干部9人、1人通过中组部考察赴西藏挂职，有序实施“青马工程”和青年精神素养提升工程，18名员工实现岗位、职称晋升。

（关志强）

中国石油天然气股份有限公司北京销售分公司

【概况】 中国石油天然气股份有限公司北京销售分公司（简称北京销售）前身系1999年4月成立的中国石油华北销售公司，曾先后负责七省两市的成品油销售、非油销售和终端网络建设工作。2009年12月，原华北销售公司机关与原北京销售公司整合，上划中国石油天然气股份有限公司直接管理，主要负责中国石油在北京市的成品油和非油销售、网络建设和市场开发等工作。2022年底，北京销售资产总额45.52亿元，投运加油站153座，橇装供油设施118座，加氢站2座，重卡换电站1座，在用油库2座，总库容2.95万立方米，便利店192座，员工1761人。

2022年，北京销售成品油销售104.7万吨，纯枪销售74.43万吨；LNG毛利1.34亿元，同比增加7068万元；非油业务收入4.03亿元，同比增长1亿元；非油业务毛利8499万元，同比增长511万元；净利润亏损2.58亿元。

北京销售主要经营指标

指　标	2022年	2021年
成品油销售（万吨）	104.7	120
汽油销量（万吨）	53.31	73
柴油销量（万吨）	51.39	47
加油站总数（座）	192	197
在用油库数量（座）	2	2
在用油库库容（万立方米）	2.95	3.1
纯枪销量（万吨）	74.43	93
非油业务收入（亿元）	4.03	3.02
非油业务毛利（万元）	8499	7988
资产总额（亿元）	45.52	38.86
收入（亿元）	100.21	93
净利润（亿元）	-2.58	0.11

【成品油业务】 2022年，北京销售坚持“稳销量、保份额、增效益”，全力聚焦主责主业，夯实转型发展“两块田”，统筹各方资源保供和降本创效。强化数字应用、打造营销品牌，一品一策、一客一策，“10惠”参与15.7万人次、充值2.7亿元，带动非油收入241.3万元；CN98累计销量6878吨，逆势增长28.6%，位列销售企业前茅；高频客户销量1.36万吨，增长9.1%。精研市场形势，科学把控节奏，聚焦客户端，批零联动营销，柴油纯枪销量25.33万吨，增长32.7%，市场份额提升9.2个百分点，吨油毛利增加89元；直批36.75万吨，吨油毛利增加14元。强化市场研判，加快策略供给，按照“毛利最大、成本最低、风险可控”原则，完善采、储、配、销全链条协调机制，实现外采10.51万吨，降本1.46亿元。加强营销数字化技术应用，挖掘中油好客e站App、凌智大数据智能营销平台、CRM系统、加油卡网上服务平台、高德地图、加油站大数据支撑平台等智能营销工具功能。坚持问题导向，全力推进企业微信群和微信公众号建设，推动中油好客e站App服务功能集成化，加强三大平台专业化运营能力，解决营销触达痛点和短板。开展异业合作，依托电子券营销媒介和加油站刚需消费场景的优势，与有实力的异业方建立合作渠道，累计采购金额2529万元，带动纯枪销量2800吨。

【非油业务】 2022年，北京销售构建多业态融合、多场景配合、多业务结合的非油布局，开展主题营销、购物节、内购会、直播活动66场，实现收入6200万元，增长17%，油非转化率24%，增长12%，吨油非油收入815元，增长93%，洗车券核销率提升16%，实现收入1517万元，增长90%；集约化管理、多元化发展，强化供应商管理，开展新品寻源，驱动品类升级，搭建商城矩阵，抢抓资源淡储旺销，争取主流商品独家代理，引入季节性、文创、网红爆品等78种单品，实现收入875万元，酒类销售突破1亿元，动态开展库存优化，淘汰低效品423个；深化大客户开发，开展自助设备销售业务，启动五粮液专卖店、好客咖啡店等站外项目，开发单位客户15家，实现收入2830万元。

【加油站管理】 2022年，北京销售坚持以提质增效为中心，以稳定市场份额为原则，以提升客户服务质量为方向。融合推进美化靓化和6S管理专项行动，全员参与，自己动手，花小钱办大事，推动形象服务、员工素养和经营成效全面提升；建成精品标杆站8座、服务示范站18座，神秘顾客、视频检查成绩分别提升16名、9名，有效投诉下降35.8%。打造商城运营格局，拓展引流渠道，积分商城完成订单110万笔，增长15%，收入1727万元，毛利525万元；完善汽服商资源库，搭建汽服支撑平台，新建汽服门店19座、累计62座，完成建设目标。开通小程序配送服务，新增社群64个，会员4.3万人，实现收入105万元，打造石大、南湖等精品样板店16座，提升线上服务能力、社区辐射能力和运营变现能力。

【油库管理】 2022年，北京销售紧盯优质资源，合理优化库容，科学制定方案，强化承运商管理，相继开通燕宾、牛栏山油库，完成特殊时期资源保供，直炼配置计划完成率98.46%。综合平衡自有、大区和互供资源，强化诚信交接，全流程挖潜，储运综合创效8259万元，超进度5259万元，完成率275%；提升质检中心质量管控能力，全年检查库站163次。质检中心连续4年获“能力验证优秀实验室”证书；检验能力被国家级校准规范编写部门认可；获中国合格评定国家认可委员会（CNAS）颁发的认可决定书。2022年北京冬残奥会和两会期间，VOCs检测中心对涉奥场馆周边13个加油站展开全覆盖检测，检测点位517个，确保冬奥期间库站达标排放。

【投资建设】 2022年，北京销售坚持事前算赢、持筹握算，持续提升存量、优化增量、扩大总量，在现有网络、新能源和平台建设上取得进展。稳妥实施网络发展战略，严控新站开发投资，新租加油站3座，续租6座，新投橇装供油设施3座，新成立合资公司4家；妥善处置拆迁项目，京顺路“拆一还一”完成新址土地交接，京东长江、前苇沟已获政府迁建许可，平蓟路南北两站续建项目纳入北京市政府“服务包”督查事项；灵活实施轻资产发展，紧盯网络空白，精准分站施策，科学布局特许业务，新开发特许站20座，续约28座，特许规模扩大60%，实现外采3959吨，毛利29.8万元。规范实施工程建设和检维修管理，完成工程维修中心筹备方案；编制《中国石油北京加油站形象标准手册》，优化固有模式、汲取新建设理念，构建标准化、模块化的形象体系，完成南湖、亦庄等8站形象提升改造工程，打造首都特色亮点；加快推进石楼油库隐患改造，完成可行性研究上报，提前谋划接续工作。围绕“保运行、促转型、增潜能”目标，强化投资“一本账”管理，发挥投资计划作用，力保新能源、智慧化和技术改造等重点项目，规范投资全流程闭环管理。完成危化品服务平台注册和资质认证，推进智慧实验室业务推广；完成昆仑北斗合资公司注册，启动北斗基站和服务运营平台建设；能源化工交易所重组得到北京市政府支持，股权收购正在股份公司审批中。

【新能源业务】 2022年，北京销售加氢、重卡换电、乘用车换电、光伏“四个赛道”同步发力，站内、站外“两个市场”同步推进，新增立项光伏项目22座，充电站8座，充换电一体化项目6座，时顺苑油氢合建站完成建设；中国石油第一座重卡换电站建成，上汽电池银行项目获集团公司批复，已完成注册正常运营，与北投静态交通投资公司签订战略合作，实现站外布局新突破，某央企充电桩运营整体收购项目获集团公司批示，已签订收购意向书。

【质量健康安全环保】 2022年，北京销售坚持“三管三必须”，层层传导压力、逐级压实责任，完成安全生产三年专项整治；强化QHSE体系审核应用，增强风险防控能力，整改发现问题430项；开展安全督查、实施安全生产记分，检查1554站次，整改发现问题2106项，记分196分，扣罚绩效5400元；聚焦重点领域和关键环节，开展危化品集中治理、油库风险专项治理，推进隐患整改115项、投入922万元。节能环保和质量计量持续向好，节能量提高12%，节水量提高346%，综合损耗下降0.36个千分点；科学精准落实疫情防控新要求，优化防控措施，完善应急预案，保障员工健康。完成党的二十大特殊时段保障任务，连续第18年获集团公司安全先进单位，达标建成“健康企业”。

【提质增效】 2022年，北京销售贯彻提质增效和低成本发展战略，细化36项具体举措，围绕“质”“效”双驱动，推动提质增效再升级；优化资源配置、强化预算引领，保障高效核心业务和新能源新平台转型发展；深化业财融合，强化经营分析，发挥支撑决策价值，提升经营质量；加强资金统筹、严控信用规模，提升资金创效水平，节约各项财务费用560万元；规范核算标准、提升会计质量、加强税务统筹、强化资产管理，退减税费1237万元。

【数字信息化管理】 2022年，北京销售围绕“业务发展、管理变革、技术赋能”三大主线，全力推进数字化转型、智能化发展，完成亦庄、燕乔等8座加油站智慧化建设，启动云桌面、视频压缩等数字化项目，推进充换电运营平台、洗车服务平台建设；抢抓试点机会，北京销售担负起边缘计算平台、销售物联网、数字化转型等项目试点；强化网络安全，优化运维机制，全年运维2.6万站次，保障信息系统平稳运行。

【合规管理】 2022年，北京销售依法合规持续深化，完成改革三年行动52项任务、对标世界一流46项工作成果和“四查四提升”强管理专项行动，有效提升管理成效；落实“十四五”法治建设和“合规管理强化年”要求，优化制度流程、强化内控监督，制修订制度163项、流程363个，审查合同445份、审查率100%，优化招标采购模式、严守招标合规底线，物采节约金额410万元，健全合规管理体系，全面排查风险，设置346个高风险岗位；完善法人治理、提升股权价值，股权投资收益1.1亿元，完成预算的166%，8家控股企业持续盈利、4家实现扭亏，超额完成阶段性治理目标；石大股权收购、科大股权无偿划转方案获集团公司批准。

【人才队伍建设】 2022年，北京销售坚持党管干部、党管人才，加强干部交流，激发队伍活力，交流19人次，选人用人总体评价提升7个百分点，加强战略预备队建设，选派优秀年轻干部到关键岗位历练；搭建专业技术岗位序列、创建技师工作室，完成北京市技能人才评价备案，着力培育高技能人才，提升队伍素质和业务能力；建立团队经理贡献评价体系，组织团队经理公开竞聘分公司业务部副经理，将两级部门岗位向基层开放，打破职业天花板，树立价值导向，打造成长平台，激发干事热情；创新培训模式，开创中油e学北京分院，提升培训实效，制定新员工培养计划，畅通纵向发展、横向流动通道。人事档案专审工作获集团公司先进集体称号。

【企业党建工作】 2022年，北京销售学习贯彻习近平新时代中国特色社会主义思想，强化理论武装、筑牢信仰基石，认真开展党的二十大精神专题学习，两级领导带头宣讲26场次，受众1108人，推动党的二十大精神走深走实、入脑入心、见行见效；坚持党的领导和完善北京销售治理相统一，严格“三重一大”决策程序，落实“第一议题”制度，中心组学习8次，“第一议题”学习16次；完成北京销售党委和所属党组织换届，开展“党建+品牌”课题攻关，基层党建“三基本”建设与“三基”工作有机融合，打造示范样板8个。贯通联动、一体落实“两个责任”，聚焦“国之大者”“企之要情”强化政治监督，紧盯关键领域、关键节点做实日常监督，围绕“一责任三把关”开展巡视反馈问题再梳理再排查再加强，建立长效机制、巩固整改成效；发挥党风廉政建设和反腐败协调作用，建立“动态、通报、点穴”整改机制，开展监督检查173站次，发现问题116个，整改105个；完善廉洁防控机制，以案促改强化警示教育，开展廉洁约谈114人次，排查廉洁风险160个，制定防控措施368条；以钉钉子精神纠治“四风”，开展违规吃喝治理、“反围猎”等专项行动，一体推进“三不腐”，持之以恒加固“八项规定”堤坝。

【企业文化建设】 2022年，北京销售把握意识形态主导权，深化企业文化建设，统筹开展“转观念、勇担当、强管理、创一流”主题教育和“拓市场、提纯枪、增效益”劳动竞赛活动，按照“六个讲好、六个讲清”要求，开展特色活动72次；坚持营造氛围、重在引领开展宣传工作，外宣发稿109篇、内宣发稿540篇，新媒体短视频刊发72个，在央视、新华网等主流媒体刊播冬奥保供和抗疫工作；发挥桥梁纽带作用，强化人文关怀，帮扶慰问困难员工297人次、发放补助50.6万元；突出青年思想引领，实施素养提升工程，激活青春力量，1人获集团优秀共青团员，2人获集团公司先进工作者称号。

【冬奥保障】 2022年，北京销售冬奥保障完成。高质量部署资源和服务保障，参与人员432名，供应油品1479吨、氢气66吨、LNG 453吨，得到冬奥组委、延庆区政府等各方表扬，树立品牌形象、展现责任担当。

【京津冀地区首座“碳中和加油站”落成】 2022年9月16日，京津冀地区首座“碳中和加油站”落户北京销售第四分公司亦庄加油站，“碳中和加油站”证书由天津排放权交易所认证并颁发。亦庄加油站作为中国石油首座太阳能供电的加油站，一贯突出“绿色低碳”主题，目前采取以太阳能供电为主、市电为辅的供电方式，该站太阳能发电系统由545瓦晶科组件，60千瓦华为逆变器，112块单晶硅光伏板组成，满负荷发电量达200（千瓦·时）/日，首年发电量理论计算值为7.2万度，可基本满足该站经营运行需要，凸显了该站的新能源示范作用，印证了北京销售绿色低碳发展的坚定信心。

2022年7月3日，北京销售亦庄加油站新装“靓”相京南（吕殿杰　摄）

（刘倩倩）

中国石油天然气股份有限公司上海销售分公司

【概况】 中国石油天然气股份有限公司上海销售分公司（简称上海销售）前身为中国石油华东销售公司，成立于1998年5月，是中国石油在区外成立的第一家销售企业。“十一五”期间历经多次改革重组，2009年底调整成立上海销售，主要负责中国石油在上海市辖区的油气销售、市场开发和终端网络建设业务。

2022年，上海销售全年实现净利润1314万元，超额完成最终确定的全年效益指标，主要效益指标在区外销售企业中恢复至上游水平，商流费、税前利润、吨油利润等效益类指标在股份公司销售分公司排名靠前。上海销售获评2022年度集团公司先进集体，连续六年在集团公司企事业单位业绩考核中斩获A级。

上海销售主要经营指标

指 标	2022年	2021年
成品油销量（万吨）	115.81	154.93
汽油销量（万吨）	60.33	87.91
柴油销量（万吨）	55.48	67.02
非油业务收入（亿元）	5.14	4.66
非油业务利润（亿元）	0.62	0.31
吨油费用（元）	394.86	324.07
资产总额（亿元）	69.79	66.01
收入（亿元）	102.45	110.34
利润（亿元）	0.77	1.34
税费（亿元）	0.64	0.58

【油气销售】 2022年，上海销售统筹资源组织，全年配置计划完成率100%。精心组织国ⅥB标准汽油置换，提前一个月完成任务。在抗击新冠肺炎疫情的各个阶段保障生产稳定运行，四季度资源紧张时期保障党的二十大和进博会期间油品供应。与中国石化、中国海油互供和跨区串换创效显著，创效3931万元；三季度及时启用浦江公司外采汽油2.15万吨，保客户、减亏损，增效2967万元。开展浙江乍浦和江苏长江石化油库的跨区配送1.26万吨，降低物流费用66万元。直批销售油品51.5万吨。新开发机构客户93个，新增直销量0.96万吨，9名客服经理销售油品4.85万吨。开展直批差异化营销，利用昆仑银行批直贷销售油品0.4万吨，销售B5车用柴油0.58万吨；根据客户和市场竞争需要，试点定金锁价销售0.25万吨。出台超期客存收费制度，年底客存0.36万吨，大幅低于控制目标，再流通客存实现清零。

【非油业务】 2022年，上海销售危中寻机，把握商机，快速应对市场变化，全年实现非油收入5.13亿元、毛利9033万元，实现比预算、比同比双增长，有力发挥了以非补油促油作用。全年各阶段，非油供应链、销售链、服务链高度契合客户需求，定位灵活、品类适销，新冠肺炎疫情期间全力保障民生供应，中转各类民生保障物资1500吨，争取到粮油奶、零食等市场紧缺商品700吨，打通供应商直配通道，累计服务超过130余家社区、12万户居民。重点品类全年同比增收显著，香烟销售、商品组合礼包、家庭食品同比分别增收1.2亿元、1500万元、1600万元，累计创效超3200万元。开展“油惠生活”系列组合营销活动18次，实现非油收入超6000万元。实质启动自有品牌建设；全年7次直播实现非油销售收入1336万元，打通渠道实现化肥销售收入638万元，整车销售、驿公里洗车等业务进一步延伸，各项新业务实现良好起步。

【加油站管理】 2022年，上海销售做强零售终端，在上海市二季度全域静默的困难局面下，全年实现零售量63万吨，价格到位率同比提高0.87个百分点，服务质量显著提升，巩固客户增量基础。开展“四上企业”客户大普查，强化油卡非润一体化客户开发和维护，开发了领速、满帮、G7等大型单位客户。坚持以卡为媒锁牢客户，全年发卡62.5万张，累计发卡345万张，其中电子卡发放58万张，完成年度预算目标的138%。加油卡沉淀资金6.67亿元，整体卡销比57.3%，线上客户数量达350万个，单卡沉淀和卡销比指标均处于股份公司销售分公司前列。精准实施油非一体互促、线上线下联动营销，汽油电子券核销率达82%，带动汽油销量13万吨，提升毛利9000万元。优化市场竞合，守住了零售挂牌价不降的底线，营销支出同比显著降低，异业合作累计利用促销资源1000万元。高质量开展“百日上量”、服务质量提升专项行动，在股份公司销售分公司服务排名提升2名、投诉率降低70%。

【投资建设】 2022年，上海销售协调推动网络攻坚、保卫、挖潜、提质。新项目开发、取得土地、投运、续租等各项重点工作均超额完成全年任务目标。克服新冠肺炎疫情影响，两级本部高效联动，航头、丰翔路等4座项目土地相继摘牌成功。加强政企沟通，赢得项目开发主动权，潘泾路、张江卡园等2座项目土地收储顺利开展，正茂路、碧云绿地等5座项目已上报股份公司销售分公司协调评审，罗店、车墩等2座项目进入立项准备。网络建设、投运同步推进，锦秋、创智、仁建路按期投运，崇明15号、昕鑫、祝桥基本建成，顺利解决昕鑫和仁建路项目道口、祝桥信号塔搬迁等难题，如期完成海滨油库2座油罐浮盘改造，组织承包商教育培训、施工现场检查近70场次，全年施工作业安全平稳。全年投资计划完成1.22亿元，完成率97%以上。

【新领域新业务】 2022年，上海销售新能源项目完成“2座加氢、2座换电、2座光伏”的股份公司销售分公司任务目标。发挥临港新片区主战场功能，同汇路、古棕路项目获股份公司销售分公司批复，其中同汇路加氢站实现了“当年批复、当年投运”，为全国首列氢动力中运量列车提供运营保障，正茂路、花柏路等5个项目梯次推进；跟进“环上海加氢走廊”布局规划，启动了松江、青浦2座加氢项目。加氢项目实现运营平稳、量效递增，中油港汇公司全年氢气加注量突破14万千克，平霄路站日加氢量突破1200千克，成为上海市加氢“第一站”；编制加氢业务核算手册、加氢站岗位设置方案，研究制定涉氢业务规章制度、操作规程60余项，贡献先行经验，统筹油氢电非多项业务，初步形成多能互补格局，呈现良好发展态势。大力推动新能源项目合作，启动与捷能智电合作项目，6座合作换电项目进入可研论证，嘉松、华浦换电项目建成投运，方皇、青华2座光伏发电项目相继建成投运。

保税油业务发展进入快车道，2022年累计加注突破50万吨、销售收入近30亿元，跻身舟山地区13个地方牌照企业的销量前五。中国石油上港公司获颁上海市“001”号国际航行船舶保税燃料油加注地方牌照，并完成地方牌照首单供油作业，在沪浙协同发展、子母公司协同发展中迈出关键一步。全年开发新客户14家、签订长约协议6家，累计增量16万吨，与德国赫伯罗特航运、以色列以星航运、美国全球燃料油服务有限公司等37家国际知名船东公司、贸易商建立起良好合作关系，成功开拓柴油等内贸销售新业务，为深化延伸市场和业务链条奠定了有力基础。与上港集团、中联油、燃料油公司、中石油财务公司等单位密切合作，争取优惠资金、降低利息成本、下调保险费率、协调低价保值燃料油资源，全力降本增效；全流程优化资源下海、配送、入库、海关通关流程，配置效率走在行业第一梯队，业务、财务管理实现高效运行。

【健康质量安全环保】 2022年，上海销售妥善处置116起突发事件，统筹协调防疫物资进销存，守住了不发生群体性疫情底线。深化落实全员安全环保责任制，HSE体系高水准运行，累计开展迎审及分公司交叉审核10余次，覆盖全部分公司及所属30座加油站，有效整改423项问题。上海销售连续十五年实现“零事故、零亡人、零污染”，获评2022年度集团公司质量健康安全环保节能先进企业。开展领导安全能力、安全生产法等6个安全专题培训，股权企业安全标准化建设有序推进。完善双重预防体系建设，解决现场管理问题142项，发布各类预警21期，投入857万元深度治理隐患25项，发布12期“四不两直”检查通报，对37名违章员工进行安全记分、责任处理；升级部署党的二十大、进博会、台风等极端天气期间防控措施和应急预案，全年安全生产、环境污染、油品质量事故为零，实现受控运行。完成年度节能节水和VOCs核算指标，通过国家实验室CNAS认证，入选首批石化专业标准化技术委员会合作实验室，“健康企业”试点保持系统先进水平。

【企业管理】 2022年，上海销售高标准落实“合规强化年”“严肃财经纪律、依法合规经营”“四查四提升”等各专项行动方案，综合制定58项专项治理任务清单，发现问题262项，整改进度95%，制修订制度35个、管理措施及建议183个，股权企业应建制度列入“三会”议案。坚持依法维权，4起油品买卖合同纠纷案件全部终审胜诉，避免损失约1亿元；在维辉站股权纠纷仲裁案中赢得主动。强化合法合规性审核把关，重大决策、制度、经济合同法律审核全覆盖。组织集中学习、线上考试、专题学习8次，开展融资性贸易、建设工程合同纠纷、董监高履职行权等重点业务领域培训8次，多维度开展“八五”普法及民法典等基础培训，干部员工依法合规意识持续增强。开展4次物采招标自查，通过股份公司销售分公司专项检查，完成集团公司委托的管理层测试项目，上海销售在集团公司内控专题会议上交流经验。加强基础管理工作，合规完成采购任务93批次，推动采购“管办分离”；推进合同管理规范化，7家并表股权企业上线合同系统，全年事后合同率大幅降低，合同示范文本使用率远超股份公司销售分公司平均水平，经营风险防范能力显著提升。

【企业党建工作】 2022年，上海销售把学习贯彻习近平新时代中国特色社会主义思想作为首要政治任务，全年获得省部级以上荣誉13项，党建工作连续四年获评集团考核“A”档。嘉定南区党支部书记袁婷婷当选党的二十大代表，对外宣讲近20场次、逾万人。严格执行“第一议题”制度，党委学习贯彻习近平总书记重要讲话和重要指示批示精神17次、67篇次。组织召开党委会49次、研究“三重一大”决策95项，修订“三重一大”决策制度实施细则、决策权责、涉法事项清单。

2022年，上海销售完成两级党委和17个基层党支部换届选举，选优配强新一届党组织班子，在战疫情等急难险重任务中考察识别干部和发展党员，新接收预备党员16名、转正27名。上海销售主要领导分别当选上海市第十六届人大代表、第十二届党代表，袁婷婷获评上海全国五一劳动奖章，王喜庆、洪赫、焦丽芳和金二站分别获评上海市五一劳动奖章、五四青年奖章、三八红旗手、巾帼文明岗，一批优秀党员干部员工充分释放了典型引领的榜样效应。强化政治监督，健全“第一议题”台账，制定公司党委关于加强对“一把手”和领导班子监督的工作手册，按专业线特点细分22项监督内容，围绕“三重一大”“反围猎”等事项开展相关监督检查8次。完善“三不”体制机制，查处违反中央八项规定精神问题2个，处分党员干部3人，收到信访举报及各类问题线索6个，立案并结案1个，向司法机关移送问题线索1个，运用第一种形态26人、第二种形态2人，对3名新提任领导干部开展任前廉政谈话，时刻警钟长鸣；聚焦“小金库”“微腐败”“加油卡管理”等方面问题开展专项整治，提出整改建议10项。对防疫特殊阶段领导干部履职尽责、防疫物资采购发放等工作督促检查；开展营销支出等专项审计，提出建议18条，促进科学规范经营。发挥巡察利剑作用，制定巡察工作规范，对4家单位开展常规巡察，发现问题92个，提出意见建议18条，完善“后半篇文章”。持续加强作风建设，修订贯彻落实中央八项规定精神实施细则，开展违规吃喝、公务用车、化公为私、设租寻租自查自纠，组织领导干部进行“影子公司”“影子股东”问题申报，维护良好生态。

【员工队伍建设】 2022年，上海销售深化“人才强企工程推进年”活动，首次建立公司市场营销专业技术人才队伍，全年选聘市场营销专家及高级专家5名、市场营销专员14名，提升市场前端引领能力。完善人才保障机制，出台高技能人才等2项管理办法、新入职高校毕业生培养等3个方案，引进高校毕业生9名，选聘企业技能专家1名、特级技师2名，培养集团级催化师1名、青年培训管理者1名，新晋高级考评员7名、考评员25名，75人通过高级工技能等级认定，9人取得副高级职称，上海销售高层次人才结构进一步完善。参与集团公司第二届生产创新大赛，攻关集团级难题2个、企业级难题4个。推进职业技能提升行动，举办职业技能竞赛，1人破格晋升高级技师、3人破格晋升技师、3人破格晋升高级工，完成自主培训项目43个、受训7100余人次。“大上海保卫战”时期，精准投放人力资源，坚决保障全员基本收入，为600余名在岗员工供应生活和防疫物资，为全员发放爱心大礼包，并做好基层员工心理疏导和关心关爱。构建和谐劳动关系，顺利完成332名管理人员、127名站经理人事档案专项审核全覆盖；合规办好员工招退工、社会保险、企业年金和补充医疗、重疾保障等，帮助31家系统单位69人代缴“五险一金”，稳妥办好退休人员过渡年金及各项福利待遇发放，为员工续保补充医疗和重病保障项目，帮助50名员工申报居住证积分，10名员工取得上海户口，解决了一批员工急难愁盼问题。

【企业文化建设】 2022年，上海销售升级企业文化建设体系，开展集团公司新版企业文化手册全员教育，颁布上海销售首个企业文化建设实施方案；文化载体全面更新，优化升级公司展厅内容，重制上海销售形象宣传片，打造三新、嘉四文化示范站，139个库站完成新版企业文化理念上墙。常态化开展全国文明单位、上海市文明单位、加油站文明行业创建，首度以直播形式开展中国石油开放日，9家媒体线上参与并予以正面宣传，文化兴企有效塑造员工认同与热爱，带动了品牌价值、社会形象的全面提升。

（安明珠）

中国石油天然气股份有限公司湖北销售分公司

【概况】 2000年5月，西北销售公司通过组建控股公司——南顺中油销售有限公司进入湖北成品油市场。2002年10月，湖北市场划归华北销售公司管理，中国石油天然气股份有限公司湖北销售分公司（简称湖北销售）正式注册成立。2004年4月，集团公司正式组建华中销售公司，主要负责华中河南、湖北、湖南三省成品油销售及市场开发工作。2008年12月，河南、湖南上划集团公司管理，华中销售公司与湖北销售公司整合，实行“一个机构、两块牌子”运行。2009年12月，注销华中销售公司，湖北销售以省属公司模式运营管理，主要承担中国石油在湖北省的成品油销售、市场开发、网络建设等业务。办公地点位于湖北省武汉市江汉区常青路149号中国石油武汉大厦。

湖北销售主要经营指标

指　标	2022年	2021年
成品油销量（万吨）	280.73	288.68
汽油销量（万吨）	138.58	157.36
柴油销量（万吨）	142.15	131.32
润滑油销量（万吨）	0.44	0.43
加油站总数（座）	817	813
油库数量（座）	12	13
油库库容（万立方米）	30.68	22.53
纯枪销量（万吨）	190.17	193.4
非油业务收入（亿元）	10.91	10.55
非油业务利润（亿元）	2.30	1.70
吨油费用（元）	479	485
资产总额（亿元）	106.68	104.41
收入（亿元）	249.86	211.88
利润（万元）	2195	1696
税费（亿元）	1.9	2.06

湖北销售是中国石油所属驻鄂企业牵头单位，负责中国石油在鄂企业与地方政府的联络与协调。2021年底，机关本部设9个部门、2个附属机构、2个直属单位，下辖14个分公司和9个股权企业。有员工4249人，其中合同化100人，市场化4149人，平均年龄42.8岁，实行同工同酬。运营加油站817座、油库12座（资产型6座，其中2座关停；租赁型6座），资产规模逾百亿。2022年全年实现利润2195万元，销售成品油280.73万吨，其中零售190.17万吨、直批（含互供）90.56万吨，车用天然气销售951.88万立方米，非油收入10.91亿元，毛利2.3亿元。

【油品销售】 2022年，湖北销售着力市场运作，推动经营组织上台阶。坚决落实集团公司“二十四字”营销方针和“六个坚持”基本遵循，用活用好“量效平衡、效益优先、毛利最大化”经营策略，扩销上量近年最佳，盈利水平全面提升，一体化营销初见成效，主要经营指标符合预期。

提升销售质量。提质量、增效益，严控吨油营销支出，把控节奏增强纯枪创效能力，全年纯枪略有下降，实现毛利9.49亿元，同比增长0.4%，营销支出5.29亿元，同比基本持平。盯走势、抢机遇，不断优化量本利日监测，直批销售更加精准，全年实现直批毛利0.8亿元，同比增加0.29亿元，增长56.86%。牢牢把握市场导向。观大势增销柴油，批零互动精准客户政策实施，全年柴油销售141.07万吨、同比增长9.97%，其中零售81.08万吨、同比增长13.69%，柴油相对市场份额突破30%，同比提升2.35个百分点，零售相对市场份额达到28.71%，为2019年以来最高，直批连续2年增长。谋长远稳定客户，深入“1+2”会员体系建设，丰富会员营销手段和模式，汽油卡销比29.78%，同比提升6.29个百分点，汽油价格到位率98.62%，排名区外第三，“中油好客e站”App注册客户116万，股份公司销售分公司排名第三，有效支撑汽油销售。

【非油业务】 2022年，湖北销售增强非油主业意识，统筹推进站内站外、零售批发、线上线下，不断改善销售质量，咬定全年完成毛利的目标，加强销售组织，探索实践业务路径，坚持成本控制，创造非油发展新态势。

开展系列性主题促销。全年开展年货节、牛奶节、饮水节、购物节、爱车节等促销活动，优选武夷山水、良品铺子等核心品类重点单品重点打造，其中，年货节良品铺子礼盒实现销售735万元，节日礼盒销售同比增长122%；饮水节武夷山水等累计销售36.8万箱，同比增长105%，增幅排名股份公司销售分公司第二；购物节活动商品累计收入6061万元，同比增长71%，排名股份公司销售分公司第三。非油毛利完成规模股份公司销售分公司第五。

开展机制性工作实践。建立对标机制，全年下调318个商品采购价格，调价商品的平均采购毛利率提升5.1%。实施采购降本谈判，全年组织3次续签集中谈判，推行带量采购、竞品谈判，争取供应商搭赠商品1100万元，争取返利等政策支持82万元。实行公开招商，新品平均采购毛利率达38.2%，同比增长4个百分点。推行厂家直配、商品直配，全年直配近1.65亿元，同比增长26.2%，节约运费791万元。

开展推进性销售组织。突出单品、站外、全员销售奖励，不断提升员工积极性，单品销售奖励近500万元，明确团购客户开发意见，下半年以来实现收入1260万元，兑现奖励31万元。完成油惠商城升级，完善商城直播、员工分销、异业合作等重要功能。开展常态化直播组织，建立主播人才库，选拔优秀主播30人。分步推进自有廉洁文创产品设计、开发和营销，已完成开发产品30余款。

【资源运行】 2022年，湖北销售精细组织资源保障。因时因势摆布资源，4月担当承接疫情地汽油资源疏散，获补贴近1200万元，10月协调沟通国家粮食和物资储备局、中国石化销售股份有限公司湖北石油分公司，湖北销售内部“一盘棋”调度，超额完成上级下达汽油资源接收任务。全年有序衔接，确保紧平衡时段的柴油供应和增量创效时的资源保证，全年调入资源281.13万吨。优化二次配送路径，实施运距校正，平均运距降低4.91千米。公路损耗降至万分之四点八，同比下降2.7个万分点，建立油库盘点稽查长效机制，开展付油参数动态监控，自负盈亏库实物保管损耗率负的万分之四，同比下降0.5个万分点。

【投资建设】 2022年，湖北销售着力基业构建，推动转型升级上台阶。坚持效益发展、质量发展，灵活开发策略，强化工程管理，探索加油、加气、加氢、充换电、光伏“五位一体”综合能源服务站建设。加强投资管理，年度计划控制在1.44亿元以内。分批下达、动态调整，维修费发生1845万元。通过关停系统、设备利旧等，降低信息维护费。加强与国资平台、优势民企合作，与国家电网、中国铁塔等单位签订战略协议，达成项目合作意向。有序推进品牌输出和合作经营，实现品牌收益及资产创效。完成15项遗留问题项目清理，关键证照补办10个。落实上级部署，推进车用加气终端一体化整合。谋划布局加快新能源规划实施，光伏项目完工75个，其中自建31个、合作44个，充换电项目试点实施10座，建成投运1座。开展信息化自编程工作，8个模块取得突破，加强网络安全，提升防御防护能力。

【合规管理】 2022年，湖北销售着力改革实践，推动合规治企上台阶。通过方案明确、积极践行，深入推进“阿米巴”经营，“人人都是经营者”的理念迅速形成，营造能动环境实现经营创效目标。紧扣“1521”治企方略，开展课题研究揭榜挂帅，确定课题27项。结合大部制改革，组织制度新增、废止和修订，汇编规章制度152项，完善程序文件152个，编制机关作业看板126个。加强合规采购，推进采购降本增效，全年节约资金186.08万元。维护权益紧盯纠纷处理，推动结案完成，其中结案存量案件7件、结案新发案件7件，综合结案率70%，执行回款927万元。推进“四查四提升”专项行动和“合规管理强化年”活动，实施企业发展能力评价，明目标、查不足，提升管理水平。深化内部改革，制定6大类24项任务，改革目标如期实现，推行“充分放权、授权、搞活”试点，增强内生动力，咸宁分公司借助扭亏脱困试点改革，账面同比减亏1542万元。强化股权管理，规范股权企业运行。加强用工服务外包管理，注重人均劳效提升，全口径人均纯枪量361吨，同比增长7%，全口径日均十吨纯枪用人9.3人，同比下降0.6人。

【管理创新】 2022年，湖北销售树牢改革意识，着力推动重点领域改革、体制机制变革，企业活力动力迈上新台阶。推进国企改革三年行动，任务完成率100%，获集团公司肯定。大部制改革全面推开，两级本部机构设置、人员编制及领导职数全部到位。优化所属单位领导体制，在11家单位试点模拟法人治理结构。推进充分放权、授权、搞活试点，咸宁分公司成为集团公司改革典型。探索实施小站承包、巴团管理等模式，全口径优化用工560人，节约人工成本1650万元，人均纯枪量361吨、同比增长7%。改革预算管理体制，实行两级政策穿透，还原补贴奖励4669万元。深入推进人才强企战略，完善“生聚理用”选拔培养机制，专题召开组织人事工作会议，发布“十四五”人才发展规划，加大人才选拔培养力度，建立完善领导干部退出机制，兼顾机关与基层选拔配备13名所属分公司总经理助理，改革机关非领导职务晋升机制，举办中青年干部培训班，先后调整中层干部63人次，提拔重用20人次，其中45岁以下13人、占比达81.3%，打造高素质专业化干部队伍。全面助力人才创造价值，组建公司信息化编程队伍，技能专家、特级技师实现从无到有，2项一线创新成果获集团公司创新大赛二等、三等奖。

【党建管理】 2022年，湖北销售树牢党建意识，着力推进党的全面领导、全面从严治党，党建引领能力迈上新台阶。全年开展“第一议题”学习24次，先后组织《摆脱贫困》学习成果发布会、党的十九届六中全会精神交流研讨会，两级班子深入开展“大宣讲、大调研、大督导”活动，组织专题学习11次，发表专题文章40余篇，推动党的二十大精神学习宣贯走深走实，党员干部政治“三力”有效提升、“两个维护”更加笃定。落实意识形态责任制，保证马克思主义在意识形态领域的指导地位。着力巩固基层组织建设，基层党建“三基本”建设和“三基”工作有机融合。深化构建“大监督”格局，加强对“一把手”和领导班子监督，组织开展“机关作风建设年”活动，深入开展“反围猎”专项行动、违规吃喝专项治理，严防“四风”反弹回潮。统筹推进巡视审计和巡察发现问题整改，实现党的十九大期间巡察全覆盖，审计数据仓库建模获集团公司二等奖、为股份公司销售分公司最好成绩。创建廉洁文化宣传员——“楚晓廉”系列文创产品投入市场并在中国石油展览厅展出，得到集团公司党组领导肯定。助力乡村振兴，热心参与公益行动，创新开展媒体开放日活动，有效提升企业形象。

（史业鹏　罗　婕）

中国石油天然气股份有限公司广东销售分公司

【概况】 中国石油天然气股份有限公司广东销售分公司（简称广东销售）前身为1998年9月成立的广州经济技术开发区中油油品销售中心。2002年12月更名为中国石油广东销售公司，先后隶属华东销售、华南销售。2008年12月，划归股份公司直接管理。2018年9月，被定为一级一类企业，2011年11月25日，广东销售分公司机构规格由副局级调整为正局级。广东销售主要负责中国石油在广东地区油气销售、网络开发建设工作，受托管理中油碧辟石油有限公司。截至2022年底，广东销售投运加油站1064座，运行资产型油库10座，总库容达140.1万立方米，资产总额257.14亿元。共设有9个机关部室，2个直属机构，1个附属机构，21个地市分公司，1个综合服务中心，97家股权企业，有员工11525人。公司党委下设26个二级党委，4个党总支，158个党支部，党员2037名。

【油气销售】 2022年，广东销售面对原油宽幅震荡、新冠肺炎疫情跌宕反复、能源加速替代、外部政策瓶颈等多重压力，全面防控疫情、科学运作资源、积极平衡量效、全力提质增效，保持总体向好的发展态势销售成品油798.2万吨，其中纯枪426.46万吨（含中油碧辟198.5万吨）；直批371.7万吨（含中油碧辟3.4万吨），同比增长1.5%。深化区域目标市场责任制，

广东销售主要经营指标

指　标	2022年	2021年
成品油销量（万吨）	798.18	807.83
汽油销量（万吨）	380.36	464.89
柴油销量（万吨）	417.82	342.94
加油站总数（座）	1064	1105
油库数量（座）	10	11
油库库容（万立方米）	140.1	142.5
纯枪销量（万吨）	426.46	443.50
非油业务收入（亿元）	15.32	13.22
非油业务利润（亿元）	2.03	1.69
吨油费用（元）	394.91	448.92
资产总额（亿元）	257.14	239.36
收入（亿元）	669.71	565.52
利润（亿元）	0.10	5.22
税费（亿元）	11.06	9.17

设立客户开发专项奖励，116 名客户经理全年交易客户 5017 家，同比增长 56.4%。不断优化客户结构，直销占比从年初 47% 提升至 57%。开拓线上市场，直批 App 客户认证率实现 100%，线上订单量和业务量均以指数倍数增长。其中，“线上抢购”互联网营销活动，实现 2.1 万吨柴油在 2 小时内被抢购一空。零售会员体系日益完善，发放个人电子卡 92.8 万张，汽油移动支付比例由年初 4.8% 提升至 14.9%；开展“逢 8 约惠”会员日活动，累计充值 0.91 亿元。利用系统工具，精准挽回流失客户 7.5 万人，实现汽油增量 3000 吨。异业合作拉新引流，售券 2.9 亿元，合作方补贴投入 3656 万元。抢夺高频客户市场，建立集团及高频客户组 669 个，销售汽油 11.4 万吨，获专项补贴 782 万元。佛山分公司与顺德高端餐饮异业合作，带动附近站点 98 号汽油实现 26% 的销售增长。

【非油业务】 2022 年，广东销售店销非油收入 14.9 亿元（含中油碧辟 3.8 亿元），同比增长 15%；非油毛利 3.3 亿元（含中油碧辟 1.1 亿元），同比增长 8.4%。广东销售激活一线，优化管理模式。统筹各团组非油指标，同步选拔 131 名店长，将定价权、订货权、促销权等五项权利下放到一线门店，效益重返股份公司销售分公司第二。制定全员营销方案，通过重点关注大礼包、粮油、烟酒等大宗商品团购，实现店外销售 2.5 亿元，同比增长 26%。韶关分公司非油规模首次突破亿元大关，以“四线”的区位赢得“一线”的业绩。举办首届非油业务发展论坛，培育 1500 万以上级战略合作伙伴 11 家。以爆款思维打造常态化主题营销活动，实现销售收入 2.1 亿元，打造爆款礼包 46 组，带动家庭食品销售 1.5 亿元、奶类 0.6 亿元、酒类 1.7 亿元，分别同比增长 23%、61% 和 164%。开展“粤星之秀”等直播大赛 191 场次，实现收入 860 万元。创新业态模式，“化肥专营门店”“前置仓 + 服务中心”轮胎综合店相继开设，化肥、轮胎销售收入分别同比增长 64% 和 43%。加强润滑油业务顶层设计和服务体验，开发 70 个合作换油点，实现销售收入 0.84 亿元，同比增长 25%。优化店销模式，因站施策，“千店千面”打造旗舰店 86 座，平均日销增量 832 元。全面推行“满货位”运行，交班盘点效率和商品临期管控水平显著提升。着力打造“三品工程”，共引入新品 907 个、淘汰滞销品 860 个，49 家供应商 701 个商品相继实现“以销定结”，库存资金占用同比压降 1204 万元。开发 5 个系列毛利率近 50% 的自有商品，英九红茶、新会陈皮等 11 款广东特色单品进入全国集中运营目录，正式开启向全国两万多家“昆仑好客”供货之路。

【加油站管理】 2022 年，广东销售在一季度全面完成 131 个团组组建工作，通过“五统一、五 +N 授权、N 配套”，促进团组内部资源共享、优势互补，实现从单兵作战向集群作战模式的转变。开发应用“团组看板”“经营报表”和“智能报告”模型，团组效益意识、算账能力显著增强。韶关分公司 7 个团组因地制宜开发高频客户、打造网红特色营销，纯枪销量同比增长 46%，毛利增长 25%。梅州分公司优化“大排班”运作，人均劳动效率提升 37%。依托团组在全省范围内开展市场化营销活动，整合资源、以小博大、以打促和，活动站点 295 座，环比实现汽油日均增量 304.4 吨，增幅 16%，下半年最高达 31%，累计增量 6.5 万吨，增效 1574 万元，环比上半年提高 4.2%，一线营销队伍逐步实现从不敢打、不善打到能打仗、打胜仗的转变。珠海分公司在纯枪销量增长 10% 的前提下，增加纯枪毛利 0.79 亿元，计划完成率 155%，同比增长 35%，增幅居全省首位。

【油库管理】 2022 年，广东销售通过优化配送路线、加大地付出库量、统筹小油车调配，节省公路运费 1132 万元。调整湛江恒茂等油库库转结费模式，实现仓储费下降 676 万元。合理释放富余库容，创造对外仓储收益 647 万元。以实施“五小工程”建设为纽带，加速推进企业文化建设，完成中山民众和肇庆中寰油库“五小工程”项目建设，加速完善油库现场“标准化、规范化、定置化”建设，一体推进油库 6S 管理。组织 9 座油库修订完善各类应急预案，制作油库入库安全检查视频，规范提油作业人员操作流程，提高安全意识；通过企业微信规范作业票的管理，实现可视化、痕迹化管理。利用“四查四提升”强管理专项行动契机，围绕 32 项重点问题在储运分公司机关和油库开展全面自查，共查找问题 121 项，制定改进措施 130 项。优化油库岗位设置，初步建立“大岗位”运行模式，推行“一人多能”的业务多面手，提高劳动效率，减少油库用工 24 人。建立员工交流轮动机制，推进赋能提素。常态化开展储运分公司机关与基层、基层与基层之间的交流机制，全年交流员工 15 人次。

【投资建设】 2022 年，广东销售投运站点 79 座（本部加油站 6 座、合资合作 6 座、品牌输出 27 座、橇装站 26 座；中油碧辟加油站 3 座、品牌输出 11 座）。开展合资合作，成立专项工作组，加大工作推进力度。确定目标合作对象 43 家，其中，23 家取得合作意向，10 家进入洽谈环节，7 家形成合作方案，3 家实现项目落地。清远中油龙口公司率先实施合作经营，每年降租96万元，经营半年来减亏161万元、实现增量4300吨。广州冠力项目通过“5+2”模式，预计新增年销量7.4万吨、非油收入1000万元，截至2022年底已投运加油站5座，日均销量150吨、非油收入1.8万元。深圳友之源项目新增加油站2座，增加年销量2万吨、非油收入150万元。至此，合资合作开发加油站10座、新增年零售能力10万吨的“双十”目标实现。坚定多能互补战略布局。践行“共生、共享、共赢”理念，拓展轻资产网络，全年品牌输出站点38座，增加年销售能力25万吨；投运橇装站26座，增加年销售能力3.7万吨。坚持传统能源和新能源统筹谋划，充换电、加氢、光伏一体推进，抢抓新能源发展机遇。拓展光伏业务，建成光伏项目20座。与巨湾技研、天枢新能源、雄川氢能、东方重机等龙头企业在充换电、加氢方面深化合作，推进合作成果落地。佛山罗格加氢站顺利投运，获得政府补贴250万元，率先打造“油气氢电非”综合服务商地市新样本。

【质量安全环保】 2022年，广东销售落实党中央、地方政府和集团公司防疫要求，从“科学精准、动态清零”到“稳中求进、走小步不停步”，密切跟踪新冠肺炎疫情态势，因时因势优化调整防控措施，配齐配足各类防疫物资，抓实抓细两级机关和基层库站现场消杀，应对广州、深圳等地的复杂严峻形势，截至“新十条”优化防疫政策发布前，广州销售始终保持“零疑似、零确诊”良好局面。派出90名志愿者赴番禺风山方舱医院支援抗疫，关键时刻彰显央企“大抗疫”格局。举办安全环保履职能力培训班和作业许可培训班6期，组织HSE履职能力评估274人次，常态化开展会前安全经验分享，干部员工安全履职能力得到跨越式提升。对浮盘改造等重大风险进行重点盯防，每日安排一名二级副以上人员值守，以全程高压监管态势确保施工过程本质安全。推进隐患治理，全年安全生产隐患治理投入1.2亿元。QHSE体系审核和各类安全检查发现问题866项，整改800项，整改率93%；年初环境风险隐患筛查出的122项问题已全部整改。持续加大24小时视频扫站和“四不两直”检查力度，全年安全生产记分858人次，问责8人次，兑现安全专项奖励基金376万元。全年检验油品4322批次，出入库合格率100%。库站接受地方政府和集团公司抽检583批次，地市公司自检931批次，检验结果均为合格。加强油品损耗管理，加大运输超耗赔付力度，优化铁路配送计量方式，强化地市公司损耗考核排名，全环节损耗盘盈1.54亿元，损耗管理水平稳步攀升。

【企业党建工作】 2022年，广东销售认真落实“以高质量党建促进高质量发展”要求，做好迎接和学习宣传贯彻党的二十大精神各项工作，制定详细工作方案及二十一项重点措施，用党的二十大精神统一全体干部员工的思想和行动。围绕广东销售成立20周年举办系列纪念活动，充分展示广东销售成立20多年来由小到大、由弱变强的发展历程，激发广大干部员工在新征程上继续书写更美更好的“春天的故事”。坚持“两个一以贯之”，把党的领导深度融入广东销售治理之中，确保党委决策依法合规，各治理主体各负其责、高效协同、形成合力。强化各级党组织书记述职评议考核，推进22家二级党委完成换届，管党治党责任层层传导、有效落实。探索以团组管理为基本形态的党组织设置结构，促进基层党建和生产经营深度融合。一体推进“三不”体制机制建设，组织违规吃喝和“反围猎”专项整治，健全内部违规处理机制，开展领导干部任职回避排查、整改，全年党政纪处分8人、诫勉谈话8人、组织处理36人，完成对6个基层党委的专项巡察，发现问题483个，移交问题线索4条；开展巡视、审计等发现问题整改专项整治，历年巡察发现问题最终销项率达98.07%，风清气正的政治生态持续巩固。

（徐　彬）

中国石油天然气股份有限公司云南销售分公司

【概况】 中国石油天然气股份有限公司云南销售分公司（简称云南销售）前身是成立于1999年2月的中国石油西南销售公司。2008年底股份公司销售管理体制调整后，改名为中国石油天然气股份有限公司云南销售分公司，主要负责中国石油在云南省的市场开发，成品油批发和零售业务，便利店、润滑油、化工产品和汽车服务等非油销售业务，以及车用新能源相关业务。2022年底，下设9个机关职能处室、1个附属机构、2个直属机构、15个地市公司、41个控参股公司，员工总数4721人，党员1625人（占比34.42%），员工平均年龄35.4岁。资产总额168.23亿元，运营加油站849座，油库6座，库容41万立方米。

2022年，云南销售实现成品油销售总量523.46万吨，在股份公司销售分公司排名第六。其中，自营销量460.79万吨，同比下降5.5%；纯枪销量258.59万吨，排名区外销售企业第三，同比增长3.9%。非油店销收入13.61亿元，在股份公司销售分公司排名第五，同比增长9.8%。净利润排名区外销售企业第四，完成股份公司销售分公司调整目标。在云南省百强企业排名第九。

云南销售主要经营指标

指 标	2022年	2021年
成品油销量（万吨）	523.46	601.05
汽油销量（万吨）	191.24	247.2
柴油销量（万吨）	332.22	353.85
润滑油销量（万吨）	0.32	0.31
加油站总数（座）	849	831
油库数量（座）	6	7
油库库容（万立方米）	41	42.8
纯枪销量（万吨）	258.59	248.9
非油业务收入（亿元）	13.99	12.61
吨油费用（元）	368.66	336.83
资产总额（亿元）	168.23	169.05
收入（亿元）	456.6	416.05
税费（亿元）	2.56	3.06

【非油业务】 2022年，云南销售把改革创新作为重要抓手，充分释放非油业务活力，各项指标排名股份公司销售分公司前列。做优站内生态圈，着力构建“产品+汽服+餐饮+广告+服务”平台化发展新格局，打造样板店103座，396座站点收入、毛利双增，大理分公司毛利超年度任务。牛奶节、家清节等8期主题专项促销，累计收入1.66亿元、毛利3316万元，饮水节竞赛在股份公司销售分公司排名第三。优化调整“洗车点+汽服店”网格化布局，现有汽服网点在营站覆盖率50%，“咔咔”成为全省最大自营汽服网络。做强站外增收圈，坚持打造“品牌输出+渠道运营+产品服务”的一体化营销创新平台，合作社会终端店超150座，邮政站外店增至15个，增收2000万元。先后与京东数码、1919酒类连锁合作，投运17个中心店，增收700万元。推动“雲品出滇”全国集采，创收2800万元，同比增长30%。抓住振兴乡村经济、下沉渠道政策，欢宴大米单品收入1700万元，尼尔森榜单排名第四。紧抓复工复产，开发企业客户116家，润滑油销售4700万元、车用尿素6058万元，车辅车润产品销售收入、毛利分别同比增长25%、24%。打造化工农资终端店30个，化肥业务增收6000万元。做实线上平台圈，依托天猫、抖音等多平台，借力专业机构，深化电商运营，扩充线上商品2815种。发挥区域社群优势，策划直播279场，创收950万元，新增会员60万人。以“云花、云果、云茶、云特”为主题，引入爆款商品线上分销，腾药礼包销售超200万元。

【安全环保数质量】 2022年，云南销售把本质安全作为基础保障，维护自身发展大局安全和谐稳定。坚持把员工生命安全和身体健康放在首位，压紧压实“四方责任”，因时因势优化防控措施，有效应对全年多轮疫情反弹，稳妥处置云南销售机关办公楼涉疫封控，应对年末感染高峰冲击，有效维护云南销售正常经营管理秩序。制定落实《喜迎党的二十大二十六条重点措施》，狠抓冬奥会、全国两会等重点特殊时段管控，加强安保防恐、散装汽油、高危作业等经营管理风险管控，获集团公司特殊敏感时段维稳信访安保防恐电报嘉勉。两级党委研究部署QHSE工作制度化，15家股权企业纳入审核体系。两轮全覆盖量化审核发现问题2380项，整改率99.6%，国家大型储油（气）基地专项检查发现问题整改率100%。QHSE体系量化审核得分86.42分，244名领导干部HSE履职能力评价优秀率90.2%，体系运行质量提升明显。全面落实安全生产十五条硬措施，压紧压实全员安全生产责任，85座高风险站“一站一策”制定应急预案，65个重点防范目标完成达标验收，通过国务院安委会3次督导。21座加油站安全环保证照缺失问题如期销项。油品数质量内外抽检合格率100%，损耗盈余2.06‰。

【网络建设】 2022年，云南销售把转型升级作为发展方向，全力建设“油气氢电非”综合服务平台。

加快适应投资政策新要求，坚持高质量开发网络，全年新投运经营网点33座，投资计划完成率98%，投运网点计划完成率107%。以合资合作方式轻资产、低成本拓展网络，昆明罗衙站、玉溪盘溪站、昭泸高速和平服务区站等一批合资项目相继投运。强化过程合规管控，新投运站点手续证照齐全完备，在营站工程档案归档率98%，逾期未付款工程建设项目专项治理完成率97.95%，秧田冲航空煤油储运项目完成政府专项验收。推动设备全生命周期管理，库站日常巡检排名位于股份公司销售分公司前列。加强实物资产全过程管控，安宁、大屯油库实现资产调拨处置收益848万元。适应转型需求，推进新能源布局，建成丽江永胜光伏发电站，完成昭通荷花LNG加气项目设备采购、施工选商和曲靖大水井加气站项目施工图设计，完成33座光伏发电、6座充电项目立项。

【市场营销】 2022年，云南销售始终把价值创造作为核心，破局立势定义新营销，推动油品销售扩销增效。坚定战略出击，推进“站、客、机、营、服”48项纯枪增量措施，全力落实区域市场及加油站商圈分类营销，133座吨级站销量103万吨，29座新开站增量6.6万吨。发挥“1+15+N”创新营销工作室作用，发行电子卡182万张，超股份公司销售分公司目标任务109万张，带动汽油消费30.6万吨。提升油站现场服务质量，投诉同比下降65起。健全机制直批扩销，开发南方电网、邮政、国储局等单位客户1800余家，同比增加410家，贡献销量32.5万吨。二次开发集团客户，销量超31万吨。全年社会加油站客户销量超40万吨。健全直批营销机制，102名客户经理实现销量128万吨，人均销量1.25万吨、创效208万元。

【“双低”站治理】 2022年，云南销售创新体制机制，以“双低”站摘帽为重点，按照精、销、盘、投、创、领、合、控、减“9字方针”，以“1+8”模式（即：精准帮扶+营销提升、现场盘活、投资改造、创新管理、人才引领、合资合作、源头控制、资产减负）推进“双低”站治理，155座低销站累计完成销售21.1万吨，日均单站销售3.72吨。按照股份公司销售分公司年销量1000吨以上摘帽标准，实现低销摘帽115座。

【首批试点批零一体化调拨价格】 2022年7月起，云南销售试点批零一体化调拨价格，坚持整体推进与重点突破相结合，充分发挥云南销售下属分公司市场主体作用推动批零一体化。以“稳规模、优结构、增收入”为目标，坚持“业财融合、批零价格、产品销售、营销策划、客户开发、经理队伍考核、分公司批零考核”七个一体化同向发力，以数字化营销和会员管理体系为支撑，在经营上放活、管理上从严、考核上精准，制定43项增量措施，开发完善“事前算赢量利平衡系统”，优化量利评价配套政策，优化月度运行管控，提升云南销售整体经营效益。2022年，批零一体化销量29.78万吨，纯枪销量同比增长9.69万吨，增幅3.9%。

【跨界出圈引流增量】 2022年，云南销售构建全域零售会员体系，中油好客e站会员达531万人。优化营销活动，固化10惠日、周二会员日等促销活动，加油卡充值额9.1亿元，非油销售1446万元。与高德联合打造主题站，与银联等17家商业平台权益互嵌，引入异业资源超5500万元，带动消费超4.14亿元。多轮循环激活70余万名睡眠、低频客户，唤醒10.6万人，带动汽油消费5447万元。锁定车主“第一箱油”，开发4S店409家。

【一体化营销】 2022年，云南销售发挥驻滇企业协调组组长单位作用，实施客户、渠道、产品、信息、平台共享，推动一体化营销，驻滇企业共采购油品1.05万吨、非油商品200万元。29座加油站增设昆仑燃气充值点，充值324万元。设计油非组合包，优化缩减两级营销活动97个。全省323座站开展加油免费洗车，带动汽油日均增量30多吨。主非油融合开发营销，新开发单位客户6750家，新增销量23万吨。

【滇油滇销】 2022年，云南销售始终把“滇油滇销”作为责任使命，坚定产业链“一盘棋”整体运行，维护集团公司整体利益最大化。坚持一体化运作树标杆，联合云南石化共同研究产销一体化协同机制，滇油滇销比例达72%。加强政企合作，联合省市两级商务、文旅部门发放加油电子消费券，引入政府及异业资源2600万元，油非联动、压减支出，引流客户30万人，带动加油消费3亿元。协调政府部门率先办理中国石油电子卡，累计开发3688家企事业单位，公务车辆消费1.36亿元，办理电子卡8.27万张，实现销量1.7万吨。

【资源优化运作】 2022年，云南销售坚持“地付优先、管输为主、铁路补充”运输模型，管输占比71%，铁路运输同比下降1.5%。一次物流降费800万元、仓储成本减少600万元。油库周转次数、万吨周转用人排名位于股份公司销售分公司前列。有序衔接产、运、储、销，同频价格走势提前运筹，把控节奏运作创效，降低资源购进成本3000万元。

【市场整治】 2022年，云南销售发力成品油市场整治，联合省发改委、商务、公安、税务等部门，加强成品油市场专项整治，叫停审批假冒新能源站20座，关停、停建31座，设立8个入省检查站，配合查缉车辆2.17万辆，查处案件195起，罚没油品860吨，刑事行政处理119人。临沧试点“加油站数据管理云平台系统”应用，文山全面推广，强化社会站税收监管。

【企业治理】 2022年，云南销售始终把企业治理作为长期任务，直面疑难杂症，狠抓风险防控，系统提升治理体系和治理能力现代化水平。落实集团公司依法治企及强化管理工作要求，加强法治宣贯教育，推动内控管理质量提升，修订专业线重点领域和关键部位94项廉洁风险点。规范43家股权企业行权管理，完成2家工商注销登记，5家有序清理处置，5家“一户一策”深化改革，股权企业运营加油站162座，销售成品油72万吨，实现净利润9475万元，股权投资收益6200万元。深入开展改革三年行动及对标世界一流管理提升行动，53项改革任务全面完成。34项对标指标分析完成率及30项对标提升行动任务完成率100%。修订发布《管理创新程序》，56项年度创新项目揭榜挂帅有效落实。

【“四查四提升”强管理专项行动】 2022年，云南销售深入开展“四查四提升”强管理专项行动，在股份公司销售分公司27项专项整治问题的基础上，新增“历史遗留项目问题”，制定下发1个整体实施方案、28个专项整治方案及配套问题责任清单，1647个问题整改完成率98.7%。组建工作专班，加速解决189集团项目等历史遗留问题361项，收回投资权益7158万元。强化制度建设，发布2023版内控手册，梳理识别重点领域廉洁风险点94项。结合管理规范新标准、新要求，制修订制度112项，制定管理措施241个，提出管理建议43条。以内控手册为统领、标准规范为支撑、岗位责任制为基础、多维度检查为保障的“四位一体”工作体系初步建成。

【数字化转型】 2022年，云南销售深化自建信息化项目专项治理，完成年度任务目标。强化零售会员体系等专业系统建设，420座站实现“一码洗车、一键结算”。统一运维模式试点，服务响应时间提升2.8倍。完成特殊时段网络安全保障，全年无重大网络安全事故发生。云南销售在集团公司网络安全攻防大赛获奖，满分通过内外网络安全专项检查。

【提质增效】 2022年，云南销售落实18项措施严控成本费用，商流费控制在19.5亿元，较预算、同比实现“双下降”，提质增效2.3亿元。加油站扭亏64座，扭亏减亏6983万元。争取昆明市政府促销专项资金3000万元，各级政府补偿、补贴2000万元，筹划退税1.56亿元，节约财务费用550万元。节约采购资金3890万元，两金压降完成率100%，库站闲置资产租赁收入2978万元。

【大部制改革】 2022年，云南销售稳妥推进“大部制”改革，两级机关部门实现“9+2”“3+1”改革目标。分流两级机关管理人员135人，减幅20%以上，万吨纯枪机关用人降至2.3人。切实提升组织运行效率，撤销地市分公司客户服务中心6个、片区经营部21个，组建阿米巴团队128个。二级单位分类评价持续优化，实现一类、二类、三类公司按照3∶4∶3比例强制分布。人力资源优化配置处于系统领先水平，获集团公司专项奖励。优化绩效薪酬分配体系，健全完善“一适应两挂钩”工资总额决定机制，建立起更加精准高效的部门化、团队化工资总额管控机制。规范专项奖励，调节分配关系，改善薪酬结构，调增基本薪酬，确保收入分配向人才高地、一线岗位倾斜。

【人才强企】 2022年，云南销售落实集团公司党组人才强企战略，制定《人才强企工程行动方案》，实施9个人才专项工程，制定32条具体措施，重点工作完成率100%。持续优化队伍结构，加大竞争上岗力度，提拔使用干部8人，交流任职25人，对10个分公司的总会计师进行交流调整。选派11名中层干部到省内州市政府部门挂职锻炼，外派3名、接收3名干部跨省交流挂职。强化干部队伍梯次配备，制定中层干部接替计划，加大优秀年轻干部选拔、竞争择优力度，云南销售40岁左右的干部占比22.43%，数量结构达到集团要求。技术技能人才队伍建设实现突破。出台专项方案，建立4个层级专业技术岗位序列，选聘市场营销专家8名，初选市场营销专员27名。充分发挥高技能人才骨干作用，张本荷获聘集团公司首批加油站操作技能专家，吴晓微获聘云南销售特级技师，成立省公司级储运业务专家工作室和7个分公司级技能专家工作室。全年组织初、中、高级工鉴定1321人，参加云南省第十九届职工职业技能大赛和集团公司第二届生产创新大赛，举办云南销售第八届职业技能竞赛，以赛促训建强技能人才队伍。

【党建群团】 2022年，云南销售坚持“围绕发展抓党建，抓好党建促发展”工作思路，加强党的领导、深化党的建设，推动经营量效增长，改革发展质量提升。加强政治建设，严格落实“第一议题”制度，以学习贯彻党的二十大精神、党的十九届六中全会精神及习近平总书记重要讲话指示批示精神为重点，领导班子累计开展党委理论中心组等集中学习61次，专题研讨6次，撰写研讨发言材料、学习心得42篇，胸怀“国之大者”、心系“企之要情”，学以致用推动云南销售发展。压紧压实“两个责任”，全面从严治党，驰而不息正风肃纪反腐，一体推进不敢腐、不能腐、不想腐“三不”体制机制建设，集团公司党组巡视反馈问题整改措施落实率98.8%，审计发现问题整改完成率77.3%。以优化完善纪检管理运行体系为主题，以持续深化纪检体制改革为主线，推进9个专项监督，完成4家基层党委巡察。加强基层建设，巩固拓展党史学习教育成果，“转观念、勇担当、强管理、创一流”“形势、目标、任务、责任”主题教育活动统筹推进、贯穿全年，领导班子深入基层调研走访100余座库站，召开调研会40余场次，开展主题宣讲21场次，凝聚干事创业力量。基层党建“三基本”和“三基”工作有机融合，顺利完成两级党委、团委换届。组织2期党支部书记专题培训班，实现培训全覆盖。开展“党建+”创新创效活动，探索“党支部+阿米巴”模式，激活零售终端，助推量效双增。聚焦员工群众急难愁盼问题，办实事361项。发挥工团力量，统筹组织“稳规模、降费用、提纯枪、增效益”劳动竞赛，精准开展“决战四季度，全力冲刺全年目标任务”专项竞赛，比学赶帮推动高质量发展。抓实“三级”医疗保障和“四季”常态关怀，划拨专项资金110.3万元。启动“青马工程”，建团100周年、“送欢乐下基层”等活动，引导青年员工在服务发展中成长成才。

【品牌文化】 2022年，云南销售坚持站在“品牌强企、文化兴企”高度，构建充满活力、富有魅力、特色鲜明的品牌文化。公司抓实品牌形象宣传，政务信息报送工作获集团公司表彰，稳居股份公司销售分公司前列。在内外部主流媒体发稿637篇，线上平台发稿超5000篇。举办“中国石油开放日暨沉浸式体验消费服务启动会”，新华网等100家媒体跟踪报道，活动影响力实现新突破。深化舆情管控，未发生重大负面舆情。加强典型示范引领。传承发扬石油精神和大庆精神铁人精神，16个集体、23名个人获省部级、集团公司级表彰。北二环加油站获评云南省“工人先锋号”和“五四红旗团支部”。“1+15+N”创新营销示范巡回培训，带动电子卡发卡超量完成全年目标任务。深度推进文化营销，深化“本荷”“金花”“金孔雀”三张文化品牌提档升级，开发“爱心防疫包”等5款文创商品，创收超3000万元，“好客生活”自有品牌深入人心。全面助力乡村振兴，贯彻落实省委、省政府工作要求，全年投入专项资金90万元，脱贫攻坚同乡村振兴有效衔接，云南销售再次获评云南省定点扶贫考核“好”等次。

【首座高德地图主题站】 2022年7月8日，云南销售首座“高德地图主题站”亮相昆明。为构建加油站信息化场景和数字化生活方式，全力打造“人·车·生活”生态圈。自2022年4月中旬起，云南销售与高德地图全面深化战略合作，基于高德地图导航动线的在线加油功能，全年全省共计747座站使用高德加油产生交易，累计核销电子券7.6万张，带动汽油消费超2400万元。

（金红梅）

中国石油天然气股份有限公司辽宁销售分公司

【概况】 中国石油天然气股份有限公司辽宁销售分公司（简称辽宁销售）成立于1955年2月，前身为中国石油公司辽宁省公司，1998年6月成建制上划中国石油天然气集团公司，2015年12月与原中国石油天然气股份有限公司大连销售分公司整合。2022年底，辽宁销售设9个职能部门、2个附属机构，下设18家二级单位和2家直属单位，另有股权企业34家。运营加油（气）站1419座、便利店1344座。在用油库12座，库容46.3万立方米。用工总量1.19万人。资产总额147.55亿元。

2022年，辽宁销售深入学习贯彻党的二十大精神，锚定建设世界一流销售企业目标，聚焦“油气、非油、新能源”三大业务，保持党建与经营同向发力、同频共振，开创发展形势稳中向好、经营业绩跃居前列、企业大局和谐稳定、队伍面貌焕然一新的发展局面。全年实现汽柴油销售总量594.4万吨，纯枪销量399.3万吨，非油销售收入15.07亿元，非油毛利2.46亿元。实现净利润4.03亿元，同比增长88.4%，创近6年最好效益水平。纯枪销量、非油销售收入、非油毛利、净利润等主要经营指标均位列股份公司销售分公司前三位。辽宁销售首次获评集团公司年度先进集体，业绩考核被评为集团“A级”。

辽宁销售主要经营指标

指　标	2022年	2021年
成品油销量（万吨）	594.43	615.49
汽油销量（万吨）	289.04	331.5
柴油销量（万吨）	305.39	284
润滑油销量（万吨）	4.15	4.55
加油站总数（座）	1419	1373
油库数量（座）	12	12
油库库容（万立方米）	46.31	46.31
纯枪销量（万吨）	399.27	421.42
非油业务收入（亿元）	15.07	14.17
非油业务毛利（亿元）	2.46	2.37
吨油费用（元）	407	426
资产总额（亿元）	147.55	136.16
收入（亿元）	539.44	479.73
利润（亿元）	4.20	2.30
税费（亿元）	5.03	6.63

【成品油销售】 2022年，辽宁销售坚持批零一体，主动配合做好批零一体化政策试点工作，分区域、分品号、分客户实施差异化营销，汽柴油综合价格到位率同比增长1.02个百分点。坚持“油卡非润”协同，持续打造“10惠”“油惠星期六”等促销品牌，全年参与人数201.3万人次，充值金额23.5亿元，同比增长9%。坚持线上线下互动，依托直批App平台，引流直批客户5500多个，直批线上订单占比超过99%；依托“好客e站”，发行电子卡153.6万张，汽油移动支付消费占比达15.8%。坚持开展“四率”提升行动，采取氛围营造、布局优化、开口营销、全流程诊断等举措，拉动进站率、加满率分别提高7.1%和6%。坚持推动市场整治，通过“打谈结合”的方式，取缔侵权站25座。坚持做好客户服务，实施分级分类客户管理，两级公司开发和维护直批活跃客户5593户，通过电话回访挽回睡眠客户近8万人，新增充值金额1亿元。

【燃气销售】 2022年，辽宁销售落实集团公司、股份公司销售分公司天然气销售管理要求，规范车用燃气资源集中采购，完成与昆仑能源、昆仑燃气采购合同签订工作，理顺ERP购进、财务结算流程，全年实现燃气销量5.29万吨，节约采购成本97万元。

【润滑油业务】 2022年，辽宁销售实现国内大功率风机和城轨机车齿轮箱国产化替换两项零的突破。率先建立与军工企业战略合作，实现润滑油销量4.15万吨，昆仑全品类销量继续保持销售企业领先。

【非油业务】 2022年，辽宁销售非油业务突出“做优存量、做大增量，夯实站内、做大店外”的工作思路，依托“一体化”营销、“专业化”运营、“多元化”发展，实现非油收入、毛利克服新冠肺炎疫情影响逆势增长。精心策划年货大集、购物节、爱车节等大型活动，通过电子券引流提升客户黏性，实现店销业务收入14.97亿元，同比增长6.5%。围绕打造“人·车·生活”生态圈，不断丰富完善便利店服务功能，首座肯德基加盟店落地沈阳鸭绿江街站，年收入突破300万元；开设洗车网点207座，实现收入3861万元，同比增长24%。打造特色自有商品，开发格兰登堡啤酒、三沟白酒、昆壮牌化肥等爆款自有商品，实现销售收入2.12亿元，同比增长125%。借助外部合作拓展农资市场，与辽宁卫视黑土地栏目合作，拓宽化肥销售渠道和宣传影响，累计销售化肥6.9万吨，实现销售收入2.48亿元、毛利2364万元，同比分别增长55%和48%，双创历史新高。

【网络建设】 2022年，辽宁销售深入推进网络优化工程，新开发加油（气）站30座，投运21座，续租13座，新增零售能力13万吨，新投运加油站整体达销率同比增长8个百分点。坚持低成本发展战略，底价竞得加油（气）站土地3宗，单亩均价同比下降38%。加快资产盘活处置，盘活处置库站土地21宗，解决盘锦前进加油站长达13年的拆迁未还建问题。聚焦新能源前瞻布局，成立新能源业务领导小组，开发充电站38座，新增库站光伏项目28个，超额完成全年新能源开发目标。

【质量健康安全环保】 2022 年，辽宁销售认真落实“疫情要防住、经济要稳住、发展要安全”工作要求，把安全生产放在事关全局的高度，推动全员安全履职。公司层面，建立党委每月专题听取安全汇报工作机制，将安全管理纳入各专业线“四不两直”检查范围，制定安全生产大检查内容 113 项，投入安全生产资金 1.2 亿元，治理库站隐患 753 项，整改体系审核问题 147 项，完成安全生产专项整治三年行动各项任务，部署开展安全生产大检查和强管理百日安全专项提升行动，确保各阶段安全稳定运行。库站层面，按计划完成东陵油库浮盘密封改造、沈阳 168 座加油站在线监测及三次油气回收改造重点项目。新冠肺炎疫情防控方面，紧跟疫情动态和政策变化，召开疫情防控领导小组会议 23 次，开展“一对一”服务 15.6 万人次，有效应对多轮次疫情冲击，最大程度保障员工身体健康和企业平稳运行。

【提质增效】 2022 年，辽宁销售全面落实“四精”要求，强化“事前算赢”，以提质增效奋斗目标为引领，用好“纯枪量与费用挂钩、共享平台预算控制”倒逼机制，升级“无预算、无计划、无大额审批不支出”三项管控手段，实现费用总额同比下降 6.8%，净利润同比增长 88.4%。推进全级次亏损治理，对持续亏损、新增亏损、动态亏损的企业分类治理，将治亏范围从地市公司延展到控参股企业和加油站，实施副处级以上干部对口帮扶、挂牌督战机制，引领带动所属单位经营质量全面改善。2022 年，所属 14 家地市公司全部盈利，亏损站数量同比减少 79 座。

【企业改革】 2022 年，辽宁销售坚定不移贯彻“两个一以贯之”，持续推进党的领导与公司治理体系有机融合，逐步理顺所属单位领导体制，18 家所属单位实现模拟法人治理全覆盖，优化新增党（总）支部 40 个、党小组 34 个，有力保障各级党组织作用的有效发挥。全力攻坚改革三年行动重点任务，多措并举、上下联动如期完成辽宁石油实业发展公司改制工作，为其后续解决债权债务纠纷、制定扭亏解困方案提供指导支持，帮助其尽快踏上良性发展轨道。深化“三项制度”改革，全面完成两级公司大部制改革，二级、三级机构分别压减 18% 和 40%，干部数量同比优化 12.9% 和 15%。坚持全口径用工管控和市场化用工改革，用工数量同比减少 5%，全员劳动生产率同比提升 7.4%，三项制度改革获评集团公司一级并通报表扬。

【合规管理】 2022 年，辽宁销售着力推进依法合规治企和强化管理，建立健全合规管理体系，常态化做好法律合规审查和合规风险提示，全年出具合规审查意见 23 份，发布合规风险提示函 18 份。全面规范股权企业管理，创新建立《股权企业内控手册》，实现股权企业流程全面覆盖。深入开展“四查四提升”专项行动，完成问题整改 1024 项，整改完成率 100%。排查疑似网络安全风险事件 9372 起，处置威胁事件 181 起，持续建强网络信息安全屏障。创新开展管理案例评选，征集 5 大类管理案例 269 篇，评选辽宁销售十大优秀典型案例及其他获奖案例 68 篇，促进了管理经验的推广应用和持续创新。

【人才强企】 2022 年，辽宁销售推进“人才强企”工程，着力锻造高素质专业化干部人才队伍。中层干部全部实行任期制和契约化管理，中层干部平均年龄首次降至 46 岁以下。共有 94 人得到提拔交流使用，其中党务业务双向交流 14 人次，机关基层双向交流 9 人次。以“师带徒”模式加大后备加油站经理培养，初步建成百名客户经理人队伍，加大客户经理绩效薪酬占比，充分激发动力活力。持续健全专业技能人才培养体系，开展各类专业培训 160 余次，参训人员超 1.4 万人次，1 人通过集团公司企业技能专家评选，4 人通过特级技师评选，高技能人才实现“零”的突破。

【企业党建工作】 2022 年，辽宁销售坚持以习近平新时代中国特色社会主义思想为指导，深入学习贯彻党的二十大精神，旗帜鲜明加强党的政治建设。辽宁销售党委学习贯彻习近平总书记最新讲话和指示批示精神，开展“第一议题”学习 23 次，两级党委开展理论中心组学习 240 次，其中扩大学习 133 次，切实将党的二十大精神以及关于国有企业、能源行业、中国石油的部署要求落实到工作谋划和工作实践中。以学习贯彻党的二十大精神为主线，营造“五热”氛围，各级党组织累计开展专题学习 1012 次、宣讲 305 场、参与人数 1.13 万人次。召开辽宁销售第三次党代会，完成两级党委、纪委班子换届，理顺党的领导体制机制。严格执行“三重一大”决策制度，深入开展基层调研和形势任务宣讲，自上而下倡导学风、会风、文风改进，会议数量同比下降 7%，帮助解决基层实际困难 143 项。强化政治监督首要职责定位，学习贯彻习近平总书记重要指示批示精神、上级重大决策部署、辽宁销售重点工作等八方面内容，明确 24 项监督任务，靶向发力督促整改有关问题 107 项。持续推动风腐一体纠治，开展违规吃喝专项整治和“反围猎”专项行动，下发“一函两书”督促完善制度 50 余项，创新“微动漫”等廉洁教育形式，推动营造遵规守纪、廉洁从业的良好氛围。注重发挥综合监督常态长效，开展监督检查 4928 次，发现问题 826 个，追责问责 1993 人。推动集团巡视、审计问题整改，整改东梁油库污染治理、集体企业改革等问题 4 项，如期完成巡察五年全覆盖目标。主动协调工会隶属关系上划省总工会，完成工会换届，有效解决工会组织长期以来隶属关系不对等、不按期换届等问题，促进工会组织的规范运行和健康发展。开展青年素养提升工程、“十大青创成果”评选活动，产生青年创新成果 50 余项，3 座加油站被评为“辽宁省青年文明号”。

【企业文化建设】 2022 年，辽宁销售以升级打造企业文化展馆为契机，推动企业文化建设。加强党对意识形态工作的全面领导，召开宣传思想工作会议，构建全员参与的宣传工作新格局，在《中国石油报》《汽车生活报》等行业媒体发稿 423 篇，在地方媒体发稿 166 篇，多次在《中国石油报》头版、整版刊发辽宁销售高质量发展纪实文章，精、新、快、优打造“辽宁石油之声”公众号，树立正面宣传文化导向。升级改造企业文化展馆，打造省级党性教育基地，拍摄制作《在路上再出发》企业形象宣传片，从企业 70 年的发展历程中挖掘提炼具有辽宁销售特色的“挖油底”精神，凝聚新时代辽宁销售人干事创业合力。举办媒体开放日活动，邀请 25 个国家级和省级媒体见证企业新发展，展示和提升企业形象。坚持围绕中心、服务大局，高质量开展主题教育、劳动竞赛、评先选优、典型选树等工作，评选出昆山加油站经理徐静等一批先进典型，营造拼搏进取、奋勇争先的工作氛围。

（史修竹　陈占凤）

中国石油天然气股份有限公司吉林销售分公司

【概况】 中国石油天然气股份有限公司吉林销售分公司（简称吉林销售），前身为吉林省石油总公司，始建于 1949 年，1998 年 6 月上划集团公司。2022 年，机关按“9+2”大部制运行，下辖 9 个地市（州）分公司、2 个直属机构、50 个经营片区、5 个控参股公司。资产总额 76 亿元。运营加油站 1000 座；运营油库 11 座，库容 34.19 万立方米。全口径用工 7957 人。网点份额 38%，市场份额 71%。

【油气销售】 2022 年，吉林销售贯彻落实集团公司市场营销工作会议精神，主动践行“二十四字”营销方针，聚焦提升销售质量，实现从“销售”向“营销”的转变。全年实现成品油销售 302.7 万吨，纯枪销售 224.37 万吨，其中，柴油纯枪 100.7 万吨，实现超同期、超计划；直批销售 63.5 万吨，完成计划的 106%。

做好趋势营销、序日营销，营销组织更加精准。坚持预算导向、目标引领，科学把握量价效和进销存关系，全员算账意识和售前算赢意识显著提升，全年综合价格到位率达 96.07%，同比增加 2.06 个百分点，增加毛利 1.9 亿元。

抢抓市场机遇，激发全员营销活力。3—5 月新冠肺炎疫情期间，面对销量一度断崖下跌 90% 的至暗时刻，吉林销售柴油纯枪同比增长 16%，农耕用油销售同比增长 21%，吉林销售作为典型单位在集团公司市场营销座谈会发言交流。疫情缓解以后，销售总

吉林销售主要经营指标

指　标	2022 年	2021 年
成品油销量（万吨）	302.7	348.7
汽油销量（万吨）	143.5	179.2
柴油销量（万吨）	159.2	169.25
润滑油销量（万吨）	0.07	0.25
加油站总数（座）	1000	1010
油库数量（座）	11	12
油库库容（万立方米）	34.19	37.34
纯枪销量（万吨）	224.37	240.24
非油业务收入（亿元）	11.35	9.85
非油业务利润（亿元）	1.11	0.86
吨油费用（元）	468	427
资产总额（亿元）	76	76.8
收入（亿元）	273.96	254.33
利润（亿元）	1.05	0.62
税费（亿元）	2.4	1.53

量、纯枪销量两项关键指标同比、环比均逐月提升，疫情导致的纯枪欠量由最高时的31万吨收窄至20万吨，实现了销售提质、稳量提效。

全力保障资源供应，营销调度成效明显。克服阶段性资源紧张、道路封闭封堵及油库浮盘改造等不利因素影响，全力协调资源与运力，办理加急通行证200余张，有效确保加油站油品平稳供应。协调股份公司销售分公司、东北销售、吉林石化，争取低凝点柴油24.6万吨，在保障产业链、供应链平稳运行的同时，多实现毛利5153万元。

“一站一策”“一客一议”初见成效。“一站一策”抢夺市场份额，59座加油站参与市场保卫战，销量同比上升220%，115座加油站参与“泉眼站”点对点竞争，92号汽油销量环比开展活动前增幅2倍，56座农村潜力网点开展降价促销，销量环比增幅12%；“一客一议”开发包括一汽物流、一汽解放在内的大客户336家，新增柴油销量1.4万吨，柴油纯枪超计划、超同期的同时，价格到位率较预算提高3.18个百分点，多实现毛利1.32亿元。

变“坐商”为“行商”，全员上阵开展“六进办卡”。组建150支办卡小分队，开展“扫街”和“敲门”行动，各级领导带头加入办卡小分队，亲自带队到政府和企业上门对接办卡事宜，各单位办卡数量质量逐月提升，全年新增电子卡53.68万张，储值额4.66亿元，移动支付比例从年初的0.43%提升至4.32%。

【非油业务】 2022年，吉林销售围绕“店销至上、管理提升、规模发展”的总目标，提高非油核心竞争力，全年实现非油收入11.35亿元，非油毛利1.61亿元。收入规模迈上新台阶。坚持一体化营销策略，突出“油+卡、油+非、油+电子券、油+非+润”的组合营销，9家地市公司非油收入及店销收入全部实现同比增长。便利店运营质量持续提高。扎实做好门店督导、单店管理和店面优化，50万元和100万元店分别同比增加73座和51座。店销收入5.24亿元，同比增长35%，毛利1.05亿元，单店日收入同比增加16%。拓展非油销售新增长极。推动“好客吉享”商城上线启动，配套出台专属营销政策，开展包括“母亲节”“好客油礼惠生活”等直播销售12场，实现线上销售404万元。特色商品及团购销售成果喜人。开发通化白小桃、梅河精酿、吉安鸭蛋等38种特色商品，实现销售收入933万元，油非互动成效明显。开展“抗疫有备、生活无忧”“好客饮水节”“加油赠热饮”等多项油非互动活动，带动非油收入2亿元、实现毛利9911万元；结合全年销售实际，开展“奋战四季度、冲刺保全年”销售竞赛，单季实现收入2.4亿元，毛利6039万元，分别同比增长24.8和40.1个百分点。

【库站安全管理】 2022年，吉林销售抓实安全环保各项工作。安全环保主体责任有效落实。全面落实“一岗双责”，层层签订安全环保责任书、全员安全承诺书，全年开展安全经验分享28期，下发重要风险提示16条，极端恶劣天气安全防范预警40余次，扎实做好升级管理期与升级严控期各项工作，确保安全责任层层落地。从严从实抓好安全生产大检查工作。扎实开展安全生产大检查，细化制定104项检查内容和159条完成标准，方案被吉林省应急管理厅作为模板全省推广。全面抓实重点阶段维稳安保工作。面对党的二十大召开、公司机构改革、人员五定分流和厂办大集体改革等多重考验，及时制定出台“四查四保”专项行动和安全环保升级管控方案，重点时段全员取消休假，两级班子带头值班值守，一线库站全面做好风险排查和预案演练，有效确保企业安全生产平稳运营。全年未发生规模性群体访和进京访事件，维稳安保工作受到集团公司电报嘉奖。全面守牢安全防疫底线。坚持“四早”原则，落实“四方”责任，特别是在新冠肺炎疫情防控最艰难关头，吉林销售领导班子连续50余天吃住单位、调度指挥，59次深入到新冠肺炎疫情风险最严重地区和田间地头调研慰问、传递信心，1821名党员干部在各层面坚守岗位，176个党员突击队冲锋一线，发挥表率作用，全面守牢防疫底线。疫情防控和经营组织工作获吉林省委省政府高度肯定赞扬，并受邀参加吉林省政府新闻发布会，在央视等媒体展示了中国石油负责任的良好形象。

【管理提升】 2022年，吉林销售贯彻落实集团公司工作会议精神和“四精”管理要求，用“良心活儿”的态度抓好各项管理工作，全面推进公司管理升级，持续激发企业发展内生动力。提质增效工作成效显著。制定出台《2022年提质增效价值创造行动方案》及12个分方案，极限压控各项成本费用，瞄准6个重点领域坚决整治提升，多项费用同比减少，其中五项费用同比减少536万元，信息系统维护费同比减少1729万元。“合规管理强化年”行动成效显著。深入推进“七个专项治理”“四查四提升”等合规管理专项行动，制定“27+2”专项整改方案，整改各类问题172个，9个典型案例得到股份公司销售分公司通报肯定；处僵治困推进2家扭亏无望的合资公司，开展清算及股权转让工作，高效完成3家集体企业注销，平稳有序分流集体人员，提前半年完成集团公司下达的66项改革任务。依法合规体系建设成效显著。分解细化集团公司领导干部会议精神，对照优化“八个体系”、提升“八种能力”目标任务，完善吉林销售“十四五”法治建设规划，出台员工违规违纪处罚20条细则、加油站综合监督考核办法等管理措施，用零容忍的态度和系统化的措施，构建起公司合规监督防线。党组巡视反馈等问题整改成效显著。坚持从讲政治的高度推进党组巡视、审计监督、财务资金大检查等发现问题整改，多次召开专题整改推进会，全面提高整改标准和质量，平均问题整改完成率近90%。

【深化改革】 2022年，吉林销售深化改革、破除弊制，动真碰硬解决了一系列制约吉林销售长远发展的瓶颈问题。坚决摒弃“等靠要”思想，重点研究解决困扰多年的机构改革、大集体改制、人员“五定”、用工压减、薪酬改革、“双低”站治理、新能源拓展等13项“老大难”问题，机关由14个处室整合为9个部室、2个直属机构，压减比例21.4%，全面清理冗余附属机构和直属单位，三级机构由149个精减为98个，压减比例34.2%，三级正副职职数压减102人，机关管理人员压减355人，全年分流减员超1800人，“三项制度”改革、薪酬分配改革、任期制和契约化改革等全面铺开，企业轻装上阵、管理更加优化、发展更具活力。“1+6”主力库与“2+2”应急辅助库布局规划初步形成，按计划完成国ⅥB标准油品置换，深化改革取得明显成效。

【投资建设】 2022年，吉林销售秉持“精准投资、协同推进”的原则，推动传统网络开发与新能源业务拓展“齐头并进”。合理规划油库网络布局。结合“十四五”公司发展整体规划，有序关停郑家屯、农安两座油库和桦甸油库汽油储运功能，预计年节约运营费137万元；泉沟、溪洞、浑江三座油库浮盘改造项目，全部实现当年改造当年投运，平均工期提前30天。零售网络有效拓展。积极推进他有我营和品牌输出，新增“他有我营”站点6座，取得吉林省委门前松苑加油站租赁经营权，年新增零售能力近万吨。清理长期在建项目5个，长春宽平站、吉林迎宾路站正式投入运营，珲春北街加气站完成划转及转资工作，舒兰环城站已进入手续办理阶段，历经十年之久的辽源财富站还建项目，正式开工建设，成功收回长春东油库处置资金2000万元。新能源业务有效推进。从战略高度全力推进新能源业务发展，组建宝石花公司（新能源事业部），全年投运1座充换电站，建成1座光伏利用站，规划布局34座拟增设LNG加气设施网点，完成1座气氢合建站初步规划。工程建设收官。严把承包商准入关口，全年实施工程项目186个，其中续建、新建项目15个，汽服项目49个，加油站维修技改项目122个。利用日常监督检查和“四不两直”走访，累计发现各类问题173个，下达隐患整改通知书74份，有效规避施工风险，保质保量完成。

【企业党建工作】 2022年，吉林销售以“党的中国石油”为根本定位，把强化党建引领作为一流销售企业建设的前提目标，制定43项党建工作提升措施，有力推动党建工作与经营管理深度融合。全面强化政治建设不动摇。深入学习贯彻习近平新时代中国特色社会主义思想、习近平总书记重要讲话和重要指示批示精神，两级党委累计开展第一议题学习和理论中心组学习超过450次，“两个确立”的政治自觉有效加强；严格落实“三会一课”、组织生活会等制度要求，政治三力有效提升；从严推进集团公司巡视、审计监督等反馈问题整改，平均整改完成率近90%。全面推进基层党建“三基本”建设与“三基”工作有机融合。实施地市公司直管加油站、党委直管支部的双重变革，推动基层党组织建设的扁平化运转，设立4类支部区别管理，支部数量优化为93个；增设支部专职副书记，占比达54%以上，为建强堡垒提供坚实人力保障；整理51项规章制度简化版，编制《党支部工作系列参考手册》，制度建设进一步规范；推行党员领导干部联系包保党支部、党支部联系包保站库、党员联系包保责任区、党员突击队联系包保攻关项目的“四包保”机制，将支部与经营成效的挂钩比例提升到30%以上，有效搭建起党建与业务的“桥梁”和“纽带”；深入开展“转观念、勇担当、强管理、创一流”主题教育活动和“怎么看、怎么办、怎么干”全员大讨论活动，发展活力有效激发。全面推进“6+1”大监督体系建设。贯彻落实中央八项规定精神，严格吉林销售党委主体责任清单的落实落地，48项职责全部执行到位；制定实施一体化监督贯通协同机制方案，推动“6+1”大监督体系建设更加完备；严格执行员工违规违纪行为处罚管理办法，“微腐败”行为得到有效遏制；精准开展党内巡察，实现了五年全覆盖的目标，问题整改率近90%，政治监督效能得到有效发挥。全面推进党的二十大精神的学习宣贯。认真落实集团公司党组以及董事长要求，第一时间组织“第一议题”和党委理论中心组学习，第一时间研究制定学习宣传贯彻方案，结合实际明确“六个方面”学习宣贯任务以及“六个结合”宣贯举措，已开展各层面学习宣讲超80次，覆盖人数超5000人次，掀起学习宣传贯彻党的二十大精神的热潮，为吉林销售高质量发展凝聚强大发展合力。

（王今强）

中国石油天然气股份有限公司黑龙江销售分公司

【概况】 中国石油天然气股份有限公司黑龙江销售分公司（简称黑龙江销售）前身是1954年10月成立的黑龙江省石油总公司，隶属于黑龙江省政府管理，1998年划归中国石油天然气集团公司管理。2022年底，设11个职能部门，下辖15个分公司（13个地市分公司、2个专业分公司），6个股权投资公司。各地市公司设83个党总支，运营加油站1135座，在用油库15座，库容量43万立方米。

黑龙江销售主要经营指标

指　标	2022年	2021年
成品油销量（万吨）	411.08	415.7
加油站总数（座）	1135	1123
油库数量（座）	15	15
油库库容（万立方米）	43.03	43.6
纯枪销量（万吨）	273.99	280.6
非油业务收入（亿元）	12.1	8.82
非油业务利润（亿元）	1.58	1.37
资产总额（亿元）	95.82	88.1
收入（亿元）	364.33	300.42
利润（亿元）	3.61	3.1
税费（亿元）	4.72	4.74

2022年，黑龙江销售坚持新冠肺炎疫情防控和生产经营两手抓、两不误，实现销售总量411.08万吨，纯枪销售273.99万吨；非油店销收入12.05亿元，同比增长37%，非油业务利润1.58亿元，同比增长16%；实现利润总额3.61亿元，同比增长15%，黑龙江销售2020年、2021年连续两年被集团公司评为业绩考核A级企业。生产经营呈现“四增四减”趋势，“四增”即市场份额由73.7%增至74.7%，价格到位率由97.1%增至98.3%，全员劳动生产率由21.6万元/人增至27.7万元/人，利润总额同比增加0.46亿元。“四减”即商品流通费同比减少1.39亿元，库站外人员占比压减2.6%，83个片区全部完成职能转型，闲置资产同比减少85个。党的建设呈现“三巩固三提升”态势，即党建覆盖领域得到巩固，所属党支部标准化率100%。基层党建“三基本”建设与“三基”工作融合得到巩固，基层党组织全部实现坐站运行。良好政治生态持续巩固，基层“微腐败”问题得到有效治理。支部战斗堡垒作用提升，党支部“五联工作法”入选集团公司典型案例。企业文化引领作用提升，“身在龙江学大庆·最北最冷最忠诚”精神文化成为广大员工的共同价值遵循。党员先锋模范作用提升，国家、省级劳模获选比例大幅提高，3人获评“黑龙江省劳动模范”，黑龙江销售获评“中国石油天然气集团有限公司生产经营先进单位”。黑龙江销售历史上首次产生黑龙江省人大代表、连续产生黑龙江省政协委员，参政议政能力和行业影响力大幅提高。

【成品油业务】 2022年，黑龙江销售保障农业生产、交通运输、大型基础设施建设等稳经济重点领域油气需要，将送油惠民服务延伸到田间地头、工程现场，建立农户电子档案31万户，供应农柴33.82万吨，同比增长5.65万吨，助力黑龙江粮食生产实现“十九连丰”。推进“中国石油平台+”建设，全年引入异业合作资金1.2亿元，同比增长882万元，带动交易金额9.5亿元，带动销量8.3万吨，新增销量2.7万吨。协助配合政府相关部门查办“三黑”案件126起，查扣油品889吨，查扣违法车辆107台，封存油罐37个。13个地市公司全部建立新型客户服务中心，形成“订单、销售、配送、售后、评价”一条龙服务架构。客户经理人均销售量同比增长33.4%。直批购油客户同比增长411户，增至3024户。开发149个省、市百大工程项目，销售油品2.17万吨。办理电子卡109万张，完成年计划的158%。

【非油业务】 2022年，黑龙江销售保障民生物资供应及差异化消费需求，打造非油名优品、香烟、酒类、扶贫商品、医药、服饰“六大专区”，共实现销售收入3.44亿元；拓展自有商品、线上销售、“店中店”、内购展销等渠道，全年累计油非转换率16.5%、同比增长4.5%。

【新能源业务】 2022年，黑龙江销售以打造“油气氢电非”综合服务商为目标，开发充换电站12座，已建成10座。紧盯全年开发300座、建成投运200座光伏站的目标，共开发光伏发电项目319座，建成70座，投运49座，实现收益15.4万元，累计降碳170.88吨。10月15日，黑龙江销售投资建设的首个加氢加油充电综合能源示范项目在七台河落地，实现黑龙江省加氢业务“零”的突破。

【提质增效】 2022年，黑龙江销售坚持过紧日子思想和低成本发展战略，制定低效负效资产盘活处置计划，实行资产盘活情况对标分析和综合评比，闲置资产处置创效4329万元。盯住跑冒滴漏，实施油品进、销、存各环节对标管理，全年油品盈余量同比增加9773吨，提升23%，增加1.58亿元。实施加油站“阿米巴”管理模式，攻坚亏损站治理，谋划治亏路线图、扭亏时间表及摘帽方案，通过全流程诊断、领导干部包保、大数据应用、用工与业务流程优化等综合举措，原有260座亏损站于11月末全部扭亏，千余座加油站全部实现盈利，这在黑龙江销售历史上尚属首次。

【疫情防控】 2022年，黑龙江销售有效应对多轮疫情冲击，特别是国务院发布疫情防控“新十条”以来，为员工发放33.8万元防疫药品，划拨特殊党费123.7万元为员工配备防疫物资，科学合理优化排班，做好员工服务保障。广大员工顾大家舍小家，主动返岗坚守一线，化解在岗人员不足的困境。

【安全管理】 2022年，黑龙江销售落实国务院安全生产工作“十五条硬措施”，建立风险预防机制，覆盖基层所有作业单位，涉及油库520项，加油站69项，加气站56项。针对辨识风险，进行风险等级评定，确定四大风险等级（重大、较大、一般和低），制定公司、油库、加油站、加气站4个层面33项重点管控风险清单（安全风险25项、环保风险8项），明确重点防控安全风险。建立风险隐患治理机制，累计投入8573万元，实施隐患整改项目284项，提升本质安全能力。

【标准化库站建设】 2022年，黑龙江销售召开油库标准化管理现场会，通过开展“一述两清”岗位实践活动，使全体员工明晰岗位职责，自觉养成按章操作的职业素养。处置库站内外突发事件13起，展现出较高应急响应水平和良好的企业形象。

【维稳信访】 2022年，黑龙江销售实施维稳信访安保升级管控，所属10个治安反恐二级重点目标全部通过反恐部门验收认定，有效管控重要设施要素。源头化解矛盾风险隐患，实现“零进京访”，完成2022年北京冬奥会、冬残奥会、党的二十大等特别重点阶段维稳信访安保重大政治任务，确保企业大局和谐稳定，获集团公司发电嘉勉2份。

【合规治企】 2022年，黑龙江销售组织“合规管理强化年”活动，按照“全级次、全领域、全方位”要求，逐一排查各项业务合规风险点，制定印发专项治理工作方案8项，自查发现问题18项，由各专项工作组编制治理措施，完成全部治理工作。开展“四查四提升”强管理专项行动，制发专项行动实施方案，各专业线下发“20+7”个专项治理方案。新增制度13项，修订制度15项，制定管理措施60个，提出管理建议53条，自查发现问题44项，全部完成整改。全面强化股权企业治理，制发《国有产权管理问题专项治理工作方案》，开展股权企业摸底清查和法人压减工作“回头看”专项行动，注销27个闲置润滑油分支机构。公司法人压减完成率400%。完善股权企业“三会”管理流程，确保10家正常运营股权企业依法合规运营。依法维护企业合法权益，配合执法部门开展商标侵权整治行动，共排查侵权社会加油站36座，有32座已完成整改，整改率89%。建立未结法律纠纷案件周汇报机制，全年办结纠纷案件30起，办结率71.4%，诉讼代理费同比下降65%。推进“反内盗”综合整治，实行倒查追责和移送机制，“内盗”问题数和处分处理人数同比分别下降86%、83%。

【网络投资建设】 2022年，黑龙江销售聚焦“市场占有率”“投资回报率”关键要素，坚持严谨投资、精准投资、效益投资，持续优化完善网络布局。两级公司领导班子拜会省委省政府和各地市有关领导，得到加油站开发建设和成品油市场整治上的政策支持，与7家地方国资平台成立合资公司，计划开发站点103座，已完成开发72座，解决网建成本居高不下的难题。中油交投公司成立仅一年多时间便实现盈利，中油哈铁公司4座租赁站投入运营。大庆分公司12月拿下7块加油站建设用地，拿地成本较以往下降33%，为黑龙江销售节约投资近亿元。黑龙江销售与哈尔滨城投公司成立的合资公司被列入国务院国资委振兴东北百对企业之一，首批3座加油站建设用地已经取得实质进展。坚持开拓新建网点、拓展合作优势、精选收购租赁、盘活存量资源“四位一体”网络开发布局、建立项目台账、倒排时间进度、实施挂图作战，全年开发加油（气）站24座、投运22座。以协议出让方式取得五大连池项目建设用地。以低于近30%的市场价格续租哈尔滨文昌、三合等租赁站，锁定近2.8万吨市场销量。

【改革创新】 2022年，黑龙江销售贯彻落实集团公司安排部署，推进改革发展任务，制定实施方案，明确改革重点、措施路径与组织保障，先后召开工作例会12次、专题会议21次，聚焦顶层设计，3月提前完成全部62项改革任务。完成两级公司本部大部制改革，管理人员全部实施竞聘上岗，形成“本部+13个地市公司+运行服务保障分公司”组织架构，公司本部和地市公司分别实行“9+2”“3+1”管理模式，地市公司全部按照属地行政区划对应。完成全部县级片区管理体制转型，撤销其行政管理职能，将全部83个基层党总支（党支部）打造成基础作战单元，基层凝聚力战斗力显著提升。

【信息化建设】 2022年，黑龙江销售搭建两级公司“生产运行指挥中心”，实现经营业务协同共享；打造“营销数据中心”，数据核对能力、治理能力、分析能力及服务能力增强。全面推进加油站全流程诊断与优化2.0系统应用，实现3000吨以上站点每月、3000吨以下站点每季诊断全覆盖。推进科技创新项目，完成课题立项评审7项、申报专利4项、发表科技论文36篇。揭榜股份公司销售分公司《基于算法的全站车牌识别应用研究》，形成科研算法12个，客户营销分析与市场研判能力大幅提升。

【三项制度改革】 2022年，黑龙江销售持续推动三项制度改革，规范二级正副职岗位及职数设置，在坚持“双向进入、交叉任职”的领导体制基础上，模拟建立法人治理结构，所属分公司全部实行党委书记和执行董事“一肩挑”，经理担任党委副书记的领导体制，推行领导干部任期制和契约化管理。全年提拔干部23人次、交流调整干部50人次。深化纪检体制改革，成立5个派驻纪检组，在二类、三类分公司和合资单位开展派驻监督工作。实施“358”干部队伍建设工程和“双百千”人才强企工程，组织领导干部素质提升“赋能计划”和站经理职业发展“双通道”建设。通过省委组织部挂职平台，选派2名二级副干部到地方政府挂职锻炼；委派5名“80后”年轻干部参加省政府“助力乡村振兴千人行动”，挂任乡镇班子副职，打通企地交流渠道。开展“蹲苗育才计划”，通过公司本部与基层单位员工“下派上挂”，促进青年人才多岗位历练成长。建立薪酬分配、绩效考核、专项奖励、劳动竞赛“四位一体”综合激励机制，员工收入进一步增长，实现企业与员工同发展、共进步。

【企业党建工作】 2022年，黑龙江销售落实习近平总书记“五个牢牢把握”重要指示，组织收看集团公司学习贯彻党的二十大精神宣讲报告会，党委3次召开党委理论学习中心组（扩大）学习会议、5次通过“第一议题”对党的二十大精神进行系统学习，相继开展两级公司党委专题宣讲报告会、落实“四个如何”交流研讨会以及邀请省委党的二十大精神宣讲团成员举办专场报告会。以习近平总书记对中国石油和中国石油相关工作重要指示批示精神为抓手，制定黑龙江销售党委理论学习中心组集体学习计划，开展“第一议题”学习38次，制定并实施《公司党委深入学习贯彻习近平总书记重要指示批示精神落实机制》《公司关于贯彻落实习近平总书记对中国石油和中国石油相关工作重要指示批示精神的工作方案》，推动学习入脑入心、贯彻见行见效。召开黑龙江销售第三次党代会，换届工作风清气正，确立黑龙江销售“十四五”时期“245”总体目标，擘画打造“六个龙江销售”的愿景蓝图。推进黑龙江销售“1345”党建提升体系，开展“转观念、勇担当、强管理、创一流”主题教育，加强对网站、“三微一端”等意识形态阵地的管理，聚焦“党建+N”片区职能转型要求，黑龙江销售党委连续四年被评为集团公司党建责任制考核A级。坚持纪巡审“三位一体”，推动“一把手”监督常态化、体系化，实现党的十九大后巡察全覆盖，对4家基层单位党委启动专项巡察，编发内部案例《警示录》，释放越往后执纪越严的信号，累计给予党政纪处分9人、组织处理12人。黑龙江销售信访总量继续呈现下降态势且保持低位运行，二级正副职干部连续3年未发生违法违纪案件，风清气正的政治生态持续巩固。

（徐静斌）

中国石油天然气股份有限公司天津销售分公司

【概况】 中国石油天然气股份有限公司天津销售分公司（简称天津销售）于1999年10月正式注册成立，隶属于原华北销售公司，2009年11月上划股份公司管理。2022年底，天津销售总资产24.15亿元，运行油库2座（全资库），库容13.6万立方米；运营加油站180座，其中全资站125座，股权站26座，租赁站29座。员工1563名，其中：具有大专以上学历的员工894名，占比57%，其中硕士23人，博士3人；具有副高级及以上职称的60名，中级职称157名，高级技师4名，技师24名。下属基层党委9个、党支部72个，党员753人。

天津销售主要经营指标

指　标	2022年	2021年
成品油销量（万吨）	76.42	72.87
汽油销量（万吨）	27.54	36.78
柴油销量（万吨）	48.88	36.08
润滑油销量（万吨）	0.04	0.05
加油站总数（座）	180	191
油库数量（座）	2	2
油库库容（万立方米）	11.6	12.60
纯枪销量（万吨）	43.69	48.39
非油业务收入（亿元）	3.64	3.41
非油业务利润（亿元）	0.07	−0.009
吨油费用（元）	628.99	723.61
资产总额（亿元）	24.15	23.54
收入（亿元）	67.59	54.29
利润（亿元）	−1.74	−2.44
税费（亿元）	0.71	0.96

2022年，销售油品76.42万吨，其中纯枪销量43.69万吨；实现利润−1.85万元；非油业务收入3.64亿元，非油毛利6012万元。

【油品销售业务】 2022年，天津销售坚持以市场为导向，以客户为中心，开展客户挽回活动，挽回客户4000人以上。优化零售促销政策，压减纯枪价格直降比例，纯枪价格直降占比由2021年的55.6%降至30.4%。推进异业合作力度，深入对接第三方资源，共享平台客户，全年异业合作共计引流消费1.28亿元，带动销量1.25万吨。柴油销售，抓住油价上行的有利时机，充分算好批零一体化大账，全年实现柴油销售48.88万吨，同比增长35.48%，创效9438万元，同比增长28%。建立网格化客户开发体系，实施客户分级分类管理，全年实现新增直销客户282家，新增销量6.7万吨。聚焦客户延伸需求，优化直销配送服务，全年直批配送3万吨，客户忠诚度增强。

【非油业务】 2022年，天津销售聚焦加快发展非油业务，推行KOS体系建设，优化业务流程，按照“大店做精、小店做细”的原则，全年完成45座便利店优化提升，店面形象和创效能力显著增强，单店日均收入6122元，同比增长19.7%，在股份公司销售分公司排名第四。精心组织“年货节”“美酒节”“十佳销售门店”等10种主题促销和专项竞赛活动，有效激发销售热情，实现销售收入3341万元，毛利1414万元，同比增长53%和68%。有效规范销售行为，出台供应商准入流程，建立供应商资质审核把关和考核淘汰机制。基于存量客户，深度挖潜团膳业务，扩大业务规模和服务范围，有效减少客户流失，收入同比增长29%。抢抓节假日有利时机，定制差异化服务，全年累计为187家政企单位提供节日福利及团购服务，收入同比增长13%。与内部单位密切对接，撬动省外市场，销售定制产品与特色商品，实现销售收入1787万元。

【加油站管理】 2022年，天津销售压降运行费用，推进油品降耗攻关，加油站综合损耗率优于往年。科学调配资源配置计划流向，持续优化公路配送，全年节省配送运费45万元，同比下降138万元。清理处置低效无效资产，折旧节约1605万元。狠抓数质量与环保管理，全年完成油品出入库质量检验1519批次，开展零售和中间环节质量抽检1217批次，接受政府抽检184批次，合格率100%。为确保加油站正常经营，全年发布特殊敏感时段安全警示13期，特殊极端天气预警信息80余次，自然灾害影响库站生产经营同比下降69.23%。成立VOCs检测中心，开展挥发性有机物排放管控和治理工作，实现加油站检测每季度全覆盖，有效保证各环节排放达标。完善客户投诉快速稳妥处理机制，加大典型案例通报力度，全年有效投诉6起，同比减少22起。组织开展“打基础、优服务、亮品牌”和“现场服务提升年”活动，提升现场服务，改善消费体验，全年3次神秘客户暗访得分排名全国第一，获销售公司客户服务质量先进单位称号。

【油库管理】 2022年，天津销售以保障油品资源供应为前提，开展油库各项工作，全面完成大港油库储罐内浮顶及密封改造项目工程，按照政府要求，提前将国ⅥB标准车用乙醇汽油升级置换到位。推进油库“四大系统”建设，智能化管控水平提升。推进油库安全风险评估工作，解决油库安全隐患问题，通过2022年国家督导组复核。

【投资建设】 2022年，天津销售聚焦主营业务，发挥联动效力，运用专业化运作机制，确保精准投资，全年竣工投产北大街、海兴路、港中路等6座加油站，以及金驼、华兴2座LNG加气站，贡献油气纯枪销量近3300吨。开发新能源业务，建立新能源业务工作机制，成立专项工作团队，锚定“油气氢电非”综合服务商发展方向不动摇，全年实施新能源项目19座，其中2座光伏站并网发电、2座光伏站建成完工、4座站完成充电桩安装、1座综合能源站投运。

【资源运营】 2022年，天津销售坚决履行保障炼厂后路畅通的职责使命，加强购销衔接，优化资源调配，加强与总部和东北公司沟通协调，实现全年配置计划完成率100%。精细研判市场走势，实施低库存防风险策略，全年平均库存4.25万吨，同比下降1.26万吨，有效规避跌价损失约900万元。坚持实物串换原则，全年累计串换4.87万吨，同比增长2.03万吨，节约商流费1277万元。

【三项制度改革】 2022年，天津销售持续深化三项制度改革优化本部部门及直属单位职能，实现“9+2”改革全部到位，并提前完成两级机关人员分流计划。改革宝坻、蓟州分公司管理体制，提高管理效率。全面推行一般管理岗位岗级制，28名一般管理人员晋升为主管，49名一般管理人员晋升为高级主管。优化劳动效率，压减各类用工140人。完善工资总额核定和专项奖励立项机制，实行经营效益、业绩考核“双挂钩”，普惠红利与精准激励统筹兼顾，实现人均工资稳中有升。考核引领更加精准，制定经理层成员任期制和契约化管理实施办法，落实“双50”差异化考核和“双70”“双80”不胜任退出考核机制，推动领导干部履职尽责。建立能上能下的人才竞争机制和薪酬分配机制，实行加油站经理竞标上岗，充分调动加油站经理的主观能动性和创造性。使用中层干部2人、交流使用干部18人，干部队伍的活力更加凸显。

（胡良宇）

中国石油天然气股份有限公司河北销售分公司

【概况】 中国石油天然气股份有限公司河北销售分公司（简称河北销售）成立于2000年5月，“十一五”期间经历多次改革重组，2009年12月上划股份公司直接管辖。主要负责中国石油在河北省行政区域的成品油批发、零售、便利店、润滑油、化工产品和汽车服务等非油销售业务以及市场网络开发工作。

2022年底，河北销售下设9个职能部室、13个地市分公司、2个专业分公司、22个股权企业，员工总数4368人。下设1个机关党委、15个基层党委、1个党总支、2个直属党支部和128个基层党支部，党员1565人，占总人数35.8%。资产总额69.84亿元，投运加油站877座，投运油库7座，总库容25.93万立方米，“昆仑好客”便利店837座。

2022年，河北销售应对市场低迷、竞争加剧、新冠肺炎疫情反复、销量走低等不利局面，健全市场快速反应及营销动态分析机制，围绕自主化、差异化原则，发挥主动营销、精准营销优势，狠抓提质增效、扭亏脱困，维护稳定护航党的二十大、服务2022年北京冬奥会展现新形象。河北销售累计销售成品油213.992万吨，汽油销量83.73万吨，柴油销量130.27万吨；其中，纯枪销售119.74万吨；油品抽检合格率保持 100%。非油业务收入 12.53 亿元、利润 0.34 亿元；总收入 –5.28 亿元，上缴税费 1.41 亿元。

2022 年，河北销售获集团公司“生产经营先进单位”“集团公司 2022 年度‘三重一大’决策和运行监管系统应用优秀单位”“质量健康安全环保节能”先进单位、“集团公司健康企业”等称号。

河北销售主要经营指标

指　标	2022 年	2021 年
成品油销量（万吨）	213.99	227.59
汽油销量（万吨）	83.73	103.93
柴油销量（万吨）	130.27	123.66
运营加油站总数（座）	877	880
油库数量（座）	7	14
油库库容（万立方米）	25.93	35.83
纯枪销量（万吨）	119.74	117.29
非油业务收入（亿元）	12.53	10.73
非油业务利润（亿元）	0.34	0.22
吨油费用（元）	553.07	570.31
资产总额（亿元）	69.84	68.07
收入（亿元）	186.96	161.55
利润（亿元）	–5.28	–8.19
税费（亿元）	1.41	2.03

【市场营销】 2022 年，河北销售营销政策更加精准。发挥主动营销、精准营销，新增市场监测点 232 个，深入摸排中央及地方经济发展策略、新冠肺炎疫情管控措施、实现引流 10 万人次，价格到位率同比增长 0.6 个百分点；紧盯调价节点，快速价格反应，全年实现直批销量 66.3 万吨，股份公司销售分公司预算完成率 131%，同比增长 9%，清算后毛利 7182 万元，同比增长 173 万元；全年实物直批价格到位率保持在 90% 以上，同比提高 3 个百分点；稳固汽油客户群，电子卡客户达 137 万，任务完成率排名股份公司销售分公司第一、移动支付占比提升至 26%，同比提升 2.3 个百分点；客户开发成效突出，App 线上客户占比达 94%，同比提升 41 个百分点；与 72 家驻冀央企、知名企业建立战略合作，全年开发维护零售、直批客户 5140 家，带动纯枪销量 12.4 万吨、同比增长 136%，直批销售 31.9 万吨、同比增长 30%。零售终端日益稳固。发挥政策优势，全年点对点促销站销量环比增长 11%，汽油高频促销增量 4 万吨，新增客户 8.3 万人，华北区域大客户开发增量 28 万吨。优化“双低”站“一站一策”治理模式，287 座低负效站同比减亏 1.07 亿元。强化客存管控，6 个月以上客存全部清零。

【非油业务】 2022 年，河北销售店面优化不断深入。完成百万元以上便利店诊断优化工作，百万元店 236 座，诊断优化后收入同比增长 21%，毛利同比增长 30%，油非转换率同比增长 8%；进行“购物节、饮水节、周六狂欢日”等主题营销活动，全年实现非油收入 12.53 亿元、毛利 1.87 亿元；开展线上直播 43 场次，推广京东到家业务 47 座，线上销售 6900 万元；多元业态推进自有商品发展，全年实现销售收入 7164 万元、毛利 2722 万元，分别同比增长 40%、61%；夯实大单品量效支撑，设立化肥专营店 35 座，实现农资销售 1.18 亿元，同比增长 4000 万元；打造沧州 81 站、廊坊 97 站肯德基网红“穿梭餐厅”，单店日销 1.03 万元，带动进站客户数同比增长 3%。

【资源运营】 2022 年，河北销售有油库 17 座，库容 42.295 万立方米，在用油库 7 座，库容 25.93 万立方米。全年周转油品 190.64 万吨，其中汽油 75.23 万吨、柴油 115.41 万吨；油库出库 96.24 万吨，其中汽油 34.85 万吨、柴油 61.39 万吨；地付配送 94.4 万吨，其中汽油 40.38 万吨、柴油 54.02 万吨。油品接卸完成率 100%、出库计划完成率 100%。资源运行积极主动，累计购进直炼资源 189 万吨。强化内外协作，全年周转油品 191 万吨，精细调控发运节奏，持续优化一次、二次物流运行，统配资源完成 188.91 万吨，配置计划完成率 99.6%。一次铁路运输油品损耗率 –0.184‰，同比下降 0.033 个百分点；二次配送损耗率 –0.02‰，同比下降 0.002 个百分点；二次配送总量 120.24 万吨，其中，汽油 52.74 万吨，柴油 67.50 万吨；二次配送吨油运费 80.96 元，同比减少 8.98 元 / 吨，下降 11%。保障河北销售批发、配送业务执行。

【投资建设】 2022 年，河北销售多措并举，网络结构持续优化，与 7 个地市政府或所属企业签订战略合作协议，完成 4 个合资公司组建，新增立项加油站 4 座、投运 3 座。加气网络坚持自主扩建，立项加气站 3 座、投运 2 座，完成与昆仑能源一体化整合实施方案，加气网络布局扎实推进；加强与头部企业合作，与蔚来合作的保定 72 站充换电项目已投入运营；与国网合作的唐山3座充电站已建成；7座光伏项目已完成自建，为新能源业务全面开展奠定了基础；全年完成隐患治理87座、形象提升15座、自建洗车24座，完成杏园油库浮盘改造，建成肯德基项目4座；健全设备管理制度，全面推进数字化应用，基本实现设备检查、检测和维修上线运行，关键设备完好率增长3.5个百分点。

【数字信息管理】 2022年，河北销售数字建设步入快车道。场景建设快速推进，遵循“价值引领、急用先行、先易后难”实施原则，完成24个场景上线应用工作，进度完成率86%；构建“油瓜子”零售会员体系，实现“千人千面”差异化精准营销，线上会员规模达766万，消费占比突破70%；搭建智能营销平台，实现客户画像、客户分析、营销设计、信息触达、活动跟踪一体化管理，累计开展营销活动230余项，触达客户200万人次，成功引流19.3万人，带动纯枪汽油增量5000余吨；依托异业合作平台，与平安、中交兴路等8家行业头部企业打通线上平台接口，引流客户30万人；建设加油站数字化管理平台，集成客户、营销、运行、绩效、安全五大管理模块，赋能加油站管理变革；培养自有人员自主开发智能报表100余项，实现零售、直批、非油业务在省市站三级报表自动化，月使用量突破20万次，每月节约人工统计工时1.66万个，让加油站经理和两级本部员工有更多时间投入到现场服务、客户开发等高价值工作中。

【安全环保】 2022年，河北销售QHSE体系持续完善。建立风险评估机制，划定施工安全、质量管理红线，深入开展安全生产大检查、安全生产专项整治检查，查改问题2.64万项；投入隐患治理资金2224万元，完成315项安全环保隐患治理，油库安全风险评估问题整改率100%；昆恒、杨官林等40座库站通过石油石化治安反恐二级重点目标认定；组织“三规一限”（规定线路、规定时间、规定停车地点，限制行车速度）、车辆换装、卸油质量验收核查6335次，97%加油枪付油误差控制在±2‰以内；油品质量抽检756批次，合格率100%；聚焦现场服务管理，956100有效投诉同比下降89%，全年有效投诉数量3起，在股份公司销售分公司排名第一；统筹疫情防控和经营运行，最大限度保护员工生命安全，员工职业健康体检率保持在99%以上；完成403座库站排污许可证后监测，开展VOCs检测212站次，整改问题291项，环保零罚款；秦皇岛港城加油站得到中央环保督察认可。获集团公司质量健康安全环保节能先进单位、健康企业等称号。

【保障冬奥】 2022年，河北销售完成北京2022年冬（残）奥会保供任务。冬奥期间建立省、市、片区、库站四级保障体系，选拔500名志愿者组成冰雪使者服务队，驻守在崇礼赛场，开展油氢能源保供；同步打造的16座服务示范站，62座冬奥主题便利店和197座重点氛围站，秉持绿色办冬奥理念打造新能源加氢站，推出机器人加油新理念。累计供应油品1211吨、加氢12.3万千克，有效保障相约北京测试赛、冬奥会和冬残奥会赛事的举办。

【人才队伍建设】 2022年，河北销售突出高素质人员培养，交流调整53人次，选拔储备优秀年轻干部100名，基层营销一线专业骨干220人，形成了“60后”“70后”“80后”均匀分布的梯队结构，激发队伍活力；选聘市场专家、专员30人，107名青年应征参加“青年突击队”；全面深化三项制度改革，推广任期制和契约化管理；畅通成长成才渠道，开展“小站练兵”“赋能早餐”“干部上讲台”等专项培训，队伍业务素质提升；承办股份公司销售分公司线上培训班及油料专业兵种培训班等市场化培训项目。培训教育工作获集团公司“员工教育培训工作先进单位”称号。

【企业党建工作】 2022年，河北销售基层党建活力迸发。构建“大党建”工作格局，细化“一岗双责”责任，连续三年被集团公司考评为“A档”级；创建标准化党支部、打造多彩党建，支部达标率、可视化阵地建设完成率达100%；推动党建与经营“互联共建”，联建单位突破1700家；深入开展党建课题研究，5项成果获集团公司、股份公司销售分公司奖励；组织“喜迎二十大、奋战新征程”活动，通过融媒体活化冬奥会系列宣传，屡登《中国石油报》、集团公司网站头版头条，4件新闻作品（配副好牙专啃硬骨头、“跨”出的效益、打造人才“强磁场”激活发展“新引擎”、国内首款新标准加油机器人服务冬奥）首次获中国石油新闻奖。组织召开第二次工代会，成立驻冀央企团工委、青工委，开展“青马工程”、青年读书会、“双十”评选等活动，凝聚创业力量；发挥典型引领作用，3家单位、55名个人获集团公司、河北省委表彰；王忠伟获“全国青年岗位能手”称号，关晓明当选“新时代河北好人”；凝练形成河北销售《企业文化手册》，员工微电影工作室作品第四次获亚洲微电影节“金海棠”奖和“能源中国单元优秀作品奖”；履行“护城河”企业责任，党的二十大维稳信访安保防恐工作获集团公司电报嘉勉。

（韩　锐）

中国石油天然气股份有限公司山西销售分公司

【概况】 中国石油天然气股份有限公司山西销售分公司（简称山西销售）1999年组建成立，负责中国石油在山西省的成品油批发、零售、储运和网络开发建设及便利店、化工产品等非油销售业务。2008年11月，为优化销售业务资源配置，加快推进市场化战略，上划股份公司直接管理。2022年底，设9个部室、2个直属机构，有11家分公司、1家全资子公司、4家控股公司、4家参股公司，在册员工2401人。党委下设12个基层党委，1个党总支，77个党支部，党员768名。运营加油站381座，运营油库6座。

山西销售主要经营指标

指 标	2022年	2021年
成品油销量（万吨）	127.33	120.5
汽油销量（万吨）	42.44	55.04
柴油销量（万吨）	84.88	65.46
润滑油销量（万吨）	0.02	0.15
加油站总数（座）	381	444
油库数量（座）	6	7
油库库容（万立方米）	19.3	21.3
纯枪销量（万吨）	67.58	71.72
非油业务收入（亿元）	3.98	3.57
非油业务利润（亿元）	0.24	0.33
吨油费用（元）	553	638
资产总额（亿元）	48.53	47.06
收入（亿元）	108.91	84.86
利润（亿元）	-4.49	-4.59
税费（亿元）	0.49	0.54

2022年，山西销售面对新冠肺炎疫情的严峻影响和改革发展艰巨任务，不断加强党的领导党的建设，有效应对市场变化，统筹疫情防控和生产经营，强化企业管理，推进改革创新，实现成品油销售127.33万吨，同比增长5.7%；非油收入3.98亿元，非油毛利6538万元。

【油品销售】 2022年，山西销售坚持一体化营销，量效并举批零创效。以公司整体效益最优，提前预判油价趋势，加强资源计划衔接，精准调节库存结构，及时平衡购销节奏，运用价格效益测算模型，制定月度营销方案，一地一策谋划销售策略，针对不同时期业务难点，坚持“计划—预算—价格—客户—考核”五位一体营销计划管理，做到“事前算赢”，不断完善“月初定方案，月中跟进调整”的管控机制，全年成品油自营销售108.35万吨；电子卡发卡量39.5万张。优化零售价格体系，突出客户群体差异化策略、油非互促和优化支出管理，赋能地市公司不断提升应对市场能力和差异化营销水平。纯枪价格到位率95.4%、同比增长1.3%。先后推出各类专属营销活动，累计转化客户2.5万个，好客e站App累计新增注册用户45万人，同比增长26%。深化异业合作，与平安银行、邮储银行、中国联通等商家开展联合促销，引入促销资源7083万元，带动销量1.86万吨。充分发挥保份额、调结构、稳价格作用，全年直批量40.77万吨、同比增长51%；直批毛利5092万元、毛利同比增长31%。完善直批App营销服务功能，App线上销量占比80%、同比提升30%。强化激励考核，将新客户开发纳入对地市公司和客户经理日常考核，实现新开发客户755个，新增销量8.38万吨，终端客户增量占比95%。

【非油业务】 2022年，山西销售提升服务品质，实现非油高质量运营。以“白酒、三农、汽服、家居、电子”五大板块为抓手，店内店外、线上线下、省内省外协同发力，做强便利店主阵地，精准营销、把握热点，主题促销活动贯穿全年，实现非油收入同比增长11.2%和非油毛利同比增长17.6%，属于股份公司销售分公司14家两项指标双完成企业之一。销售化肥4.18万吨，收入1.13亿元、毛利532万元，同比分别增长131%、181%、251%，综合毛利率同比增长0.9%。

【加油站管理】 2022年，山西销售聚焦提升加油站服务、效率和执行力，制定《“加油站服务提升百日行动”活动方案》，以加强岗位责任制、服务标准化为抓手，构建省、市、站三级岗位练兵体系，实现“以赛促学、以赛促练、以赛促干”目标，全员业务知识考试合格率由90%提升至99.4%。山西销售围绕“稳油、强非、增气、促电、试氢”战略部署，推进站点优化工程。按照“关停一批、退租一批、承包一批、转租一批、优化一批”原则推进“双低”站治理，完成6座站退租，年节约租金397万元。通过区域管理、团队承包、单站承包等多种模式对178座站进行分类治理，纯枪同比增长2.09万吨、同比增幅17%，115座站实现油品毛利3194万元、同比增长856万元。完成26座潜力站工程改造，加油站功能、形象得到提升。拓展油站价值功能，开展站代库业务，开拓油库覆盖不到的空白市场，实现批零客户共享，提升市场份额，增加销量近1万吨，实现毛利130万元。

【投资建设】 2022年，山西销售开拓新领域，转型发展优化网络建设。紧抓山西省“五个一体化”融合发展契机，推进光伏项目建设，实现建成、并网55座加油站，累计并网120座站。推动充换电业务，完成充电项目立项6座站，已进入实施阶段。建设完成7个LNG项目，为项目投运做好准备。与山西美锦能源股份有限公司、山西鹏飞集团有限公司签订《战略合作框架协议》，为布局氢能网络奠定基础。

【资源运行】 2022年，山西销售加强统筹运作，实现资源创效。面对需求汽弱柴强、资源汽多柴少的供需矛盾，紧盯市场、把握节奏、加强协调，汽油计划以销定进，柴油计划足额兑现，确保后路畅通、供应平稳、库存合理，资源配置计划完成率达98.3%；推进订单式生产，实现高品质柴油资源创效327万元；石化互供突破19.85万吨，节约运费101万元。严格客存管理，三个月以上客存清零，月均客存1.46万吨，在销量同比增长55.3%的情况下，客存同比下降71.9%，有效提升库存周转效率。按期完成汽油国ⅥB标准油品置换工作，提升产品质量。

【提质增效】 2022年，山西销售全力推进提质增效价值创造和亏损治理专项行动。坚持“一切成本皆可降”，商流费同比减少6454万元，吨油营销成本504元，同比下降97元。用好国家减税降费政策，实现留抵退税4373万元；加快资金回笼，减少资金占用，自由现金流预算完成率143%；办理票据贴现6.1亿元，节约财务费用231万元；优化营业款缴存方式和收款频次，上门收款费用同比减少147万元。工程建设送审项目174个，完成项目审核164个，审核率95%，审减金额348万元，审减率5.6%。全力开展亏损企业治理，“一企一策”制定治理方案，亏损企业户数同比减少2户。完善三维对标体系，常态化开展经营分析，找差距、补短板，确保精准施策。

【企业管理】 2022年，山西销售有序推进合规管理，优化管理流程，科技创新实现新突破。建立“三个层次（一级、二级、三级规章制度）、四个类别（法人治理类、职能管理类、经营作业类、党建类四个制度类别）”的制度体系构架，综合管理体系发布运行，制修订制度55项，合法合规审查率100%。将法治建设纳入年度重点工作安排，狠抓全员普法教育和合规培训，全面落实领导人员法治建设职责。办结处理法律纠纷案件15件，出具法律意见36份，避免或挽回经济损失418万元。理顺股权企业管理职责和工作流程，完善股权企业考核，全年股权企业实现投资收益177万元；实施股权企业分类治理，长治太行、中油晋煤联众等4家企业进入清算或股权清退程序。优化招标选商及物资采购管理，采购资金节约率11.66%；合理划分审批权限，优化审批流程，合同平均办结天数9.4天，效率同比提升65%。制定科技创新工作方案，征集项目15项，其中《加油加气加氢站工程建设项目数字化交付标准编制及实施策略研究》项目申报销售公司揭榜挂帅科研项目并获批复，《中国石油在山西的氢能产业发展体系设想》项目入围集团公司科技创意决赛，完成1项软著、推进1项专利研究。

【质量计量安全环保】 2022年，山西销售QHSE体系有效运行，为安全生产保驾护航。组织开展公司量化审核，覆盖两级机关部门、库站及施工现场，发现并整改问题868项；山西销售QHSE审核业绩排名进入股份公司销售分公司前20位。深入开展危化品安全风险集中治理、安全生产大检查等专项行动，通过国家应急管理部督导检查和集团公司环保专项核查，完成2022年北京冬奥会、冬残奥会空气质量保障和党的二十大安全稳定任务，实现一般B级及以上安全环保事故为零的目标。

【信息化建设】 2022年，山西销售深化信息化建设，深入推进系统应用，健全数据资源治理体系。配合集团公司编制工程建设项目数字化交付管理办法，并以晋中魏榆路奥莱综合能源站为试点，推进销售系统首座正向数字化交付综合能源站建设。搭建完成视频轮巡、库站语音对讲、应急调度视频会议等5个应用场景，省运营调度中心正式运行。集团公司智能管控平台、设备一体化管控平台、损耗管理平台等项目上线，完善电子加油卡、洗车平台等功能上线，助力山西销售数字化营销升级。山西销售信息化考核在股份公司销售分公司劳动竞赛排名前列。

【队伍建设】 2022年，山西销售推进三项制度改革，坚持以人为本，聚共识、提素质，强基层、惠员工，全面实施人才强企工程。完成68名中层领导任期制及契约化管理责任书签订，明确责任，强化激励；将控员任务与业绩考核和月度工资总额挂钩，精简用工374人，其中自有用工减少326人，完成控员任务。成立13个区域营销中心，减轻加油站经理对外协调的负担。通过竞聘上岗和协议解除方式，实施地市机关冗员分流，机关管理人员压减18.6%。调整7名年轻干部充实到地市公司和省机关主要领导岗位，通过公开竞聘选拔3名基层干部到地市公司领导岗位任职，树立重基层、重能力的用人导向；完善"双向进入，交叉任职"，共调整使用干部32人次，促进复合型干部培养锻炼；加大技能人才培养，开展培训11期，参训687人次。启动"青马工程"和青年素质提升计划，为青年人才提质赋能。

【企业党建工作】 2022年，山西销售强化宣传凝聚力，将关爱员工落到实处，选树模范典型，展现销售队伍新风貌。举办"喜迎二十大，奋进新征程"安全主题媒体开放日活动，引起强烈反响。在国内、省内主流媒体、新媒体平台发稿40余篇，内网发布各类稿件599篇，上级和外部媒体采用89篇，加油微驿站发布110期。强化舆情管控处置，发布舆情防控风险提示，维护了山西销售品牌与声誉。加强员工关爱，推进"我为员工群众办实事"实践活动，为库站员工解决难事难题25件，投入资金61万元配备更新被褥、洗衣机、微波炉等生活物资，切实解决员工群众"急难愁盼"问题。走访慰问困难职工、困难党员95人次，金秋助学21人次，发放困难帮扶资金77.2万元。这一年涌现一批先进集体和个人，晋中分公司中都北路加油站获评全国"安康杯"竞赛先进班组，临汾分公司乔李王村加油站获山西省青年文明号称号，大同分公司阳高神丰加油站被评为山西省工人先锋号，山西销售连斌杰获评集团公司先进工作者，忻州分公司李变平被评为集团公司巾帼建功先进个人，展现了山西销售良好的精神风貌和企业形象。

（王丽萍）

中国石油天然气股份有限公司内蒙古销售分公司

【概况】 中国石油天然气股份有限公司内蒙古销售分公司（简称内蒙古销售）1951年成立，1998年上划中国石油天然气集团公司，主要负责内蒙古地区成品油销售、天然气销售、非油销售业务、新能源综合补给等业务，是内蒙古自治区主要的成品油供应商，服务范围覆盖自治区全境。上划以来，成品油销售累计突破亿吨，历史上，2011年销售成品油710万吨，零售量619万吨，排名股份公司销售分公司第一，创历史峰值。上划以来，在集团公司和股份公司销售分公司的正确领导下，内蒙古销售先后获全国五一劳动奖状、全国文明单位、人民网"第十五届人民企业社会责任奖"、自治区产品服务双满意单位等称号。2022年底，内蒙古销售下设9个职能部门，2个直属机构，1个附属机构，下辖12个盟市分公司、3个控股公司、2个参股公司，运营加油站1331座，便利店1304座，运营油库15座，库容92.5万立方米，资产总额92.61亿元。

2022年，销售总量530.45万吨，超预算36万吨，同比增长7.92%；纯枪销量361.12万吨，同比增长2.42%；非油店销收入14.03亿元、毛利2.02亿元，同比增长分别为7.4%和18%；实现收入470亿元，同比增长28.8%；净利润0.93亿元，上缴税费5.02亿元，完成提质增效奋斗目标。

【油气销售】 2022年，内蒙古销售深入落实集团公司市场营销会议和股份公司销售分公司零售工作会议精神，坚持"四精"理念，深入推进批零一体化，按市场化原则动态平衡量效关系，价格到位率提升1.7个百分点；汽油主抓高频客户、单位客户、中小微客户，销量增速高于市场需求增速，绝对份额和相对份额分别提升1.1个百分点和0.5个百分点；柴油主抓农柴、工矿、物流等大客户，超需求增长15个百分点；客存油压降超额完成控制目标，油品量效额均超越同期。推进油卡非润一体化，开展"逢10"会员日、"逢中国节"必有优惠等促销活动，油非转换率提升3.7个百分点，达16.4%；线上线下齐发力，线上用户增长尤为突出，卡销比提高4.2个百分点，活跃客户数增长41%；"蒙油游"微信小程序新增用户116万人；建立4600个企微群，群用户达38万人；App应用人数113.2万人，同比增长214%。深入推进异业合作，与通讯、金融、保险等22个单位开展跨界营销，引入资源 2.4 亿元，是同期的十倍，拉动油品销售 4.7 万吨。

内蒙古销售主要经营指标

指　标	2022 年	2021 年
成品油销量（万吨）	530.45	491.52
汽油销量（万吨）	207.14	236.44
柴油销量（万吨）	323.31	255.08
润滑油销量（万吨）	3.04	2.87
加油站总数（座）	1331	1348
油库数量（座）	15	18
油库库容（万立方米）	92.5	100.9
纯枪销量（万吨）	361.12	352.6
非油业务收入（亿元）	14.03	13.06
非油业务利润（亿元）	2.02	1.72
吨油费用（元）	297	355
资产总额（亿元）	92.61	101.8
收入（亿元）	470	365
净利润（亿元）	0.93	3.01
税费（亿元）	5.02	4.02

【加油站管理】 2022 年，内蒙古销售深化市场行动，推动自治区八厅局继续联合打击“两油”“三黑”行为，查处黑加油车 97 辆，查封黑窝点 21 个，取缔黑加油站 7 座，流动送油车停运 800 多辆，罚没油品 2910 吨，形成高压整治态势，有效规范市场秩序。坚持市场导向、客户至上的理念，开展市场调研、客户开发、服务提升等活动，有效维系客户群体，客户范围持续扩大。洗车业务覆盖 170 余座加油站，打造“司机之家”7 座，客户消费体验提升。开展加油站“1234”员工素质提升竞赛和喜迎“党的二十大”服务竞赛活动，956100 投诉量同比下降 45%，客服质量在股份公司销售分公司位居前列。

【非油业务】 2022 年，内蒙古销售非油店销收入和毛利在股份公司销售分公司排名靠前，打造 28 座标准示范店、24 座自有商品专营店，商品品效、平效分别提升 21 个百分点和 8 个百分点。打造“饮水节”“购物节”礼包组合，拉动沉淀资金同比增长 8.7%，活跃客户数增长 40.7%；开展社群营销，快速精准触达 40 万客户；“柴油 +”营销活动拉动化肥、车用尿素大宗商品销售分别提升 22.5%、20.3%。深入挖掘地方特色资源，联手地方知名品牌，助力乡村振兴的发展思路，对部分昆享自有商品更新迭代，升级包装和品质，结合市场需求新开发 17 个单品，持续打造昆享绿祥牛羊肉大单品，拓宽昆壮饲料销售渠道，自有品牌商品全年销售收入同比增 50% 以上。店外销售走出发展新路，抓住内蒙古自治区发展“农”“牧”利好政策，主打“化工农资 + 饲料 + 金融 +N”营销组合拳，将销售触角延伸到乡间地头，销售规模同比增长 22.5%，毛利率同比增长 1.3 个百分点。

【资源运行】 2022 年，内蒙古销售面对市场反复震荡、疫情冲击、属地直炼检修、柴油持续紧张的严峻形势，强化产运销协同，全年成品油配置计划完成率达 100%，创近 6 年来的最佳业绩，资源实现平稳运作。保障配送运行，与内蒙古运输公司克服人员静默、道路限行等诸多困难，及时调整配送路径、多方筹措应急运力、开通绿色保供通道，力保公路配送业务稳定运行，全年公路配送同比增长 17 万吨，创五年以来最好水平。完善油库监管、直线、属地、现场四级管理模式，建立双重预防机制，8 座油库完成各级迎检任务。通过对全区油库开展深入梳理摸排、科学测算、精准施策，优化关停低效、高风险油库 3 座，油库年周转次数提升 1.16 次，人均周转量同比提升 37%。

【投资建设】 2022 年，内蒙古销售绿色转型初见成效，引入社会资本建设和运营，布局加氢站、光伏电站、充换电站以及综合能源补给站，首座重卡换电合作站在鄂尔多斯投入运营，首座加氢站取得立项批复，7 个充电站投入使用、35 个光伏加油站并网发电，建成 2 座“油气电非”综合能源服务站；与行业内多家新能源头部企业签订战略合作协议；接收昆仑能源 12 座 LNG 加注站，LNG 站总规模达 41 座，新能源业务多元化融合发展。严格把握投资方向，谨慎研究投资项目，当年投资计划完成率 98.1%，新投运项目考核达销率 107.8%。加油站新开发 2 座，新投运 4 座，改扩建 5 座，续租高效站 2 座，LNG 站投运 15 座。历史投运加油站整体达销率提升 9.1 个百分点，“双低”站实现摘帽 37 座，其数量同比下降 17%。

【安全环保】 2022 年，内蒙古销售严守安全环保、质量计量底线，投入专项资金，重点治理8座大型油气储存基地"四个系统"和安全风险智能化管控平台建设等499个安全环保隐患，对所属85座库站实施风险和隐患"画像"。作为集团公司安保防恐体系建设7家试点单位之一，通过验收。全覆盖开展QHSE视频巡查、现场检查、合资合作企业质计量大检查和计量准确性暗访，有效保证油品质量抽检合格率100%。员工健康管理深入推进，切实关心关爱员工，新冠肺炎疫情防控早提示、早部署、重落实，配备充足的防疫物资，落实防疫举措，规范员工健康体检管理，员工健康管理切实强化。

【改革创新】 2022年，内蒙古销售推进改革创新。深入实施组织变革，完成两级"大部制"机构整合；深入实施人才强企，率先在销售系统落实艰苦地区引才特殊激励政策，首次聘任特级站经理、特级技师等13名专业技能人员，首次成立6个技能专家工作室，加大专业技术人才培养，高水平石油工匠队伍初步建立。改革三年行动各项任务落实落地，提前完成69项改革任务。开展"合规管理强化年""综合治理""四查四提升"强管理等专项行动，风险防控能力进一步增强。强化依法合规治企，将法律审查嵌入"三重一大"涉法事项审批程序，制定下发合法合规论证四十项清单，加强对深化改革、投资等重大项目法律论证。依法维权，解决历史遗留案件，避免或挽回损失1.1亿元。补充制度空白、完善相关流程，全年立改废制度53项。全面推进App、公众号、大数据平台、自主搭建程序等数字营销工具建设，数字化项目在主营业务、"阿米巴"经营、"微腐败"治理等领域得到深入应用，初步构建起以数字化驱动科技创新的运行机制。

【提质增效】 2022年，内蒙古销售推进提质增效价值创造。制定"增效"和"保障"2大类7个方面41项提质增效举措，聚焦成本极限管控、亏损治理等工作重点，全年取得提质增效成果4.77亿元，实现目标翻番。有效开源，盘活处置闲置资产87项，创效3741万元；争取以工代训补贴1115万元。从严节流，从紧从实极限压控费用，可比口径费用总额同比下降0.71亿元，降幅3.9%；可比口径吨油营销成本同比下降36元/吨，降幅10%；用足优惠政策，享受增值税留抵退税1.26亿元，节约财务费用400万元；取得西部大开发企业所得税15%税率优惠政策；加大历史陈欠清理，一年以上应收账款较年初下降66%，应收账款完成率提升至120%。攻坚治亏，专题研究部署亏损治理工作，班子成员一对一挂牌督战，专业线结对帮扶，一企一策精准治理，实现4家单位扭亏，2家单位考核同比减亏20%以上，完成年度目标。

【企业党建工作】 2022年，内蒙古销售党委发挥"把方向、管大局、保落实"领导作用。坚持把学习贯彻习近平新时代中国特色社会主义思想、总书记重要指示批示精神和党的二十大精神作为首要政治任务，组织党委理论中心组学习14次，"第一议题"学习35次，筑牢高举旗帜、履行使命的思想基础。坚持党委把方向，完善议事规则，规范党委前置研究程序，研究审议"三重一大"事项267项，确保各项工作始终沿着正确方向推进。推动主题教育走深走实，落实意识形态责任制，不断汇聚思想共识。坚持党委管大局，推进全面从严治党向纵深发展，政治生态持续向好；推进基层党建"三基本"建设与"三基"工作深度融合，党务业务实现同频共振；代表集团公司向内蒙古自治区新冠肺炎疫情防控捐赠千万余元，切实履行国有企业政治责任和社会责任。

（巴音巴特）

中国石油天然气股份有限公司陕西销售分公司

【概况】 中国石油天然气股份有限公司陕西销售分公司（简称陕西销售）是中国石油天然气股份有限公司所属地区公司，前身为陕西省石油总公司，成立于1953年，于1998年6月上划中国石油天然气集团公司，主要从事成品油批发和零售业务以及便利店、润滑油、天然气、充换电、汽服等非油销售业务。2022年底，设9个职能部门、1个附属机构、1个直属单位，下辖10个地市分公司和综合服务保障中心，股权企业20家。运营加油站948座，油库4座，总库容21.2万立方米，资产总额64.63亿元。用工总量6887人，其中合同化员工3727人、市场化用工1551人、劳务外包用工1609人。党委下设11个基层党委，178个党（总）支部，党员总数2758人。

【油品销售】 2022年，陕西销售结合上级调拨价机制和营销政策，建立纯枪、直批毛利、重点指标日监控模型，开展批零一体化销售，纯枪相对市场份额

陕西销售主要经营指标

指 标	2022 年	2021 年
成品油销量（万吨）	267.32	331.2
汽油销量（万吨）	143.91	189.07
柴油销量（万吨）	122.86	142.13
润滑油销量（万吨）	1.58	0.95
加油站总数（座）	948	1035
油库数量（座）	4	4
油库库容（万立方米）	21.2	21.2
纯枪销量（万吨）	212.37	239.69
非油业务收入（亿元）	8.97	8.1
非油业务利润（亿元）	1.66	1.54
费用总额（亿元）	16.69	17.67
吨油费用（元）	624.34	532.83
资产总额（亿元）	64.63	76.08
收入（亿元）	246.68	245.19
利润（亿元）	-8.82	0.02
税费（亿元）	1.28	3.94

同比增长 1.5 个百分点，价格到位率同比增长 0.6 个百分点。完善三级联动的市场整顿机制，联手延长石油集团、中国石化协助政府查处黑加油点、黑加油车、黑加油站 55 个，查处非法油品 752 吨。加大客户开发力度，开发陕鼓、法士特等集团大客户 227 家、同比增长 32 个，直批客户达 1718 家、同比增长 41 家，零售单位客户 53775 家、同比增长 3272 家。强化政企合作，争取消费券政府补贴 480 万元，办理拥军“优待卡”6424 张，开发农机卡客户 3391 个、销售同比增长 65%。服务 24 家集团内部单位，油品供应同比增长 51%。以电子卡营销为重点，加强 10 惠充值、高频汽油、CN98 上量等营销政策宣传，网格化开展社群营销，建立企业微信群 1890 个，群成员 13.8 万人，电子卡开卡数达 88 万。开展异业合作，引入邮储、交行、平安、高德地图等 15 个异业渠道资源补贴 3200 万元，带动消费 4.5 亿元。推进全流程诊断，改进城市、高速站三班模式，采取“基础两班 + 削高峰”模式提升单班服务能力，月均开展神秘顾客、远程视频、电话访问“计件考核”3000 次，“星工程”选树累计奖励 171 万元，投诉环比下降 29%，陕西销售连续 10 年获评陕西省顾客满意度测评行业第一。

【天然气销售】 2022 年，陕西销售共有 24 座加气站营业，销售天然气 4.98 万吨。其中 CNG 销售 4414 千立方米、同比减少 2218 千立方米（停业站减量 779 千立方米），LNG 销售 46257 吨、同比减少 5234 吨（停业站减量 3876 吨）。毛利 2000 万元，其中 CNG 毛利同比减少 261 万元，LNG 毛利同比减少 161 万元。加气业务共亏损 849 万元，同比增亏 1065 万元。

【非油业务】 2022 年，陕西销售强化油非互促，组织“饮水节”“啤酒节”“爱车节”等系列主题营销，“饮水节”自有品牌包装水销售 42.5 万箱，同比增长 160%；“爱车节”15 天实现销售 1869 万元，同比增长 16%，排名股份公司销售分公司第三。各地市分公司安排专人把关香烟订购，加快烟草出库，134 座站访烟等级提升，收入同比增长 1.3%。成立化肥业务攻坚组，销售化肥 8907 万元、增幅 288%。重新组织加油站洗车业务公开招标，新建洗车站点 40 座。探索整车销售，实现增收 18.83 万元。打造 Meet U Smile 咖啡销售专区，开设咖啡店 26 座，实现收入 260 万元。组织线上直播 247 场次，直播及线上销售 2850 万元，其中 13 场天猫平台直播成交 1582 万元。丰富自有商品，新开发好客秦味杏皮茶、昆仑好客金酱酒、丹凤葡萄酒、渭南贝贝南瓜等 32 种地方特色商品，实现销售 6105 万元。完善非油业务制度体系，建立供应商考核、评价、退出等监督管理机制，分 3 批次完成 70 家非油供应商准入。对 695 个商品进行价格谈判，淘汰同质化、滞销单品 137 个，558 个在营单品入仓价平均下降 2.87%。推进供应链体系改革，实现京东物流配送体系平稳上线，仓储物流整体费用同比下降 7%。

【库站管理】 2022 年，陕西销售开展两期站经理零售业务培训，通过“以赛代练、以赛促训”提升员工技能。每周、月通报加油站运营率，加油站停业一律在协同管理平台提报，全年加油站运营率 98.5%。对偏远乡村小站开展现场服务夜查 130 余站次，督促加油站保障夜间服务质量。制定设备设施管理细则，依托设备一体化管控平台及“设备智管”App，推进设备实物管理、巡检、保养、维修等业务线上运行，设备完好率 99.83%。开展油库基础管理提升三年行动，按照组织与机构、生产运行管理、设备设施管理、安全环保管理、质量计量管理等5个维度、28项指标，持续对标考核，每季度对达标创建情况进行跟踪和督导，提升油库现场管理标准化、专业化水平。

【投资建设】 2022年，陕西销售落实“严谨、精准、效益”要求，严格投资项目评审，完成立项105个、投运26个。争取政府支持，借助央企进陕工作机制解决投资历史遗留问题44项，与商洛市政府签订战略合作框架协议。对低效项目进行清理，实现退租19个、降租24个、取消立项11个，年减亏3968万元。依托合资合作，部署推进LNG、光伏、充换电项目，立项新能源和加气项目98座，投运15座。发挥中油绿动优势，投运公司办公楼等光伏项目5个，日均发电1500度；与蔚来、小桔、天顺达公交等公司合作，零成本开发投运充换电站项目8个。打造工程项目管理团队，直管26个项目部，建立五方质量终身负责制，PMC项目管理单位职责进一步落实。加大投资成本管控，27个工程建设招标项目节约资金7%，油气回收在线监测项目重新招标采购价下降29%。

【提质增效】 2022年，陕西销售突出“价值创造”，制定28项提质增效举措，累计开源创效1.87亿元、降费增效1.66亿元。采取“关、退、包”方式，靶向治理负效站147座，同比减亏2888万元，减少用工202人。树牢“一切成本皆可降”理念，对折旧费、人工成本、财务费用等实施重点管控，西部大开发所得税优惠2366万元，增值税期末留底退税4871万元，总部短期负息资金一年免息政策节支6000万元，上门收款费实现“零”支出。与陕西交控集团多番谈判，将2022年底前到期的24座高速服务区加油站年租金由9570万元降至7270万元，整体下降2300万元，续租租期为3年。西安分公司通过持续谈判，争取到大明宫遗址拆迁补偿按现价评估，取得补偿款5953万元。

【深化改革】 2022年，陕西销售采取例会通报、约谈提醒、每月考核等方式，推进深化改革三年行动，78项改革任务全部完成，累计制修订配套制度63项。完成两级本部“大部制”改革，推进片区去行政化和基层党组织改革，资金对账、工程造价、股权企业核算业务全面集中共享，职能部门同比减少40%，35%的支部书记由加油站经理兼任，二线、三线人数净减少363人，用工总量压减876人。持续优化绩效和薪酬体系，建立加油站“六联”、油库“五联”指标体系库，增加效益类指标考核权重，强化360考核结果运用，部门内部绩效薪酬最高相差30%。发布数字化转型规划，与商汤科技开启战略合作，成立人工智能联合实验室，在安全与数质量管理等方面开展智能音视频应用研究。与交行合作推进加油站数智平台建设，完成绩效薪酬模块功能优化，在146座股权企业站点部署发票系统。上线数字陕销网页和客户端集成平台，推广统建综合办公管理平台，全面梳理优化各类办公业务流程。与西安交大等科研团队合作，加油机器人“单臂、双臂”两条技术路线同步推进，分别在西安西二环加油站、昆明路综合能源站应用落地。

【人才强企】 2022年，陕西销售落实人才强企工程实施方案，建立分公司中层领导人员选拔任用预审等机制，落实全员职称等级、非领导职务绩效激励机制，完成4名营销专家、19名营销专员聘任，导向鲜明加大35岁以下全日制大学毕业生员工提拔任用，三级正副职平均年龄较年初下降1.3岁。实施素质提升“赋能计划”，举办青年骨干人才、基层领导人员、加油站职业技能素质提升等29期培训，培训8215人次。制定加油站轮岗指导意见，两级机关142人完成加油站轮岗，收集并推动解决89项基层反馈问题。加强与属地高校、职业院校合作，西安、榆林分公司与3所高职院校签订“校企合作协议”，优选高销高效加油站共建实习基地3个。

【安全环保】 2022年，陕西销售压实全员QHSE责任，完善“一岗一清单”，开展体系审核问题“回头看”，完成50名体系审核内审员培训、考核、发证工作。组织安全专项整治三年行动、污染防治攻坚战、QHSE管理体系审核、安全大检查活动，检查库站800座，发现问题2843项，整改问题2801项，整改率超过95%，安全记分375人次。开展油品质量百日提升行动，推进32项措施落地落实，设立“10·25”事故警示日，制定油品质量管理禁令。开展公路运输专项检查，推进车载液位仪安装上线，提升运输过程管控效率。不断完善“三检”机制，加密地炼出厂油品、合资合作企业、特许经营等重大油品质量风险环节的监督频次。组建VOCs检测中心，强化排污许可证证后管理，通过中央环保督察组检查验收。用好员工健康管理系统和爱心健康云，建立员工电子健康档案，开展线上、线下健康咨询，优化体检项目，实施精准体检和健康干预。

【依法合规治企】 2022年，陕西销售统筹“合规管理强化年”“四查四提升”等专项活动，针对性出台34个专项整治行动方案，制定管理措施97项，推动账外资产入账管理和走单、虚假贸易问题得到解决。强化合同管理，合同上线率100%，三项审查审批率100%，合同管理系统无事后合同发生。完善依法治企职责，加强法制宣传教育，举办法治主题演讲比赛，开展法律论证150余次。完善股权管理制度体系，制修订《公司股权管理办法》及配套的财务、营销、安全环保数质量等7项制度。强化法律尽职调查和纠纷案件管理，组织公司法律专家、外聘法律顾问进行研讨，一案一策处置各类纠纷案件20余件，避免或挽回经济损失600余万元。推进管理体系融合，加快制度制修订，建立专家会审机制，组织“一月一主题”制度宣贯。组织开展2022年基础工作大检查，发现问题78个方面1369项，已整改完成96%。聚焦经营管理、投资建设等重点领域和关键环节，完成审计项目100个。

【党的建设】 2022年，陕西销售修订《学习贯彻习近平总书记重要指示批示精神实施细则》，抓实党的二十大精神学习宣贯，实现两级党委班子、党支部书记宣讲全覆盖，专题研讨216次。推进巡视反馈问题销项整改，反馈的10个方面30个问题已整改29个。统筹谋划基层建设年活动，推进“党支部+经营”，编发党支部工作“一体一册”，深化“五型”党建品牌创建、“六建”先锋打造，党员先锋年开展活动3000余次。获评集团公司政研工作优秀组织单位，被集团公司确定为华中华东党建协作区副组长单位，“为员工群众办实事”做法在集团公司作经验交流，在集团公司党建责任制考评中获评A档。强化正风肃纪，制定机关作风建设整改措施489项，会议同比减少39%，各部门发文减少1.3%，监督检查项目减少33%。保持惩治腐败高压态势，受理信访举报和问题线索46件，立案13件，给予党政纪处分43人，查处并问责“微腐败”问题64人。强化党建带工建带团建，开展员工篮球赛等文体活动，启动“青马工程”、青年精神素养提升工程，召开首届青年创新论坛，建立完善创新工作室12个，西安大庆路加油站获全国总工会“最美工会户外劳动者服务站点”。突出员工关爱，累计帮扶510人次、100.3万元，在薪酬类费用总额同比下降7%情况下，员工伙食标准进一步提升。

【新冠肺炎疫情防控】 2022年，陕西销售一手抓疫情防控阻击，一手抓油非保供和经营管理，两级机关和站库保持有序运转。1月，受西安、咸阳、商洛等地疫情影响，陕西销售关停站点一度达23座，累计隔离人员470余人，纯枪日销量跌至3000吨以下。西安、宝鸡等分公司疫情期间主动作为，配送封闭社区生活物资4万余份。3—10月，伴随省内新冠肺炎疫情持续散发态势，陕西销售按当地政府要求动态优化升级和常态化管理措施，通过倡导员工上下班“两点一线”、加大核酸检测、推进疫苗接种、加强日常消杀等举措，守住了12月前员工“零感染”底线。12月，伴随省内新冠肺炎疫情快速传播，公司机关于12日首次查出4人核酸阳性，13日核酸阳性人员增至31人，14日增至116人，其后一周公司机关绝大部分员工陆续感染，无重症情况；各地市公司员工感染人数也逐步增多。至12月底，陕西销售员工登记阳性人员1616人。疫情快速传播期间，症状明显员工居家办公，轻症员工坚持在岗，保证了经营销售工作的平稳运转。

【“阿米巴”经营模式探索与推广】 2022年，陕西销售制定“阿米巴”经营方案，在铜川分公司21座站进行先行试点。1—8月，铜川“阿米巴”站点油品毛利同比增长16%、非油收入同比增长53%、非油毛利同比增长40%、费用总额同比减少5.5%。9月召开“阿米巴”经营推进会，总结试点经验，明确下一步总体思路和措施。10月下发《“阿米巴”经营指导手册》，提供参考方案、实施经验和实践案例。2022年底，陕西销售推广“阿米巴”经营站点数达280座，试点站税前收入同比增长21%。

【首个光伏项目投运】 2022年3月24日，陕西销售办公楼综合光伏发电系统全容量并网运行。该项目是陕西销售实施的首个光伏项目，由陕西销售、国家电投陕西分公司合资成立的中油绿动新能源有限公司投资建设，利用陕西销售机关办公楼屋顶3355平方米面积安装分布式光伏，装机容量440千瓦，并配置新能源汽车充电设施，每年按968利用小时计算，可提供绿色电能35.2万千瓦·时，年减少二氧化碳排放270吨、节约电费支出1.2万元。

【西安昆明路综合能源站投运】 2022年12月11日，陕西销售西安昆明路综合能源站正式投入运营，成为陕西省首座集“油电光风”于一体的智能化综合能源站。该站面积2680平方米，新建两层站房614平方米、便利店186平方米，311块光伏板组成的罩棚年发电量达21.5万度，设5座标准加油岛、5台智慧加油机、30把数字化加油枪、1台加油机器人，应用车牌识别、无感支付等智慧化系统，并与蔚来公司合作经营充换电站，与专业化汽服公司合作经营无人值守的隧道式洗车机，为顾客提供加油、充电、换电、洗车、购物一站式服务。

（胡瑞翔　张　露）

中国石油天然气股份有限公司甘肃销售分公司

【概况】 中国石油天然气股份有限公司甘肃销售分公司（简称甘肃销售）是中国石油天然气股份有限公司销售分公司下属的省区分公司，前身为1953年成立的甘肃省石油总公司，1998年划入中国石油天然气集团公司，1998年8月集团公司实施内部重组改制时划入股份公司，2018年企业类别明确为一类一级。经营范围包括成品油批发零售、车用天然气零售、非油业务经营、汽车服务、加油（气）站及相关设备设施改造等。2022年底，设职能部门9个，所属地市分公司16家，直属公司2家，控参股公司8家，资产总额81.25亿元，在册员工5528人，离退休人员4897人。运营油库13座，总库容45.25万立方米；运营加油（气）站858座（其中纯气站13座，油气混合站48座）。加油（气）站网络份额64.2%、成品油市场份额92%，是甘肃省成品油供应服务的主渠道商。

【油气销售】 2022年，甘肃销售坚持量效并举，全力以赴抢市场、争用户、固份额、优服务、降成本、防风险。强化精准营销，优化制定营销方案6个，组织专题营销34次，引入异业合作资金4921万元，价格到位率同比提高0.8个百分点，零售综合能力排名股份公司销售分公司第二。狠抓直批，新增App认证客户1231家，存量客户成交率94%，自营直批销量同比增加17万吨、增幅24.3%。促进燃气销售，新增加气站12座，新开发LNG客户628个，LNG销量、毛利分别同比增长13.8%和26.9%。发展加油卡会员，累计发行加油卡130.5万张、其中电子卡96.5万张，沉淀资金14.1亿元，线上拉新会员229万人、社群营销关注粉丝155万人，移动支付占比同比提高5个百分点。保障资源供应，出台应急保供措施12项，疏散炼厂库存13.25万吨，协调办理车辆通行证711份，油库周转次数同比增加1.7次，最高单日配送量2.2万吨。做优现场服务，单车流程标准时间缩短59秒，高峰拥堵指数降低0.28，千万次服务投诉次数保持系统最低。甘肃销售与西部战区陆军部队、定西及陇南市政府签订合作框架协议，与甘肃药投等5家企业建立战略合作关系。

甘肃销售主要经营指标

指　标	2022年	2021年
资产规模（亿元）	81.50	74.81
资产负债率%	41.05	39.22
收入（亿元）	412.37	335.16
商品流通费（亿元）	15.58	16.69
利润（亿元）	9.37	8.53
净利润（亿元）	9.35	8.40
吨油创效（元/吨）	193.04	178.24
EVA（亿元）	6.89	6.04
油气销量（万吨）	485.29	478.62
油气零售量（万吨）	379.96	389.13
油品纯枪销量（万吨）	350.89	361.07
天然气销量（万吨）	30.96	29.11
市场份额%	92.00	92.45
零售率%	77.2	86.40
价格到位率%	98.97	98.19
非油业务店销收入（亿元）	11.94	10.52
非油业务毛利（亿元）	1.67	1.46
汽服收入（万元）	3174.32	846.5
品效（元/个/日）	525.5	448.5
平效（元/米^2/日）	74.9	67.8
油非转换率（%）	23.5	19.2
库存价值（亿元）	1.87	1.71
库存周转天数（日）	63	65
运营加油（气）站（座）	846	818
单站日销量（吨）	11.86	13.54
单站创效（万元）	110.74	96.61
人均销量（吨）	863.97	773.37
人均零售量（吨）	676.45	631.8
人均创利（万元）	16.68	13.73
单站用工（人）	4.48	5.2

【非油业务】 2022年，甘肃销售深入挖掘非油业务增收创效潜力，业务领域逐步聚焦，业务水平持续上扬。攻坚开拓市场，新增亿元级品类3个、千万元级品类3个，实现线上销售1823万元。精细业务管理，打造百万元店347座、50万元店211座，平均采购价格下降1.2%，商品优化率36.8%，释放滞销库存1338万元。抢抓营销机遇，车润车辅销售突破2.1亿元、排名股份公司销售分公司第三，实现大客户销售9372万元；自有商品销售同比增加30%。创新运营发展，新建速洗门店21座、润滑油快换中心2座，销售收入同比增加727万元；新增异业合作项目9项、站外店5座，销售收入同比增加2132万元。兰州石化等5座站外店销售突破500万元。

【抗击疫情】 2022年，甘肃销售自主研发“储运分公司疫情监测与统计分析平台”，提高油库疫情常态化管理与跟踪监测，筑牢“线上+线下”油库疫情防控“防火墙”。强化疫情期间资源保供，开启24小时付油模式，疫情期间成品油配送日均超1.4万吨，单日配送创2.2万吨突破历史峰值；疏散炼厂库存油品13.25万吨，保障完成宁夏、青海、陕西、内蒙古4家销售公司跨区域配送任务。制定成品油保障供应应急预案等12项应急保供方案，协助承运商办理车辆通行证，组织运力跨省调配资源0.72万吨；协调从中国石化武威油库调配汽油71.9吨，打通与中国石化资源串换、运费结算渠道，及时消除加油站汽油断供风险。

【网络建设】 2022年，甘肃销售坚持走低成本、多元化发展道路，全年新开发加油（气）站21座、投运30座。坚持网络拓展，取得新建项目备案29座、改迁建项目备案57座。新成立合资公司2家，与合资合作单位锁定高速及国省道服务区项目18座。控制投资，优化设计压减投资53.4万元，招标节资302万元，平均单站投资同比减少177万元。促进转型，投运光伏项目20个、充电项目10个，取得光伏项目备案46个、加氢项目备案7个。增强效用，实施油增气改造3座，完成隐患治理及技术改造项目141个，对武威、柳园油库进行储罐浮盘改造。

【合规治企】 2022年，甘肃销售开展依法合规专项治理和“四查四提升”强管理行动，统筹推进内控体系建设，“依法合规治企”的兴企理念全面贯彻落实。强化源头治理，完成制度“立改废”48项，签订特许站《合规经营承诺书》190份，推广使用示范合同文本58个，形成合规体系文件6个，合规管理机制更加完善。强化法律保障，整改油气站侵权19项，出具合法合规论证审查意见书43份、合同法律意见书300余份。3个案件判决调解生效，甘肃销售合法权益得到保障。强化风险管控，梳理合规风险92条，制定防范措施209条，发布合规职责清单2份，补办各类证照73个，新增甘肃销售营业执照经营范围44项，完成4个专项、8个重点领域风险内控测试。对甘肃销售246项现行规章制度进行了清理评审，截至2022年底，现行制度222项。

【利润排名省区销售企业首位】 2022年，甘肃销售实现利润9.37亿元，较预算增加1.2亿元；实现投资资本回报率28.98%、同比增长7.98%，商流费较预算节约580万元。21座“双低”站实现摘帽、增利2133万元，闲置资产处置盘活实现收益2715万元，完成资产管理分类评价和投资效益专项分析。争取西部大开发政策红利，每年节约所得税约1亿元；对接落实增值税留底退税政策，实现退税4506万元。吨油气营销成本同比减少146元，人均创效同比增长9.8%，储值与加油站营业收款对账准确率达98%以上。

【安全环保数质量】 2022年，甘肃销售突出源头预防、狠抓过程监管、注重标本兼治，年度QHSE综合测评得分89.9分、排名股份公司销售分公司第一。体系内审发现问题3158项、整改率98%，安全生产大检查、加气站专项检查发现整改问题1790项，完成165项安全环保隐患治理。注重环境协同发展，完成第二批次VOCs检测中心建设、油库土壤与地下水初调13座、详调1座、33座黄河流域站点水质检测井完成建设。严格把控数质量关口，标定库站油罐16具、车载油罐247舱，自营站油枪误差控制在±1.5‰之内，合资合作站油气损溢率同比增长1.73‰，内外部油品质量抽检合格率保持100%。

【企业党建工作】 2022年，甘肃销售坚持把迎接党的二十大、学习贯彻大会精神作为贯穿全年的首要政治任务，两级党委通过落实“第一议题”、党委理论学习中心组等制度，开展专题学习研讨120余次，设置研讨专题32项，两级党委委员撰写学习心得体会79篇。政治建设走深走实，高效规范运行“第一议题”制度、中心组学习制度和学习贯彻习近平总书记重要指示批示精神落实机制，党员干部落实“两个维护”、捍卫“两个确立”更加坚决。加强政治理论学习成果转化，2项理论研究成果入编《新时代党建与企业文化创新优秀成果选编》，5项研学成果获集团公司表彰。党风廉政建设和反腐败工作协调机制成熟运行，通过巡视、巡察、审计发现整改经营管理类问题34项。高质量开展党内巡察，定期跟进巡视巡察整改落实情况，2017年以来巡视巡察审计问题整改率达97%。有序推进《人才强企专项行动方案》，36个专项工作稳步推进、19项工程成效初显。加强青年人才培养，提拔优秀年轻二级正副职干部9名，进一步使用4名，三级正副职干部48名。全面加强骨干队伍建设，选聘市场营销专家9名，站经理持证人数达1165人，基层骨干持证人数占比达86.48%，高级职称人数同比增长15.9%。

【组织召开甘肃销售第三次党员代表大会】 2022年，甘肃销售组织召开公司第三次党员代表大会，完善了今后五年的"1156"总体工作思路和"7+4"重点工作部署，为推动党的建设与主营业务深度融合奠定了坚实基础，搭建了引领、支撑一流示范销售企业建设的总体战略框架。

【创新发展】 2022年，甘肃销售92项改革三年行动任务全面完成，印发《授权管理清单》89项；建立发展能力评价体系，成为股份公司销售分公司评价体系的雏形，所属14家地市公司全部排名股份公司销售分公司前30。完成创新平台建设，创新立项35个、取得成果22项，被评为甘肃省"科技创新企业"，《库站计算机群组优化解决方案》获集团公司创新大赛三等奖，维保系统实现升级，设备管控一体化智能平台上线运行，获集团公司网络攻防大赛"人才先锋奖"和"最佳风貌奖"。

【关爱员工健康】 2022年，甘肃销售新冠疫苗加强针接种率达98%。根据疫情形势变化，制定"应急状态防控""弹性工作制防控""常态化防控"三类分级防控工作指南，督促员工树立"疫情防控第一责任人"理念，加强戴口罩、勤消杀等个人防护措施落实，应对省内连续多次大规模疫情暴发。联合公司工会，建立"职工健康小屋""职工活动室"，方便员工加强体育锻炼、开展健康自查自测；为员工配备便携式血压计、血糖仪、健康包及健康一体机等诊疗仪器，疫情期间加强员工的心理疏导，让员工充分感受到企业的关怀。开展健康主题系列讲座3次，开展体检数据分析和健康咨询，非生产亡人数较去年下降28%。

【市场整顿】 2022年，甘肃销售按照省公安厅发布的《2022年全省油气田及输油气管道安全保护工作要点》，制定市场管理工作总体方案，与各地市、县（区）公安机关召开联席会议70余次，形成相关文件15份。新建平凉、酒泉、白银3个省际稽查站点；配合公安机关侦办各类涉油案件161起，移送审查起诉犯罪嫌疑人186人，稽查危化品车辆9.3万辆，查获非法假劣油品3700余吨，涉案金额7500余万元。配合执法部门稽查危化品车辆9.3万辆，涉油刑事立案102起，受理行政案件35起；公安部门将涉油案件打击纳入业绩考核，兰州首例柴油案件宣判。

（张岩峰）

中国石油天然气股份有限公司青海销售分公司

【概况】 中国石油天然气股份有限公司青海销售分公司（简称青海销售）成立于1954年，1998年上划集团公司，承担青海省汽油、柴油、润滑油等成品油稳定供应的责任。青海销售从2006年开始连续每年名列"青海省百强企业"前10强，成为青海省上缴税收大户。曾获全国"五一劳动奖状""抗震救灾英雄集体""中央企业先进基层党组织"等称号。2022年底，机关设置9个职能处室，下设9个地市公司、3个专业公司、14家合资公司，在册员工2043人；资产总额27.9亿元，运营加油站321座，直属油库4座、总库容21万立方米。

2022年，青海销售面对新冠肺炎疫情、市场、油价等多重因素影响，贯彻落实集团公司、销售公司决策部署，坚定"巩固、创新、提质、共享"八字方针，深化重塑"网建、营销、党建"3个新格局，着力增强市场营销能力、经营创效能力、市场控制能力、风险管控能力、党建引领能力。全年销售汽油、柴油157.83万吨，同比下降13.61%；零售109.01万吨，同比下降14.15%；销售天然气0.8万吨，同比增长63.26%；非油业务收入2.9亿元，同比增长2.83%；非油业务毛利5660万元，同比增长2.38%；营业收入139.09亿元，上缴税费1.39亿元。获"青海企业50强"，位列第10位。

【油气销售】 2022年，青海销售落实"市场导向、

青海销售主要经营指标

指　标	2022 年	2021 年
成品油销量（万吨）	157.83	182.70
汽油销量（万吨）	60.07	80.40
柴油销量（万吨）	97.76	102.30
润滑油销量（万吨）	0.07	0.11
天然气销量（万吨）	0.8	0.49
加油站总数（座）	321	315
油库数量（座）	4	4
油库库容（万立方米）	21	21
纯枪销量（万吨）	109.01	126.98
非油业务收入（亿元）	2.9	2.82
非油业务利润（亿元）	0.4	0.37
吨油费用（元）	431	389
资产总额（亿元）	27.9	29.93
收入（亿元）	139.09	130.63
利润（亿元）	–0.69	1.11
税费（亿元）	1.39	1.33

客户至上，以销定产、以产促销，一体协同、竞合共赢”市场营销工作方针，遏制销量下滑趋势，全年完成汽油、柴油销售量 157.83 万吨，同比下降 14%。其中，汽油销售 60.07 万吨，同比下降 25%；柴油销售 97.76 万吨，同比下降 4%。加强客户维护和管理，围绕“市场网格化、客户全覆盖、营销全员制、服务全链条”工作部署，开展市场大调查、客户大普查专项活动，新开发客户 11600 个，其中直批客户 526 家，零售客户 11074 家。深化跨界合作，与电信、移动、银联等行业合作，引入营销资源 4751 万元，撬动油品销售 8.72 万吨。巩固市场主导地位，针对社会经营单位低价倾销，及时打响市场保卫战，纯枪市场份额为 63.1%，同比提高 0.2 个百分点。推进直批 App 应用，线上注册直批客户 2016 家，销售油品 20.27 万吨，同比增长 49%。利用第 23 届中国 · 青海绿色发展投资贸易洽谈会、第 21 届环青海湖国际公路自行车赛等活动契机，宣传促销政策，推销电子加油卡，全年销售加油卡 15 万张。

【非油业务】 2022 年，青海销售根据市场形势变化，开展各类促销活动，推进非油业务上量增效。全省实现收入 2.9 亿元，同比增长 2.8%；毛利 5660 万元，同比增长 2.4%。开展“年货会”促销、“月度单品”促销、“季度主题”促销、“10 惠”会员促销、“周六大放价”促销、以及昆仑好客“饮水节”“购物节”“啤酒节”等活动，实现销售收入 2300 万元。加大线上销售力度，开展直播带货 15 场次，实现销售收入 52 万元。开展氯化钾销售业务，实现销售收入 1400 万元。加大自有商品促销，天佑德系列青稞酒、昆仑缘麻辣面、昆仑缘红油面皮、昆仑缘菜籽油 4 款商品纳入全国扶贫商品名录，并与内部单位签订供销协议，自有商品销售收入 1331.97 万元。加大润滑油销售，开展车辅产品销售竞赛，实现收入 3797 万元。

【加油站管理】 2022 年，青海销售开展加油站标准化建设，围绕“设备标准化、运行标准化、服务标准化”打造特色站、示范站、标杆站，标准化达标率 60%。开展经理人大讲堂，加强基础管理、服务、操作等业务培训，全年培训员工 2400 余人。完善神秘顾客访问、视频扫站、综合检查“三位一体”的现场服务监管机制，检查加油站 1136 次，整改问题 890 余项。开展加油站全流程诊断优化，推进“阿米巴”经营，深化“双低”站治理，8 座亏损加油站实现摘帽，150 座加油站创效能力同比提升。协调政府部门，发挥政、警、企三方合力，开展打非治违专项行动，罚没油品 7.57 吨。强化库站收、发、存油品质量管控，接受内外部油品质量抽检 1551 批次，合格率 100%。

【油库管理】 2022 年，青海销售刚性执行配置计划，全年完成执行配置计划 163.66 万吨，同比减少 24.44 万吨。加油站配送 107.77 万吨，同比减少 17.24 万吨。油库周转次数 11.02 次，同比增加 1.19 次，人均周转量 1.58 万吨，同比增长 0.47 万吨。加强油品配送过程管理，承运商运行合规受控，同车同站率控制在 25% 以内，吨油运费同比下降 0.79 元。推进车载液位仪系统应用及便携式铁路验收计量器具推广，加油站进货损耗率 –0.004‰，同比下降 0.43‰；铁路运输损耗率 0.02‰，同比下降 0.01‰。加强应急处置管理，开展专项预案演练 48 次。

【投资建设】 2022 年，青海销售优化“十四五”发展规划，组织编制成品油（气）销售、非油销售、加油站网络建设、科技信息、安全环保、人力资源、人才强企、党建等8个专业规划，形成“1+8”整体规划体系。优化加油站网络开发，全年新开发加油加气站10座，建成加油加气站3座，租赁加气站5座。超前谋划新能源业务，全年新开发充换电项目9个，光伏项目22个，与蔚来汽车合作建设的首座充换电项目投运。加快储备项目建设，2座加油站开工建设，2座加油站完成招标及施工手续办理工作。解决项目历史遗留问题，重启2座加油站项目建设，对6个无法实施的项目进行核减。加强项目投资计划管理，全年新下达计划6461万元，完成计划6455万元，完成率97.6%。

【提质增效】 2022年，青海销售坚持“四精”要求，打造提质增效“升级版”，制定提质增效实施方案，明确32项重点措施，全年实现营业收入139.09亿元，其中主营业务收入136.19亿元，同比增长6.7%。非油业务收入2.9亿元，同比增长2.8%。强化油品损耗管理，启用油品运输智慧云管理系统，油品损耗同比减少1179万元。优化内部清算补贴激励政策，鼓励多销超销，争取销售端额外量补贴4500万元。加强人工成本费用的管控力度，按月考核工效挂钩指标完成情况，员工成本同比降低1.6%。加强费用类支出管理，维修费同比下降31.87%，水电暖费同比下降6.64%，五项费用同比下降31.48%，广告促销费同比下降48.65%。盘活闲置资产实现收入396.72万元。

【安全环保】 2022年，青海销售以QHSE体系运行为主线，有序开展安全生产大检查、安全生产专项整治三年行动和危险化学品安全风险集中治理，编制下发《加油站QHSE风险排查管控清单》《油库QHSE风险排查管控清单》，开展安全风险隐患排查，累计发现各类隐患864项，整改848项，整改率98%，投入隐患治理资金4300余万元。做好常态化疫情防控，召开驻青企业疫情防控领导小组会议149次，从严部署疫情防控工作，及时阻断疫情传播。建设油库智能管控平台，4座油库完成安全基础信息、重大危险源管理、双重预防机制系统安装调试，实现自动化数据集成推送。落实安全环保责任，层层签订安全环保责任书2661份。加强数质量管理，开展计量专项治理行动，全年抽检油品质量1551批次，合格率100%；加强环境保护，委托第三方进行油气回收检测，开展挥发性有机物污染治理，4座油库安装油气回收系统和处置装置，15座加油站在线监测上线运行。重点敏感时段实行升级管理，下发安全维稳专项工作方案，实现安全平稳运行。

【企业改革】 2022年，青海销售稳步推进企业改革三年行动，重点推动公司结构、组织、运行、制度、监督、党建“六大体系”建设和46项改革措施落实落地。开展管理体系评估优化，搭建形成公司本部、分公司、片区、加油站管理架构，完善业务流程57个，制定修订制度53项。制定《人力资源优化总体方案》，进一步优化库站用人结构，直接用工总量下降至2043人，较年初压减106人，库站外人员占比控制在12%。完善薪酬激励机制，制定《2022年绩效考核实施办法》，建立总经理嘉奖机制，优化调整薪酬结构，基层和一线员工收入有序增长。加强依法合规治企，开展“四查四提升”专项行动，制定29个专项问题整治方案，查找问题1223项，整改1128项，制定管理措施136条，提出管理建议73条。

【企业党建工作】 2022年，青海销售党委加强党的领导和党的建设，修订完善公司“三重一大”决策实施细则，严格落实党委前置研究程序，全年召开党委会议35次，研究“三重一大”议题249项。落实“第一议题”制度，组织中心组理论学习12次。优化基层党组织设置，减少党支部1个，9家分公司将机关党员纳入加油站党支部管理，41个党支部完成换届选举。加强基层制度建设，梳理党建制度155项，规范支部8个方面工作标准，细化12个方面工作任务，规范7个方面工作方法，再造8个工作流程。加强基本队伍建设，举办发展对象培训班1期、党员干部线上培训班1期、党员轮训班14期，44名发展对象、67名党务干部、583名党员进行集中培训。加强干部队伍建设，落实“选育管用”工作机制，提拔二级副以上干部9人，处级助理16人，交流调整二级副以上干部16人，处级助理2人。做好新闻宣传工作，主流媒体采用新闻213条，《春天里“春花”艳》获第五届中央企业优秀故事大赛优秀奖。加强党组织对工团工作的领导，开展典型选树、劳动竞赛、“安康杯”竞赛、“五新五小”、困难帮扶、金秋助学、“青马工程”等活动。

（高国鹏）

中国石油天然气股份有限公司宁夏销售分公司

【概况】 中国石油天然气股份有限公司宁夏销售分公司（简称宁夏销售）成立于1953年，前身是宁夏回族自治区石油总公司，1998年上划集团公司，主要承担中国石油在宁夏地区的成品油销售、天然气销售、非油业务拓展、市场开发等业务。设9个机关职能部门，2个直属单位，下辖6个地市销售分公司。员工总数2525人；油库4座，总库容8.3万立方米；运营加油站340座；资产总额31.45亿元。

宁夏销售主要经营指标

指　标	2022年	2021年
成品油销量（万吨）	153.8	156.03
汽油销量（万吨）	56.05	63.26
柴油销量（万吨）	97.71	92.77
天然气销量（万吨）	21.4	19.83
润滑油销量（万吨）	1.42	1.25
加油站总数（座）	340	340
油库数量（座）	3	4
油库库容（万立方米）	8.3	13.8
纯枪销量（万吨）	104.9	115.27
非油业务收入（亿元）	6.93	6.08
非油业务利润（亿元）	1.22	0.61
吨油费用（元）	398	461
资产总额（亿元）	31.45	32.64
收入（亿元）	149.87	123.24
利润（亿元）	–0.99	0.45
税费（亿元）	0.8	1.52

2022年，宁夏销售全面落实集团公司党组决策部署，坚持以效益为中心，以提质增效专项行动工作为抓手，统筹开展经营管理和新冠肺炎疫情防控各项工作，着力稳经营、抢市场，强管理、增效益，防风险、保安全，面对调和油产业链竞争加剧、公司扭亏脱困任务加重的严峻形势，闯过“控亏底线”。全年实现油品销量153.8万吨、非油业务收入6.93亿元、天然气销量21.4万吨、充电和换电等新能源业务收入38.5万元，实现利润–0.99亿元。

【油气及新能源销售】 2022年，宁夏销售建立营销业务“日跟踪分析、周研究调整、月总结提升”工作机制，财务与业务部门同算同干、有效融入，定期研判市场、确定策略，按照总毛利最大化原则制定一体营销方案，坚持把创造效益作为工作中心，逐渐形成油气非新能源四个利润“增长极”。汽油销售坚持品牌自信，树牢“质量和服务就是竞争力”理念，杜绝挂牌直降、减少叠加优惠，加大个人电子卡发行、电子券核销、汽油高频客户开发，增强汽油客户黏性，纯枪价格到位率98%、同比提高1.36%；市场营销部零售团队8名年轻职工，充分发挥计算机编程优势开展汽油高频客户开发，累计触达汽油高频客户41万人，核销电子券5304万元，增加利润2389万元；柴油销售坚持动态匹配最优量价关系，在竞争激烈区域的“作战站点”实施微策略、开展微营销，量效兼顾提效益。天然气销售构建完善“资源＋零售＋直批＋反供”一体化销售体系，突出资源配置导向作用，灵活运用关键道路“点、线”竞争策略，培育推广“17月月惠、一起约约惠”主题品牌日活动，增量1.5万吨，实现毛利5732万元、同比增长3.15%。新能源业务以现有站点挖潜、合资合作的方式拓展充换电业务，运营充电站51座、充换电一体站1处、分布式光伏项目1座，贡献利润42.4万元、同比增长226%，新能源业务迈出实质性步伐。

【非油业务】 2022年，宁夏销售推进昆仑好客运营体系，围绕重点品类打造热卖爆品、特色堆头，线上线下齐发力，实现毛利1.22亿元、同比增长4.8%；百万元便利店153座、同比增加10座。坚持“畅销厚利商品优先”的原则，增强商品全生命周期管理，清理迭代及不动销、低贡献度商品，共引入新品457个，淘汰商品832个，新品毛利率达25%以上。聚焦重点品类“大单品”和核心爆品，酒类、家庭食品爆款商品分别同比增长 149.23% 和 38.71%。建立 32 人专兼职区域督导团队，通过巡店和驻店相结合的方式，对商品选择、促销执行、氛围营造方面开展现场督导培训，共督导 2658 站次，培训 2851 人次；组织开口营销大赛 12 场。围绕“年货节”“饮水节”“购物节”营销活动，开展常态化促销，同比增长 18.79%。以“油品 + 卡 + 商品 + 服务”一体销售礼包，根据顾客需求“升级”礼包内容，增加非油收入 370.76 万元、加油卡充值金额 318.2 万元。组建大客户经理销售团队，借助自治区百强企业名单，开展工业润滑油客户开发，通过上门拜访、宣传工作，开发优质新客户 14 家，增加收入 1000 余万元。开展“云逛家电”“云试驾”线上直播以及员工分销、美团外卖新销售模式，线上收入同比增长 24.62%。借助化肥厂家资源，开展化肥专业知识培训，通过现场观摩、用肥分析、效果对比措施，销量同比提升 43.3%。

【企地共建】 2022 年，宁夏销售坚持“营销就是治理、治理就是营销”工作理念，推动市场治理与营销工作双促进、双提升。本部成立市场治理领导小组，地市分公司成立 1 个护卫大队和 5 个护卫中队，与宁夏回族自治区公安厅联合成立协调领导小组，与银川市公安局联合成立“警企”联合整治办公室，构建全区成品油联防联控联治工作机制，形成上下联动、协同配合的工作格局。配合政府相关部门开展专项检查 20 次，摸排“三黑”和违法行为线索 65 条、捣毁黑窝点 56 处，查获非标准油品 1066 吨、非法运销油品车辆 97 辆，查扣非法加油设备设施 39 套，调和油企业柴油批发价差较年初收窄 420 元 / 吨，市场治理取得阶段性成效。

【人才队伍建设】 2022 年，宁夏销售三项制度改革走深走实，形成以业绩与发展能力提升为导向的激励机制，建立起领导班子、领导人员业绩考核结果分级管理、违约责任追究制度，领导人员任期制和契约化管理、地市公司发展能力评价及分类管理重点改革任务全面落地。完善地市分公司功能定位，在银川、石嘴山、固原和中卫 4 个地市分公司建立执行董事、党委书记负总责的领导体制。优化二级单位班子结构，精准补充 10 名党务、经营工作经验丰富的领导人员到二级单位任职。动态管理后备干部队伍，提拔使用二级正职领导人员 2 名、二级副职领导人员 4 人，平均年龄 44 岁，40 岁以下 3 人，占比 33.33%；两级本部一般管理人员平均年龄 40 岁，35 岁以下 30 人，占比 18.07%。按照“9+2”机构模式和人员规模控制要求，组织架构、机构职能全部调整到位，两级本部管理人员减少 38 人。改进升油含量工资和店销收入提成激励机制，推进两级本部差异化薪酬分配机制，让员工从等着“发工资”到努力“挣工资”，一线员工收入同比增长 4.6%。推行全口径用工管控模式，建立劳动合同流程管理和劳务用工严格准入机制，使条件成熟的业务逐步外包。举办党的十九届六中全会培训班、中青年干部暨“青马工程”学员示范培训班，全年推荐 1 名二级领导人员参加中国石油中青年干部培训班，组织选派并接收 3 名领导人员参与销售系统挂职锻炼，组织 30 名二级领导人员及“青马学员”到延安参加红色教育，推动干部精准培育，以高素质干部队伍保障高质量发展。积极组织培训工作，实施一级培训计划 31 个，举办培训班 44 期，培训 5265 人次。

【企业管理】 2022 年，宁夏销售以“四查四提升”强管理专项行动作为基础管理的核心任务，狠抓问题治理、完善制度保障、推动质量提升为主线，建立管理提升长效机制，健全完善依法合规管理体系和精益管理体系，强管理专项行动问题整改完成率 99.1%，党的十九大以来各类监督检查发现问题整改完成率 98%。落实重大涉法事项法律审核管理要求，从严审查合同，事后合同零发生。坚持严谨投资、精准投资、效益投资原则，新投运加油（气）站 6 座。推动 40 项提质增效“升级版”重点措施取得实效。增强商务合作在零售创效上的赋能输出能力，吸纳并转化异业促销资源突破 3000 万元、同比增长 67.4%。坚持因站制宜，一站一策做好专项治理，低效负效站占比同比下降 3.8%，亏损面和亏损额实现“双减”。工程建设全过程管控，优化 15 座建设项目设计方案，压减投资规模 1800 余万元。严格执行“四步”造价审核，审核项目 90 个、节省投资成本 420.94 万元。统筹资源运作，优化物流配送，强化油品进销存管控，损耗同比减少 261 吨。极限管控降低成本费用，商流费同比下降 6.3%，吨油营销成本同比下降 7%。主动争取政策红利，办理西部大开发 15% 优惠税率，一次性减免退还企业所得税 1308 万元，增值税期末留抵退税 2865 万元，工作经验在集团公司内部推广。发布宁夏销售 2022 版内控手册，开展两次内控测试，推动 256 个例外事项整改到位。集中梳理现行规章制度，新增制度 20 项，修订 50 项，废止 9 项。召开基层工作现场会，总结推广销售版“六项岗位责任制”，推进加油（气）站服务质量提升专项行动，956100 客服工单同比减少

26%，有效投诉同比减少57%，第三方检测成绩得到提升。开展“三套”行为稽查、处理力度，解除劳动合同25人。

【安全环保】 2022年，宁夏销售坚持以HSE体系建设为主线，完成安全生产专项整治三年行动。在重大危险源管理上，投入1971万元资金用于资本化隐患整改和安全生产隐患治理，广泛运用视频稽查和现场检查，紧盯问题整改和责任追究，对87人次予以安全记分，实现安全环保形势总体平稳。把计量准确、品质优良作为生存发展之本，全环节、全过程严抓严管，宁夏回族自治区油品质量监督抽查合格率保持100%，服务质量、客户感受持续提升。

【企业党建工作】 2022年，宁夏销售深入学习贯彻党的十九届六中全会精神、党的二十大精神，坚持“第一议题”制度，把党的二十大精神和习近平总书记重要讲话精神作为推动改革发展、加强党的建设各项工作的根本遵循，宁夏销售党委“把方向、管大局、保落实”的作用有效发挥。创新党建项目化管理工作载体，推进基层党建“三基本”建设与“三基”工作有机融合，基层组织战斗力执行力持续强化。组织聚焦迎接党的二十大胜利召开工作主线，广泛开展“喜迎党代会·献礼二十大”主题演讲比赛、“中国梦·劳动美”主题宣传教育，激发广大职工干事创业原动力。把学习宣传贯彻党的二十大精神作为首要政治任务，深入开展“大学习、大宣传、大讨论、大实践”活动，引导广大职工深刻领悟“两个确立”的决定性意义，增强“四个意识”、坚定“四个自信”、做到“两个维护”，自觉做习近平新时代中国特色社会主义思想的坚定信仰者和忠实实践者。牢固树立“典型是最好的教科书，榜样是有形的价值观”理念，全年选树表彰各类先进集体27个，先进个人93名。开展学习强国“学习达人”挑战赛，银川分公司贺兰东二环加油站经理孙玉亮连续3次受到宁夏回族自治区国资委表彰，激发广大职工的学习热情。第一时间组织295名党员干部，组建22支疫情防控志愿服务队投入到地方疫情防控工作中。做好乡村振兴工作，实施年度帮扶项目8个，累计投入帮扶资金51万元，采销帮扶产品1214万元。吴忠分公司驻同心县田老庄乡套塘村第一书记洪瑞祥连续三年考核结果为“优秀”，被同心县委提拔担任田老庄乡党委副书记。

（魏思雯）

中石油新疆销售有限公司

【概况】 中石油新疆销售有限公司（简称新疆销售）前身是1954年7月成立的新疆石油总公司，新疆销售1998年上划中国石油天然气集团公司，1999年重组至中国石油天然气股份公司，2015年初改制为全资子公司，2017年12月变更为国有控股合资公司。改制整合后，业务范围覆盖成品油销售、润滑油等石油副产品销售、食品销售、餐饮服务、日用百货及家电销售、办公用品销售、化肥等农用物资销售、汽车服务等多个领域，供应区域遍及新疆166万平方千米。多年来，新疆销售弘扬石油精神和大庆精神铁人精神，践行“为新疆社会稳定和长治久安加好油、为新疆各族人民服好务”的承诺，充分发挥长期积累的品牌、文化、管理、网络、队伍优势，深化改革，强化管理，先后获“全国五一劳动奖状”“中央企业思想政治工作先进单位”“新疆维吾尔自治区民族团结进步模范单位”“中央企业先进集体”“新中国成立70年企业文化建设优秀单位”“新疆维吾尔自治区文明单位”等多项称号。

截至2022年底，新疆销售机关有职能部门9个、直属机构2个、二级单位16个；共有各类用工9529人，其中第三方业务外包5379人；运营油库7座、运营加油站993座。

2022年，新疆销售面对三年来最严峻的新冠肺炎疫情考验，取得了极为不易的业绩。与2021年相比，成品油销售总量下降0.5%，其中，纯枪下降14.3%；非油店销收入增长4.3%，毛利增长5.4%；车用燃气销量增长42.6%；净利润减少65.1%。持续强化创新管理，参与股份公司销售分公司重点科研项目，开展新疆维吾尔自治区综合能源站行业规范制定，有关课题获新疆维吾尔自治区援疆项目科技立项，多项职工创新成果获新疆维吾尔自治区总工会表彰，新疆销售获首个计算机软件著作权。

新疆销售主要经营指标

指 标	2022 年	2021 年
成品油销量（万吨）	671.37	674.84
汽油销量（万吨）	223.8	273.27
柴油销量（万吨）	447.57	401.57
运营加油站（数）	993	985
油库数量（座）	7	7
油库库容（万立方米）	39.6	41.7
纯枪销量（万吨）	363.86	424.75
非油业务收入（亿元）	11.78	11.3
非油业务利润（亿元）	–0.19	0.4
吨油费用（元）	346	368
资产总额（亿元）	147.32	145.94
收入（亿元）	587.36	487.01
利润（亿元）	3.68	11.89
税费（亿元）	4.83	7.92

【油气销售】 2022 年，新疆销售油气业务好于预期。成品油资源高效运作。周密组织资源运行，主动化解两大炼厂检修、需求剧烈震荡等运行波动，统筹管输、铁路、公路精细调运，市场供应总体平稳，直炼资源计划兑现率 99.1%。储运分公司积极协调、全力保供，春耕期间“北油南调”（将北疆直属炼厂资源调入南疆地区）罐车创造 110 节 / 日的新纪录。推进商标维权，保障了总量基本持平、份额稳中有增，总量相对份额提升至 73.7%。开展“服务春耕、惠农‘油’我”等主题营销活动 4 次，“生日赠券”等精准营销活动 53 项，发行电子卡 181 万张，实名客户数量增长 82%，1—7 月纯枪销量 239 万吨、增长 4.3%。吐鲁番分公司细化落实营销政策，前 7 个月纯枪销量增长达 15.5%；乌鲁木齐分公司全年发行电子卡 36 万张，在新疆销售排名第一。大客户开发成效显著。狠抓重点工程项目和“四上企业”（规模以上工业企业、资质等级建筑业企业、限额以上批零住餐企业、国家重点服务业企业）开发，与维吾尔自治区农业农村厅签署战略合作协议，活跃客户和直批 App 客户数量分别增长 25% 和 26.7%，直批销量 113.2 万吨、增长 46.6%，线上订单占比达 92%、提高 37 个百分点，3 个月以上客存滚动清零。昌吉分公司领导挂帅开发客户，新增活跃客户 40 家，社会直批销量增长 168%。加强资源和营销组织，转化网络和品牌优势，提前 31 天完成全年销售任务，LNG 销量 1.28 亿立方米、增长 125.3%，CNG 销量 1.14 亿立方米、增长 6.9%。哈密分公司围绕客户抓营销，新增 LNG 大客户 16 家，支撑销量增长 358%。

【非油业务】 2022 年，新疆销售狠抓非油运营强基础、油非互动稳店销，拓展店外提规模。高规格举办非油业务发展研讨会，推进实施 4 方面 24 项重点措施，持续强化品类管理、物流配送、氛围营造等工作，常态化开展“开口营销”和“创意地堆”竞赛，SKU 更新率达 25%、平均单店 SKU 超 500 个，油非转换率达 20.2%、提高 2 个百分点。加大营销资源倾斜力度，开展购物节、饮水节、爱车节等“造节”活动，提前冲刺全年目标任务，核销非油券 432 万张、增收 1.56 亿元。打造爆款商品，推广礼包模式，店销小商品增收 5400 万元，包装饮料和香烟 2 个单品的增幅超过 20%。伊犁、塔城分公司创新营销模式，全面完成收入、毛利目标任务；吐鲁番、阿克苏、哈密分公司店销收入增幅超过 15%。全面升级“优斯麦尔”品牌产品，打造自有产品专营店 14 座、专柜店 105 座，实现收入 1720 万元、增长 41%。与中化集团联合培育化肥专营店 246 个、试验田 16 块，加大直销、送肥到户，后 4 个月追回欠量 1.2 亿元。非生产性物资供应服务 12 家单位，实现收入 5839 万元。在“天猫”商城直播 77 场，拓展“即时通”销售渠道，线上业务收入 1920 万元、增长 150%。巴州分公司线上收入 358 万元、占比接近 20%。

【库站服务】 2022 年，新疆销售践行“油品不断供、商品不涨价、服务不打烊”的承诺，5000 多名员工逆行坚守，500 多座库站守望相助，在这场新冠肺炎疫情防控艰苦斗争中，走过最为难忘的一段历程。非油公司组织 248 座便利店开展社群营销，为保障油站周边群众的生活物资贡献石油力量；58 座国省道油气站浴“雪”奋战，全力“为回家加油”，受到广大客户点赞。开展“开口营销”专项竞赛、“服务提升百日攻坚”等活动，把服务质量纳入二级单位领导班子考核，客户投诉数量减少 57%，NPS 净推荐值（客户向其他人推荐企业及服务可能性的指数）提高了 7 个百分点，获股份公司销售分公司劳动竞赛三面“服务类”流动红旗。石河子分公司创新实施客户服务专员模式，全年保持零投诉。深入学习《库站安全规范操作手册》，有效提高接卸油、交接班、日巡检等基础工作水平，博州分公司“举牌卸油法”在全疆推广使用。初步建成设备完整性管理体系，全年更新设备2866台、检维修1000余项。储运公司通过视频扫库方式，督导7座油库开展设备测试近万次。

【投资建设】 2022年，新疆销售网络建设发展稳健。全年立项油气站44座，其中纯油站13座、油气合建站10座、加气站21座，昌吉、哈密、喀什分公司开发数量较多。和田油库项目纳入集团公司二类项目计划，已进入股份公司销售分公司和铁路部门审查阶段。G0612项目中的4座站点开始试运营；与新疆交投、中铁建成立的合资公司正式揭牌，新增股权企业油气站24座。以安全、质量和疫情防控为前提，统筹推进网络建设和隐患治理，投运油气站32座，阿克苏、喀什、昌吉分公司投运数量较多。完成油库“四个系统”（紧急切断、可燃气体检测、视频监控和雷电预警系统）升级改造，销项治理油库隐患23项、资本化安全隐患项目143项。《新能源业务“十四五”发展规划》发布实施，首座“油气电非”综合能源服务站和首座自建自营充电站，分别在乌鲁木齐和克拉玛依落地运营。以“新能源新业态新的中国石油”为主题，参展第七届亚欧博览会。“综合能源服务站示范项目”在新疆维吾尔自治区科技厅立项，并参与到新疆新能源行业规范的制定工作中。“数据集成管理平台项目”获计算机软件著作权，“成品油配送管理移动应用系统”获新疆维吾尔自治区总工会职工创新活动“关键核心技术创造性优秀成果三等奖”“液位仪探棒优化”等5个项目获“劳模引领奖”，财务部、塔城分公司等4家单位的6个项目获评新疆销售年度“科技创新项目”。部署了投资、设备、损耗一体化管控平台等信息系统，升级了新疆销售门户，“数字新疆销售”建设持续推进。

【企业管理】 2022年，新疆销售企业管理依法合规。严格遵守《公司法》《公司工作规则》，审定重要经营管理议题77个。打赢诉讼案件12起，避免经济损失1364万元。推进“制度修订月”活动，修订制度138个、废止46个，总数压减25%。补充经营类、资产类证照576个，证照完整率提高2个百分点。构建股权管理例会机制和“1制度+1手册”制度体系，控股公司盈利100%，法人压减任务超额完成。贯彻落实“合规管理强化年”部署要求，启动“四查四提升”强管理专项行动，落实“27+2”方案体系，13项工作受到股份公司销售分公司通报表扬；开展“严肃财经纪律”和虚假会计信息整治专项行动，纠正各类问题33个。完成审计项目13项，取得直接经济成果3963万元，乌鲁木齐分公司追回一宗长期被占用土地；塔城、吐鲁番、巴州分公司收回补偿款1685万元。优化内控流程125条，完善常用合同文本85份，下半年管理层内控测试例外事项为零。深入推进提质增效工作，全口径费用25亿元、减少2.6%，吨油营销成本331元、下降7.3%。阿克苏、阿勒泰、克拉玛依分公司账面利润贡献较大。着力压控“两金”（企业应收账款与存货占用的资金）规模，存货周转率同比提高3.8个百分点，清理陈欠534万元。为符合条件的221家租户减免房租727万元，为中小微企业减轻负担、渡过难关提供有力帮助。

【群团组织建设】 2022年，新疆销售加强群众工作，落实一线员工关心关爱和服务保障工作，投入近百万元为423座加油站配置“五小文化”（小绿地、小图书、小食堂、小淋浴、小娱乐）设备设施，调增补充医疗保险门诊费报销标准，并坚持困难帮扶送温暖、一线员工慰问等工作，特别是在新冠肺炎疫情期间，解决近千座油站吃穿住行、寻医问药等问题。做实维稳信访接待工作，并受到集团公司电报嘉勉。加强团青建设，开展“迎百年　强管理　青年行”“礼赞建团百年　筑梦青春韶华”等活动，推进“青马工程”，有效提升青年精神素养，广泛开展“号、手、岗、队”等创建活动，助力青年员工茁壮健康成长。履行社会责任，进行民企清欠，主动做好农民工、保安等群体工资发放和防疫支持等工作。统筹协调集团公司定点帮扶新疆6县，推进吉木乃县“智慧粮仓”续建，完成年度脱贫产品消费帮扶4063万元，完成率107%，通过2022年新疆维吾尔自治区乡村振兴助力示范考核。

【资源运行】 2022年，新疆销售资源供应实现平稳高效。强化一次物流组织，紧盯管道批次、铁路运行，保障油库合理库存，完成重大节假日及炼厂检修期间保供任务，克服新冠肺炎疫情管控难点，以外防输入为目标，全面推进无接触装卸油，组织办理罐车防疫保供通行证686张，重点疫区物资保障通行证222张，争取罐车快检通行，有效保障疆内市场供应平稳。定期召开业务对接会，按时段分区域抓重点制定运力保供方案，组织高峰时期可用运力894辆，其中跨省派遣78台罐车；流动加油车206辆，更新报废车辆26辆，有效保障销售高峰和新冠肺炎疫情期间运能充足。优化结构创效益。完成直批客户运费划转成本核算，开展直批客户效益分析，开展流动加油车高效循环，跨地区调整车辆28辆，淡季临时停运老旧车辆3辆，节约运费38万元。系统升级促提升。对配送App系统进行升级，新增车载视频监控、车辆轨迹回放和运距比对、配送异常报警等功能，实现油品配送全程可视化、数据化，提升油品在途监控力度，年配送服务满意率达99.5%，同比提升0.7个百分点。

【新疆销售红山路加油站获集团公司劳模和工匠人才创新工作室称号】 2022年，集团公司下发《关于命名集团公司劳模和工匠人才创新工作室的通报》，股份公司销售分公司5个集体获此称号，新疆销售红山路"劳模和工匠人才创新工作室"名列其中。红山路"劳模和工匠人才创新工作室"成立于1998年，2019年获评新疆维吾尔自治区"劳模和工匠人才创新工作室"称号，先后获"全国用户满意服务明星班组"、集团公司"百面红旗单位""中国石油标杆班组""基层建设千队示范工程示范单位"等诸多称号。工作室现有成员21人，由新疆维吾尔自治区劳动模范、新疆销售"十大劳动模范"温莲梅领衔，20名优秀基层员工构成。自成立以来，工作室秉承"弘扬精神、市场引领、集智创新、服务进步"的宗旨，坚持"传帮带、攻难关、谋发展、创一流"的目标，充分发挥骨干带头作用，在经营销售、党建引领、人才培养、创新创效等方面名列前茅。工作室创建以来，坚持弘扬劳模精神、提升经营管理水平、提高员工服务效率，充分发挥劳模先进的示范引领作用和专业技术人员特长，引领员工加强思维创新、方式创新和管理创新，解决经营管理中的重点、难点和热点问题。围绕服务提升和管理升级，坚持培训和宣贯相结合、集中学和自我学相结合、考核和激励相结合的方式，全方位调动员工深耕服务、深化管理的积极性和主动性。在站内推出"一人一枪多加十升油，一人一天多加百升油，一班一天多加千升油，一站一月多加万升油"的"四个一"承诺和"劳动竞赛我最棒"竞赛平台，实现全员"学有内容、比有目标、冲有干劲、超有方向"的竞争氛围，全力提升油站核心竞争力。立足"出效益、出人才、出经验"的功能定位，广泛开展"师带徒""手拉手"、劳动技能竞赛等活动，先后培育出40余名优秀领导干部、加油站经理和骨干人才，成为人才培养基地、成就精英的摇篮。

新疆销售红山路加油站获集团公司劳模和工匠人才创新工作室

（罗丽戈）

中国石油天然气股份有限公司重庆销售分公司

【概况】 中国石油天然气股份有限公司重庆销售分公司（简称重庆销售）前身是1950年成立的中国石油公司西南区公司，1998年上划中国石油天然气集团公司，1999年重组为中国石油天然气股份公司下属的省（直辖市）级销售企业。主要从事成品油批发零售业务和非油业务销售及服务，是重庆市最大的国有石油企业，承担全市成品油供应主渠道责任。多年来，重庆销售履行经济、政治、社会三大责任，承担市场保供任务，构建方便用户的零售网络，努力提升库站本质安全水平，弘扬大庆精神铁人精神、红岩精神，参与扶贫、抢险等公益事业，努力为重庆经济社会发展"加油""打气"，获重庆市政府"党和政府放心，群众满意"的评价，先后获评全国五一劳动奖状、全国模范职工之家，涌现出一批国家级、省部级劳模和先进个人。2022年底，设9个职能部门，2个附属机构，2个直属机构，下辖7个地市分公司、8个直属股权企业（4个控股公司、4个参股公司）。截至2022年底，员工总数4306人，营运油库9座，营运加油（气）站646座，销售成品油371万吨。

重庆销售主要经营指标

指　标	2022 年	2021 年
成品油销量（万吨）	371.37	407.67
汽油销量（万吨）	180.81	223.41
柴油销量（万吨）	189.96	184.26
加油站总数（座）	646	629
油库数量（座）	9	9
纯枪销量（万吨）	237.53	265.32
非油业务收入（亿元）	11	9.13
非油业务利润（亿元）	1.75	1.54
吨油费用（元）	337	336
资产总额（亿元）	78.99	78.46
收入（亿元）	333.58	299.21
利润（亿元）	3.86	3.72
税费（亿元）	2.17	3.49

【油气销售】 2022 年，重庆销售坚持统筹量本利，推进批零一体化试点，实施“批零一体化、毛利最大化”和“以月保季、以季保年”营销策略，打好打赢市场份额保卫战，全年成品油绝对市场份额同比增长 0.3 个百分点，柴油销售逆势上扬、在市场消费量下降 2% 的情况下增长 4.8%，车用燃气销售的增量和增幅居系统内首位。推进增客增量和数字营销，完成 1248 户“四上”企业摸排与洽谈，新开发集团客户 9099 户，零售大客户数量同比增长 7%，实名活跃客户数量同比增长 20%；发行电子卡 93.7 万张、超计划 23%，中油好客 e 站注册客户和企业微信客户分别增长 65%、34%；“油易贷”带动销量 7.67 万吨；引入异业资源同比增长 163%。坚决保障产业链和库站平稳高效运行，全年购进直炼资源 294 万吨、实际接卸资源超计划 12 万吨；加油站运营率同比增长 2.3 个百分点、达 99.3%。

【非油业务】 2022 年，重庆销售非油收入和毛利再创新高，同比分别增长 20.4%、13.3%，百万元门店同比增加 42 座、达 353 座。商品核心竞争力提升，打造“头部品类”专营店 70 座、站外便利店 18 座，构建起“渝悦好客”“好客养车”等 11 项自有商标体系。品牌营销培育提效，饮水节、购物节、爱车节活动效果列系统第一梯队，非油专项和油非互动促销收入同比增长 27%，“汽油 + 洗车”“柴油 + 净化液”活动常态化开展，针对节日主题组织营销活动 80 余场。多元业态融合提速，化肥销量、收入分别同比增长 39%、59.7%，建成化肥专营店 18 座、农村综合服务样板站 4 座、化肥中转仓 44 座。以云阳大米、黔江猕猴桃、梁平柚子为试点，打通农业产业链；通过新建、品牌输出新增便利店 14 座，在 6 座站试点餐饮业务；线上销售同比增长 2 倍，获昆仑好客直播大赛二等奖；运营汽服站点 173 座，在 27 个区域实现“润滑油 + 换油”一体化服务。

【网络建设】 2022 年，重庆销售新投运油气电氢终端项目 46 个，投资计划完成率 97%，投资资本回报率 9.4%，超额完成年度目标任务。油气项目稳步推进，梳理 40 个必保重点项目并落实资金计划安排，建成投运加油项目 16 个、考核完成率 114%，如期完成首座油库（黄桷嘴）浮盘及高效密封项目。累计共取得 37 座 LNG 站点规划，其中实现可行性研究立项 19 座、投运 6 座；新开发橇装项目 2 个、投运 2 个。新能源项目落地，在开州、丰都建成首座换电站，全年投运光伏项目 10 个、试运营加氢站 1 个，充换电项目 14 个、综合能源项目 1 个，实现新能源业务布局全面开花。

【提质增效】 2022 年，重庆销售成本费用持续下降。年度全口径费用比预算节约 0.52 亿元，其中商流费同比、预算比分别节约 1.08 亿元、0.54 亿元，全口径人工成本同比节约 0.06 亿元，吨油营销成本比预算降低 4 元、控制在年度预算之内。库站耗电量、综合吨油能耗同比分别下降 11%、13%。股权企业投资收益完成预算。亏损治理攻坚战发力见效，84 座亏损站扭亏 33 座、减亏 24 座，“阿米巴”经营应用占比达 61.8%，3 家亏损股权企业实现减亏，2 家无项目股权企业纳入处置计划。低负效资产占比下降 1.7 个百分点。

【改革创新】 2022 年，重庆销售大部制改革稳步推进，14 家单位（部门）人员达编，改革三年行动 57 项任务提前完成。获评集团公司管理创新成果 4 项，员工自主研发的“静电防爆自动计时释放器”获国家实用新型专利。紧贴经营工作调整工效挂钩政策，新增纯枪经营毛利指标，将非油提成挂钩纯枪销售完成率。薪酬分配结构优化，实现员工收入与企业效率效益同步增长。首次完成人力资源价值评价并将评价结果纳入任期考核。

【人才强企】 2022年，重庆销售经理层成员任期制和契约化管理实现中层干部全覆盖，完成销售企业首批开展营销专家选聘试点，8人获聘市场营销专家，3人获企业技能专家资格，选聘市场营销专员23名。制定客户经理管理及考核制度，新配备客户经理67人、其中产品经理30人。组织开展渝销石油大讲堂、高技能人才创新方法等培训，参培员工2756人次。陈鸣红劳模和工匠人才创新工作室获评“重庆市劳模和工匠人才创新工作室”。产业工人队伍建设改革不断深化，锻造了一支有理想守信念、懂技术会创新、敢担当讲奉献的渝销产业工人队伍。

【企业党建工作】 2022年，重庆销售迎接和学习宣贯党的二十大工作见到成效，南坪加油站前庭主管王亚芬当选党的二十大代表，大会召开后第一时间制定宣贯方案、开展宣传宣讲，迅速掀起学习贯彻热潮。基层党建质量不断提升，修订党支部标准化建设达标晋级管理实施细则，发布一批示范党支部工作法，基层党建质量提升三年行动28项任务全面推进落实，基层党组织政治功能和组织力凝聚力进一步增强，打造了一批党支部结对共建、党建联盟、党支部工作法和“党史里的四个青春”等党建团青品牌，党建工作责任制考核连续三年保持集团公司A级行列。文化引领作用充分彰显，开展“转观念、勇担当、强管理、创一流”主题教育活动，举办首届“创意渝销”文创产品设计展示大赛，历史展览馆5件陈列品入选中国石油展览厅，在央媒及省级主流媒体上稿量实现翻番。唐家沱油库大班房成为13个中国石油首批工业文化遗产之一，拍摄大班房专题讲述视频，入选“中国石油工业文化遗产暨文化场馆巡礼活动”展播内容。党风廉政建设和反腐败工作取得新成效，整改完成55个巡视反馈问题，完成新一届党委首轮常规巡察，启动实施两级机关作风建设三年提升行动，开展违规吃喝问题专项整治、“反围猎”专项行动，重拳整治加油站“微腐败”，良好政治生态持续巩固。惠民工作加强，推动实施解决加油站饮水难、职工文体中心建设、宝石花爱心驿站和爱心妈咪屋建设等重点民生实事项目，企业发展成果惠及员工群众。

【战高温疫情】 2022年，重庆销售面对极端高温天气、2020年以来最严峻的疫情形势，战山火、战高温、战疫情，彰显了渝销石油人坚韧不拔、拼搏奋进的精神风貌。8月间，涪陵区、南川区、大足区、北碚区等多地发生山火，重庆销售第一时间向火灾发生地区政府相关部门取得联系，前往火灾现场支援扑灭火情，开通绿色通道，提供油品、油桶、矿泉水、面包等应急救援保障服务。做好持续高温天气下防暑防火保安全和节能保供工作，坚决守住人员不因高温天气发生高温病亡人事故、库站不因安全防范措施不到位引发火灾闪爆事故、不因疫情防控措施不到位导致工作场所发生疫情的三条底线。统筹生产经营和疫情防控工作，全力组织备货，畅通销售渠道，在中油重庆上线“好客鲜生，一键到家”服务，助力疫情防控、居家战“疫”。

（严春莉）

中国石油天然气股份有限公司四川销售分公司

【概况】 中国石油天然气股份有限公司四川销售分公司（简称四川销售）前身是1952年9月成立的四川省石油总公司，1998年成建制上划中国石油天然气集团公司。主要负责成品油、润滑油、天然气等销售业务，氢能、电能、光伏发电等清洁能源开发利用，以及广告、化工产品、食品、烟酒、地方特产等非油销售业务。2022年底，设机关部门9个、专业公司3家、二级公司22家、全口径股权企业104家；加油（气）站运营总数2024座；在用油库21座、安全油库库容77.91万立方米。

【油非销售】 2022年，四川销售深化批零一体化、区域一体化和油非一体化运行，建立市场动态监测和量效滚动测算模型，加强集团战略、高频、私家车等重点客群的开发维护，经营结构持续优化，业绩指标稳中有进，特别是面对新冠肺炎疫情反复、高温限电、地震灾害导致的销售欠量、利润下滑，精心组织开展“决胜四季度、站稳千万吨”主题活动，推动经营指标走出快速回升的V字型曲线，为汽柴油销量连续第五年站稳千万吨、营业收入超过950亿元、实现考核利润9.35亿元、非油店销收入突破22亿元、非油毛利达到4.3亿元，提供动力保障。聚焦数字化转型、智能化发展，精耕“中油优途”“中油直批”两大互联网营销平台，创新打造“去惠购”团购线上专用平台，开发应用更加差异化、多样化、精准化营销

四川销售主要经营指标

指　标	2022 年	2021 年
成品油销量（万吨）	1021.7	1082.3
汽油销量（万吨）	475.2	576.1
柴油销量（万吨）	546.5	506.0
润滑油销量（万吨）	0.62	0.10
加油（气）站运营总数（座）	2024	1984
在用油库（座）	21	21
油库库容（万立方米）	77.91	74.56
纯枪销量（万吨）	600.1	632.6
非油业务收入（亿元）	22.67	17.3
非油业务利润（亿元）	2.13	1.61
吨油费用（元）	334.88	308.35
资产总额（亿元）	194.59	192.52
收入（亿元）	954.88	782.67
利润（亿元）	4.17	8.63
税费（亿元）	3.96	7.93

工具，新增营运车专区、惠农专区、智慧洗车、智能充电等功能模块，有效提升平台吸引力。“中油优途”注册会员突破1300万人、电子加油卡发卡量380万张，“中油优途”“中油直批”年交易额分别达260亿元、330亿元。统筹抓实店销、团购、大单品三大业务，非油店销收入和毛利2项指标位居销售企业首位。

【投资建设】 2022年，四川销售秉持严谨投资、精准投资、效益投资理念，采取合资为主、自建为辅、存量增设等方式，集中力量保重点、优质、高效项目，全年新开发油气终端63座、年新增可研零售能力25.3万吨，新增投运站点65座、实现纯枪销量4.6万吨。践行绿色发展理念，认真落实四川销售“十四五”新能源发展规划，率先发布《践行“碳达峰”“碳中和”行动白皮书》，统筹推进新能源站点建设，四川销售首座加氢站、首座站外充电站、首座“油、气、重卡换电”综合能源站相继投运，新开发充换电终端75座、投运46座、年售电量531万度，新开发光伏项目45座、投运26座、累计发电11.4万度，降碳超60吨，获评集团公司2022年度绿色企业。严格施工管理，新建项目平均建设工期、停业时间分别为86.5天、73天，较标准工期节约13.5天和17天；严把项目结算初审关，工程结算平均审减率降至7.8%、历史首次整体低于10%；优化承包商结构，国有企业工程承揽量占比超70%。

【质量计量安全环保】 2022年，四川销售始终把员工身心健康放在首位，组织召开16次防疫专题会，动态优化AB轮班、物资调度、药品发放等防疫策略，快速处置多起红、黄码预警，最大限度保障员工群众安全健康。加快推进健康企业建设，深入开展应急转诊、心理测评、健康讲座，与华西医院搭建“医云”健康平台，建成投用10座健康小屋，建立员工电子健康档案近万份，协助员工及家属“急重病”诊疗救助392人次。主动承办全省应对突发事件能源保供成品油应急演练，开展安全整治三年行动、打好污染防治攻坚战等31个专项工作，严格落实“十五条硬措施”，投入资金1.36亿元，整改19座油库、231座加油站298项安全环保隐患，通过3次国家级督查、93次省级安全检查。应对“6·1”芦山、“6·10”马尔康、“9·5”泸定地震等突发自然灾害，加大油品、生活物资调集力度，打通水陆空救援通道，千方百计满足抢险救灾车辆、机具等设施设备用油需求，保障灾区人民群众生命安全和库站平稳运行。四川销售安全无事故运行3658天，连续8年获集团公司安全生产先进单位、连续6年获四川省安全生产先进企业称号。

【企业治理】 2022年，四川销售以提升治理体系和治理能力现代化为牵引，将集团公司“合规管理强化年”活动、销售公司“四查四提升”专项行动与四川销售“管理提升年”活动融合推进，细化制定7大专项行动方案，集中开展36项重点工作攻关，全年整改集团公司巡视审计反馈问题68项、整改率72%，解决各类涉法历史遗留问题12项、挽回及避免经济损失8100万元，基层“微腐败”现象降为个例，非终端机构客户客存油全面清零。纵深推进提质增效价值创造行动，聚焦“五强化、十提升”总体目标，逐一制定攻坚措施，四川销售所辖全资企业无亏损，8家股权企业扭亏为盈、同比减亏3171万元，有效盘活闲置资产、实现资产经营创效8137万元。围绕经营规模、质量和成长性等指标，统筹推进地市公司发展能力提升，所有二级公司均进入全国前200名。以打赢国企改革三年行动收官战为主线，稳准推进两级公司机构改革，压缩二级、三级机构 148 个、精减人员编制 600 余个，内部运转更加精干高效。

【企地合作】 2022 年，四川销售牢固树立高水平开放合作理念，加快推进与 14 个地方党委政府、18 家大企业大集团、1 家科研院所签订战略合作协议落地，在能源安全供应、综合能源站打造、闲置资产利用、历史遗留问题解决、地方特产开发输出、生活物资保障等领域开展全面合作，互利共赢、携手并进。全年实现战略客户非油销售收入 1.5 亿元，取得东部新区机场北一线 10 亩（1 亩等于 666.67 平方米）综合能源站土地，武侯区政府平台 3 处用地资源。与省市场监管局、公安厅交警总队在涉嫌商标侵权、打击“三黑一票”等领域深度合作。与五粮液集团组建中国石油五粮供应链公司，联合推出“五粮好客”高品质白酒，该合资公司成为五粮液集团指定的第三家全国性一级经销商，实现销售收入 5000 万元。狠抓股权企业高质量发展，全年新组建股权企业 12 家、累计达 104 家，新开发股权站 36 座、股权运营站达到 295 座。

【服务民生】 2022 年，四川销售加快推进幸福企业建设“十大工程”，投入专项资金，完成 233 座条件艰苦站点环境改善、63 座高寒地区加油站取暖设施设备改造；优化调整薪酬结构，坚持收入分配向基层一线、艰苦岗位倾斜，提高地区补贴、夜班津贴标准，一线员工收入稳步提升；深度参与乡村振兴、“三农”服务，与四川省农业厅、省农科院建立联合帮扶机制，精准制定“一对一”帮扶方案，累计提供资金 1600 余万元；加快落实 11 个兴农助农项目，甄选四川竹浆纸、峨眉雪芽等 40 余款地方特色商品在全国推广，实现消费帮扶金额 6300 万元；在 200 多座加油站打造“司机之家”“文旅驿站”，建成投运 73 座户外劳动者服务站点；加快推进“厕所革命”，升级改造 76 座加油站厕所硬件设施，向社会全面免费开放。自贡分公司东延北加油加气站、广元分公司东坝加油站获“全国最美工会户外劳动者服务站点”称号，成都分公司金牛坝加油站获“全国工人先锋号”称号，甘孜分公司泽仁娜姆家庭被评为“全国最美家庭”，四川销售榜列 2022 年四川服务业企业百强第 3 位、四川企业社会责任百强第 6 位。

（陈　晶）

中国石油天然气股份有限公司贵州销售分公司

【概况】 中国石油天然气股份有限公司贵州销售分公司（简称贵州销售）2001 年 4 月成立，负责中国石油在贵州省的成品油销售、市场开发等工作。2022 年底，有 9 个部门、2 个直属单位，9 个分公司，员工 2279 人；油库 3 座，总库容 15.4 万立方米；加油站 341 座（全资 302 座、参控股 35 座、遵义中油铁投 4 座），加油站服务网点遍及全省高速公路、国道、省道和中心城市、重点集镇。2022 年，贵州销售全年销售油品 201 万吨，其中自营销售 172 万吨；非油收入 4.7 亿元，毛利 9500 万元；实现净利润 4600 万元；全年开发网络 30 座，投运 24 座；实现安全环保“零伤害、零污染、零事故”目标。

【油品销售】 2022 年，贵州销售坚持扩总量与提质量并重，市场竞争能力得到提升。坚持批零并进，稳直批、抢零售、扩总量，提质量，全年油品销售总量 201 万吨，其中自营总量 172 万吨、自营纯枪 106 万吨，基本实现跑赢大势、跑赢同行的目标要求。

加大自营直批销售，牢牢守住市场份额。围绕效益中心，“一客一策”狠抓机构用户、重点建设工地客户开发维护，做强直批业务，完成股份公司销售分公司年度任务进度的 126%（销售柴油同比增长 12%）。加强市场信息收集，用足用好扩销增量营销政策，做到计划、价格、资源、库存联动分析，整体算账，突出效益最大化，批零互动，在确保合理毛利空间前提下最大限度抢市场、增销量。瞄准甲醇增长需求，增加甲醇加注站 6 座，助推甲醇销量达 8 万吨，增效超过 100 万元。推动政府成品油市场整治，市场环境得到净化。

实行精准营销，销售质量不断提高。按照效益最大化、量效兼顾工作思路，在精准和精细上下功夫，聚焦电子卡推广，突出“App+ 电子卡 + 客户组 + 专属优惠”组合运用，促进零售业务提质增效。全年推广电子卡 72.8 万张，增幅 22.1%，汽油移动支付占 24.5%。瞄准集团、高频客户，用活开发政策，推进“七进”活动（进社区、进 4S 店、进车站、进会

贵州销售主要经营指标

指　标	2022 年	2021 年
成品油销量（万吨）	201	210
汽油销量（万吨）	96.8	117
柴油销量（万吨）	104.2	93
润滑油销量（万吨）	0.09	0.1
加油站总数（座）	341	342
油库数量（座）	3	3
油库库容（万立方米）	15.4	15.4
纯枪销量（万吨）	106	103.6
非油业务收入（亿元）	4.7	4.02
非油业务利润（亿元）	0.46	0.82
吨油费用（元）	336	337
资产总额（亿元）	54.28	51.48
收入（亿元）	168.82	146.47
利润（亿元）	0.47	0.7
税费（亿元）	0.31	0.72

展、进政府、进厂矿、进施工现场），主攻车队和员工卡，开发集团客户 260 家、高频客户 1.4 万个；做大做强线上业务，线上客户规模突破 290 万人，增幅 23.2%。密切关注市场变化，适时调整营销策略，实现增效 3250 万元。面对市场变化，实施一站一策，带动纯枪提量 3.1 万吨，实现创效 1250 万元。

实施数字营销，助推主营业务增量提效。以数字化转型为指引，在拓客引客方面下功夫，做大做强线上业务，为保存量、抢增量提供支撑。借助“一人一码”，全方位开展员工激励，增加汽油销量 1000 吨。利用平台优势，深化异业合作，引入高德、银联等大型企业跨界资源，带动汽油销量 9200 吨。开展社群营销，助力油非上量和客流变现，建立社群总人数 51 万人，带动油品销量 3400 吨。丰富互联网营销手段，建设上线洗车平台、社群营销、“好客黔品商城”等互联网营销工具，新增会员 8 万余人，“秒杀”“拼团”“直播带货”等活动参加人数超过万人，贵州销售市场竞争能力不断增强。推进物流优化，为优化公司整体业务运行、提升市场份额、增强市场竞争能力打下坚实基础。

【非油业务】 坚持扩思路与拓渠道并重，非油创效更加凸显。以效益为目标，拓展非油业务，非油销售创效贡献能力增强，全年非油销售收入 4.7 亿元，实现毛利 9500 万元。狠抓主要商品创效。立足贵州烟、酒两大特色优势和品牌市场，推进“黔彩终端”建设，着力加强“国色天香”酒等贵州名优特品牌推广，烟酒销售突破 2.7 亿元，占非油业务半壁江山。狠抓店内优化提升、店外客户开发、供应链渠道开拓，毛利率、油非转换率位列股份公司销售分公司第三，利润率、坪效等多项指标排名板块前列。狠抓店销能力提升。“科学谋划 + 压实责任”单店日均收入增加 480 元、增幅 13%；“优化培育 + 治理整顿”百万元以上店增加 10 座、五十万元以上店增加 15 座；“油非联动 + 造节营销”进店率提升 4 个百分点，带动非油增收 3800 万元；“业态丰富 + 场景打造”升级改造便利店 9 座，培育车辆后服务市场，新增洗车收入 850 万元。狠抓销售渠道拓展。举办“黔货出山消费帮扶联促会暨国色天香全新品牌发布会”，加快开发省外省内市场，开辟黔货出山新路径，销售国色天香酒 7000 万元，助力扶贫产品销售 8700 万元。着力天猫旗舰店、好客黔品商城等线上营销，探索进果园、进基地直播 20 场次，线上销售 230 万元。打造爆品，引流下沉，推进非油“四进”销售（进社区、进集市、进企业、进餐馆），创新社群营销，全渠道、全场景触达客户，牛奶、家庭食品销售实现收入 3200 万元，同比增长 29%。

【资源运营】 2022 年，贵州销售成立省市两级市场营销核心小组，紧盯油价和市场变化，细化总结区域性和季节性需求特点，优化资源配置结构，资源调入与油价走势同向运行 18 次，配置资源兑现率 100.4%。健全库存经营创效机制，加强库存预警管理，统筹市场供需、价格研判、资源组织和涨降库节奏，保证库存维持在合理区间，自有油库周转 153 万吨，运作资源创效明显。优化资源串换，紧盯政策导向，合理把控资源串换规模，全年互供配送资源同比增加 2 万吨，降费近 1800 万元。

【投资建设】 2022 年，贵州销售坚持优布局与补短板并重，网络发展呈新格局。一是加强政企合作，推动高效地区项目建设投运。密切政府关系，边建设、边办理投运手续，倒排工期、挂牌督办，投运铺顺、百花一号等 9 座优质加油站；发扬“啃硬骨头”精神，“一对一”攻坚历史遗留问题，遵义海尔、安顺成美和金清 1、2 加油站等选址或迁建，获保留贵阳市 5 个批量项目的商务规划。扩大合资合作，推动轻资产发展。加强与同行合作，互利共赢，发挥各合作方优势，投运京安大道、遵义交通等 5 座合资加油站；与三力石化合作，创新租赁项目轻资产发展新模式。狠抓老站改造，实现挖潜增效。推进“小改大”、亮化工程、甲醇及高标号油、安全隐患治理等加油站改造 56 座，油品增量 12 吨 / 日。加强顶层设计，新能源开发利用取得进展。按照“大力发展充换电业务、规模发展光伏业务、稳健发展 LNG 业务、审慎开发氢能业务”的发展思路，布局光伏和充换电业务，全年投运光伏项目 11 座、充换电项目 4 座，储备能源项目 15 座，超额完成股份公司销售分公司下达的“10+3”新能源任务指标（10 个光伏项目 +3 个充换电项目）。结合贵州实际，编制《贵州销售公司库站充换电光伏项目指导手册》，为推动贵州销售能源转型发展，高质量推动新能源业务积累经验。

【提质增效】 2022 年，贵州销售坚持降成本与增效益并重，提质增效更加精准。围绕“五提质、五增效”29 项措施，推进提质增效专项行动，开源增效 8800 万元，降本增效 4200 万元，保障全年利润的实现。持续改善资产结构。强化在建工程跟踪和转资管理，夯实资产管理基础。采取出租、出让、合资合作等方式，盘活小碧、长源等 5 座加油站闲置资产，资产净额 3539 万元。深化“双低”站治理，“双低”站由 25 座减少至 9 座，降幅 60%，单站日销量同比增长 1.2 吨，增幅 60%。开展“亏损企业”专项治理，对口帮扶，六盘水和黔东南分公司完成扭亏、铜仁分公司完成减亏目标。推进损耗治理。牢固树立“降耗就是增效”理念，对重点库、车、站、罐挂牌督办治理；加强铁路运输和仓储保管环节数据分析，推广应用先进计量技术和计量设备，有效降低手工计量误差；推进配送车辆车载液位仪安装应用，有效管控在途损耗；引进第三方检罐单位和自动校罐技术，损耗治理持续加强。全年油品综合损耗率同比下降 0.53‰，降耗增效 1300 余万元。持续深化降本挖潜。将“一切成本皆可降”的理念融入经营全过程，实行总额与吨油双控管理，商流费同比下降 2600 万元，降幅 4%。优化核算方式，零售超损进项税转出节约费用 171 万元。在贵阳、毕节、六盘水、黔东南 4 家分公司试点推行“阿米巴”经营模式，引导加油站从重视销量向平衡量价转变，黔东南分公司应用效果明显。动态跟踪购销存节奏，实现库存正向运作创效。加强两金管理，坚持应收账款清零，推动票据结算和以销定结，开具商票同比增加 4800 万元，有效缓解现金流压力。加强股权管理。不断完善法人治理结构，治理主体权、责、利对等明晰，参股行权更加规范，19 家股权企业委派专兼职董监事、经营管理层 95 人次，“三会一层”配备更加合理；坚持重大事项集中决策管理，审查股权企业议案 62 件，党委会决策事项 43 项，保证股权企业重大事项规范运行；不断完善管理体系，制修订股权管理规定、投资、工程项目管理、资金审批等制度流程 10 余个，逐步形成“统一决策与分级授权管理相结合、归口管理与专业协作相结合、重点管理与重点监控相结合”的股权管理运行机制。股权企业全年销售成品油 8.7 万吨，非油业务销售收入 3821 万元，利润 6890 万元，投资收益 2600 万元。加大法治保障。优化依法治理体系，全程参与涉法事项论证，重要决策法律审核率 100%。加强合同基础管理，开展证照管理、商标授权专项治理，“一案一分析”推进纠纷案件处理，追回经济损失 2678 万元，促进 2 座涉案加油站项目推进，有效维护贵州销售利益。

【疫情防控与安全环保】 2022 年，贵州销售坚持新冠肺炎疫情防控和安全环保并重，发展基础不断夯实。疫情防控管控有力。2022 年以来，全省疫情多点暴发，特别是下半年，贵阳、遵义、毕节多地静默管控。贵州销售精准落实各级党委政府新冠肺炎疫情防控措施，自觉做到令行禁止，公司上下，众志成城，坚守工作岗位，一手抓疫情防控，一手抓经营发展，加强人防、物防、技防，封城不封店，24 小时服务不打烊，社群营销、志愿服务，尽显责任担当，牢牢守住员工身体健康、生命安全，把疫情对经营的影响降到最低。安全基础不断巩固。开展危险化学品安全专项整治和安全生产大检查，加强视频巡查和“四不两直”检查力度，着力提升 QHSE 管理体系审核系统化规范化水平，发现整改各类问题隐患 1174 项。完成安全生产专项整治三年行动，年度 QHSE 体系审核考评板块排名前列。环保措施有效落实。严格落实销售企业环保 VOCs 管控五项禁令，建立季度全覆盖巡查检测机制，接受各级政府检查 50 余次，达标率 100%。质量计量过程受控。开展质量计量风险再排查、管理再提升专项行动，突出加强对甲醇、小额配送以及合资合作加油站的质量管控、计量管理，全年质量抽检合格率 100%。实现安全环保“零伤害、零污染、零事故”

目标。

【企业管理】 2022年，贵州销售认真落实“四精”理念（精打细算谋经营，精耕细作优生产，精雕细刻严管理，精益求精提技术），开展“转观念、勇担当、强管理、创一流”主题教育活动和“四查四提升”强管理专项行动，向市场升级、管理升级、质量升级要效益，全年实现控本降费、创收增效1.3亿元。坚持严谨投资、精准投资、效益投资，投资结构持续优化，投资效益大幅改善。全面实施零基预算，深化资金集中管理和平衡管控，加强定期研究、跟踪分析和对标管理，财务状况持续向好。损耗治理、物流优化效果凸显，吨油营销成本持续下降。内部挖潜走深走实，五项费用逐年下降。股权企业管理逐步规范，实现分红收益2600万元。加强用工总量管理，全面推进加油服务外包，合理优化队伍结构、压减用工总量。优化调整薪酬结构，全面推行加油站升油含量工资制，联量、联效、联率的工资分配模式实现全覆盖。稳妥推进两级机关大部制改革，完善部门职能和人员优化调整，改革三年行动重点任务全面完成。

【组织建设和干部管理】 2022年，贵州销售组织建设和干部队伍建设持续深入。狠抓管党治党主体责任落实，在打牢基础、补齐短板、改进方式、创新实践上下功夫，聚党心、赢民心、抓基层、打基础的认识不断深化、行动更加自觉。基层党组织建设不断加强，安顺、黔南等8个基层党总支调整为党委，非油党支部调整为党总支，基层党组织战斗力增强，涌现出一批先进基层党组织、优秀共产党员、优秀党务工作者，汇聚了奋进新征程的磅礴力量。干部队伍建设不断加强，聚焦班子年龄、专业结构优化要求，13名干部充实主营业务领域，4名40岁左右干部提拔为二级正职，6名40岁以下干部提拔为二级副职。在分公司班子中，40岁左右的班子成员占比，提前达到同层级总数的1/5；40岁左右的正职占比，提前达到同层级正职总数的1/8，干部队伍焕发蓬勃生机。实施人才强企工程，围绕“生聚理用”人才发展机制，建立新入职员工“123”培养计划和师带徒“双师”制，确保新入职员工培养规划的有效落实。推动技能人才评价由“职业资格鉴定”向“企业技能等级评价”转型，扩展管理职能，增加技师以上的高技能人才选聘功能，制定高级技师、技能专家管理办法，为技能人才的成长奠定了基础。强化年轻干部培养，19名优秀青年骨干入选贵州销售第一期“青马工程”培养对象，“预备队”培养取得初步成效。

2022年，贵州销售党委全面履行党风廉政建设的主体责任，8个基层单位成立纪委，基层纪检机构进一步健全。定期研判公司政治生态，定期召开各部门党风廉政建设协调会，筑牢“三道防线”。全面加强对各级“一把手”和领导班子的监督，推动监督制度优势更好转化为治理效能；强化巡视整改成果运用，以整改提效能，以整改促发展，做深做实巡视整改“后半篇文章”。党的十九大以来，巡察全覆盖任务如期完成。坚决整治“四风”，一体推进“三不”，开展“反围猎”专项行动，紧盯重要节点，严防“四风”问题反弹；紧盯设租寻租、微腐败、领导人员及其亲属经商办企业等开展专项整治，干部员工的廉洁自律意识和拒腐防变能力进一步增强。

【企业党建工作】 2022年，贵州销售把党的政治建设摆在首位，坚持“第一议题”制度，领会“两个确立”的决定性意义，学习贯彻习近平总书记对中国石油和中国石油相关工作的指示批示精神，牢记重大嘱托，当好标杆旗帜。落实中心组学习计划，开展党的二十大精神学习宣传和专题研讨。明确工作思路、强化工作部署、创新工作举措，自觉同党的路线对标对表，统筹生产经营与疫情防控、扩销上量与质量效益、改革发展与和谐稳定，在逆境中掌握工作主动。强化主体责任落实，完善党委工作规则和主体责任清单，严格执行“三重一大”决策制度，提高科学决策、民主决策水平。

【民生保障】 2022年，贵州销售民生保障能力进一步增强。推进惠民工程，不断改善库站工作生活条件，2022年9月以来，全省疫情多地暴发，贵州销售坚持员工薪酬不降，生活待遇不减，保障员工正常工作生活。员工收入与企业效益同步增长，员工获得感、幸福感有效提升。解决员工群众身边“急难愁盼”问题100多项，“我为员工群众办实事”实践活动走深走实；开展典型选树、劳动竞赛、小型多样的文体活动，工会桥梁纽带作用充分发挥，全年获省部级荣誉12项，获股份公司劳动竞赛流动红旗12面。完善帮扶救助机制，86名员工获得精准帮扶，帮扶资金43万元，困难家庭生活压力得到一定缓解。发挥思想政治工作解疑释惑作用，推进“三六”工作，及时解决员工生产生活中各种困难，增强员工的归属感，一线员工流失率持续下降。重视员工生命安全和身心健康，加大职业健康体检和全员健康体检力度，精准疫情防控，开展员工心理辅导，员工身心健康得到保障。

【社会责任】 2022年，贵州销售承担社会责任。乡村振兴方面：充分发挥集团公司优势资源平台，主动对接习水县产业人才培训需求，完成近15000名乡村振兴人才和当地教师的线上线下培训；助力产业发展，投入1000万元援建稻莲套作和古树茶项目，移栽香水莲花苗207475株，栽种1050亩大树茶基地。深化消费帮扶。推荐118个帮扶产品在集团公司帮销平台、集团公司2022年度消费帮扶产品展销会、昆仑好客购物节、所属加油站等平台窗口展示销售。加大与习水县政府、习酒集团深度合作力度，开发出一款新酱酒“国色天香”，2022年销售额超8000万元。同时，不断深入开展自采帮扶行动，全年3次从习水当地采购农特产品150万元，为当地户销货增收，累计覆盖400余户村民，每户增收2500元。公益事业方面：2022年3月，贵州销售向息烽县阳郎小学定点捐赠价值10.08万元学生饮用奶，覆盖该校2000余名学生，确保学生本学期内每周都有牛奶可以饮用；9月，贵州销售承担社会责任，向贵阳花果园片区捐赠一次性医用外科口罩2万个，杀菌消毒剂3072瓶，为受新冠肺炎疫情影响的当地居民送去200箱方便面，极大缓解了该社区医疗和食品短缺情况；10月划拨8000元专项捐赠资金，参加铜仁玉屏县退役军人援助关爱活动，配合当地政府对200余名退役军人开展走访慰问；为帮助遵义桐梓县黄莲乡巩固脱贫攻坚成果，11月贵州销售定向划拨9万元捐赠资金，帮扶遵义黄莲乡新庄村发展实施食用菌产业，预期可带动周边40余名村民就业，投产后该村每户居民预计可增加收入400元。

（杨珊珊）

中国石油天然气股份有限公司西藏销售分公司

【概况】 中国石油天然气股份有限公司西藏销售分公司（简称西藏销售）成立于1962年1月27日，前身为1962年1月成立的西藏自治区石油公司，1998年11月上划至中国石油天然气股份有限公司。主要从事西藏地区成品油及石油液化气、润滑油的批发、零售、运输、储存及非油品经营等业务。

2022年底，西藏销售下辖9个部室、11个二级公司。设有公司党委1个、直属机关和地市公司党委11个、党支部33个，党员607名，基层党组织和党员全覆盖生产经营各领域。所属油库8座，液化气库1座，总库容17.39万立方米。加油站183座，营运加油站176座（万吨级加油站1座），在册人员总数1229人，其中藏族及其他少数民族员工占比67%。

【石油销售】 2022年，西藏销售为全区经济社会发展提供成品油97.93万吨，其中汽柴油纯枪63.71万吨，汽柴油直批29.66万吨，航空煤油3.56万吨，沥青1万吨，非油业务突破2.5亿元。

【价格浮动】 2022年，西藏销售在根据国家发展改革委和西藏自治区发改委成品价格调整文件，对成品油价格调整23次（其中上调13次、下调10次）。汽油累计上调550元/吨、柴油累计上调530元/吨。

西藏销售主要经营指标

指　标	2022年	2021年
成品油销量（万吨）	97.93	125.68
汽油销量（万吨）	38.67	51.1
柴油销量（万吨）	54.7	66.3
加油站总数（座）	183	183
油库数量（座）	8	8
油库库容（万立方米）	17.23	17.03
纯枪销量（万吨）	63.71	82.58
非油业务收入（亿元）	2.495	2.20
非油业务利润（亿元）	0.06	0.77
吨油费用（元）	874	708
资产总额（亿元）	38.60	74.25
收入（亿元）	94.98	98.20
利润（亿元）	1.01	0.77
税费（亿元）	1.16	1.47

【油量储备】 2022年，西藏销售成品油购进88.52万吨，同比减少20.28万吨。年末库存区内油库3.03万吨，汽油1.35万吨，柴油1.68万吨。

【非油业务】 2022年，西藏销售非油业务共计完成非油销售2.5亿元，店销1.84亿元，完成板块指标的89%。非油毛利6800万元，完成股份公司销售分公司指标的79.2%。门店升级转型发力明显。全区单店日均非油收入增长22%，突破千万元级便利店1座，500万元以上1座、300万元以上2座、100万元以上便利店66座，打造13座示范门店，拉萨柳梧2号站非油收入突破500万元，同比增长超200%。店外渠道拓展成效显著。面对新冠肺炎疫情导致客流减少的不利局面，及时扩大店外销售，为拓展乡镇市场积累了经验。客户合作取得突破。落实与各重点企事业单位签署的战略框架协议，实现增收3000余万元。品牌营销再扩规模。深化“好客购物节”“饮水节”等品牌营销活动，打造美酒节，啤酒销售首次突破2000万元大关，并在全国专项促销活动中位列第一，获“中国石油昆仑好客第二届购物节销售竞赛先进单位”称号。格桑泉销售稳中有增。完成三款中高端新包装设计，年度实现销售388万箱，同比增长18%，7月单月出库量1800万元，创历史最好水平。获留抵税返还1400余万元，争取政府补贴408万元，水厂整体实现盈亏平衡。

【加油站管理】 2022年，西藏销售市场控制力显著增强。市场份额由64%提升至69%；日喀则萨迦站同比增长19%、山南曲松站同比增长10%、拉萨交通站同比增长6.80%；昌都分公司纯枪销售同比增长8.50%；山南、林芝、交投、昌都批发同比增长10%以上；活跃客户数22.8万，同比增长26%。创效能力不断增强。实现加油卡线上充值6.60亿元，同比增长27%；沉淀资金2.35亿元，同比增加4500万元，增幅23.68%；通过精细营销创效1780万元，降本控费创效1788万元，优化资产创效635万元，财税政策创效410万元，资源运作创效6095万元，债务豁免626万元。纯枪价格到位率销售公司排名第一；直批同比减亏4130万元。管理能力大幅提升。持续强化现场监管，客户投诉同比降低58.50%。

【新能源业务】 2022年，西藏销售新能源及创新项目稳步推进。光伏项目顺利开展试点，克服新冠肺炎疫情影响，完成拉萨甘丹寺服务区南、北站光伏项目试点。高原装配式加油站创新项目稳步推进，经前期调研，确定将林芝巴松措站作为试点项目，并对项目关键技术进行分析论证，项目已完成立项。加气业务有序推进，根据集团公司和销售公司统一部署，租赁昆仑燃气公司的西郊和开发区加气站，拓宽了公司业务。完成加油站“光储充并”课题研究，完成对光伏发电、储能设施、充电设施及余电上网课题，在国家级期刊完成论文发表。

【投资建设】 2022年，西藏销售下达投资计划1.82亿元，完成1.79亿元，完成率98.4%，达到集团公司完成率要求（板块平均完成率为97.2%）。开发加油站7座，投运加油站4座，落实昌都江达、门士、先遣、金东加油站土地和预核准，开工建设阿里环城路加油站，投运隆子加玉加油站，完成拉萨西郊、开发区加气站整合；加大民生工程推进力度，完成22个民生检维修项目、3个倒班公寓、便民电梯的设计和招标。

【安全管理】 2022年，西藏销售贯彻落实区党委各项安全生产工作部署，结合西藏销售安全发展提升年活动和“四查四提升”专项活动要求，开展“安全环保风险管控专项提升”活动。“四不两直”督导检查库站202座次，问题整改率100%。“拔枪断油技术”应用持续完善推广，并申请国家级专利，作业现场安全管控进一步提升。成立专项治理小组，投入26万元配发油气浓度检测设备，投入58.44万元配齐油气回收系统检测设备，全体干部员工环保管理能力得到不断提升。组织观看警示教育宣传片19场次，组织集中宣讲培训28场次，开展各类应急演练活动191余次，全面提升全员安全生产素质。推进质量计量专项提升行动，内外部油品抽检316份，合格率100%，计质量管控得到夯实。通过中央、国务院、区党委各类高规格专项督导检查工作，巩固中国石油在藏良好形象。

【强基惠民活动】 2022年，西藏销售第十一批驻村工作队员22名，分布在日喀则、昌都、那曲、山南、林芝和阿里等“五市一区”的14个村。贯彻落实“四件大事”“四个创建”“四个确保”“四个走在前列”战略部署。高质量发展与员工福祉同频共振更加凸显。公司党委高度重视，巩固脱贫攻坚成果，深化乡村振兴工作，本着“把经费用到刀刃上、关键点、紧要处”的原则，召开专题党委会议研究，提高群众的收入，拓展增收渠道。结合县委、县政府倡导在当地要大力发展林下经济的思路，调研考察与研判分析，充分利用占岗村自然环境优势，投入20万元，试点种植灵芝菌棒，“输血”产业帮助村民增收4万余元。采购扶贫产品160余万元，将西藏矿泉水、茶叶、青稞制品、红酒等4类14款产品纳入集团公司消费扶贫产品目录，区内区外加油站扶贫专柜年帮销 6256 万元。同时开辟农机加油绿色通道，全区农机用户凭农机一卡通到站加油享每升优惠 0.3 元。西藏销售驻村点在援建乡村振兴产业项目中，切实助推乡村实体产业项目建设，同时将其列为西藏销售改进作风狠抓落实的重点工作之一，推动援建项目工作落实见效。收集整理民生问题 880 个，筹集民生资金 4261.2 万元，解决问题 835 个，完成率 94.8%。解决 177 座库站“吃饭难、饮水难、住房难、取暖难、洗澡难”问题，完成海拔 3000 米以上 135 座库站富氧工程；投入 107 余万元开展送清凉活动；帮助 116 户困难职工脱贫摘帽；拨付金秋助学金 7.3 万元；深化与宝石花医疗集团合作，为员工打通区内外就医绿色通道；完成职工非职业健康体检和健康档案建立，组织健康知识专题讲座 10 余次；投入 80 余万元开展“实践初心服务暖人心”活动；绝大部分员工的急难愁盼问题得到解决，员工幸福感、满意度不断提升。组织员工参加“国企生态林”活动，累计植树 2000 余棵。

【援藏建藏】 2022 年，第十批援藏干部进藏，接续援藏工作。西藏销售按照“依法治藏、富民兴藏、长期建藏、凝聚人心、夯实基础”的重要原则，提高政治站位，发挥自身优势，贯彻落实党中央及地方精准扶贫精准脱贫基本方略，聚焦“能源保障、对口支援、乡村振兴、地方就业”四大方面开展援藏建藏工作，为推动自治区长足发展与长治久安贡献石油力量。按照集团公司援藏统一部署，开展相关工作。725 油库作为格拉管线末端站，扩容改造项目主体完工，建成投运后将大大优化进藏物流资源供给结构，提升中国石油在藏保供能力，为助推地方经济发展提供强有力的支撑。2021 年，战略协议合作项目 39 个。项目估算投资 7.54 亿元，截至 2022 年底，正在落地实施的 6 个，项目估算投资 2.44 亿元，已完成投资 1.6 亿元。其中在对口扶贫的双湖县投入帮扶资金 1.3 亿元，重点援建措折罗玛镇小学校园改造等民生项目 7 个，扶贫综合市场、旅游步行街等产业项目 6 个。其中卤虫卵项目为双湖县建设了第一座现代化工厂，为当地劳动力提供了一批就业岗位，带动 2920 名建档立卡户人均增收 3000 元以上。开展消费帮扶，购买和帮助销售西藏扶贫产品超亿元，其中重点建设的“幸福水 · 格桑泉”项目于 2019 年正式投产，通过中国石油覆盖全国的 2 万多座加油站打造“西藏好水”靓丽名片，解决当地就业 70 余人。开展就业培训工作，根据扶贫工作需要，委托中国扶贫开发协会在成都为那曲市双湖县开展待业人员实用技能培训。在西藏自治区人力资源和社会保障厅的支持下，促成西藏销售与西藏职业技术学院、西藏农牧学院开展长期校企合作关系，近两年与西藏职业技术学院合作培训 195 人次实习生，西藏销售成为西藏自治区高校毕业生就业见习基地，缓解了本地生源就业压力。在 2022 年最困难的时候，顶住新冠肺炎疫情影响，分批安置本地高校 37 名大学生就业，坚决落实中央“稳岗扩就业”政策。

【抗击疫情】 2022 年，西藏销售全体干部员工层层压实责任，主动担当作为，织密织牢新冠肺炎疫情防控防线。公司党委第一时间成立疫情防控领导小组，召开专题会议 65 期，压紧压实“四方”责任。两级公司主要领导在岗率 100%，员工在岗率 90% 以上。划拨“抗疫有我”专项资金 189.30 万元；发放疫情专项补助金 377 万元，发放蔬菜包 14.58 万元。累计采购超 30 万只口罩、3 万余套防护服，2 万余瓶消毒液及 3 万余剂抗原测试等防疫物资配发到库站一线，全面筑起守护员工生命健康屏障。成立志愿服务工作队，严格落实集团公司、销售公司“油品不断供，商品不涨价，服务不打折”的总体部署，全天候为全区抗疫提供资源保障。各加油站开辟绿色通道，24 小时不间断奋战在保供一线，累计服务出藏人员 4 万余车次，全力解决出藏人员的燃眉之急。响应政府号召，全体干部职工闻令而动。新冠肺炎疫情期间，领导班子先后 10 余次深入库站现场慰问指导一线防疫防控、生产经营等工作，为员工加油鼓劲。班子成员更是带领 19 名党员干部第一时间下沉至疫情最为严重的社区，积极投身抗疫工作。全区 40 余名党团青年志愿者，深入各级政府、社区、乡镇、隔离点主动践行“六个表率”，深刻阐释着“石油精神”，为全区疫情防控工作注入源源不断的石油力量。

【企业党建工作】 2022 年，西藏销售坚决贯彻落实党中央关于新时代党的建设总体要求，深入学习贯彻习近平总书记系列重要讲话精神，聚焦“四件大事”聚力“四个创建”，党的二十大精神学习宣贯实现全覆盖。坚持周例会学习 50 余次，中心组学习 15 次，“第一议题”学习 30 次，带头学习研讨 45 次，两级党委深入联系点、库站专题宣讲、上党课 54 场次。全区 33 个党支部、5 家合资公司党组织开展专题学习 40 余场次。邀请党校讲师、宣讲团专题辅导 15 场次。组织支部换届选举、发展党员等专题培训，180余名党务干部技能得到提升。全年召开2次专题党委会研究部署意识形态工作，推行“同部署、同落实、同检查、同考核”，意识形态领域引导教育工作持续向好。全年舆情、涉稳、信访事件得到有效控制。开展民族团结宣传教育，“三个离不开”“五个认同”的思想深入人心，疫情期间各族干部员工互帮互助、患难与共的情谊愈加根深蒂固。

【荣誉榜单】 2022年，西藏销售列入集团公司2021年度业绩考核A级企业名单中，连续9年保持A级企业称号。那曲双湖加油站登上中央电视台“中国高度”专题栏目。1人获西藏自治区五一劳动奖章；3人获“集团公司先进工作者”；林芝滨河站、日喀则大地站、昌都2号站被评选为“西藏自治区青年安全示范岗”。2人获“集团公司优秀团干部”称号；2人获“集团公司维稳信访安保防恐工作特别贡献个人奖”；办公室获“集团公司维稳信访安保防恐工作特别贡献集体奖”；林芝公司巴吉站获“集团公司青年安全生产示范站”称号。12个部门及单位获西藏销售“疫情防控先进集体”；60人获西藏销售“抗疫先进个人”、28名党员获“抗疫优秀志愿者”称号。经过西藏销售推荐、区党委组织考察，公司党委书记、执行董事郭广海被选为西藏自治区第十二届人大代表，并当选人大常委会委员。

（梅朵拉姆）

中国石油天然气股份有限公司江苏销售分公司

【概况】 中国石油天然气股份有限公司江苏销售分公司（简称江苏销售），前身是2003年9月成立的中油销售江苏有限公司成品油分公司，2008年12月由中国石油华东销售公司管理上划集团公司直管，2009年9月中国石油上海销售苏州分公司划入江苏销售，标志着江苏销售在江苏地区成品油销售业务实现了统一管理。截至2022年底，设9个职能部门，2个附属机构（非油分公司即非油品经营部、储运分公司即仓储调运部），下辖13个地市分公司，现有股权企业53家，其中独资10家、控股33家、参股10家。员工总数3823人，其中合同化员工77人，市场化用工3746人。江苏销售党委下属基层党委13个，党总支5个，党支部102个，党员1233人。有加油站765座，在用油库14座，库容55.31万立方米。

2022年，江苏销售面对复杂严峻的市场环境和延宕反复的疫情形势，江苏销售始终咬定稳增长目标不动摇，努力打造价值链优势，不断提升运营效率，增强数字化支撑能力，推进提质增效，营造和谐稳定的发展局面。全年销售成品油383.24万吨，相对市场份额提升1.7%，实现净利润2601万元，同比增长438万元，2022年度江苏销售业绩考核获评集团公司A级单位，被集团公司评为2022年度生产经营先进单位，连续两年在集团公司工作会议上作经验交流。

江苏销售主要经营指标

指　标	2022年	2021年
成品油销量（万吨）	383.24	388.19
汽油销量（万吨）	216.99	238.57
柴油销量（万吨）	166.24	149.63
加油站总数（座）	765	771
油库数量（座）	14	13
油库库容（万立方米）	55.31	59.30
纯枪销量（万吨）	266.61	266.77
非油业务收入（亿元）	9.53	9.14
非油业务利润（亿元）	0.52	0.71
吨油费用（元）	359.81	400.96
资产总额（亿元）	99.90	100.98
收入（亿元）	338.88	282.99
利润（亿元）	1.58	1.27
净利润（万元）	2601	2163
税费（亿元）	4.24	2.98

【纯枪销售】 2022年，江苏销售纯枪销售紧紧围绕客户进站、召回、复购、加满等运维全过程，找准增长切入点，提炼出纯枪增长公式（纯枪增长=客户进站×客户召回×客户复购×客户加满），纯枪实现同比不降的目标。围绕客户进站，连接有数据的平台，增强引客精准性。与高德地图合作，对途经我方站点的车辆自动语音提醒、弹窗派券，全年引流39.2万人，日均贡献销量100吨；与ETC合作，捕捉途经车辆的车牌，实现营销信息精准触达，累计获取客户信息2.23万个，有效转化客户4032人。围绕客户召回，强化数据中台应用，唤醒众多睡眠卡。利用数据中台，细化客户分类，重点针对30天、60天、90天未消费的客户，逐一电话回访、系统派券促活，全年累计召回个人卡客户9.1万人次、单位卡客户2651家，4.3万张电子卡“起死回生”，实现增量2242吨。围绕客户复购，精益运营客户，形成客户强连接。借助企业微信群，构建私域流量池，聚焦客户关切开展互动，累计沉淀私域流量客户161.8万人；分类运营客户，建立29大类105个客户细分标签，匹配141项客户维护策略包，指导油站做优客户专属化服务；开展内容营销，将员工培养成美妆博主、养车达人，拍视频、开直播，分享平价好物，做强客户连接；经营客户时间，在179座站增设多功能保鲜柜，帮客户储存上班时间无法接收的蔬菜、冷鲜，客户下班进站取货的同时顺便补油，带来日均提量150吨。围绕客户加满，挖掘消费数据价值，提升加油客单量。从客户性别、职业、支付方式等角度总结出8项加满率提升规律。如：汽油卡销比超过30%是加满率突破30升/笔的关键。据此推介客户电子卡消费，汽油卡销比提升至43.1%，加满率增长1.5升/笔，日均汽油提量230吨。在增长公式的指引下，江苏销售克服新冠肺炎疫情反复造成的需求萎缩影响，全年纯枪销售266.61万吨，相对市场份额稳中有升。

【直批业务】 2022年，江苏销售认真研究市场规律，不断迭代油价数据模型，市场节奏的把握能力不断提升，直批实现稳步增长。以20年国际油价、库存、产需等数据为基础，在模型中运用时间序列法推演油价基本趋势，采用多元回归法修正预判偏差，为科学运作库存提供支撑。研究近年来柴油库存、价格数据，发现价格拐点滞后于库存拐点7—9周的变化规律，据此灵活把控直批节奏，为9—11月资源紧张时期保纯枪、稳直批提供了保障，同时还开发终端客户1510家。研究过去5年汽油批零价差数据，发现不同价差出现频次以1800元为中轴正态分布，得出汽油批发价冲高或走低的同时价差回归均值概率加大的规律，12月抢抓需求波峰，创造出500元/吨的高毛利。建强直销终端“根据地”，小微客户服务能力持续增强。深化“站代库”批零协同，加强“邮乐购”网点对接，江苏销售直销终端“根据地”渐成规模，在15座加油站实现“整买零提”业务，小微客户就近提油更加方便；连接昆仑、邮储等银行，协助办理“油易贷”业务，累计解决163名小微客户资金紧缺问题；通过企微群实时推送油价、库存、密度等资讯，客户经理24小时在线解答购油问题，帮客户计算用油周期、找准采购时机，累计促成销售6.1万吨。全年直批销售84.57万吨、同比增长4.84万吨，直批销售稳定性大幅提升。

【非油业务】 2022年，江苏销售非油营销活动组织更加精准高效，形成了“1+N”组织模式，推动从“大而全”向“小而精”转变。每次活动突出1个主题，推出多种“昆仑好客大礼包”组合。全年以啤酒节、饮水节、后备箱计划等主题开展活动7次，实现收入1.06亿元，同比增长120%。非油新业态拓展取得新成效，新增洗车站点40座，网点开设率位列全国第二，迭代咔咔养车平台，开设“途虎养车”专区，线上线下连接471家途虎门店，联合推出润滑油保养套餐，全年创收3320万元，同比增长16.5%；与肯德基联合策划营销活动，盐城肯德基餐厅月均收入87万元，泰州肯德基餐厅月均毛利48万元，双双位列股份公司销售分公司第一；携手中国邮政开展联播，实现交集业务互融互促，全年直播带货60场次，实现销售1932万元，增长56%；联合中化全面摸排各地村委会、农机站、供销社，提前掌握农户化肥使用需求，提供直配到家、土地检测等服务，累计销售化肥3519吨，同比增长4.5倍。全年非油店销收入9.5亿元、毛利1.6亿元，同比分别增长4.4%和3.6%。

【推进“阿米巴”经营】 2022年，江苏销售在经营中导入哲学理念，引导员工利他向善、主动创造价值。开发应用“战斗报表”，综合加油站纯枪销量、营销支出、劳动工时三项指标，以员工一看就懂的金额形式核算单位时间价值，引导员工及时发现经营偏差。开好“主角班结会”，油站经理按照“班结会六步曲”组织员工复盘当班工作，借助即时薪酬系统，让员工实时掌握个人指标完成、油站经营状况，主动提出经营合理化建议，制定奋斗小目标，成为经营主角。全年江苏销售单站单位时间价值从 51 元 / 时提升至 97 元 / 时，吨油营销支出同比下降 45 元，人工劳效同比增长 29.4 吨。坚持员工就是方法，注重谋划发展向基层问计，公司领导每次基层调研都坐下来与员工攀谈，听取员工心声，新冠肺炎疫情期间还通过视频连线方式与员工座谈，掌握了很多一线员工服务客户的好思路好方法。注重员工实践经验收集整理，每周例会都安排基层党支部书记、加油站经理、客户经理分享一线员工提量创效、价值创造的方法经验，依托教练团队整理形成《员工销售服务故事》100 篇、《抗疫稳量提量我们在行动》精选案例 74 篇，专题召开纯枪增长经验宣讲会，最大限度汇聚、传播基层员工智慧。注重员工方法的总结提升，教练团队长期坚持在“金点子与 BUG 帮”群开展专题讨论，累计提炼系统性方法工具 48 项，为稳增长提供了方法支撑。组建“虚拟增长团队”，将不同专长员工优化组合在一起，按照“战时集中、战后归位”的虚拟组织形式，开展团队式专业化营销服务。78 支“虚拟增长团队”围绕非油销售、客户开发等目标，协同作战、聚力攻坚，全年共开发客户 655 个，贡献油品销量 6.3 万吨、非油销售 766 万元，在现有组织不变条件下，开辟了新的增长点，非油实现量利双增。

【降本增效】 2022 年，江苏销售将省内主营、民营储运资源纳入江苏销售供应链管理，着眼路径最优、成本最低、效率最高，促进各方库容调剂使用、资源相互补充、运力相互共享，油非供给更加高效。全年累计串换资源 55.6 万吨，实现从 20 座外部油库调配油品，物流费用较预算下降 1640 万元；借助江苏邮政专业高效的仓储物流网络，非油中央仓分拣差错率和储运货损率大幅降低，便利店配货周期缩短 1 天，商品周转效率提升 22%，供给保障能力提升。网建开发成本更低，以合作迁建为模式落地 3 个项目规划选址，以合资公司为平台租赁 1 座空白市场油站，以股权收购为方式留住 2 座租赁到期优质站；持续输出品牌与管理，连接民营站、港口物流企业，达成轻资产合作 14 座，开发橇装站 63 座，推动了销售网络持续拓展。税费支出更加减少，持续研究地方财税优惠政策，实现库站房产税、城镇土地使用税等税费减免 1845 万元。强化维修费零基预算和吨级站对标管理，全年加油站可控费用同比下降 8%，实现了营销成本 5 年最低；层层传递治亏压力，“一站一案”制定减亏扭亏措施，全年实现 2 家分公司扭亏为盈，全级次股权企业亏损治理完成 7 家，亏损站同比减少 12 座，亏损额同比下降 1149 万元。全年费用同比下降 1.77 亿元，预算完成率 102%。

【风险防控】 2022 年，江苏销售全面加强质量健康安全环保管理，公司党委统筹发展与安全，坚持每月审议安全环保重大事项，狠抓安全责任归位落实，开展安全生产百日专项行动，加大隐患排查治理力度，从严纠治现场违章行为，保障安全环保形势稳定可控，被集团公司评为“质量健康安全环保节能先进企业”。在党的二十大期间，江苏销售升级 9 项安保防恐、维稳信访措施，守住不发生重大稳定事件的底线。始终把员工生命安全和身体健康放在首位，紧盯新冠肺炎疫情变化，动态调整库站防疫措施，针对新冠感染“乙类乙管”，为所有员工增加营养补助，保证员工每天 2 个鸡蛋、1 袋牛奶，帮助员工迅速恢复健康。全面加强依法合规治企，扎实开展“合规管理强化年”工作，优化江苏销售法律合规风险防控机制，对 5 起违规经营投资赔偿案件责任领导追责问责，督促了江苏销售依法合规责任意识。加大纠纷案件管理力度，全年结案 6 件、全部胜诉，避免经济损失 5900 余万元。开展隐患整改、工程建设、油品销售等重点领域大额投资项目审计，跟踪整改问题 51 项，查办违规案件 5 起，实现增收节支、挽回损失 2746 万元，堵塞了管理漏洞，促进了合规经营。

【企业党建工作】 2022 年，江苏销售坚持把政治建设放在首位，推动“第一议题”制度常态化、长效化。举办党的十九届六中全会精神专题研讨班，召开江苏销售第三次党代会，组织党的二十大精神学习宣传贯彻系列活动，引导党员干部深刻体会“两个确立”的决定性意义，自觉做习近平新时代中国特色社会主义思想的信仰者和践行者。深入开展“转观念、勇担当、强管理、创一流”主题教育，引导机关党员干部从管理者思维向经营者思维转变，全年共有 296 名干部参加现场加油服务 1.2 万余次，及时缓解了油站加油高峰、新冠肺炎疫情受困时期人员紧缺困难。推进“党支部 + 经营”，注重以理论指导实践、以实践丰富理论，总结形成以“三强三铸”为核心的“党支部 + 经营”工作模式，推动基层党支部围绕中心任务，发挥战斗堡垒作用，构建起既可单兵作战、又相互协同配合的作战体系，形成了局部竞争优势，46 个支部实现量效齐增，推动了基层党建“三基本”建设与“三基”工作深度融合。坚持严的主基调不动摇，做细做实政治监督，专题部署“反围猎”行动，专项整治违规吃喝和基层“微腐败”，对4家分公司党组织开展常规巡察，严肃查处违纪违规问题，以“零容忍”的态度正风肃纪。坚持以案促改促建促治，提升一体推进不敢腐不能腐不想腐综合治理效能，营造风清气正的企业发展环境。坚持聚焦中心讲好“江苏销售故事”，先后在网站、公众号推出80余篇“先进风采”典型事迹报道，展示优秀员工立足岗位、担当作为的感人事迹。高标准举办第三届“媒体开放日”，吸引新华社等14家主流媒体参与，提升了江苏销售品牌形象。坚持薪酬分配向一线倾斜，让企业发展成果更多惠及员工，一线员工年收入在5年增长30%的基础上，全年进一步上涨10%，提升了员工获得感和归属感。

【人才强企工程】 2022年，江苏销售凝心聚力强队伍，人才强企工程实现新进展。持续建强“三强”干部队伍。组织干部上好市场营销、新能源、数字化、安全环保等“专业课”，扩充知识储备、提升专业素质。选优配强领导人员队伍，全年调整中层领导人员38人，提拔助理副总师3人、二级正副职11人，其中“80后”干部7人，班子年龄结构、专业结构持续改善。全面开展管理人员竞争上岗，突出岗位价值评价，压减130个机关管理岗位，通过竞聘分流安置160人，全部充实到客户经理、加油站经理等一线岗位，16名“90后”大学生进入机关工作，打通了机关、基层能进能出的通道，促进了管理人员加强学习、胜任岗位的主动性。持续强化营销、技能人才培养开发。创新直播营销人才培养方式，“以赛促训”加强实践锻炼，提升了网红员工直播带货能力。举办江苏销售首届一线生产创新大赛，征集确定18项一线生产难题，其中：1项被集团公司确定为创新基金项目，获创新基金20万元；4项参加集团公司第二届创新大赛，获2个一等奖、2个二等奖。“李慧、胡伟伟、储言军”3个技能专家工作室正式挂牌，成为江苏销售技能人才培养、生产难题攻关、成果输出转化的创新创效平台。加大人才引进，建立大学生“双导师”培养机制，差异化设置薪酬标准，增强了“聚才”吸引力，引进名校大数据、新能源人才各1名。提升员工现场能力。强化“师带徒”培养，全年选拔省市两级教练203名，依托基层党支部组建教练小组56个，实现“送教到站”向“送教到岗”延伸，零距离、差异化满足员工技能提升需求，全年累计开展随岗培养4755人次、一线赋能指导6443人次。拓宽“师带徒”授课新途径，依托教练微课堂平台，打造“身边的故事”栏目，分享加油站提量做法；推出“一刻听书”专栏，上架《加油站管理规范》有声书，提升员工规范服务能力；以“音频输入+感悟输出”，开设销售心理学专题分享课程，帮员工找到打开客户“心门”的钥匙；策划“玩转手机”系列微课程，增强了员工使用手机开展线上问卷调查、群数据统计等应用技能，全年发布服务技能视频78个，制作专栏故事7期，员工在线学习规模突破11.8万人次。

（薛　涛）

中国石油天然气股份有限公司浙江销售分公司

【概况】 中国石油天然气股份有限公司浙江销售分公司（简称浙江销售）成立于1999年1月，2008年12月上划由股份公司直接管理，主要承担中国石油在浙江地区的成品油批发、零售和非油业务，负责浙江地区销售网络的开发建设和管理工作。累计销售油品5793万吨，实现非油收入64.75亿元，非油毛利12.96亿元，缴纳税费53亿元。

2022年底，本部职能部门9个，二级单位12家，专业公司2家，全口径用工4350人。

【油品销售】 2022年，浙江销售克服新冠肺炎疫情多点散发、消费抑制、阶段性资源紧张等不利因素影响，顶压前进，总量排名站稳区外第四。建立面向基层的周协调会机制、月度计划管理协调会机制和油卡非润一体化方案运行会议机制，主营业务和职能部门、省公司和分公司快速响应、一体协同。研判趋势、把握拐点、高点多销，直批预算进度完成率107%，价格到位率同比提高5.1%。深化批零一体运作，把基础量、额外量概念充分传导到一线，柴油同比增量11万吨、增幅13%。策划季度主题促销，“10惠”充值13.5亿元，同比增长7000万元。加大专项客户开发，高频客户销长8.5万吨，同比增长5.8万吨。坚持分区施策，76座泉眼站日均环比增量272吨。坚持以卡为媒，发放加油卡143万张，充值64.9亿元，同比增长19.2亿元，会员规模持续扩大。

浙江销售主要经营指标

指　标	2022 年	2021 年
成品油销量（万吨）	293.59	304.57
汽油销量（万吨）	185.07	202.75
柴油销量（万吨）	108.52	101.82
加油站总数（座）	459	458
油库数量（座）	8	11
油库库容（万立方米）	33.79	41
纯枪销量（万吨）	186.89	199.70
非油业务收入（亿元）	8.02	7.75
非油业务利润（亿元）	0.35	0.84
吨油费用（元）	414	493
资产总额（亿元）	93.56	94.62
收入（亿元）	263	225.43
利润（亿元）	−1.42	−1.19
税费（亿元）	3.25	3.25

卡销比 33.7%、同比增长 6.8%，会员质量持续提升。开发直批客户 1276 户、5 吨以上零售客户 285 户，增量 18 万吨。终端机构用户销量同比增长 73.2%，直销占比达 80%、同比提高 14%，客户结构持续优化。专兼职客户经理销量 27.4 万吨，同比增幅 46.6%，客户经理体系持续完善。客存同比降幅 61.7%，超期仓储费应收尽收。加强加油站治理，千吨负效站减少 6 座，单站日销量增幅 7%；亏损站扭亏 37 座，净减少 15 座。强化现场管理和服务提升，有效投诉同比下降 56%。严把油品质量关，自检、政府抽检全部合格。合力推动市场整治，打击流动罐车 651 辆、取缔自建罐 106 个、查封非法加油站点 76 座，推进“云税控”“综合智治”上线，有效净化市场环境。

【非油业务】 2022 年，浙江销售以店面优化诊断为抓手，挖掘店内销售潜力，50 万元店同比增加 15 座，实现收入 4.6 亿元，同比增长 14%；单店日均销售 4982 元，同比增长 16%，全国排名第五。精心策划主题促销活动 10 期，实现收入 1.1 亿元。努力克服新冠肺炎疫情影响，深化“提篮销售”“推车销售”，金华蓝竹俊“行走的便利店”工作法列入集团公司典型案例。入驻“香溢购”平台，实现收入 7207 万元。依托大客户开发、授权经销，销售大桶润滑油 1764 万元、增幅 242%。针对移动加油卡客户推出“加油免费洗车”，汽服收入 3855 万元。新开设肯德基门店 2 家，获肯德基总部“鲲鹏奖”，台州临海大洋门店日均营收排名全国前三。

【投资建设】 2022 年，浙江销售坚持“严谨投资、精准投资、效益投资”。底价取得舟山金三角南、湖州湖山大道 2 宗土地，吨油投资低于全省平均 283 万元 / 吨，新增可行性研究零售能力 7600 吨 / 年。扩大轻资产网络规模，新开发特许经营站 5 座，续约 2 座，巩固 3.96 万吨 / 年销售能力，新增品牌创效能力 219 万元 / 年。从源头把控建设成本，超额实现“概算压减 3%”目标。落实监管责任，严格工期管理，杭州中洲项目在疫情影响下实现 532 天建成投运的“新速度”。持续推进历史遗留问题清理，全年攻克 8 项重点难点问题，累计达到 22 项，销项率 44%。

【乡村振兴】 2022 年，浙江销售连续五年帮扶衢州市开化县林山乡林源村，探索“产业 + 消费”的发展新模式，帮助兴办村集体产业，带动村内农户创新使用活框养蜂、种茶等新技术，为当地经济发展作出贡献，助力乡村振兴。

2022 年 9 月，驻村干部方志清在衢州市开化县林山乡林源村指导帮助蜂农收获蜂蜜（陈芳琳　摄）

【质量健康安全环保】 2022 年，浙江销售完善年、季、月安全会议机制，规范安全述职，明确合资合作库站 QHSE 管理要求，狠抓安全责任落实。落实“15 条硬措施”，全面推进安全生产大检查；严肃考核问责，严禁“三违行为”，累计记分 508 分，问责 332 人次。深化“一体化、差异化、精准化”审核，安全基础不断夯实。网络安全保障能力得到提升，完成特殊敏感时段“重保”工作。着力整治“油气味”，编制《挥发性有机物管控工作方案》，全面提升“加油+卸油”操作规范性、设备设施完好性。高质量迎接政府部门环保督察检查309次，未发生较大问责处罚项。党的二十大期间全面完成集团公司党组“三个绝不允许”“三个坚决防止”和“三个全力防范”的硬性目标，受到集团公司维稳办通电嘉勉。

【依法合规治企】 2022年，浙江销售强化法律支持保障，坚定依法维权，胜诉案件执行到位3247万元，创效960万元；温州永嘉东海案在胜诉基础上收回1358万元剩余租金，避免资金损失。强化合规管理，规章制度、证照印章、内控管理、保密档案等工作持续加强。严肃财经纪律，稽核2878站次，整改问题1891个；规范洗车、运费等重点业务核算，杜绝经营活动“跑冒滴漏”；加强担保、授信业务管理，获股份公司AA级评价。“四查四提升”取得预期成效，整改问题1113个。

【提质增效】 2022年，浙江销售强化成本管控，商流费同比减少2.82亿元、比预算节约2.4亿元；其中，物流费比预算节约3000万元，综合损耗同比减少7653万元，财务费用同比减少2544万元、比预算节约3473万元，实现“双下降”。统筹优化税收，税费减免1.28亿元；招标采购管控有效，物资采购平均成本节约率10.5%。

【企业党建工作】 2022年，浙江销售部署落实三十七项重点措施，迎接党的二十大胜利召开。班子带头宣讲、发表专题文章，组织党委理论学习中心组学习、二级以上干部专题培训，推动党的二十大精神学习宣传贯彻走深走实。落实“第一议题”制度、学习贯彻习近平总书记指示批示精神机制更加规范，党员干部政治“三力”有效提升、“两个维护”更加笃定。落实“三重一大”实施细则修订、执行、监督，党委发挥领导作用制度化、规范化水平持续提升。推进基层党建“三基本”建设和“三基”工作有机融合，设立42个片区党支部，57名业务骨干走上专兼职书记和支委岗位，区域协同作战功能初见成效。构建“6+N”平台，充分发挥党支部战斗堡垒、党员先锋模范作用；徐桂芳当选省第十五次党代会代表。纵深推进全面从严治党，印发“五张责任清单”，加强对“一把手”和领导班子成员监督。构建以党委监督为主导、各类监督贯通协调的“大监督”格局，监督责任不断压实。纠治“四风”，严肃查处违反中央八项规定精神问题和“四风”问题，形成强力震慑。常态化开展党史学习教育，推进“转观念、勇担当、强管理、创一流”主题教育活动，组织讨论、讲述活动300余次。为员工办实事，提高慰问、体检标准，落实劳模先进疗养，帮助困难家庭90户，下拨帮助金、慰问金230万元，传递组织温暖。讲好“浙江销售故事”，内外部宣传影响力持续提升，外宣排名股份公司销售分公司第七；助力乡村振兴，热心参与公益行动，创新开展媒体开放日活动，企业形象有效提升。

【人才强企工程】 2022年，浙江销售坚持党管干部，树立鲜明用人导向，对考核排名靠后的中层干部进行岗位调整，推动“能上能下”。加大年轻干部培养力度，为青年成长搭台、赋能。深化专业技术人才培养，石红燕、何华芬、张占宇成为浙江销售首批特级技师，石红燕入选新时代“浙江工匠”；创新攻关一线生产难题，“油库污水处理装置工艺流程创新”项目获集团公司生产创新大赛二等奖；员工持证在岗率提升至64.5%，获评浙江省技能等级认定工作“五星级”单位。

【“三项制度”改革】 2022年，浙江销售持续开展“三项制度”改革。两级本部编制压减246个，压减率38%，中层干部职数减少10%，三级干部职数减少19%。健全完善工资及外包费总额决定和薪酬核定机制，试点升油含量工资、细化非油提成，推进精准计薪、日清月结，一线员工收入水平持续提高。

（吴孝翔）

中国石油天然气股份有限公司安徽销售分公司

【概况】 中国石油天然气股份有限公司安徽销售分公司（简称安徽销售）负责中国石油在安徽省的成品油销售、市场开发、非油销售业务。2002年6月成立中国石油天然气股份有限公司安徽销售分公司筹备组，2002年9月正式注册成立中国石油天然气股份有限公司安徽销售分公司。2022年底，安徽销售设机关职能部门9个，直属机构2个，所属二级单位13个，控股公司21个，参股公司9个。在册员工 2955 人。安徽销售党委下属基层党委 15 个，党总支 1 个，党支部 56 个，共有党员 1096 人，其中在职党员 1094 人。资产总额 72.04 亿元，在营加油站 562 座，管理油库 10 座，库容 28.46 万立方米。

2022 年，安徽销售油品量效“双增长”，成品油销售总量 236.12 万吨，同比增长 15.03 万吨，实现净利润 1.09 亿元。成本费用“双下降”，商流费用比预算节支 1590 万元，同比下降 4064 万元，吨油营销成本比预算节支 36 元，同比下降 42 元。可持续发展指标“三超”，效益创近 6 年最好水平。净利润完成率在 31 家销售企业中排名第四位，在区外销售企业中排名第一位。首次获集团公司生产经营先进单位、集团公司质量健康安全环保先进企业。全年劳动竞赛获综合类先进单位，营销类、零售类、降本控费类获单项评比先进单位。

安徽销售主要经营指标

指　标	2022 年	2021 年
成品油销量（万吨）	236.12	221.09
汽油销量（万吨）	113.32	122.62
柴油销量（万吨）	122.80	98.47
在营加油站总数（座）	562	570
油库数量（座）	10	10
油库库容（万立方米）	28.46	28.46
纯枪销量（万吨）	156.61	155.09
非油业务收入（亿元）	7.65	8.97
非油业务利润（亿元）	0.89	0.74
吨油费用（元）	416.78	464
资产总额（亿元）	72.04	70.37
收入（亿元）	209.44	164.98
利润（亿元）	1.09	0.49
税费（亿元）	1.59	1.96

【市场营销】 2022 年，安徽销售突出市场导向、客户至上，组织差异化营销和精准营销。“事前算赢，事中干赢，事后双赢”成为首个成熟的业财融合运行机制，做细营销“日预测”和效益“周预警”，做精量、本、价、利综合测算。油品经营性购销毛利 11.24 亿元，预算完成率 107.1%，库存周转率 22.69 次，预算完成率 132%；成立安徽销售历史上首个“市场研判工作专班”，关注油价、供需等 22 项指标，建立 507 个情报监测点和“三纵六横”预警线，出具 17 期市场研判及营销策略建议报告，一体化统筹“批零非”。油价预测准确率 79%，直批销量预算完成率 140%。批零综合价格到位率 96.09%，排名区外第 1 位；低成本开发精准获客，直批以 33 个片区为单位，零售以 568 座油站为圆心，新增终端机构客户 736 个、高频客户 1.62 万个，挽回流失客户 6557 个。与银行保险、城市泊车、高德地图等跨业态合作，低成本获取优质新客 212 万人次。电子卡发售 103 万张，超计划 123%，引入营销资源 3050 万元。

【服务提升】 2022 年，安徽销售秉持“服务就是生产力，服务能够创造无限价值”的理念，在管理和服务上修炼内功。精雕细琢服务细节，首创“1663”服务树体系（“1”是指围绕客户在站活动的一整条行动路线，“6”是指客户在站活动的 6 个区域，分别是办公区、收银区、便利店、加油现场、洗手间、汽服区，“63”是指员工与客户可能发生接触并提供服务的 63 个接触点），建成安徽销售历史上首个系统的服务标准和规范。汽油重点站开展靓化工程，178 座站“加油赠洗车”，50 座站开展站外汽服。柴油网点建立 123 个便民项目，农忙期间开设 195 个绿色通道；精益求精服务体验，建立客户服务群 16 个、增设专兼职客服专员 46 个，线上线下、7×24 小时全方位全天候服务。针对优质机构客户，依托昆仑银行提供贷款服务，融资 2500 万元，新增直批销量 2580 吨；精准提升服务质量，开展服务提升专项攻坚，从投诉、支撑工单中找弱项，优化措施 15 条、新增项目 5 个。首次专人专管专盯服务简报，投诉率下降 49%，服务工作 3 次被股份公司销售分公司通报表扬。

【非油业务】 2022 年，安徽销售推进非油业务改革创新，全年实现非油收入 7.65 亿元，毛利 1.54 亿元。以“门店”为核心稳步推进店面诊断优化，店销收入同比增长 4200 万元、增幅 10%、毛利同比增加 2157 万元、增幅 9%。根据《2022 年 52 周营销行事历》，开展“牛奶节”“饮水节”“啤酒节”“大干 60 天竞赛”等专题促销活动，店销收入同比增加 3900 万元、增幅 5%、毛利同比增加 1500 万元、增幅 10%；将美菱大道加油站初步打造成昆仑好客首座品牌专营店，自有商品销售占比同比提升全国排名第一；开展线上运营，通过“好客商城”小程序、常态化直播、三级社群营销体系与新媒体运营，实现销售收入 1988 万元，同比增长 1389 万元，全年直播 105 场，累计销售额 872 万元，社群客户达 10 万余人。

【新能源业务】 2022 年，安徽销售制定《安徽销售碳达峰实施方案》，明确光伏、充换电、加氢等新能源五大方面 12 项重点任务。依托加油站、油库房屋屋顶、罩棚、闲置场地，采取合作＋自主建设的模式，与国家电网、国家电投等行业头部企业签订战略合作协议，选择天长中心、全椒外环路 2 座站自主投资建设光伏并运营，全年，在合肥、滁州等地建成光伏站 8 座、充换电站 6 座，超额完成股份公司销售分公司下达的任务。

2022 年 11 月 17 日，安徽销售首座充换电一体站项目在合肥分公司中环站投入运营（杨骁　摄）

【油库管理】 2022 年，安徽销售 10 座油库实现吞吐量 444.69 万吨，油库周转 12.31 次，同比上升 35.57%，计划完成率 100%。攻坚啃硬，隐患治理取得重要进展。蚌埠油库完成全接液浮盘和乙醇接卸工艺改造，阜阳油库码头正式投运，完成天合油库经营许可证年检换证工作，解决池州油库趸船搁浅接卸油问题，做好乙醇汽油封闭运行和汽油国Ⅵ B 标准油品置换升级，全年隐患整改资本化投资达 2300 多万元。全年开展安全经验分享活动 38 次，组织应急预案演练 121 次，开展联合消防演练 4 次。迎接区级以上各类检查 160 余次，各类问题整改完成率 90% 以上。细化控费减费和管理创效两大类 16 个方面 49 条具体措施，充分调动员工自己动手的积极性，降低运维成本费用创效 60 余万元，全年实现资产创效 15.72 万元。

【安全环保与疫情防控】 2022 年，安徽销售树牢“安全不能成就一切，但可以使一切归零”的意识，对安全环保的重视、监管达到前所未有的力度。突出最先最高最重位置，把“安全环保大于天”作为三条铁律之首，首次明确质量健康安全环保部为第一部室，首次提出“五个第一”要求，即每年召开的第一个管理层会议就是 HSE 委员会会议，第一个全局性会议就是安全环保大会，下发的第一个党政工青文件就是安全环保文件，强调工作的第一条要求就是安全环保工作，各级领导干部下基层第一个要检查的就是现场安全环保情况；落实最严最细最实标准，健全完善风险分级管控和隐患排查治理双重预防机制，形成风险管控清单 1458 份，系统梳理 44 项库站安全隐患治理项目，落实资金 1465 万元。开展危化品安全风险治理和 VOCs 治理百日专项行动，加快实施加油站三次油气回收。自主研发防爆干燥器获国家专利，首次彻底查明油气回收系统密闭运行存在的 4 个风险因素，在股份公司销售分公司推广；抓紧抓准抓活疫情防控，精准实施安徽销售新冠肺炎疫情防治“新 20 条”，以战略的稳定性和措施的灵活性，有效应对新冠肺炎疫情的不确定性，全力守护员工生命健康安全。

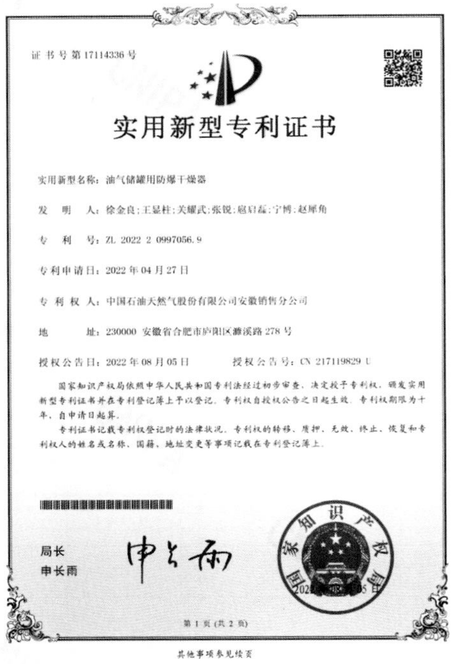

证书号第 17114336 号

实用新型专利证书

实用新型名称：油气储罐用防爆干燥器

发　明　人：徐金良；王显柱；关耀武；张锐；庖启磊；宁博；赵犀角

专　利　号：ZL 2022 2 0997056.9

专利申请日：2022 年 04 月 27 日

专 利 权 人：中国石油天然气股份有限公司安徽销售分公司

地　　址：230000 安徽省合肥市庐阳区濉溪路 278 号

授权公告日：2022 年 08 月 05 日　　　授权公告号：CN 217119829 U

国家知识产权局依照中华人民共和国专利法经过初步审查，决定授予专利权，颁发实用新型专利证书并在专利登记簿上予以登记。专利权自授权公告之日起生效。专利权期限为十年，自申请日起算。

专利证书记载专利权登记时的法律状况。专利权的转移、质押、无效、终止、恢复和专利权人的姓名或名称、国籍、地址变更等事项记载在专利登记簿上。

局长

申长雨

第 1 页（共 2 页）

其他事项参见续页

2022 年，安徽销售自主研发的油气储罐用防爆干燥器获批国家实用新型专利授权，实现在实用新型专利上“零”的突破

【提质增效】 2022年，安徽销售以市场为导向、以效益为中心的投资、预算、资金管理机制不断健全。突出全面预算管理，狠抓关键环节和要素管控。零成本优化办公系统，开发应用成果获集团公司书面表扬。吨油营销成本降至402元/吨，为2014年以来最低。非生产经营成本节支1805万元；盘活资产添动力，健全资产分类管理和盘活退出机制，通过处置、出租、调剂、合营合作等实现资产创效1533万元；首创治理难度评价数据模型，推进"2+2+1"治理模式，77座负效站摘帽67座、10座未扭亏站累计减亏158万元。对30家控股企业把脉问诊，16家运营的单位中，13家实现盈利，4家实现扭亏；平衡购销计划、调控进度和节奏，账面库存波动与油价涨跌步调一致，实现库存增利0.7亿元，优化物流降费136万元，争取柴油额外资源创效1334万元；释放政策创效最大活力，开展票据结算和低息贴现，财务费用同比降896万元。利用预算结算和奖惩政策，增效3.25亿元。获提质增效奖励、稳岗补贴、税费减免共1200万元。

【合规管理】 2022年，安徽销售以"四查四提升"为主线，把依法合规作为一切工作的前提，提升管理的规范化法治化水平。着力于"建"，把合法合规性审查作为重大经营决策和业务的前置程序。制定电子券、加油卡、电子卡运行规范、违纪违规责任追究规定，防范合规风险和廉洁风险；着力于"控"，开展风险监测预警，梳理识别经营管理及廉洁风险1059条，完善制度流程30多项。全电子流程招标，更新89个合同范本，强化投资、资金、市场营销、工程建设等事前预防和事中控制。常态化开展"空转""走单"等虚假贸易业务治理；着力于"查"，抓实三级监管，制定32个专项方案，自查自纠查摆问题79项。围绕投资建设、油品销售开展5项审计监督检查，强化重点领域、关键环节风险防控；着力于"改"，一体推进集团巡视、审计、内控测试及内部巡察审计问题整改，解决一批长期遗留问题，挽回经济损失198万元，清欠债权3135万元。客存油基本清零，"三不达"资产有效治理，低效、无效销售、促销叠加等问题彻底扭转，微腐败频发势头有效遏制。

【改革创新】 2022年，安徽销售在落实人才强企工程等方面持续发力。树立选人用人新导向，严格把关、审慎决策干部调整，本着"四公"原则，交流调整干部7人，树立厚德重才、选贤任能的导向。培养专业技术人才，9人获高级职称，3人获技能专家、1人获特级技师，通过率居股份公司销售分公司首位；完善薪酬激励新机制，建立业务主导、绩效直达、实时激励机制，不同单位间薪酬差异度达26%，同岗位差异度最高达45%。改革升油含量工资制、设立"业绩工资包"和"三级阶梯式"升油业绩工资标准；推进组织机构新模式。按照省公司"9+2"、地市公司"三部一室"完成两级机关机构整合，优化地市片区设置、优化用工方式转型，获评劳动效率先进单位。

【企地合作】 2022年安徽销售坚持"政策就是生产力"，重视改善营商环境。6月，时任安徽省副省长何树山到安徽销售调研，9月，集团公司董事长、党组书记戴厚良到安徽销售调研，借此契机与36名地市和厅局主要领导会晤交流。在特殊时期资源保供、营销政策倾斜、合作项目优先选择等方面，总部和地方政府支持力度持续增强。面对投资政策收缩调整，加大力度协调，确保交控石油增资租赁5对高速服务区站等重点项目实施。全年累计投运18座站。与中国石化、中国海油等驻皖能源企业，建立最亲密的战略合作伙伴关系。

2022年9月19日，中国石油天然气集团有限公司董事长、党组书记戴厚良在时任安徽省副省长何树山的陪同下到安徽销售合肥分公司锦天站调研指导工作，详细了解油站运行、产品销售、安全生产和基层党建等情况，听取开展"阿米巴"经营情况介绍，并与当班员工亲切交谈（陈玉强　摄）

【企业党建工作】 2022年，安徽销售始终把党的政治建设摆在首位，全面抓好党的各项建设，为高质量发展提供坚强保障。

政治建设。按照目标责任制、分工负责制、民主集中制要求，理清公司党委、执行董事、经理层、专业委员会4个层级的决策事项和审批权限。压实从严治党主体责任，分解21项重点工作和党委班子“一岗双责”22项任务。党组织把方向、管大局、保落实的领导作用有效发挥。

2022年9月19日，中国石油天然气集团有限公司董事长、党组书记戴厚良到安徽销售合肥分公司锦天站调研（陈玉强　摄）

思想建设。建立完善学习贯彻习近平总书记重要指示批示精神长效机制，以最高标准落实“第一议题”和理论学习中心组学习制度。首创“五步学习法”，展开25场“头脑风暴”，催生业财融合、“1663”服务树体系、库存经济等新思路，理论学习平台成为企业发展的智囊智库。加强和改进思想政治工作，结合“转观念、勇担当、强管理、创一流”主题教育，开展领导大讲堂、党的二十大精神宣讲，提出树立“七种新思维”、淬炼“四种担当”，用好“七实”工作法，形成上下一条心、全局一盘棋的力量。

组织建设。提出高标准、高质量、高水准要求，把“七实”工作法融入“三基本”建设和“三基”工作。抓实党支部达标晋级、党建责任制考核和党委书记抓党建述职评议。发挥机关党建引领保障作用，建立“党支部+经营”“2+3”人员模式，形成“党建+”品牌56个，党员领衔攻关项目11个。疫情防控前沿“双报到”，营销前沿结对“五走进”，乡村振兴前沿“一村一品”扶植特色产业。党员化身燎原星火，让党旗在一线高高飘扬。党风廉政建设。统筹党内监督和公司治理层面监督，构建“7+2”大监督体系，各类监督发现问题200多个，追责问责135人次，制度流程进一步优化，合规意识明显增强，发挥联合监督合力。坚持风腐一体纠治，加大案件查办力度，给予党纪政务处分及组织措施51人次，强化“不敢腐”的震慑作用。

文化宣传工作。发挥公文信息和新闻宣传的“窗口耳目”作用，稿件信息刊发量首次跃居股份公司销售分公司第四。“三农”服务首登央视、管理提升经验刊载于石油报头版头条、绿色发展及乡村振兴受到人民网等央媒关注。

【实干惠民】 2022年，安徽销售坚定“成就企业、福祉员工”的厚重情怀，全面打造“家·和”文化，即把安徽销售作为全体干部员工共同的家园，视同事为家人、视工作为家务，营造家和万事兴、人和百业旺的浓厚氛围。保障员工增收，实现有效增幅13.5%，创历史新高。秉持工资总额向一线倾斜的原则，梳理各层级薪酬机制，加油站员工人均同比增长18.6%，油库员工人均同比增长20.1%，管理人员人均同比增长6.2%；倾注真心改善员工生活品质，把就餐、住宿、通勤等小事作为案头大事，新建“五小工程”15个，深夜食堂、亲情热线暖人心，亲子团建、健身广场、心理咨询强体魄修心智，交出企业民生新答卷；倾情解决员工“急难愁盼”，推动“我为员工群众办实事”常态化，开设领导信箱，基层心声直达决策层。与青年员工、站经理、片区经理面对面将优惠叠加、系统卡顿等21个问题纳入督办，出台一系列紧贴一线的新政策，员工的凝聚力和向心力显著增强。

2022年10月1日，安徽销售蚌埠分公司推进“家·和”文化，组织“我和祖国共庆生·油站里的集体生日”活动（李红军　摄）

（辛家璇）

中国石油天然气股份有限公司福建销售分公司

【概况】 中国石油天然气股份有限公司福建销售分公司（简称福建销售）前身是1999年2月成立的厦门中油油品销售中心，2008年12月上划股份公司直接管理，主要负责中国石油在福建地区的成品油、非油仓储销售业务，车用加气及充换电、光伏发电等新能源业务。成立24年来，累计在福建投资90.57亿元、销售成品油4380万吨、上缴税费35亿元，先后获全国五一劳动奖状、五四奖章等荣誉。2022年底，设9个职能部门、下辖9个地市分公司和非油分公司、储运分公司，有员工3255人。在营加油加气站460座；资产库4个，库容30.6万立方米。

福建销售主要经营指标

指　标	2022年	2021年
成品油销量（万吨）	228.96	218.1
汽油销量（万吨）	115.18	120.36
柴油销量（万吨）	113.42	97.74
加油站总数（座）	460	476
油库数量（座）	4	4
油库库容（万立方米）	30.6	30.6
纯枪销量（万吨）	127.65	119.89
非油业务收入（亿元）	7.37	6.2
非油业务利润（亿元）	1.35	1.16
吨油费用（元）	383.83	424.11
资产总额（亿元）	72.74	71.78
收入（亿元）	201	156
利润（亿元）	–2.6	0.05
税费（亿元）	1.5	1.52

2022年总销量228.96万吨，其中直批101.31万吨、自营纯枪127.65万吨；非油收入7.37亿元、非油毛利1.35亿元。成品油总销量、纯枪、非油店销、非油毛利等主要经营指标实现同比增长，其中总销量计划完成率排名区外第六名，自营纯枪计划完成率、同比增幅均排名股份公司销售分公司第二名，QHSE体系量化评估水平稳居优秀A2级，获评集团公司生产经营先进单位、“十三五”内控与风险管理工作先进单位、2022年法治建设A级企业、教育培训先进集体等荣誉。九家地市公司发展能力全部迈入全国前200名。其中，全国前1—50名2家，前50—100名4家，前100—160名3家；厦门、三明分公司以区外排名第五、全国进步最快第五的成绩登上股份公司销售分公司光荣榜。

【油品销售】 2022年，福建销售坚持“量效并重、效益优先”，紧盯销售硬指标，全年销售预算完成率100.4%。强化份额意识，坚持“全覆盖、网格化、责任制”的市场份额开发维护机制，建立零售相对份额约束指标，启动纯枪市场份额问责机制，市场份额达23.7%、提高1.1个百分点，并超过2019年最高水平。精细营销管理，紧跟市场变化，即时调整营销策略，零售纯枪价格到位率提升至97.29%、超股份公司销售分公司预算计划1个百分点，柴油价格到位率提升至96.23%、超销售公司预算计划4.83个百分点，柴油吨油营销支出同比下降117元。电子卡推广计划完成率135%，活跃会员客户同比增加20万个，个人卡充值同比增长30%，沉淀资金超4.7亿元。与银联、农行、建行、支付宝等深度合作，参与“全闽乐购”政府促消费活动，节约促销资源2543万元，带动汽油消费2.5万吨以上。突出纯枪上量，制定汽油重点站培育、“双低”站治理专项方案，53座一类“双低”站，29座完成治理目标、超目标13座。57座二类“双低”站，55座完成治理目标。“双低”站销量同比提升56.4%，超额完成股份公司销售分公司治理任务。主动试点批零一体机制，为积累总结批零一体营销经验，在漳州、泉州2地与股份公司销售分公司同步开展批零一体营销政策试点工作，试点以来漳州公司纯枪量同比增长15.4%、超全省平均值1个百分点；泉州龙湖团队纯枪销量同比增长272%，其中汽油纯枪销量同比增长139%，零售市场份额同比增长20%。9月下旬启动“大干100天”攻坚活动，活动期间销量超行动目标4.3万吨，全年销量超必保目标4.7万吨，纯枪价格到位率比目标高1个百分点，柴油价格到位率比目标高4.83个百分点。加强市场信息收集与分析，调整价格管控模式，实现直销销量43.76万吨、直销毛利4692万元。分级抓好头部客户开发、中小客户拓展，全年购油企业达4550家。柴油销量同比增长26.9%，吨油营销支出同比下降16.6%。丰富线上营销手段，强化App议价功能，积极开展秒杀、团购、"周周惠"等促销活动，打造富有活力的"淘宝购油"氛围，直销App线上订单由年初84.9%提高到99.3%。推进市场净化抓增量，协助商务、公安查处非法油品1000余吨，有效维护了市场秩序。

【非油业务】 2022年，福建销售狠抓做大非油，非油店销、毛利保持两位数增长。探索机制创新，深入实施昆仑好客运营体系，全面推进项目长制、便利店店长制、店面优化，切实提升便利店运营管理水平。精细品类管理，引入茅台、五粮液等头部品牌资源，努力做大核心品类。打造富有闽情闽味的"福"文化自有商品，加大福鼎白茶、沙县拌面等特色商品推广，全年自有商品实现销售1313万元。43款商品入选集团公司乡村振兴商品目录，将福建优质商品推向全国。精选100座油站打造"福农优品·昆仑好客"门店，设置100个乡村振兴专柜，助力福建乡村振兴工作。深化与烟草海晟战略合作，联合烟草公司打造"海丝新晟"店中店6座、香烟标杆站10座，开展香烟提档专项竞赛，助力香烟销售提档增量，116座油站实现提档、升级212档。全年开展专题促销8期，销售2.66亿元。油非转化率从13.1%提高到18.2%。与省农业农村厅、中国联通、省农资集团等签订战略合作协议，中标福建大东海二期润滑油2200万元采购项目，签约成为润滑油公司特种油事业部一级经销商、实现销售865万元，对接新疆、大庆等系统内油田企业、实现销售600万元。完善汽服项目，优化调整洗车项目布局，全省在运营汽服洗车项目122座，实现洗车收入2838万元。推动实现3座肯德基项目落地投运，实现销售218万元。深耕网上营销，开发员工网上推广中心，实现线上业务收入1690万元。拓展直播带货，累计开展直播带货115场，实现销售420万元。50座便利店开通到家业务试点，有效延伸便利店服务半径。

【安全环保】 2022年，福建销售强化底线意识，统筹安全和发展，严抓安全主动管理，严守安全底线、新冠肺炎疫情防线，全力防范各类风险。落实属地政府要求，外防输入，内防感染，广大干部员工特别是一线员工严格落实公司部署，以高度的责任感，减少外出，坚守岗位，成功应对了泉州3·13、福州10·23等几波疫情挑战，确保库站平稳运行。推进健康企业建设，倡导健康生活方式，开展员工健身活动，小劳保标准提高3倍，调整员工补充医疗保险政策，为员工健康提供保障。落实全员安全环保责任制，开展安全生产大检查和油库常态化安全风险评估，完成安全生产专项整治三年行动。深化QHSE管理体系建设，有效实施"滚动式"审核，下半年量化审核排名股份公司销售分公司第二。抓好监控视频扫站，发现违章行为1555个，同比下降14.9%。推广智能信息化技术在成品油运输销售全环节的应用，开发上线超期罐存预警模块，实现加油站油品质量的临界预警。增加储罐温度自采模块，为全环节损耗管控V20考核提供数据基础。投用车辆智能监控系统，强化途中损耗监管。如期完成国ⅥB标准汽油置换工作。开展质量提升百日专项活动，形成人人重视质计量、参与改进、支持提升的良好氛围。

【深化改革】 2022年，福建销售把改革放在突出位置，高质量完成国企改革三年行动，坚持人才强企，深化三项制度改革，着力打造队伍提升工程。推进大部制改革，优化省公司编制21%、地市公司编制23%，如期完成年度改革目标。推行职业经理人试点，漳州、南平2个试点团队分别同比实现纯枪增长48%、16%，店销增长100%、13%，员工平均工资增长16.7%、15%。优化薪酬分配体系，强化地市公司发展能力评价结果应用，推行升油含量工资，一线员工收入同比增长9.1%。公开公平选拔任用干部，选拔调整中层干部15人，提拔或进一步使用二级正（副）职4人，选拔三级领导人员14人，公开竞聘10人，退出领导岗位2人，交流9人，层级套转6人；选派2名二级副职优秀年轻干部参加股份公司销售分公司挂职锻炼，选拔2名优秀年轻干部参加集团公司"青马工程"培训；培养集团公司技能专家1人、特级技师8人，数量居股份公司销售分公司前列，吴珍珍获聘为集团公司技能专家并入选"石油名匠"重点培养对象；126人晋升初、中级职称，6人晋升高级职称，管理人员职称持证率同比增长15.5个百分点。

【网络建设】 2022年，福建销售贯彻绿色发展战略，顺应能源革命大势，突出质量优先，推进网络提升工程。全年推动实施工程项目97个，完工85个，建成投运加油站3座。加快历史项目清理，解约销项14个、收回款项2379.5万元。漳州分公司面对复杂的历史项目，主动与市县两级政府沟通，先后实现华安新圩、平和新陂两座加油站恢复运营，完成平和东环建设验收。深入开展达销专项治理，近五年投运项目考核达销率达93.7%，同比提高7个百分点，完成股份公司销售分公司下达90%的考核目标；达销率低于20%项目销项治理完成31座，计划进度完成率115%。集中整治隐患问题182项，提升了库站本质安全水平。打造50座共享司机之家，全部按时完成省总验收，极大提升了企业社会形象。跟进地方政策和行业动态，制订福建销售新能源发展规划，成立新能源业务孵化中心、科技创新中心；与莆田湄洲岛管委会签订战略协议；建成8座光伏站、6座充电站；将莆田红旗站打造成为首座综合能源补给站。

【企业管理】 2022年，福建销售坚定贯彻强管理主题，加强依法合规治企，推动公司治理提档升级。推进集团公司法治示范企业建设，入选集团公司法治示范企业建设名单。建立“233”纠纷案件处理模式，全年妥善处置法律纠纷案件17件、挽回损失3390.34万元。坚持“管业务必须管合规”，制修订制度32项，修订流程50项、合规审核84项，发布省市公司管理权限和合规职责清单。规范股权行权管理，编制印发《三会议案管理工作规范》，合资企业稳步成长，全年实现股利分红4727.48万元。健全重大风险管理与报告机制，加强风险日常预警与监测。提前一个月完成74项改革任务，公司改革三年行动完成。推进四查四提升专项行动，全年整改完成率95.39%，7个专项工作被股份公司销售分公司月度通报表扬、4个专项6个做法被评为系统典型案例。强化资金风险管理，优化现金流管控，紧盯银行账户集中管理及资金上划，近两年共清理账户85个，上划沉淀资金2.04亿元。提升税收筹划能力，用好国家财税支持政策，近两年累计增值税留抵退税1.27亿元，年节约财务费用近千万元，减免税费1138万元，在股份公司销售分公司落实减税政策种类上排名全国第五、在股份公司销售分公司排名第二。在股份公司销售分公司第一家实现了T+0自然月结账、T+1财务“软关账”，连续7个月获股份公司财务部通报表扬。对标先进找差距，压缩营销支出，吨油营销成本372元，低于提质增效目标29.47元，吨油费用首次低于福建中石化。优化公路配送路线，提高车辆运行效率，运输费低于提质增效目标368万元。加强各环节损耗管理，全年加油站综合损耗率–3.58‰，油库保管损耗–0.94‰。落实极限压控要求，严控非生产性支出，五项费用同比下降23.5%。

【企业党建工作】 2022年，福建销售强化政治担当，把迎接党的二十大胜利召开和学习贯彻党的二十大精神作为工作主线，学深悟透、融会贯通、以知促行，用党的二十大精神统一全体干部员工的思想和行动。强化政治执行，严格落实“第一议题”制度，坚决贯彻习近平总书记对中国石油、对福建工作的重要指示批示精神，秉承弘扬习近平总书记在福建工作期间开创的重要理念和重大实践，深入开展《摆脱贫困》读书学习，结合集团公司董事长戴厚良对销售业务的一系列批示和要求，领悟“弱鸟先飞”“滴水穿石”“久久为功”思想，树牢“志存高远、自立自强”观念，带领全体干部员工主动担当、奋进一流。强化管党治党，完成福建销售党委及10家二级党委换届，抓好党建工作责任制落实和各级党组织书记述职评议考核，推动党的领导深度融入公司治理。强化基层基础，抓实“三会一课”，劳动竞赛激励作用、典型示范引领作用、内外宣传聚力作用持续彰显，基层党建“三基本”建设与“三基”工作融合更加紧密。强化严的主基调，深化全面从严治党，完善“大监督”体系，加固八项规定精神堤坝，深化巡视整改和巡察督导，处分干部7人、组织处理2人。强化作风建设，推进文化引领工程，践行“马上就办、真抓实干”，重唤服务意识，倒逼效能提升。强化“三大责任”，主动服务乡村振兴，建成下党加油站，打造“昆仑好客·福农优品”品牌，开设乡村振兴专柜，帮助销售平和蜜柚等商品2344万元；坚决履行保供担当，面对全国性柴油资源紧张，协调集团公司增加福建柴油供应6万吨，发挥了“压舱石”作用；坚持开放合作，加强公共关系建设，紧密政企关系，拓展国企合作，与7家重点合作伙伴签订战略协议，并推动更高层面深化合作。

（肖腾飞）

中国石油天然气股份有限公司江西销售分公司

【概况】 中国石油天然气股份有限公司江西销售分公司（简称江西销售）于2001年12月成立，前身是中国石油华东销售江西分公司，2008年底上划股份公司直接管理。主要从事成品油批发、零售业务及便利店、润滑油、天然气等非油销售业务，承担销售网络开发建设及管理等职责。2022年底，下设9个部室和2个直属机构（专业分公司），下辖11个地市分公司和16个控（参股）公司，全口径用工总数2045人，运营加油站306座，加气站2座，油库8座，库容13.3万立方米。

江西销售主要经营指标

指　标	2022年	2021年
成品油销量（万吨）	126.6	125.42
汽油销量（万吨）	50.56	62.76
柴油销量（万吨）	76.03	62.67
润滑油销量（万吨）	0.27	0.23
加油站总数（座）	306	305
油库数量（座）	8	8
油库库容（万立方米）	13.3	13.3
纯枪销量（万吨）	79.1	76.59
非油业务收入（亿元）	3.6	3.40
非油业务利润（亿元）	0.74	0.33
吨油费用（元）	483.73	584.70
资产总额（亿元）	47.73	48.84
收入（亿元）	109.01	88.38
净利润（亿元）	−1.7	−4.99
税费（亿元）	0.36	0.09

2022年，江西销售深入学习贯彻党的二十大精神和习近平总书记对中国石油和中国石油相关工作的重要指示批示精神，全面落实集团公司党组各项决策部署，锚定建设“小而精小而强”江西销售战略目标，攻坚克难、深耕市场，扩销创效，全年销售收入首次突破100亿元，销售油品126.6万吨，同比增长1.2万吨，超预算3.6万吨；纯枪销售79.1万吨，同比增长2.5万吨。非油收入3.6亿元、非油毛利7448万元，同比分别增长3.7%和23.4%。净利润−1.7亿元、同比减亏3.3亿元，比预算增利1亿元。质量、计量和安全环保事故为零。

【油品销售】 2022年，江西销售坚持零售扩销增效，落实股份公司销售分公司“三三三”工作思路，实施批零一体化营销，布局88座“泉眼”站点，扭转柴油下滑趋势。稳妥推进“双低”站治理，23座“双低”站实现摘帽。完成291座站全流程诊断，落实优化措施102条。分品号、分环节、分构成优化营销支出，吨油营销支出同比下降13.3%。推进与退役军人事务厅、农业农村厅、消防总队合作，办理电子卡33.4万张、充值11.7亿元，卡销比52.9%。深化与银行、邮政、江铃等合作伙伴的多业态融合，全年引入促销资源3387万元。开发高频客户和集团客户9.3万人，新增汽油销量1.9万吨，提前80天完成全年电子卡发行和汽油移动支付销量占比双目标。搭建企业微信平台，吸纳企业客户30.6万人。与友商建立日常价格协商机制，共同推动建立常态化市场整治机制，纯枪柴油相对市场份额提升1.4个百分点。全面启动加油站“四个标准化”建设、录制推广课件11个，开展“加油站百日服务质量提升”专项劳动竞赛，提升加油站现场服务水平。始终保持定力、精准研判、强化资源运作，聚焦客户开发、渠道拓展，采取“控批增零、批发顶格销售、以柴补汽”的一体化运作举措，批发创效3218万元。完善直销App系统功能，提升客户体验，累计认证客户3031户，线上销售占比100%。对3455个大中型建设项目和“四上企业”重点客户进行摸排，开发购油客户957个，实现销量8.1万吨。修订客存油管理办法，完成客存压降目标。设立调度指挥中心，优化物流运行，公路平均配送运距同比下降18千米。加快配送车辆技术升级、强化铅封和视频监控、公路运输超耗赔付、库存盘点等管理手段，综合运输损耗率好于销售公司平均水平。妥善处理多年低品号挂账、关停和退租库账面库存余额等历史遗留问题。

【非油销售】 2022年，江西销售实现非油收入35649万元、非油毛利7448万元，双双再创新高。统筹开展爱车节、饮水节、啤酒节等油非互动活动14档，带动油品充值3.99亿元。在“好客饮水节”陈列大赛活动中，赣南大道加油站、南昌迎宾大道加油站作品分别获全国陈列大赛三等奖和POP手绘海报大赛三等奖，江西销售获优胜奖。昆觅赣南脐橙销售突破1800万元，超额完成集团公司乡村振兴帮扶任务，逐步实现从“输血式帮扶”到“造血式”帮扶。全年化肥销售4058吨，同比增长2558吨，实现毛利698万元，获中石油昆仑好客公司化肥销售先进单位。借助春节白酒销售旺季有利时机，带动酒类销售4363万元，带来毛利531万元。完成5款昆觅洗护产品、3款昆觅洗脸巾、20款昆觅景德镇瓷器开发与上市，江西销售34个自有品牌商品累计实现收入超2409万元，同比增长721.3万元，增幅42.7%；毛利331万元，同比增长119.3万元，增幅56.4%。打造高效供应链，提升商品保障能力。落实“四查四提升”工作要求，关停集采外采购，对集采商品开码、采购，2022年江西销售集采计划完成率位居区外销售企业第二。

【网络建设】 2022年，江西销售全年投运加油站7座、LNG加气站1座，建成20座光伏站，以担当实干攻坚破解历史遗留问题8个。在股份公司销售分公司率先完成车用加气终端一体化整合工作，并做典型发言。强化工程建设周期管控，保障施工质量和安全，严控建设成本，严把结算关，杜绝超投资和超合同价的现象。坚持事前算赢、低成本开发投资策略，以起拍价摘得宜春上高工业园迁建置换用地。加大与地方投资平台的沟通力度，推动合作项目落地。紧盯任务目标和时间节点，加快新站投运步伐，7座新增站贡献销量1.7万吨，其中联圩加油站达销率为205%。对71座达销率低于20%的加油站进行治理，已完成整改16座，2座到期站退租。探索新能源业务，新增光伏发电装机容量485千瓦，建成首座综合能源站，取得增设LNG加气“路条”1个。完成转资1.5亿元，基本实现“应转未转动态清零”。

【质量计量安全环保】 2022年，江西销售保持严抓严管态势，实现安全环保零事故，全年QHSE综合排名位居股份公司销售分公司第九位，获集团公司2022年QHSE先进企业称号。开展差异化、精准化审核，发现各类问题2776个，整改落实率100%。全年开展12类专项隐患排查，确定重点隐患55项，落实隐患治理资金1044万，对2座全资油库开展安全风险深度评估，启动8项专项治理，开展全员安全环保履职能力评估，提升库站本质安全水平。保障党的二十大等特殊敏感时期安全运行，获集团公司通报嘉勉。督促员工强化自身防护，员工加强针疫苗接种率提升至97.6%。完成质量百日提升和国ⅥB标准汽油升级置换工作。

【提质增效】 2022年，江西销售牢固树立“从严管理出效益、精细管理出大效益、精益管理出更大效益”管理理念，全年开源创效3436万元、节流创效6765万元，集团公司年度决算会上对江西销售提质增效工作提出表扬。坚持“以财务为中心，一切围着营销转，营销围着市场转，全员围着客户转，财务围着目标转”的理念，突出预算导向和预警作用，通过“日算账、周预警、旬例会、月分析”，深入推进业财融合，及时指导经营实践。从严从细从实管控成本费用，连续2个季度获股份公司销售分公司劳动竞赛降本控费类指标第一名。优化物流管理，启动湖口油库地付业务，加大与石化油品串换、优化公路运距等措施，物流费用同比减少1670万元、下降15%。严控财务费用，与昆仑银行合作开展票据池贴现业务，节约财务费用973万元。用活优惠政策，争取安全环保补助、稳岗补贴82万元，残保基金、城镇土地和房产税减免233万元，获增值税留抵退税2802万元。自主挖潜降费，成立自主维修小分队，培养维修能手50余人，开展修废利旧活动，维修费同比下降27%。宜春分公司维修小分队荣获集团公司“2022年度质量信得过班组”。压降非生产性费用，实施深化提质增效节约管理“十项规定”，五项费用同比下降16%。

【企业管理】 2022年，江西销售新制定制度35项，修订181项，废止29项，发布风险预警12期。完善涉法事项法律论证程序，出具法律意见28份。深化法治建设，严抓证照、合同、招投标、股权及内控管理，合规运营水平和风险控制能力显著提升。收回496.97万元执行款。16家股权企业实现投资收益308.7万元，同比增长112%。深化对标管理提升，先后到广西、贵州、云南开展现场对标交流，形成管理提升建议30条，已在泉眼站设置、加油站地面画线、三项制度改革、非油爆品打造、数字化工具优化升级支撑主营业务等方面取得显著成效，形成“对外对标找差距、对内比学赶帮超”的良好氛围。

【改革创新】 2022年，江西销售坚定不移地聚焦企业发展的瓶颈问题和深层次矛盾深化改革，保质保量完成国企改革三年行动，全面完成机关双选，基本实现人岗匹配、人事相宜。调整升油工资方案，联量联价联品号联非油，精准考核激励，工资总额同比增加1047万，一线员工收入同比增长6%以上。科技创新和数字化转型稳步推进，论文发表数量在股份公司销售分公司排名第四。牢固树立“人才是第一资源”“没有人才一切归零”的人才理念，发现培养选拔6名优秀年轻干部；选聘直批客户经理26名、非油客户经理27名、建立加油站团队31个；坚持“使用是最好的培养”，11名大学生走上站经理岗位；开展“振兴杯”比武活动，形成“赛马选马、万马奔腾”的生动局面。

【党建群团工作】 2022年，江西销售坚持从严从实推进党的政治建设。深入学习领会习近平新时代中国特色社会主义思想、十九届历次全会和党的二十大精神，贯彻落实总书记对中国石油和中国石油相关工作的11次重要指示批示精神，坚定不移做“两个确立”忠诚拥护者、“两个维护”示范引领者。开展“第一议题”学习33次，党委理论中心组学习14次，党的二十大精神专题宣讲121次。强基固本深化基层党建。召开江西销售第三次党代会。将党支部建设融入加油团队建设，下拨党组织经费51.5万元。37个党支部完成换届，新建支部4个。开展党建责任制考评，党组织书记抓基层党建述职评议，扣减3家考核为B档的单位业绩考核得分。发展党员18人，接收预备党员77人，库站党员占比37.5%。开展党员“亮身份、树旗帜、转作风、创佳绩”主题实践活动，发挥党员先锋模范作用。连续三年获集团公司党建工作责任制考核“A档”评价，2篇政研课题分别获集团公司二等、三等奖。高标准建设门户网站和“中油赣之声”微信公众号。签订意识形态责任书22份，及时处理新闻危机事件8起。加强主流媒体的沟通联络，以“公众开放日”为契机，高质量打造“军人驿站”。正风肃纪，加强党风廉政建设和反腐败工作，聚焦“两个维护”强化政治监督，一体推进“三不”机制建设，开展新冠肺炎疫情防控、提质增效、安全生产、依法合规经营管理等专项监督，抓实基层“微腐败”专项治理，有力推动“两个责任”落实落地，标本兼治效果逐步显现。紧盯集团公司巡视审计、四中心提质增效专项督查和江西销售巡察审计发现的问题，做到举一反三、对账销号。到3家分公司开展党内巡察，探索开展巡审结合，发现问题51个，移交各类问题线索8件。凝心聚力和谐发展始终坚持全心全意依靠员工办企业，全年投入慰问资金200余万元。开展员工喜闻乐见的文体活动14次。充分发挥团员青年的生力军和突击队作用，获省级青年文明号1个，集团公司青年文明号2个，省青年岗位能手1个。江西销售团委被评为2022年江西省五四红旗团委。

【扶贫工作】 2022年，江西销售完成姚家乡建作村石油桥和青板乡霞阳村石油桥项目；开展帮扶干部季度述职、驻村干部管理画像、“田园课堂”、捐赠图书等工作；援建横峰“最美民宿”项目，投入资金1000万元；开展横峰中学“旭航助学”项目，投入资金40.5万元；完成消费帮扶1236.94万元，其中采购消费帮扶产品163.17万元，帮助消费帮扶产品1073.77万元。捐赠井冈山小学信息化建设电脑款60万元；吉安等7个地市乡村振兴项目，投入资金56万元。乡村振兴相关工作，收到锦旗3面，在《中国石油报》《石油商报》、江西销售为网、中油赣之声等发表专题报道近二十篇。江西省委组织部、江西省扶贫办对江西销售的考核等次为好，对驻村工作队的考核等次为优秀。

（刘　卉）

中国石油天然气股份有限公司山东销售分公司

【概况】 中国石油天然气股份有限公司山东销售分公司（简称山东销售）是中国石油天然气股份有限公司在山东省设立的全资分公司，主要从事成品油（气）与非油销售业务，2000年成立，本部设在济南。2022年底，山东销售机关本部设职能部室9个，设地市分公司16家，专业分公司2家，控参股公司36家；运营油库5座、库容17.2万立方米；加油站数量993座，占全省加油站总数的10%；用工总量5531人，其中合同化员工101人、市场化员工4408人、外包人员1022人；资产总额102.64亿元。

山东销售主要经营指标

指　标	2022 年	2021 年
成品油销量（万吨）	205.56	219.69
汽油销量（万吨）	99.39	125.13
柴油销量（万吨）	106.17	94.56
加油站总数（座）	993	1020
油库数量（座）	5	6
油库库容（万立方米）	17.2	18.3
纯枪销量（万吨）	149.01	166.35
非油业务收入（亿元）	11.03	12.24
非油业务利润（亿元）	0.49	0.77
吨油费用（元）	795	834
资产总额（亿元）	102.64	98.23
收入（亿元）	186.15	164.83
利润（亿元）	−8.91	−10.23
税费（亿元）	1.13	1.74

【成品油销售】 2022 年，山东销售面对面对新冠肺炎疫情冲击、油价跌宕、需求萎缩、转型加速等严峻复杂形势，认真贯彻“二十四字”营销工作方针，以毛利最大化为原则，坚持事前算赢，全年累计销售成品油 192.4 万吨。坚持向精准营销要效益，深入推进放管服改革，全面优化挂牌优惠，推行群组客户价格区隔，重点客户“一客一价”，全年发放电子卡 81.5 万张，汽柴油价格到位率同比增长 0.24 个百分点和 0.57 个百分点，纯枪相对市场份额提升 1.8 个百分点。坚持向批零一体要效益，精心研判市场商情，准确把握价格走势，全面推进预期营销、趋势营销，全年完成直批销量 43.4 万吨，创效 2270 万元。坚持向客户开发要效益，搭建三级联动客户开发机制，推进异业合作，开展客户价值服务，全年新增高频客户 5703 名，引入异业资源补贴 6400 万元，956100 客户服务成绩和神秘顾客检查成绩保持系统领先，获股份公司销售分公司“客户开发专项先进单位”称号。坚持向资源运作要效益，紧盯港枣管输，挖潜铁路运输，抢发下海资源，持续优化物流，积极协调地方政府办理运输通行证，有效克服疫情管制影响，全年调运油品 207.34 万吨。坚持向多资源运作要效益，兴隆能源积极拓展油品购销渠道，全年销售油品 27.1 万吨，省外销量占比 84%，实现收入 20.5 亿元、毛利 415.4 万元；昆悦能源销售多种紧俏化工产品 2.41 万吨，实现收入 2.14 亿元，毛利 643 万元。

【非油业务】 2022 年，山东销售坚持将非油业务作为公司转型发展的重要方向和抓手，构建“一体两翼、双轮驱动”发展模式，打造非油品牌输出试验区，全年实现非油收入 11.03 亿元、非油毛利 1.37 亿元。着力做强店内，逐站开展店面诊断优化提升，按照 52 周行事历开展美酒节、饮水节、爱车节等多个主题营销活动，活动期间重点品类收入、毛利分别同比增长 25%、29%。着力拓展店外，广泛接触社会资源，找准开发方向，发布昆悦超市运营手册，召开现场会 3 次，打造“全国名优特尽在中石油，全省名优特昆悦全都有”营销品牌，全年开发昆悦超市 1077 家，直营店 112 家。着力做优新品，开发“昆悦”系列新品 6 个，“昆趣”系列新品 8 个，销售昆语炝锅面 11.3 万箱，昆悦酱酒销量突破 8000 箱，全年自有商品销售收入 6692 万元，毛利 1763 万元。着力发展线上，设立“昆悦云仓”，打造品牌直播间，开展社区团购业务，全年线上销售收入 3140 万元，毛利 197 万元。

【网络建设】 2022 年，山东销售开展网络终端优化和新能源项目拓展，全力重塑网建新格局。加快布局新能源，规范新能源立项审批流程，建立月度跟踪评价机制，发布《LNG 及新能源三年行动方案》等指导文件，创立“好客充电”自主充电平台品牌，探索充换电业务可持续发展模式。全年建成光伏发电项目 22 个、并网 19 个，投运数量系统第三，青岛聚贤桥项目作为股份公司销售分公司首座充电及光储充项目实现投运。推进车用加气终端一体化运营整合，注册成立中油燃气（山东）有限公司，完成项目梳理 118 座，现场考察全资项目 20 座，确定首批整合 12 座；开发山东高速服务区新建 LNG 项目 10 座。加快推进“双低”站治理，采取对外招租、转租、退租、关停等多种方式，“一站一策”打通治理渠道，累计召开评审会 28 次，评审项目 173 个，全年治理“双低”站 64 座，降费 2789 万元、减亏 4512 万元。

【提质增效】 2022 年，山东销售坚持将提质增效作为长期战略举措，将亏损治理作为重中之重，采取革命性举措压降成本，取得成效，全年费用总额16.35亿元，同比降费1.98亿元，较预算节约2462万元。艰苦奋斗降成本，推动本部办公楼搬迁，年度综合办公节支2000万元以上；9家地市公司办公楼“减退租”降费560万元；退租公务车辆56台，年降费600万元。资产盘活降成本，创新日照油库废库处置，实现综合收益2000万元；青岛办公楼争取政策提前还款，年降费1800万元。法律维权降成本，解除兰星油库租赁协议，挽回剩余合同期经济损失5000万元，退租中海新能源亏损项目4座，避免剩余租期亏损8100万元。优化生产降成本，上收40项经济业务审批权限，源头堵塞效益出血点；从严从紧压控费用，21个费用科目中15类费用同比减少。

【深化改革】 2022年，山东销售深化改革创新，持续提升企业治理效率、治理水平。专项改革较好收官。国企改革三年行动和对标管理提升行动任务完成率100%；大部制改革压减两级机构38个、二级单位1家，两级本部人员总数减少19.9%；实施“夫妻站”287座，调整优化用工430人；争取有偿解除政策，全口径用工总量优化1015人；严格业绩考核，省公司部室负责人之间、分公司负责人之间绩效薪酬差异分别达29.4%、33.6%。基础管理全面加强。成为集团公司首批法治示范企业创建单位；全年办结法律纠纷案件53件，获经济利益1499万元；签订合同金额超420亿元、无例外事项；制修订制度115项；完成9家单位“一把手”经济责任审计和3个专项审计。股权企业规范建设。健全股权企业法人治理，开展国有产权自查，全年调整董监事147人次，清算股权企业1家。

【风险防控】 2022年，山东销售将防风险摆到突出位置，持续强化各类风险的辨识、化解和隐患治理，实现全年平稳运行。安全环保平稳受控，开展安全生产标准化建设，全年投入资金1897万元、治理隐患108项，QHSE体系量化审核得分连续三年位居股份公司销售分公司前列。质量计量有效把控，加强油品质量全周期监管，严把入库计量关，全年内外部质量抽检合格率100%，超耗索赔油品152吨。合规风险全面防控，成立内部违规处理工作领导小组，开展“合规管理强化年”“四查四提升”等综合治理行动，企业合规管理水平有效提升。廉洁风险有力管控，编制《廉洁风险防控手册》，开展领导干部廉洁谈话，举办“以案说纪”警示教育活动，推动个人事项报告向库站延伸，切实筑牢廉洁防线，营造了风清气正的创业环境。

【企业党建工作】 2022年，山东销售实施党建“五大工程”，落实20项重点举措，重塑党建新格局。政治建设持续加强。出台学习宣传贯彻党的二十大精神实施方案，现场聆听集团公司董事长戴厚良宣讲党的二十大精神，举办“创业二十载、喜迎二十大”系列活动，多措并举推动党的二十大精神在山东销售落地生根；认真抓好总书记重要讲话和对中国石油重要指示批示精神学习贯彻，全年落实“第一议题”36次、学习内容165项。党建质量有力提升。始终坚持党建引领，健全工作机制，理清决策界面，建立了以党委会为核心，投资、预算、考核委员会为支撑的架构体系，公司治理更加完善高效；以大抓基层为导向，锚定“片区+党支部”功能定位，推进基层党建“三基本”建设与“三基”工作有机融合，堡垒先锋作用有力发挥。干部队伍活力激发。规范地市公司领导班子岗位设置，选优配强“一把手”，推进两级公司干部交流任职，建立专家人才序列，班子和队伍结构持续优化，全年提拔任职13人，进一步使用18人，交流任职63人，退出领导岗位10人，年度选人用人满意度由2021年的75%提升至2022年的94.06%；下放地市公司助理权限，实施“青马工程”，人才储备与梯队建设初见成效，全年选聘助理副总师、资深高级主管33人，领导人员平均年龄同比降低1.12岁，为历年招聘的141名大学生定级，稳固了人才发展的基本盘。管党治党从严从实。聚焦“两个维护”“国之大者”强化政治监督，开展违规吃喝专项治理、“反围猎”专项行动，狠抓巡视反馈问题整改，完成党内巡察全覆盖，推进“十个专项”监督，企业政治生态持续向好。群团工作有声有色。广泛开展劳动竞赛，组织各类文体活动，举办山东销售成立20周年汇演，线上观演人数超过5万人，参加集团公司广播体操比赛包揽6个奖项；选派驻村“第一书记”，对接启动“双联共建”，开展扶贫商品助销，塑造了良好企业形象。

（李晓东）

中国石油天然气股份有限公司河南销售分公司

【概况】 中国石油天然气股份有限公司河南销售分公司（简称河南销售）成立于1999年2月，主要从事成品油批发、零售业务以及便利店、润滑油等非油销售业务，承担加油、加气、加氢、充换电综合能源站开发建设及管理等职责。2022年底，机关设职能部门9个、直属机构2个，下辖17个分公司、28个股权企业，在册员工3781人；运营加油站829座，运营油库9座，库容23.9万立方米；资产总额76.41亿元。

2022年，河南销售党委带领广大干部员工，锚定三年扭亏脱困目标，落实“强、变、拓、压、创、促、保”七字方针，深入推进“三大工程”，全力开拓市场、巩固份额，着力提升营销质量，深入推进提质增效，有效防范经营风险，各项业务平稳发展。

2022年，销售成品油238.4万吨，纯枪销量140万吨；非油业务收入8.71亿元，非油业务毛利1.05亿元；营业收入202.02亿元，剔除减值准备及费用化研发支出后净利润-4.73亿元。

河南销售主要经营指标

指　标	2022年	2021年
成品油销量（万吨）	238.4	256.99
汽油销量（万吨）	94.63	132.48
柴油销量（万吨）	143.77	124.51
润滑油销量（万吨）	0.25	0.41
加油站总数（座）	829	842
油库数量（座）	9	9
油库库容（万立方米）	23.9	23.9
纯枪销量（万吨）	140	144.87
非油业务收入（亿元）	8.71	8.17
非油业务利润（亿元）	0.43	0.42
吨油费用（元）	473.52	530
资产总额（亿元）	76.41	69.74
收入（亿元）	202.02	176.36
利润（亿元）	-5.22	-6.81
税费（亿元）	1.45	0.87

【油气销售】 2022年，河南销售面对复杂严峻形势，坚持市场导向、客户至上，提升营销质量。深化一体化营销，以3天为周期动态优化营销政策，吨油营销支出同比下降34元，纯枪价格到位率同比增长0.6个百分点。综合批零销售能力，平衡量效关系，控制汽油销售节奏，把握柴油销售机会，实现直批销售量98.4万吨。发挥一体协同优势，打造营销品牌，“逢10活动日”储值5.1亿元。加大集团客户、规上客户、汽油高频客户开发力度，新开发客户1.3万户，月增销量3万吨。加快电子卡推广，发放73.4万张，计划完成率122%。开展经营团队竞赛，激发销售热情，柴油纯枪同比增长17.4万吨，卡销比同比增加11个百分点。以建行战略合作为突破，拓展合作单位13家，引入营销资源3684万元。

【非油业务】 2022年，河南销售坚持量效并重，着力加强以便利店为核心的业务运营督导和组织，整体谋划品类发展，着力提升毛利率等效率效益指标，坚持做优非油业务。深化昆仑好客运营体系实施应用，组织专门团队开展现场督导服务，强化店面陈列、选品、氛围营造等基础工作，制定便利店团购商品手册，便利店业务收入占比达95%以上。结合顾客52周生活行事历，精心打造5档主题营销活动，实现销售收入1.5亿元。做大线上规模，美团和京东到家上线营业232座门店，拓展途虎养车渠道销售润滑油337万元。加强自有商品运营，推动NFC果汁、茅坛、小蓝罐等代理商品“出省入超”，实现收入2578万元。创新经营思维，探索站外店、店中店运行模式，西亚斯校园Forsmart便利店开业，信阳9站羚锐制药智慧药房投运。

【投资建设】 2022年，河南销售坚持效益为先，着眼未来发展，探索新能源、新技术、新领域。优化网络结构，投运加油站10座，消灭网络空白县。推进与地方政府平台合作，与新乡市政府签订合作协议，首期规划3块建设综合能源站用地。推动站内增设充电设施，投运充电站6座。有序推广光伏应用，投运35个，每瓦投资4.7元，较板块节约10%，内部收益率12%以上，倍于评价标准，发电消纳比在80%以上。紧跟省政府氢走廊规划，完成1座综合能源站前期土地谈判。

【安全环保】 2022年，河南销售紧盯“零事故、零伤亡、零污染”总目标，推进各项工作，实现疫情防控与质量安全环保工作持续平稳受控运行。健全安全生产管理体系，完善安全环保总监综合监管职责，印发7项制度，完善1425项安全生产任务标准。严格失职问责，安全生产记分601人，问责93人。坚持一年两次QHSE管理体系审核，发现问题4687项、整改完成率100%。深化隐患治理，隐患项目电子化台账实现线上线下双闭环，安全生产专项整治三年行动92项任务收官，4个专项治理切实落地。建立汛期“叫应”机制，构建“1+5+N”应急物资储备体系，实现库站3小时应急保障。严格计质量管控，提前3个月完成国Ⅵ B标准油品升级置换，强化“一枪一率”精细管控，加油站油品损耗率下降7.5个万分点。

【企业管理】 2022年，河南销售推进管理提升工程，防范化解重大风险，确保合规稳健经营。成立法治建设（合规）委员会，优化“八个体系”，提升“八种能力”，挂牌股份公司法治示范企业建设。设置“首席合规官”，明确各单位党委书记是合规管理第一责任人，确定专（兼）职合规管理人员29人。以“合规文化宣传月”“法纪教育月”为载体，营造合规氛围，开展普法教育42期，培训4189人次；开展领导干部年度法治知识考试，合格率100%。开展“合规管理强化年”“四查四提升”强管理等专项行动，发现并整改问题642项。坚持依法维权，提起商标侵权诉讼32起，获得赔偿51万元。加大力度处理纠纷案件，结案28个，挽回或避免经济损失2780万元。强化科技创新，修订甲醇快速测定方法企业标准；承接“揭榜挂帅”科技项目，完成库站光伏应用项目数据建模、数字孪生项目业务场景和产品原型设计；加快机器人项目落地，完成独立型加油机器人迭代升级和一体式加油机器人联调测试。

【提质增效】 2022年，河南销售深化全面预算引领，完善“费用+预算+资金”联控机制，商流费总额同比下降17%。聚焦价值创造，建立“1+3”模式的财务价值管理提升体系，在支票自动审核工具推广、财税政策应用节税、资金管理降费增效等方面取得突破性进展。强化算账意识，深化单站核算应用，加油站亏损面同比下降6个百分点。落实“4+1”治理模式，“双低”站摘帽63座。加大闲置资产盘活处置力度，取得资产出租处置收入361万元；开展资产分类评价和账外资产整治，清理低效无效资产1961万元。强化亏损股权企业治理，形成一支队伍、一套方案、一套机制、一套系统、一股合力“五个一”运行机制，6家股权企业实现扭亏。

【队伍建设】 2022年，河南销售推进人才强企工程，持续深化三项制度改革，全面提升人才价值。优化体制机制，在13家二级单位推行模拟法人治理结构，制定区域专职巡视员方案，打造专业化专职董监事队伍。建立非油四级营销经理机制，实现由“发工资”向“挣收入”转变。推动机关瘦身健体，两级机关减少235人。加大优秀年轻干部培养选拔力度，建立涵盖各专业线干部预备队60人，选派8名年轻干部内部挂职锻炼。举办中青年干部培训班和“青马工程”培训班，分别选派19名“85后”和11名“90后”参训，为河南销售发展培养后备力量。畅通“3+1”职业序列转换渠道，选聘高级营销专家和营销专家3名。实施赋能计划，培训党员干部4期，参训6000余人次；推进管理岗位全员取证考试，771人取得专业证书；开展技能等级认定，105人通过鉴定。

【企业党建工作】 2022年，河南销售聚焦全面加强党的建设，引领广大党员干部践行石油精神，切实发挥战斗堡垒作用。以新思想新理念武装头脑，组织“第一议题”、中心组学习24期，学习各类材料170项次。开展主题教育活动，组织“以学习促实干，以实干促扭亏”大讨论，开设“七讲十八谈”专栏，征集意见建议350余条，内网刊发专题报道60余篇。深化分公司党支部与联片团队建设，促进党的建设与生产经营有机融合。加强新闻宣传，围绕抗疫保供、服务“三夏”等主题，在人民网、《河南日报》、凤凰网等媒体刊发报道60余篇，被河南省国资委、工商业联合会和河南日报社联合授予“河南社会责任企业”。选树先进典型，2个集体和2名个人获省级荣誉，3个集体和13名个人受到上级公司表彰奖励。

【社会责任履行】 2022年，河南销售始终坚守“我为祖国献石油”初心，坚定不移服务地方经济发展、保障社会民生。落实定点帮扶工作要求，甄选挂职干部，派出18名驻村干部到9个帮扶村帮扶，助力乡村振兴。制作六部定点帮扶纪录片，在地方电视台轮播，提升品牌形象。依托网络优势，设立定点帮扶产品专区，完成购销207万元、帮销3451万元。加强培训支持，组织定点帮扶县人员参加农民合作社专业技术人才、农产品电商创新营销人才培训，参训人员超万人。开展“旭航助学”活动，资助贫困高中生600人次，奖励高考优秀毕业生109人，发放奖学金、助学金174万元。坚持党建共建，投入20万元对4个共建村开展道路绿化、坑塘治理，切实改善当地人居环境。

（苟凤龙）

中国石油天然气股份有限公司湖南销售分公司

【概况】 中国石油天然气股份有限公司湖南销售分公司（简称湖南销售）2000年6月进入湖南市场，2002年10月正式注册成立，2008年12月上划股份公司管理，主要负责中国石油在湖南地区的成品油、天然气、新能源、非油商品的零售及直批业务。2022年，面对宏观经济下行、市场竞争加剧、油价跌宕起伏、疫情多发散发、能源加速替代等复杂局面与严峻形势，湖南销售以习近平新时代中国特色社会主义思想为指导，深入落实集团公司党组各项决策部署，不断加强党的领导和党的建设，有效应对市场竞争，持续推进改革创新，大力强化企业管理，党的建设和经营管理各项工作取得新进展和新提升。2022年底，湖南销售机关设9个职能部门、1个附属机构，设2个专业分公司（非油分公司和储运分公司）、13个地市分公司、13个控参股公司，布局加油站、加气站、光伏充电站等终端网络675座，有资产型油库6座（含中南地区最大成品油库——长沙油库），租赁油库4座，总库容达60余万立方米，在册员工2892人。

湖南销售主要经营指标

指　标	2022年	2021年
成品油销量（万吨）	230.22	224.23
汽油销量（万吨）	126.86	142.58
柴油销量（万吨）	103.35	81.65
加油站总数（座）	675	674
油库数量（座）	10	15
油库库容（万立方米）	18.05	29.9
纯枪销量（万吨）	156.69	141.14
非油业务收入（亿元）	7.21	5.41
非油业务利润（亿元）	0.65	0.42
吨油费用（元）	440.13	469.24
资产总额（亿元）	85.07	86.5
收入（亿元）	201.5	161.85
利润（亿元）	–2.22	–3.04
税费（亿元）	1.68	1.51

【油气销售】 2022年，湖南销售围绕打赢扭亏脱困攻坚战，打造量效大讨论升级版，着力优化运行模式，推动销售质量不断提升。举办《摆脱贫困》专题学习班，引导领导干部率先解放思想、更新观念，提升素质能力。坚持点面结合、差异化竞争，针对性实施营销策略。整合营销资源，打造4个异业品牌，引入促销资金1850万元。提炼总结三大类12种营销工具包，灵活调整823站次竞争策略，纯枪增幅超主要同行16.8个百分点。加油卡活跃率33.5%，提升10.6个百分点。98号汽油销售增长3.8%，在股份公司销售分公司排名第四。围绕“批零、调销、油非”一体化运行目标，完善经营协调会制度，打造“大营销”运行体系。确定集团公司客户开发名录，开发C类以上客户700余家，销量贡献同比增长148%。聚焦高频客户，网格化摸排车辆，销量超5万吨。开展流失客户召回活动，挽回销量2600吨。推进社群营销，积累企微客户100余万人，带动油品销量近万吨，便利店销售1000万元。以商情监控、快速响应为载体，预判走势、把准节点，直批价格到位率五年来新高。成品油销售230.22万吨，纯枪销售155.69万吨，同比分别增长2.7%和10.3%。

【非油业务】 2022年，湖南销售围绕节令特点、顾客需求，打造牛奶节、饮水节等8档主题促销，自有包装水销售37万箱，获好客饮水节销售竞赛优秀奖。好客咖啡销售同比增长941%，股份公司销售分公司排名第一。黄桃节32天帮销近300万元。用爆款思维强化单品管理，酒类收入3249万元，同比增长109%。开展复合剂专项竞赛和“破零”行动，销售26万余支，同比增长12.8万支。全年培育百万元单品117个、500万元单品17个。引入第三方督导增强店销能力，百万元以上店140座，同比增长20座；200万元以上店81座，同比增长35座。全年化肥收入8095万元、同比增长513%，获评昆仑好客公司2022年度化肥业务昆仑美玉奖。新增汽服站点36座，累计在营汽服站点达181座。常态化开展直播销售，全年线上收入2245万元，同比增长198%。非油店销收入7.17亿元、非油毛利1.36亿元，同比分别增长35.7%和19%。

【加油站管理】 2022年，湖南销售开展现场服务提升百日行动、主题月及专项竞赛，神秘顾客访问覆盖1000余座站次，全流程诊断近6500站次，客户服务水平大幅提高，有效投诉同比减少37起。推进全员接种新冠肺炎疫苗，配发口罩115万余个，全覆盖视频扫站1549库站次，最大限度保障员工身体健康和公司平稳运营。严格落实国家关于安全生产15项硬措施，严密组织安全生产大检查，全面实施领导干部安全环保履职能力计划，严格执行个人安全行动计划和安全承包点工作机制，安全环保形势稳步向好。严格执行质量计量管理要求，有序推进安装油气处理装置，通过中央环保督察。党的二十大维稳信访安保防恐工作获集团公司电报嘉勉。制定《专项整治方案》，建立通报预警机制，总结经验推广委托管理，“双低”站摘帽56座，提前三年完成“十四五”治理目标。实施高销站培育目标责任制，打造高销站35座，同比增加10座，销量提升17%。

【油库管理】 2022年，湖南销售学习宣贯质量计量制度和标准，制定《质量计量专项活动方案》，开展计量员取证培训54人次，衡阳、邵阳油库实现自动计量。采用专业线现场稽查、专人负责视频稽查和手指口述相等方式，实现全方位立体化检查，全年共发现问题237项，问题整改率达99%。开展月度油库实盘和质量计量检查，完成铁路一次物流稽查182车次，水路库一次物流稽查18次，发油密度稽查22库次，油库库存实盘243罐次，铁路油库综合损耗率控制在0.07%以内，水路油库综合损耗率控制在0.13%以内。增强油库安全监管主观能动性，着重加强选商管理和验收管理，提高油库检维修作业的及时性和运行效率。修订油库操作规程，规范油库作业流程，逐库开展操作规程现场评审会，保障油库作业规定动作执行的准确性。开展油库管理提升“三年行动”，进行油库数字化转型、智能化发展、流程化作业，油库现场管理和服务水平不断提升。

【投资建设】 2022年，湖南销售坚持事前算赢，聚焦开发“一主一副”项目，补充开发站点密度小、价格到位率高的市区城区站点。动态梳理调整17座重点项目实施计划，全年立项3座，新开3座，投运3座。推进遗留项目清理、长期停业站盘活、“双低”站治理，聚焦提升资产创效能力。全年实现遗留项目投运1座、重新立项1座、销项处理2座、完成司法诉讼5座，历时19年的华容城东站终审胜诉并收回资产。通过自主挖潜、委托管理、对外出租等方式综合治理，“双低”站数量净减少55座，超额完成全年任务目标。明确以发展光伏业务为主、充换电业务为补充、深入研究加氢业务的转型思路，加快推进项目落地，全年建成新能源站点24座。聚焦关键环节，严控预算工期，注重质量安全，完成永州油库及12座加油站改造，打造库站建设精品工程。

【资源运行】 2022年，湖南销售加强与地方政府、大区公司沟通协调，公司领导带队拜访上游企业，建立运销协同机制，管输资源量35.86万吨，保障重要节点及疫情封控期间油品稳定供应。靠前衔接，精心组织，提前20天完成国ⅥB标准汽油置换升级任务，全年直炼兑现率100%。按照“增自营、稳串换、控租赁”的原则，优化资源入库流向，租赁油库入库量同比减少9.93万吨，节约租赁费800余万元。石化串换资源31.65万吨，节省公路运费1200余万元。发挥长沙油库汽油代储功效，累计入库9.7万吨，节约仓储费388万元。公路吨油运费控制在64.6元。全年仓储物流费用较预算节约1639万元。353油库仓储费下降10元/吨，株洲154油库汽、柴油保管损耗2‰下降至1‰，湘乡155油库柴油保管损耗自2‰下降至0.6‰。

（熊翔宇）

中国石油天然气股份有限公司广西销售分公司

【概况】 中国石油天然气股份有限公司广西销售分公司（简称广西销售）2000年10月组建，2008年12月由西南销售公司上划股份公司管理，主要负责中国石油在广西地区的成品油市场开发、销售以及非油品经营和车用天然气终端销售工作。

2022年底，有9个机关部门、2个直属机构，下辖14家地市分公司，28家控（参）股公司；员工3104人（另有外包966人）；加油站599座（自营520座，参股79座），其中在营594座（自营515座，参股79座）；油库8座，库容40.62万立方米。

资产总额73.5亿元。

2022年，广西销售净利润1.52亿元，实现成品油销量246.02万吨，其中自营纯枪167.67万吨、同比增量4.5万吨；非油业务实现收入8.03亿元、非油毛利1.38亿元，同比分别增长0.66亿元、0.15亿元。

广西销售主要经营指标

指　标	2022年	2021年
成品油销量（万吨）	246.02	286.07
汽油销量（万吨）	93.19	115.08
柴油销量（万吨）	152.83	170.99
润滑油销量（万吨）	0.2	0.42
加油站总数（座）	599	590
油库数量（座）	8	8
油库库容（万立方米）	40.62	40.62
纯枪销量（万吨）	167.67	163.2
非油业务收入（亿元）	8.09	7.43
非油业务利润（亿元）	0.83	0.7
吨油费用（元）	380.41	332.2
资产总额（亿元）	73.77	75.11
收入（亿元）	214.59	199.01
利润（亿元）	1.56	1.02
税费（亿元）	2.19	3.14

【市场营销】 2022年，广西销售不断深化市场规律性认识，聚焦价值创造，加强精益管理，强化成品油进、销、存各环节研判与跟踪管控，完善“事前算赢”营销机制，深入开展批零一体化“穿透式”试点，油非互动、业财融合的营销机制更趋成熟。围绕做大做强零售开展各项工作，逐步建立零售“基本盘”理念，将站点直降优惠控制在最低限度，推广会员日、CRM、持卡暗降等类型优惠方式的应用，实现批零整体毛利9.34亿元，并连续4个月单月破亿元，贺州、梧州、崇左三家分公司零售同比增长16%以上。聚焦客户开发主航道，严密落实客户“网格化”管理责任，不断精细市场细分、企业定位、客户画像，盯紧汽油高频客户，开展了专项开发工作，推进加油站小额配送客户与直批客户相互融合，2022年普查客户5045家，绑定汽油高频客户1.53万人。打通电子券异业合作渠道，与中国平安、中国银联等优质企业开展跨界合作，开发“企业专属卡”客户14家，借助政府部门优质平台，拓展退役军人专属优待加油卡，10座“司机之家”投入运营，服务司乘人员近万人次，迈出构建新发展格局的坚实步伐。

【非油业务】 2022年，广西销售全面聚焦基础、市场、客户，突出效益、做精质量，专注管理、稳步发展，结合52周顾客生活行事历，不断做精“昆仑好客日”“19会员日”促销品牌，以重点品类、大单品为抓手，灵活运用满赠、换购、礼包等营销策略，不间断组织年货节、牛奶节、饮水节等主题营销活动，香烟、奶类、家庭食品同比增加超千万元。以油非互动、合作汽服、整车销售、零配件销售等多种形式，实现汽服业务收入、毛利分别同比增长130%和100%。持续打造“阿米巴”直播团队，开展专场直播148场，实现销售额超1700万元，获昆仑好客第二届购物节直播比赛团体三等奖。狠抓商品运营保供，加快知名商品落地，新增适合门店的热点爆品、国货潮品、网红特色新品1500个，综合贡献率8.6%。统筹制定广西销售自有商品发展规划，深度参与自有商品的上游开发和下游销售，形成涵盖100余个单品的地方特色商品库，销售收入同比增长104%。增强供应链协同能力，针对疫区需求迅速搭建供应商、配送商、地市公司24小时联动响应机制，彰显央企责任。

【仓储调运】 2022年，广西销售始终树牢“大物流”理念，不断提高效益意识、市场意识，精准识别销售供需变化规律，细化库存三级预警机制，超前谋划资源摆布，配置计划完成率100.06%，切实保障上游炼厂资源后路畅通。坚持“油库+油罐+油车”全链条组织运作，加强主动配送实施力度，对148辆承运车辆的系统属性和结构进行优化，开展日监控、月考核管理，单车周转效率提高至2.32次/日，增幅43.21%。坚持“地付+管道+铁路+公路”一体化运作，完成202座加油站运距复测，减少跨区配送，物流运费较预算减少1065万元，同比下降2670万元，管输上量突破100万吨。坚持守住“油库运行受控、员工操作安全、保供服务高效”的油库生产基准线，强化安全环保责任落实，细化完善重大隐患监控台账，排查整改隐患130项，落实HSE体系审核问题整改480项，开展应急演练83次，以实战全面检验油库应急准备和突发事件处置能力。南宁、柳州、桂林油库率先完成达标示范油库创建。强化油库运行管控能力，在精益管理、精细控制上下细功夫，油库周转量同比增长17.98%，周转效率增幅20.78%，人均周转量同比增长18.35%，油库吨油成本下降4.41元/吨，数质量管控能力不断提升，获股份公司销售分公司劳动竞赛损耗管理类流动红旗。

【投资管理】 2022年，广西销售坚持效益优先、精准投资，在股份公司销售分公司投资政策全面调整压缩收紧的情况下，以起拍底价取得柳州北祥沙塘南土地并开工建设，桂林国祥的运通、竹江及铜州石油的北流白马、大伦金田按进度纳入合资公司运营，品牌输出项目试点布局拓展到钦州、贺州、防城港等地市。全年落实投资计划2.56亿元，下达库站改造实施计划197项，共计资金8910万元。梧州玫瑰站、河池城西、马山乐圩站、桂林龙胜双河站等历史项目遗留项目取得积极进展。有序推进新能源业务发展，编制下发《新能源业务规范发展指导意见（试行）》，与国家电投集团广西电力有限公司合作25座加油站光伏发电项目获股份公司销售分公司审批，首座市区集成快速充电站在柳州桂柳加油站投运，广西销售所辖高速公路服务区完成充电设施全覆盖，防城港昌源物流LNG加气站、钦祥那丽二号加油加气站试营业。

【HSE建设与管理】 2022年，广西销售认真贯彻集团公司QHSE工作安排部署，以风险受控为核心，强化红线意识，树牢底线思维，严格落实《新安全生产法》“三管三必须”要求，以QHSE管理体系建设为主线、以推进提升各层级安全环保责任和履职能力为抓手，创新提炼“1234560”管理模式，大刀阔斧重构QHSE管理手册，创新设计QHSE风险清单、职责清单和工作清单“三个清单”履职方式，形成安全、设备、数质量、服务质量“红线50条”负面清单。加强安全环保重大风险防控，开展8座油库大型油气储存基地专项评估工作，落实整改问题35项，顺利迎接重大危险源地市交叉检查。强化特殊敏感时段安全监管，完善安保防恐、新冠肺炎疫情防控、质量计量、经营保供等升级防控目标清单，对重点生产场所、重点工程项目和重点风险领域实施驻场监督、旁站监督和巡回监督，确保库站安全平稳运行。推进安全及设备一体化智能管控平台建设，获集团公司认可。抓牢主非油过程质量管控，主非油抽检合格率100%、销售商品合格率100%，系统顾客回访满意度100%。统筹疫情防控和业务发展，持续强化疫情动态监控，针对“边境疫情、对外业务、办公楼管理”等薄弱环节制定专项提示10余期，更新发布3版《防疫指导手册》，在关键时期守住“零感染”底线。

【合规管理】 2022年，广西销售坚持以制度体系建设为引领，持续推进管理体系融合，结合大部制改革后的职能调整，组织专业线制度对标和制度优化工作，评价制度142个，修订制度16项，编制流程文档276个。深入开展“合规管理强化年”、股份公司销售分公司“四查四提升”强管理行动，认真组织开展“五个任重道远”对照检查交流，细化32个“强管理”整治方案，制定措施92项。深入组织开展重大风险评估，加强投资、合作等项目法律论证工作，在南宁、柳州、桂林、梧州分公司开展聘请顾问律师试点工作，强化合同基础管理，对成品油销售合同、品牌输出合同、合资合作协议等示范文本进行修订，全年累计审查合同1417份，平均审查用时3.76日，为广西销售高质量发展提供坚强合规支撑。

【改革发展】 2022年，广西销售坚持精简高效原则，聚焦业务机构调整和组织体系优化，在本部部门和所属分公司分别实行“9+2”和“4部制”机构模式，成立广西销售纪委驻南宁、桂北、桂东南3个片区纪检组，稳妥推进两级本部管理人员定岗和显性化富余人员下沉基层工作，两级本部共优化人员189人，有效推动广西销售瘦身健体。实行任期制和契约化管理，把好选人用人关，选聘公司助理副总师、安全副总监2人，提拔二级正副职9人、三级正副职33人，“崇尚实干、注重实绩”的用人导向深入人心。推行升油含量工资制度，制定工资总额管理办法，不断丰富考核维度，动态调整4家地市公司、8家股权单位绩效发放比例，拉开各单位收入差距，关键指标与绩效奖金“强挂钩”激励效果有效发挥，激发广大员工勇担当、敢拼搏、争上游的奋斗热情。

【队伍建设】 2022年，广西销售坚持以工程思维推进落实人才强企工程，搭建专业岗位序列，形成结构合理、层次清晰、特色鲜明的专业技术人才布局。依托中油e学平台，搭建全流程数字化管理，积极探索“云上”培训新模式，建设广西销售“八桂e学”企业分院，实现数据共享、门户展示“双统一”，全年开展“每周微课堂”在线直播98场次，学习总人次8538人次，累计学时4120课时，实现云上赋能，云下聚力。以积分制深化职业经理人队伍建设，在2021年度积分评定中，分别有4人、16人、50人评为首席经理、资深经理和高级经理，其中136人实现岗级晋升，占比达29%。加强技能人才队伍建设，制定《高技能人才管理实施细则》，凝聚高技能人才优势，操作技能人才在员工总量中占比达72.18%，林飞成为广西销售首位特级技师。制定技师工作室管理实施方案，依托9个技师（专家）工作室开展一线生产难题攻关，在集团公司第二届一线生产创新大赛中获得三等奖1个。

【企业党建】 2022年，广西销售坚持政治铸魂，学习贯彻习近平新时代中国特色社会主义思想，进一步学习贯彻“两个确立”决定性意义，增强“四个意识”、坚定“四个自信”、做到“两个维护”。压紧压实管党治党主体责任，持续优化健全基层党组织，5家二级单位党委按时换届，2家单位党委按照规范改建为党总支，新成立的52个基层片区党支部。弘扬劳模精神、劳动精神和工匠精神，注重在基层一线抓典型、树样板、立标杆，在重点任务和难题攻关中发现和选树立得住、叫得响、学得来、推得开的基层先进典型，并开展“两优一先”评选工作，表彰优秀共产党员109名，党务工作者21名，先进基层党组织19个。精准稳慎用好“四种形态”，完成党委政治巡察全覆盖任务，推动全面从严治党向基层延伸。认真讲好广西销售故事，融入服务地方发展，高标准办好石油开放日、“温暖回家路”等公益活动，认真开展基层青年先锋巡回宣讲，以新时代先进石油文化铸根育魂，不断增强意识形态领域正能量。

（潘　峰　李凯平）

中石油海南销售有限公司

【概况】 中石油海南销售有限公司（简称海南销售），主要负责海南省内的成品油储运和批零销售、油库（站）开发建设、便利店业务以及充换电、光伏等新能源业务。前身为中国石油天然气股份有限公司海南销售分公司，2004年6月注册登记，2015年6月被批准设立为有限责任公司（法人独资），同年12月完成工商注册并正式更名。2017年8月完成股份多元化改革，成为中国石油天然气股份有限公司（51%）、中海石油炼化有限责任公司（39%）、海南省发展控股有限公司（10%）共同持股的合资公司。2022年底，设有9个机关处室、1个附属机构、4个分公司，管理16家参控股公司，员工649人；运营加油站108座，全资和参股油库各1座，库容6万立方米，资产总额17.15亿元。

2022年，海南销售紧跟中石油海南区域整体布局，锚定建设自贸港特色现代销售企业定位，落实人才强企、提质增效、低成本发展、文化引领“四大战略举措”，在疫情反复、油价高企、库容有限、运作受限等多重考验下，攻坚克难，凝心聚力加速布局转型发展，实现利润总额2.68亿元，上缴税费4.48亿元，跻身2022年度海南省企业100强、服务业企业50强，获“海南省模范劳动关系和谐企业”“第十一届海南省优秀企业”等多项荣誉，选报的“完整准确全面贯彻新发展理念，推动高质量发展实践研究”课题被评定为集团公司优秀研学成果三等奖。

海南销售主要经营指标

指　标	2022年	2021年
成品油销量（万吨）	67.08	69.54
汽油销量（万吨）	33.13	36.30
柴油销量（万吨）	33.95	33.24
加油站总数（座）	108	108
油库数量（座）	2	2
油库库容（万立方米）	6	6
纯枪销量（万吨）	35.02	37.71
非油业务收入（亿元）	2	1.8
非油业务利润（亿元）	0.29	0.25
吨油费用（元）	476.72	488.72
资产总额（亿元）	17.15	17.49
收入（亿元）	57.76	48.8
利润（亿元）	2.68	3.34
税费（亿元）	4.48	4.80

【油气销售】 2022年，海南销售突出市场导向、客户至上，强化一体统筹、数字化赋能，扩销增量，

全年销售成品67.08万吨，其中纯枪销量35.02万吨。一是以客户开发为抓手，实现客户流量向消费流量的转化。推动全员开发，编制客户大普查工作方案，重点强化社会加油站和终端客户开发和维护，扩大客户池规模。全年新增客户1164家，增量6.34万吨，其中终端客户销量同比增长84%，全年岛内直批销量同比增长12.8%。二是数字技术赋能，深化一体营销。整合深圳鲲鹏公司的技术服务和海南邮储银行的支付渠道，增加加油站数字人民币支付结算通道。依托大数据计算及分析能力，集成多种营销方式，精准触达，“零售 + 批直”“销售 + 服务”一体化运作稳步推进。促进大数据业务在加管3.0项目落地实施，拓展洗车服务项目线上付费功能。运用智能营销平台开展客户召回31次，唤醒及引流客户18.8万人次。加大线上推广，App注册客户数从8.3万增至24.03万，电子卡发放数从5.8万张增至22.43万张，企业微信增加新客户16.48万人次。汽油移动支付比例38%、股份公司销售分公司排名第二，线上充值占比66.7%；直批客户上线比例95%，电销比例稳定在98%以上。三是加大异业合作力度。与支付宝、中国平安、邮储银行、建设银行等14家单位合作，开展电子券跨界营销，引入异业资源约1500万元。四是劳动竞赛助力提量增效。以纯枪、非油年度奋斗目标为基准，设置超欠量奖罚兑现指标，创新开展劳动竞赛。“百日攻坚”活动期间，汽油相对市场份额提升至26.8%，App注册用户数月均1.63万人次。

【非油业务】 2022年，海南销售在深挖店销潜力的同时，加快新业务布局，推动非油业务多元化、规模化发展，非油店销收入破2亿元大关，同比增长11%，非油利润同比增长8%。常态化主题促销助力店销挖潜。调动员工开口促销，白酒套餐销售4.5万套，销售收入2650万元。全力打造“米面粮油全年平价购”品牌，增收434万元。充分发挥油卡非润一体化营销，集采完成率150%，店销销量实现逆势增长。多元拓展业务渠道。全年家电销售收入113万元。与中化化肥建立合作机制，打通化肥销售业务流程，增设4个“一面旗”双品牌化肥保供仓库，实现化肥销售零的突破。与海南马自达、海南合群、海南众兴等厂商经销商建立合作关系，取得24个汽车品牌91款车型销售权限，增销超百万元。全面推进洗车网点建设，总数占比过半，超系统内平均水平23个百分点。探索创新自有商品。启动自有品牌开发计划，聘请管干院专家团队，绘制“自有商品开发规划图”，完成“海岛范儿”生椰拿铁瓶装咖啡饮料的开发，已进入量产阶段。推动扶贫大米项目，创建自有品牌大米的生产、加工，推向全系统销售。启动水果全国营销推广，与华油集团、宝石花家园合作打通集团公司内部渠道，水果销售同比增长20%。全年自有商品销售完成率235%。加速推动非油业务转型。与澄迈县政府明确合资合作方向，在仓储物流、简加工、新零售等业务方面达成共识，建立未来“亚洲仓”。对接海南惠饮实业有限公司，完成合资合作框架协议签署，加强线下特渠门店合作。用好乡村振兴政策，与海南中农裕坤公司合资合作开展非油业务。成立中油好客和跨境电商运营团队，落实“好客商城海南试点”专项工作，开展统建系统开发运营、跨境业务商业模式研讨，实现系统内首家上线。私有化订制“中油海购”跨境商城小程序，“双12”当天率先上线运行。打造App、小程序、即时通、企业微信、美团“五位一体”数字化营销新场景，常态化开展线上直播，实现销售320万元。

【加油站管理】 2022年，海南销售开展加油站现场“服务专项提升”等主题活动，完善客服投诉预防机制、明晰投诉处理原则和流程，强化客服系统全过程管理，现场管理各项指标同比提升。组织参与大数据可视化开发培训，培养业务骨干可视化建模和自助分析的能力。数字化技术助力经营管理，推广实施零售数据移动应用，试点上线智能报告平台，发挥数据在经营业务中的价值；实现散装汽油线上销售，打通与公安系统的数据传输壁垒；升级加油机功能，开通语音播报、预约加油；建设智能保险柜动态密码锁、智慧收款系统，规避加油站资金集中管理的运营风险。

【油库管理】 2022年，海南销售成立油库管理团队，对东方油库现有班组及人员进行合理优化，组织马村、东方两库人员交流学习，完善现有规章制度、操作规程，强化双库基础管理，油库运行效率、损耗治理效果进一步巩固提升，全年接卸到港船舶航次同比增长10.3%，人均周转量同比增长26.3%，下海油资源损耗率0.47‰，同比下降0.1个千分点。部署落实应急管理部、属地安全监管部门督导检查和QHSE体系内审及自查隐患问题，整改闭环管理624项，整改率98.1%，剩余12项按计划推进落实中，按要求相应制定安全风险防范措施。针对共性隐患，以点带面、举一反三逐项落实整改，确保两库安全生产受控运行。

【资源运作】 2022年，海南销售在国际局势复杂多变、市场跌宕起伏，受限于资源调运渠道、仓储接卸能力、台风等恶劣天气频繁影响下，坚持效益为先，超前研判市场，抢抓低价资源，全年共调入资源65.23万吨。加强与西北销售、东北销售、广西石化沟通，主动争取有利政策，突破配置资源定价机制，实现资源创效13549万元。通过优化串换资源调配，节约仓储费411万元。落实客存油收费制度，再流通客户客存实现清零。克服库容不足、台风封航及新冠肺炎疫情交通管制等困难，突出重大节假日等重要时点，积极对接资源，加强协调运力，建立多点协调机制，周密保障资源供应。特别是8月海南新冠肺炎疫情暴发，持续近2个月多地区临时封控，司押人员因时空交叉健康码频繁出现异常，与运输公司及各分公司通力协作，合理规划配送路线，制定应急措施，完成疫情期间油站终端资源保供。

【投资建设】 全年正式投运油站3座、完成改扩建3座。邀请规划院编制海南销售“十四五”滚动规划，与海南省重要市县签订战略合作协议，全面开展“政企”合作模式，与澄迈县政府平台公司合作开发综合能源补给站；与海口市江东管理局深入合作，依托“区域总部大楼”建设，在江东打造综合能源补给站标杆；同三亚、儋州、洋浦等政府深入接洽，拟定战略框架，为地区能源补给注入新动力。“企企”合资合作项目逐一落地，与海南交控服务区公司合作成立海南交控石油销售有限公司，首期锁定万洋高速、文琼高速4座综合能源补给站；以“莺歌唱晚”环岛旅游驿站综合能源补给站项目为代表，推进与海控能源合资合作。重点自主开发项目和重点工程建设取得实质进展，完成老城顺风等3座LNG站政府审批；以“车用加气终端一体化”为契机，陆续开发海口白龙北等一批气转油、气转电项目；与融通公司对接，完成4座军产油站实物接收。工程建设项目全面铺开，完成琼海金海、临高市政、儋州东城等一批LNG站建设；以琼海金海LNG站为代表，取得自主办理的第一张燃气经营许可证；海口狮子岭、临高金澜等一批合资合作项目完成建设；以工程数字化为依托，儋州宝岛项目全面启动建设。

【新能源业务】 2022年，海南销售突出统筹规划，加速新能源转型发展。光伏项目应上尽上。按照油站全覆盖思路，推进落实60座建设计划，完成17座光伏站建设，其中自主建设5座、合作建设12座。探索进入充电领域。研究收购海控智慧股权，全面布局重点城市、重点区域换电网点，并积极拓展与充电设施相关增值服务，形成海南环岛充电网络。开发换电业务。针对巡游出租车、网约车换电业务，深入与奥动新能源、上海捷能智电合作，其中与奥动合作的海口保税区自投自建换电项目完成建设；与上海捷能智电将在海口南沙布局换电站。推进加氢示范项目建设。与中远大昌、锋利气体签署协议，构建车辆、气源、运输及加注一体化应用场景。将在琼海博鳌建设第一座橇装式加氢站，依托此项目，有针对性地布局一批加氢示范站，为海南氢能产业发展提供良好示范。稳步推进船燃业务。保税船燃牌照完成政府部门审批，并到上港能源公司交流学习，将与富山集团、昆仑燃气等合作开展保税船燃加注业务。

【基础管理】 2022年，海南销售突出风险防控，全面落实“合规管理强化年”实施方案和“四查四提升”强管理专项行动，深入向管理要效益，制定并实施5方面23项58条提质增效措施，强化全价值链、全经营活动的预算管理。盘活存量资产、优化增量资产，严控非生产性支出，压实控本降费责任，成本费用极限压降。清理核销长期工程款1112万元，全员劳动生产率控制在118.3万元/人，“双低”站治理得到有效改善。专项检查股权企业依法合规经营情况，摸清股权企业管理现状。研究应对中油三沙等违规经营问题，最大限度管控风险。对85名领导干部开展履职能力评估，加强较大安全事故隐患及违章行为考核，问责人员9名，处罚1.46万元。严格全员安全生产记分管理，全年记分51人次，处罚1.44万元。筹建VOCs检测中心，投入203.76万元用于增设检测设备及库站计量基础设施建设。开展三次油气回收治理，完成所属108座运营加油站设备安装投用，并取得政府补贴93.72万元。

【企校合作助力人才强企战略】 2022年，海南销售与海南师范大学签订战略合作协议，推动双方在人才培养、科学研究、拓岗就业、人员培训、产业发展等领域的深入广泛合作，发挥高校育人和企业经济主体作用，实现人才、设备、技术和平台共享，共同搭建产教融合、校企有机联动的合作平台。由此开启海南销售“企业需求+高校服务”的人才培养新模式，利用双休日组织“新业务、新能源、新能力”业务培训，以经营管理人员、地市公司经理和客户经理为重点培养对象，培训1360人次、92学时，着重强化新业务、新能源及营销策划、电子商务等业务能力，加快人才队伍对海南自贸港建设、新能源变革等外在发展形势的适应性，将高校智力资源转化为企业经济增长内生动力，助力海南销售转型发展。

【新冠肺炎疫情防控】 2022年4月、8月，海南省内先后两次突发新冠肺炎疫情。海南销售严格落实“外防输入、内防反弹”和“动态清零”的总要求，打好“疫情防控阻击战”。提升应急防控等级，协调封控期间运行，干部原地带班，强化值班值守，建立全覆盖网格化管理模式，提高预警研判能力，召开53场疫情防控工作领导小组会议，整理疫情简报、日报150余期，严守“工作场所不发生聚集性疫情”的底线目标。加强资源调运储备，启动“稳价保供、战疫油我”专项行动，克服困难保供应、助民生，推出低价生活物资，为酒店、社区住户“送货上门”，为防疫、公务车辆“送油到点”，以实际行动彰显石油精神、大庆精神铁人精神。特别是自8月1日以来，以三亚为主的省内多市县新冠肺炎疫情传播形势严峻，海南销售抽调15名党员干部组成“宝石花”志愿服务队，响应海南省委、海南省国资委征召，奔赴三亚“疫”线，为疫情防控贡献石油力量。

（周继华）

中国石油天然气股份有限公司石油化工研究院

【概况】 中国石油天然气股份有限公司石油化工研究院（简称石化院）是根据集团公司党组和股份公司管理层的决定，于2006年6月在原股份公司炼油化工技术研究中心基础上组建的直属炼化科研机构。本部位于北京，下设兰州、大庆2个研究中心，北京院部设新材料、生物化工和氢能3个研究所，8个研究室、8个职能处室、5个支持服务中心。2019年12月，为适应发展需要，成功注册“中国石油集团石油化工研究院有限公司”，具备独立法人资质。2020年12月，取得博士后工作站资格，2021年4月，被授予“中关村高新技术企业”证书，在炼化高新技术领域的科研能力、科研环境、科研平台等方面得到政府、市场和社会的广泛认可。

截至2022年12月底，石化院共1114名员工，54名教授级高级工程师（正高级职称），672名高级工程师（高级职称），高级职称占比60.32%；硕士以上学历占56.91%，博士占17.15%。设立院士工作室2个。

石化院主要从事炼油化工催化剂和工艺研发，新能源新材料技术研发，合成树脂和合成橡胶等新产品开发，清洁生产技术开发、标准化和质量检测、知识产权与决策支持研究等。建院以来，紧密围绕集团公司炼化业务发展需求，全力推进新技术研发、推广应用、新产品开发等工作，炼油全系列催化剂、化工重点催化剂、清洁生产技术取得突破，形成160项可推广应用技术，累计开发100余个高附加值化工新产品，新技术推广应用到国内外50余家企业170余套工业装置，有效支撑了炼化转型升级和高质量发展。

石化院固定资产原值25亿元。有包括原子级分辨球差校正透射电镜、24通道加氢催化剂制备系统等在内的高水平装置设备1000多台套；合作建设石油石化污染物控制与处理国家重点实验室，石化院设有催化裂化催化剂及制备工艺等5个石化行业重点实验室，清洁燃料等5个集团公司重点实验室，聚烯烃催化剂与工艺工程等5个关键领域实验基地，国家合成橡胶质量监督检验中心等4个国家级技术机构，炼化清洁生产中心等6个集团公司级技术机构，合成树脂检验中心、北京石油产品质量监督检验中心等5个CNAS/CMA双资质认证机构，世界知识产权组织（WIPO）认定“国家技术与创新支持中心（TISC）”。同时，与国内知名高校和科研院所开展合作研究，与炼化企业和工程设计单位构建技术合作联盟，与重点客户建立产品开发战略联盟，广泛开展国际交流，拓展国际业务，加快推进“世界一流石化院”建设进程。

2022年，获集团公司及省部级以上科技奖励12项；获中国专利优秀奖1项，集团公司专利金奖1项、银奖2项、优秀奖2项；获集团公司优秀标准特等奖1项。1人获集团公司突出贡献奖，2人入选中国化工学会会士，引进5名高层次人才，30人入选集团公司青年科技人才。申请PCT国外发明专利42件、中国专利632件；牵头制修订并发布国际标准2项、国行标和团体标准16项。

【科技创新】 2022年，石化院围绕炼化新材料业务发展需求，科技创新支撑引领作用有效发挥。

聚焦关键核心技术，攻克产业发展卡点。高端合成树脂方面，院“1号工程”聚烯烃弹性体（POE）项目取得阶段性进展；在大庆石化开展千吨级1-辛烯技术工业放大，研制耐热型1-辛烯/1-己烯催化剂，提升了工艺稳定性和技术经济性；榆林1-丁烯/1-己烯装置顺利转产1-己烯，在国际上首次实现了在同一装置上灵活切换生产1-丁烯/1-己烯，产品实现外销。高端合成橡胶方面，开发了具有自主知识产权的12万吨/年官能化溶聚丁苯橡胶成套技术，产品可满足新能源汽车轮胎发展需求；羧基丁腈橡胶具备工业试验条件。催化裂解制烯烃关键技术方面，开发的催化裂解（CTP）专用催化剂LPS-67D首次实现工业应用并完成标定；完成独山子石化20万吨/年催化裂解（ECC）工业示范装置改造建设可行性研究报告，具备了工业试验技术基础。高端碳材料方面，开发了催化油浆加氢催化剂，完成40万吨/年催化油浆加氢和30万吨/年高强度低膨胀针状焦工艺数据包编制。

聚焦减油增化增特，加快技术升级换代。加氢技术方面，航空煤油加氢催化剂PHK-102在广东石化120万吨/年装置上一次开车成功，在劣质煤油加氢精制领域实现新的突破；免活化预硫化柴油加氢裂化催化剂PHU-301在玉门炼化首次工业应用，大幅缩短开工时间；开展了渣油加氢催化剂降成本、提性能和清洁化攻关，完成实验室制备；优化升级俄油蜡油加氢精制和加氢裂化催化剂，有效提升深度脱氮和高产重石脑油性能。炼油催化材料及关键载体方面，实现了气相超稳Y分子筛导向剂晶核可控生长，实现了高纯氧化铝小球载体成型制备。

聚焦产业发展，补有机原料技术短板。烯烃方面，碳三加氢催化剂PEC-31在兰州石化实现首次工业应用，实现了C2—C9系列加氢催化剂的全覆盖。聚合单体方面，采用“大兵团作战”模式开展DMN合成技术开发，确定了总体技术路线，开展了催化剂和分离工艺等研究，建立了关键组分分析方法。

聚焦产品高端化，支撑化工新材料发展。合成树脂方面，开发了聚乙烯催化剂PGE-101H和PLE-01，分别在大庆石化、抚顺石化完成高氢调型催化剂首次工业试验和大中空容器聚乙烯专用料第二次优化生产；设计开发出高碳α-烯烃共聚聚乙烯多相流化床等关键核心设备，产出1-辛烯共聚的POF专用树脂中试产品；开发了电容膜聚丙烯助剂灰分及抗氧化性能协同调控技术，在兰州石化完成工业试验；完成高活性茂金属聚丙烯催化剂MPP-S03中试评价，中试产品完成熔喷布加工及水驻极试验。合成橡胶方面，在兰州石化完成宽温域环保丁腈橡胶工业试验，实现产品进口替代；完成低成本长链支化稀土顺丁橡胶稀土催化剂及支化剂开发。新材料方面，完成COC/COP环烯烃催化剂结构筛选与可控聚合工艺优化；聚酰亚胺（PI）、聚对二氧环己酮（PPDO）等实验室研究稳步推进。

聚焦双碳战略，绿色低碳技术开发有序推进。生物航空煤油方面，完成加氢脱氧和异构化催化剂放大制备，开展哈尔滨石化、四川石化装置预可研报告及工艺包编制。低浓度CO_2捕集方面，在格尔木5万吨/年工业装置完成第一阶段工业试验；完成万吨级新型超重力解析反应器详细设计。氢能与储能方面，完成炼化副产氢提纯吸附剂的中试制备和测试；开展了氨分解制氢、电解制氢-合成氨的建模仿真、关键设备选型等；完成了千瓦级固体氧化物燃料电池（SOFC）热电联供系统工艺和结构设计，以及质子交换膜（PEM）燃料电池低铂催化剂和膜电极小试制备。废塑料循环利用方面，开展了废塑料回收裂解动力学和裂解脱氯工艺与机理研究。

聚焦原创性引领性科技攻关，基础性前瞻性研究持续深入。新型催化及分离材料方面，完成MOF膜和有机分子筛膜合成优化研究，开展渗透汽化试验。微尺度分析表征技术方面，在世界上首次为载有正负离子对的团簇建立了质谱分析方法，联合美国普林斯顿大学电镜团队与美国阿贡国家实验室同步辐射光源团队等确定团簇结构，颠覆了传统上对材料生长初期的基础理论认知。分子设计与智能研发技术方面，运用量子化学方法优化了12种茂金属催化剂分子结构。开放创新方面，牵头成立锂电池隔膜材料创新联合体，推进与中国石油工程技术研究院、福州大学，以及常州大学创新联合体建设，全过程参与埃克森美孚等公司国际合作项目，成功承办中国工程院“新材料产业高质量发展”等2个高端论坛，有效利用外部智力促进自主创新。

【技术推广与服务】 2022年，石化院坚持市场导向，技术推广与服务能力稳步提升。

重大项目自主技术供给能力增强。以集团公司重大建设项目为引领，担当支撑当前重任，PHG汽油选择性加氢脱硫技术、航空煤油加氢催化剂、非贵金属碳四馏分选择加氢催化剂、乙烯裂解汽油加氢催化剂和裂解炉烟气脱硝催化剂5项技术在广东石化集中应用，为集团公司重大炼化一体化项目建设作出贡献。

成套技术推广取得突破。全力推进成套技术的开发与应用，5万吨/年1-己烯、12万吨/年溶聚丁苯橡胶成套技术被广西石化选用；3项技术与兰州石化、四川石化等多家炼化企业达成应用意向。

催化剂市场份额扩大。加强市场调研与推广力度，9类催化剂在27套装置推广应用，3类催化剂获境外订单，催化剂销售额创新高。聚乙烯、聚丙烯催化剂在兰州石化等批量应用；新一代镍基裂解汽油一段加氢催化剂在四川石化首次应用；裂解碳五加氢催化剂在浙江石化首次应用。GDS催化汽油加氢催化剂首次替代Prime-G催化剂中标海外炼厂；裂解汽油二段加氢催化剂、催化裂化催化剂再次中标海外炼厂。

技术服务和决策支持能力提升。探索技术服务新模式，签订新产品开发技术许可与服务合同14个，汽油加氢催化剂首次中标呼和浩特石化、玉门炼化再生硫化服务项目。重油四组分自动分析系统在辽阳石化推广应用，乙烯裂解炉模拟优化软件首次实现系统外技术许可。3篇专题报告被中办、国办、国务院国资委采用。

新产品开发力度加大。紧跟市场需求，自主开发高密度双向拉伸聚乙烯薄膜料等15个D类产品，配合企业首次投产中腈特种丁腈橡胶等23个C类产品，持续改进20个B类产品，扩量扩销9个A类产品，累计产量超过40万吨。

【人才队伍建设】 2022年，石化院健全完善生聚理用机制，人才创新活力动力有效激发。

干部队伍结构不断优化。加大后备干部储备力度，建立了以89名优秀年轻干部为主体的后备干部人才库，以及36名培养人为主体的青马人才库；完成7名院领导、65名中层干部任期岗位聘任；完善干部退出机制，优化干部年龄结构。

科技人才队伍不断充实。加强高层次人才培养，2人当选中国化工学会会士；引进5名高层次人才，3名博士后进站；抢抓机遇，申报工程硕士、博士点；新聘任12名首席专家、30名高级专家、68名一级工程师，40岁以下占比接近50%；制定石化院《青年科技人才方案》，30人入选集团公司级青年科技人才，80人入选院级青年科技人才，打造支撑引领创新发展的高精尖人才队伍。

绩效考核和薪酬分配体系不断完善。突出价值导向，首次对石化院一级工程师统一考核，对3类院高层次专业技术岗位设立专项奖励，争取对重要技术岗位实行有吸引力的薪酬，薪酬杠杆导向和激励约束作用凸显。

【平台建设】 2022年，石化院持续推进创新平台建设，科研配套条件更加完善。

实验平台建设迈上新台阶。与中国石油大学（北京）重质油国家重点实验室、南开大学元素有机国家重点实验室签署合作协议。顺利启动百吨级降冰片烯、环烯烃聚合、电子化学品3个中试平台项目，有序推进平推流气相法聚丙烯中试装置建设。

智慧研究院建设取得新进展。完成智慧知识、智慧科研、智慧服务等3个方向13个场景主体开发，实验室信息管理系统全面上线，智慧安全实验室、ELN电子实验记录系统国产化攻关顺利起步。

【基础管理】 2022年，石化院做实做细基础管理，管理效能不断提高。

安全环保承压推进。汲取安全事故教训，制定石化院《安全隐患排查治理专项工作方案》，组织完成第一阶段整改，通过专业机构评估，实现逐步复工复产；开展大反思和教育培训，设立安全环保处，配齐11名安全管理人员，全面强化危化品管理和危害因素辨识，修订完善应急预案和20余项管理制度、1600余份操作规程，安全管理基础有效加强。全面落实新冠肺炎疫情防控要求，全力保障员工身体健康和生命安全。

科技改革走向深入。“人财物”着重支持重点领域。落实科研项目全成本核算要求，修订科研经费管理制度，简化新产品开发立项流程。厘清创新团队管理界面，完善科技奖励制度，加强对基础和储备技术研究等激励，激发创新活力动力。

提质增效纵深开展。围绕“科技创新、成果推广、成本管控、管理运营、风控合规”制定5大类24项106条措施，统筹协调推进目标落实。召开科研生产经营分析会，促进从严管理向精细管理转变。

知识产权管理成效显著。健全知识产权管理体系，在中国石油内部首家实现双认证。“集团公司炼化和新材料知识产权技术支持中心”挂牌运行，开展“中国石油专利质量对标与提升方法”等研究，知识产权保护水平与服务能力提升。

依法合规治院有序推进。编制落实石化院“合规管理强化年”实施方案，一体推进审计、内控、保密、合同管理，建立合规义务、风险、责任清单，制修订规章制度36项，总法律顾问100%参与重要涉法事项决策，风险管控能力不断增强；完成全部55项改革三年行动、26项对标世界一流行动任务，形成43项成果，获集团公司管理创新成果二等奖1项。

【企业党建工作】 2022年，石化院扎实开展党建工作，引领群团共促发展。

全面学习贯彻党的二十大精神。把学习宣贯党的二十大精神作为首要政治任务，石化院班子成员、中心党委、院部党支部以宣讲、培训、“三会一课”和主题党日活动等形式，持续学习贯彻二十大精神，做到全院员工学习培训全覆盖。

深入推进全面从严治党。配合集团公司来院巡视，完成4个方面11类29项巡视反馈问题、10项巡察反馈问题整改；开展廉洁风险点排查，逐级签订党风廉政建设责任书；严格落实中央八项规定精神，持续抓好“四风”纠治，开展“反围猎”专项行动，打造清正廉洁的科研队伍。

规范提升基层党建工作水平。深入开展“转观念、勇担当、强管理、创一流”主题教育，制定《充分发挥党员先锋模范作用的指导意见》、基层党建“三基本”建设和“三基”工作有机融合工作清单，开展岗位练兵，建立党员责任区、示范岗和突击队50余个，基层党支部战斗堡垒和党员先锋模范作用有效发挥。

充分释放团青力量。建立健全党建带团建工作长效机制，实施石化院“青年精神素养提升工程”和“青马工程”。获第一届“创青春”中国青年碳中和创新创业大赛全国金奖1项，集团公司第二届创新大赛青年科技创意比赛一等奖3项、二等奖3项，创历史佳绩。

（韦栋宝）

中石油（上海）新材料研究院有限公司

【概况】 中石油（上海）新材料研究院有限公司（简称上海新材料院）成立于2021年12月，是股份公司全资子公司，在中国（上海）自贸试验区临港新片区注册。上海新材料院定位于科研开发、技术孵化、产业布局、学术交流、技术服务为一体的新型综合性研发机构，是中国石油向综合性国际能源公司转型发展的战略举措，也是中国石油在中国市场经济最为活跃和发达的长三角区域落地起航的一个新起点。上海新材料院以建设世界一流新型研究院为目标，构建“开放、包容、创新、协作”的创新生态，整合集聚全球创新资源，吸纳、集聚海内外高层次科技创新人才，建设没有“围墙”的创新体系，推动产业链、创新链、人才链有效结合，打造科技创新与管理模式的示范、高端国际化人力资源引进与培养的示范、高端国际交流合作的示范。2022年，上海新材料院围绕国家重大战略需求和中国石油产业规划布局，聚焦医用高分子材料、高端碳材料、新能源材料、电子信息材料、弹性体材料等化工新材料领域，开展关键核心技术攻关，打造科技成果、项目、企业、人才“孵化器”。

【治理体系建设】 2022年，上海新材料院深入研究《华为基本法》，调研市场上新型研发机构、同类型企业的章程和内控管理制度，组织章程起草工作专班，对事关上海院未来命运、定位作用、发展效率等核心问题的公司章程进行顶层设计和编撰起草，按照“章程＋章程实施细则”思路编制。其中，《章程》共10章58条，规范公司组织和行为，维护公司、出资人和债权人合法权益。《章程实施细则》6章35条，核心是建立“一管控五授权一报备”新机制。“一管控”指由股份公司管控，管理委员会代股份公司行使部分股东权力；“五授权”指股份公司在预算、科研、投融、人事、财务五大方面赋予授权内的自主管理；“一报备”指管理委员会决策后，向股份公司相关部门报备。与集团公司总部相关部门对接汇报，按照集团公司总部法律和企改部等部门反馈意见，修改完善公司章程，已经正式行文上报股份公司。

【“十四五”及中长期发展规划编制】 2022年，上海新材料院为超前部署、科学谋划“十四五”及2030年发展，加快推进科技、人才、基本建设等各项重点工作，按照集团公司统一部署，开展《“十四五”及中长期发展规划》（简称发展规划）的编制工作。《发展规划》于5月下旬向管理委员会、科技部、炼化新材料公司作专题汇报和书面征求意见，并被审批同意。《发展规划》分为科技规划、人才规划、建设规划3个部分。科技规划，主要围绕高端聚烯烃、高性能合成橡胶、特种纤维、新能源材料等7个领域，按照开发一批、储备一批、探索一批的思路布局28种新材料，优选出“十四五”重点攻关方向。人才规划，到“十四五”末形成一支总量适度、结构合理、素质优异、富有创新活力的人才队伍，构建“生聚理用”人才发展全链条闭环体系，规模总计200—300人，其中科技人才180—270人。建设规划，到2022年底前完成租赁办公场地、实验场地的建设并进驻，满足上海院科研工作快速启动需求。2022年10月，租赁的办公场地完成装修并进驻。2022年12月，租赁的试验场地完成装修；2023年2月，进驻开展实验。同步推进技术研发中心土地购置及智能化楼宇建设，力争2024年下半年建成投用。

【组织体系建设】 2022年，上海新材料院立足当下，精简高效，构建组织机构体系。初步建立以研发中心为主体，支持中心与合作中心为支撑的“三位一体”组织架构管理模式。研发中心实行“项目制”管理，形成专业人才各司其职、科研人员“零负担”的项目管理运行机制，充分激发科研人员创新动力；针对不同的研究方向，分别设置了工程塑料项目部、高端合成树脂项目部、高端弹性体项目部、高端碳材料项目部、新能源材料项目部及工艺开发部。合作中心整合双方优势，创建共同开展研发工作的创新平台，实现技术交流和联合研发、吸引人才和培养人才目的。支持中心实行综合支持管理，将政策调研、孵化转化、内控管理、党建人资、条件保障、科技管理、项目管理、技术合作、财务管理、法律事务及知识产权等工作统一归口综合支持平台，负责支撑和协同研发中心运作，其中部分人事、财务、法务的工作业务外包。

加强合规性工作，梳理上海新材料院运营发展制度清单，建立健全上海新材料院管理制度，完成《科技项目管理办法》《市场化招聘实施办法》等20项基本管理制度的制定和发布，管理流程和制度体系初步建立，为各项工作的合规管理打好基础。完成律师事务所和知识产权事务所备选单位调查及询比价，聘请锦天城律师事务所、上海科盛知识产权代理公司分别为法律服务机构和知识产权服务机构，确保上海新材料院合规经营。

【人才体系建设】 2022年，上海新材料院聚焦目标导向，精准靶向人才，加快推进团队建设。通过集团公司、中国国际技术智力合作集团有限公司、国投人力资源服务有限公司等网站发布高层次人才岗位需求，委托多家猎头公司，实现多方面招聘、全方位引才。2022年12月，党委书记、院长、成果与市场副院长、技术研发副院长等4位院级高级管理层正常履职；科技管理、成果转化、人资党建、财务管理、法务内控、条件保障等6位核心管理人员全部到位并在上海临港开展工作；完成首批31名科研人员选聘程序，确定拟聘人选15名，分批次开展谈薪工作，2022年12月，完成6名候选人谈薪，签订入职协议，12月科研人员已到岗开展工作；按照集团公司2022年高校毕业生秋季招聘工作要求，上海院综合考虑建设进展、业务布局、人才队伍建设规划等实际，编制秋季招聘工作方案，指标共计20人，招聘平台共报名硕士博士643人，完成20名高校毕业生双方协议签订和32名递补学生确定。经过一年的招募选聘，上海院从成立之时的1人公司，快速组建形成一个完备的管理与科研创新团队。

【科研体系建设】 2022年，上海新材料院提高科研效率，搭建高效科研管理体系和快速立项流程。在集团公司科技部及炼化新材料公司支持下，按照“三新三化”原则，探索简化立项流程、“科研经费包干制”等科研管理机制，加快推进科技开发和成果转化。根据科技部的要求，在“医用级环烯烃聚合物制备及加工技术开发”项目先行试行经费包干制，已完成上海院经费包干制管理办法初稿，经过专家审查修订完善，报送总部科技部备案。在炼化新材料公司支持下，梳理搭建快速科研立项流程，精简立项环节、缩短立项流程、提升科研效率。

【战略合作】 2022年，上海新材料院参与“中国石油—上海市人民政府战略合作协议”制定，推进上海院与在沪高校和企业密切开展产学研合作，充分发挥协同创新优势，加快推进新材料技术孵化与转化。2022年5月12日，签署“中国石油—华东理工大学战略合作协议”，充分发挥双方产学研用优势，强化企业与高校协同创新，促进产业链创新链深度融合。与昆仑资本开展战略合作，探讨制定战略合作协议，基于双方的科技和金融的能力，整合集团公司的“产用”实力，共同打造一体化的“研融产用”平台与品牌，促进双方在金融科技领域的共同发展和长期共赢。在管理委员会的领导下，编制“中国石油—华东理工大学新材料联合研发中心”合作协议和建设方案，双方经过5次深入对接，就项目合作、人才招聘及共同培养、共建实验室建设等事项初步达成合作意见；在LCP液晶聚合物、TPEE聚酯弹性体开发方面达成合作意向，纳入2023年项目开发计划。

【基建工作】 2022年，上海新材料院建院以来，基本建设工作主要围绕上海院技术研发中心选址筹建，临时办公、实验场地租赁装修等方面展开。研发中心已完成建设地块选址，位于上海临港新片区103区域顶尖科学家社区。上海院已完成与临港管委会签订《投资协议书》并根据临港管委会要求，提交购地所需的方案设计文本。8月20日，完成《中石油上海院技术研发中心可行性研究报告》编制。9月20日，发展计划部委托北京中陆咨询公司对可行性研究报告进行评审，按照专家及发展计划部的意见完成修改，增加智能化楼宇建设模块。12月9日，提交董事会授权决策会审议通过。12月22日，股份公司正式下达可研批复文件，上海院根据可研批复，加快推进后续建设工作。为落实董事长“边建设、边运营”的要求，在临港新片区数字大厦租赁1300平方米作为办公场地。10月初，完成办公室装修及办公家具、设备配置。10月17日，上海院建设团队及上海院技术研发中心项目管理承包商（PMC）团队共计20余人正式入驻，全面投入上海院的科研、建设工作。在临港新片区新侨园产业区租赁2200平方米作为实验场地，已投入使用，有序推进实验室所需仪器设备的招标、采购工作，其中橡胶、聚烯烃等研发领域的仪器设备已经完成采购到货。

【企业党建工作】 2022年，上海院时刻强化党的建设，充分发挥引领作用。在建设过程中同步落实党建工作，加强政治引领，指导创新实践。建院之初，成立了党的组织——上海院临时党支部，发挥好党的政治引领作用，做到业务工作开展到哪里，党的建设就延伸到哪里，确保党建工作和业务工作同谋划、同部署、同推动。在上海院建设过程中，发挥党组织“把方向、管大局、保落实”的作用，制定“三重一大”审议事项清单，切实提升政治保障作用，把党建工作和科研工作、业务工作深度融合，引领上海院建设发展。充分运用好“三会一课”这一有效载体，上海院临时党支部定期召开党员大会、支部委员会，给员工讲党课，开展“第一议题”学习，加强党员教育。党的二十大召开期间，组织全体党员干部观看“奋斗新的伟业”二十大专题视频，开展二十大报告知识竞赛，多措并举掀起学习热潮并对学习成果沟通交流、总结，相互学习，把学习贯彻二十大精神同谋划上海院的工作紧密结合起来，立足科研工作实际逐项细化落实，推进高水平科技自立自强，完成上海院年度工作目标任务。

（何良好）

支持服务板块

中国石油管道局工程有限公司

【概况】 中国石油管道局工程有限公司（简称管道局，英文缩写CPP）是中国能源储运领域的专业化公司，发端于1970年大庆—抚顺原油管道工程会战（史称“八三”工程），1973年4月16日正式成立。1999年，集团公司将输油气业务剥离，重组设立中国石油管道公司，管道局被集团公司定位为油气储运工程建设专业化公司。2016年，管道局实施主辅分离，主业部分随中油工程整体上市。未上市部分名称为中国石油天然气管道局有限公司。

管道局是行业领军的工程承包商。拥有石油化工施工总承包特级、海洋工程专业承包一级、市政公用工程总承包一级资质，拥有15个系列、139项核心技术，承担中国4条能源战略通道70%以上的综合工作量，累计建设国内外长输油气管道超过12万千米、海洋管道近500千米；承担中国石油长庆、青海、塔里木、大港、华北等油气田地面工程服务保障任务；设计建设中国石油第一座大型地下水封原油储库，建成各类原油和成品油储罐2800万立方米；设计或建设湖北黄冈、天津南港、广东潮州、中交营口等LNG储配站、接收站；设计建设国内管径最大、压力最高、输量最大的河南济源—洛阳氢气管道；有20余年市政工程建设经验。建设的中亚天然气管道工程、中缅天然气管道工程（境外段）、中俄东线天然气管道工程（黑河—长岭）获国家优质工程金奖，兰州—银川输气管道等17项工程获国家优质工程奖；中缅天然气管道工程（境外段）、北京燕山石化30万吨乙烯改扩建工程获中国建设工程鲁班奖，中亚天然气管道工程获中国土木工程詹天佑奖。“十三五”以来，57项工程获省部级以上荣誉。

管道局是行业优选的综合服务商。构建了能源储运工程从规划、科研、咨询、勘察、设计、采办、施工、通信、自动化、机械制造到投产运营、维修抢修、技术服务保障的全产业链全生命周期的建设管理能力，经营足迹遍及全球50多个国家和地区，为70余家国内外能源公司提供服务。有油气管道工程勘察设计咨询综合甲级设计院、油气管道科学技术研究院，以及行业唯一的油气管道输送安全国家工程研究中心，具备陆上和海洋管道、大型油气储库全生命周期设计建设能力；掌握油气田地面集输和炼化装置设计安装、管道通信及自动化控制系统设计安装，以及LNG净化、液化、储存、接收站设计建设核心技术；在氢能制储运销、超临界二氧化碳输送等新能源新业务领域研发形成22项专项技术；自主研发CPP900全自动焊技术装备、管道数字孪生体平台、管道光纤预警系统、国产SCADA软件系统，填补多项国内技术空白；具备全自动焊、全自动超声检测、智能型快开盲板、管道承压设备、工业加热炉等装备规模化制造能力。“十三五”以来，获省部级以上科技奖励28项，授权专利681件，参编国际标准2项，主编国家标准32项、行业标准103项、中国石油企业标准110余项。

管道局是行业认可的投资运营商。有50年管道运营管理经验，油气储运安全专业研究所，以及通信、维抢修、检测、防腐等7支专业化技术服务队伍，廊坊抢险中心是国内唯一的油气管道国际救援队；有亚洲最大的检测数据分析中心和管道智能检测器测试中心，自主研发原油管道加热输送等管道运行技术，制定油气管道运营技术规范，具备油气管道、储库、LNG接收站/液化工厂、单点系泊等各类储运设施运营管理能力，承担国家石油储备库运营任务，运行各类管道总里程3万余千米。创新服务模式，以“投建营一体化”方式建设揭阳天然气管道等项目，以“EPC+运营”方式承揽泰国北部成品油管线、孟加拉单点系泊及双管线等多项海外工程，努力为客户创造更大价值。

2022年底，管道局有机构45个，包括9个机关职能部门、6个直属机构，30个二级单位（其中参股单位1个）。管道局上市部分和未上市部分是一套总部机关。员工总数21638人，其中合同化员工13894人、市场化员工7744人，另有劳务派遣用工1985人。本科及以上学历11266人，占比52%；中高级职称人员8961人，占比65%。国家级勘察设计大师、管道局首席专家1人，行业勘察设计大师5人，集团公司技能大师1人，集团公司技能专家14人，享受政府特殊津贴人才6人，各类专业技术人才7568人。

2022年，管道局坚持以习近平新时代中国特色社会主义思想为指导，贯彻新发展理念，融入新发展格局，大力弘扬大庆精神铁人精神和管道优良传统，明确“1234·10445”新时期总体发展战略。即“1”是锚定一个目标：建设世界一流能源储运公司。“2”是坚持两轮驱动：管理驱动和科技驱动。“3”是打造三商平台：工程承包商、综合服务商、投资运营商。“4”是实施四大战略：创新战略、市场战略、国际化战略、绿色低碳战略。“10”是发展十大主营业务：陆上管道、油气田地面工程、技术服务、新能源、油气储库、LNG、涉海涉船、油气运营、智能制造、市政工程。“4”是推进市场“四化”：业主多元化、模式多样化、领域高端化、策略个性化。“4”是实施四大工程：党建护航、人才强企、管理提升、文化铸魂。“5”是强化五大保障：加强党的领导、持续深化改革、维护安全稳定、坚持依法合规、营造良好氛围。管道局新签合同额307亿元，经营收入220亿元，利润总额0.88亿元，上缴税费4.31亿元，资产总额418.53亿元，大型施工设备3719台套，设备新度系数0.12。

管道局主要生产经营指标（上市业务）

亿元

指　标	2022年	2021年
新签合同额	307	309
经营收入	220	210
利润总额	0.88	0.03
税费	4.31	4.44

【市场开发】 2022年，管道局全年新签市场合同额307亿元，其中国内、系统外分别占比63%、81%，签约项目数量同比增长38%；超额完成提质增效奋斗目标。国内，签约油气田地面建设、西藏销售725扩容改造、昆仑能源天然气支线等系统内工程，合同额54亿元；中标西三中、西四线、双台子储气库双向输气管道等国家管网集团项目，合同额68亿元；承揽神木—安平煤层气管道（陕西—山西段）、冀中管网四期EPC、秦皇岛—丰南沿海输气管道等地方市场工程，合同额70亿元。国际，签约尼日利亚AKK天然气管道、伊拉克鲁迈拉油田综合施工服务、泰国邦巴功至南曼谷发电厂天然气管道及第七天然气处理厂互联管道等项目，合同额114亿元。

【工程项目】 2022年，管道局承担工程项目1154个，其中重点工程项目141个。安装陆上管道2561千米、海洋管道133千米、储罐215万立方米、油气田地面井口2285座，运营管道1.8万千米、站场阀室428座、储库20座，在役管道检测2.3万千米，储罐清洗224万立方米，封堵51次，抢修17次。青藏管道、揭阳地上库、中俄东线南段、泰国东北部成品油管道等32个项目顺利建成或投产，楚雄地下洞库、尼日尔二期一体化等项目按计划稳步推进。新能源新业务初具规模，已建和在建项目合同额超过5亿元。尼贝管道项目获评2022年国际工程数字化最佳技术创新实践案例。

【改革调整】 2022年，管道局全面完成改革三年行动7方面75项目标任务。6家分公司建立模拟法人治理结构，纳入应建范围的子企业全部设立董事会。整合两家国际业务单位，成立中东地区公司、东南亚地区公司。全年累计压减二级、三级机构116个、压减率15%，压减二级、三级领导人员职数355人、压减率12%。全年累计减员843人，优化置换787名劳务派遣用工，一线管理、技术、高技术含量操作岗用工占比提高至90.4%。中国石油天然气管道工程有限公司“科改示范行动”取得进展，智能管道合资公司正式成立。完成法人单位压减、全民所有制和厂办大集体企业改革目标。规范开展重大事项法律论证，山西燃产等62个案件纠纷圆满解决，收回工程款3.8亿元。管道局连续四年获评集团公司法治建设A类企业。

【提质增效】 2022年，管道局贯彻“四精”要求，落实“五提质、五增效”10大措施，全年增效6亿元。按照“六个精准治理”工作要求，制订亏损企业扭亏方案，“一企一策”，华油工建公司、辽宁金龙房开公司、沈阳国际饭店扭亏为盈，管道局未上市实现减亏。持续压控“三金”余额，开展工程项目结算清理专项行动，全年累计清理项目158个、结算金额17.9亿元。聚焦中俄东线南段、尼贝管道等重点工程，通过优化设计施工方案、合理配置资源等方式，压降成本费用1.8亿元。利用新冠肺炎疫情税费优惠政策，减免各类费用1.3亿元。关闭2家法人单位，关闭注销或转让4家厂办大集体企业。

【科技创新】 2022年，管道局开展科研课题135项，获授权专利46件，获河北省技术发明二等奖1项、江苏省科学技术进步奖三等奖1项，承担的集团公司年度科技项目考评均为优秀。完善科技创新体系，新增压力管道元件、新能源技术、油气储备技术3个研究分中心，构建“1+11+10”科技创新体系。升级山地全自动焊施工配套技术，施工效率较组合自动焊提高2倍、合格率提高15%。攻克陆对海定向钻穿越、大深度后挖沟穿越航道等世界性难题，掌握单点系泊系统设计安装技术。自主研发的超高清漏磁复合内检测器，采集信息量扩大15倍以上，填补国内空白，达到国际先进水平，在陕京三线、中缅管道成功应用。推广自主研发的CPP900自动焊系列装备、DR检测设备、漏磁检测器等科技成果24项，累计实现合同额3.4亿元，创效5000余万元。提升信息化数字化管理水平，推进北斗导航能源安全生产综合监管系统项目，完成平台及业务应用开发17套、接入15家试点单位，初步构建集团公司自主可控的北斗时空信息服务体系。开发具有自主知识产权的Wis系列产品，保证管道数据安全，在中俄东线、尼贝管道等项目成功应用。加强标准管理，制修订国标5项、行标13项、集团企标6项，主编的氢气输送管道工程设计规范、氢气输送管道施工技术规范等2项标准，填补了国内空白。

【健康安全环保】 2022年，管道局落实“十五条硬措施”，开展安全生产大检查，全面排查安全风险和问题隐患，累计检查项目1632次、作业现场3101次，保持安全生产平稳态势。审核二级单位32个、基层单位和作业现场167个，发现并整改问题1180个。分级建立“两清单一台账”，严格执行“挂图作战”、作业许可、安全目视化、现场准入证管理等风险管理要求。发挥“四级”监督网络作用，加强“四不两直”抽查、视频巡查和“回头看”，狠抓“低老坏”升级问责，累计发现问题8742项，问责4268人次、经济处罚67万元。持续深化基层站队HSE标准化建设，累计完成276个基层站队HSE标准化建设和验收、完成率100%，CPP316机组获集团公司级HSE标准化建设示范站队。修订QC小组管理办法，55项QC成果、11个质量信得过班组获省部级及以上奖励。青藏管道公司通过集团公司健康企业试点验收。妥善应对哈萨克斯坦、斯里兰卡、尼日利亚等国际社会安全突发事件。

【企业党建工作】 2022年，管道局落实“第一议题”制度，召开党委会、领导班子工作例会、党委中心组学习会110次，深入学习宣传贯彻党的二十大精神，落实学习贯彻习近平总书记重要指示批示精神10项措施，开展系列主题活动，制订学习宣贯方案，拟定30项具体任务，两级党委带头开展“大学习、大宣传、大落实”，掀起学习宣贯热潮。动态优化党组织设置，坚持党支部达标晋级和支部书记持证上岗动态管理，全方位考核党建工作责任制落实情况，党委书记述职评议实现全覆盖。推进基层党建“三基本”建设与“三基”工作有机融合，编制项目党建标准化工作手册、项目党建目视化指导手册。全面实施人才强企工程，健全完善选人用人机制，全年充实调整领导人员 131 人，加大优秀年轻干部培养选拔力度，新提拔干部中“80 后”占 33%。持续完善人才成长通道及配套政策，1 人获评管道局首席专家，16 人分获管道局高级专家、一级工程师（骨干专家），1 人获评全国技术能手，15 人获评集团公司技能专家，32 人分获管道局技能专家、首席技师。管道局获批集团公司河北地区技能人才认定中心。在新华社、央视等主流媒体刊发一系列反映企业改革发展成果的宣传报道，在中国石油海外推特和脸书积极发声，扩大品牌影响。完善企业文化体系，开展“知理念、付行动、融管理、见实效”文化引领专项工作，文化向心力凝聚力不断增强。严肃处理专案 42 名涉案人员，以典型案例为镜鉴开展警示教育，健全完善制度机制，强化内部巡察和专项检查，大力正风肃纪。

【山地智能柔性自动焊装备应用成功】 2022 年 10 月 20 日，管道局应用自主研发的山地智能柔性内焊机、双跟踪双焊炬外自动焊机和山地运布管吊装组对设备，采用山地全自动焊新工艺，完成西三中枣阳—仙桃段三标段最大陡坡（220 米、坡度 30°）焊接施工。至此，该标段山区陡坡段施工全部完成，累计焊接 5.6 千米、465 道口，管径 1219 毫米，最大纵向坡度 30°、最大水平转角 57°。较组合自动焊工艺工效提高 2—3 倍，合格率由 82% 提高到 97.89%，实现了大口径长输管道山地焊接施工不留断点的新突破。

2022 年 10 月 20 日，山地智能柔性自动焊装备现场应用成功（张帅　摄）

【定向钻穿越创世界纪录】 2022 年 11 月 7 日，管道局承建的双台子储气库绕阳河定向钻穿越工程历时 70 余个小时实现一次性回拖成功，工程自 2022 年 7 月 18 日开钻，主管穿越长度 2293 米，管径 1219 毫米，创造了世界大管径（D1219 毫米）穿越距离最长的定向钻穿越新纪录。

2022 年 11 月 7 日，双台子储气库定向钻穿越成功（慕明健　摄）

（赵利杰）

中国石油工程建设有限公司

【概况】 中国石油工程建设有限公司（简称工程建设公司，英文缩写 CPECC）成立于 1980 年，注册地点为北京市西城区，是以原中国石油工程建设公司和原中国石油集团工程设计有限责任公司为基础，整合油气田地面工程设计和施工业务组建的以陆上石油天然气上游工程前期设计咨询、工程承包、装备制造和运营维护为主营业务，发展海洋石油天然气工程、液化天然气工程、非常规油气工程和非油能源工程业务的专业化公司。

工程建设公司曾连续 24 年入选美国工程新闻纪录（ENR）全球最大 250 家国际承包商排名，是连续入围次数最多的中国承包商，最好成绩第 27 位。工程建设公司连续 14 年获“对外承包工程 AAA 级信用企业”。获省部级及以上奖励 749 项。其中：国家级科学技术进步奖 6 项、中国建设工程鲁班奖 6 项、勘察设计奖 38 项、国家“百项经典暨精品工程”3 项、优质工程奖 129 项；省部级科技进步奖 316 项、勘察设计奖 721 项。获“全国五一劳动奖状”。连续 4 年保持集团公司国际社会安全五维绩效考核“卓越级”。2022 年，获集团公司先进集体和生产经营先进单位。

2022 年底，工程建设公司各类用工共计 32058 人，其中中方自有用工 25378 人、外籍雇员 6680 人。中方自有用工中管理和专业技术人员 9407 人。其中：本科及以上学历人员 7428 人，占比 79%；中、高级职称人员 7475 人，占比 79.5%；拥有享受政府津贴专家 8 人，行业级勘察设计大师 10 人，集团公司技能专家 11 人，全国技术能手 23 人。

2022 年，工程建设公司新签合同额 326 亿元、营业收入 398 亿元，为近 5 年最高。全面超额完成业绩指标，排名集团公司工程建设企业首位。

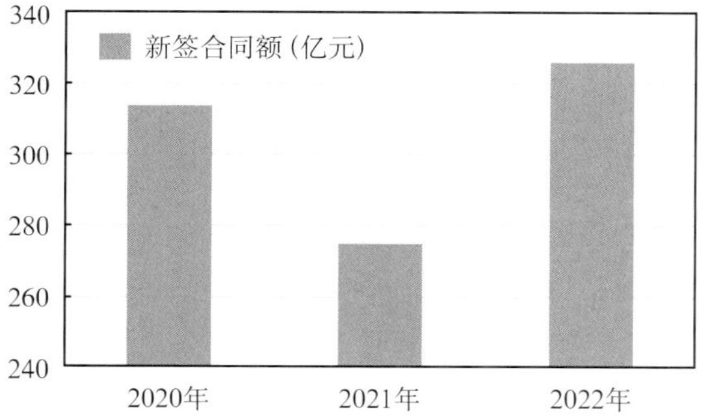

2020 年、2021 年、2022 年工程建设公司新签合同额对比图

【市场开发】 2022 年，工程建设公司新签合同额同比增长 6.9%，完成率 127.84%；系统外占比 60%，同比增长 43.4%；海外新签合同额系统外同比增长一倍。国内，签约神木气田、巴彦油田、新疆油田 CCUS（Carbon Capture，Utilization and Storage 二氧化碳捕获、利用与封存）等项目。承揽新疆零散气回收 LNG 处理项目。获山东省“一号工程”——裕龙岛炼化项目、宁波大榭石化炼化一体化等项目。海外，签约伊拉克西古尔纳 -1 油田原油处理列、鲁迈拉 MQNT 原油处理和祖拜尔 HM 新增压气站 EPF 项目。获首个高端市场前期咨询服务项目——阿布扎比西东战略管道、伊拉克纳西里耶天然气处理厂和九区块原油处理设施详细设计等咨询设计合同。与海洋石油工程股份有限公司合作，承揽乌干达翠鸟 Kingfisher 油田 EPC 工程。新能源新业务，新签合同额 32 亿元，占比 9.8%，同比增长 113.8%。承揽新疆和田河、塔西南和青海天然气综合利用项目，获吉林油田、玉门油田、新疆油田、冀东油田、华北油田、西南油气田风电光伏及阿联酋迪拜 950 兆瓦光热光伏电站安装工程。获壳牌两个绿氢制取和加注前期咨询合同。签约佛山佳利达 1 万吨燃煤烟气二氧化碳捕集与碳铵固碳示范工程和中国海油燃气发电升级 CCUS 项目。

【工程项目】 2022 年，工程建设公司执行项目 5382 个，完工 2648 个；其中重点项目 98 个，投产 37 个。获国家级 QC 成果 4 项，省部级 QC 成果 49 项，创历年之最。国内，建成全球单套处理能力最大芳烃、国内同类最大单体烷基化等重点装置。工程建设公司西南分公司总承包、工程建设公司四川油建公司和中国石油第七建设公司承建的神木气田佳县区块南区产能建设地面骨架工程顺利投产，创造“当年开工、当年投产”大型整装气田建设奇迹；国家重点工程新疆塔西南和青海天然气综合利用项目顺利投产；国内首个气田伴生地热发电项目磨溪 X210 井并网发电。工程建设公司北京分公司总承包的国内印染行业首个 CCUS 示范项目佛山佳利达项目生产出合格干冰。中国石油第一建设公司承建的国家石化产业基地重点项目——盛虹炼化一体化项目按期中交。工程建设公司中油（新疆）工程公司设计的塔中沙漠公路零碳示范工程正式投产。中国石油第一建设公司、工程建设公司中油（新疆）工程公司、工程建设公司四川油建公司参建的西气东输四线工程入选 2022 年度央企十大超级工程。工程建设公司华北分公司承建的国内首座陆上 LNG 薄膜罐河间 LNG 调峰储备库项目一次投产成功。工程建设公司四川油建公司承建的塔里木油田玉科哈一联项目顺利投产。中国—俄罗斯东线南段及 5 个集团公司炼化大检修项目完成。海外，伊拉克格拉芙油田 3、4、5 原油处理列项目取得临时验收证书；哈法亚油田注水增压项目在“EPC+六化”精益管理模式下开展，建设周期缩短 20%，成本降低 15%；哈法亚油田三期工程获中国建筑工程鲁班奖和国家优质工程金奖。阿联酋巴布油田项目顺利交工并取得临时验收证书，获项目管理协会 PMI（中国）“一带一路”国际项目大奖；哈伯善脱瓶颈项目打破阿布扎比国家石油公司工期最短纪录，创标杆项目。尼日尔油田二期和尼日尔—贝宁管道项目按计划推进。阿尔及利亚 HBR 油田开发一期项目取得首油临时验收证书。哈萨克斯坦巴佐伊压气站扩容项目首台压缩机组提前点火。俄罗斯 AGPP 二期工程顺利投产。土库曼斯坦西部气田项目提前 3 个月投产，刷新土库曼斯坦工程建设新纪录，获国际工程绿色供应链杰出项目奖。

【科学防控风险及安全复工复产】 2022 年，工程建设公司成立各级风险管理委员会，建立分国别风险数据库。推广使用“全员查隐患”App，实施承包商人员全员面试考核。实现 230 个百万安全人工时，5300 万千米安全行车里程，创历史最好水平。推行所属单位主要负责人任职满 3 个月安全生产述职、安全总监每半年 HSE 述职和新任项目经理履职前具备三个月安全管理岗位工作经历等举措。开展复工复产专项安全检查、安全生产大检查、安全生产专项整治自查整改等一系列隐患排查整治，查改问题 19018 项。严格落实海外安全风险分级管控，审核安保方案 617 份，发布海外社会安全预警信息 100 余项。推动 5230 名海外员工倒班轮岗。组织急救、心理健康知识和疟疾等传染病防治培训。工程建设公司本部和工程建设公司西非公司通过集团公司健康企业验收。

【深化改革】 2022 年，工程建设公司推进业务型总部和大部制改革，海外单位扁平化管理，压减二级机构 2 个、三级机构 33 个；完成机关 243 人经营管理序列岗位聘任。建立专业技术岗位体系，制定技术序列改革方案，选聘公司高级专家 1 人、公司专家 8 人。探索紧密型内部联合团队和加强型设计支持服务模式，在阿联酋贝尔巴泽姆项目试点应用。建立设计优化案例库，将设计融合、优化和“六化”建设纳入考核。创新开展“互联网 + 监督”模式。落实施工企业转型升级方案，推动装备制造基地升级改造，运行制造项目 344 个。

【科技创新】 2022 年，工程建设公司建成国家能源局液化天然气技术研发中心，牵头建设中国石油天然气综合利用技术研发中心，共建中国石油地热能技术研发中心和中国石油煤炭地下气化技术研发中心。成立新能源事业部并确立天然气综合利用、地热、清洁电力、CCUS、氢能、煤炭地下气化等六大发展领域，承接 2 项国家级课题，成功应用于新疆塔里木西南天然气综合利用工程。设计制造首台全国产化 60 万 m^3/日 LNG 绕管式换热器并一次性开车成功。成立软件国产化领导小组和项目组，推动三维设计和流程模拟软件国产化并在集团公司申请立项。“二氧化碳捕集与电化学生物转化集成平台技术”获第一届中国青年碳中和创新创业大赛银奖。推广应用公司生产经营管理 EMP2.0 信息化系统，工程建设公司中东地区公司实现项目全过程信息化管理。哈萨克斯坦巴佐伊压气站扩容、土库曼斯坦西部气田、尼日尔油田二期等项目成功使用数字化交付平台。“六化”建设成果广泛应用，广东石化项目抽余液塔制造使用 4000 吨级超大型压力容器整体制造技术。

【提质增效】 2022 年，工程建设公司推进提质增效价值创造行动，创效 6.1 亿元，完成率 107%；实现自由现金流 6.19 亿元。引入激励机制，调动设计团队降本增效积极性。推广应用框架协议采购、联合采购等规模化采购模式，二级物资集采种类比上年增加 75%，物资集中采购度 99.85%，节资率 10.41%。提级开展催收清欠专项行动，领导挂牌督导 16 个重点项目结算，完成 36.8 亿元清欠任务。持续开展已完工未关闭项目的清理，清理关闭 562 个，关闭率 43.5%。推进国内在建项目减亏，核销关闭 104 个，扭亏转盈 24 个，减亏面 40.63%。开展纠纷案件专项治理，结案 37 起。

【人才强企】 2022 年，工程建设公司推进领导班子功能强化和“三强”干部锻造，提拔中层干部 30 人，其中 40 岁左右占比 43%；配备 40 岁左右班子成员的主体单位达 93.3%；交流中层干部 12 人；40 岁左右中层干部占比由 2022 年初的 7.68% 提升至 11.74%，年龄结构、梯次结构初步改善。11 人受聘集团公司技能专家，4 人入选“石油名匠”培育计划，12 人成为集团公司青年科技人才培养人选。成功举办集团公司第二届创新大赛工程建设专业比赛，获一等奖、三等奖各 1 项。

【企业文化建设】 2022 年，工程建设公司推出《奋斗者风采》《旗帜引领·非凡十年》等系列栏目，制作原创作品 221 个，微信视频公众号浏览量超 100 万，76 个作品被“中青网”“国资小新”“中国石油”等媒体转发。将群策群力行动和“转观念、勇担当、强管理、创一流”主题教育活动相结合，尊重员工群众首创精神。组织广东石化项目“大干六十天，冲刺‘6·30’”等 7 个劳动竞赛。中国石油第一建设公司王琦担任 2022 年北京冬奥会火炬手；裴先峰被“新华网”等媒体典型宣传，裴先峰劳模创新工作室被命名为“集团公司劳模和工匠人才创新工作室”；曹遂军获河南省十大“师带徒”标兵；工程建设公司西南分公司蒲远洋、中国石油第一建设公司彭新凯、工程建设公司中东地区公司高克辉、工程建设公司土库曼斯坦分公司代宝昌获集团公司先进工作者；工程建设公司中东地区公司马宇获集团公司巾帼建功先进个人；伊拉克哈法亚天然气处理厂项目部、中油七建公司机电工程分公司电工李高翔班获集团公司青年安全生产示范岗。

【企业党建工作】 2022年，工程建设公司贯彻落实“第一议题”制度，召开党委会传达学习贯彻“第一议题”33次，组织集中学习研讨6次，举办高质量发展大讲堂2期。“卓越党建”三年行动计划在党建工作责任制考核中获评集团公司A档。设立党校及8个分校，成立5个党建协作区，举办党校第一期基层党支部书记暨党务工作者示范培训班。推行“党建+”新模式，首创承包商党组织互联共建，涵盖38个承包商党组织和923名承包商党员，两级机关100个党支部与基层党支部“结对子”。设立审计中心、5个分中心和6个区域纪检监督组，交流使用4名纪委书记，实现两级党委巡察全覆盖。

（罗洪岩　陈　璐　陈晓慧　方　璇）

中国寰球工程有限公司

【概况】 中国寰球工程有限公司（简称寰球公司）成立于1953年，2005年划入中国石油，是以技术为先导，以设计为龙头，集咨询、研发、设计、采购、施工管理、设备制造、开车指导、融资等多功能于一体的、国内领先的炼油化工工程总承包公司。寰球公司有工程设计综合甲级资质、工程咨询甲级资质、环评甲级资质、工程造价甲级资质、化工石油工程施工总承包特级资质和对外工程承包资质。

寰球公司主要生产经营指标

亿元

指　标	2022年	2021年
签订合同额	305	305
收入	217	212.2
净利润	5.5	3.2
税费	4.5	5.3

寰球公司工程领域涉及化工、炼油、石油化工、化肥装置及储运工程、精细化工、油田地面设施、海洋石油工程、天然气液化与接收、煤的清洁利用、新能源、轻工、纺织、医药、化学矿山采选、工程地质勘察、工程测量、岩土工程、环境工程、储运设施及压力容器设计制造安装、非标设备、钢结构及管道加工制造安装、无损检测等多个行业和领域。业务遍及国内以及东南亚、西欧、美洲、中东等近30个国家和地区，是国内同行中国际化程度较高、项目运营国家较多的企业，也是率先独立进入美国、沙特阿拉伯、新加坡、加拿大、意大利等炼化工程建设高端市场的国际工程公司。近70年来，完成2000多项国内外大中型项目的咨询、设计、施工和总承包建设任务。近10多年来，成功执行一批代表国际规模、技术的大型乙烯、炼油、化肥、煤化工、LNG等国内外项目的工程总承包（EPC）。

寰球公司有良好的企业资信和商誉，首批获“AAA级信用企业”和北京市“高新技术企业”称号，被评为国庆60周年勘察设计行业“十佳工程承包企业”，连续20年被美国《工程新闻纪录》评为全球最大的225家国际工程承包商和全球最大的200家国际设计公司，且排名稳步提高，是连续20年同时进入上述排行榜的唯一一家中国公司。

2022年，寰球公司面对复杂多变的国内外经济环境和新冠肺炎疫情持续反复带来的严峻考验，聚焦主责主业、强化创新驱动、提升治理能力、巩固和谐稳定氛围，全面完成年度重点任务。连续两年获评集团公司先进集体和质量健康安全环保节能先进企业，连续五年获集团公司党建工作责任制考核A级评价，全年新签合同额305亿元，营业收入217亿元，净利润5.5亿元，全方位高质量发展成效显著。

【工程建设】 2022年，寰球公司执行项目1081个，项目整体运行平稳受控，先后获省部级以上奖励52项，其中乌兹别克斯坦PVC项目获国家工程建设最高荣誉“鲁班奖”。重点项目按计划有序推进，寰球公司有史以来承接的规模最大、参与二级单位最多的广东石化炼化一体化项目顺利中交；吉化（揭阳）ABS、“两锦”转型升级、天利高新EVA等12项重点工程高水平建成；天津南港LNG薄膜罐整体机械竣工；吉林石化、广西石化大乙烯等集团公司炼化转型升级重点项目进入实质性建设阶段。项目管控更趋严格，承包商管理、供应商管理、采购招标管理全面加强，EPC 全过程精细管理水平不断提升；开展预算管理检查，整改问题 180 项；公司项目预算平均下达率 99% 以上。“六化”成果更加显著，工程建设 246 项工作按期完成，取得“聚烯烃产品线标准化设计”“大型塔器一体化施工”等多项应用成果。

【市场开发】 2022 年，寰球公司年度新签合同额受控运行，全面完成全年任务指标。系统内市场“应拿尽拿”，系统外市场再创新高，海外市场在中亚、中东等区域取得关键性突破，通过前期咨询业务成功撬动多个重点项目，“两优化”发展新局面初步形成。成功签约巴斯夫乙烯联合、协鑫汇东接收站、河北新天接收站储罐、联泓格润 EVA、山东裕龙炼化主装置施工、贵阳燃气储备及应急调峰、福建古雷、盛虹二期、吉林石化和广西石化转型升级等项目。强化“两新”市场开发力度，突出市场先行，“两新”业务同比增长近 80%，新签鄂尔多斯瀚峡新能源光伏制氢、恒力石化高性能树脂及新材料设计，华北石化 CO_2 捕集利用、大庆和吉林 CCUS 等项目。

【科技创新】 2022 年，寰球公司聚焦核心竞争力提升，取得一系列新成效。全年获国家级、省部级以上奖励 67 项，授权专利 56 件，技术秘密 24 项，主参编国际级、国家级以上标准 55 项；寰球公司再获国家高新技术企业认定；乙烯关键工艺技术获中国专利银奖，千万吨炼油技术获集团公司科技进步一等奖，孙长庚、李春燕获侯德榜化工科学技术奖，寰球公司核心竞争力和行业影响力不断增强。加快核心技术迭代升级和自有技术推广应用，集团公司重大科技专项大炼油二期高水平验收；聚丙烯、聚苯乙烯、丙烯酸等 22 项技术完成工艺包开发或升级；联合研发乙烯“三机组”、石油树脂加氢反应器等相关领域，实现 9 项装备国产化替代；丙烯腈、甲基丙烯酸甲酯（MMA）等 15 项自有技术成功推广应用；乙烯裂解炉高效节能技术入选《国家工业和信息化领域节能技术装备推荐目录》。启动炼化装置终端再电气化率提升、“零碳乙烯”等“绿色低碳”研究，推进 α－烯烃、聚烯烃弹性体（POE）等 20 余项前瞻性引领性技术攻关，承担全国首个大型绿氨和集团公司首套可再生能源制氢示范项目设计任务，中标系统内外多套 CO_2 吸附项目，CCUS 业务实现“零”的突破；本部办公园区屋面光伏节能项目建成投用，绿色低碳发展迈出新步伐。健全科研创新体系，全面实施科研课题项目制管理，建立科研项目过程奖励机制，“一院二站六中心”平台强磁场效应充分发挥，先后与国内外 15 家高校院所、业主、专利商和制造厂商签署战略合作协议，建成 8 个创新联合体；“乙烯创新工作室”入选集团公司首批劳模和工匠创新工作室。数字化转型智能化发展工作在各单位加速铺开，“五大场景”试点建设完成进度达 75%，寰球生产项目管理平台（HQPMP）三期、生产与经营综合管理集成等 4 个平台上线运行，大集中 ERP 建设顺利实施，信息孤岛、数据治理，以及信息化补强工作完成阶段性目标。

【质量安全环保】 2022 年，寰球公司严格安全风险管控，推进质量提升，实现安全生产专项整治三年行动收官，全年未发生一般 A 级、一般 B 级及以上安全生产事故，C 级事故同比下降 87.5%。逐级签订质量安全环保责任书 1252 份、承诺书 20259 份；制修订《突发事件总体应急预案》等预案、制度 8 项；开展质量安全环保培训班、内审员线上培训班，累计 822 人接受教育。开展两次体系审核，整改问题 1381 项，对历次审核中的问题，开展“大讨论、大反思、促提升”活动，参与讨论 12898 人，反思查找问题 877 项，推动体系持续改进；组织开展“一季度设备设施”“二季度临时用电”“三季度起重吊装”“四季度作业许可”专项活动，查改隐患 3817 项，查处违章行为 1164 项；加强“春节”“冬奥”“两会”“十一”“汛期”等特殊敏感时段升级管理，强化关键风险领域安全管控措施落实，开展升级审批 7722 次，检查 721 次，整改问题 2304 项。质量管理持续提升。发布寰球公司《2022 年 QC 小组活动推进实施方案》，细化“优秀组织单位评比表”，39 项 QC 小组成果获集团公司和行业协会嘉奖。研究制定新冠肺炎疫情常态化“两方案一预案”，持续推动新冠疫苗接种工作。

【人才强企】 2022 年，寰球公司统筹“选育管用”和“生聚理用”，推动人才发展环境全面优化。制修订《专家管理办法》等 4 项管理规定，涵盖选聘、考核与管理具体工作，逐步理顺健全专家管理体系。实施“青年科技人才培养计划”，面向 35 岁以下优秀青年人才建立专业技术后备人才库。加强科技创新示范团队建设，以集团公司第二届创新大赛为载体，推动各单位申报生产创新大赛 3 项，科技创新大赛项目 8 项，青年科技创意大赛项目 8 项。推行任期制和契约化管理，覆盖率 100%；加大年轻干部培养使用力度，优化干部队伍年龄结构，“75 后”领导干部占比 70%。高质量录用毕业生 72 名，68 人为专业技术岗位，占比 94%。共享内部培训资源，开展特色技术、优势技术培训，聚焦重点岗位人才接替，实现复合型人才的常态化、规模化储备培养。开展2022年新入职员工集中培训，开展基于员工职业生涯规划的新入职员工基础培养。创新培训组织模式。制定寰球公司《网络培训工作管理实施细则》，探索建立企业分院，加快培训数字化转型升级。

【企业党建工作】 2022年，寰球公司以党的政治建设为统领，持续将政治优势转化为发展优势，广泛开展“建功新时代、喜迎二十大”主题活动，以多种形式组织二十大精神学习宣讲，在寰球公司掀起“大学习、大宣传、大落实”热潮。严格执行“第一议题”制度，出台22条加强党的政治建设重点举措。高质量组织完成“强管理”主题教育活动，推动项目党工委管理制度化规范化，“一党委一品牌，一支部一特色”活动创建174个党建特色品牌。召开公司第二次党代会，明确今后五年指导思想和奋斗目标。举办“中国石油开放日”活动，文化凝聚力向心力持续增强。完成两轮政治巡察和联合监督，开展巡察“回头看”及专项巡察，实现党的建设和合规管理联合监督全覆盖，全面从严治党持续向纵深推进。深化作风建设，强化督查督办，全员执行力进一步增强。统战、工会等各项工作推进有序，青年精神素养提升工程得到集团公司团委肯定，群团组织发挥重要凝心聚力作用。

（杨　洁）

中国昆仑工程有限公司

【概况】 中国昆仑工程有限公司（简称昆仑工程公司，英文简称CKCEC）前身为1952年成立的纺织工业部设计院。2000年划归中央企业工委（后为国务院国资委）直接管理，2007年重组进入中国石油，2009年重组更名为中国昆仑工程公司，2016年重组改制更名为中国昆仑工程有限公司，2020年8月东北炼化工程有限公司划入。昆仑工程公司下设中国昆仑环境工程有限公司、上海德赛工程技术有限公司等2家全资子公司，沈阳、大连、辽阳、吉林、辽锦等5家分公司，江苏德赛化纤有限公司1家控股公司及中国纺织工业设计院1个托管企业。昆仑工程公司发展定位为打造国际一流环境工程及纺织化纤综合服务商。作为高新技术国有骨干企业，昆仑工程公司长期致力于环境工程、芳烃及其衍生物、纺织化纤及合成材料、特色炼油化工等领域的建设、创新与发展，承担各类大中型工程项目4800余项（其中国外工程100多项）业绩遍及全国及30多个国家地区，是集咨询、研发、设计、采购、施工管理、开车指导和工程监理、工程总承包、项目管理承包、技术服务、项目运营等多功能于一体的国际工程公司。

昆仑工程公司承担多项国家级、集团公司级、中油工程级科技攻关任务，在各主营业务领域取得专利345件（其中发明专利147件），获国家科学技术进步奖7项、国家及省部级各类奖励650余项；主参编国家及行业标准规范74项，其中国家标准40项。2022年，昆仑工程公司取得工程设计综合甲级资质，且具有工程咨询专业甲级资质，工程咨询、工程勘察综合类和工程监理等甲级资质证书，环境影响评价、工程造价等专项设计甲级资质，以及特种设备（压力容器、压力管道）设计许可证书。

昆仑工程公司主要经营指标

亿元

指　标	2022年	2021年
签订合同额	68.46	61.1
营业收入	60.35	60.2
利润	1.11	0.92
实缴税费	1.78	0.75

昆仑工程公司始终坚持“诚信、创新、服务、共赢”的经营理念，强化质量、安全、环保责任，信守品牌承诺，被评为国庆60周年勘察设计行业“十佳工程承包企业”，多次荣获中央企业先进集体、首都文明单位、全国工程勘察设计先进企业、全国工程建设管理先进单位、首批“AAA级信用企业”、全国勘察设计百强企业等荣誉称号，自2002年起，连续获评北京市“高新技术企业”称号，享有较高社会知名度与良好信誉。

昆仑工程公司拥有建立在ISO 9001、ISO 14001、OHSAS 18001、NOSA五星安全健康环境管理体系框架下，以 GB/T 19001—2000 标准为基础，融合 GB/T 24001—2004 标准、GB/T 28001—2001 标准、CMB 253—2004 管理标准要求，实现质量、环境、职业健康安全一体化管理“四标一体”的 QHSE 管理体系。通过 ISO 9001 质量管理体系、ISO 14001 环境管理体系、ISO 45001 职业健康安全和 Q/SY 1002.1 健康安全环境管理体系认证，享有国家授予的对外经营权。

2022 年底，在职职工 2060 人。其中：专业技术人员 1275 人，全国工程勘察设计大师 1 人，全国行业设计大师 5 人，正高级职称 31 人，副高级职称 777 人，具有各种国家执业注册资格 610 人。

2022 年，昆仑工程公司连续 5 年获评集团公司业绩考核 A 级企业。

【绿色低碳和新材料科创中心成立】 2022 年，昆仑工程公司为响应集团公司双新业务发展新要求，成立绿色低碳和新材料科创中心（简称科创中心）。科创中心为昆仑工程公司直属机构，主要负责科技战略规划、重大科研项目攻关、科研项目业务指导和技术支持等工作。

【工程建设】 2022 年，昆仑工程公司开展各类工程项目 533 个，其中承包项目 97 个、设计项目 356 个、咨询等前期项目 569 个。

集团公司内部工程建设。环境工程方面：广东石化污水处理场、污泥及固废焚烧、废碱氧化装置生化单元项目及大庆石化热电厂循环流化床锅炉烟气超低排改造项目中交。芳烃及衍生物工程方面：广东石化芳烃联合装置项目中交，辽阳石化年产 2 万吨 CHDM 工业试验项目开车成功。特色炼油化工业务方面：吉化（揭阳）分公司 60 万吨 / 年 ABS 项目、四川石化轻汽油醚化项目中交，开展抚顺石化分公司发挥资源优势增产油蜡特色产品改造工程项目、广西石化炼化一体化转型升级 200 万吨 / 年柴油吸附分离装置、管廊、罐区及污水等设计项目。新材料方面：开展锦州石化公司 100 万吨 / 年延迟焦化装置改造为针状焦装置项目。

集团公司外部工程建设。环境工程方面：桐昆集团锅炉超低排放节能改造项目、天安电池中水回用项目开车成功，万华化学废水处理及综合利用、舟山绿色石化基地污水处理厂项目完工。合成材料工程方面：新疆维格瑞、新拓 XCP-1/2、海南逸盛四期、恒超二期等 37 个聚酯工程承包项目开工建设。其中，嘉通能源聚酯 CP1-4、新拓短纤维、国望一期超仿真等 7 个项目一次投料开车成功。

【市场开发】 2022 年，昆仑工程公司先后发布《市场开发管理办法》《投标报价管理办法》，完善市场开发管理制度，加强客户关系管理。昆仑工程公司始终坚持把市场开发作为稳增长主战场，市场结构和业务结构持续优化，系统外市场份额扩大至 75%、同比增长 80%；高端业务拓量增效，勘察设计类合同额同比增长 100%。海外业务表现强劲，新签合同额 7.2 亿元、同比增长 290%。“双新”版图加速扩张，新签占比 19%，同比大幅增长 323%。大客户大项目屡有突破，签约 1 亿元以上项目 15 个。

环境业务方面：签约大庆石化污泥焚烧、四川石化 VOCs、云天化污水处理等项目，中标吉林石化、广西石化、烟台万华等污水项目基础设计，以及多个安全环保会诊评估项目。芳烃业务方面：油品分质利用技术签约吉林石化、广西石化、福海创等多套柴油吸附分离装置工艺包和基础设计，实现集团公司内部首次应用及百万吨级应用，总产能突破 600 万吨 / 年。中标延长榆能化项目，实现柴油吸附分离 EPC 项目零的突破。签约内蒙古伊泰 α-烯烃分离提纯项目，实现煤化工领域全球首次应用。

新能源新材料方面：签约新疆广汇、新疆敦华等 CCUS 项目，恒力光伏、元垄多功能膜等膜级聚酯项目，签约河南盛通聚源 PC 二期项目，开展兰州石化、四川石化等油系针状焦项目前期工作以及洛阳宏联针状焦项目详细设计。签约吉林石化碳纤维可研，中标国能新材料 PBS、山东裕龙等项目可研。

合成材料业务方面：签约大连恒力、新疆维格瑞等一批聚酯项目。

特色炼化业务方面：中标广西石化综合管廊及储运罐区基础设计。签约抚顺石化油蜡特色产品改造、抚顺石化氢气优化运行、四川石化炼油区供电安全隐患治理以及大庆炼化液蜡轻重分离等项目。

海外业务方面：签约越南百宏、印度萨纳塔等多套聚酯项目。

【科技创新】 2022 年，昆仑工程公司坚持创新驱动、技术立企，坚持抓好重大科技专项推进实施、着力关键核心技术突破攻关、加快科技成果转化应用，集团公司“低碳二期重大专项”等 4 项课题通过验收、自主创新技术成功破解 CHDM 供应“卡脖子”难题、油品分质利用技术累计实现许可 7 项。年度新增授权专利 14 件，其中发明专利 9 件，新增技术秘密 53 项。获集团公司科技成果创效奖励 2 项、专利银奖 1 项，获纺织行业优秀专利奖 1 项，“对二甲苯氧化结晶装置”专利被集团公司推选参评中国专利奖。

【质量健康安全环保】 2022 年，昆仑工程公司质量安全环保工作全面受控，通过中油工程2次QHSE体系审核，21名提拔及变动岗位中层干部通过安全环保履职能力评估。质量方面，组织设计成品文件质量评定、设计采购质量检查等活动，对设计、采购环节进行质量监督管理。实现工程设计项目成品文件Ⅰ类错误为零，合格率100%，总承包项目实施过程中未发生重大工程质量事故，已投产项目的投料试车成功率100%。健康方面，坚持以员工生命安全为核心，将“以人为本”管理理念作为工作的灵魂主线。昆仑工程公司本部、所属分公司及子公司已消除所有职业病接害因素，无职业病风险。根据员工年龄、岗位等情况，有针对性、差异化开展年度健康体检工作。安全方面，组织修订、编制并发布《消防安全管理办法》《道路交通安全管理办法》《工程建设承包商管理办法》等7项规章制度。完成804万安全工时。环保方面，建立昆仑工程公司党委生态环境保护议事制度，压实环境保护责任。各类污染物100%实现达标处置，温室气体排放保持稳定。完成节能量大于50吨标准煤、节水量大于750立方米的目标。

【企业党建工作】 2022年，昆仑工程公司坚持把政治建设摆在首位，严格落实第一议题制度，坚定拥护“两个确立”，坚决做到“两个维护”。紧扣学习宣传贯彻党的二十大精神这条主线，结合昆仑工程公司成立70周年，深入开展“转勇强创”等主题宣传教育，持续加强思想政治工作，切实抓好舆论引导。成立党的建设领导小组，完善基层党建工作“述评考用”机制。开展“党员示范岗”“党员突击队”等创建活动，推动基层党建与生产经营互融互促。抓实作风建设，完成巡察全覆盖，开展“反围猎、违规吃喝”专项整治，一体推进不敢腐、不能腐、不想腐，积极构筑“三道防线”。

（赵汉生　关全龙）

中国石油集团工程有限公司北京项目管理分公司

【概况】 中国石油集团工程有限公司北京项目管理分公司（英文缩写CPMC，简称北京项目管理公司）是根据集团公司推进油气工程建设项目管理专业化战略发展要求，在2016年9月，整合中国石油工程建设板块所属企业范围内的工程监理与项目管理业务注册成立的专业化项目管理公司，注册地设在北京。2018年，集团公司工程建设业务持续重组整合，将原中国寰球工程有限公司所属的兰州寰球工程有限公司、原中国石油天然气管道局所属的中国石油管道局工程有限公司天津分公司划归北京项目管理公司，提升了北京项目管理公司在全过程工程咨询的管理能力。2021年，中油工程公司持续推动内部工程建设业务重组整合，将原西南分公司所属的四川佳诚公司和原寰球工程公司所属的吉林亚新公司整建制划入北京项目管理公司。

北京项目管理公司定位于服务支持集团公司国内外油气核心业务发展，打造具有国际竞争力的工程项目管理服务商。2022年底有7个职能部门和1个直属机构，下属5家项目管理单位、2家设计单位、1家检测单位。自有用工1806人，业务范围涵盖石油化工上中下游各领域，辐射全球23个国家和地区，曾先后参与完成集团公司上中下游各业务领域所有重点工程建设的项目管理。2022年，北京项目管理公司重点开展工程咨询、工程设计、项目管理、设计及施工监理、设备监造、安全及环境监理、项目竣工验收、检验检测和后评价等业务。

2022年底，北京项目管理公司拥有国家专利46项、专有技术54项，参编国家标准13项，主编行业标准、集团公司企标120余项，获科技成果奖326项，获优质工程奖378项。具有工程监理综合资质、石油化工咨询甲级资质、化工石化医药设计甲级资质、A级特种设备检验检测等资质，拥有地下储气库地面工艺技术、海洋油气陆上终端技术、合成橡胶技术等十大特色技术。具备工程建设项目全过程项目管理能力。

北京项目管理公司主要经营指标

亿元

指　标	2022年	2021年
签订合同额	24.7	19.3
收　入	24	18.67
利　润	0.35	0.31

2022年，北京项目管理公司全面完成集团公司下达的年度业绩合同指标。新签合同额24.7亿元，同比增长28%，创历史新高；营业收入24亿元，较上年增长28%；净利润3,046万元，较上年增长13%，

创北京项目管理公司重组以来最好水平。

【市场开发】 2022年，北京项目管理公司全年累计新签合同额24.7亿元，系统外占比保持40%以上；高端高效业务占比41%，同比增长73%；新能源、新材料业务占比22%，同比增长462%。系统内参与了集团公司所有重点大型工程建设项目，累计为集团公司内部55家地区公司提供“项目管理+设计服务”，持续稳固了油气田地面和炼油化工两个内部传统规模市场。全年新增战略合作伙伴3个，国际石油公司（IOC）客户1个，千万级项目首次突破60个，中标广西北海、中交营口LNG和浙江石化二期等一批重大项目，在LNG、社会炼化等领域上形成多个亿元以上的规模市场。成功承揽了西气东输三线中段、西气东输四线（吐鲁番—中卫）等重大项目，保持了在国家管网集团干线管道80%以上的市场份额。中标了乌干达翠鸟油田地面PMC、埃克森美孚惠州化工综合体PMC，以及土库曼斯坦B区地面技术服务等项目，实现新兴市场和海外市场的新突破。

【服务保障】 2022年，北京项目管理公司着力提升全过程项目管理质量，编制公司中英文项目管理体系文件1.0版，形成413项标准化管理文件，涵盖勘察设计、EPC、项目管理（监理）和无损检测等所有主营业务；发布《施工监理严格监管基准四十条》和《项目质量安全停工管理标准》，明确监理底线，规范监理行为，促进项目管理规范化、标准化。统筹推进全过程数字化项目管理平台前期策划，升级完善项目管理信息系统和生产运行管理平台，优化“监督管理控制中心”等多项功能，提升了项目管理智能化水平。2022年，北京项目管理公司克服工期紧、任务重、条件艰苦等诸多困难，完成集团公司史上最大的炼化工程——广东石化项目管理任务，确保项目按期高质量顺利中交试车投产；推进尼日尔油田地面二期、尼贝管道等海外重点项目建设，确保项目按期平稳运行；服务保障集团公司新能源新业务发展，吐哈油田源网荷储一体化项目、兰州丁腈橡胶等项目顺利投产。获国家级优秀项目管理和质量管理成果奖4项。

【质量安全】 2022年，北京项目管理公司着力推动安全生产措施的贯彻执行，开展安全生产大检查，全年排查安全隐患2,065项，辨识风险1,166项，采取有效措施予以消除；完善管理制度15项，完善全员岗位安全责任清单5,469份；升级敏感时段安全管理，组织制定升级管控措施，完成323个在运行项目升级审批13,851次，开展升级检查4,367次，发现和督促整改问题6,873个；按照“一体化、差异化、精准化”要求，高标准完成了上半年体系内审和下半年集团公司体系审核工作，形成并分享79个典型做法、85个典型HSE问题分析、51个典型质量问题分析，以及125项改进措施建议。全面开展员工差异化体检，系统推进健康风险评估，健康企业建设取得初步成效。科学精准抓实新冠肺炎疫情防控，推进全员疫苗接种，建立快速反应机制，迅速处置零散疫情事件，保持生产经营正常秩序。

【科技创新】 2022年，北京项目管理公司按照统一部署、统一组织、分工负责、全面推进的组织原则，进一步优化了科技管理体系，完善“科技领导小组+科学技术委员会”的组织架构，制修订《科技项目经费预算编制指南》等5项管理制度。深化科技发展战略研究，系统谋划“十四五”科技创新发展思路与目标，部署13个重点专业领域、49项研究内容。推进各层级重大课题立项研究、专利申报等工作，全年申报发明专利3项，获授权发明专利1项，实用新型专利8项，主编/参编集团公司等各类标准17项，获软件著作权6项，获省部级科技奖励3项。制定《公司管理创新实施细则》《公司管理创新成果总结与申报指引》，组织对北京项目管理公司成立以来形成的管理创新成果总结评定，评选出24项管理创新成果。所属单位兰州公司依托其研发的特种丁腈成套技术，建设了国内第一套具有自主知识产权的工业化特种丁腈橡胶生产装置，该装置产出的产品填补了国内4个系列26个牌号的产品空白。所属单位兴油公司深挖建设单位数字化需求，先后执行了尼日尔二期数字化交付研究等14个项目，形成数字化服务合同约1200万元。

【人才强企】 2022年，北京项目管理公司推进人才强企工程，开展“人才强企工程推进年”活动，三定（定编、定岗、定员）、任期制和契约化管理等完成年度改革任务，管理人员考核退出、双序列和工资总额分配制度改革取得阶段性成果。印发《公司2022年培训计划》，精准设计课程，精心遴选师资，严把培训内容政治关、质量关，切实提高培训的针对性和有效性。建设完成以“实时交互+在线录播”为导向的数字化培训教室，借助“云学堂”平台，通过“线上+线下”相结合的方式，举办中层管理人员和优秀年轻干部赋能、国际化能力、项目经理训练营等自办培训项目22期。优化青年人才队伍建设，2人入选“集团公司青年科技人才培养计划”，统筹选配公司技术专家和技术管理干部担任“培养人选”导师，以工程思维推动集团公司“青年科技人才培养计划”落地实施。

【依法合规治企】 2022年，北京项目管理公司贯彻落实集团公司领导干部会议精神，设立合规委员会，构建覆盖全面的合规管理组织构架，压紧压实依法治企责任。编制加快建设世界一流法治企业实施方案，统筹推进“合规管理强化年”活动，开展7个领域专项整治。完善制度管理体系，与上位制度开展对标分析，内部查缺补漏，消除管理盲点，新增公司层面重点领域管理制度31项，指导各单位制定合规基础管理制度123项，初步形成以合规管理办法和风险防范制度为基础，以专项制度和合规指引为延展的合规管理体系文件。全面开展项目合同关闭、清收结算和重大经营风险专项治理活动，全年重点项目清收结算5亿元，完工项目合同关闭38项，回收清欠668万元。开展不稳定因素排查，组织开展民企清欠及农民工工资支付自查，全面确保了无分歧账款零拖欠，维护大局和谐稳定。举办依法合规专项培训，组织参加集团公司“八五”普法学习班等合规培训，全年全员参培率100%，干部员工依法合规管理意识和能力不断提升。

【企业党建工作】 2022年，北京项目管理公司突出政治引领，党建工作获评集团公司A级。坚持“第一议题”制度，深入学习贯彻习近平总书记最新重要讲话和重要指示批示精神，组织开展习近平总书记重要指示批示精神再学习再落实再提升主题活动。制定《基层党建融合巩固实施方案》，分3个阶段安排部署14项重点工作。全面开展党支部委员联系班组，党员联系生产经营岗位和“学习型、安全型、清洁型、节约型、和谐型班组”创建等10项重点工作，划分党员责任区49个、成立党员突击队42个、设立党员先锋岗91个。所属单位兴油公司中俄东线长江盾构监理部用“五心”打造“五型”质量信得过班组，被集团公司授予2022年度“质量信得过班组”称号。

（张孝鹏　金雪平）

中国石油技术开发有限公司

【概况】 中国石油技术开发有限公司（英文缩写CPTDC，简称中油技开）成立于1987年7月，是集团公司海外项目物资装备的供应主体，是集团公司在海外业务覆盖区域最广的国际能源装备业务的综合服务商。2022年，中油技开有中方员工524人，外籍员工1016人，在39个国家和地区建立了50个境外机构，覆盖了1000万吨以上产油国的90%多，业务范围拓展至全球97个国家和地区。在中亚—俄罗斯、非洲、美洲、中东、亚太等地区形成了稳定的规模市场，客户规模发展到2300多个，与200多个国家石油公司、知名服务公司和跨国石油公司建立了合作关系。自成立以来，累计签约超410亿美元，营业收入2370多亿元，人均累计创收超2亿元，获“全国五一劳动奖状”等多项荣誉。

中油技开本部设有综合管理部（党委办公室）、人力资源部（党委组织部）、党群工作部（党委宣传部）、纪委办公室（审计部）、财务部、战略发展和市场营销部、法律和企改部、质量健康安全环保部、技术和信息部9个职能部门；设有装备事业部、石化事业部、工业和民品事业部、中亚—俄罗斯分公司、亚太分公司、非洲分公司、美欧分公司、中东分公司、物流分公司、海洋工程项目部10个所属单位。

【生产经营指标】 2022年，中油技开签约12.2亿美元，营业收入70亿元，净利润0.75亿元，自由现金流0.78亿元，主要经营指标均超额完成集团公司考核要求。全年HSSE平稳运行，未发生安全责任事故。

【深化改革】 2022年，中油技开新一届领导班子坚持问题导向，认真分析研判，打出了一套厘清发展定位、明确战略方向、调整组织结构、优化业务机制、强健人才队伍的深化改革“组合拳”，为中油技开发展新征程举旗定向。明确发展定位和战略方向。以主动融入“双循环”新发展格局为总方针，坚持贸易立企、贸易兴企，明确了建设成为世界一流能源装备与能源产品综合服务商的发展定位，确定“依法合规、稳中求进、客户至上、合作共赢”的经营理念，推进中油技开发展“双转”战略：实现“两个转变”，对照新发展定位转变思想观念、转变发展方式；实现“两个转型”，推进市场区域的全球范围转型、推进业务领域的全面多元转型。调整组织结构和运行机制。搭建“横向切块+纵向分层”的矩阵式组织结构，成立3个事业部，构建形成“专业化管理+区域化经营”“事业部主导+地区分公司主体”的业务运行机制，突出事业部作为“链长”的业务主导地位，试点开展国外＋国内市场营销“双中心”建设，释放地区分公司全球综合一体化经营主体力量。推进“大部制”改革，开展机关部门“三定”工作，明确“管理、监督、协调、服务”职责，撤销直属机构，精简机关部门和人员，二级机构数量压减10%，中层干部职数压减11%，机关部门人数压减15%，全面完成集团公司下达的任务目标。强健人才队伍。推进人才强企，加强干部选拔使用和配置交流，提拔中层干部9名，交流调整中层干部24名。把优秀年轻干部优先纳入干部年度调整配备计划，新提拔“80后”年轻干部6名，占新提职干部总数的67%。出台专业技术序列改革制度2项，选聘2名市场营销首席专家，聘任27名公司两级市场营销专家。选聘24名境外机构负责人，配备27名境外机构副职，首次探索以“揭榜挂帅”形式推动5家境外机构实行任期契约化经营试点改革，集中开展2批资深高级主管竞争上岗，海内外干部员工队伍得到充实和加强。

【市场开发】 2022年，中油技开装备事业部、石化事业部、工业和民品事业部突出业务主导地位，做好全球市场、重点产品和资源建设规划，地区分公司发挥经营主体作用，拓市场、拿订单、保执行，事业部与地区分公司深度融合、同向发力，取得全球市场开发进攻战的斐然战绩。市场业绩开创新局面。全年市场签约达近4年来最好水平，装备业务签约近9亿美元，发挥了基本盘稳大局、保规模的重要作用。石化业务签约1.77亿美元，签约、收入和利润均超过2021年两倍以上，全面打赢了倍增突击攻坚战。工业和民品业务签约近6000万美元，实现快速起步发展。非洲分公司、中亚—俄罗斯分公司、中东分公司、亚太分公司4家所属单位签约过亿美元，伊拉克分公司、南苏丹分公司、乍得分公司、阿克纠宾石油机械有限公司、尼日尔子公司、阿克纠宾石油机械联合公司、新加坡华星公司7家境外机构签约超过5000万美元。做好服务保障。中油技开主要领导牵头，深化各层级与中油国际公司、海外上中下游项目公司的服务合作，全年为海外重点项目提供7.9亿美元的综合一体化服务保障，同比增长22%。尼贝管道项目部顾大局保供应，顶住巨大资金压力和众多外部阻力，确保项目管材全部按期发运，争取到概算内全额补偿，为集团公司海外重大项目提供了保障。电泵服务业务继续保持竞争优势，非洲分公司在乍得、尼日尔电泵市场长年保持100%占有率，中东分公司在伊拉克电泵市场份额持续提升，美欧分公司在厄瓜多尔电泵市场创效能力持续增强。中亚—俄罗斯分公司提前高效完成阿姆河项目油管交付，保障甲方天然气增储上产和冬季保供。美欧分公司成功签约加拿大天然气中资项目，实现加拿大市场的历史突破。以中油技开从事出口业务三十周年为契机，向44家供应商赠送合作伙伴牌匾，进一步加强与系统内供应商的战略合作。“双转”战略取得新成效。推进市场区域的全球范围转型，全年与23个国家、地区的57家新客户签约1.69亿美元，新客户签约同比增长282%，其中国内市场签约1.24亿美元、同比增长47%，和13个新客户签约4800多万美元。中东分公司推进“双中心”建设，签约额较2021年实现倍增，为“大中东”发展打下基础。推进业务领域的全面多元转型，进口、转口和内贸业务多点开花，“产品＋服务”、大宗商品、石化和工业民品等业务领域多元化发展。亚太分公司签约SPC油罐检维修项目，推动“产品＋服务”业务向当地工程服务领域延伸。原石化分公司签约巴西化肥项目，非洲分公司签约埃塞俄比亚尿素项目，亚太分公司签约昆仑能源LPG、新加坡燃料油项目，促进中油技开大宗贸易规模发展。原石化分公司签约重整催化剂项目，中东分公司签约平行进口车项目，持续开发石化和工业民品高货值产品。重点项目取得新进展。中亚—俄罗斯分公司按照“225专班”的工作部署，抓好俄罗斯系列项目的投标报价、排产发运、收汇结算等工作，确保项目有序推进，实现量效双增。阿克纠宾石油机械联合公司应对政局动荡、坚戈贬值、人工成本增长等不利因素，强化内部管理，提升服务能力，确保甲方油气生产计划顺利执行。非洲分公司精心组织坦桑尼亚天然气增压改造项目，提前23天竣工交付，实现独立承揽和运作大型装备配套项目的新突破。全力保障乍得电站改扩建项目，中油技开领导亲自指挥督导，增派大批业务骨干到一线执行项目，力保按期完成项目建设。物流分公司发挥专业优势，在优化重大项目物流方案，争取亚欧专线份额，规避关务风险等方面取得实效。

【企业管理】 2022年，中油技开切实强化依法合规治企，开展提质增效行动，夯实管理基础，积极应对环境变化和各类风险挑战。法治建设持续加强。深入贯彻落实集团公司合规管理强化年各项要求，中油技开党委全年专题研究7次法治建设相关工作，召开公司法治工作会，明确“四不签”经营风险防控底线红线。组织开展合规专题培训，干部员工参加集团公司系列培训、考试通过率均达100%，强化全员依法治企、合规经营理念，不断夯实公司法治建设基础，中油技开依法治企的能力进一步增强。在集团公司法治建设检查评审中，取得全集团公司第四名的好成绩，获评集团公司38家“法治建设示范企业”创建单位之一。提质增效取得显著成效。推动落实16项具体行动措施，实施低成本发展战略，大幅压缩办事处经费和五项费用，控本降费超2000万元，通过资金运作提升收益超800万元，解决多个历史疑难“两金”项目，压降“两金”原值14亿元。依法依规使用金融工具对冲汇率风险，及时抓住窗口期办理锁汇结汇，确保项目保值增效。打响现金流攻坚战，“设定收汇目标+重点收汇督办”促流入，“红绿灯管控+设支付限额”控流出，收支同步发力，超额完成考核指标。开展“一企一策”扭亏治理，完成3家境外机构注销流程，法人压减、控亏减亏等控制类指标全面完成。海工平台处置取得突破性进展。在集团公司党组的亲切关怀和大力支持下，在集团公司有关部门的协调帮助下，海工项目部与财务部、物流分公司等单位推进4套海工平台划转工作，年底前签署了平台转让协议，高效完成4套平台的缴税进口，实现4套海工平台账面转让中国石油集团海洋工程有限公司的阶段目标。海工平台划转实现了集团公司整体利益最大化，解决了中油技开多年来的经营难题，对优化中油技开资产结构，聚焦主业经营具有重要意义。管理基础持续夯实。制修订25项制度，充实完善中油技开经营管理的制度体系。开发智赢系统与集团财务共享平台集成功能，实现信息实时共享。着力提升政务管理效率，下大力气控制发文数量，发文总量同比减少17%，下行发文发函数量同比减少50%。实施双周例会制、无会日等措施，公司级会议数量同比减少48%。进一步优化会议流程、缩短会议时间，印发公司决策流程提示卡，规范决策议题提报流程，提高决策效率。质量健康安全环保形势稳中向好。持续加强安全管理，组织开展HSSE大检查，定期对重点办公场所、境外机构和项目开展全覆盖专项检查和视频巡检。全面加强HSSE培训，组织167人参加关键岗位培训班，人员覆盖中油技开领导、中层干部和境外常驻人员。加强质量管理水平，推进“三体系”外部审核全部取得国际知名机构认证，确保安全生产零事故、环境保护和质量控制零事件。突出员工健康管理，优化体检套餐、升级健康小屋、推进心理评估。履行防疫主体责任，落实防控措施，加强线下会议、员工用餐、办公环境的防疫管理和服务保障，动态储备应急药品和防疫物资，确保员工的生命安全和身体健康。

【企业党建工作】 2022年，中油技开党委坚决贯彻党中央和集团公司党组的决策部署，深入落实全面从严治党主体责任。迅速掀起学习党的二十大精神热潮。坚持将学习宣传贯彻党的二十大精神作为首要政治任务，以“一体统筹、两级联学”为思路，研究制定专题学习宣传方案。多形式分层次全覆盖开展学习宣讲，召开学习贯彻党的二十大精神宣讲报告会，领导班子成员深入所在支部、联系支部和分管单位广泛宣讲二十大精神，各级党组织开展50余次学习研讨，掀起“全面学习、全面把握、全面落实”的学习高潮。始终把政治建设摆在首位。坚决贯彻落实党中央和集团公司党组重要决策部署，深刻领悟“两个确立”的决定性意义，增强“四个意识”、坚定“四个自信”、做到“两个维护”。严格落实“第一议题”制度和党委理论学习中心组学习机制，全年党委集中学习习近平总书记重要讲话、重要指示批示精神和重要论述等内容53次，切实以习近平新时代中国特色社会主义思想指导市场经营的各项工作。持续夯实基层党建基础。加强“三基本”建设与“三基”工作有机融合，落实基层党组织任期制，扎实做好18个基层党支部换届选举工作，深化基层党建矩阵式管理模式，对标“四个条例”完成好党建规定动作，保持海内外党组织健全率、按期换届率、党员受教育率“三个100%”和空白班组“清零”目标。高质量完成年度基层党支部考核，研究制定支部委员“四支队伍”考核办法。对26个党员示范岗、14个党员突击队开展专项评述、回头看和重点宣传，推动“两个作用”有效发挥。持续推进党风廉政建设。精准开展政治监督，编制印发“一把手”监督手册、政治生态“八看清单”，“关键少数”廉洁用权、秉公用权意识不断增强。持续加强日常监督和境外监督，数字化赋能、联合监督促效、境外差异化监督同频发力，营造风清气正的政治生态。强化执纪审查，全年线索核查了结率提升40%。开展“反围猎”、违规吃喝、境外腐败等专项治理，推进完善供应商管理机制6项，佣金管理机制4项。开展专项巡察回头看，全面推进问题整改，完成5年巡察规划。丰富完善中油技开企业文化。以喜迎党的二十大和中油技开从事出口业务三十周年为契机，围绕市场营销开展企业文化系列活动，增加员工队伍的凝聚力和向心力。传承大庆精神铁人精神，梳理提炼“讲政治、讲学习、讲团结、讲服务、讲担当”的“五讲”企业文化，讲好中油技开“百人百事”，加大先进典型宣传力度，助力引领公司转型发展。实施青年兴企“四大专项工程”，成立9

个青年工作站，开通“技开青年”社媒公众号，树立“技开青年”良好形象，凝聚奋进高质量发展的青春力量。打造“有温度”的企业，做好对员工的日常关心关爱，加强对家庭困难员工、离退休人员和海外员工家属的走访慰问，全年开展慰问300余人次，在新冠肺炎病毒感染暴发阶段，确保药品和防疫物资第一时间发放到位，让关怀和温暖覆盖每一户员工家庭。

（刘　霞）

中国石油集团渤海石油装备制造有限公司

【概况】 中国石油集团渤海石油装备制造有限公司（简称渤海装备）是集团公司所属全资子公司。2008年4月3日由华北油田、大港油田、中油物装的装备制造企业重组成立，2010年、2012年整合兰州石化、辽河油田的装备制造业务。渤海装备注册在天津滨海新区，依托“一带一路”、京津冀协同发展、长江经济带国家战略，合理规划布局，服务市场需求。

2022年，渤海装备全力推动公司“高质量发展攻坚年”的部署落实和目标实现，生产经营呈现良好发展态势，高质量发展开创新局面，创造超越预期、跨越历史的骄人业绩，扭转2012年以来持续亏损的被动局面，主要指标同比均实现两位数以上的增长，并为未来几年发展打下坚实而又可持续的经营基础。

【市场开发】 2022年，渤海装备内外市场并举，多向发力，签约、收入、回款三项市场指标超额完成，有力支撑年度目标任务完成，牢牢掌握发展主动权。服务保障集团公司内部市场。总计签约62.1亿元，同比增长19.4%。精准聚焦客户需求，加强集采工作统筹，19项产品参加集采招标全部入围，中标率同比提高22%；油套管优分量、抢增量，获取工作量42.7万吨，井口、隔热管、钻机改造、钻杆租赁等实现有效提升。巩固拓展集团公司外部市场。签约91.8亿元，同比增长17.6%，占比达60%。在国家管网集团年度框架招标中取得优异成绩，市场占有率超过40%，获64.6万吨优质钢管订单；国际市场在东南亚、非洲、中东及北美地区实现新突破，总计获取工作量4.4亿元，同比提升33.8%。服务转型取得新突破，实现收入21.24亿元，同比增长30.8%，收入占比达15.3%，超额完成集团公司考核目标。五大业务围绕用户需求深化服务转型，实现新发展，采油装备注采修一体化服务、拓展成效突出，支撑企业扭亏为盈。

【生产保供】 2022年，渤海装备聚焦集团公司“增储上产”物资装备和国家能源管道建设需求，统筹“产供销储运”，优化生产组织，高效配置资源，实现保供能力和保供水平迈上新台阶，全年完成产值144亿元，同比增长22.75%，获集团公司生产经营先进单位称号。产品产量稳中有增，保障主业发展与重点管道建设。18种主要产品产量全部实现增长，6种创历史纪录，“输送管＋油套管”产量达141万吨、同比增长4.3%，为国家管网集团供应钢管64万吨，支撑国脉工程建设；坚持以销定产，实施大排产，高质量保供专用管31万吨、钻杆2.7万吨、螺杆钻具2233套、抽油机935台套、抽油杆508万米、抽油泵2万台、潜油电泵776台，改造钻机15部，有力支撑油气主业勘探开发。围绕保供质量和能力的综合提升，精益生产管理与项目建设实现新进展。实施11个生产线精益改造提升项目，电泵项目达到主体投产条件，具备国内领先水平；中小口径直缝焊管项目抢抓市场机遇，完成批复并启动建设；抽油泵项目按照国内领先标准，推动改造提升，完成可研编制。光伏发电全面启动，青县园区和福建基地光伏项目投产运行，实现并网装机容量12兆瓦。突出重点，优化生产全过程成本管控取得新成效。对物采、协作、运输等重大成本实施全过程精益管控，提质增效6.69亿元，其中物采降本5.93亿元、物流运输降本4928万元、外协降本2720万元。

【经营管理】 2022年，渤海装备落实集团公司“四精”理念、低成本发展战略举措，全方位抓好推动落实，实现提质增效15亿元，产品综合毛利率同比提升0.79个百分点。深化改革降控非经营费用取得成效。主动作为，自我加压，对非经营费用实施“两分一合”管控机制，非经营费用同比降低7225万元，降控第三方用工费用1806万元；创新管理，及时优化调整中成装备公司，实现改革创效，降费50%。治亏与降“存量”专项攻坚取得阶段性成效。实施“一企一策”推进亏损企业治理，亏损面和亏损额实现双下降；建立压控测算模型，实行清单销项管理，在保供集中、收入大增情况下，完成“两金”压降任务；深化资产分类管理，盘活冗资，处理不良存货 2.3 亿元，清收历史欠款 11.6 亿元，任丘南院和辽滨基地土地达成政府收储目标。资金运行管理取得新成效。严格以收定支，科学筹划调配，有效保障生产经营运行，实现自由现金流 1.16 亿元，连续 4 年为正，贷款全部还清，获增值税留抵退税 3.96 亿元。

【科技质量】 2022 年，渤海装备落实科技自立自强要求，研发投入 8106 万元，同比增长 69，投入强度 0.58%，超额完成集团公司下达指标，集团公司“钻具及一体化应用技术研发中心”在渤海装备挂牌成立，实施 60 项科技项目，计划进度完成率 95%，攻克一批装备制造技术瓶颈，解决不少油气勘探开发生产现场技术难题。科技研发与应用取得一批重要成果。形成新技术新产品 23 项，13 项科技成果通过省部级鉴定，4 项产品 15 个规格通过集团公司自主创新重要产品认定评审，6 项产品列入集团公司重大技术装备首台套目录。重点推广应用 35 项新技术新产品，创收 7.55 亿元。申请并获受理专利 60 件（发明专利占比 96%），认定技术秘密 6 项，开展制修订标准 21 项。产品质量稳中有升。深化质量体系运行和精品打造，严格质量责任追究，开展“强基础、控风险、大检查”质量专项活动，开展产品质量检视活动，各项质量指标均高于计划指标，保持 API、3C、特种设备制造许可证书等持续有效，获全国质量信得过班组 2 个、集团公司 QC 成果一等奖 1 项、天津市优秀 QC 成果奖 9 项，科技质量降本 1452 万元。数字信息化建设水平持续提升。实施管件厂 MES 系统、专用管数字化螺纹检测系统、电泵远程监控系统智能提升等 5 项信息化建设项目，推进生产经营现场信息化数字化水平持续提升，巨龙钢管公司获工信部智能制造示范工厂称号。

【改革创新】 2022 年，渤海装备持续深化改革创新和企业治理，合规能力和发展动力不断增强。企业法治合规建设得到强化提升。深入学习贯彻习近平法治思想，全面落实领导人员法治建设职责和法治考试，强化以案促改，加强全员法治教育培训，法治意识、法治能力得到全面提升。认真落实集团公司加强合规管理系列部署和要求，深化合规问题整改，制定方案，完善制度，全面修订《合同管理办法》，合规管理进一步改进提升。国企改革双百行动与对标管理提升任务收官。公司 60 项改革具体任务全部提前完成，对照标准，优化整改，补短提长，对标管理提升行动任务推进进度和成果完成率均达到 100%。强化价值型股权管理，完成 4 家合资企业的股权调整，平稳有序推进卡麦龙阀门公司、华油一机油井管公司股权变更。绩效考核和人才改革更加精准。实施净利润贡献奖励、销售奖金提成激励等个性化考核机制，进一步进发企业内生动力，全员劳动生产率同比提升 24%。实施专业技术岗位序列改革，选聘新一期企业高级专家 10 人、一级工程师 15 人；新选聘 4 名集团公司技能专家，高质量承办集团公司首届数控车工技能竞赛并取得优异成绩。积极寻求契合点，加快绿色低碳装备产业发展迈出坚实步伐。新能源业务收入 6953 万元。地热潜油电泵机组在现场得到良好应用，绿电储能锅炉在油田生产现场得到规模化应用。掺氢输送用管获批量订单，纯氢长输关键技术研究和应用在河北省科研立项。

【安全环保】 2022 年，渤海装备安全、环保、新冠肺炎疫情防控工作整体平稳运行，全面完成集团公司下达的安全环保与节能减排指标，实现技措节能量 305 吨标煤，技措节水量 2482 立方米，安全环保基础夯实工作迈入新进程。上下结合，进一步抓实安全环保风险防控和隐患治理。年度识别安全危害因素 9612 项、职业健康危害因素 512 项、环境危害因素 1013 项，制定下发各类安全环保风险提示 1329 次。落实国务院和集团公司 15 条措施，实施“学备考用”专项活动，开展“三个一画像”，基层现场实现检查全覆盖，整改安全问题隐患 3127 项。深化环保治理，14 个污水排放口达标排放，重点地块土壤和地下水污染风险全面受控。强化责任落实，进一步深化体系运行和员工培训考核。上下半年各开展一次内审，突出个性化，审核发现整改问题 679 项，圆满通过外审；组织各类安全培训 13000 人次，员工安全意识和技能得到加强提升。强化安全环保工作日常督查考核，狠抓全员安全生产记分，记分处理 70 人。坚持属地政策，从严抓实新冠肺炎疫情防控。坚持每周召开疫情防控领导会议，分区分类及时动态调整、完善公司防控策略与举措，有序抓好各厂区突发疫情封控应对，平稳转段，员工疫苗接种率达 99.6%，实现员工健康和工作生活两不误。

【企业党建工作】 2022 年，渤海装备出台系列强化基层党建制度办法，发布党建品牌创建三年行动方案，深化基层党建“三基本”与“三基”工作有机融合，持续建强基层组织，举办党支部书记大轮训 3 期，基层战斗堡垒不断夯实。宣传思想工作成效显著，深化“转勇强创”主题教育，组织 3 期“管理提升大讲堂”，开展“订单式”宣讲 13 场次、两级党委中心组学习研讨169次、强管理现场大讨论157场次，促进生产经营各项工作有力开展。持续深化全面从严治党，推进政治监督具体化、精准化、常态化。一体推进“三不腐”体制机制建设，出台渤海装备贯彻落实中央八项规定精神的实施办法，开展“违规吃喝”“反围猎”专项行动，持之以恒纠“四风”树新风，“接力巡”实现全覆盖，完善制度28项，用好“四种形态”，打造“清廉渤装”文化品牌，风清气正政治生态进一步巩固。持续加强宣传引导，意识形态管控扎实有力，围绕迎接学习宣传贯彻党的二十大，用好各种媒体，拓展宣传深度，发布新闻稿件2900余篇，同比增长6.8%，认真做好党的二十大期间各项工作，及时收看收听、学习贯彻会议精神。积极实施文化引领战略，制定公司文化引领专项方案，大力弘扬石油精神和大庆精神铁人精神。两级群团组织融入中心，联动开展“抓保强创”劳动竞赛、“双联双争三服务”“巾帼建功”、困难帮扶等活动，汇聚全员智慧力量，投身到高质量发展攻坚。

（王迪娜　刘　语）

宝鸡石油机械有限责任公司

【概况】 宝鸡石油机械有限责任公司（简称宝石机械）前身是始建于1937年的陇海铁路管理局宝鸡机车修理厂，1953年划转石油系统，2002年改制成立有限责任公司，2008年成为集团公司独资设立的一人有限责任公司。经过86年的发展，成为集研发、制造、集成、销售、服务为一体的综合性油气钻采装备企业。

宝石机械是国家油气钻井装备工程技术研究中心依托单位，承担全国石油钻采设备和工具标准化技术委员会钻机标准化工作部、海洋石油钻采设备标准化工作部秘书处工作，建有博士后科研工作站。截至2022年底，累计承担国家及省部级科研项目120项，获国家级和省部级科技奖项179项，获授权专利1604件，制修订各类标准639项。

宝石机械产品覆盖50多个类别、1000多个品种规格，主导产品包括1000—12000米全井深、全天候、全地貌石油钻机系列，700—7000型系列压裂设备，500—3000马力系列钻井泵，海洋钻井系统、修井机、甲板设备、水下装备，重要场合用钢丝绳、吊索具，系列钻头、井口井控设备，油田工程车辆，电气电控设备等。15大类56项产品获美国石油学会API会标使用权。具备年产钻机100套以上、钻井泵及泵组800台、钢丝绳10万吨、压裂设备150台、钻头3万只的能力。

宝石机械秉持“感悟客户需求，超越客户期待”的营销理念，推进专业化、数字化、一体化的“大营销”“大服务”体系建设，推行全生命周期服务模式，产品远销80多个国家和地区，建成投运国内14个维保服务共享中心、国外5个维保服务站点，形成国内热点区块、国际主产油区全覆盖的终端服务网络。

宝石机械主要生产经营指标

指　标	2022年	2021年
钻机（套）	47	65
钻井泵及泵组（台套）	509	253
三牙轮钻头（只）	1888	3837
金刚石复合钻头（只）	310	202
钢丝绳（吨）	103318	95988
井口装置（套）	3102	1797
压裂车（台）	84	14
特种车辆（台）	118	130
电气控制设备（套）	129	92
宝石电气开关柜（台）	720	120
签订合同额（亿元）	98.81	101.36
收入（亿元）	70.64	60.65
利润（亿元）	0.48	0.48
税费（亿元）	2.37	2.19

2022年底，宝石机械下设10个职能处室、3个直属机构、16个二级单位，本部位于陕西省宝鸡市，成员企业分布在咸阳、成都、西安、北京、广汉等

地。员工总数 5263 人，主要生产设备 3500 余台套，总占地面积 250 万平方米，总资产 108.59 亿元。

2022 年，宝石机械坚持强化战略引领，创新发展举措，推动公司高质量发展，全力推进“十四五”战略规划落地落实：实现营业收入 70.64 亿元、同比增长 16.47%、创近十年新高，经济增加值（EVA）2.69 亿元，净利润 4828 万元、超额完成集团公司下达指标，新增订货 80.12 亿元，回收货款 61.24 亿元。主要指标超出预期，安全环保形势平稳向好，精准开展专项防控，及时启动驻厂生产，最大限度减少新冠肺炎疫情对生产经营的影响，产品质量稳步提升，员工队伍保持和谐稳定。

【技术创新】 2022 年，宝石机械坚持科技创新、多措并举推动高水平科技自立自强。承担的万米级智能钻机研发、大功率智能电驱压裂装备关键技术研究等重大项目有序推进；全井场设备静音型 8000 米自动化钻机、双单根立柱管柱自动化快移钻机等 36 项新产品接连问世；电驱压裂控制系统完成了“一键式”控制和故障模拟试验；气井带压作业机攻克了远程控制技术，实现了作业现场少人化；140 兆帕防喷器高强韧承压件新材料研究取得重大突破；压裂设备测试中心建成投用，行业领先的核心竞争力稳步提升。获授权专利 65 件，其中发明专利 62 件、创历史新高，“一种旋转型锁块式钻井隔水管连接器”专利获第二十三届中国专利优秀奖；制修订标准 16 项，其中《柱塞泵用氧化物陶瓷柱塞》等国家标准 6 项、行业标准 4 项、集团企业标准 2 项、团体标准 4 项。5000 型电驱压裂橇等 2 项新产品列入集团公司首台套重大技术装备目录；“一键式”人机交互 7000 米自动化钻机等 5 项新产品纳入集团公司重大技术装备推广应用计划。

【新能源业务】 2022 年，宝石机械持续壮大育强新能源业务。成立新能源绿色低碳发展领导小组和专项工作小组，组建新能源事业部，全力保障新能源业务顺利推进。“百方级规模碱性电解水制绿氢工艺技术中试放大研究”等 3 项集团公司新能源领域重点课题持续推进，1000 标方碱性水电解制氢装置完成技术引进，全球首台钻井混合储能系统下线并进入工业性试验，井场低碳能源供给与多重节能控制系统等实现推广应用。

【海洋高端业务】 2022 年，宝石机械稳步推进海洋高端业务。开展水下修井系统、无隔水管泥浆循环系统等研发，单根与卡盘伸缩节等隔水管部件、船用高强度压实股超长钢丝绳等产品国产化替代取得突破，国内首套 1500 米海底铺缆系统通过出厂验收，水下液压连接器成功交付。

【油气田增产增效服务】 2022 年，宝石机械加快开展油气田增产增效服务业务。成立宝石丰泰公司，以合资合作方式引进技术，同步回转排水采气装置在长庆油田实现单井日均增产 3400 立方米以上，累计为长庆油田增产气量 4317 万立方米，创收 1280 万元，油气田增产增效服务业务有望成为宝石机械效益增长的重要一极。

【市场开发】 2022 年，宝石机械紧抓营销服务不放松。在坚决保障集团公司内部需求的同时全力拓展外部市场，创造了多个第一：8000 米自动化钻机首次出国作业，钻井泵首次批量出口德国，金刚石钻头、高强度镀锌钢丝绳、冲砂修井机等产品首次挺进中东、美洲等地；压裂设备社会市场订货首破 10 亿元“关口”；国内首套深水控压钻井设备、风电勘察钻探系统、机械水泥头等新产品走向市场取得订单，业务链条向海洋新能源、海洋工程服务等领域延展。出台实施《服务型制造转型指导意见》，优化“售租服”并举模式，租赁订货 3.4 亿元、同比增长 25%，服务类收入 19.88 亿元、同比增长 26.87%。上榜“2022 中国品牌价值评价信息”，闪亮登场“海博会”，参加阿布扎比国际石油展；相继开展了固控设备、钢丝绳、自动化钻机线上直播，在线观看 7 万余人次，收到国内外 30 余个重点客户信息反馈，公司品牌影响力持续扩大。

【产品生产】 2022 年，宝石机械切实提升保供履约能力。执行产品定级制度，科学储备、加强协调、定期反馈，与上年同期相比，钻机上井场周期缩短 7%、组装调试周期缩短 12.5%。“一键式”自动化钻机、乌干达钻机、尼日利亚钻机、阿曼钻机等项目及时高效交付，“一键式”自动化钻机刷新国家级页岩油重点项目胜利油田牛页一区试验井组最快开钻纪录。全年产出钻机 47 台、钻井泵及泵组 509 台、钢丝绳 10.33 万吨、压裂设备 101 台、带压作业机 18 台。

【安全生产】 2022 年，宝石机械坚决筑牢安全环保屏障。QHSE 体系建设深入推进，双重预防机制运行顺畅，国际业务社会安全管理体系五维绩效考核首次跨入“卓越级”，“四不两直”检查、专项排查整治等多措并举，筑牢了本质安全基础。西安宝美电气工业有限公司与宝石机械钻机分公司获评集团公司健康企业建设达标单位。环保设备设施和污染源在线监控率 100%，危废合规处置率 100%，宝石机械获中国绿化基金会“我为碳中和种棵树”公益活动最佳组织奖。

【质量管理】 2022年，宝石机械推进质量管理。实施11项质量提升改进计划，加大质量问题追责问责力度，产品出厂合格率100%，产品一次交检合格率99.86%，推广应用自动化智能化检测技术，探伤、计量、理化检测等专项业务检测效率提升30%以上。对采购和外协产品增设质量检测停留点，促进供应商质量管理水平及产品质量提升。

【数字化转型智能化发展】 2022年，宝石机械推进数字化转型智能化发展。“三个系统、一个平台”软硬件建设同步推进，11个子场景均进入软件开发攻坚阶段并逐步推广应用，新型数字化能力加快迭代。强化MES、ERP、PDM等系统集成应用，实现了跨部门业务协同与跨系统数据协同。11个精益生产单元和自动化产线建设稳步推进，加工、焊接、打磨、组装等生产作业现场数字化、智能化改造力度持续加大，5G无线网络覆盖宝石机械本部全域。

【精益管理】 2022年，宝石机械着力提升全价值链精益管理水平，精益管理“五年三步走”战略规划顺利收官。持续围绕6S、目视化、TPM、班组管理、持续改善五方面内容开展精益管理工作，完成三级精益改善项目1032项，完成钻机及部件的设计指导书、技术协议等标准化模板140余份。加强源头预防及过程管控，钻机整改项平均减少35%。推行框架协议采购、代储代销等方式，实现采购降本1.13亿元。

【深化改革】 2022年，宝石机械深化改革激发企业发展活力。国企改革三年行动67项任务收官，厂办大集体改革全面完成。三项制度改革逐步深入，精简二级机构3个、三级机构12个，降幅均超10%。梳理发布公司现行有效规章制度267项，提质增效价值创造行动实现直接效益2.15亿元。在“两金”管控上压存量、控增量，应收账款清收力度持续加大，存货余额较年初降低9.66%。推进电子合同应用，事后合同、线下合同发生率明显降低。通过合资合作、产品技术升级等方式，巩固亏损企业治理成果。科技经费管理办法落地实施，科技完全项目制管理首批两个项目试点推进，科研项目管理流程与研发效率得到双优化。

【文化引领】 2022年，宝石机械贯彻集团公司“文化引领”战略举措。开展内涵丰富的庆祝建厂85周年系列活动，举办生产经营、文化宣传、体育比赛三大类17项活动，增强了企业活力，凝聚了员工合力。修订新版《企业文化手册》，整合提炼企业文化体系，改造厂史展厅、产品展厅，全员以厂为荣的自豪感、以厂为家的归属感大幅提升。

【企业党建工作】 2022年，宝石机械深入推进党的领导和公司治理有机融合。认真做好党的二十大迎接和学习贯彻工作，常态化开展四史相关内容学习，严格落实“第一议题”制度，党委理论学习中心组集体学习19次，专题研讨16次。着力推进“一党委一亮点”“一纪委一特色”等工程与提质增效专项行动、“转观念、勇担当、新征程、创一流”主题教育相结合，确保党建引领生产经营不偏离。基层党建“三基本”建设与“三基”工作深度融合，党委书记讲党课入脑入心，基层基础工作更加坚实，基层党建工作水平有效提升。严格落实中央八项规定精神，常态化纠治“四风”，全力抓好集团公司巡视反馈问题整改，实现党的十九大后新一轮巡察工作全覆盖，同时设立派驻新区纪检组，管党治党责任进一步压紧压实。公司级民生工程稳步推进，新区停车场投入使用，东厂小区改造、食堂改造加速进行，住宅楼产权证办理取得阶段性成果。“人才强企工程推进年”14项活动推进有力，涌现出“央企攻坚工程一期突出贡献团队”7000米自动化钻机研制与应用团队、“集团公司劳模和工匠人才创新工作室”商杰创新工作室等典型团队及“第21届全国青年岗位能手标兵”安浩等先进个人，队伍建设成效显著。

（孙艳超）

宝鸡石油钢管有限责任公司

【概况】 宝鸡石油钢管有限责任公司（简称宝鸡钢管）前身是始建于1958年的宝鸡钢管厂，是中国“一五”期间156个重点建设项目之一，是中国第一个大口径螺旋埋弧焊管生产厂家，是中国规模大、品种全、市场占有率高的专业化焊管企业。

宝鸡钢管主要为国内外油气长输管道建设和油气勘探开发提供钢管装备的研发、制造、服务与保障，产品覆盖油气输送管、油套管、连续管、管材防腐、焊接材料和钢管辅料等多个领域，形成输送管、油套管、连续管和技术服务“四大业务”。24种产品取得API认证，10种产品获“中国石油装备”背书品牌。钢管综合产能196万吨。截至2022年底，累计生产输送管2212万吨、33万千米，铺设重点管线200余条；生产专用管550万吨、连续管6.6万吨，产品出口至美国、加拿大、俄罗斯、印度、沙特阿拉伯、荷兰、土库曼斯坦、哥伦比亚等40多个国家和地区。

宝鸡钢管技术实力雄厚，是我国焊接钢管生产工艺研究、试验检测和科技情报中心，是国家和行业标准起草单位，也是国家级创新型企业和国家火炬计划重点高新技术企业。2014年建成行业唯一的国家油气管材工程技术研究中心。

宝鸡钢管总部位于陕西省宝鸡市，2022年底，资产总额82.67亿元，员工4446人；设机关处室10个、直属机构2个，所属二级单位13个（9个全资企业、2个控股企业和销售总公司、钢管研究院），分布在中国东北、华北、华东、西北、西南和新疆“六大发展区域”，形成“十个生产基地、四个出海通道”。

2022年，宝鸡钢管围绕“管理创新年”总体部署，统筹推进生产经营、改革发展各项工作，有效应对各类冲击挑战，拓市场、稳运行、强改革、促转型、防风险、增实力。全年钢管订货量159.6万吨，同比增长13.6%；钢管产量148.1万吨，同比增长17.8%；钢管销量149.5万吨，同比增长10%；营业收入106.2亿元，同比增长22.9%；上缴税费2.9亿元，同比增长62%。

宝鸡钢管主要生产经营指标

指　标	2022年	2021年
钢管签约额（亿元）	124.9	106.6
钢管订货量（万吨）	159.6	140.5
钢管产量（万吨）	148.1	125.8
钢管销量（万吨）	149.5	136.5
收入（亿元）	106.2	86.4
利润（亿元）	1.27	0.54
税费（亿元）	2.9	1.8

【产品生产】 2022年，宝鸡钢管聚焦服务保障主责主业，不断健全完善精益生产长效机制，优化生产组织，抓好生产保供，强化生产保障，多途径打通生产发运堵点，“站排头，争第一”，全年生产钢管148.1万吨，其中输送管105.1万吨、专用管41.7万吨、连续管1.3万吨，保证了国家管网集团国脉建设、国家能源安全和地方重要民生建设项目。所属二级单位中油宝世顺（秦皇岛）钢管有限公司年产量、防腐量、发运量继续保持高水平；辽阳石油钢管制造有限公司机组作业率保持90%以上；宝鸡石油输送管有限公司首创内焊“两步法”生产，产出率提高19.8%；宝鸡石油钢管有限责任公司连续油管分公司生产效率提高20%，连续6个月刷新月产量历史纪录；宝鸡石油钢管有限责任公司西安石油专用管分公司推进“8+8”生产模式，创新“AMA”合作模式和“长线短用”生产方式，产能提升14%，为长庆油田、青海油田、玉门油田等直达配送专用管23.1万吨。

【技术创新】 2022年，宝鸡钢管加强“产学研用”融合创新平台建设，成功申报陕西省“共性技术研发平台”和“技术创新中心”，科技支撑能力进一步增强。开展重点课题研究，先后承担“深海油气资源输送用先进双金属复合管开发和产业化”等2项国家重点研发课题，集团公司前瞻基础性技术攻关项目“井下大功率电加热器研制”，以及油田地面集输油用柔性复合管开发等14项省部级科技项目，获省部级奖励11项。着力攻克行业核心关键技术，在应用领域取得“两个世界首发”“两个国内第一”，3项产品通过鉴定，7项成果被认定为集团公司自主创新重要产品。全球最高强度CT150连续管为新疆油田超深井、大位移水平井等作业提供新的“技术利器”，世界首盘超级18Cr不锈钢连续管在吉林油田CCUS项目应用；成功下线国内首盘长度8500米、CT130超高强度变壁厚连续管，以及国内最长内置铠装热电偶连续管。研制出纯氢输送、超临界/密相CO_2输送用HFW焊管等新能源管材和N80钢级中大口径焊接表层套管，打造了系列上游增储上产利器。

【市场开发】 2022年，宝鸡钢管贯彻落实集团公司市场营销工作会、装备制造企业市场营销座谈会精神，精心经略营销链，扩大上游勘探开发市场，巩固国家管网市场，拓展民生建设市场，实现订货量159.6万吨，初步形成“三分天下”的市场格局。上游市场着力服务和保障油气田重点产能建设，取得专用管订单45万吨，其中争取BJC–Ⅱ特殊扣首台套5.9万吨。连续管开展“连续管+”技术营销和服务营销，实现订货1.3万吨，同比增长30%。国家管网市场成功运作“主力投标企业+区域生产基地”投标策略及模式，确保宝鸡钢管三大产品、五家企业全部入围，获西气东输三线中段、西气东输四线、川气东送二线等项目高品质订单60.1万吨，同比增长97%。民生建设市场对标对表民企，提高反应速度，斩获开封—周口天然气管道工程等订单37.5万吨。12月，市场营销部门周密部署、精心运作，全月创纪录回款30.3亿元。

【安全生产】 2022年，宝鸡钢管推进安全生产三年行动专项整治，建立安全环保形势月度分析机制，落实安全生产承包点制度，修订QHSE体系和全员安全生产责任清单。以国务院安全生产“十五条硬措施”为遵循，常态化开展“四不两直”检查，抓实“四全”管理，严格“四查”要求。加强生态环境隐患排查治理，确保固废合规处置，废气废水噪声达标排放，受到各级督导组充分肯定。资阳公司通过四川省和集团公司健康企业达标验收，宝世威公司被评为“上海市健康单位”。

【质量管理】 2022年，宝鸡钢管完善质量体系，压实质量考核责任，开展“一体化”内审，快速响应用户反馈意见。建立公司产品标准目录，制定重点管线产品质量内控标准，实施质量提升99项，主要产品成材率均高于目标值。主导产品被评为“集团公司优势产品”“中国石油石化装备制造企业名牌产品”和“陕西省工业精品”。开展QC活动课题73项，创效700余万元。

【提质增效】 2022年，宝鸡钢管深化推进“提质增效价值创造行动”，“一企一策一案”打好亏损治理“组合拳”，亏损额、亏损面分别下降75%、70%，净利润同比大幅攀升。开展“两金专项清理行动”，压库清欠，清收以前年度应收账款9.2亿元，压降以前年度发出未结11.8万吨、库存待发9.4万吨，法律清欠近9000万元。实施生产分厂定额管理和目标成本管理，降主材、降消耗、降能源，控制非生产性费用，清理低效无效及闲置资产990项、近2000万元。全年净资产收益率和营业收入利润率分别为1.81%、0.64%，分别同比增加0.91和0.08个百分点。科学研判原料价格走势，所属二级单位输送管、宝专管、连续管前瞻性低位锁定原料，从源头上提质增效。争取政策创效，实现增值税留抵退税1.63亿元，办理新冠肺炎疫情期间房产、土地税减免524万元；实现研发费用加计扣除3213万元，同比增长59.6%；争取科技经费支持近1.15亿元，各类政策补贴4491万元。

【改革创新】 2022年，宝鸡钢管推动国企改革三年行动落地见效，如期高质量完成61项改革任务，细化提升34项举措并持续推进。推行职能综合化的“大部门”制改革，将本部处室由11个压减为10个，直属机构由3个压减为2个；优化调整二级单位三级机构设置，将相关本部部门一律优化整合到5个以内。提拔交流干部36人，干部年龄结构、专业结构得到根本改善。深化三项制度改革，将技术人员双序列向基层延伸，向纵深推进，在基层单位评聘一级工程师，激发一线科技人员工作积极性、主动性。创造性地在营销领域探索双序列改革试点，评聘高级营销专家3名、营销专家12名，以订单论英雄，靠业绩拿薪酬，激活营销队伍动力活力。成立技师（班组长）协会，在技能人才中开展21项一线生产难题攻关，打通人才成长通道。有效解决剥离企业办社会历史遗留问题，推进厂办大集体改革，完成收尾工作。

【风险防控】 2022年，宝鸡钢管开展“合规管理强化年”各项工作，推进落实“严格财经纪律、依法合规经营”综合治理专项行动，健全法律、业务、监督部门协作机制，强化全员依法合规培训，开展经济责任和专项审计，发现问题68项，提出审计意见及建议32条，狠抓落实整改，堵塞管理漏洞，推进企业依法合规运营。

（娄喆雄）

中国石油集团济柴动力有限公司

【概况】 中国石油集团济柴动力有限公司（简称济柴）始建于1920年，是集团公司下属唯一动力装备研发制造服务企业，是国家级企业技术中心、高新技术企业，集团公司动力装备试验基地、科技先进单位，山东省高端装备领军企业、瞪羚企业。全国燃气发电设备标准化标委会、钻采设备标准化委员会、燃气发动机标准化标委会工作组均设在济柴。

历经百年发展，济柴形成以发动机、压缩机为主导，延伸燃气动力集成、动力电气控制等多板块动力装备家族。其中发动机开发出涵盖140毫米、175毫米、190毫米、200毫米、260毫米、270毫米、320毫米等7大缸径系列，适用于柴油、重油、天然气、煤层气等多种燃料介质的产品集群，产品功率范围覆盖200—6300千瓦，可广泛应用于油气产业上中下游、社会、船舶、军用等多个领域；压缩机已形成整体式、电驱分体式、燃气分体式、气体钻井式、车载移动式五大类别，适用于天然气、煤层气、页岩气、LNG等多种工作介质的产品集群，产品功率范围涵盖85—7500千瓦，排气压力覆盖15—70兆帕，可广泛应用于油田集气、加气、气举、钻井、储气库、CCUS等多个领域。

2022年底，济柴参股公司1个（中国石油集团资本股份有限公司，参股1.91%）。有山东济南、四川成都、新疆库尔勒、河北青县、内蒙古乌审旗、湖北武汉6个生产服务基地。有各类主要生产检测设备3395台套，其中“精、大、稀”设备114台套，总资产47.6亿元，在岗员工2025人。

2022年，济柴着力提质量、增效益、促改革、防风险，继续保持“零疫情”，完成集团公司下达的考核指标，经营业绩为2012年以来最好水平。

济柴主要生产经营指标

指　标	2022年	2021年
内燃机（台）	1613	1115
天然气压缩机（台）	122	100
签订合同额（亿元）	27.5	26.97
收入（亿元）	23.4	20.3
利润（亿元）	3110	2619
税费（亿元）	0.9	0.77

【市场开发】 2022年，济柴内部市场收入17.7亿元、增长52.4%。海外市场收入2.4亿元、增长114.1%，签约红石项目2.4亿元大缸径产品订单，在俄罗斯市场取得重大突破。外部市场亮点纷呈，中标中国石化钻井动力集采项目，收入超过1.2亿元，创2016年以来最好水平；在燃气发电需求断崖下滑的形势下，成功开发淮南矿业集团、焦作煤业集团等优质客户。压缩机业务收入12.1亿元、增长30.8%，产品首次应用于中国海油钻井平台；发动机业务收入10.5亿元、增长6.1%；新能源业务收入近8000万元，实现零突破。

【技术创新】 2022年，济柴超临界二氧化碳注气压缩机组等4款产品通过集团公司自主创新重要产品认定，16缸V型260毫米缸径气体发电机组等4款产品入选集团公司首台套重大技术装备目录，燃烧系统依赖进口等6项“卡脖子”问题得到有效解决，2款压缩机产品、1个发动机研发团队获省部级奖励。稳步推进数字化转型智能化建设，实施产品装配信息化项目，生产效率得到提升；完善产品远程监控系统，服务支持能力得到加强。济柴获评山东省瞪羚企业，入选工信部新一代信息技术与制造业融合发展试点示范名单。

【产品生产】 2022年，济柴加强资源统筹，灵活组织生产，特殊时段闭环驻厂工作，全力克服供电紧张、新冠肺炎疫情封控等不利因素，下线产品总功率107.1万千瓦、增长18.4%。聚焦稳链强链，对5637种零部件开发第二供应商，推进43家供应商直购转寄售，清退多年无动态供应商129家，供应链效率、质量、成本实现“两升一降”。加强设备管理，健全完善保养标准，明确三级管理职责，维保责任得到压紧压实。

【深化改革】 2022年，济柴完成国企改革三年行动，工作成效得到集团公司2次点名表扬，3篇案例被集团公司收录。在热工分公司、传动与应急动力事业部试点自主经营，效果达到预期；建立内部市场化交易结算机制，成本压降得到有效落实。推进三项制度改革，减少二级机构3个，压减用工编制6.5%；试点员工末位交流、岗位竞聘，中层干部任期制和契约化管理全面落地，管理人员竞争上岗和不胜任退出机制有序运行；平稳实施薪酬结构优化，员工浮动工资占比超过50%；全员劳动生产率达25.14万元/人，同比提升7%。

【转型发展】 2022年，济柴坚持向绿色低碳转型，成立新能源科技分公司，多点孵化、重点培育战略性新兴业务。中标吐哈油田8700万元电化学储能项目，实现零的突破；参与集团公司CCUS示范工程，推出新一代超临界二氧化碳压缩机组；研制智能加油机器人，现场试用效果良好；建设1兆瓦储能电站和8.8兆瓦分布式光伏发电项目，实现生产用能绿色替代。坚持向服务型制造转型，基本建成覆盖国内油气主产区的2小时服务圈；发动机租赁服务、总包服务受到用户青睐，西部钻探租用140产品超过200台，规模总量超过前期之和；“气代油”钻井总包服务在苏里格气田、松辽盆地初具规模，140 产品应用数量已接近百台；压缩机钻采服务在西南油气田、吐哈油田、青海油田等广泛应用，收入近 3800 万元；再制造服务承揽渤海钻探、川庆钻探订单近 1300 万元。全年服务收入突破 6 亿元、增长 33%。

【提质增效】 2022 年，济柴坚持低成本发展，以研发、采购降本为抓手，全力压降成本近 1 亿元，产品综合毛利率提升 1.5 个百分点。开展资产创效，创造性招租引商，盘活闲置厂房 8675 平方米，年租金收入 240 余万元，减少库存资金占用 435 万元。推进试验机商品化销售，加强呆滞主机拆解利用，开展零部件修旧利废，压降库存近 3700 万元，低效无效库存占比下降至 8.5%。严格执行应收账款专班、专人、专项“三专”管理，将压降效果与领导干部个人考核、班子奖惩兑现、单位资金计划紧密挂钩，全力清存量、防增量。社会单位欠款下降 30%，一年以上欠款下降 31%，为近年来最好水平。加强扶持政策研究利用，收到各类财政资金近 4000 万元。

【精益管理】 2022 年，济柴优化完善“三重一大”决策机制，严格落实重大涉法事项法律论证要求。强化案件全链条管理，新发被诉案件下降 50%。开展“合规管理强化年”专项工作，编制合规责任清单 89 份，制修订管理制度 65 项，优化完善主重要业务流程 6 项。加强合规经营，解决 1.31 亿元历史遗留问题；开展招标问题专项整治，招标率由 65% 提升至 82%，创历史新高。持续深化安全生产大检查，严格落实十五条硬措施，推进安全生产记分、班组 HSE 标准化建设提升、安全生产专项整治三年行动等重点工作，济柴连续 5 年荣获集团公司质量安全环保先进单位。狠抓工艺纪律监督检查，开展采购件自制件质量问题“歼灭战”，实施班组完工质量“一对一”帮扶，加强生产全过程质量管控，外部质量问题下降 28%。

【企业党建工作】 2022 年，济柴开展“建功新时代、喜迎二十大”主题系列活动，组织全体干部员工收看大会盛况，举办学习贯彻宣讲报告会，开设专题专栏宣传报道。坚持以党的二十大精神为指引，集思广益研讨谋划当前及今后一个时期的重点工作。构建基层党支部“六位一体”考评体系，推行基层党组织书记季度、年度述职，组织开展党建经验专题交流，连续 3 年获集团公司党建工作责任制考核 A 级。培养选拔 40 岁以下年轻干部 32 人，开展干部轮岗交流、异地交流、挂职锻炼 68 人次，选人用人工作总体评价“好”的比率同比上升 5.4%。搭建专业技术、技能操作、经营管理三类人才成长体系，选拔技术、技能、管理专业骨干 178 人。扎实整改党组巡视反馈、经济责任审计反馈各项问题，完成率分别达到 87.2% 和 98.9%。完善企业文化手册，实施场景文化提升，加强济柴品牌宣传，新媒体矩阵关注用户超过 1 万人，人民日报新媒体平台、央视频等国内主流媒体 6 次对济柴改革发展成效转载报道。逐年提高员工传统节日慰问、小劳保、餐补、体检等执行标准，为员工购置重疾、医疗、意外团体保险，开展“我为员工群众办实事”实践活动，84 项惠民便民举措得到落实，员工满意率超过 98%。

（李文博）

中国石油天然气股份有限公司规划总院

【概况】 中国石油天然气股份有限公司规划总院（简称规划总院）前身是成立于 1978 年的石油工业部规划设计总院（石油工业部设计管理局）。1999 年，中国石油重组，设立中国石油天然气股份有限公司规划总院。2008 年，加挂中国石油天然气集团公司规划总院牌子。2021 年 4 月，按集团公司组织体系优化调整方案，规划总院纳入集团公司支持和服务板块管理。

规划总院成立以来，始终秉承“战略引领、创新思维、问题导向、追求卓越”的理念，紧紧围绕国家能源安全和中国石油重大战略需求，充分发挥决策参谋作用。近年，组织完成能源中长期规划、油气体制改革、“一带一路”油气合作、天然气产供储销体系建设、四大能源战略通道等一大批国家重大项目，牵头完成中国石油高质量发展总体谋划、炼化转型升级、新能源新业务新模式、碳达峰行动方案、海外业务优质高效发展等一系列重大专项研究，深度参与包括总体规划、专业规划、专项规划、区域规划、地区规划等在内的集团公司各级各类中长期规划课题，形成一批“国内领先、效果显著、影响深远”的精品成果，为国家能源产业政策制定、集团公司高质量发展发挥重要支撑作用。

经过多年的发展，规划总院建立覆盖油气业务全产业链的专业技术体系，形成“战略规划、运行优化、科技研发”三大核心业务，是全国石油行业唯一能承担油气业务全产业链规划研究与咨询服务的综合性科研机构。规划总院设有11个业务研究所（中心），挂牌运行11个研究中心。全院员工规模460余人，其中专业技术人员比例达90%以上，副高级职称以上员工和具有硕士以上学历的人员占比均超过60%。2012年以来获得国家和省部级奖励164项，获得知识产权325项。

2022年，规划总院运行项目1134项，横向创收11521万元、净利润5499万元，新增科技创新成果数7项，完成重要战略规划成果33项，成果产业化应用率33%，投资优化控减率8.2%，全员劳动生产率88.69万元/人，规划总院连续10年业绩考核为A。

【战略规划研究】 2022年，规划总院坚持做强战略规划，完整、准确、全面贯彻新发展理念，紧扣高质量发展主题，扎实推进多层级、全领域的战略规划研究工作，决策参谋作用充分发挥。

参与国家能源战略研究。围绕国家重大战略需求，牵头开展天然气中长期发展战略研究、能源安全保供制度和机制研究等国家层面重点课题，推动出台《石油天然气行业发展碳达峰实施方案》等重大政策意见，为行业高质量发展建言献策。立足国家发展大局，聚焦“能源安全”和“企业转型”，积极承担陆海通道建设、区域能源定位等5项国家高端智库课题，全力支持集团公司高端智库建设，其中高质量共建“一带一路”课题成果获商务部高度认可，被推荐为智库优秀课题。规划总院主笔编写的中国工程院新疆专题报告，获刘鹤副总理肯定性批示。

开展集团各类规划研究。坚持以谋划集团公司中长期发展蓝图为首要任务，开展各类规划研究70余项。编制集团公司“十四五”发展规划重点任务和主要目标分解方案，支持集团公司“十四五”规划落地。完成中国石油香港地区业务发展、中国石油贯彻国家区域重大战略方案等重点规划课题，为集团公司抓住机遇推进高质量发展提出一批务实举措。开展集团公司未上市业务专项规划若干重大问题研究，提出“优化调整”“高质量发展”“建成世界一流”三阶段发展路径，课题成果受党组领导高度关注。规划总院被授予集团公司“十四五规划先进集体”称号，获“十四五”规划优秀成果奖21项。

推动重大战略专题研究。坚持站在集团公司创建世界一流企业的高度，承担各类战略专题150余项。完成加快世界一流企业建设关键问题研究，首次提出集团公司世界一流的创建标准、战略路径和指标体系，研究成果获党组领导正向批示。承担天然气业务全产业链研究，系统研判中长期国内外天然气发展问题，对集团公司天然气业务全产业链进行全面布局和价值评估。深化幸福之路一体化、“危地不往、乱地不去”原则下海外投资风险评估等课题研究，助力集团公司海外业务优质高效发展。在2022年集团公司软科学研究奖评选中，规划总院获优秀成果奖12项、创新团队奖1项，战略支持实力与影响力充分展现。

开展新能源新业务研究。运行各类新能源项目120余项，编制集团公司碳达峰行动方案并顺利通过党组审议，完成节能减排专项规划和6个专业分公司的碳达峰行动方案。开展装备制造企业新能源规划、新能源项目后评价、新能源新业务发展专项规划滚动研究等工作，承担中油国际公司、塔里木油田等企业的新能源规划，负责集团公司油气与新能源融合发展问题研究，完成CCS/CCUS、海上风电等一批专项规划编制。围绕“六大基地”“五大工程”建设，开展油田多能互补一体化示范、生产用能清洁替代、二氧化碳管道输送等项目前期研究，推动集团公司新能源项目落地。深入开展新能源领域科技研发工作，承担集中式天然气发电与风光储融合发展关键技术、综合智慧能源管控一体化平台、CCUS地面工程标准化设计等24项科技课题的技术攻关。常态化支持集团公司双碳双新领导小组办公室工作，完成各类专题材料40余份，承办10余次技术交流。

拓展服务领域与业务范围。围绕国际事业公司业务运作，深入开展国际贸易研究，业务范围由战略规划研究向运营应用领域拓展。聚焦套期保值、绿色金融、体制机制等领域，持续深化金融业务研究，金融助力新能源新业务发展等多项课题成果获委托方高度认可。探索宏观经济金融研究，合作发布《宏观经济周报》《石油金融参考》等品牌产品。持续做好国家管网集团的业务支持工作，共开展“川气东送二线”“江苏LNG外输管道复线可研”“远东中段可研”“西四线可研”等51项课题。服务地区公司和地方经济社会发展，新承担青海油田、吉林石化、海南销售等254项地区公司课题，新承揽广东省、内蒙古自治区等11项地方政府和社会企业研究项目。

【运行优化支持】 2022年，规划总院坚持做优运行优化，充分发挥一体化统筹研究优势，持续深化市场研判、生产优化与投资决策等各类研究工作，为油气两条产业链整体效益最大化提供全方位技术支撑服务。

做好市场营销支持工作。及时研判市场走势并提出对策建议，月、周度油价预测方向正确率分别达到83%和78%，国内成品油、天然气月度需求预测准确率分别达到96.6%和97%。成品油营销决策支持更加贴近现场，组织加油站线上全流程诊断优化16万站次，年销量3000吨以上站覆盖率100%。成功开辟天然气国际市场新赛道，为集团公司顺利签订新增LNG购销合同提供有力支撑。化工品短期价格预测体系不断改进，预测品种由11种扩展至24种。深入开展长庆新建乙烯等重大项目化工市场分析论证工作，有效支持集团公司炼化业务“控油增化”策略的实施。

聚焦事前算赢做好产业链运行优化。依托油气产业链一体化优化模型，滚动开展油气生产计划优化和产业链效益测算，全年提交生产计划优化方案、运行分析报告和各类专题研究报告210份。利用APS、DPO、天然气管输路径优化等模型，持续开展炼化计划、成品油物流和天然气管输等专项优化支持工作，全年累计优化创效10亿元以上。紧跟数字化转型步伐，深化集团公司生产运行指挥体系建设和智能运营管控能力提升研究，提出建设“三条主线、五大转变、六大运营机制”智能运营体系，推动油气产业链从传统生产运营向智慧运营演进。

做好投资决策技术支撑服务。开展风电光伏、储能等新能源新业务经济评价方法参数、投资参考指标研究，实现投资和经济评价业务全覆盖。承担集团公司油气业务链内部定价机制、海外份额油销售贴水分析及模型研究等一批重点课题，技术经济支撑能力进一步增强。精心组织开展咨询评估和后评价业务，高质量完成典型页岩油气项目后评价，研究成果在集团公司页岩油气开发技术研讨会上专题交流。修编4项工程计价依据并发布实施，拓展新能源计价依据、造价人员岗位认证等新业务并取得突破，加强建设项目投资优化控制，全年完成185项重大项目评估审查。开展节能节水统计工作，有序推进建设项目环评专项整治，专题谋划国际标准制定布局，编制国际、国家等标准11项，立项国际标准2项，成功申请成为ISO TC340的国内技术对口单位，获优秀标准奖4项。

【科技创新】 2022年，规划总院坚持做特科技研发，推动重大科技项目实施，全力攻关核心技术，持续深化创新体系改革，不断激发动力活力，科技支撑引领作用进一步发挥。

重点领域科技攻关成果丰硕。分子炼油补强能源装备短板项目，开发蜡油催化裂化、加氢裂化分子水平反应模型，研制完成汽油调和软件。开展油页岩生态环境保护国家重点研发计划课题，开发多通道油页岩地下水渗透试验装置，首次建立油页岩地下水流场和水质迁移变化模型。牵头承担的7项集团公司前瞻性基础性项目/课题通过阶段检查，形成复杂工况低成本绿色高效油气集输及处理技术、智能化炼厂关键技术、智能化客户用气需求与营销响应预测软件等一批标志性的阶段成果，其中智能化炼厂关键技术研究实现炼厂全流程智能调度模拟优化软件国产化突破，建立锦州石化等3个示范工程，年增效1亿元以上。国际油价预测、加油站全流程诊断与优化、批零一体量价优化等5项技术被国内权威机构鉴定为国际先进水平，“油气田管道完整性管理关键技术”等12项成果获省部级科技进步奖。

多个重大科研项目立项。面向集团公司关键核心技术攻关需求，牵头组建分子管理创新联合体，联合清华大学、曼彻斯特大学等国内外研发力量协同开展技术攻关。面向绿色低碳、新材料等领域，组织完成双碳目标下油气田生产系统再造技术与装备研究科技专项顶层设计。面向集团公司数字化智能化领域重大需求，推进油气田智能化顶层设计，实现油气田智能化功能需求全覆盖。成功组织申报炼化生产运行智能优化、炼化公用工程智能优化、基于大数据技术的炼化装置实时预测及优化技术等3个前瞻性基础性重大科技攻关课题，助力集团公司智能炼化科技自立自强。

科技创新生态环境持续优化。调整完善规划总院科委成员和职责定位，成立3个专业技术专家委员会，推动专家作用充分发挥。精准对接集团公司考核新政策，优化自主创新能力类业绩考核指标，实行“一所一策”差异化考核。深化科技项目管理改革，修订完全项目制管理细则，对11个重大项目/课题推行完全项目制，全面落实项目经理科研自主权，定期召开项目推进会，选派财务和知识产权助理，按照项目经费的一定比例进行专项激励。加强知识产权布局，出台科技成果有形化指导意见，发布知识产权管理细则，申报数量创历史新高。加强科技创新奖励激励，出台集团公司科学技术奖申报计划，修订科学技术奖励实施办法，创新奖励更加精准。完善科技成果转化创效机制，发布转化创效管理办法和实施指南。开展方法论建设，推动知识管理赋能业务发展，累计共享知识文档1.2万个，形成方法论58项。

【管理提升】 2022年，规划总院坚持深化改革创新，编制实施世界一流研究院建设方案，推进合规管理强化年各项工作，治理体系和治理能力现代化取得新成效。

改革管理工作成绩显著。完成改革三年行动任务44项和年度深化改革工作15项，有关做法经验被收入中国石油改革三年行动典型案例，三项制度改革考核在集团公司位列第一档。突出主责主业，组建油气产业链优化研究中心，重组整合咨询评估与后评价、节能标准与环境评估等业务。构建差异化考评体系和配套奖金分配机制，优化首席专家考核指标，完善专项奖励和重点人群薪酬激励政策。落实集团公司党组关于科研院所预算和考核机制改革新要求，推行项目全成本预算，健全完善科技贡献考核、预算管理、科技经费管理、收入确认等制度流程11项。实施经营创效、降本增效、管理提效三大举措，首次实现扭亏为盈，提质增效工作取得历史性突破。适应规划总院业务转型，深化项目管理、夯实专家职责，质量体系的针对性、指导性和实效性进一步增强。

依法合规管理持续加强。开展“法治在我心中”主题演讲比赛，全员法治观念与合规意识不断增强。发布合规管理清单6项，开展合规风险问题排查10次，发现风险隐患和查出问题全部进行整改，规划总院合规管理水平和合规风险防控能力明显提升。加强合同全过程管理，开展合同签约审查及履行情况检查，合同管理水平效率稳步提升。强化制度顶层设计，制修订制度30项。开展内控自我测试，修订内控管理手册、业务流程文档和权限手册，发布流程108个，管控风险147个。完善风险事件报告制度，完成年度风险评估和季度重大风险跟踪监测，全年未发生重大风险事件。

内外部影响力持续增强。精心打造《总院研报》品牌，创新编报机制，全年上报44期，多次获党组领导批示。成功举办中国油气产业链生产经营和运行优化技术国际交流会，得到国内外行业专家广泛关注。完成国家成品油市场专项治理、国家清洁取暖试点城市现场绩效评价等政府委托工作，行业影响力充分展示。筹备“国家天然气战略研究中心”并获国家能源局同意。知识管理成效显著，首获“中国最具创新力知识型组织”大奖。主办的《油气与新能源》期刊影响力进一步提升，复合影响因子同比翻番。

智慧总院建设实现重大突破。全年组织完成无纸化智能会议、效益考核等17项重点任务，支持规划总院非涉密项目在云端协同编制、审核及存档，推动项目执行与预算、合同、成本、收支、效益考核等线上一体化融合管理，基本实现“全天候、移动化、数字化”协同办公。知识共享平台持续优化升级，完成知识订阅与推送、知识评价等功能和移动化应用，实现随时随地知识共享需求。创新共享平台（一期）打造软件产品研发、专业软件工具共享及算法模型封装、智能咨询报告云端服务等示范应用场景，推动原油产业链跨部门、跨专业一体化协同工作，促进核心知识自动沉淀、便捷使用。

综合服务保障能力进一步提升。发挥参谋辅政、督查督办、综合协调等职能，着力抓好保密审计、网络安全、维稳信访、安全生产等工作。因时因势优化调整新冠肺炎疫情防控措施，从严从细抓好落实，有效应对新冠肺炎疫情形势的不稳定性，确保员工生命安全。组织完成多功能室装修、速通门升级、办公位更新、电气设备改造等民生工程，启动西配楼装修，办公环境的安全性与舒适度进一步改善。完成档案系统迁移，全面推广E6系统应用。加强承包商管理，推动食堂就餐、物业保洁、会务保安等各项服务保障工作持续改进。

【企业党建工作】 2022年，规划总院始终坚持和加强党的全面领导，充分发挥党委“把方向、管大局、保落实”的领导作用，持续推动全面从严治党向纵深发展，以高质量党建引领高质量发展。

党的领导更加坚强有力。全年组织“第一议题”学习23次，部署任务41项，完成40项。成功召开规划总院第二次党代会，顺利完成党委换届。修订党委与领导班子议事制度、三重一大决策制度并严格落实，党委决策更加民主科学。利用信息化手段做实督办事项闭环管理，推动科技创新、人才强院、合规管理等一批党组重大决策部署落实落地。

干事创业氛围更加浓厚。掀起深入学习宣传贯彻党的二十大精神热潮，围绕年度重点工作，统筹推进“转观念、勇担当、强管理、创一流”主题教育活动和文化引领专项行动，各级党组织开展集中学习73场、主题宣讲42场、专题研讨29场。开展岗位建功竞赛和合理化建议征集活动，全部参赛项目完成既定目标，14条合理化建议上报集团公司。开通微信公众号，制作宣传册，升级门户网站，在《中国石油报》头版刊发报道5篇，双序列改革工作被《人民日报》等媒体转载报道，规划总院获评全国石油和化工行业新闻宣传先进单位。参加集团公司第二届创新大赛青年创意比赛，9个项目获奖，获奖数量位居集团公司前三名。

战斗堡垒作用不断凸显。所有党支部按期完成换届，部分研究单位实行党支部书记与行政正职分设。

出台加强党员教育培训工作的实施意见，开展“强党性叩初心、建新功争一流、喜迎党的二十大”主题党日系列活动，各党支部开展三会一课623场、主题党日198次，红色教育26场。健全党建责任体系，制订党建、意识形态、思想政治等工作责任清单，修订党建考核评价和党支部书记抓党建工作述职评议细则。扎实推进党建与业务工作有机融合，16个党支部建立品牌创建方案。开展党建理论研究，完成7篇理论课题研究成果。

人才队伍建设成效明显。强化年轻干部培养，大力推动干部岗位交流，完成干部院内交流8人次，1名优秀年轻干部外派挂职锻炼。开展技术专家增补及工程师岗位动态选聘，10名业绩突出、年富力强的技术骨干进入专家队伍，10名青年骨干晋升更高岗级。开展中层管理人员及支部委员、两级专家、新员工等专项培训，举办规划总院“名家讲坛”4期，组织参加各类重点培训项目100余项，累计培训1500余人次。深化青年科技人才培养，打造8个创新示范团队，挂牌成立“黄维和院士工作室”，优选10名优秀青年技术骨干接受院士直接指导。

全面从严治党持续深入。建立党风廉政建设和反腐败工作协调小组，出台工作细则，召开党风廉政建设专题会议暨警示教育大会，开展重要节日期间纠“四风”专项监督检查。制定规划总院党委关于加强对“一把手”和领导班子监督的若干措施，强化对主要领导干部和领导班子监督，出台规划总院党委关于健全完善监督体系的若干措施，推动各类监督力量贯通融合。从严落实中央八项规定精神，切实为基层减负松绑。以高度的政治自觉接受党组新一轮巡视，高标准抓好巡视反馈问题整改工作，召开巡视问题整改专题民主生活会，按时上报巡视反馈问题整改完成情况报告，整改工作取得阶段性成果。

高质量发展合力有效凝聚。扎实推进青年精神素养提升工程和青马工程，举行共青团、工会和宣传干部培训班。注重先进典型培育，1人被评为集团公司巾帼建功先进个人，2人被评为集团公司先进工作者，2个研究室获评集团公司直属工人先锋号。开展个性化体检、常态化中医问诊、女员工健康筛查等活动，举办心理健康知识讲座，全力守护员工健康。举行线下健身、线上打卡活动，不断丰富员工文化生活。常态化开展帮扶慰问，全年累计慰问43人次，发放慰问金11.9万元。

（吴小卫）

中国石油集团经济技术研究院

【概况】 中国石油集团经济技术研究院（简称经研院）前身为1964年成立的石油工业部科技情报研究所，2005年重组更名为经济技术研究院，2015年作为唯一一家企业类智库入选首批国家高端智库建设试点单位。经研院被集团公司党组赋予功能定位为“一部三中心”，即集团公司把握内外部环境、研究制定竞争对策和发展战略的“参谋部”，谋划全局性重大战略问题的研究中心、国内外石油石化信息资源开发中心、经济和技术信息的对外交流与合作中心。国家高端智库理事会赋予经研院的功能定位为“立足‘能源’和‘企业’特色，围绕能源战略与能源安全‘一带一路’能源合作、国有企业改革发展、国有企业党的建设等研究领域，提供具有前瞻性、战略性和针对性的研究咨询服务。”集团公司党组高度重视高端智库建设工作，戴厚良董事长亲自担任智库建设工作领导小组组长、学术委员会主任和首席专家。2022年底，经研院下设20个二级单位，员工总数334人。其中：一级正、副职6人，二级正、副职48人；硕士、博士182人，占在岗人数57%；副高级以上职称147人，占在岗人数46%；中级职称228人，占在岗人数71%。

2022年，经研院在集团公司党组的坚强领导下，全院上下坚持以习近平新时代中国特色社会主义思想为指导，深入贯彻落实董事长戴厚良作出的“志存高远、志创一流”批示要求，转观念、抓落实、提能力，克服世纪疫情带来的不利影响，全力服务党和国家工作大局，紧密服务集团公司决策，以前所未有的力度深化改革、强化管理，取得一批重大建设性成果，决策影响力和综合实力显著提升，各方面工作呈现出新亮点、展现出新气象。

【国家高端智库建设】 2022年，经研院贯彻落实国家高端智库理事会工作要求和集团公司党组决策部署，着力打造中国特色世界一流新型企业智库，更好服务党和国家工作大局，努力为全面建设社会主义现代化国家提供智力支撑。全年认领智库课题和自主设立课题同比大幅度增长。上报决策支持报告创历史最好成绩，一大批政策建议获采纳应用。举办国际能源发展高峰论坛、中非智库能源论坛、石油精神论坛、国家发展论坛等高端论坛，参办进博会中国石油国际合作论坛、金砖国家能源合作论坛、APEC 能源智库论坛等公共外交活动，首次编写发布《全球能源安全报告》，连续第 14 年发布《国内外油气行业发展报告》、连续第 7 年发布《世界和中国能源展望报告》，智库专家在中央级媒体发言发声，在国际高端平台发声，学术影响力提升。

【服务集团公司新突破】 2022 年，经研院创新科研工作组织模式，跨部门、跨专业、跨学科组建工作专班，集中精兵强将打攻坚战。第一时间落实党组交办任务，做到件件有回复、事事有回音。围绕国内外宏观经济、油气和化工品市场持续开展跟踪研究，有力支持公司生产经营策略制定和提质增效。深入开展俄乌局势进展、美西方对俄制裁、重点资源国投资环境、“卡脖子”技术等方面研究，为集团公司把握外部形势、规避经营风险提供了有力支持。服务绿色低碳战略实施，新建能源战略研究所，上报的多篇报告获集团公司党组领导批示。开展能源科技与知识产权研究，上报的报告助推集团公司专项部署知识产权和非常规油气开发工作。加大对中国石油品牌、文化、舆论、社会责任等工作支持力度，为集团公司软实力建设提供重要支撑。

【人才队伍建设新成效】 2022 年，经研院制定实施人才强院工程和“十四五”人力资源专项发展规划，持续深化专业技术岗位序列改革，修订完善专业技术岗位管理办法。推行新入职员工职业生涯和业务“双导师”带徒制度，5 名青年骨干入选经研院“青年科技人才”培养人选，人才有序接替的基本盘不断做大。培养年轻干部，所属单位班子成员平均年龄由 47.9 岁下降至 45.8 岁，“预备队”和“战略预备队”培养取得初步成效。加大专家、干部交流力度，8 名专家履新干部岗位，选派干部到上级单位挂职锻炼 5 名、系统内互派挂职 2 名、从集团公司到经研院工作 2 名，干部履历更加丰富，干部队伍整体功能有效提升。优化薪酬管理机制，差异化调整基本和岗位工资，强化全员动态考核，加大精准激励力度，队伍干事创业活力进一步激发。推行岗位“预聘制”，首次通过市场化机制引进 3 名高层次专家。制定进一步发挥专家作用的若干措施，促进专家全身心投入科研工作。博士后科研工作站成功获批，实现人才队伍和科研平台建设重要突破，成为经研院新的“金字招牌”。

【内生发展动力增强】 2022 年，经研院国企改革三年行动收官，组织体系优化调整完成，构建新组织架构，二级单位总数压减，主责主业更加突出，管理职能更加优化，机构和队伍更加精干。制定实施科研业务“十四五”发展专项规划，优化研究领域布局，初步构建“51847”学科体系，重点学科和新兴关键领域研究能力进一步增强。开展管理提升年活动，开展制度建设、流程优化、合规提升等工作，切实堵塞管理漏洞、筑牢制度篱笆。坚持“新官理旧账”，对审计、巡视巡察以及财务大检查等发现问题整改开展“回头看”，在解决长期不在岗员工、房产权属等一批“硬骨头”难题上取得重要突破。开展“以案促改、严肃财经纪律、合规管理强化年”专项工作，完善合法合规审查机制，将合规审查纳入决策前置程序，依法合规治企基础进一步巩固。利用数字化手段为科研工作赋能，升级完善信息共享平台、实验室研究平台和管理办公平台，初步搭建起六大领域数据体系框架，巩固石油石化信息资源开发中心国内领先地位，科研成果在经研院内实现共享，有效提升工作效率。

【凝聚力向心力提升】 2022 年，经研院加强特色宣传阵地管理，完善意识形态工作责任制，举办“经研院讲台”8 期，在“中油阅读”开辟“书香经研院”专栏，在铁人先锋、《光明日报》《中国青年》等媒体刊发先进人物事迹。印发文化引领实施方案，实施“11137”重点举措，加快培育具有智库特色的企业文化。坚持依靠员工群众办智库，开展“我为员工群众办实事”活动，创设“党委信箱”“院领导接待日”，办结员工提出的多项留言诉求，建立职工之家，员工满意度 100%。慎终如始抓好新冠肺炎疫情防控，落实新冠肺炎疫情升级管控、常态化管控和优化措施政策要求，及时发放新冠肺炎疫情防控和生活物资，开展心理疏导、组建 EAP 等工作，关心关爱员工尤其是封控隔离员工身心健康，打赢了疫情防控遭遇战、攻坚战，实现了科研工作不断档、员工生活有保障内心有温暖。加强党建带团建工作，开展青年精神素养提升工程，2 项成果获集团公司青年科技创意比赛三等奖。

【企业党建工作】 2022 年，经研院将迎接和学习贯彻党的二十大作为全年最重要的政治任务，开展“建功新时代，喜迎二十大”主题活动，研究制定贯彻落实党的二十大精神的重点科研方向和任务，在中央级媒体发表宣传阐释文章。严格落实“第一议题”

制度，组织党委理论中心组学习，切实将习近平新时代中国特色社会主义思想转化为坚定理想、锤炼党性、指导工作的强大力量。开展“转勇强创”主题教育活动，举办各类学习、宣讲和讨论 85 场次，统一思想共识、凝聚奋进力量。深入推进基层党建“三基本”建设与“三基”工作有机融合，完善“六位一体”党建工作体系，持续创建“五型”党组织，推行中层干部进支委，制定进一步提升党建工作质量若干举措，促进党建与科研同谋划、同落实。制定党风廉政建设和反腐败工作领导小组工作规则，逐级签订党风廉政建设责任书，一体推进“三不”机制建设。坚决落实中央八项规定精神，持之以恒纠治“四风”，开展违规吃喝问题专项治理，“四项纪律”建设成效明显。积极开展党建研究，获央企党建政研会优秀课题一等奖。

（魏雪苹）

中国石油集团安全环保技术研究院有限公司

【概况】 中国石油集团安全环保技术研究院有限公司（简称安全环保院）前身是成立于 2007 年 11 月的中国石油集团安全环保技术研究院。2008 年 7 月，中国石油天然气股份有限公司安全环保技术研究院获批设立，与中国石油集团安全环保技术研究院合署办公，“一个机构，两块牌子”。安全环保院是中国石油安全环保战略决策的参谋部，是集团公司、股份公司安全环保技术研究中心、HSE 信息中心、安全环保技术服务中心。2017 年 11 月，中国石油集团安全环保技术研究院由全民所有制企业改制登记为有限责任公司，更名为“中国石油集团安全环保技术研究院有限公司”。2019 年，安全环保院加冠“中国石油天然气集团有限公司海外 HSE 技术支持中心”，增设质量技术研究所、石油天然气工程质量监督总站、特种设备检验监督管理办公室和中东 HSE 技术中心等机构。

安全环保院有安全、环保、质量、节能和信息等领域国家级业务资质 15 项；有“石油石化污染物控制与处理”国家重点实验室、石油与化工含油废物处理及资源化工程技术中心和中国石油 HSE 重点实验室等标志性科技支撑平台；建成 11 个特色试验平台和 2 个 HSE 监测实验室，形成 12 项特色技术。设有中国石油 12 个安全、环保、职业健康领域的机构，承担中国石油安全、环保、职业健康的监督、检测、评价、考核等职能职责。此外，安全环保院还承担国家环境标准化 TC207/SC4 分委会秘书处、石油工业环境专业标准化工作组秘书处等 7 个安全环保标准化机构的工作任务。

2022 年底，安全环保院有 6 个机关职能部门，下设 16 个业务单位。有员工 396 人。其中：博士、硕士研究生 194 人，大学本科 188 人，本科以上学历占 94.7%；教授级高级职称 23 人，高级职称人员 219 人，高级以上人员占 60.24%（正高 + 副高），中级职称人员 107 人，占 26.38%。

2022 年，安全环保院获省部级及以上科技成果奖 29 项，制修订国家标准 8 项，授权发明专利 21 件，完成创新成果 12 项，集团公司认定首台套重大技术装备 2 项、自主创新重要技术产品 2 项，重大技术装备推广应用计划产品 4 套。获集团公司先进集体称号，连续 8 年获评业绩考核 A 类企业。

【决策参谋】 2022 年，安全环保院参与集团公司高端智库建设，承担绿色低碳、新能源新材料战略规划和路径研究。完善 HSE 专报培育机制，发布高水平专报 17 篇，其中 7 篇获集团公司领导批示，5 篇报送中办国办。完成国务院国资委碳排放考核指标测算分析分解、国标委“双碳”标准体系构建等任务。

【科技创新】 2022 年，安全环保院加强重点领域超前部署，编制《重大核心技术顶层设计》，打通国家科技部“揭榜挂帅”项目流程。组织申报 5 项国家重点研发计划，首获博士后科学基金项目资助，16 项集团公司课题立项，“油气节能减污降碳协同增效新方法”等重大科技项目纳入集团公司 2023 年科研立项计划。

【技术支持】 2022 年，安全环保院完成绿色发展能力建设规划、设备完整性管理等重点任务，参与科技兴安顶层设计，参加科技支撑“双碳”、基础研究十年行动等重大方案制定。发挥 HSE 工作站平台作用，破解专业分公司安全环保技术难题，推动支持工作向主营业务纵深发展。

【技术服务】 2022 年，安全环保院为企业提供全方位、深层次咨询服务，完成川气东送二线等重大工程评价，获国家管网集团服务肯定。开拓云南石化等 8

家炼化企业会诊评估业务，与行业协会合作共赢模式初见成效。安眼工程等平台建设项目在多家企业推广应用，获国家监管部门认可。

【技术监督】 2022年，安全环保院聚焦集团公司重大风险，强化井控、城镇燃气、特种设备等重点领域专项监督，跟踪督办国家部委关注的重大隐患治理任务。突出监督技术运用和数据分析，模拟中央环保督察对企业进行环保帮扶，开展检维修、油品升级产品质量专项抽检，深化井筒设计源头管控专项检查，落实重点工程质量监管全覆盖。

【支撑平台建设】 2022年，安全环保院获批院士工作站、科学技术协会，成立全国安全生产标准化技术委员会石油天然气开采安全分技术委员会，与应急管理部国家安研院联合共建石油石化安全技术部。申报石油石化节能减排协同增效全国重点实验室，通过多轮院士指导审查。完成国家矿山安全技术创新中心建设方案，通过国家科技部专家论证。与7家企业和高校签署战略框架协议。

【管理提升】 2022年，安全环保院编制《世界一流研究院行动方案》，明确高质量发展路径。落实归核化部署，推动形成“业务共生、口碑共建、利益共享”的营销模式，全年减少外协资金600万元。出台《市场开发与激励管理办法》，激发员工市场开发热情，全年协同创收556万元。推动大客户管理，筹建塔里木分院、长庆分院。

开展合规管理强化年活动，梳理排查合规风险，形成闭环清单44项。依托内控测试完善流程43项，组织体系内审发现并整改问题43项。利用源头防范、案前协商等方式，首次实现未接案件清零。通过集团公司保密工作现场检查，一年内两次获维稳信访先进嘉勉。

部署实施“利润提升、两金压降”专项行动，实现“两利四率”指标“两增一控三提高”。利用高新技术企业税收优惠政策节税322万元。利用“三新”科研项目政策研发费用加计扣除降税471万元。全年物资采购节约资金超350万元，节资率近20%。

【新冠肺炎疫情防控】 2022年，安全环保院坚持“三防”“四早”“五有”工作原则，超前研判形势、有效应对变化，想到细处、做在实处，在新冠肺炎疫情持续散发多发、防疫物品紧缺的大环境下，确保全员暖心、安心、放心地度过疫情高发期。

【企业党建工作】 2022年，安全环保院党委始终将党建引领作为发展之根本，以党的政治优势和组织优势凝心聚力，以高质量党建引领高质量发展。

开展“建功新时代、喜迎二十大”主题活动，第一时间收听收看党的二十大开幕盛况。制定专项方案，策划“书记谈”“党员学”“青年说”等公众号专栏，掀起学习党的二十大精神热潮。全年组织开展党的二十大精神专题学习研讨51次，宣讲22次，受众697人次。

2022年组织“第一议题”学习28期，开展党委理论学习中心组学习12次、专题讲座3次，组织基层党支部开展学习161次，覆盖党员2676人次。深入开展“转观念、勇担当、强管理、创一流”主题教育活动，自上而下组织宣讲41次、开展讨论37次，查摆各类问题124项，整改提升136项。

推进“三强”干部队伍锻造，强化年轻干部培养选拔力度，2022年提拔青年中层干部9人。举办2期领导力提升培训班，优选17名青年骨干参加“青马工程”培训，13人入选集团公司“青年科技人才培养计划”。引进首位战略科学家，1名企业高级专家，9名技术骨干，2名进站博士后。

在基层党支部试点推行创新团队与党小组融合机制，依托“队组”共建模式开展科技创新攻关项目18项。与集团总部部门、大庆油田、腾讯公司等单位党组织开展联学联建活动。

开展“兴院有我，喜迎二十大”系列宣传活动，展现全体干部员工的良好精神风貌。以建院15周年发展纪实为主题，在《中国石油报》刊发“打造‘世界一流研究院’创新攀高的强劲引擎”宣传专版。

持续优化“1+N”健康体检，组织急救培训、中医诊疗等活动。召开首次团员大会，实施青年素养提升工程，安全环保院青年团队获第一届“创青春”中国青年碳中和创新创业大赛全国金奖。承办集团公司青年科技创意大赛，安全环保院青年获一等奖1项、二等奖2项，安全环保院团委获优秀组织奖。

层层签订《党风廉政建设责任书》《廉洁从业承诺书》，推行“约法三章”岗位全覆盖。紧盯新业务廉洁风险，将监督审核关键岗位纳入廉洁管理范围。常态化开展警示教育学习，坚持在重大节日、敏感时段开展警示教育提醒。针对集团公司党组巡视发现的问题，制定措施88项，建立长效机制45项，完成阶段性整改。

（马敬昆　齐　乐　张　琳　张译之）

中国石油集团工程材料研究院有限公司

【概况】 中国石油集团工程材料研究院有限公司（简称工程材料研究院，英文缩写 TGRI）是集团公司的直属研究院，本部位于西安高新技术产业开发区，是我国在石油管及装备材料领域唯一从事科学研究、质量标准、成果转化“三位一体”的权威科研机构，也是石油石化行业（涵盖油气开发、管道储运、炼油化工、工程技术、装备制造、工程建设、新能源等领域）唯一从事工程材料的科技创新中心。工程材料研究院以建设世界一流研究院为目标，致力于打造科技创新、质量标准、成果转化“三个平台”，构建成果、技术、创效、人才“四大高地”，努力建设精干高效、独具特色的高质量科技创新体系，矢志成为国际石油管及装备材料技术引领者和先进工程材料原创技术策源地。

1981 年，原石油工业部成立了石油专用管材料试验中心（中国石油集团工程材料研究院前身）；1988 年成为原石油工业部直属科研机构，更名为石油工业部石油管材研究中心；1993 年更名为中国石油天然气总公司管材研究所；1994 年由宝鸡搬迁至西安；1999 年更名为中国石油天然气集团公司管材研究所；2010 年更名为中国石油集团石油管工程技术研究院；2021 年更名为中国石油集团工程材料研究院有限公司。

工程材料研究院在科学研究、质量标准、成果转化等方面取得重大成果，获全国重点实验室和国家市场监管重点实验室、国家质检中心、国际标准化机构 SC2 副主席单位和国行标秘书处等 37 项重要机构、资质和授权；建立了金属和非金属、微观分析和全尺寸模拟的国际先进水平试验研究装备体系；有中国工程院院士 1 人、双聘院士 2 人，国家及部省级突出贡献专家 72 人，正高级工程师 55 人、高级工程师 185 人，博士和博士后 93 人，建成年龄、专业和梯次结构合理的高水平人才队伍；创建和不断完善以石油管工程学为核心的工程材料学科和技术体系，完成国家重点研发计划等国家、省部级、央企科研项目 300 余项，质检项目 10000 余项，失效分析项目 2000 余项，获国家级科技奖励 16 项，省部级、中国石油及各类社会力量科技奖励 230 余项次，授权专利 741 件（其中发明专利 410 件），开发软件 94 套，发表论文 2800 余篇，制修订国际、国家、行业、企业标准 500 余项（其中 ISO 国际标准 7 项、国家标准 47 项），成为油气和新能源工程材料领域国家战略科技力量。

工程材料研究院高度重视国内外合作和联合攻关，与国内油气开发、管道储运、炼化、工程技术、装备制造、工程建设、冶金系统等企业和高等院校、科研院所开展了广泛深入的合作、提供了技术支持；和英国、美国、俄罗斯、加拿大、韩国、日本、意大利、阿根廷、挪威、德国、澳大利亚等国家的 10 多个科研机构和企业建立了合作关系。

【创新平台建设】 2022 年，工程材料研究院油气钻采输送装备全国重点实验室通过优化重组，国家市场监管重点实验室建设高效推进，获批组建“陕西省储气库安全评估工程技术研究中心”，成立集团公司“油气装备失效分析和预测预防技术中心”“油井管检验检测与试验评价中心”两个创新平台，与渤海钻探共建集团公司固完井工具研发中心，与宝石机械成立石油装备材料联合研究中心，复合管中试基地落户秦皇岛，国际焊接研究中心完成一期任务，TEC 2022 国际会议顺利召开，《石油管材与仪器》的学术影响力和期刊质量显著提升，工程材料研究院科技创新平台日益完善。

【科技成果】 2022 年，工程材料研究院新承担国家重点研发计划 3 项（牵头 1 项，参与 2 项），国家自然科学基金面上项目 1 项，国家工信部项目 1 项，陕西省科技项目 7 项，集团公司各类项目计划 13 项。获省部级及以上科技奖励 9 项，其中集团公司一等奖 2 项、二等奖 2 项、陕西省二等奖 1 项。首次获“中国专利奖”优秀奖、“陕西省专利奖”银奖各 1 项。申请中国专利 257 件，其中发明专利 244 件，申请 PCT 专利 5 件；在核心刊物和重要国际国内学术会议上登记论文 238 篇，其中 SCI、EI 收录论文 93 篇。围绕石油工程新材料，开发出 120 千磅 / 英寸 ^{2} 级钛合金钻杆、高应变海洋管线管及其配套焊接材料，性能达国际领先水平；开发出页岩气井用新型套管及其特殊螺纹接头，性能超过现有技术指标 10%；针对接头连接强度低、可靠性差难题，研制出“双密封”大口径高压力玻璃钢管和“粗牙 + 金属接箍”玻璃钢油管新产品；研发的抗硫非金属复合连续管，经鉴定达到国际领先水平。围绕新能源，建成集团首套气相氢环境服役模拟研究系统；建立含缺陷输氢管道剩余强度评估模型和基于云模型的加氢站高压储氢罐风险评价方法；发展完善超临界 CO_2 管道断裂控制技术，制定国内首个二氧化碳捕集、输送和地质封存管道输送系统国家标准；成功搭建液流电池实验室和测试平台，自主完成全钒液流电池 5 瓦单体和 25 瓦电堆的设计、组装和测试工作，为集团公司新能源新业务发展提供技术支撑。围绕高端石油装备，自主设计完成集团公司首套 3D 增材制造系统，打印出“TE555 三通”新产品，通过产品鉴定属全国首创；开发出全尺寸非金属管材气体渗透装备，填补行业空白；成功搭建三维重构装置、失效分析系统与图像深度学习平台，为失效智能诊断提供硬件基础；开发的数字化螺纹检测系统、复合加载试验系统、立式挤毁系统、煤气化设备等日益成熟，走出关键重大石油管检测评价装置自主保障的重要一步。围绕质量安全，发展完善页岩气井套变控制技术，建立在役管道应变能力预测评估工具，形成储气库井口装置检测评价技术，组织开展储气库安全环保专项审核和储罐检测评价，保障国家重点油气田和储运设施安全平稳运行。

【质量标准】 2022 年，工程材料研究院在质量把关方面履行国家石油管材质量检验检测中心职责，完成 86 家企业型式试验和 29 家企业鉴定评审，承担集团公司 30 批次年度抽检，完成油气田、国家管网集团和制造企业等委托的物资抽检、产品检验、失效分析、质量评价、争议仲裁等项目 650 余项，承接油建公司 103 批次环焊缝检测评价，开展认证认可咨询、防腐生产线设计建设、油套管修复再利用等技术服务，拓展井下工具、绝缘接头、储氢气瓶等实物评价业务，经营收入破亿元。国际标准化方面，制修订发布国际标准 3 项，1 项国际标准进入 FDIS 稿阶段，3 项国际标准成功立项；绿色低碳国际标准化工作持续推进，“油田设备材料绿色制造和低碳排放指南”进入投票阶段，主导编制绿色制造立场报告，为 ISO/TC67 开展绿色制造国际标准化工作指明了方向。国标、行标与企标方面，制修订各类标准 47 项，其中国标 12 项、行标 10 项、集团企标 2 项、团标 17 项、院标 6 项。石油管材专业标准化技术委员会被授予年度先进专标委称号。

【成果转化】 2022 年，工程材料研究院新增特种设备检验（DD2、DD3）、压力管道安装（GA2 油气管道、GB1 燃气管道和 GC1 工业管道）、风电监造等资质，技术服务实力和品牌持续提升。工程技术服务方面，累计监造输送管 93 万吨、油套管 66.9 万吨（同比增长 43%）、钻杆 0.8 万支、钢管防腐 85 万吨、弯管管件 3.4 万件（同比增长 244%）、阀门、撬装设备、泵类、压力容器等设备 3400 余台（同比增长 42%）；完成西部管道、西南管道环焊缝评价 1300 余处。新产品新技术推广方面，紧扣油田需求，研发缓蚀剂、螺纹密封剂与解堵增产新产品，实现工业化生产及应用；推广新型可降解凝胶暂堵剂、膨胀管固井、纤维增强树脂管复合贴堵等套损井治理新技术，完成套损井治理 97 口；加快特殊螺纹、井下工具、接头类产品的开发应用，新签订合同 8000 万元。非金属复合管科技成果规模化转化方面，开发出大口径高压玻璃钢管、耐高温玻璃钢油管和井口玻璃钢管串等新产品，与塔里木、新疆、吐哈、青海、长庆、吉林等油气田签订合同 3.1 亿元，收入 1.7 亿元，为重点油气田增储上产贡献力量。

【改革管理】 2022 年，工程材料研究院落实国务院国资委科改示范企业各项要求，推进公司治理体系、选人用人机制、约束激励机制、激发创新动能等方面改革，取得成效。优化完善党委前置研究重大经营管理清单，党委“把方向、管大局、保落实”领导作用更加坚强有力；实施任期制与契约化管理，覆盖率 100%；开展管理人员竞争上岗，推进员工市场化退出，干部“能上能下”、员工“能进能出”的机制更加完善；强化工效挂钩，实施岗位分红激励、国家科技项目绩效奖励和项目收益分红激励，充分激发创新活力。改革三年行动和对标提升行动有效实施，任务完成率 100%。强化财务管理，着力内部挖潜增效，运用国家和地方税收政策节约付现支出 1600 余万元；制修订《质量事故管理规定》《作业许可安全管理办法》《招标管理办法》《市场管理办法》等，质量、安全、采购、招投标和市场管理更加规范高效；落实“2022 年法律工作要点”、年度普法计划及“十四五”法治建设实施细则，完善法律相关规章制度，修订《劳动合同》和《就业协议书》，全力杜绝法律风险，合规管理和依法治企水平不断提升。

【人才队伍建设】 2022 年，工程材料研究院推进“人才强企工程”，组织完成 4 批干部选拔任用工作，提拔使用二级正职 4 人、二级副职 6 人，进一步使用 2 人，干部队伍结构进一步优化；壮大科技领军人才队伍，1 人入选陕西省高层次人才引进计划，1 人获孙越崎青年科技奖，3 人入选陕西中青年科技创新领军人才，2 人入选陕西青年科技新星，2 人入选中国科协青年人才托举工程，16 人入选西安市各类人才计划，“油气储运设施完整性创新团队”“复杂油气井筒完整性控制创新团队”分别入选陕西省“创全国一流团队”和“全省一流团队”；加大青年人才培养，15 名青年科技人才入选集团公司培养计划，13 人入选工程材料研究院青年拔尖人才计划，蒋龙在第一届“创青春”中国青年碳中和创新创业大赛中获全国特等奖，孔鲁诗、宋成立在集团青年创意大赛中分别获一等奖；新增正高级职称 9 人，引进博士 9 人，人才队伍价值进一步提升。

【QHSE 管理】 2022 年，工程材料研究院健全完善 QHSE 管理体系，强化重大风险点和易燃、易爆、危险化学品储存场所等重点领域、要害部位和关键环节安全监管，突出对实验室、驻外机构和生产与服务现场开展“四不两直”安全监督检查，实现了安全生产零事故、环境保护和质量控制零事件，获中国质量协会质量技术一等奖 1 项、集团公司 QC 成果 3 项及质量信得过班组优秀奖 1 项。坚持“人民至上，生命至上”，抓实抓细常态化新冠肺炎疫情防控工作，组织集中核酸检测 115 轮 2 万余人次，做好防疫和生活物资保障、院区和家属区消杀，在保证正常工作秩序的同时，最大限度保护了员工和家属的生命安全和身体健康。

【健康企业建设】 2022 年，工程材料研究院贯彻“以人民为中心”发展思想，贯彻集团公司《健康管理规定》，开展健康企业建设。完善职工健康体检制度，优化体检项目，落实年度健康体检。重视员工身心健康，推广应用“中 E 家园”App，实现在线诊疗、重病报销全覆盖。有序推进健康小屋建设，配备血氧仪、血压计、制氧机等健康检测监测设备，切实关心关爱员工身体健康。开展《职业病防治法》宣传周活动、定期组织健康知识培训，倡导合理膳食、适量运动、戒烟限酒等健康生活方式，提高员工健康素养。

【企业党建工作】 2022 年，工程材料研究院党委全面学习、把握、落实党的二十大精神进入新境界。把迎接、宣传、贯彻党的二十大作为首要政治任务，全面落实集团公司“喜迎党的二十大”二十六项重点措施，成立工作领导小组，强化组织领导和责任落实，确保二十大精神全面贯彻执行。组织党员群众到绥德、米脂等陕北革命老区开展“喜迎二十大 奋进新时代”主题党日活动，营造喜迎二十大浓厚氛围。组织收听收看党的二十大开幕盛况，第一时间学习聆听习近平总书记大会报告。及时组织学习研讨，领导带头开展宣讲，迅速掀起学习热潮。制定发布学习宣传贯彻党的二十大精神方案，不折不扣推动党中央重大决策部署全面落实落地。

全面从严治党推向新纵深。把政治建设摆在首位，严格“第一议题”制度，及时跟进学习习近平总书记重要讲话精神，开展学习讨论 13 次。组织党委理论学习中心组学习 11 次，推动党史学习教育常态化长效化，持续用党的创新理论武装头脑、推动工作、指导实践。全力落实集团公司巡视反馈问题整改，针对反馈的 11 个方面 34 个问题，明确 91 项整改措施，逐一落实、逐条整改，完成全部整改任务。组织开展基层党建工作考核、党支部达标晋级和先进典型选树等工作，推动基层党建“三基本”建设与“三基”工作有机融合。加强宣传舆论引导，在中国石油主页、《中国石油报》、陕西省科技厅网站等刊登稿件 69 篇，与陕西卫视合作拍摄专题片，多篇报道被人民网、新浪、网易、澎湃新闻等主流媒体转载。扎实推进“转观念、勇担当、强管理、创一流”主题教育活动，为全面完成年度任务目标、推动高质量发展提供了强大动能。加强党风廉政建设和反腐败工作，聚焦监督主责做实政治监督，突出重点领域做细日常监督，持续纠“四风”树“新风”，政治生态持续向好。

（杨　溪）

昆仑数智科技有限责任公司

【概况】 昆仑数智科技有限责任公司（简称昆仑数智）成立于 2020 年 11 月，是集团公司贯彻落实党中央、国务院关于推动新一代信息技术与制造业深度融合、打造数字经济新优势等决策部署组建的数字化智能化科技公司。股权结构为集团公司 35%、股份公司 15%、东方物探 30%、中国石油集团工程股份有限公司 10%、中国石油集团资本股份有限公司 10%。

昆仑数智是北京首批 100 家高新技术企业、双软认定企业及北京市专利示范单位，通过 ISO 9001、ISO 20000、ISO 27001、CMMI 五级等管理体系认证，获涉密信息系统集成、国家信息安全测评信息安全服务、安防工程、电子智能化专业承包、建筑智能化工程设计等多项专业资质。昆仑数智面向油气行业，形成智慧油田、智慧油服、智慧天然气与管道、智慧炼化、智慧销售、经营管理、智慧财金、智慧管理、智慧党建、系统集成、网络安全、云数据中心12项主营业务，实现油气产业链、新型基础设施全覆盖，为客户提供信息化和数字化咨询、设计、研发、交付、运营、培训等全生命周期、一体化服务。市场布局覆盖国内外。在国内，昆仑数智作为中国石油数字化转型和信息化建设的主力军，为中国石油、下属专业公司、地区公司、海外公司提供油气行业数字化转型专业服务；为国务院国资委、中央企业提供国资监管、党建等产品和服务。在国外，客户涉及阿尔及利亚SONATRACH、阿联酋ADNOC等多个国家石油公司、石油管理局和“一带一路”沿线国家政府、驻外中资企业，为海外国家油公司（NOC）客户提供ERP咨询、智慧油田、智慧管道等专业服务。

【规划咨询】 2022年，昆仑数智承担“数智中国石油”顶层设计及三大信息化补强工程等方案设计。围绕“数智中国石油”建设目标，支撑“数智中国石油”总体框架设计，固化技术体系，启动信息化补强工程建设，提升数字化能力，推进智能化发展。支持信息化数字化智能化总体方案设计，持续完善《集团公司数字化转型智能化发展规划及“十四五”科技规划数字化转型分册》。支撑经营管理平台总体方案设计，推进业务与财务一体、经营与生产协同，打通端到端业务流程，实现物流、资金流、信息流、价值流“四流合一”，完成大集中ERP总体方案设计；打造以电商交易为核心，中国石油主导、多方参与、开放共享的智慧能源与化工产业生态圈，完成昆仑智慧能源平台可研编制及外审。支撑生产运行平台总体方案设计，构建以MES为核心的生产运行平台，对各专业领域生产信息化进行补强，加大生产现场数字化改造，推进生产作业智能化，实现生产运行过程全面感知、实时分析、动态调整和自适应优化；推动经营管理、生产管理与作业控制纵向集成，实现上下游一体化协同，支撑以销定产的柔性生产模式，满足大集中ERP和智能运营中心应用需要。支撑基础设施平台总体方案设计，通过数据驱动和业务敏捷创新，融合数据中心、云计算、安全、大数据、人工智能、区块链等，聚合基础资源，推动基础设施向平台化运营转变，构建企业数字化转型技术基座，提升共享支撑能力。

【信息化建设保障】 2022年，昆仑数智推进56个统建信息化项目建设，保障ERP、炼油与化工运行等75个集团级系统安全稳定运行。

支撑集团公司整体管控和一体化运营，推进综合管理和经营管理全局性信息系统建设，持续提升ERP、人力资源管理等系统，全面赋能集团公司全产业链统筹优化、辅助决策、业务协同和应急指挥。基于梦想云技术平台，建设工程作业智能支持中心（EISC）协同工作平台，支持总部、企业和作业现场跨部门、跨地域协同共享；昆仑ERP系统在大庆石化单轨运行；大数据分析平台总部示范应用正式上线；综合办公管理平台完成功能开发、试点上线。

支撑油气新能源板块业务发展，推进油气新能源、天然气销售、工程技术、海外勘探开发等领域信息化建设，保障勘探开发梦想云、天然气销售运行管理等系统稳定运行。勘探开发梦想云完成技术平台底台升级、上游业务中台初步构建和统一门户上线，支撑上游业务应用上云；连环数据湖覆盖单位12家，入湖数据量达22亿条；长庆油田陇东页岩油梦想云物联网平台正式上线，完成井场智能化配套84个；勘探开发项目投资管理系统初步实现与梦想云数据湖集成，完成产能经济效益评价等功能开发；原油产销综合管理系统完成核心功能开发和测试；天然气销售运行管理系统实现3000多个天然气批发用户和465个城燃项目公司批零销售一体化管理。

支撑炼化新材料板块业务发展，推进炼化、销售、国际贸易等领域信息化建设，保障炼化生产运行、加油站管理、电子商务平台等系统稳定运行。塔里木乙烷制乙烯智能化工厂项目整体上线；广东石化26个系统试运行，协助各装置开工；加油站管理系统3.0进入试点版本开发阶段，完成个人电子卡、微信小程序、支付宝小程序等功能全国推广，办理电子卡2460万张；销售物联网系统完成详细方案评审，全面开展系统功能实现；中油e化电商平台正式上线运行，化工品统销业务在线下单率100%。

支撑支持服务板块业务发展，推进共享服务、工程建设、装备制造等领域信息化建设，保障共享服务平台、装备制造物联网等系统稳定运行。财务共享平台上线运行137家单位，海外累计完成共享上线628家单位（项目），供应链协同上线35家销售公司，开发迭代增值服务系列产品，推动产融结合和业财分析精细化；人力共享平台完成试点项目建设，完成3个共享中心、4个业务部、140余家企业上线应用；自研装备制造执行管理系统在宝石机械上线试运行。

支撑资本金融板块业务发展，推进金控、银行、非银等领域信息化建设，保障企业年金和昆仑银行核心系统稳定运行，资产交易系统成功上线。企业年金系统完成竣工验收，覆盖一级企业 134 家，员工 155 万名，全年办理业务 307 万笔，缴费资金 167 亿元，处理风险事件 150 个；昆仑银行核心系统 3.0 安全、稳定、高效运行，开展核心业务、现金管理、综合网关等 4 套系统升级优化和日常运维，成功投产子项目 43 个；资产交易管理信息系统完成资产评估备案流程线上管理、资产处置从经济行为审批到交易结果全流程闭环管理。

保障基础设施稳定运行和网络安全，推进集团云计算资源池建设和云技术平台 2.0 建设，实现云计算应用由 IaaS 向通用 PaaS 服务演进；昌平云数据中心安全平稳运行，完成“二十大”、北京冬奥会等重大活动期间网络安全保障和“护网”行动。

【数字化转型推进】 2022 年，昆仑数智推进首批试点单位数字化转型建设，完成 56 个场景阶段成果应用，主导塔里木油田、兰州石化、西南油气田、河北销售、天然气销售山东分公司、宝石机械 6 家试点单位建设；支持第二批 16 家试点单位转型方案编制。完成塔里木油田 14 个业务场景转型建设功能迭代优化，坦途平台全面优化，实现钻井提速 5%，定向井中靶率提升 8%，提升系统研发效率 20%；完成兰州石化装置在线操作优化等 3 个子场景上线试运行；完成西南油气田数字化转型“三个一体化”方案顶层设计，完成勘探开发协同研究等 3 个场景阶段成果应用，完成西南算力中心上线、梦想云及区域湖环境搭建，实现人员巡检频次下降 70%，采气场站无人值守率 100%；完成河北销售异业合作等 10 个子场景上线，累计完成 7 大业务场景的 24 个子场景建设，通过智慧司机之家核销洗车券 20 万笔，实现非油收入 400 万，加油机器人产品取得国家防爆认证；完成天然气销售山东分公司项目可研及批复，完成需求分析、详细设计及 8 个子场景阶段成果应用，实现接入 50 万物联网燃气表客户，占燃气表用户总数占 50%；完成宝石机械 11 个应用场景的需求调研与分析、7 个系统详细设计及 3 个系统研发，支撑 3 个场景下 4 个子场景上线试运行。

【技术课题研究与应用】 2022 年，昆仑数智承担勘探与生产、炼油与化工等 7 个领域 26 个数字化智能化技术课题研究，持续推进数字化智能化技术课题研究与应用，形成软硬件成果 114 款，申请专利 75 件，完成试点单位成果应用 70 项。油气新能源领域，研发完成勘探开发一体化协同研究软件 V1.0、油气勘探开发知识图谱系统 2 款软件，支撑塔里木油田、西南油气田协同研究。炼油化工与新材料领域，研发完成炼化企业氢气系统在线监测系统、催化剂全生命周期预测与优化系统等 13 款软件，支撑兰州石化数字化转型业务场景、广东石化智能工厂建设，实现软件核心算法国产化。销售领域，研发形成数字人民币与加油站室内收单集成软件、加油机器人总控系统软件等 28 款软硬件，支撑河北销售数字化全域融合营销等业务场景，实现加油站加注自动化、智能化和无感快捷支付，发布国内首项加油机器人团体标准。天然气销售领域，研发完成燃气线上业务办理平台、物联网表安全认证平台等 17 款软硬件，支撑天然气销售山东分公司智能业务场景建设，实现资源供应和用户需求自动匹配、用气波动需求及时监控。工程技术领域，研发完成钻机动态智能识别软件、机械钻速实时预测软件等 21 款软硬件，钻机动态智能识别软件井下工况研判正确率 95%。工程建设领域，研发完成焊接工艺卡自动生成和推荐等 16 款软件，支撑寰球工程北京分公司生产经营数字化集成管控等场景建设。共性技术与装备制造领域，研发完成一体化营销管控系统、供应链管理系统软件等 5 款软件，支撑宝石机械营销服务由线下业务向线上业务数字化模式转变；统一共性技术平台研发完成数字技术平台软件等 12 款软件，支持集团公司重点项目和职能创新课题。

【科技管理】 2022 年，昆仑数智管理科技项目 172 个，其中国家课题 1 个，集团科技项目 48 个，公司科技项目 107 个，横向企业科技项目 16 个。自有研发经费投入 3.47 亿元，占营业收入的 9.35%，70% 以上研发经费投向油气领域。全年实现自主产品销售收入 1.25 亿元。申请发明专利 116 件，新增授权发明专利 11 件，新增技术秘密 18 项，新增软件著作权 59 件，参与编制并发布国家标准 1 项、行业标准 2 项、团体标准 1 项，获国家部委组织的行业赛事和示范项目 4 项、省级政府科学技术进步奖 1 项，发明专利“基于数据湖的数据治理方法及装置”获集团公司专利银奖。

依托梦想云平台完成 13 款油田专业软件的许可共享，围绕油气领域数字化转型联合开展 3 款产品和解决方案研发；开展中国石油海外公司油气专业软件共享服务，支持迪拜数字化研究院建设；联合安环院支撑集团公司安眼工程建设。聚焦油气和新能源、炼化销售和新材料、通用和技术创新 4 个业务领域，编制《昆仑数智公司数字化智能化科技发展规划研究报告（2023—2025）》，明确业务孪生、信创、数字平台、工业互联网应用四大科技发展方向。与北京大学、中国石油大学（北京）、北京化工大学等高校开展联合创新，与深圳新能源研究院、斯伦贝谢技术（北京）有限公司、特雷西能源科技股份有限公司等近20家技术企业开展合作交流。

【市场开发】 2022年，昆仑数智坚持客户价值导向，持续完善市场体系，加强大客户管理和市场开发能力，开展从线索到回款（LTC）流程变革等工作，市场规模持续扩大，2022年新签合同额50.21亿元，同比增长25.4%。统建市场方面，推进保卫信息化平台，钻井工程作业智能支持中心（EISC）、综合管理体系等15个项目的立项批复及合同签订。地区公司市场方面，全面参与30家数字化转型试点单位建设，完成河北销售数字化转型、山东天然气销售数字化转型、A19地块智能化等多个重大项目的签约，新签合同15.7亿元，同比增长9.1%。国内政企市场，深耕国家管网集团，签约生产运行管理、供应链管理等核心业务系统；加大对国资委、中国海油及中央企业、地方国企的市场开发力度，将党建、国资监管、司库等产品在黑龙江省国资委、中国建筑集团有限公司、中国航空工业集团有限公司等中央企业进行推广。海外市场，完成尼日尔数字油田二期项目、阿尔及利亚ERP增补项目等重点项目落地，新签合同额7.65亿元，同比增长62.5%。加强市场营销工作，参加阿曼国际石油展、中国国际数字经济博览会等国内外大型展会，通过数字平台开展品牌营销活动，提升昆仑数智品牌知名度。

【管理提升】 2022年，昆仑数智健全法治工作体系，加强合规风险管控，全面提升依法合规治企水平。成立法治建设领导小组（合规委员会）和小组办公室，承担法治建设及合规管理职能。建立“风险、内控、合规”三合一管理体系，开展风险隐患排查治理，发布合规体系运行四清单和合规风险数据库，制定《昆仑数智科技有限责任公司“合规管理强化年”工作方案》，入围集团公司法治建设示范企业名单。设立总法律顾问，重要涉法决策事项参与率达100%；规范重大涉法事项法律论证程序，明确法律论证职责与权限；强化合同全过程管理，提高合同评审效率。

全面完成改革三年行动和对标世界一流管理提升行动任务，制定《2022—2025年昆仑数智科技有限责任公司综合改革方案》，成功入围“科改示范企业”。初步建立公司投资管理制度体系，制定并印发《昆仑数智科技有限责任公司投资管理细则》。完善法人治理体系，成立董事会战略与发展、提名、薪酬与考核、审计与风险4个专门委员会，制定各委员会议事规则，建立外部董事履职台账和相关制度清单，建立权责制度体系，健全昆仑数智治理结构两级授权体系。

推进组织变革，落地区域主战、事业部主建、统一技术平台的前中后台组织结构。成立数字化咨询中心，提升战略规划咨询、数字化转型研究和方案设计能力；成立智慧油田、智慧油服、智慧炼化、智慧销售、经营管理等12个事业部，围绕油气产业链各专业领域提供数智化产品和解决方案；成立区域组织，服务地区公司转型场景交付；成立数字技术平台组织，为数字化转型提供统一的云技术平台支撑。

【人才队伍建设】 2022年，昆仑数智加大引才引智工作力度，引进高层次人才35名，招聘7级及以上技术与业务骨干228人，引进优秀应届毕业生109人，其中研究生及以上占比73%，博士研究生7人，985/211、双一流院校及“泰晤士高等教育世界大学排名”前100高校毕业生占比85%。组织岗位培训311期，12903人次。与中国石油大学（北京）、中国石油大学（华东）等4所高等院校开展研究生联合培养合作、双导师制合作；申报集团公司高层次科技创新人才13人，申报国家人才计划2人，引进博士研究生22人，获批设立博士后科研工作站。

聚焦中高层管理人员、后备人才、应届新员工、数字化人才、国际化人才5类关键人才队伍，实施领航、翱翔、青苗、扬帆、启航5个人才发展计划。建立“人尽其才、才尽其用”的用才机制，搭建专家发挥作用平台，设立专家工作室，开展首次专家选聘工作，聘任5名资深专家、7名高级专家。

推进用工市场化改革，优化健全市场化岗位体系，实施市场化分配机制。构建“获取分享”为核心的市场化激励约束机制，强化薪酬总额与实际效益挂钩、与人效改进挂钩，个人薪酬与岗级调整、绩效结果挂钩。匹配组织变革与转型发展，实施干部竞争上岗，优化干部结构，平均年龄41.5岁，40岁以下干部占比52%，硕士以上占比53%。

【企业党建工作】 2022年，昆仑数智持续加强党的领导党的建设，以高质量党建引领高质量发展。落实“第一议题”制度，学习习近平总书记系列讲话和重要指示批示精神24次66个篇目，组织中心组学习10次；深入学习宣传贯彻党的二十大精神，开展宣讲56次；坚持“两个一以贯之”，把党的领导融入公司治理体系，全年召开党委会20次，修订《党委工作规则》《“三重一大”决策制度实施细则》，明确党委前置研究讨论重大经营管理事项。落实“四同步”“四对接”，完成22个一层党组织、39个二层党组织的优化设置，设置专职书记12名、副书记10名；运行“周亮点、月总结、季汇报、年中督导、年末述职评议”党建工作机制，全年制修订党建工作制度17项；开展“勇担当、显作为、做表率”党员实践活动。全年评选表彰优秀共产党员100名、优秀党务工作者20名、先进基层党组织10个，评选表彰党员先锋岗49个、党员责任区28个和党员突击队59个。

开展“转观念、勇担当、强管理、创一流”主题教育活动，开展专题宣讲58次。落实意识形态工作责任制，建立三级舆情管理队伍，聚焦主责主业开展“重点项目巡礼”“流程与组织变革”等12个系列报道。编发《数智奋斗者》故事集、《2022年荣誉苑》，召开年度表彰大会，形成以“创造客户价值”为核心的奋斗者文化。建立职工代表大会制度，召开第一届一次职代会；推进员工创新、素质提升、关爱温暖三项工程，开展“四比一创”劳动竞赛，建设劳模创新工作室，组织“数智大讲堂”，开展“送温暖”活动。

（薛正燕）

中国石油中东公司

【概况】 1997年6月4日，中国石油签署伊拉克艾哈代布油田开发项目，中国石油在中东地区的石油勘探与开发合作开始起步。2009年12月，股份公司成立中国石油股份有限公司伊拉克公司（简称伊拉克公司），行政上由股份公司直接管理，业务上归中国石油海外勘探开发公司管理，为正局级。12月，集团公司决定，在中油国际（伊朗）有限公司基础上成立中国石油天然气集团公司伊朗公司，为正局级（简称伊朗公司）。伊朗公司行政上由集团公司直接管理，业务上归中国石油海外勘探开发分公司管理，为集团公司内部海外业务区域性管理机构。2015年12月，集团公司强化对中东地区布局的战略管理，整合伊拉克公司、伊朗公司，以及中国石油海外勘探开发公司直接管理的中油国际（阿联酋）公司、中油国际（叙利亚）公司、中油国际（阿曼）公司，组建中国石油中东公司并和中东地区协调组合署办公。2017年7月，中国石油中东公司按照集团公司实施海外油气业务体制机制改革部署，更名为中油国际中东公司。2021年3月，根据中国石油组织体系优化调整实施方案，中油国际中东公司更名为中国石油中东公司（简称中东公司）。中东公司在伊拉克、伊朗、阿曼、阿联酋、叙利亚等5个国家以技术服务、回购、矿税制、产品分成等4种合同模式，同埃克森美孚（ExxonMobil）、英国石油公司（BP）、法国道达尔能源（Total Energies）、壳牌石油（Shell）等18家合作伙伴，合作15个石油勘探和开发投资项目；并协调在伊拉克、伊朗、阿联酋、阿曼、叙利亚、科威特、沙特阿拉伯、卡塔尔等8个国家和地区中国石油服务保障单位业务。业务涵盖工程建设、工程技术、物资装备、技术支持、后勤保障、原油贸易、金融服务等产业链。中东公司实施做大中东战略任务，高质量打造中国石油海外业务“一带一路”合作旗舰。“十三五”期间，权益年产量增长450万吨以上，2019年迈上年作业产量1亿吨新台阶，经营效益和规模同步提升。中东公司已连续四年保持作业产量过亿吨，权益产量过5000万吨，投资回报率保持在较好水平，同时发挥中国石油“一体化”优势，实现投资与服务保障业务协调发展，实现“十四五”良好开局。

2022年，面对新冠肺炎疫情持续、地区形势日趋复杂和社会安保局势严峻等困难挑战，中东公司贯彻落实集团公司决策部署，围绕年度工作目标，开展主题教育活动，推进提质增效价值创造行动，推动体制机制优化方案落实，超额完成年度生产经营指标，地区业务协同发展取得成效，质量健康安全环保形势稳中向好，推动了中东业务高质量发展。2022年，中东公司原油生产超计划完成，市场开发取得新成效，勘探工作取得新突破，新项目开发取得新进展。完成原油作业产量10768万吨、权益产量5338万吨，分别完成年度计划的105和107%，其中9个项目超额完成计划产量目标；投资业务全年实现净利润10.32亿美元、净现金流4.91亿美元，分别完成年度预算的161%和131%；服务保障业务新签合同额31.03亿美元，同比增长43%；年度累计完成合同额28亿美元，与2021年同期基本持平。国际贸易落实一手原油资源量2.77亿桶，较2021年增长8%。

【投资效益】 2022年，中东公司推进优化投资、控降成本措施，实现良好投资效益。各投资业务推进稳产增油、降库减占和优化设计等措施，累计增收7142万美元，控减成本11580万美元。桶油操作成本3.2美元，较预算降低19%。艾哈代布项目推进“万桶增油攻坚战”，深入挖掘关停井及在产井的增产潜力，全年累计增油120万桶。哈法亚项目推动复工复产，持续控制投资节奏，加强招标策略管理，对重大采办项目从源头进行成本审核控制。鲁迈拉项目强化提油回收各环节的衔接，关注提油动态和回收池余额，加快现金回收取得实效。西古尔纳项目减少非关键的生产、后勤、维修等费用支出，伊朗北阿项目控减管理费用，MIS项目通过减员增效等措施实现营业成本降低，阿布扎比项目联合伙伴推动优化工作部署，阿曼项目实施成本减控和投资优化措施。

【提油情况】 2022年，中东公司优化提油策略，实现份额油应提尽提。抓好发票审批、提油量落实等关键环节，强化与资源国政府和国际事业（中东）公司的协调沟通，把握油价上升的契机，加快提油回收，全年完成份额提油1亿桶，同比增加213万桶，收入97.05亿美元，同比增加47%。伊拉克各项目克服各种不利因素，紧盯关键节点及重点月度，通过高层推动及项目协调，采用更加灵活的拼装策略，确保了份额油足额回收，全年完成提油2166万桶，销售收入21亿美元，同比增加8%。阿布扎比各项目应对产量频繁调整，优化提油策略，妥善管控风险，协调国际事业（中东）公司灵活装船，保持提油平稳高效，全年完成提油7543万桶，同比增加15%，销售收入73.3亿美元，同比增加66%。阿曼项目利用确定提油量提前预估机制，确保按月足额提油。伊朗各项目跟踪美伊局势变化，推进项目回收金额确认工作，为重启提油做好准备。

【服务保障业务】 2022年，中东公司对域内各服务保障业务实施精益化管理，实现服务保障业务质效双增。服务保障业务落实精细化管理，通过加强施工组织、强化经营管理、优化设计方案、提升钻井速度、实施集中采购等方式，累计增收4606.57万美元，控减成本2031.5万美元。大庆油田中东分公司通过大宗物资集中招标，择低分类选商采购，研发加热装置代替人工加热等措施，控减成本67万美元，实现增收79万美元。工程建设中东各分公司优化设计，加强分包管理，加大采购复议和清关运输筹划，统筹剩余物资再利用，加强资金筹划，全年实现增效2836万美元。渤海钻探中东事业部强化后勤保障，降低设备维护成本和作业成本，严控非生产性支出，全年控减成本145万美元。长城钻探公司中东项目通过钻井提速、修旧利废、压控人工成本等措施，控减成本550万美元，增收630万美元。管道局中东地区公司各项目多渠道压减现场成本，优化设计和施工方案，建立监督考核机制，加强分包结算管理，全年控减成本46万美元，实现增收114万美元。寰球工程中东公司通过落实四精管理、盘活营地出租、统筹项目执行，全年增收80万美元，控减成本110万美元，实现净现金流为正。

【油气生产】 2022年，中东公司优化生产组织，确保产量线上运行。各项目结合自身实际，高效落实“一项目一策”方案，加强油藏管理和生产优化，加大措施作业力度，强化油田规模注水，挖掘关停井潜力，应对限产限输，推动复工复产，保持了生产主动。鲁迈拉、阿布扎比陆上、海上下扎、海上乌纳、陆海、西古尔纳、哈法亚、伊朗北阿和阿曼9个项目超额完成计划产量目标，权益产量超产347.7万吨，为实现权益产量目标作出了贡献。

【重点产能项目】 2022年，中东公司围绕稳产上产，稳步推进重点产能项目建设。在确保安全环保和新冠肺炎疫情防控的前提下，各项目按照年度工作计划，推动重点产能项目建设。艾哈代布项目关键设施第三方腐蚀评估项目稳步推进，油管线穿管等项目进入招标阶段。哈法亚项目高压注水站升级改造工程11月完成试运并投产；天然气处理厂完成LPG球罐整体安装，项目完成进度71%。鲁迈拉项目DS3站新建游离水分离器工程主体部分完成进度99%，预计2023年6月建成投产；DS5站新建脱盐脱水装置完成12%。西古尔纳项目DS6站连接工程完成97%，产出水处理二期完成工程进度93%，20万桶原油处理列OT2/3项目和游离水分离器安装工程成功授标。阿布扎比陆海项目二期Belbazem油田群整体开发EPC工程按计划推进，完成总体进度51%。

【油气田开发】 2022年，中东公司强化技术支持力度，提升油田开发水平。迪拜研究院加强高层次人才引进，务实推进中东重点项目技术支持，提升区域技术支持能力和技术攻关水平。迪拜和阿布扎比技术支持分中心做好中方主导项目的靠前技术支持，帮助油田解除限产后的快速复产，持续加大勘探开发力度，推动油田增储上产。哈法亚项目全年实施6口井多级压裂，压裂后陆续投产的六口井都在稳定生产中，平均产量约950桶/日，为低渗油藏的规模有效开发积累经验。西古尔纳项目完成对Sadi油藏两口600米水平井分段压裂，为难动用储量的合理开发进行了有益探索。阿曼项目加强对中浅层断块潜力圈闭的研究和评价筛选，部署的 2 口勘探评价井均获油气显示和有效油气层。

【市场开发】 2022 年，中东公司加大宣介拓展力度，市场开发取得进展。服务保障业务全年新签合同额 31.03 亿美元，同比增长 43%。国际事业（中东）公司首次中标阿布扎比国家石油公司 LNG 自由贸易资源量 6.4 万吨、与中东 7 大产油国签订年总量为 1.96 亿桶的长约合同，并首次与 Snetor 公司达成两单 630 吨聚丙烯销售交易合同。西部钻探中东服务公司开拓埃及钻修井新市场，续签 23 口钻修井工作量。长城钻探公司中东项目优化投标报价策略，获科威特国家石油公司 3 钻 4 修授标函，首次将钻机引入科威特市场。工程建设伊拉克地区公司全年新签项目 12 个，签约了美孚在伊拉克投资最大单体项目——西古尔纳 -1 油田 OT2/3 项目，以及 BP 在伊拉克投资的第一个新建油处理设施项目。工程建设海湾地区公司全年新签约项目 7 个，获西东管线 FEED 项目，实现了产业链向前期 FEED 设计的延伸，获迪拜 950 兆瓦太阳能光电安装施工分包项目，实现海外新能源业务突破。寰球工程中东公司签订沙特年产 120 万吨乙烯和 50 万吨 PDH 新材料一体化项目，实现下游核心业务新突破。

【服务保障业务】 2022 年，中东地区各服务保障单位着重提升支持保障能力，推动重点项目按计划运行。中东地区工程技术服务项目 123 个，工程建设项目 34 个，均按计划正常运行。各单位精心组织，不断提升管理水平和服务质量，为投资业务增产增收提供有力保障。国际事业（中东）公司与 BP 就 BECL 合资公司提油协议谈判取得成果，维护了中方利益。长城钻探公司阿曼项目持续提速提效，跨国调动钻机仅用 92 天开钻，多次获甲方表扬。工程建设伊拉克公司承建的艾哈代布项目、哈法亚 GPP 项目、鲁迈拉 BNGL 项目、西古尔纳 303 项目、祖拜尔脱气站扩建项目等在建项目按计划进行。其中哈法亚油田三期 EPCC 项目继 2020—2021 年度获中国建设工程鲁班奖后，2022 年获国家优质工程金奖。东方物探阿联酋项目部在阿联酋市场通过实施浅水多功能船技术攻关，补齐行业缺口，填补空白。管道局阿布扎比原油储罐维护项目协助业主抵御 30 年一遇的巨大洪涝灾害，按时完成三座 15 万立方米储罐的紧急投产任务。寰球工程中东公司沙特低温液氮罐项目作为中东地区第二大低温储罐顺利交付。

【体制机制优化调整】 2022 年，中东公司坚决贯彻执行集团公司海外业务体制机制优化调整的部署要求，结合地区实际，制定中东大区公司组织机构优化调整细化方案，明确大区部门职责，梳理完成各业务说明书、流程文档、风险控制节点、权限手册和制度清单，完善与矩阵式协调管理相配套的管理机制和流程，加大地区和国别层面协调力度，推动成立中东地区 FZE 海外技术商务支持平台，提升支持服务主业发展的能力。按照集团公司海外业务改革要求，推进对域内单位的业绩管理工作，组织召开业绩考核讨论会，在征求各服务保障单位意见和建议的基础上，编制印发中东地区服务保障单位业绩考核指引。针对服务保障单位不同业务类型，突出考核重点，差异化分类设置考核指标，实现对域内服务保障单位业绩考核管理全覆盖。中东公司区域协调管理能力得到加强，技术、法律和商务服务支持能力得到提升，体制机制改革工作在先立后破，不立不破的原则指导下顺利完成，员工队伍稳定，没有发生工作对接错位、缺位、漏项问题，确保体制机制优化调整落地实施。

【商务运作】 2022 年，中东公司伊拉克项目以 IOC 论坛为平台，联合国际石油公司，推动落实限产补偿的技术、商务确认和回收，哈法亚项目、西古尔纳项目全年确认补偿权益产量合计 20 万吨。艾哈代布项目推进合同接续问题解决，经过持续努力实现采油厂多个关键生产合同的授标。北阿项目完成 2021 年二季度提油权益确认，三季度、四季度提油权益已与伊方达成一致。MIS 项目油田交接顺利推进，油田设施操作权已完成移交。阿曼项目通过研究借鉴石油合同及 JOA 中相关规定和实践做法，解决了存货历史遗留问题。大庆油田中东分公司妥善处置绿洲运维项目的投标不反对函问题，防止了外溢风险。

【新项目开发】 2022 年，中东公司新项目开发取得突破。协调推动鲁迈拉合资公司 BECL 完成资产重组交割，自此中方控股的 BECL 替代 BP 成为项目牵头合同者。推动火星项目和解方案及牵头合同者移交工作，和解方案已达成原则性共识，交接工作计划稳步推进。阿曼勒克威尔油田项目完成服务合同签署并于 8 月正式开工，48/60 区块评价工作有序开展。卡塔尔北方气田扩容项目取得实质性进展，中东公司与卡塔尔能源已开始进行 LNG 购销协议谈判。

【绿色低碳】 2022 年，中东地区各单位在绿色低碳发展中取得新成效。谋划新形势下实现中东业务绿色低碳发展的应对策略，在抓好现有油田开发项目上产稳产的同时，密切跟踪天然气项目合作机会，推进节能降耗和温室气体减排，开拓新市场新领域新业务。组织油气业务各项目做好月度能耗及碳排放数据统计，推动制定并落实有针对性的节能减排措施。鲁迈拉项目推进低碳减排工作，年度减少火炬排放 142 万米^3/日。阿曼 5 区油田成为阿曼首个实现伴生气全利用、常规火炬全熄灭的石油公司，提前 5 年完成阿曼政府要求，节能减排与绿色发展迈上新台阶。

【安全管理】 2022 年，中东公司坚持“员工生命高于一切”的理念，强化对 HSSE 制度、体系及安保措施的落实，组织开展区域内 5 个国家 26 个重点项目现场和视频安全大检查，精准施策持续做好新冠肺炎疫情防控工作。2022 年，中东地区累计人工时首次超过 1 亿，实现“六个杜绝”的业绩指标，没有发生无损工时人身伤害事故。艾哈代布项目组织开展国务院国资委参加指导的社会安全突发事件应急演练，受到国务院国资委、集团公司的好评；哈法亚项目三年专项整治行动收官，加强安全隐患治理，做到专项活动落实落地；鲁迈拉项目推进低碳环保工作，火炬改造和污水池治理项目进展显著；西古尔纳项目落实员工安全生产责任，重大安全风险得到有效管控；伊朗项目有效应对头巾事件，确保项目安全运营，MIS 项目平稳完成移交，员工有序安全撤离；阿布扎比项目参与伙伴安全论坛，提出强化承包商安全管理建议；阿曼项目再次通过一体化安全体系审核，持续提升安全管理水平；大庆油田中东分公司通过多维度生产安全培训、事故案例回头看等典型安全管理方法，提升工程服务质量和安全业绩表现；长城钻探公司中东项目用良好的安全业绩和过硬的施工质量，在科威特不断开拓国际市场；渤海钻探中东事业部开展井控工作，举行现场井控演习，锻炼了处置井控突发事件的应急响应能力；工程建设公司承建的伊拉克巴士拉天然气轻烃回收处理厂项目，执行十大安全管控措施，获壳牌颁发的“卓越安全业绩”证书；东方物探阿联酋及沙特项目严格执行安全作业标准，分别实现 1173 万和 1300 万人工时无损工伤害事故良好纪录；管道局中东地区公司沙特项目对接沙特阿美公司先进的 HSE 管理标准，强化运行体系建设，获得沙特阿美公司“最佳 HSE 承包商”表彰。

【区域协调】 2022 年，中东公司发挥牵头单位作用，按照国务院国资委的统一要求，组织开展“1026”临时航班接返滞留人员专项工作，组织伊拉克和阿联酋中国石油自主包机 8 架次，接返 1866 名员工回国，分别占集团公司包机总数的 67%，占接返回国员工总数的 82%，破解了新冠肺炎疫情期间海外员工回家难题，赢得国务院国资委、驻外使馆和集团公司高度肯定，用实际行动践行了习近平总书记“人民至上，生命至上”的理念。在整个专项工作中，区域内各单位团结配合，服从整体协调，表现出较强的大局观念、责任意识和担当精神。

【一体化优势发挥】 2022 年，中东公司加强对内部市场行为的协调监督，协调解决投标过程中的问题，推动地区业务协同发展。全年审核完成域内 13 家服务保障单位的投标备案申请 327 项，涉及合同额 272.6 亿美元，协调处置内部争议 7 项，维护了内部市场秩序。搭建内部资源共享平台，坚持服务保障业务双周工作例会制度，通报工作进展动态，共享商务信息，研究市场策略，组织重点在建项目复工复产。中东公司主要领导先后前往大庆油田中东分公司、工程建设中东公司、工程建设海湾公司、东方物探阿联酋项目部等单位实地调研。在甲方、乙方共同努力下，全年投资业务带动服务保障队伍完成合同额 13.4 亿美元，新签合同额 10.9 亿美元。自进入中东地区以来，服务保障业务已累计完成合同额 417.74 亿美元。

【合规管理】 2022 年，中东公司落实“合规管理强化年”工作部署，持续推进合规管理及风险防控体系建设，组织开展全员合规培训，与埃克森美孚、BP 等进行合规管理专题交流，提升依法合规治企能力。配合股东开展陆上项目股东联合审计、海上项目 2020—2021 年度成本分摊和直接费用审计，发挥了审计监督和股东维权作用。编制完成中东公司 2023 年度风险防控报告，组织制订年度重大风险管控方案和防控措施，促进中东公司风险防控能力提升。加强资金安全风险防控，组织域内单位参加税务专项研讨，及时掌握税法动态，协调做好税务合规工作，有效应对资金和税务等各类风险。

【跨文化融合传播】 2022 年，中东公司牵头完成了由中宣部、国务院国资委和集团公司下达的伊拉克跨文化传播任务。开通运营了 3 个社交媒体账号，粉丝量 19.52 万，在伊拉克知名媒体发布专题报道 12 篇、技术开发研究成果 2 篇，与伊拉克 2 个智库、6 所高校、15 家媒体建立合作沟通机制，编制并发布《中国石油助力伊拉克石油工业发展策略研究报告》《伊拉克传播话语体系研究报告》《中国石油在伊拉克企业社会责任报告》3 篇报告，组织捐赠当地高校图书、开展中国石油冠名的巴格达大学足球赛等文化融合交流活动 4 次。中东公司既加强对政府、智库、主流媒体、相关机构的宣传，更是面向基层，贴近民众，教育引导当地员工进行中华文化传播和中国石油在伊拉克的正面宣传，努力争取最广大民众的支持和拥护，夯实社会民意基础，扩大知华爱华的“朋友圈”，向外界展示一个真实、立体和负责任的中国石油良好形象。受到国务院国资委的肯定。

【伊拉克国别研究及社会责任报告发布】 2022年12月15日，中东公司于迪拜、北京、巴格达三地同时发布《中国石油助力伊拉克石油工业发展策略研究报告》《中国石油在伊拉克企业社会责任专题报告》。报告由中东公司与国内外有关单位，伊拉克智库、高校联合撰写。中国驻伊拉克特命全权大使崔巍，国务院国资委相关领导，中阿改革发展研究中心秘书长、上海外国语大学教授王广大，伊拉克大学教授阿明·阿巴斯，摩苏尔大学教授阿卜杜勒·卡里姆，巴格达大学教授拉希德·法里德，中国石油集团企业文化部副总经理沈中，中东公司总经理王贵海，迪拜中阿卫视台长、中阿卫视国际智库首席专家杨威等中伊两国政府、企业代表、高校学者、智库专家、新闻记者、伊拉克青年学生团体，中东公司管理层干部、员工代表，伊拉克艾哈代布项目、哈法亚项目、鲁迈拉项目、西古尔纳项目及中国石油在伊拉克工程技术服务单位等一百余人参加线上发布会。

【人才强企工程】 2022年，中东公司贯彻落实集团公司“人才强企工程”部署要求，严格执行党管干部党管人才原则，健全人才培养选拔使用机制，畅通人才成长渠道，加强年轻干部培养，统筹人员轮换配置，为中东公司业务发展提供人才保障。全年投资业务完成22名干部选拔使用、3名年轻干部培养，推荐近期可进一步使用的优秀年轻干部人选4人，中东域内完成84人次的人员轮换及配置。推动新成立的BECL和西古尔纳公司新增18名中方管理岗，选派21名中方人员进入BECL和西古尔纳联合公司，为人才成长提供实践舞台。注重班子和干部队伍建设，打造忠诚干净担当的人才队伍，2022年，中东公司领导班子综合考评位列集团公司海外企业第二、在集团公司139家直属企业中排名第九。

【青年团员工作】 2022年5月4日，中东公司团委组织召开“奉献青春勇担当，赓续辉煌创一流”岗位讲述暨纪念建团百年中东青年座谈会。中东公司总经理王贵海参会，听取优秀团员青年岗位讲述发言并与大家亲切座谈，畅聊青春梦想，共话中东油气业务发展，寄语青年成长。会议由中东公司副总经理韩绍国主持。活动设迪拜主会场和三个分会场，中东公司本部及各项目相关负责人和49名团员青年代表参加。

【接受中国驻阿联酋使馆领导】 2022年10月9日，中国驻阿联酋大使张益明到中东公司检查指导工作。张益明大使一行参观了中国石油在中东地区的业务展览并听取了中东公司工作汇报，了解公司生产经营情况、发展成果与业务展望。张益明大使对中国石油在中东地区取得的成绩给予了充分肯定，认为中东公司在阿联酋中资企业中发挥了引领作用，在中东复杂严峻的安全防恐和新冠肺炎疫情防控形势下，保持了生产平稳运行，员工队伍稳定，营收稳定增长，取得的成绩来之不易。

【中阿政企对接】 2022年10月17日，中东公司总经理王贵海参加中阿政企对接会。本次政企对接会由迪拜总领馆主办，“拥抱中国”执委会及阿联酋中国商会承办。中国驻迪拜总领事李旭航、“拥抱中国”执委会主席马吉德亲王、迪拜经济旅游局经济发展CEO哈迪·巴德里、迪拜主要政府机构和大型企业代表及100余家中资企业主要负责人出席会议。中东公司总经理王贵海作为阿联酋中国商会会长单位代表致辞。

【企业党建工作】 2022年，中东地区党工委充分发挥党组织的政治核心作用，加强党的建设，强化政治引领，强化组织建设。充分利用党工委中心组、“三会一课”、学习研讨、线上视频等方式，持续深入学习习近平系列重要讲话精神、党的二十大精神，以及集团公司党组的决策部署，树牢“四个意识”，坚定“四个自信”，自觉做到“两个维护”；组织开展专题民主生活会、基层党组织生活会及党建责任制考核评议工作。召开21次党工委常委会、25次党建及协调组工作例会、调整充实了3家服务保障单位的党工委委员、完成了投资业务12个基层党支部换届选举、6名预备党员的发展。

2022年，中东地区党工委深入开展二十大精神的学习，中东公司领导班子带头动员和宣讲，参加上级党组织举办的“党的二十大”线上专题辅导讲座，组织4次中心组集中学习。投资业务开展集中学习研讨24次、参加人员560多人次。服务保障业务单位组织党员参加线上和线下培训297人，通过学习，学员干部深刻领悟了党的二十大提出的新思想、新论断、新要求，以及对国有企业能源企业作出的新部署。深入开展“转观念、勇担当、强管理、创一流”主题教育活动，投资业务对标查找并落实整改问题6个方面18项，推进提质增效价值创造走深走实。

2022年，中东地区党工委深化党风廉政建设，营建守正创新、干事创业的良好政治生态。组织召开2022年度党风廉政建设和反腐败工作会议，加强对“一把手”和领导班子的监督管理，强化民主集中制和“三重一大”事项决策制度落实，进行新冠肺炎疫情防控、提质增效等专项工作督查。组织147名副处级以上领导干部签订党风廉政建设责任书，对70人次拟提拔任用领导干部及发展预备党员进行廉政审核。开展防“四风”警示教育，组织收看《零容忍》、学习中央新修订八项规定精神的实施细则、通报7起发生在集团公司内部违反中央八项规定精神典型案例，元旦、春节和五一等重要节日及时发出警示并加强监督检查。抓好近年来巡察发现问题及部分尚未关闭事项的整改落实工作，推动巡察成果运用。全年受理问题线索2件，协查案件5个，发出函询通知书12份。

（王朝丽）

中国石油中亚俄罗斯公司

【概况】 2008年9月，集团公司在中油国际（哈萨克斯坦）公司的基础上组建成立中国石油天然气集团公司哈萨克斯坦公司。2017年6月30日，集团公司下发《中国石油天然气集团公司海外油气业务体制机制改革框架方案》，将中国石油天然气集团公司哈萨克斯坦公司改组为中油国际中亚公司，将阿姆河项目、乌兹别克斯坦项目、塔吉克斯坦项目、阿塞拜疆项目等纳入中油国际中亚公司管理范围。

2021年4月9日，集团公司下发《关于深化集团公司体制机制改革的意见》《集团公司总部组织体系优化调整实施方案》等系列文件，将中油国际中亚公司改组为中国石油中亚公司。2022年，集团公司下发《海外业务体制机制优化调整意见》《关于调整海外大区公司协调监督范围及设立国别代表处有关文件内容的通知》等系列文件，将中国石油中亚公司改设为中国石油中亚俄罗斯公司（简称中亚俄罗斯公司）；明确将中亚俄罗斯公司列入集团公司直属企业序列，机构层级类别为一级一类；明确海外大区公司是海外业务区域协调机构，代表集团公司党组、集团公司、股份公司，协调区域内企业组织建设工作，统筹协调区域内公共资源、公共关系、公共安全，统一处理对外事务，树立良好形象，共树一面旗帜，形成发展合力。对海外区域内单位实行矩阵式管理，履行属地协调、监督、服务职责。

中国石油中亚俄罗斯地区油气合作以1997年6月收购哈萨克斯坦阿克纠宾油气公司为起点，历经25年艰苦创业和奋力拼搏，高质量建成资源、供应、效益、品牌“四位一体”的油气核心合作区；形成集油气勘探开发、管道建设与运营、工程技术服务、炼油和销售于一体的完整上、中、下游业务链，建立一套符合当地法律法规和国际惯例的公司制法人治理结构及管控体系，获得良好的经济效益和社会效益，成为“一带一路”倡议的成功实践，受到中国及资源国领导人的高度评价，为保障国家能源安全发挥了骨干央企带头作用。

【发展战略】 2022年，中亚俄罗斯公司围绕集团公司海外业务体制机制优化调整方案，持续完善和诠释发展战略：按照新定位、新职能及时调整工作思路，以推动核心油气合作区高质量发展为中心目标，统筹域内党的建设和风险防控两项基本任务，突出做好“资源、供应、效益、品牌”四篇文章，统筹协调域内企业推进体制机制改革、党的建设、公共关系、风险防控、一体化运营5项重点工作。

【企业改革】 2022年，中亚俄罗斯公司围绕集团公司海外业务体制机制优化调整后新职能新定位推动改革方案落实落地，切实把思想和行动统一到集团公司党组决策部署上来。组织上高度重视，由党工委常委会统筹负责贯彻落实集团公司优化调整方案，推进方案具体实施。精准履行新职能，理清集团公司总部直管、中油国际业务指导和海外大区属地监管“矩阵式”管理的职责，明确大区公司立足集团公司党组、集团公司、股份公司定位，履行属地协调、监管、服务职能。组织机构与干部优化配置到位，在集团公司党组与人力资源部的支持下，大区公司领导班子、内设机构与平台公司干部配备到位。完成管理体系、制度、流程重构与优化，完成业务流程梳理和规章制度制修订工作；组织制定下发《域内企业监督管理办法（试行）》，明确对域内企业的监管模式。推进依法合规治企和强化管理，召开全域企业管理工作会议，全面厘清大区公司与域内企业派出单位、国别公司（国别牵头单位）、项目公司的管理界面与工作职责，进一步明确大区公司对域内企业履行属地“协调、监督、服务”职能的基本原则与管理模式，在全域范围内进一步统一思想，凝聚共识，推动油气核心合作区战略认同。完成域内企业备案，34家单位完成备案程序，建立“横向到国内一级企业、纵向到域内最小单元”的沟通联络体系，明确各单位第一负责人和固定联系人；建立定期沟通协调机制、突发事件应急机制和信息报送机制，促进域内单位资源共享、预警联动、经验交流。

【企业文化建设】 2022 年，中亚俄罗斯公司聚焦习近平新时代中国特色社会主义思想和党的二十大精神学习，坚持并发展完善“12345”工作思路；发挥把方向、管大局、保落实作用，加强领导班子建设和基层组织建设，确保集团公司决策部署有效落实。将党的二十大精神学习宣贯作为首要政治任务；以班子建设为重点，不断强化责任担当，充分发挥“领头雁”作用；以基层组织建设为根本，充分调动党员干部积极性，切实发挥好“主力军”作用；发挥靠前监督优势，加强队伍纪律和作风建设，推进廉洁企业建设。党建工作受到驻资源国使领馆高度认可，分别来函肯定地区党工委工作成绩。

【油气勘探】 2022 年，中亚俄罗斯公司勘探工作稳步推进，油气增储成果丰富。各勘探项目地震、钻井、试油试采、地质研究及储量评价等工作稳步推进。亚马尔项目侏罗系新增天然气地质储量 2461 亿立方米、凝析油地质储量 7532 万吨。PK 项目多口探井获高产油气流，全年完成新增油气探明可采权益储量当量 61.19 万吨。博格达项目完成地质踏勘、地质采样及系统分析工作，持续深化基础地质研究。

【油气开发生产】 2022 年，中亚俄罗斯公司油气生产全面完成年度任务。开发生产平稳运行，重点工程有序推进。阿姆河项目提前完成 B 区西部气田产能建设。亚马尔项目天然气作业产量 320 亿立方米，超产 25 亿立方米；LNG 产量首次超过 2000 万吨，达 2095 万吨。MMG 项目突出老井稳产、措施增油和新井贡献三个重点，原油年产量再创历史新高。国际管道公司超额完成管输计划，稳步推进 D 线建设。PKOP 炼厂经历“一月事件”和为期三个月的政府检查，科学组织保障了生产装置安全高负荷运行。

【新项目开发与石油合同延期】 2022 年，中亚俄罗斯公司持续稳步推进可持续发展资源战略。参与资源国公开招标，加强同合作伙伴在新项目新区块、深层油气勘探、天然气及新能源等领域的合作。一批勘探项目获得延期，76 号合同实现延期三年，土库曼复兴气田二期开发项目谈判取得阶段性成果，PK 项目启动绿色能源发展，为区域油气合作可持续发展奠定资源基础。

【天然气保供】 2022 年，中亚俄罗斯公司统筹协调全力完成冬季天然气保供任务。贯彻落实集团公司天然气保供工作部署，发挥靠前统筹协调职能，协调各气源方及相关单位，从气源保障、应急保障、舆情监控、支持保障 4 点协同发力，完成天然气保供任务。

【经营管理】 2022 年，中亚俄罗斯公司域内投资业务 16 个项目实现净利润同比增长 63.3%。其中 10 家油气生产项目合计油气产量当量同比增长 1.36%；原油作业产量 1565 万吨；天然气作业产量 542.07 亿立方米。油气权益产量当量 3066.66 万吨；原油权益产量 912.54 万吨；天然气权益产量 270.34 亿立方米。炼厂加工原油 620.58 万吨，同比增长 20.16%，创历史新高。原油管输量 1975 万吨，其中输往中国 1126.2 万吨；天然气管输量 469.2 亿立方米，其中输往中国 432.1 亿立方米。技术与支持服务业务共 16 家单位，实现新签合同额 10.2 亿美元，完成营业额 16.2 亿美元。

【一体化发展】 2022 年，中亚俄罗斯公司统筹协调区域投资与技术服务业务，实现一体化发展。推动投资业务与技术服务业务协同发展，利用公共资源创造条件支持技术服务单位开拓外部市场。统筹协调支持服务业务发挥竞争优势，共举一面旗帜，做优区域市场。西部钻探内部市场签订 245 口井工作量，外部市场连获突破；长城钻探全年开钻 13 口、交井 12 口，进尺 3.83 万米；东方物探在土库曼斯坦与 Dragon Oil 公司签署里海 950 平方千米三维采集处理一体化地震勘探项目；川庆钻探在阿姆河项目全年高效完成钻井进尺 29985 米，同比提高 39%；新疆油田、吐哈油田等技术服务单位发挥各自优势，共同打造中国石油品牌影响力。

【公共关系】 2022 年，中亚俄罗斯公司统筹协调域内公共资源，履行社会责任，做好舆情应对，加强对外宣传，推进品牌建设和国际传播，为域内企业运营发展提供良好合作氛围。

加强与资源国政府及合作伙伴沟通。通过高层互访、视频会谈、互致信函、线下会晤等形式，保持与资源国政府和合作伙伴高层良好沟通，重大问题及时交换意见。协调协助集团公司领导参加土库曼斯坦、哈萨克斯坦总统出席的重点工程竣工、外商投资理事会等重大外事活动。

保持与资源国使领馆密切沟通。向资源国使领馆报告企业生产经营情况及重大关键问题进展，主动接受使领馆工作指导，依靠中国政府力量，推动解决油气合作中的重大关键问题，保障与维护企业合法权益与员工生命安全。配合支持使馆接待国家领导人等重大外事活动，完成保障工作，受到使馆和高访团组高度认可和一致好评。

开展舆情监控、分析与应对。构建舆情监控体系，密切跟踪域内资源国政治情况、经济情况、社会情况，及时发布舆情信息，全年向集团公司、中油国际公司上报信息报告66期。分析资源国突发重大事件对中国石油业务影响，向集团公司报送一月事件、俄乌冲突等专题研究报告28期，为集团公司决策提供准确详实的一手资料。做好舆情风险排查，掌握舆情隐患，开展危机公关，及时化解多项舆情风险。

【对外宣传与品牌建设】 2022年，中亚俄罗斯公司以“中哈建交30周年”“中哈油气合作25周年”为工作重点，宣传中国石油为资源国社会经济发展作出的贡献。组织在阿克纠宾开展中哈油气合作25周年庆典活动；通过各种媒体，全方位、多视角、多层次展现中亚油气合作成就与履行社会责任情况；与当地大学、“一带一路”专家俱乐部等多家单位共同举办国际学术会议，加深各界对中哈油气合作互利共赢理念的了解。哈萨克斯坦总统托卡耶夫在国家主席习近平访问哈萨克斯坦前专门致集团公司贺信，肯定中国石油取得的优秀业绩和对哈萨克斯坦经济发展做出的巨大贡献。

【社会责任】 2022年，中亚俄罗斯公司遵守资源国法律，依法履行合同义务和社会责任，树立诚实守信、职业规范、遵纪守法的良好企业形象。适度参与公益赞助，讲好中国石油故事，维护好民心相通纽带，资助支持哈萨克斯坦乒乓球协会、哈萨克斯坦著名舞蹈艺术家诞辰110周年画册出版、地质家协会举办国际学术论坛及阿克纠宾州政府乒乓球中心建设等社会公益事业。

【安全环保】 2022年，中亚俄罗斯公司继续保持良好HSSE业绩。以防范化解重大风险为主线，以隐患排查治理为抓手，推进落实安全生产十五条硬性措施。在社会安全风险加剧，新冠肺炎疫情反复冲击的情况下，实现“六个杜绝”。

统筹协调社会安全管理和应急管理。健全常态化社会安全机制。跟踪域内8个国家社会安全形势，与使领馆、当地政府、合作伙伴、兄弟单位保持密切联系，拓宽信息收集渠道，编制国别安全周报，制定并落实有针对性的风险防控措施。全面提升应急管理能力。一月事件爆发伊始，迅速启动应急机制，克服网络、通信中断限制，连续召开12次应急专项会议，对升级安保管理，靠实应急资源，管控衍生风险三个方面进行详细安排，有效应对了哈萨克斯坦全国性暴力骚乱事件，保障了企业财产安全和中方员工生命安全；针对俄乌冲突启动应急机制，对俄罗斯地区加强组织领导、提升预警能力、完善应急预案、升级应急管理等方面进行督导；与专业公司、合作伙伴密切协调，妥善处理所属17家单位涉及本地职工近2.5万人的涨薪事件；高度关注中亚天然气管道恐怖袭击预警信息，确保安全运营责任落实到位。

统筹协调域内安全生产工作。督导检查监督隐患排查治理。分别成立哈萨克斯坦、土库曼斯坦、乌兹别克斯坦、塔吉克斯坦、吉尔吉斯斯坦5国安全生产大检查工作组，对24个单位51个营地、场站、作业点等进行QHSE与社会安全工作检查，发现各类问题隐患、风险353项，完成整改349项，整改完成率98.9%。严抓特殊敏感时段升级管控。组织召开特殊敏感时段安全工作督导专题会议，对贯彻落实集团公司系列工作部署进行督导；有效处理一批涨薪罢工等社会安全事件，消除一批生产安全隐患，在国家主席习近平出访中亚、党的二十大前夕、资源国总统大选等特殊敏感时期，保障了生产经营安全平稳运行。

统筹协调健康管理和新冠肺炎疫情防控工作。完善监测、预警、防控、救治“四位一体”的健康管理体系。高度关注健康体检和心理评估工作，实现中方员工年度健康体检、评估率100%。持续补充药品，与国内医生建立远程会诊渠道，编制航空转运医疗方案，提升基础医疗和应急救治能力。慎终如始，圆满完成新冠肺炎疫情防控工作。践行一体化防控理念，从组织建设、方案制定、督导巡查、跨境动迁等多方面实施区域一体化管理；分级分类、做实做细常态化新冠肺炎疫情防控，确保各项防控措施有效落实，三年新冠肺炎疫情防控保障公司全体人员顺利渡过难关。

【风险防控】 2022年，中亚俄罗斯公司统筹协调域内经营风险管控。高度重视汇率风险和资金安全，指导域内企业有效应对资源国货币贬值风险。坚持依法维权，通过使领馆照会、与政府高层交涉等途径，纠正资源国对中方企业与人员不当刑事调查与反垄断调查，坚决反击对中国石油企业利益侵蚀与人员威胁；历时1年半时间，成功解决争议金额68.8亿坚戈的CIK预提税争议。坚持修法避险，通过行业协会、外资投资团体等途径，推动矿产资源利用法、环保法等重大法律条款修订，向哈萨克斯坦政府倡议标准石油合同文本改进，28项建议中22项被采纳。组织30余家域内单位完成重大风险评估工作，确定13个风险为年度重大风险，确定了风险管理重要业务领域和关键环节。在维持现有管理架构及治理机制不变的前提下，妥善处理Petrosun股东变更事宜，维护了中国石油的主导管理权和根本利益。

（耿长波）

中国石油尼罗河公司

【概况】 2021年4月，集团公司海外大区业务体制机制改革，中油国际尼罗河公司更名为中国石油尼罗河公司（简称尼罗河公司）。2022年，尼罗河公司以习近平新时代中国特色社会主义思想为指导，学习党的二十大精神，全面贯彻落实集团公司工作会议精神和海外业务体制机制优化调整统一部署，坚持稳中求进的工作总基调，开展主题教育活动，推进提质增效专项行动，稳妥应对域内国家安全形势严峻、抗洪防疫压力持续、商务问题更加复杂等诸多挑战，落实“总部直管＋专业化管理＋区域性监管”的三位一体管理架构，努力开创了海外业务发展新格局。

2022年，南苏丹两个项目遭遇特大洪涝灾害，主力油田工作受阻，苏丹6区项目油田现场频发强行闯入、堵路封路、罢工阻工等安全事件。尼罗河公司协调各投资项目及工程服务单位妥善应对，确保人员安全、生产平稳，降低了洪灾对生产经营的影响。上游三个项目全年完成年初计划产量目标的94%。剔除洪水、罢工等不可抗力因素影响，完成年初计划产量目标的106%。下游投资项目平稳运行，喀土穆炼油项目协助苏方完成老厂抢修任务，及时消除设备隐患，克服了原油来量波动和中断困难。苏丹化工项目超额完成年度生产计划。

【经营管理】 2022年，尼罗河公司以持续提质增效为着力点，实现高质量发展新突破，开源增收成果突出。推进销售协议有效执行，原油升水继续保持较高水平，达尔油和尼罗油实现大幅增收。推动苏丹6区原油下海提油销售，增加现金收入。

降本增效成效显著。加大合同复议力度，最大限度控减费用。南苏丹两个项目利用合同延期和重新招标契机控减费用；苏丹6区项目在控减费用的同时，将苏丹镑支付比例增至80%。通过控减伞合同工作量，修旧利废、降低库存，优化化学药剂注入量等措施降低生产成本数百万美元。有效应对南苏丹政府大幅增加社区投入要求，递延减少投入、控减管理费用。

苏丹政府欠款较年初大幅降低，实现了欠款不新增的目标。石化贸易公司5月完成退出交割，为落实集团公司“退北转南”策略，取得实质性成果。

【QHSE管理】 2022年，尼罗河公司以全面把控风险为结合点，适应高质量发展新形势。在提升社会安全与应急管理方面，落实各项安保措施。密切跟踪域内国家安全形势，强化信息预警和研判，针对突发事件、游行示威和节日等敏感时期，发布安全提示和尼罗快讯30余次。督促各项目完成高风险及以上项目社会安全管理最低要求对标自查，跟进整改情况；强化苏丹宾馆安保驻守和巡逻，及时整改隐患。加强社会安全应急管理。组织域内单位完善社会安全突发事件专项应急预案，规划应急撤离路线，夯实应急物资，开展联合应急演练；不定期开展安全培训，全面提升员工应急处置能力。在加强健康安全管理和疫情防控措施方面，尼罗河公司加强承包商第三方员工健康评估，动态检测和强化健康闭环管理。组织各单位定期开展疾病防治及心理健康等内容的教育活动。按照集团公司要求，更新疫情防控方案，严格落实核酸检测、人员动迁防疫管控措施，域内各单位未发生聚集性疫情和因疫情导致死亡的病例。注重HSE综合协调监督，保障安全生产。全年杜绝了一般A级及以上生产安全亡人事故和井喷失控事故，组织各单位开展安全生产大检查及安全生产月活动。妥善应对南苏丹特大洪灾，充分发挥一体化优势，实现“三个确保”。按计划完成全年各单位QHSE绩效指标，实现“四零”目标和六个杜绝。推进环保治理。组织各单位按计划推进重点环保隐患治理工作，完成温室气体核算；协调推进苏丹3/7区苏丹港油污土处理、南苏丹两个项目联合环保审计、苏丹化工项目公司环境和社会影响调查等进展。抓好道路安全管理。发布《道路交通安全管理办法》，落实中方人员准驾制度。提高尼罗河公司风险管理水平，完善公司“三重一大”决策制度，全面收集信息，研判阻碍国际业务发展的重大问题和影响因素；组织域内各单位开展风险评估和管控分析，编写上报《区域2023年度重大风险评估报告》；组织域内单位开展脆弱性评估和动态风险评估。

【支持服务】 2022年是集团公司海外体制机制改革落地实施的一年，是海外大区公司成立，工作重心向公共资源、公共安全和公共关系工作转移的一年，也是集团公司海外业务优化调整后承上启下的一年。2022年，尼罗河公司以保障支持服务为关键点，把握高质量发展新定位。公共关系方面，强化外事外联。与中国驻在国使领馆建立工作汇报机制，联合推动重大商务问题进展；与资源国政府部门、国家石油公司保持联络，深化石油合作；与资源国安全部门、中国驻资源国机构和中资企业进行定期交流，协助处理两苏 Heglig 油田和 Baleelah 营地安保事件。尼罗河公司为驻在国使馆、集团和子集团了解和研判域内业务分布、战略规划、石油合作情况等提供支持和对策建议。包括《集团公司“一带一路”发展战略与重点资源国能源战略规划对接研究》《落实联合国斡旋苏丹各方结束政治危机的报告》《重点时期升级社会安全管理措施情况报告》《南北苏丹的医疗资源调研报告》《苏丹油气合作相关情况的复函》《南北地区业务相关情况研提意见》等。推动一体化协同发展。收集分析区域内油气投资、新能源发展、工程服务等单位市场情况，拓展信息采集的深度和广度，提高项目决策的前瞻性。针对阿尔及利亚油气市场资源多、潜力大的现状，定期组织域内各单位上报项目进展情况，为集团公司开展业务提供全面支持。尼罗河公司充分利用各种渠道，向工程技术服务单位提供商业信息，服务项目发展。联合长城钻探和东方物探组织技术交流会，提供商业合作信息，组织 9 次与中国石化集团国际石油勘探开发有限公司进行技术推介。通过工作交流，优势互补，帮助各单位拓展相关市场，达到充分交流和展示的效果。为平台公司及各项目商务问题提供法律支持。针对苏丹 6 区项目超提油事宜，协助完成稀油协议的起草，以及作业公司提前支付员工离职补偿提供法律分析意见等。就苏丹 1/2/4 区联合公司欠付政府 140 万美元套管费用、2023 年工作计划等事项进行法律分析并起草信函；跟进苏丹 3/7 区联合公司工会仲裁案和码头油污土处理工作、苏丹 2A/4 区历史遗留问题、南苏丹 2020 版统一人力资源政策手册、南苏丹尼日利亚公司 Oranto 欠付东方物探尾款事宜等重大商务问题，给予法律咨询和指导；联合中方和外方律师，为域内商务法律纠纷提供服务和帮助。此外，尼罗河公司对中方签署的各类合同审核把关，提供条款修订法律意见。

【党建及企业文化建设】 2022 年，尼罗河公司按照集团公司关于学习贯彻党的二十大精神各项部署，组织学习党的二十大精神及新党章，筹划“观看盛况，抒发感想”“学习党章，勇担使命”“领导带头，逐级宣讲”“交流体会，撰写心得”和“边学边说，广泛发声”5 项贯穿全程的特色活动，不断提高政治站位。同时，尼罗河公司坚持强化理论武装，全面加强政治建设。积极落实“第一议题”制度，组织 8 轮集中学习；深入开展“转观念、勇担当、强管理、创一流”主题教育活动，完成 23 场次宣讲；高质量完成“四史”学习民主生活会和组织生活会。强化“三基本”建设，加强基层党建基础工作，与域内新增加的 4 个国别党支部建立联系。尼罗河公司聚焦监督职责，加强党风廉政建设，坚决执行民主决策制度，班子成员自觉接受组织和群众监督，通过抓“关键少数”带动“绝大多数”。监督各级管理人员秉公用权、依法用权、廉洁用权。

【公益捐赠及社会责任】 2022 年，尼罗河公司通过各种平台进一步加强对外宣传，强化公共关系。贯彻落实国家主席习近平在中非合作论坛第八届部长级会议开幕式讲话精神，根据国家商务部、驻在国使馆要求，通过向中国在非企业社会责任联盟报送“百企千村”典型案例，传播集团公司和海外项目公司的公益捐赠项目实践，上报内容包括：中国石油援建朱巴 3 号平民保护所、南苏丹 3/7 区法鲁济友谊医院、与喀土穆大学孔子学院开展文化传播等典型案例。2022 年，尼罗河公司公共关系部与中央电视台非洲记者站建立工作联系，编写新闻稿件，推动采访宣传南苏丹留学生博尔，通过讲述博尔的故事，展示中国石油履行社会责任，资助当地青年留学并促使其在工作中快速成长和发展中南友谊的故事，2023 年 2 月，博尔的采访报道在中央电视台环球资讯广播中正式播出。

公益捐赠方面，加强捐赠项目运作和管理，当好形象大使，讲好中国故事，传递中国石油好声音，提高企业形象，创造良好的外部营商环境，最终实现互利共赢，共同发展，可持续发展。2022 年，尼罗河公司在苏丹、南苏丹地区开展 10 个公益项目，分别是：为乌玛党文化中心捐赠座椅项目、为在苏华人华侨捐赠加强针疫苗项目、为恩图曼中苏友谊女子高中捐建维修项目、为喀土穆炼厂子弟学校和苏丹科技大学捐赠电教室设备项目、为苏丹政府相关部门捐赠办公设施项目；向南苏丹琼莱州捐赠抗洪物资、为南苏丹 3/7 区法鲁济小学修缮校舍、为南苏丹 1/2/4 区油田社区捐赠饮用水罐项目。

尼罗河公司在苏丹的捐赠工作得到苏丹社区、当地政府、中国驻苏丹大使馆的赞扬和支持，苏丹国家电视台对喀土穆炼厂子弟学校、恩图曼中苏友谊女子高中捐赠项目给予电视报道，喀土穆第二大报纸“号召报”对尼罗河公司的捐赠项目进行整版宣传，中国驻苏丹大使馆在使馆网站上对尼罗河公司的捐赠项目也给予报道，时任中国驻苏丹特命全权大使马新民多次在对外公开场合和外事活动中对尼罗河公司的捐赠项目给予赞扬。

南苏丹琼莱州捐赠抗洪物资项目于 11 月 3 日在朱巴举行捐赠仪式，中国驻南苏丹大使马强、南苏丹外交部副部长达乌、南苏丹减灾委员会副主席、受赠县县长及中方南苏丹代表熊杰参加，捐赠活动在南苏丹国家电视台进行了报道，并在当地主流新闻媒体黎明报、公民报的头版，以及人民网、新华网、使馆网站及集团公司网站、南苏丹中国商会的脸书刊发，取得了良好宣传效果。

（白　鸥）

中国石油拉美公司

【概况】 中国石油拉美公司是中国石油在南美洲和中美洲地区海外区域协调机构，统筹协调区域内公共资源、公共关系、公共安全，统一处理对外事务，负责域内中国石油驻外单位的协调管理。拉美公司总部位于委内瑞拉首都加拉加斯。

拉美公司是集团公司开展海外油气合作历史最早、投资环境最复杂、合同模式最全面、一体化发展潜力最大的区域公司之一。1993 年，在国家“走出去”方针和集团公司国际化战略指引下，拉美公司从秘鲁起步。1997 年，集团公司成立委内瑞拉公司，先后获陆湖、苏马诺、MPE3 和胡宁项目。2005 年，成立厄瓜多尔公司，获 T 区、14 区、15 区、79/83 区等项目经营权并接管亚马逊公司。2008 年 6 月，集团公司批准成立中国石油南美公司，负责拉美地区投资业务及项目运营管理，肩负起建设集团公司海外重要非常规油气合作区和深海油气合作示范区等重任。2012 年 6 月，成立中国石油拉美公司，将哥斯达黎加等中美洲业务纳入管理。2013 年，集团公司相继购入秘鲁 10/57/58 区项目，12 月成立中油国际（巴西）公司，先后签署里贝拉、佩罗巴、布兹奥斯、阿拉姆等项目，标志拉美公司进入“再创业”的新阶段，使拉美公司由最初的油田技术服务项目，发展成为油气产品种类丰富、作业环境复杂多样、合同模式类型齐全、合作形式多元的综合性区域公司，实现从小到大、从弱到强的跨越式发展。2017 年 7 月，集团公司对海外业务进行体制机制调整，成立中油国际拉美公司，负责拉美地区投资业务。2021 年 4 月，集团公司推进体制机制优化调整，成立中国石油拉美公司（简称拉美公司）。2022 年，为进一步完善海外业务管理架构，推进海外业务高质量发展，集团公司将拉美公司调整为集团公司在南美洲和中美洲业务的区域协调机构，代表总部协调区域内企业组织建设工作，统筹协调区域内公共资源、公共关系、公共安全，统一处理对外事务，负责集团公司四大子集团业务和甲乙方业务在拉美域内的协调管理。

2022 年底，拉美公司域内有 18 家集团公司所属单位，分布于 11 个国家，分别开展油气勘探开发、国际贸易、油田技术服务、工程建设、装备制造、科研和后勤保障等业务。其中油气勘探开发业务在委内瑞拉、厄瓜多尔、秘鲁、巴西等国家运营 15 个油气项目，油气资源类别包括超重油、重油、常规油、凝析油和天然气，生产地域涵盖热带雨林、深海及陆上等多种类型，为海外业务优质高效发展作出历史性贡献，贯彻落实集团公司“做特拉美”战略定位，承担起高质量建设海外重要非常规和深海油气高效开发特色合作区的重任。

【勘探开发】 2022 年，拉美公司坚持资源战略不动摇，聚焦重点区块开展效益勘探，实现年度新增可采原油权益储量 859 万吨。巴西公司阿拉姆区块风险勘探效果显著，2022 年初完钻的首口探井古拉绍 -1 井揭露盐下碳酸盐岩油层净厚度超 80 米，试油获高产油流，预测地质储量 93.5 亿桶，成为近十年全球十大原油勘探发现之一。巴西梅罗油田推动储量复算，实现储量升级，新增原油可采权益储量 772 万吨。安第斯公司增储效果突出，深化投产新井井区扩边增储研究，新增原油权益可采储量 87 万吨。

【油气开发生产】 2022 年，拉美公司突出抓好复产稳产增产工作，高效执行“一项目一策”生产管理机制，推动陆上常规油老油田持续稳产、陆上超重油油田稳步复产和深海常规油油田快速建产上产。厄瓜多尔、秘鲁、巴西等公司均超计划完成年度生产任务，委内瑞拉 MPE3 公司克服美国制裁被动局面，原油产量创三年新高。拉美公司年度实现作业油气产量当量 1071.7 万吨，同比增长 121 万吨，实现权益油气产量当量 620.4 万吨，同比增长 108.4 万吨，取得百万吨级增长跨越。

【工程建设】 2022年，拉美公司紧扣关键节点，重点产能建设工程有序推进。巴西公司加快工作节奏，抓牢工程进度，推进FPSO建造。Buzios 5生产单元FPSO于10月5日抵达巴西，Buzios 6/7/8及里贝拉Mero 2/3/4 6个生产单元FPSO建造有序推进，Buzios 9/10/11三个生产单元FPSO完成授标。秘鲁公司58区按照两种情景早期生产方案完成野外作业勘察测量、Urubamba A钻井平台优化和初步设计更新、25000方平台和营地建设所需河道石料采集、全部FEED研究，全力推进58区首气工作。

【经营管理】 2022年，拉美公司经营效益创“十三五”以来最好水平。投资业务实现权益净利润12.51亿美元，完成年度计划430%，在产项目均超额完成年度计划指标，其中巴西公司6.51亿美元、安第斯公司2.75亿美元、秘鲁公司2.01亿美元、MPE3公司1.24亿美元；实现权益自由现金流10.26亿美元，完成年度计划471%，其中安第斯公司4.15亿美元、秘鲁公司3.59亿美元、巴西公司2.68亿美元；实现中方权益现金分红3.52亿美元，完成年度计划324%，其中安第斯公司2.2亿美元、秘鲁公司1.32亿美元，均大幅超额完成年度分红任务。支持服务业务实现净利润1.22亿美元，完成年度计划126%，其中国际事业巴西公司和泛美公司、长城钻探古巴项目、东方物探厄瓜多尔项目、中油测井古巴作业区、川庆钻探厄瓜多尔分公司、中油技开厄瓜多尔分公司、渤海钻探秘鲁公司净利润完成情况较为突出。

【提质增效】 2022年，拉美公司投资业务多措并举实现降本增效4.5亿美元，连续3年超3亿美元。安第斯公司利用高油价契机回收历史结转服务费2.4亿美元。秘鲁公司57区加强天然气扩销推价增加权益收入2亿美元。巴西公司通过税收筹划和合同复议控减成本7964万美元。MPE3公司、苏马诺公司和秘鲁公司6/7区多措并举实现稳产增油，增加权益收入6356万美元。支持服务业务强化管理实现降本增效总额1049万美元。川庆钻探制定15个方面工作举措，实现分包成本支出占比下降2%，P油田新井单井综合成本较去年下降5%。东方物探、渤海钻探、长城钻探和中油测井通过科学组织生产、盘活闲置资产等措施，降本增效效果明显。亏损企业治理成效显著，域内各单位深入推进亏损企业治理，签订减亏责任状的8家投资业务单位均完成减亏任务，其中巴西公司、秘鲁房产公司、拉美有限公司、能源公司4家企业扭亏为盈。

【市场开发】 2022年，拉美公司支持服务业务实现新签合同额6.7亿美元，完成年度计划125%，同比增长37%。川庆钻探在厄瓜多尔创纪录新签约4.01亿美元，厄瓜多尔总统亲临现场主持首井投产仪式。长城钻探在古巴等五个国家新签钻机租赁、钻修井等服务合同1.54亿美元，成为秘鲁塔拉拉油区规模最大的技术服务公司。东方物探在域内三个国家新签合同4885万美元，其中在玻利维亚签订该国史上最大航空重磁油气成矿地质普查项目。昆仑数智新签订安第斯公司链路租赁合同。国际事业中标多个油品采购合同和石油产品销售合同。

【QHSE管理】 2022年，拉美大区成功实现疫情防控“两不”、社会安全“三保”、QHSE“四零”目标，为拉美公司高质量发展提供坚实安全保障。全年组织拉美地区疫情防控例会23期，实现超期在岗一年以上员工清零，在岗中方人员加强针接种100%。为在委内瑞拉投资业务全体中方员工购买了国际医疗救治及转运保险，为MPE3公司建立了诊所，指导域内投资业务顺利通过中油国际健康“四位一体”审核。创新建立了“大区统一领导、国别分类管理、项目分级负责”三级社会安全管理机制，开展安保“三防”建设、防恐培训、应急演练、社会安全审核等工作。MPE3公司在中油国际社会安全管理体系专项审核中获“优秀级”，秘鲁公司10/57/58区项目社会安全风险评估报告获“优秀级”。推进“安全生产专项整治三年行动巩固提升年”活动，开展“安全生产大检查”，确保集团公司“安全生产15条硬措施”落地。安第斯公司在中油国际QHSE全体系审核中，获“优秀级”；川庆钻探厄瓜多尔项目CCDC37和CCDC25钻机创造了2940天无损工作业纪录；长城钻探厄秘项目将岗位HSE责任清单履职情况纳入绩效考核，安全生产责任进一步压实。全面管控环境保护风险，安第斯公司环保审计工作取得历史性突破，获4个区块资源国环境审计报告批准函。秘鲁公司全年实施495处点位环境监测，获植被恢复计划等7项政府许可。川庆钻探在环境最为敏感的热带雨林ITT地区实现清洁生产。

【科技创新】 2022年，拉美公司在成熟技术集成应用、新技术先导试验、新产品新技术应用方面取得显著实效。巴西公司阿拉姆项目集成创新盐下湖相碳酸盐岩勘探评价关键技术，优选部署和实施首口探井取得巨大成功。巴西里贝拉项目成功实施深水小井眼井5口，平均钻井作业时间减少至71天；首次完成湿式解脱工具入井安装试验，完井作业时间最低降至27天。安第斯公司实施重油试采先导试验和稳油控水技术应用研究，为“双高”老油田后续开发开辟新路径。拉美公司通过管理创新全面提升安全、质量、效率，为高质量发展提供有力保证。安第斯公司开展生产运营数字化集成体系建设，经营管理效率得到大幅提升；完成《央企国际化经营中联合技术创新和支持体系建设创新和实践》研究，获2022年度石油石化企业管理现代化创新成果一等奖。秘鲁公司聚焦精益化管理，完成《推进石油企业治理体系现代化和国际化的思考》，获2022年度石油石化企业管理现代化创新优秀论文一等奖。东方物探巴西项目部在Eneva二维项目推广3个优秀QC成果，累计创效60万元人民币。

【人才强企工程】 2022年，拉美公司加强人才培养开发工作，组织各种形式的线上培训，引进8名毕业生到拉美进行岗位实践锻炼。加强评价发现工作，构建“赛马”机制，一批优秀人才崭露头角。加强选拔使用工作，加快领军人才、后备人才及年轻干部队伍建设，一批优秀干部被推荐提拔。加强流动配置工作，优化人力资源配置，高标准实施人才轮岗轮换，全年完成8人次轮换。加强激励保障工作，强化了中方派员管理，加大员工违规行为处理规定宣贯，员工队伍战斗力明显提高。

【体制机制优化调整】 2022年，拉美大区探索构建了以拉美公司为中心枢纽、国别牵头单位为关键节点、本部职能部门为连接纽带、项目公司为主要支点的区域协调联动网络，为集团公司体制机制优化调整落地实施奠定了坚实基础。健全完善内部协商机制，建立了大区、国别与业务三个维度的会议制度；健全完善沟通协作机制，主动适应大区公司运行实际，通过定组织、定机制、定任务、定课题等方式，完成商务法律研究和支持指导委员会、工作组及国别小组组建工作，高水平完成美国对委内瑞拉制裁变化策略建议、商务业务发展规划等系列专题报告，整体工作质量效率持续提高；健全完善信息共享机制，推进信息共享、联合收集、综合分析，构建了上下贯通、高效及时、有机配合的区域信息共享机制；健全完善协同发展机制，围绕一体化统筹、国内外协调、产业链联动，加强制度、平台、体系建设；健全完善考核监督机制，实事求是探索研究拉美大区业绩考核体系，结合各路业务特点制定差异化考核指标；健全完善责任落实机制，通过现场调研和线上调研结合、综合调研与专项调研结合等方式，有效掌握域内企业生产运行和经营管理实际情况。

【企业文化建设】 2022年，拉美公司全面践行习近平总书记关于“石油精神”的重要指示批示精神，推动石油精神再学习再教育、再实践再传播。统筹抓好内宣与外宣工作，利用国际论坛、展会展览、交流会等平台多方位展示拉美油气合作成果，文化软实力不断增强。安第斯公司连续8年以《跋涉》杂志为载体和推手，让企业经营与当地文化深度融合。秘鲁公司利用中国石油进入秘鲁30周年之际，加强外宣力度，参加10月26—27日在利马举行的国际天然气联盟理事会及专题讨论会，将中国石油在保护区内作业的合作理念展示给国际同行和公众，树立中国石油良好品牌形象。巴西公司11月承办了在巴西里约热内卢举行的“新时代中国的非凡十年”国际展览，宣传介绍了中国石油30年的海外创业历程和巴西油气合作10年来取得的成果。

【社会责任】 2022年，拉美公司开展对委内瑞拉四个合资公司的捐赠和社会公益项目，为MPE3公司开展技能培训输入新技术力量，为陆湖公司和胡宁4公司提供应急抢险装备和防疫物资，为苏马诺公司所在社区提供道路维护和社区电动大门安装等工程，为当地抗击疫情、助力稳产和增进社区和谐发挥了积极作用，取得良好效果；安第斯公司继续做好油田南北两个医院的投入和运营，提供义务诊疗和医治服务，全年接诊患者1万人次；秘鲁公司继续按照年度公益规划，实施修建社区道路等重点项目；域内各支持服务单位，厄瓜多尔川庆钻探、东方物探秘鲁项目、长城钻探古巴项目等，量力而行，积极履行社会责任，在促进当地就业、人才培训、社区援助等方面回馈社会，彰显企业为民思想。

【企业党建工作】 2022年，拉美公司聚焦“引领保障油气合作高质量发展”这一中心任务，着力打造上下贯通、横向联动，职责清晰、齐抓共管的“拉美党建协作区”，以高质量党建引领拉美大区高质量发展。持续深入学习习近平新时代中国特色社会主义思想及重要讲话，印发“第一议题”制度；围绕“怎么转、怎么干、找短板、促提升”制定拉美公司“转观念、勇担当、强管理、创一流”主题教育活动实施方案，推动“三基本”与“三基”工作有机融合；着力推动“一岗双责”有效落实，组织建设成果更加突出；持之以恒贯彻中央八项规定精神，坚决反对“四风”；严格落实“马上就办、担当尽责”要求，认真落实全面从严治党主体责任和监督责任，对“三重一大”执行情况进行重点检查。

（朱泽徐　毛源源）

中国石油西非公司

【概况】 2022年，中国石油西非公司（简称西非公司）认真学习贯彻党的二十大精神，坚决落实集团公司海外业务体制机制优化调整工作部署，围绕大区公司协调、监督、服务新的职能定位，攻坚克难，主动作为。域内各单位全体员工，统一思想、凝聚共识，勇挑重担、苦干实干，围绕全年目标任务，分析面临的形势与挑战，开展“转观念、勇担当、强管理、创一流”主题教育活动，推进依法合规治企和强化管理提升，全年各项生产经营指标线上运行，保持稳中求进、持续发展的良好势头，为实现全年各项生产经营目标奠定坚实基础。

2022年，新增原油可采储量1717万吨，完成年度计划的111%；实现油气作业产量752万吨，完成年度计划的122%；加工原油162万吨，完成年度计划的108%。实现净利润9.6亿美元、经济增加值8.8亿美元，分别完成挂靠布伦特65美元/桶油价下考核指标的235%和330%。

【建章立制】 2022年，西非公司按照集团公司海外业务体制机制优化调整推动各项工作。学习研究集团公司海外业务体制机制优化调整部署文件，理解消化改革调整精神。按照大区公司新的职责定位，组织编制西非公司财务、采办、商务与合规支持等6项公司制度，为下阶段落实职责做好制度保障。与集团公司各部门对接大区公司工作流程、制度清单等体系建设工作，与域内甲乙方单位沟通落实大区公司业绩考核相关工作。编制2023年投资计划和费用预算，落实独立运营资金保障。

【新冠肺炎疫情防控】 2022年，西非公司贯彻落实集团公司新冠肺炎疫情防控要求，在域内国家单位实施科学精准防控。推动域内各单位做好科学精准防控工作，形成西非公司新冠肺炎疫情防控“五道防线”成功经验。全年累计召开新冠肺炎疫情防控工作会27次，指导各单位优化调整新冠肺炎疫情防控措施，形成“一国一策”的防控格局。推动域内单位购置检测设备，域内16个国家的70家中国石油单位有核酸检测设备45台套，3500余名在岗员工疫苗接种率100%，防疫资源实现共享，为精准科学防疫提供坚实保障。开展新冠肺炎疫情防控工作巡检，升级管理督导两轮次，发现并整改问题171项，实现新冠肺炎疫情防控和生产经营“两不误”。

【医疗保障】 2022年，西非公司医疗保障体系建设稳步推进。组织编制《中国石油西非地区医疗保障方案》《中国石油西非地区恶性疟疾诊疗方案》《“测察诊记”健康管理实施方案》，指导各项目编制医疗保障方案和疟疾规范诊疗，推动玉门油田乍得公司“测察诊记”健康管理试点建设。在乍得恩贾梅纳基地建成中国石油海外首个“健心小屋”项目，多次组织集体脑电测试、心理学专家解读报告的活动，增强了海外员工心理健康管理的能力。

【安全运营】 2022年，西非公司域内企业生产运营保持安全平稳。组织域内各单位开展安全生产15条硬性措施落实工作，开展西非地区新冠肺炎疫情防控和HSSE升级管理专项督导，杜绝了域内安全生产、环境污染和生态破坏一般A级以上事件和因社会安全原因造成中方员工被绑架或致死事件。持续督导集团公司对西非域内17个国别80余家中国石油单位安全生产大检查发现的1054项问题整改落实工作。

【社会安全】 2022年，西非公司社会安全管理抓严抓实。累计向集团公司国际部报送乍得、尼日尔国家国别安全周报48期，密切跟踪掌握重点国别社会安全形势动态。参加尼日尔二期一体化建设项目社会安全管理周例会并指导工作，全力保障尼日尔二期项目“四防”措施无疏漏。组织2轮次专项巡检，对莫桑比克、尼日利亚、安哥拉等高风险国家项目社会安全管理工作进行监督检查，弥补安全管理漏洞。组织安排6期操作班防恐培训，域内单位445人参训，解决了因新冠肺炎疫情不能如期参训和复训的需求，提升了域内员工的防恐意识和社会安全形势应对能力。

【外事外联】 2022年，西非公司构建域内公共关系体系。梳理公共关系职责范围，起草域内公共关系指导意见，编制舆情突发事件专项应急预案。建立西非域内公共关系网，完成域内要情传达与报送。收集整理域内资源国社会、政治、经济等方面的信息，形成英文周报供域内各单位参阅。与乍得、尼日尔、贝宁等国保持密切沟通，把会见资源国政府官员，以及中国驻资源国大使的情况及时向集团公司国际部汇报。密切跟进域内公共事务，协调资源推动一系列难点问题解决。与乍得ONAPE经友好商谈，成功解决关于西非公司人员乍得劳务许可、合同、本地化等问题；协助处理尼日尔炼厂两名中方管理人员被尼日尔石油部部长通知限期离境的相关事宜；协调推动解决尼贝管道项目关于中油技开管材运输相关事宜；以西非公司名义发出向保护野生动物迁徙物种公约组织（CMS）针对尼日尔公司信函的应对回函。

【商务法律】 2022 年，西非公司协调做好重大商务法律支持。以西非公司名义发函中非央行，跟踪督促系统内所有乙方单位在中非央行外汇新规要求期限内全部实现在岸外汇账户开户，规避重大运营风险。应对西非公司 2020 年税务局审计风险，最终解决纠纷，避免西非公司利益受损。组织完成非洲商法协调组织（OHADA）法律制度编译和出版工作，为域内中国石油甲乙方单位提供法律支持。组织域内各单位开展 2023 年度风险评估工作，研究提出具体应对措施和方案。完成服务项目备案工作，及时和项目公司、投标单位和集团公司国际部沟通，避免了系统内单位同时竞标恶性竞争。

【理论学习】 2022 年，西非公司持续强化政治理论学习。抓好政治理论学习，把“第一议题”制度和中心组政治理论学习有机结合，完成“第一议题”相关学习内容 37 篇。推动“转观念、勇担当、高质量、创一流”主题教育活动，统筹开展西非公司总经理、班子成员主题宣讲活动，掀起浓厚的学习教育氛围。认真学习贯彻党的二十大精神，组织域内近 100 个基层组织 1955 人收看“党的二十大”开幕盛况，研究制定学习宣传贯彻工作方案，指导域内各单位更好地开展学习宣传贯彻。

【组织建设】 2022 年，西非公司开展组织建设。系统总结 2021 年组织建设工作 17 个方面工作成果，获海外大区公司 2021 年“四力”责任考核第一名。精心组织 2021 年度第一责任人抓基层述职评议考核工作，认真组织召开 2021 年度领导班子民主生活会，跟踪落实整改措施，把各项政治生活要求落到实处。严格按照党员发展程序，加强组织队伍建设，全年发展积极分子 9 人，预备党员 7 人，转正党员 8 人。以岗区队建设、创新创效、提质增效攻关为抓手，推动基层组织生产经营与党的建设紧密融合，基层组织的凝聚力和战斗力显著提升。

【组织人事】 2022 年，西非公司加强组织人事工作。发挥组织人事导向作用，驱动人才价值持续提升，为西非公司高质量发展提供人才保证。围绕人才强企、本地化、学习型组织建设等重点工作，相继组织完成 2021 年度西非公司领导班子和领导人员述职考评和全员绩效考核工作。在 2022 年 8 月集团公司公布的领导干部考核结果中，西非公司领导班子在集团公司 139 家考核单位中排名第七名，位列海外大区公司榜首。组织域内国内休假的二级正、副职领导干部全部完成习近平总书记重要指示批示精神专题辅导培训。加强年轻人才培养，在线组织完成西非公司首届 13 名新员工的岗位履职考评工作。

【新闻宣传】 2022 年，西非公司加强新闻宣传工作。聚焦弘扬石油精神和提升中国石油良好形象和品牌价值，加强与主流媒体的沟通，讲好中国石油海外故事，传播中国石油好声音。以西非公司门户网站和西非油气公众号为平台，向国内主流媒体和资源国媒体投送稿件，在中央电视台、《人民日报》、新华网等央媒，网易新闻、今日头条等有影响力的媒体，以及《中国石油报》、铁人先锋等系统内主流媒体累计发稿 30 多篇，在资源国媒体发表稿件超过 80 篇，全年新闻发稿量超过 150 篇。参与集团公司第七届新媒体大赛、“回家”系列、“百国印迹”短视频大赛等活动，均有作品入围决赛。以两个跨文化融合项目为依托，乍得上游新机场投用、尼贝管道设立曙光奖学金、乍得上游项目为当地植树造林等公益新闻传播取得良好效果。

【企业文化】 2022 年，西非公司加强企业文化建设。坚持以人为本，营造温馨氛围。协调组织域内单位开展“我为员工办实事”活动，西非公司领导班子通过多种方式调研，及时了解员工关切，解决员工实际问题。推动乍得上游、尼日尔上游、尼贝管道等项目成立兴趣活动小组，组织开展群众性文体活动，丰富员工业余文化生活。推广“中国书架”在域内单位落地，进一步推广传播中国文化，丰富中方、外方员工读书资源。做好困难职工家属的帮扶工作，第一时间向家属带去慰问和关怀，让职工感受到组织大家庭的温暖。

【社会责任】 2022 年，西非公司和域内各企业坚持“做好、做巧、做久”原则，结合当地实际和民众诉求，做好社会公益，赢得当地民众广泛赞誉。西非公司公益事业主要围绕教育、医疗、和谐社区构建、赈灾救灾和促进就业等方面展开，通过在油田社区和管道沿线援建教室、捐赠学习用品，支持当地社区教育事业；通过援建诊所、捐赠药品、开展义务巡诊、免费医疗转运，改善当地社区医疗条件；通过打水井、修道路，解决社区居民吃水难、行路难等问题；通过捐赠食品、蚊帐等，帮助受灾民众应对自然灾害；通过帮助政府部门进行公共设施维护维修等，保持顺畅工作交流。2022年，各单位公益项目按计划顺利开展，部分已见到良好成效。尼贝管道项目社区关系一体化建设项目顺利实施，“铸才”技工培训项目和“曙光”奖学金项目在尼日尔、贝宁落地见效，经资源国媒体的报道，在资源国政府和民众中树立了中国石油良好品牌形象。

【纪检监察】 2022年，西非公司加强纪检监察工作。严格落实集团公司党组纪检组的工作部署，切实抓好政治监督，聚焦主责主业，强化监督执纪问责和作风建设，营造风清气正的政治生态。创新工作方式方法，首次将内部巡察与项目股权架构特点相结合，采取现场与远程相结合方式，克服新冠肺炎疫情困难，高效完成莫桑比克项目巡察工作任务，实现域内巡察全覆盖。组织域内项目开展“反围猎”专项教育活动，开展“违规吃喝专项治理”、违反中央八项规定精神的警示教育等活动，增强各级领导干部的政治定力和防腐拒变的思想自觉。

（胡立强　韩　朔）

中国石油亚太（香港）公司

【概况】 2022年3月，集团公司党组下发《中共中国石油天然气集团有限公司党组关于海外业务体制机制优化调整的意见》，决定成立中国石油亚太（香港）公司（简称亚太公司），列入海外大区公司序列，驻地设在香港。2022年5月23日，集团公司人力资源部下达亚太公司机构和编制通知。6月20日，集团公司下文任命蒋奇和魏方为亚太公司总经理和副总经理。9月14日，集团公司下文任命韩绍国和刘朝全为亚太公司副总经理。根据集团公司相关文件规定，亚太公司将代表集团公司党组、集团公司和股份公司对亚太域内海外项目行使协调、监督和服务职能，对区域内油气项目、工程服务项目等单位实行矩阵式管理。亚太公司协调管理范围为西太平洋和南亚地区，重点协调美国、加拿大、日本、蒙古、印度尼西亚、新加坡、缅甸、泰国、巴基斯坦、孟加拉国、澳大利亚、中国香港等国家（地区）的业务。

根据授权，亚太公司统筹协调区域内公共资源、公共关系、公共安全，统一处理对外事务，负责甲乙方协调管理。亚太公司在中国香港以中国石油天然气香港有限公司为工作平台，承担集团公司驻香港的窗口公司职责，负责组织驻港机构履行“言商言政”职责，协同发挥集团公司一体化整体优势，借助香港区位优势和优惠政策，合力建设集团公司投资资产运作中心、国际贸易结算中心、国际贸易航运管理中心和境外资金管理中心，推进香港业务协调发展。

亚太公司与股份公司香港代表处合署办公，以股份公司香港代表处名义负责股份公司投资者关系工作。亚太（香港）公司成立后不断探索发挥综合协调、管控补位和专业赋能的作用，推动集团公司海外业务体制机制优化调整重大部署落地。

截至2022年底，亚太公司有员工18人，含8名香港属地员工，设4个职能部门。

【区域协调】 2022年，亚太公司坚持合规精细管理，夯实协调服务监督职责基础。服务监督重点油气项目，督促落实集团公司重大部署。多维度了解和掌握域内项目发展需求，协调解决专属保险公司、印尼公司、国际事业（香港）公司实际困难和需求，支持解决项目遇到的困难。调研国际事业（香港）公司，落实中央人民政府驻香港特别行政区联络办公室（简称中央政府驻港联络办）不惜一切代价保证香港油气供应稳定的要求，支持推动海运业务前移。线上调研域内油气投资项目，以中国、印度尼西亚建立全面战略伙伴关系10周年为契机，扩大当地油气业务；支持指导泰国邦亚项目，落实集团公司稳产增效、环保、社会公益、下游油气市场拓展等举措；与澳大利亚公司、加拿大公司共同研究减亏举措，落实集团公司党组关于重点减亏项目的相关部署；对泰国项目现场调研，就协同发挥集团公司甲乙方一体化优势，深化与泰国全产业链合作，提升在泰国油气市场话语权，拓展与东盟国家油气合作等，出谋划策。建章立制，明确职责，坚持高质量合规管理。主要领导到集团公司相关部门和专业公司了解对亚太公司的管理要求和服务需求，掌握和澄清亚太公司基本职责和管理流程，组织制定域内项目管理办法。畅通理顺上传下达沟通渠道，建立与集团公司总部、子集团、中油国际公司和其他专业公司间文件传递通道。完善域内常态协调联络机制，明确项目日常业务联络人，整理70余家域内项目联络人信息。建立完善基本制度，完成印章管理、内网门户管理、保密管理等办法。设立风险防控、保密、QHSSE、采购、税收协调等专业委员会，提高决策效率，倡导民主氛围。推进中石油香港有限公司合规管理，完成优化方案，呈报集团公司，建议尽快完善治理和管理架构，建立实质性经营活动、加强与平台公司统筹协调，发挥集团公司和股份公司境外投融资平台作用。

【发展战略】 2022年，亚太公司为做好香港地区业务发展规划编制工作，召开中心组学习扩大会，传达集团公司党组贯彻落实习近平总书记视察香港重要讲话精神重要部署；邀请特区政府前规划署长凌嘉勤解读香港行政长官题为《为市民谋幸福，为香港谋发展》施政报告中有关北部都会区发展策略，寻找中国石油与香港经济社会发展契合点；与中央政府驻港联络办经济部领导交流、考察央企驻港机构和大学、与国际咨询公司等机构开展交流，对照香港所需和集团公司所长，围绕“四大中心”建设和履行“言政”职责，向集团公司相关部门提出建设“四个中心、两个平台”的业务发展建议。协调推动专属保险公司在香港设立子公司，重点推动坐实投资中心和航运中心。推进集团公司在香港投融资平台建设，向集团公司呈报方案建议将FK持有的中国石油及昆仑能源股票划转至平台公司旗下中国石油海外资产管理有限公司。

【商务工作】 2022年11月，亚太公司成立集团公司香港地区税收协调组，建立税收协调机制。召开中国石油香港地区税收协调组成立暨第一次驻港企业税务研讨会，邀请集团公司财务部、股份公司财务部及中油国际公司、大庆油田等12家在港企业55名财税专业人员参与，共同研讨FSIE和BEPS2.0政策法规对集团公司影响，并就香港地区税收政策、税收筹划以及税收难题等多项内容进行研讨。发挥集团公司整体优势，协同实现税收管理资源整合和信息共享。研究新政策应对方案，有效管控香港税收风险。加快推动部分驻港企业实质性运行，支持和协助中油国际香港投资平台的实体化运作；回应大庆油田、国际管道等单位希望亚太公司派人担任董事，实现实质性运行的诉求。完成香港地区FSIE税收风险评估报告。

依托集团公司资源，为域内项目提供专业智库服务。鉴于亚太区域项目分布广、项目国别经济发展水平及社会文化差异大等客观现实，利用集团公司资源，为域内项目提供发展智库服务。组织与经研院研讨交流，就亚太区域研究支持，共同开展亚太区域投资环境研究，达成重要共识。

【HSSE 管理】 2022年，为了完整、准确、全面贯彻新发展理念和习近平总书记关于“疫情要防住，经济要稳住，发展要安全”重要指示精神，亚太公司在党的二十大召开期间，召开域内社会安全工作视频巡检会议，督导检查域内项目落实集团公司关于安全管理的系列工作部署情况。克服时差大，分两次与域内23个国家（地区）84个项目主要领导视频见面，157人参加会议。重点对巴基斯坦、缅甸、印度尼西亚、加拿大等国社会安全管理工作进行巡检，督促指导整改社会安全隐患。统筹做好域内项目新冠肺炎疫情常态化防控。下发《关于提示加强国际旅途全过程防护的通知》《关于特殊敏感时段做好社会安全及疫情防控等工作的提示》《关于做好亚太域内岁末年初国际业务社会安全等工作的提示》等，提示域内项目单位抓好特殊敏感时段社会安全及新冠肺炎疫情防控等工作。根据集团公司关于境外医疗保障体系建设要求，组织编制域内各国别医疗保障方案并完成备案。编制完成《中国石油亚太区域项目医疗统筹协调保障工作方案》。

【公共关系】 2022年，亚太公司成立后迅速打开公共关系局面，向域内60多家使领馆及重要合作伙伴送达集团公司董事长签发的授权信函，为扩大合作创造了机遇。拜会中央政府驻港联络办副主任尹宗华，协助集团公司落实复函中央政府驻港联络办，以集团公司党组名义感谢中共香港地区工委对驻港机构工作的关心、支持与肯定，并建议中共香港地区工委考虑将集团公司列为直接联系公司。拜会外交部驻港公署特派员，恳请驻港公署支持中国石油亚太区域油气业务，谋划与本地企业并船出海，参与“一带一路”项目。拜会中华人民共和国中央人民政府驻香港特别行政区维护国家安全公署署长，就保障能源安全，指导域内项目防范社会安全风险寻求支持。拜访中国驻泰国大使馆，对中泰、中国—东盟能源合作进行深入探讨。拜会股份公司独立董事梁爱诗、蔡金勇和蒋小明，以及昆仑能源独立董事刘晓峰和曾钰成，听取他们对做强做优做大香港地区业务，履行“言商言政”职责意见建议。参加工商界增强香港发展动能，参与共建“一带一路”座谈会，出席中企协暨中资企业慈善基金2022年周年会员、成员大会，中国石油天然气香港有限公司主要领导顺利当选第十七届执行会董。与在港中资中国石化、中国联通、中金公司和香港交易所等企业进行工作交流，参访北部都会区，谋求在港发展新机遇。

落实集团公司部署，助力香港社会抗疫。2022年，香港暴发第五轮新冠肺炎疫情，习近平总书记就支援香港抗疫做出“三个一切”“两个确保”重要指示。亚太公司组织资源，确保航空煤油、加油站油品持续稳定供应，编制《2022年香港疫情期间天然气保供及应急保障方案》，压实天然气资源保供责任，每月度平均供气1.3亿立方米，助力香港社会抗疫。分两批次、八场次向“全港社区抗疫连线”、香港教育界、中央政府驻港联络办等捐赠65万只口罩、12万剂试剂盒等，集团公司获香港社会高度评价，中央政府驻港联络办对中国石油的义举表示衷心感谢。中国石油义工队响应号召，深入牛池湾乡村民家、劏房150户，挨门逐户派发防疫包；协助香港民政事务局包装防疫抗疫物资包，与其他21支中资义工队一起包装31800套检测剂；向550所中小学分发中国石油捐赠给香港教联会的防疫物资等。青年员工被香港义工联盟颁授“青年义工优秀奖”，4名义工获香港中企协表彰。由于中国石油的突出贡献，获“领航‘9+2’粤港澳大湾区杰出贡献企业”称号。

做好香港回归25周年庆祝系列活动。制定《“庆祝香港回归祖国25周年”系列活动方案》，梳理总结25年来在港业务发展成就，展示中国石油保障香港油气安全稳定，维护香港金融、贸易和航运中心地位的贡献。组织“扎根香港结缘石油”征文和“同心同梦庆回归”摄影比赛，32名获奖员工通过文字分享个人扎根石油成长进步故事，通过摄影镜头反映香港经济社会等发展变化和企业成长变迁。开展“中国石油—清洁海岸”活动，地点特别选在与香港回归同龄的青马大桥附近的钓鱼湾海岸。在长约1千米的海岸线，捡拾45袋、近200公斤海洋垃圾，用实际行动保护香港海岸环境。参与中企关爱进小区，中国石油义工队到粉岭社区探访、关爱社区长者，共同庆回归，贺中秋，迎国庆。组织嘉奖优秀义工53人次，表彰他们在新冠肺炎疫情防控、社会公益、专项工作等活动中的突出表现，展现中国石油义工风貌。

【资本市场工作】 2022年，股份公司股价和估值持续提升，为股东创造了良好的回报，H股被重新纳入恒生中国企业指数（恒生国指），有效提振资本市场信心。

在这样的大环境下，香港代表处做好独立董事服务。落实独立董事的日常服务和沟通，就董事会及专门委员会相关议案与独立董事沟通，落实董事会及专门委员会相关文件议案的及时传递与签署。

坚持合规运作，做好股份公司信息披露。2022年，针对美国证券交易监督委员会就股份公司美国20-F年报的四轮质询、纽交所就股份公司20-F年报新闻发布、香港联交所就股份公司修改公司章程、派息、公司秘书更换和辽河储气库处置收益等多次问询，均做到监管信息渠道畅通、建议呈报及时有效、反馈回复准确清晰，并以“零差错”完成股份公司年报、中报、季报、ESG报告等定期报告，以及股东大会通知、三会决议、董事、监事和高级管理人员变动、分红派息、集团公司无偿划转等临时公告的对外公布，全年信息披露百余次。

做好业绩发布与路演。完成股份公司2022年4次业绩发布与路演工作，面对新冠肺炎疫情反复，股份公司香港代表处配合董监事会办公室做好业绩发布前境内外资本市场摸底和盈利预期引导；整理“董事长致辞”“总裁致辞”“业绩新闻稿”“业绩发布PPT”“资本市场关注问题口径”“业绩宣传长图”；做好业绩发布后的媒体和市场监测，掌握市场反应动态；做好业绩发布后的资本市场宣讲与沟通，提高资本市场宣传效果。

加强与独立董事、股东、境内外监管机构、投资者、各券商分析师、财经媒体的有效沟通，科学应对和有效化解年初重大舆情事件，推进股份公司从纽交所退市，助力股份公司资本市场价值重估修复。加强业绩持续向好、推进绿色低碳转型案例宣传，推进ESG信息披露，有效提振资本市场信心。

股份公司获第十二届中国证券“金紫荆奖”之“最佳上市公司”；董事长戴厚良获“2022年度卓越企业家”，总裁黄永章获“最佳上市公司CEO”大奖。股份公司同时获《机构投资者》《亚洲企业管治》等重量级奖项，ESG信息披露获Wind评级AA级。

【企业文化建设】 2022年，亚太公司成立后秉持为员工办实事的初心，完成员工人事组织关系转接，员工利益得到切实保障。梳理岗位职责，编制《员工手册》，落实集团公司扁平化管理要求。在港工作的员工克服各种困难，坚持勤俭节约，在临时办公室和宿舍工作生活。滞留在京的员工，在集团公司相关部门支持下，统一集中到昆仑大厦工作，提高了工作效率。为了提高集团公司驻港机构的凝聚力和战斗力，亚太公司组织球队参加香港中国企业协会举办的中资机构羽毛球赛，成立石油铁人跑团香港分团，举行健康跑活动。

【企业党建工作】 2022年，亚太公司将深入学习宣传贯彻党的二十大精神作为首要政治任务，通过集中观看会议电视转播、听宣讲报告、中心组学习、个人自学和领导宣传等形式，学原文、悟原理、谈体会等，营造学习宣传贯彻党的二十大精神的浓厚氛围。

制定宣贯方案，确保党的二十大精神学习走深走实。全面准确落实集团公司党组《关于按照中央统一部署认真学习宣传贯彻党的二十大精神的通知》部署要求，成立学习宣传贯彻党的二十大精神领导小组及办公室，迅速制定学习宣传贯彻党的二十大精神重点任务推进表和实施方案，从组织领导、学习研讨、分级培训、广泛宣传、研究诠释、新闻宣传、提升效率、监督检查、信息报送9个方面提出31项具体任务措施，以亚太公司内网专题为主阵地，广泛开展宣传，结合本单位实际，深入抓好落实。

坚持领导带头，确保学习宣贯达到预期目标。亚太公司党委坚持每周组织中心组（扩大）学习，要求与会领导干部做好规定动作。公司主要领导带领班子成员与中层干部一道，先后5次就党的二十大会议决议、报告等内容，特别是国家能源安全、“一国两制”等章节，解读辅导，参会人员发言谈体会，学习氛围生动活泼。组织全员聆听董事长戴厚良宣讲党的二十大精神，参加中央宣讲团成员、中央党史和文献研究院院长曲青山专题辅导讲座。主要领导参加中共香港地区工委经济线委组织的宣贯党的二十大精神会议，带队参加聆听中央宣讲团成员、全国人大常委会法制工作委员会主任沈春耀的内部宣讲。

营造浓厚氛围，指导引领属地员工参加学习。亚太公司主要领导带头宣讲，围绕集团公司党组提出的“九个着力”和董事长戴厚良提出的“四个如何”，针对履行“言商言政”职责，打造境外“四大中心”等，提出工作举措。根据中共香港地区工委要求，主要领导亲自准备宣讲材料向属地员工宣讲党的二十大精神，属地员工思想广泛认同，一致认为宣讲有高度、有温度、有意义。主要领导在到泰国调研期间，向集团公司在泰国的6个项目进行两场次党的二十大精神专题宣讲。亚太公司内网门户11月上线运行，搭建“学习贯彻党的二十大精神”专栏，及时展示域内项目学习教育成果，运用“宝石花HK”公众号等载体，宣传党的二十大精神。鼓励属地员工大胆勇敢讲党的二十大精神，以“我们的这些年”“我心中的二十大”为主题，录制短视频，谈学习党的二十大精神心得体会，谈新时代新变化。组织中国石油义工队参加党的二十大精神分享会。邀请外部独立董事就青年发展等课题献计献策。

（张　鹏）

集团公司离退休职工管理中心（老干部局）

【概况】 集团公司离退休职工管理中心（老干部局）成立于1982年9月，为集团公司直属单位。2022年底设办公室（党总支办公室）、综合服务处、保健处（老干部服务处）、文体处（老年大学）4个处室，工作地点位于北京市西城区六铺炕街6号。

截至2022年12月，集团公司所属企事业单位离退休职工627672人。其中：离休干部1330人，占0.21%；退休干部210594人，占33.55%；退休工人415748人，占66.24%。离退休管理工作人员5056人，其中专职人员3718人、兼职人员1338人。离退休职工党员总数221846人（其中离休干部党员1137人，退休干部党员134788人，退休工人党员85921人）。

【管理工作】 2022年，集团公司离退休职工管理中心（老干部局）落实集团公司党组要求，聚焦主责主业，制修订党建、离退休业务等各类规章制度20余项。按照集团公司党组领导批示要求，协调开展中国石油集团关心下一代工作委员会恢复成立工作。推荐辽河油田、大港油田两位离退休人员当选全国关心下一代“最美五老”，推荐西南油气田毛泽东主席视察隆昌气矿纪念馆当选第五批全国关心下一代党史国史教育基地。开展关爱助学活动，向西藏双湖县中心小学捐赠助学设备，表达集团公司对边疆少数民族地区教育事业的关心和支持。制定出台在京新增退休人员常态化移交社会化管理工作程序，组织在京单位分类预审核准移交社保关系，按时填报转移名册、整理清点人事档案、如数进行数字化加工及移交，指导协助移交退休职工党员组织关系，统筹协调540名新退休人员完成社会化移交，及时开通已移交离退休人员档案查询端口，为离退休人员查档办事提供便利。调整成立17个总部退休人员联络服务组，在宣传学习、关爱帮扶、发挥作用、组织活动等方面发挥作用，强化与离退休人员的感情纽带联系。

【服务离退休人员】 2022年，集团公司离退休职工管理中心（老干部局）组织完成900余名离退休人员在京体检，累计医疗帮扶离退休人员267人次，对86名重大阳性体征离退休人员及时提供就医建议，为7名离退休人员解决住院手术。首次实现健康体检、大数据收集、阳性体征诊疗建议、医疗帮扶、大病报销及走访慰问的健康服务全流程闭环管理，有效缓解离退休人员就医难、看病难等情况。针对离退休人员普遍反映的养老难问题，与社会养老机构签订共建协议，分两批组织部分离退休人员实地参观，帮助18位离退休人员办理入住，助力安享幸福晚年。及时跟踪掌握离退休人员突发大病、长期重病、医疗负担较重等情况，大病救助62人，困难帮扶178人。根据北京市政策要求，依法合规完成30名离休干部一次性抚恤金补发和118名退休人员遗属补助发放工作。按照集团公司党组领导批示意见，分别与中国石油集团工程有限公司、共享运营公司签订退休人员委托管理协议，帮助解决实际问题。

【党建工作】 2022年，集团公司离退休职工管理中心（老干部局）根据集团公司党组及直属党委工作部署，以“喜迎二十大”为主题，结合“转观念、勇担当、强管理、创一流”主题教育活动，组织开展党的建设重点工作。党总支深入学习贯彻中办《关于加强新时代离退休干部党的建设工作的意见》，制定具体实施意见，进一步明确高质量做好离退休干部党建工作的目标路径。按照中组部老干部局工作部署，组织大庆油田等23家单位，在离退休职工中开展“我看中国特色社会主义新时代”专题调研活动，共有6037名离退休人员参与调研。开展集团公司离退休职工“建言二十大”专题调研，组织33家单位调研5680名离退休人员，广泛听取离退休人员期盼党的二十大胜利召开的心声和建议。联合中国石油报社开展“奋进新征程、喜迎二十大”主题征文活动，得到广大离退休人员积极响应。组织总部退休人员开展多种形式活动，庆祝总部老年大学建校二十周年，献礼党的二十大，制作发布老年大学学员艺术电子作品集，集中展出文艺作品，组织开展台球、门球等协会活动。制作微纪录片《启航》，在中国石油官微和视频号、中国石油石化资讯、石油石化V视等多家媒体滚动展播。组织广大离退休人员和工作人员收看中组部老干部局举办的学习宣传贯彻党的二十大精神等4场全国离退休干部网上专题报告会。

（程国栋）

中国石油天然气集团有限公司咨询中心（中国石油集团工程咨询有限责任公司）

【概况】 中国石油天然气集团有限公司咨询中心（简称咨询中心）成立于1993年12月，办公地点设在北京。为适应国家工程咨询业发展改革需要，依据国家发展和改革委员会2005第29号令《工程咨询单位资格认定办法》要求，经集团公司同意，咨询中心于2006年10月完成“独立法人”注册，成立中国石油集团工程咨询有限责任公司（简称工程咨询公司）。咨询中心和工程咨询公司为“一家单位、两块牌子”，对内称咨询中心，对外称工程咨询公司。咨询中心是全国第一批取得甲级工程咨询证书的单位，国际咨询工程师联合会（FIDIC）会员，承担国家发展和改革委员会委托投资咨询评估机构任务的咨询单位和中国工程咨询协会（CNAEC）副会长单位。

咨询中心顺应国家投资体制改革要求，在加快推进石油工业发展建设重大决策的科学化、民主化进程中应运而生，伴随国家工程咨询行业和集团公司的改革与发展，不断完善壮大，是业内具有全景式行业战略研究、全产业链项目评估、全生命周期项目工程咨询国家级资质的上中下游一体化工程咨询机构，是国内油气咨询行业的领军企业，是在中国石油发展深厚积淀基础上建立起来的重要决策支持机构。

自1993年成立以来，累计完成各类咨询业务4000多项，涉及项目投资总额5万多亿元，承担了新区风险勘探、油气田大型产能建设、千万吨级炼油、油气四大通道建设等一大批影响重大、意义深远的重大工程咨询与研究工作，为保障国家能源安全、助推集团公司战略目标实现，作出了应有的贡献。

2022年底，咨询中心有院士和老中青专家150余名，内设“两会”“五部”“一中心”，即：中国工程咨询协会石油天然气专业委员会、咨询中心专家委员会、综合技术部、勘探部、开发部、炼化部、工程经济部和油气储量评估中心。此外，咨询中心还负责集团公司第一纪检监察中心和第六纪检监察中心的日常管理工作。

2022年，咨询中心围绕党的二十大精神，贯彻落实集团公司党组决策部署，锚定建设国内一流油气行业咨询机构目标，结合工作实际，克服新冠肺炎疫情影响，创新组织方式，全年累计动用专家3000余人次，运行项目407项，实现收入9242万元。各项工作取得显著成绩。

【人事变动】 2022年3月，集团公司任命辽河油田原总经理、党委副书记孟卫工为咨询中心常务副主任，咨询中心原常务副主任付锁堂退休。

【专题研究】 2022年，咨询中心承担各类型研究课题18项，提交咨询要情专报3份，董事长戴厚良和总经理侯启军等集团公司主要领导做出重要批示。有关新疆地区的专项研究成果受中国工程院高度重视，获副总理刘鹤的正向肯定批示。“公司油气勘探战略研究”“公司油气开发战略研究”“中石油页岩油规模效益勘探开发主要问题与对策研究”“油气与新能源领域前瞻性基础性项目跟踪评价研究”“CCUS/CCS体系技术经济评价与发展规划研究”等10余项研究课题取得重要成果，为集团公司实现高质量发展和“双碳”目标提供重要决策支持。“西南油气田勘探开发风险评估与对策”“西南油气田加快致密气规模效益勘探开发技术与政策研究”等一系列课题研究为项目委托方提供依据，得到委托单位和管理部门的好评。

【项目评估评价】 2022年，咨询中心开展评估项目238项，再创历史新高。优质完成大庆油田、长庆油田、西南油气田等重点油气田开发方案评估工作，为集团公司实现整体规模发展献计献策。高效完成长庆、广西、大连等新建乙烯评估项目，得到委托方赞扬。高质量完成《中国石油碳达峰行动方案》《中国石油助力乡村振兴“十四五”发展规划》等评估，为保障国家能源安全作出贡献。高质量完成兰州石化、辽阳石化、大庆炼化等10余项新材料项目，引领炼化业务向化工高端领域转型，助力集团公司提升核心竞争力。完成中国华能集团、长庆石化、四川石化等新能源项目40余项，为集团公司和委托方的新能源业务发展提供更加有力支持，持续扩大行业影响力。完成油气与新能源公司、天然气销售分公司、炼化与新材料公司等数字化转型、智能化发展项目46项，为集团公司数字化转型后序工作开展打下坚实基础。

【储量业务评估】 2022年，咨询中心围绕集团公司经济可采储量和储量价值评估等管理新要求，开展储量管理研究，助力集团公司以经济可采储量为核心的储量管理体系建立，编写完成《石油天然气经济可采储量管理细则（试行）》。组织专家40余人次审查大港油田、新疆油田、长庆油田等6个油田14个区块的储量复（核）算、结算报告，为集团公司储量复（核）算工作的有序开展提供了支撑。开展储量价值评估方法研究，初步完成《油气储量价值与交易》，为集团公司储量价值化管理提供技术支撑。跟踪国家油气矿权及储量管理改革动向，分析国家储量管理变化动态，研究并提出“建立公司勘探开发特点和管理需要的经济可采储量分类体系”等多项建议，为集团公司开展好未来工作打下基础。

【科技项目评估】 2022年，咨询中心全年承接科技项目预算评估144项，涉及预算经费50多亿元，出版评估报告65个，整体核减比例达20%。完成4项重大科技专项和2项重大技术现场试验项目经费核查工作，核查单位15家（包含35个二级单位），经费核查率92.84%，抽查财务凭证5821份，查阅各类合同1023份，形成核查报告18份。完成2022年申报集团公司科技成果评奖22个评奖项目的经济效益书面评价意见。完成“大庆油气持续有效发展关键技术研究与应用”等10项重大科技专项现场核查。

【学习型咨询中心建设】 2022年，咨询中心通过走出去学、请进来学、员工自学、向专家学等多种方式相结合，有效推动学习型咨询中心建设向纵深发展。多次邀请行业内外知名专家学者举办讲座，丰富知识体系，开阔员工视野。推进咨询业务标准化、国际化、规范化，参加国际咨询工程师联合会和中国工程咨询协会认证工程师考试并取证。创新学习型咨询中心建设成果交流会组织形式，与咨询中心科技成果评奖相结合，一并评选，做到与集团公司奖项评定接轨。各部门高度重视筹备工作，从选题、调研、报告编写到组织研讨，反复打磨、不断完善，确保交流内容的层次和水平。此次交流会有10名同志分别结合自身业务工作展开了深入交流，主题既涵盖了勘探开发、炼油化工、装备制造、科技评估等多个专业，也涉及了新能源、新材料、页岩油等多个新兴领域，体现了咨询中心油气行业全产业链覆盖和学科门类齐全的特色。

【基础管理】 2022年，咨询中心围绕集团公司合规管理强化年相关部署，利用迎接集团公司党组巡视契机，推动问题整改，全面提升基础管理水平。持续整章建制，修订完善3项制度，新制订9项制度。细化财务专项整治工作方案，推进综合治理专项行动，开展合规风险排查，有效防范生产经营风险。严格预算管理，严控降本增效目标，全年预算和“两金压控”指标顺利完成。资信管理持续加强，再次成功入选国家发改委短名单。不断加大综合管理信息平台、共享数据库等自建系统的推广使用力度，中心信息化建设日臻完善。贯彻落实集团公司“推动改革三年行动高质量收官”要求，改革工作平稳收官。干部人事管理有序推进、文电保密快速高效、后勤服务扎实开展，各项工作依法合规高质量完成，咨询中心内部运行管理实现了新的提升。

【企业党建工作】 2022 年，咨询中心紧紧围绕学习贯彻党的二十大精神，认真落实集团公司党组部署和直属党委具体要求，坚持"围绕咨询抓党建、抓好党建促咨询"，超前谋划、精心组织，多措并举持续加强党的建设。严格落实"第一议题"制度，编制并落实《咨询中心党总支理论学习中心组 2022 年集体学习计划》，及时传达习近平总书记重要讲话精神及集团公司党组重大会议精神。为全体党员干部购买发放《习近平谈治国理政第四卷》等 20 余种学习书籍，认真组织学习，切实提高党员干部思想政治站位。积极组织全体党员干部收看党的二十大，研究制定贯彻党的二十大精神学习计划。注重发挥"头雁作用"，党总支书记为全体党员干部讲授专题党课。完善组织建设，根据中心领导人员变动情况，及时调整党总支委员会和支部委员会。高质量组织召开专题民主生活会，进一步统一思想、凝聚班子力量。积极开展评先选优，选树了一批优秀典型，营造了创先争优、比学赶超的良好氛围。做好常态化警示学习，深入推进党风廉政建设，中心全体员工展现良好工作作风。工会工作扎实开展，利用线上、线下多种途径组织开展各类文体活动，团队凝聚力进一步增强；主动做好节日慰问，关心关怀员工身心健康，助力党建工作做深做细，为咨询中心圆满完成全年工作任务提供坚强的政治和组织保障。

（葛质斌）

北京石油管理干部学院

【概况】 北京石油管理干部学院（简称管干院）是集团公司党校、管理干部学院、远程培训学院"三位一体"的唯一直属高级培训中心，是集团公司党组培训中高层管理干部队伍、经营管理人员和战略预备队的主力军。多次获"中央国家机关文明单位""中央党校优秀办学单位""中央党校国资委分校优秀组织单位""中央党校国资委分校科研工作先进单位"等荣誉。

2022 年底，管干院资产总额 10.54 亿元，其中固定资产 7.62 亿元；在册员工 262 人（平均年龄 43 岁），具有副高级职称 104 人，正高级职称 23 人；拥有北京和广州两个校区。北京校区（北京石油管理干部学院）成立于 1984 年，占地 6.1 万平方米，具备同时容纳 800 人的培训能力，年培训规模保持 17 万人・日，培训对象主要是集团公司中高层领导干部队伍和战略预备队，同时还承接国务院国资委、国家市场监督管理总局等国家有关部委和有关央企的培训项目；广州校区（广州石油培训中心）成立于 1981 年，占地面积 4.5 万平方米，具备同时容纳 600 人的培训能力，年培训规模保持近 15 万人・日，培训对象主要是集团公司中基层管理干部、职能管理人员、专业技术和关键岗位业务骨干，同时开拓社会培训市场，助力粤港澳大湾区发展。

2022 年，管干院面对国内新冠肺炎疫情持续多地暴发、线下培训大幅收缩或延期等多重严重考验，坚决贯彻落实集团公司党组和人力资源部各项部署要求，积极主动作为，协力攻坚克难，各项工作取得新进展新成效。重点培训任务圆满完成，线上培训业务快速发展，科研工作再创佳绩，新冠肺炎疫情防控有力有效，基础管理持续夯实，党的建设、队伍建设、文化建设和校园建设迈上新台阶，得到各方面肯定与认可，各项考评结果均创近 5 年来最好成绩。全年完成培训项目 376 个，34.57 万人・日，其中线下培训 17.24 万人・日，线上培训 17.33 万人・日，营业收入 3.2 亿元，净利润 522 万元，保持良好发展态势。

2022 年，管干院以习近平新时代中国特色社会主义思想和党的二十大精神为指导，贯彻集团公司发展战略、人才强企工程和员工教育培训规划部署，聚焦中高层领导干部、经营管理人员和战略预备队培训，坚持学习型、服务型、研究型、智库型定位，遵循做强党校、做实学院、做大远程三位一体发展思路，实施创新、质量、品牌、市场、数智化发展战略，推进"精准赋能""智库升级""在线拓展""人才强院""智慧校园"五大系统工程，加快两校区深度融合、教研咨一体化融合和线上线下协同融合，构建科学高效的领导人员培训体系，瞄准理念一流、师资一流、装备一流、管理一流、成果一流目标，努力建设一流党校和一流干部培训学院，为集团公司建设基业长青的世界一流企业提供坚强支撑。

【培训工作】 2022 年，管干院完成领导本领提升班、党校班、中青班、新员工集中培训班、市场营销能力提升班等集团公司重点培训项目，以及管理岗位任职资格示范班、党组织书记示范班、企业“青马班”、安全总监班、创新方法示范班、数字化转型示范班、师资骨干班等企业定制和自办项目。同时，通过线上线下相协同的方式，先后为集团公司学习贯彻党的二十大和十九届六中全会精神、职能管理、新员工集中培训等重点培训项目提供了全流程线上服务，成功承办了数字化创新、金融衍生品、“八五”普法、合规管理等网络培训项目。全年“中油 e 学”平台登录人数 102 万人、同比增长 58%，学习总人次 1.3 亿次、同比增长 170%，有效账号达 95 万个、同比增长 73%。

【办学实力提升】 2022 年，管干院围绕集团公司发展战略和“三强”干部锻造，在集团公司人力资源部的指导支持下，构建培训项目体系、课程体系、运营管理体系、资源体系“四位一体”的国企领导人员培训体系。“4321”培训项目体系基本构建完成，两校区各有侧重，实现对领导人员、经营管理人员和战略预备队的全覆盖；“1+5+N”培训课程体系持续深化，系统梳理现有课程，形成了建设目录和精品课示范课打造名录，为“三强”干部队伍锻造提供有效支持；培训运营管理体系始终聚焦价值，将精益管理落实到研究、设计、教学、管理等环节全过程，打造数字化智能化平台，制定实行培训项目运营、质量评估、新课试讲等方面制度机制，保持了高标准高质量高效率高水平；培训资源体系坚持内外结合，系统梳理、优化整合，师资库、教材库、案例库、基地库、客户库、学员库初步搭建形成，两校区统一规范的新培训管理系统开发投用，为高质量培训提供保障。

【教研创新】 2022 年，管干院坚持教研结合、以研促教、教研相长，形成了党建理论与企业文化、领导科学、企业经营与管理、创新理论与方法、人才开发与人力资源管理、质量健康安全环保六个领域教研优势。围绕集团公司改革发展重点难点和人才强企，全年开展 51 项课题研究，验收结题 17 项，完成省部级和集团公司课题 8 项，其中 6 项获省部级表彰，转化形成集团公司政策文件 3 份、新培训项目 5 项、新课程 15 门，其中智库课题《国有企业三项制度改革持续深化研究》《逆全球化背景下建设世界一流企业的策略路径研究》获省部高度评价，《集团公司实施人才强企战略举措研究》《价值型总部研究》分别获集团公司软科学研究一等奖、三等奖；8 篇论文成果受省部级表彰，3 篇论文在国家核心期刊发表或转载。《学报》印发数量突破 6000 份，传播范围渠道进一步拓展。

【管理提升】 2022 年，管干院贯彻集团公司部署要求，制定重组整合实施方案，快速实现机构职能调整优化，有序推动思想理念、制度流程、教学科研业务的融合，重组整合工作走在集团公司同期重组改革单位前列。改革三年行动计划提前一年全部完成，三项制度改革成果受到集团公司通报表扬，广州校区转企改制和业务外包改革稳步推进。制定实施法治建设示范企业创建方案，一体推进“合规管理强化年”和“严肃财经纪律 依法合规经营”综合治理专项工作，全员依法合规的意识和能力明显提升。围绕重组后的新要求，制修订 49 项制度，整合 34 项制度，形成了制度汇编，各项工作步入科学化规范化轨道。深化提质增效，通过加强预算管理、项目管理和市场创收、节支降耗等措施，克服不利因素影响，超额完成经营考核指标。紧跟新冠肺炎疫情形势变化，及时优化、严格落实防控措施，及时妥善处理突发事件，实现安全无事故、政策放开前无疫情。

【基础建设】 2022 年，管干院持续推进以基础设施维修、安全隐患治理和数字化智能化改造为主要内容的校园建设，大幅度地改善教学条件，更新电教设施 35 间，新建智慧教室、高清演播室、直播教室和多功能会议室 12 间，建成应用交互式录播、信息发布等系统，建成全覆盖的高清监控、IPTV 和 5G 网络。迭代更新“习近平新时代中国特色社会主义思想”“石油精神”等专题展厅，研究谋划“党领导下的石油工业发展史”等展示内容，与教学培训有机结合，先后承接了国务院国资委党校班、集团公司党组第三巡视组、中组部干部教育局、中央党校书画局的现场参观。

【队伍建设】 2022 年，管干院严格选人用人标准、树立鲜明导向，统筹考虑干部队伍实际情况，全年新选拔中层领导人员 19 人、基层领导人员 8 人；拓展人才引进渠道，接收优秀高校应届毕业生 7 人，系统内、外选聘急需关键岗位成熟人才 12 人；强化师资队伍的接续，坚持教师训练营、轮岗见习和师带徒，制定《员工职业发展通道管理办法》，连续三年举办春冬训；制定实施内聘专家管理办法，通过竞聘、套转等方式，聘任 3 名首席教授、5 名一级教授、8 名二级教授。5 人入选国资央企党校系统“名师工程”教学科研领军人才，14 人入选该工程教学科研骨干人才，11 人获评集团公司优秀培训教师，11 人获省部级表彰。

【党建工作】 2022年，管干院严格执行“第一议题”制度，第一时间学习传达习近平总书记重要讲话、重要指示批示精神36次，做到了“总书记有号令，党组有部署，党校见行动、作表率”。建立健全习近平总书记重要指示批示落实机制，开展“建功新时代，喜迎二十大”习近平总书记重要指示批示精神再学习再落实再提升主题活动。聚焦集团公司党组巡视反馈的五个方面26类问题，高标准高质量推进整改，集中整改期内全部完成，形成制度类成果52项。高质量推动党组织按期换届选举，按照规范程序完成4个基层党支部的换届选举，增设5名党支部副书记和支部委员。策划实施“一支部一特色”党建品牌创建活动，两校区党支部成功立项24个党建品牌。深入开展“转观念、勇担当、强管理、创一流”和“转观念、夯基础、强作风”活动，广大党员在各项重点工作中发挥了先锋模范作用，1名党员获集团公司先进工作者称号，两校区8个党支部和45人次分别获管干院“先进基层党组织”“优秀共产党员”“优秀党务工作者”等称号。

（郑　健）

石油工业出版社有限公司

【概况】 石油工业出版社有限公司（简称出版社）是集团公司直属专业出版机构，是中央级行业科技出版单位，作为党的宣传思想文化工作的重要组成部分，承担着“举旗帜、聚民心、育新人、兴文化、展形象”的使命任务。出版社前身是1951年3月成立的燃料工业出版社；1956年1月，随着石油工业部的成立，石油工业出版社正式挂牌成立；2011年3月，按照国家统一安排，改制为石油工业出版社有限公司。2022年底，出版社下设4个职能管理部门、13个业务部门和2个服务保障部门，人员编制280人。经过70余年的发展，出版社形成图书策划出版高端彩色印刷、国内外展览展示等多方面业务。2022年，出版社认真落实国家新闻出版署和集团公司党组决策部署，落实戴厚良董事长来出版社调研讲话要求，经受住了世纪疫情、经济下行、图书市场萎靡等考验，着力推动高质量发展迈上新台阶，经营业绩创造佳绩，业务发展取得新突破，依法合规治企和强化管理全面践行，质量健康安全环保形势稳中向好，全面从严治党纵深推进。

2022年，出版社按照计划做好均衡生产，持续抓好招标管理、合同管理和财务管理，强化合规管理，规范各项业务流程，生产经营稳步推进。石油出版平稳运行，与中央党校出版社合作出版《中国石油基层党支部书记培训简明教程》，集团公司党组书记、董事长戴厚良亲自作序；与中国化工学会紧密配合，高标准完成《百年化工梦》纪念册编纂出版工作；编写出版《中国石油炼油化工技术丛书》，填补行业空白；中油阅读App注册企业达154家，服务用户超111万人，作为国家新闻出版署精品遴选项目的21个重点展示项目之一，受邀在首届全民阅读大会数字阅读体验馆展示区进行展示，中宣部副部长张建春参观调研，给予充分肯定；彩印公司入选北京市出版物印刷企业绿色化发展奖励项目；中油书店获安贞街道颁发的“贞美门店”称号和奖杯；石油知识云智慧服务平台入选“2021年全国石油石化人工智能优秀案例（首批）”。围绕集团公司科技发展和能源战略实施，着眼于推动能源行业发展和油气科技进步需要，瞄准非常规油气、地热新能源、双碳等前沿领域，深度发掘出版资源，强化选题自主策划，系统出版《中国石油地质志丛书》《中国石油炼油化工技术丛书》《全球典型致密油盆地地质特征》《提高采收率技术丛书》《国际油公司碳中和路径》等50多种石油地质理论、勘探开发新技术、石油石化新工艺新技术高水平图书。其中《中国高含水老油田可持续发展战略与工程技术》入选2022年度国家出版基金资助项目，《中国陆上主要含油气盆地资源潜力与勘探方向》（阿拉伯文版）入选中宣部2022年度“丝路书香工程”。

【机构调整】 2022年12月，出版社整合大众图书出版公司和能源经济出版中心、爱丽丝童书项目部业务，将能源大讲堂、能源经济和童书类图书出版业务调整到大众图书出版公司，将《中国油气》期刊出版业务调整到期刊出版分社，撤销能源经济出版中心机构设置，其人员随业务分别划入相应单位，大众图书出版公司更名为大众图书出版分社。撤销梧桐语馆项目部、爱丽丝童书项目部扩大经营自主权试点单位机构设置。

整合北京中石油彩色印刷有限责任公司和中油文化创意发展中心业务，撤销中油文化创意发展中心机构设置，其人员随业务划入北京中石油彩色印刷有限责任公司。将办公室（党委办公室、党委宣传部）企管、合规与内控风险管理、审计业务职能及出版共享中心外事工作管理职能调整到总编室（业务处）。将信息服务事务性工作调整由数字出版中心承担，其管理职能继续由总编室（业务处）负责。调整后总编室（业务处）加挂法律与企改部牌子，不再保留业务处设置。将人事处（党委组织部）退休职工管理、医药费报销职能调整到行政事务中心。

撤销全部编辑部门、北京中油展览有限公司内部三级部门设置及驻外和扩大经营自主权试点单位机构设置，严格按照专业技术人员对除二级单位正、副职以外人员管理；撤销图书营销中心、出版共享中心和行政事务中心三级部门设置，原三级部门正、副职职务调整为高级主管、主管，或对应同层级专业技术岗位通道套转。保留西南图书编辑加工中心名称设置，不作为实体机构运行；保留北京中石油彩色印刷有限责任公司三级部门设置，按“少而精”原则，将现有三级部门由5个调整为3个。将人事处更名为人力资源部，财务管理处更名为计划财务部。

【编辑出版工作】 2022年，出版社精心打造出版品牌。拓展出版资源，加强选题策划，优化书号使用，强化奖项申报，提升出版社品牌形象。全年出版图书1037种、标准764种。《中国高含水老油田可持续发展战略与工程技术》入选2022年度国家出版基金资助项目；《中国科技之路——加油争气》入选主题出版项目并获国家出版基金支持；《中国陆上主要含油气盆地资源潜力与勘探方向》（阿拉伯文版）入选中宣部2022年度“丝路书香工程”；《油气简史》获2022年四川省优秀科普作品一等奖；《油矿地质学（第五版）》等4种套书入选2022年北京高校“优质本科教材课件”。在2022年中国石油和化学工业优秀出版物奖（图书奖、教材奖）评选中，15种获一等奖，22种获二等奖。在2022年中国石油和化工自动化行业优秀科技著作评选中，8种获一等奖，19种获二等奖，12种获三等奖。6种图书分获2022年“石油石化企业管理现代化创新优秀著作”一等奖、二等奖、三等奖。

【数字化转型】 2022年，出版社“石油标准App”等项目进展良好，“石油知识云智慧服务平台”获第五届石油石化人工智能优秀案例。中油阅读平台运营扎实推进，与中信出版社共建共享精品电子书、有声书、专家课等系列融媒体学习资源，为10余家石油企业提供定制化阅读服务，实现营收创效；作为国家新闻出版署精品遴选项目的21个重点展示项目之一，受邀在首届全民阅读大会展示，得到中宣部领导肯定。《油气简史》多媒体音频在科普中国客户端连载，科普领读活动被中宣部、中国科协等评为2022年全国科普日优秀活动。富媒体教材借助油题库平台实现一书一码出版，《石油精神》有声读物实现销售50万元，持续探索《油气田基层员工标准化操作动画微课》开发。

【销售工作】 2022年，出版社发挥发行站长期坚守市场一线、就近提供优质服务优势，及时发现和挖掘石油企业需求，为图书出版和营销工作提供信息；整合直销资源，满足客户需求，石油企业社群营销数据库基本建成，有针对性拓展直销客户资源，统筹部署重点图书征订工作；数字产品个性化服务取得突破，以合作开发和精准定制方式深度结合客户企业数字化转型智能化发展，不断拓展数字产品营销渠道；加强出版社天猫旗舰店等自营电商建设，加快实现全时段覆盖，创新开展直播带货、社群团购营销活动。

【中油书店】 2022年，出版社中油书店品牌效应凸显，获北京市“示范书店”称号，获朝阳区“持续运营”项目奖励，获安贞街道颁发“贞美门店”称号。加大重点标准产品推广力度，多渠道点对点发布信息，确保第一时间传递到用户。

【彩印业务】 2022年，出版社彩印业务坚持专业化、特色化发展方向，不断提高印制产品及服务质量，加强基础管理，优化工艺流程，提高精细化管理水平；提升社内图书、集团公司文印服务保障能力；完成保密印刷生产线建设，为开拓保密印刷市场夯实基础；加强外部市场开拓，成功入围五洲出版社等重点客户印刷服务提供商；获北京市新闻出版局出版物印刷企业高质量发展二级企业、印刷企业绿色化发展奖励。

【展览展示】 2022年，出版社展览业务强化基础管理，修订完善制度规范，加强项目运行规范化、合规化管理；加强与石油企事业单位合作，高标准完成集团公司深圳高交会、海洋博览会等展览任务，成功中标中国石油和石油化工设备工业协会科技大会会展服务。文化创意业务围绕创意策划和科技可视化，开拓外部市场，承接各类视频动画十余项，形成科技成果可视化特色，文创产品年销售额创新高。

【企业管理】 2022年，出版社坚持把党的政治建设摆在首位，坚持不懈用习近平新时代中国特色社会主义思想凝心铸魂、指导实践、推动工作，梳理形成贯彻落实习近平总书记重要指示批示精神台账，确保总书记重要指示批示精神落实落地。坚持党对国有企业领导的重大政治原则，修订《出版社“三重一大”决策制度实施细则》，认真落实“三重一大”决策程序，确保出版社始终沿着正确方向前进。制修订《出版社合规管理办法》等多项制度，规范生产经营管理流程，构建系统完备、科学规范的合规管理体系。落实集团公司部署要求，开展合规风险和违法违规问题排查工作，对照法律法规、集团公司要求、出版社规章制度，梳理各部门各业务领域10大类37个合规风险点，有针对性地整改，进一步提升合规管理、依法治企水平。

全面压紧压实党建工作责任，健全完善考核制度，优化达标晋级体系，严格党内政治生活，扎实推进“三基本”建设与“三基”工作有机融合。根据业务发展和组织机构变化调整优化党支部设置，建强基本组织；分级分类组织党员领导干部、党务干部、普通党员参加培训，发展党员7人，夯实基本队伍；修订《党支部工作考核评价办法》，深入推进党支部工作责任制考核，推行党支部达标晋级管理，完善基本制度。

打造石油特色精品图书，传承集团公司科技文化成果。中国石油首套炼油化工领域自主创新技术系列专著丛书《中国石油炼油化工技术丛书》等重点图书正式出版。编辑出版《中国石油基层党支部书记培训简明教程》，党组书记、董事长戴厚良作序。高质量完成集团公司统编教材、鉴定教材、标准、年鉴、组织史、企业文化辞典等编辑出版任务。承担集团公司党建信息化平台学习教育资源建设任务，“中油阅读”“石油标准”等平台在集团公司发挥作用不断扩大。承办集团公司党组宣传部、直属工会开展的“贯彻落实习近平总书记贺信重要指示精神三周年座谈会”“强管理八堂课”等直播活动，响应国家“深入推进全民阅读”号召，配合开展“名社好书进大厦”精品图书展销活动，取得良好社会反响。

树立正确选人用人导向，着力打造政治坚强、本领高强、意志顽强的干部队伍。完成领导人员任期制和契约化管理任务目标，全面梳理岗位职责及工作分工，做到合理划分权责界面，明确并细化责权利；配齐中层领导班子，完成两批次干部调整；优化干部队伍年龄结构，落实集团公司新选拔任用中层领导人员“三个1/3”工作要求，刚性配备年轻干部。实施人才强企工程，形成人才强企工程行动方案，制定部门层面人力资源价值考评办法，提升人力资源价值；规范员工职业发展通道，畅通各类人才发展空间，健全完善高层专业技术人员管理体系，形成《员工职业发展通道管理办法》和《高层专业技术人员管理办法》；推进责编登记注册管理，实现责编注册人数、注册率双翻番；重视青年人才培养，推进青年精神素养提升工程，评选表彰出版社首届“十大杰出青年”。

【送书工程】 2022年，出版社落实集团公司“将纸质送书转为线上送书”的工作要求，中油阅读平台全年更新电子书12928种，有声书1123种，先后推出“石油书香节”“献礼七一知识竞答”等主题读书活动23场，更新“跟着总书记一起读书”等读书专题57个，创建党的二十大等专家专栏16个，策划开展“依法治企强管理，助力高质量发展”专家讲座，线上总播放量超54万人次。微信公众号累计推送48期，42家石油企事业单位参与平台互动，活动帖留言量5000+。上线企业定制专区，先后服务10余家石油企事业单位开展线上阅读活动，作为国家新闻出版署精品遴选项目的21个重点展示项目之一受邀参展首届全民阅读大会。

（李银涛　徐　璐）

中国石油报社

【概况】 中国石油报社（简称报社）于1986年3月组建，1987年1月7日《中国石油报》创刊。报社承办的《中国石油报》是集团公司党组机关报，为周五刊，国内外公开发行，赠阅中央和各部委及有关领导。报社承办集团公司微信微博、中国石油海外社交账号、党建信息化平台，创办《石油金秋报》《石油商报》《汽车生活报》等子报、《石油画报》《政工研究》《地火》等刊物，运营中国石油报微信微博、手机报、中国石油新闻中心网站、媒体平台号等新媒体矩阵，同时负责中国石油新闻工作者协会和中国石油作家协会的日常性工作。在中国石油系统内设立驻企业记者站84家。

2022年底，报社设置机关职能部门4个，所属二级机构10个，在册员工255人。其中，本科学历137人，硕士及以上学历74人，高级职称69人、中级职称86人。党支部12个，党员156人。

2022年，报社编辑出版《中国石油报》250期、《石油金秋报》48期、《石油商报》50期、《汽车生活报》49期、《中国石油画报》12期、《石油政工研究》6期、《地火》4期。7件新闻作品获“国企好新闻”等省部级奖项荣誉，1件进入中国新闻奖终评环节。获中国报业协会“2022中国报业技术赋能高质量发展创新单位”称号。9个集体和18名个人获集团公司级荣誉。1人进入第九届“好记者讲好故事”全国十佳并登上央视讲述石油故事。1人获中国报业协会“新时代党报百名优秀报人”称号。

【主题宣传】 2022年，报社以喜迎喜庆党的二十大为宣传主线，第一时间报道习近平总书记重大活动和重要讲话精神。组织10余次战役性报道，完成50余次集团公司重要时政、重要会议和重大成就报道，及时准确传递党中央和集团公司党组声音。推出“新时代新石油”二十大特刊，全平台阅读量超过800万，入藏中国国家版本馆。围绕“国之大者”“企之要情”精心策划、开设专栏、制作专题，从“牢记总书记嘱托”“端牢能源饭碗”“稳住经济大盘”、深化国企改革、服务冬奥、主题教育、绿色低碳等方面，推出一批广受好评的特稿和系列报道，讲好石油故事，唱响主旋律，弘扬正能量。围绕能源行业和社会热点，主动设置议题，突出价值导向，中国石油点燃2022年北京冬奥会历史上首支绿氢火炬、我国首条零碳公路诞生等话题引发社会广泛关注。

【舆论阵地建设】 2022年，《中国石油报》启动改版，实施“一版质量提升”工程，加强专题报道、深度报道和评论工作，相关稿件数量增长30%，开设《理论与实践》专题版面，党组管理干部撰写署名文章200余篇，舆论引导力显著增强。全面升级《中国石油报》数字报，强化数字传播。《石油内参》发挥智囊监督作用，刊发12期报道，9期得到集团公司党组领导批示。突出发展新媒体业务，打造“视频报”特色品牌，全媒体覆盖用户总数超过4500万，全平台阅读量超过8亿，分别增长33%和25%。“铁人先锋”内网、外网和移动端发布稿件4000余万字、2.8万余篇，制作专题20余个，制作音视频节目1000余期，进行重大活动直播转播40余次。中国石油新闻中心网站发布稿件2.2万余篇，网站页面访问量约1.2亿次。“中国石油”学习强国号订阅用户增长35%，在人民日报全国党媒平台新闻热榜排名靠前。5G智慧融媒体生产系统通过验收，实现84家企业记者站联通应用。

【国际传播能力建设】 2022年，报社坚持全球视野、国家站位、企业定位，着力推进国际传播，为中国石油海外业务发展营造良好外部环境，为更好展示国家形象、企业形象提供有力支撑。中国石油海外社交账号发布推文475个，其中视频102个，总浏览量4.39亿次、粉丝量181.3万人，分别增长330%和200%。举办“第二届中哈油气合作国际学术会议”“全球青年多维对话——可持续的低碳能源”等活动，在国际舆论场集中发出中国石油声音。

【中国石油展览厅项目建成开展】 2022年9月22日，报社承建的位于石油大厦1000平方米的中国石油展览厅经过1年的设计和建设，按期建成开展。展览厅以“新时代，新石油”为主题，分为“我为祖国献石油”“建设能源与化工创新高地人才高地”“石油精神，磅礴伟力”“永远跟党走”等九个部分，集中展现新中国成立以来党领导石油工业发展的光辉历程。展览厅以成就线、文化线、历史线贯穿始终，综合运用半景画、岩雕、铜浮雕、石刻、仿真模型、微缩景观、8KLED屏等20余种展览形式，涵盖图片1000余张，展品400余件，史料100余万字，成为传播石油文化、弘扬石油精神和大庆精神铁人精神的重要平台，开展干部员工宣传教育、提升职业素养的重要基地，展示中国石油新成就新业绩的形象窗口。

【经营成果】 2022年，报社全年实现经营收入9175万元，创历史新高。全员劳动生产率增长14%。全级次无亏损子企业。深化企业战略合作，新签订5家战略合作单位。经营业务围绕融媒体运营、舆情监测、品牌推广、文化服务等重点项目，创新多元化经营模式，深化服务创效，提升个性化服务水平，着力打造经营品牌。

【深化改革】 2022年，报社实施全面深化改革，理顺机关职能配置，优化调整采编业务，重组整合经营业务。完成组织机构调整，机构数量从18个压减为14个。采编业务按照“大部门制”和“超融合”原则，围绕策、采、编、发、评及技术支撑的专业线进行优化调整，强化总编室职能，整合采访资源，组建媒体技术中心，合并中国石油报、石油金秋报北方周末、市场导刊、西部专刊等纸媒编辑业务，成立新媒体中心，与党建信息化中心实行“一个机构，两块牌子”。整合重组经营业务，组建文化传媒中心（对外合作部），将企业文化发展研究中心（陆海油公司）、中油网有限公司、汽车生活报社3个法人实体及经营中心整体并入。深化改革后，整体运行效率和效果显著提升。

【管理提升】 2022年，报社开展“合规管理强化年”活动和“严肃财经纪律、依法合规经营”综合治理专项行动，持续提升科学化规范化法治化管理水平。加强制度体系建设，制修订制度36项，占制度总数的44%，制度质量明显提升。强化合规管理，加强合规性审查，修正不合规事项26项。健全合同管理制度，加强合同履行过程管控。建立内部审计制度，首次开展法人单位负责人审计，加强内部综合监督。推进全面预算管理，健全内部市场化价格形成机制，基础管理持续巩固提升。

【人才强社工程】 2022年，报社深入开展“深化作风建设年”活动，队伍作风显著改善。“双通道”人才成长机制全面推行。完善“生聚理用”人才机制，建立经营管理和专业技术岗位序列，畅通人才成长通道体系，拓展人才发展空间。提拔任用中层干部12名，其中80后干部8人，40岁以下干部的占比由2021年的7.4%提高到20%，中层干部队伍结构持续优化。推行“交叉任职、双向进入”领导体制，选优配强部门“一把手”，形成搭配合理、优势互补的班子结构。

【企业党建工作】 2022年，报社坚持把政治建设放在首位，强化政治监督，不断增强捍卫“两个确立”、做到“两个维护”的坚定性自觉性。深入学习贯彻党的二十大精神，领导干部带头宣讲，两级党组织开展专题研讨，全面学习全面把握全面落实党的二十大精神。组织“第一议题”学习21次，跟进学习贯彻习近平总书记最新重要讲话精神。加强意识形态工作，制定网络意识形态责任制，确保意识形态安全。强化基层党组织业务培训，从严落实组织生活制度，党支部达标率100%。全力配合党组巡视，反馈问题整改完成95%，剩余长周期工作加快推进。加强党员干部综合监督，定期开展廉政教育，一体推进“三不腐”机制，政治生态持续向好。召开党员大会，选举产生新一届党委，书记、副书记、委员。

坚持党建带工建带团建，发挥党联系群众的桥梁和纽带作用，凝心聚力，推动发展。在特殊时期党政工团密切配合，开展关爱行动，紧急采购药物6批次，全力守护员工健康，平稳度过感染高峰。开展集中慰问8次，帮扶困难员工17名，实施EAP心理关爱项目，开展合理化建议征集活动，28项建议得到有效落实。

（梁晓蓉）

中国石油审计服务中心有限公司

【概况】 中国石油审计服务中心有限公司（简称审计中心）组建于1990年，是集团公司从事企业内部审计工作的一级审计机构。审计中心在业务上接受审计部指导，依照法律法规及集团公司有关制度规定，通过监督检查，调研分析，综合评价等审计工作，发现经营管理中存在的问题和不足，客观公正、有针对性地提出管理意见和建议，为集团公司党组和管理层决策提供参考。审计中心本部位于北京，设13个处级建制，其中审计处室9个，职能处室4个。沈阳、西安、成都、乌鲁木齐四个区域中心为审计中心所属二级单位。北京本部承担华北、华东、华南、海外等区域审计实施工作，各区域中心分别负责东北、西北（不含新疆）、西南、新疆区域内一级审计项目的实施工作。海外审计中心依托审计中心运作。

2022年底，审计中心在册人员193人，平均年龄43.6岁，其中审计业务人员168人，占比87%。具有高级技术职称92人，占比47.7%；中级技术职称73人，占比37.8%；具有国际注册内部审计师、注册会计师、注册税务师、注册造价师等执业资格的79人（共123本资格证书）；博士研究生2人，硕士研究生50人，本科学历136人，本科学历以上人员占员工总数97.4%。形成了专业结构基本合理，具有一定规模的内部审计专业队伍。

【转企改制】 2022年，审计中心根据中央编制委员会办公室、财政部、人力资源社会保障部《关于同意中国石油天然气集团有限公司所属经营类事业单位改革工作方案的批复》要求，在集团公司总部支持指导下，审计中心克服注册营业范围受限、工商登记程序调整、新冠肺炎疫情等不利影响，于2022年8月12日在北京市市场监督管理局登记注册为中国石油审计服务中心有限公司。

【审计工作】 2022年，审计中心切实履行审计职责，为集团公司新时代高质量发展贡献审计力量。全年实施审计项目118项，其中经济责任审计58项，管理与专项审计24项，工程项目审计36项。出具审计要情6份，获评集团公司优秀审计项目32项。聚焦服务大局。紧扣集团公司党组中心工作开展审计，关注集团公司重大决策部署执行情况，围绕中心、服务大局。紧扣揭示风险隐患开展审计，关注企业主要矛盾和重大风险，对审计发现的重大问题和风险隐患及时分析总结，以审计专报、审计报告的形式向集团公司党组反映，实现审计成果效益最大化。38 个审计项目获集团公司党组领导批示，重要审计发现问题在集团公司 2023 年工作会上通报，发挥震慑作用，促进企业及时整改，依法合规经营。聚焦完善治理。坚持强化服务，注重揭示问题，提出改进建议，针对审计发现的重要情况和问题，督促相关部门完善制度、堵塞漏洞，推动标本兼治取得实效，实现监督与服务的有机融合，助力企业提升管理水平。全年被采纳审计建议 123 条，推动被审计单位制修订规章制度 106 条，移送问题线索 12 项。

【审计质量管理】 2022 年，审计中心坚持把审计质量作为审计工作的重中之重，创新方式方法，夯实管控责任，不断提高审计工作质量、水平和效率。坚持以会代训。主要领导逢会必讲，强调审计质量的重要性、通报审计工作存在问题、讲解审计关注重点、宣讲审计质量提升方法、督促审计人员提高审计站位。加强业务交流。召开由项目组长、现场负责人和主审参加的审前、审中、审后质量控制情况汇报交流会，着力解决审计过程中存在的问题。建立月报和周报机制。全面掌握项目进展情况，实时督促审计项目进度，调动干部职工的工作积极性，将“要我干”思想转变为“我要干”的动力，2022 年全年审计任务圆满完成。坚持审计质量检查。抽调专人组成质量检查工作组，对 2022 年实施的审计项目开展了质量检查，评选优秀底稿 100 篇。完善激励机制。将优秀审计报告、优秀审计底稿评比结果纳入年终考核。奖励党组领导批示的报告、优秀审计底稿，激发审计人员创先争优意识。加强审计质量管理。各审计组全面落实集团公司一级审计项目流程管理要求，强化三级复核制度，实施审计项目全过程管控。落实审计报告、审计底稿退回机制，倒逼审计底稿、报告质量提高。审计数字化转型卓有成效。审计模型开发成果显著，建成成熟的大招标、大采购等审计模型 28 个。以应用为目标推进审计模型成果转化，10 余个审计项目实现从现场审计向“数据分析 + 现场核实”的转变。以人才培养为根本强化数字化审计能力建设，全年开展数字化审计业务培训 46 期，培养数字化审计人员 29 名，组织建模大赛，10 个作品获奖，抽调一级、二级审计人员 7 名“以干代训”参与大数据审计项目。

【管理提升】 2022 年，审计中心坚决贯彻落实集团公司领导干部会议、合规管理强化年工作部署，开展“严肃财经纪律，依法合规经营”专项行动，以集团公司党组巡视和管理层测试为契机，不断夯实基础工作，提升企业治理管控水平。依法合规管理持续加强。加强法治建设，组织领导干部参加依法合规管理网络专题班培训和法治知识考试，组织全体员工参加“八五”普法网络专题培训和合规培训，开展“法治在我心中”主题演讲比赛，全员法治观念与合规意识不断增强。落实集团公司依法合规审查工作要求，加强合同、规章制度及重大决策涉法事项的审查。结合集团公司巡视和管理层测试整改要求，夯实制度建设，健全完善物资采购、合同管理等重要管理制度 8 项。财务管理进一步加强。强化预算管理，严格管理各项费用，提高资金使用效率。充分履行财务岗位日常监督职责，严格执行财经纪律、规章制度，确保会计信息质量，坚守合规底线。保密工作扎实有效。修订完善保密管理制度，组织“保密宣传活动周”、涉密人员网络答题等保密“两识”教育，开展保密自查自纠、软件和网络泄密整顿，签订《保密责任书》，更新保密设备，全年无失密泄密事件发生。新冠肺炎疫情防控持续有效。坚持把员工生命安全和身心健康放在首位。落实集团公司和政府新冠肺炎疫情防控工作要求，结合审计工作实际，及时调整工作安排，全员顺利度过新冠肺炎疫情流行期，防疫工作顺利转段。

【队伍建设】 2022 年，审计中心贯彻落实集团公司党组战略部署，加快推进人才强企工程落实落地，以一流人才队伍引领一流审计队伍建设。加强顶层设计。制定审计中心党委推进人才强企实施方案，实施组织体系优化提升、人才价值提升、“三强”干部队伍锻造、领导班子功能强化、人才队伍接替五大专项工程，明确了施工图、运行表。加大干部举荐力度。坚持好干部标准，争取党组的支持，不拘一格举荐人才。4 名审计内部干部进一步提拔使用，体现了集团公司党组对审计中心发展和干部队伍建设的重视与肯定。推行任期制和契约化管理。制定《领导人员任期制和契约化管理实施办法》，中层领导人员契约合同签订率 100%，“年度考核定薪酬、任期考核定去留”机制逐步完善。启动岗位标准化建设。梳理岗位需求，科学设置业务岗位，对接新发展需求，为审计资源优化配置提供了依据，为审计人员专业化发展提供了指引。加强人才队伍现状分析。摸清人力资源“家底”，为领导决策提供参考，为推进人才强企工程夯实基础。组织好员工教育培训。选派87人参加集团公司各类重点项目培训，3名毕业生参加集团公司集中培训，2名干部参加集团公司调训，617人次参加中油e学平台28个网络专题班学习。加强作风建设。弘扬“依法、求实、严谨、奋进、奉献”的审计精神，广大干部员工克服新冠肺炎疫情困难无私奉献，审计人员辗转审计现场、连续作战，封控期间开展远程审计，机关工作人员坚持值班值守。深化“我为员工群众办实事”实践活动。在薪酬、福利、职称评定、后勤保障等方面争取政策支持，不断提升员工获得感。加大薪酬向审计一线、重点岗位倾斜力度，不断提升审计人员待遇。维护员工的合法权益。落实员工带薪休假、健康体检、疗养、劳动保护等福利政策，全年支付健康体检费43.3万元，为36人发放疗养费12.7万元。实施“送温暖”工程。组织新冠肺炎疫情慰问、困难家庭和患病职工补助、金秋助学、生日祝福、发放抗疫物资药品等活动，慰问职工102人次，传递组织温暖和祝福。关注员工身心健康。组织开展“三八”“六一”“云端健身”、登山健步走等文体活动；在石油体协“第六届健步走网络公开赛”中，获“优秀组织奖”和“100—500人组一等奖”。

【企业党建工作】 2022年，审计中心坚持党的领导，凝聚发展力量，提升党建质量，喜迎党的二十大，带领广大干部员工在发展实践中担起使命责任。始终把政治建设摆在首位。认真落实第一议题制度，及时跟进学习习近平总书记重要讲话和指示批示精神，引导党员干部更加深刻地领会“两个确立”的决定性意义，增强“四个意识”、坚定“四个自信”，做到“两个维护”，不断提高政治判断力、政治领悟力、政治执行力。全年开展“第一议题”学习11次，党委理论中心组学习12次。深入学习宣传贯彻党的二十大精神。广泛开展“奋进新时代、喜迎党的二十大”系列主题活动，制订党的二十大精神学习宣贯方案，拟定9项具体任务，两级党组织带头学习宣贯。基层党建工作持续深化。完善党建责任制考核体系，推进党支部换届选举，开展党支部书记述职评议，优化党组织设置，持续完善“临时党小组+审计组”模式，规范党费使用管理，扎实做好党员干部分级分层培训和普通党员轮训。推进基层党建“三基本”建设与“三基”工作有机融合，编制党建标准化工作手册。意识形态主动权牢牢把握。落实意识形态工作责任制，加强意识形态阵地建设和管理，建立党员活动室。大力推进学习教育、事迹业绩等新闻宣传，积极参与“随手拍”“云讲述”等活动，提振队伍士气，激发拼搏动力。全面从严治党扎实推进。将抓好巡视整改落实作为一项严肃政治任务，召开党委会议、专题会议10次研究部署整改工作，既靶向治疗、精准整改，又举一反三、建章立制，着力建立巡视整改长效机制。一体推进“三不”，积极构建“三道防线”、落实“五项机制”。持续开展廉洁风险排查、廉洁从业教育，营造风清气正的良好环境。

（吴　涛）

中国石油物资采购中心（中国石油物资有限公司）

【概况】 中国石油物资采购中心（中国石油物资有限公司，简称采购中心）于2007年底以中国石油物资装备（集团）总公司（装备制造业务除外）为基础组建而成，是集团公司直属的专业化物资采购企业和在国家工商总局登记注册的独立法人经济实体。2012年6月，集团公司招标中心成立，与采购中心一套人马、两块牌子。采购中心作为集团公司直属的专业化公司，主要承担集团公司、股份公司物资集中采购任务，包括大宗物资、重要物资、长周期物资、安全物资、成套设备、大型工程项目所需物资的采购业务，急需物资的供应保障和战略储备物资的仓储管理；集团公司、股份公司一类、二类物资的采购和工程、服务采购招标的组织实施工作。采购中心有国内外贸易、国际国内招标、电子商务、运输保障、商品检验、仓储物流等一体化物资采购服务功能，具有工程项目招标甲级资质、海关高级认证企业、危险化学品经营许可、辐射产品经营许可、石油专用管材检测实验室等专业资质和经营许可证书。下设中油物采信息技术有限公司、中国石油物资沧州有限公司、郑州有限公司、沈阳有限公司、天津有限公司、上海有限公司（华东分中心）、西安分公司（西北分中心）、西南分公司（西南分中心）和新疆分公司（新疆分中心）9家所属单位。

2022年，采购中心招标采购额再创历史新高，全年实现物资采购额1128亿元、同比增长29.3%，降采率11.27%；实现招标额1793亿元、同比增长9.32%，节资率 8.66%；累计节约采购资金约 150 亿元。

【授权集中采购“项目制”转型升级】 2022 年，采购中心统筹推进集团公司 66 个管理小组集采“项目制”运行新模式，全年组织完成四批次授权集中采购方案评审，完成集采招标 106 项，招标额 403 亿元，节资率 8.73%。100% 完成内部优势产品采购任务，全年组织采购额 925 亿元，其中带量采购 715 亿元，节资率 12.25%。高质量完成 1833 家一级供应商考评工作。

【采购招标专业化水平提升】 2022 年，采购中心全年签订直采合同 6566 份、203 亿元，降采率 9.11%。其中国内合同 132 亿元，进口合同 8.8 亿美元。启动专用管直采签约工作，完成采购额 8.5 亿元；协助各油气田企业调剂库存 1.4 万吨，金额 1.2 亿元。深化战略合作和框架协议采购，形成 16 个总部管理进口物资售后产品及服务框架采购协议，平均降采率 15%。持续推进标准化采购，新制修订技术规格书 69 项。推动落实“三方联合采购”，开展与国家管网集团联合采购，牵头卡特配件及服务联合采购折扣率 26.79%。开展中心招标业务专项检查，对发现问题跟踪整改。规范招标异议管理，强化招标异常情况管控和评标专家动态管理，流标率同比下降 32.81%。推进招标服务与区域企业供应链深度融合，各所属单位业绩招标额同比增长 38%。

【重点项目和紧急任务保供】 2022 年，采购中心推行“问题清单”机制，建立服务重点项目周例会制度，保障集团公司重点工程项目建设。攻克一系列难关，完成广东石化关键进口设备保供工作。顶住“卖方市场”压力，完成吉林石化、广西石化炼化转型升级项目工艺包联合采购。承担的三项炼化重点工程项目，完成物资招标 41 项，节资率 26.17%；物资采购 332 项，降采率 10.4%。履行保供职责，发挥集团化、专业化采购优势，完成各项紧急保供任务。协调供应商更改全球生产交付计划，化解华北石化渣油装置意外停工风险；从接到任务起用 6 天时间完成 2022 年北京冬奥会徽章集采谈判工作，1 个月内按期完成全部 120 万个徽章交货。

【延伸和配套业务】 2022 年，采购中心二级物资区域协同采购 3.4 亿元，新疆区域、东北区域协同采购品种进一步增加，中西部区域实现协同采购零突破。非生产性物资集中采购与京东等 6 家电商公司完成续签，全年实现采购额 25 亿元，同比增长 14%，节资率 15%。中心自建品种集采金额 8226 万元，同比增长 411%。集中储备全年配送 13.68 万吨，同比增长 12%，有力保障区域企业零星物资、紧急物资需要。仓储业务开展智慧仓储建设，完成吞吐量 99.9 万吨。运保业务新增 2 个汇总征税海关，覆盖全国 28 个直属海关。承运货物总金额 23.21 亿元，为用户单位申请排除加征关税 326 批次，减免税款 8400 万元。

【本部基础管理支撑】 2022 年，采购中心协助编制集团公司《境外机构采办管理规定》《进口物资采购管理办法》《承包商行贿惩戒管理办法》等多项采购招标制度，完成 240 余个招标文件标准文本编制并推广应用。配合开展国务院国资委央企采购管理对标、集团公司世界一流采购对标研究、岗位标准化培训课程开发，完成中国国际服务贸易交易会和中国国际进口博览会支持工作。承担集团公司工程承包商管理体系建设，公开评审完成入库 2597 家。履行集团公司物资编码办公室和物资技术规格书编制办公室职责，严控物资代码编码增量，增速同比下降 14.83%；组织制修订 140 项采购技术规格书，实现一级物资全覆盖。

【数字化转型业务】 2022 年，采购中心打造智慧采购信息化系统，建成对金属材料市场价格自动监控的可视化平台。优化财税银和台账功能，与财务共享平台应用集成。完善远程评标系统，易用性、可靠性和安全性全面提升，招标项目运行占比超过 20%。升级仓储物流管理系统，实现货物从入库到出库全流程管控，仓储效率提升 50%。持续开展基因码理论研究工作，形成两项发明专利技术交底书；推动基因码信息化管理平台开发，设计基因码在招投标业务全流程应用原型界面（Demo）。完成集团公司编码融合统一专项建设主体工作，开创性实现编码自动转换，成果在长庆乙烷制乙烯项目试点应用，自动转换率 95% 以上。

【新能源业务服务基础搭建】 2022 年，采购中心根据集团公司新能源业务发展规划，研究编制第 61 大类物资分类及属性规范，形成光伏发电、风力发电、储能专用 物资等 4 个中类、8 个小类、17 个品名并成功上线应用。发布《油气行业新能源项目建设调研报告》，整理光伏产业现行国家标准 112 项，编制形成适用光伏项目的物资采购目录。编制新能源发电项目等标准招标文件，为新能源发电招标做好全面服务保障准备。

【企业管理】 2022 年，采购中心推进改革三年行动实施方案落实落地，完成 62 项改革任务，完成率 100%。加强“合规管理强化年”统筹谋划，制定《坚持依法合规治企和强化管理实施方案》三方面 118 条具体措施，建立台账，坚持查改并举。全覆盖开展内控自测，全年未发生重大风险事件，重大决策法律审核率100%。持续优化绩效考核体系，修订采购中心关键绩效指标解释及考核方法，完成所属单位首次人力资源价值评价。全年未发生质量、生产安全和环境污染事故，新冠肺炎疫情防控和安全环保态势平稳。开展“严肃财经纪律，依法合规经营”专项行动，8个专项治理全面完成既定目标。拓展共享平台应用，实现招标业务财务全流程自动化，上线全新财务报表平台，成为集团公司首批标杆单位。采购中心成立数字和信息化管理处、招标和承包商管理处，加强信息化和招标业务归口管理，落实配合承包商管理职责机构，全面修订《中心本部部门职责》，职责分工和界面不断优化。

【企业党建工作】 2022年，采购中心严格落实“第一议题”制度，抓实党委中心组理论学习研讨，深入开展习近平总书记重要指示批示精神再学习再落实再提升主题活动，喜迎党的二十大各项重点措施落实到位，党的二十大精神学习宣贯有力。深入开展“转观念、勇担当、强管理、创一流”主题教育，广泛开展建功新时代主题演讲比赛、“石油开放日”云直播、岗位建功、“文化引领大家谈”等系列活动。全力支持配合集团公司开展巡视“回头看”，做深做实巡视巡察整改，制修订制度20个，建立长效机制33个，巡视问题整改完成率100%。党建信息化平台应用排名持续上榜，党建考核连续获评集团公司A级。

（徐　羚）

中国石油集团共享运营有限公司

【概况】 中国石油集团共享运营有限公司（简称共享运营公司）成立于2019年7月，是集团公司参与国内外市场竞争的专业运营服务提供方，致力打造世界一流智能型全球共享服务体系，为集团公司各级企事业单位、员工、合作伙伴提供财务、人力资源、信息技术服务、客户服务等共享服务。2022年，共享运营公司紧盯“世界一流智能型全球共享服务体系”建设目标，立足“运营中心、服务中心、数据中心”发展定位，全力以赴拓业务、提质量，优服务、创价值，防风险、抗疫情，各方面工作取得重要阶段性成果。财务共享，国内完成138家企业三项业务承接，“全覆盖”向“全承接”进程全面加快；海外高效完成“集团账会计核算、中方报表编制”业务全覆盖。人力资源共享，数据分析服务完成集团总部、国内企业全覆盖，社会保险服务完成国内企业本部及海外企业全覆盖，企业年金服务稳步推进，职称评审、劳动合同、个税筹划等服务范围有序扩大。信息技术服务共享，高质量推进数据湖、数据治理、边缘计算等重点项目。客户服务共享，高质量推进客服知识库搭建，有序开展主体功能开发验证，顺利完成天然气销售与润滑油业务试点。

【管理提升】 2022年，共享运营公司优化管理体系和运行模式，完善ISO 9001质量管理体系，修订财务、人力资源共享SOP手册，制定956100客服管理规范，健全三级客户回访和问题管理机制，运营质量效率稳中有升。财务共享业务准确率及时率超99%，资金支付保持“零”差错；人力资源共享随单评价满意度超99.9%，人服比持续提升；信息技术服务共享会议保障、专网运营、网站维护平稳高效；客服共享来电接通率100%，工单办结率超90%。全年收到感谢信、表扬信超百封，集团公司总部认可度、上线企业信任度和客户服务满意度持续提高。

【价值创造】 2022年，共享运营公司利用共享平台优势，探索推出系列见效好、有特色的服务产品。中油e链年度融资14.98亿元，共享创效911万元，助力企业节约财务费用近亿元，有效缓解中小微企业融资难、融资贵问题。会计档案电子化与集中管理，年减少纸质会计档案3.6亿张，节约各类成本超亿元。经营分析报告为管理者打造数字化“驾驶舱”。社保服务助力企业大部制改革和机构精简，兰州石化以实施社保服务为契机，精简二级机构1个、三级机构7个，优化岗位30个。

【创新发展】 2022年，共享运营公司实施创新战略，坚持流程驱动，系统开展流程再分析、再设计，并行推进“四统一”建设，着力推动大集中ERP主数据标准化建设等工作。深化技术赋能，新增研发财务共享RPA机器人105个、人力资源共享RPA机器人117个，开发智能辅助填单及审核功能，业务效率、用户体验显著提升。变革服务模式，统一报表平台实现集团公司全级次报表集中统一和数据共享，报表质效显著提高。调度中心建立集团公司总部、企业和共享一体化运营管控平台，月末结转提效超90%。电子劳动合同全面推动线上审批，工作效率大幅提高。人才测评服务持续拓展测评工具，在全球30个国家同步组织线上考试，服务能力快速提升。

【供应链协同模块在29家销售企业上线】 2022年4月8日，共享运营公司供应链协同模块在集团公司29家销售企业上线应用，实现票据信息智能获取、数据应用实时共享。供应链协同模块通过获取上游企业Erp系统前端销售信息，实现发票信息实时获取，并依托共享服务平台，打通集团公司各板块业财信息通道，精准关联内部交易资金结算和业务信息，实现采购订单、入库单和发票系统自动匹配及Erp预制表单自动生成。

【集团公司智能运营中心正式投运】 2022年6月28日，共享运营公司承建的中国石油智能运营中心项目通过竣工验收。智能运营中心实现生产运行统一调度、应急指挥上下联动、运营情况集中展示，初步形成数据共享、智能监测、业务协同等能力，打通产、炼、运、销、储、贸各环节，保障油气两大产业链的生产经营优化、计划、监控、预警全过程闭环管理，还重点支持冬季供暖用气、2022年北京冬奥会和冬残奥会清洁能源供应等重要业务，为集团公司“一个整体、两个层次”的生产经营管控模式提供支撑。

【中国石油956100客服电话信息系统启动试运行】 2022年8月11日，中国石油956100客服电话信息系统验证成功并启动试运行，开启了集团公司客户服务专业化运营新篇章。共享运营公司作为项目运营单位，历时8个月，形成标准化端到端客户服务流程，建立以咨询查询、业务办理、预约上门、诉愿受理为主要服务内容的全覆盖服务渠道，实现了服务受理、记录、流转、客户评价、质量监控为闭环的全流程线上管理。

【集团公司统一报表平台落地应用】 2022年8月22日，共享运营公司承接的集团公司统一报表平台正式切换上线。统一报表平台按照“一个平台”集成管理思路，首次实现集团公司、股份公司总部及所属企业170余个报表平台集中统一管理和数据共享，消除了跨平台报表数据差异，切实解决以往数据分散、流程冗余等诸多痛点难点问题，为管理决策提供更加精准便捷的数据服务。

【创新金融服务为中小微企业纾困解难】 2022年，共享运营公司优化中油e链产品功能，有效激活数据价值，架起企业、银行沟通合作桥梁，客户新冠肺炎疫情期间足不出户便可享受快捷高效的线上融资服务。全年为220户中小微企业提供融资14.98亿元，有效缓解中小微企业融资难、融资贵的问题，有力促进产融结合、产业链供应链畅通稳定，充分展现了国有企业的社会责任和使命担当。

【企业党建工作】 2022年，共享运营公司深入学习贯彻党的二十大精神，积极开展基层党建创新实践，基层党建“三基本”建设与“三基”工作有机融合，党建工作连续两年获集团公司考核A级。组织“讲好共享故事、砥砺奋进力量”系列活动，打造“周享快讯”等宣传新阵地，开展“转观念、勇担当、强管理、创一流”主题教育活动，共享影响力、发展凝聚力不断提升。把集团公司党组巡视作为改进工作、强化从严治党的重要契机，高质量完成巡视反馈问题整改；克服新冠肺炎疫情影响，实现党委巡察全覆盖。

【和谐企业建设】 2022年，共享运营公司多方协调资源，新冠肺炎疫情期间为员工发放应急物资13000余份，解决一批员工急难愁盼问题。规范健康体检管理，开展幸福生活大讲堂、心理健康讲座等活动，构筑员工身心健康屏障。党工团协同联动，组织参与集团公司创新大赛等活动，为员工施展才能搭建平台，营造共建共享的和谐发展局面。

（李　晶）

中国石油运输有限公司

【概况】 中国石油运输有限公司（简称运输公司）成立于1953年10月，前身是1952年8月整建制转业到石油工业部的石油工程第1师3团（原中国人民解放军第19军57师3团），是集团公司直属的大型专业化物流企业。主要为集团公司所属油田、炼化、销售、管道、燃气等企业提供专业化运输、石油石化产品配送及其他综合配套服务。具有道路运输经营、危险化学品经营、无船承运业务经营、对外经营者备案登记、海关进出口收发货人注册登记、石油化工工程施工总承包等经营资质，通过国家质量管理与质量保证体系认证，是行业内实力最强、规模最大的5A级公路运输物流企业。运输公司总部设在新疆乌鲁木齐市，截至2022年底，在全国31个省（自治区、直辖市）设有分公司，在全国地（市、县）级城市设立运输大队、配送中心（车队）、修理厂和后勤服务等生产经营三级机构488个。在哈萨克斯坦、土库曼斯坦、尼日尔3个国家设有分公司和项目部。运输公司主要业务包括油田运输（沙漠运输）、成品油配送（非油品配送）、化工与燃气运输、特种大件运输、国外与涉外运输、油田技术服务等。

2022年底，运输公司机关设13个职能部门，3个机关附属机构，48个生产经营和后勤服务二级单位。员工总数24486人，各种车辆17935台。

2022年，运输公司实现经营收入190.17亿元，同比增长6.7%，其中运输主业完成货运量1.42亿吨、货物周转量192.4亿吨·千米，分别同比提高8.83%、9.89%。

【经营成果】 2022年，运输公司落实运输物流和工程技术两个市场营销指导意见，深挖市场潜力，扩大市场空间，服务保障能力不断提升。拓展长庆油田、塔里木油田、青海油田、华北油田、吉林油田、南方勘探等油田运输增量市场。总包吐哈油田运输业务，介入西南油气田物资运输市场。成品油配送新增机构用户216个，开拓中国石化9省区、中国海油9省区运输市场。与中国航油集团通用航空发展有限公司（简称中航油）签订配送协议，拓展中航油重庆、陕西等省区市场。巩固炼化企业互供料和统销产品运输市场，与华南化工销售、东北化工销售、广西石化签订战略合作协议，推进燃气运输业务移交接管，创新开展合成树脂集装箱公铁联运业务，拓展中国船舶燃料有限责任公司运输市场。开拓西气东输三线、揭阳储库等项目运输市场，承揽广东石化大件运输业务，完成塔里木油田塔西南工程装置设备紧急抢运任务，拓展阿克纠宾油气田、阿姆河油气田原油、物资、车辆服务等市场，保障尼日尔项目物资运输等业务，开拓10家企业乘用车服务市场。持续拓展塔里木油田、青海油田零散天然气回收，开工复产长庆油田19座场站气井综合利用项目，开展危废固废处置，承建塔里木沙漠公路光伏改造项目。新增新疆油田、广东石化等基建工程市场，介入广西、山东、四川等省区外部市场。开拓大庆油田、吉林油田、南方勘探等油田二氧化碳运输市场，开拓北京、河北、四川等省区氢气运输市场，联合中国石油天然气销售公司昆仑能源有限公司开展氦气运输调研。

【管理提升】 2022年，运输公司聚焦“四精”要求，强化合规管理，提升运行效率，推进经营管理再上新台阶。开展“严肃财经纪律、依法合规经营”综合治理专项行动，强化财务大检查、内控测试、招标业务专项整治，整改问题98项。健全合规管理体系，编制管理手册和各部门合规职责清单、高风险岗位人员合规职责，压实合规管理责任。学习宣贯集团公司员工违规行为处理规定1092场次，完善制度28个。严格合同审查监督，优化推行8类49个标准合同文本。加大闲置运力调剂力度，盘活车辆320台。坚持调度生产日碰头会制度，及时解决问题163个。严控成品油外协车使用，自有车辆工作率达81%。深入推进车辆设备全生命周期管理，开展成品油车辆“四个严禁”专项整治活动，查改问题1363项。推广应用归检App，规范车辆归场检查，归检率96.1%。加强油气作业场所设备设施管理，组织现场检查7次，查改问题149项。落实领导干部分片包联机制和“十五条硬措施”，建立9类648项违章行为岗位防控责任清单，压实安全环保责任。修订8项制度标准，坚持月度例会制度，“一对一”约谈9家单位，确保油气公路配送3+21条及质量计量管理系列措施落到实处。推进车载液位仪安装应用，累计安装2748台。开展三级服务质量回访，解决各类问题853项。推进健康企业建设，11家单位顺利通过达标验收。加强职业病危害监测管理，累计对198个职业病危害场所开展全覆盖检测。

【开源节流降本增效】 2022年，运输公司坚持低成本发展战略，开展提质增效专项行动，增收9亿元、增效6900万元。加强“两金”管控，清收陈欠款865万元，存货金额降幅24%。统一集中处置废旧车辆和轮胎，增效4830万元。争取财税优惠政策，减税3210万元。规范业务外包、劳务派遣，减少用工232人，节约成本1500万元。狠抓“双低”治理，6个配送中心（车队）扭亏增盈，减少亏损单车135台。开展经济责任、工程结算和能耗管理专项审计，取得经济成果445万元。

【企业改革】 2022年，运输公司完成改革三年行动计划，完成改革三年行动66项重点任务。完成剥离企业办社会职能收尾工作，实现移交业务规范运行。推进法人清理处置，注销法人企业2家。持续优化组织机构，压减三级机构31个，员工总量同比减少952人。坚持“年度考核指标、月度考核工作”原则，加大二级单位日常考核通报力度。加快“中国石油物流服务平台”建设应用，搭建油田、成品油、化工品、客运出行4大业务体系，打通与财务共享系统在线结算渠道，对接化工销售物流、运政服务等系统，实现数据互通互联。编制油田、成品油、化工品3个“智慧物流服务解决方案”，推进平台在新疆、青海等6家油田和东北化工等6家化工单位及31家成品油配送单位上线，客运出行业务在北京、乌鲁木齐、西安、成都开展试点应用。获中国物流与采购联合会科技进步二等奖、中国企业联合会全国智慧企业建设创新案例。推动科技创新应用，自主研发车辆智能管理系统，上线车辆8600台，违章报警数量同比下降36.7%，中高风险报警数量环比下降28.4%。发挥中国石油车辆动态监控中心作用，全力做好11.3万台车辆监控管理。

【民生工程和社会责任】 2022年，运输公司落实“五位一体”帮扶机制，慰问困难人员126人，资助19名困难特困家庭子女上学，发放慰问金65.7万元。列支2592.32万元落实省部级劳模、离退休职工、家属工、有偿解除劳动合同人员等慰问帮扶和补贴补助工作。完成重病保障险全员投保工作，为2916名异地安置人员办理医保账户退付1873.87万元。开展“走基层、送清凉、保安全”慰问活动453场次，慰问5.5万余人次，金额271万元。发挥全国“一张网”优势，克服疫情反复、道路禁行、人员限行等困难，办理车辆通行证7500余张，完成2022年北京冬（残）奥会、党的二十大、进博会等国家重大活动，以及新疆军用物资、西藏资源紧急调拨、重庆山火、四川地震、浙江台风等特殊时期的油品配送保供任务，展示了中国石油良好形象。持续开展“访惠聚”驻村工作，全力做好10个村的帮扶，投入350万元开展扶贫项目8个，协助转移就业2113人，进一步巩固拓展了脱贫攻坚成果。常态化开展“民族团结一家亲”和民族团结联谊活动，走访各族群众家庭5649户次，宣讲教育2380场次，办实事好事637件，送去慰问品7364件。采购消费帮扶产品603万元，完成集团公司下达的任务指标。加强精神文明建设，获特级道路危险货物运输企业、最美货车司机等省部级及以上集体和个人荣誉50项。

【新冠肺炎疫情防控】 2022年，运输公司落实集团公司及地方政府防疫部署要求，制定实施六条措施和人员上岗“十不要”规定，建立日碰头会及重点单位视频巡检、风险提醒机制，压实“四方责任”。投入1837万元，采购防疫物资及药品，确保防疫所需。明确党员责任区1928个，成立党员示范岗、党员服务队和党员突击队1300个，为群众解决困难638项。运输公司各级党组织选派志愿者191人次，主动参与所在地政府抗疫工作，为全面打赢疫情阻击战作出贡献。

【企业党建工作】 2022年，运输公司落实第一议题制度，学习贯彻习近平总书记重要讲话、理论文章及对中国石油和中国石油相关工作的重要指示批示精神。强化意识形态管控，开展意识形态专项督查和清查清除有害敏感信息“回头看”，以及党员党性观念和纪律意识情况检查。认真学习宣传贯彻党的二十大精神，研究制定深入学习宣传贯彻党的二十大精神实施方案，对19项具体工作进行安排。严格执行“三重一大”决策制度，研究审定“三重一大”事项95项。组织召开公司制改制后第一次党代会，选举产生了运输公司第一届委员会和纪律检查委员会。修订完善运输公司落实全面从严治党主体责任清单和党建工作责任制考核评价实施办法。两级党委班子成员认真履行“一岗双责”，深入基层联系党建工作3058次，协调解决问题1231项。完成18家单位、32名党委书记和纪委书记，以及394个基层党支部书记集中述职考核评议工作。优化调整党支部93个，334个三级单位单独成立党支部。完成461个基层党支部换届选举工作，实现班子进支委全覆盖。为运输配送三级单位配备专职党支部书记或副书记54名。举办党支部书记暨党务工作者培训班4期、533人参加。严格规范发展党员程序和党费管理使用，开展党建业务自检自查工作，排查整改问题59项。组织开展“建功新时代，喜迎二十大”系列活动，讲授专题党课417场次，座谈交流734场次。两项党建课题研究成果获集团公司三等奖、优秀奖。持续推广应用集团公司党建信息化平台2.0，进一步完善运输公司“党建益友”平台功能，在线处理业务9800余次，运输公司党建信息化应用工作在集团公司及新疆维吾尔自治区均位居前列。对6家二级单位党委、机关党委和13个机关部门进行政治巡察，发现并整改各类问题336个。组织3300余名党员干部开展集中警示教育，对新提任的321名领导干部开展“六个一”廉洁从业教育。在运输公司微信公众号发布廉洁教育文章80余篇，节日前发送廉洁短信1.6万余条，督导各单位制作廉洁文化展板611幅，实现廉洁教育常态长效。持续优化二级单位领导班子的年龄、学历和专业结构，提拔的二级正副职干部80后占比48%。加大干部交流力度，交流任职70人次。推进落实运输主业单位“一把手”夜间值守制度，促进履职尽责。制定出台《关于加强和改进管理人员考核退出工作实施方案》。践行“两走”工作法，累计协调解决各类问题3.25万个。开展“转观念、勇担当、强管理、创一流”主题教育。对14848名驾驶员进行思想状况问卷调查，围绕提出的13类问题制定工作措施。开展思想政治工作理论研究，两篇政研成果分获集团公司二等奖、三等奖。在中央及地方主流媒体刊发宣传报道186篇、同比增长11%，在《中国石油报》等刊发稿件427篇、同比增长6%，在内部全媒体阵地刊发播发典型经验、先进做法、人物事迹等新闻信息6413篇。完成运输公司信息门户系统（内部门户2.0）升级改造并正式上线运行。青海分公司LNG槽罐车驾驶员郑有录“天路送气人”的先进事迹和“坐上‘气’车去拉萨”系列报道的运输公司青藏线运气车队的感人故事在央视播出。编制《运输公司企业文化引领实施方案》，以及运输公司“两走”案例集、宣传册等文化产品。弘扬石油精神和“拖不垮、打不烂的石油运输野战军”精神，形成抓平时、抓重点、抓关键、抓应急的“四抓”安全管理工作方法和“上岗怕死、行动守规”的思想共识。

（殷　佳）

中国华油集团有限公司

【概况】 中国华油集团有限公司（简称华油集团）是2017年由原华油集团和北京华油服务总公司组建成立的专业化后勤服务保障企业，主要业务包括行政服务、酒店商旅、物业管理、餐饮服务、海外后勤，涉及商贸物流、油气合作、地产开发等，托管华昌置业、海峡投资、海峡能源、海峡基金、宝石花医疗。2022年，华油集团营业收入62亿元，同比增加12亿元，增长24%；利润总额5.17亿元，同比增加1亿元，增长26%；按照集团公司管理口径，实现营业收入67亿元，利润总额7.88亿元，上缴税费6.78亿元，超额完成集团公司下达的考核目标，创重组以来最好经营业绩。

【开拓市场】 2022年，华油集团贯彻集团公司“二十四字”营销方针，划分领导班子市场开发“责任区”，发挥2022年北京冬奥会服务品牌价值，开创市场营销一体化新格局。战略层面，突出开发重要市场重点项目，推进战略合作单位潜在市场开发；发挥华油集团整体优势，探索现代营销新模式，统筹谋划新媒体营销，举办网络营销直播大赛，推动营销理念和模式创新。业务层面，酒店业务在石油商旅的支持下，与四川遂宁东旭酒店签订合作协议，迈出品牌输出新步伐。物业餐饮业务新承接项目120个，新增物业面积64.85万平方米；新增配餐人数近1.35万人，配餐规模超8万人，市场开发数量和质量达到重组以来新高度。国际业务面对复杂国际环境，推动新市场开发，拓展国际票务业务，拿下中亚北特努瓦油田综合后勤服务等8个新项目。区域层面，北京物业分公司承接北京大学第一医院后勤服务保障工作，成功挺进高端医疗后勤物业领域。西北分公司在青海油田、长庆油田取得多个新项目，油田市场进一步打开局面。华东分公司“蚂蚁啃骨头”取得实效，中标中国石化上海海洋局基地服务项目，物业配餐业务拓展到江苏、浙江两省大部分地级市。东北、华北、华东、华南四区域整合力量，全面承接东北销售本部及各地分支机构物业餐饮服务，华油集团多家区域公司首次跨区联合作战，为一体化营销打造了示范样本。

【提质增效】 2022年，华油集团制订实施42项具体措施，启动50余项课题研究，全年实现增效10648万元，目标完成率175%。立足管理提升，有序开展制度建设和流程优化1016项，减少冗余环节975个。

多措并举保效益。启动对基层项目部的三年效益达标行动，存量项目效益大幅改善；资金创效同比增加3300万元；用足国家财税优惠政策，退、减、免税4819万元。制定成本效益台账，实现项目全成本核算；完成北京区域大宗食材带量集采，试点推进北京区域专业工程共享，“两降两升”举措在海外各区域有效落实。

法人压减提质量。严格落实集团公司政策要求，将亏损治理、法人压减、参股股权清理同步推进，海南培训中心完成更名，北戴河阳光酒店专项整改措施落地，华油实业开发有限公司小股比企业清理退出完成阶段目标，压减北京阳光出租汽车有限公司、宜兴荣华大酒店有限公司等五家法人，完成集团公司考核任务。

立足实际促成效。各专业公司、区域公司立足自身实际，深入市场调研，找准着力方向，取得丰硕成果。阳光餐饮公司深入推进所属分公司项目制改革，探索“供应链+门店”业务模式，中央厨房实现北京区域各餐厅肉类及面制品集中配送，标准化水平持续进步。油气业务推进产建部署、施工作业、生产组织

“三个优化”，完成原油产量41.63万吨，超产上万吨，原油产量、收入、利润均创历史最好水平。

【企业改革】 2022年，华油集团在深化改革上超前部署、系统推进，各项改革取得新突破。在巩固前期成果基础上，聚焦难点问题，攻坚啃硬，按期完成国企改革三年行动。完善领导体制、机关服务中心管理体制。三项制度改革、两项量化指标在集团公司考核评比中位列支持服务板块第一名。迎难而上、多方协调，推动北京华油科隆科技开发有限公司确权工作，最终完成厂办大集体改革。配合集团公司与中国通用技术（集团）控股有限责任公司、相关交易方签署一揽子协议，平稳完成宝石花医疗深化改革，移交海峡系列企业管理权，相关工作被国务院国资委誉为“中央企业专业化整合的重要成果”并写入集团公司工作会主题报告。

【企业治理】 2022年，华油集团坚持战略引领，开展各专业、专项规划研究，完成华油集团中长期发展规划编制，勾勒高质量发展蓝图。

人才强企工程有序推进。开展“人才强企工程推进年”活动，实施“八大人才重点工程”。坚持党管干部、党管人才，严把政治标准，注重德才兼备，突出作风锤炼和基层锻炼，打造“三强”干部队伍。坚持国有企业领导人员“二十字标准”，用好各年龄段干部，加大中青年干部培养使用力度，推动优秀年轻干部双向挂职交流，华油集团40岁左右二级正副职干部达到相应层级总数的28%，二级正职达到相应层级总数的14%；35岁左右的项目部班子成员数达到相应层级总数的24%，项目部正职达到相应层级总数的25%，提前完成两个“1/5”和两个“1/8”任务目标。举办中青年干部、经营管理骨干、国际化后备人才等专业培训，建立项目经理培训体系，开展中层领导人员党性教育，举办“华油大讲堂”，实施“青年马克思主义者培养工程”“青年精神素养提升工程”，华油集团干部和人才队伍素质显著提升。发布专业技术岗位工种目录，印发职业技能等级认定管理办法，建立经营管理和专业技术岗位序列体系，完善岗位序列配套转换制度，进一步打通人才发展通道。

构建法治示范企业。华油集团落实集团公司“四个坚持”兴企方略和“四化”治企准则，狠抓“合规管理强化年”活动、综合治理专项行动，推进“控风险、堵漏洞、抓整改、强管理”专项工作，完成任期3年以上领导干部审计全覆盖，对合规管理、巡视巡察、审计、财务检查、内控测试发现问题，持续跟踪整改，进一步堵塞管理中存在的风险漏洞。推进长期、大额外部应收账款清收，追回不良债款2906万元。推进长期积压酒水库存清理，有效处置了一批历史遗留问题。推进业财融合，包括国内外的酒店、物业、餐饮项目在内的财务数据首次实现按业态精准分类核算。赋予专业板块17项专业化管理职责，推广应用对标改进提升系统，推动板块聚焦专业、强化管理。

压紧压实安全生产责任。开展安全生产专项整治三年行动，一体推进QHSE审核与安全生产大检查活动，狠抓燃气用电、食品卫生、油气生产等重点领域安全隐患排查整治，查改问题3169项，实现重大风险隐患受控可控。发布的职业卫生和员工健康理念日益深入人心，获集团公司“2022年度质量健康安全环保节能先进企业”称号。

【服务石油】 2022年，华油集团将品牌、标准化建设作为服务提升的重要抓手，推动阳光视觉识别系统Ⅵ落地，深化“阳光鲜生”“阳光小新”等子品牌建设，在酒店、物业、餐饮等业务全面推广标准化服务，通过4A级标良企业评审，建设标准示范岗，推出团餐“地道＋特色菜品”、推广冬奥特色菜谱，建立“酒店标准化早餐”“客房六小件”等酒店标准，阳光服务向品牌化、标准化方向持续迈进。机关服务中心在对集团公司总部服务实现契约化运行基础上，做专做精总部服务。全年传递机要文件1.7万件，做到零差错、零失误、零误点。车辆服务安全行驶59万千米。开展石油大厦服务网建设，实现访客登记、办公采购、公积金服务等8项业务线上办理，集团公司值班电话实现全网可视化，越洋加密视频通话取得成功，对集团公司总部行政服务质量和信息化水平实现新提升。石油幼儿园丰和分园通过朝阳区教委验收，取得办园资质。保租房建设专项工作有力推进，首批空置房屋改造顺利实施。科技开发公司着眼盘活科技园存量土地资源，推进A19地块建设，当年开工、当年主体结构封顶。

【企业成果】 2022年，华油集团坚持以人为本、员工至上，企业发展成果进一步惠及员工、惠及社会。在企业经济效益增长的同时，对创效显著、工作突出的单位和个人加大表彰奖励力度，员工收入连续五年正增长。开展“我为员工群众办实事”实践活动，从改进工作作风、提升服务质量、增进民生福祉等事项入手，用心用情为员工群众办实事、解难事。走访慰问幼儿教育、油气生产等一线单位，有针对性地做好疫情致困、海外员工、离退休等困难群体的精准帮扶。减免中小微企业租金8200万元，占集团公司减免总额的16%，采购、助销扶贫产品1375万元，为助力乡村振兴贡献了华油力量。

【双奥及高访团组服务】 2022年，华油集团以“零差错、零失误、零疫情”的出色表现，完成2022年北京冬奥会、冬残奥会服务保障任务，创造了良好的经济效益和品牌效益。客房餐饮服务获冬奥组委高度肯定，中华美食成为一大亮点，新冠肺炎疫情防控经验被中共中央办公厅关注。华油集团受到中央、北京市、冬奥组委、集团公司的表彰和肯定，先后获中华全国总工会“工人先锋号”，北京市、集团公司“冬奥服务保障先进集体”等荣誉称号，实现了习近平总书记“提高精准化、精细化管理和服务水平，打造安全、温馨、舒适的运动员之家”指示要求，向世界展示了“中国速度、中国效率”，提供了“中国范本”。

完成党和国家领导人出访哈萨克斯坦、在俄罗斯外事活动、亚信峰会期间的高访团组服务；承接中央企业系统（在京）党代会、中央巡视干部培训班、土库曼斯坦团组访华、第五届中国国际进口博览会石油团组接待等高级别服务；受集团公司委托建设运营中国石油海南区域总部基地，为中国石油新能源研究院提供办公、住宿、餐饮一体化服务，承担保租房建设管理等重要任务，进一步提升了支撑石油主业的服务能力，擦亮了阳光品牌，彰显了华油风采。

【新冠肺炎疫情防控】 2022年，华油集团严格落实新冠肺炎疫情防控常态化措施、国务院“二十条”“新十条”等优化措施，在京酒店关键时刻承担集团公司总部员工封闭住宿任务，西安、甘肃、拉萨、三亚等酒店配合政府接待海外归国、防疫医疗、东奥志愿者等隔离人员近9万人次。各物业单位持续奋战抗疫一线，为集团公司总部及在京单位提供核酸检测超过35万人次，配送盒饭200万份。承接“10・26”专项工作，包机15架次，接返中国石油海外员工2800余人次。国家新冠肺炎疫情防控政策调整以来，认真应对疫情冲击、做好后勤服务保障，及时配发抗原试剂和各类药品，科学、安全、平稳推动涉疫单位复工复产，最大限度保障了员工的生命和健康。

【企业党建工作】 2022年，按照中央、集团公司党组统一部署，华油集团党委以高度的政治自觉、思想自觉、行动自觉，通过“第一议题”、中心组学习、党委书记讲党课、集中宣讲、党建联系点交流座谈、高质量发展研讨会等多种形式，分层次、全覆盖、高标准、高质量开展党的二十大精神学习宣讲和贯彻工作。进一步压实党委全面从严治党主体责任、党委书记第一责任人责任，狠抓党委决策部署督办落实。严格落实基层党建责任制，创新党建与生产经营工作融合的方式方法，各级党组织有效落实“三基本”建设与“三基”工作的有机融合，取得成效。深入推进党风廉政建设和反腐败斗争，聚焦服务2022年北京冬奥会、新冠肺炎疫情防控、提质增效、A19地块建设等重点领域和重大项目强化监督，以强有力监督倒逼责任落实。推动业务监督、职能监督和专职监督“三道防线”贯通协同，“大监督”作用更加凸显。在党的十九大以来政治生态满意度调查中，干部员工对华油集团政治生态满意度98.87%，风清气正的良好政治生态持续巩固深化。华油集团深入学习宣传贯彻党的二十大精神，推动党史学习教育常态化长效化，开展“转观念、勇担当、强管理、创一流”主题教育活动，召开第三次党员代表大会，全体干部员工坚持立足“两个大局”，心怀“国之大者”，增强“四个意识”，坚定“四个自信”，捍卫“两个确立”，践行“两个维护”，党的领导全面加强，党建水平不断提高，在集团公司党建责任制考核中首次获A+级。

【宣传宣讲】 2022年，华油集团庆祝重组五周年，出版《华章日新——华油集团重组五周年改革发展纪实》，发布《阳光文化手册》，建立员工文化园地，开展重组五周年书画篆刻摄影展，企业文化建设迈出重要一步。发挥群团作用，加强统战工作，做好党的二十大舆情管理，实现全年负面舆情零记录。围绕冬奥服务、喜迎二十大等重大活动和任务，在内外媒体加大宣传力度，发稿量同比增长360%，多层次、多角度展示了阳光文化、华油风采。

（李昕颖）

中国石油学会

【概况】 中国石油学会（简称石油学会）创立于1978年，是学术性法人社团组织。业务范围包括学术交流、科学普及、编辑出版、成果转化、科技服务、咨询培训、人才举荐等。办事机构秘书处设在集团公司。2022年12月1日，集团公司党组机构编制委员会办公室发文调整石油学会秘书处机构编制，内设机构由5个调整为4个，人员编制调整为23人。2022年，石油学会聚焦石油石化行业发展需要，锚定“四个服务”职责定位，坚持学术交流支撑原始创新，期刊出版强化示范引领，科普工作突出创新发展，各项管理更加规范有序，党的建设持续加强，年度考核指标全面完成，开创石油学会高质量发展新局面。

【服务创新型国家和社会建设】 2022年，石油学会发布团体标准T/CPSI 01301—2022《油气井用高抗挤套管》，被西南油气田等单位列入钻井设计参考，在研标准项目22项，涵盖材料与装备、炼油与化工、新能源、低碳环保、计量与储运、勘探开发6大领域、26个门类，获中国标准化协会“企业标准化良好行为正式评价机构”资质。

完善石油学会智库建设，新增石油环保、石油标准化2个专业，全年邀请入库院士专家57人，智库专家人数达219人，转载发布智库专家观点文章9篇，申报中国科协科技群团智库成果采集项目获审批通过。

举办第十二届中国石油工程设计大赛、第七届全国大学生油气储运工程设计大赛，开展全国石油管材螺纹检测人员资格鉴定与认证、油气管道完整性管理技术、科研论文写作技巧在线讲座等专业培训5场，培训人数1326人次。

【学会建设】 2022年，石油学会发展个人会员137人，接纳中国石油大学（华东）、东北石油大学为单位会员，单位会员数量达到8个。完成石油物探专业委员会、石油科技装备专业委员会2个分支机构换届，成立4个新设分支机构筹备委员会并开展工作。召开常务理事会议，接受副理事长兼秘书长于明祥、副理事长刘中云辞职申请，选举徐凤银为副理事长兼秘书长人选并报中国科学技术协会审批。制定《中国石油学会会士条例》《中国石油学会会士评选工作实施办法》《中国石油学会宣传工作管理办法》《中国石油学会落实意识形态责任制舆情监测风险应急预案》《中国石油学会火灾处置疏散应急预案》《中国石油学会突发新冠肺炎疫情事件应急处置预案》《中国石油学会员工休假管理办法（试行）》《中国石油学会员工子女医药费报销有关规定（试行）》等规章制度，执行《中国石油学会“严肃财经纪律、依法合规经营”综合治理专项行动实施方案》和年度收支预算，组织《中华人民共和国反垄断法》依法合规管理、履职能力提升学习和保密教育，实施中国科学技术协会中国特色一流学会（特色创新学会）建设项目。与中国石油国家双创示范基地座谈交流，就推动石油学会数智化建设、对外宣传、成果转化、科技服务等工作达成共识。石油学会被评为中国科学技术协会年度财务数据汇总工作优秀单位、综合统计调查工作优秀单位、2022卷《中国科学技术协会年鉴》优秀组织单位，获集团公司巾帼建功先进个人、优秀工会工作者、“十三五”财务工作先进个人各1名。

【学术期刊】 2022年，石油学会《石油学报》核心影响因子3.806，核心总被引频次5908，在石油天然气工程类科学技术期刊中总被引频次仍名列第一，入选“2022中国精品期刊展”。出版《页岩油气勘探开发技术论文专辑》，完成“中国科技期刊卓越行动计划”项目（梯队期刊）建设，制定执行学术不端行为认定与处理办法，严肃处理学术不端案例，获“中国科协全国学会期刊出版管理规范单位”称号。刊发的《渤海湾盆地渤中凹陷大气田形成条件与勘探方向》入选第七届中国科协全国百篇优秀科技论文。

《石油学报（石油加工）》作为石油化工领域唯一Ei核心期刊，出版《烃资源评价加工与利用》专刊文章28篇，下载2696次，被引19次。组织41家单位50名学者成立首届青年编辑委员会，举办青年学术研讨会，视频累计收看1.17万次。

《Petroleum Research》在Scopus数据库中CiteScore 3.3，比上年提高0.1；位列全球地质期刊分类第86位（共273种），比上年提升33位，学术影响力显著提升。

【国际学术会议和国际交往】 2022年7月12日，石油学会标准化工作委员会与IHS Global Inc（IHS）在北京签署谅解备忘录，双方建立战略合作关系，推动中国能源行业团体标准走出去。9月8日，与美国石油学会（API）视频连线举行谅解备忘录签约仪式，双方在团体标准领域深入合作，共同推动标准在未来全球油气产业和低碳能源发展中发挥支撑引领作用。

10月18日，石油学会采用线上视频形式与日本石油能源技术中心（JPEC）和韩国石油管理院（Kpetro）联合召开中日韩炼油技术研讨会，参会代表192人（外方132人）。会议围绕“炼厂的‘碳中和’：战略与技术”主题，交流主旨报告3篇和技术报告9篇，内容涉及炼油工业面临的问题与对策、能源政策与节能减排形势、炼油技术、油品质量、CO_2捕集与利用等。

【国内学术会议】 2022年，石油学会及分支机构组织召开“沉积盆地深层油气资源勘探领域与富集理论”高层次专家研讨会、第二十二届测井年会、第九届化学驱提高采收率技术年会、中国油气田与长输管道无人值守站建设技术交流会、开发领域集输专业技术交流会、中国非常规油气开采关键技术与装备交流会、全国油气探明储量国情调查技术研讨会，以及中国石油石化行业减污降碳技术高端论坛、稠油高效开发技术学术论坛等各类重点学术会议63次，参加人数179107人次，交流论文和报告9890篇，出版论文集3部。中日韩炼油技术研讨会、中俄测井国际学术研讨会、中国石油物探学术年会、国际油气勘探技术大会、复杂油气工程科技创新论坛、全国有机地球化学学术会议、中国石油石化企业信息技术交流大会、全国石油经济学术年会8个学术会议获中国科学技术协会《重要学术会议指南（2022）》收录证书。

【科普活动】 2022年，石油学会围绕全国科技活动周、全国科技工作者日、全国科普日组织2个分支机构、3个科普教育基地和7个地方学会，开展“探秘石油天然气之云游实验室”等科普活动32项，受众超过500万人次。其中，《油气简史》科普领读活动和科普访谈“探秘沉积之旅——大地之树”视频直播被评为全国科普日优秀活动。在“科普中国”科普号、中国石油门户网站、石油知识公众号发布科普文章509篇。推荐大庆油田勘探开发研究院“三超”文化展厅、中国石化洛阳工程有限公司“榜样的力量——时代楷模陈俊武陈列室”入选2022年度科学家精神教育基地，胜利油田科技展览中心、大庆石油科技馆、克拉玛依黑油山景区被认定为全国科普教育基地。石油学会获中国科学技术协会全国学会科普工作优秀单位、全国科技工作者日活动优秀组织单位、全国科普日活动优秀组织单位。

【优秀科技工作者表彰举荐】 2022年，石油学会组织遴选推荐全国最美科技工作者2人，百岁中国科学院院士、第三世界科学院院士李德生当选。推荐第一届中国科技青年论坛候选论文9篇，中国石化石油化工科学研究院高级工程师李愿来论文《不畏艰辛、迎难而上——专有控制系统“黑匣子”从无到有、从有到优的实践之路》获二等奖。推荐入选中国科学技术协会科技人才奖项评审专家29人、海智计划特聘专家3人。

制定执行《中国石油学会青年人才托举工程项目管理办法》，对入选中国科学技术协会“青年人才托举工程”项目3名被托举人[中国石油大学（华东）讲师宋文辉、中国石油大学（北京）副教授杨睿月（女）、中国石油化工股份有限公司石油化工科学研究院高级工程师王辉]进行托举培养并推荐到学术会议专题报告和国际组织任职。

【党建强会】 2022年，石油学会党组织制定落实“第一议题”制度，深入学习贯彻习近平总书记对中国石油和中国石油相关工作重要指示批示精神和党的二十大精神，以视频形式召开党的二十大精神、中央经济工作会议精神专题研讨会，研究部署宣传贯彻举措。编制《中国石油学会学习宣传贯彻党的二十大精神实施方案》《中国石油学会关于贯彻落实中央八项规定精神的实施细则（2022年修订）》《中国石油学会落实意识形态责任制实施办法》，印发领导干部禁业范围、前置研究讨论重大经营管理事项清单，履行全面从严治党主体责任。秘书处党支部贯彻落实党的基层组织工作条例，规范支部建设，制定年度学习计划，召开专题组织生活会，严格执行“三会一课”制度，逐级签订党风廉政建设责任书，定期开展警示教育宣传，配合完成常规巡视，针对巡视反馈8类22个问题，制定整改措施37项，建立长效机制32项。全年组织召开党委会议2次、支委会议11次，党员大会6次，专题党课、党员学习讨论会3次。

（邹　刚）

中国石油企业协会

【概况】 中国石油企业协会（简称石油企协）成立于1984年，原名中国石油企业管理协会，成立初期分别挂靠在石油工业部、中国石油天然气总公司和集团公司企业管理司、发展研究部、政策研究室等部门开展工作。2004年9月，更名为中国石油企业协会，是国家民政部批准的社会团体法人。2006年1月，集团公司决定，石油企协从集团公司发展研究部划出，挂靠集团公司管理，人事劳资关系由人事劳资部管理，财务资产由财务资产部管理，党、团、工会组织关系由直属机关党委管理。2020年6月，石油企协党支部党员组织关系划转至中国石油和化学工业联合会党委，与党关系同时划转的中国体育协会党员组成联合会党支部，接受集团公司党群工作部及中国石油和化学工业联合会党委双重管理。石油企协业务范围包括：专业交流、书刊编辑、国际合作、业务培训、咨询服务等。办公地址在北京市西城区六铺炕街6号。

截至2022年12月，石油企协设部室3个：办公室（秘书处、人事处、会员联络部、财务部）、企业工作部（咨询研究部、培训部）、《中国石油企业》杂志社（融媒体中心），均为二级一类。在册员工12人，其中专职副会长1人、处级人员3人，大专以上学历和中高级职称均为12人，其中副高级职称7人、中级职称5人，内部退养2人。下设海洋石油分会、公路运输分会、法律工作分会、油气储运工程分会、档案与史志专业委员会、编辑出版与展览专业委员会、QHSE专业委员会和党建与企业文化专业委员会8个分支机构。来自中国石油、中国石化、中国海油、中国化工、延长石油等企业的会员单位195个。

2022年，面对严峻复杂的外部环境和新冠肺炎疫情严重冲击，石油企协在集团公司的领导下，坚持以习近平新时代中国特色社会主义思想为指导，推进党的建设全面加强，改革创新不断深入，"三个维度服务"水平大幅提升，平台优势进一步凸显，协会影响力、感召力、塑造力显著提高，高质量完成全年既定目标任务，协会事业步入发展快车道，彰显了石油企协持续生发的旺盛生机与活力。

【"三个维度服务"工作】 2022年，石油企协坚持把"服务国家、服务行业、服务企业"作为协会的工作中心。"三审"工作再上新台阶。通过组织专家深入企业指导成果申报，举办专题培训研讨班，召开企业座谈会听取意见建议，开发更新管理程序等一系列举措，有效提高了"三审"工作质量和吸引力。2022年，会员企业申报成果456项，审定优秀成果318项；申报论文1348篇，审定优秀论文901篇；申报著作41部，审定优秀著作32部，三项成果申报数量为历年最高。这表明"三审"影响力逐年扩大，受到越来越多企业的关注与认可。2022年7月，石油企协遴选推荐9家企业参加"2021全国健康企业建设特色案例"评选，辽河油田、兰州石化、川庆钻探等8家企业成功入选。

融媒体发展凸显新优势。加强新时代舆论宣传工作，评选发布"2022年度中国石油行业十大新闻"，《中国石油油气产量当量创历史新高》《我国油气勘探开发取得一批重大成果》等新闻受到广泛关注。在央视频、抖音、今日头条、澎湃新闻创办"中国油视频"矩阵，每日定点推送新闻资讯，展示企业风采。发布《大国工匠》《凡人不凡》《冬奥探班》等专栏信息1700余条。聚焦习近平总书记关于"能源的饭碗必须端在自己手里"的重要指示精神，围绕弘扬石油精神、履行"三大责任"、创建世界一流示范企业等主题，组织了首届全国石油石化行业微影视大赛，收到作品1400余部，展播1100余部，多部作品浏览量突破40万人次。坚持"政治家办刊"，加强《中国石油企业》杂志的策划采编工作，完成20名院士的高端访谈，为集团公司高质量发展建言献策。

咨政建言实现新提升。聚焦国家能源发展战略和行业政策研究，向政府部门和行业企业提供意见和建议。先后完成国务院国资委《能源化工企业产业兴疆对策研究报告》、中国石油国家高端智库《中央企业巩固拓展脱贫攻坚成果同乡村振兴有效衔接工作建议研究报告》、国家管网集团《国家重大工程联合党建创新与实践》等一批重点研究课题，组织有关企业参与生态环境部《排污单位污染物排放口二维码标识技术规范》修订和《矿产节约综合利用先进适用技术目录》更新等工作，发挥了行业协会的服务协调作用。

《蓝皮书》编研取得新进展。聚焦产业转型与能源安全，发布《中国低碳经济研究报告蓝皮书》《中国油气产业发展分析与展望报告蓝皮书》，为推进石油石化行业"负碳"建设，实施碳达峰、碳中和作出贡献。同时，启动《中国成品油与新能源市场分析与发展报告蓝皮书》《中国天然气产业发展研究报告蓝皮书》编研工作，完善拓展书目种类，形成覆盖行业领域的中国油气产业发展系列《蓝皮书》。此外，石油企协联合中国石油大学（北京），立足全球绿色低碳转型背景，编纂了《石油石化企业员工碳达峰碳中和知识读物》，全面阐述石油石化产业链相关业务主要碳源及减排潜力。

专业论坛取得新成绩。2022年9月，石油企协与中国能源研究会在国家会议中心召开2022能源产业创新发展与品牌建设年会暨首届能源产业创新博览会。会议作为2022年中国国际服务贸易交易会的重要组成部分，重点围绕能源"十四五"规划落实，后疫情时代能源产业安全，以及能源产业品牌评价和品牌建设等方面进行探讨。论坛采用"线上+线下"方式联动直播，中国石油、中国石化、中国海油、国家管网集团等企业代表在现场参加会议，38万人在线上聆听院士专家讲座，成为服贸会期间的一大亮点。人民网、新华网、环球网、中国日报、光明日报、经济参考报等20余家媒体报道会议情况。

培训研讨工作拓展新领域。聚焦行业前沿，石油企协举办了"石油石化信息安全职业能力""石油石化设备检维修及设备故障诊断""石油石化碳减排管理员"等多场线上培训和专业研讨，参会人数1000余人，为后疫情时代企业学习与交流提供了新模式。

【内部治理及自身建设】 2022年，石油企协坚持业务建设，规范化运作能力进一步增强。进一步完善顶层设计。一方面，全力推进“十四五”规划落地实施，将规划中85%的任务目标分解落实到2022年重点工作中，按照“定时间表、定路线图、定责任人、定工作量”的要求，全力推进工作进度，规划落地取得积极进展。另一方面，完善分支机构设点布局，成立中国石油企业协会QHSE专业委员会，中国石油、中国石化、中国海油、国家管网集团、通用技术宝石花医疗成为首批成员单位；筹备组建石油石化行业新能源专业委员会、绿色低碳发展专业委员会、人力资源服务专业委员会等分支机构，优化内部资源配置效率，进一步提高分支机构布局的科学性、合理性、有序性。

做好巡视“后半篇”文章。在深入剖析、理清思路、明确任务的基础上，对集团公司党组巡视组查找的四方面七类19个问题，逐一明确牵头部门、工作目标和完成时限。2022年，协会研究制定的54条整改措施全部落实到位。下一步，将持续跟踪问效，努力把巡视整改成果转化为推动石油企协高质量发展新成效。

推进制度建设。持续规章制度动态优化机制建设，进一步开展制度内在逻辑、边界职责、关键环节的梳理，加快构建内容科学、系统完备、运行有效的制度体系。2022年，全面开展规章制度清理优化、制度体系分层对接等工作，制定完善了《贯彻落实中央八项规定精神实施细则（2022年修订）》《规范领导干部操办婚丧喜庆事宜的实施细则》《党支部党务公开实施细则》等规章制度，为协会规范化运作提供制度保障，切实提升了石油企协现代化治理的能力。

全方位推进依法依规治会。2022年，石油企协进一步优化合同管理流程，对近两年来合同流程的完备性、合规性，以及执行情况进行检查，进一步规范了《合作框架协议》《咨询服务合同》等审查管理程序。同时，严格财务管理，对石油企协和《中国石油企业》杂志社成立以来的财务票据档案进行清查，做到会计资料内容真实、数据准确、账目完整。2022年7月，国家民政部指定会计师事务所对石油企协进行审计，审计单位出具无保留意见的审计报告。

加快实施“人才强会工程”。2022年，石油企协探索市场化契约化选人用人机制，研究价值导向考核评价机制，统筹内外两类资源，推动骨干梯次配备和队伍结构动态优化，组织老员工与3名新入职员工签订帮扶协议，引导激励青年员工“弘扬石油精神，岗位建功立业”。同时，制定《表彰奖励管理办法》，采取平时激励与专项表彰奖励相结合方式，完善员工业绩考核评价体系，将A+与B档分配差距由15%拉大至20%，发挥考核激励作用。

开展新冠肺炎疫情防控工作。严格按照上级组织和属地新冠肺炎疫情防控要求，建立防控组织机构，制定防控分级管控方案，加强员工进出京管理，贴心发放防疫物资，及时通报新冠肺炎疫情最新动态，形成日常性、常态化疫情防控工作格局。

【党的建设】 2022年，石油企协坚持党建引领，政治建设成效显著。深入学习，坚持理论强党。石油企协印发了《深入学习贯彻习近平总书记重要指示批示精神落实机制》《党员学习教育管理实施办法》《加强党的政治建设十项措施》等制度文件，以“严细深实快”的作风，第一时间深入学习贯彻党的二十大和中央经济工作会议精神，跟进学习习近平总书记的重要指示批示精神、最新重要讲话精神，以及集团公司党组的重要工作部署。全年党支部组织集体学习20次，其中“第一议题”学习18次，做到了中央重要会议精神第一时间传达，党内法规和重要文件第一时间研读。与此同时，推行“党建工作月报”，编制“党员学习动态表”“三会一课情况表”，全面提升党支部标准化、规范化建设水平。此外，扎实开展党史学习教育活动，开展“我心永向党”红色教育和党员责任区、党员示范岗活动，组织全体职工参加“石油史”专题讲座，参观“中国共产党党史展览馆”和“一二·九运动”红色教育基地，组织党员干部讲党课4次，举办主题党日活动和专题研讨12次。

严格落实从严治党“两个责任”，落实党支部参与重大问题前置程序。石油企协构建“支部领导、‘堡垒’攻坚、部门联动、全员参与、密切协同”工作机制，建立“党支部落实全面从严治党责任清单”，全面落实党支部第一责任人责任和支委“一岗双责”制度，将政治监督纳入全面从严治党检查考核体系，通过召开支委会、专题工作会，研究解决从严治党重大议题。在坚持党的领导，践行“社会主义核心价值观”基础上，严格落实党支部参与重大问题前置程序，制定《党支部委员会议事规范》《党建工作责任制考评实施办法》等文件，细化梳理“三重一大”实施细则，优化完善决策清单、决策台账和决策流程，规范党支部、理事会、会员（代表）大会各司其职的治理机制。全年召开支委会16次，研究重要事项54项。

加强作风建设，领导干部的服务意识不断增强。2022年，石油企协严格落实党风廉政建设制度和领导干部廉洁从业规定，党支部层层签订18份党风廉政建设责任书，签订率100%。组织观看廉政教育警示片，深入剖析严重违纪违法案件典型特征，将办案成果转化为风险防控的实效。制定贯彻执行八项规定精神实施细则，对改进调查研究、改进新闻报道、严控会议活动、厉行勤俭节约提出明确规定，使中央八项规定精神内化为员工的行为习惯。此外，结合“转观念、勇担当、强管理、创一流”主题教育活动，以抓作风建设为重点，着力整治“怕、慢、庸、散”的问题，在党员中开展“四为”岗位讲述、“岗位建功新时代”活动，建立10个党员责任区、3个党员示范岗。石油企协上下转变作风的常态化机制已初步建立、党员干部宗旨意识不断增强、履职尽责、彰显担当的干事氛围更加浓厚。

（刘静文）

资本金融板块

中油财务有限责任公司

【概况】 中油财务有限责任公司（简称中油财务）成立于1995年12月，是由集团公司发起设立，经中国人民银行批准，在国家工商行政管理总局注册成立的一家非银行金融机构，是全国银行间债券市场、中国外汇交易中心会员，是中国证监会认可的首批IPO询价对象。作为集团公司的“内部银行”，中油财务始终坚持“依托集团、服务主业”，切实履行集团公司资金归集、资金结算、资金监控和金融服务“四大平台”职能，通过北京总部、4个境内分公司和中国香港、迪拜、新加坡3个境外子公司，全力加强集团公司资金集中管理，提高集团公司资金使用效率，坚守产业金融定位，高质量服务集团公司主责主业，核心指标长期位居行业首位，人均创效在行业和集团公司内领先，为集团公司全面建成基业长青的世界一流综合性国际能源公司发挥作用。

2022年，中油财务实现净利润63.1亿元，经济增加值23.3亿元，净资产收益率7.9%，表内资产总额5283亿元，分别完成年度预算100.7%、103.4%、101.2%、107.0%，为成员企业累计节约财务费用11.1亿元。各类指标均符合监管要求，较好完成全年任务目标。中油财务蝉联中国外汇交易中心“银行间人民币外汇市场100强”、中央国债登记结算公司“自营结算100强”称号，首次获上海票据交易所“优秀综合业务机构”称号，并作为唯一上榜的财务公司获银行间市场清算所颁发的“优秀结算业务参与者”奖项等。

【市场营销】 2022年，中油财务构建联动市场营销体系，服务主责主业更加深入有序。首次推行客户经理制，多层次密集实地拜访，先后与30家在京重要客户达成几十项合作意向。建立与集团公司、股份公司财务部联席例会机制，争取总部政策支持。创新推行线上客户营销会模式，开展货币类衍生业务、票据与信贷业务等多场推介会。进一步加强产品开发力度，推出“储气贷”“汇灵通”“票融惠”“油气开发贷”“新能源贷款”五款专项产品。通过“跨境通”产品支持企业境内外跨境调剂165.85亿元与2.88亿美元，提高企业境内外资金一体化运作效率；通过“汇易贷”产品为中国石油涉足的首个LNG船舶自建项目提供融资与外汇交易服务，帮助企业规避外汇风险、降低融资成本；通过“新能源贷款”产品支持新疆巴州地区光伏发电新能源项目建设，预计在项目投产后可支持年均减排二氧化碳26.7万吨；通过“储气贷”为多个储气库项目提供融资支持；通过“油品惠”产品累计为销售企业提供票据结算77亿元，改善企业流动性；通过“票融惠”产品为集团企业提供融资支持61.5亿元。截至2022年底服务客户3032家，全年新增客户107家。

【票据业务】 2022年，中油财务持续推动票据业务服务集团主业、促进产融创效，为集团公司油气新能源、炼化新材料等主业板块企业办理承兑233亿元，同比增长19%。与中国石化财务有限责任公司、中化集团财务有限责任公司形成财票支付通路，通过“油品惠”专项产品服务集团油品互供业务票据结算，发挥“中油财票”支付优势。深度挖掘票据业务财银创新合作模式，推动与工商银行、招商银行、昆仑银行等的票据业务同业合作，强化票据闭环融资服务能力，拓展邮储、平安等的票据回购交易业务，以融融协同促产融创效能力进一步提升。增加票据回购交易对手、新增买断式回购品种、扩大财票质押范围，有效降低票据融资成本。

【信贷业务】 2022年，中油财务通过调降贷款利率、延期支付利息、发放低息贷款等方式，携手湖北等疫区企业渡过难关，助力大连西太平石化抗疫物资生产，全力支持企业抗疫保供；开通绿色贷款快捷通道，加大绿色低碳领域项目支持力度；首次举办绿色信贷专场推介会，新增客户17家，新增贷款16.5亿元；首次服务新能源业务，发放塔里木油田光伏发电项目贷款7.3亿元；首次签订新材料项目贷款2亿元；首次提供储气库项目贷款3亿元。稳定和巩固内部市场，践行国家和集团发展战略，发放“京津冀协同发展”贷款725亿元、绿色贷款423亿元。能源储备项目贷款7亿元。新能源光伏项目贷款4亿元，全年累计发放自营贷款1338亿元。

【国际业务】 2022年，中油财务紧紧围绕集团公司国际化战略，服务主业和价值创造能力再上新台阶。主动服务集团公司重点海外项目，深度参与哈南线管道、哈萨克PKKR融资项目，为集团公司践行国家“一带一路”倡议提供强有力的金融服务保障；围绕集团公司司库平台功能，持续强化外汇资金归集力度，外汇存款规模再创新高；实现“跨境通”专项产品服务落地，协助企业开展本外币跨境资金调剂，助力集团公司人民币国际化使用和全球资金一体化管理；履行集团公司外汇交易统一平台职能，创新优化服务模式，全面提升衍生业务信息化水平，为企业提供全方位、定制化套期保值服务，助力集团公司有效管控汇率风险和衍生业务风险；开展市场研判分析，准确把握市场走势，扩大同业合作“朋友圈”，金融市场创效能力持续提升。

【证券业务】 2022年，中油财务凭借深度市场研究，提前预判市场走势，积极主动作为，投资收益率领先可比财务公司，优势较2021年进一步扩大。前瞻性大幅减仓71.18%的纯债基金，锁定收益4.31亿元、避免损失1.42亿元，有效规避四季度债券市场急剧下跌风险，取得大幅超越市场和同业的收益率，多维度业绩排名均处同类第一。提前大幅降低权益仓位并维持在3.17%的极低水平，避免损失7.68亿元，有效规避权益市场风险。细化投前投中投后管理，155个工作日参加331场路演会议，形成日、月、季、年多维度材料近160万字。

【结算业务】 2022年，中油财务多措并举保障司库运行安全平稳高效，统筹资金结算监控及应急体系建设，梳理系统业务流程259项、系统设置50余项，查询功能效率提升3倍；完成12家境内外银行直连上线；通过强化网络安全24小时值守、国密算法加固等多项“组合拳”，实现司库结算系统运行“零中断、零差错”。截至12月末，为集团成员企业管理账户3980个，累计办理本外币结算4324万笔、金额107.6万亿元，日峰值19万笔、金额6381亿元，司库结算安全平稳运行，结算差错率为零，辅助管理集团公司资金更好实现“看得见、管得住、调得动、用得好”。

【资金管理】 2022年，中油财务通过交易对手拓展、市场研判强化、内部管理提效、风险防控优化等措施应对同业资产收益率下行不利影响，利用市场降成本、增效益，提高资金精细化管理运营水平。建立跨境内外一体化运作机制，探索开展创新业务，新增跨境资金运作和报价式回购业务品种，作为资金运作的有效补充工具；响应银行间本币交易中心X-Repo创新实践，发力同业拆借业务，交易对手由5家扩大至10家，为中油财务流动性管理拓展新途径。

【风险管理】 2022年，中油财务成立合规委员会，持续加强法律合规审查，印发“十四五”法治建设实施细则，健全绩效合同风险合规指标评分细则，开展“合规管理强化年”专项治理。完善风险防控措施，结合实际修订公司风险偏好陈述书，完善公司风险合规制度，规范风险管控体系的运行；强化重大风险评估和监测、风险偏好监测，建立信贷业务条线动态风险监测机制，加强对信用风险的持续跟踪评估。健全内控管理，深化内控体系建设与监督工作，组织开展内部控制自我测试并推动落实整改，加强境外子公司内控体系建设。推进授信评级系统及合同管理系统建设，加大风险管理信息系统推广应用力度，提升风险合规管理数字化水平。加强宣传教育工作，更新合规政策汇编，建立监管速递月报机制，开展法律合规培训，全员依法合规意识不断增强。

【人力资源管理】 2022年，中油财务开展“人才强企推进年”活动，推进实施人才强企工程各项重点工作任务：合并优化调整本部部门3个、完成部门更名3个，同步优化调整定编定员、岗位设置及部门职能分工；创新开发中油财务任职资格评价体系，制定任职资格管理办法，推进“双序列”职级体系落地；分层分类开展员工教育培训，搭建“财务公司 e 学堂”网上学习平台，全年各类培训人数超过 3000 人次，员工培训覆盖率 100%；制定员工综合考核评价办法，研究薪酬体系优化方案，拉开收入分配差距，引导薪酬向高绩效员工、高价值岗位倾斜；进一步配齐建强中层干部队伍，完成 9 名二级正副职干部选拔任用，交流 4 名二级副职中层干部；推进中层管理人员选聘专家制度，2 名中层干部退出管理岗位、从事专项工作；开展员工梯队盘点，分批次组织实施员工轮岗交流，全年交流 9 人次，3 名员工到海外一线锻炼；启动中油财务“青马工程”，研究制定涵盖“理论学习、红色教育、实践锻炼”全方位培养方案，首期 8 名学员入选第一期梯队实施培养计划。

【信息化建设】 2022 年，中油财务基础设施与网络安全建设持续强化，吉林异地灾备中心等重点项目通过集团公司批复，完成昌平应急保障场所搭建并提前投入使用。高效完成核心系统国密算法改造，顺利完成 2022 年北京冬奥会、党的二十大等重要时期网络安全重点保障，实现风险事件“三零目标”；深化应用系统功能，完成核心系统 140 项新增及功能优化，12 家境内外银行直联上线，外币交易全流程线上化，外汇衍生管理中台上线，实现业务风险刚性管控；强化数据治理，配合集团公司开展数据专项行动，完成数据管理能力自评；开展数智化探索，开展 RPA 技术试点，6 个典型场景在 4 个部门成功落地；IT 治理能力不断提升，组织召开信息化座谈会，推动业务与技术深度融合。建立部门内控内审小组，守好信息科技治理“第一道防线”，项目建设工作质量和规范性大幅提升。参与司库三期、昆仑智慧能源平台、大集中 ERP 等集团重大项目可行性研究，紧跟集团公司数字化转型步伐。

【企业党建工作】 2022 年，中油财务把全面学习宣传贯彻党的二十大精神作为首要政治任务，学习“第一议题”制度形成常态，第一时间跟进学习习近平总书记系列重要讲话精神和重要指示批示精神，组织中心组学习 12 次，学习内容 97 项。完善党委前置研究讨论重大经营管理事项清单 57 项，全年召开党委会 23 次，集体审议“三重一大”事项 125 项。加强党建与经营融合，把经营难点作为基层党建重点，把握集团公司财务部第二党支部和西安分公司“结对子”契机，合力解决长庆油田混改企业资金集中管理问题。常态化开展“我为员工办实事”实践活动，千方百计协调解决入托入学看病等急难愁盼事项，员工幸福感、安全感、向心力持续提升。强化宣传力度，集团公司网站、中国石油报等媒体发表宣传报道 18 次。“三不”一体推进，组织召开警示教育大会，开展“反舞弊”“反围猎”专项行动。党建带团建成效明显，部署开展青年精神素养提升工程，启动实施中油财务级“青马”工程。

（张 静）

昆仑银行股份有限公司

【概况】 昆仑银行股份有限公司（简称昆仑银行）前身为克拉玛依市商业银行。2009 年 4 月，集团公司增资控股克拉玛依市商业银行，2010 年 4 月，克拉玛依市商业银行更名为昆仑银行。

昆仑银行机构按“总—分—支”三级设置。下设克拉玛依分行、乌鲁木齐分行、大庆分行、吐哈分行、库尔勒分行、西安分行、伊犁分行、喀什分行、国际业务结算中心、上海国际业务结算中心 10 个分行级机构；发起设立并控股乐山昆仑村镇银行和塔城昆仑村镇银行。2022 年底，昆仑银行有分支机构 80 个，相比 2021 年减少 1 个；员工 3246 人，本科学历以上员工 3014 人，占比 92.85%，其中具有博士、硕士学历的员工 494 人，占比 15.22%。

2022 年，利润总额 32.76 亿元，同比增长 7.64%；资产总额 3873.22 亿元，同比增长 9.03%；负债总额 3501.62 亿元，同比增长 9.50%；不良率 0.98%，处于同业良好水平。

2022 年，昆仑银行在当代金融家杂志第五届“铁马”中小银行评选中获“最佳创新型中小银行”奖；在中国资产管理与财富管理行业“金誉奖”评比中获“卓越财富管理城市商业银行”“卓越创新资产管理银行”“卓越财富服务能力银行”和“优秀创新银行理财产品”奖；在金融数字化发展联盟组织的 2022 年“卓越信用卡”评选活动中获“公益之星”和“年度最具特色信用卡产品奖”；在全国金融系统文化建设先进单位评选活动中获“2021—2022 年度金融系统文化建设优秀单位”荣誉称号。

【股份变动及股东情况】 2022 年，昆仑银行未进行增资扩股，注册资本保持102.88亿元不变。截至2022年12月31日，昆仑银行有股东75个，股份102.88亿股。其中法人股东持股比例99.9908%，自然人股东持股比例0.0092%。

【公司金融业务】 2022年，昆仑银行坚持区域特色化、差异化发展，突出重点领域营销和重点业务优先发展。围绕产融业务，开展产业链客户营销与存量客户账户提升活动，持续提升线上服务能力；推进重点客户负债业务营销、存量客户账户提升、政府类客户营销以及核心企业表外资金营销等工作，提高主动负债能力，丰富存款产品供给，年内发行常规型和定制型对公大额存单十三期，对公存款规模进一步扩大，存款结构进一步优化；加大产融特色信贷业务的开发与推广，开发油气产业链下游市场，特色信贷业务占比进一步提升，户均贷款规模得到有效控制，贷款结构、资产质量与创效能力提升；落实小微企业减费让利要求，通过成本分摊和收益分享机制，加大小微企业贷款的FTP价格优惠力度，创新信贷产品，落实延期还本付息工作要求，做好小微企业纾困工作；对接“中油E化”平台、中油气贸平台、中油直批平台、中油e链平台、昆仑数智票据融资平台等平台系统，推动“化销贷”“气易贷”“油易贷”和“中油E通”等线上化产品向批量化、标准化、现代化迈进，加快推进产融业务数字化、智能化转型，全年新增产业链客户1436户，累计投放产融专属信贷产品521.51亿元，期末余额570.26亿元，较年初增加17.01亿元。截至2022年底，公司银行客户3.93万户，公司银行存款余额1290.12亿元，公司银行贷款（不含贴现）余额1106.49亿元。

【零售金融业务】 2022年，昆仑银行零售业务坚持产融特色化发展战略，以客户为中心，持续推进零售金融服务的一体化。在加大个人大额存单、“惠薪二号”等主打产品宣传和销售基础上，推出“智能通知（薪悦款）”储蓄产品、“惠享一号”老年客户专属产品，推进存款结构调整，实现储蓄规模增长；深化融融合作，围绕大类资产配置，引入理财子公司、基金、保险等优秀管理人产品，满足客户综合化财富管理需求；创新服务模式，推进零售信贷产品线上化布局，上线“融信秒贷”“真薪贷”“油惠贷”三款自营消费贷产品；根据客户综合贡献度，配合定额定价模型，一客一定价，提升客户综合经营能力；推出“春耕贷”产品，解决农户春耕时期融资难题；推出“税易融”产品，服务疆内小微企业法人；与互联网贷款运行平台合作推出苏宁新助贷、度小满低息联合贷产品，采用银行与资产方联合建模方式，联合筛选符合银行网贷风险策略的用户，满足监管对于银行自主风控的要求。贷记卡业务深度融入零售转型，持续围绕场景建设，优化“昆仑YOU享日”品牌营销活动并调整客户权益策略，秉持审慎的风险偏好，持续优化客群及资产结构，稳步提升贷记卡业务的综合运营管理能力。截至2022年底，个人存款余额1050.27亿元；零售信贷时点余额555.48亿元；贷记卡累计发行29.20万张，借记卡累计发卡322.48万张，全年借贷记卡存、取、消费等交易额504.76亿元。

强化电子银行建设，以用户体验提升为着力点，围绕代发工资业务、收单业务、支付结算、消费信贷、财富管理等领域持续开展业务优化创新，打造多渠道协同的线上服务体系，有效提升获客及活客能力。截至2022年底，电子银行签约客户数179.16万户，较上年增加7.62万户。开展“收单促活”营销活动，收单业务存量商户5492户，新增商户3856户，交易金额24.50亿元。完善“暖薪计划”，重塑代发流程，全方位搭建代发客群经营体系，提升经营效能和异地客户服务水平，新增代发工资人数7.11万人，当年代发金额近560亿元。实现“智慧食堂”金融场景融合，微信、支付宝一键绑卡及无卡号绑卡，推进统一收单项目建设。

【个人碳账户业务】 2022年，昆仑银行落实监管机构有关碳达峰、碳中和的工作要求，履行“个人碳账户”试点银行责任，在新疆率先推出个人碳账户，确立个人碳积分采集、基本展示规则和主要系统框架，克拉玛依地区有17余万名使用客户，后台产生个人碳积分约2989万，减少碳排放约520吨，个人碳减排潜力巨大。个人碳账户是将数字营销和绿色金融相结合的一种创新发展模式，为全疆银行业个人金融业务绿色发展提供了示范，获《人民日报》《金融时报》等权威媒体的持续关注与报道。

【金融市场业务】 2022年，昆仑银行按照“控风险、增规模、稳息差”的经营策略，全方位开展市场竞争力建设工作。同业业务探索新客户、新结构、新产品，持续推动业务结构及收益结构转型；信用债券投资业务，坚持服务属地客户、服务实体经济的大方向，收益规模稳步提升，年末信用债券存量59只，投资余额60.28亿元，信用评级均为AA+以上；理财业务完成全部“老产品”及资产的压降处置工作，净值化率达100%，合理进行大类资产配置，优化资产结构，提升资产组合收益率，昆仑财富·油钱多系列开放式净值型理财产品获2022年中国资产管理与财富管理行业金誉奖“优秀创新银行理财产品”奖项。截至 2022 年底，同业存放业务余额 330.26 亿元，同业借款业务余额 500.20 亿元，资产证券化产品投资余额 48.63 亿元，理财余额 298.01 亿元。

【分销渠道建设】 2022 年，昆仑银行秉承“业务所向，渠道先行”的总体原则，构建线上线下协同联动的立体化服务渠道网络，延展服务范围，提升触达能力，改善客户体验。

线上渠道方面，持续做强企业网银（银企直联）产融服务，上线 PAD 端企业网银 E 盾密码重置和电子函证项目，提升客户体验；优化新疆医保、代发工资、理财产品、资金归集等业务功能，提供更加专业、智能的综合金融服务；推进数字化转型，实施统一移动客户端建设，整合优化原直销银行和手机银行客户端所有账户体系，丰富业务流程与系统性能，提升新移动客户端的客户体验，提高线上经营能力。截至 2022 年底，企业网上银行注册客户 3.33 万户，年度交易金额 17661 亿元，客户覆盖率 84.73%。

线下渠道方面，持续加强分销渠道建设，优化服务资源配置，提升对客服务能级。2022 年迁址改造分支机构 7 家，终止营业支行 1 家；持续优化业务处理流程，加强风险管控能力，提升网点智能化水平；推进超级柜台等设备的适老化改造，提供专业、高效、有温度的金融服务体验；持续丰富和完善移动 PAD 终端业务功能，为客户提供足不出户的上门服务，提升服务质效。

【服务提升】 2022 年，昆仑银行秉承“专业、高效、有温度，做客户的金融知己”的服务理念，持续完善服务管理标准、优化对客服务流程、改善网点服务环境、提升员工服务意识，践行以服务暖人心、以服务创价值，全面构建以服务文化为引领的新服务管理体系，年度服务满意度平均得分 94.19，客户净推荐值（NPS）71%，处于行业较好水平。7 月，昆仑银行大庆分行东湖支行通过中国银行业协会复检，成为全国首批获永久资格的“千佳网点”。

【信息科技】 2022 年，昆仑银行推进“纯渠道、厚中台、稳后台”应用架构转型，开展重点项目建设，上线核心 3.0 系统，业务中台价值全面释放，科技支撑保障能力稳步提升；发挥集团公司数字化转型智能化发展试点单位示范作用，重点推进全渠道服务场景建设，深化 RPA、人工智能、语音识别等新技术在统计管理、客户服务等方面的应用，提升业务处理效率；上线个人碳账户项目，打造个人碳账户体系特有碳流转生态，获 2022 年度城市金融服务优秀案例评选场景金融创新优秀案例奖。

【资本管理】 2022 年，昆仑银行资本充足率 13.48%，一级资本充足率 12.29%，核心一级资本充足率 12.29%，各项资本管理指标满足监管要求。

【风险管理】 2022 年，昆仑银行坚持审慎稳健合规、风险可控可承担低风险偏好，优化风险管理组织架构，完善全面风险管理政策支持，深入应用风险管理工具，应对新冠肺炎疫情挑战，加强资产质量管控，处置风险事件，各项业务平稳增长，全行风险整体可控。

【人力资源管理】 2022 年，昆仑银行以人才强企为主线，健全年轻干部培养选拔工作体系，畅通非管理类序列职业通道，精准培训赋能；持续深化改革创新，优化完善组织机构，推动领导人员任期制改革、契约化管理，优化完善客户经理绩效考核体系；进一步提升基层党建质量，推动党建经营深度融合；优化完善制度系统流程，推进管理提升。

【社会责任】 2022 年，昆仑银行坚守产业金融定位，推进服务能源、服务新疆、服务国家战略，以金融促进实体经济发展；持续加大小微支持力度，助力中小企业减负增效；支持“双碳”发展和绿色金融，20 亿元绿色金融债券成功获批，克拉玛依分行落地新疆法人机构首笔“碳足迹”挂钩贷款、建成全疆法人机构首家“碳中和”支行；开展乡村振兴助农惠农，运用“金融 + 互联网”创新扶贫金融产品和服务，连续五年获新疆维吾尔自治区驻村工作优秀组织单位。截至 2022 年底，绿色贷款余额 148.56 亿元，涉农贷款余额 196.36 亿元，普惠型涉农贷款余额 14.07 亿元，精准扶贫贷款余额 4896.72 万元。

（张建斌）

昆仑信托有限责任公司（中油资产管理有限公司）

【概况】 昆仑信托有限责任公司（简称昆仑信托）是中国石油控股的、受中国银保监会监管的非银行金融机构，前身是金港信托有限责任公司，成立于 1986 年，注册地宁波，注册资本 102.27 亿元。2009 年 2

月，集团公司对原金港信托有限责任公司进行重组。2009 年 5 月，更名为昆仑信托有限责任公司。中油资产管理有限公司（简称中油资产）是集团公司下属金融业务管理专业化公司中国石油集团资本股份有限公司的直属全资子公司，专业从事投资和资产管理，是集团公司重要的资本运营平台。昆仑信托与中油资产合署办公，实行一套人马，两块牌子，分账核算，业务统管。

昆仑信托是中国信托业协会理事单位、中国银行间市场交易商协会会员，入股中国信托业保障基金有限责任公司、中国信托登记有限责任公司，拥有全国债券市场准入、同业拆借市场成员、以固有资产从事股权投资、资产证券化和私募投资基金管理人资格。昆仑信托依法开展资产服务信托、资产管理信托、公益慈善信托等业务，广泛筹集和融通资金，为社会各行各业提供金融服务，为受益人的最大利益处理信托事务。

昆仑信托坚持产业金融定位和专业化、特色化发展方向，在北京、宁波、上海、西安、成都、沈阳、深圳、南京等地设置业务团队，稳妥推进业务体系和服务平台建设，围绕中国石油产业链、供应链和生态圈，拓展产融结合、融融协同，着力培育以能源信托、绿色信托为重点的独特优势和核心竞争力。

昆仑信托努力建设以“信”为核心的企业文化，“以诚树人，以实立业，以信兴企”，倡导员工做“金融街上的石油人”。2022 年底，昆仑信托设办公室（党委办公室）、财务部、金融科技部、业务总部等 16 个部门；员工 294 人，其中硕士以上学历 149 人，本科学历 138 人，其他学历 7 人。

2022 年，中油资产（合并口径）收入 13.89 亿元，上缴税费 5.78 亿元；昆仑信托收入 5.01 亿元，年末信托规模 1489 亿元。昆仑信托获“碳中和年度行动企业”奖，第十二届“金貔貅奖”“年度金牌品牌力金融机构”“年度金牌市场潜力金融产品”等荣誉。

【产融业务】 2022 年，昆仑信托坚定产融业务发展方向，全方位、多层次促进产融业务升级。建立各层级对接机制，分区域承包对接任务，与兄弟企业建立协同关系，实现共享互补；开展产融营销竞赛，设立“核心客户开发奖”和“新业务开办奖”，股权、债权、服务信托、绿色金融、资产处置等业务多点开花，全年新增产融项目 19 个，规模 28.68 亿元，为集团企业处置低效无效资产项目 86 个、回收资金 2.28 亿元、平均溢价率 19%；在 CCER、余热回收利用、蒸汽伴热及零碳智慧站点、电投融合股权投资等领域提供资金 3.7 亿元，配合北京销售改造首座“碳中和加油站”、海南销售建设新能源换电站，设立首单 CCER 融资信托；北京国联能源产业投资基金、油气行业气候倡议组织昆仑股权投资基金、天津排放权交易所围绕集团公司绿色低碳战略，密切合作，协调配合，与昆仑信托共同打造绿色金融合作体系，有效助力集团公司新能源、新材料、新业态发展。

【转型业务】 2022 年，昆仑信托开拓慈善信托，全年新增备案 27 单，同比增长 800%，位居全国第三，新增规模 3700 万元，是 2021 年的 17.6 倍，位居全国第七。成立了国内最大的助医主题慈善信托，浙江省首个共同富裕主题慈善信托和最大的未成年人关爱保护慈善信托；持续推进家族信托，存续项目达 25 个，规模 1.9 亿元；巩固资产证券化业务先发优势，设立业内规模最大的碳中和 CMBS——华贸 SKP 财产权信托，类 REITs 资产开放式信托——标品投资五号；加快丰富标品产品线，探索现金管理类、高等级债券、TOF、量化对冲基金、指数增强、私募证券投资基金等标准化产品，标品业务在规模、收入和利润中的贡献比例不断提高。

【提质增效】 2022 年，昆仑信托聚焦优化增效、降本增效和经营增效，推进提质增效。制定《客户准入管理规定》，细化业务分类及准入标准，提高市场开拓针对性和有效性；加强存量客户梳理和目标客户建设，领导带头与 110 余家内外部单位开展业务交流，各业务团队积极寻找市场机会，拓展合作渠道，创新业务模式，努力推进上规模，增效益，全年新增项目 95 个，新增规模 443 亿元；加强股权投资管理，优化流程、细化措施，开展专项治理，捷氢科技等多个股权项目取得重大进展。完善资金管理体系，广开渠道、降低成本，优化配置、提高收益，新增银行授信 142 亿元，推进准入、代销合作，与信保基金开展反委托收购融资；加强产品营销，提升服务水平，全面推行线上签约，全年面向合格投资者募集资金 22.67 亿元，发行“昆仑财富”系列产品 217 个，规模 741 亿元，合格投资者达 12800 人。

【风险管理】 2022 年，昆仑信托制定《信托资产风险分类管理办法》，真实全面掌握资产质量；持续高压推进风险化解，坚持每月风险专项会议制度，优化处置方案，强化协同配合，加大跟进力度，全年化解督办风险项目 6 个，规模 12.89 亿元，涉险项目累计回款 20.33 亿元，多个项目取得重要进展；加强风险复盘，分析成因、精准拆弹，优化业务准入、风险应对策略，堵塞管理漏洞；持续完善风险防控体系，强化项目全周期动态监测，实现日常跟踪、舆情监测和风险预警全覆盖，切实提高风险识别和管控能力。

【合规管理】 2022年，昆仑信托制定“十四五”法治建设实施方案，分类分项落实法治建设指标，坚持问题导向，以各类检查发现问题整改推进法治建设落实落细；开展依法合规、“八五”普法、《信托法》等专题培训，组织“法治在我心中”演讲比赛，“依法治企”观念深入人心；一体推进“合规管理强化年”和经营业务合规专项治理，细化合规指引，建立合规风险清单和合规职责清单，合规管理更加有效；强化制度建设，完善管理制度、补充配套制度23项；持续优化案防、征信和反洗钱管理体系，强化管理理念，增强把控能力，提升履职水平；开展年度市场乱象排查，推进各项检查审计意见整改落实，严肃追责问责，全年实施6项专项审计、6项离职离任审计；接受审计署信托业务专项审计，贯彻“要用刚性证据交卷”的整改要求，31项立行立改问题完成整改30项。

【企业改革】 2022年，昆仑信托实施事业部改革，将27个业务部门合并成5个事业部、5个区域总部和1个财富管理中心，各项配套机制陆续出台；实行双序列改革，在专业序列中引入MD制；贯彻“三个区分开来”要求，建立激励干部担当作为干事创业容错纠错制度，激发团队和员工活力；加强预算执行和成本核算，推进开源节流降本增效；优化管理表内资金、内部委托资金等内部资金，按项目类别设置配置原则，明确相关考核事项，提高使用效率；强化信托项目核算，稳步推进净值化管理，开展监管数据质量自查和统计数据治理，狠抓监管报表质量，杜绝操作风险，确保资金安全；全面实施“十四五”信息化规划，昆仑财富App、ABS/ABN、云桌面、智慧办公全面上线，标品、代销、家族信托、慈善信托、新会计准则切换等各类系统齐头并进；信息安全有效保障，管理效率持续提高，科技赋能水平不断提升。

【企业党建工作】 2022年，昆仑信托认真落实全面从严治党主体责任，提高政治判断力、政治领悟力、政治执行力，认真贯彻集团公司党组和中油资本党委决策部署；制定《学习贯彻党的二十大精神方案》，以二十大精神指引昆仑信托“二次创业”各项部署；建强基层组织，开展党支部达标晋级；“转观念、勇担当、强管理、创一流”主题教育成效显著，党建载体更加丰富，发展动能更加强劲，队伍活力逐步焕发。强化干部管理，举办6期中层干部培训班；制订《人才强企工程实施方案》和《青年马克思主义者培养工程实施方案》，分层级建立优秀年轻干部资源库；修订《贯彻落实中央八项规定精神实施细则》，开展“四风”专项整治，营造了干事创业、风清气正的良好氛围。

（杜建军）

昆仑金融租赁有限责任公司

【概况】 昆仑金融租赁有限责任公司（简称昆仑金融租赁）是经中国银保监会批准，由集团公司和重庆机电控股（集团）公司共同发起设立的第一家具有大型企业集团背景的金融租赁公司，2010年7月在重庆市正式挂牌开业。昆仑金融租赁持续开展以抓党建、抓市场、抓融资、抓合规、抓管理和控风险为主线的“五抓一控”工程，实现效益、质量、规模的协调发展，累计完成资金投放1900亿元，实现利润123亿元。资产质量优良，拨备覆盖充足，资本充足率21.73%，不良资产率0.68%，拨备覆盖率600.78%，相关指标居同业前列；企业发展能力评价位列集团公司第六位，连续6年蝉联集团公司A级企业，是唯一一家2018—2020年中期业绩优秀的金融企业，近三年效益贡献排名集团公司前30位，人均净利润连续7年保持1000万元以上；昆仑金融租赁在68家金租公司中综合排名前10位，总资产回报率第一，人均净利润第三，在17家产业系公司中综合排名第一。2022年，昆仑金融租赁实现投放165亿元，同比增长20%，资产规模达609亿元，稳中有升。

【服务实体】 2022年，昆仑金融租赁落实党委“决战四 季度、大干九十天”的倡议，各部门紧紧抓住新冠肺炎疫情管控的窗口期，在四季度有效工作时间有限的情况下实现投放69.5亿元，为资产规模稳步增长赢得主动。绿色金融租赁业务实现新飞跃。贯彻新发展理念，落实监管要求，服务国家“双碳”战略，开展绿色金融，支持经济社会绿色低碳转型发展，抢抓市场机遇，全年投放绿色租赁项目114.74亿元，同比增长107.45%，获新华网“2022年绿色发展优秀金融企业品牌”奖。服务国家重大战略取得新进展。坚持把服务实体经济作为昆仑金融租赁的出发点和落脚点，服务制造强国战略，支持制造业高质量发展，投放12.25亿元；服务交通强国、京津冀协同发展等重大国家战略，落实国务院扎实稳住经济一揽子政策措施，重点支持重大交通基础设施建设，在交通领域投放 115.49 亿元，为稳经济大盘作出了应有的贡献。飞机租赁业务取得新成果。贯彻落实党委对飞机租赁业务“强信心、调节奏、练内功、上水平”的工作要求，有效调整飞机租赁业务节奏。全年向中国国际航空公司、中国南方航空、深圳航空交付了 6 架飞机，金额 16.46 亿元。7 月，首次成功将 3 架国产 ARJ21 飞机交付中国南方航空运营，昆仑金融租赁机队中新添了国产飞机，服务国家航空强国、制造强国战略实现新突破，支持了国产大飞机事业的发展。截至 2022 年底，机队规模达 67 架，机队状态良好，运行状况稳定，在航空业持续受到新冠肺炎疫情严重冲击的情况下，没有发生任何租金逾期事件，资产质量良好，处于同业前列，抗风险能力较强，为昆仑金融租赁持续稳健发展奠定了坚实基础。

【产业金融】 2022 年，昆仑金融租赁落实市场营销三年行动方案，坚守产业金融定位，实施产融业务和市场化业务“双轮驱动”，推进产融结合，全年为集团公司成员企业和产业链客户提供金融租赁服务 30.74 亿元。服务油气主业揭开新篇章。落实集团公司侯启军总经理关于加快推进产融协同工作的批示精神，加强租赁产品研发，创造性提出与集团公司“双百试点”企业组建租赁联合体，创立了“装备制造 + 金融租赁 + 设备租赁服务”直租新模式，与中油技服、渤海杰瑞建立战略合作，共同为钻探企业引进国内最先进的电动钻井压裂成套装备，助力钻探企业绿色转型发展、提质增效。发挥昆仑金融租赁的优势，研究探索，推进国际事业公司 LNG 船舶租赁业务，保障执行与国外油气公司签订的 LNG 长期供货协议所需运力，助力集团公司绿色转型发展。发挥售后回租产品有效盘活存量固定资产、增强固定资产流动性的优势，引入集团公司外部低成本资金 2 亿元，助力济柴动力有限公司绿色低碳转型发展、降本增效。融融协同展现新气象。推进融融协同，加强与昆仑银行、昆仑信托、中意财险、养老资产等中油资本成员企业的合作，深化银租合作、租保联动。把昆仑银行作为承租人的融资监管银行，帮助其增加存款 20 亿元。经营租赁业务并表实现突破。落实 9 月 2 日、9 月 16 日中国银保监会非银部与集团公司主要领导和有关部门的监管座谈会精神，加强与集团公司发展计划部等有关部门就经营租赁业务等问题多次汇报沟通，协调解决经营租赁业务并表额度问题，取得一定的进展。

【提质增效】 2022 年，昆仑金融租赁落实集团公司打造提质增效“升级版”的要求，制定《2022 年提质增效价值创造行动方案》，全年降本增效 2 亿元，完成率 133%。资金成本连续四年实现硬下降。研判金融市场发展趋势，坚持有息负债灵活配置策略，全年筹融资 1327 亿元，人民币融资成本实际降幅大于市场降幅水平 39BP。累计利息支出 11.45 亿元，同比减少 1.70 亿元，降幅 13%。大力压降存量借款成本。提前偿还项目贷款 12 亿元，平均压降 46BP。精细管理资金头寸，采取期末时点闲置资金拆出、协定存款等方式，提高资金收益，创效 1113 万元。多元化融资取得新突破，打通与企业年金的合作路径，在发行金融债、项目融资、保理的基础上，又新增一个长期资金融资渠道。经营费用继续下降。紧盯利率汇率政策，持续开展利率汇率研究，不断提高防范利率和汇率风险能力。《以低成本融资为核心的产业系金融租赁公司资金管理创新创效实践》项目，获集团公司管理创新成果三等奖。发扬艰苦奋斗优良传统，树立过苦日子思想，经营上精打细算，严控费用开支，全年压降可控费用 279 万元。

【风险管控】 2022 年，昆仑金融租赁坚持“稳健审慎”低风险偏好，遵循“看不清不做、高风险不做、没效益不做”项目开发“三不做”原则，不断提高风险管控能力，资产质量保持同业较高水平。制定《2022 年度风险偏好陈述书》，全面落实监管意见、监管评级、国务院国资委和股东、董事会的风险管控要求。制定年度监管意见落实措施，提升风险管控水平；制定监管评级指标改进提升方案，建立定量指标计算模板，每季度测算监控，评级得分较年初有较大提高。自主研发信用评级模型。坚持守正创新，建立一套行业领先、科学客观、满足昆仑金融租赁行业投向、符合风险偏好和风险管控理念的主体信用评级模型，覆盖昆仑金融租赁 36 个细分投放领域，对市场上 1600 余个公开发债主体精准排序；自主研发区域风险评估模型，建立 18 项关键指标量化评估体系，对存量项目所在的区域风险排序，提出风险管控建议。全年完成主体信用评级 118 个，审查项目 44 个 314.9 亿元。开展风险文化宣贯。以“风控大讲堂”为载体，引导前中后台树立“既不能无视风险，也不能夸大风险”的风险观，提升“抓项目实质风险”能力建设，筑牢风险管控根基。加强租赁物管理。严格落实银保监办文件精神，强化租赁物适格性管理，严把租赁物准入关，做实价值、权属认定依据，落实权属保障措施，确保租赁物的风险缓释作用。抓实租赁物中构筑物余额压降工作，通过租赁物置换、变更、提前还款、租金回收等方式压降构筑物 49.76 亿元，构筑物余额较2021年末下降25.93%，完成压降目标。

【合规运营】 2022年，昆仑金融租赁开展合规案例警示教育，加强全员合规培训，依法合规治企、诚信守法经营的意识不断增强，在当前严监管、强监管、重处罚的态势和“逢查必罚”的惯例下，昆仑金融租赁和个人均没有受到任何处罚。开展“内控合规管理提升年”活动，制定管理提升方案，明确责任目标，牢牢守住不发生重大风险底线。推进完善公司治理体系，提升治理能力和水平。推进董事会换届工作，不断完善昆仑金融租赁治理运行机制和相关制度，制定《落实董事会职权实施方案》和《董事会授权管理办法》，修订《公司章程》，确保公司治理符合法律法规和监管规定，高效协调运转。法律工作保障有力。加强常年法律顾问管理，发挥好常法作用，强化法律审查论证，对经营决策中40项重大决策、68个融资租赁项目、18个存量融资租赁项目，390余份法律文件开展合法合规性审查，提示有关风险，为昆仑金融租赁依法合规经营提供有力的法律保障。全年合法合规审查率100%，未发生法律风险与纠纷案件。合规管理取得新进步。贯彻《中央企业合规管理办法》，落实“管业务必须管合规”要求，压实合规主体责任，加强内控合规顶层制度建设，以合规管理清单精准绘制“风险地图”，健全合规管理制度体系，及时将法律法规和监管规定内化为公司内部管理要求，夯实合规管理基础。坚持问题导向，开展合规专项检查与风险排查，以集团公司管理层内控合规检查为抓手，强化全员合规意识，强化合规监督问责，狠抓整改落实，举一反三，形成合规管理工作闭环。

【人才强企】 2022年，昆仑金融租赁贯彻落实集团公司人才强企工程，员工队伍建设进一步加强，为率先实现高质量发展提供了人才保障。干部队伍建设取得新进展。聚焦干部接替，深化人才储备，有效解决中层干部“盖层太厚、断层隐忧”问题，公开选拔5名36岁以下优秀年轻干部，轮岗交流4名中层干部，干部队伍建设不断深化。抓实人才培养。坚持制度引领，加强顶层设计，完善人才强企制度，打通人才培育、选拔、管理、使用、激励全链条，战略人才发展体系进一步健全。推进人才赋能体系建设，持续锤炼高水平、创新型、应用型、技能型、复合型的金融租赁专业人才队伍。绩效考核体系更加优化。强化市场导向，持续优化绩效考核体系，形成体系更加完备、激励约束机制更加明晰、导向作用更加突出的绩效考核体系。推进任期制改革从领导层向基层部门延伸，实现任期制和契约化管理的100%全覆盖。

【战略规划】 2022年，昆仑金融租赁强化战略执行引导，业务开发与战略规划高度契合。关注国家重大战略和政策，落实监管回归租赁本源要求，组织LNG船舶、纸浆船舶等船舶行业市场分析，为业务结构调整提供支持。加强对绿色租赁业务的深度研究，制定《关于加快推进绿色租赁业务发展的意见》，形成《绿色金融评价报告》，增设绿色租赁业务行业指引专题，有效引导绿色租赁业务发展，全年绿色租 赁业务投放占比提升至69%。研究制定昆仑金融租赁“树标对标”活动工作方案，开展对标分析，学先进借经验，强弱项补短板，不断提升核心竞争优势。高质量完成昆仑金融租赁《“十四五”规划》，获集团公司“十四五”规划优秀成果一等奖，被评为集团公司“十四五”规划工作先进集体。

【强化管理】 2022年，昆仑金融租赁开展“转观念、勇担当、强管理、创一流”主题教育活动，落实“转观念、转作风、转角色”“狠抓队伍建设、狠抓作风建设、狠抓执行力建设”，推进工作落实落地落细，管理效能进一步释放。推进基层党建“三基本”建设与“三基”工作有机融合，发挥好党支部的政治功能和组织力凝聚力。加大重要事项和承办工作的督查督办力度，全员执行力增强。在监管机构和集团公司的支持下，昆仑金融租赁内外部沟通协调进一步加强，营造了良好的营销发展环境。开展“严肃财经纪律、依法合规经营”综合治理专项行动，提升了管理能力。执行集团公司改革三年行动要求，5个方面31项改革任务全面完成。抓细抓实新冠肺炎疫情防控各项措施，有效保护了员工生命安全和身体健康。加强安全管理，组织安全自查，消除安全隐患，全年安全无事故。严格落实保密要求，没有发生泄密失密事件和信访维稳事件。二代征信系统顺利切换上线运行，完成办公专网信创系统和外网网站IPv6改造，保障昆仑金融租赁网络安全运行，信息化水平得到提高。审计稽核工作在促进公司治理、依法合规、风险防控和租后管理等方面，发挥了有效的监督作用。

【企业党建工作】 2022年，昆仑金融租赁党委强化党建引领保障作用。开展以抓党建为龙头的“五抓一控”工程，用优异经营成效检验党建成效。履行全面从严治党主体责任，抓好巡视问题整改，完成率100%。将廉洁从业教育抓在经常，融入日常，涵养风清气正的良好政治生态，昆仑金融租赁党委没有收到一封信访举报件，没有一名员工因违规失职被追责，一体推进不敢腐、不能腐、不想腐不断取得制度性成果成效，创造了“党的建设好、经营效益好、风险管控好、资产质量好、作风形象好”的“昆仑金租经验”。昆仑金融租赁党委团结动员全体干部员工千山万水推进市场营销、千方百计抓好提质增效、千辛万苦做好风险防控、千锤百炼夯实作风建设，弘扬新时代昆仑金融租赁“四千”拼搏精神，率先实现高质量发展。

（张玉良　尹江虹）

中石油专属财产保险股份有限公司

【概况】 中石油专属财产保险股份有限公司（简称专属保险公司）成立于2013年12月，是经原中国保险监督管理委员会（简称保监会）批准，由集团公司和股份公司在中国境内发起设立的首家自保公司。注册地为新疆维吾尔自治区克拉玛依市，注册资本60亿元，集团公司持股11%、股份公司持股49%、中油资本持股40%。

专属保险公司的经营范围是集团公司内的财产损失保险、责任保险、信用保险和保证保险，短期健康保险和意外伤害保险，以及上述业务的再保险业务，国家法律、法规允许的保险资金运用业务，经保监会批准的其他业务。

集团公司对专属保险公司的定位是“作为集团公司的专业风险管理平台和保险安排工具，全面参与集团风险管理和保险业务，构建覆盖集团上下游、国内外业务、全球一体化的保险保障体系”。

2022年底，专属保险公司内设承保运作部、国际业务部、健康险部、理赔客服部、再保部、投资部、财务部、审计部、合规法律部、人力资源部、综合管理部等19个部门；员工56人，其中硕士及以上学历47人、本科学历9人。

2022年，专属保险公司实现保险业务收入10.61亿元、净利润4.49亿元。获集团公司2022年度先进集体，集团公司2022年QHSE先进企业称号，获中国绿化基金会“我为碳中和种棵树”公益活动最佳组织奖。依据中央财经大学中国精算研究院“2022中国保险公司竞争力评价研究报告”评价结果，专属保险公司综合竞争力评价位列全国财险公司第五位。5项一级指标中，盈利能力和风险管理能力两项进入前十名。

【承保业务】 2022年，专属保险公司持续推进落实集团公司保险政策，争取承接新项目、新险种。新增首年独家承接销售企业加油加气站现金险附加雇员忠诚保证保险，为股份公司2.12万座加油加气站（含油库、储值中心）提供保障，实现集团公司17个统保险种全覆盖承接。优化销售企业财产险统括保单，保障范围扩大到非油品领域，14家销售企业的13.6亿元非油商品资产获财产损失保险保障。出具首张新能源特色专属保单，独家为南方勘探CCUS资产量身定制保险保障方案，项目保额2733万元。参与集团公司23个绿色低碳发展典型示范项目中12个项目的保险业务。落实重病保障项目80%再保份额，提增部分病种定额给付标准及报销限额，扩展健康管理服务范围，为集团公司170余万名在职员工及退休人员提供4102亿元健康风险保障。海外业务新增承接中哈原油管道项目，参与阿布扎比陆海等4个项目的保险业务，业务拓展至23国55个海外投资项目。

【再保险业务】 2022年，专属保险公司在再保市场大幅收紧中国海外利益业务限额的市场环境下，发挥自保公司直接对接再保市场优势，争取到再保合约对海外业务承保能力不变，为专属保险公司国内外业务承接提供自动承保能力及风险转移保障支持。巩固水险及能源险超赔合约结构优化成果，持续优化业务保障范围，进一步纳入多种责任险保障形式提升重大风险保障及转移效果。专属保险公司再保合约优化红利持续释放，2022年新增摊回非水险合约滑动手续费3563万元，对应手续费率提升至41.73%，集团公司整体风险分散成本降至历史最低水平。专属保险公司共分出保费19922万元，摊回手续费11439万元，摊回赔款7589万元。

【投资业务】 2022年，专属保险公司坚守风险管控底线，优化投资组合和资产配置策略，稳健开展投资业务，实现综合投资收益2.93亿元、综合投资收益率3.25%。适度增加较为安全的流动性资产配置，加大固收类资管产品的创新研究和配置，逐步减少非标资产配置比例，扩大流动性配置规模7.75亿元。广泛筛选固收和非标项目产品，开展摊余成本法固收产品创新研究，优化信用风险缓释工具固收产品配置流程，在严控风险的前提下新增配置项目4个，新增投放非流动性资产18.15亿元。加强资金运用全过程风险管控，组织新冠肺炎疫情下投资项目风险排查，落实风险项目处置预案，开展资产风险五级分类，审慎做好现金流分析和减值测算。截至2022年底，专属保险公司保险资金运用规模91.56亿元。

【理赔服务】 2022年，专属保险公司持续加强首席险种理赔核心能力建设，案件处置获业界权威认可，快速处置某炼化企业闪爆事故案例入选“2021—2022年度中国保险业年度影响力赔案”，专属保险公司连续三年入选该榜单。探索运用多种核损方式，首席及独家险种及时结案率达 91%。全力支持受灾企业救灾止损，高效完成向辽河油田、四川销售等企业支付预赔款 3345 万元，接到四川销售“9・5”泸定地震报案后 1 小时内“闪付”预赔款 200 万元。跟进重大从共保案件理赔处置，全程督促协调辽河油田洪灾损失案理赔进展，会同财产险首席承保人预赔付 2000 万元，推动与责任险首席承保人预赔付 2500 万元，有效缓解企业抢险救灾资金压力。持续跟进处置重点海外案件，协调阿曼项目结案尾款和加拿大 LNG 工程险理赔费用基金及时支付。克服新冠肺炎疫情不利影响，捕捉窗口期对广东销售、哈尔滨石化、大庆油田等企业开展客户拜访，与企业良好互动。

【提质增效】 2022 年，专属保险公司以“质效”双增、价值创造为主线编制行动方案，全面落实创新驱动、风险防控、优质服务、精细管理 4 个维度 12 项 39 条措施。全年累计增效 0.27 亿元，完成增效目标的 118.72%。强化存量业务挖潜，拓展新业务，研究新险种，持续提升车险等优质业务参与比例，实现承保利润 25281 万元，增效 1428 万元；优化投资组合和资产配置策略，研究定制固定收益类产品，严控投资风险，综合投资收益 2.93 亿元；强化预算刚性约束和指导作用，突出过程管控，严格各项费用标准，降低成本费用。全年业务及管理费支出 8812 万元，为年度预算目标的 63.73%。

【风险防控与合规管理】 2022 年，专属保险公司坚持依法治企，强化合规经营，始终坚守不发生系统性金融风险的底线。落实集团公司“合规管理强化年”部署，实施“严肃财经纪律、依法合规经营”综合治理专项行动工作，启动专属保险公司三年合规行动，构建适配经营、组织、业务合规管理体系。完成重大涉法事项论证、投资合规审查 100 余项。动态更新专属保险公司权责管理清单，提升组织管理能力和运行效率。严格遵守偿二代二期监管规则，完善风险偏好体系，优化风险管理工具，促进风险管理与专属保险公司经营相融合。全年制修订制度 49 项，同步更新内控流程 76 项，发布专属保险公司 2023 年内控管理手册和流程文档，形成包含 131 项制度、326 个内控流程的全方位内控体系。完成首次集团公司管理层测试和专属保险公司独立自我测试，有效实现关键环节风险管控。完成常规内部审计、资金运用审计等专项工作，规范开展高管经济责任审计，配合监管机关开展经济责任审计清查，推进完善审计监督整改长效机制。

【公司治理】 2022 年，专属保险公司遵照法律法规、监管规定和公司章程要求，贯彻落实股东大会决议，公司治理结构有序运转。有序组织公司治理会议，全年召开董事会 11 次、监事会 5 次、股东大会 7 次，召开次数及形式均满足监管规定。配合新疆银保监局落实监管检查现场工作。修订总经理办公会议事规则、信息披露管理办法，制定股东承诺管理办法，组织开展大股东行为评估，从制度和操作两个层面规范股东、董事会、监事会及管理层的履职行为，保障专属保险公司治理结构规范顺畅有序运转。

【基础管理】 2022 年，专属保险公司持续推进三项制度改革，实现中层领导人员任期制和契约化管理全覆盖；明确组织机构设置原则、部门职能和岗位设置要求，夯实组织机构设置及优化调整基础；按照合规经营、防范风险、精简高效的原则完成审计部、再保险部独立设置；按计划实施“人才强企工程推进年”实施方案，多渠道开展员工招聘，全年新增员工 4 名；选拔任用 6 名中层干部，中层干部队伍规模和年龄结构进一步改善；开展 2022—2023 年度“青马工程”学员遴选培养，分级分类多渠道强化员工教育培训，全年参加内外部培训约 640 人次，进一步提升员工素质能力。落实信息化服务业务需求，持续完善核心业务系统，完成 31 项需求改进；持续开展数据管理与分析系统建设，搭建清单报表 93 张、固定报表 15 张、多维报表 5 张，支持业务部门数据需求；保障冬奥会、二十大等重要活动期间网络安全，未发生任何网络安全事件。落实常态化新冠肺炎疫情防控要求，确保专属保险公司经营平稳有序运行。

【企业党建工作】 2022 年，专属保险公司党委强化党建引领，坚持以高质量党建引领高质量发展。学习贯彻党的二十大精神，党委书记向全员宣讲党的二十大精神，其他班子成员分别在党支部、分管领域宣讲，实现党的二十大精神第一轮学习全员覆盖。落实“第一议题”制度要求，及时学习习近平总书记重要指示批示精神、最新重要讲话精神 64 次。制定党史学习教育常态化长效化实施方案，推动党史学习教育规范化、常态化、制度化。开展“转观念、勇担当、强管理、创一流”主题教育活动，印发学习特刊 2 期。落实全面从严治党宣传教育、党章党规和党性党风党纪教育，组织正面教育 105 次，组织案件防控典型案例、违规经营投资责任追究等警示教育 19 次，开展新提任中层领导人员廉洁谈话 6 人次，教育引导领导干部守住底线、不碰红线。

（王占东）

大事记

中国石油天然气集团有限公司2022年大事记

1月

3日　石油化工研究院和润滑油公司联合开发的昆仑润滑连续清洁生产成套技术低黏度PAO工业示范装置开车成功，实现第一次工业应用，打破国外技术垄断。

4日　中共中央总书记、国家主席、中央军委主席习近平考察由华油集团运营管理的北京冬奥村（冬残奥村）住宿服务区域时强调，要提高精准化、精细化管理和服务水平，努力打造安全、温馨、舒适的“运动员之家”；要严格落实“双闭环”管理，完善场馆防疫措施，尽最大努力防止疫情发生；把食品安全放在第一位，越是智能化，越要注重源头把控，确保万无一失。习近平勉励广大干部员工，能够参加北京2022年冬奥会和冬残奥会的志愿服务工作，是人生难得的机会，希望服务团队要振奋精神、鼓足干劲，团结协作、共同努力，确保期间各项服务保障工作顺利，让各国参赛人员充分感受到中国人民的热情好客和文明礼貌，感受到春天般的温暖。

同日　集团公司2022年质量健康安全环保工作会议（视频）在北京召开。集团公司董事长、党组书记戴厚良出席并讲话。

同日　中共中央组织部研究，谢军同志任中国石油天然气集团有限公司副总经理、党组成员；21日国务院决定，同意谢军为中国石油天然气集团有限公司副总经理人选。

同日　中国石油收到北京冬奥组委颁发的碳中和特殊贡献牌匾。2021年12月，中国石油自愿向北京冬奥组委赞助20万吨国家核证自愿减排量（CCER），以实际行动积极支持北京冬奥会筹办工作。

5日　中国石油天然气集团有限公司碳中和技术研发中心正式运行。该中心依托安全环保研究院，由勘探开发研究院、规划总院联合共建。

6日　石油化工研究院自主开发的PEC-31碳三加氢催化剂在兰州石化完成性能标定，至此中国石油实现从碳二到碳九系列加氢催化剂全覆盖。

7日　由中国兵器工业集团有限公司、中国石油天然气集团有限公司、中国核工业集团有限公司、中国长江三峡集团有限公司、中国航天科技集团有限公司五家单位组成的央企伟大精神宣讲报告团走进中国石油，在中国石油科技交流中心作首场巡回宣讲报告会。

8日　1时45分，青海省海北藏族自治州门源回族自治县发生6.9级地震，中国石油青海、甘肃两地企业第一时间启动应急预案，驰援抗震救灾，全力保障油品供应稳定。

9日　集团公司党组2021年度领导班子专题民主生活会在北京召开。中央纪委副书记、国家监委副主任傅奎，国务院国资委党委委员、副主任袁野，中央巡视组副部长级巡视专员、中央纪委国家监委第四监督检查室主任曲吉山，中央企业党史学习教育第二指导组组长卢纯以及中央组织部、国务院国资委有关厅局领导和同志，中央企业党史学习教育第二指导组有关成员到会指导。会上通报集团公司党组2020年度领导班子民主生活会整改措施落实情况及2021年度领导班子专题民主生活会征求意见情况。集团公司党组书记戴厚良代表党组领导班子作对照检查，深入查找存在的不足和差距，明确整改方向，提出整改措施。集团公司党组领导班子成员侯启军、段良伟、刘跃珍、焦方正、黄永章、钱朝阳、任立新、谢军逐一进行对照检查发言，开展批评与自我批评。

10日　集团公司党史学习教育总结会议（视频）在北京召开。中央企业党史学习教育第二指导组组长卢纯、副组长童应安到会指导。集团公司党组书记、董事长戴厚良讲话。

12日　集团公司2021年度党建工作责任制考评动员部署会（视频）在北京召开。

同日　“铁人国际”移动应用平台正式上线。

13日　集团公司2022年工作会议（视频）在北京召开。集团公司董事长、党组书记戴厚良作《苦干实干勇毅前行，开创高质量发展新局面，以优异成绩迎接党的二十大胜利召开》主题报告，集团公司总经理、党组副书记侯启军作生产经营报告，党组副书记段良伟主持会议。集团公司党组领导刘跃珍、焦方正、黄永章、钱朝阳、任立新、谢军，外部董事李建红、石岩、杨亚、高云虎等出席会议。14 日下午工作会议闭幕，戴厚良作总结讲话，并为集团公司 2021 年度杰出成就奖获得者——工程技术研究院周英操颁奖。会上签订党风廉政建设责任书、安全环保责任书和业绩合同，大庆油田等 40 家单位被评为“2021 年度中国石油天然气集团有限公司先进集体”，辽河油田周鹰等 500 名员工被评为“2021 年度中国石油天然气集团有限公司先进工作者”；长庆油田、塔里木油田、西南油气田、南方公司、独山子石化、大港石化、长庆石化、北京销售 8 家单位入选首批“中国石油绿色企业”；长庆油田、川庆钻探、克拉玛依石化、工程建设公司、宝鸡钢管 5 家企业被认定为集团公司第二批创新性企业。大庆油田等 9 家单位作大会发言，塔里木油田等 10 家单位作书面交流。

14 日　工程材料研究院牵头申报的“十四五”首批国家重点研发计划“先进结构与复合材料”重点专项——苛刻环境能源井钻采用高性能钛合金管材研发及应用获科学技术部批复，项目总经费 9130 万元，研究周期 4 年。

15 日　《旗帜》杂志刊发集团公司党组书记、董事长戴厚良署名文章《坚持“两个一以贯之”，在完善公司治理中切实加强党的领导》。

19 日　集团公司党组书记、董事长戴厚良参加指导勘探开发研究院领导班子党史学习教育专题民主生活会。

同日　集团公司总经理、党组副书记侯启军到北京销售国家高山滑雪中心 1 号橇装供油装置、金龙综合能源服务站以及天然气销售北京分公司潭柘寺门站调研，强调全力以赴服务保障北京冬奥会，落实落细冬季保供等重点工作，确保安全平稳运行。

21 日　《学习时报》刊发集团公司党组书记、董事长戴厚良署名文章《深入学习贯彻习近平生态文明思想，为建设能源强国贡献力量》。

24 日　按照党中央国务院关于推动碳达峰碳中和工作统一部署，集团公司成立以公司主要领导为组长的碳达峰碳中和工作领导小组，统筹推进碳达峰碳中和工作。

25 日　北京冬奥火种巡回展示收官之站到中国石油。展示活动在北京中国石油大厦和全国 7 个冬奥社区、广场，以连线方式同步进行。集团公司董事长、党组书记戴厚良，北京冬奥组委市场开发部部长朴学东致辞。

同日　集团公司董事长、党组书记戴厚良视频连线广东石化炼化一体化项目，提出“确保装置一次开车成功”明确要求。4 月 15 日，戴厚良以视频形式调研广东石化炼化一体化项目建设和生产准备情况，强调以“钉钉子”精神将项目建设好、投产好、运行好。9 月 21 日，戴厚良到广东石化现场调研，强调锚定全面投产运行目标不动摇，加强统筹、强化落实，稳扎稳打，确保项目高质量建成投产。

同日　集团公司总经理、党组副书记侯启军到寰球工程公司调研，强调不断提升核心竞争力，助力集团公司炼化业务转型升级。

26 日　集团公司 2022 年党风廉政建设和反腐败工作会议（视频）在北京召开。集团公司党组书记、董事长戴厚良出席会议并讲话。

同日　历时一个半月的集团公司所属单位领导班子专题民主生活会督导任务完成，4 个党史学习教育指导组累计审阅对照检查材料以及个人发言提纲 1100 余份，提出并反馈意见建议近 9000 个，实现全过程和全覆盖督导。

27 日　中国石油压裂优化设计软件 FrSmart1.0Beta 版在勘探开发研究院对外发布，实现国产压裂优化设计软件零的突破。

28 日　中国石油数据中心（克拉玛依）入选工业和信息化部发布的“2021 年度国家绿色数据中心”，2 月 7 日入选“国家新型数据中心典型案例”。

29 日　国家发改委办公厅、工业和信息化部办公厅批准同意中国石油吉林石化公司炼油化工转型升级项目由储备项目转为规划项目。2 月 8 日，项目启动仪式以视频方式在吉林市吉林石化丙烯腈装置项目用地现场、北京中国石油大厦举行。项目包括新建年产 120 万吨乙烯等 21 套炼油化工装置，改造 9 套装置，停运 7 套装置，是中国石油第一个全部使用绿电的化工项目。吉林省委书记景俊海，集团公司董事长、党组书记戴厚良出席启动仪式。11 月 12 日项目在吉林市开工建设。

30 日　中国石油天然气集团有限公司与俄罗斯石油股份公司签署《低碳发展领域合作谅解备忘录》《〈保障中国西部炼厂供油的原油购销合同〉补充协议 3》。

2 月

3 日　中国石油天然气集团有限公司与俄罗斯

天然气工业股份公司签署《中俄远东天然气购销协议》，6月16日签署《中俄远东供气项目技术协议》，9月6日签署《中俄东线天然气购销协议》相关补充协议。

4日　中国石油在2022年北京冬奥会张家口赛区点燃冬奥历史上首支利用自主电解水技术制取的绿氢火炬。

9日　集团公司2022年网络安全与信息化工作会议（视频）在北京召开。

9—17日　集团公司总经理、党组副书记侯启军到长城钻探公司、煤层气公司、国际事业公司、共享运营公司、昆仑工程公司调研，强调充分发挥各自企业优势特点，推动主营业务高质量发展。

10日　集团公司2021年度所属单位党委书记抓基层党建工作首场述职评议会议（视频）在北京召开。集团公司党组书记、董事长戴厚良出席会议并讲话。至2月17日共组织3场述职评议会议，30家所属单位的22名党委书记、8名党委副书记进行述职评议。

18日　集团公司2022年工程和物装管理工作会议（视频）在北京召开。

同日　中国石油分子管理创新联合体成立大会在北京召开，宣布中国石油分子管理创新联合体正式成立。该联合体由规划总院牵头，联合独山子石化等7家单位，以及清华大学等10家国内外高校和科研院所，共同组建成立。

22日　中国石油国内勘探与生产业务2022年工作会议在北京召开。

25日　中国石油CCUS工作推进会在北京召开，启动300万吨CCUS重大工程示范项目。

28日　集团公司与通用技术集团宝石花医疗深化改革专业化整合签约仪式在北京举行。国务院国资委党委委员、副主任翁杰明出席并讲话，集团公司董事长、党组书记戴厚良，总经理、党组副书记侯启军参加会议。

3月

2日　集团公司2022年党建工作部署会（视频）在北京召开。

同日　大庆油田采油二厂第六作业区采油48队采油工刘丽当选2021年“大国工匠年度人物”。

同日　集团公司勘探开发人工智能技术研发中心揭牌成立。该中心依托勘探开发研究院，联合昆仑数智、大庆油田、长庆油田、塔里木油田、西南油气田、中国石油大学（北京）、西南石油大学共建。

同日　庆阳革命老区千万吨油气生产基地专题报告会在甘肃兰州举行，标志着陇东千万吨油气生产基地全面建成。

同日　中国石油第一个利用长停井开发的地热示范工程项目在长庆油田建成，每天节约天然气400立方米，年减排二氧化碳293吨。

4日　集团公司2022年提质增效及亏损企业治理工作推进会（视频）在北京召开。集团公司董事长、党组书记戴厚良出席并讲话。

8日　2021年度集团公司巾帼建功先进集体和个人表彰暨第二届“感动石油·巾帼风采”故事分享会，采用线上直播方式举行。大庆油田第二采油厂第六作业区南二一联合站等50个集体被授予“巾帼建功先进集体”，长庆油田白王畹力等200名女职工被授予“巾帼建功先进个人”。

10日　中国石油天然气集团有限公司与中国出口信用保险公司在北京签署战略合作协议。

同日　中国石油天然气集团有限公司和中国绿化基金会联合发起、合作开展“互联网+全民义务植树”——“我为碳中和种棵树”公益活动。截至2022年底，募资金额1788.98万元，参与人数超55.92万人次。首批3550亩林地已启动建设。

12日　集团公司董事长、党组书记戴厚良代表中国石油与新疆维吾尔自治区党委副书记、区政府主席、党组书记艾尔肯·吐尼亚孜在北京签署项目合作协议。

15日　集团公司决定，优化调整海外业务体制机制，构建“总部直管+专业化管理+区域性监管”三位一体的海外业务管理架构，17日集团公司召开海外业务体制机制优化调整部署动员会，集团公司董事长、党组书记戴厚良出席并讲话。

同日　集团公司党组印发《关于开展“转观念、勇担当、强管理、创一流”主题教育活动的通知》，在集团公司范围内组织开展第20次主题教育。

22日　应急管理部党委委员、副部长刘伟到中国石油总部调研，对中国石油安全生产工作给予充分肯定。集团公司董事长、党组书记戴厚良主持调研座谈会，表示将牢固树立“防范胜于救灾”理念，坚持识别大风险、消除大隐患、杜绝大事故，全面推进安全生产专项整治三年行动。

同日 中共中央组织部研究，蔡安辉同志任中国石油天然气集团有限公司总会计师、党组成员，免去刘跃珍同志的中国石油天然气集团有限公司总会计师、党组成员职务。

同日 国务院国资委改革办公布最新“科改示范企业”名单，中国石油“科改示范企业”增至7家。

26日 塔里木油田联合中油测井完全自主攻关研发的国产化89型耐压245兆帕、耐温210℃的射孔技术，在塔里木博孜1301井复杂工况条件下试验成功，达到世界先进水平。

29日 股份公司第八届监事会第十次会议以现场会议和视频方式召开，审议通过《监事会关于公司2021年度财务报告审查意见书》《监事会关于公司2021年度利润分配预案审查意见书》等8个议案并形成会议决议。

同日 集团公司人才强企工程推进年启动会（视频）在北京召开。8月18日，集团公司高层次人才引进工作推进会在河北涿州召开。

30日 股份公司第八届董事会第十四次会议在北京以现场会议及视频连线方式召开，审议通过《关于公司2021年度总裁工作报告》《关于董事会授权收购项目管理小组行权情况的报告》等16项议案并形成有效决议。

31日 股份公司在北京举行2021年度业绩发布会（详见专文）。

4月

2日 辽阳石化2万吨/年1,4–环己烷二甲醇（CHDM）重大工业试验项目一次投料开车成功，使中国石油成为全球第三家掌握PETG共聚酯上下游完整生产技术的企业。

6日 中共中央组织部研究，刘跃珍同志退休；国务院决定，同意蔡安辉为中国石油天然气集团有限公司总会计师人选，同意刘跃珍不再担任中国石油天然气集团有限公司总会计师职务。

7日 集团公司董事长、党组书记戴厚良到中国石油报社、石油工业出版社调研，强调切实担负起“举旗帜、聚民心、育新人、兴文化、展形象”使命任务，准确定位企业发展方位，坚定正确政治方向、舆论导向和价值取向，持续提高新闻宣传出版的传播力、引导力、影响力、公信力。

10日 中共中央总书记、国家主席、中央军委主席习近平在中国海洋大学三亚海洋研究院连线“深海一号”作业平台，强调推动海洋科技实现高水平自立自强，加强原创性、引领性科技攻关，把装备制造牢牢抓在自己手里，努力用我们自己的装备开发油气资源，提高能源自给率，保障国家能源安全。

12日 中国共产党中国石油天然气集团有限公司直属第十二次代表大会在北京召开，审议并通过集团公司直属第十一届委员会、直属纪律检查委员会工作报告，选举产生中国共产党中国石油天然气集团有限公司直属第十二届委员会、直属纪律检查委员会及出席中央企业系统（在京）党代表会议代表。集团公司党组书记、董事长戴厚良出席并讲话。

同日 大庆油田工程建设公司自主攻关打造的国内第一条可实现原料钢管进料、定长、坡口、打磨、全自动对接焊接、质量检验的“管管接长”生产线正式投产运营，填补国内空白。

13日 辽河油田储气库公司直属团支部获“全国五四红旗团支部”称号，青海油田采油三厂刘亦菲获“全国优秀共青团员”称号。

14日 集团公司天然气保供工作会议（视频）在北京召开。集团公司总经理、党组副书记侯启军出席并讲话。

15日 中国石油科技园A19地块一期项目开工建设，总建筑面积11.59万平方米。

19日 昆仑资本有限公司以云签约形式与上海杉杉锂电材料科技有限公司签署战略投资协议，是昆仑资本有限公司成立以来的首笔投资。

20日 集团公司2022年保密密码工作会议在北京召开。

20—22日 集团公司总经理、党组副书记侯启军出席在海南举行的博鳌亚洲论坛年会，应邀参加“一带一路：合作发展的新实践”分论坛并作发言交流。

22日 集团公司参与出资设立的油气行业气候倡议组织昆仑股权投资基金在海南琼海正式启动。

同日 中国石油天然气集团有限公司成为新型电力系统技术创新联盟首批成员单位。联盟由国家电网公司发起，发电企业、石油石化企业等31家单位组建成立。

同日 中国石油向香港教育界捐赠防疫物资仪式在香港举行，共捐赠36万只KN95口罩、9万剂抗原快速检测试剂和1万盒连花清瘟胶囊。

22—23日 侯启军到驻海南省油气企业调研，强调找准自身定位，做好发展规划，通过创新推动绿色和数字化转型，推进企业高质量发展。

23 日　中国工程院院士、中国化工学会理事长，中国石油天然气集团有限公司董事长、党组书记戴厚良在中国化工学会成立 100 周年纪念大会上作报告。

25 日　集团公司以视频形式，在北京、兰州、西安等多地连线，举行长庆油田“岗位建功‘十四五’、油气跨越 6800”全国引领性劳动竞赛启动仪式。

同日　《中国石油炼油化工技术丛书》首发式在北京举行，是集团公司组织出版的首套炼油化工领域自主创新技术系列专著丛书。

26 日　中国石油北京冬奥会、冬残奥会服务保障工作总结表彰会议在北京召开，表彰华油集团等 12 个“北京 2022 年冬奥会和冬残奥会服务保障先进集体”，李石大等 80 名“北京 2022 年冬奥会和冬残奥会服务保障先进个人”。在此之前，4 月 19 日，华油集团北京冬奥村服务团队和北京华服物业管理有限责任公司石油科技交流中心获“北京 2022 年冬奥会、冬残奥会北京市先进集体”，华油集团阳光物业公司办公室（党委办公室）主任王晓峰和华油集团中油阳光国际酒店管理有限责任公司副总裁孙军获“北京 2022 年冬奥会、冬残奥会北京市先进个人”称号。

同日　中国石油天然气集团有限公司与国家电网有限公司在北京签署战略合作框架协议。

27 日　集团公司贯彻落实全国巡视工作会议精神暨 2022 年巡视工作动员部署会在北京召开。本轮巡视共派出 6 个巡视组，对 15 家单位进行常规巡视，对 2 家单位开展巡视“回头看”。集团公司党组书记、董事长、党组巡视工作领导小组组长戴厚良出席并讲话。

28 日　集团公司 2022 年度国家高端智库重点课题启动会在北京召开。集团公司董事长、党组书记、国家高端智库建设工作领导小组组长戴厚良出席并讲话。

同日　辽河油田（盘锦）储气库有限公司获全国五一劳动奖状；华北油田刘静、抚顺石化倪大龙、吉林石化赵景林、大庆炼化姜绍军、上海销售袁婷婷、西南油气田熊波、长庆油田魏诚 7 人获全国五一劳动奖章，管道局机械公司孟令晨获“职业职工技能比赛”单列表彰的全国五一劳动奖章；华油集团华油阳光冬奥服务团队、大港油田第一采油厂输注作业区原油外输班、东方物探海洋物探处东方勘探二号船队、天然气管道第二工程有限公司 CPP217 机组、吉林油田新木采油厂创新维修工作站、大庆油田信息技术公司软件分公司、湖北销售武汉分公司盘龙大道加油站、四川销售成都分公司金牛坝加油站、甘肃销售临夏分公司城北加油站、长庆油田第二采油厂南梁采油作业区梁三转中心站、青海油田采油一厂尕斯第三采油作业区、乌鲁木齐石化炼油厂芳烃车间 12 家单位或集体获“全国工人先锋号”称号。

29 日　股份公司第八届董事会第十五次会议以书面审议方式召开，审议《关于选举公司董事的议案》《关于调整公司董事会考核与薪酬委员会成员的议案》等 6 项议案并形成有效决议。股份公司监事会以书面方式召开第八届监事会第十一次会议，会议审阅通过《关于选举公司监事的议案》《公司 2022 年第一季度报告》2 个议案并形成会议决议。

同日　股份公司第八届董事会第十五次会议，同意焦方正担任公司总地质师；股份公司公告，因年龄原因，刘跃珍辞去公司董事职务，孙龙德辞去公司副总裁、总地质师职务，李鹭光辞去公司副总裁职务。

同日　中国石油天然气集团有限公司与农业农村部在北京签署合作框架协议。

30 日　中国石油巴西公司参建的里贝拉项目梅罗油田第一生产单元 Guanabara 号 FP-SO（海上浮式生产储油船）成功投产，原油日处理能力 18 万桶，天然气日处理能力 1200 万立方米，是巴西生产能力最大的 FP-SO。

本月　吉林油田新 215 区块 16 号大井丛平台投产，共有油水井 72 口，是亚洲最大的陆地采油平台。

本月　工程建设公司中东地区公司承建的伊拉克哈法亚油田地面建设 EPCC 工程（三期）、上海寰球工程有限公司与中工国际联合体执行的乌兹别克斯坦纳沃伊 PVC、烧碱、甲醇生产综合体项目获“2020—2021 年度中国建筑工程鲁班奖（境外工程）”。

5月

3 日　辽河油田建设有限公司电焊工张亮获第 26 届中国青年五四奖章。

6 日　集团公司团委表彰一批五四红旗团委（团支部）、优秀共青团员、优秀共青团干部，大庆油田团委等 59 个团委获“集团公司五四红旗团委”称号，吉林石化有机合成厂乙烯动力联合车间团支部等 41 个团支部获“集团公司五四红旗团支部”称号，周子钰等 148 人获“集团公司优秀共青团员”称号，苏欣悦等100人获“集团公司优秀共青团干部”称号。

9日　集团公司董事长、党组书记戴厚良到天然气销售北京分公司等在京单位开展安全生产工作检查，强调坚决守住安全生产红线。

11日　国际权威品牌评估机构Brand Finance公布“2022年度全球油气公司品牌价值50强”榜单，中国石油以297亿美元的品牌价值位居全球第三，在中国油气公司中排名最高。

12日　中国石油天然气集团有限公司分别与华东理工大学、中国中车集团有限公司签署战略合作框架协议。

15日　华北油田工会副主席、团委书记，工会女职工委员会主任付丽莉获评全国妇联“第十三届全国家庭工作先进个人”；四川销售甘孜州色达县加油站泽仁娜姆家庭获评“2022年全国最美家庭”。

16日　西部钻探联合新疆油田、中油测井在新疆油田玛湖风南FNHW4063四井平台实施“双压裂”施工作业，历时11天，完成110段压裂施工，单日最高施工14段，日均施工10段，单日最大泵注液量1.53万立方米，刷新国内单机组桥射联作压裂工艺日均施工段数和单日泵注液量最高两项纪录，是国内首例实施的“双压裂”施工作业，填补国内“双压裂”技术空白。

18日　集团公司学习贯彻党的十九届六中全会精神专题培训班开班，集团公司党组书记、董事长戴厚良讲授第一课。

19日　股份公司决定，成立中国石油日本新材料研究院，9月30日在北京正式成立。集团公司董事长戴厚良和总经理侯启军共同揭牌。

同日　中国石油首口设计超9000米深井——塔里木油田满深10井开钻，设计斜深9186米。

20日　中国石油广东石化炼化一体化项目年产50万吨聚丙烯装置建成中交，是全球单线挤压机能力最大的聚丙烯装置。7月30日，年产260万吨芳烃联合装置建成中交，是全球单套生产能力最大的芳烃装置。

同日　中国石油转型升级重要项目——兰州石化新建年产3.5万吨特种丁腈橡胶装置建设项目投产。

23日　中油测井建成投产国内第一条测井装备全流程智能化加工生产线。

26日　中国石油发布2021年度社会责任报告，已连续发布16年。

29日　股份公司公告，兰建彬、何江川、金彦江当选公司职工代表监事；因年龄原因，付锁堂辞去公司职工代表监事职务；因工作变动原因，李家民、刘宪华辞去公司职工代表监事职务。

30日　大庆油田勘探开发研究院“三超”文化展厅入选全国首批科学家精神教育基地。

同日　国内首座自主设计高含硫天然气净化厂——西南油气田剑阁区块礁滩气藏试采地面工程净化厂投产。

31日—6月8日　集团公司总经理、党组副书记侯启军对生产经营管理部、勘探与生产分公司等部分单位数字和信息化建设工作进行调研，强调以数字和信息化建设为抓手推进企业业务模式重构、管理模式变革、商业模式创新，用数字化投资撬动和放大现有业务，为集团公司高质量发展赋能。

本月　中油测井首次应用自主研发的230℃/170兆帕小直径测井系列仪器，完成大港油田千探1井测井任务，实现国内首套超高温高压CPLog测井装备成功应用，创CPLog测井装备213℃最高作业温度纪录。

6月

1日　中国石油发布《2021年环境保护公报》，已连续发布23年。

2日　集团公司“青春心向党、建功新时代”青年座谈会暨青年精神素养提升工程动员部署会在北京召开。集团公司党组书记、董事长戴厚良为广大石油青年讲授精神素养提升第一课。

同日　集团公司决定，中国石油中亚公司改设为中国石油中亚俄罗斯公司，调整中国石油中亚俄罗斯公司、西非公司协调监督范围，海外大区公司设立13个国别代表处。

同日　塔里木油田沙漠公路零碳示范工程在塔克拉玛干沙漠建成投运，成为中国首条零碳沙漠公路。

5日　中国石油发布《中国石油绿色低碳发展行动计划3.0》，提出“碳循环经济体系”理念，部署三大行动及十大工程，细化绿色低碳转型实施路线图。

6日　中国石油完成全球天然气行业首笔绿色贷款提款。此次贷款由中国银行（香港）有限公司提供，用于国际事业公司全球首份长贸液化天然气（LNG）碳中和协议下的贸易结算。

8日　集团公司董事长戴厚良在北京出席金砖国家工商理事会2022年度视频会议，中国石油作为能源与绿色经济工作组中方组长单位作小组年度工作汇报。

9 日 股份公司 2021 年度股东大会（视频）在北京召开。会议以投票方式表决，赞成批准《2021 年度董事会报告》《2021 年度监事会报告》等 9 项普通议案；赞成通过《关于给予董事会发行债务融资工具一般性授权事宜的议案》《关于修订公司章程的议案》2 项特别议案。股份公司董事长、大会主席戴厚良主持并讲话。

同日 股份公司监事会以现场会议和视频方式召开第八届监事会第十二次会议，审议通过《关于选举公司监事会主席的议案》，并形成会议决议。

同日 股份公司公告，选举谢军为公司董事，蔡安辉为公司监事、监事会主席，谢海兵、赵颖、蔡勇为公司监事；因工作变动原因，吕波辞去公司监事会主席、监事职务；因年龄原因，张凤山辞去公司监事职务；因工作变动原因，姜力孚、卢耀忠辞去公司监事职务。

10 日 集团公司第五届石油精神论坛在北京举行（详见专文）。

11 日 管道局应用自主研发的多功能模块化海床挖沟机，完成孟加拉国首条海洋管道工程 100 多千米管道铺设，实现最大后挖沟深度 11.9 米，创造“海陆定向钻穿越”和“航道后深挖沟”两项世界纪录。

13 日 集团公司总经理、党组副书记侯启军到经济技术研究院调研改革发展和国家高端智库建设情况，强调高站位高起点高标准推进科研工作和智库建设工作，为建设基业长青的世界一流企业贡献智库力量。

同日 集团公司决定，成立中国石油天然气集团有限公司知识产权管理办公室，与集团公司科技管理部合署办公，负责归口管理专利、技术秘密、工法和著作权等知识产权工作。

14 日 中国石油天然气集团有限公司与中国华电集团有限公司在北京签署深化战略合作框架协议。

15 日 中国石油天然气集团有限公司与道达尔能源公司签署阿尔比恩项目研发合作协议。

同日 股份公司公告，因个人原因，西蒙·亨利辞去公司独立董事职务，同时卸任投资与发展委员会委员职务。

同日 《人民日报》在产经版刊发中国石油深化改革、大力推进公司治理体系和治理能力现代化的企业实践文章《中国石油扎实推动改革 “改”出活力“治”出效率》。

同日 宝鸡钢管自主研发的世界最高强度级别 CT150 连续管全球首发，强度级别超过 1100 兆帕。

17 日 《学习时报》刊发集团公司党组书记、董事长戴厚良署名文章《以稳增长的有力实践为稳经济贡献石油力量》。

同日 集团公司董事长戴厚良以视频形式参加在俄罗斯举行的圣彼得堡国际经济论坛能源分论坛，表示中国石油将加强与各国同行在传统能源和新能源领域全面合作，共同推进全球能源行业实现可持续发展。

同日 股份公司第八届董事会第十六次会议以书面审议方式召开，审议《关于调整部分董事会专门委员会成员的议案》《关于辽河油田（盘锦）储气库有限公司股权交易的议案》等 3 项议案并形成有效决议。

同日 股份公司第八届董事会第十六次会议，同意聘任张道伟、万军担任公司副总裁，聘任王华担任公司财务总监、董事会秘书；因年龄原因，柴守平辞去公司财务总监、董事会秘书职务。

18 日 由中央党校和集团公司联合主办的“国际传播能力建设与企业角色”高端论坛在北京举行。集团公司董事长、党组书记戴厚良致辞指出，中国石油在大力发展国际业务的同时，坚持把树立企业形象与彰显国家形象相结合，主动服务国家战略，全面提升国际传播效能。

同日 中国石油土库曼斯坦新气田投产（详见专文）。

21 日 第一届金砖国家能源合作论坛在北京举行（详见专文）。

同日 国家发展改革委办公厅、工业和信息化部办公厅批准同意中国石油广西石化炼化一体化转型升级项目转为规划项目。7 月 28 日，项目启动仪式在钦州市广西石化乙烯装置项目用地现场、北京中国石油大厦举行。项目包括新建 120 万吨 / 年乙烯裂解等 16 套炼化装置。广西壮族自治区党委书记、人大常委会主任刘宁，集团公司董事长、党组书记戴厚良出席启动仪式。

22 日 国务院国资委副主任、党委委员袁野到中国石油专题督促指导“稳增长、防风险、促改革、强党建”工作，参观国际事业公司原油交易大厅，在石油大厦组织召开专题座谈会。集团公司董事长、党组书记戴厚良作工作汇报。

同日　2022年金砖国家工商论坛在北京以线上线下结合方式举行，集团公司董事长戴厚良应邀出席“加快绿色转型，推动全球可持续发展”专题研讨会并发言，分享中国石油在绿色低碳方面的探索和实践。

同日　中国石油天然气集团有限公司与北京城市副中心党工委管委会在北京签署新能源战略合作框架协议。

23日　中国石油天然气集团有限公司与中国科学院在北京签署战略合作协议。

同日　“中国石油—北京大学基础研究合作项目管理委员会和技术委员会第一次会议”以线上线下相结合的方式召开，审议通过项目管理办法和2022年基础研究合作项目计划，标志着中国石油与北京大学战略合作正式运行。

同日　川庆钻探承钻的西南油气田双鱼001-H6井安全钻至9010米完钻，创中国陆上最深天然气水平井纪录。

24日　集团公司安全生产工作会（视频）在北京召开。集团公司董事长、党组书记戴厚良主持会议并对“安全生产十五条硬措施”进行逐条宣贯。

25日　华北油田山西沁水煤层气田井口日产和日外输商品气量均突破550万立方米，年地面抽采能力超过20亿立方米，建成中国最大煤层气田。

26日　长庆油田第五采气厂苏东39-61储气库建成投产，设计库容22.3亿立方米、工作气量10.8亿立方米，是国家石油天然气基础设施重点工程，也是内蒙古自治区首座天然气储气库。

30日　集团公司第二届科学技术委员会第一次全体会议在北京召开。会议首次邀请能源化工等领域外部院士加入。集团公司董事长、党组书记、科学技术委员会主任戴厚良出席并讲话，为科技委员会委员代表颁发聘书。

同日　第十三届“绿色发展·低碳生活”主旨论坛在北京举办，中国石油凭借在绿色低碳发展方面的优异表现和推动中国能源结构清洁化的卓越贡献，获评“中国低碳榜样”。这是中国石油第十一次获评此奖项。

本月　中国石油成功实现鲁迈拉合资公司重组交割，替代BP成为鲁迈拉项目作业者。

7月

1日　中国石油首个水面光伏项目——大庆油田星火水面光伏示范工程并网发电，装机规模18.7兆瓦，年均发电2750万千瓦·时。截至2022年底发电1304万千瓦·时。

4日　宝石机械成功研制国内首台静音型8000米自动化钻机。

5日　集团公司总经理、党组副书记侯启军到规划总院调研，强调聚焦集团公司战略谋划、运营优化和转型升级开展研究，及时、有效、精准地提供决策支持和技术服务。

6日　侯启军到昆仑数智调研，强调发挥赋能作用，为集团公司转型升级提供有力支持。

13日　勘探开发研究院研发的太阳能泡排智能加注装备在青海油田南八仙气田完成首轮试运行，标志着国内首试成功绿色智能泡沫排水采气，实现二氧化碳“零排放”。

15日　侯启军到储气库公司和中油国际管道公司调研，强调围绕集团公司主营核心业务稳运行、促发展，加强储运能力建设，为天然气安全平稳保供提供良好服务。

同日　国务院国资委发布2021年度和2019—2021年任期中央企业负责人经营业绩考核结果，中国石油均获评A级，入选2019—2021年任期业绩优秀企业和科技创新突出贡献企业。

同日　《科技日报》头版刊发集团公司董事长、党组书记戴厚良署名文章《建设国家战略科技力量和能源与化工创新高地》，刊发集团公司科技创新通讯报道《打造原创技术策源地——国产大乙烯技术实现“2.0版本”升级》。

同日　中国石油全球首艘大型DP浅水特种作业船“BGP Innovator”（东方物探创新者号）在大连交付，实现最浅5米水深作业，填补全球同类海域勘探装备空白，标志着中国海洋油气勘探装备研发制造实现历史性跨越。

16日　中国石油完成碳市场交易履约任务，2021年以来累计采购碳排放配额600万吨。

19日 侯启军到勘探开发研究院调研，强调加快科技创新，强力支撑集团公司油气增储上产。

25日 塔里木油田博孜—大北超深气区100亿立方米产能建设工程开工，包含新建博孜天然气处理厂1座，处理能力2000万米^3/日，新建天然气外输管线150.8千米、凝析油外输管线243.1千米，新部署井位54口，新建产能天然气50.92亿米^3/年、凝析油61.5万吨/年。这标志着中国最大超深凝析气田全面投入开发建设。

26日 由海洋工程EPC总承包实施的国家管网集团册镇海底管道变形缺陷永久修复项目海底管卡安装成功，是世界当前使用的最大异形管卡，创6项国内第一、两项世界首创。

27—28日 集团公司2022年领导干部会议（视频）在北京召开。集团公司董事长、党组书记戴厚良作题为《坚持依法合规治企和强化管理，为建设基业长青的世界一流企业提供坚强保障》讲话，总经理、党组副书记侯启军通报生产经营和提质增效情况。集团公司领导焦方正、蔡安辉、黄永章、钱朝阳、任立新、谢军，外部董事李建红、石岩等出席会议。长庆油田等8家单位作会议交流发言，大庆油田等8家单位作书面交流。

8月

2日 2022年《财富》世界500强排行榜发布，中国石油位列第四。

5日 中央政治局委员、中央书记处书记、中央纪委副书记、国家监委主任杨晓渡到新疆油田考察调研采油二厂81号联合处理站及油田发展建设历程、生产经营效益及油气水处理工艺流程等情况。

9日 昆仑ERP系统在大庆石化实现单轨运行，开创国产ERP系统在大型企业核心业务领域应用先河。

12日 股份公司第八届董事会临时会议以书面审议方式召开，审议《关于公司拟将美国存托股从纽约证券交易所退市及相关事项的议案》《关于聘任公司秘书的议案》2项议案并形成有效决议。

同日 股份公司董事会同意聘任王华先生担任公司秘书。

同日 华油集团所属中国华铭国际投资有限公司莫斯科中国贸易中心获俄罗斯建筑行业最高荣誉——“年度最佳竣工工程奖”，当年获“中国建设工程鲁班奖（境外工程）”。

16日 大港油田勘探开发研究院何书梅获中国地质学会第三届优秀女地质科技工作者奖。国际勘探开发公司王仁冲、冀东油田勘探开发研究院王政军、东方物探张宏伟获中国地质学会第五届野外青年地质贡献奖。

17日 中国石油科学技术协会成立大会暨第一次代表大会在北京召开（详见专文）。

18日 大庆油田生态环境管护公司、长庆油田第二采油厂获“全国绿化先进集体”称号，集团公司质量健康安全环保部低碳处绿化负责人柳军、大庆油田生态资源管理部原主任王天臣被表彰为“全国绿化劳动模范”。

18—20日 集团公司总经理、党组副书记侯启军到甘肃、陕西两地调研，强调以革命性举措推动油气上产和企业转型升级，推动西部综合能源业务取得新突破。

19日 集团公司参与承办的“绿色低碳·能源变革”国际高端论坛在北京召开。中国工程院院士、集团公司董事长戴厚良主持主论坛开幕式并作题为“绿色低碳背景下的中国能源安全与发展战略”主旨演讲。

22日 勘探开发研究院高级工程师黄士鹏获中国地质学会第十八届青年地质科技金锤奖，大港油田勘探开发研究院一级工程师官全胜、塔里木油田勘探开发研究院油气藏评价所所长张银涛获银锤奖。

22—24日 集团公司总经理、党组副书记侯启军到盘锦市部分石油石化企业调研，强调充分发挥一体化优势，做好抗洪防汛和复产工作，在集团公司高质量发展和新时代东北振兴上展现更大担当和作为。

23日 股份公司第八届监事会第十三次会议以现场会议和视频方式召开，审议通过《监事会关于公司2022年中期财务报告审查意见书》《监事会关于公司2022年中期利润分配方案审查意见书》《公司2022年半年度报告及中期业绩公告》等3个议案并形成会议决议。

25日 股份公司在北京举行2022年中期业绩发布会，公司上半年油气两大产业链平稳高效运行，经营业绩创同期最好水平，营业收入1.6万亿元，归属于母公司股东净利润823.9亿元。股份公司董事长戴厚良出席并致辞。

同日 集团公司维稳信访安保工作会议（视频）

在北京召开。

同日 股份公司第八届董事会第十七次会议在北京以现场会议及视频连线方式召开，审议《公司2022年中期财务报告》《公司2022年中期利润分配方案》等6项议案并形成有效决议。

29日 集团公司董事长、党组书记戴厚良在北京主持召开销售分公司领导班子和销售企业负责人座谈会，专题调研成品油销售业务发展情况，强调奋力推动集团公司市场营销高质量发展。

同日 集团公司与国家电投集团等组成的联合体成功竞配广西钦州90万千瓦海上风电示范项目，是中国石油首个通过竞争性配置获得指标的海上风电示范项目。

30日 中国石油工程作业智能支持中心（EISC）揭牌仪式在北京举行。集团公司董事长、党组书记戴厚良和总经理、党组副书记侯启军共同揭牌。

同日 股份公司决定，勘探与生产分公司更名为油气和新能源分公司，炼油与化工分公司更名为炼油化工和新材料分公司，撤销天然气与管道分公司。

31日—9月5日 2022年中国国际服务贸易交易会在北京举办，集团公司在油轮运输、通信服务、快递服务等多个领域，达成服务采购交易额超5亿元。

9月

2日 集团公司董事长、党组书记戴厚良在北京参加2022年新员工集中培训开班式并讲授第一课，勉励新员工努力成为国家能源事业发展的合格建设者和优秀接班人。

同日 集团公司联合中国乡村发展基金会和浙江蚂蚁公益基金会共同发起“加油宝贝”儿童健康保障项目。

3日 集团公司决定，调整中国石油天然气集团有限公司机关服务中心管理体制，与中国华油集团有限公司“一个党委，两块牌子”。

5日 集团公司董事长、党组书记戴厚良到海洋工程、中油技开调研，强调集中精力抓好企业各项任务落实，为推动集团公司高质量发展做出积极贡献。

同日 工程材料研究院自主研发的2205双相不锈钢专用超高温酸化缓蚀剂，大幅降低双相不锈钢在酸液体系中的腐蚀速率，仅为SY/T 5405—2019行业标准限制值的17%，标志着中国石油在不锈钢酸化缓蚀剂领域获重大突破。

同日 四川省泸定县发生6.8级地震，集团公司党组第一时间作出保供救援整体部署，中国石油各驻四川省企业全力救灾。

6日 中国企业联合会、中国企业家协会联合发布“2022中国跨国公司100大及跨国指数”榜单，中国石油位列第一，连续11年蝉联榜首。

8日 玉门油田300兆瓦光伏并网发电项目正式启动，项目安装容量360兆瓦，建成后年均发电量6.058亿千瓦·时，是中国石油建设的最大光伏发电项目。

同日 中国石油选送的视频作品《晓光》获第五届中央企业优秀故事一等奖。

9日 集团公司董事长、党组书记戴厚良到上海参加中央企业助力上海高质量发展大会并发言，与上海市政府签订全面战略合作协议，并到上海销售公司、中石油（上海）新材料研究院现场调研，进行安全检查。

13日 中国石油天然气集团有限公司与中国科学技术协会在北京签署全面战略合作协议。

16日 集团公司院士座谈会在北京召开，郭尚平、贾承造、苏义脑、袁士义、孙龙德、胡文瑞、黄维和、邹才能、刘合、李宁、高金吉等院士发言，围绕贯彻能源发展新战略、加快科技人才队伍建设等方面建言献策。中国工程院院士，集团公司董事长、党组书记戴厚良出席并讲话。

19—20日 集团公司董事长、党组书记戴厚良在合肥参加2022世界制造业大会、安徽省与中央企业合作发展座谈会，到中国科学技术大学座谈交流，并到安徽销售现场调研，强调全面贯彻新发展理念，不断推进企业高质量发展。

19—23日 五集专题纪录片《中国福气》在凤凰卫视中文台首播，中国石油微信公众号、铁人先锋等多个平台联动播出，累计播放量308.6万次。

20日 大庆油田勘探开发研究院非常规勘探研究室副主任刘鑫，大港油田第六采油厂第二采油作业区采注一组副组长周洋洋，青海油田采气一厂采气工刘馨思雅，华北油田第三采油厂工程技术研究所所长、党支部副书记朱治国，抚顺石化公司维修一车间钳工首席技师王建，辽阳石化公司研究院聚酯研究室主任林妍妍，独山子石化公司炼油二部副经理、党委副书记蒽永龙，锦州石化公司仪电车间电气维修三班组长赵亚东，河北销售邢台分公司第二十三加油站经理王忠伟，中油管道检测技术有限责任公司电气设计主任工程师刘高菲，宝石机械公司海洋石油装备分公司生产运行部副经理安浩 11 位青年获第 21 届“全国青年岗位能手”称号。

21 日　由中国石油与中国石化、上汽集团、宁德时代、上海国际汽车城集团联合投资的上海捷能智电新能源科技有限公司正式成立。该公司将以动力电池租赁业务为核心，开展换电技术研发推广、电池运营管理、大数据服务等，构建车电分离完整生态，打造标准化平台，为新能源车主带来更安全可靠、方便快捷的优质出行体验。

22 日　集团公司贯彻落实习近平总书记致大庆油田发现 60 周年贺信重要指示精神三周年座谈会在北京召开。集团公司党组书记、董事长戴厚良出席并讲话。

同日　集团公司董事长、党组书记戴厚良和总经理、党组副书记侯启军共同为中国石油展览厅开展。展厅以“新时代、新石油”为主题，综合运用半景画、岩雕、铜浮雕、石刻、仿真模型、微缩景观等多种展览方式，展示图片 1000 多张，展品 400 余件。

同日　集团公司决定，成立中国石油天然气集团有限公司科学技术协会，秘书处设在集团公司党群工作部。

23 日　在全国安全生产电视电话会议后，集团公司立即召开安全生产工作会议。集团公司董事长、党组书记戴厚良出席并讲话。

25 日　中国石油首个 20 万吨 / 年 EVA 项目生产出质量合格的 EVA 发泡料 TL-V1803 产品，创国内同类装置产出合格产品速度最快纪录。

28 日《习近平经济思想研究》刊发集团公司党组书记、董事长戴厚良署名文章《坚定担负起能源央企的责任使命》。

29 日　股份公司公告，选举付斌为公司职工代表监事；因年龄原因，王亮辞去公司监事职务。

30 日　塔里木油田李亚林获“2021 年度孙越崎能源大奖”。

本月　西部钻探工程院自主研发的我国第一套小尺寸近钻头导向系统在新疆油田陆梁区块 LU3053 井现场成功应用，填补国内空白。

10 月

5 日《学习时报》刊发集团公司党组书记、董事长戴厚良署名文章《坚持依法合规治企，为建设世界一流法治企业提供坚强保障》。

9 日　煤层气公司在鄂尔多斯盆地东缘大吉区块投产的，进尺分别为 3700 米和 3600 米的吉深 14-5 平 01 井、平 02 井，在控压限产前提下获单井日产超 10 万立方米高产工业气流，达到国内中浅层煤层气直井平均产量 60—100 倍，标志着中国石油国内首个深层煤层气开发试验区率先在世界 2000 米以深煤层气新领域取得重大突破。

10 日　尼日尔总统穆罕默德·巴祖姆率领国家政府官员一行 30 多人视察尼日尔公司尼贝管道项目第三标段施工现场。

12 日　中国石油天然气集团有限公司与联合石油天然气投资有限公司在北京签署《中华人民共和国渤海湾盆地高升区块提高石油采收率合同终止协议》，高升项目正式终止。

14 日　中国石油连续 12 年定点帮扶的江西横峰县入选 2022 年度国家乡村振兴示范县创建单位。

16 日　中国共产党第二十次全国代表大会在人民大会堂开幕，中国石油 11 名党代表在大会现场聆听党的二十大报告。22 日，大庆油田钻探工程公司钻井二公司 1205 钻井队队长张晶当选第二十届中央委员会候补委员。

同日　中国石油天然气集团有限公司与巴西国家石油公司合作的位于桑托斯盆地阿拉姆深水勘探区块的首口探井——古拉绍 -1 井测试获高产油流。11 月 10 日，中国石油宣布古拉绍 -1 井测试获得成功，海外深水油气勘探取得重大突破。

17 日《求是》杂志刊发集团公司党组书记、董事长戴厚良署名文章《书写“我为祖国献石油”新时代答卷》。

17—18 日　党的二十大代表，集团公司党组书记、董事长戴厚良在党的二十大中央企业系统（在京）代表团分组会议上发言，表示坚决把思想和行动统一到党的二十大精神上来，为实现报告擘画的宏伟蓝图贡献石油力量。

20日　第十一届“黄汲清青年地质科学技术奖”公布，新疆油田勘探开发研究院宋永获“地质科技研究者奖”，大港油田勘探开发研究院韩文中获“野外地质工作者奖”。

24日　集团公司召开党组会（扩大），传达学习中国共产党第二十次全国代表大会精神。11月1日，集团公司召开学习贯彻党的二十大精神宣讲报告会，集团公司党组书记、董事长戴厚良作宣讲，集团公司党组印发《关于按照中央统一部署认真学习宣传贯彻党的二十大精神的通知》；9日，集团公司举行学习贯彻党的二十大精神专题辅导报告会，中央宣讲团成员、中央党史和文献研究院院长曲青山应邀作专题辅导；11日，集团公司党组副书记、总经理侯启军宣讲党的二十大精神；14日，集团公司党组副书记段良伟宣讲党的二十大精神；15日，集团公司党组领导蔡安辉、黄永章、钱朝阳、谢军分别到总部部门和企业宣讲党的二十大精神；17日，集团公司党组领导焦方正宣讲党的二十大精神。12月9日，集团公司党组领导任立新宣讲党的二十大精神。

同日　中国石油凭借为粤港澳大湾区建设做出的积极贡献，获“领航‘9+2’粤港澳大湾区杰出贡献企业”称号。

同日　中国地质学会首批会士名单公布，勘探开发研究院党委书记、副院长窦立荣当选中国地质学会会士。

25日　中远海运中国石油国际事业公司LNG运输项目首制船命名及交付仪式在上海举行，标志着中国石油首批3艘自有LNG船队首制船“少林”号正式交付使用。

26日　集团公司总经理侯启军通过视频方式出席第27届土库曼斯坦油气大会并发言。

27日　股份公司第八届董事会第十八次会议以书面审议方式召开，审议《关于公司2022年第三季度报告的议案》《关于公司2022年业务发展和投资计划优化调整方案的议案》2项议案并形成有效决议。

同日　股份公司第八届监事会第十四次会议以书面方式召开，审阅通过《公司2022年第三季度报告》，并形成会议决议。

同日　2022中国知识管理年会暨China MIKE（中国最具创新力知识型组织）颁奖典礼在深圳举办，规划总院获“2022 China MIKE大奖”，是中国石油首次获得该奖项。

30日　集团公司董事长戴厚良在北京视频连线出席2022阿布扎比首席执行官圆桌会议并发言。

截至10月31日　中国石油污染源在线监测系统联网监测点815个，实现企业重点废水废气排放口在线监测全覆盖。

11月

2日　集团公司天然气冬季保供动员部署会（视频）在北京召开。集团公司董事长、党组书记戴厚良出席并讲话。

4—5日　集团公司董事长、党组书记戴厚良在上海参加第五届中国国际进口博览会暨虹桥国际经济论坛开幕式、RCEP与更高水平开放高层论坛，出席中国石油国际合作论坛并作题为《扩大开放合作，携手应对挑战，共同守护绿色低碳转型中的能源供应安全》主旨演讲。中国石油分别与联益集团、斯伦贝谢等全球30家合作伙伴签署30份采购协议，合同总金额167.9亿美元。

6日　党的二十大代表，集团公司党组书记、董事长戴厚良到山东销售济南分公司城中党支部宣讲党的二十大精神，开展党建带团建活动，并到驻山东省石油企业调研，强调深入学习贯彻党的二十大精神，全力推动高质量发展。

6—20日　集团公司参加在埃及举行的联合国气候大会第27次缔约方大会。在气候投融资边会、中国碳捕集利用与封存最新进展边会、基于自然解决方案推动气候和生物多样性协同治理边会上，进行主旨发言。

9日　工程建设公司巴布油田综合设施项目获“‘一带一路’国际项目大奖”，是迄今为止中国石油企业在PMI（中国）项目管理大奖评选中获得的最高奖项。

11日　集团公司决定，成立中国石油天然气集团有限公司关心下一代工作委员会，办公室设在离退休职工管理中心（老干部局）。

12日　第十七届中国青年科技奖颁奖仪式在温州举行，塔里木油田油气工程研究院院长刘洪涛获评中国青年科技奖特别奖。

13日　中国石油天然气集团有限公司持有20%

权益的莫桑比克4区项目首批开发的科洛尔浮式液化天然气（LNG）项目首船LNG外运。项目设计LNG年产能超330万吨，是世界上第一个水深超过2000米的超深水浮式LNG项目，也是中国石油海外单体投资最大项目。

14日　集团公司在北京召开李德生院士学术座谈会。中国工程院院士，集团公司董事长、党组书记戴厚良出席并讲话。

17日　集团公司总经理、党组副书记侯启军到贵州习水调研中国石油乡村振兴帮扶示范项目，强调利用好习水县丰富资源，发挥好中国石油产业优势，创新帮扶模式，为全面推进乡村振兴贡献石油智慧、石油方案和石油力量。

17—18日　集团公司总经理、党组副书记侯启军到西南油气田蜀南气矿泸州采气作业区阳42井中心站党支部宣讲党的二十大精神，开展党建带团建活动，并到驻四川省石油企业调研，强调认真学习贯彻党的二十大精神，全力推动企业高质量发展。

20日　集团公司与辽宁省政府在沈阳签署中国石油在辽宁省重点企业转型发展合作框架协议、与大连市政府签署大连石化搬迁改造项目合作框架协议。

21日　集团公司董事长、党组书记戴厚良到部分驻辽宁省石油石化企业调研，强调完整准确全面贯彻新发展理念，锚定世界一流目标，科学谋划企业高质量发展，为新时代东北全面振兴、全方位振兴做出新贡献。

同日　由中国石油牵头组建的油气钻完井技术国家工程研究中心揭牌，成为中国油气钻完井工程领域唯一的国家级科技创新平台。

24日　集团公司定点帮扶县视频调研会在北京召开。集团公司董事长、党组书记、乡村振兴和对口支援工作领导小组组长戴厚良出席并讲话。

26日　中油测井自主研发的先锋127型超深穿透射孔弹将穿孔深度提升至2258毫米，再次创造世界纪录，通过美国石油学会（API）认证。

28日　中国石油11项成果获2022年中国化工学会科学技术奖，其中8项成果获科技进步奖、2项成果获技术发明奖、1项成果获基础研究成果奖。润滑油公司牵头承担的“高端发动机油关键添加剂自主技术开发及产业化应用”项目获科技进步奖一等奖，石油化工研究院独立承担的“茂金属聚丙烯催化技术开发与应用”项目获技术发明奖一等奖。

29日　第四届中俄能源商务论坛举行（详见专文）。

30日　西南油气田部署在重庆市梁平区的大页1H井测试获日产页岩气32.06万立方米，是中国首次在二叠系吴家坪组页岩气勘探取得重大突破。实钻证实，有利勘探区面积2885平方千米，资源量达万亿立方米。

同日　全国最大原油商业储备库——广东揭阳520万立方米原油商业储备库（320万立方米部分）建成中交。在此之前，6月30日，商储库（200万立方米部分）中交投用。

12月

1日　由中国石油国家高端智库与标普全球共同主办的“2022国际能源发展高峰论坛”在北京召开。集团公司董事长戴厚良出席论坛开幕式并致辞。

同日　集团公司决定，在工程和物装管理部设立中国石油天然气集团有限公司装备制造事业部，纳入支持和服务子集团，对集团公司装备制造业务实施专业化管理和一体化统筹。

同日　中油资产和昆仑信托管理体制调整。

2日　《人民日报》刊发集团公司党组书记、董事长戴厚良署名文章《以“五个坚定不移”保障国家能源安全》。

7日　冀东油田南堡1-29储气库开始采气，标志着中国第一座海上储气库正式进入首轮采气期。

12日　中国石油首个风光储一体化开发项目——大庆油田采油七厂葡二联地区小型分布式电源集群应用示范工程一期工程正式并网发电，装机容量2.22兆瓦。

14日　集团公司承办的“新材料产业高质量发展”科技高端论坛在北京召开。中国工程院院士、集团公司董事长戴厚良作主旨报告。

14—15日　集团公司2022年度油气勘探年会（视频）在北京召开。

18日　中国石油广东石化炼化一体化项目进入全面投产阶段，每年可加工原油2000万吨，生产乙烯产品120万吨、芳烃产品260万吨。该项目是中国石油一次性投资规模最大项目，也是国内唯一可全部加工劣质重油的炼化基地。

截至 18 日　塔里木油田自 1999 年“气化南疆”以来累计向南疆五地州输气超 500 亿立方米。

20 日　股份公司在第十二届香港国际金融论坛暨中国证券金紫荆奖颁奖典礼上获“最佳上市公司”奖，股份公司董事长戴厚良获“2022 年度卓越企业家”奖，总裁黄永章获“最佳上市公司 CEO”奖。

21 日　股份公司第八届董事会第十九次会议以书面审议方式召开，审议《关于公司 2023 年度业务发展与投资计划的议案》《关于公司 2023 年度预算报告的议案》2 项议案并形成有效决议。

22—24 日　中国石油 2022 年度油气田开发年会在北京召开。

26 日　西南油气田当年生产天然气 376 亿立方米、原油 6.8 万吨，年油气产量当量突破 3000 万吨。

同日　吉林油田北湖风电场 C2 风机启动，标志着中国石油风电项目第一台风机正式并网发电，实现中国石油陆上大规模集中式风力发电领域零的突破。

27 日　集团公司 2022 年度所属单位党员领导干部民主生活会督导工作启动会在北京召开，决定成立 11 个督导组，对总部部门和所属单位进行全覆盖督导。

同日　长庆油田当年生产天然气 500.6 亿立方米，标志着中国建成第一个年产 500 亿立方米特大型产气区。

同日　集团公司炼化信息化业务整合部署会（视频）在北京召开，以昆仑数智为主体，整合大庆石化信息技术中心、兰州石化自动化研究院，全面提升昆仑数智为集团炼化领域数字产业化和产业数字化服务能力。

同日　第十六届全国高技能人才评选公布，青海油田史昆、西部钻探谭文波获中华技能大奖，大庆油田杨海波、西南油气田王川洪、川庆钻探张勇、渤海钻探赵增权、吉林石化李永翔、大港石化王峰、管道局邵洪波被评为全国技术能手，大庆油田刘丽获评国家技能人才培育突出贡献个人；大港油田获评国家技能人才培育突出贡献单位。

27—28 日　中国石油 2022 年度油气田新能源年会（视频）在北京召开。

29 日　尼日尔共和国总统穆罕默德·巴祖姆视察尼日尔公司炼厂项目。

同日　集团公司 2023 年生产经营会议（视频）在北京召开。

30 日　西南油气田龙王庙组气田水提锂中试装置建成投运，处理规模 500 米^3/ 日，年产碳酸锂 50 吨，是国内首次利用天然气开采伴生气田水成功制得工业级碳酸锂产品。

截至 12 月 31 日　长庆油田当年油气产量当量突破 6500 万吨，达到 6501.55 万吨，再次刷新国内油气产量当量纪录。

本年　集团公司党组认真落实“第一议题”制度，组织学习第一议题 51 次、93 项，组织 17 次党组理论学习中心组学习。推动党的二十大精神直通一线，两级理论学习中心组学习 2600 余次，宣讲 3800 余场次。集团公司党组集体研究讨论“三重一大”事项 302 项。

本年　中国石油主要生产指标稳定增长，经营业绩创历史最好水平，营业收入 3.4 万亿元，利润总额 2668.7 亿元，净利润 1803.6 亿元，为国家宏观经济大盘稳定做出重要贡献。

本年　中国石油国内油气勘探发现和落实 9 个亿吨级、9 个千亿立方米规模储量区，新增探明石油技术可采储量 13922 万吨、天然气技术可采储量 3354 亿立方米，生产原油 10500 万吨、天然气产量 1455 亿立方米；海外在深水、新层油气勘探取得 2 个 10 亿吨级、3 个亿吨级重大发现，油气权益产量当量 10233 万吨、连续第四年稳产在 1 亿吨以上；天然气销售保供稳效成果突出，国内销售 2178 亿立方米。

本年　中国石油开工建设 47 个风光发电项目，新增装机规模 110 万千瓦；新建成地热供暖面积 1006 万平方米；CCUS 专项工程二氧化碳注入量突破 100 万吨，产油 31 万吨。

本年　中国石油国内加工原油 16490.2 万吨、生产成品油 10574.4 万吨、生产乙烯 741.9 万吨、化工产品销售量 3735 万吨。国内销售成品油 10423 万吨。石油产品国际贸易量 4.3 亿吨。

本年　中国石油生产新材料产品 85.5 万吨，医用聚烯烃、丁腈橡胶等 14 种产品形成工业产能。溶聚丁苯橡胶、茂金属树脂、PE-RT 管材料三大系列产品以及三元共聚聚丙烯专用料 TF1007 产销量位居全国第一。

本年　中国石油积极推动甲烷控排行动，回收放空气和伴生气超 20 亿立方米。作为 OGCI 在中国的唯一成员企业，与成员企业董事长 /CEO 联合签发

《力争实现甲烷零排放倡议》。

本年 中国石油申请国内外专利6862件，其中发明专利6618件、国外专利137件，刷新历史纪录；获国内外专利授权2625件，其中国内授权专利2541件、国外授权专利84件。获第二十三届中国专利奖银奖3项，优秀奖5项。

本年 中国石油坚持自主创新，勇当国家战略科技力量，形成6项标志性技术成果，取得20项重大科技进展。提高油气采收率实验室入选国家科技部遴选的首批20个标杆全国重点实验室建设名单。

本年 中国石油搭建完成我国油气行业唯一覆盖全国的北斗高精度网。

本年 集团公司层面六个方面86项改革任务、企业层面7666项改革任务全部完成，高质量完成国企改革三年行动任务。

本年 中国石油作为北京2022年冬奥会和冬残奥会官方油气合作伙伴，为赛事提供“油气氢餐宿”立体服务保障。提前完成北京地区油品升级工作，8座加氢站为816辆氢燃料电池车提供服务，为14座冬奥场馆供应氢气14万千克，1357人组成的冬奥服务团队为44个国家和地区7500余名“冬奥村民”提供服务。

本年 中国石油投入乡村振兴和社会公益资金6.66亿元，实施帮扶项目1080个。投入6400万元用于教育事业。

（任洁江 刘倩倩）

统计数据

表 1　中国石油天然气集团有限公司主要指标完成情况

指标名称	单　位	2022 年	2021 年	2020 年	2019 年	2018 年
经济指标						
工业总产值（现价）	亿元	20591	16418	12432	16241	15552
工业销售产值	亿元	20329	16400	12417	16235	15424
企业增加值	亿元	12188	9090	8190	8856	8781
油气产量						
原油	万吨	18204	17944	17864	18103	17637
其中，海外权益产量	万吨	7704	7633	7639	7926	7535
天然气	亿立方米	1772.0	1692.4	1603.5	1503.0	1380.2
其中，海外权益产量	亿立方米	317.4	314.5	297.5	315.1	286.5
主要炼油化工产品产量						
汽油、煤油、柴油、润滑油合计	万吨	10742	11081	10881	12076	11451
汽油	万吨	4351	4939	4628	5044	4590
煤油	万吨	858	1128	1023	1402	1254
柴油	万吨	5365	4824	5072	5468	5446
润滑油	万吨	168	189	158	163	160
乙烯	万吨	741.9	671.3	634.5	586.3	556.9
合成树脂及共聚物	万吨	1162.0	1090.3	1028.7	958.0	916.5
合成橡胶	万吨	104.4	104.4	100.1	91.0	86.9
合成纤维	万吨	3.3	2.2	2.5	3.7	5.2
尿素	万吨	254.9	242.2	216.3	120.8	82.8
主要冶金产品产量						
石油焊接钢管	万吨	216.2	194.8	168.9	184.4	165.8
石油套管	万吨	42.1	34.2	48.9	77.2	84.2
钻井钢丝绳	万吨	7.2	6.3	6.0	7.0	5.9
主要机械产品产量						
钻机	套	62	65	46	85	47
抽油机	台	4525	4893	4458	5805	4964
抽油杆	万米	680.4	444.8	827.7	687.0	677.2
抽油泵	台	36515	39402	16948	27783	41798

（罗大勇）

表 2　中国石油天然气集团有限公司合并资产负债表

万元人民币

项　目	2022 年	2021 年
流动资产		
货币资金	32133930	27139144
拆出资金	29631659	23106205
交易性金融资产	11303723	10679143
衍生金融资产	2159403	39849
应收票据	6709	45216

续表

项　目	2022年	2021年
应收账款	10259120	8414957
应收款项融资	394097	254043
预付款项	11838767	15338354
应收保费	11643	10122
应收分保账款	103042	79739
应收分保合同准备金	154759	177100
其他应收款	6811221	5757958
买入返售金融资产	2861578	6205909
存货	21533250	18900494
合同资产	6560392	7425889
持有待售资产	3471	—
一年内到期的非流动资产	13027467	19717016
其他流动资产	12995399	11185778
流动资产合计	161789630	154476916
非流动资产		
发放贷款和垫款	11724162	10145452
债权投资	7762150	7067625
其他债权投资	2605485	2116119
长期应收款	5277695	4757943
长期股权投资	32320926	31794569
其他权益工具投资	1854703	821347
其他非流动金融资产	3124404	3366227
投资性房地产	283777	246783
固定资产	63123674	58333640
在建工程	25765166	25981994
油气资产	97694605	95259650
使用权资产	4426286	4583409
无形资产	10829930	10597960
开发支出	128639	114553
商誉	741160	807795
长期待摊费用	3519449	3575612
递延所得税资产	2952514	2169434
其他非流动资产	3581014	3026390
非流动资产合计	277715739	264766502
资产总计	439505369	419243418
流动负债		
短期借款	7299390	6903711

续表

项　目	2022 年	2021 年
向中央银行借款	617935	788749
拆入资金	5718875	4905504
交易性金融负债	335753	—
衍生金融负债	1483745	364025
应付票据	5564938	6856299
应付账款	41395062	36229511
预收款项	194226	271861
合同负债	10949050	10558380
卖出回购金融资产款	2477759	3274893
吸收存款及同业存放	23702014	20424440
代理买卖证券款	1	1
应付职工薪酬	6387537	4620338
应交税费	6743527	8812336
其他应付款	7839059	7873086
应付手续费及佣金	2558	2759
应付分保账款	77790	59240
持有待售负债	—	—
一年内到期的非流动负债	13238476	9487138
其他流动负债	9290943	5487537
流动负债合计	143318638	126919808
非流动负债		
保险合同准备金	543747	565165
长期借款	4987670	9147365
应付债券	14627792	24429740
租赁负债	2468480	2832154
长期应付款	1320298	1261161
长期应付职工薪酬	152617	148184
预计负债	16099004	15009181
递延收益	945351	1050030
递延所得税负债	3988735	4428511
其他非流动负债	159426	280828
非流动负债合计	45293120	59152319
负债合计	188611758	186072127
所有者权益（或股东权益）		
实收资本（或股本）	48705500	48685500
其他权益工具	6665679	10299408
资本公积	26825184	26902334
其他综合收益	−1014626	−5365865
专项储备	1574284	1624369

续表

项　目	2022 年	2021 年
盈余公积	108893942	108531185
一般风险准备	1258037	1258514
未分配利润	18968657	7081245
归属于母公司所有者权益（或股东权益）合计	211876657	199016690
少数股东权益	39016954	34154601
所有者权益（或股东权益）合计	250893611	233171291
负债和所有者权益（或股东权益）总计	439505369	419243418

表 3　中国石油天然气集团有限公司合并利润表

万元人民币

项　目	2022 年	2021 年
营业总收入	340000813	280727507
其中，营业收入	337264646	278139949
利息收入	2469803	2274006
已赚保费	117839	152017
手续费及佣金收入	148525	161535
营业总成本	306550823	262972810
其中，营业成本	253202658	214220438
利息支出	994567	839894
手续费及佣金支出	193933	156651
赔付支出净额	95874	57728
提取保险责任准备金净额	–3040	101195
分保费用	16658	15854
税金及附加	29449081	23968339
销售费用	7481695	7940447
管理费用	9358035	8440640
研发费用	3082436	2529179
财务费用	–45840	2244215
其他	2724766	2458230
加：其他收益	1915064	1558558
投资收益（损失以“–”号填列）	443850	4622307
汇兑收益（损失以“–”号填列）	9996	4695
净敞口套期收益（损失以“–”号填列）	—	—
公允价值变动收益（损失以“–”号填列）	–796770	639771
信用减值损失（损失以“–”号填列）	–845810	–577376
资产减值损失（损失以“–”号填列）	–4477193	–3656129
资产处置收益（损失以“–”号填列）	149489	150147
营业利润（亏损以“–”号填列）	29848616	20496670
加：营业外收入	594931	797685

续表

项　目	2022 年	2021 年
其中，政府补助	157845	402928
减：营业外支出	3756961	4646681
利润总额（亏损总额以“–”号填列）	26686586	16647674
减：所得税费用	8651038	6621342
净利润（净亏损以“–”号填列）	18035548	10026332
按经营持续性分类		
持续经营净利润	18035548	10026332
终止经营净利润	—	—
按所有权归属分类		
归属于母公司所有者的净利润	14179836	6216526
少数股东损益	3855712	3809806

表 4　中国石油天然气股份有限公司油气业务主要数据

项　目	单　位	2022 年	2021 年	同比增减（%）
原油产量	百万桶	906.2	887.9	2.1
其中，国内	百万桶	767.4	753.4	1.9
海外	百万桶	138.8	134.5	3.3
可销售天然气产量	十亿立方英尺	4675.0	4420.0	5.8
其中，国内	十亿立方英尺	4471.3	4222.2	5.9
海外	十亿立方英尺	203.7	197.8	3.0
油气当量产量	百万桶	1685.4	1624.8	3.7
其中，国内	百万桶	1512.6	1457.4	3.8
海外	百万桶	172.8	167.4	3.2
原油证实储量	百万桶	6418	6064	5.8
天然气证实储量	十亿立方英尺	73453	74916	（2.0）
证实已开发原油储量	百万桶	5574	5375	3.7
证实已开发天然气储量	十亿立方英尺	41508	42576	（2.5）

注：原油按 1 吨 =7.389 桶，天然气按 1 立方米 =35.315 立方英尺换算。

表 5　中国石油天然气股份有限公司炼油化工和新材料业务主要数据

项　目	单　位	2022 年	2021 年	同比增减（%）
原油加工量	百万桶	1212.7	1225.0	（1.0）
汽油、煤油、柴油产量	千吨	105354	108712	（3.1）
其中，汽油	千吨	43514	49388	（11.9）
煤油	千吨	8192	11079	（26.1）
柴油	千吨	53648	48245	11.2
原油加工负荷率	%	80.9	82.5	（1.6）个百分点
轻油收率	%	76.5	77.0	（0.5）个百分点
石油产品综合商品收率	%	93.9	93.9	—

续表

项　目	单　位	2022年	2021年	同比增减（%）
乙烯	千吨	7419	6713	10.5
合成树脂	千吨	11620	10903	6.6
合成纤维原料及聚合物	千吨	1099	1146	（4.1）
合成橡胶	千吨	1044	1044	—
尿素	千吨	2549	2422	5.2

表6　中国石油天然气股份有限公司销售业务主要数据

项　目	单　位	2022年	2021年	同比增减（%）
汽油、煤油、柴油销量	千吨	150649	163307	（7.8）
其中，汽油	千吨	58209	65981	（11.8）
煤油	千吨	13678	15598	（12.3）
柴油	千吨	78762	81728	（3.6）
汽油、煤油、柴油国内销量	千吨	105164	112493	（6.5）
其中，汽油	千吨	44284	52626	（15.9）
煤油	千吨	5467	9005	（39.3）
柴油	千吨	55413	50862	8.9
零售市场份额	%	34.4	35.3	（0.9）个百分点
单站加油量	吨/日	7.79	8.05	（3.2）
加油站数量	座	22586	22800	（0.9）
其中，自营加油站	座	20564	20734	（0.8）
便利店数量	座	20600	20178	2.1

表7　中国石油天然气股份有限公司主要子公司、参股公司情况

公司名称	注册资本	持股比例	资产总额	负债总额	净资产/（负债）总额	净利润/（亏损）
	百万元人民币	%	百万元人民币	百万元人民币	百万元人民币	百万元人民币
大庆油田有限责任公司	47500	100.00	371736	140154	231582	12560
中油勘探开发有限公司（中油勘探）	16100	50.00	210816	36367	174449	12390
中石油香港有限公司	75.92亿港币	100.00	157804	56684	101120	7038
中石油国际投资有限公司	31314	100.00	99254	169776	（70522）	（1200）
中国石油国际事业有限公司	18096	100.00	298118	202923	95195	6282
中国石油四川石化有限责任公司	10000	90.00	26522	2013	24509	33
国家石油天然气管网集团有限公司（国家管网集团）	500000	29.90	921190	331941	589249	31908
中油财务有限责任公司（中油财务）	16395	32.00	528334	446106	82228	6312
中石油专属财产保险股份有限公司	6000	49.00	11208	3974	7234	449
中国船舶燃料有限责任公司	1000	50.00	12354	9974	2380	126

续表

公司名称	注册资本	持股比例	资产总额	负债总额	净资产/（负债）总额	净利润/（亏损）
	百万元人民币	%	百万元人民币	百万元人民币	百万元人民币	百万元人民币
Mangistau Investment B.V.	1.31 亿美元	50.00	11588	3156	8432	1486
中石油中亚天然气管道有限公司	5000	50.00	49359	2179	47180	4112

表 8　中国石油天然气股份有限公司已评估证实储量和证实开发储量

项　目	原油及凝析油（百万桶）	天然气（十亿立方英尺）	合　计（油当量百万桶）
证实开发和未开发储量			
本集团			
基准日 2020 年 12 月 31 日的储量	5206.1	76437.1	17945.6
对以前估计值的修正	1159.1	（2011.6）	824.1
扩边和新发现	472.3	4885.3	1286.5
提高采收率	116.7	27.0	121.2
购入	0.0	0.0	0.0
出售	（2.5）	（1.9）	（2.8）
当年产量	（887.9）	（4420.0）	（1624.8）
基准日 2021 年 12 月 31 日的储量	6063.8	74915.9	18549.8
对以前估计值的修正	511.4	（3155.9）	（14.4）
扩边和新发现	622.9	6236.8	1662.3
提高采收率	124.9	130.9	146.7
购入	1.6	0.0	1.6
出售	0.0	0.0	0.0
当年产量	（906.2）	（4675.0）	（1685.4）
基准日 2022 年 12 月 31 日的储量	6418.4	73452.7	18660.6
证实开发储量			
基准日为 2020 年 12 月 31 日	4653.6	42076.7	11666.4
其中，国内	3987.0	40732.3	10775.8
海外	666.6	1344.4	890.6
基准日为 2021 年 12 月 31 日	5374.8	42575.6	12470.7
其中，国内	4799.6	41343.5	11690.2
海外	575.2	1232.1	780.5
基准日为 2022 年 12 月 31 日	5574.2	41508.4	12492.3
其中，国内	5024.3	40449.3	11765.9
海外	549.9	1059.1	726.4
证实未开发储量			
基准日为 2020 年 12 月 31 日	552.5	34360.4	6279.2
其中，国内	387.9	34062.0	6064.9

续表

项　目	原油及凝析油（百万桶）	天然气（十亿立方英尺）	合　计（油当量百万桶）
海外	164.6	298.4	214.3
基准日为 2021 年 12 月 31 日	689.0	32340.3	6079.1
其中，国内	486.0	32116.5	5838.8
海外	203.0	223.8	240.3
基准日为 2022 年 12 月 31 日	844.2	31944.3	6168.3
其中，国内	671.6	31715.3	5957.5
海外	172.6	229.0	210.8
按权益法核算的投资			
应占联营公司及合营公司			
证实已开发及未开发储量			
2020 年 12 月 31 日	195.5	362.7	256.0
2021 年 12 月 31 日	208.5	511.4	293.7
2022 年 12 月 31 日	175.6	537.1	265.1

注：2021 年和 2022 年原油及凝析油储量中分别含天然气液（NGL）278.9 百万桶和 318.3 百万桶。

表 9　中国石油天然气股份有限公司 2022 年 12 月 31 日合并及公司资产负债表（一）

（除特别注明外，金额单位为百万元人民币）

资　产	2022 年 12 月 31 日	2021 年 12 月 31 日	2022 年 12 月 31 日	2021 年 12 月 31 日
	合　并	合　并	公　司	公　司
流动资产				
货币资金	225049	163536	72308	35505
交易性金融资产	3876	—	—	—
衍生金融资产	21133	3913	192	—
应收账款	72028	52746	17969	7429
应收款项融资	4376	3975	4164	3598
预付款项	13920	14598	9365	6273
其他应收款	45849	39554	9410	4327
存货	167751	143848	109354	95828
其他流动资产	59885	58668	45204	44442
流动资产合计	613867	480838	267966	197402
非流动资产				
其他权益工具投资	950	1176	333	388
长期股权投资	269671	265884	471795	461462
固定资产	463027	418837	307660	259790
油气资产	832610	816788	628338	622093
在建工程	196876	223671	123486	150829
使用权资产	132735	139359	58000	61889
无形资产	92960	90587	70193	68884

续表

资　产	2022年12月31日	2021年12月31日	2022年12月31日	2021年12月31日
	合　并	合　并	公　司	公　司
商誉	7317	7987	52	43
长期待摊费用	10388	11391	7384	8384
递延所得税资产	19699	12161	3543	—
其他非流动资产	33651	33854	11701	12786
非流动资产合计	2059884	2021695	1682485	1646548
资产总计	2673751	2502533	1950451	1843950

表 10　中国石油天然气股份有限公司 2022 年 12 月 31 日合并及公司资产负债表（二）

（除特别注明外，金额单位为百万元人民币）

负债及股东权益	2022年12月31日	2021年12月31日	2022年12月31日	2021年12月31日
	合　并	合　并	公　司	公　司
流动负债				
短期借款	38375	40010	17255	23328
交易性金融负债	1698		—	
应付票据	11146	20089	—	19369
应付账款	15630	237102	15213	90968
合同负债	289117	78481	121220	57698
应付职工薪酬	77337	8975	55861	6669
应交税费	9385	76774	6817	51615
其他应付款	53514	28493	34512	72324
持有待售负债	41542	—	99302	—
一年内到期的非流动负债	70561	19893	53157	8644
其他流动负债	15958	8341	10572	5918
流动负债合计	624263	518158	413909	336533
非流动负债				
长期借款	169630	198005	90743	99767
应付债券	52848	89170	49380	85000
租赁负债	118200	123222	44700	47976
预计负债	142081	129405	104553	90941
递延所得税负债	21032	26654	—	7914
其他非流动负债	7594	8795	4302	4678
非流动负债合计	511385	575251	293678	336276
负债合计	1135648	1093409	707587	672809
股东权益				
股本	183021	183021	183021	183021
资本公积	123612	127375	123486	127207
专项储备	8490	9231	4620	4829

续表

负债及股东权益	2022年12月31日	2021年12月31日	2022年12月31日	2021年12月31日
	合　并	合　并	公　司	公　司
其他综合收益	（19062）	（34737）	720	250
盈余公积	224957	211970	213865	200878
未分配利润	848558	766955	717152	654956
归属于母公司股东权益合计	1369576	1263815	1242864	1171141
少数股东权益	168527	145309	—	—
股东权益合计	1538103	1409124	1242864	1171141
负债及股东权益总计	2673751	2502533	1950451	1843950

表 11　中国石油天然气股份有限公司 2022 年度合并及公司利润表

（除特别注明外，金额单位为百万元人民币）

项　目	2022年度	2021年度	2022年度	2021年度
	合　并	合　并	公　司	公　司
营业收入	3239167	2614349	1729735	1413409
减：营业成本	（2527935）	（2071504）	（1278781）	（1036399）
税金及附加	（276821）	（226664）	（208555）	（175883）
销售费用	（68352）	（71295）	（47670）	（48777）
管理费用	（50523）	（51701）	（29743）	（30481）
研发费用	（20016）	（16729）	（15217）	（12613）
财务费用	（19614）	（17043）	（13713）	（14972）
其中，利息费用	（21554）	（19739）	（15097）	（15162）
利息收入	4738	2984	1732	765
加：其他收益	18177	14251	16732	12274
投资收益	（11140）	35389	36619	26044
其中，对联营企业和合营企业的投资收益	15251	13267	11296	10604
公允价值变动损益	（2464）	—	54	—
信用减值损失	（1587）	（353）	（65）	（905）
资产减值损失	（37233）	（27611）	（23330）	（6761）
资产处置收益	905	1091	591	931
营业利润	242564	182180	166657	125867
加：营业外收入	3515	2983	2967	2192
减：营业外支出	（32807）	（26969）	（23539）	（21887）
利润总额	213272	158194	146085	106172
减：所得税费用	（49295）	（43507）	（16216）	（22039）
净利润	163977	114687	129869	84133
按经营持续性分类				
持续经营净利润	163977	114687	129869	84133
终止经营净利润	—	—	—	—
按所有权归属分类				
归属于母公司股东的净利润	149375	92161	129869	84133

续表

项　目	2022 年度	2021 年度	2022 年度	2021 年度
	合　并	合　并	公　司	公　司
少数股东损益	14602	22526	—	—
其他综合收益的税后净额	21770	（4501）	470	（205）
归属于母公司股东的其他综合收益的税后净额	15670	（2609）	470	（205）
（一）不能重分类进损益的其他综合收益				
其他权益工具投资公允价值变动	（15）	79	（28）	（30）
（二）将重分类进损益的其他综合收益				
权益法下可转损益的其他综合收益	654	（4）	395	（175）
现金流量套期储备	11273		103	
外币财务报表折算差额	3758	（2684）	—	—
归属于少数股东的其他综合收益的税后净额	6100	（1892）	—	—
综合收益总额	185747	110186	130339	83928
归属于：				
母公司股东	165045	89552	130339	83928
少数股东	20702	20634	—	—
每股收益				
基本每股收益（人民币元）	0.82	0.50	0.71	0.46
稀释每股收益（人民币元）	0.82	0.50	0.71	0.46

表 12　中国石油天然气股份有限公司 2022 年度合并及公司现金流量表

（除特别注明外，金额单位为百万元人民币）

项　目	2022 年度	2021 年度	2022 年度	2021 年度
	合　并	合　并	公　司	公　司
经营活动产生的现金流量				
销售商品、提供劳务收到的现金	3377857	2575909	1924932	1585380
收到其他与经营活动有关的现金	261275	132521	38783	13466
经营活动现金流入小计	3639132	2708430	1963715	1598846
购买商品、接受劳务支付的现金	（2335018）	（1722631）	（1219400）	（972088）
支付给职工以及为职工支付的现金	（162297）	（154384）	（119449）	（113521）
支付的各项税费	（449034）	（310416）	（324684）	（233375）
支付其他与经营活动有关的现金	（299015）	（179530）	（43525）	（39092）
经营活动现金流出小计	（3245364）	（2366961）	（1707058）	（1358076）
经营活动产生的现金流量净额	393768	341469	256657	240770
投资活动产生的现金流量				
收回投资收到的现金	50937	37345	2849	5689
取得投资收益所收到的现金	13741	15110	35444	41802
处置固定资产、油气资产、无形资产和其他长期资产收回的现金净额	729	3780	831	2798
处置子公司及其他营业单位收到的现金净额	4759	32057	1673	—

续表

项　目	2022 年度 合　并	2021 年度 合　并	2022 年度 公　司	2021 年度 公　司
投资活动现金流入小计	70166	88292	40797	50289
购建固定资产、油气资产、无形资产和其他长期资产支付的现金	(243752)	(265563)	(171879)	(193939)
投资支付的现金	(58925)	(35761)	(9168)	(9977)
取得子公司及其他营业单位支付的现金净额	(460)	—	—	—
投资活动现金流出小计	(303137)	(301324)	(181047)	(203916)
投资活动使用的现金流量净额	(232971)	(213032)	(140250)	(153627)
筹资活动产生的现金流量				
吸收投资收到的现金	529	673	—	—
其中，子公司吸收少数股东投资收到的现金	529	673	—	—
取得借款收到的现金	866348	810092	126582	172284
筹资活动现金流入小计	866877	810765	126582	172284
偿还债务支付的现金	(891329)	(836434)	(133390)	(201472)
分配股利、利润或偿付利息支付的现金	(76531)	(69195)	(65610)	(60933)
其中，子公司支付给少数股东的股利、利润	(9547)	(16508)	—	—
子公司资本减少	—	(69)	—	—
支付其他与筹资活动有关的现金	(12730)	(13038)	(7136)	(5854)
筹资活动现金流出小计	(980590)	(918736)	(206136)	(268259)
筹资活动使用的现金流量净额	(113713)	(107971)	(79554)	(95975)
汇率变动对现金及现金等价物的影响	7317	(2308)	—	—
现金及现金等价物净增加 /（减少）额	54401	18158	36853	(8832)
加：期初现金及现金等价物余额	136789	118631	31955	40787
期末现金及现金等价物余额	191190	136789	68808	31955

表 13　中国石油天然气股份有限公司 2022 年度合并股东权益变动表

（除特别注明外，金额单位为百万元人民币）

项　目	归属于母公司股东权益							少数股东权益	股东权益合计
	股　本	资本公积	专项储备	其他综合收益	盈余公积	未分配利润	小　计		
2021 年 1 月 1 日余额	183021	127222	10810	(32128)	203557	722939	1215421	151464	1366885
2021 年度增减变动额									
综合收益总额	—	—	—	(2609)	—	92161	89552	20634	110186
专项储备—安全生产费									
本期提取	—	—	5612	—	—	—	5612	10	5622
本期使用	—	—	(7191)	—	—	—	(7191)	(181)	(7372)
利润分配									
提取盈余公积	—	—	—	—	8413	(8413)	—	—	—
对股东的分配	—	—	—	—	—	(39866)	(39866)	(15975)	(55841)
其他权益变动									
与少数股东的权益性交易	—	(15)	—	—	—	—	(15)	(19)	(34)

续表

项　目	归属于母公司股东权益							少数股东权益	股东权益合计
	股　本	资本公积	专项储备	其他综合收益	盈余公积	未分配利润	小　计		
少数股东资本投入	—	—	—	—	—	—	—	1059	1059
收购子公司	—	—	—	—	—	—	—	769	769
处置子公司	—	—	—	—	—	—	—	（12380）	（12380）
其他	—	168	—	—	—	134	302	（72）	230
2021 年 12 月 31 日余额	183021	127375	9231	（34737）	211970	766955	1263815	145309	1409124
2022 年 1 月 1 日余额	183021	127375	9231	（34737）	211970	766955	1263815	145309	1409124
2022 年度增减变动额									
综合收益总额	—	—	—	15670	—	149375	165045	20702	185747
专项储备—安全生产费									
本期提取	—	—	5972	—	—	—	5972	275	6247
本期使用	—	—	（6713）	—	—	—	（6713）	（225）	（6938）
利润分配									
提取盈余公积	—	—	—	—	12987	（12987）	—	—	—
对股东的分配	—	—	—	—	—	（54686）	（54686）	（9709）	（64395）
其他权益变动									
少数股东资本投入	—	3	—	—	—	—	3	11125	11128
收购子公司	—	—	—	—	—	—	—	634	634
处置子公司	—	—	—	—	—	—	—	7	7
其他	—	（3766）	—	5	—	（99）	（3860）	409	（3451）
2022 年 12 月 31 日余额	183021	123612	8490	（19062）	224957	848558	1369576	168527	1538103

表 14　中国石油天然气股份有限公司 2022 年度公司股东权益变动表

（除特别注明外，金额单位为百万元人民币）

项　目	股本	资本公积	专项储备	其他综合收益	盈余公积	未分配利润	股东权益合计
2021 年 1 月 1 日余额	183021	127044	4708	455	192465	619102	1126795
2021 年度增减变动额							
综合收益总额	—	—	—	（205）	—	84133	83928
专项储备—安全生产费							
本期提取	—	—	3558	—	—	—	3558
本期使用	—	—	（3437）	—	—	—	（3437）
利润分配							
提取盈余公积	—	—	—	—	8413	（8413）	—
对股东的分配	—	—	—	—	—	（39866）	（39866）
其他权益变动	—	163	—	—	—	—	163
2021 年 12 月 31 日余额	183021	127207	4829	250	200878	654956	1171141
2022 年 1 月 1 日余额	183021	127207	4829	250	200878	654956	1171141

续表

项　目	股本	资本公积	专项储备	其他综合收益	盈余公积	未分配利润	股东权益合计
2022 年度增减变动额							
综合收益总额	—	—	—	470	—	129869	130339
专项储备—安全生产费							
本期提取	—	—	4337	—	—	—	4337
本期使用	—	—	（4546）	—	—	—	（4546）
利润分配							
提取盈余公积	—	—	—	—	12987	（12987）	—
对股东的分配	—	—	—	—	—	（54686）	（54686）
其他权益变动	—	（3721）	—	—	—	—	（3721）
2022 年 12 月 31 日余额	183021	123486	4620	720	213865	717152	1242864

表 15　1998—2022 年中国石油国内新增探明石油、天然气地质储量

时　间	国内新增探明石油地质储量（万吨）	国内新增探明天然气地质储量（亿立方米）
1998 年	48538	2229
1999 年	37318	918
2000 年	42389	4118
2001 年	45683	4071
2002 年	42760	3000
2003 年	43903	3838
2004 年	52107	2008
2005 年	56151	3583
2006 年	61510	3654
2007 年	82940	4453
2008 年	62385	4168
2009 年	57356	4616
2010 年	57538	4678
2011 年	69650	4092
2012 年	71100	4503
2013 年	67013	4923
2014 年	69947	4827
2015 年	72816	5702
2016 年	64928	5419
2017 年	64211	4027
2018 年	63316	5846
2019 年	83660	12399
2020 年	87253	6483
2021 年	104527	10951
2022 年	86216	6845

表 16　1998—2022 年中国石油二维地震、三维地震采集情况

时　间	二维地震（千米）			三维地震（平方千米）		
	总　计	国　内	海　外	总　计	国　内	海　外
1998 年	—	58095	—	—	7778	—
1999 年	—	58759	—	—	6987	—
2000 年	—	45353	—	—	7999	—
2001 年	35630	28261	7369	11218	9244	1974
2002 年	45022	34550	10472	15337	11024	96980
2003 年	52693	39703	13805	20245	11576	8669
2004 年	61968	36668	25300	33210	12752	20458
2005 年	89113	50949	38164	25650	12426	13224
2006 年	90152	45399	44753	40079	14590	25489
2007 年	101401	45740	55661	51792	23940	27852
2008 年	114548	45535	69013	58648	15834	42814
2009 年	74392	31897	42495	53525	15838	38142
2010 年	81130	32953	48171	54338	15671	38667
2011 年	93306	36400	56100	37618	15618	22000
2012 年	96700	41400	55300	57700	17900	39700
2013 年	114364	40274	74090	64491	17542	46949
2014 年	103645	42798	60847	63990	14485	49505
2015 年	132714	22521	110193	47219	10722	36497
2016 年	162684	35919	126765	58120	10844	47276
2017 年	154904	30644	124260	57182	10313	46869
2018 年	105700	21900	83800	76800	17500	59300
2019 年	14167	11478	2689	17385	15204	2181
2020 年	18000	8400	9600	85400	22400	63000
2021 年	34565	7264	27301	86496	16719	69777
2022 年	37800	8618	29182	80400	20236	60164

表 17　1998—2022 年中国石油国内完成探井及进尺情况

时　间	完成探井（口）	进尺（万米）	时　间	完成探井（口）	进尺（万米）
1998 年	650	160.7	2005 年	799	218.4
1999 年	625	149.3	2006 年	774	216.7
2000 年	706	161.8	2007 年	1693	435.4
2001 年	663	167.2	2008 年	1719	452
2002 年	685	157.7	2009 年	1901	487.5
2003 年	548	145.8	2010 年	1640	463.2
2004 年	642	181.0	2011 年	1795	484

续表

时　间	完成探井（口）	进尺（万米）	时　间	完成探井（口）	进尺（万米）
2012 年	1918	497	2018 年	1803	522.1
2013 年	1746	485.8	2019 年	1405	447.8
2014 年	1584	441.8	2020 年	1658	509.4
2015 年	1588	441.8	2021 年	1496	—
2016 年	1651	467.2	2022 年	1325	442.1
2017 年	1774	502.5			

表 18　1998—2022 年中国石油钻（完）井数量及进尺

时　间	钻（完）井数量（口）			进尺（万米）		
	总　计	国　内	海　外	总　计	国　内	海　外
1998 年	—	8334	—	—	1261.6	—
1999 年	—	7304	—	—	1113.7	—
2000 年	6322	6374	48	1052.9	1037.4	15.5
2001 年	6666	6492	174	1167.5	1132.0	35.5
2002 年	6677	6531	146	1194.5	1155.2	39.3
2003 年	8510	8182	328	1509.6	1437.2	72.3
2004 年	9328	8873	455	1664.8	1571.9	92.9
2005 年	11202	10577	625	1972.2	1844.7	127.5
2006 年	11401	10577	824	2331.9	2161.7	170.1
2007 年	12790	11609	1181	2613.7	2422.7	191.0
2008 年	15161	14125	1036	2828.4	2060.0	226.4
2009 年	12900	11570	1330	2479.0	2206.6	272.4
2010 年	13043	11919	1124	2519.8	2297.1	222.7
2011 年	13706	—	—	2598.3	2338.9	259.4
2012 年	13753	—	—	2719.5	2429.6	289.9
2013 年	13378	12035	1343	2750.0	2432.0	318.0
2014 年	12286	10970	1316	2492.0	2198.0	294.0
2015 年	9387	8389	998	2089.0	1838.0	251.0
2016 年	9328	8686	642	1950.0	1796.0	154.0
2017 年	11687	10807	880	2579.0	2355.0	224.0
2018 年	11264	10274	990	2571.0	2330.0	241.0
2019 年	11571	10493	1078	2745.0	2498.0	247.0
2020 年	9350	8686	664	2103.0	1956.0	147.0
2021 年	9602	—	—	2308.0	—	—
2022 年	12440	—	—	3147.0	—	—

表 19 1998—2022 年中国石油原油、天然气产量

时 间	国 内		海 外			
	原油（万吨）	天然气（亿立方米）	原油（万吨）		天然气（亿立方米）	
			作业产量	权益产量（份额）	作业产量	权益产量（份额）
1998 年	10738.0	149.7	—	—	—	—
1999 年	10706.7	162.6	592.0	327.0	6.4	4.0
2000 年	10605.4	183.1	1352.9	686.7	7.4	4.8
2001 年	10655.6	205.8	1623.0	828.7	9.3	5.8
2002 年	10746.4	225.3	2118.1	1012.8	12.6	7.7
2003 年	10954.4	248.8	2520.4	1293.1	19.2	13.9
2004 年	11176.1	286.6	3011.7	1642.3	35.5	25.9
2005 年	10595.4	366.7	3583.5	2003.3	40.2	29.1
2006 年	10663.6	442.1	5460.4	2807.6	57.6	38.0
2007 年	10772.2	542.5	6018.7	2997.8	53.6	35.1
2008 年	10825.2	617.5	6220.7	3050.3	67.4	46.6
2009 年	10313.0	683.0	6962.4	3432.2	82.0	55.1
2010 年	10541.0	825.3	7581.6	3602.9	137.0	103.8
2011 年	10754.0	756.2	8938.2	4173.2	170.6	125.7
2012 年	11033.0	798.6	8978.0	4154.6	182.0	136.6
2013 年	11260.0	888.4	10586.4	4721.1	217.0	150.5
2014 年	11367.0	954.6	10762.4	5050.0	249.1	184.5
2015 年	11142.0	954.8	11550.4	5514.7	285.6	211.9
2016 年	10545.0	981.1	12151.4	5752.8	311.3	231.9
2017 年	10253.7	1032.7	13618.3	6880.1	333.3	254.5
2018 年	10101.7	1093.7	14463.0	7535.0	348.0	287.0
2019 年	10176.9	1188.0	15218.0	7925.8	377.0	315.1
2020 年	10225.3	1306.0	14807.0	7638.9	359.0	297.5
2021 年	10310.6	1377.9	—	7632.9	—	314.5
2022 年	10500.0	1454.5	—	7703.7	—	317.5

表 20 1998—2022 年中国石油原油加工量

万吨

时 间	总 计	国 内	海 外	时 间	总 计	国 内	海 外
1998 年	—	6895.2	—	2002 年	8733.7	8482.8	250.9
1999 年	—	7648.6	—	2003 年	9505.6	9254.6	251.0
2000 年	8265.4	8112.2	153.2	2004 年	10664.9	10369.8	295.1
2001 年	8616.4	8386.0	230.4	2005 年	10540.8	11060.6	480.2

续表

时　间	总　计	国　内	海　外	时　间	总　计	国　内	海　外
2006 年	12406.7	11586.9	819.8	2015 年	19524.4	15132.3	4392.1
2007 年	13187.8	12272.0	915.8	2016 年	19166.6	14709.2	4457.4
2008 年	13447.3	12592.5	917.9	2017 年	19822.1	15244.6	4577.5
2009 年	14082.0	12512.2	1569.8	2018 年	20736.2	16236.0	4500.2
2010 年	16008.2	13528.6	2479.6	2019 年	20796.7	16844.0	3952.7
2011 年	17961.9	14483.5	3487.4	2020 年	19182.7	16001.6	3181.1
2012 年	19145.4	14716.1	4429.3	2021 年	20080.9	16673.9	3407.0
2013 年	18854.6	14602.0	4252.6	2022 年	20346.0	16490.2	3855.8
2014 年	19697.9	15016.0	4681.9				

表 21　1998—2022 年中国石油汽油、煤油、柴油、润滑油产量

万吨

时　间	总　计	汽　油	煤　油	柴　油	润滑油
1998 年	3954.6	1479.2	204.9	2148.2	122.2
1999 年	4670.1	1607.2	254.2	2666.4	142.3
2000 年	4848.5	1660.2	356.1	2737.9	118.3
2001 年	5240.0	1799.7	310.8	3009.8	119.7
2002 年	5381.8	1820.9	293.7	3131.3	135.9
2003 年	5903.5	1985.4	295.7	3503.2	119.2
2004 年	6708.0	2183.9	306.1	4071.2	146.8
2005 年	7269.3	2297.7	327.2	4491.5	152.9
2006 年	7487.7	2400.3	333.5	4605.2	148.8
2007 年	7902.1	2484.0	321.6	4920.4	176.0
2008 年	8098.3	2545.6	360.1	5015.9	176.8
2009 年	8185.0	2581.5	364.3	5099.1	140.1
2010 年	8793.3	2676.3	365.8	5590.5	160.7
2011 年	9456.9	2888.9	367.9	6042.8	157.3
2012 年	9821.8	3099.5	477.8	6060.7	183.8
2013 年	9978.1	3296.4	606.1	5887.0	188.6
2014 年	10342.2	3410.0	714.3	6059.8	158.1
2015 年	10490.5	3647.3	833.8	5888.4	121.0
2016 年	10048.8	3797.4	931.8	5203.2	116.4
2017 年	10514.6	4098.1	1017.7	5235.2	163.6
2018 年	11451.0	4590.0	1254.0	5446.0	160.0
2019 年	12076.4	5044.0	1401.6	5467.8	163.0
2020 年	10892.6	4628.0	1023.4	5071.9	169.3
2021 年	11080.7	4938.8	1128.5	4824.5	188.9
2022 年	10717.4	4350.6	858.0	5364.8	144.0

表 22　1998—2022 年中国石油国内主要石油化工产品产量

万吨

时　间	乙　烯	合成树脂	合成纤维	合成橡胶	尿　素	合成氨
1998 年	127.3	138.5	28.2	19.0	257.9	192.1
1999 年	135.1	160.9	25.8	20.1	306.1	217.0
2000 年	149.5	193.1	30.1	22.2	311.3	215.6
2001 年	157.1	217.0	32.9	24.3	306.8	204.6
2002 年	158.2	219.3	31.4	25.9	341.1	216.6
2003 年	181.8	262.5	28.6	29.8	358.0	232.1
2004 年	184.6	276.3	29.7	33.4	365.2	255.9
2005 年	188.8	297.7	24.5	33.8	357.8	249.7
2006 年	206.8	331.3	19.3	37.3	357.6	215.2
2007 年	258.1	425.4	17.0	38.1	363.4	249.1
2008 年	267.6	439.6	14.1	40.7	382.4	259.7
2009 年	298.9	475.7	14.2	48.0	397.3	270.9
2010 年	361.5	565.2	12.0	61.9	376.4	261.2
2011 年	364.7	581.2	8.6	60.6	448.4	303.1
2012 年	369.0	621.7	8.5	63.3	451.2	297.2
2013 年	398.2	666.1	7.0	66.5	377.1	257.7
2014 年	497.6	806.7	6.6	74.5	266.3	189.2
2015 年	503.2	831.8	6.5	71.3	256.6	184.5
2016 年	558.9	919.9	6.1	76.0	190.0	152.9
2017 年	576.4	940.4	5.8	80.9	143.9	136.3
2018 年	556.9	916.5	5.2	86.9	82.8	105.1
2019 年	586.3	958.0	3.7	91.0	120.8	132.1
2020 年	634.5	1028.7	2.5	100.1	216.3	185.7
2021 年	671.3	1090.3	2.2	104.4	242.2	200.1
2022 年	741.9	1161.3	3.3	104.3	254.9	205.3

表 23　1998—2022 年中国石油国内成品油、天然气销售量

时　间	成品油（万吨）	天然气（亿立方米）	时　间	成品油（万吨）	天然气（亿立方米）
1998 年	—	95.6	2005 年	7185.5	289.2
1999 年	—	102.5	2006 年	7522.4	373.7
2000 年	4431.1	136.1	2007 年	8279.5	453.3
2001 年	5118.0	150.6	2008 年	8293.1	525.3
2002 年	5305.2	166.2	2009 年	8874.5	593.8
2003 年	5629.0	186.9	2010 年	10247.2	668.6
2004 年	6430.0	222.2	2011 年	11497.6	827.2

续表

时　间	成品油（万吨）	天然气（亿立方米）	时　间	成品油（万吨）	天然气（亿立方米）
2012 年	11662.3	973.0	2018 年	11736.0	1724.0
2013 年	11832.8	1105.6	2019 年	11959.0	1813.0
2014 年	11701.7	1194.8	2020 年	10651.0	1847.0
2015 年	11625.0	1226.6	2021 年	11125.6	2055.5
2016 年	11303.5	1314.5	2022 年	10423.0	2178.1
2017 年	11416.3	1518.4			

表 24　1998—2022 年中国石油加油站数量

座

时　间	加油站数量	时　间	加油站数量
1998 年	5877	2011 年	19362
1999 年	6810	2012 年	19840
2000 年	11350	2013 年	20272
2001 年	12102	2014 年	20422
2002 年	13160	2015 年	20714
2003 年	15231	2016 年	20895
2004 年	17403	2017 年	21399
2005 年	18164	2018 年	21783
2006 年	18207	2019 年	22365
2007 年	18648	2020 年	21783
2008 年	17456	2021 年	22684
2009 年	17262	2022 年	22655
2010 年	17996		

表 25　2007—2022 年中国石油非油品收入及利润

亿元

时　间	收　入	利　润	时　间	收　入	利　润
2007 年	6.6	1.1	2015 年	124.2	14.5
2008 年	16.5	2.0	2016 年	143.6	17.0
2009 年	27.9	2.9	2017 年	186.0	20.6
2010 年	46.8	3.5	2018 年	231.0	24.0
2011 年	64.1	5.0	2019 年	229.1	20.6
2012 年	80.8	6.8	2020 年	245.0	18.0
2013 年	104.8	9.1	2021 年	273.0	20.6
2014 年	98.8	10.2	2022 年	280.5	0.8

表 26　2002—2022 年中国石油国际贸易量及贸易额

时　间	贸易量（万吨）	贸易额（亿美元）	时　间	贸易量（万吨）	贸易额（亿美元）
2002 年	2517.7	47.3	2013 年	35304.0	2659.9
2003 年	3971.3	88.4	2014 年	38553.2	2653.2
2004 年	6116.6	144.7	2015 年	42854.8	1687.3
2005 年	7760.6	204.9	2016 年	44933.3	1412.3
2006 年	9449.2	294.1	2017 年	46927.9	1844.1
2007 年	12707.0	411.6	2018 年	48200.0	2367.0
2008 年	12749.3	782.4	2019 年	54000.0	2407.0
2009 年	15263.6	659.4	2020 年	49000.0	1535.0
2010 年	19472.0	1105.1	2021 年	49000.0	2304.0
2011 年	25138.9	1920.7	2022 年	43000.0	3239.0
2012 年	30550.9	2398.1			

附　　录

重要文件

中国石油天然气集团有限公司章程

（本章程经国务院国资委 2022 年 11 月 21 日
国资改革〔2022〕556 号文件批准）

第一章　总　　则

第一条　为规范中国石油天然气集团有限公司（以下简称公司）的组织和行为，坚持和加强党的全面领导，完善公司法人治理结构，建设中国特色现代企业制度，维护公司、出资人和债权人的合法权益，根据《中华人民共和国公司法》（以下简称《公司法》）、《中华人民共和国企业国有资产法》（以下简称《企业国有资产法》）、《企业国有资产监督管理暂行条例》《国有企业公司章程制定管理办法》等法律、行政法规、规章和规范性文件，制定本章程。

第二条　公司名称：

中文全称：中国石油天然气集团有限公司

中文简称：中国石油集团公司

英文名称：China National Petroleum Corporation

英文简称：CNPC

第三条　公司住所：北京市西城区六铺炕（邮政编码：100724）

第四条　公司注册资本为人民币 4869 亿元。

第五条　公司的董事长为公司法定代表人。

第六条　公司为国有独资公司，依法在市场监督管理机关注册登记，取得法人营业执照。

第七条　公司依法享有法人财产权，自主经营、独立核算、自负盈亏，依法享有民事权利，独立承担民事责任，并以其全部财产对公司债务承担责任。

第八条　根据《中国共产党章程》《中国共产党国有企业基层组织工作条例（试行）》规定，设立中国共产党的组织，开展党的活动，建立党的工作机构，配齐配强党务工作人员，保障党组织的工作经费。

第九条　公司遵循“坚持高质量发展、坚持深化改革开放、坚持依法合规治企、坚持全面从严治党”兴企方略和“专业化发展、市场化运作、精益化管理、一体化统筹”治企准则，实施创新、资源、市场、国际化、绿色低碳战略，推进人才强企、提质增效、低成本发展、文化引领战略举措，努力打造治理现代、经营合规、管理规范、诚信守法的法治企业，建设基业长青世界一流综合性国际能源公司。

第十条　本章程对履行出资人职责的机构、公司、党组成员、董事、高级管理人员具有法律约束力。

第二章　经营宗旨、范围和期限

第十一条　公司经营宗旨：深入贯彻新发展理念和国家能源安全新战略，秉持“绿色发展、奉献能源，为客户成长增动力、为人民幸福赋新能”的价值追求，按照“发展、调整、改革、管理、创新、党建”总体工作布局，大力发展油气和新能源业务，高效发展炼化销售和新材料业务，协同发展支持和服务业务，特色发展资本和金融业务，努力实现更高质量、更有效率、更加公平、更可持续、更为安全的发展，为保障国家能源安全、促进经济社会发展多作贡献。

第十二条　公司经营范围：组织经营石油、天然气和油气共生或钻遇矿藏的勘探、开发、生产建设、加工和综合利用以及石油专用机械的制造；组织上述产品、副产品的储运；按国家规定自销本公司系统的产品；组织油气生产建设物资、设备、器材的供应和销售；石油勘探、开发、生产建设新产品、新工艺、新技术、新装备的开发研究和技术推广；国内外石油、天然气方面的合作勘探开发、经济技术合作以及对外承包石油建设工程、国外技术和设备进口、本系统自产设备和技术出口、引进和利用外资项目方面的对外谈判、签约。

公司经营范围以市场监督管理机关核定的经营范围为准。依法须经批准的项目，经相关部门批准后依批准的内容开展经营活动。根据需要，公司可依法调整和变更经营范围。

第十三条　公司的经营期限：永久存续。

第三章　履行出资人职责的机构

第十四条　公司由国家单独出资。国务院国有资产监督管理委员会（以下简称国资委）作为履行出资人职责的机构依据有关法律、行政法规和国务院授权，代表国务院对公司履行出资人职责，享有出资人权益。

第十五条　公司不设股东会，国资委依法对公司行使下列职权：

（一）审核公司发展战略和规划，批准公司的主业及调整方案；

（二）对公司年度投资计划实行备案管理，审核列入负面清单特别监管类的投资项目；

（三）按权限委派和更换非由职工代表担任的董事，对董事会和董事履职情况进行评价，决定董事的报酬；

（四）批准董事会的工作报告；

（五）批准公司年度财务预算、决算方案；

（六）批准公司利润分配方案和弥补亏损方案，组织上交国有资本收益；

（七）审核公司业绩考核和重大收入分配事项；

（八）决定公司增加或者减少注册资本方案；

（九）决定公司发行公司债券方案；

（十）按照规定权限决定公司合并、分立、解散、清算、变更公司形式的方案；

（十一）制定或者批准公司章程和公司章程修改方案；

（十二）按照规定权限对公司国有资产转让、部分子企业国有产权变动事项进行批准，对相应资产评估进行核准或者备案；

（十三）按照规定权限对重大财务事项和重大会计政策、会计估计变更方案进行批准或者备案；

（十四）对公司年度财务决算和重大事项进行抽查检查；

（十五）对公司执行国资监管各项规章制度等情况进行综合检查；

（十六）法律、行政法规或者本章程规定的其他职权。

第十六条　国资委依照法律、行政法规和本章程规定行使出资人权利，维护公司依法享有的经营自主权。

国资委可以依照有关规定授权董事会行使出资人的部分职权，决定公司的重大事项。

第四章　公司党组

第十七条　根据《中国共产党章程》《中国共产党国有企业基层组织工作条例（试行）》规定，经上级党组织批准，设立中国共产党中国石油天然气集团有限公司党组。根据有关规定，设立中国石油天然气集团有限公司纪检监察组。

第十八条　党组成员的任免，由批准设立党组的党组织决定。

第十九条　公司党组成员一般为 5 至 9 人，设党组书记 1 人、党组副书记 2 人或者 1 人。

第二十条　公司党组发挥领导作用，把方向、管大局、保落实，依照规定讨论和决定公司重大事项。主要职责是：

（一）加强公司党的政治建设，坚持和落实中国特色社会主义根本制度、基本制度、重要制度，教育引导全体党员始终在政治立场、政治方向、政治原则、政治道路上同以习近平同志为核心的党中央保持高度一致；

（二）深入学习和贯彻习近平新时代中国特色社会主义思想，学习宣传党的理论，贯彻执行党的路线方针政策，监督、保证党中央重大决策部署和上级党组织决议在本公司贯彻落实；

（三）研究讨论公司重大经营管理事项，支持董事会、经理层依法行使职权；

（四）加强对公司选人用人的领导和把关，抓好公司领导班子建设和干部队伍、人才队伍建设；

（五）履行公司党风廉政建设主体责任，领导、支持内设纪检组织履行监督执纪问责职责，严明政治纪律和政治规矩，推动全面从严治党向基层延伸；

（六）加强基层党组织建设和党员队伍建设，团结带领职工群众积极投身公司改革发展；

（七）领导公司思想政治工作、精神文明建设、统一战线工作，领导公司工会、共青团、妇女组织等群团组织。

第二十一条 重大经营管理事项须经党组前置研究讨论后，再由董事会按照职权和规定程序作出决定。

第二十二条 坚持和完善“双向进入、交叉任职”领导体制，符合条件的党组班子成员可以通过法定程序进入董事会、经理层，董事会、经理层成员中符合条件的党员可以依照有关规定和程序进入党组。

党组书记、董事长由一人担任，党员总经理担任党组副书记。党组配备专责抓党建工作的专职副书记，专职副书记进入董事会且不在经理层任职。

第五章　董事会

第一节　董事会组成和职权

第二十三条 公司设董事会，实行集体审议、独立表决、个人负责的决策制度。

董事会由 7 至 13 名董事组成。董事会成员中包括 1 名职工董事，经由职工代表大会或者其他形式民主选举产生。其他董事会成员由国资委委派。外部董事人数应当超过董事会全体成员的半数。

第二十四条 董事会设董事长 1 名，可视需要设副董事长 1 名至 2 名。董事长和副董事长由国资委依照企业领导人员管理有关规定，从董事会成员中指定。

第二十五条 董事每届任期不得超过 3 年，任期届满考核合格的，经委派或者选举可以连任。外部董事在同一企业连续任职一般不超过 6 年。

董事任期届满未及时改选，或者董事在任期内辞职导致董事会成员低于法定人数的，在改选出的董事就任前，原董事仍应当依照法律、行政法规和公司章程的规定，履行董事职务。

第二十六条 董事会设战略发展委员会、提名委员会、薪酬与考核委员会、审计与风险管理委员会，并可根据实际工作需要设立其他专门委员会。

专门委员会是董事会的专门工作机构，由董事组成，为董事会决策提供咨询和建议，对董事会负责。董事会专门委员会负责制订各自的工作规则，具体规定各专门委员会的组成、职责、工作方式、议事程序等内容，经董事会批准后实施。

第二十七条 战略发展委员会、提名委员会中外部董事应当占多数，提名委员会主任由董事长担任，薪酬与考核委员会、审计与风险管理委员会由外部董事组成。

第二十八条 董事会对国资委负责，是公司的经营决策主体，定战略、作决策、防风险，行使下列职权：

（一）制定贯彻党中央、国务院决策部署和落实国家发展战略重大举措的方案；

（二）制订公司发展战略和规划；

（三）制订公司年度投资计划，决定公司经营计划、投资方案及一定额度以上的投资项目；

（四）制订公司的年度财务预算和决算方案；

（五）制订公司的利润分配和弥补亏损方案；

（六）制订公司增加或者减少注册资本的方案；

（七）制订发行公司债券方案；

（八）制订公司合并、分立、解散、清算、变更公司形式的方案；

（九）制订公司章程草案和公司章程的修改方案；

（十）制订公司国有资产转让、部分子企业国有产权变动方案；

（十一）制定公司的基本管理制度；

（十二）决定公司内部管理机构的设置，决定分公司、子公司的设立或者撤销；

（十三）根据授权，决定公司内部有关重大改革重组事项，或者对有关事项作出决议；

（十四）根据有关规定和程序，聘任或者解聘公司总经理，根据总经理的提名聘任或者解聘公司副总经理、总会计师、总法律顾问等公司高级管理人员，根据董事长提名聘任或者解聘董事会秘书，按照有关规定，决定高级管理人员的经营业绩考核和薪酬等事项；

（十五）制订公司的重大收入分配方案，包括公司工资总额预算与清算方案等（国资委另有规定的，从其规定），批准公司职工收入分配方案、公司年金方案；

（十六）制订公司重大会计政策和会计估计变更方案，在满足国资委资产负债率管控要求的前提下，决定公司的资产负债率上限；

（十七）决定聘用或者解聘负责公司财务会计报告审计业务的会计师事务所及其报酬；

（十八）审议批准一定金额以上的融资方案、资产处置方案以及对外捐赠或者赞助，决定具体金额标准；

（十九）审议批准公司担保事项；

（二十）决定公司的风险管理体系、内部控制体系、违规经营投资责任追究工作体系、法律合规管理体系，对公司风险管理、内部控制和合规管理制度及其有效实施进行总体监控和评价；

（二十一）指导、检查和评估公司内部审计工作，决定公司内部审计机构的负责人，建立审计部门向董事会负责的机制，审议批准年度审计计划和重要审计报告；

（二十二）制订董事会的工作报告；

（二十三）听取总经理工作报告，检查总经理和其他高级管理人员对董事会决议的执行情况，建立健全对总经理和其他高级管理人员的问责制度；

（二十四）决定公司安全环保、维护稳定、社会责任方面的重大事项；

（二十五）审议以公司为当事人的重大诉讼、仲裁等法律事务处理方案；

（二十六）决定公司行使所出资企业的股东权利所涉及的事项；

（二十七）法律、行政法规、本章程规定和国资委授权行使的其他职权。

第二十九条　董事会应当依照法律法规和公司章程，结合实际制定议事规则，明确董事会具体权责、行权方式、议事程序、决策机制、支撑保障等内容。

第三十条　董事会可以根据有关规定，将部分职权授予董事长、总经理行使，但是法律、行政法规规定必须由董事会决策的事项除外。对董事会授权决策事项，董事长、总经理分别通过召开董事会授权决策专题会议、总经理办公会议集体研究讨论。

第三十一条　董事会应当制定授权管理制度，依法明确授权原则、管理机制、事项范围、权限条件等要求，建立健全定期报告、跟踪监督、动态调整的授权机制。

第二节　董事的权利和义务

第三十二条　董事在公司任职期间享有下列权利：

（一）了解履行董事职责所需的国资监管政策和出资人要求；

（二）获得履行董事职责所需的公司信息；

（三）出席董事会和所任职专门委员会会议并对表决事项行使表决权；

（四）提出召开董事会临时会议、缓开董事会会议和暂缓对所议事项进行表决的建议，对董事会和所任职专门委员会审议的议案材料提出补充或者修改完善的要求；

（五）根据董事会的委托，检查董事会决议执行情况；

（六）根据履行职责的需要，开展工作调研，向公司有关人员了解情况；

（七）按照有关规定领取报酬、工作补贴；

（八）按照有关规定在履行董事职务时享有必要的工作条件和保障；

（九）必要时以书面或者口头形式向国资委反映和征询有关情况和意见；

（十）法律、行政法规和本章程规定的其他权利。

第三十三条　董事应当遵守法律、行政法规和本章程，对公司负有下列忠实和勤勉义务：

（一）贯彻出资人意志，忠实维护出资人和公司利益、职工合法权益，坚持原则，审慎决策，担当尽责；

（二）投入足够的时间和精力履职，每年度的履职时间和出席董事会会议的次数达到有关规定要求；

（三）保守所知悉的国家秘密、工作秘密和公司商业秘密；

（四）遵守国有企业领导人员廉洁从业规定，不得违反国资委对董事忠实和勤勉尽责的规定和要求，不得利用职权收受贿赂或者其他非法收入，不得侵占公司的财产，不得擅自以公司财产为他人提供担保；

（五）积极参加国资委、公司组织的有关培训，不断提高履职能力；

（六）遵守诚信原则，不得利用职务便利为本人或者他人谋取利益，不得违规接受报酬、工作补贴、福利待遇和馈赠；

（七）如实向国资委提供有关情况和资料，保证所提供信息的客观性、完整性；

（八）法律、行政法规和公司章程规定的其他忠实、勤勉义务。

第三十四条　外部董事与公司不应当存在任何可能影响其公正履行外部董事职责的关系。

职工董事除与公司其他董事享有同等权利、承担同等义务外，还应当履行关注和反映职工正当诉求、代表和维护职工合法权益等义务。

第三节 董事长

第三十五条 董事长对公司改革发展负首要责任，享有董事的各项权利，承担董事的各项义务和责任。

第三十六条 董事长行使下列职权：

（一）向董事会传达中央精神和国资监管政策，通报有关方面监督检查所指出的需要董事会推动落实的工作、督促整改的问题；

（二）组织开展战略研究，每年至少主持召开 1 次由董事会和经理层成员共同参加的战略研讨或者评估会；

（三）确定年度董事会定期会议计划，包括会议次数、会议时间等，必要时决定召开董事会临时会议；

（四）确定董事会会议议题，对拟提交董事会讨论的有关议案进行初步审核，决定是否提交董事会讨论表决；

（五）召集并主持董事会会议，使每位董事能够充分发表个人意见，在充分讨论的基础上进行表决；

（六）及时掌握董事会各项决议的执行情况，并对决议执行情况进行督促、检查；对发现的问题，应当及时提出整改要求；对检查的结果及发现的重大问题应当在下次董事会会议上报告；

（七）组织制订、修订公司基本管理制度和董事会运行的规章制度，并提交董事会讨论表决；

（八）组织制订公司的利润分配、弥补亏损、增减注册资本、发行公司债券的方案，公司合并、分立、解散、清算或者变更公司形式的方案，以及董事会授权其组织制订的其他方案，并提交董事会讨论表决；

（九）根据董事会决议，负责签署公司聘任、解聘高级管理人员的文件；根据国资委规定，代表董事会与高级管理人员签署经营业绩责任书等文件；签署法律、行政法规规定和经董事会授权应当由董事长签署的其他文件；代表公司对外签署有法律约束力的重要文件；

（十）组织起草董事会工作报告，代表董事会向国资委报告年度工作；

（十一）组织制订公司年度审计计划、审核重要审计报告，并提交董事会审议批准；

（十二）提出董事会秘书人选及其薪酬与考核建议，提请董事会决定聘任或者解聘及其薪酬事项；

（十三）提出各专门委员会的设置方案或者调整建议及人选建议，提交董事会讨论表决；

（十四）与外部董事进行会议之外的沟通，听取外部董事的意见，并组织外部董事进行必要的工作调研和业务培训；

（十五）在出现不可抗力情形或者发生重大危机，无法及时召开董事会会议的紧急情况下，在董事会职权范围内，行使符合法律法规、公司利益的特别处置权，事后向董事会报告并按程序予以追认；

（十六）法律、行政法规和董事会授予的其他职权。

第三十七条 董事长不能履行职务或者不履行职务的，由副董事长履行第三十六条规定的各项职权；未设副董事长或者副董事长不能履行职务、不履行职务的，由半数以上董事共同推举一名董事履行。

第四节 董事会会议

第三十八条 董事会会议由董事长召集和主持。

第三十九条 董事会会议包括定期会议和临时会议。召开董事会会议的次数，应当确保满足董事会履行各项职责的需要。董事会每年度至少召开 4 次定期会议。

第四十条 董事会定期会议计划应当在上年年底之前确定。定期会议通知和所需的文件、信息及其他资料，应当在会议召开 10 日以前送达全体董事。

第四十一条 有下列情形之一的，董事长应当自接到提议后 10 日内，召集并主持董事会临时会议：

（一）三分之一以上董事提议时；

（二）国资委认为必要时；

（三）公司章程规定的其他情形。

第四十二条 除以上规定的情形和其他紧急事项外，召开董事会临时会议，会议通知和所需的文件、信息及其他资料，应当在会议召开 5 日以前，送达全体董事。

第四十三条 董事会会议应当有过半数董事且过半数外部董事出席方可举行。董事会决议的表决，实行一人一票。

董事对提交董事会审议的议案可以表示同意、反对、弃权。表示反对、弃权的董事，必须说明具体理由并记载于会议记录。

第四十四条 董事会决议分为普通决议和特别决议。董事会通过普通决议时，应当经全体董事过半数同意；通过特别决议时，应当经全体董事三分之二以上同意。

以下事项须经特别决议通过：

（一）制订公司增加或者减少注册资本的方案；

（二）制订公司合并、分立、解散、清算或者变更公司形式的方案；

（三）制订公司章程草案和公司章程的修改方案；

（四）制定非主业重大投资方案；

（五）法律、行政法规或者国资委规定的应当通过特别决议通过的事项。

第四十五条　当三分之一以上董事、两名以上外部董事对拟提交董事会审议的事项有重大分歧的，该事项一般应当暂缓上会；认为资料不完整或者论证不充分，以书面形式联名提出该事项暂缓上会的，董事会应当采纳。

同一议案提出缓议的次数不得超过两次。同一议案提出两次缓议之后，提出缓议的董事仍认为议案有问题的，可以在表决时投反对票，或者按照有关规定向有关机构和部门反映和报告。

第四十六条　除不可抗力因素外，董事会定期会议必须以现场会议形式举行。董事会召开临时会议原则上采用现场会议形式；当遇到紧急事项且董事能够掌握足够信息进行表决时，也可采用电话会议、视频会议或者形成书面材料分别审议的形式对议案作出决议。

第四十七条　董事与董事会决议事项所涉及的企业等相关主体有关联关系的，不得对该项决议行使表决权，也不得代理其他董事行使表决权。该董事会会议由过半数的无关联关系董事出席即可举行，董事会会议所作决议须经无关联关系董事过半数通过。

第四十八条　董事会会议，应当由董事本人出席；董事因故不能出席，可以书面委托其他董事代为出席并行使表决权，但外部董事不得委托非外部董事代为出席。委托书中应当载明授权范围、代为表决的意见、授权的期限等。除不可抗力等特殊情况以外，董事每年度出席董事会会议次数不得少于会议总数的四分之三。

第四十九条　董事会可以根据需要聘请有关专家或者咨询机构，为董事会提供专业咨询意见，费用由公司承担。

第五十条　董事会认为需要进一步研究或者作重大修改的议案，应当在对议案进行修改、完善后复议，复议的时间和方式由董事会会议决定。特别重大的事项，应当向国资委报告。

第五十一条　董事会应当将会议所议事项作成会议记录。会议记录应当包括会议召开的日期、地点、主持人姓名、出席董事姓名、会议议程、议题、董事发言要点、决议的表决方式和结果（同意、反对或者弃权的票数及投票人姓名）等内容。出席会议的董事和列席会议的董事会秘书应当在会议记录上签名。会议记录、授权委托书应当纳入董事会会议档案进行保管。以形成书面材料分别审议的形式召开的会议，以董事签字的表决单、书面反馈意见和会议决议为准。

第五十二条　国资委可派人列席公司董事会和董事会专门委员会的会议。公司纪检监察组组长可列席董事会和董事会专门委员会的会议。

第五十三条　董事会可以根据需要邀请公司高级管理人员、相关业务部门负责人和专家等有关人员列席，对涉及的议案进行解释、提供咨询或者发表意见、接受质询。

董事会审议事项涉及法律问题的，总法律顾问应当列席并提出法律意见。

第五十四条　列席董事会会议的人员没有表决权。

第五节　董事会秘书与董事会办事机构

第五十五条　公司设董事会秘书 1 名，董事会秘书应当具备相关专业知识和经验，应当具有足够的时间和精力履职，一般应当为专职。董事会秘书为公司的高级管理人员，列席董事会会议、总经理办公会议等公司重要决策会议以及董事会专门委员会会议。党组会议研究讨论重大经营管理事项时，董事会秘书应当列席。

第五十六条　董事会秘书履行下列职责：

（一）协助公司董事会加强中国特色现代企业制度和公司治理机制建设，组织开展公司治理研究，协助董事长拟订有关重大方案、制订或者修订董事会运行的规章制度；

（二）组织落实公司治理有关制度，管理相关事务；

（三）组织筹备董事会会议，准备议案和相关材料并对其完整性进行把关，组织据实制作会议记录，草拟会议决议，保管会议决议、记录和其他材料；

（四）组织准备和递交需由董事会出具的文件；

（五）负责与董事联络，组织向董事提供信息和材料；

（六）跟踪了解董事会决议的执行情况，及时报告董事长，重要进展情况还应当向董事会报告；

（七）负责董事会与国资委的日常联络；

（八）法律法规、公司章程规定和董事会赋予的其他职责。

第五十七条　公司应当制定董事会秘书工作规则，规定董事会秘书的任职条件、工作方式、工作程序等内容，经董事会批准后生效。

第五十八条 董事会设立董事会办公室作为董事会的办事机构，由董事会秘书领导。董事会办公室负责公司治理研究和相关事务，筹备董事会和董事会专门委员会会议，为董事会运行提供支持和服务，指导子企业董事会建设工作。董事会办公室应当配备专职工作人员。

第六章 经理层

第五十九条 公司设总经理1名，副总经理若干名，总会计师1名。经理层是公司的执行机构，谋经营、抓落实、强管理，接受董事会的管理和监督。

第六十条 总经理对董事会负责，向董事会报告工作，董事会闭会期间向董事长报告工作。

第六十一条 总经理行使下列职权：

（一）主持公司的经营管理工作，组织实施董事会的决议；

（二）拟订公司的发展战略和规划、经营计划，并组织实施；

（三）拟订公司年度投资计划和投资方案，并组织实施；

（四）根据公司年度投资计划和投资方案，决定一定额度内的投资项目，批准经常性项目费用和长期投资阶段性费用的支出；

（五）拟订发行公司债券方案及一定金额以上的其他融资方案，批准一定金额以下的其他融资方案；

（六）拟订公司的担保方案；

（七）拟订公司一定金额以上的资产处置方案、对外捐赠或者赞助方案，批准公司一定金额以下的资产处置方案、对外捐赠或者赞助；

（八）拟订公司年度财务预算方案、决算方案，利润分配方案和弥补亏损方案；

（九）拟订公司增加或者减少注册资本的方案；

（十）拟订公司内部管理机构设置方案，以及分公司、子公司的设立或者撤销方案；

（十一）拟订公司的基本管理制度，制定公司的具体规章；

（十二）拟订公司的改革、重组方案；

（十三）按照有关规定，提请董事会聘任或者解聘公司其他高级管理人员；

（十四）按照有关规定，聘任或者解聘除应当由董事会决定聘任或者解聘以外的人员；

（十五）拟订公司的收入分配方案；

（十六）拟订公司建立风险管理体系、内部控制体系、违规经营投资责任追究工作体系和法律合规管理体系的方案，经董事会批准后组织实施，组织应对重大风险事件；

（十七）建立总经理办公会制度，召集和主持公司总经理办公会议；

（十八）协调、检查和督促各部门、分公司、子企业的生产经营管理和改革发展工作；

（十九）提出公司行使所出资企业股东权利所涉及事项的建议；

（二十）法律、行政法规、本章程规定和董事会授权行使的其他职权。

第六十二条 经理层应当制订总经理议事规则，经董事会批准后实施。总经理应当通过总经理办公会等会议形式行使董事会授权。

第六十三条 经理层对公司和董事会负有忠实和勤勉的义务，应当维护出资人和公司利益，认真履行职责，落实董事会决议和要求，完成年度、任期经营业绩考核指标和公司经营计划。

第七章 监事会

第六十四条 公司设监事会。监事会成员不少于5人，其中职工代表的比例不低于三分之一。监事会中的职工代表经公司职工代表大会民主选举产生。

第六十五条 监事会依照《公司法》《企业国有资产法》等有关法律、行政法规履行监督职责，检查公司财务，监督公司重大决策和关键环节以及董事会、经理层履职情况。

监事会不参与、不干预公司经营管理活动。

第八章 职工民主管理与劳动人事制度

第六十六条 公司依照法律规定，健全以职工代表大会为基本形式的民主管理制度，推进厂务公开、业务公开，落实职工群众知情权、参与权、表达权、监督权。重大决策要听取职工意见，涉及职工切身利益的重大问题必须经过职工代表大会或者其他民主形式审议。坚持和完善职工董事制度，保证职工代表有序参与公司治理的权益。

第六十七条 公司职工依照《中华人民共和国

工会法》组织工会，开展工会活动，维护职工合法权益。公司应当为工会提供必要的活动条件。

第六十八条　公司应当遵守国家有关劳动保护和安全生产的法律、行政法规，执行国家有关政策，保障劳动者的合法权益。依照国家有关劳动人事的法律、行政法规和政策，根据生产经营需要，制定劳动、人事和工资制度。结合公司实际，建立员工公开招聘、管理人员选聘竞聘、末等调整和不胜任退出等符合市场化要求的选人用人机制。同时，建立具有市场竞争力的关键核心人才薪酬分配制度，积极有序开展中长期激励工作。

第九章　财务、会计、审计与法律顾问制度

第六十九条　公司应当依照法律、行政法规和国务院相关部门的规定建立本公司的财务、会计、审计和法律顾问制度。

第七十条　公司会计年度采用公历日历年制，即每年公历 1 月 1 日起至 12 月 31 日止为一个会计年度。

公司采取人民币为记账本位币，账目用中文书写。

第七十一条　公司应当在每一个会计年度终了后 120 日内，编制财务会计报告。财务会计报告应当依照法律、行政法规、《企业会计准则》和国资委、财政部等相关部门的规定编制。

公司年度财务报告应当依法经会计师事务所审计，并经过公司董事会审议通过。

第七十二条　公司利润分配按照《公司法》及其他有关法律、行政法规和国家有关国有资本收益管理规定执行。

第七十三条　公司内部审计部门根据国资委相关规定，对董事会负责，开展内部审计工作，对公司及其分支机构、所出资企业的经营管理活动进行审计监督。

公司内部审计部门接受董事会审计与风险管理委员会的指导和监督。

第七十四条　公司实行总法律顾问制度，设总法律顾问 1 名，发挥总法律顾问在经营管理中的法律审核把关作用，推进公司依法经营、合规管理。

第十章　合并、分立、解散和清算

第七十五条　公司合并或者分立，应当由公司董事会提出方案，按本章程规定的程序通过后，按权限报批。

第七十六条　公司因下列原因解散：

（一）公司章程规定的营业期限届满或者公司章程规定的其他解散事由出现；

（二）国资委决定解散；

（三）因公司合并或者分立需要解散；

（四）依法被吊销营业执照、责令关闭或者被撤销；

（五）人民法院依照《公司法》相关规定予以解散。

第七十七条　公司因第七十六条第（一）项、第（二）项、第（四）项、第（五）项规定而解散的，应当依法成立清算组对公司进行清算。清算结束后，清算组应当制作清算报告，报国资委批准后依法申请注销公司登记，公告公司终止。

第十一章　附　　则

第七十八条　本章程所称高级管理人员是指公司总经理、副总经理、总会计师、董事会秘书、总法律顾问等。

第七十九条　本章程经国资委批准后生效。

第八十条　有下列情形之一的，公司应当修改章程：

（一）公司章程规定的事项与现行的法律、行政法规、规章及规范性文件相抵触；

（二）公司的实际情况发生变化，与公司章程记载不一致；

（三）国资委决定修改章程；

（四）发生应当修改公司章程的其他情形。

公司章程的修改，应当经国资委批准。涉及公司登记事项变更的，应当依法办理变更登记。

第八十一条　本章程由国资委授权公司董事会负责解释。

附表和附图

说　明

一、地理区域

北美：除特别说明以外，指美国、加拿大、墨西哥。

中南美：除北美洲以外的美洲其他国家和地区。也称拉丁美洲。

欧洲：经合组织中的欧洲成员国，以及阿尔巴尼亚、波黑、保加利亚、克罗地亚、塞浦路斯、北马其顿 、格鲁吉亚、直布罗陀、立陶宛、马耳他、黑山、罗马尼亚和塞尔维亚。

独联体：亚美尼亚、阿塞拜疆、白俄罗斯、哈萨克斯坦、吉尔吉斯斯坦、摩尔多瓦、俄罗斯、塔吉克斯坦、土库曼斯坦、乌克兰、乌兹别克斯坦。也称前苏联。

欧洲和欧亚：包括上述欧洲范围内的国家以及独联体国家。

中东：阿拉伯半岛国家、伊朗、伊拉克、以色列、约旦、黎巴嫩和叙利亚。

非洲：所有非洲国家。北非：从埃及到西撒哈拉的非洲北部地区；西非：从毛利坦尼亚到安哥拉（包括佛得角、乍得）的非洲西部地区；东南非洲：从苏丹到南非共和国的非洲东部地区，还包括博茨瓦纳、马达加斯加、马拉维、纳米比亚、乌干达、赞比亚、津巴布韦。

亚太地区：文莱、柬埔寨、中国、中国香港特区、印度尼西亚、日本、老挝、中国澳门特区、马来西亚、蒙古、朝鲜、菲律宾、新加坡、阿富汗、孟加拉国、印度、缅甸、尼泊尔、巴基斯坦、斯里兰卡、韩国、中国台湾省、泰国、越南、澳大利亚、新西兰、巴比亚新几内亚和大洋洲。

澳大拉西亚：澳大利亚和新西兰

二、组织

经合组织（OECD）：美洲的加拿大、智利、哥伦比亚、墨西哥、美国；欧洲的奥地利、比利时、捷克共和国、丹麦、爱沙尼亚、芬兰、法国、德国、希腊、匈牙利、冰岛、爱尔兰、意大利、拉脱维亚、立陶宛、卢森堡、荷兰、挪威、波兰、葡萄牙、斯洛伐克、斯洛文尼亚、西班牙、瑞典、瑞士、土耳其、英国；亚洲和大洋洲的澳大利亚、以色列、日本、韩国、新西兰。

欧盟：法国、德国、意大利、荷兰、比利时、卢森堡、丹麦、爱尔兰、希腊、葡萄牙、西班牙、奥地利、瑞典、芬兰、马耳他、塞浦路斯、波兰、匈牙利、捷克、斯洛伐克、斯洛文尼亚、爱沙尼亚、拉脱维亚、立陶宛、罗马尼亚、保加利亚、克罗地亚 。

欧佩克（OPEC）：中东的伊朗、伊拉克、科威特、沙特阿拉伯、阿联酋；非洲的阿尔及利亚、安哥拉、赤道几内亚、加蓬、利比亚、尼日利亚、刚果（布）；中南美的委内瑞拉。

附　　表

附表 1　2022 年世界各地区和组织一次能源消费构成

%

地区和组织	石油	天然气	煤炭	核能	水电	可再生能源
北美	37.5	33.3	8.8	6.9	5.5	8.0
中南美	41.1	19.3	4.0	0.7	23.2	11.7
欧洲	36.0	22.5	12.6	8.4	6.7	13.8
独联体	23.7	51.7	12.7	5.4	6.1	0.4
中东	45.9	51.6	0.9	0.6	0.3	0.7
非洲	41.4	28.9	19.6	0.4	7.3	2.4
亚太地区	25.1	11.8	47.0	2.4	6.5	7.2
世界	31.6	23.5	26.7	4.0	6.7	7.5
经合组织	37.5	27.6	12.3	6.9	5.6	10.1

资料来源：《EI 世界能源统计年鉴 2023》。

附表 2　2022 年世界主要国家、地区和组织一次能源分类消费量

亿吨油当量

国家、地区和组织	石油	天然气	煤炭	核能	水电	可再生能源	总计
中国	6.76	3.25	21.22	0.90	2.94	3.19	38.26
美国	8.68	7.61	2.37	1.75	0.58	2.02	23.01
印度	2.41	0.50	4.82	0.10	0.39	0.52	8.74
俄罗斯	1.69	3.53	0.77	0.48	0.45	0.02	6.94
日本	1.59	0.87	1.18	0.11	0.17	0.37	4.29
加拿大	1.02	1.05	0.09	0.19	0.90	0.14	3.39
巴西	1.20	0.28	0.14	0.03	0.96	0.61	3.22
韩国	1.31	0.54	0.69	0.38	0.01	0.12	3.05
德国	1.02	0.67	0.56	0.07	0.04	0.59	2.95
伊朗	0.89	1.98	0.02	0.01	0.02	0.00	2.92
1—10 位合计	26.57	20.28	31.86	4.02	6.46	7.58	96.77
沙特阿拉伯	1.72	1.04	0	0	0	0	2.76
印度尼西亚	0.73	0.32	1.05	0	0.06	0.18	2.34
墨西哥	0.99	0.84	0.06	0.02	0.08	0.11	2.10
法国	0.70	0.33	0.05	0.64	0.10	0.19	2.01
英国	0.64	0.62	0.05	0.10	0.01	0.33	1.75

续表

国家、地区和组织	石油	天然气	煤炭	核能	水电	可再生能源	总计
土耳其	0.50	0.44	0.42	0	0.15	0.17	1.68
意大利	0.59	0.56	0.07	0	0.06	0.18	1.46
澳大利亚	0.50	0.36	0.37	0	0.04	0.17	1.44
西班牙	0.64	0.29	0.04	0.13	0.04	0.25	1.39
泰国	0.57	0.38	0.17	0	0.01	0.07	1.20
11—20 位合计	7.58	5.18	2.28	0.89	0.55	1.65	18.13
阿联酋	0.53	0.60	0.02	0.04	0	0.02	1.21
马来西亚	0.42	0.43	0.23	0	0.07	0.02	1.17
南非	0.25	0.04	0.79	0.02	0.01	0.04	1.15
中国台湾省	0.42	0.24	0.38	0.05	0.01	0.04	1.14
越南	0.25	0.07	0.49	0	0.22	0.08	1.11
波兰	0.35	0.16	0.43	0	0	0.09	1.03
埃及	0.36	0.53	0.01	0	0.03	0.02	0.95
巴基斯坦	0.24	0.33	0.15	0.05	0.08	0.01	0.86
阿根廷	0.33	0.39	0.01	0.02	0.05	0.06	0.86
荷兰	0.43	0.24	0.06	0.01	0	0.12	0.86
21—30 位合计	3.58	3.03	2.57	0.19	0.47	0.50	10.34
北美	10.69	9.50	2.52	1.97	1.56	2.27	28.50
中南美	2.97	1.40	0.29	0.05	1.68	0.85	7.23
欧洲	6.89	4.31	2.42	1.60	1.28	2.65	19.15
独联体	2.18	4.76	1.17	0.50	0.56	0.03	9.21
中东	4.31	4.84	0.09	0.06	0.03	0.06	9.39
非洲	2.01	1.40	0.95	0.02	0.35	0.12	4.86
亚太地区	16.71	7.84	31.32	1.60	4.31	4.86	66.62
世界	45.76	34.05	38.76	5.80	9.77	10.84	144.97
经合组织	21.12	15.52	6.94	3.87	3.17	5.65	56.26

资料来源：《EI 世界能源统计年鉴 2023》。

附表 3　2022 年世界主要国家、地区和组织一次能源消费量

亿吨油当量

国家、地区和组织	2022 年	2021 年	同比变化率（%）	2022 年占世界百分比（%）
中国	38.26	37.91	0.9	26.4
美国	23.01	22.42	2.6	15.9
印度	8.74	8.28	5.6	6.0
俄罗斯	6.94	7.56	–8.2	4.8
日本	4.29	4.31	–0.5	3.0
加拿大	3.39	3.32	2.1	2.3
巴西	3.22	3.08	4.5	2.2

续表

国家、地区和组织	2022 年	2021 年	同比变化率（%）	2022 年占世界百分比（%）
韩国	3.05	3.01	1.3	2.1
德国	2.95	3.07	-3.9	2.0
伊朗	2.92	2.90	0.7	2.0
1—10 位合计	96.77	95.86	0.9	66.7
沙特阿拉伯	2.76	2.58	7.0	1.9
印度尼西亚	2.34	1.86	25.8	1.6
墨西哥	2.10	1.92	9.4	1.4
法国	2.01	2.26	-11.1	1.4
英国	1.75	1.73	1.2	1.2
土耳其	1.68	1.67	0.6	1.2
意大利	1.46	1.52	-3.9	1.0
澳大利亚	1.44	1.38	4.3	1.0
西班牙	1.39	1.33	4.5	1.0
泰国	1.20	1.20	0	0.8
11—20 位合计	18.13	17.45	3.9	12.5
阿联酋	1.21	1.13	7.1	0.8
马来西亚	1.17	1.10	6.4	0.8
南非	1.15	1.20	-4.2	0.8
中国台湾省	1.14	1.20	-5.0	0.8
越南	1.11	1.04	6.7	0.8
波兰	1.03	1.06	-2.8	0.7
埃及	0.95	0.91	4.4	0.7
巴基斯坦	0.86	0.94	-8.5	0.6
阿根廷	0.86	0.84	2.4	0.6
荷兰	0.86	0.88	-2.3	0.6
21—30 位合计	10.34	10.28	0.4	7.1
北美	28.51	27.66	3.1	19.7
中南美	7.24	6.94	4.3	5.0
欧洲	19.15	19.92	-3.9	13.2
独联体	9.20	9.77	-5.8	6.3
中东	9.39	9.00	4.3	6.5
非洲	4.85	4.85	0	3.3
亚太地区	66.64	65.24	2.1	46.0
世界	144.97	143.38	1.1	100.0
经合组织	56.26	55.77	0.9	38.8

资料来源：《EI 世界能源统计年鉴 2023》。

附表 4　2022 年世界主要国家和地区原油剩余探明可采储量

亿吨

国家、地区和组织	2022 年[①]	2021 年	同比变化率（%）	2022 年占世界百分比（%）	储采比
委内瑞拉	415.7	415.8	0	17.3	1163
沙特阿拉伯	366.0	358.4	2.1	15.2	62
伊朗	285.8	285.8	0	11.9	159
加拿大	224.4	230.3	–2.6	9.3	80
伊拉克	198.7	198.7	0	8.3	90
阿联酋	152.1	146.6	3.8	6.3	80
科威特	139.0	139.0	0	5.8	93
俄罗斯	109.6	109.6	0	4.6	20
美国	108.3	80.7	34.2	4.5	12
利比亚	66.3	66.3	0	2.8	121
尼日利亚	50.8	50.6	0.4	2.1	81
哈萨克斯坦	41.1	41.1	0	1.7	45
中国	37.0	36.3	1.9	1.5	18
卡塔尔	34.6	34.6	0	1.4	38
巴西	18.1	16.3	11.1	0.8	12
阿尔及利亚	16.7	16.7	0	0.7	23
圭亚那	15.1	15.1	0	0.6	155
厄瓜多尔	11.3	11.3	0	0.5	47
挪威	10.4	10.6	–1.9	0.4	11
阿塞拜疆	9.6	9.6	0	0.4	28
墨西哥	8.2	8.2	0	0.3	9
阿曼	7.4	7.4	0	0.3	14
苏丹和南苏丹	6.8	6.8	0	0.3	62
越南	6.0	6.0	0	0.3	63
印度	6.0	6.1	–2.7	0.2	17
中东	1191.2	1178.1	1.1	49.5	80
美洲	810.3	785.9	3.1	33.7	52
东欧和前苏联	164.3	164.3	0	6.8	23
非洲	163.1	169.4	–3.7	6.8	47
亚太	62.7	62.6	0.2	2.6	18
西欧	15.2	15.9	–4.4	0.6	10
世界	2406.8	2376.2	1.3	100.0	52
欧佩克	1701.1	1694.4	0.4	70.7	103

注：① 2022 年原油剩余探明可采储量数据为预测。

资料来源：美国《油气杂志》2022 年 12 月 5 日。

附表 5　2022 年世界主要国家、地区和组织石油产量

万吨

国家、地区和组织	2022 年	2021 年	同比变化率（%）	2022 年占世界百分比（%）
美国	75950	71520	6.2	17.2
沙特阿拉伯	57310	51500	11.3	13.0
俄罗斯	54850	53880	1.8	12.4
加拿大	27400	26660	2.8	6.2
伊拉克	22130	20080	10.2	5.0
中国	20470	19890	2.9	4.6
阿联酋	18110	16340	10.8	4.1
伊朗	17650	16880	4.6	4.0
巴西	16310	15690	4.0	3.7
科威特	14570	12990	12.2	3.3
1—10 位合计	324750	305430	6.3	73.7
墨西哥	9770	9650	1.2	2.2
挪威	8900	9390	–5.2	2.0
哈萨克斯坦	8410	8590	–2.1	1.9
卡塔尔	7410	7280	1.8	1.7
尼日利亚	6900	7840	–12.0	1.6
阿尔及利亚	6360	5820	9.3	1.4
安哥拉	5780	5710	1.2	1.3
阿曼	5140	4680	9.8	1.2
利比亚	5100	5960	–14.4	1.2
哥伦比亚	3970	3880	2.3	0.9
11—20 位合计	67740	68800	–1.5	15.4
委内瑞拉	3730	3440	8.4	0.8
英国	3620	4090	–11.5	0.8
阿塞拜疆	3330	3530	–5.7	0.8
印度	3300	3400	–2.9	0.7
阿根廷	3280	2910	12.7	0.7
印度尼西亚	3140	3380	–7.1	0.7
埃及	2990	2960	1.0	0.7
厄瓜多尔	2580	2530	2.0	0.6
马来西亚	2550	2600	–1.9	0.6
澳大利亚	1750	1840	–4.9	0.4
21—30 位合计	30270	30680	–1.3	6.9

续表

国家、地区和组织	2022 年	2021 年	同比变化率（%）	2022 年占世界百分比（%）
北美	113110	107830	4.9	25.7
中南美	32650	30460	7.2	7.4
欧洲	14760	16050	–8.0	3.3
独联体	68260	67640	0.9	15.5
中东	144160	131590	9.6	32.7
非洲	33230	34530	–3.8	7.5
亚太地区	34560	34870	–0.9	7.9
世界	440730	422970	4.2	100.0
经合组织	133180	128950	3.3	30.2

注：包括原油、页岩油、油砂与天然气液（从天然气中单独开采的液体产品）。不包括其他来源的液体产品，例如生物质油和其他煤制或天然气制油。

资料来源：《EI 世界能源统计年鉴 2023》。

附表 6　2022 年世界主要国家、地区和组织石油消费量

万吨

国家、地区和组织	2022 年	2021 年	同比变化率（%）	2022 年占世界百分比（%）
美国	82270	80770	1.9	18.7
中国	65920	69160	–4.7	15.0
印度	23690	21670	9.3	5.4
沙特阿拉伯	16600	15380	7.9	3.8
俄罗斯	16150	15740	2.6	3.7
日本	15180	15160	0.1	3.5
韩国	12370	12210	1.3	2.8
巴西	11600	11070	4.8	2.6
加拿大	9820	9480	3.6	2.2
德国	9730	9540	2.0	2.2
1—10 位合计	263330	260180	1.2	59.9
墨西哥	9540	7880	21.1	2.2
伊朗	8400	7570	11.0	1.9
印度尼西亚	6970	6380	9.2	1.6
法国	6690	6700	–0.1	1.5
新加坡	6300	6550	–3.8	1.4
西班牙	6200	5660	9.5	1.4
英国	6120	5630	8.7	1.4
意大利	5720	5450	5.0	1.3
泰国	5380	4890	10.0	1.2

续表

国家、地区和组织	2022 年	2021 年	同比变化率（%）	2022 年占世界百分比（%）
阿联酋	5030	4400	14.3	1.1
11—20 位合计	66350	61110	8.6	15.1
土耳其	4970	4760	4.4	1.1
澳大利亚	4730	4410	7.3	1.1
荷兰	4070	3850	5.7	0.9
中国台湾省	4020	4360	−7.8	0.9
马来西亚	3940	3360	17.3	0.9
伊拉克	3700	3350	10.4	0.8
埃及	3490	2900	20.3	0.8
波兰	3360	3110	8.0	0.8
阿根廷	3190	3000	6.3	0.7
比利时	2650	2820	−6.0	0.6
21—30 位合计	38120	35920	6.1	8.7
北美	101620	98130	3.6	23.1
中南美	28580	26970	6.0	6.5
欧洲	66330	63930	3.8	15.1
独联体	20820	20060	3.8	4.7
中东	41380	37790	9.5	9.4
非洲	19230	18220	5.5	4.4
亚太地区	161520	160850	0.4	36.8
世界	439480	425950	3.2	100.0
经合组织	201480	194710	3.5	45.8

注：石油消费量包括陆地燃油需求加上国际航空煤油、船用油、炼厂自用燃料及损耗，以及煤制或天然气制油，不包括生物汽油（如燃料乙醇）、生物柴油。

资料来源：《EI 世界能源统计年鉴 2023》。

附表 7　2022 年世界各地区主要油品消费量

千桶 / 日

地区	油品	2022 年	2021 年	同比变化率（%）	占总量百分比（%）
北美	轻质馏分油	9464	9423	0.4	9.7
	汽油	9230	9156	0.8	9.5
	石脑油	234	266	−12.0	0.2
	中间馏分油	6837	6387	7.0	7.0
	柴油	5046	4861	3.8	5.2
	煤油	1791	1526	17.4	1.8
	燃料油	468	448	4.5	0.5
	其他	6759	6486	4.2	6.9
	乙烷和 LPG	4205	4080	3.1	4.3
	合计	23528	22744	3.4	24.2

续表

地区	油品	2022 年	2021 年	同比变化率（%）	占总量百分比（%）
中南美	轻质馏分油	1726	1552	11.2	1.8
	汽油	1514	1376	10.0	1.6
	石脑油	212	176	20.5	0.2
	中间馏分油	2680	2494	7.5	2.8
	柴油	2386	2276	4.8	2.5
	煤油	294	218	34.9	0.3
	燃料油	523	544	−3.9	0.5
	其他	1225	1209	1.3	1.3
	乙烷和 LPG	738	732	0.8	0.8
	合计	6154	5799	6.1	6.3
欧洲	轻质馏分油	2792	2866	−2.6	2.9
	汽油	1989	1910	4.1	2.0
	石脑油	803	956	−16.0	0.8
	中间馏分油	7637	7219	5.8	7.8
	柴油	6342	6367	−0.4	6.5
	煤油	1295	853	51.8	1.3
	燃料油	852	797	6.9	0.9
	其他	2782	2723	2.2	2.9
	乙烷和 LPG	1307	1350	−3.2	1.3
	合计	14063	13605	3.4	14.4
独联体	轻质馏分油	1270	1247	1.8	1.3
	汽油	1112	1074	3.5	1.1
	石脑油	157	173	−9.2	0.2
	中间馏分油	1657	1546	7.2	1.7
	柴油	1382	1215	13.7	1.4
	煤油	275	331	−16.9	0.3
	燃料油	316	327	−3.4	0.3
	其他	1392	1319	5.5	1.4
	乙烷和 LPG	931	844	10.3	1.0
	合计	4635	4439	4.4	4.8

续表

地区	油品	2022 年	2021 年	同比变化率（%）	占总量百分比（%）
中东	轻质馏分油	2278	2018	12.9	2.3
	汽油	1891	1690	11.9	1.9
	石脑油	387	327	18.3	0.4
	中间馏分油	2468	2130	15.9	2.5
	柴油	1890	1737	8.8	1.9
	煤油	578	392	47.4	0.6
	燃料油	2150	2006	7.2	2.2
	其他	2554	2527	1.1	2.6
	乙烷和 LPG	2134	2102	1.5	2.2
	合计	9450	8681	8.9	9.7
非洲	轻质馏分油	1323	1279	3.4	1.4
	汽油	1316	1272	3.5	1.4
	石脑油	7	7	0	—
	中间馏分油	1890	1835	3.0	1.9
	柴油	1682	1667	0.9	1.7
	煤油	208	168	23.8	0.2
	燃料油	328	242	35.5	0.3
	其他	621	602	3.2	0.6
	乙烷和 LPG	460	444	3.6	0.5
	合计	4162	3958	5.2	4.3
亚太地区	轻质馏分油	11638	11787	-1.3	12.0
	汽油	6844	6970	-1.8	7.0
	石脑油	4794	4817	-0.5	4.9
	中间馏分油	11270	11188	0.7	11.6
	柴油	9483	9362	1.3	9.7
	煤油	1787	1826	-2.1	1.8
	燃料油	2576	2455	4.9	2.6
	其他	9847	9717	1.3	10.1
	乙烷和 LPG	4782	4556	5.0	4.9
	合计	35331	35147	0.5	36.3

续表

地区	油品	2022 年	2021 年	同比变化率（%）	占总量百分比（%）
世界	轻质馏分油	30491	30172	1.1	31.3
	汽油	23896	23449	1.9	24.6
	石脑油	6594	6722	–1.9	6.8
	中间馏分油	34439	32799	5.0	35.4
	柴油	28211	27485	2.6	29.0
	煤油	6228	5314	17.2	6.4
	燃料油	7213	6819	5.8	7.4
	其他	25180	24583	2.4	25.9
	乙烷和 LPG	14557	14108	3.2	15.0
	合计	97303	94373	3.1	100.0

注：轻质馏分油包括航空与汽车用汽油及轻质馏分油料（LDF）。

中间馏分油包括航空煤油、取暖煤油以及粗柴油与柴油（其中包括船舶燃油）。

燃料油包括船舶燃油以及直接作为燃料的原油。

其他包括炼厂干气、液化石油气（LPG）、溶剂油、石油焦、润滑油、沥青、石蜡、其他炼油产品和炼厂燃料及其损耗。

资料来源：《EI 世界能源统计年鉴 2023》。

附表 8　2022 年世界主要国家、地区和组织炼油能力

千桶 / 日

国家、地区和组织	2022 年	2021 年	同比变化率（%）	2022 年占世界百分比（%）
美国	18061	17941	0.7	17.7
中国	17259	16990	1.6	16.9
俄罗斯	6821	6861	–0.6	6.7
印度	5045	5005	0.8	5.0
韩国	3363	3363	0	3.3
沙特阿拉伯	3312	2977	11.3	3.3
日本	3164	3285	–3.7	3.1
伊朗	2670	2610	2.3	2.6
巴西	2304	2303	0	2.3
德国	2121	2121	0	2.1
1—10 位合计	64120	63456	1.0	62.9
加拿大	1954	1954	0	1.9
意大利	1794	1900	–5.6	1.8
西班牙	1591	1591	0	1.6
墨西哥	1558	1558	0	1.5
委内瑞拉	1303	1303	0	1.3
新加坡	1302	1461	–10.9	1.3

续表

国家、地区和组织	2022 年	2021 年	同比变化率（%）	2022 年占世界百分比（%）
英国	1251	1251	0	1.2
阿联酋	1246	1246	0	1.2
泰国	1244	1245	-0.1	1.2
荷兰	1241	1238	0.2	1.2
11—20 位合计	14484	14747	-1.8	14.2
法国	1140	1140	0	1.1
科威特	1118	800	39.8	1.1
印度尼西亚	1104	1094	0.9	1.1
中国台湾省	1083	1131	-4.2	1.1
马来西亚	955	955	0	0.9
伊拉克	919	919	0	0.9
埃及	825	795	3.8	0.8
土耳其	822	822	0	0.8
阿尔及利亚	657	657	0	0.6
比利时	645	645	0	0.6
21—30 位合计	9268	8958	3.5	9.1
北美	21573	21453	0.6	21.2
中南美	6217	6378	-2.5	6.1
欧洲	15048	15151	-0.7	14.8
独联体	8547	8492	0.6	8.4
中东	11055	10342	6.9	10.9
非洲	3272	3219	1.6	3.2
亚太地区	36189	36332	-0.4	35.5
世界	101901	101367	0.5	100.0
经合组织	43416	43654	-0.5	42.6

资料来源：《EI 世界能源统计年鉴 2023》。

附表 9　2022 年世界各地区炼油加工量

千桶 / 日

地区	2022 年	2021 年	同比变化率（%）	2022 年占世界（%）	炼油能力利用率（%）
北美	18439	17513	5.3	22.5	85.5
中南美	3727	3596	3.6	4.6	59.9
欧洲	12379	11700	5.8	15.1	82.3
独联体	6616	6735	-1.8	8.1	77.4
中东	9026	8429	7.1	11.0	81.6
非洲	1912	1892	1.1	2.3	58.4
亚太地区	29840	29640	0.7	36.4	82.5
世界	81939	79505	3.1	100.0	80.4

资料来源：《EI 世界能源统计年鉴 2023》。

附表 10　2022 年世界主要国家和地区天然气剩余探明可采储量

万亿立方米

国家、地区和组织	2022 年①	2021 年	同比变化率（%）	2022 年占世界百分比（%）
俄罗斯	47.78	47.78	0	22.6
伊朗	33.97	34.06	–0.3	16.1
卡塔尔	23.85	23.85	0	11.3
美国	16.38	12.60	30.0	7.8
土库曼斯坦	11.32	11.32	0	5.4
沙特阿拉伯	8.50	8.43	0.8	4.0
阿联酋	8.19	7.72	6.1	3.9
中国	7.24	7.00	3.4	3.4
尼日利亚	5.84	5.75	1.6	2.8
委内瑞拉	5.54	5.59	–0.9	2.6
阿尔及利亚	4.50	4.50	0	2.1
伊拉克	3.71	3.71	0	1.8
莫桑比克	2.83	2.83	0	1.3
澳大利亚	2.73	2.73	0	1.3
加拿大	2.46	2.47	–0.4	1.2
哈萨克斯坦	2.41	2.41	0	1.1
乌兹别克斯坦	1.84	1.84	0	0.9
科威特	1.78	1.78	0	0.8
埃及	1.78	1.78	0	0.8
阿塞拜疆	1.70	1.70	0	0.8
利比亚	1.50	1.50	0	0.7
挪威	1.45	1.44	0.7	0.7
印度	1.37	1.37	0	0.6
马来西亚	1.19	1.19	0	0.6
印度尼西亚	1.18	1.23	–4.1	0.6
中东	81.62	81.17	0.6	38.7
东欧和前苏联	66.47	66.47	0.0	31.5
美洲	27.01	23.20	16.4	12.8
非洲	17.65	17.55	0.6	8.4
亚太	16.45	16.31	0.9	7.8
西欧	1.81	1.80	0.6	0.9
世界	211.01	206.50	2.2	100.0
欧佩克	74.20	73.69	0.7	35.2

注：① 2022 年天然气剩余探明可采储量数据为预测。

资料来源：美国《油气杂志》2022 年 12 月 5 日。

附表 11 2022 年世界主要国家和地区天然气产量

亿立方米

国家和地区	2022 年	2021 年	同比变化率（%）	2022 年占世界（%）
美国	9786	9441	3.7	24.2
俄罗斯	6184	7021	−11.9	15.3
伊朗	2594	2567	1.1	6.4
中国	2218	2092	6.0	5.5
加拿大	1850	1723	7.4	4.6
卡塔尔	1784	1770	0.8	4.4
澳大利亚	1528	1482	3.1	3.8
挪威	1228	1143	7.4	3.0
沙特阿拉伯	1204	1145	5.2	3.0
阿尔及利亚	982	1011	−2.9	2.4
1—10 位合计	29358	29395	−0.1	72.6
马来西亚	824	780	5.6	2.0
土库曼斯坦	783	793	−1.3	1.9
埃及	645	678	−4.9	1.6
阿联酋	580	583	−0.5	1.4
印度尼西亚	577	593	−2.7	1.4
乌兹别克斯坦	489	509	−3.9	1.2
阿曼	421	402	4.7	1.0
阿根廷	416	386	7.8	1.0
尼日利亚	404	452	−10.6	1.0
墨西哥	404	384	5.2	1.0
11—20 位合计	5543	5560	−0.3	13.7
英国	382	328	16.5	0.9
阿塞拜疆	341	318	7.2	0.8
印度	298	285	4.6	0.7
委内瑞拉	292	281	3.9	0.7
巴基斯坦	287	327	−12.2	0.7
哈萨克斯坦	260	267	−2.6	0.6
特立尼达和多巴哥	260	247	5.3	0.6
泰国	256	315	−18.7	0.6
孟加拉	233	236	−1.3	0.6
巴西	230	243	−5.3	0.6
21—30 位合计	2839	2847	−0.3	7.0

续表

国家和地区	2022 年	2021 年	同比变化率（%）	2022 年占世界（%）
北美	12039	11549	4.2	29.8
中南美	1620	1575	2.9	4.0
欧洲	2204	2110	4.5	5.5
独联体	8059	8912	−9.6	19.9
中东	7213	7062	2.1	17.8
非洲	2490	2590	−3.9	6.2
亚太地区	6813	6738	1.1	16.8
世界	40438	40534	−0.2	100.0

资料来源：《EI 世界能源统计年鉴 2023》。

附表 12　2022 年世界主要国家、地区和组织天然气消费量

亿立方米

国家、地区和组织	2022 年	2021 年	同比变化率（%）	2022 年占世界（%）
美国	8812	8358	5.4	22.4
俄罗斯	4080	4746	−14.0	10.4
中国	3757	3803	−1.2	9.5
伊朗	2289	2365	−3.2	5.8
加拿大	1216	1170	3.9	3.1
沙特阿拉伯	1204	1145	5.2	3.1
日本	1005	1036	−3.0	2.5
墨西哥	966	973	−0.7	2.5
德国	773	917	−15.7	2.0
英国	720	778	−7.5	1.8
1—10 位合计	24822	25291	−1.9	63.0
阿联酋	698	708	−1.4	1.8
意大利	653	724	−9.8	1.7
韩国	619	624	−0.8	1.6
埃及	607	622	−2.4	1.5
印度	582	621	−6.3	1.5
土耳其	512	573	−10.6	1.3
马来西亚	494	494	0	1.3
乌兹别克斯坦	483	465	3.9	1.2
阿根廷	457	459	−0.4	1.2
阿尔及利亚	443	477	−7.1	1.1
11—20 位合计	5548	5767	−3.8	14.1

续表

国家、地区和组织	2022 年	2021 年	同比变化率（%）	2022 年占世界（%）
泰国	443	470	−5.7	1.1
澳大利亚	416	399	4.3	1.1
法国	384	430	−10.7	1.0
巴基斯坦	384	449	−14.5	1.0
土库曼斯坦	375	368	1.9	1.0
印度尼西亚	370	371	−0.3	0.9
卡塔尔	367	400	−8.3	0.9
西班牙	331	343	−3.5	0.8
巴西	320	404	−20.8	0.8
委内瑞拉	292	281	3.9	0.7
21—30 位合计	3682	3915	−6.0	9.3
北美	10994	10501	4.7	27.9
中南美	1617	1679	−3.7	4.1
欧洲	4988	5731	−13.0	12.7
独联体	5512	6169	−10.7	14.0
中东	5606	5621	−0.3	14.2
非洲	1625	1685	−3.6	4.1
亚太地区	9071	9285	−2.3	23.0
世界	39413	40671	−3.1	100.0
经合组织	17966	18128	−0.9	45.6

资料来源：《EI 世界能源统计年鉴 2023》。

附表 13　2022 年世界主要国家和地区石油进出口量

万吨

国家和地区	原油进口量	油品进口量	总进口量	原油出口量	油品出口量	总出口量
美国	31260	9820	41080	17290	25300	42590
加拿大	2370	2790	5160	20030	3230	23260
墨西哥	0	5960	5960	4940	860	5800
北美	33630	18570	52200	42260	29390	71650
中南美	2440	11580	14020	11720	2890	14610
欧洲	50130	20650	70780	1960	10950	12910
俄罗斯	10	170	180	26470	12590	39060
独联体其他	1620	760	2380	8570	1220	9790
独联体	1630	930	2560	35040	13810	48850
伊拉克	0	900	900	19100	1250	20350
科威特	0	250	250	9030	2980	12010

续表

国家和地区	原油进口量	油品进口量	总进口量	原油出口量	油品出口量	总出口量
沙特阿拉伯	90	1290	1380	36480	7410	43890
阿联酋	500	3980	4480	17290	8950	26240
中东其他	1630	2250	3880	9220	7940	17160
中东	2220	8670	10890	91120	28530	119650
北非	830	3410	4240	7650	2570	10220
西非	70	5310	5380	16970	710	17680
东非和南非	680	5360	6040	170	190	360
非洲	1580	14080	15660	24790	3470	28260
澳大拉西亚	1030	4810	5840	890	430	1320
中国	50820	9330	60150	130	5410	5540
印度	23120	5310	28430	0	8330	8330
日本	13250	3850	17100	40	1690	1730
新加坡	4440	7250	11690	50	7230	7280
亚太其他	28630	19650	48280	4900	12510	17410
亚太	121290	50200	171490	6010	35600	41610
世界合计	212920	124680	337600	212900	124640	337540

资料来源：《EI 世界能源统计年鉴 2023》。

附表 14　2022 年世界主要国家和地区天然气进出口量

亿立方米

国家和地区	管道气进口量	液化气进口量	总进口量	管道气出口量	液化气出口量	总出口量
美国	821	7	828	827	1043	1870
北美其他	827	7	834	821	0	821
北美	1648	14	1662	1648	1043	2691
巴西	61	23	84	0	0	0
中南美其他	0	112	112	61	152	213
中南美	61	135	196	61	152	213
欧洲	1508	1702	3210	0	75	75
俄罗斯	81	0	81	1253	402	1655
独联体其他	257	0	257	704	0	704
独联体	338	0	338	1957	402	2359
中东	10	94	104	155	1366	1521
非洲	0	62	62	349	539	888
中国	584	932	1516	0	5	5
印度	0	284	284	0	0	0
OECD 亚太	48	1622	1670	0	1123	1123
亚太其他	0	642	642	88	718	806
亚太	632	3480	4112	88	1846	1934
世界合计	4197	5487	9684	4258	5423	9681

资料来源：《EI 世界能源统计年鉴 2023》

附表 15　2022 年世界管道天然气贸易流向

亿立方米

进口方	出口方							总进口量
	北美	中南美	欧洲	独联体	中东	非洲	亚太	
北美	1648	—	—	—	—	—	—	1648
中南美	—	117	—	—	—	—	—	117
欧洲	—	—	2277	1078	91	340	—	3786
独联体	—	—	—	365	4	—	—	369
中东	—	—	—	2	323	9	—	334
非洲	—	—	2	—	61	86	—	149
亚太	—	—	—	545	—	—	238	783
总出口量	1648	117	2279	1990	479	435	238	7186

资料来源：《EI 世界能源统计年鉴 2023》。

附表 16　2022 年世界液化天然气贸易流向

亿立方米

进口方	出口方							总进口量
	美国	中南美	欧洲	俄罗斯	中东	非洲	亚太	
北美	1	7	—	—	—	—	4	12
中南美	65	39	4	—	4	21	3	136
欧洲	721	65	61	196	288	370	2	1703
中东和非洲	15	4	2	—	54	19	—	94
亚太	241	36	9	206	1020	130	1837	3479
总出口量	1043	151	76	402	1366	540	1846	5424

资料来源：《EI 世界能源统计年鉴 2023》。

附表 17　2022 年世界主要国家和地区煤炭产量

万吨油当量

国家和地区	2022 年	2021 年	同比变化率（%）	2022 年占世界百分比（%）
中国	221328	200256	10.5	52.8
印度	36048	32112	12.3	8.6
印度尼西亚	33480	30432	10.0	8.0
美国	28968	27888	3.9	6.9
澳大利亚	27504	28536	−3.6	6.6
俄罗斯	22440	22200	1.1	5.4
南非	12840	13056	−1.7	3.1
哈萨克斯坦	4344	4272	1.7	1.0
波兰	4080	4224	−3.4	1.0

续表

国家和地区	2022年	2021年	同比变化率（%）	2022年占世界百分比（%）
哥伦比亚	3960	4080	-2.9	0.9
1—10位合计	394992	367056	7.6	94.3
德国	2904	2760	5.2	0.7
加拿大	2832	2904	-2.5	0.7
越南	2808	2712	3.5	0.7
土耳其	1992	1800	10.7	0.5
蒙古	1800	1488	21.0	0.4
捷克	1152	1056	9.0	0.3
乌克兰	864	1296	-33.3	0.2
塞尔维亚	600	624	-3.8	0.1
保加利亚	600	480	25.0	0.1
巴基斯坦	456	456	0	0.1
11—20位合计	16008	15576	2.8	3.8
泰国	336	360	6.7	0.1
墨西哥	336	336	0	0.1
罗马尼亚	312	312	0	0.1
巴西	264	288	-8.3	0.1
津巴布韦	264	216	22.2	0.1
新西兰	168	168	0	—
希腊	168	144	16.7	—
乌兹别克斯坦	144	144	0	—
匈牙利	72	72	0	—
英国	48	72	33.3	—
21—30位合计	2112	2112	0	0.5
北美	32136	31128	3.2	7.7
中南美	4248	4392	-3.3	1.0
欧洲	13896	13920	-0.2	3.3
独联体	27264	26880	1.4	6.5
中东	120	96	25.0	—
非洲	14400	14232	1.2	3.4
亚太地区	326904	299352	9.2	78.0
世界	418968	390000	7.4	100.0

资料来源：《EI世界能源统计年鉴 2023》。

附表 18　2022 年世界主要国家、地区和组织煤炭消费量

万吨油当量

国家、地区和组织	2022 年	2021 年	同比变化率（%）	2022 年占世界百分比（%）
中国	212184	210096	1.0	54.7
印度	48216	46320	4.1	12.4
美国	23688	25368	-6.6	6.1
日本	11808	11832	-0.2	3.0
印度尼西亚	10512	6600	59.3	2.7
南非	7944	8424	-5.7	2.0
俄罗斯	7656	8232	-7.0	2.0
韩国	6888	7296	-5.6	1.8
德国	5592	5376	4.0	1.4
越南	4920	5184	-5.1	1.3
1—10 位合计	339408	334728	1.4	87.6
波兰	4344	4560	-4.7	1.1
土耳其	4200	4176	0.6	1.1
中国台湾省	3792	4032	-6.0	1.0
澳大利亚	3720	3912	-4.9	1.0
哈萨克斯坦	3456	3360	2.9	0.9
马来西亚	2256	2256	0	0.6
菲律宾	2016	1896	6.3	0.5
泰国	1704	1872	-9.0	0.4
巴基斯坦	1536	1728	-11.1	0.4
巴西	1416	1704	-16.9	0.4
11—20 位合计	28440	29496	-3.6	7.3
捷克	1416	1296	9.3	0.4
乌克兰	1248	2280	-45.3	0.3
加拿大	936	1200	-22.0	0.2
意大利	744	552	34.8	0.2
摩洛哥	672	744	-9.7	0.2
保加利亚	624	528	18.2	0.2
墨西哥	600	480	25.0	0.2
荷兰	552	552	0	0.1
智利	528	696	-24.1	0.1
英国	504	576	-12.5	0.1
21—30 位合计	7824	8904	-12.1	2.0
北美	25224	27048	-6.7	6.5
中南美	2856	3384	-15.6	0.7
欧洲	24168	24936	-3.1	6.2
独联体	11688	12120	-3.6	3.0

续表

国家、地区和组织	2022 年	2021 年	同比变化率（%）	2022 年占世界百分比（%）
中东	888	864	2.8	0.2
非洲	9528	10032	–5.0	2.5
亚太地区	313200	306672	2.1	80.8
世界	387552	385056	0.6	100.0
经合组织	69360	71856	–3.5	17.9

资料来源：《EI 世界能源统计年鉴 2023》。

附表 19　2021—2022 年世界主要国家水电装机容量

吉瓦

国　家	2022 年	2021 年	同比变化率（%）	2022 年占世界百分比（%）
世界	1392.6	1362.7	2.2	100.0
中国	413.5	390.9	5.8	29.7
巴西	109.8	109.4	0.4	7.9
美国	103.1	103.1	0	7.4
加拿大	83.6	82.7	1.1	6.0
俄罗斯	52.8	52.8	0	3.8
印度	52.0	51.6	0.8	3.7
日本	50.0	50.0	0	3.6
挪威	34.1	34.1	0	2.4
法国	26.3	26.3	0	1.9
意大利	22.8	22.7	0.4	1.6

注：1 吉瓦 =1000 兆瓦 =10^9 瓦。

资料来源：IRENA 国际可再生能源署《2023 年可再生能源容量统计》。

附表 20　2021—2022 年世界主要国家风电装机容量

吉瓦

国　家	2022 年	2021 年	同比变化率（%）	2022 年占世界百分比（%）
世界	898.8	824.2	9.1	100.0
中国	366.0	329.0	11.2	40.7
美国	140.9	133.0	5.9	15.7
德国	66.3	63.8	3.9	7.4
印度	41.9	40.1	4.5	4.7
西班牙	29.3	27.9	5.0	3.3
英国	28.5	25.7	10.9	3.2
巴西	24.2	21.2	14.2	2.7
法国	21.1	18.7	12.8	2.3
加拿大	15.3	14.3	7.0	1.7
瑞典	14.6	12.1	20.7	1.6

资料来源：IRENA 国际可再生能源署《2023 年可再生能源容量统计》。

附表 21　2021—2022 年世界主要国家太阳能装机容量

吉瓦

国　家	2022 年	2021 年	同比变化率（%）	2022 年占世界百分比（%）
世界	1053.1	861.5	22.2	100.0
中国	393.0	307.0	28.0	37.3
美国	113.0	95.4	18.4	10.7
日本	78.8	74.2	6.2	7.5
德国	66.6	59.4	12.1	6.3
印度	63.1	49.7	27.0	6.0
澳大利亚	26.8	22.9	17.0	2.5
意大利	25.1	22.6	11.1	2.4
巴西	24.1	14.2	69.7	2.3
荷兰	22.6	14.9	51.7	2.1
韩国	21.0	18.2	15.4	2.0

资料来源：IRENA 国际可再生能源署《2023 年可再生能源容量统计》。

附表 22　2022 年世界主要国家、地区和组织二氧化碳排放量

亿吨

国　家	2022 年	2021 年	同比变化率（%）	2022 年占世界百分比（%）
中国	105.5	105.6	-0.1	30.7
美国	48.3	47.7	1.3	14.0
印度	26.0	24.6	5.7	7.6
俄罗斯	14.6	15.8	-7.6	4.2
日本	10.7	10.7	0	3.1
印度尼西亚	6.9	5.2	32.7	2.0
伊朗	6.7	6.6	1.5	1.9
德国	6.3	6.4	-1.6	1.8
沙特阿拉伯	6.1	5.7	7.0	1.8
韩国	5.9	6.0	-1.7	1.7
1—10 位合计	237.0	234.3	1.2	68.9
加拿大	5.2	5.1	2.0	1.5
墨西哥	5.1	4.5	13.3	1.5
巴西	4.4	4.6	-4.3	1.3
南非	4.2	4.4	-4.5	1.2
土耳其	4.1	4.1	0	1.2
澳大利亚	3.8	3.7	2.7	1.1
英国	3.4	3.4	0	1.0
意大利	3.2	3.1	3.2	0.9
波兰	3.0	3.1	-3.2	0.9

续表

国家、地区和组织	2022 年	2021 年	同比变化率（%）	2022 年占世界百分比（%）
阿联酋	2.9	2.8	3.6	0.8
11—20 位合计	39.3	38.8	1.3	11.4
泰国	2.8	2.7	3.7	0.8
马来西亚	2.7	2.6	3.8	0.8
中国台湾省	2.7	2.8	-3.6	0.8
越南	2.7	2.7	0	0.8
法国	2.7	2.7	0	0.8
西班牙	2.6	2.4	8.3	0.8
埃及	2.4	2.2	9.1	0.7
哈萨克斯坦	2.3	2.2	4.5	0.7
新加坡	2.1	2.1	0	0.6
巴基斯坦	2.1	2.3	-8.7	0.6
21—30 位合计	25.1	24.7	1.6	7.3
北美	58.5	57.3	2.1	17.0
中南美	12.6	12.5	0.8	3.7
欧洲	37.7	38.5	-2.1	11.0
独联体	20.3	21.4	-5.1	5.9
中东	22.0	21.0	4.8	6.4
非洲	13.1	13.1	0	3.8
亚太地区	179.6	176.8	1.6	52.2
世界	343.8	340.6	0.9	100.0
经合组织	115.9	114.9	0.9	33.7

资料来源：《EI 世界能源统计年鉴 2023》。

附表 23　2022 年《福布斯 2000》中综合排名前 30 位的石油天然气公司

亿美元

2022 年排名	2021 年排名	公司名称	所在国	销售额	利润	资产	市值
2	3	沙特阿美 /Saudi Arabian Oil Company	沙特阿拉伯	5895	1564	6539	20552
8	15	埃克森美孚 /ExxonMobil	美国	3932	617	3694	4394
11	16	壳牌 /Shell	英国	3659	435	4292	2055
18	26	雪佛龙 /Chevron	美国	2321	358	2559	3035
18	21	中国石油 /PetroChina	中国	4574	222	3846	1229
21	29	道达尔 /TotalEnergies	法国	2576	211	2930	1516
28	50	英国石油公司 /BP	英国	2481	259	2787	1083
32	45	中国石化 /Sinopec	中国	4536	99	2833	1143
45	54	信实工业 /Reliance Industries	印度	1094	83	2085	1892
52	70	挪威国家石油公司 /Equinor	挪威	1419	290	1525	918
58	65	巴西国家石油公司 /Petrobras	巴西	1242	365	1850	630

续表

2022 年排名	2021 年排名	公司名称	所在国	销售额	利润	资产	市值
81	111	埃尼集团 /Eni	意大利	1324	131	1541	500
83	128	康菲石油 /ConocoPhillips	美国	752	158	914	1215
85	134	中海油 /CNOOC	中国香港	591	211	1336	729
117	238	马拉松石油 /Marathon Petroleum	美国	1741	164	870	454
136	317	菲利普斯 66/Phillips 66	美国	1679	124	773	429
165	368	瓦莱罗能源 /Valero Energy	美国	1744	136	602	387
167	276	西方石油 /Occidental Petroleum	美国	363	132	748	546
215	262	森科能源公司 /Suncor Energy	加拿大	449	70	625	390
218	234	加拿大自然资源公司 /Canadian Natural Resources	加拿大	304	73	556	633
226	229	印度石油天然气公司 /Oil & Natural Gas	印度	861	54	773	247
238	232	泰国国家石油 /PTT	泰国	960	26	986	256
246	314	依欧格资源 /EOG Resources	美国	284	94	410	668
290	319	雷普索尔 /Repsol	西班牙	761	41	653	188
311	295	哥伦比亚国家石油公司 / Ecopetrol	哥伦比亚	337	79	625	188
317	391	先锋自然资源 /Pioneer Natural Resources	美国	228	70	361	496
320	671	塞诺佛斯能源 /Cenovus Energy	加拿大	476	41	399	303
357	387	奥地利石油天然气集团 /OMV Group	奥地利	597	36	591	152
445	572	戴文能源 /Devon Energy	美国	206	60	237	329
540	358	印度石油 /India oil	印度	1034	7819	559	143

注：最新排名不包括俄罗斯油气公司，福布斯使用截至 2023 年 5 月 5 日可用的最新 12 个月的财务数据。

资料来源：《福布斯》网站 2023 年 6 月 8 日。

附表 24　2022 年世界最大 50 家石油公司综合排名

综合排名	公司名称	石油储量		天然气储量		原油产量		天然气产量		炼油能力		油品销售	
		位次	亿吨	位次	亿立方米	位次	万吨	位次	亿立方米	位次	万吨	位次	万吨
1	沙特阿拉伯国家石油公司	2	310.9	6	55077	1	54770	4	1173.0	3	19930	2	25415
2	伊朗国家石油公司	3	220.9	1	321002	3	18100	2	2566.0	7	11010	13	10550
3	中国石油天然气集团有限公司	7	49.7	8	45246	4	18020	3	1692.0	4	16745	11	11170
4	埃克森美孚公司	13	17.0	16	10810	7	11445	8	882.0	2	22835	1	25810
5	俄罗斯石油公司	10	30.9	12	19100	5	15480	15	519.0	14	9285	15	8515
6	BP 公司	16	14.2	15	11218	10	9755	9	818.0	17	8755	8	14160
7	俄罗斯天然气公司	17	13.7	3	157182	17	6475	1	5156.0	21	5830	20	5655

续表

综合排名	公司名称	石油储量		天然气储量		原油产量		天然气产量		炼油能力		油品销售	
		位次	亿吨	位次	亿立方米	位次	万吨	位次	亿立方米	位次	万吨	位次	万吨
8	壳牌集团	25	6.4	21	7856	13	8695	7	898.0	10	10745	4	22295
9	雪佛龙公司	20	8.6	20	8752	12	9070	10	797.0	15	9020	9	12270
10	道达尔能源	22	8.2	19	9472	16	7500	11	744.0	16	8965	5	17905
11	委内瑞拉国家石油公司	1	425.3	5	62602	30	3270	25	303.0	11	10350	23	5210
12	阿布扎比国家石油公司	5	146.1	7	46225	9	10185	26	296.0	27	4610	27	4130
13	俄罗斯鲁克石油公司	14	16.2	24	6280	14	8390	23	322.0	19	8050	10	11370
14	科威特国家石油公司	6	142.2	14	17533	6	13800	43	222.0	26	4850	22	5430
15	阿尔及利亚国家石油公司	12	17.1	11	22792	19	6030	6	937.0	35	2805	26	4555
16	巴西国家石油公司	19	11.8	42	2451	8	11120	21	337.0	8	10765	14	10210
17	卡塔尔石油总公司	9	35.3	2	246669	15	8230	5	1155.0	42	1905	40	1635
18	伊拉克国家石油公司	4	203.0	9	35283	2	19855	59	94.0	23	5580	28	3895
19	中国石油化工股份有限公司	38	2.4	43	2394	28	3830	20	340.0	1	28870	3	22685
20	墨西哥国家石油公司	21	8.5	49	1994	11	9550	37	213.0	12	9900	21	5600
21	尼日利亚国家石油公司	11	25.3	10	32291	27	3985	28	287.0	36	2445	54	670
22	意大利埃尼集团	29	4.6	26	5063	26	4065	17	477.0	30	3660	41	1585
23	马来西亚国家石油公司	39	2.4	25	5973	34	2675	13	641.0	32	3500	29	3595
24	埃及石油总公司	41	2.2	17	10689	43	1755	24	309.0	28	4165	25	4600
25	中国海洋石油集团有限公司	27	5.9	41	2524	18	6195	40	198.0	39	2200	32	2640
26	印度石油天然气总公司	31	4.0	27	4876	38	2350	35	217.0	38	2220	34	2325
26	俄罗斯苏尔古特油气公司	15	16.1	29	4564	20	5490	62	90.0	41	2020	38	1670
28	挪威国家石油公司	33	3.7	30	4355	23	4890	14	554.0	47	1580	—	—
29	印度尼西亚国家石油公司	47	1.8	55	1529	39	2225	30	270.0	24	5155	17	8015
30	利比亚国家石油公司	8	46.0	18	10491	22	4930	70	66.0	48	1350	47	1375
31	美国康菲公司	28	5.5	32	3634	21	5200	22	327.0	—	—	—	—
32	俄罗斯诺瓦泰克公司	44	1.9	13	18989	51	1175	12	663.0	—	—	—	—
33	加拿大自然资源公司	18	12.7	36	3205	25	4230	44	166.0	—	—	—	—
34	西班牙雷普索尔公司	65	0.8	47	2140	54	1025	38	212.0	25	5065	24	4672.3

续表

综合排名	公司名称	石油储量		天然气储量		原油产量		天然气产量		炼油能力		油品销售	
		位次	亿吨	位次	亿立方米	位次	万吨	位次	亿立方米	位次	万吨	位次	万吨
35	加拿大塞诺佛斯石油公司	24	8.0	74	628	31	3210	60	93.0	33	3065	44	1458.5
36	美国西方石油公司	34	3.6	53	1657	24	4435	42	184.0	—	—	—	—
37	阿曼石油开发公司	43	2.0	34	3299	41	2215	39	212.0	—	—	—	—
38	哥伦比亚国家石油公司	42	2.0	67	892	35	2635	58	94.0	40	2025	36	1990
39	美国依欧格资源公司	36	3.3	44	2328	32	2950	49	148.0	—	—	—	—
40	哈萨克斯坦国家石油公司	30	4.0	60	1381	40	2220	66	81.0	44	1830	49	1225
41	泰国国家石油公司	75	0.5	52	1691	62	595	41	184.0	29	3850	35	1995
41	德国温特沙尔公司	56	1.4	33	3567	57	900	29	282.0	—	—	—	—
43	美国安特罗资源公司	49	1.8	37	2889	58	840	32	234.0	—	—	—	—
44	乌兹别克国家石油公司	66	0.8	22	7388	81	275	19	430.0	51	1120	58	425
45	日本国际石油开发株式会社	32	3.8	57	1450	44	1720	51	129.0	—	—	—	—
46	奥地利 OMV 公司	63	0.9	62	1070	55	1000	43	174.0	45	1640	37	1680
47	美国西南能源公司	62	0.9	28	4873	72	515	27	287.0	—	—	—	—
48	美国 Ovintiv 公司	51	1.6	50	1860	47	1375	46	161.0	—	—	—	—
49	加拿大森科能源公司	26	5.9	95	4	29	3660	—	—	37	2335	33	2580
50	阿根廷 YPF 公司	61	1.0	72	693	49	1225	50	130.0	46	1640	42	1520

资料来源：美国《石油情报周刊》2022 年 11 月 17 日。

附表 25　2018—2022 年主要石油公司经营指标

油：千桶 / 日；天然气：亿米 ^{3}/ 日

公司名称及经营指标	2022 年	2021 年	2020 年	2019 年	2018 年
埃克森美孚					
原油产量	2354	2289	2349	2386	2266
天然气产量	2.35	2.42	2.40	2.66	2.66
一次加工能力	4582	4670	4755	4732	4905
成品油销售量	5347	5130	4863	5452	5512
加油站数量（座）	22513	22545	21953	21409	20806
BP					
原油产量	1214	1951	2106	2211	2191
天然气产量	2.01	2.24	2.25	2.58	2.45
一次加工能力	1637	1982	1909	1906	1890
成品油销售量	2963	2832	2691	3187	5930
加油站数量（座）	20650	20500	20300	18900	18700

续表

公司名称及经营指标	2022 年	2021 年	2020 年	2019 年	2018 年
壳牌					
原油产量	1460	1685	1752	1823	1749
天然气产量	2.23	2.46	2.61	2.94	3.06
一次加工能力	1698	2149	2750	3085	3174
成品油销售量	2503	2433	2276	6561	6783
加油站数量（座）	46225	46020	45612	44669	44397
雪佛龙					
原油产量	1719	1814	1868	1865	1782
天然气产量	2.17	2.18	2.06	2.03	1.95
一次加工能力	1779	1804	1804	1748	1627
成品油销售量	2614	2454	2224	2577	2655
加油站数量（座）	13776	13868	13727	13051	12896
道达尔					
原油产量	1519	1500	1543	1672	1566
天然气产量	1.91	2.04	2.05	2.07	1.87
一次加工能力	1792	1793	1967	1959	2021
成品油销售量	–	3581	3410	4111	4153
加油站数量（座）	14647	14992	14739	15060	14311
中国石油股份					
原油产量	2482	2433	2525	2491	2439
天然气产量	3.63	3.43	3.27	3.03	2.80
一次加工能力	4494	4089	4089	4008	3984
成品油销售量	3302	3579	3534	4114	3916
加油站数量（座）	22586	22800	22619	22365	21783

资料来源：各公司年报和财务经营报告。

附表 26　2018—2022 年主要石油公司财务指标

百万美元

公司名称及财务指标	2022 年	2021 年	2020 年	2019 年	2018 年
埃克森美孚					
销售收入	398675	276692	178574	255583	279332
净利润	55740	23040	–22440	14340	20840
总资产	369067	338923	332750	362597	346196
职工人数（人）	62300	63000	72000	74900	71000
BP					
销售收入	241392	157739	105944	159307	298756
净利润	–1357	8487	–20729	4190	9578
总资产	288120	287272	267654	295194	282176
职工人数（人）	67600	65900	63600	70100	73000

续表

公司名称及财务指标	2022 年	2021 年	2020 年	2019 年	2018 年
壳牌					
销售收入	381314	261504	180543	344877	388379
净利润	42874	20630	–21534	16432	23906
总资产	443024	404379	379268	404336	399194
职工人数（人）	93000	82000	86000	83000	82000
雪佛龙					
销售收入	235717	155606	94471	139865	158902
净利润	35465	15625	–5543	2924	14824
总资产	257709	239535	239790	237428	253863
职工人数（人）	43846	42595	47736	48155	48638
道达尔					
销售收入	280999	205863	140685	200316	209363
净利润	21044	16366	–7336	11438	11550
总资产	303864	293458	266132	273294	256762
职工人数（人）	101279	101309	105476	107776	104460
中国石油股份					
销售收入	481582	405231	280364	364840	358892
净利润	24380	17778	4855	9715	11180
总资产	397479	387857	360723	396166	368857
职工人数（人）	398440	417173	432003	460724	476223

资料来源：各公司年报和财务经营报告。

附表 27　2021—2022 年主要石油公司分板块资本支出及比例

百万美元

公司名称及资本支出	2022 年		2021 年	
	数值	比例（%）	数值	比例（%）
埃克森美孚				
资本和勘探支出	22704	100.00	16595	100.00
上游	17002	74.89	12254	73.84
能源	2410	10.61	1987	11.97
化工	2965	13.06	2025	12.20
专业	268	1.18	326	1.96
其他	59	0.26	3	0.03
BP				
资本支出和并购	16330	100.00	12848	100.00
天然气及新能源	4251	26.03	8432	65.63
石油生产与运营	5278	32.32	2950	22.96
客户与产品	6252	38.29	397	3.09
其他	549	3.36	1069	8.32

续表

公司名称及资本支出	2022 年		2021 年	
	数值	比例（%）	数值	比例（%）
壳牌				
资本支出	24833	100.00	19698	100.00
合成气	4265	17.17	3502	17.78
上游	8143	32.79	6168	31.31
销售	4831	19.45	2273	11.54
化工与生产	3838	15.46	5175	26.27
可再生能源	3469	13.97	2359	11.98
其他	287	1.16	221	1.12
雪佛龙				
资本和勘探支出	12296	100.00	8553	100.00
勘探与开发	10053	81.76	7208	84.27
炼油与销售	811	6.60	591	6.91
石油化工	81	0.65	122	1.43
其他	1351	10.99	632	7.39
道达尔				
资本支出	19802	100.00	16589	100.00
上游	17121	86.46	13617	82.09
炼油与化工	1391	7.02	1638	9.87
营销与服务	1186	5.99	1242	7.49
其他	104	0.53	92	0.55
中国石油股份				
资本支出	40782	100.00	38933	100.00
油气及新能源	32945	80.78	27630	70.97
炼油化工及新材料	6210	15.23	8446	21.69
营销	754	1.85	1702	4.37
天然气和管道	734	1.80	1046	2.69
其他	139	0.34	109	0.28

资料来源：各公司年报和财务经营报告。

附表 28　2018—2022 年主要石油公司资本支出占销售收入比例

%

公司名称	2022 年	2021 年	2020 年	2019 年	2018 年
埃克森美孚	5.7	6.0	12.0	12.2	9.3
BP	6.8	8.1	7.8	7.0	8.4
壳牌	6.5	7.3	9.2	6.7	5.9
雪佛龙	5.2	5.5	14.3	15.0	12.7
道达尔	7.0	8.1	11.0	9.6	10.6

续表

公司名称	2022 年	2021 年	2020 年	2019 年	2018 年
中国石油股份	8.5	9.6	12.7	11.8	10.8
中国石化股份	5.7	6.1	6.4	4.9	4.1
中国海油有限	28.4	39.4	50.9	33.7	27.4

注：中国石化股份指中国石油化工股份有限公司，中国海油有限指中国海洋石油集团有限公司。

资料来源：各公司年报和财务经营报告。

附表 29　2018—2022 年主要石油公司投资资本回报率

%

公司名称	2022 年	2021 年	2020 年	2019 年	2018 年
埃克森美孚	24.9	10.9	−9.3	6.5	9.2
BP	30.5	13.3	−3.8	8.9	11.2
壳牌	16.7	8.8	−6.8	6.7	9.4
雪佛龙	20.3	9.4	−2.8	2.0	8.2
道达尔	28.2	13.9	4.0	9.8	11.8
中国石油股份	—	—	—	—	—
中国石化股份	8.7	11.3	6.2	9.0	9.3
中国海油有限	—	—	—	—	—

资料来源：各公司年报和财务经营报告。

附表 30　2021—2022 年主要石油公司油气储量及海外比例

油气储量及海外比例	石油（百万桶）		天然气（亿立方米）	
	2022 年	2021 年	2022 年	2021 年
埃克森美孚	11471	12174	10656	10811
美国以外比例	70.5%	71.7%	63.4%	60.4%
BP	3997	10124	5234	11219
欧洲以外比例	93.3%	97.2%	97.8%	98.7%
壳牌	4680	4581	8045	7857
欧洲以外比例	95.8%	95.3%	89.2%	88.1%
雪佛龙	6085	6113	8741	8753
美国以外比例	51.4%	53.0%	77.9%	81.0%
道达尔	5716	5843	6823	9473
欧洲以外比例	89.6%	89.8%	73.5%	88.6%
中国石油股份	6418	6064	20802	21216
中国以外比例	11.3%	12.8%	1.8%	1.9%
中国石化股份	1962	1749	2494	2395
中国以外比例	16.3%	19.0%	0.1%	0.1%
中国海油有限	4333	3924	2539	2365
中国以外比例	47.4%	46.6%	13.2%	15.9%

资料来源：各公司年报和财务经营报告。

附表 31　2021—2022 年主要石油公司油气产量及海外比例

油气产量及海外比例	石油（千桶 / 日）		天然气（亿立方米 / 日）	
	2022 年	2021 年	2022 年	2021 年
埃克森美孚	2354	2289	2.3	2.4
美国以外比例	67.0%	68.5%	69.3%	67.8%
BP	1214	1951	2.0	2.2
欧洲以外比例	93.0%	95.5%	96.2%	97.0%
壳牌	1460	1685	2.2	2.5
欧洲以外比例	93.0%	93.2%	85.3%	86.3%
雪佛龙	1719	1814	2.2	2.2
美国以外比例	48.3%	52.7%	77.1%	78.1%
道达尔	1519	1500	1.9	2.0
欧洲以外比例	85.8%	85.0%	81.5%	83.6%
中国石油股份	2483	2433	3.6	3.4
中国以外比例	15.3%	15.1%	4.4%	4.5%
中国石化股份	769	767	1.0	0.9
中国以外比例	10.7%	10.8%	—	—
中国海油有限	1312	1211	0.6	0.5
中国以外比例	29.8%	29.7%	21.6%	26.7%

资料来源：各公司年报和财务经营报告。

附表 32　2018—2022 年主要石油公司炼油能力及海外比例

千桶 / 日

炼油能力及海外比例	2022 年	2021 年	2020 年	2019 年	2018 年
埃克森美孚	4582	4670	4755	4732	4905
美国以外比例	61.26%	62.21%	63.11%	67.62%	64.77%
BP	1637	1751	1909	1906	1890
欧洲以外比例	50.90%	55.10%	54.85%	54.93%	58.68%
壳牌	1698	2149	2750	3085	3174
欧洲以外比例	41.70%	52.40%	61.49%	65.74%	66.73%
雪佛龙	1779	1804	1804	1748	1627
美国以外比例	40.48%	39.91%	39.91%	40.22%	42.72%
道达尔	1792	1793	1967	1959	2021
欧洲以外比例	31.53%	31.57%	26.94%	26.65%	28.90%
中国石油股份	4494	4089	4089	4008	3984
中国以外比例	—	—	—	—	—
中国石化股份	5745	5745	5665	5433	5870
中国以外比例	—	—	—	—	—

资料来源：各公司年报和财务经营报告。

附表 33　2018—2022 年主要石油公司储量替代率

%

公司名称	2022 年	2021 年	2020 年	2019 年	2018 年
埃克森美孚	45	348	−207	−39	156
BP	78	52	154	67	100
壳牌	121	76	73	68	55
雪佛龙	97	112	74	51	142
道达尔	85	74	66	157	117
中国石油股份	107	137	120	73	106
中国石化股份	148	140	64	129	104
中国海油有限	182	162	136	144	126

资料来源：各公司年报和财务经营报告。

附表 34　2018—2022 年主要石油公司钻井工作量

钻井工作量	2022 年	2021 年	2020 年	2019 年	2018 年
埃克森美孚					
净探井数	8	10	9	14	13
成功率	50.00%	60.00%	77.78%	78.57%	53.85%
净开发井数	581	501	553	917	635
成功率	98.63%	97.21%	97.11%	97.49%	97.01%
BP					
净探井数	6	23	19	30	29
成功率	63.49%	88.21%	90.53%	81.33%	82.75%
净开发井数	257	505	436	608	473
成功率	98.91%	98.38%	98.83%	97.83%	97.25%
壳牌					
净探井数	64	91	201	195	183
成功率	73.44%	14.28%	46.77%	78.97%	83.61%
净开发井数	409	312	340	539	615
成功率	99.76%	99.67%	100.00%	98.70%	99.84%
雪佛龙					
净探井数	6	4	9	12	19
成功率	50.00%	50.00%	66.67%	83.33%	78.95%
净开发井数	542	423	683	972	897
成功率	98.71%	99.52%	99.41%	99.69%	99.33%
中国石油股份					
净探井数	1350	1456	1539	1579	1778
成功率	73.26%	73.63%	74.20%	79.29%	72.50%
净开发井数	11653	11356	12063	14503	15177
成功率	99.68%	99.52%	99.48%	99.50%	99.51%

续表

钻井工作量	2022 年	2021 年	2020 年	2019 年	2018 年
中国海油有限					
净探井数	—	—	—	224.2	157.9
成功率	—	—	—	42.95%	53.60%
净开发井数	—	—	—	284.9	171.5
成功率	—	—	—	100.00%	100.00%

注：净值指扣除其他方权益后的数值。

资料来源：各公司年报和财务经营报告。

附　　图

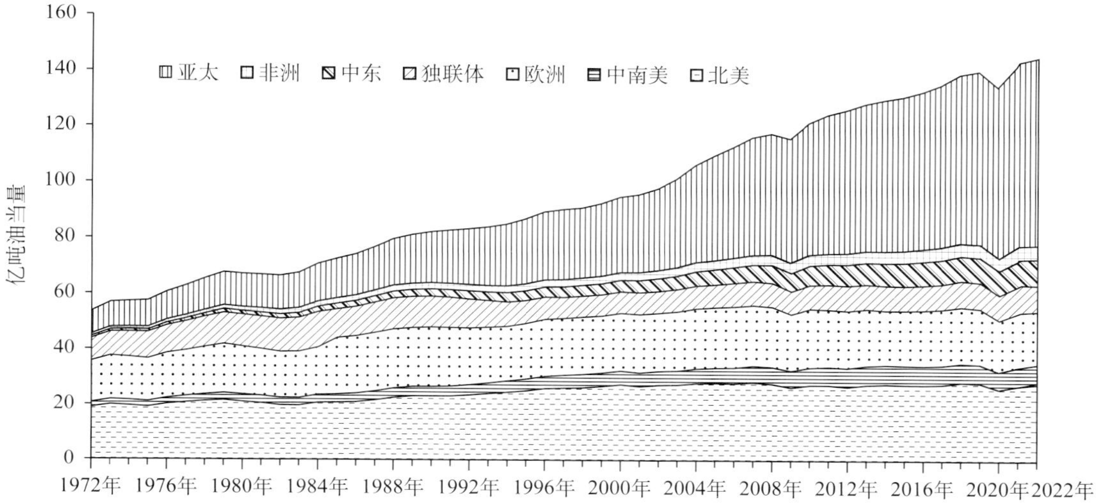

附图 1　1972—2022 年世界各地区一次能源消费量

（资料来源：《EI 世界能源统计年鉴 2023》）

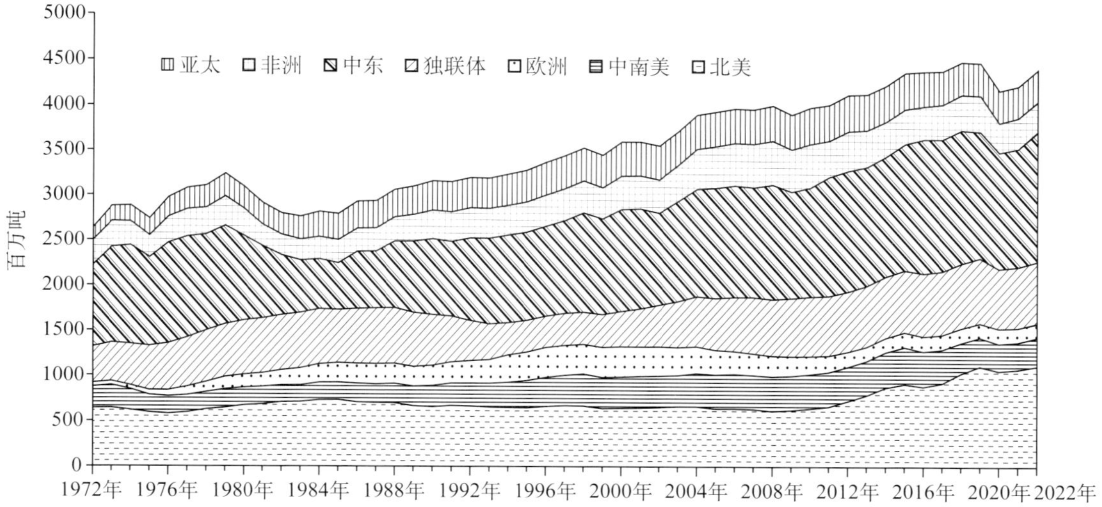

附图 2　1972—2022 年世界各地区石油产量

注：石油产量包括原油、页岩油、油砂与天然气液（从天然气中单独开采的液体产品），不包括其他来源的液体产品，例如生物质油和其他煤制或天然气制油。

（资料来源：《EI 世界能源统计年鉴 2023》）

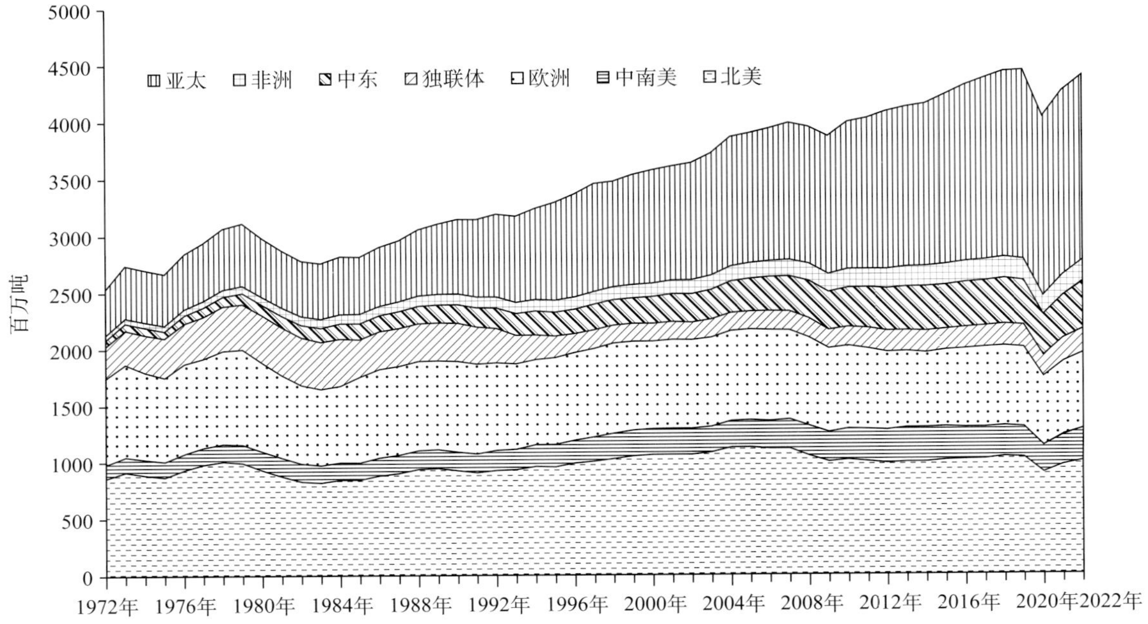

附图 3　1972—2022 年世界各地区石油消费量

（资料来源：《EI 世界能源统计年鉴 2023》）

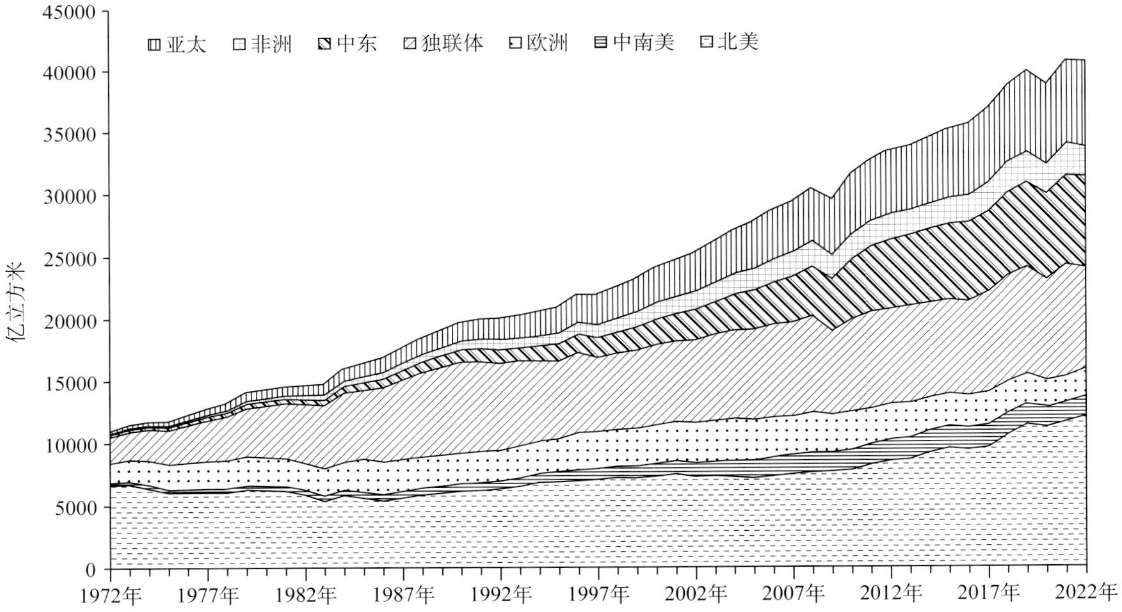

附图 4　1972—2022 年世界各地区天然气产量

（资料来源：《EI 世界能源统计年鉴 2023》）

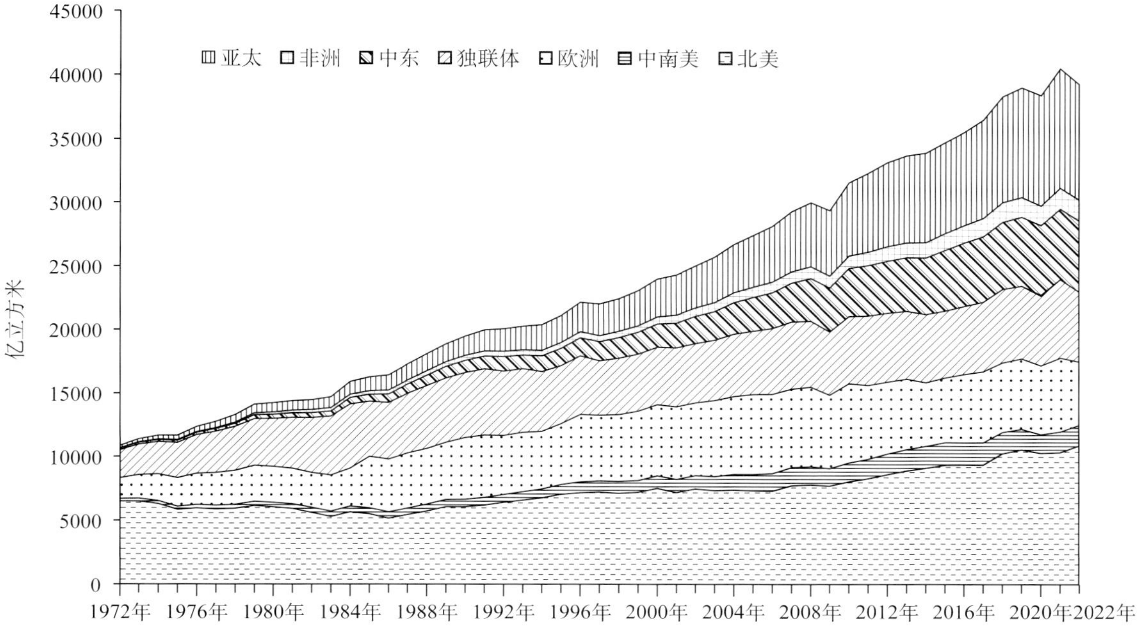

附图5　1972—2022年世界各地区天然气消费量

（资料来源：《EI世界能源统计年鉴2023》）

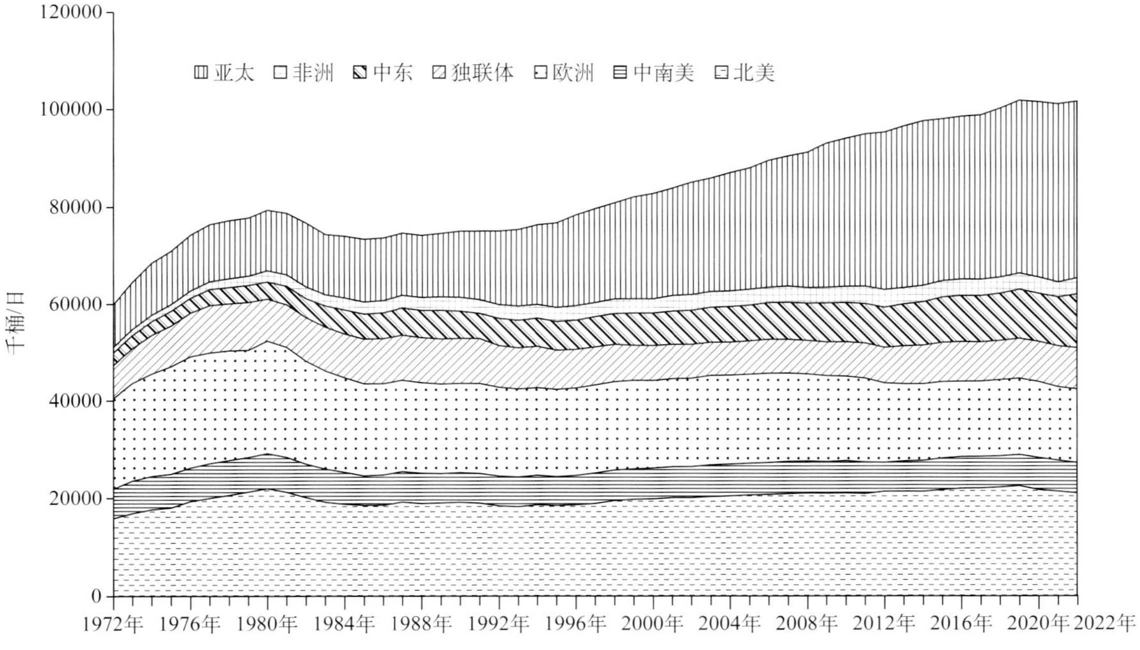

附图6　1972—2022年世界各地区炼油能力

（资料来源：《EI世界能源统计年鉴2023》）

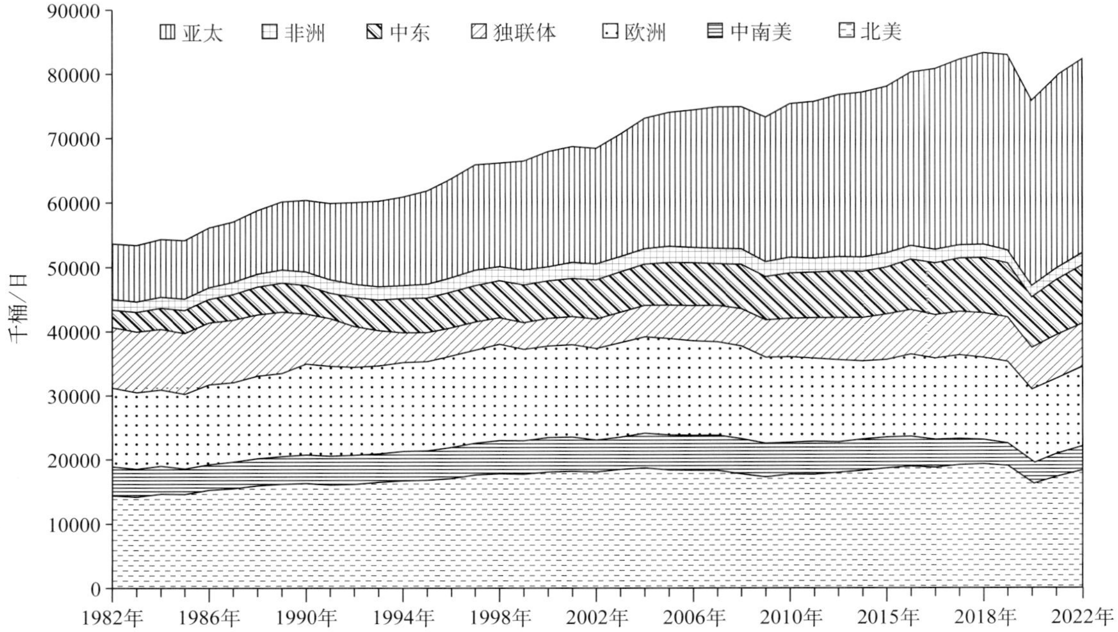

附图 7　1982—2022 年世界各地区炼油加工量

（资料来源：《EI 世界能源统计年鉴 2023》）

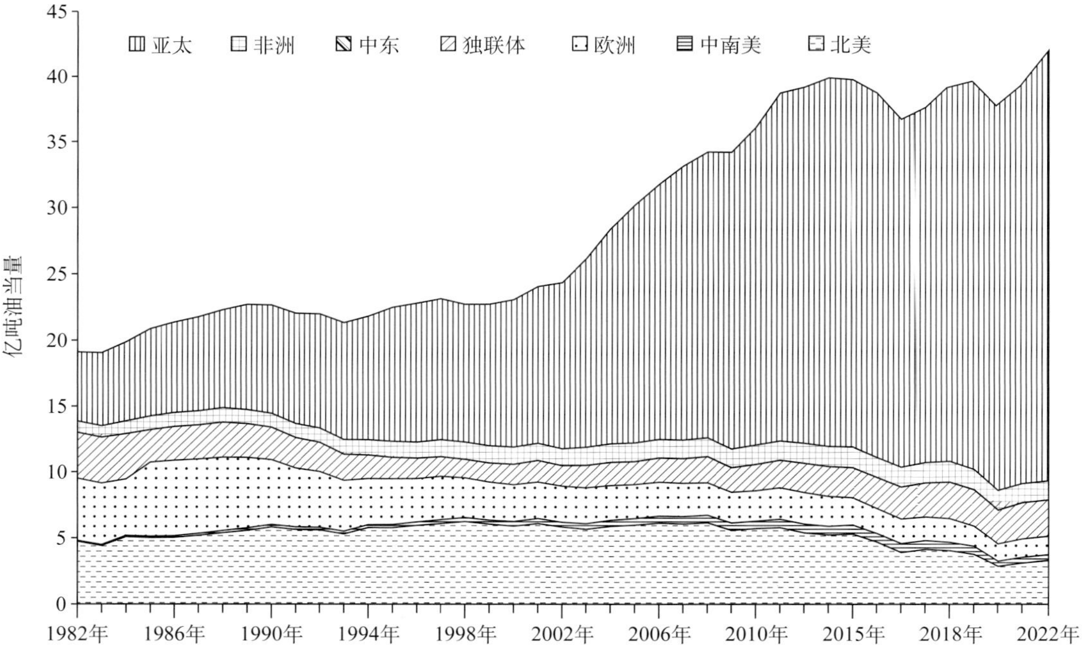

附图 8　1982—2022 年世界各地区煤炭产量

（资料来源：《EI 世界能源统计年鉴 2023》）

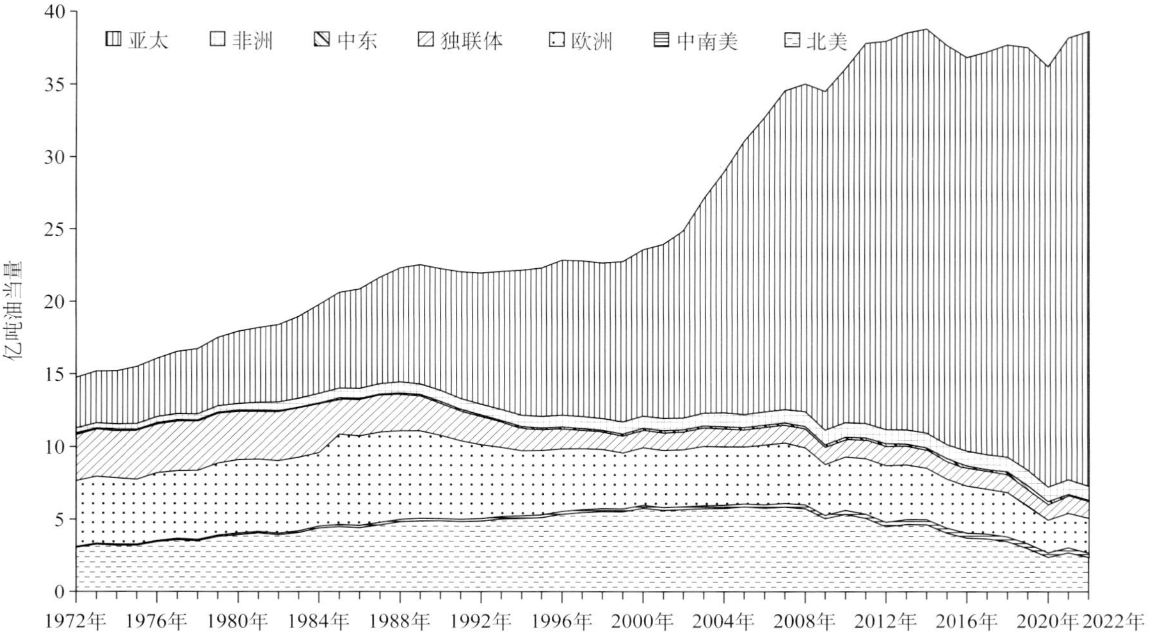

附图 9　1972—2022 年世界各地区煤炭消费量

（资料来源：《EI 世界能源统计年鉴 2023》）

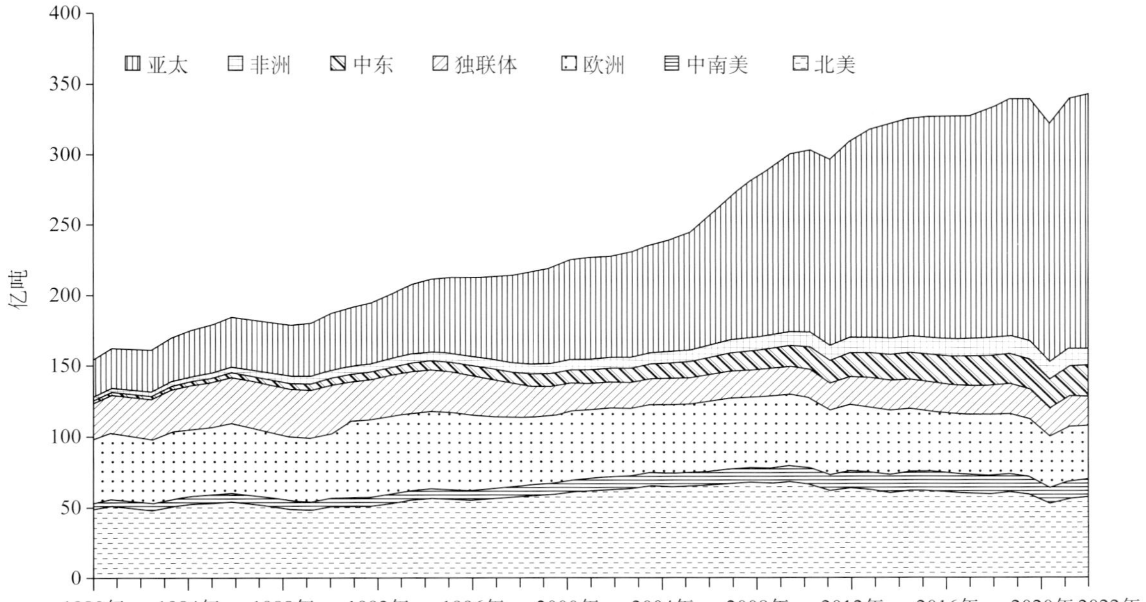

附图 10　1972—2022 年世界各地区二氧化碳排放量

（资料来源：《EI 世界能源统计年鉴 2023》）

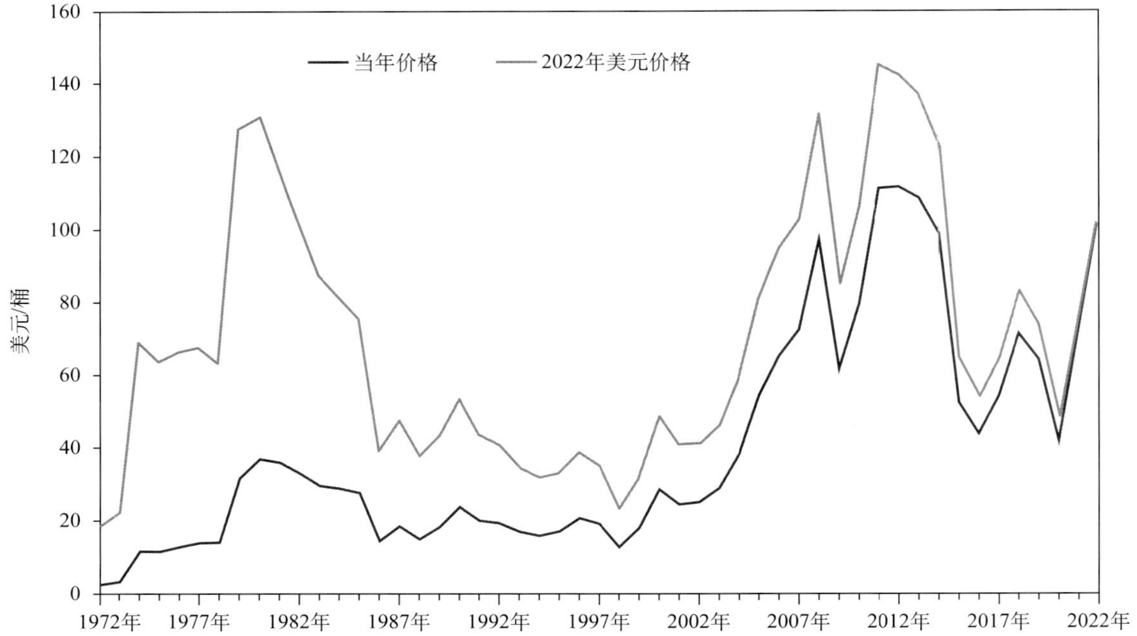

附图 11　1972—2022 年国际市场原油价格

注：当年价格为布伦特期货价格，2022 年美元价格是根据美国消费者物价指数进行调整后的价格。

（资料来源：《EI 世界能源统计年鉴 2023》）

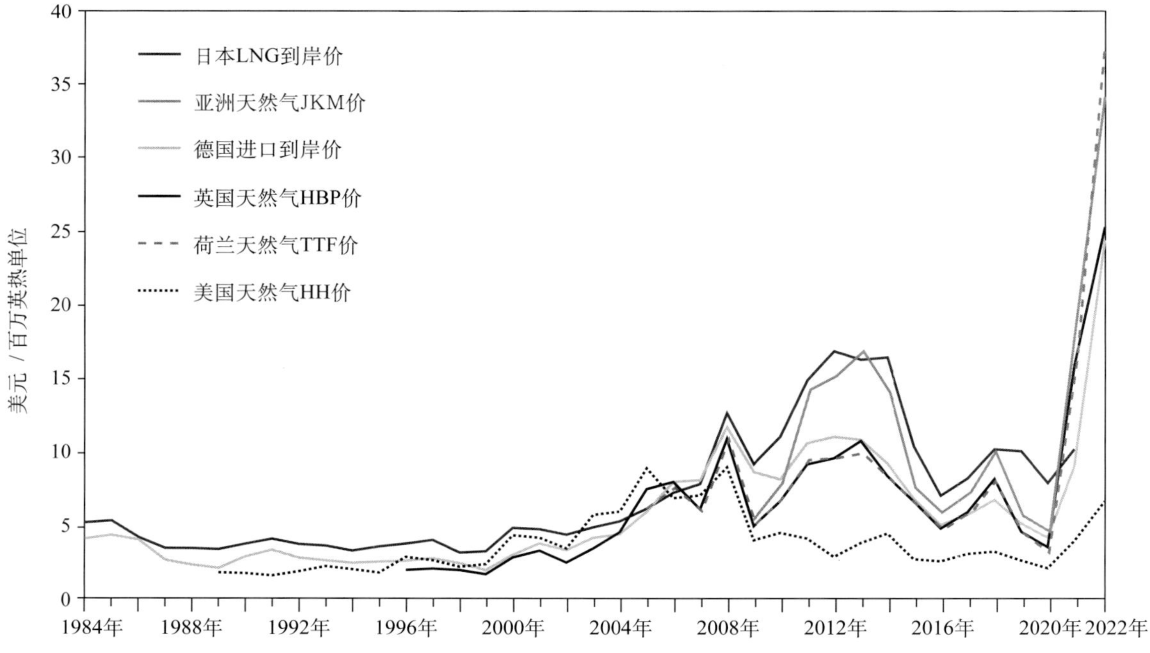

附图 12　1984—2022 年国际市场天然气价格

（资料来源：《EI 世界能源统计年鉴 2023》）

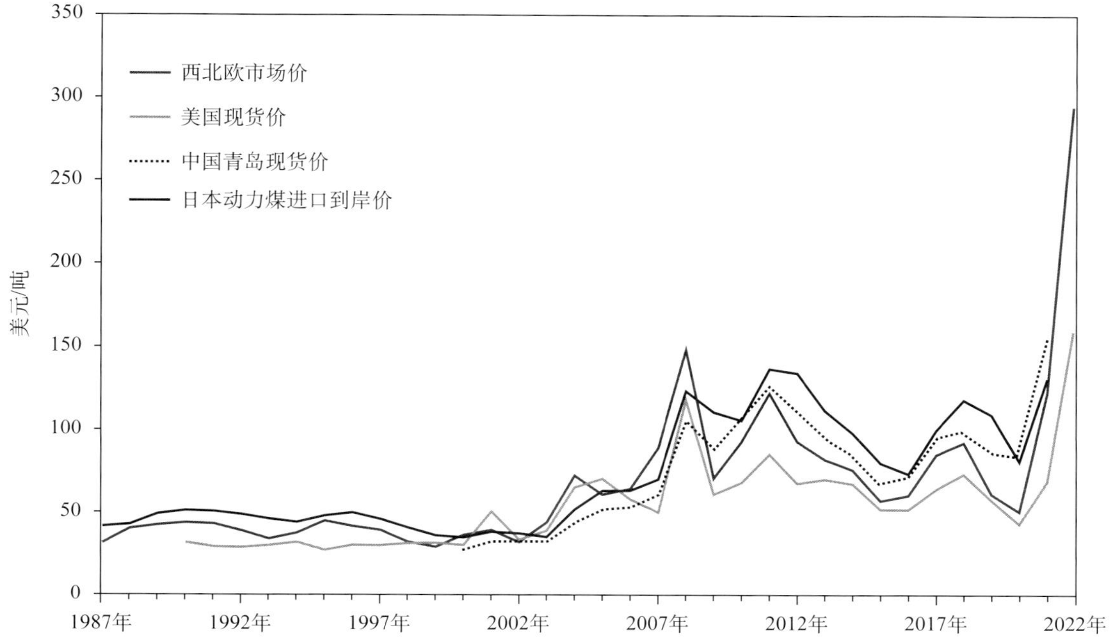

附图 13　1987—2022 年国际市场煤炭价格

（资料来源：《EI 世界能源统计年鉴 2023》）

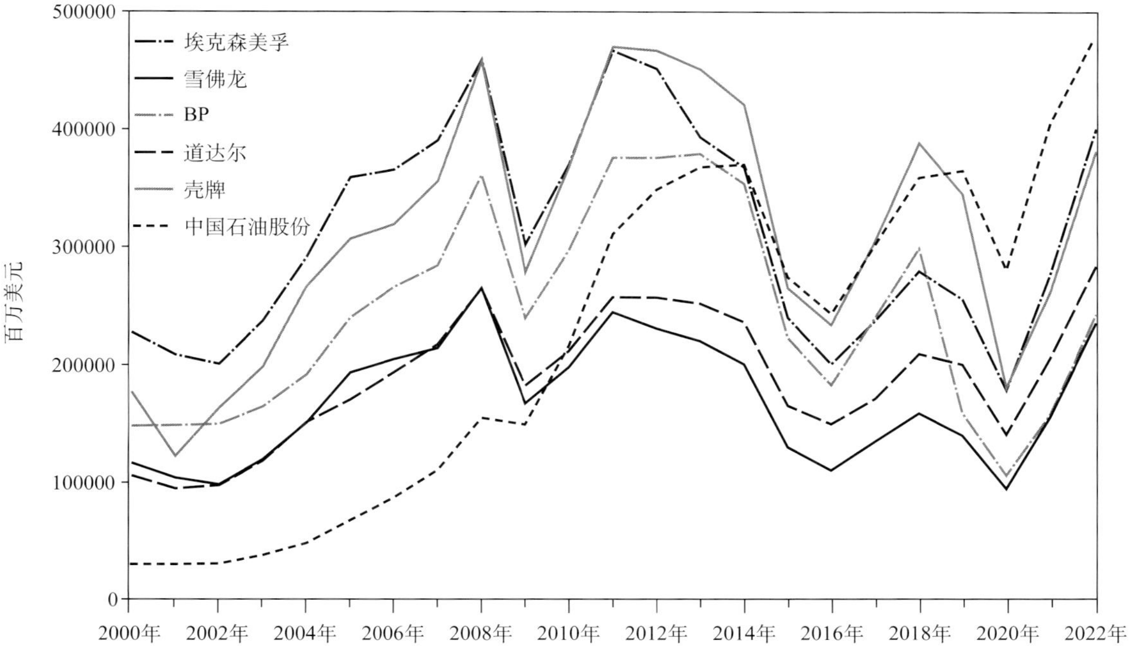

附图 14　2000—2022 年主要石油公司销售收入

（资料来源：各公司年报和财务经营报告）

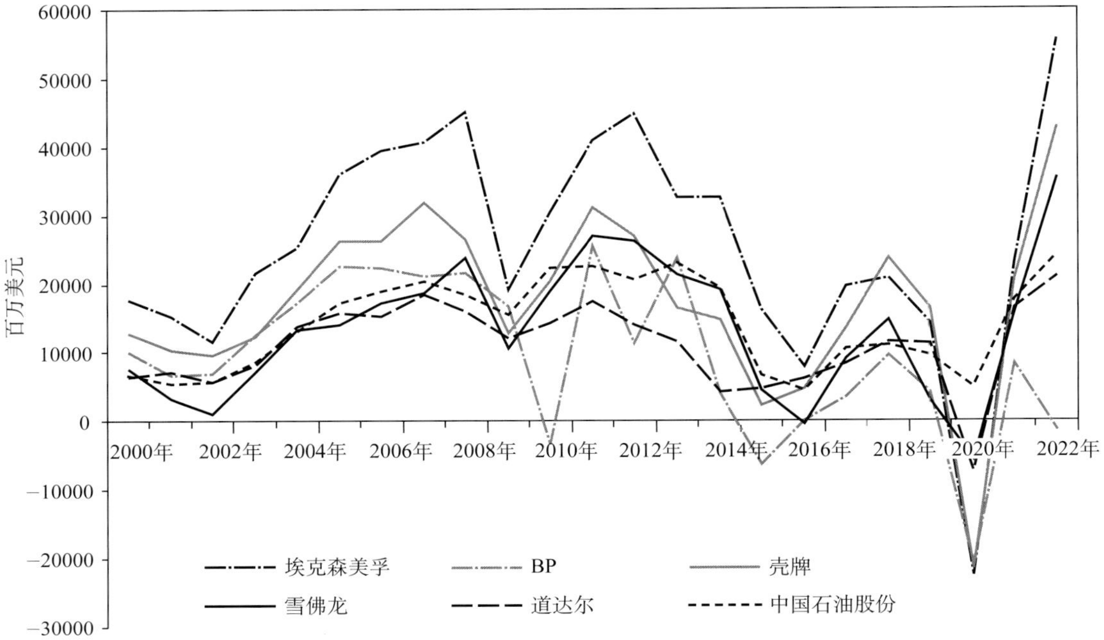

附图 15　2000—2022 年主要石油公司净利润

（资料来源：各公司年报和财务经营报告）

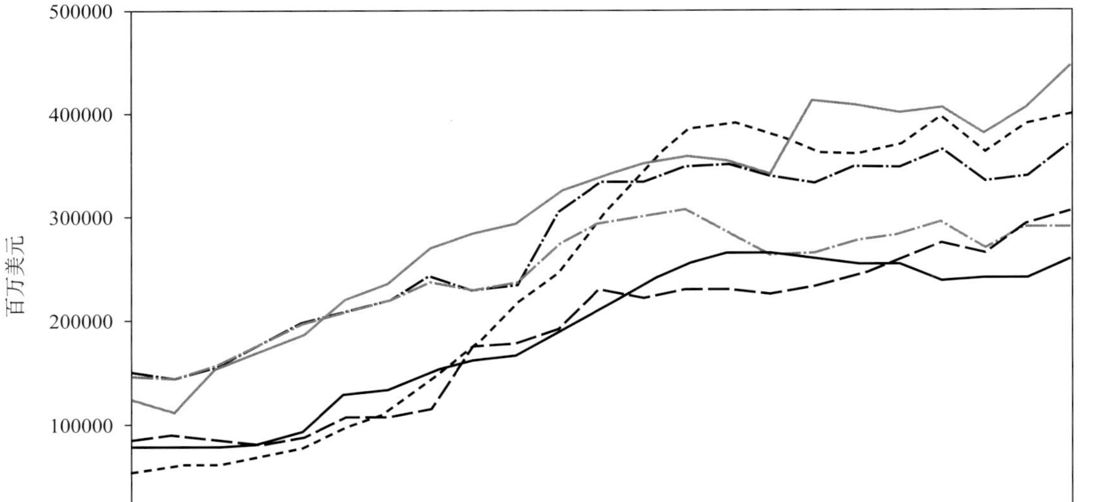

附图 16　2000—2022 年主要石油公司总资产

（资料来源：各公司年报和财务经营报告）

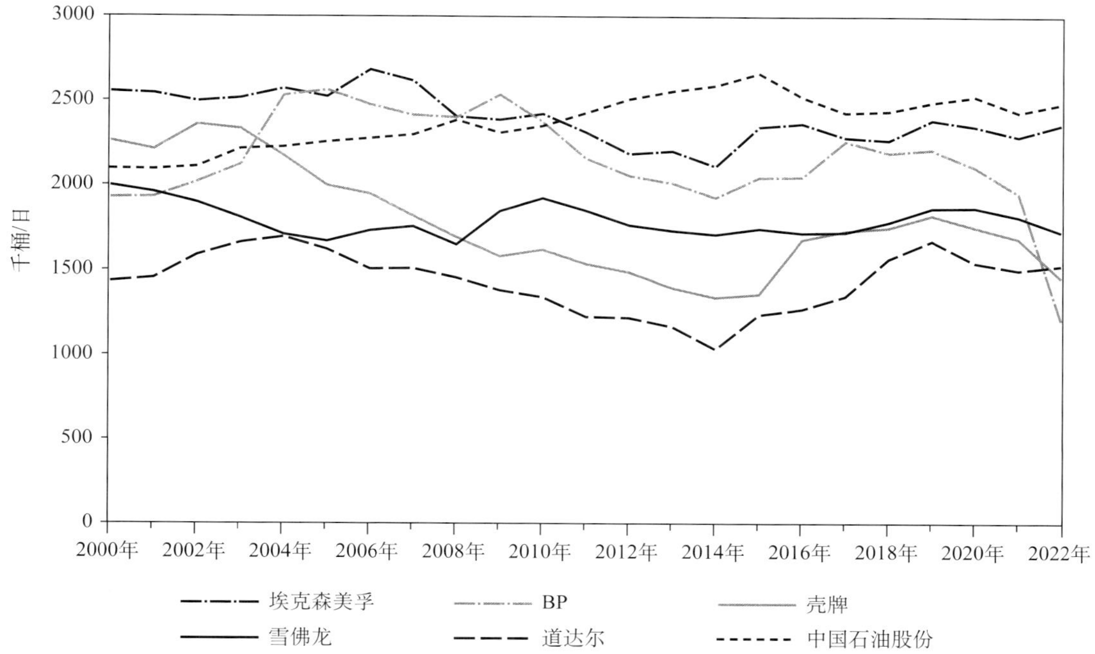

附图 17　2000—2022 年主要石油公司原油产量

（资料来源：各公司年报和财务经营报告）

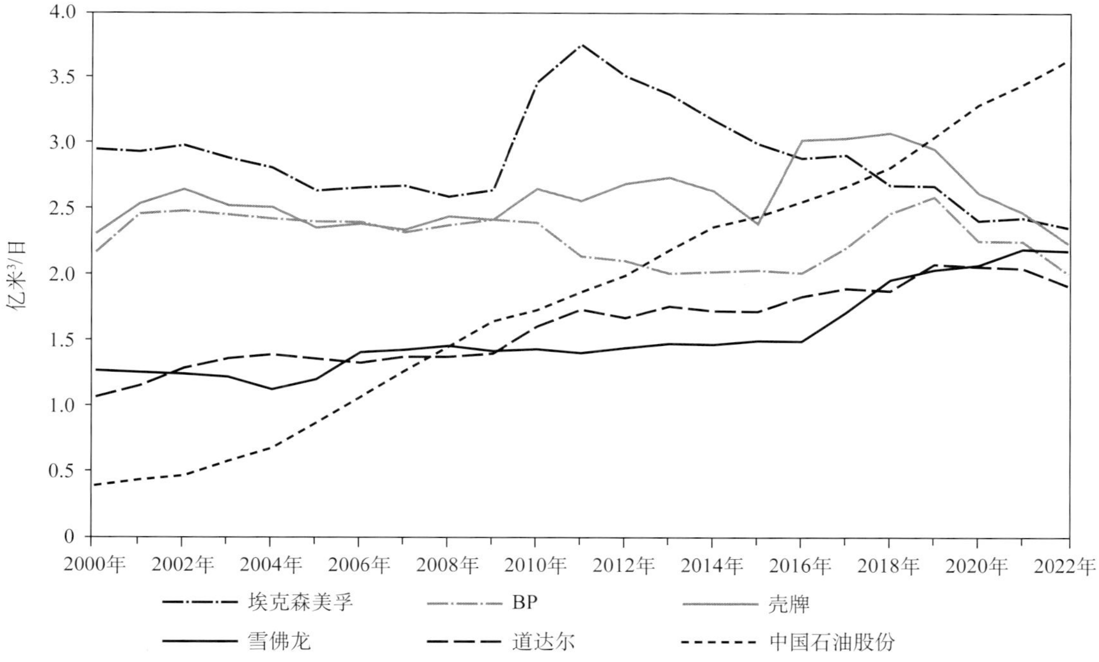

附图 18　2000—2022 年主要石油公司天然气产量

（资料来源：各公司年报和财务经营报告）

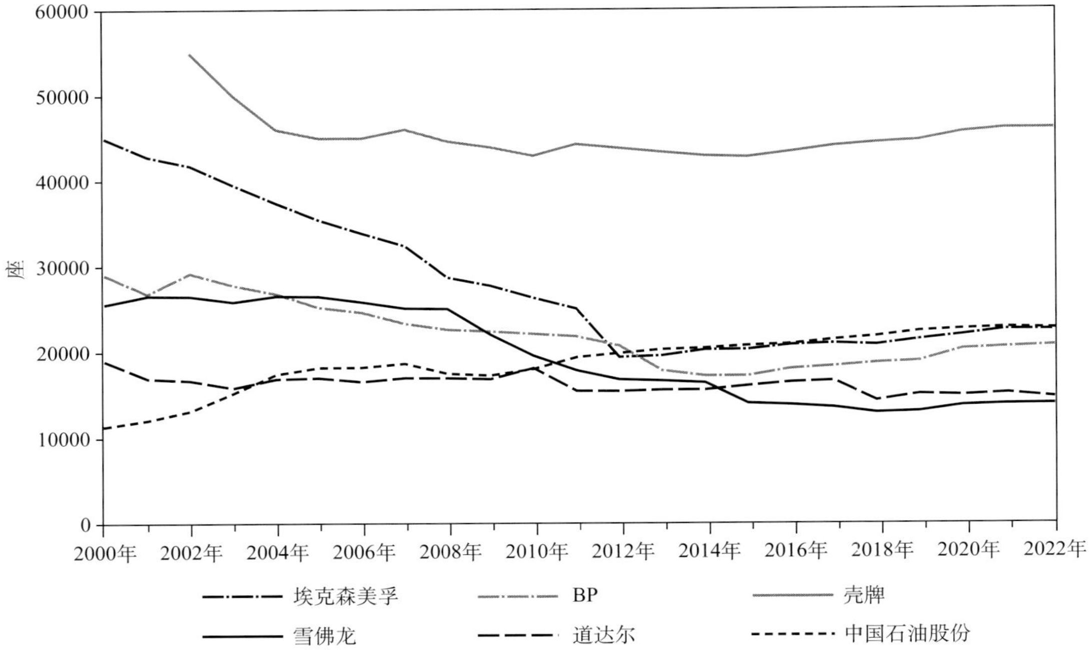

附图 19　2000—2022 年主要石油公司加油站数量

（资料来源：各公司年报和财务经营报告）

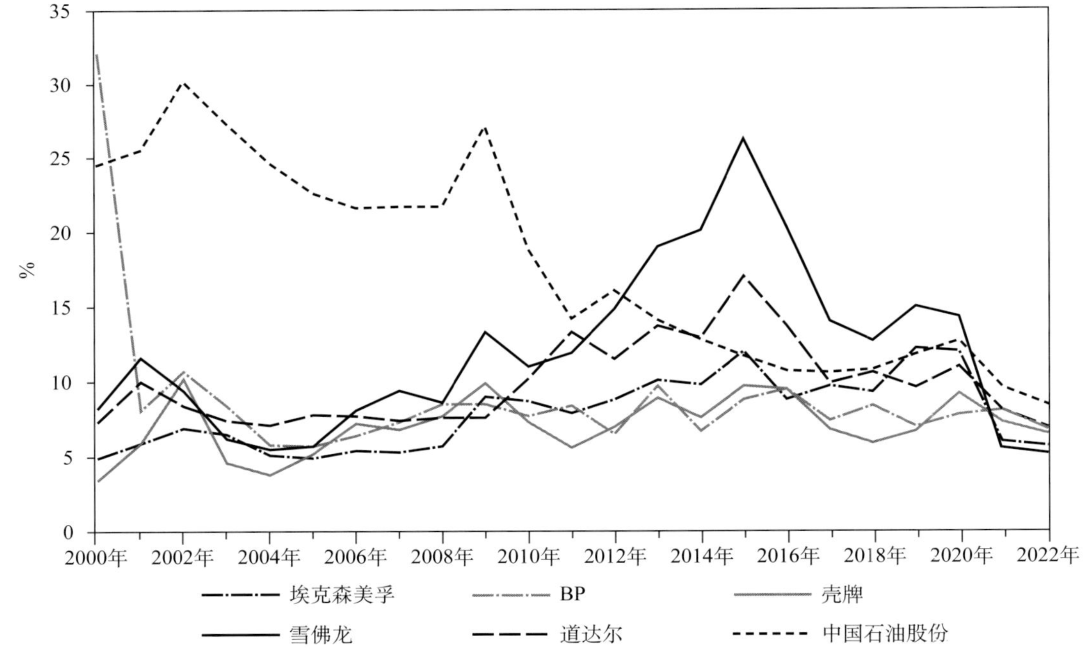

附图 20　2000—2022 年主要石油公司资本支出占销售收入比例

（资料来源：各公司年报和财务经营报告）

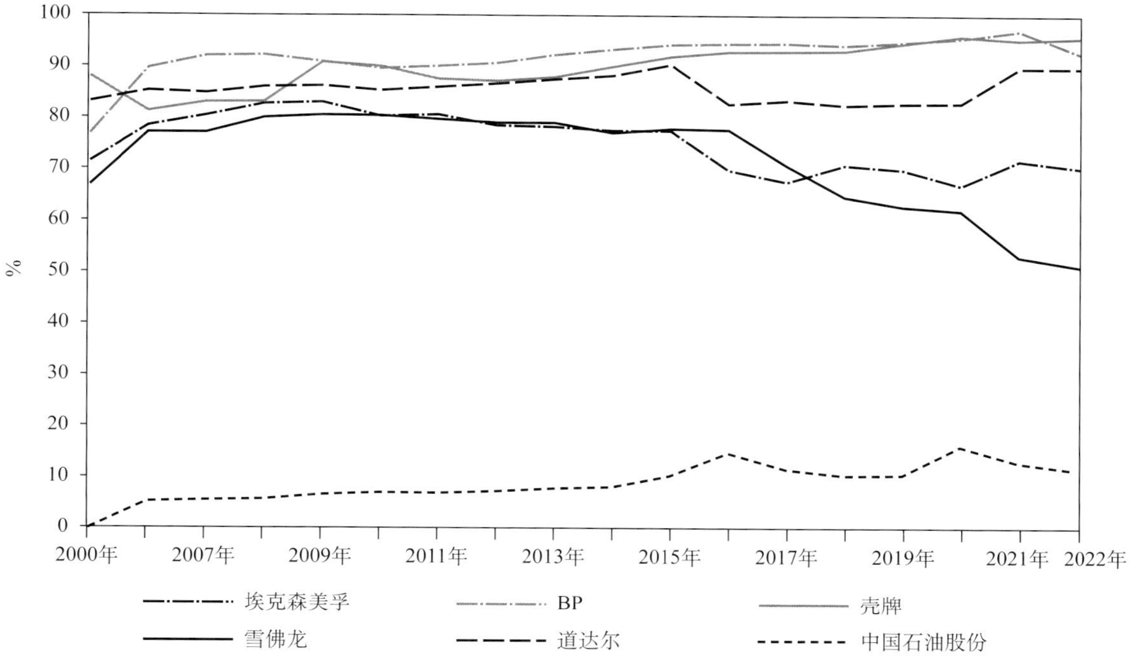

附图 21　2000—2022 年主要石油公司石油储量海外比例

（资料来源：各公司年报和财务经营报告）

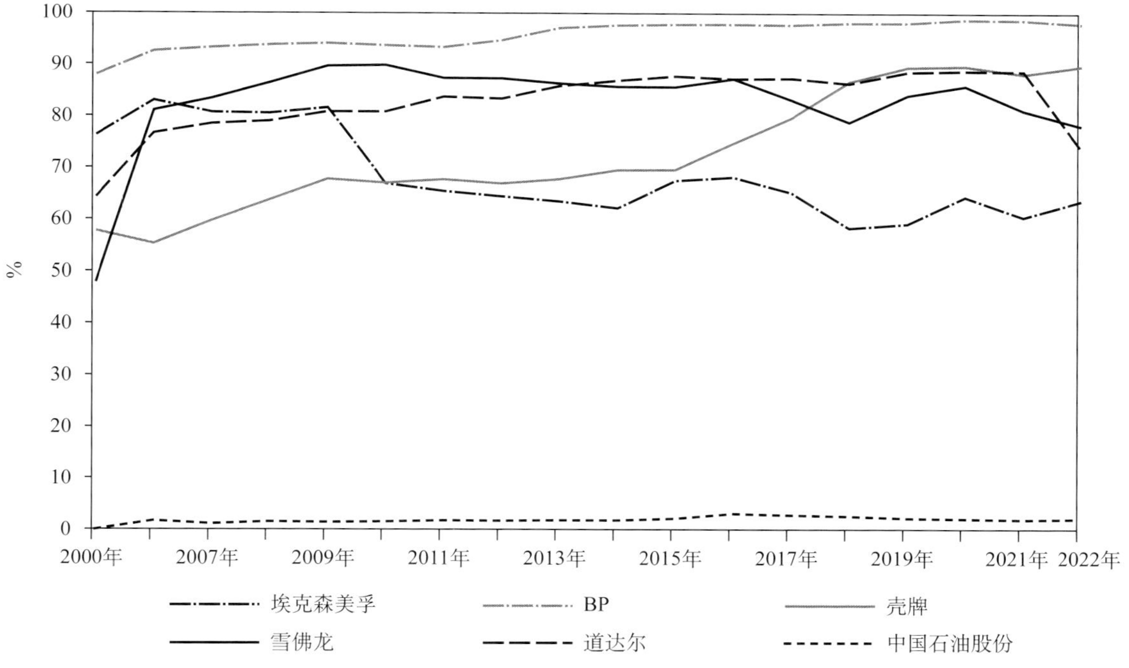

附图 22　2000—2022 年主要石油公司天然气储量海外比例

（资料来源：各公司年报和财务经营报告）

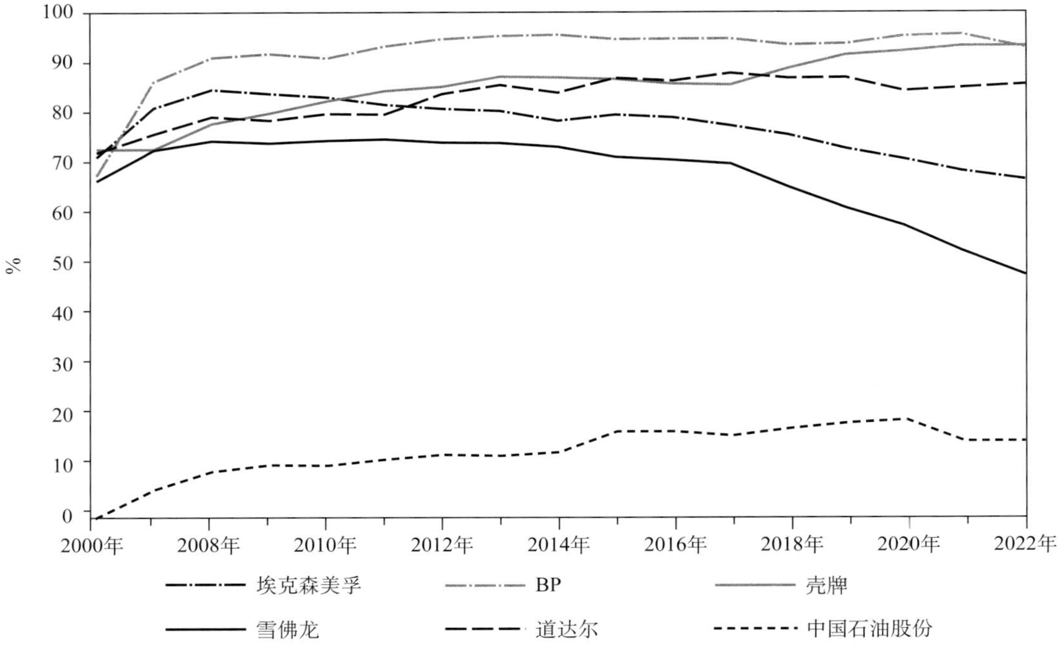

附图 23　2000—2022 年主要石油公司原油产量海外比例
（资料来源：各公司年报和财务经营报告）

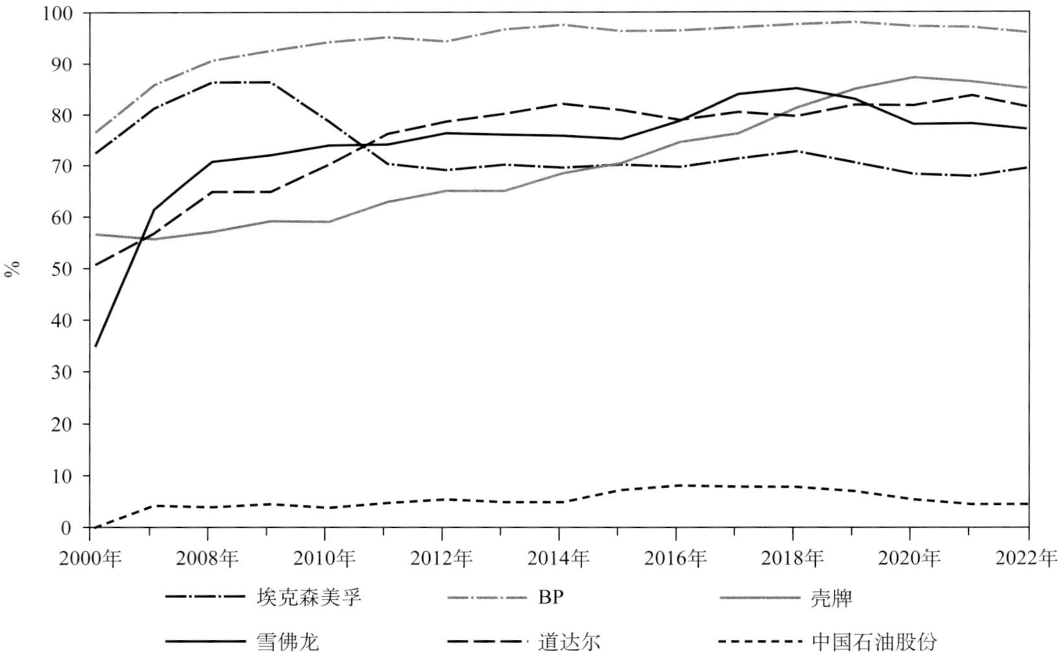

附图 24　2000—2022 年主要石油公司天然气产量海外比例
（资料来源：各公司年报和财务经营报告）

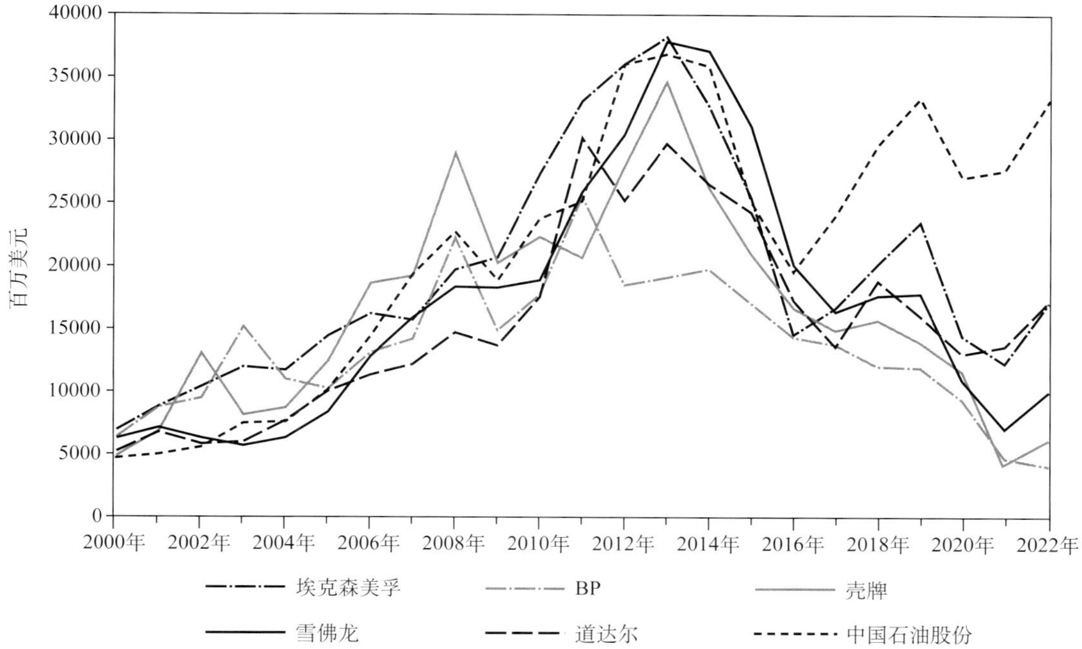

附图 25　2000—2022 年主要石油公司勘探开发支出

（资料来源：各公司年报和财务经营报告）

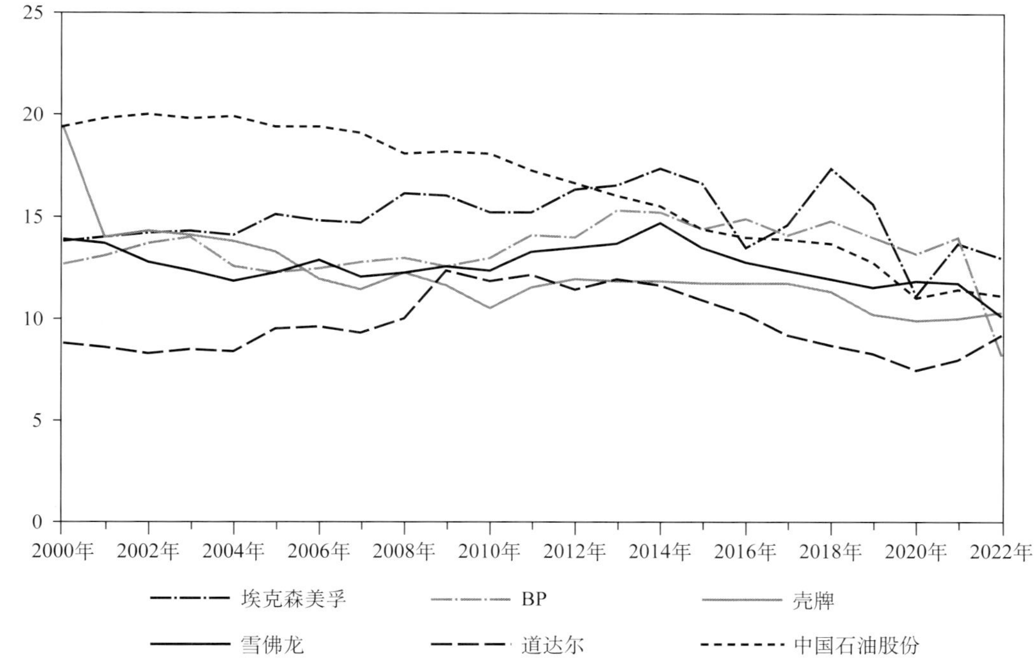

附图 26　2000—2022 年主要石油公司油气储采比

（资料来源：各公司年报和财务经营报告）

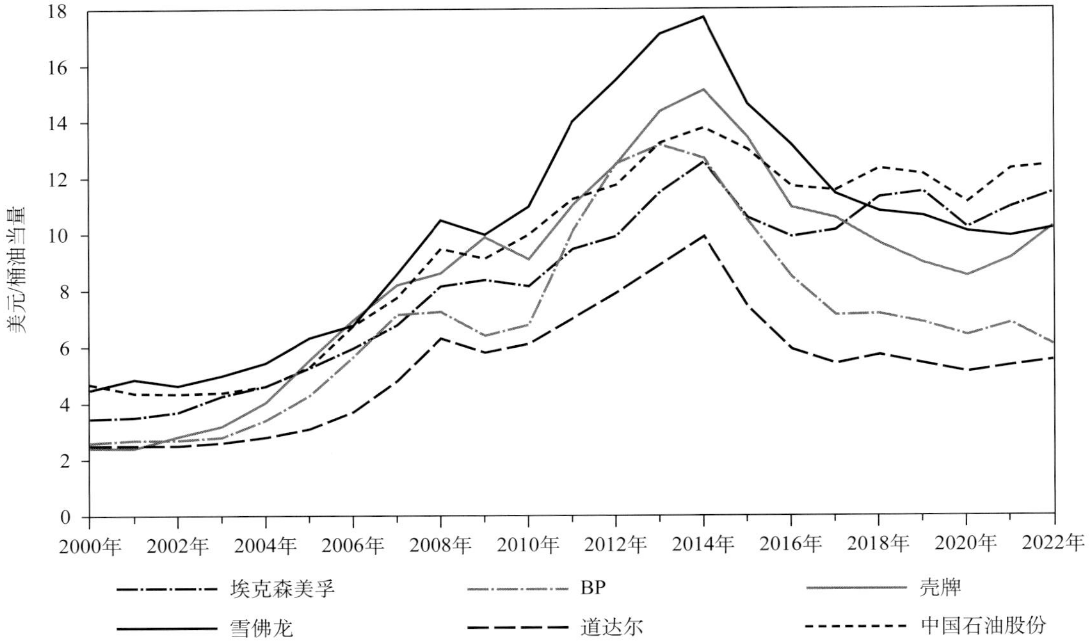

附图 27　2000—2022 年主要石油公司油气操作成本

（资料来源：各公司年报和财务经营报告）

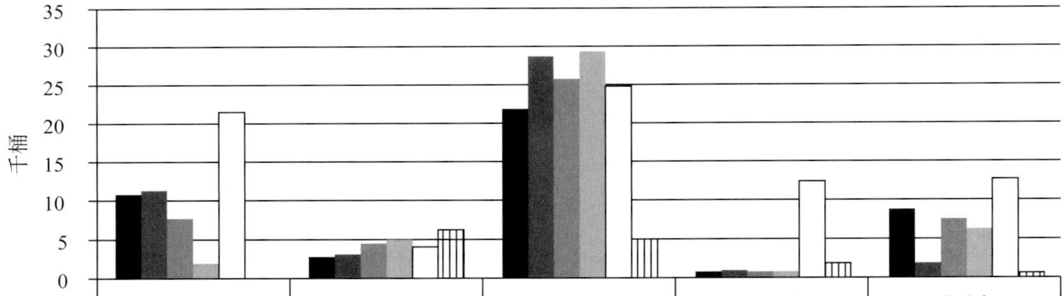

	埃克森美孚	BP	壳牌	雪佛龙	道达尔
■ 2015年	10.8	2.8	21.9	0.8	8.8
■ 2018年	11.3	3.2	28.5	1.0	1.9
■ 2019年	7.7	4.5	25.6	0.8	7.5
■ 2020年	1.9	4.9	29.2	0.9	6.3
□ 2021年	21.3	4.1	24.7	12.3	12.6
▥ 2022年		6.3	5.1	1.9	0.6

附图 28　2015—2022 年主要石油公司石油泄漏量

（资料来源：各公司企业社会责任报告）

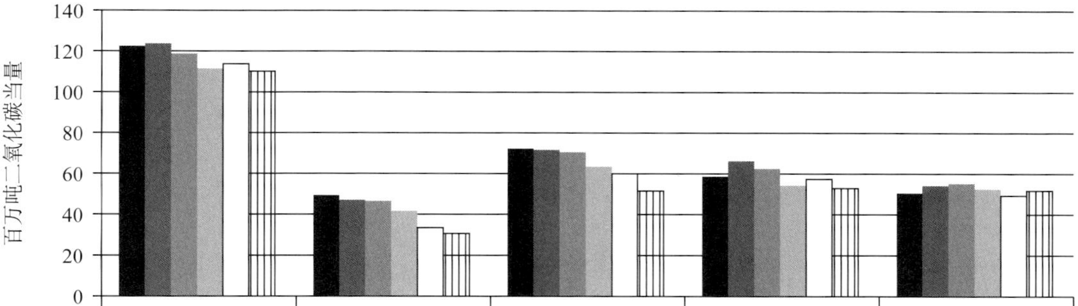

	埃克森美孚	BP	壳牌	雪佛龙	道达尔
■ 2015年	122	49	72	58	50
■ 2018年	123	47	71	66	54
■ 2019年	118	46	70	62	55
■ 2020年	111	41	63	54	52
□ 2021年	113	33	60	57	49
▥ 2022年	110	30	51	53	51

附图 29　2015—2022 年主要石油公司温室气体排放量

（资料来源：各公司企业社会责任报告）

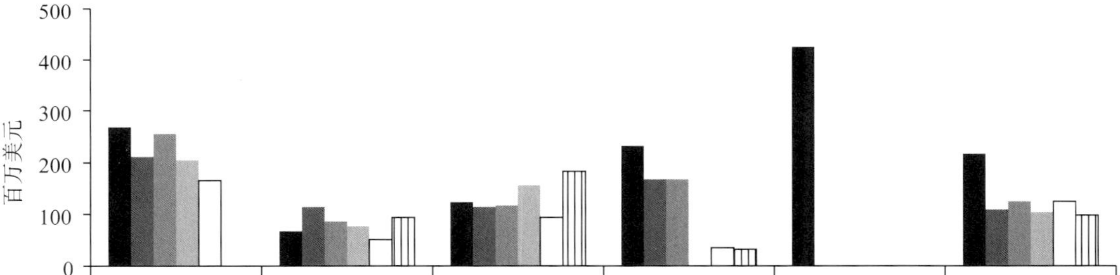

	埃克森美孚	BP	壳牌	雪佛龙	道达尔	中石油集团
■ 2015年	268	67	122	233	426	217
■ 2018年	211	114	113	166		109
■ 2019年	253	84	116	167		124
■ 2020年	203	77	156			104
□ 2021年	163	51	94	35		125
▥ 2022年		93	182	32		99

附图 30　2015—2022 年主要石油公司公益性社会投入

注：公益性社会投入主要指慈善捐助，对非盈利性教育、健康和环境项目的资助，以及对作业社区发展的援助；道达尔数据指对非经合组织国家的投入；中国石油数据中含扶贫帮困、捐资助学、赈灾捐赠和环保支出。

（资料来源：各公司企业社会责任报告）

（梁　玲）

索 引

使用说明

一、本索引采用内容分析索引法编制。除大事记外，年鉴中有实质检索意义的内容均予以标引，以便检索使用。

二、索引基本上按汉语拼音音序排列，具体排列方法如下：以数字开头的，排在最前面；以英文字母打头的，列于其次；汉字标目则按首字的音序、音调依次排列，首字相同时，则以第二个字排序，并依此类推。

三、索引标目后的数字，表示检索内容所在的年鉴正文页码；数字后面的英文字母 a、b，表示年鉴正文中的栏别，合在一起即指该页码及左右两个版面区域。年鉴中用表格、图片反映的内容，则在索引标目后面用括号注明（表）、（图）字，以区别于文字标目。

四、为反映索引款目间的隶属关系，对于二级标目，采取在上一级标目下缩二格的形式编排，之下再按汉语拼音音序、音调排列。

0—9

A—Z

A

B

C

D

E

F

G

H

J

K

L

M

N

P

Q

R

S

T

W

X

Y

Z

编 后 记

本卷《年鉴》是《中国石油天然气工业年鉴》自1996年正式出版以来连续出版的第28卷，是更名为《中国石油天然气集团有限公司年鉴》后的第6卷。

本卷《年鉴》沿用历年来形成的框架结构，总述中增加特辑，增加新能源与新材料类目，少量类目下分目做了适当微调。在编纂过程中，重点记载集团公司2022年所发生的重要事项，体现年度历史进展特色；坚持继承与创新相结合，充分反映集团公司年度工作特点。继续收录世界主要国家和地区及各大石油公司有关石油石化相关数据图表、中国石油近25年主要生产经营指标数据表，对《年鉴》内容的信息含量进行了扩充。注重《年鉴》的工具性和实用性，版式设计力求规范严整，文字叙述力求简洁流畅。

本卷《年鉴》的编纂出版工作始终得到集团公司党组和各级领导的高度重视，集团公司党组书记、董事长戴厚良作序；集团公司和股份公司总部各部门、各专业公司及各单位的领导提供各种形式的支持和帮助；各单位负责《年鉴》工作的联系人、撰稿人和审稿人付出了艰辛的劳动；综合管理部、中国石油档案馆领导直接参与《年鉴》内容的审订，做了大量的组织协调工作。此外，中国石油报社等单位提供辅助资料和照片；中国石油集团经济技术研究院提供《中国石油天然气集团有限公司2022年度报告》和《中国石油天然气集团有限公司2022年企业社会责任报告》资料以及世界主要国家和地区、各大石油公司相关数据图表；还有企业和个人提供了照片、参与了审稿工作。中国年鉴研究会会长王守亚及年鉴业界专家对本卷《年鉴》编纂提出宝贵的意见和建议。在此，对所有支持《年鉴》工作和为《年鉴》出版提供帮助的单位和个人致以诚挚的谢意。

由于年鉴编辑出版时限性强，疏漏和不足在所难免，恳请读者批评指正。

《中国石油天然气集团有限公司年鉴》编辑部
2023年9月

业务发展，
有我助力。
凭借遍及全球的业务网络和根植本地的专业经验，
作为您忠诚的金融服务合作伙伴，
我们与您并肩前行，
共创充满机遇的新世界。
MIZUHO

深圳市华舟海洋发展股份有限公司

公司概况： 深圳市华舟海洋发展股份有限公司(以下简称华舟海洋)成立于1993年9月，系深圳市属大型国有独资企业深圳港集团（原名盐田港集团）旗下专业从事港口靠离泊船舶拖带、国内沿海拖航、海上风电施工及运维、海上保税燃料加注、应急抢险救助、水上客货运输及船舶管理等业务的拖轮及相关船艇投资、运营及管理企业。历经30余年发展，规模和实力已跃居国内同行业前列。

船队资源： 华舟海洋系华南沿海港口中运营船舶规模大、种类齐全，船队结构均衡、配置先进的拖轮企业。运营以全回转拖轮为主体，涵盖交通艇、引航艇、带缆艇、客船、溢油回收船等各类船舶共计逾60艘，其中5000马力以上拖轮逾20艘。

华舟海洋拥有国内首艘加装SCR尾气处理装置，满足国际海事组织Tier III排放标准的全回转拖轮；拥有国内大功率、装配SCR装置，兼具港作及沿海拖航的8000马力拖轮。

业务板块： 华舟海洋因盐田港而生，立足世界大港，着眼向海发展，业务领域涵盖港作拖轮、江海拖航、海上风电施工及运维、船舶管理及海上保税燃料加注等五大板块。

客户及合作伙伴： 华舟海洋立足世界大港盐田港，对标国际一流，相继与众多央企、集装箱班轮公司、世界500强等建立长期战略合作伙伴关系，得到客户和合作伙伴的首肯和赞誉。

规模实力： 华舟海洋作为国内拖轮行业中首家世界500强企业战略投资的拖轮企业，以先行示范标准，创下了国内行业多项领先，引领行业发展。

- 国内首家中外合资拖轮企业
- 国内首家股份制拖轮企业
- 国内首家世界500强企业战略投资的拖轮企业
- 国内首家启动IPO独立上市的拖轮企业
- 国内首家新建拖轮安装SCR装置，排放达到IMO Tier III标准的拖轮企业
- 国内首家LNG码头拖轮运营服务商
- 国内同行业中运营管理船舶规模位居前列的拖轮企业
- 集成服务于世界集装箱港口、LNG枢纽港、石化港的拖轮运营服务商

华舟海洋高度珍惜与中国石油广东石化公司的合作机会，始终秉持“以客为尊、因客而变”的服务理念和专业、安全、高效、优质的服务准则，继续为广东石化提供国际一流水准的船舶管理和运行服务！

内蒙古包钢钢管有限公司

内蒙古包钢钢管有限公司于1971年7月1日投产，发展至今已成为一个集研、产、销、运、服一体化的运营体系，具有钢种生产研发、产品功能设计与实现、检验体系完善、服务销售体系齐全的无缝钢管供应商。公司现有2台铸机，具备年产钢200万吨的生产能力。拥有管径400毫米自动轧管机组、管径180毫米MPM两辊限动芯棒连轧管机组、管径159毫米PQF三辊限动芯棒连轧管机组、管径460毫米PQF三辊限动芯棒连轧管机组、管径89毫米PQF三辊限动芯棒连轧管机组5条热轧无缝钢管生产线，配套建设5条热处理生产线，具备生产热轧无缝钢管200万吨及配套深加工能力，可生产直径为25毫米至457毫米，壁厚为2.5毫米至60毫米范围内的各类无缝钢管。可加工直径60毫米至340毫米的石油成品套管。产品在我国石油、煤炭、化工、电力、汽车、建筑等工业的现代化建设中发挥重要的作用，广泛应用于鸟巢、国家大剧院、首都新机场、青岛机场等国家重点工程。产品出口到亚洲、中东、非洲、欧洲等地区。

四川中油九洲北斗科技能源有限公司

四川中油九洲北斗科技能源有限公司成立于2017年3月（注册地绵阳市安州区），是由中国石油天然气股份有限公司、四川九洲投资控股集团有限公司、西安北斗聚力能源科技有限公司共同组建的一家国有控股、央地合作、军民融合企业，公司定位服务于物流全产业链的全国性平台型科技公司。

自成立以来，公司积极践行国家交通强国、北斗应用战略部署，创新构建“北斗+互联网+能源+物流+金融”的商业模式，自主设计开发“中油北斗智慧物流服务平台”，并同步建设智慧加油站、智慧物流园区、智慧高速公路港等线下服务网络，打造线上线下一体化的“中油北斗智慧物流生态圈”，形成了以智慧物流服务为核心，包括车辆定位、能源服务、货运物流、商城供应链、金融保险等多个领域，涵盖物流全产业链的业务体系，服务半径覆盖全国31个省、自治区、直辖市。

2022年，公司实现营业收入超过134亿元，公司平台注册企业客户超2.2万家，属4A级物流企业，是四川省优秀服务业企业、四川省100家大企业大集团、四川省新经济重点示范平台，公司的“中油北斗智慧物流服务平台”被工信部认定为国家服务型制造示范平台。

引领物流·共享智慧

杭州瑞利声电技术有限公司

公司介绍

杭州瑞利声电技术有限公司是中国船舶集团第七一五研究所下属全资子公司，秉承“军工品质、诚信为本、勇于创新、服务至上”的理念，是集石油测井仪器、勘测产品、建筑智能化及系统集成工程设计、产品研发、制造、工程技术服务于一体，致力于为保障国家能源安全贡献力量的综合性高新技术产业。依托于七一五所专业的声学、光纤技术及雄厚的电学、磁学军工技术积累，借助所科研、仿真、生产、调试与测试平台，联合所属国防水声计量一级站、国防声呐技术重点实验室、千岛湖声学试验站等国家技术机构，确立瑞利公司在相关测井领域的技术优势，并保持着强劲、持续的技术发展后劲。

特色产品介绍

73 毫米小直径多模式勘探成像测井系统

该系统配备高速遥测和存储式测井功能，可以进行大满贯测井，主要特点：

（1）井下仪包括常规大满贯测井仪和阵列感应、阵列侧向、偶极子阵列声波等成像测井仪，实现大满贯阵列成像测井；

（2）国内首次研发具备机械释放和无线电子释放功能，适应于多模式施工设备和工艺；

（3）井下仪器具有高可靠、重量轻的优势，可以进行电缆测井、过钻头存储测井，适用范围广，能够在恶劣的井况下，例如高“狗腿度”井、大斜度井、井壁不稳或长水平段的水平井中录取合格资料，有效降低成本和风险。

（4）具有测井项目全、时效高、适用范围广的特点。

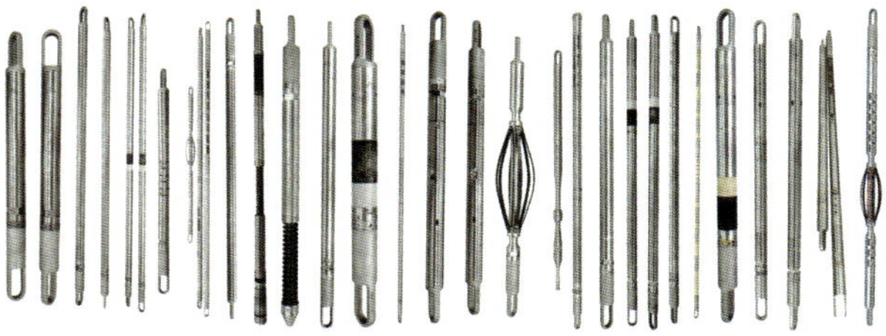

73 毫米小直径多模式勘探成像测井系统

单臂水平阵列成像仪

单臂水平阵列成像仪采用单臂多探头集成阵列设计，采集大斜度井和水平井内流体剖面信息，以及管径的变化和仪器的倾斜、转动情况，提供横向截面流体实时持率和速度的分布数据，为油田开展水平井产出剖面动态监测提供数据支撑。

单臂阵列成像仪

网址：http://www.ruili-tech.com/
地址：浙江省杭州市西湖区双浦镇海洋装备信息产业园
联系人：胡经理　13486357398
邮箱：youlin.hu@ruili-tech.com